Jutta Vesper
Diplom-Dolmetscherin AIIC
Haffstrasse 12
5300 Bonn 3

Wörterbuch
für das Wasser- und Abwasserfach

Dictionary
of Water and Sewage Engineering

Dictionnaire
Technique de l'Eau et de l'Assainissement

Dizionario
Tecnico delle Acque e delle Acque di Rifiuto

von
Fritz Meinck und Helmut Möhle

Dritte, wesentlich verbesserte und erweiterte Auflage

R. Oldenbourg Verlag München Wien

CIP-Kurztitelaufnahme der Deutschen Bibliothek

Meinck, Fritz:
Wörterbuch für das Wasser- und Abwasserfach −
Dictionary of water and sewage engineering −
Dictionnaire technique de l'eau et de l'assainissement / von Fritz Meinck u. Helmut Möhle. − 3.,
wesentl. verb. u. erw. Aufl. − München ; Wien :
Oldenbourg, 1983.
 ISBN 3-486-35353-5
NE: Möhle, Helmut: ; HST

© 1983 R. Oldenbourg Verlag GmbH, München

Das Werk ist urheberrechtlich geschützt. Die dadurch begründeten Rechte, insbesondere die der Übersetzung, des Nachdrucks, der Funksendung, der Wiedergabe auf photomechanischem oder ähnlichem Wege sowie der Speicherung und Auswertung in Datenverarbeitungsanlagen, bleiben auch bei auszugsweiser Verwertung vorbehalten. Werden mit schriftlicher Einwilligung des Verlages einzelne Vervielfältigungsstücke für gewerbliche Zwecke hergestellt, ist an den Verlag die nach § 54 Abs. 2 Urh.G. zu zahlende Vergütung zu entrichten, über deren Höhe der Verlag Auskunft gibt.

Satz: Büro für Satztechnik W. Meyer KG, Weissenberg
Druck und Bindung: R. Oldenbourg Graphische Betriebe GmbH, München

ISBN 3-486-35353-5

Inhalt

I. Numeriertes Verzeichnis der Fachausdrücke nach dem deutschen Alphabet
   Deutsch – Englisch – Französisch – Italienisch 29

II. Alphabetische Verzeichnisse
   Englisch 593
   Französisch 715
   Italienisch 825

III. Anhang
   Britische und amerikanische Maße in metrischen Größen,
   Internationale Maßeinheiten 929

Contents

I. Numbered List of Terms in German Alphabetical Order
   German – English – French – Italian 29

II. Alphabetical Indices
   English 593
   French 715
   Italian 825

III. Appendix
   British and American Weights and Measures in Metric Terms,
   International Units (S.I.-units) 929

Table des Matières

I. Liste alphabétique des termes allemands avec repère numérique et indication des termes correspondants
   Allemand – Anglais – Français – Italien 29

II. Listes alphabétiques
   Anglais 593
   Français 715
   Italien 825

III. Annexe
   Tables de correspondance des unités anglo-americaines et des unités métriques,
   Unités de mesure internationales 929

Indice

I. Elenco Numerato di Termini Ordinati Alfabeticamente nella Lingua Tedesca
   Tedesco – Inglese – Francese – Italiano 29

II. Elenchi alfabetici
   Inglese 593
   Francese 715
   Italiano 825

III. Appendice
   Tavolo di conversione delle misure inglesi ed americane nelle misure metriche,
   Unità di misura internazionali 929

Vorwort zur dritten Auflage

Der 1977 erschienenen zweiten Auflage des Wörterbuches folgt mit 5jährigem Abstand die dritte Auflage. Diese erwies sich als notwendig, weil durch die Entwicklung auf wasserrechtlichem Gebiet, durch die Neuregelung des Sprachgebrauchs in den DIN-Normen sowie durch technische Neuerungen Begriffe entstanden sind, die in einem wassertechnischen Wörterbuch berücksichtigt werden müssen.

Mit der neuen Auflage hat sich die Zahl der Wortstellen um mehr als 3000 erhöht; sie ist von 8844 auf über 12000 angestiegen. Darüber hinaus sind die Wortstellen der zweiten Auflage in zahlreichen Fällen durch Synonyma oder Verweisungen vervollständigt oder ergänzt worden.

Die Gliederung des Textes entspricht wieder der bewährten Form der ersten Auflage.

Wir danken allen in- und ausländischen Fachkollegen für das unserer Arbeit entgegengebrachte Interesse und die Unterstützung, die uns dabei zuteil wurde. In besonderem Maße gilt dieser Dank den Herren *André Gasser,* vormals vom Institut de Recherches Hydrologiques in Nancy, sowie Dr. *Mario Santori* vom Istituto di Ricerca sulle Acque in Rom. Ihnen verdanken wir die Ergänzung des französischen bzw. italienischen Sprachteils.

Zu Dank verpflichtet sind wir auch bei der dritten Auflage dem R. Oldenbourg Verlag, München. Er hat unsere Arbeit in großzügiger Weise gefördert und – wie schon bei den früheren Auflagen – die Gestaltung des Ganzen in Händen gehabt.

Die Herausgeber:

Dr. phil. *Fritz Meinck*
Leitender Direktor und Professor im Bundesgesundheitsamt i.R. Institut für Wasser-, Boden- und Lufthygiene

Dr. Ing. E.h. *Helmut Möhle* †
Regierungsbaumeister a.D., ehemaliger Baudirektor des Wupper-Verbandes und des Wasserverbandes Düsseldorf-Mettmann

Preface to the Third Edition

Five years after completion of the second edition of this dictionary, which appeared in 1977, the need for a revised and enlarged edition has grown. The main reasons for this are the relatively large number of new expressions which have come into being due to recent legislation in the field of wastewater disposal and the activities of the DIN-Bureau of Standards aiming at the standardisation of technical terms in hydrology and related fields. In addition there has been a constant expansion of the vocabulary in water and wastewater engineering. These terms need to be incorporated into a dictionary on this special subject.

With the third edition, the number of entries of technical terms has increased by more than 3000, in fact rising from 8844 to 12018. Moreover, the text has been revised, and in numerous cases a synonymous expression has been included or reference been made to related terms.

The information in this dictionary is arranged in practically the same way as in the first edition.

We are greatly obliged to all colleagues at home and abroad who have shown interest in our work and assisted us. We feel specially indebted to Mr. *André Gasser*, formerly of the Institut de Recherches Hydrologiques in Nancy, and to Dr. *Mario Santori* of the Istituto di Ricerca sulle Acque in Rome for their valuable asistance in supplementing the French and Italian parts of the vocabulary.

We also extend our thanks to the Publishers, R. Oldenbourg in Munich for their generous help and advice and taking charge of the presentation of the dictionary.

The authors:

Dr. phil. *Fritz Meinck*
Leitender Direktor und Professor im
Bundesgesundheitsamt i.R. Institut für
Wasser-, Boden- und Lufthygiene

Dr. Ing. E.h. *Helmut Möhle* †
Regierungsbaumeister a.D., ehemaliger
Baudirektor des Wupper-Verbandes und
des Wasserverbandes Düsseldorf-Mettmann

Préface à la troisième édition

Cinq ans après la parution, en 1977, de la seconde édition de cet ouvrage, il s'est révélé nécessaire d'en publier une nouvelle édition. L'évolution de la législation en matière d'eaux usées, les travaux des Associations de Normalisation visant à unifier les termes techniques utilisés en hydrologie et dans les domaines connexes, ont provoqué l'apparition continue d'expressions techniques nouvelles, dont il fallait obligatoirement tenir compte dans un dictionnaire spécialisé relatif aux diverses branches de la profession des eaux.

Dans cette troisième édition, le nombre des entrées a augmenté de plus de 3000 et est, en fait, passé de 8 844 à 12 018. En outre, le texte a été révisé, et dans bien des cas, les termes de la seconde édition ont été complétés par des synonymes ou par l'indication d'expressions voisines.

La disposition du texte est pratiquement restée celle utilisée dans la première édition.

Nous sommes très redevables à nos collègues, tant allemands qu'étrangers, qui ont manifesté un vif intérêt pour notre travail et nous ont prêté leur concours. Nous remercions en particulier *M. André Gasser*, retraité de l'Institut de Recherches Hydrologiques de Nancy, et le Dr. *Mario Santori*, de l'Istituto di Ricerca sulle Acque à Rome, qui se sont chargés de compléter respectivement les parties françaises et italiennes de cet ouvrage.

Nous exprimons aussi notre vive gratitude aux Editions R. Oldenbourg à Munich, qui nous ont accordé leur aide et leurs conseils dans notre travail et ont, comme pour les précédentes éditions, assumé en totalité la présentation de cet ouvrage.

Les auteurs:

Dr. phil. *Fritz Meinck*
Leitender Direktor und Professor im
Bundesgesundheitsamt i.R. Institut für
Wasser-, Boden- und Lufthygiene

Dr. Ing. E. h. *Helmut Möhle* †
Regierungsbaumeister a.D., ehemaliger
Baudirektor des Wupper-Verbandes und
des Wasserverbandes Düsseldorf-Mettmann

Prefazione alla Terza Edizione

A cinque anni dalla seconda edizione di questo dizionario, si è sentita la necessità di una nuova edizione, revisionata ed estesa. Tale necessità è scaturita da diversi fattori, quali l'utilizzazione di nuove espressioni introdotte dalle leggi sulle acque di scarico recentemente adottate, dalla avvenuta standardizzazione di termini tecnici in idrologia e settori collegati e dal costante aumento nel numero di termini tecnici usati nel settore dell'ingegneria delle acque e delle acque di scarico.

In questa terza edizione sono stati introdotti piu di 3000 nuovi termini tecnici, per un totale di 12018 parole; inoltre il testo è stato revisionato e, in numerosi casi, sono stati inclusi sinonimi dei termini o sono state date referenze.

Il sistema d'informazione di questo dizionario è praticamente uguale a quello della prima edizione.

Gli autori sono riconoscenti ai colleghi che, in patria ed all'estero, hanno partecipato al lavoro offrendo un valido aiuto; un ringraziamento particolare va al Sig. *André Gasser*, già dell'Istituto di Ricerche Idrologiche di Nancy ed all Ing. *Mario Santori*, dell'Istituto di Ricerca sulle Acque di Roma, per il loro contributo alla stesura delle parti francese ed italiana del dizionario.

Gli autori ringraziano inoltre l'Editore R. Oldenbourg di Monaco per l'aiuto ed i consigli forniti nello svolgimento del presente lavoro e per la elegante e pratica veste tipografica adottata.

Gli autori:
Dr. phil. *Fritz Meinck*
Leitender Direktor und Professor im
Bundesgesundheitsamt i.R. Institut für
Wasser-, Boden- und Lufthygiene

Dr. Ing. E. h. *Helmut Möhle* †
Regierungsbaumeister a.D., ehemaliger
Baudirektor des Wupper-Verbandes und
des Wasserverbandes Düsseldorf-Mettmann

Abkürzungen

a.a.O.	am angeführten Ort
a.a.R.d.T.	allgemein anerkannte Regeln der Technik
AAS	Atomabsorptionsspektrophotometrie
Abb.	Abbildung
AbfG	Abfallbeseitigungsgesetz, Gesetz über die Beseitigung von Abfällen
Abk.	Abkürzung
Abs.	Absatz
ABS	Alkylbenzolsulfonat, auch Acrylnitril-Butadien-Styrol
AbwAG	Abwasserabgabengesetz
ACHEMA	Ausstellung für Chemisches Apparatewesen der Deutschen Gesellschaft für Chemisches Apparatewesen (DECHEMA) in Frankfurt a.M.
ÄDTA	Äthylendiamintetraacetat
AEG	Allgemeine Elektricitäts-Gesellschaft
AGU	Arbeitsgemeinschaft für Umweltfragen
Anm.	Anmerkung
anorg.	anorganisch
ANS	Arbeitskreis für die Nutzbarmachung von Siedlungsabfällen
ArbStoffV	Arbeitsstoffverordnung, Verordnung über gefährliche Arbeitsstoffe
ARW	Arbeitsgemeinschaft Rhein-Wasserwerke E.V.
ASA	Acrylnitril-Styrol-Acrylester
ATP	Adenosintriphosphat
ATV	Abwassertechische Vereinigung
AWBR	Arbeitsgemeinschaft Wasserwerke Bodensee-Rhein
AWIDAT	Datenbank für Abfallwirtschaft
BAM	Bundesanstalt für Materialprüfung
BASF	Badische Anilin- und Sodafabrik, Ludwigshafen
BayLWF	Bayerische Landesanstalt für Wasserforschung, München
BBauG	Bundesbaugesetz
BDI	Bundesverband der Deutschen Industrie
BGA	Bundesgesundheitsamt
BGBl	Bundesgesetzblatt
BGW	Bundesverband der Deutschen Gas- und Wasserwirtschaft
BIBIDAT	Trinkwasser-Datenbank
BMA	Bundesministerium für Arbeit
BSB	biochemischer Sauerstoffbedarf
BSB_5	biochemischer Sauerstoffbedarf in 5 Tagen
B_R	Raumbelastung in kg $BSB_5/m^3 \cdot d$
B_{TS}	Schlammbelastung in kg BSB_5/kg TS $\cdot$ d
BWK	Bund der Wasser- und Kulturbauingenieure
CMC	Carboxymethylcellulose
COD	= CSB = chemischer Sauerstoffbedarf
CSB	chemischer Sauerstoffbedarf
DABAWAS	Datenbank für Wassergefährdende Stoffe
DAW	Deutscher Arbeitskreis Wasserforschung
DECHEMA	Deutsche Gesellschaft für Chemisches Apparatewesen
DELIWA	Verein der Deutschen Licht- und Wasserfachbeamten (Berufsverein für das Energie- und Wasserfach)
DEV	Deutsche Einheitsverfahren zur Wasser-, Abwasser- und Schlammuntersuchung
DIN	Deutsche Industrie-Norm, Deutsches Institut für Normung
Diss.	Dissertation
DNA	Deutscher Normenausschuß
DNK	Nationales Komitee der Internationalen Kommission für Große Talsperren für die Bundesrepublik Deutschland
DNS	Desoxyribonukleinsäure

DTA	Differential-Thermoanalyse
DVGW	Deutscher Verein des Gas- und Wasserfaches
DVWK	Deutscher Verband für Wasserwirtschaft und Kulturtechnik
DVWW	Deutscher Verband für Wasserwirtschaft
DZW	Dokumentationszentrale Wasser der Fraunhofer-Gesellschaft
EAF-System	Ein-/Ausgabe-System für Farbsichtgerät
EAS	Europäisches Abwasser- und Abfallsymposium
EAWAG	Eidgenössische Anstalt für Wasserversorgung, Abwasserreinigung und Gewässerschutz an der Eidgenössischen Technischen Hochschule Zürich
EDV	elektronische Datenverarbeitung
EG	Europäische Gemeinschaft
EGW	Einwohnergleichwert
EMPA	Eidgenössische Materialprüfungs-Anstalt
ENVITEC	Technik im Umweltschutz
ETH	Eidgenössische Technische Hochschule Zürich
EURATOM	Europäische Atomgemeinschaft
EWG	Europäische Wirtschaftsgemeinschaft
FGU	Fortbildungszentrum Gesundheits- und Umweltschutz
FIGAWA	Bundesvereinigung der Firmen im Gas- und Wasserfach
FW/GDCh	Fachgruppe Wasserchemie in der Gesellschaft Deutscher Chemiker
GFA	Gesellschaft zur Förderung der Abwassertechnik, St. Augustin
Gew.-O.	Gewerbeordnung
G.-I.	Zeitschrift „Gesundheits-Ingenieur"
GTZ	Gesellschaft für Technische Zusammenarbeit
gwf	Zeitschrift „Das Gas- und Wasserfach"
ha	Hektar = 10.000 m^2
HDPE	Hochdruckpolyäthylen, Polyäthylen hoher Dichte
HH$_q$	Abflußspende bei höchstem Hochwasserabfluß in $ls^{-1}km^{-2}$
HHQ	höchster Hochwasserabfluß
HHThw	oberster Grenzwert des Tidehochwassers
HHTnw	oberster Grenzwert des Tideniedrigwassers
HHW	höchster Hochwasserstand
hl	Hektoliter = 0,1 m^3
Hq	Abflußspende bei Hochwasser in $ls^{-1}km^{-2}$
HQ	Hochwasserabfluß
HThw	höchster Tidehochwasserstand
HTnw	höchster Tideniedrigwasserstand
HW	Hochwasserstand
Hz	Hertz
IAWR	Internationale Arbeitsgemeinschaft der Wasserwerke im Rheineinzugsgebiet
IFAT	Internationale Fachmesse für Abwasser-, Abfalltechnik und Städtereinigung
IFW	Internationale Fachmesse Wasserversorgung
ISWA	Internationale Vereinigung für Abfallwirtschaft und Städtereinigung
IWL	Institut für Gewerbliche Wasserwirtschaft und Luftreinhaltung, Köln
KA	Zeitschrift „Korrespondenz Abwasser"
KfA	Kuratorium für die Ausbildung von Betriebspersonal im Abwasserwesen
KfK	Kuratorium für Kulturbauwesen
KfW	Kuratorium für Wasserwirtschaft
Kp.	Kochpunkt
KSB	Firma Klein, Schanzlin & Becker AG
LAbwAG	Landesabwasserabgabengesetz
LAGA	Länderarbeitsgemeinschaft Abfall
LANA	Länderarbeitsgemeinschaft Naturschutz

landw.	landwirtschaftlich
LAS	lineares Alkylsulfonat
LAWA	Länderarbeitsgemeinschaft Wasser
Lf	Leitfähigkeit
LIDUM	Literatur-Informationsdienst Umwelt
LINEG	Linksniederrheinische Entwässerungs-Genossenschaft
l.w.	lichte Weite
LWG	Landeswassergesetz
MAK-Wert	maximale Arbeitsplatzkonzentration
MAS	methylenblauaktive Substanz
MBAS	methylenblauaktive Substanz
MHQ	mittlerer Hochwasserabfluß
MH_q	Abflußspende bei mittlerem Hochwasser
MHThw	mittlerer oberer Tidehochwasserstand
MHTnw	mittlerer oberer Tideniedrigwasserstand
MHW	mittlerer Hochwasserstand
MIK	maximale Immissionskonzentration
Mitt.	Mitteilungen
MN_q	Abflußspende bei mittlerem Niedrigwasser
MNQ	mittlerer Niedrigwasserabfluß
MNThw	mittlerer unterer Grenzwert des Tidehochwassers
MNTnw	mittlerer unterer Grenzwert des Tideniedrigwassers
MNW	mittlerer Niedrigwasserstand
M_q	Abflußspende bei Mittelwasser
MQ	Mittelwasserabfluß
MSR-Technik	Meß-, Steuer- und Regeltechnik
MThb	mittlerer Tidehub
MThw	mittlerer Tidehochwasserstand
MTmw	Mittelwert der Wasserstände bei Tidemittelwasser
MTnw	mittlerer Tideniedrigwasserstand
MT1/2 w	Mittelwert der Wasserstände bei Tidehalbwasser
MW	Mittelwasserstand
NAW	Normenausschuß Wasserwesen
n.l.	nicht löslich
n.n.	nicht nachweisbar
NN	Normalnull
NNq	Abflußspende bei niedrigstem Niedrigwasserabfluß
NNQ	niedrigster Niedrigwasserabfluß
NNThw	niedrigstes Tidehochwasser
NNTnw	niedrigstes Tideniedrigwasser
NNW	niedrigster Niedrigwasserstand
Nq	Abflußspende bei Niedrigwasser
NQ	Niedrigwasserabfluß
NQS	nukleare Quadrupol-Resonanz-Spektrometrie
NThw	unterer Grenzwert des Tidehochwasserstandes
NTnw	Tideniedrigwasserstand
NW	Wasserstand bei Niedrigwasser
o.B.	ohne Befund
org.	organisch
ÖWWV	Österreichischer Wasserwirtschaftsverband
μP	Mikroprozessor
PCB	polychlorierte Biphenyle
PE	Polyäthylen
PP	Polypropylen
PS	Pferdestärke
PVC	Polyvinylchlorid

PVCC	chloriertes Polyvinylchlorid
SAAI	Schweizerische Arbeitsgemeinschaft für Abwasserinstallationen
SAG	Süddeutsche Abwasserreinigungs-Gesellschaft, Ulm
Sdp.	Siedepunkt
StAWA	Staatliches Amt für Abwasser- und Abfallwirtschaft
StGB	Strafgesetzbuch
T.B.	Tuberkulose
Tbc.	Tuberkulose
TH	Technische Hochschule
Thw	Tidehochwasserstand
TNT	Trinitrotoluol
Tnw	Tideniedrigwasserstand
TOC	gesamter organischer Kohlenstoff
TS	Trockensubstanz
TTC	Triphenyltetrazoliumchlorid
TU	Technische Universität
TÜV	Technischer Überwachungs-Verein
U	Umdrehung
UFOKAT	Datenbank für Umweltforschung und Umweltforschungskatalog
UMPLIS	Informations- und Dokumentationssystem zur Umweltplanung des Umweltbundesamtes, Berlin
UPM	Umdrehungen pro Minute
VBI	Verein Beratender Ingenieure
VCI	Verband der Chemischen Industrie
VDG	Vereinigung Deutscher Gewässerschutz
VDI	Verein Deutscher Ingenieure
VEDEWA	Vereinigung der Wasserversorgungsverbände
VGW	Verband der Deutschen Gas- und Wasserwerke
VKS	Verband Kommunaler Städtereinigungsbetriebe
VKU	Verband Kommunaler Unternehmen
VO	Verordnung
VPE	vernetztes Polyäthylen
VPS	Verband Privater Städtereinigungsbetriebe
VSA	Verband Schweizerischer Abwasserfachleute
VwV	Verwaltungsvorschrift
VwVerfG	Verwaltungsverfahrensgesetz
WaBoLu	Institut für Wasser-, Boden- und Lufthygiene, Berlin-Dahlem
WE	Wärmeeinheit
WGK	Wassergefährdungsklasse
WGO	Weltgesundheitsorganisation der Vereinten Nationen
WGZ	Wassergefährdungszahl
WHG	Wasserhaushaltsgesetz
wiss.	wissenschaftlich
ZDS	zentrales Datenerfassungssystem

Abbreviations

ABS	alkylbenzenesulfonate
a.c.	alternating current
acre-ft.	acre-foot, acre-feet
a.d.f.	alternating double filtration
amm.N.	free and saline ammonia as N
amp-hr	ampere hour
APHA	American Public Health Association
AS	alkylsulfate
A.S.C.E.	American Society of Civil Engineers
AST	atomized suspension technique
at.wt.	atomic weight
avdp	avoirdupois
AWWA	American Water Works Association
bbl	barrel
BCI	British Standards Institution
BGB	brilliant green bile broth
bhp	brake horsepower
bil gal	billion gallons
BLS	black liquor solids
BOD	biochemical oxygen demand
B.Th.U.	British thermal unit
Btu	British thermal unit
CAB	cellulose acetate butyrate
CCIX	continuous counter-current ion exchange
cfm	cubic feet per minute
cfs	cubic feet per second
CMC	carboxy-methylcellulose
COD	chemical oxygen demand
cp	chemically pure
CSIR	Council for Scientific and Industrial Research
CSIRO	Commonwealth Scientific and Industrial Research Organization
CST	capillary suction time
cu ft	cubic foot (feet)
cusec	cubic foot (feet) per second
cwt	hundredweight
d.c., d-c	direct current
D.O.	dissolved oxygen
D.S.	dissolved solids
d.w.f.	dry weather flow
D.W.F.	dry weather flow
dwt	pennyweight
EC	European Community
EDP	electronic data processing
EDTA	ethylene-diamine tetraacetate
EEC	European Economic Community
el	elevation
EMB	eosin methylene blue
emf	electromotive force
EPA	Environmental Protection Agency
E.P.R.	electron paramagnetic resonance
ERDA	Energy Research and Development Agency
E.S.R.	electron spin resonance
EURATOM	European Atomic Energy Community
EWPCA	European Water Pollution Control Association

FAO	Food and Agriculture Organization
FBI	Federation of British Industries
ffc	feed forward control
fob	free on board
fpm	foot (feet) per minute
fps	foot (feet) per second
ft	foot (feet)
FWPCA	Federal Water Pollution Control Administration (USA)
gal	gallon(s)
gal/d	gallon(s) per day
G.C.	gas chromatography
G.L.C.	Gas-liquid chromatography
gls	gallons
gpd	gallons per day
gph	gallons per hour
gpm	gallons per minute
gps	gallons per second
HEW	(U.S.) Department of Health, Education and Welfare
hhd	hogshead (200 – 250 l)
HLB	hydrophilic-lipophilic balance
h.p., hp	horse-power
hp-hr	horse-power per hour
HUD	(U.S.) Department of Housing and Urban Development
IAEA	Internaitonal Atomic Energy Agency
IASH	International Association of Scientific Hydrology
IAWPR	International Association on Water Pollution Research
I.C.I.	Imperial Chemical Industries
ICID	International Commission on Irrigation and Drainage
ICOD	International Commission on Large Dams
ICSU	International Council of Scientific Unions
I.D.	inside diameter
IOA	International Ozone Association
ir	infrared
IRC	International Recycling Congress
ISO	International Organization for Standardization
ISWA	International Solid Wastes and Public Cleansing Association
IUB	International Union of Biochemistry
IU	international units
IUPAC	International Union of Pure and Applied Chemistry
IWES	Institution of Water Engineers and Scientists, London
IWPC	Institute of Water Pollution Control
IWSA	International Water Supply Association
JTU	Jackson turbidity unit
LAS	linear alkylsulphonate
lb	pound
L.D.	lethal dose
LHW	lower high water
LLW	lower low water
LW	(tidal) low water
MF	membrane filter
mgd	million gallons daily
MHHW	mean higher high water
MHW	mean high water
mil gal	million gallons

MIT	Massachusetts Institute of Technoloty
MLSS	mixed liquor suspended solids
MLVSS	mixed liquor volatile suspended solids
MLW	mean low water
mol wt	molecular weight
MPC	maximum permissible concentration
mph	miles per hour
MPN	most probable number (of E.coli)
MS	mass spectrum spectroscopy
MWB	Metropolitan Water Board (London)
NBS	National Bureau of Standards
NIEHS	National Institute of Environmental Health Services
NIOSH	National Institute of Occupational Safety and Health
NIWR	National Institute for Water Research, Pretoria
NMR	nuclear magnetic resonance
NOAA	National Oceanic and Atmospheric Administration
NQS	nuclear quadrupel resonance spectrometry
NRC	National Research Council
N.S.	not specified
NSSC-pulp	neutral sulphite semi-chemical pulp
NTIS	National Technical Information Service
NWC	National Water Council
OC	oxygen consumed
O.D.	outside diamter
ORP	oxydation-reduction potential, redox-potential
ORSANCO	Ohio River Water Sanitation Commission
OSCOM	Oslo Commission
OT	ortho-tolidine
oz	ounce
PCB	polychlorinated biphenyls
psf	pounds per square foot
psi	pounds per square inch
PTFE	polytetrafluorethylene (Teflon)
PVC	polyvinylchloride
PV	permanganate value (absorbed from n/80 acid permanganate solution in 4 hours at $27\,^\circ C$)
QQS	quantity-quality simulation
rev/min	revolutions per minute
rpm, r.p.m.	revolutions per minute
RQ	respiratory quotient
SACSA	Standing Advisory Committee for Scientific Advice
S.C.E.	saturated calomel electrode
SDI	sludge density index
SLR	sludge loading ratio
SS	suspended solids
T.B.	tuberculosis
tidal HW	tidal high water
TLM	median tolerance limit
TOC	total organic carbon
TOD	total oxygen demand
TS	total solids
TSS	total suspended solids
TTC	triphenyltetrazolium chloride

TVA	Tennessee Valley Authority
TVS	total volatile solids
UK	United Kingdom
UOD	ultimate oxygen demand
USBM	United States Bureau of Mines
USDA	United States Department of Agriculture
USGS	United States Geological Survey
USFWS	United States Fish and Wildlife Service
USP	United States Pharmacopoeia
USPHS	United States Public Health Service
VM	volatile matter
VTE	vertical-tube evaporation
w/c-ratio	water-cement ratio
WHO	World Health Organization of the United Nations (UN)
WPCF	Water Pollution Control Federation
WPCR	Water Pollution Control Research
W.P.R.L.	Water Pollution Research Laboratories, Stevenage
WRC	Water Research Centre, U.K., Water Research Commission, Pretoria, S.A.
yd	yard
yr	year

Abréviations

ABC	acéto-butyrate de cellulose
abr.	abrégé; abréviation
abs.	absolu
ABS	alkyl benzène sulfonate
ADN	acide désoxyribonucléique
A.F.B.	Agence Financière de Bassin
A.F.E.E.	Association Française pour l'Etude des Eaux
AFNOR	Association Française de Normalisation
AFPE	Association Française pour la Protection des Eaux
A.G.H.T.M.	Association Générale des Hygiénistes et Techniciens Municipaux, Paris
agr.	agricole; agriculture
AIDE	Association Internationale des Distributions d'Eau
AIEA	Agence Internationale de l'Energie atomique
AIHS	Association Internationale d'Hydrologie Scientifique
AIRPE	Association Internationale de la Recherche sur la Pollution de l'Eau
alt.	altitude
A. & M.	Arts et Métiers
A.N.A.H.	Agence Nationale pour l'Amélioration de l'Habitat
APAV	Association des Propriétaires d'Appareils à Vapeur
APPA	Association pour la Prévention de la Pollution Atmosphérique
A.P.S.	avant-projet sommaire
APTH	Association pour la Prévention dans les Transports d'Hydrocarbures
ARN	acide ribonucléique
arr.	arrondissement
AS	alkylsulfate
ASL	alkylsulfonate linéaire
ATP	adénosine-tri-phosphate
bact.	bactériologique; bactériologie
bbl.	baril
B.B.V.B.	bouillon bilié au vert brillant
B.E.	bureau d'études
B.I.P.E.	Bureau d'Informations et de Prévisions Economiques
B.I.P.M.	Bureau International des Poids et Mesures
B.I.T.	Bureau International du Travail (Genève)
B.P.	basse pression
B.P.C.	biphényles polychlorés
B.R.G.M.	Bureau de Recherches Géologiques et Minières
B.T.	basse tension
BURGEAP	Bureau d'Etudes de Géologie Appliquée, Paris
C_m	charge massique (kg DBO_5/kg MS · j)
C_v	charge volumique (kg DBO_5/m^3· j)
c.a.	courant alternatif
CAEM	Conseil d'Assistance Economique Mutuelle
c.c.	courant continu
C.C.P.	compte courant postal
C.D.F.	Charbonnages de France
C.E.	Communauté Européenne
C.E.A.	Commissariat à l'Energie Atomique
CEBEDEAU	Centre Belge d'Etude et de Documentation des Eaux
CEBELCOR	Centre Belge d'Etude de la Corrosion
C.E.C.A.	Communauté Européenne Charbon-Acier
CEDRE	Centre de Documentation, de Recherche et d'Expérimentation sur les Pollutions Accidentelles des Eaux
C.E.E.	Communauté Economique Européenne
CEFIGRE	Centre de Formation Internationale à la Gestion des Ressources en Eau
C.E.M.P.	Centre d'Etudes de Matières Plastiques (France)

C.E.P.	Centre d'Etudes de Matières Plastiques (Belgique)
C.E.P.A.L.	Centre d'Etudes Professionnelles Alimentaires
CERCHAR	Centre d'Etudes et de Recherches des Charbonnages de France
C.E.R.N.	Conseil Européen de Recherches Nucléaires, Genève
C.F.P.	Compagnie Française des Pétroles
CFRP	Comité Français de la Recherche sur la Pollution de l'Eau
C.G.	chromatographie en phase gazeuse
C.G.E.	Compagnie Générale des Eaux
C.G.L.	chromatographie gaz-liquide
CIEH	Comité Interafricain d'Etudes Hydrauliques
CIESM	Commission Internationale pour l'Exploration de la Mer Méditerranée
CIGB	Commission Internationale des Grands Barrages
CIPM	Comité International de Poids et Mesures
C.N.E.S.	Centre National d'Etudes Spatiales (France)
C.N.E.X.O.	Centre National d'Exploitation des Océans (France)
C.N.R.S.	Centre National de la Recherche Scientifique (France)
C.N.R.A.	Centre National des Recherches Agronomiques (France)
CMC	carboxyméthylcellulose
CODER	Commission de Développement Economique Régional
COMES	Commissariat à l'Energie Solaire (France)
C.P.	chimiquement pur
CPV	chlorure de polyvinyle
c/s	cycles par seconde
C.T.I.F.	Centre Technique des Industries de la Fonderie
C.U.	charge utile
CV	cheval-vapeur
DASS	Direction des Affaires Sanitaires et Sociales
DATAR	Délégation à l'Aménagement du Territoire et à l'Action Régionale
DBO	demande biochimique en oxygène
DBO_5	demande biochimique en oxygène en 5 jours
DCO	demande chimique en oxygène
D.D.A.	Direction Départementale de l'Agriculture, des Eaux et des Forêts
D.D.E.	Direction Départementale de l'Equipement
D.D.P.	différence de potentiel
D.L.	dose létale
DTO	demande totale en oxygène
D.U.P.	déclaration d'utilité publique
EAO	essai à l'arsénite-orthotolidine
E.B.M.	éosine-bleu de méthylène
E.C.	équivalent carbone
ECS	électrode au calomel saturé
EDTA	éthylène-diamine-tétracétique (acide)
éq.hab.	équivalent-habitant
E.T.C.A.	Etudes Techniques et Constructions Aérospatiales (Belgique)
EURATOM	European Atomic Energy Community
EUROTO	Comité Européen Permanent pour la Protection des Populations contre les Risques de Toxicité à long terme
f.e.m.	force électromotrice
FIDECO	Forum International de Developpement Commercial
FRAMATOME	Société Franco-Américaine de Constructions Atomiques
GdF	Gaz de France
GEFAP	Groupement Européen des Associations Nationales de Fabricants de Pesticides
H.B.L.	Houillères du Bassin de Lorraine
H.E.C.	Ecole des Hautes Etudes Commerciales

H.P.	haute pression
H.S.	hors de service
H.T.	haute tension; hors taxes
I.B.N.	Institut Belge de Normalisation
IFOP	Institut Français de l'Opinion Publique
IFP	Institut Français du Pétrole
IGAME	Inspecteur Général de l'Administration en Mission Extraordinaire
I.G.N.	Institut Géographique National
I.I.B.	Institut International des Brevets (Pays-Bas)
INICHAR	Institut National de l'Industrie Charbonnière (Belgique)
I.N.R.A.	Institut National de la Recherche Agronomique (France)
I.N.R.S.	Institut National de Recherche et de Sécurité pour la Prévention des Accidents du Travail et des Maladies Professionnelles (France)
INSEE	Institut National de la Statistique et des Etudes Economiques (France)
I.R.	infra-rouge
IRCHA	Institut de Recherches des Charbonnages de France
I.R.H.	Institut de Recherches Hydrologiques, Nancy
IRSID	Institut de Recherches de la Sidérurgie (France)
j	jour
J.O.	Journal Officiel de la République Française
kc	kilocycle(s)
kc/s	kilocycles par seconde
L.M.T.	limite moyenne de tolérance
m^3/h	mètres cubes par heure
m^3/j	mètres cubes par jour
M.dec.	matières décantables
MECA	Machines et Equipement de Conception (France)
MeST	matières en suspension totales
M.n.déc.	matières non décantables
M.O.	matières organiques; matières oxydables
M.P.A.	Mines de Potasse d'Alsace
M.S.	matières sèches
M.V.	matières volatiles
n.d.	non décelé; non dosé
N.F.	norme française
NSG	nombre seuil du goût
NTK	azote total dosé par la méthode Kjeldahl
ODA	Omnium d'Assainissement, Paris
OECD	Organisation de Coopération et de Développement Economique
OECE	Organisation Européenne de Coopération Economique
O.I.T.	Organisation Internationale du Travail
O.M.S.	Organisation Mondiale de la Santé des Nations Unies
ONERA	Office National d'Etudes et de Recherches Aérospatiales
O.N.M.	Office National Météorologique
O.N.U.	Organisation des Nations Unies
O.P.A.	offre publique d'achat
OPAH	opération programmée d'amélioration de l'habitat
O.S.	ouvrier spécialisé
O.T.	ortho-tolidine
P.A.	poids atomique
p.a.	pour analyses
P. & C.	Service des Ponts et Chaussées

P.C.I.	pouvoir calorifique inférieur
P.C.S.	pouvoir calorifique supérieur
P.E.	polyéthylène
p.é.	point d'ébullition
p.f.	point de fusion
P.K.	point kilométrique
P.N.B.	produit national brut
P.N.N.	produit national net
PNUE	Programme des Nations Unies pour l'Environnement
P.O.S.	plan d'occupation des sols
p.p.s.	périodes par seconde
prof.	profondeur
P.T.F.E.	polytétrafluoréthylène
Q_m	débit moyen
Q_p	débit de temps pluvieux
Q_{TS}	débit de temps sec
Q.R.	quotient respiratoire
q.s.p.	quantité suffisante pour ...
R.A.	regie autonome
rH	potentiel d'oxydo-réduction
RMN	spectroscopie de résonance magnétique nucléaire
S.A.B.	Société Alsacienne de Brasserie
S.A.C.M.	Société Alsacienne de Constructions Mécaniques
SAL	sulfonate d'alkyle linéaire
S.E.B.	Société Européenne de Brasseries
S.E.C.	substances extrahibles au chloroforme
SNIAS	Société Nationale Industrielle Aérospatiale (France)
S.N.P.A.	Société Nationale des Pétroles d'Aquitaine
SOFRES	Societe Française d'Etudes de Statistiques
SOGREAH	Société Grenobloise d'Etudes et d'Applications Hydrauliques
sol.	solution
T.A.	titre alcalimétrique
T.A.C.	titre alcalimétrique complet
Tbc	tuberculose
T.H.	titre hydrotimétrique
T.N.T.	trinitrotoluène; tolite
tr/mn	tours par minute
T.S.C.	temps de succion capillaire
T.S.M.	revue ,,Techniques et Sciences Municipales et Revue de l'Eau"
U.C.T.	unité centrale de traitement
UJT	unité Jackson de turbidité
UNESCO	Organisation des Nations Unies pour l'Education, la Science et la Culture
U.V.	ultra-violet
Z.A.C.	zone d'aménagement concerté
Z.I.	zone industrielle
Z.U.P.	zone à urbaniser en priorité

Abbreviazioni

A	area
AAS	spettroscopia d'assorbimento atomico
ab.	abitante
ABS	alchil benzen sulfonato
A.N.C.	Albo Nazionale Costruttori
A.N.C.C.	Associazione Nazionale Controllo Combustione
ANDIS	Associazione Nazionale di Ingegneria Sanitaria
ANIMA	Associazione Nazionale Industria Meccanica Varia ed Affine
atm	atmosfera
BOD	richiesta biochimica di ossigeno
BOD_5	richiesta biochimica di ossigeno a 5 giorni
BTU	unità di misura del calore nel sistema britannico
C	concentrazione
c.a.	corrente alternata
cal	piccola caloria
Cal	grande caloria
c.c.	corrente continua
cc	centimetri cubici
CECA	Comunità Europea Carbone ed Acciaio
CEE	Comunita Economica Europea
CEI	Comitato Elettrotecnico Italiano
cm	centimetro
CNR	Consiglio Nazionale delle Ricerche
COD	richiesta chimica di ossigeno
CPV	cloruro di polivinili
C.S.	carico specifico
CST	tempo di suzione capillare
C.V.	carico volumetrico
CV	cavallo vapore (sistema metrico)
$CV \cdot h$	cavallo vapore – ora
d	giorno
D.L.	decreto legge
D.M.	decreto ministeriale
DNA	acido desossiribonucleico
DP	polarografia differenziale
DPP	polarografia differenziale ad impulsi
DPR	Decreto del Presidente della Repubblica
DWF	portata di tempo asciutto
ECD	rilevatore a cattura di elettroni
ED	processo (di dissalazione) ad elettrodialisi
EDTA	etilendiamminotetracetato
ENEA	Ente Nazionale per l'Energia Atomica
ENEL	Ente Nazionale per l'Energia Elettrica
ENPI	Ente Nazionale Prevenzione infortuni
EPA	Agenzia per la Protezione dell'Ambiente (U.S.A.)
EURATOM	Ente Europeo per l'Energia Atomica
F	fattore di riciclo
FAO	Organizzazione per l'Alimemtazione e l'Agricoltura
FID	rilevatore a ionizzazione di fiamma
FNAMGAV	Federazione Nazionale Aziende Municipalizzate Gas, Acqua e Varie
GC	gas cromatografia
GLC	cromatografia gas-liquido

h	hora
H	altezza
ha	ettaro
HP	cavallo vapore (sistema britannico)
HRLC	cromatografia liquida ad alta risoluzione
Hz	hertz
IAEA	Agenzia Internazionale per l'Energia Atomica
IAWPR	Associazione Internazionale di Ricerca sull'Inquinamento delle Acque
IR	infrarosso
IRSA	Istituto di Ricerca sulle Acque
ISO	Organizzazione Internazionale per la standardizzazione
ISS	Istituto Speriore de Sanità
JTU	unità di turbidità Jackson
kcal	grande caloria
kg	chilogrammo
kW	chilowatt
kWh	chilowattora
l	litro
L	lunghezza
LAS	alchil sulfonato lineare
LC	cromatografia liquida
LD	dose letale
LD_{50}	dose letale per il 50% dei campioni in 24 h
LPIP	Laboratori Provinciali di Igiene e Profilassi
m	metro
M	massa
MBAS	sostanza attiva al blu di metilene
ME	processo (di dissalazione) a multiplo effetto
MF	processo (di dissalazione) ad espansioni multiple
mg	milligrammo
mg/l	milligrammi per litro
ml	millilitro
ML	miscela aerata
MLSS	solidi sospesi totali nella miscela aerata
MLVSS	solidi sospesi volatili nella miscela aerata
MPN	numero più probabile
MS	spettrometria di massa
N_{NH_3}	azoto ammoniacale
N_{NO_3}	azoto nitrico
N_{NO_2}	azoto nitroso
N_T	azoto totale
NMR	risonanza magnetica nucleare
N.U.	nettezza urbana
OD	ossigeno disciolto
OI	processo (di dissalazione) ad osmosi inversa
OMS	Organizzazione Mondiale della Sanità
ONU	Organizzazione delle Nazioni Unite
PA	peso atomico
PCB	difenili policlorurati
PCI	potere calorifico inferiore
PCS	potere calorifico superiore
PM	peso molecolare

ppm	parti per milione	
PTFE	politetrafluoro etilene	
PV	indice di permanganato	
PVC	cloruro di polivinile	
Q	portata in volume	
Q_m	portata media	
Q_{max}	portata massima	
Q_P	portata di pioggia	
Q_R	portata di riciclo	
R	rapporto di riciclo	
R_e	numero di Reynolds	
rpm	giri alminuto	
RS	resistenza specifica alla filtrazione	
RV	rapporto di volume	
SAL	sulfonato alchilico lineare	
SDI	indice di densità del fango	
SI	processo (di dissalazione) a scambio ionico	
SST	solidi sospesi totali	
SSV	solidi sospesi volatili	
ST	solidi totali	
SVI	indice di volume del fango	
T	temperatura	
t	tonnellata metrica	
TAD	termoanalisi differenziale	
TAG	termoanalisi gravimetrica	
TC	processo (di dissalazione) a termocompressione	
TDS	solidi disciolti totali	
TKN	azoto totale secondo Kjeldahl	
TLC	cromatografia su strato sottile	
TOC	carbonio organico totale	
TOD	richiesta totale di ossigeno	
ton	tonnellata britannica	
UIDA	Unione Impiantisti Depurazione Acque	
UNEL	Unificazione Elettronica	
UNI	Ente Nazionale Italiano di Unificazione	
USL	Unità Sanitaria Locale	
UV	ultravioletto	
UV-VIS	ultravioletto-visibile	
v	velocita	
V	volume	
VIS	visibile	
VTE	evaporatore a tubi verticali	
VV.FF.	Vigili del Fuoco	
W	Watt	

Deutsch — Englisch — Französisch — Italienisch
□ German — English — French — Italian
△ Allemand — Anglais — Français — Italien
○ Tedesco — Inglese — Francese — Italiano

1 **A-Horizont** m, **Auslaugungszone** f,
  Auswaschungszone f, **Eluvialhorizont** m
  ☐ horizon A, A-horizon, zone of leaching,
    eluvial horizon
  △ horizon m A, horizon m éluvial, horizon
    m de lessivage
  ○ orizzonte m A, orizzonte m eluviato

  A-Kohle → *Aktivkohle*

  **A-Kohle-Auszuges, Chloroformlösliches
  des** ~ → *Chloroformlösliches des A-
  Kohle-Auszuges*

  A-Kohlefilter → *Aktivfilter*

  A-Schlamm → *Belebtschlamm*

  A-Stück → *Muffenstück mit
  Flanschstutzen*

  AA-Stück → *Muffenstück mit zwei
  Flanschstutzen*

2 **Aal** m
  ☐ eel
  △ anguille f
  ○ anguilla f

3 **Aalfang** m
  ☐ eel-fishing
  △ pêche f à l'anguille
  ○ pesca f di anguille

4 **Aalpaß** m
  ☐ eelway
  △ passe f à anguilles
  ○ passo m di anguille

  Abänderung → *Änderung*

5 **Abart** f *(biol.)*
  ☐ variety
  △ variété
  ○ varietà f

6 **Abbau** m *(Bergbau)*
  ☐ extraction
  △ exploitation f, dépilage m
  ○ espletazione f

7 **Abbau** m, **Zersetzung** f *(biol.)*
  ☐ decomposition, digestion, disintegration,
    breakdown, degradation, fouling
  △ décomposition f, destruction f,
    dégradation f
  ○ decomposizione f, scomposizione f,
    degradazione f

8 **Abbau** m, **aerober, Zersetzung** f, **aerobe**
  ☐ aerobic decomposition
  △ décomposition f aérobie
  ○ decomposizione f aerobica

  Abbau, bergmännischer → *Bergbau*

9 **Abbau** m, **biologischer**
  ☐ biodegradation, biological decomposition
  △ biodégradation f
  ○ biodegradazione f

  Abbau, Grundwasser~ → *Grundwasser-
  abbau*

10 **Abbau** m, **thermophiler, biologischer**
   ☐ thermophilic biodegradation
   △ biodégradation f thermophile
   ○ biodegradazione f termofila

11 **Abbauaufwand** m
   ☐ energy input
   △ consommation f d'énergie
   ○ consumo m di energia

12 **abbaubar, abbaufähig** *(biol.)*
   ☐ degradable, decomposable
   △ dégradable, décomposable
   ○ degradabile, decomponibile

   abbaubar, biologisch ~ → *biologisch
   abbaubar*

   abbaubar, leicht ~ → *leicht abbaubar*

13 **Abbaubarkeit** f, **Abbaufähigkeit** f *(biol.)*
   ☐ decomposability, degradability
   △ dégradabilité f
   ○ degradabilità f

14 **Abbaubarkeit** f, **biologische**
   ☐ biodegradability
   △ biodégradabilité f
   ○ biodegradabilità f

15 **Abbaubarkeitsgrad** m, **biologischer**
   ☐ degree of biodegradability
   △ degré m de biodégradabilité
   ○ grado m di biodegradabilità

16 **abbauen, zersetzen** *(biol.)*
   ☐ decompose, digest, disintegrate, break
     down, foul
   △ décomposer, détruire
   ○ decomporre, scomporre, distruggere,
     disfare

   abbaufähig → *abbaubar*

   Abbaufähigkeit → *Abbaubarkeit*

17 **Abbaugebiet** n, **Bergbaugebiet** n
   ☐ mining area, mining district
   △ zone f minière, district m minier
   ○ zona f mineraria, distretto m minerario

18 **Abbaukinetik** f
   ☐ (bio)degradation kinetics
   △ cinétique f de la (bio)dégradation
   ○ cinetica f della (bio)degradazione

19 **Abbauleistung** f
   ☐ degradation performance
   △ rendement m de dégradation, rendement
     m de décomposition
   ○ rendimento m di degradazione,
     rendimento m di decomposizione

20 **Abbauprodukt** n
   ☐ break-down product
   △ produit m de dégradation, produit m de
     décomposition
   ○ prodotto m di degradazione, prodotto m
     di decomposizione

21 **abbauresistent, schwer abbaubar**
   ☐ non-[bio]degradable, undegradable,
     resistant, refractory
   △ non-[bio]dégradable, réfractaire, résistant
   ○ non [bio]degradabile, resistente

22 **Abbauresistenz** f
☐ non-biodegradability, undegradability
△ résistance f à la biodégradation, non-biodégradabilité f
○ non biodegradabilità f

23 **Abbaustufe** f
☐ stage of degradation, stage of decomposition
△ stade m de dégradation, stade m de décomposition
○ livello m di degradazione, grado m di decomposizione

Abbauversuch → *Abklingversuch*

24 **Abbindebeschleuniger** m
☐ accelerator of curing
△ accélérateur m de prise
○ acceleratore m della presa

25 **abbinden, binden** *(von Zement)*
☐ set, cure
△ faire prise, prendre
○ far presa

26 **Abbindewärme** f
☐ setting heat, heat of hydration, hydration heat
△ chaleur f de [la] prise, chaleur f d'hydratation
○ calore m di presa, calore m d'idratazione

27 **Abbindezeit** f
☐ curing period, setting time
△ durée f de [la] prise
○ tempo m di presa

28 **abblasen** *(einen Dampfkessel)*
☐ blow-off, blow down
△ purger
○ spurgare

29 **Abdampf** m
☐ exhaust steam
△ vapeur f d'échappement
○ vapore m di scarico

abdampfen → *verdampfen*

Abdampfkolonne → *Abtreibekolonne*

30 **Abdampfrückstand** m, **Eindampfrückstand** m, **Verdampfungsrückstand** m
☐ residue on evaporation, total solids pl, evaporation residue
△ résidu m d'évaporation
○ residuo m di evaporazione, sostanze f pl totali

31 **Abdampfschale** f
☐ evaporating dish
△ capsule f d'évaporation
○ capsula f essiccativa, evaporizzatore m

32 **Abdeckerei** f, **Kadaververwertungsanstalt** f, **Tierkörperbeseitigungsanstalt** f, **Tierkörperverwertungsanstalt** f
☐ flaying-house, rendering plant, knackery
△ équarrissage m
○ scorticatoio m, casa f degli scorticatori

33 **Abdeckplatte** f
☐ covering plate
△ plaque f de recouvrement
○ piastra f di copertura

34 **Abdeckplatte** f, **gelochte**
☐ perforated covering plate
△ plaque f de recouvrement perforée, plaque f de recouvrement percée
○ lastra f di copertura perforata

35 **Abdeckplatte** f, **geriffelte**
☐ ornamental covering plate
△ plaque f de recouvrement quadrillée
○ piastra f di ricoprimento rigata, piastra f di copertura scanalata

36 **Abdeckung** f, **Bedeckung** f, **Decke** f, **Deckel** m, **Überdeckung** f
☐ cover, covering, blanket
△ couverture f, recouvrement m, tapis m
○ copertura f, coperta f, coprimento m

Abdeckung, Betonplatten~ → *Betonplattenabdeckung*

Abdeckung, Erd~ → *Bodenabdeckung*

37 **Abdeckung** f, **flußseitige ~ eines Deiches**
☐ riverside blanket of a dike
△ tapis m du côté rivière d'un dyke
○ paramento m della parte fluviale di un dicco

38 **Abdeckung** f, **mechanische**
☐ mechanical cover[ing]
△ couverture f mécanique
○ copertura f meccanica

39 **Abdeckung** f, **oberwasserseitige**
☐ upstream blanket
△ tapis m d'amont
○ paramento m di monte

Abdeckung, Schacht~ → *Schachtabdeckung*

40 **abdichten, dichten**
☐ seal, make tight, make seepage-proof
△ étancher, imperméabiliser, rendre imperméable, rendre étanche, sceller
○ rendere impermeabile, impermeabilizzare

Abdichten → *Abdichtung*

41 **Abdichtung** f, **Abdichten** n, **Dichtung** f
☐ seal, sealing, packing
△ étanchement m, imperméabilisation f
○ tenuta f, impermeabilizzazione f

42 **Abdichtungsgraben** m
☐ cutoff trench
△ parafouille f clef
○ trincea f di tenuta

Abdichtungsschicht → *Schicht, undurchlässige*

Abessinierbrunnen → *Schlagbrunnen*

Abfälle → *Abfallstoffe*

43 **Abfälle** m pl **der Uranerzgewinnung und -aufbereitung**
  □ front-end wastes
  △ déchets m pl de l'extraction et du traitement de minerais uranifères
  ○ residui m pl derivanti dall'estrazione e dal trattamento dei minerali uraniferi

  Abfälle, Geflügelfarm~ → *Geflügelfarmabfälle*

44 **Abfälle** m pl, **häusliche, Abfallstoffe** m pl, **häusliche, Hausabfall** m
  □ household wastes pl, domestic waste(s)
  △ déchets m pl domestiques, résidus m pl domestiques
  ○ detriti m pl domestici, cascami m pl domestici

45 **Abfälle** m pl, **radioaktive, Atommüll** m
  □ radioactive wastes pl
  △ déchets m pl radioactifs
  ○ residui m pl radioattivi

  Abfälle, Speise~ → *Speiseabfälle*

  Abfall → *Abfallstoffe*

  Abfall des Grundwasserspiegels → *Grundwassergefälle*

46 **Abfall** m **einer Kurve**
  □ drop of a curve, fall of a curve
  △ chute f d'une courbe, partie f descendante d'une courbe
  ○ ramo m discendente di una curva

47 **Abfall** m, **gewerblicher, Industrieabfall** m, **Industriemüll** m, **Müll** m, **gewerblicher**
  □ commercial waste, trade waste, manufacturing wastes pl, industrial refuse
  △ résidus m pl industriels, déchets m pl industriels, rejet m industriel
  ○ rifiuti m pl industriali, residuo m industriale

  Abfall, Potential~ → *Potentialabfall*

  Abfall- und Hausmüllbeseitigung, Schwemmverfahren der ~
  → *Schwemmverfahren der Abfall- und Hausmüllbeseitigung*

48 **Abfallabfuhr** f
  □ waste transporting
  △ transport m de déchets
  ○ trasporto m dei rifiuti

  Abfallabfuhr → *Müllabfuhr*

49 **Abfallaufbereitung** f, **Abfallbehandlung** f
  □ waste treatment
  △ traitement m des déchets
  ○ trattamento m dei rifiuti

50 **Abfallaufbereitungstechnik** f
  □ waste treatment technique
  △ technique f de traitement des déchets
  ○ tecnica f di trattamento dei rifiuti

51 **Abfallaufbereitungsverfahren** n
  □ waste treatment method
  △ méthode f de traitement des déchets
  ○ metodo m di trattamento dei rifiuti

52 **Abfallbehälter** m
  □ litter receptacle, waste receptacle
  △ boîte f à ordures, vide-ordures m, poubelle f
  ○ contenitore m per i rifiuti

  Abfallbehandlung → *Abfallaufbereitung*

  Abfallbeize → *Beizablauge*

53 **Abfallbeseitigung** f, **Entsorgung** f
  □ waste disposal, disposal of waste
  △ évacuation f des déchets, enlèvement m des ordures
  ○ smaltimento m dei rifiuti solidi

54 **Abfallbeseitigungsanlage** f
  □ waste disposal plant
  △ installation f d'évacuation des déchets
  ○ impianto m per lo smaltimento dei rifiuti

55 **Abfallbeseitigungsgesetz** n
  □ law on waste disposal
  △ législation f sur l'évacuation des déchets
  ○ legislazione f sullo smaltimento dei rifiuti

56 **Abfallbewirtschaftung** f, **Abfallwirtschaft** f
  □ waste management, administrative waste management
  △ aménagement m des déchets
  ○ gestione f dei rifiuti

57 **Abfalldesinfektion** f
  □ waste disinfection
  △ désinfection f des déchets, désinfection f des résidus
  ○ disinfezione f degli scarichi

58 **Abfallentkeimung** f, **Abfallsterilisation** f
  □ waste sterilization
  △ stérilisation f des résidus, stérilisation f des déchets
  ○ sterilizzazione f dei rifiuti

59 **Abfallkataster** m
  □ waste cataster, waste register
  △ registre m des déchets, répertoire m des déchets
  ○ catasto m degli scarichi

  Abfallauge → *Ablauge*

60 **Abfallauge** f *(Salzlauge)*
  □ waste brine
  △ lessive f résiduaire, liqueur f résiduaire
  ○ lisciva f residuale

61 **Abfallmenge** f
  □ waste volume, amount of waste
  △ quantité f de résidus, volume m de résidus
  ○ quantità f di rifiuti, volume m dei rifiuti

62 **Abfallmolke** f
  □ whey waste
  △ petit-lait m de rebut
  ○ siero m di scarico

  Abfallnutzung → *Abfallverwertung*

Abfallöl, Sammelbehälter für ~
→ *Sammelbehälter für Abfallöl*

63 Abfallölemulgator *m*
- □ waste-oil emulsifier
- △ émulsifiant *m* pour huiles usagées
- ○ emulsificante *m* per oli usati

64 Abfallösungsmittel *n*
- □ waste solvent, spent solvent
- △ solvant *m* usagé, solvant *m* épuisé, solvant *m* résiduaire
- ○ solvente *m* usato, solvente *m* esausto, solvente *m* di rifiuto

65 Abfallrecht *n*
- □ waste legislation
- △ législation *f* relative aux déchets
- ○ legislazione *f* relativa agli scarichi

Abfallrohr → *Fallrohr*

66 Abfallsäure *f*
- □ spent acid, waste acid
- △ acide *m* épuisé
- ○ acido *m* di rifiuto

67 Abfallsammelsystem *n*
- □ waste-collecting system
- △ système *m* de collecte des déchets
- ○ sistema *m* di raccolta degli scarichi

68 Abfallsammlung *f*
- □ waste collection
- △ ramassage *m* des déchets
- ○ raccolta *f* dei rifiuti

Abfallschacht → *Absturzschacht*

69 Abfallsortierung *f*
- □ sorting of waste
- △ classification *f* des résidus
- ○ classificazione *f* degli scarichi

Abfallsterilisation → *Abfallentkeimung*

70 Abfallstoffe *m pl*, **Abfälle** *m pl*, **Abfall** *m*
- □ waste products *pl*, waste materials *pl*, waste substances *pl*, wastes *pl*, offal, rubbish, refuse, trash
- △ déchets *m pl*, résidus *m pl*
- ○ rifiuti *m pl* [solidi], prodotti *m pl* di rifiuto, cascami *m pl*, scarichi *m pl*

Abfallstoffe, Eiweiß-~ → *Eiweiß-Abfallstoffe*

71 Abfallstoffe *m pl*, **feste, Festabfall** *m*
- □ solid wastes *pl*
- △ déchets *m pl* solides, résidus *m pl* solides
- ○ rifiuti *m pl* solidi

72 Abfallstoffe *m pl*, **flüssige**
- □ liquid wastes *pl*
- △ résidus *m pl* liquides
- ○ residui *m pl* liquidi

Abfallstoffe, häusliche → *Abfälle, häusliche*

Abfallverbrennungsanlage → *Müllverbrennungsanlage*

73 Abfallverfestigung *f*
- □ solidification of waste material, waste solidification
- △ solidification *f* des déchets
- ○ solidificazione *f* degli scarichi

74 Abfallverwertung *f*, **Abfallnutzung** *f*
- □ waste reclamation, waste utilization
- △ valorisation *f* des résidus, utilisation *f* des déchets
- ○ valorizzazione *f* dei rifiuti, utilizzazione *f* dei rifiuti

Abfallwirtschaft → *Abfallbewirtschaftung*

Abfallzerkleinerer → *Müllwolf*

75 Abfangen *n*, **Zurückhaltung** *f*
- □ interception
- △ interception *f*
- ○ intercettazione *f*

76 Abfanggraben *m*
- □ pick-up carrier [of an irrigation field], diversion ditch, tail drain, waste ditch, intercepting ditch
- △ fossé *m* d'interception, fossé *m* de dérivation, rigole *f* de colature
- ○ fossa *f* d'intercettazione

77 Abfanggraben *m* *(zur Talsperre)*
- □ catchwater, catchwork
- △ contre-fossé *m*, canal *m* collecteur
- ○ canale *m* di gronda

78 Abfangleitung *f*, **Abfangsammler** *m*
- □ interceptor, intercepting sewer
- △ collecteur *m* d'interception, intercepteur *m*
- ○ collettore *m* d'intercettazione

Abfangsammler → *Abfangleitung*

Abfangstrang → *Fangdrän*

79 abfiltern zum Zwecke des Verwerfens
- □ filter to waste
- △ filtrer pour rejet
- ○ filtrare al fine di scaricare

80 Abfiltern *n* **zum Zwecke des Verwerfens**
- □ filtering to waste
- △ filtration *f* pour rejet
- ○ filtrazione *f* al fine di scaricare

abfiltrierbar → *filtrierbar*

81 abfließen, ablaufen, ausfließen
- □ run off, flow out
- △ découler, s'écouler, s'échapper
- ○ scolare, scorrere

Abfließen → *Abfluß*

82 Abfluß *m*, **Abfließen** *n*, **Ablauf** *m*, **Ablaufen** *n*, **Ausfließen** *n*, **Ausfluß** *m*
- □ run-off, discharge, flow, effluent, efflux, outflow
- △ écoulement *m*, effluent *m*, débit *m*, décharge *m*, ruissellement *m*, dégorgement *m*, rejet *m*
- ○ efflusso *m*, scolamento *m*, flusso *m*, deflusso *m*, scolo *m*, effluente *m*, ruscellamento *m*

Abfluß, beständiger → *Strömung, gleichmäßige*

83 Abfluß *m*, **bordvoller**
☐ flow at area flowing full
△ écoulement *m* à plein débit
○ flusso *m* a sezione piena

Abfluß, Grundwasser~ → *Grundwasserabfluß*

84 Abfluß *m*, **grundwasserbürtiger**
☐ (rate of) flow originating from groundwater discharge
△ afflux *m* en provenance d'un écoulement souterrain
○ flusso *m* derivante da uno scarico sotterraneo

85 Abfluß *m* **in mittlerer Höhe** *(Talsperren)*
☐ intermediate outlet, intermediate discharge
△ vidange *f* intermédiaire, déversoir *m* intermédiaire
○ scarico *m* intermedio, scarico *m* di mezzofondo

86 Abfluß *m*, **mittlerer jahreszeitlicher**
☐ mean seasonal runoff
△ ruissellement *m* moyen saisonnier, écoulement *m* moyen saisonnier
○ deflusso *m* medio stagionale

Abfluß, Oberflächen~ → *Oberflächenabfluß*

Abfluß, oberirdischer → *Oberflächenabfluß*

Abfluß, Regenwasser~ → *Regenwasserabfluß*

Abfluß, Tages~ → *Tagesabfluß*

Abfluß, unterirdischer
→ *Grundwasserabfluß, unechter*

87 Abfluß *m*, **unterschlächtiger**
☐ undershot run
△ écoulement *m* en-dessous
○ scolamento *m* dal disotto

Abfluß, Zwischen~ → *Zwischenabfluß*

88 Abflußbeiwert *m*, **Abflußkoeffizient** *m*, **Abflußverhältnis** *n*
☐ coefficient of discharge, drainage ratio, coefficient of run-off, run-off ratio
△ coefficient *m* de ruissellement, coefficient *m* de débit, coefficient *m* d'écoulement
○ coefficiente *m* di portata, coefficiente *m* di deflusso

Abflußdiagramm → *Abflußkurve*

Abflußfläche → *Einzugsgebiet, oberirdisches*

Abflußganglinie → *Abflußkurve*

Abflußganglinie, Einflußkurve der ~
→ *Einheitshydrograph*

Abflußgebiet → *Einzugsgebiet, oberirdisches*

89 Abflußgeschwindigkeit *f*, **Ausflußgeschwindigkeit** *f*
☐ rate of discharge, velocity of discharge, velocity of flow, outlet velocity
△ vitesse *f* d'écoulement
○ velocità *f* di scarico, velocità *f* di scolo

90 Abflußgleichwert *m*
☐ equivalent flow
△ débit *m* équivalent
○ portata *f* equivalente

91 Abflußgrundwert *m*
☐ base flow, basic flow, permanent flow
△ débit *m* de base, écoulement *m* de base
○ portata *f* di base

Abflußhydrograph → *Abflußkurve*

92 Abflußinhalt *m*
☐ flow volume
△ débit *m* volumique
○ portata *f* in volume

93 Abflußinhaltslinie *f*
☐ flow volume curve
△ courbe *f* de débit volumique
○ curva *f* della portata in volume

Abflußintensität → *Strömungsintensität*

94 Abflußjahr *n*
☐ water year
△ année *f* hydrologique
○ annata *f* idrologica

95 Abflußkanal *m*, **Abflußleitung** *f*, **Ablaufkanal** *m*, **Ablaufleitung** *f*
☐ effluent sewer, effluent channel, outfall line, effluent conduit, discharge channel, draining channel, draining conduit, wasteway
△ canal *m* de décharge, conduite *f* de décharge, conduite *f* d'évacuation, canal *m* d'évacuation
○ condotta *f* di deflusso, sfognatoio *m*, canale *m* scaricatore, canale *m* di scolo, condotta *f* effluente, condotta *f* d'uscita, condotta *f* d'erogazione, condotta *f* di scolo

Abflußkoeffizient → *Abflußbeiwert*

96 Abflußkreislauf *m* *(hydrol.)*
☐ runoff cycle
△ cycle *m* de l'écoulement
○ ciclo *m* di deflusso

97 Abflußkurve *f*, **Abflußdiagramm** *n*, **Abflußganglinie** *f*, **Abflußhydrograph** *m*
☐ discharge curve, rating curve, hydrograph, discharge hydrograph
△ courbe *f* de décharge, courbe *f* de débit, hydrogramme *m*
○ curva *f* di deflusso

98 Abflußleistung *f*, **Abflußvermögen** *n*
☐ discharge capacity, run-off capacity
△ capacité *f* de décharge, capacité *f* de découlement
○ capacità *f* di scarico, capacità *f* di deflusso

Abflußleitung → *Abflußkanal*

99 **Abflußmenge** f, **Ablaufmenge** f, **Wasserführung** f
- □ discharge, run-off, flow, delivery, rate of flow, flow-rate
- △ dépense f, volume m débité, débit m, taux m d'écoulement
- ○ quantità f del deflusso, portata f, quantità f di scolo, quantità f d'erogazione

Abflußmenge bei Hochwasser
→ *Hochwasserabfluß*

Abflußmenge bei höchstem Hochwasser
→ *Hochwasserabfluß, höchster*

Abflußmenge bei Mittelwasser
→ *Mittelwasserabfluß*

Abflußmenge bei mittlerem Niedrigwasser → *Niedrigwasserabfluß, mittlerer*

Abflußmenge bei niedrigstem Niedrigwasser → *Niedrigwasserabfluß, niedrigster*

Abflußmenge bei Niedrigwasser
→ *Niedrigwasserabfluß*

100 **Abflußmengenberechnung** f
- □ flow calculation
- △ calcul m de débits
- ○ calcolo m delle portate

101 **Abflußmengendauerlinie** f, **Dauerlinie** f **der Abflußmengen, Wassermengendauerlinie** f
- □ flow duration curve, duration curve, frequency curve
- △ courbe f de durée des débits, courbe f des débits classés, courbe f de fréquence
- ○ curva f di durata delle portate

102 **Abflußmengenmesser** m, **Abflußmesser** m, **Mengenmesser** m
- □ flow gage, flow meter
- △ débitmètre m
- ○ misuratore m di portata

103 **Abflußmengenmeßstelle** f, **Strömungsmeßstelle** f
- □ stream gaging station
- △ poste m de mesure de débit, poste m de jaugeage
- ○ posto m di misura di portata

104 **Abflußmengenmessung** f, **Abflußmessung** f
- □ flow gaging, flow record, flow measurement
- △ mesure f de débit
- ○ misura f di scolo, misura f di portata

Abflußmesser → *Abflußmengenmesser*

Abflußmessung → *Abflußmengenmessung*

105 **Abflußmessung** f, **langfristige**
- □ long-term gauging [of flow]
- △ jaugeage m des débits à long terme
- ○ misura f di portata a lunga scadenza, misura f di scolo a lungo termine

106 **Abflußmodul** m (*Dränage*)
- □ drainage modulus
- △ indice m d'écoulement journalier
- ○ modulo m di drenaggio

107 **Abflußöffnung** f, **Ausflußöffnung** f
- □ outlet opening, discharge orifice, waste
- △ orifice m de décharge, orifice m d'écoulement, bonde f
- ○ apertura f d'uscita, sbocco m, apertura f di scolo, foro m di scolo, orificio m dell'uscita, bocca f d'efflusso, bocca f di scarico

Abflußquerschnitt → *Durchflußquerschnitt*

108 **Abflußregelung** f, **Abflußregulierung** f
- □ flow regulation, regulation of flow, stream flow regulation
- △ régulation f des débits
- ○ regolazione f delle portate

109 **Abflußregler** m
- □ rate of flow controller
- △ régulateur m de débit
- ○ regolatore m di portata

Abflußregler, Filter~ → *Filterabflußregler*

Abflußregulierung → *Abflußregelung*

110 **Abflußrinne** f
- □ effluent trough
- △ rigole f de décharge
- ○ canaletta f di scarico

111 **Abflußrohr** n, **Ausflußrohr** n
- □ waste pipe, effluent pipe, drain, escape pipe, discharge pipe, drain pipe
- △ tuyau m d'écoulement, tuyau m d'évacuation, tuyau m de décharge
- ○ tubo m di deflusso, tubo m di scarico, tubo m di scolo, tubo m di efflusso

112 **Abflußspende** (*eines Niederschlagsgebietes in* $l/s\text{-}km^2$)
- □ discharge, flow rate, yield
- △ débit m, rendement m
- ○ portata f, deflusso m

113 **Abflußspende** f, **unterirdische**
- □ underground flow yield
- △ écoulement m souterrain
- ○ portata di una falda sotterranea

Abflußstelle → *Einleitungsstelle*

114 **Abflußstutzen** m
- □ discharge branch, water outlet branch
- △ tubulure f de sortie
- ○ tubulatura f di scolo, tubulatura f di scarico

115 **Abflußsumme** f
- □ flow mass
- △ débit m cumulé
- ○ portata f accumulata

116 **Abflußsummenganglinie** f, **Abflußsummenlinie** f
- □ flow-mass curve
- △ courbe f du débit cumulé
- ○ curva f delle portate accumulate

Abflußsummenlinie → *Abfluß-summenganglinie*

Abflußtabelle → *Abflußtafel*

117 **Abflußtafel** f, **Abflußtabelle** f
  □ discharge table, [discharge] rating table
  △ tableau m des débits hauteurs
  ○ tabella f di deflusso

Abflußverhältnis → *Abflußbeiwert*

118 **Abflußverhalten** n *(e. Niederschlags-gebiets)*
  □ run-off conditions, run-off characteristics
  △ conditions f pl de ruissellement, allure f de l'écoulement
  ○ caratteristiche f pl di ruscellamento

Abflußvermögen → *Abflußleistung*

119 **Abflußvermögen** n **bei Leitungen**
  □ (flow) capacity
  △ capacité f d'écoulement, capacité f d'évacuation
  ○ portata f d'una tubazione

120 **Abflußverzeichnis** n
  □ discharge register
  △ registre m des débits
  ○ registro m delle portate

121 **Abflußvorhersage** f
  □ river forecast, river forecasting
  △ prévision f de régimes fluviaux
  ○ previsione f dei regimi fluviali

Abforstung → *Abholzung*

122 **Abführung** f, **getrennte**, **Abtrennung** f, **Trennung** f
  □ segregation
  △ ségrégation f, évacuation f à part
  ○ segregazione f, conduzione f separata

Abführung, Wärme~ → *Wärmeabführung*

123 **Abführungsvermögen** n
  □ capacity
  △ débit m, portée f
  ○ portata f, capacità f di scarico

124 **Abführungsvermögen** n, **größtes**
  □ maximum capacity
  △ débit m maximal, débit m maximum, portée f maximale
  ○ massima portata f

125 **abfüllen** *(von Flaschen)*
  □ bottle
  △ mettre en bouteille
  ○ mettere in bottiglia

Abfuhr, Fäkalien~ → *Fäkalienabfuhr*

Abfuhrwagen, Fäkalien~ → *Fäkalien-abfuhrwagen*

126 **Abgabe** f, **Lieferung** f
  □ delivery, supply
  △ livraison f
  ○ consegna f, fornitura f, erogazione f

127 **Abgabe** f, **Steuer** f
  □ tax, impost
  △ taxe f, redevance f, impôt m
  ○ tassa f, imposta f

Abgabe, Meliorations~ → *Meliorations-abgabe*

128 **Abgabenbescheid** m
  □ tax assessment
  △ fixation f des taxes, assiette f des redevances
  ○ determinazione f di una tassa, determinazione f di una tariffa

129 **Abgabenminderung** f
  □ tax reduction
  △ dégrèvement m d'une taxe, abaissement m d'une redevance
  ○ riduzione f di tassa

130 **Abgabepflicht** f
  □ liability to taxation
  △ obligation f de verser une taxe, assujettissement m à une redevance
  ○ obbligatorietà f del pagamento di una tassa

131 **abgabepflichtig**
  □ liable to taxation
  △ taxable, imposable
  ○ soggetto di tassa, soggetto di tariffa

Abgänge, Flotations~ → *Flotations-abgänge*

132 **Abgänge** m pl, **menschliche**, **Ausscheidungen** f pl, **Auswurfstoffe** m pl, **Exkremente** n pl
  □ human excreta pl
  △ déchets m pl humains, excreta m pl, excréments m pl, fèces f pl
  ○ escrementi m pl umani

133 **Abgas** n
  □ waste gas, exhaust gas, exhaust
  △ gaz m perdu, gaz m d'échappement
  ○ gas m combusto, gas m di scappamento, gas m di scarico

134 **Abgasverbrennung** f
  □ waste-gas combustion
  △ combustion f du gaz perdu
  ○ combustione f dei gas si scarico

Abgaswäscher, Säure~ → *Säure-abgaswäscher*

135 **abgeschirmt**
  □ shielded
  △ blindé
  ○ schermato

abgleiten → *gleiten*

Abgleiten → *Gleiten*

136 **Abhang** m, **Hang** m
  □ slope, incline, declivity, hillside
  △ pente f, coteau m, versant m, flanc m, inclination f
  ○ pendio m, pendice f, declivio m, versante m, fianco m

137 **abheben** *(einer Schwimmdecke)*
  □ skim, remove
  △ enlever le chapeau
  ○ asportare il cappellaccio

138 **Abheben** n *(einer Schwimmdecke)*, **Abschöpfung** f
- ☐ skimming
- △ enlèvement m du chapeau
- ○ asportazione f del cappellaccio

139 **Abholzung** f, **Abforstung** f, **Kahlschlag** m
- ☐ clear, clearing, clear cutting, deforestation, logging operations pl
- △ déboisement m, déboisage m, débroussaillage m, débroussage m, déforestation f
- ○ disboscamento m, decespugliamento m

140 **abiotisch**
- ☐ abiotic
- △ abiotique
- ○ abiotico

abkippen → *abladen*

141 **Abkippen** n, **Abladen** n, **Verkippen** n
- ☐ dumping, tipping
- △ mise f en décharge
- ○ scaricamento m, discarico m

142 **Abklingbehälter** m *(f. radioaktiven Abfall)*
- ☐ decay reservoir
- △ réservoir m de désintégration
- ○ contenitore m di decadimento

Abklingen eines Hochwassers
→ *Hochwasserabfall*

143 **Abklingversuch** m, **Abbauversuch** m *(radiol.)*
- ☐ die-away test, die-off test
- △ test m d'élimination, essai m de dégradation
- ○ saggio m di degradazione, prova f di abbattimento

144 **Abklingzeit** f
- ☐ decay time, decay period
- △ période f de désintégration, temps m de désintégration
- ○ periodo m di decadimento

abkühlen → *kühlen*

Abkühlen → *Kühlung*

Abkühlung → *Kühlung*

145 **abladen, abkippen, verkippen**
- ☐ dump
- △ décharger
- ○ scaricare, portare allo scarico

Abladen → *Abkippen*

146 **Abladestelle** f, **Deponie** f, **Kippe** f
- ☐ dump, tip, dumping site
- △ décharge f
- ○ discarica f

Ablage → *Ablagerung*

Ablage, geordnete → *Deponie, geordnete*

147 **Ablage** f, **offene, Deponie** f, **offene**
- ☐ open dumping
- △ décharge f en plein air, dépotoir m découvert
- ○ deposito m scoperto

Ablage, ungeordnete → *Ablage, wilde*

148 **Ablage** f, **wilde, Ablage** f, **ungeordnete, Deponie** f, **ungeordnete, Deponie** f, **wilde**
- ☐ crude tipping, open dumping, indiscriminate dumping, uncontrolled dumping
- △ décharge f incontrôlée, décharge f brute, décharge f sauvage
- ○ scarico m incontrollato

149 **ablagern**
- ☐ deposit
- △ déposer
- ○ deporre

150 **Ablagerung** f, **Ablage** f
- ☐ deposit, deposition
- △ dépôt m, sédiment m
- ○ deposito m

Ablagerung, äolische → *Windablagerung*

Ablagerung an der Stauwurzel
→ *Stauwurzel-Ablagerung*

151 **Ablagerung** f, **lakustrine, Ablagerung** f **limnische**
- ☐ lacustrine deposit
- △ sédiment m lacustre, dépôt m limnique
- ○ deposito m lacustre

Ablagerung limnische → *Ablagerung, lakustrine*

Ablagerung, Meeres~ → *Meeresablagerung*

Ablagerung, Schlamm~ → *Schlammablagerung*

152 **Ablagerung** f, **sedimentäre**
- ☐ sedimentary deposit
- △ dépôt m sédimentaire
- ○ deposito m sedimentare

Ablagerung, Wind~ → *Windablagerung*

Ablagerungen, Schmelzwasser~
→ *Schmelzwasserablagerungen*

153 **ablandig** *(vom Ufer fort gerichtet)*
- ☐ offshore
- △ au large m, vers le large m
- ○ di terra f, della terraferma f

Ablaß → *Auslauf*

Ablaß → *Grundablaß*

Ablaßgraben → *Ableitungsgraben*

154 **Ablaßhahn** m, **Entleerungshahn** m
- ☐ drain cock, sludge cock, blow-off cock, blow-off valve, outlet valve, drain valve
- △ robinet m d'écoulement, robinet m de vidange
- ○ rubinetto m di spurgo, rubinetto m di scarico, rubinetto m d'uscita, rubinetto m di scolo, rubinetto m di svuotamento

155 **Ablaßöffnung** f
- ☐ clean-out drain
- △ trou m de vidange
- ○ apertura f di spurgo

Ablaßventil → *Entleerungsventil*

156 Ablation f (hydrol.)
- □ ablation
- △ ablation f
- ○ ablazione f

   Ablauf → *Abfluß*

   Ablauf → *Auslauf*

   Ablauf → *Sinkkasten*

   Ablauf, Abwasser~ → *Abwasserablauf*

   Ablauf, Kläranlagen~ → *Kläranlagenablauf*

   Ablauf, Straßen~ → *Straßenablauf*

   Ablauf, Werks~ → *Werksablauf*

   ablaufen → *abfließen*

   Ablaufen → *Abfluß*

   Ablaufkanal → *Abflußkanal*

   Ablaufleitung → *Abflußkanal*

   Ablaufmenge → *Abflußmenge*

157 Ablaufrinne f
- □ outlet trough
- △ rigole f d'écoulement
- ○ cunetta f di scolo

   Ablaufschema → *Fließbild*

158 Ablauftrichter m
- □ outlet hopper, discharge hopper
- △ entonnoir m à trop-plein
- ○ imbuto m di sfioro

159 Ablaufventil n, **Auslaufventil** n
- □ outlet valve, discharge valve
- △ vanne f de décharge, soupape f de décharge
- ○ valvola f di uscita, valvola f di scarico

160 Ablauge f, **Abfalllauge** f, **Endlauge** f
- □ spent lye, tail liquor, spent liquor, spent caustic
- △ lessive f épuisée, liqueur f résiduaire, liqueur f épuisée
- ○ sottolisciva f

   Ablauge, Sulfit~ → *Sulfitablauge*

161 ableiten
- □ divert, derive, release
- △ déverser, dériver
- ○ divertire, deviare, convogliare, far derivare

162 Ableitung f
- □ diversion, derivation, release
- △ déversement m, dérivation f
- ○ diversione f, deviazione f

163 Ableitung f **von Abwasser ins Meer**
- □ marine waste discharge
- △ déversement m d'eaux usées en mer, rejet m en mer d'eaux résiduaires
- ○ scarico m in mare di acque inquinate

164 Ableitungsbauwerk n
- □ diversion structure
- △ ouvrage m de dérivation
- ○ opera f di derivazione

165 Ableitungsgraben m, **Ablaßgraben** m
- □ discharge ditch
- △ fossé m de décharge
- ○ fossa f di scarico

166 Ableitungsrohr n
- □ discharge pipe, waste pipe
- △ tube m de dérivation, tuyau m de décharge
- ○ tubo m di diversione, tubo m di derivazione, tubo m emissario, emissario m

167 Ableitungsstollen m
- □ diversion tunnel
- △ galerie f de dérivation
- ○ galleria f di derivazione, galleria f derivatrice

   Ablenker, Strahl~ → *Strahlablenker*

168 Ablenkkeil m
- □ whipstick
- △ sifflet m dérivateur
- ○ cuneo m deviato

169 Ablenkung f, **Abweichung** f
- □ deflection
- △ déflexion f
- ○ deflessione f

170 Ablesungsreihe f
- □ set of readings
- △ série f de mesures
- ○ serie f di misure

171 Ablösung f
- □ separation, break-away
- △ décollement m
- ○ distacco m

   Ablösung, Strom~ → *Stromablösung*

172 Abluftverdünnung f
- □ exhaust air dilution
- △ dilution f de l'air d'échappement, dilution f de l'air résiduaire
- ○ diluizione f dei fumi

173 Abmessung f
- □ measurement, dimension
- △ dimension f
- ○ dimensione f

174 abmontieren, demontieren
- □ dismantle
- △ démonter
- ○ smontare

175 Abmontieren n, **Demontage** f
- □ dismantling
- △ démontage m
- ○ smontaggio m

176 Abnahme f, **Verminderung** f
- □ diminution, decrease
- △ diminution f, décroissement m
- ○ diminuzione f

177 Abnahmeprotokoll n
- □ completion certificate
- △ attestation f d'achèvement, procès-verbal m de réception
- ○ protocollo m di prelievo, attestato m di prelievo

178 **Abnahmetest** m
☐ acceptance test
△ essai m de réception
○ saggio m di accettabilità, prova f di accettazione

Abort → Klosett

Abort, Gruben~ → Grubenabort

Abort, Trocken~ → Trockenabort

179 **Abortgrube** f
☐ privy pit, lavatory pit, latrine pit
△ fosse f d'aisances
○ pozzo m nero, fossa f di latrina

Abortgrubeninhalt → Kotstoffe

Abpressen → Druckprobe

180 **abpumpen, entsanden** (einen Brunnen), **klarpumpen** (einen Brunnen)
☐ pump away, develop
△ épuiser, développer
○ dissabbiare, vuotare

abpumpen → lenzen

181 **Abpumpen** n (eines Brunnens), **Brunnenentwicklung** f, **Entsandung** f (eines Brunnens), **Klarpumpen** n (eines Brunnens)
☐ development, well development
△ épuisement m, développement m
○ dissabbiamento m, vuotamento m

182 **Abraum** m
☐ waste, cast overburden, cuttings, spoil
△ déblais m pl, débris m pl
○ rottami m pl, rimasugli m pl

183 **Abraumhalde** f
☐ spoil dump
△ terril m, halde f
○ sterro m di miniera

184 **Abrieb** m, **Abschleifung** f
☐ abrasion, attrition
△ abrasion f, attrition f
○ abrasione f

Abrutschen → Rutschung

ABS → Alkylbenzolsulfonat

185 **Absacken** n **der Sauerstofflinie**
☐ dissolved oxygen sag curve
△ courbe f cochléaire, courbe f en sac de l'oxygène dissous
○ curva f a sacco dell'ossigeno disciolto

Absatzboden, Wind~ → Windablagerung

186 **Absauganlage** f
☐ exhaust system
△ dispositif m d'évacuation
○ impianto m d'aspirazione, dispositivo m di evacuazione

187 **absaugen**
☐ withdraw by suction
△ éliminer par aspiration, aspirer
○ eliminare per aspirazione, aspirare

188 **abschalten**
☐ disconnect, cut off, stop, switch off
△ arrêter, stopper
○ disinnestare, disinserire

189 **Abscheidegrad** m **bei Sieben**
☐ screening effect
△ rendement m de séparation de tamis
○ rendimento m di separazione

190 **abscheiden**
☐ separate
△ séparer
○ separare

191 **Abscheider** m, **Fänger** m, **Fang** m, **Separator** m
☐ separator, interceptor, trap
△ séparateur m, piège m
○ separatore m, eliminatore m

Abscheider, Benzin~ → Benzinabscheider

Abscheider, Fett~ → Fettabscheider

Abscheider, Leichtflüssigkeits~ → Benzinabscheider

Abscheider, Luft~ → Luftabscheider

Abscheider, Magnet~ → Magnetabscheider

Abscheider mit Scheidewand, Wasser~ → Wasserabscheider mit Scheidewand

Abscheider, Öl~ → Ölfänger

Abscheider, Parallelplatten~ → Parallelplattenabscheider

Abscheider, Schwerkraft~ → Schwerkraftabscheider

Abscheider, Wasser~ → Wasserabscheider

192 **Abscheidung** f
☐ separation
△ séparation f
○ separazione f

Abscheidung, Schwerkraft~ → Schwerkraftabscheidung

Abscheren → Scherbruch

193 **abschirmen** (radiol.)
☐ shield
△ blinder
○ schermare

194 **Abschirmung** f
☐ shield, shielding
△ blindage m
○ schermatura f

Abschlämmung, Kessel~ → Kesselabschlämmung

195 **Abschlämmventil** n (e. Dampfkessels)
☐ blow-off cock, draw-off cock
△ robinet m de purge
○ saracinesca f di spurgo, rubinetto m di spurgo

196 **Abschlagröhrchen** n, **Sclavoröhrchen** n
(bact.)
☐ Sclavo-tube
△ tube m de Sclavo
○ tubo m Sclavo

Abschleifung → Abrieb

197 **Abschlußdeich** m
☐ closing dike
△ digue f de coupure
○ argine m di chiusura

198 **Abschlußventil** n
☐ shut-off valve
△ soupape f de fermeture
○ valvola f di chiusura

199 **Abschnitt** m (eines Baues),
Bauabschnitt m
☐ section, tract
△ section f
○ parte f, sezione f

200 **abschnittsweise**
☐ in sections
△ par sections
○ in frazioni, in parti

Abschöpfbecken → Schaumbecken

Abschöpfung → Abheben

201 **abschrauben**
☐ unscrew
△ dévisser
○ svitare

202 **Abschreckwasser** n (Mineralölindustrie)
☐ quenching water
△ eau f de refroidissement
○ acqua f di quenching

abschreiben → tilgen

Abschreibung → Tilgung

Abschwemmung → Bodenerosion

Absenkung, Brunnen~ → Brunnenabsenkung

Absenkung des Bodens
→ Boden(ab)senkung

Absenkung des Grundwassers
→ Grundwasserabsenkung

Absenkung des Grundwasserspiegels
→ Grundwasserabsenkung

203 **Absenkung** f **des Wasserspiegels**
☐ draw-down, lowering of water table
△ rabattement m du niveau d'eau
○ abbassamento m del livello idrico

Absenkung, Oberflächen~
→ Boden(ab)senkung

204 **Absenkung** f, **spezifische**
☐ specific drawdown
△ rabattement m spécifique
○ abbassamento m specifico

205 **Absenkungsbereich** m (hydrol.),
Absenkungsfläche f, **Wirkungszone** f
(hydrol.)
☐ area of depression, zone of depression,
pumping depression area, area of
influence, zone of influence
△ zone f de dépression, zone f d'influence
○ zona f di abbassamento, area f d'
influenza

Absenkungsfläche → Absenkungsbereich

206 **Absenkungsganglinie** f
☐ time-drawdown curve
△ courbe f rabattement-temps
○ curva f abbassamento livello/tempo

207 **Absenkungskurve** f (hydrol.)
☐ gradient curve, curve of depression
△ courbe f de dépression
○ curva f di depressione

Absenkungskurve, Grundwasser~
→ Grundwasserabsenkungskurve

208 **Absenkungslinie** f, **Senkungslinie** f
☐ line of water level decline
△ ligne f de rabattement du niveau des eaux
○ profilo m dell'abbassamento del livello
idrico

209 **Absenkungsradius** m (hydrol.)
☐ radius of depression, radius of influence
△ rayon m de dépression, rayon m d'
influence
○ raggio m di depressione, raggio m d'
influenza

210 **Absenkungsspiegel** m, **Absenkziel** n
☐ drawdown level
△ niveau m de rabattement
○ livello m di svaso, quota f di svaso

211 **Absenkungstiefe** f, **Senkungstiefe** f
☐ depth of water level decline
△ profondeur f de rabattement du niveau
des eaux
○ profondità f d'abbassamento del livello
idrico

212 **Absenkungstrichter** m,
Senkungstrichter m (hydrol.)
☐ cone of depression, pumping depression
cone, pressure relief cone, cone of
influence, groundwater hole
△ entonnoir m de dépression, cône m
d'appel, cône m de dépression, cône m de
rabattement
○ imbuto m di depressione

Absenkziel → Absenkungsspiegel

213 **Absetzanlage** f
☐ settling plant, sedimentation plant
△ installation f de décantation
○ impianto m di sedimentazione

214 **absetzbar**
☐ settleable
△ décantable, déposable
○ sedimentabile

215 **Absetzbarkeit** f, **Absetzfähigkeit** f
□ settleability, settling characteristics
△ sédimentabilité f, décantabilité f
○ sedimentabilità f

216 **Absetzbecken** n
□ sedimentation basin, sedimentation tank, settling basin, settling tank, subsidence basin
△ décanteur m, bassin m de décantation, bassin m de sédimentation
○ vasca f di decantazione, bacino m di decantazione, vasca f di sedimentazione, bacino m di sedimentazione

217 **Absetzbecken** n **mit peripherem Einlauf**
□ peripheral feed settling tank [or basin], center-discharge clarifier
△ bassin m de décantation avec alimentation périphérique
○ vasca f di sedimentazione con alimentazione periferica

218 **Absetzbecken** n **mit zentralem Einlauf**
□ center-feed settling tank [or basin]
△ bassin m de décantation avec alimentation centrale
○ vasca f di sedimentazione con alimentazione centrale

219 **Absetzbecken** n, **zweistöckiges**
□ double-deck settling basin
△ décanteur m à double étage
○ bacino m di sedimentazione a due piani

Absetzbrunnen → *Klärbrunnen*

220 **Absetzeigenschaften** f pl
□ settling properties
△ caractéristiques f pl de sédimentation
○ caratteristiche f pl di sedimentazione

221 **sich absetzen, dekantieren**
□ settle, deposit, decant
△ déposer, décanter
○ sedimentarsi, decantarsi

222 **Absetzen** n, **Dekantieren** n, **Sedimentation** f
□ sedimentation, decantation, decanting, settling
△ décantation f, sédimentation f
○ sedimentazione f, decantazione f

Absetzfähigkeit → *Absetzbarkeit*

223 **Absetzgeschwindigkeit** f, **Sedimentationsgeschwindigkeit** f, **Sinkgeschwindigkeit** f
□ settling velocity, velocity of deposition, sinking velocity, rate of settling, sedimentation rate
△ vitesse f de décantation, vitesse f de sédimentation
○ velocità f di sedimentazione, velocità f di decantazione

224 **Absetzglas** n, **Spitzglas** n, **Standglas** n
□ settling cone, settling glass
△ éprouvette f conique graduée, éprouvette f de décantation
○ bicchiere m di sedimentazione, bicchiere m di prova

225 **Absetzglas** n **nach Imhoff, Imhoffglas** n, **Imhofftrichter** m
□ Imhoff cone
△ éprouvette f conique graduée selon Imhoff, éprouvette f de décantation selon Imhoff, cône m Imhoff
○ cono m Imhoff

226 **Absetzgrube** f (b. Brunnenbau)
□ slush pit, settling pit
△ bac m de décantation
○ fossa f di sedimentazione

227 **Absetzgrube** f **für Walzzunder**
□ scale pit
△ puits m de décantation pour battitures, fosse f de décantation pour battitures
○ fossa f di decantazione per scorie di laminatoio

Absetzkrumme → *Absetzkurve*

228 **Absetzkurve** f, **Absetzkrumme** f
□ sedimentation curve
△ courbe f de décantation
○ curva f di sedimentazione

229 **Absetzraum** m, **Klärraum** m
□ settling compartment, sedimentation chamber, flow compartment
△ chambre f de décantation
○ camera f di sedimentazione, compartimento m di sedimentazione

Absetzteich → *Auflandungsteich*

230 **Absetzverfahren** n, **Absetzvorgang** m
□ settling process, sedimentation process
△ procédé m de décantation, procédé m de sédimentation
○ processo m di sedimentazione, metodo m di sedimentazione

Absetzvorgang → *Absetzverfahren*

231 **Absetzwirkung** f
□ sedimentation effect, settling efficiency
△ rendement m de décantation, effet m de décantation
○ efficienza f di sedimentazione, effetto m di sedimentazione

232 **Absetzzeit** f
□ sedimentation period, time of deposition, settling time
△ durée f de décantation
○ tempo m di sedimentazione, durata f di sedimentazione

233 **Absiebanlage** f, **Siebanlage** f
□ screening plant, screening works pl, sieve plant
△ installation f de tamisage, appareil m tamiseur
○ impianto m di stacciatura

absieben → *sieben*

Absieben → *Sieben*

Absiebung → *Sieben*

Absiebung, Grob~ → *Grobabsiebung*

absinken → *sacken*

234 **Absinken** n **des Grundwasserspiegels**
☐ phreatic decline, decline of water table
△ baisse f de la nappe phréatique
○ abbassamento m della falda freatica

235 **Absinken** n **des Wasserspiegels**
☐ drop of water level, decline of water level
△ abaissement m du niveau des eaux
○ abbassamento m del livello delle acque

236 **absolut trocken**
☐ absolutely dry
△ absolu sec
○ assolutamente secco, completamente secco

237 **Absolutdruck** m
☐ absolute pressure
△ pression f absolue
○ pressione f assoluta

238 **Absorbierbarkeit** f
☐ absorbency
△ absorbabilité f
○ assorbabilità f

239 **absorbieren**
☐ absorb
△ absorber
○ assorbire

240 **Absorption** f
☐ absorption
△ absorption f
○ assorbimento m

241 **Absorption** f, **selektive, Selektivabsorption** f
☐ selective absorption
△ absorption f sélective
○ assorbimento m selettivo

242 **Absorption** f, **spezifische**
☐ specific absorption
△ absorption f spécifique
○ assorbimento m specifico

243 **Absorptionsbeiwert** m
☐ absorption coefficient, absorption ratio
△ coefficient m d'absorption
○ coefficiente m d'assorbimento

244 **Absorptionsmittel** n
☐ absorbent
△ absorbant m, réactif m absorbant
○ reattivo m assorbente

245 **Absorptionsrohr** n *(einer Chlorungsanlage)*
☐ absorption tower
△ récipient m d'absorption, tour f d'absorption
○ torre f di assorbimento, vaschetta f di assorbimento

246 **Absorptionsspektrographie** f
☐ absorption spectrography
△ spectrographie f d'absorption
○ spettografia f d'assorbimento

Absorptionsspektrometrie, flammenlose, Atom~ → *Atomabsorptionsspektrometrie, flammenlose*

247 **Absorptionstest** m
☐ absorption test
△ épreuve f d'absorption, essai m d'absorption
○ prova f di assorbimento

248 **Absorptionsvermögen** n, **Saugfähigkeit** f
☐ absorptive capacity, absorptivity
△ capacité f d'absorption, pouvoir m absorbant
○ capacità f d'assorbimento

Absorptionsvermögen, Chlor~
→ *Chlorzehrung*

249 **Absorptionswasser** n *(hydrol.)*
☐ adhesive water
△ eau f adhérente
○ acqua f di assorbimento

250 **absperren** *(eine Rohrleitung)*
☐ shut off
△ fermer, obturer, couper
○ chiudere, sbarrare, intercettare

251 **Absperrhahn** m
☐ stop cock, stop tap
△ robinet m à boisseau, robinet m d'arrêt
○ rubinetto m di chiusura, rubinetto m d'arresto, rubinetto m interno d'arresto, chiavetta f di chiusura, chiave f d'arresto

252 **Absperrorgan** n
☐ shutoff device
△ élement m de fermeture
○ elemento m di chiusura

Absperrorgan, Sicherheits~
→ *Sicherheitsventil*

253 **Absperrschieber** m
☐ sluice valve, gate valve, insulating valve
△ robinet-vanne m, obturateur m, vanne f d'isolement
○ saracinesca f

254 **Absperrschieber** m *(für Schleusen und Talsperren)*
☐ penstock
△ vanne f murale
○ paratoia f di chiusura

255 **Absperrschieber** m **mit flachem Gehäuse**
☐ sluice valve with flat body
△ robinet-vanne m à corps méplat, robinet-vanne m à cage méplate
○ saracinesca f con carcassa piatta, saracinesca f a corpo piatto

256 **Absperrschieber** m **mit ovalem Gehäuse**
☐ sluice valve with oval body
△ robinet-vanne m à corps ovale, robinet-vanne m à cage ovale
○ saracinesca f con carcassa ovale, saracinesca f a corpo ovale

257 **Absperrschieber** m **mit zylindrischem Gehäuse**
☐ sluice valve with cylindrical body
△ robinet-vanne m à corps cylindrique, robinet-vanne m à corps cylindro-sphérique
○ saracinesca f con carcassa cilindrica, saracinesca f a corpo cilindrico

258 **Absperrschlüssel** m
☐ stop key
△ clé f, clef f, clef f de manœuvre
○ chiave f di chiusura, chiave f d'arresto

Absperrung, Wasser~ → *Wasserabsperrung*

259 **Absperrventil** n, **Sperrventil** n
☐ stop valve, check valve, shut-off valve
△ soupape f d'arrêt, vanne f d'arrêt, clapet m de retenue
○ valvola f intercettante, valvola f d'arresto

260 **Absperrvorrichtung** f
☐ stop contrivance, shut-off device
△ dispositif m de fermeture
○ dispositivo m di chiusura

261 **Abstand** m, **Entfernung** f, **Zwischenraum** m
☐ distance, space, interval, interstice
△ distance f, équidistance f, espacement m, espace m
○ distanza f, intervallo m, spazio m, interstizio m

Abstand, Brunnen~ → *Brunnenabstand*

Abstandsgeschwindigkeit → *Grundwassergeschwindigkeit*

262 **Abstandsgleiche** f (hydrol.)
☐ isopleth
△ isoplèthe f, ligne f isoplèthe
○ linea f isopleta

263 **Absteifen** n **des Rohrgrabens**
☐ bracing and sheeting of the pipe trench
△ étanconnement m de la tranchée d'égout
○ puntellamento m delle pareti di uno scavo per le fognature

Absteifung → *Aussteifung*

264 **Absteifung** f **der Rohrbogen**
☐ support of pipe bends
△ butée f des coudes
○ ancoraggio m delle curve

265 **abstellen, stillegen**
☐ shut down, stop, turn off
△ arrêter, stopper
○ fermare, arrestare

266 **Abstellen** n, **Stillegen** n (e. Maschine, e. Betriebes)
☐ shut-down
△ arrêt m
○ arresto m, fermo m

abstemmen → *verstemmen*

267 **absterben, verdorren**
☐ wither, perish
△ mourir, dépérir
○ morire, deperire

268 **Abstich** m (hydrol.)
☐ depth of groundwater level at measuring point
△ profondeur f de la nappe phréatique au point de mesure
○ profondità f della falda al punto di misura

269 **Abstoßen** n **des biologischen Rasens**
☐ sloughing-off of the biological slime
△ décrochement m du film biologique
○ rinnovo m del film biologico

270 **Abstoßung** f, **elektrostatische**
☐ electrostatic repulsion
△ répulsion f électrostatique
○ ripulsione f elettrostatica

Abstreifen des Schaumes
→ *Schaumabnahme*

Abstreifer → *Schwimmdeckenabstreifer*

Abstreifer, Schwimmstoff~
→ *Schwimmstoffabstreifer*

271 **Abstreifergut** n
☐ skimmings pl
△ matières f pl flottantes
○ sostanze f pl galleggianti

Abstreifvorrichtung
→ *Schwimmdeckenabstreifer*

272 **Abstrich** m, **Plattenabstrich** m (bact.)
☐ streak
△ frottis m
○ striscio m

273 **einen Abstrich machen, eine Platte anfertigen** (bact.)
☐ streak a plate
△ faire un frottis
○ fare uno striscio, preparare un vetrino

abstützen → *aussteifen*

Absturz → *Wasserfall*

Absturz, Sohl~ → *Sohlabsturz*

274 **Absturzbauwerk** n
☐ drop structure, fall structure
△ ouvrage m de chute
○ opera f di caduta

275 **Absturzschacht** m, **Abfallschacht** m
☐ drop-manhole
△ regard m avec chute
○ pozzetto m di caduta

Abszissenwert der Dauerlinie
→ *Dauerzahl*

276 **abteufen, versenken** (einen Brunnen)
☐ sink
△ creuser, percer, approfondir
○ affondare, approfondire

277 **Abteufen** n (eines Brunnens)
☐ sinking
△ creusement m, fonçage m, foncement m, approfondissement m
○ affondamento, approfondimento m

Abteufen, Schacht~ → *Schachtabteufen*

278 **abtöten** (Keime, Sporen)
☐ exterminate, eliminate
△ exterminer, détruire
○ eliminare, sterilizzare

Abtragung → *Erosion*

Abtragung, Boden~ → *Bodenerosion*

Abtragung, flächenhafte → *Denudation*

Abtransport auf dem Wasserweg
→ Bargen

279 **Abtreibekolonne** f, **Abdampfkolonne** f, **Strippkolonne** f
□ stripping column, stripper
△ colonne f d'élimination, colonne f d' entraînement, colonne f de stripping, tour f de stripping
○ colonna f di strippaggio

280 **abtreiben, ausdämpfen, strippen**
□ strip by steam
△ entraîner par la vapeur
○ espellere a mezzo vapore

281 **Abtreiben** n, **Ausdämpfen** n, **Strippen** n
□ steam stripping
△ entraînement m par la vapeur, stripping m par la vapeur
○ espulsione f a mezzo vapore, strippaggio m a mezzo vapore

Abtreiber, Ammoniak~ → Ammoniakabtreiber

282 **abtrennen** (bestimmter Abwasserarten)
□ segregate
△ évacuer à part
○ segregare

Abtrennung → Abführung, getrennte

Abtrift, Sprühregen~ → Sprühregenabtrift

Abtritt → Klosett

283 **Abwärme** f
□ waste heat, lost heat
△ chaleur f perdue, chaleur f résiduaire
○ calore m disperso, calore m perduto

284 **Abwärmemenge** f
□ amount of waste heat
△ quantité f de la chaleur résiduelle
○ quantità f di calore di scarto

285 **Abwärmerückgewinnungsanlage** f
□ waste heat recovery plant
△ installation f de récupération de la chaleur perdue
○ impianto m di recupero del calore di scarto

286 **Abwärmeverwertung** f
□ utilization of waste heat
△ utilisation f de la chaleur résiduelle
○ utilizzazione f del calore di scarto

287 **abwärts, nach unten, von oben nach unten**
□ downward[s]
△ vers le bas, du haut en bas
○ ingiù, dall'alto in basso

Abwässer, Flachsröst~ → Flachsröstabwässer

Abwässer, Münzwäscherei~ → Münzwäschereiabwässer

Abwaschbecken → Spülbecken

288 **Abwasser** n, **Schmutzwasser** n
□ sewage, wastewater, waste, waste liquor, trade waste, discharge liquor, foul water, black water
△ eaux f pl d'égout, eaux f pl polluées, eaux f pl usées, eaux f pl vannes, eaux f pl résiduaires
○ acqua f di fogna, acqua f di fognatura, acqua f residuaria, acqua f di scarico, acqua f cloacale, acqua f di rifiuto, liquame m, liquame m di fogna

289 **Abwasser** n, **angefaultes**
□ fouled sewage, fouled waste
△ eaux f pl usées fermentées
○ acqua f di rifiuto putrida, liquame m putrido

290 **Abwasser** n, **biologisch gereinigtes**
□ secondary effluent, biologically treated sewage [or: waste water]
△ effluent m secondaire, eau f résiduaire traitée biologiquement
○ liquame m trattato biologicamente

Abwasser, Brauerei~ → Brauereiabwasser

291 **Abwasser** n, **dickes, Abwasser** n, **konzentriertes**
□ strong sewage, concentrated wastes pl
△ eaux f pl usées concentrées
○ acqua f di fogna concentrata, liquame m denso

292 **Abwasser** n, **dünnes**
□ weak sewage, dilute wastewater
△ eaux f pl usées diluées, eaux f pl d'égout diluées
○ acqua f di fogna diluita, liquame m diluito

Abwasser, Fabrikations~ → Prozeßwasser

293 **Abwasser** n, **fauliges**
□ septic sewage, septic waste
△ eaux f pl usées septiques
○ acqua f di rifiuto putrida

294 **Abwasser** n, **frisches**
□ fresh sewage, fresh waste
△ eaux f pl d'égout fraîches
○ liquame m fresco, acqua f di rifiuto fresca

295 **Abwasser** n, **gewerbliches, Abwasser** n, **industrielles, Fabrikabwasser** n, **Industrieabwasser** n
□ industrial wastes pl, trade wastes pl, manufactoral wastes pl, trade waste water, waste liquor, manufacturing wastewater
△ eaux f pl résiduaires industrielles
○ acqua f di rifiuto industriale, scarichi m pl industriali, liquame m industriale

296 **Abwasser** n, **häusliches**
☐ domestic sewage, household waste water, sewage, grey water
△ eaux f pl usées domestiques, eaux f pl usées ménagères, eaux f pl d'égout domestiques
○ acque f pl domestiche di scarico, scarichi m pl domestici

Abwasser, industrielles → *Abwasser, gewerbliches*

Abwasser, kommunales → *Abwasser, städtisches*

Abwasser, konzentriertes → *Abwasser, dickes*

Abwasser, Küchen~ → *Küchenabwasser*

Abwasser, Mälzerei~ → *Mälzereiabwasser*

297 **Abwasser** n, **mechanisch gereinigtes**
☐ primary effluent
△ effluent m primaire, eau f résiduaire épurée physiquement
○ effluente m primario

Abwasser, Misch~ → *Mischwasser*

298 **Abwasser** n, **phenolhaltiges, Phenolabwasser** n
☐ phenolic wastes pl
△ eaux f pl résiduaires phénolées
○ acqua f di rifiuto fenolica, acque f pl di rifiuto contenenti fenolo

299 **Abwasser** n, **rohes, Rohabwasser** n
☐ crude sewage, crude waste, raw sewage
△ eaux f pl usées brutes, eau f d'égout brute
○ acqua f di rifiuto bruta

300 **Abwasser** n, **saures**
☐ acid waste
△ eaux f pl résiduaires acides
○ acqua f di rifiuto acida

301 **Abwasser** n, **schales**
☐ stale sewage
△ eaux f pl usées fades
○ acqua f di rifiuto stantia, acqua f che comincia a putrefare

302 **Abwasser** n, **städtisches, Abwasser** n, **kommunales**
☐ town sewage, sewage, municipal sewage
△ eaux f pl d'égout urbaines, eaux f pl usées urbaines, décharges f pl urbaines
○ acqua f di scarico cittadino, liquame m delle fogne cittadine, liquame m cittadino, scarichi m pl urbani

Abwasser, Wollwäscherei~
→ *Wollwäschereiabwasser*

Abwasser, Zellstoffabrik~
→ *Zellstoffabrikabwasser*

Abwasser, Zuckerfabrik~
→ *Zuckerfabrikabwasser*

303 **Abwasser-Belebtschlamm-Gemisch** n
☐ mixed liquor
△ liqueur f mixte
○ miscuglio m liquido

304 **Abwasser-Gebührenpflicht** f
☐ liability to sewer rates
△ obligation f de payer une taxe sur les égouts
○ obbligo m di pagare una tassa sugli canali di fogna

Abwasser-Grobstoffzerkleinerer
→ *Rechengutzerkleinerer*

Abwasser-Rücklaufschlamm-Verhältnis
→ *Rücklaufverhältnis*

305 **Abwasserabgabe** f *(Steuer)*
☐ wastewater levy
△ redevance f sur les eaux usées, taxe f sur les eaux usées
○ tassazione f degli scarichi

306 **Abwasserabgabengesetz** n
☐ waste-water levy act
△ loi f sur les redevances d'eaux résiduaires
○ legge f sulla tassazione delle acque di sacrico

307 **Abwasserablauf** m
☐ waste water effluent, wastewater effluent, sewage effluent
△ effluent m des eaux usées
○ effluente m delle acque di rifiuto

308 **Abwasserableitung** f
☐ discharge of sewage
△ déversement m des eaux usées
○ scarico m delle acque di fogna

309 **Abwasseranalyse** f, **Abwasseruntersuchung** f
☐ waste water analysis, wastewater analysis, sewage analysis
△ analyse f des eaux d'égout, analyse f des eaux résiduaires
○ analisi f dell'acqua di fogna

310 **Abwasseranalytik** f
☐ wastewater analytics
△ méthodes f pl d'analyse des eaux résiduaires
○ metodi m pl analitici per le acque di scarico

Abwasseranfall → *Abwassermenge*

Abwasseranlage → *Kläranlage*

Abwasseranlagen, Mitbenutzung von ~
→ *Mitbenutzung von Abwasseranlagen*

311 **Abwasserart** f
☐ wastewater type, kind of wastewater
△ type m d'eau résiduaire, nature f de l'eau résiduaire
○ tipo m d'acqua di scarico, natura f dell' acqua di scarico

Abwasserauslaß → *Kanalisationsauslaß*

Abwasserauslaß ins Meer → *Meeresauslaß*

312 **Abwasserbakterien** f pl
- □ sewage bacteria
- △ bactéries f pl des eaux d'égout
- ○ batteri m pl delle acque di fogna

313 **Abwasserbehandlung** f
- □ sewage treatment, waste(water) treatment
- △ traitement m des eaux d'égout
- ○ trattamento m dell'acqua di fogna, trattamento m dei liquami

314 **Abwasserbehandlung** f, **thermische**
- □ thermal waste treatment
- △ traitement m thermique des eaux résiduaires
- ○ trattamento m termico di acque di scarico

Abwasserbehandlung, weitergehende
→ Reinigungsstufe, dritte

315 **Abwasserbehandlungsmaßnahme** f
- □ wastewater treatment measure
- △ mesure f pour le traitement des eaux résiduaires
- ○ disposizione f per il trattamento delle acque di scarico

Abwasserbelastung → Abwasserlast

316 **Abwasserbeseitigung** f
- □ sewage disposal, waste [water] disposal
- △ évacuation f des eaux d'égout, élimination f des eaux résiduaires
- ○ eliminazione f dell'acqua di rifiuto, eliminazione f dei liquami

Abwasserbeseitigungsanlage
→ Kläranlage

317 **Abwasserbeseitigungsplan** m
- □ wastewater disposal scheme
- △ plan m d'évacuation des eaux résiduaires
- ○ piano m di smaltimento delle acque di scarico

318 **Abwasserbewertung** f
- □ assessment of wastewater
- △ évaluation f des eaux résiduaires
- ○ valutazione f delle acque di rifiuto

319 **Abwasserbiologie** f
- □ wastewater biology
- △ biologie f des eaux résiduaires
- ○ biologia f delle acque di scarico

320 **Abwasserchlorung** f
- □ sewage chlorination
- △ chloration f des eaux usées
- ○ clorazione f delle acque di scarico

321 **Abwassereinlauf** m
- □ outfall [of sewage]
- △ amenée f d'eau d'égout, déversement m d' eau résiduaire, décharge f d'eau d'égout, rejet m d'eau d'égout
- ○ emissario m della fognatura, scarico m di liquame

Abwassereinleiter → Verschmutzer

Abwassereinleitung in den Untergrund
→ Abwasserversenkung

322 **Abwasserfahne** f
- □ sewage plume
- △ nappe f d'eaux usées, eventail m d'eaux usées
- ○ pennacchio m di liquame

Abwasserfaulraum → Faulgrube

Abwasserfaulteich → Abwasserteich

323 **Abwasserfischteich** m
- □ sewage fish-pond, wastewater fish-pond
- △ vivier m à eaux résiduaires
- ○ vivaio m ad acque di rifiuto, piscina f d' acqua di rifiuto

Abwasserfliege → Tropfkörperfliege

Abwasserfracht → Abwasserlast

324 **Abwassergebühr** f
- □ wastewater charges pl
- △ taxe f sur les eaux usées, redevance f sur les eaux usées
- ○ tassa f sulle acque di scarico, tariffa f sulle acque di scarico

Abwassergebühr → Kanalisationsgebühr

Abwassergenossenschaft → Abwasserverband

Abwassergrube → Senkgrube

Abwasserhebeanlage → Abwasserpumpwerk

Abwasserkanal → Abwasserleitung

Abwasserkläranlage → Kläranlage

325 **Abwasserklärung** f
- □ sewage clarification, sewage treatment, wastewater treatment
- △ clarification f des eaux d'égout
- ○ chiarificazione f dell'acqua di fogna, chiarificazione f dei liquami

326 **Abwasserlast** f, **Abwasserbelastung** f, **Abwasserfracht** f
- □ sewage load, waste load
- △ charge f en eaux usées
- ○ carico m di liquame

327 **Abwasserleitung** f, **Abwasserkanal** m, **Dole** f, **Entwässerungskanal** m, **Entwässerungsleitung** f, **Kanal** m, **Kanalleitung** f, **Schleuse** f, **Siel** n, **Straßenkanal** m
- □ sewer, drain, sewer duct, sanitary sewer, wastewater drain
- △ égout m, émissaire m, canal m, drain m, conduite f d'égout
- ○ fogna f, canale m di fogna, fognatura f

328 **Abwassermenge** f, **Abwasseranfall** m, **Anfall von Abwasser** m, **Schmutzwasseranfall** m, **Schmutzwasserabfluß** m, **Zufluß** m **von Abwasser**
- □ sewage flow, volume of sewage, quantity of sewage, afflux of wastewater
- △ volume m des eaux d'égout, débit m d'eau usée, débit m d'eau résiduaire, débit m d'eau d'égout
- ○ quantità f d'acqua di fogna, portata f della fogna, portata f di scarico, portata f del liquame

329 **Abwassernorm** f
- □ effluent standard
- △ norme f de rejet pour les eaux résiduaires, norme f de qualité des eaux résiduaires
- ○ norma f [standard] per acque di rifiuto

330 **Abwasserpilz** m
- □ sewage fungus
- △ champignon m d'eaux usées
- ○ fungo m d'acqua di fogna

331 **Abwasserprobe** f
- □ sewage sample, wastewater sample
- △ échantillon m d'eau usée
- ○ campione m d'acqua di scarico

332 **Abwasserpumpe** f
- □ sewage pump
- △ pompe f à eau d'égout
- ○ pompa f per liquame

333 **Abwasserpumpwerk** n, **Abwasserhebeanlage** f, **Kanalisationspumpwerk** n
- □ sewage pumping station
- △ station f de relèvement des eaux d'égout
- ○ stazione f di sollevamento dell'acqua di fogna, stazione f di sollevamento dei liquami

334 **Abwasserreinigung** f
- □ sewage purification
- △ épuration f des eaux d'égout, purification f des eaux d'égout
- ○ epurazione f dell'acqua di fogna, epurazione f dei liquami

335 **Abwasserreinigung** f, **biologische**, **Reinigung** f, **biologische**
- □ biological purification of sewage, biological sewage treatment, secondary treatment of sewage
- △ épuration f biologique des eaux d'égout
- ○ epurazione f biologica dell'acqua di fogna

336 **Abwasserreinigung** f, **chemische**
- □ chemical treatment of sewage
- △ traitement m chimique des eaux d'égout
- ○ trattamento m chimico delle acque di scarico

337 **Abwasserreinigung** f, **mechanische**, **Klärung** f, **mechanische, Reinigung** f, **mechanische**
- □ sedimentation, settling, primary treatment
- △ épuration f mécanique des eaux d'égout
- ○ epurazione f meccanica delle acque di fogna

338 **Abwasserreinigung** f, **physikalische**
- □ physical treatment of sewage
- △ traitement m physical des eaux d'égout
- ○ trattamento m fisico delle acque di scarico

Abwasserreinigung, weitergehende
→ *Reinigungsstufe, dritte*

Abwasserreinigungsanlage → *Kläranlage*

Abwasserrückgewinnung
→ *Wasserrückgewinnung*

339 **Abwasserrücknahme** f
- □ recirculation of sewage [or waste]
- △ recirculation f des eaux d'égout, recyclage m des eaux résiduaires
- ○ ricircolazione f delle acque di fogna

340 **Abwassersammler** m, **Sammelkanal** m, **Sammler** m
- □ collector, interceptor, intercepting sewer, header
- △ collecteur m
- ○ collettore m, canale m collettore, collettore m di fognatura

341 **Abwasserschädlichkeitsverordnung** f
- □ ordinance on parameters of noxiousness of wastewater
- △ ordonnance f concernant les paramètres de nocivité des eaux résiduaires
- ○ regolamento m relativo ai parametri di nocività delle acque di scarico

Abwasserschlamm → *Klärschlamm*

342 **Abwasserstatistik** f
- □ wastewater statistics
- △ statistique f relative aux eaux résiduaires
- ○ statistiche f pl sulle acque di scarico

343 **Abwasserstollen** m, **Abwassertunnel** m
- □ sewer tunnel
- △ galerie f d'égout
- ○ galleria f di fognatura

344 **Abwassertechnik** f
- □ sewage engineering, wastes engineering
- △ technique f des eaux résiduaires, technique f du traitement des eaux usées
- ○ ingegneria f delle acque di rifiuto

345 **Abwassertechnologie** f
- □ waste water technology
- △ technologie f des eaux résiduaires
- ○ tecnologia f delle acque di scarico

346 **Abwasserteich** m, **Abwasserfaulteich** m, **Faulteich** m
- □ sewage lagoon, stabilization pond, stabilization lagoon, lagoon
- △ étang m d'eaux usées, étang m de stabilisation, étang m de digestion
- ○ stagno m d'acqua di rifiuto, piscina f d'acqua di rifiuto, stagno m di liquame

Abwasserteich, Behandlung im ~
→ *Behandlung im Abwasserteich*

Abwasserteich, belüfteter → *Oxidationsteich*

Abwassertunnel → *Abwasserstollen*

Abwasseruntersuchung → *Abwasseranalyse*

347 Abwasserverband *m*, **Abwassergenossenschaft** *f*, **Abwasserzweckverband** *m*
- ☐ association for the purification of sewage, co-operative sewage association
- △ syndicat *m* d'assainissement de l'eau, association *f* pour l'épuration des eaux usées
- ○ consorzio *m* per lo smaltimento delle acque di rifiuto

348 Abwasserverregnung *f*
- ☐ spray irrigation of sewage [or waste], effluent spraying
- △ arrosage *m* en pluie des eaux usées
- ○ irrigazione *f* a pioggia con acqua di fogna, irrigazione *f* a pioggia con liquame

349 Abwasserverrieselung *f*
- ☐ broad irrigation of sewage [or waste]
- △ irrigation *f* des eaux usées
- ○ irrigazione *f* con acqua di fogna, irrigazione *f* con liquame

350 Abwasserversenkung *f*, **Abwassereinleitung** *f* **in den Untergrund**
- ☐ underground disposal of wastewater, subsurface disposal of wastes
- △ enfouissement *m* des eaux usées, injection *f* d'eaux résiduaires dans le sous-sol
- ○ smaltimento *m* nel sottosuolo delle acque di scarico, immissione *f* di acque di scarico nel sottosuolo

351 Abwasserverteilung *f*
- ☐ sewage distribution, waste water spreading
- △ distribution *f* des eaux d'égout, répartition *f* des eaux résiduaires
- ○ distribuzione *f* di liquame, distribuzione *f* delle acque di rifiuto

352 Abwasserverteilung *f* **im Vorfluter**
- ☐ effluent diffusion in the receiving water
- △ répartition *f* de l'effluent dans l'émissaire
- ○ distribuzione *f* degli effluenti nel corpo idrico recipiente

353 Abwasserverwertung *f*
- ☐ utilization of sewage, reclamation of sewage
- △ utilisation *f* des eaux d'égout, mise *f* en valeur des eaux usées
- ○ utilizzazione *f* dell'acqua di fogna, utilizzazione *f* del liquame

354 Abwasserverwertung *f*, **landwirtschaftliche**
- ☐ agricultural utilization of sewage, agricultural wastewater utilization
- △ utilisation *f* agricole des eaux domestiques, utilisation *f* agricole des eaux d'égout
- ○ utilizzazione *f* agricola delle acque domestiche di scarico

355 Abwasservorchlorung *f* **im Kanal**
- ☐ up-sewer chlorination
- △ chloration *f* des eaux usées en égout
- ○ clorazione *f* eseguita direttamente nelle fogne

Abwasserwiedergewinnung → *Wasserrückgewinnung*

356 Abwasserzone *f* (*im Vorfluter*)
- ☐ sewage outlet area, wastewater outlet area
- △ zone *f* de l'exutoire, zone *f* des eaux résiduaires
- ○ zona *f* interessata da uno scarico

Abwasserzuführung, verteilte → *Stufenlüftung*

357 Abwasserzuleiter *m*
- ☐ incoming sewer
- △ adducteur *m* d'eaux usées
- ○ adduttore *m* dei liquami

Abwasserzweckverband → *Abwasserverband*

Abweichung → *Ablenkung*

Abweichung, Standard~ → *Standardabweichung*

358 Abweichung *f*, **zulässige**, **Maßabweichung** *f*, **zulässige**, **Toleranz** *f*
- ☐ allowance, tolerance, margin, permissible deviation, tolerance limit (am)
- △ exception *f* admissible, limite *f* de tolérance, tolérance *f*, tolérance *f* permise
- ○ differenza *f* concedibile, differenza *f* permessa, tolleranza *f*, limite•*m* di tolleranza, margine *m* di tolleranza

359 Abweiser *m*
- ☐ deflector
- △ déflecteur *m*
- ○ deflettore *m*

Abwurfschacht, Müll~ → *Müllabwurfschacht*

360 abyssisch
- ☐ abyssobenthic
- △ abyssal
- ○ abissale

361 Abziehen *n* **eines Filters**
- ☐ scraping of a filter, decrusting of a filter
- △ décroûtage *m* d'un filtre, ratissage *m* d'un filtre
- ○ estrazione *f* di sabbia dello strato superficiale d'un filtro, asportazione *f* di strato superficiale di sabbia d'un filtro

Abzugsgraben → *Entwässerungsgraben*

Abzugsrinne → *Straßenrinne*

Abzugsrinne, Spülwasser~ → *Spülwasserrinne*

362 Abzugsschacht *m*
- ☐ draw-off shaft
- △ puisard *m* d'extraction, fosse *f* d'extraction
- ○ pozzo *m* di estrazione

Abzweig → *Abzweigung*

Abzweig, Kanal~ → *Seitenkanal*

363 **abzweigen**
□ branch [off]
△ se brancher
○ diramarsi

364 **Abzweigrohr** n
□ branch pipe
△ tuyau m de branchement
○ tubo m di diramazione

Abzweigstutzen → *Stutzen*

365 **Abzweigung** f, **Abzweig** m
□ branch, fixture branch
△ branchement m, branche f, embranchement m
○ diramazione f

366 **Abzweigung** f, **rechtwinklige**
□ branching at right angle
△ branchement m d'équerre, branchement m à angle droit
○ diramazione f ad angolo retto

367 **Abzweigung** f, **spitzwinklige**
□ branching at an acute angle
△ branchement m à angle aigu
○ diramazione f ad angolo acuto

368 **Acetat** n, **Azetat** n
□ acetate
△ acétate m
○ acetato m

369 **Acetatseide** f, **Azetatseide** f
□ acetate fiber
△ soie f d'acétate
○ seta f all'acetato

370 **Aceton** n, **Azeton** n
□ acetone, dimethyl ketone
△ acétone f, diméthylcétone f
○ acetone m

371 **Acetylen** n, **Azetylen** n
□ acetylene
△ acétylène m
○ acetilene m

372 **Acetylenanlage** f, **Azetylenanlage** f
□ acetylene plant
△ installation f d'acétylène
○ impianto m di acetilene

373 **Achse** f
□ axle, axis
△ axe m
○ asse m

374 **Ackerbau** m
□ agriculture
△ agriculture f
○ agricoltura f

Ackerkrume → *Mutterboden*

375 **Ackerland** n, **Kulturland** n
□ arable land, crop land, cultivated land
△ terre f arable
○ terreno m arativo, territorio m d'agricoltura

376 **Ackerlandbeschickung** f **mit Schlamm**
□ application of sludge to arable soil
△ épandage m de boues sur terrains arables
○ spandimento m di fanghi su terreni arabili

Actinomyzeten → *Strahlenpilze*

Adaptation → *Anpassung*

377 **Adaptation** f, **morphologische**
□ morphological adaptation
△ adaption f morphologique
○ adattamento m morfologico

378 **Adenosintriphosphat** n, **ATP**
□ adenosine triphosphate
△ adénosine-tri-phosphate m, ATP
○ adenosin-trifosfato m

379 **Adenovirus** n
□ adenovirus
△ adénovirus m
○ adenovirus m

Ader, Grundwasser~ → *Grundwasserader*

380 **Adhäsion** f
□ adhesion
△ adhésion f
○ adesione f

Adhäsion → *Haftfestigkeit*

Adhäsionswasser → *Haftwasser*

381 **adsorbieren**
□ adsorb
△ adsorber
○ adsorbire

382 **Adsorption** f
□ adsorption
△ adsorption f
○ adsorbimento m

383 **Adsorptionschromatographie** f
□ adsorption chromatography
△ chromatographie f d'adsorption
○ cromatografia f d'absorbimento

384 **Adsorptionsmittel** n
□ adsorptive agent, adsorption agent
△ adsorbant m
○ mezzo m adsorbente

385 **Adsorptionsvermögen** n
□ adsorptive capacity
△ faculté f d'adsorption, pouvoir m adsorbant
○ facoltà f d'adsorbimento, capacità f d'adsorbimento

386 Adsorptionswasser n,
Benetzungswasser n (hydrol.),
Grundwasser n, gebundenes (hydrol.),
Wasser n, gebundenes (hydrol.), Wasser
n, hygroskopisches (hydrol.)
□ bound water, fixed ground-water,
hygroscopic water, unfree water
△ eau f de rétention, eau f hygroscopique,
eau f liée, eau f adsorbée, eau f inutile,
eau f adhérente
○ acqua f di adsorbimento, acqua f
igroscopica

387 Änderung f, Abänderung f,
Veränderung f
□ alteration, change, modification, variation,
reform
△ changement m, modification f,
altération f, transformation f, variation f
○ cambiamento m, modificazione f

Änderung, Form~ → Verformung

Äquivalent des Schnees, Wasser~
→ Wasserwert des Schnees

388 Äquivalent n, toxisches
□ toxic equivalent
△ équivalent m toxique
○ equivalente m in tossicità

Äquivalent, Xylol~ → Xyloläquivalent

389 Äquivalentdurchmesser m
□ equivalent size of grain
△ diamètre m équivalent des grains,
granulométrie f équivalente
○ diametro m equivalente dei granuli

390 aerob
□ aerobic
△ aérobie
○ aerobo, aerobico

391 Aerobier m
□ aerobe, aerobic bacterium
△ aérobie m
○ aerobio m

aerophil → sauerstoffliebend

392 Aerosol n
□ aerosol
△ aérosol m
○ aerosol m

393 Äschenregion f
□ salmon region
△ région f des saumons
○ regione f dei salmoni, zona f dei salmoni

Äscher → Äschergrube

394 Äscherbrühe f (Gerberei)
□ lime water
△ lait m de chaux
○ latte m di calce

395 Äschergrube f, Äscher m (Gerberei)
□ lime pit
△ pelain m
○ calcinaio m

396 äschern, kälken
□ lime
△ pelaner, chauler
○ calcinare

397 Äschern n, Kälken n
□ liming
△ pelanage m, chaulage m
○ calcinazione f

Ästuar → Flußmündung

398 Ästuar n, inverses
□ inverse estuary
△ estuaire m inverse
○ estuario m inverso

399 Ästuar-Ökosystem n
□ estuarine eco-system
△ système m écologique estuarien,
écosystème m estuarien
○ ecosistema m estuarino

400 Äthylamin n
□ ethylamine
△ éthylamine f
○ etilammina f

401 Äthylen n
□ ethylene
△ éthylène m
○ etilene m

402 Äthylendiamintetraessigsäure f,
Äthylendinitrilotetraessigsäure f
□ ethylene-diamine-tetraacetic acid,
ethylene dinitrilo tetraacetic acid
△ acide m éthylène diamine tétracétique,
acide m éthylène dinitroltétracétique,
EDTA
○ acido m etilendiamminotetracetico, EDTA

Äthylendinitrilotetraessigsäure
→ Äthylendiamintetraessigsäure

403 Äthylenglykol n
□ ethylene glycol
△ éthylène-glycol m, glycol m éthylénique
○ etilene glicole m, glicol m etilenico

404 Ätzalkalität f
□ caustic alkalinity, hydroxide alkalinity
△ alcalinité f caustique
○ alcalinità f caustica

405 Ätzerei f
□ etching plant
△ atelier m de photogravure
○ stabilimento m per fotoincisioni

406 Ätzereiabwasser
□ etching (plant) wastewater
△ eaux f pl résiduaires d'ateliers de
photogravure
○ acque f pl di scarico di laboratori di
fotoincisione

407 Ätzkali n, Kaliumhydroxid n
□ caustic potash, potassium hydroxide
△ hydrate m de potassium, potasse f
caustique
○ potassa f caustica, idrato m di potassio

A 408

408 Ätzkalilauge f, **Kalilauge** f
□ caustic potash lye
△ lessive f de potasse
○ lisciva f di potassa

409 Ätzkalk m, **Branntkalk** m, **Calciumoxid** n, **Kalk** m, **gebrannter**, **Kalk** m, **ungelöschter**, **Kalziumoxid** n
□ quick lime, unslaked lime, caustic lime, calcium oxide
△ oxyde m de calcium, chaux f anhydre, chaux f vive
○ ossido m di calcio, calce f cotta, calce f viva, calce f anidra

410 Ätznatron n, **Natriumhydroxid** n, **Soda** f, **kaustische**
□ caustic soda, sodium hydroxide
△ soude f caustique, hydrate m de sodium
○ idrato m caustico di soda, soda f caustica

äußere(r,s) → Außen-

411 Agarkeimzahl f (bact.)
□ plate count on agar medium
△ numération f sur agar-agar
○ numerazione f su piastra di agar

412 Agarplatte f (bact.)
□ agar plate
△ plaque f de gélose
○ piastra f di agar

413 Agens n
□ agent
△ agent m
○ agente m

414 Agglomerat n
□ agglomerate, agglomeration
△ agglomérat m, agglomération f
○ agglomerato m, agglomerazione f

415 Aggregat n, **Einheit** f, **Satz** (von Maschinen)
□ unit, set
△ groupe m
○ gruppo m, unità f, aggregato m

416 Aggregatzustand m, **fester**
□ solid state, solid aggregate state, solid aggregation
△ état m solide d'agrégat
○ stato m solido di aggregato

417 Aggregatzustand m, **flüssiger**
□ liquid aggregate state, fluid aggregate state
△ état m liquide d'agrégat
○ stato m liquido di aggregato

418 Aggregatzustand m, **gasförmiger**
□ gaseous aggregate state
△ état m gazeux d'agrégat
○ stato m gasoso di aggregato, stato m gassoso di aggregato

aggressiv → angreifend

Aggressiv, kalk~ → kalkangreifend

419 Aggressivität f, **Angriffsfähigkeit** f, **Angriffslust** f
□ aggressivity
△ agressivité f
○ aggressività f

Agrarreform → Bodenreform

420 Agrochemikalie f
□ chemical for use in agriculture
△ produit m chimique pour l'usage agricole
○ prodotto m chimico per l'agricoltura

Aitel → Döbel

421 akklimatisieren
□ acclimatize
△ acclimater
○ acclimatarsi

422 Akklimatisierung f
□ acclimation
△ acclimatation f
○ acclimatazione f

423 Aktionsradius m
□ effective range, sphere of action
△ rayon m d'action
○ raggio m d'azione

Aktionsturbine → Druckturbine

424 Aktivfilter n, **A-Kohlefilter** n, **Aktivkohlefilter** n
□ activated carbon filter
△ filtre m à charbon actif
○ filtro m a carbone attivo

425 Aktivierung f
□ activation
△ activation f
○ attivazione f

Aktivität, Dehydrogenase-~ → Dehydrogenase-Aktivität

Aktivität, Enzym~ → Fermentwirkung

Aktivität, Gesamt~ → Gesamtaktivität

Aktivität, Reduktasen~ → Reduktasenaktivität

Aktivität, Schlamm~ → Schlammaktivität

426 Aktivkohle f, **A-Kohle** f
□ activated carbon
△ charbon m actif, charbon m activé
○ carbone m attivo, carbone m attivato

Aktivkohlefilter → Aktivfilter

427 Aktivtonerde f, **Tonerdegel** n
□ activated alumina
△ alumine f activée
○ allumina f attivata

Akzeptor, Wasserstoff~ → Wasserstoffakzeptor

428 Alanin n
□ alanine
△ alanine f
○ alanina f

429 **Alarmanlage** f
□ alarm system
△ dispositif m d'alarme
○ dispositivo m d'allarme

430 **Alarmapparat** m
□ alarm device
△ appareil m d'alarme, appareil m avertisseur
○ apparecchio m d'allarme

431 **Alarmwasserstand** m
□ warning stage, danger water level
△ niveau m d'alerte, cote f d'alerte
○ livello m di guardia

432 **Alaun** n
□ potash alum
△ alun m
○ allume m

Alaungerbung → *Weißgerbung*

Albe → *Ukelei*

Albuminoidstickstoff → *Eiweißstickstoff*

433 **Aldrin** n
□ aldrin
△ aldrine f
○ aldrina f

434 **Alge** f
□ alga
△ algue f
○ alga f

435 **Algen** f pl, **festsitzende**
□ sessile algae pl
△ algues f pl sessiles
○ alghe f pl sessili

436 **Algen** f pl, **freischwimmende**
□ free-floating algae pl
△ algues f pl flottantes
○ alghe f pl flottanti

437 **Algenausbeute** f
□ algae yield
△ production f d'algues
○ produzione f di alghe, produzione f algale

438 **Algenbekämpfung** f
□ algae control
△ lutte f contre la prolifération des algues
○ lotta f contro lo sviluppo di alghe

439 **Algenbekämpfungsmittel** n, **Algengift** n, **Algizid** n
□ algaecide, algicide, algae toxicant
△ algicide m
○ algicida m

440 **Algenbeseitigung** f
□ algae removal
△ élimination f des algues, destruction f des algues
○ eliminazione f delle alghe, rimozione f delle alghe

Algenblüte → *Wasserblüte*

Algenentwicklung → *Algenwachstum*

441 **Algenernte** f
□ algae harvesting, algae crop
△ collecte f des algues, récolte f des algues
○ raccolta f delle alghe, ricolta f delle alghe

Algengemeinschaft → *Algenpopulation*

Algengift → *Algenbekämpfungsmittel*

442 **Algenkunde** f, **Algologie** f
□ algology
△ algologie f
○ algologia f

443 **Algenpilze** m pl, **Phycomyceten** f pl, **Phykomyzeten** f pl
□ phycomycetes pl
△ phycomycètes m pl
○ ficomiceti m pl

444 **Algenpopulation** f, **Algengemeinschaft** f
□ algae population
△ population f d'algues, association f d' algues
○ popolazione f algale

445 **Algenteich** m
□ algae pond
△ étang m à algues
○ stagno m ad alghe

446 **Algentest** m
□ algae test
△ test m d'algues
○ saggi m pl algali

447 **Algenwachstum** n, **Algenentwicklung** f
□ algae growth, algal growth, algae development
△ pullulation f des algues, prolifération f des algues, développement m des algues
○ crescita f delle alghe, sviluppo m di alghe

448 **Algenwachstumspotential** n
□ algae-growth potential
△ potentiel m de développement des algues
○ potenziale m di crescita algale

449 **Algenzählung** f *(biol.)*
□ algae count, survey count of algae
△ dénombrement m des algues, numération f des algues
○ numerazione f delle alghe

450 **Algenzählung** f **nach der Streifenmethode**
□ strip count of algae
△ dénombrement m des algues par bande, numération f des algues par bande
○ conta f di alghe per strisce, conteggio m di alghe per strisce

Algizid → *Algenbekämpfungsmittel*

Algologie → *Algenkunde*

451 **aliphatisch**
□ aliphatic
△ aliphatique
○ alifatico

452 **Alkali** n
□ alkali, alcali
△ alcali m
○ alcali m

453 Alkalimetrie f
- □ alkalimetry
- △ alcalimétrie f
- ○ alcalimetria f

454 Alkalinität f, **Alkalität** f
- □ alkalinity
- △ alcalinité f
- ○ alcalinità f

455 alkalisch
- □ alkaline
- △ alcalin
- ○ alcalino

456 Alkalisulfid n
- □ alkali sulphide
- △ sulfure m alcalin
- ○ solfuro m alcalino

Alkalität → *Alkalinität*

Alkalität, Boden~ → *Bodenalkalität*

Alkalität, Methylorange-~
→ *Methylorange-Alkalität*

457 Alkohol m
- □ alcohol
- △ alcool m
- ○ alcool m

458 Alkylarylsulfonat n
- □ alkylarenesulfonate
- △ alkylarylsulfonate m
- ○ alchilarisulfonato m

459 Alkylbenzolsulfonat n, **ABS**
- □ alkyl benzene sulfonate, ABS
- △ alkyl benzène sulfonate m, ABS
- ○ alchilbenzensolfonato m

460 Alkylsulfat n
- □ alkyl sulphate
- △ alkylsulfate m, AS
- ○ alchilsolfato m

461 Alkylsulfonat n, **lineares, LAS**
- □ linear alkylsulphonate, LAS
- △ sulfonate m d'alkyle linéaire, SAL, alkyl sulfonate m linéaire, ASL
- ○ solfonato m alchilico lineare, SAL

allgemein verbreitet → *pandemisch*

462 Allgemeinbesitz m, **Eigentum** n, **öffentliches**
- □ public property
- △ domaine m public
- ○ proprietà f pubblica

463 im Allgemeinbesitz
- □ publicly owned
- △ appartenant au domaine public, tombé dans le domaine public
- ○ di pubblico dominio m

464 allochthon
- □ allochthonous
- △ allochtone
- ○ alloctono

Alluvion → *Anschwemmung*

465 Alm f
- □ mountain pasture
- △ alpe f, pacage m alpestre
- ○ pascolo m alpino

466 Alpha-Mesosaprobien f pl
- □ alpha-mesosaprobic organisms
- △ organismes m pl alpha-mésosaprobies
- ○ organismi m pl alfa-mesosaprobi

467 Alpha-Polysaprobien f pl
- □ alpha polysaprobic organisms
- △ organismes m pl alpha-polysaprobies
- ○ organismi m pl alfa-polisaprobi

468 Alphastrahlen m pl
- □ alpha-rays
- △ rayons m pl alpha
- ○ raggi m pl alfa

469 Altarm m, **Altwasser** n (eines Flusses)
- □ old branch, old bed, abandoned river course, bayou (am)
- △ lit m mort, bras-mort m
- ○ letto m vecchio, meandro m morto, braccio m morto

470 Alteisen n, **Schrott** m
- □ scrap iron
- △ ferraille f
- ○ ferro m vecchio, rottami m pl di ferro

Alter, Schlamm~ → *Schlammalter*

Alternativplan → *Planungsalternative*

^{14}C-Altersbestimmung
→ *Altersbestimmung mittels ^{14}C*

471 Altersbestimmung f **mittels ^{14}C, ^{14}C-Altersbestimmung** f, **Radiokarbonmethode** f, **Radiokohlenstoffmethode** f (d. Altersbestimmung)
- □ ^{14}C-dating, radio-carbon dating
- △ datation f par ^{14}C, détermination f de l'âge par ^{14}C
- ○ determinazione f dell'età mediante ^{14}C

472 Altersbestimmung f **mittels ^{15}N, Radiostickstoffmethode** f
- □ radio-nitrogen dating
- △ datation f par l'azote radioactif
- ○ datazione f mediante composti radioattivi dell'azoto

473 Alterung f
- □ ageing
- △ vieillissement m
- ○ invecchiamento m

474 Alterungsbeständigkeit f
- □ resistance to ageing
- △ résistance f au vieillissement
- ○ resistenza f all'invecchiamento

475 Altmetall n
- □ metal scrap, scrap metal
- △ vieux métal m
- ○ rottami m pl metallici

476 Altöl n
- □ spent oil, waste oil
- △ huile f usagée, huile f résiduaire
- ○ olio m usato

477 Altölaufbereitung f, **Ölaufbereitung** f
☐ oil regeneration, waste oil recovery
△ régénération f des huiles usées
○ recupero m degli oli usati, rigenerazione f degli oli usati

478 Altölaufbereitungsanlage f, **Altölregenerierungsanlage** f, **Altölverarbeitungsanlage** f
☐ oil regeneration plant, waste oil recovery plant, waste oil regeneration plant
△ usine f de régénération des huiles usées
○ impianto m di recupero degli oli minerali

Altölregenerierungsanlage → *Altölaufbereitungsanlage*

Altölverarbeitungsanlage → *Altölaufbereitungsanlage*

479 Altpapier n
☐ paper stock
△ vieux papiers m pl
○ carta f straccia

Altstoffe → *Müllbestandteile verwertbarer Art*

Altwasser → *Altarm*

480 Aluminat n
☐ aluminate
△ aluminate m
○ alluminato m

481 Aluminium n
☐ aluminium
△ aluminium m
○ alluminio m

482 Aluminiumhydroxid n, **Tonerdehydrat** n
☐ aluminium hydroxide
△ alumine f hydratée
○ idrossido m di alluminio

483 Aluminiumsilikat n, **Tonerdekieselsäure** f, **Tonerdesilikat** n
☐ aluminium silicate
△ silicate m d'alumine
○ silicato m d'alluminio

484 Aluminiumsulfat n, **Tonerde** f, **schwefelsaure, Tonerdesulfat** n
☐ aluminium sulphate, sulphate of aluminium
△ sulfate m d'aluminium, sulfate m d'alumine
○ solfato m di alluminio, solfato m di allumina

485 Aluminiumsulfat-Aktivkohle-Gemisch n
☐ black alum, activated alum
△ alun m activé, mélange m de sulfate d'alumine et de charbon activé
○ allume m attivato, miscela f di solfato d'alluminio e di carbone attivato

486 Aluminiumwolle f
☐ aluminium-wool
△ laine f d'aluminium
○ lana f d'alluminio

Amaul → *Zander*

487 Ameisensäure f
☐ formic acid
△ acide m formique
○ acido m formico

488 Amerikanische Norm f
☐ American National Standard
△ American National Standard, norme f américaine
○ Norme f pl Americane, Standard Nazionali Americani

489 Amin n
☐ amine
△ amine f
○ amina f, ammina f

490 Aminosäure f
☐ amino acid
△ amino-acide m
○ aminoacido m

491 Ammoniak n
☐ ammonia
△ ammoniaque F
○ ammoniaca f

Ammoniak, fixes → *Ammoniak, gebundenes*

492 Ammoniak n, **gebundenes, Ammoniak** n, **fixes**
☐ fixed ammonia
△ ammoniaque f liée, ammoniaque f combinée
○ ammoniaca f combinata

493 Ammoniak n, **schwefelsaures, Ammoniumsulfat** n, **Ammonsulfat** n
☐ sulphate of ammonia, ammonium sulphate
△ sulfate m d'ammonium
○ solfato m di ammonio, solfato m di ammoniaca

494 Ammoniakabtreiber m
☐ ammonia stripper
△ dispositif m d'entraînement de l'ammoniac
○ dispositivo m per l'espulsione dell'ammoniaco, dispositivo m di strippaggio per l'ammoniaca

495 Ammoniakabtreibung f **mit Luft**
☐ ammonia air stripping
△ élimination f de l'ammoniac par l'air, déplacement m de l'ammoniac par l'air
○ espulsione f con l'aria dell'ammoniaca, strippaggio m con l'aria dell'ammoniaca

496 Ammoniakabwasser n, **Kolonnenablauf** n (eines Gaswerks)
☐ ammonia waste, spent gas liquor, spent ammonia liquor
△ eaux f pl résiduaires ammoniacales
○ acqua f di rifiuto ammoniacale

497 Ammoniakbehandlung f
☐ ammoniation, ammonia treatment, ammonia application
△ procédé m par l'ammoniaque
○ ammoniazione f

498 **Ammoniakbestimmung** f **nach Nessler**
  □ Nesslerization
  △ détermination f d'ammoniaque selon Nessler, Nesslérisation f
  ○ determinazione f d'ammoniaca secondo Nessler

499 **Ammoniakfabrik** f
  □ ammonia recovery plant
  △ fabrique f d'ammoniaque
  ○ fabbrica f di ammoniaca

500 **Ammoniaksoda** f, **Solvaysoda** f
  □ Solvay soda, ammonia soda
  △ sel m Solvay, soude f à l'ammoniaque, soude f Solvay
  ○ soda f Solvay

501 **Ammoniakstickstoff** m
  □ nitrogen as NH_3, ammoniacal nitrogen, ammonia nitrogen
  △ azote m ammoniacal, azote m ammonié
  ○ azoto m ammoniacale

  Ammoniakwasser → *Gaswasser*

502 **Ammonifizierung** f
  □ ammonification
  △ ammonisation f
  ○ ammonificazione f

  Ammoniumchlorid → *Chlorammonium*

  Ammoniumsulfat → *Ammoniak, schwefelsaures*

  Ammonsulfat → *Ammoniak, schwefelsaures*

  Amoeben → *Wechseltierchen*

503 **Amöbenruhr** f
  □ amoebic dysentery, amebiasis
  △ dysenterie f amibienne
  ○ dissenteria f amebica

  Amortisation → *Tilgung*

504 **Amperometrie** f
  □ amperometry
  △ ampèrométrie f
  ○ amperometria f

  Amphibie → *Amphibium*

505 **Amphibium** n, **Amphibie** f, **Lurch** m
  □ batrachian, amphibious animal
  △ amphibie m
  ○ anfibio m

506 **amphoter**
  □ amphoteric
  △ amphotère
  ○ anfotero

507 **Amplitude** f
  □ amplitude
  △ amplitude f
  ○ ampiezza f

508 **Amsterdamer Düse** f
  □ Amsterdam type nozzle
  △ tuyère f à deux jets croisés dite d'Amsterdam
  ○ ugello m per aeratori a spruzzo tipo Berlino

  Amt für Umweltschutz
  → *Umweltschutzamt*

509 **Amt** n, **hydrologisches**
  □ hydrological board
  △ service m hydrologique
  ○ ufficio m idrologico, servizio m idrologico

510 **Amtsarzt** m
  □ Public Health officer, medical officer
  △ médecin m administratif
  ○ ufficinale m sanitario

511 **Amylase** f
  □ amylase
  △ amylase f
  ○ amilasi f

512 **amylolytisch, stärkelösend, stärkezerlegend**
  □ amylolytic
  △ amylolytique
  ○ amilolitico

513 **Anabolismus** m
  □ anabolism
  △ anabolisme m
  ○ anabolismo m

514 **anadrom**
  □ anadromous
  △ anadrome
  ○ anadromo

515 **anaerob**
  □ anaerobic
  △ anaérobique, anaérobie
  ○ anaerobo, anerobo, anerobico

  anaerob, fakultativ ~ → *fakultativ anaerob*

516 **Anaerobier** m, **Bakterium** n, **anaerobes**
  □ anaerobe
  △ anaérobie m
  ○ anaerobio m

517 **Analogiemodell** n
  □ analog model
  △ modèle m analogique
  ○ modello m analogico

518 **Analogrechner** m
  □ analogue computer *(br)*, analog computer *(am)*
  △ calculateur m analogique
  ○ calcolatore m analogico

  Analogversuch, Elektro~ → *Elektroanalogversuch*

519 **Analysator** m
  □ analyzer
  △ analyseur m
  ○ analizzatore m

  Analysator, Kohlenstoff-~
  → *Kohlenstoff-Analysator*

520 **Analyse** f
  □ analysis
  △ analyse f
  ○ analisi f

  Analyse, Abwasser~ → *Abwasseranalyse*

521 **Analyse** f, **automatische**
 □ automated analysis
 △ analyse f automatique
 ○ analisi f automatizzata

 Analyse, chemische → *Untersuchung, chemische*

 Analyse, Fällungs~ → *Fällungsanalyse*

 Analyse, Gewichts~ → *Gewichtsanalyse*

 Analyse, gravimetrische → *Gewichtsanalyse*

 Analyse, Kontroll~ → *Kontrollanalyse*

 Analyse, Maß~ → *Maßanalyse*

 Analyse, Schlämm~ → *Schlämmanalyse*

 Analyse, Schlamm~ → *Schlammanalyse*

 Analyse, Serien~ → *Reihenbestimmung*

 Analyse, Sieb~ → *Siebanalyse*

 Analyse, Spuren~ → *Spurenanalyse*

 Analyse, Wasser~ → *Wasseruntersuchung*

522 **Analysenbefunde** m pl, **Analysendaten** n pl
 □ analytical findings pl, analytical results pl, analytical data pl
 △ expertises f pl analytiques, résultats m pl d'analyse, valeurs f pl trouvées par analyse
 ○ reperti m pl analitici, risultati m pl analitici

 Analysendaten → *Analysenbefunde*

523 **Analysengang** m
 □ scheme of analysis
 △ programme m d'analyses, séquence f d'analyses
 ○ programma m d'analisi

524 **analysieren, untersuchen** (*chem.*)
 □ analyse, analyze
 △ analyser
 ○ analizzare, far l'analisi

525 **Analytiker** m
 □ analyst
 △ analyste m
 ○ analista m

526 **Anbau** m
 □ cultivation, culture, crop growing
 △ culture f
 ○ coltura f, coltivazione f

 Anbau, Streifen~ → *Streifenanbau*

527 **Anbohrgerät** n
 □ tapping machine
 △ machine f à tarauder, taraudeuse f, machine f à percer les conduites, machine f à percée en charge
 ○ apparecchio m foratubi, apparecchio m di presa

528 **Anbohrhahn** m
 □ boring cock
 △ robinet m de prise
 ○ rubinetto m di presa

529 **Anbohrschelle** f, **Rohrbügel** m
 □ saddle clip, tapping sleeve
 △ collier m de prise
 ○ strettoio m di presa, collare m di presa, cravatta f di presa

530 **Anbohrschelle** f **ohne Sperrhahn**
 □ saddle clip without valve
 △ collier m à lunette
 ○ collare m senza rubinetto di chiusura

531 **Anbohrschelle** f, **schmiedeeiserne**
 □ wrought iron clip, wrought iron tapping sleeve, malleable iron clip
 △ collier m de prise en fer forgé, collier m de prise en fonte malléable
 ○ collare m di presa in ferro fucinato

 Anbohrschelle, Ventil~ → *Ventilanbohrschelle*

532 **Anbohrung** f
 □ tapping
 △ perçage m
 ○ foratura f

 Andrang, Grundwasser~ → *Grundwasserandrang*

 Andrang, Wasser~ → *Wasserandrang*

 Anemometer → *Windmesser*

 anfärben → *färben*

533 **Anfahren** n, **Inbetriebsetzen** n
 □ starting
 △ démarrage m, mise f en service
 ○ avviamento m, messa f in marcia

534 **Anfahren** n **eines Filters**
 □ starting of a filter
 △ mise f en service d'un filtre, démarrage m d'un filtre
 ○ messa f in marcia [avvio m] di un filtro

 Anfall, Gas~ → *Gasanfall*

 Anfall von Abwasser → *Abwassermenge*

535 **Anfallspitze** f, **Höchstzufluß** m
 □ peak water flow, peak rate of flow
 △ débit m de pointe
 ○ portata f di punta

536 **Anfangs-** (*in Verbindung mit anderen Subst.*)
 □ initial
 △ ...initial
 ○ ...iniziale

537 **Anfangsgeschwindigkeit** f
 □ initial rate, initial velocity
 △ vitesse f initiale
 ○ velocità f iniziale

538 **Anfangsimpuls** m
 □ initial impulse
 △ impulsion f initiale
 ○ impulso m iniziale

539 **anfaulen**
 □ become fouled
 △ commencer à pourrir, commencer à se gâter
 ○ cominciare a marcire, cominciare a putrefarsi, diventare putrido

540 **anfeuchten, befeuchten**
- moisten, humidify
- humidifier, humecter
- umettare, irrorare, inumidire

541 **Anforderungen** f pl **an das Milieu** *(biol.)*
- environmental requirements
- conditions f pl imposées au milieu
- caratteristiche f pl ambientali

Anforderungen, Güte~ → *Güteanforderungen*

Anforderungen, Wassergüte~ → *Wassergüteanforderungen*

anfressen → *korrodieren*

Anfressung → *Korrosion*

542 **Anfuhr** f
- carting, conveyance, transport, carriage
- charriage m
- trasporto m, spedizione f, convogliamento m

543 **Angaben** f pl, **Daten** n pl
- data
- données f pl, indications f pl
- dati m pl

544 **Angebot** n
- offer, tender, bid
- offre f
- offerta f

545 **Angeln** n
- angling
- pêche f à la ligne, pêche f à l'hameçon
- pesca f all'amo

546 **Angler** m
- angler
- pêcheur m à la ligne, pêcheur m à l'hameçon
- pescatore m all'amo

angreifen → *korrodieren*

547 **angreifend, aggressiv, angriffslustig**
- aggressive
- agressif
- aggressivo

angreifend → *korrosiv*

Angreifend, beton~ → *betonangreifend*

Angriffsfähigkeit → *Aggressivität*

Angriffsfähigkeit, Boden~ → *Bodenangriffsfähigkeit*

Angriffslust → *Aggressivität*

angriffslustig → *angreifend*

548 **angriffsverhütend** *(corr.)*
- inhibitory
- inhibiteur, inhibitif
- inibitorio

549 **anhäufen**
- pile up
- empiler
- impilare

550 **sich anhäufen**
- accumulate, pile up
- s'accumuler, s'amasser, s'emmagasiner, s'empiler
- aumentarsi, accumularsi, agglomerarsi

551 **Anhäufen** n **von Kies**
- mounding of gravel
- accumulation f de gravier
- accumulo m di pietrisco

Anhäufung, Schadstoff~ → *Schadstoffanreicherung*

552 **Anhöhe** f
- elevation
- élévation f
- salita f, altura f

553 **Anhydrid** n
- anhydride
- anhydride m
- anidride f

554 **Anhydrit** n, **Gips** m, **wasserfreier**
- anhydrite, anhydrous sulphate of calcium
- anhydrite m, sulfate m de calcium anhydre
- gesso m anidro

555 **Anilin** n
- aniline
- aniline f, phénylamine f
- anilina f

556 **Anilinfabrik** f
- aniline works pl
- usine f d'aniline
- fabbrica f di anilina

animpfen → *impfen*

557 **Anion** n
- anion
- anion m
- anione m

558 **anionaktiv, anionisch**
- anionic
- anionique
- anionico

559 **Anionenaustausch** m
- anion exchange
- échange m d'anions
- scambio m di anioni

560 **Anionenaustauscher** m
- anion exchanger
- échangeur m d'anions
- scambiatore m di anioni

561 **Anionenaustauschharz** n
- anion-exchange resin
- résine f échangeuse d'anions, résine f (à activité) anionique
- resina f anionica

562 **anionenselektiv**
- anion-selective
- sélectif pour les anions
- selettivo per gli anioni

anionisch → *anionaktiv*

563 **anisotrop**
☐ anisotropic
△ anisotrope
○ anisotropo

564 **Anisotropie** f
☐ anisotropy
△ anisotropie f
○ anisotropia f

Ankerplatz → Reede

565 **Anlage** f
☐ plant, installation
△ installation f, établissement m, aménagement m
○ impianto m, installazione f

Anlage, Altölaufbereitungs~ → Altölaufbereitungsanlage

Anlage, Altölregenerierungs~ → Altölaufbereitungsanlage

Anlage, Altölverarbeitungs~ → Altölaufbereitungsanlage

Anlage, Betriebs~ → Betriebsanlage

Anlage, im Blockbau ausgeführte ~ → im Blockbau ausgeführte Anlage

Anlage, Entlastungs~ → Entlastungsanlage

Anlage, Entsalzungs~ → Entsalzungsanlage

Anlage, Geflügelschlacht- und -verarbeitungs~ → Geflügelschlacht- und -verarbeitungsanlage

Anlage, getrennte, Entlastungs~ → Entlastungsanlage, getrennte

Anlage, Holzverkohlungs~ → Holzverkohlungsanlage

Anlage, Kompakt~ → im Blockbau ausgeführte Anlage

Anlage, Mehrzweck~ → Mehrzweckanlage

Anlage, Müllverbrennungs~ → Müllverbrennungsanlage

Anlage, Reinigungs~ → Reinigungsanlage

Anlage, Überlüftungs~ → Totalkläranlage

566 **Anlagekosten** pl, **Investitionskosten** pl
☐ prime cost, initial cost, investment cost, cost of installation
△ frais m pl d'établissement, frais m pl d'installation, coût m d'investissement
○ spese f pl d'impianto, costo m d'impianto, costi m pl d'investimento

Anlagerung → Ansatz

Anlagerungswasser → Sorptionswasser

Anlandung → Anschwemmung

567 **Anlandung** f **am ausbuchtenden Ufer**
☐ point-bar deposit
△ atterrissement m à la rive convexe, banc m à l'intérieur de la boucle
○ banchina f alla sponda convessa

568 **Anlaufgenauigkeit** f **eines Messers bei kleinem Durchfluß**
☐ sensitivity of meter at low flows
△ sensibilité f d'un compteur aux faibles débits
○ sensibilità f di un misuratore alle basse portate

Anlaufphase → Lag-Phase [des Wachstums]

569 **Anlaufzeit** f (b. Druckstößen)
☐ acceleration time
△ temps m d'accélération
○ periodo m d'accelerazione

570 **Anlaufzeit-Laufzeit-Verhältnis** n (b. Druckstößen)
☐ acceleration/flow-time ratio
△ rapport m accélération/temps de propagation
○ rapporto m accelerazione/tempo di propagazione

571 **Anlegestelle** f, **Landungsbrücke** f
☐ landing place, pier, landing wharf, jetty
△ débarcadère m, embarcadère m, appontement m
○ approdo m, posto m d'approdo, imbarcadero m

572 **Anleihe** f
☐ loan
△ emprunt m
○ prestito m

Anlieger → Uferanlieger

573 **Anliegerrecht** n
☐ riparian right, riparian legislation
△ droit m concernant les riverains, législation f concernant les riverains
○ legislazione f relativa agli rivieraschi

574 **Anliegerstaat** m
☐ riparian state
△ état m riverain
○ stato m rivierasco

575 **Anmachwasser** n
☐ water for mixing, mixing water
△ eau f de gâchage
○ acqua f d'impasto

anmeldepflichtig → anzeigepflichtig

576 **Anode** f
☐ anode
△ anode f
○ anodo m

577 **anodisch**
☐ anodic
△ anodique
○ anodico

578 **Anomalie** f
□ anomaly
△ anomalie f
○ anomalia f

579 **Anordnung** f, **Gruppierung** f
□ lay-out
△ disposition f, groupement m
○ disposizione f, raggruppamento m

580 **anorganisch**
□ anorganic, inorganic
△ inorganique
○ inorganico

581 **Anpassung** f, **Adaptation** f
□ adaptation
△ adaptation f
○ adattamento m

582 **anregen, stimulieren**
□ stimulate
△ stimuler
○ stimolare

583 **Anregung** f, **Stimulierung** f
□ stimulation
△ stimulation f
○ stimolazione f

584 **Anregungsenergie** f (Spektralanalyse)
□ energy of excitation
△ énergie f d'excitation
○ energia f d'eccitazione

Anregungsmittel → Stimulans

585 **anreichern** (chem.)
□ concentrate
△ concentrer, additionner
○ concentrare

586 **anreichern** (hydrol.)
□ replenish, recharge
△ enrichir
○ arricchire

587 **Anreicherung** f (chem.)
□ concentration
△ concentration f, addition f
○ concentrazione f

588 **Anreicherung** f (hydrol.)
□ replenishment, recharge
△ enrichissement m
○ arricchimento m, ravvenamento m

Anreicherung, Grundwasser~
→ Grundwasseranreicherung

Anreicherung, Salz~ → Salzanreicherung

589 **Anreicherungsbecken** n, **Versickerungsbecken** n
□ replenishing basin, recharge basin, infiltration basin
△ bassin m de réalimentation, bassin m de raveinement, bassin m d'infiltration, bassin m de recharge
○ vasca f di infiltrazione, bacino m di ravvenamento

590 **Anreicherungsnährboden** m (bact.)
□ enrichment medium
△ milieu m d'enrichissement bactérien
○ terreno m di arricchimento batterico

Anreicherungszone → B-Horizont

591 **ansäuern**
□ acidify, acidulate
△ acidifier
○ acidificare

592 **Ansäuerung** f
□ acidification
△ acidification f
○ acidificazione f

ansammeln → sammeln

Ansammlung → Sammlung

593 **Ansatz** m, **Anlagerung** f
□ scale deposit, deposit
△ dépôt m d'incrustations
○ deposito m d'incrostazioni

Ansatz → Stutzen

Ansatz, Gewinde~ → Gewindeansatz

594 **ansaugen, saugen**
□ draw
△ aspirer
○ aspirare

595 **Ansaugen** n, **Saugen** n
□ suction, priming
△ aspiration f
○ aspirazione f

596 **anschließen**
□ connect
△ raccorder, relier
○ collegare

597 **Anschluß** m
□ connection, junction, contact
△ communication f, raccordement m
○ collegamento m, raccordo m, allacciamento m

598 **Anschlußdeich** m
□ connecting dike
△ digue f de raccordement
○ dicco m di raccordo

Anschlußgebühr → Kanalisationsgebühr

599 **Anschlußkanal** m, **Zweigkanal** m
□ connecting canal
△ canal m de branchement, canal m de raccordement
○ canale m di raccordo

600 **Anschlußkanal** m (Abwasser)
□ connecting sewer, branch sewer
△ égout m de communication, égout m de branchement
○ fognatura f di raccordo

Anschlußleitung → Hausentwässerungsleitung

601 **Anschlußleitung** f (Wasser)
   □ service pipe line, service header
   △ conduite f de branchement
   ○ condotta f d'adduzione d'acqua, condotta f di allacciamento

602 **Anschlußrohr** n
   □ connecting pipe, service main
   △ tuyau m de communication, tuyau m de raccordement, tuyau m de branchement, tuyau m de distribution
   ○ tubo m di collegamento, tubo m di raccordo, tubo m di allacciamento

   Anschlußstutzen → Stutzen

603 **Anschlußweite** f
   □ branch diameter
   △ diamètre m de branchement
   ○ diametro m di attacco, diametro m di raccordo

604 **anschrauben**
   □ screw
   △ visser, serrer à vis
   ○ avvitare, attaccare colla vite

605 **anschütten, aufschütten**
   □ bank up, fill up
   △ remblayer
   ○ riempire, colmare

606 **Anschüttung** f, **Aufschüttung** f, **Boden** m, **aufgefüllter, Boden** m, **aufgeschütteter**
   □ ballasting, filling up, fill, banked earth, heaped earth, embankment, made-up ground
   △ remblai m, remblayage m, terrain m rapporté
   ○ terra f di colmata, colmata f, riporto m

607 **Anschwellrate** f
   □ swelling rate
   △ vitesse f de gonflement
   ○ velocità f di rigonfiamento

608 **Anschwellung** f
   □ swell, swelling
   △ gonflement m
   ○ rigonfiamento m, gonfiezza f

609 **Anschwemmfilter** n, **Precoat-Filter** n
   □ precoat filter
   △ filtre m à précouche
   ○ filtro m a prestrato

   Anschwemmfilter, Kieselgur-~
   → Kieselgur-Anschwemmfilter

610 **Anschwemmküste** f
   □ alluvial coast
   △ côte f alluviale
   ○ costa f alluvionale

   Anschwemmschicht → Filterhilfsschicht

611 **Anschwemmung** f, **Alluvion** n, **Anlandung** f
   □ alluvions pl, alluviation, silting, silting up, alluvium, alluvial deposit
   △ alluvion f, atterrissement m, alluvionnement m
   ○ alluvione f, terreno m d'alluvione, alluvionamento m, deposito m alluvionale

612 **ansetzen, sich**
   □ deposit, become coated with
   △ s'attacher, s'incruster, se déposer
   ○ attaccarsi, sovrapporsi, depositarsi

   Ansiedlung → Siedlung
   Anstalt, Bade~ → Schwimmbad
   Anstalt, Bedürfnis~ → Bedürfnisanstalt

613 **Anstalt** f, **galvanische**
   □ electro-plating establishment, plating establishment
   △ atelier m de galvanoplastie, atelier m galvanotechnique
   ○ stabilimento m di galvanizzazione

   anstauen → stauen
   Anstauung → Stau

614 **ansteckend, infektiös, seuchengefährlich**
   □ infectious, contagious
   △ infectieux, contagieux
   ○ infettivo

615 **Ansteckung** f, **Infektion** f, **Krankheitsübertragung** f
   □ infection, contagion
   △ contagion f, infection f
   ○ infezione f, contagione f, contagio m

   ansteckungsfähig → virulent
   Ansteckungsfähigkeit → Virulenz

616 **Ansteckungskrankheit** f, **Infektionskrankheit** f, **Krankheit** f, **ansteckende**
   □ infectious disease, contagious disease, communicable disease
   △ maladie f infectieuse, maladie f contagieuse
   ○ infermità f infettiva, malattia f infettiva

   Ansteckungskrankheit, meldepflichtige
   → Infektionskrankheit, meldepflichtige

617 **Anstehendes** n (geol.), **Grundgestein** n
   □ bedrock
   △ roche f solide, roche f en place, bedrock m
   ○ strato m roccioso

   Ansteigen → Steigung

618 **Anstieg** m, **säkularer, des Meeresspiegels**
   □ secular rise of sea level
   △ élévation f séculaire du niveau de la mer
   ○ innalzamento m secolare del livello del mare

619 **Anstrich** m
   □ coat, coating
   △ enduit m, peinture f
   ○ pittura f, intonaco m

620 **Anstrich** m, **äußerer, Außenanstrich** m, **Außenschutz** m
   □ external coating, outside coating, exterior coating
   △ peinture f extérieure, enduit m extérieur
   ○ pittura f esteriore, intonaco m esteriore, verniciatura f esterna

   Anstrich, Asphalt~ → Asphaltanstrich

Anstrich, Außen~ → *Anstrich, äußerer*

621 Anstrich *m*, **innerer, Innenanstrich** *m*
☐ inside coat
△ peinture *f* intérieure, enduit *m* intérieur
○ pittura *f* interna, intonaco *m* interno

622 Antagonismus *m*
☐ antagonism
△ antagonisme *m*
○ antagonismo *m*

623 antagonistisch, gegensätzlich wirkend *(biol.)*
☐ antagonistic
△ antagoniste
○ antagonista

Antichlormittel → *Entchlorungsmittel*

Antigen → *Immunstoff*

624 Antiklinalfalte *f (geol.)*
☐ anticlinal fold
△ pli *m* anticlinal
○ piega *f* anticlinale

625 Antikörper *m*
☐ antibody
△ anticorps *m*
○ anticorpo *m*

Antikörper-Methode, Filter-Fluoreszenz- ~ → *Filter-Fluoreszenz-Antikörper-Methode*

626 Antimon *n*
☐ antimony
△ antimoine *m*
○ antimonio *m*

Antischaummittel → *Schaumbekämpfungsmittel*

627 Antrieb *m*
☐ drive, impulse, propellant
△ commande *f*, impulsion *f*
○ impulso *m*, azionamento *m*, comando *m*

Antrieb, Druckluft~ → *Druckluftantrieb*

628 Antrieb *m*, **elektrischer, Antrieb** *m* **mit elektrischem Strom**
☐ electric drive
△ commande *f* électrique
○ comando *m* elettrico, comando *m* a motore elettrico

Antrieb mit Dampf → *Dampfantrieb*

Antrieb mit elektrischem Strom → *Antrieb, elektrischer*

629 Antrieb *m* **mit Motor**
☐ motor driven
△ commande *f* mécanique, commande *f* par moteur
○ comando *m* meccanico, comando *m* a macchina

Antrieb, Pumpen~ → *Pumpenantrieb*

Antrieb, Schnecken~ → *Schneckenantrieb*

Antrieb, Übersetzungs~ → *Rädergetriebe*

630 Antriebselement *n*
☐ actuator
△ actuateur *m*
○ attuatore *m*

631 Antriebsriemen *m*, **Riemen** *m*
☐ belt, drive belt
△ courroie *f* d'entraînement
○ cinghia *f*, correggia *f*, cigna *f*

Antriebsschraube → *Propeller*

632 Antriebswelle *f*
☐ arbre, shaft
△ arbre *m* de commande
○ barra *f* di comando

633 Anwachs *m*, **Außengroden** *m*, **Halligland** *n*, **Heller** *m* (in Küstengewässern)
☐ reclaimed land
△ gain *m* de terrains, terrains *m pl* reconquis sur la mer
○ terreni *m pl* recuperati per mezzo di dighe

Anwachsen → *Zuwachs*

Anwachsphase → *Lag-Phase [des Wachstums]*

634 anwenden, benutzen, verwenden
☐ use, employ, apply
△ employer, appliquer, utiliser
○ impiegare, usare, applicare, adoperare

635 Anwendung *f*, **Benutzung** *f*, **Verwendung** *f*
☐ application, use, usage, employment
△ emploi *m*, application *f*, utilisation *f*
○ applicazione *f*, impiego *m*, uso *m*

636 Anwohner *m*
☐ neighbour
△ voisin *m*
○ vicino *m*

Anwohner → *Uferanlieger*

637 anzapfen
☐ tap, bleed
△ soutirer, purger
○ spillare

638 Anzeige *f*
☐ indication
△ indication *f*
○ indicazione *f*

639 Anzeigebereich *m*
☐ measuring range
△ gamme *f* de mesure, plage *f* de mesure
○ intervallo *m* di misura

640 Anzeigegerät *n*, **Anzeiger** *m*
☐ recorder, indicator
△ marqueur *m*, enregistreur *m*, indicateur *m*
○ indicatore *m*, registratore *m*

641 anzeigen
☐ indicate
△ indiquer
○ indicare

642 **anzeigepflichtig, anmeldepflichtig, meldepflichtig**
☐ notifiable
△ soumis à déclaration
○ soggetto di denuncia, con obbligo di denuncia

Anzeiger → *Anzeigegerät*

Anzeiger, Hochwasserstands~
→ *Hochwasserpegel*

Anzeiger, Stellungs~ → *Stellungsanzeiger*

Anzeiger, Strömungs~ → *Strömungsanzeiger*

Anzeiger, Wasserstands~
→ *Wasserstandsanzeiger*

643 **Anziehung** f, **elektrostatische**
☐ electrostatic attraction
△ attraction f électrostatique
○ attrazione f elettrostatica

644 **Anziehungskraft** f
☐ force of attraction, attraction force
△ force f attractive
○ forza f attrattiva, potenza f attrattiva, forza f di attrazione

Anziehungskraft, Wasser~
→ *Hygroskopizität*

645 **Anziehungsmittel** n **für Fische**
☐ fish attractant
△ appât m pour les poissons
○ esca f per pesci

646 **aphotisch, ohne Licht**
☐ aphotic
△ non éclairé, privé de lumière
○ afotico, senza luce

aphotisch → *lichtfrei*

Apothekengeschmack
→ *Phenolgeschmack*

Apparat → *Gerät*

647 **Appretur** f
☐ sizing, dressing, finishing, finish
△ apprêtage m
○ appretto m, finissaggio m

648 **Appreturanstalt** f
☐ finishing plant, dressing establishment, sizing establishment
△ atelier m d'apprêtage
○ fabbrica f di finissaggio

649 **Appreturmittel** n
☐ finishing agent, sizing agent
△ produit m d'apprêtage
○ mezzo m di finissaggio

Aptierung von Gelände
→ *Geländeaptierung*

650 **Aquädukt** m, **Wasserleitungsbrücke** f
☐ aqueduct
△ aqueduc m
○ acquedotto m, ponte m acquedotto

651 **Aquarium** n
☐ aquarium
△ aquarium m
○ acquario m

aquatisch → *Wasser ...*

Aquiferspeicherung → *Grundwasserspeicherung*

652 **Arbeiter** m
☐ workman, worker, labourer
△ ouvrier m, travailleur m
○ lavoratore m, operaio m

Arbeiter, Hand~ → *Handarbeiter*

Arbeitsbühne → *Bedienungsbühne*

653 **Arbeitsbühne** f *(Brunnenbau)*
☐ runaround
△ passerelle f de derrick
○ passerella f di servizio

Arbeitsdruck eines Filters → *Filterdruck*

654 **Arbeitshub** m
☐ working stroke
△ course f motrice
○ corsa f motrice, fase f di lavoro

Arbeitshygiene → *Gewerbehygiene*

655 **Arbeitsplatzkonzentration** f, **maximale, MAK-Wert** m
☐ maximal admissible concentration, M.A.C.-value
△ concentration f maximum admissible au poste de travail, valeur f MAK
○ massima concentrazione ammissibile sul polsto di lavoro, valore m MAK

656 **Arbeitsschutz** m
☐ occupational safety
△ protection f du travail, sécurité f du travail
○ protezione f sul lavoro, sicurezza f sul lavoro

657 **arbeitstäglich, je Arbeitstag**
☐ per working day
△ par journée de travail, par jour ouvrable
○ per giornata lavorativa

658 **Arbeitstag** m
☐ working day
△ jour m ouvrable
○ giornata f lavorativa

je Arbeitstag → *arbeitstäglich*

659 **Arbeitstakt** m
☐ operating (or: working) stroke
△ cycle m de travail, cadence f de travail
○ cadenza f di lavorazione

660 **Arbeitsvorschrift** f
☐ working directions
△ prescriptions f pl opératoires
○ normativa f per l'esecuzione di lavori

661 **Arbeitszeit** f
☐ working time
△ temps m de travail
○ orario m di lavoro

Archipel → *Inselgruppe*

Architekt, Garten~ → *Gartenarchitekt*
arid → *trocken*

662 Arktis f
- □ the Arctic
- △ Arctique f
- ○ Artide f

663 arktisch
- □ arctic
- △ arctique
- ○ artico

664 Armaturen f pl
- □ fittings pl, mountings pl, armatures pl, valves and fittings
- △ armatures f pl, appareils m pl de robinetterie, accessoires f pl
- ○ armature f pl

Armierung → *Bewehrung*

665 Aromaten n pl
- □ aromates pl
- △ aromatiques m pl, hydrocarbures m pl aromatiques
- ○ aromatici m pl, idrocarburi m pl aromatici

666 aromatisch
- □ aromatic
- △ aromatique
- ○ aromatico

667 Arsen n
- □ arsenic
- △ arsenic m
- ○ arsenico m

668 Art f *(biol.)*
- □ species
- △ espèce f, ordre m, classe f
- ○ specie f, razza f

669 Artendichte f
- □ frequency of species, type frequency
- △ fréquence f des espèces, fréquence f des types
- ○ frequenza f di speci

670 Artenfehlbetrag m *(biol.)*
- □ type deficiency figure
- △ déficit m en espèces, carence f en espèces, abiontie f
- ○ entità f della carenza delle specie, abiontia f

671 Artengemeinschaft f, **Assoziation** f *(biol.)*
- □ biological community, biological association
- △ association f biologique
- ○ associazione f biologica

672 Artenreichtum m
- □ diversity of species
- △ diversité f des espèces, richesse f en espèces
- ○ diversità f di speci

673 artesisch
- □ artesian
- △ artésien
- ○ artesiano

Artgewicht → *Gewicht, spezifisches*
Arthropoden → *Gliederfüßer*
Arzneimittelindustrie → *Industrie, pharmazeutische*

674 Asbest m
- □ asbestos
- △ amiante m, asbeste m
- ○ amianto m, asbesto m

675 Asbestfilter n
- □ asbestos filter
- △ filtre m en amiante
- ○ filtro m d'amianto

676 Asbestzement m, **Eternit** m
- □ asbestos cement
- △ amiante-ciment m, fibrociment m
- ○ eternit m, cemento-amianto m, fibro m cemento

677 Asbestzementrohr n, **Eternitrohr** n
- □ asbestos cement pipe
- △ tuyau m en amiante-ciment, tuyau m en amiante
- ○ tubo m eternit, tubo m in eternit, tubo m di fibrocemento, tubo m di cemento-amianto

678 Asche f
- □ ash, cinders pl
- △ cendre[s] f [pl]
- ○ cenere f

Asche, Flug~ → *Flugasche*
Aschenanteil → *Aschengehalt*

679 Aschenbestandteil m
- □ ash constituent
- △ composant m de la cendre
- ○ componente m della cenere

680 Aschengehalt m, **Aschenanteil** m
- □ ash content, percentage of ash
- △ teneur f en cendres, pourcentage m de cendres
- ○ tenore m di ceneri, percentuale f di ceneri

681 Aschespülwasser n
- □ ash washings pl
- △ eau f de transport des cendres
- ○ acqua f di cacciata delle ceneri

682 Aschezusatz m **bei der Schlammfiltration**
- □ addition of ash in sludge filtration
- △ adjonction f de cendres dans la filtration des boues
- ○ addizione f di ceneri nella filtrazione dei fanghi

aseptisch → *keimfrei*
Askaridenei → *Wurmei*

683 Asphalt m
- □ asphalt
- △ asphalte m
- ○ asfalto m

684 Asphalt m, **geblasener**
- □ blown asphalt
- △ asphalte m soufflé
- ○ asfalto m soffiato

685 **Asphaltanstrich** m
- asphalt coating
- enduit m asphalté
- intonaco m asfaltico

Asphaltbeton → *Bitumenbeton*

686 **asphaltieren**
- asphalt
- asphalter
- asfaltare

asphaltiert, innen und außen ~ → *innen und außen asphaltiert*

687 **Asphaltierung** f
- asphalting, bituminization
- asphaltage m, goudronnage m, bitumage m
- asfaltatura f

688 **Asphaltkitt** m
- asphalt mastix
- mastic m de bitume
- mastica m di bitume

689 **Asphalttauchbad** n
- asphalt dip
- bain m d'asphalte
- bagno m d'asfalto

690 **Assimilation** f
- assimilation
- assimilation f
- assimilazione f

691 **Assimilationsstoffwechsel** m
- assimilatory metabolism
- anabolisme m, métabolisme m d'assimilation
- anabolismo m, metabolismo m d'assimilazione

Assimilationsstoffwechsels, Reduktion innerhalb des ~ → *Reduktion innerhalb des Assimilationsstoffwechsels*

692 **Assimilationsvermögen** n
- assimilatory power, assimilatory capacity
- capacité f d'assimilation
- capacità f d'assimilazione

693 **Assimilationszehrung** f
- assimilatory depletion
- épuisement m par assimilation
- consumo m per assimilazione

Assoziation → *Artengemeinschaft*

694 **Atemschutzmaske** f
- respirator, breathing apparatus
- masque m de protection respiratoire
- respiratore m, maschera f di protezione per la respirazione

Atmometer → *Verdunstungsmesser*

695 **Atmosphäre** f
- atmosphere
- atmosphère f
- atmosfera f

696 **Atmosphärenüberdruck** m (atü)
- pressure above atmospheric
- surpression f atmosphérique
- sovrapressione f atmosferica

697 **atmosphärisch**
- atmospheric
- atmosphérique
- atmosferico

698 **Atmung** f
- respiration
- respiration f
- respirazione f

Atmung, Substrat~ → *Substratatmung*

Atmung, Zell~ → *Zellatmung*

Atmungsfrequenz → *Atmungsgeschwindigkeit*

699 **Atmungsgeschwindigkeit** f, **Atmungsfrequenz** f
- respiration rate
- vitesse f de respiration
- velocità f di respirazione

700 **Atmungsphase** f
- respiration phase
- phase f de respiration, phase f respiratoire
- fase f di respirazione

701 **Atmungsquotient** m
- respiratory quotient
- quotient m respiratoire
- quoziente m respiratorio

702 **Atom** n
- atom
- atome m
- atomo m

703 **Atom-Meiler** m, **Kernreaktor** m
- atomic pile, nuclear reactor
- pile f atomique, réacteur m nucléaire, réacteur m atomique
- reattore m nucleare

704 **Atomabsorptionsspektrometrie** f, **flammenlose**
- flameless atomic absorption spectrometry
- spectrométrie f d'absorption atomique sans flamme
- spettrometria f d'assorbimento atomico senza fiamma

705 **Atomabsorptionsspektroskopie** f (chem.)
- atomic-absorption spectroscopy
- spectroscopie f d'absorption atomique
- spettroscopia f ad assorbimento atomico

706 **Atombombenexplosion** f
- atomic bomb explosion
- explosion f des bombes atomiques
- esplosione f di bombe atomiche

707 **Atombrennstoff** m, **Kernbrennstoff** m
- atomic fuel
- combustible m atomique, combustible m nucléaire
- combustibile m atomico

708 **Atomenergie** f, **Kernenergie** f
- atomic energy, nuclear energy
- énergie f atomique, énergie f nucléaire
- energia f atomica, energia f nucleare

709 Atomforschung f, **Kernforschung** f
□ atomic research, nuclear research
△ recherche f atomique, recherche f nucléaire
○ ricerca f atomica, ricerca f nucleare

710 Atomfriedhof m, **Endlagerstätte** f **für radioaktiven Abfall**
□ repository for radioactive wastes
△ décharge f ultime pour déchets radioactifs
○ discarica f finale di rifiuti radioattivi

711 Atomgewicht n
□ atomic weight
△ poids m atomique
○ peso m atomico

712 Atomkern m
□ atomic nucleus
△ noyau m atomique
○ nucleo m dell'atomo

713 Atomkernspaltung f, **Kernspaltung** f
□ nuclear fission
△ fission f du noyau atomique, fission f nucléaire
○ fissione f dell'atomo, scissione f nucleare

Atomkraftwerk → *Kernkraftwerk*

Atommüll → *Abfälle, radioaktive*

714 Atomphysik f, **Kernphysik** f, **Nuklearphysik** f
□ atomic physics, nuclear physics
△ physique f atomique, physique f nucléaire
○ fisica f atomica, fisica f nucleare

715 Atomzerfall m
□ atomic disintegration
△ désintégration f des atomes
○ disintegrazione f dell'atomo

716 Atomzertrümmerer m, **Zyklotron** n
□ atom smasher, cyclotron
△ cyclotron m
○ ciclotrone m

atoxisch → *ungiftig*

ATP → *Adenosintriphosphat*

717 atypisch
□ atypical
△ atypique
○ atipico

718 Auelehm m
□ bottom clay
△ limon m de vallée
○ argilla f di fondo

719 Auenboden m
□ alluvial meadow soil
△ sol m alluvial fluviatile
○ terreno m alluvionale fluviale

720 Auf-weite-Sicht-Planung f
□ long range planning
△ planification f à long terme, planification f à longue échéance
○ pianificazione f a lungo termine

721 aufarbeiten *(von Abfallprodukten)*
□ process
△ traiter, transformer, valoriser
○ trattare, trasformare, valorizzare

722 Aufarbeitung f *(von Abfallprodukten)*
□ processing, recovery
△ traitement m, transformation f, valorisation f
○ trattamento m, trasformazione f, valorizzazione f

723 Aufbau m *(oberer Teil eines Bauwerks)*, **Oberbau** m
□ superstructure
△ superstructure f
○ superstruttura f

724 aufbereiten *(Schlamm)*
□ condition, season
△ améliorer, traiter
○ trattare, correggere

725 aufbereiten *(Wasser)*
□ condition, treat
△ améliorer, traiter
○ trattare, potabilizzare, correggere

726 aufbereiten von Erz
□ dress ores, wash ores
△ traiter les minerais
○ trattare i minerali, preparare i minerali

727 Aufbereitung f *(von Müll)*, **Müllaufbereitung** f
□ beneficiation, refuse processing
△ valorisation f, revalorisation f
○ valorizzazione f, rivalutazione f

728 Aufbereitung f *(Wasser)*
□ treatment, conditioning
△ conditionnement m, traitement m, amélioration f
○ condizionamento m, trattamento m, potabilizzazione f

Aufbereitung, Badewasser~ → *Badewasseraufbereitung*

Aufbereitung, Sand~ → *Sandaufbereitung*

729 Aufbereitung f **von Erz, Erzaufbereitung** f, **Erzvergütung** f
□ dressing ores, ore dressing, milling, ore benefication
△ traitement m des minerais, préparation f des minerais
○ trattamento m dei minerali, preparazione f dei minerali

730 Aufbereitung f **von Schlamm, Konditionierung** f, **Schlammaufbereitung** f, **Schlammkonditionierung** f
□ conditioning of sludge, seasoning of sludge
△ amélioration f des boues, préparation f des boues, traitement m des boues, conditionnement m des boues
○ trattamento m dei fanghi

Aufbereitungsanlage, Altöl~ → *Altölaufbereitungsanlage*

731 **Aufbereitungsverfahren** n
□ conditioning process, treatment process
△ procédé m de traitement
○ processo m di trattamento

732 **Aufbereitungsverfahren** n, **biologisches**
□ biological conditioning, biological treatment
△ procédé m de traitement biologique
○ processo m di trattamento biologico, metodo m biologico di trattamento

733 **Aufbereitungsverfahren** n, **chemisches**
□ chemical conditioning process, chemical treatment process
△ procédé m de traitement chimique
○ processo m di trattamento chimico

734 **Aufbereitungsverfahren** n, **mechanisches**
□ mechanical conditioning process, mechanical treatment process
△ procédé m de traitement mécanique
○ processo m di trattamento meccanico, metodo m meccanico di potabilizzazione

735 **Aufbereitungsverfahren** n, **thermisches**
□ thermal conditioning process
△ procédé m de traitement thermique
○ processo m di trattamento termico

736 **Aufbringen** n **einer Schutzschicht, Aufbringen eines Schutzbelages** m
□ application [or importing] of a protective coating
△ application f d'une couche protectrice
○ rivestimento m con mezzo protettivo

Aufbringen eines Schutzbelages
→ *Aufbringen einer Schutzschicht*

737 **Aufbringen** n **von Abwasser auf Land**
□ application of sewage to soil
△ épandage m des eaux usées sur le sol
○ spandimento m delle acque di rifiuto sul suolo

738 **Aufbringungsverfahren** n **von Abwasser und Schlamm im Landbau**
□ method of application of sewage and sludge in agriculture
△ méthode f d'épandage d'eaux résiduaires et de boues en agriculture
○ metodo m di applicazione delle acque di scarico e dei fanghi in agricoltura

Aufbruch → *Aushub*

739 **Aufenthaltszeit** f, **Klärzeit** f, **Verweilzeit** f
□ detention period, retention time, residence time
△ durée f de séjour, temps m d'arrêt, temps m de rétention, durée f de rétention, période f de retenue, période f de séjour
○ tempo m di detenzione, durata f di detenzione, periodo m di detenzione, tempo m di soggiorno, tempo m di ritenzione, tempo m di detenzione

740 **Aufenthaltszeit** f, **theoretische**
□ nominal hydraulic residence time
△ temps m de rétention théorique, temps m de séjour nominal
○ tempo m di ritenzione idraulico nominale

741 **Auffahrt** f
□ access ramp
△ abord m, rampe f d'accès
○ rampa f di accesso

742 **Auffangbehälter** m
□ holding tank
△ récipient m d'interception, bac m intercepteur
○ recipiente m collettore

743 **Auffangen** n **von Regen**
□ rain catchment
△ collecte f des eaux pluviales
○ raccolta f delle acque pluviali

744 **Auffangfläche** f
□ receiving surface
△ surface f de réception
○ superficie f ricevente

Auffindung → *Lecksuche*

745 **Aufforstung** f, **Bewaldung** f
□ afforestation
△ boisement m
○ afforestamento m

Aufforstung, Wieder~ → *Wiederaufforstung*

746 **Auffrischen** n **von galvanischen Bädern**
□ rejuvenating plating baths
△ rafraîchissement m de bains galvaniques, recharge f de bains galvaniques
○ ricarica f di bagni galvanici

747 **Auffülltrichter** m (hydrol.)
□ cone of recharge
△ cône m de recharge
○ cono m di ravvenamento

Auffüllung des Grundwassers, Wieder~
→ *Grundwasseranreicherung*

Aufgabebunker → *Bunker*

748 **Aufgabevorrichtung** f
□ feeder, feeding mechanism
△ alimenteur m, système m d'alimentation
○ meccanismo m di alimentazione

749 **aufgeforstet**
□ afforested
△ boisé
○ afforestato

Aufgrabung → *Aushub*

750 **Aufgußtierchen** n pl, **Infusorien** f pl
□ infusories pl, infusoria pl
△ infusoires m pl
○ infusori m pl

751 **Aufhärtung** f, **Härtung** f
□ hardening
△ endurcissement m
○ aumento m della durezza

Aufhaltebecken → *Rückhaltebecken*

752 **Aufheller** m, **optischer, Bleichmittel** n, **optisches**
□ optical-bleaching agent
△ clarifiant m optique, agent m d'éclaircissement optique
○ sbiancamento m ottico

Aufhöhung, Boden~ → *Bodenaufhöhung*

753 **Aufhöhung** f **des Stauspiegels, Stauerhöhung** f
□ raising the level of impoundage
△ exhaussement m de la retenue
○ innalzamento m di livello

Aufhöhung, Gelände~ → *Bodenaufhöhung*

Aufhöhung, Niedrigwasser~ → *Niedrigwasseraufhöhung*

754 **Aufkeimung** f, **Nachverkeimung** f, **Wiederverkeimung** f
□ aftergrowth, bacterial aftergrowth
△ reviviscence f microbienne
○ reviviscenza f microbica, sviluppo m microbico postumo

755 **Aufkommen** n **aus einer Abgabe**
□ yield of a tax
△ recettes f pl résultant d'une taxe
○ introito m d'una tassa

756 **Auflage** f *(iur.)*
□ precept, condition
△ condition f
○ condizione f

Auflager → *Stütze*

Auflager → *Widerlager*

757 **auflandig**
□ onshore
△ dirigé vers la terre, venant du large
○ verso la costa, di mare

758 **Auflandung** f, **Kolmatierung** f, **Verlandung** f, **Verschlammung** f, **natürliche**
□ silting, blocking up, siltation, aggradation, warping
△ colmatage m, comblement m, atterrissement m, alluvionnement m
○ interrimento m, colmamento m

759 **Auflandung** f, **fluviatile**
□ fluviatile accretion
△ remblaiement m fluviatile, atterrissement m fluviatile
○ colmamento m fluviatile

760 **Auflandungsebene** f, **alluviale**
□ alluvial plain
△ plaine f alluviale
○ pianura f alluviale

761 **Auflandungsteich** m, **Absetzteich** m
□ settling lagoon, settling pond
△ bassin m de remblaiement
○ stagno m di terra

762 **auflassen** *(ein Bergwerk)*
□ abandon
△ abandonner
○ abbandonare, mettere fuori esercizio

763 **Auflassen** n **eines Bergwerkes**
□ abandonment of a mine
△ abandon m d'une mine
○ abbandono m d'una miniera

auflösen → *lösen*

Auflösen → *Lösung*

Auflösung → *Lösung*

Auflösung, Strahl~ → *Strahlauflösung*

Auflösungsmittel → *Lösungsmittel*

764 **Auflösungsvermögen** n
□ resolving power
△ pouvoir m de résolution
○ potere m di risoluzione

765 **Aufnahme** f
□ uptake, input
△ absorption f
○ assorbimento m

Aufnahme, Feld~ → *Geländevermessung*

Aufnahme, Phosphat~ → *Phosphataufnahme*

Aufnahmefähigkeit → *Rauminhalt*

Aufnahmefähigkeit → *Schluckfähigkeit*

Aufnahmefähigkeit, normale, Feld~ → *Feldkapazität*

Aufnahmefähigkeit, normale, Feuchtigkeits~ → *Feldkapazität*

766 **Aufprallbelüfter** m
□ impingement aerator
△ aérateur m à percussion, aérateur m par chocs
○ aeratore m a choc

aufrühren → *rühren*

Aufrühren → *Rühren*

Aufsatzrohr → *Verlängerungsrohr*

Aufsaugemittel, Öl~ → *Ölbinder*

767 **Aufschlämmung** f, **Aufschwemmung** f
□ slurry, suspension
△ coulis m, suspension f
○ fanghiglia f, sospensione f di fanghi

768 **Aufschluß** m, **thermischer**
□ digestion by heat, thermal digestion
△ digestion f à chaud, digestion f thermique
○ digestione f termica, digestione f a caldo

Aufschlußbohrung → *Versuchsbohrung*

aufschütten → *anschütten*

769 **aufschütten** *(eines Dammes)*
□ raise
△ élever
○ costruire, erigere

Aufschüttung → *Anschüttung*

770 **Aufschüttungsterrasse** f
□ alluvial terrace
△ terrasse f alluviale
○ terrazza f alluvionale

Aufschwemmung → *Aufschlämmung*

771 **Aufseher** m
□ surveyor
△ surveillant m
○ sorvegliante m

Aufseher, Betriebs~ → *Betriebsaufseher*

Aufsicht → *Überwachung*

772 **Aufsichtsbehörde** f
□ controlling authority, supervisory authority
△ autorité f de surveillance, organisme m de contrôle
○ autorità f di controllo, organismo m di controllo

aufspalten → *zerstören*

aufspeichern → *speichern*

Aufspeicherung → *Speicherung*

Aufstau → *Stau*

aufstauen → *stauen*

Aufstieg, kapillarer → *Steighöhe, kapillare*

773 **Aufstieggeschwindigkeit** f, **Steiggeschwindigkeit** f
□ upflow velocity, velocity of upflow, upward-flow rate, rising velocity
△ vitesse f ascensionnelle
○ velocità f ascensionale

Aufstiegshöhe → *Steighöhe*

774 **Aufstiegsmenge** f, **kapillare**
□ capillary yield
△ débit m capillaire
○ portata f capillare

auftauen → *tauen*

Auftausalz → *Streusalz*

Auftrag, Mutterboden~ → *Mutterbodenauftrag*

Auftreibung durch Frost → *Frosthub*

775 **Auftreten** n, **Vorkommen** n
□ occurrence
△ apparition f
○ giacimento m

776 **Auftrieb** m, **Auftrieb** m, **statischer**, **Auftriebshöhe** f
□ uplift, uplift pressure, buoyancy
△ force f ascensionnelle, poussée f de bas en haut, poussée f verticale, poussée f d'Archimède, pression f vers le haut
○ spinta f dal basso in alto, forza f ascensionale, spinta f di galleggiamento

Auftrieb, statischer → *Auftrieb*

Auftriebshöhe → *Auftrieb*

777 **Aufwärmung** f **der Gewässer**
□ thermal pollution of watercourses
△ réchauffement m des cours d'eau, pollution f thermique des cours d'eau
○ inquinamento m termico dei corsi d'acqua

778 **aufwärts, nach oben, von unten nach oben**
□ upward[s], from bottom to top
△ vers le haut, de bas en haut
○ insù, dal basso in alto, dal basso verso l'alto

Aufwärtsstrom → *Wasserdurchfluß, aufwärts gerichteter*

Aufwand, Energie~ → *Energieaufwand*

Aufweichung, graphitische → *Graphitbildung*

779 **aufzeichnen** *(Meß- u. Regeltechn.)*
□ record
△ enregistrer
○ segnare

780 **Aufzeichnung** f
□ record
△ enregistrement m
○ registrazione f

Aufzucht, Fisch~ → *Fischzucht*

781 **Aufzuchtteich** m
□ rearing-pond
△ alevinier m, alevinière f
○ stagno m di allevamento

782 **Aufzug** m
□ elevator, lift, hoist
△ élévateur m, ascenseur m, montecharges m
○ elevatore m, ascensore m, montacarichi m

783 **ausbaggern, baggern**
□ dredge, excavate
△ draguer, curer, excaver, creuser
○ scavare con la draga, dragare

784 **Ausbau** m, **Verbau** m
□ timbering, bracing
△ étayage m, entretoisage m, étrésillonnement m
○ puntellazione f

785 **Ausbau** m **eines Wasserlaufs**
□ systematic development of a watercourse
△ aménagement m d'un cours d'eau
○ gestione f di un corso d'acqua, sistemazione f di un corso d'acqua

786 **ausbauen, verbauen**
□ timber, brace
△ étayer, entretoiser, étrésillonner
○ puntellare

787 **Ausbaustrecke** f *(e. Wasserlaufs)*
□ development reach
△ zone f aménagée, tronçon m aménagé
○ tratto m sistemato

788 **ausbessern, reparieren**
□ repair, mend
△ réparer, restaurer
○ riparare, ristaurare, raccomodare, restaurare, raggiustare

789 **Ausbesserung** f, **Instandsetzung** f, **Reparatur** f, **Wiederherstellung** f
□ repair, mending
△ réparation f, restauration f
○ riparazione f, ristaurazione f, raccomodamento m, riparatura f, ripristinazione f, restauro m, raccomodatura f

790 **Ausbeute** f
□ output, production, yield, recovery
△ produit m, fruit m, revenu m, dividende m, rendement m
○ rendita f, rendimento m, prodotto m

Ausbeute, Gas~ → *Gasanfall*

791 **Ausbeutung** f (e. Erzvorkommens)
□ exploitation
△ exploitation f
○ sfruttamento m

Ausbiß → *Ausstrich*

792 **ausblasen, austreiben durch Belüftung**
□ strip by air
△ chasser au moyen d'air, expulser au moyen d'air
○ strippare a mezzo d'aria

793 **Ausblasen** n, **Austreiben** n **durch Belüftung**
□ air stripping
△ expulsion f par l'air, élimination f par l'air
○ strippaggio m a mezzo d'aria

794 **Ausblaseverfahren** n
□ stripping method
△ procédé m d'insufflation, méthode f de stripping
○ metodo m di stripping

795 **Ausbreitung** f
□ spreading, propagation
△ propagation f
○ propagazione f

Ausbreitung, Wellen~ → *Wellenausbreitung*

796 **Ausbreitungsgeschwindigkeit** f
□ rate of spreading
△ vitesse f de propagation
○ velocità f di propagazione

ausdämpfen → *abtreiben*

Ausdämpfen → *Abtreiben*

797 **Ausdehnung** f, **Dehnung** f
□ expansion, extent, dilatation, extension
△ dilatation f, extension f, expansion f
○ estensione f, distesa f, dilatazione f, espansione f, ampiezza f

Ausdehnung, Filterbett~ → *Filterbettausdehnung*

Ausdehnungsfuge → *Dehnungsfuge*

798 **Ausdehnungskoeffizient** m
□ coefficient of expansion and contraction
△ coefficient m de dilatation
○ coefficiente m di dilatazione

ausfällen → *fällen*

Ausfällen → *Fällung*

Ausfällung → *Fällung*

Ausfall, Strom~ → *Stromausfall*

ausfaulen → *faulen*

Ausfaulung → *Faulung*

ausfließen → *abfließen*

Ausfließen → *Abfluß*

ausflockbar → *flockbar*

ausflocken → *flocken*

Ausflocken → *Flockung*

799 **Ausflocker** m
□ flocculator
△ floculateur m
○ flocculatore m

Ausflockung → *Flockung*

Ausflockungsbecken → *Flockungsbecken*

Ausflockungsmittel → *Flockungsmittel*

800 **Ausflugsgebiet** n
□ hiking area
△ région f touristique, zone f touristique
○ regione f turistica, zona f turistica

Ausfluß → *Abfluß*

801 **Ausfluß** m, **freier**
□ free flow
△ écoulement m libre
○ efflusso m libero, scolo m libero, deflusso m libero

802 **Ausfluß** m, **hydraulischer**
□ hydraulic discharge
△ débit m hydraulique
○ efflusso m idraulico

803 **Ausflußdüse** f
□ discharge nozzle
△ ajutage m d'écoulement
○ ugello m per erogazione

Ausflußgeschwindigkeit → *Abflußgeschwindigkeit*

Ausflußöffnung → *Abflußöffnung*

Ausflußrohr → *Abflußrohr*

804 **Ausflußsumme** f
□ discharge mass
△ débit m total
○ deflusso m totale

805 **Ausflußzahl** f
□ coefficient of discharge
△ coefficient m d'écoulement, coefficient m de sortie
○ coefficiente m di deflusso

Ausfrieren → *Gefrieren*

806 **Ausführbarkeit** f
- ☐ feasibility
- △ possibilité f d'exécution
- ○ possibilità f di realizzazione

807 **Ausführbarkeitsstudie** f
- ☐ feasibility study
- △ étude f de faisabilité, étude f de réalisation
- ○ studio m di fattibilità

808 **ausführen**
- ☐ make, execute, carry out, realize, fulfil
- △ exécuter, accomplir, achever, faire
- ○ eseguire, attuare, effettuare, realizzare, fare, terminare, compire

809 **Ausführung** f
- ☐ realisation, execution, completion, performance, fulfilment
- △ exécution f, réalisation f, complément m
- ○ attuazione f, realizzazione f, esecuzione f

810 **Ausführung** f, **Ausführungsform** f
- ☐ type, model, make
- △ type m, modèle m
- ○ tipo m, modello m

Ausführungsform → *Ausführung*

Ausfütterung → *Auskleidung*

Ausgaben, Betriebs~ → *Betriebskosten*

811 **Ausgaben** f pl, **laufende**
- ☐ running expenses
- △ dépenses f pl courantes, frais m pl courants
- ○ spese f pl correnti

812 **Ausgang** m
- ☐ outlet, exit
- △ sortie f
- ○ uscita f

Ausgangsmaterial → *C-Horizont*

813 **Ausgangsprodukt** n
- ☐ primary material, basic material, raw material, raw product
- △ produit m de base, produit m de départ
- ○ prodotto m di base, prodotto m di partenza

Ausgehende → *Ausstrich*

Ausgleich → *Kompensation*

814 **Ausgleich** m **des Abflusses**
- ☐ equalization of discharge
- △ régulation f de la décharge
- ○ compensazione f dei deflussi

Ausgleich, Druck~ → *Druckausgleich*

815 **Ausgleichbecken** n, **Pufferbecken** n
- ☐ equalizing tank, regulation tank, surge tank, balancing tank
- △ bassin m de compensation
- ○ bacino m compensatore, vasca f di compensazione

816 **Ausgleichbehälter** m, **Ausgleichreservoir** n
- ☐ balancing reservoir, regulating reservoir, distribution reservoir, distributing reservoir, equalizing reservoir, compensating reservoir
- △ réservoir m compensateur, réservoir m de compensation, réservoir m régulateur du débit
- ○ serbatoio m compensatore, serbatoio m di compenso, serbatoio m regolatore

Ausgleichreservoir → *Ausgleichbehälter*

817 **Ausgleichsstand** m
- ☐ compensation level
- △ état m stabilisé, état m de stabilisation
- ○ livello m di compensazione

Ausgrabung → *Aushub*

818 **Ausguß** m, **Küchenausguß** m, **Wasserausguß** m
- ☐ sink [hole], slop [basin], spout [of a pump]
- △ évier m
- ○ scolatoio m, lavandino m

819 **ausheben, ausschachten**
- ☐ dig, excavate
- △ creuser
- ○ scavare

820 **Ausheben** n **des Rohrgrabens**
- ☐ digging of the trench, excavation of the trench
- △ creusement m de la tranchée
- ○ scavo m della trincea

821 **Aushub** m, **Aufbruch** m, **Aufgrabung** f, **Ausgrabung** f, **Ausschachtung** f
- ☐ excavation, excavating, digging, excavation material
- △ creusement m, déblai m, fouille f, déblayement m, creusage m
- ○ scavamento m, scavo m, escavazione f

Aushub, Fels~ → *Felsaushub*

Aushub, Graben~ → *Grabenaushub*

Auskleiden, Neu~ → *Neuauskleidung*

822 **Auskleidung** f, **Ausfütterung** f, **Futter** n, **Innenschutz** m, **Innenverkleidung** f, **Überzug** m, **innerer**
- ☐ lining
- △ revêtement m intérieur, revêtement m interne
- ○ rivestimento m interno

Auskleidung, Schalungs~ → *Schalungsauskleidung*

823 **Auskolkung** f, **Unterspülung** f, **Unterwaschung** f
- ☐ scouring, undercutting
- △ affouillement m
- ○ scalzamento m del fondo

Auslaß → *Auslauf*

Auslaß, Abwasser~ → *Kanalisationsauslaß*

Auslaß, Hochdruck~ → *Hochdruckauslaß*

824 **Auslaß** m **ins Meer**
- □ marine outfall, sea outfall, release into the sea, discharge into the sea
- △ exutoire m en mer, déversement m en mer
- ○ scarico m in mare

Auslaß ins Meer, Abwasser~ → *Meeresauslaß*

Auslaß, Kanal~ → *Kanalisationsauslaß*

Auslaß, Kanalisations~ → *Kanalisationsauslaß*

Auslaß, Kanalräum~ → *Kanalräumauslaß*

Auslaß, Meeres~ → *Meeresauslaß*

Auslaß, Räum~ → *Kanalräumauslaß*

Auslaß, Regen~ → *Regenauslaß*

Auslaß, Sprenger~ → *Sprengerauslaß*

Auslaßbauwerk → *Auslaufbauwerk*

825 **Auslastung** f, **Kapazitätsauslastung** f
- □ degree of capacity utilization
- △ degré m d'utilisation de la capacité
- ○ grado m di utilizzazione della capacità

826 **Auslauf** m, **Ablaß** m, **Ablauf** m, **Auslaß** m
- □ outlet, outfall, drain
- △ sortie f, issue f, déchargeoir m, dégorgeoir m, exutoire m
- ○ uscita f, esito m, sbocco m, scarico m, scolatoio m

827 **Auslauf** m **eines Straßenbrunnens**
- □ outlet of a street fountain
- △ dégorgeoir m de borne-fontaine
- ○ scarico m di fontana stradale

828 **Auslaufbauwerk** n, **Auslaßbauwerk** n, **Einlaufbauwerk** n, **Mündungsbauwerk** n
- □ outfall structure, outfall works pl, outlet works pl
- △ ouvrage m de décharge, ouvrage m de rejet
- ○ opera f di scarico, opera f di sbocco

829 **Auslaufhahn** m
- □ drain cock, sludge cock, screw-down bibcock, blow-off cock
- △ robinet m d'écoulement, robinet m de vidange
- ○ rubinetto m di spurgo, rubinetto m di scarico, rubinetto m d'uscita, rubinetto m di scolo

Auslaufhahn, Konus~ → *Konusauslaufhahn*

830 **Auslaufquelle** f
- □ gravity spring
- △ source f de déversement
- ○ sorgente f di sfioro

831 **Auslaufrohr** n
- □ discharge pipe, outlet pipe
- △ tuyau m de sortie
- ○ tubo m di uscita, tubo m di sbocco

832 **Auslaufrohr** n, **konisches**
- □ outlet cone
- △ divergent m
- ○ tubo m divergente

833 **Auslaufschale** f **eines Straßenbrunnens, Straßenbrunnentrog** m
- □ basin of a street fountain, trough of a street fountain
- △ souillard m de borne fontaine
- ○ vaschetta f di fontana stradale

Auslaufventil → *Ablaufventil*

834 **auslaugen**
- □ elutriate, lixiviate
- △ lixivier, lessiver
- ○ liscivare

835 **Auslaugung** f, **Auswaschung** f, **Elutriation** f, **Laugung** f
- □ elutriation, lixiviation, leaching
- △ lessivage m, lixiviation f, élutriation f
- ○ liscivazione f, dilavamento m

Auslaugungszone → *A-Horizont*

836 **Auslegerkran** m, **Derrick** m, **Mastenkran** m
- □ derrick
- △ derrick m
- ○ gru f a freccia, derrick m

837 **Auslegung** f
- □ lay-out, design
- △ conception f, disposition f
- ○ disposizione f planimetrica

838 **Auslegungswert** m **des Trockenwetterabflusses**
- □ design dry weather flow, design D.W.F.
- △ valeur f théorique du débit de temps sec, valeur f de base du débit de temps sec
- ○ portata f di magra di progetto

839 **Auslese** f
- □ selection
- △ sélection f
- ○ selezione f

840 **Ausmauerung** f
- □ brick lining
- △ revêtement m maçonné
- ○ rivestimento m in mattoni

Ausmündung → *Mündung*

841 **Ausnutzungsfaktor** m
- □ utilization factor
- △ facteur m d'utilisation
- ○ fattore m d'utilizzazione

ausräumen → *beseitigen*

842 **Ausrollgrenze** f, **Plastizitätsgrenze** f
- □ plastic limit
- △ limite f de plasticité
- ○ limite m di plasticità

843 **Ausrüstung** f
- □ equipment, outfit
- △ équipement m
- ○ fornimento m, attrezzatura f, equipaggiamento m

844 Ausrüstungsgeräte n pl
- ☐ fittings for equipment
- △ appareils m pl d'équipement
- ○ apparecchiature f pl per attrezzatura

ausschachten → ausheben

Ausschachtung → Aushub

845 Ausschäumen n
- ☐ foam separation
- △ séparation f de la mousse, écrémage m
- ○ separazione f a schiuma

846 Ausschäumvorrichtung f
- ☐ foam fractionator, surface-stripping device
- △ système m de fractionnement de la mousse
- ○ sistema m di rottura della schiuma

847 ausschalen (Beton)
- ☐ strip
- △ décoffrer
- ○ sformare, sballare

848 Ausschalen n (Beton)
- ☐ form stripping
- △ décoffrage m
- ○ disarmo m

849 Ausschaltstellung f (electr.)
- ☐ off-position
- △ position f ouverte
- ○ posizione f d'esclusione

Ausscheider → Keimträger

Ausscheidungen → Abgänge, menschliche

850 Ausschlagswinkel m
- ☐ angle of deflection
- △ angle m de déviation
- ○ angolo m di deviazione

ausschlüpfen → schlüpfen

851 Ausschreibung f
- ☐ submission, invitation to bid, invitation for tenders
- △ concours m, soumission f, appel m d'offres
- ○ richiesta f d'offerta, capitolato m d'oneri, sommissione f

852 Ausschreibung f, **öffentliche**
- ☐ public tender
- △ soumission f publique
- ○ offerta f pubblica

außen befindlich → Außen-

853 Außen-, äußere(r,s), außen befindlich
- ☐ external, outside, outdoor
- △ extérieur
- ○ esteriore

Außenanstrich → Anstrich, äußerer

854 außenasphaltiert, außenbituminiert
- ☐ bitumen-coated
- △ bitumé à l'extérieur
- ○ esternamente bitumato

855 Außenbezirk m, **Randgebiet** n
- ☐ outskirts pl, fringe area
- △ banlieue f, zone f périphérique
- ○ zona f periferica

außenbituminiert → außenasphaltiert

856 Außenböschung f
- ☐ outside slope
- △ talus m extérieur, berge f extérieure
- ○ scarpa f esterna

857 Außenbordmotor m
- ☐ out-board motor, out-board engine
- △ moteur m [de] hors-bord
- ○ motore m fuori bordo

858 Außendeich m, **Seedeich** m
- ☐ outer dike
- △ digue f extérieure, levée f extérieure
- ○ diga f esterna

Außendeichsland → Deichvorland

859 Außendurchmesser m, **Durchmesser** m, **äußerer**
- ☐ external diameter, outside diameter
- △ diamètre m extérieur
- ○ diametro m esterno

860 Außengewinde n
- ☐ male screw, external screw, outlet male thread
- △ filet m extérieur, filetage m extérieur, filetage m mâle
- ○ filettatura f esterna

Außengroden → Anwachs

Außenhafen → Vorhafen

861 Außenkorrosion f
- ☐ external corrosion
- △ corrosion f extérieure
- ○ corrosione f esterna

862 Außenluft f
- ☐ outdoor air
- △ air m libre
- ○ aria f libera esterna

863 Außenpegel m
- ☐ outer water gauge
- △ échelle f extérieure, jauge f extérieure
- ○ misuratore m idrico esterno

864 Außensand m
- ☐ sandbank beyond the dike
- △ banc m de sable au-delà d'une digue
- ○ banco m di sabbia al di là di una diga

865 Außenschutz m
- ☐ external protection
- △ protection f externe
- ○ protezione f esterna

Außenschutz → Anstrich, äußerer

866 Außentemperatur f
- ☐ outdoor temperature
- △ température f extérieure
- ○ temperatura f esterna

867 **Außenwandung** f, **Wandung** f, **äußere**
□ exterior, external wall
△ parement m extérieur, paroi f extérieure, surface f extérieure
○ parete f esteriore

868 **außer Dienst stellen**
□ shut down
△ mettre hors service
○ mettere fuori di servizio

Aussetzungsdauer → *Berührungszeit*

869 **Aussickerung** f
□ exit-percolation
△ exsurgence f
○ risorgiva f

870 **Ausspülung** f (e. Tropfkörpers)
□ induced sloughing
△ décrassage m
○ distacco m del film biologico

871 **Ausstattung** f, **sanitäre**, **Sanitärausstattung** f, **Sanitäreinrichtung** f
□ sanitary accomodation
△ équipement m sanitaire
○ equipaggiamento m sanitario

872 **aussteifen, abstützen**
□ buttress, brace
△ étançonner, étayer
○ puntellare, sostenere

873 **Aussteifung** f, **Absteifung** f
□ staying, propping, shoring
△ étayage m, étayement m, soutènement m
○ puntellazione f, sostegno m

Ausstrahlung → *Strahlung*

874 **ausstreichen, zutagetreten** (geol.)
□ crop out
△ affleurer
○ affiorare

875 **Ausstrich** m, **Ausbiß** m (geol.), **Ausgehende** n (geol.), **Zutageliegendes** n (geol.)
□ outcrop
△ affleurement m
○ affioramento m

876 **Ausstrich** m, **verdeckter**
□ buried outcrop
△ affleurement m masqué
○ affioramento m nascosto

877 **Austausch** m, **Auswechslung** f
□ replacement, exchange
△ échange m, remplacement m
○ scambio m, permuta f, ricambio m

Austausch, Anionen~ → *Anionenaustausch*

Austausch, Kationen~ → *Kationenaustausch*

878 **Austauschazidität** f
□ exchange acidity
△ acidité f d'échange
○ acidità f di scambio

879 **Austauscher** m
□ exchanger
△ échangeur m
○ scambiatore m

Austauscher, Anionen~ → *Anionenaustauscher*

880 **Austauscher** m, **basischer**
□ basic exchanger
△ échangeur m basique
○ scambiatore m basico

Austauscher in der Wasserstoff-Form, Kationen~ → *Kationenaustauscher in der Wasserstoff-Form*

Austauscher, Kunstharz~ → *Kunstharzaustauscher*

881 **Austauscherharz** n
□ exchanger resin
△ résine f échangeuse
○ resina f scambiatrice di ioni

882 **Austauscherharz** n, **grobporiges**
□ macroreticular resin
△ résine f échangeuse macroréticulée, résine f à pores de grosse taille
○ resina f di scambio a pori grossi

Austauschkapazität → *Austauschvermögen*

883 **Austauschkolonne** f
□ exchange column
△ colonne f échangeuse
○ colonna f a scambio ionico

884 **Austauschstoff** m
□ substitute
△ matières f pl de remplacement, matières f pl d'échange
○ materia f di ricambio

885 **Austauschvermögen** n, **Austauschkapazität** f, **Ionenaustauschvermögen** n
□ exchange capacity
△ capacité f d'échange, pouvoir m d'échange ionique
○ potere m di scambio

Austauschvermögen, Ionen~ → *Austauschvermögen*

886 **Auster** f
□ oyster
△ huître f
○ ostrica f

887 **Austernbank** f
□ oyster-bed
△ parc m à huîtres
○ banco m di ostriche, scoglio m di ostriche

888 **Austrag** m **einer Zentrifuge**
□ output of centrifuge
△ rendement m en solides d'une centrifugeuse
○ portata f di una centrifuga

889 **Austragschnecke** f
□ extruding screw
△ vis f d'extraction
○ coclea f d'estrazione

austreiben durch Belüftung → *ausblasen*

Austreiben durch Belüftung → *Ausblasen*

Austritt einer Quelle → *Quellenaustritt*

Austritt, natürlicher, Grundwasser~
→ *Grundwasseraustritt, natürlicher*

890 **Austrittsverlust** m
- □ efflux loss
- △ perte f de charge à la sortie
- ○ perdita f di carico allo sbocco

891 **Austrocknung** f
- □ drying up, desiccation
- △ desséchement m, essuyage m, dessiccation f
- ○ disseccamento m, prosciugamento m, asciugamento m, essiccamento m, essiccazione f

892 **ausufern**
- □ overtop the banks, flood the banks
- △ déborder
- ○ straripare

893 **Ausufern** n
- □ overtopping the banks
- △ débordement m
- ○ straripamento m

Ausuferungshöhe
→ *Ausuferungswasserstand*

894 **Ausuferungswasserstand** m, **Ausuferungshöhe** f
- □ water level of overtopping, overtopping stage
- △ niveau m de débordement
- ○ livello m di sfioro

895 **Auswahlprüfverfahren** n
- □ screening procedure
- △ procédé m de sélection, méthode f de triage
- ○ procedimento m di selezione

896 **Auswascheffekt** m
- □ scrubbing action
- △ effet m d'entraînement
- ○ effetto m di lavaggio

897 **auswaschen** (v. Gasen)
- □ scrub
- △ entraîner, laver
- ○ lavare

898 **Auswaschen** n **eines Filters**
- □ upwash a filter
- △ lavage m d'un filtre par courant ascendant
- ○ lavaggio m in controcorrente di un filtro

Auswaschung → *Auslaugung*

Auswaschung, Regen~ → *Regenauswaschung*

899 **Auswaschungen** f pl **eines Topfkörpers**
- □ wash-out of a trickling filter
- △ lâchures f pl d'un lit bactérien
- ○ spoglio m di percolatore

Auswaschungszone → *A-Horizont*

Auswechslung → *Austausch*

900 **Ausweichreaktion** f
- □ avoidance reaction
- △ réaction f d'évitement
- ○ reazione f sostitutiva d'inibizione

901 **Auswertung** f **von Befunden, Deutung** f **von Befunden**
- □ evaluation of findings, interpretation of findings
- △ interprétation f d'observations, exploitation f d'observations, utilisation f d'observations
- ○ valutazione f dei risultati, interpretazione f dei risultati

Auswurf, Staub~ → *Staubauswurf*

Auswurfstoffe → *Abgänge, menschliche*

ausziehen → *extrahieren*

Auszug → *Extraktion*

902 **Autoanalysator** m
- □ autoanalyzer
- △ analyseur m automatique, auto-analyseur m
- ○ analizzatore m automatico

903 **Autobahn** f
- □ autoroad
- △ autoroute f
- ○ autostrada f

904 **autochthon, bodenständig**
- □ autochthonous
- △ autochtone
- ○ autoctono

905 **Autofriedhof** m
- □ used-car dump
- △ cimetière m de voitures, décharge f de voitures
- ○ cimitero m di automobili, discarica f di automobili

906 **autogen schweißen**
- □ weld by the autogenous process
- △ souder à l'autogène
- ○ saldare all'autogeno

907 **Autolyse** f
- □ autolysis
- △ autolyse f
- ○ autolisi f

Automat, Wasch~ → *Waschautomat*

908 **Automation** f
- □ automation
- △ automation f
- ○ automazione f

automatisch → *selbsttätig*

909 **automatisiert**
- □ automated, push-button operated
- △ automatisé
- ○ automatizzato

910 **Automatisierung** f
- □ automatisation
- △ automatisation f
- ○ automatizzazione f

Automatisierung, Teil~ → *Teilautomatisierung*

911 autotroph
- autotrophic
- autotrophe
- autotrofo

912 Autoxidation *f*
- autoxidation
- auto-oxydation *f*, oxydation *f* spontanée
- auto-ossidazione *f*

913 Axialschub *m*
- axial thrust
- poussée *f* axiale, poussée *f* longitudinale
- spinta *f* longitudinale, spinta *f* assiale

914 Axialturbine *f*
- axial flow turbine
- turbine *f* axiale, turbine *f* parallèle, turbine *f* à couronnes superposées
- turbina *f* assiale

Azetat → *Acetat*

Azetatseide → *Acetatseide*

Azeton → *Aceton*

Azetylen → *Acetylen*

Azetylenanlage → *Acetylenanlage*

915 Azidimetrie *f*, **Säuremessung** *f*
- acidimetry
- acidimétrie *f*
- acidimetria *f*

916 Azidität *f*, **Säuregrad** *m*
- acidity
- acidité *f*, degré *m* d'acidité
- acidità *f*, grado *m* di acidità

Azidität, Austausch~ → *Austauschazidität*

Azidität, Boden~ → *Bodenazidität*

Azidität, Gesamt~ → *Phenolphthaleinazidität*

Azidität, Phenolphthalein~ → *Phenolphthaleinazidität*

B. → *Bakterium*

b-Aktivität, Gesamt-~ → *Gesamt-b-Aktivität*

1 B-Horizont *m*, **Anreicherungszone** *f*, **Illuvialhorizont** *m*
- B-horizon, illuvial layer
- horizon *m* B, horizon *m* illuvial
- orizzonte *m* B, orizzonte *m* illuviale

B-Stück → *Muffenstück mit Muffenstutzen*

2 Bach *m*, **Fließ** *n*
- creek, brook, freshet
- ruisseau *m*
- ruscello *m*, rivo *m*

3 Bach *m*, **kleiner**
- brooklet, streamlet, rill
- ruisselet *m*
- ruscelletto *m*, rigagnolo *m*

Bachkrebs → *Krebs*

4 Bachräumung *f*
- brook-clearing
- nettoyage *m* des ruisseaux, dragage *m* des ruisseaux, curage *m* des ruisseaux
- dragaggio *m* dei ruscelli, pulizia *f* dei ruscelli

5 Bachsaibling *m* (*Salvelinus fontinalis*)
- speckled trout, brook trout, American char
- amble *f* de fontaine, saumon *f* de fontaine
- salmerino *m* di fiume

6 Backbord *n*
- port
- bâbord *m*
- basso bordo *m*

Bacterium coli → *Colibakterium*

7 Bad *n*
- bath
- bain *m*
- bagno *m*

Bad, Brause~ → *Brause*

Bad, Frei~ → *Freibad*

Bad, Hallen[schwimm]~ → *Hallen[schwimm]bad*

Bad, Tauch~ → *Tauchbad*

Badeanstalt → *Schwimmbad*

8 Badegewässer *n*
- bathing water(s)
- cours *m* d'eau utilisé pour les baignades
- acque *f pl* di balneazione

9 Badeofen *m*
- geyser
- chauffe-bains *m*
- scaldabagno *m*

Badeofen, Gas~ → *Gasbadeofen*

10 Badeort *m*
- watering place
- station *f* balnéaire, station *f* thermale
- località *f* balneare, stazione *f* termale

Baderaum → *Badezimmer*

11 Badesaison f
□ holiday season
△ saison f balnéaire
○ stagione f balneare, stagione f di vacanze

12 Badestrand m
□ bathing beach
△ plage f, grève f
○ piaggia f, spiaggia f, lido m

13 Badewanne f
□ bath-tub
△ baignoire f
○ tinozza f, vasca f da bagno, vasca f per bagno

Badewanne, Fuß~ → *Fußbadewanne*

Badewanne, Sitz~ → *Sitzbadewanne*

14 Badewannenhahn m
□ bath cock, tub cock
△ robinet m de puisage pour la baignoire
○ rubinetto m della vasca da bagno

15 Badewasser n, **Schwimmbeckenwasser** n
□ bathing water, swimming bath water, swimming-pool water, pool water
△ eau f de piscine, eau f de baignades
○ acqua f di piscina

16 Badewasseraufbereitung f
□ swimming-pool water treatment
△ traitement m des eaux de piscine
○ trattamento m dell'acqua di piscina

17 Badezimmer n, **Baderaum** m
□ bath room
△ cabinet m de bain, salle f de bain
○ stanza f da bagno

Bäderkunde → *Balneologie*

18 Bänderton m (geol.)
□ banded clay, bandy clay, bedded clay
△ argile f rubanée, argile f litée
○ argilla f nastriforme, argilla f laminare

19 Bärenfallenklappe f
□ bear trap shutter, bear trap gate
△ barrage m en toit, vanne f en toit
○ valvola f a trabocchetto

Bäumchenbakterien
→ *Bakterienzoogloeen*

20 Bagger m
□ dredge, excavator, dredging engine, dredging machine
△ drague f, excavateur m, dragueur m
○ scavatore m, cavafango m, cavafondo m, escavatore m, curaporti m, draga f

Bagger, Eimerketten~ → *Eimerkettenbagger*

Bagger, Graben~ → *Grabenbagger*

Bagger, Greif~ → *Greifbagger*

Bagger, Naß~ → *Naßbagger*

Bagger, Sandfang~ → *Sandfangbagger*

Bagger, Saug~ → *Saugbagger*

Bagger, Schürfkübel~ → *Schürfkübelbagger*

Bagger, Schwimm~ → *Naßbagger*

Bagger, Tieflöffel~ → *Tieflöffelbagger*

Bagger, Trocken~ → *Trockenbagger*

Bagger, Unterwasser~ → *Naßbagger*

baggern → *ausbaggern*

Baggern → *Naßbaggerei*

21 Baggersee m
□ dredging pool, gravel-pit lake
△ lac m formé par les travaux d'excavation, lac m formé par les travaux de dragage
○ lago m formato per i lavori di dragaggio

Baggerung → *Naßbaggerei*

Bahndamm, Eisen~ → *Eisenbahndamm*

22 Bahngeschwindigkeit f
□ trajectory velocity
△ vitesse f orbitale
○ velocità f sulla traiettoria

Bahnlinie → *Strombahn*

Bai → *Meerbusen*

Bajonettklaue → *Bajonettverschluß*

23 Bajonettverschluß m, **Bajonettklaue** f
□ bayonet joint
△ raccord m à baïonette
○ attacco m a baionetta

24 Bake f
□ beacon
△ balise f
○ meda f

25 bakteriell
□ bacterial
△ bactérien
○ batterico

26 Bakterien f pl, **Schizomyceten** f pl, **Spaltpilze** m pl
□ bacteria pl, schizomycetae pl, schizomycetous fungi pl
△ schyzomycètes m pl, schizomycètes m pl, bactériacées m pl, bactéries f pl
○ batteri m pl, bacteri m pl, schizomiceti m pl

Bakterien, Abwasser~ → *Abwasserbakterien*

27 Bakterien f pl, **coliforme, Coliforme** f
□ coliform bacteria, coliform
△ coliformes f pl, bactéries f pl coliformes
○ batteri m pl coliformi, coliformi m pl

28 Bakterien f pl, **denitrifizierende, Denitrifikanten** m pl
□ denitrifying bacteria, denitrifiers
△ bactéries f pl dénitrifiantes
○ batteri m pl denitrifianti

Bakterien, Eisen abscheidende ~
→ *Eisen abscheidende Bakterien*

Bakterien, Eisen speichernde ~ → *Eisen speichernde Bakterien*

29 **Bakterien** f pl**, endemische**
- indigenous bacteria pl
- bactéries f pl latentes, microbes m pl latents
- batteri m pl endemici

30 **Bakterien** f pl**, gasbildende**
- gas-forming bacteria, gas formers
- bactéries f pl produisant des gaz
- batteri m pl produttori di gas

31 **Bakterien** f pl**, heterotrophe**
- heterotrophic bacteria pl
- bactéries f pl hétérotrophes
- batteri m pl eterotrofici

Bakterien, kälteliebende → *Bakterien, psychrophile*

Bakterien, methanbildende
→ *Methanbakterien*

32 **Bakterien** f pl**, psychrophile, Bakterien** f pl**, kälteliebende**
- psychrophylic bacteria
- bactéries f pl psychrophiles
- batteri m pl psicrofilici

Bakterien, Purpur~ → *Purpurbakterien*

33 **Bakterien** f pl**, säureresistente**
- acid-fast bacteria pl, acid-resisting bacteria pl
- bactéries f pl acido-résistantes
- batteri m pl acidoresistenti

34 **Bakterien** f pl**, schwefeloxidierende**
- sulfur oxidizing bacteria pl
- bactéries f pl sulfo-oxydantes
- batteri m pl solfo-ossidanti

35 **Bakterien** f pl**, schwefelreduzierende, Schwefelwasserstoffbildner** m
- sulphur reducing bacteria
- bactéries f pl sulforéductrices
- batteri m pl solfo-riduttori

36 **Bakterien** f pl**, sporenbildende, Sporenbildner** m pl
- sporogenic bacteria, spore-producing bacteria
- bactéries f pl sporulées
- batteri m pl sporigeni

37 **Bakterien** f pl**, sulfatreduzierende, Desulfurikanten** m pl
- sulphate-reducing bacteria pl, sulphate-splitting bacteria pl
- bactéries f pl sulfato-réductrices
- batteri m pl solfato-riduttori

Bakterien, thermophile → *Bakterien, wärmeliebende*

38 **Bakterien** f pl**, wärmeliebende, Bakterien** f pl**, thermophile**
- thermophilic bacteria pl, heat-loving bacteria pl
- bactéries f pl thermophiles
- batteri m pl termofili

Bakterien, Zellulose vergärende ~
→ *Zellulose vergärende Bakterien*

39 **Bakterienbewuchs** m**, haftender**
- attached bacterial growth
- développement m bactérien fixé
- crescita f batterica su supporto solido

40 **Bakterienflora** f
- bacterial flora, microbial flora
- flore f bactérienne
- flora f batterica

41 **Bakteriengehalt** m**, Keimgehalt** m
- bacteria content, bacterial content
- teneur f en bactéries
- tasso m batterico, contenuto m di batteri, contenuto m batterico

42 **Bakteriengift** n**, Bakterizid** n
- bactericide, germicide
- bactéricide m
- battericida m

43 **Bakterienkolonie** f**, Bakterienstamm** m**, Kolonie** f**, Stamm** m *(bact.)*
- strain, colony of bacteria
- colonie f de bactéries, souche f de bactéries
- colonia f di batteri, ceppo m di batteri

44 **Bakterienkultur** f
- cultivation of bacteria
- culture f bactérienne
- cultura f batterica

Bakterienstamm → *Bakterienkolonie*

Bakterienträger → *Keimträger*

45 **Bakterienzelle** f
- bacterial cell
- cellule f bactérienne
- cellula f batterica

46 **Bakterienzoogloeen** f pl**, Bäumchenbakterien** f pl
- zoogloeal bacteria
- zooglées f pl bactériennes
- batteri m pl zoogleali

47 **Bakteriologie** f
- bacteriology
- bactériologie f
- batteriologia f

48 **bakteriologisch**
- bacteriological
- bactériologique
- batteriologico

49 **Bakteriophage** f
- bacteriophage
- bactériophage m
- batteriofago m

50 **Bakteriostase** f
- bacteriostasis
- bactériostase f
- batteriostasi f

51 **bakteriostatisch**
- bacteriostatic
- batériostatique
- batteriostatico

B 72

52 **Bakterium** n, B.
□ bacterium, B.
△ bacterium m, bactérie f, B.
○ bacterium m, B.

Bakterium, anaerobes → Anaerobier

Bakterium, Darm~ → Darmbakterium

bakterizid → keimtötend

Bakterizid → Bakteriengift

Bakterizid → Entkeimungsmittel

Balanzier → Bohrschwengel

Baldachin-Interzeption → Interzeption

Balge → Wattstrom

Balgpumpe → Membranpumpe

Balje → Wattstrom

53 **Balken** m
□ beam, joist
△ poutre f en bois
○ trave m + f

54 **Ballast** m
□ ballast
△ ballast m, lest m
○ zavorra f, ballast m

55 **Ballastbehälter** m
□ ballast holding tank
△ compartiment m ballast
○ serbatoio m delle acque di zavorra

56 **Ballastwasser** n (e. Schiffes)
□ ballast water
△ eau f de lest
○ acqua f di zavorra

57 **Ballungsraum** m
□ conurbation, densely populated area, congested area
△ agglomération f urbaine
○ conurbazione f

58 **Balneologie** f, **Bäderkunde** f
□ balneology
△ balnéologie f
○ balneologia f

Bandage → Wicklung

bandagieren → wickeln

Bandagierung → Wicklung

Bandagierung, Rohr~ → Rohrbandagierung

59 **Bandfilter** n
□ belt filter
△ filtre m à bande
○ filtro m a nastro

60 **Bandförderer** m
□ belt conveyor
△ convoyeur m à courroie, transporteur m à courroie, transporteur m à bande
○ convogliatore m a nastro, trasportatore m a nastro

61 **Bandmaßpegel** m
□ tape gage
△ jauge f à bande, limnimètre m sur bande
○ limnimetro m a nastro

62 **Bandräumer** m
□ flight scraper
△ racleur m à bande
○ raschiatore m a nastro

63 **Bandrechen** m, **Siebband** n, **Siebbandrechen** m
□ belt screen, travelling belt screen, band-type screen, band screen
△ tamis m à bande, tamis m roulant, tamis m à toile métallique, tamis m à paniers
○ griglia f a nastro

64 **Bandwurm** m
□ tape worm
△ ver m solitaire, ténia f
○ verme m solitario, tenia f

Bank → Gesteinsschicht

65 **Bank** f (in Fließgewässern)
□ bank
△ banc m
○ banco m

Bank, Austern~ → Austernbank

66 **Bankett** n
□ continuous footing, side space, banquet
△ banquette f
○ banchetto m, banchina f

67 **Barbe** f (Barbus vulgaris)
□ barb, barbel
△ barbeau m
○ barbio m

68 **Barbenregion** f
□ barbel region
△ région f des barbeaux
○ regione f dei barbi

Barge → Lastkahn

69 **Bargen** n, **Abtransport** m **auf dem Wasserweg**
□ barging
△ transport m par voie d'eau
○ trasporto m per via d'acqua

70 **Barium** n
□ barium
△ baryum m
○ bario m

Barium, schwefelsaures → Bariumsulfat

Bariumhydroxid → Barythydrat

71 **Bariumsulfat** n, **Barium** n, **schwefelsaures**
□ barium sulphate, permanent white, blanc fixe
△ sulfate m de baryum, blanc m fixe, blanc m de baryte
○ solfato m di bario

72 **Barkasse** f
□ launch
△ barcasse f
○ barca f a vapore, vaporetto m

77

Barograph → *Barometer, registrierendes*

73 Barometer n
- □ barometer
- △ baromètre m
- ○ barometro m

74 Barometer n, **registrierendes, Barograph** m
- □ barograph, recording barometer
- △ baromètre m enregistreur, barographe m
- ○ barometro m registratore, barografo m

75 Barre f
- □ bar
- △ barre f
- ○ sbarra f

76 Barre f **längs der Küste**
- □ longshore bar
- △ barre f le long d'une côte
- ○ barra f costiera

Barre, Sand~ → *Sandbarre*

77 Barriere f, **Grundwasserstauer** m
- □ barrier
- △ barrière f
- ○ barriera f

Bars → *Barsch*

78 Barsch m, **Bars** m *(Perca fluviatilis)*, **Egli** m *(Perca fluviatilis)*, **Flußbarsch** m *(Perca fluviatilis)*
- □ perch
- △ perche f
- ○ pesce m persico

79 Bartgrundel m, **Schmerle** f *(Cobitis barbatula)*
- □ stoneloach
- △ lotte f franche, barbotte f
- ○ cobite m barbatello

80 Baryt n
- □ baryt
- △ baryte f
- ○ barite f

81 Barythydrat n, **Bariumhydroxid** n
- □ hydrate of baryt, barium hydroxide
- △ hydrate m de baryte
- ○ idrato m di barite

82 Basalt m
- □ basalt
- △ basalte m
- ○ basalto m, basalte m

83 Base f *(chem.)*
- □ base
- △ base f
- ○ base f

84 Basenaustausch m
- □ base exchange
- △ échange m de bases, permutation f de bases
- ○ scambio m di basi, scambio-basi m, scambio m delle basi con altre

85 Basenaustauscher m
- □ base exchanger
- △ échangeur m de bases
- ○ scambiatore m di basi

basisch, schwach ~ → *schwach basisch*

basisch, stark ~ → *stark basisch*

Basislinie → *Grundlinie*

Basisperiode → *Bemessungszeitraum*

86 Bau m
- □ building, construction
- △ construction f
- ○ costruzione f

Bauabschnitt → *Abschnitt*

87 Bauart f, **Bauweise** f
- □ type, design, style, structure
- △ structure f, type m, style m
- ○ struttura f, stile m

88 Bauaufsichtsbehörde f, **Baubehörde** f
- □ building inspection
- △ service m de contrôle des travaux
- ○ ispettore m delle costruzioni

Baubehörde → *Bauaufsichtsbehörde*

Bauchfüßler → *Gastropoden*

89 Bauentwurf m
- □ construction design
- △ projet m de construction, projet m de bâtiment
- ○ progetto m di costruzione

90 baufällig
- □ dilapidated, out of repair
- △ caduc, caduque, délabré
- ○ cadente, rovinoso

91 Baufälligkeit f
- □ dilapidation
- △ délabrement m
- ○ fatiscenza f

92 Baugerüst n, **Rüstung** f
- □ scaffolding
- △ échafaudage m
- ○ armatura f

93 Baugewerbe n
- □ building trade
- △ industrie f du bâtiment
- ○ industria f edilizia

94 Baugrube f
- □ foundation trench
- △ fouille f de fondation
- ○ scavo m di fondazione

Baugrube, Tiefe der ~ → *Tiefe der Baugrube*

Baugrubentiefe → *Tiefe der Baugrube*

95 Baugrubenverbau m
- □ foundation timbering
- △ étançonnement m des fondations, boisage m des fondations
- ○ armatura f degli scavi di fondazione

96 **Baugrund** m
- foundation soil
- sol m de fondation
- suolo m di fondazione

97 **Baugrundentwässerung** f
- foundation drainage
- drainage m des fondations, assèchement m des fondations
- drenaggio m delle fondazioni, proscuigamento m del terreno di fondazione

98 **Baugrunduntersuchung** f
- subsoil exploration, investigation of foundation conditions
- reconnaissance f du sous-sol, investigation f du sous-sol, reconnaissance f du sol de fondation
- ricerca f del sottosuolo, prova f geotecnica del terreno di fondazione

99 **Bauholz** n
- timber (br), lumber (am), structural timber
- bois m de construction, bois m de charpente
- legname m di costruzione

100 **Bauingenieur** m
- civil engineer
- ingénieur m civil
- ingegnere m civile

101 **Bauingenieurwesen** n
- civil engineering
- génie m civil
- genio m civile, ingegneria f civile

102 **Baukosten** pl
- cost of construction, building expenses pl
- frais m pl de construction
- spese f pl di costruzione, costo m di costruzione

103 **Baukostenaufteilung** f
- specification of construction costs
- répartition f des frais de construction
- ripartizione f delle spese di costruzione

104 **Baukostenermittlung** f
- calculation of construction costs
- détermination f du coût de construction
- determinazione f dei costi di costruzione

105 **Baulänge** f, **Gesamtlänge** f
- overall length, footage
- longueur f totale, longueur f de construction
- lunghezza f totale

Baulänge → *Nutzlänge*

106 **Baulanderschließung** f
- site development
- aménagement m du site, utilisation f du site
- sviluppo m di una località

107 **Baum** m
- tree
- arbre m
- albero m

Baumaterial → *Baustoff*

108 **Baumwollbleicherei** f
- cotton bleaching works pl
- blanchisserie f de coton
- imbiancatura f di cotone

109 **Baumwolle** f
- cotton
- coton m
- cotone m

110 **Bauordnung** f, **Vorschrift** f, **baupolizeiliche**
- building regulations pl, building code, building by-law
- réglement m de construction
- regolamento m di costruzione, ordinamento m edilizio

Bauplatz → *Baustelle*

111 **Baupumpe** f
- trench pump
- pompe f portative, pompe f de chantier
- pompa f portatile

112 **Bauschäden** m pl
- structural damages pl
- dégâts m pl de structure
- difetti m pl di costruzione

113 **Bauschutt** m
- rubble
- décombres m pl
- macerie f pl

114 **Baustahlgewebe** n
- welded reinforcing steel
- armatures f pl soudées
- armature f pl saldate

115 **Baustatik** f
- construction statics
- statique f de construction, statique f de bâtiment
- statica f delle costruzioni

116 **Baustelle** f, **Bauplatz** m
- building site, construction site
- chantier m
- cantiere m

117 **Baustelleneinrichtung** f
- workshop installation
- installation f de chantier
- attrezzatura f di cantiere, installazione f di cantiere

118 **Baustellenprüfung** f
- site test
- essais m de contrôle au chantier
- prova f di controllo in cantiere

119 **Baustoff** m, **Baumaterial** n
- building material, construction material
- matériel m de construction
- materiale m da costruzione

120 **Bauunternehmer** m
- contractor, builder, building contractor
- entrepreneur m de bâtiments
- intraprenditore m di costruzioni

121 Bauvorhaben *n*
- ☐ building project, construction project
- △ projet *m* du génie civil
- ○ progetto *m* di costruzione

Bauweise → *Bauart*

122 Bauwerk *n*, **Gebäude** *n*
- ☐ structure, building, construction, edifice
- △ bâtiment *m*, construction *f*, ouvrage *m*, édifice *m*
- ○ edificio *m*, opera *f*, costruzione *f*

Bauwerk, Ableitungs~ → *Ableitungsbauwerk*

Bauwerk, Regulierungs~ → *Leitwerk*

Bauwerk, Schiffahrts~ → *Schiffahrtsbauwerk*

123 Bauwerksfuge *f*
- ☐ structural joint
- △ joint *m* d'ouvrage, joint *m* de construction
- ○ giunto *m* di costruzione

124 Bauwesen *n*
- ☐ architecture, building concerns
- △ bâtisse *f*
- ○ edifizia *f*

Bauwesen, Kultur~ → *Kulturbauwesen*

125 Bazillen *m pl*, **Stäbchenbakterien** *f pl*
- ☐ bacilli *pl*, rod-shaped bacteria *pl*
- △ bacilles *m pl*
- ○ bacilli *m pl*

Bazillenträger → *Keimträger*

BB-Stück → *Muffenstück mit zwei Muffenstutzen*

Be- und Entwässerung, Internationale Kommission für ~ → *Internationale Kommission für Be- und Entwässerung*

126 Beanspruchung *f*
- ☐ strain, intensity of strain, stress
- △ effort *m*, fatigue *f*, travail *m*, charge *f*
- ○ sollecitazione *f*, carico *m*

Beaufschlagung eines Filters → *Filterbelastung*

127 Bebauungsgebiet *n*
- ☐ building area
- △ zone *f* d'urbanisation
- ○ zona *f* di urbanizzazione

128 Bebauungsplan *m*
- ☐ building plan, housing plan
- △ projet *m* relatif aux terrains à bâtir, plan *m* d'aménagement urbain
- ○ piano *m* regolatore urbano

Beben → *Erdbeben*

129 bebrüten
- ☐ incubate
- △ couver
- ○ covare, incubare

130 Bebrütung *f*
- ☐ incubation
- △ incubation *f*
- ○ covatura *f*, incubazione *f*

Bebrütungsdauer → *Bebrütungszeit*

131 Bebrütungstemperatur *f*
- ☐ incubation temperature
- △ température *f* d'incubation
- ○ temperatura *f* di incubazione

132 Bebrütungszeit *f*, **Bebrütungsdauer** *f*, **Inkubationszeit** *f*
- ☐ period of incubation
- △ durée *f* d'incubation
- ○ durata *f* di incubazione

133 Becherglas *n* (*chem.*)
- ☐ beaker
- △ bécher *m*
- ○ becher *m*

Becherversuch → *Standversuch*

134 Becherwerk *n*
- ☐ bucket elevator, bucket conveyor, bucket pump
- △ élévateur *m* à godets, noria *f*, pompe *f* à godets
- ○ elevatore *m* a tazze, elevatore *m* a secchielli, noria *f*

135 Becken *n*
- ☐ basin, tank
- △ bassin *m*, cuve *f*
- ○ bacino *m*, bacile *m*, vasca *f*, vaschetta *f*

Becken, Absetz~ → *Absetzbecken*

136 Becken *n*, **artesisches** (*hydrol.*)
- ☐ artesian basin
- △ bassin *m* artésien
- ○ bacino *m* artesiano

Becken, Aufhalte~ → *Rückhaltebecken*

Becken, Ausflockungs~ → *Flockungsbecken*

Becken, Ausgleich~ → *Ausgleichbecken*

Becken, Dortmund~ → *Dortmundbecken*

Becken, Druckluft~ → *Druckluftbecken*

Becken, Einlauf~ → *Einlaufbecken*

Becken, Entlastungs~ → *Entlastungsbecken*

Becken, Erd~ → *Erdbecken*

Becken, Fäll~ → *Fällungsbecken*

Becken, Fällungs~ → *Fällungsbecken*

Becken, Filter~ → *Filterbecken*

Becken, Flockungs~ → *Flockungsbecken*

Becken, Fluß~ → *Flußgebiet*

Becken, Furchen~ → *Furchenbecken*

Becken, geschlossenes → *Niederschlagsgebiet, abflußloses*

Becken, Grundwasser~ → *Grundwasserbecken*

Becken, Hafen~ → *Hafenbecken*

Becken, Handwasch~ → *Waschbecken*

137 **Becken** n pl**, hintereinander geschaltete**
□ series-flow basins pl, sequential basins [or tanks] pl
△ bassins m pl installés en série
○ vasche f pl disposte in serie

Becken, Kontakt~ → Kontaktbecken

Becken, Kreis~ → Kreisbecken

138 **Becken** n**, leeres**
□ empty tank, void tank, empty basin
△ bassin m vide
○ bacino m vuoto, vasca f vuota

Becken, Lösungs~ → Lösungsbecken

Becken, Lüftungs~ → Lüftungsbecken

Becken, Misch~ → Mischbecken

139 **Becken** n **mit peripherem Einlauf**
□ peripheral feed tank [or basin]
△ bassin m avec alimentation périphérique
○ vasca f con alimentazione periferica

Becken mit peripherem Einlauf, Absetz~ → Absetzbecken mit peripherem Einlauf

140 **Becken** n **mit zentralem Einlauf**
□ center-feed tank [or basin]
△ bassin m avec alimentation centrale
○ vasca f con alimentazione centrale

Becken, Nachfaul~ → Nachfaulbecken

Becken, Nachklär~ → Nachklärbecken

141 **Becken** n pl**, nebeneinander geschaltete,**
Becken n pl**, parallel geschaltete**
□ parallel-flow basins pl
△ bassins m pl en parallèle
○ bacini m pl disposti in parallelo

Becken, parallel geschaltete → Becken, nebeneinander geschaltete

Becken, Plansch~ → Planschbecken

142 **Becken** n**, radial durchströmtes**
□ radial flow basin
△ bassin m à écoulement radial
○ bacino m a flusso radiale

Becken, Reaktions~ → Reaktionsbecken

Becken, Regenrückhalte~ → Regenrückhaltebecken

Becken, Regenwasser~ → Regenwasserbecken

143 **Becken** n**, ringförmiges**
□ annular tank, ring-shaped tank, ring-shaped basin, annular basin
△ bassin m annulaire
○ bacino m anulare, vasca f anulare

Becken, Rückhalte~ → Rückhaltebecken

Becken, Rund~ → Kreisbecken

Becken, Sammel~ → Staubecken

Becken, Schaum~ → Schaumbecken

144 **Becken** n**, senkrecht durchströmtes**
□ vertical flow basin
△ bassin m à circulation verticale
○ bacino m a circolazione verticale

Becken, Sicht~ → Sichtbecken

Becken, Sicker~ → Sickerbecken

Becken, Speicher~ → Speicherbecken

Becken, Stau~ → Staubecken

Becken, Sturz~ → Sturzbecken

Becken, Talsperren~ → Staubecken

Becken, Trichter~ → Trichterbecken

Becken, Wasch~ → Waschbecken

145 **Becken** n**, zweistöckiges**
□ two-stor[e]y tank
△ bassin m à deux étages
○ vasca f a due compartimenti

146 **Beckenurinal** n
□ pedestal urinal
△ urinoir m
○ orinatoio m a bacino

147 **Beckenwand** f
□ wall of a basin, side of a basin
△ paroi f du bassin
○ parete f del bacino

148 **Bedarf** m
□ demand, requirements pl
△ demande f, besoins m pl
○ bisogno m, fabbisogno m, domanda f

Bedarf, Energie~ → Kraftbedarf

Bedarf, Flächen~ → Geländebedarf

149 **Bedarf** m**, gewerblicher**
□ industrial requirements pl
△ besoins m pl industriels
○ bisogno m industriale

150 **Bedarf** m**, häuslicher**
□ demand for domestic use
△ besoin m pour usage domestique, demande f pour l'usage domestique
○ quantità f necessaria per uso domestico

Bedarf, Nährstoff~ → Nährstoffbedarf

151 **Bedarf** m**, öffentlicher**
□ public demand, public requirements pl
△ besoin m public
○ bisogno m pubblico, bisogno m comune

Bedarf, spezifischer, Wasser~ → Tageskopfverbrauch

Bedarf, Spitzen~ → Spitzenbedarf

Bedarf, Stunden~ → Stundenbedarf

Bedarfsdeckung → Deckung des Wasserbedarfs

152 **Bedarfskurve** f
□ demand curve
△ courbe f de demande
○ curva f di domanda

Bedarfsplanung, Wasser~ → Wasserbedarfsplanung

153 **Bedarfsschwankung** f
□ fluctuation of demand
△ variation f des besoins
○ oscillazione f del fabbisogno

bedeckt → überdeckt

Bedeckung → Abdeckung

154 **Bedienung** f, **Wartung** f
□ service, servicing, care, attendance
△ service m, soins m pl
○ servizio m, impiego m, assistenza f

Bedienung von Hand → Handbedienung

155 **Bedienungsbrücke** f, **Betriebsbrücke** f
□ operating bridge
△ pont m de service, passerelle f de service
○ ponte m di servizio, passerella f di servizio

156 **Bedienungsbühne** f, **Arbeitsbühne** f
□ operating floor
△ plateforme f de service
○ piattaforma f di servizio, palco m di commando

157 **Bedienungsgang** m
□ operating gangway, operating gallery
△ galerie f de service
○ galleria f di servizio

158 **Bedienungshebel** m
□ control lever
△ levier m de manœuvre
○ leva f di manovra

159 **Bedienungsvorschrift** f, **Behandlungsvorschrift** f
□ operating instruction
△ instruction f de service, règle f de service
○ prescrizione f di servizio

Bedingungen, hydraulisch wechselnde, Strömungs~ → Strömungsbedingungen, hydraulisch wechselnde

Bedingungen, Lokal~ → Verhältnisse, örtliche

160 **Bedürfnisanstalt** f
□ public convenience, comfort station, lavatory, sanitaries
△ toilette f publique, chalet m de nécessité
○ latrina f pubblica

Beeisenung → Vereisenung

Beet, Filter~ → Filterbeet

Beet, Sicker~ → Sickerbeet

161 **Befall** m
□ infestation
△ infestation f
○ infestazione f

162 **Befestigung** f
□ fastening, fixing, clamping, consolidation
△ consolidation f, fixage m, fixation f
○ fissamento m, consolidamento m

befeuchten → anfeuchten

Beförderung → Transport

163 **Befund** m
□ finding, result
△ résultat m, expertise f, valeur f trouvée
○ reperto m, risultato m

Befunde, Analysen~ → Analysenbefunde

Befunden, Auswertung von ~
→ Auswertung von Befunden

Befunden, Deutung von ~ → Auswertung von Befunden

Befundschein → Protokoll

164 **begasen**
□ fumigate
△ enfumer
○ fumigare

Begasen → Begasung

165 **Begasung** f, **Begasen** n
□ fumigation
△ enfumage m
○ fumigazione f

166 **Begasungsmittel** n
□ fumigant
△ fumigant m, produit m fumigant
○ fumigante m, prodotto m fumigante

begießen → besprengen

Begießen → Besprengen

167 **begradigen** (einen Fluß)
□ correct
△ [re]dresser
○ rettificare, correggere

begrenzt verbreitet → stenotop

Begrenzungsfaktor → Minimumfaktor

168 **Behälter** m, **Reservoir** n
□ tank, reservoir, container, receiver, receptacle, vessel
△ réservoir m, récipient m
○ serbatoio m, recipiente m, ricettacolo m

169 **Behälter** m, **abgeschirmter** (radiol.)
□ shielded container
△ récipient m blindé
○ recipiente m schermato [blindato]

Behälter, Abkling~ → Abklingbehälter

Behälter, Auffang~ → Auffangbehälter

Behälter, Druck~ → Druckbehälter

Behälter, Eindick~ → Schlammeindickbehälter

Behälter, Gegen~ → Gegenbehälter

170 **Behälter** m, **gemauerter**
□ brick reservoir, masonry reservoir
△ réservoir m en maçonnerie
○ serbatoio m in muratura

171 **Behälter** m, **geschlossener**, **Behälter** m, **überdeckter**
□ closed reservoir
△ réservoir m couvert
○ serbatoio m coperto

Behälter, getrennt stehender, Gas~
→ Gasbehälter, getrennt stehender

Behälter, Glas~ → Glasbehälter

Behälter, Hoch~ → Hochbehälter

Behälter, Kalkmilchbereitungs~
→ Kalkmilchbereitungsbehälter

Behälter, Löse~ → Lösungsbecken

Behälter, Misch~ → Mischbehälter

Behälter, Nachfaul~ → *Nachfaulbecken*
Behälter, Schlammeindick~
→ *Schlammeindickbehälter*
Behälter, Speicher~ → *Speicherbecken*
Behälter, Tiefen~ → *Erdhochbehälter*
Behälter, überdeckter → *Behälter, geschlossener*

172 **Behälter** *m*, **zweistöckiger**
☐ two-stor[el]y container
△ réservoir *m* à double étage, réservoir *m* à deux étages
○ serbatoio *m* a due piani

173 **Behälterdruck** *m*
☐ [static] head of a reservoir, pressure head of a reservoir
△ charge *f* d'un réservoir
○ altezza *f* piezometrica di serbatoio

174 **Behältereinlaufkammer** *f*
☐ inlet chamber of a reservoir
△ compartiment *m* d'entrée d'un réservoir
○ camera *f* di arrivo nel serbatoio, camera *f* di immissione nel serbatoio

175 **Behälterkammer** *f*
☐ chamber of a reservoir
△ compartiment *m* d'un réservoir
○ vasca *f* di serbatoio

176 **Behältersohle** *f*
☐ tank bottom, basin floor
△ radier *m* d'un réservoir
○ fondo *m* del serbatoio, platea *f* del serbatoio

177 **behandeln**
☐ treat, condition, handle
△ traiter, ouvrager, travailler, usiner
○ trattare, maneggiare, lavorare

178 **Behandlung** *f*
☐ treatment, conditioning, handling
△ traitement *m*
○ trattamento *m*, maneggiamento *m*, lavorazione *f*

Behandlung, Abwasser~ → *Abwasserbehandlung*

Behandlung, Dampf~ → *Dampfbehandlung*

179 **Behandlung** *f*, **gemeinsame**
☐ joint treatment
△ traitement *m* en commun
○ trattamento *m* in comune

180 **Behandlung** *f* **im Abwasserteich, Teichbehandlung** *f*
☐ lagooning
△ lagunage *m*
○ lagunaggio *m*

Behandlung, thermische
→ *Wärmebehandlung*

181 **Behandlungsanlage** *f*
☐ treatment plant
△ installation *f* de traitement
○ impianto *m* di trattamento

182 **Behandlungsanlage** *f* **in Fertigbauweise, Fertigbau-Behandlungsanlage** *f*
☐ prefabricated treatment plant
△ station *f* de traitement en éléments préfabriqués, station *f* de traitement préfabriquée
○ impianto *m* di trattamento prefabbricato

183 **Behandlungsfähigkeit** *f*
☐ treatability
△ traitabilité *f*
○ trattabilità *f*

184 **Behandlungskosten** *pl*, **Reinigungskosten** *pl*
☐ treatment costs
△ frais *m pl* de traitement, coût *m* du traitement
○ costi *m pl* di trattamento

Behandlungsvorschrift → *Bedienungsvorschrift*

beheizen → *heizen*

Beheizung → *Heizung*

185 **Behelfsentwässerung** *f*
☐ temporary drainage, provisional drainage
△ réseau *m* temporaire d'assainissement, réseau *m* provisoire d'assainissement
○ sistema *m* provisorio di drenaggio

186 **behelfsmäßig**
☐ provisional
△ provisoire
○ provvisionale

187 **Behelfswehr** *n*
☐ temporary weir
△ déversoir *m* provisoire, barrage *m* temporaire
○ sbarramento *m* provvisorio, diga *f* provvisoria

188 **Beigeschmack** *m*
☐ after-taste, flavour, savour
△ sursaveur *f*, arrière-goût *m*
○ sapore *m* strano

Beihilfe → *Zuschuß*

Beileitung → *Zuleitung*

189 **Beimischung** *f*
☐ admixture, addition
△ admixtion *f*, addition *f*
○ supplemento *m*, additivo *m*

Beimischung → *Zusatz*

190 **Beitragspflicht** *f*
☐ obligatory contribution
△ contribution *f* obligatoire, participation *f* obligatoire
○ contribuzione *f* obbligatoria

191 **Beiwert** *m*, **Koeffizient** *m*
☐ coefficient
△ coefficient *m*
○ coefficiente *m*

192 **Beiwert** m **der Biomassenproduktion, Biomassentiter** m
□ biomass-yield coefficient
△ coefficient m de biomasse
○ coefficiente m di biomassa

Beiwert, Widerstands~
→ *Reibungskoeffizient*

Beiwert, Zählflüssigkeits~
→ *Zählflüssigkeitsbeiwert*

193 **Beizablauge** f, **Abfallbeize** f
□ spent pickling liquor, waste pickling liquor
△ liqueur f de décapage épuisée
○ lisciva f di rifiuto di decapaggio

194 **Beizbad** n
□ pickling bath
△ bain m de décapage
○ bagno m di decapaggio

195 **Beizbottich** m
□ pickling vat
△ cuve f de décapage
○ vasca f di decapaggio

196 **beizen**
□ pickle
△ décaper
○ decapare

197 **Beizen** n
□ pickling
△ décapage m
○ decapaggio m

Beizen → *Schwellen*

198 **Beizerei** f
□ pickling room, pickling plant
△ atelier m de décapage, décaperie f
○ decapaggio m, impianto m di decapaggio

199 **Beizereiabwasser** n
□ pickling wastes pl
△ eaux f pl résiduaires de décapage
○ acqua f di rifiuto di decapaggio

200 **Beizstraße** f
□ pickling line
△ chaîne f de décapage
○ linea f di decapaggio

201 **bekämpfen**
□ control
△ lutter
○ lottare

202 **Bekämpfung** f
□ control, abatement
△ lutte f
○ controllo m, lotta f

Bekämpfungmittel, Pilz~ → *Fungizid*

203 **Bekämpfungsmaßnahmen** f pl
□ control measures pl
△ mesures f pl de prévention, mesures f pl de lutte
○ misure f pl di lotta

Bekämpfungmittel, Algen~ → *Algenbekämpfungsmittel*

204 **Belästigung** f
□ nuisance
△ nuisance f
○ molestia f

Belästigung, Geruchs~ → *Geruchsbelästigung*

205 **Belästigungsgrenze** f
□ nuisance threshold
△ limite f de gêne
○ soglia f di fastidio

206 **Belag** m
□ coating
△ enduit m
○ intonaco m

207 **Belag** m, **Straßendecke** f
□ pavement of a road, road surfacing, road cover
△ revêtement m de la route
○ manto m di una strada, pavimento m di una strada

Belastbarkeit → *Tragfähigkeit*

208 **Belastbarkeit** f **eines Gewässers**
□ pollution load capacity of a surface water
△ capacité f de charge des eaux par des matières polluées
○ capacità f di carico inquinante, limite m di carico inquinante [sopportabile da un'acqua]

Belastbarkeit, Feld~ → *Feldkapazität*

209 **belasten**
□ load
△ charger
○ caricare

belastet, schwach ~ → *schwach belastet*

210 **Belastung** f, **Last** f
□ load, loading, rate of application, rate of operation
△ charge f, effort m extérieur
○ carico m, sforzo m esterno

211 **Belastung** f, **äußere**
□ external load
△ charge f extérieure
○ carico m esterno

Belastung, Betriebs~ → *Betriebsbelastung*

Belastung, Bruch~ → *Bruchbelastung*

Belastung, Filter~ → *Filterbelastung*

Belastung, Flächen~ → *Flächenbelastung*

212 **Belastung** f, **hydraulische**
□ hydraulic load
△ charge f hydraulique
○ carico m idraulico

213 **Belastung** f, **kritische** (bei äußerem Druck)
□ crushing point
△ pression f d'écrasement
○ compressione f critica

214 **Belastung** f, **kritische** *(bei Innendruck)*
☐ bursting point
△ pression f de rupture
○ carico m critico

215 **Belastung** f **mit Schmutzstoffen, Schmutzfracht** f
☐ pollution load
△ charge f de pollution, charge f polluante
○ carico m di sostanze inquinanti

Belastung, Oberflächen~ → *Flächenbelastung*

216 **Belastung** f, **organische**
☐ organic load
△ charge f organique
○ carico m organico

Belastung, Raum~ → *Raumbelastung*

217 **Belastung** f, **ruhende, Belastung** f, **ständige**
☐ dead load, permanent load, constant load
△ charge f permanente
○ carico m permanente, carico m costante

Belastung, Schlamm~ → *Schlammbelastung*

Belastung, ständige → *Belastung, ruhende*

Belastung, thermische → *Wärmebelastung*

218 **Belastung** f, **vorübergehende**
☐ transient loading
△ charge f temporaire, charge f provisoire
○ carico m temporaneo

219 **Belastung** f, **zulässige**
☐ permissible load, allowable load
△ charge f admissible
○ carico m ammissibile

220 **Belastungsannahme** f
☐ design load
△ charge f d'étude, charge f théorique, charge f nominale
○ carico m di progetto

Belastungsfähigkeit → *Tragfähigkeit*

221 **Belastungsfaktor** m
☐ load factor
△ facteur m de charge
○ fattore m di carico

Belastungsganglinie → *Belastungskurve*

222 **Belastungsgrenze** f
☐ load capacity
△ limite f de charge
○ limite f di carico

223 **Belastungskriterien** n pl
☐ loading criteria
△ critères m pl de charge
○ criteri m pl di carico

224 **Belastungskurve** f, **Belastungsganglinie** f
☐ load diagram, load curve
△ courbe f de charge
○ curva f di carico

225 **Belastungsprobe** f, **Belastungsversuch** m
☐ load capacity test, load test
△ essai m de chargement
○ prova f di carico

Belastungsversuch → *Belastungsprobe*

226 **Belebtschlamm** m, **A-Schlamm** m, **Schlamm** m, **aktivierter, Schlamm** m, **belebter, Schlamm** m, **biologischer**
☐ activated sludge, biological sludge
△ boue[s] f [pl] activée[s]
○ fango m attivato, fango m attivo

Belebtschlammanlage
→ *Belebungsanlage*

Belebtschlammgehalt im Lüftungsbecken
→ *Schlammkonzentration*

Belebtschlammverfahren
→ *Belebungsverfahren*

Belebtschlammverfahren, Hochlast~
→ *Hochlastbelebtschlammverfahren*

227 **Belebungsanlage** f, **Belebtschlammanlage** f
☐ activated sludge plant
△ installation f à boues activées, installation f d'activation
○ impianto m a fango attivato

228 **Belebungsbecken** n
☐ activated sludge tank
△ bassin m à boues activées
○ bacino m a fanghi attivati

Belebungsgraben → *Oxidationsgraben*

229 **Belebungsverfahren** n, **Belebtschlammverfahren** n, **Schlammbelebungsverfahren** n
☐ activated sludge process, bio-aeration, bio-activation
△ procédé m des boues activées, procédé m de bio-aération
○ processo m a fango attivato

230 **Belebungsverfahren** n, **aktiviertes**
☐ activated aeration
△ aération f activée
○ processo m a fango attivato

Belebungsverfahren, hochbelastetes
→ *Hochlastbelebtschlammverfahren*

231 **Belebungsverfahren** n **mit vollkommener Mischung**
☐ completely mixed activated sludge process
△ procédé m des boues activées avec mélange intégral
○ processo m a fango attivato con mescolamento integrale

Belebungsverfahren, modifiziertes
→ *Hochlastbelebtschlammverfahren*

232 **Beleuchtungsanlage** f
☐ lighting system
△ installation f d'éclairage
○ impianto m d'illuminazione

233 **belüften**
- aerate
- aérer, souffler de l'air
- aerare, insufflare

234 **Belüfter** m
- aerator
- aérateur m
- aeratore m

Belüfter, Ejektor~ → *Ejektorbelüfter*

Belüfter, Kreisel~ → *Kreiselbelüfter*

Belüfter, Scheiben~ → *Tauchtropfkörper*

Belüfter, schwimmender, Oberflächen~
→ *Oberflächenbelüfter, schwimmender*

235 **Belüfterplatte** f, **Luftverteiler** m, **Verteilerplatte** f
- air diffuser, diffuser [plate], plate diffuser, tile diffuser
- plaque f diffuseuse, diffuseur m
- diffusore m d'aria

236 **belüftet**
- aerated
- aéré
- aerato

237 **Belüftung** f, **Lüftung** f
- aeration
- aération f
- aerazione f

238 **Belüftung** f, **biogene**
- biogenous aeration
- aération f biogène
- aerazione f di origine biologica

Belüftung, Bürsten~ → *Bürstenbelüftung*

Belüftung, Druckluft~ → *Druckluftbelüftung*

Belüftung, Ejektor~ → *Ejektorbelüftung*

239 **Belüftung** f, **feinblasige**
- fine bubble[s] aeration
- aération f par bulles fines, aération f à fines bulles
- aerazione f con piccole bollicine

Belüftung, Gebläse~ → *Gebläsebelüftung*

Belüftung, Gewässer~ → *Strombelüftung*

240 **Belüftung** f, **grobblasige**
- large bubble aeration
- aération f par grosses bulles
- aerazione f con grosse bolle

241 **Belüftung** f **in Furchenbecken**
- ridge-and-furrow aeration
- aération f dans un bassin à radier en dents de scie
- aerazione f in un bacino a solchi

242 **Belüftung** f **in Hurd- oder Manchester-Becken**
- spiral-flow aeration
- aération f dans un bassin à mouvement rotatif
- aerazione f a movimento rotativo, aerazione f in vasca Hurd

Belüftung, Kaskaden~ → *Kaskadenbelüftung*

Belüftung, Langzeit~ → *Langzeitbelüftung*

243 **Belüftung** f, **mechanische**
- mechanical aeration
- aération f mécanique
- aerazione f meccanica

Belüftung, Nach~ → *Nachbelüftung*

Belüftung, Paddelrad~ → *Paddelradbelüftung*

Belüftung, Sog~ → *Sogbelüftung*

Belüftung, Staffel~ → *Staffelbelüftung*

Belüftung, Strom~ → *Strombelüftung*

[be]lüftung, Über~ → *Langzeitbelüftung*

Belüftung von der Oberfläche aus
→ *Oberflächenbelüftung*

Belüftung, Wieder~ → *Wiederbelüftung*

244 **Belüftungsanlage** f
- aeration plant
- installation f d'aération
- impianto m d'aerazione

Belüftungsanlage, Langzeit-~ → *Totalkläranlage*

Belüftungsbecken → *Lüftungsbecken*

245 **Belüftungsbewässerung** f
- aeration irrigation
- irrigation f aérante
- irrigazione f aerante

246 **Belüftungsdauer** f, **Belüftungszeit** f
- aeration period
- durée f d'aération
- durata f d'aerazione

247 **Belüftungsdränung** f, **Durchlüftungsdränung** f
- aeration drainage
- drainage m d'aération
- drenaggio m d'aerazione

Belüftungskreisel → *Kreiselbelüfter*

Belüftungspaddel → *Paddelbelüfter*

248 **Belüftungsrohr** n
- aerator pipe
- tube m d'aération, tuyau m d'aération, conduit m d'aération
- tubo m di aerazione

Belüftungsrohr, pendelndes
→ *Pendelbelüfter*

249 **Belüftungsrost** m (eines Tropfkörpers)
- aeration grate
- grille f d'aération
- griglia f d'aerazione

250 **Belüftungssystem** n
- aeration system
- système m d'aération
- sistema m d'aerazione

Belüftungszeit → *Belüftungsdauer*

251 **Bemessung** f
□ dimensioning, rating, sizing
△ dimensionnement m
○ dimensionamento m

252 **Bemessungszeitraum** m, **Basisperiode** f
□ base period, base number of days
△ période f de base
○ periodo m di base

253 **Benetzbarkeit** f
□ wettability
△ mouillabilité f
○ attitudine f ad essere umidificato, umidificabilità f

254 **benetzen**
□ sprinkle, wet
△ mouiller, arroser
○ innaffiare, bagnare

255 **Benetzung** f
□ sprinkling, moistening, wetting
△ mouillage m, arrosement m, arrosage m
○ innaffiatura f, umettazione f

256 **Benetzungsfläche** f *(eines Tropfkörpers),* **Kontaktfläche** f
□ contact surface
△ surface f utile, surface f de contact
○ superficie f utile, superficie f di contatto

257 **Benetzungsmittel** n, **Netzmittel** n, **Sammler** m
□ wetting agent, collector
△ agent m mouillant, mouillant m
○ agente m umidificante, umidificatore m

Benetzungswasser → *Adsorptionswasser*

Benetzungswasser → *Haftwasser*

258 **Benthal-** *(in Verbindung mit Substantiven)*
□ benthal
△ benthique
○ bentonico

259 **Benthalzone** f
□ benthonic region
△ région f benthique
○ zona f bentonica

260 **Benthos** m
□ benthos
△ benthos m
○ benthos m

261 **Bentonit** m
□ bentonite
△ bentonite f
○ bentonite f

benutzen → *anwenden*

Benutzung → *Anwendung*

Benutzungsdauer → *Nutzungsdauer*

262 **Benutzungsgebühr** f
□ usage fee
△ taxe f d'utilisation, redevance f d'utilisation
○ tassa f d'utilizzazione

263 **Benutzungsrecht** n, **Nutzungsrecht** n
□ right of use, right of usage
△ droit m d'utilisation, droit m à l'usage
○ diritto m d'utilizzazione, diritto m d'uso

264 **Benzanthrazen** n
□ benzanthracene
△ benzanthracène m
○ benzantracene m

265 **Benzfluoranthen** n
□ benzfluoranthene
△ benzofluoranthène m
○ benzofluorantene m

266 **Benzin** n
□ gasoline *(am)*, petrol *(br)*
△ essence f [de pétrole]
○ benzina f

267 **Benzinabscheider** m, **Leichtflüssigkeitsabscheider** m
□ petrol separator, gasoline separator, petrol trap, gasoline trap
△ séparateur m d'essence
○ separatore m di benzina

268 **Benzinblei-Gesetz** n
□ lead-in-petrol law
△ loi f relative à la teneur en plomb dans l'essence
○ legislazione f relativa al tenore in piombo delle benzine

269 **Benzol** n
□ benzene
△ benzine f, benzène m
○ benzolo m, benzene m

270 **Benzol-Lauge-Verfahren** n
□ benzene/lye-extraction process
△ méthode f d'extraction au benzène/lessive
○ processo m d'estrazione con benzolo/lisciva

271 **Benzpyren** n
□ benzopyrene
△ benzopyrène m
○ benzopirene m

272 **Beobachtung** f **am hängenden Tropfen, Tropfen** m, **hängender** *(biol.)*
□ hanging-drop method
△ méthode f de la goutte pendante
○ metodo m della goccia pendente

Beobachtungsbohrung → *Beobachtungsbrunnen*

273 **Beobachtungsbrunnen** m, **Beobachtungsbohrung** f
□ observation well, pilot well, test well
△ puits m d'observation, sonde f
○ pozzo m di osservazione

274 **Beobachtungsfenster** n
□ observation window
△ fenêtre f d'observation
○ finestra f di osservazione

Beobachtungsnetz, Niederschlags~
→ *Niederschlagsbeobachtungsnetz*

Beobachtungsnetz, Regen~
→ *Niederschlagsbeobachtungsnetz*

275 **Beobachtungsrohr** n
 □ observation tube, observation pipe
 △ tuyau m d'observation
 ○ tubo m di osservazione

 Beobachtungsstollen
 → Besichtigungsgang

276 **Bepflanzung** f
 □ planting, plantation
 △ plantation f
 ○ piantagione f

277 **Berater** m
 □ consultant
 △ conseiller m
 ○ consigliere m, consulente m

278 **Beratung** f
 □ consultation
 △ conseil m, délibération f
 ○ consiglio m, consultazione f

279 **Berechnung** f
 □ calculation, computation
 △ calcul m, compte m
 ○ calcolo m, computo m

280 **Berechnung** f, **Ermittlung** f, **rechnerische**
 □ calculation
 △ calcul m, détermination f
 ○ calcolo m, computo m

 Berechnung, Hochwasser~
 → Hochwasserberechnung

 Berechnung, Rohrnetz~ → Rohrnetzberechnung

281 **Berechnung** f, **statische**
 □ static calculation
 △ calcul m statique
 ○ calcolo m statico

282 **Berechnungsregen** m
 □ design storm
 △ pluie f prise comme base de calcul
 ○ intensità f di pioggia di progetto

 Berechnungsregen → Entwurfsregen

 beregnen → verregnen

 Beregnung → Verregnung

 Beregnung, Düsenrohr~ → Düsenrohrberegnung

 Beregnung, Frostschutz~ → Frostschutzberegnung

 Beregnung, Überkronen~ → Überkronenberegnung

 Beregnung, Unterkronen~
 → Unterkronenberegnung

283 **Beregnungsanlage** f
 □ spray-irrigation installation, sprinkling installation
 △ installation f d'arrosage, installation f d' aspersion
 ○ impianto m pluvirriguo, impianto m irriguo ad aspersione

284 **Beregnungsdichte** f
 □ sprinkler intensity, sprinkling intensity
 △ intensité f d'aspersion, intensité f d' arrosage
 ○ intensità f d'irrigazione a pioggia

285 **Beregnungsdichte** f, **mittlere**
 □ average rate of irrigation
 △ taux m moyen d'irrigation, taux m moyen d'arrosage
 ○ portata f media d'irrigazione

286 **Beregnungsfläche** f **eines Regners**
 □ sprinkler area
 △ surface f d'arrosage, portée f d'un asperseur tournant
 ○ area f bagnata da uno spruzzatore

 Beregnungsvorrichtung → Regner

287 **Bereitschaftsdienst** m
 □ stand-by duty
 △ poste m d'alerte, service f de permanence
 ○ servizio m di approntamento

288 **Bereitschaftspersonal** n
 □ stand-by staff
 △ personnel m de secours, personnel m de permanence
 ○ personale m di approntamento

 Bereitstellung, Wasser~ → Wasserdargebot

289 **Berg** m
 □ mountain, mount, hill
 △ mont m, montagne f
 ○ monte m

290 **Bergbau** m, **Abbau** m, **bergmännischer**
 □ mining
 △ exploitation f des mines
 ○ scavo m delle miniere, industria f mineraria

 Bergbaugebiet → Abbaugebiet

291 **Bergeteich** m (Bergbau)
 □ tailings pond
 △ lagune f à résidus, étang m à schlamms
 ○ laguna f per fanghi, stagno m per fanghi

 Berggipfel → Gipfel

292 **Bergschaden** m
 □ mining damage, subsidence damage
 △ dégât m minier
 ○ guasto m minerario

 Bergseite → Fläche, wasserseitige

293 **Bergsenkung** f
 □ mining subsidence
 △ effondrement m dû aux mines
 ○ abbassamento m a causa delle miniere

294 **Bergsenkungsgebiet** n
 □ mining subsidence region
 △ région f d'affrondrement dû aux mines
 ○ regione f d'abbassamento a causa delle miniere

 Bergspitze → Gipfel

295 **Bergsturz** *m*
□ rockslide, landslide, slide
△ éboulement *m*
○ frana *f*, franamento *m*

296 **bergwärts**
□ up-hill
△ en amont, d'amont, à l'amont
○ a monte

bergwärts → *flußaufwärts*

297 **Bergwerk** *n*, **Grube** *f*, **Zeche** *f*
□ mine, pit
△ mine *f*, minière *f*
○ miniera *f*

Bergwerk, Kohlen~ → *Kohlengrube*

298 **Bergwerk** *n*, **stillgelegtes**
□ abandoned mine, abandoned pit
△ mine *f* abandonnée, puits *m* (de mine) abandonné
○ miniera *f* abbandonata

berieseln → *verrieseln*

Berieselung → *Verrieselung*

Berieselung, Boden~ → *Bodenberieselung*

Berieselung, Furchen~ → *Furchenrieselung*

Berieselung, Untergrund~ → *Untergrundberieselung*

Berieselung, wilde → *Oberflächenverrieselung*

299 **Berieselungseinrichtung** *f*
□ spray equipment
△ dispositif *m* d'arrosage
○ dispositivo *m* d'irrigazione

Berieselungsplan
→ *Bewässerungsordnung*

300 **Berme** *f*, **Böschungsabsatz** *m*
□ berm
△ berme *f*, risberme *f*
○ risberma *f*, risega *f*

301 **Bernsteinsäure** *f*
□ succinic acid
△ acide *m* succinique
○ acido *m* succinico

302 **Berstdruck** *m*
□ hydrostatic bursting pressure
△ pression *f* à l'éclatement
○ pressione *f* idraulica di rottura

303 **bersten, platzen**
□ burst
△ se crevasser, se gercer, craquer, éclater
○ incrinarsi, spaccarsi, scoppiare, crepare

304 **Berührungsfläche** *f*
□ contact area
△ surface *f* de contact
○ superficie *f* di contatto

305 **Berührungszeit** *f*, **Aussetzungsdauer** *f* (*Füllkörper*), **Einwirkungsdauer** *f*, **Einwirkungszeit** *f*, **Kontaktzeit** *f*, **Vollstehen** *n* (*Füllkörper*), **Wirkzeit** *f* (*Füllkörper*)
□ contact time, period of contact, time of reaction, time of contact, time of action, time of exposure
△ temps *m* de contact, temps *m* de réaction
○ tempo *m* di contatto, durata *f* di permanenza, tempo *m* di influenza, durata *f* di influenza

306 **Berufskrankheit** *f*
□ occupational disease
△ maladie *f* professionelle
○ malattia *f* professionale

307 **beruhigen**
□ calm
△ tranquilliser, apaiser, calmer
○ calmare, tranquillare

308 **Beruhigungsgitter** *n*
□ stilling grid
△ grille *f* de transquillisation
○ griglia *f* di calma

309 **Beruhigungsschacht** *m*, **Meßschacht** *m*
□ stilling well, stilling chamber
△ puits *m* de mesure, chambre *f* de tranquilisation
○ pozzo *m* di misura, pozzo *m* di tranquillamento

Besatz, biologischer → *Rasen, biologischer*

Besatz, Fisch~ → *Fischbesatz*

310 **beschädigen**
□ damage, injure
△ endommager, avarier [par l'eau]
○ dannegiare, offendere, avariare

311 **Beschaffenheit** *f*
□ quality, state, condition
△ qualité *f*, état *m*, condition *f*
○ qualità *f*, stato *m*, condizione *f*

Beschaffenheit des Wassers
→ *Wasserbeschaffenheit*

Beschaffenheit des Wassers, chemische
→ *Wasserbeschaffenheit, chemische*

Beschaffenheit des Wassers, physikalische → *Wasserbeschaffenheit, physikalische*

312 **Beschallung** *f*
□ sonoration
△ sonorisation *f*
○ trattamento *m* con ultrasuoni

Beschichtet, kunststoff~ → *kunststoffbeschichtet*

Beschichtung, Kunststoff~ → *Kunststoffbeschichtung*

313 **beschicken**
□ charge, feed, apply, load
△ alimenter, charger
○ alimentare, caricare

314 Beschickung f
- □ charge, feed, application, dosage
- △ alimentation f, chargement m
- ○ alimentazione f, dosatura f, caricamento m

315 Beschickung f, intermittierende
- □ application in intermittent flushes, intermittent application
- △ alimentation f intermittente, chargement m intermittent
- ○ alimentazione f intermittente, dosatura f intermittente, caricamento m intermittente

Beschickung, Sickerflächen~
→ Sickerflächenbeschickung

Beschickung, stoßweise
→ Stoßbeschickung

316 Beschickung f, ununterbrochene
- □ continuous application
- △ alimentation f en continu
- ○ alimentazione f continua, dosatura f continua, caricamento m continuo

317 Beschickungsbehälter m
- □ dosing tank, dosing chamber
- △ bassin m de chasse, réservoir m de chasse, réservoir m de répartition, bassin m doseur
- ○ serbatoio m di caricamento, vasca f di dosaggio, vasca f di cacciata

318 Beschickungseinrichtung f
- □ dosing apparatus, dosing appliance, dosing device
- △ dispositif m de chasse, appareil m de chasse, appareil m de répartition
- ○ dispositivo m di dosaggio

319 Beschickungshöhe f, Beschickungsmenge f
- □ rate of application, application rate
- △ hauteur f d'application, taux m d'application
- ○ tasso m d'applicazione

Beschickungskanal → Beschickungsrinne

320 Beschickungsmenge f, Beschickungsrate f
- □ rate of application, loading rate
- △ quantité f d'application
- ○ quantità f di applicazione, quantità f di dosatura

Beschickungsmenge
→ Beschickungshöhe

Beschickungsrate → Beschickungsmenge

321 Beschickungsrinne f, Beschickungskanal m, Zulaufkanal m
- □ feed channel
- △ canal m d'alimentation
- ○ canale m di alimentazione

Beschickungsrohr → Zuleitungsrohr

322 Beschickungsvorrat m
- □ feed stock
- △ stock m de chargement, réserve f d'alimentation
- ○ riserva f d'alimentazione, riserva f di dosatura

Beschleusung → Kanalisation

323 beseitigen, ausräumen, entfernen
- □ remove, eliminate, dispose of, control, clear, clear out
- △ enlever, éliminer, écarter, évacuer, déblayer, vider
- ○ eliminare, asportare, evacuare

324 Beseitigung f, Entfernung f
- □ removal, elimination, disposal
- △ enlèvement m, élimination f, écartement m, évacuation f, rejet m
- ○ asportazione f, eliminazione f, rimozione f, evacuazione f, smaltimento m

Beseitigung des Sauerstoffs
→ Sauerstoffentzug

Beseitigung, Geruchs~ → Geruchsbeseitigung

Beseitigung, Mangan~ → Manganbeseitigung

325 Beseitigung f nach der Verdünnungsmethode
- □ disposal by dilution
- △ rejet m par dilution, évacuation f par dilution
- ○ evacuazione f per diluzione

326 Beseitigungsanlage f
- □ removal plant, disposal plant
- △ installation f d'élimination
- ○ installazione f di smaltimento, impianto m di smaltimento

327 besetzen, einen Fischteich
- □ stock a fish pond
- △ empoissonner, aleviner, peupler un étang à poissons
- ○ insemenzare, popolare uno stagno a pesci

Besetzungszahl → Häufigkeit, absolute

328 besichtigen
- □ inspect, survey
- △ visiter, inspecter
- ○ visitare, ispezionare

329 Besichtigung f
- □ inspection, survey
- △ inspection f
- ○ visita f

Besichtigung, Kanal~ → Kanalbegehung

Besichtigung, Orts~ → Ortsbesichtigung

330 Besichtigungsgang m, Beobachtungsstollen m, Kontrollgang m, Prüfgang m
- □ inspection channel, inspection gallery, inspecting gallery
- △ galerie f d'inspection, galerie f de visite
- ○ galleria f d'ispezione

331 **besiedeln**
☐ populate
△ peupler
○ popolare

Besiedlung → *Siedlung*

Besiedlungsdichte → *Bevölkerungsdichte*

332 **besprengen, begießen, sprengen, wässern**
☐ spray, hose, water, sprinkle
△ arroser, humecter
○ spruzzare, aspergere

333 **Besprengen** *n*, **Begießen** *n*, **Wässern** *n*
☐ spraying, hosing, watering
△ arrosage *m*
○ aspersione *f*, innaffiamento *m*

Besprengung, Straßen~ → *Straßenbesprengung*

Besprengungsdüse → *Streudüse*

beständig → *persistent*

beständig → *resistent*

Beständigkeit, Alterungs~ → *Alterungsbeständigkeit*

Beständigkeit, Witterungs~ → *Witterungsbeständigkeit*

Bestand → *Vorrat*

334 **Bestandsaufnahme** *f*
☐ inventory
△ inventaire *m*
○ inventario *m*

Bestandsaufnahme, Grundwasser~ → *Grundwasserbestandsaufnahme*

335 **Bestandteil** *m*, **Inhaltsstoff** *m*
☐ constituent, component, ingredient
△ composant *m*, élément *m*
○ sostanza *f*, componente *m*, costituente *m*

Bestandteile, chemische → *Stoffe, chemische*

Bestandteile, feste → *Stoffe, feste*

336 **Bestandteile** *m pl*, **organische, Stoffe** *m pl*, **organische, Substanz** *f*, **organische**
☐ organic substances *pl*, organic matter, organic constituents *pl*
△ matières *f pl* organiques
○ sostanze *f pl* organiche, ingredienti *m pl* organici, componenti *m pl* organici

337 **Bestandteile** *m pl*, **verunreinigende, Stoffe** *m pl*, **verunreinigende**
☐ contaminants *pl*, impurities *pl*
△ éléments *m pl* polluants, impuretés *f pl*, éléments *m pl* contaminants
○ impurità *f pl*, sostanze *f pl* contaminanti

338 **Besteck** *n*, **bakteriologisches**
☐ bacteriological equipment
△ nécessaire *m* bactériologique
○ posata *f* batteriologica

339 **Bestimmung** *f*
☐ determination
△ détermination *f*, dosage *m*
○ determinazione *f*

340 **Bestimmung** *f*, **analytische**
☐ analytical determination
△ détermination *f* analytique, dosage *m*
○ determinazione *f* analitica

341 **Bestimmung** *f*, **jodometrische**
☐ iodometric determination
△ dosage *m* iodométrique
○ analisi *f* iodometrica

342 **Bestimmung** *f*, **papierchromatographische**
☐ paper chromatographic identification
△ dosage *m* par chromatographie sur papier, identification *f* par chromatographie sur papier
○ determinazione *f* cromatografica su carta, identificazione *f* per cromatografia su carta

343 **Bestimmung** *f*, **quantitative**
☐ quantitative determination, quantitative analysis
△ analyse *f* quantitative, détermination *f* quantitative
○ determinazione *f* quantitativa, analisi *f* quantitativa

Bestrahlung → *Strahlung*

344 **Bestrahlung** *f*, **radioaktive**
☐ radioactive irradiation
△ irradiation *f* radio-active
○ irradiazione *f* radioattiva

Bestrahlung, Sonnen~ → *Sonnenbestrahlung*

345 **Bestrahlungsdauer** *f*
☐ time of exposure to radiancy
△ durée *f* d'exposition aux rayons
○ tempo *m* di irradiazione

346 **Beta-Bestrahlung** *f*
☐ beta-irradiation
△ irradiation *f* par les rayons bêta, exposition *f* aux rayons bêta
○ irraggiamento *m* con raggi beta

347 **Beta-Mesosaprobien** *f pl*
☐ beta-mesosaprobes, beta-mesosaprobic organisms
△ bêta-mésosaprobies *m pl*, organismes *m pl* bêta-mésosaprobies
○ organismi *m pl* beta-mesosaprobi

348 **Beta-Polysaprobien** *f pl*
☐ beta-polysaprobes, beta-polysaprobic organisms
△ bêta-polysaprobies *m pl*, organismes *m pl* bêta-polysaprobies
○ organismi *m pl* beta-polisaprobi

349 **Beta-Strahl** *m*
☐ beta-ray
△ rayon *m* bêta
○ raggi *m pl* beta

350 **Beton** *m*
☐ concrete
△ béton *m*
○ calcestruzzo *m*, beton *m*

B 351

351 **Beton anmachen**
□ temper concrete
△ préparer le béton
○ preparare il calcestruzzo

Beton, armierter → *Eisenbeton*

Beton, bewehrter → *Eisenbeton*

Beton, Bitumen~ → *Bitumenbeton*

Beton, Colcrete-~ → *Unterwasserbeton*

Beton, Eisen~ → *Eisenbeton*

Beton, Guß~ → *Gußbeton*

352 **Beton** m, **junger**
□ green concrete
△ béton m frais
○ cemento m fresco

Beton, Mager~ → *Magerbeton*

Beton, Massen~ → *Massenbeton*

Beton, Normal~ → *Normalbeton*

353 **Beton** m, **plastischer**
□ plastic concrete
△ béton m plastique
○ calcestruzzo m plastico

Beton, Rüttel~ → *Rüttelbeton*

Beton, Schleuder~ → *Schleuderbeton*

Beton, Spann~ → *Spannbeton*

Beton, Spritz~ → *Torkretbeton*

Beton, Stahl~ → *Eisenbeton*

Beton, Stampf~ → *Stampfbeton*

Beton, Transport~ → *Transportbeton*

354 **Beton** m, **unbewehrter**
□ plain concrete
△ béton m ordinaire, béton m non armé
○ calcestruzzo m non armato

Beton, Unterwasser~ → *Unterwasserbeton*

Beton, vorgefertigter → *Fertigbeton*

355 **betonangreifend**
□ aggressive to concrete
△ agressif pour le béton
○ aggressivo per il calcestruzzo

356 **mit Betonauskleidung** f
□ concrete lined
△ revêtu en béton
○ rivestito in calcestruzzo

357 **Betonbogenmauer** f
□ concrete arch dam
△ barrage-voûte m en béton
○ diga f ad arco in calcestruzzo

358 **Betondurchlaß** m
□ concrete culvert
△ ponceau m en béton, dalot m en béton
○ tombino m in calcestruzzo, passaggio m in calcestruzzo

359 **Betonfabrik** f
□ concrete [mixing] plant
△ usine f à béton
○ impianto m di betonaggio, impianto m di confezionamento del calcestruzzo

360 **Betonfilterrohr** n
□ concrete filtering tube
△ tuyau m filtre en béton
○ tubo m filtrante in calcestruzzo

361 **Betonfundament** n
□ concrete foundation
△ fondation f en béton
○ fondazione f in calcestruzzo

362 **Betonherdmauer** f
□ concrete cut-off wall, concrete toe wall
△ parafouille m en béton
○ taglione m in calcestruzzo

363 **Betonierbrücke** f
□ concreting bridge
△ passerelle f de bétonnage
○ passerella f per il trasporto del calcestruzzo

364 **betonieren**
□ lay concrete, concrete
△ bétonner
○ betonare, gettare

365 **Betonierturm** m
□ (concrete) batching plant
△ tour f à béton
○ torre f a beton

366 **Betonkanal** m *(f. Abwasser)*
□ concrete sewer
△ égout m de [*ou* : en] béton
○ fogna f in calcestruzzo

367 **Betonkernmauer** f
□ concrete core wall
△ noyau m d'une digue en béton
○ nucleo m di una diga in calcestruzzo

368 **Betonkübel** m
□ concrete hopper
△ benne f à béton
○ benna f del calcestruzzo

369 **Betonmauer** f
□ concrete dam, concrete wall
△ barrage m en béton, mur m en béton
○ diga f di calcestruzzo, muro m di calcestruzzo

Betonmischer → *Betonmischmaschine*

370 **Betonmischmaschine** f, **Betonmischer** m
□ concrete mixer
△ bétonnière f, bétonneuse f, malaxeur m à béton
○ betoniera f

371 **Betonmischmaschine** f **mit Drehtrommel**
□ concrete mixer with rotating drum
△ bétonneuse f à auge tournante, bétonneuse f rotative
○ betoniera f rotativa

Betonmischung, fertige → *Transportbeton*

372 **Betonnung** f
□ buoyage
△ balisage m
○ galleggiamento m

373 **Betonplatte** f, **Betontafel** f
□ concrete slab, concrete panel
△ dalle f de béton, panneau m de béton, plaque f de béton
○ lastra f di calcestruzzo, piastra f di calcestruzzo

374 **Betonplattenabdeckung** f
□ concrete slabbing
△ dallage m de béton, recouvrement m par dalles de béton
○ copertura f per piastre di calcestruzzo

375 **Betonrohr** n, **Zementrohr** n
□ concrete pipe, cement pipe
△ tube m de béton, tuyau m en ciment, tuyau m en béton
○ tubo m in beton, tubo m in calcestruzzo

Betonrohr, Spann~ → *Spannbetonrohr*

376 **Betonschale** f
□ concrete pan
△ chape f de béton
○ cappa f di calcestruzzo

377 **Betonschürze** f
□ concrete apron
△ voile m de béton
○ platea f di calcestruzzo

378 **Betonspritzmaschine** f
□ concrete gun
△ injecteur m à béton
○ macchina f per lo spruzzamento del cemento

Betontafel → *Betonplatte*

379 **Betonumkleidung** f, **Betonverkleidung** f
□ concrete covering
△ revêtement m extérieur de béton
○ rivestimento m in calcestruzzo

Betonverkleidung → *Betonumkleidung*

380 **Betonzubereitung** f
□ manufacture of concrete
△ bétonnage m
○ confezione f del calcestruzzo, preparazione f del calcestruzzo

381 **betreiben**
□ operate, run
△ exploiter, aménager
○ maneggiare, esercire

382 **Betrieb** m
□ operation, management, working
△ exploitation f, service m
○ esercizio m, maneggio m, lavoro m, funzionamento m, azienda f, espletazione f

Betrieb → *Fabrik*

383 **Betrieb** m, **automatisierter**
□ pushbutton operation
△ fonctionnement m automatique, commande f par bouton-poussoir
○ funzionamento m automatizzato, funzionamento m in automatico

384 **Betrieb** m, **diskontinuierlicher, Betrieb** m, **unterbrochener, Chargenbetrieb** m, **Ruhebetrieb** m
□ intermittent working, intermittent running, intermittent run, intermittent operation, batch operation
△ marche f intermittente, marche f interrompue, fonctionnement m intermittent, opération f intermittente, exploitation f discontinue, opération f par charges, opération f par cuvée
○ esercizio m interrotto, esercizio m discontinuo, esercizio m ad intermittenza

385 **Betrieb** m, **kontinuierlicher, Betrieb** m, **ununterbrochener, Dauerbetrieb** m
□ continuous working, continuous run, continuous running
△ marche f continue, fonctionnement m continu
○ esercizio m continuo, lavoro m continuo, esercizio m permanente, ininterrotto funzionamento m

Betrieb, unterbrochener → *Betrieb, diskontinuierlicher*

Betrieb, ununterbrochener → *Betrieb, kontinuierlicher*

386 **Betriebsanlage** f
□ full scale plant
△ installation f à grande échelle
○ installazione f a grande scala, impianto m a grande scala

Betriebsanweisung → *Betriebsvorschrift*

387 **Betriebsaufseher** m
□ inspector, surveyor, foreman, overseer
△ surveillant m, gardien m, inspecteur m, conducteur m
○ ispettore m, intendente m, sorvegliante m dell'esercizio

Betriebsausgaben → *Betriebskosten*

388 **Betriebsbeauftragter** m
□ plant delegate
△ responsable m d'entreprise
○ responsabile m d'impianto

389 **Betriebsbedingung** f
□ operational condition, service condition
△ condition f de service, condition f d'exploitation
○ condizione f di esercizio

390 **Betriebsbelastung** f
□ working load, operational load
△ charge f de travail
○ carico m di esercizio

391 **Betriebsbericht** m, **Betriebsprotokoll** n
□ operating report
△ rapport m de fonctionnement, compte-rendu m de marche
○ quaderno m di marcia

Betriebsbrücke → *Bedienungsbrücke*

392 **Betriebscharakteristik** f
□ operating characteristics
△ caractéristiques f pl d'exploitation
○ caratteristiche f pl di esercizio

393 **Betriebsdauer** f
□ operating period, operating life
△ durée f de marche, durée f de service
○ durata f di esercizio

Betriebsdauer → *Filterlaufzeit*

394 **Betriebsdruck** m
□ working pressure, service pressure
△ pression f de service, pression f de régime, pression f normale de travail
○ pressione f di esercizio

395 **Betriebseinnahmen** f pl
□ operating income, operating receipts pl
△ revenus m pl d'exploitation
○ rendite f pl di esercizio

396 **Betriebserfahrung** f
□ operating experience
△ expérience f de service, expérience f d'exploitation
○ esperienza f di esercizio

397 **Betriebsergebnisse** n pl
□ operating results, working results
△ résultats m pl de service, résultats m pl d'exploitation
○ risultati m pl di esercizio

Betriebsführer → *Betriebsleiter*

Betriebsführung → *Betriebsleitung*

398 **Betriebsgebäude** n
□ management building
△ bâtiment m d'usine, bâtiment m d'entreprise
○ edificio m per uffici

399 **Betriebsgelände** n
□ factory site, plant site
△ emplacement m d'une usine, site m d'une usine
○ area f di stabilimento

400 **Betriebsinventar** n
□ service inventory, inventory of service
△ inventaire m de service
○ inventario m di esercizio

Betriebskontrolle → *Betriebsüberwachung*

401 **Betriebskosten** pl, **Betriebsausgaben** f pl
□ cost of operation, working cost, operating cost, working expenses pl
△ frais m pl de l'exercice, frais m pl d'exploitation, dépenses f pl courantes, dépenses f pl d'exploitation
○ spese f pl dell'esercizio, costo m di esercizio

402 **Betriebskostenrechnung** f
□ calculation of operating costs
△ calcul m des frais d'exploitation
○ calcolo m dei costi di esercizio

403 **Betriebskraft** f
□ motive power
△ force f motrice, puissance f motrice
○ forza f motrice, potenza f di esercizio

404 **Betriebsleiter** m, **Betriebsführer** m
□ works manager, general manager, operator, superintendent
△ chef m de service, directeur m d'exploitation, chef m d'exploitation, chef m de station, directeur m d'usine
○ direttore m del servizio, capo m di esercizio, capotecnico m

405 **Betriebsleitung** f, **Betriebsführung** f
□ works management, plant management
△ direction f des usines, direction f du travail
○ direzione f di esercizio

Betriebsperiode → *Filterlaufzeit*

Betriebsprotokoll → *Betriebsbericht*

406 **Betriebssicherheit** f
□ safety in service, reliability of operation
△ sécurité f de service, sécurité f de fonctionnement
○ sicurezza f del lavoro, sicurezza f di esercizio

407 **Betriebsstörung** f, **Störung** f
□ breakdown, stoppage, interference
△ troubles m pl dans l'exploitation, perturbation f dans l'exploitation, perturbation f dans le service
○ perturbazione f nel lavoro, disturbo m dell'esercizio

408 **Betriebsüberwachung** f, **Betriebskontrolle** f
□ operation control
△ contrôle m de service, contrôle m de régime, contrôle m de travail
○ controllo m di esercizio

409 **Betriebsunfall** m
□ accident in the course of duty, plant accident
△ accident m du travail
○ sinistro m di esercizio, infortunio m di esercizio

410 **Betriebsunterbrechung** f
□ interruption of service, stoppage of work
△ arrêt m d'usine, chômage m, interruption f de service
○ interruzione f dell'esercizio, arresto m del funzionamento, interruzione f del lavoro

411 **Betriebsvorschrift** f, **Betriebsanweisung** f
□ service instruction, operation instructions pl
△ règlement m relatif à l'exploitation, instruction f relative au service, manuel m d'instructions
○ prescrizione f di esercizio, instruzione f relativa al esercizio

412 **Betriebswarte** f, **Kontrollstation** f
□ control room, operations room
△ poste m de commande, poste m de surveillance
○ stazione f di controllo di esercizio

413 **Betriebswasser** n, **Brauchwasser** n, **Fabrikationswasser** n, **Gebrauchswasser** n, **Nutzwasser** n
□ industrial water, process water, service water, usable water
△ eau f d'usage, eau f d'usage industriel, eau f industrielle, eau f de fabrication
○ acqua f per uso industriale, acqua f industriale

414 **Betriebszahlen** f pl
□ operating record[s] [pl], operating data pl
△ statistiques f pl d'exploitation, chiffres m pl d'exploitation, données f pl d'exploitation
○ dati m pl di esercizio

415 **Betriebszeit** f
□ working period, working hours
△ temps m de service
○ tempo m di esercizio, tempo m di lavoro

Betriebszeit → Filterlaufzeit

416 **Betriebszuverlässigkeit** f
□ dependability of operation
△ sécurité f de fonctionnement, sûreté f de marche
○ affidabilità f operativa

Bett, Filter~ → Filterbeet

Bett, Fluß~ → Flußbett

Bett, Strom~ → Flußbett

417 **Bettung** f
□ bedding
△ couche f d'assise, couche f de base
○ massicciata f

418 **Bettungsmaterial** n
□ subgrade
△ matériau m de la couche de base
○ materiale m per la massicciata

419 **Bettungsziffer** f (Bodenmechanik)
□ subgrade modulus
△ module m de réaction
○ modulo m di reazione

420 **Bevölkerung** f
□ population
△ population f
○ popolazione f

421 **Bevölkerung** f, **angeschlossene**
□ population served, contributory population
△ population f rattachée
○ popolazione f contribuente, popolazione f allacciata, popolazione f servita

422 **Bevölkerung** f, **ortsansässige**
□ residential population
△ population f résidente
○ popolazione f residente

423 **Bevölkerungsdichte** f, **Besiedlungsdichte** f, **Einwohnerdichte** f, **Siedlungsdichte** f
□ density of population, population density
△ densité f de la population
○ densità f della popolazione

424 **Bevölkerungsgleichgewicht** n
□ population balance
△ équilibre m de population
○ equilibrio m della popolazione

425 **Bevölkerungsprognose** f
□ demographical prognosis
△ prévision f démographique
○ previsione f demografica

426 **Bevölkerungszunahme** f, **Bevölkerungszuwachs** m
□ increase in population, growth of population
△ accroissement m de la population, croissance f démographique, expansion f démographique
○ aumento m della popolazione, incremento m demografico, espansione f demografica

427 **Bevölkerungszunahme** f, **mutmaßliche**
□ anticipated population increase
△ accroissement m probable de la population
○ incremento m presunto della popolazione

Bevölkerungszuwachs → Bevölkerungszunahme

bewässern → verrieseln

Bewässerung → Verrieselung

428 **Bewässerung** f, **anfeuchtende**
□ partial irrigation
△ irrigation f partielle, arrosage m partiel
○ irrigazione f parziale

Bewässerung, Belüftungs~ → Belüftungsbewässerung

Bewässerung, Durchlauf~ → Durchlaufbewässerung

Bewässerung, Einstau~ → Einstaubewässerung

Bewässerung, Grünland~ → Grünlandbewässerung

Bewässerung, Herbst~ → Herbstbewässerung

Bewässerung im Wechselverfahren, Einstau~ → Einstaubewässerung im Wechselverfahren

Bewässerung, Reihen~ → Furchenrieselung

Bewässerung, Rillen~ → Furchenrieselung

Bewässerung, Schwall~ → Schwallbewässerung

Bewässerung, Schwerkraft~ → Schwerkraftbewässerung

Bewässerung, speichernde → Winterbewässerung

Bewässerung, Stau~ → *Einstau-
bewässerung*

Bewässerung, Terrassen~ → *Terrassen-
bewässerung*

Bewässerung, Umlaufverfahren der ~
→ *Umlaufverfahren der Bewässerung*

Bewässerung, Umlaufzeit der ~
→ *Umlaufzeit der Bewässerung*

Bewässerung, Unterflur~ → *Untergrund-
berieselung*

Bewässerung, Winter~ → *Winter-
bewässerung*

429 **Bewässerungsanlage** f
- irrigation system
- △ installation f d'irrigation
- O impianto m d'irrigazione, impianto m irriguo

Bewässerungsfolge → *Umlaufverfahren
der Bewässerung*

430 **Bewässerungsgraben** m, **Rieselgraben** m
- irrigation ditch
- △ fossé m d'irrigation
- O fossa f d'irrigazione

431 **Bewässerungshöhe** f
- depth of irrigation
- △ dose f d'arrosage
- O dosa f d'irrigazione

432 **Bewässerungskanal** m
- irrigation channel
- △ canal m d'irrigation
- O canale m d'irrigazione

433 **Bewässerungsordnung** f,
Berieselungsplan m
- roster
- △ tableau m de distribution d'eau, programme m d'arrosage
- O programma f d'irrigazione

434 **Bewässerungsrecht** n
- right of irrigation
- △ droit m d'irrigation
- O diritto m d'irrigazione

Bewahrung → *Erhaltung*

435 **bewaldet, waldig**
- forested, wooded, woody
- △ boisé
- O boscoso, selvoso

Bewaldung → *Aufforstung*

436 **beweglich** *(von Lebewesen)*
- motile, mobile, flexible
- △ mobile, flexible
- O mobile, flessibile

437 **Beweglichkeitstest** m, **Untersuchung** f
auf Beweglichkeit
- motility test
- △ test m de mobilité, test m de motilité
- O prova f di mobilità

438 **Bewegung** f
- motion, movement
- △ mouvement m
- O movimento m, mozione f, moto m

439 **Bewegung** f **gegenläufig zur Richtung des
Uhrzeigers, Linksumlauf** m
- counter clock motion, anti-clockwise motion, counter clock rotation
- △ mouvement m en sens contraire des aiguilles d'une montre
- O moto m in senso contrario alle lancette dell'orologio

440 **Bewegung** f, **gleichförmige**
- conformable motion
- △ mouvement m conforme
- O moto m conforme

441 **Bewegung** f **im Sinne des Uhrzeigers,
Rechtsumlauf** m
- clockwise motion, clockwise rotation
- △ mouvement m dans le sens des aiguilles d'une montre
- O moto m in senso delle lancette dell'orologio

442 **Bewegung** f, **instationäre**
- non-stationary motion
- △ mouvement m non stationnaire
- O moto m non stazionario

Bewegung, Längs~ → *Längsbewegung*

443 **Bewegung** f, **laminare**
- laminar motion
- △ mouvement m laminaire
- O moto m laminare

444 **Bewegung** f, **stationäre**
- stationary motion
- △ mouvement m stationnaire
- O moto m stazionario

445 **Bewegung** f, **turbulente**, **Wirbelung** f
- whirling, turbulent motion
- △ mouvement m turbulent
- O moto m turbolento

446 **Bewegung** f, **ungleichförmige**
- inconformable motion
- △ mouvement m discordant, mouvement m hétérogène
- O moto m irregolare

447 **Bewegungsart** f
- kind of motion
- △ type m du mouvement, nature f du mouvement
- O tipo m del moto, natura f del moto

Bewegungsenergie → *Energie, kinetische*

Bewegungsfuge → *Dehnungsfuge*

Bewegungsgröße → *Impuls*

448 **Bewegungsrichtung** f
- direction of motion
- △ direction f de mouvement
- O direzione f del moto

449 **Bewehrung** f, **Armierung** f *(von Beton)*
□ reinforcement
△ renforcement m, armature f, ferraillage m
○ rinforzo m, armatura f

Bewehrung, Längs~ → *Längsbewehrung*

450 **Bewehrung** f, **schlaffe**
□ untensioned reinforcement
△ renforcement m sans contrainte
○ rinforzo m senza precompressione

451 **Beweiden** n
□ pasturing
△ pacage m, pâturage m
○ pascolo m

452 **Bewertung** f *(von Befunden)*
□ evaluation
△ évaluation f, interprétation f, appréciation f
○ valutazione f

453 **Bewertungsmaßstab** m, **Bewertungsparameter** m, **Kenngröße** f, **Parameter** m
□ parameter
△ paramètre m, grandeur f caractéristique, caractéristique f
○ parametro m, grandezza f caratteristica

Bewertungsparameter
→ *Bewertungsmaßstab*

Bewirtschaftung des Wassers
→ *Wasserwirtschaft*

Bewohner → *Einwohner*

454 **Bewuchs** m, **Periphyton** n
□ overgrowth
△ périphyton m
○ perifiton m

Bewuchs, haftender, Bakterien~
→ *Bakterienbewuchs, haftender*

455 **bewuchshindernd**
□ antifouling
△ anti-salissures
○ inibente di crescita

456 **Bezirksaufseher** m
□ district surveyor, district inspector, district overseer
△ surveillant m de district, inspecteur m de district
○ sorvegliante m di distretto

Bezirksplanung → *Gebietsplanung*

457 **Bezugsebene** f, **Bezugsniveau** n
□ datum, datum plane
△ niveau m de référence, plan m de comparaison
○ piano m di riferimento

458 **Bezugsgröße** f
□ reference quantity
△ grandeur f de référence, valeur f de référence, quantité f de référence
○ valore m di riferimento

459 **Bezugskurve** f
□ relation curve, related curve
△ courbe f connexe, courbe f de référence
○ curva f di riferimento

Bezugskurve, Wasserstands-~
→ *Wasserstands-Bezugskurve*

Bezugsniveau → *Bezugsebene*

460 **Bezugswert** m
□ reference value
△ valeur f de référence
○ valore m di riferimento

461 **Bicarbonat** n, **Hydrocarbonat** n
□ bicarbonate
△ bicarbonate m
○ bicarbonato m

462 **Bicarbonatalkalität** f
□ bicarbonate alkalinity
△ alcalinité f bicarbonatée
○ alcalinità f da bicarbonato

463 **Bicarbonathärte** f
□ bicarbonate hardness
△ dureté f bicarbonatée
○ durezza f bicarbonica

464 **Bidestillat** n *(Wasser)*
□ bidistilled water
△ eau f bidistillée
○ acqua f bidistillata

Bidet → *Sitzwaschbecken*

465 **Biegefestigkeit** f, **Biegezugfestigkeit** f, **Biegungsfestigkeit** f
□ bending strength, flexural strength
△ résistance f à la flexion
○ resistenza f alla flessione

466 **Biegemoment** n, **Biegungsmoment** n
□ bending moment
△ moment m fléchissant, moment m de flexion
○ momento m flettente

467 **biegen, durchbiegen**
□ bend, deflect
△ plier, courber, ployer, fléchir
○ piegare, curvare, incurvare

Biegen, Rohr~ → *Rohrbiegen*

Biegespannung → *Biegungsspannung*

Biegeversuch → *Biegungsversuch*

Biegezugfestigkeit → *Biegefestigkeit*

468 **biegsam, flexibel, gelenkig**
□ flexible, pliable, pliant
△ pliable, ployable, flexible, articulé
○ flessibile, pieghevole

469 **Biegsamkeit** f
□ flexibility, pliability
△ flexibilité f
○ flessibilità f, piegabilità f

470 **Biegung** f, **Durchbiegung** f
□ bend, bending, deflection
△ flexion f, fléchissement m
○ flessione f

Biegungsfestigkeit → *Biegefestigkeit*

Biegungsmoment → *Biegemoment*

471 Biegungsspannung f, **Biegespannung** f
- □ bending stress, transverse stress, flexibility stress
- △ effort m de flexion, contrainte f de flexion
- ○ sollecitazione f alla flessione, sforzo m di flessione

472 Biegungsversuch m, **Biegeversuch** m
- □ bending test, flexibility test, bend test, beam test
- △ essai m de flexion
- ○ prova f flettente, prova f di flessione

473 Biertreber m pl
- □ brewers' grains pl
- △ drêche f, malt m épuisé
- ○ vinacce f pl della birra

474 Biertreberpreßwasser n
- □ expellor waste
- △ eau f de presse
- ○ acqua f di spremitura

Bifurkationsverhältnis → *Verzweigungsverhältnis*

475 Bilgepumpe f, **Lenzpumpe** f
- □ bilge pump
- △ pompe f de cale
- ○ pompa f di aggottamento

476 Bilgewasser n, **Schlagwasser** n
- □ bilge water
- △ eau f de cale
- ○ acqua f di sentina

Bilharzia-Krankheit → *Schistosomiasis*

Bilharziose → *Schistosomiasis*

477 Bimetallrohr n
- □ duplex tubing, bimetal tube
- △ tuyau m bimétallique
- ○ tubo m bimetallico

478 Bimsstein m
- □ pumice stone
- △ ponce f, pierre f ponce
- ○ pietra f pomice

Binde → *Wicklung*

Binde, Denso~ → *Densobinde*

479 Bindemittel n
- □ binder, binding agent, binding material
- △ agent m liant, liant m
- ○ materia f cementante, materia f di legamento, mezzo m di giunzione

Bindemittel, Schaum~ → *Schaumbindemittel*

binden → *abbinden*

480 Bindung f *(chem.)*
- □ fixation
- △ fixation f
- ○ fissaggio m

Bindung, Stickstoff~ → *Stickstoffbindung*

481 Bindungsvermögen n
- □ combining capacity
- △ capacité f de combinaison, pouvoir m de fixation
- ○ capacità f di combinarsi

482 Binnendeich m
- □ interior dike, inner dike
- △ digue f intérieure
- ○ dicco m interiore

483 Binnenfischerei f
- □ inland fishery, freshwater-fishery
- △ pêche f en eau douce
- ○ pesca f in acqua dolce

484 Binnengewässer n
- □ inshore [body of] water, inland water(s)
- △ courant m d'eau douce, eaux f pl continentales
- ○ corpo m d'acqua dolce, acque f pl continentali

485 Binnenhafen m
- □ inland harbour
- △ port m intérieur
- ○ porto m interno

486 Binnenland n
- □ inland, interior of a country
- △ région f continentale
- ○ regione f dell'interno

487 Binnenpegel m
- □ inner water-gauge
- △ échelle f intérieure, jauge f intérieure
- ○ misuratore m idrico interno

488 Binnenschiffahrt f, **Flußschiffahrt** f
- □ inland navigation
- △ navigation f intérieure, navigation f fluviale
- ○ navigazione f interna, navigazione f fluviale

Binnensee → *See*

489 Binnentief n
- □ inner dike drainage channel
- △ canal m intérieur d'une digue d'évacuation
- ○ canale m interno di drenaggio d'una diga

490 Binnenwasserstraße f
- □ inland waterway
- △ voie f d'eau intérieure
- ○ strada f navigabile interna

Binnenwasserstraßennetz → *Wasserstraßennetz*

491 Binse f *(bot.)*
- □ rush
- △ jonc m
- ○ giunco m

492 Biochemie f
- □ biochemistry
- △ biochimie f
- ○ biochimica f

493 biochemisch
- □ biochemical
- △ biochimique
- ○ biochimico

Biocoenose → *Lebensgemeinschaft*

494 Bioenergetik f
☐ bio-energetics
△ bioénergétique f
○ bioenergetica f

Biogas → *Faulgas*

495 biogen, von Lebewesen stammend
☐ biogenous
△ biogène
○ biogeno, di origine biologica

Bioindikator → *Leitorganismus*

496 Biokatalysator m
☐ biocatalyst
△ biocatalyseur m, catalyseur m biologique
○ biocatalizzatore m, catalizzatore m biologico

497 Biologie f
☐ biology
△ biologie f
○ biologia f

498 biologisch
☐ biological
△ biologique
○ biologico

499 biologisch abbaubar, weich
☐ biodegradable
△ biodégradable
○ biodegradabile

500 biologisch nicht abbaubar, hart, persistent
☐ non-biodegradable, undegradable
△ non biodégradable
○ non biodegradabile

biologischen Rasens, Abstoßen des ~
→ *Abstoßen des biologischen Rasens*

501 Biomasse f
☐ bio-mass
△ biomasse f
○ biomassa f

502 Biomassenausbeute f
☐ bio-mass yield, cell (mass) yield, yield of biomass
△ production f de biomasse, rendement m en biomasse
○ produzione f di biomassa, resa f cellulare

Biomassenproduktion, Beiwert der ~
→ *Beiwert der Biomassenproduktion*

Biomassentiter → *Beiwert der Biomassenproduktion*

503 Bionomie f
☐ bionomics
△ bionomie f
○ bionomia f

504 Bioproduktion f
☐ bio-production
△ bioproduction f
○ produzione f biologica

505 Biosphäre f
☐ biosphere
△ biosphère f
○ biosfera f

506 Biostabilisation f
☐ bio-stabilization
△ biostabilisation f
○ biostabilizzazione f

507 Biostabilisator m, **Schnellrottekammer** f
☐ bio-stabilizer, accelerated-rotting tank
△ stabilisateur m biologique, biostabilisateur m
○ biostabilizzatore m, digestore m rapido

508 Biotechnik f, **Ingenieurbiologie** f
☐ bio-engineering, bio-technology
△ génie f biologique, technique f biologique
○ biotecnica f, tecnica f biologica

509 Biotest m, **Versuch** m, **biologischer**
☐ biotest, biological test
△ biotest m, test m biologique
○ saggio m biologico

510 biotisch
☐ biotic
△ biotique
○ biotico

511 Biotop n, **Lebensraum** m
☐ biotope, living space, habitat, environment
△ biotope m, espace m vital
○ biotopo m, spazio m vitale

Biotop, Tidebereich als ~ → *Tidebereich als Biotop*

512 Bioumwandlung f
☐ biological conversion
△ transformation f biologique, biotransformation f
○ trasformazione f biologica, bioconversione f

513 Biozid n
☐ biocide
△ biocide m
○ biocida f

Biozönose → *Lebensgemeinschaft*

514 Biphenyle n pl, **polychlorierte, PCB**
☐ polychlorinated biphenyls, PCB
△ biphéniles m pl polychlorés, BPC
○ difenili m pl policlorurati, PCB

515 Birke f *(Betula)*
☐ birch-tree
△ bouleau m
○ betulla f

516 birnenförmig
☐ pear shaped
△ piriforme, en forme de poire
○ a forma f di pera

517 Birnenform f **der Faubehälter**
☐ pear shape type of digester
△ digesteur m piriforme, digesteur m en forme de poire
○ digestore m a forma di pera

518 **Bisamratte** f
- □ musk rat
- △ rat m musqué du Canada, piloris m
- ○ topo m muschiato

519 **Bitterquelle** f
- □ sulphatic spring, bitter mineral water
- △ source f séléniteuse, eau f minérale sulfatée
- ○ sorgente f d'acqua solfatica

Bittersalz → *Magnesiumsulfat*

520 **Bitumen** n
- □ bitumen
- △ bitume m
- ○ bitume m

Bitumen, Verschnitt~ → *Verschnittbitumen*

521 **Bitumenasbestumwicklung** f
- □ bitumen asbestos sheating
- △ revêtement m à base de bitume-amiante
- ○ rivestimento m amianto-bituminoso

522 **Bitumenbeton** m, **Asphaltbeton** m
- □ bituminous concrete, asphaltic concrete
- △ béton m bitumineux, béton m asphaltique
- ○ calcestruzzo m bituminoso, calcestruzzo m asfaltico

523 **Bitumendichtung** f
- □ bitumen jointing, bituminous seal
- △ scellement m bitumineux, joint m au bitume, étanchement m bitumineux
- ○ giunto m a bitume

524 **Bitumenüberzug** m, **Bituminierung** f
- □ bitumen coating, bituminous coating, coat of bitumen
- △ revêtement m de bitume, enduit m bitumineux
- ○ rivestimento m di bitume, intonaco m bituminoso

525 **bituminieren**
- □ bituminize
- △ bitumer
- ○ bituminare, bitumare

Bituminierung → *Bitumenüberzug*

526 **bituminös**
- □ bituminous
- △ bitumineux
- ○ bituminoso

527 **blähen** *(von Schlamm)*
- □ bulk
- △ gonfler
- ○ gonfiare

528 **Blähschlamm** m
- □ bulking sludge
- △ boue f gonflée, bulking m de la boue activée, gonflement m de la boue activée, foisonnement m des boues
- ○ rigonfiamento m del fango, fango m rigonfiato

529 **Blase** f
- □ bubble
- △ bulle f
- ○ bolla f

Blase, Gas~ → *Gasblase*

Blase, Luft~ → *Luftblase*

530 **Blasenbelüftung** f
- □ bubble aeration
- △ aération f par bulles
- ○ aerazione f con bolle

531 **Blattanalyse** f
- □ foliar diagnosis, leaf analysis
- △ diagnostic f foliaire, analyse f des feuilles
- ○ diagnosi f foliare, analisi f delle foglie

532 **Blattdiagnose** f
- □ foliar diagnosis
- △ diagnostic m foliaire
- ○ diagnosi f foliare

533 **Blattfilter** n
- □ disk filter, leaf filter
- △ filtre m à feuille, filtre m à membrane, filtre m à plaques
- ○ filtro m a foglia, foglio m da filtro

534 **Blattgrün** n, **Chlorophyll** n *(biol.)*
- □ chlorophyll
- △ chlorophylle f
- ○ clorofilla f, cromula f

535 **Blattmeißel** m
- □ drag bit
- △ outil m à lames, trépan m à lames
- ○ trapano m a lame

Blaualgen → *Spaltalgen*

536 **Blaukiemen-Sonnenfisch** m, **Sonnenbarsch** m *(Lepomis macrochirus)*, **Sonnenfisch** m
- □ bluegill
- △ perche-soleil f à ouïes bleues
- ○ pesce sole m

537 **Blausäure** f, **Cyanwasserstoff** n, **Zyanwasserstoff** n
- □ hydrocyanic acid, Prussic acid, hydrogen cyanide
- △ acide m prussique, acide m cyanhydrique
- ○ acido m prussico, acido m cianidrico, acido m idrocianico

538 **Blauwasser** n *(Kupferseide)*
- □ waste spinning water
- △ eau f céleste
- ○ acqua f bleu

539 **Blech** n
- □ sheet metal, sheet plate
- △ tôle f, feuillard m
- ○ lamiera f, latta f, lama f

540 **Blechwalzwerk** n
- □ sheet rolling mill, sheet-iron works pl, plate mill
- △ laminoir m à tôle
- ○ laminatoio m, impianto m [di laminazione] di lamiera

541 **Blei** n
- lead
- plomb m
- piombo m

Blei, essigsaures → Bleiacetat

Blei, Guß~ → Gußblei

542 **mit Blei-Stemmuffen** f pl
- lead jointed
- à joints m pl au plomb
- con giunti m pl a piombo

543 **Bleiacetat** n, **Blei** n, **essigsaures**
- lead acetate
- acétate m de plomb
- acetato m di piombo

544 **Bleianreicherung** f
- lead accumulation
- accumulation f de plomb, enrichissement m en plomb
- accumulazione f di piombo, arricchimento m in piombo

545 **Bleicherde** f, **Fullererde** f
- Fuller's earth, bleaching earth, bleaching clay
- terre f à foulon
- terra f da purgo, terra f da sbianca, minerale m per candeggiare

546 **Bleicherei** f
- bleaching plant
- blanchisserie f
- imbiancatura f, impianto m di sbianca

Bleichflüssigkeit → Bleichlauge

547 **Bleichkalk** m, **Bleichpulver** n, **Chlorkalk** m
- chloride of lime, bleaching powder, chlorinated lime
- chlorure m de chaux, poudre f à blanchir
- cloruro m di calce, polvere f da sbianca

548 **Bleichlauge** f, **Bleichflüssigkeit** f, **Eau f de Javelle**, **Hypochloritlauge** f, **Javelle'sche Lauge** f
- eau de Javelle, bleaching lye, sodium hypochlorite solution
- eau f de Javelle, solution f de chlorure de potassium
- lisciva f d'imbiancatura, acqua f di Javelle, ipoclorito m di potassio

549 **Bleichmittel** n
- bleaching agent, bleach
- agent m de blanchiment
- agente m d'imbiancatura

Bleichmittel, optisches → Aufheller, optischer

Bleichpulver → Bleichkalk

550 **Bleichsand** m
- bleached sand
- sable m lessivé
- sabbia f sbiancata

551 **Bleichsucht** f, **Chlorose** f (bot.)
- chlorosis
- chlorose f
- clorosi f

552 **Bleidichtung** f
- lead joint
- joint m à bague de plomb maté
- giunto m a piombo

553 **bleifrei, unverbleit**
- unleaded
- sans plomb, exempt de plomb
- esente da piombo

554 **Bleigießring** m
- lead collar
- anneau m à couler du plomb
- collare m d'argilla per colare il piombo

555 **Bleihütte** f
- lead foundry
- fonderie f de plomb
- fonderia f di piombo

556 **Bleikolik** f
- lead colic
- coliques f pl de plomb, coliques f pl saturnines
- colica f di piombo, colica f saturnina

557 **Bleikolorit** n
- lead anaemia
- anémie f saturnine, anémie f des peintres
- anemia f saturnina

558 **Bleikraftstoff** m
- leaded gasoline
- carburant m au plomb, essence f additionnée de plomb
- benzina f additivata di composti del piombo

559 **Bleilöffel** m
- lead pourers' mould
- cuillère f à plomb
- crogiuolo m per fondere il piombo

560 **bleilösend**
- plumbo-solvent
- dissolvant le plomb
- solvente il piombo

561 **Bleilösungsvermögen** n
- plumbo-solvency, lead solvency
- capacité f de dissoudre le plomb, aggressivité f pour le plomb
- attitudine f a sciogliere il piombo

Bleimann → Rohrleger

562 **Bleiniederschlag** m
- lead fall-out
- retombées f pl de plomb, dépôt m de plomb
- ricaduta f di piombo

563 **Bleiofen** m
- lead melting furnace
- fourneau m à plomb, fourneau m à charbon pour la fusion du plomb
- fornello m a piombo, fornello m portatile a coke

564 **Bleioxid** n, **Bleioxyd** n
- □ lead oxide, plumbic oxide
- △ oxyde m de plomb
- ○ ossido m di piombo

Bleioxyd → Bleioxid

Bleiregion → Brassenregion

565 **Bleirille** f
- □ socket groove
- △ rainure f de l'emboîtement
- ○ scanalatura f di piombo

566 **Bleiring** m
- □ lead gasket
- △ rondelle f de plomb
- ○ rondella f di piombo

567 **Bleirohr** n
- □ lead pipe
- △ tuyau m de plomb, tube m de plomb
- ○ tubo m di piombo

568 **Bleisaum** m (med. dent.)
- □ lead line
- △ liseré m gingival, liseré m de Burton
- ○ bordo m di piombo, bordo m di Burton

569 **Bleivergiftung** f
- □ lead poisoning, plumbism
- △ empoisonnement m par le plomb, intoxication f saturnine, saturnisme m
- ○ saturnismo m, avvelenamento m da piombo

570 **Bleiwolle** f
- □ lead wool
- △ filasse f de plomb, laine f de plomb
- ○ lana f di piombo

571 **Bleizusatz**
- □ lead-based additive
- △ additif m à base de plomb
- ○ additivo m a base di piombo

Blende → Membran[e]

Blicke → Ukelei

Blinddeckel → Blindflansch

572 **Blindflansch** m, **Blinddeckel** m, **Flanschendeckel** m, **X-Stück** n
- □ blank flange, blind flange
- △ bride f de recouvrement, bride f pleine, bride f obturatrice, fausse bride f, plaque f pleine, bride f d'obturation
- ○ flangia f cieca

Blindprobe → Blindversuch

573 **Blindversuch** m, **Blindprobe** f, **Nullversuch** m
- □ blank test
- △ essai m à blanc, test m à blanc
- ○ test m di confronto

574 **Blindwert** m
- □ blank
- △ essai m à blanc
- ○ prova f in bianco, bianco m

575 **Blitzableiter** m
- □ lightning conductor
- △ paratonnerre m
- ○ parafulmine m

576 **Blitzschutzvorrichtung** f
- □ lightning arrester, lightning protector
- △ parafoudre m
- ○ scaricafulmine m

Block, Setzungs- → Setzungsblock

577 **Blockbau** m, **Blockbauweise** f
- □ package type construction
- △ construction f en ouvrage unique
- ○ costruzione f del tipo compatto, costruzione f a blocco

578 **im Blockbau** m **ausgeführte Anlage, Kompaktanlage** f
- □ package plant
- △ installation f compacte, installation f en ouvrage unique
- ○ installazione f compatta, installazione f a blocco

Blockbauweise → Blockbau

Blockwurf → Steinschüttung

579 **Blütenstaub** m, **Pollen** m (bot.)
- □ pollen
- △ pollen m
- ○ polline m

Blutegel → Egel

580 **Blutlaugensalz** n, **gelbes, Ferrocyankalium** n
- □ potassium ferrocyanide, yellow prussiate of potash
- △ prussiate m jaune de potasse, ferrocyanure m de potassium
- ○ prussiato m giallo di potassa, ferrocianuro m di potassio

581 **Blutlaugensalz** n, **rotes, Ferricyankalium** n
- □ potassium ferricyanide, red prussiate of potash
- △ prussiate m rouge de potasse, ferricyanure m de potassium
- ○ prussiato m rosso di potassa, ferricianuro m di potassio

582 **Blutrückgewinnung** f
- □ recovery of blood, salvage of blood
- △ récupération f du sang
- ○ ricuperazione f del sangue

583 **Boden** m, **Erdboden** m, **Erdreich** n, **Lockergestein** n
- □ ground, soil
- △ sol m
- ○ suolo m

584 **Boden** m, **Sohle** f
- □ bottom, floor, base
- △ plancher m, fond m, radier m
- ○ fondo m, pianta f, platea f

Boden, aufgefüllter → Anschüttung

Boden, aufgeschütteter → Anschüttung

585 **Boden** m, **bindiger, Boden** m, **kohäsiver**
- □ cohesive soil
- △ sol m cohérent
- ○ suolo m coerente

586 **Boden** m, **doppelter, Doppelboden** m
□ false bottom
△ double fond m
○ doppio fondo m

587 **Boden** m, **durchlässiger**
□ permeable ground, pervious ground
△ terrain m perméable
○ terreno m permeabile

588 **Boden** m, **durchlochter**
□ perforated bottom
△ fond m perforé
○ fondo m perforato

589 **Boden** m, **gewachsener**
□ natural ground, grown soil, undisturbed soil
△ sol m naturel
○ terreno m naturale, suolo m naturale

590 **Boden** m, **gewölbter** *(e. Behälters)*
□ dished end
△ fond m bombé, fond m incurvé
○ fondo m bombato

Boden, Gley~ → *Gley*

591 **Boden** m, **körniger, Boden** m, **rolliger**
□ cohesionless soil
△ sol m non cohérent, terrain m boulant
○ terreno m a scarsa coesione

Boden, kohäsiver → *Boden, bindiger*

592 **Boden** m, **leichter, Boden** m, **lockerer**
□ light soil
△ sol m léger
○ terreno m leggero

Boden, lockerer → *Boden, leichter*

Boden, Marsch~ → *Marschboden*

Boden, rolliger → *Boden, körniger*

Boden, salzhaltiger → *Salzboden*

Boden, Sand~ → *Sandboden*

Boden, Schwemmland~ → *Schwemmlandboden*

593 **Boden-Wasser-Beziehung** f
□ soil/water-relation
△ rapport m sol-eau
○ rapporto m suolo-acqua

594 **Bodenabdeckung** f, **Bodendecke** f, **Erdabdeckung** f
□ soilcover, soil covering
△ couverture f de sol
○ copertura f di suolo

Bodenablagerung → *Bodensatz*

Bodenablauf → *Bodenventil*

Bodenabschwemmung → *Bodenerosion*

595 **Boden(ab)senkung** f, **Absenkung** f **des Bodens, Oberflächenabsenkung** f, **Senkung** f
□ land subsidence, subsidence, soil subsidence
△ affaissement m de la surface, subsidence f du sol
○ avvallamento m di terreno, cedimento m di terreno

Bodenabtrag → *Bodenerosion*

Bodenabtragung → *Bodenerosion*

596 **Bodenalgen** f pl
□ soil algae
△ algues f pl du sol
○ alghe f pl del suolo

597 **Bodenalkalität** f
□ soil alkalinity
△ alcalinité f du sol
○ alcalinità f del suolo

Bodenanalyse → *Bodenuntersuchung*

Bodenangriff → *Bodenkorrosion*

598 **Bodenangriffsfähigkeit** f
□ soil aggressivity, soil corrosivity
△ agressivité f du sol
○ aggressività f del suolo

599 **Bodenart** f, **Bodentyp(us)** m
□ nature of soil
△ nature f du sol, type m du terrain
○ natura f del suolo

600 **Bodenatmung** f
□ soil respiration
△ respiration f du sol
○ respirazione f del suolo

601 **Bodenaufhöhung** f, **Geländeaufhöhung** f
□ land elevation
△ exhaussement m des terres
○ innalzamento m di terreno

602 **Bodenaushub** m, **Erdaushub** m
□ spoil, excavation
△ excavation f du sol
○ escavazione f del suolo

Bodenauslaugung → *Bodenerschöpfung*

603 **Bodenazidität** f
□ soil acidity
△ acidité f du sol
○ acidità f del suolo

604 **Bodenbegasung** f
□ soil fumigation
△ gazéification f du sol
○ disinfezione f del terreno mediante gas

605 **Bodenbegasungsmittel** n
□ soil fumigant
△ (agent m) gazéifiant du sol
○ fumigante m del suolo

Bodenbelüftung → *Bodenlüftung*

606 **Bodenberieselung** f
□ soil irrigation, land irrigation
△ irrigation f du sol, arrosage m du sol
○ irrigazione f naturale, irrigazione f del suolo, irrigazione f del terreno

607 **Bodenbeschaffenheit** f
□ quality of the soil, condition of the ground, soil properties, nature of the soil
△ nature f de terrain, qualité f du terrain
○ qualità f di terreno

608 **Bodenbewegung** f, **Erdbewegung** f
 □ earth-moving works
 △ mouvement m des terres
 ○ movimento m del suolo, movimenti m pl di terra

609 **Bodenbildung** f
 □ pedogenesis
 △ pédogenèse f
 ○ pedogenesi f

Bodendecke → *Bodenabdeckung*

Bodendesinfektion → *Bodenentseuchung*

610 **Bodendränage** f
 □ underdrainage of the soil, land drainage
 △ drainage m du sol
 ○ drenaggio m del suolo

611 **Bodendruck** m
 □ soil pressure
 △ pression f du sol
 ○ pressione f del suolo

612 **Bodendurchgang** m, **Bodenpassage** f
 □ passage through the soil
 △ passage m à travers le sol, traversée f du sol
 ○ passaggio m attraverso il suolo

Bodendurchlüftung → *Bodenlüftung*

613 **Bodendynamik** f
 □ soil dynamics pl
 △ dynamique f du sol
 ○ dinamica f del suolo

614 **Bodenentseuchung** f, **Bodendesinfektion** f
 □ soil sterilization
 △ stérilisation f du sol
 ○ sterilizzazione f del suolo

615 **Bodenentwässerung** f, **Kellerentwässerung** f
 □ floor drainage, basement drainage
 △ assèchement m des sols, assèchement m du sous-sol
 ○ drenaggio m del sotterraneo

616 **Bodenerosion** f, **Abschwemmung** f, **Bodenabschwemmung** f, **Bodenabtrag** m, **Bodenabtragung** f
 □ soil erosion
 △ érosion f du sol
 ○ erosione f del suolo

617 **Bodenerschöpfung** f, **Bodenauslaugung** f, **Bodenmüdigkeit**
 □ soil exhaustion
 △ exhaustion f du sol
 ○ esaurimento m del suolo

618 **Bodenfauna** f
 □ soil fauna
 △ faune f du sol
 ○ fauna f del suolo

Bodenfeuchte → *Bodenfeuchtigkeit*

Bodenfeuchte-Saugspannung
 → *Bodenwasserspannung*

619 **Bodenfeuchtedefizit** n
 □ moisture deficiency
 △ déficit m en humidité
 ○ deficit m in umidità del suolo

620 **Bodenfeuchtigkeit** f, **Bodenfeuchte** f, **Grundfeuchtigkeit** f
 □ humidity of the soil, humidity of the ground, moistness of the soil, soil moisture
 △ humidité f du sol
 ○ umidità f del suolo

621 **Bodenfilter** n
 □ soil filter, intermittent soil filter
 △ filtre m par le sol, filtre m par le sous-sol, sol m filtrant
 ○ filtro m attraverso il suolo

622 **Bodenfilterung** f
 □ soil filtration, land filtration
 △ filtration f par le sol, filtration f dans le sous-sol
 ○ filtrazione f attraverso il suolo

623 **Bodenfilterung** f, **intermittierende**, **Stauberieselung** f, **Staufiltration** f
 □ intermittent downward filtration, intermittent soil filtration, basin irrigation
 △ filtration f intermittente par le sol, irrigation f par submersion
 ○ filtrazione f intermittente attraverso il suolo, irrigazione f per sommersione

624 **Bodenflora** f
 □ flora in the soil
 △ flore f du sol
 ○ flora f del suolo

625 **Bodenforschung** f
 □ soil research
 △ recherche f du sol
 ○ ricerca f relativa al suolo

626 **Bodenfrost** m
 □ ground frost, frost in the soil
 △ gel m au sol, gel m dans le sol
 ○ gelo m al suolo

627 **Bodenfruchtbarkeit** f
 □ soil fertility
 △ fertilité f du sol
 ○ fertilità f del suolo

628 **Bodengare** f, **Gare** f
 □ friability of the soil
 △ friabilité f du sol
 ○ friabilità f del suolo

Bodenhorizont → *Horizont*

629 **Bodenkartierung** f
 □ soil mapping
 △ levée f du sol
 ○ rilievo m del suolo

630 **Bodenkolloid** n
 □ soil colloid
 △ colloide m du sol
 ○ colloide m del suolo

Bodenkonstante
 → *Durchlässigkeitsbeiwert*

631 **Bodenkorrosion** f, **Bodenangriff** m
  □ underground corrosion, soil corrosion
  △ corrosion f par le sol
  ○ corrosione f del suolo

  Bodenkrume → *Mutterboden*

  Bodenkultivierung → *Kultivierung von Böden*

632 **Bodenkunde** f
  □ soil science, science of soils
  △ pédologie f
  ○ pedologia f, scienza f del suolo

633 **Bodenkunde** f, **landwirtschaftliche**
  □ agrology
  △ agrologie f
  ○ agrologia f

634 **Bodenlüftung** f, **Bodenbelüftung** f, **Bodendurchlüftung** f
  □ aeration of the soil
  △ aération f du sol
  ○ aerazione f del suolo

635 **Bodenluft** f
  □ soil air, ground air
  △ air m du sol, air m contenu dans le sol
  ○ aria f nel suolo, contenuto m d'aria nel suolo

636 **Bodenmechanik** f
  □ soil mechanics
  △ mécanique f des sols
  ○ meccanica f del suolo, meccanica f delle terre

637 **Bodenmikrobiologie** f
  □ soil-microbiology
  △ microbiologie f du sol
  ○ microbiologia f del suolo

  Bodenmüdigkeit → *Bodenerschöpfung*

638 **Bodennebel** m
  □ ground mist, ground fog
  △ nuage m lourd
  ○ nebbia m bassa

639 **Bodennutzung** f, **Landnutzung** f
  □ land use
  △ utilisation f des terres
  ○ utilizzazione f delle terre

640 **Bodennutzung** f, **landwirtschaftliche**
  □ agricultural land use, rural land use
  △ exploitation f agricole du terrain
  ○ sfruttamento m agricolo della terra

641 **Bodennutzung** f, **wilde**
  □ unrestrained land-use
  △ utilisation f non contrôlée du sol, utilisation f sauvage du sol
  ○ utilizzazione f non regolamentata del suolo

642 **Bodenoberfläche** f
  □ soil surface
  △ surface f du sol
  ○ superficie f del suolo

  Bodenpassage → *Bodendurchgang*

  Bodenporen → *Poren*

643 **Bodenprobe** f
  □ soil sample
  △ échantillon m de sol
  ○ campione m di suolo

644 **Bodenprobe** f, **ungestörte**
  □ undisturbed-soil sample
  △ échantillon m de terrain vierge, échantillon m non modifié
  ○ campione m del terreno non modifiato

645 **Bodenproduktivität** f
  □ productivity of the soil
  △ productivité f du sol
  ○ produttività f del suolo

646 **Bodenprofil** n
  □ soil profile
  △ profil m du sol, section f du sol
  ○ profilo m del suolo

647 **Bodenquellung** f
  □ soil swelling
  △ gonflement m du sol
  ○ rigonfiamento m del suolo

648 **Bodenreaktion** f
  □ soil reaction
  △ réaction f du sol
  ○ reazione f del suolo

649 **Bodenrecht** n
  □ land legislation
  △ législation f foncière
  ○ legislazione f fondiaria

650 **Bodenreform** f, **Agrarreform** f
  □ land reform, agrarian reform
  △ réforme f foncière, réforme f agraire
  ○ riforma f fondiaria, riforma f agraria

651 **Bodensättigung** f
  □ soil saturation
  △ saturation f du sol en eau
  ○ saturazione f del suolo

652 **Bodensatz** m, **Bodenablagerung** f, **Bodenschlamm** m, **Bodensediment** n
  □ deposit, sediment, bottom deposit, benthal deposits, benthic deposits
  △ dépôt m, sédiment m, dépôt m de fond, vase f de fond
  ○ deposito m, sedimento m, deposito m di fondo, fango m di fondo

  Bodenschätze, Unterwasser-~ → *Unterwasser-Bodenschätze*

653 **Bodenschicht** f, **Grundschicht** f
  □ bottom stratum, bottom layer, soil layer, soil stratum
  △ couche f de fond, couche f de terrain, couche f de sol
  ○ strato m del fondo

654 **Bodenschicht** f, **Erdschicht** f
  □ soil layer, earth stratum, soil stratum
  △ couche f de sol, couche f de terrain
  ○ strato m del suolo, strato m di terra

  Bodenschlamm → *Bodensatz*

655 **Bodenschlammgreifer** m
- bottom deposit sampler
- appareil m de prise d'échantillons de sédiment du fond
- campionatore m di sedimenti

656 **Bodenschutz** m
- conservation of the soil
- conservation f du sol
- conservazione f del suolo

657 **Bodenschwund** m
- soil shrinkage
- retrait m du sol, contraction f du sol
- contrazione f del suolo

Bodensediment → *Bodensatz*

658 **Bodensee** f
- lake (of) Constance
- lac m de Constance
- lago m di Costanza

659 **Bodensenke** f, **Mulde** f, **Senke** f
- trough [surface depression]
- dépression f, bassin m
- depressione f del suolo

660 **Bodensenkung** f
- soil subsidence
- affaissement m du sol, effondrement m du sol
- avvallamento m del suolo, abbassamento m del suolo

Bodensenkung → *Senkung*

Bodenstabilisierung → *Bodenverfestigung*

bodenständig → *autochthon*

661 **Bodenstruktur** f
- soil structure
- structure f du sol
- struttura f del suolo

662 **Bodentextur** f
- soil texture
- texture f du sol
- tessitura f del suolo

Bodentyp(us) → *Bodenart*

663 **Bodenübersichtskarte** f
- soil survey chart
- carte f agronomique, carte f pédologique
- carta f agronomica

664 **Bodenundurchlässigkeit** f
- impermeability of the soil
- imperméabilité f du sol
- impermeabilità f del suolo

665 **Bodenuntersuchung** f, **Bodenanalyse** f
- soil exploration, soil testing
- investigation f du sol, reconnaissance f du sol
- ricerca f del suolo

666 **Bodenventil** n, **Bodenablauf** m, **Fußventil** f
- foot valve
- clapet m de fond, clapet m de pied
- valvola f di fondo

667 **Bodenventil** n **mit Seiher**
- foot-valve with strainer
- clapet m de pied-crépine
- valvola f di fondo con colatoio

668 **Bodenverbesserung** f, **Melioration** f
- soil melioration, soil reclamation (am), reclamation (am), amélioration
- amélioration f des sols, bonification f du sol, amélioration f de la terre, mise f en valeur d'un terrain
- miglioramento m del suolo, miglioramento m fondiario, miglioramento m agrario

669 **Bodenverbesserungsmittel** n
- soil conditioner, soil amendment
- moyen m d'amélioration du sol, amendement m
- mezzo m di miglioramento del suolo

670 **Bodenverdichtung** f
- soil compaction
- compactage m du sol
- compattamento m del suolo

671 **Bodenverdunstung** f, **Wasserabgabe** f **des Bodens durch Verdunstung**
- soil evaporation, evaporation discharge
- évaporation f par le sol
- evaporazione f per il suolo

672 **Bodenverfestigung** f, **Bodenstabilisierung** f, **Konsolidierung** f **des Bodens**, **Verfestigung** f **des Bodens**
- soil stabilization, consolidation, compaction of the soil
- stabilisation f du sol, consolidation f, compactage m du sol
- stabilizzazione f del suolo

673 **Bodenvergiftung** f
- soil poisoning
- empoisonnement m du sol
- avvelenamento m del suolo

674 **Bodenvernässung** f, **Vernässung** f **des Bodens**
- waterlogging of the soil, imbibition
- engorgement m du sol, imbibition f du sol
- impregnazione f del suolo, ristagno m del terreno

675 **Bodenversalzung** f
- salinisation of the soil
- salinisation f du sol
- salinizzazione f del suolo

676 **Bodenwasser** n
- soil water
- eau f du sol
- acqua f del suolo

677 **Bodenwasser** n, **verfügbares**
- available soil moisture, growth water
- eau f disponible du sol
- acqua f disponibile del suolo

678 **Bodenwassergürtel** m, **Bodenwasserzone** f
- ☐ soil water zone, belt of soil water, saturated soil zone
- △ zone f d'évaporation, zone f au voisinage du sol
- ○ zona f di evaporazione

679 **Bodenwasserspannung** f, **Bodenfeuchte-Saugspannung** f
- ☐ soil-moisture tension
- △ tension f de l'eau du sol
- ○ tensione f dell'acqua del suolo

Bodenwasserzone → *Bodenwassergürtel*

680 **Bördelrohr** n
- ☐ beaded tube
- △ tube m à collet rabattu, tube m à bord rabattu
- ○ tubo m a giunto a bordi rilevati

681 **Böschung** f
- ☐ slope, sloping, talus, bank
- △ talus m, berge f
- ○ scarpa f, scarpatura f, scarpata f

682 **Böschung** f, **talseitige**
- ☐ downstream slope, downstream talus
- △ talus m aval
- ○ scarpa f a valle

683 **Böschung** f, **wasserseitige**
- ☐ upstream slope, upstream talus
- △ talus m amont
- ○ scarpa f a monte

Böschungsabsatz → *Berme*

684 **Böschungsbefestigung** f
- ☐ revetment of slope
- △ revêtement m du talus
- ○ rivestimento m della scarpa

685 **Böschungsrutsch** m
- ☐ slope failure
- △ rupture f de talus, éboulement m de talus
- ○ franamento m di scarpa

686 **Böschungsspeicherung** f, **Uferspeicherung** f
- ☐ bank storage
- △ emmagasinement m dans les berges
- ○ immagazzinamento m nelle scarpe

687 **Böschungswinkel** m, **Schüttwinkel** m
- ☐ angle of slope, angle of repose, slip gradient
- △ angle m du talus
- ○ angolo m della scarpa

688 **Böschungswinkel** m, **natürlicher**
- ☐ natural angle of slope
- △ angle m du talus naturel
- ○ angolo m naturale della scarpa

689 **Bogen** m
- ☐ arc
- △ arc m
- ○ arco m

Bogen → *Krümmer*

Bogen, Flanschen~ → *Flanschenbogen*

Bogen, Langradius~ → *Langradiuskrümmer*

690 **Bogenbrücke** f
- ☐ arch bridge
- △ pont-voûtes m
- ○ ponte m ad arco

Bogendamm, Vielfach~ → *Gewölbereihendamm*

Bogendurchlaß → *Durchlaß, gewölbter*

691 **Bogengewichtsmauer** f, **Gewölbegewichtsmauer** f
- ☐ gravity arch dam, arch gravity dam
- △ barrage m poids-voûte, barrage-voûte m épaisse
- ○ diga f ad arco gravità

Bogengewölbe, Kreis~ → *Kreisbogengewölbe*

Bogenmauer → *Bogenstaumauer*

Bogenrohr → *Krümmer*

Bogenschütze → *Segmentschütze*

Bogensperre → *Bogenstaumauer*

692 **Bogenstaumauer** f, **Bogenmauer** f, **Bogensperre** f, **Einfachgewölbemauer** f, **Gewölbestaumauer** f, **Staumauer** f, **bogenförmige**
- ☐ arch dam
- △ barrage-voûte m, barrage m en voûte, barrage-voûte m mince
- ○ diga f ad arco

Bogenstück → *Krümmer*

693 **Bogenwiderlager** n
- ☐ arch abutment
- △ appui m d'un arc, culée f d'une arche
- ○ spalla f di un arco

694 **Bohle** f
- ☐ plank, board
- △ madrier m, planche f
- ○ tavolone m

695 **Bohrbrunnen** m, **Röhrenbrunnen** m, **Rohrbrunnen** m, **Vertikalbohrbrunnen** m
- ☐ tube well, drilled well, bore well
- △ puits m de forage, puits m tubulaire, puits m foré vertical
- ○ pozzo m a tubo, pozzo m tubulare, pozzo m trivellato

696 **bohren**
- ☐ drill, bore, drive
- △ forer, percer
- ○ forare, trapassare, trivellare, trapanare, perforare

Bohren → *Bohrung*

697 **Bohrer** m
- ☐ drill, borer
- △ foret m, perçoir m, trépan m
- ○ succhio m, succhiello m, trivella f, trapano m

Bohrer, Erd~ → *Erdbohrer*

Bohrer, Stangen~ → *Stangenbohrer*

Bohrer, Ventil~ → *Ventilbohrer*

698 **Bohrergebnis** n
- □ drilling result
- △ résultat m de sondage
- ○ risultato m di trivellazione

Bohrfortschritt
→ *Vorschubgeschwindigkeit*

699 **Bohrgerät** n, **Bohrgezähe** n
- □ drilling tool[s] [pl], drilling rig, boring tool[s] [pl]
- △ instrument m de sondage, outil m de forage, outillage m de sondage
- ○ utensile m di perforazione, utensile m di sondaggio

Bohrgerät, Kern~ → *Kernbohrgerät*

Bohrgerät, Standard~ → *Standardbohrgerät*

700 **Bohrgerüst** n, **Bohrgestell** n, **Bohrturm** m
- □ derrick, drilling jig, drilling rig, rig
- △ mât m de forage, tour f de sondage
- ○ torre f di trivellazione

701 **Bohrgestänge** n, **Gestänge** n
- □ set of [drilling] rods, boring rods pl
- △ tiges f pl de suspension, tiges f pl de sonde, tiges f pl de forage
- ○ aste f pl per forare

Bohrgestell → *Bohrgerüst*

Bohrgezähe → *Bohrgerät*

702 **Bohrgut** n, **Bohrklein** n
- □ debris, drillings pl, cuttings pl
- △ déblai m de forage, débris m pl de forage
- ○ detrito m di foratura

703 **Bohrhaken** m
- □ drilling hook
- △ crochet m de forage
- ○ gancio m per perforazioni

704 **Bohrkern** m
- □ core
- △ carotte f de sondage, témoin m, carotte f de forage
- ○ nucleo m di trivellazione, carota f

Bohrklein → *Bohrgut*

705 **Bohrknarre** f, **Bohrrätsche** f
- □ ratchet brace
- △ cliquet m pour percer
- ○ trapano m a cricco, cricchetto m, cricco m per forare

706 **Bohrkopf** m
- □ drilling head, swivel
- △ tête f de sonde, tête f de forage
- ○ testa f per trivelle

707 **Bohrkrone** f
- □ boring crown, crown, jackbit, core shoe
- △ couronne f de forage, bit m, jackbit m
- ○ corona f di trivellazione, jackbit m

Bohrkrone, Diamant~ → *Diamant-Bohrkrone*

708 **Bohrloch** n
- □ drill hole, bore hole, auger's bore
- △ trou m de sondage, trou m percé au foret, trou m de forage
- ○ foro m di trivellazione

709 **Bohrloch** n, **verrohrtes**
- □ cased borehole
- △ forage m tubé
- ○ foro m di trivellazione tubato

710 **Bohrlochabdeckung** f
- □ drill hole cover
- △ couvercle m de forage
- ○ copertura f del foro di trivellazione

Bohrlochbehandlung → *Regenerierung von Brunnen*

Bohrlochfutterrohr → *Futterrohr*

711 **Bohrlochpumpe** f
- □ bore hole pump
- △ pompe f de forage, pompe f de fonçage
- ○ pompa f di foratura, pompa f di scandaglio, pompa f per pozzo

712 **Bohrlochräumer** m
- □ reamer
- △ gratteur m de sondage, outil m aléseur
- ○ estruttore m

713 **Bohrlochschutzrohr** n
- □ conductor pipe
- △ cuvelage m de puits
- ○ tubo m di rivestimento delle perforazioni

714 **Bohrlochsprengung** f, **Schießen** n
- □ shooting, torpedoing
- △ torpillage m
- ○ accensione f del colpo

715 **Bohrlochwellenpumpe** f
- □ line-shaft vertical turbine pump
- △ pompe f de forage à axe vertical
- ○ pompa f centrifuga ad asse verticale

716 **Bohrmannschaft** f
- □ drilling crew
- △ équipe f de foreurs
- ○ squadra f perforatori

Bohrmaschine, Diamant~ → *Diamant-Bohrmaschine*

Bohrmaschine, Sprengloch~ → *Sprenglochbohrmaschine*

Bohrmehl → *Bohrstaub*

717 **Bohrmeißel** m
- □ chisel, boring chisel
- △ pointeau m, fleuret m, burin m, foret m
- ○ scalpello m per forare, fioretto m da mina, bulino m

718 **Bohrmeister** m
- □ drilling foreman
- △ chef m foreur
- ○ capo-trivellatori m

Bohrmethode, Seilschlag~ → *Stoßbohrverfahren*

719 **Bohröl** n, **Schneidöl** n
□ cutting oil, coolant
△ huile f de coupe, huile f de perçage
○ olio m da trapano

720 **Bohrpfahl** m
□ bored pile
△ pieu m foré
○ palo m forato

Bohrprofil → *Bohrregister*

Bohrprotokoll → *Bohrregister*

Bohrrätsche → *Bohrknarre*

721 **Bohrregister** n, **Bohrprofil** n, **Bohrprotokoll** n, **Brunnenprotokoll** n, **Brunnenregister** n
□ drilling log, drill log, well record, well log
△ rapport m de sondage, rapport m de forage, rapport m sur le puits
○ registro m di foratura, protocollo m di foratura, diario m di forazione

722 **Bohrrohr** n
□ boring pipe, boring tube
△ tuyau m foreur
○ tubo m di rivestimento del pozzo

723 **Bohrrohr** n, **außen glattes**
□ flush joint drill pipe
△ tube m de forage pour soudure bout à bout
○ tubo m di foraggio liscio all'esterno

Bohrrohr, Gewinde~ → *Gewindebohrrohr*

724 **Bohrschablone** f
□ drilling template
△ gabarit m de perçage
○ sagoma f di foratura

725 **Bohrschema** n
□ drill pattern
△ schéma m de perforation
○ schema m di perforazione

726 **Bohrschlamm** m, **Bohrschmand** m
□ slum, boring mud, drilling mud
△ boue[s] f [pl] de forage
○ fango m di foratura

Bohrschmand → *Bohrschlamm*

727 **Bohrschuh** m, **Rammschuh** m, **Schneidschuh** m
□ cutter shoe, cutting shoe, drive shoe
△ sabot m de tube
○ scarpa f dello scalpello

728 **Bohrschwengel** m, **Balanzier** m, **Schwengel** m
□ walking beam
△ balancier m
○ bilanciere m

729 **Bohrseil** n
□ drilling line
△ câble m de forage
○ cavo m di trivellazione, fune f di perforazione

730 **Bohrspitze** f
□ drilling bit, bit
△ taillant m
○ tagliente m

731 **Bohrstahl** m
□ drill steel
△ acier m à fleurets
○ acciaio m per fioretti

732 **Bohrstange** f
□ drilling rod, drill rod, bore rod, boring bar
△ barre f de sonde, barre f à mine
○ barra f per forare

Bohrstange → *Schwerstange*

733 **Bohrstaub** m, **Bohrmehl** n
□ dust, boring dust
△ poussière f de forage
○ polvere f di foratura

734 **Bohrstrang** m
□ drill pipe string
△ train m de tiges de forage
○ successione f di aste di perforazione

735 **Bohrtechnik** f
□ drilling engineering
△ technique f de forage
○ tecnica f di perforazione

Bohrturm → *Bohrgerüst*

736 **Bohrung** f, **Bohren** n
□ drilling, bore, driving, boring, perforation
△ forage m, perçage m, sondage m, perforation f
○ trivellazione f, trapanazione f, trapanatura f, foratura f al trapano, perforazione f, perforamento m

Bohrung, aufgelassene → *Brunnen, aufgelassener*

Bohrung, blinde → *Fehlbohrung*

Bohrung, Brunnen~ → *Brunnenbau*

Bohrung, Dreh~ → *Drehbohrung*

Bohrung, Erweiterungs~ → *Erweiterungsbohrung*

Bohrung, Fehl~ → *Fehlbohrung*

Bohrung, Hand~ → *Handbohrung*

Bohrung, hydraulische → *Naßbohrung*

737 **Bohrung** f **im Meeresboden**
□ sea boring, off shore boring
△ sondage m en fond marin, forage m en mer
○ trivellazione f in mare

Bohrung, Kern~ → *Kernbohrung*

Bohrung, Naß~ → *Naßbohrung*

738 **Bohrung** f **ohne Futterrohr, Bohrung** f, **unverrohrte**
□ bare-footed well, uncased borehole
△ puits m ouvert, forage m non tubé
○ trivellazione f non tubata

Bohrung, Probe~ → *Versuchsbohrung*

Bohrung, Saug~ → *Saugbohrung*

Bohrung, Schrot~ → Schrotbohrung
Bohrung, Spül~ → Spülbohrung
Bohrung, trockene → Fehlbohrung
Bohrung, unverrohrte → Bohrung ohne Futterrohr
Bohrverfahren, Kompakt~ → Stoßbohrverfahren

739 **Bohrversuch** m
□ drilling test, boring test
△ essai m de forage
○ trivellazione f di prova, prova f di trivellazione

740 **Bohrwagen** m, **Waggonbohrer** m
□ wagon drill, jumbo
△ chariot m porte-marteau, jumbo m
○ carro m porta-perforatrice, jumbo m

741 **Boiler** m
□ boiler
△ chaudière f
○ boiler m

742 **Boje** f, **Tonne** f
□ buoy
△ bouée f, balise f
○ gavitello m

Boje, Leucht~ → Leuchtboje

743 **Boltonkreisel** m
□ Simplex turbine aerator
△ roue f Bolton, roue f centrifuge
○ ruota f Bolton, ruota f Simplex

744 **Bolzen** m
□ [tie] bolt, pin, shank
△ boulon m, cheville f
○ bullone m, bolzone m

745 **Bolzenloch** n
□ bolt hole
△ trou m de boulon
○ foro m per bulloni

746 **Bolzenlochzahl** f
□ number of bolt holes
△ nombre m de trous de boulon
○ numero m dei fori per bulloni

747 **Bolzenstellung** f
□ position of the bolt holes
△ position f des trous de boulon
○ disposizione f dei fori per bulloni

Bonderung → Phosphat[is]ierung

748 **Boot** n
□ boat
△ bateau m, canot m
○ battello m, barca f

Bootssport → Kahnfahren

749 **Bor** n
□ boron
△ bore m
○ boro m

750 **Borat** n
□ borate
△ borate m
○ borato m

751 **Bordschwelle** f, **Bordstein** m (eines Gehsteiges)
□ curb, border-stone, curbstone, kerbstone
△ bordure f, parement m, bordure f de trottoir
○ longarina f, bordo m

Bordstein → Bordschwelle

Bore → Sturzwelle

752 **Borsäure** f
□ boric acid
△ acide m borique
○ acido m borico

753 **Botanik** f, **Pflanzenkunde** f
□ botany
△ botanique f
○ botanica f

754 **Bottich** m, **Bütte** f
□ vat, tub
△ cuve f
○ tino m, tinozza f, tina f, vasca f

Bottich, Maische~ → Maischebottich
Bottich, Misch~ → Mischbehälter

755 **Bouillonkultur** f (bact.)
□ broth culture
△ culture f en bouillon
○ cultura f in brodo nutritivo

Brachsen → Brasse

756 **brackig**
□ brackish
△ saumâtre
○ salmastro

757 **Brackwasser** n
□ brackish water
△ eau f saumâtre
○ acqua f salmastra

758 **Brackwasserzone** f
□ region of dispersed water
△ zone f de transition saumâtre
○ zona f dell'acqua salmastra

Brandlöschung → Feuerlöschen

759 **Brandung** f, **Meeresbrandung** f
□ surf, breakers pl, surge
△ brisement m, ressac m, déferlement m
○ risacca f, marosi m pl, rottura f delle onde

760 **Brandungserosion** f
□ marine erosion
△ érosion f marine
○ erosione f marina

761 **Brandungsschwingung** f
□ undulation of the surf
△ périodicité f du déferlement des vagues
○ periodicità f della risacca

762 **Brandungsstau** m
□ lift of hydrostatic level of the surf
△ élévation f du niveau hydrostatique des vagues
○ risalta f del livello idrostatico di marosi

763 **Brandungszone** f
- surf zone
- zone f de déferlement des vagues
- zona f di rottura delle onde

Branntkalk → *Ätzkalk*

Branntweinbrennerei → *Brennerei*

764 **Brasse** f *(Abramis brama)*, **Brachsen** m, **Brassen** m
- beam
- brême f
- abramide m comune, scardone m, scardova f

Brassen → *Brasse*

765 **Brassenregion** f, **Bleiregion** f
- beam-region
- région f des brêmes
- regione f dei abramidi

Brauchwasser → *Betriebswasser*

766 **Brauchwasserbedarf** m
- industrial water requirements, industrial water demand
- demande f en eau industrielle, besoins m pl en eau industrielle
- domanda f d'acqua per uso industriale

767 **Brauchwasserversorgung** f
- industrial water supply
- alimentation f en eau industrielle
- alimentazione f d'acqua industriale, fornitura f d'acqua per uso industriale

768 **Brauerei** f
- brewery
- brasserie f
- birreria f, fabbrica f di birra

769 **Brauerei-Presswässer** n pl
- brewery press liquor
- eaux f pl de presse de brasserie
- acque f pl di pressatura delle birrerie

770 **Brauereiabwasser** n
- brewery wastes pl
- eaux f pl résiduaires de brasserie
- acque f pl di rifiuto di birreria

771 **Brauereirückstände** m pl
- brewery residues pl
- résidus m pl de brasserie
- residui m pl di birreria

772 **Braunalgen** f pl, **Phaeophyceae** f pl
- phaeophyceae pl
- algues f pl brunes, phaeophycées f pl
- alghe f pl brune

773 **Brauneisenstein** m, **Raseneisenerz** n
- limonite, bog iron ore, brown haematite
- hématite f brune, limonite f
- limonite f, ematite f bruna

774 **Braunfäule** f *(bot.)*
- brown rot
- rot m brun
- marciume m bruno

775 **Braunkohle** f
- lignite, brown coal
- houille f brune, lignite m
- lignite f, carbone m di terra, fitantrace f

776 **Braunkohlengrube** f
- lignite mine, brown-coal mine
- mine f de lignite
- miniera f di lignite

777 **Braunkohlenschwelanlage** f, **Braunkohlenschwelerei** f
- lignite coking plant
- usine f à distillation de lignite
- impianto m per la distillazione della lignite

Braunkohlenschwelerei → *Braunkohlenschwelanlage*

778 **Braunkohlenteer** m
- lignite coal tar
- goudron m de lignite
- catrame m de lignite

779 **Braunsche Bewegung** f
- Brownian movement
- mouvement m Brownien
- movimento m Browniano

780 **Braunschliff** m, **Holzschliff** m, **brauner**
- steamed mechanical wood pulp, brown mechanical wood pulp
- pâte f mécanique brune
- pasta f meccanica bruna

781 **Braunstein** m, **Mangandioxid** n, **Mangansuperoxid** n
- manganese dioxide
- peroxyde m de manganèse, bioxyde m de manganèse
- perossido m di manganese, biossido m di manganese, pirolusite f

782 **Brause** f, **Brausebad** n, **Dusche** f
- rose, douche, shower-bath, shower
- pomme f d'arrosoir, arrosoir m, douche f en arrosoir, douche f
- cipolla f, spruzzatoio m, doccia f

Brausebad → *Brause*

783 **Brausenkopf** m
- shower head
- pommeau m de douche
- testa f di doccia

784 **brechen, zerbrechen**
- break, crush
- briser, rompre, concasser
- rompere, frangere

Brechen → *Bruch*

785 **Brecher** m, **Sturzbrecher** m, **Sturzsee** f
- breaker, heavy sea, bore
- paquet m de mer, coup m de mer
- ondata f, frangente m

786 **Brecher** m, **Steinbrecher** m
- crusher
- concasseur m
- frantoio m, frantumatrice f

Brechpunktchlorung
→ *Knickpunktchlorung*

787 **Brechung** f, **seismische, Refraktion** f, **seismische**
☐ seismic refraction
△ réfraction f séismique, réfraction f sismique
○ rifrazione f sismica

788 **Breitbandbelüftung** f
☐ wide band air diffusion
△ aération f par diffusion d'air en large bande
○ diffusione f d'aria a larga banda

789 **Breite** f
☐ width, breadth
△ largeur f
○ larghezza f

790 **Breite** f *(geogr.)*
☐ latitude
△ latitude f
○ latitudine f

Breite, Fuß~ → *Sohlbreite*

Breite, Mäander~ → *Mäanderbreite*

Breite, Sohl~ → *Sohlbreite*

791 **Breitengrad** m
☐ degree of latitude
△ degré m de latitude
○ grado m di latitudine

792 **brennbar, verbrennbar**
☐ combustible
△ combustible
○ combustibile

793 **brennen, destillieren**
☐ distil
△ distiller
○ distillare

794 **Brenner** m
☐ burner
△ brûleur m
○ bruciatore m

795 **Brennerei** f, **Branntweinbrennerei** f
☐ distillery
△ distillerie f
○ distilleria f

Brennerei, Kartoffel~ → *Kartoffelbrennerei*

Brennerei, Melasse~ → *Melassebrennerei*

796 **Brennereiabwasser** n
☐ distillery wastes pl
△ eaux f pl résiduaires de distillerie
○ acque f pl di rifiuto di distilleria

797 **Brennereirückstände** m pl
☐ distillery residues pl
△ résidus m pl de distillerie, déchets m pl de distillerie
○ residui m pl di distilleria

798 **Brenngasgemisch** n
☐ fuel-oxidant mixture
△ mélange m gazeux combustible-comburant
○ miscela f combustibile-camburante

799 **Brennstoff** m, **Kraftstoff** m, **Treibstoff** m
☐ fuel, combustible, motor fuel
△ combustible m, carburant m
○ combustibile m

Brennstoff, Atom~ → *Atombrennstoff*

Brennstoff, Kern~ → *Atombrennstoff*

800 **Brett** n
☐ board, plank
△ planche f
○ asse f, pancone m

801 **Brikettfabrik** f
☐ briquetting plant
△ installation f de briquetage
○ fabbrica f di mattonelle di carbone

802 **Brikollare-Verfahren** n
☐ Brikollare process
△ procédé m Brikollare
○ processo m Bricollare

803 **Brillantgrün-Galle-Bouillon** f *(bact.)*
☐ brilliant green bile broth
△ bouillon m bilié au vert brillant
○ brodo m di coltura verde bile brillante

804 **bröcklig, gebräch**
☐ friable
△ friable
○ friabile

805 **Brom** n
☐ bromine
△ brome m
○ bromo m

806 **Bronze** f
☐ bronze
△ bronze m
○ bronzo m

807 **Bruch** m, **Brechen** n
☐ breakage, fracture, rupture
△ rupture f, bris m
○ rottura f, frattura f

Bruch → *Übergangsmoor*

Bruch, Damm~ → *Dammbruch*

Bruch, Rohr~ → *Rohrbruch*

Bruch, Scher~ → *Scherbruch*

808 **Bruchbelastung** f, **Bruchdruck** m, **Bruchlast** f, **Scheitelbruchlast** f
☐ breaking load, breaking pressure
△ charge-limite f d'élasticité, charge f de rupture, pression f de rupture
○ carico m di rottura

Bruchdruck → *Bruchbelastung*

809 **bruchfest**
☐ unbreakable, break-resistant, tenacious
△ résistant à la rupture
○ resistente alla rottura

810 **Bruchfestigkeit** f
 □ breaking strength, ultimate strength, tenacity
 △ résistance f à la rupture, résistance f extrême
 ○ resistenza f alla rottura

811 **Bruchfestigkeit** f **gegen äußeren Druck, Scheiteldruckfestigkeit** f
 □ crushing strength
 △ résistance f à l'écrasement
 ○ resistenza f allo schiacciamento

812 **Bruchfestigkeit** f **gegen Innendruck**
 □ bursting strength
 △ résistance f à la pression, résistance f à l'éclatement
 ○ resistenza f allo scoppiamento

 Bruchfuge → *Riß*

813 **Bruchgrenze** f
 □ breaking point
 △ limite f de rupture
 ○ limite m di rottura

 Bruchlast → *Bruchbelastung*

 Bruchlast, Scheitel~ → *Bruchbelastung*

814 **Bruchmodul** n
 □ modulus of rupture
 △ module m de rupture
 ○ modulo m di rottura

815 **Bruchprobe** f **bei äußerem Druck**
 □ crushing test
 △ essai m d'écrasement
 ○ prova f di schiacciamento

816 **Bruchprobe** f **bei Innendruck**
 □ bursting test
 △ essai m d'éclatement, essai m à outrance
 ○ prova f di rottura

817 **Bruchsicherheit** f
 □ rupture-proof security
 △ sécurité f contre la rupture
 ○ sicurezza f contro la rottura

 Bruchsicherung, Rohr~ → *Rohrbruchsicherung*

818 **Bruchspannung** f
 □ breaking stress
 △ contrainte f de rupture, tension f de rupture
 ○ tensione f di rottura

819 **Bruchstein** m
 □ rubble stone, quarry stone
 △ moellon m, meulière f
 ○ pietra f di cava, macigno m

820 **Bruchsteinmauer** f
 □ masonry dam, quarry stone wall, rubble stone wall
 △ barrage m en maçonnerie, mur m de moellon
 ○ diga f in pietra di cava, muro m in macigno

821 **Bruchsteinschüttung** f
 □ random rubble fill, quarry run rockfill
 △ enrochements m pl tout-venant
 ○ scogliera f di pietrame alla rinfusa

822 **Bruchsteinschwergewichtsmauer** f
 □ masonry gravity dam
 △ barrage-poids m en maçonnerie
 ○ diga f a gravità in muratura, diga f a gravità in macigno

823 **Bruchstelle** f
 □ point of breakage, point of rupture, point of fracture
 △ point m de rupture, cassure f
 ○ punto m di rottura

824 **brüchig**
 □ brittle, friable
 △ cassant, fragile, friable
 ○ fragile

 Brüchigkeit, Laugen~ → *Laugenbrüchigkeit*

825 **Brücke** f
 □ bridge
 △ pont m
 ○ ponte m

 Brücke, Bedienungs~ → *Bedienungsbrücke*

 Brücke, Betriebs~ → *Bedienungsbrücke*

 Brücke, Bogen~ → *Bogenbrücke*

 Brücke, Fachwerk~ → *Fachwerkbrücke*

 Brücke, Fußgänger~ → *Fußgängerbrücke*

 Brücke, Hänge~ → *Hängebrücke*

 Brücke, Kanal~ → *Kanalbrücke*

 Brücke, Landungs~ → *Anlegestelle*

 Brücke, Räumer~ → *Räumerbrücke*

 Brücke, Rinnen~ → *Kanalbrücke*

 Brücke, Schub~ → *Schubbrücke*

 Brücke, Straßen~ → *Straßenbrücke*

 Brücke, Träger~ → *Trägerbrücke*

 Brücke, umlaufende, Halb~ → *Halbbrücke, umlaufende*

 Brücke, Wasserleitungs~ → *Aquädukt*

826 **Brückenbau** m
 □ bridge construction
 △ construction f de ponts
 ○ costruzione f dei ponti

827 **Brückenbelag** m
 □ pavement of a bridge, flooring of a bridge
 △ tablier m de pont
 ○ copertura f del ponte, pavimento m del ponte

828 **Brückenstau** m, **Pfeilerstau** m
 □ congestion due to obstructions
 △ remous m par un ouvrage en rivière
 ○ rigurgito m dovuto ad un ostacolo

829 **Brüden** m pl, **Wrasen** m pl
□ fumes pl, vapours pl
△ buée f
○ vapori m pl

830 **Brüdenkompression** f, **Brüdenverdichtung** f
□ vapor compression
△ compression f des vapeurs
○ compressione f dei vapori, termocompressione f

831 **Brüdenkondensator** m
□ vent condenser
△ condenseur m de buées
○ condensatore m dei vapori

832 **Brüdenpyrolyse** f
□ vapor pyrolysis
△ pyrolyse f des buées, pyrolyse f des vapeurs
○ pirolisi f dei vapori

Brüdenverdichtung
→ Brüdenkompression

Brüdenverdichtung, Vakuumgefrierverfahren der ~
→ Vakuumgefrierverfahren der Brüdenverdichtung

Brüdenverdichtung, Verdampfung mit ~
→ Verdampfung mit Brüdenverdichtung

833 **Brüstung** f (e. Brunnens)
□ parapet
△ margelle f
○ parapetto m

834 **Brüstungsmauer** f
□ parapet wall
△ mur m de margelle
○ muro m di parapetto

835 **Brüter** m, **Brutreaktor** m
□ breeder reactor
△ réacteur m surgénérateur
○ reattore m autofertilizzante, breeder m

836 **Brüter** m, **schneller, Schnellbrüter** m
□ fast-breeder reactor
△ réacteur m surconvertisseur rapide, réacteur m surrégénérateur rapide
○ reattore m veloce autofertilizzante

837 **Brunnen** m
□ well
△ puits m
○ pozzo m

Brunnen, Abessinier~ → Schlagbrunnen

838 **Brunnen** m, **artesischer, Brunnen** m, **frei fließender artesischer, Brunnen** m **mit gespanntem Spiegel, Brunnen** m, **überlaufender**
□ artesian well, artesian bored well, flowing [artesian] well
△ puits m artésien, puits m artésien en libre débit, puits m jaillissant
○ pozzo m artesiano, pozzo m d'acqua in uno strato artesiano, pozzo m saliente

839 **Brunnen** m, **aufgelassener, Bohrung** f, **aufgelassene**
□ abandoned well
△ puits m abandonné
○ pozzo m abbandonato

Brunnen, Beobachtungs~
→ Beobachtungsbrunnen

Brunnen, Bohr~ → Bohrbrunnen

Brunnen, Dortmund~ → Dortmundbecken

Brunnen, Druckentlastungs~
→ Entwässerungsbrunnen

Brunnen, Eindick~ → Schlammeindickbehälter

Brunnen, Entlastungs~
→ Entwässerungsbrunnen

Brunnen, Entwässerungs~
→ Entwässerungsbrunnen

840 **Brunnen** m, **exzentrischer**
□ eccentric well
△ puits m excentrique, puits m excentré
○ pozzo m eccentrico

Brunnen, Fang~ → Fangbrunnen

Brunnen, Filter~ → Filterbrunnen

Brunnen, Flach~ → Flachbrunnen

Brunnen, frei fließender artesischer
→ Brunnen, artesischer

841 **Brunnen** m, **imaginärer**
□ image well
△ puits m fictif, puits m virtuel
○ pozzo m immaginario

Brunnen, Kessel~ → Schachtbrunnen

Brunnen, Kiesschüttungs~
→ Kiesschüttungsbrunnen

Brunnen, Klär~ → Klärbrunnen

Brunnen, Kremer~ → Kremerbrunnen

Brunnen, Mantelrohr~ → Schlitzrohrbrunnen

842 **Brunnen** m **mit freiem Spiegel**
□ well with free level
△ puits m à surface libre
○ pozzo m a pelo d'acqua libero, pozzo m in falda freatica

Brunnen mit gespanntem Spiegel
→ Brunnen, artesischer

843 **Brunnen** m, **öffentlicher**
□ public pump
△ puits m public
○ pozzo m pubblico, pozzo m comune, fontanino m pubblico

Brunnen, Ranney-~ → Ranney-Brunnen

Brunnen, Rohr~ → Bohrbrunnen

Brunnen, Saug~ → Saugbrunnen

Brunnen, Schlamm~ → Schlammbrunnen

Brunnen, Schlitzrohr~ → *Schlitzrohrbrunnen*

Brunnen, Schluck~ → *Schluckbrunnen*

Brunnen, Schöpf~ → *Schöpfbrunnen*

Brunnen, Schrägfilter~ → *Schrägfassung*

Brunnen, Straßen~ → *Straßenbrunnen*

Brunnen, Thermal~ → *Thermalquelle*

Brunnen, Tief~ → *Tiefbrunnen*

844 **Brunnen** m, **überbeanspruchter**
- □ overpumped well
- △ puits m surchargé, puits m surexploité
- ○ pozzo m sovraccaricato

Brunnen, überlaufender → *Brunnen, artesischer*

845 **Brunnen** m, **unterbeanspruchter**
- □ underpumped well
- △ puits m sous-exploité, puits m utilisé au-dessous de sa capacité
- ○ pozzo m a utilizzazione parziale

846 **Brunnen** m, **unvollkommener**
- □ partially penetrated well
- △ puits m incomplet, puits m imparfait
- ○ pozzo m incompleto

Brunnen, Verbund~ → *Verbundbrunnen*

Brunnen, Versuchs~ → *Versuchsbrunnen*

847 **Brunnenabsenkung** f
- □ well lowering
- △ abaissement m d'un puits
- ○ abbassamento m di livello in un pozzo

848 **Brunnenabstand** m
- □ spacing of wells, well spacing
- △ espacement m des puits
- ○ distanza f dei pozzi

849 **Brunnenanlage** f
- □ well system
- △ système m de puits
- ○ sistema m di pozzi

850 **Brunnenanordnung** f
- □ pumping pattern
- △ disposition f des puits de pompage
- ○ disposizione f dei pozzi

851 **Brunnenbau** m, **Brunnenbohrung** f
- □ well drilling, well sinking, well construction
- △ forage m de puits
- ○ perforazione f di pozzi, terebrazione f di pozzi

852 **Brunnenbauer** m
- □ well driller, well sinker
- △ puisatier m, fontainier m
- ○ costruttore m di pozzi

853 **Brunnenbeeinflussung** f (*Übergreifen der Absenkungsflächen*)
- □ well interference
- △ interférence f de puits
- ○ interferenza f dei pozzi

Brunnenbohrung → *Brunnenbau*

854 **Brunnendurchmesser** m
- □ well diameter
- △ diamètre m du puits
- ○ diametro m del pozzo

Brunnenentwicklung → *Abpumpen*

855 **Brunnenergiebigkeit** f, **Brunnenleistung** f, **Brunnenschüttung** f, **Ergiebigkeit** f, **Schüttung** f
- □ yield of a well, delivery of a well, yielding capacity of a well, well capacity, discharge of a well, maintainable yield of a well, well efficiency
- △ débit m d'un puits
- ○ portata f di un pozzo

856 **Brunnenfeld** n
- □ well field
- △ champ m de puits, batterie f de puits
- ○ campo m dei pozzi

857 **Brunnenfilter** n
- □ strainer, well screen
- △ crépine f
- ○ filtro m del pozzo

858 **Brunnenfilter** m **mit Drahtwicklung und fortlaufender Filteröffnung**
- □ wire-wrapped well screen with continuous slot
- △ crépine f avec enveloppement de fil et fente continue
- ○ filtro m d'aspirazione avvolto con filo e con fessura continua

Brunnenformel, Thiemsche ~ → *Thiemsche Brunnenformel*

859 **Brunnenfunktion** f (*Theis*)
- □ well function
- △ fonction f caractéristique de puits pompé
- ○ funzione f dei pozzi

Brunnengalerie → *Brunnenreihe*

Brunnengleichung, Theis'sche ~ → *Theis'sche Brunnengleichung*

Brunnengründung → *Schachtgründung*

860 **Brunnenhaspel** f
- □ well windlass, well winch
- △ treuil m
- ○ aspro m per pozzi

861 **Brunnenkappe** f
- □ shaft cover for water catching
- △ regard m pour puits de captage
- ○ chiusino m per pozzi di presa d'acqua

Brunnenkette → *Brunnenreihe*

Brunnenkette, Schluck~ → *Schluckbrunnenkette*

862 **Brunnenkopf** m
- □ top of a well, well top, well-head
- △ tête f de puits, avant-puits m
- ○ testa f di fontanile, testa f di pozzo

863 **Brunnenkranz** m, **Brunnenschuh** m, **Senkkranz** m, **Senkschuh** m
- □ footing of a well
- △ rouet m, fond m de puits
- ○ chiamono m rovatto

864 **Brunnenkresse** f *(Rorippa nasturtium aquaticum)*
□ watercress
△ cresson m de fontaine
○ nasturzio m, crescione m di sorgente

Brunnenleistung → *Brunnenergiebigkeit*

865 **Brunnenöffnung** f
□ mouth of a well
△ entrée f du puits
○ entrata f del pozzo

866 **Brunnenpfeife** f
□ bathometer
△ bathomètre m
○ batometro m

Brunnenprotokoll → *Bohrregister*

Brunnenregeneration → *Regenerierung von Brunnen*

Brunnenregister → *Bohrregister*

867 **Brunnenreihe** f, **Brunnengalerie** f, **Brunnenkette** f
□ series of wells, well field, alignment of wells, gang of wells, well point system, battery of wells
△ groupe m de puits, alignement m des puits, batterie f de puits, ligne f de puits
○ raggruppamento m dei pozzi, catena f di pozzi, galleria f di pozzi

868 **Brunnenrohr** n
□ well tube
△ tube m de puits
○ tubo m di pozzo

869 **Brunnenschacht** m
□ well pit
△ trou m de puits
○ foro m di pozzo

Brunnenschüttung → *Brunnenergiebigkeit*

Brunnenschuh → *Brunnenkranz*

870 **Brunnenumrandung** f
□ well curb
△ bordure f d'un puits
○ bordo m di un pozzo

Brunnenverrohrung → *Verrohren der Brunnen*

871 **Brunnenwandung** f
□ wall of a well, side wall of a well
△ paroi f d'un puits
○ parete f del pozzo

872 **Brunnenwasser** n
□ well water, pump water
△ eau f de puits, eau f de fontaine, eau f de forage
○ acqua f di pozzo, acqua f di fontana

873 **Brustabschluß** m, **Brustschild** m *(Stollenbau)*
□ breast board, shield
△ bouclier m
○ scudo m di avanzamento

874 **Brustgurt** m
□ breast girth
△ ceinture f pectorale, bretelle f
○ bretella f di sicurezza

Brustschild → *Brustabschluß*

875 **Brutapparat** m, **Brutschrank** m
□ incubator
△ couveuse f, appareil m incubateur, étuve f
○ armadio m di incubazione, incubatore m

Brutreaktor → *Brüter*

Brutschrank → *Brutapparat*

Bryozoen → *Moostierchen*

B.S.B. → *Sauerstoffbedarf, biochemischer*

BSB, Endwert des ~ → *Endwert des BSB*

BSB, Gesamt-~ → *Gesamt-BSB*

876 **BSB-Fracht** f
□ B.O.D.-load
△ charge f en DBO, flux en DBO
○ carico m in BOD

877 **BSB-Raumbelastung** f
□ volume load of B.O.D.
△ charge f volumique en DBO
○ carico m volumetrico in BOD

878 **BSB/CSB-Quotient** m, **BSB:CSB-Verhältnis** n
□ B.O.D./C.O.D.-ratio
△ rapport m DBO/DCO
○ rapporto m BOD/COD

BSB:CSB-Verhältnis → *BSB/CSB-Quotient*

BSB$_5$ → *Sauerstoffbedarf, fünftägiger biochemischer*

BSB$_5$-Raumbelastung → *Raumbelastung*

879 **Bucht** f, **Meeresbucht** f
□ bay
△ baie f
○ baia f

Bügel, Rohr~ → *Anbohrschelle*

Bühne, Arbeits~ → *Arbeitsbühne*

Bühne, Bedienungs~ → *Bedienungsbühne*

880 **Bürette** f
□ burette
△ burette f
○ buretta f

881 **Bürgersteig** m, **Gehweg** m
□ foot path, pavement, foot way, sidewalk
△ trottoir m, accotement m
○ marciapiede m, margine m del piano stradale

882 **Bürste** f
□ brush
△ brosse f
○ spazzola f

883 **Bürstenbelüftung** f
□ brush aeration
△ aération f par brosse rotative
○ aerazione f mediante uno spazzolone

884 **Bürstenwalze** f, **Walzenbürste** f
□ brush-aerator, brush type rotor
△ aérateur m à brosse, rouleau m de balai-brosse
○ spazzolone m di aerazione

Bütte → *Bottich*

885 **Buhne** f
□ groyne
△ épi m
○ pennello m

886 **Buhnenkopf** m
□ head of groyne, groyne head
△ tête f d'épi
○ testa f del pennello

Bulldozer → *Planierraupe*

887 **Bundesbaugesetz** n
□ Federal Building Act
△ Loi f Fédérale sur l'Urbanisme
○ Legge f Federale sui Fabbricati

888 **Bundeswasserstraße** f
□ Federal Waterway
△ voie f d'eau fédérale
○ via f d'acqua navigabile federale

889 **Bunker** m, **Aufgabebunker** m, **Silo** m
□ bunker, silo, bin
△ soute f, trémie f, silo m
○ silo m

890 **Buntsandstein** m
□ variegated sandstone, new red sandstone, mottled sandstone
△ grès m bigarré
○ arenaria f variegata

Busch → *Strauch*

891 **Buttersäure** f
□ butyric acid
△ acide m butyrique
○ acido m butirrico

892 **Butylen** n
□ butylene
△ butylène m
○ butilene m

1 **C-Horizont** m, **Ausgangsmaterial** n
□ C-horizon, parent material
△ horizon m C, matériau m originel
○ orizzonte m C

C-Stück → *Muffenstück mit Muffenabzweig*

2 **Cadmium** n
□ cadmium
△ cadmium m
○ cadmio m

Caisson → *Senkkasten*

Caisson-Gründung → *Senkkastengründung*

3 **Calcit-Schutzbelag** m
□ protective calcite coating
△ dépôt m protecteur de calcite
○ deposito m protettivo di calcite

4 **Calcium** n
□ calcium
△ calcium m
○ calcio m

5 **Calciumaluminiumsulfat** n, **Kalktonerdesulfat** n, **Zementbazillus** m
□ Candlot's salt, Michaelis' salt
△ sel m de Candlot, sulfo-aluminate m de calcium
○ solfato m di alluminio di calcio

6 **Calciumbicarbonat** n
□ calcium bicarbonate
△ bicarbonate m de calcium
○ bicarbonato m di calcio

7 **Calciumcarbid** n
□ calcium carbide
△ carbure m de calcium
○ carburo m di calcio

8 **Calciumcarbonat** n, **Kalk** m, **kohlensaurer**
□ calcium carbonate, carbonate of lime, carbonate of calcium
△ carbonate m de calcium, carbonate m de chaux
○ carbonato m di calce, carbonato m di calcio

9 **Calciumchlorid** n, **Chlorcalcium** n, **Chlorkalzium** n
□ calcium chloride
△ chlorure m de calcium
○ cloruro m di calcio

10 **Calciumhydroxid** n, **Kalk** m, **gelöschter**, **Kalkhydrat** n
□ slaked lime, hydrated lime, calcium hydroxide, hydrate of lime
△ chaux f hydratée, hydrate m de chaux, chaux f éteinte
○ calcina f spenta, idrato m di calce, idrossido m di calcio, idrato m di calcio, calce f spenta

11 **Calciumhypochlorit** n
□ calcium hypochlorite
△ hypochlorite m de chaux, hypochlorite m de calcium
○ ipoclorito m di calcio

Calciumoxid → Ätzkalk

12 **Calciumsulfat** n, **Gips** m, **Kalk** m, **schwefelsaurer**
□ hydrous sulphate of calcium, gypsum, calcium sulphate, sulphate of calcium
△ sulfate m de calcium, sulfate m de chaux, gypse m
○ solfato m di calcio, gesso m, gessino m

13 **Campingplatz** m, **Zeltplatz** m
□ camping place, camping site
△ place f de camping, camping m
○ campeggio m

cancerogen → krebserregend

14 **Carbamat** n
□ carbamate
△ carbamate m
○ carbammato m

15 **Carbid** n
□ carbide
△ carbure m
○ carburo m

Carbolsäure → Phenol

16 **Carbonat** n, **Salz** n, **kohlensaures**
□ carbonate
△ carbonate m
○ carbonato m

17 **Carbonatalkalität** f
□ carbonate alkalinity
△ alcalinité f carbonatée, alcalinité f des carbonates
○ alcalinità f da carbonato

Carbonathärte → Härte, vorübergehende

carcinogen → krebserregend

18 **Carnallit** m, **Karnallit** m
□ carnallite
△ carnallite f
○ carnallite m

19 **Celsiusgrad** m (°C) (°C)
□ centigrade
△ degré m Celsius, degré m centigrade
○ centigrado m, grado m centigrado

Cetylalkohol → Hexadecanol

20 **Charakter** m
□ character, nature
△ caractère m, nature f
○ carattere m, natura f

Charakteristik, Fluß~ → Flußcharakteristik

Charakteristikum → Kennzeichen

Chargenbetrieb → Betrieb, diskontinuierlicher

21 **Chargenverfahren** n
□ batch process
△ procédé m par charges, procédé m discontinu, procédé m intermittant
○ processo m discontinuo

22 **Chargenwaage** f
□ batch weigher
△ bascule f de chargement
○ bilancia f per la dosatura a peso

23 **Chelat** n
□ chelate
△ chélate m
○ chelato m

24 **Chelatbildner** m
□ chelator
△ agent m de chélation f
○ agente m chelante

25 **Chelatbildung** f
□ chelation
△ chélation f
○ chelazione f

Chelatometrie → Komplexometrie

26 **Chemie** f
□ chemistry
△ chimie f
○ chimica f

27 **Chemie** f, **analytische**
□ analytical chemistry
△ chimie f analytique
○ chimica f analitica

Chemie, Technische ~ → Technische Chemie

28 **Chemikalie** f
□ chemical, chemical substance
△ produit m chimique
○ prodotto m chimico

Chemikalien, Umgang mit ~ → Umgang mit Chemikalien

29 **Chemikaliendosierer** m, **Chemikaliendosiergerät** n
□ chemical feeder
△ doseur m de réactif
○ dosatore m dei reattivi, dosatore m dei prodotti chimici

Chemikaliendosiergerät → Chemikaliendosierer

30 **Chemikalieneinsatz** m
□ use of chemicals
△ utilisation f de produits chimiques, mise en œuvre de produits chimiques
○ utilizzazione f di prodotti chimici

31 **Chemikalienstation** f, **Fällmitteldosieranlage** f
□ chemical dosing plant, chemical house
△ bâtiment m des réactifs, local m des réactifs, aire f des réactifs
○ impianto m di dosaggio reattivi, magazzino m reattivi

32 **Chemiker** m
- □ chemist
- △ chimiste m
- ○ chimico m

33 **chemisch**
- □ chemical
- △ chimique
- ○ chimico

34 **chemisch gebunden**
- □ chemically combined
- △ chimiquement combiné
- ○ chimicamente combinato, chimicamente fissato

35 **chemisch rein**
- □ chemically pure
- △ chimiquement pur
- ○ chimicamente puro

36 **chemisch-physikalisch**
- □ physico-chemical
- △ physico-chimique
- ○ chimico-fisico

37 **Chironomuslarve** f, **rote**, **Zuckmückenlarve** f, **rote**
- □ blood-worm, Chironomus larva
- △ larve f de chironomides
- ○ larva f di chironomide

38 **Chlor** n
- □ chlorine
- △ chlore m
- ○ cloro m

Chlor, aktives → *Chlor, wirksames*

Chlor, festgebundenes → *Chlorid*

39 **Chlor** n, **flüssiges, Flüssigchlor** n
- □ liquid chlorine
- △ chlore m liquide
- ○ cloro m liquido

Chlor, freies → *Chlor, freies wirksames*

40 **Chlor** n, **freies wirksames, Chlor** n, **freies**
- □ free available chlorine, free chlorine
- △ chlore m actif libre, chlore m libre
- ○ cloro m attivo libero, cloro m libero

Chlor, gebundenes → *Chlorid*

41 **Chlor** n, **gebundenes wirksames**
- □ combined available chlorine
- △ chlore m actif combiné, chlore m semi combiné
- ○ cloro m attivo combinato

Chlor, verwertbares → *Chlor, wirksames*

42 **Chlor** n, **wirksames, Chlor** n, **aktives, Chlor** n, **verwertbares**
- □ available chlorine, active chlorine
- △ chlore m actif
- ○ cloro m attivo

Chlor-Ammoniak-Verfahren
→ *Chlorammoniakverfahren*

43 **Chlor-Kupfer-Verfahren** n, **Chlorkupferung** f
- □ chlorination combined with copper sulfate
- △ procédé m chlore-cuivre
- ○ clorazione f combinata con dosaggio di solfato di rame

Chlorabsorptionsvermögen
→ *Chlorzehrung*

44 **Chloramin** n, **Chlorammoniak** n
- □ chloramine
- △ chloramine f
- ○ cloramina f

Chloraminverfahren
→ *Chlorammoniakverfahren*

Chlorammoniak → *Chloramin*

45 **Chlorammoniakverfahren** n, **Chlor-Ammoniak-Verfahren** n, **Chloraminverfahren** n
- □ chloramine treatment, chlorine ammonia treatment, chloramination
- △ procédé m aux chloramines, procédé m chlore-ammoniaque, traitement m au chlore et à l'ammoniaque, traitement m aux chloramines
- ○ cloroammoniazione f

46 **Chlorammonium** n, **Ammoniumchlorid** n
- □ ammonium chloride
- △ sel m ammoniac, sel m d'ammoniaque, chlorhydrate m d'ammoniaque, hydrochlorate m d'ammoniaque, muriate m d'ammoniaque, chlorure m d'ammonium
- ○ cloruro m d'ammonio, idroclorato m, cloridrato m di ammoniaca, muriato m di ammoniaca

Chlorapparat → *Chlorgerät*

47 **Chlorbedarf** m
- □ chlorine demand, C.D., amount of chlorine required, initial chlorine demand, I.C.D.
- △ besoin m en chlore, dose f nécessaire de chlore, demande f en chlore
- ○ clororichiesta f, quantità f di cloro da impiegare, fabbisogno m in cloro

Chlorbindung → *Chlorzehrung*

Chlorbindungsvermögen → *Chlorzehrung*

Chlorbombe → *Chlorflasche*

Chlorcalcium → *Calciumchlorid*

48 **Chlorcalciumendlauge** f **des Solvay-Verfahrens, Destilleurendlauge** f
- □ tail liquor of the Solvay-process, distiller waste
- △ solution f finale du procédé Solvay, liqueur f de queue, liqueur f de chlorure de calcium
- ○ lisciva f finale della distillazione del processo Solvay, lisciva f finale di cloruro di calcio

49 **Chlordiagramm** n
□ chlorine diagram
△ diagramme m de chlore
○ diagramma m di Adler, diagramma m di cloro

50 **Chlordioxid** n, **Chlorperoxid** n
□ chlorine dioxide
△ peroxyde m de chlore, bioxyde m de chlore
○ perossido m di cloro, biossido m di cloro

Chlordosis → *Chlorgabe*

51 **chloren**
□ chlorinate
△ chlorer
○ clorare

Chloren, hoch~ → *hochchloren*

Chloren, über~ → *hochchloren*

52 **Chlorflasche** f, **Chlorbombe** f
□ chlorine cylinder
△ bouteille f de chlore, bouteille f à chlore
○ bombola f di cloro

53 **Chlorgabe** f, **Chlordosis** f, **Chlorzusatz** m
□ chlorine dosage, chlorine addition, chlorine admixture, chlorine application
△ dose f de chlore, dosage m de chlore
○ dose f di cloro

54 **Chlorgas** n
□ chlorine gas, gaseous chlorine
△ chlore m gazeux
○ gas m cloro, gas m di cloro, clorico-gas m

55 **Chlorgasgerät** n
□ chlorine gas feeder
△ doseur m de chlore gazeux
○ dosatore m di gas cloro

56 **Chlorgasspürgerät** n
□ chlorine (fume) detector
△ détecteur m de chlore
○ rilevatore m di cloro gassoso

57 **Chlorgehalt** m
□ chlorine content
△ degré m chlorométrique
○ tenore m di cloro

58 **Chlorgerät** n, **Chlorapparat** m
□ chlorinator
△ appareil m à chlore, chloreur m, chloromètre m, chlorateur m
○ cloratore m

Chlorgerät, Haus~ → *Hauschlorgerät*

59 **Chlorgeruch** m
□ chlorinous odour
△ odeur f de chlore
○ odore m di cloro

60 **Chlorgeschmack** m
□ chlorinous taste
△ saveur f de chlore
○ sapore m di cloro

61 **Chlorhydrat** n
□ hydrate of chlorine
△ chlorhydrate m, hydrate m de chlore
○ idrato m di cloro, cloridrato m

62 **Chlorid** n, **Chlor** n, **festgebundenes, Chlor** n, **gebundenes, Chlorid** n, **neutrales**
□ chloride
△ chlorure m
○ cloruro m

Chlorid, neutrales → *Chlorid*

63 **chlorige Säure** f
□ chlorous acid
△ acide m chloreux
○ acido m cloroso

64 **Chlorkalium** n, **Kaliumchlorid** n
□ potassium chloride
△ chlorure m de potasse, chlorure m de potassium
○ cloruro m di potassio

Chlorkalk → *Bleichkalk*

Chlorkalzium → *Calciumchlorid*

65 **Chlorkautschuk** m
□ chlorinated rubber
△ caoutchouc m chloré
○ caucciù m clorato, gomma f al cloro, gomma f clorata

66 **Chlorkohlenwasserstoff** m, **Kohlenwasserstoff** m, **chlorierter**
□ chlorinated hydrocarbon, organochlorine compound
△ hydrocarbure m chloré
○ idrocarburo m clorato

67 **Chlorkohlenwasserstoff-Pestizid** n
□ organo-chlorine pesticide
△ pesticide m organo-chloré, pesticide m à base d'hydrocarbures chlorés
○ pesticido m organo-clorurato

Chlorkupferung → *Chlor-Kupfer-Verfahren*

Chlormagnesium → *Magnesiumchlorid*

Chlornatrium → *Kochsalz*

Chloroform → *Trichlormethan*

68 **Chloroformlösliches** n **des A-Kohle-Auszuges**
□ chloroform soluble from carbon extraction
△ extrait m chloroformique sur charbon
○ sostanze f pl solubili in cloroformio estratto da carbone

Chlorophycea → *Grünalge*

Chlorophyll → *Blattgrün*

Chlorose → *Bleichsucht*

Chlorperoxid → *Chlordioxid*

69 **Chlorphenol** n
□ chlorophenol
△ chlorophénol m
○ clorofenolo m

Chlorphenolgeschmack → *Phenolgeschmack*

70 **Chlorsilber** n
□ silver chloride
△ chlorure m d'argent
○ cloruro m d'argento

71 **Chlorsoda** *n*
□ sodium hypochlorite
△ chlorure *m* de soude
○ clorosoda *f*, ipoclorito *m* di sodio

72 **Chlorüberschuß** *m*, **Überschußchlor** *n*
□ chlorine excess
△ excédent *m* de chlore
○ eccesso *m* di cloro

73 **Chlorung** *f*
□ chlorination
△ chloration *f*, stérilisation *f* par le chlore
○ clorazione *f*, clorurazione *f*

Chlorung, Abwasser~ → *Abwasserchlorung*

Chlorung, Brechpunkt~
→ *Knickpunktchlorung*

74 **Chlorung** *f*, **direkte**
□ dry-feed chlorination, direct application of gaseous chlorine, direct feed of gaseous chlorine
△ application *f* directe de chlore, chloration *f* à sec, chloration *f* directe au chlore gazeux
○ clorazione *f* a secco, clorazione *f* diretta

75 **Chlorung** *f*, **indirekte**
□ solution-feed chlorination, solution-feed application of gaseous chlorine
△ application *f* de chlore en solution, chloration *f* indirecte par une eau chlorée
○ clorazione *f* indiretta

76 **Chlorung** *f*, **nochmalige**
□ rechlorination
△ rechloration *f*
○ clorazione *f* a nuovo

77 **Chlorung** *f*, **restchlorfreie**
□ subresidual chlorination
△ chloration *f* marginale
○ clorazione *f* senza cloro residuo

Chlorung, Schutz~ → *Schutzchlorung*

Chlorung, Zwischen~ → *Zwischenchlorung*

78 **Chlorungsanlage** *f*
□ chlorination plant
△ installation *f* de chloration, poste *m* de chloration
○ impianto *m* di clorazione, stazione *f* di clorazione

79 **Chlorungsmittel** *n*
□ chlorinating agent
△ agent *m* de chloration
○ agente *m* di clorazione

80 **Chlorwaage** *f*
□ chloro-scales *pl*
△ balance *f* de chlore
○ bilancia *f* per il cloro

81 **Chlorwasser** *n*
□ chlorine solution
△ eau *f* chlorée, eau *f* de chlore
○ acqua *f* clorata, acqua *f* di cloro

Chlorwasserstoffsäure → *Salzsäure*

82 **Chlorzehrung** *f*, **Chlorabsorptionsvermögen** *n*, **Chlorbindung** *f*, **Chlorbindungsvermögen** *n*
□ chlorine combining capacity, chlorine absorptive properties *pl*, chlorine binding capacity
△ capacité *f* d'absorption de chlore
○ capacità *f* d'assorbimento di cloro

Chlorzusatz → *Chlorgabe*

83 **Chlorzusatz/Überschußchlor-Diagramm** *n*
□ applied/residual chlorine curve
△ courbe *f* de chlore appliqué/chlore résiduel
○ curva *f* cloro fornito/cloro residuo

84 **Cholera** *f*
□ cholera
△ choléra *m*
○ colera *m*

85 **Cholera** *f*, **asiatische**
□ Asiatic cholera
△ choléra *m* asiatique
○ colera *m* asiatico

86 **Cholerabazillus** *m*
□ cholera vibrio
△ bacille *m* du choléra
○ bacillo *m* del colera

87 **Chrom** *n*
□ chromium
△ chrome *m*
○ cromo *m*, cromio *m*

88 **Chromat** *n*
□ chromate
△ chromate *m*
○ cromato *m*

89 **Chromatographie** *f*
□ chromatography
△ chromatographie *f*
○ cromatografia *f*

90 **Chromatographie** *f*, **-absteigendes Verfahren**
□ decending technique of chromatography
△ chromatographie *f* descendante
○ cromatografia *f* discendente

91 **Chromatographie** *f*, **-aufsteigendes Verfahren**
□ ascending technique of chromatography
△ chromatographie *f* ascendante
○ cromatografia *f* ascensionale

Chromatographie, Dampf~ → *Dampfchromatographie*

Chromatographie, Dünnschicht~
→ *Dünnschichtchromatographie*

Chromatographie, Gas~ → *Gaschromatographie*

Chromatographie, Gas-Flüssigkeits-~
→ *Gas-Flüssigkeits-Chromatographie*

Chromatographie, Ionenaustausch~
→ *Ionenaustauschchromatographie*

Chromatographie, Papier~ → *Papier-chromatographie*

Chromatographie, Rundfilter~ → *Rundfilterchromatographie*

Chromatographie, Säulen~ → *Säulen-chromatographie*

92 chromatographisch
- □ chromatographic
- △ chromatographique
- ○ cromatografico

Chromatographisch, gas~ → *gas-chromatographisch*

93 Chromfärbereiabwasser *n*
- □ chrome dyeing wastes *pl*
- △ eaux *f pl* résiduaires de teinturerie au chrome
- ○ acqua *f* di scarico d'imbiancatura a cromo

94 Chromgerberei *f*
- □ chrome tannery
- △ mégisserie *f* au chrome, tannerie *f* au chrome
- ○ concia *f* di cromo, conceria *f* di cromo

95 Chromgerbung *f*
- □ chrome tanning
- △ tannage *m* au chrome
- ○ tannaggio *m* a cromo

96 Chromsäure *f*
- □ chromic acid
- △ acide *m* chromique
- ○ acido *m* cromico

Ciliaten → *Wimperinfusorien*

97 Ciliaten *f pl*, **festsitzende**
- □ stalked ciliates *pl*
- △ ciliés *m pl* fixes, ciliés *m pl* pédonculés
- ○ ciliati *m pl* peduncolati

Cisterne → *Zisterne*

98 Citrusfrucht-Verarbeitung *f*
- □ citrus fruit processing
- △ traitement *m* des citrons, transformation *f* des citrons
- ○ lavorazione *f* degli agrumi

C:N-Verhältnis → *Kohlenstoff-Stickstoff-Verhältnis*

99 C:N:P-Verhältnis *n*, **Kohlenstoff-Stickstoff-Phosphor-Verhältnis** *n*
- □ C:N:P-ratio, carbon:nitrogen:phosphorous-ratio
- △ rapport *m* C:N:P, rapport *m* carbone-azote-phosphore
- ○ rapporto *m* C:N:F, rapporto *m* carbonio-azoto-fosforo

Coelenteraten → *Pflanzentiere*

Colcrete-Beton → *Unterwasserbeton*

100 Coli-abtötend
- □ colicidal
- △ qui détruit les colibacilles
- ○ che elimina i colibacilli

101 Coli-Kolonie *f*
- □ colon strain
- △ colonie *f* de colibacille
- ○ colonia *f* di colibatteri

Colibakterien, Kaltblüter-~ → *Kaltblüter-Colibakterien*

102 Colibakterium *n*, **Bacterium coli** *n*, **E.[scherichia] coli**
- □ bacterium coli, E. coli, B. coli
- △ colibacille *m*, bacille *m* coli, bacterium *m* coli
- ○ colibacillo *m*, bacillus *m* coli, bacterium *m* coli

103 Colibestimmung *f*
- □ coli determination
- △ appréciation *f* quantitative du colibacille, colimétrie *f*
- ○ ricerca *f* quantitativa del bacillus coli, determinazione *f* del bacterium coli

104 coliform
- □ coliform
- △ coliforme
- ○ coliformo

Coliforme → *Bakterien, coliforme*

105 Colikeimzahl *f*
- □ coli count, B. coli count
- △ numération *f* des colibacilles, comptage *m* des colibacilles
- ○ conta *f* dei colibatteri

106 Coliphage *f*
- □ coliphage
- △ coli-phage *m*, bactériophage *m* spécifique du colibacille
- ○ colifago *m*, batteriofago *m* specifico dei colibatteri

107 Colititer *m*
- □ coli test, coli titer
- △ colititre *m*
- ○ colititolo *m*

108 Colizahl *f*, **mutmaßlich richtigste** (bact.)
- □ most probable number of Bacteria coli, M.P.N. of Bacteria coli
- △ nombre *m* le plus probable des colibacilles
- ○ numero *m* più probabile di coli

109 Computer *m*, **Rechner** *m*
- □ computer, calculator
- △ ordinateur *m*, calculatrice *f*
- ○ calcolatore *m*

110 Conjugaten *pl*
- □ conjugatae *pl*
- △ conjuguées *f pl*
- ○ coniugati *m pl*

CSB → *Sauerstoffbedarf, chemischer*

111 Cyan *n*
- □ cyanogen
- △ cyanogène *m*
- ○ cianogeno *m*

112 **Cyanid** *n*
□ cyanide
△ cyanure *m*
○ cianuro *m*

113 **Cyankalium** *n*, **Kaliumcyanid** *n*
□ potassium cyanide
△ cyanure *m* de potassium
○ cianuro *m* di potassio

Cyanophyceae → *Spaltalgen*

114 **Cyanose** *f*
□ cyanosis
△ cyanose *f*
○ cianosi *f*

Cyanwasserstoff → *Blausäure*

115 **Cyste** *f* *(biol.)*
□ cyst
△ cyste *f*
○ ciste *f*

Cytologie → *Zellkunde*

Cytoplasma → *Zellinhalt*

1 **D-Horizont** *m*
□ D-horizon
△ horizon *m* D
○ orizzonte *m* D

2 **Dach** *n*
□ roof, top
△ toit *m*, toiture *f*
○ tetto *m*

3 **Dachentwässerung** *f*
□ roof drainage
△ évacuation *f* des eaux de toiture
○ drenaggio *m* dei tetti

4 **Dachfläche** *f*
□ roof area
△ surface *f* du toit, superficie *f* de la toiture
○ superficie *f* del tetto

5 **Dachpappe** *f*
□ roofing felt
△ carton *m* bitumé, carton *m* asphalté
○ cartone *m* bitumato, cartone *m* asfaltato

6 **Dachrinne** *f*, **Traufrinne** *f*
□ roof gutter, roof drain
△ gouttière *f* de toit
○ gronda *f*, grondaia *f*

7 **Dachziegel** *m*
□ tile, roofing tile
△ tuile *f*
○ tegola *f*, coppo *m*

Dämpfen → *Dampfbehandlung*

8 **Dalbe** *f*, **Dückdalbe** *f*, **Vertäuungspfahl** *m*
□ dolphin, mooring post
△ duc d'albe *m*
○ palo *m* d'ormeggio

9 **Damm** *m*
□ dam, embankment, levee
△ digue *f*, levée *f*
○ diga *f*, argine *m*

Damm, Erd~ → *Erddamm*

Damm, Faschinen~ → *Faschinendamm*

Damm, Fels~ → *Steindamm*

Damm, Flügel~ → *Flügeldamm*

10 **Damm** *m*, **gespülter, Damm** *m*, **im Spülverfahren gebauter**
□ hydraulic [fill] dam
△ barrage *m* en terre remblayée hydrauliquement, barrage *m* à remblayage hydraulique
○ diga *f* in terra riempita idraulicamente, diga *f* a riempimento idraulico

Damm, Gewölbereihen~ → *Gewölbereihendamm*

Damm, Grundwasser~ → *Grundwasserdamm*

Damm, Hochwasser~ → *Hochwasserdamm*

Damm, im Spülverfahren gebauter → *Damm, gespülter*

Damm, Leit~ → *Leitdamm*

Damm, Sandsack~ → *Sandsacksperre*

Damm, Schütt~ → *Erddamm*

Damm, Schutz~ → *Schutzdamm*

Damm, Stau~ → *Staudamm*

Damm, Ufer~ → *Uferdamm*

Damm, Umleitungs~ → *Umleitungsdamm*

Damm, Walz~ → *Walzdamm*

11 Damm-Überlauf *m*
- □ dam overflow, dam spillway
- △ trop-plein *m* du barrage, déversoir *m* du barrage
- ○ sfioratore *m* di una diga, stramazzo *m* di una diga

12 Dammbalken *m*
- □ stop log, stop plank
- △ batardeau *m*, planche *f* d'exhaussement de crête
- ○ pancone *m*

13 Dammbalkenwehr *n*
- □ log weir
- △ barrage *m* mobile en troncs d'arbres lestés
- ○ sbarramento *m* mobile in tronchi d'albero

14 Dammbau *m*
- □ embanking [work]
- △ construction *f* de digues, construction *f* de levées
- ○ costruzione *f* di argini

15 Dammbruch *m*
- □ dam failure
- △ fissure *f* d'une digue, rupture *f* d'une digue
- ○ fessura *f* di diga, rottura *f* di diga

16 Dammflanken *f pl*
- □ shoulders of a dam
- △ épaulements *m pl* d'une digue
- ○ spalle *f pl* di una diga

17 Dammfuß *m*, **Fuß** *m* **eines Dammes**
- □ toe of a dam, heel of a dam
- △ pied *m* d'une digue
- ○ piede *m* di una diga

18 Dammfußentwässerung *f*
- □ toe drainage, toe drain of a dam
- △ drainage *m* du pied d'une digue
- ○ drenaggio *m* del piede di una diga

19 Dammhöhe *f*
- □ height of dam
- △ hauteur *f* du barrage
- ○ altezza *f* di diga

20 Dammkern *m*, **Kernmauer** *f*
- □ core of a dam, core wall
- △ noyau *m* d'une digue, écran *m*
- ○ nucleo *m* di una diga

21 Dammkörper *m*
- □ body of the dam
- △ massif *m* du barrage
- ○ corpo *m* della diga

22 Dammkrone *f*, **Oberkante** *f* **eines Dammes**
- □ top of a dam, crest of a dam, dam crest
- △ crête *f* d'une digue
- ○ coronamento *m* di una diga, cresta *f* di una diga

23 Dammschüttung *f*
- □ filling of a dam
- △ remblai *m* d'une digue
- ○ riporto *m* di una diga

24 Dammstraße *f*
- □ dam crest road, embankment crest road
- △ chaussée *f* d'une digue, chaussée *f* d'un barrage
- ○ coronamento *m* carrozzabile di una diga

25 Dampf *m*
- □ vapo[u]r, steam
- △ vapeur *f*
- ○ vapore *m*

Dampf, Hochdruck~ → *Hochdruckdampf*

Dampf, Niederdruck~ → *Niederdruckdampf*

26 Dampf *m*, **überhitzter**
- □ superheated steam
- △ vapeur *f* surchauffée
- ○ vapore *m* surriscaldato

dampfangetrieben → *mit Dampfantrieb*

27 Dampfantrieb *m*, **Antrieb** *m* **mit Dampf**
- □ steam impulse
- △ commande *f* à vapeur
- ○ comando *m* a vapore

28 mit Dampfantrieb *m*, **dampfangetrieben**
- □ steam driven
- △ entraîné par vapeur
- ○ con comando *m* a vapore

29 Dampfbehandlung *f*, **Dämpfen** *n*
- □ steaming operation
- △ traitement *m* par la vapeur
- ○ trattamento *m* a vapore

30 dampfbeheizt
- □ steam heated
- △ chauffé à la vapeur
- ○ riscaldato a vapore

31 Dampfchromatographie *f*
- □ vapor-chromatography
- △ chromatographie *f* en phase vapeur
- ○ cromatografia *f* a vapore

32 Dampfdruck *m*, **Dampfspannung** *f*
- □ vapor pressure
- △ pression *f* de vapeur, tension *f* de vapeur
- ○ pressione *f* del vapore, tensione *f* del vapore

Dampfdruckpumpe → *Pulsometer*

33 dampfgehärtet
- □ steam cured
- △ vieillissé par la vapeur
- ○ indurito con vapore

34 **Dampfhärtung** f (von Beton)
□ steam curing
△ vieillissement m par la vapeur
○ indurimento m con vapore

35 **Dampfkessel** m
□ steam boiler, engine boiler
△ chaudière f à vapeur
○ caldaia f a vapore

Dampfkesselspeisewasser → *Kesselspeisewasser*

36 **Dampfkraft** f
□ steam power
△ force f expansive de la vapeur
○ forza f motrice a vapore

37 **Dampfkraftwerk** n
□ steam power plant, steam plant
△ centrale f thermo-électrique, centrale f thermique
○ centrale f termoelettrica, centrale f termica

38 **Dampfmaschine** f
□ steam engine
△ machine f à vapeur, moteur m à vapeur
○ macchina f a vapore

Dampfmaschine, Dreifach-Expansions-~ → *Dreifach-Expansions-Dampfmaschine*

39 **Dampfmaschine** f, **einfache**
□ simple steam engine
△ machine f à vapeur à simple effet
○ macchina f a vapore a semplice effetto

Dampfmaschine, Hochdruck~ → *Hochdruckdampfmaschine*

40 **Dampfpumpe** f
□ steam pump
△ pompe f à vapeur
○ pompa f a vapore

41 **Dampfpumpe** f, **schwungradlose**
□ direct-acting steam pump
△ pompe f à vapeur à action directe
○ pompa f a vapore senza volano

Dampfspannung → *Dampfdruck*

Dampfstrahler → *Dampfstrahlpumpe*

42 **Dampfstrahlpumpe** f, **Dampfstrahler** m
□ steam jet pump
△ pompe f à jet de vapeur
○ iniettore m a vapore

43 **Dampfturbine** f
□ steam turbine
△ turbine f à vapeur
○ turbina f a vapore

44 **Danjes-Schreiber-Gegenstromverfahren** n
□ Danjes/Schreiber-countercurrent process
△ procédé m à contre-courant Danjes-Schreiber
○ processo m a controcorrente Danjes-Schreiber

45 **Daphnie** f, **Flohkrebs** m, **Wasserfloh** m (*Cladocera*)
□ daphnia, water flea
△ daphnie f, puce f d'eau
○ dafnia f, pulco m d'acqua, cladocero m

46 **Daphnientest** m
□ toxicity test with Daphnia
△ test m daphnies
○ saggio m di tossicità con dafnie

47 **Darcy-Geschwindigkeit** f
□ Darcy flow-rate
△ vitesse f d'écoulement de Darcy, vitesse f de filtration de Darcy
○ velocità f di filtrazione di Darcy

48 **Darcysches Gesetz** n
□ Darcy's law
△ loi f de Darcy
○ legge f di Darcy

49 **Dargebot** n, **sicheres**
□ safe yield
△ débit m de sécurité
○ portata f di sicurezza

Dargebot, Wasser~ → *Wasserdargebot*

Dargebotserhebung, Wasser~ → *Wasserdargebotserhebung*

50 **Darm** m
□ intestine, bowel
△ intestin m, boyau m
○ intestino m, budello m

51 **Darmbakterium** n, **Darmkeim** m, **Enterobakterium** n
□ intestinal germ, intestinal bacterium, enteric bacterium
△ germe m intestinal, bactérie f intestinale, bactérie f de l'intestin
○ germe m nell'intestino, batterio m intestinale

Darmentleerung → *Stuhlgang*

52 **Darmerkrankung** f
□ intestinal disease
△ maladie f des intestins
○ malattia f intestinale

Darmkeim → *Darmbakterium*

53 **Darmviren** n pl
□ enteric viruses pl
△ virus m pl entériques, entérovirus m pl
○ enterovirus m pl

Darmvirus → *Enteritis-Virus*

Daten → *Angaben*

Datenregistrierung → *Meßwerterfassung*

Datenspeicherung → *Meßwerterfassung*

Datenübermittlung → *Meßwertübermittlung*

Datenübertragung → *Meßwertübermittlung*

Datenverarbeitung → *Meßwertverarbeitung*

54 **Datenverarbeitungsmaschine** f
□ data processing machine, data processor
△ machine f de traitement des données, ordinateur m
○ macchina f di trattamento dei dati

55 **Daube** f
□ stave
△ douve f
○ doga f

Daubenrohr → Holzrohr

56 **Dauer** f, **Zeitdauer** f
□ duration, length of time
△ durée f
○ durata f

Dauer, Steig~ → Steigdauer

Dauerausscheider → Keimträger

57 **Dauerbeanspruchung** f
□ continuous strain
△ effort m continu
○ sollecitazione f continua

Dauerbetrieb → Betrieb, kontinuierlicher

Dauerfrost → Permafrost

58 **Dauerlinie** f
□ duration curve
△ courbe f de durée
○ curva f di durata

Dauerlinie der Abflußmengen → Abflußmengendauerlinie

59 **Dauerpumpversuch** m
□ long time pumping test
△ essai m de pompage à longue durée, essai m de pompage permanent
○ prova f prolungata di pompaggio

Dauerquelle → Quelle, permanente

60 **Dauerregen** m
□ lasting rain
△ pluie f de longue durée
○ pioggia f di lunga durata, pioggia f prolungata

61 **Dauerspende** f (hydrol.)
□ perennial yield, sustained yield
△ débit m d'écoulement pérenne, débit m permanent
○ portata f perenne, rendimento m permanente

62 **Dauerversuch** m
□ long-time test
△ essai m prolongé, essai m de longue durée
○ prova f prolungata, esperimento m di lunga durata

63 **Dauerzahl** f, **Abszissenwert** m **der Dauerlinie**
□ duration index number, abscissa value of flow-duration curve
△ indice m de durée, valeur f d'abscisse de la courbe de durée du débit
○ valore m di durata, valore m dell'ascissa della curva di durata delle portate

64 **Dauerzufluß** m
□ permanent afflux
△ arrivée f d'eau continue
○ afflusso m continuo

Dechlorierung → Entchlorung

65 **Deckanstrich** m, **Deckschicht** f (eines Anstrichs)
□ coating, top coating, top coat
△ couche f superficielle
○ strato m superficiale, strato m di finitura

Decke → Abdeckung

Decke, Eis~ → Eisdecke

Decke, Gas~ → Gasdecke

Deckel → Abdeckung

Deckel, Blind~ → Blindflansch

Deckel, Flanschen~ → Blindflansch

Deckel, Mannloch~ → Mannlochdeckel

Deckel, Revisions~ → Revisionsdeckel

Deckel, Schacht~ → Schachtabdeckung

66 **Deckenputz** m
□ plaster
△ emplâtre m
○ intonaco m

67 **Deckgebirge** n
□ overburden, overlying stratum
△ morts-terrains m pl, couche f supérieure
○ terreno m di copertura, manto m di copertura

Deckschicht → Deckanstrich

68 **Deckschicht** f (e. Grundwasserstockwerks)
□ upper confining bed, sealing rock
△ toît m imperméable
○ copertura f impermeabile

Deckschicht → Filterschicht, oberste

Deckschicht, Grundwasser~ → Grundwasserdeckschicht

Deckung → Überdeckung

69 **Deckung** f **des Wasserbedarfs, Bedarfsdeckung** f
□ meeting water requirements
△ couverture f des besoins en eau
○ soddisfacimento m delle necessità d'acqua

Deckung, Spitzen~ → Spitzendeckung

Deckungshöhe → Überdeckung

Deckwalze → Welle, stehende

70 **Deckwerk** n, **Uferdeckwerk** n
□ bank covering
△ couverture f des rives
○ copertura f delle sponde

Defäkation → Stuhlgang

71 **Defekthörer** m, **Leckdetektor** m, **Lecksuchgerät** n
- □ leak detector, locator, searcher of rupture
- △ détecteur m de fuites
- ○ ricercatore m acustico delle perdite, acquafono m, ricercatore m di perdite idriche

Deflation → *Erosion durch Wind*

72 **Degradierung** f *(des Bodens)*, **Solodisation** f
- □ degradation, solodisation
- △ dégradation f, solodisation f
- ○ degradazione f

Dehnung → *Ausdehnung*

Dehnung, Wärme~
→ *Wärmeausdehnung*

73 **Dehnungsfuge** f, **Ausdehnungsfuge** f, **Bewegungsfuge** f, **Dehnungsverbindung** f
- □ expansion joint, contraction joint
- △ joint m de contraction, joint m de dilatation, joint m d'allongement
- ○ giunto m di contrazione, giunto m di dilatazione, spazio m per l'estensione, giunta f di dilatazione, giunta f di espansione

74 **Dehnungsmesser** m
- □ extensometer, strain meter
- △ extensomètre m, dilatomètre m
- ○ estensiometro m, estensimetro m

Dehnungsverbindung → *Dehnungsfuge*

Dehydratation → *Entwässerung*

Dehydration → *Entwässerung*

75 **Dehydrationswasser** n
- □ water of dehydration
- △ eau f de déshydratation
- ○ acqua f di disidratazione

76 **Dehydrierung** f
- □ dehydrogenation
- △ déshydrogénation f
- ○ deidrogenazione f

77 **Dehydrogenase** f *(biol.)*
- □ dehydrogenase
- △ déshydrogénase f
- ○ deidrogenasi f

78 **Dehydrogenase-Aktivität** f *(biol.)*
- □ dehydrogenase activity
- △ activité f des déshydrogénases
- ○ attività f deidrogenasica

79 **Dehydrogenasetest** m, **TTC-Test** m
- □ dehydrogenase test
- △ test m au T.T.C.
- ○ test m del TTC

80 **Deich** m
- □ floodbank, dike, dyke, dam, levee *(am)*
- △ dyke m, digue f
- ○ dicco m

Deich, Abschluß~ → *Abschlußdeich*

Deich, Binnen~ → *Binnendeich*

81 **Deichanker** m
- □ dike foundation, foundation of dike
- △ fondation f d'ancrage d'une digue, massif m d'ancrage d'une digue
- ○ fondazione f di un argine

82 **Deichbau** m
- □ dike construction
- △ construction f de digues
- ○ costruzione f di argini

Deichschleuse → *Entwässerungsschleuse*

83 **Deichvorland** n, **Außendeichsland** n, **Vorland** n
- □ land beyond the dike, foreland
- △ zone f littorale en avant de la digue, avant-pays m
- ○ zona f littorale antistante la diga avampaese m

dekantieren → *sich absetzen*

Dekantieren → *Absetzen*

84 **Dekantierzentrifuge** f
- □ decanting centrifuge
- △ décanteur m centrifuge, décanteuse-centrifugeuse f
- ○ decantore m centrifugo

Dekontamination → *Dekontaminierung*

85 **dekontaminieren, entaktivieren** *(radiol.)*
- □ decontaminate
- △ décontaminer
- ○ decontaminare

86 **Dekontaminierung** f, **Dekontamination** f, **Entaktivierung** f *(radiol.)*
- □ decontamination
- △ décontamination f
- ○ decontaminazione f

87 **Dekontaminierungsfaktor** m, **Entaktivierungsfaktor** m *(radiol.)*
- □ decontamination factor
- △ coefficient m de décontamination
- ○ coefficiente m di decontaminazione

88 **Delta** n
- □ delta
- △ delta m
- ○ delta m

Deltamündung → *Flußdelta*

Demijohn → *Korbflasche*

Demontage → *Abmontieren*

demontieren → *abmontieren*

Demulgator → *Emulsionsspaltmittel*

Denitrifikanten → *Bakterien, denitrifizierende*

89 **Denitrifikation** f, **Entnitrifizierung** f
- □ denitrification
- △ dénitrification f
- ○ denitrificazione f

90 **Densobinde** f, **Densoschutzbinde** f
- □ denso band
- △ rouleau m de bandes isolantes Denso
- ○ denso-benda f

Densoschutzbinde → *Densobinde*

91 **Denudation** f, **Abtragung** f, **flächenhafte**
□ denudation
△ dénudation f
○ denudazione f

92 **Depolarisation** f
□ depolarization, depolarisation
△ dépolarisation f
○ depolarizzazione f

93 **depolarisieren**
□ depolarize
△ dépolariser
○ depolarizzare

Deponie → *Abladestelle*

Deponie → *Stapelung*

94 **Deponie** f, **geordnete**, **Ablage** f, **geordnete**, **Mülldeponie** f, **geordnete**
□ controlled tipping, sanitary landfill
△ décharge f contrôlée
○ deposito m regolato, scarico m controllato

Deponie, Müll~ → *Müllkippe*

Deponie, offene → *Ablage, offene*

Deponie, Schlamm~ → *Schlammlagerplatz*

Deponie, ungeordnete → *Ablage, wilde*

Deponie, wilde → *Ablage, wilde*

95 **Depression** f *(geogr.)*
□ depression
△ dépression f
○ depressione f

96 **Derivat** n
□ derivative
△ dérivé m
○ derivato m

Derrick → *Auslegerkran*

97 **Desaminase** f
□ deaminase
△ désaminase f
○ deaminasi f

98 **Desinfektion** f, **Entseuchung** f, **Hygienisierung** f
□ disinfection
△ désinfection f
○ disinfezione f

Desinfektion, Rohr~ → *Rohrdesinfektion*

Desinfektion, Schlamm~ → *Schlammdesinfektion*

Desinfektion, Wasser~ → *Wasserentseuchung*

99 **Desinfektionsmittel** n
□ disinfectant
△ désinfectant m
○ disinfettante m

Desodorans → *Geruchsbeseitigungsmittel*

Desodorisierung → *Geruchsbeseitigung*

Desodorisierungsmittel → *Geruchsbeseitigungsmittel*

100 **Desorption** f
□ desorption
△ désorption f
○ desorbimento m

101 **Desoxiribonukleinsäure** f
□ deoxyribonucleid acid
△ deoxyribonucleid acid, A.D.N.
○ acide m deossiribonucleico, D.N.A.

102 **Destillat** n, **Destillationswasser** n
□ distillate, fluid obtained by distilling
△ distillat m
○ prodotto m della distillazione, distillato m

103 **Destillation** f
□ distillation, distilling
△ distillation f
○ distillazione f

Destillation, Entspannungs~ → *Entspannungsdestillation*

Destillation, mehrstufige, Entspannungs~ → *Entspannungsdestillation, mehrstufige*

Destillation, Solar~ → *Solarverdampfung*

104 **Destillationsanlage** f
□ distillation plant, still
△ installation f de distillation
○ impianto m di distillazione

105 **Destillationsrückstand** m, **Kolonnenablauf** m
□ distillation residue, stillage, still bottom
△ résidu m de distillation
○ residuo m di distillazione

Destillationswasser → *Destillat*

Destillator, Sonnen~ → *Sonnendestillator*

Destilleurendlauge → *Chlorcalciumendlauge des Solvay-Verfahrens*

destillieren → *brennen*

Destillierkolonne → *Destilliervorrichtung*

106 **Destilliervorrichtung** f, **Destillierkolonne** f
□ still, distilling apparatus
△ appareil m distillatoire
○ distillatore m

Desulfurikanten → *Bakterien, sulfatreduzierende*

Detektor → *Suchgerät*

Detektor, Elektroneneinfang-~ → *Elektroneneinfang-Detektor*

107 **Detektor** m, **emissionsspektrometrischer**
□ emission spectrometric detector
△ détecteur m de spectrophotométrie d'émission
○ rivelatore m di spettrofotometria a emissione

Detektor, Flammenionisations~ → *Flammenionisationsdetektor*

Detektor, Mikrocoulometer-~ → *Mikrocoulometer-Detektor*

Detektor, Phosphor-~ → *"Thermoionic"-Detektor*

Detektor, "Thermoionic"-~
→ *"Thermoionic"-Detektor*

Detergens → *Waschmittel*

108 **Detergentien** f pl, **harte**
□ hard detergents pl
△ tensio-actifs m pl durs, détergents m pl durs
○ detersivi m pl duri

109 **Detergentien** f pl, **weiche**
□ soft detergents pl
△ détergents m pl tendres, détergents m pl biodégradables, tensio-actifs m pl tendres, tensio-actifs m pl biodégradables
○ detersivi m pl biodegradabili

110 **Detritus** m
□ detritus
△ détritus m
○ detrito m

Deutung von Befunden → *Auswertung von Befunden*

111 **Devon** n, **Devonformation** f
□ Devonian
△ dévonien m
○ devoniano m

Devonformation → *Devon*

112 **Dezimalklassifikation** f
□ decimal system of classification
△ classification f décimale
○ classificazione f decimale

113 **Diäthylenglykol** n
□ diethylene glycol
△ diéthylène glycol m, glycol m diéthylénique
○ glicol-dietilenico m

114 **Diagonalbalken-Fischpaß** m
□ diagonal baulk fish pass
△ passe f à poissons avec poutre en diagonale
○ passo m da pesci con trave diagonale

115 **Diagonale** f
□ diagonal
△ diagonale f
○ diagonale f

116 **Diagramm** n
□ diagram
△ diagramme m, graphique m, abaque m
○ diagramma m, grafico m, abaco m

Diagramm, Strömungs~ → *Strömungsdiagramm*

117 **Diagrammstreifen** m
□ chart record
△ enregistrement m de diagrammes
○ registrazione f di diagrammi

118 **Dialyse** f
□ dialysis
△ dialyse f
○ dialisi f

Dialyse, Elektro~ → *Elektrodialyse*

119 **Diamant-Bohrkrone** f
□ diamond drilling bit
△ couronne f de forage au diamant
○ corona f di trivellazione a diamante

120 **Diamant-Bohrmaschine** f
□ diamond drill
△ sondeuse f au diamant
○ sonda f a diamanti

121 **Diapause** f *(zool.)*
□ diapause
△ diapause f
○ diapausa f

Diaphragmapumpe → *Membranpumpe*

Diarrhoe → *Durchfall*

Diatomeen → *Kieselalgen*

Diatomeenerde → *Kieselgur*

Diatomitfilter → *Kieselgur-Anschwemmfilter*

122 **Dichloramin** n
□ dichloramine
△ dichloramine f
○ dicloramina f

Dichromat-Methode, Sauerstoffbedarf, chemischer ~ nach der ~
→ *Sauerstoffbedarf, chemischer ~ nach der Dichromat-Methode*

123 **dicht** *(dichthaltend)*
□ tight, leak-proof, seepage-free
△ étanche
○ a tenuta f di ...

Dicht, luft~ → *luftdicht*

124 **Dichtbrennen** n, **Glasieren** n
□ vitrification
△ vitrication f
○ vitrificazione f

125 **Dichte** f, **Masse** f, **spezifische**
□ density
△ densité f
○ densità f

Dichte, Zell~ → *Zelldichte*

126 **Dichtebestimmung** f
□ determination of density
△ détermination f de la densité
○ determinazione f della densità

dichten → *abdichten*

127 **Dichteregler** m
□ density controller
△ régulateur m de densité
○ regolatore m di densità

128 **Dichteströmung** f
□ density current, densimetric flow
△ courant m de densité
○ corrente f di densità

129 **Dichtigkeit** f
□ tightness, imperviousness
△ étanchéité f
○ tenuta f

130 **Dichtigkeitsprüfung** f, **Undichtigkeitsprüfung** f
□ testing for tightness, leakage test
△ essai m d'étanchéité, épreuve f d'étanchéité
○ prova f di tenuta

Dichtscheibe, Leder~ → *Lederdichtscheibe*

131 **Dichtung** f, **Liderung** f, **Packung** f
□ packing, joint, gasket, sealing
△ joint m, garniture f, bourrage m
○ giunto m, guarnizione f

Dichtung → *Abdichtung*

Dichtung, Bitumen~ → *Bitumendichtung*

Dichtung, Blei~ → *Bleidichtung*

Dichtung, Gummi~ → *Gummidichtung*

Dichtung, Rohrstoß~ → *Stoß-an-Stoß-Verbindung*

Dichtung, Rollring~ → *Rollgummiverbindung*

Dichtung, Wasser~ → *Wasserdichtung*

132 **Dichtungsgraben** m, **Dichtungsschürze** f
□ puddle trench
△ tranchée f à corroi d'argile
○ trincea f con impermeabilizzazione argillosa

133 **Dichtungshaut** f, **Dichtungsschirm** m, **Dichtungsschleier** m
□ watertight diaphragm, grout curtain, watertight screen
△ voile m d'étanchéité, rideau m d'injection, masque m étanche, rideau m d'étanchéité
○ diaframma m impermeabile, setto m impermeabile

134 **Dichtungskern** m, **Dichtungskörper** m
□ core, watertight core
△ noyau m d'étanchéité
○ nucleo m impermeabile

Dichtungskörper → *Dichtungskern*

135 **Dichtungsleisten** f pl (*von Flanschen*)
□ jointing surfaces pl
△ faces f pl de joint
○ facce f pl di giunzione

Dichtungsmasse → *Dichtungsmaterial*

136 **Dichtungsmaterial** n, **Dichtungsmasse** f, **Dichtungsmittel** n
□ packing material, jointing material, jointing compound
△ matière f pour joints
○ materiale m per giunti, materiale m impermeabilizzante

137 **Dichtungsmauer** f
□ staunching wall
△ mur m parafouille
○ muro m a protezione delle infiltrazioni

Dichtungsmittel → *Dichtungsmaterial*

138 **Dichtungsring** m, **Dichtungsscheibe** f
□ packing ring, joint ring
△ bague f de garniture, bague f de joint, rondelle f de joint, rondelle f de bourrage
○ anello m di guarnizione

139 **Dichtungsring** m (*in e. Schieber*)
□ gate ring
△ bague f d'obturateur
○ anello m di tenuta

Dichtungsscheibe → *Dichtungsring*

Dichtungsschirm → *Dichtungshaut*

Dichtungsschleier → *Dichtungshaut*

Dichtungsschürze → *Dichtungsgraben*

140 **Dichtungsstreifen** m
□ sealing strip
△ lame f d'étanchéité
○ nastro m di tenuta

141 **Dichtungswand** f
□ diaphragm wall
△ mur m d'étanchéité
○ muro m di tenuta

142 **dick, stark**
□ thick
△ épais, gros
○ spesso, grosso

143 **Dicke** f, **Stärke** f
□ thickness
△ épaisseur f, grosseur f
○ spessore m, grossezza f

dickflüssig → *zähflüssig*

Dickflüssigkeit → *Zähflüssigkeit*

Dickkopf → *Groppe*

144 **Dickstoffpumpe** f
□ thick-matter pump
△ pompe f à matières consistantes
○ pompa f a materie consistente

145 **dickwandig**
□ thick-walled
△ à paroi f épaisse
○ a parete f spessa

146 **Dieldrin** n
□ dieldrin
△ dieldrine f
○ dieldrina f

147 **Dielektrizitätskonstante** f
□ dielectric constant
△ constante f diélectrique
○ costante f dielettrica

148 **Dienst** m, **städtischer**
□ municipal service, public utilities pl
△ service m municipal
○ servizio m comunale

149 **Dieselmotor** m
□ Diesel engine
△ moteur m Diesel
○ motore m Diesel

150 **Dieselöl** n
- diesel fuel, diesel oil
- carburant m Diesel
- carburante m Diesel, gasolio m

151 **Differential-Thermoanalyse** f
- differential thermoanalysis
- thermoanalyse f différentielle
- termoanalisi f differenziale

Differentialdruck → *Druckdifferenz*

152 **Differentialdruckanzeiger** m, **Staudruckanzeiger** m
- differential pressure indicator
- indicateur m de pression différentielle
- indicatore m di pressione differenziale

153 **Differentialdruckwassermesser** m
- differential pressure water meter
- compteur m à pression differentielle
- contatore m a pressione differenziale

154 **Differentialfärbung** f *(bact.)*
- differential staining
- coloration f différentielle
- colorazione f differenziale

155 **Differentialgleichung** f
- differential equation
- équation f différentielle
- equazione f differenziale

156 **Differentialnährboden** m, **Effektivnährboden** m, **Selektivnährboden** m
- differential culture medium, differential nutrient medium, selective culture medium
- milieu m de culture sélectif, milieu m nutritif différentiel
- mezzo m di coltura selettivo, mezzo m di coltura differenziale

157 **Differentialtest** m *(bact.)*
- differential test
- test m biochimique d'identification
- test m differenziale

Differenz, Druck~ → *Druckdifferenz*

158 **Differenzdruckmesser** m
- differential gage
- manomètre m différentiel
- manometro m differenziale

159 **Differenzdruckschalter** m
- differential-pressure switch
- interrupteur m à différence de pression
- interruttore m a differenza di pressione

Diffuseur, Hauben~ → *Haubendiffuseur*

160 **Diffusion** f
- diffusion
- diffusion f
- diffusione f

161 **Diffusion** f **durch Wirbel**
- eddy diffusion
- diffusion f par remous
- diffusione f turbolenta

Diffusion, Kapillar~ → *Kapillardiffusion*

162 **Diffusions- und Schnitzelpreßwasser** n *(einer Zuckerfabrik)*
- process water
- eau f de diffusion et de filtration
- acqua f di diffusione e di filtrazione

163 **Diffusionsbeiwert** m, **Diffusionskoeffizient** m
- coefficient of diffusion
- coefficient m de diffusion
- coefficiente m di diffusione

164 **Diffusionsdruck** m
- diffusion pressure
- pression f de diffusion
- pressione f di diffusione

Diffusionskoeffizient → *Diffusionsbeiwert*

165 **Diffusivität** f
- diffusivity
- diffusivité f
- diffusività f

166 **Diffusverunreinigung** f
- non-point source pollution, diffuse pollution
- pollution f diffuse, pollution f émanant d'une source non ponctuelle
- inquinamento m da sorgente diffusa, inquinamento m da sorgente non puntiforme

167 **Digitalrechner** m
- digital computer
- calculateur m digital
- calcolatore m digitale

168 **dimorph, zweigestaltig**
- dimorph
- dimorphe
- dimorfo

Dimorphie → *Dimorphismus*

169 **Dimorphismus** m, **Dimorphie** f, **Zweigestaltigkeit** f
- dimorphism
- dimorphisme m
- dimorfismo m

170 **Dinatriumphosphat** n, **Natriumphosphat** n, **sekundäres**
- disodium phosphate
- phosphate m disodique
- fosfato m bisodico

171 **Dinoflaggellaten** pl
- dinoflagellates pl
- dinoflagellés m pl
- dinoflagellati m pl

172 **Dioxid** n, **Dioxyd** n
- dioxide
- dioxyde m
- biossido m

Dioxyd → *Dioxid*

173 **diphasisch**
- two-phase
- diphasique
- bifase

direkt → *unmittelbar*

174 **Direktablesung** f
- direct reading
- lecture f directe
- lettura f diretta

175 **Direktfiltration** f
- direct filtration
- filtration f directe
- filtrazione f diretta

Direktor → *Leiter*

176 **diskontinuierlich, intermittierend**
- discontinous, intermittent
- discontinu, intermittent
- discontinuo, intermittente

Dismulgator → *Emulsionsspaltmittel*

177 **Dispergator** m
- dispergator
- disperseur m
- dispersore m

Dispergator, Vogelbusch-~
→ *Vogelbusch-Dispergator*

178 **Dispergiermittel** n
- dispersing agent, dispersant
- agent m de dispersion, dispersant m
- agente m di dispersione, agente m disperdente, disperdente m

Dispergiermittel, Öl-~ → *Öl-dispergiermittel*

179 **dispers, feinverteilt**
- dispersed
- dispersé
- disperso

180 **Dispersion** f, **Farbenzerstreuung** f
- dispersion
- dispersion f
- dispersione f

181 **Dissimilation** f
- dissimilation
- dissimilation f
- dissimilazione f

182 **Dissipation** f
- dissipation
- dissipation f
- dissipazione f

183 **Dissoziation** f
- dissociation
- dissociation f
- dissociazione f

184 **Dissoziationsgrad** m
- degree of dissociation, dissociative degree, dissociation power
- degré m de dissociation, force f ionique
- grado m di dissociazione

185 **Distrikts[wasser]messer** m
- district meter
- compteur m principal
- contatore m principale

186 **Dock** n
- dock
- dock m
- dock m

Dock, Schwimm-~ → *Schwimmdock*

Dock, Trocken-~ → *Trockendock*

187 **Döbel** m, **Aitel** m *(Squalius cephalus)*
- chub
- chevain m, chevesne m
- cefalo m

Dole → *Abwasserleitung*

Dole, Sicker-~ → *Sickerdole*

Doline → *Karsttrichter*

188 **Dolomit** m
- dolomite, magnesian limestone
- dolomi[t]e f
- dolomite f, dolomia f

189 **Dolomit** m, **gebrannter**
- dolomitic quicklime
- dolomie f calcinée, dolomite f calcinée
- dolomito m calcinato

Donator, Wasserstoff-~ → *Wasserstoff-donator*

190 **Donau** f
- Danube
- Danube m
- Danubio m

Doppel-T-Stück → *Kreuzstück*

Doppelboden → *Boden, doppelter*

191 **Doppelfilterung** f
- double-filtration
- double-filtration f
- filtrazione f doppia, filtrazione f a filtro doppio

192 **Doppelflanschschieber** m
- double flanged gate-valve
- robinet-vanne f à deux brides
- saracinesca f a flangia doppia

193 **Doppelhosenstück** n
- double Y-branch
- culotte f double
- tubo m a doppia forchetta, tubo m a Y doppio

194 **Doppelkammerschleuse** f, **Doppelschleuse** f, **Zwillingsschleuse** f
- twin lock, two-chamber lock, double lock
- écluses f pl accolées, écluses f pl jumelles
- chiusa f doppia, chiuse f pl gemelle

195 **Doppelkeilkolorimeter** n
- double wedge colorimeter
- colorimètre m à double récipient
- colorimetro m a chiavetta doppia

196 **Doppelkrümmer** m
- U-bend
- double coude m, pièce f en U, coude m à 180°
- curva f a U

197 **Doppelmuffe** f, **MM-Stück** n
- double socket
- tuyau m à deux emboîtements, tuyau m à deux bouts femelles, manchon m
- manicotto m doppio

198 Doppelmuffe mit Flanschstutzen f, **MMA-Stück** n
- □ double socket with flanged branch, double bell tee with flanged branch, straight sleeve with flanged branch
- △ T à deux emboîtements avec tubulure à bride, manchon m avec tubulure à bride
- ○ pezzo m a T a due manicotti con diramazione a flangia

199 Doppelmuffe mit Muffenstutzen f, **MMB-Stück** n
- □ double socket with socketted branch, double bell tee with socketted branch, straight sleeve with bell branch, all-bell tee
- △ T á deux emboîtements avec tubulure à emboîtement, té m à trois emboîtements
- ○ pezzo m a T a due manicotti con diramazione a bicchiere

200 Doppelmuffe f **mit zwei Flanschstutzen, MMAA-Stück** n
- □ straight sleeve with two flanged branches, sleeve, straight, with two flanged branches
- △ manchon m avec deux tubulures à bride
- ○ manicotto m doppio con due diramazioni a flangia

201 Doppelmuffe f **mit zwei Muffenstutzen, MMBB-Stück** n
- □ straight sleeve with two bell branches, sleeve, straight, with two bell branches
- △ manchon m avec deux tubulures à emboîtement
- ○ manicotto m doppio con due diramazioni a bicchiere

202 Doppelmuffenfußkrümmer m, **MMQN-Stück** n
- □ double bell base-elbow, double bell duckfoot bend *(am)*
- △ coude m à patin à deux emboîtements
- ○ curva f a supporto a manicotto doppio

203 Doppelmuffenkrümmer m
- □ double bell bend, double bell elbow
- △ coude m à deux emboîtements
- ○ curva f a manicotto doppio

204 Doppelmuffenschieber m
- □ double hub-gate valve
- △ robinet-vanne m à deux emboîtements
- ○ saracinesca f a manicotto doppio

205 Doppelmuffenübergangsstück n
- □ double bell taper
- △ cône m à deux emboîtements
- ○ pezzo m di racordo a manicotto doppio

Doppelschleuse
→ *Doppelkammerschleuse*

206 Doppelsitzventil n
- □ double-seated valve
- △ soupape f à double siège
- ○ valvola f a doppia sede

207 Doppelverbindung f *(45°)*
- □ double Y-branch
- △ embranchement m double
- ○ raccordo m doppio

208 Doppelverrohrung f
- □ stove-pipe casing
- △ tubage m double
- ○ tubazione f doppia, tubazione f anulare

209 Doppelwidder m
- □ double-acting hydraulic ram
- △ bélier m double
- ○ ariete m idraulico a doppio effetto

210 Doppelzweckanlage f
- □ dual purpose plant
- △ installation f à buts doubles
- ○ impianto m a doppio scopo

Dorf → *Ortschaft*

211 Dorrklärbecken n
- □ Dorr-clarifier
- △ décanteur m type Dorr
- ○ chiarificatore m tipo Dorr

212 Dortmundbecken n, **Dortmundbrunnen** m
- □ Dortmund tank
- △ décanteur m type Dortmund, fossé m Dortmund
- ○ chiarificatore m tipo Dortmund, vasca f Dortmund

Dortmundbrunnen → *Dortmundbecken*

Dosieranlage, Fällmittel~
→ *Chemikalienstation*

Dosierapparatur → *Dosiergerät*

Dosierer → *Dosiergerät*

Dosierer, Chemikalien~ → *Chemikaliendosierer*

Dosierer, Naß~ → *Naßdosierer*

Dosierer, Trocken~ → *Trockendosierer*

213 Dosiergerät n, **Dosierapparatur** f, **Dosierer** m, **Zumeßgerät** n, **Zusatzvorrichtung** f
- □ feeder, feeding device, chemical feed machine, feeding apparatus, proportioning device
- △ doseur m, appareil m doseur
- ○ apparecchio m di dosatura, dosatrice f, dosatore m

Dosiergerät, Chemikalien~
→ *Chemikaliendosierer*

Dosiergerät, Hypochlorit-~
→ *Hypochlorit-Dosiergerät*

214 Dosierpumpe f, **Zumeßpumpe** f
- □ proportioning pump, metering pump
- △ pompe f de dosage, pompe f doseuse
- ○ pompa f di dosatura, pompa f dosatrice

215 Dosierschnecke f
- □ screw feeder
- △ vis f d'alimentation
- ○ dosatrice f a coclea

216 **Dosierung** f, **Dosierungsmenge** f, **Dosis** f, **Zumessung** f, **Zusatzmenge** f, **Zuschlag** m
□ dosage, feed, feeding, dosing, dose
△ dosage m, dose f
○ dosatura f, dose f, aggiunta f

Dosierung, Fällmittel~ → *Fällmitteldosierung*

217 **Dosierung** f, **mengenproportionale**
□ proportional feed
△ dosage m proportionnel au débit, application f en fonction du débit
○ dosatura f proporzionale alla portata

Dosierung, Naß~ → *Naßdosierung*

Dosierungsmenge → *Dosierung*

218 **Dosimetrie** f
□ dosimetry
△ dosimétrie f
○ dosimetria f

Dosis → *Dosierung*

Dosis, höchstzulässige → *Maximaldosis*

Dosis, Letal~ → *Letaldosis*

Dosis, Maximal~ → *Maximaldosis*

Dosis, Strahlen~ → *Strahlendosis*

Drän → *Sickerrohr*

Drän, Fang~ → *Fangdrän*

Drän, Rohr~ → *Rohrdrän*

Drän, Stein~ → *Sickerdole*

219 **Dränabstand** m
□ drain spacing
△ écartement m des drains
○ scartamento m dei tubi da dreno

Dränage → *Dränung*

Dränage, Boden~ → *Bodendränage*

Dränage, Faschinen~ → *Faschinendränage*

Dränagefähigkeit
→ *Entwässerungsfähigkeit*

Dränagestollen → *Entwässerungsstollen*

220 **dränen, dränieren, trockenlegen**
□ drain
△ drainer
○ drenare

Drängewasser → *Sickerwasser*

221 **Drängraben** m
□ drain trench
△ tranchée f pour drain
○ trincea f per tubi da dreno

Drängraben, offener → *Entwässerungsgraben*

dränieren → *dränen*

222 **Dränierkörper** m
□ draining bed, drain
△ lit m de drainage
○ letto m drenante

223 **dräniert**
□ underdrained
△ drainé
○ drenato

Dränrohr → *Sickerrohr*

224 **Dränrohr** n **mit offenen Fugen**
□ open joint tile drainage pipe, open-jointed tile drainage pipe
△ tuyau m de drainage sans joint
○ tubazione f di drenaggio con giunti aperti

Dränschicht → *Sickerschicht*

Dränstrang, Mehrzweck~ → *Mehrzweckdränstrang*

225 **Dränung** f, **Dränage** f, **Trockenlegung** f
□ drainage, underdrainage, subsurface drainage, subsoil drainage, underground drainage, covered drainage, exundation
△ drainage m
○ drenaggio m

Dränung, Belüftungs~ → *Belüftungsdränung*

Dränung, Maulwurf~ → *Maulwurfdränung*

Dränung, Rechtecksystem der ~ → *Rechtecksystem der Dränung*

Dränung, Voll~ → *Volldränung*

Dränwasser → *Sickerwasser*

226 **Dränziegel** m
□ drain tile, drainage tile
△ poterie f pour drains
○ mattone m da dreno

227 **Draht** m
□ wire
△ fil m
○ filo m

Drahtgaze → *Drahtgewebe*

228 **Drahtgewebe** n, **Drahtgaze** f
□ wire cloth, wire fabric
△ gaze f métallique, toile f métallique, tissu m métallique
○ tela f metallica, tessuto m metallico

229 **Drahtschotterkasten** m
□ gabion
△ gabion m
○ gabbione m

230 **Drahtschotterverhau** m
□ gabionnade
△ gabionnade f
○ gabbionata f

Drahtsieb, Profil~ → *Profildrahtsieb*

231 **Drahtzieherei** f
□ wire-drawing establishment
△ tréfilerie f
○ filiera f

Dreck → *Schmutz*

232 **drehbar, rotierend**
□ rotating
△ rotatif
○ rotativo, girevole

233 **Drehbewegung** f
□ rotary motion
△ mouvement m rotatoire, mouvement m angulaire
○ movimento m rotatorio

234 **Drehbohrgerät** n
□ rotary rig
△ appareil m de forage rotatif, rotary m
○ perforatrice f rotativa, perforatrice f a rotazione

235 **Drehbohrung** f, **Rotarybohrung** f, **Rotationsbohrung** f
□ rotary drilling
△ forage m au rotary, sondage m par rotation, forage m rotatif, sondage m rotatif
○ trivellazione f a rotazione, trivellazione f rotativa

236 **Drehbohrung** f **mit hydraulischem Antrieb**
□ hydraulic rotary drilling
△ rotary m à commande hydraulique
○ trivellazione f rotativa a comando idraulico

237 **Drehbrücke** f
□ swinging bridge
△ pont m tournant
○ ponte m girevole

238 **drehen, rotieren**
□ rotate
△ tourner sur son axe
○ rotare, girare

Drehfilter → *Trommelfilter*

Drehfilter, Vakuum~ → *Saugzellenfilter*

Drehfiltertrommel → *Filtertrommel, rotierende*

239 **Drehkolbengebläse** n
□ rotary piston blower
△ soufflerie f à piston rotatif
○ soffieria f a stantuffo rotativo

240 **Drehkolbenpumpe** f
□ rotary piston pump, roller vane pump
△ pompe f à piston rotatif
○ pompa f a stantuffo rotativo

Drehkran, Turm~ → *Turmdrehkran*

241 **Drehmoment** n
□ torque
△ moment m de torsion
○ momento m di torsione

242 **Drehofen** m, **Drehrohrofen** m, **Trommelofen** m
□ rotary furnace, rotary incinerator
△ four m rotatif, four m à tambour
○ forno m rotativo, forno m rotatorio

Drehrohrofen → *Drehofen*

243 **Drehscheibe** f
□ turntable
△ plaque f tournante
○ piattaforma f girevole

Drehsieb → *Trommelrechen*

244 **Drehsprenger** m
□ sprinkler, rotary distributor, revolving distributor, rotary sprinkler, rotating distributor, revolving sprinkler
△ arroseuse f rotative, distributeur m rotatif, pulvérisateur m tournant, sprinkler m tournant, tourniquet m hydraulique, arrosoir m rotatif
○ distributore m rotativo

245 **Drehsprengerarm** m
□ sprinkler arm
△ bras m d'arrosage
○ bracchio m del distributore rotativo

246 **Drehstrahlregner** m, **Schwenkregner** m
□ rotating sprinkler
△ arroseur m rotatif, asperseur m rotatif
○ irrigatore m a pioggia rotativo

247 **Drehstrom** m
□ three-phase current, triphase current
△ courant m triphasé
○ corrente f polifase, corrente f trifase

248 **Drehtisch** m *(Brunnenbau)*
□ rotating table
△ table m de rotation
○ tavola f rotante

249 **Drehtrommel** f, **Gerbfaß** n
□ rocker vat, rotating drum
△ foulon m à tanner, tambour m à tanner
○ tamburo m rotante

Drehung → *Umdrehung*

Drehwaage → *Torsionswaage*

250 **Drehzahl** f, **Tourenzahl** f
□ number of revolutions
△ nombre m de tours
○ numero m di giri

Drehzahlregler → *Geschwindigkeitsregler*

251 **Drei-Stunden-Bedarf** m, **höchster**
□ maximum three hour demand
△ demande f maximale sur trois heures
○ bisogno m massimo nelle tre ore

252 **Dreiachsialdruckversuch** m
□ triaxial compression test
△ essai m de compression triaxiale
○ prova f di compressione triassiale

dreiachsig → *dreiaxial*

253 **dreiaxial, dreiachsig**
□ triaxial
△ triaxial
○ triassiale

254 **Dreibock** m
□ tripod
△ trépied m
○ treppiede m, capra f con paranco

Dreieckquerschnitt → *Querschnitt, dreieckiger*

255 **Dreifach-Expansions-Dampfmaschine** f
□ triple expansion steam engine
△ machine f à vapeur à triple effet
○ macchina f a vapore a triplice effetto, macchina f a vapore a triplice espansione

256 **Dreifußkran** m
- derrick crane
- grue f tripode
- gru m a tre piedi

257 **Dreikammer-Faulgrube** f
- three-compartment septic tank
- fosse f septique à trois compartiments
- fossa f settica a tre compartimenti

258 **Dreikanalrad** n
- three-vane impeller
- roue f à trois canaux, rotor m à trois canaux
- ruota f girante a tre canali

259 **Dreirollenmeißel** m
- tricone rock bit
- tricône m
- tricono m

260 **Dreistoff-Filter** n
- trimedia filter
- filtre m à trois matières
- filtro m a tre materie

261 **Dreiweghahn** m
- three-way cock
- robinet m à trois voies
- rubinetto m a tre vie

262 **dreiwertig** (chem.)
- trivalent
- triatomique, trivalent
- trivalente, triatomico

263 **Dretsche** f
- dredge
- filet m drageur
- draga f

264 **Drift** f
- drift
- dérive f [de la mer]
- deriva f

265 **Driftströmung** f
- drift current
- courant m de dérivation
- corrente f di deriva

266 **Drillingspumpe** f, **Triplexpumpe** f
- triple-acting pump
- pompe f à triple effet
- pompa f a triplice effetto

267 **Drillingspumpe** f, **liegende**
- triple-acting horizontal pump
- pompe f horizontale à triple effet
- pompa f orizzontale a triplo effetto

268 **Drillingspumpe** f, **stehende**
- triple-acting upright pump, triple-acting vertical pump
- pompe f verticale à triple effet
- pompa f verticale a triplice effetto

Drossel → *Einschnürung*

269 **Drosselklappe** f
- throttle valve, butterfly valve
- papillon m [de réglage], régulateur m à papillon, valve f à papillon, clapet m étrangleur
- valvola f a farfalla, valvola f di strozzamento

270 **Drosselklappe** f, **pneumatisch betätigte**
- pneumatically operated butterfly-valve
- vanne f papillon à commande pneumatique, vanne f papillon pneumatique
- valvola f a farfalla a comando pneumatico

271 **drosseln**
- throttle
- étrangler
- strozzare

272 **Drosselorgan** n
- throttle device
- organe m d'étranglement
- organo m di strozzamento

Drosselung der Enzymproduktion → *Hemmung der Enzymproduktion*

273 **Druck** m
- pressure, head, compression, stress
- pression f, compression f, poussée f
- pressione f, compressione f

Druck, Absolut~ → *Absolutdruck*

274 **Druck** m, **artesischer**
- artesian pressure, artesian head
- pression f artésienne, hauteur f de charge artésienne
- pressione f artesiana

Druck, Behälter~ → *Behälterdruck*

Druck, Betriebs~ → *Betriebsdruck*

Druck, Bruch~ → *Bruchbelastung*

Druck, Dampf~ → *Dampfdruck*

Druck des Wassers, Fließ~ → *Fließdruck des Wassers*

Druck des Wassers, Lösch~ → *Löschdruck des Wassers*

Druck, Diffusions~ → *Diffusionsdruck*

Druck eines Filters, Arbeits~ → *Filterdruck*

Druck, Erd~ → *Erddruck*

Druck, Filter~ → *Filterdruck*

Druck, Förder~ → *Förderdruck*

Druck, Gebirgs~ → *Gebirgsdruck*

Druck, Gegen~ → *Gegendruck*

Druck, Höchst~ → *Höchstdruck*

Druck, hydraulischer → *Fließdruck des Wassers*

Druck, hydrostatischer → *Ruhwasserdruck*

Druck, Innen~ → *Innendruck*

Druck, Leitungs~ → *Leitungsdruck*

Druck, Lösungs~ → *Lösungsdruck*

Druck, Luft~ → *Luftdruck*

Druck, Maximal~ → *Höchstdruck*

Druck, Mindest~ → *Mindestdruck*

Druck, Minimal~ → *Mindestdruck*

Druck, Nenn~ → *Nenndruck*

275 **Druck** *m*, **osmotischer**
- □ osmotic pressure
- △ pression *f* osmotique
- ○ pressione *f* osmotica

Druck, Partial~ → *Partialdruck*

Druck, Regner~ → *Regnerdruck*

Druck, Sättigungs~ → *Sättigungsdruck*

276 **unter Druck setzen**
- □ pressurize
- △ opprimer, mettre sous pression, pressuriser
- ○ mettere sotto pressione

Druck, Sicker~ → *Sickerdruck*

277 **Druck** *m*, **statischer**
- □ static pressure
- △ pression *f* statique
- ○ pressione *f* statica

Druck, Stoß~ → *Stoßdruck*

278 **Druck-Gefrierverfahren** *n*
- □ pressure freezing process
- △ procédé *m* de congélation sous pression
- ○ processo *m* di congelamento sotto pressione

279 **Druckabfall** *m*
- □ pressure drop
- △ chute *f* de pression, baisse *f* de pression
- ○ caduta *f* di pressione

280 **Druckabfall** *m*, **spezifischer, Druckverlust** *m*, **spezifischer**
- □ specific loss of head
- △ chute *f* spécifique de pression
- ○ caduta *f* specifica di pressione

281 **Druckänderung** *f*
- □ variation of pressure
- △ variation *f* de pression
- ○ variazione *f* di pressione

282 **Druckausgleich** *m*
- □ pressure compensation
- △ compensation *f* de la pression
- ○ compensazione *f* della pressione

283 **Druckbehälter** *m*
- □ one-way surge tank, pressure vessel
- △ chambre *f* d'équilibre à sens unique
- ○ vasca *f* di compensazione

284 **Druckbelebung** *f*
- □ pressurized activation
- △ activation *f* par pressurisation
- ○ attivazione *f* per pressurizzazione

285 **Druckdifferenz** *f*, **Differentialdruck** *m*
- □ differential pressure
- △ différence *f* de pression, pression *f* différentielle
- ○ pressione *f* differenziale

286 **Druckdose** *f*, **Druckmeßdose** *f*
- □ pressure meter, pressure cell
- △ capteur *m* de pressions, capsule *f* de mesure de pression
- ○ misuratore *m* di pressioni, pressiometro *m*

Druckentlastungsbrunnen
→ *Entwässerungsbrunnen*

Druckerei, Zeug~ → *Zeugdruckerei*

287 **Druckerhöhung** *f* *(Wasserversorgung)*
- □ boosting
- △ relevage *m*, reprise *f*
- ○ aumento *m* di pressione

288 **Druckerhöhungspumpe** *f*
- □ booster pump, booster
- △ pompe *f* de surpression, surpresseur *m*, pompe *f* relais, pompe *f* de reprise
- ○ pompa *f* di sovrapressione

289 **Druckfestigkeit** *f*
- □ compression strength, crushing strength, compressive strength
- △ résistance *f* à la compression
- ○ resistenza *f* alla compressione, resistenza *f* alla pressione

Druckfestigkeitsprüfung → *Druckprobe*

290 **Druckfilter** *n*
- □ pressure filter
- △ filtre *m* sous pression, filtre *m* à pression
- ○ filtro *m* a pressione

Druckfilter → *Filter, geschlossenes*

Druckfilter, Kerzen~ → *Kerzenfilter*

291 **Druckfiltration** *f*
- □ pressure filtration
- △ filtration *f* sous pression
- ○ filtrazione *f* sotto pressione

Druckfläche → *Druckspiegel, hydraulischer*

292 **Druckflotation** *f*, **Entspannungsflotation** *f*
- □ dissolved air flotation, pressure flotation
- △ flottation *f* sous pression, flottation *f* par air dissous, flottation *f* par pressurisation-détente
- ○ flottazione *f* a differenza di pressione, flottazione *f* a pressione differenziata

293 **Druckgeber** *m* *(Automation)*
- □ pressure transmitter
- △ transducteur *m* de pression
- ○ trasduttore *m* di pressione

294 Druckgefälle n, Gefälle n, hydraulisches, Wasserspiegelgefälle n
- □ hydraulic gradient
- △ gradient m hydraulique, ligne f piézométrique, ligne f hydraulique, ligne f de charge hydraulique
- ○ gradiente m idraulico

Druckgeschwindigkeit, Höchst~ → Höchstdruckgeschwindigkeit

295 Druckhöhe f
- □ pressure head, head
- △ charge f [d'eau], hauteur f de chute, hauteur f piézométrique
- ○ altezza f piezometrica, altezza f di carico

296 Druckhöhe f, danymische
- □ dynamic pressure head
- △ charge f dynamique, hauteur f de la pression dynamique
- ○ carico m dinamico, altezza f della pressione dinamica

297 Druckhöhe f einer Pumpe
- □ discharge head of a pump, delivery head of a pump, discharge pressure of a pump
- △ hauteur f de refoulement d'une pompe
- ○ carico m idraulico della pompa, altezza f della pressione di pompa, prevalenza f della pompa

Druckhöhe, Gesamt~ → Gesamtdruckhöhe

298 Druckhöhe f, hydrostatische, Stauhöhe f, hydrostatische
- □ hydrostatic pressure head, hydrostatic height of pressure, hydrostatic head
- △ charge f hydrostatique
- ○ altezza f della pressione idrostatica

299 Druckhöhe f, manometrische
- □ manometric head
- △ hauteur f (de refoulement) manométrique
- ○ carico m manometrico, altezza f manometrica della pressione

300 Druckhöhe f, potentielle
- □ potential pressure head
- △ hauteur f de la pression f potentielle, charge f potentielle
- ○ altezza f della pressione potenziale, carico m potenziale

301 Druckhöhe f, statische
- □ static head, static pressure
- △ charge f statique, hauteur f de la pression statique
- ○ altezza f della pressione statica

Druckhöhenverlust → Druckverlust

302 Druckknopfsteuerung f
- □ push-button control
- △ commande f par bouton poussoir
- ○ comando m per bottone di pressione, comando m a pulsante

303 Druckknopfventil n
- □ push button valve, press button valve
- △ soupape f à bouton-poussoir
- ○ valvola f a bottone di pressione

Drucklager, Pumpen~ → Pumpendrucklager

Druckleitung → Druckrohrleitung

304 Drucklinie f
- □ pressure gradient, pressure curve
- △ ligne f de charge, courbe f des pressions
- ○ linea f delle pressioni, curva f delle pressioni

305 Drucklinie f, artesische
- □ artesian pressure gradient
- △ gradient m de pression artésienne
- ○ gradiente m di pressione artesiana

Drucklinie, Fließ~ → Fließdrucklinie

Drucklinie, hydraulische → Fließdrucklinie

Drucklinie, hydrostatische → Ruhwasserdrucklinie

Drucklinie, Ruhwasser~ → Ruhwasserdrucklinie

306 Druckluft f, Preßluft f
- □ compressed air
- △ air m comprimé, air m sous pression
- ○ aria f compressa

307 Druckluft-Caisson n, Drucklufttsenkkasten m
- □ pneumatic caisson, compressed air caisson
- △ caisson m pneumatique, caisson m à air comprimé
- ○ cassone m per fondazioni pneumatiche

308 Druckluftantrieb m
- □ compressed air impulse
- △ commande f à air comprimé
- ○ comando m ad aria compressa

309 mit Druckluftantrieb m
- □ air-powered
- △ entraîné par air comprimé
- ○ con comando m ad aria compressa

310 Druckluftbecken n
- □ diffused-air tank
- △ bassin m à insufflation d'air
- ○ vasca f ad aria compressa

311 Druckluftbelüftung f
- □ diffused air aeration, air diffusion, compressed air aeration
- △ aération f par diffusion, aération f à air comprimé, aération f par insufflation
- ○ aerazione f ad aria compressa, aerazione f ad insufflazione

Drucklufterzeuger → Verdichter

312 Druckluftförderung f
- □ compressed-air lifting
- △ relèvement m par l'air comprimé, relèvement m pneumatique
- ○ sollevamento m mediante aria compressa

313 **Druckluftgründung** f
□ foundation work under compressed air, pneumatic foundation
△ fondation f par l'air comprimé
○ fondazione f ad aria compressa, fondazione f pneumatica

Drucklufheber → *Mammutpumpe*

314 **Druckluftleitung** f
□ compressed air line
△ conduite f d'air comprimé
○ condotta f ad aria compressa

315 **Druckluftpegel** m
□ bubble gage
△ limnigraphe m à bulles
○ idrometro m a pompa d'aria

Druckluftprobe → *Preßluftprobe*

Druckluftsenkkasten → *Druckluft-Caisson*

Druckmeßdose → *Druckdose*

Druckmesser → *Manometer*

Druckmesser, Differenz~ → *Differenzdruckmesser*

Druckmesser, Fließ~ → *Piezometer*

Druckmesser, Leitungs~ → *Leitungsdruckmesser*

316 **Druckminderer** m, **Druckminderungsventil** n, **Druckminderventil** n, **Druckreduzierventil** n, **Reduzierventil** n
□ reducing valve, pressure reducing valve
△ soupape f de réduction, réducteur m de pression, robinet m réducteur de pression, mano-détendeur m, détendeur m de pression
○ riduttore m di pressione, valvola f di riduzione della pressione

317 **Druckminderung** f
□ pressure reduction
△ réduction f de pression
○ riduzione f di pressione

Druckminderungsventil → *Druckminderer*

Druckminderventil → *Druckminderer*

318 **Druckpotential** n
□ piezometric potential
△ potentiel m piézométrique
○ potenziale m piezometrico

319 **Druckprobe** f, **Abpressen** n, **Druckfestigkeitsprüfung** f, **Wasserdruckprobe** f
□ pressure test, hydrostatic test
△ épreuve f de pression, essai m de pression
○ prova f di pressione

320 **Druckpumpe** f
□ pressure pump, force pump
△ pompe f foulante, pompe f élévatoire
○ pompa f a pressione, pompa f premente

Druckreduzierventil → *Druckminderer*

Druckregelventil → *Druckregler*

321 **Druckregler** m, **Druckregelventil** n, **Druckregulierungsventil** n
□ pressure adapter, pressure governor, pressure regulator, pressure regulating valve, pressure control valve, pressure-retaining valve
△ soupape f de régulation, régulateur m de pression, vanne f à soupape
○ regolatore m di pressione, valvola f di regolazione della pressione

Druckregler, Filter~ → *Filterdruckregler*

322 **Druckreglung** f
□ pressure control, regulation of pressure
△ réglage m de la pression
○ regolazione f della pressione

Druckregulierungsventil → *Druckregler*

323 **Druckrohr** m
□ discharge pipe, delivery pipe, pressure pipe
△ tuyau m de débit, tuyau m d'écoulement, tuyau m d'évacuation, tuyau m de décharge, tuyau m de refoulement
○ tubo m di scarico, tubo m di mandata

324 **Druckrohrleitung** f, **Druckleitung** f, **Förderleitung** f, **Turbinenleitung** f
□ delivery main, delivery conduit, pressure pipe-line, penstock, force main, pressure main, pumping main
△ conduite f forcée, conduite f de refoulement, tuyauterie f sous pression, conduite f en charge, conduite f sous pression
○ condotta f forzata, condotta f a pressione, conduttura f di sollevamento, conduttura f di compressione, condotta f premente, conduttura f forzata, condotta f di mandata

325 **Druckrückgang** m
□ lowering of pressure, drop in pressure
△ diminution f de pression, baisse f de pression
○ diminuzione f di pressione

326 **Druckschalter** m
□ pressure switch
△ interrupteur m à pression
○ interruttore m a pulsante

Druckschalter, Differenz~ → *Differenzdruckschalter*

327 **Druckschwankung** f
□ pressure oscillation
△ fluctuations f pl de pression
○ oscillazione f di pressione

328 **Druckspannung** f
□ compressive stress
△ effort m de compression
○ sforzo m di compressione

329 **Druckspiegel** m, **hydraulischer, Druckfläche** f, **Niveau** n, **piezometrisches, Wasserdruckspiegel** m
□ level of the hydraulic pressure, piezometric surface, piezometric level
△ niveau m piézométrique, surface f piézométrique
○ livello m piezometrico

330 **Druckspüler** m
□ flush valve
△ robinet m de chasse
○ valvola f a pulsante

Drucksteigerung → *Druckvermehrung*

331 **Drucksteigerungsverhältnis** n
□ pressure increase ratio
△ rapport m d'augmentation de pression
○ rapporto m di recupero di carico cinetico

332 **Druckstollen** m
□ pressure tunnel, penstock
△ galerie f d'amenée, galerie f en pression, galerie f en charge
○ galleria f sottocarico, galleria f in pressione, galleria f forzata

333 **Druckstoß** m, **Stoß** m, **hydraulischer, Wasserhammer** m, **Wasserschlag** m, **Wasserstoß** m
□ water hammer, pressure surge
△ coup m de bélier, à coup de pression
○ colpo m d'ariete

334 **Druckstoßregler** m, **Druckstoßregulator** m, **Druckstoßsicherung** f
□ water hammer arrester, anti-waterhammer
△ antibélier m, anti-bélier m
○ regolatore m di colpo d'ariete

Druckstoßregulator → *Druckstoßregler*

Druckstoßsicherung → *Druckstoßregler*

335 **Druckturbine** f, **Aktionsturbine** f
□ impulse turbine, action turbine
△ turbine f à action, turbine f à impulsion
○ turbina f ad azione

336 **Druckunterbrechungsbehälter** m
□ break pressure tank
△ bassin m brise-charge
○ vasca f d'interruzione del carico

337 **Druckunterschied** m
□ pressure difference
△ différence f de pression
○ differenza f di pressione

338 **Druckventil** n
□ delivery valve, discharge valve
△ soupape f de refoulement, clapet m de refoulement
○ valvola f premente

Druckverdampfung, Zwangsumlauf-~ → *Zwangsumlauf-Druckverdampfung*

339 **Druckverlust** m, **Druckhöhenverlust** m, **Gefällverlust** m
□ loss of pressure, loss of head, loss of fall
△ perte f de charge, perte f de pression
○ perdita f di carico, perdita f di pressione

Druckverlust, spezifischer → *Druckabfall, spezifischer*

[Filter]druckverlustanzeiger → *Filterwiderstandshöhenmesser*

340 **Druckverlustanzeiger** m
□ loss of head indicator
△ indicateur m de perte de charge
○ indicatore m delle perdite di carico

341 **Druckvermehrung** f, **Drucksteigerung** f
□ increase of pressure, pressure increase, pressure rise
△ accroissement m de pression
○ aumento m di carico, aumento m della pressione

342 **Druckwasser** n
□ pressure water
△ eau f sous pression
○ acqua f in pressione

Druckwasserejektor → *Ejektorbelüfter*

343 **Druckwasserspülung** f
□ pressure scouring
△ chasse f sous pression, nettoyage m sous pression
○ pulizia f mediante acqua in pressione

344 **Druckwelle** f
□ pressure wave, compression wave
△ onde f de compression
○ onda f di compressione

Druckwelle → *Stoßwelle*

345 **Druckwellengeschwindigkeit** f
□ surge wave velocity
△ vitesse f (de propagation) de l'onde de pression
○ velocità f (di propagazione) dell'onda di pressione

Druckwindkessel → *Hydrophor*

346 **Druckzone** f
□ pressure zone
△ zone f de pression
○ zona f di pressione

drücken → *pumpen*

Dückdalbe → *Dalbe*

347 **Dücker** m, **Düker** m
□ inverted syphon, dip-pipe, invert, dive culvert
△ siphon m, siphon m submergé, siphon m à point bas, siphon m renversé, ponceau m à siphon, siphon m inverse, canalisation f surbaissée
○ sifone m rovesciato, sifone m, sifone m inverso

348 **Dückerdurchlaß** m
□ syphon duct
△ ponceau m à siphon
○ passaggio m a sifone

349 **Dückerkopf** m
□ syphon head
△ tête f de siphon
○ testa f di sifone

350 **Dückerkrümmer** m
- □ syphon elbow
- △ coude m d'un siphon inversé
- ○ curva f di sifone rovesciato

351 **Dückerwanne** f, **Dükerwanne** f
- □ syphon trough
- △ partie f la plus basse d'un corps de siphon, point m bas d'un siphon
- ○ fondo m di un sifone

Düker → *Dücker*

Dükerwanne → *Dückerwanne*

352 **Düne** f
- □ dune
- △ dune f
- ○ duna f

Düne, Wander~ → *Wanderdüne*

353 **Dünenpflanze** f
- □ dune plant
- △ plante f des sables
- ○ pianta f delle dune

354 **Dünensand** m
- □ dune sand
- △ sable m des dunes
- ○ sabbia f di dune

355 **Dünenwasser** n
- □ dune water
- △ eau f des dunes, nappe f des dunes
- ○ acqua f delle dune, acqua f di dune

356 **Düngekalk** m
- □ agricultural lime
- △ chaux f agricole
- ○ calce f agricola

357 **Düngemittel** n, **Dünger** m, **Dungstoff** m
- □ fertilizer
- △ engrais m
- ○ concime m, stabbio m, sostanze f pl concimanti, materie f pl stercoracee

Dünger → *Düngemittel*

Dünger, Handels~ → *Handelsdünger*

Dünger, Kunst~ → *Kunstdünger*

358 **Düngerstreuer** m, **Dungverteiler** m
- □ manure spreader, fertilizer sprayer
- △ distributeur m d'engrais
- ○ concimatrice f

359 **Düngerverregnung** f, **Gülleverregnung** f, **Jaucheverregnung** f
- □ ferti-irrigation
- △ irrigation f fertilisante
- ○ fertirrigazione f

360 **Düngewert** m, **Dungwert** m
- □ fertilizing value, manurial value
- △ valeur f fertilisante
- ○ valore m concimante

361 **Düngewirkung** f
- □ manurial effect
- △ effet m d'engrais, action f fertilisante
- ○ effetto m fertilizzante

362 **Düngung** f
- □ fertilization, fertilisation f
- △ fumure f
- ○ concimazione f

363 **Dünnsäure** f
- □ dilute acid
- △ acide m dilué
- ○ acido m diluito

364 **Dünnschichtchromatographie** f
- □ thin-layer chromatography
- △ chromatographie f en couche mince
- ○ chromatografia f su strato sottile

Dünnschichtverdampfung im fallenden Film, Langrohr-~ → *Langrohr-Dünnschichtverdampfung im fallenden Film*

365 **dünnwandig**
- □ thin-walled
- △ à paroi f mince
- ○ a parete f sottile

366 **Dünung** f
- □ swell
- △ houle f
- ○ mare m lungo, mare m morto

Dürre → *Trockenheit*

367 **Dürrehäufigkeit** f
- □ frequency of droughts
- △ fréquence f des périodes de sécheresse
- ○ frequenza f delle magre, frequenza f dei periodi di siccità

368 **Dürreperiode** f
- □ dry spell
- △ période f d'aridité, période f de sécheresse f
- ○ periodo m di seccchezza

Dürrepflanze → *Trockenpflanze*

369 **Dürreschaden** m, **Trockenschaden** m
- □ damage due to drought
- △ dégât m du à la sécheresse
- ○ danno m provocato dalla siccità

370 **Düse** f
- □ nozzle, jet
- △ tuyère f, buse f, ajutage m conique, buselure f
- ○ ugello m, bocchetta f di introduzione

Düse, Besprengungs~ → *Streudüse*

371 **Düse** f, **feststehende**
- □ fixed nozzle
- △ buselure f fixe, gicleur m fixe
- ○ ugello m fisso

Düse, Filter~ → *Filterdüse*

Düse, Schlitz~ → *Schlitzdüse*

372 **Düsenboden** m
- □ strainer plate
- △ fond m à buselures, fond m à gicleurs
- ○ piatto m filtrante

373 **Düsenmeißel** m
- □ jet bit
- △ outil m à jet, trépan m à jet
- ○ scalpello m a percussione

374 **Düsenrohrberegnung** f
- nozzle-line method of spray-irrigation, sprayline method of irrigation
- △ système f à rampe d'arrosage avec gicleurs ou diffuseurs
- ○ sistema m di irrigazione a spruzzo

Dung → *Stallmist*

Dunggrube → *Jauchegrube*

Dungstoff → *Düngemittel*

Dungverteiler → *Düngerstreuer*

Dungwert → *Düngewert*

375 **Dunstglocke** f
- haze canopy
- △ calotte f de brume
- ○ cappa f di caligine

376 **Dunstrohr** n, **Entlüftungsrohr** n
- vent, outlet-vent, vent pipe, exhaust pipe, draft tube
- △ tuyau m d'évent, tuyau m d'aération, tube m aérateur, tuyau m d'échappement, tube f d'aspiration
- ○ tubo m d'aerazione, tubo m aeratore, tubo m di sfiato, sfiatatoio m

377 **Duplexpumpe** f, **Duplexpumpe** f, **doppeltwirkende**
- double-acting duplex pump
- △ pompe f à deux pistons à double effet
- ○ pompa f alternativa a doppio effetto

Duplexpumpe, doppeltwirkende → *Duplexpumpe*

378 **Dupuitsche Annahme** f
- Dupuit's assumption
- △ hypothèses f pl de Dupuit
- ○ ipotesi f di Dupuit

durch Wasser übertragen → *wasserübertragen*

durchbiegen → *biegen*

Durchbiegung → *Biegung*

379 **Durchbruch** f **der Trübung**, **Durchschlagen** n **der Trübung**
- breakthrough of turbidity, turbidity breakthrough
- △ fuite f de turbidité, passage m de turbidité
- ○ fuga f di torbidità

Durchbruch in Filtern, Schlamm~ → *Schlammdurchbruch in Filtern*

380 **durchdringbar**
- penetrable
- △ pénétrable
- ○ penetrabile

381 **durchdringen**
- penetrate, impregnate, permeate
- △ barboter, pénétrer à travers
- ○ compenetrare, attraversare, impregnare

382 **Durchdringung** f, **Eindringen** n
- penetration, permeation
- △ pénétration f
- ○ penetrazione f

383 **Durchdringungsgeschwindigkeit** f
- permeation rate
- △ taux m de pénétration, vitesse f d'infiltration
- ○ velocità f di penetrazione

384 **Durchfall** m, **Diarrhoe** f
- diarrhea
- △ diarrhée f
- ○ diarrea f

385 **Durchfluß** m
- flow, passage
- △ passage m
- ○ flusso m, passaggio m

386 **Durchfluß** m
- flow, flow-through, passage
- △ passage m, écoulement m
- ○ flusso m, passaggio m

Durchfluß → *Förderleistung*

387 **Durchfluß** m, **horizontaler**
- horizontal flow
- △ écoulement m horizontal, circulation f horizontale
- ○ flusso m orizzontale, passaggio m orizzontale

Durchfluß, Kavernen~ → *Kavernendurchfluß*

388 **Durchfluß** m, **mittlerer, bei Ebbestrom**
- mean flow at outgoing tide
- △ débit m moyen de la marée descendante
- ○ portata f media della marea discendente

389 **Durchfluß** m, **mittlerer, bei Flutstrom**
- mean flow at incoming tide
- △ débit m moyen de la marée montante
- ○ portata f media della marea ascendente

Durchflußanzeiger → *Strömungsanzeiger*

390 **Durchflußfläche** f
- cross-sectional area of flow
- △ section f de passage, section f d'écoulement
- ○ sezione f trasversale di deflusso

391 **Durchflußgeschwindigkeit** f
- velocity of flow, velocity of passage
- △ vitesse f de passage
- ○ velocità f di flusso, velocità f di passaggio

392 **Durchflußkurve** f
- flow-through curve
- △ courbe f de passage
- ○ curva f di scorrimento

393 **Durchflußmesser** m, **Durchflußmeßgerät** n
- flow meter, flow gauge
- △ jauge f de passage, débitmètre m
- ○ misuratore m di flusso

Durchflußmesser, Verengungs~ → *Verengungswassermengenmesser*

Durchflußmeßgerät → *Durchflußmesser*

394 **Durchflußmeßquerschnitt** m
- cross-sectional area of flow measurement
- △ section f transversale de mesure du débit
- ○ sezione f di misura del flusso

D 415

395 **Durchflußmessung** f
- measurement of flow-through
- mesure f de passage
- misura f di flusso

396 **Durchflußquerschnitt** m, **Abflußquerschnitt** m
- [cross-sectional] area of flow, discharge area, discharge section area
- section f transversale d'écoulement
- sezione f trasversale di scarico

397 **Durchflußquerschnitt** m **bei Ebbestrom**
- cross-sectional flow area at outgoing tide
- section f de passage par marée descendante
- sezione f trasversale di passaggio per la marea discendente

398 **Durchflußquerschnitt** m **bei Flutstrom**
- cross-sectional flow area at incoming tide
- section f de passage par marée montante
- sezione f trasversale di passaggio per la marea ascendente

399 **Durchflußsumme** f
- total (amount of) flow-through
- passage m total, débit m total
- passaggio m totale, flusso m totale

400 **Durchflußverengung** f
- flow constriction
- étranglement m entre deux tronçons de conduite
- restringimento m di flusso, strozzatura f di flusso

401 **Durchflußvermögen** n, **Wasserdurchflußvermögen** m
- flow capacity, water flow capacity
- capacité f de passage
- capacità f di flusso

402 **Durchflußzeit** f
- time of passage, time of passing through, time of flowing through, flow-through time
- durée f de passage
- tempo m di flusso, durata f di flusso, tempo m di passaggio, durata f di passaggio

403 **Durchführungserlaß** m *(iur.)*
- executive ordinance
- ordonnance f d'exécution, décret m d'application
- decreto m d'esecuzione

404 **Durchgang** m
- passage, pathway
- passage m
- passaggio m

Durchgang → *Einschnürung*

405 **Durchgangsrecht** n, **Wegerecht** n
- right of way
- droit m de passage
- diritto m di passaggio

406 **durchlässig**
- permeable, pervious, non-retentive
- perméable
- permeabile, pervio

durchlässig, selektiv ~ → *selektiv durchlässig*

407 **Durchlässigkeit** f, **Permeabilität** f
- permeability, perviousness
- perméabilité f
- permeabilità f

408 **Durchlässigkeit** f, **effektive**, **Durchlässigkeit** f, **wirksame**
- effective permeability
- perméabilité f effective
- permeabilità f effettiva

Durchlässigkeit, Licht~ → *Lichtdurchlässigkeit*

409 **Durchlässigkeit** f, **relative**
- relative permeability
- perméabilité f relative
- permeabilità f relativa

Durchlässigkeit, wirksame
→ *Durchlässigkeit, effektive*

410 **Durchlässigkeitsbeiwert** m, **Bodenkonstante** f, **Durchlässigkeitskoeffizient** m, **Durchlässigkeitszahl** f
- coefficient of permeability, coefficient of transmissibility
- coefficient m de perméabilité
- coefficiente m di permeabilità

411 **Durchlässigkeitsgrundwert** m
- coefficient of relative permeability
- coefficient m de perméabilité
- coefficiente m di permeabilità relativa

Durchlässigkeitskoeffizient
→ *Durchlässigkeitsbeiwert*

412 **Durchlässigkeitsmesser** m
- permeameter
- perméamètre m
- permeametro m

Durchlässigkeitszahl
→ *Durchlässigkeitsbeiwert*

413 **Durchlaß** m
- culvert, conduit
- ponceau m, petit aqueduc m souterrain, caniveau m sous route
- passaggio m

Durchlaß, Beton~ → *Betondurchlaß*

414 **Durchlaß** m, **gewölbter**, **Bogendurchlaß** m
- arched culvert
- ponceau m voûté, rigole f voûtée, ponceau m arqué
- passaggio m a volta

Durchlaß, Quer~ → *Querdurchlaß*

415 **Durchlaß** m, **rechteckiger**
- box culvert
- ponceau m rectangulaire
- passaggio m rettangolare

Durchlaßfläche eines Filters
→ *Filtereintrittsfläche*

416 **Durchlaufbewässerung** f
- □ run-through irrigation
- △ arrosage m léger
- ○ irrigazione f a scorrimento

417 **Durchlauferhitzer** m, **Durchlaufkessel** m
- □ once-through boiler
- △ chaudière f à passe unique
- ○ caldaia f senza ricircolo condense

Durchlaufkessel → *Durchlauferhitzer*

418 **Durchlaufsystem** n **der Wasserkühlung**
- □ once-through system of cooling, cooling system, once-through, single pass system
- △ refroidissement m de l'eau à passage simple, circuit m ouvert
- ○ raffreddamento m dell'acqua a passagio singolo

419 **Durchlaufventil** n
- □ running valve, passage valve
- △ valve f de passage
- ○ valvola f di passaggio

420 **Durchleitungskennziffer** f
- □ coefficient of transmissibility
- △ coefficient m de transmissibilité
- ○ coefficiente m di trasmissibilità

421 **Durchlicht** n
- □ transmitted light
- △ lumière f transmise
- ○ luce f trasmessa

422 **Durchlichtmokroskopie** f
- □ transmitted-light microscopy
- △ microscopie f en lumière transmise
- ○ microscopia f a luce strasmessa

423 **Durchlüftung** f **des Bodens**
- □ aeration of the soil
- △ aération f du sol
- ○ aerazione f del suolo

Durchlüftungsdränung → *Belüftungsdränung*

424 **Durchmesser** m
- □ diameter
- △ diamètre m
- ○ diametro m

Durchmesser, äußerer → *Außendurchmesser*

Durchmesser, innerer → *Lichtweite*

Durchmesser, Lochkreis~ → *Lochkreisdurchmesser*

Durchmesser, Nutz~ → *Nutzweite*

Durchmesser, Sieb~ → *Siebdurchmesser*

425 **Durchsatz** m
- □ throughput
- △ débit m traité, quantité f traitée
- ○ portata f trattata, quantità f trattata

Durchschlagen der Trübung → *Durchbruch der Trübung*

Durchschnitt → *Mitte*

426 **Durchschnittsverbrauch** m
- □ average consumption, mean consumption
- △ consommation f moyenne
- ○ consumo m medio

Durchschnittswert → *Mittelwert*

427 **durchsichtig, klar**
- □ transparent, limpid, clear
- △ transparent, limpide, clair
- ○ trasparente, diafano, limpido, chiaro

428 **Durchsichtigkeit** f, **Klarheit** f
- □ transparency, limpidity, clarity, clearness
- △ transparence f, limpidité f, clarté f
- ○ trasparenza f, diafanità f, chiarezza f, limpidezza f

429 **Durchsichtigkeitsgrad** m
- □ degree of transparency
- △ degré m de transparence
- ○ grado m di trasparenza

durchsickern → *einsickern*

430 **Durchsickerung** f, **Einsickerung** f, **Infiltration** f, **Sickerung** f, **Versickerung** f
- □ percolation, seepage, infiltration
- △ suintement m, infiltration f, percolation f
- ○ trasudazione f, infiltrazione f, percolazione f

431 **Durchstich** m *(Flußbau)*
- □ cutoff
- △ percement m, coupure f de méandre
- ○ taglio m dell'ansa

432 **Durchstichgefälle** n *(Flußbau)*
- □ drop-off curve
- △ ligne f d'eau du tronçon de chute
- ○ caduta f d'un taglio dell'ansa

433 **Durchstichverhältnis** n *(Flußbau)*
- □ cutoff ratio
- △ coefficient m de coupure de méandre
- ○ coefficiente m di taglio dell'ansa

434 **Durchströmung** f, **radiale**
- □ radial flow
- △ circulation f radiale
- ○ circolazione f radiale

Durchtränkung, Wasser~ → *Wasserdurchtränkung*

Durchtrittsmenge durch eine Membran, Wasser~ → *Wasserdurchtrittsmenge durch eine Membran*

Dusche → *Brause*

435 **Dynamometer** n
- □ dynamometer
- △ dynamomètre m
- ○ dinamometro m

Dysenterie → *Ruhr*

436 **dystroph**
- □ dystrophic
- △ dystrophique
- ○ distrofico

437 Dystrophie f
- □ dystrophy
- △ dystrophie f
- ○ distrofia f

E-Stück → *Flanschmuffenstück*

Eau de Javelle → *Bleichlauge*

1 Ebbe f, **Ebbestrom** m, **Strom** m, **auslaufender**
- □ ebb-tide, decline, ebb, outgoing tide
- △ reflux m, marée f descendante, jusant m
- ○ riflusso m, marea f discendente

Ebbe und Flut → *Gezeiten*

2 Ebbedauer f
- □ duration of ebb-tide
- △ durée f de reflux
- ○ durata f di riflusso

3 Ebbestrom m
- □ ebb current, outgoing tidal current
- △ courant m de marée descendante
- ○ corrente m di marea discendente

Ebbestrom → *Ebbe*

4 Ebbestromdauer f
- □ flow-duration of outgoing tide
- △ durée f du reflux
- ○ durata f della fase di marea discendente

5 Ebbestromgeschwindigkeit f
- □ flow velocity of outgoing tide
- △ vitesse f de propagation du reflux, vitesse f de la marée descendante
- ○ velocità f di riflusso della marea

6 Ebbestromkenterpunkt m
- □ ebb-tide turning point
- △ point m d'inversion de la marée basse
- ○ punto m d'inversione della bassa marea

7 Ebbewassermenge f
- □ flow-volume of ebb-tide
- △ volume m d'écoulement de la marée descendante
- ○ quantità f di scolo della marea discendente

8 Ebbeweg m
- □ flow path of outgoing tide
- △ parcours m de la marée descendante
- ○ percorso m della marea discendente

9 eben, flach
- □ flat, plain, even
- △ plan, plain, plat
- ○ piano, piatto

10 Ebene f, **Flachland** n, **Land** n, **plattes**
- □ flats pl, plain, plains pl, flat country, level ground
- △ pays m plat, plaine f
- ○ pianura f, piano m, terra f piana

11 ebenerdig
- □ at ground level, ground level ...
- △ au niveau du sol
- ○ a livello del suolo

Eberthella typhi → *Typhusbakterium*

12 Echolot n
- □ echo sounder, echosounder
- △ sondeur m à écho, sondeur m acoustique, sondeur m sonore, dérosonde f
- ○ scandaglio m a eco

13 **Echolotung** f
- □ acoustical sounding, echo sounding
- △ sondage m acoustique, sondage m ultrasonore, sondage m sonore, dérosondage m
- ○ sondaggio m acustico

14 **Effektivität** f
- □ effectivity
- △ effectivité f
- ○ effettività f

Effektivnährboden
→ *Differentialnährboden*

15 **Effektivwert** m, **Wert** m, **tatsächlicher**
- □ effective value
- △ valeur m effective, valeur m réelle
- ○ valore m effettivo, valore m reale

Effluenz → *Grundwasserausfluß*

E.G. → *Europäische Gemeinschaft*

16 **Egel** m, **Blutegel** m (*Hirudinea*)
- □ leech
- △ sangsue f
- ○ sanguisuga f

Egli → *Barsch*

17 **Eichamt** n
- □ Bureau of Measurements and Standards
- △ Bureau m de Vérification des Poids et Mesures
- ○ Ufficio m Controllo dei Pesi e Misure

18 **Eichbehälter** m
- □ gauging basin
- △ réservoir m de jaugeage, réservoir m de jauge
- ○ vasca f di taratura

19 **eichen**
- □ gauge
- △ jauger, tarer, timbrer, étalonner
- ○ tarare, verificare, graduare, calibrare

20 **Eichhahn** m
- □ gauging cock
- △ robinet m de jauge
- ○ rubinetto m a luce regolabile, rubinetto m regolatore, chiave f modulata

21 **Eichkurve** f, **Schlüsselkurve** f
- □ rating curve, calibration curve
- △ courbe f de tarage, courbe f d'étalonnage, courbe f de calibrage
- ○ curva f di taratura

22 **Eichung** f, **Kalibrieren** n
- □ gauging, calibration, calibrating
- △ jaugeage m, tarage m, timbre m, étalonnement m, étalonnage m
- ○ verifica f, taratura f

23 **eiförmig, oval**
- □ oval, elliptical
- △ elliptique, ovale, ovoïde
- ○ ovale, ovato, oviforme

24 **mit Eigenantrieb** m
- □ self-propelled
- △ autopropulsé
- ○ automotore, semovente

25 **Eigenbedarf** m
- □ self-consumption
- △ besoin m propre, demande f propre, autoconsommation f
- ○ autoconsumazione f

26 **Eigenfeuchtigkeit** f
- □ inherent moisture
- △ humidité f propre
- ○ umidità f propria

27 **Eigengewicht** n
- □ dead weight, self weight, dead load
- △ poids m mort, poids m propre, tare f
- ○ peso m morto, peso m proprio, tara f

28 **Eigenpotential** n
- □ self-potential
- △ potentiel m spontané
- ○ autopotenziale m

29 **Eigenschaften** f pl
- □ characteristics pl, properties pl
- △ propriétés f pl, propres m pl, caractères m pl, attributs m pl
- ○ proprietà f pl, caratteri m pl

30 **Eigenschaften** f pl, **chemische**
- □ chemical properties pl
- △ propriétés f pl chimiques, caractères m pl chimiques
- ○ proprietà f pl chimiche, caratteri m pl chimici

31 **Eigenschaften** f pl, **physikalische**
- □ physical properties pl
- △ caractères m pl physiques, propriétés f pl physiques
- ○ proprietà f pl fisiche, caratteri m pl fisici

32 **Eigenspannung** f
- □ body stress
- △ tension f interne
- ○ tensione f interna

Eigentum, öffentliches → *Allgemeinbesitz*

33 **Eigenverbrauch** m
- □ particular consumption
- △ consommation f propre
- ○ consumo m proprio, consumo m intrinseco

Eigenversorgung → *Wasserversorgung, private*

34 **Eigenwasserversorgung** f
- □ private water supply
- △ alimentation f privée en eau, alimentation f particulière en eau
- ○ approvvigionamento m idrico privato

35 **Eimer** m
- □ pail, bucket
- △ seau m
- ○ secchia f, secchio m

Eimer, Fäkalien~ → *Fäkalieneimer*

Eimer, Latrinen~ → *Latrineneimer*

36 **Eimerkettenbagger** *m*
□ bucket-and-chain dredge, bucket excavator
△ excavateur *m* à godets
○ escavatore *m* a tazze, draga *f* a secchi

37 **Eimerklosett** *n*
□ pail closet, pail latrine
△ closet *m* rural
○ latrina *f* a secchio

Ein-Aus-Regelung → *Zweipunktregelung*

38 **Einarbeiten** *n*, **Einfahren** *n*, **Reifung** *f*
□ ripening, maturing, breaking-in, maturing process
△ maturation *f*, incubation *f*, mûrissement *m*
○ maturamento *m*, maturazione *f*

39 **Einarbeitungszeit** *f*, **Reifungszeit** *f*
□ period of ripening, breaking-in period, ageing period
△ période *f* de maturation, temps *m* pour devenir mûr, période *f* de mise en train
○ tempo *m* di maturazione, periodo *m* di avviamento

40 **Ein/Aus-Schalter** *m*
□ start/stop-switch
△ inverseur *m* marche-arrêt
○ interruttore *m* marcia-arresto

41 **Einbau** *m*
□ installation, setting
△ installation *f* intérieure
○ installazione *f*, installamento *m*, costruzione *f* interna, montaggio *m* interno

42 **Einbau** *m* *(Beton)*
□ placing, pouring
△ mise *f* en place
○ messa *f* in opera, posa *f* in opera

43 **einbauen**
□ install, incorporate
△ installer, bâtir dans l'intérieur
○ installare internamente, costruire internamente, incorporare

44 **einbauen** *(von Beton)*
□ place, pour
△ mettre en place
○ mettere in opera, posare in opera, colare

45 **Einblasen** *n* **von Luft**
□ blowing air into
△ insufflation *f* d'air
○ soffiamento *m* d'aria, insufflazione *f* d'aria

46 **Einblastiefe** *f*
□ depth of air introduction
△ profondeur *f* d'insufflation (d'air)
○ profondità *f* d'immersione dei diffusori d'aria, profondità *f* d'insufflazione d'aria

47 **Einbringen** *n* **der Rohre in den Rohrgraben**
□ lowering pipes into the trench
△ descente *f* des tuyaux dans la tranchée
○ posa *f* delle tubazioni nella trincea

48 **Einbringen** *n* **des Schüttgutes**
□ placing of the fill
△ mise *f* en place des matériaux de remblai
○ scarico *m* di materiali di riempimento

Einbruch, Wasser~ → *Wassereinbruch*

49 **Einbuchtung** *f*
□ embayment
△ anse *f*
○ insenatura *f*

50 **eindämmen, eindeichen**
□ embank
△ endiguer
○ arginare

51 **Eindämmung** *f*, **Eindeichung** *f*
□ embankment, impoundment, impoldering
△ endiguement *m*
○ arginamento *m*, arginatura *f*

eindampfen → *verdampfen*

Eindampfen → *Verdampfung*

Eindampfrückstand → *Abdampfrückstand*

eindeichen → *eindämmen*

Eindeichung → *Eindämmung*

Eindickanlage → *Schlammeindickbehälter*

52 **Eindickbarkeit** *f*
□ thickenability
△ capacité *f* d'épaississement, aptitude *f* à l'épaississement
○ ispessibilità *f*

Eindickbehälter → *Schlammeindickbehälter*

Eindickbrunnen → *Schlammeindickbehälter*

53 **eindicken**
□ thicken, densify, consolidate
△ épaissir
○ condensare, concentrare, ispessire

Eindicker → *Schlammeindickbehälter*

Eindicker mit gitterförmigem Krählwerk, Schlamm~ → *Schlammeindicker mit gitterförmigem Krählwerk*

Eindicker, mit natürlichem Gefälle betrieben, Zyklon~ → *Zykloneindicker, mit natürlichem Gefälle betrieben*

54 **Eindickraum** *m*
□ thickening compartment
△ compartiment *m* épaississeur
○ zona *f* d'ispessimento

Eindickung → *Schlammeindickung*

Eindickung, Vakuum~ → *Vakuumverdampfung*

55 **Eindickzeit** *f*
□ concentration time, thickening period
△ temps *m* de concentration
○ tempo *m* di contrazione

56 **Eindraht-Übertragung** f
□ single-wire transmission
△ transmission f par fil unique
○ trasmissione f su cavo singolo

57 **eindringen**
□ penetrate, pierce, intrude, encroach
△ pénétrer
○ penetrare, addentrarsi

Eindringen → *Durchdringung*

Eindringen → *Wasserandrang*

58 **Eindringkapazität** f
□ infiltrability
△ capacité f d'infiltration
○ capacità f d'infiltrazione

59 **Eindringtiefe** f
□ penetration, depth of penetration
△ pénétration f, profondeur f de pénétration
○ profondità f di penetrazione

Eindringtiefe, Regen~ → *Regeneindringtiefe*

einebnen → *planieren*

Einebnen → *Planieren*

Einfachgewölbemauer → *Bogenstaumauer*

Einfahren → *Einarbeiten*

60 **Einfahren** n **eines Faulbehälters**
□ start-up of a digester
△ mise f en marche d'un digesteur, démarrage m d'un digesteur
○ avviamento m di un digestore

Einfallen der Schichten → *Fallen der Schichten*

61 **Einfassung** f *(Brunnenbau)*
□ curb, curbstone
△ revêtement m
○ orlatura f

62 **Einflanschstück** n, **F-Stück** n
□ flanged spigot, flange and spigot end piece
△ raccord m à bride et bout mâle, raccord m à bride et à cordon, bout m d'extrémité à bride et cordon
○ pezzo m a flangia

63 **Einflanschstück** n **mit Flanschstutzen, FA-Stück** n
□ tee with two flanges and one plain end
△ té m à bride et bout uni, tubulure f à bride
○ pezzo m a flangia con diramazione a flangia

64 **Einflanschstück** n **mit Muffenstutzen, FB-Stück** n
□ tee with flange and plain end body and bell branch
△ té m à bride et bout uni, tubulure f à emboîtement
○ pezzo m a flangia con diramazione a bicchiere

65 **Einflanschstück** n **mit zwei Flanschstutzen, FAA-Stück** n
□ cross with three flanges and one plain end
△ croix f à bride et bout uni à deux tubulures bride
○ pezzo m a flangia con due diramazioni a flangia

66 **Einflanschstück** n **mit zwei Muffenstutzen, FBB-stück** n
□ flange and plain end cross with two bell branches
△ croix f à bride et bout uni à deux tubulures à emboîtement
○ pezzo m a flangia con due diramazioni a bicchiere

67 **Einflügelradzähler** m
□ vane water meter, turbine water meter
△ compteur m à turbine à une ailette
○ contatore m a turbina ad una paletta

68 **Einfluß** m, **Einwirkung** f
□ influence
△ influence f
○ influenza f

69 **Einfluß** m *(von Wasser)*, **Einlauf** m *(in ein Becken)*
□ influx, influent, inlet
△ adduction f, introduction f, entrée f, admission f
○ introduzione f, imbocco m, ingresso m

Einflußkurve der Abflußganglinie → *Einheitshydrograph*

70 **Einflußöffnung** f
□ inlet opening
△ orifice m d'adduction, orifice m d'introduction
○ apertura f d'introduzione

71 **Einfriedigung** f, **Umfriedung** f, **Umzäunung** f
□ curtilage, enclosure, fencing
△ enclos m, haie f, enclôture f
○ recinto m, assiepamento m

72 **einführen**
□ introduce
△ introduire
○ introdurre

73 **Einführung** f
□ introduction
△ introduction f
○ introduzione f

74 **Einfülltrichter** m, **Fülltrichter** m, **Speisetrichter** m
□ feeding hopper, feed hopper
△ trémie f d'alimentation
○ tremoggia f d'alimentazione, tremoggia f di riempimento

75 **Einfüllung** f
□ filling
△ entonnement m
○ invasamento m

Eingang, Stollen~ → *Stolleneingang*

76 **Eingangszähler** m
- main flow integrator
- compteur m totalisateur d'arrivée
- contatore m d'ingresso

77 **Eingemeindung** f
- incorporation
- incorporation f
- incorporazione f

78 **eingeschnitten**
- incised
- entaillé, découpé
- inciso, incassato

79 **Eingeweide** n pl, **Gedärme** n pl
- intestines pl, entrails pl
- intestins m pl, tripes f pl
- intestini m pl, budellame m

80 **Eingeweidewurm** m
- intestinal worm
- ver m intestinal
- verme m intestinale

eingraben → *vergraben*

81 **Einheit** f
- unit, unity
- unité f
- unità f

Einheit → *Aggregat*

82 **Einheitshydrograph** m, **Einflußkurve** f **der Abflußganglinie**
- unit-hydrograph
- hydrogramme m unitaire
- idrogramma m unitario

83 **Einheitspreis** m, **Stückpreis** m
- rate, unit price
- prix m de série, prix m unitaire
- prezzo m di tariffa, prezzo m unitario

84 **Einheitsregendauer** f
- unit-rainfall duration
- durée f d'une averse unitaire
- durata f di pioggia unitaria

85 **Einheitsverfahren** n
- standard method
- procédé m standardisé, méthode f normalisée
- procedimento m standardizzato, procedimento m normalizzato

86 **Einkammer-Faulgrube** f
- one-compartment septic tank, single-compartment septic tank
- fosse f septique à compartiment unique
- fossa f settica ad una camera

87 **Einkammerschleuse** f
- single lock
- écluse f à sas simple
- chiusa f a camera singola

88 **Einkanalrad** n
- single-vane impeller
- roue f à un seul canal, rotor m à canal unique
- girante f monocanale

Einlaß, Frischluft~ → *Frischlufteinlaß*

Einlaß, Straßen~ → *Straßenablauf*

Einlaßbrunnen → *Schluckbrunnen*

Einlaßkanal → *Einlaufkanal*

Einlaßöffnungen → *Entnahmeöffnungen*

Einlaßschütz → *Einlaufschütz*

Einlaßturm → *Entnahmeturm*

Einlauf → *Einfluß*

Einlauf, Abwasser~ → *Abwassereinlauf*

89 **Einlauf** m, **peripherer, Einlauf** m, **randständiger**
- peripheral inlet
- arrivée f périphérique, admission f à la périphérie
- ingresso m periferico

Einlauf, randständiger → *Einlauf, peripherer*

Einlauf, Regenwasser~ → *Regenwassereinlauf*

Einlauf, Straßen~ → *Straßenablauf*

90 **Einlaufausbildung** f
- inlet design
- conception f de l'entrée, conception f de l'admission
- concezione f dell'ingresso

91 **Einlaufbauwerk** n, **Entnahmeanlage** f, **Entnahmebauwerk** n
- intake structure, intake port, intake plant, inlet works
- ouvrage m de prise d'eau, installation f à prise d'eau, bâtiment m pour la prise d'eau
- opera f di presa d'acqua, edificio m di presa d'acqua

Einlaufbauwerk → *Auslaufbauwerk*

92 **Einlaufbecken** n
- intake basin
- bassin m d'arrivée
- bacino m d'ingresso

93 **Einlaufgalerie** f
- entrance gallery
- galerie f d'arrivée
- galleria f d'ingresso

Einlaufgitter → *Einlaufrost*

94 **Einlaufkammer** f
- inlet chamber
- chambre f d'arrivée
- camera f d'ingresso

95 **Einlaufkanal** m, **Einlaßkanal** m, **Zuflußkanal** m
- influent conduit, inlet channel, intake channel, inlet canal
- canal m d'entrée, canal m d'amenée, canal m d'admission
- canale m d'imbocco

Einlaufrohr → *Zuflußrohr*

Einlaufrohre, Etagen~ → *Etageneinlaufrohre*

96 **Einlaufrost** *m*, **Einlaufgitter** *n*
□ intake screen, inlet grating
△ grille *f* d'entrée, grille *f* d'égout
○ griglia *f* d'imbocco, griglia *f* d'ingresso

97 **Einlaufschlitz** *m*
□ inlet slot
△ fente *f* d'entrée, encoche *f* d'admission
○ fesso *m* d'ingresso

98 **Einlaufschütz** *n*, **Einlaßschütz** *n*
□ inlet sluice, intake gate
△ vanne *f* d'admission, vanne *f* d'entrée
○ paratoia *f* d'imbocco

99 **Einlaufschwelle** *f*
□ inlet sill
△ seuil *m* d'entrée
○ soglia *f* d'ingresso

100 **Einlaufseiher** *m*
□ inlet strainer
△ crépine *f* d'entrée
○ colatoio *m* d'ingresso

Einlaufseite → *Zuflußseite*

101 **Einlauftrompete** *f*
□ bellmouth intake
△ trompe *f* d'entrée, pavillon *m* d'entrée
○ strombatura *f* d'imbocco, raccordo *m* d'imbocco

102 **einleiten** *(von Abwasser)*
□ pass into, discharge into, introduce
△ décharger, rejeter
○ immettere, scaricare dentro

Einleiter, Abwasser~ → *Verschmutzer*

103 **Einleitsumme** *f (hydrol.)*
□ total (artificial) recharge of groundwater
△ recharge *f* totale des nappes, réalimentation *f* totale des nappes
○ ricarica *f* totale delle falde

104 **Einleitung** *f (von Abwasser)*
□ discharge, introduction
△ décharge *f*, rejet *m*, déversement *m*
○ immissione *f*, smaltimento *m*

105 **Einleitung** *f* **in das Grundwasser**
□ introduction into groundwater
△ infiltration *f* induite
○ infiltrazione *f* indotta

106 **Einleitungsrecht** *n*
□ right of discharge
△ droit *m* de rejet, droit *m* de déversement
○ diritto *m* di discarica

107 **Einleitungsstelle** *f (von Abwasser)*, **Abflußstelle** *f*
□ point of discharge, outfall
△ point *m* de rejet, lieu *m* d'émergence
○ punto *m* d'immissione

108 **Einleitungsverbot** *n*
□ discharge embargo
△ interdiction *f* de rejet, interdiction *f* de déversement
○ divieto *m* di scarico

109 **einmünden** *(von Fließgewässern)*
□ flow into
△ se jeter dans ...
○ sboccare, scaricarsi, versarsi [in]

Einmündung eines Flusses
→ *Zusammenfluß*

Einnahmen, Betriebs~ → *Betriebseinnahmen*

110 **Einpressung** *f*, **Injektion** *f* *(von Zement)*
□ injection, grouting
△ injection *f*
○ iniezione *f*

Einpressung, Zement~ → *Zementeinpressung*

111 **Einpreßzement** *m*
□ grouting cement
△ ciment *m* d'injection, coulis *m* de ciment
○ calcestruzzo *m* di iniezione

112 **einrammen, eintreiben**
□ drive in, ram in
△ enfoncer
○ forzare, cacciare, introdurre forzamente

Einrichter → *Installateur*

113 **Einrichtung** *f*
□ equipment, accommodation, arrangement
△ équipement *m*, arrangement *m*
○ accomodamento *m*, disposizione *f*, dispositivo *m*

Einrichtung, Laboratoriums~
→ *Laboratoriumseinrichtung*

114 **Einrichtung** *f*, **öffentliche**
□ public utility, public convenience
△ service *m* public, organisme *m* public
○ pubblico servizio *m*

115 **einsatzbereit**
□ ready for use, available
△ prompt à rendre service
○ pronto per l'impiego

116 **einschalen**
□ shutter
△ coffrer
○ incassare, montare le casseforme

117 **einschalten**
□ switch on, switch in, cut in, turn in, insert
△ fermer le circuit, mettre en [dans le] circuit
○ intercalare, interpolare, inserire, frammettere, mettere in circuito

118 **Einschlämmen** *n*, **Verschlämmung** *f* *(Wasserbau)*
□ sludging
△ coulée *f* de boue, colmatage *m* avec de la boue
○ annaffiamento *m* abbondantemente

Einschlämmen → *Einspülen von Schüttmasse*

119 **einschlagen**
□ strike in
△ faire entrer en frappant, ficher, cogner
○ battere, introdurre a forza

120 **Einschnitt** *m*
□ cutting, cut
△ tranchée *f*, entaille *f*, coupure *f*
○ incisione *f*, trincea *f*

121 **Einschnürung** *f*, **Drossel** *f*, **Durchgang** *m*, **Engstelle** *f*
□ throat, constriction
△ étranglement *m*, section *f* étranglée
○ strozzatura *f*, restringimento *m*

122 **Einschnürungszahl** *f*
□ constriction ratio
△ coefficient *m* de constriction, rapport *m* d'étranglement
○ rapporto *m* di contrazione

Einschränkung der Abwassermenge
→ *Verminderung der Abwassermenge*

123 **einschütten**
□ pour into
△ verser
○ versare, invasare

124 **einseitig**
□ unilateral
△ unilatéral
○ unilaterale

Einsetzen von Brunnenrohren
→ *Verrohren der Brunnen*

125 **einsickern, durchsickern, versickern**
□ soak into, leach, infiltrate, percolate, seep into
△ s'infiltrer dans ..., parcourir, suinter
○ infiltrarsi, percolare

Einsickerung → *Durchsickerung*

Einsickerungsfaktor → *Einsickerungsmaß*

126 **Einsickerungsmaß** *n*, **Einsickerungsfaktor** *m*, **Einsickerungsrate** *f*
□ infiltration rate, (groundwater) recharge rate
△ taux *m* d'infiltration
○ tasso *m* d'infiltrazione

Einsickerungsrate → *Einsickerungsmaß*

Einsinken → *Setzung*

127 **Einsparung** *f* (*von Energie*)
□ economizing of energy
△ économie *f* d'énergie
○ risparmio *m* d'energia

128 **Einsparung** *f* (*von Kosten*)
□ savings *pl*
△ économie *f* de dépenses, épargne *f*
○ risparmio *m*

129 **Einspritzkondensator** *m*
□ jet condenser
△ condenseur *m* à jet, condenseur *m* par injection
○ condensatore *m* ad iniezione

Einsprühverbrennung → *Verdampfungsverbrennung*

130 **Einspülen** *n* **von Schüttmasse, Einschlämmen** *n*
□ hydraulic fill
△ remblayage *m* hydraulique
○ riporto *m* idraulico

Einstampfen → *Stampfen*

131 **Einstau** *m* (*einer Stauanlage*)
□ impoundage
△ mise *f* en eau
○ invaso *m*

132 **Einstaubewässerung** *f*, **Staubewässerung** *f*
□ irrigation by surface spreading, irrigation by surface flooding, submersion irrigation
△ irrigation *f* par épandage superficiel, irrigation *f* par surverse, irrigation *f* par submersion
○ irrigazione *f* per spandimento superficiale, irrigazione *f* per sommersione

133 **Einstaubewässerung** *f* **im Wechselverfahren**
□ rotational method of surface spreading
△ méthode *f* d'épandage superficiel alternatif
○ metodo *m* di spandimento superficiale alternativo

134 **Einstaufelder** *n pl*, **Einstauflächen** *f pl*
□ spreading grounds *pl*, spreading areas *pl*
△ terrains *m pl* d'épandage
○ scomparti *m pl* di sommersione

Einstauflächen → *Einstaufelder*

135 **Einstauperiode** *f*
□ spread run
△ période *f* d'épandage
○ periodo *m* di sommersione

136 **Einsteckschweißmuffendichtung** *f*
□ welded slip joint
△ joint *m* soudé "slip-joint"
○ giunto *m* saldato "slip joint"

137 **Einsteigeöffnung** *f*, **Einsteigschacht** *m*
□ manhole
△ regard *m* de visite, ouverture *f* pour descendre, regard *m* de descente, regard *m* de service
○ apertura *f* d'accesso, chiusino *m*

Einsteigeöffnung → *Mannloch*

Einsteigloch → *Mannloch*

Einsteigschacht → *Einsteigeöffnung*

Einsteigschachtes, Rahmen eines ~
→ *Rahmen eines Einsteigschachtes*

138 **Einstellung** *f*, **Justierung** *f*
□ adjustment
△ ajustement *m*
○ messa *f* a punto

Einstellung, Nullpunkt~ → *Nullpunkteinstellung*

139 **einstöckig**
- □ single story ...
- △ ... à simple étage, ... à étage unique
- ○ a singolo stadio

140 **einstufig**
- □ single stage
- △ en une seule étape *f*
- ○ ad uno gradino *m*

141 **Einsturz** *m*
- □ collapse
- △ effondrement *m*
- ○ sprofondamento *m*, crollo *m*

142 **Eintagsfliege** *f* (*Heptagenia*)
- □ may fly
- △ éphémère *m*
- ○ mosca *f* d'un giorno

143 **eintauchen**
- □ dip, immerse
- △ plonger, immerger
- ○ immergere, tuffare

144 **Eintauchtiefe** *f*, **Tauchtiefe** *f*
- □ depth of immersion, depth of submergence, submergence
- △ profondeur *f* d'immersion
- ○ profondità *f* d'immersione

Eintauchzähler, Woltmann ~
→ *Woltmann Eintauchzähler*

145 **Einteilung** *f* (*e. Skala*), **Graduierung** *f*
- □ graduation, calibration
- △ graduation *f*
- ○ graduazione *f*

eintreiben → *einrammen*

Eintrittsfläche eines Filters
→ *Filtereintrittsfläche*

Eintrittsgeschwindigkeit
→ *Filtereintrittsgeschwindigkeit*

146 **Eintrittsöffnung** *f*
- □ entrance opening
- △ orifice *m* d'entrée, orifice *m* d'arrivée
- ○ apertura *f* di entrata, bocca *f* di entrata

147 **Eintrittsventil** *n*
- □ inlet valve
- △ soupape *f* d'admission
- ○ valvola *f* d'ingresso

148 **Eintrittsverlust** *m* **des Druckes**
- □ influx loss
- △ perte *f* de charge à l'entrée
- ○ perdita *f* di carico all'imbocco

Eintrittswiderstand
→ *Filtereintrittswiderstand*

einwalzen → *walzen*

149 **Einwaschung** *f* **in den Boden**
- □ leaching into the soil
- △ lessivage *m* dans le sol
- ○ dilavamento *m* nel suolo

150 **Einwaschversuch** *m*
- □ leaching test
- △ essai *m* de lessivage
- ○ prova *f* di dilavamento

151 **Einwegverpackung** *f*
- □ one-way pack
- △ emballage *m* à usage unique, emballage *m* perdu
- ○ imballaggio *m* a perdere

152 **einweichen, weichen**
- □ soak, macerate, steep
- △ amollir, tremper
- ○ immollare, inzuppare

153 **Einweichen** *n*, **Weiche** *f*
- □ soak, soaking process
- △ ramollissement *m*, trempage *m*, reverdissage
- ○ ammollamento *m*, macerazione *f*

154 **Einweichwasser** *n*, **Weichwasser** *n* (*Gerberei*)
- □ soaking water, soak water, soak liquor
- △ eau *f* de reverdissage
- ○ acqua *f* di macerazione

155 **Einweichwasser** *n*, **Weichwasser** *n* (*Mälzerei*)
- □ steep water
- △ eau *f* de trempe
- ○ acqua *f* di bagnatura

156 **einwirken**
- □ influence
- △ influer
- ○ influire

Einwirkung → *Einfluß*

Einwirkungsdauer → *Berührungszeit*

Einwirkungszeit → *Berührungszeit*

157 **Einwohner** *m*, **Bewohner** *m*
- □ inhabitant, resident
- △ habitant *m*
- ○ abitante *m*

Einwohnerdichte → *Bevölkerungsdichte*

158 **Einwohnergleichwert** *m*, **Einwohnerlastwert** *m*
- □ population equivalent
- △ population *f* équivalente, équivalent-habitant *m*
- ○ equivalente *m* di abitanti, popolazione *f* equivalente, valore *m* della popolazione equivalente

Einwohnerlastwert
→ *Einwohnergleichwert*

159 **Einzelbestimmung** *f*
- □ single determination
- △ détermination *f* isolée
- ○ determinazione *f* singola

160 **Einzelfundament** *n*
- □ individual footing
- △ semelle *f* isolée
- ○ fondamento *m* isolato

161 **Einzelhaus** *n*
- □ single house
- △ maison *f* isolée
- ○ casa *f* isolata

Einzelkläranlage → *Hauskläranlage*

162 **Einzelkornstruktur** f
□ single-grain structure
△ structure f monoparticulaire
○ struttura f a granuli isolati

163 **einzellig**
□ monothalamous, unicellular
△ unicellulaire
○ a una cellula, monocellulare

164 **Einzelmessung** f
□ individual measurement, spot measurement
△ mesure f isolée
○ misura f isolata

165 **Einzelprobe** f, **Stichprobe** f
□ individual sample, single sample, chance sample, random sample, grab sample, snap sample
△ échantillon m isolé, échantillon m unique, échantillon m instantané
○ prova f singola, campione m preso a caso

166 **Einzelwasserversorgung** f
□ individual water supply
△ alimentation f particulière en eau
○ approvvigionamento m idrico individuale

167 **Einzelwelle** f
□ single wave
△ onde f isolée, vague f unique
○ onda f isolata

Einzugsfläche → *Entnahmegebiet*

Einzugsgebiet, Grundwasser~
→ *Grundwasserbecken*

168 **Einzugsgebiet** n, **oberirdisches**, **Abflußfläche** f, **Abflußgebiet** n, **Entwässerungsfläche** f, **Entwässerungsgebiet** n, **Niederschlagsgebiet** n, **Sammelgebiet** n, **Wassersammelgebiet** n
□ drainage area, catchment area, drainage district, drain district, river basin, intake area, gathering grounds, drainage basin, gathering area
△ bassin m alimentaire, bassin m hydrologique, aire f de drainage, bassin m versant, bassin m d'alimentation, bassin m hydrographique, aire f d'alimentation
○ bacino m imbrifero, bacino m d'alimentazione, bacino m idrico, bacino m idrografico

169 **Einzugsgebiet** n, **unterirdisches**
□ subterranean catchment area
△ bassin m hydrologique souterrain
○ bacino m idrico sotterraneo

Einzugsgebiet, unterirdisches
→ *Grundwasserbecken*

170 **Einzylinder-Plunger-Pumpe** f
□ single cylinder plunger pump
△ pompe f à piston monocylindrique
○ pompa f monocilindrica a stantuffo immerso

Eiprofil → *Querschnitt, eiförmiger*

Eiquerschnitt → *Querschnitt, eiförmiger*

171 **Eis** n
□ ice
△ glace f
○ ghiaccio m, gelo m

Eis, Grund~ → *Grundeis*

172 **Eisaufbruch** m
□ shove of an ice jam
△ poussée f d'ébranlement d'un embâcle
○ rottura f di uno sbarramento di ghiaccio

173 **eisbedeckt**
□ ice covered
△ couvert de glace f
○ coperto di ghiaccio m, portaghiaccio

174 **Eisbildung** f
□ formation of ice
△ formation f de glace
○ formazione f di ghiaccio

175 **Eisblänke** f
□ ice-blank
△ clairière f de glace
○ radura f ghiacciata

Eisbock → *Eisbrecher*

176 **Eisbrecher** m, **Eisbock** m
□ icebreaker, ice-guard
△ brise-glace m
○ rompighiaccio m

177 **Eisbrei** m
□ ice mash
△ boue f glacée
○ fango m ghiacciato

178 **Eisdecke** f
□ ice cover
△ couverture f de glace
○ copertura f di ghiaccio

179 **Eisen** n
□ iron
△ fer m
○ ferro m

180 **Eisen abscheidende Bakterien** f pl
□ iron precipitating bacteria pl
△ bactéries f pl ferro-précipitantes
○ batteri m pl precipitanti il ferro

Eisen, Guß~ → *Gußeisen*

181 **Eisen speichernde Bakterien** f pl
□ iron storing bacteria pl
△ bactéries f pl qui emmagasinent du fer
○ batteri m pl ferro fissatori

182 **Eisenaufnahme** f
□ iron pick-up
△ dissolution f de fer, absorption f de fer
○ dissoluzione f di ferro, assorbimento m di ferro

183 **Eisenbahndamm** m
□ railway fill, railway embankment
△ remblai m pour voie ferrée, chemin m de fer en remblai
○ terrapieno m di ferrovia, rilevato m ferroviario

184 **Eisenbakterien** f pl, **Ockerbakterien** f pl
□ iron bacteria pl
△ bactéries f pl ferrugineuses, ferrobactéries f pl
○ ferrobatteri m pl

185 **Eisenbeton** m, **Beton** m, **armierter, Beton** m, **bewehrter, Stahlbeton** m
□ reinforced concrete
△ béton m armé, ciment m armé
○ cemento m armato, calcestruzzo m armato

186 **Eisenbetonrohr** n, **Rohr** n, **armiertes, Rohr** n, **bewehrtes, Stahlbetonrohr** n
□ reinforced pipe, reinforced concrete pipe
△ tuyau m armé, tuyau m en béton armé
○ tubo m in cemento armato

187 **Eisenblech** n
□ sheet-iron
△ tôle f de fer, fer m en feuilles
○ lamiera f di ferro

188 **Eisenchlor** n, **Ferrochlor** n, **Ferrochlorid** n
□ ferrous chloride
△ chlorure m ferreux
○ cloruro m ferroso, cloruro m di ferro

189 **Eisenchlorid** n, **Ferrichlorid** n
□ ferric chloride
△ chlorure m ferrique
○ cloruro m ferrico

190 **Eisenerz** n
□ iron ore
△ minerai m de fer
○ minerale m di ferro, minerale m ferroso

191 **Eisenerzgrube** f
□ iron ore mine, iron mine
△ mine f de fer
○ miniera f di ferro, miniera f di minerale ferroso

192 **Eisengehalt** m
□ iron content
△ teneur f en fer
○ tenore m in ferro, contenuto m di ferro

193 **Eisengeschmack** m
□ chalybeate taste
△ saveur f ferrugineuse
○ sapore m ferruginoso

194 **eisenhaltig, eisenschüssig**
□ ferruginous, containing iron
△ ferrifère, ferrugineux
○ ferruginoso, ferroso

195 **eisen(2)haltig**
□ ferrous
△ ferreux
○ ferroso

196 **eisen(3)haltig**
□ ferric
△ ferrique
○ ferrico

197 **Eisenhütte** f, **Eisenwerk** n
□ iron mill, steel mill, iron-foundry
△ fonderie f, forge f, usine f sidérurgique
○ ferriera f, impianto m siderurgico

198 **Eisenhydroxid** n, **Eisenoxidhydrat** n, **Ferrihydroxid** n
□ ferric hydroxide
△ hydroxyde m ferrique, hydroxyde m de fer, peroxyde m de fer hydraté
○ idrossido m ferrico

199 **Eisenhydroxidul** n, **Ferrohydroxid** n
□ ferrous hydroxide
△ hydroxyde m ferreux
○ idrossido m ferroso

Eisenkies → *Schwefelkies*

200 **Eisenoxid** n, **Ferrioxid** n
□ ferric oxide, iron oxide
△ oxyde m ferrique, oxyde m de fer, peroxyde m de fer, sesquioxyde m de fer
○ ossido m ferrico

Eisenoxidhydrat → *Eisenhydroxid*

201 **Eisenoxidul** n, **Ferrooxid** n
□ ferrous oxide
△ oxyde m ferreux, protoxyde m de fer
○ protossido m ferroso

202 **Eisenquelle** f, **Stahlquelle** f
□ chalybeate spring
△ source f ferrugineuse
○ sorgente f ferruginosa

203 **Eisenrohr** n
□ iron pipe, ferrous pipe
△ tuyau m de fer
○ tubo m di ferro

204 **Eisensalz** n
□ iron salt
△ sel m de fer
○ sale m di ferro

eisenschüssig → *eisenhaltig*

Eisensulfat → *Eisenvitriol*

205 **Eisensulfatchlorid** n
□ chlorinated copperas
△ sulfate m de fer chloré, chlorosulfate m de fer
○ copparosa f clorinata

Eisensulfid → *Schwefeleisen*

206 **Eisentrübung** f (als betriebl. Störung)
□ red water trouble
△ eau f rouge
○ intorbidimento m da ferro

207 **Eisenvitriol** n, **Eisensulfat** n, **Ferrosulfat** n
□ green vitriol, copperas, ferrous sulphate, sulphate of iron, hydrous ferrous sulphate, iron sulphate, iron vitriol
△ vitriol m vert, sulfate m de fer, sulfate m ferreux, couperose f verte
○ solfato m di ferro, vitriolo m di ferro, solfato m ferroso, melanteria f, vetriolo m di ferro

Eisenwerk → *Eisenhütte*

208 eisfrei
- □ clear of ice, free from ice
- △ débarrassé des glaces
- ○ libero dal ghiaccio

209 **Eisgang** m
- □ drifting of ice, ice-drift
- △ débâcle f
- ○ sgelo m, ghiacci m pl alla deriva

210 **Eishochwasser** n
- □ ice-induced highwater
- △ crue f causée par les glaces
- ○ piena f causata dallo scioglimento dei ghiacci

211 **Eiskästchen** n **für die Beförderung von Wasserproben**
- □ ice box for transportation of water samples
- △ boîte f glacière pour transport des échantillons d'eau
- ○ cassetta f refrigerante per trasporto di campioni d'acqua

212 **Eisklappe** f
- □ ice gate
- △ clapet m à glaçons
- ○ paratoia f per ghiaccio

Eiskunde → Kryologie

213 **Eisschlamm** m
- □ ice slurry
- △ limon m de glace
- ○ ghiaccio m triturato

214 **Eisscholle** f
- □ ice-floe
- △ glaçon m
- ○ lastra f di ghiaccio

Eisschrank → Kühlschrank

215 **Eisversetzung** f
- □ ice jam, ice gorge, ice bar-up
- △ embâcle m
- ○ ostruzione f di ghiaccio

216 **Eiszeit** f, **Glazialzeit** f
- □ ice-age, glacial epoch
- △ époque f glaciaire
- ○ epoca f glaziale

217 **Eiweiß** n, **Protein** n
- □ albumen, protein
- △ albumine f, protéine f
- ○ albumina f, albume m

218 **Eiweiß-Abfallstoffe** m pl
- □ protein waste material
- △ déchets m pl organiques azotés
- ○ materiali m pl di rifiuto proteici

219 **Eiweißfutter** n
- □ protein feed
- △ pâture f protéique
- ○ alimento m proteico

220 **eiweißhaltig**
- □ proteinaceous
- △ protéinique
- ○ contenente proteine

eiweißspaltend → proteolytisch

Eiweißspaltung → Proteolyse

221 **Eiweißstickstoff** m, **Albuminoidstickstoff** m
- □ albuminoid nitrogen
- △ azote m protéique
- ○ azoto m albuminoso

222 **Eiweißstoffe** m pl
- □ albuminous matter
- △ matières f pl albumineuses
- ○ sostanze f pl albuminose, albuminoidi m pl

223 **Ejektorbelüfter** m, **Druckwasserejektor** m, **Tauchstrahlbelüfter** m
- □ jet aerator, water jet aerator
- △ aéroéjecteur m hydraulique
- ○ aeroeiettore m idraulico

224 **Ejektorbelüftung** f, **Strahlbelüftung** f
- □ jet aeration
- △ aération f par éjecteur
- ○ aerazione f per eiettore

225 **ekelerregend**
- □ nauseous, nauseating
- △ nauséabond
- ○ nauseante, chifoso

226 **Ekonomiser** m, **Speisewasservorwärmer** m
- □ economizer
- △ économiseur m
- ○ economizzatore m

227 **Elastizität** f
- □ elasticity
- △ élasticité f
- ○ elasticità f

228 **Elastizitätsgrenze** f
- □ elastic limit, limit of elasticity
- △ limite f d'élasticité
- ○ limite m d'elasticità

229 **Elastizitätsmodul** m
- □ modulus of elasticity, Young's modulus
- △ module m d'élasticité
- ○ modulo m d'elasticità

230 **Elektrizität** f
- □ electricity
- △ électricité f
- ○ elettricità f

Elektrizitätswerk → Kraftwerk

231 **Elektro-Katadyn-Verfahren** n
- □ electro-catadyn-process, electro-catadynization
- △ procédé m catadyne électrique, procédé m électro-catadyne
- ○ processo m elettro-catadyn

232 **Elektroanalogversuch** m
- □ electro analogue experiment
- △ essai m d'analogie électrique, expérience f sur modèle électrique
- ○ prova f su modello elettroanalogico

233 **Elektroanalyse** f
- □ electro-analysis
- △ électroanalyse f
- ○ elettroanalisi f

234 **elektrochemisch**
□ electrochemical
△ électrochimique
○ elettrochimico

235 **Elektrode** f
□ electrode
△ électrode f
○ elettrodo m

Elektrode, ionenselektive → *Elektrode, ionensensitive*

236 **Elektrode** f, **ionensensitive, Elektrode, ionenselektive, Elektrode** f, **ionenspezifische**
□ ion-selective electrode, ion-specific electrode
△ électrode f sensible aux ions, électrode f sélective, électrode f spécifique
○ elettrodo m specifico per ioni

Elektrode, ionenspezifische → *Elektrode, ionensensitive*

Elektrode, Kohle~ → *Kohleelektrode*

Elektrode, Meß~ → *Meßelektrode*

Elektrode, Potential~ → *Meßelektrode*

237 **Elektrodialyse** f
□ electrodialysis
△ électrodialyse f
○ elettrodialisi f

238 **Elektroentsalzung** f
□ electro-desalination
△ électro-dessalement m
○ elettro-dissalazione f

239 **Elektrofilter** n
□ electro-filter, electrostatic filter, electrostatic precipitator
△ filtre m électrostatique, électrofiltre m, électro-filtre m
○ elettrofiltro m

240 **Elektroflotation** f
□ electro-flotation
△ électro-flottation f
○ elettro-flottazione f

241 **Elektrolyse** f
□ electrolysis
△ électrolyse f
○ elettrolisi f

242 **elektrolysieren**
□ electrolyse
△ électrolyser
○ elettrolizzare

243 **Elektrolyt** m
□ electrolyte
△ électrolyte m
○ elettrolito m

244 **elektrolytisch**
□ electrolytic
△ électrolytique
○ elettrolitico

245 **elektromagnetisch**
□ electro-magnetic
△ électromagnétique
○ elettromagnetico

246 **elektrometrisch**
□ electro-metric
△ électrométrique
○ elettrometrico

247 **Elektromotor** m
□ electric motor
△ moteur m électrique
○ motore m elettrico, elettromotore m

248 **Elektroneneinfang-Detektor** m
□ electron capture detector
△ détecteur m de capture d'électrons
○ rivelatore m a cattura di elettroni

249 **Elektronenemission** f
□ electron emission
△ émission f d'électrons
○ emissione f di elettroni

250 **Elektronenmikroskop** n
□ electron microscope
△ microscope m électronique
○ microscopio m elettronico

Elektronenmikroskop, Raster~ → *Rasterelektronenmikroskop*

Elektronenrechner → *Elektronische Rechenanlage*

251 **Elektronische Rechenanlage** f, **Elektronenrechner** m
□ electronic computer, electronic calculator
△ calculateur m électronique, ordinateur m électronique
○ calcolatore m elettronico

252 **Elektroosmose** f
□ electro-osmosis, electric osmosis
△ électro-osmose f
○ elettro-osmosi f

253 **Elektrophorese** f
□ electrophoresis
△ électrophorèse f
○ elettroforesi f

254 **Elektrosorption** f
□ electro-sorption
△ électrosorption f
○ elettrosorbimento m

255 **Elementbildung** f *(korr.)*
□ galvanic cell formation
△ formation f d'éléments, formation f de piles
○ formazione f di pile elementari

256 **Elendsviertel** n
□ slums pl
△ immeubles m pl insalubres
○ quartiere m povero

Eliminierung, Stickstoff~ → *Stickstoffeliminierung*

257 **Ellipse** f
□ ellipse
△ ellipse f
○ ellisse f

258 **elliptisch**
□ elliptic
△ elliptique
○ ellittico

259 **Elritze** f *(Phoxinus phoxinus)*
□ minnow, fathead minnow
△ vairon m
○ sanguinerola f

260 **Eluat** n
□ eluate
△ éluat m
○ eluato m

261 **Elution** f
□ elution
△ élution f
○ eluzione f

Elutriation → *Auslaugung*

262 **Eluvialablagerung** f
□ eluvial deposit
△ dépôt m éluvial
○ deposito m eluviale

Eluvialhorizont → *A-Horizont*

263 **emaillieren**
□ enamel, vitrify
△ émailler
○ smaltare

Emballagen → *Verpackungsmaterial*

264 **Emission** f
□ emission
△ émission f
○ emissione f

Emission, Staub~ → *Staubauswurf*

265 **Emissionskataster** m
□ emission register
△ registre m des émissions, enregistrement m des émissions
○ registro m degli scarichi

266 **Emissionsnorm** f
□ emission standard
△ norme f d'émission
○ norme f pl imposte agli scarichi

267 **Emissionsüberwachung** f
□ emission control
△ contrôle m de l'émission, surveillance f de l'émission
○ sorveglianza f di emmissione

268 **Empfänger** m
□ receiver
△ récepteur m
○ ricevitore m

269 **Empfindlichkeit** f *(biol.)*
□ susceptibility, sensitivity
△ susceptibilité f
○ suscettibilità f

270 **Empfindlichkeitsgrenze** f
□ sensitivity limit
△ limite f de sensibilité
○ limite f di sensibilità

271 **Emscherbecken** n
□ Emscher-type settling tank
△ décanteur m type Emscher
○ decantatore m tipo Emscher

272 **Emscherbrunnen** m, **Imhoffbrunnen** m
□ Imhoff tank, Emscher tank
△ fosse f Emscher, fosse f Imhoff
○ pozzo m Emscher, pozzo m Imhoff, vasca f Imhoff, fossa f Imhoff

273 **Emscherbrunnen** m **mit belüftetem Tauchkörper**
□ Imhoff tank with contact aerator
△ fosse f Imhoff avec dispositif d'aération
○ pozzo m Imhoff con letto sommerso

Emscherfilter → *Tauchkörper*

274 **Emschergenossenschaft** f
□ Emscher River Association
△ Association f de l'Emscher, Syndicat m de l'Emscher
○ Associazione f del fiume Emscher

275 **Emulgator** m
□ emulsifying agent
△ agent m émulsifiant
○ agente m emulsionante

276 **emulgierbar**
□ emulsifiable
△ émulsionnable
○ emulsionabile

277 **emulgieren**
□ emulgate, emulsify
△ émulsionner
○ emulsionare

278 **Emulsion** f
□ emulsion
△ émulsion f
○ emulsione f

279 **Emulsionsreinigungsmittel** n
□ emulsion cleaner
△ produit m de nettoyage en émulsion, émulsion f détergente
○ emulsione f detergente

Emulsionsspalter → *Emulsionsspaltmittel*

280 **Emulsionsspaltmittel** n, **Demulgator** m, **Dismulgator** m, **Emulsionsspalter** m
□ demulsifier, emulsion breaker
△ désémulsifiant m
○ demulsionante m, agente m demulsionante

281 **Endablauf** m
□ final effluent
△ effluent m final
○ effluente m finale

282 **endemisch**
□ endemic[al]
△ endémique
○ endemico

Endlagerstätte für radioaktiven Abfall
→ *Atomfriedhof*

283 **Endlagerung** f *(radiol.)*
- long-term containment, final disposal
- enfouissement m à longue échéance, stockage m à long terme
- inglobamento m a lungo termine

Endlauge → *Ablauge*

284 **Endmoräne** f
- terminal moraine, end moraine
- moraine f frontale, moraine f finale
- morena f terminale

285 **endogen, intrazellulär**
- endogenous
- endogène
- intracellulare

286 **endotherm**
- endothermic
- endothermique
- endotermico

287 **Endprodukt** n
- end product
- produit m terminal
- prodotto m terminale

288 **Endpunkt** m, **Umschlagspunkt** m *(chem.)*
- end point
- point m de virage
- punto m di viraggio

Endpunktbestimmung, konduktometrische → *Konduktometrie*

289 **Endrin** n
- endrin
- endrine f
- endrina f

Endsammler → *Hauptsammler*

290 **Endschwelle** f *(e. Absturzes)*
- end sill, end baffle
- seuil m aval
- soglia f a valle

Endstrang → *Rohrendstrang*

Endstrecke → *Rohrendstrang*

291 **Endwert** m des BSB
- ultimate B.O.D.
- DBO f finale, DBO f ultime
- BOD m finale

292 **Energie** f
- energy
- énergie f
- energia f

Energie, Atom~ → *Atomenergie*

293 **Energie** f, **geothermische**
- geothermic energy
- énergie f géothermique
- energia f geotermica

Energie, Kern~ → *Atomenergie*

294 **Energie** f, **kinetische, Bewegungsenergie** f
- kinetic energy
- énergie f cinétique
- energia f cinetica

295 **Energie** f, **potentielle, Lagenenergie** f
- potential energy
- énergie f potentielle
- energia f potenziale

Energie, Sonnen~ → *Sonnenenergie*

296 **energiearm**
- low-energy ...
- pauvre en énergie, à faible niveau énergétique
- a basso livello energetico

297 **Energieaufwand** m
- energy input, power input
- dépense f d'énergie, puissance f appliquée
- impegno m d'energia

Energieausfall → *Stromausfall*

Energiebedarf → *Kraftbedarf*

298 **Energiebilanz** f
- power balance
- bilan m énergétique
- bilancio m energetico

Energieerzeugung → *Krafterzeugung*

299 **Energieerzeugungsvermögen** n
- generating capacity
- productibilité f de l'énergie
- producibilità f di energia

300 **Energiehöhe** f
- amount of energy
- niveau m énergétique
- livello m energetico

301 **Energielinie** f
- energy line, energy gradient
- ligne f d'énergie, ligne f de charge
- linea f dell'energia

302 **energiereich**
- high-energy ...
- riche en énergie, à niveau énergétique élevé
- ad alto livello energetico

303 **Energierückgewinnung** f
- energy recovery, power recovery
- récupération f d'énergie
- ricuperazione f dell'energia

Energieverbrauch → *Kraftverbrauch*

304 **Energievernichter** m
- energy dissipator
- dissipateur m d'énergie
- dissipatore m dell'energia

305 **Energievernichtung** f
- dissipation of energy
- dissipation f de l'énergie
- dissipazione f dell'energia

306 **Energieversorgung** f
□ supply of energy
△ approvisionnement m en énergie
○ approvvigionamento m di energia

307 **engmaschig**
□ narrow-meshed
△ à mailles f pl étroites
○ a maglie f pl strette

Engstelle → *Einschnürung*

entaktivieren → *dekontaminieren*

entaktivieren → *entchloren*

Entaktivierung → *Dekontaminierung*

Entaktivierung → *Entchlorung*

Entaktivierungsfaktor
→ *Dekontaminierungsfaktor*

308 **Entaktivierungsverfahren** n
□ immobilization technology
△ technique f de désactivation
○ tecnica f di disattivazione

309 **Entcarbonisierung** f, **Entkarbonisierung** f
□ decarbonization
△ décarbonatation f
○ decarbonizzazione f

Entcarbonisierung, Kalk~ → *Kalkentcarbonisierung*

310 **Entcarbonisierungsanlage** f, **Entkarbonisierungsanlage** f
□ decarbonization plant
△ installation f de décarbonatation
○ impianto m per eliminazione dell'acido carbonico, impianto m di decarbonizzazione

311 **entchloren, entaktivieren**
□ dechlorinate
△ déchlorer
○ declorurare

312 **Entchlorung** f, **Dechlorierung** f, **Entaktivierung** f
□ dechlorination
△ déchloration f
○ declorazione f

313 **Entchlorungsmittel** n, **Antichlormittel** n
□ dechlorinating agent
△ agent m de déchloration
○ agente m di declorazione, agente m declorante

314 **Enteignung** f
□ expropriation
△ expropriation f
○ espropriazione f

315 **enteisenen**
□ remove iron, deferrize
△ déferriser
○ eliminare il ferro, deferrizzare

316 **Enteisener** m
□ apparatus to remove iron, iron removing filter
△ appareil m de déferrisation, déferriseur m
○ apparecchio m per eliminazione di ferro, apparecchio m deferrizzante

Enteisener, Klein~ → *Kleinenteisener*

317 **Enteisenung** f
□ iron removal, elimination of iron, deferrization
△ élimination f du fer, déferrisation f
○ deferrizzazione f, eliminazione f di ferro

318 **Enteisung** f
□ defrosting
△ déglaçage m, dégivrage m
○ scongelamento m

Entengrütze → *Wasserlinse*

319 **Enteritis-Virus** n, **Darmvirus** n
□ enteric virus
△ virus m entéritique, entéro-virus m
○ enterovirus m

Enterobakterium → *Darmbakterium*

320 **Enterokokken-Keimzahl** f
□ enterococcus-count
△ numération f des entérocoques, dénombrement m des entérocoques
○ conta f degli enterococchi

321 **entfärben**
□ decolorize, discolo[u]r
△ décolorer
○ scolorare, stingere, decolorare

322 **Entfärbung** f
□ colo[u]r removal, decolorization, discoloration
△ décoloration f
○ scoloramento m, scolorimento m, decolorazione f

entfernen → *beseitigen*

Entfernung → *Abstand*

Entfernung → *Beseitigung*

323 **entfetten**
□ degrease
△ dégraisser
○ digrassare, sgrassare

324 **Entfettung** f
□ grease removal, degreasing
△ dégraissage m
○ sgrassatura f

325 **Entfettungsbad** n
□ degreaser
△ bain m de dégraissage
○ bagno m di sgrassatura

entflammbar → *entzündbar*

326 **entflammen, entzünden**
□ ignite, inflame, flash
△ s'enflammer, s'allumer
○ infiammarsi, accendersi

327 **Entfluoridierung** f
□ removal of fluorides, defluoridation
△ élimination f des fluorures, défluoration f
○ rimozione f dei fluoruri

328 **Entgaser** m
□ gas expeller, degasifier
△ dégazeur m
○ degasificatore m

329 **Entgasung** f
□ degasification
△ dégazage m, élimination f des gaz, dégazéification f
○ degasazione f, degasificazione f

330 **entgegenwirken**
□ counteract
△ s'opposer à, agir contre, contrarier
○ opporsi

Entgeruchung → Geruchsbeseitigung

Entgeruchungsmittel
→ Geruchsbeseitungsmittel

331 **Entgiftung** f
□ detoxification, decontamination
△ décontamination f, détoxication f
○ disintossicazione f

332 **Entgiftungsmittel** n
□ detoxicant
△ décontaminant m, détoxicant m
○ sostanza f disintossicante

333 **Enthaaren** n
□ unhairing process
△ ébourrage m, épilage m
○ processo m di depilazione

334 **enthärten, weichmachen**
□ soften
△ adoucir
○ addolcire, ridurre la durezza

Enthärter → Enthärtungsapparat

Enthärter, Haus~ → Hausenthärter

Enthärter, Permutit~ → Permutitenthärter

335 **Enthärtung** f
□ softening
△ adoucissement m
○ addolcimento m, riduzione f della durezza

Enthärtung, Phosphat~ → Phosphatenthärtung

Enthärtung, Soda~ → Sodaenthärtung

336 **Enthärtung** f, **thermische**
□ thermal softening
△ adoucissement m par voie thermique
○ addolcimento m termico

Enthärtung, Wasser~ → Wasserenthärtung

337 **Enthärtungsanlage** f
□ softening installation, softening plant
△ installation f d'adoucissement
○ impianto m di addolcimento, impianto m di riduzione della durezza

338 **Enthärtungsanlage** f, **selbsttätige**
□ automatic softening installation, automatic softening plant
△ installation f d'adoucissement automatique, adoucisseur m automatique
○ impianto m di addolcimento automatico, impianto m automatico per la riduzione della durezza

339 **Enthärtungsapparat** m, **Enthärter** m
□ softening apparatus, apparatus for water softening, water softener
△ adoucisseur m
○ apparecchio m di addolcimento, addolcitore m, apparecchio m per la riduzione della durezza, riduttore m di durezza

340 **Enthärtungsschlamm** m
□ softening sludge
△ boue f provenant de l'adoucissement
○ fanghi m pl prodotti nell'operazione di addolcimento

341 **Enthalpie** f
□ enthalpy
△ enthalpie f
○ entalpia f

entionisieren → entmineralisieren

Entionisierung → Entmineralisierung

342 **entkalken**
□ delime, decalcify, unlime
△ décalcifier
○ decalcificare

343 **Entkalkung** f
□ decalcification
△ décalcification f
○ decalcificazione f

344 **Entkalkung** f, **biogene**
□ biogenous decalcification
△ décalcification f biogène
○ decalcificazione f biogena

Entkarbonisierung → Entcarbonisierung

Entkarbonisierungsanlage
→ Entcarbonisierungsanlage

345 **entkeimen, keimfrei machen, sterilisieren**
□ sterilize
△ stériliser
○ sterilizzare

346 **Entkeimung** f, **Sterilisation** f, **Sterilisierung** f
□ sterilization
△ stérilisation f
○ sterilizzazione f

347 **Entkeimungsfilter** n
□ sterilizing filter
△ filtre m stérilisateur, filtre m de stérilisation
○ filtro m di sterilizzazione

348 **Entkeimungsmittel** n, **Bakterizid** n
□ sterilizing agent, germicide, bactericide
△ agent m de stérilisation, bactéricide m
○ mezzo m di sterilizzazione

349 **Entkieselung** f
 □ silica removal
 △ élimination f de la silice, désilication f, désiliciage f
 ○ desilicazione f, eliminazione f della silice

350 **Entkrautung** f
 □ weed removal, removal of weeds, weed control operations, weeding
 △ désherbage m
 ○ diserbo m

351 **Entkrautungsmittel** n
 □ weed-control agent
 △ désherbant m
 ○ diserbante m

352 **Entkrautungsmittel** n (f. Gewässer)
 □ aquatic herbicide
 △ herbicide m aquatique
 ○ erbicida m acquatico

353 **entkrusten, entzundern**
 □ de-scale
 △ détartrer, décalaminer
 ○ disincrostare

354 **Entkrusten** n, **Entzunderung** f
 □ de-scaling
 △ détartrage m, décalaminage m
 ○ disincrostazione f

355 **entladen**
 □ unload, discharge
 △ décharger
 ○ scaricare

356 **Entladung** f, **stille elektrische**
 □ silent discharge, silent electrical discharge
 △ décharge f électrique silencieuse
 ○ scarica f elettrica silenziosa

357 **entlasten**
 □ reduce the load, discharge, relieve
 △ décharger
 ○ scaricare, alleggerire

358 **Entlastung** f
 □ load reduction, discharge, relief
 △ décharge f
 ○ scarico m, alleggerimento m

 Entlastung, Heber~ → *Heberentlastung*

 Entlastung, Kanalüberlauf~ → *Kanalüberlaufentlastung*

359 **Entlastungsanlage** f, **Entlastungsbauwerk** f, **Hochwasserüberlauf** m
 □ surplusing works, surplus disposal works
 △ ouvrage m de décharge, ouvrage m évacuateur
 ○ opera f di scarico, opera f di sfioratore

360 **Entlastungsanlage** f, **getrennte**
 □ separate spillway
 △ évacuateur m séparé
 ○ sfioratore m separato

 Entlastungsbauwerk → *Entlastungsanlage*

361 **Entlastungsbecken** n
 □ discharge basin
 △ bassin m de décharge
 ○ bacino m di scarico

 Entlastungsbrunnen → *Entwässerungsbrunnen*

 Entlastungsgerinne → *Entlastungskanal*

362 **Entlastungskanal** m, **Entlastungsgerinne** f
 □ discharge channel, discharge canal, relief sewer, discharge carrier
 △ émissaire m de décharge, canal m de décharge, canal m de dérivation, coursier m
 ○ canale m di scarico, collettore m di scarico

363 **Entlastungsventil** n
 □ relief valve
 △ soupape f de décharge, vanne f de décharge
 ○ valvola f di scarico

364 **Entlastungswehr** n
 □ spillway weir
 △ déversoir m de décharge
 ○ stramazzo m di scarico

365 **entleeren**
 □ empty, drain
 △ vider, mettre en vidange
 ○ evacuare, vuotare, svuotare

366 **Entleerung** f
 □ emptying
 △ décharge f, vidage m, vidange f
 ○ evacuazione f, vuotamento m, svuotamento m

367 **Entleerung** f, **mechanische**
 □ mechanical drainage, mechanical emptying, mechanical discharge
 △ vidange f mécanique
 ○ vuotamento m meccanico

 Entleerungshahn → *Ablaßhahn*

368 **Entleerungskanal** m
 □ discharge channel, dewatering channel, drain channel
 △ canal m de vidange, canal m d' écoulement
 ○ canale m di scarico, canale m di vuotamento

369 **Entleerungsleitung** f
 □ discharge conduit, dewatering conduit
 △ conduite f de vidange, tuyau m d' écoulement
 ○ conduttura f di scarico, condotto m di vuotamento

370 **Entleerungsstutzen** m
 □ draining branch
 △ tubulure f de vidange
 ○ tubulatura f di svuotamento

371 **Entleerungsventil** *n*, **Ablaßventil** *n*
□ blow-off valve, outlet valve, waste plug
△ soupape *f* de vidange, soupape *f* d'évacuation, bonde *f* de fond, valve *f* d'écoulement
○ valvola *f* di scarico, valvola *f* di scolo, valvola *f* di uscita

Entleerungsventil, automatisches
→ *Entleerungsventil, selbsttätiges*

372 **Entleerungsventil** *n*, **selbsttätiges**, **Entleerungsventil** *n*, **automatisches**
□ self-acting discharge valve
△ vanne *f* de décharge automatique
○ valvola *f* di scarico automatico

373 **entlüften**
□ deaerate, exhaust, ventilate
△ éliminer l'air, enlever l'air, désaérer
○ deaerare

374 **Entlüfter** *m*
□ deaerator, air exhauster
△ désaérateur *m*, évacuateur *m* d'air
○ desaeratore *m*, sfitatoio *m*

Entlüfter, Vakuum~ → *Vakuumentlüfter*

375 **Entlüftung** *f*
□ deaeration, ventilation
△ évacuation *f* de l'air, élimination *f* de l'air, désaération *f*
○ deaerazione *f*

376 **Entlüftung** *f* **des Wassers**
□ deaeration of the water
△ désaération *f* de l'eau
○ deaerazione *f* dell'acqua

377 **Entlüftung** *f* **einer Leitung**
□ elimination of air from a pipe line
△ évacuation *f* de l'air d'une conduite
○ deaerazione *f* di una condotta

Entlüftung, Vakuum~ → *Vakuumentlüftung*

378 **Entlüftungskasten** *m*
□ air-valve box
△ chambre *f* de ventouse
○ camera *f* di sfiato

Entlüftungsrohr → *Dunstrohr*

Entlüftungsschacht → *Lüftungsschacht*

379 **Entlüftungsventil** *n*
□ air-relief valve, air valve, air release valve
△ soupape *f* d'évacuation de l'air, ventouse *f*, soupape *f* de purge d'air
○ valvola *f* di sfiato, valvola *f* di uscita d'aria

380 **Entmanganung** *f*
□ manganese removal, demanganization
△ démanganisation *f*, élimination *f* du manganèse
○ demanganizzazione *f*

381 **entmineralisieren, entionisieren, vollentsalzen**
□ demineralize, deionize
△ déminéraliser
○ demineralizzare

382 **Entmineralisierung** *f*, **Entionisierung** *f*, **Vollentsalzung** *f*
□ demineralization, deionization
△ dessalement *m* complet, déminéralisation *f*
○ demineralizzazione *f*

383 **Entmischung** *f*
□ decomposition
△ décomposition *f*
○ decomposizione *f*

Entnahme einer Probe → *Probeentnahme*

Entnahme von Wasser
→ *Wasserentnahme*

Entnahmeanlage → *Einlaufbauwerk*

Entnahmebauwerk → *Einlaufbauwerk*

384 **Entnahmebereich** *m*
□ range of (groundwater) withdrawal
△ gamme *f* des prélèvements, fourchette *f* des prélèvements
○ intervallo *m* di variabilità dei prelievi

385 **Entnahmebreite** *f* (*eines Brunnens*)
□ width of contribution, width of withdrawal
△ front *m* d'appel, front *m* d'emprunt
○ fronte *f* di richiamo

386 **Entnahmegebiet** *n*, **Einzugsfläche** *f* (*hydrol.*)
□ contributing region
△ zone *f* d'appel
○ area *f* di alimentazione

Entnahmegerät → *Probeentnahmegerät*

Entnahmegerät, automatisches
→ *Probenehmer, automatischer*

387 **Entnahmeleitung** *f*
□ intake pipe, intake main
△ conduite *f* de prise, tuyau *m* de prise
○ tubazione *f* di presa

388 **Entnahmeöffnungen** *f pl*, **Einlaßöffnungen** *f pl*
□ intake ports *pl*
△ orifices *m pl* de prise
○ orificii *m pl* di presa

389 **Entnahmeschieber** *m*
□ intake sluice valve
△ vanne *f* de prise
○ saracinesca *f* di presa

390 **Entnahmestelle** *f*, **Schöpfstelle** *f*
□ crib, intake
△ prise *f*
○ presa *f*

Entnahmestelle, Ufer~ → *Uferentnahmestelle*

Entnahmestelle von Proben
→ *Probenahmestelle*

Entnahmestelle, Wasser~ → *Wasserentnahmestelle*

391 **Entnahmestollen** *m*
□ intake tunnel
△ galerie *f* de prise
○ galleria *f* di presa

392 **Entnahmetrichter** m
  □ drawdown cone, cone of intake, cone of water table depression, cone of pumping depression
  △ entonnoir m de prise, cône m d'appel
  ○ imbuto m di presa

393 **Entnahmeturm** m, **Einlaßturm** m
  □ intake tower, draw-off tower
  △ tour f de prise d'eau
  ○ torre f di presa d'acqua

394 **Entnahmeturm** m **mit Etagenablässen**
  □ multilevel draw-off tower
  △ tour f de prise d'eau à départs à différents niveaux
  ○ torre f di presa d'acqua a livelli diversi

395 **Entnahmeturm** m, **nasser**
  □ wet intake tower
  △ tour f de prise d'eau noyée intérieurement
  ○ torre f di presa d'acqua internamente bagnato

396 **Entnahmeturm** m, **trockener**
  □ dry intake tower
  △ tour f de prise d'eau dénoyée intérieurement
  ○ torre f di prelievo asciutta

  Entnahmevorrichtung
  → *Probeentnahmegerät*

397 **entnehmen** *(v. Grundwasser)*
  □ withdraw
  △ soustraire, prélever
  ○ sottrare

  Entnitrifizierung → *Denitrifikation*

398 **Entölung** f
  □ oil separation, oil removal
  △ déshuilage m
  ○ elimiazione f d'olio, separazione f dell'olio

399 **entphenolen**
  □ dephenolize
  △ déphénoler
  ○ eliminare il fenolo, defenolizzare

400 **Entphenolung** f
  □ dephenolizing, dephenolation
  △ déphénolisation f, déphénolage m
  ○ eliminazione f del fenolo, defenolizzazione f

401 **Entphenolungsanlage** f
  □ dephenolizing plant
  △ installation f de déphénolage
  ○ impianto m di defenolizzazione

402 **Entphenolungskohle** f
  □ dephenolating carbon
  △ charbon m utilisé pour le déphénolage
  ○ carbone m per la eliminazione dei fenoli

403 **Entphosphatung** f
  □ phosphate removal
  △ élimination f du phosphate, déphosphatation f
  ○ eliminazione f di fosfato, rimozione f di fosfato

404 **entrosten**
  □ de-scale rust, remove rust
  △ dérouiller
  ○ eliminare la ruggine, togliere la ruggine

405 **entsäuern**
  □ deacidificate
  △ désacidifier
  ○ deacidificare

406 **Entsäuerung** f
  □ deacidification
  △ désacidification f
  ○ deacidificazione f

  Entsäuerungsanlage, Kalkwasser~
  → *Kalkwasserentsäuerungsanlage*

407 **entsalzen**
  □ desalt, desalinate
  △ dessaler
  ○ dissalare

  Entsalzer, Mischbett-~ → *Mischbett-Entsalzer*

408 **Entsalzung** f
  □ desalting, desalination, desalinization, saline water conversion
  △ dessalement m
  ○ dissalazione f

  Entsalzung, Meerwasser~ → *Meerwasserentsalzung*

  Entsalzung, Rohöl~ → *Rohölentsalzung*

409 **Entsalzungsanlage** f
  □ desalting plant, desalination plant, desalinization plant, demineralizing plant, saline-water conversion plant, desalination unit
  △ station f de dessalement
  ○ impianto m di dissalazione

410 **Entsalzungsanlage** f **mit Brüdenverdichtung**
  □ thermocompression desalting plant
  △ station f de dessalement par thermocompression
  ○ impianto m di dissalazione per termocompressione

411 **Entsalzungsverfahren** n
  □ desalting process
  △ procédé m de dessalement
  ○ processo m di dissalazione

412 **entsanden**
  □ degrit
  △ dessabler
  ○ dissabbiare

  entsanden → *abpumpen*

413 **Entsandung** f
  □ degritting, grit removal, desilting
  △ dessablement m, dessablage m
  ○ dissabbiamento m

  Entsandung → *Abpumpen*

414 **Entschädigung** f
  □ compensation, indemnity
  △ indemnité f
  ○ indennizzo m, risarcimento m

Entschädigung → *Schadenersatz*

Entschäumer
→ *Schaumbekämpfungsmittel*

415 **entschlammen, räumen** *(des Schlammes)*
- de-sludge, remove sludge
- débourber, enlever les boues, évacuer les boues
- evacuare il fango, estrarre il fango, togliere il fango

Entschlammen → *Entschlammung*

416 **Entschlammung** *f*, **Entschlammen** *n*, **Schlammräumung** *f*
- de-sludging, sludge removal
- évacuation *f* des boues, enlèvement *m* des boues
- scarico *m* dei fanghi

417 **Entschlammung** *f* **durch Wasserüberdruck**
- hydrostatic sludge removal
- enlèvement *m* des boues par pression hydrostatique
- scarico *m* dei fanghi per pressione idrostatica

418 **Entschlammungsarbeiten** *f pl*, **Schlammräumungsbetrieb** *m*
- de-sludging operations *pl*
- travaux *m pl* d'enlèvement des boues
- operazioni *f pl* per lo scarico dei fanghi

419 **Entschlichtung** *f*
- de-sizing
- désencollage *m*
- sbozzimatura *f*

420 **Entschwärzungsabwasser** *n* (*Altpapierverarbeitung*)
- de-inking waste
- eaux *f pl* de désencrage
- acqua *f* di rifiuto del trattamento di disinchiostratura

421 **Entschwefelung** *f*
- desulphuration, desulphurization
- dessoufrage *m*, désulfuration *f*
- eliminazione *f* dello solfo, desulfurazione *f*, desolforazione *f*

Entseuchung → *Desinfektion*

Entseuchung, Boden~ → *Bodenentseuchung*

Entsorgung → *Abfallbeseitigung*

Entsorgung, Müll~ → *Müllbeseitigung*

422 **Entspannungsbrüden** *m*
- flashed vapor
- vapeurs *f pl* obtenues par distillation flash
- vapore *m* ottenuto da processo di evaporazione per espansione

423 **Entspannungsdestillation** *f*
- flash distillation
- distillation *f* par détente, distillation *f* éclair, distillation *f* flash
- distillazione *f* per espansione

424 **Entspannungsdestillation** *f*, **mehrstufige**, **Entspannungsverdampfung** *f*, **mehrstufige**
- multistage flash distillation
- évaporation *f* flash à plusieurs étages
- evaporazione *f* per espansione a più stadi

Entspannungsflotation → *Druckflotation*

425 **Entspannungskammer** *f*
- flash chamber
- chambre *f* de détente
- camera *f* d'evaporazione a flash

426 **Entspannungskühlung** *f*
- flash cooling, expansion cooling
- réfrigération *f* par détente
- refrigerazione *f* per espansione

427 **Entspannungssystem** *n* (*der Verdampfung*)
- flash system
- système *m* flash
- sistema *f* di evaporazione ad espansione

428 **Entspannungsverdampfer** *m*
- flash evaporator
- évaporateur *m* flash
- evaporatore *m* ad espansione

429 **Entspannungsverdampfung** *f*, **Flash-Verdampfung** *f*, **Stoßverdampfung** *f*
- flash evaporation
- évaporation *f* flash, évaporation *f* par détente
- evaporazione *f* per espansione

Entspannungsverdampfung, mehrstufige
→ *Entspannungsdestillation, mehrstufige*

Entspannungsverdampfung, Vielstufen~
→ *Vielstufenentspannungsverdampfung*

430 **Entspannungsverfahren** *n*, **vielstufiges**
- multistage flash process
- procédé *m* d'évaporation multiétage par détente
- processo *m* di evaporazione a gradini multipli per detensione

431 **Entspannungszeit** *f*
- flash period
- période *f* de détente, temps *m* éclair
- tempo *m* per evaporazione a flash

432 **entspringen, hervorquellen**
- originate in, rise, spring from, spring forth
- jaillir, sourdre, prendre sa source
- scaturire, sgorgare, emergere

Entstauber, Naß~ → *Naßentstauber*

Entstauber, Trocken~ → *Trockenentstauber*

433 **Entstaubung** *f*
- dust removal, dedusting
- dépoussiérage *m*
- depolverizzazione *f*

Entstaubung, Naß~ → *Naßentstaubung*

434 **entwässerbar**
- drainable
- drainable
- drenabile

Entwässerbarkeit
→ *Entwässerungsfähigkeit*

435 entwässern
☐ drain, dehydrate, dewater
△ déshydrater, assécher
○ asciugare, prosciugare, disidratare

436 Entwässerung f, **Wasserentzug** m (Wasserbau)
☐ drainage
△ drainage m, assèchement m, essorage m
○ prosciugamento m, drenaggio m

437 Entwässerung f (chem.), **Dehydratation** f, **Dehydration** f, **Wasserentzug** m
☐ dehydration, extraction of water
△ déshydratation f, extraction de l'eau
○ disidratazione f, estrazione f dell'acqua

Entwässerung → *Kanalisation*

Entwässerung, **Boden~** → *Bodenentwässerung*

Entwässerung, **Faschinen~** → *Faschinendränage*

Entwässerung, **Furchen~** → *Furchenentwässerung*

Entwässerung, **Haus~** → *Hausentwässerung*

Entwässerung, **Keller~** → *Bodenentwässerung*

Entwässerung, **Misch~** → *Mischentwässerung*

Entwässerung, **Oberflächen~** → *Oberflächenentwässerung*

Entwässerung, **Regen~** → *Regenwasserkanalisation*

438 Entwässerung f, **unterirdische**
☐ subterranean drainage
△ drainage m souterrain
○ drenaggio m sotterraneo

Entwässerung, **Vakuum~** → *Vakuumentwässerung*

Entwässerung, **Vertikal~** → *Vertikalentwässerung*

Entwässerung, **Voll~** → *Vollentwässerung*

Entwässerung, **Vor~** → *Vorentwässerung*

439 Entwässerungsbezirk m, **Kanalbezirk** m
☐ sewerage district
△ district m d'assainissement
○ distretto m di un rete di fogna

440 Entwässerungsbrunnen m, **Druckentlastungsbrunnen** m, **Entlastungsbrunnen** m
☐ pressure relief well, relief well
△ puits m de décompression, puits m drainant, puits m de décharge
○ pozzo m di decompressione, pozzo m di scarico

441 Entwässerungsfähigkeit f, **Dränagefähigkeit** f, **Entwässerbarkeit** f
☐ drainability, dewaterability
△ drainabilité f
○ drenabilità f

Entwässerungsfläche → *Einzugsgebiet, oberirdisches*

Entwässerungsgebiet → *Einzugsgebiet, oberirdisches*

442 Entwässerungsgraben m, **Abzugsgraben** m, **Drängraben** m, **offener**
☐ drainage channel, drainage ditch, draining ditch, blind drain, dike (br)
△ fossé m de drainage, rigole f de drainage, tranchée f de drainage, tranchée f d' infiltration
○ fossa f di drenaggio, trincea f di drenaggio

Entwässerungskanal → *Abwasserleitung*

Entwässerungsleitung → *Abwasserleitung*

Entwässerungsleitung, **Haus~** → *Hausentwässerungsleitung*

Entwässerungsleitung, **Keller~** → *Kellerentwässerungsleitung*

443 Entwässerungsnetz n, **Entwässerungssystem** n, **Kanalisationsanlage** f, **Kanalnetz** n, **Schmutzwasserkanalisation** f, **Schmutzwassernetz** n
☐ drainage system, collecting system, sewerage system, water-carriage system, drain system, collection system
△ réseau m d'égouts, réseau m d' évacuation, système m de canalisation d'eau usée, réseau m d'assainissement, réseau m de drainage
○ rete f di fogna, rete f delle acque di rifiuto, rete f di drenaggio, rete f di risanamento

444 Entwässerungsplan m
☐ drainage scheme
△ schéma m de drainage, plan m de drainage
○ piano m della fognatura

445 Entwässerungsplatte f
☐ draining plate
△ plaque f de drainage
○ piastra f di drenaggio

446 Entwässerungsrohr n, **Kanalisationsrohr** n
☐ drain
△ drain m
○ tubo m di drenaggio, tubo m da dreno, tubo m di fognatura

447 Entwässerungsschacht m
☐ drainage well, catch pit
△ puits m de drainage, puisard m
○ pozzo m di drenaggio

448 **Entwässerungsschleuse** f, **Deichschleuse** f, **Siel** n
- □ drainage sluice, bank sluice
- △ écluse f d'évacuation, décharge f dans une digue
- ○ paratoia f di scolo, scarico m di svaso

449 **Entwässerungsstollen** m, **Dränagestollen** m
- □ drainage gallery
- △ galerie f de drainage
- ○ galleria f di drenaggio

Entwässerungssystem
→ *Entwässerungsnetz*

450 **Entwässerungsverhalten** n
- □ dewatering characteristics
- △ caractéristiques f pl de déshydratation, comportement m en déshydratation
- ○ caratteristiche f pl di disidratabilità

451 **entwickeln**
- □ develop
- △ développer
- ○ svolgere, sviluppare

452 **Entwicklung** f
- □ development
- △ développement m
- ○ svolgimento m, sviluppo m

453 **entwicklungsfördernd, wachstumsfördernd**
- □ growth exciting, growth stimulating
- △ favorisant le développement, accélérant la croissance
- ○ stimolante della crescita, profittevole alla crescenza

454 **Entwicklungsland** n, **Land** n, **unterentwickeltes**
- □ developing country, less developed area, underdeveloped country
- △ pays m en voie de développement, pays m sous-développé
- ○ paese m di sviluppo

455 **Entwicklungstendenz** f
- □ trend in development
- △ tendance f de l'évolution
- ○ tendenza f evolutiva, tendenza f di sviluppo

456 **Entwurf** m, **Plan** m, **Projekt** n
- □ design, project, plan, scheme
- △ projet m, plan m, dessin m
- ○ progetto m, piano m, disegno m, schema m

457 **Entwurfsaufstellung** f
- □ designing
- △ établissement m d'un projet, étude f
- ○ progettazione f

458 **Entwurfsbearbeiter** m
- □ project designer
- △ auteur m de projet
- ○ progettista m

459 **Entwurfshochwasser** n, **Musterflut** f
- □ design flood
- △ crue f nominale
- ○ piena f nominale

460 **Entwurfskriterium** n
- □ design criterium
- △ critère m de base d'étude
- ○ criteri m pl di progettazione

461 **Entwurfsregen** m, **Berechnungsregen** m
- □ design storm
- △ averse f nominale
- ○ acquazzone f nominale

462 **Entwurfsskizze** f
- □ draught
- △ esquisse f, ébauche f, maquette f
- ○ schizzo m, abbozzo m

463 **entwurzeln**
- □ uproot
- △ déraciner
- ○ sradicare, diradicare, svellere, estirpare

464 **Entwurzelung** f
- □ up-rooting
- △ déracinement m
- ○ sradicamento m

465 **Entzinkung** f *(corr.)*
- □ dezincification
- △ dézincification f
- ○ corrosione f dello zinco, eliminazione f dello zinco

466 **entzündbar, entflammbar**
- □ inflammable
- △ inflammable
- ○ infiammabile, accendibile

entzünden → *entflammen*

Entzug von Sauerstoff
→ *Sauerstoffentzug*

467 **Entzug** m **von Wasser**
- □ extraction
- △ extraction f
- ○ estrazione f

entzundern → *entkrusten*

Entzunderung → *Entkrusten*

468 **Enzym** n
- □ enzyme
- △ enzyme f
- ○ enzima f, zimosi f

Enzym, amylolytisches → *Enzym, stärkezerlegendes*

469 **Enzym** n, **eiweißzerlegendes**, **Enzym** n, **proteolytisches**
- □ proteolytic enzyme
- △ enzyme f protéolytique
- ○ enzima m proteolitico

470 **Enzym** n, **fettzerlegendes**, **Enzym** n, **lipolytisches**
- □ lipolytic enzyme
- △ enzyme f lipolytique
- ○ enzima f lipolitica

471 **Enzym** n, **kohlenwasserstoffoxidierendes**
- □ hydrocarbon oxidizing enzyme
- △ enzyme f catalysant l'oxydation des hydrocarbures
- ○ enzima m catalizzatore dell'ossidazione degli idrocarburi

Enzym, lipolytisches → *Enzym, fettzerlegendes*

Enzym, proteolytisches → *Enzym, eiweißzerlegendes*

472 **Enzym** n, **stärkezerlegendes, Enzym** n, **amylolytisches**
- □ amylolytic enzyme
- △ enzyme f amylolytique
- ○ enzima f amilolitica

Enzym, Zellulose zerlegendes ~
→ *Zellulose zerlegendes Enzym*

Enzymaktivität → *Fermentwirkung*

473 **enzymatisch**
- □ enzymatic
- △ enzymatique
- ○ enzimatico

474 **Enzymproduktion** f
- □ enzyme synthesis
- △ synthèse f enzymatique
- ○ sintesi f enzimatica

Enzymproduktion, Drosselung der ~
→ *Hemmung der Enzymproduktion*

Enzymproduktion, Hemmung der ~
→ *Hemmung der Enzymproduktion*

Enzymwirkung → *Fermentwirkung*

Enzymwirkung, Hemmung der Aktivität der ~ → *Hemmung der Aktivität der Enzymwirkung*

475 **ephemer**
- □ ephemeral
- △ éphémère
- ○ effimero

476 **Epidemie** f, **Seuche** f
- □ epidemic
- △ épidémie f
- ○ epidemia f

Epidemie, Typhus~ → *Typhusepidemie*

Epidemie, Wasser~ → *Wasserepidemie*

477 **Epidemiologie** f
- □ epidemiology
- △ épidémiologie f
- ○ epidemiologia f

478 **epidemiologisch**
- □ epidemiological
- △ épidémiologique
- ○ epidemiologico

479 **epidemisch, seuchenhaft**
- □ epidemical
- △ épidémique
- ○ epidemico

480 **epilimnetisch**
- □ epilimnetic
- △ épilimnique, propre à l'épilimnion
- ○ epilimnetico

481 **Epilimnion** n
- □ epilimnion
- △ épilimnion m
- ○ epilimnion m

482 **Epiphyt** m, **Schmarotzer** m, **pflanzlicher**
- □ epiphyte
- △ épiphyte
- ○ epifita

483 **Epoxyharz** n
- □ epoxy resin
- △ résine f époxyde
- ○ resina f epossilica

Erdabdeckung → *Bodenabdeckung*

484 **Erdalkalien** f pl
- □ alkaline earths pl
- △ terres f pl alcalines, métaux m pl alcalino-terreux
- ○ sali m pl alcalino-terrosi

485 **Erdarbeiten** f pl
- □ groundworks pl, earthworks pl, digging
- △ terrassements m pl
- ○ sbancamenti m pl, lavori m pl di terra·

Erdaushub → *Bodenaushub*

486 **Erdbaugeräte** n pl
- □ earth moving machinery
- △ engins m pl de terrassement
- ○ macchine f pl per il movimento di terra

487 **Erdbeben** n, **Beben** n
- □ earthquake
- △ tremblement m de terre
- ○ tremoto m, terremoto m

488 **Erdbebenflut** f
- □ earthquake flood
- △ inondation f causée par un séisme
- ○ inondazione f causata da un terremoto

489 **Erdbecken** n
- □ earth basin
- △ bassin m en terre
- ○ bacino m in terra

Erdbewegung → *Bodenbewegung*

Erdboden → *Boden*

490 **Erdbohrer** m
- □ earth drill, earth borer
- △ sonde f à tarière, sonde f pédologique
- ○ trapano m per la terra, sonda f

491 **Erddamm** m, **Erdschüttdamm** m, **Schüttdamm** m
- □ earth dam, earthen dam, earth bank, earth embankment, embankment dam, earth fill dam
- △ digue f en terre, barrage m en terre
- ○ diga f di terra

492 **Erddeckung** f
- □ earth cover
- △ couverture f de sol
- ○ copertura f dei suolo

493 **Erddeckungshöhe** f
- □ depth of earth cover
- △ hauteur f de couverture de sol, épaisseur f de couverture de sol
- ○ altezza f di copertura del suolo, spessore m della copertura del suolo

494 **Erddruck** *m*
- ☐ thrust of the ground, earth pressure, earth load *(am)*
- △ poussée *f* des terres, pression *f* des terres
- ○ spinta *f* delle terre, pressione *f* della terra

495 **Erddruck** *m*, **aktiver**
- ☐ active earth pressure
- △ poussée *f* active des terres
- ○ pressione *f* attiva delle terre

496 **Erddruck** *m*, **passiver**
- ☐ passive earth pressure
- △ poussée *f* passive des terres
- ○ pressione *f* passiva delle terre

497 **Erde** *f*
- ☐ earth
- △ terre *f*
- ○ terra *f*

Erdfall → *Karsttrichter*

498 **Erdgas** *n*
- ☐ natural gas
- △ gaz *m* naturel
- ○ gas *m* naturale

Erdhobel → *Planiergerät*

499 **Erdhochbehälter** *m*, **Flurhochbehälter** *m*, **Tiefbehälter** *m*, **Tiefenbehälter** *m*
- ☐ earth tank, earth reservoir, ground tank, ground level (storage) reservoir
- △ réservoir *m* enterré, réservoir *m* souterrain
- ○ serbatoio *m* interrato

Erdkruste → *Erdrinde*

Erdkruste → *Lithosphäre*

500 **Erdkunde** *f*, **Geographie** *f*
- ☐ geography
- △ géographie *f*
- ○ geografia *f*

501 **Erdoberfläche** *f*
- ☐ surface of the ground
- △ surface *f* de la terre
- ○ superficie *f* di terra

502 **Erdöl** *n*
- ☐ petroleum, rock oil, naphtha
- △ naphte *m*, pétrole *m*
- ○ olio *m* di sasso, nafta *f*, petrolio *m*

Erdölchemie → *Petrochemie*

503 **Erdölchemikalien** *f pl*
- ☐ petrochemicals, chemicals from mineral oil
- △ produits *m pl* chimiques pétroliers
- ○ prodotti *m pl* petrolchimici, prodotti *m pl* derivati dal petrolio

Erdölentsalzung → *Rohölentsalzung*

504 **Erdöllagerstätte** *f*
- ☐ oil reservoir
- △ gisement *m* de pétrole
- ○ giacimento *m* di petrolio

Erdöllagerstätte, Unterwasser-~
→ *Unterwasser-Erdöllagerstätte*

505 **Erdölprodukt** *n*
- ☐ petroleum product
- △ produit *m* pétrolier
- ○ prodotto *m* petrolifero

Erdölraffinerie → *Mineralölraffinerie*

506 **Erdölverarbeitung** *f*
- ☐ crude-oil processing
- △ traitement *m* du pétrole brut
- ○ raffinazione *f* del greggio

Erdreich → *Boden*

507 **Erdrinde** *f*, **Erdkruste** *f*
- ☐ earth's crust
- △ croûte *f* terrestre
- ○ crosta *f* terrestre

508 **Erdrutsch** *m*, **Hangrutsch** *m*
- ☐ landslide, landslip
- △ glissement *m* de terrain, éboulement *m* de terre, éboulis *m*
- ○ scivolamento *m*, smottamento *m*

Erdschicht → *Bodenschicht*

Erdschüttdamm → *Erddamm*

509 **Erdschüttung** *f*, **gekippte**
- ☐ tipped earth fill
- △ remblai *m* basculé
- ○ riporto *m* ribaltato

510 **Erdschüttung** *f*, **verdichtete**
- ☐ compacted earth fill
- △ remblai *m* compacté
- ○ riporto *m* compattato

511 **Erdströme** *m pl*
- ☐ earth currents *pl*
- △ courants *m pl* telluriques
- ○ correnti *f pl* del sottosuolo, correnti *f pl* telluriche

512 **Erdung** *f*
- ☐ grounding, earthing
- △ mise *f* à la terre, prise *f* de terre
- ○ messa *f* a terra

513 **erdverlegt**
- ☐ buried
- △ enterré
- ○ interrato

514 **Erdverlegung** *f*
- ☐ underground installation
- △ installation *f* enterrée, installation *f* souterraine
- ○ installazione *f* sotterranea

Erfassung, Grundwasser~
→ *Grundwassererschließung*

Erfassung, Meßwert~ → *Meßwerterfassung*

515 **erforschen**
- ☐ explore, investigate
- △ explorer, faire des recherches
- ○ indagare, ricercare

Erforschung → *Forschung*

Ergiebigkeit → *Brunnenergiebigkeit*

516 **Ergiebigkeit** *f*, **spezifische**
- specific capacity
- △ débit *m* spécifique
- ○ portata *f* specifica

Ergiebigkeit, Wasser~ → *Wasserspende*

517 **sich ergießen, münden**
- discharge, flow forth, flow into
- △ se décharger, se jeter, se répandre
- ○ effondersi, scaricarsi, spandersi, sboccare, sfociare

518 **Erhärtung** *f*
- hardening
- △ durcissement *m*
- ○ indurimento *m*

519 **Erhaltung** *f*, **Bewahrung** *f*
- conservation
- △ conservation *f*
- ○ conservazione *f*

520 **Erhaltung** *f* **der Küstenlandschaft**
- safeguarding the coastal landscape
- △ sauvegarde *f* du site côtier
- ○ salvaguardia *f* del paesaggio costiero

521 **Erhebung** *f*, **Erhöhung** *f*
- elevation, rising
- △ élévation *f*, exhaussement *m*
- ○ alzamento *m*, esaltazione *f*, elevazione *f*, innalzamento *m*

Erhebung, Grundwasser~
→ *Grundwassererhebung*

522 **Erhitzen** *n*
- heating
- △ chauffage *m*, échauffement *m*
- ○ riscaldamento *m*

Erhitzen zum Glühen → *Glühen*

Erhitzer, Luft~ → *Lufterhitzer*

Erhöhung → *Erhebung*

523 **Erholung** *f* **am Wasser**
- aquatic recreation
- △ agrément *m* au bord de l'eau, récréation *f* au bord de l'eau
- ○ attività *f pl* ricreative connesse all'acqua

524 **Erholungsgebiet** *n*, **Erholungsraum** *m*
- recreation area
- △ espace *m* réservé aux loisirs, centre *m* touristique, espace *m* destiné à la récréation
- ○ zona *f* di riposo e di ricreazione

Erholungsraum → *Erholungsgebiet*

Erkrankungen, epidemische, Magen-Darm-~ → *Magen-Darm-Erkrankungen, epidemische*

Erlaubnis → *Genehmigung*

525 **Erle** *f* *(Alnus)*
- alder
- △ ver[g]ne *m*, au[l]ne *m*
- ○ ontano *m*, alno *m*, amedano *m*

526 **Erlenmeyer-Kolben** *m*
- Erlenmeyer flask
- △ Erlenmeyer *m*
- ○ matraccio *m* conico, bottiglia *f* di Erlenmeyer

Ermittlung, rechnerische → *Berechnung*

527 **Ermüdungserscheinigung** *f*
- fatigue phenomenon
- △ phénomène *m* de fatigue
- ○ fenomeo *m* di fatica

528 **Ernährung** *f*
- nutrition
- △ nutrition *f*
- ○ nutrimento *m*, nutrizione *f*, alimento *m*

529 **Ernährungsgebiet** *n* **eines Grundwasserleiters**
- recharge area
- △ zone *f* de recharge, zone *f* de réalimentation
- ○ zona *f* di ricarica d'una falda

Ernährungssubstanz → *Nährstoff*

530 **Erneuerung** *f*
- renewal, renovation
- △ renouvellement *m*
- ○ rinnovazione *f*

Ernteschaden → *Flurschaden*

531 **Erosion** *f*, **Abtragung** *f*
- erosion
- △ érosion *f*
- ○ erosione *f*

Erosion, Boden~ → *Bodenerosion*

532 **Erosion** *f* **durch Wind, Deflation** *f*, **Windablation** *f*, **Winderosion** *f*
- deflation, aeolian erosion
- △ érosion *f* éolienne, déflation *f*
- ○ erosione *f* sotto la spinta del vento, deflazione *f*

Erosion, Graben~ → *Grabenerosion*

Erosion, Rillen~ → *Runsenerosion*

Erosion, Rinnen~ → *Runsenerosion*

Erosion, rückschreitende
→ *Kataraktwirkung*

Erosion, Runsen~ → *Runsenerosion*

Erosionskessel → *Kolk*

533 **Erosionstal** *n*
- erosion valley
- △ vallée *f* d'érosion
- ○ valle *f* d'erosione

Erreger, Krankheits~ → *Keime, krankheitserregende*

534 **Ersatz** *m*
- substitute, replacement
- △ substitution *f*, rechange *m*, remplacement *m*
- ○ ricompensa *f*, compenso *m*, riserva *f*, rifornimento *m*, sostituzione *f*, sostituto *m*

535 **Ersatzpumpe** f, **Reservepumpe** f
□ stand-by pump
△ pompe f de remplacement, pompe f de réserve
○ pompa f di riserva, pompa f di sostituzione

536 **Ersatzteil** n
□ spare part, repair part, replacement part, repair piece, duplicate
△ pièce f de rechange
○ pezzo m di sostituzione, pezzo m di riserva, pezzo m di ricambio

537 **Ersatzteillager** n
□ spare part store
△ magasin m de pièces de rechange, stock m de pièces de rechange
○ magazzino m per parti di ricambio

Erschließung, Grundwasser~
→ *Grundwassererschließung*

Erschließung, Wasser~ → *Wassererschließung*

erschöpft → *verbraucht*

538 **Erschöpfung** f
□ depletion, exhaustion
△ épuisement m
○ esaurimento m

Erschöpfung, Boden~ → *Bodenerschöpfung*

539 **Erschütterung** f **des Bodens**
□ shake (or: shock) of the earth
△ vibration f du sol, choc m du sol, secousse f du sol
○ vibrazione f del suolo, scossa f del suolo

Erschütterungswelle → *Welle, seismische*

540 **Erstarrungspunkt** m
□ solidification point
△ point m de solidification
○ punto m di solidificazione

Erstbeschickung → *Füllung*

541 **Erstfiltrat** n
□ pre-run
△ pré-filtrat m
○ prefiltrato m

542 **Erstickung** f
□ asphyxiation
△ asphyxie f
○ asfissia f

543 **Ertrag** m *(agr.)*
□ crop, yield, production
△ rendement m
○ rendita f, prodotto m

Ertrag, sicherer → *Festertrag*

544 **Ertragsausfall** m
□ loss in production, loss in yield
△ perte f de rendement
○ perdita f di produzione, perdita f in resa

545 **Ertragsfähigkeit** f
□ productivity
△ productivité f
○ produttività f

546 **Eruptivgestein** n
□ igneous rock, volcanic rock, magmatic rock
△ roche f éruptive
○ roccia f eruttiva

547 **Erwärmung** f
□ warming, heating
△ réchauffement m
○ riscaldamento m

548 **Erweichungspunkt** m
□ softening point
△ point m de ramollissement
○ punto m di ammollimento

549 **Erweiterung** f
□ enlargement, extension
△ élargissement m, épanouissement m, extension f
○ allargamento m, ampliamento m, amplificazione f

550 **Erweiterungsbohrung** f
□ reaming of a borehole
△ élargissement m d'une sonde
○ allargamento m di un foro di trivellazione

Erz, Eisen~ → *Eisenerz*

Erzaufbereitung → *Aufbereitung von Erz*

551 **Erzgrube** f
□ ore mine
△ mine f métallique
○ miniera f metallica

Erzgrube, Eisen~ → *Eisenerzgrube*

Erzvergütung → *Aufbereitung von Erz*

E.[scherichia] coli → *Colibakterium*

552 **Essig** m
□ vinegar
△ vinaigre m
○ aceto m

553 **Essigsäure** f
□ acetic acid
△ acide m acétique
○ acido m acetico

554 **Ester** m
□ ester
△ ester m
○ estere m

555 **Etagenablässe** m pl
□ multi-level outlets pl
△ exutoires m pl à niveau multiple
○ scarichi m pl a livelli multipli

556 **Etageneinlaufrohre** n pl
□ multilevel pipe intake
△ colonne f de prise d'eau à étages multiples, tuyaux m pl d'entrée à niveau multiple
○ tubi m pl d'imbocco a livelli multipli

557 **Etagenofen** m, **Stockwerksofen** m
□ multiple-hearth furnace
△ four m à étages, four m à soles multiples
○ forno m multiplo, forno m a gradini

558 **Etagentrockner** *m*
□ multi-story drier
△ sécheur *m* à étages multiples
○ essiccatore *m* a piani multipli

Eternit → *Asbestzement*

Eternitrohr → *Asbestzementrohr*

559 **Ethologie** *f*, **Verhaltenslehre** *f*
□ ethology
△ éthologie *f*
○ etologia *f*

Eulimnoplankton → *Süßwasserplankton*

560 **euphotisch, lichtdurchflutet**
□ euphotic
△ fortement éclairé, inondé de lumière
○ eufotico, fortemente illuminato

561 **Europäische Gemeinschaft** *f*, **E.G.**
□ European Community, E.C.
△ Communauté *f* Européenne, C.E.
○ Comunità *f* Europea, C.E.

Europäische Wassercharta
→ *Wassercharta*

eutroph → *nährstoffreich*

562 **Eutrophie** *f*
□ eutrophy
△ eutrophie *f*
○ eutrofia *f*

563 **Eutrophierung** *f*
□ eutrophication, eutrophization
△ eutrophisation *f*
○ eutrofizzazione *f*

Eutrophierung, übermäßige
→ *Hypertrophierung*

Evaporation → *Verdunstung*

564 **Evapotranspiration** *f*, **Gesamt-**
verdunstung *f*, **Landverdunstung** *f*
□ evapotranspiration
△ évapotranspiration *f*
○ evapotraspirazione *f*

565 **Evapotranspiration** *f*, **potentielle**
□ potential evapotranspiration
△ évapotranspiration *f* potentielle
○ evapotraspirazione *f* potenziale

566 **Evapotranspiration** *f*, **wirkliche**
□ actual evapotranspiration, effective evapotranspiration
△ évapotranspiration *f* réelle, évapotranspiration *f* effective
○ evapotraspirazione *f* effettiva

567 **Evolventenpumpe** *f*
□ involute pump, volute pump
△ pompe *f* centrifuge à développantes
○ pompa *f* ad evolvente

Exkremente → *Abgänge, menschliche*

568 **exogen**
□ exogenous
△ exogène
○ esogeno

569 **exotherm**
□ exothermic
△ exothermique
○ esotermico

570 **Expansivbeton** *m*
□ expanding concrete
△ béton *m* expansif
○ cemento *m* espanso

Experte → *Fachmann*

571 **explodieren, zerknallen**
□ explode
△ exploser
○ esplodere, scoppiare

572 **Explosion** *f*, **Zerknall** *m*
□ explosion
△ explosion *f*
○ esplosione *f*, scoppio *m*

Explosion, Atombomben~
→ *Atombombenexplosion*

573 **Explosionsgefahr** *f*
□ explosion hazard
△ danger *m* d'explosion, risque *m* d'explosion
○ pericolo *m* d'esplosione

Explosionsmotor → *Verbrennungsmotor*

574 **explosionssicher**
□ explosion-proof
△ inexplosible
○ inesplodibile

575 **explosiv, zerknallfähig**
□ explosive
△ explosif, explosible
○ esplosivo

576 **Exsiccator** *m*
□ exsiccator, desiccator
△ dessiccateur *m*, exsiccateur *m*
○ essiccatore *m*

577 **extrahierbar**
□ extractable
△ extractible
○ estraibile

578 **extrahieren, ausziehen**
□ extract
△ extraire
○ estrarre

Extrahierung → *Extraktion*

Extrakt, Fleisch~ → *Fleischextrakt*

579 **Extraktion** *f*, **Auszug** *m*, **Extrahierung** *f*
□ extraction
△ extraction *f*
○ estrazione *f*

580 **Extraktionskolonne** *f*
□ extraction column
△ colonne *f* d'extraction
○ colonna *f* di estrazione

F-Stück → *Einflanschstück*

FA-Stück → *Einflanschstück mit Flanschstutzen*

FAA-Stück → *Einflanschstück mit zwei Flanschstutzen*

1 **Fabrik** f, **Betrieb** m *(gewerbl. Arbeitsstätte)*
  □ factory, manufactory, mill, works *pl*
  △ usine f, ateliers m *pl*, manufacture f, fabrique f, établissement m
  ○ fabbrica f, stabilimento m

2 **Fabrik** f, **chemische**
  □ chemical works *pl*
  △ fabrique f chimique, usine f chimique
  ○ fabbrica f di prodotti chimici, fabbrica f chimica

  Fabrik, Gummi~ → *Gummifabrik*

  Fabrik, Penicillin~ → *Penicillinfabrik*

  Fabrikabwasser → *Abwasser, gewerbliches*

3 **Fabrikation** f
  □ manufacture, manufacturing
  △ fabrication f
  ○ manifattura f, fabbricazione f

  Fabrikationsabwasser → *Prozeßwasser*

  Fabrikationswasser → *Betriebswasser*

4 **Facharbeiter** m
  □ skilled workman
  △ ouvrier m qualifié
  ○ operaio m specialista

5 **Fachmann** m, **Experte** m, **Gutachter** m, **Sachverständiger** m
  □ expert
  △ expert m
  ○ specialista m, esperto m, perito m, competente m

6 **Fachwerk** n
  □ framing, framework, lattice work
  △ bâtisse f en cloisonnage
  ○ travatura f a traliccio, incastellatura f

7 **Fachwerkbrücke** f
  □ lattice bridge, truss bridge
  △ pont m à poutre triangulée
  ○ ponte m a traliccio

8 **Fackel** f *(zur Verbrennung flüchtiger Stoffe und Abgase)*
  □ flare
  △ torche f, torchère f
  ○ torcia f

9 **Fadenalgen** f *pl*
  □ filamentous algae
  △ algues f *pl* filamenteuses
  ○ alghe f *pl* filamentose

10 **Fadenbakterien** f *pl*
  □ filamentous bacteria *pl*, thread bacteria *pl*
  △ bactéries f *pl* filiformes, bactéries f *pl* filamenteuses
  ○ batteri m *pl* filamentosi

11 **fadenförmig**
  □ filamentous
  △ filiforme, filamenteux
  ○ filiforme, filamentoso

12 **Fadenpilze** m *pl*
  □ filamentous fungi *pl*
  △ champignons m *pl* filamenteux
  ○ funghi m *pl* filamentosi

13 **Fadenwürmer** m *pl*, **Nematoden** f *pl*
  □ nematodes *pl*
  △ nématodes m *pl*
  ○ nematodi m *pl*

  Faeces → *Kotstoffe*

  Fächermesser → *Flügelrad[wasser]messer*

14 **Fährboot** n
  □ ferry-boat
  △ ferry-boat m
  ○ traghetto m, battello m di traghetto

15 **Fähre** f
  □ ferry
  △ bac m
  ○ chiatta f

  Fähre, Seil~ → *Seilfähre*

16 **Fährverkehr** m
  □ ferry-boat traffic
  △ trafic m par ferry-boat, circulation f par ferry-boat
  ○ circolazione f tramite traghetti

17 **fäkal**
  □ fecal
  △ fécal
  ○ fecale

18 **Fäkalbakterien** f *pl*
  □ fecal bacteria
  △ bactéries f *pl* fécales, germes m *pl* fécaux
  ○ batteri m *pl* fecali

  Fäkalien → *Kotstoffe*

19 **Fäkalienabfuhr** f
  □ scavenging service
  △ enlèvement m des matières fécales, service f des vidanges
  ○ rimozione f delle materie fecali

20 **Fäkalienabfuhrwagen** m
  □ sewage lorry, honey wagon *(am)*
  △ camion m de vidange des fosses [d'aisance]
  ○ carro m dello svuotamento dei pozzi neri

21 **Fäkalieneimer** m
  □ night-soil pail
  △ tinette
  ○ orinale m, vaso m da notte

  Fäkalienmasse → *Kotstoffe*

  Fäkalienschlamm → *Kotstoffe*

  Fäkalstoffe → *Kotstoffe*

22 **Fäkalstreptokokken** *f pl*
☐ fecal streptococci *pl*
△ streptoques *m pl* fécaux, streptoques *m pl* d'origine fécale
○ streptococchi *m pl* fecali

23 **fällbar**
☐ precipitable
△ précipitable
○ precipitabile

Fällbecken → *Fällungsbecken*

24 **fällen, ausfällen, niederschlagen**
☐ precipitate
△ précipiter
○ precipitare

Fällen → *Fällung*

25 **Fällmittel** *n*, **Fällungsmittel** *n*, **Niederschlagsmittel** *n*
☐ precipitant, coagulant, flocculant
△ précipitant *m*
○ precipitante *m*

26 **Fällmittelbedarf** *m*
☐ coagulant requirements *pl*
△ besoins *m pl* en coagulants, demande *f* en coagulants
○ quantità *f* di coagulanti necessaria

Fällmitteldosieranlage → *Chemikalienstation*

27 **Fällmitteldosierung** *f*
☐ precipitant feed, chemical feed
△ dosage *m* des précipitants
○ dosatura *f* dei precipitanti

28 **Fällung** *f*, **Ausfällen** *n*, **Ausfällung** *f*, **Fällen** *n*
☐ precipitation
△ précipitation *f*
○ precipitazione *f*

29 **Fällung** *f*, **chemische**
☐ chemical precipitation
△ précipitation *f* chimique
○ precipitazione *f* chimica

30 **Fällung** *f*, **nachträgliche, Nachfällung** *f*
☐ subsequent precipitation, after-precipitation
△ post-précipitation *f*
○ post-precipitazione *f*

31 **Fällungsanalyse** *f*
☐ precipitation analysis
△ analyse *f* par précipitation
○ analisi *f* per precipitazione

32 **Fällungsbecken** *n*, **Fällbecken** *n*
☐ precipitation basin, precipitation tank
△ bassin *m* de précipitation
○ bacino *m* di precipitazione

Fällungsmittel → *Fällmittel*

Fänger → *Abscheider*

Fänger, Haar~ → *Haarfänger*

Fänger, Öl~ → *Ölfänger*

Fänger, Schwimmstoff-~ → *Schwimmstoff-Fänger*

33 **färben, anfärben** *(bact.)*
☐ stain
△ colorier, colorer
○ colorare

färbend → *farbbildend*

34 **Färberei** *f*
☐ dye house, dye works *pl*
△ teinturerie *f*
○ tintoria *f*

35 **Färbereiabwasser** *n*
☐ dye-house wastes *pl*
△ eaux *f pl* résiduaires de teinturerie
○ acqua *f* di scarico di tintorie

36 **Färbeverfahren** *n* *(bact.)*
☐ staining method
△ procédé *m* de coloration, procédé *m* de teinture
○ processo *m* di colorazione

37 **Färbung** *f*
☐ colo[u]ring, dyeing, staining
△ teinture *f*, coloration *f*
○ tintura *f*, colorazione *f*

Färbung, Differential~ → *Differentialfärbung*

Färbung nach Gram → *Gram-Färbung*

Färbungsstoff → *Farbstoff*

Fäule, Wurzel~ → *Wurzelfäule*

38 **Fäulnis** *f*
☐ putrefaction, septicity
△ putréfaction *f*, septicité *f*
○ putrefazione *f*, putredine *f*

39 **Fäulnisbakterien** *f pl*
☐ putrefaction bacteria *pl*
△ bactéries *f pl* putréfiantes
○ batteri *m pl* della putrefazione

Fäulnisbewohner → *Saprophyt*

40 **fäulniserregend**
☐ putrefactive
△ putréfactif
○ putrefattivo

fäulnisfähig → *faulfähig*

Fäulnisfähigkeit → *Faulfähigkeit*

41 **Fäulnisprobe** *f*
☐ putrescibility test
△ épreuve *f* de putrescibilité, test *m* de putrescibilité
○ prova *f* di putrescibilità

fäulnisunfähig → *haltbar*

42 **Fäustel** *n*
☐ caulking hammer, sledge hammer, sledge
△ maillet *m*, marteau *m*, masse *f*
○ mazzetta *f*, martello *m*

43 **Fahrbahn** *f*
☐ roadway, road formation, carriageway
△ chaussée *f*, route *f*
○ piano *m* stradale

44 fahrbar
- □ conveyable, movable
- △ praticable, carrossable
- ○ praticabile, rotabile

Fahre → *Kiefer*

45 Fahrgestell *n*
- □ chassis
- △ châssis *m*
- ○ chassis *m*, telaio *m*

46 Fahrrinne *f*
- □ navigable water
- △ chenal *m* navigable
- ○ canale *m* navigabile

Fahrsprenger → *Wandersprenger*

47 fakultativ anaerob *(bact.)*
- □ facultative anaerobic
- △ anaérobie facultatif
- ○ anaerobo facoltativo

48 Fall *m*, **Sturz** *m*
- □ fall, drop, plunge
- △ chute *f*
- ○ caduta *f*, salto *m*

49 Fall *m*, **freier**
- □ free fall
- △ chute *f* libre
- ○ caduta *f* libera

Fall-out → *Niederschlag, radioaktiver*

50 Falleitung *f*
- □ down-pipe line, downtake pipeline
- △ canalisation *f* de descente, tuyauterie *f* de descente
- ○ tubazione *f* discendente

Falleitung → *Fallrohr*

Falleitung, Regen~ → *Regenabfallrohr*

51 Fallen *n* **der Schichten, Einfallen** *n* **der Schichten**
- □ dip, inclination, crop, underlay, hade, fall of the strata
- △ inclinaison *f*, pendage *m*, plongement *m* des couches
- ○ inclinazione *f*, pendenza *f* degli strati

52 Fallfilmrohr *m*
- □ flash tube
- △ tube *m* vertical à descendage
- ○ tubo *m* verticale a film discendente

53 Fallfilmverdampfer *m* (*Süßwasser aus Meerwasser*), **Fallstromverdampfer** *m* (*Süßwasser aus Meerwasser*), **Rieselfilmverdampfer** *m* (*Süßwasser aus Meerwasser*)
- □ falling-film evaporator
- △ bouilleur *m* à tubes verticaux à descendage, évaporateur *m* à descendage
- ○ evaporatore *m* a tubi verticali [flusso discendente]

Fallfilmverdampfer, Vertikalrohr~~ → *Vertikalrohr-Fallfilmverdampfer*

54 Fallhammer *m*
- □ drop hammer
- △ marteau *m* pilon
- ○ maglio *m* a caduta

Fallhöhe → *Gefälle*

55 Fallrohr *n*, **Abfallrohr** *n*, **Falleitung** *f*
- □ soil pipe, down pipe, downtake pipe, draft tube, downcomer, downtake tube
- △ tube *m* de descente, tuyau *m* de descente, tuyau *m* de chute, tube *f* d'aspiration
- ○ tubo *m* discendente, tubo *m* di caduta

Fallstromverdampfer → *Fallfilmverdampfer*

56 Fallwasser *n*
- □ condenser water, vacuum-pan water
- △ eaux *f pl* de condenseur
- ○ acque *f pl* del condensatore, acqua *f* di condensa

57 Falte *f* (*geol.*)
- □ fold
- △ pli *m*
- ○ piega *f*

58 Faltenfilter *n* (*lab.*)
- □ folded filter
- △ filtre *m* plissé
- ○ filtro *m* a pieghe

59 Faltengebirge *n*
- □ fold mountain
- △ montagne *f* due à des plissements
- ○ montagna *f* di corrugamento

Fang → *Abscheider*

60 Fangbrunnen *m*
- □ tray well
- △ puits *m* de nappe suspendue
- ○ pozzo *m* di captazione

Fangbuchse → *Fangglocke*

61 Fangdrän *n*, **Abfangstrang** *m*
- □ intercepting drain, [catch] drain, curtain drain
- △ drain *m* d'interception
- ○ tubo *m* da dreno d'interzettazione

62 Fangedamm *m*
- □ cofferdam, box dam
- △ batardeau *m*
- ○ tura *f*, avandiga *f*

Fangedamm, Kasten~ → *Kastenfangedamm*

Fangedamm, Spundwand~~ → *Spundwand-Fangedamm*

Fangedamm, Steindeich~ → *Steinfüllfangedamm*

Fangedamm, Zellen~ → *Zellenfangedamm*

63 Fangglocke *f*, **Fangbuchse** *f*, **Spitzfänger** *m*
- □ horn socket
- △ cloche *f* de repêchage
- ○ pescatore *m* a campana

64 **Fanghaken** m, **Glückshaken** m
□ grapnel
△ grappin m
○ grancio m d'arresto

65 **Fangkeile** m pl
□ slips
△ coins m pl de retenue
○ cunei m pl di tenuta

Fangsieb → Trockensieb

66 **Fangwerkzeug** n
□ fishing tool
△ outil m de repêchage
○ utensili m pl per pescaggio

67 **farbbildend, färbend**
□ colo(u)r producing
△ colorant, colorigène, colorateur
○ colorante

68 **Farbe** f
□ colour (br), color (am)
△ couleur f
○ colore m

69 **Farbenfabrik** f
□ dye factory, pigment factory, dye works pl
△ fabrique f de couleurs
○ fabbrica f di colori

Farbenzerstreuung → Dispersion

70 **farblos**
□ colo[u]rless
△ incolore, sans couleur
○ incolore

71 **Farbskala** f
□ colo[u]r scale
△ gamme f de couleurs
○ scala f di colori

72 **Farbspurenstoff** m, **Markierungsfarbstoff** m
□ tracer dye
△ colorant m traceur, traceur m coloré
○ tracciante m colorato

73 **Farbstoff** m, **Färbungsstoff** m
□ colo[u]ring matter, colo[u]ring agent, dye stuff, pigment, dye
△ colorant m, matière f colorante
○ materia f colorante, sostanza f colorante

74 **Farbton** m
□ tone of colo[u]r, hue, tint
△ ton m de teinte
○ graduazione f di colore, tono m del colore

75 **Farbvergleich** m
□ comparison of tints
△ comparaison f des couleurs
○ confronto m colorimetrico

76 **Faschine** f
□ fascine
△ fascine f
○ fascina f

77 **Faschinendamm** m, **Wurstdamm** m
□ sausage dam
△ digue f de saucisses
○ fascinata f, graticciata f

78 **Faschinendränage** f, **Faschinenentwässerung** f
□ fascine drainage
△ drainage m fasciné
○ drenaggio m con fascine

Faschinenentwässerung → Faschinendränage

79 **Faser** f
□ fiber, filament, fibre
△ fibre f
○ fibra f, filamento m

80 **Fasernfänger** m
□ fibre recovery plant
△ récupérateur m de fibres
○ ricuperatore m di fibre

81 **Faserplattenfabrik** f
□ fiberboard works (am), fibreboard works (br)
△ fabrique f de plaques de fibre de bois
○ fabbrica f di lastre di fibra di legno

82 **Faserstoff** m
□ fibrous material
△ matière f fibreuse
○ fibrina f, materia f fibrosa, sostanza f fibrosa

Faserstoffänger → Stoffänger

83 **Fassung** f
□ framework, setting, mounting, frame
△ bâti m, montage m, cadre m
○ telaio m, in castellatura f

Fassung → Wasserfassung

Fassung, Flußwasser~ → Flußwasserfassung

Fassung, Horizontal~ → Horizontalfilterbrunnen

Fassungsraum → Rauminhalt

Fassungsraum → Stauraum

84 **Fassungsrohr** n
□ tapping pipe
△ tuyau m de captage
○ tubo m di presa

85 **Fassungsstrang** m
□ string of collecting pipes, string of filter pipes
△ train m de tubes captants
○ complesso m dei tubi di captazione

Fassungsvermögen → Rauminhalt

86 **Faßwäsche** f
□ cask washing
△ poste m de lavage des fûts
○ lavaggio m dei tini

87 **Faßwaschwasser** n
□ cask washing waste
△ eaux f pl résiduaires de lavage des fûts
○ acque f pl di lavaggio dei tini

88 **faul, faulig**
□ foul, rotten, putrid, septic
△ pourri, putride, putréfié
○ putrefatto, putrido

Faulbehälter → *Faulraum*

Faulbehälter → *Schlammfaulbehälter*

Faulbehälters, Einfahren eines ~
→ *Einfahren eines Faulbehälters*

89 **Faulbetrieb** *m*
- □ digester operation
- △ exploitation *f* de digesteurs
- ○ esercizio *m* di un digestore

90 **faulen, ausfaulen**
- □ putrefy, digest
- △ pourrir, tomber en pourriture, putréfier, digérer
- ○ putrefarsi, digerire

91 **faulfähig, fäulnisfähig**
- □ putrescible
- △ putrescible
- ○ putrescibile

92 **Faulfähigkeit** *f*, **Fäulnisfähigkeit** *f*
- □ putrescibility, digestibility
- △ putrescibilité *f*, digestibilité *f*
- ○ putrescibilità *f*, potere *m* fermentativo

93 **Faulgas** *n*, **Biogas** *n*, **Klärgas** *n*
- □ digester gas
- △ gaz *m* de digestion, gaz *m* de boue
- ○ gas *m* della digestione

94 **Faulgasgefahren** *f pl*
- □ digester-gas hazards
- △ risques *m pl* dus aux gaz de digesteurs
- ○ rischi *m pl* relativi ai gas prodotti dalla digestione

Faulgashaube → *Gashaube*

Faulgaskondensat → *Teufelswasser*

Faulgasverwertung → *Gasverwertung*

95 **Faulgrube** *f*, **Abwasserfaulraum** *m*, **Faulkammer** *f*, **Faulraum** *m*, **durchflossener**
- □ septic tank, privy vault, hydrolizing tank
- △ fosse *f* septique
- ○ fossa *f* settica, vasca *f* a flusso di liquame

Faulgrube, Dreikammer-~
→ *Dreikammer-Faulgrube*

Faulgrube, Einkammer-~
→ *Einkammer-Faulgrube*

Faulgrube, Mehrkammer~
→ *Mehrkammerfaulgrube*

faulig → *faul*

Faulkammer → *Faulgrube*

Faulprozeß → *Faulverfahren*

96 **Faulraum** *m*, **Faulbehälter** *m*, **Schlammfaulraum** *m*
- □ digestion chamber, digesting compartment, sludge digestion compartment
- △ chambre *f* de putréfaction des boues, chambre *f* de digestion des boues
- ○ camera *f* di digestione, camera *f* di digestione del fango

Faulraum, Abwasser~ → *Faulgrube*

97 **Faulraum** *m*, **beheizter**
- □ heated digestion chamber
- △ digesteur *m* chauffé
- ○ camera *f* di digestione riscaldata

Faulraum, durchflossener → *Faulgrube*

98 **Faulraum** *m* **erster Stufe**
- □ primary digestion tank
- △ digesteur *m* primaire
- ○ digestore *m* primario

99 **Faulraum** *m*, **getrennter**
- □ separate digestion tank
- △ chambre *f* séparée de digestion, digesteur *m* séparé, fosse *f* séparée
- ○ vasca *f* di digestione separata, digestore *m* separato

100 **Faulraum** *m* **mit fester Decke**
- □ fixed-roof type digester
- △ digesteur *m* à couverture fixe
- ○ digestore *m* a copertura fissa

101 **Faulraum** *m* **mit schwimmender Gashaube**
- □ floating-roof type digester
- △ digesteur *m* à couverture flottante
- ○ digestore *m* a campana galleggiante per il gas

102 **Faulraum** *m*, **offener**
- □ open digester, uncovered digester
- △ digesteur *m* découvert
- ○ digestore *m* scoperto

Faulraum, Zweikammer-~
→ *Zweikammer-Faulraum*

103 **Faulraumanlage** *f*
- □ septic treatment plant, installation of digestion
- △ installation *f* de digestion
- ○ impianto *m* di digestione

104 **Faulraumheizung** *f*
- □ heating of digestion chamber
- △ chauffage *m* du digesteur
- ○ riscaldamento *m* del digestore

105 **Faulraumstörung** *f*
- □ digester upset
- △ perturbation *f* de la digestion
- ○ disfunzioni *f pl* del processo di digestione

Faulraumwasser → *Schlammwasser*

106 **Faulschlamm** *m*, **Sapropel** *n* *(limnol.)*
- □ sapropel
- △ sapropel *m*, boue *f* organique
- ○ sapropel *m*, sapropelite *f*

107 **Faulschlamm** *m*, **Schlamm** *m*, **ausgefaulter**
- □ digested sludge
- △ boue[s] *f* [*pl*] digérée[s]
- ○ fango *m* digerito

108 **Faulschlamm** *m*, **eingearbeiteter**
- □ ripe sludge
- △ boue[s] *f* [*pl*] mûree[s]
- ○ fango *m* maturato

109 **Faulschlammpasteurisierung** f
- □ digested sludge pasteurisation
- △ pasteurisation f des boues digerées
- ○ pastorizzazione f dei fanghi digeriti

Faulschlammwasser → Schlammwasser

110 **Faulteich** m
- □ digestion pond
- △ étang m de digestion
- ○ laguna f di digestione

Faulteich → Abwasserteich

111 **Faulung** f, **Ausfaulung** f
- □ digestion
- △ digestion f
- ○ digestione f

Faulung, geruchlose → Methangärung

Faulung, getrennte, Schlamm~
→ Schlammfaulung, getrennte

Faulung, Schlamm~ → Schlammfaulung

112 **Faulung** f, **thermophile**
- □ thermophilic digestion
- △ digestion f thermophile
- ○ digestione f termofila

113 **Faulverfahren** n, **Faulprozeß** m, **Faulvorgang** m
- □ digestion process, septic tank method
- △ procédé m de digestion
- ○ processo m di digestione

Faulverfahren, Gär~ → Gärfaulverfahren

Faulvorgang → Faulverfahren

114 **Faulzeit** f
- □ digestion period, digestion time
- △ temps m de digestion
- ○ tempo m di digestione

Fauna → Tierreich

Fauna, Ufer~ → Uferfauna

FB-Stück → Einflanschstück mit Muffenstutzen

FBB-stück → Einflanschstück mit zwei Muffenstutzen

115 **Feder** f (techn.)
- □ spring
- △ ressort m
- ○ molla f, spirale f

116 **Fehlanschluß** m
- □ misconnection
- △ branchement m erroné, raccordement m erroné
- ○ raccordo m sbagliato

Fehlbetrag, Sättigungs~ → Sättigungsfehlbetrag

117 **Fehlbohrung** f, **Bohrung** f, **blinde**, **Bohrung** f, **trockene**
- □ dry hole
- △ trou m sec, forage m improductif
- ○ pozzo m improduttivo, sondaggio m sterile

118 **Fehlergrenze** f
- □ limit of error, margin of error
- △ limite f d'erreur, marge f d'erreur
- ○ limite m d'errore, margine m degli errori

119 **Fehlerquelle** f
- □ source of error
- △ source f d'erreur
- ○ sorgente f d'errore, fonte f d'errore

Fehlmann-Brunnen
→ Grundwassersammelbrunnen

Fehlmenge → Mangel

120 **fein**
- □ fine
- △ fin
- ○ fino, sottile

121 **feinblasig**
- □ fine-bubble ...
- △ à fines bulles
- ○ a bolle fini

122 **Feinfilter** n
- □ fine filter
- △ filtre m fin
- ○ filtro m fino

Feinkies → Kies, feiner

123 **feinmaschig**
- □ fine-meshed
- △ à mailles f pl fines
- ○ a maglie f pl fine

124 **Feinnivellement** n
- □ precision levelling
- △ nivellement m de précision
- ○ livellazione f di precisione

125 **Feinrechen** m
- □ fine screen
- △ grille f fine
- ○ griglia f fina, griglia f sottile

126 **Feinrechen** m **mit maschineller Räumung**
- □ mechanically raked fine screen
- △ grille f fine à nettoyage mécanique
- ○ griglia f fina a pulitura meccanica

127 **Feinregulierung** f
- □ sensitive control
- △ contrôle m de précision, régulation f de précision
- ○ regolazione f di precisione

Feinsand → Sand, feiner

128 **Feinsandfilter** n
- □ fine sand filter
- △ filtre m à sable fin
- ○ filtro m a sabbia fina

129 **Feinschluff** m
- □ fine silt
- △ silt m fin
- ○ limo m fino

130 **Feinsieb** n, **Mikrosieb** n, **Mikrosiebfilter** n
- □ micro-strainer
- △ microtamis m
- ○ microstaccio m

F 131

131 **Feinsiebfilterung** f, **Mikrosiebfiltration** f
- □ micro-straining
- △ microtamisage m
- ○ microstacciatura f

132 **Feinstruktur** f
- □ microstructure
- △ microstructure f
- ○ microstruttura f

133 **Feinstsand** m
- □ very fine sand
- △ sable m très fin
- ○ sabbia f sopraffina

feinverteilt → dispers

Feld, Sicker~ → Sickerfläche

Feldaufnahme → Geländevermessung

Feldaufnahmefähigkeit, normale → Feldkapazität

Feldbelastbarkeit → Feldkapazität

134 **Feldberegnung** f
- □ spray irrigation of fields
- △ arrosage m agricole par aspersion
- ○ irrigazione f dei campi a pioggia

Felder, Einstau~ → Einstaufelder

135 **Feldkapazität** f, **Feldaufnahmefähigkeit** f, **normale, Feldbelastbarkeit** f, **Feuchtigkeitsaufnahmefähigkeit** f, **normale**
- □ [normal] field capacity
- △ capacité f au champ, capacité f d'absorption d'humidité, capacité f de charge d'un champ
- ○ capacità f di campo normale

Feldleitung → Regnerleitung

136 **Feldspat** m
- □ feldspar
- △ feldspath m
- ○ feldspato m

Feldversuch → Versuch an Ort und Stelle

Fels → Felsen

137 **Fels** m, **gesunder**
- □ sound rock, unaltered rock
- △ roche f saine
- ○ roccia f sana

138 **Felsaushub** m
- □ rock excavation
- △ dérochage m, dérochement m
- ○ dirocciamento m, scavo m in roccia

Felsdamm → Steindamm

139 **Felsen** m, **Fels** m, **Festgestein** n
- □ rock, compact rock, cliff
- △ rocher m, roc m, roche f
- ○ roccia f, rupe f

140 **Felseninsel** f, **Felsinsel** f
- □ rocky island
- △ île f rocheuse
- ○ isola f rocciosa

141 **Felsformation** f
- □ rock formation
- △ formation f rocheuse
- ○ formazione f rocciosa

142 **felsig**
- □ rocky
- △ rocheux
- ○ pieno di scogli, dirupato, scoglioso, roccioso

Felsinsel → Felseninsel

143 **Felsmechanik** f
- □ rock mechanics pl
- △ mécanique f des roches
- ○ meccanica f delle roccie

144 **Felsspalte** f, **Gangspalte** f, **Gesteinsspalte** f, **Kluft** f, **Spalt** m, **Spalte** f
- □ rock fissure, rock crevice
- △ diaclase f, faille f, fissure f, crevasse f, fente f
- ○ fessura f di roccia, fenditura f di roccia, frattura f di roccia, spaccatura f, fesso m di roccia, diaclase f

145 **Felsuntergrund** m
- □ bedrock, rock bottom
- △ fond m rocheux
- ○ fondo m roccioso

Felszehe → Steinzehe

Ferment → Gärungserreger

Fermentation → Gärung

fermentieren → gären

146 **Fermentwirkung** f, **Enzymaktivität** f, **Enzymwirkung** f
- □ enzymatic activity
- △ activité f enzymatique, activité f fermentative
- ○ attività f enzimatica, attività f fermentativa

147 **Fernablesung** f
- □ remote reading
- △ lecture f faite à distance
- ○ lettura f a distanza

148 **Fernanzeige** f
- □ remote indicator system
- △ télé-indication f, système m d'indication à distance
- ○ telerilevamento m, sistema m di indicazione a distanza

149 **Fernaufzeichnung** f
- □ remote record, remote recording
- △ télé-enregistrement m
- ○ teleregistrazione f, registrazione f a distanza

Fernbedienung → Fernsteuerung

150 **ferngesteuert**
- □ remote-controlled, operated by remote-control
- △ télécommandé
- ○ telecomandato

F 171

151 **Fernheizkraftwerk** n
  ☐ district heating power station
  △ centrale f locale de chauffage
  ○ centrale f di riscaldamento zonale

152 **Fernheizung** f
  ☐ district heating
  △ chauffage m à distance
  ○ riscaldamento m centralizzato per una intera zona

153 **Fernleitung** f
  ☐ long-distance pipe line
  △ conduite f de transport à grande distance
  ○ condotta f a grande distanza

  Fernleitung, Rohr~ → *Rohrfernleitung*

154 **Fernmelder** m
  ☐ teleindicator
  △ téléindicateur m
  ○ teleindicatore m

155 **Fernmeldung** f
  ☐ telecommunication
  △ télécommunication f
  ○ telecomunicazione f

156 **Fernmeß- und Regelwesen** n, **Fernmeßtechnik** f, **Fernwirktechnik** f
  ☐ telemetry, telecontrol, remote sensing
  △ télémétrie f, régulation f à distance
  ○ telemetria f

157 **Fernmeßeinrichtung** f
  ☐ telemetering system
  △ installation f de mesure à distance, installation f de télémesure
  ○ sistema m di telerilevazione

158 **Fernmeßgerät** n
  ☐ telemeter, remote sensor
  △ appareil m de mesure à distance, appareil m télécommandé de mesure
  ○ telemetro m

  Fernmeßtechnik → *Fernmeß- und Regelwesen*

159 **Fernmessung** f
  ☐ telemetering, remote sensing
  △ télémesure f, télédétection f
  ○ telemisura f

  Fernregelung → *Fernsteuerung*

  Fernschaltung → *Fernsteuerung*

160 **Fernschreiben** n *(Meß- und Regeltechnik)*
  ☐ teleprinting
  △ enregistrement m à distance, téléinscription f
  ○ registrazione f a distanza

  Fernsehgerät, Kanal~ → *Kanalfernsehgerät*

161 **Fernsprecher** m, **Telefon** n
  ☐ telephone
  △ téléphone m
  ○ telefono m

162 **Fernspürmethode** f
  ☐ teleindicator method
  △ méthode f de télé-indication
  ○ metodo m di teleindicazione

163 **Fernsteuerung** f, **Fernbedienung** f, **Fernregelung** f, **Fernschaltung** f
  ☐ remote control, telecontrol, far-distance control
  △ commande f à distance, télécommande f, contrôle m à distance
  ○ comando m a distanza, telecomando m, manovra f a distanza, guida f a distanza

164 **Fernsteuerwarte** f
  ☐ remote control centre (center)
  △ centre m de télécommande, poste m central de télécommande
  ○ centro m di controllo a distanza

165 **Fernthermometer** n
  ☐ telethermometer, distant reading thermometer
  △ pyromètre m à distance, thermomètre m à distance, téléthermomètre m
  ○ teletermometro m, termometro m a distanza

166 **Ferntransport** m
  ☐ long-range (or: long-distance) transport
  △ transport m à grande distance
  ○ trasporto m a grande distanza

167 **Fernübertragung** f
  ☐ remote transmission
  △ transmission f à distance
  ○ trasmissione f a distanza

168 **Fernwasserversorgung** f
  ☐ long-distance water supply
  △ alimentation f en eau commandée à distance, distribution f d'eau à grande distance
  ○ alimentazione f idrica a grande distanza

169 **Fernwirkanlage** f
  ☐ remote control system, telecontrol system
  △ installation f de télécommande, système m de télécommande
  ○ sistema m di telecomando

  Fernwirktechnik → *Fernmeß- und Regelwesen*

170 **Fernzählwerk** n
  ☐ telecounter
  △ compteur m enregistreur à grande distance
  ○ teleorologeria f, telecontatore m

171 **Ferri-** *(in Verbindung mit Subst.)*
  ☐ ferric
  △ ferrique
  ○ ferrico

  Ferrichlorid → *Eisenchlorid*

  Ferricyankalium → *Blutlaugensalz, rotes*

  Ferrihydroxid → *Eisenhydroxid*

  Ferrioxid → *Eisenoxid*

179

172 **Ferro-** *(in Verbindung mit Subst.)*
- □ ferrous
- △ ferreux
- ○ ferroso

Ferrochlor → *Eisenchlor*

Ferrochlorid → *Eisenchlor*

Ferrocyankalium → *Blutlaugensalz, gelbes*

Ferrohydroxid → *Eisenhydroxidul*

Ferrooxid → *Eisenoxidul*

Ferrosulfat → *Eisenvitriol*

Ferrosulfid → *Schwefeleisen*

Fertigbau-Behandlungsanlage
→ *Behandlungsanlage in Fertigbauweise*

173 **Fertigbeton** m, **Beton** m, **vorgefertigter**
- □ prefabricated concrete
- △ béton m préfabriqué
- ○ cemento m prefabbricato

174 **Fertigfutter** n
- □ manufactured fodder
- △ fourrage m artificiel
- ○ foraggio m artificiale

175 **Fertigstellungsbericht** m
- □ completion report
- △ rapport m général sur une installation achevée
- ○ relazione f finale di un progetto

176 **Fertigteil** n
- □ preconstructed part
- △ pièce f préfabriquée, élément m préfabriqué
- ○ elemento m prefabbricato

Fertigung → *Produktion*

fertil → *fruchtbar*

Fertilität → *Fruchtbarkeit*

Festabfall → *Abfallstoffe, feste*

177 **Festbett-Ionenaustauscher** m
- □ fixed-bed ion exchanger
- △ échangeur m d'ions à lit fixe
- ○ colonna f a scambio ionoco a letto fisso

178 **Festertrag** m, **Ertrag** m, **sicherer**
- □ safe yield
- △ rendement m assuré
- ○ rendimento m garantito

179 **festgefahren** *(Brunnenbau)*
- □ earthfast
- △ pris dans la terre
- ○ bloccato

Festgestein → *Felsen*

festhaftend → *sessil*

180 **Festigkeit** f
- □ strength, resistance, tenacity, soundness
- △ résistance f
- ○ resistenza f

Festigkeit, Bruch~ → *Bruchfestigkeit*

Festigkeit, Haft~ → *Haftfestigkeit*

Festigkeit, Scher~ → *Scherwiderstand*

Festigkeit, Zug~ → *Zugfestigkeit*

181 **Festigkeitsberechnung** f
- □ strength calculation
- △ calcul m de résistance
- ○ calcolo m delle sollecitazioni

Festigkeitsprüfung, Druck~
→ *Druckprobe*

182 **Festland** n
- □ mainland
- △ terre ferme f
- ○ terra ferma f

Festlandsockel → *Schelf*

183 **Festmüll** m
- □ solid refuse
- △ immondices f pl solides
- ○ immondizie f pl solide

184 **Festpunkt** m, **Höhenmarke** f, **Lattenpunkt** m, **Nivellementsbolzen** m
- □ bench mark, geodetic bench-mark
- △ repère m de nivellement, point m de repère
- ○ punto m di riferimento, borchia f de livellazione, caposaldo m di livellazione

185 **Festscheibe** f, **Riemenscheibe** f, **feste**
- □ fast pulley
- △ poulie f fixe
- ○ puleggia f fissa

186 **Festspindel** f *(beim Schieber)*
- □ non-rising stem
- △ vis f de manœuvre fixe
- ○ vite f di comando fissa

feststemmen → *verstemmen*

187 **Feststoffabtrag** m
- □ sediment load
- △ fret m solide
- ○ portata f solida

188 **Feststoffdichte** f
- □ density of solids
- △ densité f des substances solides
- ○ densità dei solidi

189 **Feststoffdichte** f, **relative**
- □ relative density of solids
- △ densité f relative des solides
- ○ densità f relativa dei solidi

Feststoffe → *Stoffe, feste*

190 **Feststofferfassung** f
- □ solids capture
- △ capture f des solides
- ○ captazione f delle sostanze solide

191 **Feststoffgehalt** m
- □ solids content
- △ teneur f en solides
- ○ tenore m in solidi

192 **Feststoffmessung** f
- □ measurement of solids
- △ measurement m des substances solides
- ○ misura f delle sostanze solide

Feststoffteilchen → *Partikel*

193 **Feststofftransport** m, **spezifischer**
 □ specific solids transport
 △ transport m spécifique de matières solides
 ○ trasporto m solido specifico

   Feststofführung → Geschiebefracht

194 **Fett** n
 □ grease, fat
 △ graisse f
 ○ grasso m

   Fett, Roh~ → Rohfett

195 **Fettabscheider** m, **Fettfänger** m, **Fettfang** m
 □ grease trap, fat trap, grease separator, skimming tank, grease interceptor
 △ dégraisseur m, séparateur m de graisses, bac m à graisse
 ○ eliminatore m di grasso

   Fettfänger → Fettabscheider

   Fettfang → Fettabscheider

196 **Fettflotation** f
 □ grease flotation
 △ flottation f des graisses
 ○ flottazione f dei grassi

197 **Fettgehalt** m
 □ grease content
 △ teneur f en graisse, contenance f en graisse
 ○ contenuto m di grasso, tenore m di grasso

   Fettgerbung → Sämischgerbung

198 **fettig**
 □ fatty, greasy
 △ graisseux
 ○ grasso

199 **Fettlösungsmittel** n
 □ solvent degreaser
 △ solvant m dégraissant, solvant m de dégraissage
 ○ solvente m del grasso, solvente m digrassante

200 **Fettrückgewinnung** f, **Fettwiedergewinnung** f
 □ recovery of grease
 △ récupération f de graisse
 ○ ricuperazione f di grasso, ricupero m di grasso

201 **Fettsäure** f
 □ fatty acid
 △ acide m gras
 ○ acido m sebaceo

   Fettwiedergewinnung → Fettrückgewinnung

202 **feucht**
 □ damp, moist, humid
 △ humide, moite, mouillé
 ○ umido, molle, madido

203 **Feuchte** f, **Feuchtigkeit** f
 □ humidity, moisture, dampness
 △ humidité f
 ○ umidità f, umidezza f

204 **Feuchteemission** f
 □ moisture emission
 △ émission f humide, émission f d'humidité
 ○ emissione f umida

   Feuchtigkeit → Feuchte

   Feuchtigkeit, absolute, Luft~ → Luftfeuchtigkeit, absolute

   Feuchtigkeit, Boden~ → Bodenfeuchtigkeit

   Feuchtigkeit, Grund~ → Bodenfeuchtigkeit

205 **Feuchtigkeit** f, **relative**
 □ relative humidity, fraction of saturation
 △ humidité f relative
 ○ umidità f relativa

206 **Feuchtigkeitsäquivalent** n, **Wasserkapazität** f, **minimale**
 □ (centrifuge) moisture equivalent
 △ humidité f équivalente
 ○ equivalente m d'umidità

207 **Feuchtigkeitsaufnahme** f
 □ absorption of humidity
 △ absorption f en humidité
 ○ assorbimento m di umidità

   Feuchtigkeitsaufnahmefähigkeit, normale → Feldkapazität

208 **Feuchtigkeitsgehalt** m, **Wasserdampfgehalt**
 □ moisture content
 △ état m hygrométrique, teneur f en humidité
 ○ contenuto m di umidità, stato m igrometrico

209 **Feuchtigkeitsgrad** m
 □ degree of humidity
 △ degré m d'humidité
 ○ grado m di umidità

   Feuchtigkeitsmesser → Hygrometer

   Feuchtigkeitsmesser, Luft~ → Luftfeuchtigkeitsmesser

210 **Feuchtigkeitszone** f **des Bodens**
 □ belt of soil water
 △ zone f d'humidité du sol
 ○ zona f d'umidezza del suolo

211 **Feuchtklima** n
 □ humid climate
 △ climat m humide
 ○ clima m umido

   Feuerlöschdruck → Löschdruck des Wassers

212 **Feuerlöschen** n, **Brandlöschung** f
□ fire extinction, fire fighting, extinguishing the fire
△ extinction f des incendies, défense f contre l'incendie, service m d'incendie
○ spegnimento m d'incendio, estinzione f dell'incendio

213 **Feuerlöschhydrant** m
□ fire plug, fire hydrant
△ bouche f d'incendie, borne f d'incendie
○ idrante m antincendio stradale

214 **Feuerlöschwasser** n
□ fire fighting water, water for fire extinction
△ eau f pour les secours d'incendie
○ acqua f per estingere l'incendio, acqua f per il servizio di spegnimento, acqua f per estinzione incendi

215 **Feuerlöschwasserbedarf** m, **Löschwasserbedarf** m
□ water requirements for fire protection, fire demand
△ besoins m pl en eau pour la lutte contre l'incendie, débit-incendie m
○ bisogno m d'acqua per estinzione d'incendi

216 **Feuerlöschwasserentnahme** f
□ fire fighting water intake
△ prise f d'incendie
○ presa f antincendio

217 **Feuerlöschwasserreserve** f, **Löschwasserreserve** f, **Löschwasservorrat** m
□ fire protection reserve
△ réserve f d'eau pour la lutte contre l'incendie
○ riserva f d'acqua per la protezione dagli incendi

218 **Feuerschiff** n
□ lightship
△ bateau-feu m
○ nave f fanale

219 **Feuerwehr** f
□ fire-brigade, fire department *(am)*
△ corps m des pompiers, sapeurs m pl pompiers
○ pompieri m pl

FFR-Stück → *Flanschenübergangsstück*

220 **Fichte** f *(Picea)*
□ spruce
△ sapin m rouge, épicéa m
○ pino m, abete m rosso

FID-Detektor → *Flammenionisationsdetektor*

Fiebermücke → *Malariamücke*

221 **Film** m, **monomolekularer**, **Molekularschicht** f, **Monoschicht** f
□ monomolecular film, monolayer
△ film m monomoléculaire, pellicule f monomoléculaire, couche f monomoléculaire
○ film m monomolecolare

222 **Filter** n
□ filter
△ filtre m
○ filtro m

Filter, Anschwemm~ → *Anschwemmfilter*

Filter aus zweierlei Material → *Zweischichtfilter*

223 **Filter** n, **belüftetes**
□ aerated filter
△ filtre m aéré
○ filtro m aerato

Filter, Boden~ → *Bodenfilter*

Filter, Brunnen~ → *Brunnenfilter*

Filter, Dreh~ → *Trommelfilter*

Filter, Dreistoff-~ → *Dreistoff-Filter*

Filter, Druck~ → *Druckfilter*

224 **Filter** n, **eingearbeitetes**
□ ripened filter
△ filtre m mûr
○ filtro m maturato

Filter, Elektro~ → *Elektrofilter*

Filter, Falten~ → *Faltenfilter*

Filter, Fließbett~ → *Fließbettfilter*

Filter, Fließbettkohle~ → *Fließbettkohlefilter*

225 **Filter** n, **geschlossenes**, **Druckfilter** n
□ closed filter, pressure filter
△ filtre m fermé
○ filtro m chiuso

Filter, Gewebe~ → *Gewebefilter*

Filter, Grob~ → *Grobfilter*

Filter, Grobkies~ → *Grobkiesfilter*

Filter, Haar~ → *Haarfänger*

Filter, Haus~ → *Hausfilter*

Filter, Keildraht~ → *Keildrahtfilter*

Filter, Kerzen~ → *Kerzenfilter*

Filter, Kies~ → *Kiesfilter*

Filter, Kohle~ → *Kohlefilter*

Filter, Koks~ → *Koksfilter*

Filter, Langsam~ → *Langsamfilter*

Filter, Luft~ → *Luftfilter*

Filter, Magnetit~ → *Magnetitfilter*

Filter, Mehrschichten~ → *Mehrschichtenfilter*

Filter, Membran~ → *Membranfilter*

Filter, Mischbett~ → *Mischbettfilter*

226 **Filter** n **mit Spiralfederbespannung**
□ spiral-coil filter
△ filtre m à ressorts
○ filtro m a spirale

Filter, Nach~ → *Nachfilter*

227 **Filter** n, **nicht überstautes**
□ non-submerged filter
△ filtre m non submergé
○ filtro m non sommerso

228 **Filter** n, **offenes**
□ open filter, gravity filter, gravity type filter
△ filtre m ouvert, filtre m par gravité, filtre m gravitaire
○ filtro m aperto, filtro m a gravità, filtro m scoperto

Filter, Permutit~ → *Permutitfilter*

Filter, Porzellan~ → *Porzellanfilter*

Filter, Precoat-~ → *Anschwemmfilter*

Filter, Rund~ → *Rundfilter*

Filter, Sack~ → *Sackfilter*

Filter, Sand~ → *Sandfilter*

Filter, Saug~ → *Saugzellenfilter*

Filter, Scheiben~ → *Scheibenfilter*

Filter, Schlauch~ → *Schlauchfilter*

Filter, Schnell~ → *Schnellfilter*

229 **Filter** n, **schwebendes** *(chem. Fällung)*, **Schlammschwebeschicht-Klärung** f, **Schwebedeckenfilter** n
□ sludge-blanket filter, floating blanket
△ filtre m à voile de boue
○ filtro m con sospensione di fango

Filter, Siebbandschlamm~ → *Siebbandschlammfilter*

Filter, Staub~ → *Staubfilter*

Filter, Tuch~ → *Tuchfilter*

230 **Filter** n, **überstautes**
□ submerged filter
△ filtre m noyé, filtre m immergé
○ filtro m sommerso, filtro m immerso

Filter, Wirbelbett~ → *Fließbettfilter*

Filter, Zellen~ → *Saugzellenfilter*

231 **Filter-Fluoreszenz-Antikörper-Methode** f
□ filter fluorescent antibody technique
△ méthode f de dosage des anticorps par fluorescence
○ metodo m di dosaggio di anticorpi per fluorescenza

232 **Filterabflußregler** m
□ filter outlet flow controller
△ régulateur m de débit d'effluent d'un filtre
○ regolatore m della quantità del deflusso di un filtro

Filterablauf → *Filtrat*

233 **Filteraggregat** n
□ filter unit
△ unité f filtrante, unité f de filtres
○ unità f filtrante, unità f di filtri

234 **Filteranlage** f
□ filter plant, filtration plant
△ installation f de filtration, établissement m filtrant, station f filtrante, station f de filtration, usine f de filtration
○ impianto m di filtrazione

235 **Filterausrüstung** f
□ filter equipment
△ accessoires m pl des filtres
○ equipaggiamento m di un filtro

236 **Filterband** n
□ filter belt
△ bande f filtrante
○ nastro m filtrante

237 **Filterbecken** n
□ filter tank, filter box
△ bassin m de filtration, bassin m filtrant
○ bacino m di filtrazione, vasca f di filtrazione

238 **Filterbeet** n, **Filterbett** n
□ filter bed
△ lit m d'un filtre, lit m filtrant
○ letto m filtrante

239 **Filterbelastung** f, **Beaufschlagung** f **eines Filters**
□ filter load, filter loading
△ charge f d'un filtre
○ carico m di un filtro

240 **Filterbetrieb** m
□ filter operation
△ exploitation f des filtres, service m des filtres
○ esercizio m di filtrazione

241 **Filterbetriebsfolge** f
□ filter sequency
△ succession f de marche des filtres
○ sequenza f di funzionamento di un filtro

Filterbett → *Filterbeet*

242 **Filterbettausdehnung** f *(beim Rückspülen)*
□ filter sand expansion
△ expansion f du lit de sable
○ espansione f del letto filtrante

243 **Filterbettpassage** f
□ filter-bed passage
△ traversée f du lit filtrant, franchissement m du lit filtrant
○ attraversamento m del letto filtrante

244 **Filterboden** m, **Filterzwischenboden** m
□ filter bottom, filter drainage, underdrain system, filter underdrainage system
△ fond m d'un filtre, faux-fond m d'un filtre, [faux] plancher m de filtre
○ fondo m intermedio, doppio fondo m del filtro

245 **Filterboden** m **mit porösen Platten**
□ porous plate filter bottom
△ fond m de filtre en plaques poreuses
○ fondo m di filtro in piastre porose

246 **Filterbrunnen** m
□ filtering well
△ puits m filtrant
○ pozzo m filtrante, pozzo m a filtro

Filterbrunnen, horizontaler
→ Horizontalfilterbrunnen

247 **Filterdruck** m, **Arbeitsdruck** m **eines Filters, Filterüberdruck** m
□ operating head of a filter, differential head of a filter, head of a filter
△ pression f sur le filtre, excès m de la pression à la surface d'un filtre
○ pressione f del filtro, sovrapressione f del filtro

248 **Filterdruckregler** m, **Filterregler** m
□ controller of a filter, filter governor, filter regulator
△ régulateur m automatique du débit à la sortie des filtres, contrôleur régulateur m chargé d'assurer le débit constant au filtre
○ regolatore m di pressione del filtro, valvola f di regolazione del filtro

249 **Filterdüse** f
□ filter nozzle
△ tuyère f d'un filtre, buselure f de filtre
○ ugello m di un filtro

250 **Filtereintrittsfläche** f, **Durchlaßfläche** f **eines Filters, Eintrittsfläche** f **eines Filters**
□ straining surface of a filter, infiltration area, seepage area of a filter, area of opening of a filter
△ surface f filtrante d'un filtre, section f filtrante d'un filtre
○ area f libera filtrante, superficie f filtrante di un filtro, sezione f filtrante di un filtro

251 **Filtereintrittsgeschwindigkeit** f, **Eintrittsgeschwindigkeit** f
□ entrance velocity, velocity of flow into the filter, velocity of approach
△ vitesse f d'arrivée de l'eau dans le filtre
○ velocità f di arrivo dell'acqua nel filtro

252 **Filtereintrittswiderstand** m, **Eintrittswiderstand** m
□ resistance of free flow due to the filter, entrance loss of head
△ résistance f à l'arrivée de l'eau par le filtre
○ resistenza f all'arrivo dell'acqua per il filtro

253 **Filterfläche** f, **Filteroberfläche** f
□ filter surface, filter area, filter bed area
△ surface f du filtre
○ area f filtrante, superficie f del filtro

254 **Filtergalerie** f, **Filterstollen** m
□ filter gallery
△ galerie f filtrante
○ galleria f dei filtri

255 **Filtergeschwindigkeit** f, **Filtrationsgeschwindigkeit** f, **Filtriergeschwindigkeit** f
□ filtration rate, operating rate of a filter
△ vitesse f de filtration
○ velocità f di filtrazione

256 **Filtergewebe** n
□ filtering fabric
△ tissu m filtrant
○ tessuto m da filtro

257 **Filterhaut** f, **Oberflächenhaut** f **eines Filters**
□ film, surface film of a filter
△ film m biologique d'un filtre
○ strato m gelatinoso superficiale del filtro, pellicola f superficiale del filtro

258 **Filterhilfsmittel** n
□ filter aid
△ adjuvant m de filtration
○ coadiuvante m di filtrazione

259 **Filterhilfsschicht** m, **Anschwemmschicht** f
□ precoat layer
△ précouche f d'un filtre
○ prestrato m di un filtro

260 **Filterkammer** f
□ filter compartment, filter chamber
△ compartiment m d'un filtre
○ camera f del filtro

261 **Filterkerze** f
□ filtering candle
△ bougie f filtrante
○ candela f filtrante

262 **Filterkies** m
□ filter gravel
△ gravier m filtrant
○ ghiaia f del filtro

263 **Filterkörper** m
□ filter body
△ corps m filtrant
○ corpo m filtrante

264 **Filterkohle** f
□ filter carbon
△ charbon m filtrant
○ carbone m filtrante

265 **Filterkorb** m, **Sauger** m, **Saugkorb** m, **Siebkopf** m
□ strainer, suction strainer, strainer head
△ crépine f filtrante, sucette f
○ succhieruola f

266 **Filterkuchen** m, **Preßkuchen** m, **Schlammkuchen** m
□ filter cake, sludge cake
△ gâteau m de boue, tourteau m de résidus de filtrage, cake m de boue, dépôt m de filtration, gâteau m de filtration
○ focaccia f di fango, pressati m pl del filtro

267 **Filterkuchenabnahme** f
□ take-off of filter cake
△ enlèvement m du gâteau de filtration
○ eliminazione f del pannello di fanghi prodotto nella filtrazione

268 **Filterkuchendicke** f, **Filterkuchenstärke** f
□ filter-cake thickness
△ épaisseur f du gâteau de filtration
○ spessore m del pannello di filtrazione

Filterkuchenstärke → *Filterkuchendicke*

269 **Filterlaufzeit** f, **Betriebsdauer** f, **Betriebsperiode** f, **Betriebszeit** f
□ filter run
△ durée f d'activité d'un filtre, période f entre deux lavages d'un filtre
○ turno m di filtrazione, turno m di esercizio dei filtri, turno m di funzionamento dei filtri, durata f del turno di filtrazione, durata f di lavoro d'un filtro

270 **Filterleistung** f
□ filter[ing] capacity, filter[ing] rate
△ débit m d'un filtre, rendement m d'un filtre
○ portata f dell'acqua filtrata, portata f del filtro

271 **Filterleistungsregler** m
□ filter rate controller
△ régulateur m du débit de filtre
○ regolatore m della portata di filtro

272 **Filtermasse** f, **Filtermaterial** n, **Filtermedium** n
□ filter material, filtering material, filter mass, filtering medium, filter medium
△ masse f filtrante, matériau m pour filtration, matériau m filtrant
○ materiale m filtrante

Filtermaterial → *Filtermasse*

Filtermedium → *Filtermasse*

273 **filtern, filtrieren**
□ filter, filtrate
△ filtrer
○ filtrare

274 **Filtern** n, **Filterung** f, **Filtration** f, **Filtrieren** n, **Filtrierung** f
□ filtration, filtering
△ filtration f, filtrage m
○ filtrazione f

Filteroberfläche → *Filterfläche*

275 **Filteröffnungen** pl *(eines Brunnenfilters)*
□ slots pl, openings pl, well perforations pl
△ lumières f pl, ouvertures f pl, trous m pl
○ fori m pl, fessure f pl

276 **Filterpapier** n, **Filtrierpapier** n
□ filter paper
△ papier m filtre
○ carta f emporetica, carta f da filtro, carta f da filtrazione

277 **Filterplatte** f, **Filtrosplatte** f
□ filtros plate, filter slab
△ plaque f filtrante, dalle f poreuse
○ piastra f porosa, piastra f filtrante

278 **Filterpresse** f, **Kammerfilterpresse** f
□ filter press
△ filtre-presse m
○ pressa f a filtro, filtropressa m

Filterquelle → *Grundwasseraustritt, flächenhafter*

Filterregler → *Filterdruckregler*

279 **Filterreinigen** n, **Filterreinigung** f
□ cleaning of a filter
△ rajeunissement m d'un filtre, nettoyage m d'un filtre
○ pulitura f di un filtro

Filterreinigung → *Filterreinigen*

280 **Filterrohr** n, **Siebrohr** n
□ filter pipe, screen pipe
△ tube m filtrant
○ tubo m filtrante

281 **Filterrohr** n **eines Horizontalbrunnens**
□ feeder pipe of a horizontal well
△ tuyau m d'amenée d'un puits horizontal, adducteur m d'un puits horizontal
○ tubo m adduttore di un pozzo orizzontale, tubo m conduttore di un pozzo orizzontale

Filterrohr, Kunststoff-~ → *Kunststoff-Filterrohr*

Filters, Anfahren eines ~ → *Anfahren eines Filters*

Filters, Auswaschen eines ~ → *Auswaschen eines Filters*

282 **Filtersand** m
□ filter sand
△ sable m d'un filtre
○ sabbia f da filtro

283 **Filterschicht** f
□ filter layer, filtering layer
△ couche f filtrante
○ strato m del filtro, strato m filtrante

284 **Filterschicht** f, **oberste**, **Deckschicht** f, **Oberflächenschicht** f
□ surface layer, top layer
△ couche f superficielle, couche f supérieure filtrante
○ strato m superiore, strato m superficiale

Filterschlammwasser → *Filterspülwasser*

285 **Filterspülung** f, **Filterwäsche** f
□ filter wash[ing], filter backwash(ing)
△ lavage m d'un filtre
○ lavaggio m di un filtro

286 **Filterspülwasser** n, **Filterschlammwasser** n
□ filter-backwash water
△ eau f de lavage d'un filtre
○ acqua f di lavaggio in controcorrente di un filtro

Filterstollen → *Filtergalerie*

287 **Filterstrang** m
- screen-pipe string, filter pipe string, screen-collector pipe line
- tube m collecteur crépiné, section f de tube filtrant
- tratto m di tubo filtrante

288 **Filtertiegel** m *(chem.)*
- filtering crucible
- creuset m de Gooch
- filtro m di Gooch

289 **Filtertrommel** f
- filter drum
- tambour m filtrant
- tamburo m filtrante

290 **Filtertrommel** f, **rotierende, Drehfiltertrommel** f
- rotating filter drum
- tambour m filtrant rotatif
- filtro-tamburo m girevole

291 **Filtertuch** n
- filter[ing] cloth, filter fabric
- étoffe f filtrante, toile f filtrante, toile f à filtre
- stamigna f, tela f da filtro

292 **Filtertuchwäscher** m
- [filter] cloth washer
- laveur m de tissus filtrants
- lavatrice f delle tele da filtro

Filterüberdruck → *Filterdruck*

Filterung → *Filtern*

Filterung, Boden~ → *Bodenfilterung*

Filterung, Doppel~ → *Doppelfilterung*

Filterung, Feinsieb~ → *Feinsiebfilterung*

293 **Filterung** f **im Aufwärtsstrom**
- upflow filtration, upward-flow filtration
- filtration f ascendante, filtration f à courant ascendant
- filtrazione f ascendente, filtrazione f a flusso ascendente

294 **Filterung** f **in erster Stufe**
- primary filtration
- filtration f en premier stade, premier étage m de filtration, filtration f primaire
- primo stadio m di filtrazione, filtrazione f primaria

295 **Filterung** f, **intermittierende**
- intermittent filtration, intermittent filtering
- filtration f intermittente
- filtrazione f intermittente

Filterung, intermittierende, Boden~ → *Bodenfilterung, intermittierende*

296 **Filterung** f, **künstliche**
- artificial filtration
- filtration f artificielle
- filtrazione f artificiale

Filterung, Nach~ → *Nachfiltern*

297 **Filterung** f, **natürliche**
- natural filtration
- filtration f naturelle
- filtrazione f naturale

Filterung, Sand~ → *Sandfilterung*

Filterung, Schlamm~ → *Schlammfilterung*

Filterung, Wasser~ → *Wasserfilterung*

298 **Filterverstopfung** f
- filter clogging
- colmatage m d'un filtre
- intasamento m di un filtro

299 **Filtervorgang** m
- filtering process
- procédé m de filtration
- processo m di filtrazione

Filterwäsche → *Filterspülung*

300 **Filterwiderstand** m
- loss of head of a filter
- perte f de charge d'un filtre
- perdita f di carico in un filtro

301 **Filterwiderstand** m, **spezifischer**
- specific loss of head of a filter
- résistance f spécifique à la filtration
- resistenza f specifica di filtrazione

302 **Filterwiderstandshöhenmesser** m, **[Filter]druckverlustanzeiger** m
- loss of head gauge of a filter, loss of head gage of a filter
- indicateur m de perte de charge d'un filtre
- indicatore m dell'altezza di perdita di carico in un filtro

303 **Filterwirkung** f
- filter efficiency
- efficacité f d'un filtre
- efficacia f di un filtro

Filterzwischenboden → *Filterboden*

304 **Filtrat** n, **Filterablauf** m
- filtrate, filter effluent
- filtrat m, liquide m filtré
- filtrato m, liquido m filtrato

Filtration → *Filtern*

Filtration, Direkt~ → *Direktfiltration*

Filtration, Hyper~ → *Gegenosmose*

Filtration, Langsam~ → *Langsamfiltration*

Filtration, Mikrosieb~ → *Feinsiebfilterung*

Filtration, Vakuum~ → *Vakuumfiltration*

Filtrationsgeschwindigkeit → *Filtergeschwindigkeit*

305 **filtrierbar, abfiltrierbar**
- filterable
- filtrable
- filtrabile

Filtrierbarkeit → *Filtrierfähigkeit*

306 **Filtrierbarkeitsindex** *m*
  □ filterability index
  △ indice *m* de filtrabilité
  ○ indice *m* di filtrabilità

  filtrieren → *filtern*

  Filtrieren → *Filtern*

307 **Filtrierfähigkeit** *f*, **Filtrierbarkeit** *f*
  □ filterability
  △ filtrabilité *f*, aptitude *f* à la filtration
  ○ filtrabilità *f*

  Filtriergeschwindigkeit
  → *Filtergeschwindigkeit*

  Filtrierpapier → *Filterpapier*

  Filtrierung → *Filtern*

  Filtrosplatte → *Filterplatte*

308 **Filz** *m*
  □ felt
  △ feutre *m*, feutrage *m*
  ○ feltro *m*

309 **Finanzierung** *f*
  □ financing
  △ financement *m*
  ○ finanziamento *m*

310 **Firn** *m*, **Gletscherschnee** *m*
  □ firn, névé, perpetuated snow
  △ névé *m*, neige *f* granulaire
  ○ nevaio *m*, vedretta *f*, firn *m*

311 **Firste** *f* *(eines Stollens)*
  □ roof
  △ toit *m*
  ○ tetto *m*

312 **Fisch** *m*
  □ fish
  △ poisson *m*
  ○ pesce *m*

313 **Fisch** *m*, **gemeiner**
  □ coarse fish
  △ poisson *m* commun
  ○ pesce *m* comune

  Fisch, Meeres~ → *Meeresfisch*

314 **Fisch** *m*, **sedentärer**
  □ sedentary fish
  △ poisson *m* sédentaire
  ○ pesce *m* sedentario

  Fisch, See~ → *Meeresfisch*

  Fisch, Wander~ → *Wanderfisch*

315 **Fischaufstand** *m*
  □ fish rise
  △ montée *f* spontanée des poissons
  ○ affioramento *m* spontaneo di pesci

  Fischaufzucht → *Fischzucht*

316 **Fischaufzug** *m*
  □ fish hoist, fish elevator, fish lift
  △ ascenseur *m* à poissons
  ○ ascensore *m* da pesci

317 **Fischbesatz** *m*
  □ stock of fish
  △ empoissonnement *m*, peuplement *m* piscicole
  ○ popolamento *m* con pesci

318 **Fischbestand** *m*, **Fischpopulation** *f*
  □ fish population
  △ population *f* piscicole
  ○ popolazione *f* ittica

319 **Fischblut** *n*
  □ fish blood
  △ sang *m* de poissons
  ○ sangue *m* di pesce

320 **Fischbrut** *f*, **Jungfische** *m* *pl*
  □ fry
  △ alevins *m* *pl*
  ○ avannotto *m*

321 **Fische** *m* *pl*, **anadrome**
  □ anadromous fish
  △ poissons *m* *pl* anadromes
  ○ pesci *m* *pl* anadromi

322 **Fische** *m* *pl*, **katadrome**
  □ catadromous fish
  △ poissons *m* *pl* catadromes
  ○ pesci *m* *pl* catadromi

323 **Fischei** *n*
  □ fish egg
  △ frai *m*
  ○ uovo *m* di pesce

324 **fischen**
  □ fish
  △ pêcher
  ○ pescare

325 **Fischer** *m*
  □ fisherman
  △ pêcheur *m*
  ○ pescatore *m*

326 **Fischerei** *f*
  □ fishery, fishing
  △ pêcherie *f*, pêche *f*
  ○ pesca *f*

  Fischerei, Binnen~ → *Binnenfischerei*

  Fischerei, Küsten~ → *Küstenfischerei*

  Fischerei, Schalentier~ → *Schalentierfischerei*

  Fischerei, Sport~ → *Sportfischerei*

327 **Fischereibiologie** *f*
  □ ichthyo-biology
  △ ichtyo-biologie *f*, biologie *f* des poissons
  ○ ittiobiologia *f*

328 **Fischereifahrzeug** *n*
  □ fishing vessel, fishing boat
  △ bateau *m* de pêche, chalutier *m*
  ○ barca *f* da pesca

329 **Fischereihafen** *m*
  □ fishery harbour
  △ port *m* de pêche
  ○ porto *m* per barche da pesca

330 **Fischereirecht** *n*
- fishery right
- droit *m* de pêche, législation *f* relative à la pêche
- legislazione *f* relativa alla pesca

331 **Fischereischaden** *m*
- damage to fishery
- préjudice *m* causé à la pêche
- danno *m* alla pesca

332 **Fischfalle** *f*
- fish trap
- piège *m* à poissons
- trappola *f* a pesci

333 **Fischgewässer** *n*
- fish water, fishing water
- eaux *f pl* poissonneuses
- acque *f pl* pescose

334 **Fischgift** *n*
- piscicide, fish poison
- piscicide *m*
- pescicido *m*

335 **Fischgrätensystem** *n* **der Dränrohre, Fischgrätensystem-Dränung** *f*
- herringbone system of drains
- système *f* de drains en arêtes de poissons
- sistema *f* a spina di pesce dei tubi da dreno

Fischgrätensystem-Dränung
→ *Fischgrätensystem der Dränrohre*

336 **Fischkonservenfabrik** *f*
- fish-pickling plant
- conserverie *f* de poissons, fabrique *f* de conserves de poissons
- industria *f* di conservazione del pesce

Fischlaich → *Laich*

337 **Fischleiter** *f*, **Fischtreppe** *f*
- fish ladder
- échelle *f* à poissons
- scala *f* da pesci

338 **Fischmehl** *n*
- fish meal
- farine *f* de poisson
- polvere *f* di pesce

339 **Fischnährtiere** *n pl*
- fish food organisms *pl*
- animaux *m pl* servant de nourriture aux poissons
- organismi *m pl* nutrimento di pesci

340 **Fischnahrung** *f*
- fish food, fish feed
- nourriture *f* pour les poissons
- nutrimento *m* per i pesci

341 **Fischpaß** *m*, **Fischweg** *m*
- fish pass, fishway *(am)*
- passe *f* à poissons, passe *f* migratoire
- passaggio *m* stagionale di pesci

Fischpaß, Diagonalbalken-~
→ *Diagonalbalken-Fischpaß*

342 **Fischpaß** *m* **mit Becken und Abstürzen**
- pool and drop fishway
- passe *f* à poissons à cascades et orifices
- scala *f* dei pesci a vaschette e cascate

Fischpopulation → *Fischbestand*

343 **Fischrechen** *m*, **Fischsperre** *f*
- fish rack, fish screen
- grille *f* à poissons, grille *f* de guidage pour poissons
- griglia *f* da pesci

344 **fischreich**
- abundant in fish
- poissonneux
- pescoso

345 **Fischschleuse** *f*, **Schleusenkammerfischweg**
- fish lock, chamber-type fishway
- écluse *f* à poissons
- chiusa *f* da pesci

346 **Fischschwanzmeißel** *m*
- fishtail bit
- outil *m* bilame, trépan *m* à deux lames, trépan *m* à queue de poisson
- trapano *m* a coda di pesce, trapano *m* a coda di carpa

347 **Fischseitenrinne** *f*
- fish by-pass channel
- canal *m* de contournement de grille à poissons
- canale *m* di by-pass per pesci

Fischsperre → *Fischrechen*

348 **Fischsperre** *f*, **elektrische**
- electric fish screen
- écran *m* électrique à poissons, grille *f* électrique pour arrêter le poisson
- griglia *f* elettrica per trattenere i pesci

349 **Fischsterben** *n*
- fish kill, death of fish, fish mortality
- destruction *f* des poissons, mort *f* de poissons
- distruzione *f* dei pesci

350 **Fischsterben** *n*, **winterliches**
- wintertime fishkill
- destruction *f* hivernale de poissons, mortalité *f* de poissons en hiver
- destruzione *f* invernale dei pesci

351 **Fischteich** *m*
- fish pond
- étang *m* à poissons, vivier *m*
- stagno *m* a pesci

Fischtreppe → *Fischleiter*

352 **Fischunterstand** *m*
- fish refuge
- abri *m* pour poissons, refuge *m* pour poissons
- rifugio *m* per pesci

353 **Fischverarbeitungsbetrieb** *m*
- □ fish-processing plant, seafood processing plant
- △ fabrique *f* de conserves de poissons, usine *f* de transformation de poissons
- ○ conserveria *f* di pesci

354 **Fischwanderung** *f*
- □ fish migration
- △ migration *f* de poissons
- ○ migrazione *f* di pesci

Fischweg → *Fischpaß*

Fischweg, Schleusenkammer~ → *Fischschleuse*

355 **Fischzucht** *f*, **Fischaufzucht** *f*, **Teichwirtschaft** *f*
- □ fish rearing, fish culture, fish hatchery
- △ pisciculture *f*, élevage *f* des poissons
- ○ piscicultura *f*

Fitting → *Formstück*

356 **Fixiermittel** *n*
- □ fixative
- △ fixateur *m*, fixatif *m*
- ○ fissatore *m*, fissativo *m*

357 **Fixierung** *f*
- □ fixation
- △ fixation *f*
- ○ fissazione *f*

FK-Stück → *Flanschenbogen*

358 **flach, seicht, untief**
- □ shallow
- △ peu profond, de faible profondeur
- ○ basso, poco profondo

flach → *eben*

359 **Flachbecken** *n*
- □ shallow tank
- △ bassin *m* peu profond
- ○ bacino *m* poco profondo

360 **Flachbrunnen** *m*
- □ shallow well
- △ puits *m* ordinaire à faible profondeur, puits *m* peu profond, puits *m* de surface
- ○ pozzo *m* ordinario poco profondo

361 **Flachdichtung** *f* **für Flanschenverbindung**
- □ flat gasket for flanged joint
- △ rondelle *f* plate pour joint à brides
- ○ guarnizione *f* piatta per flangia

362 **Flachgründung** *f*
- □ shallow foundation
- △ fondation *f* superficielle
- ○ fondazione *f* superficiale

Flachland → *Ebene*

363 **Flachlandfluß** *m*
- □ low-land river
- △ rivière *f* de plaine
- ○ fiume *m* di piena

Flachmoor → *Niedermoor*

364 **Flachrinne** *f*
- □ shallow channel
- △ rigole *f* de faible profondeur, chenal *m* peu profond
- ○ cunetta *f* di bassa profondezza

365 **Flachsandfang** *m*
- □ shallow grit chamber
- △ dessableur *m* plat, dessableur *m* de faible profondeur
- ○ dissabbiatore *m* poco profondo

366 **Flachschieber** *m*
- □ slide valve, flat slide valve
- △ tiroir *m* plan, tiroir *m* plat, robinet *m* méplat
- ○ saracinesca *f* piatta

367 **Flachsröstabwässer** *n pl*
- □ [flax] retting wastes *pl*
- △ eaux *f pl* résiduaires de rouissage du lin
- ○ acque *f pl* di rifiuto di maceratoio di lino

368 **Flachsröste** *f*, **Flachsrösterei** *f*
- □ flax rettery, flax retting plant
- △ rouissage *m* du lin
- ○ maceratoio *m*, macerazione *f*

Flachsrösterei → *Flachsröste*

369 **Flachwasser** *n*
- □ shallow water
- △ eau *f* peu profonde
- ○ acqua *f* poco profonda

370 **Flachwasserbereich** *m*
- □ shallow-water reaches
- △ zone *f* d'eaux peu profondes
- ○ zona *f* di acque poco profonde

371 **Flachwassersee** *m*, **Seichtwassersee** *m*
- □ shallow lake
- △ lac *m* peu profond, lac *m* de faible profondeur
- ○ lago *m* poco profondo

372 **Fläche** *f*, **Flächeninhalt** *m*
- □ area
- △ aire *f*
- ○ area *f*

373 **Fläche** *f*, **bebaute**, **Fläche** *f*, **überbaute**, **Gebiet** *n*, **bebautes**
- □ built-up area
- △ terrain *m* bâti
- ○ area *f* edificata

374 **Fläche** *f*, **befestigte**
- □ hard surfaced area
- △ surface *f* revêtue en dur, aire *f* revêtue en dur
- ○ superficie *f* consolidata

375 **Fläche** *f*, **benetzte**, **Querschnitt** *m*, **benetzter**
- □ wetted area
- △ surface *f* mouillée, section *f* mouillée
- ○ superficie *f* bagnata, profilo *m* bagnato

Fläche, Einzugs~ → *Entnahmegebiet*

Fläche, Grenz~ → *Grenzfläche*

Fläche, Grund~ → *Grundfläche*

Fläche, landwirtschaftlich genutzte
→ *Nutzfläche, landwirtschaftliche*

376 **Fläche** f, **luftseitige, Mauerfläche** f, **luftseitige, Maueroberfläche** f, **talseitige**
□ downstream face
△ parement m aval
○ paramento m a valle

377 **Fläche** f, **rutschfeste**
□ skid-proof surface, slip-resistant surface
△ surface f antidérapante
○ superficie f antisdrucciolevole

Fläche, überbaute → *Fläche, bebaute*

378 **Fläche** f, **wasserseitige, Bergseite** f, **Maueroberfläche** f, **wasserseitige**
□ upstream face, upstream side
△ parement m amont
○ paramento m a monte

Flächen, Einstau~ → *Einstaufelder*

Flächenbedarf → *Geländebedarf*

379 **Flächenbelastung** f, **Oberflächen- belastung** f, **Oberflächenbeschickung** f
□ surface loading
△ charge f superficielle, charge f hydraulique
○ carico m superficiale, carico m per unità di superficie

380 **Flächenerosion** f
□ sheet erosion
△ érosion f superficielle
○ erosione f superficiale

Flächeninhalt → *Fläche*

381 **Flächensickerung** f
□ surface seepage
△ suintement m de surface
○ stillicidio m superficiale

Flächenverrieselung → *Sickerflächen- beschickung*

Flächenversickerung → *Sickerflächen- beschickung*

382 **Flächenzentrum** n **des Niederschlags**
□ centroid of storm rainfall
△ centre m de gravité d'une pluie
○ centro m di gravità di pioggia

Flagellaten → *Geißeltierchen*

383 **Flammenionisationsdetektor** m, **FID- Detektor** m
□ flame-ionization detector
△ détecteur m à ionisation de flamme
○ detettore m ad ionizzazione di fiamma

384 **Flammpunkt** m
□ flash point
△ point m d'éclair
○ punto m di infiammabilità

385 **Flansch** m
□ pipe flange, flange
△ bride f, collet m
○ flangia f, briglia f

386 **Flansch** m, **aufgeschweißter**
□ welded flange
△ bride f soudée
○ flangia f saldata

387 **Flansch** m, **aufgewalzter**
□ rolled flange
△ bride f mandrinée
○ flangia f laminata, flangia f rullata

Flansch, Blind~ → *Blindflansch*

388 **Flansch** m, **fester**
□ fast flange, fixed flange
△ bride f fixe
○ flangia f fissa

Flansch, Gegen~ → *Gegenflansch*

389 **Flansch** m, **glatter**
□ plain-faced flange
△ bride f dressée plane
○ flangia f piana

390 **Flansch** m, **loser**
□ loose flange, slip-on flange
△ bride f folle
○ flangia f mobile, flangia f libera

Flansch, Meß~ → *Meßflansch*

391 **Flansch** m **mit Dichtungsleisten**
□ raised face flange
△ bride f à bossage
○ flangia f con guarnizione

Flansch, Normal~ → *Normalflansch*

Flansch, Verbindungs~ → *Verbindungs- flansch*

392 **Flanschen-T-Stück** n
□ all-flanged tee
△ té m à trois brides
○ pezzo m a T a tre briglie

393 **Flanschenbogen** m, **FK-Stück** n
□ flange and spigot bend
△ coude m à brides
○ curva f a flangia

Flanschendeckel → *Blindflansch*

394 **Flanschenformstück** n
□ flanged fitting
△ raccord m à brides
○ raccorderia f flangiata

395 **Flanschenhauptachse** f
□ principal axis of a flange
△ axe m principal d'une bride
○ asse f principale di flangia

396 **Flanschenkrümmer 90°** m, **Flansch- krümmer** m, **Q-Stück** n
□ double flanged bend, double flanged elbow
△ coude m à deux brides au 1/4
○ curva f a due flangie 90°, curva f a due flangie 1/4 di cerchio

397 **Flanschenkupplung** f, **Scheiben- kupplung** f
□ flange[d] coupling, disk clutch
△ accouplement m à plateaux
○ giunto m a dischi, giunto m a flangie

398 **Flanschenschieber** m
- □ flange sluice valve
- △ robinet-vanne m à bride
- ○ saracinesca f a flangia

399 **Flanschenübergangsstück** n, **FFR-Stück** n
- □ double flanged taper, double flanged reducer
- △ cône m à deux brides, tuyau m conique à deux brides
- ○ pezzo m di riduzione a due flangie

400 **Flanschenübergangsstück** n, **exzentrisches, FRE-Stück** n
- □ flanged eccentric reducer, flanged eccentric taper
- △ cône m excentré à deux brides
- ○ pezzo m di raccordo eccentrico a due briglie

401 **Flanschenverbindung** f
- □ flanged joint
- △ assemblage m à brides, joint m à brides
- ○ giunzione f a flangia

Flanschenverbindung, Flachdichtung für ~ → *Flachdichtung für Flanschenverbindung*

402 **Flanschenverschraubung** f
- □ screw flange coupling, bolted flanges pl
- △ boulonnage m des brides
- ○ bullonatura f delle flange

403 **Flanschhosenstück** n, **Hosenstück** n **mit drei Flanschen**
- □ all-flanged Y-branch
- △ té m à trois brides à tubulure oblique
- ○ tubo m a T flangiato

404 **Flanschkreuzstück** n
- □ all-flanged cross, flanged cross
- △ croix f à quatre brides
- ○ croce f a quattro briglie

Flanschkrümmer → *Flanschenkrümmer 90°*

405 **Flanschmuffenstück** n, **E-Stück** n
- □ flanged socket, bell and flange piece
- △ raccord m à bride et bout femelle, raccord m à bride et emboîtement, bout m d'extrémité à bride et emboîtement
- ○ tulippe f

406 **Flanschrohr** n
- □ flanged pipe
- △ tuyau m à brides
- ○ tubo m a flangia

407 **Flanschtrichterstück** n
- □ flange and bell mouth
- △ pièce f à bride et pavillon
- ○ pezzo m flangiato ad imbuto

408 **Flasche** f
- □ bottle
- △ bouteille f, carafe f
- ○ bottiglia f

Flasche, Stöpsel~ → *Stöpselflasche*

Flaschenabfüllanlage → *Flaschenabfüllstation*

409 **Flaschenabfüllstation** f, **Flaschenabfüllanlage** f
- □ bottling area
- △ poste m de remplissage des bouteilles, poste m d'embouteillage
- ○ impianto m d'imbottigliamento

410 **Flaschenabfüllung** f
- □ bottling
- △ embouteillage m, soutirage m en bouteilles
- ○ imbottigliamento m, imbottigliatura f

411 **Flaschenreinigung** f *(einer Brauerei)*
- □ bottle-shop
- △ lavage m de bouteilles
- ○ lavaggio m delle bottiglie

412 **Flaschenspülwasser** n
- □ bottle washing waste, bottle rinse water
- △ eau f de rinçage des bouteilles
- ○ acqua f pl di rifiuto di lavabottiglie

413 **Flaschenzug** m
- □ pulley block, tackle, block and tackle
- △ palan m, poulie f mouflée
- ○ carrucola f

Flash-Trocknung → *Schnelltrocknung*

Flash-Verdampfung → *Entspannungsverdampfung*

414 **Fleischextrakt** m
- □ extract of meat, beef extract
- △ extrait m de viande, bouillon m concentré
- ○ estratto m di carne

Fleischkonservenfabrik → *Fleischwarenfabrik*

415 **Fleischverarbeitung** f
- □ meat processing
- △ traitement m de la viande, transformation f de la viande
- ○ lavorazione f della carne

416 **Fleischwarenfabrik** f, **Fleischkonservenfabrik** f
- □ packing house, meat-packing works pl, meat cannery, meat canning factory, meat processing works
- △ conserverie f de viande
- ○ fabbrica f di salumi, fabbrica f di carne in scatola

flexibel → *biegsam*

417 **Fliege** f
- □ fly
- △ mouche f
- ○ mosca f

Fliege, Abwasser~ → *Tropfkörperfliege*

Fliege, Stein~ → *Steinfliege*

Fliege, Ufer~ → *Steinfliege*

418 **Fliegenbekämpfung** f
- □ fly control
- △ lutte f contre les mouches
- ○ lotta f contro le mosche

419 **Fliegenplage** f
- fly nuisance
- plaie f des mouches, nuisance f due aux mouches
- flagello m delle mosche

420 **Fliehkraft** f, **Schleuderkraft** f, **Zentrifugalkraft** f
- centrifugal force
- force f centrifuge
- forza f centrifuga

Fliehkraftabscheider → Zyklon

Fliehkraftentstauber → Zyklon

Fließ → Bach

Fließbett → Wirbelbett

421 **Fließbett-Austauschverfahren** n
- fluidized-bed ion exchange process
- procédé m d'échange d'ions à lit fluidisé
- processo m a scambio ionico a letto fluidizzato

422 **Fließbettfilter** n, **Wirbelbettfilter** n
- fluid bed filter, fluidized bed filter
- filtre m à lit fluidisé
- filtro m a letto mobile

423 **Fließbettkohlefilter** n
- fluid-carbon filter
- filtre m à lit de carbone fluidisé
- filtro m di carbone a letto fluido

424 **Fließbettsandfilter** n, **Wirbelbettsandfilter** n
- drifting sand filter
- filtre m à sable à lavage continu
- filtro m a sabbia a lavaggio continuo

425 **Fließbild** n, **Ablaufschema** n, **Fließschema** n, **Strömungsdiagramm** n
- flow sheet, flow diagram, flow chart
- schéma m de circulation, schéma m d'écoulement, schéma m de fonctionnement
- schema m della circolazione di un fluido

426 **Fließdruck** m **des Wassers, Druck** m, **hydraulischer**
- hydraulic head, hydraulic pressure
- pression f hydraulique, pression f d'eau, poussée f de l'eau, hauteur f hydraulique
- carico m idraulico, pressione f idraulica

427 **Fließdrucklinie** f, **Drucklinie** f, **hydraulische, Gefällslinie** f, **hydraulische**
- hydraulic line, water pressure line, hydraulic gradient, hydraulic grade line
- ligne f piézométrique, ligne f hydraulique, ligne f de charge hydraulique, profil m piézométrique
- linea f di pressione idraulica

Fließdruckmesser → Piezometer

Fließeigenschaften → Fließverhalten

428 **fließen**
- flow
- couler, courir
- fluire, scorrere

429 **Fließen** n, **Strömen** n
- flux, flow
- coulage m
- scolo m, scolamento m

430 **Fließen** n, **laminares**
- laminary flow
- écoulement m laminaire
- flusso m laminare

431 **Fließen** n **mit natürlichem Gefälle**
- gravitational flow
- écoulement m gravitaire
- flusso m a gravità

Fließen, turbulentes → Strömung, turbulente

432 **Fließen** n **unter artesischem Druck, Fließen** n **von gespanntem Grundwasser**
- confined flow
- écoulement m de la nappe captive, écoulement m artésien
- scolamento m artesiano

Fließen von gespanntem Grundwasser → Fließen unter artesischem Druck

Fließendwasser → Wasser, fließendes

Fließfähigkeit → Fließvermögen

433 **Fließgeschwindigkeit** f
- velocity of flow, flow rate, rate of flow
- vitesse f d'écoulement
- velocità f di flusso, velocità f di scolo

434 **Fließgeschwindigkeit** f **des Grundwassers, tatsächliche**
- field velocity of groundwater
- vitesse f de circulation réelle de l'eau souterraine
- velocità f di circolazione reale dell'acqua

435 **Fließgeschwindigkeit** f, **kritische**
- critical flow, critical flow rate
- vitesse f critique d'écoulement, écoulement m critique
- velocità f critica di flusso

Fließgeschwindigkeit, Poren~ → Porenfließgeschwindigkeit

Fließgewässer → Wasserlauf

Fließgewässer, obsequentes → Stirnfluß

436 **Fließgleichgewicht** n
- dynamic equilibrium
- équilibre m dynamique
- equilibrio m dinamico

437 **Fließgrenze** f
- liquid limit
- limite f de liquidité
- limite m di liquidità

438 **Fließkunde** f, **Rheologie** f
- rheology
- rhéologie f
- reologia f

439 **Fließkurve** f
- rheological curve
- courbe f rhéologique, rhéogramme m
- curva f reologica

440 **Fließmittel** n (Chromatogr.)
□ solvent mixture
△ solvant m développant
○ miscela f di solventi

441 **Fließrichtung** f
□ direction of flow, flow direction
△ sens m d'écoulement, sens m de circulation
○ direzione f del flusso

Fließsand → Schwimmsand

Fließschema → Fließbild

442 **Fließstrecke** f, **ruhige**
□ quiet reach
△ section f tranquille
○ tronco m tranquillo

443 **Fließtiefe** f
□ flow depth, depth of flow
△ profondeur f d'écoulement, hauteur f de l'écoulement
○ profondità f della corrente liquida

444 **Fließton** m
□ quick clay
△ argile f fluide
○ argilla f fluida

445 **Fließverhalten** n, **Fließeigenschaften** f pl
□ rheological properties
△ propriétés f pl rhéologiques, comportement m rhéologique
○ proprietà f pl reologiche

446 **Fließvermögen** n, **Fließfähigkeit** f, **Flüssigkeitskonsistenz** f
□ fluidity
△ fluidité f
○ fluidità f

447 **Fließwechsel** m [laminar/turbulent]
□ local phenomenon of flow, flow transition
△ phénomène m local d'écoulement, changement m de régime d'écoulement
○ cambiamento m di regime [laminare/turbolento]

448 **Fließwiderstand** m, **Strömungswiderstand** m
□ resistance to flow, flow resistance
△ résistance f à l'écoulement des liquides
○ resistenza f allo scolamento

449 **Fließzeit** f, **Laufzeit** f
□ run, flow time
△ durée f du circuit, durée f d'écoulement, temps m d'écoulement
○ tempo m di deflusso

450 **flockbar, ausflockbar**
□ coagulable
△ floculable, coagulable
○ flocculabile, coagulabile

451 **Flockbarkeit** f
□ ability to form flocs
△ floculabilité f, coagulabilité f, aptitude f à la floculation
○ flocculabilità f

452 **Flocke** f
□ floc, flake
△ floc m
○ fiocco m

453 **flocken, ausflocken, koagulieren**
□ coagulate, flocculate, floc
△ floculer, coaguler
○ flocculare, coagulare

Flocken → Flockung

454 **Flockenbildung** f
□ floc formation
△ formation f du floc
○ formazione f di fiocchi

455 **Flockenschlamm** m
□ flocculent sludge
△ boue[s] f [pl] floculeuse[s]
○ fango m fioccoso

456 **flockig**
□ flocculent
△ floculeux
○ fioccoso

Flockulator → Flockungsbecken

457 **Flockung** f, **Ausflocken** n, **Ausflockung** f, **Flocken** n, **Koagulation** f
□ coagulation, flocculation, coagulating
△ coagulation f, floculation f
○ coagulazione f, flocculazione f

458 **Flockung** f, **biologische**
□ bioflocculation
△ flocculation f biologique, bioflocculation f
○ bioflocculazione f

459 **Flockung** f **mit Aluminiumsulfat und anionischem/kationischem Polyelektrolyten im Verbund**
□ alum anionic/cationic polyelectrolyte system of coagulation
△ procédé m de floculation par l'alun et une combinaison de polyélectrolytes anionique/cationique
○ coagulazione f con solfato di alluminio e polielettroliti cationici/anionoci

460 **Flockung** f, **nachträgliche**
□ post-coagulation, subsequent flocculation, subsequent coagulation
△ floculation f postérieure, coagulation f supplémentaire
○ coagulazione f posteriore, flocculazione f posteriore

461 **Flockungsbecken** n, **Ausflockungsbecken** n, **Flockulator** m, **Koagulationsbecken** n
□ flocculation tank, flocculator, floc basin, coagulation tank [or basin], coagulating basin
△ bassin m de floculation, bassin m de coagulation, floculateur m
○ bacino m di flocculazione, vasca f di coagulazione

Flockungsbecken, Schlammkontakt-~
→ Schlammkontakt-Flockungsbecken

462 **Flockungshilfsmittel** n
- □ coagulant aid
- △ adjuvant m de floculation, aide-coagulant f, adjufloc m
- ○ coadiuvante m della flocculazione

463 **Flockungsmittel** n, **Ausflockungsmittel** n
- □ coagulant, flocculant, flocking agent
- △ coagulant m, floculant m
- ○ coagulante m, mezzo m di flocculazione

464 **Flößen** n, **Flößerei** f
- □ timber rafting
- △ flottage m
- ○ fluitazione f

Flößerei → *Flößen*

465 **Flöz** n
- □ seam
- △ couche f
- ○ filone m

Flohkrebs → *Daphnie*

Flora → *Pflanzenwelt*

Flora, Wasser~ → *Wasserflora*

466 **Floß** n
- □ raft
- △ radeau m
- ○ zattera f

Floßdurchlaß → *Floßgasse*

467 **Floßgasse** f, **Floßdurchlaß** m, **Floßrinne** f
- □ log chute, log way, timber pass, log pass, timber flume
- △ passe f de flottage
- ○ passo m di fluitazione

Floßrinne → *Floßgasse*

Flotation → *Schwimmaufbereitung*

Flotation, Druck~ → *Druckflotation*

Flotation, Vakuum~ → *Vakuumflotation*

468 **Flotationsabgänge** m pl
- □ [flotation] tailings
- △ résidus m pl de flottation
- ○ residui m pl di flottazione

469 **Flotationseindickung** f
- □ thickening by flotation
- △ épaississement m par flottation
- ○ ispessimento m per flottazione

470 **Flotationsmittel** n
- □ flotation agent, floating agent
- △ agent m de flottation, réactif m de flottation
- ○ agente m di flottaggio

471 **Flotationsstoffänger** m
- □ flotation save-all
- △ arrête-matière m à flottation, ramasse-pâte m par flottation
- ○ recuperatore m di materiale sospeso per flottazione

472 **flotieren**
- □ float
- △ flotter
- ○ flottare, galleggiare

Fluchtlinie, Straßen~ → *Straßenfluchtlinie*

Fluchtstätte für Fische → *Zufluchtsort für Fische*

473 **flüchtig**
- □ volatile
- △ volatil
- ○ volatile

474 **Flüchtigkeit** f
- □ volatility
- △ volatilité f
- ○ volatilità f

Flügel, hydrometrischer → *Wassermeßflügel*

475 **Flügeldamm** m
- □ wing levee
- △ digue f latérale, aile f de barrage
- ○ diga f d'ala, diga f laterale

Flügelleitung → *Regnerleitung*

476 **Flügelmauer** f
- □ wing wall
- △ mur m en aile
- ○ muro m d'ala

Flügelmeßgerät → *Wassermeßflügel*

Flügelpumpe → *Flügelradpumpe*

477 **Flügelrad** n
- □ screw propeller
- △ roue f à ailettes
- ○ ruota f ad alette, elica f a vite

478 **Flügelrad[wasser]messer** m, **Fächermesser** m, **Flügelradzähler** m, **Geschwindigkeits(wasser)messer** m, **Strömungswassermesser** m, **Wasserradmesser** m
- □ vane water meter, propeller meter, radial vane meter, inferential (flow) meter, velocity meter, fan meter, water-wheel meter
- △ hydromètre m à ailettes, compteur m d'eau avec turbine à aubes, compteur m à turbine, compteur m de vitesse, compteur m interférentiel, compteur m à courant, compteur m à éventail, compteur m à roue hydraulique
- ○ misuratore m d'acqua a mulinello

479 **Flügelradpumpe** f, **Flügelpumpe** f, **Propellerpumpe** f
- □ vane-type pump, propeller pump
- △ pompe f à ailettes, pompe f à hélice
- ○ pompa f ad alette

Flügelradzähler → *Flügelrad[wasser]messer*

Flügelradzähler, Mehrstrahl-~ → *Mehrstrahl-Flügelradzähler*

480 **flüssig**
- □ liquid, fluid
- △ liquide, fluide
- ○ liquido, liquefatto, fluido

481 **Flüssig-flüssig-Extraktion** f
  □ liquid-liquid extraction
  △ extraction f liquide-liquide
  ○ estrazione f liquido-liquido

  Flüssigchlor → Chlor, flüssiges

482 **Flüssigkeit** f
  □ liquid, liquor, fluid
  △ fluide m, liqueur f, liquide m
  ○ liquido m, fluido m

  Flüssigkeit, überstehende
  → Schlammwasser

483 **Flüssigkeit** f, **verschleppte, Verschlepptes** n
  □ carry-over, carryover
  △ eau f entrainée, liquide m entrainé
  ○ liquido m strascinato

484 **Flüssigkeitsabscheider** m
  □ liquid separator
  △ séparateur m de liquide
  ○ separatore m di liquido

  Flüssigkeitskonsistenz → Fließvermögen

  Flüssigkeitsreibung → Zähflüssigkeit

485 **Flüssigkeitssäule** f
  □ liquid column
  △ colonne f liquide
  ○ colonna f liquida

486 **Flüssigkeitsschicht** f
  □ liquid layer
  △ couche f de liquide
  ○ strato m di liquido

487 **Flüssigkeitsstandanzeiger** m
  □ liquid level indicator
  △ indicateur m de niveau liquide
  ○ indicatore m del livello liquido

488 **Flüssigkeitsstrahl** m
  □ (liquid) jet
  △ jet m de liquide
  ○ getto m liquido

489 **Flüssigmist** m
  □ liquid fertilizer
  △ engrais m liquide
  ○ concime m liquido

  Flüssigmist → Jauche

  Flüssigschlamm → Naßschlamm

490 **Flüssigschlammverwertung** f, **Naßschlammverwertung** f
  □ utilization of liquid (or: wet) sludge
  △ utilisation f des boues liquides
  ○ utilizzazione f di fanghi liquidi

491 **Flugasche** f, **Flugstaub** m
  □ shiftings pl, fly-ash, flue dust, airborne dust
  △ cendre f volante, cendre f folle
  ○ ceneri f pl volatili

492 **Flughafen** m
  □ airport
  △ aéroport m
  ○ aeroporto m

493 **Flugsand** m
  □ eolian sand, blow sand, shifting sand
  △ sable m éolien, sable m volatil, sable m mobile, sable m mouvant
  ○ sabbia f vagante, sabbia f mobile

  Flugstaub → Flugasche

  Fluktuation → Schwankung

494 **Flunder** m (Platichthys flesus)
  □ flounder
  △ flet m
  ○ pesce passera m

495 **Fluor** n
  □ fluorine
  △ fluor m
  ○ fluoro m

496 **Fluorescein** n
  □ fluorescein
  △ fluorescéine f
  ○ fluorescina f

497 **Fluoreszenz** f
  □ fluorescence
  △ fluorescence f
  ○ fluorescenza f

498 **Fluoreszenzanalyse** f
  □ fluorochemical analysis
  △ analyse f par fluorescence
  ○ analisi f per fluorescenza

499 **Fluoreszenzmesser** m
  □ fluorometer
  △ fluorimètre m
  ○ fluorimetro m

500 **Fluorid** n
  □ fluoride
  △ fluorure m
  ○ fluoruro m

501 **fluoridieren**
  □ fluoridate
  △ fluorer
  ○ fluorare

502 **Fluoridierung** f
  □ fluoridation
  △ fluoruration f, fluoration f
  ○ fluorazione f

503 **Fluornatrium** n, **Natriumfluorid** n
  □ sodium fluoride
  △ fluorure m de sodium
  ○ fluoruro m di sodio

  Fluornatrium → Natriumfluorid

  Fluorose → Trinkwasserfluorose

  Fluorwasserstoffsäure → Flußsäure

  Fluorzahnschäden
  → Trinkwasserfluorose

  Flurabstand → Grundwasserflurabstand

  Flurabstandskurve → Grundwassertiefenlinie

504 Flurbereinigung *f*
- land consolidation
- stabilisation *f* des terrains, asainissement *m* du terrain
- sistemazione *f* catastale

Flurhochbehälter → *Erdhochbehälter*

505 Flurschaden *m*, **Ernteschaden** *m*
- damage to crops
- dégâts *m pl* causés aux récoltes
- danni *m pl* provocati alle colture

506 Flurstück *n*, **Parzelle** *f*
- lot of ground, allotment, parcel, plot
- lot *m* de terrain, parcelle *f*
- lotto *m* di terreno, parcella *f*

507 Flurwasser *n*
- rain infiltrate, surfacial water
- eau *f* pluviale d'infiltration, eau *f* d'infiltration d'origine pluviale
- acqua *f* d'infiltrazione da origine meteorica

508 Fluß *m*
- river
- rivière *f*
- fiume *m*

509 Fluß *m*, **akkumulierender**
- aggrading river
- rivière *f* remblayante
- fiume *m* accumulante

Fluß, aussetzender → *Wasserlauf, aussetzender*

Fluß, Flachland~ → *Flachlandfluß*

510 Fluß *m*, **unterirdischer**
- subterranean stream
- fleuve *m* souterrain
- fiume *m* sotterraneo

511 Flußablagerung *f*
- river deposits, fluviatile deposits
- dépôts *m pl* formés par les rivières, sédiments *m pl* fluviatiles
- depositi *m pl* fluviali

512 flußabwärts, stromabwärts, talwärts
- down [the] river, downstream, downstream
- en descendant la rivière, en aval, à l'aval, d'aval
- secondo la corrente, a valle

513 Flußamt *n*
- rivers board
- agence *f* de bassin, comité *m* de bassin, autorité *f* de bassin
- autorità *f* di bacino

Flußanlieger → *Uferanlieger*

514 Flußanzapfung *f*
- river capture
- captage *m* d'une rivière
- captazione *f* di un fiume

515 Flußaue *f*
- alluvial meadow
- prairie *f* alluviale
- prato *m* rivierasco

516 flußaufwärts, bergwärts, stromaufwärts
- up [the] river, upstream
- en remontant la rivière, en amont, à l'amont, d'amont
- contro la corrente, a monte

Flußbarsch → *Barsch*

517 Flußbau *m*
- river engineering, river development, river works
- ingénierie *f* fluviale, génie *m* hydraulique, travaux *m pl* fluviaux
- ingegneria *f* fluviale

Flußbecken → *Flußgebiet*

Flußbegradigung → *Flußregulierung*

Flußbelüftung → *Strombelüftung*

518 Flußbett *n*, **Strombett** *n*
- river bed, channel of a river, bed of a river, stream bed
- lit *m* d'une rivière, lit *m* d'un fleuve
- letto *m* del fiume, alveo *m*, letto *m* fluviale

519 Flußcharakteristik *f*, **Flußregime** *n*, **Regime** *n*
- regimen of a river, regime
- régime *m* d'une rivière, régime *m*
- regime *m* del fiume, regime *m*

520 Flußdeich *m*
- river dike
- digue *f* de fleuve
- argine *m* di fiume

521 Flußdelta *n*, **Deltamündung** *f*
- river delta
- delta *m* d'un fleuve
- delta *m* di un fiume, foce *f* a delta

522 Flußerosion *f*
- stream erosion
- érosion *f* fluviale
- erosione *f* fluviale

Flußfisch → *Süßwasserfisch*

Flußfracht → *Flußlast*

523 Flußgabelung *f*
- bifurcation of a river
- bifurcation *f* d'une rivière
- biforcazione *f* del fiume

524 Flußgebiet *n*, **Flußbecken** *n*
- river basin, system of a river
- bassin *m* fluvial
- bacino *m* fluviale, territorio *m* fluviale

525 Flußkimme *f*
- point of resurgence
- point *m* de réapparition, point *m* de résurgence
- punto *m* di risorgenza

526 Flußkläranlage *f*
- river clarifying basin
- bassin *m* d'épanouissement en rivière
- bacino *m* di chiarificazione in fiume

Flußkrebs → *Krebs*

527 **Flußkrümmung** f
- □ bend of a river
- △ boucle f d'une rivière
- ○ curva f di un fiume

Flußkunde → *Potamologie*

528 **Flußlänge** f
- □ river length
- △ longueur f d'une rivière
- ○ lunghezza f di un fiume

529 **Flußlast** f, **Flußfracht** f
- □ river load
- △ apport m des cours d'eau
- ○ carico m fluviale

530 **Flußlauf** m, **Lauf** m
- □ course of a river
- △ cours m d'une rivière [ou d'un fleuve]
- ○ corso m di un fiume

531 **Flußmorphologie** f
- □ morphology of rivers
- △ morphologie f des rivières
- ○ morfologia f dei fiumi

532 **Flußmündung** f, **Ästuar** n, **Mündungsstrecke** f **eines Flusses**
- □ estuary, mouth of a river
- △ bouche(s) f (pl), embouchure f, estuaire m d'une rivière
- ○ imboccatura f, foce f di un fiume, estuario m

Flußnetz → *Gewässernetz*

533 **Flußniederung** f
- □ river plain, bottomland
- △ bas-fonds m d'une rivière, plaine f basse
- ○ luogo m basso fluviale

Flußplankton → *Potamiplankton*

Flußprofil → *Profil eines Fließgewässers*

534 **Flußräumung** f
- □ snagging of a river
- △ dégagement m d'une rivière
- ○ dragaggio m di un fiume

Flußregime → *Flußcharakteristik*

535 **Flußregulierung** f, **Flußbegradigung** f
- □ regulation of a river, watercourse regulation
- △ régularisation f d'une rivière, correction f d'une rivière [ou d'un fleuve]
- ○ sistemazione f di un fiume, regolazione f di un fiume

536 **Flußsäure** f, **Fluorwasserstoffsäure** f
- □ hydrofluoric acid
- △ acide m fluorhydrique
- ○ acido m fluoroso, acido m fluoridrico

537 **Flußsand** m
- □ river sand
- △ sable m fluvial, sable m de rivière
- ○ sabbia f di fiume

Flußschiffahrt → *Binnenschiffahrt*

538 **Flußschleife** f
- □ river bend, meander
- △ tournant m d'une fleuve
- ○ ansa f di un fiume

Flußschwinde → *Wasserlauf, verlierender*

539 **Flußsee** m
- □ river lake
- △ lac m fluvial, lac m sur une rivière
- ○ lago m formato da un fiume

540 **Flußsohle** f
- □ river bottom
- △ fond m de la rivière
- ○ fondo m del fiume

541 **Flußspat** m
- □ fluor spar
- △ spath fluor m
- ○ spato m fluoro, fluorite f

542 **Flußsperre** f
- □ river dam
- △ barrage m d'une rivière, barrage m d'un cours d'eau
- ○ sbarramento m di un corso d'acqua

543 **Flußstahl** m
- □ soft steel
- △ acier m fondu
- ○ acciaio m omogeneo

544 **Flußstrecke** f, **Stromstrecke** f
- □ reach of a river
- △ tronçon m de rivière, section f de rivière
- ○ tronco m di fiume

545 **Flußtal** n
- □ river valley
- △ vallée f fluviale
- ○ valle f d'un fiume

546 **Flußterasse** f, **Talleiste** f
- □ river terrace
- △ terrasse f fluviale
- ○ terrazza f fluviale

547 **Flußübergang** m
- □ river crossing
- △ franchissement m d'une rivière
- ○ passaggio m sul fiume

548 **Flußüberwachung** f
- □ stream surveillance, river surveillance
- △ contrôle m des rivières, surveillance f des rivières
- ○ sorveglianza f dei fiumi

549 **Flußufer** n
- □ stream bank, river bank
- △ rive f d'une rivière
- ○ riva f del fiume, sponda f del fiume

550 **Flußumwelt** f
- □ riparian environment
- △ milieu m riverain, environnement m riverain
- ○ ambiente m ripariale

551 **Flußuntersuchung** f (e. längere Strecke umfassend)
- □ river survey
- △ étude f d'une rivière, enquête f sur une rivière
- ○ indagine f su un corso d'acqua

552 **Flußverband** m
  □ river association
  △ association f de bassin
  ○ associazione f di un fiume

553 **Flußverkehr** m
  □ riverine traffic
  △ trafic m fluvial
  ○ navigazione f fluviale

  Flußverschmutzung → *Flußverunreinigung*

554 **Flußverunreinigung** f, **Flußverschmutzung** f
  □ river pollution, stream pollution
  △ pollution f des rivières
  ○ contaminazione f dei fiumi, inquinamento m dei fiumi

555 **Flußwasser** n
  □ river water
  △ eaux f pl fluviales, eau f de rivière
  ○ acqua f di fiume, acqua f fluente

556 **Flußwasserfassung** f
  □ river water intake
  △ captage m d'eau de rivère
  ○ captazione f d'acqua di fiume

557 **Flußwasserstand** m
  □ river stage
  △ niveau m de la rivière
  ○ livello m del fiume

  Flußwindung → *Windung*

558 **Flut** f
  □ flood, high tide, flood tide, rising tide, incoming tide
  △ flux m, marée f montante, flot m, montant m, montée f
  ○ flusso m, marea f, flutto m, marea f ascendente

559 **Flut** f, **höchstmögliche**
  □ maximum probable flood
  △ crue f maximum probable
  ○ piena f massima probabile

  Flut, Spring~ → *Springflut*

  Flut, Sturz~ → *Sturzflut*

560 **Flutdauer** f
  □ duration of flood-tide
  △ durée f de marée montante
  ○ durata f della marea ascendente

561 **Flutdeich** m
  □ flood dike, closing dike
  △ digue f de protection contre les crues
  ○ diga f di protezione contro le piene

562 **fluten** (Stärkefabrikation)
  □ flow
  △ purifier sur plan
  ○ levigare

563 **Fluten** n (Stärkefabrikation)
  □ flowing
  △ purification f sur plan
  ○ levigazione f

564 **Fluten** f pl (Stärkefabrikation)
  □ tables
  △ plan m
  ○ piano m di levigazione

565 **Flutenzelle** f (b. Untersee-Booten)
  □ flooding tank
  △ compartiment m ballast
  ○ vasca f di compensazione

  Flutgröße → *Gezeitenhub*

566 **Fluthöhe** f, **höchste**
  □ flood crest
  △ hauteur m maximum de la marée
  ○ altezza f massima della marea

567 **Flutintervall** n
  □ tidal flood interval
  △ établissement m de flot
  ○ intervallo m di marea

  Flutmarke → *Hochwassermarke*

568 **Flutraum** m
  □ volume of tidal influence
  △ volume m de la zone d'action des marées
  ○ volume m della zona d'influenza delle maree

569 **Flutrinne** f
  □ flood channel
  △ chenal m d'écoulement d'une crue
  ○ canale m di piena

570 **Flutstrom** m
  □ flood current, incoming tidal current
  △ courant m de marée montante
  ○ corrente m di marea ascendente

571 **Flutstromdauer** f
  □ flow duration of incoming tide
  △ durée f de la marée montante
  ○ durata f della fase di marea ascendente

572 **Flutstromgeschwindigkeit** f
  □ flow velocity of incoming tide
  △ vitesse f de la marée montante
  ○ velocità f della marea ascendente

573 **Flutstromgrenze** f
  □ limit of tidal influence
  △ limite f de la zone d'influence des marées
  ○ limite m della zona d'influenza della marea

574 **Flutstromkenterpunkt** m
  □ turning point of incoming tide
  △ point m d'inversion de la marée
  ○ punto m d'inversione della marea

575 **Flutwassermenge** f
  □ flow volume of incoming tide
  △ débit m de la marée montante, volume m du flux
  ○ portata f della marea ascendente

  Flutwechsel → *Gezeitenhub*

576 **Flutweg** m
  □ flow path of incoming tide, tidal flood path, tidal flood way
  △ parcours m de la marée montante, trajet m d'une marée
  ○ percorso m della marea ascendente

577 **Flutwelle** f, **Gezeitenwelle** f, **Tidewelle** f
- □ tide wave, tidal wave
- △ vague f de marée, lame f de marée
- ○ onda f di marea

Flutwelle → *Hochwasserwelle*

578 **Flutwende** f
- □ turn(ing) of the tide
- △ renversement m de la marée, inversion f de la marée
- ○ inversione f della marea

Föhre → *Kiefer*

579 **Förderband** n, **Transportband** n
- □ conveyor belt
- △ toile f transporteuse, bande f transporteuse
- ○ nastro m trasportatore, nastro m convogliatore

Förderbrunnen → *Förderschacht*

580 **Förderdruck** m
- □ delivery pressure, discharge pressure
- △ pression f de refoulement
- ○ pressione f di sollevamento

581 **Fördergeschwindigkeit** f
- □ velocity of conveying
- △ vitesse f de refoulement
- ○ velocità f di sollevamento

582 **Förderhöhe** f, **Pumphöhe** f
- □ vertical lift, developed head, lift, lifting height, pumping head, delivery head, pumping level
- △ hauteur f d'élévation, hauteur f de refoulement, niveau m de pompage
- ○ altezza f di sollevamento, prevalenza f

583 **Förderhöhe** f, **geodätische**
- □ geodetic lift, geodetic lifting height
- △ hauteur f géodétique de refoulement
- ○ altezza f geodetica di sollevamento

584 **Förderhöhe** f, **manometrische**
- □ manometric lift
- △ hauteur f manométrique de refoulement
- ○ altezza f manometrica di sollevamento

585 **Förderleistung** f, **Durchfluß** m, **Fördermenge** f, **Förderstrom** m, **Leistung** f **einer Pumpe**, **Pumpenförderung** f, **Pumpenleistung** f, **Wirkleistung** f
- □ delivery, output, pumping capacity, pumping rate, pumpage rate, pump flow, pump discharge, overall efficiency
- △ débit m de pompage, rendement m de la pompe, refoulement m de la pompe
- ○ portata f della pompa, capacità f della pompa

Förderleistung, Tages~
→ *Tagesfördermenge eines Pumpwerkes*

Förderleitung → *Druckrohrleitung*

Fördermenge → *Förderleistung*

fördern → *heben*

586 **Förderpumpe** f
- □ delivery pump
- △ pompe f de reprise, pompe f de relèvement
- ○ pompa f di sollevamento, pompa f di mandata

587 **Förderschacht** m, **Förderbrunnen** m
- □ drawing shaft
- △ puits m d'extraction
- ○ pozzo m d'estrazione

588 **Förderschnecke** f, **Transportschnecke** f
- □ screw conveyor, spiral conveyor
- △ transporteur m à hélice, vis f transporteuse, transporteur m hélicoïdal
- ○ coclea f a vite, coclea f trasportatrice, vite f d'Archimede

Förderschnecke → *Schnecke*

589 **Förderseil** n
- □ hoisting cable
- △ câble m de levage, câble m d'extraction
- ○ fune f di sollevamento, cavo m di estrazione

590 **Förderstation** f
- □ lift station
- △ station f de reprise, station f de relèvement, poste m de relèvement, station f élévatoire
- ○ posto m di sollevamento

Förderstrom → *Förderleistung*

591 **Förderung** f (durch Pumpen), **Pumpförderung** f
- □ pumpage, delivery
- △ refoulement m, pompage m, relèvement m
- ○ sollevamento m, pompaggio m

592 **Förderung** f, **finanzielle**
- □ subvention, financial promotion
- △ subvention f, aide f financière
- ○ sovvenzione f, contributo m finanziario

Förderung, Wasser~ → *Wasserförderung*

593 **Folgeerscheinung** f
- □ follow-up implication
- △ conséquence f, implication f
- ○ conseguenza f

594 **Folgeerscheinungen** f pl, **gesundheitliche**
- □ health implications pl
- △ conséquences f pl sanitaires
- ○ implicazioni f pl sanitarie

595 **Folgemaßnahme** f
- □ follow-up measure
- △ mesure m complémentaire, disposition f complémentaire
- ○ misura f conseguente

Fontäne → *Springbrunnen*

596 **Forelle** f (Salmo fario)
- □ trout
- △ truite f
- ○ trota f

Forelle, Meer~ → *Meerforelle*

597 **Forellenbarsch** m *(Micropterus salmonides)*
□ largemouth bass
△ truite f saumonée
○ persico m trota

598 **Forellenregion** f
□ trout region
△ région f des truites
○ regione f di trote

599 **Form** f
□ shape, pattern, model
△ forme f, façon f
○ forma f

Formänderung → *Verformung*

600 **Formaldehyd** n
□ formaldehyde
△ aldéhyde m formique, aldéhyde m méthylique, formol m, formaldéhyde m, méthanal m, oxyde m de méthylène
○ aldeide f formica, aldeide f metilica, formolo m, formaldeide f, metanal m, ossido m di metilene

601 **Formation** f
□ formation
△ formation f
○ formazione f

Formation, Devon~ → *Devon*

Formation, Kohlen~ → *Kohlenformation*

Formationskunde → *Stratigraphie*

602 **Formel** f
□ formula
△ formule f
○ formula f

603 **formen**
□ mould, form, shape
△ mouler, former, façonner
○ formare, foggiare, fare la forma

604 **Formfaktor** m
□ grain form factor
△ facteur m de forme
○ fattore m di forma di granuli

605 **Formsand** m
□ moulding sand
△ sable m de moulage
○ sabbia f da formare, sabbia f da fonderia, sabbia f per formatura

606 **Formstück** n, **Fitting** n
□ pipe fitting, special casting
△ tuyau m d'ajustage, pièce f spéciale, pièce f de forme
○ pezzo m sagomato, tubo m d'aggiustaggio, pezzo m speciale

607 **Formstück** n, **gußeisernes**
□ cast iron fitting
△ pièce f spéciale en fonte, raccord m en fonte
○ pezzo m speciale in ghisa, pezzo m in ghisa

608 **Forschung** f, **Erforschung** f
□ research, exploration, investigation
△ investigation f, recherche f, examen m, exploration f
○ ricerca f, esplorazione f, indagine f, investigazione f

Forschung, Atom~ → *Atomforschung*

Forschung, Grundlagen~ → *Grundlagenforschung*

Forschung, Tiefsee~ → *Tiefseeforschung*

Forschung, Zweck~ → *Zweckforschung*

609 **Forschungsarbeit** f, **Forschungstätigkeit** f
□ research work
△ travail m de recherche
○ lavoro m di ricerca

610 **Forschungsaufgabe** f
□ research project
△ tâche f de recherche
○ progetto m di ricerca

611 **Forschungsbericht** m
□ research report
△ rapport m de recherche
○ relazione f di ricerca, rapporto m di ricerca

612 **Forschungsergebnis** n
□ research result, research finding
△ résultat m des recherches
○ risultato m delle ricerche

613 **Forschungsinstitut** n
□ research institute
△ institut m de recherche
○ istituto m di ricerca

614 **Forschungsreaktor** m
□ research reactor
△ réacteur m de recherche
○ reattore m di ricerca

Forschungstätigkeit → *Forschungsarbeit*

Forst → *Wald*

615 **Forsthydrologie** f
□ forest hydrology
△ hydrologie f forestière
○ idrologia f forestale

Forstung → *Wald*

616 **Forstverwaltung** f
□ forest administration
△ administration f forestière
○ amministrazione f forestale

617 **Forstwirtschaft** f, **Waldwirtschaft** f
□ forestry
△ économie f forestière
○ economia f forestale

fortgeschritten → *weitergehend*

618 **Fortpflanzung** f
□ reproduction, propagation
△ reproduction f, propagation f
○ propagazione f

Fortpflanzungsgeschwindigkeit der Wellen → *Wellengeschwindigkeit*

619 **Fortpflanzungsgeschwindigkeit** f **von Druckstößen**
□ water-hammer wave velocity
△ vitesse f de propagation d'ondes produites par des coups de bélier
○ velocità f di propagazione del colpo d'ariete

620 **Fortpflanzungszelle** f
□ reproductive cell
△ cellule f de reproduction
○ cellula f della riproduzione

fortreißen → *fortspülen*

621 **Fortschrittsbericht** m
□ progress report
△ rapport m d'avancement des travaux
○ rapporto m sullo stato di avanzamento dei lavori

622 **Fortschrittsgeschwindigkeit** f *(hydrol.)*
□ velocity of underground flow
△ vitesse f de la circulation souterraine
○ velocità f della circolazione sotterranea

Fortschrittsgeschwindigkeit → *Wellengeschwindigkeit*

fortschwemmen → *fortspülen*

623 **fortspülen, fortreißen, fortschwemmen, wegspülen**
□ wash away, flush away, entrain, drag along
△ entraîner, emporter
○ risciacquare, trascinare, portar via

624 **Fracht** f *(hydrol.)*
□ load, loading
△ fret m, charge f
○ carico m

Fracht, Geschiebe~ → *Geschiebefracht*

Fracht, Sohl~ → *Geschiebefracht*

625 **Frachter** m, **Frachtschiff** n
□ cargo boat, freighter
△ navire m de charge, cargo m
○ nave f da carico, mercantile m

Frachtschiff → *Frachter*

Frachtung, hüpfende, Geschiebe~ → *Geschiebefrachtung, hüpfende*

626 **Fräsen** n *(agr.)*
□ milling
△ fraisage m
○ fresatura f

627 **Francis-Turbine** f
□ Francis turbine
△ turbine f Francis
○ turbina f Francis

Fraß, Loch~ → *Lochfraß*

FRE-Stück → *Flanschenübergangsstück, exzentrisches*

628 **Freianlage** f
□ out-door plant
△ station f en plein air, station f ouverte
○ installazione f all'aperto

629 **Freibad** n
□ open-air swimming pool, out-door swimming pool, out-door swimming-bath
△ piscine f en plein air
○ piscina f all'aria aperta

630 **freibeweglich** *(v. Wasserorganismen)*
□ free-swimming
△ mobile libre
○ liberamente natante

631 **Freibord** n
□ freeboard
△ revanche f, franc-bord m
○ franco m, bordo m libero

632 **Freiflußventil** n
□ valve for free flow
△ valve f à libre passage
○ valvola f a passaggio libero

633 **Freileitung** f *(elektr.)*
□ aerial line, aerial conductor, overhead line
△ ligne f aérienne
○ linea f aerea

Freischleuse → *Leerschuß*

634 **Freispiegelleitung** f, **Gefälleitung** f
□ gravity line, gravity conduit, gravity main
△ aqueduc m, conduite f à écoulement libre, canalisation f par gravité
○ condotta f libera, canalizzazione f a gravità

635 **Freispiegelstollen** m
□ grade tunnel
△ galerie f à écoulement libre
○ galleria f a pelo libero

636 **Freiwasser** n *(b. Schleusen)*
□ superfluous water, non-utilized flow
△ eau f excédentaire, eau f non utilisée
○ acqua f eccedente, acqua f non utilizzata

637 **Freizeit** f
□ leisure
△ loisirs m pl, temps m libre
○ divertimento m, tempo m libero

638 **Freizeitmüll** m
□ waste (or: refuse) from leisure centres
△ ordures f pl provenant de centres d'agrément, résidus m pl provenant de centres d'agrément
○ rifiuti m pl da centri di divertimento

Fremdstoffe → *Stoffe, xenobiotische*

639 **Fremdwasser** n **[Wasser anderer Lieferung, Herkunft]**
□ imported water, extraneous water
△ eaux f pl d'importation
○ acque f pl d'importazione

Freßkette → *Nahrungskette*

640 **frieren, gefrieren**
□ freeze
△ geler, congeler
○ gelare, ghiacciare, congelare

641 **Frischkompost** m, **Rohkompost** m
□ crude compost
△ compost m brut, compost m frais
○ composto m bruto, composto m fresco

642 **Frischlufteinlaß** m
□ fresh-air inlet
△ prise f d'air frais
○ presa f d'aria fresca

643 **Frischschlamm** m, **Rohschlamm** m, **Schlamm** m, **frischer, Schlamm** m, **roher**
□ fresh sludge, raw sludge, crude sludge, green sludge
△ boue[s] f [pl] fraîche[s], boues f pl brutes
○ fango m fresco

644 **Frischwasser** n
□ fresh water
△ eau f fraîche
○ acqua f fresca

Front, Wellen~ → Wellenfront

645 **Frosch** m
□ frog
△ grenouille f
○ rana f

646 **Froschbiß** m (Hydrocharis morsus ranae)
□ frogbit
△ mor(r)ène f
○ morso m di rana

647 **Frost** m
□ frost
△ gelée f, gel m
○ gelo m, freddo m

Frost, Spät~ → Spätfrost

Frost, Strahlungs~ → Strahlungsfrost

Frost, Wind~ → Windfrost

648 **Frostaufbruch** m
□ frost heave
△ soulèvement m (du sol) dû au gel
○ spaccatura f (del terreno) causata dal gelo

649 **Frostbekämpfung** f
□ anti-freeze operation
△ lutte f anti-gel
○ difesa f antigelo

frostbeständig → frostsicher

650 **Frostbeständigkeit** f
□ frost resistance
△ résistance f au gel
○ resistenza f al gelo

651 **Frosteindringtiefe** f, **Frosttiefe** f
□ frost penetration depth
△ profondeur f de pénétration du gel
○ profondità f di penetrazione del gelo

652 **Frosteinwirkung** f
□ frost action
△ action f du gel
○ azione f del gelo

Frosthebung → Frosthub

653 **Frosthub** m, **Auftreibung** f durch Frost, **Frosthebung** f
□ frost heave, frost shift
△ soulèvement m causé par le gel
○ sollevamento m causato dal gelo

654 **Frostperiode** f
□ frost period
△ période f de gel, période f de gelées
○ periodo m di gelo

655 **Frostring** m
□ collar against freezing
△ anneau m antigel
○ anello m anticongelante

656 **Frostschaden** m
□ damage done by frost
△ dégât m causé par le gel
○ danno m del gelo

657 **Frostschub** m
□ frost shift
△ poussée f de gel
○ spinta f causata dal gelo

658 **Frostschutz** m
□ freezing preventive, frost protection
△ protection f antigel
○ protezione f dal congelamento

659 **Frostschutzberegnung** f
□ blanketing, antifreeze irrigation
△ aspersion f de protection contre le gel
○ irrigazione f ad aspersione di protezione contro il gelo, irrigazione f antigelo

660 **Frostschutzmittel** n, **Kälteschutzmittel** n
□ antifreeze
△ antigel m
○ antigelo m, mezzo m anticongelante

661 **frostsicher, frostbeständig, ungefrierbar**
□ frost-proof
△ incongelable
○ resistente al gelo, non congelabile, incongelabile

Frosttiefe → Frosteindringtiefe

662 **Frostwetter** n
□ frosty weather, freezing weather
△ temps m de gelée
○ tempo m di gelo

Froude-Zahl → Froudesche Kornzahl

663 **Froudesche Kornzahl** f, **Froude-Zahl** f, **Froudesche Zahl** f
□ Froude number, Froude grain number
△ nombre m de Froude
○ numero m di Froude

Froudesche Zahl → Froudesche Kornzahl

664 **fruchtbar, fertil**
□ fertile
△ fécond, fertile
○ ferace, fecondo, fertile

665 **Fruchtbarkeit** f, **Fertilität** f
□ fertility
△ fécondité f, fertilité f
○ fecondità f, fertilità f, feracità f, ubertà f

Fruchtbarkeit, Boden~ → *Bodenfruchtbarkeit*

666 Fruchtfolge f
- □ crop rotation
- △ assolement m
- ○ rotazione f agraria, coltura f alternata

667 Fruchtwasser n
- □ blanching water
- △ eau f de blanchiment
- ○ acqua f di sbiancatura

Frühjahrszirkulation
→ *Frühlingszirkulation*

668 Frühling m
- □ spring
- △ printemps m
- ○ primavera f

669 Frühlingszirkulation f, **Frühjahrszirkulation** f *(limnol.)*, **Vollzirkulation** f *(limnol.)*
- □ spring overturn, complete circulation
- △ circulation f printanière
- ○ circolazione f primaverile

670 Frühwarnsystem n
- □ early-warning system
- △ dispositif m d'annonce précoce, service m d'alerte précoce
- ○ sistema m di preallarme

671 Fuchsin n
- □ fuchsin[e]
- △ fuchsine f
- ○ fucsina f

672 Fuchsinglanz m **von E. coli-Kulturen**
- □ sheen of E. coli-streaks
- △ reflet m métallique des cultures de E. coli
- ○ riflesso m metallico delle culture di E. coli

Fühler → *Meßfühler*

673 mit sich führen
- □ carry along
- △ porter, charrier, amener
- ○ condurre

Führerhäuschen → *Kabine*

674 Führungsrolle f
- □ guide pulley, guide roller
- △ galet m de guidage, poulie f de guidage, galet-guide m
- ○ puleggia f di guida, rullo m di guida, rotella f di guida, galoppino m

Fülleitung → *Zubringerleitung*

675 füllen
- □ fill
- △ remplir
- ○ riempire

676 Füllkörper m
- □ contact bed, contact filter, fill and draw contact bed
- △ lit m de contact, filtre m de contact
- ○ letto m di contatto

677 Füllmaterial n
- □ packing material
- △ matériau m de remblai
- ○ materiale m di riempimento

678 Füllmaterial n **eines Füllkörpers**
- □ contact material of a contact bed
- △ matériau m du lit de contact
- ○ materiale m del letto di contatto

679 Füllschraube f
- □ plug screw
- △ bouchon m à vis
- ○ tappo m a vite

680 Füllstoff m
- □ filler, filler material
- △ matériau m de remplissage
- ○ materiale m di riempimento

Fülltrichter → *Einfülltrichter*

681 Füllung f
- □ filling, fill, packing
- △ remplissage m
- ○ riempimento m

682 Füllung f, **Erstbeschickung** f *(e. Talsperre)*
- □ priming
- △ première mise f en eau
- ○ primo riempimento m

683 Füllventil n
- □ feed valve, filling valve
- △ vanne f de remplissage
- ○ valvola f di riempimento

684 Füllverfahren n
- □ contact method
- △ procédé m par contact
- ○ processo m di contatto

685 Füllverfahren n, **einstufiges**
- □ single contact
- △ procédé m de simple contact
- ○ processo m di contatto semplice

Fütterungsplatz → *Futterstelle*

686 Fuge f, **Stoßfuge** f
- □ joint
- △ joint m
- ○ giunto m

Fuge, Ausdehnungs~ → *Dehnungsfuge*

Fuge, Bewegungs~ → *Dehnungsfuge*

Fuge, Bruch~ → *Riß*

Fuge, Dehnungs~ → *Dehnungsfuge*

687 Fuge f, **perimetrische**
- □ perimeter joint
- △ joint m périmétral
- ○ giunto m perimetrale

688 Fugendichtung f
- □ joint seal
- △ obturation f d'un joint, étanchement m d'un joint
- ○ tenuta f di giunto

689 **Fugenkitt** m
□ jointing cement
△ mastic m bouche-pores
○ adhesivo m per riempire i giunti

690 **Fugenverguß** m
□ joint grouting
△ coulage m d'un joint, confection f d'un joint
○ produzione f di giunti fusi

Fullererde → Bleicherde

691 **Fundament** n, **Fuß** m (b. Bauwerken)
□ base, basis, foundation, footing, foot
△ fondement m, base f, semelle f, fondation f
○ fondamento m, fondamenta f pl, base f, basamento m

Fundament, Beton~ → Betonfundament

692 **Fundament** n, **gemauertes**
□ masonry foundation
△ fondation f en maçonnerie
○ fondamento m in muratura

Fundament, Maschinen~ → Maschinenfundament

Fundament, Streifen~ → Streifenfundament

693 **Fundamentplatte** f
□ foundation slab, basement slab
△ plaque f de fondation, plaque f de base
○ piastra f di fondazione

Fundierung → Gründung

694 **Fungizid** n, **Pilzbekämpfungmittel** n
□ fungicide
△ fongicide m
○ fongicido m

695 **Funkenerzeuger** m (Spektralanalyse)
□ spark generator
△ générateur m d'étincelles
○ generatore m di scintille

696 **Funktionsrisiko** n
□ functional risk
△ risque m fonctionnel
○ rischio m funzionale

697 **Funktionssicherheit** f
□ functional security
△ sécurité f fonctionnelle
○ sicurezza f funzionale

698 **Furchenbecken** n
□ ridge-and-furrow tank
△ bassin m à radier en dents de scie, bassin m à fond à rigoles
○ letto m a solchi

Furchenberieselung → Furchenrieselung

699 **Furchenentwässerung** f
□ ridge and furrow type of drainage
△ drainage m par sillons
○ drenaggio m per solchi

700 **Furchenrieselung** f, **Furchenberieselung** f, **Furchenverrieselung** f, **Reihenbewässerung** f, **Rillenbewässerung** f
□ furrow irrigation, ridge-and-furrow irrigation, irrigation in rows
△ irrigation f par rigoles, irrigation f à la raie, épandage m par sillons, irrigation f en sillons
○ irrigazione f a solchi, irrigazione f in solchi

Furchenverrieselung → Furchenrieselung

701 **Furt** f
□ ford
△ gué m
○ guado m

702 **Furtmessung** f
□ wading measurement
△ jaugeage m à gué
○ misurazione f a guado

Fuß → Fundament

Fuß eines Dammes → Dammfuß

703 **Fuß** m, **luftseitiger**
□ downstream toe
△ pied m aval
○ piede m a valle

704 **Fuß** m, **wasserseitiger**
□ upstream toe, upstream heel
△ pied m amont
○ piede m a monte

705 **Fußbadewanne** f, **Fußwanne** f
□ foot bath
△ pédiluve m, bain m de pied
○ pediluvio m, bagnapiedi f

Fußbreite → Sohlbreite

706 **Fußgängerbrücke** f
□ pedestrian bridge
△ passerelle f pour piétons
○ passerella f per pedoni

707 **Fußgängerüberweg** m
□ pedestrian crossing
△ passerelle f pour piétons
○ soprapassaggio m per pedoni

708 **Fußkrümmer** m, **N-Stück** n
□ shoe elbow, base elbow, duckfoot (am), flanged 90° duckfoot bend
△ coude m à pied, coude m à patin, patin m
○ curva f a supporto

Fußkrümmer, Hydranten~ → Hydrantenfußkrümmer

709 **Fußkrümmer** m **mit Flansch oben**
□ duckfoot bend with flange up, base elbow with flange up
△ coude m à patin à bride et emboîtement, bride en haut
○ gomito m di base con flangia superiore

Fußventil → Bodenventil

Fußwanne → Fußbadewanne

Futter → Auskleidung

710 **Futtermittel** n
□ feed, fodder, forage
△ fourrage m
○ foraggio m, mangime m

711 **Futterpflanze** f
□ forage plant, green fodder
△ plante f fourragère, fourrage m frais
○ pianta f a foraggi

712 **Futterrohr** n, **Mantelrohr** n
□ lining pipe, casing
△ tuyau m de coffrage, tube m de retenue
○ tubo m a camicia

713 **Futterrohr** n (eines Bohrlochs), **Bohrlochfutterrohr** n
□ well casing, drill casing
△ tubage m, tube m de revêtement
○ tubo m di rivestimento

714 **Futtersilo** n
□ fodder silo
△ silo m à fourrage
○ silo m per foraggi

715 **Futterstelle** f, **Fütterungsplatz** m
□ feedlot
△ point m d'alimentation
○ luogo m d'alimentazione

1 **Gabbro** m
□ gabbro
△ gabbro m
○ gabbro m

Gabelmücke → Malariamücke

Gabelrohr → Hosenrohr

2 **Gabelstück** n
□ threeway
△ coude m double à branchement central
○ raccordo m a forchetta

3 **Gabelung** f (biol.)
□ dichotomy, forking
△ bifurcation f
○ biforcazione

Gabelung, Fluß~ → Flußgabelung

4 **Gänge** m pl **im Filterbett**
□ passages pl in the filter bed
△ ruptures f pl de la couche d'un filtre
○ fenditure f pl del letto filtrante

5 **Gänsefuß** m (Pfahlwerk)
□ goosefoot
△ patte f d'oie
○ piede m d'oca

Gänsegrütze → Wasserlinse

6 **Gänsehals** m (Installation)
□ goose-neck
△ col m de cygne
○ collo m d'oca

Gärbehälter → Gärbottich

7 **Gärbottich** m, **Gärbehälter** m, **Gärtank** m
□ fermenter, fermentor, fermentation tank
△ guilloire f, bac m de fermentation
○ tino m di fermentazione

8 **gären, fermentieren, vergären**
□ ferment
△ fermenter
○ fermentare

9 **gärfähig, gärungsfähig, vergärbar**
□ fermentable
△ fermentable
○ fermentabile

10 **Gärfähigkeit** f, **Gärungsfähigkeit** f
□ fermentability
△ fermentescibilité f
○ fermentabilità f

11 **Gärfaulverfahren** n
□ fermentation-septization process
△ procédé m de fermentation-digestion
○ processo m di fermentazione-digestione

12 **Gärkolben** m
□ fermentation flask
△ flacon m pour fermentation
○ pallone m di fermentazione

13 **Gärröhrchen** n
□ fermentation tube
△ tube m de fermentation
○ tubo m di fermentazione

Gärtank → Gärbottich

14 Gärtrommel f
□ fermentation drum
△ tambour m de fermentation
○ tamburo m di fermentazione

15 Gärturm m
□ fermentation tower
△ tour f de fermentation, hygiénisateur m
○ torre f di fermentazione

16 Gärung f, **Fermentation** f, **Vergärung** f
□ fermentation, bio-gasification
△ fermentation f
○ fermentazione f

Gärung, alkalische → *Methangärung*

Gärung, heiße → *Heißvergärung*

17 Gärung f, **saure**, **Gärung** f, **stinkende**
□ acid fermentation
△ fermentation f acide
○ fermentazione f acida

Gärung, stinkende → *Gärung, saure*

18 gärungserregend
□ fermentative
△ fermentatif
○ fermentativo

19 Gärungserreger m, **Ferment** n
□ ferment
△ ferment m, fermentatif m
○ fermento m, fermentativo m

gärungsfähig → *gärfähig*

Gärungsfähigkeit → *Gärfähigkeit*

20 Gärungsgewerbe n, **Gärungsindustrie** f
□ fermentation industry
△ industrie f des fermentations
○ industria f delle fermentazioni

21 gärungshemmend
□ anti-fermentative
△ arrêtant la fermentation, bactériostatique
○ antifermentativo

Gärungsindustrie → *Gärungsgewerbe*

22 Gärzelle f
□ fermentation cell
△ cellule f de fermentation
○ cellula f di fermentazione

Galerie, Einlauf~ → *Einlaufgalerie*

Galerie, Filter~ → *Filtergalerie*

Galerie, Sicker~ → *Sickerstollen*

23 Galle-Traubenzucker-Bouillon f
□ bile salt glucose broth
△ bouillon m salé, bilié et glucosé
○ brodo m di coltura, biliato e gluconato

24 gallertartig, gelatinös
□ gelatinous
△ gélatineux
○ gelatinoso, glutinoso

25 Gallerthülle f *(biol.)*
□ gelatinous envelope
△ enveloppe f gélatineuse
○ tegumento m gelatinoso

26 Galvanisieranlage f, **Galvanisierbetrieb** m
□ plating shop
△ atelier m de galvanisation, atelier m galvanotechnique
○ stabilimento m di placcatura

Galvanisierbetrieb → *Galvanisieranlage*

27 galvanisieren
□ electro-plate, galvanize
△ galvaniser
○ galvanizzare

28 Galvanotechnik f
□ electroplating, plating industry
△ galvanoplastie f
○ galvanotecnica f

29 Gambuse f, **Koboldkerzling** m
(Gambusia affinis)
□ mosquito fish
△ gambusie f
○ gambusia f

30 Gamma-Spektrometrie f
□ gamma-spectrometry
△ spectrométrie f (par rayons) gamma
○ spettrometria f a raggi gamma

31 Gammabestrahlung f
□ gamma irradiation
△ irradiation f gamma
○ irradiazione f gamma

32 Gammastrahl-Fühler m
□ gamma ray probe
△ sonde f à rayons gamma
○ sonda f a raggi gamma

33 in Gang bringen
□ actuate
△ actionner, mettre en marche
○ avviare, mettere in marcia

34 Ganglinie f
□ (progressive) curve
△ diagramme m, graphique m
○ diagramma f, grafico m, curva f

Ganglinie der Regenstärke
→ *Regenintensitätskurve*

35 Ganglinie f **des Wasserstandes, Hydrograph** m
□ hydrograph
△ régime m, hydrogramme m
○ andamento m

Ganglinie eines Brunnens, Wasserstands~ → *Grundwasserstandsganglinie*

Ganglinie, Grundwasser~
→ *Grundwasserganglinie*

Ganglinie, Grundwasserstands~
→ *Grundwasserstandsganglinie*

Ganglinie, Hochwasser~ → *Hochwasserganglinie*

Gangspalte → *Felsspalte*

Gare → *Bodengare*

Garnele → *Krabbe*

36 **Garten** m
- □ garden
- △ jardin m
- ○ giardino m, orto m

37 **Gartenarchitekt** m
- □ landscape gardener
- △ architecte m de jardins, architecte m de paysage, paysagiste m
- ○ architetto m di giardini

38 **Gartenbau** m
- □ horticulture
- △ jardinage m, horticulture f
- ○ giardinaggio m, orticultura f

Gartenerde → *Mutterboden*

Gartenhydrant → *Sprenghydrant*

39 **Gartenschlauch** m
- □ garden hose
- △ tube m souple pour arrosage de jardins
- ○ tubo m d'irrigazione

40 **Gartenvorstadt** f
- □ garden suburb
- △ faubourg-jardin m
- ○ sobborgo-giardino m

41 **Gas** n
- □ gas
- △ gaz m
- ○ gas m

Gas, Faul~ → *Faulgas*

42 **Gas** n, **gelöstes**
- □ dissolved gas
- △ gaz m dissous, gaz m en dissolution
- ○ gas m disciolto

43 **Gas** n, **nitroses**
- □ nitrous gas
- △ gaz m nitreux
- ○ gas m nitroso

Gas, Rauch~ → *Rauchgas*

44 **Gas-Flüssigkeits-Chromatographie** f
- □ gas-liquid chromatography
- △ chromatographie f gaz-liquide
- ○ cromatografia f gas-liquido

45 **Gasanfall** m, **Gasausbeute** f
- □ gas yield
- △ rendement m de gaz, débit m de gaz
- ○ rendimento m di gas, portata f di gas

Gasanstalt → *Gaswerk*

Gasausbeute → *Gasanfall*

46 **Gasbadeofen** m
- □ household geyser
- △ chauffe-bains m à gaz
- ○ stufa f da bagno a gas

47 **Gasbedarf** m
- □ gas requirements pl
- △ besoins m pl en gaz
- ○ consumo m previsto di gas

Gasbehälter → *Gasometer*

48 **Gasbehälter** m, **getrennt stehender**
- □ separate gas holder
- △ gazomètre m séparé, réservoir m à gaz séparé
- ○ gasometro m separato

Gasbildung → *Gasentwicklung*

49 **Gasblase** f
- □ gas bubble
- △ bulle f de gaz
- ○ bolla f di gas, bollicina f di gas

50 **Gaschromatographie** f
- □ gas chromatography
- △ chromatographie f gazeuse, chromatographie f [en phase] gazeuse
- ○ cromatografia f gassosa

Gaschromatographie, Reversions-~ → *Reversions-Gaschromatographie*

51 **gaschromatographisch**
- □ gaschromatographic
- △ par chromatographie en phase gazeuse
- ○ gas cromatografico

52 **Gasdecke** f
- □ gas cover
- △ cloche f à gaz
- ○ copertura f per la presa del gas

53 **Gasdecke** f, **feste**
- □ fixed cover
- △ cloche f à gaz fixe
- ○ copertura f fissa per la presa del gas

54 **Gasdecke** f, **schwimmende, Gashaube** f, **schwimmende, Schwimmhaube** f
- □ floating cover, floating roof, floating gas-holder roof
- △ cloche f à gaz flottante
- ○ copertura f galleggiante per la presa del gas

55 **Gasdecke** f, **untergetauchte, Gasdecke** f, **versenkte**
- □ submerged gas cover
- △ cloche f à gaz immergée
- ○ copertura f a gas sommersa

Gasdecke, versenkte → *Gasdecke, untergetauchte*

56 **Gasdetektor** m
- □ gas-leakage detector
- △ détecteur m de fuites de gaz
- ○ rivelatore m di fughe di gas

57 **Gasdurchlässigkeit** f
- □ gas-permeability
- △ perméabilité f aux gaz
- ○ permeabilità f al gas

58 **Gasentwicklung** f, **Gasbildung** f, **Gaserzeugung** f
- □ gas development, gas formation, gas production, gasification
- △ formation f de gaz, gazéification f, dégagement m de gaz, production f de gaz
- ○ svolgimento m di gas, sviluppo m di gas, generazione f del gas, produzione f del gas

59 **Gaserzeuger** m, **Gasgenerator** m
□ gas generator, gas producer
△ gazogène m, générateur m de gaz
○ gasogeno m

Gaserzeugung → *Gasentwicklung*

Gasfänger → *Gassammler*

60 **gasförmig**
□ gaseous
△ gazeux
○ gasoso, gassoso

Gasgenerator → *Gaserzeuger*

61 **Gasgewinnung** f
□ gas collection
△ récupération f du gaz
○ raccolta f del gas

Gasgewinnung, Klär~
→ *Klärgaserzeugung*

62 **Gashaube** f, **Faulgashaube** f
□ gas hood, gas collecting dome
△ poche f de gaz
○ campana f del gas, campana f per il gas

Gashaube, schwimmende → *Gasdecke, schwimmende*

63 **Gasheizung** f
□ gas firing, gas heating
△ chauffage m à gaz
○ riscaldamento m a gas

64 **Gaskalk** m
□ gas lime
△ chaux f gazière
○ solfidrato m di calcio

65 **Gaskrafterzeugung** f
□ gas-based power generation
△ production f d'électricité par groupes avec moteur à gaz
○ produzione f d'elettricità basata sulla utilizzazione di gas combustibile

66 **Gaskraftmaschine** f, **Gasmaschine** f, **Gasmotor** m
□ gas motor, gas engine
△ moteur m á gaz
○ motore m a gas, motrice f a gas

67 **Gaskühler** m
□ gas cooler
△ refroidisseur m de gaz
○ raffreddatore m del gas

68 **Gasleitungsnetz** n
□ gas grid
△ réseau m de distribution de gaz
○ rete f di distribuzione del gas

Gasmaschine → *Gaskraftmaschine*

69 **Gasmenge** f
□ gas yield, quantitiy of gas
△ quantité f de gaz
○ quantità f di gas

Gasmotor → *Gaskraftmaschine*

70 **Gasometer** m, **Gasbehälter** m
□ gasometer, gas container, gas holder
△ gazomètre m
○ gasometro m

71 **Gasrückfluß** m
□ gas return, gas feedback
△ retour m de gaz, refoulement m de gaz
○ ritorno m di gas

72 **Gassammler** m, **Gasfänger** m
□ gas collector
△ collecteur m du gaz
○ collettore m del gas

73 **Gasspeicherung** f im Grundwasservorkommen
□ aquifer storage of gas
△ stockage m de gaz dans une couche aquifère
○ immagazzinamento m di gas in una falda acquifera

74 **Gastankstelle** f
□ gas filling station
△ poste m distributeur de gaz
○ distributore m di gas

75 **Gastroenteritis** f
□ gastroenteritis
△ gastroentérite f, gastro-entérite f
○ gastroenterite f

76 **Gastropoden** m pl, **Bauchfüßler** m pl
□ gastropodes pl
△ gastéropodes m pl
○ gasteropodi m pl

77 **Gasturbine** f
□ gas turbine
△ turbine f à gaz
○ turbina f a gas

78 **Gasumwälzung** f des Faulrauminhaltes
□ gas-circulation of digester sludge, gas recirculation
△ brassage m du digesteur par le gaz
○ circolazione f del contenuto di digestore per il gas

79 **Gasvergiftung** f
□ gas poisoning
△ empoisonnement m par le gaz, intoxication f par le gaz
○ avvelenamento m per il gas

80 **Gasverwertung** f, **Faulgasverwertung** f
□ [digester] gas utilization
△ utilisation f du gaz [de digestion]
○ utilizzazione f del gas [della digestione]

81 **Gaswäsche** f
□ gas washing, gas scrubbing
△ lavage m de gaz, barbotage m de gaz
○ lavaggio m del gas

82 **Gaswäscher** m
□ gas washer, gas scrubber
△ laveur m de gaz
○ lavatore m di gas

83 **Gaswaschwasser** n
- gas washing water, flue dust waste
- eau f de lavage de gaz
- acqua f di lavaggio del gas

Gaswaschwasser, Generator~
→ Generatorgaswaschwasser

84 **Gaswasser** n, **Ammoniakwasser** n
- gas liquor, ammoniacal liquor, crude ammonia liquor
- eau f du gaz, liqueur f d'usine à gaz, eau f ammoniacale
- acqua f di gas, acqua f ammoniacale

85 **Gaswerk** n, **Gasanstalt** f
- gas works pl
- usine f à gaz
- fabbrica f di gas, impianto m per la produzione del gas

Gat → Wattstrom

Gatt → Wattstrom

86 **Gattung** f (biol.)
- genus
- genre m
- genere m

87 **Gaze** f
- gauze
- gaze f
- garza f

Gebäude → Bauwerk

Geber → Meßwertgeber

88 **Gebiet** n, **Gegend** f
- territory, region, area, district
- territoire m, région f
- territorio m, regione f

Gebiet, abflußloses, Niederschlags~
→ Niederschlagsgebiet, abflußloses

Gebiet, bebautes → Fläche, bebaute

Gebiet, Entnahme~ → Entnahmegebiet

Gebiet, Fluß~ → Flußgebiet

Gebietsevaporation
→ Gebietsverdunstung

89 **Gebietsniederschlag** m
- regional precipitation, area precipitation
- précipitation f régionale
- precipitazione f su una data area

90 **Gebietsplanung** f, **Bezirksplanung** f, **Regionalplanung** f
- regional planning
- planification f régionale
- progettazione f regionale

91 **Gebietsverdunstung** f, **Gebietsevaporation** f
- regional evaporation
- évaporation f régionale
- evaporazione f locale, evaporazione f regionale

92 **Gebirge** n, **Gestein** n
- ground, country rock, repository, rock
- terrain m, roche f, gangue f
- terreno m, roccia f

93 **Gebirge** n, **Gebirgskette** f (geogr.)
- mountains pl, mountain range, mountain chain
- montagne f, monts m pl
- montagna f

94 **gebirgig**
- mountainous
- montagneux
- montuoso

95 **Gebirgsdruck** m
- rock pressure
- pression f du terrain
- pressione f del terreno

96 **Gebirgsdurchlässigkeit** f
- hydraulic permeation rate
- perméabilité f des roches
- permeabilità f delle roccie

Gebirgsfluß → Wildbach

Gebirgskamm → Gebirgsrücken

Gebirgskette → Gebirge

Gebirgskette → Gebirgsrücken

97 **Gebirgsrücken** m, **Gebirgskamm** m, **Gebirgskette** f, **Kammlinie** f
- mountain ridge, mountain crest
- crête f d'une chaîne de montagnes, ligne f de faîte
- dosso m di montagna, catena f di montagne, linea f di cresta

98 **Gebläse** n
- blower, air blower
- soufflerie f, soufflante f
- soffieria f, apparecchio m soffiante

Gebläse, Drehkolben~ → Drehkolbengebläse

99 **Gebläsebelüftung** f
- blower aeration
- aération f par soufflantes
- aerazione f per soffierie

gebondert → phosphatiert

gebräch → bröcklig

100 **Gebrauch** m, **privater**, **Verbrauch** m, **privater**
- private use, private consumption
- consommation f privée
- consumo m privato, uso m privato

Gebrauchswasser → Betriebswasser

101 **Gebühr** f
- rate, fee
- taxe f, droit m, péage m
- tassa f dovuta, contributo m

Gebühr, Grund~ → Grundgebühr

Gebühr, Pauschal~ → Pauschalgebühr

102 **Gebührenerhöhung** f
- rate increase
- augmentation f d'une taxe, augmentation f d'une redevance
- aumento m di una tassa

G 103

103 **Gebührenordnung** f
- □ tariff of rates and charges
- △ règlement m des taxes, tarif m des taxes
- ○ tariffa f

Gedärme → *Eingeweide*

104 **Geest** f, **Geestland** n
- □ sandy uplands
- △ landes f pl
- ○ lande f pl

Geestland → *Geest*

105 **Gefährdungshaftung** f, **wasserrechtliche**
- □ liability by water-law for menaces to the quality of water
- △ responsabilité f légale pour menaces à la qualité de l'eau
- ○ responsabilità f legale per possibili danni alla qualità delle acque

106 **gefährlich**
- □ dangerous, perilous, hazardous
- △ dangereux, périlleux
- ○ pericoloso, periglioso

107 **Gefälle** n, **Fallhöhe** f
- □ fall, head
- △ chute f, hauteur f de chute
- ○ caduta f, salto m, altezza f di caduta

108 **Gefälle** n, **Neigung** f
- □ grade, descent, falling gradient, incline, inclination, slope
- △ pente f, inclinaison f, déclivité f
- ○ pendenza f, inclinazione f, declivio m, pendio m

Gefälle, ausnutzbares → *Nutzgefälle*

Gefälle, Durchstich~ → *Durchstichgefälle*

109 **Gefälle** n **einer Wasserkraft**
- □ fall of a water power
- △ chute f motrice
- ○ caduta f d'una energia idraulica, caduta f d'un impianto idraulico

Gefälle, Grundwasser~ → *Grundwassergefälle*

Gefälle, hydraulisches → *Druckgefälle*

Gefälle, Längs~ → *Längsgefälle*

Gefälle, Mindest~ → *Mindestgefälle*

110 **Gefälle** n, **mit natürlichem ~**
- □ by gravity, gravitational
- △ par gravité f
- ○ per gravità f

111 **Gefälle** n, **mit natürlichem ~ fließen**
- □ gravitate
- △ s'écouler par gravité
- ○ scorrere per gravità

112 **Gefälle** n, **natürliches**
- □ natural fall, gravity
- △ pente f naturelle
- ○ pendenza f naturale, caduta f naturale, cadente m naturale

Gefälle, nutzbares → *Nutzgefälle*

Gefälle, Sohl~ → *Sohlgefälle*

Gefälle, Spiegel~ → *Spiegelgefälle*

Gefälle 1:3 → *Neigung 1:3*

Gefälleitung → *Freispiegelleitung*

Gefällslinie, hydraulische → *Fließdrucklinie*

113 **Gefällsversorgung** f
- □ gravity supply
- △ alimentation f par gravité, approvisionnement m gravitaire
- ○ alimentazione f per gravità

Gefällverlust → *Druckverlust*

114 **Gefäß** n
- □ vessel
- △ vase m
- ○ vaso m

Gefahr, Hochwasser~ → *Hochwassergefahr*

Geflügeldung → *Hühnerdung*

Geflügelfarm → *Hühnerfarm*

115 **Geflügelfarmabfälle** m pl
- □ poultry waste
- △ déchets m pl d'exploitation avicole, résidus m pl de volailles
- ○ residui m pl delle aziende avicole

116 **Geflügelkonservenfabrik** f
- □ poultry-packing factory
- △ conserverie f de volailles
- ○ industria f di conservazione f del pollame

117 **Geflügelschlacht- und -verarbeitungsanlage** f
- □ poultry processing plant
- △ usine f d'abattage et transformation de volailles
- ○ industria f di macellazione e di trasformazione del pollame

118 **Geflügelzüchterei** f
- □ poultry house
- △ élevage m de volailles, établissement m avicole
- ○ pollicoltura f

gefrieren → *frieren*

119 **Gefrieren** n, **Ausfrieren** n
- □ freezing
- △ congélation f
- ○ congelazione f, gelazione f

120 **Gefrierkonzentrierung** f **von Viren, Gefriermethode** f **der Virenanreicherung**
- □ freeze concentration of viral agents
- △ concentration f des virus par congélation
- ○ concentrazione f di virus per congelamento

Gefriermethode der Virenanreicherung → *Gefrierkonzentrierung von Viren*

121 **Gefrierpunkt** m
- □ freezing point
- △ point m de congélation
- ○ grado m di congelazione, punto m di congelazione

122 **Gefriertrocknung** f
- freeze-drying, freeze-evaporation
- séchage m par congélation, essorage m
- essiccamento m per congelamento

123 **Gefrierverfahren** n
- freezing process, freeze method
- méthode f de congélation, procédé m de congélation
- metodo m di congelazione

Gefrierverfahren, Druck-~ → *Druck-Gefrierverfahren*

124 **Gefüge** n, **Struktur** f
- structure, texture
- structure f, texture f
- struttura f, congiunzione f

125 **Gegenbehälter** m
- counter reservoir, on-line storage tank, tank floating on system
- réservoir m d'équilibre, réservoir m pour maintenir la pression dans la canalisation
- serbatoio m di estremità, serbatoio m di equilibrio

Gegend → *Gebiet*

126 **Gegendruck** m
- back pressure, counter pressure
- contre-pression f
- controspinta f, contropressione f, reazione f d'appoggio

Gegendruckturbine → *Turbine ohne Kondensation*

127 **Gegenelektrode** f
- counter-electrode
- contre-électrode f
- contro elettrodo m

128 **Gegenflansch** m
- mating flange
- contrebride f
- controflangia f

129 **Gegengewicht** n
- counterbalance
- contre-poids m
- contrappeso m

130 **Gegengift** n
- antidote
- antidote m, contre-poison m
- contravveleno m

Gegenlager → *Widerlager*

131 **Gegenmaßnahme** f
- counter-measure, corrective measure
- contre-mesure f, mesure f corrective
- misura f correttiva

132 **Gegenmittel** n
- remedy
- remède m
- rimedio m

133 **Gegenosmose** f, **Hyperfiltration** f, **Osmose** f, **umgekehrte**, **Reversosmose** f, **Umkehrosmose** f
- reversed osmosis, reverse osmosis, hyperfiltration
- osmose f inverse, osmose f inversée, hyperfiltration f
- osmosi f reversa, osmosi f inversa

gegensätzlich wirkend → *antagonistisch*

134 **Gegensperre** f
- auxiliary dam, subsidiary dam
- contre-barrage m
- controdiga f

135 **Gegenströmung** f, **Gegenstrom** m
- counter current, counter-current flow
- contre-courant m, courant m de sens contraire, passage m à contre-courant
- controcorrente f

Gegenstrom → *Gegenströmung*

136 **Gegenstrombelüfter** m
- counter-current aerator, counter-flow aerator
- aérateur m à contre-courant
- aeratore m a controcorrente

137 **Gegenstromextraktor** m
- counter-current extractor
- extracteur m à contre-courant
- estrattore m a controcorrente

138 **Gegenstromregeneration** f
- counter-current regeneration
- régénération f à contre-courant
- rigenerazione f a controcorrente

Gegenstromspülung → *Gegenstromwäsche*

139 **Gegenstromwärmeaustauscher** m
- counter-current heat exchanger
- échangeur m de chaleur à contre-courant
- scambiatore m di calore a controcorrente

140 **Gegenstromwäsche** f *(b. Filtern)*, **Gegenstromspülung** f, **Rückspülung** f *(b. Filtern)*
- counter current wash, back-washing
- lavage m à contre-courant
- lavaggio m in controcorrente, lavaggio m a corrente inversa

141 **Gehälter** n pl
- salaries pl
- appointements m pl, émoluments m pl
- stipendi m pl

Gehängeschutt → *Geschiebe*

142 **Gehäuse** n, **Ummantelung** f
- case, casing, barrel, body, chamber, chest
- corps m, cage f, chapelle f, boîte f, carter m
- camera f, carcassa f, corpo m

143 **Gehäusedichtungsring** m *(in einem Schieber)*
- body-ring
- bague f de corps
- guarnizione f del corpo valvola

144 **Gehalt** *m*
□ content, contents *pl*
△ teneur *f*, contenance *f*
○ contenuto *m*, tenore *m*

145 **Gehalt** *m* **an gelösten Stoffen, Lösungsgehalt** *m*
□ dissolved solids content
△ teneur *f* en matières dissoutes
○ contenuto *m* in sostanze disciolte

Gehölz → *Wald*

Gehweg → *Bürgersteig*

146 **Geiger-Müller-Zählrohr** *n*
□ G-M counter
△ tube *m* compteur de Geiger-Muller
○ tubo *m* contatore di Geiger-Müller

147 **Geigereinlauf** *m*
□ Geiger-type inlet
△ arrivée *f* type Geiger, entrée *f* type Geiger
○ ingresso *m* tipo Geiger, imbocco *m* tipo Geiger

148 **Geigerzähler** *m*
□ Geiger counter
△ compteur *m* Geiger
○ contatore *m* Geiger

Geiser → *Geysir*

149 **Geißel** *f*, **Peitschengeißel** *f* *(biol.)*
□ flagelleum, cilium
△ flagelle *m*, cil *m*, flagellum *m*
○ flagello *m*

150 **Geißeltierchen** *n pl*, **Flagellaten** *pl* *(biol.)*
□ flagellates *pl*
△ flagellés *m pl*
○ flagellati *m pl*

151 **gekachelt**
□ tiled
△ carrelé, revêtu de céramique
○ rivestito in ceramica

152 **Gelände** *n*
□ tract of land, land, grounds, terrain
△ terrain *m*, étendue *f* de pays
○ terreno *m*

153 **Gelände** *n*, **freies**
□ open fields *pl*, open ground, open country
△ terrain *m* dénudé
○ campagna *f* rasa, compagna *f* non alberata

154 **Geländeaptierung** *f*, **Aptierung** *f* **von Gelände**
□ laying-out land
△ préparation *f* du sol
○ preparazione *f* del terreno

155 **Geländeauffüllung** *f*, **Geländeaufschüttung** *f*
□ filling in land, landfill
△ remblayage *m* du terrain
○ riempimento *m* del terreno

Geländeaufhöhung → *Bodenaufhöhung*

Geländeaufschüttung → *Geländeauffüllung*

156 **Geländebedarf** *m*, **Flächenbedarf** *m*
□ required area
△ terrain *m* nécessaire
○ terreno *m* necessario, area *f* necessaria

Geländeerwerb → *Grunderwerb*

157 **Geländehöhe** *f*
□ ground level
△ niveau *m* du sol
○ livello *m* del terreno

158 **Geländer** *n*
□ hand rail, railing, hand-railing
△ garde-corps *m*, rambarde *f*
○ ringhiera *f*

159 **Geländevermessung** *f*, **Feldaufnahme** *f*
□ ground survey, field survey
△ levé *m* terrestre, levé *m* sur le terrain
○ rilevamento *m* del terreno

160 **Gelatine** *f*
□ gelatine
△ gélatine *f*, gélatine *f* pure
○ gelatina *f*

Gelatine, Nähr~ → *Nährgelatine*

161 **Gelatinekeimzahl** *f*
□ gelatine count
△ nombre *m* des germes sur gélatine
○ numero *m* dei germi sulla gelatina

162 **Gelatineplatte** *f*
□ gelatine plate
△ plaque *f* de gélatine
○ piastra *f* a gelatina

gelatinös → *gallertartig*

Gelbsucht, ansteckende → *Hepatitis, infektiöse*

Gelege → *Uferpflanzen*

163 **Gelegeufer** *n*
□ lee shore
△ côte *f* sous le vent
○ costa *f* sotto vento

Gelenk, Kugel~ → *Kugelgelenk*

Gelenkfuge → *Gelenkverbindung*

gelenkig → *biegsam*

164 **Gelenkkupplung** *f*
□ link joint, hinged coupling, jointed coupling
△ manchon *m* articulé universel
○ giunto *m* articolato universale

165 **Gelenkmuffenverbindung** *f*
□ ball and socket joint
△ joint *m* à emboîtement sphérique
○ giuntura *f* a manicotto globulare, giuntura *f* flessibile a sfera

166 **Gelenkverbindung** *f*, **Gelenkfuge** *f*
□ flexible joint
△ assemblage *m* flexible, joint *m* flexible
○ giunto *m* elastico

167 **Gelmembran(e)** *f*
□ gel membrane
△ membrane *f* gélifiée
○ membrana *f* allo stato di gel

Gelöste → *Lösliche*

168 gemauert
- □ in masonry, in brickwork
- △ en maçonnerie
- ○ in muratura

169 Gemeinde f, **Kommune** f
- □ community, parish, municipality, town-district
- △ commune f, collectivité f
- ○ comune m, comunità f

170 Gemeinde f, **angeschlossene**
- □ community served, serviced town-district
- △ commune f rattachée
- ○ comune m servito, comune m allacciato

171 Gemeindeordnung f
- □ parish by-laws pl, municipal by-laws pl
- △ arrêté m municipal
- ○ diritto m comunale

172 Gemeingebrauch m
- □ common use, public use
- △ usage m commune, usage m public
- ○ uso m comune, uso m pubblico

Gemeinschaft, Arten~ → *Artengemeinschaft*

173 Gemeinwohl n
- □ public welfare
- △ bien m public, salut m public
- ○ bene m pubblico, prosperità f pubblica

174 Gemüse n
- □ vegetable
- △ légume m
- ○ legumi m pl, verdura f

175 Gemüsekonservenfabrik f
- □ vegetable-canning plant
- △ conserverie f de légumes
- ○ conserveria f di legumi

Genauigkeit, Meß~ → *Meßgenauigkeit*

176 Genehmigung f, **Erlaubnis** f
- □ licence, permit, permission
- △ autorisation f, licence f, permission f
- ○ autorizzazione f, licenza f, permesso m, permissione f

177 geneigt
- □ sloped
- △ incliné
- ○ inclinato

178 Generalplan m
- □ master plan
- △ plan m général, plan m principal
- ○ pianta f generale

179 Generationsdauer f
- □ generation time
- △ durée f d'une génération, temps m génétique, temps m d'engendrement
- ○ durata f di una generazione

180 Generator m
- □ generator
- △ générateur m
- ○ generatore m

181 Generator m *(elektr.)*
- □ generator
- △ alternateur m
- ○ alternatore m

Generator, Gas~ → *Gaserzeuger*

Generator, Wechselstrom~ → *Wechselstromgenerator*

182 Generatorgaswaschwasser n
- □ generator gas wash water
- △ eau f de lavage du gaz de gazogène
- ○ acqua f di lavaggio del gas di gasogeni

183 Genfer See m
- □ Lake (of) Geneva, Lake Leman
- △ Lac m Léman
- ○ Lago m Lemano, Lago m di Ginevra

184 genießbar
- □ potable, palatable
- △ potable, comestible, agréable au goût
- ○ potabile, commestibile

185 Genießbarkeit f
- □ potability, palatability
- △ gustativité f, potabilité f, esculence f
- ○ potabilità f, commestibilità f

186 genietet
- □ riveted
- △ riveté, rivé
- ○ ribadito, chiodato

Genossenschaft, Wasser~ → *Wassergenossenschaft*

Genossenschaft, Zwangs~ → *Zwangsgenossenschaft*

187 Geochemie f
- □ geochemistry
- △ géochimie f
- ○ geochimica f

188 Geodäsie f, **Vermessungskunde** f
- □ geodesy
- △ géodésie f
- ○ geodesia f

Geodät → *Landmesser*

189 geodätisch
- □ geodetic
- △ géodésique
- ○ geodetico

190 Geodynamik f
- □ geodynamics
- △ géodynamie f
- ○ geodinamica f

Geographie → *Erdkunde*

191 Geohydrologie f, **Grundwasserhydrologie** f, **Grundwasserkunde** f, **Hydrologie** f **des Grundwassers**
- □ geohydrology, ground-water hydrology
- △ hydrogéologie f, géohydrologie f, hydrologie f des nappes souterraines, hydrologie f souterraine
- ○ geoidrologia f

192 **Geologe** *m*
- geologist
- géologue *m*
- geologo *m*

193 **Geologie** *f*
- geology
- géologie *f*
- geologia *f*

Geologie, Hydro~ → *Hydrogeologie*

Geologie, Ingenieur~ → *Ingenieurgeologie*

Geologisch, hydro~ → *hydrogeologisch*

Geometer → *Landmesser*

194 **Geomorphologie** *f*
- geomorphology
- géomorphologie *f*
- geomorfologia *f*

195 **Geophysik** *f*
- geophysics
- géophysique *f*
- geofisica *f*

geradkettig → *mit gerader Kette*

196 **Gerät** *n*, **Apparat** *m*
- apparatus, device, utensils *pl*, tools *pl*, equipment
- appareil *m*
- attrezzo *m*, apparecchio *m*, arnese *m*

Gerät, Anbohr~ → *Anbohrgerät*

Gerät, Bohr~ → *Bohrgerät*

Gerät, Chlorgas~ → *Chlorgasgerät*

Gerät, Kanal~ → *Kanalgerät*

Gerät, Kanalisations~ → *Kanalgerät*

197 **Geräteersatz** *m*
- equipment replacement
- remplacement *m* d'appareils, échange *m* d'appareils
- sostituzione *f* di apparecchiature

198 **Geräuschpegel** *m*
- sound level
- niveau *m* de bruit
- livello *m* di rumore

199 **Gerbbrühe** *f*
- tanning liquor, tan liquor
- tannée *f*
- liquido *m* conciante, succo *m* tannico

200 **Gerbbrühe** *f*, **ausgebrauchte**, **Gerbbrühe** *f*, **erschöpfte**
- spent tan liquor, spent tanning liquor
- jus *m* tannant épuisé, jusée *f* épuisée
- bagno *m* esausto di conceria, concia *f* esausta

Gerbbrühe, erschöpfte → *Gerbbrühe, ausgebrauchte*

Gerbbrühe, Weiß~ → *Weißgerbbrühe*

201 **Gerberei** *f*
- tannery
- tannerie *f*
- concia *f*, conceria *f*

Gerberei, Chrom~ → *Chromgerberei*

Gerberei, Sämisch~ → *Sämischgerberei*

202 **Gerbereiabwasser** *n*
- tannery wastewater
- eaux *f pl* résiduaires de tannerie
- acqua *f* di scarico di stabilimenti conciari

203 **Gerberlohe** *f*
- tan bark
- tan *m*
- scorza *f* da concia

Gerbfaß → *Drehtrommel*

204 **Gerbstoff** *m*
- tannin, tanning material, tanning agent
- tannin *m*
- tannino *m*

Gerbung, Alaun~ → *Weißgerbung*

Gerbung, Chrom~ → *Chromgerbung*

Gerbung, Fett~ → *Sämischgerbung*

Gerbung, Loh~ → *Lohgerbung*

Gerbung, Mineral~ → *Mineralgerbung*

Gerbung, Sämisch~ → *Sämischgerbung*

205 **Gerbung** *f*, **vegetabilische**
- vegetable tanning
- tannage *m* végétal
- tannaggio *m* vegetale

Gerbung, Weiß~ → *Weißgerbung*

206 **Gerechtsame** *f*
- easement, privilege
- servitude *f*, privilège *m*
- servitù *f*, privilegio *m*

Gerinne → *Rinne*

Gerinne, Misch~ → *Mischrinne*

Gerinne mit Deckwalze, Meß~ → *Meßgerinne mit Deckwalze*

Gerinne, Parshall~ → *Parshallgerinne*

Gerinnegrundwasser → *Höhlenwasser*

Geröll → *Geschiebe*

207 **Gerste** *f*
- barley
- orge *f*
- orzo *m*

208 **Geruch** *m*
- odo[u]r, smell
- odeur *f*
- odore *m*

209 **Geruch** *m*, **abstoßender**
- repulsive odo[u]r, repelling odo[u]r
- odeur *f* dégoûtante, odeur *f* repoussante
- odore *m* disgustoso, odore *m* nauseabondo

210 **Geruch** *m*, **aromatischer**
- aromatic odo[u]r, aromatic smell
- odeur *f* aromatique
- odore *m* aromatico

211 **Geruch** m, **erdig-muffiger**
- earthy-musty odour
- odeur f de terre et de moisi, remugle m
- odore m terroso-muffaticcio

212 **Geruch** m, **erdiger**
- earthy odo[u]r, earthy smell
- goût m de terre, goût m terreux
- odore m terroso, odore m di terra

213 **Geruch** m, **fäkalartiger**
- fecal odo[u]r, fecal smell
- odeur f fécale
- odore m di fogna, odore m marcio

214 **Geruch** m, **fischiger**
- fishy odo[u]r, fishy smell
- odeur f de poisson
- odore m pescoso, odore m di pesci

215 **Geruch** m, **hervortretender**
- predominant smell, marked smell
- odeur f marquée, odeur f très sensible
- odore m intenso

216 **Geruch** m, **mooriger**
- peaty odo[u]r, peaty smell, swampy odo[u]r
- odeur f de marais
- odore m paludoso

217 **Geruch** m **nach Brunnenkresse**
- water cress odo[u]r
- odeur f de nasturce, odeur f de cresson
- odore m di nasturzio, odore m di crescione

218 **Geruch** m **nach Gras**
- grassy odo[u]r, grassy smell, vegetable smell
- odeur f d'herbe
- odore m di erba

219 **Geruch** m **nach Heu**
- hay odo[u]r
- odeur f de foin
- odore m di fieno

220 **Geruch** m **nach reifen Gurken**
- cucumber odo[u]r
- odeur f de concombre mûr
- odore m di cetriuoli maturi

221 **Geruch** m **nach Schwefelwasserstoff, Schwefelwasserstoffgeruch** m
- hydrogen sulphide odo[u]r
- odeur f d'hydrogène sulfuré
- odore m di idrogeno solforato

222 **Geruch** m **nach Teer, Teergeruch** m
- tarry odo[u]r, tar-like odo[u]r, tarry smell
- odeur f de goudron
- odore m di catrame

223 **Geruch** m **nach Tran**
- fishy odo[u]r, fishy smell
- odeur f d'huile de poisson
- odore m di olio di pesce

224 **Geruch** m, **schimmeliger**
- moldy odo[u]r
- odeur f de moisi
- odore m muffato

225 **Geruch** m, **süßlicher**
- sweetish odo[u]r
- odeur f douceâtre
- odore m dolciastro

226 **Geruch** m, **unangenehmer**
- disagreeable odo[u]r, unpalatable smell, unpleasant smell, objectionable odo[u]r
- odeur f désagréable
- odore m spiacevole, odore m sgradevole

227 **geruchlich [geschmacklich] wahrnehmbar, organoleptisch**
- organoleptic
- organoleptique
- organolettico

228 **geruchlos**
- odo[u]rless, inodo[u]rous
- inodore, sans odeur f
- senza odore m, inodoro

229 **Geruchlosigkeit** f
- odorlessness
- absence f d'odeur, caractère m inodore
- mancanza f d'odore

230 **Geruchsbelästigung** f
- odo[u]r nuisance, odo[u]r trouble
- nuisance f par l'odeur
- inconveniente m per l'odore, molestia f per l'odore

231 **Geruchsbeseitigung** f, **Desodorisierung** f, **Entgeruchung** f
- odo[u]r removal, deodorization, odo[u]r control, deodorizing, elimination of odo[u]r
- enlèvement m de l'odeur, désodorisation f, élimination f de l'odeur
- deodorazione f, eliminazione f di odore

232 **Geruchsbeseitigungsmittel** n, **Desodorans** n, **Desodorisierungsmittel** n, **Entgeruchungsmittel** n
- deodorant, deodorizer
- désodorisant m, agent m désodorisant
- deodorante m

233 **Geruchsemission** f
- emission of odo(u)rs
- émission f d'odeurs
- emissione f di odori

234 **Geruchsmaskierung** f
- masking of odo(u)rs
- oblitération f d'odeurs
- mascheramento m di odori

235 **Geruchsschwelle** f
- threshold odor, threshold level for odour
- seuil m d'odeurs
- soglia f di odore

236 **Geruchsschwellenwert** m
- threshold odor concentration, threshold odor number
- nombre-seuil m de l'odeur
- soglia f di percettibilità dell'odore

237 **Geruchsverschluß** m, **Traps** m, **Wasserverschluß** m
□ water seal, seal, trap, drain trap
△ joint m hydraulique, bouchon m hydraulique, garde f hydraulique, coupe-vent m
○ chiuso m ad acqua, chiusura f ad acqua, chiusura f idraulica

238 **Gerüst** n
□ scaffold, scaffolding
△ échafaudage m
○ impalcatura f, palco m

239 **gesättigt**
□ saturated
△ saturé
○ saturo

240 **Gesamt-** *(in Verbindung mit Subst.)*
□ total
△ total
○ totale

241 **Gesamt-b-Aktivität** f *(radiol.)*
□ gross beta-activity
△ activité f b totale
○ attività f b totale

242 **Gesamt-BSB** m
□ ultimate BOD
△ DBO f ultime
○ BOD m finale

243 **Gesamtaktivität** f *(radiol.)*
□ gross activity
△ activité f totale
○ attività f totale

Gesamtazidität → *Phenolphthaleinazidität*

244 **Gesamtdruckhöhe** f
□ total pressure head
△ charge f totale
○ carico m totale

245 **Gesamtfallhöhe** f *(einer Leitung)*
□ total fall
△ hauteur f de chute totale
○ dislivello m totale

246 **Gesamtförderhöhe** f, **manometrische**
□ manometric total lift
△ hauteur f manométrique d'élévation totale
○ altezza f manometrica totale di sollevamento

247 **Gesamthärte** f
□ total hardness
△ dureté f totale
○ durezza f totale

248 **Gesamthöhe** f
□ overall height
△ hauteur f totale
○ altezza f totale

249 **Gesamtinhalt** m *(e. Speicherbeckens)*
□ total capacity, total storage, gross capacity
△ capacité f totale
○ capacità f totale, contenuto m totale

Gesamtkeimzahl → *Keimzahl*

250 **Gesamtkohlenstoff** m
□ total carbon
△ carbone m total
○ carbonio m totale

251 **Gesamtkosten** pl
□ overall cost
△ frais m pl totaux, dépenses f pl totales
○ spese f pl totali

Gesamtlänge → *Baulänge*

252 **Gesamtporenraum** m, **Gesamtporenvolumen** n
□ total pore space
△ volume m total des pores
○ contenuto m totale dei pori

Gesamtporenvolumen → *Gesamtporenraum*

253 **Gesamtrückstand** m
□ total residue on evaporation
△ résidu m total d'évaporation
○ residuo m secco totale

254 **Gesamtstickstoff** m
□ total nitrogen
△ azote m total
○ azoto m totale

Gesamtverdunstung → *Evapotranspiration*

255 **Gesamtverlust** m **an Druck**
□ total loss of head
△ perte f de charge totale
○ perdita f di carico totale

256 **Gesamtwasserbedarf** m
□ total water requirements, total water demand
△ besoins m pl totaux en eau, demande f totale en eau
○ fabbisogno m totale di acqua

Gesamtwassergehalt → *Wassergehalt*

257 **Geschiebe** n, **Gehängeschutt** m, **Geröll** n
□ shingle, drift, rubble, debris, scree, slide *(am)*, pebbles pl, roundstone
△ agrégats m pl roulés, cailloux m pl roulés, éboulis m, galets m pl
○ detrito m di fiume

Geschiebeabtrag → *Geschiebefracht*

258 **Geschiebedichte** f
□ density of bed load
△ densité f du débit solide
○ densità f dell trasporto di fondo

259 **Geschiebefracht** f, **Feststofführung** f, **Geschiebeabtrag** m, **Sohlfracht** f
□ sediment discharge, sediment transport, bed load, traction load, bed-load transport, sediment transportation
△ charriage m, charge f du lit, debit m solide, fret m solide
○ portata f solida

260 **Geschiebefracht** f, **natürliche**
□ natural bed load
△ charriage m stabilisé
○ portata f solida naturale

261 **Geschiebefrachtung** f, **hüpfende**
□ saltation load
△ charge f en saltation
○ deflusso m solido per saltazione

262 **Geschiebelehm** m *(geol.)*
□ boulder clay
△ argile f de moraine, argile f à blocaux
○ argilla f glaciale

263 **Geschiebemergel** m
□ till, glacial till
△ dépôt m glacial de marne, marne f à blocaux
○ deposito m morenico di marna

264 **Geschirrspülmaschine** f
□ dish washer
△ lave-vaisselle m
○ lavastoviglie f, macchina f lavastoviglie

265 **Geschirrspülmittel** n
□ dish-washer compound
△ produit m pour le lavage de la vaisselle
○ prodotto m per il lavaggio delle stoviglie

266 **geschlechtsreif**
□ adult
△ pubère
○ pubere

267 **Geschmack** m
□ taste, palate
△ goût m, saveur f
○ gusto m, sapore m

Geschmack, Eisen~ → *Eisengeschmack*

268 **Geschmack** m, **muffiger**
□ musty taste
△ goût m de moisi
○ gusto m ammuffito, sapore m ammuffito

269 **geschmacklos**
□ tasteless
△ sans saveur f, insipide
○ senza sapore m, senza gusto m, insapore

270 **geschmacksbeeinträchtigend**
□ taste impairing
△ préjudiciable à la saveur
○ pregiudichevole a sapore

271 **Geschmacksbeseitigung** f
□ elimination [or removal] of taste, taste removal
△ élimination f de la saveur, élimination f du goût
○ eliminazione f di sapore, eliminazione f del gusto

272 **Geschmacksschwelle** f
□ taste threshold, threshold level for taste
△ seuil m gustatif, seuil m de goût, seuil m de gustation
○ soglia f di gusto

273 **Geschmacksschwellenwert** m
□ taste threshold number
△ nombre m seuil du goût, NSG
○ soglia f di percettibilità del sapore

274 **Geschmackstoff** m
□ taste producing substance
△ substance f saporigène, matière f saporigène
○ sostanza f che da un sapore

275 **Geschwindigkeit** f
□ velocity, speed, rate
△ vitesse f, vélocité f, célérité f
○ velocità f

Geschwindigkeit, Absetz~ → *Absetzgeschwindigkeit*

Geschwindigkeit, Abstands~ → *Grundwassergeschwindigkeit*

Geschwindigkeit, Aufstieg~ → *Aufstieggeschwindigkeit*

Geschwindigkeit, Durchfluß~ → *Durchflußgeschwindigkeit*

276 **Geschwindigkeit** f, **geringste**
□ minimum velocity, minimum speed
△ vitesse f minimum, vitesse f minimale
○ velocità f minima, minima velocità f

Geschwindigkeit, Grenz~ → *Grenzgeschwindigkeit*

277 **Geschwindigkeit** f, **größte**
□ maximum velocity, maximum speed
△ vitesse f maximale
○ velocità f massimale, massima velocità f

Geschwindigkeit, Grundwasser~ → *Grundwassergeschwindigkeit*

278 **Geschwindigkeit** f, **mittlere**
□ mean velocity, average velocity, middle velocity
△ vitesse f moyenne
○ velocità f media

Geschwindigkeit, Oberflächen~ → *Oberflächengeschwindigkeit*

Geschwindigkeit, Querschnitts~ → *Querschnittsgeschwindigkeit*

Geschwindigkeit, Schall~ → *Schallgeschwindigkeit*

Geschwindigkeit, Sicker~ → *Sickergeschwindigkeit*

Geschwindigkeit, Umlauf~ → *Umlaufgeschwindigkeit*

Geschwindigkeit, Wind~ → *Windgeschwindigkeit*

279 **Geschwindigkeitsbeiwert** m
□ coefficient of velocity
△ coefficient m de vitesse
○ coefficiente m di velocità

280 **Geschwindigkeitsfläche** f
□ area of flow rate diagram
△ surface f du diagramme de vitesse d'écoulement
○ area f del diagramma delle portate

Geschwindigkeitsflügel → *Wassermeßflügel*

281 **Geschwindigkeitsgradient** m
□ velocity gradient
△ gradient m de vitesse
○ gradiente m di velocità

282 **Geschwindigkeitshöhe** f
□ velocity head
△ charge f de la vitesse
○ carico m di velocità, altezza f cinetica

283 **Geschwindigkeits[wasser]messer** m
□ velocity water meter, inferential [water] meter
△ mètre m de vitesse d'eau
○ misuratore m di velocità d'acqua

284 **Geschwindigkeitsregler** m, **Drehzahlregler** m
□ speed regulator
△ régulateur m de vitesse
○ regolatore m di velocità

285 **Geschwindigkeitsstab** m
□ velocity-head rod, velocity hand-stick
△ perche f de tarage
○ asta f per la misurazione della velocità

Geschwindigkeits(wasser)messer
→ *Flügelrad[wasser]messer*

Gesetz, Wasser~ → *Wassergesetz*

Gesetz, Wasserhaushalts~
→ *Wasserhaushaltsgesetz*

286 **Gesetzentwurf** m
□ draft of a bill
△ projet m de loi
○ disegno m di legge

287 **Gesetzesübertretung** f, **Gesetzesverletzung** f
□ infringement of the law
△ violation f de la loi, infraction f à la loi
○ violazione f della legge

Gesetzesverletzung
→ *Gesetzesübertretung*

288 **Gesetzesvorschrift** f, **Rechtsvorschrift** f
□ provision, prescription, legal regulation
△ stipulation f de la loi, prescription f légale
○ prescrizioni f pl di legge

289 **Gesetzgebung** f
□ legislation
△ législation f
○ legislazione f

290 **Gesichtsseife** f
□ facial soap
△ savon m de toilette
○ sapone m da bagno

gespalten → *zerklüftet*

Gestänge → *Bohrgestänge*

Gestänge, Bohr~ → *Bohrgestänge*

291 **Gestängeschlagbohrung** f
□ pooltool method of well drilling
△ forage m à tiges pleines
○ perforazione f a percussione con aste piene

292 **Gestängeverbinder** m
□ tool joint
△ joint m de tige
○ giunto m per aste di perforazione

Gestaltlehre → *Morphologie*

293 **Gestank** m
□ stench
△ mauvaise odeur f, puanteur f
○ cattivo odore m, puzzo m, fetore m

Gestein → *Gebirge*

Gestein, Sediment~ → *Sedimentgestein*

Gestein, Trümmer~ → *Trümmergestein*

294 **Gesteinsfolge** f
□ sequence of rock types
△ succession f des types de roches
○ successione f di tipi di rocce, successione f di litotipi

Gesteinskunde → *Mineralogie*

295 **Gesteinsschicht** f, **Bank** f
□ mineral stratum
△ assise f, banc m de rocher
○ strato m di pietre

Gesteinsspalte → *Felsspalte*

296 **Gesteinstaub** m
□ rock flour
△ farine f de roche, poudre f de pierre
○ farine f di roccia, polvere f di marmo

Gesteinsverwitterung → *Verwitterung von Gesteinen*

297 **Gesundheit** f
□ health
△ santé f
○ sanità f, salubrità f, salute f

Gesundheitsamt → *Medizinalbehörde*

298 **Gesundheitsbehörde** f
□ health authority, sanitary board
△ conseil m d'hygiène, commission f sanitaire, bureau m d'hygiène, service m sanitaire
○ servizio m sanitario

Gesundheitsbehörde → *Medizinalbehörde*

299 **Gesundheitsdienst** m
□ Public Health Service
△ Commission f sanitaire, Autorité f sanitaire
○ Autorità f sanitaria

300 **gesundheitsgefährend, gesundheitsschädlich**
□ hazardous to health, detrimental to health, injurious to health, noxious
△ nuisible à la santé
○ nocivo alla salute, dannoso alla salute

301 **Gesundheitsgefahr** f
□ health hazard
△ danger m pour la santé, risque m sanitaire
○ pericolo m per la salute, rischio m sanitario

G 322

302 **Gesundheitsingenieur** *m*
□ public-health engineer, sanitary engineer
△ ingénieur *m* hygiéniste, ingénieur *m* sanitaire
○ ingegnere *m* igienista, ingegnere *m* sanitario

303 **Gesundheitskriterium** *n*
□ health criterium
△ critère *m* de santé, critère *m* sanitaire
○ critero *m* sanitario

304 **Gesundheitsnormen** *f pl*
□ health standards
△ normes *f pl* sanitaires
○ norme *f pl* sanitarie

305 **Gesundheitspflege** *f*
□ preventive medicine
△ soins *m pl* d'hygiène
○ misure *f pl* igieniche

306 **Gesundheitspflege** *f*, **öffentliche**
□ public health
△ hygiène *f* publique, protection *f* de la santé publique
○ igiene *f* pubblica

gesundheitsschädlich
→ *gesundheitsgefährend*

gesundheitsschädlich → *ungesund*

307 **Gesundheitsschädling** *m*
□ human pest
△ parasite *m* humain
○ parassita *m* umano

308 **Gesundheitstechnik** *f*, **Sanitärtechnik** *f*
□ sanitary engineering, public health engineering
△ technique *f* sanitaire, génie *m* sanitaire, génie *m* de l'hygiène publique
○ tecnica *f* sanitaria, genio *m* sanitario

309 **Gesundheitsüberwachung** *f*
□ health surveillance
△ surveillance *f* de la santé publique
○ sorveglianza *f* sanitaria

310 **Gesundheitswesen** *n*, **Hygiene** *f*
□ hygiene, sanitation, hygienics
△ hygiène *f*
○ igiene *f*

311 **Getränk** *n*, **alkoholfreies**
□ soft drink
△ boisson *f* non-alcoolique
○ bevanda *f* analcolica

312 **Getreide** *n*
□ corn, grain
△ blé *m*, grains *m pl*, céréales *f pl*
○ grano *m*, cereali *m pl*

Getriebe, Kegelrad~ → *Kegelradgetriebe*

Getriebe, Räder~ → *Rädergetriebe*

Getrocknet, heiß~ → *heißgetrocknet*

313 **Gewächshaus** *n*
□ green house
△ serre *f*
○ serra *f*, stufa *f* da fiori, calorifero *m*

314 **Gewässer** *n*
□ body of water, waters *pl*, stretch of water
△ eaux *f pl*
○ acque *f pl*, corpo *m* d'acqua

Gewässer, Binnen~ → *Binnengewässer*

315 **Gewässer** *n*, **der Erholung dienendes**
□ recreational water
△ cours *m* d'eau utilisé pour l'agrément
○ acque *f pl* destinate agli svaghi

Gewässer, Gezeiten~ → *Tidegewässer*

Gewässer, Grenz~ → *Grenzgewässer*

Gewässer, Küsten~ → *Küstengewässer*

Gewässer, Oberflächen~ → *Oberflächengewässer*

Gewässer, oberirdisches → *Oberflächengewässer*

Gewässer, Territorial~ → *Territorialgewässer*

316 **Gewässer** *n*, **träge fließendes**
□ sluggish stream
△ rivière *f* lente
○ fiume *m* lento

317 **Gewässeratlas** *m*, **Gewässergütekartierung** *f*, **Gewässerkartierung** *f*
□ atlas of surface waters, quality-mapping of surface waters
△ atlas *m* des eaux de surface, inventaire *m* de qualité des eaux de surface
○ atlante *m* delle acque superficiali, cartografia *f* della qualità delle acque superficiali

318 **Gewässerbelastung** *f*, **Wasserbelastung** *f*
□ water pollution load
△ charge *f* polluante des eaux
○ carico *m* inquinante delle acque

Gewässerbelüftung → *Strombelüftung*

Gewässergütekartierung
→ *Gewässeratlas*

319 **Gewässergüteklasse** *f*
□ quality-class of surface water
△ catégorie *f* de qualité d'une eau de surface
○ classe *f* di qualità di acque superficiali

Gewässergütewirtschaft
→ *Wassergütewirtschaft*

Gewässerkartierung → *Gewässeratlas*

320 **Gewässerkunde** *f*, **Hydrographie** *f*, **Hydrologie** *f*
□ hydrography, hydrology
△ hydrographie *f*, hydrologie *f*
○ idrografia *f*, idrologia *f*

321 **Gewässerkundler** *m*, **Hydrograph** *m*
□ hydrographer
△ ingénieur *m* hydrographe
○ idrografo *m*

322 **gewässerkundlich, hydrographisch, hydrologisch**
□ hydrographical, hydrological
△ hydrographique, hydrologique
○ idrografico, idrologico

323 **Gewässernetz** n, **Flußnetz** n, **System** n, **hydrographisches**
□ drainage network, drainage system, hydrographic network, river system
△ réseau m de drainage, réseau m fluvial, réseau m des rivières
○ rete f di drenaggio

Gewässerprofil → *Profil eines Fließgewässers*

324 **Gewässersanierung** f
□ quality-restoration of waters
△ assainissement m des cours d'eau, réhabilitation f des cours d'eau
○ risanamento m dei corpi idrici

325 **Gewässerschutz** m
□ pollution control, pollution abatement, protection of waters
△ protection f des eaux naturelles, protection f contre la pollution des eaux
○ protezione f delle acque naturali, protezione f delle acque dall'inquinamento

326 **Gewebe** n
□ fabric, tissue, texture
△ tissu m, étoffe f
○ tessuto m, tessitura f, tela f

Gewebe, Filter~ → *Filtergewebe*

Gewebe, Metall~ → *Metallgewebe*

327 **Gewebeanalyse** f
□ tissue analysis
△ analyce f de tissus
○ analisi f dei tessuti

328 **Gewebefilter** n
□ woven filter
△ filtre m en tissu
○ filtro m in tessuto

329 **Gewerbearzt** m
□ occupational health (medical) officer
△ médecin m du travail
○ medico m del lavoro

330 **Gewerbeaufsichtsamt** n
□ trade inspectorate
△ inspection f de l'industrie, inspection f du commerce
○ ispettorato m del commercio e dell'industria

331 **Gewerbeaufsichtsbeamter** m
□ trade inspector, factory inspector
△ inspecteur m du travail, visiteur m d'usines
○ ispettore m del lavoro

332 **Gewerbehygiene** f, **Arbeitshygiene** f
□ occupational health, industrial hygiene
△ hygiène f industrielle
○ igiene f industriale

333 **Gewicht** n
□ weight
△ poids m
○ peso m

Gewicht, Eigen~ → *Eigengewicht*

334 **Gewicht** n, **spezifisches, Artgewicht** n, **Wichte** f
□ specific gravity, specific weight
△ poids m spécifique
○ peso m specifico

Gewicht, Trocken~ → *Trockengewicht*

335 **Gewichtsanalyse** f, **Analyse** f, **gravimetrische, Gravimetrie** f
□ gravimetric analysis
△ analyse f gravimétrique
○ analisi f gravimetrica

336 **gewichtsanalytisch, gravimetrisch**
□ gravimetric
△ gravimétrique
○ gravimetrico

Gewichtsmauer, Bogen~ → *Bogengewichtsmauer*

Gewichtsmauer, Gewölbe~ → *Bogengewichtsmauer*

337 **Gewichtsprozent** n
□ percentage by weight
△ pourcentage m en poids
○ percentuale m in peso, per cento m in peso

338 **Gewichtsstaumauer** f, **Massivstaumauer** f, **Schwergewichtsmauer** f
□ gravity dam, gravity type dam
△ barrage-poids m
○ diga f a gravità

339 **Gewichtsventil** n
□ weight valve
△ obturateur m à contrepoids
○ valvola f a peso

340 **Gewichtsverlust** m
□ loss of weight
△ perte f de poids
○ perdita f di peso

341 **Gewinde** n
□ screw thread, thread
△ filet m, filet m de vis, pas m de vis, filetage m
○ filettatura f

Gewinde, Außen~ → *Außengewinde*

Gewinde, Innen~ → *Innengewinde*

342 **Gewinde** n, **metrisches**
□ metric thread
△ pas m métrique
○ filetto m metrico

343 **Gewindeansatz** m
□ screwed branch
△ coude m taraudé
○ attacco m a filettatura

344 **Gewindebohrrohr** n
□ screwed casing
△ tuyau m foreur taraudé
○ tubo m di manovra filettato

345 **Gewindekupplung** f, **Schraubkupplung** f
□ threaded coupling
△ about m fileté
○ accoppiamento m a vite, accoppiamento m filettato

Gewindemuffe → Schraubmuffe

346 **Gewinderohr** n
□ screwed pipe
△ tube m taraudé, tube m fileté, tuyau m fileté
○ tubo m a filettatura

347 **Gewindespindel** f
□ screwed spindle
△ tige f filetée
○ albero m filettato

Gewindeverbindung
→ Schraubverbindung

Gewinnungsgelände
→ Wassergewinnungsgelände

348 **Gewitter** n
□ thunderstorm
△ orage m
○ temporale m

gewitterhaft → gewittrig

349 **Gewitterregen** m
□ heavy shower, thunder-shower, downpour of rain
△ pluie f d'orage
○ pioggia f temporalesca

350 **gewittrig, gewitterhaft**
□ thundry, stormy, sultry
△ orageux
○ tempestoso

351 **Gewölbe** n
□ vault, arch
△ voûte f, couverture f voûtée
○ volta f

Gewölbegewichtsmauer → Bogengewichtsmauer

Gewölbemauer, Einfach~
→ Bogenstaumauer

352 **Gewölbemauerwerk** n
□ vaulted stonework, vaulted brickwork
△ maçonnerie f en voûtes
○ muratura f a volta

353 **Gewölbereihendamm** m, **Gewölbereihenstaumauer** f, **Talsperre** f **mit Vielfachgewölben, Vielfachbogendamm** m
□ multiple arch dam
△ barrage m à voûtes multiples
○ diga f ad archi multipli

Gewölbereihenstaumauer
→ Gewölbereihendamm

354 **Gewölberücken** m
□ back of a vault, extrados
△ extrados m de voûte, crête f d'une voûte
○ estradosso m di volta, tergo m di volta

355 **Gewölbescheitel** m
□ top of a vault, crown of an arch
△ clé f de voûte, sommet m de voûte
○ chiave f della volta, vertice m di volta

Gewölbestaumauer → Bogenstaumauer

356 **Geysir** m, **Geiser** m, **Springquelle** f
□ geyser
△ geyser m, source f geysérienne
○ geyser m

Gezähe, Bohr~ → Bohrgerät

Gezeit → Gezeiten

357 **Gezeiten** f pl, **Ebbe** f **und Flut** f, **Gezeit** n, **Tide** f, **Tiden** f pl
□ tides pl, tide, ebb and tide, flow and ebb
△ marées f pl, marée f, flux m et reflux m
○ alta e bassa marea f, marea f

(Gezeiten-)Stillwasser → Stauwasser

Gezeitenfluß → Tidefluß

Gezeitengewässer → Tidegewässer

358 **Gezeitenhub** m, **Flutgröße** f, **Flutwechsel** m, **Hubhöhe** f, **Tidehub** m
□ tidal range, tidal fluctuation, tidal rise
△ fluctuation f dûe aux marées
○ ampiezza f della marea

359 **Gezeitenkraftwerk** n, **Tidekraftwerk** n
□ tidal power station
△ centrale f marémotrice, usine f marémotrice
○ centrale f mareomotrice

360 **Gezeitenpegel** m
□ tide gauge
△ échelle f de marée, jauge f des marées
○ mareometro m, mareografo m

Gezeitenströmung → Tideströmung

361 **Gezeitenstrom** m, **geradliniger**
□ rectilinear tidal current
△ courant m rectiligne de marée
○ corrente f rettilinea di marea

362 **Gezeitentor** n
□ tide gate
△ clapet m à marée
○ portone m a marea

363 **Gezeitenverzögerung** f
□ lagging of tides
△ retard m des marées, décalage m des marées
○ ritardo m delle maree

Gezeitenwelle → Flutwelle

364 **Gichtgas** n, **Hochofengas** n
□ blast furnace gas
△ gaz m de haut fourneau, gaz m du gueulard
○ gas m d'alto forno

365 **Gichtgaswäscher** m
□ blast furnace gas scrubber
△ laveur m des gaz de hauts-fourneaux
○ lavatore m di gas d'alto forno, scrubber m di gas d'alto forno

366 **Gichtgaswaschwasser** n
  □ blast furnace gas scrubbing water
  △ eau f de lavage de gaz de hauts fourneaux
  ○ acqua f di lavaggio del gas d'alto forno

367 **Gichtstaub** m
  □ flue dust
  △ poussières f pl de gaz de hauts fourneaux
  ○ polvere f del gas d'alto forno

368 **gießen**
  □ cast
  △ couler, fondre
  ○ fondere, colare

  Gießen → *Guß*

369 **Gießerei** f
  □ foundry
  △ fonderie f
  ○ fonderia f

370 **Gießform** f, **Gußform** f
  □ mould *(br)*, mold *(am)*, casting mo[u]ld, ingot mo[u]ld
  △ moule m
  ○ forma f, stampo m, forma f per le colate, forma f per i getti

371 **Gießring** m, **Gießschelle** f
  □ collar, casting ring
  △ anneau m à couler, collier m à couler
  ○ collare m a fondere, orecchia f a fondere

  Gießring, Blei- → *Bleigießring*

  Gießschelle → *Gießring*

372 **Gift** n, **Giftstoff** m
  □ poison, toxicant
  △ poison m, toxique m
  ○ veleno m, tossico m

  Gift, Fisch- → *Fischgift*

373 **Gift** n, **kumulatives**
  □ cumulative poison, slow poison
  △ toxique m cumulatif, toxique m à action lente
  ○ tossico m ad azione lenta, tossico m ad azione cumulativa

374 **giftig, toxisch**
  □ toxic, poisonous
  △ vénéneux, toxique
  ○ velenoso, venefico, avvelenato, tossico

375 **Giftigkeit** f, **Toxizität** f
  □ toxicity
  △ toxicité f
  ○ velenosità f, tossicità f

376 **Giftigkeit** f, **akute**, **Toxizität** f, **akute**
  □ acute toxicity
  △ toxicité f aigue, effet m toxique aigu
  ○ tossicità f acuta

377 **Giftigkeit** f, **indirekte**, **Toxizität** f, **indirekte**
  □ indirect toxicity
  △ toxicité f indirecte
  ○ tossicità f indiretta

378 **Giftigkeit** f, **subakute**, **Toxizität** f, **subakute**
  □ subacute toxicity
  △ toxicité f subaigue
  ○ tossicità f subacuta

  Giftstoff → *Gift*

379 **Giftwirkung** f
  □ toxic effect
  △ effet m toxique
  ○ effetto m tossico

380 **Gipfel** m, **Berggipfel** m, **Bergspitze** f
  □ summit, top, peak, mountain peak
  △ sommet m, cime f, pic m
  ○ sommità f, cima f, picco m

  Gips → *Calciumsulfat*

  Gips, wasserfreier → *Anhydrit*

381 **Gipslager** n
  □ gypseous layer, gypseous stratum
  △ couche f gypseuse
  ○ strato m gessoso

382 **Gitter** n
  □ lattice work, lattice, grid, grate
  △ treillis m
  ○ traliccio m

383 **Gitterträger** m
  □ lattice girder
  △ poutre f en treillis
  ○ trave m + f reticolare, trave m + f a traliccio

384 **Glänzen** n *(galvanotechn.)*
  □ brightening
  △ brillantage m
  ○ brillantatura f

385 **Glätte** f *(der Rohrwandung)*
  □ smoothness
  △ lisse m, lissure f, poli m
  ○ lisciamento m, pulitura f

386 **glätten**
  □ smooth, polish
  △ lisser, polir, planer
  ○ lisciare, pulire

387 **Glas** n
  □ glass
  △ verre m
  ○ vetro m

388 **Glasballon** m
  □ carboy
  △ tourie f, dame-jeanne f, bonbonne f
  ○ damigiana f, fiasco m di vetro

389 **Glasbehälter** m
  □ glass container, glass receiver, glass vessel, receptacle
  △ récipient m en verre, ampoule f de verre, flacon m de verre
  ○ recipiente m di vetro

390 **Glaselektrode** f
  □ glass electrode
  △ électrode f de verre
  ○ elettrodo m di vetro

391 **Glasfaser-Kunststoff** m
□ glass fibre reinforced plastic
△ plastique m renforcé fibre de verre
○ plastica f rinforzata di fibra di vetro

Glasfaser-Kunststoffrohr → *Kunststoffrohr, glasfaserverstärktes*

392 **Glashütte** f
□ glass factory, glass works pl
△ verrerie f
○ vetreria f

Glasieren → *Dichtbrennen*

393 **Glasrohr** n
□ glass pipe, glass tube
△ tube m de verre, tube m en verre, tuyau m en verre
○ tubo m di vetro

394 **Glasstab** m **für Abstriche**
□ bent glass rod spreader of inoculation
△ étaleur m en verre
○ bastoncino m di vetro per inocculazione

395 **Glasur** f, **Schmelzüberzug** m
□ glaze
△ glaçure f
○ vernice f, smalto m

396 **Glaswolle** f
□ glass wool, spun glass
△ laine f de verre
○ lana f di vetro

397 **glatt**
□ smooth, even
△ uni, lisse, glissant
○ liscio, forbito, pulito

398 **Glatteis** n
□ glazed frost, glaze
△ verglas m
○ gelicidio m

399 **Glaubersalz** n
□ Glauber's salt
△ sel m de Glauber
○ sale m Glauber

400 **glazial**
□ glacial
△ glaciaire
○ glaciale

Glazialerosion → *Gletschererosion*

Glazialtal → *Gletschertal*

Glazialtalsee → *Gletschertalsee*

Glazialzeit → *Eiszeit*

401 **gleichartig, homogen**
□ homogeneous
△ homogène
○ omogeneo

402 **Gleichartigkeit** f, **Homogenität** f
□ homogenity
△ homogénéité f
○ omogeneità f

403 **gleichförmig**
□ conformable
△ conforme
○ conforme

404 **Gleichförmigkeit** f
□ conformity, uniformity
△ conformité f, uniformité f
○ conformità f, uniformità f

Gleichförmigkeitsbeiwert
→ *Gleichförmigkeitskoeffizient*

405 **Gleichförmigkeitskoeffizient** m, **Gleichförmigkeitsbeiwert** m
□ coefficient of conformity, uniformity coefficient
△ coefficient m de conformité, coefficient m d'uniformité
○ coefficiente m di conformità, coefficiente m d'uniformità

406 **Gleichgewicht** n, **Gleichgewichtszustand** m
□ equilibrium, balance, steady state
△ équilibre m, balance f
○ equilibrio m

407 **Gleichgewichtsklappe** f
□ automatic flap gate, tilting gate
△ vanne f automatique basculante, vanne f à clapet basculant équilibré
○ valvola f automatica a cerniera

Gleichgewichtszustand → *Gleichgewicht*

408 **gleichrichten** *(elektr.)*
□ rectify
△ redresser
○ raddrizzare

409 **Gleichrichter** m *(elektr.)*
□ rectifier
△ redresseur m
○ raddrizzatore m

410 **Gleichstrom** m *(elektr.)*
□ direct current, D.C., d.c.
△ courant m continu, courant m direct
○ corrente f continua

411 **Gleichstrommotor** m
□ direct-current motor, d-c motor
△ moteur m à courant continu
○ motore m a corrente continua

412 **Gleichung** f
□ equation
△ équation f
○ equazione f

Gleichwert, Wasser~ → *Wasserwert des Schnees*

413 **gleichwertig**
□ equivalent
△ équivalent
○ equivalente

Gleis, Lade~ → *Ladegleis*

414 **gleiten, abgleiten**
□ slide, slide off, slip off
△ glisser
○ sdrucciolare, scivolare

415 **Gleiten** n, **Abgleiten** n
□ sliding, gliding off, slipping off, sloughing
△ glissement m
○ slittamento m

416 **Gleitfläche** f
□ slip plane, plane of sliding
△ plan m de glissement, plan m de cisaillement
○ piano m di scorrimento

Gleitmittel → *Schmiermittel*

417 **Gleitschalung** f
□ sliding formwork, sliding shuttering
△ coffrage m glissant, coffrage m coulissant
○ cassaforma f scorrevole, cassero m scorrevole

Gleitschiene → *Rutsche*

418 **Gleitschütze** f
□ slide gate
△ vanne f à glissière
○ paratoia f a strisciamento

419 **gleitsicher**
□ non-skid
△ stable au glissement
○ antisdrucciolo

Gleitufer → *Ufer, ausbiegendes*

420 **Gletscher** m
□ glacier
△ glacier m
○ ghiacciaio m

421 **Gletscherbach** m
□ glacial stream
△ torrent m glaciaire
○ torrente m glaciale

422 **Gletscherbruch** m
□ glacier burst
△ rupture f de glacier, rupture f de poche glaciaire
○ ruttura f di ghiacciaio

423 **Gletschereis** n
□ glacial ice
△ glace f d'un glacier
○ ghiaccio m dei ghiacciai

424 **Gletschererosion** f, **Glazialerosion** f
□ glacial erosion
△ érosion f glaciaire
○ erosione f glaciale

Gletschergeröll → *Moräne*

425 **Gletscherkunde** f
□ glaciology
△ glaciologie f
○ glaciologia f

Gletscherschnee → *Firn*

426 **Gletscherschutt** m
□ glacial drift
△ dépôt m glaciaire
○ detriti m pl del ghiacciaio

427 **Gletscherspalte** f
□ crevasse
△ déchirure f de glacier, crevasse f
○ crepaggio m, crepaccio m

428 **Gletschertal** n, **Glazialtal** n
□ glacial valley
△ vallée f glaciaire
○ valle f glaciale

429 **Gletschertalsee** m, **Glazialtalsee** m
□ glacial valley lake
△ lac m de vallée glaciaire
○ lago m di valle glaciale

430 **Gley** m, **Gleyboden** m
□ gley, gley soil
△ gley m, sol m à gley
○ gley m, terreno m a gley

Gleyboden → *Gley*

431 **Gliederfüßer** m pl, **Arthropoden** f pl
□ arthropoda pl
△ arthropodes m pl
○ artropodi m pl

432 **Glimmer** m
□ mica
△ mica m
○ mica f

433 **Glimmerschiefer** m
□ mica-schist
△ micaschiste m
○ micascisto m

434 **Glockenboden** m (e. Destillierkolonne)
□ bubble-tray
△ plateau m de colonne à barbotage
○ piatto m a campanelle di una colonna di distillazione

Glockenmuffe → *Rohrmuffe*

435 **Glockentierchen** n (Vorticella)
□ Vorticella
△ vorticelle f
○ vorticella f

436 **Glockenwaschturm** m
□ bubble scrubber, bubble tower
△ colonne f à barbotage
○ colonna f di lavaggio con piatti a campanelle

Glückshaken → *Fanghaken*

437 **Glühen** n, **Erhitzen** n zum **Glühen**
□ ignition
△ calcination f
○ calcinazione f

438 **Glührückstand** m
□ residue on ignition, ignition residue, fixed residue, fixed solids pl
△ résidu m calciné, résidu m de calcination, résidu m fixe après calcination
○ residuo m calcinato, residuo m fisso

Glühspan → *Zunder*

439 **Glühverlust** m
□ loss on ignition, volatile solids pl, dissolved volatile solids
△ perte f au rouge, perte f au feu, perte f par calcination
○ perdita f a fuoco

Glukose → *Traubenzucker*

Glycol → *Glykol*

Glycoläther → *Glykoläther*

440 Glykol n, **Glycol** n
- ☐ glycol
- △ glycol m
- ○ glicol m

441 Glykoläther m, **Glycoläther** m
- ☐ glycol ether
- △ éther m glycolique, glycoléther m
- ○ etere m glicolico

442 Gneis m
- ☐ gneiss
- △ gneiss m
- ○ gneiss m

443 Goldfisch m *(Carassius auratus)*
- ☐ common goldfish
- △ dorade f chinoise
- ○ pesce m d'oro, pesce m rosso

444 Golf m, **Meerbusen** m
- ☐ gulf
- △ golfe m
- ○ golfo m

Gosse → *Straßenrinne*

Goudron → *Teer*

Goudronüberzug → *Teerschutzüberzug*

445 Graben m
- ☐ ditch, trench
- △ tranchée f, fossé m
- ○ fossa f, fosso m, trincea f

446 Graben m *(mit senkrechten Seitenwänden)*
- ☐ trench
- △ tranchée f
- ○ trincea f

447 Graben m *(Wassergraben)*
- ☐ ditch
- △ fossé m
- ○ fossa f, fosso m

Graben, Ablaß~ → *Ableitungsgraben*

Graben, Ableitungs~ → *Ableitungsgraben*

Graben, Abzugs~ → *Entwässerungsgraben*

Graben, Bewässerungs~ → *Bewässerungsgraben*

Graben, Drän~ → *Drängraben*

Graben, Entwässerungs~ → *Entwässerungsgraben*

448 Graben m, **offener**
- ☐ open ditch
- △ tranchée f découverte, fossé m découvert
- ○ fossa f scoperta

Graben, Riesel~ → *Bewässerungsgraben*

Graben, Sicker~ → *Sickergraben*

Graben, Stich~ → *Stichgraben*

Graben, Straßen~ → *Straßengraben*

Graben, Umleitungs~ → *Umleitungsgraben*

Graben, Vorflut~ → *Vorflutgraben*

Graben, Weide~ → *Weidegraben*

449 Grabenaushub m
- ☐ excavating the trench, trench digging, ditching, trenching
- △ creusement m d'une tranchée
- ○ scavo m di trincea

450 Grabenbagger m
- ☐ trencher, ditcher, ditch digger, trench excavator, digger
- △ excavateur m de tranchées
- ○ escavatore m per trincea

451 Grabenböschung f
- ☐ ditch bank
- △ talus m d'une tranchée, paroi f d'un fossé
- ○ parete f della trincea

452 Grabenerosion f
- ☐ gully erosion
- △ érosion f en ravins
- ○ burronamento m

453 Grabenmethode f *(der Schlammbeseitigung)*
- ☐ burying method
- △ méthode f d'enfouissement des boues
- ○ metodo m di seppellimento

454 Grabensohle f
- ☐ trench bottom
- △ fond m de la tranchée
- ○ fondo m della trincea

455 Grad m
- ☐ degree
- △ degré m
- ○ grado m

456 Gradient m
- ☐ gradient
- △ gradient m
- ○ gradiente m

457 Gradierwerk n
- ☐ graduation works
- △ bâtiment m de graduation
- ○ stabilimento m graduatorio

Graduierung → *Einteilung*

458 Gräser n pl
- ☐ gramineae pl
- △ graminacées f pl
- ○ graminacee f pl

459 Grafschaftsrat m
- ☐ County Council
- △ Conseil m de Comté, Ancien Conseil m d'Arrondissement
- ○ Consiglio m di Contea

460 Gram-Färbung f, **Färbung** f **nach Gram**
- ☐ Gram-stain, Gram-staining
- △ coloration f Gram
- ○ colorazione f Gram

461 gramnegativ *(bact.)*
- ☐ gram-negative
- △ gram-négatif
- ○ gram-negativo

462 **grampositiv** (bact.)
□ gram-positive
△ gram-positif
○ gram-positivo

463 **Granit** m
□ granite
△ granit m
○ granito m

464 **Granulat** n
□ granulate
△ granules m pl
○ granulato m

granuliert → körnig

granulös → körnig

465 **Graphit** m
□ graphite
△ graphite m, plombagine f
○ grafite f, piombaggine f

466 **Graphitbildung** f (corr.), **Aufweichung** f, **graphitische**, **Graphitierung** f (corr.)
□ graphitization, graphitic action, graphitic corrosion
△ graphitisation f
○ grafitizzazione f

Graphitierung → Graphitbildung

467 **Gras** n
□ grass
△ herbe f
○ erba f

468 **Graskarpfen** m (Ctenopharyngodon idella)
□ green carp
△ carpe f verte
○ carpa f verde

Grasland → Grünland

469 **Grasnarbe** f
□ turf, grass cover
△ gazon m
○ strato m erboso, pista f erbosa

470 **Grauguß** m
□ grey cast-iron
△ fonte f grise
○ ghisa f grigia

471 **Graupeln** f pl
□ soft hail, sleet
△ grésil m
○ nevischio m

472 **Graupelregen** m
□ sleet
△ giboulée f
○ pioggia f mista a grandine

473 **Grauwacke** f
□ greywacke, grauwacke
△ grauwacke f
○ grovacca f

Gravimetrie → Gewichtsanalyse

gravimetrisch → gewichtsanalytisch

Gravitation → Schwerkraft

474 **Greifbagger** m
□ clam-shell dredge, grab excavator, clamshell
△ excavateur m à benne preneuse, drague f preneuse, drague f à grappin, pelle f avec benne preneuse
○ escavatore m a benna, draga f a due pezzi, draga f a mascella, cucchiaio m draga, benna f draga

Greifer, Seil~ → Seilgreifer

475 **Grenzabflußspende** f
□ critical flow rate, critical run-off
△ débit m critique
○ portata f critica

476 **Grenzbelastung** f
□ maximum load
△ charge f maximale
○ carico m massimo

477 **Grenzfall** m
□ critical case
△ cas m extrême, cas m limite, cas m critique
○ caso m critico

478 **Grenzfläche** f (zwischen zwei nicht mischbaren Flüssigkeiten)
□ interface
△ interface m
○ interfaccia f dinerica

grenzflächenaktiv → oberflächenaktiv

479 **Grenzflächenspannung** f
□ interfacial tension
△ tension f interfaciale
○ tensione f interfaziale

Grenzflächenspannung → Kapillarkonstante

480 **Grenzgeschwindigkeit** f
□ critical velocity
△ vitesse f limite
○ velocità f limite

481 **Grenzgewässer** n
□ boundary water
△ eau f frontière
○ acqua f di frontiera

482 **Grenzkonzentration** f
□ threshold concentration, critical concentration
△ concentration f de seuil, concentration f limite
○ concentrazione f limite

483 **Grenzkonzentration** f, **zulässige**
□ maximum permissible concentration, permitted level of no effect, allowable level of concentration
△ concentration f de seuil admissible, concentration f limite admissible
○ concentrazione f limite ammissibile

484 **Grenzsaugfähigkeit** f
□ suction limit
△ limite f de succion
○ limite m di succhione

485 **Grenzschicht** f
- boundary layer
- △ couche f limite
- ○ strato m limite

Grenzschicht, laminare
→ Laminarschicht

486 **Grenzschicht** f, **turbulente**
- turbulent boundary layer
- △ couche f limite turbulente
- ○ strato m limite turbolento

487 **Grenzschicht** f, **undurchlässige**
- impervious boundary layer
- △ couche f limite imperméable
- ○ strato m limite impermeabile

488 **Grenzschichtdicke** f *(hydrol.)*
- thickness of boundary layer
- △ épaisseur f de la couche limite
- ○ spessore m dello strato limite

489 **Grenzspannung** f
- stress limit, critical stress
- △ tension f limite, tension f critique
- ○ tensione f limite, tensione f critica

490 **Grenzstein** m, **Markzeichen** n
- boundary-stone, border-stone, land-mark
- △ borne f
- ○ pietra f terminale, miliare f, paracarro m, pietra f di confine

Grenztiefe → Wassertiefe, kritische

491 **Grenzwert** m, **Grenzzahl** f
- limit value, limiting value, limit
- △ limite f, valeur f limite
- ○ valore m limite, massimo limite m

492 **Grenzwert** m, **mittlerer oberer**
- mean upper limit
- △ valeur f limite supérieure médiane
- ○ valore m limite superiore mediano

493 **Grenzwert** m, **mittlerer unterer**
- mean lower limit
- △ valeur f limite inférieure médiane
- ○ valore m limite inferiore mediano

494 **Grenzwert** m, **oberer**
- upper limit
- △ valeur f limite supérieure
- ○ valore m limite superiore

495 **Grenzwert** m, **oberster**
- highest value on record
- △ valeur f limite supérieure extrême
- ○ massimo valore m registrato

496 **Grenzwert** m, **unterer**
- lower limit, minimum
- △ valeur f limite inférieure
- ○ valore m limite inferiore

497 **Grenzwert** m, **unterster**
- lowest value on record
- △ valeur f limite inférieure extrême
- ○ minimo valore m registrato

498 **Grenzwert** m, **zulässiger**
- permissible limit
- △ valeur f limite permissible
- ○ valore f limite ammissibile

Grenzzahl → Grenzwert

499 **Grenzzone** f, **Kontaktzone** f
- contacting zone, boundary zone, limiting zone
- △ zone f limite, zone f de contact
- ○ zona f limite, zona f di contatto

Gresse → Gründling

Greßling → Gründling

Griffschiene → Handlauf

500 **Griffstange** f
- grab bar
- △ poignée f
- ○ manico m

501 **grob**
- coarse
- △ gros
- ○ grosso, grossolano, grozzo

502 **Grobabsiebung** f
- coarse screening
- △ tamisage m grossier
- ○ grigliatura f grossolana

503 **grobblasig**
- coarse-bubble ..., large-bubble ...
- △ par grosses bulles f pl
- ○ a bolle f pl grosse

504 **Grobfilter** n
- coarse filter, roughing filter, coarse grained filter
- △ préfiltre m, filtre m à grains grossiers, filtre m dégrossisseur
- ○ filtro m grosso, filtro m sgrossatore

Grobkies → Kies, grober

505 **Grobkiesfilter** n
- pebble bed clarifier
- △ filtre m à gros gravier
- ○ filtro m a ghiaia grossa

506 **Grobklärbecken** n, **Grobstoffänger** m
- roughing tank
- △ dégrossisseur m
- ○ vasca f di sgrossamento

507 **grobporig, großporig**
- macroreticular, macro-porous
- △ macroréticulé
- ○ a pori grossi

508 **Grobrechen** m
- coarse screen, coarse bar screen, coarse rack, trash rack
- △ grille f grossière
- ○ griglia f grossa, griglia f grossolana

Grobsand → Sand, grober

509 **Grobsieben** n, **Grobsiebung** f
- coarse screening
- △ tamisage m grossier, criblage m grossier
- ○ grigliatura f grossolana, stacciatura f grossolana, vagliatura f grossolana

Grobsiebung → Grobsieben

510 **Grobsplitt** m, **Splitt** m
□ crushed gravel, split gravel, stone chips
△ gravillon m concassé gros
○ ghiaia f frantumata grossa

Grobstoffänger → Grobklärbecken

511 **Grobstoffe** m pl
□ coarse matter
△ matières f pl grossières, solides m pl grossiers
○ solidi m pl grossolani

512 **Größenordnung** f
□ order of magnitude
△ ordre m de grandeur
○ ordine m di grandezza

513 **Groppe** f, **Dickkopf** m (Cottus gobio), **Kaulkopf** m, **Koppe** f, **Müllerkoppe** f
□ miller's thumb
△ chabot m
○ magnarone m, scazzone m

514 **Groß-** (in Verbindung mit Substantiva)
□ large-scale ...
△ ... à grande èchelle, ... en grand
○ su larga scala

515 **Großabnehmer** m
□ bulk client
△ gros client m, client m important
○ acquirente m all'ingrosso, compratore m all'ingrosso

Große Talsperren, Internationale Kommission für ~ → Internationale Kommission für Große Talsperren

516 **Großer Erft-Verband** m
□ Greater Erft-River Association
△ Association f de la rivière Grosse Erft
○ Associazione f del fiume Große Erft

Großklima → Makroklima

517 **Großkraftwerk** n
□ high-capacity power plant
△ centrale f électrique de grande capacité, grosse centrale f électrique
○ centrale f elettrica di grande potenza

großporig → grobporig

518 **großräumig**
□ areawide
△ sur une vaste échelle f
○ in grande scala f

519 **Großraumwasserversorgung** f
□ district water supply, regional water supply
△ alimentation f en eau régionale, alimentation f en eau districale
○ approvvigionamento m idrico regionale

520 **Großrohr** n
□ large diameter pipe
△ tuyau m de gros diamètre
○ tubo m di grande diametro

521 **Großverbraucher** m
□ wholesale-consumer, large-scale user
△ consommateur m en gros
○ grande utente m

522 **Großversuch** m
□ full-scale test
△ essai m sur une grande échelle
○ prova f a scala naturale

523 **Großvieh** n
□ large cattle
△ gros bétail m
○ bestia f grande, bestiame m grosso

524 **Großvieheinheit** f
□ large-cattle unit
△ unité f de gros bétail
○ unità f di bestiame di grossa taglia

Grube → Bergwerk

Grube → Senkgrube

Grube, Abort~ → Abortgrube

Grube, Absetz~ → Absetzgrube

Grube, Abwasser~ → Senkgrube

Grube, Bau~ → Baugrube

Grube, Braunkohlen~ → Braunkohlengrube

Grube, Dung~ → Jauchegrube

Grube, Erz~ → Erzgrube

Grube, Faul~ → Faulgrube

Grube, Jauche~ → Jauchegrube

Grube, Kies~ → Kiesgrube

Grube, Kohlen~ → Kohlengrube

525 **Grubenabort** m
□ pit privy
△ feuillées f pl
○ latrina f

526 **Grubengas** n, **Sumpfgas** n
□ pit gas, firedamp, marsh-gas
△ grisou m, gaz m des marais
○ grisù m, gas m delle paludi

Grubeninhalt, Abort~ → Kotstoffe

527 **Grubenschacht** m
□ mine shaft
△ puits m de mine
○ pozzo m di miniera, pozzo m minerario

528 **Grubensystem** n
□ cesspool system
△ installation f de fosses septiques
○ sistema m di fosse settiche

529 **Grubenteich** m
□ strip-mine lake
△ lac m de mine
○ lago m di miniera

530 **Grubenüberlauf** m
□ cesspool overflow
△ trop-plein m d'une fosse
○ troppo pieno m d'un pozzo nero

531 **Grubenwasser** n, **Schachtwasser** n
□ mine water, mine drainage water, mine drainage
△ eau f de mine
○ acqua f di miniera

Grubenwasser, Kohlen~ → *Kohlengrubenwasser*

532 Grubenwasser *n*, **saures**
- □ acid mine drainage
- △ eau *f* de mine acide
- ○ acqua *f* acida di miniera

533 Grünalge *f*, **Chlorophycea** *f*
- □ green alga
- △ algue *f* verte, chlorophycée *f*
- ○ alga *f* verde

534 Gründling *m*, **Gresse** *f* *(Gobio fluviatilis, Gobio gobio)*, **Greßling** *m*, **Grundel** *m*
- □ gudgeon
- △ goujon *m*
- ○ gobione *f*

535 Gründung *f*, **Fundierung** *f*
- □ foundation
- △ fondation *f*
- ○ fondazione *f*

536 Gründung *f* **auf gewachsenem Fels**
- □ foundation down to solid rock, foundation down to rock in place
- △ fondation *f* sur roche en place
- ○ fondazione *f* sulla roccia solida

Gründung, Brunnen~ → *Schachtgründung*

Gründung, Druckluft~ → *Druckluftgründung*

Gründung, Flach~ → *Flachgründung*

Gründung, Schacht~ → *Schachtgründung*

537 Gründung *f*, **schwimmende**
- □ floating foundation
- △ fondation *f* flottante
- ○ fondazione *f* galleggiante

Gründung, Senkkasten~ → *Senkkastengründung*

Gründung, Tief~ → *Tiefgründung*

538 Gründungsfelsen *m*
- □ foundation rock
- △ roche *f* de fondation
- ○ roccia *f* di fondazione

539 Gründungssohle *f*
- □ ground of the foundation, floor of the foundation, foundation level
- △ radier *m* de fondation, sol *m* de fondation
- ○ pianta *f* di fondazione, terreno *m* di fondazione, piano *m* di fondazione

540 Grünfläche *f*
- □ grass plot
- △ espace *m* vert
- ○ superficie *f* a verde

541 Grüngürtel *m* *(Städtebau)*
- □ green belt
- △ bande *f* de verdure, zone *f* de verdure
- ○ cintura *f* di verde, zona *f* di verde

542 Grünland *n*, **Grasland** *n*
- □ grassland, pasture, pasture land, meadow land
- △ pâturage *m*, pacage *m*, herbages *m pl*, prés *m pl*, prairies *f pl*
- ○ erbai *m pl*, prati *m pl*, pascoli *m pl*

543 Grünlandbewässerung *f*
- □ grassland irrigation, pasture irrigation
- △ irrigation *f* des prairies, irrigation *f* des pâturages
- ○ irrigazione *f* dei prati, irrigazione *f* dei pascoli

Grünlandmoor → *Niedermoor*

544 Grünsand *m*
- □ greensand
- △ sable *m* glauconieux, grès *m* vert, sable *m* vert
- ○ sabbia *f* verde

545 Grundablaß *m*, **Ablaß** *m*
- □ bottom outlet, bottom sluice, drain
- △ vidange *f* de fond, tuyau *m* de vidange
- ○ scarico *m* di fondo

546 Grundanstrich *m*, **Grundierung** *f*
- □ priming-coat, under-coat
- △ sous-couche *f*, couche *f* de support, première couche *f*
- ○ impregnante *m*, imprimitura *f*

547 Grundbau *m*
- □ foundation practice
- △ technique *f* des fondations
- ○ tecnica *f* delle fondazioni

548 Grundbewohner *m*
- □ benthic biota, benthic organism
- △ organisme *m* benthique, organisme *m* des profondeurs
- ○ organismo *m* bentico

549 Grundbruch *m*, **Grundbruch** *m*, **hydraulischer**
- □ piping, blow
- △ renard *m*
- ○ renard *m*, caverna *f* di erosione

Grundbruch → *Scherbruch*

Grundbruch, hydraulischer → *Grundbruch*

550 Grundbuch *n*
- □ land register
- △ livre *m* foncier
- ○ catasto *m*

551 Grunddienstbarkeit *f*
- □ ground servitude
- △ servitude *f* foncière
- ○ servitù *f* sui terreni, servitù *f* sui fondi

552 Grundeigentum *n*
- □ land ownership, land tenure
- △ propriété *f* immobilière
- ○ proprietà *f* immobile

553 Grundeis *n*
- □ anchor ice, bottom ice, ground ice
- △ glace *f* de fond
- ○ ghiaccio *m* di fondo

Grundel → *Gründling*

554 Grunderwerb *m*, **Geländeerwerb** *m*
□ acquisition of land, ground acquisition, acquisition of territory, land acquirement
△ acquisition *f* de terrain
○ acquisto *m* d'un fondo, acquisto *m* di territorio

Grundfeuchtigkeit → *Bodenfeuchtigkeit*

555 Grundfläche *f*
□ base, plan area
△ base *f*
○ base *f*

556 Grundgebühr *f*
□ basic rate, basic service charge
△ droit *m* fixe, droit *m* général
○ tassa *f* fondamentale

Grundgebühr, Wasser~ → *Wassergrundgebühr*

Grundgestein → *Anstehendes*

Grundierung → *Grundanstrich*

557 Grundlagenforschung *f*
□ basic research
△ recherche *f* fondamentale
○ ricerca *f* fondamentale

558 Grundlast *f*
□ base load
△ charge *f* normale
○ carico *m* di base, carico *m* normale

Grundleitung → *Hausentwässerungsleitung*

559 Grundlinie *f*, **Basislinie** *f*
□ base line
△ ligne *f* de base
○ linea *f* fondamentale, linea *f* di base

560 Grundmauer *f*
□ basement wall
△ soubassement *m*
○ imbasamento *m*

561 Grundmoräne *f*
□ tillite
△ tillite *f*
○ tillite *f*

562 Grundpfeiler *m*
□ foundation pillar
△ pieu *m* de fondation, pile *f* de fondation
○ palo *m* di fondazione

563 Grundplatte *f*
□ base plate, bridge seat
△ assise *f* de la semelle de la superstructure
○ piastra *f* di fondazione

564 Grundpopulation *f*
□ benthic biota, benthic population
△ population *f* benthique
○ popolazione *f* bentonica

565 Grundpreis *m*
□ basic price
△ prix *m* de base
○ prezzo *m* di base

566 Grundquelle *f*, **Quelle** *f*, **subaquatische**, **Unterwasserquelle** *f*
□ subaqueous spring
△ exutoire *m* subaquatique
○ sorgente *f* subacqua

567 Grundriß *m*
□ plan, sectional plan, ground plan
△ projection *f* horizontale, vue *f* en plan, plan *m*, coupe *f* en plan
○ pianta *f*, proiezione *f* orizzontale

Grundschicht → *Bodenschicht*

Grundschwelle → *Grundwehr*

568 Grundstoff *m*
□ element, raw material, base, radical, base material
△ corps *m* simple, corps *m* élémentaire, matière *f* première
○ corpo *m* semplice, elemento *m*, materia *f* prima

569 Grundströmung *f*
□ bottom current
△ courant *m* au fond
○ correnti *m* *pl* di fondo

Grundströmung → *Unterströmung*

Grundstücksanschluß → *Hausanschluß*

Grundstücksentwässerung → *Hausentwässerung*

Grundstückskläranlage → *Hauskläranlage*

Grundstücksleitung → *Hausanschluß*

570 Grundsubstanz *f*
□ matrix
△ substance *f* de base
○ matrice *f*, materia *f* di base

Grundwalze → *Welle, stehende*

571 Grundwasser *n*
□ ground-water, subsoil-water, subterranean water, underground water, plerotic water
△ eaux *f* *pl* souterraines
○ acqua *f* sotterranea, acqua *f* freatica, falda *f* freatica, acqua *f* di falda sotterranea, acqua *f* d'origine sotterranea, acqua *f* del sottosuolo

572 Grundwasser *n*, **allochthones**
□ allochthonous ground-water
△ eau *f* souterraine allochtone, eau *f* souterraine étrangère
○ acque *f* *pl* sotterranee alloctone

573 Grundwasser *n*, **aufsteigendes**
□ pseudo-artesian groundwater
△ nappe *f* souterraine pseudo-artésienne
○ falda *f* sotterranea pseudo-artesiana

574 Grundwasser *n*, **autochthones**, **Grundwasser** *n*, **ortsbürtiges**
□ autochthonous ground-water
△ eau *f* souterraine autochtone
○ acque *f* *pl* sotterranee autoctone

575 **Grundwasser** n, **freies, Grundwasser** n, **ungespanntes**
- □ free ground water, unconfined [ground] water, phreatic water
- △ nappe f libre, eau souterraine f libre
- ○ falda f libera

Grundwasser, gebundenes → *Adsorptionswasser*

576 **Grundwasser** n, **gespanntes**
- □ confined water
- △ eau f captive, nappe f captive
- ○ acqua f sotterranea artesiana

577 **Grundwasser** n, **hängendes, Grundwasserlinse** f
- □ perched water, perched ground water
- △ nappe f suspendue, nappe f perchée
- ○ falda f freatica sospesa

578 **Grundwasser** n, **künstliches**
- □ artificial ground water
- △ nappe f créée artificiellement
- ○ acqua f sotterranea artificiale, falda f da ravvenamento

579 **Grundwasser** n, **natürliches**
- □ natural ground water
- △ eau f phréatique naturelle
- ○ acqua f sotterranea naturale

580 **Grundwasser** n, **nutzbares**
- □ available groundwater
- △ eau f souterraine utilisable, eau f de fond utilisable, eau f de fond accessible
- ○ acqua f sotterranea utilizzabile

Grundwasser, ortsbürtiges
→ *Grundwasser, autochthones*

581 **Grundwasser** n, **schwebendes, Grundwasser** n, **vadoses, Kapillarwasser** n, **ruhendes**
- □ vadose water, perched water, suspended subsurface water
- △ eaux f pl suspendues, eaux f pl vadoses, nappe f perchée
- ○ acque f pl vadose

Grundwasser, Tiefen~ → *Tiefengrundwasser*

582 **Grundwasser** n **über Permafrostschicht**
- □ supra-permafrost water
- △ eau f au-dessus de la zone de pergélisol
- ○ acqua f sopra della zona perennemente gelato

Grundwasser, uferfiltriertes → *Uferfiltrat*

Grundwasser, ungespanntes
→ *Grundwasser, freies*

583 **Grundwasser** n, **ursprüngliches**
- □ native ground-water
- △ eau f phréatique indigène
- ○ acqua f freatica indigena

Grundwasser, vadoses → *Grundwasser, schwebendes*

584 **Grundwasserabbau** m
- □ mining of groundwater
- △ production f d'eau en excès des réserves d'exploitation
- ○ esaurimento m progressivo di riserve di acqua sotterranea

585 **Grundwasserabfluß** m
- □ groundwater run-off
- △ écoulement m souterrain
- ○ scolamento m sotterraneo

586 **Grundwasserabfluß** m, **unechter, Abfluß** m, **unterirdischer**
- □ subsurface run-off, subsurface flow
- △ écoulement m d'eau souterrain, écoulement m hypodermique, écoulement m souterrain
- ○ scolamento m sotterraneo

587 **Grundwasserabflußsumme** f
- □ total efflux of groundwater
- △ écoulement m total des eaux souterraines
- ○ deflusso m totale delle acque sotterranee

588 **Grundwasserableitung** f
- □ gravitational withdrawal of groundwater
- △ dérivation f gravitaire d'eau souterraine, prélèvement m d'eau souterraine par gravité
- ○ prelevamento m a gravità di acque sotterranee

589 **Grundwasserabschnitt** m
- □ groundwater section
- △ secteur m de nappe
- ○ sezione f di una falda acquifera

590 **Grundwasserabsenkung** f, **Absenkung** f **des Grundwassers, Absenkung** f **des Grundwasserspiegels, Grundwassersenkung** f, **Senkung** f **des Grundwassers, Wasserspiegelsenkung** f **des Grundwassers**
- □ lowering of the ground-water level, sinking of the ground-water level, subsidence of the ground-water level, groundwater depletion, drawdown of groundwater level, groundwater lowering
- △ abaissement m de l'eau souterraine, dépression f de la nappe, rabattement m de la nappe, rabattement m du niveau dynamique
- ○ abbassamento m dell'acqua sotterranea

591 **Grundwasserabsenkungskurve** f
- □ groundwater recession curve, draw-down curve
- △ courbe f d'abaissement de l'eau souterraine, courbe f de tarissement de l'eau souterraine
- ○ curva f d'abbassamento dell'acqua sotterranea

592 **Grundwasserabsinken** n
- □ natural depletion of the groundwater
- △ abaissement m naturel de l'eau souterraine
- ○ abbassamento m naturale dell'acqua sotterranea

593 **Grundwasserader** f, **Wasserader** f
- □ ground-water artery, ground-water vein
- △ veine f d'eau souterraine, filet m d'eau souterraine
- ○ vena f d'acqua sotterranea, filone m d' acqua sotterranea

594 **Grundwasserandrang** m, **Grundwasserinfiltration** f
- □ ground-water infiltration
- △ intrusion f d'eau du sol, infiltration f d' eau souterraine
- ○ intrusione f dell'acqua sotterranea, infiltrazione f dell'acqua sotterranea

595 **Grundwasseranreicherung** f, **Wiederauffüllung** f **des Grundwassers**
- □ recharge of ground-water, replenishment of ground-water, ground-water accretion, accretion of ground-water
- △ enrichissement m de l'eau souterraine, raveinement m de la nappe, réalimentation f de la nappe, enrichissement m d'une nappe, suralimentation f de la nappe, ralimentation f de la nappe
- ○ arricchimento m dell'acqua sotterranea, aumento m dell'acqua sotterranea, ravvenamento m della falda

596 **Grundwasseranreicherungsteich** m
- □ groundwater replenishing pond
- △ étang m de raveinement de la nappe
- ○ stagno m di ravvenamento della falda

597 **Grundwasseranstieg** m
- □ rise of groundwater level
- △ ascension f de la nappe phréatique
- ○ ascensione f della falda freatica

598 **Grundwasseraufhöhung** f
- □ raising of groundwater table
- △ relèvement m du niveau de la nappe
- ○ innalzamento m del livello della falda

Grundwasseraufhöhung → Grundwassererhebung

599 **Grundwasserausfluß** m, **Effluenz** f, **Grundwasseraustritt** m
- □ cropping out of the ground-water, spring, ground-water discharge, effluent seepage of ground-water, phreatic discharge
- △ affleurement m de l'eau souterraine, décharge f phréatique, infiltration f affluente de l'eau souterraine
- ○ inondazione f di acqua sotterranea, uscita f di acqua sotterranea

Grundwasseraustritt → Grundwasserausfluß

600 **Grundwasseraustritt** m, **flächenhafter**, **Filterquelle** f, **Sickerquelle** f
- □ seepage spring, filtration spring
- △ source f de ruissellement, source f d' infiltration
- ○ sorgente f di infiltrazione

601 **Grundwasseraustritt** m, **natürlicher**
- □ natural discharge of groundwater
- △ exutoire m naturel de la nappe phréatique
- ○ scarico m naturale della falda freatica

Grundwasserbarriere → Grundwasserdamm

602 **Grundwasserbecken** n, **Einzugsgebiet** m, **unterirdisches**, **Grundwassereinzugsgebiet** n
- □ ground-water basin, subsurface water basin, subterranean catchment area
- △ bassin m d'eau souterraine
- ○ bacino m di acqua sotterranea

603 **Grundwasserbeschaffenheit** f
- □ characteristics pl of ground-water, nature of ground-water
- △ nature f des eaux souterraines
- ○ carattere m dell'acqua sotterranea

604 **Grundwasserbestand** m, **Grundwasservorrat** m
- □ stock of groundwater
- △ réserve f d'eau souterraine
- ○ riserva f d'acqua sotterranea

605 **Grundwasserbestandsaufnahme** f
- □ ground-water survey, ground-water inventory, ground-water balance, hydrologic balance
- △ levée f d'une nappe, inventaire m des eaux souterraines, bilan m hydrologique, bilan m hydrique
- ○ bilancio m dell'acqua sotterranea

606 **Grundwasserbewegung** f, **Vorwärtsbewegung** f **des unterirdischen Wassers**
- □ movement of the underground-water, ground-water flow
- △ écoulement m de l'eau souterraine, mouvement m de l'eau souterraine
- ○ movimento m dell'acqua sotterranea, moto m della falda

607 **Grundwasserblänke** f
- □ groundwater blank, groundwater pond
- △ émergence f de nappe
- ○ emergenza f delle acque sotterranee

608 **Grundwasserdamm** m, **Grundwasserbarriere** f, **Grundwassersperre** f
- □ ground-water dam
- △ barrage m souterrain
- ○ argine m sotterraneo

609 **Grundwasserdargebot** n
- □ groundwater resources, groundwater yield
- △ ressources f pl disponibles en eau souteraine
- ○ riserve f pl disponibili in acqua sotterranea

610 **Grundwasserdeckschicht** f, **Grundwasserschirmfläche** f
- □ upper confining bed of aquifer, positive confining bed
- △ couche f encaissante positive
- ○ tetto m dell'acquifero

611 **Grundwasserdelle** f
- groundwater depression
- Δ dépression f de l'eau souterraine
- O depressione f della falda

612 **Grundwasserdifferenz** f
- difference in groundwater level
- Δ différence f de niveau de la nappe
- O differenza f di livello della falda

613 **Grundwasserdurchfluß** m
- groundwater flow-rate
- Δ écoulement m d'eau souterraine
- O scorrimento m delle acque sotterranee

Grundwassereinzugsgebiet
→ Grundwasserbecken

614 **Grundwasserentnahmesumme** f
- total (amount of) groundwater withdrawal
- Δ prélèvements m pl totaux d'eau souterraine
- O prelevamento m totale di acque sotterranee

Grundwassererfassung → Grundwassererschließung

615 **Grundwasserergiebigkeit** f
- groundwater yield
- Δ débit m des nappes
- O portata f di una falda

616 **Grundwasserergiebigkeit** f, **gesicherte**
- safe yield of groundwater
- Δ débit m de sécurité des nappes
- O portata f di sicurezza di una falda

617 **Grundwassererhebung** f, **Grundwasseraufhöhung** f, **Grundwasserkuppe** f
- ground-water mound, ground-water hill, water-table mound, underground water mound
- Δ butte f de la nappe phréatique, dôme m piézométrique, dôme m hydrologique
- O inalzamento m della falda

618 **Grundwassererschließung** f, **Grundwassererfassung** f
- capture of underground-water, tapping of the ground-water, development of ground-water resources
- Δ captage m des eaux souterraines
- O captazione f delle acque sotterranee

619 **Grundwassererwärmung** f
- warming-up of the groundwater
- Δ réchauffement m de l'eau souterraine
- O riscaldamento m del'acqua sotterranea

620 **Grundwasserfallhöhe** f
- drop in phreatic line
- Δ chute f du niveau de la nappe phréatique
- O caduta f del livello freatico

621 **Grundwasserflurabstand** m, **Flurabstand** m
- depth of groundwater table, depth of groundwater level
- Δ profondeur f de la nappe
- O profondità f della falda sotterranea

622 **Grundwasserganglinie** f
- phreatic line, groundwater hydrograph
- Δ niveau m de la nappe phréatique
- O andamento m della falda freatica

623 **Grundwassergebiet** n
- groundwater province
- Δ gîte m aquifère
- O regione f di acque sotterranee

624 **Grundwassergefälle** n, **Abfall** m **des Grundwasserspiegels**
- slope of the ground-water stream, gradient of the ground-water, phreatic decline
- Δ pente f de la nappe, abaissement m phréatique
- O pendenza f della falda

625 **Grundwassergeschwindigkeit** f, **Abstandsgeschwindigkeit** f
- effective velocity, actual velocity, true velocity, field velocity
- Δ vitesse f réelle de l'eau souterraine en zone saturée
- O velocità f effettiva della falda

Grundwassergleiche
→ Grundwasserhöhenlinie

626 **Grundwasserhebung** f
- raising of the groundwater level
- Δ relèvement m du niveau de la nappe
- O innalzamento m di livello della falda

627 **Grundwasserhöffigkeit** f
- anticipated groundwater yield
- Δ débit m escompté d'eau souterraine
- O portata f presunta di una falda acquifera

628 **Grundwasserhöhenlinie** f, **Grundwassergleiche** f, **Grundwasserisohypse** f
- ground-water contour, isopiestic line, water-table isobath
- Δ courbe f de niveau de la nappe phréatique, courbe f hydroisohypse, hydroisohypse f, courbe f isopiézométrique, isopièze f
- O curva f di livello della falda freatica

Grundwasserhorizont
→ Grundwasserleitschicht

Grundwasserhydrologie → Geohydrologie

Grundwasserinfiltration → Grundwasserandrang

Grundwasserisohypse
→ Grundwasserhöhenlinie

629 **Grundwasserkarte** f
- groundwater chart
- Δ carte f des eaux souterraines
- O cartografia f delle acque

630 **Grundwasserkartierung** f
- groundwater mapping
- Δ relevé m cartographique des eaux souterraines
- O cartografia f delle acque sotterranee

631 **Grundwasserkaskade** f
- ground-water cascade
- chute f de nappe phréatique, cascade f souterraine
- cascata f sotterranea, caduta f della falda freatica

632 **Grundwasserkörper** m
- groundwater body
- gîte m aquifère
- falda f acquifera

Grundwasserkunde → Geohydrologie

Grundwasserkuppe → Grundwassererhebung

633 **Grundwasserlängsschnitt** m
- longitudinal section of groundwater body
- coupe f longitudinale du gîte aquifère
- sezione f longitudinale di una falda acquifera

634 **Grundwasserleiter** m, **unterer**
- lower aquifer, lower water-bearing formation
- aquifère m inférieur, formation f aquifère inférieure
- falda f inferiore

635 **Grundwasserleitschicht** f, **Grundwasserhorizont** m, **Grundwasserträger** m, **Schicht** f, **wasserführende**
- water-bearing stratum, aquifer
- nappe f, nappe f aquifère, couche f aquifère, formation f aquifère
- falda f acquifera, strato m acquifero

Grundwasserleitschicht, artesische
→ Grundwasserleitschicht mit gespanntem Wasser

636 **Grundwasserleitschicht** f, **einfallende**
- tilted aquifer
- nappe f aquifère inclinée
- falda f acquifera inclinata

637 **Grundwasserleitschicht** f **mit gespanntem Wasser, Grundwasserleitschicht** f, **artesische**
- artesian aquifer, artesian basin, confined aquifer
- nappe f artésienne, couche f aquifère artésienne, bassin m artésien, aquifère m captif
- falda f artesiana

Grundwasserleitschicht, obere
→ Grundwasserstockwerk, oberes

Grundwasserleitschicht, untere
→ Grundwasserstockwerk, unteres

Grundwasserlinse → Grundwasser, hängendes

638 **Grundwassermächtigkeit** f
- depth of groundwater body
- épaisseur f du gîte aquifère
- spessore m della falda acquifera

639 **Grundwassermeßstelle** f
- surveying spot of the underground-water, surveying place of the underground-water
- endroit m où l'on mesure l'eau souterraine
- posto m di misura per l'acqua sotterranea

640 **Grundwasserneubildung** f
- natural groundwater recharge
- recharge f naturelle des nappes, réalimentation f naturelle des nappes
- ricarica f naturale delle falde, alimentazione f naturale delle falde

641 **Grundwassernichtleiter** m
- aquifuge
- formation f imperméable
- formazione f impermeabile

642 **Grundwasseroberfläche** f
- ground-water surface, phreatic surface
- surface f de la nappe
- superficie f d'acqua sotterranea

643 **Grundwasseroberfläche** f, **freie**
- surface of unconfined groundwater
- surface f libre de la nappe, surface f de la nappe non captive
- superficie f di una falda acquifera libera

644 **Grundwasserquerschnitt** m
- cross-section of groundwater body
- section f du gîte aquifère
- sezione f di una falda acquifera

645 **Grundwasserquerschnittsfläche** f
- cross-sectional area of groundwater body
- surface f de la section du gîte acquifère
- area f della sezione trasversale di una falda acquifera

646 **Grundwasserraum** m
- groundwater compartment
- réservoir m aquifère
- serbatoio m sotterraneo

647 **Grundwasserrücken** m
- ground-water ridge
- crête f de la nappe phréatique
- cresta f della falda freatica

648 **Grundwassersammelbrunnen** m, **Fehlmann-Brunnen** m
- subterranean water collector
- puits m collecteur d'eaux souterraines, puits m Fehlmann
- pozzo m collettore d'acque sotterranee

649 **Grundwasserscheide** f, **Wasserscheide** f, **unterirdische**
- ground-water divide, phreatic divide
- ligne f de partage des eaux souterraines, axe m de divergence
- linea f spartiacque sotterranea

Grundwasserschirmfläche
→ Grundwasserdeckschicht

650 **Grundwasserschürfung** f
- prospecting for ground-water
- prospection f des eaux souterraines
- prospezione f delle acque sotterranee

651 **Grundwasserschutzgebiet** n
- □ protected area of groundwater occurrence
- △ zone f de protection d'eau souterraine
- ○ zona f di protezione dell'acqua sotterranea

652 **Grundwasserschwankungsbereich** m
- □ belt of fluctuation of water table
- △ zone f de fluctuation de la nappe phréatique
- ○ zona f di fluttuazione della falda freatica

653 **Grundwassersenke** f, **Grundwassertal** n
- □ ground-water trench
- △ dépression f allongée de la nappe phréatique
- ○ depressione f della falda

Grundwassersenkung
→ *Grundwasserabsenkung*

654 **Grundwassersohle** f
- □ ground-water bottom, ground-water bed
- △ fond m de la nappe souterraine
- ○ fondo m della falda sotterranea

655 **Grundwassersohlschicht** f, **Grundwasserunterfläche** f, **Sohlschicht** f
- □ underlying stratum of the ground-water, lower confining bed, negative confining bed
- △ substratum m d'une nappe aquifère, mur m imperméable, couche f encaissante négative, imperméable m
- ○ strato m di base d'acqua sotterranea

656 **Grundwasserspannschicht** f
- □ confining stratum with artesian water
- △ zone f captive de la nappe
- ○ zona f in pressione di una falda acquifera

657 **Grundwasserspeicher** m
- □ groundwater reservoir
- △ réservoir m d'eau souterraine
- ○ serbatoio m d'acque sotterranee

658 **Grundwasserspeicherung** f, **Aquiferspeicherung** f
- □ groundwater storage, groundwater accumulation
- △ stockage m d'eau souterraine, accumulation f d'eau souterraine
- ○ accumulo m delle acque sotterranee

659 **Grundwasserspende** f
- □ discharge of ground-water
- △ débit m en eau souterraine
- ○ portata f in acqua sotterranea

Grundwassersperre → *Grundwasserdamm*

660 **Grundwasserspiegel** m, **Grundwasserstand** m
- □ ground-water level, ground-water table, water table, phreatic surface
- △ niveau m de la nappe d'eau souterraine, surface f libre de la nappe
- ○ falda f freatica, livello m dell'acqua sotterranea, stato m dell'acqua sotterranea

661 **Grundwasserspiegel** m, **gesenkter**
- □ lowered groundwater level
- △ nappe f rabattue
- ○ falda f abbassata

662 **Grundwasserspiegel** m, **ungesenkter**
- □ natural ground-water level
- △ nappe f phréatique naturelle
- ○ falda f freatica naturale

Grundwasserspiegels, Abfall des ~
→ *Grundwassergefälle*

Grundwasserspiegels, Absinken des ~
→ *Absinken des Grundwasserspiegels*

Grundwasserspiegels, Rückgang des ~
→ *Rückgang des Grundwasserspiegels*

Grundwasserspiegels, Schwankung des ~
→ *Schwankung des Grundwasserspiegels*

Grundwasserstand
→ *Grundwasserspiegel*

663 **Grundwasserstand** m, **tiefster**
- □ phreatic low, lowest stage of groundwater table
- △ niveau m minimum de la nappe phréatique
- ○ livello m minimo dell'acqua sotterranea

664 **Grundwasserstandsganglinie** f, **Wasserstandsganglinie** f **eines Brunnens**
- □ well hydrograph
- △ courbe f des niveaux dans un puits, hydrogramme m d'un puits
- ○ curva f dei livelli in un pozzo

Grundwasserstauer → *Barriere*

665 **Grundwasserstauer** m, **begrenzt durchlässiger**
- □ aquitard
- △ aquitard m
- ○ strato m semi-permeabile

666 **Grundwasserstockwerk** n
- □ aquifer, water-bearing formation, ground-water storey
- △ niveau m aquifère, nappe f aquifère
- ○ piano m della falda sotterranea

667 **Grundwasserstockwerk** n, **oberes**, **Grundwasserleitschicht** f, **obere**
- □ upper aquifer
- △ nappe f superficielle, nappe f aquifère supérieure
- ○ acqua f sotterranea di prima falda

668 **Grundwasserstockwerk** n, **unteres**, **Grundwasserleitschicht** f, **untere**
- □ lower acquifer, lower water-bearing formation
- △ nappe f inférieure, deuxième nappe f
- ○ acqua f sotteranea di seconda falda

669 **Grundwasserstrom** m
- □ underground flow, ground-water flow, subterranean stream
- △ courant m d'eau souterraine
- ○ corrente f di acqua sotterranea

Grundwassertal → *Grundwassersenke*

G 670

670 **Grundwassertiefenlinie** f, **Flurabstandskurve** f
- □ hydro-isobath, isobath of water table
- △ hydro-isobathe f, isobathe f de la nappe phréatique
- ○ isobata f della falda freatica

Grundwasserträger
→ *Grundwasserleitschicht*

671 **Grundwasserüberdeckung** f
- □ groundwater cover
- △ (couche) limite f supérieure du gîte aquifère
- ○ tetto m di una falda acquifera

672 **Grundwasserübertritt** m
- □ groundwater transgression
- △ transgression f d'eau souterraine
- ○ trasferimento m d'acqua sotterranea

Grundwasserunterfläche
→ *Grundwassersohlschicht*

673 **Grundwasserversorgung** f
- □ ground-water supply
- △ approvisionnement m en eau souterraine
- ○ approvvigionamento m di acque sotterranee

674 **Grundwasservorkommen** n
- □ groundwater resources pl
- △ ressource f en eau souterraine
- ○ risorse f pl in acqua sotterranea

Grundwasservorkommen, Gasspeicherung im ~ → *Gasspeicherung im Grundwasservorkommen*

Grundwasservorrat
→ *Grundwasserbestand*

675 **Grundwasserwelle** f
- □ ground-water wave
- △ onde f de la nappe phréatique
- ○ onda f della falda freatica

676 **Grundwasserzement** m
- □ ground-water cement
- △ ciment m illuvial
- ○ cemento m illuviale

677 **Grundwasserzuflußsumme** f
- □ total afflux to groundwater body
- △ afflux m total d'eau souterraine
- ○ afflusso m totale ad una falda

678 **Grundwehr** n, **Grundschwelle** f
- □ submerged weir, drowned weir, ground sill
- △ déversoir m noyé, déversoir m submergé
- ○ traversa f di fondo, traversa f sommersa

679 **Gruppengeschwindigkeit** f (der Wellenbewegung)
- □ group velocity
- △ vitesse f de groupe
- ○ velocità f di gruppo

680 **Gruppenkläranlage** f
- □ communities sewage works pl
- △ stations f collective d'épuration des eaux usées
- ○ impianto m di trattamento comunale consortile

681 **Gruppenwasserversorgung** f
- □ water supply in groups, communities water supply
- △ alimentation f groupée des communes
- ○ alimentazione f idrica a gruppi

Gruppierung → *Anordnung*

Gülle → *Jauche*

Gülleverregnung → *Düngerverregnung*

682 **Güllewerfer** m **für Schlammaufbringen**
- □ ferti-irrigator for sludge spreading
- △ arroseuse f à purin pour l'épandage des boues
- ○ spruzzatore m per lo spandimento dei fanghi

Güte, Wasser~ → *Wasserbeschaffenheit*

683 **Güteanforderungen** f pl
- □ quality requirements
- △ conditions f pl de qualité
- ○ esigenze f pl di qualità

Güteerhaltung, Wasser~
→ *Wassererhaltung*

Güteklasse, Gewässer~ → *Gewässergüteklasse*

684 **Gütemeßstation** f
- □ quality monitoring station
- △ poste m de surveillance de la qualité
- ○ stazione f di rilevamento della qualità

685 **Gütenorm** f, **Gütenormvorschrift** f
- □ quality standard, standard specification
- △ norme f de qualité, prescriptions f pl de qualité
- ○ norma f di qualità

686 **Gütenormen** f pl **für Trinkwasser**
- □ drinking water standards pl
- △ normes f pl pour l'eau potable
- ○ norme f pl di qualità per l'acqua potabile

687 **den Gütenormen nicht genügendes Wasser** n
- □ subspecification water
- △ eau f non conforme aux normes de qualité
- ○ acqua f non conforme alle norme di qualità

Gütenormvorschrift → *Gütenorm*

688 **Gütetest** m
- □ quality test
- △ essai m de qualité
- ○ prova f di qualità

Gully → *Sinkkasten*

689 **Gummidichtung** f (eines Flanschenrohres)
- □ rubber packing, rubber gasket, rubber joint
- △ joint m à bague de caoutchouc
- ○ guarnizione f ad anello di gomma

690 **Gummifabrik** f
- □ rubber factory, rubber works pl
- △ fabrique f de caoutchouc
- ○ fabbrica f di gomma

691 **Gummimembran[e]** *f*
- rubber diaphragm
- diaphragme *m* en caoutchouc
- membrana *f* di gomma, diaframma *m* di gomma

692 **Gummiring** *m*
- rubber ring
- bague *f* en caoutchouc, rondelle *f* en caoutchouc
- anello *m* di gomma

693 **Gummiring** *m* **mit Bleieinfassung**
- rubber gasket protected by lead angle
- rondelle *f* de caoutchouc avec protection par cornière de plomb
- rondella *f* in gomma con cornice di piombo

694 **Gummiring** *m* **mit harter Gummikante**
- rubber gasket with hardened edge
- rondelle *f* de caoutchouc avec bord durci
- rondella *f* in gomma con bordo indurito

695 **Gummistopfen** *m*
- rubber stopper
- bouchon *m* de caoutchouc
- turacciolo *m* di gomma

Gur → *Kieselgur*

696 **Guß** *m*, **Gießen** *n*
- casting, founding
- coulée *f*, moulage *m*, fonte *f*
- fusione *f*, getto *m*, colata *f*

Guß → *Gußeisen*

Guß, Halbstahl~ → *Halbstahlguß*

Guß, Schleuder~ → *Schleuderguß*

697 **Gußbeton** *m*
- mo[u]ld concrete, cast concrete
- béton *m* moulé
- calcestruzzo *m* colato, beton *m* colato

698 **Gußblei** *n*
- molten lead
- plomb *m* fondu, plomb *m* à fondre, plomb *m* de fonte
- piombo *m* per colare, piombo *m* colato, piombo *m* fuso

699 **Gußeisen** *n*, **Guß** *m*
- cast iron
- [fer *m* de] fonte *f*, fer *m* fondu
- ferro *m* fuso, ghisa *f*

700 **Gußeisen** *n*, **duktiles**
- ductile cast iron
- fonte *f* ductile
- ghisa *f* duttile

701 **Gußfehler** *m*
- casting defect
- défaut *m* de fonderie
- difetto *m* di colata, difetto *m* di fonderia

Gußform → *Gießform*

702 **Gußhaut** *f*
- scale, foundry scale, skin, casting skin
- peau *f* de la fonte, croûte *f* d'oxyde, peau *f* de fonderie
- crosta *f* di colato, crosta *f* della ghisa

703 **Gußrohr** *n*, **Rohr** *n*, **gußeisernes**
- cast iron pipe, cast iron tube
- tuyau *m* en fonte, tuyau *m* de fonte
- tubo *m* fuso, tubo *m* in ghisa

704 **Gußrohr** *n*, **duktiles**
- ductile cast iron pipe
- tuyau *m* en fonte ductile, tuyau *m* en fonte nodulaire
- tubo *m* in ghisa duttile

Gußrohr, Schleuder~ → *Schleudergußrohr*

705 **Gußrohrleitung** *f*
- cast iron pipe line, cast iron [pipe] conduit
- conduite *f* en tuyaux de fonte, conduite *f* en fonte
- tubazione *f* in ghisa

706 **Gußstahl** *m*
- cast steel, crucible steel
- acier *m* [fondu] au creuset, acier *m* coulé
- acciaio *m* fuso, acciaio *m* colato

707 **Gußverfahren** *n*
- casting process
- procédé *m* de fusion
- processo *m* di getto, procedimento *m* di fusione

708 **Gutachten** *n*
- expert evidence, expert report, expertise
- avis *m* d'expert
- perizia *f*, parere *m*

Gutachter → *Fachmann*

H 1

H-Stück → *Hosenrohr*

ha → *Hektar*

1 Haar *n*
- □ hair
- △ cheveu *m*
- ○ capello *m*

2 Haarfänger *m*, **Haarfilter** *n*
- □ hair traps, hair filter
- △ filtre *m* à cheveux
- ○ filtro *m* a peli

Haarfilter → *Haarfänger*

3 Haarriß *m*
- □ hair crack
- △ fissure *f* capillaire
- ○ fessura *f* capillare

Haarrohr → *Kapillarröhrchen*

Hadern → *Lumpen*

4 Hälfte *f*
- □ half
- △ moitié *f*
- ○ metà *f*

5 Hängebrücke *f*
- □ suspension bridge
- △ pont *m* suspendu
- ○ ponte *m* sospeso

6 Härte *f*, **Wasserhärte** *f*
- □ hardness, water hardness
- △ dureté *f*
- ○ durezza *f*

7 Härte *f*, **bleibende**, **Härte** *f*, **permanente**, **Mineralhärte** *f*, **Mineralsäurehärte** *f*, **Nichtcarbonathärte** *f*
- □ permanent hardness, non-carbonate hardness
- △ dureté *f* non-carbonatée, dureté *f* permanente, dureté *f* après ébullition, dureté *f* des acides minéraux
- ○ durezza *f* permanente, durezza *f* non carbonica

Härte, Gesamt~ → *Gesamthärte*

Härte, Kalk~ → *Kalkhärte*

Härte, permanente → *Härte, bleibende*

Härte, schwindende → *Härte, vorübergehende*

Härte, temporäre → *Härte, vorübergehende*

8 Härte *f*, **vorübergehende**, **Carbonathärte** *f*, **Härte** *f*, **schwindende**, **Härte** *f*, **temporäre**
- □ temporary hardness, carbonate hardness
- △ dureté *f* carbonatée, dureté *f* temporaire, degré *m* hydrotimétrique temporaire
- ○ durezza *f* temporanea, durezza *f* carbonica

9 Härtebestimmung *f*
- □ determination of hardness
- △ hydrotimétrie *f*
- ○ analisi *f* idrotimetrica, determinazione *f* della durezza

10 Härtegrad *m*
- □ degree of hardness
- △ degré *m* hydrotimétrique, degré *m* de dureté
- ○ grado *m* idrotimetrico, grado *m* di durezza

11 Härterei *f*
- □ hardening plant
- △ atelier *m* de cémentation
- ○ impianto *m* di tempra

Härtung → *Aufhärtung*

12 Härtungsmittel *n*
- □ hardener
- △ durcissant *m*
- ○ indurente *m*

13 Häufigkeit *f*
- □ frequency, abundance
- △ fréquence *f*, abondance *f*
- ○ frequenza *f*, abbondanza *f*

14 Häufigkeit *f*, **absolute**, **Besetzungszahl** *f*
- □ absolute frequency
- △ fréquence *f* absolue
- ○ frequenza *f* assoluta

15 Häufigkeit *f* **der Abflußmengen**
- □ flow frequency
- △ fréquence *f* des débits
- ○ frequenza *f* delle portate

16 Häufigkeit *f* **der Regenintensität**
- □ rainfall intensity frequency
- △ fréquence *f* d'une intensité de pluie donnée, temps *m* de récurrence d'une intensité de pluie donnée
- ○ frequenza *f* dell'intensità di pioggia

17 Häufigkeit *f* **der Spezies**
- □ abundance of species
- △ abondance *f* des espèces, fréquence *f* des espèces
- ○ abbondanza *f* delle speci, frequenza *f* della speci

Häufigkeit, Hochwasser~ → *Hochwasserhäufigkeit*

18 Häufigkeit *f*, **relative**
- □ relative frequency
- △ fréquence *f* relative
- ○ frequenza *f* relativa

19 Häufigkeitsdichte *f*
- □ dimension of frequency
- △ densité *f* des fréquences
- ○ densità *f* delle frequenze

20 Häufigkeitskurve *f*
- □ frequency (distribution) curve
- △ courbe *f* de fréquence
- ○ curva *f* di frequenza

21 Häufigkeitsverhältnis *n*
- □ abundance ratio
- △ rapport *m* d'abondance, rapport *m* de fréquence
- ○ rapporto *m* di abbondanza, rapporto *m* di frequenza

22 **Häufigkeitsverteilung** f
□ distribution of frequency
△ distribution f de la fréquence
○ distribuzione f della frequenza

23 **Hafen** m
□ port, harbour
△ port m
○ porto m

Hafen, See~ → *Seehafen*

24 **Hafenbecken** n
□ dock, wet dock
△ darse f
○ darsena f

Hafendamm → *Wellenbrecher*

25 **Hafenwasser** n
□ harbour water
△ eaux f pl des ports, eaux f pl portuaires
○ acque f pl dei porti, acque f pl portuali

26 **Haff** n
□ (Baltic) lagoon
△ haff m
○ haff m, laguna f

Haftfähigkeit → *Haftfestigkeit*

27 **Haftfestigkeit** f, **Adhäsion** f, **Haftfähigkeit** f, **Haftwirkung** f
□ bond strength, adhesive strength, adhesion
△ résistance f par adhérence
○ resistenza f al distacco

Haftpflicht → *Haftung*

28 **Haftpflichtversicherung** f
□ third-party insurance
△ assurance f responsibilité civile
○ assicurazione f per responsabilità civili

29 **Haftung** f, **Haftpflicht** f
□ liability
△ responsabilité f
○ responsabilità f

Haftung für Gewässerverunreinigung, Verursacherprinzip der ~
→ *Verursacherprinzip der Haftung für Gewässerverunreinigung*

30 **Haftung** f, **gesamtschuldnerische**
□ overall liability to indemnification claims
△ responsabilité f générale pour indemnisation
○ responsabilità f globale per indennizzo

31 **Haftwasser** n, **Adhäsionswasser** n, **Benetzungswasser** n
□ attached water, film water, pellicular water
△ eau f d'adhésion, eau f connexe
○ acqua f di adesione, acqua f di aderenza

32 **Haftwasserhöhe** f, **kritische**
□ critical capillary height
△ hauteur f capillaire critique
○ altezza f capillare critica

33 **Haftwasserzone** f
□ field capacity zone
△ zone f de rétention
○ zona f d'imbibizione

Haftwirkung → *Haftfestigkeit*

34 **Hagel** m
□ hail
△ grêle f
○ grandine f

35 **Hagelkorn** n, **Schloße** f
□ hailstone, sleet
△ grêlon m
○ chicco m di grandine

36 **Hahn** m
□ cock, faucet, stop cock, tap
△ robinet m
○ rubinetto m, robinetto m

Hahn, Absperr~ → *Absperrhahn*

Hahn, Auslauf~ → *Auslaufhahn*

Hahn, Dreiweg~ → *Dreiweghahn*

Hahn, Kugel~ → *Kugelhahn*

37 **Hahnenfuß** m *(Ranunculus) (bot.)*
□ water-crowfoot, water crow-foot
△ renoncule f
○ ranuncolo m

38 **Hakenwurm** m *(Ankylostoma duodenale)*
□ hookworm
△ uncinaire m
○ verme m uncinato

39 **halbautomatisch**
□ semi-automatic
△ semi-automatique
○ semi-automatico

40 **Halbbrücke** f, **umlaufende**
□ travelling half-bridge
△ demi-passerelle f tournante
○ semipasserella f rotante

41 **halbdurchlässig, semipermeabel**
□ semi-permeable
△ semi-perméable
○ semipermeabile

42 **Halbinsel** f
□ peninsula
△ presqu'île f, péninsule f
○ penisola f

43 **halbkontinuierlich**
□ semi-continuous
△ semi-continu
○ semicontinuo

Halbkreisquerschnitt → *Querschnitt, halbkreisförmiger*

44 **Halbmesser** m, **Radius** m
□ radius, semi-diameter
△ rayon m
○ semidiametro m, raggio m [di circolo]

Halbmesser, Krümmungs~
→ *Krümmungshalbmesser*

45 **Halbstahlguß** m, **Tempergußeisen** n
 □ semi-steel casting
 △ fonte f aciérée
 ○ ghisa f malleabile

46 **halbtechnisch**
 □ semi-commercial
 △ semi-industriel
 ○ semi-industriale

47 **Halbwertzeit** f
 □ half-life
 △ demi-vie f, demi-période f
 ○ vita f media, semiperiodo m

48 **Halde** f
 □ heap, heap of dead ore, deads pl, heap of dead rock, barrow, burrow
 △ halde f, charrée f, terril m
 ○ deposito m delle discariche

 Halde, Abraum~ → *Abraumhalde*

49 **Hallen[schwimm]bad** n
 □ indoor swimming-bath, indoor [swimming] pool
 △ piscine f couverte
 ○ piscina f chiusa

50 **Hallenfreibad** n
 □ in-outdoor swimming-pool
 △ piscine f couverte de plein air
 ○ piscina f coperta libera

 Halligland → *Anwachs*

51 **Halogen** n
 □ halogen
 △ halogène m
 ○ halogeno m

 Halophyte → *Salzpflanze*

52 **haltbar, fäulnisunfähig**
 □ stable, non-putrescible
 △ stable, imputrescible
 ○ stabile, imputrescibile

53 **Haltbarkeit** f
 □ stability, wear-endurance, durability
 △ stabilité f
 ○ stabilità f

54 **Haltbarkeit** f, **relative**
 □ relative stability
 △ stabilité f relative
 ○ stabilità f relativa

55 **Halteranlage** f **für Fische, Halterweiher** m **für Fische**
 □ holding-pond for fish, stock pond, holding pool
 △ bac m d'attente à poissons, vivier m, étang m à poissons, bassin m récepteur
 ○ bacino m per pesci

 Halterweiher für Fische → *Halteranlage für Fische*

56 **Haltung** f, **Stauhaltung** f
 □ reach
 △ bief m, biez m
 ○ tronco m

57 **Hamburgbecken** n
 □ Hamburg-type settling basin
 △ décanteur m type Hamburg
 ○ decantatore m tipo Hamburg

58 **Hammermühle** f
 □ crushing mill
 △ concasseur m à marteaux, broyeur m à marteaux
 ○ mulino m a martelli

59 **Hammerschlag** m
 □ scale, mill scale, foundry scale
 △ battitures f pl, paille f de fer, martelures f pl, scories f pl de forge
 ○ scorie f pl di forgia, battiture f pl di ferro

 Hammerschlag → *Zunder*

60 **Hammerschweißung** f
 □ hammer-welding
 △ soudage m au marteau
 ○ saldatura f a martello

 von Hand gereinigt → *handgereinigt*

61 **Handarbeiter** m
 □ manual labourer
 △ ouvrier m, manœuvre m, travailleur m manuel
 ○ lavoratore m manuale, manovale m

62 **Handbedienung** f, **Bedienung** f **von Hand**
 □ manual operation, hand control
 △ manœuvre f manuelle, commande f manuelle
 ○ operazione f manuale, controllo m manuale

63 **Handbohrung** f
 □ hand operated drill
 △ forage m à bras, sondage m à main
 ○ trivellazione f a mano, trapanatura f a mano, foratura f a mano

64 **Handelsdünger** m
 □ commercial fertilizer
 △ engrais m commercial
 ○ concime m commerziale, fertilizzante m commerziale

65 **Handelsfischerei** f
 □ commercial fishery
 △ pêcherie f commerciale, pêcherie f industrielle
 ○ pesca f commerciale

66 **Handelsware** f
 □ merchandise, commodities pl, commercial grade material
 △ article m de commerce, marchandise f
 ○ mercanzia f, merce f

67 **handgereinigt, von Hand gereinigt**
 □ hand-cleaned
 △ nettoyé à la main, à nettoyage manuel
 ○ a pulizia f manuale

68 **handhaben**
 □ handle
 △ manier, manipuler, se servir de, appliquer
 ○ maneggiare, manipolare

69 **Handhabung** f
☐ handling, use, operation
△ maniement m, manipulation f, application f
○ maneggio m, maneggiamento m

70 **Handlampe** f
☐ flash light, flashlamp
△ torche f, projecteur m
○ torcia f elettrica, lampada f portabile

71 **Handlauf** m, **Griffschiene** f
☐ grab rail
△ main-courante f
○ corrimano m, mancorrente m

72 **Handpumpe** f
☐ hand pump, hand operated pump
△ pompe f à bras, pompe f à main
○ pompa f a mano

73 **Handrad** n
☐ hand wheel
△ volant m de manœuvre, volant m de vanne, volant m à main, manette f
○ volantino m

74 **Handschalter** m
☐ hand switch
△ interrupteur m manuel
○ interruttore m a mano

75 **Handschlüssel** m, **Schlüssel** m, **loser**
☐ hand key, turning key
△ clé f à canon, clé f amovible
○ chiave f di manovra, chiave f a mano

Handwaschbecken → Waschbecken

76 **Handwinde** f
☐ hand winch
△ treuil m à bras, treuil m à manivelle
○ argano m a mano, verricello m a mano

77 **Handzugschieber** m
☐ draw-off penstock
△ vanne f murale manœuvre à la main, vanne f à commande manuelle
○ paratoia f tirante a mano

78 **Hanf** m
☐ hemp, yarn
△ chanvre m, filasse f de chanvre
○ canapa f

79 **Hanfseil** m, **Hanfstrick** m
☐ spun yarn, hemp braid
△ corde f en chanvre, filasse f de chanvre
○ corda f di canapa

Hanfstrick → Hanfseil

80 **Hanfstrick** m, **geteerter**
☐ dipped yarn, coaltarred hemp braid
△ filasse f de chanvre goudronnée
○ corda f di canapa catramata

Hang → Abhang

Hang, Tal~ → Talhang

81 **Hangbebauung** f
☐ town-building on sloping grounds
△ urbanisation f à flanc de côte
○ costruzione f di case su terreni in pendenza

82 **Hangende** n (geol.)
☐ overlying stratum
△ couche f supérieure, ciel m, toit m
○ strato m a tetto

83 **Hangfiltration** f
☐ soil passage in connection with slope irrigation
△ (in)filtration f à flanc de coteau
○ infiltrazione f sui fianchi laterali

84 **Hanggraben** m
☐ slope ditch
△ fossé m à flanc de coteau
○ fossa f a fianco di un pendio

85 **Hangquelle** f, **Schüttquelle** f
☐ slope spring, boundary spring, border spring, talus spring
△ source f de cône de déjection, source f de bordure
○ sorgente f da cono di deiezione

86 **Hangrieselung** f
☐ surface irrigation
△ irrigation f par ruissellement en pente
○ irrigazione f dei declivi

Hangrutsch → Erdrutsch

87 **Hantieren** n
☐ manipulation, handling
△ manipulation f, maniement m
○ manipolazione f, maneggio m

88 **Harke** f
☐ rake
△ râteau m
○ rastrello m

Harkenrechen → Rechen, handbedienter

89 **Harn** m, **Urin** m
☐ urine
△ urine f
○ urina f, orina f

90 **Harnstoff** m
☐ urea
△ urée f
○ urea f

hart → biologisch nicht abbaubar

91 **hart löten**
☐ braze
△ braser, souder fort
○ saldare fortemente

92 **Hart-PVC** n
☐ hardened PVC
△ CPV m rigide
○ CPV m rigido

Hartfaserplatte → Holzfaserplatte

Hartflora → Uferpflanzen

93 **Hartlot** n
☐ hard solder, brazing metal, brazing solder
△ brasure f, brasure f forte
○ saldatura f forte

94 **Harz** n
☐ resin, rosin
△ résine f
○ resina f, colofonia f

Harz, grobporiges, Austauscher~
→ *Austauscherharz, grobporiges*

95 Hasel m *(Leuciscus leuciscus)*
□ dace
△ vandoise f
○ lasca f

Haspel, Brunnen~ → *Brunnenhaspel*

Haube, Faulgas~ → *Gashaube*

Haube, Gas~ → *Gashaube*

96 Haubendiffuseur m
□ dome diffuser
△ dôme m poreux de diffusion
○ diffusore m a cupola

97 Hauptabflußleitung f *(eines Rieselfeldes)*
□ master drain, main drain
△ canal m de décharge principal, conduit m de décharge principal
○ condotta f di deflusso principale, canale m di scolo principale

Hauptachse, Flanschen~ → *Flanschenhauptachse*

98 Haupthahn m
□ main cock, main tap
△ robinet m général
○ rubinetto m principale

99 Hauptleitung f, **Stammleitung** f
□ main conduct, main pipe line, main conduit, principal conduit, main, principal main, master main, trunk main
△ conduite f maîtresse, conduite f principale
○ condotta f principale, condotta f maestra

Hauptnährstoffe → *Kernnährstoffe*

100 Hauptpumpenleistung f, **installierte**
□ high-service pumping capacity
△ capacité f maximale de pompage installée
○ massima capacità f installata di pompaggio

101 Hauptrohr n
□ main pipe, water main, principal pipe
△ tuyau m principal
○ tubo m principale

102 Hauptrohr n *(eines A-, AA-Stücks)*
□ body
△ corps m
○ corpo m

103 Hauptsammler m, **Endsammler** m, **Stammkanal** m, **Stammsiel** n
□ main collector, trunk sewer, main sewer, intercepting sewer, interceptor, outfall sewer
△ grand collecteur m, collecteur m principal, égout m collecteur
○ collettore m principale

104 Hauptspannung f
□ principal stress
△ tension f principale
○ sforzo m principale, tensione f principale

105 Hauptstraße f
□ main road
△ voie f principale, route f principale, grande route f, grande rue f, grandrue f
○ strada f principale, strada f maestra

106 Hauptventil n
□ main valve
△ soupape f principale
○ valvola f principale

107 Hauptversorgungsgebiet n
□ main district of supply
△ agglomération f à desservir
○ bacino m principale di alimentazione

108 Hauptverteilungsleitung f
□ distribution main, large supply main
△ conduite f maîtresse de distribution, conduite f d'adduction
○ condotta f principale di distribuzione

109 Hauptverteilungsrinne f
□ main distributor
△ rigole f de distribution principale
○ canaletto m di distribuzione principale

110 Hauptwasserzähler m
□ bulk flow meter
△ compteur m en gros
○ contatore m d'acqua principale

Hauptwert, täglicher → *Tageswert*

111 Hauptwerte m pl, **Hauptzahlen** f pl
□ significant values pl
△ valeurs f pl significatives, chiffres m pl significatifs
○ cifre f pl significative

Hauptzahlen → *Hauptwerte*

112 Hauptzuleitung f
□ transmission main, feeder main
△ amenée f principale, adduction f principale
○ ammissione f principale, adduzione f principale

Hausabfall → *Abfälle, häusliche*

113 Hausanschluß m, **Grundstücksanschluß** m, **Grundstücksleitung** f, **Hausanschlußleitung** f, **Hauszuleitung** f, **Verbrauchsleitung** f
□ service pipe, communication pipe, service connection, house connection, housebranch connection, service pipe line, premises connection
△ branchement m d'abonné, branchement m d'immeuble, branchement m particulier, branchement m domestique, branchement m domiciliaire
○ attacco m domestico, diramazione f domestica, tubazione f della presa domestica, diramazione f stradale di presa

Hausanschlußleitung → *Hausanschluß*

114 **Hauschlorgerät** n
□ home chlorinator
△ chlorateur m ménager, chlorateur m domestique, appareil m de chloration ménager
○ cloratore m domestico

115 **Hausenthärter** m
□ domestic softener
△ adoucisseur m domestique
○ apparecchio m domestico per la riduzione della durezza, apparecchio m domestico per eliminazione della durezza, addolcitore m domestico

116 **Hausentwässerung** f, **Grundstücksentwässerung** f
□ house-drainage system, house sewer system
△ drainage m domestique
○ scarico m domestico dell'acqua di rifiuto

117 **Hausentwässerungsleitung** f, **Anschlußleitung** f, **Grundleitung** f
□ building drain, house drain, house sewer, service drain, connecting drain
△ drain m de maison, égout m domestique, drain m domestique
○ tubazione f di scarico interna

118 **Hausfilter** n, **Haushaltsfilter** n
□ domestic filter
△ filtre m domestique
○ filtro m domestico

Haushalt, Nährstoff~ → *Nährstoffhaushalt*

Haushaltsfilter → *Hausfilter*

119 **Haushaltsklärgerät** n, **Klärgerät** n **für den Haushalt**
□ domestic clarifier
△ clarificateur m ménager, clarificateur m domestique
○ apparecchio m domestico di chiarificazione, depuratore m domestico

120 **Haushaltsplan** m
□ budget
△ budget m
○ bilancio m preventivo

121 **Haushaltsreinigungsmittel** n
□ household cleaner, domestic cleansing agent
△ produit m de nettoyage ménager
○ prodotto m di pulizia della casa

122 **Haushaltswaschmittel** n
□ household detergent
△ détergent m ménager
○ detergenti m pl per uso domestico

123 **Hausinstallation** f
□ plumbing work
△ installation f domestique
○ installazione f domestica, impianto m domestico

124 **Hauskläranlage** f, **Einzelkläranlage** f, **Grundstückskläranlage** f, **Kleinkläranlage** f
□ premises sewage treatment plant, individual sewage treatment plant
△ installation f d'épuration d'immeuble, installation f d'épuration domestique
○ impianto m domestico di chiarificazione, impianto m di epurazione per piccoli agglomerati

Hausmüll → *Müll*

Hausstandgefäß → *Müllkasten*

125 **Hauswasserversorgung** f
□ domestic water supply
△ alimentation f en eau domestique
○ approvvigionamento m idrico domestico, provvista f domestica d'acqua

126 **Hauswasserzähler** m
□ domestic water meter, service meter
△ compteur m d'eau domestique, compteur m de distribution
○ contatore m domestico dell'acqua

Hauszuleitung → *Hausanschluß*

127 **Haut** f
□ hide, skin
△ derme m
○ pelle f

128 **Haut** f *(feiner Überzug)*
□ film
△ membrane f, tunique f
○ membrana f, pellicina f, tunica f

129 **Hautleim** m, **Lederleim** m
□ skin glue
△ colle f de peaux
○ colla f di pelle

130 **Hautleimfabrik** f
□ skin glue factory
△ fabrique f de colle de peaux
○ fabbrica f di colla di pelle

131 **Haworth-Verfahren** n
□ Sheffield [or Haworth] system of bioaeration
△ procédé m Sheffield, procédé m Haworth
○ processo m Sheffield, processo m Haworth

132 **Hebegerät** n, **Hebezeug** n
□ hoisting gear, lifting gear
△ appareil m de levage, engin m de levage
○ apparecchiatura f di sollevamento

133 **Hebel** m
□ lever
△ levier m
○ leva f, manovella f

134 **Hebelarm** m
□ lever arm
△ bras m de levier
○ braccio m di leva

135 **heben**
□ lift, raise
△ élever, soulever
○ elevare, sollevare

136 heben, fördern *(durch Pumpen)*, pumpen
□ lift, deliver
△ refouler
○ sollevare, sopraelevare

heben → *pumpen*

Heber → *Saugheber*

137 Heber *m*, selbstansaugender
□ self priming siphon
△ siphon *m* autoaspirant
○ sifone *m* auto-aspirante

138 Heberbeschickung *f*
□ syphon-feed
△ alimentation *f* par syphon
○ alimentazione *f* per sifone

139 Heberentlastung *f*, Heberüberfall *m*
□ siphon spillway
△ évacuateur *m* à siphon, déversoir *m* en siphon
○ sfioratore *m* a sifone

140 Heberleitung *f*
□ siphon piping, siphon conduit
△ conduite *f* en siphon
○ condotta-sifone *f*

Heberüberfall → *Heberentlastung*

Hebewerk für Schiffe → *Schiffshebewerk*

141 Hebewinde *f*
□ windlass
△ cric *m*
○ martinetto *m*

Hebezeug → *Hebegerät*

Hebezeug, hydraulisches → *Winde, hydraulische*

142 Hecht *m* *(Esox lucius)*
□ pike
△ brochet *m*
○ luccio *m*

Hechtbarsch → *Zander*

143 Hefe *f*
□ yeast
△ levure *f*
○ feccia *f*, lievito *m*

144 Hefefabrik *f*
□ yeast factory, yeast works *pl*
△ fabrique *f* de levure, levurerie *f*
○ fabbrica *f* di lievito

145 Hefepilz *m*, Sproßpilz *m*
□ yeast fungus
△ champignon *m* de la levure, saccharomyces *m* *pl*
○ saccaromiceto *m*

146 Hefepreßwasser *n*
□ yeast press liquor
△ liqueur *f* de pressage de levure
○ acqua *f* di rifiuto della spremitura di lievito

147 Hefezucht *f*
□ yeast propagation
△ culture *f* de levures, développement *m* de levures
○ coltura *f* di lieviti

148 Heide *f*
□ heath, heather
△ bruyère *f*, brande *f*, lande *f*
○ brughiera *f*

Heidemoor → *Hochmoor*

149 Heilbad *n*
□ mineral bath, spa
△ bain *m* curatif, bain *m* médicinal
○ bagno *m* termale, terme *f* *pl*

Heilquelle → *Mineralquelle*

150 Heilstätte *f*, Kuranstalt *f*, Sanatorium *n*
□ sanatorium, nursing home
△ station *f* thérapeutique, sanatorium *m*
○ casa *f* di cura, sanatorio *m*

Heilwasser → *Mineralwasser*

heiß → *warm*

151 Heißbitumenüberzug *m*
□ hot bituminous dip
△ goudronnage *m* à chaud au trempé, revêtement *m* bitumineux à chaud par immersion
○ rivestimento *m* bituminoso a caldo

152 heißgetrocknet
□ heat dried
△ séché à chaud, séché thermiquement
○ essiccato a caldo

Heißtrocknung → *Trocknung, heiße*

153 Heißvergärung *f*, Gärung *f*, heiße
□ hot fermentation, thermophilic aerobic digestion
△ fermentation *f* à chaud
○ fermentazione *f* calda, fermentazione *f* termofilica

Heißwasserbereiter
→ *Warmwasserbereiter*

Heißwasserspeicher
→ *Warmwasserspeicher*

Heißwasserversorgung
→ *Warmwasserversorgung*

154 heizen, beheizen
□ heat
△ chauffer
○ riscaldare, scaldare

155 Heizfläche *f*
□ heating surface, generating surface
△ surface *f* de chauffe
○ superficie *f* di riscaldamento, superficie *f* riscaldante

156 Heizkessel *m*
□ heater, boiler
△ chaudière *f*
○ caldaia *f*, caldaia *f* di acqua

157 **Heizkörper** m
☐ heating unit
△ dispositif m de chauffage
○ dispositivo m di riscaldamento, corpo m riscaldante

158 **Heizkraftwerk** n
☐ heating power station
△ centrale f thermique et de chauffage
○ centrale f termoelletrica di riscaldamento

159 **Heizöl** n
☐ fuel oil
△ huile f combustible
○ olio m combustibile, olio m da bruciare

160 **Heizöllagerung** f
☐ fuel-oil storage
△ stockage m de mazout, citernes f pl à mazout
○ stoccaggio m di olio combustibile

161 **Heizölsperre** f
☐ fuel overflow shut-off device
△ piège m à mazout
○ dispositivo m di ritenuta per oli

162 **Heizrohr** n
☐ heating tube
△ tuyau m de chauffage
○ tubo m di riscaldamento

163 **Heizschlange** f, **Heizspirale** f
☐ steam coil, heating coil
△ serpentin m de chauffage, serpentin m chauffé à la vapeur
○ serpentino m riscaldatore, tubo m a serpentino bollitore

Heizschlange → Rohrschlangenerhitzer

Heizspirale → Heizschlange

164 **Heizung** f, **Beheizung** f
☐ heating
△ chauffage m
○ riscaldamento m

Heizung, Faulraum~ → Faulraumheizung

165 **Heizverfahren** n
☐ heating method
△ méthode f de chauffage, procédé m de chauffage
○ metodo m di riscaldamento

166 **Heizverfahren** n, **direktes**
☐ direct-heating method
△ procédé m de chauffage direct
○ metodo m di riscaldamento diretto

167 **Heizwert** m
☐ calorific value, thermal value, fuel value
△ pouvoir m calorifique, puissance f calorifique
○ potere m calorifico

168 **Heizzylinder** m
☐ heating cylinder
△ cylindre m chauffant
○ cilindre m riscaldante

169 **Hektar** m, **ha**
☐ hectar
△ hectare m, ha
○ ettaro m

170 **Hektoliter** n, **hl**
☐ hectolitre, hectoliter (am)
△ hectolitre m, hl
○ ettolitro m

Heliozoum → Sonnentierchen

Heller → Anwachs

171 **Helling** f
☐ slip
△ cale f de construction
○ cala f di costruzione

172 **Helminthizid** n, **Wurmmittel** n
☐ helminthicide
△ helminthicide m
○ elminticida m

Helophyte → Sumpfpflanze

173 **Hemicellulose** f
☐ hemicellulose
△ hémicellulose f
○ emicellulosa f

174 **Hemmittel** n, **Hemmstoff** m
☐ inhibitor
△ inhibiteur m
○ inhibitore m

Hemmstoff → Hemmittel

175 **Hemmung** f **der Aktivität der Enzymwirkung**
☐ feedback inhibition
△ inhibition f de l'action des enzymes, freinage m de l'action enzymatique, suppression f de l'action enzymatique
○ inibizione f dell'azione delle enzime

176 **Hemmung** f **der Enzymproduktion, Drosselung** f **der Enzymproduktion**
☐ repression of enzyme synthesis
△ suppression f de la production d'enzymes, ralentissement m de la production d'enzymes
○ soppressione f della produzione delle enzime

177 **Hemmwirkung** f (biol.)
☐ inhibiting effect
△ effet m inhibiteur
○ effetto m inhibitore

178 **Hepatitis** f, **infektiöse**, **Gelbsucht** f, **ansteckende**
☐ infectious hepatitis, inefectious jaundice
△ hépatite f infectieuse, ictère m infectieux
○ epatite f infettiva, itterizia f infettiva

179 **herausnehmbar**
☐ retractable
△ amovible
○ retraibile

Herbizid → Unkrautvertilgungsmittel

180 Herbst *m*
- □ autumn, fall *(am)*
- △ automne *m*
- ○ autunno *m*

181 Herbstbewässerung *f*
- □ fall irrigation
- △ arrosage *m* d'automne, irrigation *f* automnale
- ○ irrigazione *f* autunnale

182 Herbstzirkulation *f (limnol.)*
- □ autumn overturn
- △ circulation *f* automnale
- ○ circolazione *f* autunnale

Herd, Verschmutzungs~ → *Verunreinigungsherd*

183 Herdmauer *f*, **Herdsporn** *m*, **Zungenmauer** *f*
- □ cutoff wall, toe wall
- △ parafouille *m*, mur *m* parafouille, mur *m* de pied
- ○ taglione *m*, muro *m* di piede

Herdsporn → *Herdmauer*

184 Hering *m (Clupea harengus)*
- □ herring
- △ hareng *m*
- ○ aringa *f*

herkömmlich → *konventionell*

185 Herstellerzeichen *n* (von Gußerzeugnissen)
- □ foundry mark
- △ marque *f* de fonderie
- ○ marchio *m* di fonderia

Herstellung, Lebensmittel~ → *Lebensmittelherstellung*

186 Herstellungsverfahren *n*, **Produktionsverfahren** *n*
- □ manufacturing process, production process
- △ procédé *m* de fabrication, méthode *f* de fabrication
- ○ processo *m* di fabbricazione

187 Hertz *n*, **Hz** *(electr.)*
- □ cycles *pl* per second, cps
- △ hertz *m*, périodes *f pl* par seconde
- ○ hertz *m*, Hz, cicli *m pl* per secondo

hervorquellen → *entspringen*

188 heterotroph
- □ heterotrophic
- △ hétérotrophe
- ○ eterotrofico

189 Heterotrophie *f*
- □ heterotrophism
- △ hétérotrophie *f*
- ○ eterotrofia *f*

190 Hexadecanol *n*, **Cetylalkohol** *m*
- □ hexadecanol, cetyl alcohol
- △ hexadécanol *m*, alcool *m* cétylique
- ○ esadecanolo *m*

191 Hexametaphosphat *n*
- □ glassy phosphate
- △ hexamétaphosphate *m*
- ○ esametafosfato *m*

192 Hexanlösliches *n*
- □ hexane solubles *pl*
- △ substances *f pl* solubles dans l'hexane
- ○ sostanze *pl* estraibili in esano

HHQ → *Hochwasserabfluß, höchster*

HHW → *Hochwasserstand, höchster*

193 Hilfsanlage *f*
- □ auxiliary plant
- △ installation *f* de secours, installation *f* auxiliaire
- ○ impianto *m* ausiliario

194 Hilfseinrichtung *f*
- □ accessory, auxiliary equipment
- △ installation *f* de secours, équipement *m* auxiliaire
- ○ equipaggiamento *m* ausiliare

195 Hilfsmittel *n*, **Mittel** *n*
- □ aid, means *pl*, agent
- △ moyen *m*, ressource *f*
- ○ mezzo *m*

Hilfsmittel, Filter~ → *Filterhilfsmittel*

196 Hilfsmuffe *f*, **schraubenlose**
- □ screwless adapter sleeve
- △ manchon *m* de secours sans vis
- ○ manicotto *m* ausiliario non filettato

197 Hilfspumpe *f*
- □ auxiliary pump, supplementary pump
- △ pompe *f* auxiliaire
- ○ pompa *f* ausiliaria

198 Hilfsquelle *f*
- □ resource
- △ ressource *f*
- ○ risorsa *f*

199 Hilfsregler *m*
- □ auxiliary governor, auxiliary regulator
- △ régulateur *m* auxiliaire
- ○ regolatore *m* ausiliario

200 Hilfswasserversorgung *f*, **Wasserversorgung** *f*, **behelfsmäßige**
- □ auxiliary water supply
- △ alimentation *f* en eau auxiliaire
- ○ alimentazione *f* d'acqua ausiliaria

201 hintereinander betreiben
- □ operate in series
- △ opérer en série
- ○ operare in serie, condurre in serie

202 hintereinandergeschaltet
- □ series-connected
- △ connecté en série
- ○ disposto in serie

203 **Hintereinanderschaltung** f, **Reihenschaltung** f, **Serienschaltung** f
□ series connexion
△ montage m en série, branchement m en série
○ montaggio m in serie, accoppiamento m in serie

hinterfüllen → *verfüllen*

Hinterfüllung → *Verfüllung*

Hintergrundradioaktivität → *Nulleffekt*

Hitze → *Wärme*

Hitzebehandlung → *Wärmebehandlung*

204 **hitzebeständig**
□ heat-resistant
△ résistant à la chaleur
○ resistente al calore

hl → *Hektoliter*

205 **hoch**
□ high
△ haut
○ alto

206 **Hochbau** m
□ surface engineering
△ construction f en surface, construction f au dessus du sol, travaux m pl de bâtiments
○ ingegneria f delle costruzioni fuori terra

207 **Hochbehälter** m
□ elevated reservoir, elevated tank, elevated basin, high-level reservoir, overhead tank
△ réservoir m en élévation, réservoir m surélevé
○ serbatoio m sopraelevato, serbatoio m elevato

Hochbehälter, Erd~ → *Erdhochbehälter*

Hochbehälter, Flur~ → *Erdhochbehälter*

208 **hochbelastet**
□ high-rate ...
△ ... à haute dosage, ... à forte charge
○ ... ad alto dosaggio

209 **hochchloren, überchloren**
□ superchlorinate
△ surchlorer
○ sopraclorare, superclorare

210 **Hochchlorung** f, **Starkchlorung** f, **Überchlorung** f, **Überschußchlorung** f
□ superchlorination, high chlorination, excess chlorination
△ surchloration f, chloration f à haute dose
○ sopraclorazione f, superclorazione f

211 **Hochdruckauslaß** m
□ high-pressure outlet
△ vidange m sous haute charge
○ scarico m ad alta pressione

212 **Hochdruckdampf** m
□ high-pressure steam
△ vapeur f à haute pression
○ vapore m ad alta pressione

213 **Hochdruckdampfmaschine** f
□ high-pressure engine
△ machine f à haute pression
○ macchina f a vapore ad alta pressione

214 **Hochdruckgebiet** n *(meteorol.)*
□ high pressure area
△ aire f de haute pression
○ area f di alta pressione

215 **Hochdruckkessel** m
□ high-pressure boiler
△ chaudière f (à) haute pression
○ caldaia f ad alta pressione

216 **Hochdruckmanometer** n
□ high pressure gauge
△ manomètre m à haute pression
○ manometro m ad alta pressione

217 **Hochdruckpumpe** f
□ high-pressure pump, high-lift pump
△ pompe f à haute pression, pompe f à forte pression
○ pompa f ad alta pressione

218 **Hochdruckspülung** f
□ high-pressure scouring
△ chasse f a haute pression
○ pulizia f con acqua ad alta pressione

219 **Hochdruckturbine** f
□ high-pressure turbine
△ turbine f à haute pression, turbine f à forte pression
○ turbina f ad alta pressione

220 **Hochdruckwasserschieber** m
□ high-pressure sluice valve
△ robinet-vanne m à haute pression, robinet-vanne m à forte pression
○ saracinesca f ad alta pressione

221 **Hochdruckzone** f, **Hochzone** f
□ high pressure zone, high pressure district, high service district, high level district
△ quartier m haut, haut service m
○ zona f alta, zona f ad alta pressione

222 **Hochebene** f
□ tableland, plateau, high plain
△ plateau m
○ altopiano m

223 **Hochfrequenztitration** f
□ high-frequency titration
△ titrage m à haute fréquence
○ titolazione f ad alta frequenza

224 **Hochlastbelebtschlammverfahren** n, **Belebungsverfahren** n, **hochbelastetes, Belebungsverfahren** n, **modifiziertes, (Hochleistungsbelebtschlammverfahren** n)
□ high-rate activated sludge process, modified aeration, modified activated sludge process
△ procédé m des boues activées à haut rendement, procédé m des boues activées à forte charge, aération f tempérée
○ processo m a fango attivato ad alta dosatura, processo m a fango attivato intensivo

225 **Hochlasttropfkörper** m, (**Hochleistungstropfkörper** m), **Spültropfkörper** m, **Tropfkörper** m, **gespülter**, **Tropfkörper** m, **hochbelasteter**
□ high-rate trickling filter, high-rate sprinkling filter
△ lit m bactérien à haut dosage, lit m bactérien à forte charge
○ letto m biologico ad alta dosatura, percolatore m intensivo

226 **Hochleistung** f
□ heavy duty, high capacity
△ (à) grand rendement m, (à) haute capacité f
○ ad alta efficienza f, ad alta capacità f

(**Hochleistungsbelebtschlammverfahren**)
→ *Hochlastbelebtschlammverfahren*

(**Hochleistungstropfkörper**)
→ *Hochlasttropfkörper*

227 **Hochmoor** n, **Heidemoor** n, **Torfmoor** n
□ raised bog, domed bog, high moss, peat bog, heather moor
△ tourbière f haute, tourbière f bombée
○ torbiera f alta

228 **Hochofen** m
□ blast furnace
△ haut fourneau m
○ alto forno m

Hochofengas → *Gichtgas*

229 **Hochofenschlacke** f
□ blast furnace slag
△ laitier m de hauts fourneaux, scorie f de hauts fourneaux
○ scoria f d'alto forno

230 **Hochofenzement** m, **Hüttenzement** m, **Schlackenzement** m
□ blast furnace cement, slag cement
△ ciment m de haut fourneau
○ cemento m d'alto forno

231 **hochpolymer**
□ high-polymer
△ haut polymère
○ polimero m ad elevato peso molecolare

232 **Hochpunkt** m (*einer Leitung*)
□ high point
△ point m haut
○ punto m alto

233 **Hochquelle** f
□ elevated spring, elevated source
△ source f haute, source f de montagnes
○ sorgente f montana

234 **hochradioaktiv**
□ high-level radioactive
△ fortement radio-actif, à forte radioactivité
○ a radioattività f intensa, fortemente radioattivo

235 **hochrein**
□ ultrapure
△ extrêmement pur, de très haute pureté
○ iperpuro

236 **Hochsee-** (*in Verbdg. m. and. Subst.*)
□ sea-going, ocean going
△ de haute mer
○ d'altura f

Hochseefischerei → *Meeresfischerei*

237 **Hochspannung** f
□ high voltage, high tension
△ haute tension f, haut voltage m
○ alta tensione f

238 **Hochufer** n
□ high bank
△ rive f élevée
○ sponda f alta

239 **Hochwasser** n
□ highwater, flood water, flood
△ crue f, hautes eaux f pl
○ piena f, acque f pl alte

Hochwasser, Entwurfs~ → *Entwurfshochwasser*

240 **Hochwasser** n, **höchstes**
□ maximum flood
△ crue f maximale
○ piena f massima

241 **Hochwasserabfall** m, **Abklingen** n **eines Hochwassers**, **Rückgang** m **eines Hochwassers**
□ flood recession, recession phase of flood
△ décrue f, baisse f des eaux
○ decrescita f di una piena, recessione f di una piena

242 **Hochwasserabfluß** m, **Abflußmenge** f **bei Hochwasser, HQ**
□ flood water flow, flood discharge, highwater flow
△ débit m de crue
○ portata f di piena, deflusso m alto, portata f alta

243 **Hochwasserabfluß** m, **höchster**, **Abflußmenge** f **bei höchstem Hochwasser, HHQ**
□ maximum flood water flow, maximum water flow
△ débit m maximal de crue
○ portata f massima, deflusso m massimo, portata f di piena massima

244 **Hochwasserabfluß** m, **mittlerer, MHQ**
□ mean high-water flow
△ débit m moyen de crue
○ portata f media di piena

Hochwasserablaß → *Regenauslaß*

Hochwasser(ablauf)berechnung
→ *Hochwasserberechnung*

245 **Hochwasseranstieg** m
□ growth of flood, increase (phase) of flood
△ montée f de la crue, accroissement m de la crue
○ fase f di crescita della piena

Hochwasserbecken → *Rückhaltebecken*

246 **Hochwasserberechnung** f, **Hochwasser-(ablauf)berechnung** f
- □ calculation of flood routing, hydraulic routing
- △ calcul m de la propagation des crues
- ○ calcolo m della propagazione di piena

247 **Hochwasserbett** n
- □ major bed
- △ lit m de crue, lit m majeur
- ○ alveo m di piena

248 **Hochwasserdamm** m
- □ flood-protection dam
- △ digue f contre les inondations
- ○ diga f contro le inondazioni

249 **Hochwasserdauer** f
- □ duration of flood period
- △ durée f de crue
- ○ durata f di piena

Hochwasserentlastung → *Hochwasserüberlauf*

250 **hochwasserfrei**
- □ out of reach of flood, above high-water mark
- △ à l'abri m des hautes eaux
- ○ al di sopra del livello di piena

251 **Hochwasserganglinie** f
- □ flood hydrograph
- △ courbe f des débits d'une crue
- ○ curva f delle portate di piena

252 **Hochwassergefahr** f
- □ flood danger
- △ danger m de crue, risque m de crue
- ○ pericolo m di piena

253 **Hochwasserhäufigkeit** f
- □ flood frequency
- △ fréquence f de crue
- ○ frequenza f delle piene

254 **Hochwassermarke** f, **Flutmarke** f, **Hochwasserstandszeichen** n
- □ flood level mark, high water mark
- △ repère m de crue
- ○ segno m di piena, traccia f di piena

255 **Hochwasserpegel** m, **Hochwasserstandsanzeiger** m
- □ floodometer
- △ échelle f de crue
- ○ idrometro m di piena

256 **Hochwasserregulierung** f
- □ flood control, flood regulation, high-water regulation
- △ régularisation f de la crue
- ○ regolarizzazione f delle piene

Hochwasserrückhaltebecken
→ *Rückhaltebecken*

257 **Hochwasserrückhaltevermögen** n
- □ flood absorption capacity, flood retention capacity
- △ effet m d'absorption de crues
- ○ capacità f di ritenzione delle piene

258 **Hochwasserschaden** m
- □ flood damage
- △ dommages m pl dus à l'inondation, dégats m pl causés par l'inondation, dommage m causé par les crues
- ○ danno m di piena

Hochwasserscheitel → *Hochwasserspitze*

259 **Hochwasserschutz** m
- □ flood protection, flood control measures pl
- △ défense f contre les crues
- ○ difesa f dalle piene

260 **Hochwasserspeicherbecken** n
- □ flood storage basin, flood storage reservoir
- △ réservoir m d'emmagasinement des crues
- ○ bacino m d'immagazzinamento delle piene

261 **Hochwasserspitze** f, **Hochwasserscheitel** m
- □ high-water peak, peak flood, flood peak
- △ pointe f de crue
- ○ punta f di piena

262 **Hochwasserstand** m, **HW**
- □ high water level, flood water level, flood stage
- △ niveau m de crue, niveau m d'inondation
- ○ livello m di piena

263 **Hochwasserstand** m, **höchster**, **HHW**, **Höchstwasserstand** m
- □ maximum flood water level, maximum water level, top water level
- △ niveau m maximal de crue, niveau m maximum
- ○ livello m di piena massima, livello m massimo

264 **Hochwasserstand** m, **mittlerer**, **MHW**
- □ mean high-water level
- △ niveau m moyen de crue
- ○ livello m medio delle acque alte

Hochwasserstand, niedrigerer, Tide~
→ *Tidehochwasserstand, niedrigerer*

Hochwasserstandsanzeiger
→ *Hochwasserpegel*

Hochwasserstandszeichen
→ *Hochwassermarke*

265 **Hochwasserüberlauf** m, **Hochwasserentlastung** f
- □ highwater overflow, highwater outlet sluice, spill-way, flood runoff, flood release
- △ déversoir m, évacuateur m de crues
- ○ sfioratore m, scaricatore m di piena

Hochwasserüberlauf → *Entlastungsanlage*

Hochwasserüberlauf → *Regenauslaß*

266 **Hochwasserüberlauf** *m* **mit kastenförmigem Überfall**
□ box-inlet drop spillway
△ évacuateur *m* de crues avec déversoir en forme de caisse
○ scaricatore *m* di piena con stramazzo in forma di cassa

267 **Hochwasserüberlauf** *m* **mit schrägem Stollen**
□ inclined tunnel spillway
△ évacuateur *m* de crue en galerie inclinée
○ scaricatore *m* di piena in galleria inclinata

Hochwasserüberschwemmungsgebiet
→ *Überschwemmungsgebiet*

268 **Hochwasserverschluß** *m*
□ flood gate
△ vanne *f* de crue
○ paratoia *f* di piena

269 **Hochwasservorhersage** *f*
□ flood forecast(ing)
△ prévision *f* de crue
○ predizione *f* di piena, preannuncio *m* di piena

270 **Hochwasserwarndienst** *m*
□ flood warning service
△ service *f* d'annonce de crue
○ servizio *m* di avvertimento di piena

271 **Hochwasserwarnung** *f*
□ flood warning
△ avertissement *m* de crue
○ avvertimento *m* di piena

272 **Hochwasserweg** *m*
□ floodway, flood path
△ voie *f* d'évacuation des crues
○ corso *m* di piena

273 **Hochwasserwelle** *f*, **Flutwelle** *f*
□ flood wave
△ onde *f* de crue
○ onda *f* di piena

Hochwasserwelle, Verlauf einer ~
→ *Verlauf einer Hochwasserwelle*

274 **Hochwasserzone** *f*
□ flood zone
△ zone *f* de crue
○ zona *f* di piena

Hochzone → *Hochdruckzone*

275 **Hockschale** *f* (*Abort*)
□ squatting pan
△ W.C. *m* "à la turque"
○ latrina *f* alla turca

276 **Höchst-** (*in Verbindung m. Subst.*)
□ maximum, peak
△ maximum, maximal
○ massimo, supremo

277 **Höchstdruck** *m*, **Maximaldruck** *m*
□ maximum pressure
△ pression *f* maximum
○ pressione *f* massima

278 **Höchstdruckgeschwindigkeit** *f*
□ maximum velocity of pressure
△ vitesse *f* maximale de pression
○ massima velocità *f* di pressione

279 **Höchstkonzentration** *f*, **zulässige**
□ maximum permissible concentration
△ concentration *f* maximum admissible
○ concentrazione *f* maximum ammissibile

280 **Höchstleistung** *f*
□ maximum output, peak efficiency, maximum capacity
△ débit-record *m*, débit *m* maximal
○ massimo carico *m*, massima portata *f*

281 **Höchstmenge** *f*, **Spitze** *f*
□ peak amount
△ pointe *f*
○ quantità *f* di punta

282 **Höchstverbrauch** *m*
□ maximum consumption, peak consumption
△ consommation *f* maximale, dépense *f* maximale
○ massimo consumo *m*

Höchstwasserstand → *Hochwasserstand, höchster*

283 **Höchstwert** *m*, **Maximalwert** *m*, **Maximum** *n*
□ maximum value
△ valeur *m* maximum
○ valore *m* massimo, massimo *m*

284 **Höchstwert** *m*, **zulässiger**
□ maximum permissible value
△ valeur *m* maximum admissible
○ valore *m* maximum amissibile

Höchstzufluß → *Anfallspitze*

285 **Höhe** *f*, **Höhenlage** *f*
□ height, altitude, elevation
△ hauteur *f*, altitude *f*
○ altezza *f*, altitudine *f*

Höhe, Damm~ → *Dammhöhe*

Höhe, Förder~ → *Förderhöhe*

Höhe, Gelände~ → *Geländehöhe*

286 **Höhe** *f*, **geodätische**
□ geodetic height
△ hauteur *f* géodétique
○ altezza *f* geodetica

Höhe, Pump~ → *Förderhöhe*

Höhe, Saug~ → *Saughöhe*

287 **Höhe** *f* **über dem Meeresspiegel**
□ altitude above sea-level
△ altitude *f* au-dessus du niveau de la mer
○ altezza *f* sul mare

Höhenbestimmung → *Vermessung*

288 **Höhenklima** *n*
□ alpine climate
△ climat *m* des régions élevées, climat *m* en altitude
○ clima *m* di montagna

Höhenkurve → *Höhenschichtlinie*

Höhenlage → *Höhe*
Höhenlinie → *Höhenschichtenlinie*

289 **Höhenlinienplan** m, **Höhenplan** m
□ contour map
△ carte f en courbes de niveau, carte f isohypse
○ carta f a curve di livello

Höhenmarke → *Festpunkt*
Höhenmessung → *Hypsometrie*
Höhenplan → *Höhenlinienplan*

290 **Höhenschichtenlinie** f, **Höhenkurve** f, **Höhenlinie** f, **Kurve** f, **hypsographische**
□ contour, contour line, hypsographic curve
△ courbe f de niveau, isohypse f
○ curva f di livello del terreno, linea f di livello del terreno

291 **Höhenunterschied** m
□ difference in level
△ dénivellement m, dénivellation f
○ dislivello m

292 **Höhenzug** m
□ range of hills, ridge of hills
△ chaîne f de collines
○ catena f di altura

293 **Höhere Gewalt** f
□ act of Providence, force majeure
△ force f majeure
○ forza f maggiore

294 **Höhle** f
□ cavern, cave
△ caverne f
○ caverna f, cavità f

295 **Höhlenwasser** n, **Gerinnegrundwasser** n, **Kluftwasser** n
□ crevice water
△ eau f vauclusienne, eau f de crevasse, eau f de diaclase
○ acqua f subalvea, acqua f di cavità

296 **Hoheitsgebiet** n
□ (national) territory
△ territoire m national
○ territorio m nazionale

297 **Hoheitsgewässer** n
□ territorial waters pl
△ eaux f pl territoriales
○ acque f pl territoriali

298 **Hohlfaser** f
□ hollow fiber
△ fibre f creuse
○ fibra f cava

299 **Hohlfaserbündel** n *(Entsalzung)*
□ hollow-fibre bundle
△ faisceau m de fibres creuses
○ fascio m di fibre cave

Hohlgewichtsmauer → *Hohlmauer*

300 **Hohlmauer** f, **Hohlgewichtsmauer** f
□ hollow gravity dam
△ barrage m évidé
○ diga f alleggerita

301 **Hohlpfeilermauer** f, **Pfeilerzellenmauer** f
□ hollow buttress dam, cellular buttress gravity dam
△ barrage m poids-allégé à éléments évidés
○ diga f a gravità alleggerita ad elementi cavi

302 **Hohlraum** m, **Zwischenraum** m
□ cavity, hollow space, interstice, void
△ cavité f, creux m, espace m creux, vide m, interstice m
○ vano m, interstizio m, vuoto m

Hohlraum → *Lunker*

Hohlraumanteil, durchflußwirksamer → *Hohlraumgehalt, nutzbarer*

303 **Hohlraumgehalt** m, **Porengehalt** m, **Porenraum** m, **Porenvolumen** n, **Porigkeit** f, **Porosität** f
□ pore space, interstice, void space, volume of interstices, porosity
△ volume f des vides, vides m pl laissés entre les grains, porosité f
○ contenuto m dei pori, porosità f

304 **Hohlraumgehalt** m, **nutzbarer** *(hydrol.)*, **Hohlraumanteil** m, **durchflußwirksamer**, **Porosität** f, **nutzbare** *(hydrol.)*, **Wasserlieferung** f, **spezifische, des Bodens** *(hydrol.)*
□ specific yield of pore space, effective porosity
△ porosité f utile, porosité f effective
○ porosità f utilizzabile

305 **Hohlraumgehalt** m, **relativer**, **Porenraum** m, **relativer**
□ void ratio, relative pore space
△ indice m des vides
○ indice m dei vuoti

Hohlraumwasser → *Porenwasser*

Hohlsog → *Kavitation*

306 **Hohlwelle** f *(mech.)*
□ hollow shaft, quill shaft
△ arbre m creux, axe m creux
○ albero m cavo, asse m cavo

307 **Holz** n
□ wood, timber, lumber
△ bois m
○ legno m

Holz, Bau~ → *Bauholz*
Holz, Kant~ → *Kantholz*

308 **Holzabfallverarbeitung** f
□ wood-waste processing
△ traitement m des déchets de bois
○ trattamento m degli scarichi dell'industria del legno

309 **Holzbelag** m
□ timber planking
△ bordé m en bois
○ manto m in legno

Holzdaubenrohr → *Holzrohr*

310 **Holzfaser** f
- □ wood fiber
- △ fibre f ligneuse
- ○ fibra f legnosa

311 **Holzfaserplatte** f, **Hartfaserplatte** f, **Preßfaserplatte** f
- □ fiber board, hardboard
- △ panneau m isolant de fibre de bois, panneau m dur, plaque f en fibre dure, panneau m en fibre de bois comprimée
- ○ lastra f di fibra di legno

312 **Holzhordenrieseler** m
- □ wood hurdle scrubber
- △ ruisseleur m à lattes de bois
- ○ scrubber m a graticcio di legname

313 **Holzkohle** f
- □ charcoal
- △ charbon m de bois
- ○ carbone m di legno

314 **Holzkonservierung** f, **Holzschutz** m
- □ wood preserving operations pl
- △ préservation f du bois, protection f du bois, traitement m de conservation du bois
- ○ conservazione f di legno

315 **Holzkonservierungsmittel** n, **Holzschutzmittel** n
- □ wood preservative
- △ agent m pour la conservation du bois
- ○ prodotto m per la conservazione del legno

316 **Holzkonstruktion** f
- □ framing, timber support
- △ charpente f
- ○ armatura f di legno, intelaiatura f di legno

317 **Holzrohr** n, **Daubenrohr** n, **Holzdaubenrohr** n, **Holzvorbaurohr** n
- □ wooden stave pipe
- △ tuyau m en douves de bois, tuyau m en bois
- ○ tubo m di legno

318 **Holzschleiferei** f, **Holzstoffabrik** f
- □ wood pulp factory, wood pulp works pl, groundwood mill
- △ fabrique f de pâte de bois, usine f de pâte de bois
- ○ fabbrica f della pasta di legno, fabbrica f di pastalegno

319 **Holzschliff** m, **Holzstoff** m
- □ groundwood, mechanical wood pulp, wood pulp
- △ pâte f de bois, pâte f mécanique
- ○ pasta f di legno

Holzschliff → *Weißschliff*

Holzschliff, brauner → *Braunschliff*

Holzschutz → *Holzkonservierung*

Holzschutzmittel → *Holzkonservierungsmittel*

Holzstoff → *Holzschliff*

Holzstoffabrik → *Holzschleiferei*

320 **Holzteer** m
- □ wood tar
- △ goudron m de bois
- ○ catrame m di legna

Holzung → *Wald*

321 **Holzveredlungsindustrie** f
- □ wood-derivatives industry
- △ industrie f des dérivés du bois, industrie f du finissage du bois
- ○ industria f di finissaggio di legno

322 **Holzverkohlungsanlage** f
- □ wood carbonization plant, wood distillation plant
- △ installation f productrice de charbon de bois, atelier m de carbonisation du bois
- ○ impianto m di carbonizzazione di legno

323 **Holzverschalung** f
- □ timber shuttering, timber forms pl, timber formwork
- △ coffrage m en bois
- ○ cassaforma f di legno

324 **Holzverzuckerung** f
- □ wood pulp hydrolysis
- △ hydrolyse f du bois, saccharification f du bois
- ○ idrolizzazione f del legno

325 **Holzverzuckerungsanlage** f
- □ wood pulp hydrolysis plant, pulp hydrolysis plant
- △ installation f d'hydrolyse du bois
- ○ impianto m di idrolizzazione del legno

Holzvorbaurohr → *Holzrohr*

326 **Holzwollfilter** n
- □ wood-wool strainer
- △ filtre m à laine de bois
- ○ filtro m a lana di legno

327 **Holzwollseil** n
- □ wood-fiber braid
- △ tresse f de fibre de bois
- ○ corda f di paglietta di legno

homogen → *gleichartig*

328 **Homogenisierung** f
- □ homogenizing
- △ homogénéisation f
- ○ omogeneizzazione f

Homogenität → *Gleichartigkeit*

329 **Hopfen** m
- □ hop, hops pl
- △ houblon m
- ○ luppolo m

330 **Hopfenpreßwasser** n
- □ hop press liquor
- △ eau f de presse du houblon
- ○ acqua f di rifiuto della spremitura del luppolo

331 **Hopfenwaschwasser** n
- □ hops rinse effluent
- △ eaux f pl de lavage du houblon
- ○ acqua f di lavaggio del luppolo

332 Hordenrieseler m
- □ hurdle scrubber
- △ scrubber m par ruissellement sur plateaux
- ○ scrubber m a graticci

333 Horizont m, **Bodenhorizont** m
- □ horizon
- △ horizon m
- ○ orizzonte m

Horizont, Eluvial~ → A-Horizont

horizontal → waagerecht

334 Horizontal-Fallfilmverdampfer m
- □ horizontal falling-film evaporator
- △ évaporateur m à tubes horizontaux film descendant
- ○ evaporatore m a tubi orizzontali a film discendente

335 Horizontal-Langrohrverdampfer m
- □ horizontal long-tube evaporator
- △ évaporateur m à longs tubes horizontaux, évaporateur m multiflash à longs tubes
- ○ evaporatore m a tubi lunghi orizzontali, evaporatore m ad espansioni multiple a tubi lunghi

Horizontalbrunnen
→ Horizontalfilterbrunnen

Horizontalfassung
→ Horizontalfilterbrunnen

336 Horizontalfilterbrunnen m, **Filterbrunnen** m, **horizontaler**, **Horizontalbrunnen** m, **Horizontalfassung** f
- □ horizontal filter well, horizontal well, collector well, radial collector well
- △ puits m filtrant horizontal, puits m à drains rayonnants, puits m horizontal, puits m à drains horizontaux, puits m radial
- ○ pozzo m filtrante orizzontale, pozzo m orizzontale, pozzo m a raggiera

337 Horizontalgußrohr n, **Rohr** n, **liegend gegossenes**
- □ horizontally cast pipe
- △ tuyau m coulé horizontalement
- ○ tubo m fuso orizzontalmente

338 Horizontalkreiselpumpe f
- □ horizontal centrifugal pump, horizontal rotary pump
- △ pompe f centrifuge à axe horizontal
- ○ pompa f centrifuga orizzontale

339 Horizontalrohr-Mehrstufendestillation f
- □ horizontal tube multistage evaporation
- △ évaporation f multiétage à tubes horizontaux
- ○ evaporazione f multistadia a tubi orizzontali

340 Horizontalverbau m
- □ horizontal timbering
- △ boisage m horizontal, étançonnement m horizontal
- ○ puntellatura f orizzontale, armatura f orizzontale

341 Hormon n
- □ hormone
- △ hormone f
- ○ ormone m

342 Hornersche Wippe f, **Wippe** f (Regenmesser)
- □ tipping bucket
- △ auget m basculeur
- ○ secchio m a bilancia

343 Hosenrohr n, **Gabelrohr** n, **H-Stück** n, **Hosenstück** n
- □ breeches pipe, Y-branch, wye branch
- △ culotte f, culotte f simple, té m à tubulure oblique
- ○ tubo m a forchetta, braca f

Hosenstück → Hosenrohr

Hosenstück mit drei Flanschen
→ Flanschhosenstück

HQ → Hochwasserabfluß

344 H/Q-Charakteristik f
- □ head-capacity curve
- △ courbe f caractéristique hauteur/débit
- ○ curva f caratteristica altezza/portata

HThw → Tidehochwasserstand, höchster

HTnw → Tideniedrigwasserstand, höherer

345 Hub m
- □ lift, stroke, travel
- △ coup m, course f, levée f
- ○ corsa f, colpo m, sollevamento m

Hub, Arbeits~ → Arbeitshub

Hub, Kolben~ → Kolbenhub

Hub, Pumpen~ → Pumpenhub

Hubhöhe → Gezeitenhub

346 Hubmagnet m
- □ lifting magnet
- △ électro-aimant m porteur, électro-aimant m de levage
- ○ magnete m elevatore

347 Hubmotor m
- □ hoist motor
- △ moteur m de levage
- ○ motore m di sollevamento

348 Hubspindel f
- □ rising stem
- △ vis f de manoeuvre
- ○ vite f di sollevamento

349 Hubtor n (b. Schleusen)
- □ vertical-lift lockgate
- △ porte f levante
- ○ porta f ad alzata verticale

350 Hubwerk n
- □ hoisting gear
- △ dispositif m de levage
- ○ dispositivo m di sollevamento

351 Hügel m
- □ hill, downs pl
- △ colline f, coteau m
- ○ colle m, collina f

352 hügelig
□ hilly
△ montueux, couvert de collines
○ collinare, collinoso

353 Hühnerdung m, **Geflügeldung** m
□ poultry manure
△ fiente f de volailles
○ scarichi m pl di allevamenti di pollame

354 Hühnerfarm f, **Geflügelfarm** f
□ egg-laying house
△ exploitation f avicole
○ azienda f avicola

Hülle, Gallert~ → *Gallerthülle*

Hülsenfruchter → *Leguminosen*

355 Hülsrohr n
□ protecting tube
△ tube m de rallonge, tube-allonge m, allonge f
○ tubo m campano, tubo m protettore

356 Hülsrohr n **für ovalen Schieber**
□ protecting tube for oval gate-valve
△ lunette f pour robinet-vanne ovale
○ tubo m protettore per saracinesca ovale

357 Hülsrohrdeckel m
□ cover of the protecting tube
△ couvercle m pour un tube de rallonge
○ coperchio m per il tubo protettore

358 Hütte f, **Hüttenwerk** n
□ smelting works pl, steel mill, metallurgical plant
△ usine f métallurgique, établissement m métallurgique
○ stabilimento m metallurgico

Hütte, Eisen~ → *Eisenhütte*

Hüttenwerk → *Hütte*

Hüttenzement → *Hochofenzement*

359 Humerohr n
□ hume pipe
△ tuyau m procédé Hume
○ tubo m di Hume

Humid, semi~ → *semihumid*

360 Huminsäure f, **Humussäure** f
□ humic acid, ulmic acid
△ acide m humique
○ acido m umico

361 Huminstoffe m pl
□ humates pl, ulmous substances pl
△ matières f pl humiques, substances f pl humiques
○ sostanze f pl umiche

362 Humus m
□ humus
△ humus m
○ humus m, geina f

Humus, Roh~ → *Rohhumus*

363 Humusanreicherung f
□ increasing the humus content
△ enrichissement m en humus, augmentation f de la teneur en humus
○ arricchimento m del tenore in humus

364 Humusbestandteile m pl
□ constituents pl of humus
△ parties f pl humiques
○ parti f pl umiche

Humussäure → *Huminsäure*

365 Humusschicht f
□ layer of humus, stratum of humus
△ couche f d'humus, couche f humique
○ strato m dell'humus

HW → *Hochwasserstand*

366 Hydrant m, **Wasserpfosten** m
□ hydrant
△ borne-fontaine f, hydrant m
○ idrante m

Hydrant mit runder Straßenkappe, Unterflur~ → *Unterflurhydrant mit runder Straßenkappe*

Hydrant mit viereckiger Straßenkappe, Unterflur~ → *Unterflurhydrant mit viereckiger Straßenkappe*

Hydrant, Schieber~ → *Schieberhydrant*

Hydrant, Straßen~ → *Straßenhydrant*

Hydrant, Überflur~ → *Überflurhydrant*

Hydrant, Unterflur~ → *Unterflurhydrant*

Hydrant, Ventil~ → *Ventilhydrant*

367 Hydrantenfußkrümmer m
□ foot bend for hydrants, 90° hydrant bend
△ coude m à pied pour une bouche d'incendie, coude m à patin pour une bouche d'incendie
○ curva f a supporto per idrante

368 Hydrantenkappe f, **Säulenspitze** f, **Schutzhaube** f
□ hydrant bonnet, hydrant cap
△ chapeau m de borne-fontaine
○ chiusino m per idrante

369 Hydrantenschild n, **Straßenschild** n **eines Hydranten**
□ wall-plate for hydrant
△ plaque f indicatrice d'hydrant
○ lastra f indicatrice d'idrante

370 Hydrat n
□ hydrate
△ hydrate m
○ idrato m

371 Hydratbildung f
□ hydrate formation
△ formation f d'hydrates
○ formazione f di idrati

372 Hydratisierung f
□ hydration
△ hydratation f
○ idratazione f

373 **Hydratverfahren** n *(d. Entsalzung)*
□ hydrate process
△ procédé m à l'hydrate, méthode f à l' hydrate
○ processo m agli idrati

Hydratwasser → *Kristallwasser*

374 **Hydraulik** f, **Wasserbewegungslehre** f
□ hydraulics
△ hydraulique f
○ idraulica f

375 **hydraulisch**
□ hydraulic
△ hydraulique
○ idraulico

376 **Hydrazin** n
□ hydracine
△ hydrazine f
○ idrazina f

377 **Hydrierung** f
□ hydrogenation
△ hydrogénation f
○ idrogenazione f

378 **Hydrobiologie** f
□ hydrobiology
△ hydrobiologie f
○ idrobiologia f

379 **hydrobiologisch**
□ hydrobiological
△ hydrobiologique
○ idrobiologico

Hydrocarbonat → *Bicarbonat*

380 **Hydrodynamik** f, **Strömungslehre** f
□ hydrodynamics
△ hydrodynamique f
○ idrodinamica f

Hydrofauna → *Wasserfauna*

381 **Hydrogeochemie** f
□ hydrogeochemistry
△ hydrogéochimie f
○ idrogeochimica f

382 **Hydrogeologie** f
□ hydrogeology, geohydrology
△ hydrogéologie f
○ idrogeologia f

383 **hydrogeologisch**
□ hydrogeological
△ hydrogéologique
○ idrogeologico

Hydrograph → *Ganglinie des Wasserstandes*

Hydrograph → *Gewässerkundler*

Hydrograph, Einheits~ → *Einheitshydrograph*

Hydrographie → *Gewässerkunde*

hydrographisch → *gewässerkundlich*

384 **Hydrokultur** f, **Hydroponik** f
□ hydro-cultivation, hydroponics, aquaculture
△ aquaculture f
○ idrocoltura f, acquicoltura f

385 **Hydrologie** f
□ hydrology
△ hydrologie f
○ idrologia f

Hydrologie → *Gewässerkunde*

Hydrologie des Grundwassers → *Geohydrologie*

Hydrologie, Geo~ → *Geohydrologie*

Hydrologie, Grundwasser~ → *Geohydrologie*

hydrologisch → *gewässerkundlich*

386 **Hydrolyse** f
□ hydrolysis
△ hydrolyse f
○ idrolisi f

387 **Hydromechanik** f, **Mechanik** f **der Flüssigkeiten**
□ hydromechanics, fluid mechanics
△ mécanique f des fluides
○ meccanica f dei fluidi

388 **Hydrometeorologie** f
□ hydrometeorology
△ hydrométéorologie f
○ idrometeorologia f

389 **Hydrometrie** f, **Meßwesen** n, **hydrologisches**, **Wassermessung** f, **Wassermeßwesen** n
□ hydrometry, (water) gauging, (water) metering
△ hydrométrie f
○ idrometria f

390 **hydrometrisch**
□ hydrometric
△ hydrométrique
○ idrometrico

391 **hydrophil**
□ hydrophilic
△ hydrophile
○ idrofilo

392 **hydrophob, wasserabweisend**
□ hydrophobic
△ hydrophobe
○ idrofobo

393 **Hydrophor** m, **Druckwindkessel** m
□ pneumatic steel storage tank
△ hydrophore m
○ idroforo m

Hydrophyte → *Wasserpflanze*

Hydroponik → *Hydrokultur*

394 **Hydrosphäre** f, **Wasserhülle** f **der Erde**
□ hydrosphere
△ hydrosphère f
○ idrosfera f

395 **Hydrostatik** f
□ hydrostatics
△ hydrostatique f
○ idrostatica f

Hydrotherapie → *Wasserheilbehandlung*

Hydrotherapuetik → *Wasserheilkunde*

396 **Hydroxid** n
□ hydroxide
△ hydroxyde m
○ idrossido m

397 **Hydroxidschlamm** m
□ hydroxide sludge
△ boue f d'hydroxyde
○ fanghi m pl di idrossidi

Hydrozyklon → *Zykloneindicker*

Hygiene → *Gesundheitswesen*

Hygiene, allgemeine → *Umwelthygiene*

Hygiene, Gewerbe~ → *Gewerbehygiene*

Hygiene, Trinkwasser~ → *Trinkwasserhygiene*

Hygiene, Umwelt~ → *Umwelthygiene*

398 **Hygieniker** m
□ hygienist
△ hygiéniste m
○ igienista m

399 **hygienisch**
□ hygienic
△ hygiénique
○ igienico

Hygienisierung → *Desinfektion*

400 **Hygrometer** m, **Feuchtigkeitsmesser** m
□ hygrometer, moisture meter
△ hygromètre m, humètre m, humidimètre m
○ igrometro m, umidometro m

hygroskopisch → *wasseranziehend*

401 **Hygroskopizität** f, **Wasseranziehungskraft** f
□ hygroscopicity
△ hygroscopicité f, pouvoir m hygroscopique
○ igroscopicità f

Hyperfiltration → *Gegenosmose*

402 **Hypertrophierung** f, **Eutrophierung** f, **übermäßige**
□ hypertrophication
△ hyper-eutrophisation f, eutrophisation f excessive
○ eutrofizzazione f al massimo livello

403 **Hypochlorit** n, **Salz** n, **unterchlorigsaures**
□ hypochlorite
△ hypochlorite m
○ ipoclorito m

404 **Hypochlorit-Dosiergerät** n
□ hypochlorinator
△ doseur m d'hypochlorite, appareil m doseur d'hypochlorite
○ dosatore m per ipoclorito

Hypochloritlauge → *Bleichlauge*

405 **Hypochlorung** f, **Unterchlorung** f
□ hypochlorination
△ hypochloration f, sous-chloration f
○ ipoclorazione f

406 **Hypolimnion** n *(limnol.)*
□ hypolimnion
△ hypolimnion m
○ ipolimnion m

407 **Hypsometrie** f, **Höhenmessung** f
□ hypsometry, altimetry
△ hypsométrie f, altimétrie f
○ ipsometria f, altimetria f

Hz → *Hertz*

1 **Igelskolben** m, astloser *(Sparganium simplex)*
□ simple burr-reed
△ sparganier m
○ sparganio m

Illuvialhorizont → *B-Horizont*

Imhoffbrunnen → *Emscherbrunnen*

Imhoffglas → *Absetzglas nach Imhoff*

Imhofftrichter → *Absetzglas nach Imhoff*

2 **Immission** f
□ immission
△ immission f
○ immissione f

3 **Immissionsbelastung** f
□ immission load
△ charge f d'immission, nuisance f due à l'immission
○ carico m di una immissione

4 **Immissionsgrenzwert** m
□ immission limit, immission standard
△ valeur f limite d'immission
○ limite m d'immissione

5 **Immissionskonzentration** f, **maximale, MIK-Wert** m
□ ambient air quality standard
△ concentration f maximale d'immission, valeur f MIK
○ concentrazione f massima d'immissione, valore m MIK

6 **Immissionsschaden** m
□ immission damage
△ dégâts m pl causés par l'immission, préjudice m causé par l'immission
○ danno m dovuto alle immissioni

7 **Immissionsschutz** m
□ immission control
△ protection f contre l'immission, lutte f contre l'immission
○ controllo m delle immissioni

Immissionsverfahren → *Tracerverfahren*

8 **Immunisation** f
□ immunization
△ immunisation f
○ immunizzazione f

9 **immunisieren**
□ immunize
△ immuniser
○ immunizzare

10 **Immunologie** f
□ immunology
△ immunologie f
○ immunologia f

11 **Immunstoff** m, **Antigen** n
□ antigen
△ antigène m
○ antigene m, sostanza f immunizzante

12 **Impfeinrichtung** f
□ inoculation contrivance
△ dispositif m d'ensemencement
○ dispositivo m di insemenzamento

13 **impfen, animpfen**
□ seed, inoculate
△ inoculer, ensemencer
○ inoculare, vaccinare

14 **Impfkultur** f
□ culture inoculum
△ culture f d'ensemencement, inoculum m
○ cultura f di insemenzamento, inoculo m

15 **Impfnadel** f
□ inoculation needle
△ aiguille f pour ensemencements
○ ago m per inoculo

16 **Impfnadel** f **mit Öse**
□ loop inoculating needle, loop
△ boucle f pour ensemencements, öse f
○ ansa f per insemenzamento

Impfnadel, Platindraht-~ → *Platindraht-Impfnadel*

17 **Impfschlamm** m
□ seeding sludge, seed sludge
△ boue[s] f [pl] d'ensemencement
○ fango m d'inoculazione

18 **Impfung** f
□ seeding, inoculation, vaccination, nucleation
△ ensemencement m, inoculation f, vaccination f
○ inoculazione f, vaccinazione f

19 **Impfung** f **der Nährböden**
□ seeding of the culture medium, inoculation of the culture medium
△ ensemencement m sur [ou en] milieu
○ inoculazione f dei terreni nutritivi

20 **imprägnieren**
□ impregnate
△ imprégner
○ impregnare, iniettare

21 **Impuls** m, **Bewegungsgröße** f
□ impulse
△ impulsion f
○ impulso m

22 **Impuls** m *(radiol.)*
□ impulse, pulse
△ impulsion f, coup m
○ impulso m

23 **Impulsfrequenzmesser** m
□ ratemeter, frequency recorder
△ enregistreur m de fréquence d'impulsions
○ registratore m di frequenza di impulsi

24 **Impulsfrequenzverfahren** n *(Fernwirktechnik)*
□ pulse-frequency method of transmission
△ mode m de transmission par fréquence d'impulsions
○ metodo m di trasimissione con frequenza d'impulsi

25 **Impulsvorwahl** f
□ preset count
△ numération f fixée, numération f prédéterminée
○ impulsi m pl prefissati

26 **Inbetriebnahme** f
- initial start-up, start-up of operation, starting-up
- mise f en service, démarrage m initial
- messa f in servizio, messa f in attività

Inbetriebsetzen → Anfahren

27 **Inbetriebsetzung** f **eines Brunnens**
- completion of a well
- complétion f d'un puits
- messa f in opera di un pozzo

Index, Sättigungs~ → Sättigungsindex

Index, Schlammvolumen~ → Schlammindex

Index, Schmutz~ → Schmutzindex

28 **indifferent**
- indifferent
- indifférent
- indifferente

29 **Indikator** m
- indicator
- indicateur m, réactif m indicateur
- indicatore m

Indikatorpflanzen → Leitpflanzen

indirekt → mittelbar

30 **Indischer Ozean** m
- Indian Ocean
- Océan m Indien
- Oceano m Indiano

31 **Indolbildner** m
- indol bacterium
- bactérie f indologène, indologène
- batteri m pl formanti indolo

32 **Industrialisierung** f
- industrialization
- industrialisation f
- industrializzazione f

33 **Industrie** f
- industry
- industrie f
- industria f

34 **Industrie** f, **erdölverarbeitende**
- crude oil processing industry
- industrie f pétrolière, industrie f transformatrice de pétrole brut
- industria f di raffinazione del petrolio

Industrie, Holzveredlungs~ → Holzveredlungsindustrie

35 **Industrie** f, **metallbearbeitende**
- metal-working industry
- industrie f d'usinage des métaux
- industria f di lavorazione dei metalli

36 **Industrie** f, **pharmazeutische, Arzneimittelindustrie** f
- pharmaceutical industry, drug industry
- industrie f pharmaceutique
- industria f farmaceutica

Industrieabfall → Abfall, gewerblicher

Industrieabwasser → Abwasser, gewerbliches

37 **Industriegebiet** n, **Industriegegend** f, **Industrierevier** n, **Industrieviertel** n
- industrial area, industrial site, manufacturing area, manufacturing site
- zone f industrielle
- zona f industriale

Industriegegend → Industriegebiet

Industriemüll → Abfall, gewerblicher

Industrierevier → Industriegebiet

Industrieviertel → Industriegebiet

38 **inert**
- inert
- inerte
- inerte

39 **Inertmaterial** n
- inert material
- matière f inerte, substance f inerte
- materiale m inerte

infektiös → ansteckend

Infektion → Ansteckung

Infektionen, Magen-Darm-~ → Magen-Darm-Infektionen

Infektionskrankheit → Ansteckungskrankheit

40 **Infektionskrankheit** f, **meldepflichtige, Ansteckungskrankheit** f, **meldepflichtige**
- reportable pathogenic disease
- maladie f infectieuse devant être signalée
- malattia f infettiva soggetta a obbligo di denuncia

Infiltration → Durchsickerung

Infiltration, Grundwasser~ → Grundwasserandrang

41 **Infiltration** f, **künstliche**
- induced infiltration
- infiltration f provoquée, infiltration f induite, infiltration f artificielle
- infiltrazione f artificiale, infiltrazione f indotta

42 **Infiltrationsfläche** f, **Infiltrationsgebiet** n
- recharge area
- aire f d'infiltration, zone f de réalimentation
- zona f di ricarica

Infiltrationsgebiet → Infiltrationsfläche

43 **Infiltrationshöhe** f
- depth of infiltration
- profondeur f d'infiltration
- profondità f d'infiltrazione

44 **Infiltrationskapazität** f, **Sickerfeldkapazität** f, **Sickerleistung** f, **Versickerungsleistung** f
- infiltrative capacity, percolative capacity, recharge capacity
- capacité f d'infiltration
- capacità f d'infiltrazione

45 Infiltrationsrate f, **Infiltrationsspende** f
☐ infiltration rate
△ taux m d'infiltration
○ tassa f d'infiltrazione

Infiltrationsspende → *Infiltrationsrate*

46 Infiltrationssumme f
☐ amount of infiltration
△ volume m d'infiltration
○ portata f d'infiltrazione

Infiltrator → *Schräginfiltrator*

47 infrarot
☐ infrared
△ infrarouge
○ infrarosso

48 Infrarot-Gasanalyse f
☐ infrared gas analysis
△ analyse f de gaz par infra-rouge
○ analisi f dei gas all'infrarosso

49 Infrarotabsorptionsspektrometrie f
☐ infrared absorption spectrometry
△ spectrométrie f d'absorption infra-rouge
○ spettrometria f di assorbimento all' infrarosso

Infusorien → *Aufgußtierchen*

50 Ingenieur m
☐ engineer
△ ingénieur m
○ ingegnere m

51 Ingenieur m, **beratender**
☐ consulting engineer, advisory engineer
△ ingénieur m consultant, ingénieur-conseil m
○ ingegnere m consulente

Ingenieur, Gesundheits~ → *Gesundheitsingenieur*

Ingenieurbiologie → *Biotechnik*

52 Ingenieurgeologie f
☐ engineering geology
△ géologie f appliquée
○ geologia f applicata

Inhalt eines Raumes → *Rauminhalt*

Inhalt, Gesamt~ → *Gesamtinhalt*

Inhaltsstoff → *Bestandteil*

Inhibierung, Korrosions~ → *Korrosionsverhütung*

Injektion → *Einpressung*

Injektion, chemische → *Verfestigung, chemische*

Injektion, Zement~ → *Zementeinpressung*

Injektor → *Wasserstrahlpumpe*

53 Inkorporation f
☐ incorporation
△ incorporation f
○ incorporazione f

54 inkorporieren
☐ incorporate
△ incorporer
○ incorporare

Inkrustation → *Verkrustung*

inkrustieren → *verkrusten*

Inkubationszeit → *Bebrütungszeit*

55 innen und außen asphaltiert
☐ lined and coated with bitumen, coated inside and outside with bitumen
△ goudronné intérieurement et extérieurement
○ asfaltato internamente e esternamente

Innenanstrich → *Anstrich, innerer*

56 innenbeheizt
☐ internally heated
△ à chauffage interne
○ a riscaldamento interno

57 Innendruck m
☐ internal pressure
△ pression f intérieure
○ pressione f interna

58 Innendruckprüfung f
☐ internal pressure test
△ essai m de pression intérieure
○ prova f di pressione interna

Innendurchmesser → *Lichtweite*

59 Innengewinde n
☐ female screw, internal screw, female thread, internal thread
△ filet m intérieur, filetage m intérieur, filetage m femelle
○ filettatura f interna

60 Innenkorrosion f
☐ internal corrosion
△ corrosion f interne
○ corrosione f interna

61 Innenleibung f
☐ intrados, soffit
△ intrados m
○ intradosso m

62 Innenradius m
☐ radius of intrados, radius of soffit
△ rayon m d'intrados
○ raggio m d'intradosso

63 Innenrüttler m
☐ internal vibrator
△ pervibrateur m
○ vibratore m interno

64 Innenschutz m
☐ internal protection
△ protection f interne
○ protezione f interna

Innenschutz → *Auskleidung*

65 Innentemperatur f
☐ internal temperature
△ température f interne
○ temperatura f interna

Innenverkleidung → *Auskleidung*

66 **Innenwandung** f, **Wandung** f, **innere**
□ inner surface, interior, internal wall
△ paroi f interne, surface f intérieure, parement m interne
○ parete f interiore, parete f interna

67 **innerbetrieblich**
□ in-plant
△ intérieur à l'usine, à l'intérieur de l'usine
○ all'interno m dell'impianto

68 **Insekt** n
□ insect
△ insecte m
○ insetto m

Insektenbekämpfungsmittel → *Insektizid*

Insektengift → *Insektizid*

69 **Insektenpopulation** f
□ insect population
△ population f d'insectes
○ popolazione f di insetti

Insektenvertilgungsmittel → *Insektizid*

70 **Insektizid** n, **Insektenbekämpfungsmittel** n, **Insektengift** n, **Insektenvertilgungsmittel** n
□ insecticide
△ insecticide m
○ insetticida m

71 **Insel** f
□ island
△ île f
○ isola f

72 **Inselgruppe** f, **Archipel** n
□ archipelago, group of islands
△ archipel m, groupe f d'îles
○ arcipelago m, gruppo m di isole

73 **Inspektion** f **mit Hilfe der Fernsehkamera**
□ television inspection
△ inspection f par télévision
○ ispezione f per televisione

74 **Installateur** m
□ plumber, fitter, installer
△ installateur m
○ installatore m

75 **Installateur** m, **Einrichter** m
□ installing plumber
△ installateur m
○ installatore m, attrezzista m

76 **Installation** f
□ installation
△ installation f
○ installazione f

77 **Installationstechnik** f
□ installation technique
△ technique f d'installation
○ tecniche f pl d'installazione

78 **Installationszubehör** n
□ plumbing fixture
△ appareil m de plomberie, appareil m sanitaire
○ accessorio m d'installazione

79 **installieren**
□ install
△ installer
○ installare

Instandhaltung → *Unterhaltung*

80 **Instandhaltung** f **der Abwasserleitungen, Kanalinstandhaltung** f
□ sewer maintenance, canal maintenance
△ entretien m des égouts
○ manutenzione f delle fognature

Instandsetzung → *Ausbesserung*

Integralwert → *Summenwert*

81 **Integrationsmessung** f
□ integrated measurement
△ mesure f intégrée, mesure f cumulative
○ misura f integrata

82 **Intensität** f
□ intensity
△ intensité f
○ intensità f

Intensität, Abfluß~ → *Strömungsintensität*

Intensität, Häufigkeit der Regen~ → *Häufigkeit der Regenintensität*

Intensität, Licht~ → *Lichtintensität*

Intensität, Strömungs~ → *Strömungsintensität*

83 **Intensivkühler** m
□ high-rate cooler
△ réfrigérant m à haut rendement
○ refrigerante m ad alta capacità, refrigerante m ad alto rendimento

84 **Intensivtierhaltung** f, **Massentierhaltung** f
□ intensive livestock farming, mass animal-breeding
△ élevage m intensif, élavage m massif
○ allevamento m intensivo

85 **Interferenz** f
□ interference
△ interférence f
○ interferenza f

86 **Interglazialzeit** f
□ interglacial period
△ période f interglaciaire
○ periodo m interglaciale

87 **intergranulär**
□ intergranular
△ intergranulaire
○ intergranulare

intermittierend → *diskontinuierlich*

international → *zwischenstaatlich*

88 **Internationale Hydrologische Dekade** f
□ International Hydrological Decade
△ décennie f internationale de l'hydrologie
○ decennio m idrologico internazionale

89 **Internationale Kommission** f **für Be- und Entwässerung**
☐ International Commission on Irrigation and Drainage, ICID
△ Commission f Internationale des Irrigations et du Drainage
○ Commissione f Internazionale per l'Irrigazione e il Drenaggio

90 **Internationale Kommission** f **für Große Talsperren**
☐ International Commission on Large Dams, ICOLD
△ Commission f Internationale des Grands Barrages, CIGB
○ Commissione f Internazionale delle Grandi Dighe

91 **Internationale Vereinigung** f **für Abwasserforschung**
☐ International Association on Water Pollution Research, IAWPR
△ Association f Internationale de Recherches sur la Pollution des Eaux
○ Associazione f Internazionale di Ricerche sull'Inquinamento delle Acque

92 **Internationale Vereinigung** f **für Wasserversorgung**
☐ International Water Supply Association, IWSA
△ Association f Internationale des Distributions d'Eau, AIDE
○ Associazione f Internazionale per l'Approvvigionamento Idrico

93 **Internationale Vereinigung** f **für Wissenschaftliche Hydrologie**
☐ International Scientific Hydrological Association
△ Association f Internationale d'Hydrologie Scientifique, A.I.H.S.
○ Associazione f Internazionale di Idrologia Scientifica

94 **Internationales Ozon-Institut** n
☐ International Ozone Institute
△ Institut m International de l'Ozone
○ Istituto m Internazionale dell'Ozono

Intervall, Flut~ → *Flutintervall*

95 **Interzeption** f, **Baldachin-Interzeption** f
☐ interception
△ interception f
○ intercettazione f

96 **Interzeptionsverdunstung** f
☐ interceptive evaporation
△ évaporation f de l'interception
○ evaporazione f della pioggia intercettata dalle piante

intrazellulär → *endogen*

97 **Intrusivgestein** n
☐ intrusive rock
△ roche f intrusive
○ roccia f intrusiva

98 **Inversionsschicht** f
☐ level of atmospheric inversion
△ couche f d'inversion
○ strato m dell'inversione

Invertebraten → *Tiere, wirbellose*

Invertebraten, Makro~ → *Makroformen der wirbellosen Tiere*

99 **Investierung** f, **Investition** f, **Kapitalanlage** f
☐ investment
△ investissement m
○ investimento m

Investition → *Investierung*

Investitionskosten → *Anlagekosten*

100 **Ion** n
☐ ion
△ ion m
○ iono m

101 **Ionenaustausch** m
☐ ion exchange, ionic exchange
△ échange m d'ions
○ scambio m di ioni

102 **Ionenaustausch** m, **selektiver**
☐ selective ion-exchange
△ échange m sélectif d'ions
○ scambio m selettivo di ioni

103 **Ionenaustauschchromatographie** f
☐ ion exchange chromatography
△ chromatographie f par échange d'ions
○ cromatografia f a scambio ionico

104 **Ionenaustauscher** m
☐ ion exchanger
△ échangeur m d'ions
○ scambiatore m di ioni

105 **Ionenaustauscher-Membran** f
☐ ion-exchange membrane
△ membrane f échangeuse d'ions
○ membrana f scambiatrice di ioni

106 **Ionenaustauscherbett** n
☐ ion-exchange bed
△ lit m d'échangeur d'ions
○ letto m a scambio ionico

107 **Ionenaustauschermasse** f
☐ ion-exchange medium
△ masse f échangeuse d'ions
○ massa f scambiatrice di ioni

Ionenaustauschvermögen → *Austauschvermögen*

108 **Ionenkonzentration** f
☐ ionic concentration
△ concentration f ionique
○ concentrazione f ionica, concentrazione f degli ioni

109 **ionenselektiv, ionenspezifisch**
☐ ion-selective, ion-sensitive
△ ion-sélectif, ion-spécifique
○ selettivo per gli ioni

ionenspezifisch → *ionenselektiv*

110 **Ionisation** f
- ionization
- △ ionisation f, dissociation f électrolytique
- ○ ionizzazione f

111 **irreversibel**
- irreversible
- △ irréversible
- ○ irreversibile

Irrströme → *Ströme, vagabundierende*

112 **Isobare** f
- isobar
- △ courbe f isobare
- ○ linea f isobarica

Isobathe → *Tiefenlinie*

113 **isoelektrischer Punkt** m
- isoelectric point
- △ point m isoélectrique
- ○ punto m isoelettrico

114 **Isohyäte** f, **Regengleiche** f
- isohyetal line, isoyet
- △ courbe f isopluviale, ligne f isohyète
- ○ isoieta f

Isohyätenkarte → *Niederschlagskarte*

Isolation → *Isolierung*

115 **Isoliermasse** f
- insulating compound, non-conducting composite
- △ matériau m isolant
- ○ materiale m isolante

116 **Isolierung** f, **Isolation** f
- insulation
- △ isolation f, isolement m
- ○ isolazione f, isolamento m

Isolierung, Schalungs~ → *Schalungsisolierung*

117 **isomer**
- isomeric
- △ isomère
- ○ isomero

118 **Isotherme** f
- isotherm
- △ isotherme f
- ○ isoterma f

119 **Isotop** n
- isotope
- △ isotope m, radio-élément m
- ○ isotopo m

120 **Isotop** n, **kurzlebiges**
- short-life isotope
- △ isotope m à courte période
- ○ isotopo m effimero

Isotop, Markierungs~ → *Markierungsisotop*

121 **Isotopenindikator** m
- radioactive tracer
- △ traceur m radio-actif
- ○ tracciante m radioattivo

122 **Isotopenlaboratorium** n
- isotopic laboratory
- △ laboratoire m isotopique
- ○ laboratorio m per isotopi

123 **Istabfluß** m
- actual run-off, actual flow
- △ écoulement m réel, ruissellement m effectif
- ○ deflusso m effettivo

Isthmus → *Landenge*

124 **Istmenge** f, **Liefermenge** f, **tatsächliche**, **Pumpenleistung** f
- actual delivery, actual output
- △ débit m réel
- ○ rendimento m pratico, carico m effettivo

125 **Istwert** m
- actual value
- △ valeur f réelle, valeur f effective
- ○ valore m reale, valore m effetivo

126 **Istzustand** m
- actual state
- △ état m réel, état m vrai, état m effectif
- ○ stato m effettivo

1 **Ja-Nein-Signal** n
☐ yes-no signal
△ signal m oui-non
○ segnale m si-no, segnale m passa-non passa

2 **jährlich**
☐ annual
△ annuel
○ annuale, annuo

Jährlichkeit → *Wiederholungszeitspanne*

3 **Jahr** n, **hydrologisches**
☐ water year
△ année f hydrologique
○ anno m idrologico

Jahresabfluß, mittlerer → *Jahresmittelwert des Abflusses*

4 **Jahresbericht** m
☐ annual report
△ compte-rendu m annuel
○ relazione f annuale

5 **Jahreserzeugung** f *(von Energie)*
☐ annual power produced, annual output
△ producibilité f annuelle, productivité f annuelle, production f annuelle
○ producibilità f annua

6 **Jahresfolge** f
☐ chronological sequence
△ succession f chronologique
○ sequenza f cronologica

7 **Jahresfracht** f
☐ annual load
△ charge f annuelle, fret m annuel
○ carico m annuo

8 **Jahreskreislauf** m, **Jahresperiodik** f, **Jahresrhythmus** m
☐ annual cycle
△ cycle m annuel, cadence f annuelle, rythme m annuel
○ ciclo m annuale

9 **Jahresmittel** n, **Jahresmittelwert** m
☐ annual average
△ valeur f moyenne annuelle, moyenne f annuelle
○ media f annua

Jahresmittelwert → *Jahresmittel*

10 **Jahresmittelwert** m **der Regenhöhe, Jahresniederschlag** m, **mittlerer**
☐ mean annual rainfall
△ précipitation f moyenne annuelle
○ precipitazione f media annuale

11 **Jahresmittelwert** m **des Abflusses, Jahresabfluß** m, **mittlerer**
☐ mean annual run-off, mean annual discharge
△ ruissellement m moyen annuel
○ deflusso m medio annuale

Jahresniederschlag, mittlerer → *Jahresmittelwert der Regenhöhe*

Jahresperiodik → *Jahreskreislauf*

Jahresregenmenge → *Niederschlagsmenge, jährliche*

Jahresrhythmus → *Jahreskreislauf*

12 **Jahresschmutzwassermenge** f
☐ annual wastewater discharge
△ débit m annuel d'eaux polluées
○ quantità annuale di acque usate scaricate

13 **Jahresspeicher** m
☐ annual-storage reservoir
△ réservoir m annuel
○ serbatoio m annuale

14 **Jahrestemperatur** f, **mittlere, Jahreswärme** f, **mittlere**
☐ mean annual temperature
△ température f annuelle moyenne
○ temperatura f media annua

Jahreswärme, mittlere → *Jahrestemperatur, mittlere*

15 **Jahreszeit** f
☐ season
△ saison f
○ stagione f

16 **jahreszeitlich**
☐ seasonal
△ saisonnier
○ stagionale

17 **Jauche** f, **Flüssigmist** m, **Gülle** f
☐ liquid manure
△ purin m
○ concime m liquido

18 **Jaucheableitung** f
☐ discharge of liquid manure
△ déversement m de purin, rejet m de purin
○ scarico m di liquami d'allevamento

19 **Jauchegrube** f, **Dunggrube** f
☐ manure dump
△ fosse f à purin
○ fossa f del liquame, concimaia f

Jaucheverregnung → *Düngerverregnung*

20 **Jauchewagen** m
☐ liquid manure tanker
△ camion-citerne m à purin, citerne f à purin
○ carro-cisterna m del liquame

Javelle'sche Lauge → *Bleichlauge*

je Kopf und Tag → *pro Kopf und Tag*

21 **Jod** n
☐ iodine
△ iode m
○ iodio m

22 **jodhaltig**
☐ containing iodine
△ iodé
○ iodifero, iodurato

23 **Jodkalium** n, **Kaliumjodid** n
☐ potassium iodide
△ iodure m de potassium
○ ioduro f di potassio

Jodoformgeschmack → *Phenolgeschmack*
Jodsilber → *Silberjodid*
Jodstärkenachweis → *Jodstärkeprobe*
24 **Jodstärkeprobe** f *(chem.)*, **Jodstärkenachweis** m
□ starch iodide test
△ indice m d'iode, essai m à l'iodure d'amidon
○ prova f con amido e iodio

25 **Jukowsky-Stoß** m
□ Jukowsky pressure surge
△ coup m de bélier selon Jukowsky
○ colpo m d'ariete di Jukowsky

Jungfische → *Fischbrut*

26 **Juraformation** f
□ Jurassic
△ jurassique m
○ giurassico m

27 **justieren**
□ adjust
△ mettre au point, ajuster
○ mettere a punto

Justierung → *Einstellung*

28 **Jute** f
□ jute
△ jute m
○ juta f, iuta f

29 **Jutepackung** f
□ jute-packing
△ garniture f de jute
○ guarnizione f di iuta

30 **Juteumwicklung** f
□ jute wrap[ping]
△ guipage m en jute
○ rivestimento m di iuta

K-Stück → *Muffenbogen*
Kabbelsee → *See, kabbelige*
1 **Kabel** n, **Leitungskabel** n
□ cable
△ câble m
○ cavo m

Kabel, Meß~ → *Peillot*

2 **Kabelkran** m
□ cableway, blondin
△ grue f à câble, blondin m
○ gru f funicolare, blondin m, gru f teleferica

3 **Kabelnetz** n
□ cable network
△ réseau m de câbles
○ rete f di cavi

4 **Kabine** f, **Führerhäuschen** n
□ cabin, cab
△ cabine f
○ cabina f

5 **Kachel** f
□ tile
△ carreau m
○ quadrello m di maiolica

Kadaververwertungsanstalt → *Abdeckerei*

6 **Käfigwalze** f, **Stabwalze** f
□ cage rotor
△ cage f d'écureuil
○ rotore m a gabbia

kälken → *äschern*
Kälken → *Äschern*

7 **Kälte** f
□ cold, coldness
△ froid m, basse température f
○ freddo m, freddezza f

8 **Kältegrad** m
□ degree of frost, degree below zero
△ degré m de froid
○ grado m di freddo

9 **kälteliebend, kryophil, psychrophil**
□ cryophilic, psychrophilic
△ cryophile, psychrophile
○ criofilo, psicrofilico

Kälteschutzmittel → *Frostschutzmittel*

10 **Kämpfer** m
□ springing, arch springing line, impost *(am)*
△ naissance f
○ pietra f di spalla, imposta f

11 **Käserei** f
□ cheese-dairy, cheese-processing plant
△ fromagerie f
○ cascina f, caseificio m

Kahlschlag → *Abholzung*

12 **Kahn** m
□ barge
△ barque f
○ barca f

13 **Kahnfahren** n, **Bootssport** m
□ boating
△ canotage m
○ gita f in barca

14 **Kai** m
□ quay
△ quai m
○ banchina f

15 **Kaimauer** f
□ quay wall
△ mur m de quai
○ muro m di banchina

kalfatern → verstemmen

16 **Kali** n, **Kaliumoxyd** n
□ potassium oxide
△ kali m, oxyde m de potassium
○ ossido m di potassio

17 **Kaliabwasser** n
□ potash mine wastes
△ eau f résiduaire de mine de potasse
○ acqua f di rifiuto d'impianto di potassa

18 **Kalibergbau** m
□ potash-mining
△ extraction f de la potasse, exploitation f de mines de potasse
○ estrazione f di minerali potassici

Kalibrieren → Eichung

19 **Kalidünger** m
□ potash-fertilizer
△ engrais m potassique, engrais m à base de potasse
○ fertilizzante m potassico

Kalilauge → Ätzkalilauge

20 **Kalisalpeter** m, **Salpeter** m
□ salpeter, potassium nitrate
△ nitrate m de potassium, nitre m, salpêtre m
○ salnitro m, nitro m, nitrato m di potassio

21 **Kalisalz** n
□ potassium salt
△ sel m potassique
○ sale m potassico

22 **Kalium** n
□ potassium
△ potassium m
○ potassio m

Kaliumcarbonat → Pottasche

Kaliumchlorid → Chlorkalium

Kaliumcyanid → Cyankalium

Kaliumhydroxid → Ätzkali

Kaliumjodid → Jodkalium

Kaliumoxyd → Kali

23 **Kaliumpermanganat** n
□ potassium permanganate, permanganate of potash
△ permanganate m de potassium
○ permanganato m di potassa

24 **Kaliumpermanganatverbrauch** m, **Permanganatverbrauch** m
□ oxygen consumed in p.p.m. $KMnO_4$, oxygen consumed from permanganate, oxygen consuming capacity in p.p.m.$KMnO_4$, oxygen required in p.p.m.$KMnO_4$, permanganate consumption, potassium permanganate consumption
△ demande f en permanganate de potassium, oxydabilité f au permanganate
○ consumo m di permanganato, consumo m di permanganato di potassa

25 **Kalk** m
□ lime, limestone
△ chaux f
○ calce f

26 **Kalk** m, **dolomitischer**
□ dolomitic limestone, dolime
△ calcaire m dolomitique
○ calcare m dolomitico

Kalk, Gas~ → Gaskalk

Kalk, gebrannter → Ätzkalk

Kalk, gelöschter → Calciumhydroxid

Kalk, kohlensaurer → Calciumcarbonat

Kalk, Mager~ → Magerkalk

Kalk, schwefelsaurer → Calciumsulfat

Kalk, ungelöschter → Ätzkalk

27 **Kalk-Kohlensäure-Gleichgewicht** n
□ carbonate balance, carbonate equilibrium
△ équilibre m des [bi]carbonates, équilibre m chaux-acide carbonique
○ equilibrio m carbonico

28 **Kalk-Rost-Schutzschicht** f
□ lime-rust-coating
△ couche f protectrice rouille-calcaire
○ deposito m protettivo di calcare e di ossidi

kalkaggressiv → kalkangreifend

29 **Kalkaggressivität** f
□ lime-aggressivity
△ agressivité f vis-à-vis du calcaire
○ aggressività f della calce

30 **Kalkalgenriff** n
□ algal reef
△ récif m calcaire
○ scogliera f algale

31 **kalkangreifend, kalkaggressiv**
□ lime-aggressive
△ agressif vis-à-vis du calcaire
○ calce f aggressiva

Kalkanstrich → Kalktünche

32 **Kalkbindungsvermögen** n
□ lime combining capacity
△ capacité f de combinaison avec la chaux
○ capacità f di combinazione con la calce

33 **Kalkboden** m
□ calcareous soil
△ terre f calcaire, terrain [ou sol m] calcaire
○ terreno m calcare

34 **Kalkentcarbonisierung** f
☐ decarbonisation by lime, lime decarbonization
△ décarbonatation f par la chaux
○ decarbonizzazione f per la calce

Kalkgestein → *Kalkstein*

35 **Kalkgrube** f
☐ lime pit
△ fosse f à chaux
○ fossa f a calce

36 **Kalkhärte** f
☐ calcium-hardness
△ dureté f calcaire, dureté f calcique
○ durezza f da calcio

37 **kalkhaltig, kalkig**
☐ calcareous, limy
△ calcaire
○ calcareo

Kalkhydrat → *Calciumhydroxid*

kalkig → *kalkhaltig*

38 **Kalkkruste** f
☐ calcareous crust
△ croûte f calcaire
○ crosta f calcarea

39 **Kalklöscher** m
☐ lime slaker
△ extincteur m de chaux
○ estintore m di calce

40 **Kalkmilch** f
☐ milk of lime, lime slurry, lime milk
△ lait m de chaux
○ latte m di calcina, latte m di calce

41 **Kalkmilchbereitungsbehälter** m
☐ [lime] slurry preparing tank
△ bac m de confection de lait de chaux, bassin m de préparation de lait de chaux
○ recipiente m di preparazione di latte di calce

42 **Kalkmilchvorratsbehälter** m
☐ [lime] slurry storage tank
△ réservoir m de lait de chaux
○ recipiente m di latte di calce

43 **Kalkmörtel** m
☐ [lime] mortar
△ mortier m aérien, mortier m de chaux
○ calcina f, malta f di calce

44 **Kalkmörtel** m, **hydraulischer**
☐ hydraulic lime mortar, hydraulic mortar
△ mortier m hydraulique, mortier m de chaux hydraulique
○ calcina f idraulica

45 **Kalkpulver** n, **Pulverkalk** m
☐ powdered lime, powder lime
△ chaux f en poudre, poudre f de chaux
○ polvere f di calcio, calce f in polvere

46 **Kalksättiger** m
☐ lime saturator
△ saturateur m de chaux
○ saturatore m di calce

47 **Kalksandstein** m
☐ calcareous sandstone, sandy limestone
△ grès m calcaire, grès m calcarifère
○ arenaria f calcarea

48 **Kalksodaverfahren** n
☐ lime soda process, lime soda softening method
△ procédé m à la chaux et au carbonate de soude, procédé m chaux-soude
○ processo m a calce e soda, processo m carbocalcico, processo m di riduzione della durezza con calce-soda

49 **Kalkstein** m, **Kalkgestein** n
☐ limestone
△ calcaire m
○ pietra f calcarea, calcare m

Kalkstein, mergeliger → *Mergelkalkstein*

Kalktonerdesulfat
→ *Calciumaluminiumsulfat*

50 **Kalktünche** f, **Kalkanstrich** m
☐ lime-wash
△ enduit m de chaux
○ intonaco m a calce

51 **Kalküberschußverfahren** n, **Überschußkalkung** f (*der Wasserenthärtung*)
☐ excess lime process
△ adoucissement m par chaux en excès
○ processo m di sovradosaggio di calcio, metodo m di sovradosaggio di idrato di calcio

52 **Kalkung** f **des Bodens**
☐ liming of the soil
△ chaulage m du sol
○ calcitazione f del terreno

53 **Kalkverfahren** n
☐ lime process
△ procédé m à la chaux
○ processo m di trattamento dell'acqua con calce, metodo m di trattamento dell'acqua con calce

54 **Kalkwasser** n
☐ lime water
△ eau f de chaux
○ acqua f di calcina, acqua f di calce

55 **Kalkwasserentsäuerungsanlage** f
☐ lime water softening plant
△ installation f de désacidification par l'eau de chaux
○ impianto m di deacidificazione a calce

56 **Kalkzusatz** m
☐ lime dosage
△ dosage m de chaux, addition f de chaux
○ dosatura f di calce, aggiunta f di calce

57 **Kalmus** m (*Acorus calamus*)
☐ calamus
△ acorus m, acore m
○ calamo m aromatico, acoro m

Kalorie → *Wärmeeinheit*

Kalorimetrie → *Wärmemessung*

58 **kalt**
- cold
- froid
- freddo

59 **Kaltblüter** *m*
- cold-blooded animal
- animal *m* à sang froid
- animale *m* a sangue freddo

60 **Kaltblüter-Colibakterien** *f pl*
- B. coli of cold-blooded animals
- germes *m pl* coliformes des animaux à sang froid
- colibatteri *m pl* di animali a sangue freddo

61 **Kaltreinigungsmittel** *n*
- cold-cleaning agent
- produit *m* de nettoyage à froid
- prodotto *m* di pulizia agente a freddo

62 **Kaltwalzwerk** *n*
- cold-rolling mill
- laminoir *m* à froid
- laminatoio *m* a freddo

Kaltwasser → *Wasser, kaltes*

63 **Kaltwasser-Organismen** *m pl*
- cold water organisms *pl*
- organismes *m pl* cryophiles
- organismi *m pl* d'acqua fredda

64 **Kaltwasserröste** *f*
- cold-water steeping
- rouissage *m* à l'eau froide
- macerazione *f* ad acqua fredda

Kalzium → *Calcium*

Kalziumoxid → *Ätzkalk*

65 **Kambrium** *n*
- Cambrian age
- cambrien *m*
- cambriano *m*, periodo *m* cambriano

Kamin → *Schornstein*

66 **Kammer** *f*
- chamber, compartment
- chambre *f*, compartiment *m*
- camera *f*, compartimento *m*

Kammer, Einlauf~ → *Einlaufkammer*

Kammer, Faul~ → *Faulgrube*

Kammer, Spiral~ → *Spiralkammer*

67 **Kammerfilterpresse** *f*
- compartment type filter press
- filtre-presse *m* cellulaire, filtre-presse *m* à chambres
- filtropressa *f* a camera

Kammerfilterpresse → *Filterpresse*

68 **Kammerschleuse** *f*
- chamber locks *pl*
- écluse *f* à sas
- chiusa *f* a camera

Kammerwände
→ *Schleusenkammerwände*

69 **Kammgarnspinnerei** *f*
- wool-carding mill
- filature *f* de laine peignée, filature *f* de peigné
- filatura *f* pettinata

Kammlinie → *Gebirgsrücken*

70 **Kampagne** *f*
- processing season
- saison *f* de fabrication, campagne *f*
- campagna *f*

71 **Kanal** *m*
- channel, canal
- canal *m*
- canale *m*

Kanal → *Abwasserleitung*

Kanal, Beton~ → *Betonkanal*

Kanal, Bewässerungs~ → *Bewässerungskanal*

Kanal, Einlauf~ → *Einlaufkanal*

Kanal, Entlastungs~ → *Entlastungskanal*

Kanal, Entwässerungs~
→ *Abwasserleitung*

72 **Kanal** *m*, **gemauerter**
- brick conduit
- collecteur *m* maçonné
- collettore *m* in muratura

73 **Kanal** *m* **mit hufeisenförmigem Querschnitt**
- horseshoe sewer
- égout *m* en fer à cheval
- fogna *f* di sezione a ferro di cavallo

Kanal, Neben~ → *Nebenkanal*

74 **Kanal** *m*, **offener**
- open channel
- canal *m* à ciel ouvert, chenal *m* à découvert
- canale *m* scoperto

Kanal, Reaktions~ → *Mischrinne*

Kanal, Rohr~ → *Rohrstollen*

Kanal, Schiffahrts~ → *Schiffahrtskanal*

Kanal, Schmutzwasser~
→ *Schmutzwasserkanal*

Kanal, Seiten~ → *Seitenkanal*

Kanal, Stich~ → *Stichgraben*

Kanal, Übertragungs~ → *Übertragungskanal*

Kanal, Verbindungs~ → *Verbindungskanal*

Kanal, Zuleitungs~ → *Zuleitungskanal*

75 **Kanalabschluß** *m*
- tail of a canal
- ouvrage *m* aval d'un canal
- sbocco *m* di un canale

Kanalabzweig → *Seitenkanal*

Kanalauslaß → *Kanalisationsauslaß*

Kanalausmündung → Kanalisations-
auslaß

76 **Kanalbegehung** f, **Kanalbesichtigung** f
□ sewer inspection, sewer patrolling, canal patrolling, canal inspection tour
△ inspection f des égouts, surveillance f des égouts, visite f des égouts
○ sorveglianza f dei canali, sorveglianza f delle fognature, inspezione f delle fognature, visita f della fognature

77 **Kanalbekleidungsplatte** f
□ sewer line brick
△ plaque f pour revêtement d'égout, dalle f pour revêtement d'égout
○ lastra f per rivestimento di fogna

Kanalbenutzungsgebühr
→ Kanalisationsgebühr

Kanalbesichtigung → Kanalbegehung

Kanalbezirk → Entwässerungsbezirk

78 **Kanalbrücke** f, **Rinnenbrücke** f, **Trogüberleitung** f
□ canal bridge, flumed bridge, trough-aqueduct
△ pont-canal m
○ ponte m canale

79 **Kanalbürste** f, **Seilbürste** f
□ cable-brush, flue-brush
△ hérisson m à cordes
○ spazzola f a corda

Kanaldeckel → Schachtabdeckung

Kanaleinlauf → Straßenablauf

80 **Kanalfernsehgerät** n
□ television system for sewers
△ téléviseur m pour canalisations
○ televisore m per fognature

81 **Kanalgas** n
□ sewer gas
△ gaz m d'égout
○ gas m di fogna

Kanalgebühr → Kanalisationsgebühr

82 **Kanalgerät** n, **Kanalisationsgerät** n
□ sewer appurtenances pl
△ accessoires m pl d'égout
○ attrezzatura f di fogna

Kanalinstandhaltung → Instandhaltung der Abwasserleitungen

83 **Kanalisation** f, **Beschleusung** f, **Entwässerung** f, **Kanalisierung** f
□ canalization, sewerage
△ assainissement m, canalisation f
○ fognatura f, canalizzazione f

Kanalisation, Misch~ → Mischentwässerung

Kanalisation, Mischverfahren der ~
→ Mischverfahren der Kanalisation

Kanalisation, Regenwasser~
→ Regenwasserkanalisation

Kanalisation, Schmutzwasser~
→ Entwässerungsnetz

Kanalisationsanlage
→ Entwässerungsnetz

84 **Kanalisationsauslaß** m, **Abwasserauslaß** m, **Kanalauslaß** m, **Kanalausmündung** f
□ sewer outlet
△ sortie f d'un égout, point m de rejet d'un égout, exutoire m d'un égout
○ uscita f di fogna, scarico m di fogna

85 **Kanalisationsbau** m
□ sewer construction
△ construction f des égouts
○ costruzione f delle fognature

86 **Kanalisationsgebühr** f, **Abwassergebühr** f, **Anschlußgebühr** f, **Kanalbenutzungsgebühr** f, **Kanalgebühr** f
□ sewer rental, sewerage charge
△ taxe f d'égout, taxe f de déversement à l'égout, taxe f d'assainissement
○ tassa f fognatura, contributo m di fognatura

Kanalisationsgerät → Kanalgerät

Kanalisationspumpwerk → Abwasserpumpwerk

Kanalisationsrohr → Entwässerungsrohr

Kanalisierung → Kanalisation

87 **Kanalklinker** m
□ sewer brick
△ brique f recuite pour égouts
○ mattoni m pl speciali per fognature

88 **Kanalkosten** pl
□ sewer costs, sewerage costs
△ dépenses f pl d'assainissement, frais m pl d'assainissement
○ costo m di un sistema fognante

89 **Kanalkreuzung** f
□ sewer crossing
△ croisement m d'égouts
○ incrocio m di fognature

Kanalleitung → Abwasserleitung

Kanalnetz → Entwässerungsnetz

90 **Kanalquerschnitt** m (Abwasser)
□ cross-sectional area of sewer
△ section f transversale de l'égout
○ sezione f trasversale della fognatura

91 **Kanalradpumpe** f
□ non-clog[ging] centrifugal pump, non-choke[able] centrifugal pump
△ pompe f centrifuge imbouchable, pompe f centrifuge ne se colmatant pas
○ pompa f con girante a canali

92 **Kanalräumauslaß** m, **Räumauslaß** m
□ scouring escape, scouring sluice
△ ouvrage m de chasse d'un égout
○ uscita f di cacciata

93 **Kanalreinigung** f
□ sewer cleaning
△ nettoyage m des égouts, curage m des égouts
○ spurgo m delle fognature, lavaggio m delle fogne

94 **Kanalrohr** n
□ sewer pipe, sanitary pipe
△ tuyau m d'égout, égout m
○ tubo m per fognatura

95 **Kanalrückstau** m
□ backwater in sewer duct
△ refoulement m dans un égout, retour m dans un égout
○ rigurgito m in una fognatura

Kanalschacht → *Schacht*

96 **Kanalschrapper** m
□ canal scraper
△ racleur m pour canaux
○ raschiatore m per fognature

97 **Kanalsohle** f, **Sohle** f **eines Abwasserkanals**
□ sewer bottom, invert
△ fond m de l'égout, radier m de l'égout
○ fondo m del canale

98 **Kanalspindelschieber** m
□ sewer sluice valve
△ robinet-vanne m à tige pour les canaux, vanne f pour canalisation, vanne f glissière
○ paratoia f per fognatura

99 **Kanalspülung** f
□ sewer flushing, sewer scouring
△ chasse f d'égout
○ cacciata f per le tubazioni di fogna

100 **Kanalüberlaufentlastung** f
□ canal overflow spillway
△ ouvrage m évacuateur de canal du type déversoir
○ sfioratore m di un canale

101 **Kannvorschrift** f
□ permissive provision
△ disposition f facultative
○ disposizione f facoltativa

102 **Kante** f
□ corner, edge
△ arête f, carne f
○ canto m, banda f, spigolo m

103 **Kantenpressung** f
□ pressure on edges
△ pression f sur les arêtes
○ pressione f agli spigoli

104 **Kantholz** n
□ squared timber
△ bois m carré, bois m équarri
○ legname m squadrato

105 **Kantine** f
□ canteen, recreation room
△ cantine f, salle f de repos
○ cantina f, sala f di ricreazione, mensa f

kanzerogen → *krebserregend*

Kapazität → *Rauminhalt*

Kapazität, Austausch~ → *Austauschvermögen*

Kapazität, Eindring~ → *Eindringkapazität*

Kapazität, Feld~ → *Feldkapazität*

Kapazität, maximale ~ e. Bodens, Wasser~ → *Wasserkapazität, maximale ~ e. Bodens*

Kapazitätsauslastung → *Auslastung*

Kapillaraufstieg → *Steighöhe, kapillare*

106 **Kapillardepression** f
□ capillary depression
△ dépression f capillaire
○ depressione f capillare

107 **Kapillardiffusion** f
□ capillary diffusion, capillary migration
△ diffusion f capillaire, migration f capillaire
○ diffusione f capillare, migrazione f capillare

108 **Kapillardruck** m
□ capillary pressure
△ pression f capillaire
○ pressione f capillare

Kapillardruck → *Kapillarspannung*

109 **Kapillarelektrode** f
□ capillary electrode
△ électrode f capillaire
○ elettrodo m capillare

110 **Kapillarität** f, **Kapillarkraft** f, **Porensaugwirkung** f
□ capillarity, capillary action, capillary force
△ capillarité f, force f capillaire
○ capillarità f, energia f capillare

Kapillaritätswert → *Steighöhe, kapillare*

111 **Kapillarkonstante** f, **Grenzflächenspannung** f
□ capillary constant
△ constante f capillaire
○ costante f capillare

Kapillarkraft → *Kapillarität*

112 **Kapillarraum** m
□ capillary interstice
△ interstice f capillaire
○ interstizio m capillare

113 **Kapillarröhrchen** n, **Haarrohr** n
□ capillary tube, capillary
△ tube m capillaire
○ tubo m capillare

114 **Kapillarsaugfähigkeit** f
□ capillary suction
△ succion f capillaire
○ suzione f capillare

115 **Kapillarsaum** m *(hydrol.)*,
Porensaugsaum m, **Saugsaum** m
(hydrol.)
□ capillary fringe
△ frange f capillaire
○ frangia f capillare

116 **Kapillarspannung** f, **Kapillardruck** m
□ capillary head
△ charge f capillaire
○ carico m capillare

117 **Kapillarwanderung** f
□ capillary migration
△ migration f capillaire
○ migrazione f capillare

118 **Kapillarwasser** n, **Porensaugwasser** n
(hydrol.)
□ capillary water, fringe water
△ eau f capillaire
○ acqua f capillare

Kapillarwasser, ruhendes
→ *Grundwasser, schwebendes*

Kapitalanlage → *Investierung*

119 **Kapitalaufwand** m, **Kapitalkosten** pl
□ capital expenditure, capital cost
△ dépenses f pl de capital
○ impiego m di capitale

120 **Kapitaldienst** m
□ service of capital
△ service m du capital
○ servizio m finanziario

Kapitalkosten → *Kapitalaufwand*

121 **Kaplanturbine** f
□ Kaplan turbine
△ turbine f Kaplan
○ turbina f Kaplan

122 **Kappe** f, **O-Stück** n
□ cap
△ bouchon m femelle, capuchon m
○ turacciolo m femmina

Kappe, Straßen~ → *Straßenkappe*

123 **Kapsel[wasser]messer** m
□ annular piston meter
△ mètre m à piston rotatif
○ misuratore m a pistone rotativo

124 **Karausche** f *(Carassius carassius)*
□ crucian carp
△ corassin m
○ carassio m

Karbolsäure → *Phenol*

Karbon → *Kohlenformation*

125 **Karbonisierung** f, **Verkohlung** f
□ carbonization
△ carbonisation f
○ carbonizzazione f

Karies → *Zahnfäule*

Karnallit → *Carnallit*

126 **Karpfen** m *(Cyprinus carpio)*
□ carp
△ carpe f
○ carpione m, carpio m, carpina f, reina f

127 **Karre** f
□ cart, barrow, wheel-barrow
△ charrette f, tombereau m
○ carriuola f, carrettino m, barroccio m, carro m

128 **Karst** m
□ chalky formation, karst
△ karst m
○ carso m

129 **karstartig**
□ karstic
△ karstique
○ carsico

130 **Karsthydrologie** f
□ Karst hydrology
△ hydrologie f karstique
○ idrologia f carsica

131 **Karstquelle** f
□ karst spring, exsurgence
△ source f karstique
○ sorgente f carsica

132 **Karsttrichter** m, **Doline** f, **Erdfall** m
□ sink-hole, limestone cavern, doline, cockpit
△ entonnoir m karstique, doline f
○ dolina f, profondo m

133 **Karstwasser** n, **Kavernenwasser** n
□ cavern water
△ eau f karstique, eau f de caverne
○ acqua f carsica

134 **Karte** f, **Kartenblatt** n
□ map
△ carte f
○ carta f, mappa f

135 **Karte** f, **geologische**
□ geological map
△ carte f géologique
○ carta f geologica

Karte, Übersichts~ → *Übersichtskarte*

Kartenblatt → *Karte*

Kartierung, Luft~ → *Luftkartierung*

136 **Kartierung** f, **topographische**
□ surface mapping, topographic mapping
△ levée f topographique
○ rilievo m topografico

137 **Kartoffelbrennerei** f
□ potato distillery
△ distillerie f de pommes de terre
○ distilleria f di patata

Kartoffelmehlfabrik
→ *Kartoffelstärkefabrik*

138 **Kartoffelschälwasser** n
□ potato-peeler water
△ eaux f pl d'épluchage de pommes de terre
○ acque f pl residue dalla pelatura delle patate

K 163

139 Kartoffelstärke *f*
- □ potato starch
- △ fécule *f* de pommes de terre
- ○ fecola *f* di patate

140 Kartoffelstärkefabrik *f*, **Kartoffelmehlfabrik** *f*
- □ potato-starch factory
- △ féculerie *f* de pommes de terre, fabrique *f* de fécule de pommes de terre
- ○ fabbrica *f* dell'amido di patate, fabbrica *f* di farina di patate

141 Kartoffelverarbeitung *f*
- □ potato processing
- △ traitement *m* des pommes de terre, transformation *f* des pommes de terre
- ○ lavorazione *f* delle patate

142 kartographisch
- □ cartographical
- △ cartographique
- ○ cartografico

Kaskade → *Sturztreppe*

Kaskade, Grundwasser~ → *Grundwasserkaskade*

143 Kaskadenbelüftung *f*
- □ cascade aeration
- △ aération *f* à cascades
- ○ aerazione *f* a cascate

144 Kaskadenüberlauf *m*
- □ stepped spillway, cascade spillway
- △ évacuateur *m* à gradins
- ○ sfioratore *m* a cascate

Kasten, Spund~ → *Spundkasten*

Kasten, Straßen~ → *Straßenkasten*

145 Kastenfangedamm *m*
- □ crib coffer dam, box dam
- △ batardeau *m* à coffrage, batardeau *m* à encoffrement
- ○ avandiga *f* a cassetta

146 Kastenspüler *m* *(W.C.)*
- □ flush-tank
- △ bassin *m* de chasse
- ○ sciacquone *m* d'acqua

147 Katabolismus *m*
- □ catabolism
- △ catabolisme *m*
- ○ catabolismo *m*

148 katadrom
- □ catadromous
- △ catadrome
- ○ catadromo

149 Katadyn-Verfahren *n*
- □ catadyn process
- △ procédé *m* catadyne
- ○ sistema *m* catadyn

Katadyn-Verfahren, Elektro-~ → *Elektro-Katadyn-Verfahren*

150 Katalase *f*
- □ catalase
- △ catalase *f*
- ○ catalasi *f*

Katalysator → *Kontaktstoff*

151 Katalyse *f*
- □ catalysis
- △ catalyse *f*
- ○ catalisi *f*

152 katalytisch
- □ catalytic
- △ catalytique
- ○ catalitico

Katarakt → *Sturztreppe*

153 Kataraktwirkung *f*, **Erosion** *f*, **rückschreitende**
- □ cataract action, headward erosion
- △ érosion *f* régressive, action *f* de cataracte
- ○ azione *f* di cateratta, erosione *f* regressiva

154 Kataster *m*
- □ land register
- △ cadastre *m*
- ○ catasto *m*

155 Katasteramt *n*
- □ land registry office
- △ service *m* du cadastre
- ○ catasto *m* dei terreni

156 Katastrophe *f*
- □ catastrophe, disaster
- △ catastrophe *f*, désastre *m*
- ○ catastrofe *f*, disastro *m*

157 Katastropheneinsatz *m*, **Soforteinsatz** *m*
- □ emergency service
- △ appel *m* d'urgence
- ○ impiego *m* in caso di catastrofe

158 Katastrophenfall *m*
- □ disaster event
- △ cas *m* de catastrophe, événement *m* catastrophique
- ○ caso *m* di catastrofe

159 Katastrophenhochwasser *n*
- □ catastrophic flood, superflood *(am)*
- △ crue *f* catastrophique
- ○ piena *f* catastrofica

160 Katastrophenschutz *m*
- □ disaster control
- △ protection *f* contre les catastrophes
- ○ protezione *f* contro le catastrofi

161 katharob
- □ catharobic
- △ catharobe
- ○ catarobo

162 Kathode *f*
- □ cathode
- △ cathode *f*
- ○ catodo *m*

163 Kathodenschutz *m*
- □ cathodic protection
- △ protection *f* cathodique
- ○ protezione *f* catodica

164 **Kathodenstrahloszillograph** m
□ cathode ray oscillograph
△ oscillographe m à rayons cathodiques
○ oscillografo m a raggi catodici

165 **Kation** n
□ cation
△ cation m, ion m hydrogène
○ catione m

166 **kationenaktiv**
□ cation-active
△ cationique, à activité cationique
○ cationico, al attività f cationica

167 **Kationenaustausch** m
□ cation exchange
△ échange m des cations
○ scambio m di cationi

Kationenaustauscher
→ *Wasserstoffaustauscher*

168 **Kationenaustauscher** m **in der Wasserstoff-Form**
□ cation exchanger in H-form
△ échangeur m de cations sous la forme H
○ scambiatore m cationico in forma H

169 **kationenselektiv**
□ cation-selective
△ sélectif pour les cations, à sélectivité cationique
○ selettivo per i cationi

170 **Kattundruckerei** f
□ calico print works pl
△ impression f d'indiennes
○ stamperia f di cotone

171 **Kaulbarsch** m *(Acerina cernua)*
□ pope, ruff
△ grémille f, perche f goujonnière, goujon-perche m
○ acerina f

Kaulkopf → *Groppe*

172 **Kaulquappe** f
□ tadpole
△ têtard m
○ girino m

173 **Kautschuk** m
□ caoutchouc, india-rubber
△ gomme f élastique, caoutchouc m
○ gomma f elastica, caucciù m

174 **Kavernendurchfluß** m
□ cavern flow
△ écoulement m dans les cavités souterraines
○ flusso m in cavità sotterranee

175 **Kavernenkraftwerk** n
□ in-cave power station, underground power plant
△ centrale f en caverne
○ centrale f in caverna

Kavernenwasser → *Karstwasser*

176 **Kavitation** f, **Hohlsog** m
□ cavitation
△ cavitation f
○ cavitazione f

177 **Kegel** m
□ cone
△ cône m
○ cono m

Kegel eines Zapfhahnes → *Küken eines Zapfhahnes*

178 **Kegeldecke** f
□ conical cover
△ couverture f conique
○ copertura f conica

179 **kegelförmig, konisch**
□ conical, coniform
△ en forme de cône, conique
○ conico, conoideo

180 **Kegelradgetriebe** n
□ bevel gearing
△ engrenage m à pignons coniques
○ ingranaggio m conico

181 **Kegelstumpf** m
□ truncated cone
△ tronc m de cône
○ tronco m di cono

182 **Kegelventil** n
□ conical valve, mitre valve, cone valve
△ soupape f conique, robinet m à tournant conique
○ valvola f conica

Kehricht → *Müll*

Kehrmaschine, Straßen~ → *Straßen-kehrmaschine*

Kehrschleife → *Serpentine*

183 **Keil** m
□ wedge
△ coin m
○ cuneo m

184 **Keil** m *(eines Schiebers)*
□ slide
△ obturateur m
○ otturatore m

185 **Keildrahtfilter** n
□ wedge-wire filter
△ filtre m à garnissage de fil triangulaire
○ filtro m con riempimento di fili a cuneo

186 **Keilschieber** m
□ wedge gate valve
△ vanne f à coin
○ saracinesca f a cuneo

187 **Keim** m
□ germ
△ germe m
○ germe m, germoglio m

Keim, Darm~ → *Darmbakterium*

188 **Keimbildung** f *(phys.)*
□ nucleation
△ nucléation f
○ nucleazione f, formazione f di nuclei

189 **Keimdichte** f
- bacterial density
- densité f bactérienne, densité f des bactéries
- densità f dei batteri

190 **Keime** m pl, **gasbildende**
- gas-formers pl
- germes m pl gazéifiants
- germi m pl gasificanti

191 **Keime** m pl, **krankheitserregende, Keime** m pl, **pathogene, Krankheitserreger** m pl
- pathogenic germs pl, pathogenic organisms pl, disease germs pl, infectious germs pl
- agents m pl pathogènes, microbes m pl pathogènes, germes m pl pathogènes
- germi m pl patogeni, bacilli m pl patogeni, agenti m pl morbosi

Keime, pathogene → *Keime, krankheitserregende*

192 **Keime** m pl, **verflüssigende** *(bact.)*
- liquefying bacteria pl
- germes m pl liquéfiants
- germi m pl fluidificanti

193 **keimen**
- germinate
- germer
- germinare, germogliare, spuntare

194 **Keimen** n, **Keimung** f
- germination
- germination f
- germinazione f

195 **Keimentwicklung** f
- germ development
- développement m des germes
- sviluppo m dei germi

196 **keimfrei, aseptisch, steril**
- sterile, aseptic
- stérilisé, stérile
- privo di germi, sterile

keimfrei machen → *entkeimen*

197 **Keimfreiheit** f, **Sterilität** f
- sterility
- absence f de germes, pureté f bactériologique, stérilité f
- purezza f batteriologica, assenza f dei germi, sterilità f

Keimgehalt → *Bakteriengehalt*

198 **keimtötend, bakterizid**
- germicidal, bactericidal
- bactéricide
- battericida, germicida

199 **Keimträger** m, **Ausscheider** m, **Bakterienträger** m, **Bazillenträger** m, **Dauerausscheider** m, **Überträger** m
- carrier of germs, germ carrier, typhoid carrier, transmitter
- porteur m de germes
- portatore m di microbi, portatore m di germi, propagatore m permanente di germi

Keimung → *Keimen*

200 **Keimverminderung** f
- bacterial reduction
- réduction f du nombre des germes
- riduzione f dei germi

201 **Keimwachstum** n
- microbial growth
- développement m microbien, croissance f microbienne
- sviluppo m microbico, crescita f microbica

202 **Keimzählgerät** n, **Koloniezählgerät** n
- colony counter
- cellule f à dénombrement
- contatore m di colonie

203 **Keimzählung** f, **Koloniezählung** f
- enumeration of bacteria, colony count, bacterial count
- numération f des germes, dénombrement m bactérien, dénombrement m des germes, dénombrement m des colonies
- numerazione f dei germi, ricerca f quantitativa dei germi, conta f batterica

204 **Keimzählung** f **auf Agarplatten, Plattenzählung** f
- agar count, plate count, enumeration of bacteria in agar
- numération f des germes sur gélose
- conta f di batteri su agar

205 **Keimzahl** f, **Gesamtkeimzahl** f *(bact.)*, **Koloniezahl** f *(bact.)*
- bacterial count, number of germs, number of bacteria, plate count, colony count
- nombre m de germes, nombre m de bactéries
- numero m dei germi

Keimzahl, Agar~ → *Agarkeimzahl*

Keimzahl, Gelatine~ → *Gelatinekeimzahl*

Kellerentwässerung → *Bodenentwässerung*

206 **Kellerentwässerungsleitung** f
- basement drain
- égout m de sous-sol
- fogna f del sotterraneo

Kenngröße → *Bewertungsmaßstab*

Kennlinie, Pumpen~ → *Pumpenkennlinie*

Kennwert → *Kennzahl*

207 **Kennzahl** f, **Kennwert** m, **Kennziffer** f
☐ caracteristic, caracteristic datum
△ caractéristique f, indice m, index m
○ caratteristica f, indice m

208 **Kennzeichen** n, **Charakteristikum** n, **Merkmal** n
☐ characteristic mark
△ marque f distinctive
○ contrasegno m, distintivo m

Kennziffer → Kennzahl

Kennziffer, Durchleitungs~
→ Durchleitungskennziffer

209 **kentern**
☐ capsize
△ chavirer
○ capovolgersi

210 **Kentern** n (b. Booten usw.)
☐ capsizing
△ chavirement m
○ capovolgimento m, rovesciamento m

211 **Kentern** n (b. Tidegewässern)
☐ turn of the tide
△ inversion f de la marée
○ inversione f della marea

212 **Kenterpunkt** m der Tide
☐ turning point of the tide
△ point m d'inversion de la marée
○ punto m d'inversione della marea

Kenterpunkt, Ebbestrom~ → Ebbestromkenterpunkt

Kenterpunkt, Flutstrom~ → Flutstromkenterpunkt

213 **Kenterpunktabstand** m (der Gezeiten)
☐ turning-point interval
△ intervalle m des points d'inversion
○ intervallo m del punto d'inversione

214 **Keramikrohr** n
☐ ceramic pipe
△ tube m céramique
○ tubo m ceramico

215 **Kerbschlagversuch** m
☐ notch bar impact test
△ essai m au choc sur l'entaille
○ prova f di resilienza

216 **Kerbschlagzähigkeit** f, **Kerbzähigkeit** f
☐ impact strength
△ résistance f au choc
○ resistenza f all'urto

Kerbzähigkeit → Kerbschlagzähigkeit

217 **Kern** m
☐ core, nucleus
△ noyau m
○ nucleo m

Kern, Dichtungs~ → Dichtungskern

Kern, Kondensations~ → Kondensationskern

Kern, Samen~ → Samenkern

Kern, Zell~ → Zellkern

218 **Kernbohrgerät** n
☐ core driller, core drill
△ carotteur m, carottier m
○ carotiere m, tubo m carotiere

219 **Kernbohrung** f
☐ coring, auger mining, core drilling
△ carottage m
○ carotaggio m

Kernbrennstoff → Atombrennstoff

220 **Kernchemie** f
☐ nuclear chemistry
△ chimie f nucléaire
○ chimica f nucleare

221 **Kerneis** n
☐ solid ice
△ glace f massive
○ ghiaccio m compatto

Kernenergie → Atomenergie

Kernforschung → Atomforschung

222 **Kernkraftwerk** n, **Atomkraftwerk** n
☐ atomic power station, nuclear power station, power reactor
△ centrale f nucléaire, usine f nucléaire, usine f atomique
○ impianto m termonucleare

223 **Kernkraftwerkabfälle** m pl
☐ back-end wastes pl
△ déchets m pl de centrale nucléaire
○ residui m pl di centrali nucleari

Kernmauer → Dammkern

224 **Kernnährstoffe** m pl, **Hauptnährstoffe** m pl, **Nährstoffelemente** n pl
☐ basic nutrients pl, fertilizer elements pl
△ éléments m pl nutritifs de base, éléments m pl fertilisants
○ elementi m pl nutritivi di base

Kernphysik → Atomphysik

225 **Kernprobe** f
☐ core sample
△ échantillon m de carotte
○ campione m di carota

Kernreaktor → Atom-Meiler

226 **Kernresonanzspektroskopie** f, **Resonanzspektroskopie** f, **nukleare magnetische**
☐ nuclear magnetic resonance spectroscopy, NMR-spectroscopy
△ spectroscopie f de résonance magnétique nucléaire, R.M.N.
○ spettroscopia f di risonanza magnetica nucleare

227 **Kernspaltprodukt** n
☐ fission product
△ produit m de fission de l'atome
○ prodotto m di fissione nucleare

Kernspaltung → Atomkernspaltung

228 **Kerntechnik** f
☐ nuclear technique
△ technique f nucléaire
○ tecnica f nucleare

229 **Kerylbenzolsulfonat** *n*
□ keryl benzene sulfonate
△ kéryl benzène sulfonate *m*
○ cheril benzene sulfonato *m*

Kerze, Filter~ → *Filterkerze*

Kerzendruckfilter → *Kerzenfilter*

230 **Kerzenfilter** *n*, **Kerzendruckfilter** *n*
□ candle filter, cartridge filter
△ filtre *m* à bougie
○ filtro *m* a candela

231 **Kessel** *m*
□ boiler
△ chaudière *f*
○ caldaia *f*

Kessel, Dampf~ → *Dampfkessel*

Kessel, Vakuum~ → *Vakuumkessel*

Kessel, Wasserrohr~ → *Wasserrohrkessel*

232 **Kesselabschlämmung** *f*
□ boiler blow-down
△ purge *f* de chaudière, extraction *f* de chaudière
○ spurgo *m* di caldaia

Kesselbrunnen → *Schachtbrunnen*

233 **Kesselhaus** *n*
□ boiler house
△ bâtiment *m* des chaudières, chaufferie *f*
○ locale *m* delle caldaie

Kesselinhalt → *Kesselwasser*

234 **Kesselreinigung** *f*
□ boiler cleaning
△ nettoyage *m* de chaudière
○ epurazione *f* di caldaia

235 **Kesselschlacke** *f*, **Kohlenschlacke** *f*
□ clinker, slag, boiler slag, coal slag clinker
△ mâchefer *m*
○ scoria *f* di carbone

236 **Kesselschlamm[wasser]** *m*
□ boiler blow-down water, boiler saline, blow-down
△ eau *f* de purge de la chaudière, eau *f* saline de chaudière
○ acqua *f* di spurgo di caldaia

237 **Kesselspeisepumpe** *f*
□ boiler feed pump
△ pompe *f* d'alimentation des chaudières
○ pompa *f* di alimentazione delle caldaie

238 **Kesselspeisewasser** *n*, **Dampfkesselspeisewasser** *n*
□ boiler feeding water, boiler feed [-water]
△ eau *f* d'alimentation de chaudière [à vapeur]
○ acqua *f* di alimentazione delle caldaie [a vapore]

239 **Kesselspeisung** *f*
□ boiler feeding, boiler feed
△ alimentation *f* des chaudières
○ alimentazione *f* delle caldaie

240 **Kesselstein** *m*, **Wasserstein** *m*
□ scale, boiler scale, fur *(am)*
△ incrustations *f pl* des chaudières, dépôts *m pl* des chaudières, tartre *m* des chaudières, dépôts *m pl* calcaires
○ incrostazione *f*, incrostazione *f* di caldaia

241 **Kesselsteinbildung** *f*, **Steinbildung** *f*, **Wassersteinansatz** *m*
□ incrustation, scale formation, deposit of scale
△ entartrage *m*, formation *f* d'incrustation
○ formazione *f* di incrostazione

242 **Kesselsteingegenmittel** *n*, **Kesselsteinverhütungsmittel** *n*
□ boiler compound, antiscale, scale preventive, antifoulant
△ antitartre *m*, tartrifuge *m*
○ anti-incrostante *m*

243 **Kesselsteinlösungsmittel** *n*, **Steinlösemittel** *n*
□ disincrustant, scale solvent
△ désincrustant *m*, désincrustant *m* curatif, curatif *m*
○ disincrostante *m*

244 **Kesselsteinverhütung** *f*
□ [boiler] scale control
△ lutte *f* contre l'entartrage, lutte *f* contre le tartre
○ lotta *f* contro la incrostazione di caldaia

Kesselsteinverhütungsmittel
→ *Kesselsteingegenmittel*

Kesselwagen → *Tankwagen*

245 **Kesselwasser** *n*, **Kesselinhalt** *m*
□ boiler water
△ eau *f* de chaudière
○ acqua *f* caldaie

246 **Kessenerbürste** *f*, **Kessener'sche Walzenbürste** *f*, **Walzenbürste** *f* **nach Kessener**
□ Kessener revolving brush, Kessener aeration brush
△ brosse *f* Kessener
○ spazzola *f* tipo Kessener

Kessener'sche Walzenbürste
→ *Kessenerbürste*

247 **mit gerader Kette** *f*, **geradkettig** *(chem.)*
□ linear chain ..., straight chain ...
△ à chaîne linéaire, à chaîne droite
○ a catena *f* diritta

248 **Kettenantrieb** *m*
□ chain transmission, chain drive
△ transmission *f* par chaîne
○ comando *m* a catena, trasmissione *f* a catena

Kettenförderer → *Kettentransportband*

249 **Kettenkratzer** *m*
□ chain-type scraper
△ racleur *m* du type à chaîne
○ raschiatore *m* a catena

Kettenkratzer → *Kettenräumer*

250 **Kettenpegel** m, **Leinenpegel** m
□ chain gauge, tape gauge
△ échelle f fluviale à chaîne
○ idrometro m a catena, idrometro m a corda

251 **Kettenräumer** m, **Kettenkratzer** m
□ chain and flight collecting mechanism, chain scraper
△ racleur m à chaîne et lames
○ raschiatore m a catena

252 **Kettentransportband** n, **Kettenförderer** m
□ chain conveyor
△ transporteur m à chaîne
○ trasportatore m a catena

Kfz-Werkstatt → *Kraftfahrzeug-Werkstatt*

253 **Kiefer** f, **Fahre** *(Pinus)*, **Föhre** f
□ pine
△ pin m
○ pino m

254 **Kielflosse** f *(ichth.)*
□ tail fin
△ nageoire f caudale
○ pinna f caudale

255 **Kielwasser** n
□ wake
△ sillage m, remous m
○ scia f

256 **Kies** m
□ gravel
△ gravier m
○ ghiaia f, greto m

Kies, Anhäufen von ~ → *Anhäufen von Kies*

257 **Kies** m, **feiner, Feinkies** m
□ fine gravel
△ gravier m fin, menu gravier m, sable m très gros
○ ghiaia f fina

Kies, Filter~ → *Filterkies*

258 **Kies** m, **grober, Grobkies** m
□ coarse gravel, rubble
△ gros gravier m
○ ghiaia f grossa

Kies, Marmor~ → *Marmorkies*

Kies, Schüttungs~ → *Schüttungskies*

Kies, Terrassen~ → *Terrassenkies*

259 **Kiesbaggerung** f, **Kiesgewinnung** f
□ gravel mining
△ extraction f de gravier, exploitation f de gravières
○ estrazione f di ghiaia

260 **Kiesel** m, **Kieselstein** m
□ pebble
△ caillou m, galet m, silex m
○ ciottolo m, selce f

261 **Kieselalgen** f pl, **Diatomeen** f pl
□ diatomaceae pl
△ diatomées f pl
○ diatomee f pl

262 **Kieselfluorwasserstoff** m
□ fluosilicic acid
△ acide m fluosilicique
○ acido m fluosilicico

263 **Kieselgur** f, **Diatomeenerde** f, **Gur** f
□ kieselgur, diatomaceous earth, diatomite, siliceous earth
△ kieselgur m, terre f d'infusoires, terre f à diatomées
○ farina f fossile, terra f d'infusori

264 **Kieselgur-Anschwemmfilter** n, **Diatomitfilter** n
□ diatomite filter, diatomaceous earth filter
△ filtre m au kieselgur, filtre m à diatomées, filtre m à diatomite
○ filtro m a diatomee, filtro m di farina fossile

265 **Kieselsäure** f, **Siliciumdioxid** n
□ silicic acid, silica
△ acide m silicique
○ acido m silicico, silice f

266 **Kieselsäure** f, **aktivierte, Kieselsol** n
□ activated silica, silica sol
△ silice f activée
○ acido m silicico attivato, silice f attiva

267 **Kieselskelett** n *(biol.)*
□ siliceous skeleton
△ squelette m siliceux, carapace f siliceuse
○ scheletro m silicico

Kieselsol → *Kieselsäure, aktivierte*

Kieselstein → *Kiesel*

268 **Kiesfilter** n
□ gravel filter, gravel packed filter, pebble bed clarifier
△ filtre m de gravier
○ filtro m di ghiaia

Kiesfilterbrunnen → *Kiesschüttungsbrunnen*

Kiesgewinnung → *Kiesbaggerung*

269 **Kiesgrube** f
□ gravel pit
△ ballastière f, carrière f de gravier, gravière f
○ cava f di ghiaia

270 **kiesig**
□ gravelly
△ graveleux
○ ghiaioso

271 **Kiespackung** f, **Kiesschüttung** f
□ gravel pack
△ couronne f de gravier
○ riporto m di ghiaia

Kiesschüttung → *Kiespackung*

272 **Kiesschüttungsbrunnen** m, **Kiesfilterbrunnen** m
☐ gravel wall well, gravel envelope well
△ puits m à filtre de gravier
○ pozzo m a filtro di ghiaia

273 **Kilovolt-Ampere** n, **Kilovoltampere** n, **KVA**
☐ kilovoltampere, KVA
△ kilovoltampère m, KVA
○ kilovoltampere m, KVA

Kilovoltampere → *Kilovolt-Ampere*

274 **Kilowattstunde** f, **kWh** f
☐ kilowatt hour, kw-hr
△ kilowatt-heure m
○ kilowattora f

275 **Kinderlähmung** f, **Kinderlähmung** f, **spinale, Poliomyelitis** f
☐ poliomyelitis, infantile paralysis
△ paralysie f infantile, poliomyélite f
○ paralisi f infantile, paralisi f spinale atrofica dei bambini, poliomielite f acuta

Kinderlähmung, spinale → *Kinderlähmung*

Kinderlähmung, spinale → *Poliomyelitis*

276 **Kinetik** f
☐ kinetics
△ cinétique f
○ cinetica f

Kippe → *Abladestelle*

277 **kippen**
☐ overturn, tip
△ basculer, faire basculer
○ far traballare, ribaltare

278 **Kippmoment** n
☐ [over]turning moment
△ moment m de basculement
○ momento m alternante

279 **Kipprinne** f, **Kippschale** f, **Kippwaage** f
☐ tipping tray, tipping trough, tip-trough, tipping bucket
△ goulotte f culbutante, basculeur m
○ canaletto m ribaltante

Kippschale → *Kipprinne*

Kippwaage → *Kipprinne*

280 **Kippwagen** m
☐ tipping lorry, dump truck
△ camion m à benne basculante
○ autocarro m a benna ribaltabile

281 **Kitt** m
☐ putty
△ mastic m, lut m
○ mastice m, smaltino m

282 **Kläranlage** f, **Abwasseranlage** f, **Abwasserbeseitigungsanlage** f, **Abwasserkläranlage** f, **Abwasserreinigungsanlage** f, **Klärwerk** n
☐ clarification plant, sewage treatment works pl, sewage plant,, sewage works pl, sewage disposal works pl, sewage disposal plant, water pollution control plant
△ installation f de clarification, station f d'épuration des eaux d'égout, usine f de purification des eaux d'égout
○ impianto m di chiarificazione, impianto m di epurazione delle acque di fogna, impianto m epurativo delle acque di fogna

283 **Kläranlage** f, **biologische**
☐ biological sewage treatment plant, biological clarification plant, biological sewage treatment works pl, biological sewage plant, biological sewage disposal works pl
△ installation f de clarification biologique
○ impianto m di epurazione biologica

Kläranlage, Einzel~ → *Hauskläranlage*

Kläranlage, Fluß~ → *Flußkläranlage*

284 **Kläranlage** f, **mechanische**
☐ primary clarification plant, primary treatment plant
△ installation f de clarification mécanique
○ impianto m di epurazione meccanica, impianto m di chiarificazione meccanica

Kläranlage, Total~ → *Totalkläranlage*

285 **Kläranlagenablauf** m
☐ sewage works effluent
△ effluent m d'une station de traitement d'eaux d'égout
○ efflusso m dell'impianto di chiarificazione

286 **Kläranlagennachbarschaft** f
☐ community of neighbouring sewage works
△ communauté f de stations voisines de traitement d'eaux usées
○ comunità f di impianti di trattamento delle acque di scarico situati nella stessa zona

287 **Klärbecken** n
☐ clarification basin, clarifier, settling tank
△ clarificateur m, bassin m de clarification, décanteur m
○ vasca f di chiarificazione, bacino m di chiarificazione

Klärbecken, Grob~ → *Grobklärbecken*

288 **Klärbrunnen** m, **Absetzbrunnen** m
☐ sedimentation tank, settling well, clarification tank
△ bac m de décantation, chambre f de clarification
○ pozzo m di sedimentazione, pozzo m di chiarificazione

289 **Kläreffekt** m, **Klärwirkung** f
- □ efficiency of clarification, clarifying efficiency
- △ rendement m de la clarification
- ○ efficacia f della chiarificazione

290 **Kläreinrichtung** f
- □ clarification device
- △ dispositif m de clarification
- ○ dispositivo m di chiarificazione, aggiustamento m di chiarificazione

291 **klären**
- □ clarify
- △ clarifier
- ○ chiarificare

Klärgas → *Faulgas*

292 **Klärgaserzeugung** f, **Klärgasgewinnung** f
- □ production of digester gas
- △ production f de gaz de digestion
- ○ produzione f del gas di digestione

Klärgasgewinnung → *Klärgaserzeugung*

Klärgerät für den Haushalt → *Haushaltsklärgerät*

293 **Klärgrube** f
- □ catch pit
- △ fosse f de décantation
- ○ fossa f di decantazione

294 **Klärmeister** m
- □ sewage works technician
- △ technicien m de station d'épuration
- ○ tecnico m di impianti di depurazione

Klärraum → *Absetzraum*

Klärrückstand → *Klärschlamm*

295 **Klärschlamm** m, **Abwasserschlamm** m, **Klärrückstand** m, **Vorklärschlamm** m
- □ sewage sludge
- △ boue[s] f [pl] des eaux d'égout, boues f pl d'épuration, boues f pl primaires
- ○ fango m delle acque di fogna

296 **Klärschlammabgabe** f
- □ delivery of sewage sludge
- △ cession f des boues d'égout, vente f des boues d'égout
- ○ cessione f dei fanghi delle acque di fogna

297 **Klärtechnik** f
- □ wastewater treatment technique
- △ technique f de traitement des eaux usées
- ○ tecnica f di trattamento delle acque di scarico

298 **Klärteich** m, **Reinigungsteich** m
- □ clarifiying pond
- △ étang m clarificateur
- ○ stagno m di chiarificazione

299 **Klärung** f
- □ clarification, clarifying
- △ clarification f
- ○ chiarificazione f

Klärung, Abwasser~ → *Abwasserklärung*

300 **Klärung** f **bei aufwärts gerichtetem Wasserstrom**
- □ upflow clarification
- △ clarification f par circulation ascendante
- ○ chiarificazione f in corrente ascendente

301 **Klärung** f, **einfache mechanische**
- □ plain sedimentation
- △ décantation f simple
- ○ sedimentazione f semplice

Klärung, mechanische → *Abwasserreinigung, mechanische*

Klärung, Schwerkraft~ → *Schwerkraftklärung*

Klärung, Zwischen~ → *Zwischenklärung*

302 **Klärwärter** m
- □ sewage works operator
- △ agent m de station d'épuration
- ○ operatore m dell'impianto di epurazione

Klärwerk → *Kläranlage*

Klärwirkung → *Kläreffekt*

Klärzeit → *Aufenthaltszeit*

Klamm → *Schlucht*

303 **Klangprobe** f
- □ ringing test, sounding test
- △ essai m sonore, test m au marteau
- ○ suonazione f di tubi

304 **Klappe** f *(einer Rückschlagklappe)*
- □ flap
- △ battant m
- ○ battitore m

Klappe, Bärenfallen~ → *Bärenfallenklappe*

Klappe, Drossel~ → *Drosselklappe*

Klappe, Eis~ → *Eisklappe*

Klappe, Gleichgewichts~ → *Gleichgewichtsklappe*

305 **Klappe** f, **hydraulische**
- □ hydraulic shutter
- △ hausse f commandée par piston, obturateur m à piston
- ○ battitore m idraulico, valvola f idraulica

Klappe, Obergewichts~ → *Obergewichtsklappe*

Klappe, Saug~ → *Saugventil*

Klappe, Stau~ → *Stauklappe*

Klappe, Untergewichts~ → *Untergewichtsklappe*

306 **Klappenventil** n
- □ flap valve, tilting disc check valve
- △ soupape f à clapet
- ○ valvola f a cerniera

307 **Klapptor** n
- □ flap gate, tumble gate
- △ porte f à clapet, porte f basculante
- ○ porta f a clapet, porta f basculante

klar → *durchsichtig*

Klarheit → *Durchsichtigkeit*

klarpumpen → *abpumpen*

Klarpumpen → *Abpumpen*

308 **Klassiereffekt** m, **Klassierwirkung** f
□ sizing effect
△ effet m de triage, effet m de calibrage
○ effetto m di classificazione

309 **klassieren, sortieren**
□ classify, size
△ classifier, classer, trier
○ classificare, cernere, assortire

310 **Klassierer** m
□ sizing machine
△ calibreur m, trieur m
○ classificatore m

Klassierwirkung → *Klassiereffekt*

Klassifikation, Dezimal~ → *Dezimalklassifikation*

311 **Klassifizierung** f
□ classification
△ classification f
○ classificazione f

312 **Klei** m, **Ton** m, **mariner**
□ marine clay
△ argile f marine, terre f grasse
○ terra f grassa, argilla f marina

313 **Kleineinzugsgebiet** n
□ experimental catchment basin
△ bassin m hydrologique expérimental
○ bacino m idrologico sperimentale

314 **Kleinenteisener** m
□ small capacity [or domestic] iron removal apparatus
△ petit appareil m de déferrisation
○ apparecchio m piccolo per eliminazione del ferro

Kleinkläranlage → *Hauskläranlage*

315 **Kleinklima** n, **Mikroklima** n
□ microclimate
△ microclimat m
○ microclima m

Kleinlebewesen → *Mikroorganismus*

316 **kleinräumig**
□ small-scale ...
△ à petite échelle f
○ in piccola scala f

317 **Kleinst-** *(in Verbindung m. Subst.)*
□ minimum
△ minimum
○ minimo, menomo

318 **Kleinverbrennungsanlage** f
□ small-scale incinerator
△ four m d'incinération de petite taille, petit incinérateur m
○ inceneritore m di piccola capacità

Kleinversuchsanlage → *Versuchsanlage kleinen Maßstabs*

319 **Kleinvieh** n
□ small cattle, small livestock
△ menu bétail m
○ bestia f piccola, bestiame m minuto

320 **Kleinvieheinheit** f
□ small-cattle unit
△ unité f de menu bétail
○ unità f di bestiame di piccola taglia

321 **Klemmenspannung** f *(electr.)*
□ output voltage
△ tension f aux bornes
○ tensione f ai morsatti

322 **Klempner** m, **Spengler** m
□ tinsmith, whitesmith, plumber
△ ferblantier m
○ stagnaio m, idraulico m

323 **Klempnerei** f
□ plumbing, plumber's shop
△ plomberie f
○ mestiere f dello stagnaio, bottega f dello stagnaio

324 **Kletterrechen** m
□ climbing screen
△ grille f à nettoyage par peigne
○ griglia f con pulizia a pettine

325 **Kletterschalung** f
□ climbing formwork, climbing shuttering
△ coffrage m grimpant
○ cassaforma f rampicante

326 **Kliff** n, **Steilufer** n *(zum Meer)*
□ cliff
△ falaise f
○ falesia f

327 **Kliff** n, **aktives**
□ active cliff
△ falaise f active
○ falesia f attiva

328 **Kliff** n, **inaktives**
□ inactive cliff
△ falaise f inactive, falaise f stabilisée
○ falesia f inattiva

329 **Klima** n
□ climate
△ climat m
○ clima m, cielo m

330 **Klima** n, **gemäßigtes**
□ temperate climate
△ climat m tempéré
○ clima m temperato

331 **Klima** n, **kontinentales, Kontinentalklima** n
□ continental climate
△ climat m continental
○ clima m continentale

Klima, ozeanisches → *Seeklima*

332 **Klima** n, **subtropisches, Subtropenklima** n
□ subtropical climate
△ climat m subtropical
○ clima m subtropico

333 **Klima** n, **tropisches, Tropenklima** n
□ tropical climate
△ climat m tropical
○ clima m tropicale

334 **Klimaanlage** f, **Klimatisierungsanlage** f, **Luftaufbereitungsanlage** f
□ air conditioning installation, air conditioner
△ installation f de conditionnement d'air, installation f de climatisation
○ impianto m di condizionamento d'aria

335 **Klimafaktor** m
□ climatic factor
△ facteur m climatique
○ fattore m climatico

336 **Klimaindex** m
□ climatic index
△ indice m climatique
○ indice m climatico

337 **Klimakunde** f, **Klimatologie** f
□ climatology
△ climatologie f
○ climatologia f

338 **klimatisch**
□ climatic
△ climatique
○ climatico

339 **Klimatisierung** f, **Luftaufbereitung** f, **Raumklimatisierung** f
□ air conditioning
△ climatisation f, conditionnement m d'air
○ condizionamento m d'aria

Klimatisierungsanlage → Klimaanlage

Klimatologie → Klimakunde

340 **Klimazone** f
□ climatic zone
△ zone f climatique
○ zona f climatica

341 **Klinker** m, **Klinkerstein** m
□ clinker, hard-baked tile, glazed brick
△ brique f dure, brique f dure et très cuite, brique f hollandaise
○ klinker, mattone m a cottura dura, quadrello m olandese

Klinkerstein → Klinker

342 **Klippenquelle** f
□ cliff spring
△ source f de falaise
○ sorgente f di scarpata

343 **Kloake** f
□ cloaca
△ cloaque m
○ cloaca f

344 **Klosett** n, **Abort** m, **Abtritt** m, **Toilette** f
□ privy, closet, lavatory
△ cabinet m d'aisances, fosse f d'aisances, lieux m pl, lieu m d'aisance
○ cesso m, ritirata f, gabinetto m

Klosett, Eimer~ → Eimerklosett

345 **Klosettmuschel** f
□ lavatory pan
△ cuvette f de W.C., cuvette f à chasse d'eau
○ tazza f del gabinetto

346 **Klosettsitz** m **mit Luftabsaugung**
□ vent-away, ventilated toilet
△ cuvette f de W.C. à ventilation
○ sedile m di gabinetto a ventilazione

Klosettspülkasten → Spülkasten

klüftig → zerklüftet

Kluft → Felsspalte

Kluftquelle → Spaltquelle

Kluftwasser → Höhlenwasser

347 **Knallgas** n
□ oxyhydrogen-gas
△ gaz m explosif, gaz m fulminant, gaz m détonant
○ gas m tonante

348 **Knallgasgefahr** f
□ oxyhydrogen hazard
△ rique m d'explosion de gaz détonant
○ rischio m d'esplosione di gas detonante

Knarre, Bohr~ → Bohrknarre

349 **Knebel** m
□ crutch head, tommy bar, toggle
△ garrot m
○ randello m, sbarra f

Knebel, Kreuz~ → Kreuzknebel

350 **Knetmühle** f
□ pug mill
△ machine f à faire la "tyrolienne"
○ mulino m per impasto, impastatrice f

351 **Knickpunkt** m (Chlorung)
□ break-point
△ point m de rebroussement, point m critique, point m d'inflexion
○ punto m critico

352 **Knickpunktchlorung** f, **Brechpunktchlorung** f
□ break-point chlorination
△ chloration f au break-point, chloration f au point critique, chloration f au point de rebroussement
○ clorazione f oltre il break-point

353 **Knierohr** n, **Kniestück** n, **Winkelrohr** n
□ elbow, square elbow, knee bend, knee
△ coude m d'équerre
○ tubo m a gomito, gomito m

Kniestück → Knierohr

354 **Knöllchenbakterien** f pl
□ nodule bacteria
△ bactéries f pl des nodosités
○ batteri m pl dei noduli

355 **Knöterich** m, **Wasserpfeffer** m (Polygorsum hydropiper)
□ waterpepper, smart weed
△ renouée f
○ poligono m

356 **Knotenpunkt** *m*
- □ nodal point
- △ nœuf *m*, point *m* de raccordement
- ○ nodo *m*, punto *m* d'incrocio

Koagulation → *Flockung*

Koagulationsbecken → *Flockungsbecken*

koagulieren → *flocken*

357 **Koaleszenz** *f*
- □ coalescence
- △ coalescence *f*
- ○ coalescenza *f*

Koboldkerzling → *Gambuse*

kochen → *sieden*

358 **Kocher** *m*
- □ boiler
- △ bouilloire *f*, bouilleur *m*
- ○ bollitore *m*

359 **Kocher** *m* (einer Bleicherei)
- □ kier
- △ chaudière *f*, bouilleur *m*
- ○ bollitore *m*

Kocher, Zellstoff~ → *Zellstoffkocher*

360 **Kocherablauge** *f*
- □ boiler waste liquor
- △ lessive *f* épuisée du bouilleur
- ○ sottoliscivia *f* del bollitore

361 **Kochsalz** *n*, **Chlornatrium** *n*, **Natriumchlorid** *n*
- □ sodium chloride, salt, chloride of sodium
- △ sel *m* de cuisine, sel *m* commun, chlorure *m* de sodium, sel *m* marin
- ○ sale *m* comune, sal *m* comune, sal *m* gemma, cloruro *m* di sodio

362 **Kochsalzlösung** *f*
- □ sodium chloride solution
- △ solution *m* de sel marin
- ○ soluzione *f* di cloruro di sodio

Kochsalzquelle → *Solquelle*

363 **Köcherfliege** *f* (Trichoptera)
- □ caddis fly
- △ phrygane *f*
- ○ tricottero *m*

364 **Köcherfliegenlarve** *f*
- □ caddis fly larva
- △ larva *f* de phrygane
- ○ larva *f* di tricottero

365 **Köder** *m*, **Lockmittel** *n*
- □ bait
- △ appât *m*, amorce *f*
- ○ esca *f*

Koeffizient → *Beiwert*

Koeffizient, Löslichkeits~ → *Löslichkeitskoeffizient*

366 **körnig, granuliert, granulös**
- □ granular
- △ granuleux
- ○ granuloso, granulare

367 **Körnung** *f*, **Kornzusammensetzung** *f*
- □ grading, granular composition
- △ composition *f* granulométrique
- ○ composizione *f* granulometrica

368 **Körper** *m*, **biologischer**
- □ bacteria bed, bacteria filter, biological filter
- △ filtre *m* biologique, filtre *m* bactérien, lit *m* bactérien, filtre *m* percolateur
- ○ letto *m* biologico, letto *m* batterico

369 **Kohäsion** *f*
- □ cohesion
- △ cohésion *f*
- ○ coesione *f*

370 **Kohle** *f*
- □ coal
- △ houille *f*, charbon *m*
- ○ carbone *m*

Kohle, A-~ → *Aktivkohle*

Kohle-Stickstoff-Verhältnis → *Kohlenstoff-Stickstoff-Verhältnis*

Kohleaufbereitung → *Kohlenwäsche*

371 **Kohlebreiverfahren** *n*
- □ lignite process
- △ procédé *m* Schmidt-Degener [de lignite]
- ○ processo *m* Schmidt-Degener [di lignite]

372 **Kohleelektrode** *f*
- □ carbon electrode
- △ électrode *f* de charbon, électrode *f* de carbone
- ○ elettrodo *m* di carbone, elettrodo *m* di carbonio

373 **Kohlefilter** *n*
- □ carbon filter
- △ filtre *m* à charbon
- ○ filtro *m* a carbone

Kohlefilter, Korn~ → *Kornkohlefilter*

374 **Kohlehydrat** *n*
- □ carbohydrate
- △ hydrate *m* de carbone
- ○ carboidrato *m*, idrato *m* di carbonio

375 **Kohlenbergbau** *m*
- □ coal mining
- △ charbonnage *m*, houillère *f*
- ○ estrazione *f* del carbone

Kohlenbergwerk → *Kohlengrube*

Kohlendioxid → *Kohlensäure*

376 **Kohlenformation** *f*, **Karbon** *n*
- □ Carboniferous
- △ carbonifère *m*
- ○ carbonifero *m*

377 **Kohlengrube** *f*, **Kohlenbergwerk** *n*, **Kohlenzeche** *f*
- □ coal mine, coal pit, colliery
- △ houillère *f*, mine *f* de houille, mine *f* de charbon
- ○ miniera *f* di carbone

K 378

378 **Kohlengrubenwasser** *n*
□ coal mine drainage [water]
△ eau *f* d'exhaure de mine de houille
○ acqua *f* di miniera di carbone

379 **Kohlenoxid** *n*
□ carbon monoxide, carbonic oxide, oxide of carbon
△ oxyde *m* de carbone
○ ossido *m* di carbonio

380 **Kohlensäure** *f*, **Kohlendioxid** *n*
□ carbon dioxide, carbonic acid gas, carbonic acid, carbonic anhydride
△ acide *m* carbonique, gaz *m* carbonique, bioxyde *m* de carbone, anhydride *m* carbonique
○ acido *m* carbonio, anidride *f* carbonica, biossido *m* di carbonio

Kohlensäure, aggressive → *Kohlensäure, angriffsfähige*

381 **Kohlensäure** *f*, **angriffsfähige**, **Kohlensäure** *f*, **aggressive**
□ aggressive carbon dioxide
△ acide *m* carbonique agressif
○ anidride *f* carbonica aggressiva

382 **Kohlensäure** *f*, **freie**
□ free carbon dioxide
△ acide *m* carbonique libre
○ acido *m* carbonico libero

383 **Kohlensäure** *f*, **gebundene**
□ combined carbon dioxide
△ acide *m* carbonique lié, acide *m* carbonique combiné
○ anidride *f* carbonica combinata

384 **Kohlensäure** *f*, **halbgebundene**
□ semi-combined carbon dioxide, half-bound carbon dioxide
△ acide *m* carbonique semi-combiné, acide *m* carbonique demi-combiné
○ anidride *f* carbonica semi combinata

385 **Kohlensäure** *f*, **überschüssige**, **Überschußkohlensäure** *f*
□ excess carbon dioxide
△ acide *m* carbonique libre en excès
○ acido *m* arbonico di supero, acido *m* carbonico in eccesso

Kohlenschlacke → *Kesselschlacke*

386 **Kohlenschlamm** *m*
□ coal sludge
△ schlamms *f pl*
○ fango *m* di carbone

387 **Kohlenstoff** *m*
□ carbon
△ carbone *m*
○ carbonio *m*

388 **Kohlenstoff** *m*, **organischer**, **TOC** *(analyt.)*
□ total organic carbon, TOC
△ carbone *m* organique total, TOC
○ carbonio *m* organico totale

389 **Kohlenstoff-Analysator** *m*
□ carbon analyzer
△ analyseur *m* de carbone
○ analizzatore *m* di carbonio

Kohlenstoff-Stickstoff-Phosphor-Verhältnis → *C:N:P-Verhältnis*

390 **Kohlenstoff-Stickstoff-Verhältnis** *n*, **C:N-Verhältnis** *n*, **Kohle-Stickstoff-Verhältnis** *n*, **Verhältnis** *n* **C:N**
□ carbon-nitrogen ratio, C/N-ratio
△ rapport *m* carbone-azote, relation *f* carbone-azote, rapport *m* C/N
○ rapporto *m* carbonio-azoto, rapporto *m* C/N

391 **kohlenstoffhaltig**
□ carbonaceous
△ carboné
○ carbonioso

392 **Kohlenstoffquelle** *f* *(biol.)*
□ carbon source
△ source *f* de carbone
○ sorgente *f* di carbonio

393 **Kohlenwäsche** *f*, **Kohleaufbereitung** *f*
□ coal washing plant, coal washery, coal cleaning, coal preparation
△ atelier *m* de lavage du charbon, laverie *f* de charbon, lavoir *m* à charbon
○ lavaggio *m* di carbone

394 **Kohlenwaschwasser** *n*
□ coal washing [waste] water, coal washery effluent
△ eaux *f pl* de lavage du charbon
○ acqua *f* di lavaggio di carbone

395 **Kohlenwasserstoff** *m*
□ hydrocarbon
△ carbure *m* d'hydrogène, hydrocarbure *m*
○ idrogeno *m* carbonato, idrocarburo *m*

Kohlenwasserstoff, aliphatischer → *Kohlenwasserstoff der Paraffinreihe*

396 **Kohlenwasserstoff** *m*, **aromatischer**
□ aromatic hydrocarbon
△ hydrocarbure *m* aromatique
○ idorcarburo *m* aromatico

Kohlenwasserstoff, Chlor~ → *Chlorkohlenwasserstoff*

Kohlenwasserstoff, chlorierter → *Chlorkohlenwasserstoff*

397 **Kohlenwasserstoff** *m* **der Paraffinreihe**, **Kohlenwasserstoff** *m*, **aliphatischer**, **Kohlenwasserstoff** *m*, **paraffinischer**
□ paraffinic hydrocarbon, aliphatic hydrocarbon
△ hydrocarbure *m* aliphatique, hydrocarbure *m* paraffinique
○ idrocarburo *m* alifatico, idrocarburo *m* paraffinico

398 **Kohlenwasserstoff** *m*, **langkettiger**
□ long-chain hydrocarbon
△ hydrocarbure *m* à longue chaîne
○ idrocarburo *m* a lunga catena

Kohlenwasserstoff, paraffinischer
→ *Kohlenwasserstoff der Paraffinreihe*

399 **Kohlenwasserstoff** m, **polyaromatischer, Polyaromat** m
- □ polynuclear aromatic
- △ polynucléaire m aromatique
- ○ idrocarburo m policiclico aromatico

400 **Kohlenwasserstoff** m, **verzweigtkettiger**
- □ branched chain hydrocarbon
- △ hydrocarbure m à chaîne ramifiée
- ○ idrocarburo m a catena ramificata

Kohlenzeche → *Kohlengrube*

401 **Kohleveredlungsindustrie** f
- □ coal-refinement industry
- △ industrie f de valorisation de la houille
- ○ industria f della raffinazione del carbone fossile

402 **Kohleverflüssigung** f
- □ hydrogenation of coal
- △ hydrogénation f de la houille
- ○ idrogenazione f del carbone

403 **Kokerei** f
- □ coke works pl, coke plant, carbonization plant, coke-oven plant
- △ cokerie f
- ○ distilleria f di coke, cokeria f

404 **Kokereiabwasser** n
- □ coke oven waste, coke oven plant effluent
- △ eaux f pl résiduaires de cokeries
- ○ acqua f di rifiuto di distilleria di coke

405 **Koks** m
- □ coke
- △ coke m
- ○ cok m, coke m

406 **Koksfilter** m
- □ coke filter
- △ filtre m à coke
- ○ filtro m a coke

407 **Kokshorden** f pl
- □ coke hurdles pl
- △ colonnes f pl de morceaux de coke
- ○ graticci m pl di coke

Kokshordenbelüfter → *Koksrieseler*

408 **Kokskorb** m
- □ coke basket
- △ panier m à coke
- ○ paniere m da coke

409 **Kokslöschwasser** n
- □ coke-quenching water
- △ eau f d'extinction du coke
- ○ acqua f di estinzione di coke

410 **Koksofen** m
- □ coke oven
- △ four m à coke
- ○ forno m a coke

411 **Koksrieseler** m, **Kokshordenbelüfter** m
- □ coke scrubber, coke percolator, coke tray aerator, coke trickler, coke trickling bed
- △ ruisseleur m à coke, aérateur m à plateau de coke
- ○ irrigatore m a coke, percolatore m a coke

412 **Kolben** m, **Scheibenkolben** m
- □ piston
- △ piston m
- ○ pistone m

413 **Kolben** m (chem.)
- □ flask
- △ flacon m
- ○ matraccio m, pallone m

Kolben, Gär~ → *Gärkolben*

Kolben, Tauch~ → *Tauchkolben*

414 **Kolbenhub** m
- □ piston stroke, stroke of a piston, length of piston stroke
- △ course f du piston, coup m de piston
- ○ corsa f dello stantuffo

415 **Kolben[wasser]messer** m, **Kolbenwasseruhr** f
- □ piston [water] meter
- △ hydromètre m à piston, compteur m d'eau à piston
- ○ misuratore m [d'acqua] a pistone

416 **Kolbenpumpe** f
- □ piston pump
- △ pompe f à piston
- ○ pompa f a pistone, pompa f a stantuffo

417 **Kolbenschieber** m
- □ piston valve
- △ tiroir m cylindrique, piston m distributeur
- ○ saracinesca f a pistone, saracinesca f a stantuffo

418 **Kolbenstange** f
- □ piston rod
- △ tige f de piston
- ○ asta f dello stantuffo, stelo m dello stantuffo, braccio m dello stantuffo

Kolbenverdichter → *Scheibenkolbenverdichter*

Kolbenwasseruhr
→ *Kolben[wasser]messer*

Kolbenzähler, Rotations~ → *Ringkolbenzähler*

419 **Kolk** m, **Erosionskessel** m
- □ pothole, pot-hole, eroded hole, pool
- △ marmite f torrentielle, marmite f de géants
- ○ marmitta f dei giganti

420 **kolloid, kolloidal**
- □ colloidal
- △ colloïdal
- ○ colloidale

421 Kolloid n
- colloid
- △ colloïde m
- ○ colloide m

kolloidal → kolloid

422 Kolloidfänger m, **Kolloidor** m
- colloid separator
- △ piège m à colloïdes
- ○ trappola f per sostanze colloidali

Kolloidor → Kolloidfänger

Kolmatierung → Auflandung

Kolonie → Bakterienkolonie

Koloniezählgerät → Keimzählgerät

Koloniezählung → Keimzählung

Koloniezahl → Keimzahl

Kolonne, Abdampf~ → Abtreibekolonne

Kolonne, Abtreibe~ → Abtreibekolonne

Kolonne, Destillier~
→ Destilliervorrichtung

Kolonne, Extraktions~ → Extraktionskolonne

Kolonne, Stripp~ → Abtreibekolonne

Kolonnenablauf → Ammoniakabwasser

Kolonnenablauf → Destillationsrückstand

423 Kolorimeter n
- colorimeter
- △ colorimètre m
- ○ colorimetro m

Kolorimeter, Doppelkeil~ → Doppelkeilkolorimeter

424 Kolorimetrie f
- colorimetric analysis
- △ analyse f colorimétrique, colorimétrie f
- ○ analisi f colorimetrica

425 kolorimetrisch
- colorimetric
- △ colorimétrique
- ○ colorimetrico

426 Kommabazillen m pl
- comma bacilli pl
- △ spirilles m pl
- ○ bacilli m virgolati

Kommission für Be- und Entwässerung, Internationale ~ → Internationale Kommission für Be- und Entwässerung

Kommission für Große Talsperren, Internationale ~ → Internationale Kommission für Große Talsperren

Kommune → Gemeinde

Kompaktanlage → im Blockbau ausgeführte Anlage

Kompaktbohrverfahren
→ Stoßbohrverfahren

Kompaktierung → Verdichtung

427 Komparator m
- comparator
- △ comparateur m
- ○ comparatore m

428 Kompensation f, **Ausgleich** m
- compensation
- △ compensation f
- ○ compensazione f

429 Komplexbildner m *(chem.)*
- chelating agent
- △ agent m complexant, complexant m
- ○ complessante m, agente m complessante

430 Komplexbildung f
- complexation, sequestration
- △ complexation f, séquestration f
- ○ complessazione f

Komplexbildungstitrimetrie
→ Komplexometrie

431 Komplexometrie f, **Chelatometrie** f, **Komplexbildungstitrimetrie** f, **Titration** f, **komplexometrische**
- complexometric titration, complexation titrimetry
- △ complexométrie f, titrage m complexométrique
- ○ titolazione f complessometrica

432 Kompost m
- compost
- △ compost m, terreau m, gadoues f pl
- ○ composto m, rifiuti m pl solidi stabilizzati

Kompost, Frisch~ → Frischkompost

Kompost, Roh~ → Frischkompost

433 Komposthaufen m, **Kompostmiete** f
- compost row, row, pile
- △ tas m de compostage, compost meule f
- ○ mucchio m di composto

434 kompostieren
- compost
- △ composter
- ○ fare composto

435 Kompostierung f
- composting
- △ fabrication f de compost, compostage m
- ○ stabilizzazione f dei rifiuti solidi

436 Kompostierung f, **gemeinsame**
- combined composting
- △ compostage m combiné, compostage m mixte
- ○ compostaggio m misto

437 Kompostierungsanlage f, **Kompostwerk** n
- composting plant
- △ installation f de compostage
- ○ impianto m di produzione di composto

Kompostmiete → Komposthaufen

K 456

438 **Kompostturm** *m*
- compost digester
- silo *m* de compostage, tour *f* de fermentation
- torre *f* di compostaggio

Kompostwerk → *Kompostierungsanlage*

Kompressibilität
→ *Zusammendrückbarkeit*

Kompression → *Verdichtung*

Kompressor → *Verdichter*

Kompressor, Rotations~ → *Rotationskompressor*

Kompressor, Verbund~ → *Verbundkompressor*

komprimieren → *verdichten*

439 **Kondensat** *n*, **Kondenswasser** *n*, **Schwitzwasser** *n*
- condensate
- condensat *m*
- condensato *m*

Kondensat, Faulgas~ → *Teufelswasser*

440 **Kondensat** *n*, **saures**
- sour condensate, sour water
- condensat *m* acide
- condensato *m* acido

441 **Kondensataufbereitung** *f*
- condensate processing
- traitement *m* des condensats, épuration *f* des condensats
- trattamento *m* del condensato

442 **Kondensation** *f*
- condensation
- condensation *f*
- condensazione *f*

443 **Kondensationskern** *m*
- condensation nucleus
- noyau *m* de condensation
- nucleo *m* di condensazione

Kondensationspunkt → *Taupunkt*

Kondensationsturbine → *Turbine mit Kondensation*

444 **Kondensationswasser** *n*
- condensation water, water of condensation, condenser water
- eau *f* de condensation
- acqua *f* di condensazione

445 **Kondensator** *m*
- condenser
- condenseur *m*, condensateur *m*
- condensatore *m*

446 **Kondensator** *m*, **barometrischer**
- barometric condenser
- condenseur *m* barométrique
- condensatore *m* barometrico

Kondensator, Misch~ → *Mischkondensator*

Kondensator, Oberflächen~
→ *Oberflächenkondensator*

447 **Kondensatorrohr** *n*
- condenser tube
- tube *m* de condenseur
- tubo *m* di condensatore

448 **Kondensatreinigung** *f*
- condensate polishing
- affinage *m* des condensats, épuration *f* des condensats
- epurazione *f* del condensato

449 **Kondenstopf** *m*
- steam trap
- séparateur *m* d'eau
- condensino *m*, scaricatore *m* di condensa

Kondenswasser → *Kondensat*

Konditionierung → *Aufbereitung von Schlamm*

450 **Konduktometrie** *f*, **Endpunktbestimmung** *f*, **konduktometrische**
- conductometric end-point determination
- conductimétrie *f*, détermination *f* conductimétrique du point de virage
- determinazione *f* conduttometrica del punto di viraggio

konisch → *kegelförmig*

451 **Konkretion** *f* (geol.)
- concretion
- concrétion *f*
- concrezione *f*

452 **Konservenfabrik** *f*
- cannery, food canning factory
- fabrique *f* de conserves, conserverie *f*
- fabbrica *f* di conserve

Konservenfabrik, Geflügel~ → *Geflügelkonservenfabrik*

Konservenfabrik, Gemüse~ → *Gemüsekonservenfabrik*

453 **konservieren**
- preserve
- conserver
- conservare

454 **Konservierung** *f*
- preservation
- conservation *f*
- conservazione *f*

Konservierung, Holz~ → *Holzkonservierung*

455 **Konsistenz** *f*
- consistency
- consistance *f*
- consistenza *f*

Konsolidierung des Bodens
→ *Bodenverfestigung*

456 **Konstante** *f*
- constant
- constante *f*
- costante *f*

Konstante, Dielektrizitäts~
→ *Dielektrizitätskonstante*

285

457 **Konstitution** f
- □ constitution
- △ constitution f
- ○ costituzione f

458 **Konstitutionswasser** n
- □ water of constitution
- △ eau f de constitution
- ○ acqua f di costituzione

Konsument → Verbraucher

459 **Kontaktbecken** n
- □ contact chamber
- △ bassin m de contact
- ○ bacino m di contatto

460 **Kontaktbecken** n **mit gegeneinander verstellten Ablenkwänden**
- □ serpentine contact chamber
- △ bassin m de contact à cloisons étagées
- ○ vasca f di contatto a setti

Kontaktfläche → Benetzungsfläche

461 **Kontaktmanometer** n
- □ switch operating pressure gauge
- △ manomètre m de contact
- ○ manometro m di contatto

462 **Kontaktstabilisierung** f (Belebungsverfahren)
- □ contact-stabilization, biosorption process
- △ procédé m de biosorption, contact-stabilisation f
- ○ stabilizzazione f a contatto

463 **Kontaktstoff** m, **Katalysator** m
- □ catalyst, catalyzer
- △ catalyseur m
- ○ catalizzatore m, materia f di contatto

Kontaktverfahren, Schlamm~ → Schlammkontaktverfahren

Kontaktzeit → Berührungszeit

464 **Kontaktzone** f
- □ zone of contact, contact zone
- △ zone f de contact
- ○ zona f di contatto

Kontaktzone → Grenzzone

Kontamination → Verunreinigung, radioaktive

Kontaminierung → Verunreinigung, radioaktive

465 **Kontinentalklima** n, **Landklima** n
- □ continental climate
- △ climat m continental
- ○ clima m continentale

Kontinentalklima → Klima, kontinentales

466 **kontinuierlich, ununterbrochen**
- □ continuous
- △ continu
- ○ continuo

Kontraktion → Schrumpfung

467 **Kontrollanalyse** f
- □ check analysis
- △ analyse f de contrôle
- ○ analisi f di controllo

468 **Kontrolle** f
- □ control, supervision
- △ contrôle m
- ○ controllo m

Kontrolle, Betriebs~ → Betriebsüberwachung

Kontrollgang → Besichtigungsgang

469 **Kontrollschacht** m, **Revisionsschacht** m
- □ inspection shaft, inspection well, inspection manhole, inspection chamber
- △ puits m de visite
- ○ pozzetto m d'ispezione, cameretta f di visita

470 **Kontrollschieber** m
- □ control gate
- △ vanne f de contrôle
- ○ valvola f di controllo

Kontrollstation → Betriebswarte

471 **Konusauslaufhahn** m
- □ (sludge) plug cock, blow-off plug cock
- △ robinet m de vidange à boisseau
- ○ rubinetto m conico di scarico

472 **Konvektivstrom** m, **Wärmeströmung** f (limnol.)
- □ convection current, circulating current of the surface water
- △ courant m de convection
- ○ corrente f convettiva

473 **konventionell, herkömmlich**
- □ conventional
- △ conventionnel
- ○ convenzionale

Konzentrat, Salz~ → Salzkonzentrat

474 **Konzentration** f
- □ concentration
- △ concentration f
- ○ concentrazione f

475 **Konzentration** f **des Abwassers**
- □ concentration of the sewage, strength of the sewage
- △ concentration f des eaux d'égout
- ○ concentrazione f dell'acqua di fogna, concentrazione f del liquame

Konzentration, Grenz~ → Grenzkonzentration

476 **Konzentration** f, **höchstzulässige**
- □ maximum allowable concentration, maximum permissible concentration
- △ concentration f maximale admissible
- ○ concentrazione f massima ammissibile

Konzentration, Ionen~ → Ionenkonzentration

Konzentration, Schlamm~ → Schlammkonzentration

Konzentration, zulässige, Höchst~ → Höchstkonzentration, zulässige

477 **Konzentrationszeit** f *(hydrol.)*
□ gathering time maximum
△ temps m de concentration
○ tempo m di concentrazione

Konzentrierung von Viren, Gefrier~
→ *Gefrierkonzentrierung von Viren*

Koog → *Polder*

478 **Kopfverbrauch** m
□ per capita consumption
△ consommation f par habitant
○ consumo m per abitante, consumo m per testa, consumo m per capita

Koppe → *Groppe*

479 **Koppelverband** m *(von Schiffen)*
□ coupled ship unit
△ attelage m de bateaux, accouplement m de bateaux
○ battello m a doppia carena, catamarano m

480 **Korallenriff** n
□ coral reef
△ récif m de corail, récif m corallien
○ banco m di coralli, scoglio m di coralli

481 **Korbflasche** f, **Demijohn** m
□ carboy
△ tourie f, dame-jeanne f
○ damigiana f, fiasco m

Kordeleisen → *Stemmeißel*

482 **Kork** m
□ cork
△ liège m
○ sughero m

483 **Korkplatte** f
□ cork slab
△ plaque f de liège
○ lastra f di sughero

484 **Korkstopfen** m
□ cork stopper
△ bouchon m de liège
○ tappo m di sughero

485 **Korn** n
□ grain
△ grain m
○ grano m

Korn, Hagel~ → *Hagelkorn*

486 **Kornaufbau** m, **Korngrößenverteilung** f
□ size distribution of grain, grain-size distribution, particle-size distribution
△ granulométrie f
○ granulometria f

487 **Korngrenze** f
□ grain boundary
△ taille f limite des grains
○ dimensione f limite dei granelli

488 **Korngröße** f
□ size of grain, grade of grain
△ grosseur f des grains
○ grossezza f del grano, dimensione f dei granelli

489 **Korngröße** f, **durchschnittliche**
□ mean grain size
△ grosseur f moyenne des grains
○ dimensione f media dei granelli

490 **Korngröße** f, **nominale**
□ nominal size of grain
△ grosseur f des grains nominale
○ dimensione f nominale dei granelli

491 **Korngröße** f, **wirksame**
□ effective size of grain
△ taille f effective des grains
○ dimensione f efficace dei granelli

492 **Korngrößenverteilung** f
□ grading
△ répartition f granulométrique
○ granulometria f della sabbia

Korngrößenverteilung → *Kornaufbau*

493 **Kornkohlefilter** n
□ granulated carbon filter
△ filtre m à grésillon de charbon
○ filtro m a carbone granulare

Kornzusammensetzung → *Körnung*

494 **Korpuskularstrahlung** f
□ corpuscular radiation
△ radiation f corpusculaire
○ radiazione f corpuscolare

495 **korrodierbar**
□ corrodible
△ corrodable
○ corrodibile

496 **Korrodierbarkeit** f
□ corrodibility
△ corrodabilité f
○ corrodibilità f

497 **korrodieren, anfressen, angreifen**
□ corrode
△ corroder
○ corrodere

498 **Korrosion** f, **Anfressung** f
□ corrosion
△ corrosion f
○ corrosione f

499 **Korrosion** f **am Rohrscheitel**
□ crown corrosion
△ corrosion f au sommet d'un tuyau
○ corrosione f alla sommità di un tubo

500 **Korrosion** f **an Spannungsrissen**
□ stress-corrosion
△ corrosion f sous tension
○ corrosione f da sforzo

501 **Korrosion** f, **atmosphärische**
□ atmospheric corrosion
△ corrosion f atmosphérique
○ corrosione f atmosferica

Korrosion, Außen~ → *Außenkorrosion*

Korrosion, Boden~ → *Bodenkorrosion*

Korrosion, Innen~ → *Innenkorrosion*

502 **Korrosion** f**, intergranuläre**
 □ intergranular corrosion
 △ corrosion f intergranulaire
 ○ corrosione f intergranulare

 Korrosion, Säure~ → *Säurekorrosion*

 Korrosion, Unterwasser~ → *Unterwasserkorrosion*

503 **korrosionsbeständig**
 □ corrosion-resisting, non-corrosive, corrosion-resistant
 △ non-corrodable, résistant à la corrosion
 ○ non-corrosivo, non corrodibile

504 **Korrosionsbeständigkeit** f
 □ corrosion resistance, non-corrosivity
 △ resistance f à la corrosion
 ○ resistenza f alla corrosione

505 **Korrosionsgeschwindigkeit** f
 □ rate of corrosion
 △ taux m de corrosion, vitesse f de corrosion
 ○ velocità f di corrosione

 Korrosionsinhibierung
 → *Korrosionsverhütung*

506 **Korrosionsschutz** m
 □ corrosion protection
 △ protection f contre la corrosion
 ○ protezione f contro la corrosione

507 **Korrosionsschutz** m**, anodischer**
 □ anodic corrosion control
 △ protection f anodique contre la corrosion
 ○ protezione f anodica contro la corrosione

508 **Korrosionsschutzbehandlung** f
 □ anti-corrosive treatment
 △ traitement m anticorrosif
 ○ trattamento m anticorrosivo

509 **Korrosionsschutzmittel** n
 □ corrosion inhibitor, anticorrosive, anticorrosive agent
 △ inhibiteur m de corrosion
 ○ inibitore m di corrosione

510 **korrosionsverhütend**
 □ anticorrosive
 △ contre la corrosion, anticorrosif
 ○ anticorrosivo

511 **Korrosionsverhütung** f**, Korrosionsinhibierung** f
 □ corrosion control, corrosion inhibition
 △ prévention f de la corrosion, lutte f contre la corrosion
 ○ lotta f contro la corrosione

512 **korrosiv, angreifend**
 □ corrosive
 △ corrosif
 ○ corrosivo

513 **Kosten** pl
 □ cost
 △ frais m pl, dépenses f pl
 ○ spese f pl, costo m

 Kosten, Anlage~ → *Anlagekosten*

 Kosten, Bau~ → *Baukosten*

 Kosten, Betriebs~ → *Betriebskosten*

 Kosten, Gesamt~ → *Gesamtkosten*

514 **Kosten-Nutzen-Analyse** f
 □ cost-benefit-analysis
 △ étude f de profits et pertes
 ○ analisi f costi-benefici

515 **Kostenanschlag** m**, Voranschlag** m
 □ estimate of the cost, tender
 △ évaluation f des frais, devis m estimatif, estimation f
 ○ preventivo m delle spese, calcolo m preventivo, calcolo m approssimativo

516 **Kostenaufteilung** f
 □ specification of costs
 △ répartition f des dépenses, répartition f des frais
 ○ ripartizione f dei costi, ripartizione f delle spese

517 **Kostenberechnung** f
 □ cost accounting
 △ compte m des frais
 ○ calcolo m dei costi

518 **Kostendeckung** f
 □ defrayal of costs
 △ couverture f des dépenses, couverture f des frais
 ○ copertura f dei costi, copertura f delle spese

519 **Kostendeckungspflicht** f **des Urhebers** (*Verschmutzers*)**, Verursacherprinzip** n
 □ liability of polluter for damage costs
 △ responsabilité f du pollueur pour domages et intérêts
 ○ responsabilità f dell'inquinatore per risarcimento danni ed interessi

520 **Kostenermittlung** f
 □ calculation of costs
 △ calcul m du prix de revient, détermination f du prix de revient
 ○ determinazione f dei costi

521 **kostenlos**
 □ free of charge, free of expense
 △ sans frais m pl, exempt de frais m pl, gratuit
 ○ gratis, gratuitamente

522 **kostspielig**
 □ expensive, costly
 △ coûteux, dispendieux, onéreux
 ○ costoso, dispendioso

523 **Kotballen** m
 □ lump of fecal matter
 △ étron m
 ○ brandello m di feci

524 **Kotstoffe** m pl, **Abortgrubeninhalt** m, **Faeces** f pl, **Fäkalien** f pl, **Fäkalienmasse** f, **Fäkalienschlamm** m, **Fäkalstoffe** m pl
□ fecal matter, fecal substances pl, faeces pl, night soil, septage
△ matières f pl fécales, fèces f pl, excreta m pl, matières f pl de vidange, gadoues f pl, septage m
○ sostanze f pl fecali, materie f pl fecali, sostanze f pl escrementizie, feci f pl

525 **Krabbe** f *(Crangon crangon)*, **Garnele** f
□ shrimp, prawn
△ crevette f
○ granchio m

526 **Krackkondensat** n
□ foul condensate
△ condensat m de cracking, condensat m de craquage
○ condensato m di cracking, condensato m di piroscissione

527 **Krackverfahren** n, **Spaltdestillation** f
□ cracking process
△ cracking m, distillation f avec cracking
○ cracking m, processo m cracking

528 **Krählwerk** n **eines Schlammeindickers**
□ rabble rake of a thickener
△ racleur m d'un épaisseur de boues
○ raschiatore m di un concentratore di fango

529 **Krählwerk** n, **gitterförmiges**
□ picket-fence sludge rake
△ racloir m du type grille
○ raschiatore m di tipo griglia, mescolatore m a pale in forma di griglia

530 **Kraft** f
□ force, power, strength
△ force f, effort m
○ forza f, potenza f

Kraft, Betriebs~ → *Betriebskraft*

531 **Kraft** f, **dynamische**
□ dynamic force, dynamic power
△ force f dynamique
○ sforzo m dinamico

Kraft, Sicker~ → *Sickerdruck*

532 **in Kraft treten**
□ come into force, take effect
△ entrer en vigueur
○ entrare in vigore

Kraft, wasserbindende → *Wasserhaltevermögen*

533 **Kraftbedarf** m, **Energiebedarf** m
□ power requirements pl
△ énergie f nécessaire, force f nécessaire, puissance f requise
○ energia f richiesta, forza f richiesta, bisogno m di energia, potenza f richiesta

534 **Krafterzeugung** f, **Energieerzeugung** f, **Kraftgewinnung** f
□ power generation, production of energy
△ production f d'énergie
○ produzione f di energia

535 **Kraftfahrzeug-Werkstatt** f, **Kfz-Werkstatt** f
□ car repair shop
△ garage m de réparations de véhicules, atelier m de réparations de véhicules
○ officina f di riparazioni veicoli

Kraftgewinnung → *Krafterzeugung*

536 **Kraftrad** n
□ motor-bicycle
△ motocyclette f
○ motocicletta f

Kraftstoff → *Brennstoff*

537 **Kraftstoffzusatz** m
□ (motor) fuel additive
△ additif m à l'essence, produit m ajouté à un carburant
○ additivo m per carburanti

538 **Kraftverbrauch** m, **Energieverbrauch** m
□ consumption of energy, power consumption
△ consommation f d'énergie, dépense f d'énergie, consommation f de force
○ consumo m di forza, consumo m d'energia

539 **Kraftwagen** m
□ motor vehicle
△ automobile f
○ automobile f

Kraftwagen, Last~ → *Lastkraftwagen*

540 **Kraftwasser** n
□ hydraulic water
△ eau f motrice
○ acqua f motrice

541 **Kraftwerk** n, **Elektrizitätswerk** n
□ electric power station, electric power plant, power station
△ centrale f, usine f électrique
○ centrale f elettrica

Kraftwerk, Atom~ → *Kernkraftwerk*
Kraftwerk, Dampf~ → *Dampfkraftwerk*
Kraftwerk, Gezeiten~ → *Gezeitenkraftwerk*
Kraftwerk, Groß~ → *Großkraftwerk*
Kraftwerk, Heiz~ → *Heizkraftwerk*
Kraftwerk, Kavernen~ → *Kavernenkraftwerk*
Kraftwerk, Kern~ → *Kernkraftwerk*
Kraftwerk, Spitzen~ → *Spitzenkraftwerk*
Kraftwerk, Tide~ → *Gezeitenkraftwerk*
Kraftwerk, überflutetes → *Unterwasserkraftwerk*
Kraftwerk, Unterwasser~ → *Unterwasserkraftwerk*

K 542

Kraftwerk, Wärme~ → *Wärmekraftwerk*

542 **Kran** *m*
□ crane
△ grue *f*
○ gru *f*

Kran, Ausleger~ → *Auslegerkran*

543 **Krankenhaus** *n*
□ hospital, infirmary
△ hôpital *m*, maison *f* de santé
○ ospedale *m*, infermeria *f*

544 **Krankenhausabfall** *m*
□ hospital waste(s)
△ déchet *m* d'hôpital, résidu *m* d'hôpital
○ scarichi *m pl* ospedalieri

545 **Krankenhaushygiene** *f*
□ hospital hygiene
△ hygiène *f* hospitalière
○ igiene *f* ospedaliera

krankhaft → *pathologisch*

546 **Krankheit** *f*
□ disease
△ maladie *f*
○ malattia *f*

Krankheit, ansteckende
→ *Ansteckungskrankheit*

Krankheit, meldepflichtige, Infektions~
→ *Infektionskrankheit, meldepflichtige*

Krankheiten, durch Wasser übertragene
→ *Wasserkrankheiten*

547 **krankheitserregend, pathogen**
□ pathogenic
△ pathogène
○ patogeno, morboso

Krankheitserreger → *Keime, krankheitserregende*

548 **Krankheitsübertragung** *f*
□ disease transmittance
△ transmission *f* des maladies, propagation *f* des maladies
○ trasmissione *f* delle malattie

Krankheitsübertragung → *Ansteckung*

549 **Kranwagen** *m*
□ breakdown lorry, wrecker *(am)*
△ camion *m* grue, camion *m* de dépannage
○ autogru *f*

Kranz, Brunnen~ → *Brunnenkranz*

550 **Kratersee** *m*, **Maar** *n*, **Vulkansee** *m*
□ volcanic lake, crater lake, maar
△ lac *m* de cratère, lac *m* volcanique
○ lago *m* craterico, lago *m* vulcanico

551 **Kratzer** *m*, **Räumer** *m*, **Schaber** *m*
□ scraper
△ racleur *m*, racloir *m*, scraper *m*, grattoir *m*
○ raschiatore *m*, raccoglitore *m*

552 **Kratzerarm** *m*
□ scraping arm
△ bras *m* de racleur
○ braccio *m* del raccoglitore

553 **Kratzerblech** *n*
□ scraper blade
△ tôle *f* de racleur, lame *f* racleuse, grattoir *m*
○ pala *f* raschiatrice

554 **Krautentwicklung** *f*, **Krautwuchs** *m*, **Verkrautung** *f*
□ weed growth, weedage, weediness
△ croissance *f* d'herbes, développement *m* des mauvaises herbes, envahissement *m* par les mauvaises herbes, enherbement *m*
○ accrescimento *m* delle malerbe, crescita *f* di erba

555 **Krautschneideboot** *n*
□ weed-cutting launch
△ barque *f* faucardeur
○ barca *f* con trinciatrice, barca *f* con tagliatrice

Krautschneider → *Krautsense*

556 **Krautsense** *f*, **Krautschneider** *m*
□ weed-cutter
△ faucardeur *m*, faucardeuse *f*
○ falce *f* per erba

Krautwuchs → *Krautentwicklung*

557 **Krautwuchsbekämpfung** *f*
□ aquatic weed control
△ lutte *f* contre les végétaux aquatiques
○ lotta *f* contro le piante acquatiche

558 **Krebs** *m* *(med.)*
□ cancer
△ cancer *m*
○ cancro *m*

559 **Krebs** *m* *(zool.)*, **Bachkrebs** *m* *(Astacus astacus) (zool.)*, **Flußkrebs** *m* *(zool.)*
□ crab, crawfish, crayfish
△ écrevisse *f*
○ gambero *m*, granchio *m*

560 **krebserregend, cancerogen, carcinogen, kanzerogen**
□ carcinogenic, cancerogenic
△ cancérogène, cancérigène
○ carcinogeno

561 **Krebsschere** *f* *(Stratiotes) (bot.)*
□ crab's claw, knight's pond-weed, knight's wound wort, water sengreen
△ stratiotes
○ stratiotes

562 **Krebstiere** *n pl*, **Krustazeen** *f pl*, **Krustentiere** *n pl*
□ crustaceae *pl*
△ crustacés *m pl*
○ crostacei *m pl*

563 **Kredit** *m* **aus ERP-Sondervermögen**
□ loan from ERP-fund
△ crédit *m* sur fonds spéciaux ERP
○ prestito *m* sui fondi speciali ERP

564 **Kreide** *f*
□ chalk
△ craie *f*
○ creta *f*

K 588

565 **Kreide** f *(geol.)*, **Kreideformation** f
□ Cretaceous
△ crétacé m
○ cretaceo m, cretacico m

Kreideformation → *Kreide*

566 **Kreis** m
□ circle
△ cercle m
○ circolo m, cerchio m

567 **Kreisbecken** n, **Rundbecken** n
□ circular tank
△ bassin m circulaire
○ bacino m circolare

568 **Kreisbogengewölbe** n
□ circular arch
△ voûte f circulaire
○ volta f circolare

Kreisel, Belüftungs~ → *Kreiselbelüfter*

569 **Kreiselbelüfter** m, **Belüftungskreisel** m
□ spray cone, centrifugal aerator
△ aérateur m centrifuge
○ aeratore m centrifugo

570 **Kreiselpumpe** f, **Zentrifugalpumpe** f
□ centrifugal pump, rotary pump
△ pompe f centrifuge
○ pompa f centrifuga

571 **Kreiselpumpe** f, **einstufige**
□ single-stage centrifugal pump, single-acting centrifugal pump
△ pompe f centrifuge à simple effet
○ pompa f centrifuga semplice

572 **Kreiselpumpe** f, **mehrstufige**
□ multi-stage centrifugal pump, multiple stage centrifugal pump
△ pompe f centrifuge multicellulaire
○ pompa f centrifuga multipla

573 **Kreiselpumpe** f **mit sich erweiternden Leitkanälen**
□ diffuser pump
△ pompe f centrifuge à diffuseurs
○ pompa f centrifuga con diffusore

574 **Kreiselpumpe** f **mit Spitzrechen**
□ centrifugal pump with conical screen
△ pompe f centrifuge avec grille conique
○ pompa f centrifuga con griglia conica

575 **Kreiselpumpe** f, **selbstansaugende**
□ self-priming centrifugal pump
△ pompe f centrifuge à auto-amorçage
○ pompa f centrifuga autoinnescante, pompa f centrifuga auto-aspirante

Kreiselpumpe, Unterwasser~ → *Unterwasserpumpe*

576 **Kreiselpumpe** f, **vertikalachsige**
□ vertical turbine pump
△ pompe f centrifuge verticale
○ pompa f centrifuga verticale

577 **kreisförmig**
□ circular
△ circulaire
○ circolare

578 **Kreislauf** m, **Umlauf** m
□ cycle, circuit, circulation
△ circulation f, mouvement m circulatoire, circuit m, cycle m
○ circolazione f, rivoluzione f, circuito m

579 **aus den Kreislauf abgezogenes Wasser**
□ bleed-off, blow-down
△ purge f
○ spurgo m

580 **Kreislauf** m, **geschlossener**
□ closed recirculation, closed-loop recycling system
△ circuit m fermé
○ circuito m chiuso

581 **Kreislauf** m, **im ~ führen**
□ circulate, recirculate, recycle
△ recirculer, faire circuler
○ circolare

Kreislauf, Kühlung in geschlossenem ~
→ *Kühlsystem, geschlossenes*

582 **Kreislauf** m, **offener**
□ open-ended recirculation
△ circuit m ouvert
○ circuito m aperto

583 **Kreislauf** m, **Verwendung im ~**
□ recirculation
△ recyclage m, recirculation f
○ ricircolazione f

Kreislauf, Wasser~ → *Wasserkreislauf*

584 **Kreislaufheizung** f
□ recirculating heating-system
△ chauffage m avec recirculation, chauffage m en circuit fermé
○ sistema m di riscaldamento a ricircolazione

Kreislaufsystem → *Rücknahmesystem*

585 **Kreisnetz** n
□ ring system
△ réseau m bouclé
○ sistema m ad anello

Kreisprofil → *Querschnitt, kreisförmiger*

Kreisquerschnitt → *Querschnitt, kreisförmiger*

586 **Kremerbrunnen** m
□ Kremer tank
△ puits m Kremer
○ pozzo m Kremer

587 **Kreuzknebel** m
□ capstan head
△ croisillon m
○ sbarra f a croce, sbarra f a forma di croce

588 **Kreuzsee** f
□ cross sea
△ moutonnement m des vagues
○ accavallarsi delle onde

589 Kreuzstück *n*, **Doppel-T-Stück** *n*, **TT-Stück** *n*
- □ cross, TT piece, fourway branch, cross branch, 4-way-piece
- △ croix *f*
- ○ croce *f*, pezzo *m* a croce

590 Kreuzung *f* **der Täler**
- □ intersection of the valleys
- △ traversée *f* des vallées
- ○ attraversamento *m* delle valli

591 Kriechen *n* *(von Beton)*
- □ creeping
- △ fluage *m*
- ○ deformazione *f* viscosa, deformazione *f* plastica

Kriechströme → *Ströme, vagabundierende*

592 Kristall *m*
- □ crystal
- △ cristal *m*
- ○ cristallo *m*

593 Kristallisation *f*
- □ crystallization, cristallization
- △ cristallisation *f*
- ○ cristallizzazione *f*

594 Kristallisator *m*
- □ crystallizer
- △ cristalliseur *m*
- ○ cristallizzatore *m*

595 kristallisieren
- □ crystallize
- △ cristalliser
- ○ cristallizzare

596 Kristallwasser *n*, **Hydratwasser** *n*
- □ water of hydration, structural water, water of crystallization, constitutional water, hydrate water
- △ eau *f* de cristallisation, eau *f* de hydration
- ○ acqua *f* di cristallizzazione, acqua *f* di idratazione

597 kristallwasserhaltig
- □ hydrous
- △ hydraté
- ○ idratato

Kriterien, Wassergüte~ → *Wassergütekriterien*

598 Kriterium *n*
- □ criterion
- △ critère *m*, point de référence
- ○ criterio *m*

599 Krone *f* *(einer Bohrspitze)*
- □ crown
- △ couronne *f*
- ○ corona *f*

Krone → *Scheitel*

Krone, Bohr~ → *Bohrkrone*

Krone einer Sperrmauer → *Mauerkrone*

600 Kronenbreite *f*
- □ width of crest
- △ largeur *f* au sommet
- ○ larghezza *f* della cresta

601 Kronenhöhe *f*
- □ crest level, crest elevation *(am)*
- △ cote *f* de crête
- ○ rasamento *m* della cresta, quota *f* del coronamento

602 Kronenlänge *f*
- □ length at crest, length of crest
- △ longueur *f* au sommet
- ○ sviluppo *m* in cresta, sviluppo *m* al coronamento

603 Kropf *m*, **endemischer**
- □ endemic goiter, endemic goitre
- △ goitre *m* endemique
- ○ gozzo *m* endemico

604 Krümelstruktur *f*
- □ granular structure, crumb structure
- △ structure *f* grenue, structure *f* grumeleuse
- ○ struttura *f* glomerulare, struttura *f* granulare

605 Krümmer *m*, **Bogen** *m*, **Bogenrohr** *n*, **Bogenstück** *n*, **Rohrkrümmer** *m*
- □ bend, quarter bend, pipe bend
- △ coude *m*, courbe *f*
- ○ curva *f*, pezzo *m* a curva, tubo *m* a curva, tubo *m* curvo

Krümmer, drehbarer → *Krümmer, schwenkbarer*

Krümmer, Flansch~ → *Flanschenkrümmer 90°*

Krümmer, Fuß~ → *Fußkrümmer*

Krümmer, Kurzradius~ → *Kurzradiuskrümmer*

Krümmer, Langradius~ → *Langradiuskrümmer*

606 Krümmer *m*, **schwenkbarer**, **Krümmer** *m*, **drehbarer**
- □ orientable elbow
- △ coude *m* orientable
- ○ curva *f* orientabile

Krümmer 90°, Flanschen~ → *Flanschenkrümmer 90°*

607 Krümmung *f*
- □ curvature, sweep, bend
- △ courbure *f*
- ○ incurvatura *f*

Krümmung, Fluß~ → *Flußkrümmung*

608 Krümmungshalbmesser *m*, **Krümmungsradius** *m*
- □ radius of curvature
- △ rayon *m* de courbure
- ○ raggio *m* di curvatura

Krümmungsradius → *Krümmungshalbmesser*

609 **Krümmungsverlust** *m* **an Druck**
□ curvature loss of head
△ perte *f* de charge due à des courbes
○ perdita *f* di carico dovuta a cambio di direzione

610 **Krümmungswinkel** *m*
□ angle of curvature
△ angle *m* de courbure
○ angolo *m* di curvatura

Krume, Acker~ → *Mutterboden*

Krume, Boden~ → *Mutterboden*

Krustazeen → *Krebstiere*

Kruste, Kalk~ → *Kalkkruste*

Krustenbildung → *Verkrustung*

Krustentiere → *Krebstiere*

611 **Kryologie** *f*, **Eiskunde** *f*
□ cryology
△ cryologie *f*
○ criologia *f*

kryophil → *kälteliebend*

612 **Kryoplankton** *n*
□ cryoplankton
△ cryoplancton *m*
○ crioplancton *m*

613 **Kubik-** *(in Verbindung m. Subst.)*
□ cubic
△ cubique
○ cubico

Kubikdezimeter → *Liter*

614 **Kubikfuß** *m*
□ cubic foot
△ pied *m* cube
○ piede *m* cubo

615 **Kubikmeter** *m*
□ cubic meter [metre]
△ mètre *m* cube
○ metro *m* cubo

616 **Kubikmillimeter** *m*
□ cubic millimeter [millimetre]
△ millimètre *m* cube
○ millimetro *m* cubo

617 **Kubikwurzel** *f*
□ cube root
△ racine *f* cubique
○ radice *f* cubica

618 **Kubikzentimeter** *m*, **Milliliter** *m*
□ millliliter [millilitre], cubic centimetre
△ centimètre *m* cube, millilitre *m*
○ centimetro *m* cubo, millilitro *m*

Kuchen, Filter~ → *Filterkuchen*

Kuchen, Preß~ → *Filterkuchen*

Kuchen, Schlamm~ → *Filterkuchen*

619 **Kübel** *m*
□ hopper
△ benne *f*
○ benna *f*

Küchenabfall → *Müll*

Küchenabfallzerkleinerer → *Müllwolf*

620 **Küchenabwasser** *n*
□ scullery wastes *pl*, kitchen wastewater, grey water
△ eaux *f pl* ménagères
○ acqua *f* di rifiuto di cucina

Küchenausguß → *Ausguß*

Küchenmüll → *Müll*

Küchenmüllzerkleinerer → *Müllwolf*

Küchenwolf → *Müllwolf*

621 **Kühlanlage** *f*, **Rückkühlanlage** *f*
□ refrigerating plant, cooling plant
△ installation *f* de réfrigération
○ impianto *m* frigorifero

622 **kühlen, abkühlen**
□ cool, refrigerate, cool down
△ réfrigérer, refroidir, faire refroidir, rafraîchir
○ refrigerare, rinfrescare, raffrescare, raffreddare

Kühlen → *Kühlung*

623 **Kühler** *f*, **Kühlgefäß** *n*
□ cooler, condenser, cooling vessel
△ condenseur *m*, réfrigérateur *m*
○ rinfrescatoio *m*, refrigeratore *m*

Kühler, direkter → *Mischkondensator*

Kühler, Gas~ → *Gaskühler*

Kühler, Oberflächen~ → *Oberflächenkühler*

Kühlflüssigkeit → *Kühlmittel*

Kühlgefäß → *Kühler*

624 **Kühlmantel** *m*
□ cooling jacket, water jacket
△ chemise *f* d'eau
○ camicia *f* d'acqua, camicia *f* refrigerante

625 **Kühlmittel** *n*, **Kühlflüssigkeit** *f*
□ cooling agent, refrigerant, coolant, cooling draught, cooling medium
△ réfrigérant *m*, agent *m* de refroidissement
○ refrigerativo *m*, rinfrescante *m*

626 **Kühlrohr** *n*
□ condenser [or cooling] tube, cooling pipe
△ tuyau *m* de refroidissement
○ tubo *m* di raffreddamento

627 **Kühlschlange** *f*
□ cooling coil, refrigerating coil, condensing coil
△ serpentin *m* de réfrigération, serpentin *m* de refroidissement
○ serpentino *m* refrigerante

628 **Kühlschrank** *m*, **Eisschrank** *m*
□ refrigerator, ice box
△ réfrigérateur *m*, glacière *f*
○ armadio *m* refrigerante, frigorifero *m*

629 **Kühlsystem** n, **geschlossenes, Kühlung** f **in geschlossenem Kreislauf**
□ closed cooling system
△ circuit m fermé de refroidissement, refroidissement m en circuit fermé
○ sistema m di raffreddamento a circuito chiuso

630 **Kühlteich** m
□ cooling pond
△ étang m de refroidissement
○ stagno m di refrigerazione

631 **Kühlturm** m
□ cooling tower
△ tour f de réfrigération, tour f de refroidissement
○ torre f di refrigerazione

632 **Kühlturm** m **mit natürlichem Zug**
□ natural draft cooling tower
△ tour f de réfrigération à tirage naturel
○ torre f di raffreddamento a tiraggio naturale

633 **Kühlung** f, **Abkühlen** n, **Abkühlung** f, **Kühlen** n, **Rückkühlen** n, **Rückkühlung** f
□ cooling, recooling, refrigeration, refrigerating
△ réfrigération f, refroidissement m
○ refrigerazione f, rinfrescamento m, refrigeramento m, raffreddamento m

634 **Kühlung** f, **direkte**
□ contact cooling
△ refroidissement m direct
○ raffreddamento m diretto

Kühlung in geschlossenem Kreislauf
→ *Kühlsystem, geschlossenes*

Kühlung, Luft~ → *Luftkühlung*

Kühlung, Verdampfungs~
→ *Verdampfungskühlung*

635 **Kühlwasser** n
□ cooling water, condensing water
△ eau f de réfrigération, eau f de refroidissement
○ acqua f di refrigerazione, acqua f refrigerante

636 **Kühlwasserkreislauf** m
□ refrigerating cycle
△ recyclage m d'eau de réfrigération
○ circolazione f d'acqua di rifrigerazione

637 **Kühlwirkung** f
□ cooling effect
△ action f réfrigérante, effet m de refroidissement
○ effetto m di raffreddamento

638 **Küken** n **eines Zapfhahnes, Kegel** m **eines Zapfhahnes**
□ plug of a tap
△ boisseau m de robinet, noix f de robinet
○ anima f del rubinetto

639 **künstlich**
□ artificial
△ artificiel
○ artificiale, artifiziale

640 **Küpenfärbung** f
□ vat-dyeing
△ teinture f en cuve
○ tintura f al tino

641 **Küste** f, **Meeresküste** f
□ coast, shore
△ côte f, rivage m
○ costa f

Küste, Steil~ → *Steilküste*

642 **Küstenebene** f
□ coastal plain
△ plaine f côtière, plaine f littorale
○ piana f costiera

643 **Küstenerosion** f
□ coastal erosion
△ érosion f côtière, érosion f littorale
○ erosione f costiera, erosione f lit(t)orale

644 **Küstenfischerei** f
□ nearshore fishing
△ pêche f côtière
○ pesca f costiera

645 **Küstenfluß** m
□ coastal river
△ fleuve m côtier
○ fiume m costiero

646 **Küstengebiet** n
□ coastal region, coast region
△ région f côtière
○ regione f costiera

647 **Küstengestaltung** f
□ configuration of the coast
△ configuration f des côtes, structure f du littoral
○ configurazione f della costa

648 **Küstengewässer** n
□ coastal water
△ eau f côtière, eau f du littoral
○ acqua f costiera

Küstenlandschaft, Erhaltung der ~
→ *Erhaltung der Küstenlandschaft*

649 **Küstenlinie** f, **Küstenstrich** m
□ shore line, coastal line, coastline, strip of coast
△ ligne f de rivage
○ linea f di costa

650 **küstennahe**
□ nearshore, offshore
△ voisin de la côte, proche de la côte
○ vicino alla costa

651 **Küstenschutz** m
□ coast protection
△ protection f du littoral, protection f des côtes
○ protezione f delle coste

Küstenstrich → *Küstenlinie*

652 **Küstenströmung** f
   □ littoral drift, littoral current, coastal current
   △ courant m littoral
   ○ corrente f lit(t)orale

653 **Küstenversetzung** f
   □ beach drifting
   △ déplacement m des côtes, déplacement m du littoral
   ○ spostamento m della costa, spostamento m del litorale

654 **Kugel** f
   □ sphere, ball, globe
   △ globe m, sphère f, bille f, boule f
   ○ palla f, globo m, sfera f

655 **Kugel-T-Stück** n
   □ ball tee
   △ boule f de distribution à trois voies
   ○ pezzo m a T sferico

656 **Kugelfallprobe** f
   □ ball drop test
   △ essai m à la bille, billage m
   ○ prova f a caduta di sfera

657 **kugelförmig**
   □ spherical, globular
   △ sphérique, en forme de boule, en forme de globe, globuleux
   ○ globoso, globulare, sferico

658 **Kugelgelenk** n
   □ ball joint
   △ joint m à rotule, joint m sphérique
   ○ giunto m a snodo, giunto m sferico

659 **Kugelhahn** m
   □ ball cock
   △ robinet m à bille, robinet m à tournant sphérique, robinet-vanne m sphérique
   ○ rubinetto m sferico

660 **Kugelhaufenreaktor** m
   □ pebble-bed reactor
   △ réacteur m à lit de particules sphériques
   ○ reattore m a letto di sfere

661 **Kugelkreuzstück** n
   □ ball cross
   △ boule f de distribution à quatre voies
   ○ sfera f di distribuzione a quattro vie

662 **Kugellager** n
   □ ball bearing
   △ palier m à billes, roulement m à billes
   ○ cuscinetto m a sfera

663 **Kugelrohr** n
   □ bulb tube
   △ tube m à boules
   ○ tubo m a bolle

664 **Kugelschieber** m
   □ rotary valve
   △ vanne f sphérique
   ○ valvola f a sfera, valvola f sferica

665 **Kugelventil** n
   □ ball valve
   △ soupape f à bille, clapet m à bille
   ○ valvola f a sfera

666 **Kuhdung** m
   □ dairy manure, cow's manure
   △ fumier m de vache
   ○ sterco m di mucca

667 **Kulminationspunkt** m **einer Grundwasserentnahme**
   □ culminating point
   △ pointe f de prélèvement d'eau souterraine
   ○ punto m du prelievo di acque sotterranee

668 **kultivierbar**
   □ arable
   △ cultivable
   ○ coltivabile

669 **Kultivierung** f **von Böden, Bodenkultivierung** f
   □ cultivation of soils, reclamation of soils (am)
   △ mise f en culture des sols
   ○ coltivazione f dei terreni, bonifica f dei terreni

670 **Kultur** f (bact.)
   □ culture
   △ culture f
   ○ cultura f, coltura f

Kultur, Platten~ → Plattenkultur

671 **Kulturbauwesen** n
   □ agricultural engineering
   △ génie m rural
   ○ genio m rurale

Kulturland → Ackerland

672 **Kulturmedium** n (bact.)
   □ culture medium
   △ milieu m de culture
   ○ terreno m di cultura

673 **Kulturröhrchen** n (bact.)
   □ culture tube
   △ tube m à culture
   ○ tubo m a cultura

Kulturschale → Petrischale

674 **kumulativ, sich anhäufend**
   □ cumulative
   △ cumulatif
   ○ cumulativo

Kunde, Gletscher~ → Gletscherkunde

Kunde, Grundwasser~ → Geohydrologie

Kunde, Vermessungs~ → Geodäsie

675 **Kundendienst** m
   □ servicing
   △ service m après vente
   ○ servizio m al cliente

676 **Kunstbauten** m pl
   □ constructive works pl
   △ constructions f pl, ouvrages m pl d'art
   ○ costruzioni f pl artificiali

677 **Kunstdünger** m
   □ artificial fertilizer, mineral fertilizer
   △ engrais m artificiel
   ○ concime m artificiale, concime m chimico

678 **Kunstfaser** f
☐ synthetic fibre
△ fibre f synthétique
○ fibra f sintetica

679 **Kunstfaserindustrie** f
☐ synthetic fibre industry
△ industrie f de fibres synthétiques
○ industria f di fibre sintetiche

680 **Kunstharz** n
☐ synthetic resin, plastic material
△ résine f artificielle, résine f synthétique
○ resina f sintetica, resina f artificiale

681 **Kunstharzaustauscher** m
☐ synthetic resin exchanger, artificial resin exchanger, resinous exchanger
△ échangeur à résine synthétique
○ scambiatore m di resine sintetiche, materiale m di ricambio di resine artificiali, materiale m di scambio di resine artificiali

Kunstharzrohr → Kunststoffrohr

682 **Kunstseide** f
☐ artificial silk, rayon
△ soie f artificielle, rayonne f
○ seta f artificiale, rayon f

Kunstseide, Kupfer~ → Kupferkunstseide

683 **Kunstseidenfabrik** f
☐ artificial silk works pl, rayon works pl
△ fabrique f de rayonne, fabrique f de soie artificielle
○ fabbrica f di rayon, fabbrica f di seta artificiale

684 **Kunstseidenfabrikabwasser** n
☐ rayon mill wastes pl
△ eaux f pl résiduaires de fabrique de rayonne
○ acque f pl di scarico di fabbrica di rayon, acque f pl di scarico di seta artificiale

685 **Kunststoff** m
☐ plastics, plastic material
△ plastique m, matière f plastique
○ plastica f, materia f plastica

Kunststoff, Glasfaser-~ → Glasfaser-Kunststoff

686 **Kunststoff** m, **stoßfester**
☐ high-impact plastic
△ plastique m à haute résistance aux chocs
○ materiale m plastico resistente agli urti

687 **Kunststoff-Filterrohr** n
☐ plastic strainer, plastic filtering tube
△ crépine f en plastique, tube m crépiné en plastique, tuyau m filtre en plastique
○ tubo m filtrante in materia plastica

Kunststoff-Füllung → Kunststoffpackung

688 **Kunststoffabrik** f
☐ plastics plant
△ fabrique f de matières plastiques
○ fabbrica f di materie plastiche

689 **Kunststoffbehälter** m
☐ plastic container
△ récipient m plastique
○ recipiente m in plastica

690 **kunststoffbeschichtet**
☐ plastic coated
△ revêtu de plastique
○ rivestito di materiale artificiale, rivestito di plastica

691 **Kunststoffbeschichtung** f
☐ plastic coating
△ revêtement m plastique
○ rivestimento m plastico

692 **Kunststoffpackung** f (f. Tropfkörper), **Kunststoff-Füllung** f (f. Tropfkörper)
☐ plastic sprinkler packing
△ garniture f plastique
○ garnitura f in materia plastica

693 **Kunststoffrohr** n, **Kunstharzrohr** n, **Plastikrohr** n
☐ plastic pipe
△ tuyau m en plastique, tuyau m de résine synthétique
○ tubo m plastico, tubo m di resina plastica, tubo m di resina sintetica

Kunststoffrohr, Glasfaser-~
→ Kunststoffrohr, glasfaserverstärktes

694 **Kunststoffrohr** n, **glasfaserverstärktes**, **Glasfaser-Kunststoffrohr** n
☐ fibre glass [reinforced] plastic pipe
△ tube m en plastique renforcé de fibres de verre
○ tubo m plastico rinforzato di fibre di vetro

695 **Kunststoffsack** m
☐ plastic sack
△ sac m en plastique
○ sacco m in plastica

696 **Kupfer** n
☐ copper
△ cuivre m
○ rame m

697 **Kupferchloramin** n
☐ cuprichloramine
△ cuprichloramine f
○ cloramina f di rame

698 **Kupferkunstseide** f
☐ cupro-rayon
△ soie f cupro-ammoniacale
○ seta f cuproammoniacale

699 **Kupferlösungsvermögen** n
☐ cupro-solvency
△ aptitude f à dissoudre le cuivre, capacité f de solubilisation du cuivre
○ capacità f di solubilizzazione del rame

700 **Kupferoxydammoniakverfahren** n
☐ cuproammonium process
△ procédé m cupro-ammoniacal
○ procedimento m cuproammoniacale

701 **Kupferrohr** n
  □ copper pipe, copper tube
  △ tuyau m en cuivre
  ○ tubo m di rame

702 **Kupfersalz** n
  □ copper salt
  △ sel m de cuivre
  ○ sale m di rame

  Kupfersulfat → *Kupfervitriol*

703 **Kupferung** f
  □ copper treatment
  △ traitement m au cuivre
  ○ trattamento m con rame

704 **Kupfervitriol** n, **Kupfersulfat** n
  □ cupric sulphate, blue vitriol, copper sulphate, sulphate of copper
  △ sulfate m de cuivre, vitriol bleu m
  ○ solfato m di rame, vetriolo m di rame

705 **Kuppel** f
  □ dome
  △ dôme m
  ○ cupola f

  Kuppeldamm → *Kuppelmauer*

706 **Kuppelgebirge** n
  □ dome mountain
  △ montagne f à coupole
  ○ montagna f a cupola

707 **Kuppelmauer** f, **Kuppeldamm** m, **Kuppelstaumauer** f
  □ cupola dam, dome dam, double curvature arch dam, dome shaped dam
  △ barrage m à dôme, barrage m coupole, barrage m à double courbure
  ○ diga f a cupola, diga f a doppia curvatura

708 **Kuppelmuffe** f
  □ muff coupling
  △ manchon m d'accouplement
  ○ manicotto m di accoppiamento

709 **kuppeln**
  □ couple
  △ accoupler, coupler
  ○ accoppiare, congiungere

  Kuppelstaumauer → *Kuppelmauer*

710 **Kupplung** f
  □ coupling, clutch
  △ accouplement m, embrayage m, joint m, raccord m, manchon m, bague f
  ○ innesto m, abbinamento m, accoppiamento m

711 **Kupplung** f, **elastische**
  □ elastic coupling
  △ accouplement m élastique, manchon m élastique, manchon m d'accouplement élastique
  ○ giunto m elastico

  Kupplung, Flanschen~ → *Flanschenkupplung*

  Kupplung, Gelenk~ → *Gelenkkupplung*

  Kupplung, Gewinde~ → *Gewindekupplung*

  Kupplung, Scheiben~ → *Flanschenkupplung*

  Kupplung, Schraub~ → *Gewindekupplung*

712 **Kur** f
  □ cure, curative treatment, course of medical treatment
  △ cure f, traitement m médical
  ○ cura f

  Kuranstalt → *Heilstätte*

713 **Kurbelwelle** f
  □ crank shaft
  △ arbre m vilebrequin, arbre m manivelle
  ○ albero m a gomito, albero m a manovella

714 **Kurort** m
  □ health resort
  △ lieu m de cure
  ○ luogo m di cura

  Kurve der Abflußganglinie, Einfluß~ → *Einheitshydrograph*

  Kurve, Durchfluß~ → *Durchflußkurve*

  Kurve, Eich~ → *Eichkurve*

  Kurve, Flurabstands~ → *Grundwassertiefenlinie*

  Kurve, Grundwasserabsenkungs~ → *Grundwasserabsenkungskurve*

  Kurve, hypsographische → *Höhenschichtenlinie*

715 **Kurve** f, **logarithmische**
  □ logarithmic curve
  △ courbe f logarithmique
  ○ curva f logaritmica

  Kurve, Ramm~ → *Rammkurve*

  Kurve, Summen~ → *Summenlinie*

716 **Kurzbeschreibung** f, **Umriß** m
  □ outline
  △ contour m
  ○ contorno m

717 **kurzdauernd, kurzwährend, Kurzzeit...**
  □ short term(ed)
  △ à courte terme m, à courte durée f
  ○ a breve termine m

718 **kurzlebig**
  □ short-lived
  △ éphémère
  ○ effimero

719 **Kurzradiuskrümmer** m
  □ bend 90° short sweep
  △ coude f au quart petit rayon
  ○ gomito m a 90° a piccolo raggio di curvatura

720 **Kurzschluß** m
  □ short circuit, short-circuiting
  △ court-circuit m, court-circuitage m
  ○ corto-circuito m

721 Kurzschlußmotor m
☐ squirrel cage motor
△ moteur m à cage d'écureuil
○ motore m asincrono con indotto in cortocircuito

722 Kurzschlußstrom m
☐ short circuiting current
△ courant m de court-circuit
○ corrente m di cortocircuito

kurzwährend → *kurzdauernd*

Kurzzeit... → *kurzdauernd*

Kuverwasser → *Sickerwasser*

KVA → *Kilovolt-Ampere*

kWh → *Kilowattstunde*

Labor, mobiles → *Reiselaboratorium*

1 Laborant m
☐ assistant chemist
△ chimiste m, laborantin(e) m(f)
○ assistente m analista

2 Laboratorium n
☐ laboratory
△ laboratoire m
○ laboratorio m

3 Laboratorium n**, chemisches**
☐ chemical laboratory
△ laboratoire m chimique
○ laboratorio m chimico

Laboratorium, Unterwasser~
→ *Unterwasserlaboratorium*

4 Laboratoriumseinrichtung f
☐ laboratory equipment
△ équipement m de laboratoire
○ attrezzatura f da laboratorio

im Laboratoriumsmaßstab → *im Labormaßstab*

5 Laboratoriumsversuch m
☐ laboratory test, bench scale test, bank scale test
△ essai m de laboratoire, essai m en laboratoire
○ prova f di laboratorio

6 im Labormaßstab m**, im Laboratoriumsmaßstab** m
☐ on a bench scale, on a bank scale
△ à l'échelle du laboratoire
○ alla scala f di laboratorio

7 Laborversuchsanlage f
☐ bench scale [test] unit
△ installation f expérimentale de laboratoire, appareil m d'essai en laboratoire
○ impianto m di prova nel laboratorio, impianto m sperimentale da laboratorio

Lache → *Tümpel*

Lachenbildung → *Verschlammung des Tropfkörpers*

8 Lachs m *(Salmo salar)*, **Salm** m
☐ salmon
△ saumon m, saumoneau m
○ salmone m

9 Lackfabrik f
☐ lacquer factory
△ fabrique f de laque, fabrique f de vernis à l'alcool
○ fabbrica f di vernici, fabbrica f di lacca

10 Lackmusblau n
☐ litmus blue
△ bleu m de tournesol
○ blu m tornasole

11 Lackmuspapier n
☐ litmus paper
△ papier m de tournesol
○ carta f di tornasole, carta f al tornasole

Lactose → *Milchzucker*

L 33

12 Ladegleis n
☐ railway siding
△ voie f de chargement
○ binario m di caricamento

13 laden
☐ fill, stuff, charge
△ charger, emplir
○ caricare

Lader, Schaufel~ → *Schaufellader*

14 Ladung f
☐ filling, stuffing, charge
△ charge f, chargement m
○ caricamento m, carico m, carica f

15 ländlich
☐ rural
△ champêtre, rural, provincial
○ campestre, rurale, campagnolo, campereccio

16 Länge f
☐ length
△ longueur f
○ lunghezza f

17 Länge f *(geogr.)*
☐ longitude
△ longitude f
○ longitudine f

18 Länge f, **laufende**
☐ linear length
△ longueur f linéaire
○ lunghezza f lineare

Länge, Mäander~ → *Mäanderlänge*

19 Längengrad m
☐ degree of longitude
△ degré m de longitude
○ grado m di longitudine

20 Längenprofil n, **Längenschnitt** m, **Längsschnitt** m
☐ longitudinal section
△ profil m longitudinal, profil m en long, coupe f longitudinale, coupe f en long, section f longitudinale
○ sezione f longitudinale, profilo m longitudinale

Längenprofil eines Wasserlaufs → *Profil eines Fließgewässers*

Längenschnitt → *Längenprofil*

21 Längsbewegung f
☐ longitudinal displacement, longitudinal motion
△ mouvement m longitudinal
○ movimento m longitudinale, moto m longitudinale

22 Längsbewehrung f
☐ longitudinal reinforcement
△ armature f longitudinale
○ armatura f longitudinale

23 Längsgefälle n
☐ longitudinal gradient
△ pente f longitudinale
○ caduta f longitudinale

24 längslaufend
☐ longitudinal
△ longitudinal
○ longitudinale

25 Längsnaht f
☐ longitudinal joint
△ joint m longitudinal, soudure f longitudinale
○ giunto m longitudinale, chiodatura f longitudinale

Längsschnitt → *Längenprofil*

Längsschnitt, hydrologischer → *Profil eines Fließgewässers*

26 Längstal n
☐ longitudinal valley
△ vallée f longitudinale
○ valle f longitudinale

27 Lärche f *(Larix)*
☐ larch
△ mélèze m
○ larice m

28 Lärmbekämpfung f
☐ noise control
△ lutte f contre le bruit
○ lotta f contro il rumore

29 Lärmschutz m, **Schallschutz** m
☐ protection against noise
△ insonorisation f, protection f sonique
○ insonorizzazione f

30 Lag-Phase f [**des Wachstums**], **Anlaufphase** f, **Anwachsphase** f
☐ growth-lag, initial growth-lag
△ phase f de latence
○ fase f di accrescimento, fase f di incremento

31 Lage f
☐ site, location, position, locality, situation
△ position f, situation f
○ posizione f, situazione f

Lagenenergie → *Energie, potentielle*

32 Lageplan m, **Übersichtsplan** m
☐ general plan, plan of site, layout plan, location map, site plan
△ plan m général, plan m d'ensemble, plan m de situation, plan m masse
○ planimetria f generale, pianta f d'insieme

33 Lager m *(mach.)*
☐ bearing
△ palier m
○ cuscinetto m

Lager, Ersatzteil~ → *Ersatzteillager*

Lager, Kugel~ → *Kugellager*

Lager, Material~ → *Materiallager*

Lager, Wellen~ → *Wellenlager*

Lagerpflanzen → *Thallophyten*

Lagerplatz, Schlamm~ → *Schlammlagerplatz*

34 **Lagerstätte** f *(Geol.)*
□ deposit
△ gisement m
○ giacimento m

Lagerstätte, Erdöl~ → *Erdöllagerstätte*

Lagerung → *Speicherung*

35 **Lagerungsstätte** f **für radioaktiven Abfall**
□ repository
△ cimetière m, lieu m de stockage pour déchets radioactifs
○ luogo m di smaltimento di scarichi radioattivi

36 **Lagune** f
□ lagoon
△ lagune f
○ laguna f

Lagune → *Schlammteich*

37 **Laich** m, **Fischlaich** m
□ spawn
△ frai m
○ fregolo m

Laiche → *Laichzeit*

38 **laichen**
□ spawn
△ frayer
○ andare in fregola

39 **Laichen** n
□ spawning
△ frai m
○ fregola f

Laichgrund → *Laichplatz*

40 **Laichkraut** n *(Potamogeton)*
□ pondweed
△ potamogeton m, potamot m
○ potamogeton m

41 **Laichplatz** m, **Laichgrund** m
□ spawning ground
△ frayère f
○ vivaio m

42 **Laichwanderung** f
□ spawning migration
△ migration f de ponte, migration f de frai
○ migrazione f di fregolo

43 **Laichzeit** f, **Laiche** f
□ spawning time
△ [saison f du] frai m, montaison f
○ fregola f, tempo m di fregola

Laktose → *Milchzucker*

44 **laminar**
□ laminar
△ laminaire
○ laminare

Laminarbereich der Strömung
→ *Strömungsbereich, laminarer*

45 **Laminarschicht** f, **Grenzschicht** f, **laminare**
□ laminary boundary layer
△ couche f limite laminaire
○ strato m limite laminare

46 **Lampenschacht** m *(Kanalisation)*
□ lamphole
△ regard m de lampes
○ pozzo m di lampade, apertura f per lampade

Lamprete → *Neunauge*

Land, Acker~ → *Ackerland*

Land, plattes → *Ebene*

Land, unterentwickeltes
→ *Entwicklungsland*

Landbau → *Landwirtschaft*

47 **Landbehandlung** *(von Abwasser)*
□ land treatment, land application
△ épandage m en agriculture
○ smaltimento m con spandimento sul terreno

Landbewässerung → *Verrieselung*

48 **Landenge** f, **Isthmus** m
□ isthmus
△ isthme m
○ istmo m

49 **Landesbehörde** f, **Staatsbehörde** f
□ state authority, national board
△ autorité f d'état, organisme m national
○ autorità f statale

50 **Landesplanung** f
□ national planning
△ aménagement m national, planification f nationale
○ piano m regolatore nazionale, sistemazione f nazionale

51 **Landgemeinde** f
□ rural community, village community
△ commune f rurale, agglomération f rurale, collectivité f rurale
○ comune m rurale

52 **Landgewinnung** f
□ reclamation of land
△ conquête f des terrains
○ bonifica f idraulica

Landkessel → *Verdunstungskessel*

Landklima → *Kontinentalklima*

53 **Landmesser** m, **Geodät** m, **Geometer** m
□ land surveyor
△ arpenteur m, géomètre m
○ topografo m, geometra m, agrimensore m

Landnutzung → *Bodennutzung*

54 **Landpflanze** f
□ terrestrial plant
△ plante f terrestre, végétal m terrestre
○ pianta f terrestre, vegetale m terrestre

55 **Landregen** m
□ general rain
△ pluie f générale
○ pioggia f generale

56 **Landschaftsgestalter** m
□ landscape architect
△ architecte m paysagiste
○ architetto m paesaggista

57 **Landschaftsökosystem** n
□ landscape eco-system
△ écosystème m du site, système m écologique du site
○ ecosistema m di una zona, ecosistema m di una regione

58 **Landschaftsrahmenplanung** f
□ landscape development planning
△ programme m d'aménagement des sites
○ pianificazione f di sviluppo di una zona

59 **Landschaftsschutz** m
□ landscape protection, landscape preservation
△ protection f du paysage, préservation f du paysage, conservation f du site
○ protezione f del paesaggio, preservazione f del paesaggio

60 **Landschaftsschutzgebiet** n
□ landscape protection area
△ zone f protégée du paysage
○ zona f protetta del paesaggio

61 **Landschaftszersiedlung** f
□ spoiling the landscape by indiscriminate spread of settlements
△ dégradation f du site par le mitage
○ degradazione f del paesaggio a causa della disseminazione di centri abitati

62 **Landumlegung** f
□ (new) assignment of land
△ redistribution f des terrains, remembrement m
○ riassegnazione f di terre

Landungsbrücke → *Anlegestelle*

Landverdunstung → *Evapotranspiration*

Landverdunstungskessel
→ *Verdunstungskessel*

Landweg → *Weg*

63 **Landwirtschaft** f, **Landbau** m
□ agriculture, farming
△ agriculture f, économie f rurale
○ agricoltura f, economia f rurale

64 **Landwirtschaft** f, **industrialisierte**
□ factory farming
△ agriculture f mécanisée
○ agricoltura f industrializzata

Landwirtschaft, Trocken- → *Trockenlandwirtschaft*

65 **landwirtschaftlich**
□ agricultural
△ agromomique, agricole
○ agricolo, agrario

66 **Landzunge** f
□ spit
△ langue f de terre
○ lingua f di terra

67 **lang**
□ long
△ long
○ lungo

68 **langfristig, Langzeit-**
□ long term
△ à long terme, à longue échéance
○ a lunga scadenza f, a lungo termine m

69 **langlebig**
□ long-lived
△ à longue vie f, à longue durée f
○ di lunga vita f

Langlebigkeit → *Persistenz*

Langradiusbogen → *Langradiuskrümmer*

70 **Langradiuskrümmer** m, **Langradiusbogen** m
□ bend 90° long sweep
△ coude f au quart grand rayon
○ gomito m a 90° a grande raggio di curvatura

71 **Langrohr-Dünnschichtverdampfung** f im fallenden Film, **Langrohr-Fallfilmverdampfung** f
□ long-tube vertical falling film evaporation
△ évaporation f par bouilleurs à tubes verticaux à descendage
○ evaporazione f a pellicola in lunghi tubi verticali

Langrohr-Fallfilmverdampfung
→ *Langrohr-Dünnschichtverdampfung im fallenden Film*

72 **Langsamfilter** m
□ slow sand filter
△ filtre m lent
○ filtro m lento

73 **Langsamfiltration** f
□ slow sand filtration
△ filtration f lente
○ filtrazione f lenta

74 **Langsandfang** m
□ grit channel, detritus channel
△ canal m de dessablement
○ dissabbiatore m a canale

75 **Langschraubmuffenverbindung** f
□ long threaded bell joint
△ joint m à emboîtement long taraudé
○ giunto m a bicchiere longo avviato

Langzeit- → *langfristig*

Langzeit-Belüftungsanlage → *Totalkläranlage*

76 **Langzeitbelüftung** f, **Über[be]lüftung** f
□ extended aeration
△ aération f de longue durée, aération f extensive, aération f prolongée
○ aerazione f di lunga durata, aerazione f prolungata

77 **Langzeitperspektive** f
□ long-term perspective
△ perspective f à long terme
○ prospettiva f a lungo termine

78 Langzeitwert *m*
- □ long-term value
- △ valeur *f* à long terme
- ○ valore *m* a lungo termine

79 Langzeitwirkung *f*, **Wirkung** *f* **über lange Zeit**
- □ long-term effect
- △ effet *m* à long terme
- ○ effetto *m* a lungo termine

80 Larve *f*
- □ larva
- △ larve *f*
- ○ larva *f*, ninfa *f*, crisalide *f*

81 Larvenbekämpfung *f*
- □ antilarval measures
- △ lutte *f* antilarvaire
- ○ lotta *f* antilarvale, lotta *f* contro le larve

82 Larvengift *n*, **Larvenvernichtungsmittel** *n*, **Larvizid** *n*
- □ larvicide
- △ larvicide *m*
- ○ larvicida *m*

83 Larvenstadium *n*
- □ larval stage
- △ stade *m* larvaire
- ○ stadio *m* larvale

Larvenvernichtungsmittel → *Larvengift*

Larvizid → *Larvengift*

LAS → *Alkylsulfonat, lineares*

84 Laserstrahl *m*
- □ Laser ray
- △ rayon *m* Laser
- ○ raggio *m* Laser

85 mit halber Last
- □ on half-duty
- △ à moitié de sa capacité
- ○ a metà della capacità

Last → *Belastung*

Last, Grund~ → *Grundlast*

86 Lastkahn *m*, **Barge** *f*, **Schleppkahn** *m*, **Schute** *f*, **Zille** *f*
- □ barge, lighter
- △ gabare *f*, chalan[d] *m*
- ○ maona *f*, battana *f*, battello *m* di carico

87 Lastkraftwagen *m*, **Lastwagen** *m*
- □ lorry, truck
- △ camion *m*
- ○ autocarro *m*, camion *m*

88 Lastplan *m*
- □ load scheme
- △ schéma *m* de charge, plan *m* de charge
- ○ schema *m* di carico, programma *m* di carico

Lastwagen → *Lastkraftwagen*

89 Latenz *f*
- □ latence, latency
- △ latence *f*, retard *m*
- ○ latenza *f*

Latenzperiode → *Latenzzeit*

90 Latenzzeit *f*, **Latenzperiode** *f*
- □ period of latency, latency period
- △ temps *m* de latence
- ○ periodo *m* di latenza

91 Latrine *f*
- □ latrine
- △ latrines *f pl*
- ○ latrina *f*

92 Latrineneimer *m*
- □ [latrine] pail, night-soil pail
- △ tinette *f*
- ○ secchia *f* di latrina

93 Lattenpegel *m*
- □ staff gauge, rod gage *(am)*
- △ échelle *f* limnimétrique
- ○ scala *f* idrometrica

Lattenpunkt → *Festpunkt*

94 Laub *n*
- □ foliage, leaves
- △ feuillage *m*, feuilles *f pl*
- ○ fogliame *m*, foglie *f pl*

95 Laubbaum *m*
- □ deciduous tree
- △ arbre *m* à feuilles
- ○ latifoglia *f*

Laube → *Ukelei*

96 Laubholz *n*
- □ hardwood
- △ bois *m* dur, bois *m* feuillu
- ○ legno *m* di alberi a fronda

97 Laubwald *m*
- □ deciduous wood
- △ bois *m* d'arbres à feuilles
- ○ bosco *m* d'alberi a foglie

Lauf → *Flußlauf*

Laufbrunnen → *Straßenbrunnen*

98 Laufkran *m*
- □ travelling crane
- △ pont-roulant *m*
- ○ gru *f* mobile, gru *f* a ponte scorrevole

99 Laufrad *n*
- □ wheel, impeller, rotor
- △ couronne *f* mobile
- ○ girante *f*, ruota *f* girante

100 Laufrad *n*, **doppelt beaufschlagtes**
- □ double suction impeller
- △ roue *f* à aubes à double aspiration
- ○ girante *m* ad alimentazione bilaterale

101 Laufrad *n*, **einseitig beaufschlagtes**
- □ single-suction impeller
- △ roue *f* à aubes à simple aspiration
- ○ girante *m* ad alimentazione unilaterale

102 Laufrad *n*, **einstufiges**
- □ single-stage impeller
- △ roue *f* simple, roue *f* à aubes à un étage
- ○ girante *m* semplice

103 **Laufradschaufel** f, **Schaufel** f **eines Laufrades**
- □ wheel vane, moving blade, impeller blade, impeller vane, rotor blade, runner blade
- △ aube f de rotor
- ○ paletta f della ruota, paletta f di girante, pala f della girante

104 **Laufschiene** f
- □ roller path, roller track
- △ rail m de roulement, chemin m de roulement
- ○ rotaia f di rotolamento

105 **Laufsteg** m
- □ gangway, cat-walk, catwalk, runway, walk-way
- △ passerelle f
- ○ passerella f

106 **Laufstrecke** f *(Chromatogr.)*
- □ length of run, run
- △ longueur f du parcours
- ○ lunghezza f del percorso

Laufzeit → *Fließzeit*

Laufzeit, Filter~ → *Filterlaufzeit*

107 **Lauge** f
- □ lye, liquor
- △ lessive f
- ○ lisciva f, ranno m

Lauge, Abfall~ → *Abfalllauge*

Lauge, Abfall~ → *Ablauge*

Lauge, Natron~ → *Natronlauge*

108 **Laugenbrüchigkeit** f *(corr.)*
- □ caustic embrittlement
- △ fragilité f caustique
- ○ fragilità f caustica

Laughlinfilter → *Magnetitfilter*

Laugung → *Auslaugung*

109 **Laurylsulfat** n
- □ lauryl sulphate
- △ laurylsulfate m
- ○ laurilsolfato m

110 **Lava** f
- □ lava
- △ lave f
- ○ lava f

111 **Lavaschlacke** f
- □ lava slag
- △ scorie f de lave
- ○ scoria f di lava

112 **Lawine** f
- □ avalanche
- △ avalanche f
- ○ lavina f, valanga f

Lawine, Schlamm~ → *Murgang*

113 **Lawinenschutz** m
- □ avalanche protection
- △ protection f contre les avalanches
- ○ protezione f contro le valanghe

LD 50 → *Letaldosis, mittlere*

114 **Lebensdauer** f
- □ life-time, service life, longevity
- △ durée f de la vie, longévité f
- ○ durata f della vita, longevità f

Lebensfähigkeit → *Vitalität*

115 **Lebensgefahr** f
- □ danger to life
- △ danger m de mort
- ○ pericolo m di morte

116 **Lebensgemeinschaft** f *(biol.)*, **Biocoenose** f, **Biozönose** f *(biol.)*
- □ biocenosis, biocoenose, biological association [or community]
- △ communauté f biologique, biocénose f, association f biologique
- ○ comunione f biologica, associazione f biologica, biocenosi f

Lebenskraft → *Vitalität*

117 **Lebensmittelherstellung** f
- □ food processing, food manufacture
- △ fabrication f de produits alimentaires
- ○ fabbricazione f di viveri

118 **Lebensmittelhygiene** f
- □ food hygiene
- △ hygiène f alimentaire
- ○ igiene f alimentare

119 **Lebensmittelindustrie** f, **Abwässer der**
- □ food processing wastes
- △ eaux f pl résiduaires d'industries alimentaires
- ○ acque f pl di scarico di industrie alimentari

120 **lebensnotwendig**
- □ vital
- △ vital, indispensable à la vie
- ○ vitale

Lebensraum → *Biotop*

121 **Lebensraum** m, **natürlicher**
- □ natural habitat
- △ habitat m naturel, milieu m naturel
- ○ spazio m vitale naturale, habitat m naturale

122 **Lebewesen** n
- □ organism, animate being
- △ être m vivant
- ○ organismo m vivente, essere m vivente

123 **Lebewesen** n **des Wassers**
- □ aquatic organism, water organism
- △ organisme m aquatique
- ○ organismo m acquatico

124 **Leck** n, **Leckstelle** f, **Stelle** f, **undichte**
- □ leak, leakage point
- △ fuite f
- ○ falla f

125 **Leckbehälter** m
- □ spillage tank, leakage tank
- △ réservoir m collecteur de fuites, réservoir m collecteur de suintements
- ○ serbatoio m di raccolta delle perdite

Leckdetektor → *Defekthörer*

126 **lecken, undicht sein**
□ leak
△ fuir, laisser perdre l'eau
○ fare acqua, permeare

127 **Lecken** n, **Undichtigkeit** f
□ leakage, seepage, perviousness, leaking
△ coulage m, manque m d'étanchéité, coulure f
○ fuga f, mancanza f di tenuta, difetto m di tenuta, difetto m di ermeticità

Leckstelle → Leck

128 **Lecksuche** f, **Auffindung** f (von Leckstellen), **Ortung** f
□ leak detecting, location
△ recherche f des fuites
○ cerca f di perdite idriche

Lecksuchgerät → Defekthörer

129 **Leckverlust** m
□ leakage loss
△ fuite f, perte f provocée par une fuite
○ perdita f per difetti di tenuta

Leckverlust → Sickerverlust

130 **Leckverlust** m, **zulässiger**
□ allowable leakage
△ perte f admissible par fuite, fuite f admissible
○ perdita f ammissibile

131 **Leckwarngerät** n
□ seepage warning device
△ avertisseur m de fuites
○ apparecchio m di segnalazione di perdite idriche

132 **Leckwasser** n
□ seepage water, leakage water
△ eau f de fuites
○ acqua f di fughe

133 **Leder** n
□ leather
△ cuir m
○ cuoio m

134 **Lederdichtscheibe** f
□ leather washer
△ rondelle f de cuir pour joint
○ disco m di tenuto a cuoio

135 **Lederfabrik** f
□ leather works pl
△ fabrique f de cuir
○ fabbrica f di cuoio

Lederleim → Hautleim

136 **Ledermembran** f
□ leather diaphragm, diaphragm of leather, membrane of leather
△ membrane f en cuir, diaphragme m en cuir
○ diaframma m di cuoio, membrana f di cuoio

137 **Lederzurichterei** f
□ leather finishing
△ corroierie f
○ conciatura f

138 **Lee** f, **Leeseite** f
□ lee, leeside
△ côté f sous le vent
○ luogo m riparato, sottovento m

139 **Leerfahrt** f
□ deadheading
△ voyage m à vide
○ viaggio m a vuoto

140 **Leerlauf** m
□ no-load, running light, idling, idle running
△ marche f à vide
○ corsa f a vuoto, corsa f di basso regime, marcia f a vuoto

141 **leerlaufen**
□ be on no-load, run idle, be void
△ marcher à vide
○ mariciare a vuoto

142 **Leerschuß** m, **Freischleuse** f
□ undersluice
△ passe f de chasse
○ bocca f di cacciata

143 **Leerstehen** n eines Füllkörpers
□ rest
△ chômage m
○ riposo m

Leeseite → Lee

144 **Legierung** f
□ alloy
△ alliage m
○ lega f

145 **Leguminosen** f pl, **Hülsenfruchter** m pl
□ legume
△ légumineuses f pl
○ leguminose f pl

146 **Lehm** m
□ loam
△ limon m
○ argilla f

Lehm, Geschiebe~ → Geschiebelehm

147 **Lehm** m, **sandiger**
□ sandy loam
△ limon m sableux
○ argilla f sabbiosa

148 **Lehmboden** m
□ loamy soil
△ terre f limoneuse
○ terra f grassa

149 **Lehmschlag** m
□ puddle
△ corroi m
○ malta f mista d'argilla

150 **leicht abbaubar**
□ easily degradable
△ facile à dégrader, aisément dégradable
○ facilmente degradabile

Leichtflüssigkeitsabscheider → Benzinabscheider

151 **Leichtmetall** *n*
- light metal, light alloy
- métal *m* léger
- metallo *m* leggero

Leichtregen → *Schwachregen*

Leim, Haut~ → *Hautleim*

152 **Leimfabrik** *f*
- glue factory
- fabrique *f* de colle
- fabbrica *f* di colla

Leimfabrik, Haut~ → *Hautleimfabrik*

Leinenpegel → *Kettenpegel*

Leinpfad → *Treidelweg*

153 **Leistung** *f*
- capacity, delivery, output, rate, performance
- puissance *f*, rendement *m*, débit *m*
- potenza *f*, portata *f*, gettito *m*, rendimento *m*

Leistung einer Pumpe → *Förderleistung*

154 **Leistung** *f*, **garantierte**
- dependable capacity
- capacité *f* sûre, capacité *f* assurée
- potenza *f* garantita

155 **Leistung** *f*, **installierte**
- installed capacity
- capacité *f* installée
- capacità *f* installata

Leistung, Reinigungs~ → *Reinigungsvermögen*

156 **Leistung** *f*, **volle**
- full discharge, full output, full capacity
- débit *m* total
- potenza *f* totale, rendimento *m* totale

Leistung, Wirk~ → *Förderleistung*

157 **Leistungsaufnahme** *f*
- power input
- absorption *f* de puissance
- assorbimento *m* della potenza

158 **Leistungsbewertung** *f*
- performance evaluation
- évaluation *f* du rendement, appréciation *f* de la performance
- valutazione *f* delle prestazioni, valutazione *f* del rendimento

159 **Leistungsbild** *n*
- performance diagram
- diagramme *m* de rendement, graphique *m* de performance
- diagramma *m* del rendimento

160 **Leistungsdauerlinie** *f*
- efficiency duration curve
- courbe *f* de durée/rendement
- curva *f* durata/rendimento

161 **Leistungsfähigkeit** *f*, **Lieferfähigkeit** *f*, **Lieferkapazität** *f*, **Liefervermögen** *n*
- capacity, efficiency, available output
- capacité *f* de production, productivité *f*, productibilité *f*
- capacità *f*, produttività *f*, producibilità *f*

162 **Leistungsfaktor** *m*
- power factor
- facteur *m* de puissance
- fattore *m* di potenza

163 **Leistungsganglinie** *f*
- capacity diagram
- graphique *m* de capacité
- diagramma *m* di capacità

164 **Leistungsnachweis** *m*
- guarantee-test, efficiency-test
- test *m* de performance, essai *m* de rendement
- prova *f* di rendimento, prova *f* di verifica delle garanzie

Leistungsregler, Filter~ → *Filterleistungsregler*

165 **Leistungsreserve** *f*
- reserve capacity
- réserve *f* de capacité, capacité *f* de réserve
- riserva *f* di capacità, capacità *f* di riserva

166 **Leistungsspitze** *f*
- peak capacity
- pointe *f* de rendement, rendement *m* de pointe, pointe *f* de capacité
- capacità *f* di punta

167 **Leitblech** *n*, **Leitfläche** *f*, **Schikane** *f*
- baffle plate, baffle[r], deflector, directional vane, directional plane
- déflecteur *m*, chicane *f*
- deflettore *m*, lamiera *f* di guida

168 **Leitdamm** *m*
- guide bank
- fuideau *m*
- argine *m* di guida

169 **Leiter** *m*, **Direktor** *m*
- manager
- directeur *m*
- direttore *m*

Leiter, Fisch~ → *Fischleiter*

170 **Leitfähigkeit** *f*, **Leitvermögen** *n*
- conductivity
- conductibilité *f*, conductivité *f*
- conduttività *f*, conducibilità *f*

171 **Leitfähigkeit** *f*, **elektrische**
- electrical conductivity, resistivity
- conductivité *f* électrique, résistivité *f* électrique
- conducibilità *f* elettrica, conduttività *f* elettrica, resistività *f* elettrica

172 **Leitfähigkeit** *f*, **hydraulische**
- hydraulic conductivity
- conductivité *f* hydraulique
- conduttività *f* idraulica

173 **Leitfähigkeit** f, **spezifische**
☐ specific electrical conductance
△ conductivité f
○ conduttività f specifica

Leitfähigkeit, Wärme~ → *Wärmeleitfähigkeit*

174 **Leitfähigkeitsmesser** m
☐ conductivity meter
△ appareil m de mesure de la conductibilité, conductivimètre m
○ misuratore m di conduttività

175 **Leitfähigkeitstitration** f, **Titration** f, **konduktometrische**
☐ conductometric titration
△ titrage m conductométrique, titrage m conductimétrique
○ titolazione f conduttometrica

176 **Leitfähigkeitszelle** f
☐ conductivity cell
△ cellule f de conductivité
○ cella f di conduttività

Leitfläche → *Leitblech*

177 **Leitorganismus** m, **Bioindikator** m (biol.)
☐ indicator organism, index organism, bio-indicator
△ organisme m indicateur, espèce f représentative
○ organismo m indicatore

178 **Leitpflanzen** f pl, **Indikatorpflanzen** f pl
☐ indicator plants pl
△ plantes f pl indicatrices
○ piante f pl indicatrici

179 **Leitrad** n
☐ guide wheel, guide ring
△ couronne f fixe, couronne f directrice
○ ruota f direttrice, corona f direttrice

180 **Leitschaufel** f
☐ vane, guide vane, stationary blade
△ aube f directrice, aube f fixe
○ paletta f direttrice

Leitstand → *Schalttisch*

181 **Leitung** f
☐ conduit, main, line, pipe line
△ conduite f, canalisation f
○ condotta f, conduttura f

Leitung, Anschluß~ → *Anschlußleitung*

Leitung, Betriebs~ → *Betriebsleitung*

Leitung, Druckluft~ → *Druckluftleitung*

Leitung, Entleerungs~ → *Entleerungsleitung*

Leitung, Entnahme~ → *Entnahmeleitung*

Leitung, Entwässerungs~ → *Abwasserleitung*

182 **Leitung** f, **fliegende**
☐ flying line
△ canalisation f d'arrosage mobile
○ tubazione f volante, tubazione f mobile

183 **Leitung** f, **freiliegende**
☐ free lying conduit
△ tuyauterie f vue
○ condotta f all'aperto

184 **Leitung** f, **geschlossene**
☐ pipe line, closed conduit
△ tuyauterie f, tuyautage m
○ tubazione f

Leitung im Kies, Sicker~ → *Sickerleitung im Kies*

185 **Leitung** f **mit Bleistemmuffen**
☐ lead jointed pipe line
△ canalisation f à joints au plomb
○ tubazione f con giunti a piombo

Leitung, Neben~ → *Nebenleitung*

186 **Leitung** f, **neuverlegte**
☐ newly laid main
△ conduite f nouvellement posée
○ tubazione f nuovamente posata

Leitung, Saug~ → *Saugleitung*

Leitung, Trinkwasser~ → *Trinkwasserleitung*

Leitung, Verbindungs~ → *Verbindungsleitung*

Leitungsbau, Rohr~ → *Rohrverlegung*

187 **Leitungsdruck** m, **Rohrnetzdruck** m
☐ pressure in mains
△ pression f de la canalisation
○ pressione f nella condotta

188 **Leitungsdruckmesser** m
☐ system pressure gage
△ mesureur m de pression de la canalisation
○ misuratore m di pressione nella condotta

189 **Leitungsgefälle** n
☐ pipeline gradient
△ gradient m d'une conduite, pente f d'une conduite
○ gradiente m di una condotta, pendenza f di una condotta

Leitungshahn → *Zapfhahn*

Leitungskabel → *Kabel*

190 **Leitungsnetz** n, **Wasserleitungsnetz** n
☐ water system, network, distribution system, pipeline network, flow net
△ réseau m de canalisation, réseau m maillé de courant
○ rete f di condotte, rete f dell'acquedotto

Leitungsnetz, Gas~ → *Gasleitungsnetz*

191 **Leitungsquerschnitt** m
☐ cross-section of a pipe line
△ section f transversale d'une conduite
○ sezione f trasversale di una condotta

192 **Leitungsrohr** n
☐ conduit pipe, line pipe, main pipe
△ conduit m, tuyau m de canalisation
○ condotto m, tubo m della condotta

L 217

193 **Leitungsstrecke** f
- □ section of a pipe line
- △ tronçon m de conduite
- ○ tratto m di condotta, tronco m di condotta

194 **Leitungssuchgerät** n
- □ apparatus for locating pipes, pipe locator
- △ détecteur m de conduites, appareil m de détection de conduites
- ○ ricercatore m di tubazioni, localizzatore m di tubazioni

195 **Leitungsverlust** m
- □ mains losses pl
- △ pertes f pl des conduites
- ○ perdita f delle condotte

196 **Leitungswasser** n
- □ tap water
- △ eaux f pl de distribution, eau f de robinet
- ○ acqua f dell'acquedotto, acqua f della condotta, acqua f del rubinetto

197 **Leitungswiderstand** m (elektr.)
- □ resistance of a conductor, line resistance
- △ résistance f d'un conducteur
- ○ resistenza f di un conduttore

Leitvermögen → *Leitfähigkeit*

198 **Leitwand** f
- □ guide wall, training wall
- △ guideau m
- ○ muro m di guida, parete f di guida

199 **Leitwerk** n, **Regulierungsbauwerk** n
- □ headworks
- △ ouvrage n d'aménagement, ouvrage m régulateur
- ○ opera f di guida, opera f di regolazione

200 **Leitwert** m
- □ conductance
- △ conductance f
- ○ conduttanza f

Leitwert, Strahlenschutz-~
→ *Strahlenschutz-Leitwert*

Leitzunge → *Zunge*

201 **Lentokapillarpunkt** m, **Punkt** m, **lentokapillarer**
- □ lento-capillary point
- △ point m lento-capillaire
- ○ punto m di capillarità rallentata

202 **lenzen, abpumpen**
- □ pump out
- △ pomper, faire le vide, affranchir la pompe
- ○ pompare acqua da ..., esaurire l'acqua di ..., aggottare

Lenzpumpe → *Bilgepumpe*

203 **letal, tödlich**
- □ lethal
- △ létal
- ○ letale

204 **Letaldosis** f, **Letalkonzentration** f
- □ lethal dose
- △ dose f létale, dose f mortelle
- ○ dose f letale

205 **Letaldosis** f, **mittlere, LD 50**
- □ median lethal dose, LD 50
- △ dose f létale médiane, DL 50
- ○ dose f mediana letale, DL 50

206 **Letalfaktor** m
- □ lethal factor
- △ facteur m létal
- ○ fattore m letale

Letalkonzentration → *Letaldosis*

207 **Letalzeit** f
- □ lethal time
- △ temps m létal
- ○ tempo m letale

208 **Letalzeit** f, **mittlere, LT$_{50}$**
- □ median lethal time
- △ temps m létal médiant
- ○ tempo m letale mediane, LT 50

Letten → *Ton*

209 **Leuchtbild** n [im Kontrollraum]
- □ mimic panel
- △ tableau m lumineux, panneau m lumineux, diorama m
- ○ immagine f luminosa, diorama m

210 **Leuchtboje** f
- □ light buoy
- △ bouée f lumineuse
- ○ gavitello m luminoso

211 **Leuchtskala** f
- □ luminous dial
- △ échelle f lumineuse, cadran m éclairé
- ○ scala f luminosa, quadrante m luminoso

212 **Leuchtturm** m
- □ lighthouse
- △ phare m
- ○ faro m, fanale m

Ley → *Wattstrom*

213 **Libelle** f (*Libellula*)
- □ dragon-fly
- △ libellule f
- ○ libellula f

214 **Licht** n
- □ light
- △ lumière f
- ○ luce f

Licht, Streu~ → *Streulicht*

215 **Licht** n, **ultraviolettes, UV-Licht** n
- □ ultra-violet light
- △ lumière f ultra-violette
- ○ luce f ultravioletta

216 **Lichtabsorption** f
- □ light absorption
- △ absorption f de la lumière
- ○ assorbimento m della luce

lichtbeeinflußt → *photisch*

217 **Lichtbeugung** f, **Lichtbrechung** f
- □ refraction
- △ réfraction f des rayons lumineux
- ○ rifrazione f della luce

L 218

218 **Lichtbogenschweißung** f
- □ arc-welding
- △ soudure f à l'arc
- ○ saldatura f ad arco

Lichtbrechung → Lichtbeugung

lichtdurchflutet → euphotisch

219 **Lichtdurchlässigkeit** f, **Lichtdurchlaßgrad** m, **Transparenz** f
- □ transmittance of light
- △ perméabilité f à la lumière, transparence f, vide m optique
- ○ capacità f di trasmissione della luce, trasparenza f

Lichtdurchlaßgrad → Lichtdurchlässigkeit

220 **lichtempfindlich**
- □ sensitive to light
- △ sensible à la lumière
- ○ sensibile alla luce

221 **lichtfrei, aphotisch**
- □ aphotic
- △ aphotique, non éclairé
- ○ afotico

222 **Lichtintensität** f
- □ luminous intensity
- △ intensité f de la lumière, intensité f lumineuse
- ○ intensità f della luce, intensità f luminosa

Lichtmesser → Photometer

Lichtmessung → Photometrie

223 **Lichtstreuung** f
- □ scattering of light, light scattering, light diffusion
- △ dispersion f de la lumière, diffusion f de la lumière
- ○ dispersione f della luce

224 **Lichtweite** f, **Durchmesser** m, **innerer**, **Innendurchmesser** m
- □ internal diameter, clear diameter, bore, i.D., inside tube diameter
- △ diamètre m intérieur, calibre m, lumière f
- ○ diametro m interno

lichtwendig → phototropisch

Liderung → Dichtung

225 **Liebigkühler** m (chem.)
- □ Liebig condenser
- △ réfrigérant m Liebig
- ○ rinfrescatoio m Liebig

Lieferfähigkeit → Leistungsfähigkeit

226 **Lieferfrist** f, **Liefertermin** m
- □ time of delivery, delivery time
- △ délai m de livraison
- ○ termine m di consegna

Lieferkapazität → Leistungsfähigkeit

Lieferlänge → Nutzlänge

Liefermenge, tatsächliche → Istmenge

227 **liefern**
- □ deliver, supply
- △ livrer, fournir
- ○ fornire

228 **Lieferplan** m
- □ delivery schedule
- △ programme m de livraisons
- ○ programma f di spedizioni

Liefertermin → Lieferfrist

Lieferung → Abgabe

Liefervermögen → Leistungsfähigkeit

229 **liegend gegossen**
- □ horizontally cast
- △ coulé horizontalement
- ○ colato orrizzontalmente

230 **Liegende** n (geol.)
- □ underlying stratum, lower bed
- △ couche f inférieure
- ○ strato m al letto

231 **Liegenschaften** f pl
- □ immovables pl, real estates pl
- △ immeubles m pl, biens-fonds m pl
- ○ beni immobili m pl, terreni m pl

232 **Lignin** n
- □ lignin
- △ lignine f
- ○ lignina f

233 **Ligninsulfonsäure** f
- □ lignin sulphonic acid
- △ acide m ligninesulfonique
- ○ acido m ligninsulfonico

Limnigraph → Registrierpegel

234 **Limnion** n
- □ limnion
- △ limnion m
- ○ limnio m

235 **limnisch, Süßwasser...**
- □ limnetic
- △ limnétique
- ○ limnetico

236 **Limnologe** m
- □ limnologist
- △ limnologiste m
- ○ limnologista m

237 **Limnologie** f, **Seenkunde** f, **Süßwasserbiologie** f
- □ limnology
- △ limnologie f
- ○ limnologia f

238 **limnologisch**
- □ limnological
- △ limnologique
- ○ limnologico

239 **limnophil**
- □ limnophilic
- △ limnophile
- ○ limnofilo

240 **Lindan** *n*
  □ lindane
  △ lindane *m*
  ○ lindano *m*

241 **linear**
  □ linear
  △ linéaire
  ○ lineare

  LINEG → *Linksniederrheinische Entwässerungsgenossenschaft*

  Linie, Basis~ → *Grundlinie*

  Linie, Grund~ → *Grundlinie*

  Linie, Summen~ → *Summenlinie*

242 **Linienführung** *f*, **Trasse** *f*
  □ route, trace
  △ tracé *m*
  ○ tracciato *m*

243 **Linksniederrheinische Entwässerungsgenossenschaft** *f*, **LINEG**
  □ Rhine Left Bank Drainage Association
  △ Association *f* pour l'Assainissement de la rive gauche du Rhin
  ○ Associazione *f* per il Risanamento della riva sinistra del Reno

244 **linksseitig** *(b. Nebengewässern)*
  □ left-bank ...
  △ ... de gauche
  ○ ... di sinistra

  Linksumlauf → *Bewegung gegenläufig zur Richtung des Uhrzeigers*

  Linse, Grundwasser~ → *Grundwasser, hängendes*

245 **Linse** *f*, **undurchlässige**
  □ impervious lens
  △ lentille *f* imperméable
  ○ lente *f* impermeabile

246 **linsenförmig**
  □ lenticular
  △ lenticulaire, lentiforme
  ○ lenticolare

247 **Lippeverband** *m*
  □ Lippe River Association
  △ Association *f* de la Lippe
  ○ Associazione *f* del Fiume Lippe

248 **Liter** *n*, **Kubikdezimeter** *m*
  □ liter [litre], cubic decimeter [decimetre]
  △ litre *m*, décimètre *m* cube
  ○ litro *m*, decimetro *m* cubo

249 **Lithium** *n*
  □ lithium
  △ lithium *m*
  ○ litio *m*

250 **Lithosphäre** *f*, **Erdkruste** *f*
  □ lithosphere
  △ lithosphère *f*
  ○ litosfera *f*

  Litoral → *Litoralzone*

  Litoralfauna → *Uferfauna*

  Litoralflora → *Uferflora*

251 **Litoralzone** *f*, **Litoral** *n*, **Uferzone** *f*
  □ littoral zone
  △ zone *f* littorale
  ○ zona *f* littorale

252 **Loch** *n*
  □ hole
  △ trou *m*
  ○ buco *m*, buca *f*, foro *m*, forellino *m*

  Loch → *Wattstrom*

253 **Lochfraß** *m*, **Pitting** *n* *(corr.)*
  □ pitting
  △ piqûre *f*
  ○ corrosione *f* ad alveoli

254 **Lochkreis** *m*
  □ bolt circle, bolt hole circle
  △ cercle *m* des trous de boulons
  ○ circolo *m* dei fori per bulloni

255 **Lochkreisdurchmesser** *m*
  □ diameter of bolt-circle
  △ diamètre *m* du cercle de perçage des trous de boulons
  ○ diametro *m* della circonferenza fori

256 **Lochstreifen** *m*
  □ perforation strip
  △ bande *f* perforée
  ○ nastro *m* perforato

257 **Lochung** *f* *(eines Siebbleches)*
  □ slot, opening
  △ trous *m pl*
  ○ aperture *f pl*

258 **Lockergestein** *n*
  □ uncompact rock, loose rock
  △ roche *f* meuble, roche *f* non consolidée
  ○ roccia *f* non consolidata

  Lockergestein → *Boden*

  Lockmittel → *Köder*

259 **Löffelbagger** *m*
  □ shovel excavator, power shovel, drag shovel
  △ pelle *f* mécanique
  ○ pala *f* meccanica, scavatore *m* a cucchiaio

260 **Löhne** *m pl*
  □ wages *pl*
  △ salaires *m pl*, gages *m pl*
  ○ salari *m pl*, paghe *f pl*

261 **Löschdruck** *m* **des Wassers**, **Feuerlöschdruck** *m*
  □ water pressure for fire fighting
  △ pression *f* d'eau nécessaire pour la lutte contre l'incendie
  ○ pressione *f* d'acqua per spegnere incendi, pressione *f* d'acqua per estinzione d'incendi

262 **löschen** *(von Kalk)*
  □ slake
  △ éteindre
  ○ spegnere

  Löschwasser, Feuer~ → *Feuerlöschwasser*

  Löschwasser, Koks~ → *Kokslöschwasser*

Löschwasserbedarf → *Feuerlöschwasserbedarf*

Löschwasserreserve
→ *Feuerlöschwasserreserve*

Löschwasservorrat
→ *Feuerlöschwasserreserve*

Lösebehälter → *Lösungsbecken*

Lösemittel → *Lösungsmittel*

263 **lösen, auflösen** *(chem.)*
- □ dissolve, solve
- △ dissoudre
- ○ sciogliere, disciogliere, disgregare

Lösen → *Lösung*

264 **löslich**
- □ soluble
- △ soluble
- ○ solubile, dissolubile, scioglibile

265 **Lösliche** *n*, **Gelöste** *n*
- □ solute
- △ soluté *m*
- ○ disciolto *m*

266 **Löslichkeit** *f*
- □ solubility
- △ solubilité *f*
- ○ solubilità *f*, dissolubilità *f*

267 **Löslichkeitskoeffizient** *m*
- □ solubility coefficient, coefficient of solubility
- △ coefficient *m* de solubilité
- ○ coefficiente *m* di solubilità

268 **Löslichkeitsprodukt** *n*
- □ solubility product
- △ produit *m* de solubilité
- ○ prodotto *m* di solubilità

269 **Löß** *m*
- □ loess
- △ lœss *m*
- ○ loess *m*

270 **Lößlehm** *m*
- □ loess loam
- △ limon *m* de loess
- ○ limo *m* di loess

271 **Lösung** *f*, **Auflösen** *n*, **Auflösung** *f*, **Lösen** *n*
- □ solution, dissolution
- △ dissolution *f*, solution *f*
- ○ soluzione *f*, scioglimento *m*, dissoluzione *f*, disgregazione *f*, disfacimento *m*, scomposizione *f*

272 **Lösung** *f*, **gesättigte**
- □ saturated solution
- △ solution *f* saturée, dissolution *f* saturée
- ○ soluzione *f* satura

273 **Lösung** *f*, **molare**
- □ molar solution
- △ solution *f* molaire
- ○ soluzione *f* molare

274 **Lösung** *f*, **wässerige**
- □ aqueous solution
- △ solution *f* aqueuse
- ○ soluzione *f* acquosa

275 **Lösungsbecken** *n*, **Lösebehälter** *m*
- □ solution tank
- △ bac *m* de dissolution
- ○ bacino *m* di soluzione, vasca *f* di scioglimento, vasca *f* della soluzione, serbatoio *m* di dissoluzione

Lösungsdosierung → *Naßdosierung*

276 **Lösungsdruck** *m*, **Lösungstension** *f*
- □ solution pressure
- △ pression *f* de la solution
- ○ tensione *f* della soluzione

Lösungsgehalt → *Gehalt an gelösten Stoffen*

277 **Lösungsmittel** *n*, **Auflösungsmittel** *n*, **Lösemittel** *n*
- □ solvent
- △ solvant *m*, dissolvant *m*
- ○ solvente *m*, dissolvente *m*

278 **Lösungsmittel** *n*, **chemisches**
- □ chemical solvent
- △ dissolvant *m* chimique, solvant *m* chimique
- ○ mezzo *m* chimico di soluzione, solvente *m* chimico

Lösungsmittel, Fett~ → *Fettlösungsmittel*

279 **Lösungsmittel** *n*, **nichtbrennbares**
- □ non-inflammable solvent
- △ solvant *m* ininflammable
- ○ solvente *m* ininfiammabile

280 **Lösungsmittel-Rückgewinnung** *f*
- □ solvent recovery
- △ récupération *f* de solvant
- ○ recuperazione *f* di solvente

281 **Lösungsmittelabfall** *m*
- □ spent solvent
- △ solvant *m* usagé, solvant *m* épuisé, solvant *m* résiduaire
- ○ solvente *m* usato, solvente *m* di scarico

282 **Lösungsmittelextraktion** *f*
- □ solvent extraction
- △ extraction *f* par solvant, extraction *f* au moyen d'un solvant
- ○ estrazione *f* con solvente

Lösungstension → *Lösungsdruck*

283 **Lösungsvermögen** *n*
- □ solvency
- △ pouvoir *m* dissolvant
- ○ potere *m* solvente

284 **löten**
- □ solder
- △ souder
- ○ saldare, brasare

löten, hart ~ → *hart löten*

285 **Lötkolben** m
☐ soldering iron
△ fer m à souder
○ saldatoio m

286 **Lötlampe** f
☐ soldering lamp, blow torch
△ lampe f à souder
○ lampada f per saldare

287 **Lötrohr** n
☐ blow pipe
△ chalumeau m
○ canello m ferruminatorio

288 **Lötstelle** f
☐ soldered seam
△ point m de soudure
○ punto m di saldatura

289 **Lötwasser** n
☐ killed spirits pl, soldering solution
△ eau f à souder
○ liquido m per saldare, soluzione f per saldare

290 **Lötzinn** n, **Weichlot** n
☐ tin solder, soft solder, plumber's solder
△ soudure f à l'étain
○ materiale m di saldatura dolce, stagno m da saldare

Logphase → Wachstumsphase, logarithmische

291 **Lohgerberei** f
☐ bark tannery
△ tannerie f à l'écorce
○ concia f alla scorza

292 **Lohgerbung** f
☐ bark tan, bark tanning
△ tannage m aux écorces
○ concia f al tannino

lokal → örtlich

Lokalbedingungen → Verhältnisse, örtliche

293 **Lokalelement** n (corr.)
☐ local couple, local element
△ couple m local
○ coppia f locale

294 **Losscheibe** f, **Riemenscheibe** f, **lose**
☐ loose pulley
△ poulie f folle
○ puleggia f folle

295 **Losung** f
☐ droppings
△ fumées f pl
○ fatta f, escrementi m pl della selvaggina

Lot, Tief~ → Tieflot

296 **loten, peilen, sondieren**
☐ sound
△ sonder
○ sondare

lotrecht → senkrecht

Lotstab → Peilstange

Lotstange → Peilstange

297 **Lotung** f, **Peilung** f, **Sondierung** f, **Tiefenpeilung** f
☐ sounding
△ sondage m
○ scandaglio m

l/s → Sekundenliter

LT_{50} → Letalzeit, mittlere

Luch → Moor

298 **lüften**
☐ air, ventilate
△ aérer, ventiler
○ aerare, ventilare

299 **Lüftung** f, **Ventilation** f
☐ ventilation
△ ventilation f
○ ventilazione f

Lüftung → Belüftung

Lüftung, abgestufte → Staffelbelüftung

300 **Lüftung** f, **künstliche**
☐ artificial ventilation
△ ventilation f artificielle
○ ventilazione f artificiale

301 **Lüftung** f, **natürliche**
☐ natural ventilation, natural aeration
△ ventilation f naturelle, aération f naturelle
○ ventilazione f naturale, aerazione f naturale

302 **Lüftungsbecken** n, **Belüftungsbecken** n (Belebungsbecken)
☐ aeration tank, aeration basin
△ bassin m d'aération
○ vasca f d'ossidazione, bacino m d'aerazione

303 **Lüftungsbecken** n, **spiral durchströmtes**
☐ spiral flow aerator tank
△ bassin m d'aération à circulation hélicoïdale
○ bacino m d'aerazione a circolazione elicoidale

Lüftungsleitung → Lüftungsrohr

304 **Lüftungsphase** f
☐ activated sludge phase, aeration phase
△ phase f d'aération, phase f d'activation
○ fase f d'aerazione

305 **Lüftungsrohr** n, **Lüftungsleitung** f
☐ vent pipe
△ tuyau m de ventilation, évent m
○ sfiatatoio m, tubo m di ventilazione

306 **Lüftungsschacht** m, **Entlüftungsschacht** m
☐ vent, ventilating shaft, stack-vent
△ cheminée f d'aération, puits m d'aérage, évent m vertical
○ pozzo m di ventilazione

307 **Luft** f
☐ air
△ air m
○ aria f

Luft, Einblasen von ~ → *Einblasen von Luft*

308 durch Luft übertragen
□ airborne
△ propagé par l'air
○ veicolato dall'aria

309 Luftabscheider *m*
□ air separator
△ désaérateur *m*
○ separatore *m* d'aria

310 Luftansammlung *f*
□ air accumulation
△ accumulation *f* d'air
○ accumulamento *m* d'aria

Luftaufbereitung → *Klimatisierung*

Luftaufbereitungsanlage → *Klimaanlage*

311 Luftaufnahme *f*
□ aerial photography
△ photographie *f* aérienne
○ fotografia *f* aerea

Luftaufnahme → *Luftbild*

312 Luftaustausch *m*
□ air exchange
△ échange *m* d'air
○ scambio *m* d'aria

313 Luftbedarf *m*
□ air requirement
△ demande *f* en air
○ bisogno *m* d'aria

314 Luftbild *n*, **Luftaufnahme** *f*
□ aerial view, aerial photograph
△ vue *f* aérienne, photographie *f* aérienne
○ veduta *f* aerea

Luftbildvermessung → *Luftkartierung*

315 Luftblase *f*
□ air bubble
△ bulle *f* d'air
○ bolla *f* d'aria, bollicina *f* d'aria

316 luftdicht
□ air-tight, air-proof, hermetical
△ étanche à l'air, hermétique
○ ermetico

317 Luftdruck *m*
□ atmospheric pressure, barometric pressure
△ pression *f* atmosphérique, pression *f* de l'air
○ pressione *f* atmosferica

318 Luftdüse *f*
□ air nozzle
△ buse *f* d'aération
○ ugello *m* d'aria

319 Luftdurchtritt *m*
□ passage of air
△ passage *m* d'air
○ passaggio *m* di aria

320 Lufteinschluß *m* *(im Wasserrohr)*
□ air pocket
△ poche *f* d'air, inclusion *f* d'air
○ bolla *f* d'aria, sacca *f* di gas incondensabili

Lufteinschluß → *Luftkissen*

Lufteinwirkungszone
→ *Überwasserspiegelzone*

321 Lufterhitzer *m*
□ air-heating apparatus, air heater
△ réchauffeur *m* d'air
○ riscaldatore *m* d'aria, aerotermo *m*

Luftfeuchte → *Luftfeuchtigkeit*

322 Luftfeuchtigkeit *f*, **Luftfeuchte** *f*
□ humidity of the air, moisture of the air, atmospheric moisture
△ état *m* hygrométrique de l'air, humidité *f* de l'air
○ umidità *f* dell'aria

323 Luftfeuchtigkeit *f*, **absolute**
□ absolute humidity of the air
△ humidité *f* absolue de l'air
○ umidità *f* assoluta dell'aria

324 Luftfeuchtigkeit *f*, **relative**
□ relative humidity of the air
△ degré *m* hygrométrique, humidité *f* relative de l'air
○ umidità *f* relativa dell'aria

325 Luftfeuchtigkeit *f*, **spezifische**
□ specific humidity of the air
△ humidité *f* spécifique de l'air
○ umidità *f* specifica dell'aria

326 Luftfeuchtigkeitsmesser *m*, **Psychrometer** *n*
□ psychrometer, air humidity indicator
△ psychromètre *m*
○ psicrometro *m*

327 Luftfilter *n*, **Luftreiniger** *m*
□ air filter, aerofilter
△ filtre *m* à air, aérofiltre *m*
○ filtro *m* d'aria

328 Lufthärtung *f*
□ air curing
△ vieillissement *m* à l'air
○ presa *f* in aria

329 Luftkartierung *f*, **Luftbildvermessung** *f*
□ aerial mapping, aerial surveying, photographic surveying
△ cartographie *f* aérienne
○ cartografia *f* aerea

330 Luftkissen *n*, **Lufteinschluß** *m*, **Luftpolster** *n*, **Luftsack** *m*
□ air cushion, air-lock, air-binding, air pocket
△ couche *f* d'air, matelas *m* d'air
○ sacca *f* d'aria, cuscino *m* d'aria

331 Luftkissenboot *n*, **Luftkissenfahrzeug** *n*
□ hydrofoyle, hovercraft
△ aéroglisseur *m*
○ battello *m* a cuscino d'aria, hovercraft *m*

Luftkissenfahrzeug → *Luftkissenboot*

332 Luftkompressor *m*, **Luftverdichter** *m*
- □ air compressor
- △ compresseur *m* d'air
- ○ compressore *m* d'aria

333 Luftkühlung *f*
- □ air cooling
- △ refroidissement *m* à l'air
- ○ raffreddamento *m* ad aria

334 Luftleitung *f*
- □ air (pipe)line
- △ conduite *f* d'air, tuyauterie *f* d'air
- ○ condotta *f* d'aria

Luftmischheber → *Mammutpumpe*

Luftpolster → *Luftkissen*

335 Luftpumpe *f*, **Vakuumpumpe** *f*
- □ air pump, vacuum pump
- △ pompe *f* à air, pompe *f* à vide
- ○ pompa *f* d'aria, pompa *f* a vuoto

336 Luftreinhaltung *f*
- □ quality maintenance of the atmosphere
- △ maintien *m* de la qualité de l'atmosphère
- ○ mantenimento *m* della qualità dell' atmosfera

Luftreiniger → *Luftfilter*

337 Luftreinigung *f*
- □ air-purification
- △ épuration *f* de l'air, assainissement *m* de l'air
- ○ epurazione *f* d'aria

Luftsack → *Luftkissen*

338 Luftsauerstoff *m*
- □ atmospheric oxygen
- △ oxygène *m* atmosphérique
- ○ ossigeno *m* atmosferico

339 luftseitig (b. Staudämmen), **talseitig**
- □ downstream
- △ aval
- ○ a valle

340 Luftspülung *f*
- □ air scour, blast purge, blow purge
- △ curage *m* à l'air, nettoyage *m* par l'air
- ○ pulitura *f* ad aria

Luftströmung → *Luftzug*

Luftstrom → *Windströmung*

341 lufttrocken, lutro
- □ air-dry, air-dried
- △ séché à l'air
- ○ seccato all'aria

342 Lufttrocknung *f*
- □ drying in the open air, air drying
- △ séchage *m* à l'air [libre]
- ○ essiccamento *m* all'aria

343 Luftüberschuß *m*
- □ excess of air
- △ air *m* en excès, excédent *m* d'air
- ○ eccesso *m* d'aria

344 Luftüberwachung *f*
- □ air-monitoring
- △ surveillance *f* de l'atmosphère, contrôle *m* de l'atmosphère
- ○ controllo *m* dell'atmosfera, monitoraggio *m* dell'atmosfera

345 Luftuntersuchung *f*
- □ air-analysis
- △ analyse *f* d'air
- ○ analisi *f* d'aria

346 Luftverbrauch *m*
- □ air consumption
- △ consommation *f* d'air
- ○ consumo *m* d'aria

Luftverdichter → *Luftkompressor*

347 Luftvermessung *f*
- □ aerial survey
- △ levé *m* aérien, levé *m* aérophotogrammétrique
- ○ rilievo *m* aereo, aerofotogrammetria *f*

Luftverschmutzer → *Luftverunreiniger*

Luftverschmutzung → *Luftverunreinigung*

Luftverteiler → *Belüfterplatte*

348 Luftverteilung *f*
- □ air diffusion
- △ diffusion *f* de l'air
- ○ diffusione *f* dell'aria

349 Luftverunreiniger *m*, **Luftverschmutzer** *m*
- □ air pollutant
- △ pollueur *m* d'air
- ○ inquinante *m* dell'atmosfera

350 Luftverunreinigung *f*, **Luftverschmutzung** *f*
- □ atmospheric pollution, aerial pollution, air pollution
- △ pollution *f* de l'air, contamination *f* de l'air, pollution *f* atmosphérique
- ○ contaminazione *f* dell'aria, inquinamento *m* atmosferico

351 Luftzufuhr *f*
- □ air supply
- △ admission *f* d'air, introduction *f* d'air
- ○ ammissione *f* d'aria, introduzione *f* d'aria

352 Luftzug *m*, **Luftströmung** *f*
- □ draft, air draft
- △ tirage *m* d'air, courant *m* d'air
- ○ tiraggio *m* d'aria

353 Luftzutritt *m*
- □ access of air
- △ entrée *f* d'air
- ○ accesso *m* d'aria, ingresso *m* dell'aria

354 Lumineszenz *f*
- □ luminescence
- △ luminescence *f*
- ○ luminescenza *f*

355 Lumpen *m pl*, **Hadern** *pl*
- □ rags *pl*
- △ chiffons *m pl*, haillons *m pl*
- ○ cenci *m pl*, stracci *m pl*

356 Lunker *m*, **Hohlraum** *m* *(in Gußstücken)*
- □ cavity, shrinking hole, blister
- △ retassure *f*, soufflure *f*
- ○ cono *m* di ritiro, ritiro *m*, risucchio *m*, soffiatura *f*

Lurch → *Amphibium*

lutro → *lufttrocken*

357 Luv *f*, **Luvseite** *f*
- □ luff, weather side
- △ côté *f* du vent
- ○ orza *f*, lato *m* del vento

Luvseite → *Luv*

358 Lysimeter *m*, **Sickermengenmesser** *m*
- □ lysimeter, soil-tank
- △ lysimètre *m*, case *f* lysimétrique
- ○ lisimetro *m*, pluviometro *m* messo nel suolo a profondità

359 Lysimeter *n*, **wägbares**
- □ ponderable lysimeter
- △ lysimètre *m* pondérable
- ○ lisimetro *m* a pesata

360 Lysimeteranlage *f*
- □ lysimeter installation
- △ station *f* lysimétrique
- ○ stazione *f* lisimetrica

Maar → *Kratersee*

Mäander → *Windung*

1 Mäanderabschneidung *f*
- □ meander cut-off
- △ rectification *f* de méandres
- ○ taglio *m* dei meandri, rettifica *f* dei meandri

2 Mäanderbreite *f*, **Mäanderschwingungsbreite** *f*
- □ meander width
- △ amplitude *f* d'un méandre, gabarit *m* d'un méandre
- ○ ampiezza *f* di meandro

3 Mäandergürtel *m*
- □ meander belt
- △ zone *f* de méandres
- ○ zona *f* di meandri

4 Mäanderlänge *f*
- □ meander length
- △ longueur *f* d'onde d'un méandre
- ○ lunghezza *f* di meandro

Mäanderschwingungsbreite → *Mäanderbreite*

5 Mäanderverhältnis *n*
- □ meander ratio
- △ rapport *m* de l'amplitude [ou du gabarit] d'un méandre à sa longueur d'onde
- ○ rapporto *m* ampiezza/lunghezza di meandro

6 Mächtigkeit *f* *(geol.)*
- □ thickness, depth
- △ épaisseur *f*, puissance *f*
- ○ spessore *m*

7 Mälzerei *f*, **Malzfabrik** *f*
- □ malt house
- △ malterie *f*
- ○ malteria *f*, fabbrica *f* di malto

8 Mälzereiabwasser *n*
- □ malt-house waste, malting effluent
- △ eaux *f pl* résiduaires de malterie
- ○ acque *f pl* di rifiuto di malteria

Mästerei, Schweine~ → *Schweinemästerei*

Magazin → *Vorratslager*

9 Magdeburger P-Verfahren *n*
- □ Magdeburg P-process
- △ procédé *m* Magdeburg P
- ○ processo *m* "Magdeburg-P"

10 Magen-Darm-Erkrankungen *f pl*, **epidemische**
- □ gastro-enteritis epidemic
- △ affections *f pl* gastro-intestinales, maladies *f pl* gastro-intestinales
- ○ epidemie *f pl* gastro-intestinali

11 Magen-Darm-Infektionen *f pl*
- □ gastro-enteritis epidemics *pl*
- △ maladies *f pl* gastro-intestinales, affections *f pl* gastro-intestinales
- ○ infezioni *f pl* gastroenteritici

12 **Magen-Darm-Trakt** m
□ gastro-intestinal tract
△ tractus m gastro-intestinal, système m gastro-intestinal
○ tratto m gastro-intestinale

13 **Magerbeton** m, **Sparbeton** m
□ poor concrete, lean concrete
△ béton m maigre
○ calcestruzzo m magro

14 **Magerkalk** m
□ poor lime, lean lime
△ chaux f maigre
○ calce f magra

15 **Magermilch** f
□ skim milk
△ lait m écrémé
○ latte m scremato

16 **Magnesia** f, **Magnesiumoxid** n
□ magnesia, magnesium oxide
△ magnésie f, oxyde m de magnésium
○ magnesia f, ossido m di magnesio

Magnesia, kohlensaure
→ *Magnesiumcarbonat*

Magnesia, schwefelsaure
→ *Magnesiumsulfat*

17 **Magnesit** n
□ magnesite
△ giobertite f, magnésite f
○ giobertite f, magnesite f

18 **Magnesium** n
□ magnesium
△ magnésium m
○ magnesio m

19 **Magnesiumbicarbonat** n
□ magnesium bicarbonate
△ bicarbonate m de magnésie
○ bicarbonato m di magnesio, magnesia f bicarbonata

20 **Magnesiumcarbonat** n, **Magnesia** f, **kohlensaure**, **Magnesiumkarbonat** n
□ magnesium carbonate, carbonate of magnesia
△ carbonate m de magnésie
○ carbonato m di magnesio

21 **Magnesiumchlorid** n, **Chlormagnesium** n
□ magnesium chloride
△ chlorure m de magnésium
○ cloruro m di magnesio

22 **Magnesiumhärte** f
□ magnesium hardness
△ dureté f magnésienne
○ durezza f magnesiaca

Magnesiumkarbonat
→ *Magnesiumcarbonat*

Magnesiumoxid → *Magnesia*

23 **Magnesiumsulfat** n, **Bittersalz** n, **Magnesia** f, **schwefelsaure**
□ magnesium sulphate, sulphate of magnesia
△ sulfate m de magnésium
○ solfato m di magnesio

Magnet, Hub~ → *Hubmagnet*

24 **Magnetabscheider** m
□ magnetic separator
△ séparateur f magnétique
○ separatore m magnetico

25 **Magnetitfilter** n, **Laughlinfilter** n
□ magnetite filter, Laughlin-filter
△ filtre m à magnétite, filtre m Laughlin
○ filtro m di magnetite, filtro m Laughlin

26 **Magnetrührstab** m
□ magnetic stirrer
△ agitateur m magnétique
○ agitatore m magnetico

27 **Magnetschalter** m
□ magnetic switch
△ interrupteur m magnétique
○ interruttore m magnetico

28 **Magnetventil** n
□ solenoid valve
△ valve f à solénoïde, valve f électromagnétique
○ valvola f elettromagnetica

29 **Magnomasse** f
□ Magno mass, Magno composition, Magno compound
△ Magno m
○ massa f Magno

30 **Magnoverfahren** n
□ Magno process, Magno treatment
△ procédé m Magno
○ procedimento m Magno, processo m Magno

31 **mahlen**
□ grind, mill
△ moudre
○ macinare, triturare

32 **Mahltrockner** m
□ grinding dryer
△ sécheur-broyeur m
○ essiccatore-frantumatore m

33 **Mahlwerk** n
□ grinder
△ concasseur m, broyeur m
○ meccanismo m di macinatura, meccanismo m di triturazione

34 **Mais** m
□ maize
△ blé m de Turquie, maïs m
○ granoturco m, mais m

35 **Maisanbau** m
□ maize cultivation
△ culture f du maïs
○ coltivazione f del mais

36 **Maische** f
- mash
- trempe f, mélange m fardeau
- malto m infuso nell'acqua calda

37 **Maischebottich** m
- mash tun
- brassin m, bac m de trempe
- tino m di ammostatura

38 **maischen**
- mash
- démêler, encuver le malt
- spappolare il malto nel tino

MAK-Wert → *Arbeitsplatzkonzentration, maximale*

39 **Makroanalyse** f
- macro-analysis
- macro-analyse f, macroanalyse f
- macroanalisi f

40 **Makrobenthos** n
- macro-benthos
- macro-benthos m, macrobenthos m
- macrobentos m, macrobenthos m

41 **Makroformen** f pl **der wirbellosen Tiere, Makroinvertebraten** f pl
- macroinvertebrates
- macro-invertébrés m pl
- macroinvertebrati m pl

Makroinvertebraten → *Makroformen der wirbellosen Tiere*

42 **Makroklima** n, **Großklima** n
- macroclimate
- macroclimat m
- macroclima m

43 **Makroorganismus** m
- macroorganism
- macro-organisme m, macroorganisme m
- macroorganismo m

44 **Makrophyte** f
- macrophyte
- macrophyte m
- macrofita m

45 **Makrostruktur** f
- macrostructure
- macrostructure f
- macrostruttura f

46 **Malaria** f, **Sumpffieber** n
- malaria
- malaria f, paludisme m
- malaria f, paludismo m

47 **Malariabekämpfung** f
- malaria control, anti-malaria measures
- lutte f contre le paludisme
- lotta f contro la malaria

48 **Malariamücke** f, **Fiebermücke** f *(Anopheles)*, **Gabelmücke** f
- malaria mosquito
- anophèle m
- anofele m

Malzfabrik → *Mälzerei*

49 **Mammutpumpe** f, **Druckluftheber** m, **Luftmischheber** m
- mammoth pump, air lift, compressed air ejector, air jet lift
- pompe f Mammouth, éjecteur m à air comprimé, éjecteur m
- pompa f Mammut, eiettore m ad aria compressa

50 **Manchester-Becken** n
- Hurd tank
- bassin m Hurd, bassin m Manchester
- bacino m Hurd, bacino m Manchester

51 **Mangan** n
- manganese
- manganèse m
- manganese m

52 **Manganabscheidung** f
- manganese deposit
- dépôt m de manganèse, séparation f de manganèse
- deposito m di manganese, precipitato m di manganese

53 **Manganbakterien** f pl
- manganese bacteria
- bactéries f pl du manganèse, bactéries f pl manganiques
- batteri m pl del manganese

54 **Manganbeseitigung** f
- manganese removal
- démanganisation f
- eliminazione f del manganese

55 **Manganchlorür** n
- manganous chloride
- chlorure m manganeux
- cloruro m manganoso

Mangandioxid → *Braunstein*

56 **Manganpermutit** n
- permanganate permutite, manganese permutite
- permutite f à manganèse
- permutite f al manganese

Mangansuperoxid → *Braunstein*

57 **Mangel** m, **Fehlmenge** f
- deficiency, shortage, lack
- déficit m
- mancamento m, deficienza f, deficit m

58 **mangelhaft**
- defective, faulty, imperfect
- défectueux
- manchevole, difettoso

59 **Mannesmann-Stahlrohr** n
- Mannesmann steel tube, Mannesmann tube
- tuyau m d'acier type Mannesmann, tuyau m laminé sans soudure
- tubo m Mannesmann

60 **Mannigfaltigkeitsindex** m **der Arten**
- species diversity
- diversité f des espèces, multiplicité f des espèces
- diversità f specifica

61 **Mannloch** n, **Einsteigeöffnung** f, **Einsteigloch** n
- □ manhole
- △ trou m d'homme
- ○ foro m d'uomo, passo m d'uomo

62 **Mannlochdeckel** m
- □ manhole cover, manhole seal
- △ couverture f de trou d'homme
- ○ coperchio m di foro d'uomo

63 **Manometer** n, **Druckmesser** m
- □ manometer, pressure gauge
- △ manomètre m
- ○ manometro m

Manometer, Hochdruck~ → *Hochdruckmanometer*

Manometer, Kontakt~ → *Kontaktmanometer*

Manometer, Niederdruck~ → *Niederdruckmanometer*

64 **manometrisch**
- □ manometric
- △ manométrique
- ○ manometrico

Manschette → *Überschieber*

65 **Mantelblech** n
- □ circumferential plate
- △ enveloppe f de tôle, chemise f de tôle
- ○ involucro m di lamiera, camicia f di lamiera

Mantelrohr → *Futterrohr*

66 **Mantelrohr** n **eines Hydranten**
- □ pillar of a hydrant
- △ enveloppe f d'un hydrant
- ○ cassetta f dell'idrante, tubo m di protezione dell'idrante

67 **Mantelrohr** n, **geschlitztes**
- □ slotted casing
- △ tubage m crépiné
- ○ tubo m a camicia forato

Mantelrohrbrunnen → *Schlitzrohrbrunnen*

68 **Manteltiere** n pl, **Tunikaten** pl (Tunicatae)
- □ tethydai pl, tunicatae pl
- △ tuniciers m pl
- ○ tunicati m pl

69 **Margarinefabrik** f
- □ margarine factory
- △ margarinerie f
- ○ fabbrica f di margarina

Marienfisch → *Ukelei*

70 **marin**
- □ marine
- △ marin
- ○ marino

71 **Markierung** f
- □ tracing
- △ traçage m
- ○ marcamento m

72 **Markierung** f, **radioaktive**
- □ use of radioactive tracer
- △ marquage m aux radioéléments, emploi m d'un traceur radio-actif
- ○ marcatura f ai traccianti radioattivi

Markierungsfarbstoff → *Farbspurenstoff*

73 **Markierungsisotop** n
- □ tracer isotope, radio-active tracer
- △ traceur m radioactif
- ○ traccianto m radioattivo

74 **Markierungsisotope** n pl, **radioaktive**
- □ radioactive tracers pl
- △ traceurs m pl radioactifs
- ○ traccianti m pl radioattivi

Markzeichen → *Grenzstein*

75 **Marmor** m
- □ marble
- △ marbre m
- ○ marmo m

76 **Marmorfilterung** f
- □ marble filtering
- △ filtration f sur marbre
- ○ filtrazione f su marmo

77 **Marmorkies** m
- □ gravel of marble
- △ morceaux m pl de marbre, gravier m de marbre
- ○ pietrischetto m di marmo

78 **Marmorversuch** m
- □ marble test
- △ essai m au marbre, test m au marbre
- ○ prova f al marmo

79 **Marsch** f
- □ marsh, low meadow
- △ bas pays m, zone f marécageuse, marais m, marécage m
- ○ maremma f, paese m paludoso

80 **Marschboden** m
- □ marshy soil, bog soil, marshland
- △ terrain m marécageux, sol m de marais
- ○ terreno m paludoso

81 **MAS, Substanz** f, **methylenblauaktive**
- □ methylene-blue active substance
- △ substance f réagissant au bleu de méthylène
- ○ sostanza f attiva al blu di metilene

Mascaret → *Sturzwelle*

82 **Masche** f
- □ mesh
- △ maille f
- ○ maglia f

83 **Maschendraht** m
- □ mesh wire
- △ treillis m métallique
- ○ rete f metallica, rete f di filo metallico

84 **Maschendraht** m
- □ wire netting
- △ treillis m métallique
- ○ rete f metallica, rete f di filo metallico

85 **Maschensieb** n
□ mesh sieve, mesh screen
△ tamis m à mailles
○ staccio m di maglie

86 **Maschenweite** f, **Siebmaschenweite** f
□ size of mesh, mesh size, sieve opening
△ largeur f des mailles, ouverture f de maille
○ dimensione f delle maglie

87 **Maschenzahl** f
□ [number of] mesh
△ nombre m de mailles, indice m de maille
○ numero m delle maglie

88 **Maschine** f
□ engine, machine
△ machine f
○ macchina f

Maschine, Gas~ → *Gaskraftmaschine*

89 **maschinell**
□ mechanical
△ mécanique
○ a macchina

Maschinenabläufe
→ *Papiermaschinenabläufe*

90 **mit Maschinenantrieb** m
□ power driven, engine-driven
△ à commande f mécanique
○ a comando m meccanico

91 **Maschinenfundament** n
□ machine foundation
△ massif m de fondation d'une machine
○ fondazione f della macchina

92 **Maschinenhalle** f
□ machine shop, engine room
△ salle f des machines, atelier m des machines
○ sala f delle macchine, sala f del macchinario

93 **Maschinenhaus** n
□ engine house, power house, machinery house
△ bâtiment m des machines
○ edificio m delle macchine

94 **Maschinenreserve** f
□ machine capacity in reserve
△ capacité f mécanique en réserve
○ macchinario m di riserva

95 **Maschinensatz** m
□ set of machines, group of machines
△ groupe m de machines
○ gruppo m di macchine, serie f di macchine

Maß, Einsickerungs~ → *Einsickerungsmaß*

Maßabweichung, zulässige
→ *Abweichung, zulässige*

96 **Maßanalyse** f, **Titrimetrie** f *(chem.)*
□ volumetric analysis, titrimetric analysis
△ analyse f volumétrique, analyse f titrimétrique
○ analisi f volumetrica, analisi f titrimetrica

97 **maßanalytisch, titrimetrisch** *(chem.)*, **volumetrisch** *(chem.)*
□ volumetric, titrimetric
△ volumétrique, titrimétrique
○ volumetrico, titrimetrico

98 **Masse** f
□ mass, bulk
△ masse f
○ massa f

Masse, spezifische → *Dichte*

Maßeinheit → *Meßgröße*

99 **Massenbeton** m
□ mass concrete
△ béton m en masse
○ calcestruzzo m di massa

100 **Massenentwicklung** f *(v. Pflanzen)*
□ mass vegetation
△ développement m massif, prolifération f de végétaux
○ sviluppo m abnorme di vegetali, proliferazione f di vegetali

101 **Massengüter** n pl
□ bulk goods
△ marchandises f pl en vrac
○ merce f pl alla rinfusa

102 **Massenspektrometrie** f
□ mass-spectrometry
△ spectrométrie f de masse
○ spettrometria f di massa

Massentierhaltung → *Intensivtierhaltung*

103 **Massenübergang** m, **Massenübertragung** f
□ mass transfer
△ transfert m de masse
○ trasferimento m di materia

Massenübertragung → *Massenübergang*

Massierung der Bevölkerung
→ *Zusammenballung der Bevölkerung*

Massivstaumauer → *Gewichtsstaumauer*

104 **Maßnahme** f, **Maßregel** f
□ measure
△ mesure f
○ misura f

105 **Maßnahme** f, **innerbetriebliche**
□ in-plant measure
△ dispositions f pl appliquées à l'intérieur d'une usine
○ interventi m pl sul ciclo

Maßnahme, Verhütungs~
→ *Verhütungsmaßregel*

Maßregel → *Maßnahme*

106 **Maßstab** m, **Skala** f
- □ scale, measure, ratio of dimensions
- △ échelle f, division f
- ○ scala f, misura f

107 **Maßstab** m, **halbtechnischer**
- □ pilot-plant scale
- △ échelle f de l'installation pilote, échelle f semi-industrielle
- ○ impianto m in scala pilota

Maßstab, im Labor~ → *im Labormaßstab*

Maßstab, im Laboratoriums~ → *im Labormaßstab*

108 **Maßstab** m, **logarithmischer**
- □ logarithmic scale
- △ échelle f logarithmique
- ○ scala f logaritmica

109 **Maßstab** m, **technischer**
- □ full scale, plant scale, commercial scale
- △ grande échelle f, échelle f industrielle, échelle f technique
- ○ scala f industriale

110 **Maßsystem** n
- □ measuring system
- △ système m de mesure
- ○ sistema m di misura

Mastenkran → *Auslegerkran*

111 **Materiallager** n
- □ stock of materials, stock pile
- △ stock m de matériaux
- ○ scorta f di materiali

112 **Materialprüfung** f
- □ material testing
- △ examen m du matériel, épreuve f des matériaux
- ○ prova f dei materiali

Materialprüfung → *Werkstoffprüfung*

113 **Materialprüfungsamt** n
- □ material testing board
- △ service m d'essai de matériaux
- ○ servizio m di prova materiali

114 **Mauer** f
- □ wall
- △ mur m
- ○ muro m, muraglia f, mura f

Mauer, Beton~ → *Betonmauer*

Mauer, Bogen~ → *Bogenstaumauer*

Mauer, Bruchstein~ → *Bruchsteinmauer*

Mauer, Flügel~ → *Flügelmauer*

Mauer, Grund~ → *Grundmauer*

Mauer, Herd~ → *Herdmauer*

Mauer, Kuppel~ → *Kuppelmauer*

Mauer, Schwergewichts~ → *Gewichtsstaumauer*

Mauer, Zellen~ → *Zellenmauer*

Mauerfläche, luftseitige → *Fläche, luftseitige*

115 **Mauerkrone** f, **Krone** f **einer Sperrmauer, Staumauerkrone** f
- □ dam crest, crest of dam
- △ couronnement m d'un barrage, crête f d'un barrage
- ○ coronamento m di una diga, cresta f di una diga

Maueroberfläche, talseitige → *Fläche, luftseitige*

Maueroberfläche, wasserseitige → *Fläche, wasserseitige*

116 **Mauerwerk** n
- □ masonry, brick work, stonework
- △ maçonnerie f
- ○ muratura f, muraglie f pl

Mauerwerk, Gewölbe~ → *Gewölbemauerwerk*

Mauerwerk, Trocken~ → *Trockenmauerwerk*

Mauerwerk, Ziegel~ → *Ziegelmauerwerk*

117 **Maulwurfdränung** f
- □ mole drainage
- △ drainage m par charrue-taupe
- ○ drenaggio m con aratro talpa

118 **Maulwurfpflug** m
- □ mole plow, mole plough
- △ charrue-taupe f
- ○ aratro m talpa

119 **Maximaldosis** f, **Dosis** f, **höchstzulässige**
- □ maximum [permissible] dose
- △ dose f maximale [admissible]
- ○ dose f massimale [ammissibile]

Maximaldruck → *Höchstdruck*

Maximalwert → *Höchstwert*

Maximum → *Höchstwert*

MBAS → *Substanz, methylenblauaktive*

Mechanik der Flüssigkeiten → *Hydromechanik*

120 **Mechaniker** m
- □ mechanic, fitter
- △ mécanicien m
- ○ meccanico m

121 **mechanisch**
- □ mechanical
- △ mécanique
- ○ meccanico

122 **Mechanisierung** f
- □ mechanization
- △ mécanisation f
- ○ meccanizzazione f

123 **Medium** n
- □ medium
- △ médium m
- ○ medium m

124 **Medizin** f
- □ (science of) medicine
- △ médicine f
- ○ medicina f

125 **Medizinalbehörde** f, **Gesundheitsamt** n, **Gesundheitsbehörde** f
- □ Board of Health, Public Health Board, Public Health Agency
- △ Service m de Santé, Service m d'Hygiène
- ○ Ufficio m d'Igiene, Autorità f sanitaria

Meduse → *Qualle*

126 **Meer** n, **See** f
- □ sea
- △ mer f
- ○ mare m

127 **Meerbusen** m, **Bai** f
- □ gulf, bay
- △ golfe m, baie f
- ○ seno m di mare, baia f

Meerbusen → *Golf*

128 **Meerenge** f, **Sund** m
- □ sound, strait(s)
- △ détroit m
- ○ stretto m, passo m

129 **Meeresablagerung** f, **Meeressediment** n
- □ marine deposit
- △ dépôt m marin, sédiment m marin
- ○ deposito m marino

130 **Meeresalge** f
- □ sea alga, marine alga
- △ algue f marine
- ○ alga f di mare, fuco m

131 **Meeresarm** m
- □ arm of the sea, (sea) inlet
- △ bras m de la mer
- ○ braccio m di mare

132 **Meeresauslaß** m, **Abwasserauslaß** m **ins Meer**
- □ sea outfall, ocean outfall, marine outfall, offshore [sewage] outfall
- △ émissaire m marin, exutoire m en mer, sortie f des eaux usées en mer
- ○ uscita f marina

133 **Meeresbergbau** m
- □ sea-bottom mining
- △ exploitation f minière marine, exploitation f minière au fond de la mer
- ○ sfruttamento m minerario del fondo marino

134 **Meeresbiologie** f
- □ marine biology
- △ biologie f marine
- ○ biologia f marina

135 **Meeresboden** m, **Meeresgrund** m
- □ sea-bottom
- △ fond m de la mer
- ○ fondo m marino

Meeresbrandung → *Brandung*

Meeresbucht → *Bucht*

136 **Meeresfauna** f
- □ marine fauna
- △ faune f marine
- ○ fauna f marina

137 **Meeresfisch** m, **Seefisch** m
- □ marine fish, sea-fish
- △ poisson m de mer, poisson m marin
- ○ pesce m di mare

138 **Meeresfischerei** f, **Hochseefischerei** f
- □ sea-fishery
- △ pêche f en haute mer
- ○ pesca f d'alto mare

139 **Meeresflora** f
- □ marine flora
- △ flore f marine
- ○ flora f marina

Meeresgrund → *Meeresboden*

Meereshöhe, mittlere → *Normalnull*

Meeresklima → *Seeklima*

Meeresküste → *Küste*

140 **Meereskunde** f, **Ozeanographie** f
- □ oceanography
- △ océanographie f
- ○ oceanografia f

141 **Meeresleuchten** n
- □ marine phosphorescence
- △ phosphorescence f de la mer
- ○ fosforescenza f di mare

142 **Meeresorganismen** m pl, **Meerwasserorganismen** m pl
- □ marine organisms pl
- △ organismes m pl marins
- ○ organismi m pl marini

143 **Meeresplankton** n
- □ marine plankton
- △ plancton m marin
- ○ plancton m marino

Meeressediment → *Meeresablagerung*

144 **Meeresspiegel** m, **Seehöhe** f
- □ sea level, level of the sea, surface of the sea
- △ niveau m de la mer, surface f de la mer
- ○ livello m del mare, pelo m di mare

Meeresspiegel, Höhe über dem ~ → *Höhe über dem Meeresspiegel*

145 **Meeresströmung** f
- □ ocean current, sea current
- △ courant m marin
- ○ corrente f marina

146 **Meerestiefe** f
- □ sea depth
- △ profondeur f de la mer
- ○ profondità f del mare

147 **Meeresverschmutzung** f, **Meerwasserverunreinigung** f
- □ marine pollution, sea-water pollution, pollution of the oceans
- △ pollution f marine, pollution f des mers, pollution f des océans
- ○ inquinamento m marino, inquinamento m dei mari

148 **Meeresvogel** m, **Seevogel** m
 □ sea bird
 △ oiseau m de mer
 ○ uccello m di mare

149 **Meerforelle** f (Salmo trutta)
 □ brown trout
 △ truite f de mer
 ○ trota f marina

 Meerpricke → Neunauge

 Meertang → Seetang

150 **Meerwasser** n
 □ sea water, marine water, ocean water, oceanic water
 △ eau f marine, eau f de mer
 ○ acqua f di mare, acqua f del mare, acqua f marina

151 **meerwasserbeständig**
 □ resistant to sea-water
 △ résistant à l'eau de mer, stable vis-à-vis de l'eau de mer
 ○ resistante all'acqua di mare

152 **Meerwassereinbruch** m
 □ sea-water encroachment, sea-water intrusion
 △ intrusion f d'eau marine
 ○ intrusione f d'acqua marina

153 **Meerwasserentsalzung** f, **Salzwasserumwandlung** f, **Süßwasserbereitung** f
 □ saline water conversion, sea water desalting, desalination of sea-water
 △ dessalement m de l'eau de mer
 ○ dissalazione f dell'acqua del mare, dissalazione f delle acque marine

 Meerwasserorganismen → Meeresorganismen

154 **Meerwasserverdampfer** m
 □ sea-water evaporator
 △ évaporateur m d'eau de mer
 ○ evaporatore m dell'acqua del mare

 Meerwasserverunreinigung → Meeresverschmutzung

 Mehlsand → Staubsand

155 **Mehrdrahtübertragung** f (Fernwirktechnik)
 □ multi-wire transmission
 △ transmission f multi-fils
 ○ trasmissione f via cavo

156 **Mehrfachausnutzung** f **einer Leitung** (Meß- u. Regeltechnik)
 □ multiplexing
 △ transmission f en multiplex, transmissions f pl multiples sur ligne unique
 ○ trasmissione f multipla su unica linea

157 **Mehrfachnutzung** f
 □ multifarious usage
 △ utilisations f pl multiples
 ○ utilizzazioni f pl multiple

 Mehrkammer- ... → mehrkammerig

158 **Mehrkammerfaulgrube** f
 □ multi-compartment septic tank
 △ digesteur m à compartiments multiples, fosse f de digestion à plusieurs bassins
 ○ fossa f settica a più compartimenti

159 **mehrkammerig, Mehrkammer-** ...
 □ multi-compartment
 △ à plusieurs compartiments, à compartiments multiples
 ○ a più compartimenti

160 **Mehrkosten** pl, **Mehrpreis** m
 □ extra over price, additional cost, additional expense
 △ plus-value f
 ○ sopraprezzo m

 Mehrpreis → Mehrkosten

161 **Mehrschichtenfilter** n
 □ multiple bed filter, multi-media filter, multi-layer filter
 △ filtre m à milieux multiples
 ○ filtro m a letti multipli

162 **Mehrschichtenmembran** f
 □ composite membrane
 △ membrane f composée, membrane f à couches multiples, membrane f multicouche
 ○ membrana f composita

163 **Mehrstrahl-Flügelradzähler** m
 □ turbine water meter with several jets
 △ compteur m à ailettes à plusieurs jets
 ○ contatore m a turbina a getti multipli, contatore m a turbina a più getti

164 **Mehrstufendestillation** f **in Horizontalrohren**
 □ horizontal tube multiple effect distillation
 △ distillation f à plusieurs étages en tubes horizontaux
 ○ distillazione f a multipli effetti a tubi orizzontali

165 **Mehrstufenentspannungsverdampfer** m
 □ multiple effect flash evaporator
 △ évaporateur m flash à multiple effet
 ○ evaporatore m per espansione a più stadi, evaporatore m a flash a multipli effetti

166 **Mehrstufenverdampfer** m
 □ multiple effect evaporator, multistage evaporator
 △ évaporateur m à multiple effet
 ○ evaporatore m a più stadi

167 **mehrstufig, vielstufig**
 □ multiple stage, multi-stage, multistage
 △ multiétages, à plusieurs étages m pl, à étages multiples
 ○ a gradini multipli, a più stadi

168 **Mehrverbrauch** m
 □ excess of consumption, increased consumption
 △ excédent m de consommation
 ○ consumo m addizionale

169 **Mehrwegventil** n
□ multi-port valve
△ valve f à plusieurs voies, valve f à voies multiples
○ valvola f a più vie

170 **mehrwertig**
□ polyvalent
△ polyvalent
○ polivalente, plurivalente

171 **Mehrzweck-Speicherbecken** n
□ multipurpose reservoir
△ bassin m de stockage polyvalent, réservoir m à buts multiples
○ bacino m d'immagazzinamento per diversi usi

172 **Mehrzweckanlage** f
□ multiple-purpose installation, multipurpose installation
△ installation f à buts multiples
○ impianto m per diversi usi

173 **Mehrzweckdränstrang** m
□ surface-cum-seepage drain
△ drain m de décharge de l'eau du sol et des eaux pluviales
○ tratto m di drenaggio per diversi usi

174 **Mehrzweckmaßnahme** f
□ multipurpose project, multiple purpose project
△ aménagement m à buts multiples
○ misura f per diversi usi

Meiler, Atom-~ → *Atom-Meiler*

Meißel, Bohr-~ → *Bohrmeißel*

175 **Meißelkörper** m (e. *Bohrmeißels*)
□ tool body
△ matrice f d'outil
○ corpo m dell'utensile

176 **Melasse** f
□ molasses
△ mélasse f
○ melassa f

177 **Melassebrennerei** f
□ molasses distillery
△ distillerie f des mélasses
○ distilleria f di melassa

178 **Melasseschlempe** f
□ molasses slop
△ rinçure f de mélasse
○ succo m di melassa

meldepflichtig → *anzeigepflichtig*

Melioration → *Bodenverbesserung*

179 **Meliorationsabgabe** f
□ betterment levy
△ impôt m de plus-value pour la bonification du sol
○ contributo m di miglioria

180 **Meliorationskrankheit** f
□ reclamation disease
△ maladie f du défrichement
○ malattia f da bonifica

181 **Membran[e]** f, **Blende** f
□ membrane, diaphragm, diaphragma
△ membrane f, diaphragme m
○ membrana f, diaframma m

182 **Membran** f, **dynamische**
□ dynamic membrane
△ membrane f dynamique
○ membrana f dinamica

Membran[e], Gummi-~ → *Gummimembran[e]*

183 **Membran** f, **halbdurchlässige**, **Membran** f, **semipermeable**
□ semipermeable membrane
△ membrane f semi-perméable
○ membrana f semipermeabile

Membran, Ionenaustauscher-~ → *Ionenaustauscher-Membran*

Membran, Leder~ → *Ledermembran*

Membran, selektiv durchlässige → *Selektivmembran*

Membran, semipermeable → *Membran, halbdurchlässige*

184 **Membranfilter** n
□ membrane filter, diaphragm filter
△ filtre m à membrane
○ filtro m a membrana

Membranfiltration → *Ultrafiltration*

185 **Membrankapazität** f
□ capacitance of the membrane
△ capacitance f d'une membrane
○ capacità f di una membrana

186 **Membranpumpe** f, **Balgpumpe** f, **Diaphragmapumpe** f
□ diaphragm pump, membrane pump
△ pompe f à diaphragme, pompe f à membrane
○ pompa f a diaframma, pompa f a membrana

187 **Membranstütze** f, **Membranträger** m
□ membrane support
△ support m de membrane
○ supporto m di una membrana

Membranträger → *Membranstütze*

188 **Membrantyp** m
□ membrane type, type of membrane
△ type m de membrane
○ tipo m di membrana

189 **Membranventil** n
□ diaphragm valve
△ soupape f à diaphragme, soupape f à membrane
○ valvola f a diaframma, valvola f a membrana

190 **Membran(wasser)durchlässigkeit** f
□ membrane flux
△ perméabilité f de la membrane
○ permeabilità f della membrana

191 **Menge** f
□ amount, quantity, multitude
△ quantité f, multitude f
○ quantità f, moltitudine f

Menge, Spuren~ → Spurenmenge

Mengenlinie → Summenlinie

192 **mengenmäßig, volumetrisch**
□ volumetric
△ volumétrique
○ volumetrico

Mengenmesser → Abflußmengenmesser

Mengenmessung, Wasser~ → Wassermengenmessung

193 **Mengenschreiber** m
□ volume recorder, flow recorder
△ appareil m enregistreur de volume
○ registratore m di quantità, registratore m di portata, registratore m di volume

194 **Mengenzähler** m, **Volumen[wasser]zähler** m
□ position water meter
△ compteur m volumétrique
○ contatore m d'acqua volumetrico

195 **Meniskus** m
□ meniscus
△ ménisque m
○ menisco m

196 **Mennige** f
□ minium, red lead
△ minium m
○ minio m

197 **Menschenkraft** f
□ man power
△ force f d'homme, force f humaine
○ forza f d'uomo

198 **Menschenkraft** f, **mit** ~
□ with manpower
△ à bras m d'homme
○ con forza f d'uomo, con energia f d'uomo, a braccia m pl

199 **Mergel** m
□ marl, calcareous clay
△ marne f
○ marga f, margone m, marna f

Mergel, Geschiebe~ → Geschiebemergel

200 **Mergelkalkstein** m, **Kalkstein** m, **mergeliger**
□ marly limestone
△ calcaire m marneux
○ calcare m marnoso

201 **Merk** m (Sium erectum)
□ water parsnip
△ berle f, sium m
○ sedania f d'acqua

Merkmal → Kennzeichen

202 **mesophil**
□ mesophilic
△ mésophile
○ mesofilo

203 **Mesosaprobien** f pl (biol.)
□ mesosaprobic organisms pl
△ mésosaprobies m pl, organismes m pl mésosaprobies
○ organismi m pl mesosaprobici

Mesosaprobien, Beta-~ → Beta-Mesosaprobien

204 **mesotroph**
□ mesotrophic
△ mésotrophe
○ mesotrofo

Meß- und Anzeigengerät, selbsttätiges → Meß- und Registriergerät, automatisches

205 **Meß- und Prüfeinrichtung** f
□ measuring and testing device
△ dispositif m de mesure et d'essai
○ apparecchiatura f di misura e di prova

206 **Meß- und Registriergerät** n, **automatisches, Meß- und Anzeigengerät** n, **selbsttätiges, Monitor** m
□ monitor
△ appareil m automatique de mesure et d'enregistrement
○ apparecchio m automatico di misura e di registrazione

Meßapparat → Meßgerät

207 **Meßbereich** m
□ measurement range
△ zone f de mesure, gamme f de mesure, fourchette f de mesure
○ campo m di misura

208 **Meßblende** f, **Stauscheibe** f
□ orifice plate
△ diaphragme m
○ organo m di strozzamento a diaframma

Meßdose, Druck~ → Druckdose

209 **Meßdüse** f
□ measuring nozzle
△ buse f de mesure
○ ugello m di misura

210 **Meßeinrichtung** f
□ measuring appliance
△ installation f de mesure
○ attrezzatura f di misura

211 **Meßelektrode** f, **Potentialelektrode** f
□ potential electrode
△ électrode f de potentiel, électrode f de mesure
○ elettrodo m di potenziale

212 **messen**
□ gage, gauge, measure, meter
△ mesurer, jauger
○ misurare

213 **Messen** n, **selbsttätiges, Messung** f, **automatische**
□ monitoring
△ mesures f pl automatiques, exécution f de mesures automatiques, gestion f
○ misure f pl automatiche con registratore

Messer → *Meßgerät*

Messer, Dehnungs~ → *Dehnungsmesser*

Messer, Durchlässigkeits~
→ *Durchlässigkeitsmesser*

Messer, Leitfähigkeits~ → *Leitfähigkeitsmesser*

214 Messer m, **selbstregistrierender**
□ self-recording meter
△ mètre m enregistreur
○ misuratore m auto-registratore, misuratore m automatico

Messer, Setzungs~ → *Setzungsmesser*

Messer, Wind~ → *Windmesser*

Meßergebnis → *Meßwert*

215 Meßfehler m
□ error in measurement
△ erreur f de mesure
○ errore m di misurazione

216 Meßflansch m
□ measuring flange
△ disque m de mesure
○ flangia f di misura

Meßflügel → *Woltmann'scher Flügel*

Meßflügel, Zahnstangen~
→ *Zahnstangenmeßflügel*

217 Meßfühler m, **Fühler** m
□ sensor, sensing probe
△ palpeur m, sonde f
○ sonda f, tastatore m

218 Meßgenauigkeit f
□ accuracy of measurement, precision of measurement
△ exactitude f de mesurage, précision f de mesure
○ precisione f di misura

219 Meßgerät n, **Meßapparat** m, **Messer** n, **Meßinstrument** n
□ measuring device, measuring instrument, gage, gauge, meter
△ appareil m de jaugeage, appareil m de mesure, instrument m de mesure, jaugeur m, compteur m, mètre m
○ strumento m di misura, apparecchio m di misura, misuratore m

220 Meßgerinne n, **Meßkanal** m, **Meßrinne** f
□ measuring duct, measuring channel, measuring flume, control flume
△ canal m de mesure, canal m de jaugeage, canal m jaugeur, canal m jaugeur à ressaut
○ canale m di misura

221 Meßgerinne m **mit Deckwalze**
□ standing wave flume
△ rigole f de mesure avec onde stationnaire, chenal m de mesure avec onde stationnaire
○ canale m di misura con onda stazionaria

222 Meßgröße f, **Maßeinheit** f
□ unit
△ unité f de mesure
○ unità f di misura

223 Messing n
□ brass
△ laiton m, cuivre m jaune
○ ottone m

224 Messingnippel m, **gelöteter**
□ brazed nipple, soldered brass nipple
△ mamelon m en laiton soudé
○ nippel m saldato in ottone, raccordo m di ottone brasato

225 Messingrohr n
□ brass tube
△ tube m en laiton
○ tubo m di ottone

Meßinstrument → *Meßgerät*

Meßkabel → *Peillot*

226 Meßkammer f
□ gauging chamber
△ chambre f de mesure, compartiment m de jaugeage
○ camera f di misura

Meßkanal → *Meßgerinne*

227 Meßkolben m *(chem.)*
□ measuring flask, volumetric flask
△ ballon m de mesure, ballon m jaugé
○ pallone f di misura

228 Meßlatte f
□ staff, rod *(am)*, measuring stick
△ jauge f
○ pertica f

229 Meßlotrechte f
□ vertical measuring line
△ verticale f du point de mesure
○ verticale f del punto di misura

230 Meßmethode f
□ monitoring system, method of measurement
△ méthode f de mesure
○ metodo m di misura

231 Meßprofil n
□ measuring profile
△ profil m de mesure
○ profilo m di misura

232 Meßpunkt m
□ datum point
△ point m de mesure
○ punto m di misura

233 Meßpunkte m *pl* *(geod.)*
□ observation points *pl*
△ verticales f *pl* de mesure
○ punti m *pl* di riferimento

234 Meßpunkthöhe f
□ datum plane, datum point level
△ altitude f du point de mesure
○ quota f del punto di misura

Meßrinne → *Meßgerinne*

235 **Meßrohr** n
   □ measuring tube
   △ tuyère f de mesure
   ○ tubo m misuratore

   Meßschacht → Beruhigungsschacht

236 **Meßstelle** f
   □ gaging station, gauging station
   △ point m de mesure, station f de jaugeage
   ○ stazione f di misura, punto m di misura

   Meßstelle, Grundwasser~
   → Grundwassermeßstelle

   Meßstelle, Strömungs~
   → Abflußmengenmeßstelle

237 **Meßstellennetz** n
   □ monitoring metwork
   △ réseau m de points de mesures, réseau m de stations de mesures
   ○ rete f di monitoraggio

238 **Meßstreifen** m
   □ strip chart, circular chart
   △ graphique m de mesure, diagramme m circulaire
   ○ diagramma f circolare

239 **Meßtechnik** f
   □ technique of measurement
   △ technique f de mesure
   ○ tecnica f delle misurazioni

   Meßtechnik → Meßwesen

240 **Meßtischblatt** n
   □ planimetric map, ordnance-survey map
   △ carte f planimétrique
   ○ carta f planometrica

241 **Messung** f
   □ gauging, metering, gaging, gage, measurement
   △ mesurage m, mensuration f, jaugeage m
   ○ misura f, misurazione f

   Messung, automatische → Messen, selbsttätiges

   Messung, Einzel~ → Einzelmessung

   Messung, langfristige, Abfluß~ → Abflußmessung, langfristige

   Messung, Schwimmer~ → Schwimmermessung

   Messung, Strömungs~ → Strömungsmessung

242 **Meßverstärker** m
   □ measuring amplifier
   △ amplificateur m de mesures
   ○ amplificatore m di misura

243 **Meßwarte** f
   □ control panel
   △ pupitre m de contrôle, salle f de surveillance et de mesure
   ○ quadro m di controllo, posto m di misura

244 **Meßwehr** n
   □ measuring weir, gauging weir
   △ déversoir m de mesure, déversoir m de jaugeage
   ○ traversa f di misura

245 **Meßwehr** n **mit dreieckigem Überfall**
   □ notch weir, triangular measuring weir, V-notch weir
   △ déversoir m de mesure à échancrure, déversoir m de mesure triangulaire
   ○ traversa f di misura con stramazzo triangolare

246 **Meßwehr** n **mit Einschnürung**
   □ contracted measuring weir
   △ déversoir de mesure m à contraction
   ○ traversa f di misura a contrazione

247 **Meßwehr** n **mit Rechtecköffnung**
   □ rectangular measuring weir
   △ déversoir m de mesure rectangulaire
   ○ traversa f di misura con apertura rettangolare

248 **Meßwehr** n, **rechteckiges**
   □ rectangular measuring weir, rectangular weir meter, rectangular gauging weir
   △ déversoir m rectangulaire de jaugeage
   ○ stramazzo m rettangolare di misura

249 **Meßwehr** n, **scharfkantiges**
   □ sharp-edged measuring weir, sharp-edged gauging weir, sharp-crested weir
   △ déversoir m de jaugeage à mince paroi, déversoir m en mince paroi
   ○ stramazzo m in parete sottile

250 **Meßwert** m, **Meßergebnis** n
   □ measured value, (result of) measurement, datum
   △ valeur f mesurée, valeur f indiquée, résultat m d'une mesure
   ○ valore m misurato, dato m, risultato m di una misura

251 **Meßwerterfassung** f, **Datenregistrierung** f, **Datenspeicherung** f, **Meßwertspeicherung** f
   □ data logging
   △ enregistrement m des résultats, stockage m des résultats
   ○ registrazione f di dati

252 **Meßwertgeber** m, **Geber** m
   □ transducer
   △ transducteur m
   ○ trasduttore m

   Meßwertschreiber → Registriergerät

   Meßwertspeicherung → Meßwerterfassung

253 **Meßwertübermittlung** f, **Datenübermittlung** f, **Datenübertragung** f
   □ data transmission
   △ transmission f des résultats de mesures, communication f des résultats
   ○ trasmissione f di dati

254 **Meßwertverarbeitung** f, **Datenverarbeitung** f
- □ data processing
- △ traitement m des résultats de mesure, analyse f des résultats de mesure
- ○ analisi f dei dati di misura

Meßwertverstärker → Verstärker

255 **Meßwertwandler** m
- □ transmitter
- △ transmetteur m de mesure
- ○ trasmettitore m di misura

256 **Meßwesen** n, **Meßtechnik** f
- □ measuring technique
- △ technique f de mesure
- ○ tecnica f di misura

Meßwesen, hydrologisches → Hydrometrie

257 **Meßzylinder** m (chem.)
- □ measuring cylinder
- △ tube m cylindrique gradué, éprouvette f graduée
- ○ cilindro m di misura, cilindro m graduato

metabolisch → den Stoffwechsel betreffend

Metabolismus → Stoffumsatz

Metabolit → Stoffwechselprodukt

Metalimnion → Sprungschicht

258 **Metall** n
- □ metal
- △ métal m
- ○ metallo m

259 **metallangreifend**
- □ corrosive to metals
- △ corrosif pour les métaux
- ○ corrosivo per i metalli

260 **Metallangriff** m, **Metallkorrosion** f
- □ corrosion of metal, metallic corrosion
- △ corrosion f des métaux
- ○ corrosione f per i metalli

261 **Metallbearbeitung** f
- □ metal-working
- △ travail m des métaux, transformation f des métaux
- ○ lavorazione f di metalli

262 **Metallgewebe** n
- □ metallic tissue
- △ toile f métallique
- ○ tessuto m metallico

Metallkorrosion → Metallangriff

263 **Metalloberflächenveredlung** f
- □ metal finishing
- △ traitement m de finition des métaux, affinage m de la surface des métaux
- ○ affinaggio m superficiale dei metalli

264 **Metallsalz** n
- □ metal salt
- △ sel m métallique, sel m d'un métal
- ○ sale m metallico

265 **Metamorphose** f
- □ metamorphosis
- △ métamorphose f
- ○ metamorfosi f

266 **Metaphosphat** n
- □ meta-phosphate, poly-phosphate
- △ métaphosphate m
- ○ metafosfato m

Meteorologie → Wetterkunde

Meteorologie, Hydro~ → Hydrometeorologie

267 **Meteorwasser** n, **Wasser** n, **meteorisches**
- □ meteoric water
- △ eau f météorique
- ○ acqua f meteorica

268 **Metergewicht** n
- □ weight per meter
- △ poids m métrique, poids m par mètre linéaire, poids m par mètre courant
- ○ peso m per metro

269 **Methämoglobinämie** f
- □ methemoglobinemia
- △ méthémoglobinémie f
- ○ metemoglobinemia f

270 **Methan** n
- □ methane
- △ méthane m
- ○ metano m

271 **Methanausbeute** f
- □ methane yield
- △ rendement m en méthane
- ○ rendimento m di metano

272 **Methanbakterien** f pl, **Bakterien** f pl, **methanbildende**
- □ methane bacteria pl, methane forming bacteria pl, methanogenic bacteria pl, methane-producing bacteria pl
- △ bactéries f pl méthano-productrices, bactéries f pl méthaniques
- ○ batteri m pl metanici

273 **Methangärung** f, **Faulung** f, **geruchlose**, **Gärung** f, **alkalische**
- □ alkaline fermentation, methane fermentation
- △ fermentation f alcaline, fermentation f méthanique
- ○ fermentazione f alcalina, fermentazione f metanica, fermentazione f alcalica

274 **Methangewinnung** f
- □ methane collection
- △ récupération f du méthane
- ○ recupero m del metano

275 **Methanol** n, **Methylalkohol** m
- □ methanol, methyl-alcohol
- △ méthanol m, alcool m méthylique
- ○ metanolo m, alcool m metilico

276 **Methode** f, **analytische**
- □ method of analysis, procedure of analysis, analytical method
- △ méthode f analytique
- ○ metodo m analitico

Methylalkohol → *Methanol*

Methylbenzol → *Toluol*

277 **Methylenblau** n
- methylene blue
- △ bleu *m* de méthylène
- ○ blu *m* di metilene

278 **methylenblauaktiv**
- methylene-blue active
- △ réactif au bleu de méthylène
- ○ reattivo al blu di metilene

279 **Methylenblauprobe** f
- methylene blue test
- △ essai *m* au bleu de méthylène
- ○ prova f al blu di metilene

280 **Methylorange** n
- methyl orange
- △ méthylorange *m*
- ○ metilarancio *m*

281 **Methylorange-Alkalität** f
- methyl orange alkalinity, total alkalinity, M-alkalinity, T-alkalinity
- △ alcalinité f au méthylorange
- ○ alcalinità f al metilarancio

282 **Methylorange-Azidität** f
- methyl orange acidity, free acidity
- △ acidité f au méthylorange
- ○ acidità f al metilarancio

Metrie, Hydro~ → *Hydrometrie*

Metrisch, hydro~ → *hydrometrisch*

283 **mezzotrophisch**
- mezzo-trophical
- △ mésotrope
- ○ mesotrofico

mg/l → *Milligramm/Liter*

MHQ → *Hochwasserabfluß, mittlerer*

MHThw → *Tidehochwasserstand, mittlerer höchster*

MHTnw → *Tideniedrigwasserstand, mittlerer höchster*

MHW → *Hochwasserstand, mittlerer*

284 **Miesmuschel** f, **Pfahlmuschel** f *(Mytilus edulis)*
- mussel
- △ moule f
- ○ mitile *m*

MIK-Wert → *Immissionskonzentration, maximale*

285 **mikroaerophil**
- microaerophilic
- △ micro-aérophile
- ○ microaerofilo

286 **Mikroanalyse** f
- micro-analysis
- △ micro-analyse f
- ○ microanalisi f

Mikrobe → *Mikroorganismus*

287 **mikrobiell**
- microbial
- △ microbien
- ○ microbico

288 **Mikrobiologie** f
- microbiology
- △ microbiologie f
- ○ microbiologia f

289 **mikrobiologisch**
- microbiological
- △ microbiologique
- ○ microbiologico

290 **Mikrobiometrie** f
- micro-biometry
- △ microbiométrie f
- ○ microbiometria f

291 **Mikrocoulometer-Detektor** *m*
- microcoulometric detector
- △ détecteur *m* micro-coulométrique
- ○ rivelatore *m* micro-coulometrico

292 **Mikrofauna** f
- microfauna
- △ micro-fauna f, microfauna f
- ○ microfauna f

293 **Mikroflora** f
- microflora
- △ microflore f, micro-flore *m*
- ○ microflora f

Mikroklima → *Kleinklima*

294 **Mikrometerschraube** f
- micrometer screw
- △ vis f micrométrique
- ○ vite f micrometrica

295 **Mikroorganismus** *m*, **Kleinlebewesen** n, **Mikrobe** f
- microorganism, animalcule, microscopic organism, microbe
- △ microorganisme *m*, microbe *m*
- ○ microorganismo *m*, microbo *m*

296 **Mikrophotographie** f
- microphotography
- △ microphotographie f
- ○ microfotografia f

297 **Mikropipette** f
- micro-pipette
- △ micro-pipette f
- ○ micropipetta f

298 **Mikroschichtung** f **in Seen**
- micro-stratification in lakes
- △ micro-stratification f dans les lacs
- ○ micro-stratificazione f nei laghi

Mikrosieb → *Feinsieb*

Mikrosiebfilter → *Feinsieb*

Mikrosiebfiltration → *Feinsiebfilterung*

299 **Mikroskop** n
- microscope
- △ microscope *m*
- ○ microscopio *m*

Mikroskop, Elektronen~ → *Elektronenmikroskop*

Milch, Mager~ → *Magermilch*

300 Milchsäure *f*
- □ lactic acid
- △ acide *m* lactique
- ○ acido *m* lattico

301 Milchsäuregärung *f*
- □ lactic fermentation, lactic acid fermentation
- △ fermentation *f* lactique
- ○ fermentazione *f* lattica, fermentazione *f* di latte

Milchserum → *Molke*

302 Milchzucker *m*, **Lactose** *f*, **Laktose** *f*
- □ lactose
- △ sucre *m* de lait, lactose *m*
- ○ lattosio *m*

303 Milchzuckernährlösung *f*
- □ lactose broth
- △ bouillon *m* lactosé
- ○ brodo *m* lattioso

304 milchzuckervergärend.
- □ fermenting lactose
- △ fermentant le lactose
- ○ fermentante il lattosio

Milieu → *Umwelt*

305 Milliarde *f*
- □ billion
- △ milliard *m*
- ○ miliardo *m*

306 Milligramm/Liter *n*, **mg/l**
- □ milligrams *pl* per liter
- △ milligrammes *m pl* par litre
- ○ milligrammi *m pl* per litro, parti *f pl* per milione

Milliliter → *Kubikzentimeter*

307 Milzbrand *m*
- □ anthrax
- △ charbon *m*
- ○ carbonchio *m*

308 Minamata-Krankheit *f*
- □ Minamata-disease
- △ maladie *f* de Minamata, syndrome *m* de Minamata
- ○ sindrome *m* di Minamata

309 Mindestabfluß *m*
- □ minimum run-off, minimum flow
- △ écoulement *m* minimal, effluent *m* minimal
- ○ scolamento *m* minimo, efflusso *m* minimo

310 Mindestanforderung *f*
- □ minimum requirement
- △ exigence *f* minimum
- ○ esigenza *f* minima, richiesta *f* minima

311 Mindestdruck *m*, **Minimaldruck** *m*
- □ minimum pressure
- △ pression *f* minimale
- ○ pressione *f* minima

312 Mindestfließgeschwindigkeit *f*
- □ minimum velocity of flow
- △ vitesse *f* minimum d'écoulement
- ○ velocità *f* minima di flusso

313 Mindestgebühr *f*
- □ minimum rate
- △ prix *m* minimal
- ○ tassa *f* minima, prezzo *m* minimo

314 Mindestgefälle *n*, **Mindestneigung** *f*
- □ minimum slope
- △ pente *f* minimale, gradient *m* minimal
- ○ pendenza *f* minima, gradiente *m* minimo

Mindestneigung → *Mindestgefälle*

315 Mindestverbrauch *m*
- □ minimum consumption
- △ consommation *f* minimale, dépense *f* minimale
- ○ consumo *m* minimo, minimo *m* di consumo

316 Mineral *n*
- □ mineral
- △ minéral *m*
- ○ minerale *m*

Mineral, Ton~ → *Tonmineral*

317 Mineralgerbung *f*
- □ mineral tanning
- △ tannage *m* minéral
- ○ tannaggio *m* minerale

Mineralhärte → *Härte, bleibende*

Mineralisation → *Mineralisierung*

318 mineralisch
- □ mineral
- △ minéral
- ○ minerale

319 Mineralisierung *f*, **Mineralisation** *f*
- □ mineralization
- △ minéralisation *f*
- ○ mineralizzazione *f*

Mineralisierung von Schlamm → *Schlammineralisierung*

320 Mineralöl *n*
- □ mineral oil
- △ huile *f* minérale
- ○ olio *m* minerale

321 Mineralölraffinerie *f*, **Erdölraffinerie** *f*
- □ (mineral) oil refinery
- △ raffinerie *f* d'huile minérale
- ○ raffineria *f* di olio minerale

322 Mineralogie *f*, **Gesteinskunde** *f*
- □ mineralogy
- △ minéralogie *f*
- ○ mineralogia *f*

323 mineralogisch
- □ mineralogical
- △ minéralogique
- ○ mineralogico

324 **Mineralquelle** f, **Heilquelle** f
☐ mineral spring, medicinal spring, spa
△ source f minérale, source f d'eau minérale, source f thérapeutique
○ fonte f minerale, sorgente f minerale

325 **Mineralsäure** f
☐ mineral acid
△ acide m minéral
○ acido m minerale

Mineralsäurehärte → *Härte, bleibende*

326 **Mineralsalz** n
☐ mineral salt
△ sel m minéral
○ sale m minerale

327 **Mineralwasser** n, **Heilwasser** n
☐ mineral water
△ eau f minérale
○ acqua f minerale

328 **minimal**
☐ minimum, minute
△ minimum, minimal
○ minimo

Minimaldruck → *Mindestdruck*

329 **Minimumfaktor** m, **Begrenzungsfaktor** m
☐ limiting factor
△ facteur m limite
○ fattore m limitante

330 **Miozänton** m
☐ miocene clay
△ argile f miocène
○ argilla f miocenica

Mischabwasser → *Mischwasser*

331 **mischbar**
☐ miscible, mixable
△ miscible, alliable
○ mescibile

332 **Mischbarkeit** f
☐ miscibility
△ miscibilité f
○ miscibilità f, mescolabilità f

333 **Mischbecken** n, **Umwälzbecken** n
☐ mixing basin
△ bassin m d'homogénéisation, bassin m de mélange, bassin m mélangeur
○ vasca f di mescolamento, vasca f di mescolazione, bacino m di mescolazione

Mischbecken, Total~ → *Totalmischbecken*

334 **Mischbehälter** m, **Mischbottich** m
☐ mixing chamber, mixing tank
△ bac m de mélange, cuve f de mélange
○ tinozza f di mescolazione, serbatoio m di mescolazione

335 **Mischbett** n
☐ mixed bed
△ lit m mixte, lit m composé, lit m multicouche
○ letto m misto

336 **Mischbett-Entsalzer** m
☐ mixed-bed demineralizer
△ déminéraliseur m à lit mixte, déminéraliseur m à lits mélangés
○ demineralizzatore m a letti misti

337 **Mischbettfilter** n
☐ mixed media filter
△ filtre m à lit mixte, filtre m à lits mélangés
○ filtro m a letti misti

Mischbottich → *Mischbehälter*

338 **Mischeinrichtung** f
☐ mixing equipment
△ équipement m de mélange
○ dispositivo m per miscelamento

339 **mischen, vermischen**
☐ mix
△ mêler, mélanger
○ mischiare, mescolare, mescere, rimescolare

340 **Mischentwässerung** f, **Mischkanalisation** f
☐ combined sewerage
△ réseau m unitaire d'assainissement
○ fognatura f mista

341 **Mischer** m
☐ mixer
△ malaxeur m, mélangeur m
○ impastatrice f

Mischer, Schnell~ → *Schnellmischvorrichtung*

Mischer, Wirbel~ → *Wirbelmischer*

Mischgerinne → *Mischrinne*

Mischkanal → *Mischwasserleitung*

Mischkanalisation → *Mischentwässerung*

342 **Mischkasten** m
☐ mixing box
△ boîte f de mélange
○ cassetta f per mescolazione

343 **Mischkompost** m
☐ combined compost
△ compost m mixte
○ compost m misto

344 **Mischkondensator** m, **Kühler** m, **direkter**
☐ direct-contact condenser, mixing condenser
△ condenseur m par mélange
○ condensatore m a miscela, condensatore m a miscuglio

Mischmaschine, Beton~ → *Betonmischmaschine*

345 **Mischpopulation** f
☐ mixed population
△ population f mélangée, population f mixte
○ popolazione f mista

346 **Mischprobe** f
- average sample, composite sample
- échantillon m moyen
- campione m medio, campione m composto

347 **Mischrinne** f, **Mischgerinne** n, **Reaktionskanal** m
- mixing channel, mixing conduit
- rigole f de mélange
- canale m di mescolazione, canale m di reazione

348 **Mischschnecke** f
- mixing worm
- vis f mélangeuse
- vite f mescolatrice

Mischsystem → *Mischverfahren der Kanalisation*

349 **Mischung** f
- mixture, mix, mixing, blend
- mélange m
- mescolazione f, miscuglio m, mescolamento m, mescolanza f, miscela f, composto m

350 **Mischung** f **in der Rohrleitung**
- in-line mixing
- mélange m à l'intérieur de la conduite, brassage m à l'intérieur de la conduite
- miscelazione f in linea

351 **Mischung** f, **innige**
- intimate mixing, intimate mixture, thorough mixing
- mélange m intime
- mescolazione f intima, miscuglio m intimo

352 **Mischung** f **unter Ausnützung des natürlichen Gefälles**
- gravity mixing
- mélange m gravitaire, brassage m par gravité
- miscelazione f per gravità

353 **Mischungsverhältnis** n, **Mischverhältnis** n
- proportion of mixture, mixing rate, mixing ratio
- dosage m du mélange, taux m de mélange
- rapporto m di mescolanza, proporzione f della mescolazione, proporzione f di miscela

354 **Mischverfahren** n **der Kanalisation**, **Mischsystem** n
- combined system of sewerage, combined sewer system
- système m unitaire d'assainissement
- sistema m misto, metodo m di mescolazione, sistema m di mescolazione

Mischverhältnis → *Mischungsverhältnis*

355 **Mischvorgang** m
- mixing process
- processus m de mélange
- processo m di mescolazione

356 **Mischvorrichtung** f
- mixing device
- mélangeur m
- apparecchio m per mescolazione, mescolatore m

357 **Mischwald** m
- mixed forest, mixed woodland
- forêt f à essences variées
- bosco m misto

358 **Mischwasser** n, **Mischabwasser** n
- combined sewage
- eaux f pl d'égout mixtes, eaux f pl d'égout unitaire
- acqua f di fogna mista, liquame m misto

359 **Mischwasserabfluß** m *(Kanalisation)*
- combined-sewage flow
- débit m des eaux usées totales
- portata f delle acque di fognatura mista

Mischwasserkanal → *Mischwasserleitung*

360 **Mischwasserleitung** f, **Mischkanal** m, **Mischwasserkanal** m
- combined sewer
- égout m unitaire
- condotta f per acqua mista

361 **Mischwasserüberlauf** m
- combined sewer overflow
- trop-plein m d'égouts unitaires
- sfioratore m del liquame misto

362 **Mischzeit** f
- time of mixing, mixing time
- temps m de mélange
- tempo m di mescolazione

Mist → *Stallmist*

Mist, Flüssig~ → *Flüssigmist*

Mistbiene → *Schlammbiene*

363 **Mitbenutzung** f **von Abwasseranlagen**
- joint usage of sewage works
- usage m conjoint d'installations d'assainissement, utilisation f en commun d'installations d'assainissement
- uso m congiunto dei sistemi di fognatura

364 **Mitnehmerstange** f *(Brunnenbau)*
- kelley
- tige f carrée
- asta f quadra

365 **Mitte** f, **Durchschnitt** m, **Mittel** n
- average, medium, median, mean
- milieu m, moyenne f
- mezzo m, media f

Mittel → *Hilfsmittel*

Mittel → *Mitte*

366 **mittelbar, indirekt**
- mediate, indirect
- médiat, indirect
- mediato, indiretto

367 **Mitteldruck** m
- medium-pressure, average head
- pression f moyenne
- pressione f media

368 **Mittelgebirge** *n*
- □ low mountain range, subalpine mountain range
- △ montagnes *f pl* moyennes
- ○ mezza montagna *f*

369 **Mittellauf** *m*
- □ middle reaches
- △ cours *m* moyen
- ○ medio corso *m*

370 **Mittellinie** *f*
- □ centre line
- △ ligne *f* médiane
- ○ linea *f* mediana

371 **Mittelmeer** *n*
- □ Mediterranean
- △ Méditerranée *f*
- ○ Mediterraneo *m*

372 **Mittelspannung** *f*
- □ medium voltage
- △ moyenne tension *f*
- ○ media tensione *f*

373 **Mittelwasser** *n* *(Tidegewässer)*
- □ mean water, half-tide level
- △ eaux *f pl* moyennes
- ○ acque *f pl* medie

374 **Mittelwasserabfluß** *m*, **Abflußmenge** *f* **bei Mittelwasser, mittlerer Abfluß** *m*, **MQ**
- □ mean water flow, average flow, average discharge
- △ débit *m* moyen
- ○ portata *f* media, deflusso *m* medio

375 **Mittelwasserstand** *m*, **MW**
- □ mean water level
- △ niveau *m* moyen des eaux
- ○ livello *m* delle acque medie

376 **Mittelwert** *m*, **Durchschnittswert** *m*, **Zentralwert** *m*
- □ mean value, average value, average, median value
- △ valeur *f* moyenne, moyenne *f*
- ○ valore *m* medio

377 **Mittelwert** *m*, **arithmetischer**
- □ arithmetical mean value
- △ moyenne *f* arithmétique
- ○ media *f* aritmetica

Mittelwert der Regenhöhe, Jahres~
→ *Jahresmittelwert der Regenhöhe*

Mittelwert des Abflusses, Jahres~
→ *Jahresmittelwert des Abflusses*

378 **Mittelwert** *m*, **gewogener arithmetischer**
- □ arithmetical mean value by weight
- △ moyenne *f* arithmétique pondéré
- ○ media *f* aritmetica ponderale

mittlerer Abfluß → *Mittelwasserabfluß*

MM-Stück → *Doppelmuffe*

MMA-Stück → *Doppelmuffe mit Flanschstutzen*

MMAA-Stück → *Doppelmuffe mit zwei Flanschstutzen*

MMB-Stück → *Doppelmuffe mit Muffenstutzen*

MMBB-Stück → *Doppelmuffe mit zwei Muffenstutzen*

MMQN-Stück
→ *Doppelmuffenfußkrümmer*

MNQ → *Niedrigwasserabfluß, mittlerer*

MNTnw → *Tideniedrigwasserstand, mittlerer niedrigster*

MNW → *Niedrigwasserstand, mittlerer*

Modell, Strömungs~ → *Strömungsvorgang*

379 **Modellversuch** *m*
- □ model test, small scale test, pilot study
- △ essai *m* sur modèle
- ○ prova *f* su modello

380 **Moderator** *m*
- □ moderator
- △ modérateur *m*
- ○ moderatore *m*

381 **moderig, modrig**
- □ musty
- △ bourbeux, fangeux, pourri, moisi
- ○ putrido, fracido, muffido, fangoso, melmoso

modrig → *moderig*

382 **Mörtel** *m*
- □ mortar
- △ mortier *m*
- ○ smalto *m*, malta *f*

Mörtel, hydraulischer, Kalk~ → *Kalkmörtel, hydraulischer*

Mörtel, Kalk~ → *Kalkmörtel*

383 **Mörtelmischmaschine** *f*
- □ pan mixer
- △ bétonnière *f* malaxeuse
- ○ betoniera *f* per malta, molazza *f*

384 **Möwe** *f* *(Laridae)*
- □ seagull
- △ mouette *f*
- ○ gabbiano *m*

385 **Molch** *m*
- □ go-devil, porcupine, pig, badger
- △ hérisson *m*
- ○ raschiatore *m* per tubi

Mole → *Wellenbrecher*

386 **Molekül** *n* *(chem.)*
- □ molecule
- △ molécule *f*
- ○ molecula *f*, molecola *f*

387 **Molekulargewicht** *n*
- □ molecular weight
- △ poids *m* moléculaire
- ○ peso *m* molecolare

Molekularschicht → *Film, monomolekularer*

388 **Molekularsieb** n
□ molecular sieve
Δ tamis m moléculaire
○ setaccio m molecolare

389 **Molke** f, **Milchserum** n
□ whey
Δ petit lait m, lactosérum m
○ siero m di latte, scotta f, siero m

390 **Molkerei** f
□ dairy, creamery, milk plant
Δ laiterie f
○ latteria f

391 **Molkereiabwasser** n
□ dairy wastes pl, creamery wastes pl, milk product wastes pl, milking parlor wastes
Δ eaux f pl résiduaires de laiterie, eaux f pl résiduaires de produits laitiers
○ acque f pl di rifiuto di latteria

Mollusken → Weichtiere

Molluskizid → Weichtiergift

392 **Molybdän** n
□ molybdenum
Δ molybdène m
○ molibdeno m

Momentanmessung → Sofortmessung

393 **Momentanzeiger** m
□ instantaneous indicator
Δ indicateur m instantané
○ indicatore m istantaneo

394 **Monat** m
□ month
Δ mois m
○ mese m, mesata f

395 **monatlich**
□ monthly
Δ par mois, mensuel
○ ogni mese, mensile

Monitor → Meß- und Registriergerät, automatisches

396 **Monochloramin** n
□ monochloramine
Δ monochloramine f
○ monocloramino m

397 **Monokultur** f
□ monoculture
Δ monoculture f, culture f unique
○ monocoltura f

398 **monomolekular**
□ monomolecular
Δ monomoléculaire
○ monomolecolare

Monoschicht → Film, monomolekularer

399 **Monsum** m
□ monsoon
Δ mousson f
○ monsone m

400 **Montage** f, **Montieren** n, **Montierung** f
□ mounting, assembly
Δ équipement m, montage m
○ montaggio m

401 **Monteur** m
□ fitter, mounter
Δ monteur m
○ montatore m meccanico

402 **montieren**
□ assemble
Δ monter
○ montare

Montieren → Montage

Montierung → Montage

403 **Moor** n, **Luch** n, **Ried** n
□ moor, fen, bog, moss, moorland
Δ tourbière f
○ torbiera f

Moor, Flach~ → Niedermoor

Moor, Heide~ → Hochmoor

Moor, Hoch~ → Hochmoor

Moor, Torf~ → Hochmoor

Moor, Übergangs~ → Übergangsmoor

404 **Moorboden** m
□ fenny soil, boggy soil, organic soil, peat soil
Δ sol m tourbeux
○ suolo m torboso

405 **Moorgelände** n
□ peat land
Δ terrain m tourbeux
○ terreno m torboso

406 **moorig**
□ moory, fenny, boggy
Δ tourbeux
○ torboso

407 **Moorkultur** f
□ marshland cultivation
Δ culture f d'un terrain tourbeux
○ coltivazione f di zone torbose

408 **Moorwasser** n
□ boggy water, peat water
Δ eau f de tourbière
○ acqua f di torbiera, acqua f di torba

409 **Moos** n
□ moss
Δ mousse f
○ musco m

410 **Moostierchen** n pl, **Bryozoen** n pl
□ bryozoa pl
Δ bryozoaires m pl
○ briozoi m pl

411 **Moräne** f, **Gletschergeröll** n
□ moraine
Δ moraine f
○ morena f

Moräne, Grund~ → Grundmoräne

Moräne, Seiten~ → Seitenmoräne

412 **Moränensee** m
□ morainal lake
Δ lac m morainique, lac m de moraine
○ lago m morenico

413 **Morast** *m*, **Sumpf** *m*
□ morass, swamp, quagmire
△ bourbe *f*, marais *m*, marécage *m*
○ marazzo *m*, pantano *m*, palude *m*

414 **Morphologie** *f*, **Gestaltlehre** *f*
□ morphology
△ morphologie *f*
○ morfologia *f*

415 **morphologisch**
□ morphological
△ morphologique
○ morfologico

Mortalität → *Sterblichkeit*

Mortalitätsquote → *Sterbeziffer*

Mortalitätsrate → *Sterblichkeit*

Moskito → *Stechmücke*

416 **Motor** *m*
□ engine, motor
△ moteur *m*, machine *f* motrice
○ motore *m*

Motor, Außenbord~ → *Außenbordmotor*

Motor, Elektro~ → *Elektromotor*

Motor, Explosions~
→ *Verbrennungsmotor*

Motor, Gas~ → *Gaskraftmaschine*

Motor, Gleichstrom~ → *Gleichstrommotor*

Motor, Hub~ → *Hubmotor*

Motor, Kurzschluß~ → *Kurzschlußmotor*

Motor, Schleifring~ → *Schleifringmotor*

Motor, Synchron~ → *Synchronmotor*

Motor, Viertakt~ → *Viertaktmotor*

Motor, Wasser~ → *Wassermotor*

Motor, Wind~ → *Windturbine*

417 **mit Motorantrieb** *m*
□ motor driven
△ entraîné par moteur
○ con comando *m* a motore

418 **Motorantrieb**
□ motor impulse
△ commande *f* par moteur
○ comando *m* a motore

419 **Motorboot** *n*
□ motor boat
△ canot *m* automobile
○ motoscafo *m*

420 **Motorenraum** *m*
□ motor room, motor shop
△ salle *f* des moteurs
○ sala *f* di motori, locale *m* motori

421 **Motorpumpe** *f*
□ motor pump
△ moto-pompe *f*
○ pompa *f* a motore, motopompa *f*

MQ → *Mittelwasserabfluß*

MQ-Stück → *Muffenkrümmer 90°*

MQN-Stück → *Muffenfußkrümmer*

MT-Kug-Stück → *Muffenkugel-T-Stück*

MThb → *Tidehub, mittlerer*

MThw → *Tidehochwasserstand, mittlerer*

MTmw → *Tidemittelwasserstand, mittlerer*

MTnw → *Tideniedrigwasserstand, mittlerer*

MTT-Kug-Stück
→ *Muffenkugelkreuzstück*

Mücke, Stech~ → *Stechmücke*

422 **Mückenbekämpfung** *f*
□ mosquito control
△ lutte *f* contre les moustiques
○ lotta *f* contro i moscerini

423 **Mühle** *f*
□ mill
△ moulin *m*
○ mulino *m*

Mühle, Stab~ → *Stabmühle*

Mühle, Wasser~ → *Wassermühle*

Mühle, Wind~ → *Windmühle*

424 **Mühlgraben** *m*, **Werkgraben** *m*
□ penstock, mill-brook, mill-stream, mill-race
△ auge *f* de moulin, biez *m*, chenal *m*
○ gora *f*, fossa *f* di mulino, fossa *f* di impianto idraulico

425 **Müll** *m*, **Hausmüll** *m*, **Kehricht** *m*, **Küchenabfall** *m*, **Küchenmüll** *m*
□ refuse, garbage, rubbish, sweepings *pl*, household refuse, residential waste
△ immondices *f pl*, ordures *f pl* ménagères, gadoues *f pl* vertes
○ immondizie *f pl*, spazzatura *f*, pattume *m*

Müll, gewerblicher → *Abfall, gewerblicher*

Müll, Industrie~ → *Abfall, gewerblicher*

Müll, Stadt~ → *Stadtmüll*

426 **Müll- und Schlammkompostierung** *f*
□ joint composting of refuse and sludge
△ compostage *m* en commun d'ordures et de boues
○ compostaggio *m* di rifiuti solidi urbani e di fanghi

427 **Müll-Klärschlamm-Preßtrocknung** *f*
□ press-drying of refuse mixed with sewage sludge
△ séchage *m* sous pression en mélange des déchets et des boues
○ disidratazione *f* sotto pressione di fanghi mescolati a rifiuti solidi urbani

428 Müll-Klärschlamm-Verbrennung f
□ combined incineration of refuse mixed with sewage sludge
△ incinération f en mélange des immondices et des boues
○ incenerimento m combinato di fanghi e rifiuti solidi urbani

429 Müllabfuhr f, **Abfallabfuhr** f, **Mülltransport** m
□ refuse [or garbage] collection, garbage transport, waste transportation
△ enlèvement m des ordures ménagères
○ trasporto m delle immondizie, raccolta f delle immondizie

Müllabfuhrfahrzeug → *Müllwagen*

Müllabladeplatz → *Müllkippe*

430 Müllabwurfschacht m
□ garbage chute
△ vide-ordures m
○ tromba f per lo scarico delle immondizie

Müllaufbereitung → *Aufbereitung*

431 Müllbeseitigung f, **Müllentsorgung** f
□ refuse disposal, garbage disposal
△ ramassage m des ordures ménagères
○ rimozione f delle immondizie, destinazione f ultima delle immondizie

432 Müllbestandteile m pl **verwertbarer Art, Altstoffe** m pl
□ scrap
△ vieux déchets m pl, éléments m pl valorisables des ordures
○ componenti m pl dei rifiuti ricuperabili

Mülldeponie → *Müllkippe*

Mülldeponie, geordnete → *Deponie, geordnete*

Müllentsorgung → *Müllbeseitigung*

Müllerkoppe → *Groppe*

433 Müllfahrer m, **Müllwerker** m
□ garbage collector
△ boueur m, éboueur m, boueux m
○ spazzaturaio m

434 Müllkasten m, **Hausstandgefäß** n, **Mülltonne** f
□ refuse container, garbage container, dustbin, domestic dustbin, trash-can (am)
△ poubelle f
○ pattumiera f

435 Müllkippe f, **Müllabladeplatz** m, **Mülldeponie** f, **Stapelplatz** (für Müll)
□ dumping place, dumping ground, dump, dumping area, spoil area, waste area, tip, refuse disposal site, repository landfill, sanitary landfill
△ dépôt m d'ordures, décharge f
○ mondezzaio m, discarica f d'immondizie

436 Müllkompostierung f
□ refuse composting
△ compostage m des immondices
○ compostaggio m delle immondizie, compostaggio m dei rifiuti solidi urbani

437 Müllpresse f
□ garbage press
△ presse f à ordures, presse f à déchets
○ pressa f per rifiuti

438 Müllsack m
□ garbage bag
△ sac m à ordures
○ sacco m per immondizie

439 Müllsickerwasser n
□ refuse dump seepage
△ eau f d'infiltration de décharge d'ordures
○ acqua f di drenaggio di mondizzaio

Mülltonne → *Müllkasten*

Mülltransport → *Müllabfuhr*

440 Müllverbrennung f
□ refuse incineration
△ incinération f des ordures ménagères
○ incenerazione f delle immondizie

441 Müllverbrennungsanlage f, **Abfallverbrennungsanlage** f
□ refuse incinerator plant, garbage incinerator plant
△ installation f d'incinération d'ordures
○ impianto m di incenerimento delle immondizie

442 Müllverdichtung f
□ refuse compacting
△ compactage m des immondices
○ compattamento m delle immondizie, compattamento m dei rifiuti solidi urbani

443 Müllversenkung f **ins Meer**
□ refuse dumping at sea
△ déversement m d'ordures en mer, rejet m d'ordures en mer
○ scarico m di rifiuti in mare

444 Müllwagen m, **Müllabfuhrfahrzeug** n
□ refuse truck, garbage truck
△ tombereau m d'enlèvement des ordures ménagères
○ carro m per trasporto dell'immondizia

Müllwerker → *Müllfahrer*

445 Müllwolf m, **Abfallzerkleinerer** m, **Küchenabfallzerkleinerer** m, **Küchenmüllzerkleinerer** m, **Küchenwolf** m, **Müllzerkleinerer** m
□ garbage grinder, refuse grinder, sink grinder, waste grinder
△ dilacérateur m, broyeur m d'ordures ménagères, comminuteur m
○ laceratore m delle immondizie

Müllzerkleinerer → *Müllwolf*

münden → *sich ergießen*

446 Mündung f, **Ausmündung** f
□ mouth, estuary
△ embouchure f
○ sbocco m, bocca f, foce f

Mündung, Fluß~ → *Flußmündung*

Mündungsbauwerk → *Auslaufbauwerk*

447 **Mündungsgebiet** *n*
□ estuary
△ estuaire *m*
○ estuario *m*

448 **Mündungsgewässer** *n*
□ estuarine water[s] [*pl*], esturial waters *pl*
△ eaux *f pl* des estuaires
○ acque *f pl* estuariali

Mündungsstrecke eines Flusses → *Flußmündung*

449 **Münzwäschereiabwässer** *n pl*
□ laundromat wastes *pl*, coin operated laundromat wastes *pl*
△ eaux *f pl* résiduaires de machines à laver automatiques [à pièce de monnaie]
○ effluenti *m pl* di macchine lavatrici [a gettone]

Muffe → *Rohrmuffe*

450 **Muffe** *f* **für Bleidichtung**
□ bell and spigot joint run with lead, socket for lead joint
△ joint *m* à emboîtement au plomb
○ bicchiere *m* per giunzione a piombo

Muffe, Gewinde~ → *Schraubmuffe*

451 **Muffe** *f*, **gußeiserne**
□ cast iron socket
△ emboîtement *m* en fonte, manchon *m* de raccord en fonte
○ manicotto *m* in ghisa, bicchiere *m* in ghisa

452 **Muffe** *f*, **kugelförmige**
□ spherical socket
△ emboîtement *m* sphérique
○ bicchiere *m* globulare

Muffe, Kuppel~ → *Kuppelmuffe*

Muffe, kurze, Überschieb~ → *Überschiebmuffe, kurze*

453 **Muffe** *f* **mit rechteckigem Grund**
□ square socket
△ emboîtement *m* à fond carré
○ incastro *m* a fondo quadrato

454 **Muffe** *f* **mit rundem Grund**
□ round socket
△ emboîtement *m* à doucine
○ incastro *m* a gola

Muffe mit Stutzen, Überschieb~ → *Überschiebmuffe mit Stutzen*

455 **Muffe** *f*, **verstärkte**
□ reinforced socket
△ emboîtement *m* renforcé
○ bicchiere *m* rinforzato

456 **Muffelofen** *m*
□ muffle furnace
△ four *m* à moufle
○ forno *m* a muffola

457 **Muffenbogen** *m*, **K-Stück** *n*, **Muffenkrümmer** *m*
□ socket and spigot bend, K-piece, bell and spigot bend
△ coude *m* à emboîtement et cordon
○ curva *f* a bicchiere

458 **Muffendruckrohr** *n*
□ delivery socket pipe
△ tuyau *m* à emboîtement pour une conduite forcée
○ tubo *m* a bicchiere per una condotta forzata

459 **Muffendruckrohr** *n*, **gußeisernes**
□ cast iron delivery pipe with socket, cast iron pressure socket pipe, cast iron pressure pipe with socket
△ tuyau *m* en fonte à emboîtement pour une conduite forcée
○ tubo *m* a bicchiere in ghisa per condotte di pressione

460 **Muffenende** *n*
□ socket end, female end
△ bout *m* femelle
○ estremità *f* a bicchiere

461 **Muffenfußkrümmer** *m*, **MQN-Stück** *n*
□ bell and spigot duckfoot bend
△ coude *f* à patin emboîtement et cordon
○ curva *f* a bicchiere con sostegno

462 **Muffengrund** *m*
□ bottom of the socket, hub of the bell, inside base of the bell
△ fond *m* de l'emboîtement
○ fondo *m* del bicchiere

463 **Muffenhülsrohr** *n*
□ bell protecting tube
△ allonge *f* à emboîtement
○ tubo *m* di protezione a bicchiere

464 **Muffenkitt** *m*
□ cement for sockets
△ mastic *m* d'emboîtements
○ mastice *m* per manicotti

Muffenkrümmer → *Muffenbogen*

465 **Muffenkrümmer 90°** *m*, **MQ-Stück** *n*
□ socket and spigot 90° bend
△ coude *m* au 1/4 à emboîtement et cordon, coude *m* au 1/4 à emboîtement et bout uni
○ curva *f* a bicchiere a 90°, curva *f* a bicchiere 1/4 di cerchio

466 **Muffenkugel-T-Stück** *n*, **MT-Kug-Stück** *n*
□ ball tee all bell
△ boule *m* de distribution à trois emboîtements
○ giunto *m* a croce a corpo sferico con tre bicchieri

467 **Muffenkugelkreuzstück** *n*, **MTT-Kug-Stück** *n*
□ ball cross all bell
△ boule *f* de distribution à quatre emboîtements
○ giunto *m* a te a corpo sferico con quattro bicchieri

468 **Muffenloch** n
- □ niche
- △ niche f
- ○ nicchia f

469 **Muffenring** m
- □ socket hoop, socket ring
- △ frette f d'emboîtement
- ○ anello m del bicchieri

470 **Muffenrohr** n
- □ socket pipe, socketted pipe, bell pipe
- △ tuyau m à emboîtement
- ○ tubo m a bicchiere

471 **Muffenrohr** n **mit glattem Ende**
- □ bell [or socket, or hub] and plain end pipe
- △ tuyau m à emboîtement et bout uni
- ○ tubo m con bicchiere a terminali lisci

Muffenrohr, Schraub~ → Schraubmuffenrohr

Muffenrohr, Stahl~ → Stahlmuffenrohr

472 **Muffenschieber** m
- □ socket sluice valve
- △ robinet-vanne m à emboîtement
- ○ saracinesca f a bicchiere

473 **Muffenschulter** f
- □ shoulder of the bell
- △ épaulement m de l'emboîtement
- ○ spalla f del bicchiere

Muffenstück, Flansch~ → Flanschmuffenstück

474 **Muffenstück** n **mit Flanschstutzen, A-Stück** n
- □ bell and spigot tee with flanged branch
- △ té m à emboîtement et cordon avec tubulure à bride
- ○ pezzo m a T a bicchiere con diramazione a flangia

475 **Muffenstück** n **mit Muffenabzweig, C-Stück** n, **Winkel** m
- □ 45° angle branch, Y-branch with two bells and spigot
- △ té m à emboîtement et cordon à tubulure oblique à emboîtement
- ○ diramazione f obliqua, pezzo m a T a bicchiere con diramazione obliqua

476 **Muffenstück** m **mit Muffenstutzen, B-Stück** n
- □ bell and spigot tee with bell branch
- △ té m à emboîtement et cordon avec tubulure à emboîtement
- ○ pezzo m a T a bicchiere con diramazione a bicchiere

477 **Muffenstück** n **mit zwei Flanschstutzen, AA-Stück** n
- □ bell and spigot cross with two flanged branches
- △ croix f à emboîtement et cordon à deux tubulures à bride
- ○ croce f a bicchiere con due diramazioni a flangia

478 **Muffenstück** n **mit zwei Muffenstutzen, BB-Stück** n
- □ bell and spigot cross with two bell branches
- △ croix f à emboîtement et cordon à deux tubulures à emboîtement
- ○ pezzo m a T a bicchiere con due diramazioni a bicchiere

479 **Muffentrichterstück** n
- □ bell and bell mouth
- △ pièce f à emboîtement et pavillon
- ○ scampanatura f a bicchiere

480 **Muffenübergangsstück** n, **R-Stück** n (*Muffe am kleinen Ende*)
- □ socket and spigot taper, bell and spigot reducer
- △ cône m à emboîtement, tuyau m conique à emboîtement, cône m à emboîtement et cordon
- ○ pezzo m di riduzione a bicchiere

481 **Muffenübergangsstück** n, **exzentrisch, RE-Stück** n
- □ bell and spigot eccentric reducer
- △ cône m excentré à emboîtement et cordon
- ○ pezzo m di riduzione a bicchiere eccentrico

482 **Muffenverbindung** f
- □ hub and spigot joint, spigot and socket joint, bell and spigot joint, spigot and faucet joint, sleeve joint, bell joint
- △ joint m à emboîtement, joint m à manchon, assemblage m à manchon
- ○ giunzione f a bicchiere, giunto m a bicchiere

Muffenverbindung, Gelenk~ → Gelenkmuffenverbindung

Muffenverbindung, Langschraub~ → Langschraubmuffenverbindung

Muffenvergußmasse → Vergußmasse für Dichtungen

483 **Muffenweite** f
- □ inside diameter of socket
- △ diamètre m intérieur de l'emboîtement
- ○ diametro m del bicchiere

484 **Muffenwulst** m
- □ reinforcement of the socket, enlargement of the socket
- △ renflement m de l'emboîtement
- ○ rinforzo m del bicchiere

485 **muffig**
- □ mouldy
- △ moisi
- ○ ammuffito

Mulde → Bodensenke

486 **Mulde** f (*geol.*)
- □ syncline
- △ synclinal m
- ○ sinclinale f

487 **Mulde Wassergenossenschaft** f
- ☐ Mulde River Association
- △ Association f des eaux de la rivière Mulde
- ○ Associazione f delle acque del fiume Mulde

488 **Muldenkipper** m
- ☐ dump truck
- △ benne f basculante
- ○ vagoncino m ribaltabile a conca, carro m ribaltabile

489 **Muldental** n
- ☐ synclinal valley
- △ vallée f synclinale
- ○ valle f sinclinale

490 **Mundstück** n
- ☐ mouthpiece, ajutage, adjutage
- △ ajutage m, embouchure f
- ○ imboccatura f, bocchetta f, bocchino m

Mure → Murgang

491 **Murgang** m, **Mure** f, **Schlammflut** f, **Schlammlawine** f, **Schlammstrom** m
- ☐ rockstream, mudspate, mud avalanche, mudrock flow, mudflow
- △ coulée f de boue, coulée f boueuse, avalanche f de boue
- ○ frana f di disgregazione

492 **Muschel** f
- ☐ mussel, shell, clam
- △ coquillage m, mollusque m
- ○ conchiglia f, nicchio m

493 **Muschelbank** f
- ☐ mussel bed
- △ banc m de falun
- ○ banco m di conchiglie

494 **Muschelgift** n
- ☐ mytilotoxin
- △ mytilotoxine f
- ○ mitilotossina f

495 **Muschelkalk** m
- ☐ muschelkalk, shell lime, shelly limestone
- △ calcaire m coquillier, muschelkalk m
- ○ calce f conchiliacea, calcare m fossilifero

496 **Muschelkultur** f
- ☐ shellfish breeding
- △ conchyliculture f, élevage m de coquillages
- ○ molluschicoltura f

Musterflut → Entwurfshochwasser

497 **mutagen**
- ☐ mutagenous
- △ mutagène
- ○ mutageno, mutagenico

498 **Mutagenesis** f
- ☐ mutagenesis
- △ mutagénèse f
- ○ mutagenesi f

499 **Mutation** f
- ☐ mutation
- △ mutation f
- ○ mutazione f

Mutter → Schraubenmutter

500 **Mutterboden** m, **Ackerkrume** f, **Bodenkrume** f, **Gartenerde** f
- ☐ surface soil, top soil, arable soil, solum, native soil, garden mould
- △ terre f arable, sol m superficiel, terre f végétale, terreau m, couche f superficielle, sol m arable, couverture f de sol, couche f arable, terre f franche
- ○ strato m superficiale, terra f vegetale, terriccio m

Mutterbodenabhub → Mutterbodenabtrag

501 **Mutterbodenabtrag** m, **Mutterbodenabhub** m
- ☐ surface excavation, top soil stripping
- △ extraction f de la terre végétale, extraction f du terreau
- ○ asportazione f del terreno vegetale

502 **Mutterbodenauftrag** m
- ☐ top soiling
- △ apport m de terre végétale, apport m de terre arable
- ○ apporto m di strato attivo, apporto m della terra vegetale

503 **Muttergestein** n
- ☐ parent rock
- △ roche-mère f
- ○ roccia f madre

504 **Mutterlauge** f
- ☐ mother lye, mother liquor
- △ eau f mère
- ○ liquido m madre, acqua f madre, acque f pl madri

MW → Mittelwasserstand

Mykorhiza → Mykorrhiza

505 **Mykorrhiza** f, **Mykorhiza** f
- ☐ mycorrhiza
- △ mycorrhise f
- ○ micorizza f

Mykose → Pilzbefall

506 **Myzel** n
- ☐ mycelium
- △ mycélium m
- ○ micelio m

N-Stück → *Fußkrümmer*

nach oben → *aufwärts*

nach unten → *abwärts*

Nachbecken → *Nachklärbecken*

1 Nachbecken *n* **eines Tropfkörpers**
- □ humus tank
- △ fosse *f* à humus
- ○ fossa *f* a humus

2 Nachbehandlung *f*
- □ final treatment, secondary treatment, subsequent treatment
- △ traitement *m* secondaire, traitement *m* final
- ○ trattamento *m* finale, trattamento *m* secondario

Nachbehandlungsteich → *Oxidationsteich*

3 Nachbelüftung *f*
- □ post-aeration
- △ post-aération *f*, aération *f* complémentaire
- ○ post-aerazione *f*, aerazione *f* finale

4 Nachchlorung *f*, **Reinwasserchlorung** *f*
- □ post-chlorination
- △ post-chloration *f*, postchloration *f*
- ○ clorazione *f* finale, post-clorazione *f*

5 Nachentkeimung *f*
- □ post-sterilization, final sterilization
- △ stérilisation *f* finale
- ○ sterilizzazione *f* finale

Nachfällung → *Fällung, nachträgliche*

6 Nachfaulbecken *n*, **Nachfaulbehälter** *m*, **Nachfaulraum** *m*
- □ secondary digestion tank
- △ digesteur *m* final, digesteur *m* secondaire
- ○ vasca *f* di digestione finale, camera *f* di digestione finale

Nachfaulbehälter → *Nachfaulbecken*

Nachfaulraum → *Nachfaulbecken*

7 Nachfilter *n*
- □ subsequent filter, final filter
- △ filtre *m* finisseur
- ○ post-filtro *m*, filtro *m* finale

8 Nachfiltern *n*, **Nachfilterung** *f*
- □ final filtration, subsequent filtration
- △ filtration *f* terminale
- ○ post-filtrazione *f*, filtrazione *f* finale

Nachfilterung → *Nachfiltern*

9 Nachgeschmack *m*
- □ after-taste
- △ arrière-goût *m*
- ○ sapore *m* che rimane in bocca

10 Nachklärbecken *n*, **Nachbecken** *n*
- □ secondary sedimentation basin [*or* tank], final settling tank, secondary settling basin [*or* tank], final clarification tank, secondary clarifier
- △ bassin *m* de décantation finale, bassin *m* de clarification finale, décanteur *m* secondaire
- ○ vasca *f* di sedimentazione secondaria, vasca *f* di sedimentazione finale

11 Nachklärschlamm *m*
- □ secondary-stage sludge, (Tropfk.:) humus/ (Bel. Schl.:) waste sludge
- △ boues *f pl* secondaires, boues *f pl* finales
- ○ fanghi *m pl* secondari, derivanti *m pl* da un secondo stadio

12 Nachklärung *f*
- □ final clarification, final sedimentation, secondary clarification
- △ décantation *f* secondaire
- ○ chiarificazione *f* finale, sedimentazione *f* finale

13 Nachlaßschraube *f*, **Nachlaßspindel** *f*
- □ temper screw
- △ vis *f* de rallonge
- ○ vite *f* di prolungamento

Nachlaßspindel → *Nachlaßschraube*

14 Nachreinigung *f*
- □ final purification
- △ épuration *f* secondaire
- ○ epurazione *f* finale

15 Nachschneider *m*, **Räumer** *m*
- □ reamer
- △ outil *m* aléseur, alésoir *m*
- ○ trapano *m* alesatore

16 Nachtabfluß *m*, **minimaler**, **Nachtminimum** *n*
- □ night-flow minimum
- △ débit *m* minimum nocturne
- ○ portata *f* minima notturna

17 Nachtabfluß *m*, **mittlerer**, **Nachtmittel** *n*
- □ average night flow
- △ débit *m* moyen nocturne
- ○ portata *f* media notturna

Nachtminimum → *Nachtabfluß, minimaler*

Nachtmittel → *Nachtabfluß, mittlerer*

18 Nachtrocknung *f*
- □ final drying
- △ séchage *m* final
- ○ essiccamento *m* finale

19 Nachtspeicher *m*
- □ overnight reservoir
- △ réservoir *m* de stockage de nuit
- ○ serbatoio *m* d'immagazzinamento notturno

20 Nachtstuhl *m*
- □ wheelchair lavatory
- △ chaise *f* percée
- ○ seggetta *f*

21 **Nachtzufluß** m
□ night flow
△ débit m de nuit
○ portata f notturna

22 **Nachverbrennungskammer** f
□ secondary combustion chamber
△ chambre f de post-combustion, chambre f de combustion postérieure
○ camera f della postcombustione

Nachverkeimung → *Aufkeimung*

23 **Nachweis** m *(chem.)*
□ detection
△ indication f, détection f
○ prova f per rivelare una sostanza

24 **Nachweis** m, **mutmaßlicher** *(bact.)*
□ presumptive test
△ preuve f présumable, essai m de présomption, essai m présomptif, EP m
○ prova f presuntiva

25 **Nachweisbarkeit** f
□ detectability
△ possibilité f de détection, aptitude f à être décelé
○ provabilità f, dimostrabilità f

26 **Nachweisbarkeitsgrenze** f
□ detection limit
△ limite f de détection, limite f de sensibilité
○ limite f della provabilità

27 **Nachwirkung** f
□ secondary effect, after-effect
△ effet m ultérieur
○ effetto m ulteriore

28 **Nadel** f
□ needle
△ aiguille f
○ ago m, spilla f, spillo m

Nadel, Impf~ → *Impfnadel*

29 **Nadelbaum** m
□ coniferous tree
△ conifère m
○ albero m a foglie perenni, conifero m

30 **Nadelventil** n
□ needle valve
△ pointeau m obturateur, robinet m à pointeau, robinet m à aiguille
○ valvola f ad ago

31 **Nadelwald** m
□ coniferous wood [or forest]
△ forêt f de conifères
○ selva f conifera, bosco m d'alberi a foglie perenni

32 **Nadelwehr** n, **Stabwehr** n
□ pin weir, needle weir
△ barrage m à aiguilles
○ traversa f a panconcelli

33 **Näherungsmessung** f
□ approximative measurement
△ mesure f approchée, mesure f approximative
○ misura f approssimata

34 **Nähragar** m
□ nutrient agar
△ agar m nutritif, gélose f nutritive
○ agar f nutritiva

35 **Nährboden** m *(bact.)*
□ culture medium, matrix, growth medium
△ terrain m nutritif, milieu m nutritif
○ terreno m di cultura, terreno m nutritivo

Nährböden, Impfung der ~ → *Impfung der Nährböden*

Nährbouillon → *Nährlösung*

36 **Nährgelatine** f
□ culture gelatine
△ gélatine f nutritive
○ gelatina f nutritiva

37 **Nährhumus** m
□ unstable humus
△ humus m nutritif
○ umus m nutritivo

38 **Nährlösung** f, **Nährbouillon** f *(bact.)*, **Substrat** n *(bact.)*
□ broth, substrate, nutrient solution, nutrient broth
△ bouillon m de culture, bouillon m nutritif
○ brodo m nutritivo, soluzione f nutritiva

Nährlösung, Milchzucker~ → *Milchzuckernährlösung*

39 **Nährmediumabfall** m **der Antibiotika-Herstellung**
□ antibiotic broth waste
△ bouillons m pl résiduaires de la fabrication d'antibiotiques
○ brodo m di coltura residuo dalla fabbricazione di antibiotici

40 **Nährsalz** n
□ nutrient salt
△ sel m nutritif
○ sale m nutritivo

41 **Nährschicht** f
□ nutrient layer
△ couche f nutritive
○ strato m nutritivo

42 **Nährstoff** m, **Ernährungssubstanz** f
□ nutrient material, nutritive substance, nutritious substance, nutrient
△ matière f nutritive, agent m nutritif, nutriment m
○ materia f nutritiva, sostanza f alimentare, sostanza f nutritiva

43 **Nährstoff** m, **essentieller**
□ essential metabolite
△ métabolite m de base
○ metaboliti m pl essenziali

44 **nährstoffarm, oligotroph**
□ oligotrophic
△ oligotrophe
○ oligotrofico

45 **Nährstoffauswaschung** f
□ leaching of nutrients
△ lessivage m des matières nutritives
○ lisciviazione f delle materie nutritive

46 **Nährstoffbedarf** m
□ nutritional requirements pl
△ besoin m en substances nutritives, besoin m en nutriments
○ fabbisogno m di sostanze nutritive

Nährstoffe, Kern~ → *Kernnährstoffe*

Nährstoffe, Pflanzen~ → *Pflanzennährstoffe*

Nährstoffelemente → *Kernnährstoffe*

47 **Nährstoffgehalt** m
□ nutrient content
△ teneur f en éléments nutritifs, teneur f en nutrients
○ contenuto m di elementi nutritivi, contenuto m in nutrienti

48 **Nährstoffhaushalt** m
□ nutrient budget
△ bilan m nutritif, bilan m nutritionnel
○ bilancio m nutritivo

49 **Nährstoffkreislauf** m
□ nutritive cycle
△ cycle m nutritionnel
○ ciclo m nutritivo

50 **nährstoffreich, eutroph**
□ eutrophic
△ eutrophe, eutrophique
○ eutrofico

51 **Nährstoffzugabe** f, **Nährstoffzusatz** m
□ nutrient addition
△ apport m d'éléments nutritifs, adjonction f d'éléments nutritifs
○ apporto m delle sostanze nutritive

Nährstoffzusatz → *Nährstoffzugabe*

Nährtiere, Fisch~ → *Fischnährtiere*

52 **Nährwert** m
□ nutritive value
△ valeur f nutritive
○ valore m nutritivo

53 **Nagetier** n
□ rodent
△ rongeur m
○ rosicante m

Nahrung, Fisch~ → *Fischnahrung*

Nahrung, Pflanzen~ → *Pflanzennahrung*

54 **Nahrungskette** f, **Freßkette** f
□ food chain
△ chaîne f alimentaire, chaîne f nutritionnelle
○ catena f alimentare

55 **Nahrungskette** f, **marine**
□ marine food chain
△ chaîne f alimentaire marine
○ catena f alimentare marina

56 **Nahrungsmittel** n
□ food
△ vivres m pl
○ viveri m pl

57 **Nahrungsmittelindustrie** f
□ food industry
△ industrie f alimentaire
○ industria f alimentare, industria f per generi alimentari

Nahrungsumsatz → *Stoffumsatz*

den Nahrungsumsatz betreffend → *den Stoffwechsel betreffend*

58 **Naht** f
□ joint, seam
△ bordure f
○ saldatura f, giuntura f

59 **Nanoplankton** n *(biol.)*
□ nanoplankton
△ nanoplancton m
○ nannoplancton m

60 **Naphthalin** n
□ naphthalene
△ naphtaline f, naphtalène m
○ naftalina f

61 **naß**
□ wet, humid
△ humide
○ umido, bagnato, innaffiato

Naßaufbereitung
→ *Schwimmaufbereitung*

62 **Naßbagger** m, **Schwimmbagger** m, **Unterwasserbagger** m
□ dredge
△ drague f flottante, bateau m dragueur
○ draga f galleggiante, cavafango m

63 **Naßbaggerei** f, **Baggern** n, **Baggerung** f, **Naßbaggern** n
□ dredging
△ dragage m
○ dragaggio m, escavazione f subacquea

Naßbaggern → *Naßbaggerei*

64 **Naßbohrung** f, **Bohrung** f, **hydraulische**
□ wet drill, hydraulic drill
△ perçage m avec arrosage, perforatrice f à injection d'eau
○ trivellazione f a circolazione d'acqua

65 **Naßdosierer** m
□ solution feeder
△ appareil m doseur pour solutions
○ dosatore m per soluzioni

66 **Naßdosierung** f, **Lösungsdosierung** f
□ solution-feed dosage, wet proportioning [device]
△ dosage m par solution, alimentation f par solution
○ dosaggio m per soluzione

67 **Naßentstauber** m
□ wet process dust remover, wet process dust separator
△ dépoussiéreur m humide, séparateur m humide
○ depolveratore m umido

68 **Naßentstaubung** f
☐ wet dust removal, hydraulic dust removal, dust scrubbing
△ dépoussiérage m par voie humide, dépoussiérage m humide
○ depolverazione f per via umida

69 **Naßläufer** m
☐ submerged [water] meter
△ compteur m noyé, compteur m d'eau à cadran noyé
○ misuratore m a quadrante immerso, contatore m a quadrante bagnato

70 **Naßreinigung** f
☐ wet scrubbing [system]
△ épuration f par voie humide
○ depurazione f per via umida

71 **Naßschlamm** m, **Flüssigschlamm** m
☐ wet sludge, liquid sludge
△ boue[s] f [pl] humide[s], boues f pl fluides
○ fango m umido

72 **Naßschlammabgabe** f
☐ delivery of wet sludge
△ cession f des boues humides
○ cessione f di fanghi umidi

Naßschlammverwertung
→ Flüssigschlammverwertung

73 **Naßsiebung** f
☐ wet screening
△ tamisage m par voie humide
○ vagliatura f per via umida

74 **Naßsortierer** m
☐ wet classifier
△ hydro-classeur m
○ classificatore m ad umido

75 **Naßverbrennung** f
☐ wet combustion
△ combustion f par voie humide
○ combustione f ad umido

Naßverbrennung → Verbrennung, nasse

76 **Natrium** n
☐ sodium
△ sodium m
○ sodio m

Natrium, schwefelsaures → Natriumsulfat

77 **Natriumaluminat** n
☐ sodium aluminate
△ aluminate m de sodium
○ alluminato m di sodio

78 **Natriumbicarbonat** n, **Natron** n, **doppelkohlensaures**
☐ sodium bicarbonate, bicarbonate of soda, acid sodium carbonate, baking soda
△ carbonate m acide de sodium, bicarbonate m de sodium
○ bicarbonato m di sodio

79 **Natriumbisulfit** n, **Natriumhydrogensulfit** n
☐ sodium bisulphite
△ bisulfite m de sodium
○ bisolfito m di sodio, bisolfito m sodico

Natriumcarbonat → Soda

Natriumchlorid → Kochsalz

80 **Natriumfluorid** n, **Fluornatrium** n
☐ sodium fluoride
△ fluorure m de sodium
○ fluoruro m di sodio

Natriumfluorid → Fluornatrium

81 **Natriumhexametaphosphat** n
☐ glassy phosphate
△ hexamétaphosphate m de sodium
○ sodio m esametafosfato

Natriumhydrogensulfit → Natriumbisulfit

Natriumhydroxid → Ätznatron

82 **Natriumhypochlorit** n
☐ sodium hypochlorite
△ hypochlorite m de sodium
○ ipoclorito m di sodio

83 **Natriumoxid** n
☐ sodium monoxide
△ oxyde m de sodium
○ ossido m di sodio

84 **Natriumphosphat** n
☐ sodium phosphate
△ phosphate m de sodium
○ fosfato m di sodio

Natriumphosphat, sekundäres
→ Dinatriumphosphat

Natriumphosphat, tertiäres
→ Trinatriumphosphat

85 **Natriumsilikat** n
☐ sodium silicate
△ silicate m de sodium
○ silicato m di sodio

86 **Natriumsilikat** n, **säureaktiviertes**
☐ acid-treated sodium silicate
△ silicate m de sodium activé par un acide
○ silicato m di sodio attivato con trattamento acido

87 **Natriumsulfat** n, **Natrium** n, **schwefelsaures**, **Natron** n, **schwefelsaures**
☐ sodium sulphate
△ sulfate m de sodium
○ solfato m di sodio

88 **Natriumsulfit** n
☐ sodium sulphite
△ sulfite m de sodium
○ solfito m di sodio

89 **Natriumthiosulfat** n
☐ sodium thiosulphate
△ thiosulfate m de sodium
○ tiosolfato m di sodio

90 **Natriumtripolyphosphat** n
☐ sodium tripolyphosphate
△ tripolyphosphate m de sodium
○ tripolifosfato m di sodio

Natron, doppelkohlensaures
→ Natriumbicarbonat

Natron, kohlensaures → Soda

Natron, schwefelsaures → Natriumsulfat

91 **Natronlauge** f
- □ caustic soda lye, caustic soda solution
- △ solution f de soude caustique, lessive f de soude caustique
- ○ soluzione f di soda caustica

92 **Natronzellstoff** m, **Sulfatzellstoff** m
- □ soda pulp, sulphate pulp, Kraft pulp
- △ pâte f à la soude, pâte f au sulfate
- ○ pasta f sodica, pasta f al solfato

93 **Natronzellstofffabrik** f, **Sulfatzellstofffabrik** f
- □ soda pulp works pl, sulphate pulp factory, kraft mill
- △ fabrique f de pâte à la soude, fabrique f de pâte au sulfate
- ○ fabbrica f di pasta sodica, fabbrica f di pasta al solfato

94 **natürlich**
- □ natural
- △ naturel
- ○ naturale

95 **Naturpark** m
- □ natural park
- △ parc m naturel
- ○ parco m naturale

96 **Naturschönheit** f
- □ beauty spot
- △ site m pittoresque
- ○ zona f paesistica

97 **Naturschutz** m
- □ protection of nature, nature preservation
- △ protection f de la nature
- ○ protezione f della natura

98 **Naturschutzgebiet** n
- □ nature reserve
- △ réserve f naturelle
- ○ parco m nazionale

NE-Metall → *Nichteisenmetall*

99 **Nebel** m
- □ mist, fog
- △ brouillard m, brume f
- ○ nebbia f, nebbione m

100 **Nebel** m, **dichter**
- □ dense fog
- △ brouillard m épais, brouillard m dense
- ○ nebbia f densa

101 **Nebelbildung** f
- □ fog formation
- △ formation f de brouillard
- ○ formazione f di nebbia

102 **Nebelschwaden** m
- □ damp fog, veil of fog
- △ brouillard m flottant, traînées f pl de brouillard
- ○ vapore m di nebbia

103 **Nebenabsicht** f, **Nebenziel** n
- □ secondary objective
- △ objet m secondaire
- ○ obbiettivo m secondario

104 **Nebenanlagen** f pl
- □ ancillary works
- △ installations f pl auxiliaires
- ○ installazioni f pl ausiliarie

105 **Nebenarm** m, **Nebenlauf** m
- □ lateral branch, distributary
- △ bras m latéral
- ○ ramo m laterale

106 **nebeneinander betreiben**
- □ use in parallel, operate in parallel
- △ opérer en parallèle
- ○ operare in parallelo

107 **nebeneinandergeschaltet, parallelgeschaltet**
- □ connected in parallel
- △ connecté en parallèle
- ○ disposto in parallelo

Nebeneinanderschaltung → *Parallelschaltung*

108 **Nebenerzeugnis** n, **Nebenprodukt** n
- □ by-product, secondary product
- △ sous-produit m
- ○ sottoprodotto m

109 **Nebenfluß** m
- □ tributary, affluent, feeder, tributary river
- △ affluent m
- ○ affluente m, tributario m

110 **Nebenfluß** m, **linksseitiger**
- □ left bank tributary
- △ affluent m de gauche
- ○ affluente m di sinistra

111 **Nebenfluß** m, **rechtsseitiger**
- □ right bank tributary
- △ affluent m de droite
- ○ affluente m di destra

112 **Nebenkanal** m
- □ tributary channel, subsidiary canal
- △ canal m secondaire
- ○ canale m secondario

113 **Nebenkosten** pl
- □ secondary costs pl, associated costs pl
- △ frais m pl accessoires, faux-frais m pl
- ○ spese f pl accessorie

Nebenlauf → *Nebenarm*

114 **Nebenleitung** f
- □ subsidiary main, branch line
- △ conduite f secondaire
- ○ condotta f secondaria

Nebenprodukt → *Nebenerzeugnis*

115 **Nebensammler** m
- □ subsidiary sewer, branch sewer, lateral sewer
- △ collecteur m secondaire
- ○ collettore m secondario

116 **Nebenstraße** f
- □ side street, minor street
- △ rue f secondaire
- ○ strada f secondaria

Nebental → *Seitental*

117 **Nebenverteilungsrinne** *f*
- lateral distributor
- △ distributeur *m* latéral
- ○ distributore *m* laterale

118 **Nebenwirkung** *f*
- side-effect
- △ effet *m* accessoire
- ○ effetto *m* secondario

119 **Nebenzähler** *m*
- parallel meter
- △ compteur *m* bypass
- ○ contatore *m* secondario

Nebenziel → *Nebenabsicht*

120 **neblig**
- misty, foggy
- △ brumeux, chargé de brouillards
- ○ nebbioso, nebuloso

121 **Nehrung** *f*
- beach ridge, narrow tongue of land
- △ cordon *m* littoral
- ○ cordone *m* litoraneo

Neigung → *Gefälle*

Neigung, Mindest~ → *Mindestgefälle*

122 **Neigung** *f* 1:3, **Gefälle** *m* 1:3
- slope of one vertically to three horizontally, incline of one vertically to three horizontally
- △ pente *f* de 1/3
- ○ pendenza *f* di 1:3

123 **Neigungsmesser** *m*
- incline meter
- △ inclinomètre *m*
- ○ clinometro *m*

124 **Neigungswinkel** *m*
- angle of inclination
- △ angle *m* d'inclinaison
- ○ angolo *m* d'inclinazione

125 **nektobenthisch** *(zeitweise schwimmend)*
- nektobenthic
- △ nectobenthique
- ○ nectobentico

126 **Nekton** *n*
- nekton
- △ necton *m*
- ○ necton *m*

Nematoden → *Fadenwürmer*

127 **Nenndruck** *m*
- nominal pressure
- △ pression *f* nominale
- ○ pressione *f* nominale

128 **Nenndruckstufe** *f*
- rated working pressure
- △ pression *f* de service nominale
- ○ pressione *f* di esercizio

Nenndurchmesser → *Nennweite*

129 **Nenngröße** *f*
- nominal size
- △ taille *f* nominale
- ○ dimensione *f* nominale

130 **Nennleistung** *f*
- nominal capacity
- △ capacité *f* nominale, débit *m* nominal
- ○ capacità *f* nominale

131 **Nennweite** *f*, **Nenndurchmesser** *m*, **Solldurchmesser** *m*
- nominal diameter, nominal size
- △ diamètre *m* nominal
- ○ diametro *m* nominale

132 **Nennweite** *f*, **lichte** *(von Rohren)*
- nominal internal diameter
- △ diamètre *m* intérieur nominal, calibre *m* nominal
- ○ diametro *m* nominale interno

Nephelometer → *Trübungsmesser*

Nephelometrie → *Trübungsmessung*

133 **Neßler's Reagens** *n*
- reagent of Nessler, Nessler's reagent
- △ réactif *m* de Nessler
- ○ reagente *m* di Nessler

134 **Netz** *n*
- net
- △ réseau *m*
- ○ rete *f*, reticella *f*

Netz, Gewässer~ → *Gewässernetz*

Netz, Leitungs~ → *Leitungsnetz*

135 **Netz** *n*, **vermaschtes**
- meshed net, meshed network
- △ réseau *m* maillé
- ○ rete *f* a maglia

Netz, verzweigtes → *Verästelungs[rohr]netz*

Netz, Wasserleitungs~ → *Leitungsnetz*

136 **Netzflügler** *m* *(Neuroptera)*
- alder fly
- △ névroptére *m*
- ○ neurottero *m*

Netzmittel → *Benetzungsmittel*

137 **Netzplantechnik** *f*
- network technique
- △ calul *m* de réseaux maillés
- ○ calcolo *m* di reti a maglie

138 **Netzspannung** *f*
- line voltage
- △ tension *f* du réseau
- ○ tensione *f* della rete

139 **neu auskleiden**
- reline
- △ revêtir à neuf
- ○ rifare il rivestimento

Neuauskleiden → *Neuauskleidung*

140 **Neuauskleidung** *f*, **Neuauskleiden** *n*
- relining
- △ confection *f* d'un nouveau revêtement, remplacement *m* d'un revêtement
- ○ ripristino *m* del rivestimento, rifacimento *m* del rivestimento

141 **Neufüllung** f **eines Speichers**
□ recharging a storage reservoir
△ recharge f d'un réservoir
○ ravvenamento m di uno serbatoio

142 **Neulandgewinnung** f
□ reclamation of new ground
△ récuperation f de terrains, gain m de terrains
○ ricupero m di terreni degradati

143 **Neunauge** n *(Petromyzon marinus)*, **Lamprete** f, **Meerpricke** f *(Petromyzon marinus)*
□ lamprey
△ lamproie f
○ lampreda f

144 **neutral**
□ neutral
△ neutre
○ neutrale

145 **Neutralaustauscher** m
□ neutral exchanger
△ échangeur m (d'ions) neutre
○ scambiatore m neutro

146 **Neutralisation** f
□ neutralization
△ neutralisation f
○ neutralizzazione f

147 **Neutralisationsmittel** n
□ neutralizing agent
△ neutralisant m, produit m neutralisant, réactif m neutralisant
○ reagente m neutralizzante

148 **neutralisieren**
□ neutralize
△ neutraliser
○ neutralizzare

149 **Neutralisierungs-Osmose-Behandlung** f
□ neutrolosis
△ traitement m par neutralisation et osmose
○ trattamento m per neutralizzazione ed osmosi

150 **Neutralpunkt** m
□ neutrality point
△ point m neutre
○ punto m neutro

151 **neuverlegt**
□ newly laid
△ nouvellement installé, récemment posé
○ recentemente installato

152 **Neuverlegung** f **von Anschlußleitungen**
□ replacement of service laterals
△ remplacement m de conduites de branchement, pose f de nouvelles conduites de branchement
○ sostituzione f di condotte secondarie

nicht abbaubar, biologisch ~
→ *biologisch nicht abbaubar*

153 **nicht absetzbar**
□ non-settleable
△ non décantable
○ non sedimentabile

154 **nicht brennbar**
□ non-combustible, non-inflammable
△ non combustible, ininflammable
○ non combustibile, ininfiammabile

155 **nicht gärfähig, nicht vergärbar**
□ non-fermentable
△ non fermentescible
○ non fermentabile

nicht mischbar → *unvermischbar*

156 **nicht pathogen**
□ non-pathogenic
△ non pathogène
○ non patogeno

157 **nicht sorbierbar**
□ unsorbable
△ non sorbable
○ non sorbibile, non assorbibile

158 **nicht sporenbildend**
□ asporogenic
△ non sporulé
○ non sporigeno

nicht vergärbar → *nicht gärfähig*

159 **nicht wahrnehmbar**
□ indiscernible
△ non discernable, imperceptible
○ impercettibile

Nichtcarbonathärte → *Härte, bleibende*

160 **Nichteisenlegierung** f
□ non-ferrous alloy
△ alliage m non-ferreux
○ lega f non ferrosa

161 **Nichteisenmetall** n, **NE-Metall** n
□ nonferrous metal, non-ferrous metal
△ métal m autre que le fer, métal m non ferreux
○ metallo m non ferroso

nichtentwässert → *nichtkanalisiert*

162 **nichtionisch, nichtionogen**
□ non-ionic
△ non ionique
○ non ionico

nichtionogen → *nichtionisch*

163 **nichtkanalisiert, nichtentwässert**
□ unsewered
△ sans égouts m pl
○ senza fognatura f, non canalizzato

164 **Nickel** n
□ nickel
△ nickel m
○ nichelio m, nickel m

165 **Niederdruck** m
□ low pressure, low head
△ basse pression f
○ bassa pressione f

166 **Niederdruckdampf** m
- low-pressure steam
- vapeur f à basse pression, vapeur f détendue
- vapore m a bassa pressione

Niederdruckgebiet → *Tiefgebiet*

167 **Niederdruckmanometer** n
- low-pressure gauge
- manomètre m à basse pression
- manometro m a bassa pressione

168 **Niederdruckpumpe** f
- low lift [intake] pump
- pompe f à basse pression
- pompa f a bassa pressione

169 **Niederdruckturbine** f
- low-pressure turbine
- turbine f de basses chutes, turbine f à basse pression
- turbina f a bassa pressione

170 **Niederdruckzone** f, **Tiefzone** f
- low pressure district, low pressure zone, low level district, low service district
- aire f de basse pression, zone f de basse pression
- zona f di bassa pressione, zona f a bassa pressione, zona f depressa

171 **Niedermoor** n, **Flachmoor** n, **Grünlandmoor** n, **Niederungsmoor** n
- flat bog, fen, low moor
- tourbière f basse, bas-marais m, tourbière f plate
- torbiera f bassa

172 **Niederschlag** m (chem.)
- precipitate
- précipité m
- precipitato m

173 **Niederschlag** m (meteor.)
- precipitation
- précipitation f
- precipitazione f

174 **Niederschlag** m, **abflußwirksamer**
- discharge-producing rain, run-off-producing rain
- pluie f provoquant un écoulement
- pioggia f provocante un ruscellamento

175 **Niederschlag** m, **effektiver**
- effective precipitation
- précipitation f effective
- precipitazione f effettiva

176 **Niederschlag** m, **örtlicher**, **Regenfall** m, **örtlicher**
- point precipitation
- précipitation f ponctuelle
- precipitazione f puntuale

177 **Niederschlag** m, **orographischer**
- orographic precipitation
- précipitation f de relief
- precipitazione f orografica

178 **Niederschlag** m, **radioaktiver**, **Fall-out** n
- radioactive fall-out, radioactive precipitation
- retombée f radio-active
- ricaduta f radioattiva

Niederschlag, Staub~ → *Staubniederschlag*

niederschlagen → *fällen*

179 **Niederschlagsart** f
- kind of precipitation
- genre m de précipitation
- genere m di precipitazione, tipo m di precipitazione

180 **Niederschlagsbeobachtungsnetz** n, **Regenbeobachtungsnetz** n
- rain gage network
- réseau m pluviométrique
- rete f pluviometrica, rete f d'osservazione di precipitazione

181 **Niederschlagsdauer** f
- duration of precipitation period
- durée f de la précipitation
- durata f della precipitazione

Niederschlagsgebiet → *Einzugsgebiet, oberirdisches*

182 **Niederschlagsgebiet** n, **abflußloses**, **Becken** n, **geschlossenes** (hydrol.)
- closed basin
- bassin m clos
- bacino m chiuso

183 **Niederschlagsgebiet** n, **topographisches**
- topographical catchment area
- bassin m versant topographique
- bacino m imbrifero topografico

Niederschlagshäufigkeit → *Regenhäufigkeit*

184 **Niederschlagshöhe** f
- height of precipitation, depth of rainfall
- hauteur f de précipitation
- altezza f di precipitazione

185 **Niederschlagshöhe** f, **langfristige mittlere**
- long-term average depth of rainfall
- hauteur f moyenne à longue échéance de précipitation
- altezza f media di precipitazione rilevata su tempi lunghi

186 **Niederschlagshöhe** f, **mittlere**
- average [height of] precipitation, mean [height of] precipitation
- hauteur f moyenne de précipitation
- altezza f media di precipitazione

187 **Niederschlagsintensität** f, **Niederschlagsstärke** f
- intensity of precipitation, precipitation rate
- intensité f des précipitations, taux m de précipitation
- intensità f delle precipitazioni

188 Niederschlagskarte f, Isohyätenkarte f, Regenkarte f
- isohyetal map, isohyetal chart, rain chart
- carte f pluviométrique
- carta f delle isoiete

189 Niederschlagsmenge f
- amount of precipitation
- quantité f de précipitation
- quantità f di precipitazione

190 Niederschlagsmenge f, geringste
- minimum precipitation, minimum quantity of precipitation
- précipitation f minimale
- minima quantità di precipitazione

191 Niederschlagsmenge f, größte
- maximum quantity of precipitation
- quantité f maximale de précipitation
- massima quantità f di precipitazione

192 Niederschlagsmenge f, jährliche, Jahresregenmenge f
- annual [quantity of] precipitation, yearly rainfall, annual rainfall
- quantité f annuelle de pluie, hauteur f annuelle des précipitations, précipitation f annuelle
- quantità f annua di precipitazione, quantità f annua di pioggia

193 Niederschlagsmenge f, mittlere
- mean precipitation, mean quantity of precipitation, average precipitation
- moyenne f des précipitations
- quantità f media di precipitazioni

194 Niederschlagsmenge f, monatliche
- monthly quantity of precipitation
- hauteur f mensuelle des précipitations
- quantità f mensile di precipitazioni

195 Niederschlagsmenge f, tägliche
- daily precipitation, quantity of precipitation per day, one-day depth of rainfall
- quantité f journalière de pluie, quantité f de pluie par jour
- altezza f giornaliera di pioggia

196 Niederschlagsmenge f, wirksame
- effective depth of precipitation
- volume m effectif des précipitations
- altezza f effettiva di precipitazione

197 Niederschlagsmengenkurve f
- precipitation mass curve
- courbe f des précipitations cumulées
- curva f delle precipitazioni cumulate

Niederschlagsmesser → Regenmesser

Niederschlagsmesser, Schnee~ → Schneeniederschlagsmesser

Niederschlagsmesser, (Staub)~ → (Staub)Niederschlagsmesser

198 Niederschlagsmessung f
- measurement of precipitation
- mesurement m des précipitations
- misura f delle precipitazioni

Niederschlagsmittel → Fällmittel

199 Niederschlagsradioaktivität f
- radioactivity of precipitation
- radio-activité f de précipitation
- radioattività f di precipitazione

200 Niederschlagssammler m, Totalisator m
- storage gage, rain collector, totalizer
- pluviomètre m totalisateur
- pluviometro m totalizzatore

Niederschlagsschreiber → Regenmesser, selbstschreibender

201 Niederschlagsspende f
- amount of precipitation per unit of surface area and of time
- débit m de précipitation par unité de surface et par unité de temps
- quantità f di pioggia per unità di superficie e di tempo

Niederschlagsstärke → Niederschlagsintensität

202 Niederschlagsverteilung f
- distribution of precipitation
- répartition f de précipitation
- distribuzione f delle precipitazioni

Niederschlagswasser → Regenwasser

203 Niederschraubhahn m
- screw-down cock
- robinet m à vis
- rubinetto m a vite

204 Niederspannung f
- low voltage, low tension
- basse tension f
- bassa tensione f

205 Niederspannungsschaltanlage f
- low voltage switch gear
- tableau m de commandes basse tension
- quadro m di comando di bassa tensione

206 Niederung f
- lowland, bottom land, low ground, flat
- bas-pays m
- bassura f

Niederung, Fluß~ → Flußniederung

Niederungsmoor → Niedermoor

Niederwasser → Niedrigwasser

207 niedrig
- low
- bas
- basso

208 Niedrigwasser n, Niederwasser n
- low water
- étiage m, basses eaux f pl
- magra f, altezza f bassa dell'acqua, acque f pl basse

209 Niedrigwasser n, mittleres
- average low water
- étiage m moyen
- magra f media

210 Niedrigwasser n, niedrigstes
- minimum water
- étiage m minimal
- magra f minima

211 **Niedrigwasserabfluß** m, **Abflußmenge** f **bei Niedrigwasser, NQ**
□ low water flow, low water discharge, low flow
△ débit m d'étiage
○ deflusso m basso, portata f di magra

212 **Niedrigwasserabfluß** m, **mittlerer, Abflußmenge** f **bei mittlerem Niedrigwasser, MNQ**
□ average low water flow
△ moyenne f des débits d'étiage
○ portata f media di magra

213 **Niedrigwasserabfluß** m, **niedrigster, Abflußmenge** f **bei niedrigstem Niedrigwasser, NNQ**
□ minimum water flow, minimum flow
△ débit m minimal
○ portata f minima assoluta, deflusso m minimo, portata f di magra minima

214 **Niedrigwasseraufhöhung** f, **Niedrigwasserverbesserung** f
□ low-flow augmentation, supplementation of low flow
△ amélioration f du débit d'étiage, élévation f du niveau d'étiage
○ innalzamento m del livello di magra

215 **Niedrigwasserbett** n
□ minor bed
△ lit m mineur
○ letto m di magra

216 **Niedrigwasserregelung** f
□ low-water training, training for depth
△ régularisation f du lit mineur, régularisation f en vue de la profondeur
○ regolazione f del letto minore

217 **Niedrigwasserstand** m, **NW**
□ low water level
△ niveau m d'étiage
○ livello m di magra

Niedrigwasserstand, höherer, Tide~
→ *Tideniedrigwasserstand, höherer*

218 **Niedrigwasserstand** m, **mittlerer, MNW**
□ average low water level, mean low water level
△ niveau m moyen d'étiage
○ livello m medio della magra, livello m medio delle acque basse

Niedrigwasserstand, niedrigerer, Tide~
→ *Tideniedrigwasserstand, niedrigerer*

219 **Niedrigwasserstand** m, **niedrigster, NNW**
□ minimum water level, lowest water level
△ niveau m de crue minimum, niveau m minimum d'étiage
○ livello m di magra minima, livello m minimo assoluto

Niedrigwasserverbesserung
→ *Niedrigwasseraufhöhung*

220 **Niersverband** m
□ Niers River Association
△ Association f de la Niers, Syndicat m de la Niers
○ Associazione f del fiume Niers

221 **Niersverfahren** n
□ Niers treatment process
△ procédé m de traitement du syndicat de la Niers
○ processo m di trattamento Niers

Nieselregen → *Sprühregen*

222 **Niet** n
□ rivet
△ rivet m
○ rivetta f

223 **nieten**
□ rivet
△ river, riveter
○ inchiodare, ribadire

224 **Nietenfabrik** f
□ rivet factory
△ boulonnerie f
○ bulloneria f

225 **Nietloch** n
□ rivet hole
△ trou m de rivet
○ foro m del chiodo

226 **Nietnaht** f
□ rivet seam
△ rivure f, bordure f rivée
○ linea f di chiodatura

227 **Nietverbindung** f
□ riveted joint, rivet joint
△ joint m rivé
○ giunzione f a chiodo

228 **Nippel** n
□ nipple
△ raccord m mâle, mamelon m, raccord m fileté
○ raccordo m, nippel m

Nippel, gelöteter, Messing~ → *Messingnippel, gelöteter*

Nippel, Schraub~ → *Schraubnippel*

Nippflut → *Nipptide*

229 **Nipptide** f, **Nippflut** f
□ neap-tide
△ marée f de morte-eau
○ marea f delle quadrature

230 **Nippzeit** f
□ nipptide-time
△ moment m de début de morte-eau
○ fase f di stanca della marea, momento m iniziale della bassa marea

231 **Nitrat** n
□ nitrate
△ nitrate m
○ nitrato m

Nitratbildner → *Nitrifikant*

232 **Nitratstickstoff** m (analyt.)
□ nitrogen as nitrates, nitrate nitrogen
△ azote m nitrique
○ azoto m nitrico

233 **Nitrifikant** *m*, **Nitratbildner** *m*
□ nitrobacterium, nitrifying bacterium
△ nitrobactérie *f*, bactérie *f* nitrifiante
○ nitrobatterio *m*, batterio *m* nitrificante

Nitrifikation → *Salpeterbildung*

234 **nitrifizieren**
□ nitrify
△ nitrifier
○ nitrificare

235 **Nitril** *n*
□ nitrile
△ nitrile *m*
○ nitrile *m*

236 **Nitrilotriessigsäure** *f*
□ nitrilo triacetic acid
△ acide *m* nitrilotriacétique
○ acido *m* nitrilotriacetico

237 **Nitrit** *n*
□ nitrite
△ nitrite *m*
○ nitrito *m*

238 **Nitritstickstoff** *m* (*analyt.*)
□ nitrogen as nitrites, nitrite nitrogen
△ azote *m* nitreux
○ azoto *m* nitroso

239 **Nitrobenzol** *n*
□ nitrobenzene
△ nitrobenzène *m*
○ nitrobenzene *m*

240 **Nitrocellulose** *f*
□ nitrocellulose
△ nitrocellulose *f*
○ cotone *m* fulminante, pirossilo *m*, nitrocellulosa *f*

241 **Nitroglyzerin** *n*
□ nitroglycerine
△ nitroglycérine *f*
○ nitroglicerina *f*

242 **Nitrosamin** *n*
□ nitrosamine
△ nitrosamine *f*
○ nitrosoammina *f*

243 **Niveau** *n*
□ level
△ niveau *m*
○ livello *m*

Niveau, hydrostatisches → *Ruhwasserspiegel*

Niveau, piezometrisches → *Druckspiegel, hydraulischer*

244 **Niveaumesser** *m*
□ level gauge
△ misurateur *m* de niveau
○ misuratore *m* di livello

245 **Niveauregler** *m*
□ level controller
△ régulateur *m* de niveau
○ regolatore *m* di livello

Nivellementsbolzen → *Festpunkt*

246 **Nivelliergerät** *n*, **Nivellierinstrument** *n*
□ levelling instrument, level
△ niveau *m*
○ livella *f*, livello *m*

Nivellierinstrument → *Nivelliergerät*

247 **Nivellierlatte** *f*
□ levelling staff
△ mire *f*
○ biffa *f* scorrevole, biffa *f*, stadia *f*

NN → *Normalnull*

NNQ → *Niedrigwasserabfluß, niedrigster*

NNW → *Niedrigwasserstand, niedrigster*

248 **Nomogramm** *n*
□ nomogram
△ nomogramme *m*
○ nomogramma *m*

249 **Nordsee** *f*
□ North Sea
△ Mer *m* du Nord
○ Mare *m* del Nord

250 **Norm** *f*
□ standard
△ norme *f*, standard *m*
○ norma *f*, regola *f*

Norm, Abwasser~ → *Abwassernorm*

Norm, Güte~ → *Gütenorm*

251 **Normalanforderung** *f*
□ standard requirement, standard specification
△ condition *f* requise normalisée, spécification *f* normalisée
○ condizioni *f pl* imposte

252 **Normalbeton** *m*
□ controlled concrete
△ béton *m* contrôlé
○ calcestruzzo *m* controllato

253 **Normalflansch** *m*
□ standard flange
△ bride *f* standard, bride *f* normale
○ briglia *f* normale

254 **Normaljahr** *n*
□ normal year
△ année *f* normale
○ anno *m* normale

255 **Normallösung** *f* (*chem.*)
□ standard solution
△ solution *f* normale
○ soluzione *f* titolata, soluzione *f* normale

256 **Normalmaß** *n*
□ standard measure
△ étalon *m*, dimension *f* normale
○ dimensione *f* a norma, dimensione *f* normale

257 **Normalnull** *f*, **Meereshöhe** *f*, **mittlere**, **NN**, **Seekartennull** *f*
□ mean sea level
△ niveau *m* moyen des mers, NGF
○ livello *m* medio del mare

258 **Normalstauhöhe** *f*
□ operating level of impoundage
△ hauteur *f* normale de retenue
○ livello *m* normale di un invaso

259 **Normaltarif** *m*
□ normal rating
△ tarif *m* normal, charge *f* normale, charge *f* de régime
○ tariffa *f* normale

260 **Normaltiefe** *f*, **Wassertiefe** *f*, **normale**
□ normal depth
△ profondeur *f* normale
○ profondità *f* normale

261 **Normblende** *f*
□ standard orifice
△ orifice *m* normalisé, orifice *m* calibré
○ orificio *m* tarato

Normen, Wasser~ → *Wassernormen*

262 **Normenvorschrift** *f*
□ standard specification
△ normalisation *f*
○ disposizione *f* normativa, disposizione *f* normalizzata

263 **Normung** *f*
□ standardization
△ normalisation *f*, standardisation *f*
○ normalizzazione *f*, standardizzazione *f*

Normvorschrift, Güte~ → *Gütenorm*

264 **Notauslaß** *m* *(Kanalisation)*
□ emergency outlet
△ sortie *f* de secours
○ uscita *f* di sicurezza

265 **Notdienst** *m*
□ emergency service
△ service *m* d'urgence
○ servizio *m* d'emergenza

266 **Notschieber** *m*
□ emergency gate
△ vanne *f* de secours
○ saracinesca *f* di soccorso, saracinesca *f* ausiliaria

267 **Notschlußorgan** *n*
□ emergency shut-off valve
△ vanne *f* de sectionnement d'urgence
○ valvola *f* di esclusione di emergenza

268 **Notstandsarbeiten** *f pl*
□ emergency works *pl*
△ travaux *m pl* d'urgence
○ lavori *m pl* d'urgenza

269 **Notstandsprogramm** *n*
□ emergency program
△ programme *m* d'urgence
○ programma *m* d'emergenza

Notstandswasserversorgung → *Notwasserversorgung*

270 **Notstromaggregat** *n*
□ emergency generating set, emergency generator, auxiliary power plant, emergency generating equipment
△ groupe *m* générateur de secours, groupe *f* électrogène de secours
○ impianto *m* generatore d'emergenza

271 **Notstromversorgung** *f*
□ emergency power source
△ alimentation *f* électrique de secours
○ approvvigionamento *m* elettrico di emergenza

272 **Notversorgung** *f*
□ temporary supply, emergency supply
△ alimentation *f* de secours
○ alimentazione *f* di emergenza

273 **Notwasserversorgung** *f*, **Notstandswasserversorgung** *f*
□ emergency water supply
△ alimentation *f* en eau de secours
○ alimentazione *f* idrica di emergenza

274 **Notzeit** *f*
□ (time of) emergency
△ temps *m* de détresse, période *m* de misère
○ periodo *m* di crisi

Noxe → *Schadstoff*

N:P-Verhältnis → *Stickstoff/Phosphor-Verhältnis*

NQ → *Niedrigwasserabfluß*

NQS → *Quadrupol-Resonanzspektrometrie, nukleare*

NThw → *Tidehochwasserstand, niedrigerer*

NTnw → *Tideniedrigwasserstand, niedrigerer*

275 **nützlich**
□ useful, profitable, beneficial
△ utile, lucratif, profitable
○ utile, giovevole, lucroso, lucrativo, profittabile

Nuklearphysik → *Atomphysik*

276 **Nukleinsäure** *f*
□ nucleic acid
△ acide *m* nucléique
○ acido *m* nucleico

277 **Nullabfluß** *m*
□ zero discharge, zero flow
△ débit *m* nul, débit *m* zéro, écoulement *m* nul
○ scolamento *m* zero, flusso *m* zero

278 **Nulleffekt** *m* *(rad.)*, **Hintergrundradioaktivität** *f*, **Nulleffekt-Radioaktivität** *f*, **Nullrate** *f* *(rad.)*, **Umgebungsstrahlung** *f* *(rad.)*, **Umweltradioaktivität** *f*
□ background-radioactivity, natural atmospheric radioactivity, environmental radioactivity
△ bruit *m* de fond, radio-activité *f* naturelle
○ radioattività *f* di base

Nulleffekt-Radioaktivität → *Nulleffekt*

279 Nullhöhe f
- □ zero datum, zero level
- △ niveau m de référence zéro
- ○ quota f zero

280 Nullpunkt m
- □ zero
- △ zéro m
- ○ zero m

281 Nullpunkt m, **absoluter**
- □ absolute zero point
- △ zéro m absolu
- ○ zero m assoluto, punto m neutro assoluto

Nullpunkt, Pegel~ → *Pegelnullpunkt*

282 Nullpunkteinstellung f
- □ zero adjustment
- △ mise f à zéro
- ○ rimessa f a zero, azzeramento m

Nullrate → *Nulleffekt*

Nullversuch → *Blindversuch*

283 Nullwachstum n
- □ zero growth
- △ croissance f zéro, croissance f nulle, développement m nul
- ○ crescita f zero

284 Nut f
- □ groove
- △ rainure f
- ○ scanalatura f

Nutzbarmachung → *Nutzung*

Nutzdurchmesser → *Nutzweite*

285 Nutzeffekt m
- □ useful effect, efficiency
- △ effet m utile
- ○ effetto m utile

286 Nutzen m
- □ profit, usefulness, benefit
- △ profit m, bénéfice m
- ○ profitto m, lucro m, utile m

287 Nutzfisch m
- □ commercial fish
- △ poisson m utile
- ○ pesce m utile

288 Nutzfläche f, **landwirtschaftliche, Fläche** f, **landwirtschaftlich genutzte**
- □ crop land, acreage under cultivation
- △ surface f cultivée
- ○ superficie f coltivata

289 Nutzgefälle n, **Gefälle** n, **ausnutzbares, Gefälle** n, **nutzbares**
- □ useful head, net head, effective head
- △ chute f exploitable, chute f nette
- ○ caduta f utile, caduta f sfruttabile, caduta f utilizzabile, salto m utile

290 Nutzholz n
- □ timber
- △ bois m de construction
- ○ legname m

291 Nutzinhalt m, **Nutzraum** m
- □ working capacity, usable storage capacity, useful capacity
- △ capacité f utile
- ○ capacità f utile, capacità f utilizzabile

292 Nutzlänge f, **Baulänge** f, **Lieferlänge** f
- □ useful length, laying length, nominal laying length
- △ longueur f utile
- ○ lunghezza f utile

293 Nutzlast f
- □ useful load, service load
- △ charge f utile
- ○ carico m utile

294 Nutzlastfaktor m
- □ actual load factor
- △ facteur m de charge utile
- ○ fattore m di carico effettivo

295 Nutzleistung f
- □ net capacity, effective output
- △ puissance f effective, capacité f effective
- ○ potenza f effettiva, capacità f effettiva

Nutzraum → *Nutzinhalt*

296 Nutztier n
- □ useful animal
- △ animal m utile
- ○ bestiame m produttivo

297 Nutzung f, **Nutzbarmachung** f
- □ beneficial use, utilization
- △ mise f à profit, utilisation f
- ○ usufrutto m, uso m, utilizzazione f

298 Nutzung f **für Erholungszwecke**
- □ recreational use
- △ utilisation f pour l'agrément, utilisation f pour la détente
- ○ utilizzazione f recreativa

299 Nutzungsbeschränkung f
- □ use restriction, restricted use
- △ utilisation f restreinte, emploi m limité
- ○ uso m limitato

300 Nutzungsdauer f, **Benutzungsdauer** f
- □ useful life, service life
- △ durée f de service, durée f d'emploi, durée f utile
- ○ durata f utile, vita f utile

301 Nutzungsgrad m
- □ coefficient of f utility
- △ coefficient m d'utilisation
- ○ coefficiente m d'utilizzazione

Nutzungsrecht → *Benutzungsrecht*

Nutzungsrecht, Wasser~ → *Wassernutzungsrecht*

Nutzwasser → *Betriebswasser*

302 Nutzweite f, **Nutzdurchmesser** m
- □ useful diameter
- △ diamètre m utile
- ○ diametro m utile

NW → *Niedrigwasserstand*

O-Stück → *Kappe*

1 Oase *f*
- oasis
- △ oasis *m*
- ○ oasi *f*

Oberbau → *Aufbau*

2 oberer
- higher
- △ supérieur
- ○ superiore

3 Oberfläche *f*
- surface, superficies
- △ surface *f*, superficie *f*
- ○ superficie *f*

Oberfläche, Boden~ → *Bodenoberfläche*

Oberfläche, Erd~ → *Erdoberfläche*

4 Oberflächenabfluß *m*, **Abfluß** *m*, **oberirdischer**
- [surface] run off, overland flow, overland run-off
- △ ruissellement *m* superficiel, ruissellement *m* de surface, écoulement *m* de surface
- ○ scolamento *m* superficiale, scolo *m* in superficie

5 Oberflächenabfluß *m*, **höchster**
- maximum surface run-off
- △ écoulement *m* superficiel maximum, débit *m* superficiel maximum
- ○ deflusso *m* superficiale massimo

Oberflächenabsenkung
→ *Boden(ab)senkung*

6 oberflächenaktiv, grenzflächenaktiv, spannungsaktiv
- surface-active
- △ surfactant, tensio-actif
- ○ tensio attivo

7 Oberflächenaktivität *f*
- surface activity
- △ activité *f* superficielle, activité *f* de surface
- ○ attività *f* superficiale

Oberflächenbelastung → *Flächenbelastung*

8 Oberflächenbelüfter *m*, **Oberflächenlüfter** *m*
- surface aerator
- △ aérateur *m* de surface
- ○ aeratore *m* di superficie

9 Oberflächenbelüfter *m*, **schwimmender**
- floating surface aerator
- △ aérateur *m* de surface flottant
- ○ aeratore *m* di superficie galleggiante

10 Oberflächenbelüftung *f*, **Belüftung** *f* **von der Oberfläche aus, Oberflächenlüftung** *f*
- surface aeration
- △ aération *f* superficielle, aération *f* par surface
- ○ aerazione *f* superficiale, aerazione *f* di superficie

Oberflächenberieselung → *Oberflächenverrieselung*

Oberflächenbeschickung → *Flächenbelastung*

11 Oberflächenentwässerung *f*
- surface drainage
- △ drainage *m* superficiel
- ○ drenaggio *m* della superficie

12 Oberflächenfilm *m*
- surface film
- △ film *m* superficiel, film *m* de surface, pellicule *f* de surface, pellicule *f* superficielle
- ○ film *m* superficiale, pellicola *f* superficiale

13 Oberflächengeschwindigkeit *f*
- velocity at the surface, surface velocity
- △ vitesse *f* superficielle
- ○ velocità *f* di superficie, velocità *f* dell'acqua alla superficie

14 Oberflächengestaltung *f*
- surface configuration
- △ configuration *f* de la surface
- ○ configurazione *f* della superficie

15 Oberflächengewässer *n pl*, **Gewässer** *n*, **oberirdisches**
- surface waters *pl*
- △ eaux *f pl* de surface
- ○ acque *f pl* superficiali, acque *f pl* di corsi superficiali

Oberflächenhaut eines Filters
→ *Filterhaut*

16 Oberflächenkondensator *m*
- surface condenser
- △ condenseur *m* par surface
- ○ condensatore *m* a superficie

17 Oberflächenkühler *m*
- indirect cooler
- △ refroidisseur *m* par surface
- ○ refrigeratore *m* indiretto, refrigeratore *m* a superficie

Oberflächenlüfter → *Oberflächenbelüfter*

Oberflächenlüftung
→ *Oberflächenbelüftung*

18 Oberflächenreibung *f*
- skin friction, surface friction
- △ frottement *m* superficiel
- ○ frizione *f* sulla superficie

19 Oberflächenriß *m*
- surface crack
- △ gerçure *f* superficielle
- ○ crepa *f* superficiale

20 Oberflächenrückhaltung *f*, **Oberflächenspeicherung** *f*
- surface detention
- △ stockage *m* de surface, rétention *f* provisoire
- ○ ritenuta *f* superficiale, immagazzinamento *m* superficiale

Oberflächenschicht → Filterschicht, oberste

21 Oberflächenschrumpfung f
□ surface shrinkage
△ contraction f superficielle
○ formazione f di discontinuità, formazione f di spacchi

22 Oberflächenschwimmer m
□ surface float
△ flotteur m de surface
○ galleggiante m di superficie

23 Oberflächenspannung f
□ surface tension
△ tension f superficielle
○ tensione f superficiale

Oberflächenspeicherung → Oberflächenrückhaltung

24 Oberflächenströmung f
□ surface drift
△ courant m de surface
○ corrente f di superficie

25 Oberflächenverdunstung f
□ surface evaporation
△ évaporation f superficielle
○ evaporazione f superficiale

Oberflächenveredlung, Metall~ → Metalloberflächenveredlung

26 Oberflächenverrieselung f, **Berieselung** f, **wilde, Oberflächenberieselung** f
□ broad irrigation, overhead irrigation, surface irrigation
△ irrigation f superficielle, épandage m
○ irrigazione f superficiale

27 Oberflächenwasser n
□ surface water
△ eau f de surface, ruissellement m superficiel, eau f superficielle
○ acqua f superficiale

Oberflächenwiderstand → Reibungswiderstand

28 Oberflächenwirkung f
□ surface action
△ action f de surface
○ azione f superficiale

29 Obergewichtsklappe f
□ over-counterweight shutter
△ clapet m équilibré à contrepoids supérieur
○ battitore m equilibrato a contrappeso superiore

30 Obergraben m, **Oberwasserkanal** m, **Zuführungsgraben** m
□ feeding channel, head race, headwater channel
△ canal m d'amenée, bief m d'amont
○ fossa f conduttura, canale m d'adduzione

31 oberhalb
□ above
△ au-dessus de
○ al di sopra di, in capo a

32 oberhalb (am Wasserlauf)
□ upstream
△ en amont
○ a monte

33 Oberhaupt n
□ upper gates pl
△ tête f d'amont
○ camera f a monte

34 oberirdisch
□ above ground, above surface
△ de surface
○ sopra terra

Oberkante eines Dammes → Dammkrone

35 Oberlauf m (eines Flusses)
□ upper reaches pl, headwaters pl, upper course
△ cours m supérieur, haut cours m
○ corso m superiore, alto corso m

36 Oberlaufspeicherung f
□ head water retention
△ emmagasinement m au haut cours
○ immagazzinamento m al alto corso

37 Oberpegel m
□ upper gauge, headwater level gauge
△ jauge f d'amont, échelle f d'amont
○ misuratore m a monte

38 Oberströmung f
□ upper current, upper flow
△ surverse f
○ corrente f superficiale

39 Oberwasser n
□ headwater, upstream water, forebay, headbay
△ eau f d'amont
○ acqua f di monte

Oberwasserkanal → Obergraben

40 oberwasserseitig
□ upstream
△ amont
○ a monte

41 Oberwasserspiegel m
□ headwater level
△ niveau m d'eau d'amont
○ livello m d'acqua di monte

42 Oberwasserzufluß m (b. Tidegewässern)
□ flow into upper tidal region
△ écoulement m d'un cours d'eau dans la zone des marées
○ sversamento m di un corso d'acqua nella zona delle maree

43 Objektträger m (bact.)
□ mount, object glass, microscopic slide
△ lame f de verre
○ portaoggetti m

Observatorium, meteorologisches → Wetterwarte

44 Obstbau m
□ fruit-culture
△ fruitculture f
○ frutticultura f

45 Obstkonservenfabrik f
□ fruit cannery, fruit-canning factory
△ fabrique f de conserves de fruits, conserverie f de fruits
○ industria f di frutta conservata, fabbrica f di marmellate

46 Obstverarbeitung f
□ fruit processing
△ traitement m des fruits, transformation f des fruits
○ lavorazione f della frutta

Ockerbakterien → Eisenbakterien

47 Odonata n pl (Ordnung der Libellen)
□ odonates pl
△ odonates m pl
○ odonati m pl

48 Ödland n
□ waste land, barren land
△ terrain m inculte, terrain m vague
○ terreno m incolto

49 Ödlandkultivierung f
□ cultivation of barren land, waste-land reclamation
△ mise f en culture de terrains incultes
○ valorizzazione f delle terre incolte

50 öffentlich
□ public
△ public
○ pubblico

51 Öffentlichkeitsarbeit f
□ publicity work
△ relations f pl publiques
○ pubbliche relazioni f pl

52 Öffentlichkeitsaufklärung f
□ forming the public opinion
△ formation f de l'opinion publique
○ formazione f della pubblica opinione

53 Öffnung f
□ opening, orifice
△ orifice m, ouverture f, pertuis m
○ apertura f, orificio m

Öffnung, Ablaß~ → Ablaßöffnung

Öffnung, Eintritts~ → Eintrittsöffnung

Öffnung, Reinigungs~ → Reinigungsöffnung

Öffnung, Sicker~ → Sickeröffnung

Öffnungen eines Rechens → Stabweite eines Rechens

Öffnungen, Einlaß~ → Entnahmeöffnungen

Öffnungen, Entnahme~ → Entnahmeöffnungen

Öffnungen, Filter~ → Filteröffnungen

Ökologe → Umweltschützer

54 Ökologie f, Umweltlehre f
□ ecology
△ écologie f
○ ecologia f

55 ökologisch
□ ecological
△ écologique
○ ecologico

56 Ökosystem n
□ eco-system
△ écosystème m, système m écologique
○ ecosistema m, sistema m ecologico

57 Ökosystem n, marines
□ marine eco-system
△ écosystème m marin, système m écologique marin
○ ecosistema m marino

Ökosystem, Wasser~ → Wasserökosystem

58 Ökotoxikologie f
□ ecotoxicology
△ écotoxicologie f, toxicologie f de l'environnement
○ ecotossicologia f

59 Öl n
□ oil
△ huile f
○ olio m

60 Öl n, ätherisches
□ essential oil
△ huile f essentielle
○ olio m essenziale

61 Öl n, ausgelaufenes
□ oil spill, oil spillage
△ suintement m d'huile
○ perdita f d'olio, perdita f di greggio

Öl, Mineral~ → Mineralöl

Öl, Roh~ → Rohöl

Ölabscheider → Ölfänger

62 Ölabstreifer m
□ oil skimmer, oleoskimmer
△ écrémeur m d'huiles, racleur m de déshuilage
○ raschiatore m superficiale d'olio

Ölaufbereitung → Altölaufbereitung

Ölaufsaugemittel → Ölbinder

63 Ölbinder m, Ölaufsaugemittel n
□ oil-absorption agent
△ agent m absorbant des huiles, produit m d'absorption d'huile
○ agente m d'assorbimento dell'olio

64 Ölbohrinsel f
□ offshore oil-drilling platform
△ plate-forme f de forage pétrolière en mer
○ piattaforma f di perforazione petrolifera in mare aperto

65 Ölbohrloch n
□ oil borehole
△ forage m pétrolier, puits m de pétrole
○ pozzo m petrolifero

66 Öldispergiermittel n
□ oil dispersant
△ agent m de dispersion des huiles
○ agente m di dispersione dell'olio

Öldruckleitung → Ölleitung

67 öldurchtränkt
- □ oil-soaked
- △ imbibé d'huile, imprégné d'huile
- ○ impregnato d'olio

68 Ölemulsion *f*
- □ oil emulsion
- △ émulsion *f* d'huile, émulsion *f* huileuse
- ○ emulsione *f* oleosa

69 ölen
- □ oil
- △ huiler, graisser
- ○ inoliare, oliare

70 Ölfänger *m*, **Ölabscheider** *m*
- □ oil collector, oil trap, oil separator
- △ déshuileur *m*, séparateur *m* d'huile
- ○ eliminatore *m* di olio, separatore *m* di olio

71 Ölfeldsole *f*
- □ oil-field brine
- △ saumure *f* de champ pétrolifère
- ○ salamoia *f* derivante dai campi petroliferi

72 Ölfeuerung *f*
- □ oil firing
- △ chauffage *m* au mazout
- ○ riscaldamento *m* a gasolio

73 Ölfilm *m* *(auf dem Wasser)*
- □ sleek, slick
- △ film *m* d'huile
- ○ film *m* d'olio

74 Ölgasbrenner *m*
- □ oil burner
- △ brûleur *m* à mazout
- ○ bruciatore *m* d'olio

75 ölhydraulisch betätigt
- □ oil-hydraulically operated
- △ à commande oléo-pneumatique
- ○ a comando *m* oleodinamico

76 ölig
- □ oily
- △ huileux
- ○ oleoso

Ölkatastrophe → Ölunfall

77 Ölleitung *f*, **Öldruckleitung** *f*, **Pipeline** *f*
- □ pipeline, petroleum pipeline
- △ oléoduc *m*, pipeline *f*
- ○ oleodotto *m*, pipeline *f*

78 Ölmotor *m*
- □ oil motor, oil engine
- △ moteur *m* à huile lourde
- ○ motore *m* ad olio pesante, motore *m* a nafta

79 Ölpest *f*, **Ölverschmutzung** *f*
- □ oil pollution
- △ pollution *f* par des huiles
- ○ inquinamento *m* da oli

80 Ölraffinerie *f*
- □ oil refining factory, oil refinery
- △ raffinerie *f* de pétrole
- ○ raffineria *f* di petrolio

81 Ölsäure *f*
- □ oleic acid
- △ acide *m* oléique
- ○ acido *m* oleico

82 Ölsammelunternehmen *n*
- □ oil reclamation system
- △ entreprise *f* de récupération d'huiles
- ○ sistema *m* di recupero d'oli

83 Ölsperre *f*
- □ oil containment boom, floating (oil) barrier
- △ barrage *m* contre les huiles, barrage *m* antipétrole
- ○ barriera *f* contro il olio

84 Ölstop-Schlauch *m*
- □ oil boom tubing
- △ tuyau *m* de retenue d'huile
- ○ tubo *m* di ritenuta di olio

85 Öltanker *m*, **Tanker** *m*
- □ oil tanker, tanker
- △ bateau-citerne *m*, pétrolier *m*
- ○ nave *f* cisterna

86 Ölunfall *m*, **Ölkatastrophe** *f*
- □ oil disaster
- △ désastre *m* pétrolier, accident *m* pétrolier, catastrophe *f* pétrolière
- ○ disastro *m* petrolifero

Ölverschmutzung → Ölpest

87 örtlich, lokal
- □ local
- △ local
- ○ locale

88 örtlich begrenzen
- □ localize
- △ localiser
- ○ localizzare

Örtlichkeit → Ort

Öser → Os

Ofen, Blei~ → Bleiofen

Ofen, Schacht~ → Schachtofen

Ofen, Wirbelschicht~ → Wirbelbettverbrennungsofen

89 offen
- □ open
- △ ouvert, à ciel *m* ouvert, découvert, à l'air libre
- ○ all'aperto, scoperto, aperto

ohne Licht → aphotisch

Oligochaeten → Wenigborster

90 oligodynamisch
- □ oligodynamic
- △ oligodynamique
- ○ oligodinamico

91 Oligosaprobien *f pl*
- □ oligosaprobic organisms *pl*
- △ oligosaprobies *m pl*, organismes *m pl* oligosaprobies
- ○ organismi *m pl* oligosaprobici

oligotroph → nährstoffarm

Ombrometer → *Regenmesser*

92 Opaleszenz f
- opalescence
△ opalescence f
○ opalescenza f

93 opaleszierend, opalfarbig, opalisierend
- opalescent
△ opalin, opalescent
○ opalescente

opalfarbig → *opaleszierend*

opalisierend → *opaleszierend*

94 Opferstrecke f *(eines Gewässers)*
- sacrificed reach
△ tronçon m sacrifié, tronçon m mort
○ tronco m sacrificato

95 Optimierung f
- optimization
△ optimisation f
○ ottimizzazione f

96 optisch
- optical
△ optique
○ ottico

Optisch, spannungs~ → *spannungsoptisch*

97 Orbitalbewegung f
- wave motion
△ mouvement m orbitaire
○ movimento m orbitale

98 Orbitalgeschwindigkeit f
- velocity of wave motion
△ vitesse f de translation d'une vague
○ velocità f di translazione di una onda

99 Ordinate f **einer Rohrleitung**
- ordinate of a pipeline
△ ordonnée f d'une conduite
○ quota f geometrica di una condotta

Ordnung eines Gewässers
→ *Ordnungsstufe*

100 Ordnungsstufe f, **Ordnung** f **eines Gewässers**
- stream order
△ numéro m d'ordre d'un cours d'eau
○ numero m d'ordine di un corso d'acqua

101 organisch
- organic
△ organique
○ organico, organolettico

102 Organismen m pl
- organisms pl
△ organismes m pl
○ organismi m pl

Organismen, auf Pflanzen lebende
→ *Organismen, epiphytische*

103 Organismen m pl, **bewegliche** *(auf fester Unterlage beweglich)*
- mobile organisms
△ organismes m pl mobiles
○ organismi m pl mobili

104 Organismen m pl, **bewimperte**
- ciliated organisms
△ organismes m pl ciliés
○ organismi m pl ciliati

105 Organismen m pl, **epiphytische**, **Organismen** m pl, **auf Pflanzen lebende**
- epiphytic organisms
△ organismes m pl épiphytiques, organismes m pl parasites
○ organismi m pl epifitici

106 Organismen m pl, **freibewegliche**
- free-moving organisms pl
△ organismes m pl mobiles libres, organismes m pl se déplaçant librement
○ organismi m pl mobili liberi

107 Organismen m pl, **freischwimmende**
- free swimming forms of organisms pl
△ organismes m pl flottant librement
○ organismi m pl natanti

Organismen, Kaltwasser~
→ *Kaltwasser-Organismen*

Organismen, Meeres~ → *Meeresorganismen*

Organismenart → *Spezies*

Organismus, Makro~ → *Makroorganismus*

108 Organohalogenverbindung f
- organic halogen compound
△ composé m organique halogéné
○ composto m organo alogenato

organoleptisch → *geruchlich [geschmacklich] wahrnehmbar*

109 organotroph
- organotrophical
△ organotrophe
○ organotrofico

110 orographisch
- orographic
△ orographique
○ orografico

111 Orohydrographie f
- orohydrography
△ orohydrographie f
○ oroidrografia f

112 Ort m, **Örtlichkeit** f
- locality, place, spot
△ localité f, lieu[x] m [pl]
○ località f

113 Orthophosphat n
- orthophosphate
△ orthophosphate m
○ ortofosfato m

114 Orthotolidin n
- orthotolidine
△ orthotolidine f
○ ortotolidina f

115 **Orthotolidin-Arsenit-Methode** f
 (Chlornachweis)
 □ ortho-tolidine arsenite method
 △ essai m à l'arsénite-orthotolidine, EAO
 O metodo m all'arsenito-ortotolidina

116 **Ortsbehörde** f
 □ local authority
 △ autorité f locale
 O autorità f locale

117 **Ortsbesichtigung** f
 □ local survey, site inspection
 △ inspection f locale, contrôle m local
 O ispezione f della località, visita f locale

118 **Ortschaft** f, **Dorf** n
 □ village
 △ localité f, village m, commune f
 O sito m, villaggio m

Ortsentwässerung → *Stadtentwässerung*

119 **Ortslage** f
 □ local site
 △ emplacement m local
 O sito m locale

120 **Ortslage** f, **geschlossene**
 □ built-up area
 △ agglomération f urbaine
 O area f chiusa

121 **Ortsplanung** f
 □ local planning
 △ planification f locale
 O pianificazione f locale

122 **Ortstein** m
 □ hard pan, ortstein
 △ alios m, ortstein m
 O ortstein m

Ortung → *Lecksuche*

123 **Os** n, **Öser** n pl
 □ esker
 △ esker m
 O collina f morenica

124 **Osloer Übereinkommen**
 □ Oslo Agreement
 △ Convention f d'Oslo
 O Convenzione f d'Oslo

125 **Osmose** f
 □ osmosis
 △ osmose f
 O osmosi f

Osmose, Elektro~ → *Elektroosmose*

Osmose, Gegen~ → *Gegenosmose*

Osmose, Revers~ → *Gegenosmose*

Osmose, Thermo~ → *Thermoosmose*

Osmose, umgekehrte → *Gegenosmose*

Osmose, Umkehr~ → *Gegenosmose*

126 **Ostsee** f
 □ Baltic, Baltic Sea
 △ Mer f Baltique
 O Mare m Baltico

127 **Oszillograph** m
 □ recording oscillograph
 △ oscillographe m enregistreur
 O oscillografo m registratore

Oszillograph, Kathodenstrahl~
 → *Kathodenstrahloszillograph*

oval → *eiförmig*

128 **Oxid** n
 □ oxide
 △ oxyde m
 O ossido m

Oxidans → *Oxidationsmittel*

129 **Oxidation** f
 □ oxidation
 △ oxydation f
 O ossidazione f

130 **Oxidationsgraben** m, **Belebungsgraben** m, **Schlängelgraben** m *(belüftet)*
 □ bio-oxidation channel, oxidation ditch
 △ fossé m d'oxydation, chenal m d' oxydation
 O fossa f di ossidazione

131 **Oxidationsmittel** n, **Oxidans** n, **Stoff** m, **oxidierend wirkender**
 □ oxidizing agent, oxidant
 △ oxydant m
 O mezzo m di ossidazione, agente m ossidante

132 **Oxidationsstufe** f
 □ oxidative stage
 △ stade m d'oxydation, étage m d'oxydation, niveau m d'oxydation
 O stadio m ossidativo, livello m ossidativo

133 **Oxidationsteich** m, **Abwasserteich** m, **belüfteter**, **Nachbehandlungsteich** m, **Stabilisierungsteich** m
 □ oxidation pond, maturation pond, stabilization lagoon, bio-oxidation pond, aerated lagoon
 △ étang m d'oxydation, étang m de stabilisation
 O stagno m di ossidazione, stagno m di stabilizzazione

134 **Oxidierbarkeit** f
 □ oxidizability, oxygen consumed, oxygen consuming capacity, oxidability
 △ oxydabilité f
 O ossidabilità f, potenziale m di ossidamento, potere m ossidante

135 **oxidieren**
 □ oxidize
 △ oxyder, s'oxyder
 O ossidare

136 **Oxigest-Anlage** f
 □ oxigest
 △ installation f Oxigest
 O impianto m di trattamento oxigest

137 **Ozean** m
 □ ocean
 △ océan m
 O oceano m

Ozeanographie → *Meereskunde*

138 **ozeanographisch**
□ oceanographic
△ océanographique
○ oceanografico

139 **Ozon** *n*
□ ozone
△ ozone *m*
○ ozono *m*

Ozon-Sterilisationsturm
→ *Sterilisationsturm*

140 **Ozonanlage** *f*
□ ozone plant, ozonization plant
△ installation *f* de production d'ozone
○ impianto *m* di ozono, impianto *m* per ozonizzazione

141 **Ozonbatterie** *f*
□ ozone battery
△ batterie *f* d'ozoniseurs
○ batteria *f* d'ozonizzatori

142 **Ozonbehandlung** *f*
□ ozone treatment
△ traitement *m* à l'ozone, stérilisation *f* par l'ozone
○ trattamento *m* al ozono

143 **Ozongerät** *n*, **Ozoniergerät** *n*, **Ozonisator** *m*
□ ozonizer, ozonator
△ ozoniseur *m*, ozonateur *m*, ozoneur *m*
○ ozonizzatore *m*

Ozoniergerät → *Ozongerät*

Ozonisator → *Ozongerät*

Ozonisierung → *Ozonung*

144 **Ozonung** *f*, **Ozonisierung** *f*
□ ozonation, ozonization
△ ozonisation *f*, ozonation *f*
○ ozonizzazione *f*

1 **p-Dichlorbenzol** *n*
□ p-dichlorobenzene
△ p-dichlorobenzène *m*
○ p-diclorobenzene *m*

2 **Pacht** *f*
□ lease
△ bail *m*
○ affitto *m*

3 **Packeis** *n*
□ pack ice
△ banquise *f*
○ ghiaccio *m* a blocchi

Packung → *Dichtung*

Packung, Jute~ → *Jutepackung*

Packung, Kunststoff~ → *Kunststoffpackung*

4 **Paddelbelüfter** *m*, **Belüftungspaddel** *n*
□ paddle aerator
△ aérateur *m* à pales, palette *f* d'aération
○ aeratore *m* con ruote a palette

5 **Paddelrad** *n*, **Schlagrad** *n*
□ paddle wheel
△ roue *f* à palettes, roue *f* à aubes
○ ruota *f* a schiaffo, ruota *f* a palette

6 **Paddelradbelüftung** *f*
□ paddle-wheel aeration
△ aération *f* par roues à palettes
○ aerazione *f* con ruote a schiaffo, aerazione *f* con ruote a palette

7 **pandemisch, allgemein verbreitet**
□ pandemic
△ pandémique
○ pandemio

eine Panne haben → *versagen*

8 **Panseninhalt** *m*
□ paunch manure
△ débris *m* de panses
○ contenuto *m* della svaotatura degli stomaci

9 **Pantoffeltierchen** *n*, **Paramaecium** *n*
□ slipper animalcule, paramaecium
△ paramécie *f*, paramaecium *m*
○ paramecio *m*

10 **Papier-Elektrophorese** *f*
□ paper electrophoresis
△ électrophorèse *f* sur papier
○ elettroforesi *f* su carta

11 **Papierchromatogramm** *n*
□ paper chromatogram
△ chromatogramme *m* sur papier
○ cromatogramma *f* su carta

12 **Papierchromatographie** *f*, **Papyrographie** *f*
□ paper chromatography
△ chromatographie *f* sur papier
○ cromatografia *f* su carta

13 **Papierfabrik** *f*
□ paper mill, paper manufactory
△ papeterie *f*, fabrique *f* de papier
○ cartiera *f*

14 **Papierfabrikabwasser** n
□ paper mill wastes pl
△ eaux f pl résiduaires de papeterie
○ acque f pl di rifiuto di cartiera

15 **Papiermaschinenabläufe** m pl, **Maschinenabläufe** m pl
□ white water
△ eaux blanches f pl
○ acque f pl bianche

Papierstoff → Stoff

16 **Pappe** f
□ pasteboard, cardboard, paperboard, boxboard
△ carton m
○ cartone m

Pappe, Teer~ → Teerpappe

17 **Pappel** f (Populus)
□ poplar
△ peuplier m
○ piopo m

18 **Pappenfabrikabwasser** n
□ board mill waste, paper board mill waste
△ eaux f pl résiduaires de cartonneries
○ acque f pl di rifiuto di fabbrica di cartone

Papyrographie → Papierchromatographie

Parabelprofil → Querschnitt, parabelförmiger

Parabelquerschnitt → Querschnitt, parabelförmiger

19 **Parallelbetrieb** m
□ parallel operation
△ marche f en parallèle
○ marcia f in parallelo

parallelgeschaltet
→ nebeneinandergeschaltet

20 **Parallelplattenabscheider** m
□ parallel-plate interceptor
△ séparateur m à plaques parallèles
○ separatore m a lamiere parallele

Parallelprobe → Vergleichsprobe

21 **Parallelschaltung** f, **Nebeneinanderschaltung** f
□ arrangement in parallel
△ branchement m en parallèle
○ messa f in parallelo, accoppiamento m in parallelo

22 **Paramaecientest** m
□ paramaecium-toxicity-test
△ test m paramécies, test m de toxicité vis-à-vis des paramécies
○ test m di tossicità su parameci

Paramaecium → Pantoffeltierchen

Parameter → Bewertungsmaßstab

Parasit → Schmarotzer

23 **parasitär, schmarotzerhaft**
□ parasitic, commensal
△ parasite, parasitique
○ parassitico, parassitario, parassita

24 **Parasitenkunde** f, **Parasitologie** f
□ parasitology
△ parasitologie f
○ parassitologia f

Parasitologie → Parasitenkunde

25 **Paratyphus** m
□ paratyphoid fever
△ paratyphoïde f
○ paratifo m

Parenchym → Zellgewebe

Parenchymgewebe → Zellgewebe

26 **Pariser Übereinkommen 1974**
□ Paris Agreement of 1974
△ Convention f de Paris 1974
○ Convenzione f di Parigi del 1974

27 **Parkplatz** m
□ parking place, parking ground
△ parc m de stationnement
○ parco m autorizzato, porto m di parcheggio

28 **Parshallgerinne** n
□ Parshall flume
△ canal m Parshall
○ canale m Parshall

29 **Partialdruck** m, **Teildruck** m
□ partial pressure
△ pression f partielle
○ pressione f parziale

Partialwasserzähler
→ Teilstromwasserzähler

30 **Partikel** n, **Feststoffteilchen** n, **Teilchen** n
□ particle, particulate, particulate matter
△ particule f
○ particella f, particola f

31 **partikelartig, [in] Teilchenform vorliegend**
□ particulate
△ [en] particules, grenu
○ particolato

Parzelle → Flurstück

32 **Passivität** f
□ passivity
△ passivité f
○ passività f

33 **Paßstück** n
□ adapter
△ pièce f d'ajustage
○ pezzo m interposto

34 **Pasteurisierung** f
□ pasteurisation
△ pasteurisation f
○ pastorizzazione f

Pasteurisierung, Faulschlamm~
→ Faulschlammpasteurisierung

35 **Patent** n
□ patent
△ patente f, brevet m
○ brevetto m

36 **Patentanmeldung** f
☐ application for a patent
△ demande f de brevet
○ domanda f di brevetto

37 **Patentbeschreibung** f
☐ patent-specification
△ mémoire m descriptif de brevet
○ descrizione f dell'oggetto di un brevetto

38 **Patentträger** m
☐ patentee
△ titulaire m d'un brevet, détenteur m d'un brevet
○ titolare m di un brevetto

39 **Patentverletzung** f
☐ infringement of a patent
△ violation f d'un brevet, infraction f à un brevet
○ violazione f di un brevetto

pathogen → krankhcitserregend

40 **Pathologie** f
☐ pathology
△ pathologie f
○ patologia f

41 **pathologisch, krankhaft**
☐ pathological
△ pathologique
○ patologico

Pauschale → Pauschalpreis

42 **Pauschalgebühr** f, **Pauschaltarif** m
☐ flat rate, lump-tariff
△ tarif m à forfait, tarif m forfaitaire
○ tassa f a forfait, tariffa f a forfait

43 **pauschalieren**
☐ estimate in the lump
△ estimer au forfait, faire une estimation forfaitaire
○ stimare complessivamente, fare una stima forfettaria

44 **Pauschalpreis** m, **Pauschale** f
☐ lump sum
△ forfait m, prix m forfaitaire
○ forfait m, prezzo m a corpo, prezzo m globale

Pauschaltarif → Pauschalgebühr

Pazifik → Stiller Ozean

Pazifischer Ozean → Stiller Ozean

PCB → Biphenyle, polychlorierte

PE-Rohr → Polyäthylenrohr

45 **Pech** n
☐ pitch
△ poix f
○ pece f, pegola f

Pech, Teer~ → Teerpech

46 **Pechfaserrohr** n
☐ bituminized fibre pipe, pitch fibre pipe
△ tuyau m de fibre bituminée
○ tubo m di fibra bituminosa

47 **Pegel** m
☐ depth gauge, water gauge, water mark, water level gauge, water post, flood measuring post
△ échelle f fluviale, jauge f d'écoulement
○ misuratore m di flusso, marca f di profondità dell'acqua

Pegel, Druckluft~ → Druckluftpegel

Pegel, Gezeiten~ → Gezeitenpegel

Pegel, Hochwasser~ → Hochwasserpegel

Pegel, Latten~ → Lattenpegel

Pegel, Schnee~ → Schneepegel

Pegel, Schreib~ → Schreibpegel

Pegel, Spitzen~ → Spitzenpegel

48 **Pegelbezugskurve** f
☐ water gage relation curve
△ courbe f de référence d'échelles de jaugeage
○ curva f di riferimento della scala di misura

49 **Pegelbogen** m
☐ (drum)gauge registration paper
△ papier m d'enregistrement d'une jauge
○ carta f di registrazione d'un misuratore

50 **Pegelfestpunkt** m
☐ water-post reference point
△ point m fixe de jaugeage, poste m fixe de jaugeage
○ quota f di riferimento della marea

51 **Pegelhöhe** f
☐ level of the water gauge, gage height
△ niveau m de zéro d'une échelle fluviale
○ altezza f di marca, altezza f di zero di marca, altezza f idrometrica

Pegelnull → Pegelnullpunkt

52 **Pegelnullpunkt** m, **Pegelnull** n
☐ zero of the water gauge, gauge datum, gage zero point
△ zéro m d'une échelle fluviale, cote f du zéro du limnimètre
○ zero m di marca

53 **Pegelschacht** m
☐ gauge well, float well, recorder well
△ puits m de jauge
○ pozzo m di misura

peilen → loten

54 **Peilgewicht** n
☐ torpedo sinker
△ saumon m
○ sonda f a torpedine

55 **Peillot** n, **Meßkabel** n
☐ sounding wire, log line, lead line
△ ligne f de sonde
○ cavo m di misura

Peilstab → Peilstange

56 **Peilstange** f, **Lotstab** m, **Lotstange** f, **Peilstab** m
□ sounding rod, sounding stick
△ perche f de sondage
○ pertica f di sondaggio

Peilung → *Lotung*

Peitschengeißel → *Geißel*

57 **Pektin** n
□ pectine
△ pectine f
○ pectina f

58 **Pelagial** n, **Region** f **des freien Meeres**
□ pelagial region
△ zone f pélagique
○ zona f pelagica

59 **pelagisch**
□ pelagic
△ pélagique
○ pelagico

60 **Peltonrad** n
□ Pelton wheel
△ roue f Pelton
○ ruota f Pelton

61 **Peltonturbine** f
□ Pelton turbine
△ turbine f Pelton
○ turbina f Pelton

62 **Pendel** n, **siderisches**
□ siderial pendulum
△ pendule m de sourcier
○ pendolo m siderico

63 **Pendelbelüfter** m, **Belüftungsrohr** n, **pendelndes**
□ swing diffuser, swinging air pipe
△ aérateur m à mouvement pendulaire
○ aeratore m a movimento pendolare

64 **Pendellager** n
□ rocker support
△ support m basculant
○ sopporto m a pendolo

65 **Pendelräumer** m (*Entschlammung*)
□ straight-line sludge collector
△ évacuateur m pendulaire de boues
○ raschiafanghi m a movimento pendolare

66 **Penicillin** n
□ penicilline
△ pénicilline f
○ penicillina f

67 **Penicillinfabrik** f
□ penicilline factory
△ fabrique f de pénicilline
○ fabbrica f di penicillina

68 **Peptisationsmittel** n
□ peptizing agent
△ agent m peptisant
○ agente m peptizzante

69 **Peptisierung** f
□ peptization
△ peptisation f
○ peptizzazione f

70 **Pepton** n
□ peptone
△ peptone f
○ peptone m

71 **Peptonabbau** m
□ peptone degradation
△ dégradation f de la peptone
○ degradazione f di peptone

72 **Perchlorat** n
□ perchlorate
△ perchlorate m
○ perclorato m

73 **Perforation** f
□ perforation
△ perforation f
○ perforazione f

74 **Perforiergerät** n
□ well perforator
△ perforateur m
○ perforatore m

Periode, Einstau~ → *Einstauperiode*

75 **periodisch wasserführend**
□ (of) intermittent flow, flowing intermittently
△ à débit intermittent
○ a flusso m intermittente

76 **peripher, randständig**
□ periferal
△ périphérique
○ periferico

Periphyton → *Bewuchs*

77 **Permafrost** m, **Dauerfrost** m
□ permafrost
△ permagel m, pergelisol m
○ permagelo m

Permafrostschicht, Grundwasser über ~ → *Grundwasser über Permafrostschicht*

78 **permanent, ständig**
□ permanent
△ permanent
○ permanente

Permanganat, Kalium~ → *Kaliumpermanganat*

79 **Permanganat-Chlor-Behandlung** f
□ permanganate-chlorine treatment
△ traitement m au chlore-permanganate
○ trattamento m al cloro-permanganato

Permanganatverbrauch → *Kaliumpermanganatverbrauch*

Permeabilität → *Durchlässigkeit*

80 **Permeabilität** f, **absolute**
□ intrinsic permeability
△ perméabilité f intrinsèque
○ permeabilità f intrinseca

permselektiv → *selektiv durchlässig*

81 **Permutit** n
□ permutite
△ permutite f
○ permutite f

Permutit, Mangan~ → *Manganpermutit*

82 **Permutit** *n*, **organisches**
☐ organic permutite
△ permutite *f* organique
○ permutite *f* organica

Permutit, Soda~ → *Sodapermutit*

83 **Permutitenthärter** *m*
☐ permutite softener, zeolite softener
△ adoucisseur *m* à permutites
○ addolcitore *m* a permutite

84 **Permutitfilter** *n*
☐ permutite filter, zeolite filter
△ filtre *m* à permutite
○ filtro *m* a zeolite, filtro *m* a permutite

85 **Peroxid** *n*
☐ peroxide
△ peroxyde *m*
○ perossido *m*

86 **persistent, beständig**
☐ persistent
△ persistant
○ persistente

persistent → *biologisch nicht abbaubar*

87 **Persistenz** *f*, **Langlebigkeit** *f*
☐ persistence
△ persistance *f*
○ persistenza *f*

88 **Personal** *n*
☐ staff and labour, personnel
△ personnel *m*
○ personale *m*

89 **Personenbeförderung** *f*
☐ passenger transport
△ transport *m* des voyageurs
○ trasporto *m* di viaggiatori

Pestizid → *Schädlingsbekämpfungsmittel*

Pestizid, Chlorkohlenwasserstoff-~
→ *Chlorkohlenwasserstoff-Pestizid*

90 **Petrischale** *f*, **Kulturschale** *f*
☐ culture plate, culture dish, Petri dish
△ boîte *f* de Petri
○ capsula *f* di Petri, capsula *f* di cultura

91 **Petrochemie** *f*, **Erdölchemie** *f*, **Petrolchemie** *f*
☐ petrochemistry
△ pétrochimie *f*, pétrolochimie *f*
○ petrolchimica *f*

92 **petrochemisch, petrolchemisch**
☐ petrochemical
△ pétroléochimique, pétrochimique
○ petrochimico

Petrolchemie → *Petrochemie*

petrolchemisch → *petrochemisch*

93 **Pfahl** *m*
☐ post, pile, picket, stake
△ pieu *m*, poteau *m*, palis *m*, pilotis *m*
○ palo *m*, piuolo *m*, palafitta *f*

94 **Pfahlfender** *m*
☐ fender pile, fender post
△ pieu *m* de défense
○ piolo *m* di difesa

95 **Pfahlfuß** *m*
☐ pile foot
△ pied *m* de pieu
○ piede *m* di palo

96 **Pfahlgründung** *f*
☐ pile foundation, piled foundation, pier foundation
△ fondation *f* sur pieux, fondation *f* sur pilotis
○ fondazione *f* su pali, fondazione *f* su palafitte

97 **Pfahlkopf** *m*
☐ pile head
△ tête *f* de pieu
○ testa *f* di palo

Pfahlmuschel → *Miesmuschel*

98 **Pfahlrost** *m*, **Pfahlwerk** *n*
☐ paling, pile work
△ pilotage *m*
○ palizzato *m*, cavalletto *m* di pali

99 **Pfahlwand** *f*, **Pfahlwerk** *n*
☐ pile dike
△ palissade *f*
○ palizzata *f*

Pfahlwerk → *Pfahlrost*

Pfahlwerk → *Pfahlwand*

100 **Pfahlwurzel** *f* *(bot.)*
☐ tap root
△ pivot *m*, racine *f* pivotante
○ fittone *m*, radice *f* maestra

101 **Pfeiler** *m*
☐ pillar, column, pier, buttress
△ pile *f*, pilier *m*
○ pilastro *m*, pila *f*

Pfeiler, Grund~ → *Grundpfeiler*

Pfeiler, Widerlager~ → *Widerlagerpfeiler*

102 **Pfeilerkopfmauer** *f*, **Pfeilerstaumauer** *f*
☐ buttress dam
△ barrage *m* à contreforts
○ diga *f* a speroni, diga *f* a contrafforti

103 **Pfeilernase** *f*
☐ cut-water
△ avant-bec *m*
○ rostro *m* a monte

Pfeilerstau → *Brückenstau*

Pfeilerstaumauer → *Pfeilerkopfmauer*

104 **Pfeilerwehr** *n*
☐ fixed buttress weir
△ barrage *m* à contreforts
○ sbarramento *m* a contrafforti

Pfeilerzellenmauer → *Hohlpfeilermauer*

Pferdekraft → *Pferdestärke*

105 **Pferdestärke** f, **Pferdekraft** f, **PS**
- horse power, HP
- cheval-vapeur m, CV
- forza f di cavallo, cavallo-vapore m, HP, CV, cavallo m, cavallo-potenza m

106 **Pflanze** f
- plant, vegetable
- plante f
- pianta f, vegetale m

107 **Pflanze** f, **tiefwurzelnde**
- phreatophyte, deep-rooting plant
- phréatophyte f, plante f à racines profondes
- pianta f a radici profonde

Pflanzenassoziation
→ *Pflanzengesellschaft*

108 **Pflanzenbestand** m
- plant formation, standing growth
- formation f de plantes
- formazione f di piante

109 **Pflanzendecke** f, **Vegetationsdecke** f
- vegetation cover
- couverture f végétale
- copertura f vegetale

110 **Pflanzenernährung** f
- plant nutrition
- alimentation f végétale
- nutrimento m delle piante

111 **Pflanzenertrag** m
- plant yield
- récolte f
- resa f d'una coltivazione

112 **Pflanzengesellschaft** f, **Pflanzenassoziation** f, **Vegetationsgemeinschaft** f, **Vegetationsgesellschaft** f
- vegetative group, plant association
- groupe f de végétation, association f végétale
- associazione f vegetale

pflanzengiftig → *phytotoxisch*

Pflanzenkunde → *Botanik*

113 **Pflanzennährstoffe** m pl
- plant nutrients pl
- éléments m pl nutritifs pour les plantes
- elementi m pl nutritivi delle piante, sostanze f pl nutritive per le piante

114 **Pflanzennahrung** f
- plant food
- aliments m pl des plantes
- alimenti m pl delle piante

Pflanzenpathologie → *Phytopathologie*

115 **Pflanzenphysiologie** f
- plant physiology
- physiologie f végétale
- fisiologia f vegetale

Pflanzenreich → *Pflanzenwelt*

116 **Pflanzenschädling** m
- plant pest
- parasite m des plantes
- parassita m delle piante

117 **Pflanzenschutz** m
- plant protection, crop protection
- protection f des plantes
- protezione f delle piante

118 **Pflanzenschutzmittel** n
- agricultural pesticide, plant protection product, plant protective
- anticryptogamique m
- anticrittogamico m, fitofarmaco m

119 **Pflanzentiere** n pl, **Coelenteraten** f pl, **Zoophyten** f pl
- zoophyta pl, coelenterates pl
- cœlenterés m pl, phytozoaires m pl, zoophytes m pl
- zoofiti m pl, fitozoi m pl

Pflanzentoxikologie → *Phytotoxikologie*

120 **Pflanzen[wasser]verbrauch** m
- plant consumption
- consommation f d'eau par les plantes
- consumo m d'acqua per le piante

Pflanzenverdunstung → *Transpiration*

121 **Pflanzenwachstum** n, **Vegetation** f
- plant growth, vegetation
- végétation f
- vegetazione f

122 **Pflanzenwelt** f, **Flora** f, **Pflanzenreich** n
- vegetable world, flora
- règne m végétal, flore f
- regno m vegetale, flora f

123 **Pflaster** n
- pavement, paving
- pavé m, pavage m, carrelage m
- selciato m, pavimento m

124 **Pflasterstein** m
- paving stone
- pavé m
- pietra f da pavimento

125 **Pflasterung** f
- paving
- pavage m
- selciatura f, lastricatura f

126 **Pflasterziegel** m
- paving brick
- brique f de pavage
- mattonella f, quadrello m

127 **Pflug** m
- plough, plow *(am)*
- charrue f
- aratro m

Pflug, Maulwurf~ → *Maulwurfpflug*

128 **Pflugschar** f
- plough-share, plowshare *(am)*
- soc m
- vomere m, vomero m

129 **Pflugsohle** f
□ plough-pan, plow sole *(am)*
△ semelle f de labour
○ crosta f di lavorazione, suolo m di aratro

Pfropfen → *Stopfen*

Pfütze → *Tümpel*

Pfützenbildung → *Verschlammung des Tropfkörpers*

Pfuhl → *Tümpel*

130 **pH-Anzeigegerät** n
□ pH-recorder
△ appareil m pour la recherche du pH, pH-mètre m
○ apparecchio-indicatore m di pH

131 **pH-Wert** m, **Wasserstoffexponent** m
□ pH-value
△ valeur f du pH, symbole m pH, pH m
○ valore m pH, grado m di pH, grado m ionimetrico

132 **Phänologie** f
□ phenology
△ phénologie f
○ fenologia f

133 **phänologisch**
□ phenological
△ phénologique
○ fenologico

Phaeophyceae → *Braunalgen*

134 **Phagenidentifizierung** f
□ phage typing
△ identification f des (bactério)phages
○ identificazione f dei batteriofagi

Phase, Anlauf~ → *Lag-Phase [des Wachstums]*

Phase, Anwachs~ → *Lag-Phase [des Wachstums]*

Phase des Wachstums, exponentielle → *Wachstumsphase, logarithmische*

135 **Phase** f, **stationäre, Ruhephase** f **des Wachstums**
□ stationary [phase of] growth, dormant phase
△ phase f de latence de la croissance
○ fase f di latenza della crescenza

136 **Phasentrennmethode** f
□ phase-separation method
△ méthode f de séparation de phases
○ metodo m di separazione di fasi

137 **Phenol** n, **Carbolsäure** f, **Karbolsäure** f
□ carbolic acid, phenol
△ acide m carbolique, acide m phénique, phénol m
○ acido m carbolico, fenolo m, acido m fenico

138 **Phenol** n, **einwertiges**
□ monohydric phenol
△ monophénol m
○ fenolo m monovalente

139 **Phenolabbau** m
□ phenol decomposition
△ décomposition f du phénol
○ decomposizione f del fenolo

Phenolabwasser → *Abwasser, phenolhaltiges*

140 **Phenolatlauge** f
□ phenolate lye
△ lessive f phénolée
○ soluzione f alcalina fenolata

141 **Phenole** n pl, **mehrwertige**
□ polyphenolics pl
△ polyphénols m pl
○ fenoli m pl plurivalenti

142 **Phenolgeschmack** m, **Apothekengeschmack** m, **Chlorphenolgeschmack** m, **Jodoformgeschmack** m
□ phenolic taste, chlorophenol taste, taste of iodoform
△ goût m médicinal, goût m de chlorophénol
○ sapore m medicinale, sapore m di medicinali, sapore m di cloro, gusto m di clorofenoli, sapore m di iodoformio, sapore m di fenolo

143 **Phenolphthalein** n
□ phenolphthalein
△ phénolphthaléine f
○ fenolftaleina f

144 **Phenolphthaleinalkalität** f
□ alkalinity to phenolphthalein, phenolphthalein alkalinity
△ alcalinité f à la phénolphthaléine
○ alcalinità f alla fenolftaleina

145 **Phenolphthaleinazidität** f, **Gesamtazidität** f
□ phenolphthalein acidity, total acidity
△ acidité f à la phénolphtaléine, acidité f totale
○ acidità f alla fenolftaleina

146 **Phenol(rück)gewinnung** f
□ recovery of phenol, phenol recovery
△ récupération du phénol
○ raccolta f del fenolo, ricuperazione f di fenoli

147 **Phenosolvanverfahren** n
□ phenosolvan extraction process
△ procédé m d'extraction Phénosolvan
○ processo m d'estrazione "fenosolvan"

Phorese, Elektro~ → *Elektrophorese*

148 **Phosphat** n
□ phosphate
△ phosphate m
○ fosfato m

Phosphat, Hexameta~ → *Hexametaphosphat*

149 **Phosphataufnahme** f
□ phosphate uptake
△ absorption f de phosphates, assimilation f de phosphates
○ assorbimento m di fosfati, assimilazione f di fosfati

150 **Phosphatauswaschung** f
□ phosphate wash-out
△ lessivage m des phosphates, entraînement m des phosphates
○ lisciviazione f dei fosfati

151 **Phosphatbelastung** f
□ phosphate load
△ charge f de phosphates
○ carico m di fosfati

152 **Phosphatenthärtung** f
□ phosphate softening
△ adoucissement m par le phosphate
○ riduzione f della durezza con trifosfato di sodio

153 **phosphatiert, gebondert** *(corr.)*
□ bonderized
△ bonderisé
○ fosfatizzato

154 **Phosphat[is]ierung** f, **Bonderung** f *(corr.)*
□ bondering
△ bonderisation f
○ fosfatizzazione f

155 **Phosphat[is]ierung** f **des Wassers**
□ phosphate treatment of water
△ traitement m de l'eau par phosphatation
○ trattamento m dell'acqua per fosfatizzazione

156 **Phosphor** m
□ phosphorus
△ phosphore m
○ fosforo m

Phosphor-Detektor → *"Thermoionic"-Detektor*

157 **Phosphorkreislauf** m
□ phosphorous cycle
△ cycle m du phosphore
○ ciclo m del fosforo

158 **Phosphorsäure** f
□ orthophosphoric acid
△ acide m phosphorique
○ acido m fosforico

159 **photisch, lichtbeeinflußt**
□ photic
△ photique, éclairé
○ fotico

160 **photoelektrisch**
□ photoelectric
△ photoélectrique
○ fotoelettrico

161 **Photogrammetrie** f
□ photogrammetry
△ photogrammétrie f
○ fotogrammetria f

Photogrammetrie, Stereo~ → *Stereophotogrammetrie*

162 **Photometer** m, **Lichtmesser** m
□ photometer
△ photomètre m
○ fotometro m

163 **Photometrie** f, **Lichtmessung** f
□ photometry
△ photométrie f
○ fotometria f

Photometrie, Spektro~ → *Spektrophotometrie*

164 **photometrisch**
□ photometric
△ photométrique
○ fotometrico

165 **Photosynthese** f
□ photosynthesis, photosynthetic activity
△ photosynthèse f
○ fotosintesi f

166 **photosynthetisch**
□ photosynthetic
△ photosyntétique
○ fotosintetico

167 **phototropisch, lichtwendig**
□ phototropic
△ phototropique
○ fototropico

168 **Photozelle** f, **Selenzelle** f
□ selenium cell
△ cellule f photo-électrique, cellule f au sélénium
○ fotocellula f, cellula f al selenio

169 **phreatisch**
□ phreatic
△ phréatique
○ freatico

170 **Phreatophyten** f pl
□ phreatophytes
△ phréatophytes f pl
○ freatofite f pl

Phycomyceten → *Algenpilze*

Phykomyzeten → *Algenpilze*

171 **Physik** f
□ physics
△ physique f
○ fisica f

172 **physikalisch-chemisch**
□ physico-chemical
△ physico-chimique
○ fisico-chimico

173 **Physiologie** f
□ physiology
△ physiologie f
○ fisiologia f

174 **physiologisch**
□ physiological
△ physiologique
○ fisiologico

175 **Phytopathologie** f, **Pflanzenpathologie** f
□ plant pathology, phytopathology
△ pathologie f des végétaux, phytopathologie f
○ patologia f dei vegetali, fitopatologia f

176 **Phytoplankton** n, **Plankton** n, **pflanzliches**, **Schwebeflora** f
□ phytoplankton
△ phytoplancton m
○ fitoplancton m

177 **Phytoplankton-Zählzelle** f
□ phytoplankton count cell
△ cellule f pour le comptage du phytoplancton, cellule f pour la numération du phytoplancton
○ cella f per la conta del fitoplancton

178 **Phytotoxikologie** f, **Pflanzentoxikologie** f
□ plant toxicology, phytotoxicology
△ phytotoxicologie f, toxicologie f des végétaux
○ fitotossicologia f

179 **phytotoxisch, pflanzengiftig**
□ phytotoxic
△ phytotoxique
○ fitotossico

180 **Phytotoxizität** f
□ phytotoxicity
△ phytotoxicité f
○ fitotossicità f

181 **Piezometer** n, **Fließdruckmesser** m
□ piezometer
△ piézomètre m
○ piezometro m

Piezometerrohr → Standrohr

182 **piezometrisch**
□ piezometrical
△ piézométrique
○ piezometrico

183 **Pikrinsäure** f, **Trinitrophenol** n
□ picric acid
△ acide m picrique, trinitrophénol m
○ trinitrofenolo m, acido m picrico

184 **Pilz** m
□ fungus
△ champignon m
○ fungo m

Pilz, Abwasser~ → Abwasserpilz

185 **Pilzaufwuchs** m, **Pilzbesatz** m, **Pilzwachstum** n
□ fungoid growth, fungus growth
△ croissance f de champignons
○ crescita f di funghi

186 **Pilzbefall** m, **Mykose** f
□ mycosis, fungus infection
△ mycose f
○ micosi f

187 **Pilzbekämpfung** f
□ fungus control
△ lutte f contre les champignons
○ lotta f contro i funghi

Pilzbekämpfungmittel → Fungizid

Pilzbesatz → Pilzaufwuchs

Pilze, Faden~ → Fadenpilze

Pilze, Strahlen~ → Strahlenpilze

188 **Pilzhyphen** f pl
□ fungal hyphae pl
△ hyphes m pl
○ ife f pl

189 **Pilztreiben** n
□ floating masses pl of sewage fungi, sewage fungi in floating masses
△ moisissures f pl flottantes
○ galleggiamento m di funghi

Pilzwachstum → Pilzaufwuchs

Pipeline → Ölleitung

190 **Pipette** f chem.
□ pipette
△ pipette f
○ pipetta f

191 **Pissoir** n
□ urinal
△ urinoir m
○ orinatoio m, pisciatoio m

192 **Pista-Verfahren** n
□ Pista-coagulation process
△ procédé m Pista de coagulation
○ processo m Pista di coagulazione

193 **Pitotsche Röhre** f, **Staudruckmesser** m, **Stauröhre** f
□ Pitot tube, gauge tube, pitotmeter
△ tube m de Pitot, pitotmètre m
○ tubo m di Pitot

Pitting → Lochfraß

Plan → Entwurf

Plan für ein Flußgebiet, Wasserwirtschafts~ → Wasserwirtschaftsplan für ein Flußgebiet

Plan, Lage~ → Lageplan

Plan, Übersichts~ → Lageplan

194 **planieren, einebnen**
□ plane, planish, level, grade
△ aplanir, égaliser, niveler
○ planare, appianare, livellare

195 **Planieren** n, **Einebnen** n
□ gradation, levelling
△ aplanissement m, nivellement m
○ pianeggiamento m

196 **Planiergerät** n, **Erdhobel** m, **Straßenhobel** m
□ grader
△ niveleuse f
○ livellatrice f

Planierpflug → Planierraupe

197 **Planierraupe** f, **Bulldozer** m, **Planierpflug** m, **Räumpflug** m
□ bulldozer, angledozer, caterpillar grader
△ bulldozer m
○ bulldozer m

198 **Plankton** n
□ plankton
△ plancton m
○ plancton m

Plankton, pflanzliches → Phytoplankton

199 **Planktonnetz** n
□ plankton net
△ filet m à plancton
○ rete f per il plancton

200 **Planktonorganismus** m
□ planktonic organism
△ organisme m planctonique
○ organismo m planctonico

201 **Planktonproduktion** f
□ plankton production
△ production f de plancton, développement m du plancton
○ produzione f di plancton

202 **Planktonsieb** n
□ plankton sieve
△ tamis m à plancton
○ staccio m a plancton

203 **Planschbecken** n
□ paddling pool, wading pool
△ bassin m d'agrément, bassin m de jardin
○ vasca f da giardino

204 **Planung** f, **Projektierung** f
□ planning
△ planification f
○ pianificazione f, progettazione f

205 **Planung** f **auf weite Sicht**
□ long-range planning
△ planification f à long terme, planification f à longue échéance
○ pianificazione f a lunga scadenza

Planung, Auf-weite-Sicht-~ → Auf-weite-Sicht-Planung

Planung, Gebiets~ → Gebietsplanung

Planung, Landes~ → Landesplanung

Planung, Orts~ → Ortsplanung

Planung, Regional~ → Gebietsplanung

Planung, Wasserbedarfs~ → Wasserbedarfsplanung

206 **Planungsalternative** f, **Alternativplan** m
□ planning alternative, alternative plan
△ planification f alternative, plan m alternatif
○ pianificazione f alternativa, progetto m alternativo

207 **Planungsunterlagen** f pl
□ design data
△ documents m pl d'étude, renseignements m pl d'étude
○ dati m pl di progetto

208 **Plastikfilter** n
□ plastics filter
△ filtre m en plastique
○ filtro m in plastica

Plastikrohr → Kunststoffrohr

209 **plastisch**
□ plastic
△ plastique
○ plastico

210 **Plastizität** f
□ plasticity
△ plasticité f
○ plasticità f

Plastizitätsgenze → Ausrollgrenze

211 **Platin** n
□ platinum
△ platine m
○ platino m

212 **Platindraht-Impfnadel** f
□ [straight] platinum wire inoculating needle
△ aiguille m de platine pour ensemencement
○ ago m vaccinico a filo di platino

213 **Platinschwamm** m
□ platinum sponge, spongy platinum
△ éponge f de platine, mousse f de platine
○ spugna f di platino

214 **Platte** f
□ plate, slab
△ plaque f, dalle f
○ lastra f, piastra f

Platte, Agar~ → Agarplatte

eine Platte anfertigen → einen Abstrich machen

Platte, Beton~ → Betonplatte

Platte, Entwässerungs~ → Entwässerungsplatte

Platte, Filter~ → Filterplatte

Platte, Fundament~ → Fundamentplatte

Platte, Gelatine~ → Gelatineplatte

Platte, Grund~ → Grundplatte

Platte, Hartfaser~ → Holzfaserplatte

Platte, Holzfaser~ → Holzfaserplatte

Platte, Kanalbekleidungs~ → Kanalbekleidungsplatte

Platte, Preßfaser~ → Holzfaserplatte

Plattenabscheider, Parallel~ → Parallelplattenabscheider

Plattenabstrich → Abstrich

215 **Plattenbelüfter** m
□ plate-aerator
△ aérateur m à plaques, aérateur m lamellaire
○ aeratore m a piatti, aeratore m lamellare

216 **Plattengießverfahren** n (bact.)
□ pourplate method
△ culture f en plaques
○ culture f pl in piastre

217 **Plattenkultur** f (bact.)
□ Petri-dish culture, plate culture
△ culture f en boîtes de Petri
○ cultura f su piastre di Petri

218 **Plattenreihenstaumauer** f
□ slab and buttress dam
△ barrage m à plaques et à contreforts
○ diga f a lastre e a contrafforte

Plattenzählung → Keimzählung auf Agarplatten

Platz, Camping~ → Campingplatz

Platz, Zelt~ → Campingplatz

219 **Platzbedarf** m, **Raumbedarf** m
□ space required, space requirements pl
△ besoin m en place
○ bisogno m in pianta, fabbisogno m sulla piazza

platzen → bersten

Platzmangel → Raummangel

Platzregen → Regenschauer

220 **Pliozän** n
□ pliocene
△ pliocène m
○ pliocene m

221 **Plötze** f, **Schwal** m (Leuciscus rutilus; alt: Rutilus rutilus)
□ roach
△ gardon m
○ lasca f, leuciscо m rosso

Plungerpumpe → Tauchkolbenpumpe

Pluviograph → Regenmesser, selbstschreibender

222 **Podsol** m
□ podsol
△ podzol m
○ podsolo m

223 **Polarimetrie** f
□ polarimetry
△ polarimétrie f
○ polarimetria f

224 **Polarisation** f
□ polarization
△ polarisation f
○ polarizzazione f

225 **polarisieren**
□ polarize
△ polariser
○ polarizzare

226 **Polarographie** f
□ polarography
△ polarographie f
○ polarografia f

227 **Polder** m, **Koog** m
□ polder, diked marsh, reclaimed land
△ polder m
○ polder m

228 **Polderpumpwerk** n
□ polder pumping-station
△ station f de pompage de polders
○ impianto m di sollevamento di un polder

229 **Poliomyelitis** f, **Kinderlähmung** f, **spinale**
□ poliomyelitis, infantile paralysis
△ poliomyelite f, paralyse f infantile
○ poliomelite f, paralisi f infantile

Poliomyelitis → Kinderlähmung

230 **Poliovirus** n
□ poliovirus
△ poliovirus m, virus m poliomyelite
○ virus m della poliomelite

Pollen → Blütenstaub

231 **Poller** m
□ bollard
△ bollard m, bitte f
○ bitta f

232 **polumschaltbar**
□ pole-changeable, change-pole
△ à permutation f des pôles, à pôles m pl commutables
○ a polo m commutabile

233 **Polyäthylen** n
□ polyethylene, polythene
△ polyéthylène m
○ polietilene m

234 **Polyäthylenglykol** n
□ polyethylene glycol
△ polyéthylène glycol m, glycol m polyéthylénique
○ glicol m polietilenico

235 **Polyäthylenrohr** n, **PE-Rohr** n
□ polyethylene pipe, polythene pipe
△ tuyau m de polyéthylène
○ tubo m di polietilene

236 **Polyamidmembran** f
□ polyamide membrane
△ membrane f en polyamide
○ membrana f poliammidica

Polyaromat → Kohlenwasserstoff, polyaromatischer

237 **Polyelektrolyt** m
□ polyelectrolyte
△ polyélectrolyte m
○ polielettrolito m

238 **Polyesterharz** n
□ polyester resin
△ résine f de polyester
○ resina f poliestere

239 **polymer**
□ polymeric
△ polymère
○ polimero

240 **Polymerisation** f
□ polymerisation
△ polymérisation f
○ polimerizzazione f

241 **Polyphosphat** n
□ polyphosphate
△ polyphosphate m
○ polifosfato m

242 **Polysaprobien** f pl
- □ polysaprobic organisms pl
- △ polysaprobies m pl, organismes m pl polysaprobies
- ○ organismi m pl polisaprobici

Polysaprobien, Beta-~ → *Beta-Polysaprobien*

243 **Polyvinylchlorid** n, **PVC**
- □ polyvinyl chloride, PVC
- △ chlorure m de polyvinyle, CPV
- ○ cloruro m du polivinile, CPV

Polyvinylchlorid-[hart]-Rohr → *PVC-[hart]-Rohr*

Polyvinylchlorid-Rohr → *PVC-Rohr*

244 **Poncelet-Überfall** m
- □ Poncelet measuring flume
- △ canal m de mesure Poncelet
- ○ canale m di misura Poncelet

Ponor → *Schluckloch*

245 **Ponton** m
- □ pontoon
- △ ponton m
- ○ pontone m

246 **Population** f
- □ population
- △ population f
- ○ popolazione f

247 **Populationsdichte** f
- □ population density
- △ densité f de la population
- ○ densità f della popolazione

248 **Poren** f pl, **Bodenporen** f pl
- □ interstices pl
- △ interstices m pl, pores m pl
- ○ pori m pl, interstizii m pl

249 **Poren[wasser]druck** m
- □ pore [water] pressure
- △ pression f [de l'eau] interstitielle
- ○ pressione f [dell'acqua] interstiziale

250 **Porendurchlässigkeit** f
- □ permeability of pores
- △ perméabilité f des pores
- ○ permeabilità f dei pori

251 **Porenfließgeschwindigkeit** f
- □ true velocity, interstitial velocity
- △ vitesse f interstitielle, vitesse f dans les pores
- ○ velocità f interstiziale

Porengehalt → *Hohlraumgehalt*

252 **Porengröße** f
- □ pore size
- △ dimension f des pores, grandeur f des pores
- ○ dimensione f dei pori

Porengrundwasser → *Porenwasser*

Porenraum → *Hohlraumgehalt*

Porenraum, Gesamt-~ → *Gesamtporenraum*

Porenraum, relativer → *Hohlraumgehalt, relativer*

Porensaugsaum → *Kapillarsaum*

Porensaugwasser → *Kapillarwasser*

Porensaugwert → *Steighöhe, kapillare*

Porensaugwirkung → *Kapillarität*

253 **Porenverschluß** m
- □ sealing of the pores
- △ colmatage m des pores, aveuglement m des interstices
- ○ sigillatura f dei pori

Porenvolumen → *Hohlraumgehalt*

Porenvolumen, Gesamt-~ → *Gesamtporenraum*

254 **Porenwasser** n, **Hohlraumwasser** n, **Porengrundwasser** n
- □ interstitial water, void water, pore water
- △ eau f interstitielle
- ○ acqua f interstiziale

255 **Porenwasser** n, **ursprüngliches, Wasser** n, **fossiles**
- □ connate water, native water
- △ eau f connée
- ○ acqua f interstiziale

256 **Porenziffer** f
- □ void ratio
- △ indice m des vides
- ○ indice m dei pori

Porigkeit → *Hohlraumgehalt*

257 **porös**
- □ porous
- △ poreux
- ○ poroso

Porosität → *Hohlraumgehalt*

Porosität, nutzbare → *Hohlraumgehalt, nutzbarer*

258 **Porzellanfilter** n
- □ porcelain filter
- △ filtre m en porcelaine
- ○ filtro m di porcellana

259 **positiv geladen**
- □ positively charged
- △ à charge positive, positivement chargé
- ○ positivamente caricato

260 **Potamiplankton** n, **Flußplankton** n
- □ river plankton
- △ plancton m fluvial, potamoplancton m
- ○ plancton m fluviale

261 **Potamologie** f, **Flußkunde** f
- □ potamology
- △ potamologie f
- ○ potamologia f

Potential, Druck-~ → *Druckpotential*

262 **Potential** n, **elektrochemisches** (corr.)
- □ electrochemical potential
- △ potentiel m électrochimique
- ○ potenziale m elettrochimico

263 **Potentialabfall** *m*
   □ potential drop, fall of potential, drop in potential
   △ chute *f* de potentiel
   ○ caduta *f* di potenziale

264 **Potentialdifferenz** *f*
   □ potential difference
   △ différence *f* de potentiel
   ○ differenza *f* di tensione, differenza *f* di potenziale

   Potentialelektrode → *Meßelektrode*

265 **Potentialfläche** *f* **eines Grundwasserkörpers**
   □ potential area of a groundwater body
   △ superficie *f* potentielle d'un gîte aquifère
   ○ superficie *f* piezometrica di una falda acquifera

266 **Potentiometer** *n*
   □ potentiometer
   △ potentiomètre *m*
   ○ potenziometro *m*

267 **Pottasche** *f*, **Kaliumcarbonat** *n*
   □ potassium carbonate, potash
   △ carbonate *m* neutre de potassium, potasse *f*
   ○ carbonato *m* neutro di potassio, potassa *f*

268 **Prallteller** *m*
   □ dash-plate
   △ écran *m*
   ○ schermo *m*

   Prallufer → *Ufer, einbuchtendes*

   Precoat-Filter → *Anschwemmfilter*

269 **Preis** *m*
   □ price, rate
   △ prix *m*
   ○ prezzo *m*

   Preis, Einheits~ → *Einheitspreis*

   Preis, Grund~ → *Grundpreis*

   Preis, Pauschal~ → *Pauschalpreis*

270 **Preisliste** *f*
   □ priced bill of quantities, schedule of prices, bid unit prices *pl (am)*
   △ bordereau *m* des prix
   ○ elenco *m* dei prezzi

271 **Prellwand** *f*
   □ baffle, baffle wall
   △ chicane *f*
   ○ tramezzo *m*

272 **Preß- und Zentrifugenwasser** *n* (e. Fischmehlfabrik)
   □ stickwater, slickwater
   △ eaux *f pl* de pressage et de centrifugation
   ○ acque *f pl* di pressatura e di centrifugazione, acque *f pl* di cottura

273 **Presse** *f*
   □ press
   △ presse *f*
   ○ pressa *f*

   Presse, Filter~ → *Filterpresse*

274 **Presse** *f*, **hydraulische**
   □ hydraulic press
   △ presse *f* hydraulique
   ○ pressa *f* idraulica

   Presse, Schlamm~ → *Schlammpresse*

   Preßfaserplatte → *Holzfaserplatte*

275 **Preßhefefabrik** *f*
   □ press-yeast works *pl*
   △ fabrique *f* de levure pressée
   ○ fabbrica *f* di lievito compresso

   Preßkuchen → *Filterkuchen*

276 **Preßling** *m*
   □ briquette
   △ briquette *f*, aggloméré *m*
   ○ mattonella *f*, brichetta *f*

   Preßluft → *Druckluft*

277 **Preßlufthammer** *m*
   □ jackhammer
   △ marteau *m* pneumatique
   ○ martello *m* pneumatico

278 **Preßluftprobe** *f*, **Druckluftprobe** *f*
   □ compressed air test
   △ épreuve *f* à l'air comprimé
   ○ prova *f* con aria compressa

279 **Preßluftsperre** *f* *(gegen Öl)*
   □ compressed-air lock
   △ barrage *m* d'air comprimé
   ○ barriera *f* ad aria compressa

280 **Preßluftspülung** *f*
   □ compressed-air cleaning, compressed-air rinsing
   △ nettoyage *m* à l'air comprimé
   ○ purificazione *f* ad aria compressa

281 **Pressrückstände** *m pl*
   □ pressed residue
   △ résidus *m pl* de pressage, résidus *m pl* comprimés
   ○ residui *m pl* compressi

282 **Preßtrocknung** *f*
   □ de-watering by pressure, press drying
   △ déshydratation *f* par pressage, séchage *m* sous pression
   ○ disidratazione *f* sotto pressione

   Preßwasser, Hefe~ → *Hefepreßwasser*

   Preßwasser, Hopfen~ → *Hopfenpreßwasser*

   Preßwasser, Schnitzel~ → *Schnitzelpreßwasser*

283 **Priel** *n*
   □ tidal slough, tidal rill
   △ fossé *m* soumis à l'action des marées
   ○ piccolo fosso *m* influenzato dall'azione delle maree

284 **Primär(kühl)kreislauf** *m* (Kernkraftwerk)
   □ inner (cooling) cycle
   △ circuit *m* (de refroidissement) interne
   ○ circuito *m* (di raffreddamento) interno

   Privatversorgung → *Wasserversorgung, private*

285 **pro Kopf und Tag, je Kopf und Tag**
□ per capita per day, per head and day
△ par habitant et par jour, par tête et par jour
○ per testa e per giorno, al giorno per abitante

286 **Probe** f
□ sample, test, trial
△ épreuve f, échantillon m, spécimen m
○ prova f, campione m, saggio m

Probe, Belastungs~ → *Belastungsprobe*

Probe, Boden~ → *Bodenprobe*

Probe, Einzel~ → *Einzelprobe*

287 **Probe** f, **korrespondierende**
□ corresponding sample
△ échantillon m correspondant
○ campione m corrispondente

Probe, Kugelfall~ → *Kugelfallprobe*

288 **Probe** f, **ungestörte**
□ undisturbed sample
△ échantillon m non remanié, échantillon m non modifié
○ campione m non modificato

Probebohrung → *Versuchsbohrung*

289 **Probeentnahme** f, **Entnahme** f **einer Probe, Probenahme** f
□ collecting of samples, sampling, taking of samples
△ prélèvement m des échantillons, prise f d'échantillon, échantillonnage m
○ presa f dei campioni, prelievo m dei campioni, prelevamento m dei campioni, campionatura f, campionamento m

290 **Probeentnahmegerät** n, **Entnahmegerät** n, **Entnahmevorrichtung** f
□ sampling device
△ appareil m de prise d'échantillon, appareil m de prélèvement d'échantillons
○ dispositivo m per la presa di campioni, apparecchiatura f per il prelievo di campioni

291 **Probehahn** m, **Probierhahn** m
□ sampling tap, pet cock, test cock, petcock
△ robinet m de prise des échantillons, robinet m de prélèvement
○ rubinetto m per la presa di campioni

292 **Probelauf** m, **Versuchslauf** m
□ trial run, test run
△ marche f d'essai
○ marcia f di prova

Probenahme → *Probeentnahme*

293 **Probenahme** f, **kontinuierliche**
□ continuous sampling
△ prélèvement m continu d'échantillons
○ prelievo m continuo dei campioni

294 **Probenahme** f, **proportionale**
□ proportional sampling
△ échantillonnage m proportionnel, prélèvement m proportionnel d'échantillons
○ presa f proporzionale dei campioni

295 **Probenahme** f, **zeitproportionale**
□ time-proportional sampling
△ prise f d'échantillons en fonction du temps, prélèvements m pl proportionnels au temps
○ campionamento m proporzionale al tempo, presa f dei campioni proporzionale al tempo

Probenahmegerät → *Probenehmer*

296 **Probenahmestelle** f, **Entnahmestelle** f **von Proben, Schöpfstelle** f **von Proben**
□ sampling point
△ lieu m de prise des échantillons, point m d'échantillonnage, endroit m du prélèvement
○ punto m di presa di campioni

297 **Probenehmer** m, **Probenahmegerät** n
□ sampler, sample collector
△ échantillonneur m, agent m prélevant des échantillons, préleveur m
○ campionatore m

298 **Probenehmer** m, **automatischer**, **Entnahmegerät** n, **automatisches**
□ automatic sampler, autosampler
△ échantillonneur m automatique, appareil m automatique de prise d'échantillons
○ campionatore m automatico

299 **Probenehmer** m, **mengenproportionaler**, **Proportionalprobenehmer** m
□ sampler for flow-proportional samples, proportionate sampler
△ appareil m de prise d'échantillons en fonction du débit
○ apparecchio m per la presa di campioni proporzionali alla portata

Probenehmer, Schnee~ → *Schneeprobenehmer*

300 **Probenflasche** f
□ sample bottle
△ flacon m pour échantillon, bouteille f échantillon
○ bottiglia f per campioni

301 **Probentransport** m
□ sample transport
△ transport m des échantillons
○ trasporto m di campioni

302 **Probestück** n
□ specimen
△ éprouvette f
○ saggio m

Probierglas → *Reagenzglas*

Probierhahn → *Probehahn*

303 **Probierpumpe** f
□ testing pump
△ pompe f d'épreuve
○ pompa f di prova a mano, pompa f di collaudo alla condotta

304 **Probiertiegel** m
□ test crucible
△ creuset m d'essai
○ copella f, crogiuolo m da saggio

305 **Produkte** n pl, **nichtionogene**
□ nonionics pl
△ produits m pl non ionogènes, produits m pl non ioniques
○ prodotti m pl non ionogeni

306 **Produktion** f, **Fertigung** f
□ production, yield
△ production f, développement m
○ produzione f

Produktionsverfahren → *Herstellungsverfahren*

307 **Produktivität** f
□ productivity
△ productivité f
○ produttività f

308 **Profil** n
□ profile, section
△ profil m, coupe f, section f
○ sezione f, profilo m

Profil, Boden~ → *Bodenprofil*

Profil, Ei~ → *Querschnitt, eiförmiger*

309 **Profil** n **eines Fließgewässers, Flußprofil** n, **Gewässerprofil** n, **Längenprofil** n **eines Wasserlaufs, Längsschnitt** m, **hydrologischer**
□ stream profile, longitudinal section of a watercourse
△ profil m en long d'un cours d'eau, profil m en long d'une rivière
○ profilo m longitudinale di un corso d'acqua, profilo m longitudinale di un fiume

310 **Profil** n, **hydraulisches**
□ hydraulic profile
△ section f hydraulique, profil m hydraulique
○ profilo m idraulico, sezione f idraulica

Profil, Parabel~ → *Querschnitt, parabelförmiger*

311 **Profildrahtsieb** n
□ wedge wire filter
△ tamis m en fil profilé, filtre m en fil à section triangulaire
○ staccio m in filo profilato

312 **Profileisen** n
□ sectional steel, iron profile
△ fer m profilé, profilé m
○ ferro m profilato, profilato m

313 **Profilradius** m, **Querschnittstiefe** f, **hydraulische, Radius** m, **hydraulischer, Tiefe** f, **hydraulische**
□ hydraulic radius, hydraulic mean depth
△ rayon m moyen, rayon m hydraulique
○ raggio m idraulico

314 **Profundal** n, **Tiefenregion** f
□ profound region
△ zone f abyssale, abysse f
○ zona f abissale

315 **Programmsteuerung** f
□ program control
△ commande f du programme, contrôle m du programme
○ comando m a programma, controllo m a programma

Programmsteuerung → *Steuerung des Programms*

Projekt → *Entwurf*

Projektierung → *Planung*

316 **Propan** n
□ propane
△ propane m
○ propano m

317 **Propeller** m, **Antriebsschraube** f
□ propeller
△ hélice f
○ elica f, propulsore m

Propellerpumpe → *Flügelradpumpe*

proportional, umgekehrt ~ → *umgekehrt proportional*

Proportionalprobenehmer → *Probenehmer, mengenproportionaler*

318 **Propylen** n
□ propylene
△ propylène m
○ propilene m

319 **Protease** f
□ protease
△ protéase f
○ proteasi f

320 **Protein** n
□ protein
△ protéine f
○ proteina f

Protein → *Eiweiß*

321 **Proteolyse** f, **Eiweißspaltung** f
□ proteolysis
△ protéolyse f, dissociation f de l'albumine
○ proteolisi f

322 **proteolytisch, eiweißspaltend**
□ proteolytic
△ protéolytique
○ proteolitico

323 **Protokoll** n, **Befundschein** m
□ protocol
△ compte-rendu m, procès-verbal m, certificat m, protocole m d'observations
○ processo m verbale, certificato m, protocollo m

Protokoll, Abnahme~ → *Abnahmeprotokoll*

Protokoll, Bohr~ → *Bohrregister*

324 **Protoplasma** *n*
□ protoplasm
△ protoplasme *m*, protoplasma *m*
○ protoplasma *m*

325 **Protoplasmagift** *n*
□ protoplasmic poison
△ poison *m* protoplasmique
○ veleno *m* protoplasmatico

326 **Prototyp** *m*
□ prototype
△ prototype *m*
○ prototipo *m*

Protozoen → *Urtiere*

Prozeß, chemischer → *Verfahren, chemisches*

327 **Prozeß** *m*, **gerichtlicher**
□ law-suit
△ procès *m*
○ processo *m*

328 **Prozeßwärme** *f*, **Umsetzungswärme** *f*
□ process heat
△ chaleur *f* de process, chaleur *f* de transformation
○ calore *m* di processo

329 **Prozeßwasser** *n*, **Fabrikationsabwasser** *n*
□ process water
△ eau *f* de process, eaux *f* *pl* résiduaires de fabrication, eau *f* de fabrication
○ acqua *f* di rifiuto di fabbricazione

330 **Prüfbericht** *m*
□ test report, testing report
△ procès-verbal *m* d'essais
○ relazione *f* di prova

331 **Prüfdruck** *m* **im Graben**
□ testing pressure in trench
△ pression *f* d'essai en tranchée
○ pressione *f* di collaudo in trincea

332 **Prüfdruck** *m* **im Werk**
□ testing pressure in works
△ pression *f* d'essai en usine
○ pressione *f* di collaudo in officina

Prüfgang → *Besichtigungsgang*

333 **Prüfmethode** *f*, **Prüfverfahren** *n*
□ testing method
△ méthode *f* d'épreuve
○ metodo *m* di prova

334 **Prüfstand** *m*
□ bench, testing bench
△ banc d'essai *m*
○ banco *m* di prova, banco *m* di controllo

Prüfstand für Wasserzähler → *Zählerprüfstand*

335 **Prüfstrecke** *f*
□ test section
△ tronçon *m* d'essai
○ tronco *m* di prova

336 **Prüfung** *f*
□ examination, investigation, test
△ épreuve *f*, examen *m*, vérification *f*
○ prova *f*, esame *m*, controllo *m*

Prüfung, Dichtigkeits~ → *Dichtigkeitsprüfung*

Prüfung, mechanische → *Test, mechanischer*

Prüfung, Sinnen~ → *Sinnenprüfung*

Prüfverfahren → *Prüfmethode*

PS → *Pferdestärke*

Psychoda → *Tropfkörperfliege*

Psychrometer → *Luftfeuchtigkeitsmesser*

psychrophil → *kälteliebend*

337 **Pülpe** *f*
□ pulp
△ pulpe *f*
○ polpa *f*

338 **Pülpe** *f* **von Äpfeln**
□ pomace, apple pulp
△ pulpe *f* de pommes, purée *m* de pommes
○ polpa *f* di mele

339 **Pülpefänger** *m*
□ pulp catcher
△ puiseur *m* de pulpe
○ ricuperatore *m* di polpa

340 **Pülpepreßwasser** *n*
□ pulp press water
△ eau *f* de pressage des pulpes
○ acqua *f* di rifiuto della spremitura di polpe

341 **Pülpesieb** *n*
□ pulp screen
△ tamis *m* à pulpe
○ staccio *m* a polpa

342 **Puffer** *m*
□ buffer
△ tampon *m*
○ tampone *m*

Pufferbecken → *Ausgleichbecken*

343 **Pufferbehälter** *m*
□ buffer-tank
△ réservoir *m* tampon
○ serbatoio *m* di polmonazione

344 **Pufferlösung** *f* *(chem.)*
□ buffer solution
△ solution *f* tampon
○ soluzione *f* tampone

345 **puffern** *(chem.)*
□ buffer
△ tamponner
○ tamponare

346 **Pufferungsvermögen** *n*
□ buffering capacity, buffer capacity, shock absorbing capacity
△ pouvoir *m* tampon, capacité *f* tampon
○ capacità *f* tampone, azione *f* cuscinetto

347 **Pufferwirkung** f *(chem.)*
□ buffering action, buffering effect
△ effet m tampon
○ azione f tampone, azione f compensatrice

348 **Pulsation** f, **Welle** f, **innere**
□ pulsation
△ pulsation f
○ pulsazione f

349 **Pulsgenerator** m
□ pulse generator
△ générateur m de pulsations
○ generatore m di pulsazioni

350 **Pulsometer** m, **Dampfdruckpumpe** f
□ pulsometer
△ pulsomètre m
○ pulsometro m

Pult, Schalt~ → *Schalttisch*

351 **Pulveraktivkohle** f
□ powdered activated carbon
△ charbon m actif pulvérulent, charbon m actif en poudre
○ carbone m attivo in polvere

352 **Pulverfabrik** f
□ powder mill
△ poudrerie f
○ polverificio m

Pulverkalk → *Kalkpulver*

353 **Pulverkohle** f
□ powdered coal, carbon powder
△ charbon m pulvérisé
○ carbone m polverizzato

354 **Pumpe** f
□ pump
△ pompe f
○ pompa f

Pumpe, Abwasser~ → *Abwasserpumpe*

Pumpe, Balg~ → *Membranpumpe*

Pumpe, Bau~ → *Baupumpe*

Pumpe, Bilge~ → *Bilgepumpe*

Pumpe, Bohrloch~ → *Bohrlochpumpe*

Pumpe, Bohrlochwellen~ → *Bohrlochwellenpumpe*

Pumpe, Dampf~ → *Dampfpumpe*

Pumpe, Dampfstrahl~ → *Dampfstrahlpumpe*

Pumpe, Dickstoff~ → *Dickstoffpumpe*

355 **Pumpe** f, **direkt gekuppelte**
□ directly connected pump, directly coupled pump
△ pompe f à accouplement direct, pompe f accouplée directement
○ pompa f direttamente accoppiata

356 **Pumpe** f, **doppelt wirkende**
□ double-acting pump, double-action pump
△ pompe f à double effet
○ pompa f a doppio effetto

Pumpe, Drehkolben~ → *Drehkolbenpumpe*

Pumpe, Drillings~ → *Drillingspumpe*

Pumpe, Druck~ → *Druckpumpe*

Pumpe, Druckerhöhungs~ → *Druckerhöhungspumpe*

Pumpe, Druckhöhe einer ~ → *Druckhöhe einer Pumpe*

Pumpe, einflutige → *Pumpe, einseitig saugende*

357 **Pumpe** f, **einseitig saugende, Pumpe** f, **einflutige**
□ single-inlet pump, single-suction pump
△ pompe f à simple aspiration
○ pompa f ad alimentazione unilaterale

Pumpe, einstufige, Kreisel~ → *Kreiselpumpe, einstufige*

Pumpe, Einzylinder-Plunger-~ → *Einzylinder-Plunger-Pumpe*

Pumpe, Evolventen~ → *Evolventenpumpe*

Pumpe, Flügelrad~ → *Flügelradpumpe*

Pumpe, Förder~ → *Förderpumpe*

358 **Pumpe** f, **gekapselte**
□ canned pump
△ pompe f à carter, pompe f blindée, pompe f cuirassée
○ pompa f incapsulata, pompa f blindata

Pumpe, halbaxiale, Vertikal~ → *Vertikalpumpe, halbaxiale*

Pumpe, Hand~ → *Handpumpe*

Pumpe, Hilfs~ → *Hilfspumpe*

Pumpe, Hochdruck~ → *Hochdruckpumpe*

Pumpe, Horizontalkreisel~ → *Horizontalkreiselpumpe*

Pumpe, Kanalrad~ → *Kanalradpumpe*

Pumpe, Kolben~ → *Kolbenpumpe*

Pumpe, Kreisel~ → *Kreiselpumpe*

Pumpe, Lenz~ → *Bilgepumpe*

359 **Pumpe** f, **liegende**
□ horizontal pump
△ pompe f horizontale
○ pompa f orizzontale

Pumpe, Luft~ → *Luftpumpe*

Pumpe, Mammut~ → *Mammutpumpe*

360 **Pumpe** f **mit beiderseits beaufschlagtem Laufrad**
□ pump with balanced hydraulic thrust
△ pompe f à roue équilibrée
○ pompa f con girante equilibrato

361 **Pumpe** f **mit Druckluftantrieb**
□ air-powered pump, compressed air operated pump
△ pompe f actionnée par air comprimé
○ pompa f azionata ad aria compressa

362 **Pumpe** f **mit geradlinig hin- und hergehendem Kolben**
□ reciprocating pump
△ pompe f à piston à mouvement rectiligne et alternatif
○ pompa f a pistone in moto rettilineo alternativo

Pumpe mit sich erweiternden Leitkanälen, Kreisel~ → *Kreiselpumpe mit sich erweiternden Leitkanälen*

Pumpe mit Spitzrechen, Kreisel~ → *Kreiselpumpe mit Spitzrechen*

363 **Pumpe** f **mit veränderlichem Hub**
□ variable stroke pump
△ pompe f à longueur de course variable
○ pompa f di corsa variabile

Pumpe, Motor~ → *Motorpumpe*

Pumpe, Niederdruck~ → *Niederdruckpumpe*

Pumpe, Plunger~ → *Tauchkolbenpumpe*

Pumpe, Radial~ → *Radialpumpe*

Pumpe, Räder~ → *Zahnradpumpe*

364 **Pumpe** f**, regelbare, Pumpe** f**, stufenlos regelbare, Pumpe** f**, stufenlose**
□ adjustable speed pump, variable speed pump
△ pompe f à régime variable
○ pompa f a velocità variabile

Pumpe, Rohabwasser~ → *Rohabwasserpumpe*

Pumpe, Rohrbrunnen~ → *Rohrbrunnenpumpe*

Pumpe, Rotations~ → *Rotationspumpe*

Pumpe, Säure~ → *Säurepumpe*

Pumpe, Sand~ → *Ventilpumpe*

Pumpe, Saug~ → *Saugpumpe*

Pumpe, Saug- und Druck~ → *Saug- und Druckpumpe*

Pumpe, Schlamm~ → *Schlammpumpe*

Pumpe, Schnecken~ → *Schneckenpumpe*

Pumpe, Schraubenrad~ → *Schraubenradpumpe*

Pumpe, Schwungrad~ → *Schwungradpumpe*

Pumpe, schwungradlose, Dampf~ → *Dampfpumpe, schwungradlose*

365 **Pumpe** f**, selbstansaugende**
□ self-priming pump, self-starting pump
△ pompe f à auto-amorçage
○ pompa f auto-aspirante

Pumpe, Spiralgehäuse~ → *Spiralgehäusepumpe*

366 **Pumpe** f**, stehende**
□ vertical pump
△ pompe f verticale
○ pompa f verticale

Pumpe, Strahl~ → *Strahlpumpe*

Pumpe, stufenlos regelbare → *Pumpe, regelbare*

Pumpe, stufenlose → *Pumpe, regelbare*

Pumpe, Tauchkolben~ → *Tauchkolbenpumpe*

Pumpe, Tauchmotor~ → *Tauchmotorpumpe*

Pumpe, Tiefbrunnen~ → *Tiefbrunnenpumpe*

Pumpe, Turbinen~ → *Turbinenpumpe*

Pumpe, Umwälz~ → *Umwälzpumpe*

Pumpe, Unterwasser~ → *Unterwasserpumpe*

Pumpe, Ventil~ → *Ventilpumpe*

Pumpe, Versenk~ → *Versenkpumpe*

Pumpe, vertikalachsige, Kreisel~ → *Kreiselpumpe, vertikalachsige*

367 **Pumpe** f**, von oben nach unten fördernde**
□ upside down pump
△ pompe f fonctionnant de haut en bas
○ pompa f funzionante dall'alto in basso

Pumpe, Vorhebe~ → *Vorhebepumpe*

Pumpe, Wasserstrahl~ → *Wasserstrahlpumpe*

Pumpe, Wind~ → *Windpumpe*

Pumpe, Zumeß~ → *Dosierpumpe*

368 **Pumpe** f**, zweiflutige, Pumpe** f**, zweiseitig saugende**
□ double suction pump
△ pompe f à double aspiration
○ pompa f a doppia aspirazione

Pumpe, zweiseitig saugende → *Pumpe, zweiflutige*

Pumpe, Zwillings~ → *Zwillingspumpe*

Pumpeinrichtung → *Pumpeneinrichtung*

369 **pumpen, drücken, heben**
□ pump, force
△ pomper, presser
○ pompare, premere

pumpen → *heben*

370 **Pumpenaggregat** n **, Pumpensatz** m
□ pump unit, pump set
△ groupe m de pompes, jeu m de pompes, batterie f de pompes
○ gruppo m di pompe

371 **Pumpenantrieb** m
□ pump drive
△ entraînement m de pompe, commande f de pompe
○ comando m delle pompe

Pumpencharakteristik → *Pumpenkennlinie*

372 **Pumpendrucklager** n
□ thrust pump bearing
△ palier m de butée d'une pompe
○ supporto m di spinta della pompa

373 **Pumpeneinrichtung** f, **Pumpeinrichtung** f
□ pumping equipment
△ équipement m de pompage
○ attrezzatura f per il pompaggio

Pumpenförderung → *Förderleistung*

374 **Pumpenfundament** n
□ pump foundation
△ fondation f de pompe, embase f de pompe
○ basamento m di pompe

375 **Pumpengehäuse** n, **Pumpenkörper** m
□ barrel of a pump
△ corps m de pompe
○ carcassa f della pompa, corpo m di pompa

376 **Pumpenhaus** n
□ pump house
△ bâtiment m des pompes
○ cabina f delle pompe

Pumpenhaus, Schlamm~ → *Schlammpumpenhaus*

377 **Pumpenhub** m
□ pump lift, stroke, pump stroke
△ course f de la pompe
○ corsa f della pompa

378 **Pumpenkennlinie** f, **Pumpencharakteristik** f
□ pump characteristics pl, pump diagram, diagram of a pump, characteristics pl of a pump
△ caractéristique f de la pompe, diagramme m de la pompe
○ caratteristica f di una pompa, diagramma m della pompa

Pumpenkörper → *Pumpengehäuse*

379 **Pumpenkolben** m
□ piston of the pump
△ piston m de pompe
○ pistone m di pompa, stantuffo m di pompa

Pumpenleistung → *Förderleistung*

Pumpenleistung → *Istmenge*

380 **Pumpenmembran** f
□ pump diaphragm
△ membrane f de pompe, diaphragme m de pompe
○ membrana f di pompa

381 **Pumpenraum** m
□ pump room, pump shop
△ salle f de pompage, salle f des pompes, abri m des pompes
○ locale m delle pompe, sala f di pompe

Pumpensatz → *Pumpenaggregat*

382 **Pumpensumpf** m
□ pumping pit, wet well, suction well, sump, dry well, pump pit
△ puisard m, puits m à sec
○ pozzetto m di aspirazione

383 **Pumpenturbine** f, **umkehrbare**
□ reversible pump turbine
△ turbo-pompe f réversible
○ turbo-pompa f reversibile

384 **Pumpenwärter** m
□ pump operator
△ conducteur m de pompes
○ conduttore m di pompe

385 **Pumpenwelle** f, **Welle** f **einer Pumpe**
□ pump shaft
△ arbre m de pompe, axe m de pompe
○ albero m di pompa

386 **Pumpenzylinder** m
□ pump barrel
△ corps m de pompe
○ cilindro m di pompa

Pumpförderung → *Förderung*

387 **Pumpgrenze** f
□ surge limit, surge line
△ limite f de pompage, limite f de refoulement
○ limite m di pompaggio

Pumphöhe → *Förderhöhe*

388 **Pumpkosten** pl
□ pumping charges pl, pumping costs pl
△ frais m pl de pompage, coût m de pompage
○ spese f pl di pompaggio

389 **Pumpspeicherwerk** n
□ pumped-storage plant, pumping power station
△ centrale f de production et de pompage, centrale f hydroélectrique avec accumulation par pompage
○ centrale f di produzione e di pompaggio, impianto m idroelettrico con pompatura

Pumpstation → *Pumpwerk*

Pumpstation, Rohabwasser~ → *Rohabwasserpumpstation*

390 **Pumpversuch** m
□ pumping test, test pumping
△ essai m de pompage, essai m de débit, essai m de puits
○ prova f di pompaggio, esperimento m di pompaggio

Pumpversuch, Dauer~ → *Dauerpumpversuch*

391 **Pumpwerk** n, **Pumpstation** f, **Schöpfwerk** n
□ pumping station, pump station, pump works pl
△ station f de pompage, installation f de pompage, usine f élévatoire, station f de relèvement, poste f de pompage, poste f de relèvement
○ stazione f di pompaggio, impianto m idrovoro, idrovora f, impianto m di sollevamento dell'acqua, centrale f di sollevamento dell'acqua

Pumpwerk, Abwasser~ → *Abwasserpumpwerk*

Pumpwerk, automatisches → *Pumpwerk, selbsttätiges*

Pumpwerk, Polder~ → *Polderpumpwerk*

392 Pumpwerk *n*, **selbsttätiges, Pumpwerk** *n*, **automatisches**
□ automatic pumping station, automatic pump station, self-acting pump station
△ station *f* de pompage automatique
○ stazione *f* di pompaggio automatica, impianto *m* automatico di sollevamento d'acqua

Punkt, lentokapillarer
→ *Lentokapillarpunkt*

Punkt, Sättigungs~ → *Sättigungspunkt*

393 Punktdaten *n pl*
□ point data
△ résultats *m pl* ponctuels, renseignements *m pl* ponctuels
○ dati *m pl* puntuali

394 Punktmessung *f*
□ point measuring method
△ méthode *f* de mesures ponctuelles
○ metodo *m* di misure puntuali

395 Puppe *f* *(zool.)*
□ pupa, chrysalis
△ chrysalide *f*
○ crisalide *f*

396 Purpurbakterien *f pl (Thiorodaceae)*
□ purple sulfur bacteria *pl*
△ sulfo-bactéries *f pl* pourpres, Thiorhodacées *f pl*
○ solfo-batteri *m pl* purpurei

397 Putz *m*, **Verputz** *m*
□ plaster, coating
△ enduit *m*
○ intonaco *m*

Putzöffnung → *Reinigungsöffnung*

PVC → *Polyvinylchlorid*

PVC, Hart-~ → *Hart-PVC*

398 PVC-[hart]-Rohr *n*, **Polyvinylchlorid-[hart]-Rohr** *n*
□ rigid-PVC pipe
△ tuyau *m* en chlorure de polyvinyle rigide
○ tubo *m* in CPV rigido

399 PVC-Rohr *n*, **Polyvinylchlorid-Rohr** *n*
□ PVC pipe
△ tuyau *m* en CPV
○ tubo *m* in CPV, tubo *m* in cloruro di polivinile

400 Pyknometer *n*
□ pycnometer
△ pycnomètre *m*
○ picnometro *m*

401 Pyridin *n*
□ pyridine
△ pyridine *f*
○ piridina *f*

Pyrit → *Schwefelkies*

402 Pyrolyse *f*
□ pyrolysis
△ pyrolyse *f*
○ pirolisi *f*

403 Pyrolyse-Analysator *m*
□ pyrolytic analyzer
△ analyseur *m* pyrolytique, analyseur *m* par pyrolyse
○ analizzatore *m* per pirolisi

404 Pyrolysen-Chromatographie *f*
□ pyrolysis gas chromatography
△ chromatographie *f* gazeuse pyrolytique
○ cromatografia *f* di gas di pirolisi

Q-Stück → *Flanschenkrümmer 90°*

1 Quaderstein *m*
- □ dimension stone
- △ pierre *f* prétaillée
- ○ quadrone *m*, quadrello *m*

2 Quadratdezimeter *m*
- □ square decimeter [decimetre]
- △ décimètre *m* carré
- ○ decimetro *m* quadrato

3 Quadratfuß *m*
- □ square foot
- △ pied *m* carré
- ○ piede *m* quadrato

4 Quadratmeter *m*
- □ square meter [metre]
- △ mètre *m* carré
- ○ metro *m* quadrato

5 Quadratmillimeter *m*
- □ square millimeter [millimetre]
- △ millimètre *m* carré
- ○ millimetro *m* quadrato

6 Quadratwurzel *f*
- □ square root
- △ racine *f* carrée
- ○ radice *f* quadrata, radice *f* seconda

7 Quadratzentimeter *m*
- □ square centimeter [centimetre]
- △ centimètre *m* carré
- ○ centimetro *m* quadrato

8 Quadrupol-Resonanzspektrometrie *f*, **nukleare, NQS**
- □ nuclear quadrupol resonance spectrometry, NQS
- △ spectrométrie *f* de résonance nucléaire quadrupolaire
- ○ spettrometria *f* di risonanza nucleare di quadripolo

9 qualitativ
- □ qualitative
- △ qualitatif
- ○ qualitativo

10 Qualle *f*, **Meduse** *f*
- □ jelly-fish
- △ méduse *f*
- ○ medusa *f*, ortica *f* marina, cappello *m* di mare

Qualmwasser → *Sickerwasser*

11 quantitativ
- □ quantitative
- △ quantitatif
- ○ quantitativo

12 Quartär *n*
- □ quaternary
- △ quaternaire *m*, ère *f* quaternaire
- ○ era *f* quaternaria, era *f* neozoica

13 Quarz *m*
- □ quartz
- △ quartz *m*
- ○ quarzo *m*

14 Quarzit *m*
- □ quartzite
- △ quartzite *m*
- ○ quarzite *m*

15 Quarzquecksilberdampflampe *f*
- □ quartz mercury lamp, mercury vapour quartz lamp
- △ lampe *f* à vapeur de mercure en quartz
- ○ lampada *f* di quarzo a vapore di mercurio

16 Quarzsand *m*
- □ quartz sand
- △ sable *m* quartzeux, sable *m* siliceux
- ○ sabbia *f* quarzosa

17 quaternär
- □ quaternary
- △ quaternaire
- ○ quaternario

18 Quecksilber *n*
- □ mercury, quicksilver
- △ mercure *m*
- ○ mercurio *m*

19 Quecksilber-Kapillarelektrode *f*
- □ mercury capillary electrode
- △ électrode *f* capillaire à (gouttes de) mercure
- ○ elettrodo *m* capillare a mercurio

20 Quecksilberdampflampe *f*
- □ mercury lamp
- △ lampe *f* à vapeur de mercure
- ○ lampada *f* a vapori di mercurio

21 Quecksilberdichtung *f*
- □ mercury seal
- △ joint *m* au mercure
- ○ tenuta *m* a mercurio

22 Quecksilbersäule *f*
- □ column of mercury
- △ colonne *f* barométrique, colonne *f* de mercure
- ○ colonna *f* di mercurio

23 Quelle *f*
- □ spring, source
- △ source *f*
- ○ sorgente *f*, fonte *f*, polla *f*

24 Quelle *f*, **artesische**
- □ artesian spring
- △ source *f* artésienne
- ○ sorgente *f* artesiana

Quelle, Auslauf~ → *Auslaufquelle*

Quelle, Filter~ → *Grundwasseraustritt, flächenhafter*

Quelle, Grund~ → *Grundquelle*

Quelle, Hang~ → *Hangquelle*

Quelle, Heil~ → *Mineralquelle*

Quelle, Hoch~ → *Hochquelle*

Quelle, intermittierende → *Quelle, pulsende*

Quelle, Klippen~ → *Klippenquelle*

Quelle, Kluft~ → *Spaltquelle*

Quelle, Mineral~ → *Mineralquelle*

Quelle, perennierende → Quelle, permanente

Quelle, periodische → Quelle, pulsende

25 Quelle f, permanente, Dauerquelle f, Quelle f, perennierende
□ perennial spring
△ source f pérenne
○ sorgente f perenne

26 Quelle f, pulsende, Quelle f, intermittierende, Quelle f, periodische, Quelle f, pulsierende
□ intermittent spring, pulsating spring, periodic spring, ebbing and flowing spring
△ source f intermittente
○ sorgente f intermittente

Quelle, pulsierende → Quelle, pulsende

27 Quelle f, radioaktive
□ radioactive spring
△ source f radio-active
○ sorgente f radioattiva

Quelle, Schicht~ → Schichtquelle

Quelle, Schutt~ → Schuttquelle

Quelle, Senkungs~ → Senkungsquelle

Quelle, Sicker~ → Grundwasseraustritt, flächenhafter

Quelle, Sol~ → Solquelle

Quelle, Spring~ → Geysir

Quelle, Stau~ → Stauquelle

Quelle, subaquatische → Grundquelle

Quelle, Tal~ → Talquelle

Quelle, Terrassen~ → Terrassenquelle

Quelle, Thermal~ → Thermalquelle

Quelle, Überfall~ → Überlaufquelle

Quelle, Überlauf~ → Überlaufquelle

28 Quelle f, unterseeische
□ submarine spring
△ source f sousmarine
○ sorgente f sottomarina

Quelle, Unterwasser~ → Grundquelle

29 Quellen n
□ swelling
△ gonflement m
○ rigonfiamento m

30 Quellenablenkung f
□ diverting the course of a source, deviation of a source
△ déviation f d'une source
○ deviazione f di una sorgente

31 Quellenaustritt m, Austritt m einer Quelle, Zutagetreten n einer Quelle
□ cropping out of a source
△ émergence f d'une source, résurgence f d'une source
○ sbocco m di una sorgente, affioramento m di una sorgente

32 Quellenband n
□ line of springs
△ batterie f de sources, série f de sources
○ linea f delle sorgenti

Quellenschutzgebiet → Quellschutzgebiet

33 Quellentyp m
□ type of spring
△ type m de source
○ tipo m di sorgente

34 Quellfassung f
□ tapping of a spring
△ captage m d'une source
○ captazione f di sorgente

35 Quellgebiet n
□ head of a river, headwater of a river, headwater area
△ bassin m de la source, région f des sources
○ terreno m di sorgente, sgorgo m naturale delle acque, bacino m di una sorgente, regione f sorgentifera

36 Quellschacht m
□ shaft of a spring, pit of a spring
△ puits m de captage d'une source
○ pozzo m della sorgente

37 Quellschüttung f, Schüttung f einer Quelle
□ delivery of a spring, delivery of a source
△ débit m d'une source
○ portata f della sorgente

38 Quellschutzgebiet n, Quellenschutzgebiet n
□ head water protection area, headwater area of protection, spring protection area
△ zone f de protection des sources
○ zona f di protezione delle fonti

39 Quellsee m
□ groundwater-fed lake
△ lac m alimenté par de l'eau souterraine
○ lago m alimentato da falde sotterranee

40 Quellstube f
□ chamber of a source
△ chambre f de captage d'une source
○ camera f della sorgente

41 Quellwasser n
□ spring water
△ eau f de source
○ acqua f di sorgente, acqua f sorgiva

42 Quellwasserspiegel m
□ level of the spring
△ niveau m d'émergence de source
○ pelo m dell'acqua sorgiva

43 Querbewehrung f
□ cross reinforcement
△ armature f transversale
○ armatura f trasversale

44 Querdränung f
□ transverse drainage, cross-drainage
△ drainage m transversal
○ drenaggio m trasversale

45 **Querdurchlaß** m
- □ cross culvert
- △ larron m
- ○ tombino m trasversale

46 **Querfuge** f
- □ transverse joint
- △ joint m transversal
- ○ giunto m trasversale

47 **querlaufend, querstehend**
- □ transverse
- △ transversale
- ○ trasversale

48 **Quernaht** f
- □ transverse welding seam
- △ soudure f transversale
- ○ chiodatura f trasversale, saldatura f trasversale

Querprofil → *Querschnitt*

49 **Querschnitt** m, **Querprofil** n
- □ cross section, transverse section
- △ profil m en travers, section f transversale, coupe f transversale, coupe f en travers, section f droite
- ○ sezione f trasversale, profilo m trasversale, taglio m trasversale

Querschnitt, Abfluß~ → *Durchfluß-querschnitt*

Querschnitt, benetzter → *Fläche, benetzte*

50 **Querschnitt** m, **dreieckiger, Dreieckquerschnitt** m
- □ triangular cross-section
- △ section f triangulaire
- ○ sezione f trasversale triangolare

Querschnitt, Durchfluß~ → *Durchfluß-querschnitt*

51 **Querschnitt** m, **eiförmiger, Eiprofil** n, **Eiquerschnitt** m, **Querschnitt** m, **ovaler**
- □ oval cross section, egg-shaped section
- △ section f [transversale] ovale, section f [transversale] ovoïde
- ○ sezione f ovale, sezione f oviforme, sezione f [trasversale] ovale

52 **Querschnitt** m, **halbkreisförmiger, Halbkreisquerschnitt** m
- □ semi-circular cross-section
- △ section f semi-circulaire, profil m semi-circulaire
- ○ sezione f trasversale semi-circolare

53 **Querschnitt** m, **hufeisenförmiger**
- □ horseshoe shaped section, horseshoe section
- △ section f en fer de cheval
- ○ sezione f a ferro di cavallo

54 **Querschnitt** m, **kreisförmiger, Kreisprofil** n, **Kreisquerschnitt** m
- □ circular cross section, circular transverse section
- △ section f [transversale] circulaire
- ○ sezione f circolare

Querschnitt, Leitungs~ → *Leitungs-querschnitt*

Querschnitt, ovaler → *Querschnitt, eiförmiger*

55 **Querschnitt** m, **parabelförmiger, Parabelprofil** n, **Parabelquerschnitt** m
- □ parabolic cross-section
- △ section f parabolique, profil m parabolique
- ○ sezione f trasversale parabolica, profilo m parabolico

56 **Querschnitt** m, **rechteckiger, Rechteckquerschnitt** m
- □ rectangular cross-section
- △ section f rectangulaire
- ○ sezione f rettangolare

Querschnitt, Trapez~ → *Trapezquerschnitt*

57 **Querschnittsfläche** f
- □ cross-sectional area
- △ surface f de section
- ○ area f di una sezione trasversale

58 **Querschnittsgeschwindigkeit** f, **Querschnittsgeschwindigkeit** f, **mittlere**
- □ overall mean velocity
- △ vitesse f moyenne pour une section
- ○ velocità f media per la sezione trasversale

59 **Querschnittsgeschwindigkeit** f **bei Ebbestrom**
- □ overall mean velocity of outgoing tidal flow
- △ vitesse f moyenne générale du courant à marée descendante
- ○ velocità f media dell'acqua con la marea discendente

60 **Querschnittsgeschwindigkeit** f **bei Flutstrom**
- □ overall mean velocity of incoming tidal flow
- △ vitesse f moyenne générale du courant à marée montante
- ○ velocità f media dell'acqua con la marea montante

Querschnittsgeschwindigkeit, mittlere → *Querschnittsgeschwindigkeit*

61 **Querschnittstiefe** f, **Querschnittstiefe** f, **mittlere**
- □ mean depth
- △ hauteur f moyenne
- ○ altezza f media per la sezione trasversale

Querschnittstiefe, hydraulische → *Profilradius*

Querschnittstiefe, mittlere → *Querschnittstiefe*

62 **Querschnittswechsel** m
- □ change of cross section
- △ changement m de section transversale
- ○ cambiamento m della sezione trasversale

querstehend → *querlaufend*

63 **Querstollen** m
- □ cross adit
- △ galerie f transversale
- ○ galleria f trasversale

64 Querverbindung f
□ cross-connection
△ jonction f, interconnexion f, jonction f fautive
○ interconnessione f

65 Quickton m
□ quick clay
△ argile f fluide
○ argilla f fluente

R-Stück → *Muffenübergangsstück*

1 rad *(Einheit d. absorbierten Strahlendosis)*
□ rad
△ rad m
○ rad

2 Rad n
□ wheel
△ roue f
○ ruota f

Rad, Paddel~ → *Paddelrad*

Rad, Pelton~ → *Peltonrad*

3 Radfahrweg m
□ cycle track, bicycle path
△ piste f cyclable
○ ciclopista f, pista f per biciclette

4 radial
□ radial
△ radial
○ radiale

5 Radialpumpe f
□ radial-flow pump
△ pompe f à écoulement radial
○ pompa f a scolamento radiale

Radialströmung → *Strömung, radiale*

6 Radialturbine f
□ radial-flow turbine
△ turbine f radiale
○ turbina f radiale

7 radioaktiv
□ radioactive
△ radio-actif
○ radioattivo

radioaktiv, schwach ~ → *schwach radioaktiv*

8 Radioaktivität f
□ radioactivity
△ radio-activité
○ radioattività f

9 Radioaktivität f**, induzierte**
□ induced radioactivity
△ radioactivité f induite
○ radioattività f indotta

Radioaktivität, Umwelt~ → *Nulleffekt*

Radioaktivität, Zerfall der ~ → *Zerfall der Radioaktivität*

10 Radiohydrometrie f
□ radio-hydrometry
△ radiohydrométrie f
○ radioidrometria f

11 Radioisotop n
□ radio-isotope
△ isotope m radioactif, radio-isotope m
○ radioisotopo m

Radiokarbonmethode
→ *Altersbestimmung mittels ^{14}C*

12 **Radiokohlenstoff** m
□ radio carbon
△ radiocarbone m, carbone m radioactif
○ carbonio m radioattivo

Radiokohlenstoffmethode
→ *Altersbestimmung mittels ^{14}C*

13 **Radiolarien** f pl
□ radiolaries
△ radiolaires m pl
○ radiolari m pl

Radiologie → *Strahlenforschung*

14 **Radiometrie** f
□ radiometry
△ radiométrie f
○ radiometria f

15 **Radionuklid** n
□ radionucleide
△ radionuclide m, nuclide m radioactif
○ radionuclide m

Radiostickstoffmethode
→ *Altersbestimmung mittels ^{15}N*

16 **Radium** n
□ radium
△ radium m
○ radio m

Radiumemanation → *Radon*

Radius → *Halbmesser*

Radius, Absenkungs~ → *Absenkungsradius*

Radius, Aktions~ → *Aktionsradius*

Radius, hydraulischer → *Profilradius*

Radius, Krümmungs~ → *Krümmungshalbmesser*

17 **Radon** n, **Radiumemanation** f
□ radon, radium emanation
△ radon m, émanation f de radium
○ radon m, radioemanazione f

18 **Rädergetriebe** n, **Übersetzungsantrieb** m, **Zahntrieb** m
□ transmission gear, gear, gear unit, gearing
△ engrenage m de transmission
○ trasmissione f ad ingranaggi, trasmissione f a ruote dentate

Räderpumpe → *Zahnradpumpe*

19 **Rädertiere** n pl, **Rotatorien** f pl
□ rotatoria pl
△ rotifères m pl
○ rotiferi m pl

Rätsche, Bohr~ → *Bohrknarre*

Räumauslaß → *Kanalräumauslaß*

Räumeinrichtung für Sandfänge
→ *Sandfangräumer*

räumen → *entschlammen*

Räumer → *Kratzer*

Räumer → *Nachschneider*

Räumer, Band~ → *Bandräumer*

Räumer, Bohrloch~ → *Bohrlochräumer*

20 **Räumerbrücke** f
□ [rotating] scraper bridge
△ pont m racleur
○ ponte m raschiatore

21 **räumlich**
□ spatial
△ spatial
○ spaziale

Räumpflug → *Planierraupe*

22 **mit maschineller Räumung** f
□ mechanically cleaned, mechanically raked
△ avec raclage m mécanique, raclé m mécaniquement
○ raschiato m meccanicamente, con raschiamento m meccanico

23 **Raffinerie** f
□ refinery
△ raffinerie f
○ raffineria f

24 **Rahmen** m **eines Einsteigschachtes, Schachtrahmen** m
□ manhole frame
△ cadre m de regard
○ carcassa f di un pozzo

25 **Rahmengesetz** n
□ skeleton law
△ loi-cadre f
○ legge f quadro

26 **Rahmenplanung** f, **wasserwirtschaftliche**
□ water management outlines planning
△ planification f des ressources en eau
○ pianificazione f delle riserve d'acqua

27 **Rammbär** m
□ monkey, pile driving hammer
△ mouton m de battage
○ berta f, maglio m da battipalo

28 **Rammbock** m
□ ram
△ sonnette f
○ battipalo m

Rammbrunnen → *Schlagbrunnen*

29 **Ramme** f
□ pile driving frame, pile driver, ram
△ sonnette f de battage
○ battipalo m a berta

Ramme, Universal~ → *Universalramme*

30 **rammen**
□ ram, drive in
△ enfoncer
○ pigiare

31 **Rammgerüst** n
□ drive frame
△ échafaudage m de battage
○ castello m

32 **Rammkurve** f
□ driving resistance diagram
△ courbe f de battage
○ diagramma f penetrometrico

33 **Rammpfahl** m
□ driven pile
△ pieu m battu
○ piolo m battuto

Rammschuh → *Bohrschuh*

34 **Rammspitze** f, **Schlagbrunnenspitze** f, **Treibspitze** f
□ drive point, sand point
△ cône m de sondage
○ puntazza f

35 **Randeis** n
□ brink ice
△ glace f de rive
○ ghiaecio m di riva

Randgebiet → *Außenbezirk*

randständig → *peripher*

36 **Randwasser** n *(bei Ölbohrungen)*
□ edge water
△ eau f de gisement, eau f marginale
○ acqua f marginale

37 **Randwinkel** m *(Kapillarität)*
□ marginal angle
△ angle m de paroi, angle m pariétal
○ angolo m alla parete

38 **Ranney-Brunnen** m
□ Ranney well
△ puits m Ranney
○ pozzo m Ranney

39 **Rasen** m
□ lawn, turf, grass plot
△ gazon m, pelouse f
○ tapetto m erboso

40 **Rasen** m, **biologischer**, **Besatz** m, **biologischer**
□ biological slime, surface film
△ pellicule f biologique, film m biologique
○ pellicola f biologica, velo m biologico

Raseneisenerz → *Brauneisenstein*

41 **Rasensoden** m
□ sod, turf
△ motte f de gazon
○ piota f

42 **Rasensprenger** m
□ lawn sprinkler
△ arroseur m de gazon
○ irrigatore m da giardino

43 **Rasterelektronenmikroskop** n
□ scanning electron mikroscope
△ microscope m électronique à balayage
○ microscopio m elettronico a scansione

44 **Rate** f
□ rate
△ quote-part f
○ rata f, quota f

Rate, Einsickerungs~ → *Einsickerungsmaß*

45 **Ratte** f *(Rattus)*
□ rat, rodent
△ rat m
○ ratto m

Ratte, Wasser~ → *Wasserratte*

46 **Rattenbekämpfung** f
□ rat control, rodent control
△ dératisation f, lutte f contre les rats
○ lotta f contro i ratti

47 **Rattenbekämpfungsmittel** n, **Rodentizid** n
□ rodenticide
△ rodenticide m
○ topicida m

48 **Rattenschwanzlarve** f, **Rattenschwanzmade** f *(Eristalis)*
□ rat-tail maggot
△ larve f queue de rat
○ verme m dei cavalli, Eristalis m

Rattenschwanzmade → *Rattenschwanzlarve*

49 **Raubfisch** m
□ game fish
△ poisson m rapace, poisson m vorace
○ pesce m rapace

50 **Rauch** m
□ smoke
△ fumée f
○ fumo m

51 **Rauchfahne** f
□ smoke plume
△ panache m de fumée
○ pennacchio m di fumo, fumata f

52 **Rauchgas** n
□ flue gas
△ gaz m de combustion
○ gas m di combustione

53 **Rauchgastrocknung** f
□ drying by stack gas
△ séchage m au moyen de gaz de carneaux
○ essiccamento m mediante gas esausti

54 **Rauchwarenfabrik** f
□ fur factory
△ fabrique f de fourrures
○ fabbrica f di pelliccerie

55 **rauh**
□ rough
△ rugueux, rude
○ ruvido, scabro, scabroso

Rauhheit → *Rauhigkeit*

Rauhheit, Sand~ → *Rauhigkeit*

56 **Rauhigkeit** f, **Rauhheit** f, **Sandrauhheit** f
□ roughness
△ rugosité f
○ ruvidezza f, scabrosità f, rugosità f, scabrezza f

57 **Rauhigkeit** f, **absolute**
□ absolute roughness
△ rugosité f absolue
○ rugosità f assoluta

58 **Rauhigkeit** f, **relative**
□ relative roughness
△ rugosité f relative
○ rugosità f relativa

Rauhigkeit, Rohr~ → Wandrauhigkeit

59 Rauhigkeitsbeiwert m, **Rauhigkeitskoeffizient** m, **Rauhigkeitszahl** f
- □ coefficient of roughness, value of roughness, coefficient of friction
- △ coefficient m de rugosité
- ○ valore m della scabrezza, coefficiente m di rugosità, coefficiente m di scabrezza

Rauhigkeitskoeffizient → Rauhigkeitsbeiwert

Rauhigkeitszahl → Rauhigkeitsbeiwert

60 Rauhreif m
- □ hoarfrost, hoar-frost, rime
- △ gelée f blanche
- ○ brinata f

Rauhreif → Reif

61 Raumausdehnungskoeffizient m
- □ coefficient of volume expansion
- △ coefficient m d'augmentation de volume
- ○ coefficiente m d'espansione di volume

Raumbedarf → Platzbedarf

62 Raumbelastung f $(kg/m^3 \times h)$, BSB_5-**Raumbelastung** f, **Raumbeschickung** f $(kg/m^3 \times h)$
- □ space loading, volume load, volume charge
- △ charge f spatiale, charge f volumique, charge f par unité de volume
- ○ carico m di spazio

Raumbeschickung → Raumbelastung

63 Raumgewicht n
- □ volume weight
- △ poids m volumétrique
- ○ peso m volumetrico

64 Rauminhalt m, **Aufnahmefähigkeit** f, **Fassungsraum** m, **Fassungsvermögen** n, **Inhalt** m eines Raumes, **Kapazität** f, **Raummenge** f, **Volumen** n
- □ volume, capacity, contents pl, storage capacity, capacitance
- △ volume m, capacité f
- ○ volume m, contenuto m, capacità f, contenuto m di spazio

Raumklimatisierung → Klimatisierung

65 Raummangel m, **Platzmangel** m
- □ lack of space
- △ manque m de place
- ○ mancanza f di spazio

Raummenge → Rauminhalt

66 Raumordnung f, **Raumplanung** f
- □ regional planning
- △ aménagement m du territoire
- ○ pianificazione f territoriale

Raumplanung → Raumordnung

RE-Stück → Muffenübergangsstück, exzentrisch

67 Reagens n
- □ reagent
- △ réactif m
- ○ reagente m, reattivo m

68 Reagenzglas n, **Probierglas** n, **Reagenzrohr** n
- □ test glass, test tube
- △ éprouvette f
- ○ tubo m di saggio, vetro m di prova, provetta f

69 Reagenzpapier n
- □ test paper
- △ papier m réactif
- ○ carta f reattiva

Reagenzrohr → Reagenzglas

70 reagieren
- □ react
- △ réagir
- ○ reagire

71 Reaktion f
- □ reaction
- △ réaction f
- ○ reazione f

72 Reaktion f, **chemische**
- □ chemical reaction
- △ action f chimique, réaction f chimique
- ○ reazione f chimica

73 Reaktionsbecken n
- □ reaction tank
- △ cuve f à réaction
- ○ bacino m di reazione, vasca f di reazione

74 Reaktionsgeschwindigkeit f
- □ velocity of reaction
- △ vitesse f de réaction
- ○ velocità m di reazione

Reaktionskanal → Mischrinne

75 Reaktionskinetik f
- □ reaction kinetics
- △ cinétique f de réaction
- ○ cinetica f di reazione

76 Reaktionsprodukt n
- □ reaction product
- △ produit m de réaction
- ○ prodotto m di reazione

Reaktionsturbine → Überdruckturbine

Reaktor, Brut~ → Brüter

Reaktor, Forschungs~ → Forschungsreaktor

Reaktor, Kern~ → Atom-Meiler

Reaktor, Kugelhaufen~ → Kugelhaufenreaktor

Reaktor, Schwerwasser~ → Schwerwasserreaktor

Reaktor, Schwimmbad~ → Wasserbeckenreaktor

Reaktor, Siedewasser~ → Siedewasserreaktor

Reaktor, Wasserbecken~ → Wasserbeckenreaktor

77 **Reaktormantel** m
□ blanket
△ enveloppe f de réacteur, chemise f de réacteur
○ mantello m del reattore, camicia f del reattore

Recarbonisation → Rekarbonisation

Recarbonisierung → Rekarbonisation

78 **Rechen** m
□ screen, grating, rake
△ grille f
○ griglia f

Rechen, Fein~ → Feinrechen

79 **Rechen** m, **handbedienter, Harkenrechen** m, **Rechen** m, **von Hand bedienter**
□ hand operated screen, manually operated screen, hand-raked screen
△ râteau m à main, grille f à nettoyage manuel
○ griglia m a mano

Rechen, Scheiben~ → Scheibenrechen

Rechen, Schräg~ → Schrägrechen

Rechen, von Hand bedienter → Rechen, handbedienter

80 **Rechenanlage** f
□ screening plant, screening chamber
△ installation f de dégrillage
○ impianto m di griglie

Rechenanlage, Elektronische ~
→ Elektronische Rechenanlage

81 **Rechengut** n, **Rechenrückstand** m
□ screenings pl, rakings pl
△ matières f pl retenues par les grilles, résidus m pl de dégrillage
○ sostanze f pl grigliate

82 **Rechengutabstreifer** m
□ screen rake
△ râteau m nettoyeur
○ scolmatore m delle sostanze grigliate

83 **Rechengutpresse** f
□ screenings bale press
△ presse f pour matériaux de dégrillage
○ pressa f per sostanze grigliate

84 **Rechengutzerkleinerer** m, **Abwasser-Grobstoffzerkleinerer** m, **Rechenwolf** m, **Zerkleinerer** m, **Zerkleinerungsmaschine** f
□ comminutor, disintegrator, screen shredder, triturator, grinder, cutting screen, macerator
△ appareil m de dilacération des matières f pl retenues par les grilles, dilacérateur m, broyeur m, déchiqueteur m, désintégrateur m
○ frantumatrice f, trituratore m

85 **Rechengutzerkleinerung** f, **Zerkleinerung** f **von Rechengut**
□ comminution of screenings, disintegration of screenings, grinding of screenings, shredding of screenings
△ dilacération f des matières retenues par les grilles, broyage m, déchiquetage m, désintégration f, désagrégation f
○ disintegrazione f delle sostanze grigliate, sminuzzamento m delle sostanze grigliate

86 **Rechenreiniger** m
□ screen cleaner
△ dispositif m de nettoyage des grilles
○ sgrigliatore m

87 **Rechenrinne** f
□ screen gutter, screenings gutter
△ canal m de grille
○ cunetta f di griglia

Rechenrückstand → Rechengut

Rechenwolf → Rechengutzerkleinerer

Rechner → Computer

88 **rechteckig**
□ rectangular
△ rectangulaire
○ rettangolare

Rechteckquerschnitt → Querschnitt, rechteckiger

89 **Rechtecksystem** n **der Dränung** f
□ gridiron system of drains
△ système f de drains en forme de grille
○ sistema m di scolo a graticola

90 **Rechteckwehr** n, **Wehr** n, **rechteckiges**
□ rectangular weir
△ déversoir m rectangulaire, rH
○ sfioratore m rettangolare

91 **rechtsseitig** (b. Nebengewässern)
□ right-bank ...
△ ... de droite
○ ... di destra

Rechtsumlauf → Bewegung im Sinne des Uhrzeigers

Rechtsvorschrift → Gesetzesvorschrift

92 **Recycling** n, **Wiederverwendung** f **von Altstoffen**
□ recycling
△ recyclage m, réemploi m de vieux matériaux
○ riciclaggio m, riutilizzo m

93 **Redox-Meßfühler** m
□ redox sensor
△ sonde f (de potentiel) rédox, électrode f (de potentiel) rédox
○ elettrodo m per la misura del potenziale REDOX

94 **Redoxpotential** n
□ oxidation-reduction potential, redox potential, O.R.P
△ potentiel m d'oxydo-réduction, potentiel m Red-Ox
○ potenziale m ossido-riduttivo, rH

95 **Reduktasenaktivität** f
- reductase activity
- activité f des réductases
- attività f delle reduttasi

96 **Reduktion** f
- reduction, deoxidation
- réduction f, désoxydation f
- riduzione f

97 **Reduktion** f **innerhalb des Assimilationsstoffwechsels**
- assimilatory reduction
- réduction f dans l'assimilation
- reduzione f nell'assimilazione

98 **Reduktionsmittel** n
- reducing agent
- agent m réducteur
- mezzo m di riduzione, riducente m, agente m riduttivo

99 **reduzieren**
- reduce, deoxidize
- réduire, désoxyder
- ridurre

100 **Reduzierstück** n
- reducer, converging tube
- tuyau m de réduction, raccord m conique, tuyau m convergent
- tubo m di riduzione, tubo m di raccordo, tronco m conico

Reduzierventil → *Druckminderer*

101 **Reduzierverbindung** f
- reducing joint
- raccord m réducteur
- racordo m riduttore

102 **Reede** f, **Ankerplatz** m
- roads pl, roadstead
- rade f
- rada f

103 **Reflektionszeit** f (b. Drucksteigerungen)
- time of reflection
- temps m de réflection
- intervallo m di tempo per il ritorno dell'onda di pressione

Refraktion, seismische → *Brechung, seismische*

104 **Regelbarkeit** f
- adjustability
- capacité f d'adaptation
- regolabilità f, aggiustabilità f

Regelkreise, Steuer- und ~ → *Steuer- und Regelkreise*

105 **regeln**
- control, regulate
- régler
- regolare

106 **Regeltechnik** f
- control engineering, control technique
- technique f du contrôle
- tecnica f di controllo

107 **Regelung** f, **Regulierung** f, **Steuerung** f
- control, regulation
- réglage m, régulation f, règlement m
- regolazione f, regolamento m

Regelung, automatische → *Regelung, selbsttätige*

Regelung, Niedrigwasser~ → *Niedrigwasserregelung*

108 **Regelung** f, **selbsttätige, Regelung** f, **automatische, Regulierung** f, **selbsttätige, Selbststeuerung** f
- automatic regulation
- réglage m automatique, autorégulation f
- regolazione f automatica, autoregolazione f

109 **Regelungsspeicherung** f
- regulation storage
- emmagasinement m de régulation
- immagazzinamento m di regolazione

110 **Regelungssystem** n
- control system
- système m de commande, dispositif m de régulation
- sistema m di regolazione

111 **Regelventil** n
- control valve, throttle valve
- vanne f de réglage
- valvola f di regolazione

112 **Regelwert** m
- normal value
- valeur f normale
- valore m normale

113 **Regen** m
- rain, storm, rainfall
- pluie f
- pioggia f

Regen, Dauer~ → *Dauerregen*

114 **Regen** m, **effektiver, Regen** m, **nutzbarer**
- effective rainfall, effective precipitation
- précipitation f efficace, pluie f efficace
- precipitazione f efficace

Regen, Entwurfs~ → *Entwurfsregen*

Regen, Gewitter~ → *Gewitterregen*

Regen, Leicht~ → *Schwachregen*

115 **Regen** m, **leichter**
- light rain
- pluie f fine
- pioggia f fina

116 **Regen** m **mittlerer Stärke**
- moderate rain
- pluie f moyenne, pluie f d'intensité moyenne
- pioggia f media, pioggia f d'intensità media

Regen, nutzbarer → *Regen, effektiver*

Regen, Strich~ → *Strichregen*

117 **Regenabfallrohr** n, **Regenfalleitung** f, **Regenfallrohr** n
- □ rainwater pipe, down pipe, fall pipe
- △ tuyau m de descente pluviale
- ○ tubo m discendente piovano

118 **Regenabfluß** m
- □ rain discharge
- △ écoulement m de pluie
- ○ scolamento m di pioggia

119 **Regenauffangbecken** n, **Regensammelbecken** n
- □ rain catchment basin
- △ bassin m collecteur d'eaux pluviales
- ○ bacino m di raccolta delle acque pluviali

120 **Regenauslaß** m, **Hochwasserablaß** m, **Hochwasserüberlauf** m, **Regenüberfall** m, **Regenüberlauf** m, **Regenwasserüberlauf** m
- □ storm-overflow, storm-water overflow, rain outlet, sewer overflow, highwater overflow, side-weir overflow
- △ déversoir m d'orage, déversoir m d'orage latéral
- ○ scaricatore m di pioggia, sfioratore m di piena, sfioratore m di superficie

Regenauslaßklärbecken → *Regenklärbecken*

121 **Regenauswaschung** f
- □ rainwash, rain wash-out
- △ érosion f pluviale, matériaux m pl d'érosion pluviale
- ○ erosione f pluviale

122 **Regenbeobachtung** f
- □ rain observation
- △ observation f de pluie
- ○ osservazione f della pioggia

Regenbeobachtungsnetz → *Niederschlagsbeobachtungsnetz*

123 **Regenboe** f
- □ rain squall
- △ grain m
- ○ folata f di pioggia

124 **Regenbogenforelle** f *(Salmo gairdneri)*
- □ rainbow trout
- △ truite f arc-en-ciel
- ○ trota f arcobaleno

125 **Regendauer** f
- □ duration of rainfall
- △ durée f de la pluie
- ○ durata m di pioggia

Regendauer, Einheits~ → *Einheitsregendauer*

126 **Regendiagramm** n
- □ rain diagram
- △ diagramme m des précipitations
- ○ diagramma m delle piogge

Regendichte → *Regenstärke*

127 **Regeneindringtiefe** f
- □ rainfall penetration, rain penetration depth
- △ profondeur f d'infiltration de l'eau pluviale
- ○ profondità f d'infiltrazione delle acque pluviali

128 **Regenentlastungskanal** m
- □ rain-water discharge-channel, storm-water discharge-channel
- △ égout m évacuateur des eaux d'orage
- ○ canale m di scarico delle acque di pioggia

Regenentwässerung → *Regenwasserkanalisation*

129 **Regenerat** n
- □ regenerate
- △ régénérat m
- ○ rigenerato m

130 **Regeneration** f, **Regenerieren** n, **Regenerierung** f
- □ regeneration
- △ régénération f
- ○ rigenerazione f

Regeneration → *Wiederbelebung*

131 **Regeneration** f **unter Druck**
- □ pressure regeneration
- △ régénération f sous pression
- ○ rigenerazione f sotto pressione

132 **Regeneration** f **von A-Kohle**
- □ reactivation of activated carbon
- △ régénération f du charbon actif, réactivation f du charbon actif
- ○ rigenerazione f del carbone attivo

133 **regenerierbar**
- □ regenerable
- △ qui peut être régénéré
- ○ rigenerabile

134 **Regenerierbarkeit** f, **Regeneriervermögen** n
- □ regenerative capacity, regeneration capacity, reproductive power
- △ capacité f de régénération
- ○ capacità f rigenerativa

135 **regenerieren**
- □ regenerate
- △ régénérer
- ○ rigenerare

regenerieren → *wiederbeleben*

Regenerieren → *Regeneration*

136 **Regeneriermittel** n
- □ regenerant
- △ régénérant m
- ○ rigenerante m

Regenerierung → *Regeneration*

Regenerierung → *Wiederbelebung*

137 **Regenerierung** f **von Brunnen, Bohrlochbehandlung** f, **Brunnenregeneration** f
☐ regeneration of wells, well stimulation, well treatment, redevelopment of a well
△ régénération f de puits, traitement m des puits
○ rigenerazione f dei pozzi, trattamento m dei pozzi

Regenerierungsanlage, Altöl~ → *Altölaufbereitungsanlage*

Regeneriervermögen
→ *Regenerierbarkeit*

138 **Regenerzeugung** f
☐ rain making
△ production f artificielle de pluie
○ generazione f artificiale della pioggia

139 **Regenfall** m
☐ rainfall
△ chute f de pluie
○ acquata f, caduta f di pioggia

Regenfall, örtlicher → *Niederschlag, örtlicher*

Regenfalleitung → *Regenabfallrohr*

Regenfallrohr → *Regenabfallrohr*

140 **Regenfang** m, **Regenwasserzisterne** f
☐ rain cistern
△ citerne f pour eaux pluviales
○ cisterna f per le acque piovane

141 **Regengebiet** n
☐ rainfall area
△ aire f d'une pluie
○ aera f di pioggia

Regengleiche → *Isohyäte*

Regenguß → *Regenschauer*

142 **Regenhäufigkeit** f, **Niederschlagshäufigkeit** f
☐ frequency of rain, rain frequency
△ fréquence f de la pluie
○ frequenza f di pioggia

143 **Regenhöhe** f
☐ height of rainfall, rainfall depth
△ hauteur f pluviométrique, hauteur f de pluie, pluviosité f
○ altezza f di pioggia, altezza f dell'acqua piovuta

Regenhöhe, Jahresmittelwert der ~
→ *Jahresmittelwert der Regenhöhe*

144 **Regenhöhe** f, **mittlere**, **Regenmittel** n
☐ average [height of] rainfall, mean [height of] rainfall
△ hauteur f moyenne de pluie, pluviométrie f moyenne
○ altezza f media di pioggia

Regenhöhenganglinie
→ *Regenintensitätskurve*

145 **Regenindex** m
☐ rainfall index
△ indice m de pluie
○ indice m di pioggia

Regenintensität → *Regenstärke*

Regenintensität, Häufigkeit der ~
→ *Häufigkeit der Regenintensität*

146 **Regenintensitätskurve** f, **Ganglinie** f **der Regenstärke**, **Regenhöhenganglinie** f, **Regenkurve** f, **Regenstärkelinie** f
☐ hyetogram, rainfall intensity duration curve
△ hyétogramme m, courbe f d'intensité et de durée des pluies
○ ietogramma m, curva f intensità/durata della pioggia

147 **Regenjahr** n
☐ rainy year
△ année f pluvieuse
○ anno m piovoso

Regenkanal → *Regenwasserkanal*

148 **Regenkanone** f
☐ rain gun, giant rainer
△ canon m d'arrosage
○ cannone m di pioggia

Regenkarte → *Niederschlagskarte*

149 **Regenklärbecken** n, **Regenauslaßklärbecken** n, **Regenüberlaufbecken** n
☐ storm-water tank, storm-water stand-by tank, rainwater settling tank
△ décanteur m pour les eaux pluviales, bassin m d'eau pluviales
○ bacino m di chiarificazione per le acque di pioggia

Regenkurve → *Regenintensitätskurve*

150 **Regenleistung** f
☐ rainfall per second
△ chute f de pluie par seconde
○ caduta f di pioggia per secondo

151 **Regenmenge** f
☐ rainfall, amount of rainfall
△ quantité f de pluie
○ quantità f di pioggia

Regenmenge, Jahres~
→ *Niederschlagsmenge, jährliche*

152 **Regenmengensummenkurve** f
☐ mass rainfall curve
△ courbe f des chutes de pluie cumulées
○ curva f delle somme progressive delle pioggie

153 **Regenmesser** m, **Niederschlagsmesser** m, **Ombrometer** n
☐ rain gauge, pluviometer, rain gage *(am)*, non-recording rain gage, udometer
△ pluviomètre m, pluviomètre m standard
○ pluviometro m

Regenmesser, registrierender
→ *Regenmesser, selbstschreibender*

154 **Regenmesser** m, **selbstschreibender, Niederschlagsschreiber** m, **Pluviograph** m, **Regenmesser** m, **registrierender, Regenschreiber** m, **Schreibregenmesser** m
□ pluviograph, recording pluviometer, registering pluviometer, recording rain gauge, rainfall indicator, rainfall recorder, hyetograph
△ pluviomètre m enregistreur, pluviographe m
○ pluviometro m registratore, pluviografo m

155 **Regenmeßstation** f
□ pluviometer station, rain gauging station
△ station f de mesure des pluies, poste m de jaugeage des pluies
○ stazione f di misura delle pioggie

156 **Regenmessung** f
□ pluviometry, rain gauging, udometry
△ pluviométrie f
○ pluviometria f

Regenmittel → Regenhöhe, mittlere

157 **Regenmonat** m
□ rain month
△ mois m pluvieux
○ mese m piovoso

158 **Regenpfeiler** m
□ rain pillar
△ cheminée f des fées
○ colonna f di pioggia

159 **Regenreihe** f
□ table of rainfall frequency
△ table f de fréquence des pluies
○ tabella f di frequenza delle piogge

160 **Regenrohr[grund]leitung** f
□ rain-water drain
△ canalisation f d'évacuation des eaux pluviales
○ fognatura f pluviale domestica

161 **Regenrückhaltebecken** n
□ storm-water retention tank
△ bassin m de retenue des eaux de pluie
○ bacino m di ritegno per l'acqua di pioggia

Regensammelbecken
→ Regenauffangbecken

162 **Regenschatten** m, **Regenschattengebiet** n
□ rain shadow
△ zone f abritée de la pluie
○ regione f protetta contro la pioggia

Regenschattengebiet → Regenschatten

163 **Regenschauer** m, **Platzregen** m, **Regenguß** m, **Schauer** m, **Starkregen** m
□ spate, [rain]shower, rainstorm, heavy rain, downpour
△ averse f, giboulée f, ondée f, pluie f battante, pluie f intense, grosse pluie f, douche f
○ rovescio m d'acqua, nembo m, acquazzone m, scroscio m

Regenschreiber → Regenmesser, selbstschreibender

164 **Regensimulator** m
□ rain[fall] simulator
△ simulateur m pluviométrique, simulateur m de pluie
○ simulatore m pluviometrico

165 **Regenspende** f
□ rainfall per second per area
△ quantité f de pluie par seconde et par unité de surface
○ quantità f di pioggia per secondo e per unità di superficie

166 **Regenspende** f, **kritische**
□ critical rainfall per second per area
△ quantité f critique de pluie par seconde et par unité de surface
○ quantità f critica di pioggia per secondo e per unità di superficie

167 **Regenstärke** f, **Regendichte** f, **Regenintensität** f
□ intensity of rainfall, density of rainfall, rainfall rate
△ intensité f de la pluie, pluviosité f, intensité f pluviale
○ intensità f di pioggia

Regenstärkelinie
→ Regenintensitätskurve

168 **Regenstrich** m
□ tract of the rain, rain tract, zone of rainfall
△ zone f de pluie
○ trattino m di pioggia

169 **Regensumme** f
□ total amount of rainfall
△ quantité f totale de pluies
○ quantità f totale di pioggia

170 **Regentropfen** m
□ rain-drop, drop of rain
△ goutte f de pluie
○ goccia f piovuta

Regenüberfall → Regenauslaß

Regenüberlauf → Regenauslaß

171 **Regenüberlauf** m, **seitlicher**
□ side-weir of a storm-water outlet
△ déversoir m latéral des eaux pluviales
○ scaricatore m laterale di pioggia

Regenüberlaufbecken
→ Regenklärbecken

172 **Regenüberlaufwasser** n
□ excess storm water, excess storm sewage
△ effluent m de déversoir d'orage
○ efflusso m dello scaricatore di pioggia

173 **Regenumlaufkanal** m
□ rain-water by-pass
△ by-pass m pour l'eau de pluie
○ by-pass f per le acque di pioggia

174 **Regenverteilung** f
- □ rain distribution, storm distribution
- △ répartition f de pluie
- ○ ripartizione f di pioggia, distribuzione f di pioggia

175 **Regenverteilungskoeffizient** m
- □ rainfall distribution coefficient
- △ coefficient m de répartition d'une pluie
- ○ coefficiente m di ripartizione di pioggia

176 **Regenwasser** n, **Niederschlagswasser** n, **Tageswasser** n, **Tagwasser** n
- □ rain-water, storm-water, surface water, atmospheric water
- △ eau f de pluie, eau f pluviale, eau f d' orage
- ○ acqua f piovana, acqua f pluviale, acqua f di pioggia

177 **Regenwasserabfluß** m
- □ storm-water flow, wet weather flow, storm run-off, run-off, rain water flow
- △ débit m d'eau de pluie, écoulement m d'averse, débit m d'eaux pluviales
- ○ portata f di tempo piovoso, portata f d'acqua piovana, portata f dell'acqua pluviale

178 **Regenwasserabfluß** m, **kritischer**
- □ critical storm run-off, critical storm-water flow
- △ débit m critique des eaux pluviales, débit m critique des eaux d'orage
- ○ portata f critica d'acqua piovana

179 **Regenwasserabflußspende** f
- □ storm water flow per second per area, rain water flow per second per area
- △ débit m d'eaux pluviales par seconde et par unité de surface
- ○ portata f d'acqua di pioggia per secondo e per unità di superficie

180 **Regenwasserabflußsumme** f
- □ total amount of rain-water run-off, flow mass of storm water
- △ débit m total d'eaux pluviales
- ○ deflusso m totale dell'acqua pluviale

181 **Regenwasserbecken** n
- □ rain-water basin, storm-water tank, storm-water basin
- △ bassin m d'eau de pluie
- ○ bacino m per le acque di pioggia

182 **Regenwassereinlauf** m, **Tagwassereinlauf** m
- □ rain drainage inlet
- △ ouvrage m d'admission des eaux de surface dans un drain
- ○ imbocco m delle acque di pioggia, ingresso m delle acque piovane

183 **Regenwasserhaltevermögen** n
- □ rain (adsorptive) capacity
- △ pouvoir m de rétention des eaux pluviales
- ○ capacità f di assorbimento della pioggia

184 **Regenwasserkanal** m, **Regenkanal** m, **Regenwasserleitung** f
- □ surface water sewer, storm[-water] sewer, storm drain, storm water discharge channel
- △ conduite f des eaux pluviales, égout m pluvial, égout m évacuateur des eaux d'orage
- ○ condotta f delle acque piovane

185 **Regenwasserkanalisation** f, **Regenentwässerung** f
- □ storm[-water] drainage
- △ canalisation f des eaux de pluie
- ○ fognatura f per l'acqua piovana

Regenwasserleitung
→ *Regenwasserkanal*

186 **Regenwassernetz** n
- □ storm[-water] drainage system
- △ réseau m d'évacuation des eaux de pluie, réseau m d'eau pluviale
- ○ rete f per l'acqua di pioggia

187 **Regenwasserspeicherung** f
- □ rain-water storage
- △ stockage m d'eau de pluie
- ○ accumulo m d'acqua piovana

Regenwasserüberlauf → *Regenauslaß*

Regenwasserzisterne → *Regenfang*

188 **Regenwolke** f
- □ rain cloud
- △ nuage m chargé de pluie
- ○ nuvola f piovosa, nube f piovosa

189 **Regenwurm** m
- □ earth-worm, angleworm *(am)*
- △ ver m de terre, lombric m
- ○ lombrico m

190 **Regenzeit** f
- □ rainy season, wet season, wet period
- △ saison f des pluies, saison f pluvieuse
- ○ stagione f piovosa, periodo m piovoso

Regime → *Flußcharakteristik*

Regime, Fluß~ → *Flußcharakteristik*

Region des freien Meeres → *Pelagial*

Regionalplanung → *Gebietsplanung*

Register, Bohr~ → *Bohrregister*

191 **Registriergerät** n, **Meßwertschreiber** m, **Schreiber** m
- □ self-registering apparatus, recorder
- △ appareil m enregistreur, enregistreur m
- ○ apparecchio m registratore

192 **Registrierpegel** m, **Limnigraph** m
- □ water level recorder
- △ limnimètre m enregistreur
- ○ misuratore m registratore di flusso

193 **Registriertrommel** f, **Registrierwalze** f, **Schreibtrommel** f
- □ recording drum, registering drum
- △ tambour m enregistreur, tambour m inscripteur
- ○ tamburo m registratore

Registrierung, Daten~ → Meßwerterfassung

Registrierwalze → Registriertrommel

194 **Regler** m
- regulator, controller
- régulateur m
- regolatore m

Regler, Abfluß~ → Abflußregler

Regler, Dichte~ → Dichteregler

Regler, Drehzahl~ → Geschwindigkeitsregler

Regler, Druck~ → Druckregler

Regler, Druckstoß~ → Druckstoßregler

Regler, Geschwindigkeits~
→ Geschwindigkeitsregler

Regler, Hilfs~ → Hilfsregler

Regler, Niveau~ → Niveauregler

Regler, Strahl~ → Strahlregler

Regler, Zeit~ → Zeitgeber

195 **Reglerstation** f
- control house
- cabine f de contrôle
- cabina f di controllo

196 **regnen**
- rain
- pleuvoir
- piovere

197 **Regner** m, **Beregnungsvorrichtung** f
- rainer, sprinkler, irrigator
- asperseur m, arroseur m
- irrigatore m a pioggia

198 **Regnerdruck** m
- sprinkler pressure
- pression f à la buse de l'asperseur
- pressione f al ugello dell'irrigatore a pioggia

199 **Regnerfläche** f
- coverage of a sprinkler
- surface f arrosée par un asperseur
- rosa f di un aspersore

200 **regnerisch**
- rainy
- pluvieux
- piovoso

201 **Regnerkopf** m
- sprinkler head
- tête f d'arroseur
- testa f d'irrigatore a pioggia

202 **Regnerleitung** f, **Feldleitung** f, **Flügelleitung** f
- sprinkler lateral, sprinkler submain
- canalisation f secondaire d'arrosage
- distributrice f

Regulierung → Regelung

Regulierung, Fluß~ → Flußregulierung

Regulierung, Hochwasser~
→ Hochwasserregulierung

Regulierung, selbsttätige → Regelung, selbsttätige

Regulierung, Stillwasser~ → Stillwasserregulierung

Regulierungsbauwerk → Leitwerk

Regulierungsventil, Druck~ → Druckregler

203 **Reibung** f
- friction
- friction f, frottement m
- frizione f, attrito m

Reibung, innere → Zähflüssigkeit

Reibung, Oberflächen~ → Oberflächenreibung

204 **Reibungsgefälle** n
- gradient of friction
- gradient m de frottement
- gradiente m d'attrito

205 **Reibungskoeffizient** m, **Widerstandsbeiwert** m, **Widerstandsziffer** f
- coefficient of roughness, coefficient of friction, friction factor
- coefficient m de frottement
- coefficiente m di attrito, coefficiente m di frizione

206 **Reibungskraft** f, **innere**
- viscous force
- force f de viscosité
- forza f di viscosità

207 **Reibungsverlust** m
- frictional loss, friction loss, friction head
- perte f [de charge] due au frottement
- perdita f dovuta all'attrito

208 **Reibungsverlusthöhe** f
- friction head, height of frictional losses
- perte f de charge due au frottement
- perdita f di carico dovuta all'attrito

209 **Reibungswiderstand** m, **Oberflächenwiderstand** m
- frictional resistance, friction drag, surface drag
- résistance f due au frottement, résistance f de frottement
- resistenza f all'attrito

210 **Reibungswinkel** m
- angle of friction
- angle m de frottement
- angolo m di frizione

211 **Reibungszahl** f
- friction number
- nombre m de friction
- numero m di frizione

212 **Reif** m, **Rauhreif** m
- hoar-frost, rime
- frimas m, gélée f blanche, givre m
- brina f

213 **reif zur Reinigung**
- due for cleaning
- mûr pour le nettoyage, bon à nettoyer
- maturo per il lavaggio

214 **reifen**
☐ mature
△ mûrir
○ maturare

Reifung → *Einarbeiten*

215 **Reifungsprozeß** *m*, **Reifungsvorgang** *m*
☐ maturing process, maturation process, breaking-in process
△ processus *m* de mûrissement, processus *m* de rodage
○ processo *m* di maturazione

Reifungsvorgang → *Reifungsprozeß*

Reifungszeit → *Einarbeitungszeit*

Reihe, Ablesungs~ → *Ablesungsreihe*

216 **Reihenbestimmung** *f*, **Serienanalyse** *f* (*chem.*)
☐ series determination
△ détermination *f* en série
○ determinazione *f* in serie

Reihenbewässerung → *Furchenrieselung*

Reihenschaltung
→ *Hintereinanderschaltung*

217 **Reihenschaltung** *f* (*v. Energiegebrauch*)
☐ energy-cascading
△ utilisation *f* d'énergie en cascade
○ utilizzazione *f* in cascata dell'energia

218 **Reihenwaschtischanlage** *f*
☐ [continuous] lavatory range
△ rangée *f* de lavabos
○ disposizione *f* di lavabi in serie

219 **Rein-Sauerstoff-Verfahren** *n* (*der Schlammbelebung*)
☐ activation using pure oxygen
△ aération *f* par l'oxygène pur
○ aerazione *f* (ossidazione) mediante ossigeno puro

220 **Reinfett** *n*
☐ refined grease
△ graisse *f* raffinée
○ grasso *m* depurato

221 **Reinhaltemaßnahme** *f*
☐ quality maintenance measure
△ mesure *f* pour le maintien de la qualité
○ provvedimento *m* per il mantenimento della qualità

222 **Reinhalteordnung** *f*
☐ ordinance for the conservation of waters
△ ordonnance *f* pour la protection des eaux
○ ordinanza *f* per la protezione delle acque

223 **Reinhalteplan** *m*
☐ (river) conservation plan
△ plan *m* de protection des eaux
○ piano *m* di protezione delle acque

224 **Reinhaltung** *f*
☐ conservancy, conservation, water pollution control, quality maintenance
△ conservation *f*
○ protezione *f* dall'inquinamento

225 **Reinhaltung** *f* **der Luft**
☐ air pollution control
△ préventation *f* de la pollution atmosphérique
○ prevenzione *f* dell'inquinamento dell'aria

226 **Reinheit** *f*
☐ purity, pureness, cleanness, salubrity
△ pureté, salubrité *f*
○ purità *f*, purezza *f*, salubrità *f*

227 **Reinheitsgrad** *m*
☐ degree of purity, standard of purity
△ degré *m* de pureté
○ grado *m* di purità, grado *m* di purezza

228 **reinigen**
☐ decontaminate, purify, clean, cleanse
△ nettoyer, épurer, curer
○ purificare, depurare, nettare, espurgare, epurare, ripulire

229 **Reinigung** *f*
☐ purification, cleaning, decontamination
△ épuration *f*, nettoyage *m*, curage *m*, purification *f*
○ purificazione *f*, epurazione *f*, pulitura *f*, pulizia *f*

Reinigung, Abwasser~ → *Abwasserreinigung*

Reinigung, biologische
→ *Abwasserreinigung, biologische*

230 **Reinigung** *f*, **chemische**
☐ chemical treatment, chemical purification, chemical cleaning, dry cleaning
△ purification *f* chimique, épuration *f* chimique, traitement *m* chimique
○ epurazione *f* chimica, trattamento *m* chimico

Reinigung, Kessel~ → *Kesselreinigung*

Reinigung, Kondensat~ → *Kondensatreinigung*

Reinigung, Luft~ → *Luftreinigung*

Reinigung, mechanische
→ *Abwasserreinigung, mechanische*

Reinigung, Naß~ → *Naßreinigung*

231 **Reinigung** *f*, **natürliche**
☐ natural purification
△ épuration *f* naturelle
○ epurazione *f* naturale, depurazione *f* naturale

Reinigung, Voll~ → *Reinigung, vollbiologische*

232 **Reinigung** *f*, **vollbiologische**, **Vollreinigung** *f*
☐ complete treatment
△ épuration *f* biologique totale
○ epurazione *f* biologica completa

Reinigung, weitergehende, Abwasser~
→ *Reinigungsstufe, dritte*

233 **Reinigungs(ab)wasser** n
- clean-up operations waste water
- eau f résiduaire de nettoyage
- acque f pl di scarico derivanti da operazioni di pulizia

234 **Reinigungsanlage** f
- purification plant, clarification plant
- station f d'épuration
- impianto m di epurazione, impianto m di depurazione

Reinigungsanlage, Abwasser~
→ *Kläranlage*

Reinigungsbetrieb, Stadt~ → *Stadtreinigungsbetrieb*

235 **Reinigungsgerät** n
- cleaning device
- équipement m de nettoyage
- attrezzatura f di depurazione

236 **Reinigungsgrad** m
- degree of purification
- degré m d'épuration
- grado m di epurazione

237 **Reinigungsklappe** f
- dump-gate
- clapet m de nettoyage
- coperchio m ribaltabile per la pulizia

Reinigungskosten → *Behandlungskosten*

238 **Reinigungslauge** f
- caustic cleaner, caustic cleaning solution
- solution f alcaline de nettoyage, lessive f de nettoyage
- lessiva f di depurazione

239 **Reinigungsleistung** f
- purification capacity
- rendement m épuratoire, capacité f de l'épuration
- rendimento m di depurazione

Reinigungsleistung
→ *Reinigungsvermögen*

240 **Reinigungsmittel** n
- cleaner, cleansing agent, cleanser
- moyen m de nettoyage
- mezzo m di depurazione

Reinigungsmittel → *Waschmittel*

Reinigungsmittel, Emulsions~
→ *Emulsionsreinigungsmittel*

Reinigungsmittel, Haushalts~
→ *Haushaltsreinigungsmittel*

241 **Reinigungsöffnung** f, **Putzöffnung** f
- cleaning hole, cleaning eye, clean-out opening
- orifice m de nettoyage
- orificio m per la pulizia, apertura f per la pulizia

Reinigungsrohr → *Spundkasten*

242 **Reinigungsstufe** f
- purification stage
- gradin m de purification
- stadio m di purificazione

243 **Reinigungsstufe** f, **dritte**, **Abwasserbehandlung** f, **weitergehende**, **Abwasserreinigung** f, **weitergehende**, **Tertiärbehandlung** f
- tertiary treatment, advanced waste treatment
- troisième stade m d'épuration, traitement m tertiaire, épuration f tertiaire, supertraitement m des eaux usées
- terze fase f dell'epurazione, trattamento m terziario delle acque di fogna

244 **Reinigungsstutzen** m
- clean-out
- tubulure f de curage
- bocchettone m per la pulizia

Reinigungsteich → *Klärteich*

245 **Reinigungsverfahren** n
- purification process, cleaning process
- procédé m d'épuration
- processo m di epurazione, trattamento m epurativo

246 **Reinigungsvermögen** n, **Reinigungsleistung** f, **Reinwassereffekt** m
- purification efficiency, purifying capacity, purification capacity
- puissance f d'épuration
- potere m di epurazione, potere m di depurazione

247 **Reinigungswässer** n pl
- clean-up operations wastes pl
- eaux f pl usées de nettoyage
- acque f pl di rifiuto di depurazione

248 **Reinkultur** f (bact.)
- pure culture
- culture f pure
- cultura f pura

249 **Reinstwasser** n
- ultrapure water
- eau f ultrapure
- acqua f ultrapura

Reinwasser → *Wasser, reines*

250 **Reinwasserbakterien** f pl
- clear water bacteria
- bactéries f pl d'eau pure
- batteri m pl d'acqua pura

251 **Reinwasserbehälter** m
- clear water basin, clear water reservoir, clean water reservoir, clear water tank, clear well, filtered water reservoir
- réservoir m d'eau potable, puits m d'eau filtrée
- serbatoio m dell'acqua filtrata, serbatoio m per acqua pura

Reinwasserchlorung → *Nachchlorung*

Reinwassereffekt → *Reinigungsvermögen*

252 **Reinwasserkeller** m
- clear water vault
- cave f d'eau potable
- cantina f per acqua pura

253 **Reis** m
☐ rice
△ riz m
○ riso m

254 **Reisanbau** m
☐ rice cultivation
△ riziculture f
○ risicoltura f

255 **Reiselaboratorium** n, **Labor** n, **mobiles**
☐ ambulatory laboratory
△ laboratoire m ambulant
○ laboratorio m ambulante

256 **Reisfeld** n
☐ rice field
△ rizière f
○ risaia f

257 **Reiz** m
☐ stimulus, irritation
△ stimulation f, stimulus m
○ stimolo m

Reizmittel → *Stimulans*

258 **Reizschwelle** f
☐ threshold of response
△ seuil m de réaction
○ soglia f di riposta

259 **Reizwirkung** f
☐ stimulating effect, irritating effect
△ effet m stimulant
○ effetto m stimolante

260 **Rekarbonisation** f, **Recarbonisation** f, **Recarbonisierung** f, **Rekarbonisierung** f
☐ recarbonization, recarbonation
△ récarbonisation f, recarbonatation f
○ ricarbonizzazione f

261 **rekarbonisieren**
☐ re-carbonize
△ récarboniser
○ ricarbonatare

Rekarbonisierung → *Rekarbonisation*

262 **Rekultivierung** f
☐ re-cultivation
△ récultivation f
○ ricoltivazione f

Rem → *Röntgenäquivalent, biologisches*

263 **Remobilisierung** f, **Rücklösung** f (von Phosphat)
☐ re-dissolution
△ redissolution f
○ ridissoluzione f

Reparatur → *Ausbesserung*

264 **Reparaturwerkstatt** f
☐ repair-shop
△ atelier m de réparation[s]
○ officina f riparazioni

reparieren → *ausbessern*

265 **Reproduzierbarkeit** f **von Befunden**
☐ reproducibility of findings
△ reproductibilité f des observations, reproductibilité f des résultats
○ riproducibilità f risultati

266 **Reserve** f
☐ stand-by, reserve
△ réserve f
○ riserva f

267 **Reservebecken** n
☐ stand-by tank, spare tank
△ bassin m de réserve
○ bacino m di riserva

Reservepumpe → *Ersatzpumpe*

Reservoir → *Behälter*

Reservoir → *Wasserbehälter*

Reservoir, Ausgleich~
→ *Ausgleichbehälter*

268 **resistent, beständig, widerstandsfest**
☐ resistent, stable
△ résistant, stable
○ resistente, stabile

Resistent, abbau~ → *abbauresistent*

Resistent, säure~ → *säurefest*

Resistenz, Abbau~ → *Abbauresistenz*

Resonanzspektrometrie, nukleare, Quadrupol-~ → *Quadrupol-Resonanzspektrometrie, nukleare*

Resonanzspektroskopie, nukleare magnetische → *Kernresonanzspektroskopie*

269 **Resonanzwellenlänge** f
☐ resonance wave length
△ longueur f d'onde de résonance
○ lunghezza f d'onda di risonanza

Respiration, endogene → *Veratmung, intrazelluläre*

Respiration, intrazelluläre → *Veratmung, intrazelluläre*

270 **Respirationsrate** f
☐ respiration rate
△ taux m respiratoire, coefficient m respiratoire
○ coefficiente m di respirazione

271 **respiratorisch**
☐ respiratory
△ respiratoire
○ respiratorio

272 **Respirometer** n
☐ respirometer
△ respiromètre m
○ respirometro m

Respirometer, Warburg-~
→ *Warburgapparat*

273 **Rest-** (in Verbindung mit Subst.)
☐ residual
△ résiduel
○ residuo

274 **Restchlor** n
☐ residual chlorine
△ résidu m de chlore, chlore m résiduel
○ cloro m residuo, clororesiduo m

275 **Restchlor** n, **freies**
- ☐ free residual chlorine
- △ chlore m résiduel libre
- ○ cloro m residuo libero

276 **Restchlor** n, **freies wirksames**
- ☐ free available residual chlorine
- △ chlore m résiduel libre
- ○ cloro m residuo libero

277 **Restchlor** n, **gebundenes**
- ☐ combined residual chlorine, combined chlorine residual
- △ chlore m residuel combiné
- ○ cloro m residuo combinato

278 **Restchlorgehalt** m
- ☐ residual-chlorine content
- △ teneur f en chlore résiduel
- ○ tenore m di cloro residuo

279 **Restchlorregistriergerät** n
- ☐ residual [chlorine] recorder
- △ appareil m enregistreur de chlore résiduel
- ○ apparecchio m registratore di cloro residuo

280 **Resthärte** f
- ☐ residual hardness
- △ dureté f résiduelle
- ○ durezza f residua

281 **Restleitfähigkeit** f
- ☐ residual conductivity
- △ conductivité f résiduelle, conductivité f restante
- ○ conduttività f residua

282 **Restpestizid** n
- ☐ residual pesticide
- △ pesticide m résiduel, pesticide m restant
- ○ pesticida m residuo

283 **Restsauerstoff** m
- ☐ residual oxygen
- △ oxygène m résiduel
- ○ ossigeno m residuo

284 **Resultante** f, **Resultierende** f
- ☐ resultant
- △ résultante f
- ○ risultante f

Resultierende → *Resultante*

Retention → *Rückhalt*

Retention, spezifische
→ *Wasserhaltevermögen*

285 **Retentionsfaktor** m
- ☐ retention factor
- △ facteur m de rétention
- ○ fattore m di ritenzione

286 **Rettungsarbeiten** f pl
- ☐ rescue work
- △ travaux m pl de sauvetage
- ○ operazioni f pl di salvataggio

287 **Reversions-Gaschromatographie** f
- ☐ reversing gas-chromatography
- △ chromatographie f en phase gazeuse par réversion
- ○ gascromatografia f in fase inversa

Reversosmose → *Gegenosmose*

288 **Revisionsdeckel** m
- ☐ inspection cover
- △ couvercle m d'inspection
- ○ chiusino m d'ispezione, coperchio m d'ispezione

Revisionsschacht → *Kontrollschacht*

289 **Reynolds'sche Zahl** f
- ☐ Reynolds' number
- △ nombre m de Reynolds
- ○ numero m di Reynolds

290 **Rezession** f, **Rückgang** m (hydrol.)
- ☐ recession
- △ décrue f
- ○ decrescita f, recessione f

291 **Rezessionskurve** f, **Rückgangskurve** f
- ☐ recession hydrograph, recession curve
- △ courbe f de décrue, courbe f de tarissement
- ○ curva f di decrescita, curva f di recessione

292 **Rhein** m
- ☐ Rhine
- △ Rhin m
- ○ Reno m

Rheologie → *Fließkunde*

293 **rheophil** (in starker Strömung gedeihend)
- ☐ rheophilic
- △ rhéophile
- ○ reofilo

294 **Rheotaxis** f
- ☐ rheotaxis
- △ rhéotaxie f
- ○ reotassi f

295 **Rheotropismus** m
- ☐ rheotropism
- △ rhéotropisme m
- ○ reotropismo m

Rhitral → *Salmonidenregion*

296 **Rhizome** n pl
- ☐ rhizophores pl
- △ rhizophores m pl
- ○ rizomi m pl

Rhizopoden → *Wurzelfüßler*

297 **Rhodanid** n, **Thiocyanat** n
- ☐ thiocyanate
- △ thiocyanate m
- ○ tiocianato m

Rhodophyzeen → *Rotalgen*

298 **Rhone** f
- ☐ Rhone
- △ Rhône m
- ○ Rodano m

299 **Ribonukleinsäure** *f*
□ ribonucleic acid
△ acide *m* ribonucléique
○ acido *m* ribonucleico

300 **Richtlinie** *f*
□ directive, guide-line
△ directive *f*, ligne *f* de conduite
○ direttiva *f*

301 **Richtung** *f*
□ direction, trend
△ direction *f*
○ direzione *f*

Richtungsanzeiger, Strom~ → *Stromrichtungsanzeiger*

302 **Richtungsschwimmer** *m*
□ direction float
△ flotteur *m* indicateur de direction
○ galleggiante *m* indicatore di direzione

303 **Richtungswechsel** *m*
□ change of direction, change of course
△ changement *m* de direction
○ cambiamento *m* di direzione

304 **Richtwert** *m*
□ guide value
△ valeur *f* indicative, valeur *f* de base
○ valore *m* indicativo, valore *m* guida, valore *m* di base

305 **Riechzelle** *f*
□ olfactory cell
△ cellule *f* olfactive
○ cellula *f* olfattiva

Ried → *Moor*

Riemen → *Antriebsriemen*

306 **Riemenantrieb** *m*
□ belt drive, belt driving
△ commande *f* par courroie
○ trasmissione *f* a cinghia, comando *m* per cinghia

307 **Riemenscheibe** *f*
□ [belt]-pulley
△ poulie *f* [à commande par courroie]
○ puleggia *f* [per cinghie]

Riemenscheibe, feste → *Festscheibe*

Riemenscheibe, lose → *Losscheibe*

Rieselei → *Verrieselung*

308 **Rieseler** *m*
□ irrigator, percolator
△ asperseur *m*
○ irrigatore *m*

Rieseler, Holzhorden~ → *Holzhordenrieseler*

Rieseler, Horden~ → *Hordenrieseler*

Rieseler, Koks~ → *Koksrieseler*

309 **Rieselfeld** *n*, **Rieselgut** *n*
□ irrigation field, sewage farm
△ champ *m* d'irrigation, champ *m* d'épandage
○ campo *m* d'irrigazione, campo *m* di spandimento

Rieselfilmverdampfer → *Fallfilmverdampfer*

310 **Rieselfläche** *f*, **Rieselschlag** *m*
□ irrigation plot, irrigated surface
△ surface *f* irriguée
○ superficie *f* irrigata

Rieselgraben → *Bewässerungsgraben*

Rieselgut → *Rieselfeld*

311 **Rieselkühlung** *f*
□ open-surface cooling
△ refroidissement *m* par ruissellement, réfrigération *f* par ruissellement
○ raffreddamento *m* per scambio con l'atmosfera

312 **rieseln**
□ trickle, percolate
△ ruisseler
○ colare, grondare, percolare

Rieselschlag → *Rieselfläche*

313 **Rieselturm** *m*
□ spray tower, tower-type scrubber
△ tour *m* de ruissellement
○ colonna *f* di lavaggio spray

Rieselung, Furchen~ → *Furchenrieselung*

Rieselung, Hang~ → *Hangrieselung*

314 **Rieselwiese** *f*
□ irrigated grassland, irrigated meadow
△ prairie *f* irriguée
○ prato *m* irrigato, marcita *f*

315 **Riff** *n*, **Sandriff** *n*
□ reef
△ récif *m*
○ spuntone *m*, scoglio *m*, scogliera *f*

316 **Riffelblei** *n*
□ pig-lead, lead in pigs
△ plomb *m* en saumons
○ pane *m* di piombo

Riffelform → *Rippelmarken*

Rillenbewässerung → *Furchenrieselung*

Rillenerosion → *Runsenerosion*

317 **Rillrohr** *n* (e. *Verdampfers*)
□ fluted tube
△ tube *m* cannelé
○ tubo *m* corrugato

318 **Rinderdung** *m*
□ dairy manure
△ fumier *m* de bovins
○ sterco *m* di bovini, letame *m* di bovini

Rinderzucht → *Rindviehzucht*

319 **Rindviehzucht** *f*, **Rinderzucht** *f*
□ beef cattle breeding
△ élevage *m* de bovins
○ allevamento *m* di bovini

320 **Ring** *m*
□ ring, coil
△ bague *f*, rondelle *f*, anneau *m*
○ anello *m*, rondella *f*

Ring, Gummi~ → *Gummiring*

Ring, Schraub~ → *Schraubring*

321 **Ringbewehrung** *f*
□ ring reinforcement
△ renforcement *m* par bagues, renforcement *m* annulaire, frettage *m*
○ rinforzo *m* anulare

322 **ringförmig**
□ annular
△ annulaire
○ anulare

323 **Ringkanal** *m*
□ circular sewer
△ canalisation *f* bouclée
○ canale *m* di fogna ad anello

324 **Ringkolbenschieber** *m*, **Ringschieber** *m*
□ annular sleeve valve, annular piston valve
△ vanne *f* annulaire à piston
○ saracinesca *f* anulare a pistone

325 **Ringkolbenzähler** *m*, **Rotationskolbenzähler** *m*
□ annular piston meter, rotary piston meter
△ compteur *m* à piston rotatif
○ contatore *m* a pistone rotativo

326 **Ringleitung** *f*
□ circular main, ring main
△ aqueduc *m* de ceinture, conduite *f* de ceinture, conduite *f* circulaire
○ condotta *f* ad anello

327 **Ringnetz** *n*, **Umlaufnetz** *n*
□ ring distribution system
△ réseau *m* de ceinture, réseau *m* en anneau
○ rete *f* ad anello

328 **Ringnut** *f*
□ round groove
△ rainure *f* hémisphérique, rainure *f* ronde
○ scanalatura *f* ad anello

Ringschieber → *Ringkolbenschieber*

329 **Ringspannungsmoment** *n*
□ ovalisation moment
△ moment *m* d'ovalisation
○ momento *m* d'ovalizzazione

330 **Ringüberlauf** *m*
□ annular spillway
△ déversoir *m* annulaire
○ sfioratore *m* anulare

331 **Ringventil** *n*
□ ring valve, annular valve
△ soupape *f* annulaire
○ valvola *f* anulare

332 **Ringvorspannung** *f*
□ circumferential prestressing
△ précontrainte *f* périphérique
○ precompressione *f* periferica

333 **Rinne** *f*, **Gerinne** *n*
□ flume, race channel, trough, gutter
△ caniveau *m*, rigole *f*, pierrée *f*, cunette *f*, gouttière *f*, goulotte *f*
○ canaletto *m*, cunetta *f*, gronda *f*, cunicolo *m*, canalino scolatoio *m*

Rinne, Abfluß~ → *Abflußrinne*

Rinne, Ablauf~ → *Ablaufrinne*

Rinne, Abzugs~ → *Straßenrinne*

Rinne, Misch~ → *Mischrinne*

Rinne, Sammel~ → *Sammelrinne*

Rinne, Schiffahrts~ → *Schiffahrtsrinne*

Rinne, Spülwasser~ → *Spülwasserrinne*

Rinnenbrücke → *Kanalbrücke*

Rinneneinlaß → *Sinkkasten*

Rinnenerosion → *Runsenerosion*

334 **Rinnenspülung** *f*
□ flume flushing
△ nettoyage *m* des caniveaux
○ lavaggio *m* dei canali di scolo

335 **Rinnsal** *n*
□ rivulet, rill
△ ruisselet *m*
○ rivoletto *m*

Rinnstein → *Straßenrinne*

Rippe, Verstärkungs~ → *Verstärkungsrippe*

336 **Rippelmarken** *f pl*, **Riffelform** *f*, **Sohlrippel** *n pl*, **Transportkörper** *m*
□ ripple marks *pl*, bed ripples *pl*
△ rides *f pl* du fond
○ ripplemarks *m pl*

337 **Risiko-Analyse** *f*
□ risk analysis
△ analyse *f* des risques
○ analisi *f* dei rischi

338 **Riß** *m*, **Bruchfuge** *f*, **Sprung** *m*
□ crack, fissure
△ gerçure *f*, lézarde *f*, fente *f*, crique *f*, fissure *f*, cassure *f*
○ lesione *f*, fenditura *f*, fessura *f*, fissura *f*

Riß, Oberflächen~ → *Oberflächenriß*

339 **Rißbildung** *f (corr.)*
□ cracking
△ criquage *m*
○ incrinatura *f*

340 **Rißbildung** *f* **im Brunnen, hydraulische**
□ well fracturing, hydrofrac
△ fracturation *f* hydraulique des puits
○ fratturazione *f* idraulica nei pozzi

341 **Rissefestigkeit** *f (von Beton)*
□ extensibility
△ extensibilité *f*
○ estensibilità *f*

342 **Robbe** *f*, **Seehund** *m*
□ seal
△ phoque *m*
○ foca *f*

343 roden
- □ clear, strip
- △ essarter, déraciner, déboiser
- ○ dissodare

344 **Roden** n, **Rodung** f
- □ stripping, clearing, grubbing
- △ déracinage m, dessouchement m
- ○ dissodamento m

Rodentizid → Rattenbekämpfungsmittel

Rodung → Roden

Röhre → Rohr

Röhrenbrunnen → Bohrbrunnen

345 **Röhrenbündel** n
- □ tube bundle
- △ faisceau m de tubes, batterie f de tubes
- ○ fascio m tubiero

346 **Röhrendränung** f
- □ tubular drainage
- △ drainage m tubulaire, drainage m par tuyaux
- ○ drenaggio m tubulare, drenaggio m per tubi

347 **Röhrenverdampfer** m
- □ tube evaporator
- △ évaporateur m à tubes
- ○ evaporatore m a tubi

348 **Röntgen-Absorptionsspektrometrie** f
- □ X-ray absorption spectrometry
- △ spectrométrie f d'absorption par rayons X
- ○ spettometria f d'assorbimento mediante raggi X

349 **Röntgen-Fluoreszenzanalyse** f
- □ x-ray fluorescence analysis
- △ analyse f de fluorescence par les rayons X
- ○ analisi f di fluorescenza per raggi X

350 **Röntgenäquivalent** n, **biologisches, Rem**
- □ roentgen equivalent man, rem
- △ équivalent m biologique de rayons X, rem m
- ○ equivalent m biologico dei raggi X, rem m

351 **Röntgenspektrometrie** f
- □ X-ray spectrometry
- △ spectrométrie f par rayons X
- ○ spettrometria f mediante raggi X

352 **Röntgenstrahl** m
- □ X-ray
- △ rayon m X
- ○ raggio m X

353 **Röntgenuntersuchung** f
- □ X-ray test
- △ examen m aux rayons X
- ○ esame m ai raggi X

Röste, Flachs~ → Flachsröste

Röste, Kaltwasser~ → Kaltwasserröste

Rötel → Rotfeder

354 roh
- □ raw, crude
- △ brut
- ○ bruto, crudo, greggio, grezzo

Rohabwasser → Abwasser, rohes

355 **Rohabwasserpumpe** f
- □ crude sewage pump
- △ pompe f pour eaux résiduaires brutes
- ○ pompa f per liquami bruti, pompa f per acque di rifiuto brute

356 **Rohabwasserpumpstation** f
- □ crude sewage pump house
- △ station f de pompage des eaux résiduaires brutes
- ○ stazione f di pompaggio per liquami bruti

Rohfallhöhe → Rohgefälle

357 **Rohfett** n
- □ crude grease
- △ graisse f brute
- ○ grasso m greggio

358 **Rohgefälle** n, **Rohfallhöhe** f
- □ raw head, raw fall head
- △ chute f brute, hauteur f de chute brute
- ○ caduta f lorda, altezza f lorda di caduta

359 **Rohhumus** m
- □ raw humus, duff (am)
- △ humus m brut
- ○ umus m bruto

Rohkompost → Frischkompost

Rohmaterial → Rohstoff

360 **Rohmüll** m
- □ crude refuse
- △ gadoues f pl brutes, ordures f pl fraîches
- ○ spazzatura f bruta

361 **Rohöl** n
- □ crude oil, crude petroleum, crude naphtha
- △ huile f brute, pétrole m brut
- ○ nafta f greggia, petrolio m greggio

362 **Rohölentsalzung** f, **Erdölentsalzung** f
- □ crude oil desalting
- △ dessalement m du pétrole brut
- ○ dissalazione f del olio bruto

Rohprodukt → Rohstoff

363 **Rohr** n, **Röhre** f
- □ pipe, tube
- △ tube m, tuyau m
- ○ tubo m

364 **Rohr** n, **Schilfrohr** n (Phragmites communis)
- □ reed
- △ roseau m
- ○ canna f lacustre

Rohr, Abfluß~ → Abflußrohr

Rohr, Ableitungs~ → Ableitungsrohr

Rohr, armiertes → Eisenbetonrohr

365 **Rohr** *n*, **asphaltiertes**
☐ asphalted tube, asphalted pipe
△ tube *m* protégé par un recouvrement de jute asphalté, tuyau *m* asphalté, tuyau *m* bitumé, tuyau *m* goudronné à chaud
○ tubo *m* asfaltato, tubo *m* con rivestimento di asfalto

Rohr, außen asphaltiertes → *Rohr, außen bituminiertes*

366 **Rohr** *n*, **außen bituminiertes, Rohr** *n*, **außen asphaltiertes**
☐ bitumen-coated pipe
△ tube *m* bitumé à l'extérieur
○ tubo *m* esternamente bituminato

Rohr, bewehrtes → *Eisenbetonrohr*

Rohr, Bimetall~ → *Bimetallrohr*

Rohr, Bördel~ → *Bördelrohr*

Rohr, Bohr~ → *Bohrrohr*

Rohr, Einlauf~ → *Zuflußrohr*

367 **Rohr** *n*, **emailliertes**
☐ vitrified pipe
△ tuyau *m* émaillé
○ tubo *m* smaltato

Rohr, Entwässerungs~ → *Entwässerungsrohr*

Rohr, Fassungs~ → *Fassungsrohr*

Rohr, Futter~ → *Futterrohr*

368 **Rohr** *n*, **genietetes**
☐ riveted pipe
△ tuyau *m* rivé, tuyau *m* riveté
○ tubo *m* chiodato

369 **Rohr** *n*, **geschweißtes**
☐ welded tube
△ tube *m* soudé
○ tubo *m* saldato

Rohr, Gewinde~ → *Gewinderohr*

Rohr, glasfaserverstärktes, Kunststoff~ → *Kunststoffrohr, glasfaserverstärktes*

370 **Rohr** *n*, **glattes**
☐ plain-ended pipe
△ tuyau *m* à bouts unis, tube *m* lisse
○ tubo *m* liscio, tubo *m* ad estremità piane

Rohr, Groß~ → *Großrohr*

Rohr, gußeisernes → *Gußrohr*

371 **Rohr** *n*, **hammergeschweißtes**
☐ hammer-weld pipe
△ tuyau *m* soudé au marteau
○ tubo *m* saldato a martello

372 **Rohr** *n* **homogenes, Rohr** *n* **monolithisches**
☐ single structure piping
△ canalisation *f* monolithe, canalisation *f* homogène
○ tubazione *f* monolitica, tubazione *f* omogenea

373 **Rohr** *n*, **innenbituminiertes**
☐ bitumen-lined pipe
△ tube *m* intérieurement goudronné, tube *m* intérieurement bituminé
○ tubo *m* internamente bituminato

Rohr, Kanal~ → *Kanalrohr*

Rohr, Kupfer~ → *Kupferrohr*

Rohr, liegend gegossenes → *Horizontalgußrohr*

374 **Rohr** *n*, **liegend sandgegossenes**
☐ horizontally sand-cast pipe
△ tuyau *m* coulé horizontalement en sable
○ tubo *m* fuso in sabbia orrizzontalmente

Rohr, Lüftungs~ → *Lüftungsrohr*

Rohr, Messing~ → *Messingrohr*

Rohr monolithisches → *Rohr homogenes*

Rohr, Muffen~ → *Muffenrohr*

375 **Rohr** *n*, **nahtloses**
☐ seamless pipe, seamless tube
△ tube *m* sans soudure
○ tubo *m* senza saldatura, tubo *m* trafilato

Rohr, Polyäthylen~ → *Polyäthylenrohr*

Rohr, Reinigungs~ → *Spundkasten*

Rohr, Sandguß~ → *Sandgußrohr*

Rohr, in Sandschleuderform gegossenes ~ → *in Sandschleuderform gegossenes Rohr*

Rohr, Saug~ → *Saugrohr*

376 **Rohr** *n*, **schmiedeeisernes**
☐ wrought iron pipe, malleable iron pipe
△ tuyau *m* en fer forgé, tuyau *m* en fonte malléable
○ tubo *m* in ferro, tubo *m* di ferro dolce, tubo *m* di ferro fucinato

Rohr, Sieb~ → *Filterrohr*

377 **Rohr** *n*, **spiral geschweißtes**
☐ spiral-weld pipe
△ tube *m* à soudure en hélice, tube *m* spiral
○ tubo *m* a saldatura elicoidale

Rohr, Stand~ → *Standrohr*

378 **Rohr** *n*, **stehend gegossenes, Standgußrohr** *n*
☐ pipe cast upright, vertically cast pipe, pit-cast pipe
△ tuyau *m* coulé verticalement, tuyau *m* coulé en fosse
○ tubo *m* fuso in stampo verticale, tubo *m* fuso verticalmente

Rohr, Steig~ → *Standrohr*

Rohr, Strahl~ → *Strahlrohr*

Rohr, Ton~ → *Tonrohr*

Rohr, Wasser~ → *Wasserrohr*

379 **Rohrabdichtung** *f*
☐ pipe sealing
△ étanchéification *f* d'une conduite, confection *f* des joints d'une tuyauterie
○ giunzione *f* a tenuta di una tubazione

Rohransatz → Stutzen

380 **Rohrauskleidungsverfahren** n
 □ pipe lining process, pipe coating process
 △ procédé m de revêtement pour tuyauteries
 ○ processo m di rivestimento per tubi

381 **Rohraußenwandung** f
 □ exterior of a pipe
 △ surface f extérieure d'un tuyau
 ○ superficie f esteriore di un tubo

382 **Rohrbandagierung** f
 □ pipe wrapping
 △ revêtement m d'un tuyau par bandes
 ○ fasciatura f di un tubo

383 **Rohrbelüfter** m
 □ pipe aerator, aerator pipe
 △ aérateur m tubulaire, tuyau m d'aération
 ○ aeratore m tubulare, tubo m d'aerazione

Rohrbett → Rohrbettung

384 **Rohrbettung** f, **Rohrbett** n
 □ [pipe] cradle, pipe bedding, bedding
 △ berceau m d'un tuyau
 ○ letto m di posa del tubo

385 **Rohrbiegen** n
 □ pipe bending
 △ cintrage m des tubes
 ○ piegamento m dei tubi

386 **Rohrbruch** m
 □ pipe breakage, pipe burst, pipe break, pipe fracture
 △ bris m d'un tuyau, rupture f d'un tuyau, cassure f d'un tuyau
 ○ rottura f di tubo, fenditura f di tubo

387 **Rohrbruchsicherung** f
 □ safeguarding against pipe rupture, pipe burst control
 △ dispositif m de protection contre la rupture d'un tuyau
 ○ dispositivo m di protezione contro la rottura di tubo

388 **Rohrbrücke** f, **Rohrleitungsbrücke** f, **Rohrüberleitung** f
 □ pipe bridge, pipe aqueduct, pipe flume
 △ conduite-pont f
 ○ ponte m tubo, ponte-canale m

389 **Rohrbrunnen** m
 □ encased drilled well
 △ puits m tubé
 ○ pozzo m intubato

Rohrbrunnen → Bohrbrunnen

390 **Rohrbrunnenpumpe** f
 □ tube well pump
 △ pompe f pour puits tubulaires
 ○ pompa f per pozzi tubolari

Rohrbügel → Anbohrschelle

391 **Rohrdesinfektion** f
 □ main disinfection
 △ désinfection f des tuyauteries
 ○ disinfezione f delle tubazioni, disinfezione f delle condutture

392 **Rohrdrän** n
 □ tile drain, pipe drain
 △ drain m en tuyau
 ○ drenaggio m del tubo

393 **Rohrdü[c]ker** m
 □ pipe syphon
 △ siphon m formé par des tuyaux
 ○ sifone m a tubi

394 **Rohrdurchlaß** m
 □ pipe culvert
 △ dalot m
 ○ passaggio m in tubo

395 **Rohrdurchmesser** m
 □ diameter of pipe
 △ diamètre m du tuyau
 ○ diametro m di tubo

396 **Rohrende** n
 □ end of pipe
 △ bout m de tube, bout m de tuyau
 ○ estremità f di tubo

397 **Rohrendstrang** m, **Endstrang** m, **Endstrecke** f, **Rohrendstrecke** f
 □ dead end, end of pipe line, end of piping
 △ extrémité f d'une conduite, conduite f en cul de sac, bout m mort
 ○ estremo tronco m della condotta, tratto m terminale della condotta

Rohrendstrecke → Rohrendstrang

398 **Rohrfahrt** f, **Rohrtour** f
 □ series of pipes
 △ colonne f
 ○ tratto m di tubazione, tratto m di conduttura

399 **Rohrfernleitung** f
 □ long-distance pipeline
 △ canalisation f à grande distance
 ○ tubazione f a grande distanza

400 **Rohrfutter** n
 □ lining of a pipe
 △ revêtement m d'un tuyau
 ○ rivestimento m di un tubo

401 **Rohrgewinde** n
 □ pipe thread, thread of a pipe, threading of a pipe
 △ pas m pour tubes, filetage m, taraudage m d'un tuyau
 ○ filettatura f del tubo

402 **Rohrgraben** m
 □ pipe trench, tube ditch, trench
 △ tranchée f, fouille f pour la pose de conduites
 ○ scavo m per la posa di una condotta

403 **Rohrgraben** m *(Abwasser)*
 □ sewer trench
 △ tranchée f d'égout
 ○ scavo m di fogna

Rohrgrabens, Absteifen des ~
 → Absteifen des Rohrgrabens

Rohrgrabens, Ausheben des ~
 → Ausheben des Rohrgrabens

404 **Rohrgräber** m
□ trench digger, trencher
△ fouilleur m
○ operaio m escavatore

405 **Rohrhalbmesser** m, **Rohrradius** m
□ radius of a pipe
△ rayon m de tube
○ raggio m di un tubo, semidiametro m di un tubo

406 **Rohrhydraulik** f
□ pipe hydraulics
△ hydraulique f des tuyauteries
○ idraulica f delle tubazioni

407 **Rohrinneres** n
□ pipe interior
△ intérieur m d'un tuyau
○ interno m di un tubo

408 **Rohrisolation** f
□ pipe insulation
△ isolation f d'un tuyau, isolement m d'un tuyau
○ isolamento m di un tubo

Rohrkanal → *Rohrstollen*

Rohrkeller → *Rohrstollen*

Rohrkolben → *Schilf*

Rohrkrümmer → *Krümmer*

409 **Rohrlänge** f
□ run of a pipe, pipe length, length of a pipe
△ longueur f d'un tuyau
○ lunghezza f di un tubo

Rohrlegearbeit → *Rohrverlegung*

410 **Rohrleger** m, **Bleimann** m
□ pipe layer, plumber
△ ouvrier m plombier, poseur m de tuyaux
○ operaio m piombiere, tubista m

411 **Rohrlegewinde** f
□ pipe-laying winch
△ palan m pour pose de tuyaux
○ paranco m per la messa in opera di tubazioni

412 **Rohrleitung** f
□ pipe line, conduit, piping
△ tuyauterie f, conduite f, canalisation f
○ tubazione f

Rohrleitungsbau → *Rohrleitungstechnik*

Rohrleitungsbau → *Rohrverlegung*

Rohrleitungsbrücke → *Rohrbrücke*

413 **Rohrleitungsführung** f, **Rohrtrasse** f
□ trace of the pipe line
△ tracé m des conduites
○ tracciato m della tubazione

Rohrleitungsschutzgerät
→ *Rohrschutzanlage*

414 **Rohrleitungstechnik** f, **Rohrleitungsbau** m
□ pipeline engineering
△ technique f des conduites
○ tecnica f delle tubazioni, costruzione f di tubazioni

415 **Rohrmaterial** n
□ pipe material
△ matière f d'un tuyau, matériau m de canalisation
○ materia f di un tubo

416 **Rohrmuffe** f, **Glockenmuffe** f, **Muffe** f
□ socket, sleeve [of a pipe], hub, bell
△ emboîtement m, manchon m [d'un tuyau]
○ bicchiere m, manicotto m [di un tubo]

417 **Rohrnetz** n
□ service system, pipe-line network, pipe network
△ réseau m de canalisations
○ rete f di tubazioni

Rohrnetz, verzweigtes
→ *Verästelungs[rohr]netz*

418 **Rohrnetzanalysator** m
□ network analyzer
△ analyseur m de réseau
○ analizzatore m di rete

419 **Rohrnetzaufseher** m
□ inspector of the distribution system, foreman of the pipe-line network
△ piqueur m
○ sorvegliante m della rete, capo m posa tubi

420 **Rohrnetzberechnung** f
□ network calculating
△ calcul m d'un réseau de distribution
○ calcolo m di una rete di tubazioni

Rohrnetzdruck → *Leitungsdruck*

421 **Rohrnetzreiniger** m, **Rohrreiniger** m, **Rohrreinigungsgerät** n
□ pipe-line cleaner
△ hérisson m
○ apparecchio m per pulire i tubi

422 **Rohrnetzschaden** m
□ damage of distribution system, rupture of the pipe line
△ dégât m d'un tuyau
○ guasto m alla condotta, guasto m di rete

423 **Rohrnetzverluste** m pl
□ water loss within the distribution system
△ pertes f pl (d'eau) dans le réseau de distribution
○ perdite f pl nel sistema di distribuzione

424 **Rohroberkante** f
□ top edge of pipe
△ arête f superieure du tuyau
○ spigolo m superiore di un tubo

425 **Rohrpfeiler** m
□ cylinder pier
△ pilastre m cylindrique, pile f à colonnes entretoisées
○ pilastro m cilindrico

426 **Rohrprobierpresse** f
□ pipe-testing machine
△ machine f à essayer les tubes [ou tuyaux]
○ apparecchio m per la prova dei tubi

427 **Rohrquerschnitt** m
- □ cross section of a pipe, cross-sectional area of a pipe
- △ section f transversale d'un tuyau
- ○ sezione f trasversale di un tubo

Rohrradius → *Rohrhalbmesser*

Rohrrauhigkeit → *Wandrauhigkeit*

428 **Rohrreibungsbeiwert** m, **Widerstandszahl** f
- □ pipe friction factor, coefficient of roughness in pipes
- △ coefficient m de rugosité des tubes
- ○ coefficiente m di frizione di tubi, coefficiente m di attrito di tubi, coefficiente m di scabrezza di tubi

Rohrreiniger → *Rohrnetzreiniger*

429 **Rohrreinigung** f
- □ pipe cleaning, water main cleaning
- △ nettoyage m des canalisations
- ○ spurgo m dei tubi

Rohrreinigungsgerät → *Rohrnetzreiniger*

430 **Rohrreißer** m
- □ blistered tube
- △ tuyau m rompu
- ○ tubo m rotto

431 **Rohrringspannungen** f pl
- □ ovalisation stresses
- △ charges f pl d'ovalisation
- ○ tensioni f pl di ovalizzazione

432 **Rohrscheitel** m
- □ pipe summit, pipe crown, crown
- △ sommet m d'un tuyau, point m supérieur d'un tuyau
- ○ sommità f di tubo

433 **Rohrschelle** f
- □ pipe clip, clip, pipe clamp
- △ collier m pour tuyaux, collier m de fixation
- ○ collare m, staffa f, graffa f per tubi

434 **Rohrschlange** f
- □ pipe coil
- △ serpentin m
- ○ serpentina f

435 **Rohrschlangenerhitzer** m, **Heizschlange** f
- □ heating coil
- △ serpentin m réchauffeur
- ○ serpentina f di riscaldamento

436 **Rohrschlosser** m
- □ pipe fitter
- △ serrurier-forgeron m
- ○ fabbro m meccanico per tubi, aggiustatore m meccanico per tubi

437 **Rohrschneider** m
- □ pipe cutter, pipe cutting machine, wellknife
- △ coupe-tuyaux m, coupe-tubes m, coupe-tubage m
- ○ tagliatubi m

438 **Rohrschutzanlage** f, **Rohrleitungsschutzgerät** n, **Rostschutzanlage** f
- □ rust protection device, rust preventing device, pipe-line protection apparatus
- △ installation f de protection antirouille, installation f de protection des tuyaux, installation f de protection des conduites
- ○ sistema m di protezione contro la ruggine

439 **Rohrstapel** m
- □ pipe staple
- △ tas m de tubes
- ○ cantiere m di tubi

440 **Rohrstollen** m, **Rohrkanal** m, **Rohrkeller** m
- □ pipe tunnel, pipe gallery, underground pipe gallery
- △ galerie f pour canalisations, galerie f des conduites
- ○ galleria f per tubi

Rohrstoßdichtung → *Stoß-an-Stoß-Verbindung*

441 **Rohrstrang** m, **Rohrstrecke** f
- □ pipe line section, piping tract
- △ tronçon m, section f de la conduite
- ○ tronco m di conduttura, tratto m di conduttura

Rohrstrecke → *Rohrstrang*

Rohrstutzen → *Stutzen*

Rohrtour → *Rohrfahrt*

Rohrtrasse → *Rohrleitungsführung*

442 **Rohrturbine** f
- □ tube-turbine, tubular turbine
- △ turbine f tubulaire
- ○ turbina f intubata

Rohrüberleitung → *Rohrbrücke*

443 **Rohrumkleidung** f, **Rohrummantelung** f
- □ pipe encasement
- △ enrobement m d'un tuyau, enveloppement m d'une tuyauterie
- ○ rivestimento m di tubazioni

Rohrummantelung → *Rohrumkleidung*

444 **Rohrunterbrecher** m, **Rückflußverhinderer** m
- □ backsiphonage preventer, vacuum breaker
- △ coupe-vide m
- ○ interruttore m del vuoto

445 **Rohrventil** n
- □ sleeve valve
- △ soupape f à cloche intérieure, soupape f à manchon
- ○ valvola f a tubo

446 **Rohrverbindung** f, **Verbindung** f **von Rohren**
- □ pipe connection, pipe connexion, pipe joint
- △ raccordement m des tuyaux, raccord m des tuyaux, joint m des tuyaux
- ○ unione f dei tubi, giunto m per tubi, giunzione f dei tubi, collegamento m dei tubi

447 **Rohrverlegung** f, **Rohrlegearbeit** f, **Rohrleitungsbau** m, **Verlegung** f **von Rohren**
- □ pipe-laying, piping work
- △ montage m de tuyauteries, pose f de tuyaux
- ○ posa f dei tubi, collocamento m dei tubi

448 **Rohrverschraubung** f
- □ screwed pipe joint
- △ raccord m des tuyaux vissé
- ○ giunto m a vite dei tubi

449 **Rohrverzweigung** f
- □ branching of the pipe, manifold
- △ branchement m des tuyaux
- ○ diramazione f della tubazione, biforcazione f del tubo

450 **Rohrvorschubgerät** n
- □ pipe driver, pipe pusher
- △ pousse-tubes m
- ○ spingitubi m

Rohrwandstärke → *Wandstärke eines Rohres*

451 **Rohrwandung** f
- □ wall of pipe, pipe barrel, barrel of a pipe
- △ paroi f de tuyau
- ○ parete f di tubo

452 **Rohrweite** f
- □ bore of pipe, internal diameter of pipe, int. diam., size of main
- △ calibre m de tuyau, diamètre m intérieur du tuyau
- ○ diametro m interno del tubo

453 **Rohrwiderstand** m
- □ frictional resistance of pipe
- △ résistance f du tuyau
- ○ resistenza f di un tubo

454 **Rohrzange** f
- □ pipe wrench
- △ pinces f pl à tuyaux, clé f à tubes
- ○ tenaglie f pl per tubi, pinza f da tubi

455 **Rohrzucker** m
- □ cane sugar
- △ sucre m de canne
- ○ zucchero m di canna

456 **Rohrzylinder** m
- □ body [of a pipe], pipe-body
- △ fût m d'un tuyau
- ○ canna f di un tubo

Rohschlamm → *Frischschlamm*

457 **Rohstoff** m, **Rohmaterial** n, **Rohprodukt** n
- □ raw material, raw product
- △ matière f première
- ○ materia f prima, materia f bruta

458 **Rohwasser** n
- □ raw water, untreated water
- △ eau f brute
- ○ acqua f bruta, acqua f greggia

Rohwasserchlorung → *Vorchlorung*

459 **Rohwasserzulauf** m
- □ raw water influent
- △ arrivée f d'eau brute
- ○ afflusso m d'acqua bruta

460 **Rolle** f, **Scheibe** f
- □ sheave, pulley
- △ poulie f
- ○ rullo m, puleggia f

Rolle, Führungs~ → *Führungsrolle*

461 **Rollenbrecher** m, **Walzenbrecher** m
- □ roll crusher
- △ broyeur m à cylindres
- ○ frantoio m a cilindri

462 **Rollenlager** n
- □ roller bearing, roll bearing
- △ palier m à rouleaux
- ○ cuscinetto m a rulli

463 **Rollenmeißel** m
- □ roller bit
- △ trépan m à molettes
- ○ scalpello m a rulli

Rollgummidichtung → *Rollgummiverbindung*

464 **Rollgummiverbindung** f, **Rollgummidichtung** f, **Rollringdichtung** f
- □ "roll-on" joint
- △ joint m en caoutchouc rond
- ○ giunto m con rotolamento di anello di gomma

Rollringdichtung → *Rollgummiverbindung*

465 **Rost** m
- □ grating, grid rack, grate, grill
- △ grille f, grillage m
- ○ graticola f, griglia f, gratella f

466 **Rost** m *(corr.)*
- □ rust
- △ rouille f
- ○ ruggine f

Rost, Belüftungs~ → *Belüftungsrost*

Rost, Einlauf~ → *Einlaufrost*

467 **rostbeständig**
- □ rust-proof, antirust
- △ inoxydable, antirouille
- ○ inossidabile, antiruggine

468 **rosten**
- □ rust
- △ se rouiller, s'oxyder
- ○ arrugginirsi

469 **Rostentferner** *m*
  □ rust remover
  △ produit *m* dérouillant
  ○ antiruggine *f*

470 **Rostknolle** *f*, **Rostpocke** *f*
  □ tubercle, nodule of rust
  △ tubercule *m* de rouille, champignon *m* de rouille
  ○ tubercolo *m* di ruggine, nodo *m* di ruggine

471 **Rostknollenbildung** *f*
  □ tuberculation, nodulation
  △ tuberculisation *f*, champignonnage *m*
  ○ nodosità *f*, tubercolazione *f*, formazione *f* di tubercoli di ruggine

472 **Rostofen** *m*
  □ grate furnace
  △ four *m* à grille
  ○ forno *m* a griglia

  Rostpocke → *Rostknolle*

473 **Rostschutz** *m*
  □ rust protection, rust prevention, rust-proofing
  △ protection *f* contre la rouille
  ○ protezione *f* contro la ruggine

  Rostschutzanlage → *Rohrschutzanlage*

474 **Rostschutzmittel** *n*
  □ rust preventer, rust inhibitor
  △ agent *m* antirouille
  ○ antiruggine *m*

475 **Rostschutzpigment** *n*
  □ rust preventing pigment
  △ pigment *m* anti-rouille
  ○ pigmento *m* anti-ruggine

476 **Rotalgen** *f pl*, **Rhodophyzeen** *f pl*
  □ red algae *pl*
  △ algues *f pl* rouges, rhodophycées *f pl*
  ○ alghe *f pl* rosse

477 **Rotameter** *n*
  □ rotameter
  △ rotamètre *m*
  ○ rotametro *m*

  Rotarybohrung → *Drehbohrung*

  Rotation → *Umdrehung*

  Rotationsbohrung → *Drehbohrung*

  Rotationskolbenzähler → *Ringkolbenzähler*

478 **Rotationskompressor** *m*
  □ rotary compressor
  △ compresseur *m* rotatif
  ○ compressore *m* rotativo

479 **Rotations[wasser]messer** *m*
  □ rotary [water] meter
  △ hydromètre *m* rotatif
  ○ idrometro *m* rotativo

480 **Rotationspumpe** *f*
  □ rotary pump
  △ pompe *f* rotative
  ○ pompa *f* rotativa

481 **Rotationsverdampfer** *m*
  □ rotary evaporator, rotating evaporator
  △ évaporateur *m* tournant, évaporateur *m* rotatif
  ○ evaporatore *m* rotante

  Rotatorien → *Rädertiere*

482 **Rotfeder** *f*, **Rötel** *n* *(Scardinius erythrophthalmus)*, **Unechtes Rotauge** *n*
  □ rudd
  △ gardon *m* rouge, rotengle *m*
  ○ scardola *f*

483 **Rotguß** *m*, **Tombak** *m*
  □ red brass, red bronze, tombac
  △ bronze *m* rouge, tombac *m*
  ○ getto *m* rosso, bronzo *m* rosso, tombacco *m*

  rotieren → *drehen*

  rotierend → *drehbar*

484 **Rotliegendes** *n*
  □ lower new red sandstone
  △ grès *m* permien
  ○ permiano *m* inferiore

485 **Rotor** *m*
  □ rotor
  △ rotor *m*
  ○ rotore *m*

486 **Rotschlamm** *m* *(Poliermittelabfall)*
  □ red mud
  △ boue *f* rouge
  ○ fango *m* rosso

487 **Rotte** *f*, **Verfall** *m*, **Vermoderung** *f*, **Verrottung** *f*, **Verwesung** *f*
  □ rotting process, decay, deterioration
  △ pourriture *f*, décomposition *f*, détérioration *f*
  ○ marciume *m*, putridume *m*, decadenza *f*

488 **Ruderboot** *n*
  □ rowing boat
  △ bateau *m* à rames
  ○ barca *f* a remi

489 **Rübenschwemm- und -waschwasser** *n*
  □ fluming and washing water
  △ eau *f* de transport et de lavage des betteraves
  ○ acqua *f* di trasporto e di lavatura delle barbabietole

490 **Rübenschwemmwasser** *n*
  □ flume water, wheel water, sugar beet flume water
  △ eau *f* de transport de betteraves
  ○ acqua *f* di trasporto delle barbabietole

491 **Rübenwaschwasser** *n*
  □ beet washer waste
  △ eau *f* de lavage des betteraves
  ○ acqua *f* di lavaggio delle barbabietole

492 **Rübenzuckerfabrik** *f*
  □ beet sugar factory
  △ sucrerie *f* de betteraves
  ○ fabbrica *f* di zucchero delle barbabietole

  Rückdruckturbine → *Überdruckturbine*

Rücken, Gewölbe~ → *Gewölberücken*

Rücken, Grundwasser~ → *Grundwasserrücken*

493 Rückenanbau m
- ridge planting
- △ plantation f sur billons
- ○ coltivazione f a solchi

494 Rückfluß m**, Rücklauf** m
- backflow, backsiphonage, reflux, return flow, run-back
- △ reflux m, retour m d'eau
- ○ riflusso m

Rückfluß, Wasser~ → *Wasserrückfluß*

495 Rückflußleitung f
- return pipe
- △ conduite f de retour, tuyauterie f de retour
- ○ condotta f di ritorno

Rückflußventil → *Rückschlagklappe*

Rückflußverhinderer → *Rohrunterbrecher*

Rückgang → *Rezession*

496 Rückgang m **des Grundwasserspiegels, Sinken** n **des Grundwasserspiegels**
- recession of the groundwater level, phreatic decline
- △ tarissement m de la nappe, descente f du niveau phréatique, baisse f du niveau dynamique
- ○ recessione f della falda freatica, decrescita f del livello dell'acqua sotterranea

Rückgang des Hochwassers
→ *Verminderung des Hochwassers*

Rückgang eines Hochwassers
→ *Hochwasserabfall*

Rückgangskurve → *Rezessionskurve*

rückgewinnen → *wiedergewinnen*

Rückgewinnung → *Wiedergewinnung*

Rückgewinnung, Abwasser~
→ *Wasserrückgewinnung*

Rückgewinnung, Blut~ → *Blutrückgewinnung*

Rückgewinnung, Energie~ → *Energierückgewinnung*

Rückgewinnung, Fett~ → *Fettrückgewinnung*

Rückgewinnung, Lösungsmittel-~
→ *Lösungsmittel-Rückgewinnung*

Rückgewinnung, Stoff~ → *Stoffrückgewinnung*

Rückgewinnung, Wärme~ → *Wärmerückgewinnung*

497 Rückhalt m**, Retention** f**, Zurückhalten** n
- retention
- △ rétention f, retenue f
- ○ ritenzione f, ritenuta f

498 Rückhaltebecken n**, Aufhaltebecken** n**, Hochwasserbecken** n**, Hochwasserrückhaltebecken** n
- retardation basin, flood retention basin, highwater basin, stopping basin, detention basin, retaining basin, flood control reservoir, flood regulating reservoir, retarding basin, delay tank
- △ bassin m de retenue de la crue, bassin m de rétention, réservoir m d'écrêtement des crues
- ○ bacino m di ritenuta di piena

499 Rückhaltebecken n **für Chloridlauge**
- chloride holding basin
- △ bassin m de retenue pour lessive chlorurée
- ○ bacino m di ritenzione per lisciyi clorurati

500 Rückhaltespeicherung f
- retention storage, detention storage
- △ emmagasinement m temporaire
- ○ immagazzinamento m temporario

Rückhaltevermögen → *Stauraum*

Rückhaltevermögen, Hochwasser~
→ *Hochwasserrückhaltevermögen*

Rückhaltung, Oberflächen~
→ *Oberflächenrückhaltung*

Rückkühlanlage → *Kühlanlage*

Rückkühlen → *Kühlung*

Rückkühlung → *Kühlung*

501 Rücklage f
- reserve
- △ réserve f
- ○ riserva f

Rücklauf → *Rückfluß*

502 Rücklaufmenge f
- recycle flow, feedback
- △ volume m recyclé, volume m de recyclage
- ○ volume m di ricircolazione

Rücklaufmenge, Schlamm~ → *Schlammrücklaufmenge*

503 Rücklaufschlamm m**, Rücknahmeschlamm** m
- return-sludge
- △ boue[s] f [pl] de retour, boues f pl recyclées
- ○ fango m di ritorno

504 Rücklaufsole f **(Meerwasserentsalzung)**
- recycle brine
- △ saumure f de recyclage, saumure f recirculée
- ○ salamoia f ricircolata

505 Rücklaufverhältnis n**, Rücknahmeverhältnis** n
- recirculation ratio, return ratio, reflux ratio
- △ taux m de recyclage [ou recirculation]
- ○ rapporto m di ricircolazione

506 **Rücklaufverhältnis** n, **Abwasser-Rücklaufschlamm-Verhältnis** n *(Belebtschlammverfahren)*
□ sludge return rate
△ taux m de recyclage de boues
○ aliquota f di riciclo del fango

507 **Rücklaufwasser** n, **Rücknahmewasser** n, **Rückwasser** n
□ return water, recirculated water
△ eaux f pl de retour
○ acqua f di ricircolazione

508 **Rücklösung** f, **Wiederauflösung** f
□ re-dissolution
△ redissolution f
○ ridissoluzione f

Rücklösung → *Remobilisierung*

509 **Rücknahme** f, **Rückpumpen** n, **Verwendung** f **im Kreislauf**, **Zurückpumpen** n
□ recirculation, recycling
△ recirculation f, recyclage m
○ ricircolazione f

Rücknahme, Abwasser~ → *Abwasserrücknahme*

Rücknahme, Waschwasser~ → *Waschwasserrücknahme*

Rücknahmepumpe, Schlamm~ → *Schlammrücknahmepumpe*

Rücknahmeschlamm → *Rücklaufschlamm*

510 **Rücknahmesystem** n, **Kreislaufsystem** n
□ recycling system, recirculating system, recirculation system
△ système m de recyclage, système m de recirculation
○ sistema m di circolazione, sistema m di ricircolazione

511 **Rücknahmeverfahren** n
□ process of recirculation, recirculation process
△ procédé m de recirculation [ou recyclage]
○ procedimento m di ricircolazione, metodo m di ricircolazione, processo m di ricircolazione

Rücknahmeverhältnis → *Rücklaufverhältnis*

Rücknahmewasser → *Rücklaufwasser*

512 **Rückprall** m
□ rebound, repercussion, recoil
△ rebondissement m, répercussion f
○ rimbalzo m, ripercussione f

513 **Rückpumpe** f
□ return pump, recycling pump
△ pompe f de circulation
○ pompa f di ricircolazione

514 **rückpumpen, zurückpumpen**
□ recirculate
△ recirculer, pomper en retour
○ ricircolare

Rückpumpen → *Rücknahme*

515 **Rückschlagklappe** f, **Rückflußventil** n, **Rückschlagventil** n, **Rückstauklappe** f, **Rückstauverschluß** m
□ reflux valve, check valve, backwater gate, backflow preventer, non-return valve, tilting disk, back-pressure valve
△ soupape f de retenue, clapet m de retenue, clapet m de non-retour à battant, vanne f anti-reflux
○ valvola f di rimando, valvola f di ritegno

Rückschlagventil → *Rückschlagklappe*

Rückspülung → *Gegenstromwäsche*

Rückspülwasser → *Spülwasser*

516 **Rückstände** m pl *(der Kohleaufbereitung)*
□ tailings pl
△ schlamms m pl
○ fanghi m pl

Rückstände, Brauerei~ → *Brauereirückstände*

Rückstände, Brennerei~ → *Brennereirückstände*

517 **Rückstand** m
□ residue
△ résidu m
○ residuo m

Rückstand, Abdampf~ → *Abdampfrückstand*

Rückstand, Destillations~ → *Destillationsrückstand*

Rückstand, Eindampf~ → *Abdampfrückstand*

Rückstand, Glüh~ → *Glührückstand*

Rückstand, Verdampfungs~ → *Abdampfrückstand*

518 **Rückstau** m
□ backwater
△ remous m, longueur f du remous, remous m d'exhaussement
○ rigurgito m

Rückstauklappe → *Rückschlagklappe*

Rückstauverschluß → *Rückschlagklappe*

519 **Rückstoßphase** f **beim Wasserschlag**
□ resurge phase of water hammer
△ phase f de recul d'un coup de bélier
○ fase f di ritorno del colpo d'ariete

520 **Rückstreuung** f
□ back-scattering
△ diffraction f en retour
○ diffrazione f di ritorno

521 **Rückströmung** f
□ back-current
△ courant m de retour
○ corrente f di ritorno

Rückwasser → *Rücklaufwasser*

522 **rühren, aufrühren, umrühren**
□ agitate, stir up, stir
△ agiter, brasser
○ agitare, rimescolare

523 **Rühren** n, **Aufrühren** n, **Umrühren** n
□ agitating, stirring, stirring up
△ brassage m, agitation f
○ rimescolamento m, rimescolazione f, agitazione f

Rührer → *Rührwerk*

Rührstab, Magnet~ → *Magnetrührstab*

524 **Rührwerk** n, **Rührer** m, **Umwälzvorrichtung** f
□ stirring mechanism, stirring device, stirrer, mechanical agitator, agitator, paddle mechanism, circulating device
△ agitateur m, dispositif m d'agitation
○ agitatore m, rimescolatore m

Rührwerk, Schlamm~ → *Schlammrührwerk*

Rüstung → *Baugerüst*

525 **Rüttelbeton** m
□ vibrated concrete
△ béton m vibré
○ calcestruzzo m vibrato

526 **rütteln** n
□ shake, vibrate
△ ébranler, vibrer
○ vibrare, scuotere

527 **Rüttelsieb** n, **Schwingsieb** n, **Vibratorsieb** n
□ vibrating sieve, vibrating screen, vibrator, vibratory screen
△ tamis m vibrant, tamis m à secousses
○ vaglio m vibrante, staccio m vibrante, vibrovaglio m

528 **Rüttelstampfer** m
□ vibro-tamper
△ vibro-compacteur m
○ vibrocostipatrice f, costipatrice-vibratrice f

529 **Rüttelwalze** f
□ vibrating roller
△ rouleau m vibrant
○ rullo m vibrante

530 **Rüttler** m
□ vibrator
△ vibrateur m
○ vibratore m

531 **Ruhebecken** n
□ resting pool, resting basin
△ bassin m de repos
○ bacino m di reposo

Ruhebetrieb → *Betrieb, diskontinuierlicher*

532 **Ruhepause** f, **Ruhezeit** f
□ rest, pause
△ pause f
○ pausa f, pausa f di riposo

Ruhephase des Wachstums → *Phase, stationäre*

533 **Ruhestellung** f
□ rest position
△ position f de repos
○ posizione f di riposo

Ruhezeit → *Ruhepause*

534 **Ruhr** f, **Dysenterie** f
□ dysentery
△ dysenterie f
○ dissenteria f

Ruhr, Amöben~ → *Amöbenruhr*

535 **ruhrartig**
□ dysenteric
△ dysenterique
○ dissenterico

536 **Ruhrverband** m
□ Ruhr River Association
△ Association f de la Ruhr, Syndicat m de la Ruhr
○ Associazione f del fiume Ruhr

537 **Ruhwasserdruck** m, **Druck** m, **hydrostatischer**
□ hydrostatic pressure, fluid pressure
△ pression f hydrostatique
○ carico m idrostatico, pressione f idrostatica, carico m piezometrico

538 **Ruhwasserdrucklinie** f, **Drucklinie** f, **hydrostatische**
□ hydrostatic line of pressure
△ ligne f piézométrique, ligne f hydrostatique
○ linea f di carico piezometrico, linea f di pressione idrostatica

539 **Ruhwasserspiegel** m, **Niveau** n, **hydrostatisches**, **Ruhwasserstand** m
□ hydrostatic level, standing level
△ niveau m hydrostatique
○ livello m idrostatico

Ruhwasserstand → *Ruhwasserspiegel*

540 **Rundbecken** n
□ circular tank
△ bassin m circulaire
○ bacino m circolare

Rundbecken → *Kreisbecken*

541 **Rundeisen** n
□ round iron bar
△ acier m rond, fer m rond
○ acciaio m tondo, ferro m tondo, tondino m

542 **Rundfilter** n
□ circular filter
△ filtre m circulaire
○ filtro m circolare

543 **Rundfilterchromatographie** f
□ circular/horizontal chromatography
△ chromatographie f circulaire
○ cromatografia f circolare

544 **Rundholz** n
□ round timber, log
△ bois m en rondins, bois m rond
○ legno m tondo

S 12

545 **Rundsandfang** m
☐ circular degritter, circular sand-trap
△ dessableur m circulaire
○ dissabbiatore m circolare

546 **Runse** f *(Erosion)*
☐ rill
△ ruisselet m
○ solco m

547 **Runsenerosion** f, **Rillenerosion** f, **Rinnenerosion** f
☐ rill erosion
△ érosion f en rigoles
○ erosione f per ruscellamento

548 **Ruß** m
☐ soot
△ suie f
○ nerofumo m, fuliggine f

549 **Russelsieb** n
☐ Russel screen
△ crible m Russel, tamis m Russel
○ setaccio m di Russel

Rutengänger → *Wünschelrutengänger*

Rutsch → *Rutschung*

550 **Rutsche** f, **Gleitschiene** f
☐ slide
△ glissière f
○ guida f di scorrimento

551 **rutschfest**
☐ skid-proof, slip-resistant
△ antidérapant
○ antisdrucciolevole

552 **Rutschung** f, **Abrutschen** n, **Rutsch** m
☐ slide, slough
△ glissement m, loupe f de glissement
○ slittamento m, franamento m

1 **S-Bogen** m
☐ ogee
△ doucine f
○ curva f a S, curva f sinuosa

2 **Sachverständigengutachten** n
☐ expertise, expert report
△ rapport m d'expert, expertise f
○ rapporto m degli esperti, perizia f

Sachverständiger → *Fachmann*

Sack, Kunststoff~ → *Kunststoffsack*

3 **sacken, absinken**
☐ subside
△ s'affaisser
○ sprofondarsi

4 **Sackfilter** n
☐ bag filter, sack-type filter
△ filtre m à sacs
○ filtro m a sacco

5 **Sackrohr** m
☐ closed-end pipe, dead-ended pipe, sack-pipe
△ tuyau m en cul de sac, tuyau m à bout mort
○ tubo m a sacco, tubo m chiuso

Sackung → *Setzung*

Säge, Unterwasser~ → *Unterwassersäge*

6 **Sämischgerberei** f
☐ chamois tannery
△ chamoiserie f
○ scamosciatura f

7 **Sämischgerbereiabwasser** n
☐ chamois tanning waste water
△ eaux f pl résiduaires de chamoiserie
○ acque f pl di scarico di scamosciatura

8 **Sämischgerbung** f, **Fettgerbung** f
☐ chamois tan, chamois tanning, chamois dressing
△ chamoisage m
○ scamosceria f, scamosciatura f

9 **sättigen**
☐ saturate
△ saturer
○ saturare, saziare

10 **Sättiger** m
☐ saturator
△ saturateur m
○ saturatore m, saziatore m

11 **Sättigung** f
☐ saturation
△ saturation f
○ saturazione f

Sättigungsdefizit → *Sättigungsfehlbetrag*

12 **Sättigungsdruck** m
☐ saturation pressure
△ pression f de saturation
○ pressione f di saturazione

407

13 Sättigungsfehlbetrag m, Sättigungs-
defizit n
□ saturation deficit
△ déficit m de saturation
○ deficit m di saturazione

14 Sättigungsfehlbetrag m, relativer (der Luft)
□ relative saturation deficit
△ déficit m de saturation relatif
○ deficit m di saturazione relativa

15 Sättigungsgrad m
□ degree of saturation
△ degré m de saturation
○ grado m di saturazione

16 Sättigungsindex m
□ saturation index
△ indice m de saturation
○ indice m di saturazione

Sättigungskapazität des Bodens
→ Wasserkapazität, maximale ~ e. Bodens

17 Sättigungspunkt m
□ saturation point
△ point m de saturation
○ punto m di saturazione

18 Sättigungswasser n
□ water of saturation
△ eau f de saturation
○ acqua f di saturazione

19 Sättigungswert m
□ saturation value
△ valeur f de saturation
○ valore m di saturazione

Sättigungszone
→ Unterwasserspiegelzone

20 säuerlich
□ acidulous
△ acidule
○ acidulo

Säuerling → Sauerbrunnen

21 Säuerung f
□ acidification, acid decomposition
△ acidification f
○ acidificazione f

22 Säule f
□ column
△ colonne f
○ colonna f

23 Säulenchromatographie f
□ column chromatography
△ chromatographie f sur colonne
○ cromatografia f su colonna

Säulenspitze → Hydrantenkappe

24 Säulenständer m
□ pillar
△ pilier m
○ sopporto m a colonna

25 Säulenständer m mit Zeigerwerk (für Schieber)
□ pillar with indicator
△ pilier m avec indicateur, colonnette f de manœuvre avec indicateur
○ sopporto m a colonna con indicatore

26 Säulenständer m ohne Zeigerwerk (für Schieber)
□ pillar without indicator
△ pilier m sans indicateur, colonnette f de manœuvre sans indicateur
○ sopporto m a colonna senza indicatore

27 Säulenwaschtisch m
□ pillar wash stand
△ lavabo m sur pied
○ lavabo m a colonna

28 Säure f
□ acid
△ acide m
○ acido m

Säure, Mineral~ → Mineralsäure

29 Säure f, salpetrige
□ nitrous acid
△ acide m nitreux
○ acido m nitroso

30 Säure f, schweflige, Schwefeldioxid n
□ sulphur dioxide, sulphurous acid
△ acide m sulfureux, anhydride m sulfureux
○ acido m solforoso, anidride f solforosa

31 Säure f, unterchlorige
□ hypochlorous acid
△ acide m hypochloreux
○ acido m ipocloroso

32 Säure-Basen-Gleichgewicht n
□ acid/base-equilibrium
△ équilibre m acide-base
○ equilibrio m acido-base

33 Säureabgas n
□ acid fumes pl
△ gaz m pl acides, vapeurs f pl acides
○ gas m pl acidi, vapori m pl acidi

34 Säureabgaswäscher m
□ acid-fume scrubber
△ tour m de lavage de gaz acides, scrubber m pour vapeurs acides
○ colonna f di lavaggio per vapori acidi

35 Säureaustausch m
□ acid-exchange
△ permutation f d'acides
○ scambio m di acidi, scambio-acidi m

36 Säurebehandlung f (eines Brunnens)
□ acidizing
△ acidification f
○ acidificazione f

säurebeständig → säurefest

37 Säurebeständigkeit f
□ acid resistance
△ résistance f aux acides
○ resistenza f agli acidi

S 60

38 **Säurebildner** m *(biol.)*
□ acid-former[s], acid-producing bacteria
△ bactéries f pl acidificatrices
○ batteri m pl produttori di acidi

39 **Säurebildung** f
□ acidogenesis
△ acidogénèse f, formation f d'acide
○ acidogenesi f

40 **Säurebindungsvermögen** n, **Säureverbrauch** m
□ acid combining capacity
△ capacité f de combinaison avec les acides
○ capacità f di combinarsi agli acidi

41 **säurefest, säurebeständig, säureresistent**
□ acid-proof, acid-resistant, acid-fast
△ antiacide, résistant aux acides, acido-résistant
○ resistente agli acidi, acidoresistente

42 **Säuregehalt** m
□ acid content
△ teneur f en acide
○ contenuto m di acido, tenore m di acido

Säuregrad → *Azidität*

43 **Säureharz** n, **Säureteer** m
□ acid sludge
△ boues f pl acides
○ fango m acido

44 **Säurekorrosion** f
□ acid corrosion
△ corrosion f par les acides
○ corrosione f per gli acidi

Säuremessung → *Azidimetrie*

45 **Säurepumpe** f
□ acid-pump
△ pompe f à acides
○ pompa f ad acidi

säureresistent → *säurefest*

46 **Säurespaltung** f
□ acid-cracking
△ craquage m acide
○ scissione f acida

Säureteer → *Säureharz*

Säureverbrauch
→ *Säurebindungsvermögen*

47 **Saitenwurm** m *(Gordius)*
□ horse-hair worm
△ gordius m
○ gordio m

48 **Saline** f, **Salzwerk** n
□ salt works pl, salina
△ saline f
○ salina f, moia f

Salinität → *Salzgehalt*

49 **Salinometer** n
□ salinometer, halinometer
△ salinomètre m
○ salinometro m

Salm → *Lachs*

50 **Salmoniden** f pl
□ salmonide fish pl
△ salmonidés m pl
○ salmonidi m pl

51 **Salmonidenregion** f, **Rhitral** n
□ salmonide region
△ région f des salmonides
○ regione f dei salmonidi

Salpeter → *Kalisalpeter*

52 **Salpeterbildung** f, **Nitrifikation** f
□ nitrification
△ nitrification f
○ nitrificazione f

53 **Salpetersäure** f
□ nitric acid
△ acide m nitrique
○ acido m nitrico

54 **Salz** n
□ salt
△ sel m
○ sale m

Salz, kohlensaures → *Carbonat*

Salz, Mineral~ → *Mineralsalz*

Salz, schwefelsaures → *Sulfat*

Salz, Streu~ → *Streusalz*

Salz, Tau~ → *Streusalz*

Salz, unterchlorigsaures → *Hypochlorit*

Salz, unterschwefligsaures → *Thiosulfat*

55 **Salzanreicherung** f
□ concentration of salt
△ enrichissement m en sels, concentration f en sels
○ concentrazione f in sali, arricchimento m dei sali

56 **Salzausbiß** m
□ salt outcrop
△ affleurement m de sel
○ affioramento m di sale

57 **Salzbilanz** f
□ salt balance
△ bilan m de salinité
○ bilancio m di salinità

58 **Salzboden** m, **Boden** m, **salzhaltiger**
□ saline soil, halomorphic soil
△ sol m salé, sol m halomorphe
○ terreno m salato, terreno m alomorfo

59 **Salzfracht** f *(e. Gewässers)*
□ salt load
△ fret m salin, charge f de sels
○ carico m salino

60 **Salzgehalt** m, **Salinität** f
□ salt content, salinity
△ teneur f en sels, salinité f, concentration f saline
○ tenore m di sale, contenuto m di sale, contenuto m salino, concentrazione f salina

salzhaltig → *salzig*

409

S 61

61 **salzig, salzhaltig**
□ saline, saliferous
△ salant, salin, salifère
○ salato, salso, salino

62 **Salzindex** m
□ salt index
△ indice m de salinité
○ indice m di salinità

63 **Salzkonzentrat** n, **Salzlauge** f
□ brine
△ saumure f
○ salamoia f

Salzlauge → Salzkonzentrat

64 **Salzlösung** f
□ salt-solution, brine
△ solution f saline
○ soluzione f salina

Salzlösung, Koch~ → Kochsalzlösung

65 **Salzpflanze** f, **Halophyte** f
□ halophyte
△ halophyte f
○ alofite f

Salzquelle → Solquelle

66 **Salzsäure** f, **Chlorwasserstoffsäure** f
□ hydrochloric acid, muriatic acid, hydrogen chloride
△ acide m chlorhydrique, esprit m de sel, acide m muriatique
○ acido m muriatico, acido m cloridrico

67 **Salzschicht** f
□ saliferous stratum, saline stratum
△ couche f saline
○ strato m salino

68 **Salzsee** m
□ salt lake
△ lac m salé
○ lago m salato

69 **Salzsumpf** m, **Salzwassermorast** m
□ salt marsh
△ marais m salant
○ palude f salina

70 **Salzverträglichkeit** f
□ salt tolerance
△ résistance f au sel, résistance f à la salinité
○ resistenza f a la salinità

Salzwasser → Wasser, salzhaltiges

Salzwasserandrang → Vordringen des Salzwassers

71 **Salzwasserkeil** m
□ salt water wedge
△ biseau m salé
○ cuneo m salino

Salzwassermorast → Salzsumpf

Salzwassers, Vordringen des ~
→ Vordringen des Salzwassers

Salzwasserumwandlung → Meerwasserentsalzung

Salzwerk → Saline

72 **Samenkern** m
□ nucleus of the seed
△ germe m de la graine
○ nocciolo m

73 **Sammelbecken** n, **Sammelbehälter** m
□ storage basin, receiving tank, collecting basin
△ réservoir m de stockage
○ bacino m collettore, bacino m di raccolta

Sammelbecken → Staubecken

Sammelbehälter → Sammelbecken

74 **Sammelbehälter** m **für Abfallöl, Sloptank** m
□ slop-tank
△ bac m collecteur pour huiles usagées
○ bacino m collettore per olii usati

Sammelbehälter, Schlamm~ → Schlammsammelbehälter

75 **Sammelbrunnen** m, **Sammelschacht** m
□ collecting well, receiving well, collecting tank, receiving tank, cistern
△ puits m collecteur
○ pozzo m collettore, pozzo m di raccolta

Sammeldrän → Sammelstrang

Sammelgebiet → Einzugsgebiet, oberirdisches

76 **Sammelgraben** m
□ collecting ditch
△ fossé m collecteur
○ fossa f collettrice

Sammelkanal → Abwassersammler

77 **Sammelleitung** f
□ collecting conduit, gathering line
△ conduite f collectrice
○ condotta f collettrice

78 **sammeln, ansammeln**
□ gather, collect, accumulate
△ amasser, accumuler
○ raccogliere, ammassare, accumulare

79 **Sammelrinne** f
□ collecting trough, collector channel
△ rigole f collectrice, goulotte f collectrice
○ doccione m collettore

Sammelrinne, querliegende, Schlamm~
→ Schlammsammelrinne, querliegende

Sammelschacht → Sammelbrunnen

80 **Sammelstollen** m
□ collecting gallery
△ galerie f collectrice
○ galleria f collettrice

81 **Sammelstrang** m, **Sammeldrän** n
□ carrier drain
△ drain m collecteur
○ tubo m da dreno collettore

82 **Sammelzähler** m
□ totalizing meter
△ compteur m totalisateur
○ contatore m totalizzatore

Sammler → Abwassersammler

410

Sammler → *Benetzungsmittel*
Sammler, Abfang~ → *Abfangleitung*
Sammler, Abwasser~ → *Abwassersammler*
Sammler, Gas~ → *Gassammler*
Sammler, Neben~ → *Nebensammler*

83 **Sammlung** f, **Ansammlung** f
□ gathering, collection, accumulation, build-up
△ collection f, accumulation f
○ raccolta f, collezione f, accumulazione f

Sanatorium → *Heilstätte*

84 **Sand** m
□ sand, grit
△ sable m
○ sabbia f, rena f

Sand, Bleich~ → *Bleichsand*

Sand, Dünen~ → *Dünensand*

85 **Sand** m, **feiner, Feinsand** m, **Sand** m, **feinkörniger**
□ fine grained sand, fine sand
△ sable m fin, sable m à grain fin
○ sabbia f di grana fina, sabbia f fina

Sand, feinkörniger → *Sand, feiner*

Sand, Filter~ → *Filtersand*

Sand, Fließ~ → *Schwimmsand*

Sand, Fluß~ → *Flußsand*

Sand, Form~ → *Formsand*

86 **Sand** m, **grober, Grobsand** m, **Sand** m, **grobkörniger**
□ coarse grained sand
△ sable m grossier, sable m à gros grain
○ sabbia f grossa, sabbia f di grana grossa, sabbia f grossolana, sabbione m

Sand, grobkörniger → *Sand, grober*

87 **Sand** m, **lehmiger**
□ loamy sand
△ sable m argileux
○ sabbia f argillosa

Sand, Schlemm~ → *Schlemmsand*

Sand, Schwemm~ → *Schwemmsand*

88 **Sand** m, **toniger**
□ shaly sand
△ sable m argileux
○ sabbia f argillosa

Sandabscheider, Zyklon~ → *Zyklonsandabscheider*

89 **Sandaufbereitung** f
□ processing of sand
△ préparation f du sable
○ preparazione f della sabbia

90 **Sandbank** f
□ sandbank, bed of sand, sandy deposit, sand flat
△ banc m de sable
○ banco m di rena, banco m di sabbia, secca f

91 **Sandbarre** f
□ bar of sand
△ barre f de sable
○ barra f di sabbia

92 **Sandboden** m
□ sandy soil
△ terrain m sablonneux, sol m sablonneux
○ terreno m sabbioso

Sandfänger → *Sandfang*

93 **Sandfang** m, **Sandfänger** m
□ grit chamber, grit tank, detritus tank, sand trap, detritus chamber, detritor, grit basin, degritter, grit separating tank
△ bassin m de dessablement, dessableur m, chambre f à sable, chambre f de dessablage, fosse f à sable, bassin m à sable
○ dissabbiatore m, dissabbiatrice f, camera f a sabbia

94 **Sandfang** m, **belüfteter**
□ aerated grit removal tank
△ dessableur m aéré
○ dissabbiatore m aerato

Sandfang, Tief~ → *Tiefsandfang*

Sandfang, Wirbelrohr~ → *Wirbelrohrsandfang*

Sandfang, Zentrifugal~ → *Zentrifugalsandfang*

95 **Sandfangbagger** m
□ grit dredger
△ drague f de dessableur
○ draga f di dissabbiatore

96 **Sandfanggut** n
□ grit, detritus
△ sables f pl
○ materiale m depositato nel dissabbiatore

97 **Sandfangräumer** n, **Räumeinrichtung** f **für Sandfänge**
□ degritting device
△ dispositif m de nettoyage d'un dessableur
○ meccanismo m per l'eliminazione delle sabbie

98 **Sandfilter** n
□ sand filter
△ filtre m à sable
○ filtro m a sabbia

Sandfilter, Fein~ → *Feinsandfilter*

99 **Sandfilter** n, **offenes**
□ open sand filter, gravity-type sand filter
△ filtre m à sable ouvert
○ filtro m aperto a sabbia

100 **ein Sandfilter wiederauffüllen**
□ resand a filter
△ recharger de sable un filtre
○ ripristinare la sabbia su un filtro

101 **Sandfiltergraben** m
□ sand filtration ditch
△ rigole f de filtration sur sable
○ trincea f di filtrazione su sabbia

102 **Sandfilterung** f
☐ sand filtration, sand filtering
△ filtration f sur sable
○ filtrazione f a sabbia

103 **Sandgußrohr** n
☐ sand cast pipe, sand cast tube
△ tuyau m en fonte coulé en sable
○ tubo m fuso in sabbia

104 **sandig**
☐ sandy
△ sablonneux, sableux, arénacé
○ sabbioso, arenoso

105 **Sandkern** m
☐ sand core
△ noyau m de sable
○ nucleo m di sabbia

106 **Sandkorn** n
☐ grain of sand
△ grain m de sable
○ grano m di sabbia

Sandpumpe → *Ventilpumpe*

107 **Sandräumer** m
☐ grit collector
△ collecteur m de sable
○ raccoglitore m della sabbia

Sandrauhheit → *Rauhigkeit*

Sandriff → *Riff*

108 **Sandsack** m
☐ sand bag
△ sac m de terre
○ sacco m di sabbia

Sandsackdamm → *Sandsacksperre*

109 **Sandsacksperre** f, **Sandsackdamm** m
☐ bag dam
△ parapet m
○ sbarramento m con sacchi di sabbia

110 **Sandschicht** f
☐ layer of sand, sand layer, stratum of sand
△ couche f de sable
○ strato m di sabbia, letto m di sabbia, strato m sabbioso

111 **Sandschicht** f, **verschmutzte**
☐ clogged sand layer, choked layer of sand
△ couche f de sable encrassée
○ strato m di sabbia intasato

112 **in Sandschleuderform gegossenes Rohr** n
☐ sand-spun pipe
△ tuyau m centrifugé en sable
○ tubo m fuso centrifugato in forme di sabbia

113 **Sandspeicherung** f **von Wasser**
☐ sand storage of water
△ stockage m d'eau dans les sables, retenue f d'eau dans les sables
○ immagazzinamento m d'acqua nella sabbia

114 **Sandstein** m
☐ sandstone
△ grès m
○ arenaria f, gres m

Sandstein, Kalk~ → *Kalksandstein*

115 **Sandstein** m, **roter**
☐ red sandstone
△ grès m rouge
○ arenaria f rossa

116 **Sandstrahlgebläse** n
☐ sand blaster
△ sableuse f
○ sabbiatrice f

117 **Sandwäsche** f, **Sandwaschen** n
☐ grit washing
△ rinçage m des sables
○ lavaggio m della sabbia

118 **Sandwanderung** f
☐ sand-shifting
△ migration f des sables, déplacement m des sables
○ spostamento m della sabbia

119 **Sandwaschanlage** f, **Sandwascher** m
☐ grit washer, sand washing machine
△ laveur m de sables, appareil m de rinçage des sables
○ impianto m per lavaggio di sabbia

Sandwaschen → *Sandwäsche*

Sandwascher → *Sandwaschanlage*

120 **Sandwaschtrommel** f
☐ drum grit-washer
△ tambour m laveur de sable
○ tamburo m per lavaggio di sabbia

121 **Sanierung** f
☐ sanitation, rehabilitation
△ assainissement m
○ risanamento m

122 **Sanitärabwässer** n pl
☐ sanitary wastes pl
△ eaux f pl usées sanitaires
○ acque f pl scarico sanitario

Sanitärausstattung → *Ausstattung, sanitäre*

Sanitäreinrichtung → *Ausstattung, sanitäre*

Sanitärtechnik → *Gesundheitstechnik*

123 **Saprobien** f pl
☐ saprobic organisms pl
△ saprobies m pl, organismes m pl saprobies
○ organismi m pl saprobici

124 **Saprobiensystem** n
☐ saprobic system
△ système m saprobie
○ sistema m saprobico

125 **saprobisch**
☐ saprobic
△ saprobie
○ saprobico

126 **saprogen**
- saprogenous
- saprogène
- saprogeno

Sapropel → *Faulschlamm*

127 **saprophag**
- saprophageous
- saprophage
- saprofago

128 **Saprophage** f
- saprophage, saprophageous organism
- saprophage m
- animale m saprofago

129 **saprophil**
- saprophilic
- saprophile
- saprofilo

130 **Saprophyt** m, **Fäulnisbewohner** m
- saprophyte
- saprophyte m
- saprofite m

131 **saprophytisch**
- saprophytic
- saprophyte
- saprofitico

132 **Saprozoe** f
- saprozoa
- saprozoites m pl
- saprozoi m pl

133 **Satellitenstadt** f
- satellite town
- ville f satellite
- città f satellite

134 **Sattel** m *(geol.)*
- anticline
- anticlinal m
- anticlinale f

Satz → *Aggregat*

Satz, Boden~ → *Bodensatz*

135 **Satzung** f
- ordinance, regulation, statute
- statut m
- statuto m

136 **sauer**
- acid
- acide
- acido

sauer, schwach ~ → *schwach sauer*

137 **Sauerbrunnen** m, **Säuerling** m
- acidulous water, acidulous spring
- eau f acidule, source f d'eau acidule
- acqua f acidula, sorgente f d'acqua acidula

138 **Sauerstoff** m
- oxygen
- oxygène m
- ossigeno m

139 **mit Sauerstoff** m **anreichern**
- oxygenate
- oxygéner
- ossigenare

140 **Sauerstoff entziehen**
- de-oxygenate
- désoxygéner, éliminer l'oxygène
- deossigenare, eliminare l'ossigeno

141 **Sauerstoff** m, **gelöster**
- dissolved oxygen, D.O.
- oxygène m dissous
- ossigeno m disciolto, ossigeno m in soluzione

142 **Sauerstoff** m **im Entstehen, Sauerstoff** m, **maszierender**
- nascent oxygen
- oxygène m naissant
- ossigeno m nascente

Sauerstoff, Luft~ → *Luftsauerstoff*

Sauerstoff, maszierender → *Sauerstoff im Entstehen*

143 **mit Sauerstoff** m **wiederanreichern**
- reoxygenate
- réoxygéner
- riossigenare

144 **Sauerstoff-Meßgerät** n
- oxygen recorder
- appareil m de mesure d'oxygène
- apparecchio m di misura dell'ossigeno

145 **Sauerstoffanreicherung** f
- oxygenation
- oxygénation f
- ossigenazione f

146 **Sauerstoffaufnahme** f
- absorption of oxygen, oxygen uptake, uptake of oxygen
- absorption f d'oxygène, enrichissement m en oxygène
- assorbimento m di ossigeno, arricchimento m di ossigeno

147 **Sauerstoffaufnahmefähigkeit** f
- oxygenation capacity, oxygen utilisation capacity, oxygenation efficiency
- capacité f d'oxygénation, capacité f de saturation en oxygène
- capacità f d'ossigenazione

148 **Sauerstoffbedarf** m
- oxygen demand
- demande f en oxygène
- ossigeno m richiesto, bisogno m di ossigeno

149 **Sauerstoffbedarf** m, **biochemischer, B.S.B.** m
- biochemical oxygen demand, B.O.D.
- demande f biochimique en oxygène, D.B.O.
- ossigeno m biochimico richiesto, bisogno m biochimico di ossigeno, richiesta f di ossigeno biochimico, B.O.D.

150 **Sauerstoffbedarf** m, **chemischer, CSB**
□ chemical oxygen demand, COD
△ demande f chimique d'oxygène, DCO
○ bisogno m chimico di ossigeno

151 **Sauerstoffbedarf** m, **chemischer ~ nach der Dichromat-Methode**
□ dichromate oxygen consumption
△ demande f chimique d'oxygène par la méthode au dichromate
○ domanda f chimica di ossigeno con il metodo al bicromato

152 **Sauerstoffbedarf** m, **fünftägiger biochemischer, BSB_5** m
□ five days biochemical oxygen demand
△ demande f biochimique en oxygène en cinq jours, DBO_5
○ richiesta f di ossigeno biochimico a cinque giorni

153 **Sauerstoffbestimmung** f
□ determination of oxygen
△ détermination f de l'oxygène
○ determinazione f dell'ossigeno

Sauerstoffbilanz
→ *Sauerstoffgleichgewicht*

154 **Sauerstoffbindung** f, **Sauerstoffbindungsvermögen** n
□ oxygen combining capacity
△ capacité f de combinaison avec l'oxygène
○ capacità f di combinarsi all'ossigeno

Sauerstoffbindungsvermögen
→ *Sauerstoffbindung*

155 **Sauerstoffbleiche** f
□ oxygen-bleaching
△ blanchiment m à l'oxygène
○ imbiancamento m ad ossigeno

Sauerstoffdefizit → *Sauerstoffmangel*

Sauerstoffehlbetrag → *Sauerstoffmangel*

156 **Sauerstoffeintrag** m, **Sauerstoffeintragungsvermögen** n, **Sauerstoffübertragung** f
□ oxygen transfer
△ apport m d'oxygène, transfert m d' oxygène
○ apporto m d'ossigeno

Sauerstoffeintragungsvermögen
→ *Sauerstoffeintrag*

157 **Sauerstoffentzug** m, **Beseitigung** f **des Sauerstoffs, Entzug** m **von Sauerstoff**
□ deoxygenation, oxygen removal
△ désoxygénation f
○ disossigenazione f, deossigenazione f

Sauerstoff[meß]fühler → *Sauerstofflot*

158 **Sauerstoffgehalt** m
□ oxygen content
△ teneur f en oxygène
○ contenuto m di ossigeno, tenore m di ossigeno

159 **Sauerstoffgleichgewicht** n, **Sauerstoffbilanz** f, **Sauerstoffhaushalt** m
□ oxygen balance, oxygen equilibrium
△ balance f d'oxygène, bilan m d'oxygène
○ bilancia f dell'ossigeno, equilibrio m dell' ossigeno

Sauerstoffhaushalt
→ *Sauerstoffgleichgewicht*

160 **Sauerstofflast** f
□ O/C-load
△ charge f en oxygène
○ carico m in ossigeno

161 **sauerstoffliebend, aerophil**
□ aerophilic
△ aérophile
○ aerofilo

162 **Sauerstofflinie** f
□ oxygen diagram
△ diagramme m d'oxygène
○ diagramma m dell'ossigeno

Sauerstofflinie, Absacken der ~
→ *Absacken der Sauerstofflinie*

163 **Sauerstofflöslichkeit** f
□ oxygen solubility
△ solubilité f de l'oxygène
○ solubilità f dell'ossigeno

164 **Sauerstofflot** n, **Sauerstoff[meß]fühler** m
□ oxygen sensor, dissolved oxygen sensing probe
△ sonde f à oxygène
○ sonda f ad ossigeno

165 **Sauerstoffmangel** m, **Sauerstoffdefizit** n, **Sauerstoffehlbetrag** m
□ oxygen deficiency, default of oxygen
△ déficit m d'oxygène
○ deficienza f di ossigeno, deficit m di ossigeno

166 **Sauerstoffmeßwertgeber** m
□ oxygen sensor, dissolved-oxygen sensor
△ sonde f à oxygène dissous
○ sonda f per ossigeno disciolto

167 **Sauerstoffpartialdruck** m
□ partial pressure of oxygen
△ pression f partielle d'oxygène
○ pressione f parziale d'ossigeno

168 **Sauerstoffproduktion** f, **photosynthetische**
□ photosynthetic oxygen production
△ production f d'oxygène par photosynthèse
○ produzione f di ossigeno per fotosintesi

169 **Sauerstoffsättigung** f
□ oxygen saturation
△ saturation f en oxygène
○ saturazione f dell'ossigeno

170 **Sauerstoffsättigungsindex** m
□ oxygen saturation index
△ indice m de saturation en oxygène
○ indice m di saturazione in ossigeno

Sauerstoffschwund → *Sauerstoffzehrung*

171 **Sauerstoffübersättigung** f
□ oxygen supersaturation
△ sursaturation f en oxygène
○ soprasaturazione f di ossigeno

172 **Sauerstoffübersättigungsfaktor** m
□ oxygen supersaturation factor
△ facteur m de sursaturation en oxygène, degré m de sursaturation en oxygène
○ fattore m di soprasaturazione in ossigeno

Sauerstoffübertragung
→ *Sauerstoffeintrag*

173 **Sauerstoffverbrauch** m
□ oxygen consumption, oxygen utilization
△ consommation f d'oxygène
○ consumo m di ossigeno

174 **Sauerstoffzehrung** f, **Sauerstoffschwund** m
□ oxygen depletion, deoxygenation
△ diminution f d'oxygène
○ diminuzione f di ossigeno

175 **Sauerstoffzufuhr** f
□ oxygen supply
△ alimentation f en oxygène
○ alimentazione f di ossigeno, apporto m di ossigeno

176 **Saug- und Druckpumpe** f
□ lift and force pump
△ pompe f aspirante et foulante, pompe f aspirante et élévatoire
○ pompa f aspirante e premente

177 **Saugbagger** m
□ suction dredge, suction dredger
△ suceuse f, drague f aspirante
○ draga f aspirante, draga f ad aspirazione

178 **Saugbohrung** f
□ rotary mud flush drilling, reverse circulation drilling, reverse rotary drilling
△ forage m à circulation inverse
○ trivellazione f a circolazione inversa

179 **Saugbrunnen** m, **Saugschacht** m
□ suction well
△ puits m d'aspiration
○ pozzo m ad aspirazione

saugen → *ansaugen*

Saugen → *Ansaugen*

Sauger → *Filterkorb*

180 **Saugewagen** m, **Schlammsaugewagen** m
□ [vacuum] cesspool cleaner
△ chariot m aspirateur de boues d'égout
○ carrello m con aspiratore

Saugewagen, Schlamm~ → *Saugewagen*

Saugfähigkeit → *Absorptionsvermögen*

Saugfähigkeit, Grenz~ → *Grenzsaugfähigkeit*

Saugfilter → *Saugzellenfilter*

181 **Saugheber** m, **Heber** m, **Siphon** m
□ siphon, syphon
△ siphon m, siphon m à point haut
○ sifone m

182 **Saugheber** m *(eines Beschickungsbehälters)*
□ dosing siphon
△ siphon m doseur
○ sifone m dosatore

183 **Saughebewirkung** f
□ siphoning effect
△ effet m de siphonnage
○ effetto m di sifonamento

Saughilfspumpe → *Vorhebepumpe*

184 **Saughöhe** f
□ suction head, suction lift
△ hauteur f d'aspiration
○ altezza f di aspirazione

185 **Saughöhe** f, **dynamische**
□ dynamic suction head [or: lift]
△ hauteur f d'aspiration dynamique
○ altezza f d'aspirazione dinamica

186 **Saughöhe** f, **manometrische**
□ manometric suction head, manometric suction lift
△ hauteur f manométrique d'aspiration
○ altezza f manometrica di aspirazione

Saugklappe → *Saugventil*

187 **Saugkolben** m
□ surge plunger
△ plongeur m de pistonnage
○ pistone m aspirante

Saugkorb → *Filterkorb*

188 **Saugleitung** f
□ suction line
△ conduite f d'aspiration, tuyau m d'aspiration
○ condotta f di aspirazione

189 **Saugpumpe** f
□ suction pump
△ pompe f aspirante, éjecteur m aspirant
○ pompa f aspirante

190 **Saugrohr** n
□ suction pipe
△ tuyau m d'aspiration
○ tubo m d'aspirazione

Saugsaum → *Kapillarsaum*

Saugschacht → *Saugbrunnen*

191 **Saugstutzen** m
□ suction branch
△ tubulure f d'aspiration
○ raccordo m aspirante, attacco m aspirante, tubulatura f aspirante

192 **Saugventil** n, **Saugklappe** f
□ suction valve
△ clapet m d'aspiration, soupape f d'aspiration
○ valvola f di aspirazione

193 **Saugwasser** n
□ imbibition moisture, imbibition water
△ eau f d'imbibition
○ acqua f d'imbibizione

194 **Saugwiderstand** m
□ resistance of suction
△ résistance f à l'aspiration
○ resistenza f all'aspirazione

195 **Saugzellenfilter** n, **Saugfilter** n, **Vakuumdrehfilter** n, **Vakuumfilter** n, **Zellenfilter** n
□ suction filter, vacuum filter, vacuum rotary filter
△ filtre m à vide
○ filtro m ad aspirazione, filtro m aspirante, filtro m a vuoto

Schaber → *Kratzer*

196 **Schacht** m, **Kanalschacht** m
□ pit, trench, shaft, manhole, sewer manhole
△ puits m, regard m
○ pozzo m, tromba f di pozzo

Schacht, Abfall~ → *Absturzschacht*

Schacht, Absturz~ → *Absturzschacht*

Schacht, Beruhigungs~ → *Beruhigungsschacht*

Schacht, Brunnen~ → *Brunnenschacht*

Schacht, Einsteig~ → *Einsteigeöffnung*

Schacht, Entlüftungs~ → *Lüftungsschacht*

Schacht, Entwässerungs~ → *Entwässerungsschacht*

Schacht, Förder~ → *Förderschacht*

Schacht, Gruben~ → *Grubenschacht*

Schacht, Kontroll~ → *Kontrollschacht*

Schacht, Lüftungs~ → *Lüftungsschacht*

Schacht, Meß~ → *Beruhigungsschacht*

Schacht, Quell~ → *Quellschacht*

Schacht, Revisions~ → *Kontrollschacht*

Schacht, Saug~ → *Saugbrunnen*

Schacht, Schwimmer~ → *Schwimmerschacht*

Schacht, Versuchs~ → *Versuchsschacht*

197 **Schachtabdeckung** f, **Kanaldeckel** m, **Schachtdeckel** m
□ manhole cover, shaft-cover
△ couvercle m de regard, tampon m de regard, plaque f de couverture de puits, capot-regard m pour fermeture de puits, regard m de puits
○ chiusino m del pozzo, coperchio m del pozzo

198 **Schachtabteufen** n
□ shafting
△ fonçage m de puits
○ scavo m di un pozzo

199 **Schachtbrunnen** m, **Kesselbrunnen** m, **Senkbrunnen** m, **Sodbrunnen** m
□ dug well, pit-type well
△ puits m foncé, puits m ordinaire, puits m creusé
○ pozzo m scavato

Schachtdeckel → *Schachtabdeckung*

200 **Schachtelhalm** m *(Equisetum)*
□ horse-tail
△ prèle f
○ equiseto m

201 **Schachtgründung** f, **Brunnengründung** f
□ well foundation
△ fondation f sur puits
○ fondazione f sul pozzo

202 **Schachtmeister** m
□ overseer of pitmen
△ chef m terrassier
○ capo m fossa

203 **Schachtofen** m
□ shaft furnace
△ four m à cuve
○ forno m a tino

Schachtrahmen → *Rahmen eines Einsteigschachtes*

204 **Schachtrohr** n **eines Hydranten**
□ shaftpipe of a hydrant
△ colonne f montante d'un hydrant
○ colonna f montante di un idrante

205 **Schachtschleuse** f
□ shaft lock
△ écluse f à sas du type puits
○ chiusa f a pozzo

206 **Schachtschleusenkammer** f
□ well-type lock chamber
△ sas m du type puits
○ camera f della chiusa a pozzo

207 **Schachtüberfall** m **mit Überfallrosette** f, **Trichterüberfall** m
□ morning glory shaft spillway, circular drop inlet spillway, shaft spillway, glory hole spillway
△ évacuateur m de crues en forme de puits, évacuateur m en puits
○ sfioratore m a pozzo, sfioratore m a calice

Schachtwasser → *Grubenwasser*

208 **Schachtwasserschloß** n
□ surge shaft
△ cheminée f d'équilibre
○ pozzo m piezometrico

209 **Schaden** m
□ damage
△ dommage m, préjudice m, dégâts m pl
○ danno m, pregiudizio m, nocumento m, guasto m

Schaden, Hochwasser~ → *Hochwasserschaden*

210 **Schadenersatz** m, **Entschädigung** f
☐ indemnification, damage compensation
△ dédommagement m, indemnité f
○ indennizzo m

211 **Schadenersatzanspruch** m
☐ indemnification claim
△ demande f de dommages et intérêts
○ richiesta f d'indennizzo

212 **Schadenersatzklage** f
☐ action for damages
△ poursuite f en dommages et intérêts
○ richiesta f di risarcimento danni ed interessi

213 **Schadenfeststellung** f
☐ assessment of damage, ascertainment of damage
△ détermination f des dégâts, évaluation f du préjudice
○ valutazione f dei danni, accertamento m dei danni

214 **Schadenregulierung** f
☐ settlement of damage claim(s)
△ règlement m d'une plainte en dommages
○ composizione f di rivendicazioni conseguenti a danni provocati

215 **Schadstoff** m, **Noxe** f
☐ noxious substance, harmful material
△ substance f nuisible, substance f nocive
○ sostanza f nociva

Schadstoffanhäufung
→ *Schadstoffanreicherung*

216 **Schadstoffanreicherung** f, **Schadstoffanhäufung** f
☐ accumulation of harmful material
△ accumulation f de substances nuisibles, accumulation f de substances nocives
○ accumulo m di sostanze nocive

217 **Schadstoffanreicherung** f, **kumulative, in Organismen**
☐ cumulative bio-concentration of noxious substances
△ enrichissement m cumulatif de substances nocives dans les organismes
○ arrichimento m cumulativo di sostanze nocive negli organismi

218 **Schadstoffliste** f
☐ noxious substances list, list of polluting substances
△ liste f de substances nocives, liste f de substances polluantes
○ elenco m delle sostanze nocive, elenco m degli inquinanti

219 **Schadstoffmigration** f
☐ pathway of pollutants
△ migration f de substances nocives, migration f de substances polluantes
○ distribuzione f delle sostanze inquinanti

220 **Schadwirkung** f
☐ detrimental effect
△ effet m préjudiciable
○ effetto m pregiudizievole

Schäden, Bau~ → *Bauschäden*

221 **schädlich**
☐ noxious, detrimental, deleterious, injurious
△ nocif, nuisible
○ nocivo, nocevole, dannoso

Schädlich, gesundheits~ → *ungesund*

222 **Schädlichkeit** f
☐ noxiousness, harmfulness
△ nocivité f
○ nocività f

223 **Schädlichkeitsgrad** m
☐ degree of harmfulness
△ degré m de nocivité
○ grado m di nocività

224 **Schädlichkeitsgrenze, Schädlichkeitsschwelle** f *(biol.)*
☐ toxic threshold, limit of toxic concentration, toxicity threshold
△ seuil m de toxicité, seuil m de nocivité
○ soglia f di velenosità, soglia f di tossicità

Schädlichkeitsschwelle
→ *Schädlichkeitsgrenze*

225 **Schädling** m
☐ pest, noxious animal, noxious plant
△ insecte m nuisible, plante f nuisible
○ insetto m nocivo, pianta f nociva

Schädling → *Schmarotzer*

226 **Schädlingsbekämpfung** f
☐ pest control
△ lutte f contre les parasites
○ lotta f contro i parassiti

227 **Schädlingsbekämpfung** f **aus der Luft**
☐ crop dusting
△ lutte f aérienne contre les parasites
○ lotta f dall'aria contro i parassiti

228 **Schädlingsbekämpfung** f, **biologische**
☐ biological control of pests
△ lutte f biologique contre les parasites
○ lotta f biologica contro i parassiti

229 **Schädlingsbekämpfungsmittel** n, **Pestizid** n
☐ pesticide
△ pesticide m
○ pesticido m

Schätzfehler, Standard~ → *Standardabweichung*

230 **Schätzung**
☐ estimation, appraisal, assessment
△ estimation f, taxation f
○ stima f, valutazione f

231 **schäumen**
☐ foam, froth
△ écumer, mousser
○ schiumare, far schiuma

232 **Schäumen** n, **Schaumbildung** f
☐ foaming, froth formation, frothing
△ écumage m, formation f d'écume, formation f de mousse, moussage m
○ schiumaggio m

Schäumer → *Schaummittel*

233 **Schafsfußwalze** f
- □ sheep's foot roller, tamping roller
- △ rouleau m à pieds de mouton
- ○ rullo m a piede di pecora

234 **schal**
- □ stale
- △ fade, éventé
- ○ stantio, con inizio di putrefazione

235 **Schale** f
- □ dish, bowl, pan
- △ boîte f, bol m, tasse f
- ○ capsula f, tazza f

236 **Schale** f *(von Schalentieren)*
- □ shell
- △ coquille f
- ○ conchiglia f

Schale, Beton~ → *Betonschale*

237 **Schalentiere** n pl
- □ shell fish
- △ coquillages m pl
- ○ conchiglie f pl

238 **Schalentierfischerei** f
- □ shell fishing
- △ pêche f aux coquillages, récolte f de coquillages
- ○ pesca f delle conchiglie

239 **Schalfett** n
- □ formgrease
- △ graisse f pour coffrages
- ○ grasso m per casseformi

240 **Schalgerüst** n
- □ falsework
- △ ouvrage m provisoire de soutènement, étaiement m
- ○ impalcatura f

241 **Schallerzeuger** m
- □ sonic generator
- △ générateur m de son
- ○ generatore m di suono

242 **Schallgeschwindigkeit** f
- □ sound velocity
- △ vitesse f du son
- ○ velocità f sonica, velocità f del suono

Schallschutz → *Lärmschutz*

243 **Schaltbefehl** m, **Steuerbefehl** m
- □ control signal
- △ signal m de commande
- ○ segnale m di comando

244 **Schaltbild** n
- □ circuit diagram, switching diagram
- △ schéma m de connexion, schéma m de circuits
- ○ schema m delle connessioni, schema m dei circuiti

Schaltbrett → *Schalttafel, elektrische*

245 **Schalter** m *(elektr.)*
- □ switch
- △ interrupteur m
- ○ interruttore m

Schalter, automatischer → *Selbstschalter*

Schalter, Ein/Aus-~ → *Ein/Aus-Schalter*

Schalter, Hand~ → *Handschalter*

Schalter, Schwimm~ → *Schwimmschalter*

Schalter, Selbst~ → *Selbstschalter*

246 **Schalthebel** m
- □ control lever, lever switch
- △ levier m de commande, levier m d'enclenchement
- ○ leva f di comando

247 **Schaltknopf** m
- □ push-button
- △ bouton-poussoir m
- ○ bottone m di caricamento

Schaltpult → *Schalttisch*

248 **Schaltraum** m, **Schaltwarte** f, **Schaltzentrale** f
- □ panel room, electric control center
- △ salle f de commande, salle f de contrôle
- ○ quadro m di comando, sala f quadri

249 **Schalttafel** f, **elektrische**, **Schaltbrett** n
- □ switchboard
- △ tableau m distributeur électrique, tableau m de distribution d'électricité
- ○ quadro m di distribuzione elettrica

250 **Schalttisch** m, **Leitstand** m, **Schaltpult** n, **Steuerpult** n
- □ operating table, control desk, control panel
- △ pupitre m de commande
- ○ tavola f comandi

251 **Schaltuhr** f
- □ time switch
- △ horloge f à contact automatique, minuterie f
- ○ commutatore m automatico

Schaltung, Fern~ → *Fernsteuerung*

Schaltung, Parallel~ → *Parallelschaltung*

Schaltwarte → *Schaltraum*

Schaltzentrale → *Schaltraum*

252 **Schalung** f, **Verschalung** f
- □ formwork, shuttering
- △ coffrage m
- ○ cassaforma f

Schalung, Gleit~ → *Gleitschalung*

Schalung, Kletter~ → *Kletterschalung*

253 **Schalungsauskleidung** f
- □ form lining
- △ revêtement m de coffrage
- ○ rivestimento m di cassaforma

254 **Schalungsbrett** n
- □ shuttering board, form board
- △ planche f de coffrage
- ○ tavola f della cassaforma

255 **Schalungsisolierung** f
- □ form insulation
- △ isolation f de coffrages
- ○ isolazione f di cassaforma

256 **Schamottestein** m
- □ fire brick
- △ brique f réfractaire
- ○ mattone m refrattario, mattone m di chamotte

Schanzensprung → *Skisprung*

Schanzensprungbecken
→ *Skisprungbecken*

257 **scharfkantig**
- □ sharp-edged
- △ à arêtes vives, à angles vifs
- ○ dagli spigoli acuti

258 **Schatten** m
- □ shade, shadow
- △ abri m
- ○ ombra f

Schauer → *Regenschauer*

259 **Schaufel** f
- □ shovel
- △ pale f
- ○ pala f

Schaufel eines Laufrades
→ *Laufradschaufel*

260 **Schaufel** f **eines Wasserrades**
- □ bucket of a water wheel, paddle board of a water wheel, blade of a water wheel
- △ aube f d'une roue hydraulique, palette f d'une roue hydraulique
- ○ paletta f di una ruota idraulica

261 **Schaufelbrett** n
- □ paddle
- △ palette f
- ○ paletta f

262 **Schaufellader** m
- □ shovel loader
- △ pelleteuse f, benne f de chargement
- ○ pala f caricatrice

263 **Schaufelmischer** m
- □ paddle mixer
- △ mélangeur m à pales, mélangeur m à aubes
- ○ miscelatore m a pale

264 **Schaufelrad** n, **Schöpfrad** n
- □ bucket-wheel, well wheel
- △ roue f à aubes, roue f à coupelles
- ○ ruota f a pale

265 **Schauglas** n (b. *Wasserkessel*)
- □ sight glass
- △ fenêtre f d'observation
- ○ finestrino m d'osservazione, spia f

Schaukelwellen → *Seiches*

266 **Schaum** m
- □ foam, lather, froth, suds pl
- △ mousse f, écume f
- ○ schiuma f

267 **Schaumabnahme** f, **Abstreifen** n **des Schaumes**, **Schaumbeseitigung** f
- □ foam removal
- △ enlèvement m des écumes
- ○ scolmazione f di schiuma

268 **Schaumbecken** n, **Abschöpfbecken** n
- □ skimming tank
- △ bassin m d'écumage
- ○ bacino m per la separazione di schiuma, vasca f di schiumaggio

269 **Schaumbekämpfung** f
- □ foam control, foam suppression
- △ lutte f contre les mousses
- ○ lotta f contro la schiuma

270 **Schaumbekämpfungsmittel** n, **Antischaummittel** n, **Entschäumer** m, **Schaumzerstörer** m
- □ anti-foaming agent, foam depressant, defoamer, antifoam, defoamant
- △ agent m anti-mousse, antimoussant m, antimousse m, additif m antimousse
- ○ agente m antischiuma

Schaumbeseitigung → *Schaumabnahme*

Schaumbildung → *Schäumen*

271 **Schaumbindemittel** n
- □ foam absorbent
- △ fixateur m de mousse
- ○ legamento m di schiuma

272 **Schaumfraktionierung** f, **Schaumtrennverfahren** n
- □ foam fractionating
- △ fractionnement m de la mousse, procédé m de fractionnement de la mousse
- ○ procedimento m di separazione mediante schiuma

273 **schaumig**
- □ foamy
- △ écumeux
- ○ schiumoso, spumoso

274 **Schaumkraft** f
- □ foaming power
- △ pouvoir m moussant
- ○ potere m schiumogeno

275 **Schaumkronenbrechen** n **der Wellen**
- □ white-capping of the waves
- △ écume f blanche au haut du ressac
- ○ schiuma f bianca sopra le onde

276 **Schaummittel** n, **Schäumer** m
- □ foaming agent, frothing agent
- △ agent m moussant
- ○ agente m schiumogeno

277 **Schaumplastikfilter** n
- □ foam-plastic filter
- △ filtre m à mousse de plastique
- ○ filtro m costituito da plastica spugnosa

278 **Schaumstabilisator** m
- □ foam stabilizer, foam booster
- △ produit m stabilisateur des mousses
- ○ stabilizzatore m della schiuma

Schaumtrennverfahren
→ *Schaumfraktionierung*

Schaumverfahren
→ *Schwimmaufbereitung*

Schaumzerstörer
→ *Schaumbekämpfungsmittel*

279 **Schauöffnung** f
□ sight hole, inspection hole
△ trou m de regard
○ bocca f di ispezione

280 **Schauweg** m
□ inspection path
△ chemin m de surveillance
○ sentiero m di sorveglienza

281 **Scheibe** f
□ disc, disk
△ disque m
○ disco m

Scheibe → *Rolle*

Scheibenbelüfter → *Tauchtropfkörper*

282 **Scheibenfilter** n
□ disc-filter
△ filtre m à disque
○ filtro m a disco

Scheibenkolben → *Kolben*

283 **Scheibenkolbenverdichter** m, **Kolbenverdichter** m
□ piston compressor
△ compresseur m à piston alternatif
○ compressore m a pistone

Scheibenkupplung → *Flanschenkupplung*

284 **Scheibenrechen** m
□ disc screen
△ râteau m à disque, grille f à disque
○ griglia f a disco

Scheibentauchtropfkörper → *Tauchtropfkörper*

Scheibenventil → *Tellerventil*

285 **Scheibenwalze** f
□ disk roller
△ rouleau m à disques
○ rullo m a dischi

286 **Scheibenwassermesser** m
□ disc water meter
△ hydromètre m à disque oscillant
○ misuratore m d'acqua a disco oscillante

287 **Scheide** f *(bact., biol.)*
□ sheath
△ gaine f
○ guaina f

288 **Scheideschlamm** m
□ lime cake, carbonation sludge
△ boue[s] f [pl] de chaux
○ fanghi m pl calcarei

Scheidewand → *Trennwand*

289 **Scheinleistung** f
□ pseudo-effect
△ effet m apparent, pseudo-effet m
○ effetto m apparente, pseudo-effetto m

290 **Scheitel** m, **Krone** f
□ crest, summit, vertex, crown
△ crête f, sommet m, couronne f
○ cresta f, sommità f, vertice m

Scheitel, Gewölbe~ → *Gewölbescheitel*

Scheitelbruchlast → *Bruchbelastung*

Scheiteldruckfestigkeit → *Bruchfestigkeit gegen äußeren Druck*

291 **Schelf** m, **Festlandsockel** m
□ shelf
△ plateforme f continentale
○ piattaforma f continentale

Schelle, Anbohr~ → *Anbohrschelle*

Schelle, Gieß~ → *Gießring*

Schelle, Rohr~ → *Rohrschelle*

292 **Schellfisch** m *(Gadidae)*
□ haddock
△ aiglefin m, églefin m
○ nasello m

293 **Scherbeanspruchung** f, **Scherspannung** f, **Schubbeanspruchung** f, **Schubspannung** f
□ shearing stress, shear stress
△ contrainte f au cisaillement
○ sollecitazione f di taglio

294 **Scherbruch** m, **Abscheren** n, **Grundbruch** m
□ shear failure
△ rupture f par cisaillement
○ rottura f per taglio

Scherfestigkeit → *Scherwiderstand*

295 **Schergeschwindigkeit** f
□ shear velocity
△ vitesse f de cisaillement
○ velocità f di taglio

296 **Schergitter** n *(e. Zerkleinerungsmasch.)*
□ shear bars
△ lames f pl, couteaux m pl
○ lame f pl, coltelli m pl

Scherspannung → *Scherbeanspruchung*

297 **Scherversuch** m, **triaxialer**
□ triaxial shearing test
△ essai m de cisaillement triaxial
○ prova f di taglio triassiale

Scherwelle → *Transversalwelle*

298 **Scherwiderstand** m, **Scherfestigkeit** f
□ shearing resistance, shearing strength, shear strength
△ résistance f au cisaillement
○ resistenza f al taglio

299 **Schicht** f *(Lage)*
□ layer, stratum, bed
△ couche f, strate f
○ strato m, falda f

Schicht, Boden~ → *Bodenschicht*

300 **Schicht** f, **durchlässige**
□ permeable stratum, pervious stratum, permeable layer
△ couche f perméable
○ strato m permeabile

Schicht, Inversions~ → *Inversionsschicht*

Schicht, Spring~ → *Springschicht*

Schicht, Sprung~ → *Sprungschicht*

301 **Schicht** f, **undurchlässige, Abdichtungsschicht** f, **Schicht** f, **wasserundurchlässige**
□ impermeable stratum, impervious layer, aquiclude
△ couche f imperméable, assise f imperméable, aquiclude f
○ strato m impermeabile

Schicht, wasserführende
→ *Grundwasserleitschicht*

Schicht, wasserundurchlässige
→ *Schicht, undurchlässige*

302 **Schichtdicke** f, **Schichtstärke** f
□ thickness of layer
△ épaisseur m de la couche
○ spessore m dello strato

Schichten, Einfallen der ~ → *Fallen der Schichten*

Schichtenaufbau → *Schichtenfolge*

Schichtenbildung → *Schichtung*

303 **Schichtenfolge** f, **Schichtenaufbau** m
□ succession of formations, geological structure, succession of strata
△ succession f stratigraphique, suite f de couches
○ successione f degli strati

Schichtgestein → *Sedimentgestein*

304 **Schichtquelle** f
□ contact spring, outcrop spring
△ source f de contact
○ sorgente f di contatto, sorgente f di falda

Schichtstärke → *Schichtdicke*

305 **Schichtströmung** f
□ stratified flow
△ écoulement m stratifié
○ flusso m stratificato

306 **Schichtung** f, **Schichtenbildung** f, **Stratifikation** f
□ stratification
△ stratification f
○ stratificazione f

Schichtung in Seen, Mikro~ → *Mikroschichtung in Seen*

307 **Schichtungsstörung** f
□ destratification
△ déstratification f, perturbation f de la stratification
○ destratificazione f

308 **Schiebebrett** n
□ squeegee
△ rabot m en bois, raclette f
○ raccoglitore m

309 **Schieber** m
□ slide valve, penstock, gate-valve
△ tiroir m, robinet-vanne m
○ saracinesca f, disco m di chiusura

310 **Schieber** m (Platte)
□ slide gate, slide plate
△ registre m
○ paratoia f

Schieber, Absperr~ → *Absperrschieber*

311 **Schieber** m, **durckwasserbetätigter**
□ hydraulically operated valve
△ vanne f à commande hydraulique
○ valvola f idraulicamente comandata

312 **Schieber** m, **entlasteter**
□ balanced slide valve
△ vanne f équilibrée
○ saracinesca f bilanciata

Schieber, Entnahme~ → *Entnahmeschieber*

Schieber, Flach~ → *Flachschieber*

Schieber, Flanschen~ → *Flanschenschieber*

Schieber für Kreisprofil, Zug~ → *Zugschieber für Kreisprofil*

Schieber für Quadratprofil, Zug~ → *Zugschieber für Quadratprofil*

Schieber, Hülsrohr für ovalen ~
→ *Hülsrohr für ovalen Schieber*

Schieber, Keil~ → *Keilschieber*

Schieber, Kolben~ → *Kolbenschieber*

Schieber, Kugel~ → *Kugelschieber*

313 **Schieber** m, **linksgängiger**
□ left-hand opening valve, counterclockwise opening valve
△ vanne f avec ouverture à gauche, vanne f avec ouverture en sens contraire des aiguilles d'une montre
○ valvola f sinistrorsa

Schieber, Muffen~ → *Muffenschieber*

314 **Schieber** m, **nicht entlasteter**
□ non-balanced slide valve
△ vanne f non-équilibrée
○ saracinesca f non bilanciata

Schieber, Not~ → *Notschieber*

315 **Schieber** m, **rechtsgängiger**
□ right-hand opening gate valve, clockwise-opening gate valve
△ vanne f avec ouverture à droite, vanne f avec ouverture dans le sens des aiguilles d'une montre
○ valvola f destrorsa, saracinesca f destrorsa

Schieber, Schnellschluß~
→ *Schnellschlußschieber*

Schieber, Spindel~ → *Spindelschieber*

316 **Schieberantrieb** m
□ operation of gate-valve
△ commande f de la vanne
○ comando m della saracinesca

317 **Schieberantrieb** m, **direkter ~ mit Handrad**
□ direct operation of gate valve with handwheel
△ commande f directe de la vanne par volant de manœuvre
○ comando m diretto di saracinesca per volatino

318 **Schieberantrieb** m, **direkter ~ mit T-Schlüssel**
- □ direct operation of gate valve with T-key
- △ commande f directe de la vanne par clé à béquille
- ○ comando m diretto di saracinesca per chiave a T

319 **Schieberhaube** f
- □ slide valve cover, cover of slide valve
- △ chapeau m de vanne
- ○ cuffia f di saracinesca

320 **Schieberhaus** n, **Schieberkammer** f
- □ gate house, valve chamber
- △ chambre f des vannes
- ○ camera f per saracinesche

321 **Schieberhydrant** m
- □ slide valve hydrant
- △ borne-fontaine f avec robinet-vanne
- ○ idrante m con saracinesca

Schieberkammer → *Schieberhaus*

Schieberohr → *Überschieber*

322 **Schieberplatte** f
- □ gate disk, gate disc, gate plate
- △ disque m d'obturateur
- ○ disco m di saracinesca

323 **Schieberschlüssel** m
- □ valve key
- △ clé f de manœuvre
- ○ chiave f per saracinesche

324 **Schiebersteuerung** f
- □ (slide) valve control gear
- △ commande f d'une vanne, manœuvre f d'une vanne
- ○ organo m di comando di una valvola

325 **Schieberweg** m
- □ slide-valve travel
- △ course f (de l'obturateur) d'une vanne
- ○ corsa f (dell'otturatore) da una valvola

326 **Schiefer** m
- □ schist, slate, shale
- △ schiste m, ardoise f
- ○ schisto m, lavagna f, ardesia f

Schiefer, Glimmer~ → *Glimmerschiefer*

327 **Schiefer** m, **kristalliner**
- □ crystalline schist
- △ schiste m cristallin
- ○ scisto m cristallino

328 **Schieferletten** m, **Schieferton** m
- □ shaly clay, shale
- △ argile f schisteuse, schiste m argileux
- ○ argilla f scistosa

329 **Schieferöl** n
- □ shale oil
- △ huile f de schiste
- ○ petrolio m di scisti

Schieferton → *Schieferletten*

330 **schiefrig**
- □ schistous, slaty
- △ schisteux, ardoisier
- ○ schistoso, lavagnoso

Schiene, Lauf~ → *Laufschiene*

Schießen → *Bohrlochsprengung*

331 **Schießen** n *(hydrol.)*
- □ shooting flow, rushing flow
- △ écoulement m torrentiel, déferlement m des eaux
- ○ ruscellamento m torrenziale

Schießen → *Strömung, schießende*

332 **Schiff** n
- □ ship, vessel, boat
- △ vaisseau m, navire m, bateau m
- ○ vascello m, nave f, battello m

333 **Schiffahrt** f
- □ navigation
- △ navigation f
- ○ navigazione f

Schiffahrt, Binnen~ → *Binnenschiffahrt*

334 **Schiffahrtsbauwerk** n
- □ navigation structure
- △ ouvrage m permettant la navigation
- ○ costruzione f di navigazione

335 **Schiffahrtskanal** m
- □ navigation canal
- △ canal m de navigation
- ○ canale m navigabile

336 **Schiffahrtsrinne** f, **Schiffahrtsstraße** f, **Schiffahrtsweg** m
- □ navigational route
- △ voie f navigable
- ○ strada f navigabile

337 **Schiffahrtsschleuse** f, **Schiffsschleuse** f
- □ navigation lock
- △ écluse f de navigation
- ○ chiusa f di navigazione

Schiffahrtsstraße → *Schiffahrtsrinne*

Schiffahrtsweg → *Schiffahrtsrinne*

338 **schiffbar**
- □ navigable
- △ navigable
- ○ navigabile

339 **Schiffbarkeit** f
- □ navigability
- △ navigabilité f
- ○ navigabilità f

340 **Schiffshebewerk** n, **Hebewerk** n **für Schiffe**
- □ ship hoist
- △ palan m de navire
- ○ paranco m per battelli

Schiffsschleuse → *Schiffahrtsschleuse*

341 **Schiffstoiletten** f pl
- □ marine toilets
- △ toilettes f pl marines
- ○ tolette f pl marine

Schikane → *Leitblech*

Schild, Hydranten~ → *Hydrantenschild*

342 Schilf n, Rohrkolben m (Typha)
  □ bulrush, rush
  △ roseau m, jonc m
  ○ canna f palustre

  Schilfrohr → Rohr

343 Schilftorf m
  □ phragmites peat
  △ tourbe f de roseaux
  ○ torba f di fragmite

  Schill → Zander

344 Schimmel m, Schimmelpilz m (biol.)
  □ mold, mould
  △ moisi m, moisissure f
  ○ muffa f, fiore m

345 schimmelig, schimmlig
  □ mouldy
  △ moisi
  ○ muffito

  Schimmelpilz → Schimmel
  schimmlig → schimmelig

346 Schistosomiasis f, Bilharzia-Krankheit f, Bilharziose f
  □ Bilharziasis, Schistosomiasis
  △ Bilharziose f, Schistosomiase f
  ○ schistosomiasi f, bilarziosi f

  Schizomyceten → Bakterien
  Schizophyzeen → Spaltalgen

347 Schlachthaus n, Schlachthof m
  □ slaughter house, packing house, abattoir
  △ abattoir m
  ○ mattatoio m, macelleria f, ammazzatoio m

348 Schlachthausabfall m, Schlachthofabfall m
  □ abattoir waste, packing-house waste, slaughterhouse waste
  △ déchets m pl d'abattoirs, résidus m pl d'abattoirs
  ○ rifiuti m pl di mattatoio, rifiuti m pl di macelleria

  Schlachthof → Schlachthaus
  Schlachthofabfall → Schlachthausabfall

349 Schlachtung f
  □ slaughtering operation
  △ boucherie f, abattage m
  ○ macellazione f

350 Schlacke f
  □ slag
  △ laitier m, scorie f
  ○ scoria f

  Schlacke, Hochofen~ → Hochofenschlacke
  Schlacke, Kessel~ → Kesselschlacke
  Schlacke, Lava~ → Lavaschlacke

351 Schlackenfänger m
  □ slag scummer
  △ piège m à crasses
  ○ parascorie m, fermascorie m

352 Schlackengranulat n
  □ slag granulate, granulated slag
  △ granules m pl de scorie
  ○ granuli m pl di scoria, scoria f granulata

353 Schlackensand m
  □ slag sand
  △ sable m de laitier
  ○ sabbia f di scoria

354 Schlackenwolle f
  □ mineral wool, slag-wool
  △ laine f minérale, laine f de laitier
  ○ lana f minerale, lana f di scorie

355 Schlackenzement m
  □ slag cement
  △ ciment m de laitier
  ○ cemento m di scoria

  Schlackenzement → Hochofenzement

356 Schlämmanalyse f
  □ sedimentation analysis
  △ analyse f granulométrique par sédimentation, analyse f par lévigation
  ○ analisi f granulometrica per decantazione, analisi f per levigazione

357 Schlängelgraben m
  □ serpentine ditch
  △ fosse f à serpentins, fossé serpent
  ○ fossa f a serpentine

  Schlängelgraben → Oxidationsgraben

358 schlängeln, sich winden
  □ meander
  △ serpenter, aller en serpentant
  ○ serpeggiare

  Schlag, Wasser~ → Druckstoß
  Schlagbohrmaschine → Stoßbohrapparat
  Schlagbohrung → Stoßbohrverfahren
  Schlagbohrung, Gestänge~ → Gestängeschlagbohrung

359 Schlagbrunnen m, Abessinierbrunnen m, Rammbrunnen m, Stoßbrunnen m
  □ hollow ram pump, abyssinian driven well, driven well
  △ puits m abyssin, puits m instantané, puits m enfoncé
  ○ pozzo m a percussione, pozzo m abissino

  Schlagbrunnenspitze → Rammspitze

360 Schlagfestigkeit f
  □ resistance to impact, resistance to shock
  △ résistance f au choc
  ○ resistenza f ai colpo, resistenza f all'urto

361 Schlagmeißel m
  □ spudding drill
  △ foreuse f à câble sans balancier
  ○ perforatrice f a percussione

362 Schlagprobe f
  □ resilience test, impact test
  △ essai m de résilience, essai m de choc
  ○ prova f d'urto

  Schlagrad → Paddelrad

363 **Schlagschere** f
□ jar
△ coulisse f
○ tagliente m a percussione

364 **Schlagspitze** f
□ drive head
△ tête f de tube
○ puntazza f

Schlagwasser → *Bilgewasser*

Schlagwelle → *Stoßwelle*

365 **Schlagwetter** n pl
□ firedamp, fire-damp
△ grisou m
○ gas m pl esplosivi, gas m pl mefitici, grisu m

Schlagzähigkeit, Kerb~ → *Kerbschlagzähigkeit*

366 **Schlamm** m
□ sludge, mud, silt
△ boue[s] f [pl]
○ fango m

367 **Schlamm ablassen** *(Kesselbetrieb)*
□ blow-off the boiler
△ purger une chaudière
○ spurgare una caldaia

368 **Schlamm ablassen** *(Klärbetrieb)*
□ draw off the sludge
△ laisser s'écouler les boues, vidanger les boues
○ scaricare il fango

Schlamm, aktivierter → *Belebtschlamm*

Schlamm, ausgefaulter → *Faulschlamm*

Schlamm, belebter → *Belebtschlamm*

Schlamm, biologischer → *Belebtschlamm*

Schlamm, Boden~ → *Bodensatz*

Schlamm, Bohr~ → *Bohrschlamm*

Schlamm, Flocken~ → *Flockenschlamm*

Schlamm, Flüssig~ → *Naßschlamm*

Schlamm, frischer → *Frischschlamm*

369 **Schlamm** m, **gewerblicher**
□ industrial sludge
△ boue[s] f [pl] industrielle[s]
○ fango m industriale

370 **Schlamm** m, **körniger**
□ granular sludge
△ boue[s] f [pl] granuleuse[s]
○ fango m granuloso, fango m granulare

371 **Schlamm** m, **mineralischer**
□ mineral sludge
△ boue[s] f [pl] minérale[s]
○ fango m minerale

Schlamm, roher → *Frischschlamm*

Schlamm, Rücklauf~ → *Rücklaufschlamm*

Schlamm, Scheide~ → *Scheideschlamm*

Schlamm, Trocken~ → *Trockenschlamm*

Schlamm, Tropfkörper~ → *Tropfkörperschlamm*

Schlamm, Ufer~ → *Uferschlamm*

Schlamm, untergraben von ~ → *untergraben von Schlamm*

372 **Schlamm-Asche-Verfahren** n
□ sludge-ash-process
△ procédé m boues-cendres
○ processo m fanghi-ceneri

Schlammabheber, Trocken~ → *Trockenschlammabheber*

373 **Schlammablagerung** f
□ deposition of sludge
△ dépôt m des boues
○ sedimento m di fango, deposito m di fango

374 **Schlammablaßrohr** n,
Schlammabzugsrohr n,
Schlammentnahmerohr n,
Schlammrohr n
□ sludge outlet, sludge pipe, sludge draw-off pipe, sludge withdrawal pipe
△ tuyau m d'évacuation des boues, tube m à boues, canalisation f à boues, tuyau m d'extraction des boues
○ tubo m di scarico del fango, tubo m per il fango, tubo m del fango, tubo m di estrazione per il fango

375 **Schlammablaßventil** n
□ sludge valve
△ vanne f de vidange des boues
○ valvola f di scarico del fango, valvola f di uscita del fango

Schlammabscheider → *Senkgrube*

Schlammabzugsrohr → *Schlammablaßrohr*

376 **Schlammaktivität** f
□ sludge activity
△ activité f des boues
○ attività f dei fanghi

377 **Schlammalter** n
□ sludge age
△ âge m de la boue
○ età f del fango

378 **Schlammanalyse** f
□ sludge analysis, examination of sludges
△ analyse f des boues
○ analisi f del fango

379 **Schlammanfall** m
□ amount of sludge produced
△ rendement m en boues
○ quantità f del fango prodotto

380 **Schlammarbeit** f
□ sludge handling
△ manutention f des boues
○ lavorazione f dei fanghi

Schlammaufbereitung → *Aufbereitung von Schlamm*

381 **Schlammaufbringen** *n* **auf Land**
  □ sludge spreading
  △ épandage *m* des boues, application *f* des boues
  ○ spandimento *m* di fanghi
  Schlammauslaugung
  → *Schlammwaschen*
  Schlammausräumer → *Schlammkratzer*
382 **Schlammbank** *f*
  □ sludge bank
  △ banc *m* de boues
  ○ banco *m* di fango
  Schlammbeet → *Schlammtrockenplatz*
383 **Schlammbeet** *n*, **überdecktes**
  □ covered [sludge] drying bed
  △ lit *m* de séchage des boues couvert
  ○ letto *m* di essiccamento del fango coperto
384 **Schlammbehandlung** *f*
  □ sludge treatment
  △ traitement *m* des boues
  ○ trattamento *m* del fango
385 **Schlammbelastung** *f*
  (Belebungsverfahren)
  □ sludge loading, sludge loading ratio, SLR
  △ charge *f* massique
  ○ carico *m* del fango
386 **Schlammbelebung** *f*
  □ sludge activation, bio-aeration
  △ activation *f* des boues
  ○ attivazione *f* del fango
  Schlammbelebungsverfahren
  → *Belebungsverfahren*
387 **Schlammbeschaffenheit** *f*
  □ sludge condition
  △ qualité *f* des boues
  ○ qualità *f* del fango
388 **Schlammbeseitigung** *f*
  □ sludge removal, sludge disposal
  △ évacuation *f* des boues
  ○ smaltimento *m* del fango
389 **Schlammbeseitigungsanlage** *f*
  □ sludge disposal plant
  △ installation *f* d'évacuation des boues
  ○ impianto *m* di evacuazione del fango
390 **Schlammbestandteile** *m pl*, **Schlamm-inhaltsstoffe** *m pl*
  □ sludge components
  △ constituants *m pl* des boues
  ○ componenti *m pl* del fango
391 **Schlammbiene** *f (Eristalis)*, **Mistbiene** *f*, **Schlammfliege** *f (Eristalis)*, **Stallfliege** *f (Eristalis)*
  □ drone-fly
  △ éristale *m*
  ○ insetto *m* del fango simile al calabrone, Eristalis *m*
392 **Schlammbrunnen** *m*
  □ sludge well
  △ fosse *f* à boues
  ○ pozzo *m* a fango

Schlammbüchse → *Schmandlöffel*
Schlammdecke → *Schwimmschicht*
Schlammdeponie → *Schlammlagerplatz*
393 **Schlammdesinfektion** *f*, **Schlamm-entseuchung** *f*
  □ disinfection of sludge
  △ désinfection *f* des boues
  ○ disinfezione *f* dei fanghi
394 **Schlammdurchbruch** *m* **in Filtern**
  □ floc break-through in filters
  △ crevaison *f* d'un filtre
  ○ break-through *m* di un filtro, fine ciclo *m* di un filtro
395 **Schlammeindickbehälter** *m*, **Eindickanlage** *f*, **Eindickbehälter** *m*, **Eindickbrunnen** *m*, **Eindicker** *m*, **Schlammeindicker** *m*
  □ sludge thickener, densifier, sludge concentrator, concentrator, [sludge] consolidation tank, thickener
  △ épaississeur *m* de boues
  ○ concentratore *m* di fango
  Schlammeindicker → *Schlammeindickbehälter*
396 **Schlammeindicker** *m* **mit gitterförmigem Krählwerk**
  □ picket-fence type sludge thickener
  △ épaississeur *m* de boues avec grille racleuse
  ○ ispessitore *m* di fanghi con raschiatore di tipo griglia
397 **Schlammeindickung** *f*, **Eindickung** *f*
  □ sludge thickening, densifying, consolidation, thickening
  △ épaississement *m* de boues
  ○ concentrazione *f* di fango
398 **Schlammeindickung** *f* **durch Setzung**
  □ gravity sludge-thickening, sludge thickening by gravity
  △ épaississement *m* gravitaire des boues, épaississement *m* des boues par décantation
  ○ concentrazione *f* gravitaria di fango
399 **Schlammenge** *f*, **Schlammvolumen** *n*
  □ sludge volume, quantity of sludge
  △ quantité *f* de boues, volume *m* de boues
  ○ quantità *f* di fango, volume *m* di fango
400 **Schlammentnahme** *f*
  □ withdrawal of sludge, sludge withdrawal
  △ extraction *f* des boues
  ○ estrazione *f* di fango
  Schlammentnahmerohr
  → *Schlammablaßrohr*
  Schlammentseuchung → *Schlamm-desinfektion*
401 **Schlammentwässerung** *f*
  □ sludge dewatering, dewatering of sludge
  △ déshydratation *f* des boues
  ○ disidratazione *f* del fango
  Schlammfang → *Senkgrube*

402 Schlammfaulbehälter m, **Faulbehälter** m
□ digestion tank, digester, sludge digestion tank, digestor
△ fosse f de digestion, digesteur m, fermenteur m
○ vasca f di digestione del fango, digestore m

Schlammfaulraum → *Faulraum*

403 Schlammfaulung f
□ sludge digestion, liquefaction
△ digestion f de boues
○ digestione f del fango

404 Schlammfaulung f, **getrennte**
□ separate sludge digestion
△ digestion f séparée de boues
○ digestione f separata del fango

405 Schlammfaulung f, **mehrstufige**
□ stage digestion of sludge
△ digestion f de boues en plusieurs stades
○ digestione f dei fanghi a più stadi

406 Schlammfilter f
□ sludge filter
△ filtre m à boues
○ filtro m per fanghi

Schlammfilter, Siebband~ → *Siebbandschlammfilter*

407 Schlammfilterung f, **Schlammfiltration** f
□ sludge filtration
△ filtration f de boues
○ filtrazione f del fango

408 Schlammfiltrat n
□ sludge filtrate
△ filtrat m de boue
○ filtrato m separato per filtrazione da un fango

409 Schlammfiltrat-Rückfluß m
□ sludge filtrate return
△ retour m du filtrat des boues, recyclage m du filtrat des boues, recirculation f du filtrat des boues
○ riciclo m del filtrato dei fanghi

Schlammfiltration → *Schlammfilterung*

Schlammfiltration, Aschezusatz bei der ~ → *Aschezusatz bei der Schlammfiltration*

410 Schlammfladen m
□ flake of sludge
△ flan m de boue
○ focaccia f di fango

Schlammfliege → *Schlammbiene*

Schlammflut → *Murgang*

411 Schlammförderung f
□ sludge pumpage
△ pompage m des boues, relèvement m des boues
○ pompaggio m di fanghi, sollevamento m di fanghi

412 Schlammfracht f, **Schwebefracht** f *(e. Gewässers)*
□ suspended load, suspended solids load
△ charge f en suspension, charge f de matières en suspension
○ carico m in sospensione

413 Schlammgefrieren n
□ sludge freezing
△ congélation f des boues
○ congelamento m del fango

414 Schlammgehalt m
□ sludge content
△ teneur f en boues
○ contenuto m in fanghi

415 Schlammheber m
□ sludge syphon
△ siphon m à boues
○ sifone m a fango

416 Schlammhomogenisierung f
□ homogenizing of sludge
△ homogénéisation f des boues
○ omogeneizzazione f dei fanghi

417 Schlammimpfung f
□ sludge seeding
△ inoculation f à l'aide de boues, ensemencement m à l'aide de boues
○ inoculazione f ad aiuto dei fanghi

418 Schlammindex m, **Schlammvolumenindex** m, **Volumenindex** m
□ sludge index, sludge volume index, sludge density index
△ indice m de boue, indice m de volume des boues, coefficient m de densité des boues
○ indice m di fango

419 Schlammineralisierung f, **Mineralisierung von Schlamm, Schlammstabilisierung** f
□ aerobic digestion of sludge, [aerobic] stabilization of sludge
△ minéralisation f des boues, stabilisation f [aérobie] des boues
○ stabilizzazione f [aeroba] dei fanghi

Schlamminhaltsstoffe
→ *Schlammbestandteile*

Schlammkonditionierung
→ *Aufbereitung von Schlamm*

420 Schlammkontakt-Flockungsbecken n, **Schnellflockungsreaktor** m
□ suspended-solids contact reactor, sludge-blanket reactor
△ bassin m de floculation à lit de boues, clarificateur m à couche de boues
○ impianto m di flocculazione a contatto dei fanghi

421 Schlammkontaktenthärter m
□ solids contact softener
△ adoucisseur m à lit de boue
○ addolcitore m a letto di fanghi

422 **Schlammkontaktverfahren** n (der Flockung)
□ sludge blanket process
△ procédé m (de floculation) à lit de boue
○ processo m (di flocculazione) a contatto dei fanghi

423 **Schlammkonzentration** f, **Belebtschlammgehalt** m **im Lüftungsbecken**
□ mixed liquor volatile suspended solids, MLVSS
△ matiéres f pl en suspension volatiles de la liqueur mixte
○ solidi m pl sospesi volatili nella miscela aerata

424 **Schlammkratzer** m, **Schlammausräumer** m, **Schlammräumer** m, **Sinkschlammräumer** m
□ sludge scraper, sludge collector
△ racleur m de boues
○ raschiatore m di fango, raccoglitore m di fango

Schlammkuchen → Filterkuchen

425 **Schlammlagerplatz** m, **Schlammdeponie** f
□ sludge dumping ground, sludge dumping area
△ aire f de déversement des boues, décharge f de boues, aire f de stockage des boues
○ deposito m per il fango, piazzale m deposito fanghi

Schlammlawine → Murgang

426 **Schlammleitung** f
□ sludge line
△ conduite f à boues
○ condotta f del fango

Schlammlöffel → Schmandlöffel

427 **Schlammpresse** f
□ sludge press
△ presse f à boues
○ pressa f a fango

428 **Schlammpumpe** f
□ sludge pump
△ pompe f à boues
○ pompa f a fango

429 **Schlammpumpenhaus** n
□ sludge pump house
△ salle f de pompage des boues, salle f des pompes à boues
○ cabina f delle pompe a fango

Schlammräumer → Schlammkratzer

430 **Schlammräumer** m, **umlaufender**
□ rotating sludge scraper
△ racleur m rotatif à boues
○ raschiatore m rotativo a fanghi

Schlammräumung → Entschlammung

Schlammräumungsbetrieb
→ Entschlammungsarbeiten

431 **Schlammraum** m
□ sludge compartment
△ compartiment m à boues
○ camera f del fango

432 **Schlammrinne** f
□ sludge channel, sludge trough
△ rigole f à boues
○ canaletta f per il fango

433 **Schlammrinne** f **eines Filters**
□ gutter of a filter, wash-water gutter
△ goulotte f d'évacuation d'eau de lavage
○ canaletta f di scarico del fango

Schlammröhrenwürmer → Tubificiden

434 **Schlammröhrenwurm** m (Tubifex)
□ sludge worm
△ tubifex m
○ verme m del fango, Tubifex m

Schlammrohr → Schlammablaßrohr

435 **Schlammrücklauf** m, **Schlammrücknahme** f
□ sludge return, sludge recycle, sludge recirculation, recirculation of sludge
△ retour m des boues, circuit m de retour des boues, recyclage m des boues
○ ritorno m del fango

436 **Schlammrücklaufmenge** f
□ sludge recycle flow
△ débit m de recyclage de boues, volume m des boues recyclées
○ quantità f del fango di ritorno

Schlammrücknahme → Schlammrücklauf

437 **Schlammrücknahmepumpe** f
□ sludge recirculation pump
△ pompe f de reprise des boues, pompe f de recyclage des boues
○ pompa f di ritorno del fango

438 **Schlammrührwerk** n
□ stirring device for sludge, sludge stirrer
△ dispositif m d'agitation pour boues
○ agitatore m per il fango

439 **Schlammsammelbehälter** m
□ sludge holding tank
△ réservoir m collecteur de boues, bassin m collecteur de boues
○ serbatoio m collettore a fango

440 **Schlammsammelrinne** f, **querliegende**
□ cross collector channel, cross collection trough
△ collecteur m transversal de boues
○ canaletta f trasversale di scarico del fango

Schlammsaugewagen → Saugewagen

Schlammschieber → Schlammschleuse

441 **Schlammschleuder** f, **Schlammzentrifuge** f
□ sludge centrifuge
△ centrifugeuse f à boues
○ centrifuga f per il fango

442 **Schlammschleuderung** f, **Zentrifugieren** n **von Schlamm**
□ sludge centrifugation
△ centrifugation f des boues
○ centrifugazione f dei fanghi

443 **Schlammschleuse** f, **Schlammschieber** m
□ sludge gate
△ vanne f à boues
○ saracinesca f per il fango

444 **Schlammschlitz** m
□ sludge slot
△ fente f à boues
○ fessura f per il fango

Schlammschwebeschicht-Klärung
→ *Filter, schwebendes*

445 **Schlammspiegelmesser** m
□ sludge level detector, sludge level sounder
△ détecteur m de niveau des boues, indicateur m de niveau des boues
○ indicatore m di livello dei fanghi

Schlammstabilisierung
→ *Schlammmineralisierung*

Schlammstrom → *Murgang*

446 **Schlammsumpf** m
□ sludge sump
△ puisard m à boues
○ pozzetto m del fango

447 **Schlammtanker** m
□ sludge tanker
△ bateau-citerne m à boues
○ nave f cisterna a fango

448 **Schlammtankwagen** m
□ sludge tank car, sludge tank truck *(am)*
△ camion-citerne m à boues
○ vagone m cisterna a fango, autocisterna f a fango

449 **Schlammteich** m, **Lagune** f
□ sludge lagoon, lagoon
△ étang m à boues, bassin m à boues
○ stagno m a fango

Schlammteich, Stapelung im ~
→ *Stapelung im Schlammteich*

450 **Schlammtrichter** m
□ sludge hopper
△ trémie f à boues, poche f à boues
○ tramoggia f per il fango

451 **Schlammtrockenplatz** m, **Schlammbeet** n, **Trockenbeet** n, **Trockenplatz** m
□ sludge drying bed, sludge draining bed, sludge bed, drying ground
△ aire f de séchage des boues, lit m de séchage des boues
○ letto m di essiccamento del fango

452 **Schlammtrockensubstanz** f
□ dry weight of sludge
△ poids m sec des boues
○ peso m secco dei fanghi

453 **Schlammtrocknung** f
□ sludge drying
△ séchage m des boues, dessiccation f des boues, déshumidification f des boues
○ essiccamento m del fango, asciugamento m del fango, prosciugamento m del fango

454 **Schlammüberschuß** m
□ sludge excess
△ excès m de boues
○ eccesso m di fango

455 **Schlammumwälzpumpe** f
□ sludge circulation pump
△ pompe f de brassage des boues
○ pompa f di circolazione dei fanghi

456 **Schlammumwälzung** f
□ sludge stirring, sludge circulation
△ circulation f des boues
○ circolazione f del fango, rimescolamento m del fango

457 **Schlammverbrennung** f
□ sludge incineration
△ incinération f des boues
○ incenerazione f dei fanghi

458 **Schlammverbrennungsanlage** f
□ sludge incineration plant
△ usine f d'incinération des boues
○ impianto m di incenerazione dei fanghi

459 **Schlammverbrennungsofen** m
□ sludge incinerator
△ incinérateur m de boues
○ forno m d'incenerimento dei fanghi

460 **Schlammvergasung** f
□ sludge gasification
△ gazéification f des boues
○ gasificazione f dei fanghi

461 **Schlammvergasungsanlage** f
□ sludge gasification plant
△ installation f de gazéification des boues
○ impianto m di gasificazione dei fanghi

Schlammvergraben → *Untergraben von Schlamm*

Schlammverklappung → *Schlammverschiffung*

462 **Schlammverschiffung** f, **Schlammverklappung** f
□ sludge barging
△ évacuation f des boues par bateaux
○ evacuazione f dei fanghi per navi, evacuazione f dei fanghi per via d'acqua

463 **Schlammverwertung** f
□ utilization of sludge
△ utilisation f des boues
○ utilizzazione f dei fanghi

464 **Schlammvolumen** n
□ sludge volume
△ volume m des boues
○ volume m dei fanghi

Schlammvolumen → *Schlammenge*

Schlammvolumenindex → *Schlammindex*

465 **Schlammvolumenmessung** f
□ determination of sludge volume
△ mesure f du volume des boues
○ determinazione f del volume dei fanghi

466 **Schlammvorbehandlung** f
□ sludge pretreatment
△ prétraitement m des boues
○ pretrattamento m dei fanghi

467 **Schlammwaschen** n,
Schlammauslaugung f
□ sludge elutriation
△ élutriation f des boues, lavage m des boues
○ lavaggio m del fango

468 **Schlammwasser** n, **Faulraumwasser** n,
Faulschlammwasser n, **Flüssigkeit** f,
überstehende, **Trübwasser** n
□ sludge liquor, supernatant liquor, supernatant, digester supernatant
△ liquide m surnageant
○ acqua f del fango

469 **Schlammwasserablaßrohr** n
□ supernatant draw-off pipe
△ tuyau m d'extraction du liquide surnageant
○ tubo m di estrazione dell'acqua di fango

470 **Schlammwasserabtrennung** f
□ segregation of sludge liquor
△ séparation f du (liquide) surnageant
○ separazione f del supernatante

Schlammwasserrinne → *Spülwasserrinne*

471 **Schlammwasserrücklauf** m
□ sludge-water return
△ recyclage m du (liquide) surnageant, recirculation f du surnageant
○ ricircolo m del supernatante

472 **Schlammwiederbelebung** f
□ reactivation of sludge
△ réactivation f des boues
○ riattivazione f del fango

Schlammzentrifuge → *Schlammschleuder*

473 **Schlammzersetzung** f
□ decomposition of sludge
△ décomposition f des boues
○ decomposizione f del fango

474 **Schlammzylinder** m
□ sludge cylinder
△ cylindre m de boues
○ cilindro m del fango

475 **Schlauch** m
□ hose [pipe]
△ boyau m, tube m flexible, tuyau m en toile caoutchoutée, flexible m
○ otre f, tubo m di gomma, tubo m flessibile, flessibile m

Schlauch, Garten~ → *Gartenschlauch*

Schlauch, Ölstop-~ → *Ölstop-Schlauch*

476 **Schlauchanschluß** m
□ hose bib, hose connection
△ branchement m pour tuyau souple
○ attacco m del tubo

477 **Schlauchfilter** n
□ filter sock
△ dépoussièreur m à manche
○ depolveratore m a manica

478 **schlauchförmig**
□ tubular
△ tubulaire
○ tubolare, a forma f di tubo

479 **Schlauchgewindenippel** n
□ threaded hose connection
△ raccord m fileté pour tuyau souple
○ raccordo m filettato per tubo flessibile

480 **Schlauchkupplung** f
□ hose coupling
△ raccord m pour tuyaux flexibles, raccord m pour tuyaux en toile caoutchoutée
○ giunto m per tubi flessibili

481 **Schlauchmembran(e)** f
□ tubular membrane
△ membrane f (de forme) tubulaire
○ membrana f tubolare

482 **Schlauchmodul** n, **Tubularmodul** n
□ tubular module
△ module m tubulaire
○ modulo m tubolare

483 **Schlauchtrommel** f
□ hose reel
△ enrouleur m à tuyau souple
○ raccoglitore m a cilindro per tubi flessibili

484 **Schleie** f *(Tinca vulgaris)*
□ tench
△ tanche f
○ tinca f

Schleife → *Serpentine*

485 **Schleifringmotor** m
□ slip-ring motor
△ moteur m à bagues
○ motore m ad anello collettore

486 **Schleim** m *(biol.)*
□ slime
△ pellicule f biologique, mucus m, film m biologique
○ mucillaggine f, muco m

487 **Schleimbekämpfungsmittel** n
□ slimicide, slime-control agent
△ produit m anti-mucus
○ prodotto m anti-muco

488 **Schleimschicht** f
□ slimy coating
△ enduit m mucilagineux, couche f de mucus
○ deposito m mucillaginoso

489 **Schlemmsand** m
□ running sand
△ sable m bouillant
○ sabbia f rifluente

490 **Schlempe** f, **Würze** f, **abgebrannte**
□ spent mash, slop, stillage, distiller's mash, vinasse
△ vinasses f pl de distillerie
○ vinacce f pl distillate

Schlempe, Melasse~ → *Melasseschlempe*

Schleppboot → *Schlepper*

491 **Schlepper** m, **Schleppboot** n
□ tug-boat, trawler
△ remorqueur m
○ rimorchiatore m

Schlepper → *Traktor*

Schleppkahn → *Lastkahn*

492 **Schleppkraft** f
□ tractive force, drawling power, carrying capacity, drag force, drag
△ force f d'entraînement, puissance f de traction, capacité f de transport
○ forza f di trascinamento, forza f di trascinazione

Schleppschaufelbagger → *Schürfkübelbagger*

493 **Schleppspannung** f
□ tractive stress
△ contrainte f tractive
○ sollecitazione f di trascinamento

494 **Schleppzug** m
□ train of barges
△ train m de péniches, train m de chalands
○ convoglio m di chiatte a rimorchio

Schleuder → *Zentrifuge*

495 **Schleuderbeton** m
□ centrifugal concrete, centrifugally cast concrete, spun concrete
△ béton m centrifugé
○ cemento m centrifugato

496 **Schleuderentwässerung** f
□ centrifugal dewatering
△ essorage m centrifuge, déshydratation f par centrifugation
○ disidratazione f mediante centrifugazione

497 **Schleuderguß** m
□ centrifugal casting, spinning
△ fonte f centrifugée
○ ghisa f centrifugata

498 **Schleudergußrohr** n, **Schleuderrohr** n
□ centrifugally cast pipe, spun pipe
△ tuyau m en fonte centrifugée
○ tubo m in ghisa centrifugata

499 **Schleudergußverfahren** n, **Schleuderverfahren** n
□ centrifugal casting process, spinning process
△ procédé m de coulée par centrifugation
○ processo m di ghisa centrifugata

Schleuderkraft → *Fliehkraft*

500 **schleudern**
□ centrifuge, spin
△ centrifuger
○ centrifugare

Schleuderrohr → *Schleudergußrohr*

501 **Schleudertrommel**
□ rotating drum
△ tambour m centrifuge
○ tamburo m rotante

Schleuderverfahren → *Schleudergußverfahren*

502 **Schleuse** f
□ sluice, lock
△ écluse f
○ chiusa f, conca f

Schleuse → *Abwasserleitung*

Schleuse, Einkammer~ → *Einkammerschleuse*

Schleuse, Entwässerungs~ → *Entwässerungsschleuse*

Schleuse, Fisch~ → *Fischschleuse*

Schleuse, Schacht~ → *Schachtschleuse*

Schleuse, Schiffahrts~ → *Schiffahrtsschleuse*

Schleuse, See~ → *Seeschleuse*

Schleuse, Spar~ → *Sparschleuse*

Schleuse, Tide~ → *Seeschleuse*

Schleuse, Zwillings~ → *Doppelkammerschleuse*

503 **Schleusenkammer** f
□ lock chamber, lock basin
△ sas m d'écluse, sas m
○ bacino m di chiusa, camera f di chiusa

Schleusenkammer, Schacht~ → *Schachtschleusenkammer*

Schleusenkammerfischweg → *Fischschleuse*

504 **Schleusenkammerwände** f pl, **Kammerwände** f pl, **Schleusenmauern** f pl, **Schleusenwände** f pl
□ lock-chamber walls pl
△ bajoyers m pl d'écluse, murs m pl de sas
○ pareti f pl perimetrali di una chiusa

Schleusenmauern → *Schleusenkammerwände*

505 **Schleusentor** n
□ lock-gate, sluice gate
△ porte f d'écluse
○ porta f di chiusa

506 **Schleusentor** n, **oberes**
□ headgate of a lock
△ porte f d'amont d'une écluse
○ porta f a monte di chiusa

507 **Schleusentreppe** f
□ lock flight, flight of locks, chain of locks
△ écluses f pl étagées, écluses f pl superposées, échelle f d'écluses
○ scala f di chiuse

Schleusenunterhaupt → *Unterhaupt*

Schleusenwände → *Schleusenkammerwände*

508 **Schleusungswasser** *n*
□ lockage water
△ éclusée *f*
○ acqua *f* di una chiusa

509 **Schlichten** *n* *(Textilindustrie)*
□ sizing
△ encollage *m*
○ bozzimatura *f*, collatura *f*

510 **Schlick** *m*
□ mud, silt, mire
△ limon *m* épais, vase *f*
○ melma *f*, mota *f*, fanghiglia *f*, limo *m*

511 **Schlickablagerung** *f*
□ deposition of silt [or mud]
△ dépôt *m* de vase
○ sedimento *m* di melma

512 **Schließzeit** *f* *(e. Absperrorgans)*
□ (valve) closing-time
△ temps *m* de fermeture, durée *f* de fermeture
○ tempo *m* di chiusura, durata *f* del periodo di chiusura

513 **Schlitz** *m*
□ slot, slit
△ barbacane *f*, fente *f*, entaille *f*
○ fesso *m*, fessura *f*, intaglio *m*

514 **Schlitzdüse** *f*
□ slotted nozzle
△ buse *f* à encoches, buse *f* fendue
○ ugello *m* a fessura

515 **Schlitzrohrbrunnen** *m*, **Mantelrohrbrunnen** *m*
□ perforated casing well, slotted tube well
△ puits *m* avec tubage perforé, puits *m* avec tubage à barbacanes
○ pozzo *m* con tubi perforati, pozzo *m* con tubi avvicinati

516 **Schlitzsieb** *n*
□ slotted screen
△ crépine *f* à encoches
○ filtro *m* scanalato

517 **Schlitztrommel** *f* **einer Zerkleinerungsmaschine**
□ cutting screen
△ trommel *m* à fentes
○ tamburo *m* a fessure

Schloße → *Hagelkorn*

518 **Schlosser** *m*
□ locksmith
△ serrurier *m*
○ serragliere *m*, magnano *m*

Schlot → *Schornstein*

519 **Schlucht** *f*, **Klamm** *f*
□ canyon, gorge, ravine, coulee *(am)*
△ cañon *m*, gorge *f*, ravin *m*, canyon *m*
○ forra *f*, gola *f*, burrone *m*, stretta *f*

520 **Schluckbrunnen** *m*, **Einlaßbrunnen** *m*, **Schluckschacht** *m*, **Sickerbrunnen** *m*, **Sickerungsbrunnen** *m*, **Versenkbrunnen** *m*, **Versickerungsbrunnen** *m*
□ injection well, inverted well, drainage well, dead well, drain well, diffusion well, inverted drainage well, percolation well, recharge well, dump well
△ puits *m* absorbant, puits *m* d'injection, puits *m* perdu
○ pozzo *m* assorbente

521 **Schluckbrunnenkette** *f*
□ recharge line
△ ligne *f* de recharge
○ linea *f* dei pozzi assorbenti

522 **Schluckfähigkeit** *f*, **Aufnahmefähigkeit** *f*
□ injectivity
△ injectivité *f*
○ iniettività *f*

523 **Schluckloch** *n*, **Ponor** *m*, **Schwalgloch** *n*
□ gullet
△ perte *f*
○ perdita *f*

524 **Schluckprobe** *f*
□ injectivity test
△ test *m* d'injectivité
○ prova *f* d'assorbimento

Schluckschacht → *Schluckbrunnen*

525 **schlüpfen, ausschlüpfen**
□ emerge
△ échapper
○ sgusciare

Schlüssel, Absperr~ → *Absperrschlüssel*

Schlüssel, loser → *Handschlüssel*

Schlüssel, Sperrhahn~ → *Sperrhahnschlüssel*

Schlüsselkurve → *Eichkurve*

526 **Schlüsselstange** *f*
□ turnkey, spindle
△ rallonge *f* de tige
○ asta *f* di chiave

527 **Schluff** *m*
□ poor clay, silt
△ argile *f* maigre, vase *f*, limon *m*, silt *m*
○ fango *m*, limo *m*

Schmand, Bohr~ → *Bohrschlamm*

528 **Schmandlöffel** *m*, **Schlammbüchse** *f*, **Schlammlöffel** *m*, **Schöpfbüchse** *f*, **Schöpflöffel** *m*
□ slush bucket, bailer, sludger
△ cuiller *f*, soupape *f* à clapet, tube *f* à clapet
○ cucchiaia *f*, estratore *m* a tazze, trapano *m* tubulare

529 **Schmandlöffel** *m* **mit Klappboden**
□ flap-bottomed bailer
△ pelle *f* à fond basculant
○ scavatore *m* a fondo basculante

530 **Schmarotzer** *m*, **Parasit** *m*, **Schädling** *m*
- □ parasite, pest, vermin
- △ parasite *m*, vermine *f*, organisme *m* nuisible
- ○ parassito *m*, parassita *m*

Schmarotzer, pflanzlicher → *Epiphyt*

schmarotzerhaft → *parasitär*

schmelzen → *tauen*

531 **Schmelzpunkt** *m*
- □ melting-point
- △ point *m* de fusion
- ○ punto *m* di fusione

532 **Schmelzüberzug** *m*
- □ enamel coating
- △ revêtement *m* émaillé
- ○ rivestimento *m* di smalto

Schmelzüberzug → *Glasur*

533 **Schmelzwärme** *f*
- □ heat of fusion
- △ chaleur *f* de fonte
- ○ calore *m* di fusione

534 **Schmelzwasser** *n*
- □ snow water, glacial water
- △ eau *f* de fonte
- ○ acqua *f* di fusione

535 **Schmelzwasserablagerungen** *f pl*
- □ fluvio-glacial deposits *pl*
- △ dépôts *m pl* fluvio-glaciaires
- ○ depositi *m pl* fluvio-glaciali

Schmerle → *Bartgrundel*

Schmetterlingsfliege → *Tropfkörperfliege*

536 **Schmied** *m*
- □ blacksmith
- △ forgeron *m*
- ○ fucinatore *m*

537 **Schmiedeeisen** *n*
- □ wrought iron
- △ fer *m* forgé
- ○ ferro *m* battuto

538 **schmieden**
- □ forge
- △ forger
- ○ battere il ferro, fucinare

539 **Schmiermittel** *n*, **Gleitmittel** *n*
- □ lubricant
- △ lubrifiant *m*, matière *f* lubrifiante
- ○ lubrificante *m*

540 **Schmierung** *f*
- □ lubrication, lubricating system
- △ lubrification *f*, graissage *m*
- ○ lubrificazione *f*

Schmutwasseranfall → *Abwassermenge*

541 **Schmutz** *m*, **Dreck** *m*
- □ dirt, filth, polluted matter, polluting matter
- △ saleté *f*, ordure *f*, souillure *f*, salissure *f*, fange *f*
- ○ lordume *m*, immondizia *f*, sporcizia *f*, sudiciume *m*

Schmutzbeiwert → *Schmutzindex*

542 **Schmutzdecke** *f*
- □ mud blanket, schmutzdecke
- △ couverture *f* de boues, schmutzdecke *f*
- ○ coltre *f* del fango, crosta *f* del fango

Schmutzfracht → *Belastung mit Schmutzstoffen*

543 **Schmutzhaufen** *m*
- □ heap of dirt
- △ tas *m* de boues, amas *m* de boues
- ○ mucchio *m* di fango

544 **schmutzig**
- □ dirty, filthy
- △ sale, boueux, souillé, malpropre, crotté
- ○ sudicio, lordo, sporco, lurido

545 **Schmutzindex** *m*, **Schmutzbeiwert** *m*, **Schmutzwert** *m*
- □ pollutional index
- △ indice *m* de pollution
- ○ indice *m* di inquinamento

546 **Schmutzindex** *m*, **potentieller**
- □ potential pollution index
- △ indice *m* potentiel de pollution
- ○ indice *m* di inquinamento potenziale

547 **Schmutzkammer** *f* *(eines Wassermessers)*
- □ mud-box
- △ boîte *f* à boue
- ○ filtro *m* estraibile

548 **Schmutzkonzentration** *f*
- □ concentration of polluting matter
- △ concentration *f* en matières polluantes, concentration *f* en impuretés
- ○ concentrazione *f* delle materie inquinanti

549 **Schmutzrinne** *f*
- □ waste water gutter, waste water trough
- △ rigole *f* pour eaux vannes, rigole *f* pour eaux usées
- ○ gronda *f* di scarico

550 **Schmutzschicht** *f*
- □ layer of dirt
- △ couche *f* d'ordures
- ○ strato *m* sporco, strato *m* lurido, strato *m* intasato

551 **Schmutzstoff** *m*
- □ polluted matter, polluting matter, contaminant, pollutant
- △ matière *f* polluante, polluant *m*, substance *f* polluante
- ○ sostanza *f* inquinante, sostanza *f* contaminante

Schmutzstoffgehalt → *Schmutzstoffmenge*

552 **Schmutzstoffmenge** *f*, **Schmutzstoffgehalt** *m*
- □ quantity of polluting matter, quantity of polluted matter, quantity of contaminants, quantity of pollutants, pollution load
- △ quantité *f* des matières polluantes
- ○ quantità *f* di sostanze inquinanti

Schmutzwasser → *Abwasser*

553 **Schmutzwasser-Verwaltungsvorschrift** f
□ administrative regulation regarding wastewater
△ réglementation f administrative concernant les eaux polluées
○ regolamentazione f amministrativa relativa alle acque di scarico

Schmutzwasserabfluß → *Abwassermenge*

554 **Schmutzwasserabflußsumme** f
□ flow mass of sewage
△ débit m total d'eaux polluées
○ portata f totale delle acque di scarico

Schmutzwasserbewohner
→ *Verschmutzung anzeigende Organismen*

555 **Schmutzwasserkanal** m, **Schmutzwasserleitung** f
□ foul water sewer, sanitary sewer, waste water drain
△ égout m pour les eaux vannes, égout m séparatif, égout m domestique
○ canale m per acqua di rifiuto

Schmutzwasserkanalisation
→ *Entwässerungsnetz*

Schmutzwasserleitung → *Schmutzwasserkanal*

Schmutzwassernetz
→ *Entwässerungsnetz*

Schmutzwert → *Schmutzindex*

556 **Schnecke** f *(Gastropoda) (biol.)*
□ snail
△ escargot m, limace f
○ lumaca f, lumacone m

557 **Schnecke** f *(mech.)*, **Förderschnecke** f, **Schraube** f, **Archimedische**
□ Archimedean screw, Archimedes' screw, worm of an endless screw, spiral
△ vis f sans fin, vis f d'Archimède
○ vite f perpetua, vite f senza fine, coclea f, vite f di Archimede

Schnecke, Förder~ → *Förderschnecke*

Schnecke, Transport~ → *Förderschnecke*

558 **Schneckenantrieb** m
□ worm gear drive
△ commande f par vis sans fin
○ comando m a vite senza fine

Schneckengift → *Weichtiergift*

559 **Schneckenpumpe** f
□ screw pump, Archimedean screw pump
△ pompe f par vis d'Archimède
○ pompa f a coclea, pompa f a vite senza fine

560 **Schnee** m
□ snow
△ neige f
○ neve f

561 **Schneebeseitigung** f
□ snow clearing, snow removal
△ déblaiement m de neige
○ sgombero m di neve

562 **Schneedecke** f
□ snow cover, snowpack
△ couche f de neige
○ coperta f di neve, strato m di neve

563 **Schneedichte** f
□ snow density, density of snow
△ densité f de la neige
○ densità f di neve

564 **Schneefall** m
□ snow-fall
△ chute f de neige
○ caduta f di neve, nevicata f

565 **Schneegrenze** f
□ snow-line
△ limite f des neiges
○ limite m di neve

566 **Schneegrenze** f, **eigentliche**
□ permanent snow-line
△ niveau m des neiges persistantes, limite f des neiges éternelles
○ linea f delle neve permanenti

567 **Schneehöhe** f
□ depth of snowfall
△ hauteur f de la neige
○ altezza f della neve

568 **Schneeinwurfschacht** m
□ snow-dumping shaft
△ fosse f d'évacuation de la neige
○ pozzo m per l'evacuazione della neve

569 **Schneeniederschlagsmesser** m
□ snow gage
△ nivomètre m
○ nivometro m

570 **Schneepegel** m
□ snow stake
△ échelle f de neige
○ marca f di profondità della neve

571 **Schneepflug** m
□ snow plough
△ chasse-neige m
○ spazzaneve m

572 **Schneeprobenehmer** m, **Schneestecher** m
□ snow sampler
△ échantillonneur m de neige
○ campionatore m di neve

Schnees, Wasserwert des ~
→ *Wasserwert des Schnees*

573 **Schneeschmelze** f
□ melting of the snow, snow melt, snowmelt
△ fonte f des neiges
○ scioglimento m della neve

Schneestecher → *Schneeprobenehmer*

574 **Schneesturm** m
□ snowstorm, blizzard
△ tempête f de neige
○ tempesta f di neve

575 **Schneewasser** n
- □ melted snow
- △ eau f de fonte de neige, neige f fondue
- ○ neve f fusa

576 **Schneewehe** f
- □ snowdrift
- △ congère f
- ○ neve f ammucchiata

577 **Schneidbrenner** m
- □ cutting torch
- △ chalumeau m oxhydrique
- ○ saldatore m a fiamma ossidrica, bruciatore m per saldatura autogena, ferruminatorio m

Schneiderfisch → *Ukelei*

578 **Schneidewalze** f
- □ shredder, cutting blades, cutter
- △ cylindre m dilacérateur
- ○ cilindro m trituratore, macchina f trituratrice

Schneidöl → *Bohröl*

Schneidschuh → *Bohrschuh*

579 **schneien**
- □ snow
- △ neiger, tomber de la neige
- ○ nevicare

580 **Schnellbestimmung** f
- □ rapid (method of) determination
- △ détermination f rapide
- ○ determinazione f rapida

Schnellbrüter → *Brüter, schneller*

581 **Schnellfaulung** f
- □ high-rate digestion
- △ digestion f à haute charge, digestion f à haut rendement
- ○ digestione f accelerata

582 **Schnellfilter** n
- □ rapid filter, high-rate filter
- △ filtre m rapide
- ○ filtro m rapido

583 **Schnell[sand]filterung** f, **Schnell[sand]filtration** f
- □ rapid sand filtration, high-rate filtration
- △ filtration f rapide sur sable, filtration f accélérée
- ○ filtrazione f rapida a sabbia

Schnell[sand]filtration
→ *Schnell[sand]filterung*

Schnellflockungsreaktor
→ *Schlammkontakt-Flockungsbecken*

584 **Schnellkupplungsrohr** n
- □ fast-coupling pipe, rapid-coupling pipe, quick coupler
- △ tuyau m à accouplement rapide, raccord m rapide
- ○ tubo m a giunzione rapida

585 **Schnellmethode** f
- □ rapid method
- △ méthode f rapide
- ○ metodo m rapido

Schnellmischer
→ *Schnellmischvorrichtung*

586 **Schnellmischvorrichtung** f, **Schnellmischer** m
- □ flash mixing device, flash mixer
- △ dispositif m à mélange instantané, mélangeur m rapide
- ○ attrezzatura f per mescolamento rapido

587 **Schnellnachweis** m
- □ flash-test
- △ test m rapide de détection, détection f éclair
- ○ prova f rapida

588 **Schnellrotte** f
- □ accelerated rotting process
- △ pourriture f accélérée
- ○ putridume m rapido

Schnellrottekammer → *Biostabilisator*

589 **Schnellsandfilter** n
- □ rapid sand filter
- △ filtre m rapide à sable
- ○ filtro m rapido a sabbia

590 **Schnellschlußschieber** m, **Schnellschlußventil** n
- □ quick closing valve, emergency shut-off valve
- △ vanne f à fermeture rapide
- ○ saracinesca f a chiusura rapida

Schnellschlußventil → *Schnellschlußschieber*

Schnelltrockner → *Zerstäubungstrockner*

591 **Schnelltrocknung** f, **Flash-Trocknung** f
- □ flash drying
- △ séchage m rapide, séchage m éclair
- ○ essiccamento m a flash, essiccamento m per evaporazione rapida

Schnelltrocknung
→ *Zerstäubungstrocknung*

Schnitt, Längen~ → *Längenprofil*

592 **Schnittholz** n
- □ sawn timber, timber (am)
- △ bois m de sciage
- ○ legno m squadrato, tavolame m

593 **Schnittlinie** f
- □ intersecting line
- △ ligne f d'intersection
- ○ linea f d'intersezione

594 **Schnittpunkt** m
- □ intersection point, point of intersection, intercept
- △ point m d'intersection
- ○ punto m d'intersezione

595 **Schnitzelpreßwasser** n
- □ pulp press water
- △ eaux f pl de presse
- ○ acqua f di scarico proveniente dalla spremitura di polpe

596 Schnüffelventil n
- air intake valve, air sniffler
- reniflard m
- valvola f per iniezione d'aria, valvola f di insufflazione

597 Schockpunkt m *(seismogr.)*
- shock point
- point m de choc
- punto m di scossa

598 Schönung f
- polishing process, polishing
- traitement m final
- ripulitura f finale

599 Schönungsteich m
- polishing pond
- étang m pour traitement de finition
- stagno m di finitura

600 Schöpfbecher m **eines Probenehmers**
- sampling ladle
- auget m de prise d'échantillon
- recipiente m per campionare

601 Schöpfbrunnen m, **Ziehbrunnen** m
- draw well, open well
- puits m à poulie
- pozzo m per attingimento

Schöpfbüchse → *Schmandlöffel*

602 schöpfen
- draw
- puiser
- attingere, tirare acqua

603 Schöpfen n
- drawing
- puisage m
- attingimento m

Schöpflöffel → *Schmandlöffel*

Schöpfrad → *Schaufelrad*

Schöpfstelle → *Entnahmestelle*

Schöpfstelle von Proben
→ *Probenahmestelle*

Schöpfwerk → *Pumpwerk*

604 Schornstein m, **Kamin** m, **Schlot** m
- chimney, funnel, flue, stack
- cheminée f
- gola f di camino, fumaiuolo m, canna f del camino, camino m

Schotter → *Steinschlag*

605 schräg
- inclining, sloping
- incliné, oblique, en biais
- obliquo, traverso, trasversale, diagonale, a sghembo, a sbieco

606 Schrägfassung f, **Schrägfilterbrunnen** m
- inclined collector system
- puits m filtrant à drains obliques
- pozzo m filtrante a tubi dreno obliqui

Schrägfilterbrunnen → *Schrägfassung*

607 Schräginfiltrator m, **Infiltrator** m
(Grundwasseranreicherung)
- inclined infiltrator
- puits m d'injection oblique
- infiltratore m obliquo

608 Schrägpegel m
- inclined gauge, sloping gauge
- échelle f limnimétrique inclinée
- misuratore m di flusso inclinato

609 Schrägrechen m
- inclined screen
- grille f inclinée
- griglia f inclinata

610 Schrägrohrverdampfer m
- inclined-tube evaporator
- évaporateur m à tubes obliques
- evaporatore m a tubi obliqui

611 Schrägsitzventil n
- inclined valve
- soupape à siège incliné
- valvola f a sede inclinata

612 Schrapper m, **Schürfkübelwagen** m, **Scraper** m
- scraper
- décapeuse f, scraper m, scrapeur m
- spianatrice f, ruspa f

Schrapper, Kanal~ → *Kanalschrapper*

613 Schraube f
- screw
- vis f
- vite f

Schraube, Antriebs~ → *Propeller*

Schraube, Archimedische → *Schnecke*

Schraube, Füll~ → *Füllschraube*

Schraube, Nachlaß~ → *Nachlaßschraube*

614 Schraubenbolzen m
- shank of bolt, shank of screw, screw bolt
- tige f d'une vis
- bullone f di vite, gambo m di vite

615 schraubenförmig, spiralförmig
- helical, spiral
- hélicoïde, hélicoïdal, spiral
- elicoidale

616 Schraubenmutter f, **Mutter** f
- screw-nut
- écrou m
- madrevite f, chiocciola f, dado m della vite

617 Schraubenradpumpe f, **Schraubenschaufler** m
- screw impelled pump
- pompe f à hélice, pompe f hélicoïdale, pompe f à vis
- pompa f elicoidale

Schraubenschaufler → *Schraubenradpumpe*

618 Schraubenschlüssel m
- wrench, screw key, spanner
- clé f à vis
- chiave f per viti, chiave f per dadi

619 **Schraubenspindel** f
□ screwed spindle
△ tige f filetée
○ albero m filettato

620 **Schraubenverdichter** m
□ screw-impelled compressor
△ compresseur m à vis
○ compressore m a vite

621 **Schraubenwassermesser** m
□ screw-type water meter
△ compteur m à vis
○ contatore m a vite elicoidale

622 **Schraubenwindung** f
□ spire of a screw
△ spire f d'une vis
○ spira f di vite

623 **Schraubenzwinge** f
□ screw clamp, cramp, clamp, vice pin
△ serre-joint m
○ morsetto m a vite

Schraubkupplung → *Gewindekupplung*

624 **Schraubmuffe** f, **Gewindemuffe** f
□ screwed socket, screw socket, threaded socket
△ emboîtement m à vis
○ manicotto m a vite, manicotto m a filettatura, manicotto m avvitato

625 **Schraubmuffenrohr** n
□ pipe with threaded socket
△ tuyau m à emboîtement taraudé
○ tubo m a manicotto avvitato

626 **Schraubmuffenverbindung** f
□ screw gland joint
△ joint m à emboîtement à vis
○ giunto m a manicotto a vite

627 **Schraubnippel** m
□ screwed nipple
△ raccord m fileté
○ nippel m avvitato, nippel m filettato

628 **Schraubring** m
□ threaded loose gland
△ contrebride f de serrage à vis, bague f de serrage à vis
○ anello m filettato

629 **Schraubschuh** m
□ screw shoe
△ sabot m vissé
○ scarpa f a vite

630 **Schraubstock** m
□ vice, vise
△ étau m
○ morsa f da banco

631 **Schraubverbindung** f, **Gewindeverbindung** f
□ screwed joint, threaded joint
△ raccord m vissé, raccord m à écrous
○ collegamento m a vite

632 **schreiben** *(Meß- u. Regeltechnik)*
□ record
△ enregistrer, inscrire
○ registrare

Schreiber → *Registriergerät*

Schreiber, Wasserstands~ → *Schreibpegel*

633 **Schreibmeßgerät** n
□ recording mechanism, recording apparatus, recorder, registering apparatus
△ appareil m enregistreur
○ apparecchio m registratore, apparecchio m scrivente

634 **Schreibpegel** m, **Wasserstandsschreiber** m
□ water-stage recorder, water-level recorder
△ limnigraphe m
○ limnigrafo m

Schreibregenmesser → *Regenmesser, selbstschreibender*

635 **Schreibspur** f *(e. Registriernadel)*
□ pen trace
△ trace f du stylet
○ traccia f di punta scrivente

636 **Schreibstreifen** m
□ recorder paper, registration sheet
△ papier m (pour) enregistreur
○ carta f di registrazione

Schreibtrommel → *Registriertrommel*

637 **Schreinerei** f, **Tischlerei** f
□ joinery
△ menuiserie f
○ falegnameria f

638 **Schrotbohrung** f
□ shot drilling
△ sondage m à grenaille
○ perforazione f alla graniglia

Schrott → *Alteisen*

639 **schrubben**
□ scrub
△ balayer, entraîner
○ sfregare, strofinare

640 **Schrubben** n
□ scrubbing
△ scrubbing m, entraînement m
○ sfregamento m

Schrubber → *Schwabbelscheibe*

641 **schrumpfen, sich zusammenziehen**
□ shrink
△ se retrécir
○ contrarsi

642 **Schrumpfgrenze** f
□ shrinkage limit
△ limite f de retrait
○ limite m di ritiro

643 **Schrumpfung** f, **Kontraktion** f, **Schwund** m, **Zusammenziehung** f
□ contraction, shrinkage
△ contraction f, retrait m
○ contrazione f, ritiro m

Schrumpfung, Oberflächen~
→ *Oberflächenschrumpfung*

Schubbeanspruchung
→ *Scherbeanspruchung*

644 **Schubbrücke** f
☐ pull-back draw bridge
△ pont m roulant
○ ponte m rollante

645 **Schubmodul** n
☐ shearing modulus
△ module m de cisaillement
○ modulo m di taglio

Schubspannung → *Scherbeanspruchung*

646 **Schubspannung** f, **turbulente**
☐ turbulence shearing stress
△ contrainte f de cisaillement turbulente
○ sforzo m di taglio dovuto alla turbolenza

647 **Schubspannungsgeschwindigkeit** f
☐ shearing stress velocity
△ vitesse f de propagation d'une contrainte de cisaillement
○ velocità f di propagazione di uno sforzo di taglio

648 **Schürfkübelbagger** m, **Schleppschaufelbagger** m, **Seilschrapper** m, **Zugkübelbagger** m
☐ dragline, drag scraper, dragline bucket, dragline excavator
△ dragline f, pelle f dragueuse, pelle f à benne traînante
○ scavatore m a benna trascinata, pala f a dragline

Schürfkübelwagen → *Schrapper*

Schürfloch → *Schurfloch*

Schürfung, Grundwasser~
→ *Grundwasserschürfung*

649 **Schürze** f *(einer Sperrmauer)*
☐ apron
△ radier m
○ platea f

Schüttdamm → *Erddamm*

650 **Schüttelkultur** f
☐ shake culture, shake flask inoculent
△ culture f sur milieu agité, culture f en milieu agité
○ coltura f sotto agitazione

651 **schütteln**
☐ shake, agitate
△ secouer, remuer
○ scuotere

652 **Schüttelrutsche** f
☐ shaker conveyor
△ transporteur m à secousses
○ trasportatore m a scosse

653 **Schüttgewicht** n
☐ loose weight
△ densité f apparente
○ peso m specifico apparente

Schüttgut → *Schüttmasse*

Schüttgutes, Einbringen des ~
→ *Einbringen des Schüttgutes*

654 **Schüttkubatur** f
☐ volume of bank fill
△ cubage m des matériaux de remblai
○ cubatura f di riporto

655 **Schüttmasse** f, **Schüttgut** n
☐ fill, bank fill
△ remblai m, matériaux m pl de remblai
○ materiali m pl di riporto

Schüttmasse, Einspülen von ~
→ *Einspülen von Schüttmasse*

Schüttquelle → *Hangquelle*

656 **Schüttrutsche** f *(Betonbau)*
☐ pouring chute
△ goulotte f de décharge
○ scivolo m, scivolone m

Schüttung → *Brunnenergiebigkeit*

657 **Schüttung** f, **artesische**
☐ artesian capacity, artesian flow
△ débit m artésien
○ portata f artesiana

Schüttung, Bruchstein~ → *Bruchsteinschüttung*

Schüttung, Damm~ → *Dammschüttung*

Schüttung einer Quelle → *Quellschüttung*

658 **Schüttung** f, **gekippte**
☐ tipped fill
△ remblai m par matériaux d'apport
○ riempimento m con materiale di riporto

659 **Schüttung** f, **maximale** ~ **eines Brunnens**
☐ total capacity of a well
△ débit m maximal d'un puits
○ portata f massima di un pozzo

660 **Schüttungskies** m
☐ gravel pack material
△ gravier m de remblai
○ ghiaia f di riporto

Schüttwinkel → *Böschungswinkel*

661 **Schütz** n, **Schütze** f
☐ sluice, gate, sluice board
△ vanne f
○ paratoia f

Schütz, Einlaß~ → *Einlaufschütz*

Schütz, Spül~ → *Spülschütz*

Schütze → *Schütz*

Schütze, Gleit~ → *Gleitschütze*

662 **schützen**
☐ protect, safeguard
△ protéger
○ proteggere

Schuh, Brunnen~ → *Brunnenkranz*

Schuh, Schraub~ → *Schraubschuh*

Schuppenfisch → *Ukelei*

663 **Schurfloch** n, **Schürfloch** n
☐ test pit, trial pit
△ fouille f de recherche
○ foro m di assaggio, foro m di ricerca

664 **Schußpunkt** m *(seismogr.)*
□ shot point
△ point m de tir
○ punto m di tiro

665 **Schußrinne** f
□ canal rapids pl, chute, race
△ canal m à forte pente
○ canale m a forte pendenza

666 **Schußstrecke** f
□ stretch of shooting flow
△ course f précipitée
○ tratto m di un canale a forte pendenza con violenta agitazione, tratto m di una corrente rapida

Schute → *Lastkahn*

667 **Schutt** m
□ debris, rubbish, rubble
△ déblai m, décombres m pl
○ rottami m pl, calcinaccio m, macerie f pl

Schutt, Gletscher~ → *Gletscherschutt*

Schutt, Tal~ → *Talschutt*

Schutt, Verwitterungs~ → *Trümmergestein*

668 **Schuttfächer** m, **Schutthalde** f *(geol.)*
□ boulder fan, alluvial fan, talus slope
△ cône m d'éboulis glaciaire, cône m de déjection
○ cono m di deiezione

669 **Schutthalde** f
□ rubble slope, spoil bank
△ éboulis m de pente
○ falda f di deiezione

Schutthalde → *Schuttfächer*

670 **Schuttquelle** f
□ boundary spring
△ source f d'éboulis
○ sorgente f morenica

671 **Schutz** m
□ protection, safeguard
△ protection f, sauvegarde f
○ protezione f, salvaguardia f

Schutz, Innen~ → *Innenschutz*

Schutz, Küsten~ → *Küstenschutz*

672 **Schutzanode** f *(corr.)*
□ sacrified anode, protective anode, sacrificial anode
△ anode f sacrifiée, anode f de protection
○ anodo m di protezione

673 **Schutzanstrich** m
□ protective [paint] coating
△ peinture f protectrice
○ verniciatura f protettiva, pittura f protettiva

674 **Schutzbelag** m, **Schutzschicht** f *(corr.)*, **Schutzüberzug** m *(corr.)*
□ protective scale, protective coating
△ couche f protectrice, revêtement m protecteur, enduit m protecteur
○ strato m protettivo, rivestimento m di protezione

Schutzbinde, Denso~ → *Densobinde*

675 **Schutzchlorung** f
□ free-residual chlorination
△ chloration f de protection, chloration f préventive
○ clorazione f di protezione, clorazione f preventiva

676 **Schutzdamm** m
□ levee
△ levée f, digue f de protection
○ diga f protettiva

677 **Schutzgebiet** n, **Schutzzone** f
□ protective area, protection area, zone of protection, protected area, reserve
△ périmètre m de protection, zone f de protection
○ territorio m di protezione, zona f di protezione, zona f di tutela, zona f soggetta f a tutela

Schutzgebiet, Landschafts~ → *Landschaftsschutzgebiet*

Schutzgebiet, Quell~ → *Quellschutzgebiet*

Schutzgebiet, Quellen~ → *Quellschutzgebiet*

Schutzgebiet, Wasser~ → *Wasserschutzgebiet*

Schutzhaube → *Hydrantenkappe*

678 **Schutzkolloid** n *(chem.)*
□ protective colloid
△ colloïde m protecteur
○ colloide m protettivo

679 **Schutzmaßnahme** f
□ precautionary measure, protective measure, control measure
△ mesure f de sûreté
○ misura f preventiva

680 **Schutzmauer** f
□ safety wall, protective wall
△ rempart m
○ muro m di protezione

681 **Schutzmittel** n
□ preservative, preventative
△ préservatif m
○ preservativo m

682 **Schutzrohr** n
□ protective tube, protective pipe
△ tuyau m de protection, tube m protecteur
○ tubo m di protezione

Schutzrohr, Bohrloch~ → *Bohrlochschutzrohr*

Schutzschicht → *Schutzbelag*

683 **schutzschichtbildend**
□ scale forming
△ formant une couche protectrice
○ formante uno strato protettivo

684 **Schutzstreifen** m
□ protective strip, wind strip
△ bande f de protection
○ banda f di protezione

Schutzüberzug → *Schutzbelag*

Schutzüberzug, Teer~ → *Teerschutzüberzug*

685 **Schutzverrohrung** f
□ protective casing
△ tubage m de protection
○ riportazione f dei tubi di protezione

686 **Schutzvorrichtung** f
□ safety appliance, safety device, guard, protective device
△ dispositif m de protection
○ dispositivo m di protezione, opera f di difesa, apparecchio m di protezione

Schutzvorrichtung, Blitz~ → *Blitzschutzvorrichtung*

Schutzzone → *Schutzgebiet*

687 **Schwabbelscheibe** f, **Schrubber** m
□ mop
△ balat m à franges
○ spazzolone m

688 **schwach basisch**
□ weakly basic
△ faiblement basique
○ debolmente basico

689 **schwach belastet**
□ low-rate ...
△ à faible charge f, à basse charge f
○ a basso carico m, a bassa dosatura f, a debole carico m

690 **schwach radioaktiv**
□ low-level radioactive
△ faiblement radioactif, à faible radioactivité
○ debolmente radioattivo

691 **schwach sauer**
□ weakly acidic
△ faiblement acide
○ debolmente acido

692 **Schwachregen** m, **Leichtregen** m
□ light rain
△ pluie f légère
○ pioggia f leggera

693 **Schwämme** m pl, **Spongien** f pl *(biol.)*
□ spongia pl
△ spongiaires m pl
○ spugne f pl

694 **schwärzlich**
□ blackish, darkish
△ noirâtre
○ nericcio, nerastro

Schwal → *Plötze*

Schwalgloch → *Schluckloch*

695 **Schwall** m
□ surge, flush
△ flots m pl
○ impeto m

696 **Schwallbewässerung** f
□ spate irrigation
△ irrigation f par pulsion
○ irrigazione f per pulsione

Schwallraum → *Wasserschloß*

697 **Schwallwelle** f
□ hydraulic bore
△ onde f à front raide
○ cavallone m

698 **Schwanenhals** m *(Installation)*
□ goose-neck
△ col m de cygne
○ collo m di cigno, sifone m rovesciato

699 **schwanken**
□ fluctuate, oscillate
△ fluctuer, osciller
○ fluttuare, oscillare

700 **Schwankung** f, **Fluktuation** f
□ oscillation, fluctuation, variation
△ oscillation f, fluctuation f, variation f
○ oscillazione f, fluttuazione f, variazione f

Schwankung, Bedarfs~ → *Bedarfsschwankung*

701 **Schwankung** f **des Grundwasserspiegels**
□ phreatic fluctuation
△ fluctuation f phréatique
○ fluttuazione f freatica

702 **Schwankung** f, **jährliche**
□ annual variation, yearly fluctuation
△ variation f annuelle
○ oscillazione f annua, oscillazione f annuale

703 **Schwankung** f, **jahreszeitliche**
□ seasonal variation, seasonal fluctuation
△ variation f saisonnière
○ oscillazione f nelle stagioni, variazione f stagionale, oscillazione f stagionale

704 **Schwankung** f, **monatliche**
□ monthly fluctuation
△ fluctuation f mensuelle, variation f mensuelle
○ oscillazione f mensile

705 **Schwankung** f, **periodische**
□ periodic oscillation
△ oscillation f périodique
○ oscillazione f periodica

706 **Schwankung** f, **stündliche**
□ hourly fluctuation, hourly variation
△ variation f horaire
○ oscillazione f oraria

707 **Schwankung** f, **tägliche, Schwankung** f, **tageszeitliche, Tagesschwankung** f
□ daily fluctuation, daily variation, diurnal fluctuation
△ variation f journalière, fluctuation f diurne
○ variazione f giornaliera

Schwankung, tageszeitliche → *Schwankung, tägliche*

Schwankungsbereich, Grundwasser~ → *Grundwasserschwankungsbereich*

Schwanzende → *Spitzende*

708 **Schwarzlauge** f
□ sulphate black-liquor
△ liqueur f noire
○ lisciva f nera

Schwebe, in der ~ → schwebend

Schwebedeckenfilter → Filter, schwebendes

Schwebefauna → Zooplankton

709 **Schwebefilterverfahren** n
□ blanket filtration, fluidized bed filtration
△ procédé m de filtration par voile de boue, filtration f par lit fluidisé
○ processo m di filtrazione per sospensione di fango

Schwebeflora → Phytoplankton

Schwebefracht → Schlammfracht

710 **schwebend, Schwebe** f**, in der ~**
□ in suspension, suspended
△ flottant, en suspension
○ sospeso, pendente, fluttuante

Schwebeschicht-Klärung, Schlamm~ → Filter, schwebendes

711 **Schwebestoffe** m pl**, Schwebstoffe** m pl**, Stoffe** m pl**, suspendierte**
□ suspended solids pl, suspended matter, suspensoids pl
△ matières f pl en suspension, particules f pl en suspension
○ sostanze f pl sospese, materie f pl in sospensione, sostanze f pl in sospensione, particelle f pl in sospensione

712 **Schwebezustand** m**, Suspension** f
□ suspension
△ état m de suspension, suspension f
○ stato m di sospensione, sospensione f

713 **Schwebstoffabtrag** m
□ suspended load
△ charge f de matières en suspension
○ carico m in sospensione

714 **Schwebstoffbelastung** f
□ suspended solids load
△ charge f de matières en suspension
○ carico m di materie in sospensione

Schwebstoffe → Schwebestoffe

715 **Schwebstoffganglinie** f
□ sediment hydrograph, suspended solids hydrograph
△ courbe f des concentrations de matières en suspension
○ diagramma m delle portate delli sostanze sospese

716 **Schwebstoffgehalt** m
□ suspended solids content
△ teneur f en matières en suspension
○ tenore m in sostanze in sospensione

717 **Schwefel** m
□ sulphur *(br)*, sulfur *(am)*
△ soufre m
○ solfo m, zolfo m

718 **Schwefelbakterien** f pl
□ sulphur bacteria pl
△ bactéries f pl du soufre, bactéries f pl sulfureuses, sulfo-bactéries f pl
○ batteri m pl di zolfo, solfobatteri m pl

Schwefeldioxid → Säure, schweflige

719 **Schwefeleisen** n**, Eisensulfid** n**, Ferrosulfid** n
□ sulphide of iron
△ sulfure m de fer
○ ferro m solforico, solfuro m ferrico, protosolfuro m di ferro

720 **Schwefelfarbe** f
□ sulfur dye
△ couleur f de soufre
○ colore m di zolfo, colore m di solfo

721 **Schwefelkalk** m *(Gerberei)*
□ lime sulphur
△ sulfure m de chaux
○ solfuro m di calce

722 **Schwefelkies** m**, Eisenkies** m**, Pyrit** m
□ iron pyrite, pyrite
△ pyrite f de fer, pyrite f
○ bisolfuro m di ferro, pirite f di ferro, pirite f

723 **Schwefelkohlenstoff** m
□ carbon disulphide
△ sulfure m de carbone
○ solfuro m di carbonio

724 **Schwefelsäure** f
□ sulphuric acid *(br)*, sulfuric acid *(am)*
△ acide m sulfurique
○ acido m solforico

725 **Schwefelwasserstoff** m
□ hydrogen sulphide, sulphuretted hydrogen
△ hydrogène m sulfuré, acide m sulfhydrique
○ idrogeno m solforato, acido m solfidrico

Schwefelwasserstoffbildner → Bakterien, schwefelreduzierende

726 **Schwefelwasserstoffbildung** f
□ hydrogen sulfide generation
△ production f d'hydrogène sulfuré, dégagement m d'hydrogène sulfuré
○ produzione f d'idrogeno solforato

Schwefelwasserstoffgeruch → Geruch nach Schwefelwasserstoff

727 **Schweinemästerei** f
□ pig production unit, piggery, hog-feeding unit
△ engraissage m de porcs, engraissement m des porcs
○ stalla f di ingrasso dei suini

Schweißapparat → Schweißgerät

728 **schweißbar**
□ weldable
△ soudable
○ saldabile

729 **Schweißeisen** n
☐ weld iron, wrought iron
△ fer m soudé
○ ferro m saldato

730 **schweißen**
☐ weld
△ souder
○ saldare

731 **Schweißen** n, **Schweißung** f
☐ welding
△ soudure f
○ saldatura f

schweißen, autogen ~ → *autogen schweißen*

732 **Schweißgerät** n, **Schweißapparat** m, **Schweißmaschine** f
☐ welding machine, welding apparatus
△ appareil m à souder, soudeuse f, machine f à souder
○ attrezzo m per la saldatura, attrezzo m da saldare, saldatrice f, macchina f per saldare

Schweißmaschine → *Schweißgerät*

733 **Schweißmuffe** f
☐ welded socket, weld iron socket
△ emboîtement m à souder, emboîtement soudé
○ manicotto m a saldatura, manicotto m per saldare

734 **Schweißnaht** f
☐ welded seam
△ filet m de soudure
○ linea f di saldatura, cordolo m della saldatura

Schweißnaht, Stumpf~ → *Stoß-an-Stoß-Verbindung*

735 **Schweißnaht** f, **stumpfe**
☐ butt-welded seam
△ filet m de soudure par rapprochement
○ linea f di saldatura testa a testa, cordolo m di saldatura per contatto

736 **Schweißnaht** f, **überlappte**
☐ lap-welded seam
△ filet m de soudure par recouvrement
○ linea f di saldatura a ricoprimento, cordolo m di saldatura a sovrapposizione

737 **Schweißstahl** m
☐ weld steel, wrought steel
△ acier m soudé
○ acciaio m saldato

738 **Schweißstelle** f
☐ weld
△ point m de soudure
○ punto m di saldatura

739 **Schweißtechnik** f
☐ welding technique
△ technique f de la soudure
○ tecnica f di saldatura

Schweißung → *Schweißen*

740 **Schweißung** f, **autogene**
☐ autogenous welding
△ soudure f autogène
○ saldatura f autogena

741 **Schweißung** f, **elektrische**
☐ electric welding
△ soudure f électrique
○ saldatura f elettrica

Schweißung, Hammer~ → *Hammerschweißung*

742 **Schweißverbindung** f
☐ welded joint
△ joint m soudé
○ giuntura f saldata

Schwelanlage, Braunkohlen~ → *Braunkohlenschwelanlage*

743 **Schwelle** f
☐ threshold, sill
△ seuil m
○ soglia f

Schwelle, Geruchs~ → *Geruchsschwelle*

Schwelle, Geschmack~ → *Geschmackschwelle*

744 **Schwelle** f, **toxische, Toxizitätsgrenze** f
☐ toxicity threshold
△ seuil m de toxicité, limite f de toxicité, limite f toxique
○ limite f di tossicità, soglia f tossica

745 **Schwellen** n, **Beizen** n
☐ bating process
△ gonflage m
○ gonfiamento m

746 **Schwellenlänge** f
☐ sill length
△ longueur f de seuil
○ lunghezza f di soglia

747 **Schwellenverfahren** n, **Schwellenwertbehandlung** f (corr.)
☐ threshold treatment
△ traitement m de seuil
○ sistema m di soglia

748 **Schwellenwert** m **der Konzentration**
☐ threshold concentration
△ concentration f de seuil
○ concentrazione f di soglia

Schwellenwert, Geruchs~ → *Geruchsschwellenwert*

Schwellenwert, Geschmack~ → *Geschmackschwellenwert*

Schwellenwertbehandlung → *Schwellenverfahren*

749 **Schwelung** f
☐ low temperature carbonization
△ distillation f à basse température
○ distillazione f a bassa temperatura, carbonizzazione f incompleta

750 **Schwelwasser** n
□ carbonization foul water
△ eaux f pl de carbonisation à basse température
○ acque f pl di carbonizzazione a bassa temperatura

Schwemm- und -waschwasser, Rüben~ → *Rübenschwemm- und -waschwasser*

751 **Schwemmen** n
□ fluming operation
△ transport m hydraulique
○ trasporto m idraulico

752 **Schwemmentmistung** f
□ flush-method of manure removal
△ enlèvement m du fumier au jet d'eau
○ rimozione f del letame mediante getti d'acqua

753 **Schwemmland** n
□ warp, alluvial land, delta silt
△ terrain m alluvional
○ terreno m alluvionale

754 **Schwemmlandboden** m
□ alluvial soil, warp soil
△ terrain m alluvionnaire
○ terreno m d'alluvione

Schwemmsand → *Schwimmsand*

755 **Schwemmverfahren** n **der Abfall- und Hausmüllbeseitigung**
□ water-carrier method of garbage and waste disposal, water-carriage system of garbage and waste disposal
△ transport m hydraulique des ordures ménagères
○ trasporto m idraulico dell'immondizia domestica

Schwemmwasser, Rüben~ → *Rübenschwemmwasser*

Schwengel → *Bohrschwengel*

756 **Schwenkarm** m
□ floating arm, slewing arm
△ bras m oscillant, bras m pivotant
○ braccio m oscillante

757 **Schwenkarmunterbrecher** m
□ floating-arm interrupter
△ interrupteur m à flotteur
○ interruttore m a braccio flottante

758 **Schwenkkran** m
□ revolving crane
△ grue f tournante, grue f pivotante
○ gru f girevole

Schwenkregner → *Drehstrahlregner*

Schwenkzapfen → *Zapfen*

759 **schwer**
□ heavy
△ lourd
○ grave, pesante

schwer abbaubar → *abbauresistent*

760 **Schwerarbeit** f
□ heavy duty, hard labour
△ travaux m pl lourds, travaux m pl pénibles
○ lavori m pl pesanti

Schweretrennung → *Schwerkraftabscheidung*

761 **Schwerewasser** n *(hydrol.)*
□ gravitational water
△ eau f gravitaire, eau f de gravité, eau f gravifique
○ acqua f gravidica

762 **Schwerewellen** f pl
□ gravitational waves pl
△ ondes f pl provoquées par la pesenteur
○ onde f pl gravitazionali

Schwergewichtsmauer → *Gewichtsstaumauer*

763 **Schwerkraft** f, **Gravitation** f
□ gravity, gravitation, gravitational force
△ gravitation f, pesanteur f
○ gravità f, gravitazione f

764 **Schwerkraftabscheider** m
□ gravity separator
△ séparateur m gravitaire, décanteur m gravitaire
○ separatore m gravitare, decantatore m gravitare

765 **Schwerkraftabscheidung** f, **Schweretrennung** f
□ gravity separation
△ séparation f gravitaire
○ separazione f gravitare

766 **Schwerkraftbewässerung** f
□ gravity irrigation, gravitational-flow irrigation
△ irrigation f gravitaire, arrosage m par écoulement gravitaire
○ irrigazione f gravitare, irrigazione f per scolamento gravitare

767 **Schwerkraftklärung** f
□ gravity sedimentation
△ clarification f gravitaire, décantation f gravitaire
○ clarificazione f gravitare

768 **Schwermetall** n
□ heavy metal
△ métal lourd
○ metallo m pesante

769 **Schwermetallaufnahme** f
□ heavy-metal uptake
△ absorption f de métaux lourds
○ assorbimento m di metalli pesanti

770 **Schweröl** n
□ heavy oil
△ huile f lourde
○ olio m pesante

771 **Schwerpunkt** m
- □ centre of gravity (br), center of gravity (am)
- △ centre m de gravité
- ○ centro m di gravità

772 **Schwerspat** m
- □ heavy spat
- △ spath m pesant
- ○ spato m pesante

773 **Schwerstange** f, **Bohrstange** f
- □ sinker bar, drill stem, drill collar
- △ masse-tige f
- ○ asta f pesante, barra f appesantatrice

774 **Schwerstange** f, **untere**
- □ drill stem, sinker bar
- △ tige f de battage
- ○ asta f pesante

775 **Schwerwasserreaktor** m
- □ heavy water reactor
- △ réacteur m à eau lourde
- ○ reattore m ad acqua pesante

776 **Schwimmabsperrventil** n
- □ float stop valve
- △ robinet m d'arrêt à flotteur
- ○ valvola f di chiusura a galleggiante

777 **Schwimmachse** f
- □ axis of buoyancy
- △ axe m de poussée ascensionnelle
- ○ asse m di galleggiamento

778 **Schwimmaufbereitung** f, **Flotation** f, **Naßaufbereitung** f, **Schaumverfahren** n
- □ flotation, froth flotation
- △ flottation f
- ○ flottazione f, preparazione f mediante flottazione

779 **Schwimmausflußventil** n
- □ equilibrium ball valve
- △ soupape f de vidange à flotteur, vanne f d'écoulement de l'eau commandée par un flotteur
- ○ valvola f di scarico a galleggiante

780 **Schwimmbad** n, **Badeanstalt** f
- □ swimming baths pl, swimming-pool, baths pl
- △ piscine f
- ○ piscina f natatoria

Schwimmbadreaktor → Wasserbeckenreaktor

Schwimmbagger → Naßbagger

781 **Schwimmbecken** n
- □ swimming-pool
- △ piscine f, bassin m de natation
- ○ piscina f

Schwimmbeckenwasser → Badewasser

782 **Schwimmblattpflanze** f
- □ floating aquatic plant
- △ végétal m aquatique flottant
- ○ vegetale m acquatico galleggiante

783 **Schwimmbrett** n
- □ floating scum-board
- △ pare-écumes m flottant, déflecteur m de surface
- ○ paraschiuma m gallegiante

Schwimmdecke → Schwimmschicht

784 **die Schwimmdecke abheben, die Schwimmdecke abstreifen**
- □ skim
- △ enlever l'écume
- ○ scolmare la schiuma

die Schwimmdecke abstreifen → die Schwimmdecke abheben

785 **Schwimmdeckenabstreifer** m, **Abstreifer** m, **Abstreifvorrichtung** f, **Schwimmschlammräumer** m
- □ [scum] skimmer, scum collector, de-scumming device
- △ racleur m superficiel, appareil m pour l'enlèvement des écumes, dispositif m de ratissage des matières flottantes, collecteur m d'écumes
- ○ scolmatore m di schiuma

786 **Schwimmdeckenzerstörer** m
- □ scum-breaker
- △ malaxeur m pour la destruction du chapeau, brisoir m d'écumes
- ○ frangicrosta m

787 **Schwimmdeckenzerstörung** f
- □ scum breaking
- △ désagrégation f de l'écume
- ○ rottura f dello strato galleggiante

788 **Schwimmdock** n
- □ floating dock
- △ dock m flottant
- ○ cantiere m natante

789 **Schwimmebene** f
- □ waterline level
- △ plan m de flottaison
- ○ piano m di galleggiamento

790 **Schwimmer** m
- □ float
- △ flotteur m
- ○ galleggiante m

Schwimmer, Oberflächen~ → Oberflächenschwimmer

Schwimmer, Stab~ → Stabschwimmer

Schwimmer, Tiefen~ → Tiefenschwimmer

791 **schwimmerbetätigt**
- □ float-operated
- △ commandé par flotteur, à commande par flotteur
- ○ azionato da galleggiante

792 **Schwimmermessung** f
- □ float gauging
- △ jaugeage m aux flotteurs
- ○ misura f a galleggianti

793 **Schwimmerpegel** m,
Wasserstandsanzeiger m **mit Schwimmer**
□ float gage, float gauge
△ limnigraphe m à flotteur, indicateur m à flotteur
○ limnigrafo m a galleggiante

794 **Schwimmerschacht** m
□ float chamber
△ chambre f de flotteur, compartiment m du flotteur
○ camera f di galleggiante

Schwimmerschalter → *Schwimmschalter*

795 **Schwimmerventil** n
□ float valve, ball [float] valve
△ soupape f à flotteur, robinet m à flotteur, vanne f à flotteur
○ valvola f a galleggiante

796 **Schwimmerweg** m
□ float run
△ course f d'un flotteur
○ corso m di galleggiante

797 **Schwimmfläche** f
□ buoyancy plane
△ plan m de poussée ascensionnelle
○ piano m di spinta

Schwimmgut → *Schwimmstoffe*

Schwimmhaube → *Gasdecke, schwimmende*

798 **Schwimmkörper** m
□ floating body
△ corps m flottant
○ corpo m galleggiante

799 **Schwimmsand** m, **Fließsand** m, **Schwemmsand** m, **Treibsand** m, **Triebsand** m
□ swimming sand, quicksand, shifting sand, drifting sand, running ground
△ sable m mouvant, sable m boulant, terrain m coulant
○ sabbia f mobile, sabbia f fluente

800 **Schwimmschalter** m, **Schwimmerschalter** m
□ float-operated switch, float switch
△ interrupteur m à flotteur
○ interruttore m a galleggiante

801 **Schwimmschicht** f, **Schlammdecke** f, **Schwimmdecke** f, **Schwimmschlamm** m
□ scum, layer of scum, floating layer, floating sludge
△ boue[s] f [pl] flottante[s], chapeau m d'écume
○ cappellaccio m, strato m galleggiante, fango m galleggiante, schiuma f galleggiante

Schwimmschlamm → *Schwimmschicht*

Schwimmschlammräumer
→ *Schwimmdeckenabstreifer*

802 **Schwimmschlammrinne** f
□ scum trough
△ rigole f de collecte des boues flottantes
○ collettore m delle sostanze galleggianti

803 **Schwimmstoff-Fänger** m, **Schwimmstoffänger** m
□ trap for floating matter
△ arrête-matière f flottante
○ recuperatore m delle sostanze galleggianti

804 **Schwimmstoffabstreifer** m
□ scum collector, [scum] skimmer
△ dispositif m de raclage des matières flottantes
○ raccoglitore m della schiuma

805 **Schwimmstoffabweiser** m
□ scum-board
△ cloison f plongeante, cloison f siphoïde
○ parete f sommersa, paraschiuma m

Schwimmstoffänger → *Schwimmstoff-Fänger*

806 **Schwimmstoffe** m pl, **Schwimmgut** n
□ floating solids pl, floating matter, skimmings pl, floatable substances pl
△ matières f pl flottantes
○ sostanze f pl galleggianti

807 **Schwimmstoffentnahme** f
□ withdrawal of floating matter
△ enlèvement m des matières flottantes
○ eliminazione f delle materie flottanti

808 **Schwimmstofffracht** f, **Schwimmstofftransport** m
□ floating solids mass load, mass transport of floating solids
△ charge f de matières flottantes, frêt m des matières flottantes
○ carico m di solidi flottanti, trasporto m di solidi flottanti

Schwimmstofftransport
→ *Schwimmstofffracht*

Schwimmvögel → *Wasservögel*

809 **Schwindeinfluß** m
□ shrinkage effect
△ effet m de retrait
○ effetto m di ritiro

810 **schwinden** (von Zement)
□ dwindle, shrink
△ se rétrécir, se contracter
○ ritirarsi, contrarsi

811 **Schwinden** n (von Zement)
□ dwindling, shrinkage
△ retrait m
○ ritiro m

812 **Schwindmaß** n
□ shrinkage coefficient
△ coefficient m de retrait
○ coefficiente m di ritiro

813 **Schwindspannung** f
□ shrinkage stress
△ contrainte f de retrait
○ sforzo m di contrazione, sforzo m di ritiro, sollecitazione f di ritiro

Schwingsieb → *Rüttelsieb*

814 **Schwingung** f
  □ vibration, oscillation
  △ vibration f, oscillation f
  ○ vibrazione f, oscillazione f

815 **Schwingungsbauch** m,
  Schwingungsweite f
  □ (wave) amplitude
  △ amplitude f d'une oscillation
  ○ ampiezza f di un'oscillazione, ampiezza f

  Schwingungsbreite, Mäander~
  → *Mäanderbreite*

816 **Schwingungsdämpfung** f
  □ attenuation
  △ atténuation f des oscillations,
    amortissement m des oscillations
  ○ attenuazione f delle oscillazioni,
    smorzamento m delle oscillazioni

817 **Schwingungsknoten** m
  □ node of oscillation
  △ nœud m d'une oscillation
  ○ nodo m di un'oscillazione

  Schwingungsweite → *Schwingungsbauch*

  Schwitzwasser → *Kondensat*

818 **Schwund** m
  □ contraction, shrinkage
  △ dépérissement m
  ○ deperimento m

  Schwund → *Schrumpfung*

819 **Schwundriß** m
  □ contraction crack
  △ craquelure f
  ○ spaccatura f

820 **Schwungrad** n
  □ flywheel
  △ volant m
  ○ volante m, volano m

821 **Schwungradpumpe** f
  □ fly-wheel pump
  △ pompe f à volant
  ○ pompa-volano f

  Sclavoröhrchen → *Abschlagröhrchen*

  Scraper → *Schrapper*

822 **Sechskanteisen** n
  □ hexagon bar
  △ fer m hexagonal
  ○ ferro m esagonale

823 **sechswertig**
  □ hexavalent
  △ hexavalent
  ○ esavalente

824 **Sediment** n
  □ sediment
  △ sédiment m
  ○ sedimento m

825 **sedimentär**
  □ sedimentary
  △ sédimentaire
  ○ derivante da sedimentazione

  Sedimentation → *Absetzen*

826 **Sedimentation** f **im Ruhebetrieb**
  □ quiescent settling, sedimentation on the fill-and-draw principle
  △ sédimentation f intermittente
  ○ sedimentazione f statica

827 **Sedimentation** f **im Standversuch**
  □ batch settling test
  △ décantation f en discontinu, sédimentation f intermittente
  ○ sedimentazione f intermittente

  Sedimentationsgeschwindigkeit → *Absetzgeschwindigkeit*

828 **Sedimentgestein** n, **Schichtgestein** n
  □ sedimentary rock, stratified rock
  △ roche f sédimentaire
  ○ roccia f sedimentaria

829 **Sedimentologie** f
  □ sedimentology
  △ sédimentologie f
  ○ sedimentologia f

830 **See** m, **Binnensee** m
  □ lake, inland lake
  △ lac m, lac m intérieur
  ○ lago m, lago m interno

  See → *Meer*

831 **See** m, **abflußloser**
  □ endorheic lake
  △ lac m sans écoulement
  ○ lago m endoreico

832 **See** m, **ausfließender**
  □ exorheic lake
  △ lac m exorhéique, lac m avec écoulement
  ○ lago m esoreico

  See, Bagger~ → *Baggersee*

833 **See** m, **ephemerer**
  □ ephemeral lake
  △ lac m temporaire
  ○ lago m temporaneo

834 **See** f, **kabbelige, Kabbelsee** f
  □ choppy sea
  △ moutonnement m de la mer, mer f moutonnée
  ○ mare m incrociato

  See, Krater~ → *Kratersee*

  See, künstlicher → *Stausee*

  See, Vulkan~ → *Kratersee*

835 **Seebad** n
  □ sea-bath, seaside resort
  △ baignade f de lac, bain m de mer
  ○ bagno m di mare

836 **Seebadegebiet** n
  □ sea-bathing area
  △ région f balnéaire, zone f balnéaire
  ○ zona f balneare

837 **Seebär** m
  □ boar, sudden rise of sea level
  △ montée soudaine des eaux de la mer
  ○ marobbio m, innalzamento m improvviso del livello del mare

838 **Seebau** m
- □ marine structure, marine construction
- △ travaux m pl maritimes
- ○ costruzioni f pl marittime

839 **Seebeben** n
- □ seaquake, water-quake, submarine earthquake
- △ séisme m océanique
- ○ maremoto m

840 **Seebecken** n
- □ lake basin
- △ bassin m lacustre, cuvette f d'un lac
- ○ bacino m di un lago

Seedeich → *Außendeich*

Seefisch → *Meeresfisch*

841 **Seegang** m
- □ swell, heavy sea, rough sea, billow
- △ forte mer f
- ○ mare m grosso

842 **Seehafen** m
- □ sea-port
- △ port m de mer
- ○ porto m di mare

Seehöhe → *Meeresspiegel*

Seehund → *Robbe*

843 **Seeigel** m *(Echinoidea)*
- □ sea-urchin
- △ oursin m
- ○ riccio m marino

844 **Seekanal** m
- □ ship canal
- △ canal m maritime
- ○ canale m marittimo

845 **Seekarte** f
- □ hydrographic chart, sea chart
- △ carte f nautique
- ○ carta f nautica

Seekartennull → *Normalnull*

846 **Seeklima** n, **Klima** n, **ozeanisches**, **Meeresklima** n
- □ oceanic climate
- △ climat m marin, climat m océanique
- ○ clima m marittimo, clima m oceanico

847 **Seelänge** f
- □ lake length
- △ longueur f d'un lac
- ○ lunghezza f di un lago

848 **Seenbelüftung** f
- □ lake aeration
- △ aération f d'un lac
- ○ aerazione f di un lago

Seenblüte → *Wasserblüte*

849 **Seenflora** f
- □ lake flora
- △ flore f de lac
- ○ flora f di lago

850 **Seenkette** f
- □ chain of lakes
- △ chaîne f de lacs, lacs m pl en chaîne
- ○ catena f di laghi

Seenkunde → *Limnologie*

Seenplankton → *Süßwasserplankton*

851 **Seenschichtung** f
- □ lake stratification
- △ stratification f dans les lacs
- ○ stratificazione f nei laghi

852 **Seentyp** m
- □ type of lake, lake-type
- △ type m de lac
- ○ tipo m di lago

853 **Seenverkehrsordnung** f
- □ lake-traffic regulation
- △ réglementation f de la navigation sur les lacs
- ○ regolamentazione f della navigazione lacustre

Seenwasser → *Seewasser*

854 **Seepocke** f *(Balanomorpha)*
- □ barnacle
- △ anatife m, bernache f, bernacle f
- ○ balano m

855 **Seerecht** n
- □ maritime law
- △ droit m maritime
- ○ diritto m marittimo

Seeretention → *Seerückhalt*

856 **Seerose** f *(bot.) (Nymphaea)*
- □ white water-lily
- △ nénuphar m blanc, nymphéa m
- ○ ninfea f

Seerose, gelbe → *Teichrose*

857 **Seerückhalt** m, **Seeretention** f
- □ lake retention, reservoir retention
- △ rétention f dans un lac, rétention f dans un réservoir
- ○ ritenzione f in un lago

858 **Seeschiffahrt** f
- □ maritime navigation
- △ navigation f maritime
- ○ navigazione f marittima

859 **Seeschleuse** f, **Tideschleuse** f
- □ tidal lock, tide lock
- △ écluse f maritime, écluse f à marée
- ○ chiusa f marittima

860 **Seetang** m, **Meertang** m, **Tang** m
- □ sea-weed, sea-lettuce
- △ varech m
- ○ fuco m di mare

861 **Seetiefe** f, **mittlere**
- □ mean lake depth
- △ profondeur f moyenne d'un lac
- ○ profondità f media di un lago

862 **Seeverdunstung** f
  □ evaporation from free surfaces of water
  △ évaporation f à partir de plans d'eaux libres
  ○ evaporazione f superficiale

  Seevogel → *Meeresvogel*

863 **Seevolumen** n
  □ lake volume
  △ volume m (d'eau) d'un lac
  ○ volume m d'un lago

864 **Seewasser** n *(Binnensee)*, **Seenwasser** n
  □ lake-water
  △ eau f de lac
  ○ acqua f di lago

865 **Seezeichen** n
  □ sea mark
  △ amer m
  ○ segnale m marittimo

866 **Segelboot** n
  □ sailing boat
  △ canot m à voiles
  ○ barea f a vela

867 **Segge** f *(Carex L.)*
  □ sedge
  △ laîche f, carex m
  ○ carice f

868 **Segmentarm** m
  □ gate arm
  △ bras m du segment
  ○ braccio m del segmento

869 **Segmentschütze** f, **Bogenschütze** f, **Segmenttor** n
  □ radial gate
  △ vanne f à segment, vanne f radiale, vanne-segment f
  ○ paratoia f a segmento

  Segmenttor → *Segmentschütze*

870 **Segmenttor** n **einer Schleuse**
  □ radial lock gate
  △ porte f d'écluse à segment
  ○ porta f di chiusa a segmento

871 **Segmentwehr** n
  □ segmental barrage, radial weir
  △ barrage m à segment
  ○ sbarramento m a segmento

872 **Seiches** f pl, **Schaukelwellen** f pl
  □ seiches pl
  △ seiches f pl
  ○ secche f pl

  seicht → *flach*

  Seichtwassersee → *Flachwassersee*

873 **Seidenkocherei** f *(Textilindustrie)*
  □ degumming of silk
  △ ébouillantage m de la soie
  ○ bollitura f di seta

874 **Seife** f
  □ soap
  △ savon m
  ○ sapone m

  Seife, Gesichts~ → *Gesichtsseife*

875 **Seifenfabrik** f
  □ soap factory
  △ savonnerie f
  ○ saponeria f, fabbrica f di sapone

876 **Seifenlösung** f
  □ soap solution, soap suds pl
  △ solution f de savon
  ○ soluzione f di sapone

877 **Seifenmethode** f
  □ soap method
  △ essai m hydrotimétrique
  ○ metodo m al sapone, saggio m idrotimetrico

878 **Seifenschaum** m
  □ lather
  △ mousse f de savon
  ○ schiuma f di sapone

879 **Seiher** m
  □ strainer, strum
  △ crépine f
  ○ colatoio m

880 **Seiher** m **aus Metall**
  □ metal strainer
  △ crépine f métallique
  ○ colatoio m metallico

  Seiher, Einlauf~ → *Einlaufseiher*

  Seihwasser → *Uferfiltrat*

  Seil → *Tau*

  Seil, Hanf~ → *Hanfseil*

  Seil, Holzwoll~ → *Holzwollseil*

  Seilbohrgerät → *Stoßbohrapparat*

  Seilbohrverfahren → *Stoßbohrverfahren*

  Seilbürste → *Kanalbürste*

881 **Seilfähre** f
  □ cable-ferry, trail ferry
  △ traille f
  ○ chiatta f a corda

882 **Seilfangspeer** m, **Seilspeer** m
  □ rope spear
  △ harpon m à câble
  ○ lancia f a fune

883 **Seilgreifer** m, **Seilspeer** m, **doppelter**
  □ grab
  △ grappin m à câble
  ○ gancio m a fune

  Seilschlagbohrmethode → *Stoßbohrverfahren*

  Seilschrapper → *Schürfkübelbagger*

  Seilspeer → *Seilfangspeer*

  Seilspeer, doppelter → *Seilgreifer*

  Seismik → *Seismologie*

884 **seismisch**
  □ seismic
  △ sismique, séismique
  ○ sismico

885 **Seismogramm** n
□ seismogram
△ sismogramme m, séismogramme m
○ sismogramma f

886 **Seismograph** m
□ seismograph
△ sismographe m
○ sismografo m

887 **Seismologie** f, **Seismik** f
□ seismology
△ sismologie f, séismologie f
○ sismologia f

888 **Seismometer** n
□ seismometer
△ sismomètre m, séismomètre m
○ sismometro m

889 **Seitenarm** m
□ anabranch
△ bras m latéral
○ braccio m laterale

890 **Seiteneinschnürung** f
□ side contraction
△ contraction f latérale
○ contrazione f laterale

891 **Seitenkanal** m, **Kanalabzweig** m, **Zweigkanal** m
□ lateral collector, lateral canal
△ émissaire m latéral, canal m latéral
○ collettore m laterale

892 **Seitenmoräne** f
□ lateral moraine
△ moraine f latérale
○ morena f laterale

893 **Seitenstrang** m *(e. Dränage)*
□ lateral drain
△ drain m latéral, tronçon m latéral de drain
○ tronco m laterale

894 **Seitental** n, **Nebental** n
□ tributary valley
△ vallée f tributaire, vallée f affluente
○ valle f affluente

895 **Seitenwand** f
□ side-wall
△ paroi f latérale, mur m latéral
○ parete f laterale

896 **Sektor** m
□ sector
△ secteur m
○ settore m

897 **Sektorwehr** n
□ sector weir
△ barrage m à secteurs
○ sbarramento m a settore

898 **Sekundärverunreinigung** f
□ secondary contamination
△ pollution f secondaire, contamination f secondaire
○ inquinamento m secondario

899 **Sekundenliter** m, l/s
□ liter [litre] per second
△ litre m par seconde
○ litro m per secondo

900 **Selbstbedienungswäscherei** f
□ self-service laundry
△ blanchisserie f à self-service
○ lavanderia f a self-service

901 **Selbstreinigung** f
□ self-purification, autopurification
△ auto-épuration f
○ autoepurazione f, autodepurazione f

902 **Selbstreinigungskraft** f, **Selbstreinigungsvermögen** n
□ assimilative capacity, recuperative power, self-purifying capacity, autopurification power, stream assimilation capacity, stream purification capacity
△ pouvoir m auto-épurateur, capacité f auto-épurante
○ potere m autoepurativo, potere m autodepurante, capacità f di autodepurazione

903 **Selbstreinigungsleistung** f
□ self-purifying effect
△ effet m autoépurant
○ effetto m autodepurativo

Selbstreinigungsvermögen
→ *Selbstreinigungskraft*

904 **Selbstschalter** m, **Schalter** m, **automatischer**
□ automatic switch
△ interrupteur m automatique
○ interruttore m automatico

Selbststeuerung → *Regelung, selbsttätige*

905 **selbsttätig, automatisch**
□ automatic, self-acting
△ automatique
○ automatico

906 **selbsttätig messen**
□ monitor
△ effectuer des mesures automatiques
○ registrare automaticamente

907 **selektiv durchlässig, permselektiv**
□ permselective
△ permsélectif, à perméabilité f sélective
○ a permeabilità f selettiva

Selektivabsorption → *Absorption, selektive*

908 **Selektivdurchlässigkeit** f
□ selective permeability
△ perméabilité f sélective
○ permeabilità f selettiva

909 **Selektivmembran** f, **Membran** f, **selektiv durchlässige**
□ selective membrane
△ membrane f sélective, membrane f spécifique
○ membrana f selettiva

Selektivnährboden
→ *Differentialnährboden*

910 **Selen** n
  □ selenium
  △ sélénium m
  ○ selenio m

  Selenzelle → *Photozelle*

911 **semiarid**
  □ subarid, semiarid
  △ semi-aride
  ○ semiarido

912 **semihumid**
  □ subhumid, semi-humid
  △ semi-humide
  ○ semiumido

  semipermeabel → *halbdurchlässig*

913 **Sender** m *(Meß- und Regeltechnik)*
  □ transmitter
  △ émetteur m
  ○ trasmettitore m

  Senkblei → *Sonde*

  Senkbrunnen → *Schachtbrunnen*

  Senkbrunnen → *Sickergrube*

  Senke → *Bodensenke*

  Senke, Grundwasser~ → *Grundwassersenke*

914 **Senkgrube** f, **Abwassergrube** f, **Grube** f, **Schlammabscheider** m, **Schlammfang** m
  □ gulley hole, cesspool, cesspit, mud trap, sludge trap, sludge separator
  △ puisard m, fosse f d'aisances, puits m perdu, piège f à boues
  ○ pozzo m nero

915 **Senkgrubenablauf** m
  □ cesspit effluent, cesspit liquor
  △ effluent m de puisard
  ○ effluente m di pozzo nero

916 **Senkkasten** m, **Caisson** m
  □ caisson
  △ caisson m
  ○ cassa f, cassone m

  Senkkasten, Druckluft~ → *Druckluft-Caisson*

917 **Senkkastengründung** f, **Caisson-Gründung** f
  □ caisson foundation [work], foundation on caissons
  △ fondation f par caisse, fondation f sur caissons
  ○ fondazione f per cassone d'immersione

  Senkkranz → *Brunnenkranz*

918 **senkrecht, lotrecht, vertikal**
  □ perpendicular, vertical
  △ vertical, perpendiculaire, à l'aplomb
  ○ perpendicolare, verticale

919 **Senkrecht(wasser)zähler** m
  □ verticle-type water meter
  △ compteur m vertical
  ○ contatore m verticale

  Senkschuh → *Brunnenkranz*

920 **Senkung** f, **Bodensenkung** f
  □ subsidence, sinking
  △ affaissement m
  ○ avvallamento m

  Senkung → *Boden(ab)senkung*

  Senkung des Grundwassers → *Grundwasserabsenkung*

  Senkungslinie → *Absenkungslinie*

921 **Senkungsquelle** f
  □ depression spring
  △ source f de dépression
  ○ sorgente f di depressione

  Senkungstiefe → *Absenkungstiefe*

  Senkungstrichter → *Absenkungstrichter*

  Sense, Kraut~ → *Krautsense*

  Separator → *Abscheider*

  Separator → *Zentrifuge*

  Serienanalyse → *Reihenbestimmung*

  Serienschaltung → *Hintereinanderschaltung*

922 **Serpentine** f, **Kehrschleife** f, **Schleife** f, **Windung** f
  □ serpentine, meander
  △ serpentine f
  ○ serpentino m

  seßhaft → *sessil*

923 **sessil, festhaftend, seßhaft, stiellos**
  □ sessile
  △ sessile
  ○ sessile

924 **Seston** n
  □ seston
  △ seston m
  ○ seston m

  Setzer → *Stemmeißel*

925 **Setzmaschine** f *(Kohlenwäsche)*
  □ jigging washer
  △ jig m, laveur jig m
  ○ classificatore m idraulico

926 **Setzung** f, **Einsinken** n, **Sackung** f
  □ settlement, settling, slumping, subsidence
  △ tassement m
  ○ assettamento m, abbassamento m, cedimento m

927 **Setzungsblock** m, **Setzungsmarke** f
  □ settlement block
  △ repère m superficiel pour la mesure du tassement
  ○ marca f di assestamento

  Setzungsmarke → *Setzungsblock*

928 **Setzungsmesser** m
  □ settlement gauge
  △ jauge f téléscopique pour la mesure du tassement
  ○ misuratore m d'assestamento

  Seuche → *Epidemie*

  seuchengefährlich → *ansteckend*

seuchenhaft → *epidemisch*

sich anhäufend → *kumulativ*

sich zusammenziehen → *schrumpfen*

929 **Sicherheit** f, **Sicherung** f
- □ safeguard
- △ sécurité f, sûreté f
- ○ sicurezza f

Sicherheit, Betriebs~ → *Betriebssicherheit*

Sicherheitsabsperrorgan → *Sicherheitsventil*

930 **Sicherheitsfaktor** m
- □ safety-factor, factor of safety
- △ facteur m de sécurité, marge f de sécurité
- ○ fattore m di sicurezza

931 **Sicherheitslampe** f
- □ safety lamp
- △ lampe f de sûreté
- ○ lampada f di sicurezza

932 **Sicherheitsmaßnahme** f
- □ precautionary measure
- △ mesure f de sûreté, mesure f de sûreté
- ○ misura f di sicurezza

933 **Sicherheitsprüfung** f
- □ safety test, testing for safety
- △ contrôle m de sûreté, test m de sécurité
- ○ controllo m di sicurezza

934 **Sicherheitsspielraum** m
- □ margin of safety
- △ marge f de sécurité
- ○ margine m di sicurezza

935 **Sicherheitsstauraum** m
- □ surcharge on storage capacity
- △ capacité f de surcharge
- ○ capacità f di sopraccarico

936 **Sicherheitstor** n
- □ safety gate
- △ porte f de sécurité
- ○ porta f di sicurezza

937 **Sicherheitsumleitung** f
- □ safety by-pass
- △ by-pass m de sécurité, dérivation f de sécurité
- ○ by-pass m di sicurezza

938 **Sicherheitsventil** n, **Sicherheitsabsperrorgan** n
- □ safety valve
- △ soupape f de sûreté
- ○ valvola f di sicurezza

939 **Sicherheitsvorschrift** f
- □ safety code, safety regulation
- △ code m de sécurité
- ○ prescrizione f di sicurezza, norma f di sicurazione

940 **sichern**
- □ safeguard, secure, guarantee
- △ assurer, garantir
- ○ assicurare, garantire

941 **Sicherung** f *(elektr.)*
- □ fuse, safety fuse
- △ coupe-circuit m, fusible m
- ○ fusibile m

Sicherung → *Sicherheit*

942 **Sicht** f, **Sichtweite** f
- □ visibility
- △ visibilité f
- ○ visibilità f

943 **Sichtbecken** n *(Wahrnehmung d. Wasserbeschaffenheit)*
- □ sight well
- △ bac m d'observation, regard m d'observation
- ○ bacino m d'osservazione

944 **Sichtscheibe** f
- □ disc for measuring transparency
- △ disque m blanc
- ○ disco m per la misura della trasparenza

945 **Sichttiefe** f
- □ visibility depth
- △ limite f de visibilité
- ○ limite m di visibilità

Sichtweite → *Sicht*

946 **Sickerbecken** n *(Abwasserreinigung)*
- □ underdrained settling basin, percolation basin
- △ bassin m d'égouttage
- ○ letto m drenato

947 **Sickerbeet** n *(Grundwasseranreicherung)*
- □ seepage bed, absorption bed, recharge basin
- △ couche f d'infiltration, lit m filtrant, lit m absorbant
- ○ letto m assorbante, letto m d'infiltrazione

Sickerbeetbeschickung → *Sickerflächenbeschickung*

Sickerbrunnen → *Schluckbrunnen*

948 **Sickerdole** f, **Steindrän** n
- □ rubble drain, french drain
- △ fossé m couvert
- ○ bastorovescio m

949 **Sickerdruck** m, **Sickerkraft** f
- □ seepage force
- △ force f due à l'écoulement en milieu poreux
- ○ pressione f capillare

Sickerfeld → *Sickerfläche*

Sickerfeldkapazität → *Infiltrationskapazität*

950 **Sickerfläche** f, **Sickerfeld** n, **Versickerungsfläche** f *(e. Untergrundverrieselungsanlage f. Abwasser)*
- □ drain field, percolation field, tile field
- △ aire f d'infiltration
- ○ area f d'infiltrazione

951 **Sickerflächenbeschickung** f, **Flächenverrieselung** f, **Flächenversickerung** f, **Sickerbeetbeschickung** f
- □ surface spreading, spreading
- △ épandage m en surface
- ○ spandimento m superficiale

Sickergalerie → *Sickerleitung*

Sickergalerie → *Sickerstollen*

952 **Sickergeschwindigkeit** f
- □ percolation rate, seepage rate
- △ taux m de percolation, vitesse f d'infiltration
- ○ velocità f d'infiltrazione

953 **Sickergraben** m
- □ leaching trench
- △ drain m à ciel ouvert, perré m d'infiltration, tranchée f d'infiltration
- ○ trincea f di drenaggio

954 **Sickergrube** f, **Senkbrunnen** m, **Sickerschacht** m
- □ dry well, soakaway, soaking pit, seepage pit, absorbing well
- △ puits m d'infiltration, puisard m
- ○ pozzo m assorbente

955 **Sickergrube** f (für Abwasser)
- □ leaching cesspool, leach pit
- △ puits m perdu, puisard m absorbant
- ○ fossa f filtrante, fossa f assorbente

956 **Sickerhöhe** f
- □ seepage head
- △ charge f d'infiltration
- ○ carico m d'infiltrazione

Sickerkanal → *Sickerleitung*

Sickerkraft → *Sickerdruck*

Sickerleistung → *Infiltrationskapazität*

957 **Sickerleitung** f, **Sickergalerie** f, **Sickerkanal** m
- □ irrigation drain, subsurface drain, underdrain
- △ saignée f, chenal m d'infiltration, drain m souterrain
- ○ conduttura f d'irrigazione, condotta f di drenaggio, canale m drenante, canale m di drenaggio

958 **Sickerleitung** f im Kies
- □ gravel drain
- △ drain m en gravier
- ○ condotta f di drenaggio in ghiaia

Sickermengenmesser → *Lysimeter*

959 **Sickeröffnung** f (in e. Stützmauer)
- □ weep hole
- △ barbacane f
- ○ barbacane m

Sickerquelle → *Grundwasseraustritt, flächenhafter*

960 **Sickerrohr** n, **Drän** n, **Dränrohr** n
- □ drain, drain pipe, drainage pipe, tile pipe
- △ drain m
- ○ tubo m di drenaggio, tubo m da dreno

961 **Sickerrohr** n aus Ton, **Tondrän(rohr)** n, **Tonsickerrohr** n
- □ drain tile
- △ drain m en poterie
- ○ tubo m di drenaggio in argilla

Sickersaft, Silage~ → *Silagesickersaft*

Sickerschacht → *Sickergrube*

962 **Sickerschicht** f, **Dränschicht** f
- □ draining layer, drainage blanket
- △ couche f drainante, strate f de drainage
- ○ strato m drenante

963 **Sickerschlitz** m
- □ infiltration slot
- △ fente f d'infiltration
- ○ scanalatura f di drenaggio, fessura f di drenaggio

964 **Sickerstollen** m, **Sickergalerie** f
- □ infiltration tunnel, infiltration gallery
- △ galerie f filtrante, galerie f drainante, galerie f captante, galerie f d'infiltration
- ○ galleria f filtrante, galleria f di drenaggio, galleria f drenante

Sickerstrang → *Versickerungsstrang*

Sickerstrang, Ton[dränage]rohr~ → *Ton[dränage]rohrsickerstrang*

965 **Sickerströmung** f
- □ passage of seepage flow, flow through seepage passages
- △ écoulement m de percolation, écoulement m d'infiltration
- ○ scolamento m d'infiltrazione, scolamento m di percolazione

Sickerung → *Durchsickerung*

Sickerung, Flächen~ → *Flächensickerung*

Sickerungsbrunnen → *Schluckbrunnen*

966 **Sickerverlust** m, **Leckverlust** m
- □ leakage, leakage loss
- △ coulage m
- ○ fuga f

967 **Sickerwasser** n, **Drängewasser** n, **Dränwasser** n, **Kuverwasser** n, **Qualmwasser** n
- □ percolating water, seepage water, infiltration water, leachate, drainage water
- △ eau f de drainage, eau f d'infiltration
- ○ acqua f di drenaggio

Sickerwasser, Müll~ → *Müllsickerwasser*

968 **Sickerweg** m
- □ seepage path
- △ voie f d'infiltration, chemin m d'infiltration
- ○ via f d'infiltrazione

969 **Sieb** n
- □ sieve, screen
- △ tamis m, crible m
- ○ staccio m, vaglio m, setaccio m, crivello m

Sieb, Fein~ → *Feinsieb*

Sieb, Maschen~ → *Maschensieb*
Sieb, Mikro~ → *Feinsieb*
Sieb, Pülpe~ → *Pülpesieb*
Sieb, Rüttel~ → *Rüttelsieb*

970 Siebanalyse f
□ screen analysis, sieve analysis, mechanical grain size analysis
△ analyse f par tamisage, granulométrie f mécanique, analyse f granulométrique
○ analisi f a setaccio

Siebanlage → *Absiebanlage*

Siebband → *Bandrechen*

Siebbandrechen → *Bandrechen*

971 Siebbandschlammfilter n
□ belt type sludge filter
△ filtre m à boues du type à bande
○ filtro m a fango del tipo a nastro

972 Siebblech n, **Siebboden** m
□ slotted plate, perforated tray
△ tôle f perforée
○ lamiera f perforata

Siebboden → *Siebblech*

973 Siebdurchmesser m
□ sieve gauge
△ ouverture f d'un tamis
○ opertura f di un crivello

974 Siebeinrichtung f
□ screening device, screening equipment
△ dispositif m de tamisage
○ dispositivo m di stacciatura

975 sieben, absieben
□ screen, sift, sieve
△ tamiser, cribler
○ stacciare, vagliare

976 Sieben n, **Absieben** n, **Absiebung** f, **Siebung** f
□ screening, sifting, sieving, grading
△ tamisage m, criblage m
○ stacciatura f, vagliatura f, grigliatura f

977 Siebgut n, **Siebrückstand** m, **Siebstoffe** m pl
□ screenings pl, sievings pl, siftings pl, sieve retention
△ matières f pl retenues par tamisage, refus m de tamisage, déchets m pl de criblage, tamisures f pl, retenue f au tamis
○ sostanze f pl stacciate, residui m pl dagli stacci

Siebkopf → *Filterkorb*

978 Siebkurve f
□ grading curve, screening curve, granular measurement curve
△ courbe f granulométrique
○ curva f di granulometria, curva f granulometrica

979 Siebmasche f
□ sieve mesh
△ maille f d'un crible
○ maglia f di un crivello

Siebmaschenweite → *Maschenweite*

980 Siebreihe f, **Siebsatz** m
□ set of screens, set of sieves, screen deck
△ série f normale des toiles à tamis, série f de tamis, jeu m de tamis, crible m à compartiments superposés
○ serie f di stacci

Siebrohr → *Filterrohr*

Siebrückstand → *Siebgut*

Siebsatz → *Siebreihe*

981 Siebscheibe f
□ disc screen
△ crible m à disque, tamis m à disque
○ crivello m a disco

Siebstoffe → *Siebgut*

Siebtrommel → *Trommelrechen*

Siebung → *Sieben*

Siebung, Naß~ → *Naßsiebung*

982 sieden, kochen
□ boil
△ bouillir
○ bollire

983 Siedepunkt m
□ boiling point
△ point m d'ébullition
○ punto m d'ebollizione

984 Siedewasserreaktor m
□ boiling water reactor
△ réacteur m à eau bouillante
○ reattore m ad acqua bollente

985 Siedlung f, **Ansiedlung** f, **Besiedlung** f
□ settlement, block of dwelling houses, (residential) settlement
△ lotissement m, agglomération f
○ complesso m di edifici, gruppo m di case d'abitazione, agglomerato m

986 Siedlungsabfall m
□ residential waste
△ résidu m résidentiel, déchet m des unités résidentielles
○ scarichi m pl di zone residenziali

987 Siedlungsabfallwirtschaft f
□ waste management in residential areas
△ enlèvement m des ordures dans les quartiers résidentiels
○ gestione f dei residui in un'area residenziale

Siedlungsdichte → *Bevölkerungsdichte*

988 Siedlungsgebiet n
□ residential area, housing area
△ agglomération f
○ zona f di insediamento

989 Siedlungspolitik f
□ housing policy
△ politique f de l'habitat
○ politica f di urbanizzazione

990 **Siedlungswasserwirtschaft** f
- □ water management in residential areas
- △ économie f des eaux dans les unités résidentielles, économie f des eaux dans les agglomérations
- ○ gestione f delle acque nelle aree urbanizzate

Siel → *Abwasserleitung*

Siel → *Entwässerungsschleuse*

991 **Sielhaut** f
- □ sewer film, sewer slime
- △ pellicule f biologique
- ○ pellicola f biologica

992 **Signal** n, **akustisches**
- □ audible signal
- △ signal m acoustique, signal m sonore
- ○ segnale m acustico

Signal, Ja-Nein-~ → *Ja-Nein-Signal*

Signal, Störungs~ → *Störungssignal*

993 **Signalwandler** m
- □ signal converter
- △ redresseur m de signaux, transformateur m de signaux
- ○ convertitore m di segnali

994 **Signalwandler** m **mit Verstärker**
- □ amplifying signal converter
- △ amplificateur-redresseur m de signaux
- ○ amplificatore-raddrizzatore m di segnali

Silage → *Silolagerung*

995 **Silagesickersaft** m, **Silosickersaft** m
- □ silo seepage
- △ jus m de silo, liquide m d'infiltration de silo
- ○ percolato m di fondo di un silo

996 **Silber** n
- □ silver
- △ argent m
- ○ argento m

997 **Silberjodid** n, **Jodsilber** n
- □ silver iodide
- △ iodure m d'argent
- ○ ioduro m d'argento

998 **Silberrückgewinnung** f **in Filmentwicklungsbetrieben**
- □ silver recovery from film processing
- △ récupération f de l'argent dans les ateliers de développement de films
- ○ recupero m dell'argento dagli scarichi dei laboratori di sviluppo delle pellicole

999 **Silberung** f *(von Wasser)*
- □ silver-ion sterilisation
- △ stérilisation f par ions d'argent
- ○ sterilizzazione f per ioni d'argento

1000 **Silicium** n, **Silizium** n
- □ silicon
- △ silicium m
- ○ silicio m

Siliciumdioxid → *Kieselsäure*

1001 **Silikagel** n
- □ silica gel
- △ gel m de silice
- ○ gelo m di silice, silicagel m

1002 **Silikat** n
- □ silicate
- △ silicate m
- ○ silicato m

1003 **Silikofluorid** n
- □ silicofluoride
- △ silico-fluorure m, fluosilicate m
- ○ fluoruro m di silicio

Silizium → *Silicium*

Silo → *Bunker*

1004 **Silolagerung** f, **Silage** f
- □ silo storage, silage
- △ assilage m
- ○ silaggio m

Silosickersaft → *Silagesickersaft*

1005 **Silur** n
- □ Silurian age
- △ silurien m
- ○ siluriano m

1006 **Simulation** f
- □ simulation
- △ simulation f
- ○ simulazione f

Simulationsanlage → *Simulator*

Simulationsmodell → *Simulator*

1007 **Simulator** m, **Simulationsanlage** f, **Simulationsmodell** n
- □ simulator, simulation model
- △ modèle m de simulation
- ○ modello m di simulazione

Simulator, Regen~ → *Regensimulator*

1008 **Simultanfällung** f
- □ simultaneous precipitation
- △ précipitation f simultanée, co-précipitation f
- ○ precipitazione f simultanea, coprecipitazione f

Sinken des Grundwasserspiegels → *Rückgang des Grundwasserspiegels*

Sinkgeschwindigkeit → *Absetzgeschwindigkeit*

1009 **Sinkkasten** m, **Ablauf** m, **Gully** m, **Rinneneinlaß** m
- □ gully, gulley, sink trap
- △ siphon m de décantation, rigole f
- ○ pozzetto m di deposito

Sinkkasten, Straßen~ → *Straßenablauf*

Sinkschlammräumer → *Schlammkratzer*

Sinkstoffe → *Stoffe, absetzbare*

1010 **Sinkstoffe** m pl, **feine**
- □ fines pl
- △ fines f pl décantables
- ○ solidi m pl sedimentabili di piccole dimensioni

1011 **Sinkwasser** n (hydrol.)
□ influent water
△ eau f de pénétration par les grands interstices
○ acqua f di infiltrazione in fenditure

1012 **Sinnbild** n, **Symbol** n
□ symbol
△ symbole m
○ simbolo m

1013 **Sinnenprüfung** f
□ sensory examination
△ examen m sensoriel
○ esame m sensoriale

Siphon → Saugheber

1014 **Sitzbadewanne** f
□ hip bath
△ bain m de siège
○ semicupio m

1015 **Sitzwaschbecken** n, **Bidet** n
□ hip bench for washing, bidet
△ bidet m
○ vaschetta f da bagno, bidet m

Skala → Maßstab

Skala, Farb~ → Farbskala

1016 **Skisprung** m, **Schanzensprung** m
□ ski-jump
△ saut m de ski
○ salto m di ski

1017 **Skisprung-Überlauf** m
□ ski-jump spillway
△ évacuateur m en saut de ski
○ sfioratore m a salto di sci

1018 **Skisprungbecken** n, **Schanzensprungbecken** n
□ ski-jump dissipator
△ auge f en saut de ski
○ bacino m a salto di ski

1019 **Skizze** f
□ draft, sketch
△ esquisse f, ébauche f, croquis m
○ schizzo m, abbozzo m

Skizze, Entwurfs~ → Entwurfsskizze

Skrubber → Wäscher

Sloptank → Sammelbehälter für Abfallöl

1020 **Smog** m
□ smog
△ smog m, brouillard m enfumé
○ smog m

1021 **Soda** f, **Natriumcarbonat** n, **Natron** n, **kohlensaures**
□ sodium carbonate, soda, soda ash
△ soude f, carbonate m de sodium
○ soda f, carbonato m di sodio

Soda, Ammoniak~ → Ammoniaksoda

1022 **Soda** f, **kalzinierte**
□ soda ash, anhydrous sodium carbonate
△ soude f calcinée, carbonate m de soude anhydre
○ soda f calcinata, carbonato m di sodio anidro

Soda, kaustische → Ätznatron

Soda, Solvay~ → Ammoniaksoda

1023 **Sodaenthärtung** f
□ soda softening
△ adoucissement m au carbonate de sodium
○ riduzione f della durezza con il processo di sodio, addolcimento m alla soda

1024 **Sodafabrik** f
□ soda factory
△ fabrique f de soude
○ fabbrica f di soda

1025 **Sodapermutit** n
□ soda permutite
△ permutite f de soude
○ permutite f sodica

Sodbrunnen → Schachtbrunnen

Soforteinsatz → Katastropheneinsatz

1026 **Sofortmaßnahme** f
□ immediate measure
△ mesure f d'urgence
○ misura f immediata

1027 **Sofortmessung** f, **Momentanmessung** f
□ instantaneous measurement
△ mesure f instantanée
○ misura f istantanea

1028 **Sog** m
□ suction
△ succion f
○ aspirazione f

1029 **Sogbelüftung** f
□ entrainment aeration
△ aération f par aspiration, aération f par succion
○ aerazione f per aspirazione

1030 **Sohlabsturz** m
□ bed drop, bed fall
△ dénivellation f du plafond
○ caduta f del fondo

1031 **Sohlbreite** f, **Fußbreite** f (eines Dammes)
□ bottom width
△ largeur f du plafond
○ larghezza f del fondo

1032 **mit durchlässiger Sohle**
□ porous-bottomed
△ à fond poreux
○ a fondo poroso

Sohle → Boden

1033 **Sohle** f **des Wasserlaufs**
□ bottom of the water course
△ radier m de cours d'eau
○ fondo m di corso d'acqua

Sohle eines Abwasserkanals → Kanalsohle

Sohle, Fluß~ → *Flußsohle*

Sohle, Graben~ → *Grabensohle*

Sohle, Gründungs~ → *Gründungssohle*

Sohle, Grundwasser~ → *Grundwassersohle*

Sohle, Tal~ → *Talsohle*

1034 **Sohlenentwässerungssystem** *n*
- □ bottom drainage system
- △ système *m* de drainage du fond
- ○ sistema *m* di drenaggio del fondo

1035 **Sohlenfläche, Sohlfläche** *f*
- □ base
- △ base *f*
- ○ base *f*, superficie *f* d'appoggio

1036 **Sohlengeschwindigkeit** *f*
- □ velocity of flow at bottom
- △ vitesse *f* de circulation au fond, vitesse *f* d'écoulement au fond
- ○ velocità *f* sul fondo

1037 **Sohlenwasserdruck** *m*, **Unterdruck** *m*
- □ uplift pressure
- △ sous-pression *f*
- ○ sottopressione *f*

Sohlfläche → *Sohlenfläche*

Sohlfracht → *Geschiebefracht*

1038 **Sohlgefälle** *n*
- □ bed slope, bed gradient
- △ pente *f* du plafond
- ○ pendenza *f* di fondo, gradiente *m* di fondo

1039 **Sohlhöhe** *f*
- □ bed level
- △ niveau *m* du plafond
- ○ livello *m* di fondo

Sohlrippel → *Rippelmarken*

1040 **Sohlschale** *f*
- □ ground slab
- △ plaque *f* de fond
- ○ lastra *f* di fondo

Sohlschicht → *Grundwassersohlschicht*

Solardestillation → *Solarverdampfung*

1041 **Solarkraftwerk** *n*
- □ solar power plant
- △ centrale *f* solaire
- ○ centrale *f* solare

1042 **Solarverdampfung** *f*, **Solardestillation** *f*, **Sonnendestillation** *f*
- □ solar evaporation, solar distillation, solar still process
- △ distillation *f* solaire
- ○ distillazione *f* solare

1043 **Solarzelle** *f*
- □ solar cell
- △ pile *f* solaire, cellule *f* solaire
- ○ cellula *f* solare

1044 **Sole** *f*
- □ brine, brine spring
- △ eau *f* salée, saumure *f*
- ○ acqua *f* salata, salamoia *f*

1045 **Solebeseitigung** *f*
- □ brine disposal
- △ élimination *f* des saumures, évacuation *f* des saumures
- ○ eliminazione *f* di salamoia

1046 **Sollabfluß** *m*
- □ calculated run-off, calculated flow
- △ écoulement *m* calculé, ruissellement *m* théorique
- ○ ruscellamento *m* stimato

Solldurchmesser → *Nennweite*

1047 **Sollhöhenunterschied** *m* (e. Pegels)
- □ difference in nominal levels
- △ écart *m* entre les niveaux nominaux
- ○ scarto *m* tra i livelli nominali

1048 **Sollwert** *m*
- □ set-point value, nominal value, index value
- △ valeur *f* de consigne, valeur *f* théorique
- ○ valore *m* richiesto

Solodisation → *Degradierung*

1049 **Solquelle** *f*, **Kochsalzquelle** *f*, **Salzquelle** *f*
- □ saline spring
- △ source *f* chlorurée, source *f* salée
- ○ sorgente *f* d'acqua salina, fonte *f* d'acqua salina, sorgente *f* salina

1050 **Solum** *n* (Gesamtboden)
- □ solum
- △ solum *m*
- ○ suolo *m*

Solvay-Verfahrens, Chlorcalciumendlauge des ~ → *Chlorcalciumendlauge des Solvay-Verfahrens*

Solvaysoda → *Ammoniaksoda*

1051 **Sommer** *m*
- □ summer
- △ été *m*
- ○ estate *f*

1052 **Sommerspeicherbecken** *n*
- □ summer-reservoir
- △ bassin *m* de stockage pour l'été
- ○ serbatoio *m* d'accumulo estivo

1053 **Sommerstagnation** *f*
- □ summer-time stagnation
- △ stagnation estivale
- ○ stasi *f* estiva

1054 **Sonde** *f*, **Senkblei** *n*
- □ sound, sounding lead
- △ sonde *f*
- ○ sonda *f*

1055 **Sondermüll** *m*
- □ special waste, special refuse
- △ résidu *m* spécial, déchet *m* particulier, ordures *f pl* spéciales
- ○ rifiuto *m* particolare, rifiuto *m* speciale

sondieren → *loten*

1056 **Sondierstange** f
  □ sounding rod
  △ sonde f de contrôle
  ○ asta f per sondaggio

1057 **Sondierstollen** m
  □ trial heading, exploratory heading, exploratory tunnel
  △ galerie f de reconnaissance
  ○ cunicolo m di esplorazione

  Sondierung → *Lotung*

  Sonnenbarsch → *Blaukiemen-Sonnenfisch*

1058 **Sonnenbestrahlung** f, **Sonnen[ein]strahlung** f
  □ solar radiation
  △ radiation f solaire, irradiation f solaire
  ○ radiazione f solare

  Sonnendestillation → *Solarverdampfung*

1059 **Sonnendestillator** m
  □ solar distiller
  △ distillateur m solaire
  ○ distillatore m solare

1060 **Sonnenenergie** f
  □ solar energy
  △ énergie f solaire
  ○ energia f solare

1061 **Sonnenenergiespeicherung** f
  □ storage of solar energy
  △ stockage m d'énergie solaire, accumulation f d'énergie solaire
  ○ accumulo m di energia solare

  Sonnenfisch → *Blaukiemen-Sonnenfisch*

1062 **Sonnenschein** m
  □ sunshine
  △ ensoleillement m
  ○ luce f del sole

  Sonnen[ein]strahlung → *Sonnenbestrahlung*

1063 **Sonnentierchen** n, **Heliozoum** n (*Actinosphaerium eichhorni*)
  □ sun-animalcule, heliozoum
  △ héliozaire m
  ○ eliozoo m

1064 **sorbierbar**
  □ sorbable
  △ sorbable
  ○ sorbibile

1065 **Sorption** f
  □ sorption
  △ sorption f
  ○ sorbimento m

1066 **Sorptionswasser** n, **Anlagerungswasser** n
  □ pellicular water
  △ eau f pelliculaire
  ○ acqua f pellicolare

  sortieren → *klassieren*

  Sortierer, Naß~ → *Naßsortierer*

1067 **Sortierung** f **von Hand** (*Müll*)
  □ manual separation
  △ triage m manuel, classement m manuel
  ○ selezinamento m manuale, classificazione f manuale

1068 **Spätfrost** m
  □ springtime frost
  △ gel m printanier
  ○ gelo m tardivo

  Spalt → *Felsspalte*

1069 **Spaltalgen** f pl, **Blaualgen** f pl (biol.), **Cyanophyceae** f pl (biol.), **Schizophyzeen** f pl (biol.)
  □ cyanophyceae pl, schizophyceae pl, blue-green algae pl
  △ schyzophycées f pl, algues f pl bleues, cyanophycées f pl
  ○ schizoficee f pl, alghe f pl blu

  Spaltdestillation → *Krackverfahren*

  Spalte → *Felsspalte*

1070 **Spaltenwasser** n
  □ interstitial water
  △ eau f interstitielle
  ○ acqua f interstiziale

  Spaltmittel, Emulsions~ → *Emulsionsspaltmittel*

  Spaltpilze → *Bakterien*

  Spaltprodukt, Kern~ → *Kernspaltprodukt*

1071 **Spaltquelle** f, **Kluftquelle** f, **Vaucluse-Quelle** f, **Verwerfungsquelle**
  □ fissure spring, fault spring, fracture spring, vaucluse spring, unconformity spring, fault dam spring, vauclusian spring
  △ source f vauclusienne, source f de fracture, source f de cassure, source f de faille
  ○ sorgente f di fenditura, sorgente f di fessura

1072 **Spaltung** f
  □ dissociation, fission, cleavage
  △ scission f
  ○ scissione f, fenditura f

1073 **Spaltung** f, **enzymatische**
  □ enzymatic cleavage
  △ décomposition f enzymatique
  ○ decomposizione f enzimatica

1074 **Spalt[wasser]verlust** m
  □ clearance loss
  △ pertes f pl [d'eau] par les interstices
  ○ perdite f pl [d'acqua] per le fughe

1075 **Spannbeton** m, **Stahlbeton** m, **vorgespannter**, **Vorspannbeton** m
  □ prestressed [reinforced] concrete, preload concrete
  △ béton m [armé] précontraint
  ○ calcestruzzo m [armato] precompresso, cemento m [armato] precompresso

1076 **Spannbetonrohr** n
- prestressed concrete pipe
- tuyau m de béton précontraint, tube m de béton précontraint
- tubo m di calcestruzzo precompresso

1077 **Spannbetonrundbecken** n
- prestressed concrete circular tank
- bassin m circulaire en béton précontraint
- serbatoio m circulare in cemento precompresso

1078 **Spannbewehrung** f
- prestress reinforcement
- armature f de précontrainte
- armatura f di precompressione

1079 **Spanndraht** m
- prestressing wire
- fil m de précontrainte
- cavo m di precompressione

1080 **Spanndraht** m, **hochfester**
- high tensile strength wire
- fil m à haute résistance à la traction
- filo m tenditore ad alta resistenza

1081 **Spannrolle** f
- tightener pulley, idler pulley, straining pulley, binder pulley, tension pulley, jockey pulley, tightening pulley
- galet m tendeur
- rullo m tenditore, puleggia f tenditrice

1082 **Spannschraube** f
- clamping screw, clamp bolt
- écrou m d'arrêt, écrou m de serrage, vis f de serrage
- vite f di serraggio

1083 **Spannung** f
- stress, tension, strain
- tension f, contrainte f
- tensione f, sollecitazione f

1084 **Spannung** f (electr.)
- voltage
- tension f
- tensione f

Spannung, Bruch~ → *Bruchspannung*

Spannung, Druck~ → *Druckspannung*

Spannung, Eigen~ → *Eigenspannung*

Spannung, Grenz~ → *Grenzspannung*

Spannung, Grenzflächen~ → *Grenzflächenspannung*

Spannung, Hoch~ → *Hochspannung*

Spannung, Klemmen~ → *Klemmenspannung*

Spannung, Oberflächen~ → *Oberflächenspannung*

Spannung, Schlepp~ → *Schleppspannung*

Spannung, Tangential~ → *Tangentialspannung*

Spannung, Zug~ → *Zugspannung*

1085 **Spannungsabfall** m, **Spannungsverlust** m (elektr.)
- voltage drop
- chute f de tension
- caduta f di tensione

spannungsaktiv → *oberflächenaktiv*

1086 **Spannungsausgleich** m, **Spannungsgleichheit** f
- voltage balance
- équilibre m des tensions
- stabilizzazione f di tensione

1087 **spannungsfrei, spannungslos**
- tension-free
- sans tension
- privo di tensione

Spannungsgleichheit → *Spannungsausgleich*

1088 **Spannungskorrosion** f
- stress corrosion
- corrosion f sous tension, corrosion f sous fatigue
- corrosione f per fatica

spannungslos → *spannungsfrei*

1089 **Spannungsmesser** m, **Tensiometer** n
- strain gauge, stress meter
- tensiomètre m
- tensiometro m

1090 **spannungsoptisch**
- photo-elastic
- photo-élastique
- fotoelastico

1091 **Spannungsriß** m
- stress-crack
- fissure f sous tension
- fessura f di tensione, screpolatura f

Spannungsverlust → *Spannungsabfall*

1092 **Spannweite** f
- span
- portée f
- luce f, ampiezza f

1093 **Sparbeize** f
- inhibitor
- inhibiteur m
- inibitore m

Sparbeton → *Magerbeton*

1094 **Sparmaßnahme** f
- economizing activity
- mesure f d'économie
- misura f di economia

1095 **Sparschleuse** f
- thrift lock, economical lock
- écluse f avec bassin d'épargne, écluse f économique
- conca f di navigazione con bacino di risparmio

1096 **Sparvorrat** m (b. Talsperren), **Speichermenge** f, **rationierte**
- ration storage
- emmagasinement m à usage rationné
- immagazzinamento m ad uso razionato

Speer, Seilfang~ → *Seilfangspeer*

Speicher, Jahres~ → *Jahresspeicher*

Speicher, Tages~ → *Tagesspeicher*

Speicher, Wasser~ → *Wasserbehälter*

1097 **Speicherbecken** *n*, **Speicherbehälter** *m*, **Speichertank** *m*
- □ storage basin, storage tank, holding tank, storage reservoir
- △ bassin *m* d'emmagasinement, réservoir *m* d'accumulation
- ○ bacino *m* d'immagazzinamento

Speicherbecken, Hochwasser~
→ *Hochwasserspeicherbecken*

Speicherbecken, Mehrzweck-~
→ *Mehrzweck-Speicherbecken*

Speicherbecken, Überjahres~
→ *Überjahresspeicherbecken*

Speicherbehälter → *Speicherbecken*

1098 **Speicherbeiwert** *m*, **Speicherkoeffizient** *m*
- □ storage coefficient
- △ coefficient *m* de stockage, coefficient *m* d'emmagasinement
- ○ coefficiente *m* di immagazzinamento

1099 **Speicherbeiwert** *m*, **spezifischer**
- □ specific coefficient of storage
- △ coefficient *m* spécifique de stockage
- ○ coefficiente *m* specifico di immagazzinamento

Speicherfähigkeit → *Stauraum*

1100 **Speicherfeuchte** *f* **des Bodens, nutzbare**
- □ available moisture capacity of the soil
- △ capacité *f* utile du sol pour l'eau
- ○ porosità *f* efficace del terreno

Speicherinhalt → *Stauraum*

Speicherkapazität → *Stauraum*

Speicherkoeffizient → *Speicherbeiwert*

Speichermenge, rationierte → *Sparvorrat*

1101 **Speichermöglichkeit** *f*
- □ storage facility
- △ possibilité *f* de stockage
- ○ possibilità *f* di accumulo

1102 **speichern, aufspeichern, stapeln**
- □ store, pond
- △ emmagasiner, stocker
- ○ immagazzinare, accumulare

Speicherraum → *Stauraum*

Speicherraum, nutzbarer → *Stauinhalt, nutzbarer*

Speicherraum, verlorener → *Totraum*

1103 **Speicherregelung** *f*
- □ storage reservoir control
- △ réglage *m* des réservoirs d'accumulation
- ○ regolazione *f* dei bacini d'accumulo

Speichertank → *Speicherbecken*

1104 **Speicherteich** *m*, **Stapelteich** *m*
- □ storage pond, holding pond
- △ étang *m* d'emmagasinement
- ○ stagno *m* d'immagazzinamento

1105 **Speicherung** *f*, **Aufspeicherung** *f*, **Lagerung** *f*, **Stapelung** *f*
- □ storage, storing, ponding
- △ emmagasinement *m*, emmagasinage *m*, entassement *m*, stockage *m*
- ○ immagazzinamento *m*, accumulo *m*

Speicherung, Aquifer~ → *Grundwasserspeicherung*

Speicherung, Böschungs~ → *Böschungsspeicherung*

1106 **Speicherung** *f*, **dynamische**
- □ dynamic storage
- △ stockage *m* dynamique
- ○ accumulo *m* dinamico

Speicherung, Grundwasser~
→ *Grundwasserspeicherung*

Speicherung im Grundwasservorkommen, Gas~ → *Gasspeicherung im Grundwasservorkommen*

Speicherung in Bodensenken, Wasser~
→ *Wasserspeicherung in Bodensenken*

Speicherung, Meßwert~ → *Meßwerterfassung*

Speicherung, Oberflächen~
→ *Oberflächenrückhaltung*

Speicherung, Oberlauf~ → *Oberlaufspeicherung*

Speicherung, Regelungs~ → *Regelungsspeicherung*

Speicherung, Rückhalte~ → *Rückhaltespeicherung*

Speicherung, Tal~ → *Talspeicherung*

Speicherung, Überjahres~ → *Überjahresspeicherung*

1107 **Speicherung** *f*, **unterirdische**
- □ underground storage
- △ stockage *m* souterrain
- ○ immagazzinamento *m* sotterraneo

Speicherungsvermögen → *Stauraum*

Speichervermögens infolge Ablagerung von Schlamm, Verminderung des ~
→ *Verminderung des Speichervermögens infolge Ablagerung von Schlamm*

1108 **Speiseabfälle** *m pl*
- □ food wastes *pl*
- △ déchets *m pl* alimentaires, résidus *m pl* de produits alimentaires
- ○ rifiuti *m pl* alimentari

1109 **Speiseeis** *n*
- □ ice-cream
- △ glace *f*
- ○ gelato *m*

1110 **Speiseeisherstellung** f
- □ ice-cream manufacture
- △ fabrication f de glaces alimentaires
- ○ fabbricazione f di gelati

1111 **Speiseleitung** f
- □ feed line, feeder, feed conduit, feed channel
- △ conduite f d'alimentation, conduite f nourricière
- ○ condotta f d'alimentazione, conduttura f d'alimentazione

Speisepumpe, Kessel~ → *Kesselspeisepumpe*

Speiserohr → *Zuleitungsrohr*

Speisetrichter → *Einfülltrichter*

1112 **Speisewasser** n
- □ feed water
- △ eau f d'alimentation
- ○ acqua f di alimentazione

Speisewasser, Kessel~ → *Kesselspeisewasser*

Speisewasservorwärmer → *Ekonomiser*

1113 **Spektralphotometer** m
- □ spectro-photometer
- △ spectrophotomètre m
- ○ spettrofotometro m

1114 **Spektrographie** f
- □ spectrography
- △ spectrographie f
- ○ spettrografia f

1115 **Spektrometrie** f
- □ spectrometry
- △ spectrométrie f
- ○ spettrometria f

Spektrometrie, flammenlose, Atomabsorptions~ → *Atomabsorptionsspektrometrie, flammenlose*

1116 **Spektrophotometrie** f
- □ spectrophotometry
- △ spectrophotométrie f
- ○ spettrofotometria f

1117 **Spektroskopie** f
- □ spectroscopy
- △ spectroscopie f
- ○ spettroscopia f

Spektroskopie, Atomabsorptions~ → *Atomabsorptionsspektroskopie*

Spektroskopie, Kernresonanz~ → *Kernresonanzspektroskopie*

1118 **Spektrum** n
- □ spectrum
- △ spectre m
- ○ spettro m

Spende, Abfluß~ → *Abflußspende*

Spende, Grundwasser~ → *Grundwasserspende*

Spengler → *Klempner*

1119 **Sperre** f
- □ barrier, obstruction, barricade
- △ barrière f, barricade f
- ○ barriera f, barricata f

Sperre → *Talsperre*

Sperre, Bogen~ → *Bogenstaumauer*

Sperre, Fluß~ → *Flußsperre*

Sperre, Gegen~ → *Gegensperre*

Sperre, Öl~ → *Ölsperre*

Sperre, Preßluft~ → *Preßluftsperre*

1120 **Sperrhahnschlüssel** m
- □ cock key
- △ clé f de manoeuvre pour robinet d'arrêt
- ○ chiave f di manovra per il robinetto d'arresto

Sperring → *Zwinge*

Sperrmauer → *Staumauer*

1121 **Sperrmauer** f, **unterirdische**
- □ subterranean cut-off wall
- △ barrage m souterrain
- ○ sbarramento m sotterraneo

1122 **Sperrmüll** m
- □ bulky refuse, bulky waste
- △ ordures f pl ménagères volumineuses
- ○ immondizia f otturante

1123 **Sperrstoffe** m pl
- □ clogging constituents pl
- △ matières f pl encombrantes
- ○ materiali m pl ostruenti

Sperrventil → *Absperrventil*

1124 **Spezies** f, **Organismenart** f
- □ species
- △ espèce f, type m d'organismes
- ○ specie f

1125 **Spezies** f, **vorherrschende**
- □ predominant species, predominating species
- △ espèce f prédominante
- ○ specie f predominante

Sphäre, Hydro~ → *Hydrosphäre*

1126 **Spiegel** m, **freier**
- □ free level
- △ niveau m de la surface libre, niveau m de la nappe libre, surface f libre de la nappe
- ○ pelo m libero

1127 **Spiegelgefälle** n
- □ surface slope
- △ pente f de la ligne d'eau
- ○ pendenza f della linea d'acqua

Spiegelhöhe, hydrostatische → *Wasserspiegelhöhe*

Spiegelmesser, Schlamm~ → *Schlammspiegelmesser*

1128 **Spiel** n, **Spielraum** m
- □ play, clearance, free space
- △ jeu m, chasse f
- ○ giuoco m

Spielraum → *Spiel*

1129 **Spill** n
  □ capstan
  △ cabestan m
  ○ cabestano m

1130 **Spillwinde** f
  □ hoist
  △ guindeau m
  ○ argano m da battello

1131 **Spindel** f
  □ spindle
  △ vis f de manoeuvre
  ○ vite f motrice

  Spindel, Gewinde~ → *Gewindespindel*

  Spindel, Hub~ → *Hubspindel*

  Spindel, Nachlaß~ → *Nachlaßschraube*

1132 **Spindelschieber** m
  □ spindle operated penstock
  △ vanne f murale à commande par tige de manoeuvre
  ○ paratoia f con comando a vite

  Spindelschieber, Kanal~ → *Kanalspindelschieber*

1133 **Spinne** f
  □ spider
  △ araignée f
  ○ ragno m

1134 **Spinnerei** f
  □ spinning mill
  △ filature f
  ○ filatura f, filatoio m

  Spinnerei, Kammgarn~ → *Kammgarnspinnerei*

1135 **Spinnstoffabrik** f
  □ rayon mill
  △ fabrique f de rayonne
  ○ fabbrica f di fibre

1136 **Spiralfederbespannung** f eines Filters
  □ spiral-coil filter medium
  △ milieu m filtrant à ressorts hélicoïdaux, garnissage m d'un filtre en ressorts hélicoïdaux
  ○ mezzo m filtrante a spirale

  spiralförmig → *schraubenförmig*

1137 **Spiralgehäusepumpe** f
  □ volute pump
  △ pompe f à volute
  ○ pompa f a voluta

1138 **Spiralkammer** f *(einer Pumpe)*
  □ volute chamber
  △ canal m de la volute
  ○ canale m della voluta

1139 **Spiralkratzer** m
  □ spiral scraper
  △ racleur m spiral
  ○ raschiatore m a spirale, raccoglitore m a spirale

  Spitze → *Höchstmenge*

  Spitze, Anfall~ → *Anfallspitze*

  Spitze, Hochwasser~ → *Hochwasserspitze*

1140 **Spitzenbedarf** m
  □ peak demand
  △ besoin m maximal, besoin m de pointe
  ○ bisogno m massimo, bisogno m di punto

1141 **Spitzenbedarfsmesser** m
  □ peak-demand meter
  △ compteur m de pointe
  ○ misuratore m di punta

1142 **Spitzenbelastung** f, **Spitzenlast** f
  □ peak load
  △ charge f de pointe
  ○ carico m di punta

1143 **Spitzende** n, **Schwanzende** n
  □ spigot end, spigot, male end
  △ bout m mâle
  ○ estremità f liscia

1144 **Spitzendeckung** f
  □ meeting peak demands
  △ couverture f des consommations de pointe
  ○ alimentazione f di cresta

1145 **Spitzenkraftwerk** n
  □ peak load station
  △ centrale f de pointe
  ○ centrale f per il servizio di punta

  Spitzenlast → *Spitzenbelastung*

1146 **Spitzenleistung** f
  □ peak power
  △ capacité f de pointe
  ○ capacità f massima

1147 **Spitzenpegel** m, **Stechpegel** m
  □ point gauge
  △ pointe f limnimétrique droite
  ○ punta f idrometrica

1148 **Spitzenstop** m *(einer Bohrspitze)*
  □ bit stop
  △ dispositif m d'arrêt du taillant
  ○ dispositivo m d'arresto dello scalpello

  Spitzenverbrauch, Tages~ → *Tagesspitzenverbrauch*

1149 **Spitzenwert** m
  □ peak, peak value
  △ valeur f de pointe
  ○ valore m di cresta, valore m di punta

  Spitzfänger → *Fangglocke*

  Spitzglas → *Absetzglas*

  Splitt → *Grobsplitt*

  Splitt, Grob~ → *Grobsplitt*

  Spongien → *Schwämme*

1150 **Sporen** f pl
  □ spores pl
  △ spores f pl
  ○ spore f pl

1151 **sporenbildend** *(bact.)*
  ☐ spore-forming, sporulating, sporogenic
  △ sporulant, sporifère, sporulé
  ○ che forma delle spore, sporigeno, sporogenetico

  Sporenbildner → *Bakterien, sporenbildende*

1152 **Sporentierchen** *n*, **Sporozoe** *f*
  ☐ sporozoa
  △ sporozoaires *m pl*
  ○ sporozoi *m pl*

1153 **sporentötend**
  ☐ sporicidal
  △ sporicide
  ○ sporicida

1154 **Sporn** *m*
  ☐ spur
  △ éperon *m*
  ○ sperone *m*, sprone *m*

  Sporozoe → *Sporentierchen*

  Sport, Boots~ → *Kahnfahren*

1155 **Sportfischerei** *f*
  ☐ sport-fishing, sportive fishery
  △ pêche *f* sportive
  ○ pesca *f* sportiva

1156 **Sprengarbeiten** *f pl*
  ☐ blasting operations *pl*
  △ minage *m*, travaux *m pl* à l'explosif
  ○ minamento *m*, lavori *m pl* con esplosivo

1157 **sprengen**
  ☐ blast
  △ faire sauter
  ○ far saltare

  sprengen → *besprengen*

1158 **Sprengerauslaß** *m*
  ☐ sprinkling outlet
  △ prise *f* d'arrosage
  ○ sbocco *m* di spruzzatore

1159 **Sprenghydrant** *m*, **Gartenhydrant** *m*
  ☐ hydrant to water the street, sprinkling hydrant
  △ bouche *f* d'arrosage
  ○ bocca *f* d'innaffiamento

1160 **Sprenglochbohrmaschine** *f*
  ☐ blast-hole driller
  △ foreuse *f* à explosif
  ○ perforatrice *f* per fori di mina

1161 **Sprengstoff** *m*
  ☐ explosive
  △ explosif *m*
  ○ esplosivo *m*, esplodente *m*

1162 **Sprengung** *f*
  ☐ blast, blasting
  △ dynamitage *m*, destruction *f* par explosif
  ○ esplosione *f*, scoppio *m*

1163 **Sprengwagen** *m*
  ☐ sprinkler, sprayer, sprinkler truck
  △ arroseuse *f*
  ○ innaffiatrice *f*

1164 **Springbrunnen** *m*, **Fontäne** *f*
  ☐ fountain
  △ fontaine *f* jaillissante
  ○ fontana *f*

1165 **Springflut** *f*, **Springtide** *f*
  ☐ spring tide
  △ marée *f* de vives eaux, vive eau *f*
  ○ alta marea *f*

  Springquelle → *Geysir*

1166 **Springschicht** *f* *(eines Fließgewässers)*
  ☐ saltation layer
  △ couche *f* de saltation
  ○ strato *m* di saltazione

1167 **Springschwanz** *m* *(biol.)* *(Achorutes viaticus)*
  ☐ spring-tail, water springtail
  △ Achorutes *m* viaticus
  ○ Achorutes *m* viaticus

  Springtide → *Springflut*

1168 **Springzeit** *f*
  ☐ setting-in time of spring-tide
  △ moment *m* de pleine eau, temps *m* de la marée
  ○ fase *f* di massima della marea

  Spritzbeton → *Torkretbeton*

1169 **Spritzblech** *n*
  ☐ splash plate
  △ déflecteur *m* d'eau
  ○ lamiera *f* parafango, paraspruzzi *m*

  Spritzdüse → *Streudüse*

1170 **Spritzer** *m*
  ☐ splash, squirt, dash
  △ éclaboussure *f*
  ○ spruzzo *m*, schizzo *m*

1171 **Spritzwasser** *n*
  ☐ splashwater, spray
  △ projections *f pl* d'eau
  ○ spruzzi *m pl* d'acqua

1172 **spritzwassergeschützt**
  ☐ splash-proof
  △ protégé contre les projections d'eau
  ○ protetto contro gli spruzzi d'acqua

1173 **Spritzzone** *f* *(d. Meeresküste)*
  ☐ splash zone
  △ zone *f* d'embruns
  ○ zona *f* di spruzzi

  Sproßpilz → *Hefepilz*

1174 **Sprüh- und Entschäumungssystem** *n*
  ☐ spray water and defoamant system
  △ dispositif *m* d'arrosage et de destruction de la mousse
  ○ sistema *m* d'innaffiatura e di distruzione della schiuma

  Sprühbewässerung → *Verregnung*

1175 **Sprühgefrierverfahren** *n*
  ☐ spray-freezing method
  △ procédé *m* de congélation par pulvérisation
  ○ processo *m* di congelamento spray

1176 **Sprühregen** *m*, **Nieselregen** *m*, **Staubregen** *m*
□ drizzle, drizzling rain
△ bruine f, crachin m, pluie f fine
○ pioggerella f, spruzzaglia f

1177 **Sprühregenabtrift** f *(b. Beregnung)*
□ spray drift
△ dérivation f des particules d'eau pulvérisée
○ derivazione f delle particole d'acqua polverizzata

1178 **Sprühverdampfung** f
□ spray evaporation
△ évaporation f par pulvérisation
○ evaporazione f mediante formazione di gocce

Sprung → *Riß*

Sprung, hydraulischer → *Wassersprung*

1179 **Sprungschicht** f *(geol.)*
□ discontinuity layer
△ couche f discordante, couche f en discordance
○ strato m discordante

1180 **Sprungschicht** f, **Metalimnion** n *(limnol.)*
□ thermocline, metalimnion
△ thermocline f, métalimnion m
○ metalimnion m, salto m termico, strato m del salto termico

1181 **Spucken** n **des Kessels**
□ priming, carry-over
△ primage m, entraînement m de l'eau par la vapeur
○ trascinamento m di acqua da parte del vapore

1182 **Spülabort** m, **Spülklosett** n, **Toilette** f, **Wasserklosett** n, **W.C.** n
□ water closet, W.C., flush closet
△ water-closet m, W.C., cabinet m à chasse d'eau
○ latrina f a cacciata d'acqua, W.C. a cassetta f con galleggiante, W.C.

1183 **Spülbecken** n, **Abwaschbecken** n, **Spülstein** m
□ rinsing basin, kitchen sink, sink
△ rinçoir m, cuve f de rinçage
○ tino m di risciacquatura

Spülbehälter → *Spülbottich*

1184 **Spülbohrung** f
□ flush boring, hydraulic boring, wash drilling
△ forage m par pression hydraulique, sondage m à injection d'eau, perforation f à injection d'eau
○ trivellazione f a getto d'acqua

1185 **Spülbottich** m, **Spülbehälter** m
□ rinsing tub, rinse-tank, wash-water tank, dip tank, save-rinse tank
△ bac m de rinçage
○ tinozza f di lavaggio

1186 **Spüleinrichtung** f, **Spülvorrichtung** f
□ flushing device, rinsing equipment, rinse device, rinsing device, scouring device
△ appareil m de chasse, dispositif m de chasse, dispositif m d'arrosage
○ dispositivo m di risciacquamento, attrezzatura f di lavaggio

1187 **spülen**
□ rinse, wash, flush, scour
△ rincer
○ sciacquare, risciacquare

1188 **Spülgeschwindigkeit** f
□ flushing rate, backwash rate
△ taux m de chasse, vitesse f de l'eau de lavage
○ velocità f dell'acqua di lavaggio

1189 **Spülkasten** m, **Klosettspülkasten** m
□ flushing cistern, cistern, flushing-box, flush tank
△ réservoir m de chasse
○ cassetta f dei WC

Spülklosett → *Spülabort*

1190 **Spülkopf** m *(Spülbohrverfahren)*
□ drilling swivel
△ tête f d'injection
○ testa f d'iniezione

1191 **Spülleitung** f
□ flushing pipe line, backwash line
△ conduite f de rinçage
○ condotta f di lavaggio, tubazione f per acqua di lavaggio

1192 **Spülluft** f
□ rinsing air
△ air m de lavage
○ aria f di lavaggio

1193 **Spülluftgebläse** n
□ scavenging blower
△ soufflerie f d'air de lavage
○ soffieria f d'aria di lavaggio

Spülmaschine, Geschirr~ → *Geschirrspülmaschine*

1194 **Spülrinne** f
□ flushing channel
△ goulotte f de rinçage, canal m de rinçage
○ gronda f di lavaggio

1195 **Spülrohr** n *(Spülbohrung)*
□ jetting tube
△ tube m d'injection
○ tubo m d'iniezione

1196 **Spülsandfang** m
□ flushing degritter
△ dessableur m à chasse d'eau
○ dissabbiatore m a cacciata d'acqua

1197 **Spülschacht** m
□ flushing manhole
△ regard m de chasse
○ pozzetto m di lavaggio

1198 **Spülschild** n
□ flushing shield
△ vanne f roulante
○ targone m di lavaggio

1199 Spülschütz n
☐ flushing gate
△ vanne f de chasse
○ paratoia f di cacciata, paratoia f di lavaggio

Spülstein → *Spülbecken*

Spültropfkörper → *Hochlasttropfkörper*

1200 Spülung f, **Wasserspülung** f
☐ rinsing, washing, flush[ing], scour[ing], rinse
△ rinçage m, lavage m, curage m à l'eau, chasse f d'eau
○ risciacquamento m, risciacquatura f, cacciata f d'acqua

Spülung, Filter~ → *Filterspülung*

Spülung, Kanal~ → *Kanalspülung*

Spülung, Luft~ → *Luftspülung*

Spülung, Preßluft~ → *Preßluftspülung*

1201 Spülverfahren n **beim Dammbau**
☐ hydraulic fill method
△ procédé m de remblai hydraulique
○ metodo m di riporto idraulico, metodo m di riempimento idraulico

Spülverfahren, Verfüllung im ~
→ *Verfüllung, hydraulische*

1202 Spülversatz m
☐ hydraulic stowing
△ remblayage m hydraulique
○ ripiena f idraulica

Spülvorrichtung → *Spüleinrichtung*

1203 Spülwagen m, **Waschwagen** m
☐ travelling cleaner, flusher
△ chariot m de curage, arroseuse f
○ macchina-paratoia f di cacciata

1204 Spülwasser n, **Rückspülwasser** n
☐ rinse water, rinsing water, backwash water, washings, flush water
△ eau f de rinçage
○ acqua f di risciacquamento

1205 Spül[ab]wasser n
☐ slop water
△ eau f de vaisselle
○ rigovernatura f

Spülwasser, Asche~ → *Aschespülwasser*

Spülwasser, Flaschen~ → *Flaschenspülwasser*

Spülwasserabzugsrinne → *Spülwasserrinne*

1206 Spülwasserpumpe f
☐ wash-water pump
△ pompe f d'eau de lavage
○ pompa f d'acqua di lavaggio

1207 Spülwasserrinne f, **Schlammwasserrinne** f (e. Filteranlage), **Spülwasserabzugsrinne** f (e. Filteranlage)
☐ wash-trough, wash-water trough, wash water gutter, wash-water flume, backwash drain gullet
△ canal m d'eau de lavage des filtres, rigole f d'évacuation des eaux de lavage
○ cunetta f d'acqua di lavaggio, gronda f d'acqua di lavaggio

1208 Spülwasserschieber m
☐ wash water inlet valve
△ vanne f d'admission d'eau de lavage
○ valvola f d'ammissione dell'acqua di lavaggio

1209 Spülwirkung f
☐ flushing effect, scouring effect
△ effet m de chasse
○ effetto m di cacciata

Spürgerät → *Suchgerät*

1210 Spulwurm m (*Ascaris*)
☐ belly-worm, ascaris
△ ascaride m
○ ascaride m

1211 Spundbohle f
☐ sheet pile
△ palplanche f
○ palancola f

1212 Spundkasten m, **Reinigungsrohr** n
☐ pipe with cleaning hole, pipe with manhole
△ tuyau m avec orifice de nettoyage, tuyau m avec regard de visite
○ tubo m con orificio per la pulizia

1213 Spundwand f
☐ sheet piling, sheet wall, piling wall
△ rideau f de palplanches, écran m de palplanches
○ diaframma m di palancole, palancolata

1214 Spundwand-Fangedamm m
☐ pile-sheeting cofferdam
△ batardeau m à file de palplanches, batardeau m à rideau de palplanches
○ avandiga f a diaframma di palancole

1215 Spur f (kleine Menge)
☐ trace
△ trace f
○ traccia f

1216 Spurenanalyse f
☐ trace analysis
△ analyse f de traces, micro-analyse f
○ analisi f di traccianti

1217 Spurenelement n
☐ trace element, minor element
△ élément m à l'état de traces, oligo-élément m, élément m en trace, traceur m
○ elemento m in traccia, elemento oligodinamico, traccianto m

1218 Spurenmenge f
□ trace amount
△ traces f pl
○ tracce f pl

1219 Spurennachweis m
□ detection of traces
△ mise f en évidence de traces
○ determinazione f di sostanze in tracce

1220 Spurenstoffe m pl, organische
□ microorganics pl, trace organics
△ traces m pl de matières organiques, matières m pl organiques à l'état de traces
○ traccianti m pl organici

1221 Spurenverunreinigung f
□ trace contamination, trace contaminant
△ micro-polluant m, impureté f à l'état de traces
○ contaminazione f dei traccianti

1222 Staatsaufsicht f
□ state control
△ contrôle m de l'Etat, surveillance f de l'Etat
○ controllo m di Stato

Staatsbehörde → Landesbehörde

1223 Stab m
□ bar
△ barre f, barreau m
○ barra f

Stab, Lot~ → Peilstange

Stababstand → Stabweite eines Rechens

1224 Stabeisen n
□ steel bar, bar (am)
△ barre f d'acier
○ ferro m in verghe, barra f d'acciaio, ferro m in barre

1225 stabförmig, stäbchenförmig
□ rod-shaped
△ en forme de bâtonnet
○ a forma f di bastone, a forma f di aste

1226 Stabgitter n, Stabrechen m
□ bar screen, rack screen
△ grille f à barreaux, tamis m à barreaux
○ griglia f a sbarre

1227 Stabilisator m, Stabilisierungsmittel n
□ stabilizer
△ stabilisant m, réactif m stabilisant, stabilisateur m
○ stabilizzante m

Stabilisierung, Kontakt~ → Kontaktstabilisierung

Stabilisierung, Schlamm~
→ Schlammineralisierung

Stabilisierungsmittel → Stabilisator

Stabilisierungsteich → Oxidationsteich

1228 Stabmühle f
□ rod mill
△ broyeur m à barreaux
○ frantumatrice f a barrette, mulino m a barre

Stabrechen → Stabgitter

1229 Stabrost m
□ bar rack
△ grille f à barreaux
○ griglia f a barrette

1230 Stabschwimmer m
□ velocity rod
△ bâton m lesté
○ asta f ritrometrica

Stabwalze → Käfigwalze

Stabwehr → Nadelwehr

1231 Stabweite f eines Rechens, Öffnungen f pl eines Rechens, Stababstand m
□ opening of a bar screen, clear space, bar spacing, clear openings of a bar screen
△ espacement m entre les barreaux de grille
○ spazio m tra le sbarre di griglia

1232 Stacheldraht m
□ barbed wire
△ fil m de fer barbelé
○ filo m spinato

1233 Stadium n
□ stage
△ phase f, période f
○ stadio m

1234 Stadt f
□ city, town
△ ville f, cité f
○ città f

1235 Stadtbauwesen n, Städtebau m, Städteplanung f
□ town building, municipal engineering
△ urbanisme m, génie m municipal, technique f municipale
○ urbanistica f

1236 Stadtentwässerung f, Ortsentwässerung f
□ sewerage, town drainage
△ assainissement m urbain
○ fognatura f urbana, canalizzazione f cittadina

1237 Stadtgebiet n
□ urban district
△ district m urbain
○ territorio m della città

1238 Stadtgemeinde f
□ municipality, township
△ municipalité f, commune f urbaine
○ municipalità f, municipio m

1239 Stadtkern m
□ city centre [center]
△ centre m de la ville
○ centro m della città, nucleo m urbano

1240 Stadtmüll m
□ municipal waste, urban waste, town refuse
△ ordures f pl urbaines, déchets m pl urbains
○ rifiuti m pl urbani

1241 **Stadtplanung** f
 □ urban planning, town planning
 △ urbanisme m
 ○ urbanistica f

1242 **Stadtrandgebiet** n
 □ fringe area of town
 △ banlieue f d'une ville
 ○ periferia f di una città

1243 **Stadtreinigungsbetrieb** m
 □ public cleansing service, municipal cleansing service
 △ services f pl de nettoiement public
 ○ servizio m pubblico di epurazione

1244 **Stadtteil** m
 □ quarter of a town, town-district
 △ quartier m
 ○ quartiere m, parte f della città

1245 **Stadtteil** m, **hochliegender**
 □ elevated district of the town
 △ quartier m haut de la ville
 ○ parte f alta della città

 Stadtteil, tiefliegender → Tiefgebiet

 Stäbchenbakterien → Bazillen

 stäbchenförmig → stabförmig

 Städtebau → Stadtbauwesen

 Städteplanung → Stadtbauwesen

1246 **städtisch**
 □ municipal
 △ municipal, urbain
 ○ municipale, civico, cittadino, urbano

1247 **stählern**
 □ steel
 △ acier, d'~
 ○ di acciaio

1248 **Stämme, säurebildende** m pl (bact.)
 □ acid-producing strains pl
 △ souches f pl acidifiantes
 ○ ceppi m pl acido produttori

 ständig → permanent

 Stärke → Dicke

1249 **Stärkefabrik** f
 □ starch factory
 △ fabrique f d'amidon, amidonnerie f, féculerie f
 ○ fabbrica f d'amido

 stärkelösend → amylolytisch

 stärkezerlegend → amylolytisch

1250 **Staffelbelüftung** f, **Lüftung** f, **abgestufte** (Belebungsverfahren)
 □ tapered aeration
 △ aération f modulée, aération f dirigée, aération f décroissante, aération f à réduction progressive
 ○ aerazione f graduale

 Stagnationszonen → tote Stellen im Strömungsbild

1251 **stagnieren**
 □ stagnate
 △ stagner, croupir
 ○ stagnare

1252 **stagnierend**
 □ stagnant
 △ stagnant
 ○ stagnante

1253 **Stahl** m
 □ steel
 △ acier m
 ○ acciaio m

 Stahl, Bohr~ → Bohrstahl

 Stahl, Fluß~ → Flußstahl

1254 **Stahl** m, **gewalzter**
 □ rolled steel
 △ acier m laminé
 ○ acciaio m laminato

 Stahl, Guß~ → Gußstahl

 Stahl, nichtrostender → Stahl, rostfreier

1255 **Stahl** m, **rostfreier, Stahl** m, **nichtrostender**
 □ stainless steel
 △ acier m inoxydable
 ○ acciaio m inossidabile

1256 **Stahlband** n
 □ steel hoop, hoop (am)
 △ bande f d'acier
 ○ fettuccia f d'acciaio

1257 **Stahlbau** m
 □ steel construction
 △ construction f en acier
 ○ costruzione f in acciaio

1258 **Stahlbehälter** m
 □ steel tank
 △ réservoir m en acier
 ○ serbatoio m d'acciaio

 Stahlbeton → Eisenbeton

 Stahlbeton, vorgespannter → Spannbeton

 Stahlbetonrohr → Eisenbetonrohr

1259 **Stahlbetonrohr** n **mit Blechmantel**
 □ reinforced concrete piping with sheet metal core
 △ canalisation f en béton armé avec âme tôle
 ○ tubazione f in cemento armato con lamiera metallica

1260 **Stahlblech** n
 □ sheet steel
 △ tôle f d'acier
 ○ lamiera f d'acciaio

1261 **Stahlblech** n, **genietetes**
 □ riveted sheet steel
 △ tôle f d'acier rivetée
 ○ lamiera f d'acciaio ribadita

1262 **Stahldraht** m
 □ steel wire
 △ fil m d'acier
 ○ filo m d'acciaio

1263 **Stahlflasche** f
☐ steel cylinder
△ bouteille f d'acier
○ bottiglia f d'acciaio

1264 **Stahlguß** m
☐ steel casting, cast steel
△ acier m coulé, acier m fondu
○ ghisa f acciaiosa

1265 **Stahlmuffenrohr** n
☐ steel socket pipe
△ tuyau m en acier à emboîtement
○ tubo m d'acciaio a bicchiere

Stahlquelle → *Eisenquelle*

1266 **Stahlrohr** n
☐ steel tube
△ tuyau m en acier, tube m en acier
○ tubo m d'acciaio

1267 **Stahlrohr** n, **bituminiertes**
☐ bitumen-lined steel tube, bitumen-dipped steel tube, bitumen-coated steel tube
△ tuyau m en acier bitumé, tuyau m en acier asphalté
○ tubo m d'acciaio bituminato

1268 **Stahlrohr** n, [am Ende] **glattes**
☐ plain end steel pipe
△ tube m d'acier à bout uni
○ tubo m d'acciaio liscio [senza giunzione]

Stahlrohr, Mannesmann-~
→ *Mannesmann-Stahlrohr*

1269 **Stahlrohr** n, **nahtloses**
☐ seamless steel tube, weldless steel tube, seamless steel pipe
△ tube m d'acier sans soudure
○ tubo m in acciaio senza saldatura

1270 **Stahlrohr** n, **überlappt geschweißtes**
☐ lap-welded steel pipe
△ tuyau m en acier soudé par recouvrement
○ tubo m d'acciaio saldato a ricoprimento

1271 **Stahlrohr** n, **verzinktes**
☐ galvanized steel pipe
△ tuyau m en acier galvanisé
○ tubo m d'acciaio galvanizzato

1272 **Stahlspäne** m pl
☐ steel shavings pl, steel chips pl
△ copeaux m pl d'acier
○ trucioli m pl d'acciaio

1273 **Stahlträgerbrücke** f
☐ steel girder bridge
△ pont m en poutrelles métalliques
○ ponte m in travi metalliche

1274 **Stahltübbing** m
☐ steel tubbing
△ tube m d'acier
○ anello m di acciaio

1275 **Stahlwerk** n
☐ steel plant, steel works pl
△ aciérie f
○ acciaieria f

1276 **Stahlwolle** f
☐ steel wool
△ laine f d'acier
○ lana f d'acciaio

Stalagmit → *Tropfstein*

Stalaktit → *Tropfstein*

Stalldünger → *Stallmist*

Stalldung → *Stallmist*

Stallfliege → *Schlammbiene*

1277 **Stallmist** m, **Dung** m, **Mist** m, **Stalldünger** m, **Stalldung** m
☐ barnyard manure, stable manure, barn manure, manure, dung
△ fumier m
○ letame m, concio m

Stamm → *Bakterienkolonie*

1278 **Stammabfluß** m
☐ stem run-off
△ écoulement m (d'eaux pluviales) le long des tiges d'arbres
○ scorrimento m lungo i tronchi degli alberi

1279 **Stammbarre** f, **Stammsperre** f
☐ log jam
△ barrage m en troncs d'arbres
○ sbarramento m fatto con tronchi d'albero

Stammkanal → *Hauptsammler*

1280 **Stammkultur** f (bact.)
☐ stock culture
△ souche f pour culture
○ coltura f di un ceppo

Stammleitung → *Hauptleitung*

Stammsiel → *Hauptsammler*

Stammsperre → *Stammbarre*

1281 **Stammteich** m (e. Sägemühle)
☐ log pond
△ fosse f au bois
○ accumulo m tronchi

1282 **Stampfbeton** m
☐ stamped concrete
△ béton m damé
○ calcestruzzo m battuto, calcestruzzo m pigiato

1283 **Stampfen** n, **Einstampfen** n, **Verstampfen** n
☐ tamping, stamping
△ damage m, pilonnage m
○ mazzapicchiatura f, pestamento m

1284 **Stampfer** m
☐ tamper, rammer
△ dame f, pilonneuse f
○ mazzapicchio m, pilonatrice f

1285 **Standabort** m
☐ standing closet
△ latrine f
○ latrina f comune

1286 **Standardabweichung** f, **Standard-schätzfehler** m
- □ standard deviation, standard error of estimate
- △ écart-type m d'une estimation
- ○ scarto m tipo

1287 **Standardbohrgerät** n
- □ standard drilling tool
- △ outil m de forage standard
- ○ utensile m di perforazione standardizzato

Standardschätzfehler → *Standardabweichung*

1288 **Standfestigkeit** f
- □ stability
- △ stabilité f
- ○ stabilità f

Standglas → *Absetzglas*

1289 **Standguß** m *(Rohrfabrikation)*
- □ pit casting, vertical casting
- △ fonte f coulée debout
- ○ fusione f verticale, fusione f in stampo verticale

Standgußrohr → *Rohr, stehend gegossenes*

1290 **Standgußverfahren** n
- □ pit casting process, vertical casting process
- △ procédé m de coulée debout
- ○ processo m di fusione f verticale, processo m di fusione f in stampo verticale

Standhahn, Waschtisch~ → *Waschtischstandhahn*

1291 **Standort** m
- □ location, site
- △ emplacement m, localité f
- ○ ubicazione f

1292 **Standort** m, **nasser** *(bot.)*
- □ wet stand
- △ habitat m humide
- ○ habitat m umido

1293 **Standortwahl** f
- □ site selection
- △ choix m d'un site, choix m d'un emplacement, choix m d'un lieu
- ○ scelta f di un sito

1294 **Standrohr** n, **Piezometerrohr** n
- □ standpipe, piezometer tube
- △ tube m piézométrique
- ○ tubo m piezometrico

1295 **Standrohr** n, **Steigrohr** n *(Beregnungsanlage)*
- □ riser outlet, riser turnout
- △ prise f à tube allongé vertical
- ○ valvola f telescopica

1296 **Standrohr** n *(Brunnen)*
- □ surface casing
- △ colonne f de surface
- ○ colonna f di superficie

1297 **Standrohr** n *(Feuerwehr)*
- □ stand pipe, standpipe
- △ tuyau m de prise d'eau, col m de cygne
- ○ colonnina f anticendi, tubo m verticale

1298 **Standrohrspiegelgefälle** n
- □ gradient of piezometric level
- △ gradient m de niveau piézométrique
- ○ gradiente m del livello piezometrico

1299 **Standurinal** n
- □ standing urinal
- △ vespasienne f
- ○ vespasiano m

1300 **Standversuch** m, **Becherversuch** m
- □ jar test, test under batch conditions
- △ jar-test m, essai m en bocal
- ○ jar-test m, prova f stazionaria, prova f a tazze

Stange, Bohr~ → *Bohrstange*

Stange, Bohr~ → *Schwerstange*

Stange, Lot~ → *Peilstange*

Stange, Peil~ → *Peilstange*

Stange, Schwer~ → *Schwerstange*

Stange, Sondier~ → *Sondierstange*

1301 **Stangenbohrer** m
- □ auger
- △ tarière f
- ○ trapano m elicoidale

1302 **Stangenzug** m *(Kanalreinigung)*
- □ sewer rod
- △ écouvillon m
- ○ scovolo m

1303 **stapeln**
- □ dump
- △ déposer
- ○ deporre

stapeln → *speichern*

Stapelplatz → *Müllkippe*

Stapelteich → *Speicherteich*

1304 **Stapelung** f, **Deponie** f
- □ dumping
- △ dépôt m
- ○ deposito m

Stapelung → *Speicherung*

1305 **Stapelung** f **im Schlammteich**
- □ lagooning
- △ lagunage m, lagooning m
- ○ lagunaggio m

stark → *dick*

1306 **stark basisch**
- □ strongly basic
- △ fortement basique
- ○ fortemente basico

Starkchlorung → *Hochchlorung*

Starkregen → *Regenschauer*

Starkstromauswaschung → *Starkstromspülung*

1307 **Starkstromspülung** f,
Starkstromauswaschung f
- □ high-rate water wash, high velocity wash
- △ lavage m à grande eau
- ○ lavaggio m ad alta velocità

Starrquelle → *Stauquelle*

1308 **Statik** f
- □ statics
- △ statique f
- ○ statica f

Station, Chemikalien~ → *Chemikalienstation*

Station, meteorologische → *Wetterwarte*

1309 **Station** f, **unbesetzte**
- □ unattended station, unmanned station
- △ station f non surveillée, poste m non surveillé
- ○ stazione f non sorvegliata

1310 **Statistik** f
- □ statistics
- △ statistique f
- ○ statistica f

1311 **Stau** m, **Anstauung** f, **Aufstau** m
- □ backwater, impoundage, raised [water] level, swell [of water], storage, impoundment
- △ retenue f, refoulement m [des eaux]
- ○ ritenuta f, invaso m, ritegno m, ingorgamento m, rigurgito m

1312 **Stauanlage** f, **Stauwerk** n, **Wehranlage** f
- □ weir, dam, barrage
- △ barrage m
- ○ impianto m di sbarramento, opera f di ritegno

1313 **Staub** m
- □ dust
- △ poudre f, poussière f
- ○ polvere f

1314 **Staubauswurf** m, **Staubemission** f
- □ dust emission
- △ émission f de poussière, dégagement m de poussière
- ○ emissione f di polveri

1315 **Staubbindemittel** n
- □ dust binder, road binder
- △ liant m, antipoussière f
- ○ agglutinante m della polvere

1316 **Staubecken** n, **Sammelbecken** n *(einer Talsperre)*, **Talsperrenbecken** n
- □ impounding basin, impounded reservoir, impounding reservoir
- △ barrage-réservoir m, réservoir m d'emmagasinage, réservoir m de retenue
- ○ serbatoio m d'acqua, serbatoio m di ritenuta

1317 **Staubeet** n
- □ plot of intermittent soil filter
- △ planche f d'épandage, carré m d'épandage
- ○ aiuola f sommersa

Staubemission → *Staubauswurf*

1318 **Staubereich** m
- □ backwater zone, backwater area
- △ zone f intéressée par la retenue
- ○ zona f interessata dal rigurgito

Stauberieselung → *Bodenfilterung, intermittierende*

Staubewässerung → *Einstaubewässerung*

1319 **Staubfilter** m
- □ dust filter
- △ filtre m à poussière
- ○ filtro m per polvere

1320 **Staubniederschlag** m
- □ dust deposits pl
- △ retombées f pl de poussière
- ○ polveri f pl precipitate, depositi m pl di polvere

1321 **(Staub)Niederschlagsmesser** m
- □ deposit gauge
- △ déposimètre m
- ○ deposimetro m

1322 **Staubohle** f, **Staubrett** n
- □ flashboard
- △ planche f d'exhaussement de crête
- ○ sbarramento m in legno

Staubregen → *Sprühregen*

Staubrett → *Staubohle*

1323 **Staubsand** m, **Mehlsand** m
- □ flour sand, very fine sand
- △ poussière f de sable
- ○ sabbia f fine

1324 **Staudamm** m
- □ impounding dam
- △ digue f de retenue
- ○ diga f di ritenuta

1325 **Staudamm** m, **unterirdischer**
- □ underground impounding dam
- △ barrage m souterrain, retenue f souterraine
- ○ sbarramento m sotterraneo

Staudruckanzeiger
→ *Differentialdruckanzeiger*

Staudruckmesser → *Pitotsche Röhre*

1326 **stauen, anstauen, aufstauen**
- □ dam up, impound, bank up
- △ élever les eaux, emmagasiner les eaux, refouler les eaux
- ○ elevare le acque, immagazzinare le acque, ritenere, arrestare le acque

Stauerhöhung → *Aufhöhung des Stauspiegels*

Staufiltration → *Bodenfilterung, intermittierende*

1327 **Staugrenze** f
- □ limit of backwater, backwater limit
- △ limite f de la retenue
- ○ limite m del rigurgito

Stauhaltung → *Haltung*

1328 **Stauhöhe** f, **Stauspiegel** m, **Stauziel** n
☐ impounding head, height of raised [water] level, storage level
△ niveau m de la retenue, hauteur f de la retenue, cote f de retenue
○ livello m di ritenuta, altezza f di ritenuta, quota f di invaso

Stauhöhe, hydrostatische → *Druckhöhe, hydrostatische*

1329 **Stauinhalt** m, **nutzbarer, Speicherraum** m, **nutzbarer, Stauraum** m, **nutzbarer**
☐ usable storage capacity, effective storage, operating reservoir capacity
△ capacité f utile de stockage
○ capacità f utile d'immagazzinamento

1330 **Stauklappe** f, **Verschlußtafel** f
☐ shutter
△ hausse f
○ paratoia f parzializzatrice

Stauklappe → *Verschlußtafel*

1331 **Staukurve** f, **Staulinie** f
☐ backwater curve, backwater slope, capacity curve, line of raised water level
△ courbe f de retenue, courbe f de remous, courbe f d'exhaussement, courbe f de capacité
○ curva f di rigurgito

Staulinie → *Staukurve*

1332 **Staumauer** f, **Sperrmauer** f
☐ impounding dam, retaining wall
△ mur m de barrage
○ muro m di ritenuta

Staumauer, bogenförmige → *Bogenstaumauer*

Staumauer, Gewichts~ → *Gewichtsstaumauer*

Staumauer, Gewölbereihen~ → *Gewölbereihendamm*

Staumauer, Pfeiler~ → *Pfeilerkopfmauer*

Staumauer, Plattenreihen~ → *Plattenreihenstaumauer*

Staumauerkrone → *Mauerkrone*

1333 **Stauquelle** f, **Starrquelle** f
☐ barrier spring, dam spring
△ source f de barrage, source f de seuil
○ sorgente f di sbarramento

1334 **Stauraum** m, **Fassungsraum** m, **Rückhaltevermögen** n, **Speicherfähigkeit** f, **Speicherinhalt** m, **Speicherkapazität** f, **Speicherraum** m, **Speicherungsvermögen** n
☐ storage capacity
△ capacité f de stockage
○ capacità f, capacità f d' immagazzinamento

Stauraum, nutzbarer → *Stauinhalt, nutzbarer*

Stauraum, Sicherheits~ → *Sicherheitsstauraum*

1335 **Stauraumschutz** m
☐ storage capacity conservation
△ protection f de la capacité de stockage
○ protezione f della capacità di storaggio

1336 **Stauregulierung** f
☐ storage level regulation
△ régulation f du niveau de retenue
○ regolazione f del livello di accumulo

Stauröhre → *Pitotsche Röhre*

Stauscheibe → *Meßblende*

1337 **Stausee** m, **See** m, **künstlicher, Talsperrensee** m
☐ impounding reservoir, impounded lake, man-made lake, artificial lake, barrage lake
△ lac m artificiel, lac m de barrage, étang m artificiel, barrage-réservoir m
○ lago m artificiale, lago m di ritenuta, lago m serbatoio

Stauspiegel → *Stauhöhe*

1338 **Stauspiegel** m, **höchster**
☐ top water level, maximum storage level, crest level
△ niveau m maximal de la retenue
○ livello m di massima ritenuta, livello m di massimo invaso

Stauspiegels, Aufhöhung des ~ → *Aufhöhung des Stauspiegels*

1339 **Stauverschluß** m (e. Bewässerungsgrabens)
☐ field weir
△ vanne f régulatrice d'arrosage
○ paratoia f regolatrice d'irrigazione

1340 **Stauwand** f
☐ upflow baffle, standing baffle
△ chicane f de retenue
○ deflettore m

1341 **Stauwasser** n
☐ impounded water, backwater, back-water
△ eau f de retenue, eaux f pl barrées
○ acqua f rigurgitata

1342 **Stauwasser** n, **(Gezeiten-)Stillwasser** n
☐ tidal slack
△ mer f étale
○ fermo m della marea

1343 **Stauwasserdruck** m
☐ impounded water pressure
△ pression f d'eau de retenue
○ pressione f dell'acqua invasata

1344 **Stauwehr** n
☐ impounding weir
△ barrage m de retenue, batardeau m
○ sbarramento m di ritenuta

1345 **Stauweite** f
☐ extent of impoundage
△ longueur f de la retenue
○ estensione f della ritenuta

Stauwerk → *Stauanlage*

1346 **Stauwolke** f
- □ orographic cloud
- △ nuage m accroché aux montagnes
- ○ nuvola f orografica

1347 **Stauwurzel-Ablagerung** f, **Ablagerung** f **an der Stauwurzel** (e. Sperre)
- □ topset bed deposits pl
- △ couche f sommitale
- ○ accumulo m di detriti contro uno sbarramento

Stauziel → Stauhöhe

Stecher, Schnee~ → Schneeprobenehmer

1348 **Stechmücke** f, **Moskito** n
- □ mosquito, gnat, midge
- △ moustique m, cousin m
- ○ zanzara f

Stechpegel → Spitzenpegel

1349 **Steg** m, **Übergang** m
- □ foot bridge, footpath
- △ passerelle f
- ○ ponticello m, passerella f

Steg, Lauf~ → Laufsteg

1350 **stehend gegossen**
- □ vertically cast
- △ coulé verticalement
- ○ colato verticalmente

Steife → Steifigkeit

1351 **Steifezahl** f
- □ rigidity number
- △ indice m de rigidité
- ○ indice m di rigidità

1352 **Steifigkeit** f, **Steife** f
- □ rigidity
- △ rigidité f
- ○ rigidezza f

1353 **Steigdauer** f (e. Hochwassers)
- □ time of rise
- △ temps m de montée
- ○ tempo m di salita

1354 **Steigeisen** n
- □ manhole step, climbing iron, stirrup, manhole ladder step
- △ étrier m
- ○ staffa f, piccozza f

Steiggeschwindigkeit → Aufstieggeschwindigkeit

1355 **Steighöhe** f, **Aufstiegshöhe** f
- □ rise
- △ hauteur f d'ascension
- ○ altezza f di salita

1356 **Steighöhe** f, **kapillare, Aufstieg** m, **kapillarer** (hydrol.), **Kapillaraufstieg** m (hydrol.), **Kapillaritätswert** m (hydrol.), **Porensaugwert** m (hydrol.)
- □ capillary rise, capillary elevation, capillary lift, capillarity
- △ ascension f capillaire, hauteur f capillaire, capillarité f
- ○ altezza f di ascensione capillare

1357 **Steigleitung** f
- □ rising-pipe line, riser
- △ conduite f ascensionnelle
- ○ colonna f montante

1358 **Steigrohr** n
- □ rising pipe, riser, riser pipe, lift tube
- △ colonne f montante
- ○ tubo m montante

Steigrohr → Standrohr

Steigrohrverdampfer → Vertikalrohr-Fallfilmverdampfer

Steigrohrverdampfung → Vertikalrohrverdampfung

1359 **Steigung** f, **Ansteigen** n
- □ rise
- △ montée f
- ○ salita f

1360 **Steigwasserzähler** m
- □ water meter for rising main
- △ compteur m pour une colonne montante
- ○ contatore m d'acqua per colonne montanti

1361 **Steilhang** m
- □ escarpment
- △ falaise f
- ○ acclività f, roccia f acclive, parete f rocciosa

1362 **Steilheitsfaktor** m **bei Wellen**
- □ factor of steepness of waves
- △ coefficient m de pente des vagues
- ○ coefficiente m di pendenza delle onde

1363 **Steilküste** f
- □ steep coast
- △ falaise f
- ○ costa f ripida

1364 **Steilufer** n
- □ steep bank, bluff
- △ berge f
- ○ sponda f alta

Steilufer → Kliff

1365 **Stein** m
- □ stone, rock
- △ pierre f
- ○ pietra f, sasso m

Steinbildung → Kesselsteinbildung

Steinbildung, Kessel~ → Kesselsteinbildung

Steinbrecher → Brecher

1366 **Steinbruch** m
- □ quarry
- △ carrière f
- ○ cava f [di pietre]

1367 **Steindamm** m, **Felsdamm** m, **Steinschüttungsdamm** m
- □ rockfill dam, riprap dam, dumped dam
- △ barrage m en enrochements, barrage m d'enrochement
- ○ diga f di pietrame a secco

Steindeckwerk → Steinpackung

Steindeichfangedamm
→ *Steinfüllfangedamm*

Steindrän → *Sickerdole*

1368 **Steinfliege** f, **Uferfliege** f *(Plecoptera)*
□ stone fly
△ perle f, plécoptère m
○ plecottero m

1369 **Steinfüllfangedamm** m, **Steindeichfangedamm** m
□ rock-fill cofferdam, rock-dike cofferdam
△ batardeau m en enrochements
○ avandiga f in pietrame a secco

1370 **Steingut** n
□ stone-ware, earthenware, vitrified tile, vitrified clay
△ faïence f, grès m porcelaine
○ terracotta f, stoviglie f pl, gres m ceramico

1371 **Steinkohle** f
□ [pit] coal, [hard] coal
△ houille f, charbon m de terre
○ carbone m fossile

1372 **Steinkohlenteer** m
□ coal tar
△ goudron m de houille, coaltar m
○ catrame m di carbone fossile

1373 **Steinkohlenteer-Tauchüberzug** m
□ coal-tar dip(ping)
△ enduit m de goudron de houille au trempé
○ rivestimento m di catrame

Steinlösemittel
→ *Kesselsteinlösungsmittel*

1374 **Steinpackung** f *(als Schutzabdeckung)*, **Steindeckwerk** n
□ stone pitching, stone facing
△ perré m de protection
○ rivestimento m di pietre, selciato m di protezione

Steinpackung → *Steinschüttung*

1375 **Steinplatte** f
□ stone slab
△ plaque f de pierre
○ lastra f di pietra

1376 **Steinschlag** m
□ falling stones pl, stone-sweeping, rock fall
△ chute f de pierres
○ caduta f massi, caduta f sassi

1377 **Steinschlag** m, **Schotter** m
□ broken stone, crushed rock
△ pierres f pl concassées, pieraille f concassée
○ inghiaiamento m, imbrecciamento m

1378 **Steinschüttung** f, **Blockwurf** m, **Steinpackung** f, **Steinwurf** m
□ rock filling, riprap, rockfill, rubble, tipped rockfill
△ enrochement m, perré m
○ scogliera f, scogliera f gettata, pietrame m, macerie f pl

Steinschüttung, Bruch~ → *Bruchsteinschüttung*

1379 **Steinschüttung** f, **gerüttelte**
□ vibrated rockfill
△ enrochement m vibré
○ scogliera f vibrata

1380 **Steinschüttung** f, **gewalzte**
□ compacted rockfill, rolled rockfill
△ enrochements m pl compactés
○ scogliera f costipata

1381 **Steinschüttung** f, **luftseitige**
□ rockfill face of dam
△ enrochement m aval
○ scogliera f a valle

Steinschüttungsdamm → *Steindamm*

1382 **Steinsetzdamm** m
□ hand-placed rock dam, hand-made rock-fill dam
△ barrage m en maçonnerie de pierres sèches tassée à la main
○ diga f in muratura di pietrame a secco eseguita a mano

Steinverhütung, Kessel~ → *Kesselsteinverhütung*

Steinwurf → *Steinschüttung*

1383 **Steinzehe** f, **Felszehe** f *(e. Erddammes)*
□ rock toe
△ pied m aval en enrochement
○ unghia f di valle

Steinzeug, Verblendplatte aus ~
→ *Verblendplatte aus Steinzeug*

1384 **Steinzeug-Sickerrohr** n
□ vitrified clay drain pipe, earthenware drain, drain pipe of stoneware
△ drain m en poterie
○ tubo m di drenaggio in terracotta

1385 **Steinzeugrohr** n
□ vitrified clay pipe, earthenware pipe, stoneware drain [pipe]
△ tuyau m en grès vitrifié, tuyau m en grès vernissé
○ tubo m in terracotta, tubo m in gres ceramico

Stelle, undichte → *Leck*

1386 **Stellgröße** f *(Regeltechn.)*
□ manipulated variable
△ grandeur f réglante, grandeur f de réglage
○ variabile m controllato, parametro m controllato

1387 **Stellungsanzeiger** m *(Meß- u. Regeltechn.)*
□ position indicator
△ indicateur m de position
○ indicatore m di posizione

Stemmeisen → *Stemmeißel*

1388 **Stemmeißel** m, **Kordeleisen** n, **Setzer** m, **Stemmeisen** n
□ caulking tool, fullering tool, caulking iron
△ ciseau m à mater, matoir m
○ scalpello m a presellare, scalpello m a ribattere

1389 **Stemmfuge** f
□ caulked joint
△ joint m maté
○ giunto m ribattuto

1390 **Stemmuffe** f
□ caulking socket
△ emboîtement m [à matage]
○ bicchiere m per giunzione

1391 **Stemmuffe** f **mit Drahtnute**
□ caulking socket with a wire groove
△ emboîtement m à mater avec rainure à fil de fer
○ bicchiere m per giunzione con scanalatura

1392 **Stengel-Einlauf** m
□ Stengel-type inlet
△ arrivée f type Stengel, entrée f type Stengel
○ ingresso m tipo Stengel, imbocco m tipo Stengel

1393 **Stengel-Sandfang** m
□ Stengel-type degritter
△ dessableur m type Stengel
○ dissabbiatore m tipo Stengel

1394 **stenotop, begrenzt verbreitet**
□ stenotopic
△ sténotope, à diffusion limitée
○ stenotopico

1395 **Steppe** f
□ steppe
△ steppe f
○ steppa f

1396 **Steppenfluß** m
□ steppe river
△ rivière f de steppe
○ fiume m nella steppa

1397 **Steppenklima** n
□ steppe climate
△ climat m de steppe
○ clima m di steppa

Sterbekoeffizient → Sterbeziffer

Sterben, Fisch~ → Fischsterben

1398 **Sterbeziffer** f, **Mortalitätsquote** f, **Sterbekoeffizient** m
□ death-rate, mortality quote
△ percentage m de mortalité
○ percentuale m di mortalità

Sterbeziffer → Sterblichkeit

1399 **Sterblichkeit** f, **Mortalität** f, **Mortalitätsrate** f, **Sterbeziffer** f, **Sterblichkeitsziffer** f
□ mortality, mortality rate, death rate
△ mortalité f
○ mortalità f

Sterblichkeitsziffer → Sterblichkeit

1400 **Stereophotogrammetrie** f
□ stereophotogrammetry
△ stéréophotogrammétrie f
○ stereofotogrammetria f

steril → keimfrei

Sterilisation → Entkeimung

1401 **Sterilisationsgerät** n, **Sterilisierungsgerät** n
□ sterilizing apparatus
△ appareil m de stérilisation, stérilisateur m
○ attrezzo m di sterilizzazione, apparecchio m di sterilizzazione, sterilizzatore m

1402 **Sterilisationsturm** m, **Ozon-Sterilisationsturm** m, **Sterilisierungsturm** m
□ sterilizing tower, sterilization tower
△ tour f de stérilisation, tour f de contact
○ torre f di contatto, torre f di sterilizzazione

Sterilisator → Sterilisiertopf

sterilisieren → entkeimen

1403 **Sterilisiertopf** m, **Sterilisator** m
□ sterilizer
△ autoclave m
○ autoclave f

Sterilisierung → Entkeimung

Sterilisierungsgerät → Sterilisationsgerät

Sterilisierungsturm → Sterilisationsturm

Sterilität → Keimfreiheit

Steuer → Abgabe

1404 **Steuer- und Regelkreise** m pl
□ [remote] control loops pl
△ circuits m pl de commande et de réglage, télécommandes f pl
○ circuiti m pl di telecomando e regolazione

1405 **Steuer- und Überwachungstafel** f
□ central control panel
△ pupitre m central de commande et de contrôle
○ quadro m centrale di comando e di controllo

Steuerbefehl → Schaltbefehl

1406 **Steuergerät** n
□ control device
△ dispositif m de commande
○ dispositivo m di comando, dispositivo m di controllo

Steuerpult → Schalttisch

Steuerung → Regelung

1407 **Steuerung** f, **betriebliche**
□ operations control
△ commande f du fonctionnement, contrôle m du fonctionnement
○ controllo m del funzionamento

1408 Steuerung f des Programms, Programm-
steuerung f
- □ programme control
- △ contrôle m à programme
- ○ controllo m a programma

Steuerung, Selbst~ → Regelung, selbsttätige

1409 Steuerungstechnik f
- □ control technique
- △ technique f de contrôle, technique f de régulation
- ○ tecnica f di controllo

1410 stichfest
- □ spadeable, compacted
- △ consistant
- ○ consistente, paleggiabile

1411 Stichgraben m, Stichkanal m
- □ offset canal, offset ditch
- △ canal m de dérivation, fossé m de dérivation
- ○ canale m derivato

Stichkanal → Stichgraben

1412 Stichling m (Gasterosteus aculatus)
- □ stickleback [3-spined]
- △ épinoche f
- ○ spinello m, spinarello m

Stichprobe → Einzelprobe

1413 Stickoxid n
- □ nitric oxide
- △ oxyde m azotique
- ○ ossido m d'azoto, ossido m nitrico

1414 Stickstoff m
- □ nitrogen
- △ azote m
- ○ azoto m

Stickstoff, Gesamt~ → Gesamtstickstoff

1415 Stickstoff m, organischer
- □ organic nitrogen
- △ azote m organique
- ○ azoto m organico

Stickstoffbilanz → Stickstoffhaushalt

1416 Stickstoffbindung f, Stickstofffixierung f
- □ nitrogen fixation
- △ fixation f de l'azote
- ○ fissaggio m del azoto

1417 Stickstoffdüngemittel n
- □ nitrous fertilizer
- △ engrais m azoté
- ○ fertilizzante m azotato

1418 Stickstoffeliminierung f
- □ nitrogen dissipation, nitrogen removal
- △ élimination f de l'azote
- ○ eliminazione f del azoto

1419 Stickstoffgehalt m
- □ nitrogen content
- △ teneur f en azote
- ○ tenore m in azoto

1420 stickstoffhaltig
- □ nitrogenous
- △ azoté
- ○ azotico, azotato

1421 Stickstoffhaushalt m, Stickstoffbilanz f
- □ nitrogen balance
- △ bilan m azoté, bilan m de l'azote
- ○ bilancio m dell'azoto

Stickstofffixierung → Stickstoffbindung

1422 Stickstoffkreislauf m
- □ nitrogen cycle
- △ cycle m de l'azote
- ○ ciclo m dell'azoto

1423 Stickstoff/Phosphor-Verhältnis n, N:P-Verhältnis n
- □ nitrogen-phosphorus ratio, N/P-ratio
- △ rapport m azote-phosphore, rapport m N/P
- ○ rapporto m azoto-fosforo, rapporto m N/P

1424 Stickstoffverbindung f
- □ nitrogen compound
- △ composé m de l'azote, composé m azoté
- ○ composto m azotato

stiellos → sessil

stillegen → abstellen

Stillegen → Abstellen

1425 Stiller Ozean m, Pazifik m, Pazifischer Ozean m
- □ Pacific Ocean, Pacific
- △ Océan m pacifique, Pacifique m
- ○ Oceano m pacifico, Pacifico m

1426 Stillstand m
- □ standstill
- △ arrêt m
- ○ arresto m

1427 Stillwasser n
- □ still pond
- △ eau f dormante
- ○ acqua f stagnante

Stillwasser, (Gezeiten-)~ → Stauwasser

1428 Stillwasserregulierung f (d. Bewässerung)
- □ still pond regulation
- △ régulation f avec passes de chasse fermées
- ○ regolazione f d'acqua stagnante

1429 Stimulans n, Anregungsmittel n, Reizmittel n
- □ stimulant, stimulator, exciter, irritant
- △ stimulant m, excitant m
- ○ stimolante m

stimulieren → anregen

Stimulierung → Anregung

1430 stinkend
- □ stinking
- △ puant, fétide
- ○ puzzolente, fetente, fetido

1431 **Stirnfluß** m, **Fließgewässer** n, **obsequentes**
□ obsequent river
△ rivière f obséquente
○ fiume m obsequente

1432 **Stirnwand** f
□ front wall
△ mur m frontal
○ muro m frontale

1433 **Stockwerksleitungen** f pl
□ story pipe-system
△ réseau m de tuyauteries d'étage
○ sistema m di distribuzione su un piano

Stockwerksofen → *Etagenofen*

Stöpsel → *Stopfen*

1434 **Stöpselflasche** f
□ glass-stoppered bottle
△ flacon m bouché à l'émeri
○ bottiglia f di vetro con tappo smerigliato

1435 **Stöpseln** n **eines Brunnens**
□ backblowing, surging of a well, well plugging
△ décolmatage m d'un puits
○ lavaggio m di un pozzo in controcorrente

1436 **stören**
□ interfere with
△ déranger, perturber, interférer
○ disturbare, turbare, perturbare

Störung → *Betriebsstörung*

Störung, Betriebs~ → *Betriebsstörung*

1437 **Störung** f **der Schichtung** (in e. stehenden Gewässer)
□ destratification
△ déstratification f
○ distratificazione f

1438 **Störung** f **des Gleichgewichts**
□ disturbance of equilibrium
△ rupture f d'équilibre
○ squilibrio m, disturbo m d'equilibrio

1439 **störungsfrei**
□ trouble-free
△ sans trouble, sans à coups
○ senza disturbi

1440 **Störungssignal** n (Meß- u. Regeltechnik)
□ fault signal
△ signal m d'une défectuosité, signal m de perturbation
○ segnale m del disturbo

1441 **Störwirkung** f
□ disturbance effect
△ effet m perturbateur
○ effetto m di perturbazione

1442 **Stoff** m, **Papierstoff** m
□ pulp
△ pâte f
○ polpa f, pasta f

1443 **Stoff** m, **Substanz** f
□ substance, matter
△ matière f, substance f
○ sostanza f, materia f

1444 **Stoff** m, **geruchsintensiver**
□ mephitic substance
△ substance f méphitique
○ sostanze f mefitica

Stoff, oxidierend wirkender
→ *Oxidationsmittel*

1445 **Stoffänger** m, **Faserstoffänger** m
□ save-all, catch-all, reclaimer
△ ramasse-pâte m
○ ricuperatore m di polpa

Stoffänger, Flotations~ → *Flotationsstoffänger*

Stoffänger, Grob~ → *Grobklärbecken*

1446 **Stoffaustausch** m
□ exchange of compounds
△ échange m de substances, échange m de composés
○ scambio m di composti

1447 **Stoffbilanz** f, **Stoffhaushalt** m
□ mass balance
△ bilan m de masse, bilan m massique
○ bilancio m di materia

1448 **Stoffe** m pl, **absetzbare**, **Sinkstoffe** m pl
□ settleable solids pl, settling solids pl
△ matières f pl décantables, matières f pl déposables, matières f pl sédimentables
○ sostanze f pl sedimentabili, materie f pl sedimentabili

Stoffe, absiebbare → *Stoffe, siebbare*

1449 **Stoffe** m pl, **chemische**, **Bestandteile** m pl, **chemische**
□ chemical constituents pl, chemical components pl, chemical substances pl
△ composants m pl chimiques, éléments m pl chimiques, produits m pl chimiques
○ sostanze f pl chimiche

1450 **Stoffe** m pl, **feste**, **Bestandteile** m pl, **feste**, **Feststoffe** m pl
□ solid matter, solid substances pl, solid constituents pl, solids pl, solid components pl
△ solides m pl, éléments m pl solides, matières f pl solides, substances f pl solides
○ sostanze f pl solide, ingredienti m pl solidi, componenti m pl solidi, costituenti m pl solidi, solidi m pl

Stoffe, Fremd~ → *Stoffe, xenobiotische*

1451 **Stoffe** m pl, **gelöste**
□ dissolved solids pl, dissolved substances pl, dissolved matter
△ matières f pl dissoutes, matières f pl en solution
○ sostanze f pl disciolte, materie f pl disciolte

1452 **Stoffe** m pl, **halbgelöste**, **Stoffe** m pl, **kolloidale**
□ colloidal matter, colloidal substances pl
△ matières f pl colloïdales
○ sostanze f pl colloidali, sostanze f pl semidisciolte, materie f pl colloidali

Stoffe, kolloidale → Stoffe, halbgelöste

1453 **Stoffe** m pl, **mineralische**
- inorganic matter, mineral substances pl, mineral components pl
- △ matières f pl minérales
- ○ sostanze f pl minerali, materie f pl minerali

1454 **Stoffe** m pl, **nicht absetzbare**
- non-settling solids pl, non-settleable solids pl
- △ matières f pl non décantables
- ○ sostanze f pl non sedimentabili, sostanze f pl insedimentabili

1455 **Stoffe** m pl, **oberflächenaktive, Stoffe** m pl, **spannungsaktive**
- surface-active agents pl, surfactants pl
- △ agents m pl tensio-actifs, surfactants m pl
- ○ agenti m pl tensio attivi

Stoffe, organische → Bestandteile, organische

1456 **Stoffe** m pl, **siebbare, Stoffe** m pl, **absiebbare**
- screenable matter
- △ matières f pl tamisables
- ○ sostanze f pl stacciabili

Stoffe, spannungsaktive → Stoffe, oberflächenaktive

Stoffe, suspendierte → Schwebestoffe

1457 **Stoffe** m pl, **toxische**
- toxic substances pl
- △ substances f pl toxiques
- ○ sostanze f pl tossiche

1458 **Stoffe** m pl, **ungelöste**
- undissolved matter
- △ matières f pl non dissoutes
- ○ materie f pl indisciolte

Stoffe, verunreinigende → Bestandteile, verunreinigende

1459 **Stoffe** m pl, **xenobiotische, Fremdstoffe** m pl
- xenobiotic substances pl
- △ substances f pl xénobiotiques, substances f pl étrangères
- ○ sostanze f pl xenobiotiche

Stoffhaushalt → Stoffbilanz

1460 **Stoffrückgewinnung** f
- materials recovery
- △ récupération f de matériaux
- ○ recupero m di materiali

1461 **Stoffumsatz** m (biol.), **Metabolismus** m, **Nahrungsumsatz** m, **Stoffwechsel** m (biol.), **Umsatz** m (biol.)
- metabolism
- △ métabolisme m
- ○ metabolismo m

Stoffwechsel → Stoffumsatz

Stoffwechsel, Assimilations~ → Assimilationsstoffwechsel

1462 den Stoffwechsel betreffend, metabolisch, den Nahrungsumsatz betreffend
- metabolic
- △ métabolique
- ○ metabolico

1463 **Stoffwechselenzyme** n pl
- metabolic enzymes pl, intermediary enzymes pl
- △ enzymes m pl, f pl métaboliques, enzymes m pl, f pl intermédiaires
- ○ enzimi m pl metabolici, enzimi m pl intermediari

1464 **Stoffwechselprodukt** n, **Metabolit** n
- metabolite, metabolic product
- △ métabolite m
- ○ prodotto m metabolico

1465 **Stollen** m, **Stolln** m, **Tunnel** m
- gallery, adit, tunnel
- △ galerie f, souterraine m
- ○ galleria f

Stollen, Ableitungs~ → Ableitungsstollen

Stollen, Abwasser~ → Abwasserstollen

Stollen, Druck~ → Druckstollen

Stollen, Entnahme~ → Entnahmestollen

Stollen, Entwässerungs~ → Entwässerungsstollen

Stollen, Freispiegel~ → Freispiegelstollen

Stollen, Quer~ → Querstollen

Stollen, Rohr~ → Rohrstollen

Stollen, Sicker~ → Sickerstollen

Stollen, Sondier~ → Sondierstollen

Stollen, Tages~ → Zugangsstollen

Stollen, Vortriebs~ → Vortriebsstollen

1466 **Stollenausbau** m, **Tunnelausbau** m
- tunnel completion
- △ achèvement m d'un tunnel, achèvement m d'une galerie
- ○ completamento m d'un tunnel

1467 **Stollenbau** m, **Tunnelbau** m
- tunnel construction, tunnelling
- △ construction f de galerie
- ○ costruzione f di gallerie, perforazione f di una galleria

1468 **Stolleneingang** m, **Stollenportal** n
- tunnel portal
- △ tête f de tunnel, tête f de galerie
- ○ testa f di galleria

Stollenportal → Stolleneingang

1469 **Stollenvortrieb** m, **Vortrieb** m **eines Stollens**
- drift of a gallery, tunnel driving
- △ avancement m en galerie, avancement m d'une galerie
- ○ avanzamento m in galleria, avanzamento m di una galleria

Stolln → Stollen

Stop, Spitzen~ → Spitzenstop

1470 Stopfbüchse f
- stuffing box, gland
- presse-étoupe m, boîte-étoupe f
- premistoppa f, bossolo m premistoppa, scatola f a stoppa

1471 Stopfbüchse f mit Wasser gedichtet
- water-sealed stuffing box
- presse-étoupe m à joint hydraulique
- scatola f premistoppa con chiusura idraulica

1472 Stopfbüchsenring m
- gland, loose gland
- contrebride m de serrage
- anello m di premistoppa

1473 Stopfen m, Pfropfen m, Stöpsel m
- plug, stopper
- bouchon m, obturateur m, tampon m
- turacciolo m, stoppaccio m

Stopfen, Gummi~ → Gummistopfen

1474 Stoß m
- shock, percussion, impact
- choc m, coup m, percussion f, poussée f
- spinta f, colpo m, urto m, scossa f

1475 Stoß an Stoß verlegen
- lay end to end
- placer bout à bout
- posare testa a testa, disporre testa a testa

Stoß, Druck~ → Druckstoß

Stoß, hydraulischer → Druckstoß

Stoß, Wasser~ → Druckstoß

1476 Stoß-an-Stoß-Verbindung f, Rohrstoßdichtung f, Stumpfschweißnaht f
- butt-joint, end-to-end jointing
- joint m bout à bout, assemblage m bout à bout
- giunto m testa a testa

1477 Stoßbeanspruchung f
- impact stress
- contrainte f de choc
- sollecitazione f da urto

1478 Stoßbelastung f
- shock load, impulsion load, shock loading
- charge f périodique
- carico m a colpi, carico m a scosse

1479 Stoßbeschickung f, Beschickung f, stoßweise
- batch feed
- alimentation f intermittente, alimentation f discontinue
- alimentazione f intermittente, dosatura f discontinua

1480 Stoßbohrapparat m, Schlagbohrmaschine f, Seilbohrgerät n
- percussion boring apparatus, percussion drill, impact drill, rope drill, cable-tool drill, cable-tool rig
- appareil m de sondage par percussion, appareil m de forage par percussion, foreuse f à percussion
- perforatrice f a percussione, sonda f a percussione

1481 Stoßbohrer m
- percussion-drill, percussion-jumper
- foret m à percussion
- trivello m a percussione

1482 Stoßbohrspitze f
- percussion bit
- trépan m à percussion
- trapano m a percussione

1483 Stoßbohrverfahren n, Kompaktbohrverfahren n, Schlagbohrung f, Seilbohrverfahren n, Seilschlagbohrmethode f, Trockenbohrverfahren n
- percussion method, rope drilling method, cable tool method, standard drilling method, solid tool method, churn method of drilling
- procédé m de sondage par percussion, procédé m de forage par percussion, sondage m à chute libre
- processo m di perforazione a percussione

1484 Stoßbohrverfahren n mit Wasserspülung
- jetting-down process, hydraulic percussion method
- procédé m de percussion à injection d'eau, procédé m de percussion hydraulique
- processo m di perforazione ad iniezione d'acqua, processo m di perforazione idraulica

Stoßbrunnen → Schlagbrunnen

1485 Stoßchlorung f
- intermittent chlorination
- chloration f intermittente
- clorazione f intermittente

1486 Stoßdämpfer m
- shock-absorber, bumper
- amortisseur m
- ammortizzatore m, paraurti m

1487 Stoßdruck m
- impact pressure
- pression f dynamique
- pressione f dinamica

Stoßfuge → Fuge

1488 Stoßheber m, Widder m, hydraulischer
- hydraulic ram
- bélier m hydraulique
- ariete m, ariete m idraulico

Stoßverdampfung → Entspannungsverdampfung

1489 stoßweise
- impulsive, in batches
- par chocs, par secousses
- a colpi

1490 Stoßwelle f, Druckwelle f, Schlagwelle f
- surge, surge wave
- surpression f
- onda f d'urto

1491 Stoßwelle f (seismisch)
- shock wave
- onde f de choc
- onda f d'urto

1492 **Strähne** f *(biol.)*
  □ strand
  △ chevelu m
  ○ groviglio m filamentoso

1493 **Strahl** m
  □ ray, jet
  △ rayon m, jet m
  ○ raggio m, getto m

  Strahl, Beta-~ → *Beta-Strahl*
  Strahl, überfallender → *Überfallstrahl*

1494 **Strahlablenker** m, **Strahlabweiser** m
  □ jet deflector
  △ déflecteur m de jet
  ○ deflettore m di getto

  Strahlabweiser → *Strahlablenker*

1495 **Strahlauflösung** f
  □ jet diffusion
  △ diffusion f de jet
  ○ diffusione f di getto

  Strahlbelüftung → *Ejektorbelüftung*

1496 **Strahldüse** f
  □ jet nozzle
  △ tuyère f à jet
  ○ ugello m a getto, ugello m di spruzzamento

1497 **Strahlen** m pl, **ultraviolette, UV-Strahlen** m pl
  □ ultra-violet rays pl
  △ rayons m pl ultra-violets, radiations f pl ultra-violettes
  ○ raggi m pl ultravioletti

1498 **Strahlenbelastung** f
  □ radiation load
  △ exposition f aux radiations, dose f d'irradiation
  ○ esposizione f alle radiazioni, carico m di radiazioni

1499 **Strahlenbelastung** f, **künstliche**
  □ man-made irradiation dose
  △ charge f artificielle en radiation
  ○ dose f di radiazione artificiale

1500 **Strahlendosis** f, **Strahlungsdosis** f
  □ irradiation dose
  △ dose f d'irradiation
  ○ dose f di irradiazione

1501 **Strahlenforschung** f, **Radiologie** f
  □ radiology
  △ radiologie f
  ○ radiologia f

1502 **Strahlenmesser** m
  □ radiometer, actinometer
  △ radiomètre m, dosimètre m, actinomètre m
  ○ radiometro m, attinometro m

1503 **Strahlenpilze** m pl, **Actinomyzeten** f pl
  □ actinomycetes pl
  △ actinomycètes m pl
  ○ actinomiceti m pl

1504 **Strahlenschutz** m
  □ protection against radiation, antiradiation, radiation protection
  △ protection f contre les radiations
  ○ protezione f contro le radiazioni

1505 **Strahlenschutz-Leitwert** m
  □ radiation protection guide
  △ valeur f indicative de protection contre les radiations
  ○ valore m indicativo di protezione contro le radiazioni

1506 **Strahlhöhe** f
  □ height of jet
  △ hauteur f du jet
  ○ altezza f del getto

1507 **Strahlpumpe** f
  □ jet pump
  △ pompe f à jet
  ○ pompa f a getto

1508 **Strahlregler** m
  □ jet regulator
  △ régulateur m de jet
  ○ regolatore m del getto

1509 **Strahlrohr** n
  □ jet pipe, jet tube
  △ lance f d'arrosage
  ○ lancia f, tubo m a getto

1510 **Strahlrohrmundstück** n
  □ orifice of jet pipe, mouthpiece of a jet pipe
  △ embouchure f d'une lance
  ○ bocchino m della lancia, imboccatura f della lancia

1511 **Strahlturbine** f
  □ turbo-jet engine
  △ turbine f à injection
  ○ turbina f a getto

1512 **Strahlung** f, **Ausstrahlung** f, **Bestrahlung** f
  □ radiancy, radiation, irradiation, emission
  △ irradiation f, rayonnement m, radiation f
  ○ irradiazione f, irraggiamento m, esposizione f all'azione dei raggi, radiazione f, azione f di raggi

1513 **Strahlung** f, **ionisierende**
  □ ionizing irradiation
  △ radiation f ionisante
  ○ radiazione f ionizzante

  Strahlung, Wärme~ → *Wärmestrahlung*

1514 **Strahlungsdosimeter** m
  □ radiation dosimeter
  △ dosimètre m de radiations
  ○ dosimetro m di radiazioni

  Strahlungsdosis → *Strahlendosis*

1515 **Strahlungsfrost** m
  □ radiation freeze, radiation frost, outgoing-radiation type of frost
  △ gel m de radiation
  ○ gelo m di radiazione

1516 Strahlwäscher m
  □ jet washer
  △ laveur m à jet
  ○ lavatrice f a getto [d'acqua]

1517 Strand m, Vorufer n
  □ shore, beach, foreshore, strand, seashore
  △ plage f, estran m
  ○ spiaggia f, piaggia f

  Strand, Bade~ → Badestrand

1518 Strand m, nasser
  □ wetted part of beach
  △ partie f mouillée de la plage
  ○ zona f bagnata della spiaggia

1519 Strand m, trockener
  □ unwetted part of beach
  △ partie f non mouillée de la plage
  ○ zona f non bagnata della spiaggia

1520 Strandbad n
  □ sea-side swimming bath, bathing beach
  △ plage f
  ○ lido m, stabilimento m balneare sulla spiaggia

  Strang, Fassungs~ → Fassungsstrang

  Strang, Rohr~ → Rohrstrang

  Strang, Seiten~ → Seitenstrang

1521 Straße f
  □ road, street
  △ rue f, voie f
  ○ strada f, via f

1522 Straßenabfluß m
  □ street run-off
  △ écoulement m des rues
  ○ ruscellamento m lungo le strade

1523 Straßenablauf m, Kanaleinlauf m, Straßeneinlaß m, Straßeneinlauf m, Straßensinkkasten m
  □ street inlet, street gulley, gully, gulley
  △ bouche f d'égout, rigole f
  ○ pozzetto m stradale

1524 Straßenbau m
  □ road building, road construction
  △ voirie f, construction f de routes
  ○ lavori m pl stradali

1525 Straßenbaum m
  □ roadside tree
  △ arbre m en bordure d'une voie
  ○ albero m ai bordi di una strada

1526 Straßenbesprengung f
  □ street sprinkling
  △ arrosage m des rues
  ○ innaffiamento m delle strade

1527 Straßenbrücke f
  □ road bridge, highway bridge (am)
  △ pont-route m
  ○ ponte m stradale

1528 Straßenbrunnen m, Laufbrunnen m
  □ pump in a street, roadside well
  △ borne-fontaine f
  ○ fontanino m

  Straßenbrunnens, Auslauf eines ~
  → Auslauf eines Straßenbrunnens

  Straßenbrunnens, Auslaufschale eines ~
  → Auslaufschale eines Straßenbrunnens

  Straßenbrunnentrog → Auslaufschale eines Straßenbrunnens

  Straßendecke → Belag

  Straßeneinlaß → Straßenablauf

  Straßeneinlauf → Straßenablauf

1529 Straßenfläche f
  □ street area, road area, road surface
  △ surface f des rues
  ○ superficie f delle strade

1530 Straßenfluchtlinie f
  □ street line
  △ alignement m de voirie, alignement m de rue
  ○ filo m stradale

1531 Straßengraben m
  □ road ditch, road drain
  △ fossé m routier
  ○ fossa f raccoglitrice stradale

  Straßenhobel → Planiergerät

1532 Straßenhydrant m
  □ street watering hydrant, flush hydrant
  △ bouche f de lavage
  ○ idrante m per lavaggio delle strade

  Straßenkanal → Abwasserleitung

1533 Straßenkappe f (e. Hydranten oder Schiebers)
  □ surface box
  △ coffre m de bouche d'incendie
  ○ copertura f stradale

1534 Straßenkappe f, befahrbare (eines Hydranten)
  □ street surface-box
  △ bouche f à clé pour chaussée
  ○ chiusino m per idrante transitabile

1535 Straßenkasten m
  □ curb box
  △ bouche f à clé
  ○ caditoia f

1536 Straßenkehrer m
  □ scavenger
  △ balayeur m
  ○ spazzino m, netturbino m

1537 Straßenkehricht m
  □ street sweepings pl
  △ balayures f pl de rues
  ○ spazzatura f stradale

1538 Straßenkehrmaschine f
  □ sweeper, [street] sweeping machine
  △ balayeuse f
  ○ spazzatrice f

1539 Straßenleitung f
  □ conduit in a street
  △ conduite f sous chaussée
  ○ conduttura f stradale, condotta f stradale

1540 **Straßennetz** n
  □ road system
  △ réseau m de routes
  ○ rete f stradale

1541 **Straßenreinigung** f
  □ street cleaning
  △ nettoyage m des rues, nettoiement m des voies publiques
  ○ pulitura f delle strade, pulizia f stradale

1542 **Straßenrinne** f, **Abzugsrinne** f, **Gosse** f, **Rinnstein** m
  □ gutter, gulley, street drain
  △ caniveau m
  ○ cunetta f stradale

1543 **Straßenrohr** n
  □ conduit pipe in a street
  △ canalisation f sous chaussée
  ○ tubazione f stradale

  Straßensalz → *Streusalz*

  Straßenschild eines Hydranten
  → *Hydrantenschild*

  Straßensinkkasten → *Straßenablauf*

1544 **Straßenteer** m
  □ road tar
  △ goudron m routier
  ○ catrame m per strade

1545 **Straßenüberführung** f
  □ street crossing, viaduct
  △ passage m de route, passage m supérieur
  ○ cavalcavia m

1546 **Straßenunterführung** f
  □ subway
  △ voie f souterraine, passage m inférieur
  ○ sottopassaggio m di una strada

1547 **Straßenwalze** f
  □ road roller, smooth wheel roller
  △ rouleau m compresseur
  ○ rullo m compressore, compressore m stradale

1548 **Straßenwaschung** f
  □ street washing
  △ lavage m des rues
  ○ lavaggio m delle strade

  Stratifikation → *Schichtung*

1549 **Stratigraphie** f, **Formationskunde** f
  □ subsurface geology
  △ stratigraphie f, géologie f du sous-sol
  ○ stratigrafia f

1550 **Strauch** m, **Busch** m
  □ shrub
  △ buisson m
  ○ arbusto m

1551 **Strebepfeiler** m
  □ buttress, strong post, strong pillar, counterfort, abutment pier
  △ contrefort m
  ○ contrafforte m, pilastro m di rinforzo

1552 **Strecke** f
  □ section, tract, distance, stretch, reach
  △ étendu f, espace m, section f
  ○ tratto m, sezione f

1553 **Strecke** f, **die ganze**
  □ the whole tract, the entire tract
  △ toute la section f
  ○ l'intero tratto m, l'intero tronco m

  Strecke, Fluß~ → *Flußstrecke*

  Strecke, Leitungs~ → *Leitungsstrecke*

1554 **Streckenwassermesser** m
  □ distribution meter
  △ compteur m de distribution
  ○ misuratore m di distribuzione

1555 **Streichen** n **der Schichten**
  □ strike, trend, direction, drift of the strata
  △ direction f des couches
  ○ direzione f degli strati, orientazione f degli strati

1556 **Streifenanbau** m
  □ strip cropping
  △ culture f en bandes
  ○ cultura f a strisce

1557 **Streifenfundament** n
  □ strip foundation, strip footing
  △ fondation f filante, semelle f filante
  ○ fondazione f a strisce

1558 **Streudüse** f, **Besprengungsdüse** f, **Spritzdüse** f
  □ spray nozzle, sprinkler nozzle, sprinkler
  △ bec m pulvérisateur, buselure f de pulvérisation
  ○ becco m polverizzatore, ugello m di polverizzazione

1559 **Streukalk** m
  □ agricultural lime
  △ chaux f agricole
  ○ calce f polverizzata

1560 **Streulicht** n
  □ scattered light
  △ lumière f diffuse
  ○ luce f diffusa

1561 **Streusalz** n, **Auftausalz** n, **Straßensalz** n, **Tausalz** n
  □ de-icing salt, road salt
  △ sel m à étaler
  ○ sale m da spargere

  Streuströme → *Ströme, vagabundierende*

1562 **Streuung** f *(v. Analysenwerten)*
  □ scattering
  △ dispersion f, éparpillement m
  ○ dispersione f

1563 **Strichkultur** f *(bact.)*
  □ streak culture
  △ culture f par frottis
  ○ coltura f a striscio

1564 **Strichregen** m
  □ local rain
  △ pluie f partielle, pluie f par zones
  ○ pioggia f parziale, pioggia f locale, pioggia f isolata

1565 **Strick** m
  □ cord, rope
  △ corde f
  ○ corda f

  Strick, Hanf~ → *Hanfseil*

  Strick, Teer~ → *Teerstrick*

1566 **Strickmuffe** f
  □ rope socket
  △ emboîtement m à mater avec rainure à corde
  ○ bicchiere m per giunzione a corda

  strippen → *abtreiben*

  Strippen → *Abtreiben*

  Strippkolonne → *Abtreibekolonne*

1567 **Ströme** m pl, **vagabundierende, Irrströme** m pl, **Kriechströme** m pl, **Streuströme** m pl
  □ stray currents pl, vagabond currents pl, vagrant currents pl, eddy currents
  △ courants m pl vagabonds, courants m pl baladeurs
  ○ correnti f pl vaganti

  Strömen → *Fließen*

1568 **Strömung** f, **Strom** m (hydraul.)
  □ current, flow, drift, stream
  △ courant m, écoulement m
  ○ corrente f

  Strömung, Dichte~ → *Dichteströmung*

1569 **Strömung** f, **diphasische**
  □ two-phase flow
  △ écoulement m diphasique
  ○ scolamento m bifase

  Strömung, Gegen~ → *Gegenströmung*

  Strömung, gleichförmige → *Strömung, gleichmäßige*

1570 **Strömung** f, **gleichmäßige, Abfluß** m, **beständiger, Strömung** f, **gleichförmige**
  □ uniform flow, steady flow
  △ écoulement m uniforme
  ○ corrente f in regime uniforme

  Strömung, Grund~ → *Unterströmung*

  Strömung, Küsten~ → *Küstenströmung*

1571 **Strömung** f, **laminare, Stromlinienströmung** f
  □ laminar flow, streamline flow, steady flow
  △ écoulement m laminaire, courant m laminaire
  ○ corrente m laminare

  Strömung, Meeres~ → *Meeresströmung*

  Strömung, Oberflächen~ → *Oberflächenströmung*

1572 **Strömung** f, **periphere**
  □ peripheral flow, peripheral current
  △ écoulement m périphérique
  ○ corrente f periferica

1573 **Strömung** f, **radiale, Radialströmung** f
  □ radial flow
  △ écoulement m radial
  ○ scolamento m radiale, flusso m radiale

1574 **Strömung** f, **ruhige**
  □ tranquil flow
  △ écoulement m tranquille, écoulement m fluvial, régime m fluvial
  ○ deflusso m tranquillo

  Strömung, Schicht~ → *Schichtströmung*

1575 **Strömung** f, **schießende, Schießen** n
  □ shooting flow, rushing flow
  △ écoulement m rapide, débit m rapide, régime m torrentiel
  ○ scolamento m rapido, regime m torrenziale

  Strömung, Sicker~ → *Sickerströmung*

1576 **Strömung** f, **stetige**
  □ steady flow
  △ écoulement m permanent
  ○ scolamento m permanente

  Strömung, Tide~ → *Tideströmung*

  Strömung, Trübe~ → *Trübeströmung*

1577 **Strömung** f, **turbulente, Fließen** n, **turbulentes, Turbulenzströmung** f
  □ turbulent flow
  △ écoulement m turbulent, écoulement m en régime turbulent
  ○ regime m turbolento

1578 **Strömung** f, **unbeeinflußte**
  □ virgin flow, unaffected flow
  △ écoulement m vierge
  ○ scolamento m vergineo

1579 **Strömung** f, **unstetige**
  □ unsteady flow
  △ écoulement m non-permanent
  ○ scolamento m non permanente

  Strömung, Vertikal~ → *Vertikalstrom*

1580 **Strömungsanzeiger** m, **Durchflußanzeiger** m
  □ flow indicator
  △ indicateur m d'écoulement, indicateur m de courant
  ○ indicatore m della corrente

1581 **Strömungsbedingungen** f pl, **hydraulisch wechselnde**
  □ hydraulically unstable flow conditions pl
  △ facteurs m pl hydrauliques de variation d'écoulement
  ○ condizioni f pl di moto idraulicamente instabile

1582 **Strömungsbereich** m, **laminarer,**
Laminarbereich m **der Strömung**
☐ laminar range of flow
△ zone f d'écoulement laminaire, régime m laminaire
○ zona f di flusso laminare, regime m laminare

Strömungsbild → *Strömungsvorgang*

1583 **Strömungsdiagramm** n
☐ flow diagram
△ diagramme m d'écoulement
○ diagramma m di deflusso

Strömungsdiagramm → *Fließbild*

1584 **Strömungsgeschwindigkeit** f
☐ velocity of flow, current velocity, stream velocity
△ vitesse f d'écoulement, vitesse f du courant
○ velocità f della corrente

1585 **Strömungsgesetz** n
☐ flow principle
△ loi f (de l')hydrodynamique
○ legge f della dinamica dei fluidi, principio m della dinamica dei fluidi

1586 **Strömungsintensität** f, **Abflußintensität** f
☐ intensity of flow, discharge intensity
△ intensité f d'écoulement
○ intensità f di flusso

Strömungslehre → *Hydrodynamik*

1587 **Strömungsmesser** m
☐ current meter, flow meter, surface-drifter, sea-bed drifter
△ mètre m de l'écoulement
○ misuratore m di deflusso

Strömungsmesser → *Wassermeßflügel*

1588 **Strömungsmesser** m, **volumetrischer**
☐ volumetric flow meter
△ mètre m d'écoulement volumétrique
○ misuratore m di portata volumetrica

Strömungsmeßstelle
→ *Abflußmengenmeßstelle*

1589 **Strömungsmessung** f, **Strommessung** f
☐ flow measurement, flow metering, streamflow gauging
△ mesure f de l'écoulement
○ misura f della corrente

Strömungsmodell → *Strömungsvorgang*

1590 **Strömungspotential** n
☐ streaming potential
△ potentiel m de circulation
○ potenziale m di deflusso

1591 **Strömungsumkehr** f, **Umkehr** f **der Fließrichtung**
☐ reversal of flow
△ renversement m de l'écoulement
○ inversione f del flusso

1592 **Strömungsverlauf** m
☐ flow course
△ allure f de l'écoulement
○ andamento m del flusso

1593 **Strömungsvorgang** m, **Strömungsbild** n, **Strömungsmodell** n
☐ flow pattern
△ processus m d'écoulement, modèle m d'écoulement
○ modello m della corrente

Strömungswassermesser
→ *Flügelrad[wasser]messer*

Strömungswiderstand → *Fließwiderstand*

1594 **Strohpappenfabrik** f
☐ strawboard mill, straw board factory
△ fabrique f de carton de paille
○ fabbrica f di cartone di paglia

1595 **Strohstoffabrik** f
☐ straw pulp factory
△ fabrique f de pâte de paille
○ fabbrica f di polpa di paglia

1596 **Strom** m
☐ stream, [large] river
△ fleuve m
○ fiume m grande

1597 **Strom** m *(elektr.)*
☐ current
△ courant m
○ corrente f

Strom → *Strömung*

Strom, auslaufender → *Ebbe*

Strom, Kurzschluß~ → *Kurzschlußstrom*

Strom, Vertikal~ → *Vertikalstrom*

Strom, Wirbel~ → *Wirbelstrom*

1598 **Stromablösung** f *(bei Strömungsversuchen)*
☐ flow separation
△ séparation f des courants, isolement m des courants
○ separazione f delle correnti

stromabwärts → *flußabwärts*

Stromaufnahme → *Stromverbrauch*

stromaufwärts → *flußaufwärts*

1599 **Stromausfall** m, **Energieausfall** m
☐ power failure
△ coupure f de courant, panne f de courant
○ mancanza f di corrente

1600 **Strombahn** f, **Bahnlinie** f, **Stromlinie** f
☐ line of flow, path line, stream line
△ ligne f de courant, trajectoire f des particules
○ traiettoria f di corrente, linea f di flusso

1601 **Strombahn** f, **absolute**
☐ absolute line of flow
△ trajectoire f absolue de l'écoulement
○ linea f di flusso assoluta

1602 **Strombahn** f, **relative**
☐ relative line of flow
△ trajectoire f relative de l'écoulement
○ linea f di flusso relativa

1603 **Strombelüftung** f, **Flußbelüftung** f, **Gewässerbelüftung** f
□ instream aeration, stream aeration
△ aération f des cours d'eau
○ aerazione f dei corsi d'acqua

Strombett → *Flußbett*

1604 **Stromenge** f
□ narrows pl of a river
△ pertuis m d'un fleuve
○ stretto m di un fiume

1605 **Stromfaden** m
□ streamthread
△ filet m fluide
○ filetto m fluido

1606 **Stromlieferung** f, **Stromversorgung** f
□ current supply
△ fourniture f de courant électrique, alimentation f en courant électrique
○ alimentazione f in corrente elettrica, fornitura f di energia elettrica

Stromlinie → *Strombahn*

1607 **Stromlinienform** f
□ streamline shape
△ forme f aérodynamique
○ forma f aerodinamica

Stromlinienströmung → *Strömung, laminare*

Strommessung → *Strömungsmessung*

1608 **Stromrichtungsanzeiger** m *(electr.)*
□ current direction indicator
△ dispositif m indicateur de direction de courant
○ indicatore m di direzione di corrente

1609 **Stromschnelle** f
□ cataract, rapids
△ rapide m
○ rapida f

Stromstrecke → *Flußstrecke*

1610 **Stromstrich** m
□ streamline, thread of the current, line of maximum velocity of flow
△ ligne f de courant
○ linea f di corrente

1611 **Stromverbrauch** m, **Stromaufnahme** f
□ current consumption, electric power consumption
△ consommation f de courant
○ consumo m di corrente

Stromversorgung → *Stromlieferung*

1612 **Strontium** n
□ strontium
△ strontium m
○ stronzio m

1613 **Strudel** m, **Wirbel** m
□ whirlpool, vortex, eddy, whirl, swirl
△ tourbillon m, gouffre m
○ vortice m, gorgo m

1614 **Strudelwurm** m *(Polycelis nigra)*
□ flatworm
△ planaire f
○ turbellaro m

Struktur → *Gefüge*

Struktur, Boden~ → *Bodenstruktur*

Struktur, Einzelkorn~ → *Einzelkornstruktur*

Struktur, Krümel~ → *Krümelstruktur*

1615 **Stückgewicht** n
□ unit weight
△ poids m unitaire
○ peso m unitario

1616 **Stückkalk** m
□ pebbled lime, lump lime
△ chaux f en roches
○ calce f a pezzi

Stückpreis → *Einheitspreis*

1617 **Stütze** f, **Auflager** n
□ support
△ support m, appui m
○ supporto m, sostegno m

1618 **Stützkörper** m
□ supporting body
△ massif m d'appui, massif m de butée
○ spalla f di sostegno

1619 **Stützmaterial** n
□ supporting material
△ matériau m d'appui
○ materiale m di supporto

1620 **Stützmauer** f
□ retaining wall, supporting wall
△ mur m de soutènement
○ muro m di sostegno

1621 **Stufe** f
□ step, stage, effect
△ degré m, gradin m
○ grado m, gradino m, stadio m

1622 **Stufenbehandlung** f
□ stage treatment
△ traitement m en étages
○ trattamento m a stadi, trattamento m a gradini

1623 **Stufenbeschickung** f
□ step feeding, incremental loading
△ alimentation f étagée, charge f progressive
○ carico m progressivo, aumento m di carico a gradini

1624 **Stufenlüftung** f, **Abwasserzuführung** f, **verteilte**
□ step aeration, incremental feeding of aeration tank
△ aération f répartie, aération f étagée, alimentation f étagée
○ aerazione f a stadi, aerazione f a gradini

1625 **Stufenreinigung** f
  □ stage purification
  △ épuration f en étapes
  ○ epurazione f a stadi, epurazione f a gradini

1626 **stufenweise**
  □ in steps, in stages
  △ par paliers, par étapes
  ○ per gradi, graduale, progressivo

1627 **Stuhlgang** m, **Darmentleerung** f, **Defäkation** f
  □ stool, motion, excrements pl, defecation, evacuation of the bowels, action of the bowels
  △ selle f, excrétion f, déjection f, défécation f, évacuation f alvine
  ○ andar m del corpo, defecazione f

1628 **stumpf geschweißt**
  □ butt-welded
  △ soudé par rapprochement
  ○ saldato per contatto, saldato testa a testa

  Stumpfschweißnaht → Stoß-an-Stoß-Verbindung

1629 **Stunde** f
  □ hour
  △ heure f
  ○ ora f

1630 **Stundenbedarf** m
  □ hourly demand
  △ demande f horaire
  ○ bisogno m orario

1631 **Stundenbedarf** m, **höchster**
  □ maximum hourly demand
  △ demande f horaire maximale
  ○ bisogno m orario massimo

1632 **Stundenspeicher** m
  □ service reservoir
  △ réservoir m horaire
  ○ serbatoio m orario

1633 **Stundenverbrauch** m
  □ hourly consumption, consumption per hour
  △ consommation f horaire
  ○ consumo m per ora

1634 **Sturm** m
  □ storm, tempest, gale, strong gale
  △ tempête f
  ○ tempesta f

1635 **Sturmbahn** f
  □ storm lane
  △ trajectoire f de tempête
  ○ traiettoria f di tempesta

1636 **Sturmflut** f, **Sturmtide** f
  □ high tide, storm tide
  △ grandes marées f pl
  ○ colma f, mareggiata f

  Sturmtide → Sturmflut

1637 **Sturmwarnung** f
  □ gale warning
  △ avertissement m de tempête
  ○ avviso m di tempesta

1638 **Sturmwind** m
  □ strong gale, heavy gale, high wind
  △ bourrasque f, vent m impétueux
  ○ bufera f

1639 **Sturmzentrum** n
  □ storm eye
  △ oeil m d'une tempête
  ○ occhio m della tempesta

  Sturz → Fall

  Sturzbach → Wildbach

1640 **Sturzbecken** n
  □ bucket
  △ auge f
  ○ vasca f di caduta

1641 **Sturzbeckenschwelle** f
  □ bucket lip wall
  △ seuil m de l'auge
  ○ soglia f di diga trascinabile

1642 **Sturzbett** n (eines Wehres)
  □ downstream floor, floor, apron
  △ radier m
  ○ platea f

  Sturzbrecher → Brecher

1643 **Sturzflut** f
  □ flash flood
  △ crue f éclair
  ○ piena f istantanea

  Sturzsee → Brecher

1644 **Sturztreppe** f, **Kaskade** f, **Katarakt** m
  □ cascade, cataract
  △ cascade f, cataracte f
  ○ cascata f, cateratta f

1645 **Sturzwelle** f, **Bore** f, **Mascaret** n
  □ break of tidal wave, bore
  △ mascaret m
  ○ frangente m dell'onda di marea

1646 **Stutzen** m, **Abzweigstutzen** m, **Ansatz** m, **Anschlußstutzen** m, **Rohransatz** m, **Rohrstutzen** m
  □ branch piece, ferrule
  △ tubulure f de branchement
  ○ tubo m di raccordo

1647 **Stutzen** m, **gerader**
  □ straight branch, right-angle branch
  △ tubulure f droite (à 90°)
  ○ tubo m di raccordo diritto

  Stutzen, Reinigungs~ → Reinigungsstutzen

  Stutzen, Saug~ → Saugstutzen

1648 **Stutzen** m, **schräger**
  □ skew branch, inclined branch
  △ tubulure f oblique
  ○ tubo m di raccordo obliquo

  S.[almonella] typhi → Typhusbakterium

1649 **subakut**
  □ subacute
  △ subaigu
  ○ subacuto

S 1650

1650 subletal
- □ sublethal
- △ sub-létal
- ○ subletale

1651 Sublimation *f*, **Sublimierung** *f*
- □ sublimation
- △ sublimation *f*
- ○ sublimazione *f*

Sublimierung → *Sublimation*

Substanz → *Stoff*

1652 Substanz *f*, **methylenblauaktive, MBAS**
- □ apparent ABS
- △ ABS *m* apparent, ABS *m* actif au bleu de méthylène
- ○ sostanza *f* attiva al blu di metilene, MBAS

Substanz, methylenblauaktive → *MAS*

Substanz, organische → *Bestandteile, organische*

1653 Substrat *n*
- □ substrate
- △ substrat *m*
- ○ substrato *m*

Substrat → *Nährlösung*

1654 Substratatmung *f*
- □ substrate respiration
- △ respiration *f* due au substrat
- ○ respirazione *f* del substrato

Subtropenklima → *Klima, subtropisches*

1655 Suchgerät *n*, **Detektor** *m*, **Spürgerät** *n*
- □ detector
- △ détecteur *m*, appareil *m* de détection
- ○ detettore *m*

Suchgerät, Leitungs~ → *Leitungssuchgerät*

1656 Süßwasser *n*
- □ fresh water, sweet water
- △ eau *f* douce
- ○ acqua *f* dolce

Süßwasser... → *limnisch*

1657 Süßwasseralgen *f pl*
- □ fresh water algae *pl*
- △ algues *f pl* d'eau douce
- ○ alghe *f pl* dell'acqua dolce

Süßwasserbereitung → *Meerwasserentsalzung*

Süßwasserbiologie → *Limnologie*

1658 Süßwasserfisch *m*, **Flußfisch** *m*
- □ fresh water fish, sweet water fish
- △ poisson *m* d'eau douce
- ○ pesce *m* del'acqua dolce

Süßwasserflora → *Süßwasserpflanzenwelt*

1659 Süßwassergewinnung *f*
- □ freshwater production
- △ production *f* d'eau douce, captage *m* d'eau douce
- ○ produzione *f* d'acqua dolce

1660 Süßwasserlinse *f* *(hydrol.)*
- □ fresh-water lens
- △ lentille *f* d'eau douce
- ○ lenticchia *f* d'acqua dolce

1661 Süßwasserpflanzenwelt *f*, **Süßwasserflora** *f*
- □ fresh water flora
- △ flore *f* d'eau douce
- ○ vegetazione *f* dell'acqua dolce, flora *f* dell' acqua dolce

1662 Süßwasserplankton *n*, **Eulimnoplankton** *n*, **Seenplankton** *n*
- □ freshwater plankton
- △ plancton *m* d'eau douce
- ○ plancton *m* d'acqua dolce

1663 Sulfat *n*, **Salz** *n*, **schwefelsaures**
- □ sulphate *(br)*, sulfate *(am)*
- △ sulfate *m*
- ○ solfato *m*

1664 Sulfathüttenzement *m*
- □ supersulphated cement
- △ ciment *m* sursulfaté
- ○ cemento *m* solfatico

1665 Sulfatreduktion *f*
- □ sulphate reduction
- △ réduction *f* des sulfates, sulfato-réduction *f*
- ○ riduzione *f* dei solfati

1666 Sulfatsoda *f*
- □ Leblanc soda, sulphate-soda
- △ soude *f* Leblanc
- ○ soda *f* Leblanc

Sulfatzellstoff → *Natronzellstoff*

Sulfatzellstoffabrik → *Natronzellstoffabrik*

1667 Sulfid *n*
- □ sulphide *(br)*, sulfide *(am)*
- △ sulfure *m*
- ○ solfuro *m*

1668 Sulfit *n*
- □ sulphite *(br)*, sulfite *(am)*
- △ sulfite *m*
- ○ solfito *m*

1669 Sulfitablauge *f*
- □ sulphite [waste] liquor, spent sulphite liquor
- △ lessive *f* résiduaire sulfitique
- ○ lisciva *f* di rifiuto solfitico

1670 Sulfitzellstoff *m*
- □ sulphite pulp, sulphite cellulose
- △ pâte *f* au sulfite
- ○ pasta *f* al solfito

1671 Sulfitzellstoffabrik *f*
- □ sulphite pulp factory
- △ fabrique *f* de pâte au sulfite
- ○ fabbrica *f* di pasta al solfito, fabbrica *f* di pasta al bisolfito

1672 Sulfonat *n*
- □ sulphonate, sulfonate
- △ sulfonate *m*
- ○ solfonato *m*

1673 **Sulfonsäure** f
- sulfonic acid, sulphonic acid
- △ acide m sulfonique
- ○ acido m solfonico

1674 **Summationszähler** m
- summator, totalizer
- △ compteur m totalisateur, compteur m intégrateur
- ○ contatore m totalisatore

Summenganglinie → Summenlinie

Summenganglinie, Abfluß~ → Abfluß-summenganglinie

Summenkurve → Summenlinie

1675 **Summenlinie** f, **Mengenlinie** f, **Summenganglinie** f, **Summenkurve** f
- summation curve, mass curve, mass diagram
- △ courbe f de sommation, courbe f de masse, courbe f des valeurs cumulées, courbe f cumulative
- ○ linea f delle somme progressive, curva f di sommazione

Summenlinie, Abfluß~ → Abfluß-summenganglinie

1676 **Summenwert** m, **Integralwert** m
- integrated value
- △ valeur f integrée
- ○ valore m integrato

Sumpf → Morast

1677 **Sumpfdotterblume** f (Caltha palustris)
- marsh-marigold
- △ caltha f des marais
- ○ calta f palustre

Sumpffieber → Malaria

Sumpfgas → Grubengas

1678 **Sumpfgebiet** n
- swampy district [or area], marshy district [or area]
- △ région f marécageuse
- ○ territorio m paludoso, territorio m palustre

1679 **Sumpfgelände** n
- swampy land
- △ terrain m marécageux, marécage
- ○ terreno m paludoso

1680 **sumpfig**
- swampy
- △ marécageux
- ○ paludoso, pantanoso

1681 **Sumpfpflanze** f, **Helophyte** f
- helophyte
- △ plante f des marais
- ○ pianta f palustre

1682 **Sumpfstrecke** f (Bergbau)
- (mine) drift for collecting water
- △ galerie f de drainage d'une mine
- ○ galleria f di drenaggio di una miniera

Sund → Meerenge

1683 **Sunk** m
- progressive sinking of water level
- △ abaissement m progressif du niveau
- ○ abbassamento m progressivo del livello d'acqua

1684 **Superfluidität** f
- superfluidity
- △ superfluidité f, hyperfluidité f
- ○ superfluidità f

Suspension → Schwebezustand

1685 **Symbiose** f (biol.)
- symbiosis
- △ symbiose f
- ○ simbiosi f

Symbol → Sinnbild

1686 **Symmetrie** f
- symmetry
- △ symétrie f
- ○ simmetria f

1687 **symmetrisch**
- symmetrical
- △ symétrique
- ○ simmetrico

1688 **Synchronantrieb** m
- synchronous drive
- △ entraînement m synchrone
- ○ impulso m sincrono

1689 **Synchronmotor** m
- synchronous motor
- △ moteur m synchrone
- ○ motore m sincrono

1690 **synergetisch, synergistisch**
- synergistic
- △ synergique
- ○ sinergistico

1691 **Synergie** f, **Synergismus** m
- synergism
- △ synergie f
- ○ sinergia f

Synergismus → Synergie

synergistisch → synergetisch

1692 **Synthese** f
- synthesis
- △ synthèse f
- ○ sintesi f

1693 **Synthesekautschukwerk** n
- synthetic rubber works
- △ fabrique f de caoutchouc synthétique
- ○ fabbrica f di caucciù sintetico

1694 **synthetisch**
- synthetic[al]
- △ synthétique
- ○ sintetico

1695 **System** n
- system
- △ système m
- ○ sistema m

1696 System *n*, **erdverlegtes**
□ underground installation, buried system
△ réseau *m* souterrain, réseau *m* enterré
○ sistema *f* interrata

System, hydrographisches → *Gewässernetz*

1697 System *n*, **ökologisches**
□ eco-system
△ système *f* écologique
○ sistema *m* ecologico

1698 Szintillationszähler *m*
□ scintillation counter
△ compteur *m* à scintillation
○ contatore *m* a scintillazione

1 T-Stück *n*
□ tee branch, flanged tee
△ tuyau *m* à T, té *m*, té *m* à 3 B, raccord *m* en T
○ pezzo *m* a T

2 T-Träger *m*
□ T-iron
△ fer *m* à T
○ ferro *m* a T

3 Tabelle *f*
□ table, chart
△ tableau *m*, graphique *m*
○ tavola *f*, tabella *f*

Tabelle, Abfluß~ → *Abflußtafel*

4 Tachometer *n*
□ tachometer
△ tachéomètre *m*
○ tacheometro *m*

5 täglich
□ daily, diurnal
△ journalier, par jour, quotidien, diurne
○ diurno, giornaliero, quotidiano

6 Tafelgebirge *n*
□ table mountain
△ montagne *f* à plateau
○ montagna *f* a tavola

7 Tag *m*
□ day
△ jour *m*, journée *f*
○ giorno *m*

8 Tagebau *m*
□ open mine, surface mine, strip mine, open-pit mine, open-cut [coal] mine, dredge mining
△ exploitation *f* à ciel ouvert, minière *f* à ciel ouvert
○ lavoro *m* a soprasuolo, lavoro *m* a giorno

9 Tagesabfluß *m*
□ daily runoff, daily run-off
△ écoulement *m* quotidien, débit *m* journalier
○ efflusso *m* giornaliero

10 Tagesabfluß *m*, **mittlerer**
□ mean daily flow
△ débit *m* moyen journalier, écoulement *m* moyen journalier
○ deflusso *m* medio giornaliero

11 Tagesanfall *m*, **Tagesmenge** *f*
□ daily water flow, DWF
△ débit *m* journalier
○ portata *f* gionaliera

12 Tagesaufnahme *f*
□ daily intake, intake per day
△ prélèvement *m* journalier, prise *f* quotidienne
○ prelievo *m* giornaliero

13 Tagesausgleichbehälter *m*
□ diurnal balancing tank
△ réservoir *m* compensateur journalier
○ serbatoio *m* compensatore giornaliero

14 Tages[wasser]entnahme f
□ daily draught [of water]
△ prélèvement m journalier [d'eau]
○ prelevamento m giornaliero [d'acqua]

Tagesförderleistung → Tagesfördermenge eines Pumpwerkes

15 Tagesfördermenge f eines Pumpwerkes, Tagesförderleistung f
□ daily pumpage, pumping capacity per day
△ débit m de pompage journalier
○ portata f giornaliera di pompaggio

16 Tageskopfverbrauch m, Tagesverbrauchsmenge f je Einwohner, Verbrauchsmenge f je Einwohner und Tag, Wasserbedarf m, spezifischer
□ daily per capita consumption, per capita consumption daily, consumption per capita per day, specific water requirements
△ consommation f par jour et par habitant
○ consumo m giornaliero per abitante, consumo m giornaliero per testa, consumo m per abitante e per giorno

17 Tagesleistung f
□ daily output, output per day
△ puissance f journalière, débit m journalier
○ potenza f giornaliera, portata f giornaliera

Tagesmenge → Tagesanfall

18 Tagesmittelwert m
□ daily average, average per day
△ moyenne f journalière
○ media f giornaliera

Tagesschwankung → Schwankung, tägliche

19 Tagesspeicher m
□ daily storage reservoir, daily balancing reservoir
△ réservoir m journalier
○ serbatoio m giornaliero

20 Tagesspitze f
□ peak of the day
△ pointe f journalière, maximum m journalier
○ punta f giornaliera, massimo m giornaliero

21 Tagesspitzenverbrauch m
□ maximum daily consumption
△ consommation f journalière maximale
○ consumo m giornaliero massimo

Tagesstollen → Zugangsstollen

22 Tagesverbrauch m, Tagesverbrauchsmenge f
□ consumption per day, daily consumption
△ consommation f par jour, consommation f journalière
○ consumo m per giorno, consumo m giornaliero

Tagesverbrauchsmenge → Tagesverbrauch

Tagesverbrauchsmenge je Einwohner → Tageskopfverbrauch

Tageswasser → Regenwasser

23 Tageswasserentnahme f
□ diurnal intake of water
△ prise f d'eau journalière
○ presa f d'acqua giornaliera

24 Tageswasserverbrauch m
□ daily water consumption
△ consommation f d'eau journalière
○ consumo m d'acqua per giorno

25 Tageswert m, Hauptwert m, täglicher
□ day's value
△ valeur f quotidienne
○ valore m giornaliero

26 tageszeitlich
□ during the day, in the day's course
△ durant la journée˙
○ durante la giornata

27 Tageszufluß m
□ day flow
△ apport m journalier
○ afflusso m giornaliero

Tagwasser → Regenwasser

Tagwassereinlauf → Regenwassereinlauf

28 Taifun m
□ typhoon
△ typhon m
○ tifone m

29 Tal n
□ dale, valley
△ vallée f
○ valle f, vallata f

Tal, Grundwasser~ → Grundwassersenke

30 Tal n, kleines
□ small valley, dale
△ vallon m
○ valle f piccola

Tal, Trocken~ → Wadi

Talbrücke → Viadukt

31 Talentwicklung f
□ sinuosity of a valley
△ sinuosité f d'une vallée
○ sinuosità f di una vallata, tortuosità f di una vallata

32 Talflanke f
□ valley wall
△ flanc m de vallée
○ fianco m di una vallata

33 Talhang m
□ valleyside slope, valley(side) slope
△ versant m d'une vallée
○ pendio m di valle, versante m di valle

34 Tallänge f
□ valley length
△ longueur f d'une vallée
○ lunghezza f di una vallata

Talleiste → Flußterasse

35 **Talquelle** f
□ valley spring
△ source f de vallée
○ sorgente f di valle

36 **Talschutt** m
□ valley fill
△ remblaiement m de vallée
○ colmata f di un avvallamento

talseitig → *luftseitig*

37 **Talsohle** f
□ bottom of the valley, valley floor
△ fond m de vallée
○ fondo m della valle, fondovalle m

38 **Talspeicherung** f
□ valley storage
△ emmagasinement m dans la vallée
○ immagazzinamento m in una valle

39 **Talsperre** f, **Sperre** f
□ reservoir, impounding reservoir, impounding dam, storage reservoir, barrage
△ barrage m, réservoir m
○ diga f, serbatoio m

Talsperre mit Vielfachgewölben
→ *Gewölbereihendamm*

40 **Talsperre** f **mit Vielfachkuppeln**
□ multiple dome dam
△ barrage m à dômes multiples
○ diga f a cupole multiple

41 **Talsperrenabdichtung** f
□ dam sealing
△ étanchement m d'une digue
○ impermeabilizzazione f di una diga

42 **Talsperrenbau** m
□ dam construction
△ construction f des barrages
○ costruzione f delle dighe

Talsperrenbecken → *Staubecken*

43 **Talsperrenbruch** m
□ dam rupture, dam failure
△ rupture f d'un barrage, fissure f d'un barrage
○ rottura f di una diga, fessurazione f di una diga

Talsperrensee → *Stausee*

44 **Talsperrenspeicherung** f
□ dam storage
△ stockage m d'eau par barrage
○ invaso m ottenuto per sbarramento

45 **Talsperrenstatistik** f
□ reservoir statistics
△ statistique f concernant les barrages
○ statistica f dei serbatoi

46 **Talsperrenüberwachung** f
□ monitoring of dams
△ surveillance f des barrages
○ sorveglianza f delle dighe

47 **talwärts**
□ down-hill
△ en aval, d'aval, à l'aval
○ a valle

talwärts → *flußabwärts*

48 **Talweg** m
□ channel of a river, thalweg
△ passe f d'un fleuve, thalweg m
○ talweg m, asse m della valle, filone m d'impluvio

Tang → *Seetang*

49 **Tangentialspannung** f
□ tangential stress
△ contrainte f tangentielle
○ sollecitazione f tangenziale

50 **Tangentialturbine** f
□ tangential-flow turbine
△ turbine f tangentielle
○ turbina f tangenziale

Tank, Speicher~ → *Speicherbecken*

Tankanlage → *Tankfeld*

Tanker → *Öltanker*

Tanker, Schlamm~ → *Schlammtanker*

51 **Tankfeld** n, **Tankanlage** f
□ tank field, fuel storage depot
△ batterie f de réservoirs
○ parco m di serbatoi

52 **Tankraum** m
□ tankage
△ volume m des réservoirs, capacité f de stockage des réservoirs
○ volume m dei serbatoii

Tankreinigungswasser
→ *Tankwaschwasser*

53 **Tankstelle** f
□ filling station, petrol station, service station
△ poste m de distribution
○ posto m di rifornimento, distributore m di benzina

Tankstelle, Gas~ → *Gastankstelle*

54 **Tankwagen** m, **Kesselwagen** m
□ tanker, tank car (am), tank vehicle, tanker vehicle, road tanker, tank wagon
△ wagon m réservoir, wagon m citerne, camion m citerne
○ vagone m cisterna, carro m cisterna

Tankwagen, Schlamm~ → *Schlammtankwagen*

55 **Tankwaschwasser** n, **Tankreinigungswasser** n
□ tank washings pl, tank cleaning wastes pl
△ eaux f pl (résiduaires) de lavage des citernes
○ acque f pl di lavaggio delle cisterne

56 **Tanne** f (Abies)
□ fir
△ sapin m
○ abete m

57 **Tannenwedel** m *(Hippuris) (bot.)*
□ horse-tail, mare's tail
△ queue f de cheval
○ Hippuris m

58 **Tarif** m
□ tariff
△ tarif m
○ tariffa f

Tarif, Pauschal~ → *Pauschalgebühr*

Tarif, Zonen~ → *Zonentarif*

59 **Taschenwarngerät** n
□ pocket monitor
△ appareil m de contrôle de poche
○ apparecchiatura f di controllo tascabile

60 **Tau** m
□ dew
△ rosée f
○ rugiada

61 **Tau** n, **Seil** n
□ rope, cable
△ câble m, corde f, cordage m, amarre f, grelin m
○ cavo m, canapo m, gomena f, corda f, fune f

62 **Tauchbad** n
□ dipping bath, immersion bath
△ bain m au trempé, bain m par immersion
○ bagno m ad immersione, bagno m per immersione

Tauchbad, Asphalt~ → *Asphalttauchbad*

Tauchbad, Teer~ → *Teertauchbad*

63 **Tauchbohle** f, **Tauchbrett** n, **Tauchwand** f
□ scum-board, downflow baffle, skirt, under(flow) baffle
△ cloison f plongeante, cloison f siphoide, pare-écume m
○ parete f sommersa, paraschiuma m

64 **Tauchbrenner** m
□ submerged-combustion burner
△ brûleur m immergé, brûleur m noyé
○ bruciatore m per combustione sommersa

65 **Tauchbrennerverdamper** m
□ submerged-combustion evaporator
△ évaporateur m à brûleurs immergés, évaporateur m à brûleurs noyés
○ evaporatore m a combustione sommersa

66 **Tauchbrennerverdampfung** f
□ submerged-combustion evaporation
△ évaporation f avec emploi de brûleurs immergés
○ evaporazione f per combustione sommersa

Tauchbrett → *Tauchbohle*

67 **Taucher** m
□ diver
△ plongeur m
○ palombaro m

68 **Taucherarbeit** f
□ diving work
△ travaux m pl en plongée
○ lavori m pl subacquei

69 **Taucherglocke** f
□ diving bell
△ cloche f à plongeur
○ campana f d'immersione

70 **Tauchform** f **des Überfalls, Überfall** m, **Tauchform des -s**
□ plunging type of overfall
△ déversoir m de type plongeant
○ stramazzo m rigurgitato

71 **Tauchkörper** m, **Emscherfilter** n
□ [submerged] contact aerator
△ lit m immergé, lit m de contact immergé
○ letto m sommerso

72 **Tauchkolben** m
□ plunger
△ plongeur m
○ stantuffo m

73 **Tauchkolbenpumpe** f, **Plungerpumpe** f, **Verdrängerpumpe** f
□ plunger pump, reciprocating pump, displacement pump, reciprocating ram pump
△ pompe f à plongeur, pompe f à piston plongeur, pompe f volumétrique
○ pompa f a stantuffo tuffante

74 **Tauchkolbenpumpe** f, **doppelt wirkende**
□ double-acting plunger pump
△ pompe f à plongeur à double effet
○ pompa f a stantuffo tuffante a doppio effetto

75 **Tauchmotorpumpe** f
□ submersible motor pump
△ moto-pompe f immergée
○ pompa f a motore immersa

Tauchpumpe → *Unterwasserpumpe*

Tauchstrahlbelüfter → *Ejektorbelüfter*

Tauchtiefe → *Eintauchtiefe*

76 **Tauchtropfkörper** m, **Scheibenbelüfter** m, **Scheibentauchtropfkörper** m
□ rotating disc filter, plunging trickling filter, disc aerator, disk aerator, biological disc
△ lit m bactérien à disque, percolateur m plongeant
○ dischi m pl biologici, letto m percolatore a dischi rotanti

Tauchüberzug, Steinkohlenteer-~ → *Steinkohlenteer-Tauchüberzug*

Tauchwand → *Tauchbohle*

77 **Tauchwand** f, **periphere**
□ peripheral skirt
△ pare-écume m périphérique
○ paraschiuma m periferico

78 **tauen, auftauen, schmelzen**
  □ melt, thaw [up], de-ice
  △ dégeler, fondre
  ○ sgelare, sghiacciare

79 **Taupunkt** m, **Kondensationspunkt** m
  □ dew point
  △ point m de rosée, point m de condensation
  ○ punto m di condensazione, punto m di rugiada

  Tausalz → *Streusalz*

80 **Tausammelteich** m
  □ dew pond
  △ étang m de collecte de rosée
  ○ stagno m di raccolta della rugiada

81 **Tausendblatt** n *(bot.) (Myriophyllum)*
  □ water milfoil, water yarrow
  △ myriophylle
  ○ mille foglie f pl

  Technik, Gesundheits~ → *Gesundheitstechnik*

82 **Technikumversuch** m
  □ semi-commercial scale test
  △ essai m semi-industriel, essai m à l'échelle semi-industrielle
  ○ prova f in scala semi-industriale

83 **Technische Chemie** f
  □ chemical engineering
  △ chimie f technique, génie m chimique
  ○ genio m chimico

84 **Technologie** f
  □ technology
  △ technologie f
  ○ tecnologia f

85 **technologisch**
  □ technological
  △ technologique
  ○ tecnologico

86 **Teer** m, **Goudron** n
  □ tar
  △ goudron m
  ○ catrame m

  Teer, Straßen~ → *Straßenteer*

87 **Teerabscheider** m
  □ tar separator
  △ séparateur m de goudron
  ○ separatore m di catrame

88 **teerartig**
  □ tarry
  △ goudronneux
  ○ della natura di catrame, catramoso

89 **Teeremulsion** f
  □ coal-tar emulsion
  △ émulsion f de goudron
  ○ emulsione f di catrame

  Teergeruch → *Geruch nach Teer*

90 **Teerpappe** f
  □ tar paper, tarboard
  △ papier m asphalté
  ○ cartone m catramato

91 **Teerpech** n
  □ coal-tar pitch
  △ brai m de goudron
  ○ pece f di catrame

92 **Teerschutzüberzug** m, **Goudronüberzug** m
  □ tar enamel coating
  △ revêtement m de goudron
  ○ rivestimento m protettivo di catrame

93 **Teerstrick** m
  □ tarred rope, dipped yarn
  △ corde f goudronnée, filasse f goudronnée
  ○ corda f catramata

94 **Teertauchbad** n
  □ coal-tar bath, tar dip
  △ bain m de goudron
  ○ bagno m di catrame

95 **Teerung** f
  □ tarring
  △ goudronnage m
  ○ incatramazione f

96 **Teich** m, **Weiher** m
  □ pond, pool
  △ étang m
  ○ stagno m

  Teich, Abwasser~ → *Abwasserteich*

  Teich, belüfteter, Abwasser~ → *Oxidationsteich*

  Teich, Berge~ → *Bergeteich*

  Teich, Faul~ → *Abwasserteich*

  Teich, Gruben~ → *Grubenteich*

  Teich, Kühl~ → *Kühlteich*

  Teich, Nachbehandlungs~ → *Oxidationsteich*

  Teich, Oxidations~ → *Oxidationsteich*

  Teich, Speicher~ → *Speicherteich*

  Teich, Stabilisierungs~ → *Oxidationsteich*

  Teich, Stamm~ → *Stammteich*

97 **Teichabdichtung** f
  □ pond sealing
  △ étanchement m d'un étang, imperméabilisation f d'un étang
  ○ impermeabilizzazione f di un stagno

  Teichbehandlung → *Behandlung im Abwasserteich*

98 **Teichfaden** m *(bot.) (Zannichellia)*
  □ horned pond-weed
  △ Zannichellia f
  ○ Zannichellia f

99 **Teichinhalt** m
  □ pondage capacity, pondage
  △ volume f de retenue d'un étang
  ○ volume m d'acqua di stagno

100 **Teichrose** f, **Seerose** f, **gelbe** *(bot.)*
(Nuphar)
□ yellow water-lily
△ nénuphar m
○ giglio m di stagno, Nuphar m

101 **Teichschnecke** f *(biol.) (Planorbis)*
□ pond snail
△ planorbe f
○ lumaca f di stagno, Planorbis m

102 **Teichwasserstern** m *(Callitriche stagnalis)*
□ starwort
△ stellaire f
○ lilie m carfano, nintea f bianca, rose m nenufero

Teichwirtschaft → *Fischzucht*

Teil der Sauerstofflinie, abgesenkter
→ *Tiefpunkt der Sauerstofflinie*

103 **Teilautomatisierung** f
□ semi-automation
△ automatisation f partielle, semi-automatisation f
○ automatizzazione f parziale

104 **teilbehandelt**
□ partially treated
△ traité partiellement
○ parzialmente trattato

105 **Teilbehandlung** f
□ partial treatment
△ traitement m partiel
○ trattamento m parziale

Teilchen → *Partikel*

[in] Teilchenform vorliegend
→ *partikelartig*

106 **Teilchengröße** f
□ particle size
△ dimension f des particules
○ dimensione f delle particelle

107 **Teilchenzählung** f
□ particle counting
△ comptage m des particules, numération f des particules
○ numerazione f di particelle

Teildruck → *Partialdruck*

108 **Teilenthärtungsanlage** f
□ plant for partial softening
△ installation f d'adoucissement partiel
○ impianto m di addolcimento parziale

109 **Teilentsalzung** f
□ partial desalination
△ dessalement m partiel
○ dissalazione f parziale

110 **Teilreinigung** f
□ partial purification
△ épuration f partielle
○ epurazione f parziale

111 **Teilstrombehandlung** f
□ split flow treatment
△ traitement m sur courant partiel
○ trattamento m delle singole correnti costituenti lo scarico complessivo

112 **Teilstromfiltration** f
□ partial filtration
△ filtration f partielle
○ filtrazione f parziale

113 **Teilstromwasserzähler** m, **Partialwasserzähler** m
□ partial water meter
△ compteur m divisionnaire
○ contatore m [d'acqua] divisionale

Telefon → *Fernsprecher*

114 **Tellerventil** n, **Scheibenventil** n
□ disc valve
△ soupape f à disque, soupape f à siège plan
○ valvola f a sede piana, valvola f a disco

115 **Temperatur** f, **Wärmegrad** m
□ temperature, degree of temperature
△ température f, degré m de chaleur
○ temperatura f, grado m di calore

116 **Temperaturabfall** m
□ drop of temperature
△ baisse f de température, chute f de température
○ caduta f di temperatura

117 **Temperaturanstieg** m, **Temperaturerhöhung** f
□ rise of temperature, increase of temperature
△ élévation f de température, hausse f de température
○ aumento m di temperatura

118 **Temperaturbereich** m, **thermophiler**
□ thermophilic range
△ zone f thermophile
○ zona f termofila

119 **Temperatureinfluß** m
□ temperature effect
△ influence f de la température
○ effetto m della temperatura

Temperaturerhöhung
→ *Temperaturanstieg*

120 **Temperaturgefälle** n
□ temperature gradient
△ chute f de température, gradient m de température
○ caduta f di temperatura

121 **Temperaturgleichheit** f
□ homothermy
△ égalité f de température, constance f de température, homothermie f
○ omotermia f

122 **Temperaturlog** n
□ temperature log
△ diagraphie f de température, graphique m de température
○ diagramma f di temperatura

123 **Temperaturmittel** n
□ mean temperature
△ température f moyenne, moyenne f de température
○ temperatura f media

124 **Temperaturregelung** f
□ temperature control
△ contrôle m de température
○ termoregolazione f, controllo m della temperatura

125 **Temperaturschichtung** f, **Wärmeschichtung** f
□ temperature stratification, thermal stratification
△ stratification f thermique
○ stratificazione f termica

126 **Temperaturschwankung** f
□ temperature fluctuation
△ fluctuation f de température
○ sbalzo m di temperatura

Temperatursprung → *Thermokline*

127 **Temperaturunterschied** m
□ difference of temperature
△ différence f de température
○ differenza f di temperatura

128 **Temperaturverlauf** m
□ course of temperature
△ cours m de la température, progression f de la température
○ andamento m della temperatura, progressione f della temperatura

129 **Temperaturverteilung** f
□ distribution of temperature
△ distribution f de la température
○ distribuzione f della temperatura

Tempergußeisen → *Halbstahlguß*

130 **temporär, vorübergehend, zeitweilig**
□ temporary
△ temporaire
○ temporaneo

temporär → *zeitlich*

131 **Tendenz** f
□ trend, tendency
△ tendance f
○ tendenza f

132 **Tensid** n
□ tenside
△ tenside m
○ tensoattivo m

Tensiometer → *Spannungsmesser*

133 **Teppichfabrik** f
□ carpet mill
△ fabrique f de tapis
○ fabbrica f di tappeti

134 **Terminwert** m
□ timed value
△ valeur f observée à intervalles réguliers
○ valore m osservato a intervalli programmati

135 **Terpentin** n
□ turpentine
△ térébentine f
○ trementina f

136 **Terrasse** f
□ terrace
△ terrasse f
○ terrazza f

137 **Terrassenbewässerung** f
□ bench border irrigation
△ irrigation f par planches étagées
○ irrigazione f a scorrimento su terrazze

138 **Terrassenkies** m
□ bench gravel
△ gravier m de terrasse
○ ghiaia f di terrazze

139 **Terrassenquelle** f
□ terrace spring
△ source f de terrasses
○ sorgente f di terrazze

140 **Territorialgewässer** n pl
□ territorial waters pl
△ eaux f pl territoriales
○ acque f pl territoriali

141 **Tertiär** n, **Tertiärzeit** f
□ tertiary era, tertiary
△ ère f tertiaire, tertiaire m
○ era f terziaria, terziario m

Tertiärbehandlung → *Reinigungsstufe, dritte*

Tertiärzeit → *Tertiär*

142 **Test** m
□ test
△ test m, essai m, épreuve f
○ prova f

Test, Abnahme~ → *Abnahmetest*

Test, Absorptions~ → *Absorptionstest*

143 **Test** m, **biologischer**
□ bio-assay
△ test m biologique, essai m biologique
○ prova f biologica

Test, Differential~ → *Differentialtest*

Test, Güte~ → *Gütetest*

144 **Test** m, **mechanischer, Prüfung** f, **mechanische**
□ mechanical test
△ essai m mécanique
○ prova f meccanica

Testbohrung → *Versuchsbohrung*

145 **Testorganismus** m, **Versuchsorganismus** m
□ test organism
△ organisme m d'essai, organisme m expérimental
○ organismo m per prove

146 **Testreihenuntersuchung** f, **biologische**
□ bio-assay
△ série f de tests biologiques
○ serie f di prove biologiche

147 **Testverfahren** n
□ test procedure, assay procedure
△ procédé m d'essai, méthode f d'essai, technique f d'essai
○ metodo m di prova

148 **Tetrapropylenbenzolsulfonat** n
□ tetrapropylene-benzene-sulphonate
△ tétrapropylène benzène sulfonate
○ tetrapropilen benzene solfonato m

149 **Teufelswasser** n, **Faulgaskondensat** n *(e. Gaswerks)*
□ devil's liquor
△ condensat m ammoniacal
○ acque f pl ammoniacali

150 **Textilfetzen** m
□ shredded rags pl
△ fragments m pl de chiffons, faisceaux m pl de fibres textiles
○ brandelli m pl di tessuti

151 **Textilindustrie** f
□ textile industry
△ industrie f textile
○ industria f tessile

152 **Textilveredlung** f
□ textile finishing
△ affinage m des textiles
○ finissaggio m tessile

153 **Thallophyten** f pl, **Lagerpflanzen** f pl, **Thalluspflanzen** f pl
□ thallophytes pl, thallophyta pl
△ thallophytes f pl
○ tallofita f

Thalluspflanzen → *Thallophyten*

154 **Theis'sche Brunnengleichung** f
□ Theis equation
△ équation f de Theis
○ equazione f di Theis

155 **Themse** f
□ Thames
△ Tamise f
○ Tamigi m

156 **Theodolit** m
□ theodolite
△ théodolite m
○ teodolite m

Thermalbrunnen → *Thermalquelle*

157 **Thermalquelle** f, **Thermalbrunnen** m, **Therme** f
□ thermal spring, hot spring
△ source f thermale
○ sorgente f termale

Therme → *Thermalquelle*

Thermoanalyse, Differential-~ → *Differential-Thermoanalyse*

158 **thermodynamisch**
□ thermodynamic
△ thermodynamique, par voie thermodynamique
○ termodinamico

159 **Thermoelement** n
□ thermocouple, thermoelement
△ thermocouple m, couple m thermoélectrique
○ termoelemento m, coppia f termoelettrica, termocoppia f

160 **Thermograph** m, **Thermometer** n, **registrierendes**
□ thermograph, temperature recorder
△ thermographe m
○ termografo m, termometro m registratore

161 **"Thermoionic"-Detektor** m, **Phosphor-Detektor** m
□ thermoionic-detector
△ détecteur m thermo-ionique
○ detettore m termoionico

162 **Thermokline** f, **Temperatursprung** m
□ thermocline
△ thermocline f, saut m thermique, couche f du saut thermique
○ termoclina f, salto m termico

163 **Thermometer** n
□ thermometer
△ thermomètre m
○ termometro m

Thermometer, Fern~ → *Fernthermometer*

Thermometer, registrierendes → *Thermograph*

164 **Thermoosmose** f
□ thermo-osmosis
△ osmose f thermique
○ osmosi f termica

thermophil → *wärmeliebend*

thermotolerant → *wärmeverträglich*

165 **Thiemsche Brunnenformel** f
□ Thiem equation
△ formule f de Thiem
○ formula f di Thiem

Thiocyanat → *Rhodanid*

166 **Thiophosphorsäureester** m
□ thiophosphoric acid ester
△ ester m thiophosphorique
○ estere m dell'acido tiofosforico

167 **Thiosulfat** n, **Salz** n, **unterschwefligsaures**
□ thiosulphate *(br)*, thiosulfate *(am)*
△ hyposulfite m, thiosulfate m
○ tiosolfato m

168 **thixotrop**
□ thixotropic
△ thixotropique
○ tissotropico

169 **Thixotropie** f
□ thixotropy
△ thixotropie f
○ tissotropia f

Thun → *Thunfisch*

170 Thunfisch m, **Thun** m *(Thynnus)*
- □ tunny
- △ thon m
- ○ tonno m

171 Thunfischabfälle m pl
- □ tuna packing waste
- △ déchets m pl de conserveries de thon
- ○ residui m pl di conservificii del tonno

Thw → *Tidehochwasser(stand) ()*

172 Tiber m
- □ Tiber
- △ Tibre m
- ○ Tevere m

Tide → *Gezeiten*

173 Tideamplitude f
- □ amplitude of the tide
- △ demi-amplitude f de la marée
- ○ ampiezza f di marea

174 Tideaußengebiet n
- □ outer tidal region
- △ zone f extérieure soumise aux marées
- ○ zona f esterna interessata dalle maree

175 Tidebereich m **als Biotop**
- □ intertidal marine life
- △ zone f intertidale
- ○ vita f marina in zona di marea

176 Tidebinnengebiet n
- □ inner tidal region
- △ zone f interieure soumise aux marées
- ○ zona f interna interessata dalle maree

177 Tidedauer f, **Tideperiode** f
- □ duration of tide, tidal period
- △ durée f de la marée, période f entre deux marées
- ○ durata f della marea, periodo m fra due maree

178 Tidefall m
- □ fall of the tide
- △ chute f de la marée, écart m entre pleine et basse mer
- ○ caduta f della marea

179 Tidefixpunkt m
- □ tidal bench mark
- △ repère m de marée
- ○ livello m di marea [riferimento]

180 Tidefluß m, **Gezeitenfluß** m
- □ tidal river
- △ fleuve m à marée, rivière f à marée
- ○ fiume m a marea

Tideganglinie → *Tidekurve*

181 Tidegebiet n
- □ tidal region, intertidal area
- △ zone f des marées
- ○ zona f influenzata dalle maree

182 Tidegewässer n, **Gezeitengewässer** n
- □ tidal water, estuarine water
- △ eaux f pl estuariennes, eaux f pl soumises aux marées
- ○ corso m d'acqua soggetto a maree, acque f pl di estuario

183 Tidegrenze f
- □ limit of tidal reach
- △ limite f de la marée, portée f limite de la marée
- ○ limite m della marea

Tidehalbwasser(stand) () → *Tidewasserstand, mittlerer*

184 Tidehochwasser n, **beeinflußtes**
- □ affected tidal high water
- △ pleine mer f modifiée
- ○ alta marea f modificata

185 Tidehochwasser(stand) n (m), **Thw**
- □ [tidal] high water, HW
- △ pleine mer f, marée f haute
- ○ alta marea f

186 Tidehochwasserstand m, **höchster, HThw**
- □ higher high water
- △ pleine mer f supérieure
- ○ livello m superiore dell'alta marea

187 Tidehochwasserstand m, **mittlerer, MThw**
- □ mean high water, MHW
- △ pleine mer f moyenne
- ○ livello m medio dell'alta marea

188 Tidehochwasserstand m, **mittlerer höchster, MHThw**
- □ mean higher high water, MHHW
- △ pleine mer f supérieure moyenne
- ○ media f del livello massimo dell'alta marea

189 Tidehochwasserstand m, **niedrigerer, NThw**
- □ lower high water, LHW
- △ pleine mer f inférieure
- ○ livello m inferiore dell'alta marea

190 Tidehochwasserzeit f
- □ time of incidence of tidal high water
- △ heure f de la marée haute
- ○ periodo m di alta marea

Tidehub → *Gezeitenhub*

191 Tidehub m, **mittlerer, MThb**
- □ mean tidal rise
- △ fluctuation f moyenne des marées
- ○ ampiezza f media della marea

Tidekraftwerk → *Gezeitenkraftwerk*

192 Tidekurve f, **Tideganglinie** f
- □ tide-curve
- △ courbe f des marées, diagramme m des marées
- ○ diagramma m delle maree

193 Tidekurve f, **mittlere**
- □ median tide curve
- △ courbe f moyenne des marées
- ○ curva f media della marea

Tideland → *Watt*

194 Tidelaufzeit f
- □ flow time of the tide
- △ temps m de propagation de la marée
- ○ tempo m di propagazione della marea

195 **Tidemittelwasserstand** m, **mittlerer, MTmw**
□ mean half-tide level
△ niveau m moyen des eaux à la moitié de la marée
○ livello m medio delle acque a metà della marea

Tiden → *Gezeiten*

196 **Tideniedrigwasser(stand)** n (m), **Tnw**
□ [tidal] low water, LW
△ basse mer f
○ bassa marea f

197 **Tideniedrigwasserstand** m, **höherer, HTnw**
□ higher low water
△ basse mer f supérieure
○ livello m superiore della bassa marea

198 **Tideniedrigwasserstand** m, **mittlerer, MTnw**
□ mean low water, MLW
△ basse mer f moyenne
○ livello m medio della bassa marea

199 **Tideniedrigwasserstand** m, **mittlerer höchster, MHTnw**
□ mean higher tidal low water
△ niveau m maximum moyen de la marée basse
○ livello m massimo medio a bassa marea

200 **Tideniedrigwasserstand** m, **mittlerer niedrigster, MNTnw**
□ mean lower low water
△ basse mer f inférieure moyenne
○ media f del livello minimo della bassa marea

201 **Tideniedrigwasserstand** m, **niedrigerer, NTnw**
□ lower low water, LLW
△ basse mer f inférieure
○ livello m inferiore della bassa marea

202 **Tideniedrigwasserzeit** f
□ time of incidence of tidal low water
△ heure f de la marée basse
○ periodo m di bassa marea

Tideperiode → *Tidedauer*

Tideschleuse → *Seeschleuse*

203 **Tidestieg** m
□ rise of the tide
△ importance f de la marée
○ alzata f della marea

204 **Tideströmung** f, **Gezeitenströmung** f
□ tide current, tidal current
△ courant m de marée
○ corrente f di marea

205 **Tidewasserstand** m
□ tide level, tidal water level
△ niveau m de marée
○ livello m di marea

206 **Tidewasserstand** m, **mittlerer, Tidehalbwasser(stand)** n (m), **T1/2w**
□ mean tide level, half-tide level
△ moyenne f des pleines et basses mers
○ livello m medio della marea

Tidewelle → *Flutwelle*

207 **tief**
□ deep
△ profond, bas, creux
○ profondo, basso

208 **Tief** n *(meteor.)*
□ (barometric) depression
△ dépression f
○ depressione f

Tief → *Wattstrom*

209 **Tiefbau** m
□ underground engineering, deep construction workings, underground workings
△ construction f souterraine, travaux m pl souterrains, construction f au-dessous du sol
○ ingegneria f delle costruzioni sotto il livello del suolo, lavori m pl sotterranei

Tiefbehälter → *Erdhochbehälter*

210 **Tiefbohrung** f
□ deep boring
△ forage m profond, forage m à grande profondeur
○ trivellazione f profonda, sondaggio m profondo

211 **Tiefbrunnen** m
□ deep well
△ puits m à grande profondeur
○ pozzo m profondo

212 **Tiefbrunnenpumpe** f
□ deep-well pump
△ pompe f à grande profondeur
○ pompa f per pozzi profondi

Tiefbrunnenpumpe, Zentrifugal-~
→ *Zentrifugal-Tiefbrunnenpumpe*

213 **Tiefdruckgebiet** n
□ low pressure area
△ zone f de basse pression, aire f de dépression
○ zona f di bassa pressione, zona f di depressione

214 **Tiefe** f
□ depth
△ profondeur f
○ profondità f

215 **Tiefe** f **der Baugrube, Baugrubentiefe** f
□ depth of excavation
△ profondeur f de la fouille
○ profondità f dello scavo

Tiefe, Eindring~ → *Eindringtiefe*

Tiefe, Eintauch~ → *Eintauchtiefe*

Tiefe, Grenz~ → *Wassertiefe, kritische*

Tiefe, hydraulische → *Profilradius*

216 **Tiefe** f, **mittlere**
□ mean depth
△ profondeur f moyenne
○ profondità f media

Tiefe, Querschnitts~ → Querschnittstiefe

Tiefenbehälter → Erdhochbehälter

217 **Tiefengrundwasser** n
□ profound ground water, profound groundwater
△ nappe f profonde
○ acqua f sotterranea profonda

218 **Tiefenlage** f
□ depth level
△ position f en profondeur
○ profondità f

219 **Tiefenlinie** f, **Isobathe** f
□ isobath
△ isobathe f
○ isobata f, linea f isobata

Tiefenlinie, Grundwasser~
→ Grundwassertiefenlinie

220 **Tiefenmessung** f
□ bathymetry
△ bathymétrie f, bathométrie f
○ batimetria f

Tiefenpeilung → Lotung

Tiefenregion → Profundal

221 **Tiefenschwimmer** m
□ subsurface float
△ flotteur m profond
○ galleggiante m profondo

Tiefenstrom → Unterströmung

222 **Tiefenzone** f (e. Gewässers)
□ abyssal zone
△ zone f profonde, zone f abyssale
○ zona f abissale

223 **Tiefgang** m (eines Schiffes)
□ draught
△ tirant m d'eau
○ tirante m d'acqua

224 **Tiefgebiet** n, **Niederdruckgebiet** n, **Stadtteil** m, **tiefliegender**, **Tiefzone** f
□ low lying district, low district of the town, low level district, low service district
△ quartier m bas, bas-service m, étage m à basse pression
○ parte f bassa della città, quartiere m basso, zona f a bassa pressione, zona f depressa

225 **Tiefgründung** f
□ deep foundation
△ fondation f profonde
○ fondazione f profonda

226 **Tieflöffelbagger** m
□ backacter shovel, back action shovel, drag shovel
△ pelle f équipée en rétro, pelle f équipée en fouille
○ pala f rovescia

227 **Tieflot** n
□ deep-sea lead
△ plomb m pour les grands fonds
○ piombino m per le grandi profondità

228 **Tiefpunkt** m
□ deep-point
△ point m bas
○ punto m depresso

229 **Tiefpunkt** m **der Sauerstofflinie, Teil** m **der Sauerstofflinie, abgesenkter**
□ oxygen sag
△ courbe f d'oxygène en sac
○ diagramma m dell'ossigeno nel sacco

230 **Tiefsandfang** m
□ deep sand trap
△ dessableur m profond
○ dissabbiatore m profondo

231 **Tiefsee** f
□ deep sea
△ mer f profonde
○ mare m profondo

232 **Tiefseeforschung** f
□ deep sea exploration
△ exploration f des fonds sous-marins
○ esplorazione f degli abissi marini

233 **Tiefseepopulation** f
□ deep-sea population
△ population f des profondeurs marines, population f abyssale
○ popolazione f abissale

234 **Tiefseeschlamm** m
□ pelagic deposits, deep-sea ooze
△ boues f pl pélagiques, sédiments m pl pélagiques
○ sedimenti m pl pelagici

235 **Tiefseespezies** f
□ deep-sea species
△ espèce f des profondeurs, espèce f abyssale
○ specie f abissale

236 **Tiefseeverkippung** f
□ deep sea disposal
△ rejet m en haute mer, déversement m en haute mer
○ smaltimento m in alto mare

237 **Tiefstrombelüftungsverfahren** n
□ deep shaft aeration process
△ procédé m d'aération en puits profond
○ processo m d'aerazione in pozzo profondo

238 **Tiefwasserbereich** m
□ deep-water region
△ zone f des eaux profondes
○ zona f di acque profonde

239 **tiefwurzelnd**
□ deep-rooted
△ à racines profondes, profondément enraciné
○ a radici profonde, profondamente radicato

Tiefzone → Niederdruckzone

Tiefzone → Tiefgebiet

T 258

240 Tiere n pl, einzellige
□ monothalamous organisms pl
△ êtres m pl unicellulaires
○ animali m pl monocellulari

241 Tiere n pl, wirbellose, Invertebraten pl, Wirbellose n pl
□ invertebrates pl
△ invertébrés m pl
○ invertebrati m pl

242 Tierhaltung f
□ livestock-farming, animal breeding
△ détention f d'animaux, élevage m de bétail
○ il tenere animali, allevamento m di animali

Tierkörperbeseitigungsanstalt
→ Abdeckerei

Tierkörperverwertungsanstalt
→ Abdeckerei

Tierkunde → Zoologie

243 Tierreich n, Fauna f, Tierwelt f
□ animal world, fauna
△ règne m animal, faune f
○ mondo m animale, fauna f

Tierwelt → Tierreich

244 Tierzucht f, Viehzucht f
□ animal-breeding, cattle rearing, stock raising
△ élevage m de bétail
○ allevamento m di bestiame

245 tilgen, abschreiben
□ amortize
△ amortir
○ ammortizzare

246 Tilgung f, Abschreibung f, Amortisation f
□ depreciation, amortization, amortisation
△ amortissement m
○ ammortizzazione f, ammortizzamento m, ammortamento m

Tischlerei → Schreinerei

247 Titan n
□ titanium
△ titane m
○ titanio m

Titer, Biomassen~ → Beiwert der Biomassenproduktion

Titer, Coli~ → Colititer

248 Titration f, Titrieren n (chem.)
□ titration
△ titrage m
○ titolazione f

249 Titration f, alkalimetrische
□ alkalimetric titration
△ titrage m alcalimétrique
○ titolazione f alcalinimetrica

Titration, Hochfrequenz~
→ Hochfrequenztitration

Titration, komplexometrische
→ Komplexometrie

Titration, konduktometrische
→ Leitfähigkeitstitration

250 titrieren (chem.)
□ titrate
△ titrer
○ titolare

Titrieren → Titration

Titrimetrie → Maßanalyse

titrimetrisch → maßanalytisch

Tnw → Tideniedrigwasser(stand) ()

TOC → Kohlenstoff, organischer

251 Todespunkt m, thermaler (bot.)
□ thermal death point
△ seuil m de résistance à la chaleur
○ soglio m di resistenza al calore

tödlich → letal

Toilette → Klosett

Toilette → Spülabort

Toleranz → Abweichung, zulässige

252 Toleranzdosis f (radiol.)
□ tolerance limit, maximum permissible exposure
△ limite f de tolérance, tolérance f permise
○ tolleranza f concedibile, tolleranza f permessa

253 Toleranzdosis f, mittlere
□ median tolerance dose
△ dose f médiane de tolérance
○ dose f mediana di tolleranza

254 Toleranzwert m, Verträglichkeitsgrenze f
□ tolerance, limit of tolerance, limit of compatibility
△ limite f de tolérance
○ limite m di tolleranza

255 Toluol n, Methylbenzol n
□ toluene, toluol
△ toluène m, méthylbenzène m, toluol m
○ toluene m, metilbenzene m, toluolo m

256 Tomatenkonservenfabrik f
□ tomato processing plant, tomato canning factory
△ fabrique f de conserves de tomates, conserverie f de tomates
○ fabbrica f di conserve di pomodori

Tombak → Rotguß

257 Ton m, Letten m
□ clay
△ argile f, glaise f
○ argilla f

Ton, Farb~ → Farbton

258 Ton m, feuerfester
□ refractory clay
△ argile f réfractaire
○ argilla f refrattaria

Ton, mariner → Klei

259 **Ton** *m*, **mergeliger**
- □ marly clay
- △ argile *f* marneuse
- ○ argilla *f* marnosa

260 **Ton** *m*, **plastischer**
- □ plastic clay
- △ argile *f* plastique
- ○ argilla *f* plastica

261 **Tonboden** *m*
- □ clay-soil
- △ terre *f* glaise, terre *f* argileuse, sol *m* argileux
- ○ terra *f* argillosa

262 **Tondichtungskern** *m*, **Tonkern** *m*
- □ clay core, clay puddle wall, impervious clay core
- △ massif *m* en argile corroyée
- ○ nucleo *m* d'argilla

Tondrän(rohr) → *Sickerrohr aus Ton*

Tonerde, schwefelsaure
→ *Aluminiumsulfat*

Tonerdegel → *Aktivtonerde*

Tonerdehydrat → *Aluminiumhydroxid*

Tonerdekieselsäure → *Aluminiumsilikat*

263 **Tonerdenatron** *n*
- □ sodium aluminate
- △ aluminate *m* de sodium
- ○ alluminato *m* di sodio

Tonerdesilikat → *Aluminiumsilikat*

Tonerdesulfat → *Aluminiumsulfat*

264 **Tonfrequenz** *f*
- □ sound frequency
- △ fréquence *f* vocale
- ○ audiofrequenza *f*, frequenza *f* acustica

265 **tonig**
- □ argillaceous
- △ argileux
- ○ argilloso

266 **Tonisation** *f*
- □ tonisation
- △ tonisation *f*
- ○ tonizzazione *f*

Tonkern → *Tondichtungskern*

267 **Tonmergel** *m*
- □ clay marl
- △ marne *f* argileuse
- ○ marna *f* argillosa

268 **Tonmineral** *n*
- □ clay mineral
- △ minéral *m* des argiles
- ○ minerale *m* delle argille

269 **Tonne** *f* (*Behältnis*)
- □ cask, barrel, tun
- △ baril *m*, tonneau *m*
- ○ barile *m*

Tonne → *Boje*

270 **Tonne** *f* (*Gewichtsmaß*)
- □ ton
- △ tonne *f*
- ○ tonnellata *f*

271 **Tonrohr** *n*
- □ clay pipe, tile pipe, earthenware pipe
- △ tuyau *m* en poterie, tuyau *m* en terre cuite
- ○ tubo *m* d'argilla, tubo *m* di terracotta

272 **Tonrohrdränage** *f*
- □ tile drainage
- △ drainage *m* en poterie
- ○ drenaggio *m* in tubo d'argilla

273 **Ton[dränage]rohrsickerstrang** *m*
- □ tile drain pipe, drainage tile pipe line
- △ conduite *f* de drainage en poterie, drain *m* en poterie
- ○ condotta *f* di drenaggio in argilla

274 **Tonschicht** *f*
- □ layer of clay
- △ couche *f* d'argile, couche *f* argileuse
- ○ strato *m* d'argilla

275 **Tonschiefer** *m*
- □ argillite, argillaceous slate, argillaceous schist, slate
- △ argilite *f*, schiste *m* argileux, ardoise *f*
- ○ argilloscisto *m*

Tonsickerrohr → *Sickerrohr aus Ton*

276 **Topographie** *f*
- □ topography
- △ topographie *f*
- ○ topografia *f*

277 **topographisch**
- □ topographical
- △ topographique
- ○ topografico

278 **Tor** *n*
- □ gate
- △ porte *f*
- ○ porta *f*, portone *m*

Tor, Schleusen~ → *Schleusentor*

Tor, Sicherheits~ → *Sicherheitstor*

279 **Torf** *m*
- □ peat
- △ tourbe *f*
- ○ torba *f*

280 **torfig**
- □ peaty
- △ tourbeux
- ○ torboso

Torfmoor → *Hochmoor*

281 **Torkretbeton** *m*, **Spritzbeton** *m*
- □ gunite, shotcrete, torcrete, jetcrete
- △ gunite *f*
- ○ gunite *f*

282 **torkretieren**
- □ gunite
- △ guniter
- ○ gunitare

283 **Torsion** f, **Verdrehung** f
- □ torsion
- △ torsion f
- ○ torsione f

284 **Torsionswaage** f, **Drehwaage** f
- □ torsion balance
- △ balance f de torsion
- ○ bilancia f di torsione

285 **Tosbecken** n
- □ roaring basin, tumbling bay, stilling basin, damping basin, stilling pool
- △ bassin m d'amortissement, bassin m de tranquillisation
- ○ bacino m di dissipazione, vasca f di smorzamento

Totalisator → *Niederschlagssammler*

286 **Totalkläranlage** f, **Langzeit-Belüftungsanlage** f, **Totaloxidationsanlage** f, **Überlüftungsanlage** f
- □ extended aeration plant
- △ station f d'épuration par oxydation totale
- ○ stazione f d'epurazione per ossidazione totale

287 **Totalmischbecken** n
- □ complete-mixing basin, complete-mixing tank
- △ bassin m à mélange complet
- ○ bacino m a mescolazione completa

Totaloxidationsanlage → *Totalkläranlage*

288 **tote Stellen** f pl **im Strömungsbild, Stagnationszonen** f pl
- □ dead regions of flow pl, stagnant regions of flow pl
- △ points m pl morts, zones f pl de stagnation
- ○ zone f pl di ristagno

289 **Totpunkt** m
- □ dead-centre, dead-point
- △ point m mort
- ○ punto m morto

290 **Totraum** m *(einer Talsperre)*, **Speicherraum** m, **verlorener**
- □ dead storage [capacity], dead storage space
- △ capacité f d'emmagasinement d'eau morte
- ○ spazio m morto d'immagazzinamento

291 **Totwasser** n
- □ dead water
- △ eau f morte
- ○ acqua f morta

292 **Totzeit** f *(mach.)*
- □ idle time, dead time
- △ temps m mort
- ○ tempo m morto

Tourenzahl → *Drehzahl*

293 **Toxikologie** f
- □ toxicology
- △ toxicologie f
- ○ tossicologia f

294 **Toxin** n
- □ toxin
- △ toxine f
- ○ tossina f

toxisch → *giftig*

Toxizität → *Giftigkeit*

Toxizität, akute → *Giftigkeit, akute*

Toxizität, indirekte → *Giftigkeit, indirekte*

Toxizität, subakute → *Giftigkeit, subakute*

295 **Toxizitätsbestimmung** f, **Toxizitätsprüfung** f, **Toxizitätstest** m
- □ toxicity test
- △ détermination f de toxicité
- ○ prova f di tossicità

Toxizitätsgrenze → *Schwelle, toxische*

Toxizitätsprüfung → *Toxizitätsbestimmung*

Toxizitätstest → *Toxizitätsbestimmung*

296 **Tracerverfahren** n, **Immissionsverfahren** n *(z. Feststellung des Grundwasserverlaufs)*
- □ tracer flow method
- △ méthode f des traceurs
- ○ metodo m dei traccianti

297 **Träger** m
- □ girder, beam
- △ poutre f
- ○ trave m, f

Träger, Gitter~ → *Gitterträger*

Träger, Vertikal~ → *Vertikalträger*

298 **Trägerbrücke** f
- □ girder bridge
- △ pont m à poutres
- ○ ponte m a trave

299 **Trägheitsmoment** n
- □ moment of inertia
- △ moment m d'inertie
- ○ momento m d'inerzia

Tränke → *Viehtränke*

300 **tränken** *(Vieh)*
- □ water
- △ abreuver
- ○ abbeverare

301 **Tränkung** f
- □ impregnation, soaking, imbibition
- △ imprégnation f, imbibition f
- ○ impregnazione f

302 **tragbar**
- □ portable
- △ portatif
- ○ portatile

303 **tragen**
- □ carry
- △ porter, supporter
- ○ portare, sopportare

304 **Tragfähigkeit** f, **Belastbarkeit** f, **Belastungsfähigkeit** f, **Tragkraft** f
□ bearing capacity, loading capacity, carrying capacity
△ capacité f portante, force f portante
○ capacità f portante, portata f

305 **Tragfähigkeitsgrenze** f
□ ultimate bearing capacity
△ capacité f portante limite
○ capacità f portante limite, portata f limite

Tragkraft → *Tragfähigkeit*

306 **Traktor** m, **Schlepper** m, **Trecker** m
□ tractor
△ tracteur m
○ trattore m

307 **tranig**
□ of train-oil
△ huile de baleine, d'~
○ di olio di balena

308 **Transformator** m, **Umspanner** m
□ transformer
△ transformateur m
○ trasformatore m

309 **Transmissionsriemen** m
□ transmission belt
△ courroie f d'entraînement
○ cinghia f di trasmissione

310 **Transmissivität** f
□ transmissivity
△ transmissivité f
○ trasmissività f

Transparenz → *Lichtdurchlässigkeit*

311 **Transpiration** f, **Pflanzenverdunstung** f
□ transpiration
△ transpiration f
○ traspirazione f

Transpiration, Evapo~ → *Evapotranspiration*

312 **Transpiration** f, **stomatäre**
□ stomatal transpiration
△ transpiration f par stomata
○ traspirazione f attraverso gli stami

313 **Transpirationshöhe** f
□ transpiration depth
△ hauteur f de transpiration
○ altezza f di traspirazione

314 **Transpirationskoeffizient** m
□ transpiration ratio
△ coefficient m de transpiration
○ coefficiente m di traspirazione

315 **Transpirationspotential** n
□ potential transpiration
△ transpiration f potentielle
○ potenziale m di traspirazione

316 **Transport** m, **Beförderung** f
□ conveyance, transport[ation]
△ transport m, charriage m
○ trasporto m, spedizione f

317 **Transport** m **durch Rohrleitung(en)**
□ pipeline transport
△ transport m par tuyauterie, transport m par canalisation
○ trasporto m mediante tubazioni

318 **Transport** m **gelöster Stoffe**
□ mass transport of dissolved solids
△ transport m de matières dissoutes
○ trasporto m di materia disciolta

Transport, Wasser~ → *Wassertransport*

Transportband → *Förderband*

319 **Transportbeton** m, **Betonmischung** f, **fertige**
□ ready-mixed concrete
△ mélange m de béton prêt pour l'emploi
○ cemento m premescolato

Transportkörper → *Rippelmarken*

320 **Transportmittel** n
□ means of transport
△ moyen m de transport
○ mezzo m di trasporto

Transportschnecke → *Förderschnecke*

321 **Transurane** n pl
□ transuranium compounds
△ composés m pl transuraniens
○ composti m pl transuranici

322 **Transversalwelle** f, **Scherwelle** f
□ shear wave
△ onde f transversale
○ onda f trasversale

323 **Trapezquerschnitt** m
□ trapezoidal cross section
△ section f trapézoïdale
○ sezione f trapezoidale

Traps → *Geruchsverschluß*

324 **Traß** m
□ trass
△ trass m
○ trass m

Trasse → *Linienführung*

325 **Traubenzucker** m, **Glukose** f
□ glucose
△ glucose f, sucre m de raisin
○ zucchero m glucosio, zucchero m delle uve

Traufrinne → *Dachrinne*

326 **Travisbecken** n
□ Travis tank
△ bassin m Travis
○ vasca f Travis

327 **Treber** pl, **Trester** pl
□ draff, brewer's grains pl, distillers' grains pl
△ drèche f
○ vinaccia f

Treberpreßwasser, Bier~ → *Biertreberpreßwasser*

Trecker → *Traktor*

328 **Treibeis** n
□ floating ice, drift ice
△ glaces f pl flottantes, bousceuil m, glace f à la dérive
○ ghiaccio m galleggiante

329 **treiben**
□ drive, push, put in motion, drift, propel
△ pousser, presser, faire mouvoir, faire aller
○ spingere, sospingere, mettere in moto

330 **Treibgas** n
□ propellant gas
△ carburant m gazeux
○ carburante m gassoso

331 **Treibgut** n, **Treibsel** n
□ flotsam, driftings
△ épaves f pl
○ relitto m

332 **Treibmethangas**
□ digester fuel gas
△ gaz m de digestion utilisé comme carburant
○ gas m di digestione utilizzato come combustibile

333 **Treibrad** n
□ driving wheel, driver
△ roue f motrice
○ ruota f motrice

334 **Treibriemen** m
□ driving-belt
△ courroie f de transmission
○ cinghia f di trasmissione

Treibsand → *Schwimmsand*

Treibsel → *Treibgut*

Treibspitze → *Rammspitze*

Treibstoff → *Brennstoff*

335 **treideln**
□ tow
△ haler
○ alare

336 **Treidelweg** m, **Leinpfad** m
□ towing-path
△ chemin m de halage
○ strada f di alaggio, strada f alzaia

337 **trennen**
□ separate
△ séparer
○ separare

338 **Trennentwässerung** f, **Trennkanalisation** f, **Trennsystem** n, **Trennverfahren** n
□ separate sewerage system
△ réseau m séparatif d'assainissement, système m séparatif d'assainissement, réseau m d'égout séparatif
○ fognatura f separata

339 **Trennfugendurchlässigkeit** f
□ permeability due to cleavages
△ perméabilité f due à des clivages
○ permeabilità f dovuta a sfaldature

340 **Trennkanal** m *(Abwasser)*
□ separate sewer
△ égout m séparatif
○ fognatura f separata

Trennkanalisation → *Trennentwässerung*

341 **Trennkaskade** f
□ stripping cascade
△ cascade f d'extraction, cascade f de stripping
○ cascata f d'estrazione, cascata f di stripaggio

342 **Trennsäule** f
□ separation column
△ colonne f de séparation
○ colonna f di separazione

Trennschleuder → *Zentrifuge*

343 **Trennstrom** m
□ diverted flow
△ courant m dérivé
○ corrente f derivata

Trennsystem → *Trennentwässerung*

Trennung → *Abführung, getrennte*

Trennung, Schwere~ → *Schwerkraftabscheidung*

Trennungswand → *Trennwand*

344 **Trennverfahren** n
□ separation process
△ procédé m de séparation
○ processo m di separazione

Trennverfahren → *Trennentwässerung*

Trennverfahren, Schaum~ → *Schaumfraktionierung*

345 **Trennwand** f, **Scheidewand** f, **Trennungswand** f
□ division wall, partition wall
△ cloison f
○ tramezzo m, parete f divisoria

Treppe, Fisch~ → *Fischleiter*

Treppe, Schleusen~ → *Schleusentreppe*

Trester → *Treber*

346 **Triäthylamin** n
□ triethylamine
△ triéthylamine f
○ trietilammina f

347 **Triäthylenglykol** n
□ triethylene glycol
△ triéthylèneglycol m, glycol m triéthylénique
○ glicol m trietilenico

348 **Trias** f
□ trias
△ trias m
○ trias m, triasico m

349 **Trichloräthylen** n
□ trichloro ethylene
△ trichloréthylène m
○ tricloroetilene m

350 **Trichlorbenzol** n
☐ trichlorobenzene
△ trichlorobenzène m
○ triclorobenzene m

351 **Trichlormethan** n, **Chloroform** n
☐ chloroform
△ chloroforme m
○ chloroformio m

352 **Trichlorphenol** n
☐ trichlorophenol
△ trichlorephénol m
○ triclorofenolo m

353 **Trichter** m
☐ hopper, funnel, cone
△ entonnoir m, trémie f
○ imbuto m, tramoggia f

Trichter, Absenkungs~ → *Absenkungstrichter*

Trichter, Einfüll~ → *Einfülltrichter*

Trichter, Schlamm~ → *Schlammtrichter*

354 **Trichterbecken** n
☐ hopper-bottomed tank, hopper-bottom tank
△ bassin m à fond pyramidal, bassin m de décantation pyramidal
○ vasca f a tramogge

355 **trichterförmig**
☐ funnel-shaped
△ en [forme d']entonnoir
○ imbutiforme

356 **Trichtersohle** f
☐ hopper bottom
△ fond m en [forme de] trémie
○ fondo m in [forma di] tramoggia

Trichterstück, Flansch~ → *Flanschtrichterstück*

Trichterüberfall → *Schachtüberfall mit Überfallrosette*

357 **Triebkraft** f
☐ driving force, thrust force
△ force f motrice
○ forza f di propulsione, forza f d'impulso

Triebsand → *Schwimmsand*

Triebwassereinfang
→ *Triebwasserentnahme*

358 **Triebwasserentnahme** f, **Triebwassereinfang** m
☐ power-plant intake
△ prise f d'eau motrice
○ presa f d'acqua in una centrale idroelettrica

359 **Triebwasserkanal** m
☐ power channel
△ canal m d'eau motrice
○ canale m dell'acqua motrice

360 **Triebwasserleitung** f
☐ power conduit
△ conduit m d'eau motrice
○ condotta f dell'acqua motrice

361 **Triebwerk** n *(eines Wassermessers)*
☐ clockwork, counting mechanism
△ mécanisme m de transmission
○ meccanismo m motore

Triebwerk → *Wasserkraftanlage*

362 **Triebwurzel** f *(bot.)*
☐ main root, large root, tap root
△ racine f principale
○ radice f principale

363 **Trikresylphosphatverfahren** n
☐ tricresyl-phosphate process
△ procédé m au tricrésylphosphate
○ procedimento m al fosfore tricresilico

364 **Trinatriumphosphat** n, **Natriumphosphat** n, **tertiäres**
☐ trisodium phosphate
△ phosphate m trisodique
○ fosfato m trisodico

Trinitrophenol → *Pikrinsäure*

365 **trinken**
☐ drink
△ boire
○ bere, bevere

366 **Trinkwasser** n
☐ drinking water, potable water
△ eau f potable, eau f de boisson, eau f buvable
○ acqua f potabile, acqua f potabilizzata

Trinkwasser, Gütenormen für ~
→ *Gütenormen für Trinkwasser*

367 **Trinkwasseranalyse** f
☐ potable water analysis
△ analyse f de l'eau potable
○ analisi f dell'acqua potabile

368 **Trinkwasseraufbereitung** f
☐ drinking-water conditioning
△ traitement m de l'eau potable
○ trattamento m dell'acqua potabile

369 **Trinkwasserbedarf** m
☐ drinking-water demand
△ demande f en eau potable
○ fabbisogno m d'acqua potabile

370 **Trinkwasserbehälter** m
☐ drinking-water container
△ récipient m d'eau potable
○ recipiente m d'acqua potabile

Trinkwasserbeschaffenheit
→ *Trinkwassergüte*

371 **Trinkwasserchlorung** f
☐ chlorination of drinking-water
△ chlorination f de l'eau poatable
○ clorazione f dell'acqua potabile

372 **Trinkwasserdesinfektion** f, **Trinkwasserentseuchung** f
☐ drinking-water disinfection
△ désinfection f de l'eau potable
○ disinfezione f dell'acqua potabile

Trinkwasserentseuchung
→ *Trinkwasserdesinfektion*

373 **Trinkwasserfluoridierung** f
□ drinking-water fluoridation
△ fluoration f de l'eau potable
○ fluorazione f dell'acqua potabile

374 **Trinkwasserfluorose** f, **Fluorose** f, **Fluorzahnschäden** m pl
□ dental fluorosis caused by drinking water
△ fluorose f causée par l'eau potable
○ fluorosi f da acqua potabile

375 **Trinkwassergüte** f, **Trinkwasserbeschaffenheit** f
□ drinking-water quality, potable water quality
△ qualité f de l'eau potable
○ qualità f dell'acqua potabile

376 **Trinkwasserhygiene** f
□ drinking-water hygiene
△ hygiène f de l'eau potable
○ igiene f dell'acqua potabile

377 **Trinkwasserleitung** f
□ drinking-water supply line
△ conduite f d'eau potable
○ acquedotto m potabile

378 **Trinkwassermangel** m
□ shortage in potable water
△ manque m d'eau potable
○ scarsità f d'acqua potabile, mancanza f d' acqua potabile

379 **Trinkwasserschwellenwert** m
□ threshold value for drinking water
△ valeur f de seuil pour l'eau potable
○ valore m limite per acque potabili

380 **Trinkwasserspeicher** m
□ service reservoir for drinking water
△ réservoir m (de distribution) d'eau potable
○ serbatoio m di distribuzione d'acqua potabile

381 **Trinkwasserversorgung** f
□ drinking water supply, potable supply
△ alimentation f en eau potable, distribution f d'eau potable, approvisionnement m en eau potable
○ approvvigionamento m di acqua potabile, alimentazione f di acqua potabile

382 **Trinkzwecke** m pl, **für** ~
□ for drinking purposes pl
△ pour la boisson
○ per scopo potabile, per uso potabile

383 **Triphenylformazan** n
□ triphenylformazane, TF
△ triphénylformazane m
○ trifenilformazano m

384 **Triphenyltetrazoliumchlorid** n, **TTC**
□ triphenyltetrazoliumchloride, TTC
△ triphényltétrazolium chlorure m, TTC, chlorure m de triphényltétrazolium
○ cloruro m di trifeniltetrazolo, TTC

Triplexpumpe → *Drillingspumpe*

385 **Tripolyphosphat** n
□ tripolyphosphate
△ tripolyphosphate m
○ tripolifosfato m

386 **Tripton** n
□ tripton
△ tripton m
○ tripton m

387 **Tritium** n
□ tritium
△ tritium m
○ tritio m, trizio m, triterio m

388 **trocken, arid**
□ dry, arid
△ sec, aride
○ secco, asciutto, arido

Trocken, luft~ → *lufttrocken*

389 **Trockenabort** m
□ pail closet, earth closet, dry closet
△ cabinet m sec, feuillée f
○ latrina f secca

390 **Trockenbagger** m
□ excavator
△ excavateur m à sec
○ draga f a secco, escavatrice f a secco

Trockenbeet → *Schlammtrockenplatz*

391 **Trockenbeeträumung** f
□ de-sludging of drying beds
△ décrassage m des lits de séchage, décrassement m des lits de séchage
○ eliminazione f dei fanghi dai letti di essiccamento

Trockenbohrverfahren → *Stoßbohrverfahren*

392 **Trockendock** n
□ dry dock, graving-dock
△ bassin m de radoub
○ bacino m di carenaggio

393 **Trockendosierer** m, **Trockendosiergerät** n
□ dry feeder
△ doseur m à sec
○ dosatore m a secco

394 **Trockendosierer** m **für Pulverkalk**
□ dry powdered lime dosing plant
△ doseur m à sec de chaux en poudre
○ dosatore m a secco di calce in polvere

Trockendosiergerät → *Trockendosierer*

395 **Trockendosierung** f
□ dry-feed dosage, dry proportioning
△ dosage m à sec, alimentation f à sec
○ dosaggio m a secco

396 **Trockenentstauber** m
□ dry dust collector, dry dust catcher
△ dépoussiéreur m à sec
○ depolverizzatore m a secco

397 **Trockenfäule** f
□ dry-rot
△ pourriture f sèche
○ marciume m secco

398 **Trockenflasche** f *(chem.)*
- drying flask
- dessiccateur m
- essiccatore m

399 **Trockengebiet** n
- arid region
- région f aride
- regione f arida

Trockengerät → *Trockenvorrichtung*

400 **Trockengewicht** n *(Boden)*
- volume weight, bulk specific gravity, apparent specific gravity
- densité f apparente
- densità f apparente

401 **Trockengewicht** n *(chem.)*
- dry weight
- poids m sec
- peso m secco

402 **Trockenheit** f, **Dürre** f
- drought, aridity
- sécheresse f, siccité f, aridité f
- secchezza f, siccità f, aridità f, secco m

403 **Trockenjahr** n
- dry year
- année f sèche
- anno m secco

404 **Trockenkühlturm** m
- dry-cooling tower
- réfrigérant m à sec, tour f de refroidissement fonctionnant à sec
- torre f di raffreddamento a secco

405 **Trockenkühlung** f
- dry cooling
- refroidissement m à sec, réfrigération f par voie sèche
- raffreddamento m a secco

406 **Trockenläufer** m
- water meter with outside gear, water meter with dry dial
- compteur m de type sec à cadran externe, compteur m d'eau à cadran sec
- misuratore m a quadrante asciutto

Trockenlandbau → *Trockenlandwirtschaft*

407 **Trockenlandwirtschaft** f, **Trockenlandbau** m
- dry farming
- culture f sèche
- aridocoltura f

trockenlegen → *dränen*

Trockenlegung → *Dränung*

408 **Trockenmauerwerk** n
- dry-stone masonry, dry-laid masonry *(am)*
- maçonnerie f en pierres sèches
- muratura f in pietre a secco

409 **Trockenmittel** n
- siccative, desiccant
- dessiccatif m
- siccativo m, disidratante m

410 **Trockennährpräparat** n
- dehydrated nutrient broth
- milieu m nutritif déshydraté
- brodo m nutritivo disidratato

Trockenperiode → *Trockenzeit*

411 **Trockenpflanze** f, **Dürrepflanze** f *(bot.)*, **Xerophyte** f *(bot.)*
- xerophyte, zerophyte
- xérophyte f
- xerofite f

Trockenplatz → *Schlammtrockenplatz*

412 **Trockenriß** m
- sun crack, mud crack
- fente f de dessiccation
- crepa f provocata dalla siccità, spaccatura f provocata dalla siccità

413 **Trockenrückstand** m, **Trocknungsrückstand** m *(chem.)*
- dry residue, residue on evaporation
- résidu m fixe, résidu m sec
- residuo m secco, deposito m secco, residuo m fisso

Trockenschaden → *Dürreschaden*

414 **Trockenschlamm** m
- dry sludge, dried sludge
- boue[s] f [pl] sèche[s]
- fango m secco

415 **Trockenschlammabheber** m, **Trockenschlammräummaschine** f
- sludge stripping machine
- appareil m à enlever les couches de boues
- apparecchiatura f per la raccolta dei fanghi disidratati

Trockenschlammräummaschine → *Trockenschlammabheber*

416 **Trockenschlammverwertung** f
- utilization of dried sludge
- valorisation f des boues séchées
- valorizzazione f dei fanghi disidratati

Trockenschleuder → *Zentrifuge*

417 **Trockenschrank** m
- drying oven
- étuve f
- armadio m essiccatore

418 **Trockensieb** n, **Fangsieb** n
- dry screen
- tamis m à sec
- staccio m a secco

419 **Trockensubstanz** f, **T.S.** f
- dried matter, dry solid matter
- matière f sèche
- sostanza f secca

Trockental → *Wadi*

420 **Trockentrommel** f
- drying drum, rotary drier
- séchoir m rotatif
- essiccatoio m a tamburo rotante

421 **Trockenvorrichtung** f, **Trockengerät** n
□ drying apparatus, drier, drying equipment
△ séchoir m, appareil m de séchage
○ essiccatoio m

422 **Trockenwetterabfluß** m
□ dry-weather-flow, DWF, d.w.f.
△ débit m de temps sec, effluent m de temps sec
○ portata f di tempo secco, portata f di tempo asciutto

423 **Trockenwetterauslauflinie** f
□ wet weather flow recession curve
△ courbe f de régression du débit de temps sec
○ curva f di esaurimento della portata di tempo secco

424 **Trockenwetterganglinie** f
□ dry-weather flow curve
△ courbe f de débit par temps sec
○ diagramma m di portata di magra

425 **Trockenwetterrinne** f (Abwasser)
□ dry-weather flume
△ rigole f d'écoulement par temps sec
○ canale m di scolo per tempo secco

426 **Trockenzeit** f, **Trockenperiode** f
□ arid period, dry period
△ période f sèche, saison f sèche
○ stagione f secca

427 **trocknen**
□ desiccate, dry
△ sécher, dessécher
○ seccare, dissecare, essiccare

Trockner → Trocknungsanlage

428 **Trocknung** f, **Verdunstungstrocknung** f
□ drying, desiccation
△ séchage m, dessication f
○ essiccamento m

429 **Trocknung** f, **heiße**, **Heißtrocknung** f, **Trocknung** f, **thermische**
□ heat-drying
△ séchage m à chaud, séchage m par la chaleur
○ disseccamento m con calore

Trocknung, Luft~ → Lufttrocknung

Trocknung, thermische → Trocknung, heiße

430 **Trocknungsanlage** f, **Trockner** m
□ drying plant, drier, dehydrator
△ installation f de séchage, séchoir m
○ impianto m di essiccamento

Trocknungsrückstand → Trockenrückstand

431 **Trocknungsverfahren** n
□ drying process
△ procédé m de séchage
○ metodo m di essiccamento

432 **Tröpfchen** n
□ droplet
△ petite goutte f, gouttelette f
○ gocciola f, stilla f, lacrimetta f

433 **Trog** m
□ trough
△ bac m, auge f
○ truogolo m, madia f, trogolo m

434 **Trogtal** n, **U-Tal** n
□ U-shaped valley
△ vallée f à U
○ valle f a U, valle f a trogolo

Trogüberleitung → Kanalbrücke

435 **Trommel** f
□ drum
△ tambour m
○ tamburo m

Trommel, Filter~ → Filtertrommel

Trommel, Gär~ → Gärtrommel

Trommel, Trocken~ → Trockentrommel

436 **Trommelfilter** n, **Drehfilter** m
□ drum filter, rotary filter, rotary vacuum filter
△ filtre m à tambour
○ filtro m a tamburo

Trommelofen → Drehofen

437 **Trommelrechen** m, **Drehsieb** n, **Siebtrommel** f, **Trommelsieb** n
□ drum screen, screening drum, rotary screen, revolving screen, rotary drum strainer, rotary type screen
△ tambour m cribleur, tambour m tamiseur, grille f en tambour, tamis m rotatif, tamis m à tambour tournant
○ vaglio m rotativo, staccio m a tamburo

438 **Trommelschlitz** m
□ drum slot
△ encoche f du tambour, ouverture f du tambour
○ apertura f del tamburo

Trommelsieb → Trommelrechen

Trommelwäsche → Waschtrommel

439 **Trommelwehr** n
□ drum weir
△ barrage m à tambour
○ stramazzo m a tamburo

440 **Tropen** pl
□ tropics pl
△ tropiques m pl, régions f pl tropicales
○ tropici m pl

441 **Tropenklima** n
□ tropical climate
△ climat m tropical
○ clima m tropicale

Tropenklima → Klima, tropisches

442 **Tropfen** m
□ drop
△ goutte f
○ goccia f

Tropfen, hängender → Beobachtung am hängenden Tropfen

T 443

443 **Tropf(en)bewässerung** f
- □ trickle irrigation, drip irrigation
- △ arrosage m goutte à goutte, irrigation f au goutte à goutte
- ○ irrigazione f a goccia

444 **Tropffrequenz** f
- □ drop frequency
- △ fréquence f de chute des gouttes
- ○ frequenza f di caduta delle gocce

445 **Tropfkörper** m
- □ trickling filter, sprinkling filter, percolating filter, bio-filter, biofilter
- △ lit m percolateur, lit m bactérien, filtre m percolateur, biofiltre m, filtre m biologique, filtre m par aspersion
- ○ letto m percolatore, percolatore m

446 **Tropfkörper** m, **geschlossener**
- □ closed trickling filter, covered trickling filter
- △ lit m bactérien fermé
- ○ letto m percolatore chiuso

Tropfkörper, gespülter
→ Hochlasttropfkörper

Tropfkörper, hochbelasteter
→ Hochlasttropfkörper

447 **Tropfkörper** m, **künstlich belüfteter**
- □ artificially aerated trickling filter
- △ lit m bactérien à ventilation forcée
- ○ letto m percolatore aerato artificialmente

448 **Tropfkörper** m **mit Kunststoffpackung**
- □ plastic-packed sprinkling filter
- △ lit m bactérien à garniture en plastique
- ○ letto m percolatore a garnitura in plastica

Tropfkörper, Scheibentauch~ → Tauchtropfkörper

449 **Tropfkörper** m, **schwachbelasteter**
- □ low-rate trickling filter
- △ lit m bactérien à faible charge
- ○ letto m biologico a piccola dosatura

Tropfkörper, Tauch~ → Tauchtropfkörper

Tropfkörper, Wechsel~ → Wechseltropfkörper

450 **Tropfkörperbehandlung** f
- □ biofiltration
- △ filtration f biologique, épuration f par lit bactérien
- ○ biofiltrazione f

451 **Tropfkörperbelastung** f
- □ filter loading
- △ charge f d'un lit bactérien
- ○ carico m di un letto percolatore

Tropfkörperbrocken
→ Tropfkörpermaterial

452 **Tropfkörperfliege** f, **Abwasserfliege** f, **Psychoda** f, **Schmetterlingsfliege** f
- □ filter fly, moth fly, psychoda
- △ psychoda f, psychode f
- ○ psychoda f

453 **Tropfkörpermaterial** n, **Tropfkörperbrocken** m, **Tropfkörperpackung** f
- □ filter material, filter medium
- △ matériau m filtrant
- ○ materiale m del letto percolatore

Tropfkörperpackung
→ Tropfkörpermaterial

454 **Tropfkörperschlamm** m
- □ filter humus
- △ boue[s] f [pl] secondaire[s]
- ○ humus m di un letto percolatore, fango m di un letto percolatore

455 **Tropfkörperverfahren** n
- □ percolating filter method, sprinkling filter method, trickling filter process
- △ procédé m des lits bactériens, méthode f des lits bactériens
- ○ processo m a letti percolatori

Tropfkörperverfahren, Wechsel~
→ Wechseltropfkörperverfahren

456 **Tropfstein** m, **Stalagmit** m, **Stalaktit** m
- □ stalagmite, stalactite
- △ stalagmite f, stalactite f
- ○ stalagmite f, stalattite f

457 **Tropfsteinhöhle** f
- □ stalactite cave
- △ grotte f de stalactites
- ○ grotta f con stalattiti

458 **Tropfzeit** f
- □ dripping period
- △ temps m d'égouttage
- ○ periodo m di sgocciolatura

459 **Trophiegrad** m
- □ degree of trophication
- △ degré m de trophisme
- ○ grado m di trofismo

460 **Trophierung** f
- □ trophication
- △ trophication f
- ○ trofizzazione f

461 **trophogen**
- □ trophogenic, trophogenous
- △ trophogène
- ○ trofogeno

462 **tropholytisch**
- □ tropholytic
- △ tropholytique
- ○ trofolitico

463 **trübe**
- □ turbid, muddy, troubled
- △ trouble
- ○ torbido

464 **Trübeströmung** f
- □ turbidity current
- △ courant m de turbidité
- ○ corrente f di torbidità

465 **Trübung** f
- □ turbidity
- △ turbidité f
- ○ torbidezza f, torbidità f, intorbidazione f

Trübung, Durchbruch der ~
→ *Durchbruch der Trübung*

466 Trübungsgrad *m*
- □ coefficient of turbidity, degree of turbidity
- △ degré *m* de turbidité
- ○ grado *m* dell'intorbidazione, grado *m* di torbidità, coefficiente *m* di torbidità

467 Trübungsmesser *m*, **Nephelometer** *n*
- □ turbidimeter, turbidicator, turbidity indicator, nephelometer
- △ turbidimètre *m*, néphélomètre *m*
- ○ torbidimetro *m*, indicatore *m* di torbidità, misuratore *m* di torbidità

468 Trübungsmessung *f*, **Nephelometrie** *f*
- □ turbidimetry, nephelometry
- △ turbidimétrie *f*, néphélométrie *f*
- ○ torbidimetria *f*

Trübwasser → *Schlammwasser*

469 Trümmergestein *n*, **Verwitterungsschutt** *m*
- □ rubble, debris, conglomerate, conglomerate rocks *pl*, detritus
- △ débris *m pl*, brèche *f*
- ○ mucchio *m* di pietrame

T.S. → *Trockensubstanz*

TT-Stück → *Kreuzstück*

TTC → *Triphenyltetrazoliumchlorid*

TTC-Test → *Dehydrogenasetest*

470 Tuberkel *m* **und (österr.)** *f*
- □ tubercle
- △ tubercule *m*
- ○ tubercolo *m*

471 Tuberkelbazillus *m*
- □ tuberculosis bacterium
- △ bacille *m* tuberculeux, bacille *m* de Koch
- ○ bacillo *m* della tubercolosi, bacillo *m* di Koch

472 Tuberkulose *f*
- □ tuberculosis
- △ tuberculose *f*
- ○ tubercolosi *f*

473 Tubificiden *f pl*, **Schlammröhrenwürmer** *m pl*
- □ tubificidae *pl*, sludge worms *pl*
- △ tubificides *m pl*
- ○ tubificidi *m pl*, vermi *m pl* del fango

Tubularmodul → *Schlauchmodul*

Tuch, Filter~ → *Filtertuch*

474 Tuchfabrik *f*
- □ cloth factory
- △ fabrique *f* de drap
- ○ fabbrica *f* di panni

475 Tuchfilter *n*
- □ cloth filter
- △ filtre *m* en toile
- ○ filtro *m* in tela

476 Tülle *f*
- □ spout, socket
- △ douille *f*
- ○ beccuccio *m*

477 Tümpel *m*, **Lache** *f*, **Pfütze** *f*, **Pfuhl** *m*
- □ pond, pool, puddle
- △ mare *f*, bourbier *m*
- ○ pozza *f*, pozzanghera *f*

478 Tüpfelanalyse *f (chem.)*
- □ spot test, drop test
- △ touche *f*
- ○ analisi *f* alla tocca

479 Tuff *m*, **Tuffgestein** *n*
- □ tufa, tuff
- △ tuf *m*
- ○ tuffo *m*

Tuffgestein → *Tuff*

480 Tundra *f*
- □ tundra
- △ toundra *f*
- ○ tundra *f*

Tunikaten → *Manteltiere*

Tunnel → *Stollen*

Tunnel, Abwasser~ → *Abwasserstollen*

Tunnelausbau → *Stollenausbau*

Tunnelbau → *Stollenbau*

481 Tunnelbauweise *f*, **offene**
- □ cut-and-cover method of tunnel construction
- △ procédé *m* de construction de tunnels à partir de galeries ouvertes
- ○ metodo *m* di costruzione di una galleria "taglia e copri"

482 Turbine *f*
- □ turbine
- △ turbine *f*
- ○ turbina *f*

Turbine, Aktions~ → *Druckturbine*

Turbine, Dampf~ → *Dampfturbine*

483 Turbine *f*, **einstufige**
- □ single-stage turbine
- △ turbine *f* mono-étagée, turbine *f* à un étage
- ○ turbina *f* semplice

Turbine, Hochdruck~ → *Hochdruckturbine*

Turbine, Kaplan~ → *Kaplanturbine*

484 Turbine *f*, **mehrstufige**
- □ multiple stage turbine, multistage turbine
- △ turbine *f* multi-étages, turbine *f* à plusieurs étages
- ○ turbina *f* a stadi multipli

485 Turbine *f* **mit Kondensation, Kondensationsturbine** *f*
- □ condensing turbine
- △ turbine *f* à condensation
- ○ turbina *f* a condensazione

Turbine, Niederdruck~ → *Niederdruckturbine*

486 **Turbine** f **ohne Kondensation, Gegendruckturbine** f
□ non-condensing turbine, back-pressure turbine
△ turbine f sans condensation
○ turbina f senza condensazione

Turbine, Pelton~ → *Peltonturbine*

Turbine, Radial~ → *Radialturbine*

Turbine, Reaktions~ → *Überdruckturbine*

Turbine, Rohr~ → *Rohrturbine*

Turbine, Strahl~ → *Strahlturbine*

Turbine, Tangential~ → *Tangentialturbine*

Turbine, Verbund~ → *Verbundturbine*

Turbine, Wasser~ → *Wasserturbine*

Turbine, Wind~ → *Windturbine*

487 **Turbinenanordnung** f, **Turbinenhöhe** f
□ turbine setting
△ calage m d'une turbine
○ disposizione f di una turbina

488 **Turbinenantrieb** m
□ turbine drive
△ entraînement m par turbine
○ comando m a turbina, propulsione f a turbina

489 **Turbinenbelüfter** m
□ turbine aerator
△ aérateur m à turbine, turbine f d'aération
○ aeratore m a turbina

490 **Turbinenbelüftung** f
□ turbine aeration
△ aération f par turbines
○ aerazione f mediante turbine

Turbinengenerator → *Turbogenerator*

Turbinenhöhe → *Turbinenanordnung*

491 **Turbinenleistung** f
□ turbine capacity
△ capacité f de la turbine
○ capacità f di una turbina

Turbinenleitung → *Druckrohrleitung*

492 **Turbinen[wasser]messer** m
□ turbine [water] meter
△ compteur m d'eau à turbine
○ contatore m d'acqua a turbina

493 **Turbinenpumpe** f
□ turbine pump, turbo-pump
△ pompe f à turbine
○ pompa f a turbina

494 **Turbogebläse** n
□ turbine blower
△ turbo-soufflante f
○ turbosoffiante m

495 **Turbogenerator** m, **Turbinengenerator** m
□ turbogenerator
△ turbogénérateur m
○ turbogeneratore m

496 **Turbokompressor** m
□ turbine compressor
△ turbo-compresseur m
○ turbocompressore m

497 **Turbomischer** m
□ flash mixer
△ turbo-malaxeur m
○ mescolatore m a turbina

498 **turbulent**
□ turbulent
△ turbulent
○ turbolento

499 **Turbulentflockung** f
□ hydraulic flocculation
△ floculation f dynamique
○ flocculazione f dinamica

500 **Turbulenz** f
□ turbulence
△ turbulence f
○ turbolenza f

Turbulenzströmung → *Strömung, turbulente*

501 **Turm** m
□ tower
△ tour f
○ torre f

Turm, Gär~ → *Gärturm*

Turm, Kühl~ → *Kühlturm*

Turmbehälter → *Wasserturm*

502 **Turmdrehkran** m
□ tower crane
△ grue f sur tour
○ gru f a torre

503 **Turmtropfkörper** m
□ tower-type trickling filter
△ lit m bactérien en colonne
○ letto m percolatore a torre

504 **Typhus** m
□ typhoid fever, enteric fever
△ fièvre f typhoïde, typhoïde f
○ tifo m, tifoide f

505 **Typhusbakterium** n, **Eberthella typhi, S.[almonella] typhi**
□ typhoid bacterium
△ bacille m typhique
○ bacillo m del tifo, batterio m del tifo

506 **Typhusepidemie** f
□ typhoid epidemic
△ épidémie f typhique, épidémie f de typhoïde
○ epidemia f di tifo

507 **Typhusfall** m
□ case of typhoid fever
△ cas m de fièvre typhoïde
○ caso m di tifo

508 **Typhushäufigkeit** f
□ typhoid fever case rate
△ taux m de fièvre typhoïde, fréquence f d'occurrence de la typhoïde
○ tasso m del tifo

509 **Typhussterblichkeit** f
□ typhoid fever death rate
△ taux m de mortalité par la fièvre typhoïde, pourcentage m de cas mortels de typhoïde
○ tasso m di mortalità per il tifo

T1/2w → *Tidewasserstand, mittlerer*

U-Stück → *Überschieber*

2/2-U-Stück → *Überschiebmuffe, geteilte*

U-Tal → *Trogtal*

2/2-UA-Stück → *Überschiebmuffe, geteilte ~ mit Flanschstutzen*

2/2-UB-Stück → *Überschiebmuffe, geteilte ~ mit Muffenstutzen*

1 **ubiquitär, überall verbreitet**
□ ubiquitous
△ ubiquitaire, ubiquiste
○ dappertutto diffuso

2 **übelkeiterregend**
□ nauseating, obnoxious
△ nauséabond
○ nauseabondo, nauseante

3 **übelriechend**
□ malodorous
△ malodorant
○ malodorante

4 **über Wasser**
□ above water
△ au-dessus de l'eau
○ sopra il pelo libero

überall verbreitet → *ubiquitär*

5 **Überbeanspruchung** f
□ overburden, overloading
△ surexploitation f
○ sovraesplorazione f

überbelasten → *überlasten*

Überbelastung → *Überlastung*

Über[be]lüftung → *Langzeitbelüftung*

überchloren → *hochchloren*

Überchlorung → *Hochchlorung*

6 **überdeckt, bedeckt**
□ covered, roofed
△ couvert
○ coperto

7 **Überdeckung** f, **Deckung** f, **Deckungshöhe** f
□ depth of cover, laying depth
△ hauteur f de couverture
○ altezza f di copertura

Überdeckung → *Abdeckung*

8 **überdimensioniert**
□ oversized
△ surdimensionné
○ sovradimensionato

9 **überdosieren**
□ over-dose
△ doser en excès
○ sopradosare

10 **Überdosierung** f
□ over-dosage
△ surdosage m
○ superdosaggio m

11 Überdosis f
□ over-dose
△ dose f en excès
○ sopradose f, sopradosa f

12 Überdruck m
□ excessive pressure, excess pressure
△ surpression f
○ soprapressione f

Überdruck, Atmosphären~
→ Atmosphärenüberdruck

Überdruck, Filter~ → Filterdruck

13 Überdruckturbine f, Reaktionsturbine f, Rückdruckturbine f
□ pressure turbine, reaction turbine
△ turbine f à réaction
○ turbina f a reazione

14 Überdruckventil n
□ pressure relief valve
△ valve f de surcharge
○ valvola f di sovraccarico

15 Überdüngung f
□ over-fertilization
△ superfertilisation f
○ soprafertilizzazione f

16 Überfall m, Überlauf m
□ spillway, overflow, overfall
△ déversoir m, trop-plein m, débord m, débordement m
○ sfioratore m, stramazzo m

17 Überfall m, gezackter
□ serrated weir
△ déversoir m dentelé
○ stramazzo m dentato

Überfall, Heber~ → Heberentlastung

Überfall, Regen~ → Regenauslaß

Überfall, Tauchform des -s → Tauchform des Überfalls

18 Überfall m, unvollkommener
□ imperfect overfall
△ trop-plein m incomplet
○ stramazzo m imperfetto

19 Überfall m, vollkommener
□ perfect overfall
△ déversoir m total, déversoir m parfait
○ stramazzo m totale

20 Überfall m, wellenförmiger
□ undulating type of overfall
△ déversoir m ondulé
○ stramazzo m ondulato

Überfallbeiwert → Wehrbeiwert

Überfallentlastung → Überlaufentlastung

21 Überfallhäufigkeit f
□ frequency of overflow
△ fréquence f d'écoulement
○ frequenza f di sversamento

22 Überfallhöhe f
□ height of overflow, weir head
△ hauteur f de la lame déversante
○ altezza f dello stramazzo

23 Überfallkanal m, Überlaufrinne f
□ spillway channel, overflow channel
△ coursier m
○ canale m di scarico

24 Überfallkante f, Überlaufkante f (eines Wehres)
□ crest
△ crête f
○ cresta f

25 Überfallkrone f
□ overflow crest, crest of spillway
△ couronne f de déversement, crête f d'évacuation
○ cresta f dello stramazzo

Überfallquelle → Überlaufquelle

Überfallrosette, Schachtüberfall mit ~
→ Schachtüberfall mit Überfallrosette

26 Überfallschwelle f, Überlaufschwelle f
□ sill
△ seuil m de déversement
○ soglia m dello stramazzo, soglia f sfiorante

27 Überfallstrahl m, Strahl m, überfallender
□ nappe
△ nappe f
○ falda f

28 Überfallwehr n
□ overfall weir, overflow weir, waste weir
△ barrage-déversoir m
○ diga f tracimabile

29 Überfließen n (eines Wehrs)
□ overspilling of a weir, overflow
△ débordement m d'un déversoir
○ tracimazione f di stramazzo

30 Überflurhydrant m, Überflurwasserpfosten m
□ pillar hydrant, street-watering standpost, standpost hydrant, standpost [fire] hydrant, post hydrant
△ bouche f sur trottoir, poteau m d'incendie, borne-hydrant f
○ idrante m a colonnina

Überflurwasserpfosten → Überflurhydrant

31 Überflußwasser n, Überschußwasser n, Wasser n, überschüssiges
□ excess water, surplus water
△ eau f supplémentaire, eau f de surplus, eau f excédentaire
○ acqua f di supero

überfluten → überschwemmen

Überflutung → Überschwemmung

Überführung → Viadukt

Überführung, Straßen~ → Straßenüberführung

Überführungsleitung → Zubringerleitung

32 **Überfüllsicherung** f **für Ölbehälter**
□ overflow safety device for oil tanks, overfill safety device for oil tanks
△ dispositif m de sécurité anti-débordant pour les récipients à huile, dispositif m de sécurité de trop-plein
○ sicurezza f di troppo pieno per recipienti continenti olio

Übergang → *Steg*

Übergang, Fluß~ → *Flußübergang*

Übergangsbereich → *Übergangszone*

33 **Übergangsbestimmung** f
□ transitional regulation
△ disposition f transitoire
○ disposizione f transitoria

34 **Übergangsboden** m
□ transitional soil, intergrade *(am)*
△ sol m de transition
○ terreno m di transizione

35 **Übergangsmoor** n, **Bruch** n
□ transitional moor
△ tourbière f de transition
○ torbiera f di transizione

36 **Übergangsströmung** f
□ transition flow
△ écoulement m transitoire
○ flusso m transitorio

37 **Übergangsstück** n
□ reducer, adapter, taper
△ raccord m conique, cône m
○ pezzo m di raccordo, pezzo m di riduzione

Übergangsstück, exzentrisch, Muffen~ → *Muffenübergangsstück, exzentrisch*

Übergangsstück, exzentrisches, Flanschen~ → *Flanschenübergangsstück, exzentrisches*

Übergangsstück, Flanschen~ → *Flanschenübergangsstück*

38 **Übergangsstück** n **mit glatten Enden**
□ plain end reducer
△ cône m à deux bouts unis
○ pezzo m di raccordo senza giunzione

39 **Übergangszone** f, **Übergangsbereich** m
□ transition zone, transitional zone
△ zone f de transition
○ zona f di transizione

40 **Überhang** m
□ overhang
△ surplomb m
○ strapiombo m

41 **überhitzt**
□ overheated, superheated
△ surchauffé
○ surriscaldato

42 **überholen, wiederinstandsetzen**
□ overhaul
△ réviser, remettre en état
○ rimettere a nuovo

43 **Überholung** f, **Wiederinstandsetzung** f
□ overhaul, overhauling
△ révision f, remise en état
○ revisione f

44 **Überjahresspeicherbecken** n
□ over-year storage reservoir, conservation reservoir
△ bassin m pour stockage de longue durée
○ bacino m d'immagazzinamento di lunga durata

45 **Überjahresspeicherung** f
□ conservation storage, over-year storage
△ emmagasinement m cyclique
○ immagazzinamento m di lunga durata

46 **Überkronenberegnung** f
□ overtree sprinkler method
△ système m d'arrosage par aspersion sur frondaison
○ irrigazione f a pioggia a traiettoria alta

47 **überlagern**
□ superimpose
△ superposer, chevancher
○ sovrapporre

48 **überlappt geschweißt**
□ lap-welded
△ soudé par recouvrement
○ saldato a ricoprimento, saldato a sovrapposizione

49 **Überlappungsschweißung** f
□ lap-welding
△ soudure f par recouvrement
○ saldatura f a ricoprimento, saldatura f a sovrapposizione

50 **Überlastbarkeit** f
□ peak-load allowance
△ capacité f de surcharge
○ capacità f di sovraccarico

51 **überlasten, überbelasten**
□ overload, overwork, overcharge
△ surcharger
○ sovraccaricare

52 **Überlastung** f, **Überbelastung** f
□ overload, overloading
△ surcharge f
○ sopraccarico m, sovraccarico m

Überlauf → *Überfall*

Überlauf, Hochwasser~ → *Hochwasserüberlauf*

Überlauf, Kaskaden~ → *Kaskadenüberlauf*

Überlauf, Mischwasser~ → *Mischwasserüberlauf*

Überlauf mit kastenförmigem Überfall, Hochwasser~ → *Hochwasserüberlauf mit kastenförmigem Überfall*

Überlauf mit schrägem Stollen, Hochwasser~ → *Hochwasserüberlauf mit schrägem Stollen*

Überlauf, Regenwasser~ → *Regenauslaß*

Überlauf, Zyklon~ → *Zyklonüberlauf*

53 Überlaufbecken n
- overflow basin
- bassin m de trop-plein
- bacino m di troppopieno

54 überlaufen, überströmen
- overflow
- déborder
- traboccare, sfiorare, rigurgitare

55 Überlaufentlastung f, Überfallentlastung f
- overflow spillway, overfall spillway
- évacuateur m de surface
- scaricatore m di superficie

Überlaufkanal → Überlaufleitung

Überlaufkante → Überfallkante

Überlaufkoeffizient → Wehrbeiwert

56 Überlaufleitung f, Überlaufkanal m
- overflow conduit, by-channel, by wash channel
- conduite f de trop-plein, canal m de trop-plein
- condotta f di troppopieno

57 Überlaufquelle f, Überfallquelle f
- overflowing spring, overflow spring
- source f d'émergence, source f de trop-plein
- sorgente f di emergenza, sorgente f di trabocco

58 Überlaufrinne f
- spillway flume
- rigole f de trop-plein, passe-déversoir f
- cunetta f di troppopieno

Überlaufrinne → Überfallkanal

59 Überlaufrohr n
- overflow pipe, overflow tube
- tuyau m de trop-plein
- tubo m di troppopieno

Überlaufschwelle → Überfallschwelle

60 Überlauftrichter m
- overflow funnel
- cheminée f de déversement
- imbuto m di troppo pieno, imbuto m dello sfioratore

61 Überlaufventil n
- overflow cock
- soupape f de trop-plein
- valvola f di troppopieno

62 Überlaufwand f
- overflow wall, overpour wall
- mur m déversant
- parete f di troppopieno

63 überleben
- survive
- survivre (à)
- sopravvivere

64 Überleben n (von Tierarten)
- survival
- survie f
- sopravvivenza f

65 Überlebenswahrscheinlichkeit f
- probability of survival
- probabilité f de survie
- probabilità f di sopravvivenza

Überlüftungsanlage → Totalkläranlage

Übermittlung, Daten~ → Meßwertübermittlung

Übermittlung, Meßwert~ → Meßwertübermittlung

66 Überpumpen n (eines Brunnens)
- overpumping
- pompage m excessif
- pompaggio m eccessivo

67 Überpumpwerk n, Zwischenpumpwerk n
- intermediate pumping station, booster pump station
- station f de pompage intermédiaire, station f de relevage
- stazione f di pompaggio intermedia

68 übersättigen
- supersaturate
- sursaturer
- soprassaturare

69 Übersättigung f
- supersaturation
- supersaturation f, sursaturation f, saturation f excédentaire
- soprasaturazione f

70 Übersättigungswasser n
- water of supersaturation
- eau f de sursaturation
- acqua f di soprasaturazione

71 Überschieber m, Manschette f, Schieberohr n, U-Stück n, Überschiebmuffe f
- straight sleeve, standard collar, sleeve, double sliding socket
- manchon m droit, bout m à deux emboîtements, manchette f
- manicotto m doppio

Überschiebmuffe → Überschieber

72 Überschiebmuffe f, geteilte, 2/2-U-Stück n
- split sleeve
- manchon m en deux pièces
- manicotto m a due elementi

73 Überschiebmuffe f, geteilte ~ mit Flanschstutzen, 2/2-UA-Stück n
- split sleeve with flanged branch
- manchon m en deux pièces avec tubulure à bride
- manicotto m a due elementi flangiato

74 Überschiebmuffe f, geteilte ~ mit Muffenstutzen, 2/2-UB-Stück n
- split sleeve with bell branch
- manchon m en deux pièces avec tubulure à emboîtement
- manicotto m a due elementi con tubo a campana

75 **Überschiebmuffe** f, **kurze**
□ short sleeve
△ manchon m court
○ manicotto m doppio corto

76 **Überschiebmuffe** f **mit Stutzen**
□ branch sleeve
△ manchon m à tubulure
○ manicotto m doppio a racordo

77 **Überschreitungsdauer** f
□ duration of flows in excess
△ durée f de dépassement (en plus) d'une valeur de débit donnée
○ tempo m in cui una portata è superiore ad un assegnato valore

78 **Überschreitungszahl** f
□ number of values in excess
△ indice m de dépassement (en plus) d'une valeur de débit donnée
○ numero m di volte in cui un dato valore di portata viene superato

Überschuß, Chlor~ → *Chlorüberschuß*

Überschuß, Schlamm~ → *Schlammüberschuß*

Überschußchlor → *Chlorüberschuß*

Überschußchlorung → *Hochchlorung*

79 **Überschußgas** n
□ excess gas
△ gaz m en excès
○ gas m di supero

Überschußkalkung ′
→ *Kalküberschußverfahren*

Überschußkohlensäure → *Kohlensäure, überschüssige*

80 **Überschußschlamm** m
□ excess sludge, surplus sludge, waste sludge
△ boue[s] f [pl] en excès
○ fango m di supero

81 **Überschuß[belebt]schlamm** m
□ excess activated sludge, surplus sludge
△ boue[s] f [pl] activée[s] en excès
○ fango m attivato di supero

Überschußwasser → *Überflußwasser*

82 **überschwemmen, überfluten, unter Wasser setzen**
□ flood, inundate
△ inonder
○ inondare

83 **Überschwemmung** f, **Überflutung** f
□ flood, inundation, flooding
△ inondation f
○ inondazione f, allagamento m

84 **Überschwemmungsgebiet** n, **Hochwasserüberschwemmungsgebiet** n
□ flood basin, flood plain, flood zone, overbank area, flood plane
△ zone f inondable, périmètre m d'inondation, surface f du lit majeur, plaine f d'inondation, plaine f inondable
○ zona f d'inondazione

Übersetzungsantrieb → *Rädergetriebe*

85 **Übersichtskarte** f
□ locality map
△ carte f des alentours
○ carta f sinottica

Übersichtskarte, Boden~ → *Bodenübersichtskarte*

Übersichtsplan → *Lageplan*

86 **überstauen**
□ submerge
△ submerger
○ sommergere

87 **Überstauung** f
□ submerging, impoundment
△ submersion f
○ sommersione f

überströmen → *überlaufen*

Überträger → *Keimträger*

88 **Übertragspeicherung** f
□ carry-over storage
△ stockage m interannuel, emmagasinement m interannuel
○ invaso m interannuale

Übertragung, Eindraht-~ → *Eindraht-Übertragung*

Übertragung, Mehrdraht~ → *Mehrdrahtübertragung*

Übertragung, Wärme~ → *Wärmeübergang*

89 **Übertragungsanlage** f
□ transmission system
△ poste m transmetteur
○ impianto m di trasmissione

90 **Übertragungsbeiwert** m
□ transmission factor
△ coefficient m de transmission
○ coefficiente m di trasmissione

91 **Übertragungskanal** m
□ transmission channel
△ canal m de transmission
○ canale m di trasmissione

92 **Übertragungsverhältnis** n
□ transfer ratio
△ rapport m de transmission
○ rapporto m di trasmissione

93 **Übervölkerung** f
□ over-population
△ surpopulation f
○ sovrappopolazione f

94 **überwachen**
□ supervise, superintend, control
△ surveiller, contrôler
○ sorvegliare, controllare

95 **Überwachung** f, **Aufsicht** f
□ supervision, superintendence, control, surveillance
△ surveillance f, contrôle m
○ sorveglianza f, controllo m

96 Überwachung f, ärztliche
- medical supervision
- △ surveillance f médicale
- ○ sorveglianza f medica

Überwachung, Betriebs~ → Betriebs-
überwachung

Überwachung, Emissions~ → Emissions-
überwachung

Überwachung, Fluß~ → Fluß-
überwachung

97 Überwachung f, gesundheitliche
- health surveillance
- △ surveillance f sanitaire
- ○ sorveglianza f sanitaria

98 Überwachungsdienst m
- surveillance, supervisory service, control service
- △ services f pl de surveillance
- ○ servizio m di sorveglianza

99 Überwachungsnetz n
- network of control, monitoring system
- △ réseau m de contrôle
- ○ rete f di controllo

Überwachungstafel, Steuer- und ~
→ Steuer- und Überwachungstafel

100 Überwasserfahrzeug n
- surface craft
- △ navire m de surface
- ○ unità f di superficie

101 Überwasserpflanze f, Wasserpflanze f, emerse
- emerging water plant
- △ plante f aquatique émergente
- ○ vegetazione f acquatica emergente

102 Überwasserspiegelzone f (hydrol.), Lufteinwirkungszone f, Zone f, luftbeeinflußte, Zone f, ungesättigte
- zone of aeration, aeration zone, zone of suspended water, unsaturated zone
- △ zone f d'aération
- ○ zona f di aerazione

103 Überweidung f
- over-grazing
- △ surpâturage m
- ○ sovrapascolo m

104 Überzug m
- coating, lining
- △ revêtement m
- ○ rivestimento m

105 Überzug m, äußerer
- coating
- △ couverture f extérieure
- ○ copertura f esterna, rivestimento m esterno

Überzug, Bitumen~ → Bitumenüberzug

Überzug, Goudron~ → Teer-
schutzüberzug

Überzug, innerer → Auskleidung

106 Ufer n
- bank, shore
- △ bord m, rive f, berge f, rivage m
- ○ riva f, sponda f

107 Ufer n, ausbiegendes, Gleitufer n, Ufer n, ausbuchtendes, Ufer n, konvexes, Ufer n, vorspringendes
- slip-off slope, convex bank
- △ partie f convexe de la rive, rive f convexe d'une rivière
- ○ sponda f convessa

Ufer, ausbuchtendes → Ufer, ausbiegendes

Ufer, einbiegendes → Ufer, einbuchtendes

108 Ufer n, einbuchtendes, Prallufer n, Ufer n, einbiegendes, Ufer n, konkaves
- undercut slope
- △ rive f concave, partie f concave de la rive
- ○ sponda f concava

Ufer, konkaves → Ufer, einbuchtendes

Ufer, konvexes → Ufer, ausbiegendes

Ufer, Steil~ → Steilufer

Ufer, vorspringendes → Ufer, ausbiegendes

109 Uferabdeckung f
- bank revetment
- △ revêtement m des berges
- ○ rivestimento m delle rive

110 Uferanlieger m, Anlieger (an einem Gewässer), Anwohner m, Flußanlieger m (an einem Gewässer)
- riparian [owner], frontager
- △ riverain m
- ○ rivierasco m, abitante m delle rive

111 Uferbepflanzung f
- bank planting
- △ plantation f sur les rives
- ○ piantagione f sulle sponde

112 Uferbewuchs m
- plant cover on bank
- △ couverture f végétale sur les rives, végétation f sur les rives
- ○ vegetazione f sulle sponde

113 Uferböschung f
- embankment, bank
- △ talus m de rive, berge f
- ○ scarpata f di riva

114 Uferdamm m, Ufermauer f, Wall m
- embankment, levee, quay
- △ digue f de protection, quai m
- ○ diga f di protezione, argine m

115 Uferdamm m (natürlicher)
- natural levee
- △ levée f de rive
- ○ argine m di riva

Uferdeckwerk → Deckwerk

116 **Uferdrift** f
- □ shore drift
- △ courant m littoral, houle f le long de la côte
- ○ corrente f littoranea

117 **Ufereinsturz** m
- □ bank collapse
- △ affaissement m de la rive, éboulement m de la rive
- ○ abbassamento m della sponda

118 **Uferentnahmestelle** f
- □ shore intake
- △ lieu m de prise en bordure de rivière
- ○ punto m di presa in una sponda, incile m

119 **Uferfauna** f, **Litoralfauna** f
- □ littoral fauna
- △ faune f littorale
- ○ fauna f lit(t)orale

120 **Uferfiltrat** n, **Grundwasser** n, **uferfiltriertes, Seihwasser** n
- □ bank-filtered water, artificially recharged ground-water
- △ nappe f aquifère enrichie d'eau de rivière infiltrée
- ○ falda f acquifera artificialmente ricaricata dalla sponda

121 **Uferfiltration** f
- □ bank filtration
- △ filtration f par la rive
- ○ infiltrazione f attraverso le sponde

Uferfliege → Steinfliege

122 **Uferflora** f, **Litoralflora** f (bot.)
- □ shore vegetation, littoral vegetation
- △ flore f littorale
- ○ flora f littorale

123 **Uferfront** f
- □ frontage of a river
- △ front m riverain
- ○ fronte f della sponda

124 **Ufergelände** n
- □ riparian lands pl
- △ terrain m riverain
- ○ terreno m di sponda

125 **Uferlinie** f, **Uferstrich** m
- □ flowage line, bank line, shore line
- △ ligne f riveraine
- ○ linea f di riva, linea f della sponda

Ufermauer → Uferdamm

126 **Uferpflanzen** f pl, **Gelege** n, **Hartflora** f
- □ bank flora
- △ végétation f des berges
- ○ vegetazione f delle sponde

127 **Uferschlamm** m
- □ littoral deposit
- △ dépôt m littoral
- ○ deposito m lit(t)orale

128 **Uferschutz** m
- □ bank protection
- △ protection f des bords, protection f des rives
- ○ diffesa f delle sponde

Uferspeicherung → Böschungsspeicherung

129 **Uferstreifen** m
- □ bank strip
- △ bande f littorale, bande f riveraine
- ○ fascia f ripariale

Uferstrich → Uferlinie

Uferzone → Litoralzone

130 **Ukelei** m, **Albe** f, **Blicke** f, **Laube** f, **Marienfisch** m (Alburnus alburnus), **Schneiderfisch** m, **Schuppenfisch** m
- □ bleak
- △ able m, ablette f
- ○ blicca f

131 **Ultrafiltration** f, **Membranfiltration** f
- □ ultrafiltration
- △ ultrafiltration f, filtratrion f sur membrane
- ○ ultrafiltrazione f

132 **Ultraschall** m
- □ ultrasonics, supersonics, ultrasound
- △ ultrason m
- ○ ultrasuono m

133 **ultraviolett, UV**
- □ ultraviolet
- △ ultraviolet
- ○ ultravioletto

134 **Ultraviolettabsorption** f
- □ ultraviolet absorbance
- △ absorption f des rayons ultra-violets
- ○ assorbimento m dei raggi ultravioletti

135 **Ultraviolettbestrahlung** f, **UV-Bestrahlung** f
- □ ultraviolet irradiation
- △ irradiation f aux rayons ultra-violets
- ○ trattamento m con raggi ultravioletti, irradiazione f ai raggi ultravioletti

136 **Umdrehung** f, **Drehung** f, **Rotation** f
- □ rotation, revolution
- △ révolution f, tour m, rotation f
- ○ rotazione f, giro m, rivoluzione f, moto m rotativo, movimento m rotativo

137 **Umdrehungen** f pl **pro Minute, UPM** f pl
- □ revolutions pl per minute, r.p.m., rotations pl per minute
- △ tours m pl par minute, t/mn
- ○ giri m pl al minuto

138 **Umdrehungsgeschwindigkeit** f, **Umlaufgeschwindigkeit** f
- □ velocity of rotation, rotation speed
- △ vitesse f de rotation
- ○ velocità f di rotazione

139 **Umfang** m
- □ perimeter
- △ périmètre m
- ○ perimetro m

140 **Umfang** m, **benetzter**
- □ wetted perimeter
- △ périmètre m mouillé
- ○ perimetro m bagnato

Umfriedung → *Einfriedigung*

Umführung → *Umleitung*

Umführungsleitung → *Umleitung*

141 **Umgang** *m* **mit Chemikalien**
- □ handling of chemicals
- △ manipulation *f* des produits chimiques
- ○ manutenzione *f* dei prodotti chimici

Umgangsleitung → *Umleitung*

142 **Umgebung** *f*, **Umgegend** *f*
- □ neighbourhood, surroundings *pl*, environment
- △ environs *m pl*, alentours *m pl*
- ○ circondario *m*, dintorni *m pl*, vicinanze *f pl*

Umgebungsstrahlung → *Nulleffekt*

143 **Umgebungstemperatur** *f*
- □ ambient temperature
- △ température *f* ambiante
- ○ temperatura *f* ambiente

Umgegend → *Umgebung*

Umgehungskanal → *Umleitungskanal*

144 **umgekehrt proportional**
- □ inversely proportional
- △ inversement proportionnel
- ○ inversamente proporzionale

Umhüllung → *Verkleidung*

Umkehr der Fließrichtung → *Strömungsumkehr*

145 **umkehrbar**
- □ reversible
- △ réversible
- ○ reversibile

Umkehrosmose → *Gegenosmose*

146 **Umkleideraum** *m*
- □ changing room, dressing room
- △ vestiaire *m*
- ○ spogiatoio *m*

Umkleidung → *Verkleidung*

Umlauf → *Kreislauf*

Umlauf → *Umleitung*

147 **umlaufen**
- □ turn, rotate, revolve, circulate
- △ tourner, circuler
- ○ girare, ruotare, circolare

148 **Umlaufgeschwindigkeit** *f*
- □ peripheral velocity
- △ vitesse *f* périphérique, vitesse *f* circonférentielle
- ○ velocità *f* periferica, velocità *f* di circolazione

Umlaufgeschwindigkeit → *Umdrehungsgeschwindigkeit*

Umlaufleitung → *Umleitung*

Umlaufnetz → *Ringnetz*

149 **Umlaufverdampfer** *m*
- □ circulation evaporator
- △ évaporateur *m* avec circulation
- ○ evaporatore *m* con circolazione

150 **Umlaufverfahren** *n* **der Bewässerung, Bewässerungsfolge** *f*
- □ rotation method of irrigation
- △ cycle *m* d'irrigation, distribution *f* [d'eau] par rotation, séquence *f* d'irrigation
- ○ sequenza *f* d'irrigazione

151 **Umlaufzeit** *f* **der Bewässerung**
- □ frequency of irrigation
- △ espacement *m* des arrosages
- ○ frequenza *f* d'irrigazione

152 **umleiten**
- □ divert, by-pass
- △ dériver, détourner
- ○ deviare

153 **Umleiten** *n*, **Umleitung** *f*
- □ re-routing, diversion
- △ déviation *f*, dérivation *f*
- ○ deviazione *f*, diversione *f*

154 **Umleitung** *f*, **Umführung** *f*, **Umführungsleitung** *f*, **Umgangsleitung** *f*, **Umlauf** *m*, **Umlaufleitung** *f*, **Umleitungsbauwerk** *n*
- □ by-pass, diversion works
- △ by-pass *m*, dérivation *f*, contournement *m*, ouvrages *m pl* de dérivation
- ○ by-pass *m*, sorpasso *m*

Umleitung → *Umleiten*

Umleitungsbauwerk → *Umleitung*

155 **Umleitungsdamm** *m*
- □ diversion dam
- △ barrage *m* de dérivation
- ○ argine *m* di deviazione

156 **Umleitungsgraben** *m*
- □ diversion ditch
- △ fossé *m* de dérivation
- ○ fossa *f* di diversione

157 **Umleitungskanal** *m*, **Umgehungskanal** *m*
- □ diversion channel, by-pass channel
- △ canal *m* de dérivation, canal *m* de by-pass
- ○ canale *m* di deviazione

158 **Umleitungsstollen** *m*
- □ diversion tunnel, by-pass tunnel
- △ galerie *f* de dérivation
- ○ galleria *f* di deviazione

159 **Umleitungsventil** *n*
- □ by-pass valve
- △ soupape *f* de dérivation
- ○ valvola *f* di diversione

160 **Umleitungswehr** *n*
- □ diversion weir
- △ barrage *m* de dérivation
- ○ sbarramento *m* di diversione

Ummantelung → *Gehäuse*

Umrandung, Brunnen~ → *Brunnenumrandung*

161 Umrechnungsfaktor *m*
- □ conversion unit
- △ facteur *m* de conversion
- ○ fattore *m* di conversione

Umriß → *Kurzbeschreibung*

umrühren → *rühren*

Umrühren → *Rühren*

Umsatz → *Stoffumsatz*

162 Umschlagpunkt *m* (*eines Indikators*)
- □ turning point, end point
- △ point *m* de virage
- ○ punto *m* di viraggio

Umschlagspunkt → *Endpunkt*

163 Umschreibung *f*
- □ transcription
- △ transcription *f*
- ○ trascrizione *f*

164 Umsetzen *n* **von Fischen**
- □ transplanting of fish
- △ translation *f* des poissons
- ○ traslazione *f* dei pesci

165 Umsetzen *n* **von Kompost**
- □ repiling
- △ retournement *m*
- ○ spostamento *m*

Umsetzungswärme → *Prozeßwärme*

Umspanner → *Transformator*

166 Umspundung *f*
- □ sheet-piling enclosure
- △ clôture *f* en palplanches
- ○ chiusura *f* con palancole

Umwälzbecken → *Mischbecken*

167 Umwälzen *n*
- □ circulation, turn-over, overturn
- △ circulation *f*, brassage *m*
- ○ circolazione *f*

168 Umwälzpumpe *f*
- □ circulating pump, recirculating pump
- △ pompe *f* de circulation
- ○ pompa *f* di circolazione

Umwälzpumpe, Schlamm~ → *Schlammumwälzpumpe*

Umwälzung des Faulrauminhaltes, Gas~ → *Gasumwälzung des Faulrauminhaltes*

169 Umwälzungsbecken *n*
- □ spiral-flow tank
- △ bassin *m* à mouvement rotatif, bassin *m* à circulation hélicoïdale, bassin *m* à circulation
- ○ bacino *m* a moto elicoidale

Umwälzvorrichtung → *Rührwerk*

170 Umwandlung *f*
- □ transmutation, conversion, transformation
- △ transmutation *f*, transformation *f*
- ○ mutazione *f*, conversione *f*, mutamento *m*, trasformazione *f*

171 Umwelt *f*, **Milieu** *n*
- □ environment
- △ environnement *m*
- ○ ambiente *m*

172 Umwelt *f*, **gesunde**
- □ balanced environment
- △ environnement *m* sain, milieu *m* équilibré
- ○ ambiente *m* in equilibrio

173 Umwelt *f*, **städtische**
- □ urban environment
- △ milieu *m* urbain, environnement *m* urbain
- ○ ambiente *m* urbano

174 umweltbedingt
- □ due to environmental factors
- △ dû à des facteurs d'environnement
- ○ causato da fattori ambientali

175 Umweltbedingung *f*, **Umweltfaktor** *m*
- □ environmental factor, ecological factor
- △ facteur *m* d'environnement, facteur *m* d'ambiance
- ○ fattore *m* ambientale

176 Umweltbehörde *f*
- □ environmental agency, environmental authority
- △ autorité *f* responsable de l'environnement
- ○ autorità *f* responsabile per l'ambiente

177 Umweltbundesamt *n*
- □ Federal Environmental Agency
- △ Office *m* Fédéral de l'Environnement
- ○ Ufficio *m* Federale per l'Ambiente

178 Umwelteinfluß *m*
- □ influence of the environment
- △ influence *f* exercée par l'environnement
- ○ influenza *f* ambientale

Umweltfaktor → *Umweltbedingung*

179 umweltfeindlich, umweltschädlich
- □ ecologically harmful, ecologically noxious
- △ nuisible au point de vue écologique, néfaste au point de vue écologique, préjudiciable au point de vue écologique
- ○ ecologicamente nocivo

180 umweltfreundlich
- □ ecologically beneficial, ecologically compatible
- △ favorable au point de vue écologique, compatible au point de vue écologique
- ○ ecologicamente favorevole, ecologicamente conveniente

181 Umweltgefahr *f*
- □ ecological hazard
- △ danger *m* écologique, risque *m* pour l' environnement
- ○ rischio *m* ambientale

182 Umwelthygiene *f*, **Hygiene** *f*, **allgemeine**
- □ environmental hygiene
- △ hygiène *f* du milieu, hygiène *f* de l' environnement
- ○ igiene *f* ambientale, igiene *f* generale

183 **Umweltkatastrophe** f
□ ecological disaster
△ désastre m écologique, catastrophe f écologique
○ disastro m ambientale

184 **Umweltkriterium** n
□ ecological criterion, environmental criterion
△ critère m d'environnement, critère m de milieu
○ critero m relativo all'ambiente

Umweltlehre → *Ökologie*

185 **Umweltmaßstab** m
□ environmental parameter
△ paramètre m du milieu, paramètre m de l'environnement
○ parametro m dell'ambiente

186 **Umweltnormen** f pl
□ environmental standards
△ normes f pl relatives à l'environnement
○ norme f pl relative all'ambiente

187 **Umweltplanung** f
□ environmental planning
△ aménagement m de l'environnement
○ pianificazione f dell'ambiente

Umweltradioaktivität → *Nulleffekt*

188 **Umweltrecht** n
□ environmental law
△ législation f concernant l'environnement
○ legislazione f relativa all'ambiente

189 **Umweltschaden** m
□ environmental damage
△ dégât m causé à l'environnement
○ danno m per l'ambiente

umweltschädlich → *umweltfeindlich*

190 **Umweltschützer** m, **Ökologe** m
□ environmentalist
△ protecteur m de l'environnement, écologiste m
○ ecologo m

191 **Umweltschutz** m
□ environmental protection
△ protection f de l'environnement, protection f du milieu naturel
○ protezione f dell'ambiente, tutela f dell' ambiente

192 **Umweltschutzamt** n, **Amt** n **für Umweltschutz**
□ Environmental Protection Agency
△ Service m de Protection de l' Environnement
○ Agenzia f per la Protezione dell'Ambiente

193 **Umweltsicherheit** f
□ environmental safety
△ sécurité f de l'environnement
○ sicurezza f ambientale

194 **Umweltstatistik** f
□ statistics on the environment
△ statistique f relative à l'environnement
○ statistiche f pl sull'ambiente

195 **Umweltüberwachung** f
□ environmental monitoring, surveillance of the environment
△ surveillance f de l'environnement, contrôle m de l'environnement
○ controllo m dell'ambiente

196 **Umweltverhalten** n
□ behaviour towards the environment
△ comportement m envers l'environnement
○ conportamento m verso l'ambiente

197 **Umweltverschmutzung** f
□ pollution of the environment, environmental pollution
△ pollution f de l'environnement
○ contaminazione f dell'ambiente

198 **Umweltwiderstand** m
□ environmental resistance
△ résistance f du milieu
○ resistenza f dell'ambiente

umwickeln → *wickeln*

Umwicklung → *Wicklung*

Umwicklung, Bitumenasbest~ → *Bitumenasbestumwicklung*

Umwicklung, Jute~ → *Juteumwicklung*

Umzäunung → *Einfriedigung*

199 **unbedenklich**
□ unobjectionable
△ inoffensif
○ inoffensivo

200 **unbedeutend**
□ insignificant, slight
△ insignifiant, futile, sans intérêt m
○ piccolo, minuto, esigno, insignificante

201 **unbehandelt**
□ untreated
△ non traité
○ intrattato, non trattato

202 **unbeheizt**
□ unheated
△ non chauffé
○ non riscaldato

203 **unbewohnt**
□ uninhabited
△ non habité
○ non abitato

204 **undicht**
□ leaky, untight, not watertight
△ non étanche
○ che non fa tenuta

undicht sein → *lecken*

Undichtigkeit → *Lecken*

Undichtigkeitsprüfung → *Dichtigkeitsprüfung*

205 **undurchlässig**
□ impermeable, impervious, retentive, non-porous, impenetrable
△ imperméable, impénétrable
○ impermeabile, impenetrabile

206 Undurchlässigkeit f, Wasserundurch-
lässigkeit f
□ imperviousness, impermeability
△ imperméabilité f
○ impermeabilità f

207 undurchsichtig
□ non-transparent
△ non transparent
○ non trasparente

Unechtes Rotauge → Rotfeder

208 Unfall m
□ accident
△ accident m
○ accidente m, sinistro m, infortunio m

Unfall, Betriebs~ → Betriebsunfall

209 Unfallerde f (Sondermüll)
□ grossly polluted soil
△ sol m fortement souillé, terre m fortement polluée
○ terreno m fortemente inquinato

210 Unfallgefahr f
□ hazard, accident
△ risque m d'accidents
○ rischio m di incidenti, pericolo m di infortuni

211 Unfallschutz m, Unfallverhütung f
□ accident prevention
△ prévention f des accidents
○ prevenzione f degli infortuni

Unfallverhütung → Unfallschutz

212 Unfallverhütungsvorschriften f pl
□ regulations pl for the prevention of accidents, safety regulations pl
△ instructions f pl préventives contre les accidents
○ regole f pl preventive contro le disgrazie accidentali, previsioni f pl contro gli infortuni

213 Unfallversicherung f
□ accident insurance
△ assurance f contre les accidents
○ assicurazione f sugli infortuni

ungefrierbar → frostsicher

214 ungenießbar
□ uneatable, undrinkable, unpalatable
△ immangeable, imbuvable
○ non mangiabile, non bevibile

215 ungenormt
□ non-standardized
△ non normalisé, non standardisé
○ non normalizzato, non standardizzato

216 ungesättigt
□ unsaturated
△ non saturé
○ non saturato

217 ungespannt (v. Grundwasser)
□ unconfined
△ non captivé
○ freatico

218 ungestört
□ undisturbed
△ non modifié
○ non modificato, non disturbato

219 ungesund, gesundheitsschädlich
□ unhealthy, injurious to health
△ insalubre, malsain
○ insalubre, malsano

220 ungiftig, atoxisch
□ unpoisonous, non-poisonous, atoxic
△ non toxique, atoxique
○ non tossico

221 Ungleichförmigkeit f
□ irregularity, inconformity
△ inégalité f, irrégularité f
○ ineguaglianza f, irregolarità f di forma, asimmetria f

222 unhygienisch
□ unsanitary, unhygienic
△ anti-hygiénique
○ inigienico

223 Universalramme f
□ universal pile driver
△ sonnette f universelle
○ battipalo m universale

224 unklar
□ not clear, uncertain
△ louche
○ non chiaro, non limpido

225 Unkraut n
□ weed
△ mauvaise herbe f
○ malerbe f, erba f cattiva

226 Unkrautbekämpfung f
□ weed control
△ lutte f contre les mauvaises herbes
○ lotta f contro le malerbe

227 Unkrautbekämpfung f, herbizide
□ herbicidal weed control
△ lutte f contre les mauvaises herbes par les herbicides
○ lotta f contro le erbe per erbicidi

228 Unkrautvernichtung f, Unkrautvertilgung f
□ weed-killing
△ destruction f des mauvaises herbes
○ distruzione f delle malerbe

Unkrautvertilgung → Unkrautvernichtung

229 Unkrautvertilgungsmittel n, Herbizid n
□ herbicide, weedicide, weed killer
△ herbicide m
○ erbicido m

230 unlöslich
□ insoluble
△ insoluble
○ insolubile, indissolubile

231 Unlösliches n
□ insoluble matter
△ matière f insoluble
○ materia f insolubile

232 **Unlöslichkeit** f
□ insolubility
△ insolubilité f
○ insolubilità f

233 **unmittelbar, direkt**
□ immediate, direct
△ immédiat, direct
○ immediato, diretto

234 **Unox-Verfahren** n *(Union Carbide)*
□ Unox-process
△ procédé m Unox
○ processo m Unox

235 **unpassierbar**
□ unfordable, impassable
△ impraticable
○ impraticabile

236 **unrein**
□ unclean, impure
△ impur
○ impuro, immondo, inquinato

237 **Unreinheit** f
□ impurity, uncleanness
△ impureté f
○ impurezza f

238 **Unreinlichkeit** f
□ uncleanliness, dirtiness
△ malpropreté f
○ sporcizia f

239 **unrentabel**
□ unprofitable
△ non profitable, non rentable
○ non redditizio

240 **unsachgemäß**
□ inappropriate
△ impropre, incorrect, inadéquat
○ improprio, inadequato

241 **unschädlich**
□ innocuous, harmless
△ inoffensif
○ innocuo

242 **Unschädlichkeit** f
□ innocuousness
△ innocuité f
○ innocività f

243 **Unsicherheitsfaktor** m
□ incertitude
△ facteur m d'incertitude
○ fattore m di incertezza

244 **unstetig**
□ discontinuous, unsteady, variable
△ inconstant, changeant
○ inconstante, instabile

unter Wasser setzen → *überschwemmen*

245 **Unterbau** m
□ substructure
△ substruction f, infrastructure f
○ sottostruttura f

246 **unterbelastet**
□ underloaded
△ incomplètement chargé, travaillant au-dessous de la charge
○ sottocaricato, incompletamente caricato

247 **Unterboden** m *(Übergangsboden)*
□ subsoil
△ sous-sol m
○ sottosuolo m

Unterbrecher, Rohr~ → *Rohrunterbrecher*

248 **Unterbrechung** f
□ interruption, break, discontinuity
△ interruption f
○ interruzione f, interrompimento m

Unterbrechung, Betriebs~ → *Betriebsunterbrechung*

Unterchlorung → *Hypochlorung*

249 **Unterdruck** m *(atmosph.)*
□ pressure below atmospheric, depression, subpressure, subatmospheric pressure, negative pressure
△ dépression f, dépression f atmosphérique
○ sottopressione f, pressione f negativa, depressione f

Unterdruck → *Sohlenwasserdruck*

250 **Unterdückerung** f
□ installation of invert syphon
△ installation f d'un aqueduc-siphon
○ installazione f di un sifone inverso

251 **unterer**
□ lower
△ inférieur
○ inferiore

Unterfläche, Grundwasser~ → *Grundwassersohlschicht*

Unterflurbewässerung → *Untergrundberieselung*

252 **Unterflurhydrant** m, **Unterflurwasserpfosten** m
□ underground hydrant, sunk hydrant
△ bouche f d'incendie sous trottoir
○ idrante m sottosuolo

253 **Unterflurhydrant** m **mit runder Straßenkappe**
□ round underground fire hydrant
△ bouche f d'incendie ronde
○ idrante m sottosuolo con coperchio rotondo

254 **Unterflurhydrant** m **mit viereckiger Straßenkappe**
□ rectangular underground fire hydrant
△ bouche f d'incendie rectangulaire
○ idrante m sottosuolo con coperchio rettangolare

Unterflurwasserpfosten → *Unterflurhydrant*

Unterführung, Straßen~ → *Straßenunterführung*

255 **Untergewichtsklappe** f
□ under-counterweight shutter
△ clapet m équilibré à contrepoids inférieur
○ battitore m equilibrato a contrappeso inferiore

256 **Untergraben** m, **Unterkanal** m, **Unterwassergraben** m
□ tail race, tailrace, mill train
△ canal m de fuite, bief m d'aval, canal m d'aval
○ fossa f di scarico

257 **untergraben von Schlamm, vergraben von Schlamm**
□ dispose of sludge by burial, bury sludge
△ enfouir les boues
○ sotterrare i fanghi

258 **Untergraben** n **von Schlamm, Schlammvergraben** n, **Vergraben** n **von Schlamm**
□ burial of sludge, sludge burial
△ enfouissement m des boues
○ interramento m dei fanghi

259 **Untergrund** m
□ subsoil, underground
△ sous-sol m, tréfonds m
○ sottosuolo m

Untergrund, Fels~ → *Felsuntergrund*

260 **Untergrundberieselung** f, **Unterflurbewässerung** f, **Untergrundbewässerung** f, **Untergrundverrieselung** f
□ subsurface irrigation, subsoil irrigation, subsurface drain system, sub-irrigation, subirrigation, subsurface watering
△ irrigation f en sous-sol, irrigation f souterraine
○ irrigazione f sotterranea, sub-irrigazione f

Untergrundbewässerung → *Untergrundberieselung*

261 **Untergrundlockerung** f
□ subsoiling
△ sous-solage m
○ ripuntatura f

Untergrundverrieselung → *Untergrundberieselung*

262 **Untergrundverrieselungsfläche** f
□ drain field
△ parcelle f d'irrigation en sous-sol
○ parcella f d'irrigazione sotterranea

263 **Untergundverdichtung** f
□ subsoil compaction
△ compactage m de sous-sol
○ compattamento m di sottosuolo

264 **unterhalb**
□ below
△ au dessous de
○ al di sotto di

265 **unterhalb** *(am Wasserlauf)*
□ downstream
△ en aval
○ a valle

266 **Unterhaltung** f, **Instandhaltung** f
□ maintenance, upkeep
△ entretien m
○ manutenzione f

267 **Unterhaltungskosten** pl
□ cost of maintenance, maintenance cost, cost of upkeep
△ frais m pl d'entretien, dépense f d'entretien
○ spese f pl di manutenzione

268 **Unterhaupt** n, **Schleusenunterhaupt** n
□ lower gates pl
△ tête f d'aval
○ testata f a valle

269 **unterirdisch**
□ subterranean, underground, hypogeal
△ souterrain
○ sotterraneo

Unterkanal → *Untergraben*

270 **Unterkronenberegnung** f
□ undertree sprinkling, ground sprinkling
△ arrosage m par aspersion sous frondaison
○ irrigazione f a pioggia a traiettoria bassa

271 **Unterläufigkeit** f
□ phenomenon of underflow
△ infiltration f sous le radier d'un ouvrage de retenue
○ infiltrazione f al di sotto di un'opera di ritenuta

272 **Unterlauf** m
□ lower reaches pl, lower stretches pl, lower course
△ cours m inférieur
○ corso m inferiore

273 **Unterlegscheibe** f
□ washer
△ rondelle f
○ disco m di appoggio, rondella f piatta, ranella f

Unternehmer, Bau~ → *Bauunternehmer*

274 **Unternehmung** f
□ undertaking, enterprise
△ entreprise f
○ impresa f

275 **Unterpegel** m
□ downstream water gauge, lower water gauge
△ jauge f d'aval, échelle f d'aval
○ misuratore m a valle

Unterschied, Höhen~ → *Höhenunterschied*

276 **Unterschreitungsdauer** f
□ period of flows lower than ...
△ durée f de dépassement (en moins) d'une valeur de débit donnée
○ tempo m in cui una portata è inferiore ad un assegnato valore

277 **Unterschreitungszahl** f
- □ number of flows lower than ...
- △ indice m de dépassement (en moins) d'une valeur de débit donnée
- ○ numero m di volte in cui la portata è inferiore ad un assegnato valore

Unterspülung → *Auskolkung*

278 **unterstehend** *(von Flüssigkeiten)*
- □ subnatant
- △ sous-jacent
- ○ sottonatante

279 **Unterströmung** f, **Grundströmung** f, **Tiefenstrom** m
- □ underflow, undercurrent
- △ courant m inférieur, sous-verse f, courant m sous-jacent
- ○ corrente f inferiore

280 **untersuchen**
- □ examine, investigate
- △ examiner
- ○ esaminare

untersuchen → *analysieren*

281 **Untersuchung** f
- □ examination, investigation, inquiry
- △ examen m
- ○ esame m

Untersuchung, Abwasser~ → *Abwasseranalyse*

282 **Untersuchung** f **an Ort und Stelle**
- □ field investigation, in situ investigation
- △ recherche f sur le terrain
- ○ ricerca f sul cantiere, ricerca f sul terreno

Untersuchung auf Beweglichkeit → *Beweglichkeitstest*

Untersuchung, Baugrund~ → *Baugrunduntersuchung*

Untersuchung, biologische, Testreihen~ → *Testreihenuntersuchung, biologische*

Untersuchung, Boden~ → *Bodenuntersuchung*

283 **Untersuchung** f, **chemische, Analyse** f, **chemische**
- □ chemical analysis, chemical examination
- △ analyse f chimique
- ○ analisi f chimica, controllo m chimico, ricerca f chimica, indagine f chimica

Untersuchung, Fluß~ → *Flußuntersuchung*

284 **Untersuchung** f, **gaschromatische**
- □ gas chromatographic analysis
- △ analyse f par chromatographie en phase gazeuse
- ○ ricerca f gas cromatografica

285 **Untersuchung** f, **geophysikalische**
- □ geophysical prospection
- △ prospection f géophysique
- ○ prospezione f geofisica, ricerca f geofisica

286 **Untersuchung** f, **hydrologische**
- □ hydrological research, hydrological investigation
- △ recherche f hydrologique
- ○ ricerca f idrologica

287 **Untersuchung** f **im hängenden Tropfen**
- □ hanging drop method of examination
- △ méthode f de la goutte suspendue, méthode f de la goutte pendante
- ○ metodo m della goccia pendente

Untersuchung, Luft~ → *Luftuntersuchung*

288 **Untersuchung** f, **seismische**
- □ seismic test
- △ essai m séismique, étude f sismique
- ○ ricerca f sismica

Untersuchung, Wasser~ → *Wasseruntersuchung*

289 **Untersuchungsmethode** f, **Untersuchungsverfahren** n
- □ method of examination, test method
- △ méthode f de recherche, procédé m d'examen
- ○ metodo m di prova, metodo m di ricerca

290 **Untersuchungsprobe** f
- □ test sample
- △ échantillon m pour analyse
- ○ campione m per ricerca

Untersuchungsverfahren → *Untersuchungsmethode*

291 **Untersuchungsverfahren** n, **chemisches**
- □ method of chemical analysis, procedure of chemical analysis, analytical method
- △ procédé m d'analyse chimique
- ○ metodo m chimico di ricerca, metodo m chimico per l'esame, metodo m chimico per analisi

292 **Untertage(berg)bau** m
- □ subsurface mining
- △ exploitation f minière en profondeur
- ○ estrazione f mineraria nel sottosuolo

293 **untertauchen**
- □ submerge
- △ submerger, noyer
- ○ sommergere

Unterwaschung → *Auskolkung*

294 **Unterwasser** n
- □ tail water, down-stream water, afterbay, tailbay, tailwater
- △ eau f d'aval, bief m d'aval, canal m de fuite
- ○ corso m a valle

295 **Unterwasser-Bodenschätze** m pl
- □ sea-bed mineral resources
- △ ressources f pl minérales sous-marines
- ○ risorse f pl minerali del fondo marino

296 **Unterwasser-Erdöllagerstätte** f
- □ submarine oil-field
- △ gisement m pétrolifère sous-marin
- ○ giacimento m petrolifero sottomarino

297 **Unterwasseranstrich** m
- □ subaqueous antifouling coating
- △ peinture f immergée anti-salissures
- ○ pittura f anti-incrostazioni di parti sommerse

298 **Unterwasserarbeiten** f pl
- □ underwater works pl
- △ travaux m pl sous l'eau
- ○ lavori m pl sotto l'acqua

Unterwasserbagger → *Naßbagger*

299 **Unterwasserbau** m
- □ submerged construction
- △ construction f immergée, ouvrage m immergé
- ○ costruzione f sommersa

300 **Unterwasserbeton** m, **Colcrete-Beton** m
- □ colcrete
- △ béton m immergé
- ○ calcestruzzo m sott'acqua

301 **Unterwasserfuß** m **einer Sperre**
- □ downstream toe of a dam
- △ pied m aval
- ○ basamento m a valle di una diga

Unterwassergraben → *Untergraben*

302 **Unterwassergründung** f
- □ submerged foundation
- △ fondation f immergée, fondation f noyée
- ○ fondazione f sommersa

303 **Unterwasserkorrosion** f
- □ subaqueous corrosion
- △ corrosion f sous l'eau
- ○ corrosione f sotto l'acqua

304 **Unterwasserkraftwerk** n, **Kraftwerk** n, **überflutetes**
- □ submerged power plant
- △ centrale f submersible
- ○ centrale f sommergibile, centrale f idroelettrica subacquea

305 **Unterwasserkraut-Entwicklung** f
- □ aquatic weed growth
- △ développement m de plantes aquatiques immergées
- ○ sviluppo m delle piante d'acqua sommerse

Unterwasserkreiselpumpe
→ *Unterwasserpumpe*

306 **Unterwasserlaboratorium** n
- □ submarine laboratory
- △ laboratoire m sous-marin
- ○ laboratorio m sottomarino

307 **Unterwasserleitung** f
- □ submarine line, submarine conduit
- △ conduite f sous-marine
- ○ conduttura f sottomarina

308 **Unterwasserpflanze** f, **Wasserpflanze** f, **submerse**
- □ submerged water plant, submerged aquatic plant
- △ plante f aquatique submergée
- ○ pianta f d'acqua sommersa, pianta f acquatica sommersa

309 **Unterwasserpumpe** f, **Tauchpumpe** f, **Unterwasserkreiselpumpe** f
- □ subaqueous pump, submersible pump, vertical spindle centrifugal pump
- △ pompe f centrifuge verticale immergée, pompe f immergée, pompe f submersible
- ○ pompa f immersa, pompa f centrifuga immersa

Unterwasserquelle → *Grundquelle*

310 **Unterwassersäge** f
- □ submarine saw, under-water saw
- △ faucardeuse f à scie
- ○ falciatrice f subacquea

311 **unterwasserseitig**
- □ downstream
- △ à l'aval
- ○ a valle

312 **Unterwasserspeicherung** f
- □ subaqueous storage
- △ stockage m sous-marin, emmagasinement m sous-marin
- ○ stoccaggio m subacqueo

313 **Unterwasserspiegel** m
- □ tailwater level
- △ niveau m des eaux d'aval
- ○ livello m delle acque a valle

314 **Unterwasserspiegelzone** f, **Sättigungszone** f (hydrol.)
- □ zone of saturation, saturated zone
- △ zone f de saturation
- ○ zona f di saturazione

315 **Unterwasserverbrennung** f
- □ submerged combustion
- △ combustion f noyée
- ○ combustione f sommersa

316 **Unterwasserwalze** f
- □ submerged roller
- △ rouleau m noyé
- ○ rullo m spianatore subacqueo

317 **Unterweisung** f
- □ instruction
- △ instruction f
- ○ istruzione f

untief → *flach*

318 **Untiefe** f
- □ shoal, shallow, narrow shoal
- △ bas-fond m, seuil m
- ○ bassofondo m

ununterbrochen → *kontinuierlich*

unverbleit → *bleifrei*

319 **Unverbranntes** n
- □ uncombusted material
- △ matériel m non consumé
- ○ materiale m incombusto

320 **unverkleidet**
- □ unlined
- △ non revêtu
- ○ non rivestito

321 **unvermischbar, nicht mischbar**
□ immiscible
△ immiscible
○ immiscibile

322 **Unvermischbarkeit** f
□ immiscibility
△ immiscibilité f, non-miscibilité f
○ immiscibilità f

323 **unverschmutzt**
□ unpolluted, uncontaminated
△ non pollué, non contaminé
○ non contaminato

324 **unverwittert**
□ unweathered
△ non altéré
○ non disaggregato

325 **unwirksam**
□ ineffective
△ inefficace
○ inefficace

326 **unzulänglich**
□ inadequate
△ insuffisant
○ insufficiente

UPM → *Umdrehungen pro Minute*

327 **Uran** n
□ uranium
△ uranium m
○ uranio m

328 **Uranbergbau** m
□ uranium mining
△ extraction f d'uranium, exploitation f uranifère
○ estrazione f dell'uranio

329 **Uranerzaufbereitungsabwasser** n
□ uranium mill wastewater
△ eaux f pl résiduaires du traitement de minerais uranifères
○ acque f pl di scarico derivanti dai trattamenti dei minerali uraniferi

Uranerzgewinnung und -aufbereitung, Abfälle der ~ → *Abfälle der Uranerzgewinnung und -aufbereitung*

Urbanisierung → *Verstädterung*

Urbarmachen → *Urbarmachung*

330 **Urbarmachung** f, **Urbarmachen** n
□ cultivation
△ défrichement m
○ bonifica f

331 **Urgestein** n
□ primitive rock
△ roche f primitive
○ roccia f primitiva

Urheber, Verschmutzungs~
→ *Verschmutzer*

Urin → *Harn*

332 **Urinal** n
□ urinal
△ urinoir m
○ orinale m

Urinal mit automatischer Spülung
→ *Urinal mit selbsttätiger Spülvorrichtung*

333 **Urinal** n **mit selbsttätiger Spülvorrichtung, Urinal** n **mit automatischer Spülung**
□ urinal with automatic rinse device
△ urinoir m à chasse automatique
○ orinatoio m a risciacquamento automatico

334 **Urochrom** n
□ urochrome
△ urochrome m
○ urocromo n

335 **Ursprung** m
□ origin
△ origine f
○ origine f

336 **Ursprung** m, **pflanzlicher**
□ vegetable origin
△ origine f végétale
○ origine f vegetale

337 **Urtiere** n pl, **Protozoen** f pl
□ protozoa pl
△ protozoaires m pl
○ protozoi m pl

UV → *ultraviolett*

UV-Bestrahlung
→ *Ultraviolettbestrahlung*

UV-Licht → *Licht, ultraviolettes*

UV-Strahlen → *Strahlen, ultraviolette*

1 vagil
□ vagile
△ errant
○ errante

2 Vakuum *n*
□ vacuum
△ vacuum *m*, vide *m*
○ vacuo *m*, vuoto *m*

3 Vakuum-Beton *m*
□ vacuum concrete
△ béton *m* sous vide
○ calcestruzzo *m* trattato a vuoto

Vakuumdrehfilter → *Saugzellenfilter*

Vakuumeindickung → *Vakuumverdampfung*

4 Vakuumentlüfter *m*
□ vacuum deaerator
△ dégazeur *m* à vide
○ deaeratore *m* a vuoto

5 Vakuumentlüftung *f*
□ vacuum ventilation
△ dégazage *m* par le vide
○ degasaggio *m* sotto vuoto

6 Vakuumentwässerung *f*
□ drainage by vacuum
△ drainage *m* sous vide, essorage *m* sous vide, déshydratation *f* sous vide
○ drenaggio *m* sotto vuoto, disidratazione *f* sotto vuoto

Vakuumfilter → *Saugzellenfilter*

7 Vakuumfiltration *f*
□ vacuum filtration
△ filtration *f* sous vide
○ filtrazione *f* a vuoto

8 Vakuumflotation *f*
□ vacuum flotation
△ flottation *f* sous vide
○ flottazione *f* sotto vuoto

9 Vakuumgefrierverfahren *n* der Brüdenverdichtung
□ vacuum-freezing vapor compression process
△ procédé *m* de congélation des buées par compression
○ processo *m* di congelazione dei vapori per compressione

10 Vakuumkessel *m*
□ vacuum receiver
△ récipient *m* à vide
○ recipiente *m* a vuoto

Vakuumpumpe → *Luftpumpe*

11 Vakuumreinigungsgerät *n*
□ suction cleaner, suction sweeper
△ dispositif *m* de nettoyage par le vide
○ aspiratore *m* di fango

12 Vakuumverdampfung *f*, **Vakuumeindickung** *f*
□ vacuum evaporation
△ distillation *f* sous vide
○ evaporazione *f* a vuoto

13 Vanadium *n*
□ vanadium
△ vanadium *m*
○ vanadio

14 Variation *f* *(biol.)*
□ variation
△ variation *f*
○ variazione *f*

15 Variationsbreite *f* *(biol.)*
□ range of variation, variation range
△ intervalle *m* de variation
○ raggio *m* di variazione

16 Variationsmerkmal *n* *(biol.)*
□ varietal character
△ caractère *m* variable, indice *m* variable
○ carattere *m* di variazione, indice *m* di variazione

Vaucluse-Quelle → *Spaltquelle*

Vegetation → *Pflanzenwachstum*

17 Vegetation *f*, **mesophytische**
□ mesophytic vegetation
△ végétation *f* mésophyte
○ vegetazione *f* mesofitica

Vegetationsdecke → *Pflanzendecke*

Vegetationsgemeinschaft → *Pflanzengesellschaft*

Vegetationsgesellschaft → *Pflanzengesellschaft*

18 Vegetationskartierung *f*
□ mapping of the vegetation
△ cartographie *f* de la végétation
○ cartografia *f* della vegetazione

19 Vegetationsperiode *f*, **Vegetationszeit** *f*, **Wachstumsperiode** *f*
□ period of vegetation, growing season
△ période *f* de végétation
○ periodo *m* di vegetazione

20 Vegetationsschaden *m*
□ damage to vegetation
△ dommage *m* à la végétation
○ danno *m* alla vegetazione

21 Vegetationsschlamm *m*
□ sludge due to biological growths
△ boues *f pl* dues à des développements biologiques
○ fanghi *m pl* derivanti da crescita biologica

Vegetationszeit → *Vegetationsperiode*

22 Ventil *n*
□ valve
△ valve *f*, soupape *f*
○ valvola *f*

Ventil, Ablauf~ → *Ablaufventil*

Ventil, Abschlämm~ → *Abschlämmventil*

Ventil, Abschluß~ → *Abschlußventil*

Ventil, Absperr~ → *Absperrventil*

Ventil, Boden~ → *Bodenventil*

Ventil, Doppelsitz~ → *Doppelsitzventil*

Ventil, Druck~ → *Druckventil*

Ventil, Druckknopf~ → *Druckknopfventil*

Ventil, Druckminderungs~ → *Druckminderer*

Ventil, Druckregel~ → *Druckregler*

Ventil, Durchlauf~ → *Durchlaufventil*

Ventil, Eintritts~ → *Eintrittsventil*

Ventil, Entlastungs~ → *Entlastungsventil*

Ventil, Freifluß~ → *Freiflußventil*

Ventil, Füll~ → *Füllventil*

Ventil, Fuß~ → *Bodenventil*

Ventil, Gewichts~ → *Gewichtsventil*

Ventil, Kegel~ → *Kegelventil*

Ventil, Klappen~ → *Klappenventil*

Ventil, Kugel~ → *Kugelventil*

23 Ventil *n*, **langsam schließendes**
- □ slow closing valve
- △ valve *f* à fermeture lente
- ○ valvola *f* a fermatura lenta

Ventil, Magnet~ → *Magnetventil*

Ventil, Mehrweg~ → *Mehrwegventil*

Ventil, Membran~ → *Membranventil*

Ventil, Nadel~ → *Nadelventil*

Ventil, Regel~ → *Regelventil*

Ventil, Ring~ → *Ringventil*

Ventil, Rohr~ → *Rohrventil*

Ventil, Rückschlag~ → *Rückschlagklappe*

Ventil, Saug~ → *Saugventil*

Ventil, Scheiben~ → *Tellerventil*

Ventil, Schlammablaß~ → *Schlammablaßventil*

24 Ventil *n*, **schnell öffnendes**
- □ quick-opening valve
- △ clapet *m* à ouverture rapide, vanne *f* à ouverture rapide
- ○ valvola *f* ad apertura rapida

Ventil, Schnellschluß~ → *Schnellschlußschieber*

Ventil, Schnüffel~ → *Schnüffelventil*

Ventil, Schrägsitz~ → *Schrägsitzventil*

Ventil, Schwimmausfluß~ → *Schwimmausflußventil*

Ventil, Schwimmer~ → *Schwimmerventil*

Ventil, Sicherheits~ → *Sicherheitsventil*

Ventil, Überdruck~ → *Überdruckventil*

Ventil, Überlauf~ → *Überlaufventil*

Ventil, Umleitungs~ → *Umleitungsventil*

25 Ventilanbohrschelle *f*
- □ saddle clip with valve
- △ collier *m* de prise avec robinet d'arrêt
- ○ collare *m* di presa con saracinesca

Ventilation → *Lüftung*

26 Ventilator *m*
- □ ventilator, fan, air vent
- △ ventilateur *m*
- ○ ventilatore *m*

27 Ventilbohrer *m*
- □ shell bucket
- △ foret *m* à soupape
- ○ trivella *f* a valvola

Ventilgehäuse → *Ventilkörper*

28 Ventilhub *m*
- □ valve lift, lift of valve
- △ levée *f* de la soupape, soulèvement *m* de la soupape
- ○ sollevamento *m* della valvola

29 Ventilhydrant *m*, **Ventilstraßenbrunnen** *m*
- □ screw-down hydrant
- △ borne-fontaine *f* à piston-clapet
- ○ idrante *m* a valvola

30 Ventilkörper *m*, **Ventilgehäuse** *n*
- □ valve body
- △ corps *m* de soupape
- ○ corpo *m* della valvola

31 Ventilpumpe *f*, **Sandpumpe** *f*
- □ sand pump, sludger
- △ pompe *f* à sable
- ○ pompa *f* per sabbia

32 Ventilschütze *f*
- □ mushroom valve
- △ soupape *f* en champignon
- ○ valvola *f* conica

33 Ventilsitz *m*
- □ valve seat
- △ siège *m* de soupape
- ○ sede *f* di valvola

34 Ventilspindel *f*
- □ valve stem
- △ tige *f* de soupape
- ○ stelo *m* della valvola

35 Ventilsteuerung *f*
- □ valve gear
- △ distribution *f* par soupape
- ○ distribuzione *f* a valvola

36 Ventilstößel *m*
- □ push rod
- △ poussoir *m*
- ○ punteria *f* della valvola

Ventilstraßenbrunnen → *Ventilhydrant*

37 Ventilteller *m*
- □ valve head, valve disc
- △ tête *f* de soupape
- ○ disco *m* di valvola

Venturi-Kanalmesser → *Venturigerinne*

38 Venturigerinne *n*, **Venturi-Kanalmesser** *m*
- □ Venturi flume
- △ canal *m* Venturi
- ○ canale *m* Venturi

39 **Venturimesser** m,
Venturiwassermesser m
☐ Venturi meter, Venturi tube flow meter
△ compteur m Venturi
○ venturimetro m

40 **Venturipartialwasserzähler** m
☐ Venturi partial meter
△ compteur m Venturi proportionnel
○ contatore m Venturi parziale

41 **Venturirohr** n
☐ Venturi tube
△ tube m de Venturi, Venturi m
○ tubo m Venturi

Venturiwassermesser → *Venturimesser*

42 **veränderlich**
☐ variable, fluctuating, changeable, mutable, unsteady
△ variable, changeant, inconstant
○ variabile, mutabile

43 **Veränderliche** f
☐ variable
△ variable f
○ variabile f

Veränderung → *Änderung*

44 **Verästelung** f, **Verzweigung** f
☐ ramification
△ ramification f
○ ramificazione f

45 **Verästelungs[rohr]netz** n, **Netz** n, **verzweigtes**, **Rohrnetz** n, **verzweigtes**
☐ arterial system of distribution, branched network
△ réseau m ramifié
○ rete f ramificata

46 **Verankerung** f
☐ anchorage, anchoring block
△ ancrage m, butée f d'ancrage
○ ancoramento m, ancoraggio m

47 **veranlagen** *(für e. Abgabe)*
☐ assess
△ évaluer d'une taxe, chriffrer d'une taxe
○ tassare

48 **veranschlagen**
☐ estimate
△ estimer, taxer, évaluer
○ stimare, valutare, preventivare

49 **Verarbeitung** f **auf See**
☐ off-shore processing
△ traitement m en mer, transformation f en mer
○ lavorazione f in mare aperto

Verarbeitung, Citrusfrucht-~
→ *Citrusfrucht-Verarbeitung*

Verarbeitung, Kartoffel-~ → *Kartoffelverarbeitung*

Verarbeitung, Meßwert-~ → *Meßwertverarbeitung*

Verarbeitung, Obst-~ → *Obstverarbeitung*

Verarbeitungsanlage, Altöl-~ → *Altölaufbereitungsanlage*

50 **Verarmungszone** f
☐ zone of diminishment
△ zone f d'appauvrissement
○ zona f di impoverimento

veraschen → *verbrennen*

Veraschung → *Verbrennung*

51 **Veratmung** f, **intrazelluläre** *(biol.)*, **Respiration** f, **endogene**, **Respiration** f, **intrazelluläre** *(biol.)*
☐ endogenous respiration
△ respiration f endogène
○ respirazione f intracellulare

Verband, Abwasser-~ → *Abwasserverband*

Verband, Fluß-~ → *Flußverband*

Verband, Wasser-~ → *Wassergenossenschaft*

Verbau → *Ausbau*

Verbau → *Verzimmerung*

verbauen → *ausbauen*

Verbesserung, Niedrigwasser-~
→ *Niedrigwasseraufhöhung*

52 **verbinden**
☐ joint, connect, join
△ joindre, lier
○ giungere, unire, legare, collegare

53 **verbinden** *(chem.)*
☐ combine
△ combiner
○ combinare

Verbinder, Gestänge-~ → *Gestängeverbinder*

54 **Verbindung** f, **aliphatische**
☐ aliphatic compound
△ composé m aliphatique
○ composto m alifatico

55 **Verbindung** f, **bewegliche**
☐ flexible connection
△ assemblage m flexible
○ giunto m flessibile

56 **Verbindung** f, **chemische**
☐ chemical compound, chemical combination
△ combinaison f chimique, composé m chimique
○ combinazione f chimica

Verbindung, Dehnungs-~ → *Dehnungsfuge*

Verbindung, Flanschen-~ → *Flanschenverbindung*

Verbindung, Gelenk-~ → *Gelenkverbindung*

Verbindung, Gewinde-~
→ *Schraubverbindung*

Verbindung, Muffen-~ → *Muffenverbindung*

Verbindung, Reduzier-~ → *Reduzierverbindung*

Verbindung, Stoß-an-Stoß-~ → *Stoß-an-Stoß-Verbindung*

Verbindung von Rohren
→ *Rohrverbindung*

57 Verbindungsflansch *m*
☐ companion flange
△ bride *f* de raccordement
○ briglia *f* di raccordo

58 Verbindungskanal *m*
☐ link canal
△ canal *m* de jonction
○ canale *m* di collegamento

59 Verbindungsleitung *f*
☐ connecting conduit, connecting conduct
△ conduite *f* de communication
○ condotta *f* di collegamento

60 Verbindungsrohr *n*
☐ connecting pipe
△ tuyau *m* de communication, tube *m* de raccordement
○ tubo *m* di raccordo, tubo *m* di collegamento

61 verbleit
☐ lead lined
△ plombé
○ piombato

62 Verblendplatte *f*
☐ liner plate
△ plaque *f* de revêtement, plaque *f* de recouvrement
○ lastra *f* di rivestimento, piastra *f* di rivestimento

63 Verblendplatte *f* **aus Steinzeug**
☐ vitrified clay tile liner plate
△ dalle *f* de recouvrement en grès vitrifié
○ lastra *f* di rivestimento in terracotta

64 Verblendstein *m*
☐ facing brick
△ brique *f* de parement, brique *f* de revêtement
○ mattone *m* di rivestimento

65 Verbrauch *m*, **Verbrauchsmenge** *f*
☐ consumption
△ consommation *f*
○ consumazione *f*, consumo *m*

Verbrauch, Durchschnitts~
→ *Durchschnittsverbrauch*

Verbrauch, Eigen~ → *Eigenverbrauch*

Verbrauch, Energie~ → *Kraftverbrauch*

66 Verbrauch *m*, **häuslicher**
☐ domestic consumption, domestic use
△ consommation *f* domestique
○ consumo *m* domestico, uso *m* domestico

Verbrauch, Kopf~ → *Kopfverbrauch*

Verbrauch, Luft~ → *Luftverbrauch*

Verbrauch, Mehr~ → *Mehrverbrauch*

67 Verbrauch *m*, **öffentlicher**
☐ public consumption
△ consommation *f* publique, consommation *f* de service public
○ consumo *m* pubblico

Verbrauch, privater → *Gebrauch, privater*

68 Verbrauch *m*, **spezifischer**
☐ daily per capita consumption, specific consumption
△ consommation *f* spécifique
○ consumo *m* specifico

Verbrauch, Wasser~ → *Wasserverbrauch*

69 verbrauchen
☐ consume
△ consommer
○ consumare

70 Verbraucher *m*, **Konsument** *m*
☐ consumer
△ consommateur *m*
○ consumatore *m*, utente *m*

Verbraucher, Groß~ → *Großverbraucher*

71 Verbrauchskurve *f*
☐ consumption curve
△ courbe *f* de consommation
○ curva *f* di consumo

Verbrauchsleitung → *Hausanschluß*

Verbrauchsmenge → *Verbrauch*

Verbrauchsmenge je Einwohner und Tag
→ *Tageskopfverbrauch*

72 Verbrauchsspitze *f*
☐ consumption peak
△ pointe *f* de consommation
○ punta *f* del massimo consumo

73 Verbrauchssteigerung *f*
☐ increase of consumption, consumption increase
△ accroissement *m* de la consommation
○ incremento *m* del consumo

74 Verbrauchsunterschiede *f*
☐ differences *pl* of consumption
△ différences *f pl* de consommation, écarts *m pl* de consommation
○ differenze *f pl* di consumo

75 verbraucht, erschöpft *(bei Säuren, Laugen, Lösungen)*
☐ spent
△ usagé, épuisé
○ esaurito

verbrennbar → *brennbar*

76 verbrennen, veraschen
☐ incinerate, burn, reduce to ashes
△ incinérer, brûler
○ incenerire, bruciare

77 Verbrennung *f*, **Veraschung** *f*
☐ incineration, combustion
△ incinération *f*, combustion *f*
○ incenerazione *f*, combustione *f*, incenerimento *m*

78 **Verbrennung** f **auf See**
□ combustion at sea
△ combustion f en mer, incinération f en mer
○ combustione f in mare

79 **Verbrennung** f, **nasse, Naßverbrennung** f
□ wet combustion
△ combustion f humide
○ combustione f umida

80 **Verbrennung** f, **offene**
□ open[-air] burning
△ combustion f à l'air libre, combustion f à découvert
○ combustione f all'aperto, incenerazione f all'aperto

Verbrennung, Schlamm~ → *Schlammverbrennung*

Verbrennung, Verdampfungs~
→ *Verdampfungsverbrennung*

81 **Verbrennungsanlage** f
□ incinerator, incinerator plant
△ installation f d'incinération, incinérateur m
○ impianto m di incenerazione

Verbrennungsanlage, Abfall~ → *Müllverbrennungsanlage*

Verbrennungsanlage, Müll~ → *Müllverbrennungsanlage*

Verbrennungsanlage, Schlamm~
→ *Schlammverbrennungsanlage*

Verbrennungskammer, Nach~ → *Nachverbrennungskammer*

82 **Verbrennungsmotor** m, **Explosionsmotor** m
□ internal combustion engine
△ moteur m à explosion, moteur m à combustion interne
○ motore m a combustione interna, motore m a scoppio

83 **Verbrennungsofen** m
□ incinerator, destructor, combustion furnace
△ four m d'incinération, four m crématoire
○ forno m d'incenerimento

Verbrennungsofen, Schlamm~
→ *Schlammverbrennungsofen*

Verbrennungsofen, Wirbelbett~
→ *Wirbelbettverbrennungsofen*

84 **Verbrennungsrückstand** m
□ incineration ash
△ résidu m de la combustion
○ residuo m di combustione

85 **Verbundbrunnen** m
□ compound well
△ puits m à diamètre variable
○ pozzo m a diametro variabile

86 **Verbunddampfmaschine** f
□ compound steam engine
△ machine f compound à vapeur
○ macchina f a vapore composita, macchina f a vapore compound

87 **Verbundkompressor** m
□ two-stage compressor, compound compressor
△ compresseur m à deux étages
○ compressore m composto, compressore m a due stadi

88 **Verbundnetz** n
□ interconnected network
△ réseau m d'interconnexion
○ rete f di connessione, rete f di interconnessione

89 **Verbundturbine** f
□ compound turbine
△ turbine f compound
○ turbina f compound

90 **Verbundwasserversorgung** f
□ interconnected water-supply systems, combined water-supply
△ alimentation f en eau par réseau d'interconnexion
○ sistema m d'approvvigionamento idrico interconnesso

91 **Verbund[wasser]zähler** m
□ compound counter
△ compteur m divisionnaire
○ contatore m combinato

Verbundzähler, Woltmann ~
→ *Woltmann Verbundzähler*

92 **Verchromen** n, **Verchromung** f
□ chromium plating
△ chromage m
○ cromatura f

Verchromung → *Verchromen*

93 **verdampfbar**
□ evaporable, vaporizable
△ évaporable, vaporisable
○ evaporabile

94 **verdampfen, abdampfen, eindampfen**
□ evaporate, vaporize
△ évaporer, faire évaporer, vaporiser
○ evaporare, svaporare, vaporizzare

95 **Verdampfer** m
□ evaporator
△ évaporateur m
○ evaporatore m, vaporizzatore m

96 **Verdampfer** m, **einstufiger**
□ single stage evaporator, single effect evaporator
△ évaporateur m en seule étape
○ evaporatore m a singolo effetto

Verdampfer, Entspannungs~
→ *Entspannungsverdampfer*

Verdampfer, Fallfilm~ → *Fallfilmverdampfer*

Verdampfer, Meerwasser~
→ Meerwasserverdampfer

Verdampfer, Mehrstufen~ → Mehrstufenverdampfer

Verdampfer mit Zwangsumlauf
→ Zwangsumlaufverdampfer

Verdampfer, Rotations~ → Rotationsverdampfer

Verdampfer, Schrägrohr~ → Schrägrohrverdampfer

Verdampfer, Steigrohr~ → Vertikalrohr-Fallfilmverdampfer

Verdampfer, Umlauf~ → Umlaufverdampfer

Verdampfer, Vertikalrohr~
→ Vertikalrohr-Fallfilmverdampfer

97 **Verdampfung** f, **Eindampfen** n
- □ evaporating, evaporation, vaporization, distillation
- △ évaporation f, vaporisation f
- ○ evaporazione f, svaporazione f, vaporizzazione f

98 **Verdampfung** f, **einstufige**
- □ single stage evaporation, single effect evaporation
- △ évaporation f en seule étape
- ○ evaporazione f a singolo effetto

Verdampfung, Entspannungs~
→ Entspannungsverdampfung

Verdampfung, mehrstufige, Entspannungs~ → Entspannungsdestillation, mehrstufige

99 **Verdampfung** f **mit Brüdenverdichtung**
- □ vapor compression distillation
- △ distillation f par thermocompression
- ○ distillazione f per termocompressione

Verdampfung, Solar~ → Solarverdampfung

Verdampfung, Vakuum~ → Vakuumverdampfung

Verdampfung, Vertikalrohr~
→ Vertikalrohrverdampfung

Verdampfung, Vertikalrohrfallfilm~
→ Vertikalrohrfallfilmverdampfung

Verdampfung, Vielstufenentspannungs~
→ Vielstufenentspannungsverdampfung

100 **Verdampfungsanlage** f
- □ evaporating plant, distillation plant, evaporator, still
- △ installation f d'évaporation, station f de vaporisation
- ○ impianto m di evaporazione

101 **Verdampfungskapazität** f
- □ evaporative capacity
- △ capacité f de vaporisation
- ○ capacità f di evaporazione

102 **Verdampfungskühlung** f
- □ cooling by evaporation
- △ réfrigération f par évaporation, refroidissement m par évaporation
- ○ raffreddamento m per evaporazione

Verdampfungsrückstand → Abdampfrückstand

103 **Verdampfungstemperatur** f
- □ evaporation temperature
- △ température f d'évaporation
- ○ temperatura f di evaporazione

104 **Verdampfungsverbrennung** f, **Einsprühverbrennung** f
- □ atomized suspension technique of combustion
- △ combustion f par technique des suspensions atomisées
- ○ combustione f mediante la tecnica di sospensioni atomizzate

105 **Verdampfungsverlust** m
- □ evaporation loss
- △ perte f par évaporation, perte f due à l'évaporation
- ○ perdita f per evaporazione

106 **Verdampfungswärme** f
- □ heat of evaporation, heat of vaporization, evaporation heat, vaporization heat
- △ chaleur f de vaporisation
- ○ calore m di evaporazione

107 **Verdampfungswärme** f, **latente**
- □ latent heat of vaporization
- △ chaleur f de vaporisation latente
- ○ calore m di evaporazione latente

108 **Verdampfungsziffer** f
- □ coefficient of evaporation
- △ coefficient m de vaporisation
- ○ coefficiente m di evaporazione

Verdichtbarkeit
→ Zusammendrückbarkeit

109 **verdichten, komprimieren**
- □ compress
- △ comprimer
- ○ comprimere

110 **verdichten** (Beton)
- □ compact
- △ compacter
- ○ compattare

111 **verdichten** (chem.)
- □ concentrate
- △ concentrer
- ○ concentrare

112 **Verdichter** m, **Drucklufterzeuger** m, **Kompressor** m
- □ compressor
- △ compresseur m
- ○ compressore m

113 **Verdichter** m (Erdbau)
- □ compactor
- △ compacteur m
- ○ compattatore m

Verdichter, Kolben~ → *Scheibenkolbenverdichter*

Verdichter, Schrauben~ → *Schraubenverdichter*

114 Verdichtung *f*, **Kompression** *f*
- compression
- △ compression *f*
- ○ compressione *f*

115 Verdichtung *f* *(chem.)*
- concentration, condensation
- △ concentration *f*
- ○ concentrazione *f*

116 Verdichtung *f*, **Kompaktierung** *f* *(von Beton)*
- compaction, consolidation, compacting
- △ compactage *m*, compaction *f*
- ○ compattazione *f*, costipamento *m*

Verdichtung, Boden~ → *Bodenverdichtung*

117 Verdichtungswasser *n*
- water of compaction
- △ eau *f* de compaction
- ○ acqua *f* di compattazione

118 Verdingungsordnung *f*
- contracting regulations
- △ règlement *m* des adjudications de travaux de construction
- ○ norme *f* *pl* per l'appalto dei lavori

119 Verdingungsunterlagen *f pl*
- specifications *pl*
- △ cahier *m* des charges
- ○ capitolato *m* speciale di appalto

verdorren → *absterben*

Verdrängerpumpe → *Tauchkolbenpumpe*

120 Verdrängung *f*
- displacement
- △ déplacement *m*
- ○ spostamento *m*

Verdrehung → *Torsion*

121 verdünnen
- dilute
- △ diluer
- ○ diluire

122 Verdünnung *f*
- dilution
- △ dilution *f*
- ○ diluizione *f*

Verdünnungsmethode, Beseitigung nach der ~ → *Beseitigung nach der Verdünnungsmethode*

123 Verdünnungsverfahren *n* *(Abwasserbeseitigung)*
- dilution method
- △ méthode *f* par dilution
- ○ metodo *m* di diluizione

124 Verdünnungsverhältnis *n*
- dilution ratio
- △ dilution *f* en proportion de ...
- ○ rapporto *m* di diluizione

125 Verdünnungswasser *n*
- dilution water, diluting water
- △ eau *f* de dilution
- ○ acqua *f* di diluizione

verdüsen → *zerstäuben*

126 Verdüsungskühlung *f*
- spray cooling
- △ refroidissement *m* par pulvérisation
- ○ raffreddamento *m* per polverizzazione

127 Verdunisierung *f*
- verdunisation
- △ verdunisation *f*
- ○ verdunizzazione *f*

128 verdunsten
- evaporate [in the open air]
- △ s'évaporer [à l'air libre]
- ○ evaporare [all'aria libera]

129 Verdunstung *f*, **Evaporation** *f*
- evaporation [in the open air], natural evaporation
- △ évaporation *f* [à l'air libre]
- ○ evaporazione *f* [all'aria libera]

130 Verdunstung *f*, **aktuelle, Verdunstung** *f*, **effektive**
- actual evaporation
- △ évaporation *f* effective
- ○ evaporazione *f* effettiva

Verdunstung, Boden~ → *Bodenverdunstung*

Verdunstung, effektive → *Verdunstung, aktuelle*

Verdunstung, Gesamt~ → *Evapotranspiration*

Verdunstung, Oberflächen~ → *Oberflächenverdunstung*

Verdunstung, Pflanzen~ → *Transpiration*

131 Verdunstung *f*, **potentielle**
- potential evaporation
- △ évaporation *f* potentielle
- ○ evaporazione *f* potenziale

132 Verdunstung *f*, **relative**
- relative evaporation
- △ évaporation *f* relative
- ○ evaporazione *f* relativa

133 Verdunstungsfläche *f*
- evaporation area, area of evaporation
- △ aire *f* d'évaporation
- ○ area *f* di evaporazione

134 Verdunstungsfläche *f*, **tatsächliche**
- available surface of evaporation
- △ surface *f* effective d'évaporation
- ○ superficie *f* di evaporazione effettiva

135 Verdunstungshöhe *f*
- height of natural evaporation
- △ hauteur *f* d'évaporation
- ○ altezza *f* di evaporazione naturale

136 **Verdunstungskessel** m, **Landkessel** m, **Landverdunstungskessel** m
□ evaporation pan, land pan
△ bac m d'évaporation
○ serbatoio m di evaporazione

137 **Verdunstungsmenge** f
□ quantity of natural evaporation
△ quantité f d'évaporation naturelle
○ quantità f di evaporazione naturale

138 **Verdunstungsmesser** m, **Atmometer** n
□ evaporation recorder, atmometer, evaporimeter
△ enregistreur m d'évaporation naturelle, atmomètre m, évaporimètre m, évaporomètre m
○ evaporimetro m

139 **Verdunstungsmessung** f
□ measurement of evaporation
△ mesurage m d'évaporation
○ misura f dell'evaporazione

Verdunstungstrocknung → *Trocknung*

140 **Verdunstungsverzögerer** m
□ evaporation retardant
△ réducteur m d'évaporation
○ ritardatore m di evaporazione

141 **Verdunstungsverzögerung** f
□ retardation of evaporation
△ retard m d'évaporation
○ ritardo m dell'evaporazione

142 **Verdunstungswaage** f **nach Wild**
□ water-balance by Wild
△ évaporomètre m de Wild
○ evaporimetro m di Wild

143 **Vereisenung** f, **Beeisenung** f
□ ferrization
△ enrichissement m en fer
○ ferrizzazione f

144 **Vereisung** f *(geol.)*
□ glaciation
△ glaciation f
○ glaciazione f

145 **Vereisung** f **von Rechen**
□ icing of screens
△ englacement m des grilles, formation f de glace sur les grilles
○ formazione f di ghiaccio sulle griglie

146 **verengen**
□ contract, narrow
△ rétrécir, raccourcir
○ restringere, stringere

Verengung, Durchfluß~ → *Durchflußverengung*

Verengungsdurchflußmesser
→ *Verengungswassermengenmesser*

147 **Verengungswassermengenmesser** m, **Verengungsdurchflußmesser** m
□ constriction rate-of-flow meter, constriction [type] water meter
△ débitmètre m à étranglement, compteur m d'eau à étranglement
○ contatore m d'acqua a restringimento

148 **Verfärbung** f
□ discoloration
△ changement m de coloration
○ discolorazione f

149 **Verfahren** n, **Verfahrensweise** f
□ process, method, procedure, technique, operating procedure
△ procédé m, méthode f, procédure f, mode f opératoire
○ processo m, procedimento m, metodo m, procedura f

150 **Verfahren** n, **chemisches, Prozeß** m, **chemischer, Vorgang** m, **chemischer**
□ chemical action, chemical process, chemical proceeding
△ procédé m chimique, méthode f chimique, processus m chimique
○ processo m chimico, procedimento m chimico

Verfahren, Entsalzungs~ → *Entsalzungsverfahren*

Verfahren, Gefrier~ → *Gefrierverfahren*

Verfahren, Herstellungs~
→ *Herstellungsverfahren*

Verfahren, hochbelastetes, Belebungs~
→ *Hochlastbelebtschlammverfahren*

Verfahren, Impulsfrequenz~
→ *Impulsfrequenzverfahren*

151 **Verfahren** n, **physikalisches**
□ physical method, physical process
△ méthode f physique, procédé m physique
○ metodo m fisico, processo m fisico

Verfahren, Produktions~ → *Herstellungsverfahren*

Verfahren, Reinigungs~ → *Reinigungsverfahren*

152 **Verfahrensbeschreibung** f
□ process description
△ description f d'un procédé
○ descrizione f d'un processo

153 **Verfahrensoptimierung** f
□ process optimization
△ optimisation f d'un procédé
○ ottimazione f d'un processo

154 **Verfahrensregelung** f
□ process control
△ contrôle m opératoire, contrôle m de process
○ controllo m di processo

155 **Verfahrensverbesserung** f
□ process improvement
△ amélioration f d'un procédé, perfectionnement m d'un procédé
○ miglioramento m di un processo

Verfahrensweise → *Verfahren*

156 **Verfahrensweise** f, **betriebliche**
□ operating procedure
△ mode f opératoire
○ procedura f operativa

Verfall → *Rotte*

157 Verfestigung f
☐ solidifying, solidification
△ solidification f
○ solidificazione f

158 Verfestigung f, **chemische, Injektion** f, **chemische**
☐ chemical consolidation, chemical grouting, chemical injection
△ injection f chimique
○ iniezione f chimica

Verfestigung des Bodens
→ *Bodenverfestigung*

159 sich verflüchtigen
☐ volatilize
△ se volatiliser
○ volatilizzarsi

160 Verflüchtigung f
☐ volatilization
△ volatilisation f
○ volatilizzazione f

161 verflüssigen
☐ liquefy
△ liquéfier
○ liquefare, fluidificare

162 Verflüssigung f
☐ liquefaction
△ liquéfaction f
○ liquefazione f, fluidificazione f

163 Verformbarkeit f
☐ deformability
△ déformabilité f
○ deformabilità f

164 Verformung f, **Formänderung** f
☐ deformation
△ déformation f
○ deformazione f

165 verfügbar
☐ available
△ disponible
○ disponibile

166 Verfügbarkeit f
☐ availability
△ disponibilité f
○ disponibilità f

Verfügung → *Verordnung*

167 verfüllen, hinterfüllen
☐ backfill
△ remblayer
○ riempire

168 Verfüllung f, **Hinterfüllung** f
☐ backfilling, backfill
△ remblai m, remblayage m, remplissage m
○ riempimento m, rinterro m

169 Verfüllung f, **hydraulische, Verfüllung** f **im Spülverfahren**
☐ hydraulic backfilling
△ remblayage m hydraulique
○ riempimento m idraulico

Verfüllung im Spülverfahren
→ *Verfüllung, hydraulische*

170 Vergabe f, **Vergebung** f, **Zuschlag** m
☐ adjudication
△ adjudication f
○ aggiudicazione f

vergärbar → *gärfähig*

vergären → *gären*

Vergärung → *Gärung*

171 vergasen
☐ gasify
△ gazéifier
○ gasificare

172 Vergasung f
☐ gasification
△ gazéification f
○ gasificazione f

173 vergeben, Zuschlag m **erteilen**
☐ adjudicate, adjudge
△ adjuger
○ aggiudicare

Vergebung → *Vergabe*

174 vergeuden, verschwenden
☐ waste
△ dissiper, gaspiller
○ scialacquare, dissipare, prodigare

175 Vergeudung f
☐ wastage, dissipation
△ dissipation f, gaspillage f
○ sciupio m, scialacquamento m, dissipazione f

Vergeudung von Wasser
→ *Wasservergeudung*

176 Vergiftung f
☐ poisoning
△ empoisonnement m, intoxication f
○ avvelenamento m

Vergiftung, Blei~ → *Bleivergiftung*

Vergiftung, Boden~ → *Bodenvergiftung*

Vergiftung, Gas~ → *Gasvergiftung*

177 Vergleichsprobe f, **Parallelprobe** f
☐ check sample, comparison test, reference sample
△ échantillon m étalon, échantillon m témoin
○ campione m di paragone, prova f di paragone, campione m di confronto

178 Vergnügungsschiff n
☐ pleasure craft
△ bateau m de plaisance
○ battello m da diporto

179 vergraben, eingraben
☐ bury, dig in
△ enterrer, mettre en terre, enfouir
○ interrare, sotterrare

vergraben von Schlamm → *untergraben von Schlamm*

Vergraben von Schlamm → *Untergraben von Schlamm*

180 **Vergrößerung** f
□ enlargement
△ agrandissement m, grossissement m
○ aggrandimento m, ingrandimento m

Vergütung, Erz~ → *Aufbereitung von Erz*

181 **Vergußmasse** f **für Dichtungen, Muffen-vergußmasse** f
□ jointing compound
△ mastic m pour joints, matériel m de scellement pour joints
○ massa f colabile per guarnizioni

182 **mit Vergußmasse** f **gedichtete Leitung** f
□ compound jointed [pipe] line
△ canalisation f à joints au mastic
○ tubazione f con giunzioni a massa colata

183 **Vergußmassen-Kocher** m
□ compound heating stove
△ cuiseur m pour masse de remplissage
○ apparecchio m di cottura per masse di riempimento

Verhältnis C:N → *Kohlenstoff-Stickstoff-Verhältnis*

Verhältnis, Durchstich~ → *Durchstichverhältnis*

Verhältnis, Mäander~ → *Mäanderverhältnis*

184 **Verhältnisregler** m
□ ratio controller
△ régulateur m de rapport
○ regolatore m di rapporto

185 **Verhältnisse** n pl, **örtliche, Lokalbedingungen** f pl
□ local conditions pl
△ conditions f pl locales
○ condizioni f pl locali

186 **Verhärtung** f
□ induration, hardening
△ endurcissement m, durcissement m
○ indurimento m

187 **Verhalten** n *(von Organismen)*
□ behaviour
△ comportement m
○ comportamento m

Verhaltenslehre → *Ethologie*

188 **Verhaltensmuster** n
□ behaviour pattern
△ schéma m de comportement, type m de comportement
○ schema m di comportamento

189 **verhüten**
□ prevent
△ prévenir
○ prevenire

190 **Verhütung** f
□ prevention
△ prévention f
○ prevenzione f

Verhütungsmaßnahme
  → *Verhütungsmaßregel*

191 **Verhütungsmaßregel** f, **Verhütungs-maßnahme** f
□ preventive measure
△ mesure f préventive
○ misura f preventiva

192 **Verkehrslast** f
□ traffic load
△ charge f due à la circulation des véhicules
○ intensità f di traffico

193 **Verkieselung** f
□ silicification
△ silicification f
○ silicificazione f

verkippen → *abladen*

Verkippen → *Abkippen*

194 **verklappen**
□ dump from barges
△ rejeter à partir de bateaux
○ scaricare (a mare) da battelli

195 **Verklappung** f
□ dumping from barges
△ déversement m à partir de bateaux
○ scarico m a mare da battelli

196 **Verkleidung** f, **Umhüllung** f, **Umkleidung** f
□ covering, enclosure
△ recouvrement m, revêtement m extérieur, encasement m
○ rivestimento m esterno

Verkohlung → *Karbonisierung*

verkordeln → *verstricken*

Verkrautung → *Krautentwicklung*

197 **Verkrautungsbeiwert** m
□ coefficient of flow impediment due to weed growth
△ coefficient m de freinage de l'écoulement par développement d'herbes
○ coefficiente m d'impedimento al deflusso causato dalla vegetazione

198 **verkrusten, inkrustieren**
□ incrust
△ incruster, entartrer
○ incrostare

199 **Verkrustung** f, **Inkrustation** f, **Krustenbildung** f
□ incrustation
△ incrustation f
○ incrostazione f

200 **Verkupfern** n, **Verkupferung** f
□ copper plating
△ cuivrage m
○ abbronzatura f

Verkupferung → *Verkupfern*

201 **Verlängerungsrohr** n, **Aufsatzrohr** n
□ making up pipe, making up piece, extension pipe
△ tube m de rallonge, allonge f
○ tubo m d'allungo

202 verlagern
- □ displace
- △ déplacer
- ○ spostare

203 **Verlagerung** f
- □ displacement
- △ déplacement m
- ○ trasferimento m, spostamento m

Verlandung → *Auflandung*

204 **Verlauf** m **einer Hochwasserwelle**
- □ hydraulic flood routing
- △ cheminement m d'une intumescence, progression f d'une crue
- ○ progressione f di una piena

205 **verlegen**
- □ lay, install
- △ poser
- ○ posare, montare

206 **Verlegung** f *(eines Wasserlaufs)*
- □ diversion
- △ dérivation f
- ○ diversione f, spostamento m

Verlegung von Rohren → *Rohrverlegung*

207 **Verleihung** f **eines Rechts**
- □ appropriation, concession
- △ concession f
- ○ concessione f

208 **Verlust** m
- □ loss, waste
- △ perte f, déperdition f, dommage m
- ○ perdita f

209 **Verlust** m **(an dynamischem Druck) bei Einbauten**
- □ loss (of dynamic head) due to obstructing objects
- △ perte f de charge (dynamique) due à des ouvrages
- ○ perdita f di carico (dinamica) dovuta ad costruzioni

210 **Verlust** m **(an dynamischem Druck) bei plötzlicher Querschnittsänderung**
- □ loss of (dynamic) head due to sudden change of cross-sectional area
- △ perte f de charge (dynamique) due à une brusque variation de la section
- ○ perdita f di carico (dinamica) dovuta ad una variazione improvvisa della sezione di passaggio

Verlust, Gewichts~ → *Gewichtsverlust*

Verlust, Wärme~ → *Wärmeverlust*

Verlust, Wasser~ → *Wasserverlust*

211 **Verlusthöhe** f
- □ height of loss
- △ hauteur f de la perte
- ○ altezza f della perdita

212 **Verlustrate** f **des Niederschlages**
- □ rate of precipitation losses
- △ déficit m d'écoulement des précipitations
- ○ deficit m di deflusso

213 **Vermehrung** f
- □ growth, increase, proliferation
- △ augmentation f, accroissement m
- ○ aumento m, accrescimento m, incremento m

214 **Vermehrung** f, **schnelle**
- □ rapid growth, rapid increase
- △ augmentation f rapide
- ○ aumento m rapido, riproduzione f rapida

215 **Vermehrungspotential** n
- □ intrinsic rate of increase
- △ potentiel m de reproduction, potentiel m d'accroissement
- ○ potenziale m di reproduzione, tasso m di accrescimento

Vermehrungsrate → *Wachstumsrate*

216 **Vermehrungszeit** f
- □ generation time
- △ temps m de reproduction
- ○ tempo m di riproduzione

Vermes → *Würmer*

217 **Vermessung** f, **Höhenbestimmung** f
- □ survey, surveying
- △ levé m
- ○ rilievo m

Vermessung, Gelände~ → *Geländevermessung*

Vermessung, Luft~ → *Luftvermessung*

Vermessung, Luftbild~ → *Luftkartierung*

218 **Vermessungsarbeit** f
- □ surveyor's work, surveying
- △ arpentage m
- ○ operazione f di agrimensura, rilievo m topografico

Vermessungskunde → *Geodäsie*

Verminderung → *Abnahme*

219 **Verminderung** f **der Abwassermenge, Einschränkung** f **der Abwassermenge**
- □ wastewater reduction
- △ diminution f des eaux résiduaires, limitation f du volume d'eaux résiduaires
- ○ riduzione f della quantità di acque di scarico

220 **Verminderung** f **des Hochwassers, Rückgang** m **des Hochwassers**
- □ attenuation of the flood, reduction of the flood, flood attenuation
- △ atténuation f des crues
- ○ laminazione f della piena

221 **Verminderung** f **des Speichervermögens infolge Ablagerung von Schlamm**
- □ depletion in storage capacity by siltation
- △ diminution f de la capacité d'une retenue par envasement
- ○ diminuzione f della capacità per interrimento

vermischen → *mischen*

222 **Vermizid** n, **Wurm(bekämpfungs)mittel** n
□ vermicide
△ vermicide m, vermifuge m
○ vermicida m, vermifugo m

vermodern → *verrotten*

Vermoderung → *Rotte*

Vernässung des Bodens
→ *Bodenvernässung*

Vernichtung, Energie~ → *Energievernichtung*

Vernichtungsmittel, Larven~
→ *Larvengift*

223 **vernickeln**
□ nickel-plate
△ nickeler
○ nichelare

224 **Vernickeln** n, **Vernickelung** f
□ nickel plating
△ nickelage m
○ nichellatura f

Vernickelung → *Vernickeln*

225 **Verockerung** f **von Dränrohren**
□ ferric incrustation of drainage tiles
△ oxydation f de drains
○ incrostazione f di tubi da dreno

226 **veröden**
□ become deserted, become depopulated
△ rendre désert, dépeupler
○ spopolarsi, rendere deserto

227 **Verödung** f
□ devastation, depopulation, dystrophication
△ désolation f, dépeuplement m
○ desolazione f, spopolamento m

228 **Verödungszone** f
□ zone of dystrophication
△ zone f de dystrophisation, zone f de dépeuplement, zone f dépeuplée
○ zona f distrofica

229 **Verölung** f
□ oil contamination
△ pollution f par les huiles
○ inquinamento m da oli

230 **Verordnung** f, **Verfügung** f
□ ordinance
△ ordonnance f, décret m
○ ordinanza f, decreto m

231 **Verpackungsmaterial** n, **Emballagen** f pl
□ packaging material
△ matériaux m pl d'emballage, emballages m pl
○ materiale m d'imballaggio

232 **verpesten**
□ defile, infest
△ empester
○ appestare, infestare

233 **Verpestung** f
□ defilement, infestation
△ infection f
○ ammorbamento m

Verputz → *Putz*

234 **verregnen, beregnen**
□ irrigate by spraying
△ arroser par aspersion
○ fare piovere, irrigare a pioggia

235 **Verregnung** f, **Beregnung** f, **Sprühbewässerung** f
□ spray irrigation, spraying, sprinkling irrigation, sprinkler irrigation, spray disposal
△ arrosage m par aspersion, irrigation f par aspersion
○ irrigazione f a pioggia, irrigazione f ad aspersione

Verregnung, Abwasser~ → *Abwasserverregnung*

Verregnung, Dünger~ → *Düngerverregnung*

Verregnung, Gülle~ → *Düngerverregnung*

Verregnung, Jauche~ → *Düngerverregnung*

236 **Verregnungsanlage** f
□ spray irrigation plant
△ installation f d'irrigation par aspersion
○ impianto m d'irrigazione ad aspersione

Verriegelung, Verschluß~ → *Verschlußverriegelung*

237 **verrieseln, berieseln, bewässern**
□ irrigate, water
△ irriguer, arroser
○ irrigare

238 **Verrieselung** f, **Berieselung** f, **Bewässerung** f, **Landbewässerung** f, **Rieselei** f
□ irrigation, watering, flush irrigation
△ irrigation f, arrosage m, irrigation f par ruissellement
○ irrigazione f, irrigazione f per scorrimento

Verrieselung, Abwasser~ → *Abwasserverrieselung*

Verrieselung, Flächen~ → *Sickerflächenbeschickung*

Verrieselung, Furchen~ → *Furchenrieselung*

Verrieselung, Oberflächen~
→ *Oberflächenverrieselung*

Verrieselung, Untergrund~
→ *Untergrundberieselung*

239 **Verrieselungsanlage** f
□ irrigation system
△ installation f d'irrigation
○ impianto m d'irrigazione

Verrieselungsfläche, Untergrund~
→ *Untergrundverrieselungsfläche*

240 **verrohren**
□ case
△ tuber
○ tubare

241 **Verrohren** n **der Brunnen, Brunnenverrohrung** f, **Einsetzen** n **von Brunnenrohren, Verrohrung** f **der Brunnen**
□ casing of wells, lining of wells, installation of well pipes
△ tubage m de puits
○ incastrazione f dei tubi di pozzo, riportazione f dei tubi di pozzo

Verrohrung der Brunnen → *Verrohren der Brunnen*

Verrohrung, Schutz~ → *Schutzverrohrung*

242 **Verrohrung** f, **vorläufige**
□ temporary casing
△ tubage m temporaire
○ tubazione f temporaria

243 **Verrohrungszange** f
□ casing wrench
△ clef f de tubage
○ pinza f da tubo, tenaglia f da tubo

244 **verrotten, vermodern**
□ decay, rot, moulder
△ décomposer, pourrir
○ decomporsi, putrefarsi, imputridire

Verrottung → *Rotte*

245 **versagen, eine Panne** f **haben**
□ break down
△ tomber en panne
○ mancare, non funzionare

246 **Versalzung** f
□ salinisation
△ salinisation f
○ salinizzazione f, aumento m del tasso salino

247 **Versalzungsgrad** m
□ degree of salinity
△ degré m de salinité
○ grado m di salinità

248 **Versalzungsindikator** m
□ indicator organism of salinisation
△ (organisme) indicateur m de salinisation
○ organismo m indicatore di variazioni di salinità

249 **Versandung** f
□ sand filling (am), aggradation, silting-up
△ ensablement m
○ insabbiamento m

Versatz, Spül~ → *Spülversatz*

Verschalung → *Schalung*

Verschalung, Holz~ → *Holzverschalung*

250 **Verschiebungsmesser** m
□ deflectometer
△ déflectomètre m
○ deflettometro m

251 **Verschiffung** f
□ shipment
△ chargement m sur bateau, embarquement m sur péniche
○ spedizione f via nave

Verschiffung, Schlamm~ → *Schlammverschiffung*

Verschlämmung → *Einschlämmen*

252 **verschlammen**
□ silt up
△ s'envaser
○ intasare, impanatarsi

253 **Verschlammung** f
□ sludge accumulation
△ accumulation f des boues
○ accumulazione f del fango

254 **Verschlammung** f (eines Gewässers)
□ mud silting
△ envasement m
○ interrimento m

255 **Verschlammung** f **des Tropfkörpers, Lachenbildung** f, **Pfützenbildung** f
□ clogging, ponding
△ encrassement m, engorgement m
○ intasamento m, formazione f di pozzanghere

Verschlammung, natürliche → *Auflandung*

256 **Verschleiß** m
□ deterioration, wear and tear, abrasion, wear-out, service detereoration
△ usure f, détérioration f
○ logoramento m dall'uso, deterioramento m

257 **Verschleißfestigkeit** f
□ wear resistance
△ résistance f à l'usure
○ resistenza f al logoramento

Verschlepptes → *Flüssigkeit, verschleppte*

258 **Verschlickung** f
□ siltation, silting
△ envasement m, colmatage m
○ interrimento m

259 **verschließen**
□ lock, seal, close
△ fermer
○ chiudere, rinchiudere

260 **Verschluß** m
□ seal, lock, closure
△ fermeture f
○ chiuso m, chiusura f

Verschluß, Bajonett~ → *Bajonettverschluß*

Verschluß, Geruchs~ → *Geruchsverschluß*

Verschluß, Stau~ → *Stauverschluß*

Verschluß, Wasser~ → *Geruchsverschluß*

261 **Verschlußklappe** *f*
- flap valve
- clapet *m* de fermeture
- valvola *f* di chiusura

262 **Verschlußtafel** *f*, **Stauklappe** *f*
- shutter
- hausse *f*
- paratoia *f*

Verschlußtafel → *Stauklappe*

263 **Verschlußverriegelung** *f*
- gate hanger
- dispositif *m* de suspension de vanne
- blocco *m* di chiusura

264 **verschmutzen, verunreinigen**
- pollute, contaminate
- polluer, contaminer, souiller
- contaminare, insudiciare, inquinare

265 **verschmutzend, verunreinigend**
- polluting, contaminating
- polluant, contaminant
- inquinante, contaminante

266 **Verschmutzer** *m*, **Abwassereinleiter** *m*, **Verschmutzungsurheber** *m*, **Verschmutzungsverursacher** *m*, **Verunreiniger** *m*
- polluter
- pollueur *m*, auteur *m* de pollution, auteur *m* de rejets d'eaux usées
- inquinatore *m*, responsabile *m* di scarichi di acque inquinate

267 **Verschmutzung** *f*, **Verunreinigung** *f*
- pollution, contamination, impurity
- souillure *f*, pollution *f*, contamination *f*
- inquinamento *m*, contaminazione *f*

268 **Verschmutzung** *f* **anzeigende Organismen** *m pl*, **Schmutzwasserbewohner** *m pl*
- pollutional indicator organisms *pl*
- organismes *m pl* indicateurs de pollution
- organismi *m pl* indicativi di inquinamento

269 **Verschmutzung** *f* **des Filters**
- choking of the filter
- encrassement *m* du filtre
- intasamento *m* del filtro

Verschmutzung, Fluß~ → *Flußverunreinigung*

Verschmutzung, Umwelt~ → *Umweltverschmutzung*

Verschmutzung, Wasser~ → *Wasserverschmutzung*

270 **Verschmutzungsabgabe** *f*
- pollution tax
- taxe *f* sur la pollution, redevance *f* sur la pollution
- tassa *f* sull'inquinamento

271 **Verschmutzungsanzeiger** *m*, **Verschmutzungsindikator** *m*
- pollutional indicator
- indicateur *m* de pollution
- indicatore *m* di inquinamento

272 **Verschmutzungsfaktor** *m*
- pollution factor
- facteur *m* de pollution
- fattore *m* d'inquinamento

273 **Verschmutzungsgrad** *m*, **Verunreinigungsgrad** *m*
- degree of pollution, pollution degree, pollution level
- degré *m* de contamination
- grado *m* di contaminazione, stato *m* di inquinamento

Verschmutzungsherd → *Verunreinigungsherd*

Verschmutzungsindikator → *Verschmutzungsanzeiger*

274 **Verschmutzungskataster** *m*
- pollution register
- registre *m* de la pollution, inventaire *m* de la pollution
- inventario *m* dell'inquinamento

Verschmutzungsquelle → *Verunreinigungsherd*

Verschmutzungsurheber → *Verschmutzer*

Verschmutzungsverursacher → *Verschmutzer*

275 **Verschnittbitumen** *n*
- cutback bitumen
- bitume *m* fluidisé
- bitume *m* ricostituito

Verschraubung, Flanschen~ → *Flanschenverschraubung*

verschwenden → *vergeuden*

Verschwendung von Wasser → *Wasservergeudung*

276 **verseifbar**
- saponifiable
- saponifiable
- saponificabile

277 **Verseifung** *f*
- saponification
- saponification *f*
- saponificazione *f*

278 **Verseifungszahl** *f*
- saponification number
- indice *m* de saponification
- indice *m* di saponificazione

Versenkbrunnen → *Schluckbrunnen*

versenken → *abteufen*

279 **Versenken** *n* **von Schlamm ins Meer**
- dumping sludge at sea, sludge dumping at sea
- décharge *f* des boues dans la mer
- scarico *m* del fango nel mare

280 **Versenkgrube** *f* *(Grundwasseranreicherung)*
- recharge pit
- puits *m* de réalimentation
- fossa *f* di ricarica

281 **Versenkpumpe** *f*
- injection pump
- pompe *f* à injection
- pompa *f* per iniezione

282 **Versenkung** *f* *(Abwasserbeseitigung)*
- deep infiltration
- infiltration *f* en profondeur
- infiltrazione *f* in profondità

Versetzung, Eis~ → *Eisversetzung*

Verseuchung, Wasser~ → *Wasserverseuchung*

versickern → *einsickern*

Versickerung → *Durchsickerung*

Versickerung, Flächen~ → *Sickerflächenbeschickung*

283 **Versickerungsanteil** *m*
- infiltration rate
- taux *m* d'infiltration
- tasso *m* d'infiltrazione

Versickerungsbecken → *Anreicherungsbecken*

Versickerungsbeiwert → *Versickerungskoeffizient*

Versickerungsbrunnen → *Schluckbrunnen*

Versickerungsfläche → *Sickerfläche*

284 **Versickerungskoeffizient** *m*, **Versickerungsbeiwert** *m*
- infiltration coefficient
- coefficient *m* d'infiltration
- coefficiente *m* d'infiltrazione

Versicherungsleistung → *Infiltrationskapazität*

285 **Versicherungsmesser** *m*
- infiltrometer
- infiltromètre *m*
- infiltrometro *m*

286 **Versickerungsstrang** *m*, **Sickerstrang** *m*
- percolating pipe line, infiltration pipe line
- conduite *f* filtrante, conduite *f* d' infiltration
- condotta *f* d'infiltrazione

287 **versiegen**
- run dry, go dry
- tarir
- disseccarsi, esaurirsi

288 **versorgen**
- supply, provide
- alimenter, approvisionner, desservir
- alimentare, approvvigionare, provvedere

289 **Versorgung** *f*
- supply, provision
- alimentation *f*, approvisionnement *m*
- alimentazione *f*, approvvigionamento *m*, provvista *f*, provvisione *f*

Versorgung, Energie~ → *Energieversorgung*

Versorgung, Gefälls~ → *Gefällsversorgung*

290 **Versorgungsbetrieb** *m*
- utility service
- entreprise *f* d'utilité publique, service *m* public
- servizio *m* pubblico

291 **Versorgungsdruck** *m*
- service pressure, distribution pressure, delivery pressure
- pression *f* de service
- pressione *f* di servizio

292 **Versorgungsgebiet** *n*
- area of supply
- région *f* d'alimentation, région *f* de distribution
- regione *f* d'alimentazione, regione *f* di distribuzione

293 **Versorgungsleitung** *f*
- supply conduct, supply line
- conduite *f* d'alimentation
- condotta *f* d'alimentazione

294 **Versorgungsnetz** *n*
- supply system, distribution system, distribution network
- réseau *m* d'alimentation, réseau *m* de distribution
- rete *f* d'alimentazione

295 **Versorgungswasserspeicher** *m*
- service (water) reservoir
- réservoir *m* de distribution d'eau, réservoir *m* (d'eau) de service
- serbatoio *m* di servizio

296 **Versorgungszone** *f*
- service district
- zone *f* d'alimentation
- zona *f* d'alimentazione

297 **verspritzen**
- splash
- faire jaillir
- spruzzare

versprühen → *zerstäuben*

298 **verstädtern**
- urbanize, become urbanized
- (s')urbaniser
- urbanizzarsi

299 **Verstädterung** *f*, **Urbanisierung** *f*
- urbanization, urban sprawl
- urbanisation *f*
- urbanizzazione *f*

300 **Verstärker** *m* *(Meß- u. Regeltechnik)*, **Meßwertverstärker** *m* *(Meß- u. Regeltechnik)*
- amplifier
- amplificateur *m*
- amplificatore *m*

301 **Verstärkungsrippe** *f*
- reinforcing rib
- nervure *f* de renforcement
- nervatura *f* di rinforzo

Verstampfen → *Stampfen*

302 **verstemmen, abstemmen, feststemmen, kalfatern**
□ caulk
△ mater, calfater, calfeutrer
○ calafatare, ricalcare, ribattere

303 **Verstemmen** n, **Verstemmung** f
□ caulking
△ matage m, calfatage m
○ calafatura f

304 **Verstemmen** n **des Bleies in den Muffen**
□ caulking of lead in sockets, fullering of the lead in the sockets
△ matage m du plomb dans les emboîtements
○ ricalco m del piombo nei bicchieri

Verstemmung → *Verstemmen*

305 **verstopfen, sich zusetzen**
□ clog, plug, choke, stop up
△ engorger, obstruer
○ intasare, ingorgare, turare, otturare, ostruire

306 **Verstopfung** f, **Zusetzen** n (e. Membran)
□ clogging, obstruction, choking, stoppage, plugging, compaction
△ engorgement m, obstruction f
○ ingorgo m, otturazione f, ostruzione f, intasamento m

Verstopfung, Filter~ → *Filterverstopfung*

307 **verstopfungsfrei**
□ non-clogging
△ imbouchable
○ non intasabile

308 **verstricken, verkordeln**
□ yarn
△ corder
○ mettere la corda in una giunzione

Verstricken → *Verstrickung*

309 **Verstrickung** f, **Verstricken** n
□ yarning
△ cordage m
○ cordatura f

310 **Versuch** m
□ experiment, test, assay
△ essai m, expérience f, épreuve f
○ prova f, esperimento m, tentativo m

Versuch, Abbau~ → *Abklingversuch*

Versuch, Abkling~ → *Abklingversuch*

311 **Versuch** m **an Ort und Stelle, Feldversuch** m
□ field test, test in place, in situ test
△ essai m sur place
○ prova f in sito, prova f sul cantiere

Versuch, Becher~ → *Standversuch*

Versuch, Belastungs~ → *Belastungsprobe*

Versuch, biologischer → *Biotest*

Versuch, Blind~ → *Blindversuch*

Versuch, Groß~ → *Großversuch*

Versuch, Laboratoriums~ → *Laboratoriumsversuch*

Versuch, Stand~ → *Standversuch*

312 **versuchen**
□ try, test, put to the test
△ essayer, éprouver
○ tentare, provare, far prova

313 **Versuchsanlage** f
□ experimental plant, pilot plant, pilot unit
△ station f expérimentale, installation f d'essai, station f pilote, usine f pilote
○ impianto m di assaggio, impiantino m pilota

314 **Versuchsanlage** f **großen Maßstabs**
□ large-scale pilot plant
△ installation f pilote importante, installation f pilote à grande échelle
○ impianto m pilota a grande scala

315 **Versuchsanlage** f **kleinen Maßstabs, Kleinversuchsanlage** f
□ small-scale pilot plant, small-scale experimental plant, trial plant
△ petite installation pilote f
○ piccolo impianto m pilota

Versuchsanlage, Labor~ → *Laborversuchsanlage*

316 **Versuchsanstalt** f, **Versuchsstation** f
□ test station, experimental station
△ institut m d'expérimentation
○ stazione f di prova, stazione f sperimentale

317 **Versuchsbetrieb** m
□ tentative operation
△ marche f d'essai, essai m de fonctionnement
○ marcia f di prova, tentativo m di funzionamento

318 **Versuchsbohrung** f, **Aufschlußbohrung** f, **Probebohrung** f, **Testbohrung** f
□ test drilling, test boring, trial drill, exploratory boring, test [bore] hole
△ forage m d'essai, sondage m de reconnaissance, forage m de recherche
○ perforazione f di assaggio, sondaggio m di prova, trivellazione f di ricerca, trivellazione f di sondaggio

319 **Versuchsbrunnen** m
□ test well, pilot well
△ puits m d'essai
○ pozzo m di assaggio, pozzo m di prova

320 **Versuchsgut** n
□ experimental farm, development farm
△ ferme f expérimentale
○ fattoria f sperimentale

Versuchslauf → *Probelauf*

Versuchsorganismus → *Testorganismus*

321 **Versuchspfahl** m
□ test pile
△ pieu m d'essai
○ palo m di prova

322 **Versuchsprogramm** n
□ test programme
△ programme m d'essais
○ programma m di assaggio

323 **Versuchsreihe** f
□ test series
△ série f d'essais, série f d'expériences
○ serie f di prove

324 **Versuchsschacht** m
□ test pit, test shaft, trial shaft, pilot shaft
△ puits m de mine d'essai
○ pozzo m minerario di prova

Versuchsstation → *Versuchsanstalt*

325 **Versumpfung** f
□ swamping
△ changement m en marais
○ impaludamento m

Vertäuungspfahl → *Dalbe*

Vertebraten → *Wirbeltiere*

326 **verteilen**
□ distribute
△ distribuer, répartir
○ distribuire, ripartire

327 **Verteiler** m
□ distributor
△ distributeur m, répartiteur m
○ distributore m, ripartitore m

328 **Verteiler** m, **feststehender**
□ fixed distributor
△ distributeur m fixe
○ distributore m fisso

329 **Verteilerdüse** f
□ distributor nozzle
△ buse f distributrice, buselure f distributrice
○ ugello m distributore

330 **Verteilerkasten** m
□ distributor box
△ boîte f de distribution
○ cassetto m di distribuzione

Verteilerplatte → *Belüfterplatte*

331 **Verteilerrohr** n, **Verteilungsrohr** n
□ lateral distributor, distributor, distribution pipe
△ tube m de distribution, tube m latéral de distribution, tuyau m distributeur
○ tubo m laterale di distribuzione, tubo m di distribuzione

332 **Verteilerscheibe** f
□ sludge distributor [disc]
△ disque m rotatif
○ disco m girevole

333 **Verteilung** f
□ distribution, dispersion
△ distribution f, répartition f
○ distribuzione f, ripartizione f

Verteilung, Abwasser~ → *Abwasserverteilung*

334 **Verteilung** f **der Niederschlagsintensität**
□ distribution of rain intensity
△ répartition f de l'intensité de la pluie
○ ripartizione f dell'intensità di pioggia

335 **Verteilung** f **in der Luft**
□ aerial dispersion, aerial dilution
△ dispersion f dans l'air, dilution f aérienne
○ dispersione f nell'atmosfera

Verteilung, Luft~ → *Luftverteilung*

336 **Verteilungsbehälter** m
□ distribution reservoir, distributing reservoir
△ bac m de répartition
○ serbatoio m di distribuzione

337 **Verteilungseinrichtung** f
□ distribution apparatus
△ dispositif m de distribution
○ dispositivo m di distribuzione, apparecchio m di distribuzione

338 **Verteilungsgräben** m pl
□ distributaries pl
△ tranchées f pl de distribution
○ trincee f pl di ripartizione

339 **Verteilungskoeffizient** (v. Niederschlägen)
□ coefficient of distribution
△ coefficient m pluviométrique, coefficient m de répartition
○ coefficiente m di ripartizione

340 **Verteilungsleitung** f
□ distribution [pipe] line, distributing main, distributary
△ conduite f de distribution
○ condotta f di distribuzione

341 **Verteilungsnetz** n, **Verteilungssystem** n
□ distribution system, distribution network
△ réseau m de distribution, système m de distribution
○ rete f distributrice, rete f di distribuzione

342 **Verteilungsrinne** f
□ distribution channel, branching channel
△ rigole f de distribution
○ canaletto m di distribuzione

Verteilungsrohr → *Verteilerrohr*

Verteilungssystem → *Verteilungsnetz*

vertikal → *senkrecht*

Vertikalbohrbrunnen → *Bohrbrunnen*

343 **Vertikalentwässerung** f
□ vertical drainage
△ drainage m vertical
○ drenaggio m verticale

344 **Vertikalpumpe** f, **halbaxiale**
□ vertical mixed-flow pump
△ pompe f verticale à sortie latérale
○ pompa f verticale ad uscita laterale

345 **Vertikalrohr-Fallfilmverdampfer** *m*, **Steigrohrverdampfer** *m*, **Vertikalrohrverdampfer** *m*
- □ vertical tube (falling film) evaporator
- △ bouilleur *m* à tubes verticaux à descendage
- ○ evaporatore *m* a film a tubi verticali

346 **Vertikalrohr-Wärmeaustauscher** *m*
- □ vertical tube type heat-exchanger
- △ échangeur *m* de chaleur à tubes verticaux
- ○ scambiatore *m* di calore a tubi verticali

347 **Vertikalrohrfallfilmverdampfung** *f*
- □ vertical tube falling film evaporation
- △ évaporation *f* à tubes verticaux à descendage
- ○ evaporazione *f* a tubi verticali a film discendente

Vertikalrohrverdampfer → *Vertikalrohr-Fallfilmverdampfer*

348 **Vertikalrohrverdampfung** *f*, **Steigrohrverdampfung** *f*
- □ vertical-tube evaporation, VTE
- △ évaporation *f* à tubes verticaux
- ○ evaporazione *f* a tubi verticali

Vertikalströmung → *Vertikalstrom*

349 **Vertikalstrom** *m*, **Vertikalströmung** *f*
- □ vertical current, vertical flow
- △ courant *m* vertical, circulation *f* verticale
- ○ corrente *f* verticale

350 **Vertikalträger** *m*
- □ soldier beam
- △ montant *m*
- ○ montante *m* ritto

351 **Verträglichkeit** *f*
- □ compatibility
- △ compatibilité *f*
- ○ compatibilità *f*

Verträglichkeit, Salz~ → *Salzverträglichkeit*

Verträglichkeitsgrenze → *Toleranzwert*

352 **Verträglichkeitsprüfung** *f*
- □ compatibility test
- △ test *m* de compatibilité
- ○ prova *f* di compatibilità

353 **Vertrag** *m*
- □ contract
- △ contrat *m*
- ○ contratto *m*

354 **Vertrieb** *m*
- □ sale and marketing
- △ vente *f* et marketing
- ○ vendita *f* e marketing

verunreinigen → *verschmutzen*

verunreinigend → *verschmutzend*

Verunreiniger → *Verschmutzer*

Verunreinigung → *Verschmutzung*

Verunreinigung, Fluß~ → *Flußverunreinigung*

Verunreinigung, Luft~ → *Luftverunreinigung*

355 **Verunreinigung** *f*, **radioaktive**, **Kontamination** *f*, **Kontaminierung** *f*
- □ radioactive contamination
- △ contamination *f* radioactive
- ○ contaminazione *f* radioattiva

Verunreinigung, Spuren~ → *Spurenverunreinigung*

Verunreinigung, Wasser~ → *Wasserverunreinigung*

Verunreinigungsgrad
→ *Verschmutzungsgrad*

356 **Verunreinigungsherd** *m*, **Verschmutzungsherd** *m*, **Verschmutzungsquelle** *f*, **Verunreinigungsquelle** *f*
- □ source of pollution, source of contamination
- △ source *f* de pollution, source *f* de contamination
- ○ origine *f* della contaminazione

Verunreinigungsquelle
→ *Verunreinigungsherd*

357 **Verursachenshaftung** *f*
- □ liability of the author
- △ responsabilité *f* de l'auteur
- ○ responsabilità *f* del'autore

Verursacher, Verschmutzungs~
→ *Verschmutzer*

Verursacherprinzip
→ *Kostendeckungspflicht des Urhebers*

358 **Verursacherprinzip** *n* **der Haftung**
- □ principle of author's liability
- △ principe *m* de responsabilité de l'auteur d'un préjudice
- ○ principio *m* di responsabilità di chi causa un danno

359 **Verursacherprinzip** *n* **der Haftung für Gewässerverunreinigung**
- □ liability by the polluter-pay principle
- △ responsabilité *f* suivant le principe de redevance sur la pollution
- ○ responsabilità *f* connessa al principio "chi inquina paga"

360 **Verwaltung** *f*
- □ administration
- △ administration *f*
- ○ amministrazione *f*

Verwaltungsaufwand
→ *Verwaltungskosten*

361 **Verwaltungsgebäude** *n*
- □ administration building
- △ bâtiment *m* administratif
- ○ edificio *m* amministrativo

362 **Verwaltungskosten** *pl*, **Verwaltungs-
aufwand** *m*
- □ administrative expenses, administrative expenditure
- △ dépenses *f pl* administratives, frais *m pl* d'administration
- ○ spese *f pl* amministrative, spese *f pl* d'amministrazione

363 **Verwaltungsvorschrift** *f*
- □ administrative rule
- △ règlement *m* administratif, ordonnance *f* administrative
- ○ regolamento *m* amministrativo

Verweilzeit → *Aufenthaltszeit*

364 **Verweilzeitbestimmung** *f*
- □ detention studies
- △ détermination *f* du temps de séjour, mesure *f* du temps de rétention
- ○ determinazione *f* del tempo di detenzione

365 **Verweilzeitbestimmung** *f* **mit Farbstoff** (Isotopen)
- □ dye [tracer] detention studies
- △ détermination *f* du temps de séjour avec colorants
- ○ determinazione *f* del tempo di detenzione con sostanze coloranti

verwenden → *anwenden*

Verwendung → *Anwendung*

Verwendung im Kreislauf → *Rücknahme*

366 **Verwerfung** *f* (geol.)
- □ fault
- △ faille *f*
- ○ faglia *f*

Verwerfungsquelle → *Spaltquelle*

367 **Verwerfungstal** *n*
- □ fault valley
- △ vallée *f* de faille
- ○ vallata *f* di faglia

368 **verwertbar**
- □ utilizable
- △ utilisable
- ○ utilizzabile

369 **verwerten**
- □ utilize
- △ utiliser
- ○ utilizzare

370 **Verwertung** *f*
- □ utilization
- △ utilisation *f*, mise *f* en valeur, valorisation *f*
- ○ utilizzazione *f*

Verwertung, Abwasser~ → *Abwasserverwertung*

Verwertung, Gas~ → *Gasverwertung*

Verwertung, landwirtschaftliche, Abwasser~ → *Abwasserverwertung, landwirtschaftliche*

Verwertungsanstalt, Tierkörper~ → *Abdeckerei*

Verwesung → *Rotte*

371 **verwittert**
- □ weathered
- △ ravagé, altéré
- ○ disaggregato, alterato

372 **Verwitterung** *f* **von Gesteinen,
Gesteinsverwitterung** *f*
- □ rock weathering, weathering
- △ décomposition *f* de la roche, effritement *m* de la roche, altération *f* des roches
- ○ alterazione *f* delle rocce

Verwitterungsschutt → *Trümmergestein*

373 **Verwitterungszone** *f*
- □ belt of weathering, zone of weathering
- △ zone *f* de désagrégation atmosphérique, zone *f* d'altération
- ○ zona *f* di disaggregazione

374 **verwurzelt**
- □ rooted
- △ enraciné
- ○ radicato

375 **Verzahnung** *f*
- □ offset, keyway
- △ redan *m*, redent *m*
- ○ risalto *m*

Verzeichnis, Abfluß~ → *Abflußverzeichnis*

376 **Verzimmerung** *f*, **Verbau** *f*, **Zimmerung** *f*
- □ timbering
- △ boisage *m*, charpenterie *f*
- ○ armatura *f* di legno

377 **verzinken**
- □ galvanize, plate [or: coat] with zinc
- △ galvaniser
- ○ galvanizzare

378 **verzinnt**
- □ tin coated
- △ étamé
- ○ stagnato

379 **Verzögerung** *f*
- □ delay, retardation, retarding effect
- △ retard *m*, retardement *m*
- ○ ritardo *m*, differimento *m*

380 **sich verzweigen**
- □ ramify
- △ se ramifier
- ○ ramificarsi

Verzweigung → *Verästelung*

381 **Verzweigungsverhältnis** *n*, **Bifurkationsverhältnis** *n*
- □ bifurcation ratio
- △ indice *m* de bifurcation
- ○ indice *m* di bifurcazione

382 **Viadukt** *m*, **Talbrücke** *f*, **Überführung** *f*
- □ viaduct
- △ viaduc *m*
- ○ viadotto *m*

Vibratorsieb → *Rüttelsieb*

383 **Vieh** n
□ cattle
△ bétail m, bestiaux m pl
○ bestiame m

Vieh, Groß~ → *Großvieh*

384 **Viehbestand** m
□ livestock
△ cheptel m
○ consistenza f del bestiame

385 **Viehdung** m
□ livestock manure
△ fumier m de bestiaux
○ letame m

386 **Vieheinheit** f
□ cattle unit
△ unité f de bétail
○ unità f di bestiame

387 **Viehfutter** n
□ stock feed, cattle feed, animal food, fodder
△ fourrage m
○ foraggio m

388 **Viehtränke** f, **Tränke** f
□ cattle watering place, stock watering place
△ abreuvoir m
○ abbeveratoio m

Viehweide → *Weide*

Viehzucht → *Tierzucht*

389 **Viehzuchtbetrieb** m
□ cattle-rearing farm, stock-raising farm
△ ferme f d'élevage
○ fattoria f per allevamenti

Vielfachbogendamm → *Gewölbereihendamm*

390 **Vielpunktmessung** f
□ multiple point measurement
△ mesure f en des points multiples, mesure f multiponctuelle
○ misura f rilevata in più punti

391 **Vielstufenentspannungsverdampfung** f
□ multistage flash evaporation, multistage flash distillation
△ évaporation f multiétage par détente
○ evaporazione f a gradini multipli per detensione

vielstufig → *mehrstufig*

392 **Vierkant** m
□ square [piece]
△ carré m
○ quadrangolo m

393 **Vierkantschoner** m
□ spindle-cap
△ chapeau m d'ordonnance
○ chiave f tubolare quadra

394 **Viertaktmotor** m
□ Otto-cycle engine, four-cycle engine, four-stroke engine
△ moteur m à quatre temps
○ motore m a quattro tempi

Virenanreicherung, Gefriermethode der ~ → *Gefrierkonzentrierung von Viren*

395 **virenfrei**
□ virus-free
△ exempt de virus
○ esente da virus

396 **virizid, virusvernichtend**
□ viricidal
△ viricide
○ viricido

397 **Virizid** n, **Virusvernichtungsmittel** n
□ virulicide
△ viricide m, agent m destructeur des virus
○ viricido m

398 **Virologie** f
□ virology
△ virologie f
○ virologia f

399 **virologisch**
□ virological
△ virologique
○ virologico

400 **virulent, ansteckungsfähig**
□ virulent
△ virulent
○ virulento

401 **Virulenz** f, **Ansteckungsfähigkeit** f
□ virulence
△ virulence f
○ virulenza f

402 **Virus** n [pl: **Viren**]
□ virus
△ virus m [pl: virus]
○ virus m

Virus, Enteritis-~ → *Enteritis-Virus*

403 **Virusaktivierung** f
□ virus activation
△ activation f des virus
○ attivazione f di virus

404 **Virusentaktivierung** f
□ virus deactivation
△ inactivation f de virus
○ inattivazione f di virus

405 **Virusinfektion** f
□ viral infection
△ infection f virale
○ infezione f virale

406 **Virusretention** f **im Boden**
□ virus retention by soil
△ rétention f de virus par le sol
○ ritenzione f di virus nel terreno

virusvernichtend → *virizid*

Virusvernichtungsmittel → *Virizid*

viskos → *zähflüssig*

407 **Viskoseverfahren** n
□ viscose process
△ procédé m viscose
○ procedimento m a viscosa

408 **Viskosimeter** n
□ viscosimeter
△ viscosimètre m
○ viscosimetro m

Viskosität → *Zähflüssigkeit*

409 Viskosität *f*, **absolute**
□ absolute viscosity
△ viscosité *f* absolue
○ viscosità *f* assoluta

Viskosität, dynamische → *Zähflüssigkeit, dynamische*

Viskosität, kinematische
→ *Zähflüssigkeit, kinematische*

Viskositätsbeiwert → *Zählflüssigkeitsbeiwert*

410 Vitalität *f*, **Lebensfähigkeit** *f*, **Lebenskraft** *f*
□ vitality, viability
△ vitalité *f*, résistance *f* vitale, viabilité *f*
○ vitalità *f*, forza *f* vitale, viabilità *f*

411 Vitamin *n*
□ vitamin
△ vitamine *f*
○ vitamina *f*

Vitriol, Eisen~ → *Eisenvitriol*

Vögel, Wasser~ → *Wasservögel*

412 Vogelbusch-Dispergator *m*
□ Vogelbusch-type dispergator
△ disperseur *m* type Vogelbusch
○ dispersore *m* tipo Vogelbusch

413 voll
□ full, filled, replenished
△ plein
○ pieno, ripieno

414 Volldränung *f*
□ full-area drainage
△ drainage *m* sur toute la superficie
○ drenaggio *m* dell'interna superficie

vollentsalzen → *entmineralisieren*

Vollentsalzung → *Entmineralisierung*

415 Vollentwässerung *f*
□ complete drainage
△ drainage *m* complet
○ drenaggio *m* completo

416 Vollmischung *f*
□ complete mixing
△ mélange *m* complet, brassage *m* total
○ miscelazione *f* completa

Vollreinigung → *Reinigung, vollbiologische*

Vollstehen → *Berührungszeit*

417 Vollummantelung *f*
□ complete encasement
△ enrobement *m* complet
○ rivestimento *m* completo

Vollzirkulation → *Frühlingszirkulation*

418 Vollzugsgewalt *f*
□ executive power
△ pouvoir *m* exécutif
○ potere *m* esecutivo

419 Volt *n*
□ volt
△ volt *m*
○ volt *m*

Volumen → *Rauminhalt*

Volumenindex → *Schlammindex*

420 Volumenprozent *n*
□ percentage by volume
△ pourcentage *m* du volume
○ percentuale *m* di volume

421 Volumenverminderung *f*
□ volume reduction
△ diminution *f* de volume
○ diminuzione *f* di volume

Volumen[wasser]zähler → *Mengenzähler*

volumetrisch → *maßanalytisch*

volumetrisch → *mengenmäßig*

von Lebewesen stammend → *biogen*

von oben nach unten → *abwärts*

von unten nach oben → *aufwärts*

422 Vorabsiebung *f*
□ pre-screening
△ pré-criblage *m*
○ prevagliatura *f*

Voranschlag → *Kostenanschlag*

423 Vorarbeiten *f pl*
□ preliminary works *pl*
△ travaux *m pl* préliminaires, travaux *m pl* préparatoires
○ lavori *m pl* preliminari

424 Vorarbeiter *m*
□ foreman
△ chef *m* d'équipe, maître *m* ouvrier
○ capomastro *m*, capo *m* operaio

425 Vorbecken *n*
□ catchbasin, residuum lodge
△ bassin *m* préliminaire
○ bacino *m* tributario

Vorbecken → *Vorklärbecken*

426 Vorbehandlung *f*
□ pre-treatment, pretreatment, preliminary treatment, primary treatment, pre-conditioning
△ traitement *m* préliminaire, prétraitement *m*
○ trattamento *m* preliminare, pretrattamento *m*

427 Vorbelüftung *f*
□ pre-aeration
△ aération *f* préliminaire, préaération *f*
○ aerazione *f* preliminare, preaerazione *f*

428 Vorbelüftungsbecken *n*
□ pre-aeration tank, pre-aeration basin
△ bassin *m* d'aération préliminaire
○ bacino *m* d'aerazione preliminare

429 **Vorbeugungsmaßnahme** f, **Vorsichtsmaßnahme** f
□ precautionary measure
△ mesure f préventive
○ misura f preventiva

430 **Vorbohrer** m
□ spudder
△ outil m de forage pour l'avant-puits
○ perforatrice f d'assaggio

431 **Vorchlorung** f, **Rohwasserchlorung** f
□ pre-chlorination, raw water chlorination
△ préchloration f
○ clorazione f preliminare, preclorazione f

432 **Vorderansicht** f
□ front view
△ vue f de face
○ vista f di fronte

Vordringen → *Wasserandrang*

433 **Vordringen** n **des Salzwassers, Salzwasserandrang** m
□ salt water intrusion, salt water encroachment
△ invasion f des eaux salées, intrusion f d'eaux salées
○ intrusione f delle acque salate

434 **Vorentwässerung** f
□ initial drainage
△ drainage m initial
○ drenaggio m iniziale

435 **Vorentwurf** m, **Vorplanung** f
□ preliminary design
△ étude f préliminaire
○ progetto m preliminare

436 **Vorfaulung** f
□ pre-digestion
△ prédigestion f
○ predigestione f

437 **Vorfilter** n
□ primary filter, roughing filter
△ préfiltre m
○ pre-filtro m, filtro m grossolano

438 **vorfiltern**
□ pre-filtrate
△ préfiltrer
○ prefiltrare

Vorfiltern → *Vorfilterung*

439 **Vorfilterung** f, **Vorfiltern** n
□ pre-filtration, pre-filtering
△ préfiltration f, filtration f préalable
○ prefiltrazione f

440 **Vorflut** f
□ gravitational flow into receiving body of water
△ écoulement m gravitaire dans un cours d'eau récepteur
○ deflusso m a gravità in un corpo d'acqua ricettore

441 **Vorfluter** m
□ receiving water, recipient, receiving body of water, receiving watercourse, receiving stream
△ cours m d'eau récepteur, milieu m récepteur
○ recipiente m finale, acqua f recipiente

442 **Vorflutgraben** m
□ receiving ditch
△ fossé m récepteur
○ fossa f recipiente

Vorgang, Absetz~ → *Absetzverfahren*

443 **Vorgang** m, **aerober**
□ aerobic process
△ processus m aérobie
○ processo m aerobico

444 **Vorgang** m, **biochemischer**
□ biochemical action
△ procédé m biochimique, méthode f biochimique, action f biochimique
○ processo m biochimico, procedimento m biochimico

445 **Vorgang** m, **biologischer**
□ biological action, biological process
△ procédé m biologique, action f biologique
○ processo m biologico, procedimento m biologico

Vorgang, chemischer → *Verfahren, chemisches*

Vorgang, Strömungs~ → *Strömungsvorgang*

446 **Vorgebirge** n
□ front range, promontory
△ promontoire m
○ promontorio m

447 **vorgefertigt**
□ prefabricated
△ préfabriqué
○ prefabbricato

448 **vorgegeben** *(Meß- und Regeltechnik)*
□ preset
△ prédéterminé, donné
○ dato in avanti

449 **Vorgelege** n
□ intermediate gear
△ renvoi m
○ rinvio m

450 **Vorhafen** m, **Außenhafen** m
□ outer harbour
△ avant-port m
○ avanporto m

451 **Vorhebepumpe** f, **Saughilfspumpe** f, **Zubringerpumpe** f
□ low lift [intake] pump, feed pump, primer pump, priming pump
△ pompe f nourricière, pompe f alimentaire, pompe f d'amorçage
○ pompa f di apporto, pompa f di alimentazione

452 **Vorhersage** f
- □ prognosis, forecast
- △ prédiction f, prévision f
- ○ predizione f, previsione f

Vorhersage, Hochwasser~
→ *Hochwasservorhersage*

453 **Vorkammer** f
- □ receiving chamber
- △ bac m d'arrivée de l'eau
- ○ comparto m d'arrivo

454 **Vorklärbecken** n, **Vorbecken** n
- □ preliminary clarification tank, primary settling tank, preliminary settling tank, preliminary clarifier, primary sedimentation tank
- △ décanteur m primaire
- ○ vasca f di chiarificazione preliminare, bacino m di chiarificazione primaria

Vorklärschlamm → *Klärschlamm*

455 **Vorklärung** f, **Vorklärung** f, **mechanische**
- □ preliminary clarification, pre-sedimentation, presettling, primary sedimentation
- △ décantation f primaire, prédécantation f
- ○ chiarificazione f preliminare, presedimentazione f

Vorklärung, mechanische → *Vorklärung*

Vorkommen → *Auftreten*

Vorkommen, Grundwasser~
→ *Grundwasservorkommen*

Vorland → *Deichvorland*

Vorplanung → *Vorentwurf*

456 **Vorprüfung** f
- □ preliminary examination, first test
- △ examen m préalable
- ○ prima prova f, prova f preliminare

457 **Vorpumpwerk** n
- □ low-lift pumping station
- △ station f de pompage primaire
- ○ stazione f di pompe di apporto

458 **Vorrat** m, **Bestand** m
- □ store, stock, supply
- △ provision f, stock m, fonds m
- ○ provvisione f, provvista f

Vorrat, Spar~ → *Sparvorrat*

459 **Vorratsbehälter** m
- □ storage tank, storage bin
- △ réservoir m d'approvisionnement
- ○ serbatoio m di accumulo

Vorratsbehälter, Kalkmilch~
→ *Kalkmilchvorratsbehälter*

460 **Vorratslager** n, **Magazin** n
- □ stock, magazine
- △ magasin m, dépôt m
- ○ magazzino m

461 **Vorratslösung** f
- □ stock solution
- △ solution f mère, solution f de réserve
- ○ soluzione f di riserva

462 **vorreinigen**
- □ pre-treat
- △ préépurer, prétraiter, dégrossir
- ○ prepurificare, sgrossare

463 **Vorreinigung** f, **mechanische**
- □ preliminary clarification, preliminary treatment, preliminary purification
- △ épuration f primaire, dégrossissage m
- ○ epurazione f preliminare, preepurazione f, sgrossatura f

464 **Vorrichtung** f
- □ mechanical device, mechanical appliance, mechanical contrivance, mechanism
- △ dispositif m, mécanisme m
- ○ apparecchio m meccanico, attrezzo m meccanico, congegno m meccanico, dispositivo m, meccanismo m

465 **Vorsäule** f
- □ precolumn
- △ précolonne f, colonne f préliminaire
- ○ colonna f preliminare

Vorschrift, baupolizeiliche
→ *Bauordnung*

Vorschrift, Bedienungs~ → *Bedienungsvorschrift*

Vorschrift, Betriebs~ → *Betriebsvorschrift*

Vorschrift, Sicherheits~ → *Sicherheitsvorschrift*

466 **Vorschubgeschwindigkeit** f, **Bohrfortschritt** m
- □ penetration rate
- △ vitesse f d'avancement
- ○ velocità f d'avanzamento

Vorsichtsmaßnahme
→ *Vorbeugungsmaßnahme*

467 **Vorsorgeprinzip** n (b. Maßnahmen zur Reinhaltung der Gewässer)
- □ pollution prevention principle
- △ principe m de prévention de la pollution
- ○ principio m di prevenzione dell' inquinamento

Vorspannbeton → *Spannbeton*

468 **vorspannen**
- □ prestress
- △ précontraindre
- ○ precomprimere

Vorspannung, Ring~ → *Ringvorspannung*

469 **Vorsperre** f
- □ low weir upstream of a reservoir
- △ avant-barrage m
- ○ avandiga f

470 **Vorstadt** f
- □ suburban district, suburb
- △ faubourg m
- ○ borgo m, sobborgo m

Vorstadt, Garten~ → *Gartenvorstadt*

471 Vortair-Kreisel m
☐ Vortair (aeration) cone
△ turbine f Vortair
○ turbina f Vortair

Vortrieb eines Stollens → *Stollenvortrieb*

472 Vortriebsstollen m
☐ pilot tunnel
△ galerie f pilote
○ galleria f pilota

vorübergehend → *temporär*

Vorufer → *Strand*

473 Vorversuch m
☐ preliminary test
△ essai m préliminaire, essai m d'orientation
○ prova f preliminare

474 Vorwärmer m
☐ preheater
△ réchauffeur m
○ preriscaldatore m

475 Vorwärmung f
☐ pre-heating
△ préchauffage m, chauffage m préalable
○ preriscaldamento m

Vorwärtsbewegung des unterirdischen Wassers → *Grundwasserbewegung*

476 Vorzerkleinerung f
☐ primary crushing
△ pré-broyage m, concassage m primaire
○ frantumazione f primaria

477 vulkanisch
☐ volcanic
△ volcanique
○ vulcanico

Vulkansee → *Kratersee*

1 Waage f, **analytische**
☐ analytical balance
△ balance f analytique
○ bilancia f per analisi

Waage, Chargen~ → *Chargenwaage*

Waage, Torsions~ → *Torsionswaage*

2 waagerecht, horizontal
☐ horizontal, level
△ horizontal
○ orizzontale

3 Wachstum n
☐ growth
△ croissance f, accroissement m, développement m
○ crescere m, crescenza f, crescita f

Wachstum, Keim~ → *Keimwachstum*

4 Wachstum n, **nachträgliches** (*biol.*)
☐ aftergrowth
△ recrudescence f, reviviscence f
○ sviluppo m successivo

5 wachstumhemmend
☐ inhibiting growth, hypogenetic
△ retardant la croissance, inhibitant la croissance
○ impedente alla crescita

6 Wachstumsbegrenzungsfaktor m
☐ growth-limiting factor
△ facteur m limitatif de croissance
○ fattore m limitante la crescita

7 Wachstumsfaktor m
☐ growth-factor
△ facteur m de croissance
○ fattore m di crescenza

wachstumsfördernd
→ *entwicklungsfördernd*

8 Wachstumsförderung f
☐ growth promotion, growth stimulation
△ stimulation f de la croissance
○ stimolazione f della crescita

Wachstumsgeschwindigkeit
→ *Wachstumsrate*

9 Wachstumsgrenze f
☐ growth limit
△ limite f de croissance
○ limite m di crescita

10 Wachstumshemmung f
☐ growth inhibition, growth retardation
△ inhibition f de la croissance
○ inibizione f della crescita

11 Wachstumskonstante f
☐ growth constant
△ constante f de croissance, constante f de développement
○ costante f di crescenza

12 Wachstumskurve f
☐ growth curve
△ courbe f de croissance
○ curva f di crescenza

Wachstumsperiode → *Vegetationsperiode*

13 **Wachstumsphase** f
☐ growth phase
△ phase f de croissance
○ fase f di crescita

14 **Wachstumsphase** f, **abklingende, Wachstumsphase** f, **rückläufige**
☐ declining phase of growth
△ phase f de régression de la croissance
○ fase f di diminuzione della crescita

15 **Wachstumsphase** f, **logarithmische, Logphase** f, **Phase** f **des Wachstums, exponentielle**
☐ logarithmic phase of growth, log-growth phase
△ phase f logarithmique de croissance, phase f exponentielle de développement
○ fase f logaritmica di crescenza

Wachstumsphase, rückläufige
→ Wachstumsphase, abklingende

16 **Wachstumsrate** f, **Vermehrungsrate** f, **Wachstumsgeschwindigkeit** f
☐ rate of production, production rate, growth rate, rate of reproduction
△ taux m de croissance, vitesse f de développement, taux m de reproduction
○ tasso m di crescenza, velocità f di crescenza, tasso m di riproduzione

17 **Wachstumsstörung** f
☐ growth inhibition
△ développement m anormal de la croissance, trouble m de croissance
○ inibizione f della crescita

18 **Wadi** n (wasserloses Flußtal), **Trockental** n
☐ wadi, wady, quady, dead valley
△ wadi m, wady m, quady m, oued m
○ uadi m

19 **Wärme** f, **Hitze** f
☐ heat, warmth
△ chaleur f
○ caldo m, calore m

Wärme, latente, Verdampfungs~
→ Verdampfungswärme, latente

20 **Wärmeabfall** m
☐ heat drop
△ baisse f de chaleur
○ caduta f di calore

21 **Wärmeabführung** f
☐ heat rejection, heat dissipation
△ évacuation f de la chaleur, dissipation f de la chaleur
○ evacuazione f di calore, eliminazione f di calore

22 **Wärmeausdehnung** f, **Wärmedehnung** f
☐ expansion due to heat
△ dilatation f sous l'influence de la chaleur
○ dilatazione f di calore, dilatazione f termica

23 **Wärmeausgleich** m
☐ heat compensation
△ compensation f thermique
○ compensazione f termica

24 **Wärmeaustauscher** m
☐ heat exchanger
△ échangeur m de chaleur, échangeur m de température
○ scambiatore m di calore

Wärmeaustauscher, Vertikalrohr-~
→ Vertikalrohr-Wärmeaustauscher

25 **Wärmebedarf** m
☐ heat requirements
△ besoins m pl thermiques, besoins m pl en chaleur
○ fabbisogno m termico

26 **Wärmebehandlung** f, **Behandlung** f, **thermische, Hitzebehandlung** f
☐ heat treatment, thermal treatment
△ traitement m thermique
○ trattamento m termico

27 **Wärmebelastung** f, **Belastung** f, **thermische**
☐ thermal load, thermal pollution
△ charge f thermique, pollution f thermique
○ carico m termico, inquinamento m termico

Wärmebilanz → Wärmehaushalt

Wärmedehnung → Wärmeausdehnung

Wärmedurchgang → Wärmeübergang

28 **Wärmedurchlässigkeit** f
☐ heat permeability
△ perméabilité f à la chaleur
○ permeabilità f al calore

29 **Wärmeeinheit** f, **Kalorie** f
☐ caloric unit, thermal unit, calory
△ unité f thermique, unité f de chaleur, calorie f
○ caloria f, unità f termica

30 **Wärmeentzug** m
☐ heat withdrawal
△ prélèvement m de chaleur, extraction f de chaleur
○ prelievo m di calore

31 **Wärmefluß** m, **Wärmestrom** m
☐ heat flow, heat flux
△ courant m thermique
○ flusso m termico

32 **Wärmegewinnung** f
☐ heat generation
△ production f de chaleur
○ produzione f di calore

Wärmegrad → Temperatur

33 **Wärmehaushalt** m, **Wärmebilanz** f
☐ heat budget, heat balance, thermal balance
△ bilan m thermique
○ bilancio m termico

34 **Wärmeisolierung** f
☐ thermal insulation
△ isolation f thermique
○ isolamento m termico

35 **Wärmekapazität** f
□ heat capacity
△ capacité f thermique
○ capacità f termica

36 **Wärmekraft** f
□ heat power, thermal power
△ force f thermique
○ potenza f termica

37 **Wärmekraftwerk** n
□ thermal power station, thermo-electric station
△ centrale f thermique
○ centrale f termica

38 **Wärmelastplan** m
□ thermal load scheme
△ programme f de charge thermique
○ diagramma f di carico termico

39 **Wärmelehre** f
□ theory of heat
△ thermologie f
○ termologia f

40 **Wärmeleitfähigkeit** f
□ thermal conductivity, heat conductivity
△ conductibilité f thermique
○ conduttività f termica

Wärmeleitung → *Wärmeübergang*

41 **wärmeliebend, thermophil**
□ thermophilic, heat-loving
△ thermophile
○ termofilo

42 **Wärmemessung** f, **Kalorimetrie** f
□ calorimetry, calorimetric measurement
△ calorimétrie f
○ calorimetria f

43 **Wärmepumpe** f
□ heat pump
△ pompe f de chaleur
○ pompa f di calore

44 **Wärmepumpentechnologie** f
□ heat-pump technology
△ technologie f de la pompe de chaleur
○ tecnologia f della pompa di calore

45 **Wärmequelle** f
□ source of heat
△ source f de chaleur
○ sorgente f di calore

46 **Wärmereiz** m
□ heat stimulus
△ stimulus m thermique, excitation f par la chaleur
○ stimolo m calorifico, eccitazione f del calore

47 **Wärmerückgewinnung** f
□ heat recovery
△ récupération f de la chaleur
○ ricupero m di calore

Wärmeschichtung
→ *Temperaturschichtung*

48 **Wärmestrahlung** f
□ heat radiation
△ rayonnement m de chaleur, rayonnement m calorifique
○ irraggiamento m termico, irradiazione f termica

Wärmeströmung → *Konvektivstrom*

Wärmestrom → *Wärmefluß*

49 **Wärmeübergang** m, **Wärmedurchgang** m, **Wärmeleitung** f, **Wärmeübertragung** f
□ heat transfer, heat transmission
△ transfert m de chaleur
○ trasferimento m di calore

Wärmeübertragung → *Wärmeübergang*

50 **Wärmeübertragung** f **durch direkten Kontakt**
□ direct contact heat transfer
△ transfert m de chaleur par contact direct
○ trasferimento m di calore per contatto diretto

51 **Wärmeübertragungsverhältnis** n
□ heat transfer rate
△ taux m de transfert de chaleur
○ rapporto m di trasferimento di calore

52 **Wärmeverlust** m
□ loss of heat
△ perte f de chaleur
○ perdita f di calore

53 **wärmeverträglich, thermotolerant**
□ thermo-tolerant
△ thermotolérant, qui supporte la chaleur
○ termotollerante, che sopporta il calore

54 **Wärmewirkung** f
□ heat effect
△ effet m thermique
○ effetto m termico

55 **Wärmezufuhr** f
□ heat input
△ apport m de chaleur, application f de chaleur
○ apporto m di calore, adduzione f di calore

56 **Wärter** m
□ attendant, operator
△ gardien m
○ guardiano m

Wärter, Klär~ → *Klärwärter*

Wäsche, Faß~ → *Faßwäsche*

Wäsche, Filter~ → *Filterspülung*

Wäsche, Gas~ → *Gaswäsche*

Wäsche, Gegenstrom~ → *Gegenstromwäsche*

Wäsche, Wagen~ → *Wagenwäsche*

Wäsche, Wasser~ → *Wasserwäsche*

57 **Wäscher** m, **Skrubber** m
□ scrubber
△ scrubber m, laveur m
○ scrubber m, torre f di lavaggio

Wäscher, Filtertuch~ → *Filtertuchwäscher*

Wäscher, Gas~ → *Gaswäscher*

Wäscher, Gichtgas~ → *Gichtgaswäscher*

Wäscher, Strahl~ → *Strahlwäscher*

Wäscherei → *Waschanstalt*

Wäscherei, Selbstbedienungs~ → *Selbstbedienungswäscherei*

58 **Wäschereiabwasser** *n*
- □ laundry wastes *pl*
- △ eaux *f pl* résiduaires de blanchissage
- ○ acque *f pl* di scarico di lavanderia

wässern → *besprengen*

Wässern → *Besprengen*

59 **wäßrig**
- □ aqueous
- △ aqueux
- ○ acquoso

Wagen, Bohr~ → *Bohrwagen*

60 **Wagen-Waschplatz** *m*
- □ vehicle-washing stand
- △ installation *f* de lavage des camions
- ○ posto *m* di lavaggio di macchine

61 **Wagenwäsche** *f*
- □ vehicle washing, car washing
- △ lavage *m* des camions
- ○ lavaggio *m* di macchine, lavaggio *m* di vagoni

Waggonbohrer → *Bohrwagen*

62 **Wald** *m*, **Forst** *m*, **Forstung** *f*, **Gehölz** *n*, **Holzung** *f*, **Waldung** *f*
- □ forest, wood
- △ forêt *f*, bois *m*, bocage *m*, bosquet *m*
- ○ bosco *m*, selva *f*, foresta *f*

Wald, Laub~ → *Laubwald*

63 **Waldbau** *m*, **Waldkultur** *f*
- □ silviculture
- △ sylviculture *f*
- ○ selvicoltura *f*

64 **Waldbestand** *m*
- □ standing growth of wood
- △ peuplement *m* forestier, fonds *m* boisé
- ○ patrimonio *m* forestale

65 **Waldbrand** *m*
- □ forest fire
- △ incendie *m* de forêt
- ○ incendio *m* di una foresta

66 **Waldgelände** *n*
- □ woodland, wooded area, forest land
- △ terrain *m* boisé, terrain *m* forestier
- ○ territorio *m* boscoso

waldig → *bewaldet*

Waldkultur → *Waldbau*

67 **Waldstreu** *f*
- □ forest litter
- △ litière *f* de feuilles en forêt
- ○ strame *m* di foglie nel bosco

Waldung → *Wald*

Waldwirtschaft → *Forstwirtschaft*

Wall → *Uferdamm*

68 **Walzdamm** *m*
- □ rolled earth dam
- △ digue *f* en terre compactée, digue *f* en terre cylindrée
- ○ diga *f* in terra compattata, diga *f* in terra cilindrata

Walze, Käfig~ → *Käfigwalze*

Walze, Schafsfuß~ → *Schafsfußwalze*

Walze, Straßen~ → *Straßenwalze*

Walze, Unterwasser~ → *Unterwasserwalze*

69 **walzen, einwalzen**
- □ roll
- △ cylindrer, rouler, passer au rouleau
- ○ rullare, cilindrare

Walzenbrecher → *Rollenbrecher*

Walzenbürste → *Bürstenwalze*

Walzenbürste nach Kessener → *Kessenerbürste*

70 **Walzenwehr** *n*
- □ roller weir, cylindrical barrage, roller drum gate, roll weir
- △ vanne *f* à rouleau
- ○ paratoia *f* cilindrica

71 **Walzhaut** *f*, **Walzzunder** *m*
- □ mill scale
- △ couche *f* d'oxyde du laminage, calamine *f*
- ○ crosta *f* d'ossido, strato *m* d'ossido

72 **Walzwerk** *n*
- □ rolling mill
- △ laminoir *m*
- ○ laminatoio *m*, laminiera *f*

Walzwerk, Blech~ → *Blechwalzwerk*

Walzzunder → *Walzhaut*

73 **Wand** *f*, **Wandung** *f*
- □ wall
- △ paroi *f*
- ○ parete *f*

Wand, Becken~ → *Beckenwand*

Wand, Seiten~ → *Seitenwand*

Wand, Überlauf~ → *Überlaufwand*

74 **Wanderdüne** *f*
- □ travelling dune, shifting dune
- △ dune *f* mobile
- ○ duna *f* mobile

75 **Wanderfisch** *m*
- □ migratory fish
- △ poisson *m* migrateur
- ○ pesce *m* migratore

76 **Wandersprenger** *m*, **Fahrsprenger** *m*
- □ travelling distributor
- △ chariot *m* baladeur, arroseur *m* à va-et-vient, distributeur *m* à va-et-vient, pulvérisateur *m* à va-et-vient
- ○ distributore *m* a va e vieni

77 **Wandersprenger** m **mit Seilzug**
- □ travelling rope-hauled distributor
- △ arroseur m à va-et-vient actionné par câble
- ○ distributore m a va e vieni con corda tirante, percolatore m con corda tirante

Wanderung, Laich~ → *Laichwanderung*

78 **Wandrauhigkeit** f, **Rohrrauhigkeit** f
- □ roughness of the wall
- △ rugosité f de la paroi
- ○ ruvidezza f della parete

79 **Wandstärke** f **eines Rohres, Rohrwandstärke** f
- □ thickness of [the wall of] a pipe, wall thickness of a pipe, thickness of pipe barrel
- △ épaisseur f de la paroi d'un tuyau
- ○ spessore m della parete di un tubo

Wandung → *Wand*

Wandung, äußere → *Außenwandung*

Wandung, Außen~ → *Außenwandung*

Wandung, Brunnen~ → *Brunnenwandung*

Wandung, innere → *Innenwandung*

Wandung, Rohr~ → *Rohrwandung*

Wanne, Bade~ → *Badewanne*

Wanne, Fuß~ → *Fußbadewanne*

Warburg-Respirometer
→ *Warburgapparat*

80 **Warburgapparat** m, **Warburg-Respirometer** n
- □ Warburg apparatus, Warburg respirometer
- △ appareil m de Warburg, respiromètre m de Warburg
- ○ respirometro m di Warburg

81 **warm, heiß**
- □ warm, hot
- △ chaud
- ○ caldo

82 **Warmblüter** m
- □ warm-blooded animal
- △ animal m à sang chaud
- ○ animale m a sangue caldo

83 **Warmblütercoli** n pl
- □ bacteria coli of warm-blooded animals
- △ germes m pl coliformes des animaux à sang chaud
- ○ batteri m pl coliformi di animali a sangue caldo

84 **Warmwalzwerk** n
- □ hot-rolling mill
- △ laminoir m à chaud
- ○ laminatoio m a caldo

Warmwasser → *Wasser, warmes*

85 **Warmwasseranlage** f
- □ hot water system
- △ installation f d'eau chaude
- ○ sistema m ad acqua calda, impianto m ad acqua calda

86 **Warmwasserbereiter** m, **Heißwasserbereiter** m
- □ hot water preparer, geyser
- △ chauffe-eau m
- ○ apparecchio m per acqua calda

87 **Warmwasserbereitung** f
- □ water heating
- △ chauffage m d'eau
- ○ riscaldamento m d'acqua

88 **Warmwasserfisch** m
- □ warm water fish
- △ poisson m des eaux chaudes
- ○ pesce m di acque calde

Warmwasserkessel
→ *Warmwasserspeicher*

89 **Warmwasserleitung** f
- □ hot water piping
- △ conduite f d'eau chaude
- ○ conduttura f d'acqua calda

90 **Warmwasserröste** f
- □ warm water retting
- △ rouissage m à l'eau chaude
- ○ macerazione f ad acqua calda

91 **Warmwasserspeicher** m, **Heißwasserspeicher** m, **Warmwasserkessel** m
- □ hot water storage tank, boiler
- △ réservoir m d'eau chaude
- ○ serbatoio m per acqua calda

92 **Warmwasserversorgung** f, **Heißwasserversorgung** f
- □ warm water supply, hot water supply
- △ alimentation f en eau chaude, distribution f d'eau chaude
- ○ fornitura f d'acqua calda, distribuzione f d'acqua calda

93 **Warnanlage** f
- □ warning device, warning system
- △ appareil m avertisseur, système m avertisseur
- ○ impianto m di avvertimento

94 **Warndienst** m
- □ warning system, alarm system
- △ système m d'alerte
- ○ sistema m d'allarme

Warndienst, Hochwasser~
→ *Hochwasserwarndienst*

95 **Warngebiet** n
- □ danger-warning zone
- △ zone f d'alerte
- ○ zona f d'allarme

96 **Warnung** f
- □ warning, caution
- △ avertissement m
- ○ avvertimento m

97 **Warnwasserstand** m
- □ warning stage
- △ niveau m d'alerte
- ○ livello m d'acqua d'allarme

Wartung → *Bedienung*

98 **Wartung** f **und Instandsetzung** f
- □ maintenance and repair
- △ maintenance f et réparation f
- ○ manutenzione f e riparazione f

99 **waschaktiv**
- □ detergent
- △ détergent, détersif
- ○ detergente, detersivo

Waschanlage, Sand~ → *Sandwaschanlage*

100 **Waschanstalt** f, **Wäscherei** f
- □ laundry
- △ blanchisserie f, buanderie f
- ○ lavanderia f

101 **Waschanstalt** f, **chemische**
- □ chemical-cleaning establishment, chemical laundry, dry-cleaning shop
- △ buanderie f chimique, blanchisserie f chimique
- ○ lavanderia f chimica

102 **Waschautomat** m
- □ automatic washing machine, laundromat
- △ machine f à laver automatique
- ○ lavatrice f automatica

103 **Waschbecken** n, **Handwaschbecken** n, **Waschtisch** m
- □ lavatory trough, washing basin, wash-stand
- △ cuvette f, lavabo m, lavoir m
- ○ lavamani m, lavabo m, lavandino m, catinella f

Waschbecken, Sitz~ → *Sitzwaschbecken*

104 **Waschdüse** f
- □ wash-water nozzle
- △ gicleur m de lavage, buselure f de lavage
- ○ ugello m di lavaggio

105 **waschen**
- □ wash
- △ laver, blanchir
- ○ lavare

106 **Waschflasche** f *(chem.)*
- □ washer bottle
- △ barboteur m, flacon m laveur
- ○ fiasca f di lavaggio

107 **Waschhilfsmittel** n, **Zusatzstoff** m *(b. Waschmitteln)*
- □ builder, washing aid
- △ charge f, adjuvant m de nettoyage
- ○ adiuvante m di lavaggio, carica f dei detergenti

108 **Waschkaue** f
- □ wash-house, pithead baths
- △ bains-douches m pl
- ○ bagno-doccia

109 **Waschlauge** f
- □ caustic
- △ lessive f alcaline
- ○ lisciva f alcalina

110 **Waschlauge** f, **erschöpfte** *(Mineralölraffinerie)*
- □ spent caustic
- △ lessive f alcaline épuisée
- ○ lisciva f alcalina esausta

111 **Waschmittel** n, **Detergens** n, **Reinigungsmittel** n
- □ detergent, cleansing agent
- △ détergent m, détersif m, agent m détersif
- ○ detergente m, detersivo m

112 **Waschmittel** n, **synthetisches**
- □ synthetic detergent, syndet
- △ détergent m synthétique, détergent m de synthèse, détersyn m
- ○ detergente m sintetico, detersivo m sintetico

113 **Waschmittelrezeptur** f
- □ detergent formulation
- △ composition f des détergents, formule f des détergents
- ○ composizione f dei detergenti

Waschplatz, Wagen-~ → *Wagen-Waschplatz*

114 **Waschrohstoff** m
- □ basic material for washing powder
- △ matière f première pour poudre de nettoyage
- ○ materia f prima per detersivi in polvere

115 **Waschstelle** f, **öffentliche**
- □ public bench for washing
- △ bassin-lavoir m, lavoir m communal
- ○ lavatoio m pubblico

Waschtisch → *Waschbecken*

Waschtisch, Säulen~ → *Säulenwaschtisch*

Waschtischanlage, Reihen~ → *Reihenwaschtischanlage*

116 **Waschtischstandhahn** m
- □ stand cock of a lavatory
- △ robinet m de lavabo
- ○ rubinetto m per lavabi

117 **Waschtrommel** f, **Trommelwäsche** f
- □ washing cylinder, washing drum, barrel washer
- △ tambour m laveur
- ○ lavatrice f a tamburo

118 **Waschturm** m
- □ scrubbing tower
- △ tour f de lavage, colonne f de lavage
- ○ colonna f di lavaggio

Waschwagen → *Spülwagen*

119 **Waschwasser** n
- □ wash water, washing water
- △ eau f de lavage
- ○ acqua f di lavaggio

120 **Waschwasser** n *(Abwasser)*
□ washer waste
△ eau f résiduaire de lavage
○ acqua f di scarico di lavaggio

Waschwasser, Faß~ → *Faßwaschwasser*

Waschwasser, Gichtgas~ → *Gichtgaswaschwasser*

Waschwasser, Hopfen~ → *Hopfenwaschwasser*

121 **Waschwasserrücknahme** f
□ wash water recirculation
△ récupération f des eaux de lavage, recyclage m des eaux de lavage, recirculation f des eaux de lavage
○ ricircolazione f delle acque di lavaggio

122 **Wasser** n
□ water
△ eau f
○ acqua f

123 **Wasser** ... *(in Verbindung mit anderen Substantiva)*, **aquatisch**
□ aquatic
△ hydro- ..., aqua- ..., aquatique
○ idro- ...

Wasser, Absorptions~ → *Absorptionswasser*

Wasser, Adhäsions~ → *Haftwasser*

Wasser, Adsorptions~ → *Adsorptionswasser*

Wasser, Anlagerungs~ → *Sorptionswasser*

124 **Wasser** n, **artesisches**
□ artesian water
△ eau f de la nappe f artésienne
○ acqua f di falda artesiana, acqua f artesiana

Wasser, Bade~ → *Badewasser*

Wasser, Ballast~ → *Ballastwasser*

Wasser, Boden~ → *Bodenwasser*

Wasser, Dehydrations~ → *Dehydrationswasser*

Wasser, Destillations~ → *Destillat*

125 **Wasser** n, **destilliertes**
□ distilled water
△ eau f distillée
○ acqua f distillata

Wasser, Druck~ → *Druckwasser*

Wasser, Dünen~ → *Dünenwasser*

126 **von Wasser eingeschlossen**
□ waterbound
△ entouré d'eau
○ circondato d'acqua

127 **Wasser** n, **endogenes, Wasser** n, **magmatisches**
□ magmatic water
△ eau f magmatique
○ acqua f magmatica

Wasser, Fall~ → *Fallwasser*

Wasser, filtriertes → *Wasser, gefiltertes*

128 **Wasser** n, **fließendes, Fließendwasser** n
□ running water, flowing water
△ eau f courante
○ acqua f corrente, acqua f scorrevole

Wasser, fossiles → *Porenwasser, ursprüngliches*

Wasser, Frisch~ → *Frischwasser*

Wasser, gebundenes → *Adsorptionswasser*

129 **Wasser** n, **gebundenes** *(chem.)*
□ combined water
△ eau f liée, eau f de constitution
○ acqua f combinata

130 **Wasser** n, **gefiltertes, Wasser** n, **filtriertes**
□ filtered water, filtrated water
△ eau f filtrée
○ acqua f filtrata

131 **Wasser** n, **gereinigtes**
□ purified water
△ eau f épurée
○ acqua f trattata, acqua f depurata

Wasser, den Gütenormen nicht genügendes ~ → *den Gütenormen nicht genügendes Wasser*

Wasser, Haft~ → *Haftwasser*

132 **Wasser** n, **hartes**
□ hard water
△ eau f dure, eau f calcaire
○ acqua f dura, acqua f calcarea

Wasser, hygroskopisches → *Adsorptionswasser*

133 **Wasser** n, **juveniles**
□ juvenile water
△ eau f juvénile, eau f plutonique, eau f hypogée
○ acqua f iuvenile

134 **Wasser** n, **kaltes, Kaltwasser** n
□ cold water
△ eau f froide
○ acqua f fredda

Wasser, Karst~ → *Karstwasser*

Wasser, Kavernen~ → *Karstwasser*

Wasser, Kondensations~ → *Kondensationswasser*

Wasser, Konstitutions~ → *Konstitutionswasser*

135 **Wasser** n, **krankheitserregendes**
□ infectious water
△ eau f infectieuse
○ acqua f infetta

Wasser, magmatisches → *Wasser, endogenes*

Wasser, Meer~ → *Meerwasser*

Wasser, meteorisches → *Meteorwasser*

Wasser, Misch~ → *Mischwasser*

Wasser, Moor~ → *Moorwasser*

Wasser, Niederschlags~ → *Regenwasser*

136 Wasser n, **nutzbares**
- □ available water
- △ eau f disponible
- ○ acqua f utilizzabile

Wasser, Oberflächen~ → *Oberflächenwasser*

137 Wasser n, **plutonisches**
- □ plutonic water
- △ eau f plutonique
- ○ acqua f plutonica

138 Wasser n, **reines, Reinwasser** n
- □ pure water, clear water, clean water, finished water
- △ eau f pure, eau f propre
- ○ acqua f pura

Wasser, Roh~ → *Rohwasser*

139 Wasser n, **salzhaltiges, Salzwasser** n
- □ salt water, saline water
- △ eau f saline
- ○ acqua f salata, acqua f salina

Wasser, Schwere~ → *Schwerewasser*

Wasser, Schwimmbecken~ → *Badewasser*

Wasser, Sicker~ → *Sickerwasser*

Wasser, Sorptions~ → *Sorptionswasser*

Wasser, Spalten~ → *Spaltenwasser*

Wasser, stagnierendes → *Wasser, stehendes*

140 Wasser n, **stehendes, Wasser** n, **stagnierendes**
- □ stagnant water
- △ eau f dormante, eau f stagnante, eau f morte
- ○ acqua f cheta, acqua f morta, acqua f non corrente, acqua f stagnante, acqua f di stagno

Wasser, Trink~ → *Trinkwasser*

Wasser, überschüssiges → *Überflußwasser*

141 Wasser n, **verdächtiges**
- □ suspect water
- △ eau f suspecte
- ○ acqua f sospetta

Wasser, Verdichtungs~ → *Verdichtungswasser*

Wasser, verdorbenes → *Wasser, verschmutztes*

142 Wasser n, **verschmutztes, Wasser** n, **verdorbenes**
- □ foul water, polluted water
- △ eau f croupie, eau f bourbeuse
- ○ acqua f inquinata

143 Wasser n, **vulkanisches**
- □ volcanic water
- △ eaux f pl volcaniques
- ○ acqua f vulcanica

144 Wasser n, **warmes, Warmwasser** n
- □ hot water, warm water
- △ eau f chaude
- ○ acqua f calda

145 Wasser n, **weiches**
- □ soft water
- △ eau f douce
- ○ acqua f molle, acqua f dolce

146 Wasser- und Bodenverband m
- □ public corporation of water and soil control
- △ association f pour l'eau et le sol
- ○ associazione f per l'acqua e il terreno

147 Wasser-Zement-Faktor m, **Wasserzementwert** m
- □ water cement ratio, w/c ratio
- △ proportion f ciment/eau, rapport m ciment/eau
- ○ rapporto m acqua/cemento

148 Wasserabgabe f
- □ water supplied, delivery of water
- △ fourniture f d'eau
- ○ fornitura f d'acqua

Wasserabgabe des Bodens durch Verdunstung → *Bodenverdunstung*

149 Wasserabscheider m
- □ water separator
- △ siphon m à cheval
- ○ separatore m d'acqua

150 Wasserabscheider m **mit Scheidewand**
- □ water separator with partitioning
- △ siphon m à cloisonnement
- ○ sifone m a tramezzo

151 Wasserabsperrung f
- □ shut-off of the water
- △ coupure f de l'eau
- ○ chiusura f della condotta d'acqua

Wasserabteilung → *Wasserwerkstatt*

152 wasserabweisend
- □ hydrophobic, water-repellent
- △ hydrophobe
- ○ idrofobo, idrorepellente

wasserabweisend → *hydrophob*

Wasserader → *Grundwasserader*

Wasseräquivalent des Schnees → *Wasserwert des Schnees*

Wasseranalyse → *Wasseruntersuchung*

153 Wasseranalytik f
- □ water analytics
- △ méthodologie f d'analyse de l'eau
- ○ metodiche f pl analitiche per le acque

154 Wasserandrang m, **Eindringen** n, **Vordringen** n (v. *Wasser*)
- □ intrusion of water, rush of water, break-in of water, encroachment
- △ venue f d'eau, arrivée f de l'eau
- ○ intrusione f d'acqua, affluenza f d'acqua

Wasserandrang, Salz~ → *Vordringen des Salzwassers*

155 wasseranziehend, hygroskopisch
□ hygroscopic
△ hygroscopique
○ igroscopico

Wasseranziehungskraft
→ *Hygroskopizität*

156 **wasserarm**
□ deficient in water
△ dépourvu d'eau, aride
○ povero d'acqua, scarso d'acqua

157 **Wasserassel** f *(Asellus aquaticus)*
□ water-louse
△ aselle f aquatique
○ centopiedi m acquatico, asello m acquatico

Wasseraufbereitung
→ *Wasserbehandlung*

Wasseraufbereitungsabgänge
→ *Wasserwerksabwässer*

158 **Wasseraufbereitungsschlamm** m
□ water works sludge
△ boues f pl de traitement d'eau, boues f pl d'épuration d'eau
○ fanghi m pl derivanti da trattamento di acque

159 **Wasseraufnahme** f
□ water absorption
△ absorption f d'eau
○ assorbimento m d'acqua

Wasserausguß → *Ausguß*

160 **Wasserbad** n
□ water bath
△ bain-marie m
○ bagno m d'acqua, bagnomaria m

161 **Wasserbau** m, **Wasserbautechnik** f, **Wasserbauwesen** n
□ water engineering, hydraulic engineering, hydro-construction
△ construction f hydraulique, génie m hydraulique, travail m hydraulique
○ costruzione f idraulica

162 **Wasserbauforschung** f
□ hydraulic engineering research
△ recherche f en matière de constructions hydrauliques
○ ricerca f nel settore dell'ingegneria idraulica

Wasserbautechnik → *Wasserbau*

163 **Wasserbauwerk** n
□ hydraulic structure
△ structure f hydraulique
○ struttura f idraulica

Wasserbauwesen → *Wasserbau*

164 **Wasserbeckenreaktor** m, **Schwimmbadreaktor** m
□ swimming-pool reactor
△ réacteur m piscine, pile f piscine
○ reattore m a piscina

165 **Wasserbedarf** m
□ water requirements pl, water demand
△ besoin m en eau, demande f en eau
○ bisogno m d'acqua

Wasserbedarf, Feuerlösch~
→ *Feuerlöschwasserbedarf*

166 **Wasserbedarf** m für **Bewässerungszwecke**
□ irrigation water demand, duty of water
△ demande f en eau d'irrigation, besoins m pl en eau d'irrigation
○ bisogno m d'acqua per impieghi irrigui

Wasserbedarf, spezifischer
→ *Tageskopfverbrauch*

167 **Wasserbedarf** m, zukünftiger, **Zukunftswasserbedarf** m
□ future demand of water
△ besoins m pl futurs en eau, demande f future d'eau
○ fabbisogno m idrico

168 **Wasserbedarf-Wasserdargebot-Verhältnis** n
□ water demand/water availability-ratio
△ rapport m besoins en eau/disponibilités en eau
○ rapporto m tra richiesta e disponibilità d'acqua

169 **Wasserbedarfsplanung** f
□ water requirements planning
△ programmation f des besoins en eau, planification f des besoins en eau
○ pianificazione f dei bisogni d'acqua

170 **Wasserbehälter** m, **Reservoir** n, **Wasserspeicher** m
□ water tank, water reservoir, reservoir
△ réservoir m d'eau
○ serbatoio m d'acqua

171 **Wasserbehandlung** f, **Wasseraufbereitung** f
□ water treatment, water conditioning
△ traitement m d'eau, traitement m de l'eau
○ trattamento m dell'acqua

172 **Wasserbehandlungstechnik** f
□ water-treatment technique
△ technique f de traitement de l'eau
○ tecnica f di trattamento dell'acqua

173 **Wasserbehandlungsverfahren** n
□ water-treatment method
△ procédé m de traitement de l'eau
○ procedimento m di trattamento dell'acqua

Wasserbelastung → *Gewässerbelastung*

Wasserbenutzungsrecht → *Wassernutzungsrecht*

174 **Wasserbereithaltung** f
□ design water demand
△ étude f de l'adduction en eau
○ richiesta f d'acqua di progetto

Wasserbereitstellung → *Wasserdargebot*

175 **Wasserbeschaffenheit** f, **Beschaffenheit** f **des Wassers, Wassergüte** f
□ water quality, quality of the water, water properties pl
△ qualité f d'eau
○ qualità f dell'acqua, carattere m dell'acqua

176 **Wasserbeschaffenheit** f, **chemische, Beschaffenheit** f **des Wassers** n, **chemische**
□ chemical quality of water
△ qualité f chimique de l'eau
○ qualità f chimica dell'acqua, carattere m chimico dell'acqua

177 **Wasserbeschaffenheit** f, **physikalische, Beschaffenheit** f **des Wassers, physikalische**
□ physical quality of water
△ qualité f physique de l'eau
○ qualità f pl fisiche dell'acqua, proprietà f fisica dell'acqua, caratteri m pl fisici dell'acqua

178 **Wasserbewegung** f
□ motion of the water
△ mouvement m de l'eau
○ moto m dell'acqua, movimento m dell'acqua

179 **Wasserbewegung** f, **aufsteigende**
□ upflow movement of water
△ mouvement m ascensionnel de l'eau
○ movimento m ascensionale dell'acqua

Wasserbewegungslehre → Hydraulik

Wasserbewirtschaftung
→ Wasserwirtschaft

180 **Wasserbilanz** f (klimatische)
□ water balance, water budget, hydrological balance
△ bilan m hydrologique
○ bilancio m idrologico

181 **Wasserbindevermögen** n
□ water absorptive capacity, hydrophilic capacity, water absorbent capacity
△ capacité f d'absorption d'eau, capacité f hydrophile
○ capacità f d'assorbimento d'acqua

182 **Wasserbiozönose** f
□ aquatic biocoenose
△ biocénose f aquatique
○ biocenosi f acquatica

183 **Wasserblüte** f, **Algenblüte** f (biol.), **Seenblüte** f (biol.)
□ lake bloom, algae bloom
△ prolifération f d'algues, prolifération f algale, poussée f planctonique
○ proliferazione f d'alghe

184 **Wasserbuch** n
□ water register
△ registre m des eaux, livre m des eaux
○ registro m delle acque, inventario m delle acque

185 **Wasserbütte** f
□ water tub
△ cuve f à eau, tub m
○ tinozza f d'acqua

186 **Wassercharta** f, **Europäische Wassercharta** f
□ European Water Charta
△ Charte f Européenne sur l'Eau
○ Carta f Europa dell'Acqua

187 **Wasserdampf** m
□ steam, water vapo(u)r
△ vapeur f d'eau
○ vapore m acqueo, vapore m d'acqua

188 **Wasserdampf** m, **gesättigter**
□ saturated water vapo[u]r
△ vapeur f d'eau saturée
○ vapore m d'acqua saturo

189 **Wasserdampfdestillation** f
□ steam distillation
△ distillation f à la vapeur
○ distillazione f a vapore

Wasserdampfgehalt
→ Feuchtigkeitsgehalt

190 **Wasserdargebot** n, **Wasserbereitstellung** f
□ available water resources, available supply of water
△ ressources f pl disponibles en eau
○ riserve f pl disponibili in acqua

191 **Wasserdargebotserhebung** f
□ available water resources survey
△ étude f des ressources disponibles en eau
○ inchiesta f delle riserve disponibili in acqua

192 **Wasserdatenerfassung** f
□ (water) data logging
△ enregistrement m de renseignements sur les eaux
○ registrazione f dei parametri delle acque

Wasserdesinfektion
→ Wasserentseuchung

193 **wasserdicht**
□ waterproof, watertight, impervious to water
△ étanche à l'eau
○ a tenuta d'acqua

194 **Wasserdichtheit** f
□ water-tightness, waterproof quality
△ étanchéité f à l'eau
○ tenuta f d'acqua

195 **Wasserdichtung** f
□ water seal
△ joint m hydraulique
○ giunto m idraulico

196 **Wasserdruck** m
□ water pressure, hydrostatic pressure
△ pression f d'eau, poussée f de l'eau, hauteur f de la colonne d'eau
○ pressione f d'acqua

Wasserdruck, Ruh~ → Ruhwasserdruck

197 **Wasserdruckhöhe** f
- □ height of water pressure, height of hydrostatic pressure
- △ hauteur f de la pression d'eau
- ○ altezza f della colonna d'acqua, altezza f della pressione d'acqua

198 **Wasserdruckprobe** f
- □ hydrostatic test
- △ épreuve f hydrostatique, essai m hydrostatique
- ○ prova f idrostatica

Wasserdruckprobe → *Druckprobe*

Wasserdruckspiegel → *Druckspiegel, hydraulischer*

199 **Wasserdurchfluß** m, **Wasserdurchtritt** m
- □ passage of water
- △ passage m de l'eau
- ○ passaggio m dell'acqua

200 **Wasserdurchfluß** m, **abwärts gerichteter**
- □ down-flow of the water
- △ écoulement m descendant de l'eau, passage m descendant de l'eau
- ○ flusso m discendente dell'acqua, passaggio m discendente dell'acqua

201 **Wasserdurchfluß** m, **aufwärts gerichteter, Aufwärtsstrom** m
- □ upflow of the water, upward flow of the water
- △ écoulement m ascendant de l'eau, passage m ascendant de l'eau
- ○ flusso m ascendente dell'acqua, passaggio m ascendente dell'acqua

Wasserdurchflußvermögen → *Durchflußvermögen*

202 **Wasserdurchlässigkeit** f
- □ permeability, permeability for water
- △ perméabilité f, perméabilité f pour l'eau
- ○ permeabilità f, permeabilità f per l'acqua

203 **wasserdurchtränkt, wassergesättigt**
- □ water-logged, waterlogged
- △ imbibé d'eau
- ○ bagnato d'acqua

204 **Wasserdurchtränkung** f
- □ waterlogging
- △ imbibition f d'eau
- ○ imbibizione f d'acqua

Wasserdurchtritt → *Wasserdurchfluß*

205 **Wasserdurchtrittsmenge** f **durch eine Membran**
- □ flux of a membrane
- △ débit m d'une membrane
- ○ portata f di una membrana

206 **Wassereinbruch** m
- □ water invasion
- △ invasion f d'eau
- ○ invasione f d'acqua

207 **Wassereintrittsfläche** f
- □ intake area
- △ périmètre m d'alimentation
- ○ superficie f di alimentazione

208 **Wasserentgiftung** f
- □ detoxification of water
- △ détoxication f d'eau
- ○ disintossicazione f d'acqua

209 **Wasserenthärter** m
- □ water softener
- △ adoucisseur m de l'eau
- ○ riduttore m della durezza d'acqua, addolcitore m d'acqua

210 **Wasserenthärtung** f
- □ water softening
- △ adoucissement m de l'eau
- ○ addolcimento m dell'acqua, riduzione f della durezza dell'acqua

211 **Wasserentkeimung** f
- □ water sterilization
- △ sterilisation f d'eau
- ○ sterilizzazione f dell'acqua

212 **Wasserentkeimung** f **durch Bestrahlung**
- □ radiation sterilization of water
- △ stérilisation f de l'eau par les radiations
- ○ sterilizzazione f dell'acqua mediante irradiazione

213 **Wasserentnahme** f, **Entnahme** f **von Wasser**
- □ water intake, water inlet, withdrawal of water, water extraction, abstraction of water
- △ prise f d'eau, extraction f d'eau
- ○ presa f d'acqua, estrazione f d'acqua

Wasserentnahme, Feuerlösch~ → *Feuerlöschwasserentnahme*

214 **Wasserentnahmestelle** f
- □ water intake point
- △ point m de prise d'eau
- ○ punto m di presa d'acqua

215 **Wasserentseuchung** f, **Wasserdesinfektion** f
- □ water disinfection
- △ désinfection f d'eau
- ○ disinfezione f dell'acqua

Wasserentzug → *Entwässerung*

Wasserentzug → *Entwässerung*

216 **Wasserepidemie** f, **Wasserseuche** f
- □ water-borne epidemic
- △ épidémie f d'origine hydrique
- ○ epidemia f idrica

Wasserergiebigkeit → *Wasserspende*

217 **Wassererhaltung** f, **Wassergüteerhaltung** f
- □ water conservation
- △ conservation f des eaux
- ○ conservazione f d'acqua

218 **Wassererschließung** f
- □ water prospecting
- △ prospection f des eaux
- ○ prospezione f delle acque

219 **Wasserfach** n
☐ water engineering profession
△ domaine m de l'eau, technique f de l'eau
○ tecnica f dell'acqua, dominio m d'acqua

220 **Wasserfaden** m
☐ water thread
△ filet m d'eau
○ filo m d'acqua

221 **Wasserfahrzeug** n
☐ water craft
△ embarcation f
○ imbarcazione f, bastimento m

222 **Wasserfall** m, **Absturz** m
☐ waterfall, fall, chute, falls pl, drop, river fall
△ chute f d'eau
○ caduta f d'acqua

223 **Wasserfarn** m (Azolla) (bot.)
☐ water fern
△ fougère f aquatique
○ felce f acquatica

224 **Wasserfassung** f, **Fassung** f
☐ water catchment, tapping, adit
△ prise f d'eau, puisage m d'eau, captage m d'eau
○ presa f d'acqua

225 **Wasserfauna** f, **Hydrofauna** f
☐ aquatic fauna
△ faune f aquatique
○ fauna f acquatica, idrofauna f

226 **Wasserfilterung** f
☐ water filtration, water filtering
△ filtration f de l'eau
○ filtrazione f delle acque

227 **Wasserfläche** f, **Wasseroberfläche** f
☐ surface of water, expanse of water, water surface
△ surface f de l'eau
○ superficie f dell'acqua

Wasserfloh → *Daphnie*

228 **Wasserflora** f
☐ aquatic vegetation, aquatic flora
△ flore f aquatique
○ flora f acquatica

229 **Wasserförderung** f
☐ water pumpage, water delivery, lifting of water
△ pompage m de l'eau, reprise f de l'eau, refoulement m de l'eau
○ pompaggio m dell'acqua, convogliamento m dell'acqua

230 **Wasserförderung** f, **spezifische**
☐ specific water pumpage, water pumpage per capita per day
△ pompage m de l'eau par habitant et par jour
○ pompaggio m dell'acqua per abitante e per giorno

231 **Wasserfortleitung** f
☐ water conveyance
△ transport m de l'eau
○ trasporto m d'acqua

232 **wasserführend**
☐ aquiferous, water carrying, water bearing
△ aquifère
○ acquifero

wasserführend, periodisch ~
→ *periodisch wasserführend*

Wasserführung → *Abflußmenge*

233 **Wassergabe** f (Bewässerung)
☐ irrigation head
△ débit m d'arrosage
○ portata f unitaria di irrigazione

Wassergebühr → *Wassergeld*

234 **wassergehärtet**
☐ water cured
△ vieilli à l'eau, traité à l'eau
○ temprato in acqua

235 **Wassergehalt** m, **Gesamtwassergehalt** m
☐ water content, moisture content
△ teneur f en eau
○ contenuto m d'acqua, tenore m di acqua

236 **Wassergeld** n, **Wassergebühr** f, **Wasserzins** m
☐ water rate
△ redevance f pour la fourniture d'eau
○ tassa f per l'acqua

237 **Wassergenossenschaft** f, **Wasserverband** m
☐ water association
△ association f de riverains, association f d'usagers de l'eau, association f pour l'eau
○ consorzio m idrico

wassergesättigt → *wasserdurchtränkt*

238 **Wassergesetz** n
☐ water act, water law
△ loi f sur l'eau, loi f des eaux
○ legge f delle acque

239 **Wassergewinnung** f
☐ obtaining of water, water catchment, water development
△ captage m d'eau
○ captazione f d'acqua

240 **Wassergewinnungsgelände** n, **Gewinnungsgelände** n
☐ water catchment area, water obtaining area
△ zone f de captage d'eau
○ terreno m di captazione d'acqua, zona f di captazione idrica

Wassergleichwert → *Wasserwert des Schnees*

241 **Wassergrundgebühr** f
☐ minimum water rental charge
△ taxe minimum f pour l'eau
○ tasso m minimum per l'acqua

Wassergüte → *Wasserbeschaffenheit*

242 **Wassergüteanforderungen** f pl
□ water quality requirements pl
△ conditions f pl imposées pour la qualité de l'eau
○ esigenze f pl per la qualità dell'acqua

243 **Wassergütedaten** n pl
□ water quality data
△ renseignements m pl sur la qualité de l'eau, chiffres m pl de qualité de l'eau
○ dati m pl di qualità dell'acqua

Wassergüteerhaltung → *Wassererhaltung*

244 **Wassergüteindex** m
□ water quality index
△ indice m de qualité de l'eau
○ indice m di qualità delle acque

245 **Wassergütekarte** f
□ water quality chart, water quality map
△ carte f de qualité des eaux
○ carta f della qualità delle acque

246 **Wassergütekartierung** f
□ mapping of water quality data
△ cartographie f de qualité des rivières, atlas m de qualité des cours d'eau
○ cartografia f della qualità dei corpo idrici

247 **Wassergüteklasse** f
□ water quality grade, water quality class
△ catégorie f de qualité d'une eau
○ classe f di qualità di un'acqua

248 **Wassergütekriterien** f pl
□ water quality criteria pl
△ critères m pl de qualité de l'eau
○ criterii m pl di qualità dell'acqua

Wassergütenormen → *Wassernormen*

249 **Wassergüteüberwachung** f
□ water quality surveillance, water quality monitoring
△ surveillance f de la qualité des eaux, contrôle m de la qualité des eaux
○ controllo m della qualità delle acque

250 **Wassergütewirtschaft** f, **Gewässergütewirtschaft** f
□ qualitative water management
△ exploitation f qualitative des eaux
○ gestione f della qualità delle acque

Wasserhärte → *Härte*

251 **Wasserhärtung** f *(von Beton)*
□ water curing
△ cure f à l'eau
○ indurimento m in immersione

252 **Wasserhahn** m
□ water cock
△ robinet m à eau
○ rubinetto m d'acqua

253 **Wasserhaltevermögen** n, **Kraft** f, **wasserbindende**, **Retention** f, **spezifische**, **Wasserhaltungsvermögen** n, **Wasserkapazität** f
□ retentive power, water holding capacity, liquid capacity, water containing capacity, field moisture capacity
△ capacité f de rétention d'eau, capacité f capillaire
○ capacità f di ritegno d'acqua, potere m di imbibizione

254 **Wasserhaltung** f
□ dewatering, unwatering
△ évacuation f d'eau, assèchement m
○ aggottamento m, messa f a secco

Wasserhaltungsvermögen
→ *Wasserhaltevermögen*

Wasserhammer → *Druckstoß*

255 **Wasserhaushalt** m
□ water regimen, water resources policy
△ régime m des eaux
○ regime m delle acque

256 **Wasserhaushaltsgesetz** n
□ water resources policy act
△ loi f sur le régime des eaux
○ legge f sul regime delle acque

257 **Wasserhaushaltsplan** m
□ water management scheme
△ plan m d'exploitation des eaux
○ piano m di gestione delle acque

258 **Wasserhebung** f
□ water pumpage
△ élévation f de l'eau
○ sollevamento m dell'acqua

259 **Wasserheilbehandlung** f, **Hydrotherapie** f
□ hydro-therapy
△ hydrothérapie f
○ idroterapia f

260 **Wasserheilkunde** f, **Hydrotherapuetik** f
□ hydro-therapeutics pl
△ hydrothérapeutique f
○ idroterapeutica f

261 **Wasserhose** f
□ waterspout
△ trombe f d'eau
○ tromba f d'acqua, tromba f marina

Wasserhülle der Erde → *Hydrosphäre*

262 **Wasserhyazinthe** f *(Eichornia crassipes)* *(bot.)*
□ water hyacinth
△ jacinthe f d'eau
○ giacinto m d'acqua

263 **Wasserkäfer** m *(Hydrophilus)*
□ water-beetle
△ dytique m
○ idrofila m

Wasserkapazität → *Wasserhaltevermögen*

264 **Wasserkapazität** f, **maximale ~ e. Bodens, Sättigungskapazität** f **des Bodens**
□ maximum water holding capacity
△ capacité f maximum de rétention en eau
○ capacità f idrica massima, capacità f di saturazione

Wasserkapazität, minimale
→ *Feuchtigkeitsäquivalent*

265 **Wasserkarte** f
□ water chart
△ carte f des eaux, carte f hydrogéographique
○ carta f delle acque, carta f idrografica

Wasserklosett → *Spülabort*

266 **Wasserknappheit** f, **Wassermangel** m
□ water scarcity, water shortage, lack of water
△ manque m d'eau, disette f d'eau, pénurie f d'eau
○ scarsezza f d'acqua, penuria f d'acqua

267 **Wasserkraft** f
□ hydro-power, water-power
△ force f hydraulique
○ forza f idraulica, energia f idraulica, forza f motrice idraulica

268 **Wasserkraftanlage** f, **Triebwerk** n, **Wasserkraftwerk** n
□ hydro-power plant, hydroelectric power plant, hydroelectric station
△ usine f hydroélectrique, installation f de force hydraulique, aménagement m hydroélectrique, centrale f hydraulique
○ impianto m idroelettrico, centrale f idroelettrica, centrale f idraulica

269 **Wasserkraftausbau** m
□ development of hydro-energy
△ aménagement m de l'énergie hydraulique
○ gestione f dell'energia idraulica

270 **Wasserkraftnutzung** f
□ water power utilisation
△ utilisation f de l'énergie hydraulique
○ utilizzazione f dell'energia idraulica

271 **Wasserkraftpotential** n
□ hydro-electric power potential
△ potentiel m hydroélectrique
○ potenziale m idroelettrico

Wasserkraftwerk → *Wasserkraftanlage*

272 **Wasserkran** m **für Lokomotiven**
□ water-crane for locomotives
△ grue f hydraulique pour locomotives
○ colonna f idraulica per locomotive, gru f d'alimentazione dell'acqua

273 **Wasserkrankheiten** f pl, **Krankheiten** f pl, **durch Wasser übertragene**
□ water-borne diseases pl
△ maladies f pl d'origine hydrique
○ malattie f pl infettive per via d'acqua, malattie f pl di provenienza idrica

274 **Wasserkreislauf** m
□ water cycle, hydrologic cycle
△ circuit m d'eau, cycle m de l'eau, cycle m hydrologique
○ ciclo m delle acque, circolazione f dell' acqua

275 **Wasserkreislauf** m *(Betriebswasserwirtschaft)*
□ [water] recirculation system, recycling of water, closed loop waste water system
△ recyclage m des eaux
○ ricircolazione f delle acque

Wasserkühlung, Durchlaufsystem der ~
→ *Durchlaufsystem der Wasserkühlung*

276 **Wasserläufer** m *(Velia)*
□ water cricket
△ vélie f
○ tringa f

277 **Wasserlagerung** f
□ immersion storage in water
△ conservation f dans l'eau
○ conservazione f in acqua, stagionatura f in acqua

278 **Wasserlauf** m, **Fließgewässer** n
□ watercourse, flowing waters
△ cours m d'eau, eaux f pl courantes
○ corso m d'acqua, acque f pl correnti

279 **Wasserlauf** m, **aussetzender, Fluß** m, **aussetzender**
□ ephemeral stream, intermittent river
△ cours m d'eau saisonnier, cours m d'eau intermittent
○ corso m d'acqua saltuario, corso m d'acqua inconstante

280 **Wasserlauf** m, **ganzjähriger**
□ perennial stream
△ cours m d'eau pérenne
○ corso m d'acqua perenne

281 **Wasserlauf** m, **künstlicher**
□ artificial watercourse
△ cours m d'eau artificiel
○ corso m d'acqua artificiale

282 **Wasserlauf** m, **verlierender, Flußschwinde** f
□ influent stream, losing stream, sink
△ cours m d'eau émissif, perte f d'un cours d'eau
○ corso m d'acqua ad alveo perdente

Wasserlaufs, Ausbau eines ~ → *Ausbau eines Wasserlaufs*

283 **Wasserleitung** f
□ water pipe line, water conduit, aqueduct, water main, water piping
△ conduite f d'eau, aqueduc m
○ conduttura f d'acqua, acquedotto m

Wasserleitung, Misch~ → *Mischwasserleitung*

284 **Wasserleitung** f, **städtische**
- □ municipal water supply pipe line
- △ canalisation f municipale, canalisation f d'eau de ville
- ○ acquedotto m civico, acquedotto m comunale, acquedotto m urbano, condotta f d'acqua potabile della città

Wasserleitungsbrücke → *Aquädukt*

Wasserleitungsnetz → *Leitungsnetz*

285 **Wasserlieferung** f **an Großabnehmer**
- □ bulk supply
- △ fourniture f d'eau en gros, livraison f d'eau à de gros consommateurs
- ○ fornitura f dell'acqua a grandi consumatori

Wasserlieferung, spezifische, des Bodens → *Hohlraumgehalt, nutzbarer*

286 **Wasserlieferungsvertrag** m
- □ water delivery contract
- △ contrat m de fourniture d'eau
- ○ contratto m di distribuzione dell'acqua, contratto m di fornitura dell'acqua, abbonamento m d'acqua

287 **Wasserlinie** f *(naut.)*
- □ waterline, load line
- △ ligne f de flottaison
- ○ linea f di galleggiamento, linea f d'immersione

288 **Wasserlinse** f, **Entengrütze** f *(Lemnacea) (bot.)*, **Gänsegrütze** f *(Lemnacea) (bot.)*
- □ duck-weed, duckweed
- △ lentille f d'eau
- ○ lenticchia f d'acqua

289 **Wasserlinsengewächse** n pl *(bot.)*
- □ lemnaceae pl
- △ lemnacées f pl
- ○ Lemnacee f pl

290 **wasserlöslich**
- □ soluble in water
- △ soluble dans l'eau
- ○ solubile nell'acqua

291 **Wasserlöslichkeit** f
- □ solubility in water
- △ solubilité f dans l'eau, hydrosolubilité f
- ○ solubilità f in acqua

Wassermangel → *Wasserknappheit*

292 **Wassermenge** f
- □ quantity of water, rate of flow, water volume
- △ quantité f d'eau, volume m d'eau
- ○ quantità f d'acqua, portata f d'acqua

Wassermenge, fluktuierende → *Wassermenge, pulsende*

293 **Wassermenge** f, **pulsende**, **Wassermenge** f, **fluktuierende**
- □ fluctuating quantity of water
- △ quantité f d'eau flottante, quantité f d'eau fluctuante, quantité f d'eau oscillante, quantité f d'eau volante
- ○ quantità f d'acqua oscillante, portata f intermittente

Wassermengendauerlinie → *Abflußmengendauerlinie*

294 **Wassermengenmessung** f
- □ water-quantity recording
- △ mesure f de la quantité d'eau, débitmétrie f
- ○ misura f della quantità d'acqua, idrometrografia f

295 **Wassermengenregelung** f
- □ flow control
- △ régulation f de débit
- ○ rigolazione f delle portate

296 **Wassermengenwirtschaft** f
- □ quantitative water management
- △ aménagement m de la quantité d'eau
- ○ gestione f quantitativa dell'acqua

297 **Wassermesser** m
- □ water meter, hydrometer
- △ hydromètre m
- ○ misuratore m d'acqua, idrometro m

298 **Wassermesser** m, **kombinierter**
- □ compound water meter, combined water meter
- △ hydromètre m combiné
- ○ misuratore m d'acqua combinato

299 **Wassermesser** m, **schadhafter**
- □ down water meter, down hydrometer
- △ hydromètre m défectueux
- ○ misuratore m d'acqua difettoso, idrometro m difettoso

Wassermesser, Scheiben~ → *Scheibenwassermesser*

Wassermesser, Schrauben~ → *Schraubenwassermesser*

Wassermesser, Strömungs~ → *Flügelrad[wasser]messer*

300 **Wassermeßflügel** m, **Flügel** m, **hydrometrischer**, **Flügelmeßgerät** n, **Geschwindigkeitsflügel** m, **Strömungsmesser** m, **Wassermeßschraube** f
- □ screw current meter, hydrometric propeller
- △ moulinet m hydraulique, moulinet m hydrométrique, moulinet m
- ○ mulinello m idraulico

Wassermeßschraube → *Wassermeßflügel*

Wassermessung → *Hydrometrie*

Wassermeßwesen → *Hydrometrie*

301 **Wassermikrobiologie** f
- □ hydro-microbiology, aquatic microbiology
- △ hydromicrobiologie f
- ○ idromicrobiologia f

302 **Wassermikroorganismus** m
- □ aquatic microorganism
- △ microorganisme m aquatique
- ○ microorganismo m acquatico

303 **Wassermotor** m
□ hydraulic engine
△ moteur m hydraulique
○ motore m idraulico

304 **Wassermühle** f
□ water mill
△ moulin m à eau
○ mulino m ad acqua, mulino m idraulico

305 **Wassermutung** f
□ divining, dowsing, witching
△ sourcellerie f
○ rabdomanzia f

306 **Wassernormen** f pl, **Wassergütenormen** f pl
□ water standards pl, water quality standards pl
△ normes f pl pour la qualité des eaux
○ norme f pl per la qualità delle acque

307 **Wassernotstand** m
□ water emergency
△ détresse f d'eau, état m de crise d'eau
○ stato m di crisi della disponibilità d'acqua

308 **Wassernutzung** f
□ beneficial use of water, [beneficial] water use
△ utilisation f de l'eau
○ usufrutto m dell'acqua, uso m dell'acqua

309 **Wassernutzungsanspruch** m
□ pretension to water utilization
△ prétention f à l'utilisation de l'eau
○ pretesa f sull'utilizzazione dell'acqua

310 **Wassernutzungsrecht** n, **Wasserbenutzungsrecht** n
□ water right
△ droit m d'usage de l'eau
○ diritto m d'uso d'acqua

Wasseroberfläche → *Wasserfläche*

311 **Wasserökosystem** n
□ aquatic eco-system
△ écosystème m aquatique, système m écologique aquatique
○ ecosistema m acquatico

312 **Wasserorganismen** m pl
□ aquatic organisms pl
△ organismes m pl aquatiques
○ organismi m pl acquatici

313 **Wasserpest** f *(Elodea) (bot.)*
□ waterweed, water thyme
△ élodée f, hélodée f
○ peste f dell'acqua

Wasserpfeffer → *Knöterich*

314 **Wasserpflanze** f, **Hydrophyte** f
□ water plant, aquatic plant, hydrophyte
△ plante f aquatique
○ pianta f acquatica

Wasserpflanze, emerse
→ *Überwasserpflanze*

Wasserpflanze, submerse
→ *Unterwasserpflanze*

Wasserpfosten → *Hydrant*

Wasserpfosten, Unterflur~ → *Unterflurhydrant*

315 **Wasserpolster** n
□ water cushion
△ masse f d'eau au repos
○ cuscino m d'acqua

316 **Wasserpreis** m
□ water price
△ prix m de l'eau
○ prezzo m dell'acqua

317 **Wasserprobe** f
□ water sample, water test
△ échantillon m d'eau
○ campione m d'acqua

318 **Wasserprobenahme** f
□ water sampling
△ échantillonnage m d'eau
○ campionamento m d'acqua

319 **Wasserrad** n
□ water wheel, waterwheel
△ roue f hydraulique
○ ruota f idraulica

320 **Wasserrad** n, **mittelschlächtiges**
□ breast water wheel
△ roue hydraulique f de côté
○ ruota f idraulica di fianco

321 **Wasserrad** n, **oberschlächtiges**
□ overshot water wheel, overshot mill wheel
△ roue f hydraulique en dessus, roue f hydraulique à augets
○ ruota f idraulica per di sopra, ruota f idraulica a cassette

322 **Wasserrad** n, **unterschlächtiges**
□ undershot water wheel
△ roue f hydraulique en dessous
○ ruota f idraulica colpita dal disotto

Wasserradmesser
→ *Flügelrad[wasser]messer*

323 **Wasserratte** f
□ water-rat
△ rat m d'eau
○ topo m d'acqua

324 **Wasserrecht** n
□ water law, water rights, water code
△ législation f des eaux, droit m des eaux
○ legislazione f delle acque, legislazione f sulle acque, norme f pl relative alle acque

325 **wasserrechtlich**
□ by water right
△ ... de droit des eaux, ... de la législation sur les cours d'eau
○ sui diritti m pl delle acque

326 **Wasserrechtsbescheid** m
□ decree by water law
△ arrêté m de droit sur les eaux, décision f de droit sur les eaux
○ decreto m legge sulle acque

327 **Wasserrechtsverleihung** f
□ legal grant(ing) of water rights
△ attribution f légale de droits sur l'eau
○ attribuzione f legale di diritti sulle acque

328 **wasserreich**
- abundant in water, well watered
- abondant en eau
- ricco d'acqua

329 **Wasserreichtum** m
- abundance of water
- abondance f d'eau
- abbondanza f d'acqua

330 **Wasserreinigung** f
- water purification
- épuration f d'eau, purification f des eaux
- epurazione f dell'acqua, depurazione f dell'acqua

331 **Wasserrohr** n
- water pipe, water tube
- tuyau m d'eau
- tubo m d'acqua

332 **Wasserrohrbruch** m
- break in water main
- rupture f d'un tuyau d'eau
- rottura f di una conduttura d'acqua

333 **Wasserrohrkessel** m
- tube-boiler
- chaudière f tubulaire
- caldaia f a tubi d'acqua

334 **Wasserrückfluß** m
- return flow of water
- écoulement m restitué
- scolamento m restituito

335 **Wasserrückgewinnung** f, **Abwasserrückgewinnung** f, **Abwasserwiedergewinnung** f
- water reclamation, waste water renovation, wastewater reclamation
- récupération f d'eau
- ricuperazione f d'acqua

336 **Wassersack** m
- canvas (water-) bucket
- sac m à eau, vache f à eau
- sacca f per acqua

337 **Wassersäule** f
- column of water
- colonne f d'eau
- colonna f d'acqua

Wassersammelgebiet → *Einzugsgebiet, oberirdisches*

338 **Wasserschaden** m
- damage due to water
- dégât m causé par l'eau
- danno m cagionato dell'acqua

339 **Wasserschatz** m, **Wasservorkommen** n
- water resources pl
- ressources f pl en eau
- risorse f pl idriche, patrimonio m idrico

340 **Wasserscheide** f
- watershed, water shed, water divide, divide
- ligne f de partage des eaux
- linea f spartiacque, spartiacque m

341 **Wasserscheide** f, **topographische**
- topographic divide
- ligne f de partage topographique
- linea f spartiacque topografica

Wasserscheide, unterirdische
→ *Grundwasserscheide*

342 **Wasserschicht** f
- water layer
- couche f d'eau
- strato m idrico, strato m d'acqua

343 **Wasserschichtung** f
- water stratification
- stratification f d'eau
- stratificazione f d'acqua

344 **Wasserschieber** m
- water slide valve
- vanne f à eau, robinet-vanne m
- saracinesca f per acqua

Wasserschieber, Hochdruck~
→ *Hochdruckwasserschieber*

Wasserschlag → *Druckstoß*

345 **Wasserschlag** m *(von Wellen)*, **Wellenschlag** m
- slamming
- choc m des vagues
- scossa f delle onde

346 **Wasserschloß** n, **Schwallraum** m
- surge chamber, surge tank
- chambre f d'équilibre, cheminée f d'équilibre, réservoir m d'équilibre, réservoir m tampon
- bacino m di carico

Wasserschloß, Schacht~ → *Schachtwasserschloß*

347 **Wasserschraube** f *(Vallisneria) (bot.)*
- eel grass, tape grass
- vallisnérie f
- vallisneria f

348 **Wasserschutzgebiet** n
- zone for the protection of water, restricted part of a water catchment area
- zone f de protection d'eau
- zona f di protezione dell'acqua

Wasserschwelle → *Wassersprung*

Wasserseuche → *Wasserepidemie*

349 **Wassersicherstellungsgesetz** n
- law safeguarding adequate water supply
- loi f assurant une alimentation correcte en eau
- legge f assicurante un sufficiente approvvigionamento d'acqua

Wasserspeicher → *Wasserbehälter*

350 **Wasserspeicherung** f **in Bodensenken**
- water storage in depressions
- stockage m dans les dépressions du sol
- accumulo m di acqua in depressioni naturali

351 **Wasserspeier** m
- gargoyle
- garguille f
- gronda f, doccione m

352 **Wasserspende** f, **Wasserergiebigkeit** f
- water yield
- débit m en eau
- portata f in acqua

353 **Wasserspiegel** m
- water level
- niveau m d'eau
- livello m d'acqua

Wasserspiegel, Ruh~ → *Ruhwasserspiegel*

354 **Wasserspiegelbreite** f
- width of water level
- largeur f du plan d'eau
- larghezza f di un specchio d'acqua

355 **Wasserspiegeldifferenzschaltung** f
- differential water level control system
- contacteur m différentiel de niveau, contacteur m à flotteur
- sistema m di controllo di livello differenziale

Wasserspiegelgefälle → *Druckgefälle*

356 **Wasserspiegelhöhe** f, **Spiegelhöhe** f, **hydrostatische**
- hydrostatic water level
- niveau m statique, niveau m hydrostatique
- livello m idrostatico

357 **Wasserspiegellinie** f
- water level diagram
- diagramme m des niveaux d'eau
- diagramma f dei livelli d'acqua

Wasserspiegels, Absinken des ~
→ *Absinken des Wasserspiegels*

Wasserspiegelsenkung des Grundwassers
→ *Grundwasserabsenkung*

358 **Wassersport** m
- aquatic sports
- sport m nautique
- sport m nautico

359 **Wassersportgebiet** n
- aquatic sports area
- zone f de sport nautique
- zona f dello sport nautico

360 **Wassersprung** m *(hydraul.)*, **Sprung** m, **hydraulischer**, **Wasserschwelle** f, **Wechselsprung** m
- hydraulic jump, return wave, backwave
- ressaut m hydraulique
- risalto m idraulico

Wasserspülung → *Spülung*

361 **Wasserstände** m pl, **gleichwertige**
- equivalent (water) stages pl
- hauteurs f pl équivalentes du niveau d'eau
- altezze f pl equivalenti del livello d'acqua

362 **Wasserstand** m
- water stage, height of water level
- hauteur f du niveau d'eau
- altezza f del livello d'acqua

Wasserstand, Alarm~ → *Alarmwasserstand*

363 **Wasserstand** m, **fallender**
- subsiding water
- eau f en décrue
- abbassamento m progressivo di livello d'acqua

Wasserstand, Fluß~ → *Flußwasserstand*

Wasserstand, mittlerer, Tide~ → *Tidewasserstand, mittlerer*

364 **Wasserstand** m, **statischer**
- static water level
- niveau m statique de l'eau
- livello m statico dell'acqua

Wasserstand, Tide~ → *Tidewasserstand*

365 **Wasserstands-Bezugskurve** f
- stage relation curve
- courbe f de la relation entre les niveaux de pointe
- curva f di riferimento di livello d'acqua

366 **Wasserstandsanzeiger** m, **Wasserstandsmesser** m (e. Behälters)
- water-gauge, gauge glass, stage gauge, telltale
- indicateur m de niveau
- indicatore m di livello

367 **Wasserstandsanzeiger** m
- water level recorder, water stage recorder, water level indicator
- indicateur m du niveau d'eau, échelle f limnimétrique, indicateur m de niveau
- indicatore m del livello d'acqua

Wasserstandsanzeiger mit Schwimmer
→ *Schwimmerpegel*

368 **Wasserstandsdauerlinie** f
- water level duration curve
- courbe f de durée des niveaux d'eau
- curva f di durata dei livelli d'acqua

369 **Wasserstandsganglinie** f
- stage hydrograph
- courbe f des niveaux, relation f hauteur-temps
- curva f dei livelli, relazione f altezza/tempo

Wasserstandsganglinie eines Brunnens
→ *Grundwasserstandsganglinie*

370 **Wasserstandslinie** f
- water line
- ligne f d'eau
- linea f d'acqua

371 **Wasserstandsliste** f, **Wasserstandsregister** n
- gauge register
- registre m des niveaux
- registro m dei livelli

372 **Wasserstandsmarke** f
- □ water mark
- △ marque f de niveau d'eau, repère m de niveau des eaux
- ○ segno m di livello d'acqua

Wasserstandsmesser → *Wasserstandsanzeiger*

Wasserstandsregister → *Wasserstandsliste*

Wasserstandsschreiber → *Schreibpegel*

Wasserstation → *Wasserwerkstatt*

Wasserstein → *Kesselstein*

Wassersteinansatz → *Kesselsteinbildung*

373 **Wasserstern** m *(Callitriche)*
- □ starwort
- △ stellaire f, callitriche m
- ○ erba f gamberaia

374 **Wasserstoff** m
- □ hydrogen
- △ hydrogène m
- ○ idrogeno m

375 **Wasserstoffakzeptor** m
- □ hydrogen acceptor
- △ accepteur m d'hydrogène, fixateur m d' hydrogène
- ○ acettore m d'idrogeno

376 **Wasserstoffaustauscher** m, **Kationenaustauscher** m
- □ cation exchanger, cation exchange column
- △ échangeur m de cations, colonne f échangeuse de cations
- ○ scambiatore m cationico, scambiatore m di cationi

377 **Wasserstoffbombe** f
- □ hydrogen bomb, H-bomb
- △ bombe f à hydrogène, bombe f H
- ○ bomba f all'idrogeno, bomba f H

378 **Wasserstoffdonator** m
- □ hydrogen donor
- △ donneur m d'hydrogène
- ○ donatore m d'idrogeno

Wasserstoffexponent → *pH-Wert*

379 **Wasserstoffionenkonzentration** f
- □ hydrogen ion concentration
- △ concentration f en ions H., concentration f en ions hydrogène
- ○ concentrazione f degli ioni idrogeni, concentrazione f idrogenionica

380 **Wasserstoffpermutit** n
- □ hydrogen permutite
- △ permutite f à hydrogène
- ○ permutite-idrogeno m

Wasserstoffperoxid → *Wasserstoffsuperoxid*

381 **Wasserstoffsuperoxid** n, **Wasserstoffperoxid** n
- □ hydrogen peroxide, hydrogen dioxide
- △ eau f oxygénée, peroxyde m d'hydrogène
- ○ acqua f ossigenata, perossido m d'idrogeno

Wasserstoß → *Druckstoß*

382 **Wasserstrahl** m
- □ jet of water
- △ jet m d'eau
- ○ getto m d'acqua

383 **Wasserstrahlbelüfter** m
- □ plunging water jet aerator
- △ aérateur m à jets d'eau tombants
- ○ aeratore m a getto d'acqua cadente

384 **Wasserstrahlpumpe** f, **Injektor** m
- □ water jet air pump, water jet pump, water jet aspirator
- △ pompe f à éjecteur d'eau, éjecteur m hydraulique, pompe f à jet, trompe f à eau
- ○ pompa f ad eiettore d'acqua

385 **Wasserstraße** f, **Wasserweg** m
- □ [navigable] waterway
- △ voie f navigable, voie f hydraulique
- ○ via f navigabile

Wasserstraße, Binnen~ → *Binnenwasserstraße*

386 **Wasserstraßenausbau** m
- □ development of waterways
- △ aménagement m des voies navigables
- ○ sviluppo m dei canali navigabili

387 **Wasserstraßenbau** m
- □ waterways engineering
- △ génie f des voies navigables
- ○ ingegneria f dei canali navigabili

388 **Wasserstraßengesetz** n
- □ law on waterways
- △ loi f régissant les voies navigables
- ○ legislazione f dei canali navigabili

389 **Wasserstraßennetz** n, **Binnenwasserstraßennetz** n
- □ inland waterway network
- △ réseau m de voies navigables intérieures
- ○ rete f di canali navigabili

390 **Wasserstrom** m
- □ water current, water flow
- △ courant m d'eau
- ○ corrente f d'acqua

Wasserstrom, Grund~ → *Grundwasserstrom*

391 **Wassersuche** f
- □ quest for water, search for water
- △ recherche f d'eau, recherche f hydrologique
- ○ ricerca f d'acqua

392 **Wassertiefe** f
- □ depth of water, water depth
- △ profondeur f d'eau
- ○ profondità f dell'acqua

393 **Wassertiefe** f, **größte**
- □ maximum depth of water
- △ profondeur f d'eau maximum
- ○ profondità f massima d'acqua

394 **Wassertiefe** f, **kritische, Grenztiefe** f (b. Fließen)
□ critical depth
△ profondeur f critique
○ profondità f critica d'acqua

Wassertiefe, normale → Normaltiefe

395 **Wassertiefe** f, **schiffbare**
□ navigable depth
△ profondeur f navigable
○ profondità f navigabile

396 **Wassertiefenmessung** f
□ measurement of water depth
△ mesure f de la profondeur des eaux, sondage m des eaux
○ misurazione f di profondità d'acqua

397 **Wassertier** n
□ aquatic animal
△ animal m acquatique
○ animale m acquatico

398 **Wassertransport** m
□ transport by water, water-carriage, conveyance by water
△ transport m par eau, transport m par bateau
○ trasporto m per via d'acqua

399 **Wassertropfen** m
□ water drop, drop of water
△ goutte f d'eau
○ goccia f d'acqua

400 **Wasserturbine** f
□ water turbine, hydraulic turbine
△ turbine f hydraulique
○ turbina f idraulica

401 **Wasserturm** m, **Turmbehälter** m
□ water tower, elevated tank
△ château m d'eau, réservoir m sur tour
○ castello m d'acqua

402 **Wasserüberleitung** f (in e. anderes Einzugsgebiet)
□ interbasin transfer of water
△ transfert m d'eau
○ trasferimento m d'acqua

403 **wasserübertragen, durch Wasser übertragen**
□ water-borne, waterborne
△ propagé par l'eau, d'origine hydrique
○ veicolato dall'acqua, d'origine idrica

Wasseruhr, Kolben~
→ Kolben[wasser]messer

404 **Wasserumlauf** m
□ water circulation
△ circulation f d'eau
○ circolazione f dell'acqua

405 **Wasserumlaufkühlung** f
□ cooling by water in a recycling system
△ refroidissement m par recyclage d'eau
○ raffreddamento m ad acqua in un sistema a riciclo

Wasserundurchlässigkeit
→ Undurchlässigkeit

406 **Wasseruntersuchung** f, **Wasseranalyse** f
□ water analysis, examination of the water, water examination
△ analyse f d'eau
○ analisi f dell'acqua

407 **Wasseruntersuchung** f, **chemische**
□ chemical water analysis, chemical water research
△ analyse f chimique de l'eau, analyse f chimique des eaux
○ analisi f chimica dell'acqua

408 **Wasseruntersuchung** f, **makroskopische**
□ macroscopic water examination, macroscopical analysis of water
△ analyse f macroscopique de l'eau, examen m macroscopique de l'eau
○ esame m macroscopico dell'acqua, indagine f macroscopica dell'acqua

409 **Wasseruntersuchung** f, **mikroskopische**
□ microscopic water examination, microscopical analysis of water
△ analyse f microscopique de l'eau, examen m microscopique de l'eau
○ esame m microscopico dell'acqua, indagine f microscopica dell'acqua

410 **Wasseruntersuchung** f, **physikalische**
□ physical water examination
△ analyse f physique de l'eau
○ esame m fisico dell'acqua, indagine f fisica dell'acqua, ricerca f fisica dell'acqua, determinazione f dei caratteri fisici dell'acqua

Wasserverband → Wassergenossenschaft

411 **Wasserverbandsverordnung** f
□ ordinance relating to water-associations
△ ordonnance f sur les associations d'eau
○ ordinamento m relativo alle associazioni sull'acqua

412 **Wasserverbrauch** m
□ water consumption
△ consommation f d'eau
○ consumo m d'acqua

413 **Wasserverbraucher** m
□ water consumer
△ consommateur m d'eau
○ consumatore m d'acqua

414 **Wasserverdrängung** f
□ displacement of water
△ déplacement m d'eau
○ dislocamento m d'acqua

415 **Wasservergeudung** f, **Vergeudung** f **von Wasser, Verschwendung** f **von Wasser**
□ waste of water, wastage of water
△ gaspillage m d'eau
○ scialacquamento m d'acqua

416 **Wasserverlust** m
□ leakage of water, water loss
△ perte f d'eau, déperdition f d'eau
○ perdita f d'acqua, perdita f idrica

Wasserverschluß → Geruchsverschluß

417 **Wasserverschluß** m, mit ~
- □ water-sealed, with water-seal
- △ à joint m hydraulique
- ○ a chiusura f idraulica

418 **Wasserverschluß** m, ohne ~
- □ without water-seal, unsealed
- △ sans joint m hydraulique
- ○ senza chiusura f idraulica

419 **Wasserverschmutzung** f
- □ water pollution
- △ pollution f de l'eau
- ○ contaminazione f delle acque

420 **Wasserverseuchung** f
- □ infection of water, infectious contamination of water
- △ infection f de l'eau, contamination f infectieuse de l'eau
- ○ infezione f delle acque, contaminazione f infettiva delle acque

421 **Wasserversorgung** f
- □ water supply
- △ alimentation f en eau, approvisionnement m en eau, service m des eaux
- ○ alimentazione f idrica, approvvigionamento m idrico, provvista f d'acqua

Wasserversorgung, behelfsmäßige
→ Hilfswasserversorgung

Wasserversorgung, Fern~ → Fernwasserversorgung

Wasserversorgung, Grund~ → Grundwasserversorgung

Wasserversorgung, Gruppen~
→ Gruppenwasserversorgung

Wasserversorgung, Haus~ → Hauswasserversorgung

Wasserversorgung, Internationale Vereinigung für ~ → Internationale Vereinigung für Wasserversorgung

422 **Wasserversorgung** f, **ländliche**
- □ rural water supply
- △ alimentation f des communes rurales en eau, alimentation f rurale en eau
- ○ approvvigionamento m idrico campestre, alimentazione f campestre di acqua, acquedotto m rurale

Wasserversorgung, Not~ → Notwasserversorgung

423 **Wasserversorgung** f, **öffentliche**
- □ public water supply
- △ alimentation f en eau publique
- ○ fornitura f pubblica d'acqua

424 **Wasserversorgung** f, **private, Eigenversorgung** f, **Privatversorgung** f
- □ private water supply
- △ approvisionnement m privé, alimentation f privée en eau
- ○ approvvigionamento m idrico privato, alimentazione f d'acqua privata

425 **Wasserversorgung** f, **zentrale**
- □ centralized water supply
- △ alimentation f centrale en eau
- ○ approvvigionamento m idrico centralizzato

426 **Wasserversorgungsanlage** f
- □ water supply plant
- △ installation f d'alimentation en eau
- ○ impianto m d'alimentazione f idrica

427 **Wasserversorgungstechnik** f
- □ water supply engineering, water supply technique
- △ technique f de distribution d'eau
- ○ tecnica f d'alimentazione idrica

428 **Wasserverteilung** f
- □ water distribution
- △ distribution f d'eau
- ○ distribuzione f d'acqua

429 **Wasserverunreinigung** f
- □ water pollution, water contamination
- △ pollution f des eaux, contamination f des eaux
- ○ contaminazione f dell'acqua, inquinamento m dell'acqua

430 **Wasservögel** m pl, **Schwimmvögel** m pl
- □ water birds pl, waterfowl
- △ oiseaux m pl aquatiques
- ○ uccelli m pl acquatici

Wasservorkommen → Wasserschatz

431 **Wasservorrat** m
- □ stock of water, available water supply
- △ provision f d'eau, réserve f d'eau
- ○ provvisione f d'acqua, riserva f d'acqua

432 **Wasserwäsche** f
- □ water wash, water scour
- △ curage m à l'eau, lavage m
- ○ pulitura f all'acqua

Wasserwalze → Welle, stehende

433 **Wasserwanze** f (Notonecta, Corixa) (zool.)
- □ water-boat man
- △ punaise f d'eau
- ○ notonecta f, corixa f, cimice f acquatica

Wasserweg → Wasserstraße

434 **Wasserwerk** n
- □ water works pl
- △ usine f d'eau
- ○ impianto m di distribuzione d'acqua, servizio m di distribuzione d'acqua potabile

435 **Wasserwerksabwässer** n pl, **Wasseraufbereitungsabgänge** m pl
- □ water treatment plant wastes
- △ eaux f pl résiduaires de station de traitement d'eau, résidus m pl de traitement d'eau
- ○ acque f pl di rifiuto di trattamento d'acqua

436 **Wasserwerkstatt** f, **Wasserabteilung** f
    (Gerberei), **Wasserstation** f
    □ beam house, beamhouse
    △ atelier m de chaux
    ○ riviera f, reparto m calce

437 **Wasserwert** m **des Schnees, Wasser-
    äquivalent** n **des Schnees, Wasser-
    gleichwert** m
    □ water equivalent of the snow
    △ hauteur f d'eau équivalente de la neige
    ○ altezza f d'acqua equivalente de la neve

438 **Wasserwesen** n
    □ water usage concern
    △ domaine f de l'eau
    ○ relativo all'acqua

439 **Wasserwirtschaft** f, **Bewirtschaftung** f
    des Wassers, Wasserbewirtschaftung f
    □ water economy, water resources policy,
    water resources management, water
    management
    △ économie f des eaux, aménagement m
    des eaux, gestion f des eaux
    ○ governo m delle acque, disciplina f delle
    acque, economia f delle acque,
    amministrazione f delle acque

Wasserwirtschaft, Siedlungs~
    → *Siedlungswasserwirtschaft*

440 **Wasserwirtschaftlicher Gesamt- oder
    Generalplan** m
    □ integrated river basin development plan
    △ aménagement m intégré d'un bassin
    fluvial
    ○ progetto m di sistemazione integrata di
    un bacino fluviale

441 **Wasserwirtschaftsplan** m **für ein
    Flußgebiet**
    □ river valley project
    △ aménagement m d'un bassin fluvial
    ○ progetto m di sistemazione di un bacino
    fluviale

442 **Wasserwirtschaftsplanung** f
    □ water resources planning
    △ planification f pour l'exploitation des
    ressources en eau
    ○ pianificazione f (dell'utilizzazione) delle
    risorse idriche

443 **Wasserzähler** m
    □ water meter
    △ compteur m d'eau
    ○ contatore m d'acqua

Wasserzähler, Haus~ → *Haus-
    wasserzähler*

Wasserzähler, Steig~ → *Steig-
    wasserzähler*

444 **Wasserzähler** m, **summierender**
    □ flow integrator
    △ compteur m d'eau totalisateur
    ○ contatore m d'acqua totalisatore

Wasserzähler, Woltmann ~ → *Woltmann
    Wasserzähler*

Wasserzementwert → *Wasser-Zement-
    Faktor*

Wasserzins → *Wassergeld*

445 **Wasserzufluß** m
    □ inflow of water, influx, tributary
    △ arrivée f d'eau
    ○ afflusso m d'acqua

446 **Wasserzuführungsrohr** n
    □ water inlet pipe
    △ tube m d'amenée d'eau, tuyau m
    d'amenée d'eau
    ○ tubo m di introduzione d'acqua

447 **Watt** n, **Tideland** n, **Wattenmeer** n
    □ shallows pl, muddy shallow, tidal flats pl,
    tide land
    △ bas fonds m pl, terres f pl inondées à
    marée haute
    ○ bassofondo m lasciato della marea, terre
    pl inondate dall'alta marea

448 **Watt** n *(elektr.)*
    □ watt
    △ watt m
    ○ watt m

Wattenmeer → *Watt*

449 **Wattstrom** m, **Balge** f, **Balje** f, **Gat** n,
    Gatt n, **Ley** f, **Loch** n, **Tief** n
    □ main channel in tidal flats
    △ lit m principal dans les bas-fonds soumis
    aux marées
    ○ canale m principale in bassi fondali
    soggetti alle maree

W.C. → *Spülabort*

450 **Weber-Zahl** f
    □ Weber number
    △ nombre m de Weber
    ○ numero m di Weber

451 **Weberei** f
    □ weaving mill
    △ tisseranderie f
    ○ tessitoria f

452 **Wechselbeziehung** f
    □ correlation, interrelation
    △ corrélation f, rapport m réciproque
    ○ correlazione f

453 **Wechsellast** f
    □ fluctuating load
    △ charge f intermittente
    ○ carico m variabile

Wechselsprung → *Wassersprung*

454 **Wechselstrom** m
    □ alternating current, A.C.
    △ courant m alternatif
    ○ corrente f alternata

455 **Wechselstromgenerator** m
    □ alternating current generator, alternator
    △ alternateur m
    ○ generatore m a corrente alternata,
    alternatore m

456 **Wechseltierchen** *n pl (Amoeba)*,
Amoeben *f pl*
- □ amoebae *pl*
- △ amibes *f pl*
- ○ amebe *f pl*

457 **Wechseltropfkörper** *m*
- □ alternating double filters *pl*
- △ doubles filtres *m pl* alternés
- ○ filtri *m pl* doppi alternati

458 **Wechseltropfkörperverfahren** *n*
- □ alternating double filtration, ADF
- △ double filtration *f* alternée
- ○ filtrazione *f* doppia alternata

459 **wechselweise**
- □ alternating
- △ réciproquement
- ○ alternativamente

460 **Wechselwirkung** *f*
- □ interaction
- △ interaction *f*, action *f* d'échange
- ○ azione *f* reciproca

461 **Weg** *m*, **Landweg** *m*
- □ country road
- △ chemin *m*, chemin *m* rural, chemin *m* vicinal
- ○ cammino *m*, sentiero *m*

Wegerecht → *Durchgangsrecht*

wegspülen → *fortspülen*

462 **Wehr** *n*
- □ weir, barrage
- △ déversoir *m*, barrage *m*
- ○ sbarramento *m*, traversa *f*

463 **Wehr** *n*, **bewegliches**
- □ movable weir, movable barrage
- △ barrage *m* mobile
- ○ traversa *f* mobile, diga *f* mobile

464 **Wehr** *n*, **festes**
- □ fixed weir, fixed barrage
- △ barrage *m* fixe
- ○ traversa *f* fissa

465 **Wehr** *n* **mit dreieckigem Überfall**
- □ V-notch weir, triangular weir
- △ déversoir *m* triangulaire
- ○ traversa *f* con stramazzo triangolare

466 **Wehr** *n* **mit unvollkommenem Überfall**
- □ weir with incomplete overfall
- △ déversoir *m* incomplet
- ○ traversa *f* con stramazzo rigurgitato

Wehr, Nadel~ → *Nadelwehr*

Wehr, Pfeiler~ → *Pfeilerwehr*

Wehr, rechteckiges → *Rechteckwehr*

467 **Wehr** *n*, **S-förmiges**
- □ ogee weir
- △ déversoir *m* en doucine
- ○ sbarramento *m* sinuoso

Wehr, Segment~ → *Segmentwehr*

Wehr, Sektor~ → *Sektorwehr*

Wehr, Trommel~ → *Trommelwehr*

Wehr, Überfall~ → *Überfallwehr*

Wehr, Umleitungs~ → *Umleitungswehr*

Wehr, Walzen~ → *Walzenwehr*

Wehranlage → *Stauanlage*

468 **Wehrbeiwert** *m* (*f. Umrechnung auf Abfluß*), **Überfallbeiwert** *m*, **Überlaufkoeffizient** *m*
- □ weir coefficient, coefficient of overfall
- △ coefficient *m* du déversoir
- ○ coefficiente *m* dello sbarramento

469 **Wehrkante** *f*, **Wehrkrone** *f*
- □ top of a weir, weir crest
- △ crête *f* d'un déversoir
- ○ corona *f* della traversa, soglia *f* della traversa

Wehrkrone → *Wehrkante*

470 **Wehrschneide** *f*
- □ weir edge, edge of a weir
- △ paroi *f* de déversoir
- ○ filo *m* di una traversa

471 **Wehrverschluß** *m* (*überströmt*)
- □ crest control device
- △ dispositif *m* régulateur de crête
- ○ paratoia *f* a stramazzo

weich → *biologisch abbaubar*

Weiche → *Einweichen*

weichen → *einweichen*

472 **weichlöten**
- □ soft solder
- △ souder à l'étain
- ○ saldare a dolce

Weichlot → *Lötzinn*

weichmachen → *enthärten*

473 **Weichmacher** *m*
- □ plasticizer, softening agent
- △ plastifiant *m*
- ○ plastificante *m*

474 **Weichtiere** *n pl*, **Mollusken** *pl*
- □ mollusca *pl*, molluscs *pl*
- △ mollusques *m pl*
- ○ molluschi *m pl*

475 **Weichtiergift** *n*, **Molluskizid** *n*, **Schneckengift** *n*
- □ molluscicide
- △ molluscicide *m*
- ○ molluschicido *m*

Weichwasser → *Einweichwasser*

Weichwasser → *Einweichwasser*

Weichwasser, Ein~ → *Einweichwasser*

476 **Weide** *f*, **Viehweide** *f*, **Weideland** *n*
- □ pasture, pasture-ground, cattle range
- △ pâturage *m*, pacage *m*, herbage *m*
- ○ pascolo *m*, pastura *f*

477 **Weidegraben** *m*
- □ sheep drain
- △ saignée *f* de drainage
- ○ scolina *f*

Weideland → *Weide*

Weiher → *Teich*

478 Weiler *m*
- □ hamlet, small village
- △ hameau *m*, petit village *m*
- ○ borgata *f*, borghetto *m*

479 Weil'sche Krankheit *f*
- □ Weil's disease, leptospiral jaundice
- △ maladie *f* de Weil
- ○ malattia *f* di Weil

Weinanbau → *Weinbau*

480 Weinbau *m*, **Weinanbau** *m*
- □ viticulture, viniculture, wine growing
- △ viticulture *f*
- ○ vinicultura *f*

481 Weinbrennereiabwasser *n*
- □ wine distillery wastewater
- △ eaux *f pl* résiduaires de distilleries de vins
- ○ acque *f pl* di scarico delle distillerie di vino

482 Weinkelterei *f*
- □ wine-pressing
- △ pressoir *m*
- ○ torchio *m* per vino

483 Weißelsterverband *m*
- □ Weiße Elster River Association
- △ Association *f* de la Weisse-Elster, Syndicat *m* de l'Elster Blanche
- ○ Associazione *f* del fiume Weiße Elster

484 Weißfisch *m*
- □ silver-scaled fish, whitefish
- △ poisson *m* blanc
- ○ leucisco *m*

485 Weißgerbbrühe *f*
- □ alum tanning liquor, alum tan solution
- △ jus *m* tannant de mégisserie
- ○ succo *m* tannico all'allume

486 Weißgerberei *f*
- □ tawery, alum tannery
- △ mégisserie *f*
- ○ concia *f* di pelle all'allume

487 Weißgerbung *f*, **Alaungerbung** *f*
- □ alum tan, alum tanning, tawing
- △ mégie *f*, tannage *m* à l'alun
- ○ concia *f* in alluda, concia *f* all'allume

488 Weißschliff *m*, **Holzschliff** *m* (*weiß*)
- □ white pulp
- △ pâte *f* méchanique blanche
- ○ pasta *f* bianca di legno

489 weitergehend, fortgeschritten (*Abwasserbehandlung*)
- □ advanced, third-stage ...
- △ poussé, tertiaire
- ○ terziario ..., terze fase ...

490 Weizen *m*
- □ wheat
- △ blé *m*, froment *m*
- ○ grano *m*

491 Welkebereich *m*
- □ wilting range
- △ intervalle *m* de flétrissement
- ○ intervallo *m* di avvizzimento

492 welken
- □ wilt
- △ flétrir
- ○ appassire, avvizzire

493 Welken *n*
- □ wilting
- △ flétrissure *f*
- ○ avvizzimento *m*

494 Welkepunkt *m*
- □ wilting point, wilting percentage
- △ point *m* de flétrissement
- ○ punto *m* di avvizzimento

495 Welkepunkt *m*, **permanenter**
- □ permanent wilting point
- △ point *m* de flétrissement permanent
- ○ punto *m* di avvizzimento permanente

496 Wellbahnrieseler *m*
- □ corrugated-sheet trickler
- △ ruisseleur *m* à tôles ondulées
- ○ percolatore *m* a lastre ondulate

497 Welle *f*, **Woge** *f*
- □ wave
- △ onde *f*, flot *m*, vague *f*, lame *f*
- ○ onda *f*, flutto *m*, maroso *m*

498 Welle *f* (*mech.*)
- □ shaft
- △ arbre *m*
- ○ albero *m*

Welle, Antriebs~ → *Antriebswelle*

Welle einer Pumpe → *Pumpenwelle*

Welle, Flut~ → *Flutwelle*

Welle, Flut~ → *Hochwasserwelle*

Welle, Hochwasser~ → *Hochwasserwelle*

Welle, innere → *Pulsation*

Welle, Kurbel~ → *Kurbelwelle*

499 Welle *f*, **liegende** (*mech.*)
- □ horizontal shaft
- △ arbre *m* horizontal
- ○ albero *m* orizzontale

Welle, Scher~ → *Transversalwelle*

Welle, Schwall~ → *Schwallwelle*

500 Welle *f*, **seismische, Erschütterungswelle** *f*
- □ seismic wave, earth tremor
- △ onde *f* séismique, onde *f* sismique
- ○ onda *f* sismica

501 Welle *f*, **stehende, Deckwalze, Grundwalze** *f*, **Wasserwalze** *f*
- □ standing wave, stationary wave
- △ onde *f* stationnaire
- ○ onda *f* stazionaria

502 Welle *f*, **stehende** (*mech.*)
- □ vertical shaft
- △ arbre *m* vertical
- ○ albero *m* verticale

Welle, Stoß~ → *Stoßwelle*

Welle, Stoß~ → *Stoßwelle*

503 **Welle** *f*, **volle** *(mach.)*
- □ solid shaft
- △ arbre *m* plein, axe *m* plein
- ○ albero *m* pieno, asse *m* pieno

504 **Wellen** *f pl*, **fortschreitende**
- □ travelling waves *pl*
- △ ondes *f pl* progressives, vagues *f pl* courantes
- ○ onde *f pl* viaggianti, onde *f pl* progressive

505 **Wellenablauf** *m*, **Wellenrücklauf** *m*
- □ recoil of waves
- △ régression *f* des vagues, ressac *m* des vagues
- ○ regressione *f* delle onde, risacca *f* delle onde

506 **Wellenauflauf** *m*
- □ wave(s) run-up, wave(s) set-up
- △ montée *f* des vagues, assaut *m* des vagues
- ○ salita *f* delle onde

507 **Wellenauflaufhöhe** *f*
- □ height of wave run-up
- △ hauteur *f* de montée des vagues
- ○ altezza *f* di salita delle onde

508 **Wellenausbreitung** *f*
- □ wave propagation
- △ propagation *f* des ondes
- ○ propagazione *f* delle onde

509 **Wellenbad** *n*
- □ wave-bath
- △ bain *m* de lame
- ○ piscina *f* con onde artificiali

510 **Wellenberg** *m*
- □ wave crest, crest of wave
- △ crête *f* d'onde
- ○ cresta *f* dell'onda

511 **Wellenbewegung** *f*
- □ undulation, undulatory motion, wave motion
- △ mouvement *m* ondulatoire
- ○ movimento *m* ondulatorio

512 **Wellenbrecher** *m*, **Hafendamm** *m*, **Mole** *f*
- □ breakwater, wave wall, mole
- △ brise-lames *m*, môle *m*
- ○ muro *m* frangionde, muro *m* frangi-flutti, frangi-onde *m*, molo *m*

513 **Wellenfront** *f*
- □ wave front
- △ front *m* d'onde
- ○ fronte *m* d'onda

514 **Wellengeschwindigkeit** *f*, **Fortpflanzungsgeschwindigkeit** *f* **der Wellen**, **Fortschrittsgeschwindigkeit** *f* (*der Wellen*), **Wellenschnelligkeit** *f*
- □ wave velocity, travelling velocity of waves
- △ célérité *f* d'une onde, vitesse *f* d'une onde
- ○ velocità *f* di una onda

515 **Wellenhöhe** *f*
- □ wave height
- △ hauteur *f* de vague, hauteur *f* d'une onde
- ○ altezza *f* di un'onda

516 **Wellenlänge** *f*
- □ wave length
- △ longueur *f* d'ondes
- ○ lunghezza *f* delle onde

517 **Wellenlager** *n*
- □ shaft bearing
- △ palier *m* de l'arbre
- ○ cuscinetto *m* dell'albero

518 **Wellenperiode** *f*
- □ wave period
- △ période *f* d'onde
- ○ periodo *m* d'onda, durata *f* di una onda

Wellenrücklauf → *Wellenablauf*

Wellenschlag → *Wasserschlag*

Wellenschnelligkeit → *Wellengeschwindigkeit*

519 **Wellenschutz** *m*
- □ wave protection
- △ protection *f* contre les vagues
- ○ protezione *f* contro le onde

520 **Wellensteilheit** *f*
- □ steepness of wave(s)
- △ pente *f* d'une vague
- ○ pendenza *f* di un'onda

521 **Wellenüberlauf** *m*
- □ wave overflow
- △ débordement *m* des vagues
- ○ tracimazione *f* delle onde

522 **Wellenweg** *m*
- □ wave path
- △ trajectoire *f* des ondes
- ○ traiettoria *f* delle onde

523 **Wellplattenabscheider** *m*
- □ corrugated parallel-plate interceptor
- △ séparateur *m* à plaques parallèles ondulées
- ○ separatore *m* a piatti paralleli ondulati

524 **Well[metall]rohr** *n*
- □ corrugated [metal] pipe
- △ tube *m* ondulé
- ○ tubo *m* ondulato

525 **Weltgesundheitsorganisation** *f*, **W.G.O.**
- □ World Health Organisation, W.H.O.
- △ Organisation *f* Mondiale de la Santé, O.M.S.
- ○ Organizzazione *f* Mondiale della Sanità, O.M.S.

526 **Weltwasserbilanz** *f*
- □ world water balance
- △ bilan *m* ondial des eaux
- ○ bilancio *m* idrico mondiale

527 **Wendelrohrverdampfer** *m*
- □ spiral tube evaporator
- △ évaporateur *m* à tubes en spirale, évaporateur *m* à tubes hélicoïdaux
- ○ evaporatore *m* con tubi scanalati a spirale

528 **Wendeplatz** *m*
☐ turning-point
△ point *m* de virage
○ punto *m* di viraggio

529 **Wenigborster** *m pl*, **Oligochaeten** *f pl*
☐ oligochaetes *pl*
△ oligochètes *m pl*
○ oligocheti *m pl*

530 **Werft** *f*
☐ dockyard
△ chantier *m* naval
○ cantiere *m* navale

531 **Werg** *n*
☐ oakum
△ étoupe *f*
○ stoppa *f*, capecchio *m*

Werk, Überpump~ → *Überpumpwerk*

532 **Werkbank** *f*
☐ bench
△ banc *m* [d'atelier]
○ banco *m* di lavoro

Werkgraben → *Mühlgraben*

533 **Werkmeister** *m*
☐ superintendent
△ conducteur *m* de travaux
○ capo-officina *m*

534 **Werksablauf** *m*
☐ works effluent
△ effluent *m* d'une usine
○ efflusso *m* di uno stabilimento

535 **Werkstatt** *f*
☐ workshop, shop, workroom
△ atelier *m*
○ officina *f*, opificio *m*

536 **Werkstattmontage** *f*
☐ shop assembly
△ montage *m* en atelier
○ montaggio *m* in officina

537 **Werkstoff** *m*
☐ working material
△ matériau *m*
○ materiale *m* da lavorazione

538 **Werkstoffprüfung** *f*, **Materialprüfung** *f*
☐ material testing
△ contrôle *m* de matériaux
○ controllo *m* (di qualità) dei materiali

539 **Werkzeug** *n*
☐ tool
△ outil *m*, instrument *m*
○ strumento *m*, attrezzo *m*, utensile *m*

Wert, Sättigungs~ → *Sättigungswert*

Wert, Soll~ → *Sollwert*

Wert, Spitzen~ → *Spitzenwert*

Wert, tatsächlicher → *Effektivwert*

540 **Wert** *m*, **überschrittener**
☐ value exceeded
△ valeur *f* dépassée
○ valore *m* superato

541 **Wertigkeit** *f* *(chem.)*
☐ valence
△ valence *f*
○ valenca *f*

542 **Wetter** *n*
☐ weather
△ temps *m*
○ tempo *m*

543 **Wetterbeeinflussung** *f*, **künstliche**
☐ weather modification
△ modification *f* artificielle du temps
○ influenza *f* artificiale del tempo

544 **Wetterbericht** *m*
☐ meteorological report, weather report
△ bulletin *m* météorologique
○ bollettino *m* meteorologico

Wetterbeständigkeit → *Witterungsbeständigkeit*

545 **Wetterdienst** *m*
☐ meteorological service, weather service
△ service *m* météorologique
○ servizio *m* meteorologico

546 **Wetterkarte** *f*
☐ meteorological chart
△ carte *f* météorologique
○ carta *f* meteorologica

547 **Wetterkunde** *f*, **Meteorologie** *f*
☐ meteorology
△ météorologie *f*
○ meteorologia *f*

548 **Wetterlage** *f*
☐ weather situation, atmospheric conditions *pl*
△ situation *f* du temps, situation *f* barométrique
○ stato *m* meteorologico, situazione *f* meteorologica

549 **Wetterlutte** *f*
☐ air conduit
△ conduite *f* d'aérage
○ condotto *m* d'aerazione

Wetterprognose → *Wettervorhersage*

550 **Wetterscheide** *f*
☐ meteorological limit, weather parting
△ limite *f* météorologique
○ limite *m* meteorologico, frontiera *f* meteorologica

551 **Wettervorhersage** *f*, **Wetterprognose** *f*
☐ weather-forecasting, weather prognosis, prediction of the weather, weather-forecast
△ prévision *f* du temps
○ previsione *f* del tempo, pronostico *m* del tempo

552 **Wetterwarte** *f*, **Observatorium** *n*, **meteorologisches**, **Station** *f*, **meteorologische**
☐ meteorological observatory
△ observatoire *m* météorologique
○ osservatorio *m* meteorologico

W.G.O. → *Weltgesundheitsorganisation*

Wichte → *Gewicht, spezifisches*

553 **Wickelformmodul** *n*
- □ spirally-wound module
- △ module *m* en spirale, module *m* hélicoïdal
- ○ modulo *m* a spirale

554 **wickeln, bandagieren, umwickeln**
- □ wrap, bandage
- △ revêtir par bandage, bander
- ○ avvolgere, bendare

555 **Wicklung** *f*, **Bandage** *f*, **Bandagierung** *f*, **Binde** *f*, **Umwicklung** *f*
- □ wrapping, bandaging, bandage
- △ bande *f*, bandage *m*
- ○ avvolgimento *m*, bendaggio *m*, benda *f*

Widder, hydraulischer → *Stoßheber*

556 **Widerlager** *n*, **Auflager** *n*, **Gegenlager** *n*
- □ abutment
- △ butée *f*, culée *f*
- ○ spalla *f*

557 **Widerlagerpfeiler** *m*
- □ abutment pier
- △ pile *f* culée
- ○ sprone *m*, sperone *m*, pulvino *m*

558 **Widerstand** *m*
- □ resistance
- △ résistance *f*
- ○ resistenza *f*

559 **Widerstand** *m*, **elektrischer**
- □ electric resistance, electrical resistance
- △ résistance *f* électrique
- ○ resistenza *f* elettrica

Widerstand, Filter~ → *Filterwiderstand*

Widerstand, Fließ~ → *Fließwiderstand*

560 **Widerstand** *m*, **hydraulischer**
- □ hydraulic drag
- △ trainée *f*, résistance *f* hydraulique
- ○ resistenza *f* idraulica

Widerstand, Leitungs~ → *Leitungswiderstand*

Widerstand, Oberflächen~ → *Reibungswiderstand*

Widerstand, Rohr~ → *Rohrwiderstand*

Widerstand, Scher~ → *Scherwiderstand*

Widerstand, Strömungs~ → *Fließwiderstand*

Widerstandsbeiwert → *Reibungskoeffizient*

561 **widerstandsfähig, widerstandsfest**
- □ resistant
- △ résistant
- ○ resistente

562 **widerstandsfähig** *(mit Bezug auf Pflanzen)*
- □ tolerant
- △ tolérant
- ○ tollerante

563 **Widerstandsfähigkeit** *f* *(von Pflanzen)*
- □ tolerance
- △ tolérance *f*
- ○ tolleranza *f*

widerstandsfest → *resistent*

widerstandsfest → *widerstandsfähig*

Widerstandshöhenmesser, Filter~ → *Filterwiderstandshöhenmesser*

564 **Widerstandskraft** *f*
- □ power of resistance
- △ force *f* de résistance
- ○ forza *f* resistente

565 **Widerstandsmoment** *n*
- □ moment of resistance
- △ moment *m* résistant
- ○ momento *m* resistente

Widerstandszahl → *Rohrreibungsbeiwert*

Widerstandsziffer → *Reibungskoeffizient*

566 **widerwärtig**
- □ repulsive, offensive, repelling
- △ désagréable, antipathique, dégoûtant, répugnant
- ○ ripugnante, spiacevole

567 **wiederaufarbeiten** *(von Abfallprodukten)*
- □ reprocess
- △ revaloriser
- ○ rivalutare

568 **Wiederaufarbeitung** *f* *(von Abfallprodukten)*
- □ re-processing
- △ revalorisation *f*
- ○ rivalutazione *f*

569 **Wiederaufforstung** *f*
- □ reafforestation, reforestation
- △ reboisement *m*
- ○ rimboschimento *m*

Wiederauffüllung des Grundwassers → *Grundwasseranreicherung*

Wiederauflösung → *Rücklösung*

570 **Wiederaustritt** *m* *(b. verlierenden Wasserläufen)*
- □ resurgence
- △ résurgence *f*
- ○ risorgiva *f*

571 **wiederbeleben, regenerieren, wiederbelüften**
- □ re-activate, regenerate, re-aerate
- △ réactiver, régénérer, réaérer
- ○ riattivare, rigenerare, riaerare

572 **Wiederbelebung** *f*, **Regeneration** *f*, **Regenerierung** *f*
- □ reactivation, regeneration
- △ réactivation *f*, régénération *f*
- ○ riattivazione *f*, rigenerazione *f*

wiederbelüften → *wiederbeleben*

573 **Wiederbelüftung** *f*
- □ reaeration
- △ réaération *f*
- ○ riaerazione *f*

574 **wiedergewinnen, rückgewinnen, zurückgewinnen**
 □ recover, regain, reclaim
 △ récupérer
 ○ ricuperare, recuperare

575 **Wiedergewinnung** f, **Rückgewinnung** f
 □ recovery, reclamation, salvage
 △ récupération f, bonification f
 ○ ricuperazione f, ricupero m, recupero m

 Wiedergewinnung, Abwasser~
 → *Wasserrückgewinnung*

 Wiedergewinnung, Fett~ → *Fettrückgewinnung*

576 **Wiedergewinnungsanlage** f
 □ recovery plant
 △ installation f de récupération
 ○ impianto m di recupero

 Wiederherstellung → *Ausbesserung*

577 **Wiederholungszeitspanne** f, **Jährlichkeit** f, **Wiederkehrzeit** f
 □ recurrence period, re-occurrence period
 △ période f de répétition
 ○ periodo m di ritorno

 wiederinstandsetzen → *überholen*

 Wiederinstandsetzung → *Überholung*

578 **Wiederkäuer** m
 □ ruminant
 △ ruminant m
 ○ ruminante m

 Wiederkehrzeit
 → *Wiederholungszeitspanne*

 Wiedernutzbarmachung
 → *Wiederverwendung*

579 **Wiedervereisenung** f
 □ referrisation
 △ réenrichissement m en fer
 ○ riferrizziazione f

 Wiederverkeimung → *Aufkeimung*

580 **wiederverwendbar**
 □ re-usable, re-utilizable
 △ réutilisable
 ○ riutilizzabile

581 **wiederverwenden**
 □ re-use
 △ réutiliser
 ○ riutilizzare

582 **Wiederverwendung** f, **Wiedernutzbarmachung** f
 □ re-use
 △ réutilisation f
 ○ riutilizzazione f

 Wiederverwendung von Altstoffen
 → *Recycling*

583 **Wiese** f
 □ meadow, grassland
 △ pré m, prairie f
 ○ prato m

584 **Wild** n
 □ game
 △ gibier m
 ○ selvaggina f

585 **Wildbach** m, **Gebirgsfluß** m, **Sturzbach** m
 □ torrent, mountain stream, torrential stream, mountain torrent
 △ torrent m
 ○ torrente m montano

586 **Wildbachverbauung** f
 □ constructional work for torrent control, torrent control work, torrent regulation
 △ correction f d'un torrent, régularisation f d'un torrent
 ○ sistemazione f di un torrente montano

587 **Wimperinfusorien** f pl, **Ciliaten** f pl, **Wimpertierchen** n pl
 □ ciliates pl
 △ ciliés m pl
 ○ ciliati m pl

 Wimpertierchen → *Wimperinfusorien*

588 **Wind** m
 □ wind
 △ vent m
 ○ vento m

589 **Wind** m, **ablandiger**
 □ offshore wind
 △ vent m soufflant de la terre, vent m soufflant vers le large
 ○ vento m di terra

590 **Wind** m, **auflandiger**
 □ onshore wind
 △ brise f de mer, vent m venant du large
 ○ vento m verso la costa, vento m di mare

591 **Windablagerung** f, **Ablagerung** f, **äolische**, **Windabsatzboden** m
 □ aeolian deposit, aeolian soil
 △ sédiment m éolien, sol m déposé par les vents
 ○ sedimento m eolico

 Windablation → *Erosion durch Wind*

 Windabsatzboden → *Windablagerung*

592 **Winddruck** m
 □ wind pressure
 △ poussée f du vent, pression f du vent
 ○ pressione f del vento, spinta f del vento

593 **Winde** f (mech.), **Windenzug** m
 □ winch, windlass
 △ treuil m, vérin m
 ○ argano m, verricello m

 Winde, Hand~ → *Handwinde*

594 **Winde** f, **hydraulische**, **Hebezeug** n, **hydraulisches**
 □ hydraulic jack
 △ vérin m hydraulique
 ○ verricello m idraulico

 Winde, Spill~ → *Spillwinde*

 sich winden → *schlängeln*

595 **Windenergie** f
□ wind energy
△ énergie f éolienne
○ energia f eolica, energia f del vento

Windenzug → Winde

Winderosion → Erosion durch Wind

596 **Windfrost** m
□ wind frost, wind-borne freeze
△ gel m dû au vent
○ formazione f di ghiaccio dovuta al vento

597 **Windgeschwindigkeit** f
□ wind speed, wind velocity
△ vitesse f du vent
○ velocità f del'vento

598 **Windkessel** m
□ air vessel, air chamber
△ réservoir m d'air, chaudron m à air
○ serbatoio m d'aria, camera f d'aria

599 **Windkraft** f
□ wind power
△ puissance f du vent, puissance f éolienne
○ energia f del vento, forza f del vento

600 **Windkraftwerk** n
□ wind power station
△ installation f de moteur à vent
○ impianto m d'energia a vento

601 **Windlehre** f
□ anemology
△ anémologie f
○ anemologia f

602 **Windmesser** m, **Anemometer** m
□ wind gauge, anemometer
△ anémomètre m, indicateur m de pression du vent
○ anemometro m

Windmotor → Windturbine

603 **Windmühle** f
□ wind mill
△ moulin m à vent
○ mulino m a vento

604 **Windpumpe** f
□ wind pump
△ pompe f éolienne
○ pompa f a motore a vento, pompa f ad aeromotore

605 **Windrad** n
□ wind wheel
△ roue f à vent
○ ruota f a vento

606 **Windrichtung** f
□ wind direction
△ direction f du vent
○ direzione f del vento

607 **Windschutzstreifen** m
□ wind break, (wind)shelter belt
△ brise-vent m
○ frangivento m

608 **Windsee** f
□ swell due to wind, wind-swept sea
△ élévation f de la mer produite par le vent
○ mareggiata f prodotta dal vento

609 **Windstärke** f
□ wind force
△ force f du vent, intensité f du vent
○ intensità f del vento

610 **Windstau** m
□ rise of water level due to wind
△ refoulement m du niveau des eaux sous l'action du vent
○ innalzamento m del livello dell'acqua causato dal vento

611 **Windströmung** f, **Luftstrom** m
□ wind flow, air current
△ courant m d'air, courant m atmosphérique
○ corrente f d'aria, corrente f del vento

612 **Windsunk** m
□ sunken water level due to wind
△ abaissement m du niveau des eaux dû au vent
○ abbassamento m del livello dell'acqua causato dal vento

613 **Windturbine** f, **Windmotor** m
□ wind turbine, air turbine, wind motor, aeromotor
△ éolienne f, aéromoteur m
○ turbina f eolica, turbina f a vento

614 **Windung** f (eines Flusses), **Fluß-windung** f, **Mäander** m
□ meander
△ méandre m
○ meandro m

Windung → Serpentine

615 **windungsreich**
□ meandering
△ sinueux
○ avvolto, intricato

616 **Windwellen** f pl
□ wind waves pl
△ vagues f pl provoquées par le vent
○ onde f pl provocate dal vento

Winkel → Muffenstück mit Muffenabzweig

Winkel, Böschungs~ → Böschungswinkel

Winkel, Neigungs~ → Neigungswinkel

Winkelrohr → Knierohr

617 **Winter** m
□ winter
△ hiver m
○ inverno m

618 **Winterbewässerung** f, **Bewässerung** f, **speichernde**
□ winter irrigation
△ arrosage m d'hiver
○ irrigazione f invernale

619 **Winterruhe** f *(biol.)*, **Winterstagnation** f *(limnol.)*
- □ winter rest period, winter stagnation
- △ hibernation f
- ○ letargo m invernale, ibernazione f

Winterstagnation → *Winterruhe*

Wippe → *Hornersche Wippe*

Wirbel → *Strudel*

Wirbel, Diffusion durch ~ → *Diffusion durch Wirbel*

620 **Wirbelablösung** f
- □ vortex separation
- △ séparation f par mouvement tourbillonnaire, séparation f (hydro)cyclonique
- ○ separazione f centrifuga

621 **Wirbelbett** n, **Fließbett** n, **Wirbelschicht** f
- □ fluidized bed
- △ couche f fluidisée, lit m fluidisé
- ○ letto m fluido

Wirbelbettfilter → *Fließbettfilter*

Wirbelbettreaktor → *Wirbelbettverbrennungsofen*

Wirbelbettsandfilter → *Fließbettsandfilter*

622 **Wirbelbettverbrennungsofen** m, **Wirbelbettreaktor** m, **Wirbelschichtofen** m
- □ fluid bed reactor, fluidized bed reactor, fluidized-bed furnace, pellet reactor
- △ four m à lit fluidisé
- ○ forno m a letto fluido, reattore m a letto fluido

Wirbellose → *Tiere, wirbellose*

623 **Wirbelmischer** m
- □ impeller mixer, flash mixer
- △ mélangeur m éclair, mélangeur m à rotor
- ○ agitatore m a turbina, agitatore m rapido

624 **Wirbelrohrsandfang** m
- □ vortex tube sand trap, vortex grit washer
- △ dessableur m à rainure oblique avec écoulement hélicoïdal
- ○ dissabbiatore m a flusso elicoidale

Wirbelschicht → *Wirbelbett*

Wirbelschichtofen → *Wirbelbettverbrennungsofen*

625 **Wirbelschichttrockner** m
- □ fluidized-bed drier
- △ séchoir m à lit fluidisé
- ○ essiccatore m a letto fluidizzato

626 **Wirbelstrom** m *(hydraul.)*
- □ eddy current
- △ courant m tourbillonnaire, tourbillon m, maelstrom m
- ○ corrente f vorticosa

627 **Wirbeltiere** n pl, **Vertebraten** pl
- □ vertebrata pl
- △ vertébrés m pl
- ○ vertebrati m pl

Wirbelung → *Bewegung, turbulente*

Wirbler → *Zyklon*

628 **Wirkleistung** f
- □ overall efficiency
- △ puissance f réelle, puissance f active
- ○ rendimento m effettivo

Wirkleistung → *Förderleistung*

629 **wirklich vorhanden**
- □ effective
- △ effectif
- ○ effettivo

630 **wirksam**
- □ effective, efficacious
- △ efficace
- ○ efficace

631 **Wirksamkeit** f
- □ effectiveness, efficacy, efficiency
- △ activité f, efficacité f
- ○ efficacia f, efficienza f

632 **Wirksamkeit** f, **ökologische**
- □ ecological efficacy
- △ efficacité f écologique
- ○ efficacia f ecologica

633 **Wirksamkeit** f, **relative biologische**
- □ relative biological effectiveness
- △ efficacité f relative biologique
- ○ efficacia f relativa biologica

634 **Wirkstoff** m
- □ bio-catalyst, active agent, active ingredient
- △ ingrédient m actif
- ○ ingrediente m attivo, sostanza f attiva

635 **Wirkung** f
- □ action, effect
- △ action f, effet m
- ○ azione f, effetto m

636 **Wirkung** f, **einfache**
- □ single action, single effect
- △ effet m simple
- ○ effetto m semplice, singolo effetto m

Wirkung, Enzym~ → *Fermentwirkung*

637 **Wirkung** f, **exo-fermentative**
- □ exo-enzymatic action
- △ action f exo-enzymatique
- ○ azione f eso-enzimatica

Wirkung, Ferment~ → *Fermentwirkung*

638 **Wirkung** f, **herbizide**
- □ herbicidal effect
- △ action f herbicide
- ○ azione f erbicida

639 **Wirkung** f, **keimtötende**
- □ sterilizing effect, bactericidal [or germicidal] effect
- △ effet m bactéricide
- ○ effetto m battericida

640 **Wirkung** f, **oligodynamische**
- □ oligo-dynamic effect
- △ effet m oligodynamique
- ○ effetto m oligodinamico

641 **Wirkung** f, **sporenabtötende**
- □ sporicidal action, sporicidal effect
- △ action f de destruction des spores
- ○ azione f di destruzione delle spore

Wirkung über lange Zeit
→ *Langzeitwirkung*

Wirkung, virizide → *Wirkung, virusvernichtende*

642 **Wirkung** f, **virusvernichtende, Wirkung** f, **virizide**
- □ viricidal action
- △ action f virulicide
- ○ azione f viricida

643 **Wirkungsanalyse** f
- □ analysis of effect
- △ analyse f de l'action, analyse f de l'effet
- ○ analisi f degli effetti

644 **Wirkungsbreite** f
- □ range of effect
- △ champ m d'action, zone f d'activité
- ○ campo m d'efficacia

645 **Wirkungsgrad** m
- □ efficiency
- △ rendement m
- ○ rendimento m

646 **Wirkungsgrad** m, **barometrischer**
- □ barometric efficiency
- △ coefficient m barométrique
- ○ rendimento m barometrico

647 **Wirkungskriterien** n pl
- □ effective criteria
- △ critères m pl d'efficacité, critères m pl d'action
- ○ criteri m pl di efficacia

648 **Wirkungsweise** f
- □ mode of action, principle of operation
- △ mode m d'action, mode m de fonctionnement
- ○ principio m di funzionamento

Wirkungszone → *Absenkungsbereich*

Wirkzeit → *Berührungszeit*

649 **wirtschaftlich**
- □ economical
- △ économique
- ○ economo

650 **Witterung** f
- □ atmospheric conditions, weather conditions
- △ conditions f pl atmosphériques
- ○ condizioni f pl meteorologiche

651 **witterungsbeständig**
- □ weathering-resistant, resistant to exposure
- △ résistant à l'exposition, résistant aux agents atmosphériques
- ○ resistente all'esposizione, resistente agli agenti atmosferici

652 **Witterungsbeständigkeit** f, **Wetterbeständigkeit** f
- □ weathering resistance, resistance to exposure
- △ résistance f aux agents atmosphériques
- ○ resistenza f ai agenti atmosferici

653 **Witterungseinfluß** m
- □ atmospheric effect
- △ influence f atmosphérique
- ○ influenza f atmosferica

Woge → *Welle*

654 **Wohndichte** f
- □ residential density, housing density
- △ densité f d'habitation
- ○ densità f demografica, densità f delle abitazioni

655 **Wohndichte** f, **überhöhte**
- □ residential overcrowding
- △ densité f excessive de population
- ○ eccessiva densità f demografica

656 **Wohngebiet** n, **Wohngegend** f
- □ residential area, living quarter
- △ quartier m résidentiel
- ○ quartiere m residentale

Wohngegend → *Wohngebiet*

657 **Wolke** f
- □ cloud
- △ nuage m
- ○ nuvola f, nube f

Wolke, Regen~ → *Regenwolke*

658 **Wolkenbruch** m
- □ rainstorm, cloud-burst, torrential rain
- △ pluie f torrentielle
- ○ nubifragio m, acquazzone m, pioggia f torrenziale

659 **Wolkenimpfung** f
- □ cloud seeding
- △ inoculation f des nuages, ensemencement m des nuages
- ○ inoculazione f delle nuvole

Wolle, Schlacken~ → *Schlackenwolle*

660 **Wollfett** n
- □ wool grease
- △ suint m
- ○ lanolina f

661 **Wollwäscherei** f
- □ wool scouring plant
- △ lavoir m de laine, usine f de lavage de laine
- ○ lavanderia f di lana

662 **Wollwäschereiabwasser** n, **Wollwaschwasser** n
- □ wool scouring wastes pl
- △ eaux f pl résiduaires de lavage de laine, eaux f pl résiduaires de dégraissage de la laine
- ○ acque f pl di scarico del lavaggio di lana

Wollwaschwasser → *Wollwäschereiabwasser*

663 **Woltmann Eintauchzähler** m
□ Woltmann submerged counter
△ compteur m submergé Woltmann
○ contatore m Woltmann immerso

664 **Woltmann Verbundzähler** m
□ Woltmann compound counter, Woltmann combination counter
△ compteur m divisionnaire Woltmann, compteur m à démarreur Woltmann, compteur m combiné Woltmann
○ contatore m Woltmann combinato

665 **Woltmann Wasserzähler** m, **Woltmann-Zähler** m
□ Woltmann counter
△ compteur m Woltmann
○ contatore m Woltmann

Woltmann-Zähler → *Woltmann Wasserzähler*

666 **Woltmann'scher Flügel** m, **Meßflügel** m
□ Woltmann's vane wheel, Woltmann's hydrometric propeller, rotating meter
△ moulinet m Woltmann
○ mulinello m Woltmann

Wrasen → *Brüden*

667 **Wuchsstoff** m
□ growth-promoter
△ stimulant m de la croissance
○ stimolante m della crescita

668 **Wünschelrute** f
□ divining rod, dowsing rod, witching rod
△ baguette f divinatoire, baguette f de sourcier, baguette f de radiesthésiste
○ bacchetta f di rabdomante

669 **Wünschelrutengänger** m, **Rutengänger** m
□ diviner, dowser
△ sourcier m, baguettisant m, radiesthésiste m
○ rabdomante m

670 **Würmer** m pl, **Vermes** pl
□ worms pl, vermes pl
△ vers m pl
○ vermi m pl

Würze, abgebrannte → *Schlempe*

671 **Wüste** f
□ desert
△ désert m
○ deserto m

672 **Wüstenklima** n
□ desert climate
△ climat m du désert
○ clima m del deserto

673 **Wupperverband** m
□ Wupper River Association
△ Association f de la Wupper, Syndicat m de la Wupper
○ Associazione f del fiume Wupper

674 **Wurfdüse** f *(e. Regners)*
□ range nozzle
△ buse f à grande portée
○ ugello m spruzzatore

675 **Wurfweite** f *(e. Regners)*
□ range
△ portée f
○ campo m di efficacia

Wurm(bekämpfungs)mittel → *Vermizid*

676 **Wurmei** n, **Askaridenei** n
□ worm's egg, Ascaris egg, helminth egg, worm ovum [pl: ova]
△ œuf m de ver, œuf m d'ascaris
○ uovo m di verme, uovo m di ascaride

Wurmmittel → *Helminthizid*

Wurstdamm → *Faschinendamm*

677 **Wurzel** f
□ root
△ racine f
○ radice f

Wurzel, Kubik~ → *Kubikwurzel*

678 **Wurzelbereich** m, **Wurzelzone** f *(hydrol.)*
□ root zone, soil water belt
△ zone f radiculaire, zone f d'eau du sol
○ zona f di radici

679 **Wurzeldruck** m
□ root pressure
△ succion f de la racine
○ succione f della radice

680 **Wurzelfäule** f
□ root rot
△ pourriture f des racines
○ putredine f delle radici

681 **wurzelfest**
□ root-repellent
△ résistant aux racines
○ resistente alle radici

682 **Wurzelfüßler** m pl, **Rhizopoden** m pl
□ rhizopodes pl
△ rhizopodes m pl
○ rizopodi m pl

683 **Wurzelgalle** f
□ root-gall
△ galle f des racines
○ galla f della radice

684 **Wurzelhaar** n
□ root hair
△ poil m absorbant
○ pelo m radicale

685 **Wurzelknolle** f
□ root tuber
△ tubercule m
○ tubero m

686 **Wurzelspitze** f
□ root cap, root tip
△ pilorhize f, coiffe f
○ apice m vegetativo della radice

Wurzelzone → *Wurzelbereich*

X-Stück → *Blindflansch*

Xerophyte → *Trockenpflanze*

1 Xyloläquivalent *n*
- □ xylene equivalent
- △ humidité *f* équivalant au xylène
- ○ equivalente *m* di silolo

1 zähflüssig, dickflüssig, viskos
- □ viscous
- △ visqueux
- ○ viscoso

2 Zähflüssigkeit *f*, **Dickflüssigkeit** *f*, **Flüssigkeitsreibung** *f*, **Reibung** *f*, **innere, Viskosität** *f*, **Zähigkeit**
- □ viscosity
- △ viscosité *f*
- ○ viscosità *f*

3 Zähflüssigkeit *f*, **dynamische, Viskosität** *f*, **dynamische**
- □ dynamic viscosity
- △ viscosité *f* dynamique
- ○ viscosità *f* dinamica

4 Zähflüssigkeit *f*, **kinematische, Viskosität** *f*, **kinematische**
- □ cinematic viscosity
- △ viscosité *f* cinématique
- ○ viscosità *f* cinematica

Zähigkeit → *Zähflüssigkeit*

5 Zähler *m*
- □ meter
- △ compteur *m*
- ○ contatore *m*

Zähler, Eingangs~ → *Eingangszähler*

Zähler, Flügelrad~
→ *Flügelrad[wasser]messer*

Zähler, Mengen~ → *Mengenzähler*

Zähler, Ringkolben~ → *Ringkolbenzähler*

Zähler, Summations~ → *Summationszähler*

Zähler, summierender, Wasser~
→ *Wasserzähler, summierender*

Zähler, Volumen[wasser]~ → *Mengenzähler*

6 Zählerablesung *f*
- □ meter reading, reading of a meter
- △ lecture *f* du compteur
- ○ lettura *f* del contatore

7 Zählerkasten *m*
- □ meter box
- △ chambre *f* de compteur
- ○ camera *f* di contatore

8 Zählernenngröße *f*
- □ diameter [of the orifices] of the meter
- △ diamètre *m* [des orifices] de compteur
- ○ dimensione *f* [nominale] di un contatore

9 Zählerprüfstand *m*, **Prüfstand** *m* **für Wasserzähler**
- □ meter testing machine, meter testing bench
- △ banc *m* pour la vérification des compteurs
- ○ banco *m* di prova per contatori

10 **Zählerwartung** f
- □ meter servicing
- △ surveillance f des compteurs, entretien m des compteurs
- ○ sorveglianza f dei contatori, manutenzione f dei contatori

11 **Zählerwerkstatt** f
- □ meter room, meter repair shop
- △ atelier m de réparation des compteurs
- ○ officina f riparazioni per contatori

12 **Zählflüssigkeitsbeiwert** m, **Viskositätsbeiwert** m
- □ coefficient of viscosity
- △ coefficient m de viscosité
- ○ coefficiente m di viscosità

Zählgerät, Keim~ → *Keimzählgerät*

Zählgerät, Kolonie~ → *Keimzählgerät*

Zählrohr, Geiger-Müller-~ → *Geiger-Müller-Zählrohr*

Zählung, Teilchen~ → *Teilchenzählung*

13 **Zählwerk** n
- □ clockwork, counting mechanism, recording mechanism
- △ mécanisme m de compteur
- ○ meccanismo m di orologeria

Zählwerk, Fern~ → *Fernzählwerk*

Zählzelle, Phytoplankton-~ → *Phytoplankton-Zählzelle*

14 **Zahl** f, **Ziffer** f
- □ number, figure, digit
- △ nombre m, chiffre m
- ○ numero m, cifra f

Zahl, Widerstands~ → *Rohrreibungsbeiwert*

15 **Zahnfäule** f, **Karies** f, **Zahnkaries** f
- □ dental caries
- △ carie f dentaire
- ○ carie f dentaria

Zahnkaries → *Zahnfäule*

16 **Zahnrad** n
- □ gear, gear[ed] wheel, cogwheel
- △ roue f dentée
- ○ ruota f dentata

17 **Zahnradpumpe** f, **Räderpumpe** f
- □ gear pump
- △ pompe f à engrenages
- ○ pompa f ad ingranaggi

18 **Zahnschwelle** f
- □ dentated sill, dragon's teeth [sill]
- △ seuil m denté
- ○ soglia f dentata

19 **Zahnstange** f
- □ rack [rail]
- △ crémaillère f
- ○ asta f dentata, cremagliera f

20 **Zahnstangenmeßflügel** m
- □ rack and pinion meter
- △ moulinet m à crémaillère et pignon
- ○ mulinello m a cremagliera e pignone

Zahntrieb → *Rädergetriebe*

21 **Zander** m *(Lucioperca sandra)*, **Amaul** n, **Hechtbarsch** m, **Schill** m
- □ pike-perch
- △ sandre m
- ○ lucioperca m

Zange, Verrohrungs~ → *Verrohrungszange*

22 **Zapfen** m, **Schwenkzapfen** m
- □ pivot
- △ pivot m
- ○ perno m, cardine m

23 **Zapfhahn** m, **Leitungshahn** m
- □ tap, faucet, bib cock, bibcock, plug cock
- △ robinet m, robinet m à bec-courbe, robinet m de poste d'eau, robinet m tournant
- ○ rubinetto m di attingimento, tappo m

Zeche → *Bergwerk*

Zeche, Kohlen~ → *Kohlengrube*

Zehe, Stein~ → *Steinzehe*

24 **Zehrung** f
- □ depletion
- △ épuisement m, consommation f
- ○ impoverimento m

Zeichen, See~ → *Seezeichen*

25 **Zeiger[zähl]werk** n
- □ dial counter, pointer counter, dial counter mechanism
- △ appareil m indicateur à cadran, horlogerie f à aiguille indicatrice
- ○ orologeria f di registrazione a lancette, congegno m di registrazione a lancette, segnalatore m a lancette

26 **Zeit** f
- □ time
- △ temps m
- ○ tempo m

Zeitdauer → *Dauer*

Zeiteinstellvorrichtung → *Zeitgeber*

27 **Zeitgeber** m, **Zeiteinstellvorrichtung** f, **Zeitregler** m
- □ timer, timing device
- △ minuterie f, chronomètre m
- ○ temporizzatore m

28 **zeitlich, temporär**
- □ temporary
- △ temporel
- ○ temporale, temporaneo

29 **Zeitraum** m
- □ space of time, period
- △ période f de temps, espace m de temps
- ○ spazio m di tempo, periodo m, periodo m di tempo

Zeitraum, Bemessungs~ → *Bemessungszeitraum*

Zeitregler → *Zeitgeber*

30 **Zeitungspapierfabrik** f
□ newsprint paper mill
△ fabrique f de papiers pour journaux
○ fabbrica f di carta per giornali

31 **Zeitvorwahl** f
□ preset time
△ temps m affiché
○ tempo m prefissato

zeitweilig → *temporär*

32 **Zellatmung** f
□ cellular respiration
△ respiration f cellulaire
○ respirazione f cellulare

33 **Zellaufbau** m
□ cellular structure
△ structure f de la cellule
○ struttura f cellulare

34 **Zelldichte** f
□ cellular density
△ densité f cellulaire
○ densità f cellulare

35 **Zelle** f *(biol.)*
□ cell
△ cellule f
○ cellula f

Zelle, Gär~ → *Gärzelle*

36 **Zellenfangedamm** m
□ cellular cofferdam
△ batardeau m cellulaire
○ avandiga f cellulare

Zellenfilter → *Saugzellenfilter*

37 **Zellenmauer** f
□ gravity hollowed dam
△ barrage-poids m avec évidements
○ diga f a gravità alleggerita

38 **Zellenteilung** f
□ division of cells, division of cellulars, separation of cells
△ division f de la cellule
○ divisione f della cellula

39 **Zellgewebe** n, **Parenchym** n, **Parenchymgewebe** n
□ cellular tissue, parenchyma
△ tissu m cellulaire, parenchyme m
○ tessuto m cellulare

40 **Zellinhalt** m, **Cytoplasma** n, **Zellplasma** n
□ cytoplasma, cell plasm
△ cytoplasme m, plasma m cellulaire
○ citoplasma m

41 **Zellkern** m *(biol.)*
□ nucleus
△ noyau m
○ nucleo m della cellula

42 **Zellkunde** f, **Cytologie** f
□ cytology
△ cytologie f
○ citologia f

43 **Zellmembran** f
□ cellular membrane
△ membrane f cellulaire
○ membrana f cellulare

Zellplasma → *Zellinhalt*

44 **Zellstoff** m
□ chemical pulp
△ pâte f chimique
○ pasta f chimica

Zellstoff, Natron~ → *Natronzellstoff*

45 **Zellstoffabrik** f, **Zellstoffwerk** n
□ cellulose factory, pulp mill
△ fabrique f de pâte chimique
○ fabbrica f di pasta chimica

46 **Zellstoffabrikabwasser** n
□ chemical pulp factory wastes pl
△ eaux f pl résiduaires de fabrique de pâte chimique
○ acque f pl di rifiuto di una fabbrica di pasta chimica

47 **Zellstoffkocher** m
□ [chemical] pulp digester, cellulose digester, cellulose kier
△ cuiseur m à pâte [chimique]
○ bollitore m per pasta [chimica]

Zellstoffwerk → *Zellstoffabrik*

48 **Zellsubstanz** f
□ cellular substance
△ substance f cellulaire
○ sostanza f cellulare

49 **Zellteilung** f *(biol.)*
□ cellular division
△ division f cellulaire, mitose f
○ divisione f cellulare

50 **Zellulose** f
□ cellulose
△ cellulose f
○ cellulosa f

51 **Zellulose vergärende Bakterien** f pl
□ cellulose digesting bacteria pl
△ bactéries f pl cellulolytiques
○ batteri m pl cellulolitici

52 **Zellulose zerlegendes Enzym** n
□ cellulolytic enzyme
△ enzyme m cellulolytique
○ enzima m cellulolitico

53 **Zelluloseabbau** m
□ cellulose degradation
△ dégradation f de la cellulose
○ degradazione f della cellulosa

54 **Zelluloseacetatmembran** f
□ cellulose acetate membrane
△ membrane f d'acétate de cellulose
○ membrana f di acetato di cellulosa

55 **Zellvermehrung** f
□ cellular reproduction
△ reproduction f des cellules, multiplication f des cellules
○ moltiplicazione f delle cellule

56 **Zellwand** f
☐ cell wall, cytoplasmic membrane
△ paroi f celluaire, cloison f de la cellule
○ parete f cellulare

57 **Zellwollefabrik** f
☐ viscose factory
△ fabrique f de fibranne
○ fabbrica f di fiocco, fabbrica f di lana sintetica

Zeltplatz → *Campingplatz*

58 **Zement** m
☐ cement
△ ciment m
○ cemento m

Zement, Einpreß~ → *Einpreßzement*

Zement, Grundwasser~ → *Grundwasserzement*

Zement, Hochofen~ → *Hochofenzement*

Zement, Schlacken~ → *Schlackenzement*

59 **Zement** m, **schnell bindender**
☐ quick-setting cement, early setting cement *(am)*, rapid hardening cement
△ ciment m prompt, ciment m à prise rapide
○ cemento m a pronta, cemento m a presa rapida

Zement, Sulfathütten~ → *Sulfathüttenzement*

60 **Zement** m, **ungesackter**
☐ bulk cement
△ ciment m en vrac
○ cemento m alla rinfusa

61 **Zementausfütterung** f, **Zementauskleidung** f, **Zementfutter** n
☐ cement lining, cement filling
△ revêtement m intérieur de ciment
○ rivestimento m interno di cemento

Zementauskleidung
→ *Zementausfütterung*

Zementbazillus
→ *Calciumaluminiumsulfat*

62 **Zementeinpressung** f, **Zementinjektion** f
☐ cement grouting, cement injection
△ injection f de ciment
○ iniezione f cemento

Zementfutter → *Zementausfütterung*

63 **Zementierung** f
☐ cementation
△ cémentation f, cimentation f, cimentage m
○ cementazione f

Zementinjektion → *Zementeinpressung*

64 **Zementmörtel** m
☐ cement mortar
△ mortier m de ciment
○ malta f di cemento

65 **Zementputz** m
☐ plaster of cement, cement plaster
△ enduit m en ciment
○ intonaco m di cemento

Zementrohr → *Betonrohr*

66 **Zementsilo** m
☐ cement silo, cement bin
△ silo m à ciment
○ silo m per cemento

67 **Zementüberzug** m
☐ cement coating
△ chape f de ciment
○ rivestimento m esterno di cemento

68 **zentral, zentralisiert**
☐ centralized
△ central, centralisé
○ centrale, centralizzato

Zentrale, Schalt~ → *Schaltraum*

69 **Zentralheizung** f
☐ central heating
△ chauffage m central
○ impianto m di riscaldamento centrale

zentralisiert → *zentral*

Zentralwert → *Mittelwert*

70 **Zentrierring** m
☐ centering ring
△ bague f de centrage
○ anello m di centraggio

71 **zentrifugal**
☐ centrifugal
△ centrifuge
○ centrifugo

72 **Zentrifugal-Tiefbrunnenpumpe** f
☐ centrifugal deep-well pump
△ pompe f centrifuge pour puits profonds
○ pompa f centrifuga per pozzi profondi

73 **Zentrifugalfilter** n
☐ centrifugal filter
△ filtre m centrifuge
○ filtro m centrifugo

Zentrifugalkraft → *Fliehkraft*

Zentrifugalpumpe → *Kreiselpumpe*

74 **Zentrifugalsandfang** m
☐ centrifugal sand trap
△ dessableur m centrifuge
○ dissabbiatore m centrifugo

Zentrifugat → *Zentrifugenablauf*

75 **Zentrifuge** f, **Schleuder** f, **Separator** m, **Trennschleuder** f, **Trockenschleuder** f
☐ centrifuge, hydroextractor
△ centrifuge f, centrifugeur m
○ centrifuga f, idroestrattore m centrifugo

Zentrifuge, Austrag einer ~ → *Austrag einer Zentrifuge*

Zentrifuge, Dekantier~ → *Dekantierzentrifuge*

Zentrifuge, Schlamm~
→ *Schlammschleuder*

76 **Zentrifugenablauf** m, **Zentrifugat** m
□ centrate
△ centrat m, centrifugat m
○ centrifugato m

77 **Zentrifugenanlage** f
□ centrifugal plant
△ installation f centrifuge
○ impianto m centrifugo

Zentrifugenwasser, Preß- und ~ → *Preß- und Zentrifugenwasser*

78 **Zentrifugieren** n, **Zentrifugierung** f
□ centrifugation
△ centrifugation f, centrifugeage m
○ centrifugazione f

Zentrifugieren von Schlamm
→ *Schlammschleuderung*

Zentrifugierung → *Zentrifugieren*

79 **Zentrisieb** n
□ Zentrisieb-type screen
△ tamis m type Zentrisieb
○ staccio m tipo Zentrisieb

80 **Zentriwinkel** m (e. Bogenmauer)
□ central angle
△ ouverture f
○ apertura f angolare

Zentrum, Sturm~ → *Sturmzentrum*

81 **Zeolith** m
□ zeolite
△ zéolithe f
○ zeolite f

zerbrechen → *brechen*

82 **Zerfall** m
□ disintegration, decomposition, dissociation
△ désintégration f, décomposition f
○ disintegrazione f

83 **Zerfall** m **der Radioaktivität, Zerfall** m, **radioaktiver**
□ decay of radioactivity, radioactive decay
△ désintégration f de la radioactivité, extinction f
○ disintegrazione f radioattiva

Zerfall, radioaktiver → *Zerfall der Radioaktivität*

84 **zerfallen**
□ disintegrate, decompose, dissociate
△ désintégrer, désagréger
○ disintegrare, disaggregare

85 **Zerfallziffer** f
□ disintegration factor
△ facteur m de désintégration
○ fattore m di disintegrazione

Zerkleinerer → *Rechengutzerkleinerer*

86 **zerkleinern, zerstückeln**
□ comminute, crush, grind, shred
△ concasser, broyer, dilacérer
○ frantumare, triturare

Zerkleinerung von Rechengut
→ *Rechengutzerkleinerung*

Zerkleinerungsmaschine
→ *Rechengutzerkleinerer*

87 **zerklüftet, gespalten, klüftig**
□ fissured, crevassed, fractured
△ fissuré, crevassé
○ fessurato, fesso

Zerknall → *Explosion*

zerknallen → *explodieren*

zerknallfähig → *explosiv*

Zerreißfestigkeit → *Zugfestigkeit*

zersetzen → *abbauen*

Zersetzung → *Abbau*

Zersetzung, aerobe → *Abbau, aerober*

88 **Zersiedlung** f
□ indiscriminate spread of settlements
△ mitage m
○ disseminazione f di centri abitati

89 **zerstäuben, verdüsen, versprühen**
□ atomize, spray
△ pulvériser, nébuliser
○ polverizzare, spruzzare

90 **Zerstäuber** m
□ atomizer, spray device, sprayer
△ pulvérisateur m
○ polverizzatore m, spruzzatore m, nebulizzatore m

91 **Zerstäubung** f
□ atomizing, spraying
△ pulvérisation f
○ polverizzazione f, spruzzamento m

92 **Zerstäubungstrockner** m, **Schnelltrockner** m
□ spray dryer, flash dryer
△ sécheur m par pulvérisation, sécheur m éclair
○ essiccatore m a spruzzo

93 **Zerstäubungstrocknung** f, **Schnelltrocknung** f
□ flash drying, spray drying
△ séchage m par pulvérisation, séchage m instantané
○ essiccamento m per polverizzazione

94 **zerstören, aufspalten**
□ destroy, demolish, disintegrate
△ démolir, détruire, défaire, désintégrer, désagréger
○ distruggere, demolire, disintegrare, disaggregare

95 **Zerstörung** f
□ destruction, demolition
△ démolition f, destruction f
○ distruzione f

zerstückeln → *zerkleinern*

96 **Zeta-Potential** n
□ zeta potential
△ potentiel m zêta
○ potenziale m zeta

97 **Zeugdruckerei** f
☐ fabric print works pl
△ fabrique f de tissus imprimés
○ stamperia f di tessuti

98 **Ziegelmauerwerk** n
☐ brick masonry
△ maçonnerie f en briques, ouvrage m maçonné en briques
○ muratura f in mattoni

99 **Ziegelstein** m
☐ brick, clay brick
△ brique f
○ mattone m

Ziehbrunnen → Schöpfbrunnen

Ziffer → Zahl

100 **Zifferblatt** n
☐ dial, register, face
△ cadran m
○ quadrante m

101 **Ziffernzählwerk** n
☐ in-line type of meter
△ compteur m à chiffres alignés
○ contatore m a cifre allineate

Zille → Lastkahn

Zimmerung → Verzimmerung

102 **Zink** n
☐ zinc
△ zinc m
○ zinco m

103 **Zinn** n
☐ tin
△ étain m
○ stagno m

104 **Zins** m
☐ interest, rent
△ intérêt m
○ interesse m

105 **Zirkulation** f (limnol.)
☐ overturn
△ inversion f, circulation f
○ inversione f, circolazione f

106 **Zisterne** f, **Cisterne** f
☐ cistern, rain-water tank
△ citerne f
○ cisterna f

107 **Zisternenbrunnen** m
☐ cistern well, collecting dug well
△ puits-citerne m
○ pozzo m a cisterna

108 **Zisternenspeicherung** f
☐ cistern storage
△ stockage m en citerne(s), emmagasinement m en citerne(s)
○ accumulo m in cisterna

109 **Zone** f
☐ zone
△ zone f
○ zona f

Zone, Anreicherungs~ → B-Horizont

110 **Zone** f, **aride**
☐ arid zone, arid region
△ zone f aride
○ zona f arida

Zone, Auslaugungs~ → A-Horizont

Zone, Auswaschungs~ → A-Horizont

Zone, Benthal~ → Benthalzone

Zone, Bodenwasser~ → Bodenwassergürtel

Zone, Brackwasser~ → Brackwasserzone

111 **Zone** f, **euphotische**
☐ euphotic zone
△ zone f euphotique
○ zona f eufotica

Zone, Grenz~ → Grenzzone

Zone, Haftwasser~ → Haftwasserzone

Zone, Hoch~ → Hochdruckzone

Zone, Hochdruck~ → Hochdruckzone

Zone, Hochwasser~ → Hochwasserzone

112 **Zone** f, **küstennahe**, **Zone** f, **neritische**
☐ neritic zone
△ zone f néritique
○ zona f neritica

Zone, luftbeeinflußte → Überwasserspiegelzone

113 **Zone** f, **mesosaprobe** (biol.)
☐ mesosaprobic zone
△ zone f mésosaprobie
○ zona f mesosaprobica

Zone, neritische → Zone, küstennahe

Zone, Niederdruck~ → Niederdruckzone

114 **Zone** f, **oligosaprobe**
☐ oligosaprobic zone
△ zone f oligosaprobie
○ zona f oligosaprobica

115 **Zone** f, **photische**
☐ photic zone
△ zone f photique, zone f éclairée
○ zona f fotica

116 **Zone** f, **polysaprobe**
☐ polysaprobic zone
△ zone f polysaprobie
○ zona f polisaprobica

117 **Zone** f, **semiaride**
☐ semi-arid zone
△ zone f semi-aride
○ zona f semiarida

118 **Zone** f, **trophogene**
☐ trophogenous zone
△ zone f trophogène
○ zona f trofogena

119 **Zone** f, **tropholytische**
☐ tropholytic zone
△ zone f tropholytique
○ zona f trofolitica

Zone, Übergangs~ → Übergangszone

Zone, ungesättigte
→ *Überwasserspiegelzone*

Zone, Verwitterungs~ → *Verwitterungszone*

Zone, Zwischen~ → *Zwischenzone*

120 **Zonentarif** m
 □ zone-tariff
 △ tarif m par zones
 ○ tariffa f a zone

121 **Zoologie** f, **Tierkunde** f
 □ zoology
 △ zoologie f
 ○ zoologia f

Zoophyten → *Pflanzentiere*

122 **Zooplankton** n, **Schwebefauna** f
 □ zooplankton
 △ zooplancton m
 ○ zooplancton m

123 **Zubehör** n, **Zubehörteile** n pl
 □ fittings pl, accessories pl, armatures pl, appurtenance
 △ accessoires m pl, équipement m
 ○ accessori m pl

Zubehör, Installations~ → *Installationszubehör*

Zubehörteile → *Zubehör*

Zubringerkanal → *Zuleitungskanal*

124 **Zubringerleitung** f, **Fülleitung** f, **Überführungsleitung** f, **Zuführungsleitung** f
 □ transmission main, transmission line, inlet conduit, arterial primary main, delivery main, feeder line
 △ conduite f d'adduction, conduite f d'amenée
 ○ conduttura f di riempimento, tubazione f di arrivo, condotto m di afflusso, conduttura f di adduzione

Zubringerpumpe → *Vorhebepumpe*

Zubringerrohr → *Zuleitungsrohr*

Zucht, Fisch~ → *Fischzucht*

Zucker, Rohr~ → *Rohrzucker*

Zuckerfabrik, Rüben~ → *Rübenzuckerfabrik*

125 **Zuckerfabrikabwasser** n
 □ sugar factory wastes pl, sugar beet waste, beet sugar [factory] effluent, sugarbeet wastes pl
 △ eaux f pl résiduaires de sucrerie
 ○ acque f pl di rifiuto di una fabbrica di zucchero

126 **Zuckmücke** f (Chironomus) (biol.)
 □ midge fly
 △ chironomide m
 ○ chironomide m

Zuckmückenlarve, rote
 → *Chironomuslarve, rote*

Züchterei, Geflügel~ → *Geflügelzüchterei*

127 **Züchtung** f (biol.)
 □ cultivation
 △ culture f, élevage m
 ○ riproduzione f, propagazione f, cultura f

128 **Zündkapsel** f
 □ detonator
 △ amorce f, détonateur m
 ○ involucro m del detonante, detonatore m

129 **zufällig**
 □ accidental, by chance, random
 △ par hasard, fortuit
 ○ a caso, fortuito, casuale

130 **Zufahrtstraße** f
 □ access road, site access road
 △ chemin m d'accès
 ○ strada f di accesso

Zufließende → *Zufluß*

131 **Zufluchtsort** m **für Fische**, **Fluchtstätte** f **für Fische**
 □ refuge for fish
 △ refuge m pour les poissons, abri m pour les poissons
 ○ rifugio m per pesci, tana f per pesci

132 **Zufluß** m, **Zufließende** n, **Zustrom** m
 □ inflow, influent, tributary water, affluent, afflux
 △ affluence f, afflux m, apport m de l'eau, débit m d'admission, affluent m
 ○ afflusso m, influente m, flusso m

133 **Zufluß** m, **aussetzender**
 □ intermittent inflow
 △ affluence f intermittente, affluent m intermittent
 ○ flusso m intermittente, afflusso m intermittente

134 **Zufluß** m, **dauernder**
 □ continuous inflow, continuous flow
 △ affluent m permanent, entrée f d'eau permanente
 ○ flusso m permanente, erogazione f permanente, afflusso m continuo

Zufluß von Abwasser → *Abwassermenge*

135 **Zuflußgeschwindigkeit** f
 □ inflow velocity, approach velocity
 △ vitesse f d'affluence, vitesse f d'arrivée, vitesse f d'entrée
 ○ velocità f d'afflusso

Zuflußkanal → *Einlaufkanal*

136 **Zuflußrohr** n, **Einlaufrohr** n
 □ inlet pipe, service pipe
 △ tuyau m d'entrée
 ○ tubo m di mandata, tubo m di introduzione, raccordo m di afflusso, tubo m di imbocco

137 **Zuflußseite** f, **Einlaufseite** f
 □ entrance side
 △ côté m d'admission
 ○ lato m d'arrivo, lato m d'entrata

Z 157

138 **Zuflußsumme** f
□ afflux mass
△ débit m total d'affluence, débit m intégré d'affluence
○ portata f totale d'afflusso

139 **Zufluß(wasser)menge** f
□ inflow rate
△ quantité f d'affluence
○ quantità d'afflusso

Zuführung → *Zuleitung*

Zuführungsgraben → *Obergraben*

Zuführungsleitung → *Zubringerleitung*

Zuführungsrohr → *Zuleitungsrohr*

Zuführungsrohr, Wasser~ → *Wasserzuführungsrohr*

Zufuhr, Wärme~ → *Wärmezufuhr*

Zugabe, Nährstoff~ → *Nährstoffzugabe*

Zugabestelle → *Zusatzstelle*

140 **zugänglich**
□ accessible
△ accessible
○ accessibile

141 **Zugang** m
□ adit, access, entrance
△ accès m
○ adito m, accesso m, entrata f

142 **Zugangsstollen** m, **Tagesstollen** m
□ access gallery, entrance gallery (am), adit
△ galerie f d'accès
○ galleria f di accesso

143 **Zug/Biegefestigkeitsprobe** f
□ combined tensile bending test
△ essai m de traction-flexion
○ prova f combinata di trazione e flessione

144 **Zugfestigkeit** f, **Zerreißfestigkeit** f
□ tensile strength, pull-out strength
△ résistance f à la traction, résistance f au déchirement
○ resistenza f alla trazione

145 **Zugkraft** f
□ tractive force
△ force f de traction
○ forza f di trazione

Zugkübelbagger → *Schürfkübelbagger*

146 **Zugprobe** f, **Zugversuch** m
□ tensile test
△ essai m de traction
○ prova f di trazione

147 **Zugschieber** m **für Kreisprofil**
□ penstock with circular opening
△ vanne f murale circulaire
○ paratoia f ad apertura circolare

148 **Zugschieber** m **für Quadratprofil**
□ penstock with square opening
△ vanne f murale carrée
○ paratoia f ad apertura quadrata

Zugschieber, Hand~ → *Handzugschieber*

149 **Zugspannung** f
□ tensile stress, tension stress
△ effort m de traction, contrainte f à la traction
○ sollecitazione f alla trazione, sollecitazione f di trazione

150 **Zugstange** f
□ tie, tie rod, draw rod, tension bar, tension rod
△ tirant m
○ tirante m, asta f a sospensione, stelo m a sospensione

Zugversuch → *Zugprobe*

Zukunftswasserbedarf → *Wasserbedarf, zukünftiger*

151 **zulässig**
□ admissible, permissible
△ admissible, permis
○ ammissibile, permissibile

152 **Zulassung** f
□ license, licensing
△ admission f
○ licenza f, autorizzazione f

Zulaufkanal → *Beschickungsrinne*

Zuleiter, Abwasser~ → *Abwasserzuleiter*

153 **Zuleitung** f, **Beileitung** f, **Zuführung** f
□ supply, feed
△ amenée f, adduction f
○ ammissione f, adduzione f

154 **Zuleitungskanal** m, **Zubringerkanal** m
□ delivery channel, approach channel, feeder channel
△ canal m d'adduction
○ canale m adduttore, canale m d'adduzione

155 **Zuleitungsrohr** n, **Beschickungsrohr** n, **Speiserohr** n, **Zubringerrohr** n, **Zuführungsrohr** n
□ supply pipe, feed pipe, feeding pipe, feeder pipe, conductor pipe
△ tuyau m d'amenée, tuyau m d'admission
○ tubo m adduttore, tubo m della condotta di alimentazione

Zumeßgerät → *Dosiergerät*

Zumeßpumpe → *Dosierpumpe*

Zumessung → *Dosierung*

Zumischung → *Zusatz*

156 **zumutbar**
□ reasonable
△ raisonnable, sensé, judicieux
○ ragionevole, sensato

157 **Zumutbarkeit** f
□ reasonableness
△ caractère m raisonnable
○ carattere m ragionevole

Zunahme → *Zuwachs*

587

158 **Zunahme** *f* **der Bevölkerungsdichte**
- increase of population density
- accroissement *m* de la densité de la population
- incremento *m* della densità della popolazione

159 **Zunder** *m*, **Glühspan** *m*, **Hammerschlag** *m*
- scale, forge scale, hammer scale
- paille *f* de laminoir, battitures *f pl*, martelures *f pl*, scories *f pl* de forge
- superficie *f* ossidata termicamente

160 **Zunge** *f*, **Leitzunge** *f*
- baffle, guide blade
- chicane *f*
- linguetta *f* direttrice, linguetta *f* di guida

Zungenmauer → *Herdmauer*

161 **Zurichtung** *f*
- finishing [process]
- corroyage *m*, apprêt *m*
- rifinitura *f*, conciatura *f*

zurückgewinnen → *wiedergewinnen*

162 **zurückhalten**
- retain
- retenir
- ritenere

Zurückhalten → *Rückhalt*

Zurückhaltung → *Abfangen*

zurückpumpen → *rückpumpen*

Zurückpumpen → *Rücknahme*

163 **zusammenbacken**
- cake
- se coller, prendre en masse
- agglutinarsi

164 **Zusammenballung** *f* **der Bevölkerung, Massierung** *f* **der Bevölkerung**
- massing of the population, agglomeration
- amoncellement *m* de population, concentration *f* de population
- agglomerazione *f* di popolazioni, concentrazione *f* di popolazioni

165 **Zusammenbruch** *m*
- collapse, breakdown, failure
- effondrement *m*
- sprofondamento *m*

166 **Zusammendrückbarkeit** *f*, **Kompressibilität** *f*, **Verdichtbarkeit** *f*
- compressibility
- compressibilité *f*
- compressibilità *f*

167 **Zusammendrückung** *f* **des Wassers**
- compression of water
- compression *f* d'eau
- compressione *f* dell'acqua

168 **Zusammenfluß** *m*, **Einmündung** *f* **eines Flusses**
- confluence, junction
- confluent *m*, confluence *f*
- confluente *m*, confluenza *f*

169 **Zusammensetzung** *f*
- composition
- composition *f*
- composizione *f*

170 **Zusammensetzung** *f*, **chemische**
- chemical composition
- composition *f* chimique
- composizione *f* chimica, composto *m* chimico

171 **Zusammenwirken** *n*
- combined action, combined effort
- action *f* conjointe, efforts *m pl* combinés
- azione *f* combinata, sforzo *m* combinato

Zusammenziehung → *Schrumpfung*

172 **Zusatz** *m*, **Beimischung** *f*, **Zumischung** *f*
- addition, feed, admixture, additive
- addition *f*, supplément *m*, adjonction *f*
- addizione *f*, supplemento *m*, aggiunta *f*

Zusatz, Nährstoff~ → *Nährstoffzugabe*

Zusatzmenge → *Dosierung*

173 **Zusatzstelle** *f*, **Zugabestelle** *f*
- point of application
- point *m* d'application
- punto *m* di applicazione

174 **Zusatzstoff** *m*
- additive
- additif *m*, produit *m* ajouté
- additivo *m*

Zusatzstoff → *Waschhilfsmittel*

Zusatzvorrichtung → *Dosiergerät*

175 **Zusatzwasser** *n*
- [boiler] make-up, make-up water
- eau *f* d'appoint, eau *f* de compensation
- acqua *f* supplementare

Zuschlag → *Dosierung*

Zuschlag → *Vergabe*

Zuschlag erteilen → *vergeben*

176 **Zuschlagstoffe** *m pl*
- aggregates *pl*, inert materials *pl*
- agrégats *m pl*
- inerti *m pl*

177 **Zuschuß** *m*, **Beihilfe** *f*
- allowance, subsidy, subvention
- allocation *f*, subvention *f*
- sussidio *m*, impinguamento *m*

178 **Zuschußwasser** *n*
- compensation water
- eau *f* de compensation
- acqua *f* di compensazione

179 **zusetzen**
- add, apply, feed
- ajouter, augmenter
- aggiungere

sich zusetzen → *verstopfen*

Zusetzen → *Verstopfung*

180 **Zusickerung** f
□ intrusive filtration
△ apport m d'eau par infiltration
○ apporto m d'acqua per infiltrazione

181 **zuständig**
□ competent
△ compétent
○ competente

182 **Zuständigkeit** f
□ competence
△ compétence f
○ competenza f

Zustand, fester, Aggregat~ → *Aggregatzustand, fester*

183 **Zustand** m, **kolloidaler**
□ colloidal state
△ état m colloïdal
○ stato m colloidale

Zustrom → *Zufluß*

Zutageliegendes → *Ausstrich*

zutagetreten → *ausstreichen*

Zutagetreten einer Quelle
→ *Quellenaustritt*

Zuverlässigkeit, Betriebs~ → *Betriebszuverlässigkeit*

184 **Zuwachs** m, **Anwachsen** n, **Zunahme** f
□ increase, augmentation
△ accroissement m, augmentation f
○ accrescimento m, aumento m, incremento m

Zuwachs, Bevölkerungs~
→ *Bevölkerungszunahme*

185 **Zwangsgenossenschaft** f
□ obligatory [co-operative] association
△ association f obligatoire, coopérative f obligée
○ consorzio m obbligatorio

186 **Zwangsmittel** n
□ coercive measure
△ mesure f coercitive, moyen m de coercition
○ misura f coercitiva

187 **Zwangsrecht** n
□ coercion, right of coercion
△ coercition f
○ diritto m di coercizione, coercizione f

188 **Zwangsumlauf-Druckverdampfung** f
□ forced-circulation vapor compression evaporation
△ évaporation f par compression avec circulation forcée
○ evaporazione f per compressione con circolazione forzata

189 **Zwangsumlaufverdampfer** m, **Verdampfer** m **mit Zwangsumlauf**
□ evaporator with forced circulation, forced-circulation evaporator
△ évaporateur m à circulation forcée
○ evaporatore m a circolazione forzata

190 **Zwecke** m pl, **häusliche**
□ domestic purposes pl
△ services m pl domestiques, services m pl privés
○ scopi m pl domestici, impieghi m pl domestici

191 **Zweckforschung** f
□ practical research
△ recherche f appliquée, recherche f pratique
○ ricerca f applicata

192 **Zweckverband** m
□ functional association
△ association f fonctionnelle, syndicat m à but déterminé
○ associazione f per il raggiungimento di uno scopo

zweigestaltig → *dimorph*

Zweigestaltigkeit → *Dimorphismus*

193 **zweigförmig**
□ branched, ramose
△ ramiforme
○ ramoso

Zweigkanal → *Anschlußkanal*

Zweigkanal → *Seitenkanal*

194 **Zweikammer-Faulraum** m
□ two-compartment septic tank
△ fosse f septique à deux compartiments
○ digestore m a due compartimenti

195 **Zweikanalrad** n
□ two-vane impeller
△ roue f à deux canaux, rotor m à deux canaux
○ ruota f a due canali

196 **Zweipunktregelung** f, **Ein-Aus-Regelung** f
□ two-positioning action, two-step action, on-off action
△ régulation f biponctuelle, commande f à deux positions
○ regolazione f a due posizioni

197 **Zweischichtbetrieb** m
□ two-shift operation
△ travail m à deux postes, travail m à deux équipes
○ lavoro m richiedente due operatori

198 **Zweischichtfilter** n, **Filter** n **aus zweierlei Material, Zweistoffilter** n
□ dual media filter
△ filtre m à lit double, filtre m avec deux types de matériaux filtrants, filtre m à double couche
○ filtro m a letto doppio

199 **zweistöckig**
□ two-story ...
△ à deux étages, à double étage
○ a due compartimenti, a due piani

Zweistoffilter → *Zweischichtfilter*

200 **Zweistoffmaschine** f
□ dual fuel engine
△ moteur m "dual fuel"
○ motore m policarburante

201 **Zweistufenfaulung** f
□ two-stage digestion, double-stage digestion
△ digestion f en deux étages
○ digestione f a doppio stadio

202 **Zweistufenverfahren** n
□ two-stage process, double-stage process
△ procédé m en deux étages
○ processo m a due stadi

203 **zweistufig**
□ two-stage, double-stage
△ à deux étages m pl
○ a doppio stadio m, a due gradini m pl

204 **Zweitaktmotor** m
□ two-stroke engine, two-cycle engine
△ moteur m à deux temps
○ motore m a due tempi

205 **Zweiwegehahn** m
□ two-way cock
△ robinet m à deux voies
○ rubinetto m a due vie

206 **zweiwertig**
□ bivalent
△ divalent, bivalent
○ bivalente

207 **Zwillingspumpe** f
□ twin pump
△ pompe f à plongeurs jumelés
○ pompa f a due pistoni

Zwillingsschleuse
→ Doppelkammerschleuse

208 **Zwinge** f, **Sperring** m
□ ferrule
△ virole f
○ ghiera f

209 **Zwischenabfluß** m (hydrol.)
□ interflow
△ écoulement m hypodermique, écoulement m retardé
○ deflusso m ipodermico

zwischenboden, Filter~ → Filterboden

210 **Zwischenchlorung** f
□ intermediate chlorination
△ chloration f intermédiaire
○ clorazione f intermediaria

211 **Zwischenklärung** f
□ intermediate settling, intermediate sedimentation
△ décantation f intermédiaire, clarification f intermédiaire
○ clarificazione f intermediaria, sedimentazione f intermediaria

212 **Zwischenlagerung** f (radiol.)
□ interim storage
△ stockage m temporaire, stockage m provisoire, stockage m intermédiaire
○ stoccaggio m temporaneo

213 **Zwischenprodukt** n
□ intermediate product
△ produit m intermédiaire
○ prodotto m intermedio

214 **Zwischenprodukt** n **des Stoffwechsels**
□ intermediate metabolite
△ produit m intermédiaire du métabolisme, métabolite m intermédiaire
○ metabolita m intermedio

Zwischenpumpwerk → Überpumpwerk

Zwischenraum → Abstand

Zwischenraum → Hohlraum

215 **Zwischenspeicher** m
□ service reservoir
△ réservoir m intermédiaire, réservoir m de distribution
○ serbatoio m di servizio, serbatoio m di distribuzione

216 **zwischenstaatlich, international**
□ international, interstate
△ international
○ internazionale

217 **Zwischenzone** f
□ intermediate belt
△ zone f intermédiaire
○ zona f intermediaria

Zyanwasserstoff → Blausäure

218 **Zyklon** m, **Fliehkraftabscheider** m, **Fliehkraftentstauber** m, **Wirbler** m
□ cyclone
△ cyclone m
○ ciclone m

219 **Zykloneindicker** m, **Hydrozyklon** m
□ cyclone thickener, hydro-cyclone, hydraulic cyclone
△ hydrocyclone m, épaississeur-cyclone m
○ concentratore m a ciclone

220 **Zykloneindicker** m, **mit natürlichem Gefälle betrieben**
□ gravity fed hydro-cyclone
△ hydro-cyclone m à alimentation gravitaire
○ idrociclone m ad alimentazione gravitaria

221 **Zyklonsandabscheider** m
□ grit separating cyclone, cyclone-type grit separator
△ dessableur m cyclone
○ dissabbiatore m a ciclone, separatore m delle sabbie a ciclone

222 **Zyklonüberlauf** m
□ vortex overflow of hydro-cyclone
△ trop-plein m d'un hydro-cyclone
○ troppopieno m di ciclone

Zyklotron → Atomzertrümmerer

223 **Zyklus** m
□ cycle
△ cycle m
○ ciclo m

224 Zyklus *m*, **jahreszeitlicher**
- □ seasonal cycle
- △ cycle *m* saisonnier
- ○ ciclo *m* stagionale

225 Zylinder *m*
- □ cylinder
- △ cylindre *m*
- ○ cilindro *m*

Zylinder, Pumpen~ → *Pumpenzylinder*

226 Zylinderschütze *f*
- □ cylindrical valve
- △ vanne *f* cylindrique
- ○ valvola *f* cilindrica

Englisch
English
Anglais
Inglese

english

act

A

A-horizon A 1
abandon A 762
abandoned mine B 298
— pit B 298
— river course A 469
— well B 839
abandonment of a mine A 763
abatement B 202
abattoir S 347
— waste S 348
ability to form flocs F 451
abiotic A 140
ablation A 156
above O 31
— ground O 34
— high-water mark H 250
— surface O 34
— water U 4
abrasion A 184, V 256
ABS A 459
—, apparent ~ S 1652
abscissa value of flow-duration curve D 63
absolute frequency H 14
— humidity of the air L 323
— line of flow S 1601
— pressure A 237
— roughness R 57
— viscosity V 409
— zero point N 281
absolutely dry A 236
absorb A 239
absorbency A 238
absorbent A 244
—, foam ~ S 271
absorbing well S 954
absorption A 240
— agent, oil-~ O 63
— bed S 947
— capacity, flood ~ H 257
— coefficient A 243
— of humidity F 207
— of oxygen S 146
— ratio A 243
—, selective ~ A 241
—, specific ~ A 242
— spectrography A 246
— spectrometry, flameless atomic ~ A 704
— test A 247
— tower (of a chlorinator) A 245
absorptive capacity A 248
absorptivity A 248
abstraction of water W 213
abundance (biol.) H 2
— of species H 17
— of water W 329
— ratio H 21
abundant in fish F 344
— in water W 328
abutment W 556
— pier S 1551, W 557
abyssal zone T 222

abyssinian driven well S 359
abyssobenthic A 360
A.C. W 454
accelerated rotting process S 588
—-rotting tank B 507
acceleration time A 569
acceleration/flow-time ratio A 570
accelerator of curing A 24
acceptance test A 178
acceptor, hydrogen ~ W 375
access Z 141
— gallery Z 142
— of air L 353
— ramp A 741
— road Z 130
accessible Z 140
accessories Z 123
accessory H 194
accident U 208, U 210
— in the course of duty B 409
— insurance U 213
— prevention U 211
accidental Z 129
acclimation A 422
acclimatize A 421
accommodation E 113
accretion, fluviatile ~ A 759
— of ground-water G 595
accumulate A 550, S 78
accumulation S 83
—, groundwater ~ G 658
— of harmful material S 216
accuracy of measurement M 218
acetate A 368
— fiber A 369
acetic acid E 553
acetone A 370
acetylene A 371
— plant A 372
acid S 28, S 136
—, chlorous ~ C 63
— combining capacity S 40
— content S 42
— corrosion S 44
— decomposition S 21
—, deoxyribonucleid ~ D 101
— fermentation G 17
— fumes S 33
—, hypochlorous ~ S 31
— mine drainage G 532
—, mineral ~ M 325
— resistance S 37
—, ribonucleic ~ R 299
— sludge S 43
— sodium carbonate N 78
— waste A 300
—-cracking S 46
—-exchange S 35
—-fast S 41
—-fast bacteria B 33
—-former[s] (biol.) S 38
—-fume scrubber S 34

—-producing bacteria (biol.) S 38
—-producing strains (bact.) S 1248
—-proof S 41
—-pump S 45
—-resistant S 41
—-resisting bacteria B 33
—-treated sodium silicate N 86
acid/base-equilibrium S 32
acidic, weakly ~ S 691
acidification A 592, S 21
acidify A 591
acidimetry A 915
acidity A 916
—, exchange ~ A 878
—, free ~ M 282
—, methyl orange ~ M 282
—, phenolphthalein ~ P 145
—, total ~ P 145
acidizing (of a well) S 36
acidogenesis S 39
acidulate A 591
acidulous S 20
— spring S 137
— water S 137
acoustical sounding E 13
acquifer, lower ~ G 668
acquisition of land G 554
— of territory G 554
acreage under cultivation N 288
act of Providence H 293
actinometer S 1502
actinomycetes S 1503
action W 635
—, biochemical ~ V 444
—, biological ~ V 445
—, chemical ~ V 150
—, exo-enzymatic ~ W 637
— for damages S 212
— of the bowels S 1627
—, on-off ~ Z 196
—, single ~ W 636
—, sporicidal ~ W 641
— turbine D 335
activated aeration B 230
— alum A 485
— alumina A 427
— carbon A 426
— carbon filter A 424
— carbon, reactivation of ~ R 132
— silica K 266
— sludge B 226
— sludge, excess ~ U 81
— sludge phase L 304
— sludge plant B 227
— sludge process B 229
— sludge process, completely mixed ~ B 231
— sludge process, high-rate ~ H 224
— sludge tank B 228
activation A 425
—, pressurized ~ D 284

595

— using pure oxygen R 219
active agent W 634
— chlorine C 42
— cliff K 327
— earth pressure E 495
— ingredient W 634
activity, dehydrogenase ~
 (biol.) D 78
—, enzymatic ~ F 146
—-, gross ~ (radiol.) G 243
—, reductase ~ R 95
—, sludge ~ S 376
actual delivery I 124
— evaporation V 130
— evapotranspiration E 566
— flow I 123
— load factor N 294
— output I 124
— run-off I 123
— state I 126
— value I 125
— velocity (of ground-water)
 G 625
actuate G 33
actuator A 630
acute toxicity G 376
adaptation A 581
—, morphological ~ A 377
adapter P 33, U 37
— sleeve, screwless ~ H 196
add Z 179
addition B 189, Z 172
—, nutrient ~ N 51
— of ash in sludge filtration
 A 682
additional cost M 160
— expense M 160
additive Z 172, Z 174
—, lead-based ~ B 571
—, (motor) fuel ~ K 537
adenosine triphosphate A 378
adenovirus A 379
ADF W 458
adhesion A 380, H 27
adhesive strength H 27
— water (hydrol.) A 249
adit S 1465, W 224, Z 141, Z 142
—, cross ~ Q 63
adjudge V 173
adjudicate V 173
adjudication V 170
adjust J 27
adjustability R 104
adjustable speed pump P 364
adjustment E 138
—, zero ~ N 282
adjutage M 490
administration V 360
— building V 361
administrative expenditure
 V 362
— expenses V 362
— regulation regarding
 wastewater S 553
— rule (or: regulation) V 363
— waste management A 56

admissible Z 151
admixture B 189, Z 172
adsorb A 381
adsorption A 382
— agent A 384
— chromatography A 383
adsorptive agent A 384
— capacity A 385
adult G 266
advanced W 489
— waste treatment R 243
advisory engineer I 51
aeolian deposit W 591
— erosion E 532
— soil W 591
aerate B 233
aerated B 236
— filter F 223
— grit removal tank S 94
— lagoon O 133
aeration B 237
— basin (activated sludge
 tank) L 302
—, biogenous ~ B 238
—, blower ~ G 99
—, brush ~ B 883
—, bubble ~ B 530
—, cascade ~ K 143
—, diffused air ~ D 311
— drainage B 247
—, entrainment ~ S 1029
—, extended ~ L 76
—, fine bubble[s] ~ B 239
— grate B 249
—, instream ~ S 1603
— irrigation B 245
—, jet ~ E 224
—, large bubble ~ B 240
—, mechanical ~ B 243
—, modified ~ H 224
—, natural ~ L 301
— of the soil B 634, D 423
—, paddle-wheel ~ P 6
— period B 246
— phase L 304
— plant B 244
— plant, extended ~ T 286
—, post-~ N 3
— process, deep shaft ~ T 237
—, re~ W 573
—, ridge-and-furrow ~ B 241
—, spiral-flow ~ B 242
—, step ~ S 1624
—, surface ~ O 10
— system B 250
— tank L 302
—, tapered ~ S 1250
—, turbine ~ T 490
— zone (hydrol.) U 102
aerator B 234
—, brush-~ B 884
—, centrifugal ~ K 569
—, coke tray ~ K 411
—, [submerged] contact ~ T 71
—, counter-current ~ G 136
—, disk ~ T 76

—, floating surface ~ O 9
—, impingement ~ A 766
—, jet ~ E 223
—, paddle ~ P 4
— pipe B 248, R 383
—, surface ~ O 8
— tank, spiral flow ~ L 303
—, turbine ~ T 489
aerial conductor (electr.) F 633
— dilution V 335
— dispersion V 335
— line (electr.) F 633
— mapping L 329
— photograph L 314
— photography L 311
— pollution L 350
— survey L 347
— surveying L 329
— view L 314
aerobe A 391
aerobic A 390
— bacterium A 391
— decomposition A 8
— digestion of sludge S 419
— process V 443
aerofilter K 327
aeromotor W 613
aerophilic S 161
aerosol A 392
affected tidal high water T 184
affluent N 109, Z 132
afflux Z 132
— mass Z 138
— of wastewater A 328
—, permanent ~ D 64
afforestation A 745
afforested A 749
after-effect N 27
—-precipitation F 30
—-taste B 188, N 9
afterbay U 294
aftergrowth A 754
— (biol.) W 4
agar count K 204
—, nutrient ~ N 34
— plate (bact.) A 412
age, sludge ~ S 377
ageing A 473
— period E 39
—, resistance to ~ A 474
agent A 413, H 195
—, chelating ~ (chem.) K 429
—, peptizing ~ P 68
—, tanning ~ G 204
agents, surface-active ~
 S 1455
agglomerate A 414
agglomeration A 414, Z 164
aggradation A 758, V 249
aggrading river F 509
aggregate state, gaseous ~
 A 418
— state, liquid ~ A 417
— state, solid ~ A 416
aggregates Z 176
aggressive A 547

alu

— carbon dioxide K 381
— to concrete B 355
aggressivity A 419
agitate R 522, S 651
agitating R 523
agitator R 524
agrarian reform B 650
agricultural L 65
— engineering K 671
— land use B 640
— lime D 356, S 1559
— pesticide P 118
— utilization of sewage A 354
— wastewater utilization A 354
agriculture A 374, L 63
agrology B 633
aid H 195
air L 298, L 307
—, access of ~ L 353
— accumulation L 310
— blower G 98
— bubble L 315
— chamber W 598
— compressor L 332
— conditioner K 334
— conditioning K 339
— conditioning installation K 334
— conduit W 549
— consumption L 346
— cooling L 333
— curing L 328
— current W 611
— cushion L 330
— diffuser B 235
— diffusion D 311, L 348
— diffusion, wide band ~ B 788
— draft L 352
— drying L 342
— exchange L 312
— exhauster E 374
— filter L 327
— heater L 321
— humidity indicator L 326
—, humidity of the ~ L 322
— intake valve S 596
— introduction, depth of ~ E 46
— jet lift M 49
— lift *(pump)* M 49
— nozzle L 318
—, outdoor ~ A 862
—, passage of ~ L 319
— pipe, swinging ~ P 63
— (pipe)line L 334
— pocket L 320, L 330
— pollutant L 349
— pollution L 350
— pollution control R 225
— pump L 335
— pump, water jet ~ W 384
— quality standard, ambient ~ I 5
— release valve E 379

— requirement L 313
—, rinsing ~ S 1192
— scour L 340
— separator L 309
— sniffler S 596
— stripping A 793
— supply L 351
— turbine W 613
— valve E 379
— vent V 26
— vessel W 598
—-analysis L 345
—-binding L 330
—-dried L 341
—-dry L 341
—-heating apparatus L 321
—-lock L 330
—-monitoring L 344
—-powered D 309
—-powered pump P 361
—-proof L 316
—-purification L 337
—-relief valve E 379
—-tight L 316
—-valve box E 378
airborne L 308
— dust F 491
airport F 492
ajutage M 490
alanine A 428
alarm device A 430
— system A 429, W 94
albumen E 217
albuminoid nitrogen E 221
albuminous matter E 222
alcali A 452
alcohol A 457
alder E 525
— fly N 136
aldrin A 433
alga A 434
algae bloom *(biol.)* W 183
— control A 438
— count A 449
— crop A 441
— development A 447
—, filamentous ~ F 9
—, free-floating ~ A 436
—, fresh water ~ S 1657
— growth A 447
— harvesting A 441
— pond A 445
— population A 444
— removal A 440
—, sessile ~ A 435
—, soil ~ B 596
—, strip count of ~ A 450
— test A 446
— toxicant A 439
— yield A 437
—-growth potential A 448
algaecide A 439
algal growth A 447
— reef K 30
algicide A 439
algology A 442

alignment of wells B 867
aliphatic A 451
— compound V 54
— hydrocarbon K 397
alkali A 452
— sulphide A 456
alkalimetric titration T 249
alkalimetry A 453
alkaline A 455
— earths E 484
— fermentation M 273
alkalinity A 454
—, methyl orange ~ M 281
—, soil ~ B 597
— to phenolphthalein P 144
alkyl benzene sulfonate A 459
— sulphate A 460
alkylarenesulfonate A 458
alkylsulphonate, linear ~ A 461
all-bell tee D 199
—-flanged cross F 404
—-flanged tee F 392
—-flanged Y-branch F 403
allochthonous A 464
— ground-water G 572
allotment F 506
allowable leakage L 130
— level of concentration G 483
— load B 219
allowance A 358, Z 177
alloy L 144
—, non-ferrous ~ N 160
alluvial coast A 610
— deposit A 611
— fan S 668
— land S 753
— meadow F 515
— meadow soil A 719
— plain A 760
— soil S 754
— terrace A 770
alluviation A 611
alluvions A 611
alluvium A 611
alpha polysaprobic organisms A 467
—-mesosaprobic organisms A 466
—-rays A 468
alpine climate H 288
alteration A 387
alternating W 459
— current W 454
— current generator W 455
— double filters W 457
— double filtration W 458
alternative plan P 206
alternator W 455
altimetry H 407
altitude H 285
— above sea-level H 287
alum, activated ~ A 485
— anionic/cationic polyelectrolyte system of coagulation F 459

597

alu

- tan W 487
- tan solution W 485
- tannery W 486
- tanning W 487
- tanning liquor W 485
alumina, activated ~ A 427
aluminate A 480
aluminium A 481
- hydroxide A 482
- silicate A 483
- sulphate A 484
--wool A 486
ambient air quality standard I 5
- temperature U 143
ambulatory laboratory R 255
amebiasis A 503
amélioration B 668
American char B 5
- National Standard A 488
amine A 489
amino acid A 490
ammonia A 491
- air stripping A 495
- application A 497
-, fixed ~ A 492
- nitrogen A 501
- recovery plant A 499
- soda A 500
- stripper A 494
- treatment A 497
- waste A 496
ammoniacal liquor G 84
- nitrogen A 501
ammoniation A 497
ammonification A 502
ammonium chloride C 46
- sulphate A 493
amoebae W 456
amoebic dysentery A 503
amortisation T 246
amortization T 246
amortize T 245
amount M 191
- of chlorine required C 47
- of energy E 300
- of infiltration I 46
- of precipitation N 189
- of precipitation per unit of surface area and of time N 201
- of rainfall R 151
- of sludge produced S 379
- of waste A 61
- of waste heat A 284
-, trace ~ S 1218
amperometry A 504
amphibious animal A 505
amphoteric A 506
amplifier V 300
amplifying signal converter S 994
amplitude A 507
- of the tide T 173
Amsterdam type nozzle A 508
amylase A 511

amylolytic A 512
- enzyme E 472
anabolism A 513
anabranch S 889
anadromous A 514
- fish F 321
anaerobe A 516
anaerobic A 515
-, facultative ~ F 47
analog computer A 518
- model A 517
analogue computer A 518
- experiment, electro ~ E 232
analyse A 524
analysis A 520
-, air-~ L 345
-, automated ~ A 521
-, check ~ K 467
-, chemical ~ U 283
-, colorimetric ~ K 424
-, gas chromatographic ~ U 284
-, gravimetric ~ G 335
-, leaf ~ B 531
-, macro-~ M 39
-, mechanical grain size ~ S 970
-, method of ~ M 276
- of effect W 643
- of water, microscopical ~ W 409
-, potable water ~ T 367
-, precipitation ~ F 31
-, quantitative ~ B 343
-, scheme of ~ A 523
-, screen ~ S 970
-, sedimentation ~ S 356
-, sewage ~ A 309
-, sludge ~ S 378
-, tissue ~ G 327
-, trace ~ S 1216
-, volumetric ~ *(chem.)* M 96
-, wastewater ~ A 309
analyst A 525
analytical balance W 1
- chemistry C 27
- data A 522
- determination B 340
- findings A 522
- method M 276, U 291
- results A 522
analyze A 524
analyzer A 519
-, carbon ~ K 389
-, pyrolytic ~ P 403
anchor ice G 553
anchorage V 46
anchoring block V 46
ancillary works N 104
anemology W 601
anemometer W 602
45° angle branch M 475
angle of curvature K 610
- of deflection A 850
- of friction R 210

- of inclination N 124
- of repose B 687
- of slope B 687
- of slope, natural ~ B 688
angledozer P 197
angler A 546
angleworm R 189
angling A 545
anhydride A 553
anhydrite A 554
anhydrous sodium carbonate S 1022
- sulphate of calcium A 554
aniline A 555
- works A 556
animal breeding T 242
- food V 387
-, noxious ~ S 225
-, useful ~ N 296
-, warm-blooded ~ W 82
- world T 243
--breeding T 244
--breeding, mass ~ I 84
animalcule M 295
animate being L 122
anion A 557
- exchange A 559
- exchanger A 560
--exchange resin A 561
--selective A 562
anionic A 558
anisotropic A 563
anisotropy A 564
annual J 2
- average J 9
- cycle J 8
- load J 7
- output J 5
- power produced J 5
- [quantity of] precipitation N 192
- rainfall N 192
- report J 4
- variation S 702
- wastewater discharge J 12
--storage reservoir J 13
annular R 322
- basin B 143
- piston meter K 123, R 325
- piston valve R 324
- sleeve valve R 324
- spillway R 330
- tank B 143
- valve R 331
anode A 576
-, sacrificed ~ S 672
anodic A 577
- corrosion control K 507
anomaly A 578
anorganic A 580
antagonism A 622
antagonistic *(biol.)* A 623
anthrax M 307
anti-clockwise motion B 439
--corrosive treatment K 508
--fermentative G 21

art

—-foaming agent S 270
—-freeze operation F 649
—-malaria measures M 47
—-waterhammer D 334
antibiotic broth waste N 39
antibody A 625
— technique, filter
 fluorescent ~ F 231
anticipated groundwater yield
 G 627
— population increase B 427
anticlinal fold A 624
anticline *(geol.)* S 134
anticorrosive K 509, K 510
— agent K 509
antidote G 130
antifoam S 270
antifoulant K 242
antifouling B 455
— coating, subaqueous ~ *(of
 paint)* U 297
antifreeze F 660
— irrigation F 659
antigen I 11
antilarval measures L 81
antimony A 626
antiradiation S 1504
antirust R 467
antiscale K 242
aphotic A 646, L 221
apparatus G 196
—, air-heating ~ L 321
—, drying ~ T 421
— for locating pipes L 194
— for water softening E 339
—, self-registering ~ R 191
— to remove iron E 316
apparent ABS S 1652
— specific gravity T 400
apple pulp P 338
appliance, mechanical ~
 V 464
application A 635, B 314
—, continuous ~ B 316
— for a patent P 36
— in intermittent flushes
 B 315
— [or importing] of a
 protective coating A 736
— of sewage and sludge in
 agriculture, method of ~
 A 738
— of sewage to soil A 737
— of sludge to arable soil
 A 376
— rate B 319
applied/residual chlorine
 curve C 83
apply A 634, B 313, Z 179
appraisal S 230
approach channel Z 154
— velocity Z 135
appropriation V 207
approximative measurement
 N 33
appurtenance Z 123

apron *(of a dam)* S 649
— *(of a weir)* S 1642
aquaculture H 384
aquarium A 651
aquatic W 123
— animal W 397
— biocoenose W 182
— eco-system W 311
— fauna W 225
— flora W 228
— herbicide E 352
— microbiology W 301
— microorganism W 302
— organism L 123
— organisms W 312
— plant W 314
— plant, floating ~ S 782
— recreation E 523
— sports W 358
— sports area W 359
— vegetation W 228
— weed control K 557
— weed growth U 305
aqueduct A 650, W 283
aqueous W 59
— solution L 274
aquiclude S 301
aquifer G 635, G 666
—, artesian ~ G 637
—, lower ~ G 634
— storage of gas G 73
—, tilted ~ G 636
—, upper ~ G 667
— upper confining bed of ~
 G 610
aquiferous W 232
aquifuge G 641
aquitard G 665
arable K 668
— land A 375
— soil M 500
arbre A 632
arc B 689
—-welding L 218
arch G 351
— abutment B 693
— bridge B 690
— dam B 692
—, circular ~ K 568
— gravity dam B 691
— springing line K 10
arched culvert D 414
Archimedean screw S 557
— screw pump S 559
Archimedes' screw S 557
archipelago I 72
architecture B 124
arctic A 663
the Arctic A 662
area F 372, G 88
—, backwater ~ S 1318
—, built-up ~ O 120
—, discharge ~ D 396
—, hard surfaced ~ F 374
—, industrial ~ I 37
—, less developed ~ E 454

—, manufacturing ~ I 37
—, mining ~ A 17
— of depression *(hydrol.)*
 A 205
— of evaporation V 133
[cross-sectional] area of flow
 D 396
area of flow, cross-sectional ~
 D 390
— of flow rate diagram G 280
— of influence *(hydrol.)* A 205
— of opening of a filter F 250
— of supply V 292
— precipitation G 89
—, rainfall ~ R 141
—, required ~ G 156
—, residential ~ S 988, W 656
—, sprinkler ~ B 286
—, street ~ S 1529
—, water obtaining ~ W 240
areas, spreading ~ E 134
areawide E 518
argillaceous T 265
— schist T 275
— slate T 275
argillite T 275
arid T 388
— period T 426
— region T 399, Z 110
— zone Z 110
aridity T 402
arithmetical mean value M 377
— mean value by weight
 M 378
arm of the sea M 131
armatures A 664, Z 123
aromates A 665
aromatic A 666
— hydrocarbon K 396
— odo[u]r G 210
—, polynuclear ~
 (hydrocarbon) K 399
— smell G 210
arrangement E 113
— in parallel P 21
arsenic A 667
arterial primary main Z 124
— system of distribution V 45
artery, ground-water ~ G 593
artesian A 673
— aquifer G 637
— basin G 637
— *(hydrol.)* B 136
— bored well B 838
— capacity S 657
— flow S 657
— head D 274
— pressure D 274
— pressure gradient D 305
— spring Q 24
— water W 124
— water, confining stratum
 with ~ G 656
— well B 838
arthropoda G 431
artificial K 639

599

— fertilizer K 677
— filtration F 296
— ground water G 578
— lake S 1337
— resin exchanger K 681
— silk K 682
— silk works K 683
— ventilation L 300
— watercourse W 281
artificially aerated trickling filter T 447
— recharged ground-water U 120
asbestos A 674
— cement A 676
— cement pipe A 677
— filter A 675
ascaris S 1210
Ascaris egg W 676
ascending technique of chromatography C 91
ascertainment of damage S 213
aseptic K 196
ash A 678
— constituent A 679
— content A 680
—, incineration ~ V 84
— washings A 681
Asiatic cholera C 85
asphalt A 683, A 686
—, blown ~ A 684
— coating A 685
— dip A 689
— mastix A 688
asphalted pipe R 365
— tube R 365
asphaltic concrete B 522
asphalting A 687
asphyxiation E 542
asporogenic N 158
assay V 310
— procedure T 147
assemble M 402
assembly M 400
—, shop ~ W 536
assess (for a tax) V 47
assessment S 230
— of damage S 213
— of wastewater A 318
assimilation A 690
assimilative capacity S 902
assimilatory capacity A 692
— depletion A 693
— metabolism A 691
— power A 692
— reduction R 97
assistant chemist L 1
associated costs N 113
association, biological ~ A 671
— for the purification of sewage A 347
—, obligatory [co-operative] ~ Z 185
—, river ~ F 552
—, water ~ W 237

at ground level E 11
atlas of surface waters G 317
atmometer V 138
atmosphere A 695
—, quality maintenance of the ~ L 336
atmospheric A 697
— conditions W 548, W 650
— corrosion K 501
— effect W 653
— inversion, level of ~ I 98
— moisture L 322
— oxygen L 338
— pollution L 350
— pressure L 317
— water R 176
atom A 702
— smasher A 716
atomic bomb explosion A 706
— disintegration A 715
— energy A 708
— fuel A 707
— nucleus A 712
— physics A 714
— pile A 703
— power station K 222
— research A 709
— weight A 711
— -absorption spectroscopy (chem.) A 705
atomize Z 89
atomized suspension technique of combustion V 104
atomizer Z 90
atomizing Z 91
atoxic U 220
attached bacterial growth B 39
— water H 31
attendance B 154
attendant W 56
attenuation S 816
— of the flood V 220
attraction, electrostatic ~ A 643
— force A 644
attrition A 184
atypical A 717
audible signal S 992
auger S 1301
— mining K 219
auger's bore B 708
augmentation Z 184
—, low-flow ~ N 214
author, liability of the ~ V 357
authority, controlling ~ A 772
—, local ~ O 116
autoanalyzer A 902
autochthonous A 904
— ground-water G 574
autogenous welding S 740
autolysis A 907
automated A 909
— analysis A 521
automatic S 905
— flap gate G 407

— pump station P 392
— pumping station P 392
— regulation R 108
— sampler P 298
— softening installation E 338
— softening plant E 338
— switch S 904
— washing machine W 102
automation A 908
—, semi-~ T 103
automatisation A 910
autopurification S 901
— power S 902
autoroad A 903
autosampler P 298
autotrophic A 911
autoxidation A 912
autumn H 180
— overturn (limnol.) H 182
auxiliary dam G 134
— equipment H 194
— governor H 199
— plant H 193
— power plant N 270
— pump H 197
— regulator H 199
— water supply H 200
availability V 166
available E 115, V 165
— chlorine C 42
— chlorine, combined ~ C 41
— chlorine, free ~ C 40
— groundwater G 580
— moisture capacity of the soil S 1100
— output L 161
— soil moisture B 677
— supply of water W 190
— surface of evaporation V 134
— water W 136
— water resources W 190
— water resources survey W 191
— water supply W 431
avalanche L 112
—, mud ~ M 491
— protection L 113
average M 365, M 376
—, annual ~ J 9
— consumption D 426
— discharge M 374
— flow M 374
— head M 367
— low water N 209
— low water flow N 212
— low water level N 218
— night flow N 17
— per day T 18
— precipitation N 193
— rate of irrigation B 285
— sample M 346
— value M 376
— velocity G 278
— [height of] precipitation N 186

— [height of] rainfall R 144
avoidance reaction A 900
axial flow turbine A 914
— thrust A 913
axis A 373
— of buoyancy S 777
axle A 373

B

B. B 52
— coli C 102
— coli count C 105
— coli of cold-blooded animals K 60
B-horizon B 1
bacilli B 125
back action shovel T 226
— of a vault G 354
— pressure G 126
— current R 521
— -end wastes K 223
— -pressure turbine T 486
— -pressure valve R 515
— -scattering R 520
— -washing G 140
— -water S 1341
backacter shovel T 226
backblowing S 1435
backfill V 167, V 168
backfilling V 168
—, hydraulic ~ V 169
backflow R 494
— preventer R 515
background-radioactivity (rad.) N 278
backsiphonage R 494
— preventer R 444
backwash drain gullet S 1207
— line S 1191
— rate S 1188
— water S 1204
backwater R 518, S 1311, S 1341
— area S 1318
— curve S 1331
— gate R 515
— in sewer duct K 95
— limit S 1327
— slope S 1331
— zone S 1318
backwave (hydraul.) W 360
bacteria B 26
—, acid-resisting ~ B 33
—, bed K 368
—, cellulose digesting ~ Z 51
—, clear water ~ R 250
Bacteria coli, most probable number of ~ C 108
bacteria coli of warm-blooded animals W 83
—, coliform ~ B 27
— content B 41
—, cultivation of ~ B 44
—, denitrifying ~ B 28
—, enumeration of ~ K 203

—, fecal ~ F 18
—, filamentous ~ F 10
— filter K 368
—, gas-forming ~ B 30
—, heat-loving ~ B 38
—, heterotrophic ~ B 31
—, indigenous ~ B 29
—, iron ~ E 184
—, iron precipitating ~ E 180
—, iron storing ~ E 181
—, liquefying ~ K 192
—, methane forming ~ M 272
—, nodule ~ K 354
—, psychrophylic ~ B 32
—, putrefaction ~ F 39
—, rod-shaped ~ B 125
—, sewage ~ A 312
—, sporogenic ~ B 36
—, sulfur oxidizing ~ B 34
—, sulphate-reducing ~ B 37
—, sulphur reducing ~ B 35
bacterial B 25
— aftergrowth A 754
— cell B 45
— content B 41
— count K 203, K 205
— density K 189
— flora B 40
— growth, attached ~ B 39
— reduction K 200
bactericidal K 198
— [or germicidal] effect W 639
bactericide B 42, E 348
bacteriological B 48
— equipment B 338
bacteriology B 47
bacteriophage B 49
bacteriostasis B 50
bacteriostatic B 51
bacterium B 52
— coli C 102
—, indol ~ I 31
—, intestinal ~ D 51
—, nitrifying ~ N 233
—, typhoid ~ T 505
badger M 385
baffle[r] L 167, P 271, Z 160
—, downflow ~ T 63
— plate L 167
—, standing ~ S 1340
— wall P 271
bag dam S 109
— filter S 4
—, garbage ~ M 438
bailer S 528
—, flap-bottomed ~ S 529
bait K 365
baking soda N 78
balance G 406
—, ground-water ~ G 605
—, hydrologic ~ G 605
—, salt ~ S 57
—, torsion ~ T 284
balanced environment U 172
— slide valve S 312
balancing reservoir A 816

— tank A 815
— tank, diurnal ~ T 13
bale press, screenings ~ R 83
ball K 654
— and socket joint G 165
— bearing K 662
— cock K 659
— cross K 661
— cross all bell M 467
— drop test K 656
— joint K 658
— tee K 655
— tee all bell M 466
— valve K 665
ballast B 54
— holding tank B 55
— water B 56
ballasting A 606
ball [float] valve S 795
balneology B 58
Baltic O 126
(Baltic) lagoon H 26
Baltic Sea O 126
band, denso ~ D 90
— screen B 63
— -type screen B 63
bandage W 554, W 555
bandaging W 555
banded clay B 18
bandy clay B 18
bank B 65, B 681, U 106, U 113
— collapse U 117
— covering D 70
— fill S 655
— fill, volume of ~ S 654
— filtration U 121
— flora U 126
—, guide ~ L 168
— line U 125
— planting U 111
— protection U 128
— revetment U 109
—, river ~ F 549
on a bank scale L 6
bank scale test L 5
— sluice E 448
—, steep ~ S 1364
— storage B 686
—, stream ~ F 549
— strip U 129
— up A 605, S 1326
— -filtered water U 120
banked earth A 606
banquet B 66
bar B 75, S 1223, S 1224
—, boring ~ B 732
—, hexagon ~ S 822
—, longshore ~ B 76
— of sand S 91
— rack S 1229
— screen S 1226
— spacing S 1231
—, tension ~ Z 150
barb B 67
barbed wire S 1232
barbel B 67

601

— region B 68
bare-footed well B 738
barge K 12, L 86
barges, train of ~ S 494
barging B 69
—, sludge ~ S 462
barium B 70
— hydroxide B 81
— sulphate B 71
bark tan L 292
— tannery L 291
— tanning L 292
barley G 207
barn manure S 1277
barnacle S 854
barnyard manure S 1277
barograph B 74
barometer B 73
barometric condenser K 446
(barometric) depression T 208
barometric efficiency W 646
— pressure L 317
barrage S 1312, T 39, W 462
—, cylindrical ~ W 70
—, fixed ~ W 464
— lake S 1337
—, movable ~ W 463
—, segmental ~ S 871
barrel G 142, T 269
— of a pipe R 451
— of a pump P 375
—, pump ~ P 386
— washer W 117
barren land O 48
barricade S 1119
barrier B 77, S 1119
— spring S 1333
barrow H 48, K 127
baryt B 80
—, hydrate of ~ B 81
basalt B 82
base B 83, B 584, F 691, G 555, G 568, S 1035
— elbow F 708
— elbow with flange up F 709
— exchange B 84
— exchanger B 85
— flow A 91
— line G 559
— load G 558
— material G 568
— number of days B 252
— period B 252
— plate G 563
—-elbow, double bell ~ D 202
basement drain K 206
— drainage B 615
— slab F 693
— wall G 560
basic exchanger A 880
— flow A 91
— material A 813
— material for washing powder W 114
— nutrients K 224
— price G 565

— rate G 556
— research G 557
— service charge G 556
—, strongly ~ S 1306
—, weakly ~ S 688
basin B 135
—, artesian ~ G 637
— (hydrol.) B 136
—, clarification ~ K 287
—, clear water ~ R 251
—, closed ~ (hydrol.) N 182
—, coagulating ~ F 461
—, collecting ~ S 73
—, detention ~ R 498
—, discharge ~ E 361
—, earth ~ E 489
—, elevated ~ H 207
—, flood storage ~ H 260
— floor B 176
—, gauging ~ E 18
—, grit ~ S 93
—, ground-water ~ G 602
—, impounding ~ S 1316
—, intake ~ E 92
— irrigation B 623
—, mixing ~ M 333
— of a street fountain A 833
—, overflow ~ U 53
—, percolation ~ S 946
—, precipitation ~ F 32
—, radial flow ~ B 142
—, rain-water ~ R 181
—, resting ~ R 531
—, ring-shaped ~ B 143
—, river clarifying ~ F 526
—, roaring ~ T 285
— [or tank], secondary settling ~ N 10
—, sedimentation ~ A 216
—, storage ~ S 1097
—, vertical flow ~ B 144
basins, parallel-flow ~ B 141
basis F 691
batch feed S 1479
— operation B 384
— process C 21
— settling test S 827
— weigher C 22
bath B 7
—, coal-tar ~ T 94
— cock B 14
—, dipping ~ T 62
—, foot ~ F 705
—, hip ~ S 1014
— room B 17
—-tub B 13
bathing beach B 12, S 1520
— water B 15
— water(s) B 8
bathometer B 866
baths S 780
bathymetry T 220
bating process S 745
batrachian A 505
battery of wells B 867
—, ozone ~ O 141

bay B 879, M 127
bayonet joint B 23
bayou A 469
be on no-load L 141
— void L 141
beach S 1517
—, bathing ~ B 12
— drifting K 653
— ridge N 121
—, unwetted part of ~ S 1519
—, wetted part of ~ S 1518
beacon B 24
beaded tube B 680
beaker (chem.) B 133
beam B 53, B 764, T 297
— house (tannery) W 436
—, soldier ~ V 350
— test (tubes) B 472
—-region B 765
beamhouse (tannery) W 436
bear trap gate B 19
— trap shutter B 19
bearing L 33
—, ball ~ K 662
— capacity T 304
— capacity, ultimate ~ T 305
—, roller ~ R 462
—, shaft ~ W 517
—, thrust pump ~ P 372
beauty spot N 96
become coated with A 612
— depopulated V 226
— deserted V 226
— fouled A 539
— urbanized V 298
bed S 299
—, absorption ~ S 947
—, contact ~ F 676
— drop S 1030
— fall S 1030
— gradient S 1038
— level S 1039
— load G 259
— load, density of ~ G 258
— load, natural ~ G 260
— of a river F 518
— of sand S 90
— ripples R 336
—, seepage ~ S 947
— slope S 1038
—, sludge ~ S 451
—-load transport G 259
bedded clay B 18
bedding B 417, R 384
bedrock A 617, F 145
beef cattle breeding R 319
— extract F 414
beet sugar factory R 492
— sugar [factory] effluent Z 125
— washer waste R 491
behaviour V 187
— pattern V 188
— towards the environment U 196
bell R 416

bio

— and bell mouth M 479
— and flange piece F 405
— and spigot bend M 457
— and spigot cross with two bell branches M 478
— and spigot cross with two flanged branches M 477
— and spigot duckfoot bend M 461
— and spigot eccentric reducer M 481
— and spigot joint M 482
— and spigot joint run with lead M 450
— and spigot reducer *(small end bell)* M 480
— and spigot tee with bell branch M 476
— and spigot tee with flanged branch M 474
—, ball cross all ~ M 467
—, ball tee all ~ M 466
— joint M 482
— joint, long threaded ~ L 75
— pipe M 470
— protecting tube M 463
—, shoulder of the ~ M 473
— [*or* socket, *or* hub] and plain end pipe M 471
bellmouth intake E 101
belly-worm S 1210
below U 264
belt A 631
— conveyor B 60
— drive R 306
— driving R 306
—, driving-~ T 334
— filter B 59
—, intermediate ~ Z 217
— of fluctuation of water table G 652
— of soil water B 678, F 210
— of weathering V 373
— screen B 63
— type sludge filter S 971
bench P 334, W 532
— border irrigation T 137
— for washing, public ~ W 115
— gravel T 138
— mark F 184
— mark, tidal ~ T 179
on a bench scale L 6
bench scale test L 5
— scale [test] unit L 7
bend B 467, B 470, K 605, K 607
—, double bell ~ D 203
—, double flanged ~ F 396
— of a river F 527
— test B 472
— 90° long sweep L 70
— 90° short sweep K 719
bending B 470
— moment B 466
—, pipe ~ R 385
— strength B 465

— stress B 471
— test B 472
— test, combined tensile ~ Z 143
beneficial N 275
— use N 297
— use of water W 308
beneficiation A 727
benefit N 286
bent glass rod spreader of inoculation G 394
benthal B 258
— deposits B 652
benthic biota G 548, G 564
— deposits B 652
— organism G 548
— population G 564
benthonic region B 259
benthos B 260
bentonite B 261
benzanthracene B 264
benzene B 269
benzene/lye-extraction process B 270
benzfluoranthene B 265
benzopyrene B 271
berm B 300
beta-activity, gross ~ *(radiol.)* G 241
—-irradiation B 346
—-mesosaprobes B 347
—-mesosaprobic organisms B 347
—-polysaprobes B 348
—-polysaprobic organisms B 348
—-ray B 349
betterment levy M 179
bevel gearing K 180
bib cock Z 23
bibcock Z 23
—, screw-down ~ A 829
bicarbonate B 461
— alkalinity B 462
— hardness B 463
— of soda N 78
bicycle path R 3
bid A 544
— unit prices P 270
bidet S 1015
bidistilled water B 464
bifurcation of a river F 523
— ratio V 381
bile salt glucose broth G 23
bilge pump B 475
— water B 476
Bilharziasis S 346
billion M 305
billow S 841
bimetal tube B 477
bin B 889
—, cement ~ Z 66
binder B 479
— pulley S 1081
binding agent B 479
— material B 479

bio-activation B 229
—-aeration B 229, S 386
—-assay T 143, T 146
—-catalyst W 634
—-energetics B 494
—-engineering B 508
—-filter T 445
—-gasification G 16
—-indicator L 177
—-mass B 501
—-mass yield B 502
—-oxidation channel O 130
—-oxidation pond O 133
—-production B 504
—-stabilization B 506
—-stabilizer B 507
—-technology B 508
biocatalyst B 496
biocenosis L 116
biochemical B 493
— action V 444
— oxygen demand S 149
biochemistry B 492
biocide B 513
biocoenose L 116
—, aquatic ~ W 182
biodegradability A 14
—, degree of ~ A 15
biodegradable B 499
biodegradation A 9
(bio)degradation kinetics A 18
biodegradation, thermophilic ~ A 10
biofilter T 445
biofiltration T 450
bioflocculation F 458
biogenous B 495
— aeration B 238
— decalcification E 344
biological B 498
— action V 445
— association A 671
— association [*or* community] L 116
— clarification plant K 283
— community A 671
— conditioning A 732
— control of pests S 228
— conversion B 512
— decomposition A 9
— disc T 76
— filter K 368
— process V 445
— purification of sewage A 335
— sewage disposal works K 283
— sewage plant K 283
— sewage treatment A 335
— sewage treatment plant K 283
— sewage treatment works K 283
— slime R 40
— slime, sloughing-off of the ~ A 269

603

– sludge B 226
– test B 509
– treatment A 732
biologically treated sewage [or: waste water] A 290
biology B 497
biomass-yield coefficient B 192
bionomics B 503
biosorption process K 462
biosphere B 505
biota, benthic ~ G 548
biotest B 509
biotic B 510
biotope B 511
biphenyls, polychlorinated ~ B 514
birch-tree B 515
birds, water ~ W 430
bit B 730
–, fishtail ~ F 346
–, jet ~ D 373
– stop S 1148
bitter mineral water B 519
bitumen B 520
– asbestos sheating B 521
– coating B 524
–, cutback ~ V 275
– jointing B 523
–, lined and coated with ~ I 55
–-coated A 854
–-coated pipe R 366
–-coated steel tube S 1267
–-dipped steel tube S 1267
–-lined pipe R 373
–-lined steel tube S 1267
bituminization A 687
bituminize B 525
bituminized fibre pipe P 46
bituminous B 526
– coating B 524
– concrete B 522
– dip, hot ~ H 151
– seal B 523
bivalent Z 206
black alum A 485
– water A 288
blackish S 694
blacksmith S 536
blade, moving ~ L 103
– of a water wheel S 260
blanc fixe B 71
blanching water F 667
blank B 574
– flange B 572
– test B 573
blanket A 36, R 77
– filtration S 709
– of a dike, riverside ~ A 37
– process, sludge ~ S 422
–, upstream ~ A 39
blanketing F 659
blast S 1157, S 1162
– furnace H 228
– furnace cement H 230

– furnace gas G 364
– furnace gas scrubber G 365
– furnace gas scrubbing water G 366
– furnace slag H 229
– purge L 340
–-hole driller S 1160
blasting S 1162
– operations S 1156
bleach B 549
bleached sand B 550
bleaching agent B 549
– agent, optical-~ A 752
– clay B 545
– earth B 545
– lye B 548
– plant B 546
– powder B 547
bleak U 130
bleed A 637
–-off K 579
blend M 349
blind drain E 442
– flange B 572
blister (foundry) L 356
blistered tube R 430
blizzard S 574
block and tackle F 413
– of dwelling houses S 985
–, settlement ~ S 927
blocking up A 758
blondin K 2
blood, recovery of ~ B 582
–, salvage of ~ B 582
–-worm C 37
blow G 549
– down A 28
– pipe L 287
– purge L 340
– sand F 493
– torch L 286
–-down K 236, K 579
–-off (a boiler) A 28
–-off cock A 154, A 195, A 829
–-off plug cock K 471
–-off the boiler S 367
–-off valve A 154, E 371
blower G 98
– aeration G 99
–, rotary piston ~ D 239
blowing air into E 45
blown asphalt A 684
blue vitriol K 704
–-green algae S 1069
bluegill B 536
bluff S 1364
boar S 837
board B 694, B 800
–, fiber ~ H 311
– mill waste P 18
Board of Health M 125
board, tar-~ T 90
boat B 748, S 332
–, sailing ~ S 866
boating K 13
B.O.D. S 149

BOD, ultimate ~ G 242
B.O.D., ultimate ~ E 291
–-load B 876
B.O.D./C.O.D.-ratio B 878
body G 142
– [of a pipe] R 456
– (of a tee, cross) H 102
– of the dam D 21
– of water G 314
– stress E 32
–-ring G 143
bog M 403
–, flat ~ N 171
– iron ore B 773
–, raised ~ H 227
– soil M 80
boggy M 406
– soil M 404
– water M 408
boil S 982
boiler B 741, H 156, K 231, K 358, W 91
– blow-down K 232
– blow-down water K 236
– cleaning K 234
– compound K 242
– feed [-water] K 238, K 239
– feed pump K 237
– feeding K 239
– feeding water K 238
–, high-pressure ~ H 215
– house K 233
–, once-through ~ D 417
– saline K 236
– scale K 240
– slag K 235
–, steam ~ D 35
–, tube-~ W 333
– waste liquor K 360
– water K 245
boiling point S 983
– water reactor S 984
bollard P 231
[tie] bolt B 744
bolt circle L 254
–, clamp ~ S 1082
– hole B 745
– hole circle L 254
– holes, number of ~ B 746
–-circle, diameter of ~ L 255
bolted flanges F 402
bond strength H 27
bondering (corr.) P 154
bonderized (corr.) P 153
boom, oil containment ~ O 83
booster D 288
– pump D 288
– pump station U 67
boosting D 287
borate B 750
border spring H 85
–-stone G 490
– (of a pavement) B 751
bore B 696, B 736, B 785, S 1645
– (of a pipe) L 224
– hole B 708

bro

— hole pump B 711
—, hydraulic ~ S 697
— of pipe R 452
— rod B 732
— well B 695
bored pile B 720
borehole, cased ~ B 709
—, reaming of a ~ E 550
borer B 697
—, earth ~ E 490
boric acid B 752
boring B 736
— apparatus, percussion ~ S 1480
— bar B 732
— chisel B 717
— cock A 528
— crown B 707
—, deep ~ T 210
— dust B 733
—, exploratory ~ V 318
—, flush ~ S 1184
— mud B 726
—, off shore ~ B 737
— pipe B 722
— rods B 701
— test B 739
— tool[s] [] B 699
— tube B 722
boron B 749
botany B 753
bottle A 125, F 408
—, glass-stoppered ~ S 1434
— rinse water F 412
— washing waste F 412
—-shop *(of a brewery)* F 411
bottling F 410
— area F 409
bottom B 584
— clay A 718
— current G 569
— deposit B 652
— deposit sampler B 655
— drainage system S 1034
— ice G 553
— land N 206
— layer B 653
— of the socket M 462
— of the valley T 37
— of the water course S 1033
— outlet G 545
—, river ~ F 540
— sluice G 545
— stratum B 653
—, trench ~ G 454
— width S 1031
bottomland F 533
boulder clay G 262
— fan S 668
bound water A 386
boundary layer G 485
— layer, impervious ~ G 487
— layer, laminary ~ L 45
— layer, thickness of ~ G 488
— layer, turbulent ~ G 486
— spring H 85, S 670

— water G 481
— zone G 499
—-stone G 490
bowel D 50
bowl S 235
box culvert D 415
—, curb ~ S 1535
— dam F 62, K 145
—, surface ~ S 1533
—-inlet drop spillway H 266
boxboard P 16
brace A 786, A 872
bracing A 784
— and sheeting of the pipe trench A 263
brackish B 756
— water B 757
braid, hemp ~ H 79
—, wood-fiber ~ H 327
branch [off] A 363, A 365
— diameter A 603
—, draining ~ E 370
—, inclined ~ S 1648
— line N 114
— piece S 1646
— pipe A 364
—, right-angle ~ S 1647
—, screwed ~ G 343
— sewer A 600, N 115
—, skew ~ S 1648
— sleeve U 76
—, straight ~ S 1647
—, suction ~ S 191
branched Z 193
— chain hydrocarbon K 400
— network V 45
branching at an acute angle A 367
— at right angle A 366
— channel V 342
— of the pipe R 449
brass M 223
— nipple, soldered ~ M 224
— tube M 225
braze H 91
brazed nipple M 224
brazing metal H 93
— solder H 93
breadth B 789
break B 784, U 248
— down V 245
— *(biol.)* A 16
— in water main W 332
— of tidal wave S 1645
— pressure tank D 336
—-away A 171
—-down product A 20
—-in of water W 154
—-point K 351
—-point chlorination K 352
—-resistant B 809
—-through in filters, floc ~ S 394
breakage B 807
—, point of ~ B 823
breakdown B 407, Z 165

— *(biol.)* A 7
— lorry K 549
breaker B 785
—, vacuum ~ R 444
breakers B 759
breaking load B 808
— point B 813
— pressure B 808
— strength B 810
— stress B 818
—-in E 38
—-in period E 39
—-in process R 215
breakthrough of turbidity D 379
breakwater W 512
breast board B 873
— girth B 874
— water wheel W 320
breathing apparatus A 694
breeches pipe H 343
breeder reactor B 835
brewers' grains B 473
brewer's grains T 327
brewery B 768
— press liquor B 769
— residues B 771
— wastes B 770
brick Z 99
— conduit K 72
— lining A 840
— masonry Z 98
—, paving ~ P 126
— reservoir B 170
—, sewer line ~ K 77
— work M 116
brickwork, vaulted ~ G 352
bridge B 825
—, arch ~ B 690
—, canal ~ K 78
— construction B 826
—, flumed ~ K 78
— girder ~ T 298
—, lattice ~ F 7
—, pavement of a ~ B 827
—, pedestrian ~ F 706
—, pull-back draw ~ S 644
—, road ~ S 1527
—, [rotating] scraper ~ R 20
— seat G 563
—, suspension ~ H 5
—, swinging ~ D 237
—, travelling half-~ H 40
—, truss ~ F 7
brightening G 384
Brikollare process B 802
brilliant green bile broth B 803
brine S 63, S 64, S 1044
— disposal S 1045
— spring S 1044
brink ice R 35
briquette P 276
briquetting plant B 801
brittle B 824
broad irrigation O 26

605

bro

— irrigation of sewage [or waste] A 349
broken stone S 1377
bromine B 805
bronze B 806
brook B 2
— trout B 5
—-clearing B 4
brooklet B 3
broth *(bact.)* N 38
— culture *(bact.)* B 755
—, lactose ~ M 303
brown coal B 775
— haematite B 773
— mechanical wood pulp B 780
— rot B 774
— trout M 149
—-coal mine B 776
Brownian movement B 779
brush B 882
— aeration B 883
— type rotor B 884
—-aerator B 884
bryozoa M 410
bubble B 529
— aeration B 530
—, air ~ L 315
— gage D 315
—, gas ~ G 49
— scrubber G 436
— tower G 436
—-tray G 434
bucket E 35
— *(of an overflow dam)* S 1640
— conveyor B 134
— elevator B 134
— excavator E 36
— lip wall S 1641
— of a water wheel S 260
— pump B 134
—, shell ~ V 27
—-and-chain dredge E 36
—-wheel S 264
budget H 120
—, nutrient ~ N 48
buffer P 342
— *(chem.)* P 345
— capacity P 346
— solution *(chem.)* P 344
—-tank P 343
buffering action *(chem.)* P 347
— capacity P 346
— effect *(chem.)* P 347
build-up S 83
builder B 120, W 107
building B 86, B 122
Building Act, Federal ~ B 887
building area B 127
— by-law B 110
— code B 110
— concerns B 124
— contractor B 120
— drain H 117
— expenses B 102
— inspection *(authority)* B 88

— material B 119
— plan B 128
— project B 121
— regulations B 110
— site B 116
— trade B 93
built-up area F 373, O 120
bulb tube K 663
bulk M 98
— *(sludge)* B 527
— cement Z 60
— client G 515
— flow meter H 110
— goods M 101
— specific gravity T 400
— supply W 285
bulking sludge B 528
bulky refuse S 1122
— waste S 1122
bulldozer P 197
bulrush S 342
bumper S 1486
bunker B 889
buoy B 742
—, light ~ L 210
buoyage B 372
buoyancy A 776
—, axis of ~ S 777
— plane S 797
Bureau of Measurements and Standards E 17
burette B 880
burial of sludge U 258
buried E 513
— outcrop A 876
— system S 1696
burn V 76
burner B 794
—, submerged-combustion ~ T 64
burning, open[-air] ~ V 80
burr-reed, simple ~ I 1
burrow H 48
burst B 303
—, glacier ~ G 422
bursting point B 214
— pressure, hydrostatic ~ B 302
— strength B 812
— test B 816
bury V 179
— sludge U 257
burying method *(of sludge disposal)* G 453
butt-joint S 1476
—-welded S 1628
—-welded seam S 735
butterfly valve D 269
—-valve, pneumatically operated ~ D 270
buttress A 872, P 101, S 1551
— dam P 102
butylene B 892
butyric acid B 891
by chance Z 129
— gravity G 110

— wash channel U 56
— water right W 325
—-channel U 56
—-pass U 152, U 154
—-pass channel U 157
—-pass, rain-water ~ R 173
—-pass tunnel U 158
—-pass valve U 159
—-product N 108

C

C-horizon C 1
cab K 4
cabin K 4
cable K 1, T 61
— network K 3
— tool method S 1483
—-brush K 79
—-ferry S 881
—-tool drill S 1480
—-tool rig S 1480
cableway K 2
caddis fly K 363
— fly larva K 364
cadmium C 2
cage rotor K 6
caisson S 916
— foundation [work] S 917
—, pneumatic ~ D 307
cake Z 163
calamus K 57
calcareous K 37
— clay M 199
— crust K 38
— sandstone K 47
— soil K 33
calcite coating, protective ~ C 3
calcium C 4
— bicarbonate C 6
— carbide C 7
— carbonate C 8
— chloride C 9
— hydroxide C 10
— hypochlorite C 11
— oxide A 409
— sulphate C 12
—-hardness K 36
calculated flow S 1046
— run-off S 1046
calculating, network ~ R 420
calculation B 279, B 280
— of construction costs B 104
— of costs K 520
— of flood routing H 246
— of operating costs B 402
calculator C 109
—, electronic ~ E 251
calibrating E 22
calibration E 22, E 145
— curve E 21
calico print works K 170
calm B 307
caloric unit W 29
calorific value H 167

calorimetric measurement W 42
calorimetry W 42
calory W 29
Cambrian age K 65
camping place C 13
— site C 13
canal K 71
— bridge K 78
—, connecting ~ A 599
—, discharge ~ E 362
— inspection tour K 76
—, lateral ~ S 891
— link ~ V 58
— maintenance I 80
—, navigation ~ S 335
—, offset ~ S 1411
— overflow spillway K 100
— patrolling K 76
— rapids S 665
— scraper K 96
—, subsidiary ~ N 112
—, tail of a ~ K 75
canalization K 83
cancer K 558
cancerogenic K 560
candle filter K 230
Candlot's salt C 5
cane sugar R 455
canned pump P 358
cannery K 452
canteen K 105
canvas (water-) bucket W 336
canyon S 519
caoutchouc K 173
cap K 122
capacitance R 64
— of the membrane M 185
capacity A 123, L 153, L 161, R 64
—, artesian ~ S 657
—, assimilatory ~ A 692
—, bearing ~ T 304
—, buffering ~ P 346
—, carrying ~ S 492
—, combining ~ B 481
— curve (of a reservoir) S 1331
—, dependable ~ L 154
— diagram L 163
—, exchange ~ A 885
—, [normall field ~ F 135
—, flood absorption ~ H 257
—, flood retention ~ H 257
—, flow ~ D 401
—, high ~ H 226
—, installed ~ L 155
—, lime combining ~ K 32
—, load ~ B 222
—, maximum ~ A 124
—, net ~ N 295
—, nominal ~ N 130
— of a well, total ~ S 659
—, oxygen consuming ~ O 134
—, peak ~ L 166
—, purifying ~ R 246
—, reserve ~ L 165

—, specific ~ E 516
—, storage ~ S 1334
—, surcharge on storage ~ S 935
—, total ~ G 249
—, useful ~ N 291
—, utilization, degree of ~ A 825
capillarity K 110, S 1356
capillary K 113
— action K 110
— constant K 111
— depression K 106
— diffusion K 107
— electrode K 109
— elevation (hydrol.) S 1356
— force K 110
— fringe (hydrol.) K 115
— head K 116
— height, critical ~ H 32
— interstice K 112
— lift (hydrol.) S 1356
— migration K 107, K 117
— pressure K 108
— rise (hydrol.) S 1356
— suction K 114
— tube K 113
— water (hydrol.) K 118
— yield A 774
capital cost K 119
— expenditure K 119
capsize K 209
capsizing K 210
capstan S 1129
— head K 587
capture of underground-water G 618
—, river ~ F 514
car repair shop K 535
— washing W 61
caracteristic K 207
—, datum K 207
carbamate C 14
carbide C 15
carbohydrate K 374
carbolic acid P 137
carbon K 387
— analyzer K 389
—, dephenolating ~ E 402
— dioxide K 380
— dioxide, aggressive ~ K 381
— dioxide, combined ~ K 383
— dioxide, excess ~ K 385
— dioxide, free ~ K 382
— dioxide, semi-combined ~ K 384
— disulphide S 723
— electrode K 372
— extraction, chloroform soluble from ~ C 68
— filter K 373
— filter, granulated ~ K 493
— monoxide K 379
— powder P 353
— source (biol.) K 392
—, total ~ G 250

—, total organic ~ K 388
—-nitrogen ratio K 390
carbonaceous K 391
carbonate C 16
— alkalinity C 17
— balance K 27
— equilibrium K 27
— hardness H 8
— of calcium C 8
— of lime C 8
— of magnesia M 20
carbonation sludge S 288
carbonic acid K 380
— acid gas K 380
— anhydride K 380
— oxide K 379
Carboniferous K 376
carbonization K 125
— foul water S 750
—, low temperature ~ S 749
— plant K 403
carbon:nitrogen:phosphorous-ratio C 99
carboy G 388, K 481
carcinogenic K 560
cardboard P 16
care B 154
cargo boat F 625
carnallite C 18
carp K 126
carpet mill T 133
carriage A 542
carriageway F 43
carrier drain S 81
— of germs K 199
carry T 303
— along F 673
— out A 808
—-over F 483, S 1181
—-over storage U 88
carrying capacity S 492, T 304
carryover F 483
cart K 127
carting A 542
cartographical K 142
cartridge filter K 230
cascade S 1644
— aeration K 143
—, ground-water ~ G 631
— spillway K 144
—, stripping ~ T 341
case G 142, V 240
—, critical ~ G 477
— of typhoid fever T 507
cased borehole B 709
casing F 712, G 142
—, drill ~ (of a bore hole) F 713
— of wells V 241
—, protective ~ S 685
—, screwed ~ G 344
—, slotted ~ M 67
—, stove-pipe ~ D 208
—, surface ~ S 1296
—, temporary ~ V 242
— wrench V 243

cask T 269
— washing F 86
— washing waste F 87
cast G 368
— concrete G 697
— iron G 699
— iron [pipe] conduit G 705
— iron delivery pipe with socket M 459
— iron, ductile ~ G 700
— iron fitting F 607
— iron pipe G 703
— iron pipe, ductile ~ G 704
— iron pipe line G 705
— iron pressure pipe with socket M 459
— iron pressure socket pipe M 459
— iron socket M 451
— iron tube G 703
— overburden A 182
— pipe, sand ~ S 103
— steel G 706, S 1264
— tube, sand ~ S 103
—-iron, grey ~ G 470
casting G 696
—, centrifugal ~ S 497
— defect G 701
— mo[u]ld G 370
—, pit ~ *(pipe manufacture)* S 1289
— process G 707
— ring G 371
—, semi-steel ~ H 45
— skin G 702
—, special ~ F 606
cat-walk L 105
catabolism K 147
catadromous K 148
— fish F 322
catadyn process K 149
—-process, electro-~ E 231
catalase K 150
catalysis K 151
catalyst K 463
catalytic K 152
catalyzer K 463
cataract S 1609, S 1644
— action K 153
catastrophe K 156
catastrophic flood K 159
catch pit E 447, K 293
—-all S 1445
catchbasin V 425
catchment area E 168
— area, subterranean ~ E 169
— area, topographical ~ N 183
— area, water ~ W 240
— basin, experimental ~ K 313
—, water ~ W 239
catchwater A 77
catchwork A 77
caterpillar grader P 197
catharobic K 161

cathode K 162
— ray oscillograph K 164
cathodic protection K 163
cation K 165
— exchange K 167
— exchange column W 376
— exchanger W 376
— exchanger in H-form K 168
—-active K 166
—-selective K 169
cattle V 383
— feed V 387
—, large ~ G 523
— range W 476
— rearing T 244
—, small ~ K 319
— unit V 386
— watering place V 388
—-rearing farm V 389
catwalk L 105
caulk V 302
caulked joint S 1389
caulking V 303
— hammer F 42
— iron S 1388
— of lead in sockets V 304
— socket S 1390
— socket with a wire groove S 1391
— tool S 1388
caustic W 109
— alkalinity A 404
— cleaner R 238
— cleaning solution R 238
— embrittlement L 108
— lime A 409
— potash A 407
— potash lye A 408
— soda A 410
— soda lye N 91
— soda solution N 91
—, spent ~ W 110
caution W 96
cave H 294
cavern H 294
— flow K 174
—, limestone ~ K 132
— water K 133
cavitation K 176
cavity H 302, L 356
C.D. C 47
cell *(biol.)* Z 35
—, fermentation ~ G 22
— (mass) yield B 502
— plasm Z 40
—, reproductive ~ F 620
— wall Z 56
cells, division of ~ Z 38
cellular buttress gravity dam H 301
— cofferdam Z 36
— density Z 34
— division *(biol.)* Z 49
— membrane Z 43
— reproduction Z 55
— respiration Z 32

— structure Z 33
— substance Z 48
— tissue Z 39
cellulolytic enzyme Z 52
cellulose Z 50
— acetate membrane Z 54
— degradation Z 53
— digester Z 47
— digesting bacteria Z 51
— factory Z 45
— kier Z 47
cement Z 58
— bin Z 66
—, blast furnace ~ H 230
—, bulk ~ Z 60
— coating Z 67
— filling Z 61
— for sockets M 464
—, ground-water ~ G 676
— grouting Z 62
—, grouting ~ E 111
— injection Z 62
—, jointing ~ F 689
— lining Z 61
— mortar Z 64
— pipe B 375
— plaster Z 65
—, quick-setting ~ Z 59
— silo Z 66
—, slag ~ S 355
—, supersulphated ~ S 1664
cementation Z 63
center of gravity S 771
—-discharge clarifier A 217
—-feed settling tank [*or* basin] A 218
—-feed tank [*or* basin] B 140
centering ring Z 70
centigrade C 19
central angle Z 80
— control panel S 1405
— heating Z 69
centralized Z 68
— water supply W 425
centrate Z 76
centre line M 370
— of gravity S 771
centrifugal Z 71
— aerator K 569
— casting S 497
— casting process S 499
— concrete S 495
— deep-well pump Z 72
— dewatering S 496
— filter Z 73
— force F 420
— plant Z 77
— pump K 570
— pump, multi-stage ~ K 572
— pump, self-priming ~ K 575
— pump, vertical spindle ~ U 309
— pump with conical screen K 574
— sand trap Z 74

chl

centrifugally cast concrete S 495
— cast pipe S 498
centrifugation Z 78
centrifuge S 500, Z 75
—, decanting ~ D 84
(centrifuge) moisture equivalent F 206
centrifuge, output of ~ A 888
—, sludge ~ S 441
centroid of storm rainfall F 382
ceramic pipe K 214
cesspit S 914
— effluent S 915
— liquor S 915
cesspool S 914
[vacuum] cesspool cleaner S 180
cesspool, leaching ~ *(for sewage)* S 955
— overflow G 530
— system G 528
cetyl alcohol H 190
chain and flight collecting mechanism K 251
— conveyor K 252
— drive K 248
— gauge K 250
— of lakes S 850
— of locks S 507
— scraper K 251
— transmission K 248
—-type scraper K 249
chalk K 564
chalky formation K 128
chalybeate spring E 202
— taste E 193
chamber G 142, K 66
—, air ~ W 598
—, contact ~ K 459
—, float ~ S 794
—, grit ~ S 93
—, inlet ~ E 94
—, inspection ~ K 469
— locks K 68
— of a reservoir B 175
— of a source Q 40
—, receiving ~ V 453
—, screening ~ R 80
—, stilling ~ B 309
—, volute ~ S 1138
—-type fishway F 345
chamois dressing S 8
— tan S 8
— tannery S 6
— tanning S 8
— tanning waste water S 7
chance sample E 165
change A 387
— of course R 303
— of cross section Q 62
— of direction R 303
—-pole P 232
changeable V 42
changing room U 146

channel K 71
—, approach ~ Z 154
—, bio-oxidation ~ O 130
—, collector ~ S 79
—, discharge ~ E 362, E 368
—, distribution ~ V 342
—, diversion ~ U 157
—, drainage ~ E 442
—, feeding ~ O 30
—, flushing ~ S 1194
—, grit ~ L 74
—, inlet ~ E 95
—, irrigation ~ B 432
—, measuring ~ M 220
—, mixing ~ M 347
— of a river F 518, T 48
—, open ~ K 74
—, shallow ~ F 364
—, sludge ~ S 432
—, spillway ~ U 23
—, transmission ~ U 91
—, tributary ~ N 112
character C 20
characteristic mark K 208
characteristics E 29
— of a pump P 378
— of ground-water G 603
—, operating ~ B 392
charcoal H 313
charge B 313, B 314, L 13, L 14
charges, pumping ~ P 388
chart T 3
—, circular ~ M 238
—, hydrographic ~ S 845
—, meteorological ~ W 546
— record D 117
—, soil survey ~ B 663
—, strip ~ M 238
chassis F 45
check analysis K 467
— sample V 177
— valve A 259, R 515
cheese-dairy K 11
—-processing plant K 11
chelate C 23
chelating agent *(chem.)* K 429
chelation C 25
chelator C 24
chemical C 28, C 33
— action V 150
— analysis U 283
— cleaning R 230
— combination V 56
— components S 1449
— composition Z 170
— compound V 56
— conditioning process A 733
— consolidation V 158
— constituents S 1449
— dosing plant C 31
— engineering T 83
— examination U 283
— feed F 27
— feed machine D 213
— feeder C 29
— for use in agriculture A 420

— grouting V 158
— house C 31
— injection V 158
— laboratory L 3
— laundry W 101
— oxygen demand S 150
— precipitation F 29
— proceeding V 150
— process V 150
— properties E 30
— pulp Z 44
— pulp factory wastes Z 46
— purification R 230
— quality of water W 176
— reaction R 72
— solvent L 278
— substance C 28
— substances S 1449
— treatment R 230
— treatment of sewage A 336
— treatment process A 733
— water analysis W 407
— water research W 407
— works F 2
—-cleaning establishment W 101
chemically combined C 34
— pure C 35
chemicals from mineral oil E 503
—, handling of ~ U 141
chemist C 32
—, assistant ~ L 1
chemistry C 26
chest G 142
chimney S 604
Chironomus larva C 37
chisel B 717
chloramination C 45
chloramine C 44
— treatment C 45
chloride C 62
— holding basin R 499
— of lime B 547
— of sodium K 361
chlorinate C 51
chlorinated copperas E 205
— hydrocarbon C 66
— lime B 547
— rubber C 65
chlorinating agent C 79
chlorination C 73
—, break-point ~ K 352
—, combined with copper sulfate C 43
—, dry-feed ~ C 74
—, excess ~ H 210
—, free-residual ~ S 675
—, intermediate ~ Z 210
—, intermittent ~ S 1485
— of drinking-water T 371
— plant C 78
—, raw water ~ V 431
—, sewage ~ A 320
—, solution-feed ~ C 75
—, subresidual ~ C 77

609

chl

—, up-sewer ~ A 355
chlorinator C 58
—, hypo~ H 404
chlorine C 38
— absorptive properties C 82
— addition C 53
— admixture C 53
— ammonia treatment C 45
— application C 53
—, available ~ C 42
— binding capacity C 82
—, combined available ~ C 41
— combining capacity C 82
— content C 57
— curve, applied/residual ~ C 83
— cylinder C 52
— demand C 47
— diagram C 49
— dioxide C 50
— dosage C 53
— excess C 72
—, free ~ C 40
—, free available residual ~ R 276
— (fume) detector C 56
— gas C 54
— gas feeder C 55
—, residual ~ R 274
— residual, combined ~ R 277
— solution C 81
chlorinous odour C 59
— taste C 60
chloro-scales C 80
chloroform T 351
— soluble from carbon extraction C 68
chlorophenol C 69
— taste P 142
chlorophyll B 534
chlorosis B 551
chlorous acid C 63
choke V 305
choked layer of sand S 111
choking V 306
— of the filter V 269
cholera C 84
— vibrio C 86
choppy sea S 834
chromate C 88
chromatographic C 92
—, gas~ G 51
chromatography C 89
—, ascending technique of ~ C 91
—, circular/horizontal ~ R 543
—, column ~ S 23
—, decending technique of ~ C 90
—, gas ~ G 50
—, gas-liquid ~ G 44
—, paper ~ P 12
—, pyrolysis gas ~ P 404
—, thin-layer ~ D 364
—, vapor-~ D 31

chrome dyeing wastes C 93
— tannery C 94
— tanning C 95
chromic acid C 96
chromium C 87
— plating V 92
chronological sequence J 6
chrysalis P 395
chub D 187
churn method of drilling S 1483
chute S 665, W 222
ciliated organisms O 104
ciliates W 587
—, stalked ~ C 97
cilium G 149
cinders A 678
cinematic viscosity Z 4
circle K 566
circuit K 578
— diagram S 244
circular K 577
— arch K 568
— chart M 238
— cross section Q 54
— degritter R 545
— drop inlet spillway S 207
— filter R 542
— main R 326
— sand-trap R 545
— sewer R 323
— tank K 567, R 540
— tank, prestressed concrete ~ S 1077
— transverse section Q 54
circular/horizontal chromatography R 543
circulate K 581, U 147
circulating current of the surface water (limnol.) K 472
— device R 524
— pump U 168
circulation K 578, U 167
— evaporator U 149
— pump, sludge ~ S 455
—, sludge ~ S 456
circumferential plate M 65
— prestressing R 332
cistern S 75, Z 106
— (W.C.) S 1189
— storage Z 108
— well Z 107
citrus fruit processing C 98
city S 1234
— centre [center] S 1239
civil engineer B 100
— engineering B 101
clam M 492
—-shell dredge G 474
clamp S 623
— bolt S 1082
clamping B 162
— screw S 1082
clamshell G 474
clarification K 299

— basin K 287
— device K 290
—, final ~ N 12
— plant K 282, R 234
— plant, primary ~ K 284
—, preliminary ~ V 455, V 463
— tank K 288
—, upflow ~ K 300
clarifier K 287
—, pebble bed ~ G 505
—, preliminary ~ V 454
—, secondary ~ N 10
clarifiying pond K 298
clarify K 291
clarifying K 299
— basin, river ~ F 526
— efficiency K 289
clarity D 428
classification K 311
—, decimal system of ~ D 112
classifier, wet ~ N 74
classify K 309
clay T 257
—, banded ~ B 18
—, boulder ~ G 262
— brick Z 99
— core T 262
—, layer of ~ T 274
— marl T 267
—, marly ~ T 259
— mineral T 268
— pipe T 271
—, plastic ~ T 260
—, poor ~ S 527
— puddle wall T 262
—, quick ~ F 444
—, refractory ~ T 258
—, vitrified ~ S 1370
—-soil T 261
clean R 228
— water W 138
— water reservoir R 251
—-out R 244
—-out drain A 155
—-out opening R 241
—-up operations waste water R 233
—-up operations wastes R 247
cleaned, mechanically ~ R 22
cleaner R 240
—, emulsion ~ E 279
—, household ~ H 121
—, suction ~ V 11
—, travelling ~ S 1203
cleaning R 229
—, boiler ~ K 234
—, chemical ~ R 230
—, compressed-air ~ P 280
— device R 235
—, due for ~ R 213
— eye R 241
— hole R 241
— of a filter F 279
— process R 245
—, solution, caustic ~ R 238
—, water main ~ R 429

cleanness R 226
cleanse R 228
cleanser R 240
cleansing agent R 240, W 111
— service, public ~ S 1243
clear A 139, B 323, D 427
— *(wood)* R 343
— cutting A 139
— diameter L 224
— of ice E 208
— openings of a bar screen S 1231
— out B 323
— space S 1231
— water W 138
— water bacteria R 250
— water basin R 251
— water reservoir R 251
— water tank R 251
— water vault R 252
— well R 251
clearance S 1128
— loss S 1074
clearing A 139, R 344
clearness D 428
cleavage S 1072
—, enzymatic ~ S 1073
client, bulk ~ G 515
cliff F 139, K 326
—, active ~ K 327
—, inactive ~ K 328
— spring K 342
climate K 329
—, alpine ~ H 288
—, continental ~ K 331, K 465
—, humid ~ F 211
—, oceanic ~ S 846
—, subtropical ~ K 332
—, temperate ~ K 330
—, tropical ~ K 333, T 441
climatic K 338
— factor K 335
— index K 336
— zone K 340
climatology K 337
climbing formwork K 325
— iron S 1354
— screen K 324
— shuttering K 325
clinker K 235, K 341
clip R 433
—, wrought iron ~ A 531
cloaca K 343
clockwise motion B 441
— rotation B 441
—-opening gate valve S 315
clockwork Z 13
— *(of a water meter)* T 361
clog V 305
clogged sand layer S 111
clogging V 255, V 306
— constituents S 1123
—, filter ~ F 298
close V 259
closed basin *(hydrol.)* N 182
— conduit L 184

— cooling system K 629
— filter F 225
— loop waste water system W 275
— recirculation K 580
— reservoir B 171
— trickling filter T 446
—-end pipe S 5
—-loop recycling system K 580
closet K 344
—, dry ~ T 389
—, pail ~ E 37
—, standing ~ S 1285
closing dike A 197, F 561
closure V 260
cloth factory T 474
— filter T 475
[filter] cloth washer F 292
cloud W 657
—, orographic ~ S 1346
—, rain ~ R 188
— seeding W 659
—-burst W 658
clutch K 710
—, disk ~ F 397
C/N-ratio K 390
C:N:P-ratio C 99
co-operative sewage association A 347
coagulable F 450
coagulant F 25, F 463
— aid F 462
— requirements F 26
coagulate F 453
coagulating F 457
— basin F 461
coagulation F 457
—, subsequent ~ F 460
— tank [or basin] F 461
coal K 370
[pit] coal S 1371
[hard] coal S 1371
coal cleaning K 393
—, hydrogenation of ~ K 402
— mine K 377
— mine drainage [water] K 378
— mining K 375
— pit K 377
— preparation K 393
— slag clinker K 235
— sludge K 386
— tar S 1372
— washery K 393
— washery effluent K 394
— washing plant K 393
— washing [waste] water K 394
—-refinement industry K 401
—-tar bath T 94
—-tar dip(ping) S 1373
—-tar emulsion T 89
—-tar pitch T 91
coalescence K 357
coaltarred hemp braid H 80
coarse G 501
— bar screen G 508
— filter G 504

— fish F 313
— grained filter G 504
— grained sand S 86
— gravel K 258
— matter G 511
— rack G 508
— screen G 508
— screening G 502, G 509
—-bubble ... G 503
coast K 641
—, alluvial ~ A 610
—, configuration of the ~ K 647
— protection K 651
— region K 646
—, steep ~ S 1363
coastal current K 652
— erosion K 643
— landscape, safeguarding the ~ E 520
— line K 649
— plain K 642
— region K 646
— river K 645
— water K 648
coastline K 649
coat A 619
—, inside ~ A 621
— of bitumen B 524
coated inside and outside with bitumen I 55
coating A 619, B 206, D 65, P 397, U 104, U 105
—, asphalt ~ A 685
—, external ~ A 620
—, plastic ~ K 691
—, protective [paint] ~ S 673
—, slimy ~ S 488
—, tar enamel ~ T 92
cock H 36
—, ball ~ K 659
—, bath ~ B 14
—, bib ~ Z 23
—, boring ~ A 528
—, drain ~ A 829
— key S 1120
—, overflow ~ U 61
—, screw-down ~ N 203
—, (sludge) plug ~ K 471
—, three-way ~ D 261
—, two-way ~ Z 205
—-pit K 132
COD S 150
code, safety ~ S 939
coefficient B 191
— of conformity G 405
— of diffusion D 163
— of discharge A 88, A 805
— of distribution V 339
— of evaporation V 108
— of expansion and contraction A 798
— of flow impediment due to weed growth V 197
— of friction R 59, R 205
— of overfall W 468

— of permeability D 410
— of relative permeability D 411
— of roughness R 59, R 205
— of roughness in pipes R 428
— of run-off A 88
— of solubility L 267
— of storage, specific ~ S 1099
— of transmissibility D 410, D 420
— of turbidity T 466
— of utility N 301
— of velocity G 279
— of viscosity Z 12
— of volume expansion R 61
—, shrinkage ~ S 812
coelenterates P 119
coercion Z 187
coercive measure Z 186
coffer dam, crib ~ K 145
cofferdam F 62
—, cellular ~ Z 36
—, pile-sheeting ~ S 1214
—, rock-dike ~ S 1369
cogwheel Z 16
cohesion K 369
cohesionless soil B 591
cohesive soil B 585
coil R 320
—, cooling ~ K 627
—, heating ~ R 435
—, pipe ~ R 434
coin operated laundromat wastes M 449
coke K 405
— basket K 408
— filter K 406
— hurdles K 407
— oven K 410
— oven plant effluent K 404
— oven waste K 404
— percolator K 411
— plant K 403
— scrubber K 411
— tray aerator K 411
— trickler K 411
— trickling bed K 411
— works K 403
—-oven plant K 403
—-quenching water K 409
coking plant, lignite ~ B 777
colcrete U 300
cold K 7, K 58
— water W 134
— water organisms K 63
—-blooded animal K 59
—-cleaning agent K 61
—-rolling mill K 62
—-water steeping K 64
coldness K 7
coli count C 105
— determination C 103
— test C 107
— titer C 107
colicidal C 100

coliform B 27, C 104
— bacteria B 27
coliphage C 106
collapse E 141, Z 165
collar G 371
— against freezing F 655
—, lead ~ B 554
collect S 78
collecting basin S 73
— conduit S 77
— ditch S 76
— dug well Z 107
— gallery S 80
— mechanism, chain and flight ~ K 251
— of samples P 289
— pipes, string of ~ F 85
— system E 443
— tank S 75
— trough S 79
— well S 75
collection S 83
—, gas ~ G 61
—, refuse [or garbage] ~ M 429
— system E 443
collector A 340, B 257
— channel S 79
— channel, cross ~ S 440
—, gas ~ G 72
—, grit ~ S 107
—, lateral ~ S 891
—, oil ~ O 70
— system, inclined ~ S 606
— well H 336
colliery K 377
colloid K 421
— separator K 422
colloidal K 420
— matter S 1452
— state Z 183
— substances S 1452
colon strain C 101
colony count K 203, K 205
— counter K 202
— of bacteria B 43
color F 68
colo[u]r removal E 322
— scale F 71
colorimeter K 423
—, double wedge ~ D 195
colorimetric K 425
— analysis K 424
colo[u]ring F 37
— agent F 73
— matter F 73
colo[u]rless F 70
colour F 68
colo(u)r producing F 67
column P 101, S 22
— chromatography S 23
—, exchange ~ A 883
—, extraction ~ E 580
—, liquid ~ F 485
— of mercury Q 22
— of water W 337

—, separation ~ T 342
—, stripping ~ A 279
combination, chemical ~ V 56
combine (chem.) V 53
combined action Z 171
— available chlorine C 41
— carbon dioxide K 383
— chlorine residual R 277
— compost M 343
— composting K 436
— effort Z 171
— incineration of refuse mixed with sewage sludge M 428
— residual chlorine R 277
— sewage M 358
— sewer M 360
— sewer overflow M 361
— sewer system M 354
— sewerage M 340
— system of sewerage M 354
— tensile bending test Z 143
— water (chem.) W 129
— water meter W 298
— water-supply V 90
—-sewage flow M 359
combining capacity B 481
combustible B 792, B 799
combustion V 77
— at sea V 78
—, atomized suspension technique of ~ V 104
— chamber, secondary ~ N 22
— furnace V 83
—, submerged ~ U 315
—, waste-gas ~ A 134
—, wet ~ N 75, V 79
come into force K 532
comfort station B 160
comma bacilli K 426
commensal P 23
commercial fertilizer H 64
— fish N 287
— fishery H 65
— grade material H 66
— scale M 109
— waste A 47
comminute Z 86
comminution of screenings R 85
comminutor R 84
Commission on Irrigation and Drainage, International ~ I 89
— on Large Dams, International ~ I 90
commodities H 66
common goldfish G 443
— use G 172
communicable disease A 616
communication pipe H 113
communities sewage works G 680
— water supply G 681
community G 169
—, biological ~ A 671

— of neighbouring sewage
works K 286
—, rural ~ L 51
— served G 170
compact *(concrete)* V 110
— rock F 139
compacted S 1410
— earth fill E 510
— rockfill S 1380
compacting *(of concrete)* V 116
compaction V 306
— *(of concrete)* V 116
— of the soil B 672
—, soil ~ B 670
—, water of ~ V 117
compactor V 113
companion flange V 57
comparator K 427
comparison of tints F 75
— test V 177
compartment K 66
— type filter press K 67
compatibility V 351
— test V 352
compensating reservoir A 816
compensation E 414, K 428
— level A 817
— water Z 178
competence Z 182
competent Z 181
complete circulation F 669
— drainage V 415
— encasement V 417
— mixing V 416
— treatment R 232
—-mixing basin T 287
—-mixing tank T 287
completely mixed activated
sludge process B 231
completion A 809
— certificate A 177
— of a well I 27
— report F 175
complexation K 430
— titrimetry K 431
complexometric titration
K 431
component B 335
components, chemical ~
S 1449
—, mineral ~ S 1453
composite membrane M 162
— sample M 346
composition Z 169
—, chemical ~ Z 170
compost K 432, K 434
—, combined ~ M 343
—, crude ~ F 641
— digester K 438
— row K 433
composting K 435
—, combined ~ K 436
— of refuse and sludge,
joint ~ M 426
— plant K 437
—, refuse ~ M 436

compound, aliphatic ~ V 54
—, chemical ~ V 56
— compressor V 87
— counter V 91
— counter, Woltmann ~
W 664
— heating stove V 183
— jointed [pipe] line V 182
—, jointing ~ V 181
—, organochlorine ~ C 66
— steam engine V 86
— turbine V 89
— water meter W 298
— well V 85
compress V 109
compressed air D 306
— air aeration D 311
— air caisson D 307
— air ejector M 49
— air impulse D 308
— air line D 314
— air operated pump P 361
— air test P 278
—-air cleaning P 280
—-air lifting D 312
—-air lock P 279
—-air rinsing P 280
compressibility Z 166
compression D 273, V 114
— of water Z 167
— strength D 289
—, vapor ~ B 830
— wave D 344
compressive strength D 289
— stress D 328
compressor V 112
—, compound ~ V 87
—, piston ~ S 283
—, rotary ~ R 478
—, screw-impelled ~ S 620
computation B 279
computer C 109
—, electronic ~ E 251
concentrate *(chem.)* A 585,
V 111
concentrated wastes A 291
concentration K 474
— *(chem.)* A 587, V 115
—, critical ~ G 482
—, ionic ~ I 108
—, maximal admissible ~
A 655
—, maximum allowable ~
K 476
—, maximum permissible ~
H 279, K 476
— of polluting matter S 548
— of salt S 55
— of the sewage K 475
—, threshold ~ G 482
— time E 55
concentrator S 395
concession V 207
concrete B 350, B 364
— apron B 377
— arch dam B 357

(concrete) batching plant
B 365
concrete, bituminous ~ B 522
—, cast ~ G 697
—, centrifugal ~ S 495
—, controlled ~ N 252
— core wall B 367
— covering B 379
— culvert B 358
— cut-off wall B 362
— dam B 369
—, expanding ~ E 570
— filtering tube B 360
— foundation B 361
—, green ~ B 352
— gun B 378
— hopper B 368
—, lean ~ M 13
— lined B 356
—, manufacture of ~ B 380
—, mass ~ M 99
— mixer B 370
— mixer with rotating drum
B 371
— pan B 376
— panel B 373
— pipe B 375
— pipe, prestressed ~ S 1076
— piping with sheet metal
core, reinforced ~ S 1259
—, plain ~ B 354
—, plastic ~ B 353
—, prefabricated ~ F 173
—, prestressed [reinforced]
S 1075
—, ready-mixed ~ T 319
—, reinforced ~ E 185
— sewer B 366
— slab B 373
— slabbing B 374
—, stamped ~ S 1282
— toe wall B 362
—, vibrated ~ R 525
— wall B 369
— [mixing] plant B 359
concreting bridge B 363
concretion K 451
condensate K 439
—, foul ~ K 526
— polishing K 448
— processing K 441
—, sour ~ K 440
condensation K 442
— *(chem.)* V 115
— nucleus K 443
— water K 444
condenser K 445, K 623
—, barometric ~ K 446
—, direct-contact ~ M 344
—, surface ~ O 16
— tube K 447
— [or cooling] tube K 626
—, vent ~ B 831
— water F 56, K 444
condensing coil K 627
— turbine T 485

— water K 635
condition A 756, B 177, B 311
— (sludge) A 724
— (water) A 725
— of the ground B 607
conditioner, soil ~ B 669
conditioning B 178
— (water) A 728
—, biological ~ A 732
— of sludge A 730
— process A 731
— process, chemical ~ A 733
— process, mechanical ~ A 734
— process, thermal ~ A 735
—, water ~ W 171
conduct, connecting ~ V 59
—, supply ~ V 293
conductance L 200
—, specific electrical ~ L 173
conductivity L 170
— cell L 176
—, electrical ~ L 171
—, hydraulic ~ L 172
— meter L 174
—, residual ~ R 281
—, thermal ~ W 40
conductometric end-point determination K 450
— titration L 175
conductor pipe B 713, Z 155
—, resistance of a ~ (electr.) L 197
conduit D 413, L 181, R 412
—, air ~ W 549
—, brick ~ K 72
—, cast iron [pipe] ~ G 705
—, closed ~ L 184
—, collecting ~ S 77
—, connecting ~ V 59
—, discharge ~ E 369
—, free lying ~ L 183
—, gravity ~ F 634
— in a street S 1539
—, influent ~ E 95
—, inlet ~ Z 124
—, mixing ~ M 347
—, overflow ~ U 56
— pipe L 192
— pipe in a street S 1543
—, power ~ T 360
—, submarine ~ U 307
—, water ~ W 283
cone K 177, T 353
— of depression (hydrol.) A 212
— of influence (hydrol.) A 212
— of intake E 392
— of pumping depression E 392
— of recharge A 747
— of water table depression E 392
—, settling ~ A 224
—, spray ~ K 569
— valve K 182

configuration of the coast K 647
confined aquifer G 637
— flow F 432
— water G 576
confining bed, lower ~ (of aquifer) G 655
— bed, positive ~ G 610
— bed, upper ~ D 68
— stratum with artesian water G 656
confluence Z 168
conformable G 403
— motion B 440
conformity G 404
congested area B 57
congestion due to obstructions B 828
conglomerate T 469
— rocks T 469
conical K 179
— cover K 178
— valve K 182
coniferous tree N 29
— wood [or forest] N 31
coniform K 179
conjugatae C 110
connate water P 255
connect A 596, V 52
connected in parallel N 107
connecting canal A 599
— conduct V 59
— conduit V 59
— dike A 598
— drain H 117
— pipe A 602, V 60
— sewer A 600
connection A 597
—, flexible ~ V 55
—, house ~ H 113
—, pipe ~ R 446
—, threaded hose ~ S 479
connexion, series ~ H 203
conservancy R 224
conservation E 519, R 224
— of the soil B 656
— reservoir U 44
— storage U 45
—, water ~ W 217
consistency K 455
consolidate E 53
consolidation B 162, B 672, S 397
— (of concrete) V 116
—, chemical ~ V 158
—, land ~ F 504
[sludge] consolidation tank S 395
constant K 456
—, capillary ~ K 111
—, dielectric ~ D 147
— load B 217
constituent B 335
constituents, chemical ~ S 1449
—, clogging ~ S 1123

— of humus H 364
—, organic ~ B 336
constitution K 457
constitutional water K 596
constriction E 121
—, flow ~ D 400
— rate-of-flow meter V 147
— ratio (of water jet) E 122
— [type] water meter V 147
construction B 86, B 122
— costs, calculation of ~ B 104
— costs, specification of ~ B 103
— design B 89
— material B 119
—, package type ~ B 577
— project B 121
— site B 116
— statics B 115
constructional work for torrent control W 586
constructive works K 676
consultant B 277
consultation B 278
consulting engineer I 51
consume V 69
consumed, oxygen ~ O 134
consumer V 70
—, wholesale-~ G 521
consumption V 65
—, air ~ L 346
—, average ~ D 426
—, current ~ S 1611
— curve V 71
—, differences of ~ V 74
—, domestic ~ V 66
—, excess of ~ M 168
— increase V 73
—, maximum ~ H 282
—, maximum daily ~ T 21
—, minimum ~ M 315
— of energy K 538
—, particular ~ E 33
— peak V 72
—, per capita ~ K 478
— per capita per day T 16
— per day T 22
— per hour S 1633
—, plant ~ (of water) P 120
—, private ~ G 100
—, public ~ V 67
—, specific ~ V 68
—, water ~ W 412
contact A 597
[submerged] contact aerator T 71
contact area B 304
— bed F 676
— bed, contact material of a ~ F 678
— chamber K 459
— chamber, serpentine ~ K 460
— cooling K 634
— filter F 676

- material of a contact bed F 678
- method F 684
- reactor, suspended-solids ~ S 420
- spring S 304
- surface B 256
- time B 305
- zone K 464
--stabilization K 462
contacting zone G 499
contagion A 615
contagious A 614
- disease A 616
container B 168
-, gas ~ G 70
-, glass ~ G 389
-, plastic ~ K 689
-, shielded ~ B 169
-, two-stor[ely ~ B 172
containing iodine J 22
- iron E 194
containment, long-term ~ (radiol.) E 283
contaminant S 551
contaminants B 337
contaminate V 264
contaminating V 265
contamination V 267
-, radioactive ~ V 355
-, secondary ~ S 898
-, source of ~ V 356
-, trace ~ S 1221
-, water ~ W 429
content G 144
contents G 144, R 64
continental climate K 331, K 465
continuous K 466
- application B 316
- flow Z 134
- footing B 66
- inflow Z 134
- run B 385
- running B 385
- sampling P 293
- strain D 57
- working B 385
contour H 290
- line H 290
- map H 289
contract V 146, V 353
contracted measuring weir M 246
contracting regulations V 118
contraction S 643, S 818
- crack S 819
- joint D 73
-, side ~ S 890
contractor B 120
contributing region E 386
contribution, obligatory ~ B 190
-, width of ~ E 385
contributory population (sewage disposal) B 421

contrivance, mechanical ~ V 464
control B 201, B 202, B 323, K 468, R 105, R 107, U 94, U 95
-, corrosion ~ K 511
- desk S 250
- device S 1406
-, emission ~ E 267
- engineering R 106
-, flood ~ H 256
- flume M 220
- gate K 470
- house R 195
- lever B 158, S 246
[remote] control loops S 1404
control, malaria ~ M 47
- measure S 679
- measures B 203
-, mosquito ~ M 422
- panel M 243, S 250
- panel, central ~ S 1405
- room B 412
-, [boiler] scale ~ K 244
-, sensitive ~ F 127
- service U 98
- signal S 243
- system R 110
- technique R 106, S 1409
- valve R 111
controlled concrete N 252
- tipping D 94
controller R 194
-, density ~ D 127
-, level ~ N 245
- of a filter F 248
-, rate of flow ~ A 109
controlling authority A 772
conurbation B 57
convection current K 472
conventional K 473
converging tube R 100
conversion U 170
-, biological ~ B 512
-, saline water ~ M 153
- unit U 161
convex bank U 107
conveyable F 44
conveyance A 542, T 316
- by water W 398
conveying, velocity of ~ F 581
conveyor belt F 579
-, belt ~ B 60
-, bucket ~ B 134
-, screw ~ F 588
-, shaker ~ S 652
cool K 622
- down K 622
coolant B 719, K 625
cooler K 623
-, gas ~ G 67
-, high-rate ~ I 83
-, indirect ~ O 17
cooling K 633
- agent K 625
-, air ~ L 333

- by evaporation V 102
- by water in a recycling system W 405
- coil K 627
-, contact ~ K 634
- draught K 625
- effect K 637
-, expansion ~ E 426
- jacket K 624
- medium K 625
-, open-surface ~ R 311
- pipe K 626
- plant K 621
- pond K 630
- system, closed ~ K 629
- system, once-through D 418
- tower K 631
- tower, natural draft ~ K 632
- vessel K 623
- water K 635
copper K 696
- pipe K 701
- plating V 200
- salt K 702
- sulphate K 704
- treatment K 703
- tube K 701
copperas E 207
coral reef K 480
cord S 1565
core B 704, D 134, K 217
- drill K 218
- driller K 218
- drilling K 219
- of a dam D 20
- sample K 225
- shoe B 707
- wall D 20
- wall, concrete ~ B 367
coring K 219
cork K 482
- slab K 483
- stopper K 484
corn G 312
corner K 102
corpuscular radiation K 494
correct (the bed of a river) B 167
corrective measure G 131
correlation W 452
corresponding sample P 287
corrode K 497
corrodibility K 496
corrodible K 495
corrosion K 498
-, acid ~ S 44
-, atmospheric ~ K 501
- control K 511
- control, anodic ~ K 507
-, crown ~ K 499
-, external ~ A 861
- inhibition K 511
- inhibitor K 509
-, intergranular ~ K 502
-, internal ~ I 60

— of metal M 260
— protection K 506
—, rate of ~ K 505
— resistance K 504
—, stress ~ S 1088
—, subaqueous ~ U 303
—, underground ~ B 631
—-resistant K 503
—-resisting K 503
corrosive K 512
— to metals M 259
corrugated parallel-plate interceptor W 523
—-sheet trickler W 496
— [metal] pipe W 524
cost K 513
— accounting K 517
— of construction B 102
— of installation A 566
— of maintenance U 267
— of operation B 401
— of upkeep U 267
—, overall ~ G 251
—-benefit-analysis K 514
costly K 522
costs, associated ~ N 113
—, calculation of ~ K 520
—, defrayal of ~ K 518
—, pumping ~ P 388
—, secondary ~ N 113
—, specification of ~ K 516
cotton B 109
— bleaching works B 108
coulee S 519
count, agar ~ K 204
— cell, phytoplankton ~ P 177
counter clock motion B 439
— clock rotation B 439
—, colony ~ K 202
—, compound ~ V 91
— current G 135
— current wash G 140
—, dial ~ Z 25
—, G-M ~ G 146
— pressure G 126
— reservoir G 125
—, Woltmann ~ W 665
—-current aerator G 136
—-current extractor G 137
—-current flow G 135
—-current heat exchanger G 139
—-current regeneration G 138
—-electrode G 127
—-flow aerator G 136
—-measure G 131
counteract E 330
counterbalance G 129
counterclockwise opening valve S 313
counterfort S 1551
counting mechanism Z 13
— (of a water meter) T 361
—, particle ~ T 107
country road W 461
— rock G 92

—, underdeveloped ~ E 454
County Council G 459
couple K 709
coupled ship unit K 479
coupler, quick ~ S 584
coupling K 710
—, elastic ~ K 711
—, flange[d] ~ F 397
—, hinged ~ G 164
—, hose ~ S 480
—, muff ~ K 708
—, screw flange ~ F 402
—, threaded ~ G 345
course, change of ~ R 303
— of a river F 530
— of medical treatment K 712
— of temperature T 128
cover A 36
—, conical ~ K 178
—, fixed ~ G 53
—, gas ~ G 52
—, ice ~ E 178
—, inspection ~ R 288
—, manhole ~ M 62, S 197
cover[ing], mechanical ~ A 38
cover of slide valve S 319
— of the protecting tube H 357
—, vegetation ~ P 109
coverage of a sprinkler R 199
covered U 6
— drainage D 225
— trickling filter T 446
— [sludge] drying bed S 383
covering A 36, V 196
— plate A 33
— plate, ornamental ~ A 35
— plate, perforated ~ A 34
cow's manure K 666
cps H 187
crab K 559
crab's claw (Stratiotes) K 561
crack R 338
—, contraction ~ S 819
—, surface ~ O 19
cracking R 339
— process K 527
[pipe] cradle R 384
cramp S 623
crane K 542
—, derrick ~ D 256
—, revolving ~ S 758
—, tower ~ T 502
—, travelling ~ L 98
crank shaft K 713
crater lake K 550
crawfish K 559
crayfish K 559
creamery M 390
— wastes M 391
creek B 2
creeping (of concrete) K 591
crest S 290
— (of a weir) U 24
— control device W 471
— elevation K 601
— level K 601, S 1338

— of a dam D 22
— of dam M 115
— of spillway U 25
— of wave W 510
Cretaceous K 565
crevasse G 427
crevassed Z 87
crevice water H 295
crib E 390
— coffer dam K 145
cricket, water ~ W 276
cristallization K 593
criteria, loading ~ B 223
criterion K 598
critical capillary height H 32
— case G 477
— concentration G 482
— depth W 394
— flow F 435
— flow rate F 435, G 475
— rainfall per second per area R 166
— run-off G 475
— storm run-off R 178
— storm-water flow R 178
— stress G 489
— velocity G 480
crop F 51
— (yield) E 543
— dusting S 227
— growing A 526
— land A 375, N 288
— out A 874
— protection P 117
— rotation F 666
cropping out of a source Q 31
— out of the ground-water G 599
—, strip ~ S 1556
crops, damage to ~ F 505
cross K 589
— adit Q 63
— branch K 589
— collection trough S 440
— collector channel S 440
— culvert Q 45
— reinforcement Q 43
— sea K 588
— section Q 49
— section, change of ~ Q 62
— section, circular ~ Q 54
— section of a pipe R 427
— section, trapezoidal ~ T 323
— with three flanges and one plain end E 65
—-connection Q 64
—-drainage Q 44
—-section of a pipe line L 191
—-section of groundwater body G 644
—-section, parabolic ~ Q 55
—-section, rectangular ~ Q 56
—-section, semi-circular ~ Q 52
—-section, triangular ~ Q 50
—-sectional area Q 57

—-sectional area of a pipe R 427
—-sectional area of flow D 390
—-sectional area of flow measurement D 394
—-sectional area of groundwater body G 645
—-sectional area of sewer K 90
—-sectional flow area at incoming tide D 398
—-sectional flow area at outgoing tide D 397
crossing, river ~ F 547
—, street ~ S 1545
crown B 707, K 599, R 432, S 290
— corrosion K 499
— of an arch G 355
crucian carp K 124
crucible steel G 706
crude R 354
— ammonia liquor G 84
— compost F 641
— grease R 357
— naphtha R 361
— oil R 361
— oil desalting R 362
— oil processing industry I 34
— petroleum R 361
— refuse R 360
— sewage A 299
— sewage pump R 355
— sewage pump house R 356
— sludge F 643
— tipping A 148
— waste A 299
—-oil processing E 506
crumb structure K 604
crush B 784, Z 86
crushed gravel G 510
— rock S 1377
crusher B 786
crushing mill H 58
— point B 213
—, primary ~ V 476
— strength B 811, D 289
— test B 815
crust, calcareous ~ K 38
crustaceae K 562
crutch head K 349
cryology K 611
cryophilic K 9
cryoplankton K 612
crystal K 592
crystalline schist S 327
crystallization K 593
crystallize K 595
crystallizer K 594
cube root K 617
cubic K 613
— centimetre K 618
— decimetre [decimetre] L 248
— foot K 614
— meter [metre] K 615

— millimeter [millimetre] K 616
cucumber odo[u]r G 220
culminating point K 667
cultivated land A 375
cultivation A 526, U 330
— (biol.) Z 127
—, hydro-~ H 384
— of bacteria B 44
— of barren land O 49
— of soils K 669
culture A 526
— (bact.) K 670
— dish P 90
— gelatine N 36
— inoculum I 14
— medium (bact.) K 672, N 35
— medium, differential ~ D 156
— medium, seeding of the ~ I 19
—, Petri-dish ~ P 217
— plate P 90
— tube (bact.) K 673
culvert D 413
—, arched ~ D 414
—, box ~ D 415
—, concrete ~ B 358
—, cross ~ Q 45
cumulative K 674
— bio-concentration of noxious substances S 217
— poison G 373
cupola dam K 707
cupric sulphate K 704
cuprichloramine K 697
cupro-rayon K 698
—-solvency K 699
cuproammonium process K 700
curative treatment K 712
curb E 61
— (of a pavement) B 751
— box S 1535
—, well ~ B 870
curbstone E 61
— (of a pavement) B 751
cure K 712
— (cement) A 25
curing, air ~ L 328
— period A 27
—, water ~ W 251
current (electr.) S 1597
— (hydraul.) S 1568
—, air ~ W 611
—, alternating ~ W 454
—, bottom ~ G 569
—, coastal ~ K 652
—, consumption S 1611
—, counter ~ G 135
—, density ~ D 128
— direction indicator (electr.) S 1608
—, eddy ~ W 626
—, flood ~ F 570
—, littoral ~ K 652

— meter S 1587
— meter, screw ~ W 300
—, ocean ~ M 145
— of the surface water, circulating ~ (limnol.) K 472
—, short circuiting ~ K 722
— supply S 1606
—, three-phase ~ D 247
—, tidal ~ T 204
—, turbidity ~ T 464
—, upper ~ O 38
— velocity S 1584
—, vertical ~ V 349
currents, eddy ~ S 1567
curtain drain F 61
curtilage E 71
curvature K 607
— loss of head K 609
—, radius of ~ K 608
curve, backwater ~ S 1331
—, calibration ~ E 21
—, consumption ~ V 71
—, demand ~ B 152
—, dissolved oxygen sag ~ A 185
—, draw-down ~ G 591
—, drop of a ~ A 46
—, drop-off ~ D 432
—, duration ~ D 58
—, efficiency duration ~ L 160
—, fall of a ~ A 46
—, flow-mass ~ A 116
—, flow-through ~ D 392
—, groundwater recession ~ G 591
—, load ~ B 224
—, logarithmic ~ K 715
—, mass ~ S 1675
— of depression A 207
—, rating ~ E 21
—, relation ~ B 459
—, summation ~ S 1675
—, time-drawdown ~ A 206
cut E 120
— in E 117
— off A 188
—-and-cover method of tunnel construction T 481
—-off wall, subterranean ~ S 1121
—-water P 103
cutback bitumen V 275
cutoff D 431
— ratio D 433
— trench A 42
— wall H 183
cutter S 578
— shoe B 727
cutting E 120
— blades S 578
— oil B 719
— screen R 84, S 517
— shoe B 727
— torch S 577

cuttings A 182, B 702
cyanide C 112
cyanogen C 111
cyanophyceae S 1069
cyanosis C 114
cycle K 578, Z 223
—, phosphorous ~ P 157
—, seasonal ~ Z 224
— track R 3
cycles per second H 187
cyclone Z 218
—, grit separating ~ Z 221
— thickener Z 219
—-type grit separator Z 221
cyclotron A 716
cylinder Z 225
— pier R 425
—, sludge ~ S 474
—, steel ~ S 1263
cylindrical barrage W 70
— valve Z 226
cyst C 115
cytology Z 42
cytoplasma Z 40
cytoplasmic membrane Z 56

D

d-c motor G 411
D-horizon D 1
dace H 95
daily T 5
— average T 18
— balancing reservoir T 19
— consumption T 22
— draught [of water] T 14
— flow, mean ~ T 10
— fluctuation S 707
— intake T 12
— output T 17
— per capita consumption T 16, V 68
— precipitation N 195
— pumpage T 15
— run-off T 9
— runoff T 9
— storage reservoir T 19
— variation S 707
— water consumption T 24
— water flow T 11
dairy M 390
— manure K 666, R 318
— wastes M 391
dale T 29, T 30
dam D 9, D 80, S 1312
—, arch ~ B 692
—, auxiliary ~ G 134
—, bag ~ S 109
—, body of the ~ D 21
—, buttress ~ P 102
—, concrete ~ B 369
— construction T 42
— crest D 22, M 115
— crest road D 24
—, cupola ~ K 707
—, diversion ~ U 155

—, earth ~ E 491
— failure D 15, T 43
—, flood-protection ~ H 248
—, gravity ~ G 338
—, gravity arch ~ B 691
—, gravity hollowed ~ Z 37
—, ground-water ~ G 608
—, hand-placed rock ~ S 1382
—, height of ~ D 19
—, hollow buttress ~ H 301
—, hydraulic [fill] ~ D 10
—, impounding ~ S 1324, S 1332, T 39
—, masonry ~ B 820
—, multiple dome ~ T 40
— overflow D 11
—, river ~ F 542
—, rockfill ~ S 1367
—, rolled earth ~ W 68
— rupture T 43
—, sausage ~ F 77
— sealing T 41
—, shoulders of a ~ D 16
—, slab and buttress ~ P 218
— spillway D 11
— spring S 1333
— storage T 44
—, subsidiary ~ G 134
— up S 1326
damage B 310, S 209
—, assessment of ~ S 213
— claim(s), settlement of ~ S 214
— compensation S 210
— costs, liability of polluter for ~ K 519
— done by frost F 656
— due to drought D 369
— due to water W 338
—, flood ~ H 258
— of distribution system R 422
— to crops F 505
— to fishery F 331
— to vegetation V 20
damages, action for ~ S 212
—, structural ~ B 112
damp F 202
— fog N 102
damping basin T 285
dampness F 203
dams, monitoring of ~ T 46
danger, flood ~ H 252
— to life L 115
— water level A 431
—-warning zone W 95
dangerous G 106
Danjes/Schreiber-countercurrent process D 44
Danube D 190
daphnia D 45
Daphnia, toxicity test with ~ D 46
Darcy flow-rate D 47
Darcy's law D 48
darkish S 694

dash S 1170
—-plate P 268
data A 543
— logging M 251
— processing M 254
— processing machine D 54
— processor D 54
— transmission M 253
^{14}C-dating A 471
datum B 457, M 250
— plane B 457, M 234
— point M 232
— point level M 234
day T 7
— flow T 27
day's value T 25
d.c. G 410
D.C. G 410
de-ice T 78
—-icing salt S 1561
—-inking waste (waste paper treatment) E 420
—-oxygenate S 140
—-scale E 353
—-scale rust E 404
—-scaling E 354
—-scumming device S 785
—-sizing E 419
—-sludge E 415
—-sludging E 416
—-sludging of drying beds T 391
—-sludging operations E 418
—-watering by pressure P 282
deacidificate E 405
deacidification E 406
dead end R 397
— load B 217, E 27
— regions of flow T 288
— storage [capacity] T 290
— storage space T 290
— time T 292
— valley W 18
— water T 291
— weight E 27
— well S 520
—-centre T 289
—-ended pipe S 5
—-point T 289
deadheading L 139
deads H 48
deaerate E 373
deaeration E 375
— of the water E 376
deaerator E 374
—, vacuum ~ V 4
deaminase D 97
death of fish F 349
— point, thermal ~ (bot.) T 251
— rate S 1399, S 1398
debris B 702, G 257, S 667, T 469
decalcification E 343
—, biogenous ~ E 344
decalcify E 342

dem

decant A 221
decantation A 222
decanting A 222
— centrifuge D 84
decarbonisation by lime K 34
decarbonization E 309
— plant E 310
decay R 487, V 244
— of radioactivity Z 83
— period A 144
— reservoir *(for radioactive waste material)* A 142
— time A 144
decending technique of chromatography C 90
dechlorinate E 311
dechlorinating agent E 313
dechlorination E 312
deciduous tree L 95
— wood L 97
decimal system of classification D 112
decline E 1
— of water level A 235
— of water table A 234
—, phreatic ~ A 234, G 624
declining phase of growth W 14
declivity A 136
decolorization E 322
decolorize E 321
decomposability *(biol.)* A 13
decomposable *(biol.)* A 12
decompose Z 84
— *(biol.)* A 16
decomposition E 383, Z 82
— *(biol.)* A 7
—, aerobic ~ A 8
—, biological ~ A 9
— of sludge S 473
—, stage of ~ A 23
decontaminate R 228
— *(radiol.)* D 85
decontamination E 331, R 229
— *(removal of radioactivity)* D 86
— factor *(radiol.)* D 87
decrease A 176
decree by water law W 326
decrusting of a filter A 361
dedusting E 433
deep T 207
— boring T 210
— construction workings T 209
— foundation T 225
— infiltration V 282
— sand trap T 230
— sea T 231
— sea disposal T 236
— sea exploration T 232
— shaft aeration process T 237
— well T 211
—-point T 228
—-rooted T 239
—-rooting plant P 107

—-sea lead T 227
—-sea ooze T 234
—-sea population T 233
—-sea species T 235
—-water region T 238
—-well pump T 212
—-well pump, centrifugal ~ Z 72
default of oxygen S 165
defecation S 1627
defect, casting ~ G 701
defective M 58
deferrization E 317
deferrize E 315
deficiency M 57
— figure, type ~ A 670
deficient in water W 156
deficit, saturation ~ S 13
defile V 232
defilement V 233
deflation E 532
deflect B 467
deflection A 169, B 470
—, angle of ~ A 850
deflectometer V 250
deflector A 359, L 167
—, jet ~ S 1494
defluoridation E 327
defoamant S 270
— system, spray water and ~ S 1174
defoamer S 270
deforestation A 139
deformability V 163
deformation V 164
defrayal of costs K 518
defrosting E 318
degasification E 329
degasifier E 328
degradability *(biol.)* A 13
degradable *(biol.)* A 12
—, easily ~ L 150
degradation D 72
— *(biol.)* A 7
— performance A 19
—, stage of ~ A 23
degrease E 323
degreaser E 325
—, solvent ~ F 199
degreasing E 324
degree G 455
— below zero K 8
— of biodegradability A 15
— of capacity utilization A 825
— of dissociation D 184
— of frost K 8
— of hardness H 10
— of harmfulness S 223
— of humidity F 209
— of latitude B 791
— of longitude L 19
— of pollution V 273
— of purification R 236
— of purity R 227
— of salinity V 247
— of saturation S 15

— of temperature T 115
— of transparency D 429
— of trophication T 459
— of turbidity T 466
degrit E 412
degritter S 93
—, flushing ~ S 1196
degritting E 413
— device S 97
degumming of silk *(textile industry)* S 873
dehydrate E 435
dehydrated nutrient broth T 410
dehydration E 437
—, water of ~ D 75
dehydrator T 430
dehydrogenase *(biol.)* D 77
— activity *(biol.)* D 78
— test D 79
dehydrogenation D 76
deionization E 382
deionize E 381
delay V 379
— tank *(radiol.)* R 498
deletrious S 221
delime E 342
deliver L 227
— *(by pumping)* H 136
delivery A 99, A 126, F 585, L 153
— *(by pumping)* F 591
— channel Z 154
— conduit D 324
— head F 582
— head of a pump D 297
— main D 324, Z 124
— of a source Q 37
— of a spring Q 37
— of a well B 855
— of sewage sludge K 296
— of water W 148
— of wet sludge N 72
— pipe D 323
— pipe with socket, cast iron ~ M 459
— pressure F 580, V 291
— pump F 586
— schedule L 228
— socket pipe M 458
— time L 226
— valve D 338
delta D 88
—, river ~ F 521
— silt S 753
demand B 148
— curve B 152
— for domestic use B 150
—, hourly ~ S 1630
—, peak ~ S 1140
—, public ~ B 151
—, water ~ W 165
demanganization E 380
demineralization E 382
demineralize E 381

demineralizer, mixed-bed ~ M 336
demineralizing plant E 409
demographical prognosis B 425
demolish Z 94
demolition Z 95
demulsifier E 280
denitrification D 89
denitrifiers B 28
denitrifying bacteria B 28
dense fog N 100
densely populated area B 57
densifier S 395
densify E 53
densifying S 397
densimetric flow D 128
density D 125
—, cellular ~ Z 34
— controller D 127
— current D 128
—, determination of ~ D 126
—, housing ~ W 654
— of bed load G 258
— of population B 423
— of rainfall R 167
— of snow S 563
— of solids F 188
denso band D 90
dental caries Z 15
— fluorosis caused by drinking water T 374
dentated sill Z 18
denudation D 91
deodorant G 232
deodorization G 231
deodorizer G 232
deodorizing G 231
deoxidation R 96
deoxidize R 99
deoxygenation S 157, S 174
deoxyribonucleid acid D 101
dependability of operation B 416
dependable capacity L 154
dephenolating carbon E 402
dephenolation E 400
dephenolize E 399
dephenolizing E 400
— plant E 401
depletion E 538, Z 24
—, assimilatory ~ A 693
—, groundwater ~ G 590
— in storage capacity by siltation V 221
depolarisation D 92
depolarization D 92
depolarize D 93
depopulation V 227
deposit A 149, A 150, A 221, A 593, A 612, B 652, L 34
—, eluvial ~ E 262
— gauge S 1321
—, littoral ~ U 127
—, marine ~ M 129
— of scale K 241

—, sedimentary ~ A 152
deposition A 150
— of silt [or mud] S 511
— of sludge S 373
deposits, dust ~ S 1320
—, fluvio-glacial ~ S 535
—, river ~ F 511
—, topset bed ~ S 1347
depreciation T 246
depression D 95
— (atm.) U 249
—, area of ~ (hydrol.) A 205
—, capillary ~ K 106
—, radius of ~ (hydrol.) A 209
— spring S 921
depth M 6, T 214
—, critical ~ W 394
— gauge P 47
— level T 218
—, mean ~ Q 61, T 216
—, navigable ~ W 395
—, normal ~ N 260
— of air introduction E 46
— of cover U 7
— of earth cover E 493
— of excavation T 215
— of flow F 443
— of groundwater body G 638
— of groundwater level G 621
— of groundwater level at measuring point A 268
— of groundwater table G 621
— of immersion E 144
— of infiltration I 43
— of irrigation B 431
— of penetration E 59
— of rainfall N 184
— of rainfall, long-term average ~ N 185
— of snowfall S 567
— of submergence E 144
— of water W 392
— of water level decline A 211
— of water, maximum ~ W 393
derivation A 162
derivative D 96
derive A 161
derrick A 836, B 700
— crane D 256
desalinate E 407
desalination E 408
— of sea-water M 153
—, partial ~ T 109
— plant E 409
— unit E 409
desalinization E 408
— plant E 409
desalt E 407
desalting E 408
—, crude oil ~ R 362
— plant E 409
— plant, thermocompression ~ E 410
— process E 411

—, sea water ~ M 153
descent G 108
desert W 671
— climate W 672
desiccant T 409
desiccate T 427
desiccation A 891, T 428
desiccator E 576
design A 837, B 87, E 456
— criterium E 460
— data P 207
— dry weather flow A 838
— D.W.F. A 838
— flood E 459
— load B 220
— storm B 282, E 461
— water demand W 174
designer, project ~ E 458
designing E 457
desilting E 413
desk, control ~ S 250
desorption D 100
destratification S 307, S 1437
destroy Z 94
destruction Z 95
destructor V 83
desulphuration E 421
desulphurization E 421
detectability N 25
detection (chem.) N 23
— limit N 26
— of traces S 1219
detector S 1655
—, chlorine (fume) ~ C 56
—, electron capture ~ E 248
—, emission spectrometric ~ D 107
—, flame-ionization ~ F 383
—, microcoulometric ~ M 291
—, thermoionic-~ T 161
detention basin R 498
— period A 739
— storage R 500
— studies V 364
— studies, dye [tracer] ~ V 365
—, surface ~ O 20
detergent W 99, W 111
— formulation W 113
—, household ~ H 122
—, synthetic ~ W 112
detergents, hard ~ D 108
deterioration R 487, V 256
determination B 339
—, iodometric ~ B 341
— of density D 126
— of hardness H 9
— of oxygen S 153
— of sludge volume S 465
—, quantitative ~ B 343
—, rapid (method of) ~ S 580
—, single ~ E 159
detonator Z 128
detoxicant E 332
detoxification E 331
— of water W 208
detrimental S 221

dik

— effect S 220
— to health G 300
detritor S 93
detritus D 110, S 96, T 469
— chamber S 93
— channel L 74
— tank S 93
devastation V 227
develop E 451
— *(a well)* A 180
developed head F 582
developing country E 454
development E 452
— *(of a well)* A 181
— farm V 320
— of a watercourse, systematic ~ A 785
— of ground-water resources G 618
— of hydro-energy W 269
— of waterways W 386
— plan, integrated river basin ~ W 440
— reach A 787
—, site ~ B 106
—, trend in ~ E 455
—, water ~ W 239
deviation of a source Q 30
—, permissible ~ A 358
—, standard ~ S 1286
device G 196
—, measuring ~ M 219
—, mechanical ~ V 464
devil's liquor T 149
Devonian D 111
dew T 60
— point T 79
— pond T 80
dewater E 435
dewaterability E 441
dewatering W 254
—, centrifugal ~ S 496
— channel E 368
— characteristics E 450
— conduit E 369
— of sludge S 401
dezincification *(corr.)* E 465
diagnosis, foliar ~ B 531, B 532
diagonal D 115
— baulk fish pass D 114
diagram D 116
—, driving resistance ~ R 32
—, flow ~ S 1583
— of a pump P 378
—, water level ~ W 357
dial Z 100
— counter Z 25
— counter mechanism Z 25
—, luminous ~ L 211
dialysis D 118
—, electro~ E 237
diameter D 424
—, external ~ A 859
—, internal ~ L 224
—, nominal ~ N 131

— of bolt-circle L 255
— of pipe R 395
—, useful ~ N 302
— [of the orifices] of the meter Z 8
diamond drill D 120
— drilling bit D 119
diapause D 121
diaphragm M 181
— filter M 184
— of leather L 136
— pump M 186
—, rubber ~ G 691
— valve M 189
— wall D 141
diaphragma M 181
diarrhea D 384
diatomaceae K 261
diatomaceous earth K 263
— earth filter K 264
diatomite K 263
— filter K 264
dichloramine D 122
dichotomy *(biol.)* G 3
dichromate oxygen consumption S 151
die-away test A 143
—-off test A 143
dieldrin D 146
dielectric constant D 147
Diesel engine D 149
diesel fuel D 150
— oil D 150
diethylene glycol D 113
difference in groundwater level G 612
— in level H 291
— in nominal levels *(of a gauge)* S 1047
— of temperature T 127
differences of consumption V 74
differential culture medium D 156
— equation D 155
— gage D 158
— head of a filter F 247
— nutrient medium D 156
— pressure D 285
— pressure indicator D 152
— pressure water meter D 153
— staining *(bact.)* D 154
— test *(bact.)* D 157
— thermoanalysis D 151
— water level control system W 355
—-pressure switch D 159
diffuse pollution D 166
diffused air aeration D 311
—-air tank D 310
diffuser [plate] B 235
—, dome ~ H 96
— pump K 573
—, swing ~ P 63
diffusion D 160
—, air ~ L 348

—, capillary ~ K 107
—, coefficient of ~ D 163
—, eddy ~ D 161
—, jet ~ S 1495
— pressure D 164
— well S 520
diffusivity D 165
dig A 819
— in V 179
digest F 90
— *(biol.)* A 16
digested sludge F 107
— sludge pasteurisation F 109
digester S 402
—, cellulose ~ Z 47
—, compost ~ K 438
—, fixed-roof type ~ F 100
—, floating-roof type ~ F 101
— fuel gas T 332
— gas F 93
— gas, production of ~ K 292
—, open ~ F 102
— operation F 89
—, pear shape type of ~ B 517
— sludge, gas-circulation of ~ G 78
—, start-up of a ~ E 60
— supernatant S 468
— upset F 105
—-gas hazards F 94
digestibility F 92
digesting compartment F 96
digestion F 111
— *(biol.)* A 7
— by heat A 768
— chamber F 96
— chamber, heated ~ F 97
— chamber, heating of ~ F 104
—, double-stage ~ Z 201
—, high-rate ~ S 581
— of sludge, stage ~ S 405
— period F 114
— pond F 110
— process F 113
— tank S 402
— tank, primary ~ F 98
— tank, secondary ~ N 6
— tank, separate ~ F 99
—, thermophilic ~ F 112
— time F 114
digestor S 402
digger G 450
—, trench ~ R 404
digging A 821, E 485
— of the trench A 820
digit Z 14
digital computer D 167
dike D 80, E 442
—, closing ~ A 197, F 561
—, connecting ~ A 598
— construction D 82
— foundation D 81
—, interior ~ B 482
—, outer ~ A 858
—, pile ~ P 99

621

dik

—, river ~ F 520
diked marsh P 227
dilapidated B 90
dilapidation B 91
dilatation A 797
dilute V 121
 — acid D 363
 — wastewater A 292
diluting water V 125
dilution V 122
—, aerial ~ V 335
—, disposal by ~ B 325
 — method V 123
 — ratio V 124
 — water V 125
dimension A 173
 — of frequency H 19
 — stone Q 1
dimensioning B 251
dimethyl ketone A 370
diminution A 176
dimorph D 168
dimorphism D 169
dinoflagellates D 171
dioxide D 172
dip E 143, F 51
 — tank S 1185
 --pipe D 347
dipped yarn H 80, T 93
dipping bath T 62
direct U 233
 — application of gaseous chlorine C 74
 — contact heat transfer W 50
 — current G 410
 — feed of gaseous chlorine C 74
 — filtration D 175
 — operation of gate valve with hand-wheel S 317
 — operation of gate valve with T-key S 318
 — reading D 174
 --acting steam pump D 41
 --contact condenser M 344
 --current motor G 411
 --heating method H 166
direction R 301, S 1555
—, change of ~ R 303
 — float R 302
 — of flow F 441
 — of motion B 448
directional plane L 167
 — vane L 167
directive R 300
directly connected pump P 355
 — coupled pump P 355
dirt S 541
—, layer of ~ S 550
dirtiness U 238
dirty S 544
disagreeable odo[u]r G 226
disaster K 156
 — control K 160
 — event K 158
disc S 281

 — aerator T 76
 — filter, rotating ~ T 76
 — for measuring transparency S 944
 — screen S 284, S 981
 — valve T 114
 — water meter S 286
 --filter S 282
discharge A 82, A 99, E 355, E 357, E 358, E 517
 — *(of a catchment area per second per area)* A 112
 — *(of sewage)* E 104
 — area D 396
—, average ~ M 374
 — basin E 361
 — branch A 114
 — canal E 362
 — capacity A 98
 — carrier E 362
 — channel A 95, E 362, E 368
 — channel, storm water ~ R 184
—, coefficient of ~ A 805
 — conduit E 369
 — curve A 97
 — ditch A 165
 — embargo E 108
—, equalization of ~ A 814
—, ground-water ~ G 599
 — head of a pump D 297
 — hopper A 158
—, hydraulic ~ A 802
 — hydrograph A 97
 — intensity S 1586
—, intermediate ~ A 85
 — into *(sewage)* E 102
 — into the sea A 824
 — liquor A 288
 — mass A 804
—, mechanical ~ E 367
 — nozzle A 803
 — of a well B 855
 — of ground-water G 659
 — of liquid manure J 18
 — of sewage *(or wastewater)* A 308
 — orifice A 107
—, phreatic ~ G 599
 — pipe A 111, A 166, A 831, D 323
—, point of ~ E 107
 — pressure F 580
 — pressure of a pump D 297
—, rate of ~ A 89
 — register A 120
 — section area D 396
—, sediment ~ G 259
—, silent ~ E 356
 — table A 117
 — valve A 159, D 338
 — valve, self-acting ~ E 372
—, zero ~ N 277
 --channel, rain-water ~ R 128
 --producing rain N 174

discolo[u]r E 321
discoloration E 322, V 148
disconnect A 188
discontinous D 176
discontinuity U 248
 — layer *(geol.)* S 1179
discontinuous U 244
disease K 546
 — germs K 191
—, infectious ~ A 616
—, intestinal ~ D 52
—, occupational ~ B 306
—, reportable pathogenic ~ I 40
 — transmittance K 548
diseases, water-borne ~ W 273
dish S 235
—, Petri ~ P 90
 — washer G 264
 --washer compound G 265
dished end *(of container)* B 590
disincrustant K 243
disinfectant D 99
disinfection D 98
—, drinking-water ~ T 372
—, main ~ R 391
 — of sludge S 393
disintegrate Z 84, Z 94
 — *(biol.)* A 16
disintegration Z 82
 — *(biol.)* A 7
 — factor Z 85
 — of screenings R 85
disintegrator R 84
disk S 281
 — aerator T 76
 — clutch F 397
 — filter B 533
 — roller S 285
dismantle A 174
dismantling A 175
disodium phosphate D 170
dispergator D 177
—, Vogelbusch-type ~ V 412
dispersant D 178
—, oil ~ O 66
dispersed D 179
 — water, region of ~ B 758
dispersing agent D 178
dispersion D 180, V 333
—, aerial ~ V 335
displace V 202
displacement V 120, V 203
—, longitudinal ~ L 21
 — of water W 414
 — pump T 73
disposal B 324
 — by dilution B 325
 — of waste A 53
 — plant B 326
dispose of B 323
 — of sludge by burial U 257
dissimilation D 181
dissipation D 182, V 175

dou

—, heat ~ W 21
—, nitrogen ~ S 1418
— of energy E 305
dissociate Z 84
dissociation D 183, S 1072, Z 82
— power D 184
dissociative degree D 184
dissolution L 271
dissolve (chem.) L 263
dissolved air flotation D 292
— gas G 42
— matter S 1451
— oxygen S 141
— oxygen sag curve A 185
— oxygen sensing probe S 164
— solids S 1451
— solids content G 145
— substances S 1451
— volatile solids G 439
—-oxygen sensor S 166
distance A 261, S 1552
distant reading thermometer F 165
distil B 793
distillate D 102
distillation D 103, V 97
—, flash ~ E 423
—, multistage flash ~ E 424, V 391
— plant D 104, V 100
— residue D 105
—, solar ~ S 1042
—, vapor compression ~ V 99
distilled water W 125
distiller, solar ~ S 1059
— waste C 48
distillers' grains T 327
distiller's mash S 490
distillery B 795
—, molasses ~ M 177
—, potato ~ K 137
— residues B 797
— wastes B 796
distilling D 103
— apparatus D 106
distributaries V 338
distributary N 105, V 340
distribute V 326
distributing main V 340
— reservoir A 816, V 336
distribution V 333
— apparatus V 337
— channel V 342
—, coefficient of ~ V 339
— main H 108
— meter S 1554
— network V 294, V 341
— of frequency H 22
— of precipitation N 202
— of rain intensity V 334
— of temperature T 129
— pipe V 331
— pressure V 291
— reservoir A 816, V 336
—, sewage ~ A 351
— system L 190, V 294, V 341

— system, damage of ~ R 422
— system, inspector of the ~ R 419
— system, ring ~ R 327
—, water ~ W 428
— [pipe] line V 340
distributor V 327, V 331
— box V 330
—, fixed ~ V 328
—, lateral ~ N 117
— nozzle V 329
—, travelling ~ W 76
—, travelling rope-hauled ~ W 77
district G 88
— heating F 152
— heating power station F 151
—, high pressure ~ H 221
— inspector B 456
—, low lying ~ T 224
—, low pressure ~ N 170
— meter D 185
—, mining ~ A 17
— of the town, elevated ~ S 1245
— overseer B 456
— surveyor B 456
—, urban ~ S 1237
— water supply G 519
disturbance effect S 1441
— of equilibrium S 1438
ditch G 445, G 447
— bank G 451
— digger G 450
—, discharge ~ A 165
—, diversion ~ U 156
—, drainage ~ E 442
—, irrigation ~ B 430
—, offset ~ S 1411
—, open ~ G 448
—, oxidation ~ O 130
—, receiving ~ V 442
—, road ~ S 1531
—, tube ~ R 402
ditcher G 450
ditching G 449
diurnal T 5
— balancing tank T 13
— fluctuation S 707
— intake of water T 23
dive culvert D 347
diver T 67
diversion A 162, U 153, V 206
— channel U 157
— dam U 155
— ditch A 76, U 156
— structure A 164
— tunnel A 167, U 158
— weir U 160
— works U 154
diversity of species A 672
divert A 161, U 152
diverted flow T 343
diverting the course of a source Q 30
divide W 340

—, phreatic ~ G 649
—, topographic ~ W 341
diviner W 669
diving bell T 69
— work T 68
divining W 305
— rod W 668
division of cells Z 38
— of cellulars Z 38
— wall T 345
D.O. S 141
dock D 186, H 24
—, dry ~ T 392
—, floating ~ S 788
dockyard W 530
dolime K 26
doline K 132
dolomite D 188
dolomitic limestone K 26
— quicklime D 189
dolphin D 8
dome K 705
— dam K 707
— diffuser H 96
— mountain K 706
— shaped dam K 707
domed bog H 227
domestic clarifier H 119
— cleansing agent H 121
— consumption V 66
— dustbin M 434
— filter H 118
— purposes Z 190
— sewage A 296
— softener H 115
— use V 66
— waste(s) A 44
— water meter H 126
— water supply H 125
donor, hydrogen ~ W 378
dormant phase P 135
Dorr-clarifier D 211
Dortmund tank D 212
dosage B 314, D 216
—, dry-feed ~ T 395
—, solution-feed ~ N 66
dose D 216
—, irradiation ~ S 1500
—, lethal ~ L 204
—, maximum [permissible] ~ M 119
dosimetry D 218
dosing D 216
— apparatus B 318
— appliance B 318
— chamber B 317
— device B 318
— plant, chemical ~ C 31
— plant, dry powdered lime ~ T 394
— siphon S 182
— tank B 317
double bell base-elbow D 202
— bell bend D 203
— bell duckfoot bend D 202
— bell elbow D 203

623

dou

- bell taper D 205
- bell tee with flanged branch D 198
- bell tee with socketted branch D 199
- curvature arch dam K 707
- filtration, alternating ~ W 458
- flanged bend F 396
- flanged elbow F 396
- flanged gate-valve D 192
- flanged reducer F 399
- flanged taper F 399
- hub-gate valve D 204
- lock D 194
- sliding socket U 71
- socket D 197
- socket with flanged branch D 198
- socket with socketted branch D 199
- suction impeller L 100
- suction pump P 368
- wedge colorimeter D 195
- Y-branch D 193, D 207
- -acting duplex pump D 377
- -acting hydraulic ram D 209
- -acting plunger pump T 74
- -acting pump P 356
- -action pump P 356
- -deck settling basin A 219
- -filtration D 191
- -seated valve D 206
- -stage Z 203
- -stage digestion Z 201
- -stage process Z 202
douche B 782
down hydrometer W 299
- pipe F 55, R 117
- water meter W 299
- -flow of the water W 200
- -hill T 47
- -pipe line F 50
- -stream F 512
- -stream water U 294
downcomer F 55
downflow baffle T 63
downpour (of rain) R 163
- of rain G 349
down [the] river F 512
downs (sand) H 351
downstream F 512, L 339, U 265, U 311
- face F 376
- floor (of a weir) S 1642
- slope B 682
- talus B 682
- toe F 703
- toe of a dam U 301
- water gauge U 275
downtake pipe F 55
- pipeline F 50
- tube F 55
downward[s] A 287
downward filtration, intermittent ~ B 623

dowser W 669
dowsing W 305
- rod W 668
draff T 327
draft L 352, S 1019
- of a bill G 286
- tube D 376, F 55
drag S 492
- along F 623
- bit B 535
- force S 492
- , friction ~ R 209
- , hydraulic ~ W 560
- scraper S 648
- shovel L 259, T 226
dragline S 648
- bucket S 648
- excavator S 648
dragon-fly L 213
dragon's teeth [sill] Z 18
drain A 111, A 327, A 826, D 220, D 222, E 365, E 435, E 446
[catch] drain F 61
drain G 545, S 960
- , basement ~ K 206
- , building ~ H 117
- channel E 368
- , clean-out ~ A 155
- cock A 154, A 829
- , curtain ~ F 61
- district E 168
- field S 950, U 262
- , french ~ S 948
- , gravel ~ S 958
- house ~ H 117
- , intercepting ~ F 61
- , irrigation ~ S 957
- , lateral ~ S 893
- pipe A 111, S 960
- pipe of stoneware S 1384
- , road ~ S 1531
- , roof ~ D 6
- , rubble ~ S 948
- , sheep ~ W 477
- spacing D 219
- [pipe], stoneware ~ S 1385
- , storm ~ R 184
- , street ~ S 1542
- , surface-cum-seepage ~ M 173
- system E 443
- tile D 226, S 961
- , tile ~ R 392
- trap G 237
- trench D 221
- valve A 154
- , waste water ~ S 555
- well S 520
drainability E 441
drainable E 434
drainage D 225, E 436
- , aeration ~ B 247
- area E 168
- , basement ~ B 615
- basin E 168

- blanket S 962
- by vacuum V 6
- channel E 442
- channel, inner dike ~ B 489
- [water], coal mine ~ K 378
- , complete ~ V 415
- district E 168
- ditch E 442
- , fascine ~ F 78
- , floor ~ B 615
- , foundation ~ B 97
- , full-area ~ V 414
- gallery E 449
- , initial ~ V 434
- , land ~ B 610
- , mechanical ~ E 367
- , mine ~ G 531
- modulus A 106
- , mole ~ M 117
- network G 323
- pipe S 960
- pipe, open joint tile ~ D 224
- , provisional ~ (system) B 185
- ratio A 88
- , ridge and furrow type of ~ F 699
- scheme E 444
- sluice E 448
- , subterranean ~ E 438
- , surface ~ O 11
- system E 443, G 323
- tile D 226
- , tile ~ T 272
- tile pipe line T 273
- , toe ~ D 18
- , transverse ~ Q 44
- , tubular ~ R 346
- , vertical ~ V 343
- water S 967
- well E 447, S 520
draining bed D 222
- bed, sludge ~ S 451
- branch E 370
- channel A 95
- conduit A 95
- ditch E 442
- layer S 962
- plate E 445
drains, gridiron system of ~ R 89
- , herringbone system of ~ F 335
draught E 462, T 223
- [of water], daily ~ T 14
draw A 594, S 602
- off the sludge S 368
- rod Z 150
- well S 601
- -down A 203
- -down curve G 591
- -off cock A 195
- -off penstock H 77

dry

– –off pipe, supernatant ~ S 469
– –off shaft A 362
– –off tower E 393
– –off tower, multilevel ~ E 394
drawdown cone E 392
– level A 210
– of groundwater level G 590
–, specific ~ A 204
drawing S 603
– shaft F 587
drawling power S 492
dredge A 783, B 20, D 263, N 62
–, bucket-and-chain ~ E 36
–, clam-shell ~ G 474
– mining T 8
dredger, grit ~ ·S 95
dredging N 63
– engine B 20
– machine B 20
– pool B 21
dress ores A 726
dressing A 647
– establishment A 648
– ores A 729
– room U 146
dried, heat ~ H 152
– matter T 419
– sludge T 414
drier T 421, T 430
–, multi-story ~ E 558
drift D 264, G 257, T 329
– (hydraul.) S 1568
– current D 265
–, glacial ~ G 426
– ice T 328
–, littoral ~ K 652
– of a gallery S 1469
– of the strata S 1555
–, spray ~ S 1177
–, surface ~ O 24
drifting of ice E 209
– sand S 799
– sand filter F 424
driftings T 331
drill B 696, B 697
–, cable-tool ~ S 1480
– casing (of a bore hole) F 713
– collar S 773
–, diamond ~ D 120
–, earth ~ E 490
–, hand operated ~ H 63
– hole B 708
– hole cover B 710
–, hydraulic ~ N 64
– log B 721
– pattern B 725
– pipe, flush joint ~ B 723
– pipe string B 734
– rod B 732
–, spudding ~ S 361
– steel B 731
– stem S 773, S 774
–, wet ~ N 64
drilled well B 695

driller, blast-hole ~ S 1160
–, core ~ K 218
–, well ~ B 852
drilling B 736
– bit B 730
– bit, diamond ~ D 119
–, core ~ K 219
– crew B 716
– engineering B 735
– foreman B 718
– head B 706
– hook B 703
–, hydraulic rotary ~ D 236
– jig B 700
– line B 729
– log B 721
– method, rope ~ S 1483
– mud B 726
– result B 698
–, reverse circulation ~ S 178
– rig B 699, B 700
– rod B 732
–, rotary mud flush ~ S 178
–, shot ~ S 638
– swivel S 1190
– template B 724
– test B 739
–, test ~ V 318
– tool[s] [] B 699
– tool, standard ~ S 1287
–, wash ~ S 1184
–, well ~ B 851
drillings B 702
drink T 365
drinking purposes, for ~ T 382
– water T 366
– water standards G 686
– water supply T 381
– water, threshold value for ~ T 379
– –water conditioning T 368
– –water container T 370
– –water demand T 369
– –water disinfection T 372
– –water fluoridation T 373
– –water hygiene T 376
– –water quality T 375
– –water supply line T 377
drip irrigation T 443
dripping period T 458
drive A 627, B 696, T 329
– belt A 631
–, electric ~ A 628
– frame R 31
– head S 364
– in E 112, R 30
– point R 34
– shoe B 727
–, synchronous ~ S 1688
driven pile R 33
– well S 359
driver T 333
driving B 736
– force T 357
– resistance diagram R 32

– wheel T 333
– –belt T 334
drizzle S 1176
drizzling rain S 1176
drone-fly S 391
drop F 48, T 442, W 222
–, bed ~ S 1030
– frequency T 444
– hammer F 54
– in phreatic line G 620
– in potential P 263
– in pressure D 325
– of a curve A 46
– of rain R 170
– of temperature T 116
– of water W 399
– of water level A 235
– spillway, box-inlet ~ H 266
– structure A 274
– test (chem.) T 478
– –manhole A 275
– –off curve D 432
droplet T 432
droppings L 295
drought T 402
–, damage due to ~ D 369
droughts, frequency of ~ D 367
drowned weir G 678
drug industry I 36
drum T 435
–, drying ~ T 420
–, fermentation ~ G 14
– filter T 436
– grit-washer S 120
–, rotating ~ D 249, S 501
– screen T 437
– slot T 438
– weir T 439
(drum)gauge registration paper P 49
dry T 388, T 427
– cleaning R 230
– closet T 389
– cooling T 405
– dock T 392
– dust catcher T 396
– dust collector T 396
– farming T 407
– feeder T 393
– hole F 117
– intake tower E 396
– period T 426
– powdered lime dosing plant T 394
– proportioning T 395
– residue (chem.) T 413
– screen T 418
– sludge T 414
– solid matter T 419
– spell D 368
– weather flow, design ~ A 838
– weight (chem.) T 401
– weight of sludge S 452
– well P 382, S 954

dry

— year T 403
—-cleaning shop W 101
—-cooling tower T 404
—-feed chlorination C 74
—-feed dosage T 395
—-laid masonry T 408
—-rot T 397
—-stone masonry T 408
—-weather flow curve T 424
—-weather flume T 425
—-weather-flow T 422
dryer, grinding ~ M 32
—, spray ~ Z 92
drying T 428
— apparatus T 421
— bed, sludge ~ S 451
— beds, de-sludging of ~ T 391
— by stack gas R 53
— drum T 420
— equipment T 421
—, final ~ N 18
—, flash ~ S 591, Z 93
— flask (chem.) T 398
— ground S 451
— in the open air L 342
— oven T 417
— plant T 430
— process T 431
— up A 891
dual fuel engine Z 200
— media filter Z 198
— purpose plant D 210
duck-weed (Lemnacea) (bot.) W 288
duckfoot F 708
— bend, bell and spigot ~ M 461
— bend, double bell ~ D 202
— bend, flanged 90° ~ F 708
— bend with flange up F 709
duckweed (Lemnacea) (bot.) W 288
duct, measuring ~ M 220
—, syphon ~ D 348
ductile cast iron G 700
— cast iron pipe G 704
due for cleaning R 213
— to environmental factors U 174
duff R 359
dug well S 199
dump A 145, A 146, M 435, S 1303
— from barges V 194
—, manure ~ J 19
—, spoil ~ A 183
— truck K 280, M 488
— well S 520
—-gate R 237
dumped rockfill dam S 1367
dumping A 141, S 1304
— area M 435
— from barges V 195
— ground M 435
— ground, sludge ~ S 425

—, open ~ A 147, A 148
— place M 435
— site A 146
— sludge at sea V 279
dune D 352
— plant D 353
— sand D 354
—, travelling ~ W 74
— water D 355
dung S 1277
duplex pump, double-acting ~ D 377
— tubing B 477
duplicate E 536
Dupuit's assumption D 378
durability H 53
duration D 56
— curve A 101, D 58
— index number D 63
— of ebb-tide E 2
— of flood period H 249
— of flood-tide F 560
— of flows in excess U 77
— of precipitation period N 181
— of rainfall R 125
— of tide T 177
during the day T 26
dust B 733, S 1313
— binder S 1315
— collector, dry ~ T 396
— deposits S 1320
— emission S 1314
— filter S 1319
— removal E 433
— removal, hydraulic ~ N 68
— removal, wet ~ N 68
— remover, wet process ~ N 67
— scrubbing N 68
— separator, wet process ~ N 67
dustbin M 434
duty, heavy ~ H 226
— of water W 166
dwelling houses, block of ~ S 985
d.w.f. T 422
DWF T 11, T 422
dwindle (cement) S 810
dwindling (of cement) S 811
dye F 73
— factory F 69
— house F 34
— stuff F 73
—, sulfur ~ S 720
— works F 34, F 69
—-house wastes F 35
— [tracer] detention studies V 365
dyeing F 37
dyke D 80
dynamic equilibrium (of flow) F 436
— force K 531
— membrane M 182

— power K 531
— pressure head D 296
— storage S 1106
— suction head [or: lift] S 185
— viscosity Z 3
dynamometer D 435
dysenteric R 535
dysentery R 534
dystrophic D 436
dystrophication V 227
dystrophy D 437

E

E. coli C 102
— coli-streaks, sheen of ~ F 672
early setting cement Z 59
—-warning system F 670
earth E 497
— bank E 491
— basin E 489
— borer E 490
— closet T 389
— cover E 492
— cover, depth of ~ E 493
— currents E 511
— dam E 491
— drill E 490
— embankment E 491
— fill, compacted ~ E 510
— fill dam E 491
— fill, tipped ~ E 509
— load E 494
— moving machinery E 486
— pressure E 494
— pressure, active ~ E 495
— pressure, passive ~ E 496
— reservoir E 499
—, shake (or: shock) of the ~ E 539
— stratum B 654
— tank E 499
— tremor W 500
—-moving works B 608
—-worm R 189
earthen dam E 491
earthenware S 1370
— drain S 1384
— pipe S 1385, T 271
earthfast F 179
earthing E 512
earthquake E 487
— flood E 488
earth's crust E 507
earthworks E 485
earthy odo[u]r G 212
— smell G 212
—-musty odour G 211
easement G 206
easily degradable L 150
eau de Javelle B 548
ebb E 1
— and tide G 357
— current E 3
—-tide E 1

ell

—-tide, duration of ~ E 2
—-tide, flow-volume of ~ E 7
—-tide turning point E 6
ebbing and flowing spring Q 26
E.C. E 561
eccentric well B 840
echo sounder E 12
— sounding E 13
echosounder E 12
eco-system O 56, S 1697
—-system, aquatic ~ W 311
—-system, estuarine ~ A 399
—-system, landscape ~ L 57
—-system, marine ~ O 57
ecological O 55
— criterion U 184
— disaster U 183
— efficacy W 632
— factor U 175
— hazard U 181
ecologically beneficial U 180
— compatible U 180
— harmful U 179
— noxious U 179
ecology O 54
economical W 649
— lock S 1095
economizer E 226
economizing activity S 1094
— of energy E 127
ecotoxicology O 58
eddy S 1613
— current W 626
— currents S 1567
— diffusion D 161
edge K 102
— of a weir W 470
— water R 36
edifice B 122
eel A 2
— grass *(Vallisneria) (bot.)* W 347
—-fishing A 3
eelway A 4
effect S 1621, W 635
—, analysis of ~ W 643
—, herbicidal ~ W 638
—, oligo-dynamic ~ W 640
—, range of ~ W 644
—, single ~ W 636
—, sporicidal ~ W 641
—, toxic ~ G 379
—, useful ~ N 285
effective W 629, W 630
— criteria W 647
— depth of precipitation N 196
— evapotranspiration E 566
— head N 289
— output N 295
— permeability D 408
— porosity *(hydrol.)* H 304
— precipitation N 175, R 114
— rainfall R 114
— range A 423
— size of grain K 491

— storage S 1329
— value E 15
— velocity *(of ground-water)* G 625
effectiveness W 631
—, relative biological ~ W 633
effectivity E 14
efficacious W 630
efficacy W 631
—, ecological ~ W 632
efficiency L 161, N 285, W 631, W 645
—, barometric ~ W 646
— duration curve L 160
— of clarification K 289
—, overall ~ W 628
—, purification ~ R 246
—-test L 164
effluent A 82
—, beet sugar [factory] ~ Z 125
— channel A 95
— conduit A 95
— diffusion in the receiving water A 352
—, final ~ E 281
—, hops rinse ~ H 331
—, malting ~ M 8
— pipe A 111
—, primary ~ A 297
—, secondary ~ A 290
— seepage of ground-water G 599
—, sewage ~ A 307
—, sewage works ~ K 285
— sewer A 95
— spraying A 348
— standard A 329
— trough A 110
—, wastewater ~ A 307
—, works ~ W 534
efflux A 82
— loss A 890
egg-laying house H 354
—-shaped section Q 51
elastic coupling K 711
— limit E 228
—, photo-~ S 1090
elasticity E 227
elbow K 353
—, double bell ~ D 203
—, orientable ~ K 606
—, shoe ~ F 708
—, syphon ~ D 350
electric control center S 248
— drive A 628
— fish screen F 348
— motor E 247
— osmose E 252
— power consumption S 1611
— power plant K 541
— power station K 541
— resistance W 559
— welding S 741
electrical conductance, specific ~ L 173

— conductivity L 171
— discharge, silent ~ E 356
— resistance W 559
electricity E 230
electro analogue experiment E 232
—-analysis E 233
—-catadyn-process E 231
—-catadynization E 231
—-desalination E 238
—-filter E 239
—-flotation E 240
—-magnetic E 245
—-metric E 246
—-osmosis E 252
—-plate G 27
—-plating establishment A 613
—-sorption E 254
electrochemical E 234
— potential P 262
electrode E 235
—, capillary ~ K 109
—, carbon ~ K 372
—, glass ~ G 390
—, ion-selective ~ E 236
—, ion-specific ~ E 236
—, potential ~ M 211
electrodialysis E 237
electrolyse E 242
electrolysis E 241
electrolyte E 243
electrolytic E 244
electron capture detector E 248
— emission E 249
— microscope E 250
— mikroscope, scanning ~ R 43
electronic calculator E 251
— computer E 251
electrophoresis E 253
electroplating G 28
electrostatic attraction A 643
— filter E 239
— precipitator E 239
— repulsion A 270
element G 568
elevated basin H 207
— district of the town S 1245
— reservoir H 207
— source H 233
— spring H 233
— tank H 207, W 401
elevation A 552, E 521, H 285
—, land ~ B 601
elevator A 782
—, bucket ~ B 134
eliminate A 278, B 323
elimination B 324
— of air from a pipe line E 377
— of iron E 317
— of odo[u]r G 231
— [or removal] of taste G 271
ellipse E 257
elliptic E 258
elliptical E 23

eluate E 260
elution E 261
elutriate A 834
elutriation A 835
—, sludge ~ S 467
eluvial deposit E 262
— horizon A 1
embank E 50
embanking [work] D 14
embankment A 606, D 9, E 51, U 113, U 114
— crest road D 24
— dam E 491
embayment E 49
embrittlement, caustic ~ L 108
emerge S 525
emergency gate N 266
— generating equipment N 270
— generating set N 270
— generator N 270
— outlet N 264
— power source N 271
— program N 269
— service K 157, N 265
— shut-off valve N 267, S 590
— supply N 272
— water supply N 273
— works N 268
emerging water plant U 101
emission E 264
— (of radioactivity) S 1512
— control E 267
—, dust ~ S 1314
— of odo(u)rs G 233
— register E 265
— spectrometric detector D 107
— standard E 266
employ A 634
employment A 635
empty E 365
— basin B 138
— tank B 138
emptying E 366
—, mechanical ~ E 367
Emscher River Association E 274
— tank E 272
—-type settling tank E 271
emulgate E 277
emulsifiable E 276
emulsify E 277
emulsifying agent E 275
emulsion E 278
— breaker E 280
— cleaner E 279
enamel E 263
— coating S 532
— coating, tar ~ T 92
encased drilled well R 389
encasement, complete ~ V 417
enclosure E 71, V 196
encroach E 57
encroachment W 154

end baffle E 290
— moraine E 284
— of pipe R 396
— of pipe line R 397
— of piping R 397
— point E 288
— (of an indicator) U 162
— product E 287
— sill E 290
—, spigot ~ S 1143
— to end, lay ~ S 1475
—-point determination, conductometric ~ K 450
—-to-end jointing S 1476
endemic[al] E 282
endemic goiter K 603
— goitre K 603
endogenous E 285
— respiration (biol.) V 51
endorheic lake S 831
endothermic E 286
endrin E 289
energy E 292
—, amount of ~ E 300
—, dissipation of ~ E 305
— dissipator E 304
—, economizing of ~ E 127
—, geothermic ~ E 293
— gradient E 301
— input E 297
— (per kg of B.O.D. removed) A 11
—, kinetic ~ E 294
— line E 301
— of excitation A 584
—, potential ~ E 295
— recovery E 303
—, solar ~ S 1060
—, supply of ~ E 306
—-cascading R 217
engine M 88, M 416
— boiler D 35
—, dual fuel ~ Z 200
—, four-cycle ~ V 394
—, gas ~ G 66
—, high-pressure ~ H 213
— house M 93
—, hydraulic ~ W 303
—, internal combustion ~ V 82
—, oil ~ O 78
— room M 92
—, steam ~ D 38
—, turbo-jet ~ S 1511
—, two-cycle ~ Z 204
—-driven M 90
engineer I 50
—, civil ~ B 100
—, public-health ~ G 302
engineering, agricultural ~ K 671
—, chemical ~ T 83
— geology I 52
—, hydraulic ~ W 161
—, public health ~ G 308
—, river ~ F 517

enlargement E 549, V 180
— of the socket M 484
enrichment medium (bact.) A 590
enteric bacterium D 51
— fever T 504
— virus E 319
— viruses D 53
enterococcus-count E 320
enterprise U 274
enthalpy E 341
entrails E 79
entrain F 623
entrainment aeration S 1029
entrance Z 141
— gallery E 93, Z 142
— loss of head F 252
— opening E 146
— side Z 137
— velocity F 251
enumeration of bacteria K 203
— of bacteria in agar K 204
envelope, gelatinous ~ (biol.) G 25
environment B 511, U 142, U 171
—, balanced ~ U 172
—, behaviour towards the ~ U 196
—, influence of the ~ U 178
—, riparian ~ F 550
—, statistics on the ~ U 194
—, urban ~ U 173
environmental agency U 176
— authority U 176
— criterion U 184
— damage U 189
— factor U 175
— factors, due to ~ U 174
— hygiene U 182
— law U 188
— monitoring U 195
— parameter U 185
— planning U 187
— pollution U 197
— protection U 191
Environmental Protection Agency U 192
environmental radioactivity N 278
— requirements (biol.) A 541
— resistance U 198
— safety U 193
— standards U 186
environmentalist U 190
enzymatic E 473
— activity F 146
— cleavage S 1073
enzyme E 468
—, amylolytic ~ E 472
—, cellulolytic ~ Z 52
—, hydrocarbon oxidizing ~ E 471
—, lipolytic ~ E 470
—, proteolytic ~ E 469
— synthesis E 474

— synthesis, repression of ~ H 176
enzymes, metabolic ~ S 1463
eolian sand F 493
ephemeral E 475
— lake S 833
— stream W 270
epidemic E 476
—, gastro-enteritis ~ M 10
—, typhoid ~ T 506
—, water-borne ~ W 216
epidemical E 479
epidemics, gastro-enteritis ~ M 11
epidemiological E 478
epidemiology E 477
epilimnetic E 480
epilimnion E 481
epiphyte E 482
epiphytic organisms O 105
epoxy resin E 483
equalization of discharge A 814
equalizing reservoir A 816
— tank A 815
equation G 412
—, Theis ~ T 154
—, Thiem ~ T 165
equilibrium G 406
— ball valve S 779
—, disturbance of ~ S 1438
equipment A 843, E 113, G 196
—, auxiliary ~ H 194
—, laboratory ~ L 4
— replacement G 197
equivalent G 413
— flow A 90
— size of grain A 389
—, toxic ~ A 388
— (water) stages W 361
—, xylene ~ X 1
Erlenmeyer flask E 526
eroded hole K 419
erosion E 531
—, glacial ~ G 424
—, gully ~ G 452
—, headward ~ K 153
—, rill ~ R 547
—, stream ~ F 522
— valley E 533
error in measurement M 215
—, limit of ~ F 118
— of estimate, standard ~ S 1286
escape pipe A 111
—, scouring ~ K 92
escarpment S 1361
esker O 123
essential metabolite N 43
— oil O 60
establishment, electro-plating ~ A 613
—, plating ~ A 613
ester E 554
estimate V 48
— in the lump P 43

— of the cost K 515
estimation S 230
estuarine eco-system A 399
— water T 182
— water[s] [] M 448
estuary F 532, M 446, M 447
—, inverse ~ A 398
esturial waters M 448
etching plant A 405
— (plant) wastewater A 406
ethology E 559
ethylamine A 400
ethylene A 401
— dinitrilo tetraacetic acid A 402
— glycol A 403
—-diamine-tetraacetic acid A 402
euphotic E 560
— zone Z 111
European Community E 561
— Water Charta W 186
eutrophic N 50
eutrophication E 563
eutrophization E 563
eutrophy E 562
evacuation of the bowels S 1627
evaluation B 452
— of findings A 901
evaporable V 93
evaporate V 94
— [in the open air] V 128
evaporating V 97
— dish A 31
— plant V 100
evaporation V 97
— [in the open air] V 129
—, actual ~ V 130
— area V 133
—, available surface of ~ V 134
—, coefficient of ~ V 108
— discharge B 671
—, flash ~ E 429
— from free surfaces of water S 862
— heat V 106
—, height of natural ~ V 135
—, interceptive ~ I 96
—, long-tube vertical falling film ~ L 71
— loss V 105
—, measurement of ~ V 139
—, multistage flash ~ V 391
— pan V 136
—, potential ~ V 131
—, quantity of natural ~ V 137
— recorder V 138
—, regional ~ G 91
—, relative ~ V 132
— residue A 30
— retardant V 140
—, retardation of ~ V 141
—, single stage ~ V 98

—, solar ~ S 1042
—, submerged-combustion ~ T 66
—, surface ~ O 25
— temperature V 103
—, vacuum ~ V 12
—, vertical tube falling film ~ V 347, V 348
evaporative capacity V 101
evaporator V 95, V 100
—, circulation ~ U 149
—, falling-film ~ F 53
—, flash ~ E 428
—, inclined-tube ~ S 610
—, multiple effect ~ M 166
—, rotary ~ R 481
—, sea-water ~ M 154
—, single stage ~ V 96
—, submerged-combustion ~ T 65
—, tube ~ R 347
— with forced circulation Z 189
evaporimeter V 138
evapotranspiration E 564
—, actual ~ E 566
—, potential ~ E 565
even E 9, G 397
evidence, expert ~ G 708
examination P 336, U 281
—, chemical ~ U 283
—, method of ~ U 289
— of sludges S 378
— of the water W 406
—, preliminary ~ V 456
—, sensory ~ S 1013
examine U 280
excavate A 783, A 819
excavating A 821
— the trench G 449
excavation A 821, B 602
—, depth of ~ T 215
— material A 821
— of the trench A 820
—, surface ~ M 501
excavator B 20, T 390
—, bucket ~ E 36
—, dragline ~ S 648
—, grab ~ G 474
—, shovel ~ L 259
—, trench ~ G 450
excess activated sludge U 81
— carbon dioxide K 385
— chlorination H 210
— gas U 79
— lime process (of softening) K 51
— of air L 343
— of consumption M 168
— pressure U 12
— sludge U 80
—, sludge ~ S 454
— storm sewage R 172
— storm water R 172
— water U 31
excessive pressure U 12

exchange A 877
— acidity A 878
—, anion ~ A 559
— capacity A 885
—, cation ~ K 167
— column A 883
— of compounds S 1446
exchanger A 879
—, anion ~ A 560
—, basic ~ A 880
— in H-form, cation ~ K 168
—, neutral ~ N 145
— resin A 881
exciter S 1429
excrements S 1627
execute A 808
execution A 809
executive ordinance D 403
— power V 418
exhaust A 133, E 373
— air dilution A 172
— gas A 133
— pipe D 376
— steam A 29
— system A 186
exhaustion E 538
—, soil ~ B 617
exit A 812
—-percolation A 869
exo-enzymatic action W 637
exogenous E 568
exorheic lake S 832
exothermic E 569
expanding concrete E 570
expanse of water W 227
expansion A 797
— cooling E 426
— due to heat W 22
—, filter sand ~ F 242
— joint D 73
expellor waste B 474
expenses, running ~ A 811
expensive K 522
experience, operating ~ B 396
experiment V 310
experimental catchment basin K 313
— farm V 320
— plant V 313
— station V 316
expert F 5
— evidence G 708
— report G 708, S 2
expertise G 708, S 2
explode E 571
exploitation A 791
exploration F 608
—, deep sea ~ T 232
—, soil ~ B 665
—, subsoil ~ B 98
exploratory boring V 318
— heading S 1057
— tunnel S 1057
explore E 515
explosion E 572
—, atomic bomb ~ A 706

— hazard E 573
—-proof E 574
explosive E 575, S 1161
expropriation E 314
exsiccator E 576
exsurgence K 131
extended aeration L 76
— aeration plant T 286
extensibility R 341
extension A 797, E 549
— pipe V 201
extensometer D 74
extent A 797
— of impoundage S 1345
exterior A 867
— coating A 620
— of a pipe R 381
exterminate A 278
external A 853
— coating A 620
— corrosion A 861
— diameter A 859
— load B 211
— protection A 865
— screw A 860
— wall A 867
extinguishing the fire F 212
extra over price *(E.O.)* M 160
extract E 578
— of meat F 414
extractable E 577
extraction A 6, E 467, E 579
— column E 580
—, liquid-liquid ~ F 481
— of water E 437
—, water ~ W 213
extractor, counter-current ~ G 137
extrados G 354
extraneous water F 639
extruding screw A 889
exundation D 225

F

fabric G 326
— print works Z 97
face Z 100
facial soap G 290
facing brick V 64
factor, climatic ~ K 335
—, limiting ~ M 329
— of safety S 930
— of steepness of waves S 1362
factory F 1
— farming L 64
— inspector G 331
—, penicilline ~ P 67
—, poultry-packing ~ G 116
— site B 399
—, soap ~ S 875
—, soda ~ S 1024
—, straw board ~ S 1594
—, straw pulp ~ S 1595
—, sulphate pulp ~ N 93

—, sulphite pulp ~ S 1671
—, viscose ~ Z 57
facultative anaerobic F 47
faeces K 524
failure Z 165
—, power ~ S 1599
—, shear ~ S 294
fall F 48, G 107, H 180, W 222
—, bed ~ S 1030
— irrigation H 181
—, natural ~ G 112
— of a curve A 46
— of a water power G 109
— of potential P 263
— of the strata F 51
— of the tide T 178
— pipe R 117
— structure A 274
—, total ~ *(of a pipeline)* G 245
—-out, lead ~ B 562
—-out, radioactive ~ N 178
falling gradient G 108
— stones S 1376
—-film evaporator F 53
—-film evaporator, horizontal ~ H 334
falls W 222
false bottom B 586
falsework S 240
fan V 26
— meter F 478
far-distance control F 163
farm, experimental ~ V 320
farming L 63
—, dry ~ T 407
—, factory ~ L 64
fascine F 76
— drainage F 78
fast flange F 388
— pulley F 185
—-breeder reactor B 836
—-coupling pipe S 584
fastening B 162
fat F 194
— trap F 195
fathead minnow E 259
fatigue phenomenon E 527
fatty F 198
— acid F 201
faucet H 36, Z 23
fault *(geol.)* V 366
— dam spring S 1071
— signal S 1440
— spring S 1071
— valley V 367
faulty M 58
fauna T 243
—, aquatic ~ W 225
—, littoral ~ U 119
feasibility A 806
— study A 807
fecal F 17
— bacteria F 18
— matter K 524
— matter, lump of ~ K 523

fil

— odo[u]r G 213
— smell G 213
— streptococci F 22
— substances K 524
Federal Building Act B 887
— Environmental Agency U 177
— Waterway B 888
fee G 101
—, usage ~ B 262
feed B 313, B 314, D 216, F 710, Z 153, Z 172, Z 179
—, batch ~ S 1479
—, cattle ~ V 387
— channel B 321, S 1111
—, chemical ~ F 27
— conduit S 1111
— hopper E 74
— line S 1111
— pipe Z 155
—, proportional ~ D 217
— pump V 451
— pump, boiler ~ K 237
— stock B 322
— valve F 683
— water S 1112
feedback R 502
— inhibition H 175
feeder A 748, D 213, N 109, S 1111
— channel Z 154
—, chemical ~ C 29
—, dry ~ T 393
— line Z 124
— main H 112
— pipe Z 155
— pipe of a horizontal well F 281
—, solution ~ N 65
feeding D 216
— apparatus D 213
— channel O 30
— device D 213
— hopper E 74
— mechanism A 748
— pipe Z 155
feedlot F 715
feldspar F 136
felt F 308
female end M 460
— screw I 59
— thread I 59
fen M 403, N 171
fencing E 71
fender pile P 94
— post P 94
fenny M 406
— soil M 404
ferment G 8, G 19
fermentability G 10
fermentable G 9
fermentation G 16
—, acid ~ G 17
—, alkaline ~ M 273
— cell G 22
— drum G 14

— flask G 12
—, hot ~ H 153
— industry G 20
—, lactic acid ~ M 301
— tank G 7
— tower G 15
— tube G 13
—-septization process G 11
fermentative G 18
fermenter G 7
fermenting lactose M 304
fermentor G 7
ferric E 196, F 171
— chloride E 189
— hydroxide E 198
— incrustation of drainage tiles V 225
— oxide E 200
ferrization V 143
ferrous E 195, F 172
— chloride E 188
— hydroxide E 199
— oxide E 201
— pipe E 203
— sulphate E 207
ferruginous E 194
ferrule S 1646, Z 208
ferry F 15
—, trail ~ S 881
—-boat F 14
—-boat traffic F 16
ferti-irrigation D 359
—-irrigator for sludge spreading G 682
fertile F 664
fertilisation D 362
fertility F 665
—, soil ~ B 627
fertilization D 362
fertilizer D 357
—, artificial ~ K 677
—, commercial ~ H 64
— elements K 224
—, liquid ~ F 489
—, nitrous ~ S 1417
—, potash-~ K 19
— sprayer D 358
fertilizing value D 360
fever, typhoid ~ T 504
fiber F 79
— board H 311
—, hollow ~ H 298
fiberboard works F 81
fibre F 79
— glass [reinforced] plastic pipe K 694
— recovery plant F 80
fibreboard works F 81
fibrous material F 82
[normal] field capacity F 135
field capacity zone H 33
—, drain ~ S 950
— investigation U 282
— moisture capacity W 253
—, percolation ~ S 950
— survey G 159

— test V 311
—, tile ~ S 950
— velocity *(of ground-water)* G 625
— velocity of groundwater F 434
— weir S 1339
figure Z 14
filament F 79
filamentous F 11
— algae F 9
— bacteria F 10
— fungi F 12
fill A 606, F 675, F 681, L 13, S 655
— and draw contact bed F 676
—, hydraulic ~ E 130
—, placing of the ~ E 48
—, random rubble ~ B 821
—, tipped ~ S 658
— up A 605
—, valley ~ T 36
filled V 413
filler F 680
— material F 680
filling E 75, F 681, L 14
— in land G 155
— of a dam D 23
— station T 53
— station, gas ~ G 74
— up A 606
— valve F 683
film F 257
— *(thin layer)* H 128
—, monomolecular ~ F 221
— water H 31
filter F 222, F 273
—, aerated ~ F 223
— aid F 258
—, air ~ L 327
— area F 253
— backwash(ing) F 285
—, bag ~ S 4
— bed F 238
— bed area F 253
— belt F 236
—, belt ~ B 59
—, belt type sludge ~ S 971
— body F 263
— bottom F 244
— bottom, porous plate ~ F 245
— box F 237
— cake F 266
— cake, take-off of ~ F 267
—, candle ~ K 230
— carbon F 264
—, carbon ~ K 373
—, centrifugal ~ Z 73
— chamber F 260
—, choking of the ~ V 269
—, circular ~ R 542
—, cleaning of a ~ F 279
— clogging F 298
—, closed ~ F 225
—, cloth ~ T 475

fil

—, coarse ~ G 504
—, coke ~ K 406
— compartment F 260
—, contact ~ F 676
—, diatomite ~ K 264
—, disc-~ S 282
—, domestic ~ H 118
— drainage F 244
—, drifting sand ~ F 424
— drum F 289
—, drum ~ T 436
— drum, rotating ~ F 290
—, dual media ~ Z 198
—, dust ~ S 1319
— efficiency F 303
— effluent F 304
—, electro-~ E 239
—, electrostatic ~ E 239
— equipment F 235
— fabric F 291
—, final ~ N 7
—, fine ~ F 122
—, fine sand ~ F 128
—, fluid bed ~ F 422
—, fluid-carbon ~ F 423
—, fluidized bed ~ F 422
— fluorescent antibody technique F 231
— fly T 452
—, folded ~ F 58
— gallery F 254
— governor F 248
— gravel F 262
—, gravel ~ K 268
—, gravity ~ F 228
—, gravity-type sand ~ S 99
—, hair ~ H 2
—, head of a ~ F 247
—, high-rate ~ S 582
— humus T 454
— layer F 283
— load F 239
— loading F 239, T 451
—, magnetite ~ M 25
— mass F 272
— material F 272, T 453
— medium F 272, T 453
— medium, spiral-coil ~ S 1136
—, membrane ~ M 184
—, mixed media ~ M 337
—, multi-layer ~ M 161
—, multi-media ~ M 161
—, multiple bed ~ M 161
— nozzle F 249
— operation F 240
—' outlet flow controller F 232
— paper F 276
—, percolating ~ T 445
—, permutite ~ P 84
— pipe F 280
— pipe string F 287
— pipes, string of ~ F 85
— plant F 234
—, porcelain ~ P 258
—, precoat ~ A 609

— press F 278
— press, compartment type ~ K 67
—, pressure ~ D 290
—, primary ~ V 437
— rate controller F 271
— regulator F 248
—, resand a ~ S 100
— run F 269
— sand F 282
—, sand ~ S 98
— sand expansion F 242
— sequency F 241
— slab F 277
—, slow sand ~ L 72
— sock S 477
—, soil ~ B 621
—, specific loss of head of a ~ F 301
—, spiral-coil ~ F 226
—, starting of a ~ A 534
—, submerged ~ F 230
—, suction ~ S 195
— surface F 253
— tank F 237
— to waste A 79
—, trimedia ~ D 260
— underdrainage system F 244
— unit F 233
—, upwash a ~ A 898
—, wash[ing] F 285
—, wedge-wire ~ K 185
—, well, horizontal ~ H 336
—, woven ~ G 328
— -backwash water F 286
— -bed passage F 243
— -cake thickness F 268
filterability F 307
— index F 306
filterable F 305
filter[ing] capacity F 270
— cloth F 291
filtered water W 130
— water reservoir R 251
filtering F 274
— candle F 261
— crucible (chem.) F 288
— fabric F 256
— layer F 283
— material F 272
— medium F 272
— process F 299
—, sand ~ S 102
— to waste A 80
— tube, concrete ~ B 360
—, water ~ W 226
— well F 246
filter[ing] rate F 270
filters, alternating double ~ W 457
filth S 541
filthy S 544
filtrate F 273, F 304
filtrated water W 130
filtration F 274

—, alternating double ~ W 458
—, artificial ~ F 296
—, blanket ~ S 709
—, direct ~ D 175
—, double-~ D 191
—, final ~ N 8
—, high-rate ~ S 583
—, intermittent ~ F 295
—, natural ~ F 297
—, partial ~ T 112
— plant F 234
—, pressure ~ D 291
—, primary ~ F 294
— rate F 255
—, sand ~ S 102
—, slow sand ~ L 73
—, sludge ~ S 407
—, soil ~ B 622
— spring G 600
—, upflow ~ F 293
—, vacuum ~ V 7
—, water ~ W 226
filtros plate F 277
final clarification N 12
— clarification tank N 10
— disposal E 283
— drying N 18
— effluent E 281
— filter N 7
— filtration N 8
— purification N 14
— sedimentation N 12
— settling tank N 10
— sterilization N 5
— treatment N 2
financial promotion F 592
financing F 309
finding B 163
findings, evaluation of ~ A 901
—, interpretation of ~ A 901
fine F 120
— bubble[s] aeration B 239
— filter F 122
— grained sand S 85
— gravel K 257
— sand S 85
— sand filter F 128
— screen F 125
— screen, mechanically raked ~ F 126
— silt F 129
— -bubble ... F 121
— -meshed F 123
fines S 1010
finish A 647
finished water W 138
finishing A 647
— [process] Z 161
— agent A 649
—, metal ~ M 263
— plant A 648
fir T 56
fire brick S 256
— demand F 215

fla

— department F 219
— extinction F 212
— fighting F 212
— fighting water F 214
— fighting water intake F 216
— hydrant F 213
— hydrant, rectangular underground ~ U 254
— hydrant, round underground ~ U 253
— plug F 213
— protection reserve F 217
— protection, water requirements for ~ F 215
—-brigade F 219
—-damp S 365
firedamp G 526, S 365
firn F 310
first test V 456
fish F 312, F 324
—, abundant in ~ F 344
—, anadromous ~ F 321
— attractant A 645
— blood F 319
— by-pass channel F 347
—, catadromous ~ F 322
—, coarse ~ F 313
—, commercial ~ N 287
— culture F 355
— egg F 323
— elevator F 316
— feed F 340
— food F 340
— food organisms F 339
—, fresh water ~ S 1658
— hatchery F 355
— hoist F 316
—, holding-pond for ~ H 55
— kill F 349
— ladder F 337
— lift F 316
— lock F 345
—, marine ~ M 137
— meal F 338
— migration F 354
—, migratory ~ W 75
— mortality F 349
— pass F 341
— pass, diagonal baulk ~ D 114
— poison F 334
— pond F 351
— population F 318
— rack F 343
— rearing F 355
— refuge F 352
— rise F 315
— screen F 343
— screen, electric ~ F 348
—, sea-~ M 137
—, sedentary ~ F 314
—, stock of ~ F 317
— trap F 332
—, warm water ~ W 88
— water F 333
—-pickling plant F 336

—-processing plant F 353
fisherman F 325
fishery F 326
—, commercial ~ H 65
—, damage to ~ F 331
— harbour F 329
—, inland ~ B 483
— right F 330
—, sportive ~ S 1155
fishing F 326
— boat F 328
—, nearshore ~ K 644
—, shell ~ S 238
— tool F 66
— vessel F 328
— water F 333
fishkill, wintertime ~ F 350
fishtail bit F 346
fishway F 341
—, chamber-type ~ F 345
—, pool and drop ~ F 342
fishy odo[u]r G 214, G 223
— smell G 214, G 223
fission S 1072
— product K 227
fissure R 338
— spring S 1071
fissured Z 87
fitter I 74, M 120, M 401
—, pipe ~ R 436
fitting, cast iron ~ F 607
—, flanged ~ F 394
—, pipe ~ F 606
fittings A 664, Z 123
— for equipment A 844
five days biochemical oxygen demand S 152
fixation B 480, F 357
—, nitrogen ~ S 1416
fixative F 356
fixed ammonia A 492
— barrage W 464
— buttress weir P 104
— cover G 53
— distributor V 328
— flange F 388
— ground-water A 386
— nozzle D 371
— residue G 438
— solids G 438
— weir W 464
—-bed ion exchanger F 177
—-roof type digester F 100
fixing B 162
fixture branch A 365
—, plumbing ~ I 78
flagellates G 150
flagelleum G 149
flake F 452
— of sludge S 410
flame-ionization detector F 383
flameless atomic absorption spectrometry A 704
flange F 385
— and bell mouth F 407

— and plain end cross with two bell branches E 66
— and spigot bend F 393
— and spigot end piece E 62
—, blank ~ B 572
—, companion ~ V 57
—, loose ~ F 390
—, mating ~ G 128
—, measuring ~ M 216
—, plain-faced ~ F 389
—, principal axis of a ~ F 395
—, raised face ~ F 391
— sluice valve F 398
—, standard ~ N 253
flange[d] coupling F 397
flanged cross F 404
— eccentric reducer F 400
— eccentric taper F 400
— fitting F 394
— joint F 401
— joint, flat gasket for ~ F 361
— pipe F 406
— socket F 405
— spigot E 62
— tee T 1
— 90° duckfoot bend F 708
flanges, bolted ~ F 402
flap K 304
— gate K 307
— gate, automatic ~ G 407
— valve K 306, V 261
—-bottomed bailer S 529
flare F 8
flash E 326
— chamber E 425
— cooling E 426
— distillation E 423
— distillation, multistage ~ E 424
— dryer Z 92
— drying S 591, Z 93
— evaporation E 429
— evaporation, multistage ~ V 391
— evaporator E 428
— evaporator, multiple effect ~ M 165
— flood S 1643
— light H 70
— mixer S 586, T 497, W 623
— mixing device S 586
— period E 431
— point F 384
— process, multistage ~ E 430
— system E 427
— tube F 52
—-test S 587
flashboard S 1322
flashed vapor E 422
flashlamp H 70
flask (chem.) K 413
—, measuring ~ (chem.) M 227
flat E 9, N 206
— bog N 171

633

fla

− country E 10
− gasket for flanged joint F 361
− rate P 42
− slide valve F 366
flats E 10
flatworm S 1614
flavour B 188
flax rettery F 368
− retting plant F 368
flaying-house A 32
flexibility B 469
− stress B 471
− test B 472
flexible B 436, B 468
− connection V 55
− joint G 166
flexural strength B 465
flight of locks S 507
− scraper B 62
float F 472, S 790
− chamber S 794
− gage S 793
− gauge S 793
− gauging S 792
− run S 796
− stop valve S 776
−, subsurface ~ T 221
−, surface ~ O 22
− switch S 800
− valve S 795
− well P 53
−-operated S 791
−-operated switch S 800
floatable substances S 806
floating aquatic plant S 782
− arm S 756
− blanket (in an up-flow settling tank) F 229
− body S 798
− cover G 54
− dock S 788
− foundation G 537
− gas-holder roof G 54
− ice T 328
− layer S 801
− masses of sewage fungi P 189
− matter S 806
− matter, trap for ~ S 803
− matter, withdrawal of ~ S 807
− (oil) barrier O 83
− roof G 54
− scum-board S 783
− sludge S 801
− solids S 806
− solids mass load S 808
− surface aerator O 9
−-arm interrupter S 757
−-roof type digester F 101
floc F 452, F 453
− basin F 461
− break-through in filters S 394
− formation F 454

flocculant F 25, F 463
flocculate F 453
flocculation F 457
−, hydraulic ~ T 499
−, subsequent ~ F 460
− tank F 461
flocculator A 799, F 461
flocculent F 456
− sludge F 455
flocking agent F 463
flood F 558, H 239, U 82, U 83
− absorption capacity H 257
− attenuation V 220
− basin U 84
− channel F 569
− control H 256
− control measures H 259
− control reservoir R 498
− crest F 566
− current F 570
− damage H 258
− danger H 252
−, design ~ E 459
− dike F 561
− discharge H 242
−, flash ~ S 1643
− forecast(ing) H 269
− frequency H 253
− gate H 268
− hydrograph H 251
−, increase (phase) of ~ H 245
− interval, tidal ~ F 567
− level mark H 254
−, maximum ~ H 240
−, maximum probable ~ F 559
− measuring post P 47
− path H 272
− peak H 261
− period, duration of ~ H 249
− plain U 84
− plane U 84
− protection H 259
− recession H 241
− regulating reservoir R 498
− regulation H 256
− release H 265
− retention basin R 498
− retention capacity H 257
− routing, calculation of ~ H 246
− routing, hydraulic ~ V 204
− runoff H 265
− stage H 262
− storage basin H 260
− storage reservoir H 260
− the banks A 892
− tide F 558
− warning H 271
− warning service H 270
− water H 239
− water flow H 242
− water flow, maximum ~ H 243
− water level H 262

− water level, maximum ~ H 263
− wave H 273
− zone H 274, U 84
−-protection dam H 248
−-tide, duration of ~ F 560
floodbank D 80
flooding U 83
− tank F 565
floodometer H 255
floodway H 272
floor B 584
− (of a weir) S 1642
− drainage B 615
− of the foundation G 539
flooring of a bridge B 827
flora P 122
−, bacterial ~ B 40
−, fresh water ~ S 1661
− in the soil B 624
flotating agent F 470
flotation S 778
− agent F 470
−, dissolved air ~ D 292
− save-all F 471
−, thickening by ~ F 469
−, vacuum ~ V 8
flotsam T 331
flounder F 494
flour sand S 1323
flow A 82, A 99, D 385, D 386, F 428, F 429, F 562
− (hydraul.) S 1568
−, actual ~ I 123
− and ebb G 357
− area at incoming tide, cross-sectional ~ D 398
− area at outgoing tide, cross-sectional ~ D 397
− at area flowing full A 83
−, average ~ M 374
−, calculated ~ S 1046
− calculation A 100
− capacity D 401
(flow) capacity (of a pipe) A 119
flow, cavern ~ K 174
− chart F 425
− compartment A 229
− conditions, hydraulically unstable ~ S 1581
−, confined ~ F 432
− constriction D 400
−, continuous ~ Z 134
− control W 295
− controller, filter outlet ~ F 232
−, counter-current ~ G 135
− course S 1592
−, critical ~ F 435
−, densimetric ~ D 128
− depth F 443
− diagram F 425, S 1583
− direction F 441
−, diverted ~ T 343
− duration curve A 101

flu

- duration of incoming tide F 571
-, equivalent ~ A 90
- forth E 517
- frequency H 15
- gage A 102
- gaging A 104
- gauge D 393
-, gravitational ~ F 431
- impediment due to weed growth, coefficient of ~ V 197
- indicator S 1580
- integrator W 444
-, intensity of ~ S 1586
- into E 109, E 517
- into upper tidal region O 42
-, laminar range of ~ S 1582
-, line of ~ S 1600
-, local phenomenon of ~ F 447
-, low ~ N 211
- mass A 115
- mass of sewage S 554
- mass of storm water R 180
-, mean daily ~ T 10
- measurement A 104, S 1589
- measurement, cross-sectional area of ~ D 394
- meter A 102, D 393, S 1587
- meter, bulk ~ H 110
- meter, volumetric ~ S 1588
- metering S 1589
-, minimum ~ M 309, N 213
- net L 190
-, non-utilized ~ F 636
- out A 81
-, overland ~ O 4
- path of incoming tide F 576
- path of outgoing tide E 8
- pattern S 1593
-, peripheral ~ S 1572
- principle S 1585
-, radial ~ D 434
- rate F 433
- *(of a catchment area per second per area)* A 112
- rate, critical ~ G 475
- rate diagram, area of ~ G 280
- record A 104
- recorder M 193
- regulation A 108
- resistance F 448
-, reversal of ~ S 1591
-, rushing ~ S 331
- separation S 1598
- sheet F 425
-, shooting ~ S 1575
-, steady ~ S 1570, S 1576
-, storm-water ~ R 177
-, stratified ~ S 305
-, subsurface ~ G 586
- through seepage passages S 965
- time F 449

- time of the tide T 194
-, tranquil ~ S 1574
- transition F 447
-, transition ~ U 36
-, turbulent ~ S 1577
-, two-phase ~ S 1569
-, underground ~ G 669
-, unsteady ~ S 1579
-, upper ~ O 38
-, velocity of ~ A 89, D 391, F 433
- velocity of incoming tide F 572
- velocity of outgoing tide E 5
-, vertical ~ V 349
- volume A 92
- volume curve A 93
- volume of incoming tide F 575
- yield, underground ~ *(in 1/ s.km²)* A 113
--duration of outgoing tide E 4
--mass curve A 116
--rate A 99
--through D 386
--through curve D 392
--through, measurement of ~ D 395
--through time D 402
--through, total (amount of) ~ D 399
--volume of ebb-tide E 7
flowage line U 125
flowing F 563
- intermittently P 75
- water W 128
- waters W 278
- [artesian] well B 838
flows lower than ..., number of ~ U 277
- lower than ..., period of ~ U 276
fluctuate S 699
fluctuating V 42
- load W 453
- quantity of water W 293
fluctuation S 700
-, daily ~ S 707
-, hourly ~ S 706
-, monthly ~ S 704
- of demand B 153
-, phreatic ~ S 701
-, seasonal ~ S 703
-, tidal ~ G 358
-, yearly ~ S 702
flue S 604
- dust F 491, G 367
- dust waste G 83
- gas R 52
--brush K 79
fluid F 480, F 482
- aggregate state A 417
- bed filter F 422
- bed reactor W 622
- mechanics H 387

- obtained by distilling D 102
- pressure R 537
--carbon filter F 423
fluidity F 446
fluidized bed W 621
- bed filter F 422
- bed filtration S 709
- bed reactor W 622
--bed drier W 625
--bed furnace W 622
--bed ion exchange process F 421
flume R 333
-, control ~ M 220
- flushing R 334
-, Parshall ~ P 28
-, standing wave ~ M 221
- water R 490
flumed bridge K 78
fluming and washing water R 489
- operation S 751
fluor spar F 541
fluorescein F 496
fluorescence F 497
fluoridate F 501
fluoridation F 502
fluoride F 500
fluorides, removal of ~ E 327
fluorine F 495
fluorochemical analysis F 498
fluorometer F 499
fluorosis caused by drinking water, dental ~ T 374
fluosilicic acid K 262
flush S 695, S 1187
flush[ing] S 1200
flush away F 623
- boring S 1184
- closet S 1182
- hydrant S 1532
- irrigation V 238
- joint drill pipe B 723
- tank S 1189
- valve D 330
- water S 1204
--method of manure removal S 752
--tank *(W.C.)* K 146
flusher S 1203
flushing channel S 1194
- cistern S 1189
- degritter S 1196
- device S 1195
- effect S 1209
-, flume ~ R 334
- gate S 1199
- manhole S 1197
- pipe line S 1191
- rate S 1188
-, sewer ~ K 99
- shield S 1198
--box S 1189
fluted tube R 317
fluviatile accretion A 759
- deposits F 511

fluvio-glacial deposits S 535
flux F 429
— of a membrane W 205
fly F 417
— control F 418
—, filter ~ T 452
— nuisance F 419
—, stone ~ S 1368
——ash F 491
——wheel pump S 821
flying line L 182
flywheel S 820
foam S 231, S 266
— absorbent S 271
— booster S 278
— control S 269
— depressant S 270
— fractionating S 272
— fractionator A 846
— removal S 267
— separation A 845
— stabilizer S 278
— suppression S 269
——plastic filter S 277
foaming S 232
— agent S 276
— power S 274
foamy S 273
fodder F 710, V 387
—, green ~ F 711
—, manufactured ~ F 174
— silo F 714
fog N 99
—, damp ~ N 102
—, dense ~ N 100
— formation N 101
foggy N 120
fold (geol.) F 57
—, anticlinal ~ A 624
— mountain F 59
folded filter F 58
foliage L 94
foliar diagnosis B 531, B 532
follow-up implication F 593
——up measure F 595
food N 56
—, animal ~ V 387
— canning factory K 452
— chain N 54
— hygiene L 118
— industry N 57
— manufacture L 117
—, plant ~ P 114
— processing L 117
— processing wastes L 119
— wastes S 1108
foot F 691
— bath F 705
— bend for hydrants H 367
— bridge S 1349
— path B 881
— valve B 666
— way B 881
——valve with strainer B 667
footage B 105
footing F 691

—, individual ~ E 160
— of a well B 863
—, strip ~ S 1557
footpath S 1349
for drinking purposes T 382
forage F 710
— plant F 711
force K 530, P 369
—, driving ~ T 357
— main D 324
— majeure H 293
— of attraction A 644
— pump D 320
—, seepage ~ S 949
—, tractive ~ S 492
—, viscous ~ R 206
forced-circulation evaporator
    Z 189
——-circulation vapor
    compression evaporation
    Z 188
ford F 701
forebay O 39
forecast V 452
foreland D 83
foreman B 387, V 424
— of the pipe-line network
    R 419
foreshore S 1517
forest W 62
— administration F 616
— fire W 65
— hydrology F 615
— land W 66
— litter W 67
—, mixed ~ M 357
forestation, re~ W 569
forested B 435
forestry F 617
forge S 538
— scale Z 159
forking (biol.) G 3
form F 603
.— board S 254
— insulation S 255
— lining S 253
— stripping A 848
formaldehyde F 600
formation F 601
— of ice E 174
—, water-bearing ~ G 666
formations, succession of ~
    S 303
formgrease S 239
formic acid A 487
forming the public opinion
    O 52
forms, timber ~ H 323
formula F 602
formwork S 252
—, climbing ~ K 325
—, sliding ~ G 417
—, timber ~ H 323
foul A 16, F 88
— condensate K 526
— water A 288, W 142

— water, carbonization ~
    S 750
— water sewer S 555
fouled sewage A 289
— waste A 289
fouling A 7
foundation F 691, G 535
—, concrete ~ B 361
—, deep ~ T 225
— down to rock in place G 536
— down to solid rock G 536
— drainage B 97
—, floating ~ G 537
— level G 539
—, machine ~ M 91
—, masonry ~ F 692
— of dike D 81
— on caissons S 917
—, piled ~ P 96
— pillar G 562
— practice G 547
— rock G 538
—, shallow ~ F 362
— slab F 693
— soil B 96
—, strip ~ S 1557
— timbering B 95
— trench B 94
—, well ~ S 201
— work under compressed air
    D 313
founding G 696
foundry G 369
— mark H 185
— scale G 702, H 59
fountain S 1164
four-cycle engine V 394
——stroke engine V 394
fourway branch K 589
fraction of saturation F 205
fractionator, foam ~ A 846
fracture B 807
— spring S 1071
fractured Z 87
fracturing, well ~ R 340
frame F 83
—, drive ~ R 31
—, manhole ~ R 24
framework F 6, F 83
framing F 6, H 316
Francis turbine F 627
free acidity M 282
— available chlorine C 40
— available residual chlorine
    R 276
— carbon dioxide K 382
— chlorine C 40
— fall F 49
— flow A 801
— from ice E 208
— ground water G 575
— level S 1126
— lying conduit L 183
— of charge K 521
— of expense K 521
— residual chlorine R 275

gan

- space S 1128
- swimming forms of organisms O 107
- —-floating algae A 436
- —-moving organisms O 106
- —-residual chlorination S 675
- —-swimming F 630
- freeboard F 631
- freeze F 640
- concentration of viral agents G 120
- method G 123
- —, radiation ~ S 1515
- —, wind-borne ~ W 596
- —-drying G 122
- —-evaporation G 122
- freezing G 119
- point G 121.
- preventive F 658
- process G 123
- process, pressure ~ D 278
- weather F 662
- freighter F 625
- french drain S 948
- frequency H 13
- —, absolute ~ H 14
- curve A 101
- —, dimension of ~ H 19
- (distribution) curve H 20
- —, flood ~ H 253
- of droughts D 367
- of irrigation U 151
- of overflow U 21
- of rain R 142
- of species A 669
- recorder I 23
- —, relative ~ H 18
- fresh sewage A 294
- sludge F 643
- waste A 294
- water F 644, S 1656
- water algae S 1657
- water fish S 1658
- water flora S 1661
- —-air inlet F 642
- —-water lens *(hydrol.)* S 1660
- freshet B 2
- freshwater plankton S 1662
- production S 1659
- —-fishery B 483
- friability of the soil B 628
- friable B 804, B 824
- friction R 203
- —, angle of ~ R 210
- —, coefficient of ~ R 59, R 205
- drag R 209
- factor R 205
- —, gradient of ~ R 204
- head R 207, R 208
- loss R 207
- number R 211
- —, skin ~ O 18
- frictional loss R 207
- resistance R 209
- resistance of pipe R 453
- fringe area A 855

- area of town S 1242
- water *(hydrol.)* K 118
- frog F 645
- frogbit F 646
- from bottom to top A 778
- front range V 446
- view V 432
- wall S 1432
- —, wave ~ W 513
- —-end wastes A 43
- frontage of a river U 123
- frontager U 110
- frost F 647
- action F 652
- —, damage done by ~ F 656
- —, degree of ~ K 8
- —, glazed ~ G 398
- heave F 648, F 653
- in the soil B 626
- penetration depth F 651
- period F 654
- protection F 658
- —, radiation ~ S 1515
- resistance F 650
- shift F 653, F 657
- —, springtime ~ S 1068
- —, wind ~ W 596
- —-proof F 661
- frosty weather F 662
- froth S 231, S 266
- flotation S 778
- formation S 232
- frothing S 232
- agent S 276
- Froude grain number F 663
- number F 663
- fruit cannery O 45
- processing O 46
- —-canning factory O 45
- —-culture O 44
- fry F 320
- fuchsin[e] F 671
- fuel B 799
- oil H 159
- overflow shut-off device H 161
- storage depot T 51
- value H 167
- —-oil storage H 160
- —-oxidant mixture B 798
- fulfil A 808
- fulfilment A 809
- full V 413
- capacity L 156
- discharge L 156
- output L 156
- scale M 109
- scale plant B 386
- —-area drainage V 414
- —-scale test G 522
- fullering of the lead in the sockets V 304
- tool S 1388
- Fuller's earth B 545
- fumes B 829
- —, acid ~ S 33

- fumigant B 166
- fumigate B 164
- fumigation B 165
- functional association Z 192
- risk F 696
- security F 697
- fungal hyphae P 188
- fungicide F 694
- fungoid growth P 185
- fungus P 184
- control P 187
- growth P 185
- infection P 186
- —, sewage ~ A 330
- funnel S 604, T 353
- —-shaped T 355
- fur K 240
- factory R 54
- furnace, blast ~ H 228
- —, fluidized-bed ~ W 622
- —, grate ~ R 472
- —, lead melting ~ B 563
- —, multiple-hearth ~ E 557
- —, rotary ~ D 242
- —, shaft ~ S 203
- furrow irrigation F 700
- fuse *(electr.)* S 941
- future demand of water W 167

G

- G-M counter G 146
- gabbro G 1
- gabion D 229
- gabionnade D 230
- gage M 212, M 219, M 241
- —, bubble ~ D 315
- —, differential ~ D 158
- —, float ~ S 793
- height P 51
- —, snow ~ S 569
- zero point P 52
- gaging M 241
- station M 236
- station, stream ~ A 103
- gale S 1634
- —, heavy ~ S 1638
- warning S 1637
- gallery S 1465
- —, access ~ Z 142
- —, collecting ~ S 80
- —, drainage ~ E 449
- —, drift of a ~ S 1469
- —, entrance ~ E 93
- —, filter ~ F 254
- —, infiltration ~ S 964
- —, pipe ~ R 440
- galvanic cell formation E 255
- galvanize G 27, V 377
- galvanized steel pipe S 1271
- game W 584
- fish R 49
- gamma irradiation G 31
- ray probe G 32
- —-spectrometry G 30
- gang of wells B 867

637

gangway L 105
garbage M 425
— and waste disposal, water-carriage system of ~ S 755
— bag M 438
— chute M 430
— collector M 433
— container M 434
— disposal M 431
— grinder M 445
— incinerator plant M 441
— press M 437
— transport M 429
— truck M 444
garden G 36
— hose G 39
— mould M 500
— suburb G 40
gardener, landscape ~ G 37
gargoyle W 351
gas G 41
—, aquifer storage of ~ G 73
—, blast furnace ~ G 364
— bubble G 49
— chromatographic analysis U 284
— chromatography G 50
— collecting dome G 62
— collection G 61
— collector G 72
— container G 70
— cooler G 67
— cover G 52
— cover, submerged ~ G 55
— development G 58
—, digester ~ F 93
—, dissolved ~ G 42
— engine G 66
—, excess ~ U 79
— expeller E 328
— feedback G 71
— feeder, chlorine ~ C 55
— filling station G 74
— firing G 63
—, flue ~ R 52
— formation G 58
— formers B 30
— generator G 59
— grid G 68
— heating G 63
— holder G 70
— holder, separate ~ G 48
— hood G 62
— lime G 64
— liquor G 84
— motor G 66
—, natural ~ E 498
—, nitrous ~ G 43
— poisoning G 79
— producer G 59
— production G 58
—, propellant ~ T 330
— recirculation G 78
— requirements G 47
— return G 71
— scrubber G 82

— scrubber, blast furnace ~ G 365
— scrubbing G 81
— scrubbing water, blast furnace ~ G 366
— turbine G 77
[digester] gas utilization G 80
gas wash water, generator ~ G 182
— washer G 82
— washing G 81
— washing water G 83
— works G 85
— yield G 45, G 69
--based power generation G 65
--chromatography, reversing ~ R 287
--circulation of digester sludge G 78
--formers K 190
--forming bacteria B 30
--leakage detector G 56
--liquid chromatography G 44
--permeability G 57
gaschromatographic G 51
gaseous G 60
— aggregate state A 418
— chlorine C 54
— chlorine, direct application of ~ C 74
gasification G 58, V 172
gasify V 171
gasket D 131
—, rubber ~ (of a flanged joint) G 689
gasoline B 266
—, leaded ~ B 558
— separator B 267
— trap B 267
gasometer G 70
gastro-enteritis epidemic M 10
--enteritis epidemics M 11
--intestinal tract M 12
gastroenteritis G 75
gastropodes G 76
gate S 661, T 278
— arm S 868
—, bear trap ~ B 19
—, control ~ K 470
— disc S 322
— disk S 322
—, emergency ~ N 266
—, flushing ~ S 1199
— hanger V 263
— house S 320
—, ice ~ E 212
—, lock-~ S 505
— plate S 322
— ring D 139
—, roller drum ~ W 70
—, safety ~ S 936
—, slide ~ G 418
—, sludge ~ S 443
—, tide ~ G 362

—, tilting ~ G 407
— valve A 253
— valve, clockwise-opening ~ S 315
— valve, right-hand opening ~ S 315
— valve, wedge ~ K 186
— valve with hand-wheel, direct operation of ~ S 317
— valve with T-key, direct operation of ~ S 318, S 309
--valve, double flanged ~ D 192
--valve, operation of ~ S 316
--valve, protecting tube for oval ~ H 356
gates, upper ~ O 33
gather S 78
gathering S 83
— area E 168
— grounds E 168
— line S 77
— time maximum K 477
gauge E 19, M 212, M 219
—, chain ~ K 250
— datum P 52
—, depth ~ P 47
— glass W 366
—, high pressure ~ H 216
—, inclined ~ S 608
—, low-pressure ~ N 167
—, point ~ S 1147
— register W 371
—, settlement ~ S 928
—, sieve ~ S 973
—, staff ~ L 93
—, strain ~ S 1089
—, tape ~ K 250
—, tide ~ G 360
— tube P 193
—, upper ~ O 37
— well P 53
—, wind ~ W 602
gauging E 22, M 241
— basin E 18
— chamber M 226
— cock E 20
—, float ~ S 792
— [of flow], long-term ~ A 105
— station M 236
— weir M 244
— weir, rectangular ~ M 248
— weir, sharp-edged ~ M 249
gauze G 87
gear R 18, Z 16
— drive, worm ~ S 558
—, hoisting ~ H 350
— pump Z 17
— unit R 18
gearing R 18
—, bevel ~ K 180
gear[ed] wheel Z 16
Geiger counter G 148
--type inlet G 147
gel membrane G 167
gelatine G 160

gra

— count G 161
—, culture ~ N 36
— plate G 162
gelatinous G 24
— envelope *(biol.)* G 25
general manager B 404
— plan L 32
— rain L 55
generating capacity E 299
— surface H 155
generation, hydrogen
  sulfide ~ S 726
— time G 179, V 216
generator G 180, G 181
—, alternating current ~
  W 455
—, emergency ~ N 270
—, gas ~ G 59
— gas wash water G 182
—, sonic ~ S 241
genus G 86
geochemistry G 187
geodesy G 188
geodetic G 189
— bench-mark F 184
— height H 286
— lift F 583
— lifting height F 583
geodynamics G 190
geography E 500
geohydrology G 191, H 382
geological, hydro~ H 383
— map K 135
— structure S 303
geologist G 192
geology G 193
—, engineering ~ I 52
—, hydro~ H 382
—, subsurface ~ S 1549
geomorphology G 194
geophysical prospection U 285
geophysics G 195
geothermic energy E 293
germ K 187
— carrier K 199
— development K 195
—, intestinal ~ D 51
germicidal K 198
germicide B 42, E 348
germinate K 193
germination K 194
germs, pathogenic ~ K 191
geyser B 9, G 356, W 86
—, household ~ G 46
giant rainer R 148
girder T 297
— bridge T 298
—, lattice ~ G 383
glacial G 400
— drift G 426
— epoch E 216
— erosion G 424
— ice G 423
— stream G 421
— till G 263
— valley G 428

— valley lake G 429
— water S 534
glaciation V 144
glacier G 420
— burst G 422
glaciology G 425
gland S 1470, S 1472
— joint, screw ~ S 626
glass G 387
— container G 389
— electrode G 390
— factory G 392
— fibre reinforced plastic
  G 391
— pipe G 393
— receiver G 389
—, settling ~ A 224
— tube G 393
— vessel G 389
— wool G 396
— works G 392
—-stoppered bottle S 1434
glassy phosphate H 191, N 81
Glauber's salt G 399
glaze G 395, G 398
glazed brick K 341
— frost G 398
gley G 430
— soil G 430
gliding off G 415
globe K 654
globular K 657
glory hole spillway S 207
glucose T 325
glue factory L 152
—, skin ~ H 129
glycol G 440
— ether G 441
gnat S 1348
gneiss G 442
go dry V 287
—-devil M 385
goiter, endemic ~ K 603
goldfish, common ~ G 443
goose-neck *(plumbing)* G 6,
  S 698
goosefoot *(pile work)* G 5
gorge S 519
grab S 883
— bar G 500
— excavator G 474
— rail H 71
— sample E 165
gradation P 195
grade G 108, P 194
— of grain K 488
— tunnel F 635
grader P 196
gradient G 456
— curve *(hydrol.)* A 207
—, longitudinal ~ L 23
— of friction R 204
— of piezometric level S 1298
— of the ground-water G 624
—, temperature ~ T 120
grading K 367, S 976

— *(of sand)* K 492
— curve S 978
graduation E 145
— works G 457
grain G 312, K 485
— boundary K 487
—, effective size of ~ K 491
—, equivalent size of ~ A 389
— form factor F 604
— of sand S 106
—, size, mean ~ K 489
—, size of ~ K 488
—-size distribution K 486
grains, distillers' ~ T 327
gram-negative *(bact.)* G 461
—-positive *(bact.)* G 462
Gram-stain G 460
—-staining G 460
gramineae G 458
granite G 463
granular K 366
— composition K 367
— measurement curve S 978
— sludge S 370
— structure K 604
granulate G 464
granulated carbon filter K 493
— slag S 352
graphite G 465
graphitic action *(corr.)* G 466
— corrosion G 466
graphitization *(corr.)* G 466
grapnel F 64
grass G 467
— cover G 469
— plot G 540, R 39
grassland G 542, W 583
— irrigation G 543
grassy odo[u]r G 218
— smell G 218
grate G 382, R 465
—, aeration ~ B 249
— furnace R 472
grating R 78, R 465
grauwacke G 473
gravel K 256
—, bench ~ T 138
—, coarse ~ K 258
—, crushed ~ G 510
— drain S 958
— envelope well K 272
— filter K 268
—, filter ~ F 262
—, fine ~ K 257
— mining K 259
—, mounding of ~ A 551
— of marble M 77
— pack K 271
— pack material S 660
— packed filter K 268
— pit K 269
— wall well K 272
—-pit lake B 21
gravelly K 270
gravimetric G 336
— analysis G 335

graving-dock T 392
gravitate G 111
gravitation S 763
gravitational G 110
— flow F 431
— flow into receiving body of water V 440
— force S 763
— water *(hydrol.)* S 761
— waves S 762
— withdrawal of groundwater G 588
— -flow irrigation S 766
gravity G 112, S 763
—, apparent specific ~ T 400
— arch dam B 691
—, by ~ G 110
—, centre of ~ S 771
— conduit F 634
— dam G 338
— dam, cellular buttress ~ H 301
— dam, hollow ~ H 300
— dam, masonry ~ B 822
— fed hydro-cyclone Z 220
— filter F 228
— hollowed dam Z 37
— irrigation S 766
— line F 634
— main F 634
— mixing M 352
— sedimentation S 767
— separation S 765
— separator S 764
— sludge-thickening S 398
—, specific ~ G 334
— spring A 830
— supply G 113
— type dam G 338
— type filter F 228
— -type sand filter S 99
grease F 194
— content F 197
—, crude ~ R 357
— flotation F 196
— interceptor F 195
—, recovery of ~ F 200
—, refined ~ R 220
— removal E 324
— separator F 195
— trap F 195
greasy F 198
Greater Erft-River Association G 516
green alga G 533
— belt G 541
— carp G 468
— concrete B 352
— fodder F 711
— house G 313
— sludge F 643
— vitriol E 207
greensand G 544
grey cast-iron G 470
— water A 296, K 620
greywacke G 473

grid G 382
—, gas ~ G 68
— rack R 465
—, stilling ~ B 308
gridiron system of drains R 89
grill R 465
grind M 31, Z 86
grinder M 33, R 84
—, garbage ~ M 445
grinding dryer M 32
— of screenings R 85
grit S 84, S 96
— basin S 93
— chamber S 93
— chamber, shallow ~ F 365
— channel L 74
— collector S 107
— dredger S 95
— removal E 413
— removal tank, aerated ~ S 94
— separating cyclone Z 221
— separating tank S 93
— tank S 93
— washer S 119
— washing S 117
— -washer, drum ~ S 120
groove N 284
—, round ~ R 328
gross activity *(radiol.)* G 243
— beta-activity *(radiol.)* G 241
— capacity G 249
grossly polluted soil U 209
ground B 583, G 92
— acquisition G 554
— air B 635
—, condition of the ~ B 607
— fog B 638
— frost B 626
— ice G 553
— level G 157
— level ... E 11
— level (storage) reservoir E 499
— mist B 638
—, natural ~ B 589
— of the foundation G 539
—, permeable ~ B 587
— plan G 567
— servitude G 551
— sill G 678
— slab S 1040
— sprinkling U 270
— survey G 159
— tank E 499
— water, artificial ~ G 578
— water, free ~ G 575
— water, perched ~ G 577
— water, profound ~ T 217, G 571
— -water accretion G 595
— -water, allochthonous ~ G 572
— -water artery G 593
— -water, artificially recharged ~ U 120

— -water, autochthonous ~ G 574
— -water balance G 605
— -water basin G 602
— -water bed G 654
— -water bottom G 654
— -water cascade G 631
— -water cement G 676
— -water, characteristics of ~ G 603
— -water contour G 628
— -water dam G 608
— -water discharge G 599
— -water, discharge of ~ G 659
— -water divide G 649
— -water, fixed ~ A 386
— -water flow G 606, G 669
— -water, gradient of the ~ G 624
— -water hill G 617
— -water hydrology G 191
— -water infiltration G 594
— -water inventory G 605
— -water level G 660
— -water level, natural ~ G 662
— -water mound G 617
— -water, prospecting for ~ G 650
— -water resources, development of ~ G 618
— -water ridge G 647
— -water storey G 666
— -water supply G 673
— -water surface G 642
— -water survey G 605
— -water table G 660
— -water trench G 653
— -water, underlying stratum of the ~ G 655
— -water vein G 593
— -water wave G 675
grounding E 512
grounds G 152
—, spreading ~ E 134
groundwater accumulation G 658
—, available ~ G 580
— blank G 607
— body G 632
— body, depth of ~ G 638
— body, longitudinal section of ~ G 633
— body, total afflux to ~ G 677
— chart G 629
— compartment G 646
— cover G 671
— depletion G 590
— depression G 611
— discharge, (rate of) flow originating from ~ A 84
—, field velocity of ~ F 434
— flow-rate G 613
— hole A 212

har

— hydrograph G 622
— level at measuring point, depth of ~ A 268
— level, depth of ~ G 621
— level, difference in ~ G 612
— level, drawdown of ~ G 590
— level, lowered ~ G 661
— level, raising of the ~ G 626
— level, recession of the ~ R 496
— level, rise of ~ G 597
— lowering G 590
— mapping G 630
—, mining of ~ G 584
—, natural discharge of ~ G 601
— pond G 607
— province G 623
—, pseudo-artesian ~ G 573
— recession curve G 591
— recharge, natural ~ G 640
(groundwater) recharge rate E 126
groundwater replenishing pond G 596
— reservoir G 657
— resources G 609, G 674
— run-off G 585
—, safe yield of ~ G 616
— section G 589
—, stock of ~ G 604
— storage G 658
— table, lowest stage of ~ G 663
— table, raising of ~ G 598
—, total efflux of ~ G 587
— transgression G 672
—, warming-up of the ~ G 619
—, withdrawal, total (amount of) ~ G 614
— yield G 609, G 615
— yield, anticipated ~ G 627
—-fed lake Q 39
groundwood H 319
— mill H 318
groundworks E 485
group of islands I 72
— of machines M 95
— velocity *(of wave motion)* G 679
grout curtain D 133
grouting E 110
— cement E 111
—, cement ~ Z 62
—, chemical ~ V 158
growing season V 19
grown soil B 589
growth V 213, W 3
— constant W 11
— curve W 12
— exciting E 453
— inhibition W 10, W 17
— limit W 9
— medium N 35
—, microbial ~ K 201
— of flood H 245

— of population B 426
— phase W 13
— promotion W 8
—, rapid ~ V 214
— rate W 16
— retardation W 10
—, stationary [phase of] ~ P 135
— stimulating *(or: promoting)* E 453
— stimulation W 8
— water B 677
—, zero ~ N 283
—-factor W 7
—-lag L 30
—-limiting factor W 6
—-promoter W 667
groyne B 885
— head B 886
grubbing R 344
guarantee S 940
—-test L 164
guard S 686
gudgeon G 534
guide bank L 168
— blade Z 160
— pulley F 674
—, radiation protection ~ S 1505
— ring L 179
— roller F 674
— value R 304
— vane L 180
— wall L 198
— wheel L 179
—-line R 300
gulf G 444, M 127
gullet S 523
gulley S 1009, S 1523, S 1542
— hole S 914
gully S 1009, S 1523
— erosion G 452
gunite T 281, T 282
gutter R 333, S 1542
— of a filter S 433
—, roof ~ D 6
—, screen ~ R 87
—, wash water ~ S 1207
—, waste water ~ S 549
gypseous layer G 381
— stratum G 381
gypsum C 12

H

H-bomb W 377
habitat B 511
—, natural ~ L 121
haddock S 292
hade F 51
hail H 34
—, soft ~ G 471
hailstone H 35
hair H 1
— crack H 3
— filter H 2

— traps H 2
half H 4
—-bound carbon dioxide K 384
—-bridge, travelling ~ H 40
on half-duty L 85
half-life H 47
—-tide level M 373, T 206
—-tide level, mean ~ T 195
halinometer S 49
halogen H 51
— compound, organic ~ O 108
halomorphic soil S 58
halophyte S 65
Hamburg-type settling basin H 57
hamlet W 478
hammer, caulking ~ F 42
— scale Z 159
—-weld pipe R 371
—-welding H 60
hand control H 62
— key H 75
— operated drill H 63
— operated pump H 72
— operated screen R 79
— pump H 72
— rail G 158
— switch H 74
— wheel H 73
— winch H 76
—-cleaned H 67
—-made rock-fill dam S 1382
—-placed rock dam S 1382
—-railing G 158
—-raked screen R 79
—-stick, velocity ~ G 285
handle B 177, H 68
handling B 178, H 69, H 87
— of chemicals U 141
hanging drop method of examination U 287, B 272
harbour H 23
—, inland ~ B 485
—, outer ~ V 450
— water H 25
hard detergents D 108
— labour S 760
— pan O 122
— solder H 93
— surfaced area F 374
— water W 132
—-baked tile K 341
hardboard H 311
hardened PVC H 92
hardener H 12
hardening A 751, E 518, V 186
— plant H 11
hardness H 6
—, calcium-~ K 36
—, carbonate ~ H 8
—, degree of ~ H 10
—, determination of ~ H 9
—, non-carbonate ~ H 7
—, permanent ~ H 7
—, residual ~ R 280

641

−, total ~ G 247
hardwood L 96
harmful material S 215
— material, accumulation
  of ~ S 216
harmfulness S 222
—, degree of ~ S 223
harmless U 241
hay odo[u]r G 219
hazard U 210
hazardous G 106
— to health G 300
haze canopy D 375
head D 273, D 295, G 107
—, capillary ~ K 116
—, developed ~ F 582
—, effective ~ N 289
—, hydraulic ~ F 426
—, hydrostatic ~ D 298
—, low ~ N 165
— of a filter F 247
[static] head of a reservoir
  B 173
head of a river Q 35
— of groyne B 886
— race O 30
—, seepage ~ S 956
—, static ~ D 301
—, suction ~ S 184
— water protection area Q 38
— water retention O 36
—-capacity curve H 344
headbay O 39
header A 340
headgate of a lock S 506
heading, exploratory ~ S 1057
headward erosion K 153
headwater O 39
— area Q 35
— area of protection Q 38
— channel O 30
— level O 41
— level gauge O 37
— of a river Q 35
headwaters (of a river) O 35
headworks L 199
health G 297
— authority G 298
— criterium G 303
— hazard G 301
— implications F 594
— resort K 714
— standards G 304
— surveillance G 309, U 97
heap H 48
— of dead ore H 48
— of dead rock H 48
— of dirt S 543
heaped earth A 606
heat H 154, W 19
— balance W 33
— budget W 33
— capacity W 35
— compensation W 23
— conductivity W 40
— dissipation W 21

— dried H 152
— drop W 20
— effect W 54
— exchanger W 24
— exchanger, counter-
  current ~ G 139
— flow W 31
— flux W 31
— generation W 32
— input W 55
—, loss of ~ W 52
— of evaporation V 106
— of fusion S 533
— of hydration A 26
— of vaporization V 106
— permeability W 28
— power W 36
— pump W 43
— radiation W 48
— recovery W 47
— rejection W 21
— requirements W 25
—, source of ~ W 45
— stimulus W 46
— transfer W 49
— transfer, direct contact ~
  W 50
— transfer rate W 51
— transmission W 49
— treatment W 26
— withdrawal W 30
—-drying T 429
—-exchanger, vertical tube
  type ~ V 346
—-loving W 41
—-loving bacteria B 38
—-pump technology W 44
—-resistant H 204
heated digestion chamber F 97
heater H 156
heath H 148
heather H 148
— moor H 227
heating E 522, E 547, H 164
— coil H 163, R 435
— cylinder H 168
— method H 165
— method, direct-~ H 166
— of digestion chamber F 104
— power station H 158
— power station, district ~
  F 151
— surface H 155
— tube H 162
— unit H 157
—-system, recirculating ~
  K 584
heavy S 759
— duty H 226, S 760
— gale S 1638
— metal S 768
— oil S 770
— rain R 163
— sea B 785, S 841
— shower G 349
— spat S 772

— water reactor S 775
—-metal uptake S 769
hectar H 169
hectoliter H 170
hectolitre H 170
heel of a dam D 17
height H 285
—, geodetic ~ H 286
— of dam D 19
— of frictional losses R 208
— of hydrostatic pressure
  W 197
— of jet S 1506
— of loss V 211
— of natural evaporation
  V 135
— of overflow U 22
— of precipitation N 184
— of rainfall R 143
— of raised [water] level S 1328
— of water level W 362
— of water pressure W 197
— of wave run-up W 507
—, overall ~ G 248
helical S 615
heliozoum S 1063
helminth egg W 676
helminthicide H 172
helophyte S 1681
hemicellulose H 173
hemp H 78
— braid H 79
— braid, coaltarred ~ H 80
hepatitis, infectious ~ H 178
herbicidal effect W 638
— weed control U 227
herbicide U 229
—, aquatic ~ E 352
hermetical L 316
herring H 184
herringbone system of drains
  F 335
heterotrophic H 188
— bacteria B 31
heterotrophism H 189
hexadecanol H 190
hexagon bar S 822
hexane solubles H 192
hexavalent S 823
hide H 127
high H 205
— bank H 238
— capacity H 226
— chlorination H 210
— level district H 221
— moss H 227
— plain H 222
— point (of a pipe line) H 232
— pressure area (meteorol.)
  H 214
— pressure district H 221
— pressure gauge H 216
— pressure zone H 221
— service district H 221
— tensile strength wire S 1080
— tension H 237

hum

— tide F 558, S 1636
— velocity wash S 1307
— voltage H 237
[tidal] high water T 185
high water, higher ~ T 186
— water level H 262
— water, lower ~ T 189
— water mark H 254
— water, mean ~ T 187
— water, mean higher ~
   T 188
— wind S 1638
—-capacity power plant G 517
—-energy ... E 302
—-frequency titration H 223
—-impact plastic K 686
—-level radioactive H 234
—-level reservoir H 207
—-lift pump H 217
—-polymer H 231
—-pressure boiler H 215
—-pressure engine H 213
—-pressure outlet H 211
—-pressure pump H 217
—-pressure scouring H 218
—-pressure sluice valve H 220
—-pressure steam H 212
—-pressure turbine H 219
—-rate ... H 208
—-rate activated sludge
   process H 224
—-rate cooler I 83
—-rate digestion S 581
—-rate filter S 582
—-rate filtration S 583
—-rate sprinkling filter H 225
—-rate trickling filter H 225
—-rate water wash S 1307
—-service pumping capacity
   H 100
—-water flow, mean ~ H 244
—-water peak H 261
—-water regulation H 256
higher O 2
— high water T 186
— low water T 197
highest value on record G 495
highwater H 239
— basin R 498
— flow H 242
—, ice-induced ~ (or: flood)
   E 210
— outlet sluice H 265
— overflow H 265, R 120
highway bridge S 1527
hiking area A 800
hill B 289, H 351
—, ground-water ~ G 617
hills, range of ~ H 292
hillside A 136
hilly H 352
hinged coupling G 164
hip bath S 1014
— bench for washing S 1015
hoar-frost R 60, R 212
hoarfrost R 60

hog-feeding unit S 727
hoist A 782, S 1130
— motor H 347
hoisting cable F 589
— gear H 132, H 350
holder, gas ~ G 70
holding basin, chloride ~
   R 499
— pond S 1104
— pool H 55
— tank A 742, S 1097
— tank, sludge ~ S 439
—-pond for fish H 55
hole L 252
—, cleaning ~ R 241
—, drill ~ B 708
—, inspection ~ S 279
—, weep ~ S 959
holiday season B 11
hollow buttress dam H 301
— fiber H 298
— gravity dam H 300
— ram pump S 359
— shaft H 306
— space H 302
—-fibre bundle H 299
home chlorinator H 114
homogeneous G 401
homogenity G 402
homogenizing H 328
— of sludge S 416
homothermy T 121
honey wagon F 20
hood, gas ~ G 62
hookworm H 38
hoop S 1256
hop H 329
— press liquor H 330
hopper K 619, T 353
— bottom T 356
—, feeding ~ E 74
—, sludge ~ S 450
—-bottom tank T 354
—-bottomed tank T 354
hops H 329
— rinse effluent H 331
horizon H 333
— A A 1
horizontal W 2
— centrifugal pump H 338
— falling-film evaporator
   H 334
— filter well H 336
— flow D 387
— long-tube evaporator H 335
— pump P 359
— rotary pump H 338
— shaft W 499
— timbering H 340
— tube multiple effect
   distillation M 164
— tube multistage
   evaporation H 339
— well H 336
horizontally cast L 229
— cast pipe H 337

— sand-cast pipe R 374
hormone H 341
horn socket F 63
horned pond-weed (bot.)
   (Zannichellia) T 98
horse power P 105
—-hair worm S 47
—-tail S 200
— (Hippuris) (bot.) T 57
horsehoe section Q 53
horseshoe sewer K 73
— shaped section Q 53
horticulture G 38
hose B 332
— [pipe] S 475
— bib S 476
— connection S 476
— coupling S 480
—, garden ~ G 39
— reel S 483
hosing B 333
hospital K 543
— hygiene K 545
— waste(s) K 544
hot W 81
— bituminous dip H 151
— fermentation H 153
— spring T 157
— water W 144
— water piping W 89
— water preparer W 86
— water storage tank W 91
— water supply W 92
— water system W 85
—-rolling mill W 84
hour S 1629
hourly consumption S 1633
— demand S 1630
— demand, maximum ~
   S 1631
— fluctuation S 706
— variation S 706
house, chemical ~ C 31
— connection H 113
— drain H 117
— sewer H 117
— sewer system H 116
—-branch connection H 113
—-drainage system H 116
household cleaner H 121
— detergent H 122
— geyser G 46
— refuse M 425
— waste water A 296
— wastes A 44
housing area S 988
— density W 654
— plan B 128
— policy S 989
hovercraft L 331
HP P 105
hub R 416
— and spigot joint M 482
— of the bell M 462
hue F 74
human excreta A 132

643

— pest G 307
humates H 361
hume pipe H 359
humic acid H 360
humid F 202, N 61
— climate F 211
—, semi-~ S 912
humidify A 540
humidity F 203
—, absorption of ~ F 207
—, degree of ~ F 209
— of the air L 322
— of the air, absolute ~ L 323
— of the air, relative ~ L 324
— of the air, specific ~ L 325
— of the ground B 620
— of the soil B 620
—, relative ~ F 205
humus H 362
—, constituents of ~ H 364
— content, increasing the ~ H 363
—, filter ~ T 454
—, layer of ~ H 365
—, raw ~ R 359
— tank N 1
—, unstable ~ N 37
Hurd tank M 50
hurdle scrubber H 332
HW T 185
hydracine H 376
hydrant H 366
90° hydrant bend H 367
hydrant bonnet H 368
— cap H 368
—, pillar ~ U 30
—, screw-down ~ V 29
—, shaftpipe of a ~ S 204
—, slide valve ~ S 321
—, street watering ~ S 1532
—, sunk ~ U 252
— to water the street S 1159
—, wall-plate for ~ H 369
hydrate H 370
— formation H 371
— of baryt B 81
— of chlorine C 61
— of lime C 10
— process H 373
— water K 596
hydrated lime C 10
hydration H 372
— heat A 26
hydraulic H 375
— backfilling V 169
— bore S 697
— boring S 1184
— conductivity L 172
— cyclone Z 219
— discharge A 802
— drag W 560
— drill N 64
— dust removal N 68
— engine W 303
— engineering W 161
— engineering research W 162

— fill E 130
— fill method S 1201
— flocculation T 499
— flood routing V 204
— grade line F 427
— gradient D 294, F 427
— head F 426
— jack W 594
— jump W 360
— lime mortar K 44
— line F 427
— load B 212
— mean depth P 313
— mortar K 44
— percussion method S 1484
— permeation rate G 96
— press P 274
— pressure F 426
— pressure, level of the ~ D 329
— profile P 310
— radius P 313
— ram S 1488
— rotary drilling D 236
— routing H 246
— shutter K 305
— stowing S 1202
— structure W 163
— turbine W 400
— water K 540
hydraulically operated valve S 311
— unstable flow conditions S 1581
hydraulic [fill] dam D 10
hydraulics H 374
hydro-construction W 161
— -cultivation H 384
— -cyclone Z 219
— -cyclone, gravity fed ~ Z 220
— -cyclone, vortex overflow of ~ Z 222
— -electric power potential W 271
— -isobath G 670
— -microbiology W 301
— -power W 267
— -power plant W 268
— -therapeutics W 260
— -therapy W 259
hydrobiological H 379
hydrobiology H 378
hydrocarbon K 395
—, aliphatic ~ K 397
—, aromatic ~ K 396
—, branched chain ~ K 400
—, chlorinated ~ C 66
—, long-chain ~ K 398
— oxidizing enzyme E 471
—, paraffinic ~ K 397
hydrochloric acid S 66
hydrocyanic acid B 537
hydrodynamics H 380
hydroelectric power plant W 268

— station W 268
hydroextractor Z 75
hydrofluoric acid F 536
hydrofoyle L 331
hydrofrac R 340
hydrogen W 374
— acceptor W 375
— bomb W 377
— chloride S 66
— cyanide B 537
— dioxide W 381
— donor W 378
— ion concentration W 379
— permutite W 380
— peroxide W 381
— sulfide generation S 726
— sulphide S 725
— sulphide odo[u]r G 221
hydrogenation H 377
— of coal K 402
hydrogeochemistry H 381
hydrogeological H 383
hydrogeology H 382
hydrograph A 97, G 35
—, flood ~ H 251
—, sediment ~ S 715
—, unit-~ E 82
—, well ~ G 664
hydrographer G 321
hydrographic chart S 845
— network G 323
hydrographical G 322
hydrography G 320
hydrolizing tank F 95
hydrologic balance G 605
— cycle W 274
hydrological G 322
— balance W 180
— board A 509
— investigation U 286
— research U 286
hydrology G 320, H 385
—, ground-water ~ G 191
hydrolysis H 386
hydromechanics H 387
hydrometeorology H 388
hydrometer W 297
—, down ~ W 299
hydrometric H 390
— propeller W 300
hydrometry H 389
hydrophilic H 391
— capacity W 181
hydrophobic H 392, W 152
hydrophyte W 314
hydroponics H 384
hydrosphere H 394
hydrostatic bursting pressure B 302
— head D 298
— height of pressure D 298
— level R 539
— line of pressure R 538
— pressure R 537, W 196
— pressure head D 298
— pressure, height of ~ W 197

— sludge removal E 417
— test D 319, W 198
— water level W 356
hydrostatics H 395
hydrous K 597
— ferrous sulphate E 207
— sulphate of calcium C 12
hydroxide H 396
— alkalinity A 404
—, barium ~ B 81
— sludge H 397
hyetogram R 146
hyetograph R 154
hygiene G 310
—, drinking-water ~ T 376
—, environmental ~ U 182
—, industrial ~ G 332
hygienic H 399
hygienics G 310
hygienist H 398
hygrometer H 400
hygroscopic W 155
— water A 386
hygroscopicity H 401
hyperfiltration G 133
hypertrophication H 402
hypochlorination H 405
hypochlorinator H 404
hypochlorite H 403
hypochlorous acid S 31
hypogeal U 269
hypogenetic W 5
hypolimnion *(limnol.)* H 406
hypsographic curve H 290
hypsometry H 407

I

IAWPR I 91
I.C.D. C 47
ice E 171
—, anchor ~ G 553
— bar-up E 215
— box K 628
— box for transportation of water samples E 211
—, brink ~ R 35
— cover E 178
— covered E 173
—, drift ~ T 328
—, drifting of ~ E 209
—, formation of ~ E 174
— gate E 212
— gorge E 215
— jam E 215
— jam, shove of an ~ E 172
— mash E 177
— slurry E 213
—, solid ~ K 221
—-age E 216
—-blank E 175
—-cream S 1109
—-cream manufacture S 1110
—-drift E 209
—-floe E 214
—-guard E 176

—-induced highwater *(or: flood)* E 210
icebreaker E 176
ichthyo-biology F 327
ICID I 89
icing of screens V 145
ICOLD I 90
i.D. L 224
identification, paper chromatographic ~ B 342
idle running L 140
— time T 292
idler pulley S 1081
idling L 140
igneous rock E 546
ignite E 326
ignition G 437
—, loss on ~ G 439
— residue G 438
illuvial layer B 1
image well B 841
imbibation B 674
imbibition T 301
— moisture S 193
— water S 193
Imhoff cone A 225
— tank E 272
— tank with contact aerator E 273
immediate U 233
— measure S 1026
immerse E 143
immersion bath T 62
—, depth of ~ E 144
— storage in water W 277
immiscibility U 322
immiscible U 321
immission I 2
— control I 7
— damage I 6
— limit I 4
— load I 3
— standard I 4
immobilization technology E 308
immovables L 231
immunization I 8
immunize I 9
immunology I 10
impact S 1474
— drill S 1480
— pressure S 1487
— strength K 216
— stress S 1477
— test S 362
impassable U 235
impeller L 99
— blade L 103
—, double suction ~ L 100
— mixer W 623
—, single-stage ~ L 102
—, single-suction ~ L 101
—, single-vane ~ E 88
—, three-vane ~ D 258
—, two-vane ~ Z 195
— vane L 103

impenetrable U 205
imperfect M 58
— overfall U 18
impermeability U 206
— of the soil B 664
impermeable U 205
— stratum S 301
impervious U 205
— boundary layer G 487
— clay core T 262
— layer S 301
— lens L 245
— to water W 193
imperviousness D 129, U 206
impingement aerator A 766
implications, health ~ F 594
impoldering E 51
imported water F 639
impost A 127, K 10
impound S 1326
impoundage E 131, S 1311
—, extent of ~ S 1345
—, operating level of ~ N 258
impounded lake S 1337
— reservoir S 1316
— water S 1341
— water pressure S 1343
impounding basin S 1316
— dam S 1324, S 1332, T 39
— dam, underground ~ S 1325
— head S 1328
— reservoir S 1316, S 1337, T 39
— weir S 1344
impoundment E 51, S 1311, U 87
impregnate D 381, I 20
impregnation T 301
impulse A 627, I 21
— *(radiometering)* I 22
—, compressed air ~ D 308
—, initial ~ A 538
— turbine D 335
impulsion load S 1478
impulsive S 1489
impure U 236
impurities B 337
impurity U 237, V 267
in batches S 1489
— brickwork G 168
— masonry G 168
— sections A 200
— situ investigation U 282
— situ test V 311
— stages S 1626
— steps S 1626
— suspension S 710
— the day's course T 26
—-cave power station K 175
—-line mixing M 350
—-line type of meter Z 101
—-outdoor swimming-pool H 50
—-plant I 67
—-plant measure M 105

inactive cliff K 328
inadequate U 326
inappropriate U 240
incertitude U 243
incinerate V 76
incineration V 77
— ash V 84
— of refuse mixed with sewage sludge, combined ~ M 428
— plant, sludge ~ S 458
—, refuse ~ M 440
—, sludge ~ S 457
incinerator V 81, V 83
— plant V 81
— plant, garbage ~ M 441
—, rotary ~ D 242
—, sludge ~ S 459
—, small-scale ~ K 318
incised E 78
inclination F 51, G 108
—, angle of ~ N 124
incline A 136, G 108
— meter N 123
— of one vertically to three horizontally N 122
inclined branch S 1648
— collector system S 606
— gauge S 608
— infiltrator S 607
— screen S 609
— tunnel spillway H 267
— valve S 611
—-tube evaporator S 610
inclining S 605
incoming sewer A 357
— tidal current F 570
— tide F 558
— tide, flow duration of ~ F 571
— tide, flow path of ~ F 576
— tide, flow velocity of ~ F 572
— tide, flow volume of ~ F 575
inconformable motion B 446
inconformity U 221
incorporate E 43, I 54
incorporation E 77, I 53
increase V 213, Z 184
— in population B 426
—, intrinsic rate of ~ V 215
— of consumption V 73
— of population density Z 158
— of pressure D 341
— of temperature T 117
— (phase) of flood H 245
—, rapid ~ V 214
increased consumption M 168
increasing the humus content H 363
incremental feeding of aeration tank S 1624
— loading S 1623
incrust V 198
incrustation K 241, V 199
incubate B 129

incubation B 130
— temperature B 131
incubator B 875
indemnification S 210
— claim S 211
indemnity E 414
index, climatic ~ K 336
— organism L 177
—, pollutional ~ S 545
—, rainfall ~ R 145
—, saturation ~ S 16
—, sludge ~ S 418
— value S 1048
india-rubber K 173
Indian Ocean I 30
indicate A 641
indication A 638
indicator A 640, I 29
—, current direction ~ (electr.) S 1608
—, flow ~ S 1580
—, instantaneous ~ M 393
— organism (biol.) L 177
— organism of salinisation V 248
— plants L 178
—, position ~ S 1387
— system, remote ~ F 148
indifferent I 28
indigenous bacteria B 29
indirect M 366
— cooler O 17
— toxicity G 377
indiscernible N 159
indiscriminate dumping A 148
— spread of settlements Z 88
— spread of settlements, spoiling the landscape by ~ L 61
individual footing E 160
— measurement E 164
— sample E 165
— sewage treatment plant H 124
— water supply E 166
indol bacterium I 31
indoor [swimming] pool H 49
— swimming-bath H 49
induced infiltration I 41
— radioactivity R 9
— sloughing A 870
induration V 186
industrial area I 37
— hygiene G 332
— requirements B 149
— site I 37
— sludge S 369
— wastes A 295
— water B 413
— water demand B 766
— water requirements B 766
— water supply B 767
industrialization I 32
industrial refuse A 47
industry I 33
—, pharmaceutical ~ I 36

—, plating ~ G 28
—, wood-derivatives ~ H 321
inefectious jaundice H 178
ineffective U 325
inert I 38
— material I 39
— materials Z 176
inertia, moment of ~ T 299
infantile paralysis K 275, P 229
infection A 615
— of water W 420
infectious A 614
— contamination of water W 420
— disease A 616
— germs K 191
— hepatitis H 178
— water W 135
inferential (flow) meter F 478
— [water] meter G 283
infest V 232
infestation B 161, V 233
infiltrability E 58
infiltrate E 125
infiltration D 430
—, amount of ~ I 46
— area F 250
— basin A 589
— coefficient V 284
—, deep ~ V 282
—, depth of ~ I 43
— gallery S 964
—, ground-water ~ G 594
—, induced ~ I 41
— pipe line V 286
— rate E 126, I 45, V 283
— slot S 963
— tunnel S 964
— water S 967
infiltrative capacity I 44
infiltrator, inclined ~ S 607
infiltrometer V 285
infirmary K 543
inflame E 326
inflammable E 466
inflow Z 132
—, continuous ~ Z 134
—, intermittent ~ Z 133
— of water W 445
— rate Z 139
— velocity Z 135
influence E 68, E 156
— of the environment U 178
—, radius of ~ (hydrol.) A 209
influent E 69, Z 132
— conduit E 95
—, raw water ~ R 459
— stream W 282
— water (hydrol.) S 1011
influx E 69, W 445
— loss (of head) E 148
infrared I 47
— absorption spectrometry I 49
— gas analysis I 48
infringement of a patent P 39

— of the law G 287
infusoria A 750
infusories A 750
ingot mo[u]ld G 370
ingredient B 335
inhabitant E 157
inherent moisture E 26
inhibiting effect *(biol.)* H 177
— growth W 5
inhibition, corrosion ~ K 511
—, feedback ~ H 175
inhibitor H 174, S 1093
inhibitory A 548
initial A 536
— chlorine demand C 47
— cost A 566
— drainage V 434
— growth-lag L 30
— impulse A 538
— rate A 537
— start-up I 26
— velocity A 537
injection E 110
—, cement ~ Z 62
—, chemical ~ V 158
— pump V 281
— well S 520
injectivity S 522
— test S 524
injure B 310
injurious S 221
— to health G 300, U 219
inland B 486
— fishery B 483
— harbour B 485
— lake S 830
— navigation B 488
— water(s) B 484
— waterway B 490
— waterway network W 389
inlet E 69
— canal E 95
— chamber E 94
— chamber of a reservoir B 174
— channel E 95
— conduit Z 124
— design E 90
—, fresh-air ~ F 642
— grating E 96
— opening E 70
—, peripheral ~ E 89
— pipe Z 136
— pipe, water ~ W 446
—, rain drainage ~ R 182
— sill E 99
— slot E 97
— sluice E 98
— strainer E 100
—, street ~ S 1523
— valve E 147
— works E 91
inner (cooling) cycle P 284
— dike B 482
— dike drainage channel B 489

— surface I 66
— tidal region T 176
— water-gauge B 487
innocuous U 241
innocuousness U 242
inoculate I 13
inoculating needle, loop ~ I 16
— needle, [straight] platinum wire ~ P 212
inoculation I 18
— contrivance I 12
— needle I 15
— of the culture medium I 19
inoculum, culture ~ I 14
inodo[u]rous G 228
inorganic A 580
— matter S 1453
input A 765
—, energy ~ E 297
— *(per kg of B.O.D. removed)* A 11
—, heat ~ W 55
—, power ~ E 297
inquiry *(into)* U 281
insect I 68
— population I 69
insecticide I 70
insert E 117
inshore [body of] water B 484
inside base of the bell M 462
— coat A 621
— diameter of socket M 483
— tube diameter L 224
insignificant U 200
insolubility U 232
insoluble U 230
— matter U 231
inspect B 328
inspecting gallery B 330
inspection B 329
— chamber K 469
— channel B 330
— cover R 288
— gallery B 330
— hole S 279
— manhole K 469
— path S 280
— shaft K 469
—, site ~ O 117
—, television ~ I 73
— well K 469
inspector B 387
— of the distribution system R 419
install E 43, I 79, V 205
installation A 565, E 41, I 76
—, multiple-purpose ~ M 172
— of digestion F 103
— of invert syphon U 250
— of well pipes V 241
— technique I 77
—, underground ~ S 1696
installed capacity L 155
installer I 74
installing plumber I 75
instantaneous indicator M 393

— measurement S 1027
instream aeration S 1603
instruction U 317
instructions, operation ~ B 411
instrument, measuring ~ M 219
insulating compound I 115
— valve A 253
insulation I 116
—, form ~ S 255
—, thermal ~ W 34
insurance, accident ~ U 213
—, third-party ~ H 28
int. diam. R 452
intake E 390
— area E 168, W 207
— basin E 92
—, bellmouth ~ E 101
— channel E 95
— gate E 98
— main E 387
— of water, diurnal ~ T 23
— per day T 12
— pipe E 387
— plant E 91
— point, water ~ W 214
— port E 91
— ports E 388
—, river water ~ F 556
— screen E 96
—, shore ~ U 118
— sluice valve E 389
— structure E 91
— tower E 393
— tower, dry ~ E 396
— tower, wet ~ E 395
— tunnel E 391
—, water ~ W 213
integrated measurement I 81
— river basin development plan W 440
— value S 1676
integrator, flow ~ W 444
—, main flow ~ E 76
intensity I 82
— frequency, rainfall ~ H 16
—, luminous ~ L 222
— of flow S 1586
— of precipitation N 187
— of rainfall R 167
— of strain B 126
intensive livestock farming I 84
interaction W 460
interbasin transfer of water W 402
intercept S 594
intercepting ditch A 76
— drain F 61
— sewer A 78, A 340, H 103
interception A 75, I 95
interceptive evaporation I 96
interceptor A 78, A 191, A 340, H 103
—, parallel-plate ~ P 20

interconnected network V 88
— water-supply systems V 90
interest Z 104
interface G 478
interfacial tension G 479
interfere with S 1436
interference B 407, I 85
interflow *(hydrol.)* Z 209
interglacial period I 86
intergrade U 34
intergranular I 87
— corrosion K 502
interim storage Z 212
interior I 66
— dike B 482
— of a country B 486
—, pipe ~ R 407
intermediary enzymes S 1463
intermediate belt Z 217
— chlorination Z 210
— discharge A 85
— gear V 449
— metabolite Z 214
— outlet A 85
— product Z 213
— pumping station U 67
— sedimentation Z 211
— settling Z 211
intermittent D 176
— application B 315
— chlorination S 1485
— downward filtration B 623
— filtering F 295
— filtration F 295
(of) intermittent flow P 75
intermittent inflow Z 133
— operation B 384
— river W 279
— run B 384
— running B 384
— soil filter B 621
— soil filter, plot of ~ S 1317
— soil filtration B 623
— spring Q 26
— working B 384
internal combustion engine V 82
— corrosion I 60
— diameter L 224
— diameter, nominal ~ N 132
— diameter of pipe R 452
— pressure I 57
— pressure test I 58
— protection I 64
— screw I 59
— temperature I 65
— thread I 59
— vibrator I 63
— wall I 66
internally heated I 56
international Z 216
International Association on Water Pollution Research I 91
— Commission on Irrigation and Drainage I 89

— Commission on Large Dams I 90
— Hydrological Decade I 88
— Ozone Institute I 94
— Scientific Hydrological Association I 93
— Water Supply Association I 92
interpretation of findings A 901
interrelation W 452
interruption U 248
— of service B 410
intersecting line S 593
intersection of the valleys K 590
— point S 594
interstate Z 216
interstice A 261, H 302, H 303
—, capillary ~ K 112
interstices P 248
interstitial velocity P 251
— water P 254, S 1070
intertidal area T 181
— marine life T 175
interval A 261
—, tidal flood ~ F 567
intestinal bacterium D 51
— disease D 52
— germ D 51
— worm E 80
intestine D 50
intestines E 79
intimate mixing M 351
— mixture M 351
intrados I 61
intrinsic permeability P 80
— rate of increase V 215
introduce E 72
— *(sewage)* E 102
introduction E 73
— *(of sewage)* E 104
— into groundwater E 105
intrude E 57
intrusion of water W 154
intrusive filtration Z 180
— rock I 97
inundate U 82
inundation U 83
invasion, water ~ W 206
inventory B 334
—, ground-water ~ G 605
— of service B 400
inverse estuary A 398
inversely proportional U 144
invert D 347, K 97
— syphon, installation of ~ U 250
invertebrates T 241
—, macro~ M 41
inverted drainage well S 520
— syphon D 347
— well S 520
investigate E 515, U 280
investigation F 608, P 336, U 281

—, field ~ U 282
—, hydrological ~ U 286
— of foundation conditions B 98
investment I 99
— cost A 566
invitation for tenders A 851
— to bid A 851
involute pump E 567
iodide, silver ~ S 997
iodine J 21
iodometric determination B 341
ion I 100
— exchange I 101
— exchange chromatography I 103
— exchange process, fluidized-bed ~ F 421
— exchanger I 104
— exchanger, fixed-bed ~ F 177
— -exchange bed I 106
— -exchange medium I 107
— -exchange membrane I 105
— -exchange, selective ~ I 102
— -selective I 109
— -selective electrode E 236
— -sensitive I 109
— -specific electrode E 236
ionic concentration I 108
— exchange I 101
ionization I 110
ionizing irradiation S 1513
iron E 179
— bacteria E 184
— bar, round ~ R 541
—, cast ~ G 699
—, caulking ~ S 1388
—, climbing ~ S 1354
— content E 192
— mill E 197
— mine E 191
— ore E 190
— ore mine E 191
— oxide E 200
— pick-up E 182
— pipe E 203
— precipitating bacteria E 180
— profile P 312
— pyrite S 722
— removal E 317
— removal apparatus, small capacity [or domestic] ~ K 314
— removing filter E 316
— salt E 204
— storing bacteria E 181
— sulphate E 207
— vitriol E 207
—, weld ~ S 729
— -foundry E 197
irradiation S 1512
—, beta-~ B 346
— dose S 1500
— dose, man-made ~ S 1499

—, ionizing ~ S 1513
—, radioactive ~ B 344
irregularity U 221
irreversible I 111
irrigate V 237
— by spraying V 234
irrigated grassland R 314
— meadow R 314
— surface R 310
irrigation V 238
—, aeration ~ B 245
Irrigation and Drainage, International Commission on ~ I 89
irrigation, basin ~ B 623
—, bench border ~ T 137
—, broad ~ O 26
— by surface flooding E 132
— by surface spreading E 132
— channel B 432
—, depth of ~ B 431
— ditch B 430
— drain S 957
—, fall ~ H 181
—, ferti-~ D 359
— field R 309
—, frequency of ~ U 151
—, furrow ~ F 700
—, grassland ~ G 543
—, gravitational-flow ~ S 766
— head W 233
— in rows F 700
—, partial ~ B 428
—, pasture ~ G 543
— plant, spray ~ (or system) V 236
— plot R 310
—, right of ~ B 434
—, rotation method of ~ U 150
—, run-through ~ D 416
—, soil ~ B 606
—, spate ~ S 696
—, spray ~ V 235
—, sprayline method of ~ D 374
—, subsurface ~ U 260
—, surface ~ H 86
— system B 429, V 239
—, trickle ~ T 443
— water demand W 166
—, winter ~ W 618
irrigator R 197, R 308
irritant S 1429
irritating effect R 259
irritation R 257
island I 71
—, rocky ~ F 140
isobar I 112
isobath T 219
— of water table G 670
—, water-table ~ G 628
isoelectric point I 113
isohyetal chart N 188
— line I 114
— map N 188

isomeric I 117
isopiestic line G 628
isopleth A 262
isotherm I 118
isotope I 119
—, short-life ~ I 120
—, tracer ~ M 73
isotopic laboratory I 122
isoyet I 114
isthmus L 48
IWSA I 92

J

jack, hydraulic ~ W 594
jackbit B 707
jackhammer P 277
jar S 363
— test S 1300
jaundice, infectious ~ H 178
jelly-fish Q 10
jet D 370
— (liquid) S 1493
— aeration E 224
— aerator E 223
— bit D 373
— condenser E 129
— deflector S 1494
— diffusion S 1495
—, height of ~ S 1506
— nozzle S 1496
— of water W 382
— pipe S 1509
— pipe, orifice of ~ S 1510
— pump S 1507
— regulator S 1508
— tube S 1509
— washer S 1516
jetcrete T 281
jetting tube S 1195
—-down process S 1484
jetty A 571
jigging washer S 925
jockey pulley S 1081
join V 52
joinery S 637
joint D 131, F 686, N 58, V 52
—, ball ~ K 658
—, ball and socket ~ G 165
—, butt-~ S 1476
—, caulked ~ S 1389
— composting of refuse and sludge M 426
—, flanged ~ F 401
—, flexible ~ G 166
— grouting F 690
—, hub and spigot ~ M 482
—, lead ~ B 552
—, link ~ G 164
—, longitudinal ~ L 25
—, perimeter ~ F 687
—, reducing ~ R 101
— ring D 138
—, rivet ~ N 227
—, "roll-on" ~ R 464
—, screwed ~ S 631

— seal F 688
—, structural ~ B 123
—, tool ~ G 292
—, transverse ~ Q 46
— treatment B 179
— usage of sewage works M 363
—, welded ~ S 742
jointed coupling G 164
jointing, bitumen ~ B 523
— cement F 689
— compound D 136, V 181
— material D 136
— surfaces D 135
joist B 53
Jukowsky pressure surge J 25
jumbo B 740
junction A 597, Z 168
Jurassic J 26
jute J 28
— wrap[ping] J 30
—-packing J 29
juvenile water W 133

K

K-piece M 457
Kaplan turbine K 121
karst K 128
Karst hydrology K 130
karst spring K 131
karstic K 129
kelley M 364
kerbstone (of a pavement) B 751
keryl benzene sulfonate K 229
Kessener aeration brush K 246
— revolving brush K 246
key, cock ~ S 1120
—, hand ~ H 75
—, valve ~ S 323
keyway V 375
kier (of a bleaching plant) K 359
kieselgur K 263
killed spirits L 289
kilovoltampere K 273
kilowatt hour K 274
kind of motion B 447
— of precipitation N 179
— of wastewater A 311
kinetic energy E 294
kinetics K 276
—, (bio)degradation ~ A 18
kitchen sink S 1183
— wastewater K 620
knackery A 32
knee K 353
— bend K 353
knight's pond-weed (Stratiotes) K 561
— wound wort (Stratiotes) K 561
kraft mill N 93
Kraft pulp N 92

Kremer tank K 586
KVA K 273
kw-hr K 274

L

laboratory L 2
—, ambulatory ~ R 255
—, chemical ~ L 3
— equipment L 4
—, isotopic ~ I 122
—, submarine ~ U 306
— test L 5
labourer A 652
—, manual ~ H 61
lack M 57
— of space R 65
— of water W 266
lacquer factory L 9
lactic acid M 300
— acid fermentation M 301
— fermentation M 301
lactose M 302
— broth M 303
—, fermenting ~ M 304
lacustrine deposit A 151
lagging of tides G 363
lagoon A 346, L 36, S 449
—, sludge ~ S 449
—, stabilization ~ O 133
lagooning B 180, S 1305
lake S 830
— aeration S 848
—, artificial ~ S 1337
— basin S 840
— bloom *(biol.)* W 183
—, crater ~ K 550
— depth, mean ~ S 861
—, endorheic ~ S 831
—, ephemeral ~ S 833
— flora S 849
—, glacial valley ~ G 429
—, groundwater-fed ~ Q 39
Lake Leman G 183
lake length S 847
—, morainal ~ M 412
— (of) Constance B 658
Lake (of) Geneva G 183
lake retention S 857
—, river ~ F 539
—, salt ~ S 68
—, shallow ~ F 271
— stratification S 851
—, strip-mine ~ G 529
—, volcanic ~ K 550
— volume S 863
—-traffic regulation S 853
—-type S 852
—-water S 864
lakes, chain of ~ S 850
laminar L 44
— flow S 1571
— motion B 443
— range of flow S 1582
laminary boundary layer L 45
— flow F 430

lamp, safety ~ S 931
lamphole L 46
lamprey N 143
land G 152
— acquirement G 554
— application L 47
— beyond the dike D 83
— consolidation F 504
— drainage B 610
— elevation B 601
— filtration B 622
— irrigation B 606
—, laying-out ~ G 154
— legislation B 649
—, (new) assignment of ~ L 62
— ownership G 552
— pan V 136
—, reclaimed ~ *(beyond dikes)* A 633
— reform B 650
— register G 550, K 154
— registry office K 155
— subsidence B 595
— surveyor L 53
— tenure G 552
— treatment L 47
— use B 639
— use, agricultural ~ B 640
— use, rural ~ B 640
—-mark G 490
landfill G 155
landing place A 571
— wharf A 571
landscape architect L 56
— development planning L 58
— eco-system L 57
— gardener G 37
— preservation L 59
— protection L 59
— protection area L 60
landslide B 295, E 508
landslip E 508
lap-welded U 48
—-welded seam S 736
—-welded steel pipe S 1270
—-welding U 49
larch L 27
large bubble aeration B 240
— cattle G 523
Large Dams, International Commission on ~ I 90
large diameter pipe G 520
— root *(bot.)* T 362
— supply main H 108
—-bubble ... G 503
—-cattle unit G 524
—-scale ... G 514
—-scale pilot plant V 314
—-scale user G 521
largemouth bass F 597
larva L 80
larval stage L 83
larvicide L 82
LAS A 461
Laser ray L 84

lasting rain D 60
latence L 89
latency L 89
— period L 90
latent heat of vaporization V 107
lateral branch N 105
— canal S 891
— collector S 891
— distributor N 117, V 331
— drain S 893
— moraine S 892
— sewer N 115
lather S 266, S 878
latitude B 790
—, degree of ~ B 791
latrine L 91
— pit A 179
lattice G 382
— bridge F 7
— girder G 383
— work F 6, G 382
Laughlin-filter M 25
launch B 72
—, weed-cutting ~ K 555
laundromat W 102
— wastes M 449
laundry W 100
—, self-service ~ S 900
— wastes W 58
lauryl sulphate L 109
lava L 110
— slag L 111
lavatory B 160, K 344
— pan K 345
— pit A 179
[continuous] lavatory range R 218
lavatory trough W 103
—, wheelchair ~ N 20
law, infringement of the ~ G 287
— on waste disposal A 55
— on waterways W 388
— safeguarding adequate water supply W 349
—, water ~ W 238
—-suit P 327
lawn R 39
— sprinkler R 42
lay V 205
— concrete B 364
— end to end S 1475
—-out A 579, A 837
layer S 299
—, bottom ~ B 653
—, discontinuity ~ *(geol.)* S 1179
—, gypseous ~ G 381
—, illuvial ~ B 1
—, impervious ~ S 301
— of clay T 274
— of dirt S 550
— of humus H 365
— of sand S 110
— of sand, choked ~ S 111

— of scum S 801
—, permeable ~ S 300
—, saltation ~ S 1166
—, surface ~ F 284
—, water ~ W 342
laying depth U 7
— length N 292
— -out land G 154
layout plan L 32
LD 50 L 205
leach E 125
— pit *(for sewage)* S 955
leachate S 967
leaching A 835
— cesspool *(for sewage)* S 955
— into the soil E 149
— of nutrients N 45
— test E 150
— trench S 953
lead B 541
— accumulation B 544
— acetate B 543
— anaemia B 557
— colic B 556
— collar B 554
—, deep-sea ~ T 227
— fall-out B 562
— foundry B 555
— gasket B 566
— in pigs R 316
— in sockets, caulking of ~ V 304
— joint B 552
— joint, socket for ~ M 450
— jointed B 542
— jointed pipe line L 185
— line B 568, P 55
— lined V 61
— melting furnace B 563
—, molten ~ G 698
— oxide B 564
— pipe B 567
— poisoning B 569
— pourers' mould B 559
— solvency B 561
— wool B 570
— -based additive B 571
— -in-petrol law B 268
leaded gasoline B 558
leaf analysis B 531
— filter B 533
leak L 124, L 126
— detecting L 128
— detector D 71
— -proof D 123
leakage L 127, S 966
—, allowable ~ L 130
— loss L 129, S 966
— of water W 416
— point L 124
— tank L 125
— test D 130
— water L 132
leaking L 127
leaky U 204
lean concrete M 13

— lime M 14
lease P 2
leather L 133
— diaphragm L 136
— finishing L 137
— washer L 134
— works L 135
leaves L 94
Leblanc soda S 1666
lee L 138
— shore G 163
leech E 16
leeside L 138
left bank tributary N 110
— -bank … L 244
— -hand opening valve S 313
legal grant(ing) of water rights W 327
— regulation G 288
legislation G 289
legume L 145
leisure F 637
lemnaceae W 289
length L 16
— at crest K 602
—, linear ~ L 18
—, meander ~ M 4
— of a pipe R 409
— of crest K 602
— of piston stroke K 414
— of run L 106
— of time D 56
—, overall ~ B 105
—, useful ~ N 292
lens, fresh-water ~ *(hydrol.)* S 1660
—, impervious ~ L 245
lenticular L 246
lento-capillary point L 201
leptospiral jaundice W 479
less developed area E 454
lethal L 203
— dose L 204
— dose, median ~ L 205
— factor L 206
— time L 207
— time, median ~ L 208
levee D 9, D 80, S 676, U 114
—, natural ~ U 115
—, wing ~ F 475
level N 243, N 246, P 194, W 2
—, bed ~ S 1039
— controller N 245
— detector, sludge ~ S 445
—, difference in ~ H 291
— for odour, threshold ~ G 235
—, free ~ S 1126
— gauge N 244
— ground E 10
—, ground ~ G 157
—, ground-water ~ G 660
—, half-tide ~ T 206
—, hydrostatic ~ R 539
—, mean high-water ~ H 264

— of atmospheric inversion I 98
— of concentration, allowable ~ G 483
— of impoundage, raising the ~ A 753
— of the hydraulic pressure D 329
— of the sea M 144
— of the spring Q 42
— of the water gauge P 51
—, storage ~ S 1328
levelling P 195
— instrument N 246
—, precision ~ F 124
— staff N 247
lever H 133
— arm H 134
—, control ~ S 246
— switch S 246
levy, betterment ~ M 179
LHW T 189
liability H 29
— by the polluter-pay principle V 359
— by water-law for menaces to the quality of water G 105
— of polluter for damage costs K 519
— of the author V 357
— to indemnification claims, overall ~ H 30
— to sewer rates A 304
— to taxation A 130
liable to taxation A 131
licence G 176
license Z 152
licensing Z 152
Liebig condenser *(chem.)* L 225
life-time L 114
lift A 782, F 582, H 135, H 345
— *(by pumping)* H 136
— and force pump S 176
—, geodetic ~ F 583
—, manometric ~ F 584
— of hydrostatic level of the surf B 762
— of valve V 28
— station F 590
—, suction ~ S 184
— tube S 1358
—, vertical ~ F 582
lifting, compressed-air ~ D 312
— gear H 132
— height F 582
— magnet H 346
— of water W 229
light L 214
— absorption L 216
— alloy L 151
— buoy L 210
— diffusion L 223
— metal L 151
— rain R 115, S 692

—, scattered ~ S 1560
— scattering L 223
— soil B 592
—, transmitted ~ D 421
—, ultra-violet ~ L 215
lighter L 86
lighthouse L 212
lighting system B 232
lightning arrester B 576
— conductor B 575
— protector B 576
lightship F 218
lignin L 232
— sulphonic acid L 233
lignite B 775
— coal tar B 778
— coking plant B 777
— mine B 776
— process K 371
lime A 396, K 25
—, agricultural ~ D 356, S 1559
— cake S 288
— combining capacity K 32
— decarbonization K 34
— dosage K 56
—, gas ~ G 64
—, lean ~ M 14
— milk K 40
— mortar, hydraulic ~ K 44
—, pebbled ~ S 1616
— pit A 395, K 35
—, poor ~ M 14
—, powdered ~ K 45
— process K 53
— saturator K 46
—, shell ~ M 495
— slaker K 39
— slurry K 40
— soda process K 48
— soda softening method K 48
— sulphur *(tanning)* S 721
— water K 54
— *(tannery)* A 394
— water softening plant K 55
—-aggressive K 31
—-aggressivity K 29
—-rust-coating K 28
—-wash K 50
limestone K 25, K 49
— cavern K 132
—, dolomitic ~ K 26
—, marly ~ M 200
liming A 397
— of the soil K 52
limit G 491
—, detection ~ N 26
—, elastic ~ E 228
—, liquid ~ F 437
—, lower ~ G 496
—, meteorological ~ W 550
— of backwater S 1327
— of compatibility T 254
— of elasticity E 228
— of error F 118
— of tidal influence F 573

— of tidal reach T 183
— of tolerance T 254
— of toxic concentration *(biol.)* S 224
—, permissible ~ G 498
—, plastic ~ A 842
—, shrinkage ~ S 642
—, stress ~ G 489
—, suction ~ G 484
—, tolerance ~ A 358
—, upper ~ G 494
— value G 491
limiting factor M 329
— value G 491
— zone G 499
limnetic L 235
limnion L 234
limnological L 238
limnologist L 236
limnology L 237
limnophilic L 239
limonite B 773
limpid D 427
limpidity D 428
limy K 37
lindane L 240
line L 181
—, base ~ G 559
—, compressed air ~ D 314
—, flying ~ L 182
—, gravity ~ F 634
—, hydraulic ~ F 427
—, isopiestic ~ G 628
—, lead ~ P 55
—, log ~ P 55
— of flow S 1600
— of flow, absolute ~ S 1601
— of flow, relative ~ S 1602
— of maximum velocity of flow S 1610
— of pressure, hydrostatic ~ R 538
— of raised water level S 1331
— of springs Q 32
— of water level decline A 208
— pipe L 192
— resistance L 197
—, submarine ~ U 307
—, suction ~ S 188
—, supply ~ V 293
—, transmission ~ Z 124
— voltage N 138
—-shaft vertical turbine pump B 715
linear L 241
— alkylsulphonate A 461
— chain ... K 247
— length L 18
lined and coated with bitumen I 55
liner plate V 62
— plate, vitrified clay tile ~ V 63
lining A 822, U 104
—, form ~ S 253
— of a pipe R 400

— of wells V 241
— pipe F 712
link canal V 58
— joint G 164
lipolytic enzyme E 470
Lippe River Association L 247
liquefaction S 403, V 162
liquefy V 161
liquefying bacteria K 192
liquid F 480, F 482
— aggregate state A 417
— capacity W 253
— chlorine C 39
— column F 485
— fertilizer F 489
(liquid) jet F 488
liquid layer F 486
— level indicator F 487
— limit F 437
— manure J 17
— manure, discharge of ~ J 18
— manure tanker J 20
— (or: wet) sludge, utilization of ~ F 490
— separator F 484
— sludge N 71
— wastes A 72
—-liquid extraction F 481
liquor F 482, L 107
—, ammoniacal ~ G 84
—, gas ~ G 84
—, hop press ~ H 330
—, mixed ~ A 303
—, spent sulphite ~ S 1669
—, sulphite [waste] ~ S 1669
list of polluting substances S 218
liter [litre] L 248
— [litre] per second S 899
lithium L 249
lithosphere L 250
litmus blue L 10
— paper L 11
litter receptacle A 52
littoral current K 652
— deposit U 127
— drift K 652
— fauna U 119
— vegetation *(bot.)* U 122
— zone L 251
livestock V 384
— farming, intensive ~ I 84
— manure V 385
—-farming T 242
living quarter W 656
— space B 511
lixiviate A 834
lixiviation A 835
LLW T 201
load B 209, B 210, B 313, F 624
—, allowable ~ B 219
—, annual ~ J 7
—, base ~ G 558
—, bed ~ G 259
—, breaking ~ B 808

low

— capacity B 222
— capacity test B 225
—, constant ~ B 217
— curve B 224
—, dead ~ E 27
— diagram B 224
—, earth ~ E 494
—, external ~ B 211
— factor B 221
—, fluctuating ~ W 453
—, hydraulic ~ B 212
— line W 287
—, organic ~ B 216
— reduction E 358
—, river ~ F 529
— scheme L 88
— scheme, thermal ~ W 38
—, service ~ N 293
—, shock ~ S 1478
—, suspended ~ S 412
— test B 225
—, thermal ~ W 27
—, traction ~ G 259
loader, shovel ~ S 262
loading B 210, F 624
— capacity T 304
— criteria B 223
— rate B 320
—, sludge ~ S 385
—, space ~ R 62
—, transient ~ B 218
loam L 146
—, loess ~ L 270
—, sandy ~ L 147
loamy sand S 87
— soil L 148
loan A 572
— from ERP-fund K 563
local O 87
— authority O 116
— conditions V 185
— couple *(corr.)* L 293
— element *(corr.)* L 293
— phenomenon of flow F 447
— planning O 121
— rain S 1564
— site O 119
— survey O 117
locality L 31, O 112
— map U 85
localize O 88
location L 31, S 1291
— *(of leaks)* L 128
— map L 32
locator D 71
lock S 502, V 259, V 260
— basin S 503
— chamber S 503
— chamber, well-type ~ S 206
—, compressed-air ~ P 279
—, double ~ D 194
—, fish ~ F 345
— flight S 507
— gate, radial ~ S 870
—, navigation ~ S 337
—, shaft ~ S 205

—, single ~ E 87
—, thrift ~ S 1095
—, tidal ~ S 859
—, twin ~ D 194
—, two-chamber ~ D 194
—-chamber walls S 504
—-gate S 505
lockage water S 508
lockgate, vertical-lift ~ H 349
locksmith S 518
loess L 269
— loam L 270
log R 544
— chute F 467
— jam S 1279
— line P 55
— pass F 467
— pond S 1281
—, temperature ~ T 122
— way F 467
— weir D 13
—-growth phase W 15
logarithmic curve K 715
— phase of growth W 15
— scale M 108
logging, data ~ M 251
— operations A 139
long L 67
— range planning A 720
— term L 68
— threaded bell joint L 75
— time pumping test D 59
—-chain hydrocarbon K 398
—-distance pipe line F 153
—-distance pipeline R 399
—-distance water supply F 168
—-lived L 69
—-range (or: long-distance) transport F 166
—-range planning P 205
—-term average depth of rainfall N 185
—-term containment *(radiol.)* E 283
—-term effect L 79
—-term gauging [of flow] A 105
—-term perspective L 77
—-term value L 78
—-time test D 62
—-tube evaporator, horizontal ~ H 335
—-tube vertical falling film evaporation L 71
longevity L 114
longitude L 17
longitudinal L 24
— displacement L 21
— gradient L 23
— joint L 25
— motion L 21
— reinforcement L 22
— section L 20
— section of a watercourse P 309
— section of groundwater body G 633

— valley L 26
longshore bar B 76
loop I 16
— inoculating needle I 16
loops, [remote] control ~ S 1404
loose flange F 390
— gland S 1472
— gland, threaded ~ S 628
— pulley L 294
— rock L 258
— weight S 653
lorry L 87
—, sewage ~ F 20
—, tipping ~ K 280
losing stream W 282
loss V 208
— in production E 544
— in yield E 544
— (of dynamic head) due to obstructing objects V 209
— of (dynamic) head due to sudden change of cross-sectional area V 210
— of fall D 339
— of head D 339
— of head, curvature ~ K 609
— of head gage of a filter F 302
— of head gauge of a filter F 302
— of head indicator D 340
— of head of a filter F 300
— of head, specific ~ D 280
— of head, total ~ G 255
— of heat W 52
— of pressure D 339
— of weight G 340
— on ignition G 439
losses, mains ~ L 195
lost heat A 283
lot of ground F 506
low N 207
— district of the town T 224
— flow N 211
— ground N 206
— head N 165
— level district N 170, T 224
— lift [intake] pump N 168, V 451
— lying district T 224
— meadow M 79
— moor N 171
— mountain range M 368
—, phreatic ~ G 663
— pressure N 165
— pressure area T 213
— pressure district N 170
— pressure zone N 170
— service district N 170, T 224
— temperature carbonization S 749
— tension N 204
— voltage N 204
— voltage switch gear N 205
— water N 208

653

[tidal] low water T 196
low water, average ~ N 209
— water discharge N 211
— water flow N 211
— water flow, average ~ N 212
— water, higher ~ T 197
— water level N 217
— water level, average ~ N 218
— water, lower ~ T 201
— water, mean ~ T 198
— water, mean lower ~ T 200
— weir upstream of a reservoir V 469
— -energy ... E 296
— -flow augmentation N 214
— -land river F 363
— -level radioactive S 690
— -lift pumping station V 457
— -pressure gauge N 167
— -pressure steam N 166
— -pressure turbine N 169
— -rate ... S 689
— -rate trickling filter T 449
— -water training N 216
lower U 251
— acquifer G 668
— aquifer G 634
— bed (geol.) L 230
— confining bed (of aquifer) G 655
— course U 272
— gates U 268
— high water T 189
— limit G 496
— limit, mean ~ G 493
— low water T 201
— new red sandstone R 484
— reaches U 272
— stretches U 272
— water gauge U 275
— water-bearing formation G 634, G 668
lowered groundwater level G 661
lowering of pressure D 325
— of the ground-water level G 590
— of water table A 203
— pipes into the trench E 47
—, well ~ B 847
lowest stage of groundwater table G 663
— value on record G 497
— water level N 219
lowland N 206
lubricant S 539
lubricating system S 540
lubrication S 540
luff L 357
lumber B 99, H 307
luminescence L 354
luminous dial L 211
— intensity L 222
lump lime S 1616

— of fecal matter K 523
— sum P 44
— -tariff P 42
LW T 196
lye L 107
—, caustic soda ~ N 91
lysimeter L 358
— installation L 360
—, ponderable ~ L 359

M

M-alkalinity M 281
maar K 550
M.A.C.-value A 655
macerate E 152
macerator R 84
machine M 88
— capacity in reserve M 94
— foundation M 91
— shop M 92
—, sludge stripping ~ T 415
machinery, earth moving ~ E 486
— house M 93
machines, set of ~ M 95
macro-analysis M 39
— -benthos M 40
— -porous G 507
macroclimate M 42
macroinvertebrates M 41
macroorganism M 43
macrophyte M 44
macroreticular G 507
— resin A 882
macroscopic water examination W 408
macroscopical analysis of water W 408
macrostructure M 45
made-up ground A 606
magazine V 460
Magdeburg P-process M 9
magmatic rock E 546
— water W 127
magnesia M 16
magnesian limestone D 188
magnesite M 17
magnesium M 18
— bicarbonate M 19
— carbonate M 20
— chloride M 21
— hardness M 22
— oxide M 16
— sulphate M 23
magnet, lifting ~ H 346
magnetic separator M 24
— stirrer M 26
— switch M 27
magnetite filter M 25
magnitude, order of ~ G 512
Magno composition M 29
— compound M 29
— mass M 29
— process M 30
— treatment M 30

main H 99, L 181
— channel in tidal flats W 449
—, circular ~ R 326
— cock H 98
— collector H 103
— conduct H 99
— conduit H 99
— disinfection R 391
—, distribution ~ H 108
— distributor H 109
— district of supply H 107
— drain H 97
— flow integrator E 76
—, gravity ~ F 634
—, newly laid ~ L 186
— pipe H 101, L 192
— pipe line H 99
— road H 105
— root (bot.) T 362
— sewer H 103
—, subsidiary ~ N 114
— tap H 98
—, transmission ~ Z 124
— valve H 106
mainland F 182
mains losses L 195
maintainable yield of a well B 855
maintenance U 266
— and repair W 98
—, canal ~ I 80
— cost U 267
maize M 34
— cultivation M 35
major bed H 247
make A 808, A 810
— seepage-proof A 40
— tight A 40
[boiler] make-up Z 175
make-up water Z 175
making up piece V 201
— up pipe V 201
malaria M 46
— control M 47
— mosquito M 48
male end S 1143
— screw A 860
malleable iron clip A 531
— iron pipe R 376
malodorous U 3
malt house M 7
— -house waste M 8
malting effluent M 8
mammoth pump M 49
man power M 197
— -made irradiation dose S 1499
— -made lake S 1337
management B 382
— building B 398
manager L 169
manganese M 51
— bacteria M 53
— deposit M 52
— dioxide B 781
— permutite M 56

max

— removal E 380, M 54
manganous chloride M 55
manhole E 137, M 61, S 196
— cover M 62, S 197
—, flushing ~ S 1197
— frame R 24
—, inspection ~ K 469
— ladder step S 1354
— seal M 62
— step S 1354
manifold R 449
manipulated variable S 1386
manipulation H 87
Mannesmann steel tube M 59
— tube M 59
manometer M 63
manometric M 64
— head D 299
— lift F 584
— suction head S 186
— suction lift S 186
— total lift G 246
manual labourer H 61
— operation H 62
— separation S 1067
manually operated screen R 79
manufactoral wastes A 295
manufactory F 1
manufacture F 3
— of concrete B 380
manufactured fodder F 174
manufacturing F 3
— area I 37
— process H 186
— site I 37
— wastes A 47
— wastewater A 295
manure S 1277
—, cow's ~ K 666
—, dairy ~ K 666, R 318
—, dump J 19
—, liquid ~ J 17
—, paunch ~ P 8
—, poultry ~ H 353
— removal, flush-method of ~ S 752
— spreader D 358
manurial effect D 361
— value D 360
map K 134
—, isohyetal ~ N 188
—, locality ~ U 85
—, location ~ L 32
—, planimetric ~ M 240
mapping, aerial ~ L 329
— of the vegetation V 18
— of water quality data W 246
—, surface ~ K 136
—, topographic ~ K 136
marble M 75
— filtering M 76
— test M 78
mare's tail *(Hippuris) (bot.)* T 57
margarine factory M 69

margin A 358
— of error F 118
— of safety S 934
marginal angle R 37
marine M 70
— alga M 130
— biology M 134
— clay K 312
— construction S 838
— deposit M 129
— eco-system O 57
— erosion B 760
— fauna M 136
— fish M 137
— flora M 139
— food chain N 55
— life, intertidal ~ T 175
— organisms M 142
— outfall A 824, M 132
— phosphorescence M 141
— plankton M 143
— pollution M 147
— structure S 838
— toilets S 341
— waste discharge A 163
— water M 150
maritime law S 855
— navigation S 858
mark, sea ~ S 865
marked smell G 215
marketing, sale and ~ V 354
marl M 199
marly clay T 259
— limestone M 200
marsh M 79
—, diked ~ P 227
—-gas G 526
—-marigold S 1677
marshland M 80
— cultivation M 407
marshy district [*or* area] S 1678
— soil M 80
mash M 36, M 38
— tun M 37
masking of odo(u)rs G 234
masonry M 116
—, brick ~ Z 98
—, dam B 820
—, dry-stone ~ T 408
— foundation F 692
— gravity dam B 822
— reservoir B 170
mass M 98
— animal-breeding I 84
— balance S 1447
— concrete M 99
— curve S 1675
— diagram S 1675
— rainfall curve R 152
— transfer M 103
— transport of dissolved solids T 318
— transport of floating solids S 808
— vegetation M 100

—-spectrometry M 102
massing of the population Z 164
master drain H 97
— main H 99
— plan G 178
material, fibrous ~ F 82
—, primary ~ A 813
— testing M 112, W 538
— testing board M 113
—, uncombusted ~ U 319
materials, inert ~ Z 176
— recovery S 1460
—, stock of ~ M 111
mating flange G 128
matrix G 570, N 35
matter S 1443
—, coarse ~ G 511
—, dissolved ~ S 1451
—, dry solid ~ T 419
—, inorganic ~ S 1453
—, organic ~ B 336
—, screenable ~ S 1456
—, solid ~ S 1450
—, suspended ~ S 711
—, undissolved ~ S 1458
maturation pond O 133
— process R 215
mature R 214
maturing E 38
— process E 38, R 215
maximal admissible concentration A 655
maximum H 276
— allowable concentration K 476
— capacity A 124, H 280
— consumption H 282
— daily consumption T 21
— depth of water W 393
— flood H 240
— flood water flow H 243
— flood water level H 263
— hourly demand S 1631
— load G 476
— output H 280
— permissible concentration G 483, H 279, K 476
— permissible exposure T 252
— permissible value H 284
— pressure H 277
— probable flood F 559
— quantity of precipitation N 191
— speed G 277
— storage level S 1338
— surface run-off O 5
— three hour demand D 251
— value H 283
— velocity G 277
— velocity of pressure H 278
— water flow H 243
— water holding capacity W 264
— water level H 263
— [permissible] dose M 119

655

may fly E 142
meadow W 583
—, alluvial ~ F 515
— land G 542
— soil, alluvial ~ A 719
mean M 365
— annual discharge J 11
— annual rainfall J 10
— annual run-off J 11
— annual temperature J 14
— consumption D 426
— daily flow T 10
— depth Q 61, T 216
— depth, hydraulic ~ P 313
— flow at incoming tide D 389
— flow at outgoing tide D 388
— grain size K 489
— half-tide level T 195
— high water T 187
— high-water flow H 244
— high-water level H 264
— higher high water T 188
— higher tidal low water T 199
— lake depth S 861
— low water T 198
— low water level N 218
— lower limit G 493
— lower low water T 200
— precipitation N 193
— quantity of precipitation N 193
— sea level N 257
— seasonal runoff A 86
— temperature T 123
— tidal rise T 191
— tide level T 206
— upper limit G 492
— value M 376
— value, arithmetical ~ M 377
— value by weight, arithmetical ~ M 378
— velocity G 278
— water M 373
— water flow M 374
— water level M 375
meander F 538, S 358, S 922
— (of a river) W 614
— belt M 3
— cut-off M 1
— length M 4
— ratio M 5
— width M 2
meandering W 615
mean [height of] precipitation N 186
— [height of] rainfall R 144
means H 195
— of transport T 320
measure M 104, M 106, M 212
—, corrective ~ G 131
—, standard ~ N 256
measured value M 250
measurement A 173, M 241
—, accuracy of ~ M 218
—, approximative ~ N 33
—, error in ~ M 215

—, flow ~ S 1589
—, individual ~ E 164
—, integrated ~ I 81
—, method of ~ M 230
— of evaporation V 139
— of flow-through D 395
— of precipitation N 198
— of solids F 192
— of water depth W 396
— range M 207
—, spot ~ E 164
—, technique of ~ M 239
measures, flood control ~ H 259
measuring amplifier M 242
— and testing device M 205
— appliance M 210
— channel M 220
— cylinder (chem.) M 257
— device M 219
— duct M 220
— flange M 216
— flask (chem.) M 227
— flume M 220
— instrument M 219
— line, vertical ~ M 229
— nozzle M 209
— profile M 231
— range A 639
— stick M 228
— system M 110
— technique M 256
— tube M 235
— weir M 244
— weir, contracted ~ M 246
— weir, rectangular ~ M 247, M 248
— weir, sharp-edged ~ M 249
meat cannery F 416
— canning factory F 416
— processing F 415
— processing works F 416
— -packing works F 416
mechanic M 120
mechanical M 89, M 121
— aeration B 243
— agitator R 524
— appliance V 464
— conditioning process A 734
— contrivance V 464
— cover[ing] A 38
— device V 464
— discharge E 367
— drainage E 367
— emptying E 367
— grain size analysis S 970
— test T 144
— treatment process A 734
— wood pulp H 319
mechanically cleaned R 22
— raked R 22
— raked fine screen F 126
mechanics, fluid ~ H 387
mechanism V 464
—, counting ~ Z 13
mechanization M 122

median M 365
— lethal dose L 205
— lethal time L 208
— tide curve T 193
— tolerance dose T 253
— value M 376
mediate M 366
medical officer A 510
— supervision U 96
medicinal spring M 324
medicine, preventive ~ G 305
Mediterranean (Sea) M 371
medium M 123, M 365
—, culture ~ (bact.) N 35
—, ion-exchange ~ I 107
—, voltage M 372
—-pressure M 367
meeting peak demands S 1144
— water requirements D 69
melioration, soil ~ B 668
melt T 78
melted snow S 575
melting of the snow S 573
—-point S 531
membrane M 181
—, capacitance of the ~ M 185
—, dynamic ~ M 182
— filter M 184
— flux M 190
—, gel ~ G 167
—, ion-exchange ~ I 105
— of leather L 136
— pump M 186
—, selective ~ S 909
—, semipermeable ~ M 183
— support M 187
—, tubular ~ S 481
— type M 188
mend A 788
mending A 789
meniscus M 195
mephitic substance S 1444
merchandise H 66
mercury Q 18
— capillary electrode Q 19
— lamp Q 20
— seal Q 21
— vapour quartz lamp Q 15
mesh M 82
[number of] mesh M 87
mesh screen M 85
— sieve M 85
—, sieve ~ S 979
— size M 86
— wire M 83
meshed net N 135
— network N 135
mesophilic M 202
mesophytic vegetation V 17
mesosaprobes, beta-~ B 347
mesosaprobic organisms M 203
— zone (biol.) Z 113
mesotrophic M 204
meta-phosphate M 266
metabolic S 1462

— enzymes S 1463
— product S 1464
metabolism S 1461
—, assimilatory ~ A 691
metabolite S 1464
—, essential ~ N 43
metal M 258
— finishing M 263
—, heavy ~ S 768
—, nonferrous ~ N 161
— salt M 264
— scrap A 475
— strainer S 880
—-working M 261
—-working industry I 35
metalimnion *(limnol.)* S 1180
metallic corrosion M 260
— tissue M 262
metallurgical plant H 358
metamorphosis M 265
meteoric water M 267
meteorological chart W 546
— limit W 550
— observatory W 552
— report W 544
— service W 545
meteorology W 547
—, hydro~ H 388
meter M 212, M 219, Z 5
—, annular piston ~ R 325
— at low flows, sensitivity of ~ A 568
— box Z 7
—, conductivity ~ L 174
—, diameter [of the orifices] of the ~ Z 8
—, district ~ D 185
—, incline ~ N 123
—, parallel ~ N 119
—, pressure ~ D 286
—, propeller ~ F 478
—, rack and pinion ~ Z 20
— reading Z 6
— repair shop Z 11
— room Z 11
—, rotating ~ W 666
—, self-recording ~ M 214
— servicing Z 10
—, strain ~ D 74
—, stress ~ S 1089
— testing bench Z 9
— testing machine Z 9
—, totalizing ~ S 82
metering M 241
— pump D 214
methane M 270
— bacteria M 272
— collection M 274
— fermentation M 273
— forming bacteria M 272
— yield M 271
—-producing bacteria M 272
methanogenic bacteria M 272
methanol M 275
methemoglobinemia M 269
method V 149

—, freeze ~ G 123
— of analysis M 276
— of application of sewage and sludge in agriculture A 738
— of chemical analysis U 291
— of examination U 289
— of measurement M 230
—, physical ~ V 151
methyl orange M 280
— orange acidity M 282
— orange alkalinity M 281
—-alcohol M 275
methylene blue M 277
— blue test M 279
—-blue active M 278
—-blue active substance M 81
metric, hydro~ H 390
— thread G 342
metry, hydro~ H 389
metwork, monitoring ~ M 237
mezzo-trophical M 283
MHHW T 188
MHW T 187
mica G 432
—-schist G 433
Michaelis' salt C 5
micro-analysis M 286
—-biometry M 290
—-pipette M 297
—-strainer F 130
—-straining F 131
—-stratification in lakes M 298
microaerophilic M 285
microbe M 295
microbial M 287
— flora B 40
— growth K 201
microbiological M 289
microbiology M 288
—, aquatic ~ W 301
microclimate K 315
microcoulometric detector M 291
microfauna M 292
microflora M 293
micrometer screw M 294
microorganics S 1220
microorganism M 295
—, aquatic ~ W 302
microphotography M 296
microscope M 299
—, electron ~ E 250
microscopic organism M 295
— slide O 43
— water examination W 409
microscopical analysis of water W 409
microscopy, transmitted-light ~ D 422
microstructure F 132
middle reaches M 369
— velocity G 278
midge S 1348
— fly *(Chironomus) (biol.)* Z 126

migration, capillary ~ K 107, K 117
—, spawning ~ L 42
migratory fish W 75
milk of lime K 40
— plant M 390
— product wastes M 391
—, skim ~ M 15
milking parlor wastes M 391
mill F 1, M 31, M 423
—, hot-rolling ~ W 84
—, iron ~ E 197
—, powder ~ P 352
—, rayon ~ S 1135
—, rod ~ S 1228
—, rolling ~ W 72
— scale H 59, W 71
—, spinning ~ S 1134
—, strawboard ~ S 1594
— train U 256
—, water ~ W 304
—, weaving ~ W 451
— wheel, overshot ~ W 321
—, wind ~ W 603
—, wool-carding ~ K 69
—-brook M 424
—-race M 424
—-stream M 424
miller's thumb G 513
milligrams per liter *(mg. per l.), (corresponds approximately to parts per million, p.p.m.)* M 306
milliliter [millilitre] *(abbrev.: ml)* K 618
milling A 729, F 626
mimic panel L 209
Minamata-disease M 308
mine B 297
—, abandoned ~ B 298
— drainage G 531
— drainage, acid ~ G 532
— drainage water G 531
(mine) drift for collecting water S 1682
mine, iron ore ~ E 191
—, open ~ T 8
— shaft G 527
—, surface ~ T 8
— water G 531
mineral M 316, M 318
— acid M 325
— bath H 149
—, clay ~ T 268
— components S 1453
— fertilizer K 677
— oil M 320
(mineral) oil refinery M 321
mineral resources, sea-bed ~ U 295
— salt M 326
— sludge S 371
— spring M 324
— stratum G 295
— substances S 1453
— tanning M 317

- water M 327
- water, bitter ~ B 519
- wool S 354
mineralization M 319
mineralogical M 323
mineralogy M 322
minimum G 496, K 317, M 328
- consumption M 315
- flow M 309, N 213
- precipitation N 190
- pressure M 311
- quantity of precipitation N 190
- rate M 313
- requirement M 310
- run-off M 309
- slope M 314
- speed G 276
- velocity G 276
- velocity of flow M 312
- water N 210
- water flow N 213
- water level N 219
- water rental charge W 241
mining B 290
- area A 17
-, auger ~ K 219
- damage B 292
- district A 17
- of groundwater G 584
-, potash-~ K 18
-, sea-bottom ~ M 133
- subsidence B 293
- subsidence region B 294
-, subsurface ~ U 292
minium M 196
minnow E 259
minor bed N 215
- element S 1217
- street N 116
minute M 328
miocene clay M 330
mire S 510
miscibility M 332
miscible M 331
misconnection F 116
mist N 99
misty N 120
mitre valve K 182
mix M 339, M 349
mixable M 331
mixed bed M 335
- forest M 357
- liquor A 303
- liquor volatile suspended solids S 423
- media filter M 337
- population M 345
- woodland M 357
--bed demineralizer M 336
mixer M 341
-, flash ~ T 497, W 623
-, impeller ~ W 623
-, paddle ~ S 263
mixing M 349
- basin M 333

- basin, complete-~ T 287
- box M 342
- chamber M 334
- channel M 347
-, complete ~ V 416
- condenser M 344
- conduit M 347
- device M 356
- device, flash ~ S 586
- equipment M 338
-, gravity ~ M 352
-, in-line ~ M 350
- process M 355
- rate M 353
- ratio M 353
- tank M 334
- time M 362
- water A 575
- worm M 348
mixture M 349
-, intimate ~ M 351
MLVSS S 423
MLW T 198
mobile B 436
- organisms O 103
mode of action W 648
model A 810, F 599
- test M 379
moderate rain R 116
moderator M 380
modification A 387
-, weather ~ W 543
modified activated sludge process H 224
- aeration H 224
modulus of elasticity E 229
- of rupture B 814
moist F 202
moisten A 540
moistening B 255
moistness of the soil B 620
moisture F 203
- capacity of the soil, available ~ S 1100
- content F 208, W 235
- deficiency B 619
- emission F 204
-, inherent ~ E 26
- meter H 400
- of the air L 322
molar solution L 273
molasses M 176
- distillery M 177
- slop M 178
mold G 370
- (biol.) S 344
mo[u]ld concrete G 697
moldy odo[u]r G 224
mole W 512
- drainage M 117
- plough M 118
- plow M 118
molecular sieve M 388
- weight M 387
molecule M 386
mollusca W 474

molluscicide W 475
molluscs W 474
molten lead G 698
molybdenum M 392
moment of inertia T 299
- of resistance W 565
monitor M 206, S 906
monitoring M 213
- metwork M 237
- of dams T 46
- system M 230, U 99
monkey R 27
monochloramine M 396
monoculture M 397
monohydric phenol P 138
monolayer F 221
monomolecular M 398
- film F 221
monothalamous E 163
- organisms T 240
monsoon M 399
month M 394
monthly M 395
- fluctuation S 704
- quantity of precipitation N 194
moor M 403
-, low ~ N 171
-, transitional ~ U 35
mooring post D 8
moorland M 403
moory M 406
mop S 687
morainal lake M 412
moraine M 411
-, lateral ~ S 892
-, terminal ~ E 284
morass M 413
morning glory shaft spillway S 207
morphological M 415
- adaptation A 377
morphology M 414
- of rivers F 531
mortality S 1399
- quote S 1398
- rate S 1399
[lime] mortar K 43
mortar M 382
-, cement ~ Z 64
-, hydraulic lime ~ K 44
mosquito S 1348
- control M 422
- fish G 29
moss M 403, M 409
most probable number of Bacteria coli C 108
moth fly T 452
mother liquor M 504
- lye M 504
motile B 436
motility test B 437
motion B 438, S 1627
-, clockwise ~ B 441
-, conformable ~ B 440
-, counter clock ~ B 439

nat

—, direction of ~ B 448
—, inconformable ~ B 446
—, kind of ~ B 447
—, laminar ~ B 443
—, non-stationary ~ B 442
— of the water W 178
—, stationary ~ B 444
—, turbulent ~ B 445
motive power B 403
motor M 416
— boat M 419
—, d-c ~ G 411
—, direct-current ~ G 411
— driven A 629, M 417
—, electric ~ E 247
— fuel B 799
(motor) fuel additive K 537
motor, gas ~ G 66
—, hoist ~ H 347
— impulse M 418
—, oil ~ O 78
—, out-board ~ A 857
— pump M 421
— room M 420
— shop M 420
—, slip-ring ~ S 485
—, squirrel cage ~ K 721
—, synchronous ~ S 1689
— vehicle K 539
—, wind ~ W 613
—-bicycle K 536
mottled sandstone B 890
mould F 603, G 370
— (biol.) S 344
moulder V 244
moulding sand F 605
mouldy M 485, S 345
mound, ground-water ~ G 617
mounding of gravel A 551
mount B 289
— (bact.) O 43
mountain B 289
— chain G 93
— crest G 97
— pasture A 465
— peak G 380
— range G 93
— range, low ~ M 368
— ridge G 97
— stream W 585
— torrent W 585
mountainous G 94
mountains G 93
mounter M 401
mounting F 83, M 400
mountings A 664
mouth M 446
— of a river F 532
— of a well B 865
mouthpiece M 490
— of a jet pipe S 1510
movable F 44
— barrage W 463
— weir W 463
movement B 438

— of the underground-water G 606
— of water, upflow ~ W 179
moving blade L 103
M.P.N. of Bacteria coli C 108
mud S 366, S 510
— avalanche M 491
— blanket S 542
— crack T 412
— silting V 254
— trap S 914
—-box (of a water meter) S 547
muddy T 463
— shallow W 447
mudflow M 491
mudrock flow M 491
mudspate M 491
muff coupling K 708
muffle furnace M 456
Mulde River Association M 487
multi-compartment M 159
—-compartment septic tank M 158
—-layer filter M 161
—-level outlets E 555
—-media filter M 161
—-port valve M 169
—-stage M 167
—-stage centrifugal pump K 572
—-story drier E 558
—-wire transmission M 155
multifarious usage M 157
multilevel draw-off tower E 394
— pipe intake E 556
multiple arch dam G 353
— bed filter M 161
— dome dam T 40
— effect distillation, horizontal tube ~ M 164
— effect evaporator M 166
— effect flash evaporator M 165
— point measurement V 390
— purpose project M 174
— stage M 167
— stage centrifugal pump K 572
— stage turbine T 484
—-hearth furnace E 557
—-purpose installation M 172
multiplexing M 156
multipurpose installation M 172
— project M 174
— reservoir M 171
multistage M 167
— evaporation, horizontal tube ~ H 339
— evaporator M 166
— flash distillation E 424, V 391
— flash evaporation V 391

— flash process E 430
— turbine T 484
multitude M 191
municipal S 1246
— by-laws G 171
— cleansing service S 1243
— engineering S 1235
— service D 148
— sewage A 302
— waste S 1240
— water supply pipe line W 284
municipality G 169, S 1238
muriatic acid S 66
muschelkalk M 495
mushroom valve V 32
musk rat B 518
mussel M 284, M 492
— bed M 493
musty M 381
— taste G 268
mutable V 42
mutagenesis M 498
mutagenous M 497
mutation M 499
mycelium M 506
mycorrhiza M 505
mycosis P 186
mytilotoxin M 494

N

nanoplankton N 59
naphtha E 502
—, crude ~ R 361
naphthalene N 60
nappe U 27
narrow V 146
— shoal U 318
— tongue of land N 121
—-meshed E 307
narrows of a river S 1604
nascent oxygen S 142
national board L 49
— planning L 50
(national) territory H 296
native ground-water G 583
— soil M 500
— water P 255
natural N 94
— aeration L 301
— angle of slope B 688
— atmospheric radioactivity N 278
— bed load G 260
— depletion of the groundwater G 592
— discharge of groundwater G 601
— draft cooling tower K 632
— evaporation V 129
— fall G 112
— filtration F 297
— gas E 498
— ground B 589
— ground water G 579

nat

- ground-water level G 662
- groundwater recharge G 640
- habitat L 121
- levee U 115
- park N 95
- purification R 231
- ventilation L 301
nature C 20
- of ground-water G 603
- of soil B 599
- of the soil B 607
- preservation N 97
- reserve N 98
nauseating E 225, U 2
nauseous E 225
navigability S 339
navigable S 338
- depth W 395
- water F 46
navigation S 333
- canal S 335
-, inland ~ B 488
- lock S 337
- structure S 334
navigational route S 336
neap-tide N 229
nearshore K 650
- fishing K 644
needle N 28
-, inoculation ~ I 15
- valve N 30
- weir N 32
negative confining bed (of aquifer) G 655
- pressure (atm.) U 249
neighbour A 636
neighbourhood U 142
nektobenthic N 125
nekton N 126
nematodes F 13
nephelometer T 467
nephelometry T 468
neritic zone Z 112
Nesslerization A 498
Nessler's reagent N 133
net N 134
- capacity N 295
- head N 289
-, meshed ~ N 135
network L 190
- analyzer R 418
- calculating R 420
-, drainage ~ G 323
-, interconnected ~ V 88
-, meshed ~ N 135
- of control U 99
-, rain gage ~ N 180
- technique N 137
neutral N 144
- exchanger N 145
neutrality point N 150
neutralization N 146
neutralize N 148
neutralizing agent N 147
neutrolosis N 149

névé F 310
(new) assignment of land L 62
new red sandstone B 890
newly laid N 151
- laid main L 186
newsprint paper mill Z 30
niche M 468
nickel N 164
- plating V 224
--plate V 223
Niers River Association N 220
- treatment process N 221
night flow N 21
- flow, average ~ N 17
- soil K 524
--flow minimum N 16
--soil pail F 21, L 92
nipple N 228
-, brazed ~ M 224
-, screwed ~ S 627
nipptide-time N 230
nitrate N 231
- nitrogen N 232
nitric acid S 53
- oxide S 1413
nitrification S 52
nitrify N 234
nitrifying bacterium N 233
nitrile N 235
nitrilo triacetic acid N 236
nitrite N 237
- nitrogen N 238
nitrobacterium N 233
nitrobenzene N 239
nitrocellulose N 240
nitrogen S 1414
- as NH$_3$ A 501
- as nitrates N 232
- as nitrites N 238
- balance S 1421
- compound S 1424
- content S 1419
- cycle S 1422
- dissipation S 1418
- fixation S 1416
-, organic ~ S 1415
- removal S 1418
-, total ~ G 254
--phosphorus ratio S 1423
nitrogenous S 1420
nitroglycerine N 241
nitrosamine N 242
nitrous acid S 29
- fertilizer S 1417
- gas G 43
NMR-spectroscopy K 226
no-load L 140
nodal point K 356
node of oscillation S 817
nodulation R 471
nodule bacteria K 354
- of rust R 470
noise control L 28
-, protection against ~ L 29
nominal capacity N 130
- diameter N 131

- hydraulic residence time A 740
- internal diameter N 132
- laying length N 292
- pressure N 127
- size N 129, N 131
- size of grain K 490
- value S 1048
nomogram N 248
non-balanced slide valve S 314
--biodegradability A 22
--biodegradable B 500
--carbonate hardness H 7
--choke[able] centrifugal pump K 91
--clog[ging] centrifugal pump K 91
--clogging V 307
--combustible N 154
--condensing turbine T 486
--conducting composite I 115
--corrosive K 503
--corrosivity K 504
--[bio]degradable A 21
--fermentable N 155
--ferrous alloy N 160
--ferrous metal N 161
--inflammable N 154
--inflammable solvent L 279
--ionic N 162
--pathogenic N 156
--point source pollution D 166
--poisonous U 220
--porous U 205
--putrescible H 52
--recording rain gage R 153
--retentive D 406
--return valve R 515
--rising stem F 186
--settleable N 153
--settleable solids S 1454
--settling solids S 1454
--skid G 419
--standardized U 215
--stationary motion B 442
--submerged filter F 227
--transparent U 207
--utilized flow F 636
nonferrous metal N 161
nonionics P 305
normal depth N 260
- rating N 259
- value R 112
- year N 254
North Sea N 249
not clear U 224
- watertight U 204
notch bar impact test K 215
- weir M 245
notifiable A 642
noxious G 300, S 221
- animal S 225
- plant S 225
- substance S 215

– substances, cumulative bio-
concentration of ~ S 217
– substances list S 218
noxiousness S 222
nozzle D 370
–, air ~ L 318
–, filter ~ F 249
–, fixed ~ D 371
–, jet ~ S 1496
–, range ~ W 674
–, slotted ~ S 514
–, spray ~ S 1558
– -line method of spray-
irrigation D 374
N/P-ratio S 1423
NQS Q 8
nuclear chemistry K 220
– energy A 708
– fission A 713
– magnetic resonance
spectroscopy K 226
– physics A 714
– power station K 222
– quadrupol resonance
spectrometry Q 8
– reactor A 703
– research A 709
– technique K 228
nucleation K 188
– (meteorol.) I 18
nucleic acid N 276
nucleus K 217
– (biol.) Z 41
–, condensation ~ K 443
– of the seed S 72
nuisance B 204
– threshold B 205
number Z 14
– of bacteria K 205
– of bolt holes B 746
– of flows lower than ... U 277
– of germs K 205
– of revolutions D 250
– of values in excess U 78
nursing home H 150
nutrient N 42
– addition N 51
– agar N 34
– broth (bact.) N 38
– broth, dehydrated ~ T 410
– budget N 48
– content N 47
– layer N 41
– material N 42
– medium, differential ~
D 156
– salt N 40
– solution (bact.) N 38
nutrients, basic ~ K 224
–, leaching of ~ N 45
–, plant ~ P 113
nutrition E 528
nutritional requirements N 46
nutritious substance N 42
nutritive cycle N 49
– substance N 42

– value N 52

O

oakum W 531
oasis O 1
object glass (bact.) O 43
objectionable odo[u]r G 226
objective, secondary ~ N 103
obligatory contribution B 190
– [co-operative] association
Z 185
obnoxious U 2
obsequent river S 1431
observation pipe B 275
– points (geod.) M 233
– tube B 275
– well B 273
– window B 274
observatory, meteorological ~
W 552
obstruction S 1119, V 306
obtaining of water W 239
O/C-load S 160
occupational disease B 306
– health G 332
– health (medical) officer
G 329
– safety (and health) A 656
occurrence A 775
ocean O 137
– current M 145
– going H 236
– outfall M 132
– water M 150
oceanic climate S 846
– water M 150
oceanographic O 138
oceanography M 140
odonates O 47
odo[u]r G 208
–, aromatic ~ G 210
odor concentration,
threshold ~ G 236
odo[u]r control G 231
–, cucumber ~ G 220
–, disagreeable ~ G 226
–, earthy ~ G 212
–, fecal ~ G 213
–, fishy ~ G 214, G 223
–, grassy ~ G 218
–, hay ~ G 219
–, hydrogen sulphide ~ G 221
–, moldy ~ G 224
– nuisance G 230
odor number, threshold ~
G 236
odo[u]r, peaty ~ G 216
– removal G 231
–, sweetish ~ G 225
–, tarry ~ G 222
odor, threshold ~ G 235
odo[u]r trouble G 230
–, water cress ~ G 217
odo[u]rless G 228
odorlessness G 229

odour, chlorinous ~ C 59
–, earthy-musty ~ G 211
odo(u)rs, emission of ~ G 233
–, masking of ~ G 234
of train-oil T 307
off shore boring B 737
– -position A 849
– -shore processing V 49
offal A 70
offensive W 566
offer A 544
offset V 375
– canal S 1411
– ditch S 1411
offshore A 153, K 650
– oil-drilling platform O 64
– wind W 589
– [sewage] outfall M 132
ogee S 1
– weir W 467
oil O 59, O 69
– boom tubing O 84
– borehole O 65
– burner O 74
– collector O 70
– containment boom O 83
– contamination V 229
–, crude ~ R 361
– disaster O 86
– dispersant O 66
– emulsion O 68
– engine O 78
–, essential ~ O 60
– firing O 72
–, heavy ~ S 770
–, mineral ~ M 320
– motor O 78
– pollution O 79
– reclamation system O 82
– refinery O 80
– refining factory O 80
– regeneration A 477
– regeneration plant A 478
– removal E 398
– reservoir E 504
– separation E 398
– separator O 70
– skimmer O 62
–, spent ~ A 476
– spill O 61
– spillage O 61
– tanker O 85
– trap O 70
– -absorption agent O 63
– -drilling platform,
offshore ~ O 64
– -field brine O 71
– -field, submarine ~ U 296
– -hydraulically operated O 75
– -soaked O 67
oily O 76
old bed (of a river) A 469
– branch (of a river) A 469
oleic acid O 81
oleoskimmer O 62
olfactory cell R 305

oligo-dynamic effect W 640
oligochaetes W 529
oligodynamic O 90
oligosaprobic organisms O 91
— zone Z 114
oligotrophic N 44
on-line storage tank G 125
—-off action Z 196
once-through boiler D 417
—-through system of cooling D 418
one-compartment septic tank E 86
—-day depth of rainfall N 195
—-way pack E 151
—-way surge tank D 283
onshore A 757
— wind W 590
opalescence O 92
opalescent O 93
open O 89
— channel K 74
— country G 153
— digester F 102
— ditch G 448
— dumping A 147, A 148
— fields G 153
— filter F 228
— ground G 153
— joint tile drainage pipe D 224
— mine T 8
— sand filter S 99
— well S 601
—-air swimming pool F 629
—-cut [coal] mine T 8
—-ended recirculation K 582
—-jointed tile drainage pipe D 224
—-pit mine T 8
—-surface cooling R 311
open[-air] burning V 80
opening O 53
— (of a screen) L 257
—, clean-out ~ R 241
— of a bar screen S 1231
openings (of a well screen) F 275
operate B 381
— in parallel N 106
— in series H 201
operated by remote-control F 150
—, oil-hydraulically ~ O 75
operating bridge B 155
— characteristics B 392
— cost B 401
— costs, calculation of ~ B 402
— data B 414
— experience B 396
— floor B 156
— gallery B 157
— gangway B 157
— head of a filter F 247
— income B 395

— instruction B 159
— level of impoundage N 258
— life B 393
— (or: working) stroke A 659
— period B 393
— procedure V 149, V 156
— rate of a filter F 255
— receipts B 395
— record[s] [] B 414
— report B 391
— reservoir capacity S 1329
— results B 397
— table S 250
operation B 382, H 69
—, batch ~ B 384
— control B 408
—, dependability of ~ B 416
— instructions B 411
— of gate-valve S 316
—, parallel ~ P 19
—, start-up of ~ I 26
—, two-shift ~ Z 197
operational condition B 389
— load B 390
operations control S 1407
— room B 412
—, wood preserving ~ H 314
operator B 404, W 56
—, pump ~ P 384
—, sewage works ~ K 302
optical O 96
—-bleaching agent A 752
optimization O 95
order of magnitude G 512
—, stream ~ O 100
ordinance S 135, V 230
— for the conservation of waters R 222
— on parameters of noxiousness of wastewater A 341
— relating to water-associations W 411
ordinate of a pipeline O 99
ordnance-survey map M 240
ore benefication A 729
— dressing A 729
— mine E 551
organic O 101
— constituents B 336
— halogen compound O 108
— load B 216
— matter B 336
— nitrogen S 1415
— permutite P 82
— soil M 404
— substances B 336
organism L 122
—, aquatic ~ L 123
—, benthic ~ G 548
—, macro~ M 43
—, microscopic ~ M 295
organisms O 102
—, alpha polysaprobic ~ A 467

—, alpha-mesosaprobic ~ A 466
—, aquatic ~ W 312
—, ciliated ~ O 104
—, cold water ~ K 63
—, epiphytic ~ O 105
—, free swimming forms of ~ O 107
—, free-moving ~ O 106
—, marine ~ M 142
—, mesosaprobic ~ M 203
—, mobile ~ O 103
—, oligosaprobic ~ O 91
—, pathogenic ~ K 191
—, pollutional indicator ~ V 268
—, polysaprobic ~ P 242
organo-chlorine pesticide C 67
organochlorine compound C 66
organoleptic G 227
organotrophical O 109
orientable elbow K 606
orifice O 53
— of jet pipe S 1510
— plate M 208
—, standard ~ N 261
origin U 335
originate in E 432
ornamental covering plate A 35
orographic O 110
— cloud S 1346
— precipitation N 177
orohydrography O 111
O.R.P R 94
ortho-tolidine arsenite method O 115
orthophosphate O 113
orthophosphoric acid P 158
orthotolidine O 114
ortstein O 122
oscillate S 699
oscillation S 700, S 814
—, node of ~ S 817
—, periodic ~ S 705
oscillograph, cathode ray ~ K 164
—, recording ~ O 127
Oslo Agreement O 124
osmose, electric ~ E 252
osmosis O 125
—, reverse ~ G 133
—, reversed ~ G 133
—, thermo-~ T 164
osmotic pressure D 275
Otto-cycle engine V 394
out of reach of flood H 250
— of repair B 90
—-board engine A 857
—-board motor A 857
—-door plant F 628
—-door swimming pool F 629
—-door swimming-bath F 629
outcrop A 875
—, buried ~ A 876

—, salt ~ S 56
— spring S 304
outdoor A 853
— air A 862
— temperature A 866
outer dike A 858
— harbour V 450
— tidal region T 174
— water gauge A 863
outfall [of sewage] A 321, A 826, E 107
— line A 95
—, marine ~ A 824, M 132
—, ocean ~ M 132
—, offshore [sewage] ~ M 132
—, sea ~ M 132
— sewer H 103
— structure A 828
— works A 828
outfit A 843
outflow A 82
outgoing tidal current E 3
— tide E 1
— tide, flow path of ~ E 8
— tide, flow velocity of ~ E 5
— tide, flow-duration of ~ E 4
—-radiation type of frost S 1515
outlet A 812, A 826
— cone A 832
—, high-pressure ~ H 211
— hopper A 158
—, intermediate ~ A 85
— male thread A 860
— of a street fountain A 827
— opening A 107
— pipe A 831
—, rain ~ R 120
—, riser ~ S 1295
—, sewer ~ K 84
— sluice, highwater ~ H 265
—, sprinkling ~ S 1158
— trough A 157
— valve A 154, A 159, E 371
— velocity A 89
— works A 828
—-vent D 376
outlets, multi-level ~ E 555
outline K 716
output A 790, F 585, L 153
—, annual ~ J 5
—, effective ~ N 295
—, maximum ~ H 280
— of centrifuge A 888
— per day T 17
— voltage K 321
outside A 853
— coating A 620
— diameter A 859
— slope A 856
outskirts A 855
oval E 23
— cross section Q 51
ovalisation moment R 329
— stresses R 431
oven, drying ~ T 417

over price, extra ~ (E.O.) M 160
—-counterweight shutter O 29
—-dosage U 10
—-dose U 9, U 11
—-fertilization U 15
—-grazing U 103
—-population U 93
—-year storage U 45
—-year storage reservoir U 44
overall cost G 251
— efficiency F 585, W 628
— height G 248
— length B 105
— liability to indemnification claims H 30
— mean velocity (of flow) Q 58
— mean velocity of incoming tidal flow Q 60
— mean velocity of outgoing tidal flow Q 59
overbank area U 84
overburden D 67, U 5
overcharge U 51
overfall U 16
—, imperfect ~ U 18
—, perfect ~ U 19
—, plunging type of ~ T 70
— spillway U 55
—, undulating type of ~ U 20
— weir U 28
overfill safety device for oil tanks U 32
overflow U 16, U 29, U 54
— basin U 53
— channel U 23
— cock U 61
—, combined sewer ~ M 361
— conduit U 56
— crest U 25
—, dam ~ D 11
—, frequency of ~ U 21
— funnel U 60
—, height of ~ U 22
—, highwater ~ H 265
— pipe U 59
— safety device for oil tanks U 32
—, sewer ~ R 120
— spillway U 55
— spring U 57
— tube U 59
— wall U 62
— weir U 28
overflowing spring U 57
overgrowth B 454
overhang U 40
overhaul U 42, U 43
overhauling U 43
overhead irrigation O 26
— line (electr.) F 633
— tank H 207
overheated U 41
overland flow O 4
— run-off O 4
overload U 51, U 52

overloading U 5, U 52
overlying stratum D 67
— (geol.) H 82
overnight reservoir N 19
overpour wall U 62
overpumped well B 844
overpumping U 66
overseer B 387
— of pitmen S 202
overshot mill wheel W 321
— water wheel W 321
oversized U 8
overspilling of a weir U 29
overtop the banks A 892
overtopping stage A 894
— the banks A 893
overtree sprinkler method U 46
overturn K 277, U 167
— (limnol.) Z 105
—, autumn ~ (limnol.) H 182
overwork U 51
oxidability O 134
oxidant O 131
oxidation O 129
— ditch O 130
— pond O 133
—-reduction potential R 94
oxidative stage O 132
oxide O 128
— of carbon K 379
oxidizability O 134
oxidize O 135
oxidizing agent O 131
oxigest O 136
oxygen S 138
—, atmospheric ~ L 338
— balance S 159
— combining capacity S 154
— consumed O 134
— consumed from permanganate K 24
— consumed in p.p.m. $KMnO_4$ K 24
— consuming capacity O 134
— consuming capacity in p.p.m. $KMnO_4$ K 24
— consumption S 173
— consumption, dichromate ~ S 151
— content S 158
—, default of ~ S 165
— deficiency S 165
— demand S 148
— demand, chemical ~ S 150
— demand, five days biochemical ~ S 152
— depletion S 174
—, determination of ~ S 153
— diagram S 162
—, dissolved ~ S 141
— equilibrium S 159
—, nascent ~ S 142
— production, photosynthetic ~ S 168
— recorder S 144

oxy

− removal S 157
− required in p.p.m. KMnO$_4$ K 24
−, residual ~ R 283
− sag T 229
− saturation S 169
− saturation index S 170
− sensor S 164, S 166
− solubility S 163
− supersaturation S 171
− supersaturation factor S 172
− supply S 175
− transfer S 156
− uptake S 146
− utilisation capacity S 147
− utilization (biol.) S 173
−-bleaching S 155
oxygenate S 139
oxygenation S 145
− capacity S 147
− efficiency S 147
oxyhydrogen hazard K 348
−-gas K 347
oyster A 886
−-bed A 887
ozonation O 144
ozonator O 143
ozone O 139
− battery O 141
− plant O 140
− treatment O 142
ozonization O 144
− plant O 140
ozonizer O 143

P

p-dichlorobenzene P 1
Pacific S 1425
− Ocean S 1425
pack ice P 3
−, one-way ~ E 151
package plant B 578
− type construction B 577
packaging material V 231
packing A 41, D 131, F 681
− house F 416, S 347
−, jute-~ J 29
− material D 136, F 677
− ring D 138
−-house waste S 348
paddle S 261
− aerator P 4
− board of a water wheel S 260
− mechanism R 524
− mixer S 263
− wheel P 5
−-wheel aeration P 6
paddling pool P 203
pail E 35
[latrine] pail L 92
pail closet E 37, T 389
− latrine E 37
−, night-soil ~ F 21, L 92

palatability G 185
palatable G 184
palate G 267
paling P 98
pan S 235
− mixer M 383
pandemic P 7
panel room S 248
paper board mill waste P 18
− chromatogram P 11
− chromatographic identification B 342
− chromatography P 12
− electrophoresis P 10
− manufactory P 13
− mill P 13
− mill wastes P 14
− stock A 479
−, tar ~ T 90
paperboard P 16
parabolic cross-section Q 55
paraffinic hydrocarbon K 397
parallel meter N 119
−, operate in ~ N 106
− operation P 19
−-flow basins B 141
−-plate interceptor P 20
paramaecium P 9
−-toxicity-test P 22
parameter B 453
parapet B 833
− wall B 834
parasite S 530
parasitic P 23
parasitology P 24
paratyphoid fever P 25
parcel F 506
parenchyma Z 39
parent material C 1
− rock M 503
Paris Agreement of 1974 P 26
parish G 169
− by-laws G 171
parking ground P 27
− place P 27
Parshall flume P 28
partial desalination T 109
− filtration T 112
− irrigation B 428
− pressure P 29
− pressure of oxygen S 167
− purification T 110
− softening, plant for ~ T 108
− treatment T 105
− water meter T 113
partially penetrated well B 846
− treated T 104
particle P 30
− counting T 107
− size T 106
−-size distribution K 486
particular consumption E 33
particulate P 30, P 31
− matter P 30
partition wall T 345
pass into (sewage) E 102

passage D 385, D 386, D 404
− of air L 319
− of seepage flow S 965
− of water W 199
− through the soil B 612
− valve D 419
passages in the filter bed G 4
passenger transport P 89
passive earth pressure E 496
passivity P 32
pasteboard P 16
pasteurisation P 34
−, digested sludge ~ F 109
pasture G 542, W 476
− irrigation G 543
− land G 542
−-ground W 476
pasturing B 451
patent P 35
−, application for a ~ P 36
−, infringement of a ~ P 39
−-specification P 37
patentee P 38
path line S 1600
−, roller ~ L 104
−, seepage ~ S 968
pathogenic K 547
− disease, reportable ~ I 40
− germs K 191
− organisms K 191
pathological P 41
pathology P 40
pathway D 404
− of pollutants S 219
pattern F 599
−, flow ~ S 1593
paunch manure P 8
pause R 532
pavement B 881, P 123
− of a bridge B 827
− of a road B 207
paving P 123, P 125
− brick P 126
− stone P 124
PCB B 514
peak G 380, H 276, S 1149
− amount H 281
− capacity L 166
− consumption H 282
− demand S 1140
− demands, meeting ~ S 1144
− efficiency H 280
− flood H 261
− load S 1142
− load station S 1145
− of the day T 20
− power S 1146
− rate of flow A 535
− value S 1149
− water flow A 535
−-demand meter S 1141
−-load allowance U 50
pear shape type of digester B 517
− shaped B 516
peat T 279

— bog H 227
— land M 405
—, phragmites ~ S 343
— soil M 404
— water M 408
peaty T 280
— odo[u]r G 216
— smell G 216
pebble K 260
— bed clarifier G 505, K 268
—-bed reactor K 660
pebbled lime S 1616
pebbles G 257
pectine P 57
pedestal urinal B 146
pedestrian bridge F 706
— crossing F 707
pedogenesis B 609
pelagial region P 58
pelagic P 59
— deposits T 234
pellet reactor W 622
pellicular water H 31, S 1066
Pelton turbine P 61
— wheel P 60
pen trace S 635
pendulum, siderial ~ P 62
penetrable D 380
penetrate D 381, E 57
penetration D 382, E 59
—, rainfall ~ R 127
— rate V 466
penicilline P 66
— factory P 67
peninsula H 42
penstock D 324, D 332, M 424, S 309
— (sluice gate) A 254
—, draw-off ~ H 77
—, spindle operated ~ S 1132
— with circular opening Z 147
— with square opening Z 148
peptization P 69
peptizing agent P 68
peptone P 70
— degradation P 71
per capita consumption K 478
— capita consumption daily T 16
— capita consumption, daily ~ V 68
— capita per day P 285
— head and day P 285
— working day A 657
percentage by volume V 420
— by weight G 337
— of ash A 680
perch B 78
perched ground water G 577
— water G 577, G 581
perchlorate P 72
percolate E 125, R 312
percolating filter T 445
— filter method T 455
— pipe line V 286
— water S 967

percolation D 430
— basin S 946
— field S 950
— rate S 952
— well S 520
percolative capacity I 44
percolator R 308
—, coke ~ K 411
percussion S 1474
— bit S 1482
— boring apparatus S 1480
— drill S 1480
— method S 1483
— method, hydraulic ~ S 1484
—-drill S 1481
—-jumper S 1481
perennial spring Q 25
— stream W 280
— yield (hydrol.) D 61
perfect overfall U 19
perforated bottom B 588
— casing well S 515
— covering plate A 34
— tray S 972
perforation B 736, P 73
— strip L 256
perforator, well ~ P 74
performance A 809, L 153
— diagram L 159
— evaluation L 158
periferal P 76
perilous G 106
perimeter U 139
— joint F 687
—, wetted ~ U 140
period Z 29
—, arid ~ T 426
—, digestion ~ F 114
— of contact B 305
— of flows lower than ... U 276
— of incubation B 132
— of latency L 90
— of ripening E 39
— of vegetation V 19
—, operating ~ B 393
periodic oscillation S 705
— spring Q 26
peripheral current S 1572
— feed settling tank [or basin] A 217
— feed tank [or basin] B 139
— flow S 1572
— inlet E 89
— skirt T 77
— velocity U 148
perish A 267
permafrost P 77
permanent P 78
— afflux D 64
— flow A 91
— hardness H 7
— load B 217
— snow-line S 566
— white B 71
— wilting point W 495

permanganate consumption K 24
— of potash K 23
— permutite M 56
—, potassium ~ K 23
—-chlorine treatment P 79
permeability D 407, W 202
—, coefficient of ~ D 410
—, coefficient of relative ~ D 411
— due to cleavages T 339
—, effective ~ D 408
— for water W 202
—, intrinsic ~ P 80
— of pores P 250
—, relative ~ D 409
—, selective ~ S 908
permeable D 406
— ground B 587
— layer S 300
— stratum S 300
permeameter D 412
permeate D 381
permeation D 382
— rate D 383
— rate, hydraulic ~ G 96
permissible Z 151
— deviation A 358
— limit G 498
— load B 219
permission G 176
permissive provision K 101
permit G 176
permitted level of no effect G 483
permselective S 907
permutite P 81
— filter P 84
—, organic ~ P 82
—, soda ~ S 1025
— softener P 83
peroxide P 85
perpendicular S 918
perpetuated snow F 310
persistence P 87
persistent P 86
personnel P 88
pervious D 406
— ground B 587
— stratum S 300
perviousness D 407, L 127
pest S 225, S 530
— control S 226
pesticide S 229
—, agricultural ~ P 118
—, organo-chlorine ~ C 67
pests, biological control of ~ S 228
pet cock P 291
petcock P 291
Petri dish P 90
—-dish culture P 217
petrochemical P 92
petrochemicals E 503
petrochemistry P 91
petrol B 266

665

— separator B 267
— station T 53
— trap B 267
petroleum E 502
—, crude ~ R 361
— pipeline O 77
— product E 505
pH-recorder P 130
—-value P 131
phaeophyceae B 772
phage typing P 134
pharmaceutical industry I 36
phase, activated sludge ~ L 304
—, aeration ~ L 304
—, log-growth ~ W 15
— of growth, declining ~ W 14
— of growth, logarithmic ~ W 15
—-separation method P 136
phenol P 137
— decomposition P 139
—, monohydric ~ P 138
— recovery P 146
phenolate lye P 140
phenolic taste P 142
— wastes A 298
phenological P 133
phenology P 132
phenolphthalein P 143
— acidity P 145
— alkalinity P 144
—, alkalinity to ~ P 144
phenomenon of underflow U 271
phenosolvan extraction process P 147
phoresis, electro~ E 253
phosphate P 148
—, glassy ~ H 191, N 81
— load P 151
— removal E 403
— softening P 152
— treatment of water P 155
— uptake P 149
— wash-out P 150
phosphorous cycle P 157
phosphorus P 156
photic P 159
— zone Z 115
photo-elastic S 1090
photoelectric P 160
photogrammetry P 161
—, stereo~ S 1400
photographic surveying L 329
photography, aerial ~ L 311
photometer P 162
photometric P 164
photometry P 163
—, spectro~ S 1116
photosynthesis P 165
photosynthetic P 166
— activity P 165
— oxygen production S 168
phototropic P 167

phragmites peat S 343
phreatic P 169
— decline A 234, G 624, R 496
— discharge G 599
— divide G 649
— fluctuation S 701
— line G 622
— line, drop in ~ G 620
— low G 663
— surface G 642, G 660
— water G 575
phreatophyte P 107
phreatophytes P 170
phycomycetes A 443
physical method V 151
— process V 151
— properties E 31
— quality of water W 177
— treatment of sewage A 338
— water examination W 410
physico-chemical C 36, P 172
physics P 171
physiological P 174
physiology P 173
phytopathology P 175
phytoplankton P 176
— count cell P 177
phytotoxic P 179
phytotoxicity P 180
phytotoxicology P 178
pick-up carrier [of an irrigation field] A 76
picket P 93
—-fence sludge rake K 529
—-fence type sludge thickener S 396
pickle B 196
pickling B 197
— bath B 194
— line B 200
— liquor, spent ~ B 193
— plant B 198
— room B 198
— vat B 195
— wastes B 199
picric acid P 183
pier A 571, P 101
—, abutment ~ W 557
— foundation P 96
pierce E 57
piezometer P 181
— tube S 1294
piezometric level D 329
— potential D 318
— surface D 329
piezometrical P 182
pig M 385
— production unit S 727
—-lead R 316
piggery S 727
pigment F 73
— factory F 69
pike H 142
—-perch Z 21
pile K 433, P 93
—, atomic ~ A 703

—, bored ~ B 720
— dike P 99
—, driven ~ R 33
— driver R 29
— driver, universal ~ U 223
— driving frame R 29
— driving hammer R 27
—, fender ~ P 94
— foot P 95
— foundation P 96
— head P 97
— up A 549, A 550
— work P 98
—-sheeting cofferdam S 1214
piled foundation P 96
piling wall S 1213
pillar P 101, S 24
—, foundation ~ G 562
— hydrant U 30
— of a hydrant M 66
—, rain ~ R 158
— wash stand S 27
— with indicator S 25
— without indicator S 26
pilot plant V 313
— plant, large-scale ~ V 314
— plant, small-scale ~ V 315
— shaft V 324
— study M 379
— tunnel V 472
— unit V 313
— well B 273, V 319
—-plant scale M 107
pin B 744
— weir N 32
pine K 253
pipe R 363
[pipe] line, compound jointed ~ V 182
pipe aerator R 383
— aqueduct R 388
—, asphalted ~ R 365
— barrel R 451
— bedding R 384
—, bell [or socket, or hub] and plain end ~ M 471
— bend K 605
— bending R 385
—, bitumen-lined ~ R 373
—, blow ~ L 287
—, boring ~ B 722
—, branching of the ~ R 449
— break R 386
— breakage R 386
— bridge R 388
— burst R 386
— burst control R 387
—, cast iron ~ G 703
— cast upright R 378
—, cement ~ B 375
—, centrifugally cast ~ S 498
— clamp R 433
—, clay ~ T 271
— cleaning R 429
— clip R 433
—, closed-end ~ S 5

pla

— coating process R 380
— coil R 434
— connection R 446
— connexion R 446
—, cooling ~ K 626
—, copper ~ K 701
—, corrugated [metal] ~ W 524
—, cross section of a ~ R 427
— crown R 432
— culvert R 394
— cutter R 437
— cutting machine R 437
—, diameter of ~ R 395
—, discharge ~ A 111, A 166
—, distribution ~ V 331
—, down ~ F 55
—, drain R 392
—, drain ~ S 960
— driver R 450
—, ductile cast iron ~ G 704
—, earthenware ~ S 1385
— encasement R 443
—, end of ~ R 396
—, exterior of a ~ R 381
—, fall ~ R 117
—, fast-coupling ~ S 584
—, filter ~ F 280
— fitter R 436
— fitting F 606
— flange F 385
—, flanged ~ F 406
— flume R 388
— fracture R 386
— friction factor R 428
—, frictional resistance of ~ R 453
— gallery R 440
—, hammer-weld ~ R 371
—, horizontally cast ~ H 337
—, horizontally sand-cast ~ R 374
— hydraulics R 406
—, inlet ~ Z 136
— insulation R 408
—, intake ~ E 387
—, intake, multilevel ~ E 556
— interior R 407
—, internal diameter of ~ R 452
—, jet ~, S 1509
— joint R 446
—, joint, screwed ~ R 448
—, large diameter ~ G 520
— layer R 410
—, lead ~ B 567
— length R 409
— line L 181, L 184, R 412
— line, cast iron ~ G 705
— line, cross-section of a ~ L 191
— line, infiltration ~ V 286
— line, lead jointed ~ L 185
— line, long-distance ~ F 153
— line, screen-collector ~ F 287
— line section R 441

— line, section of a ~ L 193
— line, trace of the ~ R 413
— line, water ~ W 283
—, lining ~ F 712
—, lining of a ~ R 400
—, lining process R 380
— locator L 194
—, making up ~ V 201
—, malleable iron ~ R 376
— material R 415
— network R 417
— of a horizontal well, feeder ~ F 281
—, plain-ended ~ R 370
—, polyethylene ~ P 235
—, prestressed concrete ~ S 1076
— pusher R 450
—, radius of a ~ R 405
—, rainwater ~ R 117
—, reinforced ~ E 186
— return ~ *(line)* R 495
—, rising ~ S 1358
—, riveted ~ R 368
— rupture, safeguarding against ~ R 387
—, sand-spun ~ S 112
—, screwed ~ G 346
— sealing R 379
—, seamless ~ R 375
—, service ~ H 113
—, sewer ~ K 94
—, sludge ~ S 374
—, socket ~ M 470
—, spiral-weld ~ R 377
— staple R 439
—, steel socket ~ S 1265
—, string, filter ~ F 287
—, suction ~ S 190
— summit R 432
— syphon R 393
—, tapping ~ F 84
—, thickness of [the wall of] a ~ W 79
— thread R 401
—, top edge of ~ R 424
— trench R 402
— trench, bracing and sheeting of the ~ A 263
— tunnel R 440
—, vent ~ L 305
—, vitrified ~ R 367
—, vitrified clay drain ~ S 1384
—, waste ~ A 111
—, water ~ W 331
— with cleaning hole S 1212
— with manhole S 1212
— with threaded socket S 625
—, wooden stave ~ H 317
— wrapping R 382
— wrench R 454
—-body R 456
—-laying R 447
—-laying winch R 411
—-line cleaner R 421

—-line network R 417
—-line protection apparatus R 438
—-system, story ~ S 1433
—-testing machine R 426
pipeline O 77
—, downtake ~ F 50
— engineering R 414
— gradient L 189
—, long-distance ~ R 399
— network L 190
— transport T 317
pipes, series of ~ R 398
—, string of collecting ~ F 85
—, string of filter ~ F 85
pipette *(chem.)* P 190
piping G 549, R 412
—, end of ~ R 397
—, hot water ~ W 89
—, single structure ~ R 372
— tract R 441
— work R 447
piscicide F 334
Pista-coagulation process P 192
piston K 412
— compressor S 283
— [water] meter K 415
— meter, annular ~ R 325
— of the pump P 379
— pump K 416
— rod K 418
— stroke K 414
— valve K 417
pit B 297, S 196
—, abandoned ~ B 298
— casting *(pipe manufacture)* S 1289
— casting process S 1290
— gas G 526
— of a spring Q 36
— privy G 525
—, privy ~ A 179
—, pumping ~ P 382
—, soaking ~ S 954
—, test ~ S 663, V 324
—, well ~ B 869
—-cast pipe R 378
—-type well S 199
pitch P 45
—, coal-tar ~ T 91
— fibre pipe P 46
pithead baths W 108
pitmen, overseer of ~ S 202
Pitot tube P 193
pitotmeter P 193
pitting *(corr.)* L 253
pivot Z 22
place O 112
— *(concrete)* E 44
—, camping ~ C 13
placing *(of concrete)* E 42
— of the fill E 48
plain E 9, E 10
—, alluvial ~ A 760
— concrete B 354

667

— end reducer U 38
— end steel pipe S 1268
— sedimentation K 301
— -ended pipe R 370
— -faced flange F 389
plains E 10
plan E 456, G 567
— area G 555
—, general ~ L 32
— of site L 32
plane P 194
— of sliding G 416
planimetric map M 240
planish P 194
plank B 694, B 800
plankton P 198
—, freshwater ~ S 1662
— net P 199
— production P 201
— sieve P 202
planktonic organism P 200
planning P 204
— alternative P 206
—, local ~ O 121
—, long range ~ A 720, P 205
—, national ~ L 50
—, regional ~ G 90, R 66
—, water management outlines ~ R 26
—, water requirements ~ W 169
plant A 565, P 106
— accident B 409
—, aquatic ~ W 314
— association P 112
—, centrifugal ~ Z 77
—, clarification ~ R 234
— consumption *(of water)* P 120
— cover on bank U 112
—, deep-rooting ~ P 107
— delegate B 388
—, demineralizing ~ E 409
—, desalination ~ E 409
—, desalinization ~ E 409
—, desalting ~ E 409
—, drying ~ T 430
— food P 114
— for partial softening T 108
— formation P 108
—, full scale ~ B 386
— growth P 121
—, hardening ~ H 11
— management B 405
—, noxious ~ S 225
— nutrients P 113
— nutrition P 110
—, out-door ~ F 628
—, ozone ~ O 140
— pathology P 175
— pest P 116
— physiology P 115
— protection P 117
— protection product P 118
— protective P 118
—, refuse incinerator ~ M 441

—, saline-water conversion ~ E 409
— scale M 109
—, screening ~ R 80
—, septic treatment ~ F 103
— site B 399
—, steam ~ D 37
—, terrestrial ~ L 54
— toxicology P 178
—, vegetable-canning ~ G 175
—, wood carbonization ~ H 322
— yield P 111
plantation B 276
planting B 276
plaster D 66, P 397
— of cement Z 65
plastic P 209
— clay T 260
— coated K 690
— coating K 691
— concrete B 353
— container K 689
— filtering tube K 687
—, glass fibre reinforced ~ G 391
—, high-impact ~ K 686
— limit A 842
— material K 680, K 685
— pipe K 693
— pipe, fibre glass [reinforced] ~ K 694
— sack K 695
— sprinkler packing K 692
— strainer K 687
— -packed sprinkling filter T 448
plasticity P 210
plasticizer W 473
plastics K 685
— filter P 208
— plant K 688
plate P 214
—, agar ~ *(bact.)* A 412
—, base ~ G 563
—, circumferential ~ M 65
— count K 204, K 205
— count on agar medium A 411
— culture P 217
—, culture ~ P 90
— diffuser B 235
—, draining ~ E 445
—, gelatine ~ G 162
— mill B 540
—, slotted ~ S 972
— [or: coat] with zinc V 377
— -aerator P 215
plateau H 222
plating baths, rejuvenating ~ A 746
— establishment A 613
— industry G 28
— shop G 26
platinum P 211
— sponge P 213

[straight] platinum wire inoculating needle P 212
play S 1128
pleasure craft V 178
plerotic water G 571
pliability B 469
pliable B 468
pliant B 468
pliocene P 220
plot F 506
— of intermittent soil filter S 1317
plough P 127
—, mole ~ M 118
— -pan P 129
— -share P 128
plow P 127
—, mole ~ M 118
— sole P 129
plowshare P 128
plug S 1473, V 305
— cock Z 23
— cock, blow-off ~ K 471
— of a tap K 638
— screw F 679
plugging V 306
plumber I 74, K 322, R 410
plumber's shop K 323
— solder L 290
plumbic oxide B 564
plumbing K 323
— fixture I 78
— work H 123
plumbism B 569
plumbo-solvency B 561
— -solvent B 560
plume, sewage ~ A 322
plunge F 48
plunger T 72
— pump T 73
— pump, double-acting ~ T 74
—, surge ~ S 187
plunging trickling filter T 76
— type of overfall T 70
— water jet aerator W 383
plutonic water W 137
pluviograph R 154
pluviometer R 153
— station R 155
pluviometry R 156
pneumatic caisson D 307
— foundation D 313
— steel storage tank H 393
pneumatically operated butterfly-valve D 270
pocket monitor T 59
podsol P 222
point data P 393
— gauge S 1147
—, lento-capillary ~ L 201
— measuring method P 394
— of application Z 173
— of breakage B 823
— of discharge E 107
— of fracture B 823
— of intersection S 594

— of resurgence *(of losing stream)* F 525
— of rupture B 823
— precipitation N 176
—, saturation ~ S 17
—, softening ~ E 548
—, solidification ~ E 540
—-bar deposit A 567
pointer counter Z 25
points, observation ~ *(geod.)* M 233
poison G 372
—, cumulative ~ G 373
—, protoplasmic ~ P 325
poisoning V 176
—, gas ~ G 79
—, soil ~ B 673
poisonous G 374
polarimetry P 223
polarization P 224
polarize P 225
polarography P 226
polder P 227
— pumping-station P 228
pole-changeable P 232
poliomyelitis K 275, P 229
poliovirus P 230
polish G 386
polishing S 598
—, condensate ~ K 448
— pond S 599
— process S 598
pollen B 579
pollutant S 551
pollutants, pathway of ~ S 219
—, quantity of ~ S 552
pollute V 264
polluted matter S 541, S 551
— matter, quantity of ~ S 552
— water W 142
polluter V 266
—-pay principle, liability by the ~ V 359
polluting V 265
— matter S 541, S 551
— matter, concentration of ~ S 548
pollution V 267
— abatement G 325
—, aerial ~ L 350
—, atmospheric ~ L 350
— control G 325
— control, water ~ R 224
— degree V 273
—, diffuse ~ D 166
— factor V 272
— index, potential ~ S 546
— level V 273
— load B 215, S 552
— load capacity of a surface water B 208
— of the environment U 197
— of the oceans M 147
— of watercourses, thermal ~ A 777
— prevention principle V 467

— register V 274
—, river ~ F 554
—, source of ~ V 356
— tax V 270
—, thermal ~ W 27
—, water ~ W 419, W 429
pollutional index S 545
— indicator V 271
— indicator organisms V 268
poly-phosphate M 266
polyamide membrane P 236
polychlorinated biphenyls B 514
polyelectrolyte P 237
polyester resin P 238
polyethylene P 233
— glycol P 234
— pipe P 235
polymeric P 239
polymerisation P 240
polynuclear aromatic *(hydrocarbon)* K 399
polyphenolics P 141
polyphosphate P 241
polysaprobes, beta-~ B 348
polysaprobic organisms P 242
— zone Z 116
polythene P 233
— pipe P 235
polyvalent M 170
polyvinyl chloride P 243
pomace P 338
Poncelet measuring flume P 244
pond S 1102, T 96, T 477
—, cooling ~ K 630
—, dew ~ T 80
—, log ~ S 1281
—, maturation ~ O 133
—, oxidation ~ O 133
—, polishing ~ S 599
— sealing T 97
— snail *(biol.) (Planorbis)* T 101
—, stock ~ H 55
—, storage ~ S 1104
—, tailings ~ B 291
—-weed, horned ~ *(bot.) (Zannichellia)* T 98
pondage T 99
— capacity T 99
ponderable lysimeter L 359
ponding S 1105, V 255
pondweed L 40
pontoon P 245
pool K 419, T 96, T 477
— and drop fishway F 342
—, dredging ~ B 21
—, holding ~ H 55
—, indoor [swimming] ~ H 49
—, paddling ~ P 203
—, resting ~ R 531
—, stilling ~ T 285
— water B 15
pooltool method of well drilling G 291

poor clay S 527
— concrete M 13
— lime M 14
pope K 171
poplar P 17
populate B 331
population B 420, P 246
— balance B 424
— density B 423, P 247
— density, increase of ~ Z 158
— equivalent E 158
—, growth of ~ B 426
— increase, anticipated ~ B 427
—, mixed ~ M 345
—, residential ~ B 422
— served *(water supply)* B 421
porcelain filter P 258
porcupine M 385
pore size P 252
— space H 303
— space, total ~ G 252
— water P 254
— [water] pressure P 249
pores, sealing of the ~ P 253
porosity H 303
—, effective ~ *(hydrol.)* H 304
porous P 257
— plate filter bottom F 245
—-bottomed S 1032
port B 6, H 23
—, sea-~ S 842
portable T 302
portal, tunnel ~ S 1468
ports, intake ~ E 388
position L 31
— indicator S 1387
— of the bolt holes B 747
— water meter M 194
positive confining bed G 610
positively charged P 259
post P 93
—, fender ~ P 94
—, flood measuring ~ P 47
— hydrant U 30
—-aeration N 3
—-chlorination N 4
—-coagulation F 460
—-sterilization N 5
pot-hole K 419
potability G 185
potable G 184
— supply T 381
— water T 366
— water analysis T 367
— water quality T 375
— water, shortage in ~ T 378
potamology P 261
potash P 267
— alum A 432
— mine wastes K 17
—-fertilizer K 19
—-mining K 18
potassium K 22
— carbonate P 267
— chloride C 64

669

- cyanide C 113
- ferricyanide B 581
- ferrocyanide B 580
- hydroxide A 407
- iodide J 23
- nitrate K 20
- oxide K 16
- permanganate K 23
- permanganate consumption K 24
- salt K 21
potato distillery K 137
- processing K 141
- starch K 139
- -peeler water K 138
- -starch factory K 140
potential area of a groundwater body P 265
- difference P 264
- drop P 263
-, electrochemical ~ P 262
- electrode M 211
- energy E 295
- evaporation V 131
- evapotranspiration E 565
-, piezometric ~ D 318
- pollution index S 546
- pressure head D 300
- transpiration T 315
potentiometer P 266
pothole K 419
poultry house G 118
- manure H 353
- processing plant G 117
- waste G 115
- -packing factory G 116
pour (concrete) E 44
- into E 123
pouring (of concrete) E 42
- chute S 656
pourplate method (bact.) P 216
powder lime K 45
- mill P 352
powdered activated carbon P 351
- coal P 353
- lime K 45
power K 530
-, assimilatory ~ A 692
- balance E 298
- channel T 359
- conduit T 360
- consumption K 538
-, drawling ~ S 492
- driven M 90
- factor L 162
- failure S 1599
- generation K 534
- generation, gas-based ~ G 65
- house M 93
- input E 297, L 157
-, motive ~ B 403
- of resistance W 564
-, peak ~ S 1146
- plant, auxiliary ~ N 270

- plant, high-capacity ~ G 517
- plant, steam ~ D 37
- plant, submerged ~ U 304
- potential, hydro-electric ~ W 271
- produced, annual ~ J 5
- reactor K 222
- recovery E 303
- requirements K 533
- shovel L 259
- source, emergency ~ N 271
- station K 541
- station, atomic ~ K 222
- station, heating ~ H 158
- station, in-cave ~ K 175
- station, nuclear ~ K 222
- station, pumping ~ P 389
- station, thermal ~ W 37
- station, tidal ~ G 359
- station, wind ~ W 600
-, steam ~ D 36
-, thermal ~ W 36
-, wind ~ W 599
- -plant intake T 358
practical research Z 191
prawn K 525
pre-aeration V 427
- -aeration basin V 428
- -aeration tank V 428
- -chlorination V 431
- -conditioning V 426
- -digestion V 436
- -filtering V 439
- -filtrate V 438
- -filtration V 439
- -heating V 475
- -run (of a filter) E 541
- -screening V 422
- -sedimentation V 455
- -treat V 462
- -treatment V 426
precautionary measure S 679, S 932, V 429
precept A 756
precipitable F 23
precipitant F 25
- feed F 27
precipitate F 24, N 172
precipitation F 28
- (meteor.) N 173
-, amount of ~ N 189
- analysis F 31
-, annual [quantity of] ~ N 192
-, average [height of] ~ N 186
- basin F 32
-, chemical ~ F 29
-, daily ~ N 195
-, distribution of ~ N 202
-, effective ~ N 175, R 114
-, effective depth of ~ N 196
-, height of ~ N 184
-, kind of ~ N 179
-, losses, rate of ~ V 212
- mass curve N 197

-, maximum quantity of ~ N 191
-, mean ~ N 193
-, measurement of ~ N 198
-, minimum ~ N 190
-, monthly quantity of ~ N 194
-, orographic ~ N 177
- per unit of surface area and of time, amount of ~ N 201
- period, duration of ~ N 181
-, point ~ N 176
-, radioactive ~ N 178
-, radioactivity of ~ N 199
- rate N 187
-, simultaneous ~ S 1008
-, subsequent ~ F 30
- tank F 32
precipitator, electrostatic ~ E 239
precision levelling F 124
- of measurement M 218
precoat filter A 609
- layer F 259
precolumn V 465
preconstructed part F 176
prediction of the weather W 551
predominant smell G 215
- species S 1125
predominating species S 1125
prefabricated V 447
- concrete F 173
- treatment plant B 182
preheater V 474
preliminary clarification V 455, V 463
- clarification tank V 454
- clarifier V 454
- design V 435
- examination V 456
- purification V 463
- settling tank V 454
- test V 473
- treatment V 426, V 463
- works V 423
preload concrete S 1075
premises connection H 113
- sewage treatment plant H 124
prescription G 288
preservation K 454
preservative S 681
-, wood ~ H 315
preserve K 453
preset V 448
- count I 25
- time Z 31
presettling V 455
press P 273
- button valve D 303
- drying P 282
-, filter ~ F 278
-, hydraulic ~ P 274
- liquor, brewery ~ B 769
- liquor, yeast ~ H 146

pro

—, sludge ~ S 427
— water, pulp ~ S 595
— -drying of refuse mixed with sewage sludge M 427
— -yeast works P 275
pressed residue P 281
pressure D 273
— above atmospheric A 696
—, absolute ~ A 237
— adapter D 321
—, atmospheric ~ L 317
— below atmospheric U 249
—, breaking ~ B 808
— cell D 286
— compensation D 282
— control D 322
— control valve D 321
—, counter ~ G 126
— curve D 304
—, delivery ~ F 580, V 291
— difference D 337
—, differential ~ D 285
—, diffusion ~ D 164
— drop D 279
—, drop in ~ D 325
—, earth ~ E 494
—, excessive ~ U 12
— filter D 290, F 225
— filtration D 291
— flotation D 292
—, fluid ~ R 537
— freezing process D 278
— gage, system ~ L 188
— gauge M 63
— gauge, switch operating ~ K 461
— governor D 321
— gradient D 304
— gradient, artesian ~ D 305
— head D 295
— head, dynamic ~ D 296
— head, hydrostatic ~ D 298
— head of a reservoir B 173
— head, potential ~ D 300
— head, total ~ G 244
—, hydraulic ~ F 426
—, hydrostatic ~ W 196
—, hydrostatic line of ~ R 538
—, impact ~ S 1487
— in mains L 187
— increase D 341
— increase ratio D 331
—, indicator, differential ~ D 152
—, internal ~ I 57
— line, water ~ F 427
—, loss of ~ D 339
—, low ~ N 165
—, lowering of ~ D 325
— main D 324
—, maximum ~ H 277
—, maximum velocity of ~ H 278
— meter D 286
—, minimum ~ M 311
—, nominal ~ N 127

— on edges K 103
— oscillation D 327
—, osmotic ~ D 275
—, partial ~ P 29
— pipe D 323
— pipe-line D 324
— pump D 320
— reducing valve D 316
— reduction D 317
— regeneration R 131
— regulating valve D 321
— regulator D 321
— relief cone *(hydrol.)* A 212
— relief valve U 14
— relief well E 440
— rise D 341
—, rock ~ G 95
—, saturation ~ S 12
— scouring D 343
—, solution ~ L 276
— sprinkler ~ R 198
—, static ~ D 277, D 301
— surge D 333
— switch D 326
— test D 319
— transmitter D 293
— tunnel D 332
— turbine U 13
—, uplift ~ S 1037
—, vapor ~ D 32
—, variation of ~ D 281
— vessel D 283
— water D 342
— water meter, differential ~ D 153
— wave D 344
—, working ~ B 394
— zone D 346
— -retaining valve D 321
pressurize D 276
pressurized activation D 284
prestress V 468
— reinforcement S 1078
prestressed concrete circular tank S 1077
— concrete pipe S 1076
— [reinforced] concrete S 1075
prestressing, circumferential ~ R 332
— wire S 1079
presumptive test N 24
pretension to water utilization W 309
pretreatment V 426
prevent V 189
preventative S 681
prevention V 190
— of accidents, regulations for the ~ U 212
preventive measure V 191
— medicine G 305
price P 269
—, basic ~ G 565
—, unit ~ E 83
priced bill of quantities P 270

primary clarification plant K 284
— crushing V 476
— digestion tank F 98
— effluent A 297
— filter V 437
— filtration F 294
— material A 813
— sedimentation V 455
— sedimentation tank V 454
— settling tank V 454
— treatment A 337, V 426
— treatment plant K 284
prime cost A 566
primer pump V 451
priming A 595, S 1181
— *(of a reservoir)* F 682
— pump V 451
— -coat G 546
primitive rock U 331
principal axis of a flange F 395
— conduit H 99
— main H 99
— pipe H 101
— stress H 104
principle of author's liability V 358
— of operation W 648
print works, fabric ~ Z 97
private consumption G 100
— use G 100
— water supply E 34, W 424
privilege G 206
privy K 344
— pit A 179
— vault F 95
probability of survival U 65
procedure V 149
— of analysis M 276
— of chemical analysis U 291
proceeding, chemical ~ V 150
process V 149
— *(waste material)* A 721
—, biosorption ~ K 462
—, chemical ~ V 150
—, cleaning ~ R 245
— control V 154
—, cuproammonium ~ K 700
—, desalting ~ E 411
— description V 152
—, drying ~ T 431
—, freezing ~ G 123
— heat P 328
— improvement V 155
—, jetting-down ~ S 1484
—, manufacturing ~ H 186
— of recirculation R 511
— optimization V 153
—, physical ~ V 151
—, production ~ H 186
— water B 413, P 329
— *(of a beet sugar factory)* D 162
processing *(of waste material)* A 722
—, citrus fruit ~ C 98

—, data ~ M 254
—, food ~ L 117
—, fruit ~ O 46
— of sand S 89
— plant, poultry ~ G 117
—, potato ~ K 141
— season K 70
production A 790, E 543, P 306
—, loss in ~ E 544
— of digester gas K 292
— of energy K 534
— process H 186
— rate W 16
productivity E 545, P 307
— of the soil B 645
profile P 308
—, hydraulic ~ P 310
—, iron ~ P 312
—, measuring ~ M 231
—, soil ~ B 646
—, stream ~ P 309
profit N 286
profitable N 275
profound ground water T 217
— groundwater T 217
— region P 314
prognosis V 452
program control P 315
programme control S 1408
progress report F 621
(progressive) curve G 34
progressive sinking of water level (in a flume) S 1683
project E 456
— designer E 458
—, multipurpose ~ M 174
—, river valley ~ W 441
proliferation V 213
promontory V 446
propagation A 795, F 618
—, wave ~ W 508
propane P 316
propel T 329
propellant A 627
— gas T 330
propeller P 317
— meter F 478
— pump F 479
—, Woltmann's hydrometric ~ W 666
properties E 29
—, chemical ~ E 30
—, physical ~ E 31
property, public ~ A 462
proportion of mixture M 353
proportional feed D 217
—, inversely ~ U 144
— sampling P 294
proportionate sampler P 299
proportioning device D 213
—, dry ~ T 395
— pump D 214
— [device], wet ~ N 66
propping A 873
propylene P 318

prospecting for ground-water G 650
—, water ~ W 218
prospection, geophysical ~ U 285
protease P 319
protect S 662
protected area S 677
— area of groundwater occurrence G 651
protecting tube H 355
— tube for oval gate-valve H 356
protection S 671
— against noise L 29
— against radiation S 1504
— area S 677
— area, head water ~ Q 38
— area, landscape ~ L 60
—, avalanche ~ L 113
—, coast ~ K 651
—, external ~ A 865
—, internal ~ I 64
—, landscape ~ L 59
— of nature N 97
— of water, zone for the ~ W 348
— of waters G 325
protective anode S 672
— area S 677
— calcite coating C 3
— casing S 685
— coating (corr.) S 674
— colloid (chem.) S 678
— device S 686
— measure S 679
— pipe S 682
— scale (corr.) S 674
— strip S 684
— tube S 682
— wall S 680
— [paint] coating S 673
protein E 217, P 320
— feed E 219
— waste material E 218
proteinaceous E 220
proteolysis P 321
proteolytic P 322
— enzyme E 469
protocol P 323
protoplasm P 324
protoplasmic poison P 325
prototype P 326
protozoa U 337
provide V 288
provision V 289
— (of the law) G 288
provisional B 186
— drainage (system) B 185
Prussic acid B 537
pseudo-artesian groundwater G 573
—-effect S 289
psychoda T 452
psychrometer L 326
psychrophilic K 9

psychrophylic bacteria B 32
public O 50
— bench for washing W 115
— cleansing service S 1243
— consumption V 67
— convenience B 160, E 114
— corporation of water and soil control W 146
— demand B 151
— health G 306
Public Health Agency M 125
— Health Board M 125
public health engineering G 308
Public Health officer A 510
— Health Service G 299
public opinion, forming the ~ O 52
— property A 462
— pump B 843
— requirements B 151
— tender A 852
— use G 172
— utilities D 148
— utility E 114
— water supply W 423
— welfare G 173
—-health engineer G 302
publicity work O 51
publicly owned A 463
puddle L 149, T 477
— trench D 132
pug mill K 350
pull-back draw bridge S 644
—-out strength Z 144
[belt]-pulley R 307
pulley R 460
—, binder ~ S 1081
— block F 413
—, fast ~ F 185
—, loose ~ L 294
pulp P 337, S 1442
—, apple ~ P 338
— catcher P 339
—, chemical ~ Z 44
[chemical] pulp digester Z 47
pulp hydrolysis plant H 325
— mill Z 45
— press water P 340, S 595
— screen P 341
—, soda ~ N 92
—, white ~ W 488
— works, soda ~ N 93
pulsating spring Q 26
pulsation P 348
pulse (radiometering) I 22
— generator P 349
—-frequency method of transmission I 24
pulsometer P 350
pumice stone B 478
pump P 354, P 369
—, acid-~ S 45
—, adjustable speed ~ P 364
—, air ~ L 335
—, air-powered ~ P 361

—, Archimedean screw ~ S 559
—, auxiliary ~ H 197
— away *(a well)* A 180
— barrel P 386
—, bilge ~ B 475
—, boiler feed ~ K 237
—, booster ~ D 288
—, bore hole ~ B 711
—, bucket ~ B 134
—, canned ~ P 358
—, centrifugal ~ K 570
— characteristics P 378
—, circulating ~ U 168
—, crude sewage ~ R 355
—, deep-well ~ T 212
—, delivery ~ F 586
— diagram P 378
— diaphragm P 380
—, diaphragm ~ M 186
—, diffuser ~ K 573
—, directly connected ~ P 355
— discharge F 585
—, discharge head of a ~ D 297
—, displacement ~ T 73
—, double suction ~ P 368
—, double-acting ~ P 356
—, double-action ~ P 356
— drive P 371
—, feed ~ V 451
— flow F 585
—, fly-wheel ~ S 821
— foundation P 374
—, gear ~ Z 17
—, hand operated ~ H 72
—, high-pressure ~ H 217
—, hollow ram ~ S 359
—, horizontal ~ P 359
—, horizontal centrifugal ~ H 338
— house P 376
— house, crude sewage ~ R 356
— house, sludge ~ S 429
— in a street S 1528
—, injection ~ V 281
—, involute ~ E 567
—, jet ~ S 1507
— lift P 377
—, lift and force ~ S 176
—, line-shaft vertical turbine ~ B 715
—, low lift [intake] ~ N 168
—, mammoth ~ M 49
—, metering ~ D 214
—, motor ~ M 421
—, multiple stage centrifugal ~ K 572
—, non-choke[able] centrifugal ~ K 91
—, non-clog[ging] centrifugal ~ K 91
— operator P 384
— out L 202
—, piston ~ K 416

— pit P 382
—, plunger ~ T 73
—, pressure ~ D 320
—, proportioning ~ D 214
—, public ~ B 843
—, radial-flow ~ R 5
—, reciprocating ~ P 362
—, recycling ~ R 513
— room P 381
—, rotary ~ R 480
—, rotary piston ~ D 240
—, sand ~ V 31
—, screw impelled ~ S 617
—, self-priming ~ P 365
— set P 370
—, sewage ~ A 332
— shaft P 385
— shop P 381
—, single cylinder plunger ~ E 170
—, single-inlet ~ P 357
—, single-stage centrifugal ~ K 571
—, sludge ~ S 428
— station P 391
—, station, automatic ~ P 392
—, steam ~ D 40
—, steam jet ~ D 42
— stroke P 377
—, subaqueous ~ U 309
—, suction ~ S 189
—, thick-matter ~ D 144
— trench ~ B 111
—, triple-acting ~ D 266
—, triple-acting horizontal ~ D 267
—, tube well ~ R 390
—, turbine ~ T 493
—, turbine, reversible ~ P 383
—, twin ~ Z 207
— unit P 370
—, upside down ~ P 367
—, vane-type ~ F 479
—, variable speed ~ P 364
—, variable stroke ~ P 363
—, vertical ~ P 366
—, vertical mixed-flow ~ V 344
—, vertical turbine ~ K 576
—, volute ~ S 1137
— water B 872
—, water jet ~ W 384
—, wind ~ W 604
— with balanced hydraulic thrust P 360
— with conical screen, centrifugal ~ K 574
— works P 391
pumpage P 591
—, daily ~ T 15
— rate F 585
—, water ~ W 258
pumped-storage plant P 389
pumping capacity F 585
— capacity, high-service ~ H 100

— capacity per day T 15
— charges P 388
— costs P 388
— depression area *(hydrol.)* A 205
— depression cone *(hydrol.)* A 212
— equipment P 373
— head F 582
— level F 582
— main D 324
— pattern B 850
— pit P 382
— power station P 389
— rate F 585
— station P 391
— station, intermediate ~ U 67
— station, low-lift ~ V 457
— station, sewage ~ A 333
— test P 390
— test, long time ~ D 59
—-station, polder ~ P 228
pupa P 395
pure culture *(bact.)* R 248
— water W 138
pureness R 226
purification R 229
—, auto~ S 901
— capacity R 239, R 246
—, chemical ~ R 230
—, degree of ~ R 236
— efficiency R 246
—, final ~ N 14
—, natural ~ R 231
— of sewage, biological ~ A 335
—, partial ~ T 110
— plant R 234
—, preliminary ~ V 463
— process R 245
—, sewage ~ A 334
— stage R 242
—, stage ~ S 1625
—, water ~ W 330
purified water W 131
purify R 228
purifying capacity R 246
purity R 226
—, degree of ~ R 227
purple sulfur bacteria P 396
purposes, domestic ~ Z 190
push T 329
— button valve D 303
— rod V 36
—-button S 247
—-button control D 302
—-button operated A 909
pushbutton operation B 383
put in motion T 329
— to the test V 312
putrefaction F 38
— bacteria F 39
putrefactive F 40
putrefy F 90
putrescibility F 92

— test F 41
putrescible F 91
putrid F 88
putty K 281
PVC P 243
—, hardened ~ H 92
— pipe P 399
— pipe, rigid-~ P 398
pycnometer P 400
pyridine P 401
pyrite S 722
pyrolysis P 402
— gas chromatography P 404
—, vapor ~ B 832
pyrolytic analyzer P 403

Q

quady W 18
quagmire M 413
qualitative Q 9
— water management W 250
quality B 311
— criteria, water ~ W 248
— maintenance R 224
— maintenance measure R 221
— maintenance of the atmosphere L 336
— monitoring station G 684
— of the soil B 607
— of the water W 175
— of water, chemical ~ W 176
— of water, physical ~ W 177
— requirements G 683
— requirements, water ~ W 242
— standard G 685
— test G 688
—-class of surface water G 319
—-mapping of surface waters G 317
—-restoration of waters G 324
quantitative Q 11
— analysis B 343
— determination B 343
— water management W 296
quantitiy of gas G 69
quantity M 191
— of contaminants S 552
— of natural evaporation V 137
— of pollutants S 552
— of polluted matter S 552
— of polluting matter S 552
— of precipitation per day N 195
— of sewage A 328
— of sludge S 399
— of water W 292
— of water, fluctuating ~ W 293
— recording, water-~ W 294
—, reference ~ B 458
quarry S 1366
— run rockfill B 821

— stone B 819
— stone wall B 820
quarter bend K 605
— of a town S 1244
quartz Q 13
— mercury lamp Q 15
— sand Q 16
quartzite Q 14
quaternary Q 12, Q 17
quay K 14, U 114
— wall K 15
quenching water A 202
quest for water W 391
quick clay F 444, Q 65
— closing valve S 590
— coupler S 584
— lime A 409
—-opening valve V 24
—-setting cement Z 59
quicklime, dolomitic ~ D 189
quicksand S 799
quicksilver Q 18
quiescent settling S 826
quiet reach F 442
quill shaft H 306

R

rabble rake of a thickener K 528
race S 665
— channel R 333
—, head ~ O 30
rack [rail] Z 19
— and pinion meter Z 20
—, bar ~ S 1229
—, coarse ~ G 508
—, fish ~ F 343
— screen S 1226
rad R 1
radial R 4
— collector well H 336
— flow D 434, S 1573
— flow basin B 142
— gate S 869
— lock gate S 870
— vane meter F 478
— weir S 871
—-flow pump R 5
—-flow turbine R 6
radiancy S 1512
radiation S 1512
—, corpuscular ~ K 494
— dosimeter S 1514
— freeze S 1515
— frost S 1515
—, heat ~ W 48
— load S 1498
— protection S 1504
— protection guide S 1505
—, solar ~ S 1058
— sterilization of water W 212
radical G 568
radio carbon R 12
—-active tracer M 73
—-carbon dating A 471

—-hydrometry R 10
—-isotope R 11
—-nitrogen dating A 472
radioactive R 7
— contamination V 355
— decay Z 83
— fall-out N 178
—, high-level ~ H 234
— irradiation B 344
—, low-level ~ S 690
— precipitation N 178
— spring Q 27
— tracer I 121
— tracer, use of ~ M 72
— tracers M 74
— wastes A 45
— wastes, repository for ~ A 710
radioactivity R 8
—, induced ~ R 9
— of precipitation N 199
radiolaries R 13
radiology S 1501
radiometer S 1502
radiometry R 14
radionucleide R 15
radium R 16
— emanation R 17
radius H 44
—, hydraulic ~ P 313
— of a pipe R 405
— of curvature K 608
— of depression *(hydrol.)* A 209
— of influence *(hydrol.)* A 209
— of intrados I 62
— of soffit I 62
radon R 17
raft F 466
rafting, timber ~ F 464
rags L 355
—, shredded ~ T 150
rail, grab ~ H 71
—, hand ~ G 158
railing G 158
railway embankment E 183
— fill E 183
— siding L 12
rain R 113, R 196
— (adsorptive) capacity R 183
— catchment A 743
— catchment basin R 119
— chart N 188
— cistern T 140
— cloud R 188
— collector N 200
— diagram R 126
— discharge R 118
—, discharge-producing ~ N 174
— distribution R 174
— drainage inlet R 182
— frequency R 142
— gage R 153
— gage network N 180
— gauge R 153

rea

— gauging R 156
— gauging station R 155
— gun R 148
— infiltrate F 507
— intensity, distribution of ~ V 334
—, lasting ~ D 60
—, light ~ R 115, S 692
—, local ~ S 1564
— making R 138
—, moderate ~ R 116
— month R 157
— observation R 122
— outlet R 120
— penetration depth R 127
— pillar R 158
— shadow R 162
— squall R 123
— tract R 168
— wash-out R 121
— water flow R 177
— water flow per second per area R 179
—-drop R 170
—-water R 176
—-water basin R 181
—-water by-pass R 173
—-water discharge-channel R 128
—-water drain R 160
—-water run-off, total amount of ~ R 180
—-water storage R 187
—-water tank Z 106
rainbow trout R 124
rainer R 197
rainfall R 113, R 139, R 151
—, annual ~ N 192
—, area R 141
—, average [height of] ~ R 144
— depth R 143
— distribution coefficient R 175
—, duration of ~ R 125
—, effective ~ R 114
— frequency, table of ~ R 159
— index R 145
— indicator R 154
— intensity duration curve R 146
— intensity frequency H 16
—, mean annual ~ J 10
— penetration R 127
— per second R 150
— per second per area R 165
— rate R 167
— recorder R 154
—, total amount of ~ R 169
rain[fall] simulator R 164
rainstorm R 163, W 658
rainwash R 121
rainwater pipe R 117
— settling tank R 149
rainy R 200
— season R 190
— year R 147

raise A 769, H 135
raised bog H 227
— face flange F 391
— [water] level S 1311
— [water] level, height of ~ S 1328
raising of groundwater table G 598
— of the groundwater level G 626
— the level of impoundage A 753
rake H 88, R 78
raked, mechanically ~ R 22
rakings R 81
ram R 28, R 29, R 30
—, double-acting hydraulic ~ D 209
—, hydraulic ~ S 1488
— in E 112
ramification V 44
ramify V 380
rammer S 1284
ramose Z 193
random Z 129
— rubble fill B 821
— sample E 165
range W 675
—, measurement ~ M 207
— nozzle W 674
— of effect W 644
— of flow, laminar ~ S 1582
— of (groundwater) withdrawal E 384
— of hills H 292
— of variation (biol.) V 15
—, thermophilic ~ T 118
—, tidal ~ G 358
Ranney well R 38
rapid filter S 582
— growth V 214
— hardening cement Z 59
— increase V 214
— method S 585
— (method of) determination S 580
— sand filter S 589
— sand filtration S 583
—-coupling pipe S 584
rapids S 1609
—, canal ~ S 665
rat R 45
— control R 46
—, water-~ W 323
—-tail maggot R 48
ratchet brace B 705
rate E 83, G 101, G 275, L 153, P 269, R 44
—, basic ~ G 556
— controller, filter ~ F 271
—, flat ~ P 42
— increase G 102
—, infiltration ~ E 126
—, minimum ~ M 313
— of application B 210, B 319, B 320

— of corrosion K 505
— of discharge A 89
— of flow A 99, F 433, W 292
— of flow controller A 109
(rate of) flow originating from groundwater discharge A 84
rate of irrigation, average ~ B 285
— of operation B 210
— of precipitation losses V 212
— of production W 16
— of reproduction W 16
— of settling A 223
— of spreading A 796
—, percolation ~ S 952
—, seepage ~ S 952
—-of-flow meter, constriction ~ V 147
rated working pressure N 128
ratemeter I 23
rating B 251
— curve A 97, E 21
[discharge] rating table A 117
ratio, carbon-nitrogen ~ K 390
— controller V 184
—, cutoff ~ D 433
—, meander ~ M 5
— of dimensions M 106
ration storage S 1096
ravine S 519
raw R 354
— fall head R 358
— head R 358
— humus R 359
— material A 813, G 568, R 457
— product A 813, R 457
— sewage A 299
— sludge F 643
— water R 458
— water chlorination V 431
— water influent R 459
ray (liquid) S 1493
—, beta-~ B 349
rayon K 682
— mill S 1135
— mill wastes K 684
— works K 683
rays, ultra-violet ~ S 1497
re-activate W 571
—-aerate W 571
—-carbonize R 261
—-cultivation R 262
—-dissolution R 508
— (of phosphate) R 263
—-occurrence period W 577
—-processing W 568
—-routing U 153
—-usable W 580
—-use W 581, W 582
—-utilizable W 580
reach H 56
— (of a river) S 1552
— of a river F 544
—, quiet ~ F 442
react R 70

english

675

reaction R 71
—, chemical ~ R 72
— kinetics R 75
— product R 76
— tank R 73
— turbine U 13
—, velocity of ~ R 74
reactivation W 572
— of activated carbon R 132
— of sludge S 472
reactor, boiling water ~ S 984
—, breeder ~ B 835
—, fast-breeder ~ B 836
—, fluid bed ~ W 622
—, heavy water ~ S 775
—, nuclear ~ A 703
—, pebble-bed ~ K 660
—, swimming-pool ~ W 164
reading, direct ~ D 174
— of a meter Z 6
readings, set of ~ A 170
ready for use E 115
—-mixed concrete T 319
reaeration W 573
reafforestation W 569
reagent R 67
— of Nessler N 133
real estates L 231
realisation A 809
realize A 808
reamer B 712, N 15
reaming of a borehole E 550
rearing-pond A 781
reasonable Z 156
reasonableness Z 157
rebound R 512
recarbonation R 260
recarbonization R 260
receiver B 168, E 268
—, glass ~ G 389
—, vacuum ~ V 10
receiving body of water V 441
— chamber V 453
— ditch V 442
— stream V 441
— surface A 744
— tank S 73, S 75
— water V 441
— watercourse V 441
— well S 75
receptacle B 168, G 389
recession *(hydrol.)* R 290
— curve R 291
— curve, groundwater ~ G 591
— hydrograph R 291
— of the groundwater level R 496
— phase of flood H 241
recharge *(hydrol.)* A 586, A 588
— area E 529, I 42
— basin A 589, S 947
— capacity I 44
—, cone of ~ A 747
— line *(of wells)* S 521
— of ground-water G 595

— of groundwater, total (artificial) ~ E 103
— pit V 280
— well S 520
recharging a storage reservoir N 141
rechlorination C 76
recipient V 441
reciprocating pump P 362, T 73
— ram pump T 73
recirculate K 581, R 514
recirculated water R 507
recirculating heating-system K 584
— pump U 168
— system R 510
recirculation K 583, R 509
—, closed ~ K 580
— of sewage [*or* waste] A 339
— of sludge S 435
—, open-ended ~ K 582
— process R 511
— pump, sludge ~ S 437
— ratio R 505
— system R 510
[water] recirculation system W 275
recirculation, wash water ~ W 121
reclaim W 574
reclaimed land P 227
— *(beyond dikes)* A 633
reclaimer S 1445
reclamation W 575
— *(of land)* B 668
— disease M 180
— of land L 52
— of new ground N 142
— of sewage A 353
— of soils K 669
—, water ~ W 335
recoil R 512
— of waves W 505
recooling K 633
record A 779, A 780, S 632
recorder A 640, R 191, S 633
— paper S 636
—, volume ~ M 193
—, water level ~ R 192, W 367
—, water-stage ~ S 634
— well P 53
recording apparatus S 633
— barometer B 74
— drum R 193
— mechanism S 633, Z 13
— oscillograph O 127
— pluviometer R 154
— rain gauge R 154
—, remote ~ F 149
recover W 574
recovery A 790, W 575
— *(from waste)* A 722
—, energy ~ E 303
—, heat ~ W 47
—, materials ~ S 1460
— of blood B 582

— of grease F 200
— of phenol P 146
— plant W 576
—, power ~ E 303
—, solvent ~ L 280
recreation, aquatic ~ E 523
— area E 524
— room K 105
recreational use N 298
— water G 315
rectangular R 88
— cross-section Q 56
— gauging weir M 248
— measuring weir M 247, M 248
— underground fire hydrant U 254
— weir R 90
— weir meter M 248
rectifier *(electr.)* G 409
rectify *(electr.)* G 408
rectilinear tidal current G 361
recuperative power S 902
recurrence period W 577
recycle K 581
— brine R 504
— flow R 502
— flow, sludge ~ S 436
recycling R 92, R 509
— of water W 275
— pump R 513
— system R 510
red algae R 476
— brass R 483
— bronze R 483
— lead M 196
— mud R 486
— prussiate of potash B 581
— sandstone S 115
— water trouble E 206
redevelopment of a well R 137
redox potential R 94
— sensor R 93
reduce R 99
— the load E 357
— to ashes V 76
reducer R 100, U 37
—, bell and spigot eccentric ~ M 481
—, double flanged ~ F 399
—, flanged eccentric ~ F 400
—, plain end ~ U 38
reducing agent R 98
— joint R 101
— valve D 316
reductase activity R 95
reduction R 96
—, assimilatory ~ R 97
—, load ~ E 358
— of the flood V 220
reed R 364
reef R 315
reference quantity B 458
— sample V 177
— value B 460
referrisation W 579

refined grease R 220
refinery R 23
—, oil ~ O 80
reflection, time of ~ R 103
reflux R 494
— ratio R 505
— valve R 515
reforestation W 569
reform A 387
—, agrarian ~ B 650
refraction *(of light)* L 217
—, seismic ~ B 787
refractory A 21
— clay T 258
refrigerant K 625
refrigerate K 622
refrigerating K 633
— coil K 627
— cycle K 636
— plant K 621
refrigeration K 633
refrigerator K 628
refuge for fish Z 131
refuse A 70, M 425
—, bulky ~ S 1122
— compacting M 442
— composting M 436
— container M 434
—, crude ~ R 360
— disposal M 431
— disposal site M 435
— dump seepage M 439
— dumping at sea M 443
— grinder M 445
— incineration M 440
— incinerator plant M 441
—, industrial ~ A 47
— processing A 727
—, special ~ S 1055
— truck M 444
— [or garbage] collection M 429
regain W 574
regenerable R 133
regenerant R 136
regenerate R 129, R 135, W 571
regeneration R 130, W 572
— capacity R 134
—, counter-current ~ G 138
— of wells R 137
— plant, oil ~ A 478
—, pressure ~ R 131
regenerative capacity R 134
regime F 519
regimen of a river F 519
region G 88
—, arid ~ T 399, Z 110
—, benthonic ~ B 259
—, coastal ~ K 646
—, contributing ~ E 386
— of dispersed water B 758
regional evaporation G 91
— planning G 90, R 66
— precipitation G 89
— water supply G 519
regions of flow, dead ~ T 288

register Z 100
registering apparatus S 633
— drum R 193
— pluviometer R 154
registration sheet S 636
regulate R 105
regulating reservoir A 816
regulation R 107, S 135
—, automatic ~ R 108
—, legal ~ G 288
— of a river F 535
— of flow A 108
— of pressure D 322
—, still pond ~ S 1428
— storage R 109
— tank A 815
—, torrent ~ W 586
—, transitional ~ U 33
regulations for the prevention of accidents U 212
regulator R 194
—, auxiliary ~ H 199
—, jet ~ S 1508
—, speed ~ G 284
rehabilitation S 121
reinforced concrete E 185
— concrete pipe E 186
— concrete piping with sheet metal core S 1259
— pipe E 186
— socket M 455
reinforcement *(of concrete)* B 449
—, cross ~ Q 43
—, longitudinal ~ L 22
— of the socket M 484
—, prestress ~ S 1078
—, ring ~ R 321
—, untensioned ~ B 450
reinforcing rib V 301
rejection, heat ~ W 21
rejuvenating plating baths A 746
related curve B 459
relation curve B 459
relative biological effectiveness W 633
— density of solids F 189
— evaporation V 132
— frequency H 18
— humidity F 205
— humidity of the air L 324
— line of flow S 1602
— permeability D 409
— pore space H 305
— roughness R 58
— saturation deficit S 14
— stability H 54
release A 161, A 162
— into the sea A 824
reliability of operation B 406
relief E 358
— sewer E 362
— valve E 363
— well E 440
relieve E 357

reline N 139
relining N 140
rem R 350
remedy G 132
remote control F 163
— control centre (center) F 164
— control system F 169
— indicator system F 148
— reading F 147
— record F 149
— recording F 149
— sensing F 156, F 159
— sensor F 158
— transmission F 167
—-controlled F 150
removal B 324
—, colo[u]r ~ E 322
—, foam ~ S 267
—, grease ~ E 324
—, grit ~ E 413
—, iron ~ E 317
—, manganese ~ E 380, M 54
—, odo[u]r ~ G 231
— of fluorides E 327
— of weeds E 350
—, phosphate ~ E 403
— plant B 326
—, taste ~ G 271
remove B 323
— *(the scum)* A 137
— iron E 315
— rust E 404
— sludge E 415
rendering plant A 32
renewal E 530
renovation E 530
—, waste water ~ W 335
rent Z 104
rental charge, minimum water ~ W 241
reoxygenate S 143
repair A 788, A 789
— part E 536
— piece E 536
— shop, meter ~ Z 11, R 264
repelling W 566
— odo[u]r G 209
repercussion R 512
repiling U 165
replacement A 877, E 534
— of service laterals N 152
— part E 536
replenish *(hydrol.)* A 586
replenished V 413
replenishing basin A 589
replenishment *(hydrol.)* A 588
— of ground-water G 595
report, expert ~ G 708
—, meteorological ~ W 544
—, operating ~ B 391
—, testing ~ P 330
reportable pathogenic disease I 40
repository G 92, L 35
— for radioactive wastes A 710

— landfill M 435
repression of enzyme synthesis H 176
reprocess W 567
reproducibility of findings R 265
reproduction F 618
—, cellular ~ Z 55
reproductive cell F 620
— power R 134
repulsive W 566
— odo[u]r G 209
required area G 156
requirement, air ~ L 313
—, minimum ~ M 310
requirements B 148
—, environmental ~ *(biol.)* A 541
—, gas ~ G 47
—, industrial ~ B 149
—, nutritional ~ N 46
— planning, water ~ W 169
—, power ~ K 533
—, public ~ B 151
—, quality ~ G 683
—, water ~ W 165
resand a filter S 100
rescue work R 286
research F 608
—, atomic ~ A 709
—, basic ~ G 557
— finding F 612
—, hydrological ~ U 286
— institute F 613
—, practical ~ Z 191
— project F 610
— reactor F 614
— report F 611
— result F 612
— work F 609
reserve R 266, R 501, S 677
— capacity L 165
reservoir B 168, T 39, W 170
—, annual-storage ~ J 13
—, brick ~ B 170
—, chamber of a ~ B 175
—, clean water ~ R 251
—, closed ~ B 171
—, conservation ~ U 44
—, counter ~ G 125
—, decay ~ *(for radioactive waste material)* A 142
—, earth ~ E 499
—, elevated ~ H 207
—, flood control ~ R 498
—, flood storage ~ H 260
—, [static] head of a ~ B 173
—, impounded ~ S 1316
—, impounding ~ S 1337
—, multipurpose ~ M 171
—, oil ~ E 504
— retention S 857
—, service ~ S 1632
—, service (water) ~ V 295
—, statistics T 45
—, storage ~ S 1097

residence time A 739
— time, nominal hydraulic ~ A 740
resident E 157
residential area S 988, W 656
— density W 654
— overcrowding W 655
— population B 422
(residential) settlement S 985
residential waste M 425, S 986
residual R 273
— chlorine R 274
— chlorine, combined ~ R 277
— chlorine, free ~ R 275
— chlorine, free available ~ R 276
— conductivity R 281
— hardness R 280
— oxygen R 283
— pesticide R 282
—-chlorine content R 278
— [chlorine] recorder R 279
residue R 517
— on evaporation A 30
— *(chem.)* T 413
— on evaporation, total ~ G 253
— on ignition G 438
—, pressed ~ P 281
residues, brewery ~ B 771
—, distillery ~ B 797
residuum lodge V 425
resilience test S 362
resin H 94
—, anion-exchange ~ A 561
—, epoxy ~ E 483
—, exchanger ~ A 881
—, macroreticular ~ A 882
resinous exchanger K 681
resistance F 180, W 558
—, electric ~ W 559
—, frictional ~ R 209
— of a conductor *(electr.)* L 197
— of free flow due to the filter F 252
— of suction S 194
—, shearing ~ S 298
— to ageing A 474
— to exposure W 652
— to flow F 448
— to impact S 360
— to shock S 360
—, weathering ~ W 652
resistant W 561
— *(biol.)* A 21
— to exposure W 651
— to sea-water M 151
resistent R 268
resistivity L 171
resolving power A 764
resonance spectrometry, nuclear quadrupol ~ Q 8
— wave length R 269
resource H 198
resources, water ~ W 339

respiration A 698
—, cellular ~ Z 32
—, endogenous ~ *(biol.)* V 51
— phase A 700
— rate A 699, R 270
—, substrate ~ S 1654
respirator A 694
respiratory R 271
— quotient A 701
respirometer R 272
—, Warburg ~ W 80
rest R 532
— *(of a contact bed)* L 143
— period, winter ~ *(biol.)* W 619
— position R 533
resting basin R 531
— pool R 531
restricted part of a water catchment area W 348
— use N 299
result B 163
(result of) measurement M 250
resultant R 284
results, operating ~ B 397
resurge phase of water hammer R 519
resurgence W 570
—, point of ~ *(of losing stream)* F 525
retain Z 162
retaining basin R 498
— wall S 1332, S 1620
retardation V 379
— basin R 498
— of evaporation V 141
retarding basin R 498
— effect V 379
retention R 497
— capacity, flood ~ H 257
— factor R 285
— storage R 500
— time A 739
retentive U 205
— power W 253
retractable H 179
retting, warm water ~ W 90
[flax] retting wastes F 367
return flow R 494
— flow of water W 334
— pipe *(line)* R 495
— pump R 513
— ratio R 505
— water R 507
— wave W 360
—-sludge R 503
reversal of flow S 1591
reverse circulation drilling S 178
— osmosis G 133
— rotary drilling S 178
reversed osmosis G 133
reversible U 145
— pump turbine P 383
reversing gas-chromatography R 287

revetment of slope B 684
revolution U 136
revolutions, number of ~
    D 250
— per minute U 137
revolve U 147
revolving crane S 758
— distributor D 244
— screen T 437
— sprinkler D 244
Reynolds' number R 289
rheological curve F 439
— properties F 445
rheology F 438
rheophilic R 293
rheotaxis R 294
rheotropism R 295
Rhine R 292
— Left Bank Drainage
    Association L 243
rhizophores R 296
rhizopodes W 682
Rhone R 298
rib, reinforcing ~ V 301
ribonucleic acid R 299
rice R 253
— cultivation R 254
— field R 256
ridge and furrow type of
    drainage F 699
—, ground-water ~ G 647
— of hills H 292
— planting R 493
—-and-furrow aeration B 241
—-and-furrow irrigation F 700
—-and-furrow tank F 698
rig B 700
—, drilling ~ B 699
—, rotary ~ D 234
right bank tributary N 111
— of coercion Z 187
— of discharge E 106
— of irrigation B 434
— of usage B 263
— of use B 263
— of way D 405
—-angle branch S 1647
—-bank ... R 91
—-hand opening gate valve
    S 315
rigid-PVC pipe P 398
rigidity S 1352
— number S 1351
rill B 3, R 335, R 546
— erosion R 547
rime R 60, R 212
ring R 320
— distribution system R 327
— main R 326
— reinforcement R 321
—, rubber ~ G 692
— system K 585
— valve R 331
—-shaped basin B 143
—-shaped tank B 143
ringing test K 303

rinse S 1187, S 1200
— device S 1186
— water S 1204
— water, bottle ~ F 412
—-tank S 1185
rinsing S 1200
— air S 1192
— basin S 1183
— device S 1186
— equipment S 1186
— tub S 1185
— water S 1204
riparian [owner] U 110
— environment F 550
— lands U 124
— legislation A 573
— right A 573
— state A 574
ripe sludge F 108
ripened filter F 224
ripening E 38
ripple marks R 336
riprap S 1378
— dam S 1367
rise E 432, S 1355, S 1359
— of groundwater level G 597
— of sea level, secular ~
    A 618
— of temperature T 117
— of the tide T 203
— of water level due to wind
    W 610
—, time of ~ S 1353
riser S 1357, S 1358
— outlet S 1295
— pipe S 1358
— turnout S 1295
rising E 521
— pipe S 1358
— stem H 348
— tide F 558
— velocity A 773
—-pipe line S 1357
risk analysis R 337
—, functional ~ F 696
river F 508
[large] river S 1596
river, aggrading ~ F 509
— association F 552
— bank F 549
— basin E 168, F 524
— basin development plan,
    integrated ~ W 440
— bed F 518
— bend F 538
—, bend of a ~ F 527
— bottom F 540
— capture F 514
—, channel of a ~ T 48
— clarifying basin F 526
(river) conservation plan R 223
river, course of a ~ F 530
— crossing F 547
— dam F 542
— delta F 521
— deposits F 511

— development F 517
— dike F 520
— engineering F 517
— fall W 222
— forecast A 121
— forecasting A 121
—, head of a ~ Q 35
— lake F 539
— length F 528
— load F 529
—, low-land ~ F 363
—, mouth of a ~ F 532
—, narrows of a ~ S 1604
—, obsequent ~ S 1431
— plain F 533
— plankton P 260
— pollution F 554
—, reach of a ~ F 544
—, regulation of a ~ F 535
— sand F 537
— stage F 557
— surveillance F 548
— survey F 551
— system G 323
— terrace F 546
—, tidal ~ T 180
— valley F 545
— valley project W 441
— water F 555
— water intake F 556
— works F 517
riverine traffic F 553
rivers board F 513
—, morphology of ~ F 531
riverside blanket of a dike
    A 37
rivet N 222, N 223
— factory N 224
— hole N 225
— joint N 227
— seam N 226
riveted G 186
— joint N 227
— pipe R 368
— sheet steel S 1261
rivulet R 335
roach P 221
road S 1521
—, access ~ Z 130
— area S 1529
— binder S 1315
— bridge S 1527
— building S 1524
— construction S 1524
—, country ~ W 461
— cover B 207
—, dam crest ~ D 24
— ditch S 1531
— drain S 1531
— formation F 43
—, pavement of a ~ B 207
— roller S 1547
— salt S 1561
— surface S 1529
— surfacing B 207
— system S 1540

— tanker T 54
— tar S 1544
roads R 102
roadside tree S 1525
— well S 1528
roadstead R 102
roadway F 43
roaring basin T 285
rock F 139, G 92, S 1365
— bit, tricone ~ D 259
— bottom F 145
— crevice F 144
— excavation F 138
— fall S 1376
— filling S 1378
— fissure F 144
— flour G 296
— formation F 141
—, foundation ~ G 538
—, intrusive ~ I 97
—, loose ~ L 258
— mechanics F 143
— oil E 502
— pressure G 95
—, primitive ~ U 331
—, sedimentary ~ S 828
—, sound ~ F 137
— toe S 1383
— types, sequence of ~ G 294
—, unaltered ~ F 137
— weathering V 372
—-dike cofferdam S 1369
—-fill cofferdam S 1369
rocker support P 64
— vat D 249
rockfill S 1378
—, compacted ~ S 1380
— dam S 1367
— face of dam S 1381
—, vibrated ~ S 1379
rocks, conglomerate ~ T 469
rockslide B 295
rockstream M 491
rocky F 142
— island F 140
rod M 228
—, divining ~ W 668
—, draw ~ Z 150
—, drilling ~ B 732
— gage L 93
— mill S 1228
—, sounding ~ P 56, S 1056
—, velocity ~ S 1230
—, velocity-head ~ G 285
—-shaped S 1225
—-shaped bacteria B 125
rodent N 53, R 45
— control R 46
rodenticide R 47
roentgen equivalent man R 350
roll W 69
— bearing R 462
— crusher R 461
— weir W 70
"roll-on" joint R 464

rolled earth dam W 68
— flange F 387
— rockfill S 1380
— steel S 1254
roller bearing R 462
— bit R 463
— drum gate W 70
— path L 104
—, road ~ S 1547
—, sheep's foot ~ S 233
—, submerged ~ U 316
— track L 104
— vane pump D 240
—, vibrating ~ R 529
— weir W 70
rolling mill W 72
— mill, sheet ~ B 540
roof D 2
— (of a gallery) F 311
— area D 4
— drain D 6
— drainage D 3
— gutter D 6
roofed U 6
roofing felt D 5
— tile D 7
root W 677
— cap W 686
—, cube ~ K 617
— hair W 684
— pressure W 679
— rot W 680
— tip W 686
— tuber W 685
— zone (hydrol.) W 678
—-gall W 683
—-repellent W 681
rooted V 374
rope S 1565, T 61
— drill S 1480
— drilling method S 1483
— socket S 1566
— spear S 882
—, tarred ~ T 93
rose B 782
rosin H 94
roster B 433
rot V 244
—, root ~ W 680
rotameter R 477
rotary compressor R 478
— distributor D 244
— drier T 420
— drilling D 235
— drum strainer T 437
— evaporator R 481
— filter T 436
— furnace D 242
— incinerator D 242
— motion D 233
— mud flush drilling S 178
— piston blower D 239
— piston meter R 325
— piston pump D 240
— pump K 570, R 480
— rig D 234

— screen T 437
— sprinkler D 244
— type screen T 437
— vacuum filter T 436
— valve K 664
— [water] meter R 479
rotate D 238, U 147
rotating D 232
— disc filter T 76
— distributor D 244
— drum D 249, S 501
— evaporator R 481
— filter drum F 290
— meter W 666
— sludge scraper S 430
— sprinkler D 246
— table D 248
rotation U 136
— method of irrigation U 150
— speed U 138
rotational method of surface spreading E 133
rotations per minute U 137
rotatoria R 19
rotor L 99, R 485
— blade L 103
—, brush type ~ B 884
—, cage ~ K 6
rotten F 88
rotting process R 487
— process, accelerated ~ S 588
rough R 55
— sea S 841
roughing filter G 504, V 437
— tank G 506
roughness R 56
—, absolute ~ R 57
—, coefficient of ~ R 59, R 205
— in pipes, coefficient of ~ R 428
— of the wall W 78
—, relative ~ R 58
round groove R 328
— iron bar R 541
— socket M 454
— timber R 544
— underground fire hydrant U 253
roundstone G 257
route L 242
row K 433
—, compost ~ K 433
rowing boat R 488
r.p.m. U 137
rubber, chlorinated ~ C 65
— diaphragm G 691
— factory G 690
— gasket (of a flanged joint) G 689
— gasket protected by lead angle G 693
— gasket with hardened edge G 694
— joint (of a flanged joint) G 689

— packing *(of a flanged joint)* G 689
— ring G 692
— stopper G 695
— works G 690
rubbish A 70, M 425, S 667
rubble B 113, G 257, K 258, S 667, S 1378, T 469
— drain S 948
— slope S 669
— stone B 819
— stone wall B 820
rudd R 482
ruff K 171
Ruhr River Association R 536
ruminant W 578
run B 381, F 449, L 106
—, continuous ~ B 385
—, dry V 287
—, float ~ S 796
—, idle L 141
—, intermittent ~ B 384
— of a pipe R 409
— off A 81
[surface] run off O 4
run-back R 494
—-off A 82, A 99
— *(per unit of time)* R 177
—-off, actual ~ I 123
—-off, calculated ~ S 1046
—-off capacity A 98
—-off characteristics A 118
—-off conditions A 118
—-off, critical ~ G 475
—-off, groundwater ~ G 585
—-off, mean annual ~ J 11
—-off, minimum ~ M 309
—-off, overland ~ O 4
—-off ratio A 88
—-off, stem ~ S 1278
—-off, storm ~ R 177
—-off, street ~ S 1522
—-off, subsurface ~ G 586
—-off-producing rain N 174
—-through irrigation D 416
runaround A 653
runner blade L 103
running expenses A 811
— ground S 799
— light L 140
— sand S 489
— valve D 419
— water W 128
runoff cycle *(hydrol.)* A 96
—, daily ~ T 9
—, flood ~ H 265
—, mean seasonal ~ A 86
runway L 105
rupture B 807
— of the pipe line R 422
—, point of ~ B 823
—-proof security B 817
rural L 15
— community L 51
— land use B 640
— water supply W 422

rush S 342
— *(bot.)* B 491
— of water W 154
rushing flow S 331, S 1575
Russel screen R 549
rust R 468
— *(corr.)* R 466
— inhibitor R 474
—, nodule of ~ R 470
— preventer R 474
— preventing device R 438
— preventing pigment R 475
— prevention R 473
— protection R 473
— protection device R 438
— remover R 469
—-proof R 467
—-proofing R 473

S

sack, plastic ~ K 695
—-pipe S 5
—-type filter S 4
sacrificed reach O 94
sacrificial anode S 672
sacrified anode S 672
saddle clip A 529
— clip with valve V 25
— clip without valve A 530
safe yield D 49, F 178
— yield of groundwater G 616
safeguard S 662, S 671, S 929, S 940
safeguarding against pipe rupture R 387
— the coastal landscape E 520
safety appliance S 686
— by-pass S 937
— code S 939
— device S 686
— fuse *(electr.)* S 941
— gate S 936
— in service B 406
— lamp S 931
—, margin of ~ S 934
—, occupational ~ *(and health)* A 656
— regulation S 939
— regulations U 212
— test S 933
— valve S 938
— wall S 680
—-factor S 930
sailing boat S 866
salaries G 141
sale and marketing V 354
saliferous S 61
— stratum S 67
salina S 48
saline S 61
— soil S 58
— spring S 1049
— stratum S 67
— water W 139

— water conversion E 408, M 153
—-water conversion plant E 409
salinisation V 246
—, indicator organism of ~ V 248
— of the soil B 675
salinity S 60
—, degree of ~ V 247
salinometer S 49
salmon L 8
— region A 393
salmonide fish S 50
— region S 51
salpeter K 20
salt K 361, S 54
— balance S 57
—, concentration of ~ S 55
— content S 60
—, de-icing ~ S 1561
— index S 62
— lake S 68
— load S 59
— marsh S 69
—, mineral ~ M 326
—, nutrient ~ N 40
— outcrop S 56
— tolerance S 70
— water W 139
— water encroachment V 433
— water intrusion V 433
— water wedge S 71
— works S 48
—-solution S 64
saltation layer S 1166
— load *(of a river)* G 261
salubrity R 226
salvage W 575
— of blood B 582
sample P 286
—, average ~ M 346
— bottle P 300
—, check ~ V 177
— collector P 297
—, corresponding ~ P 287
—, individual ~ E 165
—, single ~ E 165
—, soil ~ B 643
— transport P 301
—, undisturbed ~ P 288
—, undisturbed-soil ~ B 644
sampler P 297
—, automatic ~ P 298
— for flow-proportional samples P 299
—, snow ~ S 572
sampling P 289
—, continuous ~ P 293
— device P 290
— ladle S 600
— point P 296
—, proportional ~ P 294
— tap P 291
—, time-proportional ~ P 295
sanatorium H 150

sand S 84
— bag S 108
—, bar of ~ S 91
— blaster S 116
—, bleached ~ B 550
— cast pipe S 103
— cast tube S 103
—, coarse grained ~ S 86
— core S 105
—, drifting ~ S 799
—, dune ~ D 354
—, eolian ~ F 493
— filling V 249
— filter S 98
—, filter ~ F 282
— filter, open ~ S 99
— filter, rapid ~ S 589
— filtering S 102
— filtration S 102
— filtration ditch S 101
—, fine ~ S 85
— flat S 90
— layer S 110
— layer, clogged ~ S 111
—, loamy ~ S 87
—, moulding ~ F 605
— point R 34
—, processing of ~ S 89
— pump V 31
—, running ~ S 489
—, shaly ~ S 88
—, shifting ~ F 493
—, slag ~ S 353
— storage of water S 113
— trap S 93
— trap, centrifugal ~ Z 74
— trap, deep ~ T 230
— trap, vortex tube ~ W 624
—, very fine ~ F 133, S 1323
— washing machine S 119
—-shifting S 118
—-spun pipe S 112
sandbank S 90
— beyond the dike A 864
sandstone S 114
—, calcareous ~ K 47
—, lower new red ~ R 484
—, red ~ S 115
sandy S 104
— deposit S 90
— limestone K 47
— loam L 147
— pit S 92
— uplands (of N.-German coastal region) G 104
sanitaries B 160
sanitary accomodation A 871
— board G 298
— engineer G 302
— engineering G 308
— landfill D 94, M 435
— pipe K 94
— sewer A 327, S 555
— wastes S 122
sanitation G 310, S 121
saponifiable V 276

saponification V 277
— number V 278
saprobic S 125
— organisms S 123
— system S 124
saprogenous S 126
sapropel F 106
saprophage S 128
saprophageous S 127
— organism S 128
saprophilic S 129
saprophyte S 130
saprophytic S 131
saprozoa S 132
satellite town S 133
saturate S 9
saturated G 239
— soil zone B 678
— solution L 272
— water vapo[u]r W 188
— zone U 314
saturation S 11
— deficit S 13
— deficit, relative ~ S 14
—, degree of ~ S 15
— index S 16
— point S 17
— pressure S 12
— value S 19
—, water of ~ S 18
saturator S 10
sausage dam F 77
save-all S 1445
—-all, flotation ~ F 471
—-rinse tank S 1185
savings E 128
savour B 188
saw, submarine ~ U 310
sawn timber S 592
scaffold G 238
scaffolding B 92, G 238
scale G 702, H 59, K 240, M 106, Z 159
—, on a bank ~ L 6
—, on a bench ~ L 6
—, commercial ~ M 109
[boiler] scale control K 244
scale deposit A 593
— formation K 241
— forming S 683
—, logarithmic ~ M 108
—, pilot-plant ~ M 107
— pit A 227
— preventive K 242
— solvent K 243
scanning electron mikroscope R 43
scarcity, water ~ W 266
scattered light S 1560
scattering S 1562
— of light L 223
scavenger S 1536
scavenging blower S 1193
— service F 19
schedule of prices P 270
scheme E 456

— of analysis A 523
schist S 326
—, argillaceous ~ T 275
—, crystalline ~ S 327
—, mica- ~ G 433
Schistosomiasis S 346
schistous S 330
schizomycetae B 26
schizomycetous fungi B 26
schizophyceae S 1069
schmutzdecke S 542
(science of) medicine M 124
science of soils B 632
scintillation counter S 1698
Sclavo-tube A 196
scour S 1187
scour[ing] S 1200
scour, air ~ L 340
scouring A 823
— device S 1186
— effect S 1209
— escape K 92
—, high-pressure ~ H 218
—, pressure ~ D 343
—, sewer ~ K 99
— sluice K 92
scrap M 432
— iron A 470
— metal A 475
scraper K 551, S 612
— blade K 553
[rotating] scraper bridge R 20
scraper, canal ~ K 96
—, chain-type ~ K 249
—, drag ~ S 648
—, spiral ~ S 1139
scraping arm K 552
— of a filter A 361
scree G 257
screen R 78, S 969, S 975
— analysis S 970
—, band ~ B 63
—, bar ~ S 1226
— cleaner R 86
—, coarse ~ G 508
—, cutting ~ R 84, S 517
— deck S 980
—, disc ~ S 284
—, dry ~ T 418
—, fine ~ F 125
—, fish ~ F 343
— gutter R 87
—, hand operated ~ R 79
—, inclined ~ S 609
—, intake ~ E 96
—, mechanically raked fine ~ F 126
— pipe F 280
—, pulp ~ P 341
— rake R 82
— shredder R 84
—, slotted ~ S 516
—, vibrating ~ R 527
—, Zentrisieb-type ~ Z 79
—-collector pipe line F 287
—-pipe string F 287

sed

screenable matter S 1456
screening S 976
— chamber R 80
—, coarse ~ G 502, G 509
— curve S 978
— device S 974
— drum T 437
— effect A 189
— equipment S 974
— plant A 233, R 80
— procedure A 895
—, wet ~ N 73
— works A 233
screenings R 81, S 977
— bale press R 83
—, comminution of ~ R 85
— gutter R 87
screw A 604, S 613
— bolt S 614
— clamp S 623
—, clamping ~ S 1082
— conveyor F 588
— current meter W 300
— feeder D 215
—, female ~ I 59
— flange coupling F 402
— gland joint S 626
— impelled pump S 617
— key S 618
—, plug ~ F 679
— propeller F 477
— pump S 559
— shoe S 629
— socket S 624
—, spire of a ~ S 622
—, temper ~ N 13
— thread G 341
—-down bibcock A 829
—-down cock N 203
—-down hydrant V 29
—-impelled compressor S 620
—-nut S 616
—-type water meter S 621
screwed branch G 343
— casing G 344
— joint S 631
— nipple S 627
— pipe G 346
— pipe joint R 448
— socket S 624
— spindle G 347, S 619
screwless adapter sleeve H 196
scrub A 897, S 639
scrubber W 57
—, acid-fume ~ S 34
—, coke ~ K 411
—, gas ~ G 82
—, hurdle ~ H 332
—, wood hurdle ~ H 312
scrubbing S 640
— action A 896
—, gas ~ G 81
— tower W 118
— [system], wet ~ N 70
scullery wastes K 620
scum S 801

— breaking S 787
— collector S 785, S 804
— trough S 802
—-board S 805, T 63
—-board, floating ~ S 783
—-breaker S 786
sea M 126
— alga M 130
— bird M 148
— boring B 737
— chart S 845
—, choppy ~ S 834
— current M 145
— depth M 146
(sea) inlet M 131
sea level M 144
— level, mean ~ N 257
— level, sudden rise of ~ S 837
— mark S 865
— outfall A 824, M 132
— water M 150
— water desalting M 153
—-bath S 835
—-bathing area S 836
—-bed drifter S 1587
—-bed mineral resources U 295
—-bottom M 135
—-bottom mining M 133
—-fish M 137
—-fishery M 138
—-going H 236
—-lettuce S 860
—-level, altitude above ~ H 287
—-port S 842
—-side swimming bath S 1520
—-urchin S 843
—-water encroachment M 152
—-water evaporator M 154
—-water intrusion M 152
—-water pollution M 147
—-water, resistant to ~ M 151
—-weed *(bot.)* S 860
seafood processing plant F 353
seagull M 384
seal A 40, A 41, G 237, R 342, V 259, V 260
—, bituminous ~ B 523
—, manhole ~ M 62
—, water ~ W 195
sealing A 41, D 131
— of the pores P 253
— rock D 68
— strip D 140
seam F 465, N 58
—, butt-welded ~ S 735
—, lap-welded ~ S 736
—, soldered ~ L 288
—, welded ~ S 734
seamless pipe R 375
— steel pipe S 1269
— steel tube S 1269
— tube R 375
seaquake S 839

search for water W 391
searcher of rupture D 71
seashore S 1517
seaside resort S 835
season J 15
— *(sludge)* A 724
seasonal J 16
— cycle Z 224
— fluctuation S 703
— variation S 703
seasoning of sludge A 730
secondary clarification N 12
— clarifier N 10
— combustion chamber N 22
— contamination S 898
— costs N 113
— digestion tank N 6
— effect N 27
— effluent A 290
— objective N 103
— product N 108
— sedimentation basin [or tank] N 10
— settling basin [or tank] N 10
— treatment N 2
— treatment of sewage A 335
—-stage sludge N 11
section P 308, S 1552
— *(of a construction)* A 199
— area, discharge ~ D 396
—, horseshoe shaped ~ Q 53
—, longitudinal ~ L 20
— of a pipe line L 193
— of a watercourse, longitudinal ~ P 309
sectional plan G 567
— steel P 312
sector S 896
— weir S 897
secular rise of sea level A 618
secure S 940
security, functional ~ F 697
—, rupture-proof ~ B 817
sedentary fish F 314
sedge S 867
sediment B 652, S 824
— discharge G 259
— hydrograph S 715
— load *(per unit of catchment area)* F 187
— transport G 259
— transportation G 259
sedimentary S 825
— deposit A 152
— rock S 828
sedimentation A 222, A 337
— analysis S 356
— basin A 216
— chamber A 229
— curve A 228
— effect A 231
—, gravity ~ S 767
—, intermediate ~ Z 211
— on the fill-and-draw principle S 826
— period A 232

683

—, plain ~ K 301
— plant A 213
—, primary ~ V 455
— process A 230
— rate A 223
— tank A 216, K 288
sedimentology S 829
seed I 13
—, nucleus of the ~ S 72
— sludge I 17
seeding I 18
— of the culture medium I 19
— sludge I 17
seep into E 125
seepage D 430, L 127
— area of a filter F 250
— bed S 947
— flow, passage of ~ S 965
— force S 949
— head S 956
— path S 968
— pit S 954
— rate S 952
—, refuse dump ~ M 439
—, silo ~ S 995
— spring G 600
—, surface ~ F 381
— warning device L 131
— water L 132, S 967
—-free D 123
segmental barrage S 871
segregate (certain waste waters) A 282
segregation A 122
— of sludge liquor S 470
seiches S 872
seismic S 884
— refraction B 787
— test U 288
— wave W 500
seismogram S 885
seismograph S 886
seismology S 887
seismometer S 888
selection A 839
selective absorption A 241
— culture medium D 156
— ion-exchange I 102
— membrane S 909
—, perm~ S 907
— permeability S 908
selenium S 910
— cell P 168
self priming siphon H 137
— weight E 27
—-acting S 905
—-acting discharge valve E 372
—-acting pump station P 392
—-consumption E 25
—-potential E 28
—-priming centrifugal pump K 575
—-priming pump P 365
—-propelled E 24
—-purification S 901

—-purifying capacity S 902
—-purifying effect S 903
—-recording meter M 214
—-registering apparatus R 191
—-service laundry S 900
—-starting pump P 365
semi-arid zone Z 117
—-automatic H 39
—-automation T 103
—-circular cross-section Q 52
—-combined carbon dioxide K 384
—-commercial H 46
—-commercial scale test T 82
—-continuous H 43
—-diameter H 44
—-humid S 912
—-permeable H 41
—-steel casting H 45
semiarid S 911
semipermeable membrane M 183
sensing probe M 217
— probe, dissolved oxygen ~ S 164
sensitive control F 127
— to light L 220
sensitivity E 269
— limit E 270
— of meter at low flows A 568
sensor M 217
—, oxygen ~ S 164
sensory examination S 1013
separate A 190, T 337
— digestion tank F 99
— gas holder G 48
— sewer T 340
— sewerage system T 338
— sludge digestion S 404
— spillway E 360
separation A 171, A 192
— column T 342
—, flow ~ S 1598
—, foam ~ A 845
—, gravity ~ S 765
— of cells Z 38
— process T 344
separator A 191
—, air ~ L 309
—, colloid ~ K 422
—, gravity ~ S 764
—, liquid ~ F 484
—, magnetic ~ M 24
—, oil ~ O 70
—, tar ~ T 87
—, water ~ W 149
— with partitioning, water ~ W 150
septage K 524
septic F 88
— sewage A 293
— tank F 95
— tank method F 113
— tank, multi-compartment ~ M 158

— tank, one-compartment ~ E 86
— tank, single-compartment ~ E 86
— tank, three-compartment ~ D 257
— tank, two-compartment ~ Z 194
— treatment plant F 103
— waste A 293
septicity F 38
septization process, fermentation-~ G 11
sequence, chronological ~ J 6
— of rock types G 294
sequential basins [or tanks] B 137
sequestration K 430
series connexion H 203
— determination (chem.) R 216
— of pipes R 398
— of wells B 867
—-connected H 202
—-flow basins B 137
serpentine S 922
— contact chamber K 460
— ditch S 357
serrated weir U 17
service B 154
— condition B 389
— connection H 113
— detereoration V 256
— district V 296
— drain H 117
— header A 601
— instruction B 411
— inventory B 400
— laterals, replacement of ~ N 152
— life L 114, N 300
— load N 293
— main A 602
—, meteorological ~ W 545
— meter H 126
— of capital K 120
— pipe H 113, Z 136
— pipe line A 601, H 113
— pressure B 394, V 291
— reservoir S 1632, Z 215
— reservoir for drinking water T 380
— station T 53
— system R 417
— water B 413
— (water) reservoir V 295
serviced town-district G 170
servicing B 154, K 675
sessile S 923
— algae A 435
seston S 924
set (cement) A 25
— (of machines) A 415
— of machines M 95
— of readings A 170
— of screens S 980

— of sieves S 980
— of [drilling] rods B 701
—-point value S 1048
setting E 41, F 83
— heat A 26
— time A 27
—-in time of spring-tide S 1168
settle A 221
settleability A 215
settleable A 214
— solids S 1448
settlement S 926, S 985
— block S 927
— gauge S 928
— of damage claim(s) S 214
settling A 222, A 337, S 926
— basin A 216
— basin, double-deck ~ A 219
— basin, underdrained ~ S 946
— characteristics A 215
— compartment A 229
— cone A 224
— efficiency A 231
— glass A 224
—, intermediate ~ Z 211
— lagoon A 761
— pit A 226
— plant A 213
— pond A 761
— process A 230
— properties A 220
—, quiescent ~ S 826
— solids S 1448
— tank A 216, K 287
— tank [or basin], center-feed ~ A 218
— tank, Emscher-type ~ E 271
— tank [or basin], peripheral feed ~ A 217
— test, batch ~ S 827
— time A 232
— velocity A 223
— well K 288
sewage A 288, A 296, A 302
— analysis A 309
— bacteria A 312
—, biological purification of ~ A 335
— [or: waste water], biologically treated ~ A 290
—, chemical treatment of ~ A 336
— chlorination A 320
— clarification A 325
—, combined ~ M 358
—, concentration of the ~ K 475
—, crude ~ A 299
—, discharge of ~ (or wastewater) A 308
— disposal A 316
— disposal plant K 282
— disposal works K 282

— distribution A 351
— effluent A 307
— engineering A 344
— farm R 309
— fish-pond A 323
— flow A 328
—, flow mass of ~ S 554
—, fouled ~ A 289
—, fresh ~ A 294
— fungi in floating masses P 189
— fungus A 330
— lagoon A 346
— load A 326
— lorry F 20
— outlet area A 356
—, physical treatment of ~ A 338
— plant, K 282
— plume A 322
— pump A 332
— pumping station A 333
— purification A 334
— sample A 331
—, septic ~ A 293
— sludge K 295
— sludge, delivery of ~ K 296
—, stale ~ A 301
—, strong ~ A 291
— treatment A 313, A 325
— treatment, biological ~ A 335
— treatment plant, biological ~ K 283
— treatment plant, individual ~ H 124
— treatment works K 282
—, weak ~ A 292
— works K 282
— works, communities ~ G 680
— works effluent K 285
— works, joint usage of ~ M 363
— works operator K 302
— works technician K 294
sewer A 327
— appurtenances K 82
— bottom K 97
—, branch ~ N 115
— brick K 87
— cleaning K 93
—, combined ~ M 360
—, connecting ~ A 600
— construction K 85
— costs K 88
— crossing K 89
— duct A 327
— film S 991
— flushing K 99
—, foul water ~ S 555
— gas K 81
—, horseshoe ~ K 73
—, house ~ H 117
—, incoming ~ A 357
— inspection K 76

— line brick K 77
— maintenance I 80
— manhole S 196
— outlet K 84
— overflow R 120
— patrolling K 76
— pipe K 94
— rates, liability to ~ A 304
—, relief ~ E 362
— rental K 86
— rod S 1302
— scouring K 99
— slime S 991
— sluice valve K 98
—, surface water ~ R 184
—, system, combined ~ M 354
— trench R 403
— tunnel A 343
sewerage K 83, S 1236
— charge K 86
—, combined system of ~ M 354
— costs K 88
— district E 439
— system E 443
— system, separate ~ T 338
sewers, television system for ~ K 80
shade S 258
shadow S 258
shaft A 632, S 196
— (mech.) W 498
— bearing W 517
— cover for water catching B 861
—, crank ~ K 713
— furnace S 203
—, hollow ~ H 306
—, horizontal ~ W 499
—, inspection ~ K 469
— lock S 205
—, mine ~ G 527
— of a spring Q 36
—, pilot ~ V 324
—, pump ~ P 385
—, solid ~ W 503
— spillway S 207
—, surge ~ S 208
—, vertical ~ W 502
—-cover S 197
shafting S 198
shaftpipe of a hydrant S 204
shake R 526, S 651
— culture S 650
— flask inoculent S 650
— (or: shock) of the earth E 539
shaker conveyor S 652
shale S 326, S 328
— oil S 329
shallow F 358, U 318
— channel F 364
— foundation F 362
— grit chamber F 365
— lake F 371
— tank F 359

— water F 369
— well F 360
—-water reaches F 370
shallows W 447
shaly clay S 328
— sand S 88
shank B 744
— of bolt S 614
— of screw S 614
shape F 599, F 603
sharp-crested weir M 249
—-edged S 257
—-edged gauging weir M 249
—-edged measuring weir M 249
shear bars S 296
— failure S 294
— strength S 298
— stress S 293
— velocity S 295
— wave T 322
shearing modulus S 645
— resistance S 298
— strength S 298
— stress S 293
— stress velocity S 647
— test, triaxial ~ S 297
sheath (bact., biol.) S 287
sheating, bitumen asbestos ~ B 521
sheave R 460
sheen of E. coli-streaks F 672
sheep drain W 477
sheep's foot roller S 233
sheet erosion F 380
— metal B 539
— pile S 1211
— piling S 1213
— plate B 539
— rolling mill B 540
— steel S 1260
— steel, riveted ~ S 1261
— wall S 1213
—-iron E 187
—-iron works B 540
—-piling enclosure U 166
Sheffield [or Haworth] system of bioaeration H 131
shelf S 291
shell M 492, S 236
— bucket V 27
— fish S 237
— fishing S 238
— lime M 495
shellfish breeding M 496
shelly limestone M 495
shield A 194, B 873
— (radiol.) A 193
—, flushing ~ S 1198
shielded A 135
— container B 169
shielding A 194
shifting dune W 74
— sand F 493, S 799
shiftings F 491
shingle G 257

ship S 332
— canal S 844
— hoist S 340
shipment V 251
shoal U 318
shock S 1474
— absorbing capacity P 346
— load S 1478
— loading S 1478
— point (seismogr.) S 597
— wave S 1491
—-absorber S 1486
shoe elbow F 708
—, screw ~ S 629
shooting B 714
— flow S 331, S 1575
— flow, stretch of ~ S 666
shop W 535
— assembly W 536
shore K 641, S 1517, U 106
— drift U 116
— intake U 118
—, lee ~ G 163
— line K 649, U 125
— vegetation (bot.) U 122
shoring A 873
short circuit K 720
— circuiting current K 722
— sleeve U 75
— sweep, bend 90° ~ K 719
— term(ed) K 717
—-circuiting K 720
—-life isotope I 120
—-lived K 718
shortage M 57
— in potable water T 378
—, water ~ W 266
shot drilling S 638
— point (seismogr.) S 664
shotcrete T 281
shoulder of the bell M 473
shoulders of a dam D 16
shove of an ice jam E 172
shovel S 259
—, back action ~ T 226
— excavator L 259
— loader S 262
—, power ~ L 259
shower B 782
[rain]shower R 163
shower head B 783
—, thunder-~ G 349
—-bath B 782
shred Z 86
shredded rags T 150
shredder S 578
shredding of screenings R 85
shrimp K 525
shrink S 641
— (cement) S 810
shrinkage S 643, S 818
— (of cement) S 811
— coefficient S 812
— effect S 809
— limit S 642
— stress S 813

—, surface ~ O 21
shrinking hole L 356
shrub S 1550
shut down A 265, A 868
— off (a pipe line) A 250
—-down (an engine, a machine) A 266
—-off device A 260
—-off of the water W 151
—-off valve A 198, A 259
shutoff device A 252
shutter E 116, S 1330, V 262
—, bear trap ~ B 19
—, hydraulic ~ K 305
—, over-counterweight ~ O 29
—, under-counterweight ~ U 255
shuttering S 252
— board S 254
—, climbing ~ K 325
—, sliding ~ G 417
—, timber ~ H 323
siccative T 409
side contraction S 890
— of a basin B 147
— space B 66
— street N 116
— wall of a well B 871
—-effect N 118
—-wall S 895
—-weir of a storm-water outlet R 171
—-weir overflow R 120
siderial pendulum P 62
sidewalk B 881
sieve S 969, S 975
— analysis S 970
— gauge S 973
— mesh S 979
— opening M 86
— plant A 233
— retention S 977
—, vibrating ~ R 527
sieving S 976
sievings S 977
sift S 975
sifting S 976
siftings S 977
sight glass S 265
— hole S 279
— well S 943
signal, audible ~ S 992
— converter S 993
— converter, amplifying ~ S 994
—, fault ~ S 1440
—, yes-no ~ J 1
significant values H 111
silage S 1004
silent discharge E 356
— electrical discharge E 356
silica K 265
— gel S 1001
— removal E 349
— sol K 266
silicate S 1002

(sli

siliceous earth K 263
— skeleton *(biol.)* K 267
silicic acid K 265
silicification V 193
silicofluoride S 1003
silicon S 1000
sill S 743, U 26
—, dentated ~ Z 18
— length S 746
silo B 889
—, cement ~ Z 66
— seepage S 995
— storage S 1004
silt S 366, S 510, S 527
— [*or* mud], deposition of ~ S 511
—, fine ~ F 129
— up V 252
siltation A 758, V 258
silting A 611, A 758, V 258
—, mud ~ V 254
— up A 611, V 249
Silurian age S 1005
silver S 996
— chloride C 70
— iodide S 997
— recovery from film processing S 998
—-ion sterilisation S 999
—-scaled fish W 484
silviculture W 63
simple burr-reed I 1
— steam engine D 39
Simplex turbine aerator B 743
simulation S 1006
— model S 1007
simulator S 1007
—, rain[fall] ~ R 164
simultaneous precipitation S 1008
single action W 636
— contact F 685
— cylinder plunger pump E 170
— determination E 159
— effect W 636
— effect evaporation V 98
— effect evaporator V 96
— house E 161
— lock E 87
— pass system D 418
— sample E 165
— stage E 140
— stage evaporation V 98
— stage evaporator V 96
— story ... E 139
— structure piping R 372
— wave E 167
—-acting centrifugal pump K 571
—-compartment septic tank E 86
—-grain structure E 162
—-inlet pump P 357
—-stage centrifugal pump K 571

—-stage impeller L 102
—-stage turbine T 483
—-suction impeller L 101
—-suction pump P 357
—-vane impeller E 88
—-wire transmission E 56
sink [hole] A 818, S 1183, W 282
— *(a well)* A 276
— grinder M 445
—, kitchen ~ S 1183
— trap S 1009
—-hole K 132
sinker bar S 773, S 774
—, torpedo ~ P 54
—, well ~ B 852
sinking S 920
— *(of a well)* A 277
— of the ground-water level G 590
— velocity A 223
—, well ~ B 851
sinuosity of a valley T 31
siphon S 181
— conduit H 140
—, dosing ~ S 182
— piping H 140
—, self priming ~ H 137
— spillway H 139
siphoning effect S 183
site L 31, S 1291
— access road Z 130
—, building ~ B 116
—, camping ~ C 13
— development B 106
—, industrial ~ I 37
— inspection O 117
—, manufacturing ~ I 37
— plan L 32
— selection S 1293
— test B 118
situation L 31
—, weather ~ W 548
size K 309
— distribution of grain K 486
—, nominal ~ N 129, N 131
— of grain K 488
— of grain, effective ~ K 491
— of grain, nominal ~ K 490
— of main R 452
— of mesh M 86
—, particle ~ T 106
sizing A 647, B 251
— *(textile industry)* S 509
— agent A 649
— effect K 308
— establishment A 648
— machine K 310
skeleton law R 25
sketch S 1019
skew branch S 1648
ski-jump S 1016
—-jump dissipator S 1018
—-jump spillway S 1017
skid-proof R 551
—-proof surface F 377
skilled workman F 4

skim S 784
— *(the scum)* A 137
— milk M 15
[scum] skimmer S 785, S 804
skimming *(of scum)* A 138
— tank F 195, S 268
skimmings A 271, S 806
skin G 702, H 127
— friction O 18
— glue H 129
— glue factory H 130
skirt T 63
—, peripheral ~ T 77
slab P 214
— and buttress dam P 218
—, basement ~ F 693
—, foundation ~ F 693
—, ground ~ S 1040
—, stone ~ S 1375
slag K 235, S 350
—, blast furnace ~ H 229
— cement H 230, S 355
— granulate S 352
—, lava ~ L 111
— sand S 353
— scummer S 351
—-wool S 354
slake *(lime)* L 262
slaked lime C 10
slamming W 345
slate S 326, T 275
slaty S 330
slaughter house S 347
slaughterhouse waste S 348
slaughtering operation S 349
sledge F 42
— hammer F 42
sleek O 73
sleet G 471, G 472, H 35
sleeve [of a pipe] R 416, U 71
—, branch ~ U 76
— joint M 482
—, short ~ U 75
—, split ~ U 72
—, straight, with two bell branches D 201
—, straight, with two flanged branches D 200
— valve R 445
— with bell branch, split ~ U 74
— with flanged branch, split ~ U 73
slewing arm S 756
slick O 73
slickwater P 272
slide B 295, G 257, G 414, R 550, R 552
— *(of a gate valve)* K 184
— gate G 418, S 310
—, microscopic ~ O 43
— off G 414
— plate S 310
— valve F 366, S 309
— valve, balanced ~ S 312
(slide) valve control gear S 324

687

slide valve cover S 319
— valve hydrant S 321
— valve, non-balanced ~ S 314
— -valve travel S 325
sliding G 415
— formwork G 417
— shuttering G 417
slight U 200
slime *(biol.)* S 486
—, biological ~ R 40
— -control agent S 487
slimicide S 487
slimy coating S 488
slip H 171
— gradient B 687
— joint, welded ~ E 136
— off G 414
— plane G 416
— -off slope U 107
— -on flange F 390
— -resistant R 551
— -resistant surface F 377
— -ring motor S 485
slipper animalcule P 9
slipping off G 415
slips F 65
slit S 513
slop [basin] A 818, S 490
—, molasses ~ M 178
— water S 1205
— -tank S 74
slope A 136, B 681, G 108
—, backwater ~ S 1331
—, bed ~ S 1038
— ditch H 84
—, downstream ~ B 682
— failure B 685
— irrigation, soil passage in connection with ~ H 83
—, minimum ~ M 314
—, natural angle of ~ B 688
— of one vertically to three horizontally N 122
— of the ground-water stream G 624
—, outside ~ A 856
—, slip-off ~ U 107
— spring H 85
—, surface ~ S 1127
—, undercut ~ U 108
—, upstream ~ B 683
—, valleyside ~ T 33
sloped G 177
sloping B 681, S 605
— gauge S 608
slot S 513
— *(of a screen)* L 257
—, sludge ~ S 444
slots *(of a well screen)* F 275
slotted casing M 67
— nozzle S 514
— plate S 972
— screen S 516
— tube well S 515
slough R 552

sloughing G 415
—, induced ~ A 870
— -off of the biological slime A 269
slow closing valve V 23
— poison G 373
— sand filter L 72
— sand filtration L 73
SLR S 385
sludge S 366
[sludge] drying bed, covered ~ S 383
sludge accumulation V 253
—, activated ~ B 226
— activation S 386
— activity S 376
—, aerobic digestion of ~ S 419
— age S 377
— analysis S 378
— bank S 382
— barging S 462
— bed S 451
—, biological ~ B 226
— blanket process S 422
— burial U 258
— by burial, dispose of ~ U 257
— cake F 266
—, carbonation ~ S 288
— centrifugation S 442
— centrifuge S 441
— channel S 432
— circulation S 456
— circulation pump S 455
— cock A 154, A 829
— collector S 424
— compartment S 431
— components S 390
— concentrator S 395
— condition S 387
— content S 414
—, crude ~ F 643
— cylinder S 474
—, decomposition of ~ S 473
— density index S 418
—, deposition of ~ S 373
— dewatering S 401
—, digested ~ F 107
— digestion S 403
— digestion compartment F 96
— digestion, separate ~ S 404
— digestion tank S 402
—, disinfection of ~ S 393
— disposal S 388
— disposal plant S 389
— distributor [disc] V 332
— draining bed S 451
— draw-off pipe S 374
—, dry ~ T 414
— drying S 453
— drying bed S 451
— due to biological growths V 21
— dumping area S 425
— dumping at sea V 279

— dumping ground S 425
— elutriation S 467
— excess S 454
—, excess ~ U 80
— filter S 406
— filter, belt type ~ S 971
— filtrate S 408
— filtrate return S 409
— filtration S 407
— filtration, addition of ash in ~ A 682
—, flake of ~ S 410
—, flocculent ~ F 455
— freezing S 413
— gasification S 460
— gasification plant S 461
— gate S 443
—, granular ~ S 370
— handling S 380
— holding tank S 439
—, homogenizing of ~ S 416
— hopper S 450
— incineration S 457
— incineration plant S 458
— incinerator S 459
— index S 418
—, industrial ~ S 369
— lagoon S 449
— level detector S 445
— level sounder S 445
— line S 426
—, liquid ~ N 71
— liquor S 468
— liquor, segregation of ~ S 470
— loading S 385
— loading ratio S 385
—, mineral ~ S 371
— outlet S 374
— pipe S 374
(sludge) plug cock K 471
sludge press S 427
— pretreatment S 466
— produced, amount of ~ S 379
— pump S 428
— pump house S 429
— pumpage S 411
— rake, picket-fence ~ K 529
—, reactivation of ~ S 472
— recirculation S 435
— recirculation pump S 437
— recycle S 435
— recycle flow S 436
— removal E 416, S 388
— removal, hydrostatic ~ E 417
— return S 435
— return rate R 506
—, return-~ R 503
— scraper S 424
— scraper, rotating ~ S 430
—, secondary-stage ~ N 11
— seeding S 417
— separator S 914
— slot S 444

sod

—, softening ~ E 340
— spreading S 381
— spreading, ferti-irrigator
 for ~ G 682
—, [aerobic] stabilization of ~
 S 419
— stirrer S 438
— stirring S 456
— stripping machine T 415
— sump S 446
— syphon S 415
— tank car S 448
— tank truck S 448
— tanker S 447
— thickener S 395
— thickener, picket-fence
 type ~ S 396
— thickening S 397
— thickening by gravity S 398
— to arable soil, application
 of ~ A 376
— trap S 914
— treatment S 384
— trough S 432
—, utilization of ~ S 463
— valve S 375
— volume S 399, S 464
— volume index S 418
—, water works ~ W 158
— well S 392
—, wet ~ N 71
— withdrawal S 400
— withdrawal pipe S 374
— worm S 434
— worms T 473
—-ash-process S 372
—-blanket filter *(in an up-flow
 settling tank)* F 229
—-blanket reactor S 420
—-water return S 471
sludger S 528, V 31
sludging E 118
sluggish stream G 316
sluice S 502, S 661
— board S 661
—, drainage ~ E 448
— gate S 505
—, inlet ~ E 98
—, scouring ~ K 92
— valve A 253
— valve, high-pressure ~
 H 220
—, valve, intake ~ E 389
— valve with cylindrical body
 A 257
— valve with flat body A 255
— valve with oval body A 256
slum B 726
slumping S 926
slums E 256
slurry A 767
[lime] slurry preparing tank
 K 41
— slurry storage tank K 42
slush bucket S 528
— pit A 226

small capacity [*or* domestic]
 iron removal apparatus
 K 314
— cattle K 319
— livestock K 319
— scale test M 379
— valley T 30
— village W 478
—-cattle unit K 320
—-scale ... K 316
—-scale experimental plant
 V 315
—-scale incinerator K 318
—-scale pilot plant V 315
smart weed *(Polygorsum
 hydropiper)* K 355
smell G 208
—, aromatic ~ G 210
—, earthy ~ G 212
—, fecal ~ G 213
—, fishy ~ G 214, G 223
—, grassy ~ G 218
—, marked ~ G 215
—, peaty ~ G 216
—, predominant ~ G 215
—, tarry ~ G 222
—, unpalatable ~ G 226
—, vegetable ~ G 218
smelting works H 358
smog S 1020
smoke R 50
— plume R 51
smooth G 386, G 397
— wheel roller S 1547
smoothness *(of the pipe
 interior)* G 385
snagging of a river F 534
snail *(biol.)* S 556
—, pond ~ *(biol.) (Planorbis)*
 T 101
snap sample E 165
sniffler, air ~ S 596
snow S 560, S 579
— clearing S 561
— cover S 562
— density S 563
— gage S 569
— melt S 573
—, melted ~ S 575
—, perpetuated ~ F 310
— plough S 571
— removal S 561
— sampler S 572
— stake S 570
— water S 534
—, water equivalent of the ~
 W 437
—-dumping shaft S 568
—-fall S 564
—-line S 565
—-line, permanent ~ S 566
snowdrift S 576
snowfall, depth of ~ S 567
snowmelt S 573
snowpack S 562
snowstorm S 574

soak E 152, E 153
— into E 125
— liquor *(tannery)* E 154
— water *(tannery)* E 154
soakaway S 954
soaking T 301
— pit S 954
— process E 153
— water E 154
soap S 874
—, facial ~ G 290
— factory S 875
— method S 877
— solution S 876
— suds S 876
socket R 416, T 476
— and spigot bend M 457
— and spigot taper *(small end
 bell)* M 480
— and spigot 90° bend M 465
—, bottom of the ~ M 462
—, cast iron ~ M 451
—, caulking ~ S 1390
— end M 460
—, enlargement of the ~
 M 484
—, flanged ~ F 405
— for lead joint M 450
— groove B 565
— hoop M 469
—, horn ~ F 63
—, inside diameter of ~ M 483
— pipe M 470
— pipe, delivery ~ M 458
—, reinforced ~ M 455
—, reinforcement of the ~
 M 484
— ring M 469
—, round ~ M 454
—, screw ~ S 624
— sluice valve M 472
—, square ~ M 453
—, welded ~ S 733
— with a wire groove,
 caulking ~ S 1391
sockets, cement for ~ M 464
socketted pipe M 470
sod R 41
soda S 1021
—, ammonia ~ A 500
— ash S 1021, S 1022
— factory S 1024
— permutite S 1025
— pulp N 92
— pulp works N 93
— softening S 1023
—, Solvay ~ A 500
sodium N 76
— aluminate N 77, T 263
— bicarbonate N 78
— bisulphite N 79
— carbonate S 1021
— chloride K 361
— chloride solution K 362
— fluoride F 503, N 80
— hydroxide A 410

sod

- hypochlorite C 71, N 82
- hypochlorite solution B 548
- monoxide N 83
- phosphate N 84
- silicate N 85
- silicate, acid-treated ~ N 86
- sulphate N 87
- sulphite N 88
- thiosulphate N 89
- tripolyphosphate N 90

soffit I 61
soft detergents D 109
- drink G 311
- hail G 471
- solder L 290, W 472
- steel F 543
- water W 145

soften E 334
softener, domestic ~ H 115
-, permutite ~ P 83
softening E 335
- agent W 473
- apparatus E 339
- installation E 337
- installation, automatic ~ E 338
-, phosphate ~ P 152
- plant E 337
- point E 548
- sludge E 340
-, soda ~ S 1023
-, thermal ~ E 336
-, water ~ W 210

soil B 583
- acidity B 603
-, aeration of the ~ B 634, D 423
- aggressivity B 598
- air B 635
- algae B 596
- alkalinity B 597
-, alluvial ~ S 754
- amendment B 669
-, arable ~ M 500
-, boggy ~ M 404
-, cohesionless ~ B 591
- colloid B 630
- compaction B 670
- conditioner B 669
-, conservation of the ~ B 656
- corrosion B 631
- corrosivity B 598
- covering B 594
- dynamics B 613
- erosion B 616
- evaporation B 671
- exhaustion B 617
- exploration B 665
- fauna B 618
- fertility B 627
- filter B 621
- filter, plot of intermittent ~ S 1317
- filtration B 622

-, flora in the ~ B 624
-, foundation ~ B 96
-, friability of the ~ B 628
- fumigant B 605
- fumigation B 604
-, gley ~ G 430
-, grown ~ B 589
-, halomorphic ~ S 58
-, impermeability of the ~ B 664
- irrigation B 606
- layer B 653, B 654
-, light ~ B 592
- mapping B 629
- mechanics B 636
- melioration B 668
- moisture B 620
- moisture, available ~ B 677
-, nature of ~ B 599
- passage in connection with slope irrigation H 83
- pipe F 55
- poisoning B 673
- pressure B 611
- profile B 646
- properties B 607
-, quality of the ~ B 607
- reaction B 648
- reclamation B 668
- research B 625
- respiration B 600
-, saline ~ S 58
- sample B 643
-, sandy ~ S 92
- saturation B 651
- science B 632
- shrinkage B 657
- stabilization B 672
- sterilization B 614
- stratum B 653, B 654
- structure B 661
- subsidence B 595, B 660
- surface B 642
- survey chart B 663
- swelling B 647
- testing B 665
- texture B 662
-, transitional ~ U 34
- water B 676
- water belt *(hydrol.)* W 678
-, water, belt of ~ B 678, F 210
- water zone B 678
- -microbiology B 637
- -moisture tension B 679
- -tank L 358

soilcover B 594
soils, cultivation of ~ K 669
-, reclamation of ~ K 669
soil/water-relation B 593
solar cell S 1043
- distillation S 1042
- distiller S 1059
- energy S 1060
- energy, storage of ~ S 1061
- evaporation S 1042

- power plant S 1041
- radiation S 1058
- still process S 1042

solder L 284
-, soft ~ W 472
-, tin ~ L 290
soldered brass nipple M 224
- seam L 288
soldering iron L 285
- lamp L 286
- solution L 289
soldier beam V 350
solenoid valve M 28
solid aggregate state A 416
- aggregation A 416
- components S 1450
- constituents S 1450
- ice K 221
- matter S 1450
- refuse F 183
- shaft W 503
- state A 416
- substances S 1450
- tool method S 1483
- wastes A 71
solidification V 157
- of waste material A 73
- point E 540
solidifying V 157
solids S 1450
- capture F 190
- contact softener S 421
- content F 191
-, density of ~ F 188
-, dissolved ~ S 1451
-, dissolved volatile ~ G 439
-, measurement of ~ F 192
-, non-settling ~ S 1454
-, relative density of ~ F 189
-, settleable ~ S 1448
-, suspended ~ S 711
solodisation D 72
solubility L 266
- coefficient L 267
- in water W 291
- product L 268
soluble L 264
- in water W 290
solum M 500, S 1050
solute L 265
solution L 271
-, aqueous ~ L 274
-, caustic soda ~ N 91
- feeder N 65
-, molar ~ L 273
- pressure L 276
-, saturated ~ L 272
-, soldering ~ L 289
- tank L 275
- -feed application of gaseous chlorine C 75
- -feed chlorination C 75
- -feed dosage N 66
Solvay soda A 500
- -process, tail liquor of the ~ C 48

solve *(chem.)* L 263
solvency L 283
solvent L 277
—, chemical ~ L 278
— degreaser F 199
— extraction L 282
— mixture F 440
—, non-inflammable ~ L 279
— recovery L 280
—, spent ~ L 281
sonic generator S 241
sonoration B 312
soot R 548
sorbable S 1064
sorption S 1065
sorting of waste A 69
sound L 296, M 128, S 1054
— frequency T 264
— level G 198
— rock F 137
— velocity S 242
sounder, echo ~ E 12
sounding L 297
—, acoustical ~ E 13
— lead S 1054
— rod P 56, S 1056
— stick P 56
— test K 303
— wire P 55
soundness F 180
sour condensate K 440
— water K 440
source Q 23
—, chamber of a ~ Q 40
—, cropping out of a ~ Q 31
—, delivery of a ~ Q 37
—, deviation of a ~ Q 30
—, elevated ~ H 233
— of contamination V 356
— of error F 119
— of heat W 45
— of pollution V 356
spa H 149, M 324
space A 261
— loading R 62
— of time Z 29
— required P 219
— requirements P 219
spacing of wells B 848
spadeable S 1410
span S 1092
spanner S 618
spare part E 536
— part store E 537
— tank R 267
spark generator F 695
spat, heavy ~ S 772
spate R 163
— irrigation S 696
spatial R 21
spawn L 37, L 38
spawning L 39
— ground L 41
— migration L 42
— time L 43
spear, rope ~ S 882

special casting F 606
— refuse S 1055
— waste S 1055
species S 1124
— *(biol.)* A 668
— diversity M 60
—, diversity of ~ A 672
—, frequency of ~ A 669
—, predominant ~ S 1125
specific absorption A 242
— capacity E 516
— coefficient of storage S 1099
— consumption V 68
— drawdown A 204
— electrical conductance
  L 173
— gravity G 334
— humidity of the air L 325
— loss of head D 280
— loss of head of a filter F 301
— solids transport F 193
— water pumpage W 230
— water requirements T 16
— weight G 334
— yield of pore space *(hydrol.)*
  H 304
specification of construction
  costs B 103
— of costs K 516
—, standard ~ N 262
specifications V 119
specimen P 302
speckled trout B 5
spectro-photometer S 1113
spectrography S 1114
spectrometry S 1115
—, X-ray ~ R 351
—, X-ray absorption ~ R 348
spectrophotometry S 1116
spectroscopy S 1117
—, NMR-~ K 226
—, nuclear magnetic
  resonance ~ K 226
spectrum S 1118
speed G 275
—, maximum ~ G 277
—, minimum ~ G 276
—, regulator G 284
—, wind ~ W 597
spent V 75
— acid A 66
— ammonia liquor A 496
— caustic A 160, W 110
— gas liquor A 496
— liquor A 160
— lye A 160
— mash S 490
— oil A 476
— pickling liquor B 193
— solvent A 64, L 281
— sulphite liquor S 1669
— tan liquor G 200
— tanning liquor G 200
sphere K 654
—, hydro~ H 394
— of action A 423

spherical K 657
— socket M 452
spider S 1133
spigot S 1143
— and faucet joint M 482
— and socket joint M 482
— end S 1143
spill-way H 265
spillage tank L 125
spillway U 16
—, annular ~ R 330
—, box-inlet drop ~ H 266
—, canal overflow ~ K 100
—, cascade ~ K 144
— channel U 23
—, circular drop inlet ~ S 207
— flume U 58
—, inclined tunnel ~ H 267
—, overfall ~ U 55
—, separate ~ E 360
—, siphon ~ H 139
—, ski-jump ~ S 1017
—, stepped ~ K 144
— weir E 364
spin S 500
spindle S 526, S 1131
— operated penstock S 1132
—, screwed ~ G 347, S 619
— —cap V 393
spinning S 497
— mill S 1134
— process S 499
spiral S 557, S 615
— conveyor F 588
— flow aerator tank L 303
— scraper S 1139
— tube evaporator W 527
— —coil filter F 226
— —coil filter medium S 1136
— —flow aeration B 242
— —flow tank U 169
— —weld pipe R 377
spirally-wound module W 553
spire of a screw S 622
spit *(of land)* L 66
splash S 1170, V 297
— plate S 1169
— zone *(of the coast)* S 1173
— —proof S 1172
splashwater S 1171
split flow treatment T 111
— gravel G 510
— sleeve U 72
— sleeve with bell branch
  U 74
— sleeve with flanged branch
  U 73
spoil A 182, B 602
— area M 435
— bank S 669
— dump A 183
spoiling the landscape by
  indiscriminate spread of
  settlements L 61
spongia *(biol.)* S 693
spongy platinum P 213

spore-forming S 1151
—-producing bacteria B 36
spores S 1150
sporicidal S 1153
— action W 641
— effect W 641
sporogenic S 1151
— bacteria B 36
sporozoa S 1152
sport-fishing S 1155
sportive fishery S 1155
sports, aquatic ~ W 358
— area, aquatic ~ W 359
sporulating S 1151
spot O 112
— measurement E 164
— test *(chem.)* T 478
spout [of a pump] A 818, T 476
spray B 332, S 1171, Z 89
— cone K 569
— cooling V 126
— device Z 90
— disposal V 235
— drift S 1177
— dryer Z 92
— drying Z 93
— equipment B 299
— evaporation S 1178
— irrigation V 235
— irrigation of fields F 134
— irrigation of sewage [or waste] A 348
— irrigation plant *(or system)* V 236
— nozzle S 1558
— tower R 313
— water and defoamant system S 1174
—-freezing method S 1175
—-irrigation installation B 283
—-irrigation, nozzle-line method of ~ D 374
sprayer S 1163, Z 90
spraying B 333, V 235, Z 91
sprayline method of irrigation D 374
spread run E 135
spreader of inoculation, bent glass rod ~ G 394
spreading A 795, S 951
— areas E 134
— grounds E 134
—, rate of ~ A 796
—, surface ~ S 951
—, waste water ~ A 351
spring F 115, F 668, G 599, Q 23
—, acidulous ~ S 137
—, artesian ~ Q 24
—, barrier ~ S 1333
—, border ~ H 85
—, boundary ~ H 85, S 670
—, chalybeate ~ E 202
—, cliff ~ K 342
—, contact ~ S 304
—, delivery of a ~ Q 37
—, depression ~ S 921

—, elevated ~ H 233
—, fault ~ S 1071
—, filtration ~ G 600
— forth E 432
— from E 432
—, gravity ~ A 830
—, intermittent ~ Q 26
—, level of the ~ Q 42
—, mineral ~ M 324
—, overflow ~ U 57
— overturn *(limnol.)* F 669
—, perennial ~ Q 25
—, pit of a ~ Q 36
— protection area Q 38
—, radioactive ~ Q 27
—, saline ~ S 1049
—, seepage ~ G 600
—, slope ~ H 85
—, subaqueous ~ G 566
—, submarine ~ Q 28
—, sulphatic ~ B 519
—, terrace ~ T 139
—, thermal ~ T 157
— tide S 1165
—, type of ~ Q 33
—, valley ~ T 35
— water Q 41
—-tail S 1167
—-tide, setting-in time of ~ S 1168
springing K 10
springs, line of ~ Q 32
springtime frost S 1068
sprinkle B 254, B 332
sprinkler D 244, R 197, S 1163, S 1558
— area B 286
— arm D 245
—, coverage of a ~ R 199
— head R 201
— intensity B 284
— irrigation V 235
— lateral R 202
— method, overtree ~ U 46
— nozzle S 1558
— packing, plastic ~ K 692
— pressure R 198
—, rotating ~ D 246
— submain R 202
— truck S 1163
sprinkling B 255
— filter T 445
— filter, high-rate ~ H 225
— filter method T 455
— filter, plastic-packed ~ T 448
—, ground ~ U 270
— hydrant S 1159
— installation B 283
— intensity B 284
— irrigation V 235
— outlet S 1158
—, street ~ S 1526
—, undertree ~ U 270
spruce F 220
spudder V 430

spudding drill S 361
spun concrete S 495
— glass G 396
— pipe S 498
— yarn H 79
spur S 1154
square [piece] V 392
— centimeter [centimetre] Q 7
— decimeter [decimetre] Q 2
— elbow K 353
— foot Q 3
— meter [metre] Q 4
— millimeter [millimetre] Q 5
— root Q 6
— socket M 453
squared timber K 104
squatting pan H 275
squeegee S 308
squirrel cage motor K 721
squirt S 1170
stability H 53, S 1288
—, relative ~ H 54
stabilization, contact-~ K 462
— lagoon A 346, O 133
[aerobic] stabilization of sludge S 419
stabilization pond A 346
—, soil ~ B 672
stabilizer S 1227
stable H 52, R 268
— manure S 1277
stack S 604
—-vent L 306
staff M 228
— and labour P 88
— gauge L 93
—, levelling ~ N 247
stage S 1233, S 1621
— digestion of sludge S 405
— gauge W 366
— hydrograph W 369
— of decomposition A 23
— of degradation A 23
— purification S 1625
— relation curve W 365
—, river ~ F 557
— treatment S 1622
—, warning ~ A 431
stagnant S 1252
— regions of flow T 288
— water W 140
stagnate S 1251
stain *(bact.)* F 33
staining F 37
— method *(bact.)* F 36
stainless steel S 1255
stake P 93
—, snow ~ S 570
stalactite T 456
— cave T 457
stalagmite T 456
stale S 234
— sewage A 301
stalked ciliates C 97
stamped concrete S 1282
stamping S 1283

sti

stand cock of a lavatory W 116
— pipe *(fire brigade)* S 1297
—-by R 266
—-by duty B 287
—-by pump E 535
—-by staff B 288
—-by tank R 267
standard N 250
— collar U 71
— deviation S 1286
— drilling method S 1483
— drilling tool S 1287
— error of estimate S 1286
— flange N 253
— measure N 256
— method E 85
— of purity R 227
— orifice N 261
— requirement N 251
— solution *(chem.)* N 255
— specification G 685, N 251, N 262
standardization N 263
standards, drinking water ~ G 686
—, water ~ W 306
standing baffle S 1340
— closet S 1285
— growth P 108
— growth of wood W 64
— level R 539
— urinal S 1299
— wave W 501
— wave flume M 221
standpipe S 1294
— *(fire brigade)* S 1297
standpost hydrant U 30
— [fire] hydrant U 30
standstill S 1426
staple, pipe ~ R 439
starch factory S 1249
— iodide test *(chem.)* J 24
start-up, initial ~ I 26
—-up of a digester E 60
—-up of operation I 26
starting A 533
— of a filter A 534
—-up I 26
start/stop-switch E 40
starwort T 102, W 373
state B 311
—, actual ~ I 126
— authority L 49
— control S 1222
—, riparian ~ A 574
—, solid ~ A 416
static calculation B 281
— head D 301
— pressure D 277, D 301
— water level W 364
statics S 1308
station, peak load ~ S 1145
—, unattended ~ S 1309
stationary blade L 180
— [phase of] growth P 135
— motion B 444

— wave W 501
statistics S 1310
— on the environment U 194
statute S 135
staunching wall D 137
stave D 55
staying A 873
steady flow S 1570, S 1571, S 1576
— state G 406
steam D 25, W 187
— boiler D 35
— coil H 163
— cured D 33
— curing D 34
— distillation W 189
— driven D 28
— engine D 38
— engine, compound ~ V 86
— engine, simple ~ D 39
— engine, triple expansion ~ D 255
—, exhaust ~ A 29
— heated D 30
— impulse D 27
— jet pump D 42
—, low-pressure ~ N 166
— plant D 37
— power D 36
— power plant D 37
— pump D 40
— pump, direct-acting ~ D 41
— stripping A 281
—, superheated ~ D 26
— trap K 449
— turbine D 43
steamed mechanical wood pulp B 780
steaming operation D 29
steel S 1247, S 1253
— bar S 1224
—, cast ~ G 706
— casting S 1264
— chips S 1272
— construction S 1257
— cylinder S 1263
— girder bridge S 1273
— hoop S 1256
— mill E 197, H 358
— pipe, galvanized ~ S 1271
— pipe, lap-welded ~ S 1270
— pipe, plain end ~ S 1268
— plant S 1275
—, rolled ~ S 1254
—, sectional ~ P 312
— shavings S 1272
— socket pipe S 1265
—, stainless ~ S 1255
— tank S 1258
— tubbing S 1274
— tube S 1266
— tube, bitumen-lined ~ S 1267
— tube, Mannesmann ~ M 59
— tube, seamless ~ S 1269
—, weld ~ S 737

— wire S 1262
— wool S 1276
— works S 1275
steep E 152
— bank S 1364
— coast S 1363
— water *(malt-house)* E 155
steeping, cold-water ~ K 64
steepness of wave(s) W 520
stem, non-rising ~ F 186
—, rising ~ H 348
— run-off S 1278
stench G 293
Stengel-type degritter S 1393
—-type inlet S 1392
stenotopic S 1394
step S 1621
— aeration S 1624
— feeding S 1623
—, manhole ~ S 1354
steppe S 1395
— climate S 1397
— river S 1396
stepped spillway K 144
stereophotogrammetry S 1400
sterile K 196
sterilisation, silver-ion ~ S 999
sterility K 197
sterilization E 346
—, final ~ N 5
— of water, radiation ~ W 212
— tower S 1402
sterilize E 345
sterilizer S 1403
sterilizing agent E 348
— apparatus S 1401
— effect W 639
— filter E 347
— tower S 1402
stick, sounding ~ P 56
stickleback [3-spined] S 1412
stickwater P 272
still D 104, D 106, V 100
— bottom D 105
— pond S 1427
— pond regulation S 1428
stillage D 105, S 490
stilling basin T 285
— chamber B 309
— grid B 308
— pool T 285
— well B 309
stimulant S 1429
stimulate A 582
stimulating effect R 259
stimulation A 583
stimulator S 1429
stimulus R 257
—, heat ~ W 46
stinking S 1430
stir R 522
— up R 522
stirrer R 524
—, magnetic ~ M 26
stirring R 523

693

sti

— device R 524
— device for sludge S 438
— mechanism R 524
— up R 523
stirrup S 1354
stock V 458, V 460
— a fish pond B 327
— culture *(bact.)* S 1280
— feed V 387
— of fish F 317
— of groundwater G 604
— of materials M 111
— of water W 431
— pile M 111
— pond H 55
— raising T 244
— solution V 461
— watering place V 388
—-raising farm V 389
stomatal transpiration T 312
stone S 1365
— chips G 510
— facing *(protective cover)* S 1374
— fly S 1368
— pitching *(protective cover)* S 1374
— slab S 1375
—-sweeping S 1376
—-ware S 1370
stoneloach B 79
stoneware drain [pipe] S 1385
stonework M 116
—, vaulted ~ G 352
stool S 1627
stop A 188, A 265
—, bit ~ S 1148
— cock A 251, H 36
— contrivance A 260
— key A 258
— log D 12
— plank D 12
— tap A 251
— up V 305
— valve A 259
stoppage B 407, V 306
— of work B 410
stopper S 1473
—, cork ~ K 484
—, rubber ~ G 695
stopping basin R 498
storage S 1105, S 1311
— basin S 73, S 1097
— basin, flood ~ H 260
— bin V 459
— capacity R 64, S 1334
— capacity by siltation, depletion in ~ V 221
— capacity conservation S 1335
— capacity, surcharge on ~ S 935
— capacity, usable ~ N 291, S 1329
— coefficient S 1098
— [capacity], dead ~ T 290

—, detention ~ R 500
—, dynamic ~ S 1106
—, effective ~ S 1329
— facility S 1101
— gage N 200
—, groundwater ~ G 658
— in depressions, water ~ W 350
— level S 1328
— level, maximum ~ S 1338
— level regulation S 1336
— of gas, aquifer ~ G 73
— of solar energy S 1061
—, over-year ~ U 45
— plant, pumped-~ P 389
— pond S 1104
—, ration ~ S 1096
—, regulation ~ R 109
— reservoir S 1097, T 39
— reservoir control S 1103
— reservoir, daily ~ T 19
— reservoir, flood ~ H 260
— reservoir, over-year ~ U 44
— tank S 1097, V 459
— tank, hot water ~ W 91
— tank, on-line ~ G 125
— tank, pneumatic steel ~ H 393
—, total ~ G 249
—, underground ~ S 1107
—, valley ~ T 38
store S 1102, V 458
—, spare part ~ E 537
storey, ground-water ~ G 666
storing S 1105
storm R 113, S 1634
—, design ~ E 461
— distribution R 174
— drain R 184
— eye S 1639
— lane S 1635
— rainfall, centroid of ~ F 382
— run-off R 177
— run-off, critical ~ R 178
— tide S 1636
— water discharge channel R 184
— water, excess ~ R 172
— water flow per second per area R 179
—-overflow R 120
—-water R 176
—-water basin R 181
—-water discharge-channel R 128
—-water flow R 177
—-water overflow R 120
—-water retention tank R 161
—-water stand-by tank R 149
—-water tank R 149, R 181
storm[-water] drainage R 185
—-water] drainage system R 186
—-water] sewer R 184
stormy G 350
story pipe-system S 1433

stove-pipe casing D 208
stowing, hydraulic ~ S 1202
straight branch S 1647
— chain ... K 247
— sleeve U 71
— sleeve with bell branch D 199
— sleeve with flanged branch D 198
— sleeve with two bell branches D 201
— sleeve with two flanged branches D 200
—-line sludge collector P 65
strain B 43, B 126, S 1083
— gauge S 1089
— meter D 74
strainer B 857, F 265, S 879
— head F 265
—, inlet ~ E 100
—, metal ~ S 880
—, micro-~ F 130
—, plastic ~ K 687
— plate D 372
—, rotary drum ~ T 437
—, wood-wool ~ H 326
straining, micro-~ F 131
— pulley S 1081
— surface of a filter F 250
strains, acid-producing ~ *(bact.)* S 1248
strait(s) M 128
strand S 1517
— *(biol.)* S 1492
stratification S 306
— in lakes, micro-~ M 298
—, temperature ~ T 125
stratified flow S 305
— rock S 828
stratum S 299
—, gypseous ~ G 381
—, impermeable ~ S 301
—, mineral ~ G 295
— of humus H 365
— of sand S 110
—, overlying ~ D 67
— *(geol.)* H 82
—, permeable ~ S 300
straw board factory S 1594
— pulp factory S 1595
strawboard mill S 1594
stray currents S 1567
streak *(bact.)* A 272
— a plate *(bact.)* A 273
— culture S 1563
stream S 1596
— *(hydraul.)* S 1568
— aeration S 1603
— assimilation capacity S 902
— bank F 549
— bed F 518
—, ephemeral ~ W 279
— erosion F 522
— flow regulation A 108
— gaging station A 103
—, influent ~ W 282

694

sub

— line S 1600
—, losing ~ W 282
— order O 100
—, perennial ~ W 280
— pollution F 554
— profile P 309
— purification capacity S 902
—, sluggish ~ G 316
—, subterranean ~ F 510
— surveillance F 548
— velocity S 1584
streamflow gauging S 1589
streaming potential S 1590
streamlet B 3
streamline S 1610
— flow S 1571
— shape S 1607
streamthread S 1605
street S 1521
— area S 1529
— cleaning S 1541
— crossing S 1545
— drain S 1542
— fountain, basin of a ~ A 833
— fountain, outlet of a ~ A 827
— fountain, trough of a ~ A 833
— gulley S 1523
— inlet S 1523
— line S 1530
—, minor ~ N 116
— run-off S 1522
— sprinkling S 1526
— surface-box S 1534
— sweepings S 1537
— washing S 1548
— watering hydrant S 1532
—-watering standpost U 30
strength F 180, K 530
—, bond ~ H 27
—, breaking ~ B 810
—, bursting ~ B 812
— calculation F 181
—, crushing ~ B 811
— of the sewage K 475
—, pull-out ~ Z 144
—, shear ~ S 298
—, ultimate ~ B 810
streptococci, fecal ~ F 22
stress B 126, D 273, S 1083
—, bending ~ B 471
—, body ~ E 32
—, breaking ~ B 818
—, compressive ~ D 328
— corrosion S 1088
— limit G 489
— meter S 1089
—, shearing ~ S 293
—, shrinkage ~ S 813
—, tangential ~ T 49
—, tensile ~ Z 149
—, tractive ~ S 493
—-corrosion K 500
—-crack S 1091

stretch S 1552
— of shooting flow S 666
— of water G 314
strike S 1555
— in E 119
string of collecting pipes F 85
— of filter pipes F 85
strip A 847
— (an area) R 343
— by air A 792
— by steam A 280
— chart M 238
— count of algae A 450
— cropping S 1556
— footing S 1557
— foundation S 1557
— mine T 8
— of coast K 649
—, sealing ~ D 140
—-mine lake G 529
stripper A 279
—, ammonia ~ A 494
stripping R 344
— cascade T 341
— column A 279
—, form ~ A 848
— method A 794
—, steam ~ A 281
stroke H 345, P 377
— of a piston K 414
strong gale S 1634, S 1638
— pillar S 1551
— post S 1551
— sewage A 291
strongly basic S 1306
strontium S 1612
structural damages B 112
— joint B 123
— timber B 99
— water K 596
structure B 87, B 122, G 124
—, crumb ~ K 604
—, diversion ~ A 164
—, granular ~ K 604
—, navigation ~ S 334
—, single-grain ~ E 162
—, soil ~ B 661
strum S 879
stuff L 13
stuffing L 14
— box S 1470
— box, water-sealed ~ S 1471
style B 87
sub-irrigation U 260
subacute S 1649
— toxicity G 378
subalpine mountain range M 368
subaqueous antifouling coating (of paint) U 297
— corrosion U 303
— pump U 309
— spring G 566
— storage U 312
subarid S 911

subatmospheric pressure U 249
subgrade B 418
— modulus B 419
subhumid S 912
subirrigation U 260
sublethal S 1650
sublimation S 1651
submarine conduit U 307
— earthquake S 839
— laboratory U 306
— line U 307
— oil-field U 296
— saw U 310
— spring Q 28
submerge U 86, U 293
submerged aquatic plant U 308
— combustion U 315
— construction U 299
— counter, Woltmann ~ W 663
— filter F 230
— foundation U 302
— gas cover G 55
— power plant U 304
— roller U 316
— water plant U 308
— weir G 678
—-combustion burner T 64
—-combustion evaporation T 66
—-combustion evaporator T 65
— [water] meter N 69
submergence E 144
submerging U 87
submersible motor pump T 75
— pump U 309
submersion irrigation E 132
submission A 851
subnatant U 278
subpressure (atm.) U 249
subresidual chlorination C 77
subsequent coagulation F 460
— filter N 7
— filtration N 8
— flocculation F 460
— precipitation F 30
— treatment N 2
subside S 3
subsidence B 595, S 920, S 926
— basin A 216
— damage B 292
—, mining ~ B 293
— of the ground-water level G 590
subsidiary canal N 112
— dam G 134
— main N 114
— sewer N 115
subsiding water W 363
subsidy Z 177
subsoil U 247, U 259
— compaction U 263
— drainage D 225
— exploration B 98
— irrigation U 260

695

—-water G 571
subsoiling U 261
subspecification water G 687
substance S 1443
—, mephitic ~ S 1444
substances, dissolved ~ S 1451
—, mineral ~ S 1453
—, organic ~ B 336
—, solid ~ S 1450
—, xenobiotic ~ S 1459
substitute A 884, E 534
substrate S 1653
— (bact.) N 38
— respiration S 1654
substructure U 245
subsurface disposal of wastes A 350
— drain S 957
— drain system U 260
— drainage D 225
— float T 221
— flow G 586
— geology S 1549
— irrigation U 260
— mining U 292
— run-off G 586
— water basin G 602
— water, suspended ~ G 581
— watering U 260
subterranean U 269
— catchment area E 169, G 602
— cut-off wall S 1121
— drainage E 438
— stream F 510, G 669
— water G 571
— water collector G 648
subtropical climate K 332
suburb V 470
—, garden ~ G 40
suburban district V 470
subvention F 592, Z 177
subway S 1546
succession of formations S 303
— of strata S 303
succinic acid B 301
suction A 595, S 1028
— branch S 191
— cleaner V 11
— dredge S 177
— dredger S 177
— filter S 195
— head S 184
— head, manometric ~ S 186
— lift S 184
— limit G 484
— line S 188
— pipe S 190
— pump S 189
— strainer F 265
— sweeper V 11
— valve S 192
— well P 382, S 179
sudden rise of sea level S 837
suds S 266
sugar beet flume water R 490

— beet waste Z 125
—, cane ~ R 455
— factory, beet ~ R 492
— factory wastes Z 125
sugarbeet wastes Z 125
sulfate S 1663
sulfide S 1667
sulfite S 1668
sulfonate S 1672
sulfonic acid S 1673
sulfur S 717
— bacteria, purple ~ P 396
— dye S 720
— oxidizing bacteria B 34
sulfuric acid S 724
sulphate S 1663
— black-liquor S 708
— of aluminium A 484
— of ammonia A 493
— of calcium C 12
— of copper K 704
— of iron E 207
— of magnesia M 23
— pulp N 92
— pulp factory N 93
— reduction S 1665
—-reducing bacteria B 37
—-soda S 1666
—-splitting bacteria B 37
sulphatic spring B 519
sulphide S 1667
— of iron S 719
sulphite S 1668
— cellulose S 1670
— pulp S 1670
— pulp factory S 1671
— [wastel liquor S 1669
sulphonate S 1672
sulphonic acid S 1673
sulphur S 717
— bacteria S 718
— dioxide S 30
— reducing bacteria B 35
sulphuretted hydrogen S 725
sulphuric acid S 724
sulphurous acid S 30
sultry G 350
sum, lump ~ P 44
summation curve S 1675
summator S 1674
summer S 1051
—-reservoir S 1052
—-time stagnation S 1053
summit G 380, S 290
—, pipe ~ R 432
sump P 382
—, sludge ~ S 446
sun crack T 412
—-animalcule S 1063
sunk hydrant U 252
sunken water level due to wind W 612
sunshine S 1062
superchlorinate H 209
superchlorination H 210
superficies O 3

superflood K 159
superfluidity S 1684
superfluous water F 636
superheated U 41
— steam D 26
superimpose U 47
superintend U 94
superintendence U 95
superintendent B 404, W 533
supernatant S 468
— draw-off pipe S 469
— liquor S 468
supersaturate U 68
supersaturation U 69
supersonics U 132
superstructure A 723
supersulphated cement S 1664
supervise U 94
supervision K 468, U 95
supervisory authority A 772
— service U 98
supplementary pump H 197
supplementation of low flow N 214
supply A 126, L 227, V 288, V 289, V 458, Z 153
—, area of ~ V 292
—, bulk ~ W 285
— conduct V 293
—, drinking water ~ T 381
—, emergency ~ N 272
—, gravity ~ G 113
—, ground-water ~ G 673
— line V 293
— line, drinking-water ~ T 377
— of energy E 306
— of water, available ~ W 190
— pipe Z 155
— system V 294
support S 1617
— of pipe bends A 264
supporting body S 1618
— material S 1619
— wall S 1620
supra-permafrost water G 582
surcharge on storage capacity S 935
surf B 759
—, undulation of the ~ B 761
— zone B 763
surface O 3
— action O 28
— activity O 7
— aeration O 10
— aerator O 8
— aerator, floating ~ O 9
— box S 1533
— casing S 1296
— condenser O 16
— configuration O 14
— crack O 19
— craft U 100
— detention O 20
— drag R 209
— drainage O 11

— drift O 24
— engineering H 206
— evaporation O 25
— excavation M 501
— film O 12, R 40
— film of a filter F 257
— float O 22
— flooding, irrigation by ~ E 132
— friction O 18
—, inner ~ I 66
— irrigation H 86, O 26
— layer F 284
— loading F 379
— mapping K 136
— mine T 8
— of evaporation, available ~ V 134
— of the ground E 501
— of the sea M 144
— of unconfined groundwater G 643
— of water W 227
—, phreatic ~ G 642
—, piezometric ~ D 329
—, receiving ~ A 744
— run-off, maximum ~ O 5
— seepage F 381
— shrinkage O 21
—, skid-proof ~ F 377
—, slip-resistant ~ F 377
— slope S 1127
— soil M 500
—, soil ~ B 642
— spreading S 951
— spreading, irrigation by ~ E 132
— tension O 23
— velocity O 13
— water O 27, R 176
— water, quality-class of ~ G 319
— water sewer R 184
— waters O 15
—, waters, atlas of ~ G 317
—-active O 6
—-active agents S 1455
—-cum-seepage drain M 173
—-drifter S 1587
—-stripping device A 846
surfacial water F 507
surfactants S 1455
surge B 759, S 695, S 1490
— chamber W 346
— limit P 387
— line P 387
— plunger S 187
— shaft S 208
— tank A 815, W 346
— wave S 1490
— wave velocity D 345
surging of a well S 1435
surplus disposal works E 359
— sludge U 80, U 81
— water U 31
surplusing works E 359

surroundings U 142
surveillance U 95, U 98
—, health ~ U 97
— of the environment U 195
—, stream ~ F 548
survey B 328, B 329, V 217
—, aerial ~ L 347
— count of algae A 449
— field ~ G 159
—, ground-water ~ G 605
—, local ~ O 117
— river ~ F 551
surveying V 217, V 218
— place of the underground-water G 639
— spot of the underground-water G 639
surveyor A 771, B 387
—, land ~ L 53
surveyor's work V 218
survival U 64
survive U 63
susceptibility (biol.) E 269
suspect water W 141
suspended S 710
— load S 412
— (per unit of catchment area) S 713
— matter S 711
— solids S 711
— solids content S 716
— solids hydrograph S 715
— solids load S 412, S 714
— subsurface water G 581
—-solids contact reactor S 420
suspension A 767, S 712
— bridge H 5
suspensoids S 711
sustained yield (hydrol.) D 61
swamp M 413
swamping V 325
swampy S 1680
— district [or area] S 1678
— land S 1679
— odo[u]r G 216
sweep K 607
sweeper S 1538
[street] sweeping machine S 1538
sweepings M 425
—, street ~ S 1537
sweet water S 1656
— water fish S 1658
sweetish odo[u]r G 225
swell A 608, D 366, S 841
— [of water] S 1311
— due to wind W 608
swelling A 608, Q 29
— rate A 607
swimming bath, sea-side ~ S 1520
— bath water B 15
— baths S 780
— pool, open-air ~ F 629
— sand S 799
—-bath, indoor ~ H 49

—-pool S 780, S 781
—-pool, in-outdoor ~ H 50
—-pool reactor W 164
—-pool water B 15
—-pool water treatment B 16
swing diffuser P 63
swinging air pipe P 63
— bridge D 237
swirl S 1613
switch (electr.) S 245
—, automatic ~ S 904
—, differential-pressure ~ D 159
—, float-operated ~ S 800
—, hand ~ H 74
— in E 117
— off A 188
— on E 117
— operating pressure gauge K 461
—, start/stop-~ E 40
—, time ~ S 251
switchboard S 249
switching diagram S 244
swivel B 706
—, drilling ~ S 1190
symbiosis (biol.) S 1685
symbol S 1012
symmetrical S 1687
symmetry S 1686
synchronous drive S 1688
— motor S 1689
synclinal valley M 489
syncline M 486
syndet W 112
synergism S 1691
synergistic S 1690
synthesis S 1692
—, enzyme ~ E 474
synthetic[al] S 1694
synthetic detergent W 112
— fibre K 678
— fibre industry K 679
— resin K 680
— resin exchanger K 681
— rubber works S 1693
syphon S 181
— duct D 348
— elbow D 350
— head D 349
—, sludge ~ S 415
— trough D 351
—-feed H 138
system S 1695
—, buried ~ S 1696
—, distribution ~ V 294
—, drainage ~ G 323
—, flash ~ E 427
—, house-drainage ~ H 116
— of a river F 524
— pressure gage L 188
systematic development of a watercourse A 785

T

T-alkalinity M 281
—-iron T 2
table T 3
—, ground-water ~ G 660
— mountain T 6
— of rainfall frequency R 159
—, operating ~ S 250
—, rotating ~ D 248
tableland H 222
tables F 564
tachometer T 4
tackle F 413
tadpole K 172
tail drain A 76
— fin K 254
— liquor A 160
— liquor of the Solvay-process C 48
— of a canal K 75
— race U 256
— water U 294
tailbay U 294
[flotation] tailings F 468
tailings R 516
— pond B 291
tailrace U 256
tailwater U 294
— level U 313
take effect K 532
—-off of filter cake F 267
taking of samples P 289
talus B 681
—, downstream ~ B 682
— slope S 668
— spring H 85
—, upstream ~ B 683
tamper S 1284
tamping S 1283
— roller S 233
tan bark G 203
— liquor G 199
— liquor, spent ~ G 200
—, solution, alum ~ W 485
tangential stress T 49
—-flow turbine T 50
tank B 135, B 168
—, annular ~ B 143
—, ballast holding ~ B 55
— bottom B 176
— car T 54
—, car, sludge ~ S 448
— [or basin], center-feed ~ B 140
—, circular ~ K 567, R 540
— cleaning wastes T 55
—, clear water ~ R 251
—, diffused-air ~ D 310
—, dip ~ S 1185
—, earth ~ E 499
—, elevated ~ H 207
—, equalizing ~ A 815
— field T 51
—, final clarification ~ N 10
— floating on system G 125

—, flocculation ~ F 461
—, grit ~ S 93
—, holding ~ S 1097
—, hopper-bottomed ~ T 354
—, humus ~ N 1
—, Kremer ~ K 586
— [or basin], peripheral feed ~ B 139
—, precipitation ~ F 32
—, preliminary clarification ~ V 454
—, primary digestion ~ F 98
—, rain-water ~ Z 106
—, reaction ~ R 73
—, receiving ~ S 73
—, ridge-and-furrow ~ F 698
—, roughing ~ G 506
—, sedimentation ~ A 216, K 288
—, septic ~ F 95
—, shallow ~ F 359
—, skimming ~ F 195, S 268
—, sludge digestion ~ S 402
—, [lime] slurry preparing ~ K 41
—, [lime] slurry storage ~ K 42
—, solution ~ L 275
—, spiral flow aerator ~ L 303, U 169
—, stand-by ~ R 267
—, steel ~ S 1258
—, storm-water ~ R 149, R 181
—, storm-water retention ~ R 161
—, Travis ~ T 326
—, two-stor[e]y ~ B 145
— vehicle T 54
— wagon T 54
— washings T 55
—, water ~ W 170
tankage T 52
tanker O 85, T 54
—, liquid manure ~ J 20
—, sludge ~ S 447
— vehicle T 54
tannery G 201
—, alum ~ W 486
—, bark ~ L 291
—, chamois ~ S 6
—, chrome ~ C 94
— wastewater G 202
tannin G 204
tanning agent G 204
—, bark ~ L 292
—, chamois ~ S 8
—, chrome ~ C 95
— liquor G 199
— liquor, spent ~ G 200
— material G 204
—, mineral ~ M 317
—, vegetable ~ G 205
tap A 637, H 36, Z 23
— root T 362
— (bot.) P 100

— water L 196
tape gage B 61
— gauge K 250
— grass *(Vallisneria) (bot.)* W 347
— worm B 64
taper U 37
—, double bell ~ D 205
—, double flanged ~ F 399
—, flanged eccentric ~ F 400
tapered aeration S 1250
tapping A 532, W 224
— machine A 527
— of a spring Q 34
— of the ground-water G 618
— pipe F 84
— sleeve A 529
— sleeve, wrought iron ~ A 531
tar T 86
— dip T 94
— enamel coating T 92
— paper T 90
—, road ~ S 1544
— separator T 87
—-like odo[u]r G 222
tarboard T 90
tariff T 58
—, lump-~ P 42
— of rates and charges G 103
—, zone-~ Z 120
tarred rope T 93
tarring T 95
tarry T 88
— odo[u]r G 222
— smell G 222
taste G 267
—, after-~ N 9
—, chalybeate ~ E 193
—, chlorinous ~ C 60
—, impairing G 270
—, musty ~ G 268
— of iodoform P 142
— producing substance G 274
— removal G 271
— threshold G 272
— threshold number G 273
tasteless G 269
tawery W 486
tawing W 487
tax A 127
— assessment A 128
— reduction A 129
taxation, liability to ~ A 130
technique V 149
— of measurement M 239
technological T 85
technology T 84
tee branch T 1
— with flange and plain end body and bell branch E 64
— with two flanges and one plain end E 63
telecommunication F 155
telecontrol F 156, F 163
— system F 169

telecounter F 170
teleindicator F 154
— method F 162
telemeter F 158
telemetering F 159
— system F 157
telemetry F 156
telephone F 161
teleprinting F 160
telethermometer F 165
television inspection I 73
— system for sewers K 80
telltale W 366
temper concrete B 351
— screw N 13
temperate climate K 330
temperature T 115
—, ambient ~ U 143
—, control T 124
—, course of ~ T 128
—, difference of ~ T 127
—, distribution of ~ T 129
—, drop of ~ T 116
— effect T 119
— fluctuation T 126
— gradient T 120
—, internal ~ I 65
— log T 122
—, mean ~ T 123
—, mean annual ~ J 14
—, outdoor ~ A 866
— recorder T 160
—, rise of ~ T 117
— stratification T 125
tempest S 1634
template, drilling ~ B 724
temporary T 130, Z 28
— casing V 242
— drainage *(system)* B 185
— hardness H 8
— supply N 272
— weir B 187
tenacious B 809
tenacity B 810, F 180
tench S 484
tendency T 131
tender A 544, K 515
—, public ~ A 852
tenside T 132
tensile strength Z 144
— stress Z 149
— test Z 146
tension S 1083
— bar Z 150
—, high ~ H 237
—, interfacial ~ G 479
—, low ~ N 204
— pulley S 1081
— rod Z 150
— stress Z 149
—, surface ~ O 23
—-free S 1087
tentative operation V 317
terminal moraine E 284
terrace T 136
—, alluvial ~ A 770

—, river ~ F 546
— spring T 139
terrain G 152
terrestrial plant L 54
territorial waters H 297, T 140
territory G 88
tertiary T 141
— era T 141
— treatment R 243
test P 286, P 336, T 142, V 310, V 312
—, absorption ~ A 247
—, ball drop ~ K 656
— boring V 318
— cock P 291
—, comparison ~ V 177
— crucible P 304
—, dehydrogenase ~ D 79
—, die-away ~ A 143
—, differential ~ *(bact.)* D 157
— drilling V 318
—, drop ~ *(chem.)* T 478
—, first ~ V 456
—, full-scale ~ G 522
— glass R 68
—, hydrostatic ~ W 198
— in place V 311
—, laboratory ~ L 5
—, leaching ~ E 150
—, leakage ~ D 130
—, load capacity ~ B 225
—, long-time ~ D 62
— marble ~ M 78
—, mechanical ~ T 144
— method U 289
—, model ~ M 379
— organism T 145
— paper R 69
— pile V 321
— pit S 663, V 324
—, preliminary ~ V 473
— procedure T 147
— programme V 322
— pumping P 390
—, quality ~ G 688
— report P 330
— run P 292
— sample U 290
— section P 335
—, seismic ~ U 288
—, semi-commercial scale ~ T 82
— series V 323
— shaft V 324
—, site ~ B 118
— station V 316
—, triaxial compression ~ D 252
— tube R 68
— under batch conditions S 1300
— well B 273, V 319
— [bore] hole V 318
testing bench P 334
— bench, meter ~ Z 9
— for safety S 933

— for tightness D 130
— method P 333
— pressure in trench P 331
— pressure in works P 332
— pump P 303
— report P 330
tethydai M 68
tetrapropylene-benzene-sulphonate T 148
textile finishing T 152
— industry T 151
texture G 124, G 326
TF T 383
thallophyta T 153
thallophytes T 153
thalweg T 48
Thames T 155
thaw [up] T 78
the entire tract S 1553
— whole tract S 1553
Theis equation T 154
theodolite T 156
theory of heat W 39
thermal balance W 33
— conditioning process A 735
— conductivity W 40
— death point *(bot.)* T 251
— digestion A 768
— insulation W 34
— load W 27
— load scheme W 38
— pollution W 27
— pollution of watercourses A 777
— power W 36
— power station W 37
— softening E 336
— spring T 157
— stratification T 125
— treatment W 26
— unit W 29
— value H 167
— waste treatment A 314
thermo-electric station W 37
—-osmosis T 164
—-tolerant W 53
thermoanalysis, differential ~ D 151
thermocline T 162
— *(limnol.)* S 1180
thermocompression desalting plant E 410
thermocouple T 159
thermodynamic T 158
thermoelement T 159
thermograph T 160
thermoionic-detector T 161
thermometer T 163
—, distant reading ~ F 165
thermophilic W 41
— aerobic digestion H 153
— bacteria B 38
— biodegradation A 10
— digestion F 112
— range T 118
thick D 142

thi

—-matter pump D 144
—-walled D 145
thicken E 53
thickenability E 52
thickener S 395
—, cyclone ~ Z 219
thickening (of sludge) S 397
— by flotation F 469
— compartment E 54
— period E 55
thickness D 143, M 6
— of boundary layer G 488
— of layer S 302
— of pipe barrel W 79
— of [the wall of] a pipe W 79
Thiem equation T 165
thin-layer chromatography D 364
—-walled D 365
thiocyanate R 297
thiophosphoric acid ester T 166
thiosulfate T 167
thiosulphate T 167
third-party insurance H 28
—-stage ... W 489
thixotropic T 168
thixotropy T 169
thorough mixing M 351
thread G 341
— bacteria F 10
—, metric ~ G 342
— of a pipe R 401
— of the current S 1610
threaded coupling G 345
— hose connection S 479
— joint S 631
— loose gland S 628
— socket S 624
threading of a pipe R 401
three hour demand, maximum ~ D 251
—-compartment septic tank D 257
—-phase current D 247
—-vane impeller D 258
—-way cock D 261
threeway G 2
threshold S 743
— concentration G 482, S 748
— level for odour G 235
— level for taste G 272
— number, taste ~ G 273
— odor G 235
— odor concentration G 236
— odor number G 236
— of response (to irritant) R 258
—, taste ~ G 272
— treatment (corr.) S 747
— value for drinking water T 379
thrift lock S 1095
throat E 121
throttle D 271
— device D 272

— valve D 269, R 111
throughput D 425
thrust force T 357
— of the ground E 494
— pump bearing P 372
thunder-shower G 349
thunderstorm G 348
thundry G 350
Tiber T 172
tidal bench mark T 179
— current T 204
— current, rectilinear ~ G 361
— flats W 447
— flood interval F 567
— flood path F 576
— flood way F 576
— fluctuation G 358
— high water, affected ~ T 184
— high water, time of incidence of ~ T 190
— influence, limit of ~ F 573
— influence, volume of ~ F 568
— lock S 859
— low water, mean higher ~ T 199
— low water, time of incidence of ~ T 202
— period T 177
— power station G 359
— range G 358
— reach, limit of ~ T 183
— region T 181
— region, inner ~ T 176
— region, outer ~ T 174
— rill P 283
— rise G 358
— rise, mean ~ T 191
— river T 180
— slack (water) S 1342
— slough P 283
— water T 182
— water level T 205
— wave F 577
— wave, break of ~ S 1645
tide G 357
—, amplitude of the ~ T 173
— current T 204
— curve, median ~ T 193
—, fall of the ~ T 178
—, flow time of the ~ T 194
— gate G 362
— gauge G 360
—, high ~ S 1636
— land W 447
— level T 205
— level, mean ~ T 206
— lock S 859
—, rise of the ~ T 203
—, spring ~ S 1165
—, turn of the ~ K 211
—, turn(ing) of the ~ F 578
— wave F 577
—-curve T 192
tides G 357

—, lagging of ~ G 363
tie Z 150
— rod Z 150
tight D 123
tightener pulley S 1081
tightening pulley S 1081
tightness D 129
—, testing for ~ D 130
tile D 7, K 5
— diffuser B 235
— drain R 392
—, drain ~ D 226, S 961
— drain pipe T 273
— drainage T 272
— drainage pipe, open joint ~ D 224
— field S 950
— pipe S 960, T 271
—, vitrified ~ S 1370
tiled G 151
till G 263
tillite G 561
tilted aquifer G 636
tilting disc check valve K 306
— disk R 515
— gate G 407
timber A 786, B 99, H 307, N 290, S 592
— flume F 467
— forms H 323
— formwork H 323
— pass F 467
— planking H 309
— rafting F 464
—, round ~ R 544
— shuttering H 323
—, squared ~ K 104
— support H 316
timbering A 784, V 376
—, foundation ~ B 95
—, horizontal ~ H 340
time Z 26
—, concentration ~ E 55
—, digestion ~ F 114
— of action B 305
— of contact B 305
— of delivery L 226
— of deposition A 232
(time of) emergency N 274
time of exposure B 305
— of exposure to radiancy B 345
— of flowing through D 402
— of incidence of tidal high water T 190
— of incidence of tidal low water T 202
— of mixing M 362
— of passage D 402
— of passing through D 402
— of reaction B 305
— of reflection R 103
— of rise S 1353
—, space of ~ Z 29
— switch S 251
—-drawdown curve A 206

700

—-proportional sampling P 295
timed value T 134
timer Z 27
timing device Z 27
tin Z 103
— coated V 378
— solder L 290
tinsmith K 322
tint F 74
tip A 146, K 277, M 435
—-trough K 279
tipped earth fill E 509
— fill S 658
— rockfill S 1378
tipping A 141
— bucket H 342, K 279
—, controlled ~ D 94
—, crude ~ A 148
— lorry K 280
— tray K 279
— trough K 279
tissue G 326
— analysis G 327
—, metallic ~ M 262
titanium T 247
titrate (chem.) T 250
titration (chem.) T 248
—, alkalimetric ~ T 249
—, complexometric ~ K 431
—, high-frequency ~ H 223
titrimetric (chem.) M 97
— analysis (chem.) M 96
titrimetry, complexation ~ K 431
TOC K 388
toe drain of a dam D 18
— drainage D 18
— of a dam D 17
— of a dam, downstream ~ U 301
—, rock ~ S 1383
— wall H 183
— wall, concrete ~ B 362
toggle K 349
toilet, ventilated ~ K 346
tolerance A 358, T 254, W 563
— dose, median ~ T 253
— limit A 358
— (of radioactivity) T 252
—, salt ~ S 70
tolerant W 562
toluene T 255
toluol T 255
tomato canning factory T 256
— processing plant T 256
tombac R 483
tommy bar K 349
ton T 270
tone of colo[u]r F 74
tonisation T 266
tool W 539
— body M 175
tool[s] [], boring ~ B 699
tool, caulking ~ S 1388
tool[s] [], drilling ~ B 699

tool, fishing ~ F 66
— joint G 292
tools G 196
top D 2, G 380
— coat D 65
— coating D 65
— edge of pipe R 424
— layer F 284
— of a dam D 22
— of a vault G 355
— of a weir W 469
— of a well B 862
— soil M 500
— soil stripping M 501
— soiling M 502
— water level H 263, S 1338
topographic divide W 341
— mapping K 136
topographical T 277
— catchment area N 183
topography T 276
topset bed deposits S 1347
torcrete T 281
torpedo sinker P 54
torpedoing B 714
torque D 241
torrent W 585
— control work W 586
— regulation W 586
torrential rain W 658
— stream W 585
torsion T 283
— balance T 284
total (in connection with other substantives) G 240
— acidity P 145
— afflux to groundwater body G 677
— alkalinity M 281
— (amount of) flow-through D 399
— (amount of) groundwater withdrawal G 614
— amount of rain-water run-off R 180
— amount of rainfall R 169
— (artificial) recharge of groundwater E 103
— capacity G 249
— capacity of a well S 659
— carbon G 250
— efflux of groundwater G 587
— fall (of a pipeline) G 245
— hardness G 247
— lift, manometric ~ G 246
— loss of head G 255
— nitrogen G 254
— organic carbon K 388
— pore space G 252
— pressure head G 244
— residue on evaporation G 253
— solids A 30
— storage G 249
— water demand G 256
— water requirements G 256

totalizer N 200, S 1674
totalizing meter S 82
tow T 335
tower T 501
—, cooling ~ K 631
— crane T 502
—, fermentation ~ G 15
—, scrubbing ~ W 118
—-type scrubber R 313
—-type trickling filter T 503
towing-path T 336
town S 1234
— building S 1235
— drainage S 1236
— planning S 1241
— refuse S 1240
— sewage A 302
—-building on sloping grounds H 81
—-district G 169, S 1244
township S 1238
toxic G 374
— effect G 379
— equivalent A 388
— substances S 1457
— threshold (biol.) S 224
toxicant G 372
toxicity G 375
—, acute ~ G 376
—, indirect ~ G 377
—, subacute ~ G 378
— test T 295
— test with Daphnia D 46
— threshold S 744
— (biol.) S 224
toxicology T 293
—, plant ~ P 178
toxin T 294
trace L 242
— (small quantity) S 1215
— amount S 1218
— analysis S 1216
— contaminant S 1221
— contamination S 1221
— element S 1217
— of the pipe line R 413
— organics S 1220
tracer dye F 72
— flow method T 296
— isotope M 73
—, radio-active ~ M 73
tracers, radioactive ~ M 74
tracing M 71
track, roller ~ L 104
tract S 1552
— (of a construction) A 199
— of land G 152
— of the rain R 168
traction load G 259
tractive force S 492, Z 145
— stress S 493
tractor T 306
trade inspector G 331
— inspectorate G 330
— waste A 47, A 288
— waste water A 295

— wastes A 295
traffic, ferry-boat ~ F 16
— load V 192
—, riverine ~ F 553
trail ferry S 881
train of barges S 494
—-oil, of ~ T 307
training for depth N 216
— wall L 198
trajectory velocity B 22
tranquil flow S 1574
transcription U 163
transducer M 252
transfer, heat ~ W 49
— of water, interbasin ~ W 402
— ratio U 92
transformation U 170
transformer T 308
transient loading B 218
transition flow U 36
— zone U 39
transitional moor U 35
— regulation U 33
— soil U 34
— zone U 39
transmissibility, coefficient of ~ D 410, D 420
transmission belt T 309
— channel U 91
—, data ~ M 253
— factor U 90
— gear R 18
— line Z 124
— main H 112, Z 124
—, multi-wire ~ M 155
—, pulse-frequency method of ~ I 24
—, single-wire ~ E 56
— system U 89
transmissivity T 310
transmittance of light L 219
transmitted light D 421
—-light microscopy D 422
transmitter K 199, M 255, S 913
transmutation U 170
transparency D 428
—, degree of ~ D 429
—, disc for measuring ~ S 944
transparent D 427
transpiration T 311
— depth T 313
—, evapo~ E 564
—, potential ~ T 315
— ratio T 314
—, stomatal ~ T 312
transplanting of fish U 164
transport A 542
transport[ation] T 316
transport, bed-load ~ G 259
— by water W 398
—, garbage ~ M 429
—, long-range (or: long-distance) ~ F 166
—, means of ~ T 320
—, passenger ~ P 89

—, pipeline ~ T 317
—, sediment ~ G 259
—, specific solids ~ F 193
transuranium compounds T 321
transverse Q 47
— drainage Q 44
— joint Q 46
— section Q 49
— section, circular ~ Q 54
— stress B 471
— welding seam Q 48
trap A 191, G 237
— for floating matter S 803
—, oil ~ O 70
trapezoidal cross section T 323
traps, hair ~ H 2
trash A 70
— rack G 508
—-can M 434
trass T 324
travel H 345
travelling belt screen B 63
— cleaner S 1203
— crane L 98
— distributor W 76
— dune W 74
— half-bridge H 40
— rope-hauled distributor W 77
— velocity of waves W 514
— waves W 504
Travis tank T 326
trawler S 491
tray, perforated ~ S 972
—, tipping ~ K 279
— well F 60
treat B 177
— (water) A 725
treatability B 183
treated, partially ~ T 104
treatment B 178
— (water) A 728
—, anti-corrosive ~ K 508
—, chemical ~ R 230
— costs B 184
—, joint ~ B 179
—, partial ~ T 105
— plant B 181
— plant, prefabricated ~ B 182
— plant, primary ~ K 284
— plant, septic ~ F 103
—, preliminary ~ V 426, V 463
—, primary ~ A 337
— process A 731
— process, chemical ~ A 733
— process, mechanical ~ A 734
—, sewage ~ A 313
—, stage ~ S 1622
—, tertiary ~ R 243
—, thermal waste ~ A 314
—, water ~ W 171
tree B 107

trench G 445, G 446, R 402, S 196
— bottom G 454
— digger R 404
— digging G 449
—, digging of the ~ A 820
—, drain ~ D 221
—, excavating the ~ G 449
—, excavation of the ~ A 820
— excavator G 450
—, ground-water ~ G 653
—, leaching ~ S 953
—, pipe ~ R 402
— pump B 111
trencher G 450, R 404
trenching G 449
trend R 301, S 1555, T 131
— in development E 455
trial P 286
— drill V 318
— heading S 1057
— pit S 663
— plant V 315
— run P 292
— shaft V 324
triangular cross-section Q 50
— measuring weir M 245
— weir M 465
trias T 348
triaxial D 253
— compression test D 252
— shearing test S 297
tributary N 109, W 445
— channel N 112
—, left bank ~ N 110
—, right bank ~ N 111
— river N 109
— valley S 894
— water Z 132
trichloro ethylene T 349
trichlorobenzene T 350
trichlorophenol T 352
trickle R 312
— irrigation T 443
trickler, coke ~ K 411
trickling filter T 445
— filter, artificially aerated ~ T 447
— filter, closed ~ T 446
— filter, high-rate ~ H 225
— filter, low-rate ~ T 449
— filter process T 455
— filter, tower-type ~ T 503
— filter, wash-out of a ~ A 899
tricone rock bit D 259
tricresyl-phosphate process T 363
triethylamine T 346
triethylene glycol T 347
trimedia filter D 260
triphase current D 247
triphenylformazane T 383
triphenyltetrazoliumchloride T 384

triple expansion steam engine D 255
—-acting horizontal pump D 267
—-acting pump D 266
—-acting upright pump D 268
—-acting vertical pump D 268
tripod D 254
tripolyphosphate T 385
tripton T 386
trisodium phosphate T 364
tritium T 387
triturator R 84
trivalent (chem.) D 262
(Tropfk.:) humus/(Bel. Schl.:) waste sludge N 11
trophication T 460
—, degree of ~ T 459
trophogenic T 461
trophogenous T 461
— zone Z 118
tropholytic T 462
— zone Z 119
tropical climate K 333, T 441
tropics T 440
trouble-free S 1439
troubled T 463
trough [surface depression] B 659, R 333, T 433
—, collecting ~ S 79
— of a street fountain A 833
—, sludge ~ S 432
—, syphon ~ D 351
—, tipping ~ K 279
—, wash-water ~ S 1207
—, waste water ~ S 549
—-aqueduct K 78
trout F 596
—, brook ~ B 5
—, brown ~ M 149
—, rainbow ~ R 124
— region F 598
—, speckled ~ B 5
truck L 87
—, garbage ~ M 444
true velocity P 251
— (of ground-water) G 625
truncated cone K 181
trunk main H 99
— sewer H 103
truss bridge F 7
try V 312
TT piece K 589
TTC T 384
tub B 754
— cock B 14
tube R 363
—, asphalted ~ R 365
—, beaded ~ B 680
—, bell protecting ~ M 463
—, bimetal ~ B 477
—, blistered ~ R 430
—, boring ~ B 722
—, brass ~ M 225
— bundle R 345
—, capillary ~ K 113

—, cast iron ~ G 703
—, condenser [or cooling] ~ K 626
—, converging ~ R 100
—, copper ~ K 701
—, culture ~ (bact.) K 673
— ditch R 402
— evaporator R 347
—, fermentation ~ G 13
—, fluted ~ R 317
— for oval gate-valve, protecting ~ H 356
—, lift ~ S 1358
—, Mannesmann ~ M 59
—, measuring ~ M 235
—, seamless ~ R 375
—, steel ~ S 1266
—, water ~ W 331
— well B 695
— well pump R 390
—-boiler W 333
—-turbine R 442
tubercle R 470, T 470
tubercolosis T 472
tuberculation R 471
tuberculosis bacterium T 471
tubificidae T 473
tubing, oil boom ~ O 84
tubular S 478
— drainage R 346
— membrane S 481
— module S 482
— turbine R 442
tufa T 479
tuff T 479
tug-boat S 491
tumble gate K 307
tumbling bay T 285
tun T 269
—, mash ~ M 37
tuna packing waste T 171
tundra T 480
tunicatae M 68
tunnel S 1465
— completion S 1466
— construction S 1467
— construction, cut-and-cover method of ~ T 481
—, diversion ~ A 167, U 158
— driving S 1469
—, exploratory ~ S 1057
—, grade ~ F 635
—, infiltration ~ S 964
—, intake ~ E 391
—, pilot ~ V 472
—, pipe ~ R 440
—, portal S 1468
—, pressure ~ D 332
—, sewer ~ A 343
tunnelling S 1467
tunny T 170
turbid T 463
turbidicator T 467
turbidimeter T 467
turbidimetry T 468
turbidity T 465

— breakthrough D 379
— current T 464
—, degree of ~ T 466
— indicator T 467
turbine T 482
—, action ~ D 335
— aeration T 490
— aerator T 489
—, air ~ W 613
— blower T 494
— capacity T 491
—, compound ~ V 89
— compressor T 496
—, condensing ~ T 485
— drive T 488
—, gas ~ G 77
—, high-pressure ~ H 219
—, Kaplan ~ K 121
—, low-pressure ~ N 169
—, multistage ~ T 484
—, non-condensing ~ T 486
—, Pelton ~ P 61
— pump T 493
—, radial-flow ~ R 6
—, reaction ~ U 13
— setting T 487
—, single-stage ~ T 483
—, steam ~ D 43
—, tangential-flow ~ T 50
—, tubular ~ R 442
—, water ~ W 400
— water meter E 67
— water meter with several jets M 163
— [water] meter T 492
turbo-jet engine S 1511
—-pump T 493
turbogenerator T 495
turbulence T 500
— shearing stress S 646
turbulent T 498
— boundary layer G 486
— flow S 1577
— motion B 445
turf G 469, R 39, R 41
turn U 147
— in E 117
— of the tide K 211
— off A 265
—-over U 167
turning key H 75
[over]turning moment K 278
turn(ing) of the tide F 578
turning point (of an indicator) U 162
— point, ebb-tide ~ E 6
— point of incoming tide F 574
— point of the tide K 212, W 528
—-point interval K 213
turnkey S 526
turnout, riser ~ S 1295
turntable D 243
turpentine T 135
twin lock D 194
— pump Z 207

two-chamber lock D 194
− −compartment septic tank Z 194
− −cycle engine Z 204
− −phase D 173
− −phase flow S 1569
− −positioning action Z 196
− −shift operation Z 197
− −stage Z 203
− −stage compressor V 87
− −stage digestion Z 201
− −stage process Z 202
− −step action Z 196
− −story ... Z 199
− −stor[e]y container B 172
− −stor[e]y tank B 145
− −stroke engine Z 204
− −vane impeller Z 195
− −way cock Z 205
type A 810, B 87
− deficiency figure A 670
− frequency A 669
− of lake S 852
− of membrane M 188
− of spring Q 33
typhoid bacterium T 505
− carrier K 199
− epidemic T 506
− fever T 504
− fever, case of ~ T 507
− fever case rate T 508
− fever death rate T 509
typhoon T 28

U

U-bend D 196
− −shaped valley T 434
ubiquitous U 1
udometer R 153
udometry R 156
ulmic acid H 360
ulmous substances H 361
ultimate bearing capacity T 305
− BOD G 242
− B.O.D. E 291
− strength B 810
ultra-violet light L 215
− −violet rays S 1497
ultrafiltration U 131
ultrapure H 235
− water R 249
ultrasonics U 132
ultrasound U 132
ultraviolet U 133
− absorbance U 134
− irradiation U 135
unaffected flow S 1578
unaltered rock F 137
unattended station S 1309
unbreakable B 809
uncased borehole B 738
uncertain U 224
unclean U 236
uncleanliness U 238

uncleanness U 237
uncombusted material U 319
uncompact rock L 258
unconfined U 217
− groundwater, surface of ~ G 643
− [ground] water G 575
unconformity spring S 1071
uncontaminated U 323
uncontrolled dumping A 148
uncovered digester F 102
undegradability A 22
undegradable A 21, B 500
under-coat G 546
− −counterweight shutter U 255
− −water saw U 310
undercurrent U 279
undercut slope U 108
undercutting A 823
underdeveloped country E 454
underdrain S 957
− system F 244
underdrainage D 225
− of the soil B 610
underdrained D 223
− settling basin S 946
underflow U 279
under(flow) baffle T 63
underflow, phenomenon of ~ U 271
underground U 259, U 269
− corrosion B 631
− disposal of wastewater A 350
− drainage D 225
− engineering T 209
− fire hydrant, rectangular ~ U 254
− fire hydrant, round ~ U 253
− flow G 669
− flow, velocity of ~ F 622
− flow yield (in 1/s.km²) A 113
− hydrant U 252
− impounding dam S 1325
− installation E 514, S 1696
− pipe gallery R 440
− power plant K 175
− storage S 1107
− water G 571
− water mound G 617
− workings T 209
− −water, capture of ~ G 618
− −water, surveying spot of the ~ G 639
underlay F 51
underloaded U 246
underlying stratum (geol.) L 230
− stratum of the groundwater G 655
underpumped well B 845
undershot run A 87
− water wheel W 322
undersluice L 142

undertaking U 274
undertree sprinkling U 270
underwater works U 298
undissolved matter S 1458
undisturbed U 218
− sample P 288
− soil B 589
− −soil sample B 644
undrinkable U 214
undulating type of overfall U 20
undulation W 511
− of the surf B 761
undulatory motion W 511
uneatable U 214
unfordable U 235
unfree water A 386
unhairing process E 333
unhealthy U 219
unheated U 202
unhygienic U 222
unicellular E 163
uniform flow S 1570
uniformity G 404
− coefficient G 405
unilateral E 124
uninhabited U 203
unit E 81
− (of machines) A 415
− (of measurement) M 222
− price E 83
− weight S 1615
− −hydrograph E 82
− −rainfall duration E 84
unity E 81
universal pile driver U 223
unleaded B 553
unlime E 342
unlined U 320
unload E 355
unmanned station S 1309
unobjectionable U 199
Unox-process U 234
unpalatable U 214
− smell G 226
unpleasant smell G 226
unpoisonous U 220
unpolluted U 323
unprofitable U 239
unrestrained land-use B 641
unsanitary U 222
unsaturated U 216
− zone (hydrol.) U 102
unscrew A 201
unsealed W 418
unsewered N 163
unslaked lime A 409
unsorbable N 157
unstable humus N 37
unsteady U 244, V 42
− flow S 1579
untensioned reinforcement B 450
untight U 204
untreated U 201
− water R 458

val

unwatering W 254
unweathered U 324
unwetted part of beach S 1519
up-hill B 296
—-rooting E 464
—-sewer chlorination A 355
upflow baffle S 1340
— clarification K 300
— filtration F 293
— movement of water W 179
— of the water W 201
— velocity A 773
upkeep U 266
uplift A 776
— pressure A 776, S 1037
upper aquifer G 667
— confining bed D 68
— confining bed of aquifer G 610
— course (of a river) O 35
— current O 38
— flow O 38
— gates O 33
— gauge O 37
— limit G 494
— limit, mean ~ G 492
— reaches (of a river) O 35
up [the] river F 516
uproot E 463
upside down pump P 367
upstream F 516, O 32, O 40
— blanket A 39
— face F 378
— heel F 704
— side F 378
— slope B 683
— talus B 683
— toe F 704
— water O 39
uptake A 765
— of oxygen S 146
—, phosphate ~ P 149
upward[s] A 778
upward flow of the water W 201
—-flow filtration F 293
—-flow rate A 773
upwash a filter A 898
uranium U 327
— mill wastewater U 329
— mining U 328
urban district S 1237
— environment U 173
— planning S 1241
— sprawl V 299
— waste S 1240
urbanization V 299
urbanize V 298
urea H 90
urinal P 191, U 332
—, standing ~ S 1299
— with automatic rinse device U 333
urine H 89
urochrome U 334

usable storage capacity N 291, S 1329
— water B 413
usage A 635
— fee B 262
use A 634, A 635, H 69
—, domestic ~ V 66
— in parallel N 106
— of chemicals C 30
— of radioactive tracer M 72
— of water, beneficial ~ W 308
—, private ~ G 100
—, recreational ~ N 298
— restriction N 299
—, right of ~ B 263
used-car dump A 905
useful N 275
— animal N 296
— capacity N 291
— diameter N 302
— effect N 285
— head N 289
— length N 292
— life N 300
— load N 293
usefulness N 286
user, large-scale ~ G 521
utensils G 196
utility, coefficient of ~ N 301
— service V 290
utilizable V 368
utilization N 297, V 370
— factor A 841
—, [digester] gas ~ G 80
— of dried sludge T 416
— of liquid (or: wet) sludge F 490
— of sewage A 353
— of sewage, agricultural ~ A 354
— of sludge S 463
— of waste heat A 286
utilize V 369

V

V-notch weir M 245, W 465
vaccination (med.) I 18
vacuum V 2
— breaker R 444
— concrete V 3
— deaerator V 4
— evaporation V 12
— filter S 195
— filtration V 7
— flotation V 8
— pump L 335
— receiver V 10
— rotary filter S 195
— ventilation V 5
—-freezing vapor compression process V 9
—-pan water F 56
vadose water G 581
vagabond currents S 1567

vagile V 1
vagrant currents S 1567
valence (chem.) W 541
valley T 29
—, fault ~ V 367
— fill T 36
— floor T 37
— length T 34
—, longitudinal ~ L 26
—, sinuosity of a ~ T 31
— spring T 35
— storage T 38
—, tributary ~ S 894
—, U-shaped ~ T 434
— wall T 32
valleyside slope T 33
valley(side) slope T 33
value, actual ~ I 125
—, effective ~ E 15
— exceeded W 540
—, guide ~ R 304
—, mean ~ M 376
—, nominal ~ S 1048
—, normal ~ R 112
— of roughness R 59
—, peak ~ S 1149
—, saturation ~ S 19
—, timed ~ T 134
values, significant ~ H 111
valve V 22
—, air intake ~ S 596
—, air-relief ~ E 379
—, annular ~ R 331
—, annular piston ~ R 324
—, ball ~ K 665
—, blow-off ~ E 371
— body V 30
—, butterfly ~ D 269
—, by-pass ~ U 159
— chamber S 320
—, check ~ R 515
(valve) closing-time S 512
valve, conical ~ K 182
—, control ~ R 111
—, cylindrical ~ Z 226
—, delivery ~ D 338
—, diaphragm ~ M 189
— disc V 37
—, disc ~ T 114
—, double hub-gate ~ D 204
—, double-seated ~ D 206
—, equilibrium ball ~ S 779
—, feed ~ F 683
—, flange sluice ~ F 398
—, flap ~ K 306, V 261
—, float ~ S 795
—, float stop ~ S 776
—, flush ~ D 330
—, foot ~ B 666
— for free flow F 632
—, gate ~ A 253
— gear V 35
— head V 37
—, hydraulically operated ~ S 311
—, inclined ~ S 611

705

—, inlet ~ E 147
—, intake sluice ~ E 389
— key S 323
— lift V 28
—, multi-port ~ M 169
—, mushroom ~ V 32
—, needle ~ N 30
—, outlet ~ A 159
—, piston ~ K 417
—, pressure regulating ~ D 321
—, pressure relief ~ U 14
—, pressure-retaining ~ D 321
—, push button ~ D 303
—, quick closing ~ S 590
—, quick-opening ~ V 24
—, reducing ~ D 316
—, relief ~ E 363
—, rotary ~ K 664
—, running ~ D 419
—, safety ~ S 938
— seat V 33
—, shut-off ~ A 198, A 259
—, sleeve ~ R 445
—, slide ~ F 366, S 309
—, slow closing ~ V 23
—, sludge ~ S 375
—, sluice ~ A 253
—, socket sluice ~ M 472
—, solenoid ~ M 28
— stem V 34
—, suction ~ S 192
—, throttle ~ D 269
—, water slide ~ W 344
—, weight ~ G 339
valves and fittings A 664
vanadium V 13
vane L 180
— water meter E 67, F 478
—, wheel ~ L 103
— wheel, Woltmann's ~ W 666
—-type pump F 479
vapo[u]r D 25
vapor compression B 830
— compression distillation V 99
— compression evaporation, forced-circulation ~ Z 188
— compression process, vacuum-freezing ~ V 9
—, flashed ~ E 422
— pressure D 32
— pyrolysis B 832
—-chromatography D 31
vaporizable V 93
vaporization V 97
— heat V 106
—, latent heat of ~ V 107
vaporize V 94
vapours B 829
variable U 244, V 42, V 43
—, manipulated ~ S 1386
— speed pump P 364
— stroke pump P 363
variation A 387, S 700
— (biol.) V 14

—, annual ~ S 702
—, daily ~ S 707
—, hourly ~ S 706
— of pressure D 281
— range (biol.) V 15
—, seasonal ~ S 703
variegated sandstone B 890
varietal character (biol.) V 16
variety (biol.) A 5
vat B 754
—, pickling ~ B 195
—-dyeing K 640
vaucluse spring S 1071
vauclusian spring S 1071
vault G 351
—, back of a ~ G 354
—, clear water ~ R 252
—, privy ~ F 95
—, top of a ~ G 355
vaulted brickwork G 352
— stonework G 352
vegetable G 174, P 106
— origin U 336
— smell G 218
— tanning G 205
— world P 122
—-canning plant G 175
vegetation P 121
— cover P 109
—, damage to ~ V 20
—, mapping of the ~ V 18
—, mesophytic ~ V 17
vegetative group P 112
vehicle washing W 61
—-washing stand W 60
veil of fog N 102
vein, ground-water ~ G 593
velocity G 275
—, actual ~ (of ground-water) G 625
— at the surface O 13
—, coefficient of ~ G 279
—, critical ~ G 480
—, effective ~ (of ground-water) G 625
—, field ~ (of ground-water) G 625
— gradient G 281
— hand-stick G 285
— head G 282
—, inflow ~ Z 135
—, interstitial ~ P 251
—, maximum ~ G 277
—, mean ~ G 278
— meter F 478
—, minimum ~ G 276
— of approach F 251
— of conveying F 581
— of deposition A 223
— of discharge A 89
— of flow A 89, D 391, F 433, S 1584
— of flow at bottom S 1036
— of flow into the filter F 251
— of incoming tidal flow, overall mean ~ Q 60

— of outgoing tidal flow, overall mean ~ Q 59
— of passage D 391
— of reaction R 74
— of rotation U 138
— of underground flow F 622
— of upflow A 773
— of wave motion O 98
—, overall mean ~ (of flow) Q 58
—, peripheral ~ U 148
— rod S 1230
—, sound ~ S 242
—, trajectory ~ B 22
—, true ~ P 251
— (of ground-water) G 625
—, upflow ~ A 773
— water meter G 283
—, wave ~ W 514
—-head rod G 285
vent D 376, L 306
— condenser B 831
— pipe D 376, L 305
—-away K 346
ventilate E 373, L 298
ventilated toilet K 346
ventilating shaft L 306
ventilation E 375, L 299
—, artificial ~ L 300
—, natural ~ L 301
—, vacuum ~ V 5
ventilator V 26
Venturi flume V 38
— meter V 39
— partial meter V 40
— tube V 41
— tube flow meter V 39
verdunisation V 127
vermes W 670
vermicide V 222
vermin S 530
vertebrata W 627
vertex S 290
vertical S 918
— casting (pipe manufacture) S 1289
— casting process S 1290
— current V 349
— drainage V 343
— flow V 349
— flow basin B 144
— lift F 582
— measuring line M 229
— mixed-flow pump V 344
— pump P 366
— shaft W 502
— spindle centrifugal pump U 309
— tube falling film evaporation V 347
— tube (falling film) evaporator V 345
— tube type heat-exchanger V 346
— turbine pump K 576
—-lift lockgate H 349

—-tube evaporation V 348
vertically cast S 1350
— cast pipe R 378
verticle-type water meter S 919
very fine sand F 133, S 1323
vessel B 168, G 114, S 332
—, air ~ W 598
—, glass ~ G 389
viability V 410
viaduct S 1545, V 382
vibrate R 526
vibrated concrete R 525
— rockfill S 1379
vibrating roller R 529
— screen R 527
— sieve R 527
vibration S 814
vibrator R 527, R 530
—, internal ~ I 63
vibratory screen R 527
vibro-tamper R 528
vice S 630
— pin S 623
village O 118
— community L 51
—, small ~ W 478
vinasse S 490
vinegar E 552
viniculture W 480
viral agents, freeze concentration of ~ G 120
— infection V 405
virgin flow S 1578
viricidal V 396
— action W 642
virological V 399
virology V 398
virulence V 401
virulent V 400
virulicide V 397
virus V 402
— activation V 403
— deactivation V 404
—, enteric ~ E 319
— retention by soil V 406
—-free V 395
viruses, enteric ~ D 53
viscose factory Z 57
— process V 407
viscosimeter V 408
viscosity Z 2
—, absolute ~ V 409
—, cinematic ~ Z 4
—, coefficient of ~ Z 12
—, dynamic ~ Z 3
viscous Z 1
— force R 206
vise S 630
visibility S 942
— depth S 945
vital L 120
vitality V 410
vitamin V 411
viticulture W 480
vitrification D 124

vitrified clay S 1370
— clay drain pipe S 1384
— clay pipe S 1385
— clay tile liner plate V 63
— pipe R 367
— tile S 1370
vitrify E 263
Vogelbusch-type dispergator V 412
void H 302
— ratio H 305, P 256
— space H 303
— tank B 138
— water P 254
volatile F 473
— solids G 439
volatility F 474
volatilization V 160
volatilize V 159
volcanic V 477
— lake K 550
— rock E 546
— water W 143
volt V 419
voltage S 1084
— balance S 1086
— drop S 1085
—, low ~ N 204
—, medium ~ M 372
—, output ~ K 321
volume R 64
— charge R 62
— expansion, coefficient of ~ R 61
— load R 62
— load of B.O.D. B 877
— of bank fill S 654
— of interstices H 303
— of sewage A 328
— of tidal influence F 568
— recorder M 193
— reduction V 421
— weight R 63, T 400
volumetric M 192
— (chem.) M 97
— analysis (chem.) M 96
— flask M 227
— flow meter S 1588
volute chamber S 1138
— pump E 567, S 1137
Vortair (aeration) cone V 471
vortex S 1613
— grit washer W 624
— overflow of hydro-cyclone Z 222
— separation W 620
— tube sand trap W 624
Vorticella G 435
VTE V 348

W

wadi W 18
wading measurement F 702
— pool P 203
wady W 18

wages L 260
wagon drill B 740
wake K 255
walk-way L 105
walking beam B 728
wall M 114, W 73
—, basement ~ G 560
—, bucket lip ~ S 1641
—, concrete ~ B 369
—, core ~ D 20
—, cutoff ~ H 183
—, diaphragm ~ D 141
—, division ~ T 345
—, internal ~ I 66
— of a basin B 147
— of a well B 871
— of pipe R 451
—, overflow ~ U 62
—, protective ~ S 680
—, quarry stone ~ B 820
—, quay ~ K 15
—, retaining ~ S 1332, S 1620
—, roughness of the ~ W 78
—, side-~ S 895
—, staunching ~ D 137
—, subterranean cut-off ~ S 1121
— thickness of a pipe W 79
—, wing ~ F 476
—-plate for hydrant H 369
walls, lock-chamber ~ S 504
Warburg apparatus W 80
— respirometer W 80
warm W 81
— water W 144
— water fish W 88
— water retting W 90
— water supply W 92
—-blooded animal W 82
warming E 547
—-up of the groundwater G 619
warmth W 19
warning W 96
— device W 93
— device, seepage ~ L 131
— service, flood ~ H 270
— stage A 431, W 97
— system W 93, W 94
warp S 753
— soil S 754
warping A 758
wash S 1187, W 105
— away F 623
—, counter current ~ G 140
— drilling S 1184
— ores A 726
— stand, pillar ~ S 27
— water W 119
—, water ~ W 432
— water, generator gas ~ G 182
— water gutter S 1207
— water inlet valve S 1208
— water recirculation W 121
—-house W 108

was

- --out of a trickling filter A 899
- --stand W 103
- --trough S 1207
- --water flume S 1207
- --water gutter S 433
- --water nozzle W 104
- --water pump S 1206
- --water tank S 1185
- --water trough S 1207
- washer U 273
- − bottle *(chem.)* W 106
- −, [filter] cloth ~ F 292
- −, dish ~ G 264
- −, gas ~ G 82
- −, grit ~ S 119
- −, jet ~ S 1516
- −, jigging ~ S 925
- −, leather ~ L 134
- − waste W 120
- washing S 1200
- − aid W 107
- − basin W 103
- −, cask ~ F 86
- − cylinder W 117
- − drum W 117
- −, gas ~ G 81
- − machine, automatic ~ W 102
- −, public bench for ~ W 115
- − stand, vehicle-~ W 60
- −, vehicle ~ W 61
- −, waste, bottle ~ F 412
- − water W 119
- washings S 1204
- wastage V 175
- − of water W 415
- waste A 107, A 182, A 288, V 174, V 208
- − acid A 66
- −, acid ~ A 300
- −, amount of ~ A 61
- −, antibiotic broth ~ N 39
- − area M 435
- − brine A 60
- −, bulky ~ S 1122
- −, cask washing ~ F 87
- − cataster A 59
- − collection A 68
- −, commercial ~ A 47
- −, crude ~ A 299
- − discharge, marine ~ A 163
- − disinfection A 57
- − disposal A 53
- −, disposal, law on ~ A 55
- − disposal plant A 54
- − ditch A 76
- −, fouled ~ A 289
- −, fresh ~ A 294
- − gas A 133
- − grinder M 445
- − heat A 283
- − heat, amount of ~ A 284
- − heat recovery plant A 285
- −, heat, utilization of ~ A 286
- − land O 48

- − legislation A 65
- − liquor A 288, A 295
- − load A 326
- −, malt-house ~ M 8
- − management A 56
- − management, administrative ~ A 56
- − management in residential areas S 987
- − material, protein ~ E 218
- − materials A 70
- −, municipal ~ S 1240
- − of water W 415
- − oil A 476
- − oil recovery A 477
- − oil recovery plant A 478
- − oil regeneration plant A 478
- − (or: refuse) from leisure centres F 638
- − pickling liquor B 193
- − pipe A 111, A 166
- − plug E 371
- −, poultry ~ G 115
- − products A 70
- − receptacle A 52
- − reclamation A 74
- − register A 59
- −, residential ~ S 986
- −, septic ~ A 293
- − sludge U 80
- − solidification A 73
- − solvent A 64
- −, sorting of ~ A 69
- −, special ~ S 1055
- − spinning water B 538
- − sterilization A 58
- − substances A 70
- −, trade ~ A 47
- − transportation M 429
- − transporting A 48
- − treatment A 49
- − treatment, advanced ~ R 243
- − treatment method A 51
- − treatment technique A 50
- −, tuna packing ~ T 171
- − utilization A 74
- − volume A 61
- − water analysis A 309
- − water drain S 555
- − water effluent A 307
- − water gutter S 549
- −, water, household ~ A 296
- − water renovation W 335
- − water spreading A 351
- − water technology A 345
- − water trough S 549
- − weir U 28
- −, whey ~ A 62
- --collecting system A 67
- --gas combustion A 134
- --land reclamation O 49
- --oil emulsifier A 63
- --water levy act A 306
- − [water] disposal A 316
- wastes A 70

- −, back-end ~ K 223
- −, brewery ~ B 770
- −, chemical pulp factory ~ Z 46
- −, chrome dyeing ~ C 93
- −, clean-up operations ~ R 247
- −, concentrated ~ A 291
- −, dye-house ~ F 35
- − engineering A 344
- −, food ~ S 1108
- −, food processing ~ L 119
- −, front-end ~ A 43
- −, household ~ A 44
- −, industrial ~ A 295
- −, laundromat ~ M 449
- −, liquid ~ A 72
- −, manufacturing ~ A 47
- −, phenolic ~ A 298
- −, potash mine ~ K 17
- −, [flax] retting ~ F 367
- −, sanitary ~ S 122
- −, scullery ~ K 620
- −, solid ~ A 71
- −, sugar factory ~ Z 125
- −, tank cleaning ~ T 55
- −, wool scouring ~ W 662
- wastewater A 288
- −, afflux of ~ A 328
- − analysis A 309
- − analytics A 310
- −, assessment of ~ A 318
- − biology A 319
- − charges A 324
- − discharge, annual ~ J 12
- − disposal scheme A 317
- − drain A 327
- − effluent A 307
- −, etching (plant) ~ A 406
- − fish-pond A 323
- −, kitchen ~ K 620
- − levy A 305
- −, manufacturing ~ A 295
- −, ordinance on parameters of noxiousness of ~ A 341
- − outlet area A 356
- − reclamation W 335
- − reduction V 219
- − sample A 331
- − statistics A 342
- −, tannery ~ G 202
- − treatment A 325
- waste(water) treatment A 313
- wastewater treatment measure A 315
- − treatment technique K 297
- − type A 311
- −, underground disposal of ~ A 350
- wasteway A 95
- water B 332, V 237, W 122
- − *(cattle)* T 300
- − absorbent capacity W 181
- − absorption W 159
- − absorptive capacity W 181
- −, abundant in ~ W 328

wat

—, acidulous ~ S 137
— act W 238
—, adhesive ~ *(hydrol.)* A 249
— analysis W 406
— analysis, chemical ~ W 407
— analytics W 153
— and soil control, public corporation of ~ W 146
— association W 237
—, attached ~ H 31
—, available ~ W 136
—, backwash ~ S 1204
— balance W 180
—, ballast ~ B 56
— basin, subsurface ~ G 602
— bath W 160
—, bathing ~ B 15
— bearing W 232
— birds W 430
—, blanching ~ F 667
—, blast furnace gas scrubbing ~ G 366
—, boggy ~ M 408
—, boiler feeding ~ K 238
—, bound ~ A 386
—, boundary ~ G 481
—, brackish ~ B 757
— budget W 180
—, capillary ~ *(hydrol.)* K 118
— carrying W 232
— catchment W 224, W 239
— catchment area W 240
— catchment area, restricted part of a ~ W 348
—, cavern ~ K 133
— cement ratio W 147
— chart W 265
— circulation W 404
—, clear ~ W 138
— closet S 1182
—, coastal ~ K 648
— cock W 252
— code W 324
—, coke-quenching ~ K 409
—, cold ~ W 134
— collector, subterranean ~ G 648
—, column of ~ W 337
—, combined ~ *(chem.)* W 129
—, compensation ~ Z 178
—, condensation ~ K 444
—, condenser ~ K 444
— conditioning W 171
— conduit W 283
—, connate ~ P 255
— conservation W 217
— consumer W 413
— consumption W 412
—, consumption, daily ~ T 24
— containing capacity W 253
— contamination W 429
— content W 235
— conveyance W 231
— course, bottom of the ~ S 1033
— craft W 221

— cress odo[u]r G 217
—, crevice ~ H 295
— cricket W 276
— crow-foot *(bot.)* H 37
— cured W 234
— curing W 251
— current W 390
— cushion W 315
— cycle W 274
(water) data logging W 192
water, deaeration of the ~ E 376
— delivery W 229
— delivery contract W 286
—, delivery of ~ W 148
— demand W 165
— demand, design ~ W 174
— demand, industrial ~ B 766
— demand/water availability-ratio W 168
— depth W 392
— development W 239
—, diluting ~ V 125
— discharge, low ~ N 211
— disinfection W 215
—, displacement of ~ W 414
—, distilled ~ W 125
— distribution W 428
— divide W 340
—, down-stream ~ U 294
—, drinking ~ T 366
— drop W 399
—, dune ~ D 355
— economy W 439
— emergency W 307
— engineering W 161
— engineering profession W 219
— equivalent of the snow W 437
—, estuarine ~ T 182
— examination W 406
— examination, macroscopic ~ W 408
— examination, microscopic ~ W 409
— examination, physical ~ W 410
— extraction W 213
— fern *(Azolla) (bot.)* W 223
—, film ~ H 31
—, filtered ~ W 130
— filtering W 226
— filtration W 226
— flea D 45
— flow W 390
— flow capacity D 401
— flow, daily ~ T 11
— flow, low ~ N 211
— flow, maximum ~ H 243
— flow, mean ~ M 374
— flow, minimum ~ N 213
—, flume ~ R 490
—, fluming and washing ~ R 489
— for fire extinction F 214

— for mixing A 575
—, fresh ~ F 644, S 1656
—, fringe ~ *(hydrol.)* K 118
— gage relation curve P 48
— gauge P 47
—, gauge, downstream ~ U 275
— gauge, level of the ~ P 51
— gauge, outer ~ A 863
— gauge, zero of the ~ P 52
(water) gauging H 389
water, glacial ~ S 534
—, gravitational ~ *(hydrol.)* S 761
—, growth ~ B 677
— hammer D 333
— hammer arrester D 334
— hammer, resurge phase of ~ R 519
— hardness H 6
— heating W 87
— holding capacity W 253
— holding capacity, maximum ~ W 264
—, hot ~ W 144
— hyacinth *(Eichornia crassipes) (bot.)* W 262
—, hygroscopic ~ A 386
—, imported ~ F 639
—, impounded ~ S 1341
—, infection of ~ W 420
—, infectious ~ W 135
—, inflow of ~ W 445
— influent ~ *(hydrol.)* S 1011
— inlet W 213
— inlet pipe W 446
—, inshore [body of] ~ B 484
— intake W 213
— intake, fire fighting ~ F 216
— intake point W 214
—, interstitial ~ P 254, S 1070
—, intrusion of ~ W 154
— invasion W 206
— jacket K 624
— jet aerator E 223
— jet air pump W 384
— jet aspirator W 384
—, jet of ~ W 382
— jet pump W 384
—, juvenile ~ W 133
— law W 238, W 324
— law, decree by ~ W 326
— layer W 342
— level W 353
— level control system, differential ~ W 355
—, level, danger ~ A 431
— level decline, depth of ~ A 211
— level decline, line of ~ A 208
—, level, decline of ~ A 235
— level diagram W 357
— level, drop of ~ A 235
— level duration curve W 368

- level gauge P 47
- level, high ~ H 262
- level, hydrostatic ~ W 356
- level indicator W 367
- level, low ~ N 217
- level, mean ~ M 375
- level, minimum ~ N 219
- level of overtopping A 894
- level, progressive sinking of ~ *(in a flume)* S 1683
- level recorder R 192, W 367
- level, static ~ W 364
- level, tidal ~ T 205
- level, top ~ S 1338
- line W 370
- loss W 416
- loss within the distribution system R 423
- -, low ~ N 208
- -, magmatic ~ W 127
- main H 101, W 283
- main cleaning R 429
- management W 439
- management in residential areas S 990
- management outlines planning R 26
- management, qualitative ~ W 250
- management scheme W 257
- mark P 47, W 372
- meter W 297, W 443
- meter, combined ~ W 298
- meter, compound ~ W 298
- meter, disc ~ S 286
- meter, down ~ W 299
- meter for rising main S 1360
- meter, partial ~ T 113
- meter, position ~ M 194
- meter, screw-type ~ S 621
- meter, vane ~ E 67, F 478
- meter, velocity ~ G 283
- meter, verticle-type ~ S 919
- meter with dry dial T 406
- meter with outside gear T 406
- meter with several jets, turbine ~ M 163

(water) metering H 389
water milfoil *(bot.)* *(Myriophyllum)* T 81
- mill W 304
- -, minimum ~ N 210
- -, motion of the ~ W 178
- -, navigable ~ F 46
- obtaining area W 240
- of compaction V 117
- of condensation K 444
- of constitution K 458
- of crystallization K 596
- of dehydration D 75
- of hydration K 596
- of saturation S 18
- of supersaturation U 70

- organism L 123
- outlet branch A 114
- parsnip M 201
- -, passage of ~ W 199
- -, pellicular ~ S 1066
- -, perched ~ G 577, G 581
- -, percolating ~ S 967
- pipe W 331
- pipe line W 283
- piping W 283
- plant W 314
- plant, emerging ~ U 101
- plant, submerged ~ U 308
- -, plutonic ~ W 137
- -, polluted ~ W 142
- pollution W 419, W 429
- pollution control R 224
- pollution control plant K 282
- pollution load G 318
- -, pool ~ B 15
- -, pore ~ P 254
- post P 47
- power utilisation W 270
- pressure W 196
- -, pressure ~ D 342
- pressure for fire fighting L 261
- pressure, height of ~ W 197
- pressure, impounded ~ S 1343
- pressure line F 427
- price W 316
- properties W 175
- prospecting W 218
- pumpage W 229, W 258
- pumpage per capita per day W 230
- purification W 330
- -, purified ~ W 131
- quality W 175
- quality chart W 245
- quality class W 247
- quality criteria W 248
- quality data W 243
- quality grade W 247
- quality index W 244
- quality map W 245
- quality monitoring W 249
- quality requirements W 242
- quality standards W 306
- quality surveillance W 249
- -, quantity of ~ W 292
- -, quest for ~ W 391
- -, rain-~ R 176
- rate W 236
- -, raw ~ R 458
- reclamation W 335
- -, recreational ~ G 315
- regimen W 255
- register W 184
- rental charge, minimum ~ W 241
- requirements W 165
- requirements for fire protection F 215

- requirements, meeting ~ D 69
- requirements planning W 169
- requirements, total ~ G 256
- research, chemical ~ W 407
- reservoir W 170
- resources W 339
- resources, available ~ W 190
- resources management W 439
- resources planning W 442
- resources policy W 255, W 439
- resources policy act W 256
- resources survey, available ~ W 191
- retention, head ~ O 36
- -, return flow of ~ W 334
- right W 310
- right, by ~ W 325
- rights W 324
- -, running ~ W 128
- -, saline ~ W 139
- sample W 317
- sampling W 318
- scarcity W 266
- scour W 432
- -, sea ~ M 150
- seal G 237, W 195
- sengreen *(Stratiotes)* K 561
- separator W 149
- separator with partitioning W 150
- shed W 340
- shortage W 266
- -, shut-off of the ~ W 151
- slide valve W 344
- -, soft ~ W 145
- softener E 339, W 209
- softening W 210
- -, soil ~ B 676
- -, sour ~ K 440
- -, spring ~ Q 41
- springtail S 1167
- stage W 362
- stage recorder W 367
(water) stages, equivalent ~ W 361
water standards W 306
- sterilization W 211
- -, stock of ~ W 431
- storage in depressions W 350
- stratification W 343
- -, subsiding ~ W 363
- -, subspecification ~ G 687
- supplied W 148
- supply W 421
- supply, auxiliary ~ H 200
- supply, district ~ G 519
- supply, domestic ~ H 125
- supply, drinking ~ T 381
- supply, emergency ~ N 273
- supply engineering W 427

— supply in groups G 681
— supply, individual ~ E 166
— supply, industrial ~ B 767
— supply, long-distance ~
    F 168
— supply pipe line,
    municipal ~ W 284
— supply plant W 426
— supply, private ~ E 34,
    W 424
— supply, rural ~ W 422
— supply technique W 427
—, supra-permafrost ~ G 582
— surface W 227
—, surface ~ O 27
—, suspect ~ W 141
—, swimming bath ~ B 15
—, swimming-pool ~ B 15
— system L 190
— table G 660
— table, belt of fluctuation
    of ~ G 652
— table, decline of ~ A 234
— table, isobath of ~ G 670
— tank W 170
— test W 317
— thread W 220
— thyme (Elodea) W 313
—, tidal ~ T 182
— tower W 401
— treatment W 171
— treatment plant wastes
    W 435
— treatment, swimming-
    pool ~ B 16
— tub W 185
— tube W 331
— turbine W 400
—, unfree ~ A 386
— usage concern W 438
[beneficial] water use W 308
water utilization, pretension
    to ~ W 309
—, vadose ~ G 581
— vapo[u]r, saturated ~ W 188
— vapo(u)r W 187
—, void ~ P 254
— volume W 292
— wash W 432
—, waste of ~ W 415
— wheel W 319
— wheel, blade of a ~ S 260
— wheel, overshot ~ W 321
— wheel, undershot ~ W 322
— works W 434
— works sludge W 158
— yarrow (bot.)
    (Myriophyllum) T 81
— year A 94, J 3
— yield W 352
—-balance by Wild V 142
—-bearing formation G 666
—-bearing formation, lower ~
    G 634, G 668
—-bearing stratum G 635
—-beetle W 263

—-boat man (Notonecta,
    Corixa) (zool.) W 433
—-borne W 403
—-borne diseases W 273
—-borne epidemic W 216
—-carriage W 398
—-carriage system E 443
—-carriage system of garbage
    and waste disposal S 755
—-carrier method of garbage
    and waste disposal S 755
—-crane for locomotives W 272
—-crowfoot (bot.) H 37
—-gauge W 366
—-gauge, inner ~ B 487
—-hammer wave velocity
    F 619
—-level recorder S 634
—-lily, white ~ (bot.)
    (Nymphaea) S 856
—-lily, yellow ~ (bot.)
    (Nuphar) T 100
—-logged W 203
—-louse (Asellus aquaticus)
    W 157
—-post reference point P 50
—-power W 267
—-quake S 839
—-quantity recording W 294
—-rat W 323
—-repellent W 152
—-seal, with ~ W 417
—-seal, without ~ W 418
—-sealed W 417
—-sealed stuffing box S 1471
—-stage recorder S 634
—-supply, combined ~ V 90
—-table isobath G 628
—-table mound G 617
—-tightness W 194
—-treatment method W 173
—-treatment technique W 172
—-wheel meter F 478
waterborne W 403
waterbound W 126
watercourse W 278
—, artificial ~ W 281
— regulation F 535
—, systematic development of
    a ~ A 785
watercress B 864
waterfall W 222
waterfowl (sing.) W 430
watering B 333, V 238
— place B 10
— place, cattle ~ V 388
waterline W 287
— level S 789
waterlogged W 203
waterlogging W 204
— of the soil B 674
waterpepper (Polygorsum
    hydropiper) K 355
waterproof W 193
— quality W 194
waters G 314

—, surface ~ O 15
—, territorial ~ T 140
watershed W 340
waterspout W 261
watertight W 193
— core D 134
— diaphragm D 133
— screen D 133
[navigable] waterway W 385
Waterway, Federal ~ B 888
waterway, inland ~ B 490
— network, inland ~ W 389
waterways, development of ~
    W 386
— engineering W 387
waterweed (Elodea) W 313
waterwheel W 319
watt W 448
wave W 497
(wave) amplitude S 815
wave crest W 510
—, flood ~ H 273
— front W 513
— height W 515
— length W 516
— motion O 97, W 511
— motion, velocity of ~ O 98
— overflow W 521
— path W 522
— period W 518
— propagation W 508
— protection W 519
—, seismic ~ W 500
—, shear ~ T 322
—, shock ~ S 1491
—, single ~ E 167
—, standing ~ W 501
—, tidal ~ F 577
— velocity W 514
— velocity, water-hammer ~
    F 619
— wall W 512
—-bath W 509
waves, gravitational ~ S 762
wave(s) run-up W 506
— set-up W 506
waves, travelling ~ W 504
W.C. S 1182
w/c ratio W 147
weak sewage A 292
weakly acidic S 691
— basic S 688
wear and tear V 256
— resistance V 257
—-endurance H 53
—-out V 256
weather W 542
— conditions W 650
—, frosty ~ F 662
— modification W 543
— parting W 550
— prognosis W 551
— report W 544
— service W 545
— side L 357
— situation W 548

—-forecast W 551
—-forecasting W 551
weathered V 371
weathering V 372
—, belt of ~ V 373
— resistance W 652
—-resistant W 651
weaving mill W 451
Weber number W 450
wedge K 183
— gate valve K 186
— wire filter P 311, K 185
weed U 225
— control U 226
— control, aquatic ~ K 557
— control, herbicidal ~ U 227
— control operations E 350
— growth K 554
— growth, aquatic ~ U 305
— killer U 229
— removal E 350
—-control agent E 351
—-cutter K 556
—-cutting launch K 555
—-killing U 228
weedage K 554
weedicide U 229
weediness K 554
weeding E 350
weep hole S 959
weigher, batch ~ C 22
weight G 333
—, dead ~ E 27
—, dry ~ *(chem.)* T 401
—, loose ~ S 653
—, loss of ~ G 340
— per meter M 268
—, specific ~ G 334
—, unit ~ S 1615
— valve G 339
—, volume ~ T 400
Weil's disease W 479
weir S 1312, W 462
— coefficient W 468
—, contracted measuring ~ M 246
— crest W 469
—, diversion ~ U 160
—, drowned ~ G 678
—, drum ~ T 439
— edge W 470
—, field ~ S 1339
—, fixed ~ W 464
—, fixed buttress ~ P 104
—, gauging ~ M 244
— head U 22
—, impounding ~ S 1344
— log ~ D 13
—, measuring ~ M 244
—, movable ~ W 463
—, needle ~ N 32
—, notch ~ M 245
—, ogee ~ W 467
—, overfall ~ U 28
—, radial ~ S 871
—, rectangular ~ R 90

—, rectangular measuring ~ M 247, M 248
—, roller ~ W 70
—, sector ~ S 897
—, serrated ~ U 17
—, sharp-edged measuring ~ M 249
—, spillway ~ E 364
—, submerged ~ G 678
—, temporary ~ B 187
—, triangular ~ W 465
—, triangular measuring ~ M 245
—, V-notch ~ M 245
— with incomplete overfall W 466
Weiße Elster River Association W 483
weld S 730, S 738
— by the autogenous process A 906
— iron S 729
— iron socket S 733
— steel S 737
weldable S 728
welded, butt-~ S 1628
— flange F 386
— joint S 742
— reinforcing steel B 114
— seam S 734
— slip joint E 136
— socket S 733
— tube R 369
welding S 731
— apparatus S 732
—, autogenous ~ S 740
—, electric ~ S 741
—, hammer-~ H 60
— machine S 732
— technique S 739
weldless steel tube S 1269
well B 837
—, abandoned ~ B 839
—, bore ~ B 695
— capacity B 855
— casing *(of a bore hole)* F 713
—, collector ~ H 336
—, completion of a ~ I 27
—, compound ~ V 85
— construction B 851
— curb B 870
—, deep ~ T 211
—, delivery of a ~ B 855
— development A 181
— diameter B 854
—, discharge of a ~ B 855
—, drainage ~ E 447
—, draw ~ S 601
—, drilled ~ B 695
— driller B 852
— drilling B 851
— drilling, pooltool method of ~ G 291
—, driven ~ S 359
—, dry ~ S 954
—, dug ~ S 199

—, eccentric ~ B 840
— efficiency B 855
—, encased drilled ~ R 389
— field B 856, B 867
—, filtering ~ F 246
—, float ~ P 53
—, footing of a ~ B 863
— foundation S 201
— fracturing R 340
— function B 859
—, gauge ~ P 53
—, gravel wall ~ K 272
—, horizontal filter ~ H 336
— hydrograph G 664
—, image ~ B 841
—, inspection ~ K 469
— interference B 853
— log B 721
— lowering B 847
—, mouth of a ~ B 865
—, observation ~ B 273
—, overpumped ~ B 844
—, partially penetrated ~ B 846
—, perforated casing ~ S 515
— perforations F 275
— perforator P 74
—, pilot ~ V 319
— pit B 869
— plugging S 1435
— point system B 867
—, pressure relief ~ E 440
—, Ranney ~ R 38
— record B 721
— recorder ~ P 53
— relief ~ E 440
— screen B 857
— screen with continuous slot, wire-wrapped ~ B 858
—, settling ~ K 288
—, shallow ~ F 360
—, sight ~ S 943
— sinker B 852
— sinking B 851
—, slotted tube ~ S 515
— sludge ~ S 392
— spacing B 848
—, stilling ~ B 309
— stimulation R 137
—, suction ~ P 382, S 179
— system B 849
—, test ~ B 273
— top B 862
—, tray ~ F 60
— treatment R 137
— tube B 868
—, tube ~ B 695
—, underpumped ~ B 845
—, wall of a ~ B 871
— water B 872
— watered W 328
— wheel S 264
— winch B 860
— windlass B 860
— with free level B 842
—, yield of a ~ B 855

−-head B 862
−-knife R 437
−-type lock chamber S 206
wells, casing of ~ V 241
−, regeneration of ~ R 137
wet B 254, N 61
− classifier N 74
− combustion N 75, V 79
− dock H 24
− drill N 64
− dust removal N 68
− intake tower E 395
− period R 190
− process dust remover N 67
− process dust separator N 67
− proportioning [device] N 66
− screening N 73
− scrubbing [system] N 70
− season R 190
− sludge N 71
− sludge, delivery of ~ N 72
− stand S 1292
− weather flow R 177
− weather flow recession curve T 423
− well P 382
wettability B 253
wetted area F 375
− part of beach S 1518
− perimeter U 140
wetting B 255
− agent B 257
wheat W 490
wheel L 99, R 2
−, driving ~ T 333
−, gear[ed] ~ Z 16
−, hand ~ H 73
−, paddle ~ P 5
−, Pelton ~ P 60
− vane L 103
− water R 490
−, wind ~ W 605
−-barrow K 127
wheelchair lavatory N 20
whey M 389
− waste A 62
whipstick A 168
whirl S 1613
whirling B 445
whirlpool S 1613
white pulp W 488
− water P 15
− water-lily (bot.) (Nymphaea) S 856
−-capping of the waves S 275
whitefish W 484
whitesmith K 322
W.H.O. W 525
wholesale-consumer G 521
wide band air diffusion B 788
width B 789
−, bottom ~ S 1031
−, meander ~ M 2
− of contribution E 385
− of crest K 600
− of water level W 354

− of withdrawal E 385
wilt W 492
wilting W 493
− percentage W 494
− point W 494
− point, permanent ~ W 495
− range W 491
winch W 593
−, hand ~ H 76
−, well ~ B 860
wind W 588
− break W 607
− direction W 606
− energy W 595
− flow W 611
− force W 609
− frost W 596
− gauge W 602
−, high ~ S 1638
− mill W 603
− motor W 613
−, offshore ~ W 589
−, onshore ~ W 590
− power W 599
− power station W 600
− pressure W 592
− pump W 604
− speed W 597
− strip S 684
− turbine W 613
− velocity W 597
− waves W 616
− wheel W 605
−-borne freeze W 596
−-swept sea W 608
windlass H 141, W 593
(wind)shelter belt W 607
wine distillery wastewater W 481
− growing W 480
−-pressing W 482
wing levee F 475
− wall F 476
winter W 617
− irrigation W 618
− rest period (biol.) W 619
− stagnation W 619
wintertime fishkill F 350
wire D 227
−, barbed ~ S 1232
− cloth D 228
− fabric D 228
− filter, wedge ~ P 311
−, high tensile strength ~ S 1080
− netting M 84
−, prestressing ~ S 1079
−-drawing establishment D 231
−-wrapped well screen with continuous slot B 858
witching W 305
− rod W 668
with manpower M 198
− water-seal W 417
withdraw E 397

− by suction A 187
withdrawal of floating matter S 807
− of sludge S 400
− of water W 213
−, range of (groundwater) ~ E 384
wither A 267
without water-seal W 418
Woltmann combination counter W 664
− compound counter W 664
− counter W 665
− submerged counter W 663
Woltmann's hydrometric propeller W 666
− vane wheel W 666
wood H 307, W 62
− carbonization plant H 322
− [or forest], coniferous ~ N 31
−, deciduous ~ L 97
− distillation plant H 322
− fiber H 310
− hurdle scrubber H 312
− preservative H 315
− preserving operations H 314
− pulp H 319
− pulp factory H 318
− pulp hydrolysis H 324
− pulp hydrolysis plant H 325
− pulp works H 318
−, standing growth of ~ W 64
− tar H 320
−-derivatives industry H 321
−-fiber braid H 327
−-waste processing H 308
−-wool strainer H 326
wooded B 435
− area W 66
wooden stave pipe H 317
woodland W 66
woody B 435
wool grease W 660
−, mineral ~ S 354
− scouring plant W 661
− scouring wastes W 662
−-carding mill K 69
worker A 652
working B 382
− capacity N 291
− cost B 401
− day A 658
− directions A 660
− expenses B 401
− hours B 415
−, intermittent ~ B 384
− load B 390
− material W 537
− period B 415
− pressure B 394
− pressure, rated ~ N 128
− results B 397
− stroke A 654
− time A 661
workman A 652

—, skilled ~ F 4
workroom W 535
works F 1
—, chemical ~ F 2
— effluent W 534
— management B 405
— manager B 404
—, underwater ~ U 298
workshop W 535
— installation B 117
World Health Organisation W 525
world water balance W 526
worm gear drive S 558
—, horse-hair ~ S 47
— of an endless screw S 557
— ovum [: ova] W 676
worms W 670
worm's egg W 676
woven filter G 328
wrap W 554
wrap[ping], jute ~ J 30
wrapping W 555
—, pipe ~ R 382
wrecker K 549
wrench S 618
—, casing ~ V 243
wrought iron S 537, S 729
— iron clip A 531
— iron pipe R 376
— iron tapping sleeve A 531
— steel S 737
Wupper River Association W 673
wye branch H 343

X

X-ray R 352
—-ray absorption spectrometry R 348
x-ray fluorescence analysis R 349
X-ray spectrometry R 351
—-ray test R 353
xenobiotic substances S 1459
xerophyte *(bot.)* T 411
xylene equivalent X 1

Y

Y-branch H 343
—-branch, double ~ D 193, D 207
—-branch with two bells and spigot M 475
yarn H 78, V 308
—, dipped ~ H 80, T 93
—, spun ~ H 79
yarning V 309
year, normal ~ N 254
yearly fluctuation S 702
— rainfall N 192
yeast H 143
— factory H 144
— fungus H 145

— press liquor H 146
— propagation H 147
— works H 144
yellow prussiate of potash B 580
— water-lily *(bot.) (Nuphar)* T 100
yes-no signal J 1
yield A 790, E 543, P 306
— *(of a catchment basin per second per area)* A 112
—, capillary ~ A 774
—, gas ~ G 45
—, loss in ~ E 544
— of a tax A 755
— of a well B 855
— of biomass B 502
—, perennial ~ *(hydrol.)* D 61
—, safe ~ D 49, F 178
—, sustained ~ *(hydrol.)* D 61
—, water ~ W 352
yielding capacity of a well B 855
Young's modulus E 229

Z

Zentrisieb-type screen Z 79
zeolite Z 81
— filter P 84
— softener P 83
zero N 280
— adjustment N 282
— datum N 279
— discharge N 277
— flow N 277
— growth N 283
— level N 279
— of the water gauge P 52
— point, absolute ~ N 281
zerophyte T 411
zeta potential Z 96
zinc Z 102
zone Z 109
—, arid ~ Z 110
—, backwater ~ S 1318
—, climatic ~ K 340
—, contacting ~ G 499
—, euphotic ~ Z 111
—, field capacity ~ H 33
—, flood ~ H 274
— for the protection of water W 348
—, high pressure ~ H 221
—, littoral ~ L 251
—, low pressure ~ N 170
—, mesosaprobic ~ *(biol.)* Z 113
—, neritic ~ Z 112
— of aeration *(hydrol.)* U 102
— of contact K 464
— of depression *(hydrol.)* A 205
— of diminishment V 50
— of dystrophication V 228
— of influence *(hydrol.)* A 205

— of leaching A 1
— of protection S 677
— of rainfall R 168
— of saturation *(hydrol.)* U 314
— of suspended water *(hydrol.)* U 102
— of weathering V 373
—, oligosaprobic ~ Z 114
—, photic ~ Z 115
—, polysaprobic ~ Z 116
—, semi-arid ~ Z 117
—, soil water ~ B 678
—, transitional ~ U 39
—, trophogenous ~ Z 118
—, tropholytic ~ Z 119
—-tariff Z 120
zoogloeal bacteria B 46
zoology Z 121
zoophyta P 119
zooplankton Z 122

Französisch

French

Français

Francese

français

aci

A

à chaîne droite K 247
— chaîne linéaire K 247
— coup de pression D 333
... à étage unique E 139
— à grande èchelle G 514
à l'amont B 296
— l'aval T 47, U 311
— l'échelle du laboratoire L 6
— perméabilité sélective S 907
... à simple étage E 139
abaissement de l'eau
   souterraine G 590
— de l'eau souterraine, courbe
   d'~ G 591
— du niveau des eaux A 235
— du niveau des eaux dû au
   vent W 612
— d'un puits B 847
— d'une redevance A 129
— naturel de l'eau souterraine
   G 592
— phréatique G 624
— progressif du niveau (dans
   un chenal) S 1683
abandon d'une mine A 763
abandonner A 762
abaque D 116
abattage S 349
abattoir S 347
abiontie A 670
abiotique A 140
ablation A 156
able U 130
ablette U 130
abondance (biol.) H 13
— d'eau W 329
— des espèces H 17
—, rapport d'~ H 21
abondant en eau W 328
abord A 741
about fileté G 345
abrasion A 184
abreuver T 300
abreuvoir V 388
abri S 258
à l'abri des hautes eaux H 250
abri des pompes P 381
— pour les poissons Z 131
— pour poissons F 352
ABS A 459
— actif au bleu de méthylène
   S 1652
— apparent S 1652
absence de germes K 197
— d'odeur G 229
absolu sec A 236
absorbabilité A 238
absorbant A 244
— des huiles, agent ~ O 63
absorber A 239
absorption A 240, A 765
— atomique sans flamme,
   spectrométrie d'~ A 704
—, capacité d'~ A 248

—, coefficient d'~ A 243
— de crues, effet d'~ H 257
— de fer E 182
— de la lumière L 216
— de métaux lourds S 769
— de phosphates P 149
— de puissance L 157
— d'eau W 159
— des rayons ultra-violets
   U 134
— d'huile, produit d'~ O 63
— d'oxygène S 146
— en humidité F 207
—, épreuve d'~ A 247
—, essai d'~ A 247
— par rayons X, spectrométrie
   d'~ R 348
—, récipient d'~ (dans une
   installation de chlorination)
   A 245
— sélective A 241
— spécifique A 242
abyssal A 360
abysse P 314
accélérant la croissance E 453
accélérateur de prise A 24
accepteur d'hydrogène W 375
accès Z 141
—, galerie d'~ Z 142
accessible Z 140
accessoires A 664, Z 123
— d'égout K 82
— des filtres F 235
accident U 208
— du travail B 409
— pétrolier O 86
acclimatation A 422
acclimater A 421
accomplir A 808
accotement B 881
accouplement K 710
— à plateaux F 397
— de bateaux K 479
— élastique K 711
accoupler K 709
accroissement V 213, W 3,
   Z 184
— de la consommation V 73
— de la crue H 245
— de la densité de la
   population Z 158
— de la population B 426
— de pression D 341
—, potentiel d'~ V 215
— probable de la population
   B 427
accumulation S 83
— d'air L 310
— de gravier A 551
— de plomb B 544
— de substances nocives S 216
— de substances nuisibles
   S 216
— d'eau souterraine G 658
— d'énergie solaire S 1061
— des boues V 253

—, réglage des réservoirs d'~
   S 1103
—, réservoir d'~ S 1097
s'accumuler A 550
accumuler S 78
acétate A 368
— de cellulose, membrane
   d'~ Z 54
— de plomb B 543
acétone A 370
acétylène A 371
achèvement d'un tunnel
   S 1466
— d'une galerie S 1466
achever A 808
Achorutes viaticus S 1167
acide S 28, S 136
— acétique E 553
— borique B 752
— butyrique B 891
— carbolique P 137
— carbonique K 380
— carbonique agressif K 381
— carbonique combiné K 383
— carbonique demi-combiné
   K 384
— carbonique libre K 382
— carbonique libre en excès
   K 385
— carbonique lié K 383
— carbonique semi-combiné
   K 384
— chloreux C 63
— chlorhydrique S 66
— chromique C 96
— cyanhydrique B 537
— dilué D 363
— épuisé A 66
— éthylène diamine
   tétracétique A 402
— éthylène
   dinitroltétracétique A 402
—, faiblement ~ S 691
— fluorhydrique F 536
— fluosilicique K 262
— formique A 487
— gras F 201
— humique H 360
— hypochloreux S 31
— lactique M 300
— ligninesulfonique L 233
— minéral M 325
— muriatique S 66
— nitreux S 29
— nitrilotriacétique N 236
— nitrique S 53
— nucléique N 276
— oléique O 81
— phénique P 137
— phosphorique P 158
— picrique P 183
— prussique B 537
— ribonucléique R 299
— silicique K 265
— succinique B 301
— sulfhydrique S 725

— sulfonique S 1673
— sulfureux S 30
— sulfurique S 724
—, teneur en ~ S 42
acides, permutation d'~ S 35
—, résistance aux ~ S 37
acidification A 592, S 21
— (d'un puits) S 36
acidifier A 591
acidimétrie A 915
acidité A 916
— à la phénolphtaléine P 145
— au méthylorange M 282
— d'échange A 878
— du sol B 603
— totale P 145
acido-résistant S 41
acidogénèse S 39
acidule S 20
acier S 1253
— à fleurets B 731
— [fondu] au creuset G 706
— coulé G 706, S 1264
—, d'~ S 1247
— fondu F 543
— (au creuset) S 1264
— inoxydable S 1255
— laminé S 1254
— rond R 541
— soudé S 737
aciérie S 1275
acore K 57
acorus K 57
acquisition de terrain G 554
actinomètre S 1502
actinomycètes S 1503
action W 635
—, analyse de l'~ W 643
— biochimique V 444
— biologique V 445
—, champ d'~ W 644
— chimique R 72
— conjointe Z 171
— de cataracte K 153
— de destruction des spores W 641
— de surface O 28
— d'échange W 460
— du gel F 652
— exo-enzymatique W 637
— fertilisante D 361
— herbicide W 638
—, mode d'~ W 648
— réfrigérante K 637
— virulicide W 642
actionner G 33
activation A 425
— des boues S 386
— des virus V 403
—, installation d'~ B 227
— par pressurisation D 284
activité W 631
— β totale (radiol.) G 241
à activité cationique K 166
activité de surface O 7
— des boues S 376

— des déshydrogénases (biol.) D 78
— des réductases R 95
— enzymatique F 146
— fermentative F 146
— superficielle O 7
— totale (radiol.) G 243
actuateur A 630
adaptation A 581
—, capacité d'~ R 104
adaption morphologique A 377
additif Z 174
— à base de plomb B 571
— antimousse S 270
addition B 189, Z 172
— (chim.) A 587
— de chaux K 56
additionner (chim.) A 585
additiv à l'essence K 537
adducteur d'eaux usées A 357
— d'un puits horizontal F 281
adduction Z 153
— (de l'eau) E 69
—, canal d'~ Z 154
—, conduite d'~ Z 124
— principale H 112
adénosine-tri-phosphate A 378
adénovirus A 379
adhérence, résistance par ~ H 27
adhésion A 380
—, eau d'~ H 31
adjonction Z 172
— de cendres dans la filtration des boues A 682
— d'éléments nutritifs N 51
adjudication V 170
adjufloc F 462
adjuger V 173
adjuvant de filtration F 258
— de floculation F 462
— de nettoyage W 107
administration V 360
— forestière F 616
admissible Z 151
admission Z 152
— (de l'eau) E 69
— à la périphérie E 89
—, canal d'~ E 95
—, côté d'~ Z 137
— d'air L 351
—, débit d'~ Z 132
—, soupape d'~ E 147
—, tuyau d'~ Z 155
admixtion B 189
A.D.N. D 101
adoucir E 334
adoucissement E 335
— au carbonate de sodium S 1023
— de l'eau W 210
— par chaux en excès K 51
— par le phosphate P 152
— par voie thermique E 336
— partiel, installation d'~ T 108

adoucisseur E 339
— à lit de boue S 421
— à permutites P 83
— automatique E 338
— de l'eau W 209
— domestique H 115
adsorbant A 384
adsorber A 381
adsorption A 382
aérage, conduite d'~ W 549
—, puits d'~ L 306
aérateur B 234
— à brosse B 884
— à contre-courant G 136
— à jets d'eau tombants W 383
— à mouvement pendulaire P 63
— à pales P 4
— à percussion A 766
— à plaques P 215
— à plateau de coke K 411
— à turbine T 489
— centrifuge K 569
— de surface O 8
— de surface flottant O 9
— lamellaire P 215
— par chocs A 766
— tubulaire R 383
aération B 237
— à air comprimé D 311
— à cascades K 143
— à fines bulles B 239
— à réduction progressive S 1250
— activée B 230
—, bassin d'~ (bassin à boues activées) L 302
— biogène B 238
—, cheminée d'~ L 306
— complémentaire N 3
— dans un bassin à mouvement rotatif B 242
— dans un bassin à radier en dents de scie B 241
— de longue durée L 76
— décroissante S 1250
— des cours d'eau S 1603
— dirigée S 1250
—, drainage d'~ B 247
— du sol B 634, D 423
— d'un lac S 848
— en puits profond, procédé d'~ T 237
— étagée S 1624
— extensive L 76
—, grille d'~ B 249
— mécanique B 243
— modulée S 1250
— naturelle L 301
— par aspiration S 1029
— par brosse rotative B 883
— par bulles B 530
— par bulles fines B 239
— par diffusion D 311
— par diffusion d'air en large bande B 788

air

— par éjecteur E 224
— par grosses bulles B 240
— par insufflation D 311
— par l'oxygène pur R 219
— par roues à palettes P 6
— par soufflantes G 99
— par succion S 1029
— par surface O 10
— par turbines T 490
— préliminaire V 427
— prolongée L 76
— répartie S 1624
— superficielle O 10
— tempérée H 224
aéré B 236
aérer B 233, L 298
aérobie A 390, A 391
aéroéjecteur hydraulique E 223
aérofiltre L 327
aéroglisseur L 331
aéromoteur W 613
aérophile S 161
aéroport F 492
aérosol A 392
affaissement S 920
— de la rive U 117
— de la surface B 595
— du sol B 660
s'affaisser S 3
affections gastro-intestinales M 10, M 11
affinage de la surface des métaux M 263
— des condensats K 448
— des textiles T 152
affleurement A 875
— de l'eau souterraine G 599
— de sel S 56
— masqué A 876
affleurer A 874
affluence Z 132
—, débit intégré d'~ Z 138
—, intermittente Z 133
—, quantité d'~ Z 139
—, vitesse d'~ Z 135
affluent N 109, Z 132
— de droite N 111
— de gauche N 110
— intermittent Z 133
— permanent Z 134
afflux Z 132
— en provenance d'un écoulement souterrain A 84
— total d'eau souterraine G 677
affouillement A 823
affranchir la pompe L 202
agar nutritif N 34
âge de la boue S 377
agence de bassin F 513
agent A 413
— absorbant des huiles O 63
— anti-mousse S 270
— antirouille R 474
— complexant *(chem.)* K 429

— de blanchiment B 549
— de chélation C 24
— de chloration C 79
— de déchloration E 313
— de dispersion D 178
— de dispersion des huiles O 66
— de flottation F 470
— de refroidissement K 625
— de station d'épuration K 302
— de stérilisation E 348
— d'éclaircissement optique A 752
— désodorisant G 232
— destructeur des virus V 397
— détersif W 111
— émulsifiant E 275
(agent) gazéifiant du sol B 605
agent liant B 479
— mouillant B 257
— moussant S 276
— nutritif N 42
— peptisant P 68
— pour la conservation du bois H 315
— prélevant des échantillons P 297
— réducteur R 98
agents pathogènes K 191
— tensio-actifs S 1455
agglomérat A 414
agglomération A 414, S 985, S 988
— à desservir H 107
— rurale L 51
— urbaine B 57, O 120
aggloméré P 276
aggressivité pour le plomb B 561
agir contre E 330
agitateur R 524
— magnétique M 26
agitation R 523
agiter R 522
agrandissement V 180
agréable au goût G 184
agrégats Z 176
— roulés G 257
agrément au bord de l'eau E 523
agressif A 547
— pour le béton B 355
— vis-à-vis du calcaire K 31
agressivité A 419
— du sol B 598
— vis-à-vis du calcaire K 29
agricole L 65
agriculture A 374, L 63
— mécanisée L 64
agrologie B 633
agromomique L 65
AIDE I 92
aide financière F 592
—-coagulant F 462
aiglefin S 292
aiguille N 28

— de platine pour ensemencement P 212
— pour ensemencements I 15
A.I.H.S. I 93
aile de barrage F 475
air L 307
—, admission d'~ L 351
—, analyse d'~ L 345
—, bulle d'~ L 315
—, chaudron à ~ W 598
—, compresseur d'~ L 332
— comprimé D 306
— comprimé, aération à ~ D 311
— comprimé, caisson à ~ D 307
— comprimé, commande à ~ D 308
— comprimé, conduite d'~ D 314
— comprimé, éjecteur à ~ M 49
— comprimé, fondation par l'~ D 313
— comprimé, relèvement par l'~ D 312
—, conduite d'~ L 334
—, consommation d'~ L 346
—, contamination de l'~ L 350
— contenu dans le sol B 635
—, couche d'~ L 330
—, courant d'~ L 352, W 611
— de lavage S 1192
— de lavage, soufflerie d'~ S 1193
—, diffusion de l'~ L 348
— du sol B 635
—, échange d'~ L 312
— en excès L 343
—, entrée d'~ L 353
—, épuration de l'~ L 337
—, étanche à l'~ L 316
—, humidité de l'~ L 322
—, inclusion d'~ L 320
—, introduction d'~ L 351
— libre A 862
à l'air libre O 89
air, matelas d'~ L 330
—, passage d'~ L 319
—, pollution de l'~ L 350
—, pompe à ~ L 335
—, pression de l'~ L 317
—, réservoir d'~ W 598
—, séché à l'~ L 341
— sous pression D 306
—, tirage d'~ L 352
aire F 372
— d'alimentation E 168
— de basse pression N 170
— de dépression T 213
— de déversement des boues S 425
— de drainage E 168
— de haute pression *(météorol.)* H 214
— de séchage des boues S 451

air

- de stockage des boues S 425
- des réactifs C 31
- d'évaporation V 133
- d'infiltration I 42, S 950
- d'une pluie R 141
- revêtue en dur F 374

aisances, fosse d'~ A 179, S 914
aisément dégradable L 150
ajouter Z 179
ajustage, pièce d'~ P 33
ajustement E 138
ajuster J 27
ajutage M 490
- conique D 370
- d'écoulement A 803
alanine A 428
albumine E 217
alcali A 452
alcalimétrie A 453
alcalin A 455
alcalinité A 454
- à la phénolphthaléine P 144
- au méthylorange M 281
- bicarbonatée B 462
- carbonatée C 17
- caustique A 404
- des carbonates C 17
- du sol B 597
alcool A 457
- cétylique H 190
- méthylique M 275
aldéhyde formique F 600
- méthylique F 600
aldrine A 433
alentours U 142
alerte, niveau d'~ A 431
alésoir N 15
aleviner B 327
alevinier A 781
alevinière A 781
alevins F 320
algicide A 439
algologie A 442
algue A 434
- marine M 130
- verte G 533
algues, association d'~ A 444
- bleues S 1069
- brunes B 772
- , collecte des ~ A 441
- d'eau douce S 1657
- , dénombrement des ~ A 449
- , destruction des ~ A 440
- du sol B 596
- , élimination des ~ A 440
- filamenteuses F 9
- flottantes A 436
- , numération des ~ A 449
- , population d'~ A 444
- , potentiel de développement des ~ A 448
- , récolte des ~ A 441
- rouges R 476
- sessiles A 435

alignement de rue S 1530
- de voirie S 1530
- des puits B 867
alimentation B 314, V 289
- à sec T 395
- centrale en eau W 425
- , conduite d'~ S 1111, V 293
- correcte en eau, loi assurant une ~ W 349
- de secours N 272
- des chaudières K 239
- des communes rurales en eau W 422
- discontinue S 1479
- , eau d'~ S 1112
- électrique de secours N 271
- en continu B 316
- en courant électrique S 1606
- en eau W 421
- en eau auxiliaire H 200
- en eau chaude W 92
- en eau commandée à distance F 168
- en eau de secours N 273
- en eau districale G 519
- en eau domestique H 125
- en eau industrielle B 767
- en eau, installation d'~ W 426
- en eau par réseau d'interconnexion V 90
- en eau potable T 381
- en eau publique W 423
- en eau régionale G 519
- en oxygène S 175
- étagée S 1623, S 1624
- groupée des communes G 681
- intermittente B 315, S 1479
- par gravité G 113
- par solution N 66
- par syphon H 138
- particulière en eau E 34, E 166
- , périmètre d'~ W 207
- privée en eau E 34, W 424
- , région d'~ V 292
- , réseau d'~ V 294
- rurale en eau W 422
- , système d'~ A 748
- , trémie d'~ E 74
- végétale P 110
- , zone d'~ V 296
alimenter B 313, V 288
alimenteur A 748
aliments des plantes P 114
alios O 122
aliphatique A 451
alkyl benzène sulfonate A 459
- sulfonate linéaire A 461
alkylarylsulfonate A 458
alkylsulfate A 460
aller en serpentant S 358
alliable M 331
alliage L 144

- non-ferreux N 160
allocation Z 177
allochtone A 464
- , eau souterraine ~ G 572
allonge H 355, V 201
- à emboîtement M 463
s'allumer E 326
allure de l'écoulement A 118, S 1592
alluvion A 611
alluvionnement A 611, A 758
alpe A 465
altération A 387
- des roches V 372
- , zone d'~ V 373
altéré V 371
alternateur G 181, W 455
altimétrie H 407
altitude H 285
- au-dessus du niveau de la mer H 287
- du point de mesure M 234
aluminate A 480
- de sodium N 77, T 263
alumine activée A 427
- hydratée A 482
aluminium A 481
alun (ordinaire) A 432
- activé A 485
amarre T 61
amas de boues S 543
s'amasser A 550
amasser S 78
ambiance, facteur d'~ U 175
amble de fontaine B 5
amélioration (de l'eau) A 728
- de la terre B 668
- des boues A 730
- des sols B 668
- du débit d'étiage N 214
- d'un procédé V 155
améliorer (l'eau) A 725
- (les boues) A 724
aménagement A 565
- à buts multiples M 174
- de la quantité d'eau W 296
- de l'énergie hydraulique W 269
- de l'environnement U 187
- des déchets A 56
- des eaux W 439
- des voies navigables W 386
- du site B 106
- du territoire R 66
- d'un bassin fluvial W 441
- d'un cours d'eau A 785
- hydroélectrique W 268
- intégré d'un bassin fluvial W 440
- national L 50
aménager B 381
amendement B 669
amenée Z 153
- , canal d'~ E 95
- , conduite d'~ Z 124
- d'eau d'égout A 321

— principale H 112
—, tuyau d'~ Z 155
amener F 673
amer S 865
American National Standard A 488
amiante A 674
—-ciment A 676
amibes W 456
amidonnerie S 1249
amine A 489
amino-acide A 490
ammoniaque combinée A 492
— F A 491
— liée A 492
ammonisation A 502
amollir E 152
amoncellement de population Z 164
à l'amont F 516
d'amont F 516
amont O 40
amorce K 365, Z 128
amortir T 245
amortissement T 246
— des oscillations S 816
amortisseur S 1486
amovible H 179
ampèrométrie A 504
amphibie A 505
amphotère A 506
amplificateur V 300
— de mesures M 242
—-redresseur de signaux S 994
amplitude A 507
— d'un méandre M 2
— d'une oscillation S 815
ampoule de verre G 389
amylase A 511
amylolytique A 512
anabolisme A 513, A 691
anadrome A 514
anaérobie A 515, A 516
— facultatif F 47
anaérobique A 515
analyce de tissus G 327
analyse A 520
— automatique A 521
— chimique U 283
— chimique de l'eau W 407
— chimique des eaux W 407
— colorimétrique K 424
— d'air L 345
— de contrôle K 467
— de fluorescence par les rayons X R 349
— de gaz par infra-rouge I 48
— de l'action W 643
— de l'eau potable T 367
— de l'effet W 643
— de traces S 1216
— d'eau W 406
— des boues S 378
— des eaux d'égout A 309
— des eaux résiduaires A 309

— des feuilles B 531
— des résultats de mesure M 254
— des risques R 337
— granulométrique S 970
— granulométrique par sédimentation S 356
— gravimétrique G 335
—, macro-~ M 39
— macroscopique de l'eau W 408
— microscopique de l'eau W 409
— par chromatographie en phase gazeuse U 284
— par fluorescence F 498
— par lévigation S 356
— par précipitation F 31
— par tamisage S 970
— physique de l'eau W 410
— quantitative B 343
— titrimétrique M 96
— volumétrique M 96
analyser A 524
analyseur A 519
— automatique A 902
— de carbone K 389
— de réseau R 418
— par pyrolyse P 403
— pyrolytique P 403
analyste A 525
anatife S 854
Ancien Conseil d'Arrondissement G 459
ancrage V 46
anémie des peintres B 557
— saturnine B 557
anémologie W 601
anémomètre W 602
angle de courbure K 610
— de déviation A 850
— de frottement R 210
— de paroi R 37
— d'inclinaison N 124
— du talus B 687
— du talus naturel B 688
— pariétal R 37
à angles vifs S 257
anguille A 2
anhydride A 553
— carbonique K 380
— sulfureux S 30
anhydrite A 554
aniline A 555
animal à sang chaud W 82
— à sang froid K 59
— acquatique W 397
— utile N 296
animaux servant de nourriture aux poissons F 339
anion A 557
anionique A 558
anions, échange d'~ A 559
—, échangeur d'~ A 560
anisotrope A 563
anisotropie A 564

anneau R 320
— à couler G 371
— à couler du plomb B 554
— antigel F 655
année hydrologique A 94, J 3
— normale N 254
— pluvieuse R 147
— sèche T 403
annonce de crue, service d'~ H 270
annuel J 2
annulaire R 322
anode A 576
— de protection S 672
— sacrifiée S 672
anodique A 577
anomalie A 578
anophèle M 48
anse E 49
antagonisme A 622
antagoniste (biol.) A 623
anti-bélier D 334
—-gel, lutte ~ F 649
—-hygiénique U 222
—-salissures B 455
antiacide S 41
antibélier D 334
anticlinal (geol.) S 134
anticorps A 625
anticorrosif K 510
anticryptogamique P 118
antidérapant R 551
antidote G 130
antigel F 660
antigène I 11
antimoine A 626
antimoussant S 270
antimousse S 270
antipathique W 566
antipoussière S 1315
antirouille R 467
antitartre K 242
apaiser B 307
aphotique L 221
aplanir P 194
aplanissement P 195
à l'aplomb S 918
appareil G 196
— à chlore C 58
— à enlever les couches de boues T 415
— à souder S 732
— automatique de mesure et d'enregistrement M 206
— automatique de prise d'échantillons P 298
— avertisseur A 430, W 93
— d'alarme A 430
— de chasse B 318, S 1186
— de chloration ménager H 114
— de contrôle de poche T 59
— de déferrisation E 316
— de détection S 1655
— de détection de conduites L 194

app

— de dilacération des matières retenues par les grilles R 84
— de forage par percussion S 1480
— de forage rotatif D 234
— de jaugeage M 219
— de levage H 132
— de mesure M 219
— de mesure à distance F 158
— de mesure de la conductibilité L 174
— de mesure d'oxygène S 144
— de plomberie I 78
— de prélèvement d'échantillons P 290
— de prise d'échantillon P 290
— de prise d'échantillons de sédiment du fond B 655
— de prise d'échantillons en fonction du débit P 299
— de répartition B 318
— de rinçage des sables S 119
— de séchage T 421
— de sondage par percussion S 1480
— de stérilisation S 1401
— de Warburg W 80
— d'essai en laboratoire L 7
— distillatoire D 106
— doseur D 213
— doseur d'hypochlorite H 404
— doseur pour solutions N 65
— enregistreur R 191, S 633
— enregistreur de chlore résiduel R 279
— enregistreur de volume M 193
— incubateur B 875
— indicateur à cadran Z 25
— pour la recherche du pH P 130
— pour l'enlèvement des écumes S 785
— sanitaire I 78
— tamiseur A 233
— télécommandé de mesure F 158
appareils de robinetterie A 664
— d'équipement A 844
apparition A 775
appartenant au domaine public A 463
appât K 365
— pour les poissons A 645
appel d'offres A 851
— d'urgence K 157
—, front d'~ E 385
—, zone d'~ E 386
application A 635, H 69
— de chaleur W 55
— de chlore en solution C 75
— des boues S 381
— directe de chlore C 74
— d'une couche protectrice A 736
— en fonction du débit D 217

appliquer A 634, H 68
appointements G 141
appontement A 571
apport de chaleur W 55
— de l'eau Z 132
— de terre arable M 502
— de terre végétale M 502
— d'eau par infiltration Z 180
— d'éléments nutritifs N 51
— des cours d'eau F 529
— d'oxygène S 156
— journalier T 27
appréciation B 452
— de la performance L 158
— quantitative du colibacille C 103
apprêt Z 161
apprêtage A 647
—, atelier d'~ A 648
—, produit d'~ A 649
approfondir (un puits) A 276
approfondissement (d'un puits) A 277
approvisionnement V 289
— en eau W 421
— en eau potable T 381
— en eau souterraine G 673
— en énergie E 306
— gravitaire G 113
— privé W 424
approvisionner V 288
appui S 1617
— d'un arc B 693
aptitude à dissoudre le cuivre K 699
— à être décelé N 25
— à la filtration F 307
— à la floculation F 451
— à l'épaississement E 52
aqua- ... W 123
aquaculture H 384
aquarium A 651
aquatique W 123
aqueduc A 650, F 634, W 283
— de ceinture R 326
— -siphon, installation d'un ~ U 250
aqueux W 59
aquiclude S 301
aquifère W 232
— captif G 637
— inférieur G 634
aquitard G 665
araignée S 1133
arbre B 107
— (méc.) W 498
— à feuilles L 95
— creux H 306
— de commande A 632
— de pompe P 385
— en bordure d'une voie S 1525
— horizontal W 499
— manivelle K 713
— plein W 503
— vertical W 502

— vilebrequin K 713
arc B 689
archipel I 72
architecte de jardins G 37
— de paysage G 37
— paysagiste L 56
arctique A 663
Arctique A 662
ardoise S 326, T 275
ardoisier S 330
arénacé S 104
arête K 102
— superieure du tuyau R 424
à arêtes vives S 257
argent S 996
argile T 257
— à blocaux G 262
— de moraine G 262
— fluide F 444, Q 65
— litée B 18
— maigre S 527
— marine K 312
— marneuse T 259
— miocène M 330
— plastique T 260
— réfractaire T 258
— rubanée B 18
— schisteuse S 328
argileux T 265
argilite T 275
aride T 388, W 156
aridité T 402
—, période d'~ D 368
armature (de béton) B 449
— de précontrainte S 1078
— longitudinale L 22
— transversale Q 43
armatures A 664
— soudées B 114
aromatique A 666
aromatiques A 665
arpentage V 218
arpenteur L 53
arrangement E 113
arrêt S 1426
— (d'une machine) A 266
— d'usine B 410
—, écrou d'~ S 1082
arrêtant la fermentation G 21
arrêté de droit sur les eaux W 326
— municipal G 171
arrête-matière à flottation F 471
— -matière flottante S 803
arrêter A 188, A 265
arrière-goût B 188, N 9
arrivée, bassin d'~ E 92
—, chambre d'~ E 94
— de l'eau W 154
— d'eau W 445
— d'eau brute R 459
— d'eau continue D 64
—, galerie d'~ E 93
— périphérique E 89
— type Geiger G 147

— type Stengel S 1392
arrosage B 255, B 333, V 238
— agricole par aspersion F 134
—, bouche d'~ S 1159
—, bras d'~ S 1245
—, canon d'~ R 148
— d'automne H 181
—, débit d'~ W 233
— des rues S 1526
— d'hiver W 618
—, dispositif d'~ B 299, S 1186
—, dose d'~ B 431
— du sol B 606
— en pluie des eaux usées A 348
— goutte à goutte T 443
—, installation d'~ B 283
—, intensité d'~ B 284
—, lance d'~ S 1509
— léger D 416
— par aspersion V 235
— par aspersion sous frondaison U 270
— par écoulement gravitaire S 766
— partiel B 428
—, prise d'~ S 1158
—, programme d'~ B 433
arrosages, espacement des ~ U 151
arrosement B 255
arroser B 254, B 332, V 237
— par aspersion V 234
arroseur R 197
— à va-et-vient W 76
— à va-et-vient actionné par câble W 77
— de gazon R 42
— rotatif D 246
—, tête d'~ R 201
arroseuse S 1163, S 1203
— à purin pour l'épandage des boues G 682
— rotative D 244
arrosoir B 782
— rotatif D 244
arsenic A 667
arsénite-orthotolidine, essai à l'~ O 115
artésien A 673
arthropodes G 431
article de commerce H 66
articulé B 468
artificiel K 639
AS A 460
asainissement du terrain F 504
asbeste A 674
ascaride S 1210
ascenseur A 782
— à poissons F 316
ascension capillaire S 1356
— de la nappe phréatique G 597
aselle aquatique *(Asellus aquaticus)* W 157
ASL A 461

asperseur R 197, R 308
— rotatif D 246
—, surface arrosée par un ~ R 199
aspersion, arrosage par ~ V 235
— de protection contre le gel F 659
—, filtre par ~ T 445
—, installation d'~ B 283
—, intensité d'~ B 284
—, irrigation par ~ V 235
asphaltage A 687
asphalte A 683
— soufflé A 684
asphalter A 686
asphyxie E 542
aspiration A 595
—, aération par ~ S 1029
—, clapet d'~ S 192
—, conduite d'~ S 188
—, dynamique, hauteur d'~ S 185
—, hauteur d'~ S 184
—, hauteur manométrique d'~ S 186
—, puits d'~ S 179
—, résistance à l'~ S 194
—, soupape d'~ S 192
—, tube d'~ F 55
—, tubulure d'~ S 191
—, tuyau d'~ S 188, S 190
aspirer A 187, A 594
assainissement K 83, S 121
— de l'air L 337
— des cours d'eau G 324
—, réseau d'~ E 443
—, réseau provisoire d'~ B 185
—, réseau séparatif d'~ T 338
—, réseau temporaire d'~ B 185
— urbain S 1236
assaut des vagues W 506
assèchement E 436, W 254
— des fondations B 97
— des sols B 615
— du sous-sol B 615
assécher E 435
assemblage à brides F 401
— à manchon M 482
— bout à bout S 1476
— flexible G 166, V 55
assiette des redevances A 128
assilage S 1004
assimilation A 690
—, capacité d'~ A 692
— de phosphates P 149
—, métabolisme d'~ A 691
—, réduction dans l'~ R 97
assise G 295
— de la semelle de la superstructure G 563
— imperméable S 301
association biologique A 671, L 116

— d'algues A 444
— de bassin F 552
Association de la Lippe L 247
— de la Niers N 220
— de la rivière Grosse Erft G 516
— de la Ruhr R 536
— de la Weisse-Elster W 483
— de la Wupper W 673
— de l'Emscher E 274
association de riverains W 237
Association des eaux de la rivière Mulde M 487
association d'usagers de l'eau W 237
— fonctionnelle Z 192
Association Internationale de Recherches sur la Pollution des Eaux I 91
— Internationale des Distributions d'Eau I 92
— Internationale d'Hydrologie Scientifique I 93
association obligatoire Z 185
Association pour l'Assainissement de la rive gauche du Rhin L 243
association pour l'eau W 237
— pour l'eau et le sol W 146
— pour l'épuration des eaux usées A 347
— végétale P 112
associations d'eau, ordonnance sur les ~ W 411
assolement F 666
assujettissement à une redevance A 130
assurance contre les accidents U 213
— responsabilité civile H 28
assurer S 940
atelier W 535
— d'apprêtage A 648
— de carbonisation du bois H 322
— de cémentation H 11
— de chaux *(tannerie)* W 436
— de décapage B 198
— de galvanisation G 26
— de galvanoplastie A 613
— de lavage du charbon K 393
— de photogravure A 405
— de réparation[s] R 264
— de réparation des compteurs Z 11
— de réparations de véhicules K 535
— des machines M 92
— galvanotechnique A 613, G 26
ateliers F 1
atlas de qualité des cours d'eau W 246
— des eaux de surface G 317
atmomètre V 138
atmosphère A 695

—, contrôle de l'~ L 344
—, maintien de la qualité de l'~ L 336
atmosphérique A 697
atome A 702
atoxique U 220
ATP A 378
s'attacher A 612
attelage de bateaux K 479
atténuation des crues V 220
— des oscillations S 816
atterrissement A 611, A 758
— à la rive convexe A 567
— fluviatile A 759
attestation d'achèvement A 177
attraction électrostatique A 643
attribution légale de droits sur l'eau W 327
attributs E 29
attrition A 184
atypique A 717
au dessous de U 264
— large A 153
— niveau du sol E 11
—-dessus de O 31
—-dessus de l'eau U 4
aube de rotor L 103
— directrice L 180
— d'une roue hydraulique S 260
— fixe L 180
aubes, roue à ~ S 264
auge S 1640, T 433
— de moulin M 424
— en saut de ski S 1018
auget basculeur H 342
— de prise d'échantillon S 600
augmentation V 213, Z 184
— de la teneur en humus H 363
— de volume, coefficient d'~ R 61
— d'une redevance G 102
— d'une taxe G 102
— rapide V 214
augmenter Z 179
au[l]ne E 525
auteur de pollution V 266
— de projet E 458
— de rejets d'eaux usées V 266
—, responsabilité de l'~ V 357
auto-amorçage, pompe centrifuge à ~ K 575
—-analyseur A 902
—-consommation E 25
—-épurateur, pouvoir ~ S 902
—-épuration S 901
—-oxydation A 912
autochtone A 904
—, eau souterraine ~ G 574
autoclave S 1403
autolyse A 907
automation A 908
automatique S 905

automatisation A 910
— partielle T 103
automatisé A 909
automne H 180
automobile K 539
autopropulsé E 24
autorégulation R 108
autorisation G 176
autorité de bassin F 513
— de surveillance A 772
— d'état L 49
— locale O 116
— responsable de l' environnement U 176
Autorité sanitaire G 299
autoroute A 903
autotrophe A 911
à l'aval F 512
d'aval F 512
aval L 339
—, canal d'~ U 256
avalanche L 112
— de boue M 491
avancement d'une galerie S 1469
— en galerie S 1469
avant-barrage V 469
—-bec P 103
—-pays D 83
—-port V 450
—-puits B 862
avarier [par l'eau] B 310
avec raclage mécanique R 22
averse R 163
— nominale E 461
— unitaire, durée d'une ~ E 84
avertissement W 96
— de crue H 271
— de tempête S 1637
avertisseur de fuites L 131
aveuglement des interstices P 253
avis d'expert G 708
axe A 373
— creux H 306
— de divergence G 649
— de pompe P 385
— de poussée ascensionnelle S 777
— plein W 503
— principal d'une bride F 395
azote S 1414
azoté S 1420
azote ammoniacal A 501
— ammonié A 501
—, bilan de l'~ S 1421
—, composé de l'~ S 1424
—, cycle de l'~ S 1422
— nitreux N 238
— nitrique N 232
— organique S 1415
— protéique E 221
—, teneur en ~ S 1419
— total G 254

B

B. B 52
bâbord B 6
bac F 15, T 433
— à graisse F 195
— collecteur pour huiles usagées S 74
— d'arrivée de l'eau V 453
— d'attente à poissons H 55
— de confection de lait de chaux K 41
— de décantation A 226, K 288
— de dissolution L 275
— de fermentation G 7
— de mélange M 334
— de répartition V 336
— de rinçage S 1185
— de trempe M 37
— d'évaporation V 136
— d'observation S 943
— intercepteur A 742
bacille coli C 102
— de Koch T 471
— du choléra C 86
— tuberculeux T 471
— typhique T 505
bacilles B 125
bactériacées B 26
bactéricide B 42, E 348, K 198
bactérie B 52
— de l'intestin D 51
— indologène I 31
— intestinale D 51
— nitrifiante N 233
bactérien B 25
bactérienne, culture ~ B 44
bactéries B 26
— acidificatrices (biol.) S 38
— acido-résistantes B 33
— cellulolytiques Z 51
— coliformes B 27
— d'eau pure R 250
— dénitrifiantes B 28
—, densité des ~ K 189
— des eaux d'égout A 312
— des nodosités K 354
— du manganèse M 53
— du soufre S 718
— fécales F 18
— ferro-précipitantes E 180
— ferrugineuses E 184
— filamenteuses F 10
— filiformes F 10
— hétérotrophes B 31
— latentes B 29
— manganiques M 53
— méthaniques M 272
— méthano-productrices M 272
— produisant des gaz B 30
— psychrophiles B 32
— putréfiantes F 39
— qui emmagasinent du fer E 181
— sporulées B 36

— sulfato-réductrices B 37
— sulfo-oxydantes B 34
— sulforéductrices B 35
— sulfureuses S 718
— thermophiles B 38
bactériologie B 47
bactériologique B 48
bactériophage B 49
— spécifique du colibacille
   C 106
(bactério)phages, identification
   des ~ P 134
bactériostase B 50
bactériostatique G 21
bacterium B 52
— coli C 102
bague K 710, R 320
— de centrage Z 70
— de corps G 143
— de garniture D 138
— de joint D 138
— de serrage à vis S 628
— d'obturateur D 139
— en caoutchouc G 692
baguette de radiesthésiste
   W 668
— de sourcier W 668
— divinatoire W 668
baguettisant W 669
baie B 879, M 127
baignade de lac S 835
baignoire B 13
bail P 2
bain B 7
— au trempé T 62
— curatif H 149
— d'asphalte A 689
— de décapage B 194
— de dégraissage E 325
— de goudron T 94
— de lame W 509
— de mer S 835
— de pied F 705
— de siège S 1014
— médicinal H 149
— par immersion T 62
—-marie W 160
bains-douches W 108
baïonette, raccord à ~ B 23
baisse de chaleur W 20
— de la nappe phréatique
   A 234
— de pression D 279, D 325
— de température T 116
— des eaux H 241
— du niveau dynamique R 496
bajoyers d'écluse S 504
balance G 406
— analytique W 1
— de chlore C 80
— de torsion T 284
— d'oxygène S 159
balancier B 728
balat à franges S 687
balayer S 639
balayeur (des rues) S 1536

balayeuse S 1538
balayures de rues S 1537
balisage B 372
balise B 24, B 742
ballast B 54
ballastière K 269
ballon de mesure M 227
— jaugé M 227
balnéologie B 58
banc B 65
— [d'atelier] W 532
— à l'intérieur de la boucle
   A 567
— de boues S 382
— de falun M 493
— de rocher G 295
— de sable S 90
— de sable au-delà d'une
   digue A 864
— d'essai P 334
— pour la vérification des
   compteurs Z 9
bandage W 555
bande W 555
— d'acier S 1256
— de protection S 684
— de verdure G 541
— filtrante F 236
— littorale U 129
— perforée L 256
— riveraine U 129
— transporteuse F 579
bander W 554
banlieue A 855
— d'une ville S 1242
banquette B 66
banquise P 3
barbacane S 513, S 959
barbeau B 67
barbotage de gaz G 81
barboter D 381
barboteur W 106
barbotte B 79
barcasse B 72
baril T 269
barographe B 74
baromètre B 73
— enregistreur B 74
barque K 12
— faucardeur K 555
barrage S 1312, T 39, W 462
— à aiguilles N 32
— à contreforts P 102, P 104
— à dôme K 707
— à dômes multiples T 40
— à double courbure K 707
— à plaques et à contreforts
   P 218
— à remblayage hydraulique
   D 10
— à secteurs S 897
— à segment S 871
— à tambour T 439
— à voûtes multiples G 353
— antipétrole O 83
— contre les huiles O 83

— coupole K 707
— d'air comprimé P 279
— de dérivation U 155, U 160
— de retenue S 1344
— d'enrochement S 1367
— d'un cours d'eau F 542
— d'une rivière F 542
— en béton B 369
— en enrochements S 1367
— en maçonnerie B 820
— en maçonnerie de pierres
   sèches tassée à la main
   S 1382
— en terre E 491
— en terre remblayée
   hydrauliquement D 10
— en toit B 19
— en troncs d'arbres S 1279
— en voûte B 692
— évidé H 300
—, fissure d'un ~ T 43
— fixe W 464
—, hauteur du ~ D 19
—, lac de ~ S 1337
—, massif du ~ D 21
— mobile W 463
— mobile en troncs d'arbres
   lestés D 13
— poids-allégé à éléments
   évidés H 301
— poids-voûte B 691
—, source de ~ S 1333
— souterrain G 608, S 1121,
   S 1325
— temporaire B 187
—-déversoir U 28
—-poids G 338
—-poids avec évidements Z 37
—-poids en maçonnerie B 822
—-réservoir S 1316, S 1337
—-voûte B 692
—-voûte en béton B 357
—-voûte épaisse B 691
—-voûte mince B 692
barrages, construction des ~
   T 42
—, statistique concernant
   les ~ T 45
—, surveillance des ~ T 46
barre B 75, S 1223
— à mine B 732
— d'acier S 1224
— de sable S 91
— de sonde B 732
— le long d'une côte B 76
barreau S 1223
barricade S 1119
barrière B 77, S 1119
baryte B 80
—, hydrate de ~ B 81
baryum B 70
bas N 207, T 207
— fonds W 447
— pays M 79
—, vers le ~ A 287
—-fond U 318

bas

― -fonds d'une rivière F 533
― -marais N 171
― -pays N 206
― -service T 224
basalte B 82
bascule de chargement C 22
basculer K 277
basculeur K 279
base B 83, F 691, G 555, S 1035
―, plaque de ~ F 693
basique, faiblement ~ S 688
―, fortement ~ S 1306
à basse charge S 689
basse mer T 196
― mer inférieure T 201
― mer inférieure moyenne T 200
― mer moyenne T 198
― mer supérieure T 197
― pression N 165
― température K 7
― tension N 204
― tension, tableau de commandes ~ N 205
basses eaux N 208
bassin B 135, B 659
― à boues S 449
― à boues activées B 228
― à circulation U 169
― à circulation hélicoïdale U 169
― à circulation verticale B 144
― à deux étages B 145
― à écoulement radial B 142
― à fond à rigoles F 698
― à fond pyramidal T 354
― à insufflation d'air D 310
― à mélange complet T 287
― à mouvement rotatif U 169
― à radier en dents de scie F 698
― à sable S 93
― alimentaire E 168
― annulaire B 143
― artésien G 637
― (hydrol.) B 136
―, association de ~ F 552
― avec alimentation centrale B 140
― avec alimentation périphérique B 139
― brise-charge D 336
― circulaire K 567, R 540
― circulaire en béton précontraint S 1077
― clos (hydrol.) N 182
― collecteur de boues S 439
― collecteur d'eaux pluviales R 119
― d'aération (bassin à boues activées) L 302
― d'aération à circulation hélicoïdale L 303
― d'aération préliminaire V 428
― d'agrément P 203

― d'alimentation E 168
― d'amortissement T 285
― d'arrivée E 92
― de chasse B 317
― (W.C.) K 146
― de clarification K 287
― de clarification finale N 10
― de coagulation F 461
― de compensation A 815
― de contact K 459
― de contact à cloisons étagées K 460
― de décantation A 216
― de décantation avec alimentation centrale A 218
― de décantation avec alimentation périphérique A 217
― de décantation finale N 10
― de décantation pyramidal T 354
― de décharge E 361
― de dessablement S 93
― de filtration F 237
― de floculation F 461
― de floculation à lit de boues S 420
― de jardin P 203
― de la source Q 35
― de mélange M 333
― de natation S 781
― de précipitation F 32
― de préparation de lait de chaux K 41
― de radoub T 392
― de raveinement A 589
― de réalimentation A 589
― de recharge A 589
― de remblaiement A 761
― de repos R 531
― de réserve R 267
― de rétention R 498
― de retenue de la crue R 498
― de retenue des eaux de pluie R 161
― de retenue pour lessive chlorurée R 499
― de sédimentation A 216
― de stockage polyvalent M 171
― de stockage pour l'été S 1052
― de tranquillisation T 285
― de trop-plein U 53
― d'eau de pluie R 181
― d'eau pluviales R 149
― d'eau souterraine G 602
― d'écumage S 268
― d'égouttage S 946
― d'emmagasinement S 1097
― d'épanouissement en rivière F 526
― d'homogénéisation M 333
― d'infiltration A 589
― doseur B 317
― en terre E 489

― filtrant F 237
― fluvial F 524
― fluvial, aménagement d'un ~ W 441
― fluvial, aménagement intégré d'un ~ W 440
― Hurd M 50
― hydrographique E 168
― hydrologique E 168
― hydrologique expérimental K 313
― hydrologique souterrain E 169
― lacustre S 840
― Manchester M 50
― mélangeur M 333
― peu profond F 359
― pour stockage de longue durée U 44
― préliminaire V 425
― récepteur H 55
― Travis T 326
― versant E 168
― versant topographique N 183
― vide B 138
― -lavoir W 115
bassins en parallèle B 141
― installés en série B 137
batardeau D 12, F 62, S 1344
― à coffrage K 145
― à encoffrement K 145
― à file de palplanches S 1214
― à rideau de palplanches S 1214
― cellulaire Z 36
― en enrochements S 1369
bateau B 748, S 332
― à rames R 488
― de pêche F 328
― de plaisance V 178
― dragueur N 62
― -citerne O 85
― -citerne à boues S 447
― -feu F 218
batériostatique B 51
bathomètre B 866
bathométrie T 220
bathymétrie T 220
bâti F 83
bâtiment B 122
― administratif V 361
― de graduation G 457
― d'entreprise B 398
― des chaudières K 233
― des machines M 93
― des pompes P 376
― des réactifs C 31
― d'usine B 398
― pour la prise d'eau E 91
bâtir dans l'intérieur E 43
bâtisse B 124
― en cloisonnage F 6
bâton lesté S 1230
battage, courbe de ~ R 32
battant K 304

ble

batterie de pompes P 370
— de puits B 856, B 867
— de réservoirs T 51
— de sources Q 32
— de tubes R 345
— d'ozoniseurs O 141
battitures H 59, Z 159
—, fosse de décantation
  pour ~ A 227
—, puits de décantation
  pour ~ A 227
bec pulvérisateur S 1558
bécher (chim.) B 133
bed-rock A 617
bélier, coup de ~ D 333
— double D 209
— hydraulique S 1488
bénéfice N 286
benne K 619
— à béton B 368
— basculante M 488
— de chargement S 262
benthique B 258
benthos B 260
bentonite B 261
benzanthracène B 264
benzène B 269
benzène/lessive, méthode
  d'extraction au ~ B 270
benzine B 269
benzofluoranthène B 265
benzopyrène B 271
berceau d'un tuyau R 384
berge B 681, S 1364, U 106,
  U 113
— extérieure A 856
berges, végétation des ~
  U 126
berle M 201
berme B 300
bernache S 854
bernacle S 854
besoin de pointe S 1140
— en chlore C 47
— en eau W 165
— en nutriments N 46
— en place P 219
— en substances nutritives
  N 46
— maximal S 1140
— pour usage domestique
  B 150
— propre E 25
— public B 151
besoins B 148
— en chaleur W 25
— en coagulants F 26
— en eau, couverture des ~
  D 69
— en eau d'irrigation W 166
— en eau industrielle B 766
— en eau pour la lutte contre
  l'incendie F 215
— en eau, programmation
  des ~ W 169
— en gaz G 47

— futurs en eau W 167
— industriels B 149
— thermiques W 25
— totaux en eau G 256
bestiaux V 383
bêta-mésosaprobies B 347
—-polysaprobies B 348
bétail V 383
béton B 350
— armé E 185
— asphaltique B 522
— bitumineux B 522
— centrifugé S 495
— contrôlé N 252
— damé S 1282
— en masse M 99
— expansif E 570
— frais B 352
— immergé U 300
—, injecteur à ~ B 378
— maigre M 13
— moulé G 697
— non armé B 354
— ordinaire B 354
— plastique B 353
— précontraint, bassin
  circulaire en ~ S 1077
— préfabriqué F 173
— sous vide V 3
—, tour à ~ B 365
—, tuyau filtre en ~ B 360
— vibré R 525
bétonnage B 380
bétonner B 364
bétonneuse B 370
— à auge tournante B 371
— rotative B 371
bétonnière B 370
— malaxeuse M 383
béton [armé] précontraint
  S 1075
bicarbonate B 461
— de calcium C 6
— de magnésie M 19
— de sodium N 78
bidet S 1015
bief H 56
— d'amont O 30
— d'aval U 256, U 294
bien public G 173
biens-fonds L 231
biez H 56, M 424
bifurcation (biol.) G 3
— d'une rivière F 523
bilan azoté S 1421
— de l'azote S 1421
— de masse S 1447
— de salinité S 57
— d'oxygène S 159
— énergétique E 298
— hydrique G 605
— hydrologique G 605, W 180
— massique S 1447
— nutritif N 48
— nutritionnel N 48
— ondial des eaux W 526

— thermique W 33
Bilharziose S 346
billage K 656
bille K 654
billons, plantation sur ~ R 493
biocatalyseur B 496
biocénose L 116
— aquatique W 182
biochimie B 492
biochimique B 493
biocide B 513
biodégradabilité A 14
—, degré de ~ A 15
biodégradable B 499
biodégradation A 9
— thermophile A 10
bioénergétique B 494
biofiltre T 445
bioflocculation F 458
biogène B 495
biologie B 497
— des eaux résiduaires A 319
— des poissons F 327
— marine M 134
biologique B 498
biomasse B 501
—, coefficient de ~ B 192
—, production de ~ B 502
—, rendement en ~ B 502
bionomie B 503
bioproduction B 504
biosorption, procédé de ~
  K 462
biosphère B 505
biostabilisateur B 507
biostabilisation B 506
biotest B 509
biotique B 510
biotope B 511
biotransformation B 512
bioxyde de carbone K 380
— de chlore C 50
— de manganèse B 781
biphéniles polychlorés B 514
biseau salé S 71
bisulfite de sodium N 79
bit B 707
bitte P 231
bitumage A 687
bitume B 520
bitumé à l'extérieur A 854
bitume fluidisé V 275
bitumer B 525
bitumineux B 526
bivalent Z 206
blanc de baryte B 71
— fixe B 71
blanchiment à l'oxygène S 155
blanchir W 105
blanchisserie B 546, W 100
— à self-service S 900
— chimique W 101
— de coton B 108
blé G 312, W 490
— de Turquie M 34
bleu de méthylène M 277

— de méthylène, substance réagissant au ~ M 81
— de tournesol L 10
blindage A 194
blindé A 135
blinder *(radiol.)* A 193
blondin K 2
bocage W 62
boire T 365
bois H 307, W 62
— carré K 104
— d'arbres à feuilles L 97
— de charpente B 99
— de construction B 99, N 290
— de sciage S 592
— dur L 96
— en rondins R 544
— équarri K 104
— feuillu L 96
— rond R 544
boisage V 376
— des fondations B 95
— horizontal H 340
boisé A 749, B 435
boisement A 745
boisseau de robinet K 638
boisson non-alcoolique G 311
boîte G 142, S 235
— à boue *(d'un hydromètre)* S 547
— à ordures A 52
— de distribution V 330
— de mélange M 342
boîte de Petri P 90
boîte glacière pour transport des échantillons d'eau E 211
—-étoupe S 1470
bol S 235
bollard P 231
bombe à hydrogène W 377
— H W 377
bon à nettoyer R 213
bonbonne G 388
bonde A 107
— de fond E 371
bonderisation P 154
bonderisé P 153
bonification W 575
— du sol B 668
borate B 750
bord U 106
bordé en bois H 309
bordereau des prix P 270
bords, protection des ~ U 128
bordure N 58
— *(du trottoir)* B 751
— de trottoir B 751
— d'un puits B 870
— rivée N 226
bore B 749
borne G 490
— d'incendie F 213
— fontaine, souillard de ~ A 833, H 366, S 1528
—-fontaine à piston-clapet V 29

—-fontaine avec robinet-vanne S 321
—-fontaine, dégorgeoir de ~ A 827
—-hydrant U 30
bosquet W 62
botanique B 753
bouche à clé S 1535
— à clé pour chaussée S 1534
— d'arrosage S 1159
— de lavage S 1532
— d'égout S 1523
— d'incendie F 213
— d'incendie rectangulaire U 254
— d'incendie ronde U 253
— d'incendie sous trottoir U 252
— sur trottoir U 30
boucherie S 349
bouche(s) () F 532
bouchon S 1473
— à vis F 679
— de caoutchouc G 695
— de liège K 484
— femelle K 122
— hydraulique G 237
boucle d'une rivière F 527
— pour ensemencements I 16
bouclier B 873
boue[s] [] S 366
— [] de chaux S 288
— [] d'ensemencement I 17
— [] industrielle[s] S 369
boue, adoucisseur à lit de ~ S 421
—, âge de la ~ S 377
—, boîte à ~ *(d'un hydromètre)* S 547
—, cake de ~ F 266
boue[s] [] des eaux d'égout K 295
boue d'hydroxyde H 397
—, flan de ~ S 410
boue[s] [] floculeuse[s] F 455
boue, gâteau de ~ F 266
—, gaz de ~ F 93
—, glacée E 177
— gonflée B 528
—, indice de ~ S 418
— organique F 106
— provenant de l'adoucissement E 340
— rouge R 486
boue[s] [] activée[s] B 226
— [] activée[s] en excès U 81
— [] de forage B 726
— [] de retour R 503
— [] digérée[s] F 107
bouée B 742
— lumineuse L 210
boue[s] [] en excès U 80
— [] flottante[s] S 801
— [] fraîche[s] F 643
— [] granuleuse[s] S 370
— [] humide[s] N 71

— [] minérale[s] S 371
— [] mûree[s] F 108
boues, accumulation des ~ V 253
—, acides S 43
—, activation des ~ S 386
—, activées, installation à ~ B 227
—, activées, procédé des ~ B 229
—, activité des ~ S 376
—, analyse des ~ S 378
—, application des ~ S 381
—, banc de ~ S 382
—, bassin à ~ S 449
— brutes F 643
—, canalisation à ~ S 374
—, centrifugeuse à ~ S 441
—, circulation des ~ S 456
—, collecteur transversal de ~ S 440
—, compartiment à ~ S 431
—, conduite à ~ S 426
—, congélation des ~ S 413
—, couverture de ~ S 542
—, cylindre de ~ S 474
— de traitement d'eau W 158
—, décharge de ~ S 425
—, décomposition des ~ S 473
—, d'égout, cession des ~ K 296
— d'égout, chariot aspirateur de ~ S 180
—, dépôt des ~ S 373
— d'épuration K 295
— d'épuration d'eau W 158
—, déshumidification des ~ S 453
—, déshydratation des ~ S 401
—, désinfection des ~ S 393
— digérées, pasteurisation des ~ F 109
—, digestion de ~ S 403
— dues à des développements biologiques V 21
—, élutriation des ~ S 467
—, enfouir les ~ U 257
—, enfouissement des ~ U 258
—, épaississement de ~ S 397
—, épaississeur de ~ S 395
—, étang à ~ S 449
—, évacuation des ~ S 388
—, extraction des ~ S 400
—, fente à ~ S 444
—, filtration de ~ S 407
—, filtre à ~ S 406
— finales *(lits bact.: humus)* N 11
—, flottantes, rigole de collecte des ~ S 802
— fluides N 71
—, fosse à ~ S 392
—, homogénéisation des ~ S 416

— humides, cession des ~ N 72
—, incinération des ~ S 457
—, laisser s'écouler les ~ S 368
—, lavage des ~ S 467
— liquides, utilisation des ~ F 490
—, manutention des ~ S 380
—, minéralisation des ~ S 419
— pélagiques T 234
—, piège à ~ S 914
—, pompe à ~ S 428
—, presse à ~ S 427
— primaires K 295
—, puisard à ~ S 446
—, quantité de ~ S 399
—, racleur de ~ S 424
—, racleur rotatif à ~ S 430
—, réactivation des ~ S 472
—, recyclage des ~ S 435
— recyclées R 503
— recyclées, volume des ~ S 436
—, rendement en ~ S 379
—, retour des ~ S 435
—, rigole à ~ S 432
—, séchage des ~ S 453
— secondaires N 11
—, siphon à ~ S 415
—, stabilisation [aérobie] des ~ S 419
— sur terrains arables, épandage de ~ A 376
—, teneur en ~ S 414
—, traitement des ~ S 384
—, tube à ~ S 374
—, utilisation des ~ S 463
—, vanne à ~ S 443
—, volume de ~ S 399
boue[s] [] sèche[s] T 414
— [] secondaire[s] T 454
boueur M 433
boueux M 433, S 544
bougie filtrante F 261
bouilleur K 358
— (d'une blanchisserie) K 359
— à tubes verticaux à descendage F 53, V 345
bouillir S 982
bouilloire K 358
bouillon bilié au vert brillant B 803
— concentré F 414
— de culture N 38
— lactosé M 303
— nutritif N 38
— salé, bilié et glucosé G 23
bouillons résiduaires de la fabrication d'antibiotiques N 39
boule K 654
— de distribution à quatre emboîtements M 467
— de distribution à quatre voies K 661

— de distribution à trois emboîtements M 466
— de distribution à trois voies K 655
bouleau B 515
boulon B 744
boulonnage des brides F 402
boulonnerie N 224
bourbe M 413
bourbeux M 381
bourbier T 477
bourrage D 131
bourrasque S 1638
bousceuil T 328
bout à bout, placer ~ S 1475
— à deux emboîtements U 71
— de tube R 396
— de tuyau R 396
— d'extrémité à bride et cordon E 62
— d'extrémité à bride et emboîtement F 405
— femelle M 460
— mâle S 1143
— mort R 397
bouteille F 408
— à chlore C 52
— d'acier S 1263
— de chlore C 52
— échantillon P 300
bouton-poussoir S 247
bovins, fumier de ~ R 318
boyau D 50, S 475
BPC B 514
brai de goudron T 91
branche A 365
branchement A 365
— à angle aigu A 367
— à angle droit A 366
— d'abonné H 113
— d'équerre A 366
— des tuyaux R 449
— d'immeuble H 113
— domestique H 113
— domiciliaire H 113
— en parallèle P 21
— en série H 203
— erroné F 116
— particulier H 113
— pour tuyau souple S 476
se brancher A 363
brande H 148
bras d'arrosage D 245
— de la mer M 131
— de levier H 134
— de racleur K 552
à bras d'homme M 198
bras du segment S 868
— latéral N 105, S 889
— oscillant S 756
— pivotant S 756
—-mort (d'une rivière) A 469
braser H 91
brassage R 523, U 167
— à l'intérieur de la conduite M 350

— des boues, pompe de ~ S 455
— du digesteur par le gaz G 78
— par gravité M 352
— total V 416
brasser R 522
brasserie B 768
—, eaux de presse de ~ B 769
brassin M 37
brasure H 93
— forte H 93
break-point, chloration au ~ K 352
brèche T 469
brême B 764
bretelle B 874
brevet P 35
—, demande de ~ P 36
—, détenteur d'un ~ P 38
—, infraction à un ~ P 39
—, mémoire descriptif de ~ P 37
bride F 385
— à bossage F 391
— de raccordement V 57
— de recouvrement B 572
— d'obturation B 572
— dressée plane F 389
— fixe F 388
— folle F 390
— mandrinée F 387
— normale N 253
— obturatrice B 572
— pleine B 572
—, robinet-vanne à ~ F 398
— soudée F 386
— standard N 253
brides, assemblage à ~ F 401
—, boulonnage des ~ F 402
—, cône à deux ~ F 399
brillantage G 384
brique Z 99
— de parement V 64
— de pavage P 126
— de revêtement V 64
— dure K 341
— dure et très cuite K 341
— hollandaise K 341
— recuite pour égouts K 87
— réfractaire S 256
briquette P 276
bris B 807
— d'un tuyau R 386
brise de mer W 590
—-charge, bassin ~ D 336
—-glace E 176
—-lames W 512
—-vent W 607
brisement B 759
briser B 784
brisoir d'écumes S 786
brochet H 142
brome B 805
bronze B 806
— rouge R 483
brosse B 882

— Kessener K 246
— rotative, aération par ~ B 883
brouillard N 99
— dense N 100
— enfumé S 1020
— épais N 100
— flottant N 102
—, formation de ~ N 101
broyage R 85
broyer Z 86
broyeur M 33, R 84
— à barreaux S 1228
— à cylindres R 461
— à marteaux H 58
— d'ordures ménagères M 445
bruine S 1176
bruit de fond (rad.) N 278
—, lutte contre le ~ L 28
brûler V 76
brûleur B 794
— à mazout O 74
— immergé T 64
— noyé T 64
brûleurs immergés, évaporateur à ~ T 65
— immergés, évaporation avec emploi de ~ T 66
brume N 99
brumeux N 120
brut R 354
bruyère H 148
bryozoaires M 410
buanderie W 100
— chimique W 101
budget H 120
buée B 829
buées, condenseur de ~ B 831
—, pyrolyse des ~ B 832
buisson S 1550
bulking de la boue activée B 528
bulldozer P 197
bulle B 529
— d'air L 315
— de gaz G 49
bulletin météorologique W 544
Bureau de Vérification des Poids et Mesures E 17
bureau d'hygiène G 298
burette B 880
burin B 717
buse D 370
— à encoches S 514
— à grande portée W 674
— d'aération L 318
— de mesure M 209
— distributrice V 329
— fendue S 514
buselure D 370
— de filtre F 249
— de lavage W 104
— de pulvérisation S 1558
— distributrice V 329
— fixe D 371
butée W 556

— d'ancrage V 46
— des coudes A 264
butte de la nappe phréatique G 617
butylène B 892
by-pass U 154
— -pass de sécurité S 937
— -pass pour l'eau de pluie R 173

C

cabestan S 1129
cabine K 4
— de contrôle R 195
cabinet à chasse d'eau S 1182
— d'aisances K 344
— de bain B 17
— sec T 389
câble K 1, T 61
— de forage B 729
— de levage F 589
— d'extraction F 589
cadastre K 154
cadence annuelle J 8
— de travail A 659
cadmium C 2
cadran Z 100
— éclairé L 211
cadre F 83
— de regard R 24
caduc B 90
caduque B 90
cage G 142
— d'écureuil K 6
cahier des charges V 119
caillou K 260
cailloux roulés G 257
caisse, fondation par ~ S 917
caisson S 916
— à air comprimé D 307
— pneumatique D 307
caissons, fondation sur ~ S 917
cake de boue F 266
calage d'une turbine T 487
calamine W 71
calcaire K 37, K 49
— coquillier M 495
— dolomitique K 26
— marneux M 200
calcination G 437
calcite, dépôt protecteur de ~ C 3
calcium C 4
calcul B 279, B 280
— de débits A 100
— de la propagation des crues H 246
— de résistance F 181
— des frais d'exploitation B 402
— du prix de revient K 520
— d'un réseau de distribution R 420
— statique B 281

calculateur analogique A 518
— digital D 167
— électronique E 251
calculatrice C 109
cale de construction H 171
—, eau de ~ B 476
—, pompe de ~ B 475
calfatage V 303
calfater V 302
calfeutrer V 302
calibrage, effet de ~ K 308
calibre (de tuyau) L 224
— de tuyau R 452
— nominal N 132
calibreur K 310
callitriche W 373
calmer B 307
calorie W 29
calorimétrie W 42
calotte de brume D 375
caltha des marais S 1677
calul de réseaux maillés N 137
cambrien K 65
camion L 87
— à benne basculante K 280
— citerne T 54
— de dépannage K 549
— de vidange des fosses [d'aisance] F 20
— grue K 549
— -citerne à boues S 448
— -citerne à purin J 20
campagne K 70
camping C 13
—, place de ~ C 13
canal A 327, K 71
— à ciel ouvert K 74
— à forte pente S 665
— collecteur A 77
— d'adduction Z 154
— d'admission E 95
— d'alimentation B 321
— d'amenée E 95, O 30
— d'aval U 256
— de branchement A 599
— de by-pass U 157
— de contournement de grille à poissons F 347
— de décharge A 95, E 362
— de décharge principal H 97
— de dérivation E 362, S 1411, U 157
— de dessablement L 74
— de fuite U 256, U 294
— de grille R 87
— de jaugeage M 220
— de jonction V 58
— de la volute S 1138
— de mesure M 220
— de mesure Poncelet P 244
— de navigation S 335
— de raccordement A 599
— de rinçage S 1194
— de transmission U 91
— de trop-plein U 56
— de vidange E 368

— d'eau de lavage des filtres S 1207
— d'eau motrice T 359
— d'écoulement E 368
— d'entrée E 95
— d'évacuation A 95
— d'irrigation B 432
— intérieur d'une digue d'évacuation B 489
— jaugeur M 220
— jaugeur à ressaut M 220
— latéral S 891
— maritime S 844
—, ouvrage aval d'un ~ K 75
— Parshall P 28
— secondaire N 112
— Venturi V 38
canalisation K 83, L 181, R 412
— à boues S 374
— à grande distance R 399
— à joints au mastic V 182
— à joints au plomb L 185
— bouclée R 323
— d'arrosage mobile L 182
— de descente F 50
— d'eau de ville W 284
— des eaux de pluie R 185
— d'évacuation des eaux pluviales R 160
— en béton armé avec âme tôle S 1259
— homogène R 372
— monolithe R 372
— municipale W 284
— par gravité F 634
—, pression de la ~ L 187
—, réseau de ~ L 190
— secondaire d'arrosage R 202
— sous chaussée S 1543
— surbaissée D 347
—, tuyau de ~ L 192
canalisations, galerie pour ~ R 440
—, nettoyage des ~ R 429
—, réseau de ~ R 417
cancer K 558
cancérigène K 560
cancérogène K 560
caniveau R 333, S 1542
— sous route D 413
cañon S 519
canon d'arrosage R 148
canot B 748
— à voiles S 866
— automobile M 419
canotage K 13
cantine K 105
canyon S 519
caoutchouc K 173
— chloré C 65
capacitance d'une membrane M 185
capacité R 64
— assurée L 154
— au champ F 135
— auto-épurante S 902

— capillaire W 253
—, courbe de ~ S 1331
— d'absorption A 248
— d'absorption de chlore C 82
— d'absorption d'eau W 181
— d'absorption d'humidité F 135
— d'adaptation R 104
— d'assimilation A 692
— de charge des eaux par des matières polluées B 208
— de charge d'un champ F 135
— de combinaison B 481
— de combinaison avec la chaux K 32
— de combinaison avec les acides S 40
— de combinaison avec l'oxygène S 154
— de décharge A 98
— de découlement A 98
— de dissoudre le plomb B 561
— de la turbine T 491
— de l'épuration R 239
— de passage D 401
— de pointe S 1146
— de production L 161
— de régénération R 134
— de réserve L 165
— de rétention d'eau W 253
— de saturation en oxygène S 147
— de solubilisation du cuivre K 699
— de stockage S 1334
— de stockage des réservoirs T 52
— de stockage, protection de la ~ S 1335
— de surcharge S 935, U 50
— de transport S 492
— de vaporisation V 101
— d'échange A 885
— d'écoulement A 119
— d'emmagasinement d'eau morte T 290
— d'épaississement E 52
— d'évacuation A 119
— d'infiltration E 58, I 44
— d'oxygénation S 147
— effective N 295
—, graphique de ~ L 163
— hydrophile W 181
— installée L 155
— maximale de pompage installée H 100
— maximum de rétention en eau W 264
— mécanique en réserve M 94
— nominale N 130
—, pointe de ~ L 166
— portante T 304
— portante limite T 305
—, réserve de ~ L 165
— sûre L 154
— tampon P 346

— thermique W 35
— totale G 249
— utile N 291
— utile de stockage S 1329
— utile du sol pour l'eau S 1100
capillaire critique, hauteur ~ H 32
capillarité K 110, S 1356
capot-regard pour fermeture de puits S 197
capsule de mesure de pression D 286
— d'évaporation A 31
captage d'eau W 224, W 239
— d'eau de rivière F 556
— d'eau douce S 1659
— des eaux souterraines G 618
— d'une rivière F 514
— d'une source Q 34
— d'une source, chambre de ~ Q 40
— d'une source, puits de ~ Q 36
—, tuyau de ~ F 84
capteur de pressions D 286
capture des solides F 190
capuchon K 122
caractère C 20
— inodore G 229
— raisonnable Z 157
— variable (biol.) V 16
caractères E 29
— chimiques E 30
— physiques E 31
caractéristique B 453, K 207
— de la pompe P 378
caractéristiques de déshydratation E 450
— de sédimentation A 220
— d'exploitation B 392
carafe F 408
carapace siliceuse K 267
carbamate C 14
carbonate C 16
— acide de sodium N 78
— de calcium C 8
— de chaux C 8
— de magnésie M 20
— de sodium S 1021
— de soude anhydre S 1022
— neutre de potassium P 267
carbone K 387
carboné K 391
carbone, analyseur de ~ K 389
—, bioxyde de ~ K 380
—, électrode de ~ K 372
—, hydrate de ~ K 374
— organique total K 388
—, oxyde de ~ K 379
— radioactif R 12
— total G 250
carbonifère K 376
carbonisation K 125
carburant B 799

car

— au plomb B 558
— Diesel D 150
— gazeux T 330
carbure C 15
— de calcium C 7
— d'hydrogène K 395
carence en espèces A 670
carex S 867
cargo F 625
carie dentaire Z 15
carnallite C 18
carne K 102
carottage K 219
carotte de forage B 704
— de sondage B 704
carotteur K 218
carottier K 218
carpe K 126
— verte G 468
carré V 392
— d'épandage S 1317
carreau K 5
carrelage P 123
carrelé G 151
carrière S 1366
— de gravier K 269
carrossable F 44
carte K 134
— agronomique B 663
— de qualité des eaux W 245
— des alentours U 85
— des eaux W 265
— des eaux souterraines G 629
— en courbes de niveau H 289
— géologique K 135
— hydrogéographique W 265
— isohypse H 289
— météorologique W 546
— nautique S 845
— pédologique B 663
— planimétrique M 240
— pluviométrique N 188
carter G 142
cartographie aérienne L 329
— de la végétation V 18
— de qualité des rivières W 246
cartographique K 142
carton P 16
— asphalté D 5
— bitumé D 5
cas critique G 477
— de catastrophe K 158
— de fièvre typhoïde T 507
— extrême G 477
— limite G 477
cascade S 1644
— de stripping T 341
— d'extraction T 341
— souterraine G 631
case lysimètrique L 358
cassant B 824
cassure B 823, R 338
— d'un tuyau R 386
catabolisme K 147
catadrome K 148

catalase K 150
catalyse K 151
catalyseur K 463
— biologique B 496
catalytique K 152
cataracte S 1644
catastrophe K 156
— écologique U 183
— pétrolière O 86
catastrophes, protection contre les ~ K 160
catégorie de qualité d'une eau W 247
— de qualité d'une eau de surface G 319
catharobe K 161
cathode K 162
cation K 165
cationique K 166
cations, échange des ~ K 167
cave d'eau potable R 252
caverne H 294
cavitation K 176
cavité H 302
C.E. E 561
ceinture pectorale B 874
célérité G 275
— d'une onde W 514
cellule *(biol.)* Z 35
— à dénombrement K 202
— au sélénium P 168
— bactérienne B 45
— de conductivité L 176
— de fermentation G 22
— de reproduction F 620
— olfactive R 305
— photo-électrique P 168
— pour la numération du phytoplancton P 177
— pour le comptage du phytoplancton P 177
— solaire S 1043
cellulose Z 50
cémentation Z 63
cendre[s] [] A 678
cendre, composant de la ~ A 679
— folle F 491
— volante F 491
cendres, eau de transport des ~ A 681
—, pourcentage de ~ A 680
—, teneur en ~ A 680
centimètre carré Q 7
— cube K 618
central Z 68
centrale K 541
— de pointe S 1145
— de production et de pompage P 389
— électrique de grande capacité G 517
— en caverne K 175
— hydraulique W 268

— hydroélectrique avec accumulation par pompage P 389
— locale de chauffage F 151
— marémotrice G 359
— nucléaire K 222
— solaire S 1041
— submersible U 304
— thermique D 37, W 37
— thermique et de chauffage H 158
— thermo-électrique D 37
centralisé Z 68
centrat Z 76
centre de gravité S 771
— de gravité d'une pluie F 382
— de la ville S 1239
— de télécommande F 164
— touristique E 524
centrifugat Z 76
centrifugation Z 78
— des boues S 442
—, déshydratation par ~ S 496
centrifuge Z 71, Z 75
—, décanteur ~ D 84
centrifugeage Z 78
centrifuger S 500
centrifugeur Z 75
centrifugeuse à boues S 441
—, rendement en solides d'une ~ A 888
cercle K 566
— des trous de boulons L 254
céréales G 312
certificat P 323
cession des boues d'égout K 296
— des boues humides N 72
chabot G 513
chaîne alimentaire N 54
— alimentaire marine N 55
— de collines H 292
— de décapage B 200
— de lacs S 850
— et lames, racleur à ~ K 251
— nutritionnelle N 54
chaise percée N 20
chaland[d] L 86
chalands, train de ~ S 494
chalet de nécessité B 160
chaleur W 19
—, application de ~ W 55
—, apport de ~ W 55
—, baisse de ~ W 20
—, besoins en ~ W 25
— de fonte S 533
— de process P 328
— de transformation P 328
— de vaporisation V 106
— de vaporisation latente V 107
—, degré de ~ T 115
— de [la] prise A 26
— d'hydratation A 26
—, dissipation de la ~ W 21

—, évacuation de la ~ W 21
—, extraction de ~ W 30
— perdue A 283
—, perméabilité à la ~ W 28
—, perte de ~ W 52
—, pompe de ~ W 43
—, production de ~ W 32
—, qui supporte la ~ W 53
—, rayonnement de ~ W 48
—, récupération de la ~ W 47
— résiduaire A 283
— résiduelle, quantité de la ~ A 284
— résiduelle, utilisation de la ~ A 286
—, source de ~ W 45
—, transfert de ~ W 49
chalumeau L 287
— oxhydrique S 577
chalutier F 328
chambre K 66
— à sable S 93
— d'arrivée E 94
— de captage d'une source Q 40
— de clarification K 288
— de combustion postérieure N 22
— de compteur Z 7
— de décantation A 229
— de dessablage S 93
— de détente E 425
— de digestion des boues F 96
— de flotteur S 794
— de mesure M 226
— de post-combustion N 22
— de putréfaction des boues F 96
— de tranquilisation B 309
— de ventouse E 378
— d'équilibre W 346
— d'équilibre à sens unique D 283
— des vannes S 320
— séparée de digestion F 99
chamoisage S 8
chamoiserie S 6
champ d'action W 644
— de puits B 856
— d'épandage R 309
— d'irrigation R 309
champêtre L 15
champignon P 184
— de la levure H 145
— de rouille R 470
— d'eaux usées A 330
champignonnage R 471
champignons, croissance de ~ P 185
— filamenteux F 12
changeant U 244, V 42
changement A 387
— de coloration V 148
— de direction R 303
— de régime d'écoulement F 447

— de section transversale Q 62
— en marais V 325
chantier B 116
— naval W 530
chanvre H 78
chape de béton B 376
— de ciment Z 67
chapeau de borne-fontaine H 368
— de vanne S 319
— d'écume S 801
— d'ordonnance V 393
chapelle G 142
charbon K 370, M 307
— actif A 426
— actif en poudre P 351
— actif pulvérulent P 351
— actif, réactivation du ~ R 132
— actif, régénération du ~ R 132
— activé A 426
— de bois H 313
— de terre S 1371
— filtrant F 264
—, filtre à ~ K 373
— pulvérisé P 353
— utilisé pour le déphénolage E 402
charbonnage K 375
charge B 126, B 210
— [d'eau] D 295, F 624, L 14, W 107
— admissible B 219
— annuelle J 7
— artificielle en radiation S 1499
—, à basse ~ S 689
— capillaire K 116
chargé de brouillards N 120
charge de la vitesse G 282
— de matières en suspension S 412, S 714
— (par unité de bassin versant) S 713
— de matières flottantes S 808
— de phosphates P 151
— de pointe S 1142
— de pollution B 215
— de régime N 259
— de rupture B 808
— de sels S 59
— de travail B 390
— d'étude B 220
— d'immission I 3
— d'infiltration S 956
— du lit G 259
— due à la circulation des véhicules V 192
— d'un filtre F 239
— d'un lit bactérien T 451
— d'un réservoir B 173
— dynamique D 296
— en DBO B 876
— en eaux usées A 326
— en oxygène S 160

— en saltation G 261
— en suspension S 412
— extérieure B 211
—, galerie en ~ D 332
— hydraulique B 212, F 379
— hydrostatique D 298
— intermittente W 453
— massique S 385
— maximale G 476
— nominale B 220
— normale G 558, N 259
— organique B 216
— par unité de volume R 62
— périodique S 1478
— permanente B 217
—, perte de ~ D 339
— polluante B 215
— polluante des eaux G 318
à charge positive P 259
charge potentielle D 300
— progressive S 1623
— provisoire B 218
— spatiale R 62
— statique D 301
— superficielle F 379
— temporaire B 218
— théorique B 220
— thermique W 27
— thermique, programme de ~ W 38
— totale G 244
— utile N 293
— volumique R 62
— volumique en DBO B 877
— -limite d'élasticité B 808
chargement B 314, L 14
—, benne de ~ S 262
— intermittent B 315
— sur bateau V 251
charger B 209, B 313, L 13
charges d'ovalisation R 431
chariot aspirateur de boues d'égout S 180
— baladeur W 76
— de curage S 1203
— porte-marteau B 740
charpente H 316
charpenterie V 376
charrée H 48
charrette K 127
charriage A 542, G 259, T 316
— stabilisé G 260
charrier F 673
charrue P 127
— -taupe M 118
Charte Européenne sur l'Eau W 186
chasse S 1128
— a haute pression H 218
—, appareil de ~ S 1186
— d'eau S 1200
— d'eau, cabinet à ~ S 1182
— d'égout K 99
—, regard de ~ S 1197
—, réservoir de ~ S 1189
— sous pression D 343

cha

—, vanne de ~ S 1199
—-neige S 571
chasser au moyen d'air A 792
châssis F 45
château d'eau W 401
chaud W 81
chaudière B 741, H 156, K 231
— *(d'une blanchisserie)* K 359
— (à) haute pression H 215
chaudière à passe unique
 D 417
chaudière à vapeur D 35
—, purger une ~ S 367
— tubulaire W 333
chaudron à air W 598
chauffage E 522, H 164
— à distance F 152
— à gaz G 63
— au mazout O 72
— avec recirculation K 584
— central Z 69
— d'eau W 87
—, dispositif de ~ H 157
— du digesteur F 104
— en circuit fermé K 584
à chauffage interne I 56
chauffage préalable V 475
—, serpentin de ~ H 163
—, tuyau de ~ H 162
chauffé à la vapeur D 30
chauffe, surface de ~ H 155
—-bains B 9
—-bains à gaz G 46
—-eau W 86
chauffer H 154
chaufferie K 233
chaulage A 397
— du sol K 52
chauler A 396
chaussée F 43
— d'un barrage D 24
— d'une digue D 24
chaux K 25
—, addition de ~ K 56
— agricole D 356, S 1559
— anhydre A 409
—, boue[s] [] de ~ S 288
—, dosage de ~ K 56
—, eau de ~ K 54
— en poudre K 45
— en roches S 1616
— éteinte C 10
—, extincteur de ~ K 39
— gazière G 64
— hydratée C 10
—, lait de ~ K 40
— maigre M 14
—, mortier de ~ K 43
—, saturateur de ~ K 46
— vive A 409
chavirement K 210
chavirer K 209
chef de service B 404
— de station B 404
— d'équipe V 424
— d'exploitation B 404

— foreur B 718
— terrassier S 202
chélate C 23
chélation C 25
chemin W 461
— d'accès Z 130
— de fer en remblai E 183
— de halage T 336
— de roulement L 104
— de surveillance S 280
— d'infiltration S 968
— rural W 461
— vicinal W 461
cheminée S 604
— d'aération L 306
— de déversement U 60
— d'équilibre S 208, W 346
— des fées R 158
cheminement d'une
 intumescence V 204
chemise de réacteur R 77
— de tôle M 65
— d'eau K 624
chenal M 424
— à découvert K 74
— de mesure avec onde
 stationnaire M 221
— d'écoulement d'une crue
 F 569
— d'infiltration S 957
— d'oxydation O 130
— navigable F 46
— peu profond F 364
cheptel V 384
chevain D 187
cheval-vapeur P 105
chevancher U 47
chevelu *(biol.)* S 1492
chevesne D 187
cheveu H 1
cheville B 744
chicane L 167, P 271, Z 160
— de retenue S 1340
chiffons L 355
chiffre Z 14
chiffres de qualité de l'eau
 W 243
— d'exploitation B 414
— significatifs H 111
chimie C 26
— analytique C 27
— nucléaire K 220
— technique T 83
chimique C 33
— d'oxygène, demande ~
 S 150
chimiquement combiné C 34
— pur C 35
chimiste C 32, L 1
chironomide *(Chironomus)*
 (biol.) Z 126
chloramine C 44
chlorateur C 58
— domestique H 114
— ménager H 114
chloration C 73

— à haute dose H 210
— à sec C 74
—, agent de ~ C 79
— au break-point K 352
— au point critique K 352
— au point de rebroussement
 K 352
— de protection S 675
— des eaux usées A 320
— des eaux usées en égout
 A 355
— directe au chlore gazeux
 C 74
— indirecte par une eau
 chlorée C 75
—, installation de ~ C 78
— intermédiaire Z 210
— intermittente S 1485
— marginale C 77
— préventive S 675
chlore C 38
— actif C 42
— actif combiné C 41
— actif libre C 40
— appliqué/chlore résiduel,
 courbe de ~ C 83
—, besoin en ~ C 47
—, demande en ~ C 47
—, détecteur de ~ C 56
— gazeux C 54
— gazeux, doseur de ~ C 55
— libre C 40
— liquide C 39
—, odeur de ~ C 59
— résiduel R 274
— résiduel, appareil
 enregistreur de ~ R 279
— residuel combiné R 277
— résiduel libre R 275, R 276
—, saveur de ~ C 60
— semi combiné C 41
chlorer C 51
chloreur C 58
chlorhydrate C 61
— d'ammoniaque C 46
chlorination de l'eau poatable
 T 371
chloroforme T 351
chloromètre C 58
chlorophénol C 69
—, goût de ~ P 142
chlorophycée G 533
chlorophylle B 534
chlorose B 535
chlorosulfate de fer E 205
chlorure C 62
— d'ammonium C 46
— d'argent C 70
— de calcium C 9
— de chaux B 547
— de magnésium M 21
— de polyvinyle P 243
— de potasse C 64
— de potassium C 64
— de sodium K 361
— de soude C 71

— de triphényltétrazolium T 384
— ferreux E 188
— ferrique E 189
— manganeux M 55
choc S 1474
— des vagues W 345
— du sol E 539
— sur l'entaille, essai au ~ K 215
choix d'un emplacement S 1293
— d'un lieu S 1293
— d'un site S 1293
choléra C 84
— asiatique C 85
chômage B 410
— (d'un lit de contact) L 143
chriffrer d'une taxe V 47
chromage V 92
chromate C 88
chromatogramme sur papier P 11
chromatographie C 89
— ascendante C 91
— circulaire R 543
— d'adsorption A 383
— descendante C 90
— en couche mince D 364
— en phase gazeuse par réversion R 287
— en phase vapeur D 31
— gaz-liquide G 44
— gazeuse G 50
— gazeuse pyrolytique P 404
— par échange d'ions I 103
— sur colonne S 23
— sur papier P 12
— [en phase] gazeuse G 50
chromatographique C 92
chrome C 87
chronomètre Z 27
chrysalide P 395
chute F 48, G 107
— brute R 358
— de la marée T 178
— de nappe phréatique G 631
— de neige S 564
— de pierres S 1376
— de pluie R 139
— de pluie par seconde R 150
— de potentiel P 263
— de pression D 279
— de température T 116, T 120
— de tension S 1085
— d'eau W 222
— du niveau de la nappe phréatique G 620
— d'une courbe A 46
— exploitable N 289
— libre F 49
— motrice G 109
— nette N 289
—, ouvrage de ~ A 274
— spécifique de pression D 280

—, tuyau de ~ F 55
ciel (géol.) H 82
à ciel ouvert O 89
CIGB I 90
cil G 149
ciliés W 587
— fixes C 97
— pédonculés C 97
cime G 380
ciment Z 58
— à prise rapide Z 59
— armé E 185
— de haut fourneau H 230
— de laitier S 355
— d'injection E 111
— en vrac Z 60
— illuvial G 676
— prompt Z 59
— sursulfaté S 1664
cimentage Z 63
cimentation Z 63
cimetière L 35
— de voitures A 905
cinétique K 276
— de la (bio)dégradation A 18
— de réaction R 75
cintrage des tubes R 385
circuit K 578
— (de refroidissement) interne P 284
— de retour des boues S 435
— d'eau W 274
—, durée du ~ F 449
— fermé K 580
— fermé de refroidissement K 629
— ouvert D 418, K 582
circuits de commande et de réglage S 1404
circulaire K 577
circulation K 578, U 167
— (limnol.) Z 105
— ascendante, clarification par ~ K 300
— automnale (limnol.) H 182
—, bassin à ~ U 169
— d'eau W 404
— des boues S 456
— horizontale D 387
— inverse, forage à ~ S 178
— par ferry-boat F 16
—, pompe de ~ U 168
—, potentiel de ~ S 1590
— printanière (limnol.) F 669
— radiale D 434
—, schéma de ~ F 425
— souterraine, vitesse de la ~ F 622
— verticale V 349
circuler U 147
cisaillement, contrainte au ~ S 293
—, résistance au ~ S 298
—, rupture par ~ S 294
—, vitesse de ~ S 295
ciseau à mater S 1388

cité S 1234
citerne Z 106
— à purin J 20
— pour eaux pluviales R 140
citernes à mazout H 160
clair D 427
clairière de glace E 175
clapet à bille K 665
— à glaçons E 212
— à marée G 362
— à ouverture rapide V 24
— d'aspiration S 192
— de fermeture V 261
— de fond B 666
— de nettoyage R 237
— de non-retour à battant R 515
— de pied B 666
— de pied-crépine B 667
— de refoulement D 338
— de retenue A 259, R 515
— équilibré à contrepoids inférieur U 255
— équilibré à contrepoids supérieur O 29
— étrangleur D 269
—, soupape à ~ K 306
clarifiant optique A 752
clarificateur K 287
— à couche de boues S 420
— domestique H 119
— ménager H 119
clarification K 299
—, bassin de ~ K 287
— biologique, installation de ~ K 283
—, chambre de ~ K 288
— des eaux d'égout A 325
—, dispositif de ~ K 290
— finale, bassin de ~ N 10
— gravitaire S 767
—, installation de ~ K 282
— intermédiaire Z 211
— par circulation ascendante K 300
—, rendement de la ~ K 289
clarifier K 291
clarté D 428
classe (biol.) A 668
classement manuel S 1067
classer K 309
classification K 311
— décimale D 112
— des résidus A 69
classifier K 309
clé A 258
— à canon H 75
— à tubes R 454
— à vis S 618
— amovible H 75
— de manœuvre S 323
— de manoeuvre pour robinet d'arrêt S 1120
— de voûte G 355
clef A 258
— de manœuvre A 258

— de tubage V 243
client important G 515
climat K 329
— continental K 331, K 465
— de steppe S 1397
— des régions élevées H 288
— du désert W 672
— en altitude H 288
— humide F 211
— marin S 846
— océanique S 846
— subtropical K 332
— tempéré K 330
— tropical K 333, T 441
climatique K 338
climatisation K 339
climatologie K 337
cliquet pour percer B 705
cloaque K 343
cloche à gaz G 52
— à gaz fixe G 53
— à gaz flottante G 54
— à gaz immergée G 55
— à plongeur T 69
— de repêchage F 63
cloison T 345
— de la cellule Z 56
— plongeante S 805, T 63
— siphoide T 63
— siphoïde S 805
closet rural E 37
clôture en palplanches U 166
co-précipitation S 1008
coagulabilité F 451
coagulable F 450
coagulant F 463
coagulants, besoins en ~ F 26
coagulation F 457
—, bassin de ~ F 461
— supplémentaire F 460
coaguler F 453
coalescence K 357
coaltar S 1372
code de sécurité S 939
coefficient B 191
— barométrique W 646
— d'absorption A 243
— d'augmentation de volume R 61
— de biomasse B 192
— de conformité G 405
— de constriction E 122
— de coupure de méandre D 433
— de débit A 88
— de décontamination (radiol.) D 87
— de densité des boues S 418
— de diffusion D 163
— de dilatation A 798
— de freinage de l'écoulement par développement d'herbes V 197
— de frottement R 205
— de pente des vagues S 1362

— de perméabilité D 410, D 411
— de répartition V 339
— de répartition d'une pluie R 175
— de retrait S 812
— de rugosité R 59
— de rugosité des tubes R 428
— de ruissellement A 88
— de solubilité L 267
— de sortie A 805
— de stockage S 1098
— de transmissibilité D 420
— de transmission U 90
— de transpiration T 314
— de vaporisation V 108
— de viscosité Z 12
— de vitesse G 279
— d'écoulement A 88, A 805
— d'emmagasinement S 1098
— d'infiltration V 284
— du déversoir W 468
— d'uniformité G 405
— d'utilisation N 301
— pluviométrique V 339
— respiratoire R 270
— spécifique de stockage S 1099
cœlentérés P 119
coercition Z 187
coffrage S 252
— coulissant G 417
— en bois H 323
— glissant G 417
— grimpant K 325
—, revêtement de ~ S 253
coffrages, isolation de ~ S 255
coffre de bouche d'incendie S 1533
coffrer E 116
cogner E 119
cohésion K 369
coiffe W 686
coin K 183
coins de retenue F 65
coke K 405
—, eau d'extinction du ~ K 409
—, filtre à ~ K 406
—, four à ~ K 410
—, panier à ~ K 408
—, ruisseleur à ~ K 411
cokerie K 403
col de cygne (installation) G 6, S 698
— (service des incendies) S 1297
coli-phage C 106
colibacille C 102
—, bactériophage spécifique du ~ C 106
—, colonie de ~ C 101
colibacilles, comptage des ~ C 105
—, qui détruit les ~ C 100
coliforme C 104

coliformes B 27
colimétrie C 103
coliques de plomb B 556
— saturnines B 556
colititre C 107
colle de peaux H 129
collecte des algues A 441
— des eaux pluviales A 743
collecteur A 340
— de sable S 107
— d'eaux souterraines, puits ~ G 648
— d'écumes S 785
— d'interception A 78
— du gaz G 72
— maçonné K 72
— principal H 103
— secondaire N 115
— transversal de boues S 440
collection S 83
collectivité G 169
— rurale L 51
se coller Z 163
collet F 385
collier à couler G 371
— à lunette A 530
— de fixation R 433
— de prise A 529
— de prise avec robinet d'arrêt V 25
— de prise en fer forgé A 531
— de prise en fonte malléable A 531
— pour tuyaux R 433
colline H 351
colloïdal K 420
colloïde K 421
colloide du sol B 630
colloïde protecteur S 678
colloïdes, piège à ~ K 422
colmatage A 758, V 258
— avec de la boue E 118
— des pores P 253
— d'un filtre F 298
colonie de bactéries B 43
— de colibacille C 101
colonne R 398, S 22
— à barbotage G 436
— barométrique Q 22
— de lavage W 118
— de mercure Q 22
— de prise d'eau à étages multiples E 556
— de séparation T 342
— de stripping A 279
— de surface S 1296
— d'eau W 337
— d'élimination A 279
— d'entraînement A 279
— d'extraction E 580
— échangeuse A 883
— échangeuse de cations W 376
— liquide F 485
— montante S 1358

— montante d'un hydrant S 204
— préliminaire V 465
colonnes de morceaux de coke K 407
colonnette de manœuvre avec indicateur S 25
— de manœuvre sans indicateur S 26
colorant F 67, F 73
— traceur F 72
colorateur F 67
coloration F 37
— différentielle D 154
— Gram G 460
colorer F 33
colorier F 33
colorigène F 67
colorimètre K 423
— à double récipient D 195
colorimétrie K 424
colorimétrique K 425
combinaison chimique V 56
combiner (chim.) V 53
comblement A 758
combustible B 792, B 799
— atomique A 707
— nucléaire A 707
combustion V 77
— à découvert V 80
— à l'air libre V 80
— du gaz perdu A 134
— en mer V 78
—, gaz de ~ R 52
— humide V 79
— noyée U 315
— par technique des suspensions atomisées V 104
— par voie humide N 75
— postérieure, chambre de ~ N 22
comestible G 184
comité de bassin F 513
commande A 627
— à air comprimé D 308
— à deux positions Z 196
— à distance F 163
— à vapeur D 27
— de la vanne S 316
— de pompe P 371
— directe de la vanne par clé à béquille S 318
— directe de la vanne par volant de manœuvre S 317
— du fonctionnement S 1407
— du programme P 315
— d'une vanne S 324
— électrique A 628
— manuelle H 62
— mécanique A 629
à commande mécanique M 90
— commande oléo-pneumatique O 75
commande par bouton poussoir D 302, B 383

— par courroie R 306
à commande par flotteur S 791
commandé par flotteur S 791
commande par moteur A 629, M 418
— par vis sans fin S 558
commencer à pourrir A 539
— à se gâter A 539
comminuteur M 445
Commission Internationale des Grands Barrages I 90
— Internationale des Irrigations et du Drainage I 89
commission sanitaire G 298
Commission sanitaire G 299
communauté biologique L 116
— de stations voisines de traitement d'eaux usées K 286
Communauté Européenne E 561
commune G 169, O 118
— rattachée G 170
— rurale L 51
— urbaine S 1238
communication A 597
— des résultats M 253
compactage (du béton) V 116
— de sous-sol U 263
— des immondices M 442
— du sol B 670, B 672
compacter (le béton) V 110
compacteur V 113
compaction (du béton) V 116
—, eau de ~ V 117
comparaison des couleurs F 75
comparateur K 427
compartiment K 66
— à boues S 431
— ballast B 55, F 565
— de jaugeage M 226
— d'entrée d'un réservoir B 174
— du flotteur S 794
— d'un filtre F 260
— d'un réservoir B 175
— épaississeur E 54
à compartiments multiples M 159
compatibilité V 351
—, test de ~ V 352
compatible au point de vue écologique U 180
compensation K 428
— de la pression D 282
— thermique W 23
compétence Z 182
compétent Z 181
complément A 809
complétion d'un puits I 27
complexant (chim.) K 429
complexation K 430
complexométrie K 431
comportement V 187
— en déshydratation E 450

— envers l'environnement U 196
— rhéologique F 445
—, schéma de ~ V 188
composant B 335
— de la cendre A 679
composants chimiques S 1449
composé aliphatique V 54
— azoté S 1424
— chimique V 56
— de l'azote S 1424
— organique halogéné O 108
composés transuraniens T 321
composition Z 169
— chimique Z 170
— des détergents W 113
— granulométrique K 367
compost K 432
— brut F 641
— frais F 641
— meule K 433
— mixte M 343
compostage K 435
— combiné K 436
— des immondices M 436
— en commun d'ordures et de boues M 426
—, installation de ~ K 437
— mixte K 436
—, silo de ~ K 438
—, tas de ~ K 433
composter K 434
compresseur V 112
— à deux étages V 87
— à piston alternatif S 283
— à vis S 620
— d'air L 332
— rotatif R 478
compressibilité Z 166
compression D 273, V 114
— d'eau Z 167
— des vapeurs B 830
—, effort de ~ D 328
—, résistance à la ~ D 289
— triaxiale, essai de ~ D 252
comprimer V 109
comptage des colibacilles C 105
— des particules T 107
compte B 279
— des frais K 517
——rendu P 323
——rendu annuel J 4
——rendu de marche B 391
compteur M 219, Z 5
— à ailettes à plusieurs jets M 163
— à chiffres alignés Z 101
— à courant F 478
— à démarreur Woltmann W 664
— à éventail F 478
— à piston rotatif R 325
— à pression differentielle D 153
— à roue hydraulique F 478

com

- à scintillation S 1698
- à turbine F 478
- à turbine à une ailette E 67
- à vis S 621
- aux faibles débits, sensibilité d'un ~ A 568
- bypass N 119
- combiné Woltmann W 664
- de distribution H 126, S 1554
- de pointe S 1141
- de type sec à cadran externe T 406
- de vitesse F 478
- d'eau W 443
- d'eau à cadran noyé N 69
- d'eau à cadran sec T 406
- d'eau à étranglement V 147
- d'eau à piston K 415
- d'eau à turbine T 492
- d'eau avec turbine à aubes F 478
- d'eau domestique H 126
- d'eau totalisateur W 444
- divisionnaire T 113, V 91
- divisionnaire Woltmann W 664
- en gros H 110
- enregistreur à grande distance F 170
- Geiger G 148
- intégrateur S 1674
- interférentiel F 478
- noyé N 69
- pour une colonne montante S 1360
- principal D 185
- submergé Woltmann W 663
- totalisateur S 82, S 1674
- totalisateur d'arrivée E 76
- Venturi V 39
- Venturi proportionnel V 40
- vertical S 919
- volumétrique M 194
- Woltmann W 665

concassage primaire V 476
concasser B 784, Z 86
concasseur B 786, M 33
- à marteaux H 58
concentration K 474
- (chim.) A 587, V 115
- de population Z 164
- de seuil G 482, S 748
- de seuil admissible G 483
- des eaux d'égout K 475
- des virus par congélation G 120
- en impuretés S 548
- en ions H. W 379
- en ions hydrogène W 379
- en matières polluantes S 548
- en sels S 55
- ionique I 108
- limite G 482
- limite admissible G 483
- maximale admissible K 476
- maximale d'immission I 5
- maximum admissible H 279
- maximum admissible au poste de travail A 655
- saline S 60
- , temps de ~ E 55, K 477

concentrer (chim.) A 585, V 111
conception A 837
- de l'admission E 90
- de l'entrée E 90
concession V 207
conchyliculture M 496
concours A 851
concrétion K 451
condensat K 439
- acide K 440
- ammoniacal T 149
- de cracking K 526
- de craquage K 526
condensateur K 445
condensation K 442
- , eau de ~ K 444
- , noyau de ~ K 443
- , point de ~ T 79
condensats, affinage des ~ K 448
- , épuration des ~ K 441, K 448
condenseur K 445, K 623
- à jet E 129
- barométrique K 446
- de buées B 831
- par injection E 129
- par mélange M 344
- par surface O 16
condition A 756, B 311
- de service B 389
- d'exploitation B 389
- requise normalisée N 251
conditionnement (de l'eau) A 728
- d'air K 339
- d'air, installation de ~ K 334
- des boues A 730
conditions atmosphériques W 650
- de qualité G 683
- de ruissellement A 118
- imposées au milieu (biol.) A 541
- imposées pour la qualité de l'eau W 242
- locales V 185
conductance L 200
conducteur B 387
- de pompes P 384
- de travaux W 533
- , résistance d'un ~ (électr.) L 197
conductibilité L 170
- thermique W 40
conductimétrie K 450
conductivimètre L 174
conductivité L 170, L 173

- électrique L 171
- hydraulique L 172
- résiduelle R 281
- restante R 281
conduit L 192
- d'aération B 248
- de décharge principal H 97
- d'eau motrice T 360
conduite L 181, R 412
- à boues S 426
- à écoulement libre F 634
- ascensionnelle S 1357
- circulaire R 326
- collectrice S 77
- d'adduction H 108, Z 124
- d'aérage W 549
- d'air L 334
- d'air comprimé D 314
- d'alimentation S 1111, V 293
- d'amenée Z 124
- d'aspiration S 188
- de branchement A 601
- de ceinture R 326
- de communication V 59
- de décharge A 95
- de distribution V 340
- de drainage en poterie T 273
- de prise E 387
- de refoulement D 324
- de retour R 495
- de rinçage S 1191
- de transport à grande distance F 153
- de trop-plein U 56
- de vidange E 369
- d'eau W 283
- d'eau chaude W 89
- d'eau potable T 377
- d'égout A 327
- des eaux pluviales R 184
- d'évacuation A 95
- d'infiltration V 286
- en charge D 324
- en cul de sac R 397
- en fonte G 705
- en siphon H 140
- en tuyaux de fonte G 705
- , extrémité d'une ~ R 397
- filtrante V 286
- forcée D 324
- maîtresse H 99
- maîtresse de distribution H 108
- nourricière S 1111
- nouvellement posée L 186
- principale H 99
- secondaire N 114
- , section de la ~ R 441
- sous chaussée S 1539
- sous pression D 324
- sous-marine U 307
- , tronçon de ~ L 193
- -pont R 388
conduites de branchement, remplacement de ~ N 152

con

—, détecteur de ~ L 194
—, galerie des ~ R 440
—, tracé des ~ R 413
cône K 177, U 37
— à deux bouts unis U 38
— à deux brides F 399
— à deux emboîtements D 205
— à emboîtement
  *(emboîtement au petit
  diamètre)* M 480
— à emboîtement et cordon
  *(emboîtement au petit
  diamètre)* M 480
— d'appel A 212, E 392
— de déjection S 668
— de dépression A 212
— de rabattement A 212
— de recharge A 747
— de sondage R 34
— d'éboulis glaciaire S 668
— excentré à deux brides
  F 400
— excentré à emboîtement et
  cordon M 481
— Imhoff A 225
confection des joints d'une
  tuyauterie R 379
— d'un joint F 690
— d'un nouveau revêtement
  N 140
configuration de la surface
  O 14
— des côtes K 647
confluence Z 168
confluent Z 168
conforme G 403
conformité G 404
congélation G 119
— des boues S 413
—, méthode de ~ G 123
— par pulvérisation, procédé
  de ~ S 1175
—, point de ~ G 121
—, procédé de ~ G 123
— sous pression, procédé
  de ~ D 278
congeler F 640
congère S 576
conifère N 29
conique K 179
conjuguées C 110
connecté en parallèle N 107
— en série H 202
conquête des terrains L 52
conseil B 278
Conseil de Comté G 459
conseil d'hygiène G 298
conseiller B 277
conséquence F 593
conséquences sanitaires F 594
conservation E 519, K 454,
  R 124
— dans l'eau W 277
— des eaux W 217
— du bois, agent pour la ~
  H 315

— du site L 59
— du sol B 656
conserver K 453
conserverie K 452
— de fruits O 45
— de légumes G 175
— de poissons F 336
— de tomates T 256
— de viande F 416
— de volailles G 116
consistance K 455
consistant S 1410
consolidation B 162, B 672
consommateur V 70
— d'eau W 413
— en gros G 521
consommation V 65, Z 24
— d'air L 346
— de courant S 1611
— de force K 538
— de service public V 67
— d'eau W 412
— d'eau journalière T 24
— d'eau par les plantes P 120
— d'énergie K 538
— *(par kg DBO$_5$ éliminé)* A 11
— domestique V 66
— d'oxygène S 173
— horaire S 1633
— journalière T 22
— journalière maximale T 21
— maximale H 282
— minimale M 315
— moyenne D 426
— par habitant K 478
— par jour T 22
— par jour et par habitant
  T 16
— privée G 100
— propre E 33
— publique V 67
— spécifique V 68
consommer V 69
constance de température
  T 121
constante K 456
— capillaire K 111
— de croissance W 11
— de développement W 11
— diélectrique D 147
constituants des boues S 390
constitution K 457
construction B 86, B 122
— au dessus du sol H 206
— au-dessous du sol T 209
— de digues D 14, D 82
— de galerie S 1467
— de levées D 14
— de ponts B 826
— de routes S 1524
— de tunnels à partir de
  galeries ouvertes, procédé
  de ~ T 481
— des barrages T 42
— des égouts K 85
— en acier S 1257

— en ouvrage unique B 577
— en surface H 206
— hydraulique W 161
— immergée U 299
— souterraine T 209
constructions K 676
— hydrauliques, recherche en
  matière de ~ W 162
contact, tour de ~ S 1402
—-stabilisation K 462
contacteur à flotteur W 355
— différentiel de niveau W 355
contagieux A 614
contagion A 615
contaminant V 265
contamination V 267
— de l'air L 350
— des eaux W 429
— infectieuse de l'eau W 420
— radioactive V 355
— secondaire S 898
—, source de ~ V 356
contaminer V 264
contenance G 144
— en graisse F 197
continu K 466
contour K 716
contournement U 154
se contracter *(ciment)* S 810
contraction S 643
— du sol B 657
— latérale S 890
— superficielle O 21
contrainte S 1083
— à la traction Z 149
— au cisaillement S 293
— de choc S 1477
— de cisaillement turbulente
  S 646
— de flexion B 471
— de retrait S 813
— de rupture B 818
— tangentielle T 49
— tractive S 493
contrarier E 330
contrat V 353
— de fourniture d'eau W 286
contre la corrosion K 510
—-barrage B 134
—-courant G 135
—-courant, lavage à ~ G 140
—-électrode G 127
—-fossé A 77
—-mesure G 131
—-poids G 129
—-poison G 130
—-pression G 126
contrebride G 128
— de serrage S 1472
— de serrage à vis S 628
contrefort S 1551
contribution obligatoire B 190
contrôle K 468, U 95
— à distance F 163
— à programme S 1408
— de la qualité des eaux W 249

con

— de l'atmosphère L 344
— de l'émission E 267
— de l'environnement U 195
— de l'Etat S 1222
— de matériaux W 538
— de précision F 127
— de process V 154
— de régime B 408
— de service B 408
— de sûreté S 933
— de température T 124
— de travail B 408
— des rivières F 548
— du fonctionnement S 1407
— du programme P 315
— local O 117
— opératoire V 154
contrôler U 94
contrôleur régulateur chargé d'assurer le débit constant au filtre F 248
Convention de Paris 1974 P 26
— d'Oslo O 124
conventionnel K 473
convoyeur à courroie B 60
coopérative obligée Z 185
copeaux d'acier S 1272
coquillage M 492
coquillages S 237
coquille S 236
corassin K 124
cordage T 61, V 309
corde S 1565, T 61
— en chanvre H 79
— goudronnée T 93
corder V 308
cordon littoral N 121
corps G 142
— *(d'un té, d'une croix)* H 102
— de pompe P 375, P 386
— de soupape V 30
— des pompiers F 219
— élémentaire G 568
— filtrant F 263
— flottant S 798
— simple G 568
correction d'un torrent W 586
— d'une rivière [ou d'un fleuve] F 535
corrélation W 452
corrodabilité K 496
corrodable K 495
corroder K 497
corroi L 149
corroierie L 137
corrosif K 512
— pour les métaux M 259
corrosion K 498
— atmosphérique K 501
— au sommet d'un tuyau K 499
— des métaux M 260
— extérieure A 861
—, inhibiteur de ~ K 509
— intergranulaire K 502
— interne I 60

—, lutte contre la ~ K 511
— par le sol B 631
— par les acides S 44
—, prévention de la ~ K 511
—, protection anodique contre la ~ K 507
—, protection contre la ~ K 506
—, resistance à la ~ K 504
— sous fatigue S 1088
— sous l'eau U 303
— sous tension K 500, S 1088
—, taux de ~ K 505
—, vitesse de ~ K 505
corroyage Z 161
côte alluviale A 610
côté d'admission Z 137
cote d'alerte A 431
— de crête K 601
— de retenue S 1328
côté du vent L 357
cote du zéro du limnimètre P 52
côte, rivage K 641
— sous le vent G 163
côté sous le vent L 138
coteau A 136, H 351
côtes, configuration des ~ K 647
—, déplacement des ~ K 653
coton B 109
couche F 465, S 299
— aquifère G 635
— aquifère artésienne G 637
— arable M 500
— argileuse T 274
— d'air L 330
— d'argile T 274
— d'assise B 417
— de base B 417
— de fond B 653
— de liquide F 486
— de mucus M 488
— de neige S 562
— de sable S 110
— de sable encrassée S 111
— de saltation S 1166
— de sol B 653, B 654
— de support G 546
— de terrain B 653, B 654
— d'eau W 342
— d'humus H 365
— d'infiltration S 947
— d'inversion I 98
— discordante *(geol.)* S 1179
— d'ordures S 550
— d'oxyde du laminage W 71
— drainante S 962
— du saut thermique T 162
— en discordance *(geol.)* S 1179
— encaissante négative G 655
— encaissante positive G 610
— filtrante F 283
— fluidisée W 621
— gypseuse G 381

— humique H 365
— imperméable S 301
— inférieure *(géol.)* L 230
— limite G 485
— limite imperméable G 487
— limite laminaire L 45
(couche) limite supérieure du gîte aquifère G 671
couche limite turbulente G 486
— mince, chromatographie en ~ D 364
— monomoléculaire F 221
— nutritive N 41
— perméable S 300
— protectrice S 674
— protectrice rouille-calcaire K 28
— saline S 67
— sommitale S 1347
— superficielle D 65, F 284, M 500
— supérieure D 67
— *(géol.)* H 82
— supérieure filtrante F 284
couches, suite de ~ S 303
coude K 605
— à brides F 393
— à deux brides au 1/4 F 396
— à deux emboîtements D 203
— à emboîtement et cordon M 457
— à patin F 708
— à patin à bride et emboîtement, bride en haut F 709
— à patin à deux emboîtements D 202
— à patin emboîtement et cordon M 461
— à patin pour une bouche d'incendie H 367
— à pied F 708
— à pied pour une bouche d'incendie H 367
— à 180° D 196
— au quart grand rayon L 70
— au quart petit rayon K 719
— au 1/4 à emboîtement et bout uni M 465
— au 1/4 à emboîtement et cordon M 465
— d'équerre K 353
— double à branchement central G 2
— d'un siphon inversé D 350
— orientable K 606
— taraudé G 343
coulage F 429, L 127, S 966
— d'un joint F 690
— coulé horizontalement L 229
— verticalement S 1350
coulée G 696
— boueuse M 491
— de boue E 118, M 491
couler F 428, G 368
couleur F 68

740

— de soufre S 720
coulis A 767
— de ciment E 111
coulisse S 363
coulure L 127
coup H 345, S 1474
— *(mesurage d'irradiation)*
  I 22
— de bélier D 333
— de bélier, phase de recul
  d'un ~ R 519
— de bélier selon Jukowsky
  J 25
— de mer B 785
— de piston K 414
coupe P 308
— en long L 20
— en plan G 567
— en travers Q 49
— longitudinale L 20
— longitudinale du gîte
  aquifère G 633
— transversale Q 49
—-circuit *(électr.)* S 941
—-tubage R 437
—-tubes R 437
—-tuyaux R 437
—-vent G 237
—-vide R 444
coupelles, roue à ~ S 264
couper *(une conduite)* A 250
couperose verte E 207
couple local L 293
— thermoélectrique T 159
coupler K 709
coupure E 120
— de courant S 1599
— de l'eau W 151
— de méandre D 431
courant *(électr.)* S 1597
— *(hydraul.)* S 1568
— alternatif W 454
— atmosphérique W 611
— au fond G 569
— continu *(électr.)* G 410
— continu, moteur à ~ G 411
— d'air L 352, W 611
— de convection *(limnol.)*
  K 472
— de court-circuit K 722
— de densité D 128
— de dérivation D 265
— de marée T 204
— de marée descendante E 3
— de marée montante F 570
— de retour R 521
— de sens contraire G 135
— de surface O 24
— de turbidité T 464
— d'eau W 390
— d'eau douce B 484
— d'eau souterraine G 669
— dérivé T 343
— direct *(électr.)* G 410
—, indicateur de ~ S 1580
— inférieur U 279

— laminaire S 1571
—, ligne de ~ S 1610
— littoral K 652, U 116
— marin M 145
— rectiligne de marée G 361
— sous-jacent U 279
— thermique W 31
— tourbillonnaire W 626
— triphasé D 247
— vertical V 349
—, vitesse du ~ S 1584
courants baladeurs S 1567
— telluriques E 511
— vagabonds S 1567
courbe K 605
— caractéristique hauteur/
  débit H 344
—, chute d'une ~ A 46
— cochélaire A 185
— connexe B 459
— cumulative S 1675
— d'abaissement de l'eau
  souterraine G 591
— de battage R 32
— de calibrage E 21
— de capacité S 1331
— de charge B 224
— de chlore appliqué/chlore
  résiduel C 83
— de consommation V 71
— de croissance W 12
— de débit A 97
— de débit par temps sec
  T 424
— de débit volumique A 93
— de décantation A 228
— de décharge A 97
— de décrue R 291
— de demande B 152
— de dépression A 207
— de durée D 58
— de durée des débits A 101
— de durée des niveaux d'eau
  W 368
— de durée/rendement L 160
— de fréquence A 101, H 20
— de la relation entre les
  niveaux de pointe W 365
— de masse S 1675
— de niveau H 290
— de niveau de la nappe
  phréatique G 628
— de passage D 392
— de référence B 459
— de référence d'échelles de
  jaugeage P 48
— de régression du débit de
  temps sec T 423
— de remous S 1331
— de retenue S 1331
— de sommation S 1675
— de tarage E 21
— de tarissement R 291
— de tarissement de l'eau
  souterraine G 591

— des chutes de pluie
  cumulées R 152
— des concentrations de
  matières en suspension
  S 715
— des débits classés A 101
— des débits d'une crue H 251
— des marées T 192
— des niveaux W 369
— des niveaux dans un puits
  G 664
— des précipitations cumulées
  N 197
— des pressions D 304
— des valeurs cumulées
  S 1675
— d'étalonnage E 21
— d'exhaussement S 1331
— d'intensité et de durée des
  pluies R 146
— d'oxygène en sac T 229
— du débit cumulé A 116
— en sac de l'oxygène dissous
  A 185
— granulométrique S 978
— hydroisohypse G 628
— isobare I 112
— isopiézométrique G 628
— isopluviale I 114
— logarithmique K 715
— moyenne des marées T 193
—, partie descendante
  d'une ~ A 46
— rabattement-temps A 206
— rhéologique F 439
courber B 467
courbure K 607
courir F 428
couronne K 599, S 290
— de déversement U 25
— de forage B 707
— de forage au diamant D 119
— de gravier K 271
— directrice L 179
— fixe L 179
— mobile L 99
couronnement d'un barrage
  M 115
courroie de transmission T 334
— d'entraînement A 631, T 309
cours de la température T 128
— d'eau W 278
— d'eau artificiel W 281
— d'eau émissif W 282
— d'eau intermittent W 279
— d'eau pérenne W 280
— d'eau, radier de ~ S 1033
— d'eau récepteur V 441
— d'eau saisonnier W 279
— d'eau utilisé pour
  l'agrément G 315
— d'eau utilisé pour les
  baignades B 8
— d'une rivière [*ou* d'un
  fleuve] F 530
— inférieur U 272

— moyen M 369
— supérieur *(d'une rivière)* O 35
course H 345
— de la pompe P 377
— (de l'obturateur) d'une vanne S 325
— du piston K 414
— d'un flotteur S 796
— motrice A 654
— précipitée S 666
coursier E 362, U 23
court-circuit K 720
—-circuitage K 720
à courte durée K 717
— courte terme K 717
cousin S 1348
coût de construction, détermination du ~ B 104
— de pompage P 388
— d'investissement A 566
— du traitement B 184
couteaux S 296
coûteux K 522
couver *(bebrütet: couvi!)* B 129
couvercle de forage B 710
— de regard S 197
— d'inspection R 288
— pour un tube de rallonge H 357
couvert U 6
— de collines H 352
— de glace E 173
couverture A 36
— conique K 178
— de boues S 542
— de glace E 178
— de sol B 594, E 492, M 500
— de trou d'homme M 62
— des besoins en eau D 69
— des consommations de pointe S 1144
— des dépenses K 518
— des frais K 518
— des rives D 70
— extérieure U 105
— mécanique A 38
— végétale P 109
— végétale sur les rives U 112
— voûtée G 351
couveuse B 875
CPV P 243
— rigide H 92
crachin S 1176
cracking K 527
—, condensat de ~ K 526
craie K 564
craquage acide S 46
—, condensat de ~ K 526
craquelure S 819
craquer B 303
crédit sur fonds spéciaux ERP K 563
crémaillère Z 19
crépine B 857, S 879
— à encoches S 516

— avec enveloppement de fil et fente continue B 858
— d'entrée E 100
— en plastique K 687
— filtrante F 265
— métallique S 880
cresson de fontaine B 864
crétacé K 565
crête S 290
— *(d'un déversoir)* U 24
—, cote de ~ K 601
— de la nappe phréatique G 647
— d'évacuation U 25
— d'onde W 510
— d'un barrage M 115
— d'un déversoir W 469
— d'une chaîne de montagnes G 97
— d'une digue D 22
— d'une voûte G 354
creusage A 821
creusement A 821
— *(d'un puits)* A 277
— de la tranchée A 820
— d'une tranchée G 449
creuser A 783, A 819
— *(un puits)* A 276
creuset de Gooch F 288
— d'essai P 304
creux H 302, T 207
crevaison d'un filtre S 394
crevasse F 144, G 427
crevassé Z 87
crevasse, eau de ~ H 295
se crevasser B 303
crevette K 525
criblage S 976
— grossier G 509
crible S 969
— à compartiments superposés S 980
— à disque S 981
— Russel R 549
cribler S 975
cric H 141
criquage R 339
crique R 338
cristal K 592
cristallisation K 593
cristalliser K 595
cristalliseur K 594
critère C 598
— de base d'étude E 460
— de milieu U 184
— de santé G 303
— d'environnement U 184
— sanitaire G 303
critères d'action W 647
— de charge B 223
— de qualité de l'eau W 248
— d'efficacité W 647
crochet de forage B 703
croisement d'égouts K 89
croisillon K 587
croissance W 3

— de champignons P 185
— démographique B 426
—, développement anormal de la ~ W 17
— d'herbes K 554
—, facteur limitatif de ~ W 6
—, inhibition de la ~ W 10
—, limite de ~ W 9
— microbienne K 201
— nulle N 283
—, phase de ~ W 13
—, retardant la ~ W 5
—, stimulant de la ~ W 667
—, stimulation de la ~ W 8
— zéro N 283
croix K 589
— à bride et bout uni à deux tubulures à emboîtement E 66
— à bride et bout uni à deux tubulures bride E 65
— à emboîtement et cordon à deux tubulures à bride M 477
— à emboîtement et cordon à deux tubulures à emboîtement M 478
— à quatre brides F 404
croquis S 1019
crotté S 544
croupir S 1251
croûte calcaire K 38
— d'oxyde G 702
— terrestre E 507
crue H 239
—, accroissement de la ~ H 245
—, avertissement de ~ H 271
—, bassin de retenue de la ~ R 498
— catastrophique K 159
— causée par les glaces E 210
—, danger de ~ H 252
—, débit de ~ H 242
—, débit maximal de ~ H 243
—, débit moyen de ~ H 244
—, durée de ~ H 249
—, échelle de ~ H 255
— éclair S 1643
—, fréquence de ~ H 253
—, lit de ~ H 247
— maximale H 240
— maximum probable F 559
—, niveau de ~ H 262
—, niveau maximal de ~ H 263
—, niveau moyen de ~ H 264
— nominale E 459
—, onde de ~ H 273
—, pointe de ~ H 261
—, prévision de ~ H 269
—, régularisation de la ~ H 256
—, repère de ~ H 254
—, vanne de ~ H 268
—, zone de ~ H 274

crues, atténuation des ~ V 220
—, défense contre les ~ H 259
—, dommage causé par les ~ H 258
—, évacuateur de ~ H 265
crustacés K 562
cryologie K 611
cryophile K 9
cryoplancton K 612
cubage des matériaux de remblai S 654
cubique K 613
cuiller S 528
cuillère à plomb B 559
cuir L 133
cuiseur à pâte [chimique] Z 47
— pour masse de remplissage V 183
cuivrage V 200
cuivre K 696
— jaune M 223
culée W 556
— d'une arche B 693
culotte H 343
— double D 193
— simple H 343
cultivable K 668
culture A 526
— (bact.) K 670
— (biol.) Z 127
— bactérienne B 44
— de levures H 147
— d'ensemencement I 14
— du maïs M 35
— d'un terrain tourbeux M 407
— en bandes S 1556
— en boîtes de Petri (bact.) P 217
— en bouillon (bact.) B 755
— en milieu agité S 650
— en plaques (bact.) P 216
—, milieu de ~ (bact.) K 672
— par frottis S 1563
— pure (bact.) R 248
— sèche T 407
— sur milieu agité S 650
—, tube à ~ (bact.) K 673
— unique M 397
· cumulatif K 674
cunette R 333
cuprichloramine K 697
curage R 229
— à l'air L 340
— à l'eau S 1200, W 432
—, chariot de ~ S 1203
— des égouts K 93
— des ruisseaux B 4
—, tubulure de ~ R 244
curatif K 243
cure K 712
— à l'eau W 251
curer A 783, R 228
cuve B 135, B 754
— à eau W 185
— à réaction R 73
— de décapage B 195

— de mélange M 334
— de rinçage S 1183
—, four à ~ S 203
cuvelage de puits B 713
cuvette W 103
— à chasse d'eau K 345
— de W.C. K 345
— de W.C. à ventilation K 346
— d'un lac S 840
CV P 105
cyanogène C 111
cyanophycées S 1069
cyanose C 114
cyanure C 112
— de potassium C 113
cycle K 578, Z 223
— annuel J 8
— de l'azote S 1422
— de l'eau W 274
— de l'écoulement (hydrol.) A 96
— de travail A 659
— d'irrigation U 150
— du phosphore P 157
— hydrologique W 274
— nutritionnel N 49
— saisonnier Z 224
cyclone Z 218
cyclotron A 716
cylindre Z 225
— chauffant H 168
— de boues S 474
— dilacérateur S 578
cylindrer W 69
cyste C 115
cytologie Z 42
cytoplasme Z 40

D

dallage de béton B 374
dalle P 214
— de béton B 373
— de recouvrement en grès vitrifié V 63
— poreuse F 277
— pour revêtement d'égout K 77
dalot R 394
— en béton B 358
damage S 1283
dame S 1284
—-jeanne G 388, K 481
d'amont B 296
danger de crue H 252
— de mort L 115
— d'explosion E 573
— écologique U 181
— pour la santé G 301
dangereux G 106
Danjes-Schreiber, procédé à contre-courant ~ D 44
Danube D 190
daphnie D 45
daphnies, test ~ D 46

Darcy, vitesse d'écoulement de ~ D 47
darse H 24
datation par l'azote radioactif A 472
— par ^{14}C A 471
d'aval T 47
D.B.O. S 149
DBO, charge en ~ B 876
—, charge volumique en ~ B 877
— finale E 291
— ultime E 291, G 242
DBO/DCO, rapport ~ B 878
DBO_5 S 152
DCO S 150
de bas en haut A 778
— faible profondeur F 358
— surface O 34
— très haute pureté H 235
débâcle E 209
débarcadère A 571
débarrassé des glaces E 208
débit A 82, A 99, A 123, L 153
— (d'un bassin versant par seconde par unité de surface) A 112
— annuel d'eaux polluées J 12
— artésien S 657
— capillaire A 774
—, coefficient de ~ A 88
—, courbe de ~ A 97
— critique G 475
— critique des eaux d'orage R 178
— critique des eaux pluviales R 178
— cumulé A 115
— cumulé, courbe du ~ A 116
— d'admission Z 132
— d'arrosage W 233
— de base A 91
— de crue H 242
— de filtre, régulateur du ~ F 271
— de gaz G 45
— de la marée montante F 575
— de nuit N 21
— de pointe A 535
— de pompage F 585
— de pompage journalier T 15
— de précipitation par unité de surface et par unité de temps N 201
— de recyclage de boues S 436
— de sécurité D 49
— de sécurité des nappes G 616
— de temps sec T 422
— de temps sec, valeur théorique du ~ A 838
— d'eau de pluie R 177
— d'eau d'égout A 328
— d'eau résiduaire A 328
— d'eau usée A 328
— d'eaux pluviales R 177

déb

— d'eaux pluviales par seconde et par unité de surface R 179
— d'écoulement pérenne (hydrol.) D 61
— d'effluent d'un filtre, régulateur de ~ F 232
— des eaux usées totales M 359
— des nappes G 615
— d'étiage N 211
— d'un filtre F 270
— d'un puits B 855
— d'une membrane W 205
— d'une source Q 37
— en eau W 352
— en eau souterraine G 659
— équivalent A 90
— escompté d'eau souterraine G 627
— hydraulique A 802
— intégré d'affluence Z 138
à débit intermittent P 75
débit journalier T 9, T 11, T 17
— maximal A 124, H 280
— maximal de crue H 243
— maximal d'un puits S 659
— maximum A 124
—, mesure de ~ A 104
— minimal N 213
— minimum nocturne N 16
— moyen M 374
— moyen de crue H 244
— moyen de la marée descendante D 388
— moyen de la marée montante D 389
— moyen journalier T 10
— moyen nocturne N 17
— nominal N 130
— nul N 277
— permanent (hydrol.) D 61
—, poste de mesure de ~ A 103
— rapide S 1575
— réel I 124
—, régulateur de ~ A 109
—, régulation de ~ W 295
débit solide G 259
débit solide, densité du ~ G 258
— spécifique E 516
— superficiel maximum O 5
— total A 804, D 399, L 156
— total d'affluence Z 138
— total d'eaux pluviales R 180
— total d'eaux polluées S 554
— traité D 425
—, tuyau de ~ D 323
— volumique A 92
— zéro N 277
—-incendie F 215
—-record H 280
débitmètre A 102, D 393
— à étranglement V 147
débitmétrie W 294

débits, calcul de ~ A 100
— d'étiage, moyenne des ~ N 212
— d'une crue, courbe des ~ H 251
—, fréquence des ~ H 15
— hauteurs, tableau des ~ A 117
—, registre des ~ A 120
—, régulation des ~ A 108
déblai A 821, S 667
— de forage B 702
déblaiement de neige S 561
déblais A 182
déblayage A 821
déblayer B 323
déboisage A 139
déboisement A 139
déboiser R 343
débord U 16
débordement A 893, U 16
— des vagues W 521
— d'un déversoir U 29
déborder A 892, U 54
débourber E 415
débris A 182, T 469
— de forage B 702
— de panses P 8
débroussage A 139
débroussaillage A 139
décalage des marées G 363
décalaminage E 354
décalaminer E 353
décalcification E 343
— biogène E 344
décalcifier E 342
décantabilité A 215
décantable A 214
décantation A 222
—, bac de ~ A 226, K 288
—, chambre de ~ A 229
—, courbe de ~ A 228
—, durée de ~ A 232
— en discontinu S 827
—, éprouvette de ~ A 224
— finale, bassin de ~ N 10
— gravitaire S 767
—, installation de ~ A 213
— intermédiaire Z 211
— primaire V 455
—, procédé de ~ A 230
—, rendement de ~ A 231
— secondaire N 12
— simple K 301
—, siphon de ~ S 1009
—, vitesse de ~ A 223
décanter A 221
décanteur A 216, K 287
— à double étage A 219
— centrifuge D 84
— gravitaire S 764
— pour les eaux pluviales R 149
— primaire V 454
— secondaire N 10
— type Dorr D 211

— type Dortmund D 212
— type Emscher E 271
— type Hamburg H 57
décanteuse-centrifugeuse D 84
décapage B 197
—, bain de ~ B 194
—, cuve de ~ B 195
— épuisée, liqueur de ~ B 193
décaper B 196
décaperie B 198
décapeuse S 612
décarbonatation E 309
— par la chaux K 34
décennie internationale de l'hydrologie I 88
décharge A 82, A 146, E 358, E 366, M 435
— (des eaux usées) E 104
—, bassin de ~ E 361
— brute A 148
—, capacité de ~ A 98
—, contrôlée D 94
—, courbe de ~ A 97
— dans une digue E 448
— de boues S 425
— de voitures A 905
— d'eau d'égout A 321
— des boues dans la mer V 279
— électrique silencieuse E 356
—, émissaire de ~ E 362
— en plein air A 147
—, fossé de ~ A 165
—, goulotte de ~ S 656
— incontrôlée A 148
—, orifice de ~ A 107
—, ouvrage de ~ A 828, E 359
— phréatique G 599
—, régulation de la ~ A 814
—, rigole de ~ A 110
— sauvage A 148
—, soupape de ~ E 363
—, tuyau de ~ A 111, A 166, D 323
— ultime pour déchets radio-actifs A 710
déchargeoir A 826
décharger A 145, E 355, E 357
se décharger E 517
décharger (les eaux usées) E 102
décharges urbaines A 302
déchet des unités résidentielles S 986
— d'hôpital K 544
— particulier S 1055
déchets A 70
— alimentaires S 1108
—, aménagement des ~ A 56
— d'abattoirs S 348
— de bois, traitement des ~ H 308
— de centrale nucléaire K 223
— de conserveries de thon T 171
— de criblage S 977
— de distillerie B 797

— de l'extraction et du traitement de minerais uranifères A 43
—, désinfection des ~ A 57
— d'exploitation avicole G 115
— domestiques A 44
—, évacuation des ~ A 53
— humains A 132
— industriels A 47
—, installation d'évacuation des ~ A 54
—, législation relative aux ~ A 65
—, législation sur l'évacuation des ~ A 55
—, méthode de traitement des ~ A 51
— organiques azotés E 218
—, presse à ~ M 437
— radio-actifs, décharge ultime pour ~ A 710
— radioactifs A 45
— radioactifs, lieu de stockage pour ~ L 35
—, ramassage des ~ A 68
—, registre des ~ A 59
—, répertoire des ~ A 59
— solides A 71
—, solidification des ~ A 73
—, stérilisation des ~ A 58
—, système de collecte des ~ A 67
—, technique de traitement des ~ A 50
—, traitement des ~ A 49
— urbains S 1240
—, utilisation des ~ A 74
déchiquetage R 85
déchiqueteur R 84
déchirure de glacier G 427
déchloration E 312
déchlorer E 311
décimètre carré Q 2
— cube L 248
décision de droit sur les eaux W 326
déclivité G 108
décoffrage A 848
décoffrer A 847
décollement A 171
décolmatage d'un puits S 1435
décoloration E 322
décolorer E 321
décombres B 113, S 667
décomposable (biol.) A 12
décomposer V 244
— (biol.) A 16
décomposition E 383, R 487, Z 82
— (biol.) A 7
— aérobie A 8
— de la roche V 372
— des boues S 473
— du phénol P 139
— enzymatique S 1073
—, stade de ~ A 23

décompression, puits de ~ E 440
décontaminant E 332
décontamination E 331
— (enlèvement de radio-activité) D 86
—, coefficient de ~ (radiol.) D 87
décontaminer (radiol.) D 85
découlement, capacité de ~ A 98
découler A 81
découpé E 78
découvert O 89
décrassage A 870
— des lits de séchage T 391
décrassement des lits de séchage T 391
décret V 230
— d'application D 403
décrochement du film biologique A 269
décroissement A 176
décroûtage d'un filtre A 361
décrue H 241
— (hydrol.) R 290
—, courbe de ~ R 291
dédommagement S 210
défaire Z 94
défaut de fonderie G 701
défécation S 1627
défectueux M 58
défense contre les crues H 259
— contre l'incendie F 212
déferlement (des vagues) B 759
— des eaux S 331
— des vagues, périodicité du ~ B 761
— des vagues, zone de ~ B 763
déferrisation E 317
—, petit appareil de ~ K 314
déferriser E 315
déferriseur E 316
déficit M 57
— de saturation S 13
— de saturation relatif S 14
— d'écoulement des précipitations V 212
— d'oxygène S 165
— en espèces A 670
— en humidité B 619
déflation E 532
déflecteur A 359, L 167
— de jet S 1494
— de surface S 783
— d'eau S 1169
déflectomètre V 250
déflexion A 169
défluoration E 327
déforestation A 139
déformabilité V 163
déformation V 164
défrichement U 330
—, maladie du ~ M 180

dégagement de gaz G 58
— de poussière S 1314
— d'hydrogène sulfuré S 726
— d'une rivière F 534
dégât causé à l'environnement U 189
— causé par le gel F 656
— causé par l'eau W 338
— du à la sécheresse D 369
— d'un tuyau R 422
— minier B 292
dégâts S 209
— causés aux récoltes F 505
— causés par l'immission I 6
dégats causés par l'inondation H 258
dégâts de structure B 112
—, détermination des ~ S 213
dégazage E 329
— par le vide V 5
dégazéification E 329
dégazeur E 328
— à vide V 4
dégeler T 78
dégivrage E 318
déglaçage E 318
dégorgement A 82
dégorgeoir A 826
— de borne-fontaine A 827
dégoûtant W 566
dégradabilité (biol.) A 13
dégradable (biol.) A 12
—, aisément ~ L 150
dégradation A 7, D 72
— de la cellulose Z 53
— de la peptone P 71
— du site par le mitage L 61
—, essai de ~ A 143
—, stade de ~ A 23
dégraissage E 324
—, bain de ~ E 325
—, solvant de ~ F 199
dégraisser E 323
dégraisseur F 195
degré G 455, S 1621
— Celsius C 19
— centigrade C 19
— chlorométrique C 57
— d'acidité A 916
— de biodégradabilité A 15
— de chaleur T 115
— de contamination V 273
— de dissociation D 184
— de dureté H 10
— de froid K 8
— de latitude B 791
— de longitude L 19
— de nocivité S 223
— de pureté R 227
— de salinité V 247
— de saturation S 15
— de sursaturation en oxygène S 172
— de transparence D 429
— de trophisme T 459
— de turbidité T 466

— d'épuration R 236
— d'humidité F 209
— d'utilisation de la capacité A 825
— hydrotimétrique H 10
— hydrotimétrique temporaire H 8
— hygrométrique L 324
dégrèvement d'une taxe A 129
dégrillage, installation de ~ R 80
dégrossir V 462
dégrossissage V 463
dégrossisseur G 506
déjection S 1627
—, cône de ~ S 668
délabré B 90
délabrement B 91
delai de livraison L 226
délibération B 278
delta D 88
— d'un fleuve F 521
demande B 148
— biochimique en oxygène S 149
— biochimique en oxygène en cinq jours S 152
— chimique d'oxygène S 150
— chimique d'oxygène par la méthode au dichromate S 151
— de brevet P 36
— de dommages et intérêts S 211
— en air L 313
— en chlore C 47
— en coagulants F 26
— en eau W 165
— en eau d'irrigation W 166
— en eau industrielle B 766
— en eau potable T 369
— en oxygène S 148
— en permanganate de potassium K 24
— future d'eau W 167
— horaire S 1630
— horaire maximale S 1631
— maximale sur trois heures D 251
— pour l'usage domestique B 150
— propre E 25
— totale en eau G 256
démanganisation E 380, M 54
démarrage A 533
— d'un digesteur E 60
— d'un filtre A 534
— initial I 26
démêler M 38
demi-amplitude de la marée T 173
—-passerelle tournante H 40
—-période H 47
—-vie H 47
déminéralisation E 382
déminéraliser E 381

déminéraliseur à lit mixte M 336
— à lits mélangés M 336
démolir Z 94
démolition Z 95
démontage A 175
démonter A 174
dénitrification D 89
dénivellation H 291
— du plafond S 1030
dénivellement H 291
dénombrement bactérien K 203
— des algues A 449
— des algues par bande A 450
— des colonies K 203
— des entérocoques E 320
— des germes K 203
densité D 125
— apparente S 653, T 400
— bactérienne K 189
— cellulaire Z 34
—, courant de ~ D 128
— de la neige S 563
— de la population B 423, P 247
— de la population, accroissement de la ~ Z 158
— des bactéries K 189
— des fréquences H 19
— des substances solides F 188
—, détermination de la ~ D 126
— d'habitation W 654
— du débit solide G 258
— excessive de population W 655
—, régulateur de ~ D 127
— relative des solides F 189
dénudation D 91
deoxyribonucleid acid D 101
dépense A 99
— d'énergie E 297, K 538
— d'entretien U 267
— maximale H 282
— minimale M 315
dépenses K 513
— administratives V 362
— courantes A 811, B 401
—, couverture des ~ K 518
— d'assainissement K 88
— de capital K 119
— d'exploitation B 401
—, répartition des ~ K 516
— totales G 251
déperdition V 208
— d'eau W 416
dépérir A 267
dépérissement S 818
dépeuplement V 227
dépeupler V 226
déphénolage E 400
déphénoler E 399
déphénolisation E 400

déphosphatation E 403
dépilage A 6
déplacement V 120, V 203
— de l'ammoniac par l'air A 495
— d'eau W 414
— des côtes K 653
— des sables S 118
— du littoral K 653
déplacer V 202
dépolarisation D 92
dépolariser D 93
déposable A 214
déposer A 149, A 221
se déposer A 612
déposer S 1303
déposimètre S 1321
dépôt A 150, B 652, S 1304, V 460
— de filtration F 266
— de fond B 652
— de manganèse M 52
— de plomb B 562
— de vase S 511
— des boues S 373
— d'incrustations A 593
— d'ordures M 435
— éluvial E 262
— glaciaire G 426
— glacial de marne G 263
— limnique A 151
— littoral U 127
— marin M 129
— protecteur de calcite C 3
— sédimentaire A 152
dépotoir découvert A 147
dépôts calcaires K 240
— des chaudières K 240
— fluvio-glaciaires S 535
— formés par les rivières F 511
dépourvu d'eau W 156
dépoussiérage E 433
— humide N 68
— par voie humide N 68
dépoussiéreur à manche S 477
dépoussiéreur à sec T 396
— humide N 67
dépression B 659, D 95, U 249
— (atmosphérique) T 208
—, aire de ~ T 213
— allongée de la nappe phréatique G 653
— atmosphérique U 249
— capillaire K 106
— de la nappe G 590
— de l'eau souterraine G 611
—, entonnoir de ~ A 212
—, rayon de ~ (hydrol.) A 209
—, source de ~ S 921
—, zone de ~ A 205
déracinage R 344
déracinement E 464
déraciner E 463, R 343
déranger S 1436
dératisation R 46

dét

dérivateur, sifflet ~ A 168
dérivation A 162, U 153, U 154, V 206
—, canal de ~ E 362, S 1411
— de sécurité S 937
— des particules d'eau pulvérisée S 1177
—, fossé de ~ S 1411
—, galerie de ~ A 167
— gravitaire d'eau souterraine G 588
—, ouvrage de ~ A 164
—, tube de ~ A 166
dérivé D 96
dérive [de la mer] D 264
dériver A 161, U 152
derme H 127
dérochage F 138
dérochement F 138
dérosondage E 13
dérosonde E 12
dérouiller E 404
derrick A 836
désacidification E 406
— par l'eau de chaux, installation de ~ K 55
désacidifier E 405
désactivation, technique de ~ E 308
désaérateur E 374, L 309
désaération E 375
— de l'eau E 376
désaérer E 373
désagréable W 566
désagrégation R 85
— atmosphérique, zone de ~ V 373
— de l'écume S 787
désagréger Z 84, Z 94
désaminase D 97
désastre K 156
— écologique U 183
— pétrolier O 86
descendant la rivière, en ~ F 512
descente des tuyaux dans la tranchée E 47
— du niveau phréatique R 496
—, tube de ~ F 55
description d'un procédé V 152
désémulsifiant E 280
désencollage E 419
désencrage, eaux de ~ (traitement des vieux papiers) E 420
désert W 671
désherbage E 350
désherbant E 351
déshuilage E 398
déshuileur O 70
déshumidification des boues S 453
déshydratation E 437
—, caractéristiques de ~ E 450
— des boues S 401

—, eau de ~ D 75
— par centrifugation S 496
— par pressage P 282
— sous vide V 6
déshydrater E 435
déshydrogénase (biol.) D 77
déshydrogénation D 76
désilication E 349
désiliciage E 349
désincrustant K 243
— curatif K 243
désinfectant D 99
désinfection D 98
— de l'eau potable T 372
— d'eau W 215
— des boues S 393
— des déchets A 57
— des résidus A 57
— des tuyauteries R 391
désintégrateur R 84
désintégration R 85, Z 82
— de la radioactivité Z 83
— des atomes A 715
—, réservoir de ~ (pour résidus radio-actifs) A 142
désintégrer Z 84, Z 94
désodorisant G 232
désodorisation G 231
désolation V 227
désorption D 100
désoxydation R 96
désoxyder R 99
désoxygénation S 157
désoxygéner S 140
dessablage E 413
dessablement E 413
—, bassin de ~ S 93
—, canal de ~ L 74
dessabler E 412
dessableur S 93
— à chasse d'eau S 1196
— à rainure oblique avec écoulement hélicoïdal W 624
— aéré S 94
— centrifuge Z 74
— circulaire R 545
— cyclone Z 221
— de faible profondeur F 365
—, drague de ~ S 95
— plat F 365
— profond T 230
— type Stengel S 1393
dessalement E 408
— complet E 382
— de l'eau de mer M 153
— du pétrole brut R 362
— par thermocompression, station de ~ E 410
— partiel T 109
—, procédé de ~ E 411
—, station de ~ E 409
dessaler E 407
desséchement A 891
dessécher T 427
desservir V 288

dessiccateur E 576
— (chem.) T 398
dessiccatif T 409
dessiccation A 891, T 428
— des boues S 453
dessin E 456
dessouchement R 344
dessoufrage E 421
déstratification S 307, S 1437
destruction Z 95
— (biol.) A 7
— des algues A 440
— des mauvaises herbes U 228
— des poissons F 349
— hivernale de poissons F 350
— par explosif S 1162
désulfuration E 421
détartrage E 354
détartrer E 353
détecteur S 1655
— à ionisation de flamme F 383
— de capture d'électrons E 248
— de chlore C 56
— de conduites L 194
— de fuites D 71
— de fuites de gaz G 56
— de niveau des boues S 445
— de spectrophotométrie d'émission D 107
— micro-coulométrique M 291
— thermo-ionique T 161
détection (chim.) N 23
— éclair S 587
—, limite de ~ N 26
—, possibilité de ~ N 25
détendeur de pression D 316
détente, distillation par ~ E 423
—, période de ~ E 431
détenteur d'un brevet P 38
détention d'animaux T 242
détergent W 99, W 111
— de synthèse W 112
— ménager H 122
— synthétique W 112
détergente, émulsion ~ E 279
détergents biodégradables D 109
—, composition des ~ W 113
— durs D 108
— tendres D 109
détérioration R 487, V 256
détermination B 280, B 339
— analytique B 340
— conductimétrique du point de virage K 450
— d'ammoniaque selon Nessler A 498
— de la densité D 126
— de l'âge par ^{14}C A 471
— de l'oxygène S 153
— de toxicité T 295
— des dégâts S 213
— du coût de construction B 104

dét

— du prix de revient K 520
— du temps de séjour V 364
— du temps de séjour avec colorants *(isotopes)* V 365
— en série *(chim.)* R 216
— isolée E 159
— quantitative B 343
— rapide S 580
détersif W 99, W 111
détersyn W 112
détonateur Z 128
détourner U 152
détoxicant E 332
détoxication E 331
— d'eau W 208
détresse d'eau W 307
détritus D 110
détroit M 128
détruire A 278, Z 94
— *(biol.)* A 16
à deux étages Z 199, Z 203
deuxième nappe G 668
développement E 452, P 306, W 3
— *(d'un puits)* A 181
— anormal de la croissance W 17
— bactérien fixé B 39
— de levures H 147
— de plantes aquatiques immergées U 305
— des algues A 447
— des germes K 195
— des mauvaises herbes K 554
— du plancton P 201
— massif M 100
— microbien K 201
— nul N 283
développer E 451
— *(un puits)* A 180
déversement A 162
— *(des eaux usées)* E 104
— à partir de bateaux V 195
—, cheminée de ~ U 60
—, couronne de ~ U 25
— de purin J 18
— d'eau résiduaire A 321
— d'eaux usées en mer A 163
— des eaux usées A 308
— d'ordures en mer M 443
— en haute mer T 236
— en mer A 824
—, source de ~ A 830
déverser A 161
déversoir H 265, U 16, W 462
— annulaire R 330
—, crête d'un ~ W 469
— de décharge E 364
— de jaugeage M 244
— de jaugeage à mince paroi M 249
— de mesure M 244
— de mesure à contraction M 246
— de mesure à échancrure M 245

— de mesure rectangulaire M 247
— de mesure triangulaire M 245
— de type plongeant T 70
—, débordement d'un ~ U 29
— dentelé U 17
— d'orage R 120
— d'orage, effluent de ~ R 172
— d'orage latéral R 120
— du barrage D 11
— en doucine W 467
— en mince paroi M 249
— en siphon H 139
— incomplet W 466
— intermédiaire A 85
— latéral des eaux pluviales R 171
— noyé G 678
— ondulé U 20
— parfait U 19
—, paroi de ~ W 470
— provisoire B 187
— rectangulaire R 90
— rectangulaire de jaugeage M 248
— submergé G 678
— total U 19
— triangulaire W 465
déviation U 153
— d'une source Q 30
devis estimatif K 515
dévisser A 201
dévonien D 111
dézincification E 465
diaclase F 144
—, eau de ~ H 295
diagnostic foliaire B 531, B 532
diagonale D 115
diagramme D 116, G 34
— circulaire M 238
— de chlore C 49
— de la pompe P 378
— de rendement L 159
— d'écoulement S 1583
— des marées T 192
— des niveaux d'eau W 357
— des précipitations R 126
— d'oxygène S 162
diagraphie de température T 122
dialyse D 118
diamètre D 424
— de branchement A 603
— du cercle de perçage des trous de boulons L 255
— du puits B 854
— du tuyau R 395
— équivalent des grains A 389
— extérieur A 859
— intérieur L 224
— intérieur de l'emboîtement M 483
— intérieur du tuyau R 452
— intérieur nominal N 132
— nominal N 131

— utile N 302
— [des orifices] de compteur Z 8
diapause D 121
diaphragme M 181, M 208
— de pompe P 380
— en caoutchouc G 691
— en cuir L 136
diarrhée D 384
diatomées K 261
dichloramine D 122
dieldrine D 146
diéthylène glycol D 113
différence de niveau de la nappe G 612
— de potentiel P 264
— de pression D 285, D 337
— de température T 127
différences de consommation V 74
diffraction en retour R 520
diffuseur *(d'air)* B 235
diffusion D 160
— capillaire K 107
—, coefficient de ~ D 163
— de jet S 1495
— de la lumière L 223
— de l'air L 348
—, dôme poreux de ~ H 96
à diffusion limitée S 1394
diffusion par remous D 161
—, pression de ~ D 164
diffusivité D 165
digérer F 90
digesteur S 402
— à compartiments multiples M 158
— à couverture fixe F 100
— à couverture flottante F 101
—, chauffage du ~ F 104
— chauffé F 97
— découvert F 102
—, démarrage d'un ~ E 60
— en forme de poire B 517
— final N 6
— piriforme B 517
— primaire F 98
— secondaire N 6
— séparé F 99
digestibilité F 92
digestion F 111
— à chaud A 768
— à haut rendement S 581
— à haute charge S 581
— de boues S 403
— de boues en plusieurs stades S 405
— des boues, chambre de ~ F 96
— en deux étages Z 201
—, étang de ~ F 110
—, fosse de ~ S 402
—, gaz de ~ F 93
—, installation de ~ F 103
—, perturbation de la ~ F 105
—, procédé de ~ F 113

dis

— séparée de boues S 404
—, temps de ~ F 114
— thermique A 768
— thermophile F 112
digue D 9, D 80
— contre les inondations H 248
— de coupure A 197
— de fleuve F 520
— de protection S 676, U 114
— de protection contre les crues F 561
— de raccordement A 598
— de retenue S 1324
— de saucisse F 77
—, drainage du pied d'une ~ D 18
— en terre E 491
— en terre compactée W 68
— en terre cylindrée W 68
—, épaulements d'une ~ D 16
— extérieure A 858
—, fissure d'une ~ D 15
—, fondation d'ancrage d'une ~ D 81
— intérieure B 482
— latérale F 475
—, rupture d'une ~ D 15
digues, construction de ~ D 14
dilacérateur M 445, R 84
dilacération des matières retenues par les grilles, appareil de ~ R 84, R 85
dilacérer Z 86
dilatation A 797
— sous l'influence de la chaleur W 22
dilatomètre D 74
diluer V 121
dilution V 122
— aérienne V 335
— de l'air d'échappement A 172
— de l'air résiduaire A 172
— en proportion de … V 124
—, évacuation par ~ B 325
—, rejet par ~ B 325
dimension A 173
— des particules T 106
— des pores P 252
— normale N 256
dimensionnement B 251
diméthylcétone A 370
diminution A 176
— de la capacité d'une retenue par envasement V 221
— de pression D 325
— de volume V 421
— des eaux résiduaires V 219
— d'oxygène S 174
dimorphe D 168
dimorphisme D 169
dinoflagellés D 171
diorama L 209
dioxyde D 172

diphasique D 173
direct U 233
directeur L 169
— d'exploitation B 404
— d'usine B 404
direction R 301
— de mouvement B 448
— des couches S 1555
— des usines B 405
— du travail B 405
— du vent W 606
directive R 300
dirigé vers la terre A 757
discontinu D 176
disette d'eau W 266
dispendieux K 522
dispersant D 178
dispersé D 179
disperseur D 177
— type Vogelbusch V 412
dispersion D 180, S 1562
— dans l'air V 335
— de la lumière L 223
— des huiles, agent de ~ O 66
disponibilité V 166
disponible V 165
dispositif V 464
— à mélange instantané S 586
— d'agitation R 524
— d'agitation pour boues S 438
— d'alarme A 429
— d'annonce précoce F 670
— d'arrêt du taillant S 1148
— d'arrosage B 299, S 1186
— d'arrosage et de destruction de la mousse S 1174
— de chasse B 318, S 1186
— de chauffage H 157
— de clarification K 290
— de commande S 1406
— de distribution V 337
— de fermeture A 260
— de levage H 350
— de mesure et d'essai M 205
— de nettoyage des grilles R 86
— de nettoyage d'un dessableur S 97
— de nettoyage par le vide V 11
— de protection S 686
— de protection contre la rupture d'un tuyau R 387
— de raclage des matières flottantes S 804
— de ratissage des matières flottantes S 785
— de régulation R 110
— de sécurité anti-débordant pour les récipients à huile U 32
— de sécurité de trop-plein U 32
— de suspension de vanne V 263
— de tamisage S 974

— d'ensemencement I 12
— d'entraînement de l'ammoniac A 494
— d'évacuation A 186
— indicateur de direction de courant *(electr.)* S 1608
— régulateur de crête W 471
disposition A 579, A 837
— complémentaire F 595
— des puits de pompage B 850
— facultative K 101
— transitoire U 33
dispositions appliquées à l'intérieur d'une usine M 105
disque S 281
— blanc S 944
— de mesure M 216
— d'obturateur *(de robinet vanne)* S 322
— rotatif V 332
dissimilation D 181
dissipateur d'énergie E 304
dissipation D 182, V 175
— de la chaleur W 21
— de l'énergie E 305
dissiper V 174
dissociation D 183
— de l'albumine P 321
—, degré de ~ D 184
— électrolytique I 110
dissolution L 271
—, bac de ~ L 275
— de fer E 182
— saturée L 272
dissolvant L 277
— chimique L 278
— le plomb B 560
dissoudre L 263
distance A 261
distillat D 102
distillateur solaire S 1059
distillation D 103
— à basse température S 749
— à la vapeur W 189
— à plusieurs étages en tubes horizontaux M 164
— avec cracking K 527
— éclair E 423
— flash E 423
—, installation de ~ D 104
— par détente E 423
— par thermocompression V 99
—, résidu de ~ D 105
— solaire S 1042
— sous vide V 12
distiller B 793
distillerie B 795
— de pommes de terre K 137
— des mélasses M 177
distilleries de vins, eaux résiduaires de ~ W 481
distribuer V 326
distributeur V 327
— à va-et-vient W 76

— d'engrais D 358
— fixe V 328
— latéral N 117
— rotatif D 244
distribution V 333
—, boîte de ~ V 330
—, conduite de ~ V 340
— de la fréquence H 22
— de la température T 129
— d'eau W 428
— d'eau à grande distance F 168
— d'eau chaude W 92
— d'eau potable T 381
— d'eau, tableau de ~ B 433
— des eaux d'égout A 351
—, dispositif de ~ V 337
— [d'eau] par rotation U 150
— par soupape V 35
—, région de ~ V 292
—, réseau de ~ V 294, V 341
—, rigole de ~ V 342
—, système de ~ V 341
—, tranchées de ~ V 338
—, tube de ~ V 331
district d'assainissement E 439
— minier A 17
— urbain S 1237
diurne T 5
divalent Z 206
divergence, axe de ~ G 649
divergent A 832
diversité des espèces A 672, M 60
dividende A 790
division M 106
— cellulaire (biol.) Z 49
— de la cellule Z 38
DL 50 L 205
dock D 186
— flottant S 788
documents d'étude P 207
doline K 132
dolomi[t]e D 188
dolomie calcinée D 189
dolomite calcinée D 189
domaine de l'eau W 219, W 438
— public A 462
dôme K 705
— hydrologique G 617
— piézométrique G 617
— poreux de diffusion H 96
dommage S 209, V 208
— à la végétation V 20
— causé par les crues H 258
dommages dus à l'inondation H 258
— et intérêts, poursuite en ~ S 212
—, règlement d'une plainte en ~ S 214
donné V 448
données A 543
— d'exploitation B 414
donneur d'hydrogène W 378
dorade chinoise G 443

d'origine hydrique W 403
dosage B 339, B 340, D 216
— à sec T 395
— de chaux K 56
— de chlore C 53
— des anticorps par fluorescence, méthode de ~ F 231
— des précipitants F 27
— du mélange M 353
— iodométrique B 341
— par chromatographie sur papier B 342
— par solution N 66
— proportionnel au débit D 217
dose D 216
— d'arrosage B 431
— de chlore C 53
— d'irradiation S 1498, S 1500
— en excès U 11
— létale L 204
— létale médiane L 205
— maximale [admissible] M 119
— médiane de tolérance T 253
— mortelle L 204
— nécessaire de chlore C 47
doser en excès U 9
doseur D 213
— à sec T 393
— à sec de chaux en poudre T 394
— de chlore gazeux C 55
— de réactif C 29
— d'hypochlorite H 404
dosimètre S 1502
— de radiations S 1514
dosimétrie D 218
double coude D 196
à double étage Z 199
double filtration alternée W 458
— fond B 586
—-filtration D 191
doubles filtres alternés W 457
douche B 782, R 163
— en arrosoir B 782
doucine S 1
douille T 476
douve D 55
dragage N 63
— des ruisseaux B 4
dragline S 648
drague B 20
— à grappin G 474
— aspirante S 177
— de dessableur S 95
— flottante N 62
— preneuse G 474
draguer A 783
dragueur B 20
drain A 327, E 446, S 960
— à ciel ouvert S 953
— collecteur S 81

— de décharge de l'eau du sol et des eaux pluviales M 173
— de maison H 117
— d'interception F 61
— domestique H 117
— en gravier S 958
— en poterie S 961, S 1384, T 273
— en tuyau R 392
— latéral S 893
— souterrain S 957
—, tranchée pour ~ D 221
drainabilité E 441
drainable E 434
drainage D 225, E 436
— complet V 415
— d'aération B 247
— des fondations B 97
— domestique H 116
— du fond, système de ~ S 1034
— du pied d'une digue D 18
— du sol B 610
—, eau de ~ S 967
— en poterie T 272
— fasciné F 78
—, fossé de ~ E 442
—, galerie de ~ E 449
— initial V 434
—, lit de ~ D 222
— par charrue-taupe M 117
— par sillons F 699
— par tuyaux R 346
—, plaque de ~ E 445
—, puits de ~ E 447
—, réseau de ~ E 443, G 323
—, rigole de ~ E 442
—, saignée de ~ W 477
— sous vide V 6
— souterrain E 438
— superficiel O 11
— sur toute la superficie V 414
—, tranchée de ~ E 442
— transversal Q 44
— tubulaire R 346
— vertical V 343
drainé D 223
drainer D 220
drains, écartement des ~ D 219
— obliques, puits filtrant à ~ S 606
drèche B 473
drèche T 327
[re]dresser (le lit d'une rivière) B 167
droit G 101
— à l'usage B 263
— concernant les riverains A 573
— de déversement E 106
— de passage D 405
— de pêche F 330
— de rejet E 106
— des eaux W 324
... de droit des eaux W 325

eau

droit d'irrigation B 434
— d'usage de l'eau W 310
— d'utilisation B 263
— fixe G 556
— général G 556
— maritime S 855
— sur les eaux, arrêté de ~ W 326
... de droite R 91
dû à des facteurs d'environnement U 174
du haut en bas A 287
duc d'albe D 8
dune D 352
— mobile W 74
durant la journée T 26
durcissant H 12
durcissement E 518, V 186
durée D 56
— d'activité d'un filtre F 269
— d'aération B 246
— de crue H 249
— de décantation A 232
— de dépassement (en moins) d'une valeur de débit donnée U 276
— de dépassement (en plus) d'une valeur de débit donnée U 77
— de fermeture S 512
— de la marée T 177
— de la marée montante F 571
— de la pluie R 125
— de la précipitation N 181
— de la vie L 114
— de marche B 393
— de marée montante F 560
— de passage D 402
— de [la] prise A 27
— de reflux E 2
— de rétention A 739
— de séjour A 739
— de service B 393, N 300
— d'écoulement F 449
— d'emploi N 300
— d'exposition aux rayons B 345
— d'incubation B 132
— du circuit F 449
— du reflux E 4
— d'une averse unitaire E 84
— d'une génération G 179
— utile N 300
dureté H 6
— après ébullition H 7
— bicarbonatée B 463
— calcaire K 36
— calcique K 36
— carbonatée H 8
— des acides minéraux H 7
— magnésienne M 22
— non-carbonatée H 7
— permanente H 7
— résiduelle R 280
— temporaire H 8
— totale G 247

dyke D 80
dynamique du sol B 613
dynamitage S 1162
dynamomètre D 435
dysenterie R 534
— amibienne A 503
dysenterique R 535
dystrophie D 437
dystrophique D 436
dytique W 263

E

E. coli, reflet métallique des cultures de ~ F 672
EAO O 115
eau W 122
— à souder L 289
—, abondant en ~ W 328
— acidule S 137
— acidule, source d'~ S 137
— adhérente A 386
— (hydrol.) A 249
—, adoucissement de l'~ W 210
— adsorbée A 386
—, alimentation en ~ W 421
— ammoniacale G 84
—, analyse d'~ W 406
—, apport de l'~ Z 132
—, approvisionnement en ~ W 421
—, arrivée d'~ W 445
—, association pour l'~ W 237
—, atlas de qualité des cours d'~ W 246
— au repos, masse d'~ W 315
— au-dessus de la zone de pergelisol G 582
—, besoin en ~ W 165
— bidistillée B 464
— bourbeuse W 142
— brute R 458
— brute, arrivée d'~ R 459
— buvable T 366
— calcaire W 132
—, capacité de rétention d'~ W 253
— capillaire K 118
—, captage d'~ W 224, W 239
— captive G 576
— céleste (production de la soie artificielle) B 538
—, château d'~ W 401
— chaude W 144
— chaude, alimentation en ~ W 92
— chaude, conduite d'~ W 89
— chaude, installation d'~ W 85
— chaude, réservoir d'~ W 91
— chaude, rouissage à l'~ W 90
—, chauffage d'~ W 87
— chlorée C 81
—, circuit d'~ W 274

—, circulation d'~ W 404
—, colonne d'~ W 337
—, compteur d'~ W 443
—, conduite d'~ W 283
— connée P 255
— connexe H 31
—, consommation d'~ W 412
— côtière K 648
—, couche d'~ W 342
—, coupure de l'~ W 151
— courante W 128
—, cours d'~ W 278
— croupie W 142
—, curage à l'~ W 432
—, cure à l'~ W 251
—, cuve à ~ W 185
—, cycle de l'~ W 274
— d'adhésion H 31
— d'alimentation S 1112
— d'alimentation de chaudière [à vapeur] K 238
— d'amont O 39
— d'appoint Z 175
— d'aval U 294
— de baignades B 15
— de blanchiment F 667
— de boisson T 366
— de cale B 476
— de caverne K 133
— de chaudière K 245
— de chaux K 54
— de chlore C 81
— de compaction V 117
— de compensation Z 175, Z 178
— de condensation K 444
— de constitution K 458
— (chem.) W 129
— de crevasse H 295
— de cristallisation K 596
— de déshydratation D 75
— de diaclase H 295
— de diffusion et de filtration (d'une sucrerie) D 162
— de dilution V 125
— de drainage S 967
— de fabrication B 413, P 329
— de fond accessible G 580
— de fond utilisable G 580
— de fontaine B 872
— de fonte S 534
— de fonte de neige S 575
— de forage B 872
— de fuites L 132
— de gâchage A 575
— de gisement R 36
— de gravité (hydrol.) S 761
— de hydration K 596
— de Javelle B 548
— de la nappe artésienne W 124
— de lac S 864
— de lavage W 119
— de lavage de gaz G 83
— de lavage de gaz de hauts fourneaux G 366

- de lavage des betteraves R 491
- de lavage du gaz de gazogène G 182
- de lavage d'un filtre F 286
- de lavage, pompe d'~ S 1206
- de lest B 56
- de mer M 150
- de mer, résistant à l'~ M 151
- de mine G 531
- de mine acide G 532
- de pénétration par les grands interstices *(hydrol.)* S 1011
- de piscine B 15
- de pluie R 176
- de pluie, bassin d'~ R 181
- de pluie, by-pass pour l'~ R 173
- de pluie, stockage d'~ R 187
- de pressage des pulpes P 340
- de presse B 474
- de presse du houblon H 330
- de process P 329
- de puits B 872
- de purge de la chaudière K 236
- de réfrigération K 635
- de refroidissement A 202, K 635
- de rétention A 386
- de retenue S 1341
- de reverdissage *(tannerie)* E 154
- de rinçage S 1204
- de rinçage des bouteilles F 412
- de rivière F 555
- de rivière infiltrée, nappe aquifère enrichie d'~ U 120
- de robinet L 196
- de saturation S 18
- de source Q 41
- de surface O 27
- de surface, catégorie de qualité d'une ~ G 319
- de surplus U 31
- de sursaturation U 70
- de tourbière M 408
- de transport de betteraves R 490
- de transport des cendres A 681
- de transport et de lavage des betteraves R 489
- de trempe *(malterie)* E 155
- de vaisselle S 1205
- de ville, canalisation d'~ W 284
- —, débit en ~ W 352
- d'égout, amenée d'~ A 321
- d'égout brute A 299
- d'égout, débit d'~ A 328
- d'égout, décharge d'~ A 321
- d'égout, rejet d'~ A 321
- —, demande en ~ W 165
- —, déperdition d'~ W 416
- —, déplacement d'~ W 414
- des dunes D 355
- —, désaération de l'~ E 376
- —, détoxication d'~ W 208
- d'exhaure de mine de houille K 378
- d'extinction du coke K 409
- d'imbibition S 193
- d'infiltration S 967
- d'infiltration de décharge d'ordures M 439
- d'infiltration d'origine pluviale F 507
- —, disette d'~ W 266
- disponible W 136
- disponible du sol B 677
- distillée W 125
- —, distribution d'~ W 428
- —, domaine de l'~ W 219, W 438
- d'orage R 176
- dormante S 1427, W 140
- douce S 1656, W 145
- douce, algues d'~ S 1657
- douce, captage d'~ S 1659
- douce, courant d'~ B 484
- douce, flore d'~ S 1661
- douce, lentille d'~ *(hydrol.)* S 1660
- douce, poisson d'~ S 1658
- du gaz G 84
- du littoral K 648
- du sol B 676
- du sol, intrusion d'~ G 594
- dure W 132
- d'usage B 413
- d'usage industriel B 413
- —, échantillon d'~ W 317
- —, élévation de l'~ W 258
- en décrue W 363
- entraînée F 483
- —, épuration d'~ W 330
- épurée W 131
- —, étanchéité à l'~ W 194
- —, étude de l'adduction en ~ W 174
- excédentaire F 636, U 31
- —, extraction d'~ W 213
- —, filet d'~ W 220
- —, filtration de l'~ W 226
- filtrée W 130
- filtrée, puits d'~ R 251
- —, fourniture d'~ W 148
- fraîche F 644
- froide W 134
- frontière G 481
- —, gaspillage d'~ W 415
- —, goutte d'~ W 399
- gravifique *(hydrol.)* S 761
- gravitaire *(hydrol.)* S 761
- —, hauteur de la colonne d'~ W 196
- —, hauteur de la pression d'~ W 197
- hygroscopique A 386
- hypogée W 133
- —, imbibé d'~ W 203
- —, imbibition d'~ W 204
- industrielle B 413
- industrielle, alimentation en ~ B 767
- industrielle, besoins en ~ B 766
- infectieuse W 135
- —, infection de l'~ W 420
- interstitielle P 254, S 1070
- inutile A 386
- —, invasion d'~ W 206
- —, jet d'~ W 382
- juvénile W 133
- karstique K 133
- liée A 386
- *(chem.)* W 129
- —, ligne d'~ W 370
- lourde, réacteur à ~ S 775
- magmatique W 127
- —, manque d'~ W 266
- marginale R 36
- marine M 150
- marine, intrusion d'~ M 152
- mère M 504
- météorique M 267
- minérale M 327
- minérale sulfatée B 519
- morte T 291, W 140
- motrice K 540
- motrice, canal d'~ T 359
- motrice, conduit d'~ T 360
- —, moulin à ~ W 304
- —, mouvement de l'~ W 178
- —, niveau d'~ W 353
- non conforme aux normes de qualité G 687
- non utilisée F 636
- oxygénée W 381
- —, passage de l'~ W 199
- pelliculaire S 1066
- —, pénurie d'~ W 266
- —, perte d'~ W 416
- peu profonde F 369
- phréatique indigène G 583
- phréatique naturelle G 579
- plutonique W 133, W 137
- pluviale R 176
- pluviale d'infiltration F 507
- pluviales, bassin d'~ R 149
- —, pollution de l'~ W 419
- —, pompage de l'~ W 229
- potable T 366
- potable, alimentation en ~ T 381
- potable, analyse de l'~ T 367
- potable, approvisionnement en ~ T 381

eau

- potable, conduite d'~ T 377
- potable, demande en ~ T 369
- potable, désinfection de l'~ T 372
- potable, distribution d'~ T 381
- potable, fluoration de l'~ T 373
- potable, hygiène de l'~ T 376
- potable, manque d'~ T 378
- potable, normes pour l'~ G 686
- potable, réservoir d'~ R 251
- potable, valeur de seuil pour l'~ T 379
- pour les secours d'incendie F 214
- —, pression d'~ F 426, W 196
- —, prise d'~ W 213, W 224
- —, prix de l'~ W 316
- —, profondeur d'~ W 392
- —, propre W 138
- —, provision d'~ W 431
- —, puisage d'~ W 224
- —, pure W 138
- —, qualité d'~ W 175
- —, qualité physique de l'~ W 177
- —, quantité d'~ W 292
- —, recherche d'~ W 391
- —, refoulement de l'~ W 229
- —, reprise de l'~ W 229
- —, réserve d'~ W 431
- —, résiduaire de lavage W 120
- —, résiduaire de mine de potasse K 17
- —, résiduaire de nettoyage R 233
- —, résiduaire, débit d'~ A 328
- —, résiduaire, déversement d'~ A 321
- —, résiduaire épurée physiquement A 297
- —, résiduaire, nature de l'~ A 311
- —, résiduaire traitée biologiquement A 290
- —, résiduaire, type d'~ A 311
- —, ressources en ~ W 339
- —, retour d'~ R 494
- —, robinet à ~ W 252
- —, rouge E 206
- —, salée S 1044
- —, saline W 139
- —, saline de chaudière K 236
- —, saumâtre B 757
- —, soluble dans l'~ W 290
- —, sous pression D 342
- —, souteraine, ressources disponibles en ~ G 609
- —, souterrain, écoulement d'~ G 586
- —, souterraine, abaissement de l'~ G 590

- souterraine, accumulation d'~ G 658
- souterraine, affleurement de l'~ G 599
- souterraine allochtone G 572
- souterraine, approvisionnement en ~ G 673
- souterraine autochtone G 574
- souterraine, bassin d'~ G 602
- souterraine, courant d'~ G 669
- souterraine, courbe d'abaissement de l'~ G 591
- souterraine, courbe de tarissement de l'~ G 591
- souterraine, débit en ~ G 659
- souterraine, dépression de l'~ G 611
- souterraine, écoulement d'~ G 613
- souterraine en zone saturée, vitesse réelle de l'~ G 625
- souterraine, enrichissement de l'~ G 595
- souterraine étrangère G 572
- souterraine, filet d'~ G 593
- souterraine, infiltration affluente de l'~ G 599
- souterraine, infiltration d'~ G 594
- souterraine libre G 575
- souterraine, pointe de prélèvement d'~ K 667
- souterraine, prélèvements totaux d'~ G 614
- souterraine, réchauffement de l'~ G 619
- souterraine, réserve d'~ G 604
- souterraine, réservoir d'~ G 657
- souterraine, ressource en ~ G 674
- souterraine, transgression d'~ G 672
- souterraine utilisable G 580
- souterraine, veine d'~ G 593
- stagnante W 140
- —, sterilisation d'~ W 211
- superficielle O 27
- supplémentaire U 31
- —, surface de l'~ W 227
- suspecte W 141
- —, technique de l'~ W 219
- —, teneur en ~ W 235
- —, traité à l'~ W 234
- —, traitement d'~ W 171
- —, traitement de l'~ W 171
- —, trombe d'~ W 261
- —, tuyau d'~ W 331

- ultrapure R 249
- usée, débit d'~ A 328
- usée, échantillon d'~ A 331
- —, usine d'~ W 434
- —, utilisation de l'~ W 308
- —, vanne à ~ W 344
- —, vapeur d'~ W 187
- vauclusienne H 295
- —, venue d'~ W 154
- —, volume d'~ W 292
- —, zone de captage d'~ W 240
- —, zone de protection d'~ W 348

eaux G 314
- barrées S 1341
- blanches P 15
- —, carte de qualité des ~ W 245
- —, carte des ~ W 265
- —, conservation des ~ W 217
- —, contamination des ~ W 429
- continentales B 484
- courantes W 278
- de carbonisation à basse température S 750
- de condenseur F 56
- de désencrage *(traitement des vieux papiers)* E 420
- de distribution L 196
- de lavage du charbon K 394
- de lavage du houblon H 331
- de lavage, recyclage des ~ W 121
- de pluie, bassin de retenue des ~ R 161
- de pluie, canalisation des ~ R 185
- de pluie, réseau d'évacuation des ~ R 186
- de pressage et de centrifugation P 272
- de presse S 595
- de presse de brasserie B 769
- de retour R 507
- de surface O 15
- de surface, atlas des ~ G 317
- d'égout A 288
- d'égout, analyse des ~ A 309
- d'égout, boue[s] [] des ~ K 295
- d'égout, clarification des ~ A 325
- d'égout, concentration des ~ K 475
- d'égout diluées A 292
- d'égout, distribution des ~ A 351
- d'égout domestiques A 296
- d'égout, épuration biologique des ~ A 335
- d'égout, épuration des ~ A 334

eau

- d'égout, épuration mécanique des ~ A 337
- d'égout, évacuation des ~ A 316
- d'égout fraîches A 294
- d'égout mixtes M 358
- d'égout, purification des ~ A 334
- d'égout, recirculation des ~ A 339
- d'égout, traitement chimique des ~ A 336
- d'égout, traitement des ~ A 313
- d'égout, traitement physical des ~ A 338
- d'égout unitaire M 358
- d'égout urbaines A 302
- d'égout, utilisation des ~ A 353
- d'égout, volume des ~ A 328
- d'épluchage de pommes de terre K 138
- des estuaires M 448
- des ports H 25
- d'importation F 639
- d'orage, égout évacuateur des ~ R 128, R 184
- —, droit des ~ W 324
- estuariennes T 182
- fluviales F 555
- —, législation des ~ W 324
- —, ligne de partage des ~ W 340
- ménagères K 620
- moyennes M 373
- pluviales, bassin collecteur d'~ R 119
- pluviales, canalisation d'évacuation des ~ R 160
- pluviales, citerne pour ~ R 140
- pluviales, conduite des ~ R 184
- pluviales, débit critique des ~ R 178
- pluviales, débit total d'~ R 180
- pluviales, pouvoir de rétention des ~ R 183
- poissonneuses F 333
- polluées A 288
- polluées, débit annuel d'~ J 12
- polluées, débit total d'~ S 554
- —, pollution des ~ W 429
- portuaires H 25
- —, prospection des ~ W 218
- —, purification des ~ W 330
- —, recyclage des ~ W 275
- —, régime des ~ W 255
- résiduaires A 288
- résiduaires acides A 300
- résiduaires ammoniacales A 496
- résiduaires, analyse des ~ A 309
- résiduaires, biologie des ~ A 319
- résiduaires brutes, pompe pour ~ R 355
- résiduaires brutes, station de pompage des ~ R 356
- résiduaires d'ateliers de photogravure A 406
- résiduaires de blanchissage W 58
- résiduaires de brasserie B 770
- résiduaires de cartonneries P 18
- résiduaires de chamoiserie S 7
- résiduaires de cokeries K 404
- résiduaires de décapage B 199
- résiduaires de dégraissage de la laine W 662
- résiduaires de distillerie B 796
- résiduaires de distilleries de vins W 481
- résiduaires de fabrication P 329
- résiduaires de fabrique de pâte chimique Z 46
- résiduaires de fabrique de rayonne K 684
- résiduaires de laiterie M 391
- résiduaires de lavage de laine W 662
- (résiduaires) de lavage des citernes T 55
- résiduaires de lavage des fûts F 87
- résiduaires de machines à laver automatiques [à pièce de monnaie] M 449
- résiduaires de malterie M 8
- résiduaires de papeterie P 14
- résiduaires de produits laitiers M 391
- résiduaires de rouissage du lin F 367
- résiduaires de station de traitement d'eau W 435
- résiduaires de sucrerie Z 125
- résiduaires de tannerie G 202
- résiduaires de teinturerie F 35
- résiduaires de teinturerie au chrome C 93
- résiduaires d'industries alimentaires L 119
- résiduaires du traitement de minerais uranifères U 329
- résiduaires, élimination des ~ A 316
- résiduaires, évaluation des ~ A 318
- résiduaires industrielles A 295
- résiduaires, loi sur les redevances d'~ A 306
- résiduaires, mesure pour le traitement des ~ A 315
- résiduaires, méthodes d'analyse des ~ A 310
- résiduaires, norme de qualité des ~ A 329
- résiduaires, norme de rejet pour les ~ A 329
- résiduaires, ordonnance concernant les paramètres de nocivité des ~ A 341
- résiduaires phénolées A 298
- résiduaires, plan d'évacuation des ~ A 317
- résiduaires, répartition des ~ A 351
- résiduaires, statistique relative aux ~ A 342
- résiduaires, technique des ~ A 344
- résiduaires, technologie des ~ A 345
- résiduaires, traitement thermique des ~ A 314
- résiduaires, vivier à ~ A 323
- résiduaires, zone des ~ A 356
- salées, intrusion d'~ V 433
- —, service des ~ W 421
- soumises aux marées T 182
- souterraines G 571
- souterraines, captage des ~ G 618
- souterraines, carte des ~ G 629
- souterraines, écoulement total des ~ G 587
- souterraines, inventaire des ~ G 605
- souterraines, nature des ~ G 603
- souterraines, prospection des ~ G 650
- souterraines, relevé cartographique des ~ G 630
- suspendues G 581
- territoriales H 297, T 140
- usées A 288
- usées, adducteur d'~ A 357
- usées brutes A 299
- usées, champignon d'~ A 330
- usées, charge en ~ A 326
- usées, chloration des ~ A 320

- usées concentrées A 291
- usées de nettoyage R 247
- usées, déversement des ~ A 308
- usées diluées A 292
- usées domestiques A 296
- usées, effluent des ~ A 307
- usées en égout, chloration des ~ A 355
- usées, enfouissement des ~ A 350
- usées, étang d'~ A 346
- usées, eventail d'~ A 322
- usées fades A 301
- usées fermentées A 289
- usées ménagères A 296
- usées, nappe d'~ A 322
- usées, redevance sur les ~ A 305
- usées sanitaires S 122
- usées septiques A 293
- usées, taxe sur les ~ A 305, A 324
- usées, technique de traitement des ~ K 297
- usées, technique du traitement des ~ A 344
- usées urbaines A 302
- vadoses G 581
- vannes A 288
- vannes, égout pour les ~ S 555
- volcaniques W 143
ébauche E 462, S 1019
éboueur M 433
ébouillantage de la soie (industrie textile) S 873
éboulement B 295
- de la rive U 117
- de talus B 685
- de terre E 508
éboulis E 508, G 257
- de pente S 669
- glaciaire, cône d'~ S 668
-, source d'~ S 670
ébourrage E 333
ébranler R 526
écart entre les niveaux nominaux (d'une jauge) S 1047
- entre pleine et basse mer T 178
- -type d'une estimation S 1286
écartement B 324
- des drains D 219
écarter B 323
écarts de consommation V 74
échafaudage B 92, G 238
- de battage R 31
échange A 877
- d'air L 312
- d'anions A 559
- d'appareils G 197
- de bases B 84
- de composés S 1446

- de substances S 1446
- des cations K 167
- d'ions I 101
- d'ions à lit fluidisé, procédé d'~ F 421
- d'ions, chromatographie par ~ I 103
- sélectif d'ions I 102
échangeur A 879
- à résine synthétique K 681
- basique A 880
- d'anions A 560
- de bases B 85
- de cations W 376
- de cations sous la forme H K 168
- de chaleur W 24
- de chaleur à contre-courant G 139
- de chaleur à tubes verticaux V 346
- de température W 24
- d'ions I 104
- d'ions à lit fixe F 177
- d'ions, lit d'~ I 106
- (d'ions) neutre N 145
échantillon P 286
- correspondant P 287
- de carotte K 225
- de sol B 643
- de terrain vierge B 644
- d'eau W 317
- d'eau usée A 331
- étalon V 177
- instantané E 165
- isolé E 165
- moyen M 346
- non modifié B 644, P 288
- non remanié P 288
- pour analyse U 290
- témoin V 177
- unique E 165
échantillonnage P 289
- d'eau W 318
- proportionnel P 294
échantillonneur P 297
- automatique P 298
- de neige S 572
échappement, gaz d'~ A 133
s'échapper A 81
échapper S 525
échauffement E 522
échelle M 106
- à poissons F 337
- d'amont O 37
- d'aval U 275
- de crue H 255
- de l'installation pilote M 107
- de marée G 360
- de neige S 570
- d'écluses S 507
- extérieure A 863
- fluviale P 47
- fluviale à chaîne K 250
- industrielle M 109
- intérieure B 487

- limnimétrique L 93, W 367
- limnimétrique inclinée S 608
- logarithmique M 108
- lumineuse L 211
- semi-industrielle M 107
- technique M 109
éclaboussure S 1170
éclair, distillation ~ E 423
éclaircissement optique, agent d'~ A 752
éclairé P 159
éclatement, essai d'~ B 816
-, résistance à l'~ B 812
éclater B 303
écluse S 502
- à marée S 859
- à poissons F 345
- à sas K 68
- à sas du type puits S 205
ècluse à sas simple E 87
écluse avec bassin d'épargne S 1095
-, bajoyers d'~ S 504
- de navigation S 337
- d'évacuation E 448
- économique S 1095
- maritime S 859
-, porte d'~ S 505
éclusée S 508
écluses accolées D 194
-, échelle d'~ S 507
- étagées S 507
- jumelles D 194
- superposées S 507
écologie O 54
écologique O 55
écologiste U 190
économie de dépenses E 128
- d'énergie E 127
- des eaux W 439
- des eaux dans les agglomérations S 990
- des eaux dans les unités résidentielles S 990
- forestière F 617
- rurale L 63
économique W 649
économiseur E 226
écosystème O 56
- aquatique W 311
- du site L 57
- estuarien A 399
- marin O 57
écotoxicologie O 58
écoulement A 82, D 386
- (hydraul.) S 1568
- à plein débit A 83
-, ajutage d'~ A 803
-, allure de l'~ A 118, S 1592
- artésien F 432
- ascendant de l'eau W 201
- calculé S 1046
-, canal d'~ E 368
-, changement de régime d'~ F 447

—, coefficient d'~ A 88, A 805
— critique F 435
— dans les cavités souterraines K 174
— d'averse R 177
— de base A 91
— de la nappe captive F 432
— de l'eau souterraine G 606
— de percolation S 965
— de pluie R 118
— de surface O 4
— d'eau souterrain G 586
— d'eau souterraine G 613
— (d'eaux pluviales) le long des tiges d'arbres S 1278
— des rues S 1522
— descendant de l'eau W 200
—, diagramme d'~ S 1583
— d'infiltration S 965
— diphasique S 1569
— d'un cours d'eau dans la zone des marées O 42
—, durée d'~ F 449
— en régime turbulent S 1577
— en-dessous A 87
— fluvial S 1574
—, fréquence d'~ U 21
— gravitaire F 431
— gravitaire, arrosage par ~ S 766
— gravitaire dans un cours d'eau récepteur V 440
— horizontal D 387
— hypodermique G 586
— (hydrol.) Z 209
—, indicateur d'~ S 1580
—, intensité d'~ S 1586
— journalier, indice d'~ A 106
— laminaire F 430, S 1571
— laminaire, zone d'~ S 1582
— libre A 801
— libre, conduite à ~ F 634
— libre, galerie à ~ F 635
—, mesure de l'~ S 1589
—, mètre de l'~ S 1587
— minimal M 309
—, modèle d'~ S 1593
— moyen journalier T 10
— moyen saisonnier A 86
— non-permanent S 1579
— nul N 277
—, orifice d'~ A 107
— périphérique S 1572
— permanent S 1576
—, phénomène local d'~ F 447
—, processus d'~ S 1593
— quotidien T 9
— radial S 1573
— radial, bassin à ~ B 142
— rapide S 1575
— réel I 123
—, renversement de l'~ S 1591
— restitué W 334
— retardé (hydrol.) Z 209
—, rigole d'~ A 157
—, robinet d'~ A 829

—, schéma d'~ F 425
—, section d'~ D 390
—, section transversale d'~ D 396
— souterrain G 585, G 586
— (en 1/s.km^2) A 113
— stratifié S 305
— superficiel maximum O 5
—, taux d'~ A 99
—, temps d'~ F 449
— torrentiel S 331
— total des eaux souterraines G 587
—, trajectoire absolue de l'~ S 1601
—, trajectoire relative de l'~ S 1602
— tranquille S 1574
— transitoire U 36
— turbulent S 1577
—, tuyau d'~ A 111, D 323, E 369
— uniforme S 1570
—, valve d'~ E 371
— vierge S 1578
—, vitesse d'~ F 433, S 1584
s'écouler A 81
— par gravité G 111
écouvillon (nettoyage des égouts) S 1302
écran D 20, P 268
— de palplanches S 1213
— électrique à poissons F 348
écrasement, essai d'~ B 815
—, pression d'~ B 213
—, résistance à l'~ B 811
écrémage A 845
écrémeur d'huiles O 62
écrevisse K 559
écrou S 616
— d'arrêt S 1082
— de serrage S 1082
écumage S 232
—, bassin d'~ S 268
écume S 266
— blanche au haut du ressac S 275
—, enlever l'~ S 784
—, formation d'~ S 232
écumer S 231
écumes, brisoir d'~ S 786
—, collecteur d'~ S 785
—, enlèvement des ~ S 267
écumeux S 273
édifice B 122
EDTA A 402
effectif W 629
effectivité E 14
effectuer des mesures automatiques S 906
effet W 635
— à long terme L 79
— accessoire N 118
— apparent S 289
— autoépurant S 903
— bactéricide W 639

— d'absorption de crues H 257
— de calibrage K 308
— de chasse S 1209
— de décantation A 231
— de refroidissement K 637
— de retrait S 809
— de siphonnage S 183
— de triage K 308
— d'engrais D 361
— d'entraînement A 896
— inhibiteur H 177
— oligodynamique W 640
— perturbateur S 1441
— préjudiciable S 220
— simple W 636
— stimulant R 259
— tampon (chim.) P 347
— thermique W 54
— toxique G 379
— toxique aigu G 376
— ultérieur N 27
— utile N 285
efficace W 630
efficacité W 631
— d'un filtre F 303
— écologique W 632
— relative biologique W 633
effluent A 82
— de déversoir d'orage R 172
— de puisard S 915
— de temps sec T 422
— des eaux usées A 307
— d'une station de traitement d'eaux d'égout K 285
— d'une usine W 534
— final E 281
— minimal M 309
— primaire A 297
— secondaire A 290
effondrement E 141, Z 165
— dû aux mines B 293
— du sol B 660
effort B 126, K 530
— continu D 57
— de compression D 328
— de flexion B 471
— de traction Z 149
— extérieur B 210
efforts combinés Z 171
effritement de la roche V 372
égaliser P 194
égalité de température T 121
églefin S 292
égout A 327, K 94
—, accessoires d'~ K 82
—, bouche d'~ S 1523
—, chasse d'~ K 99
— collecteur H 103
— de [ou : en] béton B 366
— de branchement A 600
— de communication A 600
— de sous-sol K 206
— domestique H 117, S 555
— en fer à cheval K 73
— évacuateur des eaux d'orage R 128, R 184

—, exutoire d'un ~ K 84
—, fond de l'~ K 97
—, galerie d'~ A 343
—, gaz d'~ K 81
—, grille d'~ E 96
— pluvial R 184
—, point de rejet d'un ~ K 84
— pour les eaux vannes S 555
—, radier de l'~ K 97
—, refoulement dans un ~ K 95
— séparatif S 555, T 340
— séparatif, réseau d'~ T 338
—, sortie d'un ~ K 84
—, taxe d'~ K 86
—, tranchée d'~ R 403
—, tuyau d'~ K 94
— unitaire M 360
égouts, brique recuite pour ~ K 87
—, construction des ~ K 85
—, croisement d'~ K 89
—, curage des ~ K 93
—, inspection des ~ K 76
—, nettoyage des ~ K 93
—, obligation de payer une taxe sur les ~ A 304
—, réseau d'~ E 443
égouttage, bassin d'~ S 946
éjecteur M 49
— à air comprimé M 49
— aspirant S 189
— hydraulique W 384
élargissement E 549
— d'une sonde E 550
élasticité E 227
élavage massif I 84
électricité E 230
électro-aimant de levage H 346
—-aimant porteur H 346
—-dessalement E 238
—-filtre E 239
—-flottation E 240
—-osmose E 252
électroanalyse E 233
électrochimique E 234
électrode E 235
— capillaire K 109
— capillaire à (gouttes de) mercure Q 19
— de carbone K 372
— de charbon K 372
— de mesure M 211
— de potentiel M 211
— (de potentiel) rédox R 93
— de verre G 390
— sélective E 236
— sensible aux ions E 236
— spécifique E 236
électrodialyse E 237
électrofiltre E 239
électrolyse E 241
électrolyser E 242
électrolyte E 243
électrolytique E 244
électromagnétique E 245

électrométrique E 246
électrophorèse E 253
— sur papier P 10
électrosorption E 254
élément B 335
— à l'état de traces S 1217
élément de fermeture A 252
élément en trace S 1217
— préfabriqué F 176
éléments chimiques S 1449
— contaminants B 337
— fertilisants K 224
— nutritifs, adjonction d'~ N 51
— nutritifs, apport d'~ N 51
— nutritifs de base K 224
— nutritifs pour les plantes P 113
— nutritifs, teneur en ~ N 47
— polluants B 337
— solides S 1450
— valorisables des ordures M 432
élevage (biol.) Z 127
— de bétail T 242, T 244
— de bovins R 319
— de coquillages M 496
— de volailles G 118
— des poissons F 355
— intensif I 84
élévateur A 782
— à godets B 134
élévation A 552, E 521
— de la mer produite par le vent W 608
— de l'eau W 258
— de température T 117
— du niveau d'étiage N 214
— du niveau hydrostatique des vagues B 762
— séculaire du niveau de la mer A 618
— totale, hauteur manométrique d'~ G 246
élever A 769, H 135
— les eaux S 1326
élimination B 324
—, colonne d'~ A 279
— de la saveur G 271
— de la silice E 349
— de l'air E 375
— de l'ammoniac par l'air A 495
— de l'azote S 1418
— de l'odeur G 231
— des algues A 440
— des eaux résiduaires A 316
— des fluorures E 327
— des gaz E 329
— des saumures S 1045
— du fer E 317
— du goût G 271
— du manganèse E 380
— du phosphate E 403
— par l'air A 793
—, test d'~ A 143

éliminer B 323
— l'air E 373
— l'oxygène S 140
— par aspiration A 187
ellipse E 257
elliptique E 23, E 258
élodée W 313
éluat E 260
élution E 261
élutriation A 835
— des boues S 467
émailler E 263
émanation de radium R 17
embâcle E 215
emballage à usage unique E 151
— perdu E 151
emballages V 231
embarcadère A 571
embarcation W 221
embarquement sur péniche V 251
embase de pompe P 374
emboîtement R 416
— [à matage] S 1390
— à doucine M 454
— à fond carré M 453
— à mater avec rainure à corde S 1566
— à mater avec rainure à fil de fer S 1391
— à souder S 733
— à vis S 624
— en fonte M 451
— renforcé M 455
— soudé S 733
— sphérique M 452
embouchure F 532, M 446, M 490
— d'une lance S 1510
embouteillage F 410
embranchement A 365
— double D 207
embrayage K 710
émergence de nappe G 607
— d'une source Q 31
—, lieu d'~ E 107
émetteur S 913
émissaire A 327
— de décharge E 362
— latéral S 891
— marin M 132
émission E 264
—, contrôle de l'~ E 267
— de poussière S 1314
— d'électrons E 249
— d'humidité F 204
— d'odeurs G 233
— humide F 204
—, norme d'~ E 266
—, surveillance de l'~ E 267
émissions, registre des ~ E 265
emmagasinage S 1105
emmagasinement S 1105
— à usage rationné S 1096

— au haut cours O 36
—, bassin d'~ S 1097
—, coefficient d'~ S 1098
— cyclique U 45
— dans la vallée T 38
— dans les berges B 686
— de régulation R 109
— en citerne(s) Z 108
—, étang d'~ S 1104
— interannuel U 88
— sous-marin U 312
— temporaire R 500
s'emmagasiner A 550
emmagasiner S 1102
— les eaux S 1326
émoluments G 141
empester V 232
empiler A 549
s'empiler A 550
emplacement S 1291
— d'une usine B 399
— local O 119
emplâtre D 66
emplir L 13
emploi A 635
— d'un traceur radio-actif M 72
— limité N 299
employer A 634
empoisonnement V 176
— du sol B 673
— par le gaz G 79
— par le plomb B 569
empoissonnement F 317
empoissonner B 327
emporter F 623
emprunt A 572
—, front d'~ E 385
Emscher, Association de l'~ E 274
—, décanteur type ~ E 271
émulsifiant pour huiles usagées A 63
émulsion E 278
— de goudron T 89
— détergente E 279
— d'huile O 68
— huileuse O 68
émulsionnable E 276
émulsionner E 277
en amont B 296, F 516, O 32
— aval F 512, T 47, U 265
— biais S 605
— descendant la rivière F 512
— forme de boule K 657
— forme de cône K 179
— forme de globe K 657
... en grand G 514
en maçonnerie G 168
— remontant la rivière F 516
— suspension S 710
encasement V 196
enclos E 71
enclôture E 71
encoche d'admission E 97
— du tambour T 438

encollage *(industrie textile)* S 509
encrassement V 255
— du filtre V 269
encuver le malt M 38
endémique E 282
endiguement E 51
endiguer E 50
endogène E 285
endommager B 310
endothermique E 286
endrine E 289
endroit du prélèvement P 296
— où l'on mesure l'eau souterraine G 639
enduit A 619, B 206, P 397
— asphalté A 685
— bitumineux B 524
— de chaux K 50
— de goudron de houille au trempé S 1373
— en ciment Z 65
— extérieur A 620
— intérieur A 621
— mucilagineux S 488
— protecteur S 674
endurcissement A 751, V 186
en [forme d']entonnoir T 355
énergie E 292
—, approvisionnement en ~ E 306
— atomique A 708
— cinétique E 294
— d'excitation A 584
—, dissipation de l'~ E 305
—, économie d'~ E 127
— éolienne W 595
— géothermique E 293
— nécessaire K 533
— nucléaire A 708
— potentielle E 295
— solaire S 1060
— solaire, accumulation d'~ S 1061
s'enflammer E 326
enfoncer E 112, R 30
enfouir V 179
— les boues U 257
enfouissement à longue échéance *(radiol.)* E 283
— des boues U 258
— des eaux usées A 350
enfumage B 165
enfumer B 164
engendrement, temps d'~ G 179
engin de levage H 132
engins de terrassement E 486
englacement des grilles V 145
engorgement V 255, V 306
— du sol B 674
engorger V 305
engrais D 357
— à base de potasse K 19
— artificiel K 677
— azoté S 1417

— commercial H 64
—, distributeur d'~ D 358
—, effet d'~ D 361
— liquide F 489
— potassique K 19
engraissage de porcs S 727
engraissement des porcs S 727
engrenage à pignons coniques K 180
— de transmission R 18
enherbement K 554
enlèvement B 324
— de l'odeur G 231
— des boues E 416
— des boues par pression hydrostatique E 417
— des écumes S 267
— des écumes, appareil pour l'~ S 785
— des matières fécales F 19
— des matières flottantes S 807
— des ordures A 53
— des ordures dans les quartiers résidentiels S 987
— des ordures ménagères M 429
— du chapeau *(d'écume)* A 138
— du fumier au jet d'eau S 752
— du gâteau de filtration F 267
enlever B 323
— l'air E 373
— le chapeau *(d'écume)* A 137
— l'écume S 784
— les boues E 415
enquête sur une rivière F 551
enraciné V 374
enregistrement A 780
— à distance F 160
— de diagrammes D 117
— de renseignements sur les eaux W 192
— des émissions E 265
— des résultats M 251
enregistrer A 779, S 632
enregistreur A 640, R 191
— de fréquence d'impulsions I 23
— de volume, appareil ~ M 193
— d'évaporation naturelle V 138
enrichir *(hydrol.)* A 586
enrichissement *(hydrol.)* A 588
— bactérien, milieu d'~ *(bact.)* A 590
— cumulatif de substances nocives dans les organismes S 217
— de l'eau souterraine G 595
— d'une nappe G 595
— en fer V 143
— en humus H 363
— en oxygène S 146
— en plomb B 544

— en sels S 55
enrobement complet V 417
— d'un tuyau R 443
enrochement S 1378
— aval S 1381
— vibré S 1379
enrochements compactés S 1380
— tout-venant B 821
enrouleur à tuyau souple S 483
ensablement V 249
ensemencement I 18
— à l'aide de boues S 417
—, boue[s] [] d'~ I 17
—, culture d'~ I 14
— des nuages W 659
— sur [ou en] milieu I 19
ensemencements, aiguille pour ~ I 15
—, boucle pour ~ I 16
ensemencer I 13
ensoleillement S 1062
entaille E 120, S 513
entaillé E 78
entartrage K 241
—, lutte contre l'~ K 244
entartrer V 198
entassement S 1105
entéro-virus E 319
entérocoques, dénombrement des ~ E 320
entérovirus D 53
enterré E 513
enterrer V 179
enthalpie E 341
entonnement E 75
entonnoir T 353
— à trop-plein A 158
— de dépression A 212
— de prise E 392
— karstique K 132
entouré d'eau W 126
entraîné par air comprimé D 309
— par moteur M 417
— par vapeur D 28
entraînement S 640
—, colonne d'~ A 279
— de l'ammoniac, dispositif d'~ A 494
— de l'eau par la vapeur S 1181
— de pompe P 371
— des phosphates P 150
— par la vapeur A 281
— par turbine T 488
— synchrone S 1688
entraîner F 623, S 639
— (des gaz) A 897
— par la vapeur A 280
entrée (de l'eau) E 69
—, canal d'~ E 95
—, crépine d'~ E 100
— d'air L 353
— d'eau permanente Z 134
— du puits B 865

—, grille d'~ E 96
—, trompe d'~ E 101
—, tuyau d'~ Z 136
— type Geiger G 147
— type Stengel S 1392
entrepreneur de bâtiments B 120
entreprise U 274
— de récupération d'huiles O 82
— d'utilité publique V 290
entrer en vigueur K 532
entretien U 266
— des compteurs Z 10
— des égouts I 80
entretoisage A 784
entretoiser A 786
envahissement par les mauvaises herbes K 554
envasement V 254, V 258
s'envaser V 252
enveloppe de réacteur R 77
— de tôle M 65
— d'un hydrant M 66
— gélatineuse (biol.) G 25
enveloppement d'une tuyauterie R 443
environnement U 171
—, aménagement de l'~ U 187
—, autorité responsable de l'~ U 176
—, comportement envers l'~ U 196
—, contrôle de l'~ U 195
—, critère d'~ U 184
—, dégât causé à l'~ U 189
—, dû à des facteurs d'~ U 174
—, facteur d'~ U 175
—, hygiène de l'~ U 182
—, influence exercée par l'~ U 178
—, législation concernant l'~ U 188
—, normes relatives à l'~ U 186
Environnement, Office Fédéral de l'~ U 177
environnement, paramètre de l'~ U 185
—, pollution de l'~ U 197
—, protecteur de l'~ U 190
—, protection de l'~ U 191
—, risque pour l'~ U 181
— riverain F 550
— sain U 172
—, sécurité de l'~ U 193
Environnement, Service de Protection de l'~ U 192
environnement, statistique relative à l'~ U 194
— urbain U 173
environs U 142
enzymatique E 473
enzyme E 468
— amylolytique E 472

— catalysant l'oxydation des hydrocarbures E 471
— cellulolytique Z 52
— lipolytique E 470
— protéolytique E 469
enzymes, intermédiaires S 1463
—, métaboliques S 1463
éolienne W 613
EP N 24
épais D 142
épaissement par flottation F 469
épaisseur D 143, M 6
— de couverture de sol E 493
— de la couche S 302
— de la couche limite G 488
— de la paroi d'un tuyau W 79
— du gâteau de filtration F 268
— du gîte aquifère G 638
épaissir E 53
épaississement de boues S 397
— des boues par décantation S 398
— gravitaire des boues S 398
épaississeur de boues S 395
— de boues avec grille racleuse S 396
— -cyclone Z 219
épandage O 26
—, carré d'~ S 1317
— de boues sur terrains arables A 376
— d'eaux résiduaires et de boues en agriculture, méthode d'~ A 738
— des boues S 381
— des eaux usées sur le sol A 737
— en agriculture L 47
— en surface S 951
— par sillons F 700
—, période d'~ E 135
— superficiel, irrigation par ~ E 132
—, terrains d'~ E 134
épanouissement E 549
— en rivière, bassin d'~ F 526
épargne E 128
éparpillement S 1562
épaulement de l'emboîtement M 473
épaulements d'une digue D 16
épaves T 331
éperon S 1154
éphémère E 142, E 475, K 718
épi B 885
épicéa F 220
épidémie E 476
— de typhoïde T 506
— d'origine hydrique W 216
— typhique T 506
épidémiologie E 477
épidémiologique E 478
épidémique E 479

épi

épilage E 333
épilimnion E 481
épilimnique E 480
épinoche S 1412
épiphyte E 482
épluchage de pommes de terre, eaux d'~ K 138
éponge de platine P 213
époque glaciaire E 216
épreuve P 286, P 336, T 142, V 310
— à l'air comprimé P 278
— d'absorption A 247
— de pression D 319
— de putrescibilité F 41
— des matériaux M 112
— d'étanchéité D 130
— hydrostatique W 198
éprouver V 312
éprouvette P 302, R 68
— conique graduée A 224
— conique graduée selon Imhoff A 225
— de décantation A 224
— de décantation selon Imhoff A 225
— graduée M 257
épuisé V 75
épuisement E 538, Z 24
— *(d'un puits)* A 181
— par assimilation A 693
épuiser *(un puits)* A 180
épuration R 229
— biologique des eaux d'égout A 335
— biologique totale R 232
—, boues d'~ K 295
—, capacité de l'~ R 239
— chimique R 230
— de l'air L 337
— d'eau W 330
—, degré d'~ R 236
— des condensats K 441, K 448
— des eaux d'égout A 334
— des eaux d'égout, station d'~ K 282
— en étages S 1625
— mécanique des eaux d'égout A 337
— naturelle R 231
— par lit bactérien T 450
— par voie humide N 70
— partielle T 110
— primaire V 463
—, procédé d'~ R 245
—, puissance d'~ R 246
— secondaire N 14
—, station d'~ R 234
— tertiaire R 243
—, troisième stade d'~ R 243
épurer R 228
équarrissage A 32
équation G 412
— de Theis T 154
— différentielle D 155
équidistance A 261

équilibre G 406
— acide-base S 32
— chaux-acide carbonique K 27
— de population B 424
— des [bi]carbonates K 27
— des tensions S 1086
— dynamique F 436
équipe de foreurs B 716
équipement A 843, E 113, M 400, Z 123
— auxiliaire H 194
— de laboratoire L 4
— de mélange M 338
— de nettoyage R 235
— de pompage P 373
— sanitaire A 871
équivalent G 413
— biologique de rayons X R 350
— toxique A 388
—-habitant E 158
ère quaternaire Q 12
— tertiaire T 141
éristale S 391
Erlenmeyer E 526
érosion E 531
— côtière K 643
— du sol B 616
— en ravins G 452
— en rigoles R 547
— éolienne E 532
— fluviale F 522
— glaciaire G 424
— littorale K 643
— marine B 760
— pluviale R 121
— régressive K 153
— superficielle F 380
—, vallée d'~ E 533
errant V 1
erreur de mesure M 215
escargot S 556
esculence G 185
esker O 123
espace A 261, S 1552
— creux H 302
— de temps Z 29
— destiné à la récréation E 524
— réservé aux loisirs E 524
— vert G 540
— vital B 511
espacement A 261
— des arrosages U 151
— des puits B 848
— entre les barreaux de grille S 1231
espèce S 1124
— *(biol.)* A 668
— abyssale T 235
— des profondeurs T 235
— prédominante S 1125
— représentative *(biol.)* L 177
espèces, diversité des ~ A 672
—, fréquence des ~ A 669

esprit de sel S 66
esquisse E 462, S 1019
essai T 142, V 310
— à blanc B 573, B 574
— à la bille K 656
— à l'arsénite-orthotolidine O 115
— à l'échelle semi-industrielle T 82
— à l'iodure d'amidon J 24
— à outrance B 816
— au bleu de méthylène M 279
— au choc sur l'entaille K 215
— au marbre M 78
— biologique T 143
— d'absorption A 247
— d'analogie électrique E 232
— de chargement B 225
— de choc S 362
— de cisaillement triaxial S 297
— de compression triaxiale D 252
— de débit P 390
— de dégradation A 143
— de flexion B 472
— de fonctionnement V 317
— de forage B 739
— de laboratoire L 5
— de lessivage E 150
— de longue durée D 62
— de pompage P 390
— de pompage à longue durée D 59
— de pompage permanent D 59
— de présomption N 24
— de pression D 319
— de pression intérieure I 58
— de puits P 390
— de qualité G 688
— de réception A 178
— de rendement L 164
— de résilience S 362
— de traction Z 146
— de traction-flexion Z 143
— d'éclatement B 816
— d'écrasement B 815
— d'étanchéité D 130
— d'orientation V 473
— en bocal S 1300
— en laboratoire L 5
— hydrostatique W 198
— hydrotimétrique S 877
— mécanique T 144
— préliminaire V 473
— présomptif N 24
— prolongé D 62
— séismique U 288
— semi-industriel T 82
— sonore K 303
— sur modèle M 379
— sur place V 311
— sur une grande échelle G 522

essais de contrôle au chantier B 118
essarter R 343
essayer V 312
essence [de pétrole] B 266
— additionnée de plomb B 558
essorage E 436, G 122
— centrifuge S 496
— sous vide V 6
essuyage A 891
ester E 554
— thiophosphorique T 166
estimation K 515, S 230
estimer V 48
— au forfait P 43
estran S 1517
estuaire M 447
— d'une rivière F 532
— inverse A 398
établissement A 565, F 1
— avicole G 118
— de flot F 567
— d'un projet E 457
— filtrant F 234
— métallurgique H 358
étage à basse pression T 224
— d'oxydation O 132
à étages multiples M 167
étaiement S 240
étain Z 103
étaleur en verre G 394
étalon N 256
étalonnage E 22
étalonnement E 22
étalonner E 19
étamé V 378
étanche D 123
— à l'air L 316
— à l'eau W 193
étanchéification d'une conduite R 379
étanchéité D 129
— à l'eau W 194
—, épreuve d'~ D 130
—, essai d'~ D 130
—, lame d'~ D 140
—, mur d'~ D 141
étanchement A 41
— bitumineux B 523
— d'un étang T 97
— d'un joint F 688
— d'une digue T 41
étancher A 40
étanconnement de la tranchée d'égout A 263
étançonnement des fondations B 95
— horizontal H 340
étançonner A 872
étang T 96
— à algues A 445
— à boues S 449
— à poissons F 351, H 55
— à schlamms B 291
— artificiel S 1337
— clarificateur K 298

— de collecte de rosée T 80
— de digestion A 346, F 110
— de raveinement de la nappe G 596
— de refroidissement K 630
— de stabilisation A 346, O 133
— d'eaux usées A 346
— d'emmagasinement S 1104
— d'oxydation O 133
— pour traitement de finition S 599
état B 311
— colloïdal Z 183
— de crise d'eau W 307
— de stabilisation A 817
— de suspension S 712
— effectif I 126
— gazeux d'agrégat A 418
— hygrométrique F 208
— hygrométrique de l'air L 322
— liquide d'agrégat A 417
— réel I 126
— riverain A 574
— solide d'agrégat A 416
— stabilisé A 817
— vrai I 126
étau S 630
étayage A 784, A 873
étayement A 873
étayer A 786, A 872
été S 1051
éteindre (la chaux) L 262
étendu S 1552
étendue de pays G 152
éther glycolique G 441
éthologie E 559
éthylamine A 400
éthylène A 401
—-glycol A 403
étiage N 208
—, débit d'~ N 211
— minimal N 210
— moyen N 209
—, niveau d'~ N 217
—, niveau minimum d'~ N 219
—, niveau moyen d'~ N 218
étoffe G 326
— filtrante F 291
étoupe W 531
étranglement E 121
— entre deux tronçons de conduite D 400
étrangler D 271
être vivant L 122
êtres unicellulaires T 240
étrésillonnement A 784
étrésillonner A 786
étrier S 1354
étron K 523
étude E 457
— de faisabilité A 807
— de l'adduction en eau W 174
— de profits et pertes K 514
— de réalisation A 807

— des ressources disponibles en eau W 191
— d'une rivière F 551
— préliminaire V 435
— sismique U 288
étuve B 875, T 417
eutrophe N 50
eutrophie E 562
eutrophique N 50
eutrophisation E 563
— excessive H 402
évacuateur à gradins K 144
— à siphon H 139
— d'air E 374
— de crue en galerie inclinée H 267
— de crues H 265
— de crues avec déversoir en forme de caisse H 266
— de crues en forme de puits S 207
— de surface U 55
— en puits S 207
— en saut de ski S 1017
—, ouvrage ~ E 359
— pendulaire de boues P 65
— séparé E 360
évacuation B 324
— à part A 122
— alvine S 1627
—, crête d'~ U 25
— de la chaleur W 21
— de l'air E 375
— de l'air d'une conduite E 377
— d'eau W 254
— des boues E 416, S 388
— des boues par bateaux S 462
— des crues, voie d'~ H 272
— des déchets A 53
— des eaux de toiture D 3
— des eaux d'égout A 316
— des saumures S 1045
—, dispositif d'~ A 186
—, écluse d'~ E 448
— par dilution B 325
—, réseau d'~ E 443
—, soupape d'~ E 371
—, tuyau d'~ A 111, D 323
évacuer B 323
— à part (des eaux résiduaires) A 282
— les boues E 415
évaluation B 452
— des eaux résiduaires A 318
— des frais K 515
— du préjudice S 213
— du rendement L 158
évaluer V 48
— d'une taxe V 47
évaporable V 93
évaporateur V 95
— à brûleurs immergés T 65
— à brûleurs noyés T 65
— à circulation forcée Z 189
— à descendage F 53

— à longs tubes horizontaux
   H 335
— à multiple effet M 166
— à tubes R 347
— à tubes en spirale W 527
— à tubes hélicoïdaux W 527
— à tubes horizontaux film
   descendant H 334
— à tubes obliques S 610
— avec circulation U 149
— d'eau de mer M 154
— en seule étape V 96
— flash E 428
— flash à multiple effet M 165
— multiflash à longs tubes
   H 335
— rotatif R 481
— tournant R 481
évaporation V 97
— [à l'air libre] V 129
— à partir de plans d'eaux
   libres S 862
— à tubes verticaux V 348
— à tubes verticaux à
   descendage V 347
—, aire d'~ V 133
— avec emploi de brûleurs
   immergés T 66
—, bac d'~ V 136
—, capsule d'~ A 31
— de l'interception I 96
— effective V 130
— en seule étape V 98
— flash E 429
— flash à plusieurs étages
   E 424
—, hauteur d'~ V 135
—, installation d'~ V 100
—, mesurage d'~ V 139
— multiétage à tubes
   horizontaux H 339
— multiétage par détente
   V 391
— naturelle, quantité d'~
   V 137
— par bouilleurs à tubes
   verticaux à descendage L 71
— par compression avec
   circulation forcée Z 188
— par détente E 429
— par le sol B 671
— par pulvérisation S 1178
—, perte due à l'~ V 105
— potentielle V 131
—, réducteur d'~ V 140
—, réfrigération par ~ V 102
— régionale G 91
— relative V 132
—, résidu d'~ A 30
—, retard d'~ V 141
— superficielle O 25
—, température d'~ V 103
—, zone d'~ B 678
évaporer V 94
s'évaporer [à l'air libre] V 128
évaporimètre V 138

évaporomètre V 138
— de Wild V 142
évapotranspiration E 564
— effective E 566
— potentielle E 565
— réelle E 566
événement catastrophique
   K 158
évent L 305
— vertical L 306
éventail d'eaux usées A 322
éventé S 234
évier A 818
évolution, tendance de l'~
   E 455
exactitude de mesurage M 218
examen F 608, P 336, U 281
— aux rayons X R 353
— du matériel M 112
— macroscopique de l'eau
   W 408
— microscopique de l'eau
   W 409
— préalable V 456
— sensoriel S 1013
examiner U 280
excavateur B 20
— à benne preneuse G 474
— à godets E 36
— à sec T 390
— de tranchées G 450
excavation du sol B 602
excaver A 783
excédent d'air L 343
— de chlore C 72
— de consommation M 168
exception admissible A 358
excès de boues S 454
— de la pression à la surface
   d'un filtre F 247
excitant S 1429
excitation par la chaleur W 46
excréments A 132
excreta A 132, K 524
excrétion S 1627
exécuter A 808
exécution A 809
— de mesures automatiques
   M 213
exempt de frais K 521
— de plomb B 553
— de virus V 395
exhaussement E 521
—, courbe d'~ S 1331
— de la retenue A 753
— des terres B 601
exhaustion du sol B 617
exigence minimum M 310
exogène E 568
exothermique E 569
expansion A 797
— démographique B 426
— du lit de sable F 242
expérience V 310
— de service B 396
— d'exploitation B 396

— sur modèle électrique E 232
expert F 5
expertise B 163, S 2
expertises analytiques A 522
exploitation A 6, A 791, B 382
— à ciel ouvert T 8
— agricole du terrain B 640
— avicole H 354
—, calcul des frais d'~ B 402
—, caractéristiques d'~ B 392
— de digesteurs F 89
— de gravières K 259
— de mines de potasse K 18
— des filtres F 240
— des mines B 290
— discontinue B 384
— d'observations A 901
—, expérience d'~ B 396
— minière au fond de la mer
   M 133
— minière en profondeur
   U 292
— minière marine M 133
— qualitative des eaux W 250
—, résultats d'~ B 397
— uranifère U 328
exploiter B 381
exploration F 608
— des fonds sous-marins
   T 232
explorer E 515
exploser E 571
explosible E 575
explosif E 575, S 1161
explosion E 572
—, danger d'~ E 573
— des bombes atomiques
   A 706
exposition aux radiations
   S 1498
— aux rayons bêta B 346
expropriation E 314
expulser au moyen d'air A 792
expulsion par l'air A 793
exsiccateur E 576
exsurgence A 869
extensibilité R 341
extension A 797, E 549
extensomètre D 74
extérieur A 853
exterminer A 278
extincteur de chaux K 39
extinction Z 83
— des incendies F 212
extracteur à contre-courant
   G 137
extractible E 577
extraction E 467, E 579
— au moyen d'un solvant
   L 282
— de chaleur W 30
— de chaudière K 232
— de gravier K 259
— de la potasse K 18
— de la terre végétale M 501
— de l'eau E 437

fer

— d'eau W 213
— des boues S 400
— du terreau M 501
— d'uranium U 328
— liquide-liquide F 481
— par solvant L 282
—, puits d'~ F 587
extrados de voûte G 354
extraire E 578
extrait chloroformique sur charbon C 68
— de viande F 414
extrêmement pur H 235
extrémité d'une conduite R 397
exutoire A 826
— d'un égout K 84
— en mer A 824, M 132
— naturel de la nappe phréatique G 601
— subaquatique G 566
exutoires à niveau multiple E 555

F

fabrication F 3
— d'antibiotiques, bouillons résiduaires de la ~ N 39
— de compost K 435
— de glaces alimentaires S 1110
— de produits alimentaires L 117
fabrique F 1
— chimique F 2
— d'amidon S 1249
— d'ammoniaque A 499
— de caoutchouc G 690
— de caoutchouc synthétique S 1693
— de carton de paille S 1594
— de colle L 152
— de colle de peaux H 130
— de conserves K 452
— de conserves de fruits O 45
— de conserves de poissons F 336, F 353
— de conserves de tomates T 256
— de couleurs F 69
— de cuir L 135
— de drap T 474
— de fécule de pommes de terre K 140
— de fibranne Z 57
— de fourrures R 54
— de laque L 9
— de levure H 144
— de levure pressée P 275
— de matières plastiques K 688
— de papier P 13
— de papiers pour journaux Z 30
— de pâte à la soude N 93

— de pâte au sulfate N 93
— de pâte au sulfite S 1671
— de pâte chimique Z 45
— de pâte de bois H 318
— de pâte de paille S 1595
— de pénicilline P 67
— de plaques de fibre de bois F 81
— de rayonne K 683, S 1135
— de soie artificielle K 683
— de soude S 1024
— de tapis T 133
— de tissus imprimés Z 97
— de vernis à l'alcool L 9
faces de joint D 135
facile à dégrader L 150
façon F 599
façonner F 603
facteur climatique K 335
— d'ambiance U 175
— de charge B 221
— de charge utile N 294
— de conversion U 161
— de croissance W 7
— de désintégration Z 85
— de forme *(des grains)* F 604
— de pollution V 272
— de puissance L 162
— de rétention R 285
— de sécurité S 930
— de sursaturation en oxygène S 172
— d'environnement U 175
— d'incertitude U 243
— d'utilisation A 841
— létal L 206
— limitatif de croissance W 6
— limite M 329
facteurs hydrauliques de variation d'écoulement S 1581
faculté d'adsorption A 385
fade E 234
à faible charge S 689
— faible niveau énergétique E 296
— faible radioactivité S 690
faiblement acide S 691
— basique S 688
— radioactif S 690
faïence S 1370
faille F 144
— *(géol.)* V 366
faire A 808
— aller T 329
— basculer K 277
— circuler K 581
— des recherches E 515
— entrer en frappant E 119
— évaporer V 94
— jaillir V 297
— le vide L 202
— mouvoir T 329
— prise *(du ciment)* A 25
— refroidir K 622
— sauter S 1157

— un frottis A 273
— une estimation forfaitaire P 43
faisceau de fibres creuses H 299
— de tubes R 345
faisceaux de fibres textiles T 150
falaise K 326, S 1361, S 1363
— active K 327
— inactive K 328
— stabilisée K 328
fange S 541
fangeux M 381
farine de poisson F 338
— de roche G 296
fascine F 76
fatigue B 126
faubourg V 470
—-jardin G 40
faucardeur K 556
faucardeuse K 556
— à scie U 310
faune T 243
— aquatique W 225
— du sol B 618
— littorale U 119
— marine M 136
fausse bride B 572
faux-fond d'un filtre F 244
—-frais N 113
favorable au point de vue écologique U 180
favorisant le développement E 453
fécal F 17
fèces A 132, K 524
fécond F 664
fécondité F 665
fécule de pommes de terre K 139
féculerie S 1249
— de pommes de terre K 140
fées, cheminée des ~ R 158
Fehlmann, puits ~ G 648
feldspath F 136
fenêtre d'observation B 274, S 265
fente F 144, R 338, S 513
— à boues S 444
— de dessiccation T 412
— d'entrée E 97
— d'infiltration S 963
fer E 179
— à souder L 285
— à T T 2
—, absorption de ~ E 182
— en feuilles E 187
— fondu G 699
— forgé S 537
— hexagonal S 822
— profilé P 312
— rond R 541
— soudé S 729
ferblantier K 322
ferme d'élevage V 389

763

fer

— expérimentale V 320
ferment G 19
fermentable G 9
fermentant le lactose M 304
fermentatif G 18, G 19
fermentation G 16
— à chaud H 153
— acide G 17
— alcaline M 273
—, bac de ~ G 7
—, cellule de ~ G 22
—, flacon pour ~ G 12
— lactique M 301
— méthanique M 273
—, tambour de ~ G 14
—, tour de ~ G 15, K 438
—, tube de ~ G 13
—-digestion, procédé de ~ G 11
fermenter G 8
fermentescibilité G 10
fermenteur S 402
fermer V 259
— *(une tuyauterie)* A 250
— le circuit E 117
fermeture V 260
—, clapet de ~ V 261
—, dispositif de ~ A 260
ferraillage *(de béton)* B 449
ferraille A 470
ferreux E 195, F 172
ferricyanure de potassium B 581
ferrifère E 194
ferrique E 196, F 171
ferrobactéries E 184
ferrocyanure de potassium B 580
ferrugineux E 194
ferry-boat F 14
fertile F 664
fertilité F 665
— du sol B 627
fétide S 1430
feuillage L 94
feuillard B 539
feuillée T 389
feuillées G 525
feuilles L 94
feutrage F 308
feutre F 308
fibre F 79
— creuse H 298
— de verre, plastique renforcé ~ G 391
— ligneuse H 310
— synthétique K 678
fibres synthétiques, industrie de ~ K 679
fibrociment A 676
ficher E 119
fiente de volailles H 353
fièvre typhoïde T 504
— typhoïde, taux de ~ T 508
— typhoïde, taux de mortalité par la ~ T 509

fil D 227
— à haute résistance à la traction S 1080
— d'acier S 1262
— de fer barbelé S 1232
— de précontrainte S 1079
filamenteux F 11
filasse de chanvre H 78, H 79
— de chanvre goudronnée H 80
— de plomb B 570
— goudronnée T 93
filature S 1134
— de laine peignée K 69
— de peigné K 69
filet G 341
— à plancton P 199
— de soudure S 734
— de soudure par rapprochement S 735
— de soudure par recouvrement S 736
— de vis G 341
— d'eau W 220
— d'eau souterraine G 593
— drageur D 263
— extérieur A 860
— fluide S 1605
— intérieur I 59
filetage G 341, R 401
— extérieur A 860
— femelle I 59
— intérieur I 59
— mâle A 860
filiforme F 11
film biologique R 40, S 486
— biologique, décrochement du ~ A 269
— biologique d'un filtre F 257
— de surface O 12
— d'huile O 73
— monomoléculaire F 221
— superficiel O 12
filtrabilité F 307
—, indice de ~ F 306
filtrable F 305
filtrage F 274
filtrat F 304
— de boue S 408
filtration F 274
— à courant ascendant F 293
— accélérée S 583
—, adjuvant de ~ F 258
—, aptitude à la ~ F 307
— artificielle F 296
— ascendante F 293
—, bassin de ~ F 237
— biologique T 450
— dans le sous-sol B 622
— de boues S 407
— de l'eau W 226
—, dépôt de ~ F 266
— des boues, adjonction de cendres dans la ~ A 682
— directe D 175
—, double-~ D 191

— en premier stade F 294
—, installation de ~ F 234
— intermittente F 295
— intermittente par le sol B 623
— lente L 73
— naturelle F 297
— par la rive U 121
— par le sol B 622
— par lit fluidisé S 709
— partielle T 112
— pour rejet A 80
— préalable V 439
— primaire F 294
—, procédé de ~ F 299
— rapide sur sable S 583
—, résistance spécifique à la ~ F 301
— sous pression D 291
— sous vide V 7
—, station de ~ F 234
— sur marbre M 76
— sur sable S 102
— terminale N 8
—, usine de ~ F 234
—, vitesse de ~ F 255
filtratrion sur membrane U 131
filtre F 222
— à air L 327
— à bande B 59
— à boues S 406
— à boues du type à bande S 971
— à bougie K 230
— à charbon K 373
— à charbon actif A 424
— à cheveux H 2
— à coke K 406
— à diatomées K 264
— à diatomite K 264
— à disque S 282
— à double couche Z 198
— à feuille B 533
— à garnissage de fil triangulaire K 185
— à grains grossiers G 504
— à grésillon de charbon K 493
— à gros gravier G 505
— à laine de bois H 326
— à lit de carbone fluidisé F 423
— à lit double Z 198
— à lit fluidisé F 422
— à lit mixte M 337
— à lits mélangés M 337
— à magnétite M 25
— à membrane B 533, M 184
— à milieux multiples M 161
— à mousse de plastique S 277
— à permutite P 84
— à plaques B 533
— à poussière S 1319
— à précouche A 609
— à pression D 290

764

flu

— à ressorts F 226
— à sable S 98
— à sable à lavage continu F 424
— à sable fin F 128
— à sable ouvert S 99
— à sacs S 4
— à tambour T 436
— à trois matières D 260
— à vide S 195
— à voile de boue *(précipitation chimique)* F 229
— aéré F 223
— au kieselgur K 264
— avec deux types de matériaux filtrants Z 198
— bactérien K 368
— biologique K 368, T 445
— centrifuge Z 73
—, charge d'un ~ F 239
— circulaire R 542
—, colmatage d'un ~ F 298
—, compartiment d'un ~ F 260
— de contact F 676
— de gravier K 268
— de gravier, puits à ~ K 272
— de stérilisation E 347
—, débit d'un ~ F 270
— dégrossisseur G 504
— domestique H 118
—, efficacité d'un ~ F 303
— électrostatique E 239
— en amiante A 675
— en fil à section triangulaire P 311
— en plastique P 208
— en porcelaine P 258
— en tissu G 328
— en toile T 475
—, encrassement du ~ V 269
— fermé F 225
—, film biologique d'un ~ F 257
— fin F 122
— finisseur N 7
—, fond d'un ~ F 244
— gravitaire F 228
— immergé F 230
— Laughlin M 25
—, lavage d'un ~ F 285
— lent L 72
—, lit d'un ~ F 238
— mûr F 224
—, nettoyage d'un ~ F 279
— non submergé F 227
— noyé F 230
— ouvert F 228
— par aspersion T 445
— par gravité F 228
— par le sol B 621
— par le sous-sol B 621
— percolateur K 368, T 445
— plissé F 58
—, pression sur le ~ F 247

—, rajeunissement d'un ~ F 279
— rapide S 582
— rapide à sable S 589
—, rendement d'un ~ F 270
—, sable d'un ~ F 282
— sous pression D 290
— stérilisateur E 347
—, surface du ~ F 253
—, toile à ~ F 291
—, tuyère d'un ~ F 249
—-presse F 278
—-presse à chambres K 67
—-presse cellulaire K 67
filtrer F 273
— pour rejet A 79
filtres, accessoires des ~ F 235
—, exploitation des ~ F 240
—, service des ~ F 240
—, unité de ~ F 233
fin F 120
financement F 309
à fines bulles F 121
fines décantables S 1010
fission de l'atome, produit de ~ K 227
— du noyau atomique A 713
— nucléaire A 713
fissure F 144, R 338
fissuré Z 87
fissure capillaire H 3
— d'un barrage T 43
— d'une digue D 15
— sous tension S 1091
fixage B 162
fixateur F 356
— de mousse S 271
— d'hydrogène W 375
fixatif F 356
fixation B 162, B 480, F 357
— de l'azote S 1416
— des taxes A 128
flacon *(chim.)* K 413
— bouché à l'émeri S 1434
— de verre G 389
— laveur W 106
— pour échantillon P 300
— pour fermentation G 12
flagelle G 149
flagellés G 150
flagellum G 149
flan de boue S 410
flanc A 136
— de vallée T 32
fléchir B 467
fléchissement B 470
flet F 494
flétrir W 492
flétrissement, intervalle de ~ W 491
—, point de ~ W 494
flétrissure W 493
fleuret B 717
fleuve S 1596
— à marée T 180

— côtier K 645
—, lit d'un ~ F 518
— souterrain F 510
flexibilité B 469
flexible B 436, B 468, S 475
flexion B 470
floc F 452
flocculation biologique F 458
floculabilité F 451
floculable F 450
floculant F 463
floculateur A 799, F 461
floculation F 457
—, adjuvant de ~ F 462
—, bassin de ~ F 461
— dynamique T 499
— postérieure F 460
floculer F 453
floculeux F 456
flore P 122
— aquatique W 228
— bactérienne B 40
— de lac S 849
— d'eau douce S 1661
— du sol B 624
— littorale U 122
— marine M 139
flot F 558, W 497
—, établissement de ~ F 567
flots S 695
flottage F 464
flottant S 710
flottation S 778
—, agent de ~ F 470
—, arrête-matière à ~ F 471
— des graisses F 196
—, épaississement par ~ F 469
— par air dissous D 292
— par pressurisation-détente D 292
—, réactif de ~ F 470
—, résidus de ~ F 468
— sous pression D 292
— sous vide V 8
flotter F 472
flotteur S 790
—, chambre de ~ S 794
—, compartiment du ~ S 794
—, course d'un ~ S 796
— de surface O 22
—, indicateur à ~ S 793
—, indicateur de direction R 302
—, interrupteur à ~ S 800
—, limnigraphe à ~ S 793
— profond T 221
—, robinet à ~ S 795
—, soupape à ~ S 795
fluage *(du béton)* K 591
fluctuation S 700
— de température T 126
— diurne S 707
— dûe aux marées G 358
— mensuelle S 704
— moyenne des marées T 191
— phréatique S 701

fluctuations de pression D 327
fluctuer S 699
fluide F 480, F 482
fluidité F 446
fluor F 495
fluoration F 502
— de l'eau potable T 373
fluorer F 501
fluorescéine F 496
fluorescence F 497
—, analyse par ~ F 498
fluorimètre F 499
fluorose causée par l'eau potable T 374
fluoruration F 502
fluorure F 500
— de sodium F 503, N 80
fluorures, élimination des ~ E 327
fluosilicate S 1003
flux F 558
— en DBO B 876
— et reflux G 357
foisonnement des boues B 528
fonçage (d'un puits) A 277
— de puits S 198
foncement (d'un puits) A 277
fonction caractéristique de puits pompé B 859
fonctionnement automatique B 383
— continu B 385
— intermittent B 384
—, rapport de ~ B 391
fond B 584
— à buselures D 372
— à gicleurs D 372
— bombé B 590
— de filtre en plaques poreuses F 245
— de la mer M 135
— de la mer, exploitation minière au ~ M 133
— de la nappe souterraine G 654
— de la rivière F 540
— de la tranchée G 454
— de l'égout K 97
— de l'emboîtement M 462
— de puits B 863
— de vallée T 37
— d'un filtre F 244
— en [forme de] trémie T 356
— incurvé B 590
— perforé B 588
à fond poreux S 1032
fond rocheux F 145
fondation F 691, G 535
— d'ancrage d'une digue D 81
— de pompe P 374
— en béton B 361
— en maçonnerie F 692
— filante S 1557
— flottante G 537
— immergée U 302
— noyée U 302

— par caisse S 917
— par l'air comprimé D 313
—, plaque de ~ F 693
— profonde T 225
— superficielle F 362
— sur caissons S 917
— sur pieux P 96
— sur pilotis P 96
— sur puits S 201
— sur roche en place G 536
fondement F 691
fonderie E 197, G 369
— de plomb B 555
fondre G 368, T 78
fonds V 458
— boisé W 64
— sous-marins, exploration des ~ T 232
fongicide F 694
fontaine, eau de ~ B 872
— jaillissante S 1164
fontainier B 852
fonte G 696
[fer de] fonte G 699
fonte aciérée H 45
— centrifugée S 497
— coulée debout (fabrication des tuyaux) S 1289
— des neiges S 573
— ductile G 700
—, eau de ~ S 534
— grise G 470
forage B 736
— à bras H 63
— à circulation inverse S 178
— à grande profondeur T 210
— à tiges pleines G 291
— au rotary D 235
— de puits B 851
— de recherche V 318
— d'essai V 318
—, eau de ~ B 872
— en mer B 737
— improductif F 117
— non tubé B 738
— par percussion, appareil de ~ S 1480
— par percussion, procédé de ~ S 1483
— par pression hydraulique S 1184
— pétrolier O 65
— profond T 210
— rotatif D 235
— rotatif, appareil de ~ D 234
— standard, outil de ~ S 1287
—, technique de ~ B 735
— tubé B 709
force K 530
— ascensionnelle A 776
— attractive A 644
— capillaire K 110
— centrifuge F 420
— de résistance W 564
— de traction Z 145
— de viscosité R 206

— d'entraînement S 492
— d'homme M 197
— du vent W 609
— due à l'écoulement en milieu poreux S 949
— dynamique K 531
— expansive de la vapeur D 36
— humaine M 197
— hydraulique W 267
— ionique D 184
— majeure H 293
— motrice B 403, T 357
— nécessaire K 533
— portante T 304
— thermique W 36
forer B 696
foret B 697, B 717
forêt W 62
— à essences variées M 357
foret à percussion S 1481
— à soupape V 27
forêt de conifères N 31
foreuse à câble sans balancier S 361
— à explosif S 1160
— à percussion S 1480
forfait P 44
forge E 197
forger S 538
forgeron S 536
formaldéhyde F 600
formant une couche protectrice S 683
formation F 601
— aquifère G 635
— aquifère inférieure G 634
— d'acide S 39
— de brouillard N 101
— de gaz G 58
— de glace E 174
— de glace sur les grilles V 145
— de l'opinion publique O 52
— de mousse S 232
— de piles E 255
— de plantes P 108
— d'écume S 232
— d'éléments E 255
— d'hydrates H 371
— d'incrustation K 241
— du floc F 454
— imperméable G 641
— rocheuse F 141
forme F 599
— aérodynamique S 1607
en forme de bâtonnet S 1225
— forme de poire B 516
former F 603
formol F 600
formule F 602
— de Thiem T 165
— des détergents W 113
... à forte charge H 208
forte mer S 841
à forte radio-activité H 234
fortement basique S 1306
— éclairé E 560

— radio-actif H 234
fortuit Z 129
fossé G 445, G 447
fosse à boues S 392
— à chaux K 35
fossé à flanc de coteau H 84
fosse à humus N 1
— à purin J 19
— à sable S 93
— à serpentins S 357
— au bois S 1281
fossé collecteur S 76
— couvert S 948
fosse d'aisances A 179, K 344, S 914
— de décantation K 293
— de décantation pour battitures A 227
fossé de décharge A 165
— de dérivation A 76, S 1411, U 156
fosse de digestion S 402
— de digestion à plusieurs bassins M 158
fossé de drainage E 442
— découvert G 448
fosse d'évacuation de la neige S 568
— d'extraction A 362
fossé d'interception A 76
— d'irrigation B 430
— Dortmund D 212
— d'oxydation O 130
fosse Emscher E 272
— Imhoff E 272
— Imhoff avec dispositif d'aération E 273
fossé récepteur V 442
— routier S 1531
fosse séparée F 99
— septique F 95
— septique à compartiment unique E 86
— septique à deux compartiments Z 194
— septique à trois compartiments D 257
fossé serpent S 357
— soumis à l'action des marées P 283
fougère aquatique *(Azolla)* *(bot.)* W 223
fouille A 821
— de fondation B 94
— de recherche S 663
— pour la pose de conduites R 402
—, profondeur de la ~ T 215
fouilleur R 404
foulon à tanner D 249
four à coke K 410
— à cuve S 203
— à étages E 557
— à grille R 472
— à lit fluidisé W 622
— à moufle M 456

— à soles multiples E 557
— à tambour D 242
— crématoire V 83
— d'incinération V 83
— d'incinération de petite taille K 318
— rotatif D 242
fourchette de mesure M 207
— des prélèvements E 384
fourneau à charbon pour la fusion du plomb B 563
— à plomb B 563
fournir L 227
fourniture de courant électrique S 1606
— d'eau W 148
— d'eau en gros W 285
fourrage F 710, V 387
— artificiel F 174
— frais F 711
fractionnement de la mousse S 272
— de la mousse, système de ~ A 846
fracturation hydraulique des puits R 340
fragile B 824
fragilité caustique L 108
fragments de chiffons T 150
frai F 323, L 37, L 39
[saison du] frai L 43
frai, migration de ~ L 42
frais K 513
— accessoires N 113
—, compte des ~ K 517
— courants A 811
— d'administration V 362
— d'assainissement K 88
— de construction B 102
— de construction, répartition des ~ B 103
— de l'exercice B 401
— de pompage P 388
— de traitement B 184
— d'entretien U 267
— d'établissement A 566
— d'exploitation B 401
— d'installation A 566
— totaux G 251
fraisage F 626
franc-bord F 631
franchissement du lit filtrant F 243
— d'une rivière F 547
frange capillaire K 115
frayer L 38
frayère L 41
freinage de l'action enzymatique H 175
— de l'écoulement par développement d'herbes, coefficient de ~ V 197
fréquence H 13
— absolue H 14
— de chute des gouttes T 444
— de crue H 253

— de la pluie R 142
— d'écoulement U 21
— des débits H 15
— des espèces A 669, H 17
— des périodes de sécheresse D 367
— des pluies, table de ~ R 159
— des types A 669
— d'impulsions, enregistreur de ~ I 23
— d'occurrence de la typhoïde T 508
— d'une intensité de pluie donnée H 16
— relative H 18
— vocale T 264
fréquences, densité des ~ H 19
fret F 624
— annuel J 7
frêt des matières flottantes S 808
fret salin S 59
— solide G 259
— *(par unité de bassin versant)* F 187
frettage R 321
frette d'emboîtement M 469
friabilité du sol B 628
friable B 804, B 824
friction R 203
—, nombre de ~ R 211
frimas R 212
froid K 7, K 58
—, degré de ~ K 8
fromagerie K 11
froment W 490
front d'appel E 385
— d'emprunt E 385
— d'onde W 513
— riverain U 123
frottement R 203
—, angle de ~ R 210
—, gradient de ~ R 204
—, perte de charge due au ~ R 208
— superficiel O 18
frottis *(bact.)* A 272
—, faire un ~ A 273
fruit A 790
fruitculture O 44
fuchsine F 671
fuideau L 168
fuir L 126
fuite L 124, L 129
— admissible L 130
— de turbidité D 379
fuites, avertisseur de ~ L 131
—, recherche des ~ L 128
fumée R 50
fumées L 295
fumier S 1277
— de bestiaux V 385
— de bovins R 318
— de vache K 666
fumigant B 166

fumure D 362
fusible S 941
fusion, point de ~ S 531
fût d'un tuyau R 456
futile U 200

G

gabare L 86
gabarit de perçage B 724
— d'un méandre M 2
gabbro G 1
gabion D 229
gabionnade D 230
gadoues K 432, K 524
— brutes R 360
— vertes M 425
gages L 260
gain de terrains A 633, N 142
gaine S 287
galerie S 1465
— à écoulement libre F 635
—, achèvement d'une ~ S 1466
—, avancement en ~ S 1469
— captante S 964
— collectrice S 80
—, construction de ~ S 1467
— d'accès Z 142
— d'amenée D 332
— d'arrivée E 93
— de dérivation A 167, U 158
— de drainage E 449
— de drainage d'une mine S 1682
— de prise E 391
— de reconnaissance S 1057
— de service B 157
— de visite B 330
— d'égout A 343
— des conduites R 440
— d'infiltration S 964
— d'inspection B 330
— drainante S 964
— en charge D 332
— en pression D 332
— filtrante F 254, S 964
— pilote V 472
— pour canalisations R 440
— transversale Q 63
galet K 260
— de guidage F 674
— tendeur S 1081
—-guide F 674
galets G 257
galle des racines W 683
galvanisation, atelier de ~ G 26
galvaniser G 27, V 377
galvanoplastie G 28
—, atelier de ~ A 613
gambusie G 29
gamme de couleurs F 71
— de mesure A 639, M 207
— des prélèvements E 384
gangue G 92

garage de réparations de véhicules K 535
garantir S 940
garde hydraulique G 237
—-corps G 158
gardien B 387, W 56
gardon P 221
— rouge R 482
garguille W 351
garnissage d'un filtre en ressorts hélicoïdaux S 1136
garniture D 131
— de jute J 29
— plastique K 692
garrot K 349
gaspillage V 175
— d'eau W 415
gaspiller V 174
gastéropodes G 76
gastro-entérite G 75
gastroentérite G 75
gâteau de boue F 266
— de filtration F 266
— de filtration, enlèvement du ~ F 267
— de filtration, épaisseur du ~ F 268
... de gauche L 244
gaz G 41
— acides S 33
— acides, tour de lavage de ~ S 34
—, besoins en ~ G 47
—, bulle de ~ G 49
— carbonique K 380
—, chauffage à ~ G 63
—, cloche à ~ G 52
—, collecteur du ~ G 72
— de boue F 93
— de combustion R 52
— de digesteurs, risques dus aux ~ F 94
— de digestion F 93
— de digestion, production de ~ K 292
— de digestion utilisé comme carburant T 332
— de haut fourneau G 364
— de hauts fourneaux, eau de lavage de ~ G 366
— de hauts-fourneaux, laveur des ~ G 365
—, débit de ~ G 45
— d'échappement A 133
—, dégagement de ~ G 58
— d'égout K 81
— des marais G 526
— détonant K 347
— détonant, rique d'explosion de ~ K 348
— dissous G 42
— du gueulard G 364
—, eau de lavage de ~ G 83
—, eau du ~ G 84
— en dissolution G 42
— en excès U 79

— explosif K 347
—, formation de ~ G 58
— fulminant K 347
—, générateur de ~ G 59
—, laveur de ~ G 82
—, moteur á ~ G 66
— naturel E 498
— nitreux G 43
— perdu A 133
—, poche de ~ G 62
—, production de ~ G 58
—, production d'électricité par groupes avec moteur à ~ G 65
—, quantité de ~ G 69
—, récupération du ~ G 61
—, refroidisseur de ~ G 67
—, rendement de ~ G 45
—, turbine à ~ G 77
— [de digestion], utilisation du ~ G 80
—-liquide, chromatographie ~ G 44
gaze G 87
— métallique D 228
gazéification G 58, V 172
— des boues S 460
— du sol B 604
gazéifier V 171
gazeux G 60
gazogène G 59
gazomètre G 70
— séparé G 48
gazon G 469, R 39
—, arroseur de ~ R 42
—, motte de ~ R 41
gel F 647
—, action du ~ F 652
— au sol B 626
— dans le sol B 626
— de radiation S 1515
— de silice S 1001
—, dégât causé par le ~ F 656
— dû au vent W 596
—, période de ~ F 654
—, poussée de ~ F 657
— printanier S 1068
—, profondeur de pénétration du ~ F 651
—, soulèvement causé par le ~ F 653
gélatine G 160
— nutritive N 36
—, plaque de ~ G 162
— pure G 160
gélatineux G 24
gelée F 647
— blanche R 60
gélée blanche R 212
gelées, période de ~ F 654
geler F 640
gélose nutritive N 34
—, plaque de ~ (bact.) A 412
générateur G 180
— de gaz G 59
— de pulsations P 349

— de son S 241
— d'étincelles F 695
génération, durée d'une ~ G 179
génie biologique B 508
— chimique T 83
— civil B 101
— de l'hygiène publique G 308
— des voies navigables W 387
— hydraulique F 517, W 161
— municipal S 1235
— rural K 671
— sanitaire G 308
genre G 86
— de précipitation N 179
géochimie G 187
géodésie G 188
géodésique G 189
géodynamie G 190
géographie E 500
géohydrologie G 191
géologie G 193
— appliquée I 52
— du sous-sol S 1549
géologue G 192
géomètre L 53
géomorphologie G 194
géophysique G 195
se gercer B 303
gerçure R 338
— superficielle O 19
germe K 187
— de la graine S 72
— intestinal D 51
germer K 193
germes coliformes des animaux à sang chaud W 83
— coliformes des animaux à sang froid K 60
— fécaux F 18
— gazéifiants K 190
— liquéfiants K 192
— pathogènes K 191
— sur gélatine, nombre des ~ G 161
germination K 194
gestion M 213
— des eaux W 439
geyser G 356
gibier W 584
giboulée G 472, R 163
gicleur de lavage W 104
— fixe D 371
giobertite M 17
gisement L 34
— de pétrole E 504
— pétrolifère sous-marin U 296
gîte aquifère G 623, G 632
— aquifère, (couche) limite supérieure du ~ G 671
givre R 212
glace G 171, S 1109
— à la dérive T 328
—, couverture de ~ E 178
— de fond G 553

— de rive R 35
— d'un glacier G 423
—, formation de ~ E 174
— massive K 221
glaces alimentaires, fabrication de ~ S 1110
— flottantes T 328
glaciaire G 400
glaciation V 144
glacier G 420
—, rupture de ~ G 422
glacière K 628
glaciologie G 425
glaçon E 214
glaçure G 395
glaise T 257
gley G 430
glissant G 397
glissement G 415, R 552
— de terrain E 508
glisser G 414
glissière R 550
globe K 654
globuleux K 657
glucose T 325
glycol G 440
— diéthylénique D 113
— éthylénique A 403
— polyéthylénique P 234
— triéthylénique T 347
glycoléther G 441
gneiss G 442
goitre endemique K 603
golfe G 444, M 127
gomme élastique K 173
gonflage S 745
gonflement A 608, Q 29
— de la boue activée B 528
— du sol B 647
—, vitesse de ~ A 607
gonfler (des boues) B 527
gordius S 47
gorge S 519
goudron T 86
—, bain de ~ T 94
—, brai de ~ T 91
— de bois H 320
— de houille S 1372
— de lignite B 778
— routier S 1544
goudronnage A 687, T 95
— à chaud au trempé H 151
goudronné intérieurement et extérieurement I 55
goudronneux T 88
gouffre S 1613
goujon G 534
—-perche K 171
goulotte R 333
— collectrice S 79
— culbutante K 279
— de décharge S 656
— de rinçage S 1194
— d'évacuation d'eau de lavage S 433
goût G 267

—, arrière-~ N 9
— de chlorophénol P 142
— de moisi G 268
— de terre G 212
—, élimination du ~ G 271
— médicinal P 142
—, seuil de ~ G 272
— terreux G 212
goutte T 442
— de pluie R 170
— d'eau W 399
— pendante, méthode de la ~ B 272
gouttelette T 432
gouttière R 333
— de toit D 6
gradient G 456
— de frottement R 204
— de niveau piézométrique S 1298
— de pression artésienne D 305
— de température T 120
— de vitesse G 281
— d'une conduite L 189
— hydraulique D 294
— minimal M 314
gradin S 1621
— de purification R 242
graduation E 145
grain K 485, R 123
— de sable S 106
grains G 312
—, diamètre équivalent des ~ A 389
—, grosseur moyenne des ~ K 489
graissage S 540
graisse F 194
—, bac à ~ F 195
— brute R 357
—, contenance en ~ F 197
— pour coffrages S 239
— raffinée R 220
—, récupération de ~ F 200
—, teneur en ~ F 197
graisser O 69
graisses, séparateur de ~ F 195
graisseux F 198
gram-négatif G 461
—-positif G 462
graminacées G 458
grand collecteur H 103
(à) grand rendement H 226
grande échelle M 109
— route H 105
— rue H 105
grandes marées S 1636
grandeur caractéristique B 453
— de référence B 458
— de réglage S 1386
— des pores P 252
— réglante S 1386
grandrue H 105

Grands Barrages, Commission
   Internationale des ~ I 90
granit G 463
granules G 464
— de scorie S 352
granuleux K 366
granulométrie K 486
— équivalente A 389
— mécanique S 970
graphique D 116, G 34, T 3
— de capacité L 163
— de mesure M 238
— de performance L 159
— de température T 122
graphite G 465
graphitisation G 466
grappin F 64
— à câble S 883
gratteur de sondage B 712
grattoir K 551, K 553
gratuit K 521
grauwacke G 473
graveleux K 270
gravier K 256
—, accumulation de ~ A 551
— de marbre M 77
— de remblai S 660
— de terrasse T 138
— filtrant F 262
— fin K 257
—, gros ~ K 258
gravière K 269
gravières, exploitation de ~
   K 259
gravillon concassé gros G 510
gravimétrique G 336
gravitation S 763
gravité, alimentation par ~
   G 113
—, s'écouler par ~ G 111
grêle H 34
grelin T 61
grêlon H 35
grémille K 171
grenaille, sondage à ~ S 638
grenouille F 645
grenu P 31
grès S 114
— bigarré B 890
— calcaire K 47
— calcarifère K 47
— permien R 484
— porcelaine S 1370
— rouge S 115
— vert G 544
grésil G 471
grève B 12
grillage R 465
grille R 78, R 465
— à barreaux S 1226, S 1229
— à disque S 284
— à nettoyage manuel R 79
— à nettoyage par peigne
   K 324
— à poissons F 343
—, canal de ~ R 87

— d'aération B 249
— de guidage pour poissons
   F 343
— de transquillisation B 308
— d'égout E 96
— d'entrée E 96
— électrique pour arrêter le
   poisson F 348
— en tambour T 437
— fine F 125
— fine à nettoyage mécanique
   F 126
— grossière G 508
— inclinée S 609
grisou G 526, S 365
gros D 142, G 501
— bétail G 523
— client G 515
— gravier K 258
grosse centrale électrique
   G 517
— pluie R 163
par grosses bulles G 503
grosseur D 143
— des grains K 488
— des grains nominale K 490
— moyenne des grains K 489
grossissement V 180
grotte de stalactites T 457
groupe (de machines) A 415
— de machines M 95
— de pompes P 370
— de puits B 867
— de végétation P 112
— d'îles I 72
— électrogène de secours
   N 270
— générateur de secours
   N 270
groupement A 579
grue K 542
— à câble K 2
— hydraulique pour
   locomotives W 272
— pivotante S 758
— sur tour T 502
— tournante S 758
— tripode D 256
gué F 701
guideau L 198
guilloire G 7
guindeau S 1130
guipage en jute J 30
gunite T 281
guniter T 282
gustation, seuil de ~ G 272
gustativité G 185
gypse C 12

H

ha H 169
habitant E 157
habitat humide S 1292
— naturel L 121
haff H 26

haie E 71
haillons L 355
halde A 183, H 48
haler T 335
halogène H 51
halophyte S 65
hameau W 478
hareng H 184
harpon à câble S 882
hausse S 1330, V 262
— commandée par piston
   K 305
— de température T 117
haut H 205
— cours (d'une rivière) O 35
— fourneau H 228
— polymère H 231
— service H 221
— voltage H 237
(à) haute capacité H 226
... à haute dosage H 208
de haute mer H 236
haute tension H 237
hautes eaux H 239
hauteur H 285
— annuelle des précipitations
   N 192
— capillaire S 1356
— capillaire critique H 32
— d'application B 319
— d'ascension S 1355
— d'aspiration S 184
— d'aspiration dynamique
   S 185
— de charge artésienne D 274
— de chute D 295, G 107
— de chute brute R 358
— de chute totale (d'une
   tuyauterie) G 245
— de couverture U 7
— de couverture de sol E 493
— de la colonne d'eau W 196
— de la lame déversante U 22
— de la neige S 567
— de la perte V 211
— de la pression d'eau W 197
— de la pression dynamique
   D 296
— de la pression potentielle
   D 300
— de la pression statique
   D 301
— de la retenue S 1328
— de l'écoulement F 443
— de montée des vagues
   W 507
— de pluie R 143
— de précipitation N 184
— de refoulement F 582
— de refoulement d'une
   pompe D 297
— (de refoulement)
   manométrique D 299
— de transpiration T 313
— de vague W 515

— d'eau équivalente de la
   neige W 437
— d'élévation F 582
— d'évaporation V 135
— du barrage D 19
— du jet S 1506
— du niveau d'eau W 362
— d'une onde W 515
— géodétique H 286
— géodétique de refoulement
   F 583
— hydraulique F 426
— manométrique d'aspiration
   S 186
— manométrique de
   refoulement F 584
— manométrique d'élévation
   totale G 246
— maximum de la marée
   F 566
— mensuelle des
   précipitations N 194
— moyenne Q 61
— moyenne à longue échéance
   de précipitation N 185
— moyenne de pluie R 144
— moyenne de précipitation
   N 186
— normale de retenue N 258
— piézométrique D 295
— pluviométrique R 143
— totale G 248
hauteurs équivalentes du
   niveau d'eau W 361
hectare H 169
hectolitre H 170
hélice P 317
hélicoïdal S 615
hélicoïde S 615
héliozaire S 1063
helminthicide H 172
hélodée W 313
hématite brune B 773
hémicellulose H 173
hépatite infectieuse H 178
herbage W 476
herbages G 542
herbe G 467
herbicide U 229
— aquatique E 352
hérisson M 385, R 421
— à cordes K 79
hermétique L 316
hertz H 187
hétérotrophe H 188
hétérotrophie H 189
heure S 1629
— de la marée basse T 202
— de la marée haute T 190
hexadécanol H 190
hexamétaphosphate H 191
— de sodium N 81
hexavalent S 823
hibernation *(biol.)* W 619
hiver W 617
hl H 170

homogène G 401
homogénéisation H 328
—, bassin d'~ M 333
— des boues S 416
homogénéité G 402
homothermie T 121
hôpital K 543
horizon H 333
— A A 1
— B B 1
— C C 1
— D D 1
— de lessivage A 1
— éluvial A 1
— illuvial B 1
horizontal W 2
horloge à contact automatique
   S 251
horlogerie à aiguille
   indicatrice Z 25
hormone H 341
horticulture G 38
houblon H 329
houille K 370, S 1371
— brune B 775
houillère K 375, K 377
houle D 366
— le long de la côte U 116
huile O 59
— brute R 361
— combustible H 159
— de baleine, d'~ T 307
— de coupe B 719
— de perçage B 719
— de schiste S 329
— essentielle O 60
— lourde S 770
— lourde, moteur à ~ O 78
— minérale M 320
— résiduaire A 476
—, séparateur d'~ O 70
— usagée A 476
huiler O 69
huiles usagées, bac collecteur
   pour ~ S 74
— usées, régénération des ~
   A 477
huileux O 76
huître A 886
humecter A 540, B 332
humètre H 400
humide F 202, N 61
humidifier A 540
humidimètre H 400
humidité F 203
— absolue de l'air L 323
—, absorption en ~ F 207
— de l'air L 322
—, déficit en ~ B 619
—, degré d'~ F 209
— du sol B 620
— du sol, zone d'~ F 210
— équivalent au xylène X 1
— équivalente F 206
— propre E 26
— relative F 205

— relative de l'air L 324
— spécifique de l'air L 325
—, teneur en ~ F 208
humus H 362
—, augmentation de la teneur
   en ~ H 363
— brut R 359
— nutritif N 37
hydrant H 366
—, colonne montante d'un ~
   S 204
—, plaque indicatrice d'~
   H 369
hydratation H 372
—, chaleur d'~ A 26
hydrate H 370
hydraté K 597
hydrate de baryte B 81
— de carbone K 374
— de chaux C 10
— de chlore C 61
— de potassium A 407
— de sodium A 410
—, méthode à l'~ H 373
hydrates, formation d'~ H 371
hydraulique H 374, H 375
— des tuyauteries R 406
hydrazine H 376
hydro- ... W 123
—-classeur N 74
—-cyclone à alimentation
   gravitaire Z 220
—-cyclone, trop-plein d'un ~
   Z 222
—-isobathe G 670
hydrobiologie H 378
hydrobiologique H 379
hydrocarbure K 395
— à chaîne ramifiée K 400
— à longue chaîne K 398
— aliphatique K 397
— aromatique K 396
— chloré C 66
— paraffinique K 397
hydrocarbures aromatiques
   A 665
hydrochlorate d'ammoniaque
   C 46
hydrocyclone Z 219
hydrodynamique H 380
hydrogénation H 377
— de la houille K 402
hydrogène W 374
—, accepteur d'~ W 375
—, donneur d'~ W 378
—, fixateur d'~ W 375
— sulfuré S 725
— sulfuré, production d'~
   S 726
hydrogéochimie H 381
hydrogéologie G 191, H 382
hydrogéologique H 383
hydrogramme A 97, G 35
— d'un puits G 664
— unitaire E 82
hydrographie G 320

hydrographique G 322
hydroisohypse G 628
hydrologie G 320, H 385
— des nappes souterraines G 191
— forestière F 615
— karstique K 130
— souterraine G 191
hydrologique G 322
hydrolyse H 386
— du bois H 324
— du bois, installation d'~ H 325
hydrométéorologie H 388
hydromètre W 297
— à ailettes F 478
— à disque oscillant S 286
— à piston K 415
— combiné W 298
— défectueux W 299
— rotatif R 479
hydrométrie H 389
hydrométrique H 390
hydromicrobiologie W 301
hydrophile H 391
hydrophobe H 392, W 152
hydrophore H 393
hydrosolubilité W 291
hydrosphère H 394
hydrostatique H 395
hydrothérapeutique W 260
hydrothérapie W 259
hydrotimétrie H 9
hydroxyde H 396
— de fer E 198
— ferreux E 199
— ferrique E 198
hyétogramme R 146
hygiène G 310
— alimentaire L 118
— de l'eau potable T 376
— de l'environnement U 182
— du milieu U 182
— hospitalière K 545
— industrielle G 332
— publique G 306
hygiénique H 399
hygiénisateur G 15
hygiéniste H 398
hygromètre H 400
hygroscopicité H 401
hygroscopique W 155
hyper-eutrophisation H 402
hyperfiltration G 133
hyperfluidité S 1684
hyphes P 188
hypochloration H 405
hypochlorite H 403
— de calcium C 11
— de chaux C 11
— de sodium N 82
hypolimnion H 406
hyposulfite T 167
hypothèses de Dupuit D 378
hypsométrie H 407

I

ichtyo-biologie F 327
ictère infectieux H 178
identification des (bactério)phages P 134
— par chromatographie sur papier B 342
île I 71
— rocheuse F 140
imbibé d'eau W 203
— d'huile O 67
imbibition T 301
— d'eau W 204
— du sol B 674
—, eau d'~ S 193
imbouchable V 307
imbuvable U 214
immangeable U 214
immédiat U 233
immerger E 143
immersion, profondeur d'~ E 144
immeubles L 231
— insalubres E 256
immiscibilité U 322
immiscible U 321
immission I 2
—, charge d'~ I 3
—, concentration maximale d'~ I 5
—, dégâts causés par l'~ I 6
—, lutte contre l'~ I 7
—, valeur limite d'~ I 4
immondices M 425
— solides F 183
immunisation I 8
immuniser I 9
immunologie I 10
impénétrable U 205
imperceptible N 159
imperméabilisation A 41
— d'un étang T 97
imperméabiliser A 40
imperméabilité U 206
— du sol B 664
imperméable G 655, U 205
implication F 593
importance de la marée T 203
imposable A 131
impôt A 127
— de plus-value pour la bonification du sol M 179
impraticable U 235
imprégnation T 301
imprégné d'huile O 67
imprégner I 20
impression d'indiennes K 170
impropre U 240
impulsion A 627, I 21
— (mesurage d'irradiation) I 22
— initiale A 538
impur U 236
impureté U 237
— à l'état de traces S 1221

impuretés B 337
—, concentration en ~ S 548
imputrescible H 52
inactivation de virus V 404
inadéquat U 240
incendie de forêt W 65
incinérateur V 81
— de boues S 459
incinération V 77
— des boues S 457
— des boues, usine d'~ S 458
— des ordures ménagères M 440
— d'ordures, installation d'~ M 441
— en mélange des immondices et des boues M 428
— en mer V 78
incinérer V 76
inclinaison F 51, G 108
—, angle d'~ N 124
inclination A 136
incliné G 177, S 605
inclinomètre N 123
inclusion d'air L 320
incolore F 70
incomplètement chargé U 246
incongelable F 661
inconstant U 244, V 42
incorporation E 77, I 53
incorporer I 54
incorrect U 240
incrustation V 199
incrustations des chaudières K 240
s'incruster A 612
incruster V 198
incubation B 130, E 38
indemnité E 414, S 210
index K 207
indicateur A 640, I 29
— à flotteur S 793
— de courant S 1580
— de niveau W 366, W 367
— de niveau des boues S 445
— de niveau liquide F 487
— de perte de charge D 340
— de perte de charge d'un filtre F 302
— de pollution V 271
— de position S 1387
— de pression différentielle D 152
— de pression du vent W 602
— d'écoulement S 1580
— du niveau d'eau W 367
— instantané M 393
indication A 638
— (chim.) N 23
indications A 543
indice K 207
— climatique K 336
— de bifurcation V 381
— de boue S 418

— de dépassement (en moins) d'une valeur de débit donnée U 277
— de dépassement (en plus) d'une valeur de débit donnée U 78
— de durée D 63
— de filtrabilité F 306
— de maille M 87
— de pluie R 145
— de pollution S 545
— de qualité de l'eau W 244
— de rigidité S 1351
— de salinité S 62
— de saponification V 278
— de saturation S 16
— de saturation en oxygène S 170
— de volume des boues S 418
— d'écoulement journalier A 106
— des vides H 305, P 256
— d'iode J 24
— potentiel de pollution S 546
— variable *(biol.)* V 16
indifférent I 28
indiquer A 641
indirect M 366
indispensable à la vie L 120
indologène I 31
industrialisation I 32
industrie I 33
— alimentaire N 57
— de fibres synthétiques K 679
— de valorisation de la houille K 401
— des dérivés du bois H 321
— des fermentations G 20
— du bâtiment B 93
— du finissage du bois H 321
— d'usinage des métaux I 35
— pétrolière I 34
— pharmaceutique I 36
— textile T 151
— transformatrice de pétrole brut I 34
inefficace U 325
inégalité U 221
inerte I 38
inexplosible E 574
infectieux A 614
infection A 615
— *(de mauvaise odeur)* V 233
— de l'eau W 420
— virale V 405
inférieur U 251
infestation B 161
infiltration D 430
(in)filtration à flanc de coteau H 83
infiltration affluente de l'eau souterraine G 599
—, aire d'~ S 950
—, artificielle I 41
—, bassin d'~ A 589

—, capacité d'~ E 58, I 44
—, charge d'~ S 956
—, coefficient d'~ V 284
—, conduite d'~ V 286
—, couche d'~ S 947
—, d'eau souterraine G 594
—, eau d'~ S 967
—, écoulement d'~ S 965
— en profondeur V 282
—, fente d'~ S 963
—, induite E 105, I 41
—, profondeur d'~ I 43
—, provoquée I 41
—, puits d'~ S 954
—, source d'~ G 600
— sous le radier d'un ouvrage de retenue U 271
—, taux d'~ I 45, V 283
—, tranchée d'~ E 442, S 953
—, vitesse d'~ S 952
—, voie d'~ S 968
—, volume d'~ I 46
s'infiltrer dans ... E 125
infiltromètre V 285
inflammable E 466
influence E 68
— atmosphérique W 653
— de la température T 119
— exercée par l' environnement U 178
—, rayon d'~ *(hydrol.)* A 209
—, zone d'~ A 205
influer E 156
infra-rouge, analyse de gaz par ~ I 48
—-rouge, spectrométrie d'absorption ~ I 49
infraction à la loi G 287
— à un brevet P 39
infrarouge I 47
infrastructure U 245
infusoires A 750
ingénierie fluviale F 517
ingénieur I 50
— civil B 100
— consultant I 51
— hydrographe G 321
— hygiéniste G 302
— sanitaire G 302
—-conseil I 51
ingrédient actif W 634
inhibant la croissance W 5
inhibiteur A 548, H 174, S 1093
— de corrosion K 509
inhibitif A 548
inhibition de la croissance W 10
— de l'action des enzymes H 175
ininflammable N 154
...initial A 536
injecteur à béton B 378
injection E 110
— chimique V 158
— de ciment Z 62
— d'eau, sondage à ~ S 1184

— d'eaux résiduaires dans le sous-sol A 350
— oblique, puits d'~ S 607
—, tête d'~ S 1190
—, tube d'~ S 1195
—, turbine à ~ S 1511
injectivité S 522
innocuité U 242
inoculation I 18
— à l'aide de boues S 417
— des nuages W 659
inoculer I 13
inoculum I 14
inodore G 228
inoffensif U 199, U 241
inondation U 83
— causée par un séisme E 488
—, dégâts causés par l'~ H 258
—, dommages dus à l'~ H 258
—, niveau d'~ H 262
inondations, digue contre les ~ H 248
inondé de lumière E 560
inonder U 82
inorganique A 580
inoxydable R 467
insalubre U 219
inscrire S 632
insecte I 68
— nuisible S 225
insecticide I 70
insignifiant U 200
insipide G 269
insolubilité U 232
insoluble U 230
insonorisation L 29
inspecter B 328
inspecteur B 387
— de district B 456
— du travail G 331
inspection B 329
— de l'industrie G 330
— des égouts K 76
— du commerce G 330
— locale O 117
— par télévision I 73
installateur I 74, I 75
installation A 565, I 76
— à boues activées B 227
— à buts doubles D 210
— à buts multiples M 172
— à grande échelle B 386
— à prise d'eau E 91
— auxiliaire H 193
— centrifuge Z 77
— compacte B 578
— d'acétylène A 372
— d'activation B 227
— d'adoucissement E 337
— d'adoucissement automatique E 338
— d'adoucissement partiel T 108
— d'aération B 244
— d'alimentation en eau W 426

ins

- d'arrosage B 283
- d'aspersion B 283
- de briquetage B 801
- de chantier B 117
- de chloration C 78
- de clarification K 282
- de clarification biologique K 283
- de clarification mécanique K 284
- de climatisation K 334
- de compostage K 437
- de conditionnement d'air K 334
- de décantation A 213
- de décarbonatation E 310
- de dégrillage R 80
- de déphénolage E 401
- de désacidification par l'eau de chaux K 55
- de digestion F 103
- de distillation D 104
- de filtration F 234
- de force hydraulique W 268
- de fosses septiques G 528
- de gazéification des boues S 461
- de lavage des camions W 60
- de mesure M 210
- de mesure à distance F 157
- de moteur à vent W 600
- de pompage P 391
- de production d'ozone O 140
- de protection antirouille R 438
- de protection des conduites R 438
- de protection des tuyaux R 438
- de récupération W 576
- de récupération de la chaleur perdue A 285
- de réfrigération K 621
- de séchage T 430
- de secours H 193, H 194
- de tamisage A 233
- de télécommande F 169
- de télémesure F 157
- de traitement B 181
- d'eau chaude W 85
- d'éclairage B 232
- d'élimination B 326
- d'épuration d'immeuble H 124
- d'épuration domestique H 124
- d'essai V 313
- d'évacuation des boues S 389
- d'évacuation des déchets A 54
- d'évaporation V 100
- d'hydrolyse du bois H 325
- d'incinération V 81
- d'incinération d'ordures M 441

- d'irrigation B 429, V 239
- d'irrigation par aspersion V 236
- domestique H 123
- d'un aqueduc-siphon U 250
- en ouvrage unique B 578
- enterrée E 514
- expérimentale de laboratoire L 7
- intérieure E 41
- Oxigest O 136
- pilote à grande échelle V 314
- pilote importante V 314
- productrice de charbon de bois H 322
- souterraine E 514
- —, technique d'~ I 77
installations auxiliaires N 104
- d'assainissement, usage conjoint d'~ M 363
installer E 43, I 79
institut de recherche F 613
- d'expérimentation V 316
Institut International de l'Ozone I 94
instruction U 317
- de service B 159
- relative au service B 411
instructions préventives contre les accidents U 212
instrument W 539
- de mesure M 219
- de sondage B 699
insuffisant U 326
insufflation d'air E 45
- (d'air), profondeur d'~ E 46
intensité I 82
- d'arrosage B 284
- d'aspersion B 284
- de la lumière L 222
- de la pluie R 167
- d'écoulement S 1586
- des précipitations N 187
- du vent W 609
- lumineuse L 222
- pluviale R 167
interaction W 460
intercepteur A 78
interception A 75, I 95
—, évaporation de l'~ I 96
interconnexion Q 64
interdiction de déversement E 108
- de rejet E 108
intérêt Z 104
interface G 478
interférence I 85
- de puits B 853
interférer S 1436
intergranulaire I 87
intérieur à l'usine I 67
à l'intérieur de l'usine I 67
intérieur d'un tuyau R 407
intermittent D 176
international Z 216

interprétation B 452
- d'observations A 901
interrupteur *(électr.)* S 245
- à différence de pression D 159
- à flotteur S 757, S 800
- à pression D 326
- automatique S 904
- magnétique M 27
- manuel H 74
interruption U 248
- de service B 410
interstice H 302
- capillaire K 112
interstices P 248
—, aveuglement des ~ P 253
intervalle de flétrissement W 491
- de variation *(biol.)* V 15
- des points d'inversion K 213
intestin D 50
intestins E 79
intoxication V 176
- par le gaz G 79
- saturnine B 569
intrados I 61
introduction E 73
- *(de l'eau)* E 69
- d'air L 351
introduire E 72
intrusion d'eau du sol G 594
- d'eau marine M 152
- d'eaux salées V 433
invasion d'eau W 206
- des eaux salées V 433
inventaire B 334
- de la pollution V 274
- de qualité des eaux de surface G 317
- de service B 400
- des eaux souterraines G 605
inversement proportionnel U 144
inverseur marche-arrêt E 40
inversion *(limnol.)* Z 105
—, couche d'~ I 98
- de la marée F 578, K 211
- de la marée, point d'~ K 212
—, intervalle des points d'~ K 213
invertébrés T 241
investigation F 608
- du sol B 665
- du sous-sol B 98
investissement I 99
iode J 21
iodé J 22
iodure d'argent S 997
- de potassium J 23
ion I 100
- hydrogène K 165
—-sélectif I 109
—-spécifique I 109
ionisation I 110

— de flamme, détecteur à ~
  F 383
irradiation S 1512
— aux rayons ultra-violets
  U 135
—, dose d'~ S 1500
— gamma G 31
— par les rayons bêta B 346
— radio-active B 344
— solaire S 1058
irrégularité U 221
irréversible I 111
irrigation V 238
— à la raie F 700
— aérante B 245
— au goutte à goutte T 443
— automnale H 181
—, canal d'~ B 432
—, cycle d'~ U 150
— des eaux usées A 349
— des pâturages G 543
— des prairies G 543
—, droit d'~ B 434
— du sol B 606
— en sillons F 700
— en sous-sol U 260
— fertilisante D 359
—, fossé d'~ B 430
— gravitaire S 766
—, installation d'~ B 429,
  V 239
— par aspersion V 235
— par aspersion, installation
  d'~ V 236
— par épandage superficiel
  E 132
— par planches étagées T 137
— par pulsion S 696
— par rigoles F 700
— par ruissellement V 238
— par ruissellement en pente
  H 86
— par submersion B 623, E 132
— par surverse E 132
— partielle B 428
— souterraine U 260
— superficielle O 26
Irrigations et du Drainage,
  Commission Internationale
  des ~ I 89
irriguer V 237
isobathe T 219
— de la nappe phréatique
  G 670
isohypse H 290
isolation I 116
— de coffrages S 255
— d'un tuyau R 408
— thermique W 34
isolement I 116
— des courants S 1598
— d'un tuyau R 408
isomère I 117
isopièze G 628
isoplèthe A 262
isotherme I 118

isotope I 119
— à courte période I 120
— radioactif R 11
issue A 826
isthme L 48

J

jacinthe d'eau *(Eichornia
  crassipes) (bot.)* W 262
jackbit B 707
jaillir E 432
jar-test S 1300
jardin G 36
jardinage G 38
jauge M 228
— à bande B 61
— d'amont O 37
— d'aval U 275
— de passage D 393
— d'écoulement P 47
— des marées G 360
— extérieure A 863
— intérieure B 487
— télescopique pour la mesure
  du tassement S 928
jaugeage E 22, M 241
— à gué F 702
—, appareil de ~ M 219
— aux flotteurs S 792
—, canal de ~ M 220
—, compartiment de ~ M 226
— des débits à long terme
  A 105
—, poste de ~ A 103
—, réservoir de ~ E 18
—, station de ~ M 236
jauger E 19, M 212
jaugeur M 219
jet *(liquide)* S 1493
— de liquide F 488
— d'eau W 382
—, déflecteur de ~ S 1494
—, diffusion de ~ S 1495
—, hauteur du ~ S 1506
—, laveur à ~ S 1516
—, pompe à ~ S 1507
—, régulateur de ~ S 1508
se jeter E 517
jeu S 1128
— de pompes P 370
— de tamis S 980
jig S 925
joindre V 52
joint D 131, F 686, K 710
— à bague de caoutchouc *(d'un
  tuyau a brides)* G 689
— à bague de plomb maté
  B 552
— à brides F 401
— à emboîtement M 482
— à emboîtement à vis S 626
— à emboîtement au plomb
  M 450
— à emboîtement long
  taraudé L 75

— à emboîtement sphérique
  G 165
— à manchon M 482
— à rotule K 658
— au bitume B 523
— au mercure Q 21
— bout à bout S 1476
— d'allongement D 73
— de construction B 123
— de contraction D 73
— de dilatation D 73
— de tige G 292
— des tuyaux R 446
— d'ouvrage B 123
— en caoutchouc rond R 464
— flexible G 166
— hydraulique G 237, W 195
à joint hydraulique W 417
joint longitudinal L 25
— maté S 1389
— périmétral F 687
— rivé N 227
— soudé S 742
— soudé "slip-joint" E 136
— sphérique K 658
— transversal Q 46
à joints au plomb B 542
jonc S 342
— *(bot.)* B 491
jonction Q 64
— fautive Q 64
jour T 7
— ouvrable A 658
journalier T 5
journée T 7
judicieux Z 156
Jukowsky, coup de bélier
  selon ~ J 25
jumbo B 740
jurassique J 26
jus de silo S 995
— tannant de mégisserie
  W 485
— tannant épuisé G 200
jusant E 1
jusée épuisée G 200
jute J 28
—, guipage en ~ J 30

K

kali K 16
karst K 128
karstique K 129
kéryl benzène sulfonate K 229
kieselgur K 263
kilovoltampère K 273
kilowatt-heure K 274
KVA K 273

L

laborantin(e)() L 1
laboratoire L 2
— ambulant R 255
— chimique L 3

- isotopique I 122
- sous-marin U 306
lac S 830
- alimenté par de l'eau souterraine Q 39
- artificiel S 1337
- avec écoulement S 832
- de barrage S 1337
- de Constance B 658
- de cratère K 550
- de faible profondeur F 371
- de mine G 529
- de moraine M 412
- de vallée glaciaire G 429
- exorhéique S 832
- fluvial F 539
- formé par les travaux de dragage B 21
- formé par les travaux d'excavation B 21
- intérieur S 830
Lac Léman G 183
lac morainique M 412
- peu profond F 371
-, profondeur moyenne d'un ~ S 861
-, rétention dans un ~ S 857
- salé S 68
- sans écoulement S 831
- sur une rivière F 539
- temporaire S 833
-, type de ~ S 852
- volcanique K 550
-, volume (d'eau) d'un ~ S 863
lâchures d'un lit bactérien A 899
lacs en chaîne S 850
-, réglementation de la navigation sur les ~ S 853
lactose M 302
lactosérum M 389
lagooning S 1305
lagunage B 180, S 1305
lagune L 36
- à résidus B 291
laîche S 867
laine d'acier S 1276
- d'aluminium A 486
- de bois, filtre à ~ H 326
- de laitier S 354
- de plomb B 570
- de verre G 396
- minérale S 354
laisser perdre l'eau L 126
- s'écouler les boues S 368
lait de chaux K 40
- (tannerie) A 394
- de chaux, bac de confection de ~ K 41
- de chaux, bassin de préparation de ~ K 41
- de chaux, réservoir de ~ K 42
- écrémé M 15
laiterie M 390

laitier S 350
-, ciment de ~ S 355
- de hauts fourneaux H 229
-, sable de ~ S 353
laiton M 223
lame W 497
- de marée F 577
- de verre O 43
- d'étanchéité D 140
- déversante, hauteur de la ~ U 22
- racleuse K 553
lames S 296
laminaire L 44
laminoir W 72
- à chaud W 84
- à froid K 62
- à tôle B 540
lampe à souder L 286
- à vapeur de mercure Q 20
- à vapeur de mercure en quartz Q 15
- de sûreté S 931
lamproie N 143
lance d'arrosage S 1509
lande H 148
landes (région côtière de l'Allemagne du Nord) G 104
langue de terre L 66
largeur B 789
- au sommet K 600
- des mailles M 86
- du plafond S 1031
- du plan d'eau W 354
larron Q 45
larva de phrygane K 364
larve L 80
- de chironomides C 37
- queue de rat R 48
larvicide L 82
latence L 89
-, phase de ~ L 30
latitude B 790
latrine L 1285
latrines L 91
lattes de bois, ruisseleur à ~ H 312
laurylsulfate L 109
lavabo W 103
- sur pied S 27
lavabos, rangée de ~ R 218
lavage S 1200, W 432
- à contre-courant G 140
- à grande eau S 1307
-, air de ~ S 1192
- de bouteilles (d'une brasserie) F 411
- de gaz G 81
- des boues S 467
- des camions W 61
- des rues S 1548
- du charbon, atelier de ~ K 393
- d'un filtre F 285
- d'un filtre par courant ascendant A 898

lave L 110
- -vaisselle G 264
laver W 105
- (des gaz) A 897
laverie de charbon K 393
laveur W 57
- à jet S 1516
- de gaz G 82
- de sables S 119
- de tissus filtrants F 292
- des gaz de hauts-fourneaux G 365
- jig S 925
lavoir W 103
- à charbon K 393
- communal W 115
- de laine W 661
lecture directe D 174
- du compteur Z 6
- faite à distance F 147
législation G 289
- concernant l'environnement U 188
- concernant les riverains A 573
- des eaux W 324
- foncière B 649
- relative à la pêche F 330
- relative aux déchets A 65
... de la législation sur les cours d'eau W 325
législation sur l'évacuation des déchets A 55
légume G 174
légumineuses L 145
lemnacées W 289
lenticulaire L 246
lentiforme L 246
lentille d'eau (Lemnacea) (bot.) W 288
- d'eau douce (hydrol.) S 1660
- imperméable L 245
les eaux usées, redevance sur ~ A 324
lessivage A 835
- dans le sol E 149
- des matières nutritives N 45
- des phosphates P 150
-, essai de ~ E 150
lessive L 107
- alcaline W 109
- alcaline épuisée W 110
- chlorurée, bassin de retenue pour ~ R 499
- de nettoyage R 238
- de potasse A 408
- de soude caustique N 91
- épuisée A 160
- épuisée du bouilleur K 360
- phénolée P 140
- résiduaire A 60
- résiduaire sulfitique S 1669
lessiver A 834
lest B 54
-, eau de ~ B 56
létal L 203

levé V 217
— aérien L 347
— aérophotogrammétrique L 347
— sur le terrain G 159
— terrestre G 159
levée D 9, H 345, S 676
— de la soupape V 28
— de rive U 115
— du sol B 629
— d'une nappe G 605
— extérieure A 858
— topographique K 136
levées, construction de ~ D 14
levier H 133
— de commande S 246
— de manœuvre B 158
— d'enclenchement S 246
lévigation, analyse par ~ S 356
levure H 143
— pressée, fabrique de ~ P 275
levurerie H 144
levures, culture de ~ H 147
l'exutoire, zone de ~ A 356
lézarde R 338
liant B 479, S 1315
libellule L 213
licence G 176
liège K 482
lier V 52
lieu[x] [] O 112
lieu d'aisance K 344
— de cure K 714
— de prise des échantillons P 296
— de prise en bordure de rivière U 118
— de stockage pour déchets radioactifs L 35
— d'émergence E 107
lieux K 344
ligne aérienne *(électr.)* F 633
— de base G 559
— de charge D 304, E 301
— de charge hydraulique D 294, F 427
— de conduite R 300
— de courant S 1600, S 1610
— de faite G 97
— de flottaison W 287
— de partage des eaux W 340
— de partage des eaux souterraines G 649
— de partage topographique W 341
— de puits B 867
— de rabattement du niveau des eaux A 208
— de recharge S 521
— de rivage K 649
— de sonde P 55
— d'eau W 370
— d'eau du tronçon de chute D 432

— d'eau, pente de la ~ S 1127
— d'énergie E 301
— d'intersection S 593
— hydraulique D 294, F 427
— hydrostatique R 538
— isohyète I 114
— isoplèthe A 262
— médiane M 370
— piézométrique D 294, F 427, R 538
— riveraine U 125
lignine L 232
lignite B 775
—, goudron de ~ B 778
limace S 556
limitation du volume d'eaux résiduaires V 219
limite G 491
— de charge B 222
— de croissance W 9
— de détection N 26
— de gêne B 205
— de la marée T 183
— de la retenue S 1327
— de la zone d'influence des marées F 573
— de liquidité F 437
— de plasticité A 842
— de pompage P 387
— de refoulement P 387
— de retrait S 642
— de rupture B 813
— de sensibilité E 270, N 26
— de succion G 484
— de tolérance A 358, T 254
— *(radio-activité)* T 252
— de toxicité S 744
— de visibilité S 945
— d'élasticité E 228
— d'erreur F 118
— des neiges S 565
— des neiges éternelles S 566
— météorologique W 550
— toxique S 744
limnétique L 235
limnigraphe S 634
— à bulles D 315
— à flotteur S 793
limnimètre enregistreur R 192
— sur bande B 61
limnion L 234
limnologie L 237
limnologique L 238
limnologiste L 236
limnophile L 239
limon L 146, S 527
— de glace E 213
— de loess L 270
— de vallée A 718
— épais S 510
— sableux L 147
limonite B 773
limpide D 427
limpidité D 428
lindane L 240
linéaire L 241

liquéfaction V 162
liquéfier V 161
liqueur F 482
— de chlorure de calcium C 48
— de décapage épuisée B 193
— de pressage de levure H 146
— de queue C 48
— d'usine à gaz G 84
— épuisée A 160
— mixte A 303
— noire S 708
— résiduaire A 60, A 160
liquide F 480, F 482
— d'infiltration de silo S 995
— entraîné F 483
— filtré F 304
— surnageant S 468
liquidité, limite de ~ F 437
liseré de Burton B 568
— gingival B 568
lisse G 397
— *(de la paroi du tuyau)* G 385
lisser G 386
lissure *(de la paroi du tuyau)* G 385
liste de substances nocives S 218
— de substances polluantes S 218
lit absorbant S 947
— bactérien K 368, T 445
— bactérien à disque T 76
— bactérien à faible charge T 449
— bactérien à forte charge H 225
— bactérien à garniture en plastique T 448
— bactérien à haut dosage H 225
— bactérien à ventilation forcée T 447
— bactérien, charge d'un ~ T 451
— bactérien en colonne T 503
— bactérien, épuration par ~ T 450
— bactérien fermé T 446
— bactérien, lâchures d'un ~ A 899
— composé M 335
— de contact F 676
— de contact immergé T 71
— de crue H 247
— de drainage D 222
— de séchage des boues S 451
— de séchage des boues couvert S 383
— d'échangeur d'ions I 106
— d'un filtre F 238
— d'un fleuve F 518
— d'une rivière F 518
— filtrant F 238, S 947
— filtrant, franchissement du ~ F 243
— fluidisé W 621

— immergé T 71
— majeur H 247
— mineur N 215
— mineur, régularisation du ~ N 216
— mixte M 335
— mort *(d'une rivière)* A 469
— multicouche M 335
— percolateur T 445
— principal dans les bas-fonds soumis aux marées W 449
lithium L 249
lithosphère L 250
litière de feuilles en forêt W 67
litre L 248
— par seconde S 899
lits de séchage, décrassage des ~ T 391
livraison A 126
— d'eau à de gros consommateurs W 285
livre des eaux W 184
— foncier G 550
livrer L 227
lixiviation A 835
lixivier A 834
local O 87
— des réactifs C 31
localiser O 88
localité O 112, O 118, S 1291
lœss L 269
loess, limon de ~ L 270
loi assurant une alimentation correcte en eau W 349
— de Darcy D 48
— (de l')hydrodynamique S 1585
— des eaux W 238
Loi Fédérale sur l'Urbanisme B 887
loi, infraction à la ~ G 287
—, projet de ~ G 286
— régissant les voies navigables W 388
— relative à la teneur en plomb dans l'essence B 268
—, stipulation de la ~ G 288
— sur le régime des eaux W 256
— sur l'eau W 238
— sur les redevances d'eaux résiduaires A 306
—-cadre R 25
loisirs F 637
lombric R 189
long L 67
à long terme L 68
longévité L 114
longitude L 17
longitudinal L 24
à longue durée L 69
— longue échéance L 68
— longue vie L 69
longueur L 16
— au sommet K 602
— de construction B 105

— de la retenue S 1345
— de seuil S 746
— d'onde de résonance R 269
— d'onde d'un méandre M 4
— d'ondes W 516
— du parcours L 106
— du remous R 518
— d'un lac S 847
— d'un tuyau R 409
— d'une rivière F 528
— d'une vallée T 34
— linéaire L 18
— totale B 105
— utile N 292
lot de terrain F 506
lotissement S 985
lotte franche B 79
louche U 224
loupe de glissement R 552
lourd S 759
lubrifiant S 539
lubrification S 540
lucratif N 275
lumière L 214
— *(de tuyau)* L 224
—, absorption de la ~ L 216
— diffuse S 1560
— transmise D 421
— ultra-violette L 215
lumières *(d'une crépine)* F 275
luminescence L 354
lunette pour robinet-vanne ovale H 356
lut K 281
lutte B 202
— aérienne contre les parasites S 227
— anti-gel F 649
— antilarvaire L 81
— biologique contre les parasites S 228
— contre la corrosion K 511
— contre la prolifération des algues K 438
— contre le bruit L 28
— contre le paludisme M 47
— contre le tartre K 244
— contre l'entartrage K 244
— contre les champignons P 187
— contre les mauvaises herbes U 226
— contre les mauvaises herbes par les herbicides U 227
— contre les mouches F 418
— contre les mousses S 269
— contre les moustiques M 422
— contre les parasites S 226
— contre les rats R 46
— contre les végétaux aquatiques K 557
— contre l'immission I 7
lutter B 201
lysimètre L 358
— pondérable L 359

M

mâchefer K 235
machine M 88
— à essayer les tubes [ou tuyaux] R 426
— à faire la "tyrolienne" K 350
— à haute pression H 213
— à laver automatique W 102
— à percée en charge A 527
— à percer les conduites A 527
— à souder S 732
— à tarauder A 527
— à vapeur D 38
— à vapeur à simple effet D 39
— à vapeur à triple effet D 255
— compound à vapeur V 86
— de traitement des données D 54
— motrice M 416
machines à laver automatiques [à pièce de monnaie], eaux résiduaires de ~ M 449
maçonnerie M 116
— en briques Z 98
— en pierres sèches T 408
— en voûtes G 352
macro-analyse M 39
—-benthos M 40
—-invertébrés M 41
—-organisme M 43
macroanalyse M 39
macrobenthos M 40
macroclimat M 42
macroorganisme M 43
macrophyte M 44
macroréticulé G 507
macrostructure M 45
madrier B 694
maelstrom W 626
magasin V 460
— de pièces de recharge E 537
magnésie M 16
—, bicarbonate de ~ M 19
—, carbonate de ~ M 20
magnésite M 17
magnésium M 18
—, chlorure de ~ M 21
—, sulfate de ~ M 23
Magno M 29
maille M 82
— d'un crible S 979
à mailles étroites E 307
— mailles fines F 123
maillet F 42
main-courante H 71
maintenance et réparation W 98
maintien de la qualité de l' atmosphère L 336
maïs M 34
—, culture du ~ M 35
maison de santé K 543
— isolée E 161
maître ouvrier V 424

maladie K 546
— contagieuse A 616
— de Minamata M 308
— de Weil W 479
— des intestins D 52
— du défrichement M 180
— infectieuse A 616
— infectieuse devant être signalée I 40
— professionelle B 306
maladies d'origine hydrique W 273
— gastro-intestinales M 10, M 11
—, propagation des ~ K 548
malaria M 46
malaxeur M 341
— à béton B 370
— pour la destruction du chapeau S 786
—, turbo-~ T 497
malodorant U 3
malpropre S 544
malpropreté U 238
malsain U 219
malt épuisé B 473
malterie M 7
—, eaux résiduaires de ~ M 8
mamelon N 228
— en laiton soudé M 224
manchette U 71
manchon D 197, K 710
— [d'un tuyau] R 416
— à tubulure U 76
— articulé universel G 164
— avec deux tubulures à bride D 200
— avec deux tubulures à emboîtement D 201
— avec tubulure à bride D 198
— court U 75
— d'accouplement K 708
— d'accouplement élastique K 711
— de raccord en fonte M 451
— de secours sans vis H 196
— droit U 71
— élastique K 711
— en deux pièces U 72
— en deux pièces avec tubulure à bride U 73
— en deux pièces avec tubulure à emboitement U 74
—, soupape à ~ R 445
manette H 73
manganèse M 51
—, bactéries du ~ M 53
—, dépôt de ~ M 52
maniement H 69, H 87
manier H 68
manipulation H 69, H 87
— des produits chimiques U 141
manipuler H 68
mano-détendeur D 316

manœuvre H 61
— d'une vanne S 324
— manuelle H 62
manomètre M 63
— à basse pression N 167
— à haute pression H 216
— de contact K 461
— différentiel D 158
manométrique M 64
manque de place R 65
— d'eau W 266
— d'eau potable T 378
— d'étanchéité L 127
manuel d'instructions B 411
manufacture F 1
manutention des boues S 380
maquette E 462
marais M 79, M 413
—, odeur de ~ G 216
— salant S 69
marbre M 75
—, morceaux de ~ M 77
marchandise H 66
marchandises en vrac M 101
marche à vide L 140
— continue B 385
— d'essai P 292, V 317
— en parallèle P 19
— intermittente B 384
— interrompue B 384
marcher à vide L 141
mare T 477
marécage M 79, M 413, S 1679
marécageux S 1680
marée G 357
— basse, heure de la ~ T 202
— basse, niveau maximum moyen de la ~ T 199
— basse, point d'inversion de la ~ E 6
—, chute de la ~ T 178
—, courant de ~ T 204
— de morte-eau N 229
— de vives eaux S 1165
—, demi-amplitude de la ~ T 173
— descendante E 1
— descendante, courant de ~ E 3
— descendante, parcours de la ~ E 8
— descendante, vitesse de la ~ E 5
— descendante, volume d'écoulement de la ~ E 7
—, durée de la ~ T 177
— haute T 185
— haute, heure de la ~ T 190
—, importance de la ~ T 203
—, inversion de la ~ F 578, K 211
—, limite de la ~ T 183
— montante F 558
— montante, courant de ~ F 570

— montante, débit de la ~ F 575
— montante, durée de ~ F 560
— montante, durée de la ~ F 571
— montante, parcours de la ~ F 576
— montante, vitesse de la ~ F 572
—, niveau de ~ T 205
—, niveau moyen des eaux à la moitié de la ~ T 195
—, repère de ~ T 179
—, temps de propagation de la ~ T 194
marées G 357
—, courbe des ~ T 192
—, courbe moyenne des ~ T 193
—, décalage des ~ G 363
—, fluctuation moyenne des ~ T 191
—, zone des ~ T 181
margarinerie M 69
marge de sécurité S 930, S 934
— d'erreur F 118
margelle B 833
marin M 70
marketing, vente et ~ V 354
marmite de géants K 419
— torrentielle K 419
marne M 199
— à blocaux G 263
— argileuse T 267
marquage aux radioéléments M 72
marque de fonderie H 185
— de niveau d'eau W 372
— distinctive K 208
marqueur A 640
marteau F 42
— pilon F 54
— pneumatique P 277
martelures H 59, Z 159
mascaret S 1645
masque de protection respiratoire A 694
— étanche D 133
masse F 42, M 98
— d'eau au repos W 315
— échangeuse d'ions I 107
— filtrante F 272
— -tige S 773
massif d'ancrage d'une digue D 81
— d'appui S 1618
— de butée S 1618
— de fondation d'une machine M 91
— du barrage D 21
— en argile corroyée T 262
mastic K 281
— bouche-pores F 689
— de bitume A 688
— d'emboîtements M 464
— pour joints V 181

mât de forage B 700
matage V 303
— du plomb dans les emboîtements V 304
matelas d'air L 330
mater V 302
matériau W 537
— d'appui S 1619
— de canalisation R 415
— de la couche de base B 418
— de remblai F 677
— de remplissage F 680
— du lit de contact F 678
— filtrant F 272, T 453
— isolant I 115
— originel C 1
— pour filtration F 272
matériaux d'apport, remblai par ~ S 658
— de remblai S 655
— de remblai, cubage des ~ S 654
— de remblai, mise en place des ~ E 48
— d'emballage V 231
— d'érosion pluviale R 121
matériel de construction B 119
— de scellement pour joints V 181
— non consumé U 319
matière S 1443
— colorante F 73
— d'un tuyau R 415
— fibreuse F 82
— inerte I 39
— insoluble U 231
— lubrifiante S 539
— nutritive N 42
— plastique K 685
— polluante S 551
— pour joints D 136
— première G 568, R 457
— première pour poudre de nettoyage W 114
— saporigène G 274
— sèche T 419
matières albumineuses E 222
— colloïdales S 1452
— consistantes, pompe à ~ D 144
— de remplacement A 884
— de vidange K 524
— décantables S 1448
— d'échange A 884
— déposables S 1448
— dissoutes S 1451
— en solution S 1451
— en suspension S 711
matières en suspension volatiles de la liqueur mixte S 423
matières encombrantes S 1123
— fécales K 524
— flottantes A 271, S 806
— flottantes, charge de ~ S 808

— flottantes, enlèvement des ~ S 807
— grossières G 511
— humiques H 361
— minérales S 1453
— non décantables S 1454
— non dissoutes S 1458
— nutritives, lessivage des ~ N 45
— organiques B 336
— organiques à l'état de traces S 1220
— retenues par les grilles R 81
— retenues par tamisage S 977
— sédimentables S 1448
— solides S 1450
— tamisables S 1456
matoir S 1388
matrice d'outil M 175
maturation E 38
mauvaise herbe U 225
— odeur G 293
maximal H 276
maximum H 276
— journalier T 20
méandre (d'une rivière) W 614
—, amplitude d'un ~ M 2
—, gabarit d'un ~ M 2
—, longueur d'onde d'un ~ M 4
mécanicien M 120
mécanique M 89, M 121
— des fluides H 387
— des roches F 143
— des sols B 636
mécanisation M 122
mécanisme V 464
— de compteur Z 13
— de transmission (d'un hydromètre) T 361
médecin administratif A 510
— du travail G 329
médiat M 366
médicine M 124
Méditerranée M 371
médium M 123
méduse Q 10
mégie W 487
mégisserie W 486
— au chrome C 94
mélange M 349
— à l'intérieur de la conduite M 350
—, bac de ~ M 334
—, boîte de ~ M 342
— complet V 416
—, condenseur par ~ M 344
— de béton prêt pour l'emploi T 319
— de sulfate d'alumine et de charbon activé A 485
—, dosage du ~ M 353
— fardeau M 36
— gazeux combustible-comburant B 798
— gravitaire M 352

— instantané, dispositif à ~ S 586
— intime M 351
—, processus de ~ M 355
—, rigole de ~ M 347
—, taux de ~ M 353
mélanger M 339
mélangeur M 341, M 356
— à aubes S 263
— à pales S 263
— à rotor W 623
— éclair W 623
— rapide S 586
mélasse M 176
mélasses, distillerie des ~ M 177
mêler M 339
mélèze L 27
membrane M 181
— (pellicule) H 128
— à couches multiples M 162
—, capacitance d'une ~ M 185
— cellulaire Z 43
— composée M 162
— d'acétate de cellulose Z 54
— (de forme) tubulaire S 481
— de pompe P 380
— dynamique M 182
— échangeuse d'ions I 105
— en cuir L 136
— en polyamide P 236
— gélifiée G 167
— multicouche M 162
—, perméabilité de la ~ M 190
— sélective S 909
— semi-perméable M 183
— spécifique S 909
—, support de ~ M 187
—, type de ~ M 188
mémoire descriptif de brevet P 37
ménisque M 195
mensuel M 395
mensuration M 241
menu bétail K 319
— gravier K 257
menuiserie S 637
mer M 126
Mer Baltique O 126
mer, bras de la ~ M 131
Mer du Nord N 249
mer, eau de ~ M 150
— étale S 1342
—, moutonnée S 834
—, niveau de la ~ M 144
—, port de ~ S 842
— profonde T 231
—, surface de la ~ M 144
mercure Q 18
mers, moyenne des pleines et basses ~ T 206
mésophile M 202
mésosaprobies M 203
mésotrope M 283
mésotrophe M 204
mesurage M 241

— d'évaporation V 139
mesure M 104
—, appareil de ~ M 219
— approchée N 33
— approximative N 33
—, ballon de ~ M 227
—, buse de ~ M 209
—, canal de ~ M 220
— coercitive Z 186
— complémentaire F 595
— corrective G 131
— cumulative I 81
— de débit A 104
— de la profondeur des eaux W 396
— de la quantité d'eau W 294
— de l'écoulement S 1589
— de passage D 395
— de sécurité S 932
— de sûreté S 679, S 932
— d'économie S 1094
—, disque de ~ M 216
— du débit, section transversale de ~ D 394
— du temps de rétention V 364
— du volume des boues S 465
— d'urgence S 1026
— en des points multiples V 390
—, erreur de ~ M 215
—, installation de ~ M 210
— instantanée S 1027
— intégrée I 81
— isolée E 164
—, méthode de ~ M 230
— multiponctuelle V 390
—, point de ~ M 232, M 236
— pour le maintien de la qualité R 221
— pour le traitement des eaux résiduaires A 315
— préventive V 191, V 429
—, profil de ~ M 231
—, système de ~ M 110
—, technique de ~ M 256
—, transmetteur de ~ M 255
—, tuyère de ~ M 235
—, unité de ~ M 222
—, verticale du point de ~ M 229
mesurement des précipitations N 198
— des substances solides F 192
mesurer M 212
mesures automatiques M 213
— de lutte B 203
— de prévention B 203
mesureur de pression de la canalisation L 188
métabolique S 1462
métabolisme S 1461
— d'assimilation A 691
métabolite S 1464
— de base N 43
— intermédiaire Z 214

métal M 258
— autre que le fer N 161
— léger L 151
— lourd S 768
— non ferreux N 161
métalimnion S 1180
métamorphose M 265
métaphosphate M 266
métaux alcalino-terreux E 484
— lourds, absorption de ~ S 769
—, transformation des ~ M 261
météorologie W 547
—, hydro~ H 388
méthanal F 600
méthane M 270
—, récupération du ~ M 274
—, rendement en ~ M 271
méthanol M 275
méthémoglobinémie M 269
méthode V 149
— à l'hydrate H 373
— analytique M 276
— biochimique V 444
— chimique V 150
— de chauffage H 165
— de congélation G 123
— de dosage des anticorps par fluorescence F 231
— de fabrication H 186
— de la goutte pendante B 272, U 287
— de la goutte suspendue U 287
— de mesure M 230
— de mesures ponctuelles P 394
— de recherche U 289
— de séparation de phases P 136
— de stripping A 794
— de télé-indication F 162
— de traitement des déchets A 51
— de triage A 895
— d'enfouissement des boues (évacuation des boues) G 453
— d'épandage d'eaux résiduaires et de boues en agriculture A 738
— d'épandage superficiel alternatif E 133
— d'épreuve P 333
— des lits bactériens T 455
— des traceurs T 296
— d'essai T 147
— d'extraction au benzène/ lessive B 270
— normalisée E 85
— par dilution V 123
— physique V 151
— rapide S 585
méthodes d'analyse des eaux résiduaires A 310

méthodologie d'analyse de l'eau W 153
méthylbenzène T 255
méthylorange M 280
mètre M 219
— à piston rotatif K 123
— carré Q 4
— cube K 615
— de l'écoulement S 1587
— de vitesse d'eau G 283
— d'écoulement volumétrique S 1588
— enregistreur M 214
métrie, hydro~ H 389
métrique, hydro~ H 390
mettre au point J 27
— en bouteille A 125
— en marche G 33
— en place (le béton) E 44
— en terre V 179
— en vidange E 365
— en [dans le] circuit E 117
— hors service A 868
— sous pression D 276
meulière B 819
mica G 432
micaschiste G 433
micro-aérophile M 285
—-analyse M 286, S 1216
—-fauna M 292
—-flore M 293
—-pipette M 297
—-polluant S 1221
—-stratification dans les lacs M 298
microbe M 295
microbes latents B 29
— pathogènes K 191
microbien M 287
microbiologie M 288
— du sol B 637
microbiologique M 289
microbiométrie M 290
microclimat K 315
microfauna M 292
microflore M 293
microorganisme M 295
— aquatique W 302
microphotographie M 296
microscope M 299
— électronique E 250
— électronique à balayage R 43
microscopie en lumière transmise D 422
microstructure F 132
microtamis F 130
microtamisage F 131
migration capillaire K 107, K 117
— de frai L 42
— de poissons F 354
— de ponte L 42
— de substances nocives S 219
— de substances polluantes S 219

— des sables S 118
milieu M 365
— agité, culture sur ~ S 650
— de culture (bact.) K 672
— de culture sélectif D 156
— d'enrichissement bactérien (bact.) A 590
— équilibré U 172
— filtrant à ressorts hélicoïdaux S 1136
—, hygiène du ~ U 182
— naturel L 121
— nutritif (bact.) N 35
— nutritif déshydraté T 410
— nutritif différentiel D 156
—, paramètre du ~ U 185
— récepteur V 441
— riverain F 550
— urbain U 173
milliard M 305
milligrammes par litre M 306
millilitre K 618
millimètre carré Q 5
— cube K 616
minage S 1156
Minamata, maladie de ~ M 308
mine B 297
— abandonnée B 298
— de charbon K 377
— de fer E 191
— de houille K 377
— de lignite B 776
—, lac de ~ G 529
— métallique E 551
—, puits de ~ G 527
minerai de fer E 190
minerais uranifères, déchets de l'extraction et du traitement de ~ A 43
minéral M 316, M 318
— des argiles T 268
minéralisation M 319
— des boues S 419
minéralogie M 322
minéralogique M 323
minière B 297
— à ciel ouvert T 8
minimal M 328
minimum K 317, M 328
minium M 196
minuterie S 251, Z 27
mire N 247
miscibilité M 332
miscible M 331
mise à la terre E 512
— à profit N 297
— à zéro N 282
— en culture de terrains incultes O 49
— en culture des sols K 669
— en décharge A 141
— en eau E 131
— en évidence de traces S 1219

— en marche d'un digesteur E 60
— en œuvre de produits chimiques C 30
— en place (du béton) E 42
— en place des matériaux de remblai E 48
— en service A 533, I 26
— en service d'un filtre A 534
— en valeur V 370
— en valeur des eaux usées A 353
— en valeur d'un terrain B 668
misurateur de niveau N 244
mitage Z 88
—, dégradation du site par le ~ L 61
mitose (biol.) Z 49
mobile B 436
— libre F 630
mode d'action W 648
— de fonctionnement W 648
— de transmission par fréquence d'impulsions I 24
— opératoire V 149, V 156
modèle A 810
— analogique A 517
— de simulation S 1007
— d'écoulement S 1593
modérateur M 380
modification A 387
— artificielle du temps W 543
module de cisaillement S 645
— de réaction B 419
— de rupture B 814
— d'élasticité E 229
— en spirale W 553
— hélicoïdal W 553
— tubulaire S 482
moellon B 819
mois M 394
— pluvieux R 157
moisi M 381, M 485, S 344, S 345
moisissure S 344
moisissures flottantes P 189
moite F 202
moitié H 4
à moitié de sa capacité L 85
môle W 512
molécule M 386
molluscicide W 475
mollusque M 492
mollusques W 474
molybdène M 392
moment de basculement K 278
— de début de morte-eau N 230
— de flexion B 466
— de pleine eau S 1168
— de torsion D 241
— d'inertie T 299
— d'ovalisation R 329
— fléchissant B 466
— résistant W 565
monochloramine M 396

monoculture M 397
monomoléculaire M 398
monophénol P 138
mont B 289
montage F 83, M 400
— de tuyauteries R 447
— en atelier W 536
— en série H 203
montagne B 289, G 93
— à coupole K 706
— à plateau T 6
— due à des plissements F 59
montagnes moyennes M 368
montagneux G 94
montaison (saumons) L 43
montant F 558, V 350
montecharges A 782
montée F 558, S 1359
— de la crue H 245
— des vagues W 506
— soudaine des eaux de la mer S 837
— spontanée des poissons F 315
monter M 402
monteur M 401
monts G 93
montueux H 352
moraine M 411
— finale E 284
— frontale E 284
— latérale S 892
morceaux de marbre M 77
morphologie M 414
— des rivières F 531
morphologique M 415
mor(r)ène M 646
mort de poissons F 349
mortalité S 1399
— de poissons en hiver F 350
mortier M 382
— aérien K 43
— de chaux K 43
— de chaux hydraulique K 44
— de ciment Z 64
— hydraulique K 44
morts-terrains D 67
moteur M 416
— à bagues S 485
— à cage d'écureuil K 721
— à combustion interne V 82
— à courant continu G 411
— à deux temps Z 204
— à explosion V 82
— á gaz G 66
— à huile lourde O 78
— à quatre temps V 394
— à vapeur D 38
— de levage H 347
— Diesel D 149
— "dual fuel" Z 200
— électrique E 247
— [de] hors-bord A 857
— hydraulique W 303
— synchrone S 1689
moto-pompe M 421

—-pompe immergée T 75
motocyclette K 536
motte de gazon R 41
mouche F 417
moudre M 31
mouette M 384
mouillabilité B 253
mouillage B 255
mouillant B 257
mouillé F 202
mouiller B 254
moulage G 696
moule G 370, M 284
mouler F 603
moulin M 423
— à eau W 304
— à vent W 603
moulinet W 300
— à crémaillère et pignon Z 20
— hydraulique W 300
— hydrométrique W 300
— Woltmann W 666
mourir A 267
moussage S 232
mousse M 409, S 266
— de plastique, filtre à ~ S 277
— de platine P 213
— de savon S 878
—, fixateur de ~ S 271
—, formation de ~ S 232
—, fractionnement de la ~ S 272
mousser S 231
mousses, lutte contre les ~ S 269
—, produit stabilisateur des ~ S 278
mousson M 399
moustique S 1348
mouton de battage R 27
moutonnement de la mer S 834
— des vagues K 588
mouvement B 438
— angulaire D 233
— ascensionnel de l'eau W 179
— Brownien B 779
— circulatoire K 578
— conforme B 440
— dans le sens des aiguilles d'une montre B 441
— de l'eau W 178
— de l'eau souterraine G 606
— des terres B 608
— discordant B 446
— en sens contraire des aiguilles d'une montre B 439
— hétérogène B 446
— laminaire B 443
— longitudinal L 21
—, nature du ~ B 447
— non stationnaire B 442
— ondulatoire W 511
— orbitaire O 97

— rotatoire D 233
— stationnaire B 444
— turbulent B 445
—, type du ~ B 447
moyen H 195
— d'amélioration du sol B 669
— de coercition Z 186
— de nettoyage R 240
— de transport T 320
moyenne M 365, M 376
— annuelle J 9
— arithmétique M 377
— arithmétique pondéré M 378
— de température T 123
— des débits d'étiage N 212
— des pleines et basses mers T 206
— des précipitations N 193
— journalière T 18
— tension M 372
mucus S 486
multiétages M 167
multiplication des cellules Z 55
multiplicité des espèces M 60
multitude M 191
municipal S 1246
municipalité S 1238
mur M 114
— de barrage S 1332
— de margelle B 834
— de moellon B 820
— de pied H 183
— de quai K 15
— de soutènement S 1620
— d'étanchéité D 141
— déversant U 62
— en aile F 476
— en béton B 369
— frontal S 1432
— imperméable *(d'un aquifer)* G 655
— latéral S 895
— parafouille D 137, H 183
mûr pour le nettoyage R 213
muriate d'ammonique C 46
mûrir R 214
mûrissement E 38
—, processus de ~ R 215
murs de sas S 504
muschelkalk M 495
mutagène M 497
mutagénèse M 498
mutation M 499
mycélium M 506
mycorrhise M 505
mycose P 186
myriophylle *(bot.)* *(Myriophyllum)* T 81
mytilotoxine M 494

N

nageoire caudale K 254
naissance K 10

nanoplancton N 59
naphtalène N 60
naphtaline N 60
naphte E 502
nappe G 635, U 27
— aquifère G 635, G 666
— aquifère enrichie d'eau de rivière infiltrée U 120
— aquifère inclinée G 636
— aquifère, substratum d'une ~ G 655
— aquifère supérieure G 667
— artésienne G 637
— captive G 576
— créée artificiellement G 578
— d'eaux usées A 322
—, dépression de la ~ G 590
— des dunes D 355
—, émergence de ~ G 607
—, enrichissement d'une ~ G 595
— inférieure G 668
—, levée d'une ~ G 605
— libre G 575
—, pente de la ~ G 624
— perchée G 577, G 581
— phréatique, ascension de la ~ G 597
— phréatique au point de mesure, profondeur de la ~ A 268
— phréatique, baisse de la ~ A 234
— phréatique, butte de la ~ G 617
— phréatique, chute de ~ G 631
— phréatique, chute du niveau de la ~ G 620
— phréatique, courbe de niveau de la ~ G 628
— phréatique, crête de la ~ G 647
— phréatique, dépression allongée de la ~ G 653
— phréatique, exutoire naturel de la ~ G 601
— phréatique, isobathe de la ~ G 670
— phréatique naturelle G 662
— phréatique, niveau de la ~ G 622
— phréatique, niveau minimum de la ~ G 663
— phréatique, onde de la ~ G 675
— phréatique, zone de fluctuation de la ~ G 652
— profonde T 217
—, profondeur de la ~ *(souterraine)* G 621
—, rabattement de la ~ G 590
—, rabattue G 661
—, ralimentation de la ~ G 595
—, raveinement de la ~ G 595

—, réalimentation de la ~ G 595
—, secteur de ~ G 589
— souterraine, fond de la ~ G 654
— souterraine pseudo-artésienne G 573
— superficielle G 667
—, suralimentation de la ~ G 595
—, surface de la ~ *(phréatique)* G 642
—, surface libre de la ~ G 660
— suspendue G 577
—, tarissement de la ~ R 496
—, zone captive de la ~ G 656
nappes, débit de sécurité des ~ G 616
—, débit des ~ G 615
—, recharge naturelle des ~ G 640
nature C 20
— de l'eau résiduaire A 311
— de terrain B 607
— des eaux souterraines G 603
— du mouvement B 447
— du sol B 599
naturel N 94
nauséabond E 225, U 2
navigabilité S 339
navigable S 338
navigation S 333
—, canal de ~ S 335
—, écluse de ~ S 337
— fluviale B 488
— intérieure B 488
— maritime S 858
—, ouvrage permettant la ~ S 334
navire S 332
— de charge F 625
— de surface U 100
nébuliser Z 89
nécessaire bactériologique B 338
nectobenthique N 125
necton N 126
néfaste au point de vue écologique U 179
neige S 560
—, chute de ~ S 564
—, couche de ~ S 562
—, déblaiement de ~ S 561
—, densité de la ~ S 563
—, eau de fonte de ~ S 575
—, échantillonneur de ~ S 572
—, échelle de ~ S 570
— fondue S 575
—, fosse d'évacuation de la ~ S 568
— granulaire F 310
—, hauteur de la ~ S 567
—, tempête de ~ S 574
neiger S 579
neiges éternelles, limite des ~ S 566

—, fonte des ~ S 573
—, limite des ~ S 565
nématodes F 13
nénuphar T 100
— blanc S 856
néphélomètre T 467
néphélométrie T 468
nervure de renforcement V 301
Nesslérisation A 498
nettoiement des voies publiques S 1541
— public, services de ~ S 1243
nettoyage R 229
— à froid, produit de ~ K 61
— à l'air comprimé P 280
—, clapet de ~ R 237
— de chaudière K 234
— des canalisations R 429
— des caniveaux R 334
— des égouts K 93
— des grilles, dispositif de ~ R 86
— des rues S 1541
— des ruisseaux B 4
— d'un filtre F 279
—, eaux usées de ~ R 247
—, équipement de ~ R 235
—, lessive de ~ R 238
à nettoyage manuel H 67
nettoyage, moyen de ~ R 240
—, orifice de ~ R 241
— par l'air L 340
—, solution alcaline de ~ R 238
— sous pression D 343
nettoyé à la main H 67
nettoyer R 228
neutralisant N 147
neutralisation N 146
— et osmose, traitement par ~ N 149
neutraliser N 148
neutre N 144
névé F 310
névroptère N 136
NGF N 257
niche M 468
nickel N 164
nickelage V 224
nickeler V 223
nitrate N 231
— de potassium K 20
nitre K 20
nitrification S 52
nitrifier N 234
nitrile N 235
nitrite N 237
nitrobactérie N 233
nitrobenzène N 239
nitrocellulose N 240
nitroglycérine N 241
nitrosamine N 242
niveau N 243, N 246

—, abaissement progressif du ~ *(dans un chenal)* S 1683
— aquifère G 666
— d'alerte A 431, W 97
— de bruit G 198
— de crue H 262
— de crue minimum N 219
— de débordement A 894
— de la mer M 144
— de la mer, altitude au-dessus du ~ H 287
— de la nappe d'eau souterraine G 660
— de la nappe, différence de ~ G 612
— de la nappe libre S 1126
— de la nappe phréatique G 622
— de la nappe, relèvement du ~ G 598, G 626
— de la retenue S 1328
— de la rivière F 557
— de la surface libre S 1126
— de marée T 205
— de pompage F 582
— de rabattement A 210
— de référence B 457
— de référence zéro N 279
— de zéro d'une échelle fluviale P 51
— d'eau W 353
— d'eau d'amont O 41
— d'eau, hauteur du ~ W 362
— d'eau, hauteurs équivalentes du ~ W 361
— d'eau, indicateur du ~ W 367
— d'émergence de source Q 42
— des boues, détecteur de ~ S 445
— des boues, indicateur de ~ S 445
— des eaux, abaissement du ~ A 235
— des eaux d'aval U 313
— des neiges persistantes S 566
— d'étiage N 217
— d'étiage, élévation du ~ N 214
— d'inondation H 262
— d'oxydation O 132
— du plafond S 1039
— du sol G 157
— dynamique, baisse du ~ R 496
— dynamique, rabattement du ~ G 590
— énergétique E 300
à niveau énergétique élevé E 302
niveau hydrostatique R 539, W 356
— maximal de crue H 263

— maximal de la retenue S 1338
— maximum H 263
— maximum moyen de la marée basse T 199
— minimum de la nappe phréatique G 663
— minimum d'étiage N 219
— moyen de crue H 264
— moyen des eaux M 375
— moyen des eaux à la moitié de la marée T 195
— moyen des mers N 257
— moyen d'étiage N 218
— piézométrique D 329
— statique W 356
— statique de l'eau W 364
niveaux d'eau, courbe de durée des ~ W 368
— d'eau, diagramme des ~ W 357
niveler P 194
niveleuse P 196
nivellement P 195
— de précision F 124
nivomètre S 569
nocif S 221
nocivité S 222
—, degré de ~ S 223
—, seuil de ~ *(biol.)* S 224
nœud d'une oscillation S 817
nœuf K 356
noirâtre S 694
noix de robinet K 638
nombre Z 14
— de bactéries K 205
— de friction R 211
— de Froude F 663
— de germes K 205
— de mailles M 87
— de Reynolds R 289
— de tours D 250
— de trous de boulon B 746
— de Weber W 450
— des germes sur gélatine G 161
— le plus probable des colibacilles C 108
— seuil du goût G 273
—-seuil de l'odeur G 236
nomogramme N 248
non altéré U 324
— biodégradable B 500
— captivé U 217
— chauffé U 202
— combustible N 154
— contaminé U 323
— décantable N 153
— discernable N 159
— éclairé A 646, L 221
— étanche U 204
— fermentescible N 155
— habité U 203
— ionique N 162
— modifié U 218
— normalisé U 215

— pathogène N 156
— pollué U 323
— profitable U 239
— rentable U 239
— revêtu U 320
— saturé U 216
— sorbable N 157
— sporulé N 158
— standardisé U 215
— toxique U 220
— traité U 201
— transparent U 207
—-biodégradabilité A 22
—-corrodable K 503
—-[bio]dégradable A 21
—-miscibilité U 322
noria B 134
normalisation N 262, N 263
norme N 250
— américaine A 488
— de qualité G 685
— de qualité des eaux résiduaires A 329
— de rejet pour les eaux résiduaires A 329
— d'émission E 266
normes pour la qualité des eaux W 306
— pour l'eau potable G 686
— relatives à l'environnement U 186
— sanitaires G 304
nourriture pour les poissons F 340
nouvellement installé N 151
noyau K 217
— *(biol.)* Z 41
— atomique A 712
— de condensation K 443
— de sable S 105
— d'étanchéité D 134
— d'une digue D 20
— d'une digue en béton B 367
noyer U 293
NSG G 273
nuage W 657
— accroché aux montagnes S 1346
— chargé de pluie R 188
— lourd B 638
nucléation K 188
nuclide radioactif R 15
nuisance B 204
— due à l'immission I 3
— due aux mouches F 419
— par l'odeur G 230
nuisible S 221
— à la santé G 300
— au point de vue écologique U 179
numération des algues A 449
— des algues par bande A 450
— des colibacilles C 105
— des entérocoques E 320
— des germes K 203
— des germes sur gélose K 204

— des particules T 107
— fixée I 25
— prédéterminée I 25
— sur agar-agar A 411
numéro d'ordre d'un cours d'eau O 100
nutriment N 42
nutrition E 528
nymphéa S 856

O

oasis O 1
objet secondaire N 103
obligation de payer une taxe sur les égouts A 304
— de verser une taxe A 130
oblique S 605
oblitération d'odeurs G 234
observation de pluie R 122
observatoire météorologique W 552
obstruction V 306
obstruer V 305
obturateur A 253, S 1473
— *(d'une vanne)* K 184
— à contrepoids G 339
— à piston K 305
—, bague d'~ D 139
—, disque d'~ *(de robinet vanne)* S 322
obturation d'un joint F 688
obturer *(une tuyauterie)* A 250
océan O 137
Océan Indien I 30
— pacifique S 1425
océanographie M 140
océanographique O 138
odeur G 208
— aromatique G 210
— de chlore C 59
— de concombre mûr G 220
— de cresson G 217
— de foin G 219
— de goudron G 222
— de marais G 216
— de moisi G 224
— de nasturce G 217
— de poisson G 214
— de terre et de moisi G 211
— dégoûtante G 209
— désagréable G 226
— d'herbe G 218
— d'huile de poisson G 223
— d'hydrogène sulfuré G 221
— douceâtre G 225
—, enlèvement de l'~ G 231
— fécale G 213
— marquée G 215
—, nuisance par l'~ G 230
— repoussante G 209
— très sensible G 215
odeurs, émission d'~ G 233
—, oblitération d'~ G 234
odonates O 47
oeil d'une tempête S 1639

öse I 16
œuf d'ascaris W 676
— de ver W 676
Office Fédéral de l'
 Environnement U 177
offre A 544
oiseau de mer M 148
oiseaux aquatiques W 430
oléoduc O 77
oligo-élément S 1217
oligochètes W 529
oligodynamique O 90
oligosaprobie, zone ~ Z 114
oligosaprobies O 91
oligotrophe N 44
O.M.S. W 525
onde W 497
— à front raide S 697
—, célérité d'une ~ W 514
— de choc S 1491
— de compression D 344
— de crue H 273
— de la nappe phréatique
 G 675
— de pression, vitesse (de
 propagation) de l'~ D 345
—, front d'~ W 513
— isolée E 167
— séismique W 500
— sismique W 500
— stationnaire W 501
— transversale T 322
—, vitesse d'une ~ W 514
ondée R 163
ondes progressives W 504
—, propagation des ~ W 508
— provoquées par la
 pesenteur S 762
—, trajectoire des ~ W 522
onéreux K 522
opalescence O 92
opalescent O 93
opalin O 93
opération intermittente B 384
— par charges B 384
— par cuvée B 384
opérer en parallèle N 106
— en série H 201
opinion publique, formation de
 l'~ O 52
s'opposer à E 330
opprimer D 276
optimisation O 95
— d'un procédé V 153
optique O 96
orage G 348
—, déversoir d'~ R 120
—, eau d'~ R 176
orageux G 350
ordinateur C 109, D 54
— électronique E 251
ordonnance V 230
— administrative V 363
— concernant les paramètres
 de nocivité des eaux
 résiduaires A 341

— d'exécution D 403
— pour la protection des eaux
 R 222
— sur les associations d'eau
 W 411
ordonnée d'une conduite O 99
ordre *(biol.)* A 668
— de grandeur G 512
ordure S 541
ordures, boîte à ~ A 52
—, couche d'~ S 550
—, dépôt d'~ M 435
—, enlèvement des ~ A 53
— fraîches R 360
— ménagères M 425
— ménagères, broyeur d'~
 M 445
— ménagères, enlèvement
 des ~ M 429
— ménagères, incinération
 des ~ M 440
— ménagères, ramassage
 des ~ M 431
— ménagères, transport
 hydraulique des ~ S 755
— ménagères volumineuses
 S 1122
— provenant de centres
 d'agrément F 638
— spéciales S 1055
— urbaines S 1240
—, vide-~ A 52
organe d'étranglement D 272
organique O 101
Organisation Mondiale de la
 Santé W 525
organisme aquatique L 123
— benthique G 548
— de contrôle A 772
— des profondeurs G 548
— d'essai T 145
— expérimental T 145
— indicateur *(biol.)* L 177
(organisme) indicateur de
 salinisation V 248
organisme national L 49
— planctonique P 200
— public E 114
organismenuisible S 530
organismes O 102
— alpha-mésosaprobies A 466
— alpha-polysaprobies A 467
— aquatiques W 312
— bêta-mésosaprobies B 347
— bêta-polysaprobies B 348
— ciliés O 104
— cryophiles K 63
— épiphytiques O 105
— flottant librement O 107
— indicateurs de pollution
 V 268
— marins M 142
— mésosaprobies M 203
— mobiles O 103
— mobiles libres O 106
— oligosaprobies O 91

— parasites O 105
— polysaprobies P 242
— saprobies S 123
— se déplaçant librement
 O 106
organoleptique G 227
organotrophe O 109
orge G 207
orifice O 53
— calibré N 261
— d'adduction E 70
— d'arrivée E 146
— de décharge A 107
— de nettoyage R 241
— d'écoulement A 107
— d'entrée E 146
— d'introduction E 70
— normalisé N 261
orifices de prise E 388
origine U 335
— végétale U 336
orographique O 110
orohydrographie O 111
orthophosphate O 113
orthotolidine O 114
ortstein O 122
oscillation S 700, S 814
—, amplitude d'une ~ S 815
—, nœud d'une ~ S 817
— périodique S 705
oscillations, amortissement
 des ~ S 816
osciller S 699
oscillographe à rayons
 cathodiques K 164
— enregistreur O 127
osmose O 125
—, électro-~ E 252
— inverse G 133
— inversée G 133
— thermique T 164
—, traitement par
 neutralisation et ~ N 149
oued W 18
oui-non, signal ~ J 1
oursin S 843
outil W 539
— à jet D 373
— à lames B 535
— aléseur B 712, N 15
— bilame F 346
— de forage B 699
— de forage pour l'avant-puits
 V 430
— de forage standard S 1287
— de repêchage F 66
outillage de sondage B 699
ouvert O 89
ouverture O 53, Z 80
— de maille M 86
— du tambour T 438
— d'un tamis S 973
— pour descendre E 137
ouvertures *(d'une crépine)*
 F 275
ouvrage B 122

par

— aval d'un canal K 75
— d'admission des eaux de surface dans un drain R 182
— d'aménagement L 199
— de chasse d'un égout K 92
— de chute A 274
— de décharge A 828, E 359
— de dérivation A 164
— de prise d'eau E 91
— de rejet A 828
— évacuateur E 359
— évacuateur de canal du type déversoir K 100
— immergé U 299
— maçonné en briques Z 98
— permettant la navigation S 334
— provisoire de soutènement S 240
— régulateur L 199
— unique, construction en ~ B 577
ouvrager B 177
ouvrages d'art K 676
— de dérivation U 154
ouvrier A 652, H 61
— plombier R 410
— qualifié F 4
ovale E 23
ovalisation, charges d'~ R 431
ovoïde E 23
oxydabilité O 134
— au permanganate K 24
oxydant O 131
oxydation O 129
—, chenal d'~ O 130
— de drains V 225
—, étage d'~ O 132
—, étang d'~ O 133
—, fossé d'~ O 130
— spontanée A 912
— totale, station d'épuration par ~ T 286
oxyde O 128
— azotique S 1413
— de calcium A 409
— de carbone K 379
— de fer E 200
— de magnésium M 16
— de méthylène F 600
— de plomb B 564
— de potassium K 16
— de sodium N 83
— ferreux E 201
— ferrique E 200
oxyder O 135
s'oxyder O 135, R 468
oxygénation S 145
—, capacité d'~ S 147
oxygène S 138
—, absorption d'~ S 146
—, alimentation en ~ S 175
—, apport d'~ S 156
—, atmosphérique L 338
—, balance d'~ S 159
—, bilan d'~ S 159

—, charge en ~ S 160
—, consommation d'~ S 173
—, déficit d'~ S 165
—, demande en ~ S 148
—, détermination de l'~ S 153
—, diagramme d'~ S 162
—, diminution d'~ S 174
— dissous S 141
— en sac, courbe d'~ T 229
—, enrichissement en ~ S 146
— naissant S 142
— résiduel R 283
—, saturation en ~ S 169
—, sonde à ~ S 164
—, teneur en ~ S 158
—, transfert d'~ S 156
oxygéner S 139
ozonateur O 143
ozonation O 144
ozone O 139
ozoneur O 143
ozonisation O 144
ozoniseur O 143
ozoniseurs, batterie d'~ O 141

P

p-dichlorobenzène P 1
pacage B 451, G 542, W 476
— alpestre A 465
Pacifique S 1425
paille de fer H 59
— de laminoir Z 159
palan F 413
— de navire S 340
— pour pose de tuyaux R 411
pale S 259
palette S 261
— d'aération P 4
— d'une roue hydraulique S 260
palier L 33
— à billes K 662
— à rouleaux R 462
— de butée d'une pompe P 372
— de l'arbre W 517
palis P 93
palissade P 99
palpeur M 217
palplanche S 1211
paludisme M 46
—, lutte contre le ~ M 47
panache de fumée R 51
pandémique P 7
panier à coke K 408
panne de courant S 1599
panneau de béton B 373
— dur H 311
— en fibre de bois comprimée H 311
— isolant de fibre de bois H 311
— lumineux L 209
papeterie P 13
—, eaux résiduaires de ~ P 14
papier asphalté T 90

— de tournesol L 11
— d'enregistrement d'une jauge P 49
— filtre F 276
— (pour) enregistreur S 636
— réactif R 69
papiers pour journaux, fabrique de ~ Z 30
papillon [de réglage] D 269
paquet de mer B 785
par chocs S 1489
— chromatographie en phase gazeuse G 51
— étapes S 1626
— gravité G 110
— habitant et par jour P 285
— hasard Z 129
— jour T 5
— jour ouvrable A 657
— journée de travail A 657
— mois M 395
— paliers S 1626
— secousses S 1489
— sections A 200
— tête et par jour P 285
— voie thermodynamique T 158
parafoudre B 576
parafouille H 183
— clef A 42
— en béton B 362
parallèle, marche en ~ P 19
paralyse infantile P 229
paralysie infantile K 275
paramaecium P 9
paramécie P 9
paramètre B 453
— de l'environnement U 185
— du milieu U 185
parapet S 109
parasite P 23, S 530
— des plantes P 116
— humain G 307
parasites, lutte aérienne contre les ~ S 227
—, lutte biologique contre les ~ S 228
—, lutte contre les ~ S 226
parasitique P 23
parasitologie P 24
paratonnerre B 575
paratyphoïde P 25
parc à huîtres A 887
— de stationnement P 27
— naturel N 95
parcelle F 506
— d'irrigation en sous-sol U 262
parcourir E 125
parcours de la marée descendante E 8
— de la marée montante F 576
pare-écume T 63
—-écume périphérique T 77
—-écumes flottant S 783
parement *(du trottoir)* B 751

787

par

— amont F 378
— aval F 376
— extérieur A 867
— interne I 66
parenchyme Z 39
paroi W 73
— cellulaire Z 56
— de déversoir W 470
— de tuyau R 451
— du bassin B 147
— d'un fossé G 451
— d'un puits B 871
à paroi épaisse D 145
paroi extérieure A 867
— interne I 66
— latérale S 895
à paroi mince D 365
Parshall, canal ~ P 28
participation obligatoire B 190
particule P 30
[en] particules P 31
particules, dimension des ~ T 106
— en suspension S 711
partie concave de la rive U 108
— convexe de la rive U 107
— descendante d'une courbe A 46
— la plus basse d'un corps de siphon D 351
— mouillée de la plage S 1518
— non mouillée de la plage S 1519
parties humiques H 364
pas de vis G 341
— métrique G 342
— pour tubes R 401
passage D 385, D 386, D 404
— à contre-courant G 135
— à travers le sol B 612
— ascendant de l'eau W 201
—, courbe de ~ D 392
— d'air L 319
— de l'eau W 199
— de route S 1545
— de turbidité D 379
— descendant de l'eau W 200
—, durée de ~ D 402
— inférieur S 1546
—, jauge de ~ D 393
— par marée descendante, section de ~ D 397
— par marée montante, section de ~ D 398
— simple, refroidissement de l'eau à ~ D 418
— supérieur S 1545
— total D 399
—, valve de ~ D 419
—, vitesse de ~ D 391
passe à anguilles A 4
— à poissons F 341
— à poissons à cascades et orifices F 342
— à poissons avec poutre en diagonale D 114

— de chasse L 142
— de flottage F 467
— d'un fleuve T 48
— migratoire F 341
—-déversoir U 58
passer au rouleau W 69
passerelle L 105, S 1349
— de bétonnage B 363
— de derrick A 653
— de service B 155
— pour piétons F 706, F 707
passivité P 32
pasteurisation P 34
— des boues digérées F 109
pâte S 1442
— à la soude N 92
— au sulfate N 92
— au sulfite S 1670
— chimique Z 44
— chimique, fabrique de ~ Z 45
— de bois H 319
— de bois, usine de ~ H 318
— mécanique H 319
— mécanique brune B 780
— méchanique blanche W 488
patente P 35
pathogène K 547
pathologie P 40
— des végétaux P 175
pathologique P 41
patin F 708
patte d'oie G 5
pâturage B 451, G 542, W 476
pâture protéique E 219
pause R 532
pauvre en énergie E 296
pavage P 123, P 125
pavé P 123, P 124
pavillon d'entrée E 101
pays en voie de développement E 454
— plat E 10
— sous-développé E 454
paysagiste G 37
péage G 101
peau de fonderie G 702
— de la fonte G 702
pêche F 326
— à la ligne A 545
— à l'anguille A 3
— à l'hameçon A 545
— aux coquillages S 238
— côtière K 644
— en eau douce B 483
— en haute mer M 138
—, préjudice causé à la ~ F 331
— sportive S 1155
pêcher F 324
pêcherie F 326
— commerciale H 65
— industrielle H 65
pêcheur F 325
— à la ligne A 546
— à l'hameçon A 546

pectine P 57
pédiluve F 705
pédogenèse B 609
pédologie B 632
peinture A 619
→ extérieure A 620
— immergée anti-salissures U 297
— intérieure A 621
— protectrice S 673
pélagique P 59
pelain A 395
pelanage A 397
pelaner A 396
pelle à benne traînante S 648
— à fond basculant S 529
— avec benne preneuse G 474
— dragueuse S 648
— équipée en fouille T 226
— équipée en rétro T 226
— mécanique L 259
pelleteuse S 262
pellicule biologique R 40, S 486, S 991
— de surface O 12
— monomoléculaire F 221
— superficielle O 12
pelouse R 39
pendage F 51
pendule de sourcier P 62
pénétrable D 380
pénétration D 382, E 59
pénétrer E 57
— à travers D 381
pénicilline P 66
péninsule H 42
pente A 136, G 108
— de la ligne d'eau S 1127
— de la nappe G 624
— de 1/3 N 122
— du plafond S 1038
— d'une conduite L 189
— d'une vague W 520
— longitudinale L 23
— minimale M 314
— naturelle G 112
pénurie d'eau W 266
peptisation P 69
peptone P 70
perçage A 532, B 736
— avec arrosage N 64
percement D 431
percentage de mortalité S 1398
percer B 696
— *(un puits)* A 276
perche B 78
— de sondage P 56
— de tarage G 285
— goujonnière K 171
—-soleil à ouïes bleues B 536
perchlorate P 72
perçoir B 697
percolateur plongeant T 76
percolation D 430
—, écoulement de ~ S 965
—, taux de ~ S 952

percussion S 1474
— à injection d'eau, procédé de ~ S 1484
perfectionnement d'un procédé V 155
perforateur P 74
perforation B 736, P 73
— à injection d'eau S 1184
perforatrice à injection d'eau N 64
performance, graphique de ~ L 159
—, test de ~ L 164
pergelisol P 77
périlleux G 106
périmètre U 139
— d'alimentation W 207
— de protection S 677
— d'inondation U 84
— mouillé U 140
période S 1233
— d'aridité D 368
— de base B 252
— de désintégration A 144
— de détente E 431
— de gel F 654
— de gelées F 654
— de maturation E 39
— de mise en train E 39
— de misère N 274
— de répétition W 577
— de retenue A 739
— de sécheresse D 368
— de séjour A 739
— de temps Z 29
— de végétation V 19
— d'épandage E 135
— d'onde W 518
— entre deux lavages d'un filtre F 269
— entre deux marées T 177
— interglaciaire I 86
— sèche T 426
périodes de sécheresse, fréquence des ~ D 367
— par seconde H 187
périodicité du déferlement des vagues B 761
périphérique P 76
périphyton B 454
perle S 1368
permagel P 77
permanent P 78
permanganate de potassium K 23
— de potassium, demande en ~ K 24
perméabilité D 407, W 202
— à la chaleur W 28
— à la lumière L 219
— aux gaz G 57
—, coefficient de ~ D 410, D 411
— de la membrane M 190
— des pores P 250
— des roches G 96

— due à des clivages T 339
— effective D 408
— intrinsèque P 80
— pour l'eau W 202
— relative D 409
— sélective S 908
perméable D 406
perméamètre D 412
permis Z 151
permission G 176
permsélectif S 907
permutation d'acides S 35
— de bases B 84
à permutation des pôles P 232
permutite P 81
— à hydrogène W 380
— à manganèse M 56
— de soude S 1025
—, filtre à ~ P 84
— organique P 82
permutites, adoucisseur à ~ P 83
peroxyde P 85
— de chlore C 50
— de fer E 200
— de fer hydraté E 198
— de manganèse B 781
— d'hydrogène W 381
perpendiculaire S 918
perré S 1378
— de protection S 1374
— d'infiltration S 953
persistance P 87
persistant P 86
personnel P 88
— de permanence B 288
— de secours B 288
perspective à long terme L 77
perte V 208
— (d'un cours d'eau) S 523
— admissible par fuite L 130
— au feu G 439
— au rouge G 439
— de chaleur W 52
— de charge D 339
— de charge à la sortie A 890
— de charge à l'entrée E 148
— de charge due à des courbes K 609
— de charge due au frottement R 208
— de charge d'un filtre F 300
— de charge (dynamique) due à des ouvrages V 209
— de charge (dynamique) due à une brusque variation de la section V 210
— de charge totale G 255
— de poids G 340
— de pression D 339
— de rendement E 544
— d'eau W 416
— due à l'évaporation V 105
— d'un cours d'eau W 282
— par calcination G 439
— par évaporation V 105

— provoquée par une fuite L 129
— [de charge] due au frottement R 207
pertes (d'eau) dans le réseau de distribution R 423
— des conduites L 195
— [d'eau] par les interstices S 1074
pertuis O 53
— d'un fleuve S 1604
perturbation dans le service B 407
— dans l'exploitation B 407
— de la digestion F 105
— de la stratification S 307
perturber S 1436
pervibrateur I 63
pesanteur S 763
pesticide S 229
— à base d'hydrocarbures chlorés C 67
— organo-chloré C 67
— résiduel R 282
— restant R 282
petit appareil de déferrisation K 314
— aqueduc souterrain D 413
— incinérateur K 318
— lait M 389
— village W 478
—-lait de rebut A 62
à petite échelle K 316
petite goutte T 432
— installation pilote V 315
pétrochimie P 91
pétrochimique P 92
pétrole E 502
— brut R 361
— brut, dessalement du ~ R 362
—, gisement de ~ E 504
—, raffinerie de ~ O 80
pétroléochimique P 92
pétrolier O 85
pétrolochimie P 91
peu profond F 358
peuplement forestier W 64
— piscicole F 317
peupler B 331
— un étang à poissons B 327
peuplier P 17
pH P 131
—-mètre P 130
phaeophycées B 772
phare L 212
phase S 1233
— d'activation L 304
— d'aération L 304
— de croissance W 13
— de latence L 30
— de latence de la croissance P 135
— de recul d'un coup de bélier R 519

— de régression de la croissance W 14
— de respiration A 700
— exponentielle de développement W 15
— logarithmique de croissance W 15
— respiratoire A 700
phénol P 137
—, récupération du ~ P 146
phénologie P 132
phénologique P 133
phénolphtaléine, acidité à la ~ P 145
phénolphthaléine P 143
—, alcalinité à la ~ P 144
phénomène de fatigue E 527
— local d'écoulement F 447
Phénosolvan, procédé d'extraction ~ P 147
phénylamine A 555
phoque R 342
phosphate P 148
—, adoucissement par le ~ P 152
— de sodium N 84
— disodique D 170
—, élimination du ~ E 403
— trisodique T 364
phosphates, absorption de ~ P 149
—, assimilation de ~ P 149
—, charge de ~ P 151
—, entraînement des ~ P 150
phosphore P 156
—, cycle du ~ P 157
phosphorescence de la mer M 141
photique P 159
photo-élastique S 1090
photoélectrique P 160
photogrammétrie P 161
photographie aérienne L 311, L 314
photomètre P 162
photométrie P 163
photométrique P 164
photosyntétique P 166
photosynthèse P 165
phototropique P 167
phréatique P 169
phréatophyte P 107
phréatophytes P 170
phrygane K 363
—, larva de ~ K 364
phycomycètes A 443
physico-chimique C 36, P 172
physiologie P 173
— végétale P 115
physiologique P 174
physique P 171
— atomique A 714
— nucléaire A 714
phytopathologie P 175
phytoplancton P 176
phytotoxicité P 180

phytotoxicologie P 178
phytotoxique P 179
phytozoaires P 119
pic G 380
pièce à bride et pavillon F 407
— à emboîtement et pavillon M 479
— d'ajustage P 33
— de forme F 606
— de rechange E 536
— en U D 196
— préfabriquée F 176
— spéciale F 606
— spéciale en fonte F 607
pied amont F 704
— aval F 703, U 301
— aval en enrochement S 1383
— carré Q 3
— cube K 614
— de pieu P 95
— d'une digue D 17
piège A 191
— à boues S 914
— à colloïdes K 422
— à crasses S 351
— à mazout H 161
— à poissons F 332
pieraille concassée S 1377
pierre S 1365
— ponce B 478
— prétaillée Q 1
pierrée R 333
pierres concassées S 1377
pieu P 93
— battu R 33
— de défense P 94
— de fondation G 562
— d'essai V 321
— foré B 720
piézomètre P 181
piézométrique P 182
pigment anti-rouille R 475
pilastre cylindrique R 425
pile P 101
— à colonnes entretoisées R 425
— atomique A 703
— culée W 557
— de fondation G 562
— piscine W 164
— solaire S 1043
pilier P 101, S 24
— avec indicateur S 25
— sans indicateur S 26
pilonnage S 1283
pilonneuse S 1284
pilorhize W 686
piloris B 518
pilotage P 98
pilotis P 93
pin K 253
pinces à tuyaux R 454
pipeline O 77
pipette P 190
piqueur R 419
piqûre L 253

piriforme B 516
piscicide F 334
pisciculture F 355
piscine S 780, S 781
— couverte H 49
— couverte de plein air H 50
— en plein air F 629
piste cyclable R 3
piston K 412
— de pompe P 379
— distributeur K 417
pitotmètre P 193
pivot P 100, Z 22
place de camping C 13
placer bout à bout S 1475
plage B 12, S 1517, S 1520
— de mesure A 639
—, partie mouillée de la ~ S 1518
—, partie non mouillée de la ~ S 1519
plaie des mouches F 419
plain E 9
plaine E 10
— alluviale A 760
— basse F 533
— côtière K 642
— d'inondation U 84
— inondable U 84
— littorale K 642
plan E 9, E 456, F 564, G 567
— alternatif P 206
— d'aménagement urbain B 128
— de charge L 88
— de cisaillement G 416
— de comparaison B 457
— de drainage E 444
— de flottaison S 789
— de glissement G 416
— de poussée ascensionnelle S 797
— de protection des eaux R 223
— de situation L 32
— d'eau, largeur du ~ W 354
— d'ensemble L 32
— d'évacuation des eaux résiduaires A 317
— d'exploitation des eaux W 257
— général G 178, L 32
— masse L 32
— principal G 178
planaire S 1614
planche B 694, B 800
— de coffrage S 254
— d'épandage S 1317
— d'exhaussement de crête D 12, S 1322
plancher B 584
[faux] plancher de filtre F 244
plancton P 198
— d'eau douce S 1662
—, développement du ~ P 201
— fluvial P 260

— marin M 143
—, production de ~ P 201
planer G 386
planification P 204
— à long terme A 720, P 205
— à longue échéance A 720, P 205
— alternative P 206
— des besoins en eau W 169
— des ressources en eau R 26
— locale O 121
— nationale L 50
— pour l'exploitation des ressources en eau W 442
— régionale G 90
planorbe T 101
plantation B 276
— sur billons R 493
— sur les rives U 111
plante P 106
— à racines profondes P 107
— aquatique W 314
— aquatique émergente U 101
— aquatique submergée U 308
— des marais S 1681
— des sables D 353
— fourragère F 711
— nuisible S 225
— terrestre L 54
plantes, aliments des ~ P 114
— indicatrices L 178
—, protection des ~ P 117
plaque P 214
— de base F 693
— de béton B 373
— de couverture de puits S 197
— de drainage E 445
— de fond S 1040
— de fondation F 693
— de gélatine G 162
— de gélose (bact.) A 412
— de liège K 483
— de pierre S 1375
— de recouvrement A 33, V 62
— de recouvrement percée A 34
— de recouvrement perforée A 34
— de recouvrement quadrillée A 35
— de revêtement V 62
— diffuseuse B 235
— en fibre dure H 311
— filtrante F 277
— indicatrice d'hydrant H 369
— pleine B 572
— pour revêtement d'égout K 77
— tournante D 243
plaques, culture en ~ (bact.) P 216
plasma cellulaire Z 40
plasticité P 210
—, limite de ~ A 842
plastifiant W 473

plastique K 685, P 209
— à haute résistance aux chocs K 686
— renforcé fibre de verre G 391
plat E 9
plate-forme de forage pétrolière en mer O 64
plateau H 222
— de colonne à barbotage G 434
plateaux, accouplement à ~ F 397
plateforme continentale S 291
— de service B 156
platine P 211
plécoptère S 1368
plein V 413
pleine mer T 185
— mer inférieure T 189
— mer modifiée T 184
— mer moyenne T 187
— mer supérieure T 186
— mer supérieure moyenne T 188
pleuvoir R 196
pli F 57
— anticlinal A 624
pliable B 468
plier B 467
pliocène P 220
plomb B 541
— à fondre G 698
—, accumulation de ~ B 544
—, additif à base de ~ B 571
—, carburant au ~ B 558
— de fonte G 698
—, dépôt de ~ B 562
— en saumons R 316
—, enrichissement en ~ B 544
—, essence additionnée de ~ B 558
—, fonderie de ~ B 555
— fondu G 698
— pour les grands fonds T 227
—, retombées de ~ B 562
plombagine G 465
plombé V 61
plomberie K 323
—, appareil de ~ I 78
plongement des couches F 51
plonger E 143
plongeur T 67, T 72
— de pistonnage S 187
ployable B 468
ployer B 467
pluie R 113
—, aire d'une ~ R 141
— battante R 163
—, chute de ~ R 139
—, coefficient de répartition d'une ~ R 175
— de longue durée D 60
— d'intensité moyenne R 116
— d'orage G 349
—, durée de la ~ R 125

—, eau de ~ R 176
—, écoulement de ~ R 118
— efficace R 114
— fine R 115, S 1176
—, fréquence de la ~ R 142
— générale L 55
—, goutte de ~ R 170
—, hauteur de ~ R 143
—, hauteur moyenne de ~ R 144
—, indice de ~ R 145
— intense R 163
—, intensité de la ~ R 167
— légère S 692
— moyenne R 116
—, nuage chargé de ~ R 188
—, observation de ~ R 122
— par zones S 1564
— partielle S 1564
— prise comme base de calcul B 282
—, production artificielle de ~ R 138
— provoquant un écoulement N 174
—, quantité annuelle de ~ N 192
—, quantité de ~ R 151
—, simulateur de ~ R 164
— torrentielle W 658
—, zone de ~ R 168
pluies, quantité totale de ~ R 169
—, saison des ~ R 190
plus-value M 160
à plusieurs compartiments M 159
— plusieurs étages M 167
pluvieux R 200
pluviographe R 154
pluviomètre R 153
— enregistreur R 154
— standard R 153
— totalisateur N 200
pluviométrie R 156
— moyenne R 144
pluviosité R 143, R 167
poche à boues S 450
— d'air L 320
— de gaz G 62
podzol P 222
poids G 333
— atomique A 711
— métrique M 268
— moléculaire M 387
— mort E 27
— par mètre courant M 268
— par mètre linéaire M 268
— propre E 27
— sec (chim.) T 401
— sec des boues S 452
— spécifique G 334
— unitaire S 1615
— volumétrique R 63
poignée G 500
poil absorbant W 684

point bas T 228
— bas d'un siphon D 351
— critique K 351
— d'alimentation F 715
— d'application Z 173
— de choc S 597
— de condensation T 79
— de congélation G 121
— de flétrissement W 494
— de flétrissement permanent W 495
— de fusion S 531
— de mesure M 232, M 236
— de prise d'eau W 214
— de raccordement K 356
— de ramollissement E 548
— de réapparition F 525
— de rebroussement K 351
— de référence K 598
— de rejet E 107
— de rejet d'un égout K 84
— de repère F 184
— de résurgence F 525
— de rosée T 79
— de rupture B 823
— de saturation S 17
— de solidification E 540
— de soudure L 288, S 738
— de tir S 664
— de virage E 288, W 528
— (d'un indicateur) U 162
— de virage, détermination conductimétrique du ~ K 450
— d'ébullition S 983
— d'échantillonnage P 296
— d'éclair F 384
— d'inflexion K 351
— d'intersection S 594
— d'inversion de la marée F 574, K 212
— d'inversion de la marée basse E 6
— fixe de jaugeage P 50
— haut (d'une conduite) H 232
— isoélectrique I 113
— lento-capillaire L 201
— mort T 289
— neutre N 150
— supérieur d'un tuyau R 432
pointe H 281
— de capacité L 166
— de consommation V 72
— de crue H 261
— de prélèvement d'eau souterraine K 667
— de rendement L 166
— journalière T 20
— limnimétrique droite S 1147
pointeau B 717
— obturateur N 30
points morts (écoulement) T 288
poison G 372
— protoplasmique P 325
poisson F 312

— blanc W 484
— commun F 313
— de mer M 137
— d'eau douce S 1658
— des eaux chaudes W 88
— marin M 137
— migrateur W 75
— rapace R 49
— sédentaire F 314
— utile N 287
— vorace R 49
poissonneux F 344
poissons anadromes F 321
—, appât pour les ~ A 645
—, bac d'attente à ~ H 55
— catadromes F 322
—, étang à ~ H 55
poix P 45
polarimétrie P 223
polarisation P 224
polariser P 225
polarographie P 226
polder P 227
à pôles commutables P 232
poli (de la paroi du tuyau) G 385
poliomyelite P 229
poliomyélite K 275
poliovirus P 230
polir G 386
politique de l'habitat S 989
pollen B 579
polluant S 551, V 265
polluer V 264
pollueur V 266
— d'air L 349
pollution V 267
— atmosphérique L 350
— atmosphérique, préventation de la ~ R 225
—, charge de ~ B 215
— de l'air L 350
— de l'eau W 419
— de l'environnement U 197
— des eaux W 429
— des mers M 147
— des océans M 147
— des rivières F 554
— diffuse D 166
— émanant d'une source non ponctuelle D 166
—, facteur de ~ V 272
—, indicateur de ~ V 271
—, indice de ~ S 545
—, indice potentiel de ~ S 546
—, inventaire de la ~ V 274
— marine M 147
— par des huiles O 79
— par les huiles V 229
—, principe de prévention de la ~ V 467
—, redevance sur la ~ V 270
— secondaire S 898
— source de ~ V 356
— thermique W 27

— thermique des cours d'eau A 777
polyélectrolyte P 237
polyéthylène P 233
— glycol P 234
—, tuyau de ~ P 235
polymère P 239
polymérisation P 240
polynucléaire aromatique K 399
polyphénols P 141
polyphosphate P 241
polysaprobies P 242
—, bêta-~ B 348
—, organismes bêta-~ B 348
polyvalent M 170
pomme d'arrosoir B 782
pommeau de douche B 783
pompage F 591
— de l'eau W 229
— de l'eau par habitant et par jour W 230
— des boues S 411
—, équipement de ~ P 373
—, essai de ~ P 390
— excessif U 66
—, frais de ~ P 388
—, salle de ~ P 381
—, station de ~ P 391
pompe P 354
— à accouplement direct P 355
— à acides S 45
— à ailettes F 479
— à air L 335
— à auto-amorçage P 365
— à basse pression N 168
— à boues S 428
— à bras H 72
— à carter P 358
— à deux pistons à double effet D 377
— à diaphragme M 186
— à double aspiration P 368
— à double effet P 356
— à eau d'égout A 332
— à écoulement radial R 5
— à éjecteur d'eau W 384
— à engrenages Z 17
— à forte pression H 217
— à godets B 134
— à grande profondeur T 212
— à haute pression H 217
— à hélice F 479, S 617
— à injection V 281
— à jet S 1507, W 384
— à jet de vapeur D 42
— à longueur de course variable P 363
— à main H 72
— à matières consistantes D 144
— à membrane M 186
— à piston K 416
— à piston à mouvement rectiligne et alternatif P 362

pos

— à piston monocylindrique E 170
— à piston plongeur T 73
— à piston rotatif D 240
— à plongeur T 73
— à plongeur à double effet T 74
— à plongeurs jumelés Z 207
— à régime variable P 364
— à roue équilibrée P 360
— à sable V 31
— à simple aspiration P 357
— à triple effet D 266
— à turbine T 493
— à vapeur D 40
— à vapeur à action directe D 41
— à vide L 335
— à vis S 617
— à volant S 821
— à volute S 1137
— accouplée directement P 355
— actionnée par air comprimé P 361
— alimentaire V 451
—, arbre de ~ P 385
— aspirante S 189
— aspirante et élévatoire S 176
— aspirante et foulante S 176
— auxiliaire H 197
—, axe de ~ P 385
— blindée P 358
— centrifuge K 570
— centrifuge à auto-amorçage K 575
— centrifuge à axe horizontal H 338
— centrifuge à développantes E 567
— centrifuge à diffuseurs K 573
— centrifuge à simple effet K 571
— centrifuge avec grille conique K 574
— centrifuge imbouchable K 91
— centrifuge multicellulaire K 572
— centrifuge ne se colmatant pas K 91
— centrifuge pour puits profonds Z 72
— centrifuge verticale K 576
— centrifuge verticale immergée U 309
—, commande de ~ P 371
—, corps de ~ P 375, P 386
—, course de la ~ P 377
— cuirassée P 358
— d'alimentation des chaudières K 237
— d'amorçage V 451
— de brassage des boues S 455

— de cale B 475
— de chaleur W 43
— de chantier B 111
— de circulation R 513, U 168
— de dosage D 214
— de fonçage B 711
— de forage B 711
— de forage à axe vertical B 715
— de recyclage des boues S 437
— de relèvement F 586
— de remplacement E 535
— de reprise D 288, F 586
— de reprise des boues S 437
— de réserve E 535
— de surpression D 288
— d'eau de lavage S 1206
— d'épreuve P 303
—, diaphragme de ~ P 380
— doseuse D 214
— élévatoire D 320
—, entraînement de ~ P 371
— éolienne W 604
— fonctionnant de haut en bas P 367
— foulante D 320
— hélicoïdale S 617
— horizontale P 359
— horizontale à triple effet D 267
— immergée U 309
— Mammouth M 49
—, membrane de ~ P 380
— nourricière V 451
—, palier de butée d'une ~ P 372
— par vis d'Archimède S 559
—, piston de ~ P 379
— portative B 111
— pour eaux résiduaires brutes R 355
— pour puits tubulaires R 390
— relais D 288
— rotative R 480
— submersible U 309
— verticale P 366
— verticale à sortie latérale V 344
— verticale à triple effet D 268
— volumétrique T 73
pomper L 202, P 369
— en retour R 514
pompes, bâtiment des ~ P 376
—, batterie de ~ P 370
—, conducteur de ~ P 384
—, groupe de ~ P 370
—, salle des ~ P 381
ponce B 478
ponceau D 413
— à siphon D 347, D 348
— arqué D 414
— en béton B 358
— rectangulaire D 415
— voûté D 414
pont B 825

— à poutre triangulée F 7
— à poutres T 298
— de service B 155
— en poutrelles métalliques S 1273
— racleur R 20
— roulant S 644
— suspendu H 5
—, tablier de ~ B 827
— tournant D 237
—-canal K 78
—-roulant L 98
—-route S 1527
—-voûtes B 690
ponte, migration de ~ L 42
ponton P 245
population B 420, P 246
— abyssale T 233
—, accroissement probable de la ~ B 427
—, amoncellement de ~ Z 164
— benthique G 564
— d'algues A 444
—, densité de la ~ P 247
— des profondeurs marines T 233
— d'insectes I 69
—, équilibre de ~ B 424
— équivalente E 158
— mélangée M 345
— mixte M 345
— piscicole F 318
— rattachée B 421
— résidente B 422
porcelaine, filtre en ~ P 258
pores P 248
—, colmatage des ~ P 253
poreux P 257
porosité H 303
— effective H 304
— utile H 304
port H 23
— de mer S 842
— de pêche F 329
— intérieur B 485
portatif T 302
porte T 278
— à clapet K 307
— basculante K 307
— d'amont d'une écluse S 506
— de sécurité S 936
— d'écluse S 505
— d'écluse à segment S 870
— levante *(d'écluse)* H 349
portée A 123, S 1092, W 675
— d'un asperseur tournant B 286
— limite de la marée T 183
— maximale A 124
porter F 673, T 303
porteur de germes K 199
pose de nouvelles conduites de branchement N 152
— de tuyaux R 447
poser V 205
poseur de tuyaux R 410

position L 31
— de repos R 533
— des trous de boulon B 747
— en profondeur T 218
— ouverte A 849
positivement chargé P 259
possibilité de détection N 25
— de stockage S 1101
— d'exécution A 806
post-aération N 3
— -chloration N 4
— -combustion, chambre de ~ N 22
— -précipitation F 30
postchloration N 4
poste central de télécommande F 164
— d'alerte B 287
— de chloration C 78
— de commande B 412
— de distribution T 53
— de jaugeage A 103
— de jaugeage des pluies R 155
— de lavage des fûts F 86
— de mesure de débit A 103
— de pompage P 391
— de relèvement F 590, P 391
— de remplissage des bouteilles F 409
— de surveillance B 412
— de surveillance de la qualité G 684
— d'embouteillage F 409
— distributeur de gaz G 74
— fixe de jaugeage P 50
— non surveillé S 1309
— transmetteur U 89
potabilité G 185
potable G 184
potamogeton L 40
potamologie P 261
potamoplancton P 260
potamot L 40
potasse P 267
— caustique A 407
—, extraction de la ~ K 18
potassium K 22
poteau P 93
— d'incendie U 30
potentiel d'accroissement V 215
— de circulation S 1590
— de développement des algues A 448
— de reproduction V 215
—, différence de ~ P 264
— d'oxydo-réduction R 94
— électrochimique P 262
— hydroélectrique W 271
— piézométrique D 318
— Red-Ox R 94
— spontané E 28
— zêta Z 96
potentiomètre P 266
poterie pour drains D 226

poubelle A 52, M 434
poudre S 1313
— à blanchir B 547
— de chaux K 45
— de pierre G 296
poudrerie P 352
poulie [à commande par courroie] R 307, R 460
— de guidage F 674
— fixe F 185
— folle L 294
— mouflée F 413
pour la boisson T 382
pourcentage de cas mortels de typhoïde T 509
— de cendres A 680
— du volume V 420
— en poids G 337
pourri F 88, M 381
pourrir F 90, V 244
pourriture R 487
— accélérée S 588
— des racines W 680
— sèche T 397
poursuite en dommages et intérêts S 212
poussé W 489
pousse-tubes R 450
poussée D 273, S 1474
— active des terres E 495
— ascensionnelle, axe de ~ S 777
— axiale A 913
— d'Archimède A 776
— de bas en haut A 776
— de gel F 657
— de l'eau F 426, W 196
— d'ébranlement d'un embâcle E 172
— des terres E 494
— du vent W 592
— longitudinale A 913
— passive des terres E 496
— planctonique (biol.) W 183
— verticale A 776
pousser T 329
poussière S 1313
— de forage B 733
— de sable S 1323
—, dégagement de ~ S 1314
—, émission de ~ S 1314
—, retombées de ~ S 1320
poussières de gaz de hauts fourneaux G 367
poussoir V 36
poutre T 297
— en bois B 53
— en treillis G 383
pouvoir absorbant A 248
— adsorbant A 385
— auto-épurateur S 902
— calorifique H 167
— de fixation B 481
— de résolution A 764
— de rétention des eaux pluviales R 183

— d'échange ionique A 885
— dissolvant L 283
— exécutif V 418
— hygroscopique H 401
— moussant S 274
— tampon P 346
prairie W 583
— alluviale F 515
— irriguée R 314
prairies G 542
praticable F 44
pré W 583
— -broyage V 476
— -criblage V 422
— -filtrat E 541
préaération V 427
préchauffage V 475
préchloration V 431
précipitable F 23
précipitant F 25
précipitants, dosage des ~ F 27
précipitation F 28
— (météorol.) N 173
—, analyse par ~ F 31
— annuelle N 192
—, bassin de ~ F 32
— chimique F 29
— de relief N 177
—, durée de la ~ N 181
— effective N 175
— efficace R 114
—, genre de ~ N 179
—, hauteur de ~ N 184
—, hauteur moyenne à longue échéance de ~ N 185
—, hauteur moyenne de ~ N 186
— minimale N 190
— moyenne annuelle J 10
— par unité de surface et par unité de temps, débit de ~ N 201
— ponctuelle N 176
—, quantité de ~ N 189
—, quantité maximale de ~ N 191
—, radio-activité de ~ N 199
— régionale N 193
—, répartition de ~ N 202
— simultanée S 1008
précipitations, déficit d'écoulement des ~ V 212
—, hauteur annuelle des ~ N 192
—, hauteur mensuelle des ~ N 194
—, intensité des ~ N 187
—, mesurement des ~ N 198
—, moyenne des ~ N 193
—, volume effectif des ~ N 196
précipité (chim.) N 172
précipiter F 24
précision de mesure M 218
précolonne V 465

précontraindre V 468
précontrainte périphérique R 332
précouche d'un filtre F 259
prédécantation V 455
prédéterminé V 448
prédiction V 452
prédigestion V 436
préépurer V 462
préfabriqué V 447
préfiltration V 439
préfiltre G 504, V 437
préfiltrer V 438
préjudice S 209
— causé à la pêche F 331
— causé par l'immission I 6
préjudiciable à la saveur G 270
— au point de vue écologique U 179
prêle S 200
prélèvement continu d'échantillons P 293
— de chaleur W 30
— d'eau souterraine par gravité G 588
— des échantillons P 289
— journalier T 12
— journalier [d'eau] T 14
— proportionnel d'échantillons P 294
prélèvements proportionnels au temps P 295
— totaux d'eau souterraine G 614
prélever E 397
préleveur P 297
premier étage de filtration F 294
première couche G 546
— mise en eau F 682
prendre A 25
— en masse Z 163
— sa source E 432
préparation des boues A 730
— des minerais A 729
— du sable S 89
— du sol G 154
préparer le béton B 351
prés G 542
prescription légale G 288
prescriptions de qualité G 685
— opératoires A 660
préservatif S 681
préservation du bois H 314
— du paysage L 59
presqu'île H 42
pressage de levure, liqueur de ~ H 146
presse P 273
— à boues S 427
— à déchets M 437
— à ordures M 437
— hydraulique P 274
— pour matériaux de dégrillage R 83
—-étoupe S 1470

—-étoupe à joint hydraulique S 1471
presser P 369, T 329
pression D 273
—, à coup de ~ D 333
— à la buse de l'aspersour R 198
— à l'éclatement B 302
— absolue A 237
—, accroissement de ~ D 341
— artésienne D 274
— atmosphérique L 317
—, baisse de ~ D 279, D 325
—, basse ~ N 165
— capillaire K 108
—, chute de ~ D 279
—, compensation de la ~ D 282
— de diffusion D 164
— de la canalisation L 187
— de la canalisation, mesureur de ~ L 188
— de la solution L 276
— de l'air L 317
— de refoulement F 580
— de régime B 394
— de rupture B 214, B 808
— de saturation S 12
— de service B 394, V 291
— de service nominale N 128
— de vapeur D 32
— d'eau F 426, W 196
— d'eau de retenue S 1343
— d'eau nécessaire pour la lutte contre l'incendie L 261
— d'écrasement B 213
— des terres E 494
— d'essai en tranchée P 331
— d'essai en usine P 332
—, détendeur de ~ D 316
—, différence de ~ D 285, D 337
— différentielle D 285
—, diminution de ~ D 325
— du sol B 611
— du terrain G 95
— du vent W 592
— dynamique S 1487
—, eau sous ~ D 342
— épreuve de ~ D 319
—, essai de ~ D 319
— filtre à ~ D 290
—, fluctuations de ~ D 327
—, galerie en ~ D 332
— hydraulique F 426
— hydrostatique R 537
— intérieure I 57
— maximum H 277
— minimale M 311
— moyenne M 367
— nominale N 127
— normale de travail B 394
— osmotique D 275
— partielle P 29
— partielle d'oxygène S 167
—, perte de ~ D 339

— potentielle, hauteur de la ~ D 300
—, réducteur de ~ D 316
—, réglage de la ~ D 322
—, régulateur de ~ D 321
— statique D 277
— statique, hauteur de la ~ D 301
— sur le filtre F 247
— sur les arêtes K 103
—, transducteur de ~ D 293
—, variation de ~ D 281
— vers le haut A 776
—, zone de ~ D 346
— [de l'eau] interstitielle P 249
pressoir (à vin) W 482
pressurisation, activation par ~ D 284
pressuriser D 276
prétention à l'utilisation de l'eau W 309
prétraitement V 426
— des boues S 466
prétraiter V 462
preuve présumable (bact.) N 24
prévenir V 189
préventation de la pollution atmosphérique R 225
prévention V 190
— de la corrosion K 511
— des accidents U 211
prévision V 452
— de crue H 269
— de régimes fluviaux A 121
— démographique B 425
— du temps W 551
primage S 1181
principe de prévention de la pollution V 467
— de responsabilité de l'auteur d'un préjudice V 358
printemps F 668
pris dans la terre F 179
prise E 390
— à tube allonge vertical S 1295
—, chaleur de [la] ~ A 26
—, conduite de ~ E 387
— d'air frais F 642
— d'arrosage S 1158
— de terre E 512
— d'eau W 213, W 224
— d'eau journalière T 23
— d'eau motrice T 358
— d'eau, ouvrage de ~ E 91
— d'eau, tour de ~ E 393
— d'échantillon P 289
— d'échantillons en fonction du temps P 295
— d'incendie F 216
—, durée de [la] ~ A 27
—, entonnoir de ~ E 392
—, galerie de ~ E 391
—, orifices de ~ E 388
— quotidienne T 12

—, tuyau de ~ E 387
—, vanne de ~ E 389
privé de lumière A 646
privilège G 206
prix P 269
— de base G 565
— de l'eau W 316
— de revient, calcul du ~ K 520
— de série E 83
— forfaitaire P 44
— minimal M 313
— unitaire E 83
probabilité de survie U 65
procédé V 149
— à contre-courant Danjes-Schreiber D 44
— à la chaux K 53
— à la chaux et au carbonate de soude K 48
— à l'hydrate H 373
—, amélioration d'un ~ V 155
— au tricrésylphosphate T 363
— aux chloramines C 45
— biochimique V 444
— biologique V 445
— boues-cendres S 372
— Brikollare B 802
— catadyne K 149
— catadyne électrique E 231
— chaux-soude K 48
— chimique V 150
— chlore-ammoniaque C 45
— chlore-cuivre C 43
— cupro-ammoniacal K 700
— d'aération en puits profond T 237
— d'analyse chimique U 291
— de bio-aération B 229
— de biosorption K 462
— de chauffage H 165
— de chauffage direct H 166
— de coloration F 36
— de congélation G 123
— de congélation des buées par compression V 9
— de congélation par pulvérisation S 1175
— de congélation sous pression D 278
— de construction de tunnels à partir de galeries ouvertes T 481
— de coulée debout S 1290
— de coulée par centrifugation S 499
— de décantation A 230
— de dessalement E 411
— de digestion F 113
— de fabrication H 186
— de fermentation-digestion G 11
— de filtration F 299
— de filtration par voile de boue S 709

— (de floculation) à lit de boue S 422
— de floculation par l'alun et une combinaison de polyélectrolytes anionique/cationique F 459
— de forage par percussion S 1483
— de fractionnement de la mousse S 272
— de fusion G 707
— de percussion à injection d'eau S 1484
— de percussion hydraulique S 1484
— de recirculation [ou recyclage] R 511
— de remblai hydraulique S 1201
— de revêtement pour tuyauteries R 380
— de séchage T 431
— de sédimentation A 230
— de sélection A 895
— de séparation T 344
— de simple contact F 685
— de sondage par percussion S 1483
— de teinture F 36
— de traitement A 731
— de traitement biologique A 732
— de traitement chimique A 733
— de traitement de l'eau W 173
— de traitement du syndicat de la Niers N 221
— de traitement mécanique A 734
— de traitement thermique A 735
— d'échange d'ions à lit fluidisé F 421
— d'épuration R 245
— des boues activées B 229
— des boues activées à forte charge H 224
— des boues activées à haut rendement H 224
— des boues activées avec mélange intégral B 231
— des lits bactériens T 455
—, description d'un ~ V 152
— d'essai T 147
— d'évaporation multiétage par détente E 430
— d'examen U 289
— d'extraction Phénosolvan P 147
— d'insufflation A 794
— discontinu C 21
— électro-catadyne E 231
— en deux étages Z 202
— Haworth H 131
— intermittant C 21

— Magdeburg P M 9
— Magno M 30
—, optimisation d'un ~ V 153
— par charges C 21
— par contact F 684
— par l'ammoniaque A 497
— physique V 151
— Pista de coagulation P 192
— Schmidt-Degener [de lignite] K 371
— Sheffield H 131
— standardisé E 85
— Unox U 234
— viscose V 407
procédure V 149
procès P 327
— -verbal P 323
— -verbal de réception A 177
— -verbal d'essais P 330
process, contrôle de ~ V 154
processus aérobie V 443
— chimique V 150
— de mélange M 355
— de mûrissement R 215
— de rodage R 215
— d'écoulement S 1593
proche de la côte K 650
producibilité annuelle J 5
producibilité L 161
— de l'énergie E 299
production P 306
— annuelle J 5
— artificielle de pluie R 138
— d'algues A 437
— de biomasse B 502
— de chaleur W 32
— de gaz G 58
— de gaz de digestion K 292
— de plancton P 201
— d'eau douce S 1659
— d'eau en excès des réserves d'exploitation G 584
— d'électricité par groupes avec moteur à gaz G 65
— d'énergie K 534
— d'hydrogène sulfuré S 726
— d'oxygène par photosynthèse S 168
productivité E 545, L 161, P 307
— annuelle J 5
— du sol B 645
produit A 790
— ajouté Z 174
— ajouté à un carburant K 537
— anti-mucus S 487
— chimique C 28
— chimique pour l'usage agricole A 420
— d'absorption d'huile O 63
— d'apprêtage A 649
— de base A 813
— de décomposition A 20
— de dégradation A 20
— de départ A 813
— de fission de l'atome K 227
— de nettoyage à froid K 61

pui

- de nettoyage en émulsion E 279
- de nettoyage ménager H 121
- de réaction R 76
- de solubilité L 268
- dérouillant R 469
- fumigant B 166
- intermédiaire Z 213
- intermédiaire du métabolisme Z 214
- neutralisant N 147
- pétrolier E 505
- pour le lavage de la vaisselle G 265
- stabilisateur des mousses S 278
- terminal E 287

produits chimiques S 1449
- chimiques, mise en œuvre de ~ C 30
- chimiques pétroliers E 503
- non ioniques P 305
- non ionogènes P 305

profil P 308
- de mesure M 231
- du sol B 646
- en long L 20
- en long d'un cours d'eau P 309
- en long d'une rivière P 309
- en travers Q 49
- hydraulique P 310
- longitudinal L 20
- parabolique Q 55
- piézométrique F 427
- semi-circulaire Q 52

profilé P 312
profit N 286
profitable N 275
profits et pertes, étude de ~ K 514
profond T 207
profondément enraciné T 239
profondeur T 214
- critique W 394
- de la fouille T 215
- de la mer M 146
- de la nappe *(souterraine)* G 621
- de la nappe phréatique au point de mesure A 268
- de pénétration E 59
- de pénétration du gel F 651
- de rabattement du niveau des eaux A 211
- d'eau W 392
- d'eau maximum W 393
- d'écoulement F 443
- d'immersion E 144
- d'infiltration I 43
- d'infiltration de l'eau pluviale R 127
- d'insufflation (d'air) E 46
- moyenne T 216
- moyenne d'un lac S 861

- navigable W 395
- normale N 260

programmation des besoins en eau W 169
programme d'aménagement des sites L 58
- d'analyses A 523
- d'arrosage B 433
- de charge thermique W 38
- de livraisons L 228
- d'essais V 322
- d'urgence N 269

progression de la température T 128
- d'une crue V 204

projecteur H 70
projection horizontale G 567
projections d'eau S 1171
projet E 456
- de bâtiment B 89
- de construction B 89
- de loi G 286
- du génie civil B 121
- relatif aux terrains à bâtir B 128

prolifération algale *(biol.)* W 183
- d'algues *(biol.)* W 183
- de végétaux M 100
- des algues A 447

promontoire V 446
prompt à rendre service E 115
propagation A 795, F 618
- des maladies K 548
- des ondes W 508

propagé par l'air L 308
- par l'eau W 403

propane P 316
proportion ciment/eau W 147
proportionnel, inversement ~ U 144
propre à l'épilimnion E 480
propres E 29
propriété immobilière G 552
propriétés E 29
- chimiques E 30
- physiques E 31
- rhéologiques F 445

propylène P 318
prospection des eaux W 218
- des eaux souterraines G 650
- géophysique U 285

protéase P 319
protecteur de l'environnement U 190
protection S 671
- anodique contre la corrosion K 507
- antigel F 658
- cathodique K 163
- contre la corrosion K 506
- contre la pollution des eaux G 325
- contre la rouille R 473
- contre les avalanches L 113

- contre les catastrophes K 160
- contre les radiations S 1504
- contre les vagues W 519
- contre l'immission I 7
- de la capacité de stockage S 1335
- de la nature N 97
- de la santé publique G 306
- de l'environnement U 191
- des bords U 128
- des côtes K 651
- des eaux naturelles G 325
- des eaux, plan de ~ R 223
- des plantes P 117
- des rives U 128
- du bois H 314
- du littoral K 651
- du milieu naturel U 191
- du paysage L 59
- du travail A 656
- externe A 865
- interne I 64
- sonique L 29

protégé contre les projections d'eau S 1172
protéger S 662
protéine E 217, P 320
protéinique E 220
protéolyse P 321
protéolytique P 322
protocole d'observations P 323
protoplasma P 324
protoplasme P 324
prototype P 326
protoxyde de fer E 201
protozoaires U 337
provincial L 15
provision V 458
- d'eau W 431

provisoire B 186
prussiate jaune de potasse B 580
- rouge de potasse B 581

pseudo-effet S 289
psychoda T 452
psychode T 452
psychromètre L 326
psychrophile K 9
puant S 1430
puanteur G 293
pubère G 266
public O 50
puce d'eau D 45
puisage S 603
- d'eau W 224

puisard E 447, P 382, S 914, S 954
- à boues S 446
- absorbant *(pour eaux usées)* S 955
- d'extraction A 362
- -, effluent de ~ S 915

puisatier B 852
puiser S 602
puiseur de pulpe P 339

puissance L 153, M 6
— active W 628
— appliquée E 297
— calorifique H 167
— de traction S 492
— d'épuration R 246
— du vent W 599
— effective N 295
— éolienne W 599
— journalière T 17
— motrice B 403
— réelle W 628
— réquise K 533
puits B 837, S 196
— à diamètre variable V 85
— à drains horizontaux H 336
— à drains rayonnants H 336
— à filtre de gravier K 272
— à grande profondeur T 211
— à poulie S 601
— à sec P 382
— à surface libre B 842
—, abaissement d'un ~ B 847
— abandonné B 839
— absorbant S 520
— abyssin S 359
—, alignement des ~ B 867
— artésien B 838
— artésien en libre débit B 838
— avec tubage à barbacanes S 515
— avec tubage perforé S 515
—, batterie de ~ B 856, B 867
—, bordure d'un ~ B 870
—, champ de ~ B 856
— collecteur S 75
— collecteur d'eaux souterraines G 648
—, complétion d'un ~ I 27
— creusé S 199
— d'aérage L 306
— d'aspiration S 179
— de captage d'une source Q 36
— de décantation pour battitures A 227
— de décharge E 440
— de décompression E 440
— de drainage E 447
— de forage B 695
— de jauge P 53
— de mesure B 309
— de mine G 527
— (de mine) abandonné B 298
— de mine d'essai V 324
— de nappe suspendue F 60
— de pétrole O 65
— de pompage, disposition des ~ B 850
— de réalimentation V 280
— de surface F 360
— de visite K 469
— d'eau filtrée R 251
—, débit d'un ~ B 855
— d'essai V 319

— d'extraction F 587
—, diamètre du ~ B 854
— d'infiltration S 954
— d'injection S 520
— d'injection oblique S 607
— d'observation B 273
— drainant E 440
—, eau de ~ B 872
— enfoncé S 359
—, entrée du ~ B 865
—, espacement des ~ B 848
—, évacuateur en ~ S 207
— excentré B 840
— excentrique B 840
— Fehlmann G 648
— fictif B 841
— filtrant F 246
— filtrant à drains obliques S 606
— filtrant horizontal H 336
—, fonçage de ~ S 198
— foncé S 199
—, fond de ~ B 863
—, fondation sur ~ S 201
—, forage de ~ B 851
— foré vertical B 695
—, groupe de ~ B 867
— horizontal H 336
— imparfait B 846
— incomplet B 846
— instantané S 359
—, interférence de ~ B 853
— jaillissant B 838
— Kremer K 586
— ligne de ~ B 867
— ordinaire S 199
— ordinaire à faible profondeur F 360
— ouvert B 738
—, paroi d'un ~ B 871
— perdu S 520, S 914
— (pour eaux usées) S 955
— peu profond F 360
— public B 843
— radial H 336
— Ranney R 38
—, regard de ~ S 197
—, régénération de ~ R 137
— sous-exploité B 845
— surchargé B 844
— surexploité B 844
—, système de ~ B 849
—, tête de ~ B 862
—, trou de ~ B 869
—, tubage de ~ V 241
— tubé R 389
— tubulaire B 695
— tubulaires, pompe pour ~ R 390
— utilisé au-dessous de sa capacité B 845
— virtuel B 841
— -citerne Z 107
pullulation des algues A 447
pulpe P 337
— de pommes P 338

—, puiseur de ~ P 339
pulsation P 348
pulsomètre P 350
pulvérisateur Z 90
— à va-et-vient W 76
— tournant D 244
pulvérisation Z 91
pulvériser Z 89
punaise d'eau (Notonecta, Corixa) (zool.) W 433
pupitre central de commande et de contrôle S 1405
— de commande S 250
— de contrôle M 243
purée de pommes P 338
pureté R 226
— bactériologique K 197
—, degré de ~ R 227
purge K 579
— de chaudière K 232
—, robinet de ~ A 195
purger A 637
— (une chaudière) A 28
— une chaudière S 367
purification R 229
— chimique R 230
— des eaux W 330
— des eaux d'égout A 334
— sur plan F 563
purifier sur plan F 562
purin J 17
—, camion-citerne à ~ J 20
—, citerne à ~ J 20
—, déversement de ~ J 18
—, fosse à ~ J 19
putréfactif F 40
putréfaction F 38
— des boues, chambre de ~ F 96
putréfié F 88
putréfier F 90
putrescibilité F 92
—, épreuve de ~ F 41
putrescible F 91
putride F 88
pycnomètre P 400
pyridine P 401
pyrite S 722
— de fer S 722
pyrolyse P 402
— des buées B 832
— des vapeurs B 832
pyromètre à distance F 165

Q

quady W 18
quai K 14, U 114
—, mur de ~ K 15
qualitatif Q 9
qualité B 311
— chimique de l'eau W 176
— de l'eau, conditions imposées pour la ~ W 242
— de l'eau, critères de ~ W 248

— de l'eau potable T 375
— d'eau W 175
— des boues S 387
— des eaux, normes pour la ~ W 306
— du terrain B 607
— physique de l'eau W 177
quantitatif Q 11
quantité M 191
— annuelle de pluie N 192
— critique de pluie par seconde et par unité de surface R 166
— d'affluence Z 139
— d'application B 320
— de boues S 399
— de gaz G 69
— de la chaleur résiduelle A 284
— de pluie R 151
— de pluie par jour N 195
— de pluie par seconde et par unité de surface R 165
— de précipitation N 189
— de référence B 458
— de résidus A 61
— d'eau W 292
— d'eau flottante W 293
— d'eau fluctuante W 293
— d'eau oscillante W 293
— d'eau volante W 293
— des matières polluantes S 552
— d'évaporation naturelle V 137
— journalière de pluie N 195
— maximale de précipitation N 191
— totale de pluies R 169
— traitée D 425
quartier S 1244
— bas T 224
— haut H 221
— haut de la ville S 1245
— résidentiel W 656
quartz Q 13
quartzite Q 14
quaternaire Q 12, Q 17
queue de cheval (Hippuris) (bot.) T 57
qui détruit les colibacilles C 100
— peut être régénéré R 133
— supporte la chaleur W 53
quote-part R 44
quotidien T 5
quotient respiratoire A 701

R

rabattement de la nappe G 590
— du niveau d'eau A 203
— du niveau dynamique G 590
—, niveau de ~ A 210
— spécifique A 204
—-temps, courbe ~ A 206

rabot en bois S 308
raccord K 710
— à baïonnette B 23
— à bride et à cordon E 62
— à bride et bout femelle F 405
— à bride et bout mâle E 62
— à bride et emboîtement F 405
— à brides F 394
— à écrous S 631
— conique R 100, U 37
— des tuyaux R 446
— des tuyaux vissé R 448
— en fonte F 607
— en T T 1
— fileté N 228, S 627
— fileté pour tuyau souple S 479
— mâle N 228
— pour tuyaux en toile caoutchoutée S 480
— pour tuyaux flexibles S 480
— rapide S 584
— réducteur R 101
— vissé S 631
raccordement A 597
— des tuyaux R 446
— erroné F 116
raccorder A 596
raccourcir V 146
racine W 677
— carrée Q 6
— cubique K 617
— pivotante P 100
— principale (bot.) T 362
à racines profondes T 239
raclage des matières flottantes, dispositif de ~ S 804
raclé mécaniquement R 22
raclette S 308
racleur K 551
— à bande B 62
— à chaîne et lames K 251
— de boues S 424
— de déshuilage O 62
— du type à chaîne K 249
— d'un épaississeur de boues K 528
— pour canaux K 96
— rotatif à boues S 430
— spiral S 1139
— superficiel S 785
racloir K 551
— du type grille K 529
rad R 1
rade R 102
radeau F 466
radial R 4
radiation S 1512
— corpusculaire K 494
— ionisante S 1513
— solaire S 1058
radiations, protection contre les ~ S 1504
— ultra-violettes S 1497

radier B 584
— (d'un barrage) S 649
— (d'un déversoir) S 1642
— de cours d'eau S 1033
— de fondation G 539
— de l'égout K 97
— d'un réservoir B 176
radiesthésiste W 669
radio-actif R 7
—-activité R 8
—-activité de précipitation N 199
—-activité, à forte ~ H 234
—-activité naturelle N 278
—-élément I 119
—-isotope R 11
radioactivité, à faible ~ S 690
— induite R 9
radiocarbone R 12
radiohydrométrie R 10
radiolaires R 13
radiologie S 1501
radiomètre S 1502
radiométrie R 14
radionuclide R 15
radium R 16
radon R 17
raffinerie R 23
— de pétrole O 80
— d'huile minérale M 321
rafraîchir K 622
rafraîchissement de bains galvaniques A 746
rail de roulement L 104
rainure N 284
— de l'emboîtement B 565
— hémisphérique R 328
— ronde R 328
raisonnable Z 156
rajeunissement d'un filtre F 279
ralentissement de la production d'enzymes H 176
ralimentation de la nappe G 595
rallonge de tige S 526
ramassage des déchets A 68
— des ordures ménagères M 431
ramasse-pâte S 1445
—-pâte par flottation F 471
rambarde G 158
ramification V 44
se ramifier V 380
ramiforme Z 193
ramollissement E 153
—, point de ~ E 548
rampe d'accès A 741
rangée de lavabos R 218
Ranney, puits ~ R 38
rapide S 1609
rapport accélération/temps de propagation A 570
— azote-phosphore S 1423
— besoins en eau/ disponibilités en eau W 168

— carbone-azote K 390
— carbone-azote-phosphore C 99
— ciment/eau W 147
— C/N K 390
— C:N:P C 99
— d'abondance H 21
— d'augmentation de pression D 331
— d'avancement des travaux F 621
— DBO/DCO B 878
— de fonctionnement B 391
— de forage B 721
— de fréquence H 21
— de l'amplitude [ou du gabarit] d'un méandre à sa longueur d'onde M 5
— de recherche F 611
— de sondage B 721
— de transmission U 92
— d'étranglement E 122
— d'expert S 2
— général sur une installation achevée F 175
— N/P S 1423
— réciproque W 452
— sol-eau B 593
— sur le puits B 721
rat R 45
— d'eau W 323
— musqué du Canada B 518
râteau H 88
— à disque S 284
— à main R 79
— nettoyeur R 82
ratissage d'un filtre A 361
ravagé V 371
ravinement, bassin de ~ A 589
— de la nappe G 595
— de la nappe, étang de ~ G 596
ravin S 519
rayon H 44, S 1493
— bêta B 349
— d'action A 423
— de courbure K 608
— de dépression (hydrol.) A 209
— de tube R 405
— d'influence (hydrol.) A 209
— d'intrados I 62
— hydraulique P 313
— Laser L 84
— moyen P 313
— X R 352
rayonne K 682
rayonnement S 1512
— calorifique W 48
— de chaleur W 48
rayons alpha A 468
— gamma, sonde à ~ G 32
— ultra-violets S 1497
réacteur à eau bouillante S 984
— à eau lourde S 775

— à lit de particules sphériques K 660
— atomique A 703
— de recherche F 614
— nucléaire A 703
— piscine W 164
— surconvertisseur rapide B 836
— surgénérateur B 835
— surrégénérateur rapide B 836
réactif R 67
— absorbant A 244
— au bleu de méthylène M 278
— de flottation F 470
— de Nessler N 133
—, doseur de ~ C 29
— indicateur I 29
— neutralisant N 147
— stabilisant S 1227
réactifs, aire des ~ C 31
—, bâtiment des ~ C 31
réaction R 71
— chimique R 72
—, cuve à ~ R 73
— d'évitement A 900
— du sol B 648
—, vitesse de ~ R 74
réactivation W 572
— des boues S 472
— du charbon actif R 132
réactiver W 571
réaération W 573
réaérer W 571
réagir R 70
réalimentation, bassin de ~ A 589
— de la nappe G 595
— naturelle des nappes G 640
— totale des nappes E 103
—, zone de ~ E 529
réalisation A 809
réapparition, point de ~ F 525
reboisement W 569
rebondissement R 512
rebut, petit-lait de ~ A 62
recarbonatation R 260
récarbonisation R 260
récarboniser R 261
récemment posé N 151
récepteur E 268
recettes résultant d'une taxe A 755
rechange E 534
recharge, bassin de ~ A 589
—, cône de ~ A 747
— de bains galvaniques A 746
— d'un réservoir N 141
— naturelle des nappes G 640
— totale des nappes E 103
recharger de sable un filtre S 100
réchauffement E 547
— de l'eau souterraine G 619
— des cours d'eau A 777
réchauffeur V 474

— d'air L 321
recherche F 608
— appliquée Z 191
— atomique A 709
— d'eau W 391
— des fuites L 128
— du sol B 625
— en matière de constructions hydrauliques W 162
— fondamentale G 557
— hydrologique U 286, W 391
—, méthode de ~ U 289
— nucléaire A 709
— pratique Z 191
— sur le terrain U 282
rechloration C 76
récif R 315
— calcaire K 30
— corallien K 480
— de corail K 480
récipient B 168
— à vide V 10
— blindé B 169
— d'absorption (dans une installation de chlorination) A 245
— d'eau potable T 370
— d'interception A 742
— en verre G 389
— plastique K 689
réciproquement W 459
recirculation K 583, R 509
— des eaux de lavage W 121
— des eaux d'égout A 339
— du filtrat des boues S 409
— du surnageant S 471
— [ou recyclage], procédé de ~ R 511
—, système de ~ R 510
recirculer K 581, R 514
récolte P 111
— de coquillages S 238
— des algues A 441
reconnaissance du sol B 665
— du sol de fondation B 98
— du sous-sol B 98
recouvrement A 36, V 196
— par dalles de béton B 374
récréation au bord de l'eau E 523
recrudescence W 4
rectangulaire R 88
rectification de méandres M 1
récultivation R 262
récupérateur de fibres F 80
récupération W 575
— de graisse F 200
— de la chaleur W 47
— de l'argent dans les ateliers de développement de films S 998
— de matériaux S 1460
— de solvant L 280
récupération de terrains N 142
récupération d'eau W 335
— d'énergie E 303

— des eaux de lavage W 121
— du gaz G 61
— du méthane M 274
— du phénol P 146
— du sang B 582
récupérer W 574
recyclage K 583, R 92, R 509
— de boues, débit de ~ S 436
— d'eau de réfrigération K 636
— d'eau, refroidissement par ~ W 405
— des boues S 435
— des boues, pompe de ~ S 437
— des eaux W 275
— des eaux de lavage W 121
— des eaux résiduaires A 339
— du filtrat des boues S 409
— du (liquide) surnageant S 471
—, saumure de ~ R 504
—, système de ~ R 510
— [ou recirculation], taux de ~ R 505
—, volume de ~ R 502
redan V 375
redent V 375
redevance A 127
— d'utilisation B 262
— pour la fourniture d'eau W 236
— sur la pollution V 270
— sur la pollution, responsabilité suivant le principe de ~ V 359
— sur les eaux usées A 305, A 324
redissolution R 508
— *(des phosphates)* R 263
redistribution des terrains L 62
rédox, électrode (de potentiel) ~ R 93
redresser *(electr.)* G 408
redresseur *(électr.)* G 409
— de signaux S 993
réductases, activité des ~ R 95
réducteur de pression D 316
— d'évaporation V 140
—, raccord ~ R 101
réduction R 96
— dans l'assimilation R 97
— de pression D 317
— des sulfates S 1665
— du nombre des germes K 200
—, soupape de ~ D 316
réduire R 98
réemploi de vieux matériaux R 92
réenrichissement en fer W 579
réflection, temps de ~ R 103
reflet métallique des cultures de E. coli F 672
reflux E 1, R 494

—, durée de ~ E 2
—, durée du ~ E 4
—, vitesse de propagation du ~ E 5
réforme agraire B 650
— foncière B 650
refoulement [des eaux] S 1311
— *(par pompage)* F 591
—, conduite de ~ D 324
— dans un égout K 95
— de gaz G 71
— de la pompe F 585
— de l'eau W 229
— du niveau des eaux sous l'action du vent W 610
—, hauteur de ~ F 582
—, hauteur géodétique de ~ F 583
—, hauteur manométrique de ~ F 584
—, pression de ~ F 580
—, soupape de ~ D 338
—, vitesse de ~ F 581
refouler *(par pompage)* H 136
— les eaux S 1326
réfractaire A 21
réfraction des rayons lumineux L 217
— séismique B 787
— sismique B 787
réfrigérant K 625
— à haut rendement I 83
— à sec T 404
— Liebig L 225
réfrigérateur K 623, K 628
réfrigération K 633
— à tirage naturel, tour de ~ K 632
—, eau de ~ K 635
—, installation de ~ K 621
— par détente E 426
— par évaporation V 102
— par ruissellement R 311
— par voie sèche T 405
—, serpentin de ~ K 627
—, tour de ~ K 631
réfrigérer K 622
refroidir K 622
refroidissement K 633
— à l'air L 333
— à sec T 405
— de l'eau à passage simple D 418
— direct K 634
—, eau de ~ K 635
— en circuit fermé K 629
—, étang de ~ K 630
— par évaporation V 102
— par pulvérisation V 126
— par recyclage d'eau W 405
— par ruissellement R 311
—, serpentin de ~ K 627
—, tour de ~ K 631
—, tuyau de ~ K 626
refroidisseur de gaz G 67
— par surface O 17

refuge pour les poissons Z 131
— pour poissons F 352
refus de tamisage S 977
regard S 196
— avec chute A 275
— de chasse S 1197
— de descente E 137
— de lampes L 46
— de puits S 197
— de service E 137
— de visite E 137
— d'observation S 943
— pour puits de captage B 861
—, trou de ~ S 279
régénérant R 136
régénérat R 129
régénération R 130, W 572
— à contre-courant G 138
— de puits R 137
— des huiles usées A 477
— des huiles usées, usine de ~ A 478
— du charbon actif R 132
— sous pression R 131
régénérer R 135, W 571
régime F 519, G 35
— des eaux W 255
— d'une rivière F 519
— fluvial S 1574
— laminaire S 1582
— torrentiel S 1575
régimes fluviaux, prévision de ~ A 121
région G 88
— aride T 399
— balnéaire S 836
— benthique B 259
— continentale B 486
— côtière K 646
— d'affrondrement dû aux mines B 294
— d'alimentation V 292
— de distribution V 292
— des barbeaux B 68
— des brêmes B 765
— des salmonides S 51
— des saumons A 393
— des sources Q 35
— des truites F 598
— marécageuse S 1678
— touristique A 800
régions tropicales T 440
registre S 310
— de la pollution V 274
— des débits A 120
— des déchets A 59
— des eaux W 184
— des émissions E 265
— des niveaux W 371
réglage R 107
— automatique R 108
— de la pression D 322
— des réservoirs d'accumulation S 1103
règle de service B 159
règlement R 107

— administratif V 363
réglement de construction
   B 110
règlement des adjudications de
   travaux de construction
   V 118
— des taxes G 103
— d'une plainte en dommages
   S 214
— relatif à l'exploitation B 411
réglementation administrative
   concernant les eaux
   polluées S 553
— de la navigation sur les lacs
   S 853
régler R 105
règne animal T 243
— végétal P 122
régression des vagues W 505
régularisation de la crue H 256
— du lit mineur N 216
— d'un torrent W 586
— d'une rivière F 535
— en vue de la profondeur
   N 216
régulateur R 194
— à papillon D 269
— automatique du débit à la
   sortie des filtres F 248
— auxiliaire H 199
— de débit A 109
— de débit d'effluent d'un
   filtre F 232
— de densité D 127
— de jet S 1508
— de niveau N 245
— de pression D 321
— de rapport V 184
— de vitesse G 284
— du débit de filtre F 271
régulation R 107
— à distance F 156
— avec passes de chasse
   fermées S 1428
— biponctuelle Z 196
— de débit W 295
— de la décharge A 814
— de précision F 127
— des débits A 108
— du niveau de retenue S 1336
—, emmagasinement de ~
   R 109
réhabilitation des cours d'eau
   G 324
rejet A 82, B 324
— (des eaux usées) E 104
— de purin J 18
— d'eau d'égout A 321
— d'ordures en mer M 443
— en haute mer T 236
— en mer d'eaux résiduaires
   A 163
— industriel A 47
—, ouvrage de ~ A 828
— par dilution B 325
—, point de ~ E 107

rejeter E 102
— à partir de bateaux V 194
relation carbone-azote K 390
— hauteur-temps W 369
relations publiques O 51
relevage D 287
relevé cartographique des eaux
   souterraines G 630
relèvement F 591
— des boues S 411
— du niveau de la nappe
   G 598, G 626
— par l'air comprimé D 312
— pneumatique D 312
—, pompe de ~ F 586
—, poste de ~ F 590
—, station de ~ F 590
relier A 596
rem R 350
remblai A 606, S 655, V 168
— basculé E 509
— compacté E 510
— d'une digue D 23
—, gravier de ~ S 660
— par matériaux d'apport
   S 658
— pour voie ferrée E 183
remblaiement, bassin de ~
   A 761
— de vallée T 36
— fluviatile A 759
remblayage A 606, V 168
— du terrain G 155
— hydraulique E 130, S 1202,
   V 169
remblayer A 605, V 167
remède G 132
remembrement L 62
remettre en état U 42
remise en état U 43
remontant la rivière, en ~
   F 516
remorqueur S 491
remous K 255, R 518
—, courbe de ~ S 1331
— d'exhaussement R 518
—, diffusion par ~ D 161
— par un ouvrage en rivière
   B 828
rempart S 680
remplacement A 877, E 534
— d'appareils G 197
— de conduites de
   branchement N 152
— d'un revêtement N 140
remplir F 675
remplissage F 681, V 168
—, vanne de ~ F 683
remuer S 651
remugle G 211
renard G 549
rendement A 790, L 153, W 645
— (du sol) E 543
— (d'un bassin versant par
   seconde par unité de
   surface) A 112

— assuré F 178
—, courbe de durée/~ L 160
— de décantation A 231
— de décomposition A 19
— de dégradation A 19
— de gaz G 45
— de la clarification K 289
— de la pompe F 585
— de pointe L 166
— de séparation de tamis
   A 189
— d'un filtre F 270
— en biomasse B 502
— en boues S 379
— en méthane M 271
— en solides d'une
   centrifugeuse A 888
— épuratoire R 239
—, perte de ~ E 544
rendre désert V 226
— étanche A 40
— imperméable A 40
renflement de l'emboîtement
   M 484
renforcement (de béton) B 449
— annulaire R 321
— par bagues R 321
— sans contrainte B 450
reniflard S 596
renoncule (bot.) H 37
renouée (Polygorsum
   hydropiper) K 355
renouvellement E 530
renseignements d'étude P 207
— ponctuels P 393
— sur la qualité de l'eau W 243
renversement de la marée
   F 578
— de l'écoulement S 1591
renvoi V 449
réoxygéner S 143
se répandre E 517
réparation A 789
réparation[s], atelier de ~
   R 264
réparer A 788
répartir V 326
répartiteur V 327
répartition V 333
—, bac de ~ V 336
— de l'effluent dans
   l'émissaire A 352
— de l'intensité de la pluie
   V 334
— de pluie R 174
— de précipitation N 202
— des dépenses K 516
— des eaux résiduaires A 351
— des frais K 516
— des frais de construction
   B 103
— granulométrique K 492
repêchage, outil de ~ F 66
répercussion R 512
repère de crue H 254
— de marée T 179

rés

— de niveau des eaux W 372
— de nivellement F 184
— superficiel pour la mesure du tassement S 927
répertoire des déchets A 59
reprise D 287
— de l'eau W 229
— des boues, pompe de ~ S 437
—, pompe de ~ F 586
—, station de ~ F 590
reproductibilité des observations R 265
— des résultats R 265
reproduction F 618
— des cellules Z 55
répugnant W 566
répulsion électrostatique A 270
réseau N 134
— bouclé K 585
— d'alimentation V 294
— d'assainissement E 443
— de câbles K 3
— de canalisation L 190
— de canalisations R 417
— de ceinture R 327
— de contrôle U 99
— de distribution V 294, V 341
— de distribution, calcul d'un ~ R 420
— de distribution de gaz G 68
— de drainage E 443, G 323
— de points de mesures M 237
— de routes S 1540
— de stations de mesures M 237
— de tuyauteries d'étage S 1433
— de voies navigables intérieures W 389
— d'eau pluviale R 186
— d'égout séparatif T 338
— d'égouts E 443
— des rivières G 323
— d'évacuation E 443
— d'évacuation des eaux de pluie R 186
— d'interconnexion V 88
— en anneau R 327
— enterré S 1696
— fluvial G 323
— maillé N 135
— maillé de courant L 190
— pluviométrique N 180
— provisoire d'assainissement B 185
— ramifié V 45
— séparatif d'assainissement T 338
— souterrain S 1696
— temporaire d' assainissement B 185
— unitaire d'assainissement M 340
réserve R 266, R 501
— d'alimentation B 322

— de capacité L 165
— d'eau W 431
— d'eau pour la lutte contre l'incendie F 217
— d'eau souterraine G 604
— naturelle N 98
réservoir B 168, T 39
— à buts multiples M 171
— à deux étages B 172
— à double étage B 172
— à gaz séparé G 48
— annuel J 13
— aquifère G 646
— collecteur de boues S 439
— collecteur de fuites L 125
— collecteur de suintements L 125
— compensateur A 816
— compensateur journalier T 13
— couvert B 171
— d'accumulation S 1097
— d'air W 598
— d'approvisionnement V 459
— de chasse B 317, S 1189
— de compensation A 816
— de désintégration (pour résidus radio-actifs) A 142
— de distribution Z 215
— de distribution d'eau V 295
— (de distribution) d'eau potable T 380
— de jauge E 18
— de jaugeage E 18
— de lait de chaux K 42
— de répartition B 317
— de retenue S 1316
— de stockage S 73
— de stockage de nuit N 19
— d'eau W 170
— d'eau chaude W 91
— (d'eau) de service V 295
— d'eau potable R 251
— d'eau souterraine G 657
— d'écrêtement des crues R 498
— d'emmagasinage S 1316
— d'emmagasinement des crues H 260
— d'équilibre G 125, W 346
— en acier S 1258
— en élévation H 207
— en maçonnerie B 170
— enterré E 499
— horaire S 1632
— intermédiaire Z 215
— journalier T 19
— pour maintenir la pression dans la canalisation G 125
— régulateur du débit A 816
— souterrain E 499
— sur tour W 401
— surélevé H 207
— tampon P 343, W 346
réservoirs, batterie de ~ T 51
résidu R 517

— calciné G 438
— de calcination G 438
— de chlore R 274
— de distillation D 105
— de la combustion V 84
— d'évaporation A 30
— d'hôpital K 544
— fixe T 413
— fixe après calcination G 438
— résidentiel S 986
— sec T 413
— spécial S 1055
— total d'évaporation G 253
résiduel R 273
résidus A 70
—, classification des ~ A 69
— comprimés P 281
— d'abattoirs S 348
— de brasserie B 771
— de dégrillage R 81
— de distillerie B 797
— de flottation F 468
— de pressage P 281
— de produits alimentaires S 1108
— de traitement d'eau W 435
— de volailles G 115
—, désinfection des ~ A 57
— domestiques A 44
— industriels A 47
— liquides A 72
— provenant de centres d'agrément F 638
—, quantité de ~ A 61
— solides A 71
—, stérilisation des ~ A 58
—, valorisation des ~ A 74
—, volume de ~ A 61
résine H 94
— (à activité) anionique A 561
— à pores de grosse taille A 882
— artificielle K 680
— de polyester P 238
— échangeuse A 881
— échangeuse d'anions A 561
— échangeuse macroréticulée A 882
— époxyde E 483
— synthétique K 680
résistance F 180, W 558
— à la biodégradation A 22
— à la compression D 289
resistance à la corrosion K 504
résistance à la flexion B 465
— à la pression B 812
— à la rupture B 810
— à la salinité S 70
— à la traction Z 144
— à l'arrivée de l'eau par le filtre F 252
— à l'aspiration S 194
— à l'éclatement B 812
— à l'écoulement des liquides F 448
— à l'écrasement B 811

803

— à l'usure V 257
— au choc K 216, S 360
— au cisaillement S 298
— au déchirement Z 144
— au gel F 650
— au sel S 70
— au vieillissement A 474
— aux acides S 37
— aux agents atmosphériques W 652
—, calcul de ~ F 181
— de frottement R 209
— du milieu U 198
— du tuyau R 453
— due au frottement R 209
— d'un conducteur *(électr.)* L 197
— électrique W 559
— extrême B 810
— hydraulique W 560
— par adhérence H 27
— spécifique à la filtration F 301
— vitale V 410
résistant R 268, W 561
— *(biol.)* A 21
— à la chaleur H 204
— à la corrosion K 503
— à la rupture B 809
— à l'eau de mer M 151
— à l'exposition W 651
— aux acides S 41
— aux agents atmosphériques W 651
— aux racines W 681
résistivité électrique L 171
résonance, longueur d'onde de ~ R 269
— nucléaire quadrupolaire, spectrométrie de ~ Q 8
respiration A 698
— cellulaire Z 32
— du sol B 600
— due au substrat S 1654
— endogène V 51
respiratoire R 271
respiromètre R 272
— de Warburg W 80
responsabilité H 29
— de l'auteur V 357
— du pollueur pour domages et intérêts K 519
— générale pour indemnisation H 30
— légale pour menaces à la qualité de l'eau G 105
— suivant le principe de redevance sur la pollution V 359
responsable d'entreprise B 388
ressac B 759
— des vagues W 505
ressaut hydraulique W 360
ressort F 115
ressource H 195, H 198
— en eau souterraine G 674

ressources disponibles en eau W 190
— disponibles en eau souteraine G 609
— en eau W 339
— en eau, planification des ~ R 26
— minérales sous-marines U 295
restauration A 789
restaurer A 788
résultante R 284
résultat B 163
— de sondage B 698
— des recherches F 612
— d'une mesure M 250
résultats d'analyse A 522
— de service B 397
— d'exploitation B 397
— ponctuels P 393
résurgence W 570
— d'une source Q 31
retard L 89, V 379
— des marées G 363
— d'évaporation V 141
retardant la croissance W 5
retardant V 379
retassure L 356
retenir Z 162
rétention R 497
—, bassin de ~ R 498
— dans un lac S 857
— dans un réservoir S 857
— de virus par le sol V 406
— en eau, capacité maximum de ~ W 264
—, facteur de ~ R 285
— provisoire O 20
—, zone de ~ H 33
retenue R 497, S 1311
— au tamis S 977
—, barrage de ~ S 1344
—, clapet de ~ R 515
—, cote de ~ S 1328
—, courbe de ~ S 1331
— d'eau dans les sables S 113
—, digue de ~ S 1324
—, eau de ~ S 1341
—, exhaussement de la ~ A 753
—, hauteur de la ~ S 1328
—, hauteur normale de ~ N 258
—, limite de la ~ S 1327
—, longueur de la ~ S 1345
—, niveau de la ~ S 1328
— souterraine S 1325
retombée radio-active N 178
retombées de plomb B 562
— de poussière S 1320
retour dans un égout K 95
— de gaz G 71
— d'eau R 494
— des boues S 435
— du filtrat des boues S 409
retournement U 165

retrait S 643
— *(du ciment)* S 811
—, coefficient de ~ S 812
—, contrainte de ~ S 813
— du sol B 657
rétrécir V 146
se rétrécir *(ciment)* S 810
réutilisable W 580
réutilisation W 582
réutiliser W 581
revalorisation A 727, W 568
revaloriser W 567
revanche F 631
revenu A 790
revenus d'exploitation B 395
reverdissage *(tannerie)* E 153
réversible U 145
revêtement E 61, U 104
— à base de bitume-amiante B 521
— bitumineux à chaud par immersion H 151
— de bitume B 524
— de coffrage S 253
— de goudron T 92
— de la route B 207
— des berges U 109
— du talus B 684
— d'un tuyau R 400
— d'un tuyau par bandes R 382
— émaillé S 532
— extérieur V 196
— extérieur de béton B 379
— intérieur A 822
— intérieur de ciment Z 61
— interne A 822
— maçonné A 840
— plastique K 691
— pour tuyauteries, procédé de ~ R 380
— protecteur S 674
revêtir à neuf N 139
— par bandage W 554
revêtu de céramique G 151
— de plastique K 690
— en béton B 356
réviser U 42
révision U 43
reviviscence W 4
— microbienne A 754
révolution U 136
rH R 90
rhéogramme F 439
rhéologie F 438
rhéophile R 293
rhéotaxie R 294
rhéotropisme R 295
Rhin R 292
rhizophores R 296
rhizopodes W 682
rhodophycées R 476
Rhône R 298
riche en énergie E 302
richesse en espèces A 672
rideau de palplanches S 1213

— d'étanchéité D 133
— d'injection D 133
rides du fond R 336
rigidité S 1352
rigole R 333, S 1009, S 1523
— à boues S 432
— collectrice S 79
— de colature A 76
— de collecte des boues flottantes S 802
— de décharge A 110
— de distribution V 342
— de distribution principale H 109
— de drainage E 442
— de faible profondeur F 364
— de filtration sur sable S 101
— de mélange M 347
— de mesure avec onde stationnaire M 221
— de trop-plein U 58
— d'écoulement A 157
— d'écoulement par temps sec T 425
— d'évacuation des eaux de lavage S 1207
— pour eaux usées S 549
— pour eaux vannes S 549
— voûtée D 414
rigoles, érosion en ~ R 547
—, irrigation par ~ F 700
rinçage S 1200
—, bac de ~ S 1185
—, canal de ~ S 1194
—, cuve de ~ S 1183
— des sables S 117
— des sables, appareil de ~ S 119
—, eau de ~ S 1204
—, goulotte de ~ S 1194
rincer S 1187
rinçoir S 1183
rinçure de mélasse M 178
rique d'explosion de gaz détonant K 348
risberme B 300
risque d'accidents U 210
— de crue H 252
— d'explosion E 573
— fonctionnel F 696
— pour l'environnement U 181
— sanitaire G 301
risques dus aux gaz de digesteurs F 94
rivage U 106
—, ligne de ~ K 649
rive U 106
rivé G 186
rive, affaissement de la ~ U 117
— concave U 108
— convexe d'une rivière U 107
— d'une rivière F 549
— élevée H 238
—, filtration par la ~ U 121
—, talus de ~ U 113

river N 223
riverain U 110
rivet N 222
riveté G 186
riveter N 223
rivière F 508
— à marée T 180
— [ou d'un fleuve], cours d'une ~ F 530
— de plaine F 363
— de steppe S 1396
—, eau de ~ F 555
— lente G 316
—, lit d'une ~ F 518
—, niveau de la ~ F 557
— obséquente S 1431
—, régularisation d'une ~ F 535
— remblayante F 509
—, rive d'une ~ F 549
—, sable de ~ F 537
—, section de ~ F 544
—, tronçon de ~ F 544
rivières, morphologie des ~ F 531
rivure N 226
riz R 253
riziculture R 254
rizière R 256
R.M.N. K 226
robinet H 36, Z 23
— à aiguille N 30
— à bec-courbe Z 23
— à bille K 659
— à boisseau A 251
— à deux voies Z 205
— à eau W 252
— à flotteur S 795
— à pointeau N 30
— à tournant conique K 182
— à tournant sphérique K 659
— à trois voies D 261
— à vis N 203
— d'arrêt A 251
— d'arrêt à flotteur S 776
— de chasse D 330
— de jauge E 20
— de lavabo W 116
— de poste d'eau Z 23
— de prélèvement P 291
— de prise A 528
— de prise des échantillons P 291
— de puisage pour la baignoire B 14
— de purge A 195
— de vidange A 154, A 829
— de vidange à boisseau K 471
— d'écoulement A 154, A 829
— général H 98
— méplat F 366
— réducteur de pression D 316
— tournant Z 23
—-vanne A 253, S 309, W 344
—-vanne à bride F 398
—-vanne à cage méplate A 255

—-vanne à cage ovale A 256
—-vanne à corps cylindrique A 257
—-vanne à corps cylindro-sphérique A 257
—-vanne à corps méplat A 255
—-vanne à corps ovale A 256
—-vanne à deux brides D 192
—-vanne à deux emboîtements D 204
—-vanne à emboîtement M 472
—-vanne à forte pression H 220
—-vanne à haute pression H 220
—-vanne à tige pour les canaux K 98
—-vanne sphérique K 659
roc F 139
roche F 139, G 92
— de fondation G 538
— en place A 617
— éruptive E 546
— intrusive I 97
— meuble L 258
— non consolidée L 258
— primitive U 331
— saine F 137
— sédimentaire S 828
— solide A 617
—-mère M 503
rocher F 139
rocheux F 142
rodage, processus de ~ R 215
rodenticide R 47
rompre B 784
rondelle R 320, U 273
— de bourrage D 138
— de caoutchouc avec bord durci G 694
— de caoutchouc avec protection par cornière de plomb G 693
— de cuir pour joint L 134
— de joint D 138
— de plomb B 566
— en caoutchouc G 692
— plate pour joint à brides F 361
rongeur N 53
roseau R 364, S 342
rosée T 60
—, point de ~ T 79
rot brun B 774
rotamètre R 477
rotary D 234
— à commande hydraulique D 236
rotatif D 232
rotation U 136
rotengle R 482
rotifères R 19
rotor R 485
— à canal unique E 88
— à deux canaux Z 195

— à trois canaux D 258
rotule, joint à ~ K 658
roue R 2
— à ailettes F 477
— à aubes P 5, S 264
— à aubes à double aspiration L 100
— à aubes à simple aspiration L 101
— à aubes à un étage L 102
— à coupelles S 264
— à deux canaux Z 195
— à palettes P 5
— à trois canaux D 258
— à un seul canal E 88
— à vent W 605
— Bolton B 743
— centrifuge B 743
— dentée Z 16
— hydraulique W 319
— hydraulique à augets W 321
— hydraulique, aube d'une ~ S 260
— hydraulique de côté W 320
— hydraulique en dessous W 322
— hydraulique en dessus W 321
— motrice T 333
— Pelton P 60
— simple L 102
rouet B 863
rouille R 466
—, protection contre la ~ R 473
se rouiller R 468
rouissage à l'eau chaude W 90
— à l'eau froide K 64
— du lin F 368
rouleau à disques S 285
— à pieds de mouton S 233
— compresseur S 1547
— de balai-brosse B 884
— de bandes isolantes Denso D 90
— noyé U 316
— vibrant R 529
roulement à billes K 662
rouler W 69
route F 43
— principale H 105
rude R 55
rue S 1521
— secondaire N 116
rugosité R 56
— absolue R 57
—, coefficient de ~ R 59
— de la paroi W 78
— relative R 58
rugueux R 55
ruisseau B 2
ruisseler R 312
ruisselet B 3, R 335, R 546
ruisseleur à coke K 411
— à lattes de bois H 312
— à tôles ondulées W 496

ruissellement A 82
—, coefficient de ~ A 88
—, conditions de ~ A 118
— de surface O 4
— effectif I 123
—, irrigation par ~ V 238
— moyen annuel J 11
— moyen saisonnier A 86
—, source de ~ G 600
— superficiel O 4, O 27
— théorique S 1046
ruminant W 578
rupture B 807
—, charge de ~ B 808
— de glacier G 422
— de poche glaciaire G 422
— de talus B 685
— d'équilibre S 1438
— d'un barrage T 43
— d'un tuyau R 386
— d'un tuyau d'eau W 332
— d'un tuyau, dispositif de protection contre la ~ R 387
— d'une digue D 15
— par cisaillement S 294
—, pression de ~ B 214
ruptures de la couche d'un filtre G 4
rural L 15
rythme annuel J 8

S

sable S 84
— à grain fin S 85
— à gros grain S 86
— argileux S 88
— argilleux S 87
—, banc de ~ S 90
—, barre de ~ S 91
— bouillant S 489
— boulant S 799
—, collecteur de ~ S 107
—, couche de ~ S 110
— de laitier S 353
— de moulage F 605
— de rivière F 537
— des dunes D 354
— d'un filtre F 282
— éolien F 493
—, filtration sur ~ S 102
—, filtre à ~ S 98
— fin S 85
— fluvial F 537
— glauconieux G 544
— grossier S 86
— lessivé B 550
— mobile F 493
— mouvant F 493, S 799
—, noyau de ~ S 105
—, poussière de ~ S 1323
—, préparation du ~ S 89
— quartzeux Q 16
— siliceux Q 16
—, tambour laveur de ~ S 120

— très fin F 133
— très gros K 257
— vert G 544
— volatil F 493
sables S 96
—, laveur de ~ S 119
—, rinçage des ~ S 117
sableuse S 116
sableux S 104
sablonneux S 104
sabot de tube B 727
— vissé S 629
sac à eau W 336
— à ordures M 438
— de terre S 108
— en plastique K 695
saccharification du bois H 324
saccharomyces H 145
saignée S 957
— de drainage W 477
saison J 15
— balnéaire B 11
— de fabrication K 70
— des pluies R 190
— pluvieuse R 190
— sèche T 426
saisonnier J 16
SAL A 461
salaires L 260
salant S 61
sale S 544
saleté S 541
salifère S 61
salin S 61
saline S 48
—, concentration ~ S 60
salinisation V 246
— du sol B 675
—, (organisme) indicateur de ~ V 248
salinité S 60
—, bilan de ~ S 57
—, indice de ~ S 62
—, résistance à la ~ S 70
salinomètre S 49
salissure S 541
salle de bain B 17
— de commande S 248
— de contrôle S 248
— de pompage P 381
— de pompage des boues S 429
— de repos K 105
— de surveillance et de mesure M 243
— des machines M 92
— des moteurs M 420
— des pompes P 381
— des pompes à boues S 429
salmonidés S 50
salmonides, région des ~ S 51
salpêtre K 20
saltation, couche de ~ S 1166
salubrité R 226
salut public G 173
sanatorium H 150

sandre Z 21
sang de poissons F 319
—, récupération du ~ B 582
sangsue E 16
sans à coups S 1439
— couleur F 70
— égouts N 163
— frais K 521
— intérêt U 200
— joint hydraulique W 418
— odeur G 228
— plomb B 553
— saveur G 269
— tension S 1087
— trouble S 1439
santé G 297
—, critère de ~ G 303
—, danger pour la ~ G 301
sapeurs pompiers F 219
sapin T 56
— rouge F 220
saponifiable V 276
saponification V 277
saprobie S 125
saprobies S 123
saprogène S 126
sapropel F 106
saprophage S 127, S 128
saprophile S 129
saprophyte S 130, S 131
saprozoites S 132
sas S 503
— d'écluse S 503
— du type puits S 206
saturateur S 10
— de chaux K 46
saturation S 11
—, déficit de ~ S 13
—, degré de ~ S 15
— du sol en eau B 651
—, eau de ~ S 18
— en oxygène S 169
— excédentaire U 69
—, indice de ~ S 16
—, point de ~ S 17
—, pression de ~ S 12
—, valeur de ~ S 19
saturé G 239
saturer S 9
saturnisme B 569
saumâtre B 756
saumon L 8, P 54
— de fontaine B 5
saumoneau L 8
saumure S 63, S 1044
— de champ pétrolifère O 71
— de recyclage R 504
— recirculée R 504
saut de ski S 1016
— thermique T 162
sauvegarde S 671
— du site côtier E 520
saveur G 267
— de chlore C 60
—, élimination de la ~ G 271
— ferrugineuse E 193

savon S 874
— de toilette G 290
savonnerie S 875
scellement bitumineux B 523
sceller A 40
schéma de charge L 88
— de circuits S 244
— de circulation F 425
— de comportement V 188
— de connexion S 244
— de drainage E 444
— de fonctionnement F 425
— de perforation B 725
— d'écoulement F 425
schiste S 326
— argileux S 328, T 275
— cristallin S 327
schisteux S 330
Schistosomiase S 346
schizomycètes B 26
schlamms K 386, R 516
schmutzdecke S 542
schyzomycètes B 26
schyzophycées S 1069
scission S 1072
scorie S 350
— de hauts fourneaux H 229
— de lave L 111
—, granules de ~ S 352
scories de forge H 59, Z 159
scraper K 551, S 612
scrapeur S 612
scrubber W 57
— par ruissellement sur plateaux H 332
— pour vapeurs acides S 34
scrubbing S 640
se jeter dans ... (concernant des eaux courantes) E 109
— retrécir S 641
seau E 35
sec T 388
séchage T 428
— à chaud T 429
— à l'air [libre] L 342
— au moyen de gaz de carneaux R 53
— des boues S 453
— des boues, aire de ~ S 451
— éclair S 591
— final N 18
—, installation de ~ T 430
— instantané Z 93
— par congélation G 122
— par la chaleur T 429
— par pulvérisation Z 93
—, procédé de ~ T 431
— rapide S 591
— sous pression P 282
— sous pression en mélange des déchets et des boues M 427
séché à chaud H 152
— à l'air L 341
— thermiquement H 152
sécher T 427

sécheresse T 402
—, dégât du à la ~ D 369
sécheur à étages multiples E 558
— éclair Z 92
— par pulvérisation Z 92
—-broyeur M 32
séchoir T 421, T 430
— à lit fluidisé W 625
— rotatif T 420
secouer S 651
secousse du sol E 539
secteur S 896
— de nappe G 589
section P 308, S 1552
— (d'une construction) A 199
— [transversale] circulaire Q 54
— de la conduite R 441
— de passage D 390
— de passage par marée descendante D 397
— de passage par marée montante D 398
— de rivière F 544
— de tube filtrant F 287
— d'écoulement D 390
— droite Q 49
— du gîte aquifère G 644
— du sol B 646
— en fer de cheval Q 53
— étranglée E 121
— filtrante d'un filtre F 250
— hydraulique P 310
— longitudinale L 20
— mouillée F 375
— parabolique Q 55
— rectangulaire Q 56
— semi-circulaire Q 52
—, surface de ~ Q 57
— tranquille F 442
— transversale Q 49
— transversale de l'égout K 90
— transversale de mesure du débit D 394
— transversale d'écoulement D 396
— transversale d'un tuyau R 427
— transversale d'une conduite L 191
— trapézoïdale T 323
— triangulaire Q 50
— [transversale] ovale Q 51
— [transversale] ovoïde Q 51
sections, par ~ A 200
secureté, mesure de ~ S 932
sécurité S 929
—, by-pass de ~ S 937
— contre la rupture B 817
— de fonctionnement B 406, B 416
— de l'environnement U 193
— de service B 406
— du travail A 656
— fonctionnelle F 697

—, marge de ~ S 934
—, test de ~ S 933
sédiment A 150, B 652, S 824
— du fond, appareil de prise d'échantillons de ~ B 655
— éolien W 591
— lacustre A 151
— marin M 129
sédimentabilité A 215
sédimentaire S 825
sédimentation A 222
—, analyse granulométrique par ~ S 356
—, bassin de ~ A 216
—, caractéristiques de ~ A 220
— intermittente S 826, S 827
—, procédé de ~ A 230
—, vitesse de ~ A 223
sédimentologie S 829
sédiments fluviatiles F 511
— pélagiques T 234
ségrégation A 122
seiches S 872
séisme océanique S 839
séismique S 884
séismogramme S 885
séismologie S 887
séismomètre S 888
sel S 54
— à étaler S 1561
—, affleurement de ~ S 56
— ammoniac C 46
— commun K 361
— d'ammoniaque C 46
— de Candlot C 5
— de cuisine K 361
— de cuivre K 702
— de fer E 204
— de Glauber G 399
— d'un métal M 264
— marin K 361
— métallique M 264
— minéral M 326
— nutritif N 40
— potassique K 21
—, résistance au ~ S 70
— Solvay A 500
sélectif pour les anions A 562
— pour les cations K 169
sélection A 839
à sélectivité cationique K 169
sélénium S 910
selle S 1627
sels, charge de ~ S 59
semelle F 691
— de labour P 129
— filante S 1557
— isolée E 160
semi-aride S 911
—-automatique H 39
—-automatisation T 103
—-continu H 43
—-humide S 912
—-industriel H 46
—-perméable H 41

sens de circulation F 441
— d'écoulement F 441
sensé Z 156
sensibilité d'un compteur aux faibles débits A 568
—, limite de ~ N 26
sensible à la lumière L 220
séparateur A 191
— à plaques parallèles P 20
— à plaques parallèles ondulées W 523
— de goudron T 87
— de graisses F 195
— de liquide F 484
— d'eau K 449
— d'essence B 267
— d'huile O 70
— gravitaire S 764
— humide N 67
— magnétique M 24
séparation A 192
— de la mousse A 845
— de manganèse M 52
— de phases, méthode de ~ P 136
— des courants S 1598
— du (liquide) surnageant S 470
— gravitaire S 765
— (hydro)cyclonique W 620
— par mouvement tourbillonnaire W 620
séparer A 190, T 337
septage K 524
septicité F 38
séquence d'analyses A 523
— d'irrigation U 150
séquestration K 430
série de mesures A 170
— de sources Q 32
— de tamis S 980
— de tests biologiques T 146
— d'essais V 323
— d'expériences V 323
— normale des toiles à tamis S 980
serpenter S 358
serpentin R 434
— chauffé à la vapeur H 163
— de chauffage H 163
— de réfrigération K 627
— de refroidissement K 627
— réchauffeur R 435
serpentine S 922
serrage, écrou de ~ S 1082
serre G 313
—-joint S 623
serrer à vis A 604
serrurier S 518
—-forgeron R 436
service B 154, B 382
— après vente K 675
—, condition de ~ B 389
— d'alerte précoce F 670
— d'annonce de crue H 270

— de contrôle des travaux B 88
— de permanence B 287
Service de Protection de l'Environnement U 192
— de Santé M 125
service des eaux W 421
— des filtres F 240
— des vidanges F 19
— d'essai de matériaux M 113
Service d'Hygiène M 125
service d'incendie F 212
— du cadastre K 155
— du capital K 120
—, durée de ~ B 393
— d'urgence N 265
—, expérience de ~ B 396
— hydrologique A 509
— météorologique W 545
— municipal D 148
— public E 114, V 290
—, résultats de ~ B 397
— sanitaire G 298
services de nettoiement public S 1243
— de surveillance U 98
— domestiques Z 190
— privés Z 190
se servir de H 68
servitude G 206
— foncière G 551
sesquioxyde de fer E 200
sessile S 923
seston S 924
seuil S 743, U 318
— aval E 290
— de déversement U 26
— de goût G 272
— de gustation G 272
— de l'auge S 1641
— de nocivité (biol.) S 224
— de réaction (à une irritation) R 258
— de résistance à la chaleur (bot.) T 251
— de toxicité S 744
— (biol.) S 224
— denté Z 18
— d'entrée E 99
— d'odeurs G 235
— gustatif G 272
—, longueur de ~ S 746
en une seule étape E 140
siccité T 402
siège de soupape V 33
sifflet dérivateur A 168
signal acoustique S 992
— de commande S 243
— de perturbation S 1440
— d'une défectuosité S 1440
— oui-non J 1
— sonore S 992
silex K 260
silicate S 1002
— d'alumine A 483
— de sodium N 85

— de sodium activé par un acide N 86
silice activée K 266
silicification V 193
silicium S 1000
silico-fluorure S 1003
sillage K 255
sillons, drainage par ~ F 699
silo B 889
— à ciment Z 66
— à fourrage F 714
— de compostage K 438
—, jus de ~ S 995
silt S 527
— fin F 129
silurien S 1005
simulateur de pluie R 164
— pluviométrique R 164
simulation S 1006
sinueux W 615
sinuosité d'une vallée T 31
siphon D 347, S 181
— à boues S 415
— à cheval W 149
— à cloisonnement W 150
— à point bas D 347
— à point haut S 181
— autoaspirant H 137
—, conduite en ~ H 140
— de décantation S 1009
— doseur S 182
— formé par des tuyaux R 393
— inverse D 347
— inversé, coude d'un ~ D 350
—, point bas d'un ~ D 351
—, ponceau à ~ D 348
— renversé D 347
— submergé D 347
siphonnage, effet de ~ S 183
sismique S 884
sismogramme S 885
sismographe S 886
sismologie S 887
sismomètre S 888
site côtier, sauvegarde du ~ E 520
— d'une usine B 399
— pittoresque N 96
situation L 31
— barométrique W 548
— du temps W 548
sium M 201
smog S 1020
soc P 128
sodium N 76
—, aluminate de ~ N 77
—, bicarbonate de ~ N 78
—, bisulfite de ~ N 79
—, hexamétaphosphate de ~ N 81
—, oxyde de ~ N 83
—, silicate de ~ N 85
—, sulfate de ~ N 87
—, sulfite de ~ N 88
—, thiosulfate de ~ N 89
soie artificielle K 682

— cupro-ammoniacale K 698
— d'acétate A 369
soins B 154
— d'hygiène G 305
sol B 583
— à gley G 430
—, aération du ~ B 634, D 423
—, air du ~ B 635
—, algues du ~ B 596
— alluvial fluviatile A 719
— arable M 500
— argileux T 261
—, au niveau du ~ E 11
—, choc du ~ E 539
— cohérent B 585
—, conservation du ~ B 656
—, contraction du ~ B 657
—, couche de ~ B 654
— de fondation B 96, G 539
— de marais M 80
— de transition U 34
— déposé par les vents W 591
—, dynamique du ~ B 613
— en eau, saturation du ~ B 651
—, épaisseur de couverture de ~ E 493
—, excavation du ~ B 602
— filtrant B 621
—, flore du ~ B 624
— fortement souillé U 209
—, friabilité du ~ B 628
— halomorphe S 58
—, imperméabilité du ~ B 664
— léger B 592
—, levée du ~ B 629
—, microbiologie du ~ B 637
— naturel B 589
— non cohérent B 591
—, passage à travers le ~ B 612
—, préparation du ~ G 154
—, pression du ~ B 611
—, réaction du ~ B 648
—, recherche du ~ B 625
—, respiration du ~ B 600
—, rétention de virus par le ~ V 406
— sablonneux S 92
— salé S 58
— superficiel M 500
—, texture du ~ B 662
— tourbeux M 404
—, traversée du ~ B 612
—, utilisation non contrôlée du ~ B 641
—, utilisation sauvage du ~ B 641
—-eau, rapport ~ B 593
solides S 1450
—, capture des ~ F 190
—, densité relative des ~ F 189
— grossiers G 511
—, teneur en ~ F 191
solidification V 157

— des déchets A 73
—, point de ~ E 540
solodisation D 72
solubilisation du cuivre, capacité de ~ K 699
solubilité L 266
—, coefficient de ~ L 267
— dans l'eau W 291
— de l'oxygène S 163
—, produit de ~ L 268
soluble L 264
— dans l'eau W 290
solum S 1050
soluté L 265
solution L 271
— alcaline de nettoyage R 238
— aqueuse L 274
— de chlorure de potassium B 548
— de réserve V 461
— de savon S 876
— de sel marin K 362
— de soude caustique N 91
— finale du procédé Solvay C 48
— mère V 461
— molaire L 273
— normale (chim.) N 255
—, pression de la ~ L 276
— saline S 64
— saturée L 272
— tampon (chim.) P 344
solvant L 277
— chimique L 278
— de dégraissage F 199
— dégraissant F 199
— épuisé A 64, L 281
— ininflammable L 279
—, récupération de ~ L 280
— résiduaire A 64, L 281
— usagé A 64, L 281
solvant développant F 440
sommet G 380, S 290
— de voûte G 355
— d'un tuyau R 432
—, largeur au ~ K 600
—, longueur au ~ K 602
sondage B 736, L 297
— à chute libre S 1483
— à grenaille S 638
— à injection d'eau S 1184
— à main H 63
— acoustique E 13
— de reconnaissance V 318
— des eaux W 396
— en fond marin B 737
— par percussion, appareil de ~ S 1480
— par percussion, procédé de ~ S 1483
— par rotation D 235
— perche de ~ P 56
—, résultat de ~ B 698
— rotatif D 235
— sonore E 13
— ultrasonore E 13

sonde B 273, M 217, S 1054
— à oxygène S 164
— à oxygène dissous S 166
— à rayons gamma G 32
— à tarière E 490
— de contrôle S 1056
— (de potentiel) rédox R 93
— pédologique E 490
sonder L 296
sondeur à écho E 12
— acoustique E 12
— sonore E 12
sondeuse au diamant D 120
sonnette R 28
— de battage R 29
— universelle U 223
sonorisation B 312
sorbable S 1064
sorption S 1065
sortie A 812, A 826
—, coefficient de ~ A 805
— de secours N 264
— des eaux usées en mer M 132
— d'un égout K 84
soubassement G 560
souche de bactéries B 43
— pour culture S 1280
souches acidifiantes S 1248
soudable S 728
soudage au marteau H 60
soude S 1021
— à l'ammoniaque A 500
— calcinée S 1022
— caustique A 410
— caustique, solution de ~ N 91
— Leblanc S 1666
soudé par rapprochement S 1628
— par recouvrement U 48
soude, pâte à la ~ N 92
— Solvay A 500
souder L 284, S 730
— à l'autogène A 906
— à l'étain W 472
— fort H 91
soudeuse S 732
soudure S 731
— à l'arc L 218
— à l'étain L 290
— autogène S 740
— électrique S 741
—, filet de ~ S 734
— longitudinale L 25
— par recouvrement U 49
—, point de ~ S 738
— transversale Q 48
soufflante G 98
souffler de l'air B 233
soufflerie G 98
— à piston rotatif D 239
— d'air de lavage S 1193
soufflure (de fonte) L 356
soufre S 717

souillard de borne fontaine A 833
souillé S 544
souiller V 264
souillure S 541, V 267
soulèvement causé par le gel F 653
— de la soupape V 28
— (du sol) dû au gel F 648
soulever H 135
soumis à déclaration A 642
soumission A 851
— publique A 852
soupage à double siège D 206
soupape V 22
— à bille K 665
— à bouton-poussoir D 303
— à clapet K 306, S 528
— à cloche intérieure R 445
— à diaphragme M 189
— à disque T 114
— à flotteur S 795
— à manchon R 445
— à membrane M 189
— à siège incliné S 611
— à siège plan T 114
— annulaire R 331
— conique K 182
— d'admission E 147
— d'arrêt A 259
— d'aspiration S 192
— de décharge A 159, E 363
— de dérivation U 159
— de fermeture A 198
— de purge d'air E 379
— de réduction D 316
— de refoulement D 338
— de régulation D 321
— de retenue R 515
— de sûreté S 938
— de trop-plein U 61
— de vidange E 371
— de vidange à flotteur S 779
— d'évacuation E 371
— d'évacuation de l'air E 379
— en champignon V 32
— principale H 106
source Q 23
— artésienne Q 24
—, bassin de la ~ Q 35
—, captage d'une ~ Q 34
—, chambre de captage d'une ~ Q 40
— chlorurée S 1049
— de barrage S 1333
— de bordure H 85
— de carbone (biol.) K 392
— de cassure S 1071
— de chaleur W 45
— de cône de déjection H 85
— de contact S 304
— de contamination V 356
— de dépression S 921
— de déversement A 830
— de faille S 1071
— de falaise K 342

— de fracture S 1071
— de montagnes H 233
— de pollution V 356
— de ruissellement G 600
— de seuil S 1333
— de terrasses T 139
— de trop-plein U 57
— de vallée T 35
— d'eau acidule S 137
— d'eau minérale M 324
—, débit d'une ~ Q 37
— d'éboulis S 670
— d'émergence U 57
— d'erreur F 119
—, déviation d'une ~ Q 30
— d'infiltration G 600
—, eau de ~ Q 41
—, émergence d'une ~ Q 31
— ferrugineuse E 202
— geysérienne G 356
— haute H 233
— intermittente Q 26
— karstique K 131
— minérale M 324
—, niveau d'émergence de ~ Q 42
— pérenne Q 25
—, puits de captage d'une ~ Q 36
— radio-active Q 27
— salée S 1049
— séléniteuse B 519
— sousmarine Q 28
— thérapeutique M 324
— thermale T 157
—, type de ~ Q 33
— vauclusienne S 1071
sourcellerie W 305
sources, batterie de ~ Q 32
sourcier W 669
sourdre E 432
sous-chloration H 405
—-couche G 546
—-jacent U 278
—-pression S 1037
—-produit N 108
—-sol U 247, U 259
—-sol, égout de ~ K 206
—-sol, investigation du ~ B 98
—-solage U 261
—-verse U 279
soustraire E 397
soute B 889
soutènement A 873
souterrain U 269
souterraine S 1465
—, débit escompté d'eau ~ G 627
soutirage en bouteilles F 410
soutirer A 637
sparganier I 1
spath fluor F 541
— pesant S 772
spatial R 21
spécification normalisée N 251
spécimen P 286

spectre S 1118
spectrographie S 1114
— d'absorption A 246
spectrométrie S 1115
— d'absorption atomique sans flamme A 704
— d'absorption infra-rouge I 49
— d'absorption par rayons X R 348
— de masse M 102
— de résonance nucléaire quadrupolaire Q 8
— (par rayons) gamma G 30
— par rayons X R 351
spectrophotomètre S 1113
spectrophotométrie S 1116
— d'émission, détecteur de ~ D 107
spectroscopie S 1117
— d'absorption atomique (chim.) A 705
— de résonance magnétique nucléaire K 226
sphère K 654
sphérique K 657
spiral S 615
spire d'une vis S 622
spirilles K 426
spongiaires S 693
spores S 1150
sporicide S 1153
sporifère S 1151
sporozoaires S 1152
sport nautique W 358
— nautique, zone de ~ W 359
sporulant S 1151
sporulé S 1151
sprinkler tournant D 244
squelette siliceux K 267
stabilisant S 1227
stabilisateur S 1227
— biologique B 507
stabilisation des terrains F 504
— du sol B 672
—, étang de ~ A 346, O 133
— [aérobie] des boues S 419
stabilité H 53, S 1288
— relative H 54
stable H 52, R 268
— au glissement G 419
— vis-à-vis de l'eau de mer M 151
stade de décomposition A 23
— de dégradation A 23
— d'oxydation O 132
— larvaire L 83
stagnant S 1252
stagnation estivale S 1053
stagner S 1251
stalactite T 456
stalagmite T 456
standard N 250
standardisation N 263
station balnéaire B 10
— de dessalement E 409

— de dessalement par thermocompression E 410
— de filtration F 234
— de jaugeage M 236
— de mesure des pluies R 155
— de pompage P 391
— de pompage automatique P 392
— de pompage de polders P 228
— de pompage des eaux résiduaires brutes R 356
— de pompage intermédiaire U 67
— de pompage primaire V 457
— de relevage U 67
— de relèvement F 590, P 391
— de relèvement des eaux d'égout A 333
— de reprise F 590
— de traitement en éléments préfabriqués B 182
— de traitement préfabriquée B 182
— de vaporisation V 100
— d'épuration R 234
— d'épuration des eaux d'égout K 282
— d'épuration par oxydation totale T 286
— élévatoire F 590
— en plein air F 628
— expérimentale V 313
— filtrante F 234
— lysimétrique L 360
— non surveillée S 1309
— ouverte F 628
— pilote V 313
— thérapeutique H 150
— thermale B 10
stations collective d'épuration des eaux usées G 680
statique S 1308
— de bâtiment B 115
— de construction B 115
statistique S 1310
— concernant les barrages T 45
— relative à l'environnement U 194
— relative aux eaux résiduaires A 342
statistiques d'exploitation B 414
statut S 135
stellaire T 102, W 373
sténotope S 1394
steppe S 1395
stéréophotogrammétrie S 1400
stérile K 196
stérilisateur S 1401
stérilisation E 346
—, appareil de ~ S 1401
— de l'eau par les radiations W 212
sterilisation d'eau W 211

stérilisation des déchets A 58
— des résidus A 58
— du sol B 614
— finale N 5
— par ions d'argent S 999
— par le chlore C 73
— par l'ozone O 142
stérilisé K 196
stériliser E 345
stérilité K 197
stimulant S 1429
— de la croissance W 667
stimulation A 583, R 257
— de la croissance W 8
stimuler A 582
stimulus R 257
— thermique W 46
stipulation de la loi G 288
stock V 458
— de chargement B 322
— de matériaux M 111
— de pièces de recharge E 537
stockage S 1105
— à long terme (radiol.) E 283
—, capacité de ~ S 1334
—, coefficient de ~ S 1098
—, coefficient spécifique de ~ S 1099
— dans les dépressions du sol W 350
— de gaz dans une couche aquifère G 73
— de mazout H 160
— de surface O 20
— d'eau dans les sables S 113
— d'eau de pluie R 187
— d'eau par barrage T 44
— d'eau souterraine G 658
— d'énergie solaire S 1061
— des résultats M 251
— dynamique S 1106
— en citerne(s) Z 108
— interannuel U 88
— intermédiaire Z 212
—, possibilité de ~ S 1101
— provisoire Z 212
— sous-marin U 312
— souterrain S 1107
— temporaire Z 212
stocker S 1102
stopper A 188, A 265
strate S 299
— de drainage S 962
stratification S 306
— dans les lacs S 851
— d'eau W 343
— thermique T 125
stratigraphie S 1549
stratiotes K 561
streptocoques d'origine fécale F 22
— fécaux F 22
stripping, colonne de ~ A 279
— par la vapeur A 281
—, tour de ~ A 279
strontium S 1612

structure B 87, G 124
— de la cellule Z 33
— du littoral K 647
— du sol B 661
— grenue K 604
— grumeleuse K 604
— hydraulique W 163
— monoparticulaire E 162
style B 87
sub-létal S 1650
subaigu S 1649
sublimation S 1651
submerger U 86, U 293
submersion U 87
—, irrigation par ~ B 623
subsidence du sol B 595
substance S 1443
— cellulaire Z 48
— de base G 570
— inerte I 39
— méphitique S 1444
— nocive S 215
— nuisible S 215
— polluante S 551
— réagissant au bleu de méthylène M 81
— saporigène G 274
substances étrangères S 1459
— humiques H 361
— nocives, accumulation de ~ S 216
— nocives dans les organismes, enrichissement cumulatif de ~ S 217
— nocives, liste de ~ S 218
— nocives, migration de ~ S 219
— nutritives, besoin en ~ N 46
— solides S 1450
— solides, densité des ~ F 188
— solides, mesurement des ~ F 192
— solubles dans l'hexane H 192
— toxiques S 1457
— xénobiotiques S 1459
substitution E 534
substrat S 1653
substratum d'une nappe aquifère G 655
substruction U 245
subvention F 592, Z 177
succession chronologique J 6
— de marche des filtres F 241
— des types de roches G 294
— stratigraphique S 303
succion S 1028
—, aération par ~ S 1029
— capillaire K 114
— de la racine W 679
—, limite de ~ G 484
sucette F 265
suceuse S 177
sucre de canne R 455
— de lait M 302

— de raisin T 325
sucrerie de betteraves R 492
suie R 548
suint W 660
suintement D 430
— de surface F 381
— d'huile O 61
suinter E 125
suite de couches S 303
sulfate S 1663
— d'alumine A 484
— d'aluminium A 484
— d'ammonium A 493
— de baryum B 71
— de calcium C 12
— de calcium anhydre A 554
— de chaux C 12
— de cuivre K 704
— de fer E 207
— de fer chloré E 205
— de magnésium M 23
— de sodium N 87
— ferreux E 207
—, pâte au ~ N 92
sulfates, réduction des ~ S 1665
sulfato-réduction S 1665
sulfite S 1668
— de sodium N 88
sulfo-aluminate de calcium C 5
—-bactéries S 718
—-bactéries pourpres P 396
sulfonate S 1672
— d'alkyle linéaire A 461
sulfure S 1667
— alcalin A 456
— de carbone S 723
— de chaux (tannerie) S 721
— de fer S 719
superfertilisation U 15
superficie O 3
— de la toiture D 4
— potentielle d'un gîte aquifère P 265
superfluidité S 1684
supérieur O 2
superposer U 47
supersaturation U 69
superstructure A 723
supertraitement des eaux usées R 243
supplément S 1617
support S 1617
— basculant P 64
— de membrane M 187
supporter T 303
suppression de la production d'enzymes H 176
— de l'action enzymatique H 175
suralimentation de la nappe G 595
surcharge U 52
—, capacité de ~ S 935
—, valve de ~ U 14

surcharger U 51
surchauffé U 41
surchloration H 210
surchlorer H 209
surdimensionné U 8
surdosage U 10
sûreté S 929
— de marche B 416
surexploitation U 5
surface O 3
—, aérateur de ~ O 8
— antidérapante F 377
— arrosée par un asperseur R 199
—, courant de ~ O 24
— cultivée N 288
— d'arrosage B 286
— de chauffe H 155
— de contact B 256, B 304
— de la mer M 144
— de la nappe (phréatique) G 642
— de la nappe non captive G 643
— de la section du gîte acquifère G 645
— de la terre E 501
— de l'eau W 227
— de réception A 744
— de section Q 57
— des rues S 1529
— du diagramme de vitesse d'écoulement G 280
— du filtre F 253
— du lit majeur U 84
— du sol B 642
— du toit D 4
— effective d'évaporation V 134
— extérieure A 867
— extérieure d'un tuyau R 381
—, film de ~ O 12
— filtrante d'un filtre F 250
—, flotteur de ~ O 22
— intérieure I 66
— irriguée R 310
— libre de la nappe G 643, G 660, S 1126
— mouillée F 375
—, pellicule de ~ O 12
— piézométrique D 329
—, puits de ~ F 360
— revêtue en dur F 374
—, stockage de ~ O 20
— utile B 256
surfactant O 6
surfactants S 1455
surnageant, recirculation du ~ S 471
—, séparation du (liquide) ~ S 470
surpâturage U 103
surplomb U 40
surpopulation U 93
surpresseur D 288
surpression S 1490, U 12

— atmosphérique A 696
—, pompe de ~ D 288
sursaturation U 69
— en oxygène S 171
sursaturer U 68
sursaveur B 188
surveillance U 95
— de la qualité des eaux W 249
— de la santé publique G 309
— de l'atmosphère L 344
— de l'émission E 267
— de l'environnement U 195
— de l'Etat S 1222
— des barrages T 46
— des compteurs Z 10
— des égouts K 76
— des rivières F 548
— médicale U 96
— sanitaire U 97
surveillant A 771, B 387
— de district B 456
surveiller U 94
surverse O 38
survie U 64
survivre (à) U 63
susceptibilité *(biol.)* E 269
suspension A 767, S 712
sylviculture W 63
symbiose *(biol.)* S 1685
symbole S 1012
— pH P 131
symétrie S 1686
symétrique S 1687
synclinal M 486
syndicat à but déterminé Z 192
— d'assainissement de l'eau A 347
Syndicat de la Niers N 220
— de la Ruhr R 536
— de la Wupper W 673
— de l'Elster Blanche W 483
— de l'Emscher E 274
syndrome de Minamata M 308
synergie S 1691
synergique S 1690
synthèse S 1692
— enzymatique E 474
synthétique S 1694
système S 1695
— à rampe d'arrosage avec gicleurs ou diffuseurs D 374
— avertisseur W 93
— d'aération B 250
— d'alerte W 94
— d'alimentation A 748
— d'arrosage par aspersion sur frondaison U 46
— de canalisation d'eau usée E 443
— de collecte des déchets A 67
— de commande R 110
— de distribution V 341
— de drainage du fond S 1034
— de drains en arêtes de poissons F 335

— de drains en forme de grille R 89
— de fractionnement de la mousse A 846
— de mesure M 110
— de puits B 849
— de recirculation R 510
— de recyclage R 510
— de télécommande F 169
— d'indication à distance F 148
— écologique O 56, S 1697
— écologique aquatique W 311
— écologique du site L 57
— écologique estuarien A 399
— écologique marin O 57
— flash E 427
— gastro-intestinal M 12
— saprobie S 124
— séparatif d'assainissement T 338
— unitaire d'assainissement M 354

T

T à deux emboîtements avec tubulure à bride D 198
— á deux emboîtements avec tubulure à emboîtement D 199
table de fréquence des pluies R 159
— de rotation D 248
tableau T 3
— de commandes basse tension N 205
— de distribution d'eau B 433
— de distribution d'électricité S 249
— des débits hauteurs A 117
— distributeur électrique S 249
— lumineux L 209
tablier de pont B 827
tâche de recherche F 610
tachéomètre T 4
taillant B 730
taille effective des grains K 491
— limite des grains K 487
— nominale N 129
talus B 681
— amont B 683
— aval B 682
— de rive U 113
— d'une tranchée G 451
— extérieur A 856
—, rupture de ~ B 685
tambour T 435
— à tanner D 249
— centrifuge S 501
— cribleur T 437
— de fermentation G 14
— enregistreur R 193
— filtrant F 289

— filtrant rotatif F 290
— inscripteur R 193
— laveur W 117
— laveur de sable S 120
— tamiseur T 437
tamis S 969
— à bande B 63
— à barreaux S 1226
— à disque S 981
— à mailles M 85
— à paniers B 63
— à plancton P 202
— à pulpe P 341
— à sec T 418
— à secousses R 527
— à tambour tournant T 437
— à toile métallique B 63
— en fil profilé P 311
— moléculaire M 388
— rotatif T 437
— roulant B 63
— Russel R 549
— type Zentrisieb Z 79
— vibrant R 527
tamisage S 976
— grossier G 502, G 509
—, installation de ~ A 233
—, matières retenues par ~ S 977
—, micro~ F 131
— par voie humide N 73
Tamise T 155
tamiser S 975
tamisures S 977
tampon P 342, S 1473
— de regard S 197
tamponner *(chim.)* P 345
tan G 203
tanche S 484
tannage à l'alun W 487
— au chrome C 95
— aux écorces L 292
— minéral M 317
— végétal G 205
tannée G 199
tannerie G 201
— à l'écorce L 291
— au chrome C 94
—, eaux résiduaires de ~ G 202
tannin G 204
tapis A 36
— d'amont A 39
— du côté rivière d'un dyke A 37
tarage E 22
—, courbe de ~ E 21
taraudage d'un tuyau R 401
taraudeuse A 527
tare E 27
tarer E 19
tarière S 1301
tarif T 58
— à forfait P 42
— des taxes G 103
— forfaitaire P 42

— normal N 259
— par zones Z 120
tarir V 287
tarissement, courbe de ~ R 291
— de la nappe R 496
— de l'eau souterraine, courbe de ~ G 591
tartre des chaudières K 240
—, lutte contre le ~ K 244
tartrifuge K 242
tas de boues S 543
— de compostage K 433
— de tubes R 439
tasse S 235
tassement S 926
taux d'application B 319
— de chasse S 1188
— de corrosion K 505
— de croissance W 16
— de fièvre typhoïde T 508
— de mélange M 353
— de mortalité par la fièvre typhoïde T 509
— de pénétration D 383
— de percolation S 952
— de précipitation N 187
— de recyclage [ou recirculation] R 505
— de recyclage de boues R 506
— de reproduction W 16
— de transfert de chaleur W 51
— d'écoulement A 99
— d'infiltration E 126, I 45, V 283
— moyen d'arrosage B 285
— moyen d'irrigation B 285
— respiratoire R 270
taxable A 131
taxation S 230
taxe A 127, G 101
—, augmentation d'une ~ G 102
— d'assainissement K 86
— de déversement à l'égout K 86
— d'égout K 86
— d'utilisation B 262
— minimum pour l'eau W 241
— sur la pollution V 270
— sur les eaux usées A 305, A 324
taxer V 48
taxes, règlement des ~ G 103
té T 1
— à bride et bout uni E 63, E 64
— à emboîtement et cordon à tubulure oblique à emboîtement M 475
— à emboîtement et cordon avec tubulure à bride M 474
— à emboîtement et cordon avec tubulure à emboîtement M 476

— à trois brides F 392
— à trois brides à tubulure oblique F 403
— à trois emboîtements D 199
— à tubulure oblique H 343
— à 3 B T 1
technicien de station d'épuration K 294
technique biologique B 508
— de contrôle S 1409
— de désactivation E 308
— de distribution d'eau W 427
— de forage B 735
— de la soudure S 739
— de l'eau W 219
— de mesure M 239, M 256
— de régulation S 1409
— de traitement de l'eau W 172
— de traitement des déchets A 50
— de traitement des eaux usées K 297
— des conduites R 414
— des eaux résiduaires A 344
— des fondations G 547
— d'essai T 147
— d'installation I 77
— du contrôle R 106
— du traitement des eaux usées A 344
— municipale S 1235
— nucléaire K 228
— sanitaire G 308
technologie T 84
— de la pompe de chaleur W 44
— des eaux résiduaires A 345
technologique T 85
teinture F 37
— en cuve K 640
teinturerie F 34
— au chrome, eaux résiduaires de ~ C 93
télé-enregistrement F 149
— -indication F 148
— -indication, méthode de ~ F 162
— -inscription F 160
télécommandé F 150
télécommande F 163
—, centre de ~ F 164
télécommandes S 1404
télécommunication F 155
télédétection F 159
téléindicateur F 154
télémesure F 159
—, installation de ~ F 157
télémétrie F 156
téléphone F 161
téléthermomètre F 165
téléviseur pour canalisations K 80
témoin B 704
température T 115
— ambiante U 143

— annuelle moyenne J 14
—, baisse de ~ T 116
—, chute de ~ T 116, T 120
—, contrôle de ~ T 124
—, cours de la ~ T 128
— d'évaporation V 103
—, diagraphie de ~ T 122
—, différence de ~ T 127
— d'incubation B 131
—, distribution de la ~ T 129
—, égalité de ~ T 121
—, élévation de ~ T 117
— extérieure A 866
—, fluctuation de ~ T 126
—, graphique de ~ T 122
—, hausse de ~ T 117
—, influence de la ~ T 119
— interne I 65
— moyenne T 123
—, progression de la ~ T 128
tempête S 1634
— de neige S 574
—, oeil d'une ~ S 1639
—, trajectoire de ~ S 1635
temporaire T 130
temporel Z 28
temps W 542, Z 26
— affiché Z 31
— d'accélération A 569
— d'arrêt A 739
— de concentration E 55, K 477
— de contact B 305
— de désintégration A 144
— de détresse N 274
— de digestion F 114
— de fermeture (d'une vanne) S 512
— de gelée F 662
— de la marée S 1168
— de latence L 90
— de mélange M 362
— de montée S 1353
— de propagation de la marée T 194
— de réaction B 305
— de récurrence d'une intensité de pluie donnée H 16
— de réflection R 103
— de reproduction V 216
— de rétention A 739
— de rétention, mesure du ~ V 364
— de rétention théorique A 740
— de séjour, détermination du ~ V 364
— de séjour nominal A 740
— de service B 415
— de travail A 661
— d'écoulement F 449
— d'égouttage T 458
— d'engendrement G 179
— éclair E 431
— génétique G 179

tir

- létal L 207
- létal médiant L 208
- libre F 637
- mort T 292
- pour devenir mûr E 39
- sec, courbe de débit par ~ T 424
- sec, courbe de régression du débit de ~ T 423
- sec, rigole d'écoulement par ~ T 425

tendance T 131
- de l'évolution E 455

teneur G 144
- en acide S 42
- en azote S 1419
- en bactéries B 41
- en boues S 414
- en cendres A 680
- en chlore résiduel R 278
- en eau W 235
- en éléments nutritifs N 47
- en fer E 192
- en graisse F 197
- en humidité F 208
- en matières dissoutes G 145
- en matières en suspension S 716
- en nutrients N 47
- en oxygène S 158
- en sels S 60
- en solides F 191

ténia B 64
tenside T 132
tensio-actif O 6
—-actifs biodégradables D 109
—-actifs durs D 108
—-actifs tendres D 109
tensiomètre S 1089
tension S 1083, S 1084
- aux bornes K 321
- critique G 489
- de l'eau du sol B 679
- de rupture B 818
- de vapeur D 32
- du réseau N 138
- interfaciale G 479
- interne E 32
- limite G 489
-, moyenne ~ M 372
- principale H 104
- superficielle O 23

térébentine T 135
terrain G 92, G 152
- alluvional S 753
- alluvionnaire S 754
- bâti F 373
- boisé W 66
- boulant B 591
- [ou sol] calcaire K 33
-, couche de ~ B 654
- coulant S 799
- dénudé G 153
- forestier W 66
- inculte O 48
- marécageux M 80, S 1679

- nécessaire G 156
- nutritif *(bact.)* N 35
- perméable B 587
-, pression du ~ G 95
- rapporté A 606
-, remblayage du ~ G 155
- riverain U 124
- sablonneux S 92
- tourbeux M 405
- tourbeux, culture d'un ~ M 407
- vague O 48

terrains d'épandage E 134
- reconquis sur la mer A 633
-, redistribution des ~ L 62

terrasse T 136
- alluviale A 770
- fluviale F 546

terrassements E 485
terre E 497
- à diatomées K 263
- à foulon B 545
- arable A 375, M 500
- arable, apport de ~ M 502
- argileuse T 261
- calcaire K 33
- cuite, tuyau en ~ T 271
-, digue en ~ E 491
- d'infusoires K 263
- ferme F 182
- fortement polluée U 209
- franche M 500
- glaise T 261
- grasse K 312
- limoneuse L 148
-, mise à la ~ E 512
-, sac de ~ S 108
- végétale M 500
- végétale, apport de ~ M 502

terreau K 432, M 500
terres alcalines E 484
- inondées à marée haute W 447
-, poussée des ~ E 494

terril A 183, H 48
territoire G 88
- national H 296
tertiaire T 141
- *(épuration des eaux usées)* W 489

test T 142
- à blanc B 573
- au marteau K 303
- au T.T.C. D 79
- biochimique d'identification *(bact.)* D 157
- biologique B 509, T 143
- d'algues A 446
- daphnies D 46
- de compatibilité V 352
- de mobilité B 437
- de motilité B 437
- de performance L 164
- de putrescibilité F 41
- de sécurité S 933

- de toxicité vis-à-vis des paramécies P 22
- d'élimination A 143
- d'injectivité S 524
- paramécies P 22
- rapide de détection S 587

testau marbre M 78
têtard K 172
tête d'amont O 33
- d'arroseur R 201
- d'aval U 268
- de forage B 706
- de galerie S 1468
- de pieu P 97
- de puits B 862
- de siphon D 349
- de sonde B 706
- de soupape V 37
- de tube S 364
- de tunnel S 1468
- d'épi B 886
- d'injection S 1190

tétrapropylène benzène sulfonate T 148
texture G 124
- du sol B 662
thallophytes T 153
thalweg T 48
Theis, équation de ~ T 154
théodolite T 156
thermoanalyse différentielle D 151
thermocline S 1180, T 162
thermocompression, distillation par ~ V 99
thermocouple T 159
thermodynamique T 158
thermographe T 160
thermologie W 39
thermomètre T 163
- à distance F 165
thermophile W 41
thermotolérant W 53
Thiem, formule de ~ T 165
thiocyanate R 297
Thiorhodacées P 396
thiosulfate T 167
- de sodium N 89
thixotropie T 169
thixotropique T 168
thon T 170
Tibre T 172
tige carrée M 364
- de battage S 774
- de piston K 418
- de soupape V 34
- d'une vis S 614
- filetée G 347, S 619

tiges de forage B 701
- de sonde B 701
- de suspension B 701

tillite G 561
timbre E 22
timbrer E 19
tinette F 21, L 92
tir, point de ~ S 664

tirage d'air L 352
tirant Z 150
— d'eau T 223
tiroir S 309
— cylindrique K 417
— plan F 366
— plat F 366
tisseranderie W 451
tissu G 326
— cellulaire Z 39
— filtrant F 256
— métallique D 228
tissus filtrants, laveur de ~ F 292
titane T 247
titrage T 248
— à haute fréquence H 223
— alcalimétrique T 249
— complexométrique K 431
— conductimétrique L 175
— conductométrique L 175
titrer T 250
titrimétrique M 97
titulaire d'un brevet P 38
t/mn U 137
TOC K 388
toile à filtre F 291
— filtrante F 291
— métallique D 228, M 262
— transporteuse F 579
toilette publique B 160
toilettes marines S 341
toit D 2
— (d'une galerie) F 311
— (géol.) H 82
toît imperméable D 68
toiture D 2
—, superficie de la ~ D 4
tôle B 539
— d'acier S 1260
— d'acier rivetée S 1261
— de fer E 187
— de racleur K 553
— perforée S 972
tolérance A 358, W 563
— permise A 358
— (radio-activité) T 252
tolérant W 562
toluène T 255
toluol T 255
tombac R 483
tombé dans le domaine public A 463
tomber de la neige S 579
— en panne V 245
— en pourriture F 90
tombereau K 127
— d'enlèvement des ordures ménagères M 444
ton de teinte F 74
tonisation T 266
tonne T 270
tonneau T 269
topographie T 276
topographique T 277
torche F 8, H 70

torchère F 8
torpillage B 714
torrent W 585
— glaciaire G 421
torsion T 283
total G 240
touche (chim.) T 478
toundra T 480
tour T 501, U 136
— à béton B 365
— d'absorption (dans une installation de chlorination) A 245
— de contact S 1402
— de fermentation G 15, K 438
— de lavage W 118
— de lavage de gaz acides S 34
— de prise d'eau E 393
— de prise d'eau à départs à différents niveaux E 394
— de prise d'eau dénoyée intérieurement E 396
— de prise d'eau noyée intérieurement E 395
— de réfrigération K 631
— de réfrigération à tirage naturel K 632
— de refroidissement K 631
— de refroidissement fonctionnant à sec T 404
— de ruissellement R 313
— de sondage B 700
— de stérilisation S 1402
— de stripping A 279
tourbe T 279
— de roseaux S 343
tourbeux M 406, T 280
tourbière M 403
— basse N 171
— bombée H 227
— de transition U 35
— haute H 227
— plate N 171
tourbillon S 1613, W 626
tourie G 388, K 481
tournant d'une fleuve F 538
tourner U 147
— sur son axe D 238
tourniquet hydraulique D 244
tours par minute U 137
tourteau de résidus de filtrage F 266
toute la section S 1553
toxicité T 293
— aigue G 376
— indirecte G 377
—, seuil de ~ (biol.) S 224
— subaigue G 378
toxicologie T 293
— de l'environnement O 58
— des végétaux P 178
toxine T 294
toxique G 372, G 374
— à action lente G 373
— cumulatif G 373
traçage M 71

trace S 1215
tracé L 242
— des conduites R 413
trace du stylet S 635
traces S 1218
— de matières organiques S 1220
traceur S 1217
— coloré F 72
— radio-actif I 121
— radioactif M 73
traceurs, méthode des ~ T 296
— radioactifs M 74
tracteur T 306
tractus gastro-intestinal M 12
trafic fluvial F 553
— par ferry-boat F 16
traille S 881
train de chalands S 494
— de péniches S 494
— de tiges de forage B 734
— de tubes captants F 85
trainée W 560
traînées de brouillard N 102
traitabilité B 183
traité à l'eau W 234
— partiellement T 104
traitement B 178
— (de déchets) A 722
— (de l'eau) A 728
— à l'ozone O 142
— anticorrosif K 508
— au chlore et à l'ammoniaque C 45
— au chlore-permanganate P 79
— au cuivre K 703
— aux chloramines C 45
— biologique, procédé de ~ A 732
— chimique R 230
— chimique des eaux d'égout A 336
— chimique, procédé de ~ A 733
— de conservation du bois H 314
— de finition des métaux M 263
— de la viande F 415
— de l'eau W 171
— de l'eau par phosphatation P 155
— de l'eau potable T 368
— de seuil S 747
— d'eau W 171
— des boues A 730, S 384
— des citrons C 98
— des condensats K 441
— des déchets A 49
— des déchets de bois H 308
— des eaux de piscine B 16
— des eaux d'égout A 313
— des fruits O 46
— des minerais A 729
— des pommes de terre K 141

— des puits R 137
— des résultats de mesure M 254
— du pétrole brut E 506
— en commun B 179
— en étages S 1622
— en mer V 49
— final N 2, S 598
— médical K 712
— par la vapeur D 29
— par neutralisation et osmose N 149
— partiel T 105
— physical des eaux d'égout A 338
— préliminaire V 426
— secondaire N 2
— sur courant partiel T 111
— tertiaire R 243
— thermique W 26
— thermique des eaux résiduaires A 314
traiter B 177
— *(de déchets)* A 721
— *(l'eau)* A 725
— *(les boues)* A 724
— les minerais A 726
trajectoire absolue de l' écoulement S 1601
— de tempête S 1635
— des ondes W 522
— des particules S 1600
— relative de l'écoulement S 1602
trajet d'une marée F 576
tranchée E 120, G 445, G 446, R 402
— à corroi d'argile D 132
—, creusement de la ~ A 820
—, creusement d'une ~ G 449
— de drainage E 442
— découverte G 448
— d'égout R 403
— d'égout, étanconnement de la ~ A 263
— d'infiltration E 442, S 953
—, fond de la ~ G 454
— pour drain D 221
tranchées de distribution V 338
tranquilisation, chambre de ~ B 309
tranquilliser B 307
transcription U 163
transducteur M 252
— de pression D 293
transfert de chaleur W 49
— de chaleur par contact direct W 50
— de masse M 103
— d'eau *(d'un bassin versant à un autre)* W 402
— d'oxygène S 156
transformateur T 308
— de signaux S 993
transformation A 387, U 170

— *(de déchets)* A 722
— biologique B 512
— de la viande F 415
— des citrons C 98
— des fruits O 46
— des métaux M 261
— des pommes de terre K 141
— en mer V 49
transformer *(de déchets)* A 721
transgression d'eau souterraine G 672
translation des poissons U 164
— d'une vague, vitesse de ~ O 98
transmetteur de mesure M 255
transmissibilité, coefficient de ~ D 420
transmission à distance F 167
— des maladies K 548
— des résultats de mesures M 253
— en multiplex M 156
— multi-fils M 155
— par chaîne K 248
— par fil unique E 56
transmissions multiples sur ligne unique M 156
transmissivité T 310
transmutation U 170
transparence D 428, L 219
—, degré de ~ D 429
transparent D 427
transpiration T 311
—, coefficient de ~ T 314
—, évapo~ E 564
—, hauteur de ~ T 313
— par stomata T 312
— potentielle T 315
transport T 316
— à grande distance F 166
— de déchets A 48
— de l'eau W 231
— de matières dissoutes T 318
— des échantillons P 301
— des voyageurs P 89
— hydraulique S 751
— hydraulique des ordures ménagères S 755
—, moyen de ~ T 320
— par bateau W 398
— par canalisation T 317
— par eau W 398
— par tuyauterie T 317
— par voie d'eau B 69
— spécifique de matières solides F 193
transporteur à bande B 60
— à chaîne K 252
— à courroie B 60
— à hélice F 588
— à secousses S 652
— hélicoïdal F 588
transversale Q 47
trass T 324
travail B 126
— à deux équipes Z 197

— à deux postes Z 197
— de recherche F 609
— des métaux M 261
— hydraulique W 161
travaillant au-dessous de la charge U 246
travailler B 177
travailleur A 652
— manuel H 61
travaux à l'explosif S 1156
— de bâtiments H 206
— de sauvetage R 286
— d'enlèvement des boues E 418
— d'urgence N 268
— en plongée T 68
— fluviaux F 517
— lourds S 760
— maritimes S 838
— pénibles S 760
— préliminaires V 423
— préparatoires V 423
— sous l'eau U 298
— souterrains T 209
traversée des vallées K 590
— du lit filtrant F 243
— du sol B 612
tréfilerie D 231
tréfonds U 259
treillis G 382
— métallique M 83, M 84
tremblement de terre E 487
trémie B 889, T 353
— à boues S 450
— d'alimentation E 74
trempage E 153
trempe M 36
tremper E 152
trépan B 697
— à deux lames F 346
— à jet D 373
— à lames B 535
— à molettes R 463
— à percussion S 1482
— à queue de poisson F 346
trépied D 254
tresse de fibre de bois H 327
treuil B 860, W 593
— à bras H 76
— à manivelle H 76
triage manuel S 1067
trias T 348
triatomique *(chim.)* D 262
triaxial D 253
trichlorephénol T 352
trichloréthylène T 349
trichlorobenzène T 350
tricône D 259
trier K 309
triéthylamine T 346
triéthylèneglycol T 347
trieur K 310
trinitrophénol P 183
tripes E 79
triphénylformazane T 383

triphényltétrazolium chlorure T 384
tripolyphosphate T 385
— de sodium N 90
tripton T 386
tritium T 387
trivalent *(chim.)* D 262
troisième stade d'épuration R 243
trombe d'eau W 261
trommel à fentes S 517
trompe à eau W 384
— d'entrée E 101
tronc de cône K 181
tronçon R 441
— aménagé *(d'un cours d'eau)* A 787
— de chute, ligne d'eau du ~ D 432
— de conduite L 193
— de rivière F 544
— d'essai P 335
— latéral de drain S 893
— mort O 94
— sacrifié O 94
trop-plein U 16
—-plein d'égouts unitaires M 361
—-plein du barrage D 11
—-plein d'un hydro-cyclone Z 222
—-plein d'une fosse G 530
—-plein incomplet U 18
trophication T 460
trophisme, degré de ~ T 459
trophogène T 461
tropholytique T 462
tropiques T 440
trottoir B 881
trou L 252
— de boulon B 745
— de forage B 708
— de puits B 869
— de regard S 279
— de rivet N 225
— de sondage B 708
— de vidange A 155
— d'homme M 61
— percé au foret B 708
— sec F 117
trouble T 463
— de croissance W 17
troubles dans l'exploitation B 407
trous *(d'une crépine)* F 275
— *(d'une tôle perforée)* L 257
truite F 596
— arc-en-ciel R 124
— de mer M 149
— saumonée F 597
TTC T 384
tub W 185
tubage *(d'un trou de forage)* F 713
— crépiné M 67
— de protection S 685
— de puits V 241
— double D 208
— perforé, puits avec ~ S 515
— temporaire V 242
tube R 363
— à bord rabattu B 680
— à boues S 374
— à boules K 663
— à clapet S 528
— à collet rabattu B 680
— à culture *(bact.)* K 673
— à soudure en hélice R 377
— aérateur D 376
— bitumé à l'extérieur R 366
—, bout de ~ R 396
— cannelé R 317
— capillaire K 113
— céramique K 214
— collecteur crépiné F 287
— compteur de Geiger-Muller G 146
— crépiné en plastique K 687
— cylindrique gradué M 257
— d'acier S 1274
— d'acier à bout uni S 1268
— d'acier sans soudure S 1269
— d'aération B 248
— d'amenée d'eau W 446
— d'aspiration D 376, F 55
— de béton B 375
— de béton précontraint S 1076
— de condenseur K 447
— de dérivation A 166
— de descente F 55
— de distribution V 331
— de fermentation G 13
— de forage pour soudure bout à bout B 723
— de Pitot P 193
— de plomb B 567
— de puits B 868
— de raccordement V 60
— de rallonge H 355, V 201
— de retenue F 712
— de revêtement *(d'un trou de forage)* F 713
— de Sclavo A 196
— de Venturi V 41
— de verre G 393
— d'injection S 1195
— en acier S 1266
— en laiton M 225
— en plastique renforcé de fibres de verre K 694
— en verre G 393
— fileté G 346
— filtrant F 280
— filtrant, section de ~ F 287
— flexible S 475
— intérieurement bitumé R 373
— intérieurement goudronné R 373
— latéral de distribution V 331
— lisse R 370
— ondulé W 524
— piézométrique S 1294
— protecteur S 682
— protégé par un recouvrement de jute asphalté R 365
—, rayon de ~ R 405
— sans soudure R 375
— soudé R 369
— souple pour arrosage de jardins G 39
— spiral R 377
— taraudé G 346
— vertical à descendage F 52
—-allonge H 355
tuber V 240
tubercule T 470, W 685
— de rouille R 470
tuberculisation R 471
tuberculose T 472
tubes captants, train de ~ F 85
—, cintrage des ~ R 385
—, coefficient de rugosité des ~ R 428
—, pas pour ~ R 401
tubifex S 434
tubificides T 473
tubulaire S 478
tubulure à bride E 63
— à emboîtement E 64
— d'aspiration S 191
— de branchement S 1646
— de curage R 244
— de sortie A 114
— de vidange E 370
— droite (à 90°) S 1647
— oblique S 1648
tuf T 479
tuile D 7
tuniciers M 68
tunique H 128
tunnel, achèvement d'un ~ S 1466
turbidimètre T 467
turbidimétrie T 468
turbidité T 465
—, fuite de ~ D 379
—, passage de ~ D 379
turbine T 482
— à action D 335
— à basse pression N 169
— à condensation T 485
— à couronnes superposées A 914
— à forte pression H 219
— à gaz G 77
— à haute pression H 219
— à impulsion D 335
— à injection S 1511
— à plusieurs étages T 484
— à réaction U 13
— à un étage T 483
— à vapeur D 43
— axiale A 914
— compound V 89

tuy

— d'aération T 489
— de basses chutes N 169
— Francis F 627
— hydraulique W 400
— Kaplan K 121
— mono-étagée T 483
— multi-étages T 484
— parallèle A 914
— Pelton P 61
— radiale R 6
— sans condensation T 486
— tangentielle T 50
— tubulaire R 442
— Vortair V 471
turbo-compresseur T 496
—-malaxeur T 497
—-pompe réversible P 383
—-soufflante T 494
turbogénérateur T 495
turbulence T 500
turbulent T 498
tuyau R 363
— à accouplement rapide S 584
— à bout mort S 5
— à bouts unis R 370
— à brides F 406
— à deux bouts femelles D 197
— à deux emboîtements D 197
— à emboîtement M 470
— à emboîtement et bout uni M 471
— à emboîtement pour une conduite forcée M 458
— à emboîtement taraudé S 625
— à T T 1
—, arête superieure du ~ R 424
— armé E 186
— asphalté R 365
— avec orifice de nettoyage S 1212
— avec regard de visite S 1212
—, berceau d'un ~ R 384
— bimétallique B 477
— bitumé R 365
—, bout de ~ R 396
—, bris d'un ~ R 386
—, calibre de ~ R 452
— centrifugé en sable S 112
— conique à deux brides F 399
— conique à emboîtement (emboîtement au petit diamètre) M 480
— convergent R 100
— coulé en fosse R 378
— coulé horizontalement H 337
— coulé horizontalement en sable R 374
— coulé verticalement R 378
— d'acier type Mannesmann M 59
— d'admission Z 155

— d'aération B 248, D 376, R 383
— d'ajustage F 606
— d'amenée Z 155
— d'amenée d'eau W 446
— d'amenée d'un puits horizontal F 281
— d'aspiration S 188, S 190
— de béton précontraint S 1076
— de branchement A 364, A 602
— de canalisation L 192
— de captage F 84
— de chauffage H 162
— de chute F 55
— de coffrage F 712
— de communication A 602, V 60
— de débit D 323
— de décharge A 111, A 166, D 323
— de descente F 55
— de descente pluviale R 117
— de distribution A 602
— de drainage sans joint D 224
— de fer E 203
— de fibre bituminée P 46
— de fonte G 703
— de gros diamètre G 520
— de plomb B 567
— de polyéthylène P 235
— de prise E 387
— de prise d'eau *(service des incendies)* S 1297
— de protection S 682
— de raccordement A 602
— de réduction R 100
— de refoulement D 323
— de refroidissement K 626
— de résine synthétique K 693
— de retenue d'huile O 84
— de sortie A 831
— de trop-plein U 59
— de ventilation L 305
— de vidange G 545
— d'eau W 331
— d'échappement D 376
— d'écoulement A 111, D 323, E 369
—, dégât d'un ~ R 422
— d'égout K 94
— d'entrée Z 136
— d'évacuation A 111, D 323
— d'évacuation des boues S 374
— d'évent D 376
— d'extraction des boues S 374
— d'extraction du liquide surnageant S 469
—, diamètre du ~ R 395
—, diamètre intérieur du ~ R 452
— distributeur V 331
— d'observation B 275

—, drain en ~ R 392
— émaillé R 367
— en acier S 1266
— en acier à emboîtement S 1265
— en acier asphalté S 1267
— en acier bitumé S 1267
— en acier galvanisé S 1271
— en acier soudé par recouvrement S 1270
— en amiante A 677
— en amiante-ciment A 677
— en béton B 375
— en béton armé E 186
— en bois H 317
— en chlorure de polyvinyle rigide P 398
— en ciment B 375
— en CPV P 399
— en cuivre K 701
— en cul de sac S 5
— en douves de bois H 317
— en fer forgé R 376
— en fonte G 703
— en fonte à emboîtement pour une conduite forcée M 459
— en fonte centrifugée S 498
— en fonte coulé en sable S 103
— en fonte ductile G 704
— en fonte malléable R 376
— en fonte nodulaire G 704
— en grès vernissé S 1385
— en grès vitrifié S 1385
— en plastique K 693
— en poterie T 271
— en terre cuite T 271
— en toile caoutchoutée S 475
— en verre G 393
—, enrobement d'un ~ R 443
— fileté G 346
— filtre en béton B 360
— filtre en plastique K 687
— foreur B 722
— foreur taraudé G 344
—, fût d'un ~ R 456
— goudronné à chaud R 365
—, intérieur d'un ~ R 407
—, isolation d'un ~ R 408
— laminé sans soudure M 59
—, paroi de ~ R 451
— principal H 101
— procédé Hume H 359
—, revêtement d'un ~ R 400
— rivé R 368
— riveté R 368
— rompu R 430
— soudé au marteau R 371
—, surface extérieure d'un ~ R 381
tuyautage L 184
tuyauterie L 184, R 412
—, confection des joints d'une ~ R 379
— d'air L 334

— de descente F 50
— de retour R 495
— sous pression D 324
— vue L 183
tuyauteries, désinfection
  des ~ R 391
—, hydraulique des ~ R 406
tuyaux, branchement des ~
  R 449
—, collier pour ~ R 433
— d'entrée à niveau multiple
  E 556
—, palan pour pose de ~
  R 411
—, pose de ~ R 447
—, raccordement des ~ R 446
tuyère D 370
— à deux jets croisés dite
  d'Amsterdam A 508
— à jet S 1496
— de mesure M 235
— d'un filtre F 249
type A 810, B 87
— de comportement V 188
— de lac S 852
— de membrane M 188
— de source Q 33
— d'eau résiduaire A 311
— d'organismes S 1124
— du mouvement B 447
— du terrain B 599
— Geiger, arrivée ~ G 147
types de roches, succession
  des ~ G 294
typhoïde T 504
—, fréquence d'occurrence de
  la ~ T 508
—, pourcentage de cas mortels
  de ~ T 509
typhon T 28

U

ubiquiste U 1
ubiquitaire U 1
ultrafiltration U 131
ultrason U 132
ultraviolet U 133
uncinaire H 38
uni G 397
unicellulaire E 163
uniformité G 404
unilatéral E 124
unité E 81
— de bétail V 386
— de chaleur W 29
— de filtres F 233
— de gros bétail G 524
— de menu bétail K 320
— de mesure M 222
— filtrante F 233
— thermique W 29
uranium U 327
urbain U 1246
urbanisation V 299
— à flanc de côte H 81

(s')urbaniser V 298
urbanisme S 1235, S 1241
urée H 90
urine H 89
urinoir B 146, P 191, U 332
— à chasse automatique U 333
urochrome U 334
usagé V 75
usage commune G 172
— conjoint d'installations
  d'assainissement M 363
— de l'eau, droit d'~ W 310
— public G 172
usine F 1
— à béton B 359
— à distillation de lignite
  B 777
— à gaz G 85
— atomique K 222
— chimique F 2
— d'abattage et transformation
  de volailles G 117
— d'aniline A 556
— de filtration F 234
— de lavage de laine W 661
— de pâte de bois H 318
— de purification des eaux
  d'égout K 282
— de régénération des huiles
  usées A 478
— de transformation de
  poissons F 353
— d'eau W 434
— d'incinération des boues
  S 458
— électrique K 541
— élévatoire P 391
— hydroélectrique W 268
— marémotrice G 359
— métallurgique H 358
— nucléaire K 222
— pilote V 313
— sidérurgique E 197
usiner B 177
usure V 256
utile N 275
utilisable V 368
utilisation A 635, N 297, V 370
— agricole des eaux d'égout
  A 354
— agricole des eaux
  domestiques A 354
—, coefficient d'~ N 301
— de la capacité, degré d'~
  A 825
— de la chaleur résiduelle
  A 286
— de l'eau W 308
— de l'énergie hydraulique
  W 270
— de produits chimiques C 30
— d'énergie en cascade R 217
— des boues S 463
— des boues liquides F 490
— des déchets A 74
— des eaux d'égout A 353

— des terres B 639
— d'observations A 901
— du gaz [de digestion] G 80
— du site B 106
— en commun d'installations
  d'assainissement M 363
— non contrôlée du sol B 641
— pour la détente N 298
— pour l'agrément N 298
— restreinte N 299
— sauvage du sol B 641
utilisations multiples M 157
utiliser A 634, V 369

V

vaccination I 18
vache à eau W 336
vacuum V 2
vague W 497
— de marée F 577
— unique E 167
vagues, assaut des ~ W 506
—, choc des ~ W 345
— courantes W 504
—, montée des ~ W 506
— provoquées par le vent
  W 616
vairon E 259
vaisseau S 332
valence *(chim.)* W 541
valeur à long terme L 78
— d'abscisse de la courbe de
  durée du débit D 63
— de base R 304
— de base du débit de temps
  sec A 838
— de consigne S 1048
— de pointe S 1149
— de référence B 458, B 460
— de saturation S 19
— de seuil pour l'eau potable
  T 379
— dépassée W 540
— du pH P 131
— effective E 15, I 125
— fertilisante D 360
— indicative R 304
— indicative de protection
  contre les radiations S 1505
— indiquée M 250
— integrée S 1676
— limite G 491
— limite d'immission I 4
— limite inférieure G 496
— limite inférieure extrême
  G 497
— limite inférieure médiane
  G 493
— limite permissible G 498
— limite supérieure G 494
— limite supérieure extrême
  G 495
— limite supérieure médiane
  G 492
— MAK A 655

— maximum H 283
— maximum admissible H 284
— mesurée M 250
— MIK I 5
— moyenne M 376
— moyenne annuelle J 9
— normale R 112
— nutritive N 52
— observée à intervalles réguliers T 134
— quotidienne T 25
— réelle E 15, I 125
— théorique S 1048
— théorique du débit de temps sec A 838
— trouvée B 163
valeurs significatives H 111
— trouvées par analyse A 522
vallée T 29
— à U T 434
— affluente S 894
— de faille V 367
— d'érosion E 533
—, flanc de ~ T 32
— fluviale F 545
— glaciaire G 428
— longitudinale L 26
—, longueur d'une ~ T 34
— synclinale M 489
— tributaire S 894
vallisnérie *(Vallisneria) (bot.)* W 347
vallon T 30
valorisation A 727, V 370
— *(de déchets)* A 722
— des boues séchées T 416
— des résidus A 74
valoriser *(de déchets)* A 721
valve V 22
— à fermeture lente V 23
— à libre passage F 632
— à papillon D 269
— à plusieurs voies M 169
— à solénoïde M 28
— à voies multiples M 169
— de passage D 419
— de surcharge U 14
— d'écoulement E 371
— électromagnétique M 28
vanadium V 13
vandoise H 95
vanne S 661
— à boues S 443
— à clapet basculant équilibré G 407
— à coin K 186
— à commande hydraulique S 311
— à commande manuelle H 77
— à eau W 344
— à fermeture rapide S 590
— à flotteur S 795
— à glissière G 418
— à ouverture rapide V 24
— à rouleau W 70
— à segment S 869

— à soupape D 321
— annulaire à piston R 324
— anti-reflux R 515
— automatique basculante G 407
— avec ouverture à droite S 315
— avec ouverture à gauche S 313
— avec ouverture dans le sens des aiguilles d'une montre S 315
— avec ouverture en sens contraire des aiguilles d'une montre S 313
—, commande de la ~ S 316
—, commande d'une ~ S 324
—, course (de l'obturateur) d'une ~ S 325
— cylindrique Z 226
— d'admission E 98
— d'admission d'eau de lavage S 1208
— d'arrêt A 259
— de chasse S 1199
— de contrôle K 470
— de crue H 268
— de décharge A 159, E 363
— de décharge automatique E 372
— de prise E 389
— de réglage R 111
— de remplissage F 683
— de secours N 266
— de sectionnement d'urgence N 267
— de vidange des boues S 375
— d'écoulement de l'eau commandée par un flotteur S 779
— d'entrée E 98
— d'isolement A 253
— en toit B 19
— équilibrée S 312
— glissière K 98
— murale A 254
— murale à commande par tige de manœuvre S 1132
— murale carrée Z 148
— murale circulaire Z 147
— murale manœuvre à la main H 77
— non-équilibrée S 314
— papillon à commande pneumatique D 270
— papillon pneumatique D 270
— pour canalisation K 98
— radiale S 869
— régulatrice d'arrosage S 1339
— roulante S 1198
— sphérique K 664
— -segment S 869
vapeur D 25
— à basse pression N 166
— à haute pression H 212

—, chaudière à ~ D 35
— d'eau W 187
— d'eau saturée W 188
— d'échappement A 29
— détendue N 166
—, machine à ~ D 38
—, pompe à ~ D 40
— surchauffée D 26
—, turbine à ~ D 43
vapeurs acides S 33
—, compression des ~ B 830
— obtenues par distillation flash E 422
—, pyrolyse des ~ B 832
vaporisable V 93
vaporisation V 97
—, capacité de ~ V 101
—, chaleur de ~ V 106
—, coefficient de ~ V 108
— latente, chaleur de ~ V 107
—, station de ~ V 100
vaporiser V 94
varech *(bot.)* S 860
variable V 42, V 43
variation A 387, S 700
— *(biol.)* V 14
— annuelle S 702
— de pression D 281
— des besoins B 153
— horaire S 706
— journalière S 707
— mensuelle S 704
— saisonnière S 703
variété *(biol.)* A 5
vase G 114, S 510, S 527
— de fond B 652
—, dépôt de ~ S 511
sur une vaste échelle G 518
végétal aquatique flottant S 782
— terrestre L 54
végétation P 121
—, cartographie de la ~ V 18
— des berges U 126
—, dommage à la ~ V 20
—, groupe de ~ P 112
— mésophyte V 17
— sur les rives U 112
veine d'eau souterraine G 593
vélie W 276
vélocité G 275
venant du large A 757
vénéneux G 374
vent W 588
—, direction du ~ W 606
— impétueux S 1638
—, moulin à ~ W 603
—, poussée du ~ W 592
—, pression du ~ W 592
—, puissance du ~ W 599
—, roue à ~ W 605
— soufflant de la terre W 589
— soufflant vers le large W 589
— venant du large W 590
vente des boues d'égout K 296

ven

— et marketing V 354
ventilateur V 26
ventilation L 299
— artificielle L 300
— naturelle L 301
—, tuyau de ~ L 305
ventiler L 298
ventouse E 379
Venturi V 41
venue d'eau W 154
ver de terre R 189
— intestinal E 80
— solitaire B 64
verdunisation V 127
verglas G 398
vérification P 336
vérin W 593
— hydraulique W 594
vermicide V 222
vermifuge V 222
vermine S 530
ver[g]ne E 525
verre G 387
verrerie G 392
vers W 670
— le bas A 287
— le haut A 778
— le large A 153
versant A 136
— d'une vallée T 33
verser E 123
vertébrés W 627
vertical S 918
verticale du point de mesure M 229
verticales de mesure *(geod.)* M 233
vespasienne S 1299
vestiaire U 146
viabilité V 410
viaduc V 382
viande, traitement de la ~ F 415
vibrateur R 530
vibration S 814
— du sol E 539
vibrer R 526
vibro-compacteur R 528
vidage E 366
vidange E 366
—, canal de ~ E 368
—, conduite de ~ E 369
— de fond G 545
— intermédiaire A 85
— mécanique E 367
—, robinet de ~ A 829
—, soupape de ~ E 371
— sous haute charge H 211
—, trou de ~ A 155
—, tubulure de ~ E 370
vidanger les boues S 368
vidanges, service des ~ F 19
vide H 302, V 2
— optique L 219
—-ordures A 52, M 430
vider B 323, E 365

vides, indice des ~ H 305, P 256
— laissés entre les grains H 303
vieilli à l'eau W 234
vieillissé par la vapeur D 33
vieillissement A 473
— à l'air L 328
— par la vapeur D 34
—, résistance au ~ A 474
vieux déchets M 432
— métal A 475
— papiers A 479
village O 118
ville S 1234
— satellite S 133
vinaigre E 552
vinasses de distillerie S 490
violation de la loi G 287
— d'un brevet P 39
viricide V 396, V 397
virole Z 208
virologie V 398
virologique V 399
virulence V 401
virulent V 400
virus [: virus] V 402
—, activation des ~ V 403
— entériques D 53
— entéritique E 319
—, inactivation de ~ V 404
— par le sol, rétention de ~ V 406
— poliomyelite P 230
vis S 613
— d'alimentation D 215
— d'Archimède S 557
— de manœuvre H 348, S 1131
— de manœuvre fixe F 186
— de rallonge N 13
— de serrage S 1082
— d'extraction A 889
— mélangeuse M 348
— micrométrique M 294
— sans fin S 557
— sans fin, commande par ~ S 558
— transporteuse F 588
viscosimètre V 408
viscosité Z 2
— absolue V 409
— cinématique Z 4
—, coefficient de ~ Z 12
— dynamique Z 3
visibilité S 942
visite des égouts K 76
visiter B 328
visiteur d'usines G 331
visqueux Z 1
visser A 604
vital L 120
vitalité V 410
vitamine V 411
vitesse G 275
— ascensionnelle A 773
— circonférentielle U 148

—, coefficient de ~ G 279
— critique d'écoulement F 435
— d'affluence Z 135
— dans les pores P 251
— d'arrivée Z 135
— d'arrivée de l'eau dans le filtre F 251
— d'avancement V 466
— de circulation au fond S 1036
— de circulation réelle de l'eau souterraine F 434
— de cisaillement S 295
— de corrosion K 505
— de décantation A 223
— de développement W 16
— de filtration F 255
— de filtration de Darcy D 47
— de gonflement A 607
— de groupe G 679
— de la circulation souterraine F 622
— de la marée descendante E 5
— de la marée montante F 572
— de l'eau de lavage S 1188
— de passage D 391
— de propagation A 796
— (de propagation) de l'onde de pression D 345
— de propagation d'ondes produites par des coups de bélier F 619
— de propagation du reflux E 5
— de propagation d'une contrainte de cisaillement S 647
— de réaction R 74
— de refoulement F 581
— de respiration A 699
— de rotation U 138
— de sédimentation A 223
— de translation d'une vague O 98
— d'écoulement A 89, F 433, S 1584
— d'écoulement au fond S 1036
— d'écoulement de Darcy D 47
— d'écoulement, surface du diagramme de ~ G 280
— d'entrée Z 135
— d'infiltration D 383, S 952
— du courant S 1584
— du son S 242
— du vent W 597
— d'une onde W 514
—, gradient de ~ G 281
— initiale A 537
— interstitielle P 251
— limite G 480
— maximale G 277
— maximale de pression H 278
— minimale G 276

— minimum G 276
— minimum d'écoulement M 312
— moyenne G 278
— moyenne générale du courant à marée descendante Q 59
— moyenne générale du courant à marée montante Q 60
— moyenne pour une section Q 58
— orbitale B 22
— périphérique U 148
— réelle de l'eau souterraine en zone saturée G 625
— superficielle O 13
viticulture W 480
vitrication D 124
vitriol bleu *(ancien)* K 704
— vert E 207
vive eau S 1165
vivier F 351, H 55
— à eaux résiduaires A 323
vivres N 56
Vogelbusch, disperseur type ~ V 412
voie S 1521
— de chargement L 12
— d'eau fédérale B 888
— d'eau intérieure B 490
— d'évacuation des crues H 272
— d'infiltration S 968
— hydraulique W 385
— navigable S 336, W 385
— principale H 105
— souterraine S 1546
voies navigables, aménagement des ~ W 386
— navigables, génie des ~ W 387
— navigables intérieures, réseau de ~ W 389
— navigables, loi régissant les ~ W 388
voile de béton B 377
— d'étanchéité D 133
voirie S 1524
voisin A 636
— de la côte K 650
volant S 820
— à main H 73
— de manœuvre H 73
— de vanne H 73
volatil F 473
volatilisation V 160
se volatiliser V 159
volatilité F 474
volcanique V 477
volt V 419
volume R 64
— de boues S 399
— de la zone d'action des marées F 568
— de recyclage R 502

— de résidus A 61
— de retenue d'un étang T 99
— d'eau W 292
— (d'eau) d'un lac S 863
— débité A 99
— d'écoulement de la marée descendante E 7
— des boues S 464
— des boues recyclées S 436
— des eaux d'égout A 328
— des réservoirs T 52
— des vides H 303
— d'infiltration I 46
— du flux F 575
— effectif des précipitations N 196
— recyclé R 502
— total des pores G 252
volumétrique M 97, M 192
vorticelle G 435
voûte G 351
— circulaire K 568
—, crête d'une ~ G 354
—, extrados de ~ G 354
—, sommet de ~ G 355
voûtes, maçonnerie en ~ G 352
— multiples, barrage à ~ G 353
voyage à vide L 139
vue aérienne L 314
— de face V 432
— en plan G 567

W

wadi W 18
wady W 18
wagon citerne T 54
— réservoir T 54
Warburg, appareil de ~ W 80
water-closet S 1182
watt W 448
W.C. S 1182
— "à la turque" H 275
Weber, nombre de ~ W 450
Wupper, Association de la ~ W 673

X

xérophyte T 411

Z

Zannichellia T 98
zéolithe Z 81
zéro N 280
— absolu N 281
— d'une échelle fluviale P 52
zinc Z 102
zone Z 109
— abritée de la pluie R 162
— abyssale P 314, T 222
— aménagée A 787
— aride Z 110

— au voisinage du sol B 678
— balnéaire S 836
— captive de la nappe G 656
— climatique K 340
— d'action des marées, volume de la ~ F 568
— d'activité W 644
— d'aération *(hydrol.)* U 102
— d'alerte W 95
— d'alimentation V 296
— d'altération V 373
— d'appauvrissement V 50
— d'appel E 386
— de basse pression N 170, T 213
— de captage d'eau W 240
— de contact G 499, K 464
— de crue H 274
— de déferlement des vagues B 763
— de dépeuplement V 228
— de dépression A 205
— de désagrégation atmosphérique V 373
— de dystrophisation V 228
— de fluctuation de la nappe phréatique G 652
— de l'exutoire A 356
— de méandres M 3
— de mesure M 207
— de pergelisol, eau au-dessus de la ~ G 582
— de pluie R 168
— de pression D 346
— de protection S 677
— de protection d'eau W 348
— de protection d'eau souterraine G 651
— de protection des sources Q 38
— de réalimentation E 529, I 42
— de recharge E 529
— de rétention H 33
— de saturation *(hydrol.)* U 314
— de sport nautique M 359
— de transition U 39
— de transition saumâtre B 758
— de verdure G 541
— d'eau du sol W 678
— d'eaux peu profondes F 370
— d'écoulement laminaire S 1582
— d'embruns S 1173
— dépeuplée V 228
— des eaux profondes T 238
— des eaux résiduaires A 356
— des marées T 181
— d'évaporation B 678
— d'humidité du sol F 210
— d'influence A 205
— d'influence des marées, limite de la ~ F 573
— d'urbanisation B 127

- éclairée Z 115
- euphotique Z 111
- extérieure soumise aux marées T 174
- industrielle I 37
- inondable U 84
- intéressée par la retenue S 1318
- interieure soumise aux marées T 176
- intermédiaire Z 217
- intertidale T 175
- limite G 499
- littorale L 251
- littorale en avant de la digue D 83
- marécageuse M 79
- mésosaprobie Z 113
- minière A 17
- néritique Z 112
- oligosaprobie Z 114
- pélagique P 58
- périphérique A 855
- photique Z 115
- polysaprobie Z 116
- profonde T 222
- protégée du paysage L 60
- radiculaire W 678
- semi-aride Z 117
- thermophile T 118
- touristique A 800
- trophogène Z 118
- tropholytique Z 119

zones de stagnation T 288
zooglées bactériennes B 46
zoologie Z 121
zoophytes P 119
zooplancton Z 122

Italienisch

Italian

Italien

Italiano

A

a catena diritta K 247
— livello del suolo E 11
— monte B 296
— permeabilità selettiva S 907
— singolo stadio E 139
— valle T 47, U 311
abaco D 116
abbandonare A 762
abbandono d'una miniera A 763
abbassamento S 926
— a causa delle miniere B 293
— del livello dell'acqua causato dal vento W 612
— del livello delle acque A 235
— del livello idrico A 203
— del suolo B 660
— della falda freatica A 234
— della sponda U 117
— dell'acqua sotterranea G 590
— dell'acqua sotterranea, curva d'~ G 591
— di livello in un pozzo B 847
— livello/tempo, curva ~ A 206
— naturale dell'acqua sotterranea G 592
— progressivo del livello d'acqua *(in un canale)* S 1683
— progressivo di livello d'acqua W 363
— specifico A 204
—, zona di ~ A 205
abbattimento, prova di ~ A 143
abbeverare T 300
abbeveratoio V 388
abbinamento K 710
abbonamento d'acqua W 286
abbondanza *(biol.)* H 13
— d'acqua W 329
— delle speci H 17
—, rapporto di ~ H 21
abbozzo E 462, S 1019
abbronzatura V 200
abete T 56
— rosso F 220
abiontia A 670
abiotico A 140
abissale A 360
abissi marini, esplorazione degli ~ T 232
abitante E 157
— delle rive U 110
ablazione A 156
abramide comune B 764
abrasione A 184
accavallarsi delle onde K 588
acceleratore della presa A 24
accendersi E 326
accendibile E 466
accensione del colpo B 714
accertamento dei danni S 213

accessibile Z 140
accesso Z 141
— d'aria L 353
—, galleria di ~ Z 142
accessori Z 123
accessorio d'installazione I 78
acciaieria S 1275
acciaio S 1253
— colato G 706
— fuso G 706
— inossidabile S 1255
— laminato S 1254
— omogeneo F 543
— per fioretti B 731
— saldato S 737
— tondo R 541
accidente U 208
acclimatarsi A 421
acclimatazione A 422
acclività S 1361
accomodamento E 113
accoppiamento K 710
— a vite G 345
— filettato G 345
— in parallelo P 21
— in serie H 203
accoppiare K 709
accrescimento V 213, Z 184
— delle malerbe K 554
—, fase di ~ L 30
—, tasso di ~ V 215
accumulamento d'aria L 310
accumulare S 78, S 1102
accumularsi A 550
accumulazione S 83
— del fango V 253
— di piombo B 544
accumulo S 1105
— d'acqua piovana R 187
— delle acque sotterranee G 658
— di acqua in depressioni naturali W 350
— di detriti contro uno sbarramento S 1347
— di energia solare S 1061
— di pietrisco A 551
— di sostanze nocive S 216
— dinamico S 1106
— in cisterna Z 108
—, possibilità di ~ S 1101
—, regolazione dei bacini d'~ S 1103
— tronchi S 1281
acerina K 171
acetato A 368
— di cellulosa, membrana di ~ Z 54
— di piombo B 543
acetilene A 371
aceto E 552
acetone A 370
acettore d'idrogeno W 375
Achorutes viaticus S 1167
acide deossiribonucleico D 101
acidi, resistenza agli ~ S 37

—, scambio di ~ S 35
acidificare A 591
acidificazione A 592, S 21
— *(di un pozzo)* S 36
acidimetria A 915
acidità A 916
— al metilarancio M 282
— alla fenolftaleina P 145
— del suolo B 603
— di scambio A 878
acido S 28, S 136
— acetico E 553
— arbonico di supero K 385
— borico B 752
— butirrico B 891
— carbolico P 137
— carbonico in eccesso K 385
— carbonico libero K 382
— carbonio K 380
— cianidrico B 537
— cloridrico S 66
— cloroso C 63
—, contenuto di ~ S 42
— cromico C 96
—, debolmente ~ S 691
— di rifiuto A 66
— diluito D 363
— etilendiamminotetracetico A 402
— fenico P 137
— fluoridrico F 536
— fluoroso F 536
— fluosilicico K 262
— formico A 487
— fosforico P 158
— idrocianico B 537
— ipocloroso S 31
— lattico M 300
— ligninsulfonico L 233
— minerale M 325
— muriatico S 66
— nitrico S 53
— nitrilotriacetico N 236
— nitroso S 29
— nucleico N 276
— oleico O 81
— picrico P 183
— prussico B 537
— ribonucleico R 299
— sebaceo F 201
— silicico K 265
— silicico attivato K 266
— solfidrico S 725
— solfonico S 1673
— solforico S 724
— solforoso S 30
— succinico B 301
—, tenore di ~ S 42
— umico H 360
acidogenesi S 39
acidoresistente S 41
acidulo S 20
acoro K 57
acqua W 122
— acida di miniera G 532
— acidula S 137

— acidula, sorgente d'~ S 137
—, addolcimento dell'~ W 210
—, affluenza d'~ W 154
—, afflusso d'~ W 445
—, altezza della colonna d'~ W 197
— ammoniacale G 84
—, analisi dell'~ W 406
— artesiana W 124
—, bagnato d'~ W 203
—, bagno d'~ W 160
— bidistillata B 464
—, bisogno d'~ W 165
— bleu B 538
— bruta R 458
— bruta, afflusso d'~ R 459
— calcarea W 132
— calda W 144
— calda, apparecchio per ~ W 86
— calda, conduttura d'~ W 89
— calda, distribuzione d'~ W 92
— calda, macerazione ad ~ W 90
— calda, serbatoio per ~ W 91
— calda, sistema ad ~ W 85
— caldaie K 245
—, campione d'~ W 317
—, capacità di ritegno d'~ W 253
— capillare K 118
—, captazione d'~ W 239
—, carattere dell'~ W 175
— carsica K 133
—, castello d'~ W 401
— che comincia a putrefare A 301
— cheta W 140
—, chiusura della condotta d'~ W 151
—, circolazione dell'~ W 274, W 404
— cloacale A 288
— clorata C 81
—, colonna d'~ W 337
— combinata (chim.) W 129
—, conduttura d'~ W 283
—, conservazione d'~ W 217
—, consumo d'~ W 412
—, contaminazione dell'~ W 429
—, contatore d'~ W 443
—, contenuto d'~ W 235
—, convogliamento dell'~ W 229
— corrente W 128
—, corso d'~ W 278
— costiera K 648
—, cuscino d'~ W 315
—, deaerazione dell'~ E 376
— del fango S 468
— del mare M 150
— del rubinetto L 196
— del sottosuolo G 571
— del suolo B 676

— della condotta L 196
— dell'acquedotto L 196
— delle dune D 355
— depurata W 131
—, depurazione dell'~ W 330
— di aderenza H 31
— di adesione H 31
— di adsorbimento A 386
— di alimentazione S 1112
— di alimentazione delle caldaie [a vapore] K 238
— di assorbimento (idrol.) A 249
— di bagnatura (birreria) E 155
— di cacciata delle ceneri A 681
— di calce K 54
— di calcina K 54
— di cavità H 295
— di cloro C 81
— di compattazione V 117
— di compensazione Z 178
— di condensa F 56
— di condensazione K 444
— di costituzione K 458
— di cristallizzazione K 596
— di diffusione e di filtrazione (fabbrica di zucchero) D 162
— di diluizione V 125
— di disidratazione D 75
— di drenaggio S 967
— di drenaggio di mondizzaio M 439
— di dune D 355
— di estinzione di coke K 409
— di falda artesiana W 124
— di falda sotterranea G 571
— di fiume F 555
— di fogna A 288
— di fogna, analisi dell'~ (di rifiuto) A 309
— di fogna concentrata A 291
— di fogna diluita A 292
— di fogna, epurazione biologica dell'~ A 335
— di fogna, epurazione dell'~ A 334
— di fogna, fungo d'~ A 330
— di fogna mista M 358
— di fogna, quantità d'~ A 328
— di fogna, trattamento dell'~ A 313
— di fogna, utilizzazione dell'~ A 353
— di fognatura A 288
— di fontana B 872
— di frontiera G 481
— di fughe L 132
— di fusione S 534
— di gas G 84
— di idratazione K 596
— di infiltrazione in fenditure (idrol.) S 1011
— di Javelle B 548

— di lago S 864
— di lavaggio W 119
— di lavaggio del gas G 83
— di lavaggio del gas d'alto forno G 366
— di lavaggio del gas di gasogeni G 182
— di lavaggio del luppolo H 331
— di lavaggio delle barbabietole R 491
— di lavaggio di carbone K 394
— di lavaggio in controcorrente di un filtro F 286
— di lavaggio, pompa d'~ S 1206
— di macerazione (conceria) E 154
— di mare M 150
— di mare, resistente all'~ M 151
— di miniera G 531
— di miniera di carbone K 378
— di monte O 39
— di pioggia R 176
— di pioggia, bacino di ritegno per l'~ R 161
— di pioggia, rete per l'~ R 186
— di piscina B 15
— di pozzo B 872
— di quenching A 202
— di refrigerazione K 635
— di ricircolazione R 507
— di rifiuto A 288
— di rifiuto acida A 300
— di rifiuto ammoniacale A 496
— di rifiuto bruta A 299
— di rifiuto, canale per ~ S 555
— di rifiuto del trattamento di disinchiostratura (vecchi carte) E 420
— di rifiuto della spremitura del luppolo H 330
— di rifiuto della spremitura di lievito H 146
— di rifiuto della spremitura di polpe P 340
— di rifiuto di cucina K 620
— di rifiuto di decapaggio B 199
— di rifiuto di distilleria di coke K 404
— di rifiuto di fabbricazione P 329
— di rifiuto di lavabottiglie F 412
— di rifiuto d'impianto di potassa K 17
— di rifiuto, eliminazione dell'~ A 316
— di rifiuto fenolica A 298

acq

- di rifiuto fresca A 294
- di rifiuto industriale A 295
- di rifiuto, piscina d'~ A 323
- di rifiuto putrida A 289, A 293
- di rifiuto, stagno d'~ A 346
- di rifiuto stantia A 301
- di risciacquamento S 1204
- di saturazione S 18
- di sbiancatura F 667
- di scarico A 288
- di scarico, campione d'~ A 331
- di scarico cittadino A 302
- di scarico di lavaggio W 120
- di scarico di stabilimenti conciari G 202
- di scarico di tintorie F 35
- di scarico d'imbiancatura a cromo C 93
- di scarico, natura dell'~ A 311
- di scarico proveniente dalla spremitura di polpe S 595
- di scarico, tipo d'~ A 311
- di sentina B 476
- di soprasaturazione U 70
- di sorgente Q 41
- di spremitura B 474
- di spurgo di caldaia K 236
- di stagno W 140
- di supero U 31
- di torba M 408
- di torbiera M 408
- di trasporto delle barbabietole R 490
- di trasporto e di lavatura delle barbabietole R 489
- di una chiusa S 508
- di zavorra B 56
- d'imbibizione S 193
- d'impasto A 575
- d'infiltrazione da origine meteorica F 507
- —, disintossicazione d'~ W 208
- —, dislocamento d'~ W 414
- disponibile del suolo B 677
- distillata W 125
- —, distribuzione d'~ W 428
- dolce S 1656, W 145
- dolce, alghe dell'~ S 1657
- dolce, corpo d'~ B 484
- dolce, flora dell'~ S 1661
- dolce, lenticchia d'~ *(idrol.)* S 1660
- dolce, produzione d'~ S 1659
- dolce, vegetazione dell'~ S 1661
- —, dominio d'~ W 219
- d'origine sotterranea G 571
- dura W 132
- eccedente F 636
- —, epurazione dell'~ W 330
- —, estrazione d'~ W 213

- —, filo d'~ W 220
- filtrata W 130
- filtrata, portata dell'~ F 270
- filtrata, serbatoio dell'~ R 251
- fluente F 555
- —, fornitura d'~ W 148
- freatica G 571
- freatica indigena G 583
- fredda W 134
- fresca F 644
- —, getto d'~ W 382
- —, goccia d'~ W 399
- gravidica *(idrol.)* S 761
- greggia R 458
- igroscopica A 386
- —, imbibizione d'~ W 204
- in pressione D 342
- industriale B 413
- industriale, alimentazione d'~ B 767
- infetta W 135
- —, inquinamento dell'~ W 429
- inquinata W 142
- interstiziale P 254, P 255, S 1070
- —, intrusione d'~ W 154
- —, invasione d'~ W 206
- iuvenile W 133
- —, linea d'~ W 370
- —, livello d'~ W 353
- madre M 504
- magmatica W 127
- marginale R 36
- marina M 150
- marina, intrusione d'~ M 152
- meteorica M 267
- minerale M 327
- —, misuratore d'~ W 297
- molle W 145
- morta T 291, W 140
- moto dell'~ W 178
- motrice K 540
- motrice, canale dell'~ T 359
- motrice, condotta dell'~ T 360
- —, movimento dell'~ W 178
- —, mulino ad ~ W 304
- non conforme alle norme di qualità G 687
- non corrente W 140
- non utilizzata F 636
- ossigenata W 381
- —, passaggio dell'~ W 199
- pellicolare S 1066
- —, penuria d'~ W 266
- per estinguere l'incendio F 214
- per estinzione incendi F 214
- per il servizio di spegnimento F 214
- per uso industriale B 413
- per uso industriale, domanda d'~ B 766
- —, perdita d'~ W 416

- pesante, reattore ad ~ S 775
- piovana R 176
- piovana, accumulo d'~ R 187
- piovana, fognatura per l'~ R 185
- piovana, portata critica d'~ R 178
- plutonica W 137
- pluviale R 176
- pluviale, deflusso totale dell'~ R 180
- poco profonda F 369
- —, pompaggio dell'~ W 229
- —, portata d'~ W 292
- —, portata in ~ W 352
- potabile T 366
- potabile, alimentazione di ~ T 381
- potabile, analisi dell'~ T 367
- potabile, approvvigionamento di ~ T 381
- potabile, disinfezione dell'~ T 372
- potabile, fabbisogno d'~ T 369
- potabile, fluorazione dell'~ T 373
- potabile, igiene dell'~ T 376
- potabile, mancanza d'~ T 378
- potabile, norme di qualità per l'~ G 686
- potabilizzata T 366
- —, presa d'~ W 213, W 224
- —, pressione d'~ W 196
- —, prezzo dell'~ W 316
- —, profondità dell'~ W 392
- —, provvisione d'~ W 431
- —, provvista d'~ W 421
- —, pulitura all'~ W 432
- pura W 138
- pura, serbatoio per ~ R 251
- —, qualità dell'~ W 175
- —, quantità d'~ W 292
- recipiente V 441
- refrigerante K 635
- —, relativo all'~ W 438
- residuaria A 288
- ricco d'~ W 328
- ricerca d'~ W 391
- —, ricuperazione d'~ W 335
- rigurgitata S 1341
- —, riscaldamento d'~ W 87
- riserva d'~ W 431
- rovescio d'~ R 163
- —, rubinetto d'~ W 252
- salata S 1044, W 139
- salina W 139
- salmastra B 757
- salmastra, zona dell'~ B 758
- —, saracinesca per ~ W 344

—, scarsezza d'~ W 266
—, scialacquamento d'~ W 415
— scorrevole W 128
—, sollevamento dell'~ W 258
—, solubile nell'~ W 290
— sopra della zona perennemente gelato G 582
— sorgiva Q 41
— sorgiva, pelo dell'~ Q 42
— sospetta W 141
— sotterranea di seconda falda G 668
— sotterranea G 571
— sotterranea, abbassamento dell'~ G 590
— sotterranea, arricchimento dell'~ G 595
— sotterranea artesiana G 576
— sotterranea artificiale G 578
— sotterranea, aumento dell'~ G 595
— sotterranea, bacino di ~ G 602
— sotterranea, bilancio dell'~ G 605
— sotterranea, carattere dell'~ G 603
— sotterranea, corrente di ~ G 669
— sotterranea, curva d'abbassamento dell'~ G 591
— sotterranea di prima falda G 667
— sotterranea, filone d'~ G 593
— sotterranea, infiltrazione dell'~ G 594
— sotterranea, inondazione di ~ G 599
— sotterranea, intrusione dell'~ G 594
— sotterranea, livello dell'~ G 660
— sotterranea, livello minimo dell'~ G 663
— sotterranea naturale G 579
— sotterranea, portata in ~ G 659
— sotterranea profonda T 217
— sotterranea, riscaldamento del'~ G 619
— sotterranea, riserva d'~ G 604
— sotterranea, riserve disponibili in ~ G 609
— sotterranea, risorse in ~ G 674
— sotterranea, stato dell'~ G 660
— sotterranea, strato di base d'~ G 655
— sotterranea, superficie d'~ G 642
— sotterranea, trasferimento d'~ G 672

— sotterranea, uscita di ~ G 599
— sotterranea utilizzabile G 580
— sotterranea, vena d'~ G 593
— stagnante S 1427, W 140
—, sterilizzazione dell'~ W 211
—, strato d'~ W 342
— subalvea H 295
—, superficiale O 27
—, superficie dell'~ W 227
— supplementare Z 175
—, tassa per l'~ W 236
—, tecnica dell'~ W 219
—, temprato in ~ W 234
—, tenuta d'~ W 194
—, terreno di captazione d'~ W 240
—, trattamento dell'~ W 171
— trattata W 131
—, tromba d'~ W 261
—, tubo d'~ W 331
— ultrapura R 249
—, uso dell'~ W 308
— utilizzabile W 136
—, vapore d'~ W 187
— vulcanica W 143
—, zona di protezione dell'~ W 348
acquafono D 71
acquario A 651
acquata R 139
acquazzone R 163, W 658
— nominale E 461
acque G 314
— alte H 239
— alte, livello medio delle ~ H 264
— ammoniacali T 149
— basse N 208
— basse, livello medio delle ~ N 218
— bianche P 15
—, carta della qualità delle ~ W 245
—, carta delle ~ W 265
—, cartografia delle ~ G 629
—, ciclo delle ~ W 274
—, contaminazione delle ~ W 419
— continentali B 484
— correnti W 278
— dei porti H 25
— del condensatore F 56
— destinate agli svaghi G 315
— di balneazione B 8
— di carbonizzazione a bassa temperatura S 750
— di corsi superficiali O 15
— di cottura P 272
— di estuario T 182
— di fogna, epurazione meccanica delle ~ A 337
— di fogna, fango delle ~ K 295

— di fogna, ricircolazione delle ~ A 339
— di fogna, scarico delle ~ A 308
— di fogna, trattamento terziario delle ~ R 243
— di lavaggio dei tini F 87
— di lavaggio delle cisterne T 55
— di lavaggio, ricircolazione delle ~ W 121
— di pioggia, bacino di chiarificazione per le ~ R 149
— di pioggia, bacino per le ~ R 181
— di pioggia, by-pass per le ~ R 173
— di pioggia, canale di scarico delle ~ R 128
— di pressatura delle birrerie B 769
— di pressatura e di centrifugazione P 272
— di rifiuto brute, pompa per ~ R 355
— di rifiuto contenenti fenolo A 298
— di rifiuto di birreria B 770
— di rifiuto di cartiera P 14
— di rifiuto di depurazione R 247
— di rifiuto di distilleria B 796
— di rifiuto di fabbrica di cartone P 18
— di rifiuto di latteria M 391
— di rifiuto di maceratoio di lino F 367
— di rifiuto di malteria M 8
— di rifiuto di trattamento d'acqua W 435
— di rifiuto di una fabbrica di pasta chimica Z 46
— di rifiuto di una fabbrica di zucchero Z 125
— di rifiuto, distribuzione delle ~ A 351
— di rifiuto, effluente delle ~ A 307
— di rifiuto, ingegneria delle ~ A 344
— di rifiuto, norma [standard] per ~ A 329
— di rifiuto, rete delle ~ E 443
— di rifiuto, valutazione delle ~ A 318
— di rifiuto, vivaio ad ~ A 323
— di sacrico, legge sulla tassazione delle ~ A 306
— di scarico, biologia delle ~ A 319
— di scarico, clorazione delle ~ A 320
— di scarico del lavaggio di lana W 662

aer

- di scarico delle distillerie di vino W 481
- di scarico derivanti da operazioni di pulizia R 233
- di scarico derivanti dai trattamenti dei minerali uraniferi U 329
- di scarico di fabbrica di rayon K 684
- di scarico di industrie alimentari L 119
- di scarico di laboratori di fotoincisione A 406
- di scarico di lavanderia W 58
- di scarico di scamosciatura S 7
- di scarico di seta artificiale K 684
- di scarico, disposizione per il trattamento delle ~ A 315
- di scarico, metodi analitici per le ~ A 310
- di scarico nel sottosuolo, immissione di ~ A 350
- di scarico, piano di smaltimento delle ~ A 317
- di scarico, portata totale delle ~ S 554
- di scarico, regolamento relativo ai parametri di nocività delle ~ A 341
- di scarico, smaltimento nel sottosuolo delle ~ A 350
- di scarico, statistiche sulle ~ A 342
- di scarico, tariffa sulle ~ A 324
- di scarico, tassa sulle ~ A 324
- di scarico, tecnica di trattamento delle ~ K 297
- di scarico, tecnologia delle ~ A 345
- di scarico, trattamento chimico delle ~ A 336
- di scarico, trattamento fisico delle ~ A 338
- di scarico, trattamento termico di ~ A 314
- d'importazione F 639
- domestiche di scarico A 296
- estuariali M 448
- , filtrazione delle ~ W 226
- , infezione delle ~ W 420
- , legislazione delle ~ W 324
- madri M 504
- medie M 373
- pescose F 333
- piovane, cisterna per le ~ R 140
- piovane, condotta delle ~ R 184
- pluviali, bacino di raccolta delle ~ R 119
- portuali H 25

- potabili, valore limite per ~ T 379
- , prospezione delle ~ W 218
- , regime delle ~ W 255
- residue dalla pelatura delle patate K 138
- , ricircolazione delle ~ W 275
- salate, intrusione delle ~ V 433
- scarico sanitarie S 122
- sotterranee, accumulo delle ~ G 658
- sotterranee alloctone G 572
- sotterranee, approvvigionamento di ~ G 673
- sotterranee autoctone G 574
- sotterranee, captazione delle ~ G 618
- sotterranee, cartografia delle ~ G 630
- sotterranee, deflusso totale delle ~ G 587
- sotterranee, emergenza delle ~ G 607
- sotterranee, prelevamento totale di ~ G 614
- sotterranee, prospezione delle ~ G 650
- sotterranee, punto du prelievo di ~ K 667
- sotterranee, regione di ~ G 623
- sotterranee, scorrimento delle ~ G 613
- sotterranee, serbatoio d'~ G 657
- superficiali O 15
- superficiali, atlante delle ~ G 317
- superficiali, classe di qualità di ~ G 319
- territoriali H 297, T 140
- usate scaricate, quantità annuale di ~ J 12
- vadose G 581
acquedotto A 650, W 283
- civico W 284
- comunale W 284
- potabile T 377
- , rete dell'~ L 190
- rurale W 422
- urbano W 284
acquicoltura H 384
acquifero W 232
- , tetto dell'~ G 610
acquirente all'ingrosso G 515
acquisto di territorio G 554
- d'un fondo G 554
acquoso W 59
actinomiceti S 1503
ad uno gradino E 140
adattamento A 581
- morfologico A 377
addentrarsi E 57

additivo B 189, Z 174
- a base di piombo B 571
- per carburanti K 537
addizione Z 172
- di ceneri nella filtrazione dei fanghi A 682
addolcimento E 335
- alla soda S 1023
- dell'acqua W 210
- parziale, impianto di ~ T 108
- termico E 336
addolcire E 334
addolcitore E 339
- a letto di fanghi S 421
- a permutite P 83
- d'acqua W 209
- domestico H 115
adduttore dei liquami A 357
adduzione Z 153
- , canale d'~ Z 154
- , conduttura di ~ Z 124
- di calore W 55
- principale H 112
adenosin-trifosfato A 378
adenovirus A 379
aderenza, acqua di ~ H 31
adesione A 380
- , acqua di ~ H 31
adhesivo per riempire i giunti F 689
adito Z 141
adiuvante di lavaggio W 107
adoperare A 634
adsorbimento A 382
adsorbire A 381
aera di pioggia R 141
aerare B 233, L 298
aerato B 236
aeratore B 234
- a choc A 766
- a controcorrente G 136
- a getto d'acqua cadente W 383
- a movimento pendolare P 63
- a piatti P 215
- a turbina T 489
- centrifugo K 569
- con ruote a palette P 4
- di superficie O 8
- di superficie galleggiante O 9
- lamellare P 215
- tubulare R 383
aerazione B 237
- a cascate K 143
- a gradini S 1624
- a movimento rotativo B 242
- a stadi S 1624
- ad aria compressa D 311
- ad insufflazione D 311
- con bolle B 530
- con grosse bolle B 240
- con piccole bollicine B 239
- con ruote a palette P 6

aer

— con ruote a schiaffo P 6
—, condotto d'~ W 549
— dei corsi d'acqua S 1603
— del suolo B 634, D 423
— di lunga durata L 76
— di origine biologica B 238
— di superficie O 10
— di un lago S 848
—, drenaggio d'~ B 247
— finale N 3
— graduale S 1250
—, griglia d'~ B 249
— in pozzo profondo, processo d'~ T 237
— in un bacino a solchi B 241
— in vasca Hurd B 242
— meccanica B 243
— mediante turbine T 490
— mediante uno spazzolone B 883
— naturale L 301
— (ossidazione) mediante ossigeno puro R 219
— per aspirazione S 1029
— per eiettore E 224
— per soffierie G 99
— preliminare V 427
— prolungata L 76
—, spazzolone di ~ B 884
— superficiale O 10
aerobico A 390
aerobio A 391
aerobo A 390
aeroeiettore idraulico E 223
aerofilo S 161
aerofotogrammetria L 347
aeroporto F 492
aerosol A 392
aerotermo L 321
affidabilità operativa B 416
affinaggio superficiale dei metalli M 263
affioramento A 875
— di sale S 56
— di una sorgente Q 31
— nascosto A 876
— spontaneo di pesci F 315
affiorare A 874
affitto P 2
affluente N 109
— di destra N 111
— di sinistra N 110
affluenza d'acqua W 154
afflusso Z 132
—, condotto di ~ Z 124
— continuo D 64, Z 134
— d'acqua W 445
— d'acqua bruta R 459
— giornaliero T 27
— intermittente Z 133
—, portata totale d'~ Z 138
—, quantità d'~ Z 139
—, raccordo di ~ Z 136
— totale ad una falda G 677
—, velocità d'~ Z 135
affondamento *(dei pozzi)* A 277

affondare *(dei pozzi)* A 276
afforestamento A 745
afforestato A 749
afotico A 646, L 221
agar nutritiva N 34
—, piastra di ~ *(bakt.)* A 412
agente A 413
— antischiuma S 270
— chelante C 24
— complessante *(chim.)* K 429
— d'assorbimento dell'olio O 63
— declorante E 313
— demulsionante E 280
— di clorazione C 79
— di declorazione E 313
— di dispersione D 178
— di dispersione dell'olio O 66
— di flottaggio F 470
— d'imbiancatura B 549
— disperdente D 178
— emulsionante E 275
— ossidante O 131
— peptizzante P 68
— riduttivo R 98
— schiumogeno S 276
— umidificante B 257
agenti morbosi K 191
— tensio attivi S 1455
Agenzia per la Protezione dell' Ambiente U 192
aggiudicare V 173
aggiudicazione V 170
aggiungere Z 179
aggiunta D 216, Z 172
— di calce K 56
aggiustabilità R 104
aggiustamento di chiarificazione K 290
aggiustatore meccanico per tubi R 436
agglomerarsi A 550
agglomerato A 414, S 985
agglomerazione A 414
— di popolazioni Z 164
agglutinante della polvere S 1315
agglutinarsi Z 163
aggottamento W 254
—, pompa di ~ B 475
aggottare L 202
aggrandimento V 180
aggregato *(di macchine)* A 415
aggressività A 419
— del suolo B 598
— della calce K 29
aggressivo A 547
— per il calcestruzzo B 355
agitare R 522
agitatore R 524
— a turbina W 623
— magnetico M 26
— per il fango S 438
— rapido W 623
agitazione R 523
—, coltura sotto ~ S 650

ago N 28
— per inoculo I 15
— vaccinico a filo di platino P 212
agrario L 65
agricolo L 65
agricoltura A 374, L 63
— industrializzata L 64
agrimensore L 53
agrologia B 633
aiuola sommersa S 1317
al di sopra di O 31
— di sotto di U 264
— giorno per abitante P 285
alanina A 428
alare T 335
albero B 107, W 498
— a foglie perenni N 29
— a gomito K 713
— a manovella K 713
— ai bordi di una strada S 1525
— cavo H 306
— di pompa P 385
— filettato G 347, S 619
— orizzontale W 499
— pieno W 503
— verticale W 502
albume E 217
albumina E 217
albuminoidi E 222
alcali A 452
alcalimetria A 453
alcalinità A 454
— al metilarancio M 281
— alla fenolftaleina P 144
— caustica A 404
— da bicarbonato B 462
— da carbonato C 17
— del suolo B 597
alcalino A 455
alchilarisulfonato A 458
alchilbenzensolfonato A 459
alchilsolfato A 460
alcool A 457
— metilico M 275
aldeide formica F 600
— metilica F 600
aldrina A 433
alga A 434
— di mare M 130
— verde G 533
algale, popolazione ~ A 444
—, potenziale di crescita ~ A 448
alghe blu S 1069
— brune B 772
— del suolo B 596
— dell'acqua dolce S 1657
—, eliminazione delle ~ A 440
— filamentose F 9
— flottanti A 436
—, numerazione delle ~ A 449
—, raccolta delle ~ A 441
—, ricolta delle ~ A 441
—, rimozione delle ~ A 440

amb

− rosse R 476
− sessili A 435
algicida A 439
algologia A 442
alifatico A 451
alimentare B 313, V 288
alimentazione B 314, V 289
−, acqua di ~ S 1112
−, area di ~ E 386
− campestre di acqua W 422
−, condotta d'~ S 1111, V 293
− continua B 316
− d'acqua ausiliaria H 200
− d'acqua industriale B 767
− d'acqua privata W 424
− delle caldaie K 239
− di acqua potabile T 381
− di cresta S 1144
− di emergenza N 272
− di ossigeno S 175
− idrica W 421
− idrica a grande distanza F 168
− idrica a gruppi G 681
− idrica di emergenza N 273
− idrica, impianto d'~ W 426
− in corrente elettrica S 1606
− intermittente B 315, S 1479
−, meccanismo di ~ A 748
− naturale delle falde G 640
− per gravità G 113
− per sifone H 138
−, regione d'~ V 292
−, rete d'~ V 294
−, superficie di ~ W 207
−, tremoggia d'~ E 74
−, tubo della condotta di ~ Z 155
−, zona d'~ V 296
alimenti delle piante P 114
alimento E 528
− proteico E 219
aliquota di riciclo del fango R 506
alla scala di laboratorio L 6
allacciamento A 597
allagamento U 83
allargamento E 549
− di un foro di trivellazione E 550
alleggerimento E 358
alleggerire E 357
allevamento di animali T 242
− di bestiame T 244
− di bovini R 319
− intensivo I 84
−, stagno di ~ A 781
alloctone, acque sotterranee ~ G 572
alloctono A 464
allume (ordinario) A 432
− attivato A 485
allumina attivata A 427
alluminato A 480
− di sodio N 77, T 263
alluminio A 481

alluvionamento A 611
alluvione A 611
alno E 525
alofite S 65
ad alta capacità H 226
alta e bassa marea G 357
ad alta efficienza H 226
alta marea S 1165, T 185
− marea, livello inferiore dell'~ T 189
− marea, livello medio dell'~ T 187
− marea, media del livello massimo dell'~ T 188
− marea modificata T 184
− marea, periodo di ~ T 190
− tensione H 237
alterato V 371
alterazione delle rocce V 372
alternativamente W 459
alternatore A 181, W 455
altezza H 285
− bassa dell'acqua N 208
− capillare critica H 32
− cinetica G 282
− d'acqua equivalente de la neve W 437
− d'aspirazione dinamica S 185
− del getto S 1506
− del livello d'acqua W 362
− della colonna d'acqua W 197
− della neve S 567
− della perdita V 211
− della pressione d'acqua W 197
− della pressione di pompa D 297
− della pressione dinamica D 296
− della pressione idrostatica D 298
− della pressione potenziale D 300
− della pressione statica D 301
− dell'acqua piovuta R 143
− dello stramazzo U 22
− di ascensione capillare S 1356
− di aspirazione S 184
− di caduta G 107
− di carico D 295
− di copertura U 7
− di copertura del suolo E 493
− di diga D 19
− di evaporazione naturale V 135
− di marca P 51
− di pioggia R 143
− di precipitazione N 184
− di ritenuta S 1328
− di salita S 1355
− di salita delle onde W 507
− di sollevamento F 582
− di traspirazione T 313

− di un'onda W 515
− di zero di marca P 51
− effettiva di precipitazione N 196
− geodetica H 286
− geodetica di sollevamento F 583
− giornaliera di pioggia N 195
− idrometrica P 51
− lorda di caduta R 358
− manometrica della pressione D 299
− manometrica di aspirazione S 186
− manometrica di sollevamento F 584
− manometrica totale di sollevamento G 246
− massima della marea F 566
− media di pioggia R 144
− media di precipitazione N 186
− media di precipitazione rilevata su tempi lunghi N 185
− media per la sezione trasversale Q 61
− piezometrica D 295
− piezometrica di serbatoio B 173
− sul mare H 287
− totale G 248
altezze equivalenti del livello d'acqua W 361
altimetria H 407
altitudine H 285
alto H 205
− corso (di un fiume) O 35
... ad alto dosaggio H 208
alto forno H 228
ad alto livello energetico E 302
altopiano H 222
altura A 552
d'altura H 236
alveo F 518
− di piena H 247
alzamento E 521
alzata della marea T 203
ambiente U 171
Ambiente, Agenzia per la Protezione dell'~ U 192
ambiente, autorità responsabile per l'~ U 176
−, comportamento verso l'~ U 196
−, contaminazione dell'~ U 197
−, controllo dell'~ U 195
−, criterio relativo all'~ U 184
−, danno per l'~ U 189
− in equilibrio U 172
−, legislazione relativa all'~ U 188
−, norme relative all'~ U 186
−, parametro dell'~ U 185
−, pianificazione dell'~ U 187

—, protezione dell'~ U 191
—, resistenza dell'~ U 198
— ripariale F 550
—, statistiche sul'~ U 194
—, tutela dell'~ U 191
Ambiente, Ufficio Federale per l'~ U 177
ambiente urbano U 173
amebe W 456
amedano E 525
amianto A 674
amilasi A 511
amilolitico A 512
amina A 489
aminoacido A 490
ammassare S 78
ammazzatoio S 347
ammina A 489
amministrazione V 360
— delle acque W 439
— forestale F 616
ammissibile Z 151
ammissione Z 153
— d'aria L 351
— principale H 112
ammollamento E 153
ammollimento, punto di ~ E 548
ammoniaca A 491
— combinata A 492
ammoniazione A 497
ammonificazione A 502
ammorbamento V 233
ammortamento T 246
ammortizzamento T 246
ammortizzare T 245
ammortizzatore S 1486
ammortizzazione T 246
ammuffito M 485
amperometria A 504
ampiezza A 507, A 797, S 1092
— (di un'onda) S 815
— della marea G 358
— di marea T 173
— di meandro M 2
— di un'oscillazione S 815
— media della marea T 191
ampliamento E 549
amplificatore V 300
— di misura M 242
—-raddrizzatore di segnali S 994
amplificazione E 549
anabolismo A 513, A 691
anadromo A 514
anaerobio A 516
anaerobo A 515
— facoltativo F 47
analisi A 520
— a setaccio S 970
— alla tocca (chim.) T 478
— automatizzata A 521
— chimica U 283
— chimica dell'acqua W 407
— colorimetrica K 424
— costi-benefici K 514

— d'aria L 345
— degli effetti W 643
— dei dati di misura M 254
— dei gas all'infrarosso I 48
— dei rischi R 337
— dei tessuti G 327
— del fango S 378
— dell'acqua W 406
— dell'acqua di fogna (di rifiuto) A 309
— dell'acqua potabile T 367
— delle foglie B 531
— di controllo K 467
— di fluorescenza per raggi X R 349
— di traccianti S 1216
— granulometrica per decantazione S 356
— gravimetrica G 335
— idrotimetrica H 9
— iodometrica B 341
— per fluorescenza F 498
— per levigazione S 356
— per precipitazione F 31
— quantitativa B 343
— titrimetrica M 96
— volumetrica M 96
analista A 525
analizzare A 524
analizzatore A 519
— automatico A 902
— di carbonio K 389
— di rete R 418
— per pirolisi P 403
ancoraggio V 46
— delle curve A 264
ancoramento V 46
andamento G 35
— del flusso S 1592
— della falda freatica G 622
— della temperatura T 128
andar del corpo S 1627
andare in fregola L 38
anello R 320
— anticongelante F 655
— del bicchieri M 469
— di acciaio S 1274
— di centraggio Z 70
— di gomma G 692
— di guarnizione D 138
— di premistoppa S 1472
— di tenuta D 139
— filettato S 628
anemia saturnina B 557
anemologia W 601
anemometro W 602
anerobico A 515
anerobo A 515
anfibio A 505
anfotero A 506
angolo alla parete R 37
— della scarpa B 687
— di curvatura K 610
— di deviazione A 850
— di frizione R 210
— d'inclinazione N 124

— naturale della scarpa B 688
anguilla A 2
anidride A 553
— carbonica K 380
— carbonica aggressiva K 381
— carbonica combinata K 383
— carbonica semi combinata K 384
— solforosa S 30
anilina A 555
anima del rubinetto K 638
animale a sangue caldo W 82
— a sangue freddo K 59
— acquatico W 397
— saprofago S 128
animali monocellulari T 240
anione A 557
anioni, scambiatore di ~ A 560
—, scambio di ~ A 559
anionico A 558
anisotropia A 564
anisotropo A 563
annaffiamento abbondantemente E 118
annata idrologica A 94
anno idrologico J 3
— normale N 254
— piovoso R 147
— secco T 403
annuale J 2
annuo J 2
anodico A 577
anodo A 576
— di protezione S 672
anofele M 48
anomalia A 578
ansa di un fiume F 538
— per insemenzamento I 16
antagonismo A 622
antagonista (biol.) A 623
anti-incrostante K 242
anticlinale (geol.) S 134
anticorpo A 625
anticorrosivo K 510
anticrittogamico P 118
antifermentativo G 21
antigelo F 660
—, difesa ~ F 649
—, irrigazione ~ F 659
antigene I 11
antimonio A 626
antiruggine R 467, R 469, R 474
antisdrucciolevole R 551
antisdrucciolo G 419
anulare R 322
all'aperto O 89
aperto O 89
apertura O 53
— angolare Z 80
— d'accesso E 137
— del tamburo T 438
— di entrata E 146
— di scolo A 107
— di spurgo A 155
— d'introduzione E 70

ari

— d'uscita A 107
— per la pulizia R 241
— per lampade L 46
aperture *(di un staccio)* L 257
apice vegetativo della radice W 686
apparecchiatura di controllo tascabile T 59
— di misura e di prova M 205
— di sollevamento H 132
— per il prelievo di campioni P 290
— per la raccolta dei fanghi disidratati T 415
apparecchiature per attrezzatura A 844
apparecchio G 196
— automatico di misura e di registrazione M 206
— d'allarme A 430
— deferrizzante E 316
— di addolcimento E 339
— di cottura per masse di riempimento V 183
— di distribuzione V 337
— di dosatura D 213
— di misura M 219
— di misura dell'ossigeno S 144
— di presa A 527
— di protezione S 686
— di segnalazione di perdite idriche L 131
— di sterilizzazione S 1401
— domestico di chiarificazione H 119
— domestico per eliminazione della durezza H 115
— domestico per la riduzione della durezza H 115
— foratubi A 527
— meccanico V 464
— per acqua calda W 86
— per eliminazione di ferro E 316
— per la presa di campioni proporzionali alla portata P 299
— per la prova dei tubi R 426
— per la riduzione della durezza E 339
— per mescolazione M 356
— per pulire i tubi R 421
— piccolo per eliminazione del ferro K 314
— registratore R 191, S 633
— registratore di cloro residuo R 279
— scrivente S 633
— soffiante G 98
—-indicatore di pH P 130
appassire W 492
appestare V 232
appianare P 194
applicare A 634
applicazione A 635

— delle acque di scarico e dei fanghi in agricoltura, metodo di ~ A 738
apporto d'acqua per infiltrazione Z 180
— della terra vegetale M 502
— delle sostanze nutritive N 51
— di calore W 55
— di ossigeno S 175
— di strato attivo M 502
— d'ossigeno S 156
appretto A 647
approdo A 571
approfondimento *(dei pozzi)* A 277
approfondire *(dei pozzi)* A 276
approvvigionamento V 289
— d'acqua, legge assicurante un sufficiente ~ W 349
— di acqua potabile T 381
— di acque sotterranee G 673
— di energia E 306
— elettrico di emergenza N 271
— idrico W 421
— idrico campestre W 422
— idrico centralizzato W 425
— idrico domestico H 125
— idrico individuale E 166
— idrico privato E 34, W 424
— idrico regionale G 519
approvvigionare V 288
aratro P 127
— talpa M 118
arbusto S 1550
archi multipli, diga ad ~ G 353
architetto di giardini G 37
— paesaggista L 56
arcipelago I 72
arco B 689
ardesia S 326
area F 372
— bagnata da uno spruzzatore B 286
— chiusa O 120
— del diagramma delle portate G 280
— della sezione trasversale di una falda acquifera G 645
— di alimentazione E 386
— di alta pressione *(meteorol.)* H 214
— di evaporazione V 133
— di stabilimento B 399
— di una sezione trasversale Q 57
— d'infiltrazione S 950
— d'influenza A 205
— edificata F 373
— filtrante F 253
— libera filtrante F 250
— necessaria G 156
arenaria S 114
— calcarea K 47

— rossa S 115
— variegata B 890
arenoso S 104
argano W 593
— a mano H 76
— da battello S 1130
argento S 996
argilla L 146, T 257
— di fondo A 718
— fluente Q 65
— fluida F 444
— glaciale G 262
— laminare B 18
— marina K 312
— marnosa T 259
— miocenica M 330
— nastriforme B 18
— plastica T 260
— refrattaria T 258
— sabbiosa L 147
— scistosa S 328
argilloscisto T 275
argilloso T 265
arginamento E 51
arginare E 50
arginatura E 51
argine D 9, U 114
— di chiusura A 197
— di deviazione U 155
— di fiume F 520
— di guida L 168
— di riva U 115
— sotterraneo G 608
argini, costruzione di ~ D 14
aria L 307
—, accesso d'~ L 353
—, ammissione d'~ L 351
—, analisi d'~ L 345
—, bolla d'~ L 315, L 320
—, camera d'~ W 598
— compressa D 306
— compressa, aerazione ad ~ D 311
— compressa, comando ad ~ D 308
— compressa, condotta ad ~ D 314
— compressa, eiettore ad ~ M 49
— compressa, fondazione ad ~ D 313
— compressa, sollevamento mediante ~ D 312
— compressa, vasca ad ~ D 310
—, compressore d'~ L 332
—, condotta d'~ L 334
—, consumo d'~ L 346
—, contaminazione dell'~ L 350
—, corrente d'~ W 611
—, cuscino d'~ L 330
— di lavaggio S 1192
—, diffusione dell'~ L 348
—, eccesso d'~ L 343
—, epurazione d'~ L 337

italiano

ari

—, introduzione d'~ L 351
— libera esterna A 862
— nel suolo B 635
—, passaggio di ~ L 319
—, pompa d'~ L 335
—, sacca d'~ L 330
—, scambio d'~ L 312
—, seccato all'~ L 341
—, serbatoio d'~ W 598
—, umidità dell'~ L 322
aridità T 402
arido T 388
aridocoltura T 407
ariete S 1488
—, colpo d'~ D 333
— idraulico S 1488
— idraulico a doppio effetto D 209
aringa H 184
armadio di incubazione B 875
— essiccatore T 417
— refrigerante K 628
armatura B 92
— (di calcestruzzo) B 449
— degli scavi di fondazione B 95
— di legno H 316, V 376
— di precompressione S 1078
— longitudinale L 22
— orizzontale H 340
— trasversale Q 43
armature A 664
— saldate B 114
arnese G 196
aromatici A 665
aromatico A 666
arrestare A 265
— le acque S 1326
arresto A 266, S 1426
— del funzionamento B 410
arricchimento (idrol.) A 588
— batterico, terreno di ~ (bakt.) A 590
— dei sali S 55
— del tenore in humus H 363
— dell'acqua sotterranea G 595
— di ossigeno S 146
— in piombo B 544
arricchire (idrol.) A 586
arricchimento cumulativo di sostanze nocive negli organismi S 217
arrivo, lato d'~ Z 137
arrugginirsi R 468
arsenico A 667
arsenito-ortotolidina, metodo all'~ O 115
artesiano A 673
artico A 663
Artide A 662
artificiale K 639
artifiziale K 639
artropodi G 431
asbesto A 674
ascaride S 1210

ascensione della falda freatica G 597
ascensore A 782
— da pesci F 316
asciugamento A 891
— del fango S 453
asciugare E 435
asciutto T 388
asello acquatico (Asellus aquaticus) W 157
asfaltare A 686
asfaltato internamente e esternamente I 55
asfaltatura A 687
asfalto A 683
— soffiato A 684
asfissia E 542
asimmetria U 221
aspergere B 332
aspersione B 333
—, irrigazione ad ~ V 235
aspersore, rosa di un ~ R 199
aspirare A 187, A 594
aspiratore di fango V 11
aspirazione A 595, S 1028
—, aerazione per ~ S 1029
—, altezza di ~ S 184
—, altezza manometrica di ~ S 186
—, condotta di ~ S 188
—, dinamica, altezza d'~ S 185
—, draga ad ~ S 177
—, filtro ad ~ S 195
—, impianto d'~ A 186
—, pozzo ad ~ S 179
—, resistenza all'~ S 194
—, tubo d'~ S 190
—, valvola di ~ S 192
asportare B 323
— il cappellaccio (di schiuma) A 137
asportazione B 324
— del cappellaccio (di schiuma) A 138
— del terreno vegetale M 501
— di strato superficiale di sabbia d'un filtro A 361
aspro per pozzi B 860
asse A 373, B 800
— cavo H 306
— della valle T 48
— di galleggiamento S 777
— pieno W 503
— principale di flangia F 395
assenza dei germi K 197
assettamento S 926
assicurare S 940
assicurazione per responsabilità civili H 28
— sugli infortuni U 213
assiepamento E 71
assimilazione A 690
—, capacità d'~ A 692
— di fosfati P 149
—, metabolismo d'~ A 691
—, reduzione nell'~ R 97

assistente analista L 1
assistenza B 154
associazione biologica A 671, L 116
Associazione del fiume Emscher E 274
— del fiume Große Erft G 516
— del Fiume Lippe L 247
— del fiume Niers N 220
— del fiume Ruhr R 536
— del fiume Weiße Elster W 483
— del fiume Wupper W 673
— delle acque del fiume Mulde M 487
associazione di un fiume F 552
Associazione Internazionale di Idrologia Scientifica I 93
— Internazionale di Ricerche sull'Inquinamento delle Acque I 91
— Internazionale per l'Approvvigionamento Idrico I 92
associazione per il raggiungimento di uno scopo Z 192
Associazione per il Risanamento della riva sinistra del Reno L 243
associazione per l'acqua e il terreno W 146
— vegetale P 112
associazioni sull'acqua, ordinamento relativo alle ~ W 411
assolutamente secco A 236
assorbabilità A 238
assorbimento A 240, A 765
—, acqua di ~ (idrol.) A 249
— atomico senza fiamma, spettrometria d'~ A 704
—, capacità d'~ A 248
—, coefficiente d'~ A 243
— d'acqua W 159
— dei raggi ultravioletti U 134
— della luce L 216
— della potenza L 157
— dell'olio, agente d'~ O 63
— di ferro E 182
— di fosfati P 149
— di metalli pesanti S 769
— di ossigeno S 146
— di umidità F 207
— mediante raggi X, spettometria d'~ R 348
—, prova di ~ A 247
— selettivo A 241
— specifico A 242
—, torre di ~ (di un impianto di clorazione) A 245
assorbire A 239
assortire K 309
asta a sospensione Z 150
— dello stantuffo K 418
— dentata Z 19

— di chiave S 526
— per la misurazione della velocità G 285
— per sondaggio S 1056
— pesante S 773, S 774
— quadra M 364
— ritrometrica S 1230
aste per forare B 701
atipico A 717
atlante delle acque superficiali G 317
atmosfera A 695
—, controllo dell'~ L 344
—, mantenimento della qualità dell'~ L 336
atmosferico A 697
atomo A 702
attaccare colla vite A 604
attaccarsi A 612
attacco a baionetta B 23
— a filettatura G 343
— aspirante S 191
— del tubo S 476
— domestico H 113
attenuazione delle oscillazioni S 816
attestato di prelievo A 177
attingere S 602
attingimento S 603
attinometro S 1502
attitudine a sciogliere il piombo B 561
— ad essere umidificato B 253
attivazione A 425
— del fango S 386
— di virus V 403
— per pressurizzazione D 284
attività β totale *(radiol.)* G 241
al attività cationica K 166
attività dei fanghi S 376
— deidrogenasica *(biol.)* D 78
— delle reduttasi R 95
— enzimatica F 146
— fermentativa F 146
— ricreative connesse all'acqua E 523
— superficiale O 7
— totale *(radiol.)* G 243
attraversamento del letto filtrante F 243
— delle valli K 590
attraversare D 381
attrazione elettrostatica A 643
attrezzatura A 843
— da laboratorio L 4
— di cantiere B 117
— di depurazione R 235
— di fogna K 82
— di lavaggio S 1186
— di misura M 210
— per il pompaggio P 373
— per mescolamento rapido S 586
attrezzista I 75
attrezzo G 196, W 539
— da saldare S 732

— di sterilizzazione S 1401
— meccanico V 464
— per la saldatura S 732
attribuzione legale di diritti sulle acque W 327
attrito R 203
—, coefficiente di ~ R 205
—, gradiente d'~ R 204
—, perdita di carico dovuta all'~ R 208
attuare A 808
attuatore A 630
attuazione A 809
audiofrequenza T 264
aumentarsi A 550
aumento V 213, Z 184
— del tasso salino V 246
— della durezza A 751
— della popolazione B 426
— della pressione D 341
— dell'acqua sotterranea G 595
— di carico D 341
— di carico a gradini S 1623
— di pressione D 287
— di temperatura T 117
— di una tassa G 102
— rapido V 214
auto-ossidazione A 912
autocarro L 87
— a benna ribaltabile K 280
autocisterna a fango S 448
autoclave S 1403
autoconsumazione E 25
autoctone, acque sotterranee ~ G 574
autoctono A 904
autodepurazione S 901
autoepurazione S 901
autogru K 549
autolisi A 907
automatico S 905
automatizzato A 909
automatizzazione A 910
— parziale T 103
automazione A 908
automobile K 539
automotore E 24
autopotenziale E 28
autore, responsabilità del'~ V 357
autoregolazione R 108
autorità di bacino F 513
— di controllo A 772
— locale O 116
— responsabile per l'ambiente U 176
Autorità sanitaria G 299, M 125
autorità statale L 59
autorizzazione G 176, Z 152
autostrada A 903
autotrofo A 911
autunno H 180
avandiga F 62, V 469
— a cassetta K 145
— a diaframma di palancole S 1214

— cellulare Z 36
— in pietrame a secco S 1369
avannotto F 320
avanporto V 450
avanzamento di una galeria S 1469
— in galleria S 1469
avariare B 310
avvallamento S 920
— del suolo B 660
— di terreno B 595
avvelenamento V 176
— da piombo B 569
— del suolo B 673
— per il gas G 79
avvelenato G 374
avvertimento W 96
— di piena H 271
— di piena, servizio di ~ H 270
avviamento A 533
— di un digestore E 60
avviare G 33
avviso di tempesta S 1637
avvitare A 604
avvizzimento W 493
—, intervallo di ~ W 491
— permanente, punto di ~ W 495
—, punto di ~ W 494
avvizzire W 492
avvolgere W 554
avvolgimento W 555
avvolto W 615
azienda B 382
— avicola H 354
azionamento A 627
azionato dal galleggiante S 791
azione W 635
— combinata Z 171
— compensatrice *(chim.)* P 347
— cuscinetto P 346
— del gelo F 652
— di cateratta K 153
— di destruzione delle spore W 641
— di raggi S 1512
— erbicida W 638
— eso-enzimatica W 637
— reciproca W 460
— superficiale O 28
— tampone *(chim.)* P 347
— viricida W 642
azotato S 1420
azotico S 1420
azoto S 1414
— albuminoso E 221
— ammoniacale A 501
—, bilancio dell'~ S 1421
—, ciclo dell'~ S 1422
— nitrico N 232
— nitroso N 238
— organico S 1415
—, tenore in ~ S 1419
— totale G 254
azzeramento N 282

B

B. B 52
bacchetta di rabdomante W 668
bacile B 135
bacilli B 125
— patogeni K 191
— virgolati K 426
bacillo del colera C 86
— del tifo T 505
— della tubercolosi T 471
— di Koch T 471
bacillus coli C 102
bacini disposti in parallelo B 141
bacino B 135
— a circolazione verticale B 144
— a fanghi attivati B 228
— a flusso radiale B 142
— a mescolazione completa T 287
— a moto elicoidale U 169
— a salto di ski S 1018
— anulare B 143
— artesiano *(idrol.)* B 136
— chiuso *(idrol.)* N 182
— circolare K 567, R 540
— collettore S 73
— collettore per olii usati S 74
— compensatore A 815
— d'aerazione *(bacino a fango attivato)* L 302
— d'aerazione a circolazione elicoidale L 303
— d'aerazione preliminare V 428
— d'alimentazione E 168
— di acqua sotterranea G 602
— di carenaggio T 392
— di carico W 346
— di chiarificazione K 287
— di chiarificazione in fiume F 526
— di chiarificazione per le acque di pioggia R 149
— di chiarificazione primaria V 454
— di chiusa S 503
— di contatto K 459
— di decantazione A 216
— di dissipazione T 285
— di filtrazione F 237
— di flocculazione F 461
— di mescolazione M 333
— di precipitazione F 32
— di raccolta S 73
— di raccolta delle acque pluviali R 119
— di ravvenamento A 589
— di reazione R 73
— di reposo R 531
— di riserva R 267
— di ritegno per l'acqua di pioggia R 161
— di ritenuta di piena R 498
— di ritenzione per liscivi clorurati R 499
— di scarico E 361
— di sedimentazione A 216
— di sedimentazione a due piani A 219
— di soluzione L 275
— di troppopieno U 53
— di un lago S 840
— di una sorgente Q 35
— d'immagazzinamento S 1097
— d'immagazzinamento delle piene H 260
— d'immagazzinamento di lunga durata U 44
— d'immagazzinamento per diversi usi M 171
— d'ingresso E 92
— d'osservazione S 943
— fluviale F 524
— fluviale, progetto di sistemazione di un ~ W 441
— fluviale, progetto di sistemazione integrata di un ~ W 440
— Hurd M 50
— idrico E 168
— idrico sotterraneo E 169
— idrografico E 168
— idrologico sperimentale K 313
— imbrifero E 168
— imbrifero topografico N 183
— in terra E 489
— Manchester M 50
— per la separazione di schiuma S 268
— per le acque di pioggia R 181
— per pesci H 55
— poco profondo F 359
— principale di alimentazione H 107
— tributario V 425
— vuoto B 138
bacteri B 26
bacterium B 52
— coli C 102
bagnapiedi F 705
bagnare B 254
bagnato N 61
— d'acqua W 203
bagno B 7
— ad immersione T 62
— d'acqua W 160
— d'asfalto A 689
— di catrame T 94
— di decapaggio B 194
— di mare S 835
— di sgrassatura E 325
— esausto di conceria G 200
— per immersione T 62
— termale H 149
— -doccia W 108
bagnomaria W 160
baia B 879, M 127
baionetta, attacco a ~ B 23
balano S 854
ballast B 54
balneologia B 58
banchetto B 66
banchina B 66, K 14
— alla sponda convessa A 567
—, muro di ~ K 15
banco B 65
— di conchiglie M 493
— di controllo P 334
— di coralli K 480
— di fango S 382
— di lavoro W 532
— di ostriche A 887
— di prova P 334
— di prova per contatori Z 9
— di rena S 90
— di sabbia S 90
— di sabbia al di là di una diga A 864
banda K 102
— di protezione S 684
barbacane S 959
barbio B 67
barca B 748, K 12
— a remi B 488
— a vapore B 72
— con tagliatrice K 555
— con trinciatrice K 555
— da pesca F 328
barea a vela S 866
barile T 269
bario B 70
barite B 80
—, idrato di ~ B 81
barografo B 74
barometro B 73
— registratore B 74
barra S 1223
— appesantatrice S 773
— costiera B 76
— d'acciaio S 1224
— di comando A 632
— di sabbia S 91
— per forare B 732
barricata S 1119
barriera B 77, S 1119
— ad aria compressa P 279
— contro il olio O 83
barroccio K 127
basalte B 82
basalto B 82
basamento F 691
— a valle di una diga U 301
— di pompe P 374
base B 83, F 691, G 555
—, superficie d'appoggio S 1035
basico, debolmente ~ S 688
—, fortemente ~ S 1306
a bassa dosatura S 689
bassa marea T 196

bio

— marea, livello inferiore
  della ~ T 201
— marea, livello medio
  della ~ T 198
— marea, media del livello
  minimo della ~ T 200
— marea, periodo di ~ T 202
— marea, punto d'inversione
  della ~ E 6
— pressione N 165
— tensione N 204
— tensione, quadro di
  comando di ~ N 205
basso F 358, N 207, T 207
— bordo B 6
a basso carico S 689
— basso livello energetico
  E 296
bassofondo U 318
— lasciato della marea W 447
bassura N 206
bastimento W 221
bastoncino di vetro per
  inoculazione G 394
bastorovescio S 948
batimetria T 220
batometro B 866
battana L 86
battello B 748, S 332
— a cuscino d'aria L 331
— a doppia carena K 479
— da diporto V 178
— di carico L 86
— di traghetto F 14
battere E 119
— il ferro S 538
batteri B 26
— acidoresistenti B 33
— cellulolitici Z 51
— coliformi B 27
— coliformi di animali a
  sangue caldo W 83
— d'acqua pura R 250
— dei noduli K 354
— del manganese M 53
— della putrefazione F 39
— delle acque di fogna A 312
— denitrificanti B 28
—, densità dei ~ K 189
— di zolfo S 718
— endemici B 29
— eterotrofici B 31
— fecali F 18
— ferro fissatori E 181
— filamentosi F 10
— formanti indolo I 31
— metanici M 272
— precipitanti il ferro E 180
— produttori di acidi (biol.)
  S 38
— produttori di gas B 30
— psicrofilici B 32
— solfato-riduttori B 37
— solfo-ossidanti B 34
— solfo-riduttori B 35
— sporigeni B 36

— termofili B 38
— zoogleali B 46
batteria d'ozonizzatori O 141
batterica, cultura ~ B 44
battericida B 42, K 198
batterico B 25
batterio del tifo T 505
— intestinale D 51
— nitrificante N 233
batteriofagi, identificazione
  dei ~ P 134
batteriofago B 49
— specifico dei colibatteri
  C 106
batteriologia B 47
batteriologico B 48
batteriostasi B 50
batteriostatico B 51
battipalo R 28
— a berta R 29
— universale U 223
battitore K 304
— equilibrato a contrappeso
  inferiore U 255
— equilibrato a contrappeso
  superiore O 29
— idraulico K 305
battiture di ferro H 59
becco polverizzatore S 1558
beccuccio T 476
becher B 133
benda W 555
bendaggio W 555
bendare W 554
bene pubblico G 173
beni immobili L 231
benna K 619
— del calcestruzzo B 368
— draga G 474
benthos B 260
bentonico B 258
bentonite B 261
benzantracene B 264
benzene B 269
benzina B 266
— additivata di composti del
  piombo B 558
benzofluorantene B 265
benzolo B 269
benzolo/liscivia, processo
  d'estrazione con ~ B 270
benzopirene B 271
bere T 365
berta R 27
bestia grande G 523
— piccola K 319
bestiame V 383
— grosso G 523
— minuto K 319
— produttivo N 296
beton B 350
— colato G 697
—, torre a ~ B 365
betonare B 364
betoniera B 370
— per malta M 383

— rotativa B 371
betulla B 515
bevanda analcolica G 311
bevere T 365
bianco B 574
bicarbonato B 461
— di calcio C 6
— di magnesio M 19
— di sodio N 78
bicchiere R 416
— di prova A 224
— di sedimentazione A 224
— globulare M 452
— in ghisa M 451
— per giunzione S 1390
— per giunzione a corda
  S 1566
— per giunzione a piombo
  M 450
— per giunzione con
  scanalatura S 1391
— rinforzato M 455
bidet S 1015
bifase D 173
biffa N 247
— scorrevole N 247
biforcazione (biol.) G 3
— del fiume F 523
— del tubo R 449
bilancia dell'ossigeno S 159
— di torsione T 284
— per analisi W 1
— per il cloro C 80
— per la dosatura a peso C 22
bilanciere B 728
bilancio dell'acqua sotterranea
  G 605
— dell'azoto S 1421
— di materia S 1447
— di salinità S 57
— energetico E 298
— idrico mondiale W 526
— idrologico W 180
— nutritivo N 48
— preventivo H 120
— termico W 33
bilarziosi S 346
binario di caricamento L 12
biocatalizzatore B 496
biocenosi L 116
— acquatica W 182
biochimica B 492
biochimico B 493
biocida B 513
bioconversione B 512
biodegradabile B 499
biodegradabilità A 14
—, grado di ~ A 15
biodegradazione A 9
— termofila A 10
bioenergetica B 494
biofiltrazione T 450
bioflocculazione F 458
biogeno B 495
biologia B 497
— delle acque di scarico A 319

839

— marina M 134
biologico B 498
biomassa B 501
—, coefficiente di ~ B 192
—, produzione di ~ B 502
bionomia B 503
biosfera B 505
biossido D 172
— di carbonio K 380
— di cloro C 50
— di manganese B 781
biostabilizzatore B 507
biostabilizzazione B 506
biotecnica B 508
biotico B 510
biotopo B 511
birreria B 768
birrerie, acque di pressatura delle ~ B 769
bisogni d'acqua, pianificazione dei ~ W 169
bisogno B 148
— biochimico di ossigeno S 149
— chimico di ossigeno S 150
— comune B 151
— d'acqua W 165
— d'acqua per estinzione d'incendi F 215
— d'acqua per impieghi irrigui W 166
— d'aria L 313
— di energia K 533
— di ossigeno S 148
— di punto S 1140
— in pianta P 219
— industriale B 149
— massimo S 1140
— massimo nelle tre ore D 251
— orario S 1630
— orario massimo S 1631
— pubblico B 151
bisolfito di sodio N 79
— sodico N 79
bisolfuro di ferro S 722
bitta P 231
bitumare B 525
bitume B 520
— ricostituito V 275
bituminare B 525
bituminoso B 526
bivalente Z 206
blicca U 130
bloccato F 179
blocco, costruzione a ~ B 577
— di chiusura V 263
blondin K 2
blu di metilene M 277
— di metilene, sostanza attiva al ~ M 81
— tornasole L 10
bocca M 446
— d'efflusso A 107
— di cacciata L 142
— di entrata E 146
— di ispezione S 279

— di scarico A 107
— d'innaffiamento S 1159
bocchetta M 490
— di introduzione D 370
bocchettone per la pulizia R 244
bocchino M 490
— della lancia S 1510
B.O.D. S 149
BOD, carico in ~ B 876
—, carico volumetrico in ~ B 877
— finale E 291, G 242
BOD/COD, rapporto ~ B 878
boiler B 741
bolla B 529
— d'aria L 315, L 320
— di gas G 49
a bolle fini F 121
— bolle grosse G 503
bollettino meteorologico W 544
bollicina d'aria L 315
— di gas G 49
bollire S 982
bollitore K 358
— (d'impianto di sbiancatura) K 359
— per pasta [chimica] Z 47
bollitura di seta (industria tessile) S 873
bolzone B 744
bomba all'idrogeno W 377
— H W 377
bombola di cloro C 52
bonifica U 330
— dei terreni K 669
— idraulica L 52
—, malattia da ~ M 180
borato B 750
borchia de livellazione F 184
bordo (di ciglio) B 751
— di Burton B 568
— di piombo B 568
— di un pozzo B 870
— libero F 631
borgata W 478
borghetto W 478
borgo V 470
boro B 749
bosco W 62
— d'alberi a foglie L 97
— d'alberi a foglie perenni N 31
— misto M 357
boscoso B 435
bossolo premistoppa S 1470
botanica B 753
bottega dello stagnaio K 323
bottiglia F 408
— d'acciaio S 1263
— di Erlenmeyer E 526
— di vetro con tappo smerigliato S 1434
— per campioni P 300
bottone di caricamento S 247
bovini, letame di ~ R 318

—, sterco di ~ R 318
bozzimatura (industria tessile) S 509
braca H 343
bracchio del distributore rotativo D 245
a braccia M 198
braccio del raccoglitore K 552
— del segmento S 868
— dello stantuffo K 418
— di leva H 134
— di mare M 131
— laterale S 889
— morto A 469
— oscillante S 756
brandelli di tessuti T 150
brandello di feci K 523
brasare L 284
break-point, clorazione oltre il ~ K 352
—-through di un filtro S 394
breeder B 835
bretella di sicurezza B 874
a breve termine K 717
brevetto P 35
—, descrizione dell'oggetto di un ~ P 37
—, domanda di ~ P 36
—, titolare di un ~ P 38
—, violazione di un ~ P 39
brichetta P 276
briglia F 385
— di raccordo V 57
— normale N 253
brillantatura G 384
brina R 212
brinata R 60
briozoi M 410
brodo di coltura, biliato e gluconato G 23
— di coltura residuo dalla fabbricazione di antibiotici N 39
— di coltura verde bile brillante B 803
— lattioso M 303
— nutritivo (batt.) N 38
— nutritivo disidratato T 410
bromo B 805
bronzo B 806
— rosso R 483
bruciare V 76
bruciatore B 794
— d'olio O 74
— per combustione sommersa T 64
— per saldatura autogena S 577
brughiera H 148
bruto R 354
buca L 252
buco L 252
budellame E 79
budello D 50
bufera S 1638
bulino B 717

bulldozer P 197
bullonatura delle flangie F 402
bullone B 744
— di vite S 614
bulloneria N 224
buretta B 880
burronamento G 452
burrone S 519
butilene B 892
by-pass U 154
— -pass di sicurezza S 937
— -pass per le acque di pioggia R 173

C

cabestano S 1129
cabina K 4
— delle pompe P 376
— delle pompe a fango S 429
— di controllo R 195
cacciare E 112
cacciata d'acqua S 1200
— d'acqua, latrina a ~ S 1182
—, macchina-paratoia di ~ S 1203
—, paratoia di ~ S 1199
— per le tubazioni di fogna K 99
—, uscita di ~ K 92
cadente B 90
— naturale G 112
cadenza di lavorazione A 659
caditoia S 1535
cadmio C 2
caduta F 48, G 107
— d'acqua W 222
— del fondo S 1030
— del livello freatico G 620
— della falda freatica G 631
— della marea T 178
— di calore W 20
— di neve S 564
— di pioggia R 139
— di pioggia per secondo R 150
— di potenziale P 263
— di pressione D 279
— di temperatura T 116, T 120
— di tensione S 1085
— d'un impianto idraulico G 109
— d'un taglio dell'ansa D 432
— d'una energia idraulica G 109
— libera F 49
— longitudinale L 23
— lorda R 358
— massi S 1376
— naturale G 112
—, opera di ~ A 274
— sassi S 1376
— sfruttabile N 289
— specifica di pressione D 280
—, tubo di ~ F 55
— utile N 289

— utilizzabile N 289
cala di costruzione H 171
calafatare V 302
calafatura V 303
calamo aromatico K 57
calcare K 49
— dolomitico K 26
— fossilifero M 495
— marnoso M 200
calcareo K 37
calce K 25
— a pezzi S 1616
—, acqua di ~ K 54
—, aggiunta di ~ K 56
— aggressiva K 31
— agricola D 356
— anidra A 409
— conchiliacea M 495
— cotta A 409
—, dosatura di ~ K 56
—, estintore di ~ K 39
— in polvere K 45
—, latte di ~ K 40
— magra M 14
—, malta di ~ K 43
— polverizzata S 1559
—, saturatore di ~ K 46
— spenta C 10
— viva A 409
calcestruzzo B 350
— armato E 185
— asfaltico S 528
— battuto S 1282
— bituminoso B 522
— colato G 697
— controllato N 252
— di iniezione E 111
— di massa M 99
— magro M 13
— non armato B 354
— pigiato S 1282
— plastico B 353
— sott'acqua U 300
— trattato a vuoto V 3
—, tubo filtrante in ~ B 360
— vibrato R 525
— [armato] precompresso S 1075
calcina K 43
— idraulica K 44
— spenta C 10
calcinaccio S 667
calcinaio A 395
calcinare A 396
calcinazione A 397, G 437
calcio C 4
—, durezza da ~ K 36
—, polvere di ~ K 45
—, solfidrato di ~ G 64
calcitazione del terreno K 52
calcite, deposito protettivo di ~ C 3
calcolatore C 109
— analogico A 518
— elettronico E 251
calcolo B 279, B 280

— approssimativo K 515
— dei costi K 517
— dei costi di esercizio B 402
— della propagazione di piena H 246
— delle portate A 100
— delle sollecitazioni F 181
— di reti a maglie N 137
— di una rete di tubazioni R 420
— preventivo K 515
— statico B 281
calcolatore digitale D 167
caldaia H 156, K 231
— a tubi d'acqua W 333
— a vapore D 35
— ad alta pressione H 215
— di acqua H 156
— senza ricircolo condense D 417
—, spurgare una ~ S 367
caldo W 19, W 81
calibrare E 19
calmare B 307
calore W 19
—, adduzione di ~ W 55
—, apporto di ~ W 55
—, caduta di ~ W 20
—, che sopporta il ~ W 53
— di evaporazione V 106
— di evaporazione latente V 107
— di fusione S 533
— di presa A 26
— di processo P 328
— di scarto, quantità di ~ A 284
— di scarto, utilizzazione del ~ A 286
— d'idratazione A 26
— disperso A 283
—, eliminazione di ~ W 21
—, evacuazione di ~ W 21
—, grado di ~ T 115
—, perdita di ~ W 52
— perduto A 283
—, permeabilità al ~ W 28
—, pompa di ~ W 43
—, prelievo di ~ W 30
—, produzione di ~ W 32
—, ricupero di ~ W 47
—, sorgente di ~ W 45
—, trasferimento di ~ W 49
caloria W 29
calorifero G 313
calorimetria W 42
calta palustre S 1677
cambiamento A 387
— della sezione trasversale Q 62
— di direzione R 303
— di regime [laminare/turbolento] F 447
cambriano K 65
camera G 142, K 66
— a monte O 33

— a sabbia S 93
— d'aria W 598
— del fango S 431
— del filtro F 260
— della chiusa a pozzo S 206
— della postcombustione N 22
— della sorgente Q 40
— d'evaporazione a flash E 425
— di arrivo nel serbatoio B 174
— di chiusa S 503
— di contatore Z 7
— di digestione F 96
— di digestione del fango F 96
— di digestione finale N 6
— di digestione riscaldata F 97
— di galleggiante S 794
— di immissione nel serbatoio B 174
— di misura M 226
— di sedimentazione A 229
— di sfiato E 378
— d'ingresso E 94
— per saracinesche S 320
cameretta di visita K 469
camicia d'acqua K 624
— del reattore R 77
— di lamiera M 65
— refrigerante K 624
camino S 604
camion L 87
cammino W 461
campagna K 70
— rasa G 153
campagnolo L 15
campana del gas G 62
— d'immersione T 69
— per il gas G 62
campeggio C 13
campereccio L 15
campestre L 15
campionamento P 289
— d'acqua W 318
— proporzionale al tempo P 295
campionatore P 297
— automatico P 298
— di neve S 572
— di sedimenti B 655
campionatura P 289
campione P 286
— composto M 346
— corrispondente P 287
— d'acqua W 317
— d'acqua di scarico A 331
— del terreno non modificato B 644
— di carota K 225
— di confronto V 177
— di paragone V 177
— di suolo B 643
— medio M 346
— non modificato P 288
— per ricerca U 290
— preso a caso E 165
campo d'efficacia W 644

— dei pozzi B 856
— di efficacia W 675
— di misura M 207
— di spandimento R 309
— d'irrigazione R 309
canale K 71
— a forte pendenza S 665
— adduttore Z 154
— collettore A 340
— d'adduzione O 30, Z 154
— della voluta S 1138
— dell'acqua motrice T 359
— derivato S 1411
— di alimentazione B 321
— di by-pass per pesci F 347
— di collegamento V 58
— di deviazione U 157
— di drenaggio S 957
— di fogna A 327
— di fogna ad anello R 323
— di gronda A 77
— di mescolazione M 347
— di misura M 220
— di misura con onda stazionaria M 221
— di misura Poncelet P 244
— di piena F 569
— di raccordo A 599
— di reazione M 347
— di scarico E 362, E 368, U 23
— di scarico delle acque di pioggia R 128
— di scolo A 95
— di scolo per tempo secco T 425
— di scolo principale H 97
— di trasmissione U 91
— di vuotamento E 368
— d'imbocco E 95
— d'irrigazione B 432
— drenante S 957
—, fondo del ~ K 97
— interno di drenaggio d'una diga B 489
— marittimo S 844
— navigabile F 46, S 335
— Parshall P 28
— per acqua di rifiuto S 555
— principale in bassi fondali soggetti alle maree W 449
—, sbocco di un ~ K 75
— scaricatore A 95
— scoperto K 74
— secondario N 112
— Venturi V 38
canaletta di scarico A 110
— di scarico del fango S 433
— per il fango S 432
— trasversale di scarico del fango S 440
canaletto R 333
— di distribuzione V 342
— di distribuzione principale H 109
— ribaltante K 279

canali di fogna, obbligo di pagare una tassa sugli ~ A 304
— navigabili, ingegneria dei ~ W 387
— navigabili, legislazione dei ~ W 388
— navigabili, rete di ~ W 389
— navigabili, sviluppo dei ~ W 386
—, sorveglianza dei ~ K 76
canalino scolatoio R 333
canalizzazione K 83
— a gravità F 634
— cittadina S 1236
canapa H 78
canapo T 61
cancro K 558
candela filtrante F 261
canello ferruminatorio L 287
canna del camino S 604
— di un tubo R 456
— lacustre R 364
— palustre S 342
cannone di pioggia R 148
cantiere B 116
— di tubi R 439
— natante S 788
— navale W 530
cantina K 105
— per acqua pura R 252
canto K 102
capacità L 161, R 64, S 1334
— d'adsorbimento A 385
— d'assimilazione A 692
— d'assorbimento A 248
— d'assorbimento d'acqua W 181
— d'assorbimento di cloro C 82
— della pompa F 585
— di assorbimento della pioggia R 183
— di autodepurazione S 902
— di campo normale F 135
— di carico inquinante B 208
— di combinarsi B 481
— di combinarsi agli acidi S 40
— di combinarsi all'ossigeno S 154
— di combinazione con la calce K 32
— di deflusso A 98
— di evaporazione V 101
— di flusso D 401
— di punta L 166
— di riserva L 165
— di ritegno d'acqua W 253
— di ritenzione delle piene H 257
— di saturazione W 264
— di scarico A 98, A 123
— di solubilizzazione del rame K 699
— di sopraccarico S 935
— di sovraccarico U 50

- di storaggio, protezione
  della ~ S 1335
- di trasmissione della luce
  L 219
- di una membrana M 185
- di una turbina T 491
- , diagramma di ~ L 163
- d'immagazzinamento
  S 1334
- d'infiltrazione E 58, I 44
- d'ossigenazione S 147
- effettiva N 295
- idrica massima W 264
- installata L 155
- massima S 1146
- nominale N 130
- portante T 304
- portante limite T 305
- regenerativa R 134
- , riserva di ~ L 165
- tampone P 346
- termica W 35
- totale G 249
- utile N 291
- utile d'immagazzinamento
  S 1329
- utilizzabile N 291
capecchio W 531
capello H 1
capillare critica, altezza ~
  H 32
capillarità K 110
capitolato d'oneri A 851
- speciale di appalto V 119
capo di esercizio B 404
- fossa S 202
- operaio V 424
- posa tubi R 419
- -officina W 533
- -trivellatori B 718
capomastro V 424
caposaldo di livellazione F 184
capotecnico B 404
capovolgersi K 209
capovolgimento K 210
cappa di calcestruzzo B 376
- di caligine D 375
cappellaccio S 801
cappello di mare Q 10
capra con paranco D 254
capsula S 235
- di cultura P 90
- di Petri P 90
- essiccativa A 31
captazione d'acqua W 239
- d'acqua di fiume F 556
- delle acque sotterranee
  G 618
- delle sostanze solide F 190
- di sorgente Q 34
- di un fiume F 514
carassio K 124
carattere C 20
- chimico dell'acqua W 176
- dell'acqua W 175
- dell'acqua sotterranea G 603

- di variazione V 16
- ragionevole Z 157
caratteri E 29
- chimici E 30
- fisici E 31
- fisici dell'acqua W 177
caratteristica K 207
- di una pompa P 378
caratteristiche ambientali
  (biol.) A 541
- di disidratabilità E 450
- di esercizio B 392
- di ruscellamento A 118
- di sedimentation A 220
carbammato C 14
carboidrato K 374
carbonato C 16
- di calce C 8
- di calcio C 8
- di magnesio M 20
- di sodio S 1021
- di sodio anidro S 1022
- neutro di potassio P 267
carbonchio M 307
carbone K 370
- attivato A 426
- attivo A 426
- attivo in polvere P 351
- attivo, rigenerazione del ~
  R 132
- di legno H 313
- di terra P 775
- , elettrodo di ~ K 372
- , fango di ~ K 386
- filtrante F 264
- , filtro a ~ K 373
- fossile S 1371
- per la eliminazione dei
  fenoli E 402
- polverizzato P 353
- , scoria di ~ K 235
carbonifero K 376
carbonio K 387
- , analizzatore di ~ K 389
- , idrato di ~ K 374
- organico totale K 388
- , ossido di ~ K 379
- radioattivo R 12
- totale G 250
carbonioso K 391
carbonizzazione K 125
- incompleta S 749
carburante Diesel D 150
- gassoso T 330
carburo C 15
- di calcio C 7
carcassa G 142
- della pompa P 375
- di un pozzo R 24
carcinogeno K 560
cardine Z 22
carica L 14
- dei detergenti W 107
caricamento B 314, L 14
- continuo B 316
- intermittente B 315

caricare B 209, B 313, L 13
carice S 867
carico B 126, B 210, F 624, L 14
- a colpi S 1478
- a scosse S 1478
- ammissibile B 219
- annuo J 7
- , aumento di ~ D 341
- , bacino di ~ W 346
- capillare K 116
- costante B 217
- critico B 214
- del fango S 385
- di base G 558
- di esercizio B 390
- di fosfati P 151
- di liquame A 326
- di materie in sospensione
  S 714
- di progetto B 220
- di punta S 1142
- di radiazioni S 1498
- di rottura B 808
- di solidi flottanti S 808
- di sostanze inquinanti
  B 215
- di spazio R 62
- di un filtro F 239
- di un letto percolatore T 451
- di una immissione I 3
- di velocità G 282
- dinamico D 296
- d'infiltrazione S 956
- effettivo I 124
- esterno B 211
- fluviale F 529
- idraulico B 212, F 426
- idraulico della pompa D 297
- idrostatico R 537
- in BOD B 876
- in ossigeno S 160
- in sospensione S 412
- *(per unità di bacino
  imbrifero)* S 713
- inquinante delle acque
  G 318
- manometrico D 299
- massimo G 476
- normale G 558
- organico B 216
- per unità di superficie F 379
- , perdita di ~ D 339
- permanente B 217
- piezometrico R 537
- potenziale D 300
- progressivo S 1623
- salino S 59
- superficiale F 379
- temporaneo B 218
- termico W 27
- termico, diagramma di ~
  W 38
- totale G 244
- utile N 293
- variabile W 453
- volumetrico in BOD B 877

carie dentaria Z 15
carnallite C 18
carne, lavorazione della ~ F 415
carota B 704
carotaggio K 219
carotiere K 218
carpa verde G 468
carpina K 126
carpio K 126
carpione K 126
carrello con aspiratore S 180
carrettino K 127
carriuola K 127
carro K 127
— cisterna T 54
— dello svuotamento dei pozzi neri F 20
— per trasporto dell'immondizia M 444
— porta-perforatrice B 740
— ribaltabile M 488
— -cisterna del liquame J 20
carrucola F 413
carsico K 129
carso K 128
carta K 134
— a curve di livello H 289
— agronomica B 663
— al tornasole L 11
— da filtrazione F 276
— da filtro F 276
— della qualità delle acque W 245
— delle acque W 265
— delle isoiete N 188
— di registrazione S 636
— di registrazione d'un misuratore P 49
— di tornasole L 11
— emporetica F 276
Carta Europa dell'Acqua W 186
carta geologica K 135
— idrografica W 265
— meteorologica W 546
— nautica S 845
— per giornali, fabbrica di ~ Z 30
— planometrica M 240
— reattiva R 69
— sinottica U 85
— straccia A 479
cartiera P 13
—, acque di rifiuto di ~ P 14
cartografia aerea L 329
— della qualità dei corpo idrici W 246
— della qualità delle acque superficiali G 317
— della vegetazione V 18
— delle acque G 629
— delle acque sotterranee G 630
cartografico K 142
cartone P 16
— asfaltato D 5

— bitumato D 5
— catramato T 90
casa degli scorticatori A 32
— di cura H 150
— isolata E 161
cascami A 70
— domestici A 44
cascata S 1644
— d'estrazione T 341
— di strippaggio T 341
— sotterranea G 631
cascina K 11
caseificio K 11
a caso Z 129
caso critico G 477
— di catastrofe K 158
— di tifo T 507
cassa S 916
cassaforma S 252
— di legno H 323
—, isolazione di ~ S 255
— rampicante K 325
—, rivestimento di ~ S 253
— scorrevole G 417
cassero scorrevole G 417
cassetta dei WC S 1189
— dell'idrante M 66
— per mescolazione M 342
— refrigerante per trasporto di campioni d'acqua E 211
cassetto di distribuzione V 330
cassone S 916
— d'immersione, fondazione per ~ S 917
— per fondazioni pneumatiche D 307
castello R 31
— d'acqua W 401
casuale Z 129
catabolismo K 147
catadromo K 148
catadyn, sistema ~ K 149
catalasi K 150
catalisi K 151
catalitico K 152
catalizzatore K 463
— biologico B 496
catamarano K 479
catarobo K 161
catasto G 550, K 154
— degli scarichi A 59
— dei terreni K 155
catastrofe K 156
—, caso di ~ K 158
catastrofi, protezione contro le ~ K 160
catena alimentare N 54
— alimentare marina N 55
— di altura H 292
— di laghi S 850
— di montagne G 97
— di pozzi B 867
—, raschiatore a ~ K 251
cateratta S 1644
catinella W 103
catione K 165

cationi, scambio di ~ K 167
cationico K 166
catodo K 162
catrame T 86
—, bagno di ~ T 94
— de lignite B 778
— di carbone fossile S 1372
— di legna H 320
—, pece di ~ T 91
— per strade S 1544
catramoso T 88
cattivo odore G 293
caucciù K 173
— clorato C 65
causato da fattori ambientali U 174
cava [di pietre] S 1366
— di ghiaia K 269
cavafango B 20, N 62
cavafondo B 20
cavalcavia S 1545
cavalletto di pali P 98
cavallo P 105
— -potenza P 105
— -vapore P 105
cavallone S 697
caverna H 294
— di erosione G 549
cavità H 294
—, acqua di ~ H 295
cavitazione K 176
cavo K 1, T 61
— di estrazione F 589
— di misura P 55
— di precompressione S 1079
— di trivellazione B 729
C.E. E 561
cedimento S 926
— di terreno B 595
cefalo D 187
cella di conduttività L 176
— per la conta del fitoplancton P 177
cellula (biol.) Z 35
— al selenio P 168
— batterica B 45
— della riproduzione F 620
— di fermentazione G 22
— olfattiva R 305
— solare S 1043
cellulosa Z 50
cementazione Z 63
cemento Z 58
— a presa rapida Z 59
— a pronta Z 59
— alla rinfusa Z 60
— armato E 185
— centrifugato S 495
— d'alto forno H 230
— di scoria S 355
— espanso E 570
— fresco B 352
— illuviale G 676
—, macchina per lo spruzzamento del ~ B 378

— precompresso, serbatoio
   circulare in ~ S 1077
— prefabbricato F 173
— premescolato T 319
— solfatico S 1664
—-amianto A 676
— [armato] precompresso
   S 1075
cenci L 355
cenere A 678
—, componente della ~ A 679
ceneri, acqua di cacciata
   delle ~ A 681
—, percentuale di ~ A 680
—, tenore di ~ A 680
— volatili F 491
centigrado C 19
centimetro cubo K 618
— quadrato Q 7
centopiedi acquatico *(Asellus
   aquaticus)* W 157
centrale Z 68
— di produzione e di
   pompaggio P 389
— di riscaldamento zonale
   F 151
— di sollevamento dell'acqua
   P 391
— elettrica K 541
— elettrica di grande potenza
   G 517
— idraulica W 268
— idroelettrica W 268
— idroelettrica subacquea
   U 304
— in caverna K 175
— mareomotrice G 359
— per il servizio di punta
   S 1145
— solare S 1041
— sommergibile U 304
— termica D 37, W 37
— termoelettrica D 37
— termoelletrica di
   riscaldamento H 158
centralizzato Z 68
centrifuga Z 75
— per il fango S 441
—, portata di una ~ A 888
centrifugare S 500
centrifugato Z 76
centrifugazione Z 78
— dei fanghi S 442
—, disidratazione mediante ~
   S 496
centrifugo Z 71
—, decantore ~ D 84
centro della città S 1239
— di controllo a distanza F 164
— di gravità S 771
— di gravità di pioggia F 382
ceppi acido produttori S 1248
ceppo di batteri B 43
cerca di perdite idriche L 128
cerchio K 566
cereali G 312

cernere K 309
cerniera, valvola a ~ K 306
certificato P 323
cessione dei fanghi delle acque
   di fogna K 296
— di fanghi umidi N 72
cesso K 344
chassis F 45
che elimina i colibacilli C 100
— forma delle spore *(batt.)*
   S 1151
— non fa tenuta U 204
— sopporta il calore W 53
chelato C 23
chelazione C 25
cheril benzene sulfonato K 229
"chi inquina paga",
   responsabilità connessa al
   principio ~ V 359
chiamono rovatto B 863
chiarezza D 428
chiarificare K 291
chiarificatore tipo Dorr D 211
— tipo Dortmund D 212
chiarificazione K 299
—, bacino di ~ K 287
— dei liquami A 325
— dell'acqua di fogna A 325
—, dispositivo di ~ K 290
—, efficacia della ~ K 289
— finale N 12
—, impianto di ~ K 282
— in corrente ascendente
   K 300
— in fiume, bacino di ~ F 526
—, pozzo di ~ K 288
— preliminare V 455
—, vasca di ~ K 287
chiaro D 427
chiatta F 15
— a corda S 881
chiatte a rimorchio, convoglio
   di ~ S 494
chiave a mano H 75
— d'arresto A 251, A 258
— della volta G 355
— di chiusura A 258
— di manovra H 75
— di manovra per il robinetto
   d'arresto S 1120
— modulata E 20
— per dadi S 618
— per saracinesche S 323
— per viti S 618
— tubolare quadra V 393
chiavetta di chiusura A 251
chicco di grandine H 35
chifoso E 225
chimica C 26
— analitica C 27
— nucleare K 220
chimicamente combinato C 34
— fissato C 34
— puro C 35
chimico C 32, C 33

— di ossigeno, bisogno ~
   S 150
—-fisico C 36
chiocciola S 616
chiodato G 186
chiodatura longitudinale L 25
— trasversale Q 48
chironomide *(Chironomus)*
   (biol.) Z 126
chiudere V 259
— *(una condotta)* A 250
chiusa S 502
— a camera K 68
— a camera singola E 87
— a pozzo S 205
— da pesci F 345
— di navigazione S 337
— doppia D 194
— marittima S 859
—, porta di ~ S 505
chiuse gemelle D 194
—, scala di ~ S 507
chiusino E 137
— del pozzo S 197
— d'ispezione R 288
— per idrante H 368
— per idrante transitabile
   S 1534
— per pozzi di presa d'acqua
   B 861
chiuso V 260
— ad acqua G 237
chiusura V 260
— ad acqua G 237
— con palancole U 166
— della condotta d'acqua
   W 151
—, dispositivo di ~ A 260
— idraulica G 237
a chiusura idraulica W 417
chiusura, valvola di ~ V 261
chloroformio T 351
chromatografia su strato
   sottile D 364
cianogeno C 111
cianosi C 114
cianuro C 112
— di potassio C 113
cicli per secondo H 187
ciclo Z 223
— annuale J 8
— del fosforo P 157
— dell'azoto S 1422
— delle acque W 274
— di deflusso *(idrol.)* A 96
— nutritivo N 49
— stagionale Z 224
ciclone Z 218
—, troppopieno di ~ Z 222
ciclopista R 3
ciclotrone A 716
cielo K 329
cifra Z 14
cifre significative H 111
cigna A 631
ciliati W 587

— peduncolati C 97
cilindrare W 69
cilindre riscaldante H 168
cilindro Z 225
— del fango S 474
— di misura M 257
— di pompa P 386
— graduato M 257
— trituratore S 578
cima G 380
cimice acquatica *(Notonecta, Corixa) (zool.)* W 433
cimitero di automobili A 905
cinetica K 276
— della (bio)degradazione A 18
— di reazione R 75
cinghia A 631
— di trasmissione T 309, T 334
cintura di verde G 541
ciottolo K 260
cipolla B 782
circolare K 577, K 581, U 147
circolazione K 578, U 167
— *(limnol.)* Z 105
— autunnale H 182
— d'acqua di rifrigerazione K 636
— dei fanghi, pompa di ~ S 455
— del contenuto di digestore per il gas G 78
— del fango S 456
— dell'acqua W 274, W 404
— inversa, trivellazione a ~ S 178
—, pompa di ~ U 168
— primaverile F 669
— radiale D 434
—, sistema di ~ R 510
— sotterranea, velocità della ~ F 622
— tramite traghetti F 16
circolo K 566
— dei fori per bulloni L 254
circondario U 142
circondato d'acqua W 126
circuiti di telecomando e regolazione S 1404
circuito K 578
— aperto K 582
— chiuso K 580
— (di raffreddamento) interno P 284
ciste C 115
cisterna Z 106
— per le acque piovane R 140
citologia Z 42
citoplasma Z 40
città S 1234
— satellite S 133
cittadino S 1246
civico S 1246
cladocero D 45
clarificazione gravitare S 767
— intermediaria Z 211

classe di qualità di acque superficiali G 319
— di qualità di un'acqua W 247
classificare K 309
classificatore K 310
— ad umido N 74
— idraulico S 925
classificazione K 311
— decimale D 112
— degli scarichi A 69
—, effetto di ~ K 308
— manuale S 1067
clima K 329
— continentale K 331, K 465
— del deserto W 672
— di montagna H 288
— di steppa S 1397
— marittimo S 846
— oceanico S 846
— subtropico K 332
— temperato K 330
— tropicale K 333, T 441
— umido F 211
climatico K 338
climatologia K 337
clinometro N 123
cloaca K 343
cloramina C 44
— di rame K 697
clorare C 51
cloratore C 58
— domestico H 114
clorazione C 73
— a nuovo C 76
— a secco C 74
—, agente di ~ C 79
— combinata con dosaggio di solfato di rame C 43
— dell'acqua potabile T 371
— delle acque di scarico A 320
— di protezione S 675
— diretta C 74
— eseguita direttamente nelle fogne A 355
— finale N 4
—, impianto di ~ C 78
— indiretta C 75
— intermediaria Z 210
— intermittente S 1485
— oltre il break-point K 352
— preliminare V 431
— preventiva S 675
— senza cloro residuo C 77
clorico-gas C 54
cloridrato C 61
— di ammoniaca C 46
cloro C 38
— attivo C 42
— attivo combinato C 41
— attivo libero C 40
— fornito/cloro residuo, curva ~ C 83
— gassoso, rilevatore di ~ C 56
— libero C 40
— liquido C 39

—, odore di ~ C 59
— residuo R 274
— residuo, apparecchio registratore di ~ R 279
— residuo combinato R 277
— residuo libero R 275, R 276
—, sapore di ~ C 60
cloroammoniazione C 45
clorofenoli, gusto di ~ P 142
clorofenolo C 69
clorofilla B 534
clororesiduo R 274
clororichiesta C 47
clorosi B 551
clorosoda C 71
clorurazione C 73
cloruro C 62
— d'ammonio C 46
— d'argento C 70
— di calce B 547
— di calcio C 9
— di ferro E 188
— di magnesio M 21
— di potassio C 64
— di sodio K 361
— di trifeniltetrazolo T 384
— du polivinile P 243
— ferrico E 189
— ferroso E 188
— manganoso M 55
coadiuvante della flocculazione F 462
— di filtrazione F 258
coagulabile F 450
coagulante F 463
coagulare F 453
coagulazione F 457
— con solfato di alluminio e polielettroliti cationici/anionoci F 459
— posteriore F 460
—, vasca di ~ F 461
coalescenza K 357
cobite barbatello B 79
coclea S 557
— a vite F 588
— d'estrazione A 889
— trasportatrice F 588
coefficiente B 191
— d'assorbimento A 243
— dello sbarramento W 468
— d'espansione di volume R 61
— di attrito R 205
— di attrito di tubi R 428
— di biomassa B 192
— di conformità G 405
— di decontaminazione *(radiol.)* D 87
— di deflusso A 88, A 805
— di diffusione D 163
— di dilatazione A 798
— di evaporazione V 108
— di frizione R 205
— di frizione di tubi R 428

- di immagazzinamento S 1098
- di pendenza delle onde S 1362
- di permeabilità D 410
- di permeabilità relativa D 411
- di portata A 88
- di respirazione R 270
- di ripartizione V 339
- di ripartizione di pioggia R 175
- di ritiro S 812
- di rugosità R 59
- di scabrezza R 59
- di scabrezza di tubi R 428
- di solubilità L 267
- di taglio dell'ansa D 433
- di torbidità T 466
- di trasmissibilità D 420
- di trasmissione U 90
- di traspirazione T 314
- di velocità G 279
- di viscosità Z 12
- d'impedimento al deflusso causato dalla vegetazione V 197
- d'infiltrazione V 284
- d'uniformità G 405
- d'utilizzazione N 301
- specifico di immagazzinamento S 1099
coercizione Z 187
coesione K 369
cok K 405
coke K 405
—, acqua di estinzione di ~ K 409
—, filtro a ~ K 406
—, forno a ~ K 410
—, graticci di ~ K 407
—, irrigatore a ~ K 411
—, paniere da ~ K 408
—, percolatore a ~ K 411
cokeria K 403
colare G 368, R 312
— (il calcestruzzo) E 44
colata G 696
colato orrizzontalmente L 229
— verticalmente S 1350
colatoio S 879
— d'ingresso E 100
— metallico S 880
colera C 84
— asiatico C 85
colibacilli, che elimina i ~ C 100
colibacillo C 102
colibatteri, batteriofago specifico dei ~ C 106
—, colonia di ~ C 101
—, conta dei ~ C 105
— di animali a sangue freddo K 60
colica di piombo B 556
— saturnina B 556

colifago C 106
coliformi B 27
coliformo C 104
colititolo C 107
colla di pelle H 129
collare R 433
— a fondere G 371
— d'argilla per colare il piombo B 554
— di presa A 529
— di presa con saracinesca V 25
— di presa in ferro fucinato A 531
— senza rubinetto di chiusura A 530
collatura (industria tessile) S 509
colle H 351
collegamento A 597
— a vite S 631
— dei tubi R 446
collegare A 596, V 52
collettore A 340
— d'acque sotterranee, pozzo ~ G 648
— del gas G 72
— delle sostanze galleggianti S 802
— di fognatura A 340
— di scarico E 362
— d'intercettazione A 78
— in muratura K 72
— laterale S 891
— principale H 103
— secondario N 115
collezione S 83
collina H 351
— morenica O 123
collinare H 352
collinoso H 352
collo di cigno (montaggio) S 698
— d'oca (installazione) G 6
collocamento dei tubi R 447
colloidale K 420
colloidali, trappola per sostanze ~ K 422
colloide K 421
— del suolo B 630
— protettivo S 678
colma S 1636
colmamento A 758
— fluviatile A 759
colmare A 605
colmata A 606
— di un avvallamento T 36
colofonia H 94
colonia di batteri B 43
— di colibatteri C 101
colonna S 22
— a scambio ionico A 883
— a scambio ionoco a letto fisso F 177
— d'acqua W 337
— di estrazione E 580

- di lavaggio W 118
- di lavaggio con piatti a campanelle G 436
- di lavaggio per vapori acidi S 34
- di lavaggio spray R 313
- di mercurio Q 22
- di pioggia R 158
- di separazione T 342
- di strippaggio A 279
- di superficie S 1296
- idraulica per locomotive W 272
- liquida F 485
- montante S 1357
- montante di un idrante S 204
- preliminare V 465
colonnina anticendi (spegnimento d'incendi) S 1297
colorante F 67
colorare F 33
colorazione F 37
- differenziale (batt.) D 154
- Gram G 460
colore F 68
- di solfo S 720
- di zolfo S 720
colorimetrico K 425
colorimetro K 423
- a chiavetta doppia D 195
a colpi S 1489
colpo H 345, S 1474
- d'ariete D 333
- d'ariete di Jukowsky J 25
- d'ariete, fase di ritorno del ~ R 519
- d'ariete, regolatore di ~ D 334
coltelli S 296
coltivabile K 668
coltivazione A 526
- a solchi R 493
- dei terreni K 669
- del mais M 35
- di zone torbose M 407
coltre del fango S 542
coltura A 526
- (batt.) K 670
- a striscio S 1563
- alternata F 666
- di lieviti H 147
- di un ceppo (batt.) S 1280
- sotto agitazione S 650
comando A 627
- a catena K 248
- a distanza F 163
- a macchina A 629
- a motore M 418
- a motore elettrico A 628
- a programma P 315
- a pulsante D 302
- a turbina T 488
- a vapore D 27
- a vite senza fine S 558

— ad aria compressa D 308
— della saracinesca S 316
— delle pompe P 371
— diretto di saracinesca per chiave a T S 318
— diretto di saracinesca per volatino S 317
— elettrico A 628
— meccanico A 629
a comando meccanico M 90
— comando oleodinamico O 75
comando per bottone di pressione D 302
— per cinghia R 306
combinare *(chim.)* V 53
combinazione chimica V 56
combustibile B 792, B 799
— atomico A 707
combustione V 77
— ad umido N 75
— all'aperto V 80
— dei gas si scarico A 134
—, gas di ~ R 52
— in mare V 78
— mediante la tecnica di sospensioni atomizzate V 104
— sommersa U 315
— sommersa, evaporatore a ~ T 65
— sommersa, evaporazione per ~ T 66
— umida V 79
cominciare a marcire A 539
— a putrefarsi A 539
commestibile G 184
commestibilità G 185
Commissione Internazionale delle Grandi Dighe I 90
— Internazionale per l'Irrigazione e il Drenaggio I 89
commutatore automatico S 251
compagna non alberata G 153
comparatore K 427
compartimento K 66
— di sedimentazione A 229
comparto d'arrivo V 453
compatibilità V 351
—, prova di ~ V 352
compattamento dei rifiuti solidi urbani M 442
— del suolo B 670
— delle immondizie M 442
— di sottosuolo U 263
compattare *(calcestruzzo)* V 110
compattatore V 113
compattazione *(calcestruzzo)* V 116
—, acqua di ~ V 117
compenetrare D 381
compensazione K 428
— dei deflussi A 814
— della pressione D 282
— termica W 23

—, vasca di ~ D 283
compenso E 534
competente F 5, Z 181
competenza Z 182
compire A 808
complessante *(chim.)* K 429
complessazione K 430
complesso dei tubi di captazione F 85
— di edifici S 985
completamente secco A 236
completamento d'un tunnel S 1466
componente B 335
— della cenere A 679
componenti dei rifiuti ricuperabili M 432
— del fango S 390
— organici B 336
— solidi S 1450
comportamento V 187
—, schema di ~ V 188
composizione Z 169
— chimica Z 170
— dei detergenti W 113
— di rivendicazioni conseguenti a danni provocati S 214
— granulometrica K 367
compost misto M 343
compostaggio dei rifiuti solidi urbani M 436
— delle immondizie M 436
— di rifiuti solidi urbani e di fanghi M 426
— misto K 436
—, torre di ~ K 438
composti transuranici T 321
composto K 432, M 349
— alifatico V 54
— azotato S 1424
— bruto F 641
— chimico Z 170
— fresco F 641
—, impianto di produzione di ~ K 437
—, mucchio di ~ K 433
— organo alogenato O 108
compratore all'ingrosso G 515
compressibilità Z 166
compressione D 273, V 114
— critica B 213
— dei vapori B 830
— dell'acqua Z 167
—, resistenza alla ~ D 289
—, sforzo di ~ D 328
— triassiale, prova di ~ D 252
compressore V 112
— a due stadi V 87
— a pistone S 283
— a vite S 620
— composto V 87
— d'aria L 332
— rotativo R 478
— stradale S 1547
comprimere V 109

computo B 279, B 280
comune G 169
— allacciato G 170
— rurale L 51
— servito G 170
comunione biologica L 116
comunità G 169
— di impianti di trattamento delle acque di scarico situati nella stessa zona K 286
Comunità Europea E 561
con comando a motore M 417
— comando a vapore D 28
— comando ad aria compressa D 309
— energia d'uomo M 198
— forza d'uomo M 198
— giunti a piombo B 542
— inizio di putrefazione S 234
— obbligo di denuncia A 642
— raschiamento meccanico R 22
conca S 502
— di navigazione con bacino di risparmio S 1095
concentrare E 53
— *(chim.)* A 585, V 111
concentratore a ciclone Z 219
— di fango S 395
concentrazione K 474
— *(chim.)* A 587, V 115
— degli ioni I 108
— degli ioni idrogeni W 379
— del liquame K 475
— dell'acqua di fogna K 475
— delle materie inquinanti S 548
— di fango S 397
— di popolazioni Z 164
— di soglia S 748
— di virus per congelamento G 120
— gravitaria di fango S 398
— idrogenionica W 379
— in sali S 55
— ionica I 108
— limite G 482
— limite ammissibile G 483
— massima ammissibile K 476
— massima d'immissione I 5
— maximum ammissibile H 279
— salina S 60
—, tempo di ~ K 477
conceria G 201
— di cromo C 94
concessione V 207
concezione dell'ingresso E 90
conchiglia M 492, S 236
conchiglie S 237
concia G 201
— al tannino L 292
— alla scorza L 291
— all'allume W 487
— di cromo C 94
— di pelle all'allume W 486

— esausta G 200
— in alluda W 487
conciatura L 137, Z 161
concimaia J 19
concimatrice D 358
concimazione D 362
concime D 357
— artificiale K 677
— chimico K 677
— commerziale H 64
— liquido F 489, J 17
concio S 1277
concrezione K 451
condensare E 53
condensato K 439
— acido K 440
— di cracking K 526
— di piroscissione K 526
—, epurazione del ~ K 448
—, trattamento del ~ K 441
condensatore K 445
— a miscela M 344
— a miscuglio M 344
— a superficie O 16
— ad iniezione E 129
— barometrico K 446
— dei vapori B 831
condensazione K 442
—, acqua di ~ K 444
—, nucleo di ~ K 443
—, punto di ~ T 79
condensino K 449
condizionamento *(d'acqua)*
  A 728
— d'aria K 339
— d'aria, impianto di ~ K 334
condizione A 756, B 311
— di esercizio B 389
condizioni di moto
  idraulicamente instabile
  S 1581
— imposte N 251
— locali V 185
— meteorologiche W 650
condotta L 181
— a grande distanza F 153
— a pressione D 324
— ad anello R 326
— ad aria compressa D 314
— all'aperto L 183
— collettrice S 77
— d'acqua potabile della città
  W 284
— d'adduzione d'acqua A 601
— d'alimentazione S 1111,
  V 293
— d'aria L 334
— del fango S 426
— dell'acqua motrice T 360
— delle acque piovane R 184
— d'erogazione A 95
— di allacciamento A 601
— di aspirazione S 188
— di collegamento V 59
— di deflusso A 95
— di deflusso principale H 97

— di distribuzione V 340
— di drenaggio S 957
— di drenaggio in argilla T 273
— di drenaggio in ghiaia S 958
— di lavaggio S 1191
— di mandata D 324
— di ritorno R 495
— di scolo A 95
— di troppopieno U 56
— d'infiltrazione V 286
— d'uscita A 95
— effluente A 95
—, estremo tronco della ~
  R 397
— forzata D 324
—, guasto alla ~ R 422
— libera F 634
— maestra H 99
— per acqua mista M 360
— premente D 324
—, pressione nella ~ L 187
— principale H 99
— principale di distribuzione
  H 108
— secondaria N 114
— stradale S 1539
—, tratto di ~ L 193
—, tronco di ~ L 193
—-sifone H 140
condotte, rete di ~ L 190
— secondarie, sostituzione
  di ~ N 152
condotto L 192
— d'aerazione W 549
— di afflusso Z 124
— di vuotamento E 369
conducibilità L 170
— elettrica L 171
condurre F 673
— in serie H 201
conduttanza L 200
conduttività L 170
— elettrica L 171
— idraulica L 172
—, misuratore di ~ L 174
—, residua R 281
— specifica L 173
— termica W 40
conduttore di pompe P 384
—, resistenza di un ~ *(elettr.)*
  L 197
conduttura L 181
— d'acqua W 283
— d'acqua calda W 89
— d'alimentazione S 1111
— di adduzione Z 124
— di compressione D 324
— di riempimento Z 124
— di scarico E 369
— di sollevamento D 324
— d'irrigazione S 957
— forzata D 324
— sottomarina U 307
— stradale S 1539
—, tratto di ~ R 398
—, tronco di ~ R 441

conduzione separata A 122
confezione del calcestruzzo
  B 380
configurazione della costa
  K 647
— della superficie O 14
confluente Z 168
confluenza Z 168
conforme G 403
conformità G 404
confronto colorimetrico F 75
congegno di registrazione a
  lancette Z 25
— meccanico V 464
congelamento del fango S 413
— sotto pressione, processo
  di ~ D 278
— spray, processo di ~ S 1175
congelare F 640
congelazione G 119
—, grado di ~ G 121
—, metodo di ~ G 123
—, punto di ~ G 121
congiungere K 709
congiunzione G 124
conico K 179
conifero N 29
coniugati C 110
cono K 177
— di deiezione S 668
— di ravvenamento A 747
— di ritiro L 356
— Imhoff A 225
conoideo K 179
conportamento verso l'
  ambiente U 196
consegna A 126
conseguenza F 593
conservare K 453
conservazione E 519, K 454
— d'acqua W 217
— del legno, prodotto per la ~
  H 315
— del suolo B 656
— di legno H 314
— in acqua W 277
conserveria di legumi G 175
— di pesci F 353
consigliere B 277
consiglio B 278
Consiglio di Contea G 459
consistente S 1410
consistenza K 455
— del bestiame V 384
consolidamento B 162
consorzio idrico W 237
— obbligatorio Z 185
— per lo smaltimento delle
  acque di rifiuto A 347
consulente B 277
consultazione B 278
consumare V 69
consumatore V 70
— d'acqua W 413
consumazione V 65
consumo V 65

849

con

- addizionale M 168
- d'acqua W 412
- d'acqua per giorno T 24
- d'acqua per le piante P 120
- d'aria L 346
- d'energia K 538
- di corrente S 1611
- di energia *(per kg di BOD rimosso)* A 11
- di forza K 538
- di ossigeno S 173
- di permanganato K 24
- di permanganato di potassa K 24
- domestico V 66
- giornaliero T 22
- giornaliero massimo T 21
- giornaliero per abitante T 16
- giornaliero per testa T 16
- intrinseco E 33
- medio D 426
- minimo M 315
- per abitante K 478
- per abitante e per giorno T 16
- per assimilazione A 693
- per capita K 478
- per giorno T 22
- per ora S 1633
- per testa K 478
- previsto di gas G 47
- privato G 100
- proprio E 33
- pubblico V 67
- specifico V 68

conta batterica K 203
- degli enterococchi E 320
- dei colibatteri C 105
- di alghe per strisce A 450
- di batteri su agar K 204

contagio A 615
contagione A 615
contaminante V 265
contaminare V 264
contaminazione V 267
- dei fiumi F 554
- dei traccianti S 1221
- dell'acqua W 429
- dell'ambiente U 197
- dell'aria L 350
- delle acque W 419
- , grado di ~ V 273
- infettiva delle acque W 420
- , origine della ~ V 356
- radioattiva V 355

contatore Z 5
- a cifre allineate Z 101
- a pistone rotativo R 325
- a pressione differenziale D 153
- a quadrante bagnato N 369
- a scintillazione S 1698
- a turbina a getti multipli M 163
- a turbina a più getti M 163

- a turbina ad una paletta E 67
- a vite elicoidale S 621
- combinato V 91
- d'acqua W 443
- d'acqua a restringimento V 147
- d'acqua a turbina T 492
- d'acqua per colonne montanti S 1360
- d'acqua principale H 110
- d'acqua totalisatore W 444
- d'acqua volumetrico M 194
- di colonie K 202
- d'ingresso E 76
- domestico dell'acqua H 126
- Geiger G 148
- principale D 185
- secondario N 119
- totalisatore S 1674
- totalizzatore S 82
- Venturi parziale V 40
- verticale S 919
- Woltmann W 665
- Woltmann combinato W 664
- Woltmann immerso W 663
- [d'acqua] divisionale T 113

contatto, torre di ~ S 1402
conteggio di alghe per strisce A 450
contenente proteine E 220
contenitore di decadimento *(per residui radioattivi)* A 142
- per i rifiuti A 52

contenuto G 144, R 64
- batterico B 41
- d'acqua W 235
- d'aria nel suolo B 635
- dei pori H 303
- della svaotatura degli stomaci P 8
- di acido S 42
- di batteri B 41
- di elementi nutritivi N 47
- di ferro E 192
- di grasso F 197
- di ossigeno S 158
- di sale S 60
- di spazio R 64
- di umidità F 208
- in fanghi S 414
- in nutrienti N 47
- in sostanze disciolte G 145
- salino S 60
- totale G 249
- totale dei pori G 252

continuo K 466
contorno K 716
contrafforte S 1551
contrappeso G 129
contrarsi S 641
- *(cemento)* S 810
contrasegno K 208
contratto V 353

- di distribuzione dell'acqua W 286
- di fornitura dell'acqua W 286

contravveleno G 130
contrazione S 643
- del suolo B 657
- laterale S 890
- , sforzo di ~ S 813
- , tempo di ~ E 55

contributo G 101
- di fognatura K 86
- di miglioria M 179
- finanziario F 592

contribuzione obbligatoria B 190
contro elettrodo G 127
- la corrente F 516
controcorrente G 135
- , lavaggio in ~ G 140
controdiga G 134
controflangia G 128
controllare U 94
controllo B 202, K 468, P 336, U 95
- a distanza, centro di ~ F 164
- a programma P 315, S 1408
- chimico U 283
- del funzionamento S 1407
- della qualità delle acque W 249
- della temperatura T 124
- dell'ambiente U 195
- dell'atmosfera L 344
- delle immissioni I 7
- di esercizio B 408
- di processo V 154
- (di qualità) dei materiali W 538
- di sicurezza S 933
- di Stato S 1222
- manuale H 62

contropressione G 126
controspinta G 126
conurbazione B 57
convenzionale K 473
Convenzione di Parigi del 1974 P 26
- d'Oslo O 124

conversione U 170
convertitore di segnali S 993
convogliamento A 542
- dell'acqua W 229
convogliare A 161
convogliatore a nastro B 60
convoglio di chiatte a rimorchio S 494
copella P 304
coperchio del pozzo S 197
- di foro d'uomo M 62
- d'ispezione R 288
- per il tubo protettore H 357
- ribaltabile per la pulizia R 237

coperta A 36

— di neve S 562
coperto U 6
— di ghiaccio E 173
copertura A 36
— a gas sommersa G 55
— conica K 178
— dei costi K 518
— dei suolo E 492
— del foro di trivellazione
   B 710
— del ponte B 827
— delle spese K 518
— delle sponde D 70
— di ghiaccio E 178
— di suolo B 594
— esterna U 105
— fissa per la presa del gas
   G 53
— galleggiante per la presa del
   gas G 54
— impermeabile D 68
— meccanica A 38
— per la presa del gas G 52
— per piastre di calcestruzzo
   B 374
— stradale S 1533
— vegetale P 109
copparosa clorinata E 205
coppia locale L 293
— termoelettrica T 159
coppo D 7
coprecipitazione S 1008
coprimento A 36
corda S 1565, T 61
— catramata T 93
— di canapa H 79
— di canapa catramata H 80
— di paglietta di legno H 327
cordatura V 309
cordolo della saldatura S 734
— di saldatura a
   sovrapposizione S 736
— di saldatura per contatto
   S 735
cordone litoraneo N 121
corixa W 433
corona K 599
— della traversa W 469
— di trivellazione B 707
— di trivellazione a diamante
   D 119
— direttrice L 179
coronamento carrozzabile di
   una diga D 24
— di una diga D 22, M 115
—, quota del ~ K 601
—, sviluppo al ~ K 602
corpo G 142
— (di un tee, di una croce)
   H 102
— d'acqua G 314
— d'acqua dolce B 484
— della diga D 21
— della valvola V 30
— dell'utensile M 175
— di pompa P 375

— filtrante F 263
— galleggiante S 798
— riscaldante H 157
— semplice G 568
correggere (ifanghi) A 724
— (il letto di un fiume) B 167
— (l'acqua) A 725
correggia A 631
correlazione W 452
corrente (elettr.) S 1597
— (idraul.) S 1568
— alternata W 454
— ascendente, chiarificazione
   in ~ K 300
— continua (elettr.) G 410
— continua, motore a ~ G 411
— convettiva (limnol.) K 472
— d'acqua W 390
— d'aria W 611
— del vento W 611
— derivata T 343
— di acqua sotterranea G 669
— di cortocircuito K 722
— di densità D 128
— di deriva D 265
— di marea T 204
— di marea ascendente F 570
— di marea discendente E 3
— di ritorno R 521
— di superficie O 24
— di torbidità T 464
— in regime uniforme S 1570
—, indicatore della ~ S 1580
— inferiore U 279
— laminare S 1571
— lit(t)orale K 652
— littoranea U 116
— marina M 145
—, misura della ~ S 1589
—, modello della ~ S 1593
— periferica S 1572
— polifase D 247
— rapida, tratto di una ~
   S 666
— rettilinea di marea G 361
— superficiale O 38
— trifase D 247
—, velocità della ~ S 1584
— verticale V 349
— vorticosa W 626
correnti del sottosuolo E 511
— di fondo G 569
— telluriche E 511
— vaganti S 1567
corrimano H 71
corrodere K 497
corrodibile K 495
corrodibilità K 496
corrosione K 498
— ad alveoli L 253
— alla sommità di un tubo
   K 499
— atmosferica K 501
— da sforzo K 500
— del suolo B 631

— dello zinco E 465
— esterna A 861
—, inibitore di ~ K 509
— intergranulare K 502
— interna I 60
—, lotta contro la ~ K 511
— per fatica S 1088
— per gli acidi S 44
— per i metalli M 260
—, protezione anodica contro
   la ~ K 507
—, protezione contro la ~
   K 506
—, resistenza alla ~ K 504
— sotto l'acqua U 303
—, velocità di ~ K 505
corrosivo K 512
— per i metalli M 259
corsa H 345
— a vuoto L 140
— della pompa P 377
— dello stantuffo K 414
— (dell'otturatore) da una
   valvola S 325
— di basso regime L 140
— motrice A 654
corso a valle U 294
— d'acqua W 278
— d'acqua ad alveo perdente
   W 282
— d'acqua artificiale W 281
— d'acqua, fondo di ~ S 1033
— d'acqua inconstante W 279
— d'acqua perenne W 280
— d'acqua saltuario W 279
— d'acqua soggetto a maree
   T 182
— di galleggiante S 796
— di piena H 272
— di un fiume F 530
— inferiore U 272
— superiore (di un fiume) O 35
corto-circuito K 720
costa K 641
— alluvionale A 610
—, configurazione della ~
   K 647
—, linea di ~ K 649
— ripida S 1363
— sotto vento G 163
costante K 456
— capillare K 111
— di crescenza W 11
— dielettrica D 147
costi, calcolo dei ~ K 517
—, copertura dei ~ K 518
—, determinazione dei ~
   K 520
— di costruzione,
   determinazione dei ~ B 104
— di trattamento B 184
— d'investimento A 566
—, ripartizione dei ~ K 516
— -benefici, analisi ~ K 514
costipamento (calcestruzzo)
   V 116

costipatrice-vibratrice R 528
costituente B 335
costituenti solidi S 1450
costituzione K 457
costo K 513
— di costruzione B 102
— di esercizio B 401
— di un sistema fognante K 88
— d'impianto A 566
costoso K 522
costruire A 769
— internamente E 43
costruttore di pozzi B 852
costruzione B 86, B 122
— a blocco B 577
— dei ponti B 826
— del tipo compatto B 577
— delle dighe T 42
— delle fognature K 85
— di argini D 14, D 82
— di case su terreni in pendenza H 81
— di gallerie S 1467
— di navigazione S 334
— di tubazioni R 414
— di una galleria "taglia e copri", metodo di ~ T 481
— idraulica W 161
— in acciaio S 1257
— interna E 41
— sommersa U 299
costruzioni artificiali K 676
— marittime S 838
cotone B 109
— fulminante N 240
covare B 129
covatura B 130
CPV P 243
— rigido H 92
cracking K 527
—, condensato di ~ K 526
cravatta di presa A 529
cremagliera Z 19
crepa provocata dalla siccità T 412
— superficiale O 19
crepaccio G 427
crepaggio G 427
crepare B 303
crescenza W 3
—, impedente alla ~ W 5
crescere W 3
crescione di sorgente B 864
crescita W 3
— batterica su supporto solido B 39
— delle alghe A 447
— di erba K 554
— di funghi P 185
—, fase di ~ W 13
—, fattore limitante la ~ W 6
—, inibizione della ~ W 10, W 17
—, limite di ~ W 9
— microbica K 201
—, stimolante della ~ W 667

—, stimolazione della ~ W 8
— zero N 283
cresta S 290
— (dello stramazzo) U 24
— della falda freatica G 647
— dello stramazzo U 25
— dell'onda W 510
— di una diga D 22, M 115
—, larghezza della ~ K 600
—, rasamento della ~ K 601
—, sviluppo in ~ K 602
creta K 564
cretaceo K 565
cretacico K 565
cricchetto B 705
cricco per forare B 705
criofilo K 9
criologia K 611
crioplancton K 612
crisalide L 80, P 395
cristallizzare K 595
cristallizzatore K 594
cristallizzazione K 593
cristallo K 592
criteri di carico B 223
— di efficacia W 647
— di progettazione E 460
criterii di qualità dell'acqua W 248
criterio K 598
critero relativo all'ambiente U 184
— sanitario G 303
crivello S 969
— a disco S 981
croce K 589
— a bicchiere con due diramazioni a flangia M 477
— a quattro briglie F 404
crogiuolo da saggio P 304
— per fondere il piombo B 559
crollo E 141
cromato C 88
cromatografia C 89
— a scambio ionico I 103
— a vapore D 31
— ascensionale C 91
— circolare R 543
— d'absorbimento A 383
— di gas di pirolisi P 404
— discendente C 90
— gas-liquido G 44
— gassosa G 50
— su carta P 12
— su colonna S 23
cromatografico C 92
cromatogramma su carta P 11
cromatura V 92
cromio C 87
cromo C 87
cromula B 534
crosta calcarea K 38
— del fango S 542
— della ghisa G 702
— di colato G 702
— di lavorazione P 129

— d'ossido W 71
— terrestre E 507
crostacei K 562
crudo R 354
cubatura di riporto S 654
cubico K 613
cucchiaia S 528
cucchiaio draga G 474
cuffia di saracinesca S 319
cultura (batt.) K 670
— (biol.) Z 127
— a strisce S 1556
— batterica B 44
— di insemenzamento I 14
— in brodo nutritivo (batt.) B 755
— pura (batt.) R 248
— su piastre di Petri (batt.) P 217
—, terreno di ~ (batt.) K 672
—, tubo a ~ (batt.) K 673
culture in piastre (batt.) P 216
cumulativo K 674
cunei di tenuta F 65
cuneo K 183
— deviato A 168
— salino S 71
cunetta R 333
— d'acqua di lavaggio S 1207
— di bassa profondezza F 364
— di griglia R 87
— di scolo A 157
— di troppopieno U 58
— stradale S 1542
cunicolo R 333
— di esplorazione S 1057
cuoio L 133
cupola K 705
cura K 712
curaporti B 20
curva G 34, K 605
— a bicchiere M 457
— a bicchiere a 90° M 465
— a bicchiere con sostegno M 461
— a bicchiere 1/4 di cerchio M 465
— a due flangie 1/4 di cerchio F 396
— a due flangie 90° F 396
— a flangia F 393
— a manicotto doppio D 203
— a S S 1
— a sacco dell'ossigeno disciolto A 185
— a supporto F 708
— a supporto a manicotto doppio D 202
— a supporto per idrante H 367
— a U D 196
— abbassamento livello/tempo A 206
— caratteristica altezza/portata H 344

def

- cloro fornito/cloro residuo C 83
- d'abbassamento dell'acqua sotterranea G 591
- dei livelli W 369
- dei livelli in un pozzo G 664
- della portata in volume A 93
- delle portate accumulate A 116
- delle portate di piena H 251
- delle precipitazioni cumulate N 197
- delle pressioni D 304
- delle somme progressive delle pioggie R 152
- di carico B 224
- di consumo V 71
- di crescenza W 12
- di decrescita R 291
- di deflusso A 97
- di depressione A 207
- di domanda B 152
- di durata D 58
- di durata dei livelli d'acqua W 368
- di durata delle portate A 101
- di esaurimento della portata di tempo secco T 423
- di frequenza H 20
- di granulometria S 978
- di livello del terreno H 290
- di livello della falda freatica G 628
- di recessione R 291
- di riferimento B 459
- di riferimento della scala di misura P 48
- di riferimento di livello d'acqua W 365
- di rigurgito S 1331
- di scorrimento D 392
- di sedimentazione A 228
- di sifone rovesciato D 350
- di sommazione S 1675
- di taratura E 21
- di un fiume F 527
- durata/rendimento L 160
- granulometrica S 978
- intensità/durata della pioggia R 146
- logaritmica K 715
- media della marea T 193
- orientabile K 606
- , ramo discendente di una ~ A 46
- reologica F 439
- sinuosa S 1
curvare B 467
cuscinetto L 33
- a rulli R 462
- a sfera K 662
- dell'albero W 517
cuscino d'acqua W 315
- d'aria L 330

CV P 105

D

dado della vite S 616
dafnia D 45
dafnie, saggio di tossicità con ~ D 46
dagli spigoli acuti S 257
dal basso in alto A 778
- basso verso l'alto A 778
dall'alto in basso A 287
damigiana G 388, K 481
Danjes-Schreiber, processo a controcorrente ~ D 44
dannegiare B 310
danni, accertamento dei ~ S 213
- ed interessi, richiesta di risarcimento ~ S 212
- provocati alle colture F 505
- provocati, composizione di rivendicazioni conseguenti a ~ S 214
danno S 209
- alla pesca F 331
- alla vegetazione V 20
- cagionato dell'acqua W 338
- del gelo F 656
- di piena H 258
- dovuto alle immissioni I 6
- per l'ambiente U 189
- provocato dalla siccità D 369
dannoso S 221
- alla salute G 300
Danubio D 190
dappertutto diffuso U 1
Darcy, velocità di filtrazione di ~ D 47
darsena H 24
datazione mediante composti radioattivi dell'azoto A 472
dati A 543
- di esercizio B 414
- di progetto P 207
- di qualità dell'acqua W 243
- puntuali P 393
dato M 250
- in avanti V 448
deacidificare E 405
deacidificazione E 406
- a calce, impianto di ~ K 55
deaerare E 373
deaeratore a vuoto V 4
deaerazione E 375
- dell'acqua E 376
- di una condotta E 377
deaminasi D 97
a debole carico S 689
debolmente acido S 691
- basico S 688
- radioattivo S 690
decadenza R 487

decadimento, contenitore di ~ (per residui radioattivi) A 142
decalcificare E 342
decalcificazione E 343
- biogena E 344
decantarsi A 221
decantatore gravitare S 764
- tipo Emscher E 271
- tipo Hamburg H 57
decantazione A 222
- , analisi granulometrica per ~ S 356
- , vasca di ~ A 216
- , velocità di ~ A 223
decantore centrifugo D 84
decapaggio B 197, B 198
- , bagno di ~ B 194
- , vasca di ~ B 195
decapare B 196
decarbonizzazione E 309
- per la calce K 34
decennio idrologico internazionale I 88
decespugliamento A 139
decimetro cubo L 248
- quadrato Q 2
declivio A 136, G 108
declorazione E 312
- , agente di ~ E 313
declorurare E 311
decolorare E 321
decolorazione E 322
decomponibile (biol.) A 12
decomporre A 16
decomporsi V 244
decomposizione A 7, E 383
- aerobica A 8
- del fango S 473
- del fenolo P 139
- enzimatica S 1073
- , grado di ~ A 23
decompressione, pozzo di ~ E 440
decontaminare (radiol.) D 85
decontaminazione (eliminazione di radioattività) D 86
- , coefficiente di ~ (radiol.) D 87
decrescita R 290
- , curva di ~ R 291
- del livello dell'acqua sotterranea R 496
- di una piena H 241
decreto V 230
- d'esecuzione D 403
- legge sulle acque W 326
defecazione S 1627
defenolizzare E 399
defenolizzazione E 400
deferrizzare E 315
deferrizzazione E 317
deficienza M 57
- di ossigeno S 165
deficit M 57

— di deflusso V 212
— di ossigeno S 165
— di saturazione S 13
— di saturazione relativa S 14
— in umidità del suolo B 619
deflazione E 532
deflessione A 169
deflettometro V 250
deflettore A 359, L 167, S 1340
— di getto S 1494
deflussi, compensazione dei ~ A 814
deflusso A 82
— *(di uno bacino imbrifero per secondo per unita di superficie)* A 112
— a gravità in un corpo d'acqua ricettore V 440
— alto H 242
— basso N 211
—, capacità di ~ A 98
—, coefficiente di ~ A 88, A 805
—, curva di ~ A 97
—, deficit di ~ V 212
— di un filtro, regolatore della quantità del ~ F 232
—, diagramma di ~ S 1583
— effettivo I 123
— ipodermico *(idrol.)* Z 209
— libero A 801
— massimo H 243
— medio M 374
— medio annuale J 11
— medio giornaliero T 10
— medio stagionale A 86
— minimo N 213
—, misuratore di ~ S 1587
—, potenziale di ~ S 1590
—, quantità del ~ A 99
—, sezione trasversale di ~ D 390
— solido per saltazione G 261
— superficiale massimo O 5
—, tabella di ~ A 117
—, tempo di ~ F 449
— totale A 804
— totale dell'acqua pluviale R 180
— totale delle acque sotterranee G 587
— tranquillo S 1574
—, tubo di ~ A 111
deformabilità V 163
deformazione V 164
— plastica *(del calcestruzzo)* K 591
— viscosa *(del calcestruzzo)* K 591
degasaggio sotto vuoto V 5
degasazione E 329
degasificatore E 328
degasificazione E 329
degradabile *(biol.)* A 12
—, facilmente ~ L 150
degradabilità *(biol.)* A 13

degradazione A 7, D 72
— del paesaggio a causa della disseminazione di centri abitati L 61
— della cellulosa Z 53
— di peptone P 71
—, livello di ~ A 23
—, saggio di ~ A 143
deidrogenasi *(biol.)* D 77
deidrogenazione D 76
deiezione, cono di ~ S 668
della costa, spostamento ~ K 653
— natura di catrame T 88
— terraferma A 153
delta D 88
— di un fiume F 521
demanganizzazione E 380
demineralizzare E 381
demineralizzatore a letti misti M 336
demineralizzazione E 382
demolire Z 94
demulsionante E 280
denitrificazione D 89
densità D 125
— apparente T 400
— cellulare Z 34
—, corrente di ~ D 128
— dei batteri K 189
— dei solidi F 188
— dell trasporto di fondo G 258
— della popolazione B 423, P 247
— della popolazione, incremento della ~ Z 158
— delle abitazioni W 654
— delle frequenze H 19
— demografica W 654
—, determinazione della ~ D 126
— di neve S 563
—, regolatore di ~ D 127
— relativa dei solidi F 189
denso-benda D 90
denudazione D 91
deodorante G 232
deodorazione G 231
deossigenare S 140
deossigenazione S 157
deperimento S 818
deperire A 267
depolarizzare D 93
depolarizzazione D 92
depolveratore a manica S 477
— umido N 67
depolverazione per via umida N 68
depolverizzatore a secco T 396
depolverizzazione E 433
deporre A 149, S 1303
deposimetro S 1321
depositarsi A 612
depositi di polvere S 1320
— fluviali F 511

— fluvio-glaciali S 535
deposito A 150, B 652, S 1304
— alluvionale A 611
— delle discariche H 48
— di fango S 373
— di fondo B 652
— di manganese M 52
— d'incrostazioni A 593
— eluviale E 262
— lacustre A 151
— lit(t)orale U 127
— marino M 129
— morenico di marna G 263
— mucillaginoso S 488
— per il fango S 425
—, pozzetto di ~ S 1009
— protettivo di calcare e di ossidi K 28
— protettivo di calcite C 3
— regolato D 94
— scoperto A 147
— secco *(chim.)* T 413
— sedimentare A 152
depressione D 95
— *(atm.)* U 249
— *(atmosferica)* T 208
— capillare K 106
— del suolo B 659
— della falda G 611, G 653
—, imbuto di ~ A 212
—, raggio di ~ *(idrol.)* A 209
—, sorgente di ~ S 921
depurare R 228
depuratore domestico H 119
depurazione, acque di rifiuto di ~ R 247
—, attrezzatura di ~ R 235
— dell'acqua W 330
—, impianto di ~ R 234
—, lessiva di ~ R 238
— naturale R 231
— per via umida N 70
—, potere di ~ R 246
—, rendimento di ~ R 239
deriva D 264
derivante da sedimentazione S 825
derivanti da un secondo stadio N 11
derivato D 96
derivazione delle particelle d'acqua polverizzata S 1177
—, galleria di ~ A 167
—, opera di ~ A 164
—, tubo di ~ A 166
derrick A 836
desaeratore E 374
descrizione dell'oggetto di un brevetto P 37
— d'un processo V 152
deserto W 671
desilicazione E 349
desolazione V 227
desolforazione E 421
desorbimento D 100

dig

destinazione ultima delle
  immondizie M 431
... di destra R 91
destratificazione S 307
destruzione invernale dei
  pesci F 350
desulfurazione E 421
detergente W 99
— *(mezzo)* W 111
—, emulsione ~ E 279
— sintetico W 112
detergenti, composizione
  dei ~ W 113
— per uso domestico H 122
deterioramento V 256
determinazione B 339
— analitica B 340
— conduttometrica del punto
  di viraggio K 450
— cromatografica su carta
  B 342
— d'ammoniaca secondo
  Nessler A 498
— dei caratteri fisici
  dell'acqua W 410
— dei costi K 520
— dei costi di costruzione
  B 104
— del bacterium coli C 103
— del tempo di detenzione
  V 364
— del tempo di detenzione con
  sostanze coloranti *(isotopi)*
  V 365
— del volume dei fanghi S 465
— della densità D 126
— della durezza H 9
— dell'età mediante ^{14}C A 471
— dell'ossigeno S 153
— di sostanze in tracce S 1219
— di una tariffa A 128
— di una tassa A 128
— in serie *(chim.)* R 216
— quantitativa B 343
— rapida S 580
— singola E 159
detersivi biodegradabili D 109
— duri D 108
detersivo W 99
— *(mezzo)* W 111
— sintetico W 112
detettore S 1655
— ad ionizzazione di fiamma
  F 383
— termoionico T 161
detonatore Z 128
detriti del ghiacciaio G 426
— domestici A 44
detrito D 110
— di fiume G 257
— di foratura B 702
deviare A 161, U 152
deviato, cuneo ~ A 168
deviazione A 162, U 153
— di una sorgente Q 30
devoniano D 111

di acciaio S 1247
— mare A 757
— olio di balena T 307
— origine biologica B 495
al di sopra del livello di piena
  H 250
di terra A 153
— volta, tergo ~ G 354
diaclase F 144
diafanità D 428
diafano D 427
diaframma M 181
— di cuoio L 136
— di gomma G 691
— di palancole S 1213
— impermeabile D 133
diagnosi foliare B 531, B 532
diagonale D 115, S 605
diagramma D 116, G 34
— circolare M 238
— dei livelli d'acqua W 357
— del rendimento L 159
— della pompa P 378
— delle maree T 192
— delle piogge R 126
— delle portate delli sostanze
  sospese S 715
— dell'ossigeno S 162
— dell'ossigeno nel sacco
  T 229
— di Adler C 49
— di capacità L 163
— di carico termico W 38
— di cloro C 49
— di deflusso S 1583
— di portata di magra T 424
— di temperatura T 122
— penetrometrico R 32
dialisi D 118
diametro D 424
— del bicchiere M 483
— del pozzo B 854
— della circonferenza fori
  L 255
— di attacco A 603
— di raccordo A 603
— di tubo R 395
— equivalente dei granuli
  A 389
— esterno A 859
— interno L 224
— interno del tubo R 452
— nominale N 131
— nominale interno N 132
— utile N 302
diapausa D 121
diario di forazione B 721
diarrea D 384
diatomee K 261
dicco D 80
— di raccordo A 598
— interiore B 482
dicloramina D 122
dieldrina D 146
difenili policlorurati B 514
difesa antigelo F 649

— dalle piene H 259
difetti di costruzione B 112
difetto di colata G 701
— di ermeticità L 127
— di fonderia G 701
— di tenuta L 127
difettoso M 58
differenza concedibile A 358
— di livello della falda G 612
— di potenziale P 264
— di pressione D 337
— di temperatura T 127
— di tensione P 264
— permessa A 358
differenze di consumo V 74
differimento V 379
diffesa delle sponde U 128
diffrazione di ritorno R 520
diffusione D 160
— capillare K 107
—, coefficiente di ~ D 163
— d'aria a larga banda B 788
— dell'aria L 348
— di getto S 1495
—, pressione di ~ D 164
— turbolenta D 161
diffusività D 165
diffusore a cupola H 96
— d'aria B 235
diga D 9, T 39
— a contrafforti P 102
— a cupola K 707
— a cupole multiple T 40
— a doppia curvatura K 707
— a gravità G 338
— a gravità alleggerita Z 37
— a gravità alleggerita ad
  elementi cavi H 301
— a gravità in macigno B 822
— a gravità in muratura B 822
— a lastre e a contrafforte
  P 218
— a riempimento idraulico
  D 10
— a speroni P 102
— ad archi multipli G 353
— ad arco B 692
— ad arco gravità B 691
— ad arco in calcestruzzo
  B 357
— alleggerita H 300
—, altezza di ~ D 19
— contro le inondazioni H 248
—, corpo della ~ D 21
— d'ala F 475
— di calcestruzzo B 369
— di pietrame a secco S 1367
— di protezione U 114
— di protezione contro le
  piene F 561
— di ritenuta S 1324
— di terra E 491
—, drenaggio del piede di
  una ~ D 18
— esterna A 858
—, fessurazione di una ~ T 43

dig

— in muratura di pietrame a secco eseguita a mano S 1382
— in pietra di cava B 820
— in terra cilindrata W 68
— in terra compattata W 68
— in terra riempita idraulicamente D 10
— laterale F 475
— mobile W 463
— protettiva S 676
— provvisoria B 187
—, rottura di ~ D 15
—, sfioratore di una ~ D 11
—, spalle di una ~ D 16
— tracimabile U 28
digerire F 90
digestione F 111
— a caldo A 768
— a doppio stadio Z 201
— accelerata S 581
—, camera di ~ F 96
— dei fanghi a più stadi S 405
— del fango S 403
—, disfunzioni del processo di ~ F 105
— finale, vasca di ~ N 6
—, gas della ~ F 93
—, impianto di ~ F 103
—, laguna di ~ F 110
—, processo di ~ F 113
—, rischi relativi ai gas prodotti dalla ~ F 94
— separata del fango S 404
—, tempo di ~ F 114
— termica A 768
— termofila F 112
digestore S 402
— a campana galleggiante per il gas F 101
— a copertura fissa F 100
— a due compartimenti Z 194
— a forma di pera B 517
—, avviamento di un ~ E 60
— primario F 98
— rapido B 507
—, riscaldamento del ~ F 104
— scoperto F 102
— separato F 99
dighe, costruzione delle ~ T 42
—, sorveglianza delle ~ T 46
digrassare E 323
dilatazione A 797
— di calore W 22
— termica W 22
dilavamento A 835
— nel suolo E 149
—, prova di ~ E 150
diluire V 121
diluizione V 122
— dei fumi A 172
diluzione, evacuazione per ~ B 325
dimensionamento B 251
dimensione A 173

— a norma N 256
— dei granelli K 488
— dei pori P 252
— delle maglie M 86
— delle particelle T 106
— efficace dei granelli K 491
— limite dei granelli K 487
— media dei granelli K 489
— nominale N 129
— nominale dei granelli K 490
— normale N 256
— [nominale] di un contatore Z 8
diminuzione A 176
— della capacità per interrimento V 221
— di ossigeno S 174
— di pressione D 325
— di volume V 421
dimorfismo D 169
dimorfo D 168
dimostrabilità N 25
dinamica del suolo B 613
dinamometro D 435
dinoflagellati D 171
dintorni U 142
diorama L 209
diradicare E 463
diramarsi A 363
diramazione A 365
— ad angolo acuto A 367
— ad angolo retto A 366
— della tubazione R 449
— domestica H 113
— obliqua M 475
— stradale di presa H 113
direttiva R 300
diretto U 233
direttore L 169
— del servizio B 404
direzione R 301
— degli strati S 1555
— del flusso F 441
— del moto B 448
— del vento W 606
— di esercizio B 405
sui diritti delle acque W 325
diritto comunale G 171
— di coercizione Z 187
— di discarica E 106
— di passaggio D 405
— d'irrigazione B 434
— d'uso B 263
— d'uso d'acqua W 310
— d'utilizzazione B 263
— marittimo S 855
dirocciamento F 138
dirupato F 142
disaggregare Z 84, Z 94
disaggregato V 371
disaggregazione, zona di ~ V 373
disarmo A 848
disastro K 156
— ambientale U 183
— petrolifero O 86

disattivazione, tecnica di ~ E 308
disboscamento A 139
discarica A 146
— di automobili A 905
— d'immondizie M 435
— finale di rifiuti radioattivi A 710
discarico A 141
dischi biologici T 76
—, giunto a ~ F 397
disciogliere L 263
disciolto L 265
disciplina delle acque W 439
disco S 281
— di appoggio U 273
— di chiusura S 309
— di saracinesca S 322
— di tenuto a cuoio L 134
— di valvola V 37
— girevole V 332
— per la misura della trasparenza S 944
discolorazione V 148
discontinuo D 176
disegno E 456
— di legge G 286
diserbante E 351
diserbo E 350
disfacimento L 271
disfare A 16
disfunzioni del processo di digestione F 105
disgregare L 263
disgregazione L 271
disidratabilità, caratteristiche di ~ E 450
disidratante T 409
disidratare E 435
disidratazione E 437
—, acqua di ~ D 75
— del fango S 401
— mediante centrifugazione S 496
— sotto pressione P 282
— sotto pressione di fanghi mescolati a rifiuti solidi urbani M 427
— sotto vuoto V 6
disinchiostratura, acqua di rifiuto del trattamento di ~ (vecchi carte) E 420
disincrostante K 243
disincrostare E 353
disincrostazione E 354
disinfettante D 99
disinfezione D 98
— degli scarichi A 57
— dei fanghi S 393
— del terreno mediante gas B 604
— dell'acqua W 215
— dell'acqua potabile T 372
— delle condutture R 391
— delle tubazioni R 391
disinnestare A 188

dis

disinserire A 188
disintegrare Z 84, Z 94
disintegrazione Z 82
— dell'atomo A 715
— delle sostanze grigliate R 85
— radioattiva Z 83
disintossicazione E 331
— d'acqua W 208
dislivello H 291
— totale *(d'una tubazione)* G 245
dislocamento d'acqua W 414
disossigenazione S 157
dispendioso K 522
disperdente D 178
dispersione D 180, S 1562
— della luce L 223
— dell'olio, agente di ~ O 66
— nell'atmosfera V 335
disperso D 179
dispersore D 177
— tipo Vogelbusch V 412
disponibile V 165
disponibilità V 166
disporre testa a testa S 1475
dispositivo E 113, V 464
— d'allarme A 429
— d'arresto dello scalpello S 1148
— di chiarificazione K 290
— di chiusura A 260
— di comando S 1406
— di controllo S 1406
— di distribuzione V 337
— di dosaggio B 318
— di evacuazione A 186
— di insemenzamento I 12
— di protezione S 686
— di protezione contro la rottura di tubo R 387
— di riscaldamento H 157
— di risciacquamento S 1186
— di ritenuta per oli H 161
— di sollevamento H 350
— di stacciatura S 974
— di strippaggio per l'ammoniaca A 494
— d'irrigazione B 299
— per la presa di campioni P 290
— per l'espulsione dell'ammoniaca A 494
— per miscelamento M 338
disposizione A 579, E 113
— dei fori per bulloni B 747
— dei pozzi B 850
— di lavabi in serie R 218
— di una turbina T 487
— facoltativa K 101
— normalizzata N 262
— normativa N 262
— per il trattamento delle acque di scarico A 315
— planimetrica A 837
— transitoria U 23
disposto in parallelo N 107

— in serie H 202
dissabbiamento E 413
— *(di un pozzo)* A 181
dissabbiare E 412
— *(un pozzo)* A 180
dissabbiatore S 93
— a cacciata d'acqua S 1196
— a canale L 74
— a ciclone Z 221
— a flusso elicoidale W 624
— aerato S 94
— centrifugo Z 74
— circolare R 545
—, draga di ~ S 95
—, materiale deposto nel ~ S 96
— poco profondo F 365
— profondo T 230
— tipo Stengel S 1393
dissabbiatrice S 93
dissalare E 407
dissalazione E 408
— del olio bruto R 362
— dell'acqua del mare M 153
— delle acque marine M 153
—, impianto di ~ E 409
— parziale T 109
— per termocompressione, impianto di ~ E 410
—, processo di ~ E 411
disseccamento A 891
— con calore T 429
disseccare T 427
disseccarsi V 287
disseminazione di centri abitati Z 88
— di centri abitati, degradazione del paesaggio a causa della ~ L 61
dissenteria R 534
— amebica A 503
dissenterico R 535
dissimilazione D 181
dissipare V 174
dissipatore dell'energia E 304
dissipazione D 182, V 175
— dell'energia E 305
dissociazione D 183
—, grado di ~ D 184
dissodamento R 344
dissodare R 343
dissolubile L 264
dissolubilità L 266
dissoluzione L 271
— di ferro E 182
—, serbatoio di ~ L 275
dissolvente L 277
distacco A 171
— del film biologico A 870
—, resistenza al ~ H 27
distanza A 261
— dei pozzi B 848
distesa A 797
distillare B 793
distillato D 102
distillatore D 106

— solare S 1059
distillazione D 103
— a bassa temperatura S 749
— a multipli effetti a tubi orizzontali M 164
— a vapore W 189
—, impianto di ~ D 104
— per espansione E 423
— per termocompressione V 99
—, residuo di ~ D 105
— solare S 1042
distilleria B 795
— di coke K 403
— di melassa M 177
— di patata K 137
distillerie di vino, acque di scarico delle ~ W 481
distintivo K 208
distratificazione S 1437
distretto di un rete di fogna E 439
— minerario A 17
distribuire V 326
distributore V 327
— a va e vieni W 76
— a va e vieni con corda tirante W 77
— di benzina T 53
— di gas G 74
— fisso V 328
— laterale N 117
— rotativo D 244
— rotativo, bracchio del ~ D 245
distributrice R 202
distribuzione V 333
— a valvola V 35
—, canaletto di ~ V 342
—, cassetto di ~ V 330
—, condotta di ~ V 340
— d'acqua W 428
— d'acqua calda W 92
— d'acqua, impianto di ~ W 434
— degli effluenti nel corpo idrico recipiente A 352
— della frequenza H 22
— della temperatura T 129
— delle acque di rifiuto A 351
— delle precipitazioni N 202
— delle sostanze inquinanti S 219
— di liquame A 351
— di pioggia R 174
—, dispositivo di ~ V 337
—, regione di ~ V 292
—, rete di ~ V 341
—, serbatoio di ~ V 336
—, tubo di ~ V 331
distrofia D 437
distrofico D 436
distruggere Z 94
— *(biol.)* A 16
distruzione Z 95
— dei pesci F 349

dis

— delle malerbe U 228
disturbare S 1436
disturbo dell'esercizio B 407
— d'equilibrio S 1438
diurno T 5
diventare putrido A 539
diversione A 162, U 153, V 206
—, tubo di ~ A 166
diversità di speci A 672
— specifica M 60
divertimento F 637
divertire A 161
divieto di scarico E 108
divisione cellulare *(biol.)* Z 49
— della cellula Z 38
DL 50 L 205
D.N.A. D 101
doccia B 782
doccione W 351
— collettore S 79
dock D 186
doga D 55
dolina K 132
dolomia D 188
dolomite D 188
dolomito calcinato D 189
domanda B 148
— chimica di ossigeno con il metodo al bicromato S 151
— d'acqua per uso industriale B 766
— di brevetto P 36
dominio d'acqua W 219
donatore d'idrogeno W 378
doppio fondo B 586
— fondo del filtro F 244
a doppio stadio Z 203
d'origine idrica W 403
dosa d'irrigazione B 431
dosaggio a secco T 395
— di anticorpi per fluorescenza, metodo di ~ F 231
— per soluzione N 66
— reattivi, impianto di ~ C 31
dosatore D 213
— a secco T 393
— a secco di calce in polvere T 394
— dei prodotti chimici C 29
— dei reattivi C 29
— di gas cloro C 55
— per ipoclorito H 404
— per soluzioni N 65
dosatrice D 213
— a coclea D 215
dosatura B 314, D 216
—, a bassa ~ S 689
— continua B 316
— dei precipitanti F 27
— di calce K 56
— discontinua S 1479
— intermittente B 315
— proporzionale alla portata D 217
dose D 216

— di cloro C 53
— di irradiazione S 1500
— di radiazione artificiale S 1499
— letale L 204
— massimale [ammissibile] M 119
— mediana di tolleranza T 253
— mediana letale L 205
dosimetria D 218
dosimetro di radiazioni S 1514
dosso di montagne G 97
draga B 20, D 263
— a due pezzi G 474
— a mascella G 474
— a secchi E 36
— a secco T 390
— ad aspirazione S 177
— aspirante S 177
— di dissabbiatore S 95
— galleggiante N 62
dragaggio N 63
— dei ruscelli B 4
— di un fiume F 534
dragare A 783
drenabile E 434
drenabilità E 441
drenaggio D 225, E 436
—, acqua di ~ S 967
— completo V 415
— con aratro talpa M 117
— con fascine F 78
—, condotta di ~ S 957
— d'aerazione B 247
— dei tetti D 3
— del fondo, sistema di ~ S 1034
— del piede di una diga D 18
— del sotterraneo B 615
— del suolo B 610
— del tubo R 392
— della superficie O 11
— delle fondazioni B 97
— dell'interna superficie V 414
—, fessura di ~ S 963
—, fossa di ~ E 442
—, galleria di ~ E 449, S 964
— in tubo d'argilla T 272
— iniziale V 434
—, modulo di ~ A 106
— per solchi F 699
— per tubi R 346
—, piastra di ~ E 445
—, pozzo di ~ E 447
—, rete di ~ E 443, G 323
—, scanalatura di ~ S 963
—, sistema provvisorio di ~ B 185
— sotterraneo E 438
— sotto vuoto V 6
— trasversale Q 44
—, trincea di ~ E 442, S 953
—, tubo di ~ E 446, S 960
— tubulare R 346
— verticale V 343
drenare D 220

drenato D 223
dreno, tubo da ~ E 446, S 960
a due compartimenti Z 199
— due gradini Z 203
— due piani Z 199
duna D 352
— mobile W 74
durante la giornata T 26
durata D 56
— d'aerazione B 246
— del periodo di chiusura S 512
— del turno di filtrazione F 269
— della fase di marea ascendente F 571
— della fase di marea discendente E 4
— della marea T 177
— della marea ascendente F 560
— della precipitazione N 181
— della vita L 114
— di detenzione A 739
— di esercizio B 393
— di flusso D 402
— di incubazione B 132
— di influenza B 305
— di lavoro d'un filtro F 269
— di passaggio D 402
— di permanenza B 305
— di piena H 249
— di pioggia R 125
— di pioggia unitaria E 84
— di riflusso E 2
— di sedimentazione A 232
— di una generazione G 179
— di una onda W 518
— utile N 300
durezza H 6
— bicarbonica B 463
— carbonica H 8
— da calcio K 36
— magnesiaca M 22
— non carbonica H 7
— permanente H 7
— residua R 280
— temporanea H 8
— totale G 247

E

E. coli, riflesso metallico delle culture di ~ F 672
eccessiva densità demografica W 655
eccesso d'aria L 343
— di cloro C 72
— di fango S 454
eccitazione del calore W 46
ecologia O 54
ecologicamente conveniente U 180
— favorevole U 180
— nocivo U 179
ecologico O 55

ecologo U 190
economia delle acque W 439
— forestale F 617
— rurale L 63
economizzatore E 226
economo W 649
ecosistema O 56
— acquatico W 311
— di una regione L 57
— di una zona L 57
— estuarino A 399
— marino O 57
ecotossicologia O 58
edificio B 122
— amministrativo V 361
— delle macchine M 93
— di presa d'acqua E 91
— per uffici B 398
edifizia B 124
EDTA A 402
effetti, analisi degli ~ W 643
effettività E 14
effettivo W 629
effetto W 635
— a lungo termine L 79
— apparente S 289
— autodepurativo S 903
— battericida W 639
— della temperatura T 119
— di cacciata S 1209
— di classificazione K 308
— di lavaggio A 896
— di perturbazione S 1441
— di raffreddamento K 637
— di ritiro S 809
— di sedimentazione A 231
— di sifonamento S 183
— fertilizzante D 361
— inhibitore H 177
— oligodinamico W 640
— pregiudizievolo S 220
— secondario N 118
— semplice W 636
— stimolante R 259
— termico W 54
— tossico G 379
— ulteriore N 27
— utile N 285
effettuare A 808
efficace W 630
efficacia W 631
—, campo d'~ W 644
— della chiarificazione K 289
— di un filtro F 303
— ecologica W 632
— relativa biologica W 633
efficienza W 631
— di sedimentazione A 231
effimero E 475, K 718
effluente A 82
— delle acque di rifiuto A 307
— di pozzo nero S 915
— finale E 281
— primario A 297
effluenti di macchine lavatrici [a gettone] M 449

efflusso A 82
— dell'impianto di chiarificazione K 285
— dello scaricatore di pioggia R 172
— di uno stabilimento W 534
— giornaliero T 9
— idraulico A 802
— libero A 801
— minimo M 309
—, tubo di ~ A 111
effondersi E 517
eiettore ad aria compressa M 49
elasticità E 227
elementi nutritivi, contenuto di ~ N 47
— nutritivi delle piante P 113
— nutritivi di base K 224
elemento G 568
— di chiusura A 252
— in traccia S 1217
— oligodinamico S 1217
— prefabbricato F 176
elenco degli inquinanti S 218
— dei prezzi P 270
— delle sostanze nocive S 218
elettricità E 230
elettro-catadyn, processo ~ E 231
—-dissalazione E 238
—-flottazione E 240
—-osmosi E 252
elettroanalisi E 233
elettrochimico E 234
elettrodialisi E 237
elettrodo E 235
— capillare K 109
— capillare a mercurio Q 19
— di carbone K 372
— di carbonio K 372
— di potenziale M 211
— di vetro G 390
— per la misura del potenziale REDOX R 93
— specifico per ioni E 236
elettrofiltro E 239
elettroforesi E 253
— su carta P 10
elettrolisi E 241
elettrolitico E 244
elettrolito E 243
elettrolizzare E 242
elettromagnetico E 245
elettrometrico E 246
elettromotore E 247
elettrosorbimento E 254
elevare H 135
— le acque S 1326
elevatore A 782
— a secchielli B 134
— a tazze B 134
elevazione E 521
elica P 317
— a vite F 477
elicoidale S 615

eliminazione d'olio E 398
eliminare A 278, B 323
— il fenolo E 399
— il ferro E 315
— la ruggine E 404
— l'ossigeno S 140
— per aspirazione A 187
eliminatore A 191
— di grasso F 195
— di olio O 70
eliminazione B 324
— dei fanghi dai letti di essiccamento T 391
— dei liquami A 316
— del azoto S 1418
— del fenolo E 400
— del ferro, apparecchio piccolo per ~ K 314
— del gusto G 271
— del manganese M 54
— del pannello di fanghi prodotto nella filtrazione F 267
— della silice E 349
— dell'acqua di rifiuto A 316
— delle alghe A 440
— delle materie flottanti S 807
— dello solfo E 421
— dello zinco E 465
— di calore W 21
— di ferro E 317
— di fosfato E 403
— di odore G 231
— di salamoia S 1045
— di sapore G 271
eliozoo S 1063
ellisse E 257
ellittico E 258
elminticida H 172
eluato E 260
eluzione E 261
ematite bruna B 773
emergenza delle acque sotterranee G 607
emergere E 432
emicellulosa H 173
emissario A 166
— della fognatura A 321
emissione E 264
— di elettroni E 249
— di odori G 233
— di polveri S 1314
— umida F 204
Emscher, Associazione del fiume ~ E 274
—, decantatore tipo ~ E 271
emulsificante per oli usati A 63
emulsionabile E 276
emulsionare E 277
emulsione E 278
— detergente E 279
— di catrame T 89
— oleosa O 68
endemico E 282
endotermico E 286

endrina E 289
energia E 292
—, approvvigionamento di ~ E 306
— atomica A 708
— capillare K 110
— cinetica E 294
— d'eccitazione A 584
— del vento W 595, W 599
—, dissipazione dell'~ E 305
— eolica W 595
— geotermica E 293
— idraulica W 267
— nucleare A 708
— potenziale E 295
— richiesta K 533
—, risparmio d'~ E 127
— solare S 1060
— solare, accumulo di ~ S 1061
entalpia E 341
enterococchi, conta degli ~ E 320
enterovirus D 53, E 319
entità della carenza delle specie A 670
entrare in vigore K 532
entrata Z 141
— del pozzo B 865
—, lato d'~ Z 137
enzima E 468
— amilolitica E 472
— catalizzatore dell'ossidazione degli idrocarburi E 471
— cellulolitico Z 52
— lipolitica E 470
— proteolitico E 469
enzimatico E 473
enzimi intermediari S 1463
— metabolici S 1463
epatite infettiva H 178
epidemia E 476
— di tifo T 506
— idrica W 216
epidemico E 479
epidemie gastro-intestinali M 10
epidemiologia E 477
epidemiologico E 478
epifita E 482
epilimnetico E 480
epilimnion E 481
epoca glaziale E 216
epurare R 228
epurazione R 229
— a gradini S 1625
— a stadi S 1625
— biologica completa R 232
— biologica dell'acqua di fogna A 335
— biologica, impianto di ~ K 283
— chimica R 230
— d'aria L 337
— dei liquami A 334

— del condensato K 448
— dell'acqua W 330
— dell'acqua di fogna A 334
— di caldaia K 234
— finale N 14
—, grado di ~ R 236
—, impianto di ~ R 234
— meccanica delle acque di fogna A 337
— naturale R 231
— parziale T 110
—, potere di ~ R 246
— preliminare V 463
—, processo di ~ R 245
—, servizio pubblico di ~ S 1243
—, terze fase dell'~ R 243
equazione G 412
— di Theis T 154
— differenziale D 155
equilibrio G 406
— acido-base S 32
— carbonico K 27
— della popolazione B 424
— dell'ossigeno S 159
— dinamico F 436
equipaggiamento A 843
— ausiliare H 194
— di un filtro F 235
— sanitario A 871
equiseto S 200
equivalent biologico dei raggi X R 350
equivalente G 413
— di abitanti E 158
— di silolo X 1
— d'umidità F 206
— in tossicità A 388
era neozoica Q 12
— quaternaria Q 12
— terziaria T 141
erba G 467
— cattiva U 225
— gamberaia W 373
erbai G 542
erbicida acquatico E 352
erbicido U 229
erigere A 769
Eristalis R 48, S 391
ermetico L 316
erogazione A 126
— permanente Z 134
—, quantità d'~ A 99
—, ugello per ~ A 803
erosione E 531
— costiera K 643
— del suolo B 616
— fluviale F 522
— glaciale G 424
— lit(t)orale K 643
— marina B 760
— per ruscellamento R 547
— pluviale R 121
— regressiva K 153
— sotto la spinta del vento E 532

— superfiziale F 380
—, valle d'~ E 533
errante V 1
errore di misurazione M 215
esadecanolo H 190
esaltazione E 521
esame P 336, U 281
— ai raggi X R 353
— fisico dell'acqua W 410
— macroscopico dell'acqua W 408
— microscopico dell'acqua W 409
— sensoriale S 1013
esametafosfato H 191
esaminare U 280
esaurimento E 538
— del suolo B 617
— progressivo di riserve di acqua sotterranea G 584
esaurire l'acqua di ... L 202
esaurirsi V 287
esaurito V 75
esavalente S 823
esca K 365
— per pesci A 645
escavatore B 20
— a benna G 474
— a tazze E 36
— per trincea G 450
escavatrice a secco T 390
escavazione A 821
— del suolo B 602
— subacquea N 63
escrementi della selvaggina L 295
— umani A 132
esecuzione A 809
eseguire A 808
esente da piombo B 553
— da virus V 395
esercire B 381
esercizio ad intermittenza B 384
—, calcolo dei costi di ~ B 402
—, caratteristiche di ~ B 392
—, condizione di ~ B 389
— continuo B 385
— di filtrazione F 240
— di un digestore F 89
— discontinuo B 384
—, durata di ~ B 393
—, esperienza di ~ B 396
— interrotto B 384
— permanente B 385
—, risultati di ~ B 397
esigenza minima M 310
esigenze di qualità G 683
— per la qualità dell'acqua W 242
esigno U 200
esito A 826
esogeno E 568
esotermico E 569
espansione A 797
— del letto filtrante F 242

— demografica B 426
— di volume, coefficiente d'~ R 61
—, distillazione per ~ E 423
espellere a mezzo vapore A 280
esperienza di esercizio B 396
esperimento V 310
— di lunga durata D 62
— di pompaggio P 390
esperto F 5
espletazione A 6, B 382
esplodente S 1161
esplodere E 571
esplorazione F 608
— degli abissi marini T 232
esplosione E 572, S 1162
— di bombe atomiche A 706
—, pericolo d'~ E 573
esplosivo E 575, S 1161
esposizione all'azione dei raggi S 1512
— alle radiazioni S 1498
espropriazione E 314
espulsione a mezzo vapore A 281
— con l'aria dell'ammoniaca A 495
— dell'ammoniaca, dispositivo per l'~ A 494
espurgare R 228
essere vivente L 122
essiccamento A 891, T 428
— a flash S 591
— all'aria L 342
— del fango S 453
— del fango, letto di ~ S 451
— finale N 18
—, impianto di ~ T 430
— mediante gas esausti R 53
—, metodo di ~ T 431
— per congelamento G 122
— per evaporazione rapida S 591
— per polverizzazione Z 93
essiccare T 427
essiccato a caldo H 152
essiccatoio T 421
— a tamburo rotante T 420
essiccatore E 576
— (chim.) T 398
— a letto fluidizzato W 625
— a piani multipli E 558
— a spruzzo Z 92
—-frantumatore M 32
essiccazione A 891
estate S 1051
estensibilità R 341
estensimetro D 74
estensiometro D 74
estensione A 797
— della ritenuta S 1345
estere E 554
— dell'acido tiofosforico T 166
esteriore A 853
esternamente bitumato A 854

estintore di calce K 39
estinzione dell'incendio F 212
estirpare E 463
estradosso di volta G 354
estraibile E 577
estrarre E 578
— il fango E 415
estrattore a tazze S 528
estratto di carne F 414
estrattore a controcorrente G 137
estrazione E 467, E 579
— con solvente L 282
— d'acqua W 213
— del carbone K 375
— dell'acqua E 437
— dell'uranio U 328
— di fango S 400
— di ghiaia K 259
— di minerali potassici K 18
— di sabbia dello strato superficiale d'un filtro A 361
— liquido-liquido F 481
— mineraria nel sottosuolo U 292
—, pozzo d'~ F 587
estremità a bicchiere M 460
— di tubo R 396
— liscia S 1143
estremo tronco della condotta R 397
estruttore B 712
estuario F 532, M 447
— inverso A 398
età del fango S 377
etere glicolico G 441
eternit A 676
eterotrofia H 189
eterotrofico H 188
etilammina A 400
etilene A 401
— glicole A 403
etologia E 559
ettaro H 169
ettolitro H 170
eufotico E 560
eutrofia E 562
eutrofico N 50
eutrofizzazione E 563
— al massimo livello H 402
evacuare B 323, E 365
— il fango E 415
evacuazione B 324, E 366
— dei fanghi per navi S 462
— dei fanghi per via d'acqua S 462
— di calore W 21
—, dispositivo di ~ A 186
— per diluizione B 325
evaporabile V 93
evaporare V 94
— [all'aria libera] V 128
evaporatore V 95
— a circolazione forzata Z 189

— a combustione sommersa T 65
— a film a tubi verticali V 345
— a flash a multipli effetti M 165
— a più stadi M 166
— a singolo effetto V 96
— a tubi R 347
— a tubi lunghi orizzontali H 335
— a tubi obliqui S 610
— a tubi orizzontali a film discendente H 334
— a tubi verticali [flusso discendente] F 53
— ad espansione E 428
— ad espansioni multiple a tubi lunghi H 335
— con circolazione U 149
— con tubi scanalati a spirale W 527
— dell'acqua del mare M 154
— per espansione a più stadi M 165
— rotante R 481
evaporazione V 97
— [all'aria libera] V 129
— a flash, tempo per ~ E 431
— a gradini multipli per detensione V 391
— a pellicola in lunghi tubi verticali L 71
— a singolo effetto V 98
— a tubi verticali V 348
— a tubi verticali a film discendente V 347
— a vuoto V 12
—, area di ~ V 133
—, calore di ~ V 106
—, capacità di ~ V 101
—, coefficiente di ~ V 108
— della pioggia intercettata dalle piante I 96
— effettiva V 130
—, impianto di ~ V 100
— latente, calore di ~ V 107
— locale G 91
— mediante formazione di gocce S 1178
—, misura dell'~ V 139
— multistadia a tubi orizzontali H 339
— naturale, altezza di ~ V 135
— naturale, quantità di ~ V 137
— per combustione sommersa T 66
— per compressione con circolazione forzata Z 188
— per espansione E 429
— per espansione a più stadi E 424
— per il suolo B 671
—, perdita per ~ V 105
— potenziale V 131

—, raffreddamento per ~
 V 102
— regionale G 91
— relativa V 132
—, residuo di ~ A 30
—, ritardatore di ~ V 140
—, ritardo dell'~ V 141
—, serbatoio di ~ V 136
— superficiale O 25, S 862
—, temperatura di ~ V 103
—, zona di ~ B 678
evaporimetro V 138
— di Wild V 142
evaporizzatore A 31
evapotraspirazione E 564
— effettiva E 566
— potenziale E 565
exercizio B 382

F

fabbisogno B 148
— d'acqua potabile T 369
— di sostanze nutritive N 46
— idrico W 167
— in cloro C 47
— sulla piazza P 219
— termico W 25
— totale di acqua G 256
fabbrica F 1
— chimica F 2
— d'amido S 1249
— della pasta di legno H 318
— dell'amido di patate K 140
— di ammoniaca A 499
— di anilina A 556
— di birra B 768
— di carne in scatola F 416
— di carta per giornali Z 30
— di cartone di paglia S 1594
— di caucciù sintetico S 1693
— di colla L 152
— di colla di pelle H 130
— di colori F 69
— di conserve K 452
— di conserve di pomodori T 256
— di cuoio L 135
— di farina di patate K 140
— di fibre S 1135
— di finissaggio A 648
— di fiocco Z 57
— di gas G 85
— di gomma G 690
— di lacca L 9
— di lana sintetica Z 57
— di lastre di fibra di legno F 81
— di lievito H 144
— di lievito compresso P 275
— di malto M 7
— di margarina M 69
— di marmellate O 45
— di materie plastiche K 688
— di mattonelle di carbone B 801

— di panni T 474
— di pasta al bisolfito S 1671
— di pasta al solfato N 93
— di pasta al solfito S 1671
— di pasta chimica Z 45
— di pasta sodica N 93
— di pastalegno H 318
— di pellicceerie R 54
— di penicillina P 67
— di polpa di paglia S 1595
— di prodotti chimici F 2
— di rayon K 683
— di salumi F 416
— di sapone S 875
— di seta artificiale K 683
— di soda S 1024
— di tappeti T 133
— di vernici L 9
— di zucchero delle barbabietole R 492
fabbricazione F 3
— di antibiotici, brodo di coltura residuo dalla ~ N 39
— di gelati S 1110
— di viveri L 117
fabbro meccanico per tubi R 436
facce di giunzione D 135
facilmente degradabile L 150
facoltà d'adsorbimento A 385
faglia (geol.) V 366
falce per erba K 556
falciatrice subacquea U 310
falda S 299, U 27
— abbassata G 661
— acquifera G 632, G 635
— acquifera artificialmente ricaricata dalla sponda U 120
— acquifera inclinata G 636
— acquifera libera, superficie di una ~ G 643
— acquifera, portata presunta di una ~ G 627
— acquifera, sezione di una ~ G 589
— acquifera, sezione longitudinale di una ~ G 633
— acquifera, spessore della ~ G 638
— acquifera, tetto di una ~ G 671
— acquifera, zona in pressione di una ~ G 656
—, afflusso totale ad una ~ G 677
— al punto di misura, profondità della ~ A 268
— artesiana G 637
— da ravvenamento G 578
—, depressione della ~ G 611, G 653
— di deiezione S 669
— freatica G 571, G 660

— freatica, abbassamento della ~ A 234
— freatica, andamento della ~ G 622
— freatica, ascensione della ~ G 597
— freatica, caduta della ~ G 631
— freatica, cresta della ~ G 647
— freatica, curva di livello della ~ G 628
— freatica, isobata della ~ G 670
— freatica naturale G 662
— freatica, onda della ~ G 675
— freatica, recessione della ~ R 496
— freatica, scarico naturale della ~ G 661
— freatica sospesa G 577
— freatica, zona di fluttuazione della ~ G 652
—, inalzamento della ~ G 617
— inferiore G 634
— libera G 575
—, pendenza della ~ G 624
—, portata di sicurezza di una ~ G 616
—, portata di una ~ G 615
—, ravvenamento della ~ G 595
— sotterranea, fondo della ~ G 654
— sotterranea, profondità della ~ G 621
— sotterranea pseudo-artesiana G 573
—, velocità effettiva della ~ G 625
falde, alimentazione naturale delle ~ G 640
falegnameria S 637
falesia K 326
— attiva K 327
— inattiva K 328
falla L 124
fanale L 212
fanghi R 516
—, addolcitore a letto di ~ S 421
—, attività dei ~ S 376
— calcarei S 288
—, contenuto in ~ S 414
— delle acque di fogna, cessione dei ~ K 296
— derivanti da crescita biologica V 21
— derivanti da trattamento di acque W 158
— di idrossidi H 397
— digeriti, pastorizzazione dei ~ F 109
—, disinfezione dei ~ S 393
—, filtro per ~ S 406
—, incenerazione dei ~ S 457

—, interramento dei ~ U 258
—, lavorazione dei ~ S 380
— liquidi, utilizzazione di ~ F 490
—, omogeneizzazione dei ~ S 416
— prodotti nell'operazione di addolcimento E 340
—, raschiatore rotativo a ~ S 430
— secondari N 11
—, sotterrare i ~ U 257
—, spandimento di ~ S 381
—, spruzzatore per lo spandimento dei ~ G 682
—, stabilizzazione [aeroba] dei ~ S 419
— su terreni arabili, spandimento di ~ A 376
— umidi, cessione di ~ N 72
—, utilizzazione dei ~ S 463
fanghiglia A 767, S 510
fango S 366
— *(polvere di roccia)* S 527
—, accumulazione del ~ V 253
— acido S 43
—, acqua del ~ S 468
—, analisi del ~ S 378
— attivato B 226
— attivato di supero U 81
—, attivato, impianto a ~ B 227
— attivato, processo a ~ B 229
—, attivazione del ~ S 386
— attivo B 226
—, banco di ~ S 382
—, camera del ~ S 431
—, canaletta per il ~ S 432
—, canaletta trasversale di scarico del ~ S 440
—, carico del ~ S 385
—, centrifuga per il ~ S 441
—, cilindro del ~ S 474
—, circolazione del ~ S 456
—, concentratore di ~ S 395
—, concentrazione di ~ S 397
—, condotta del ~ S 426
—, congelamento del ~ S 413
—, crosta del ~ S 542
—, decomposizione del ~ S 473
— delle acque di fogna K 295
—, deposito di ~ S 373
—, deposito per il ~ S 425
— di carbone K 386
— di fondo B 652
— di foratura B 726
— di ritorno R 503
— di ritorno, quantità del ~ S 436
— di supero U 80
— di un letto percolatore T 454
— digerito F 107
—, digestione del ~ S 403
— d'inoculazione I 17
—, disidratazione del ~ S 401

—, essiccamento del ~ S 453
—, estrazione di ~ S 400
—, età del ~ S 377
—, fessura per il ~ S 444
—, filtrato separato per filtrazione da un ~ S 408
—, filtrazione del ~ S 407
— fioccoso F 455
—, focaccia di ~ F 266, S 410
— fresco F 643
— galleggiante S 801
— ghiacciato E 177
— granulare S 370
— granuloso S 370
—, indice di ~ S 418
— industriale S 369
—, lavaggio del ~ S 467
— maturato F 108
— minerale S 371
—, pompa a ~ S 428
—, pozzetto del ~ S 446
—, pozzo a ~ S 392
—, pressa a ~ S 427
—, prodotto, quantità del ~ S 379
—, quantità di ~ S 399
—, raschiatore di ~ S 424
—, riattivazione del ~ S 472
— rigonfiato B 528
—, ritorno del ~ S 435
— rosso R 486
—, saracinesca per il ~ S 443
—, scaricare il ~ S 368
— secco T 414
—, sedimento di ~ S 373
—, sifone a ~ S 415
—, smaltimento del ~ S 388
—, stagno a ~ S 449
—, trattamento del ~ S 384
—, tubo del ~ S 374
— umido N 71
—, volume di ~ S 399
fangoso M 381
far derivare A 161
— l'analisi A 524
— presa *(del cemento)* A 25
— prova V 312
— saltare S 1157
— schiuma S 231
— traballare K 277
fare A 808
— acqua L 126
— composto K 434
— la forma F 603
— piovere V 234
— una stima forfettaria P 43
— uno striscio A 273
farina fossile K 263
farine di roccia G 296
faro L 212
fascia ripariale U 129
fasciatura di un tubo R 382
fascina F 76
fascinata F 77
fascio di fibre cave H 299
— tubiero R 345

fase d'aerazione L 304
— di accrescimento L 30
— di crescita W 13
— di crescita della piena H 245
— di diminuzione della crescita W 14
— di incremento L 30
— di latenza della crescenza P 135
— di lavoro A 654
— di massima della marea S 1168
— di respirazione A 700
— di ritorno del colpo d'ariete R 519
— di stanca della marea N 230
— logaritmica di crescenza W 15
fatiscenza B 91
fatta L 295
fattore ambientale U 175
— climatico K 335
— di carico B 221
— di carico effettivo N 294
— di conversione U 161
— di crescenza W 7
— di disintegrazione Z 85
— di forma di granuli F 604
— di incertezza U 243
— di potenza L 162
— di ritenzione R 285
— di sicurezza S 930
— di soprasaturazione in ossigeno S 172
— d'inquinamento V 272
— d'utilizzazione A 841
— letale L 206
— limitante M 329
— limitante la crescita W 6
fattoria per allevamenti V 389
— sperimentale V 320
fauna T 243
— acquatica W 225
— del suolo B 618
— lit(t)orale U 119
— marina M 136
fecale F 17
feccia H 143
feci K 524
—, brandello di ~ K 523
fecola di patate K 139
fecondità F 665
fecondo F 664
felce acquatica *(Azolla) (bot.)* W 223
feldspato F 136
feltro F 308
fenditura R 338, S 1072
— di roccia F 144
— di tubo R 386
fenditure del letto filtrante G 4
fenolftaleina P 143
—, acidità alla ~ P 145
—, alcalinità alla ~ P 144
fenoli plurivalenti P 141

fenolo P 137
— monovalente P 138
—, raccolta del ~ P 146
—, sapore di ~ P 142
fenologia P 132
fenologico P 133
fenomeo di fatica E 527
"fenosolvan", processo
   d'estrazione ~ P 147
ferace F 664
feracità F 665
fermare A 265
fermascorie S 351
fermentabile G 9
fermentabilità G 10
fermentante il lattosio M 304
fermentare G 8
fermentativo G 18, G 19
fermentazione G 16
— acida G 17
— alcalica M 273
— alcalina M 273
— calda H 153
—, cellula di ~ G 22
— di latte M 301
— lattica M 301
— metanica M 273
—, pallone di ~ G 12
—, tamburo di ~ G 14
— termofilica H 153
—, tino di ~ G 7
—, torre di ~ G 15
—, tubo di ~ G 13
—-digestione, processo di ~
   G 11
fermento G 19
fermo (di una macchina) A 266
— della marea S 1342
ferricianuro di potassio B 581
ferrico E 196, F 171
ferriera E 197
ferrizzazione V 143
ferro E 179
— a T T 2
—, assorbimento di ~ E 182
— battuto S 537
— esagonale S 822
— fuso G 699
— in barre S 1224
— in verghe S 1224
— profilato P 312
— saldato S 729
— solforico S 719
— tondo R 541
— vecchio A 470
ferrobatteri E 184
ferrocianuro di potassio B 580
ferroso E 194, E 195, F 172
ferruginoso E 194
ferruminatorio S 577
fertile F 664
fertilità F 665
— del suolo B 627
fertilizzante azotato S 1417
— commerciale H 64
—, effetto ~ D 361

— potassico K 19
fertirrigazione D 359
fesso S 513, Z 87
— di roccia F 144
— d'ingresso E 97
fessura R 338, S 513
— capillare H 3
— di diga D 15
— di drenaggio S 963
— di roccia F 144
— di tensione S 1091
— per il fango S 444
fessurato Z 87
fessurazione di una diga T 43
fessure (di un filtro di pozzo)
   F 275
fetente S 1430
fetido S 1430
fetore G 293
fettuccia d'acciaio S 1256
fianco A 136
— di una vallata T 32
fiasca di lavaggio W 106
fiasco K 481
— di vetro G 388
fibra F 79
— cava H 298
— di vetro, plastica rinforzata
   di ~ G 391
— legnosa H 310
— sintetica K 678
fibre sintetiche, industria
   di ~ K 679
fibrina F 82
fibro cemento A 676
ficomiceti A 443
filamento F 79
filamentoso F 11
filatoio S 1134
filatura S 1134
— pettinata K 69
filettatura G 341
— del tubo R 401
— esterna A 860
— interna I 59
filetto fluido S 1605
— metrico G 342
filiera D 231
filiforme F 11
film biologico, rinnovo del ~
   A 269
— d'olio O 73
— monomolecolare F 221
— superficiale O 12
filo D 227
— d'acciaio S 1262
— d'acqua W 220
— di una traversa W 470
— spinato S 1232
— stradale S 1530
— tenditore ad alta resistenza
   S 1080
filone F 465
— d'acqua sotterranea G 593
— d'impluvio T 48
filtrabile F 305

filtrabilità F 307
—, indice di ~ F 306
filtrare F 273
— al fine di scaricare A 79
filtrato F 304
— separato per filtrazione da
   un fango S 408
filtrazione F 274
— a filtro doppio D 191
— a flusso ascendente F 293
— a sabbia S 102
— a vuoto V 7
— al fine di scaricare A 80
— artificiale F 296
— ascendente F 293
— attraverso il suolo B 622
—, bacino di ~ F 237
—, carta da ~ F 276
—, coadiuvante di ~ F 258
— dei fanghi, addizione di
   ceneri nella ~ A 682
— del fango S 407
— delle acque W 226
— diretta D 175
— doppia D 191
— doppia alternata W 458
—, esercizio di ~ F 240
— finale N 8
—, impianto di ~ F 234
— intermittente F 295
— intermittente attraverso il
   suolo B 623
— lenta L 73
— naturale F 297
— parziale T 112
— primaria F 294
—, processo di ~ F 299
— rapida a sabbia S 583
—, resistenza specifica di ~
   F 301
— sotto pressione D 291
— su marmo M 76
—, turno di ~ F 269
—, vasca di ~ F 237
—, velocità di ~ F 255
filtri doppi alternati W 457
—, galleria dei ~ F 254
—, unità di ~ F 233
filtro F 222
— a candela K 230
— a carbone K 373
— a carbone attivo A 424
— a carbone granulare K 493
— a coke K 406
— a diatomee K 264
— a disco S 282
— a fango del tipo a nastro
   S 971
— a foglia B 533
— a ghiaia grossa G 505
— a gravità F 228
— a lana di legno H 326
— a letti misti M 337
— a letti multipli M 161
— a letto doppio Z 198
— a letto mobile F 422

flo

- a membrana M 184
- a nastro B 59
- a peli H 2
- a permutite P 84
- a pieghe F 58
- a pressione D 290
- a prestrato A 609
- a sabbia S 98
- a sabbia a lavaggio continuo F 424
- a sabbia fina F 128
- a sacco S 4
- a spirale F 226
- a tamburo T 436
- a tre materie D 260
- a vuoto S 195
- a zeolite P 84
- ad aspirazione S 195
- aerato F 223
- aperto F 228
- aperto a sabbia S 99
- aspirante S 195
- attraverso il suolo B 621
- –, camera del ~ F 260
- –, carico di un ~ F 239
- –, carta da ~ F 276
- – centrifugo Z 73
- – chiuso F 225
- – circolare R 542
- – con riempimento di fili a cuneo K 185
- – con sospensione di fango *(precipitazione chimica)* F 229
- – costituito da plastica spugnosa S 277
- – d'amianto A 675
- – d'aria L 327
- – d'aspirazione avvolto con filo e con fessura continua B 858
- – del pozzo B 857
- – di carbone a letto fluido F 423
- – di farina fossile K 264
- – di ghiaia K 268
- – di ghiaia, pozzo a ~ K 272
- – di Gooch F 288
- – di magnetite M 25
- – di porcellana P 258
- – di sterilizzazione E 347
- – domestico H 118
- –, efficacia di un ~ F 303
- –, equipaggiamento di un ~ F 235
- – estraibile *(di un misuratore d'acqua)* S 547
- – finale N 7
- – fino F 122
- –, ghiaia del ~ F 262
- – grosso G 504
- – grossolano V 437
- – immerso F 230
- – in plastica P 208
- – in tela T 475
- – in tessuto G 328
- –, intasamento del ~ V 269
- –, intasamento di un ~ F 298
- – Laughlin M 25
- –, lavaggio di un ~ F 285
- – lento L 72
- – maturato F 224
- – non sommerso F 227
- –, pellicola superficiale del ~ F 257
- – per fanghi S 406
- – per polvere S 1319
- –, portata del ~ F 270
- –, pozzo a ~ F 246
- –, pressati del ~ F 266
- –, pressione del ~ F 247
- –, pulitura di un ~ F 279
- – rapido S 582
- – rapido a sabbia S 589
- –, sabbia da ~ F 282
- – scanalato S 516
- – scoperto F 228
- – sgrossatore G 504
- – sommerso F 230
- –, sovrapressione del ~ F 247
- –, strato del ~ F 283
- –, superficie del ~ F 253
- –, tela da ~ F 291
- –, tessuto da ~ F 256
- –, ugello di un ~ F 249
- – -tamburo girevole F 290
- filtropressa F 278
- – a camera K 67
- finanziamento F 309
- fine ciclo di un filtro S 394
- finestra di osservazione B 274
- finestrino d'osservazione S 265
- finissaggio A 647
- –, fabbrica di ~ A 648
- –, mezzo di ~ A 649
- – tessile T 152
- fino F 120
- fiocco F 452
- fioccoso F 456
- fiore S 344
- fioretto da mina B 717
- firn F 310
- fisica P 171
- – atomica A 714
- – nucleare A 714
- fisico-chimico P 172
- fisiologia P 173
- – vegetale P 115
- fisiologico P 174
- fissaggio B 480
- – del azoto S 1416
- fissamento B 162
- fissativo F 356
- fissatore F 356
- fissazione F 357
- fissione dell'atomo A 713
- – nucleare, prodotto di ~ K 227
- fissura R 338
- fitantrace B 775
- fitofarmaco P 118
- fitopatologia P 175
- fitoplancton P 176
- fitotossicità P 180
- fitotossico P 179
- fitotossicologia P 178
- fitozoi P 119
- fittone P 100
- fiume F 508
- – a marea T 180
- – accumulante F 509
- –, acqua di ~ F 555
- –, associazione di un ~ F 552
- –, corso di un ~ F 530
- – costiero K 645
- – di piena F 363
- – grande S 1596
- – lento G 316
- –, letto del ~ F 518
- –, livello del ~ F 557
- – nella steppa S 1396
- – obsequente S 1431
- –, regolazione di un ~ F 535
- –, riva del ~ F 549
- –, sabbia di ~ F 537
- –, sistemazione di un ~ F 535
- – sotterraneo F 510
- –, sponda del ~ F 549
- –, tronco di ~ F 544
- fiumi, morfologia dei ~ F 531
- flagellati G 150
- flagello G 149
- – delle mosche F 419
- flangia F 385
- – cieca B 572
- – con guarnizione F 391
- – di misura M 216
- – fissa F 388
- –, giunzione a ~ F 401
- – laminata F 387
- – libera F 390
- – mobile F 390
- – piana F 389
- – rullata F 387
- – saldata F 386
- –, saracinesca a ~ F 398
- –, tubo a ~ F 406
- flangie, bullonatura delle ~ F 402
- –, giunto a ~ F 397
- –, pezzo di riduzione a due ~ F 399
- flessibile B 436, B 468, S 475
- flessibilità B 469
- flessione B 470
- flocculabile F 450
- flocculabilità F 451
- flocculare F 453
- flocculatore A 799
- flocculazione F 457
- –, bacino di ~ F 461
- –, coadiuvante della ~ F 462
- – dinamica T 499
- – posteriore F 460
- flora P 122
- – acquatica W 228
- – batterica B 40
- – del suolo B 624

— dell'acqua dolce S 1661
— di lago S 849
— littorale U 122
— marina M 139
flottaggio, agente di ~ F 470
flottare F 472
flottazione S 778
— a differenza di pressione D 292
— a pressione differenziata D 292
— dei grassi F 196
—, ispessimento per ~ F 469
—, residui di ~ F 468
— sotto vuoto V 8
fluidificare V 161
fluidificazione V 162
fluidità F 446
fluido F 480, F 482
fluire F 428
fluitazione F 464
fluorare F 501
fluorazione F 502
— dell'acqua potabile T 373
fluorescenza F 497
—, analisi per ~ F 498
fluorescina F 496
fluorimetro F 499
fluorite F 541
fluoro F 495
fluorosi da acqua potabile T 374
fluoruri, rimozione dei ~ E 327
fluoruro F 500
— di silicio S 1003
— di sodio F 503, N 80
flusso A 82, D 385, D 386, F 558, Z 132
— a gravità F 431
— a sezione piena A 83
—, andamento del ~ S 1592
— ascendente dell'acqua W 201
— derivante da uno scarico sotterraneo A 84
— discendente dell'acqua W 200
—, durata di ~ D 402
— in cavità sotterranee K 174
— inclinato, misuratore di ~ S 608
—, intensità di ~ S 1586
a flusso intermittente P 75
flusso intermittente Z 133
—, inversione del ~ S 1591
— laminare F 430
— laminare, zona di ~ S 1582
—, misura di ~ D 395
—, misuratore di ~ D 393
— orizzontale D 387
— permanente Z 134
— radiale S 1573
— radiale, bacino a ~ B 142
—, restringimento di ~ D 400
— stratificato S 305

—, strozzatura di ~ D 400
—, tempo di ~ D 402
— termico W 31
— totale D 399
— transitorio U 36
—, velocità critica di ~ F 435
—, velocità di ~ D 391, F 433
— zero N 277
flutto F 558, W 497
fluttuante S 710
fluttuare S 699
fluttuazione S 700
— freatica S 701
foca R 342
focaccia di fango F 266, S 410
foce M 446
— a delta F 521
— di un fiume F 532
foggiare F 603
fogliame L 94
foglie L 94
foglio da filtro B 533
fogna A 327
—, attrezzatura di ~ K 82
—, canale di ~ A 327
— del sotterraneo K 206
— di sezione a ferro di cavallo K 73
—, gas di ~ K 81
— in calcestruzzo B 366
—, portata della ~ A 328
—, scarico di ~ K 84
—, scavo di ~ R 403
—, uscita di ~ K 84
fognatura A 327, K 83
—, contributo di ~ K 86
— di raccordo A 600
—, emissario della ~ A 321
—, galleria di ~ A 343
— mista M 340
— per l'acqua piovana R 185
— pluviale domestica R 160
—, rigurgito in una ~ K 95
— separata T 338, T 340
—, tubo di ~ E 446
—, tubo per ~ K 94
— urbana S 1236
fognature, costruzione delle ~ K 85
—, incrocio di ~ K 89
—, mattoni speciali per ~ K 87
—, spurgo delle ~ K 93
fogne, lavaggio delle ~ K 93
folata di pioggia R 123
fondamenta F 691
fondamento F 691
— in muratura F 692
— isolato E 160
fondazione G 535
— a strisce S 1557
— ad aria compressa D 313
— della macchina M 91
— di un argine D 81
— galleggiante G 537
— in calcestruzzo B 361

— per cassone d'immersione S 917
—, piastra di ~ F 693
— pneumatica D 313
— profonda T 225
— sommersa U 302
— su palafitte P 96
— su pali P 96
— sul pozzo S 201
— sulla roccia solida G 536
— superficiale F 362
fondazioni pneumatiche, cassone per ~ D 307
fondere G 368
fonderia G 369
— di piombo B 555
fondo B 584
— bombato B 590
— del bicchiere M 462
— del canale K 97
— del fiume F 540
— del serbatoio B 176
— della falda sotterranea G 654
— della trincea G 454
— della valle T 37
— di corso d'acqua S 1033
— di filtro in piastre porose F 245
— di un sifone D 351
— intermedio F 244
— in [forma di] tramoggia T 356
— marino M 135
— perforato B 588
a fondo poroso S 1032
fondo roccioso F 145
fondovalle T 37
fongicido F 694
fontana S 1164
—, acqua di ~ B 872
— stradale, scarico di ~ A 827
— stradale, vaschetta di ~ A 833
fontanile, testa di ~ B 862
fontanino S 1528
— pubblico B 843
fonte Q 23
— d'acqua salina S 1049
— d'errore F 119
— minerale M 324
foraggio F 710, V 387
— artificiale F 174
forare B 696
foratura A 532
— a mano H 63
— al trapano B 736
forbito G 397
forellino L 252
foresta W 62
forfait P 44
fori *(di un filtro di pozzo)* F 275
forma F 599, G 370
— aerodinamica S 1607
a forma di aste S 1225

— forma di bastone S 1225
— forma di pera B 516
— forma di tubo S 478
forma per i getti G 370
— per le colate G 370
formaldeide F 600
formante uno strato protettivo S 683
formare F 603
formazione F 601
— della pubblica opinione O 52
— di discontinuità O 21
— di fiocchi F 454
— di ghiaccio E 174
— di ghiaccio dovuta al vento W 596
— di ghiaccio sulle griglie V 145
— di idrati H 371
— di incrostazione K 241
— di nebbia N 101
— di nuclei K 188
— di piante P 108
— di pile elementari E 255
— di pozzanghere V 255
— di spacchi O 21
— di tubercoli di ruggine R 471
— impermeabile G 641
— rocciosa F 141
formolo F 600
formula F 602
— di Thiem T 165
fornello a piombo B 563
— portatile a coke B 563
fornimento A 843
fornire L 227
fornitura A 126
— d'acqua W 148
— d'acqua calda W 92
— d'acqua per uso industriale B 767
— dell'acqua a grandi consumatori W 285
— di energia elettrica S 1606
— pubblica d'acqua W 423
forno a coke K 410
— a gradini E 557
— a griglia R 472
— a letto fluido W 622
— a muffola M 456
— a tino S 203
— d'incenerimento V 83
— d'incenerimento dei fanghi S 459
— multiplo E 557
— rotativo D 242
— rotatorio D 242
foro L 252
— del chiodo N 225
— di assaggio S 663
— di pozzo B 869
— di ricerca S 663
— di scolo A 107
— di trivellazione B 708

— di trivellazione tubato B 709
— d'uomo M 61
— per bulloni B 745
forra S 519
fortemente basico S 1306
— illuminato E 560
— radioattivo H 234
fortuito Z 129
forza K 530
— ascensionale A 776
— attrattiva A 644
— centrifuga F 420
— del vento W 599
— di attrazione A 644
— di cavallo P 105
— di propulsione T 357
— di trascinamento S 492
— di trascinazione S 492
— di trazione Z 145
— di viscosità R 206
— d'impulso T 357
— d'uomo M 197
— idraulica W 267
— maggiore H 293
— motrice B 403
— motrice a vapore D 36
— motrice idraulica W 267
— resistente W 564
— richiesta K 533
— vitale V 410
forzare E 112
fosfati, assimilazione di ~ P 149
—, assorbimento di ~ P 149
—, carico di ~ P 151
—, lisciviazione dei ~ P 150
fosfatizzato P 153
fosfatizzazione P 154
—, trattamento dell'acqua per ~ P 155
fosfato P 148
— bisodico D 170
— di sodio N 84
—, eliminazione di ~ E 403
—, rimozione di ~ E 403
— trisodico T 364
fosforescenza di mare M 141
fosforo P 156
—, ciclo del ~ P 157
fossa G 445, G 447
— a calce K 35
— a fianco di un pendio H 84
— a humus N 1
— a serpentine S 357
— assorbente (per acqua di rifiuto) S 955
— collettrice S 76
— condottura O 30
— del liquame J 19
— di decantazione K 293
— di decantazione per scorie di laminatoio A 227
— di diversione U 156
— di drenaggio E 442
— di impianto idraulico M 424
— di latrina A 179

— di mulino M 424
— di ossidazione O 130
— di ricarica V 280
— di scarico A 165, U 256
— di sedimentazione A 226
— d'intercettazione A 76
— d'irrigazione B 430
— filtrante (per acqua di rifiuto) S 955
— Imhoff E 272
— raccoglitrice stradale S 1531
— recipiente V 442
— scoperta G 448
— settica F 95
— settica a più compartimenti M 158
— settica a tre compartimenti D 257
— settica ad una camera E 86
fosso G 445, G 447
fotico P 159
fotocellula P 168
fotoelastico S 1090
fotoelettrico P 160
fotografia aerea L 311
fotogrammetria P 161
fotometria P 163
fotometrico P 164
fotometro P 162
fotosintesi P 165
fotosintetico P 166
fototropico P 167
fracido M 381
fragile B 824
fragilità caustica L 108
frammettere E 117
frana B 295
— di disgregazione M 491
franamento B 295, R 552
— di scarpa B 685
franco F 631
frangente B 785
— dell'onda di marea S 1645
frangere F 784
frangi-onde W 512
frangia capillare K 115
frangicrosta S 786
frangivento W 607
frantoio B 786
— a cilindri R 461
frantumare Z 86
frantumatrice B 786, R 84
— a barrette S 1228
frantumazione primaria V 476
frattura B 807
— di roccia F 144
fratturazione idraulica nei pozzi R 340
frazioni, in ~ A 200
freatico P 169, U 217
freatofite P 170
freddezza K 7
freddo F 647, K 7, K 58
—, grado di ~ K 8
fregola L 39, L 43
fregolo L 37

—, migrazione di ~ L 42
frequenza H 13
— acustica T 264
— assoluta H 14
— dei periodi di siccità D 367
— della speci H 17
— delle magre D 367
— delle piene H 253
— delle piogge, tabella di ~ R 159
— delle portate H 15
— dell'intensità di pioggia H 16
— di caduta delle gocce T 444
— di impulsi, registratore di ~ I 23
— di pioggia R 142
— di speci A 669
— di sversamento U 21
— d'irrigazione U 151
— relativa H 18
frequenze, densità delle ~ H 19
fresatura F 626
friabile B 804
friabilità del suolo B 628
frigorifero K 628
frizione R 203
—, angolo di ~ R 210
—, coefficiente di ~ R 205
—, numero di ~ R 211
— sulla superficie O 18
fronte della sponda U 123
— di richiamo E 385
— d'onda W 513
frontiera meteorologica W 550
frutticultura O 44
fucinare S 538
fucinatore S 536
fuco M 130
— di mare S 860
fucsina F 671
fuga L 127, S 966
— di torbidità D 379
fuliggine R 548
fumaiuolo S 604
fumata R 51
fumigante B 166
— del suolo B 605
fumigare B 164
fumigazione B 165
fumo R 50
fune T 61
— di perforazione B 729
— di sollevamento F 589
funghi, crescita di ~ P 185
— filamentosi F 12
—, galleggiamento di ~ P 189
fungo P 184
— d'acqua di fogna A 330
funzionamento B 382
— automatizzato B 383
— in automatico B 383
—, principio di ~ W 648
funzione dei pozzi B 859
fusibile *(elettr.)* S 941

fusione G 696
—, acqua di ~ S 534
— in stampo verticale *(fabbricazione di tubi)* S 1289
—, punto di ~ S 531
— verticale *(fabbricazione di tubi)* S 1289

G

gabbiano M 384
gabbionata D 230
gabbione D 229
gabbro G 1
gabinetto K 344
galla della radice W 683
galleggiamento B 372
—, asse di ~ S 777
— di funghi P 189
galleggiante S 790
—, camera di ~ S 794
—, corso di ~ S 796
— di superficie O 22
— indicatore di direzione R 302
—, interruttore a ~ S 800
—, limnigrafo a ~ S 793
— profondo T 221
—, valvola a ~ S 795
galleggiare F 472
galleria S 1465
— a pelo libero F 635
—, avanzamento in ~ S 1469
— collettrice S 80
— dei filtri F 254
— derivatrice A 167
— di accesso Z 142
— di derivazione A 167
— di deviazione U 158
— di drenaggio E 449, S 964
— di drenaggio di una miniera S 1682
— di fognatura A 343
— di pozzi B 867
— di presa E 391
— di servizio B 157
— d'ingresso E 93
— d'ispezione B 330
— drenante S 964
— filtrante S 964
— forzata D 332
— in pressione D 332
— per tubi R 440
—, perforazione di una ~ S 1467
— pilota V 472
— sottocarico D 332
— trasversale Q 63
galoppino F 674
galvanizzare G 27, V 377
galvanizzazione, stabilimento di ~ A 613
galvanotecnica G 28
gambero K 559
gambo di vite S 614

gambusia G 29
gancio a fune S 883
— per perforazioni B 703
garantire S 940
garnitura in materia plastica K 692
garza G 87
gas G 41
— acidi S 33
—, acqua di ~ G 84
—, acqua di lavaggio del ~ G 83
—, bolla di ~ G 49
—, bollicina di ~ G 49
—, campana del ~ G 62
— cloro C 54
— cloro, dosatore di ~ C 55
—, collettore del ~ G 72
— combustibile, produzione d'elettricità basata sulla utilizzazione di ~ G 65
— combusto A 133
—, consumo previsto di ~ G 47
— cromatografico G 51
— d'alto forno G 364
— d'alto forno, acqua di lavaggio del ~ G 366
— d'alto forno, lavatore di ~ G 365
— d'alto forno, scrubber di ~ G 365
— della digestione F 93
— delle paludi G 526
— detonante, rischio d'esplosione di ~ K 348
— di cloro C 54
— di combustione R 52
— di digestione, produzione del ~ K 292
— di digestione utilizzato come combustibile T 332
— di fogna K 81
— di scappamento A 133
— di scarico A 133
— di supero U 79
— disciolto G 42
—, distributore di ~ G 74
— esplosivi S 365
—, generazione del ~ G 58
—, lavatore di ~ G 82
— mefitici S 365
—, motore a ~ G 66
— naturale E 498
— nitroso G 43
—, portata di ~ G 45
—, produzione del ~ G 58
—, quantità di ~ G 69
—, raccolta del ~ G 61
—, raffreddatore del ~ G 67
—, rendimento di ~ G 45
—, riscaldamento a ~ G 63
—, sviluppo di ~ G 58
—, svolgimento di ~ G 58
— tonante K 347
—, turbina a ~ G 77

— [della digestione],
  utilizzazione del ~ G 80
—-liquido, cromatografia ~
  G 44
gascromatografia in fase
  inversa R 287
gasificare V 171
gasificazione V 172
— dei fanghi S 460
gasogeno G 59
gasolio D 150
gasometro G 70
— separato G 48
gasoso G 60
gassoso G 60
gasteropodi G 76
gastroenterite G 75
gavitello B 742
— luminoso L 210
geina H 362
gelare F 640
gelati, fabbricazione di ~
  S 1110
gelatina G 160
— nutritiva N 36
—, piastra a ~ G 162
gelatinoso G 24
gelato S 1109
gelazione G 119
gelicidio G 398
gelo E 171, F 647
— al suolo B 626
—, azione del ~ F 652
—, danno del ~ F 656
— di radiazione S 1515
— di silice S 1001
—, periodo di ~ F 654
—, profondità di penetrazione
  del ~ F 651
—, sollevamento causato
  dal ~ F 653
—, spinta causata dal ~ F 657
— tardivo S 1068
generatore G 180
— a corrente alternata W 455
— di pulsazioni P 349
— di scintille F 695
— di suono S 241
generazione artificiale della
  pioggia R 138
— del gas G 58
—, durata di una ~ G 179
genere G 86
— di precipitazione N 179
genio chimico T 83
— civile B 101
— rurale K 671
— sanitario G 308
geochimica G 187
geodesia G 188
geodetico G 189
geodinamica G 190
geofisica G 195
geografia E 500
geoidrologia G 191
geologia G 193

— applicata I 52
geologo G 192
geometra L 53
geomorfologia G 194
germe K 187
— nell'intestino D 51
germi fluidificanti K 192
— gasificanti K 190
— patogeni K 191
— sulla gelatina, numero
  dei ~ G 161
germicida K 198
germinare K 193
germinazione K 194
germogliare K 193
germoglio K 187
gessino C 12
gesso C 12
— anidro A 554
gestione dei residui in un'area
  residenziale S 987
— dei rifiuti A 56
— della qualità delle acque
  W 250
— delle acque nelle aree
  urbanizzate S 990
— dell'energia idraulica W 269
— di un corso d'acqua A 785
— quantitativa dell'acqua
  W 296
gettare B 364
gettito L 153
getto G 696
— (liquido) S 1493
—, altezza del ~ S 1506
— d'acqua W 382
— d'acqua, trivellazione a ~
  S 1184
—, deflettore di ~ S 1494
—, diffusione di ~ S 1495
— [d'acqua], lavatrice a ~
  S 1516
— liquido F 488
—, pompa a ~ S 1507
—, regolatore del ~ S 1508
— rosso R 483
—, tubo a ~ S 1509
—, turbina a ~ S 1511
geyser G 356
ghiacci alla deriva E 209
ghiacciaio G 420
—, detriti del ~ G 426
—, ruttura di ~ G 422
ghiacciare F 640
ghiaccio E 171
— a blocchi P 3
— compatto K 221
—, copertura di ~ E 178
— dei ghiacciai G 423
— di fondo G 553
— di riva R 35
—, formazione di ~ E 174
— galleggiante T 328
—, lastra di ~ E 214
—, ostruzione di ~ E 215
— triturato E 213

ghiaia K 256
— del filtro F 262
— di riporto S 660
— di terrazze T 138
—, estrazione di ~ K 259
— fina K 257
— frantumata grossa G 510
— grossa K 258
ghiaioso K 270
ghiera Z 208
ghisa G 699
— acciaiosa S 1264
— centrifugata S 497
— duttile G 700
— grigia G 470
— malleabile H 45
giacimento A 775, L 34
— di petrolio E 504
— petrolifero sottomarino
  U 296
giacinto d'acqua (Eichornia
  crassipes) (bot.) W 262
giardinaggio G 38
giardino G 36
giglio di stagno T 100
giobertite M 17
giornaliero T 5
giornata lavorativa A 658
giorno T 7
giovevole N 275
girante L 99
— ad alimentazione bilaterale
  L 100
— ad alimentazione
  unilaterale L 101
— monocanale E 88
— semplice L 102
girare D 238, U 147
girevole D 232
giri al minuto U 137
girino K 172
giro U 136
gita in barca K 13
giunco B 491
giungere V 52
giunta di dilatazione D 73
— di espansione D 73
giunto D 131, F 686
— a bicchiere M 482
— a bicchiere longo avviato
  L 75
— a bitume B 523
— a croce a corpo sferico con
  tre bicchieri M 466
— a dischi F 397
— a flangie F 397
— a manicotto a vite S 626
— a piombo B 552
— a snodo K 658
— a te a corpo sferico con
  quattro bicchieri M 467
— a vite dei tubi R 448
— articolato universale G 164
— con rotolamento di anello di
  gomma R 464
— di contrazione D 73

giu

— di costruzione B 123
— di dilatazione D 73
— elastico G 166, K 711
— flessibile V 55
— idraulico W 195
— longitudinale L 25
— per aste di perforazione G 292
— per tubi R 446
— per tubi flessibili S 480
— perimetrale F 687
— ribattuto S 1389
— saldato "slip joint" E 136
— sferico K 658
— testa a testa S 1476
— trasversale Q 46
giuntura N 58
— a manicotto globulare G 165
— flessibile a sfera G 165
— saldata S 742
giunzione a bicchiere M 482
— a chiodo N 227
— a flangia F 401
— a tenuta di una tubazione R 379
— dei tubi R 446
giuoco S 1128
giurassico J 26
glaciale G 400
glaciazione V 144
glaciologia G 425
gley G 430
glicol G 440
— etilenico A 403
— polietilenico P 234
— trietilenico T 347
—-dietilenico D 113
globo K 654
globoso K 657
globulare K 657
glutinoso G 24
gneiss G 442
gobione G 534
goccia T 442
— d'acqua W 399
— pendente, metodo della ~ B 272
— piovuta R 170
gocciola T 432
gola S 519
— di camino S 604
golfo G 444
gomena T 61
gomito K 353
— a 90° a grande raggio di curvatura L 70
— a 90° a piccolo raggio di curvatura K 719
— di base con flangia superiore F 709
gomma al cloro C 65
— clorata C 65
— elastica K 173
gonfiamento S 745
gonfiare *(fango)* B 527
gonfiezza A 608

gora M 424
gordio S 47
gorgo S 1613
governo delle acque W 439
gozzo endemico K 603
gradiente G 456
— d'attrito R 204
— del livello piezometrico S 1298
— di fondo S 1038
— di pressione artesiana D 305
— di una condotta L 189
— di velocità G 281
— idraulico D 294
— minimo M 314
a gradini multipli M 167
gradino S 1621
grado G 455, S 1621
— centigrado C 19
— dell'intorbidazione T 466
— di acidità A 916
— di biodegradabilità A 15
— di calore T 115
— di congelazione G 121
— di contaminazione V 273
— di decomposizione A 23
— di dissociazione D 184
— di durezza H 10
— di epurazione R 236
— di freddo K 8
— di latitudine B 791
— di longitudine L 19
— di nocività S 223
— di pH P 131
— di purezza R 227
— di purità R 227
— di salinità V 247
— di saturazione S 15
— di torbidità T 466
— di trasparenza D 429
— di trofismo T 459
— di umidità F 209
— di utilizzazione della capacità A 825
— idrotimetrico H 10
— ionimetrico P 131
graduale S 1626
graduare E 19
graduazione E 145
— di colore F 74
graffa per tubi R 433
grafico D 116, G 34
grafite G 465
grafitizzazione G 466
gram-negativo G 461
—-positivo G 462
graminacee G 458
granchio K 525, K 559
grancio d'arresto F 64
in grande scala G 518
grande utente G 521
grandezza caratteristica B 453
Grandi Dighe, Commissione Internazionale delle ~ I 90
grandine H 34

granelli, dimensione media dei ~ K 489
—, dimensione nominale dei ~ K 490
graniglia, perforazione alla ~ S 638
granito G 463
grano G 312, K 485, W 490
— di sabbia S 106
granoturco M 34
granulare K 366
granulato G 464
granuli di scoria S 352
—, diametro equivalente dei ~ A 389
granulometria K 486
— della sabbia K 492
granuloso K 366
grasso F 194, F 198
—, contenuto di ~ F 197
— depurato R 220
—, eliminatore di ~ F 195
— greggio R 357
— per casseformi S 239
—, ricuperazione di ~ F 200
—, solvente del ~ F 199
—, tenore di ~ F 197
gratella R 465
graticci di coke K 407
graticciata F 77
graticcio di legname, scrubber a ~ H 312
graticola R 465
gratis K 521
gratuitamente K 521
grave S 759
gravimetrico G 336
gravità S 763
—, alimentazione per ~ G 113
—, scorrere per ~ G 111
gravitazione S 763
greggio R 354
gres S 114
— ceramico S 1370
greto K 256
grezzo R 354
griglia R 78, R 465
— a barrette S 1229
— a disco S 226
— a mano R 79
— a nastro B 63
— a sbarre S 1226
— con pulizia a pettine K 324
—, cunetta di ~ R 87
— da pesci F 343
— d'aerazione B 249
— di calma B 308
— d'imbocco E 96
— d'ingresso E 96
— elettrica per trattenere i pesci F 348
— fina F 125
— fina a pulitura meccanica F 126
— grossa G 508
— grossolana G 508

— inclinata S 609
— sottile F 125
grigliatura S 976
— grossolana G 502, G 509
griglie, impianto di ~ R 80
grisu S 365
grisù G 526
gronda D 6, R 333, W 351
— d'acqua di lavaggio S 1207
— di lavaggio S 1194
— di scarico S 549
grondaia D 6
grondare R 312
grossezza D 143
— del grano K 488
grosso D 142, G 501
grossolano G 501
grotta con stalattiti T 457
grovacca G 473
groviglio filamentoso *(biol.)* S 1492
grozzo G 501
gru K 542
— a freccia A 836
— a ponte scorrevole L 98
— a torre T 502
— a tre piedi D 256
— d'alimentazione dell'acqua W 272
— funicolare K 2
— girevole S 758
— mobile L 98
— teleferica K 2
gruppo *(di macchine)* A 415
— di case d'abitazione S 985
— di isole I 72
— di macchine M 95
— di pompe P 370
guado F 701
guaina *(batt., biol.)* S 287
guardia, livello di ~ A 431
guardiano W 56
guarnizione D 131
— ad anello di gomma *(di un tubo a flangia)* G 689
— del corpo valvola G 143
— di iuta J 29
— piatta per flangia F 361
guasto S 209
— alla condotta R 422
— di rete R 422
— minerario B 292
guida a distanza F 163
— di scorrimento R 550
gunitare T 282
gunite T 281
gusto G 267
— ammuffito G 268
— di clorofenoli P 142
—, eliminazione del ~ G 271
—, soglia di ~ G 272

H

habitat naturale L 121
— umido S 1292

haff H 26
halogeno H 51
hertz H 187
Hippuris T 57
hovercraft L 331
HP P 105
Hume, tubo di ~ H 359
humus H 362
—, arricchimento del tenore in ~ H 363
— di un letto percolatore T 454
Hz H 187

I

ibernazione *(biol.)* W 619
identificazione dei batteriofagi P 134
— per cromatografia su carta B 342
idorcarburo aromatico K 396
idrante H 366
— a colonnina U 30
— a valvola V 29
— antincendio stradale F 213
—, colonna montante di un ~ S 204
— con saracinesca S 321
—, lastra indicatrice d'~ H 369
— per lavaggio delle strade S 1532
— sottosuolo U 252
— sottosuolo con coperchio rettangolare U 254
— sottosuolo con coperchio rotondo U 253
idratato K 597
idratazione H 372
—, calore d'~ A 26
idrati, formazione di ~ H 371
—, processo agli ~ H 373
idrato H 370
— caustico di soda A 410
— di barite B 81
— di calce C 10
— di calcio C 10
— di carbonio K 374
— di cloro C 61
— di potassio A 407
idraulica H 374
— delle tubazioni R 406
idraulico H 375, K 322
idrazina H 376
idro- ... W 123
idrobiologia H 378
idrobiologico H 379
idrocarburi aromatici A 665
idrocarburo K 395
— a catena ramificata K 400
— a lunga catena K 398
— alifatico K 397
— clorato C 66
— paraffinico K 397
— policiclico aromatico K 399

idrociclone ad alimentazione gravitaria Z 220
idroclorato C 46
idrocoltura H 384
idrodinamica H 380
idroestrattore centrifugo Z 75
idrofauna W 225
idrofila W 263
idrofilo H 391
idrofobo H 392, W 152
idroforo H 393
idrogenazione H 377
— del carbone K 402
idrogeno W 374
—, acettore d'~ W 375
— carbonato K 395
—, donatore d'~ W 378
— solforato S 725
— solforato, produzione d'~ S 726
idrogeochimica H 381
idrogeologia H 382
idrogeologico H 383
idrografia G 320
idrografico G 322
idrografo G 321
idrogramma unitario E 82
idrolisi H 386
idrolizzazione del legno H 324
— del legno, impianto di ~ H 325
idrologia G 320, H 385
— carsica K 130
— forestale F 615
idrologico G 322
idrometeorologia H 388
idrometria H 389
idrometrico H 390
idrometro W 297
— a catena K 250
— a corda K 250
— a pompa d'aria D 315
— di piena H 255
— difettoso W 299
— rotativo R 479
idrometrografia W 294
idromicrobiologia W 301
idrorepellente W 152
idrosfera H 394
idrossido H 396
— di alluminio A 482
— di calcio C 10
— ferrico E 198
— ferroso E 199
idrostatica H 395
idroterapeutica W 260
idroterapia W 259
idrovora P 391
ietogramma R 146
ife P 188
igiene G 310
— alimentare L 118
— ambientale U 182
— dell'acqua potabile T 376
— generale U 182
— industriale G 332

– ospedaliera K 545
– pubblica G 306
igienico H 399
igienista H 398
igrometro H 400
igroscopicità H 401
igroscopico W 155
imballaggio a perdere E 151
imbarcadero A 571
imbarcazione W 221
imbasamento G 560
imbiancamento ad ossigeno S 155
imbiancatura B 546
– a cromo, acqua di scarico d'~ C 93
– di cotone B 108
imbibizione, acqua d'~ S 193
– d'acqua W 204
–, potere di ~ W 253
–, zona d'~ H 33
imboccatura F 532, M 490
– della lancia S 1510
imbocco E 69
–, canale d'~ E 95
– delle acque di pioggia R 182
–, griglia d'~ E 96
–, strombatura d'~ E 101
– tipo Geiger G 147
– tipo Stengel S 1392
–, tubo di ~ Z 136
imbottigliamento F 410
imbottigliatura F 410
imbrecciamento S 1377
imbutiforme T 355
imbuto T 353
– dello sfioratore U 60
– di depressione A 212
– di presa E 392
– di sfioro A 158
– di troppo pieno U 60
immagazzinamento S 1105
– ad uso razionato S 1096
– al alto corso O 36
–, bacino d'~ S 1097
–, capacità d'~ S 1334
–, coefficiente di ~ S 1098
–, coefficiente specifico di ~ S 1099
– d'acqua nella sabbia S 113
– delle piene, bacino d'~ H 260
– di gas in una falda acquifera G 73
– di lunga durata U 45
– di regolazione R 109
– in una valle T 38
– nelle scarpe B 686
– sotterraneo S 1107
–, stagno d'~ S 1104
– superficiale O 20
– temporario R 500
immagazzinare S 1102
– le acque S 1326
immagine luminosa L 209
immediato U 233

immergere E 143
immersione, indurimento in ~ W 251
–, profondità d'~ E 144
immettere *(acqua di rifiuto)* E 102
immiscibile U 321
immiscibilità U 322
immissione I 2
– *(d'acqua di rifiuto)* E 104
–, carico di una ~ I 3
–, concentrazione massima d'~ I 5
– di acque di scarico nel sottosuolo A 350
–, limite d'~ I 4
–, punto d'~ E 107
immissioni, controllo delle ~ I 7
–, danno dovuto alle ~ I 6
immollare E 152
immondizia S 541
– domestica, trasporto idraulico dell'~ S 755
– otturante S 1122
immondizie M 425
–, discarica d'~ M 435
–, incenerazione delle ~ M 440
–, laceratore delle ~ M 445
–, raccolta delle ~ M 429
–, rimozione delle ~ M 431
– solide F 183
–, trasporto delle ~ M 429
immondo U 236
immunizzare I 9
immunizzazione I 8
immunologia I 10
impalcatura G 238, S 240
impaludamento V 325
impanatarsi V 252
impastatrice K 350, M 341
impedente alla crescenza W 5
impedimento al deflusso causato dalla vegetazione, coefficiente d'~ V 197
impegno d'energia E 297
impenetrabile U 205
impercettibile N 159
impermeabile U 205
impermeabilità U 206
– del suolo B 664
impermeabilizzare A 40
impermeabilizzazione A 41
– di un stagno T 97
– di una diga T 41
impeto S 695
impiantino pilota V 313
impianto A 565
– a doppio scopo D 210
– a fango attivato B 227
– a grande scala B 386
– ad acqua calda W 85
– ausiliario H 193
– automatico di sollevamento d'acqua P 392

– automatico per la riduzione della durezza E 338
– centrifugo Z 77
– d'aerazione B 244
– d'alimentazione idrica W 426
– d'aspirazione A 186
– d'energia a vento W 600
– di acetilene A 372
– di addolcimento E 337
– di addolcimento automatico E 338
– di addolcimento parziale T 108
– di assaggio V 313
– di avvertimento W 93
– di betonaggio B 359
– di carbonizzazione di legno H 322
– di chiarificazione K 282
– di chiarificazione meccanica K 284
– di clorazione C 78
– di condizionamento d'aria K 334
– di confezionamento del calcestruzzo B 359
– di deacidificazione a calce K 55
– di decapaggio B 198
– di decarbonizzazione E 310
– di defenolizzazione E 401
– di depurazione R 234
– di digestione F 103
– di dissalazione E 409
– di dissalazione per termocompressione E 410
– di distillazione D 104
– di distribuzione d'acqua W 434
– di dosaggio reattivi C 31
– di epurazione R 234
– di epurazione biologica K 283
– di epurazione delle acque di fogna K 282
– di epurazione meccanica K 284
– di epurazione per piccoli agglomerati H 124
– di essiccamento T 430
– di evacuazione del fango S 389
– di evaporazione V 100
– di filtrazione F 234
– di flocculazione a contatto dei fanghi S 420
– di gasificazione dei fanghi S 461
– di griglie R 80
– di idrolizzazione del legno H 325
– di incenerazione V 81
– di incenerazione dei fanghi S 458

- di incenerimento delle immondizie M 441
- di ozono O 140
- di produzione di composto K 437
- di prova nel laboratorio L 7
- di recupero W 576
- di recupero degli oli minerali A 478
- di recupero del calore di scarto A 285
- di riduzione della durezza E 337
- di riscaldamento centrale Z 69
- di sbarramento S 1312
- di sbianca B 546
- di sedimentazione A 213
- di smaltimento B 326
- di sollevamento dell'acqua P 391
- di sollevamento di un polder P 228
- di stacciatura A 233
- di tempra H 21
- di trasmissione U 89
- di trattamento B 181
- di trattamento comunale consortile G 680
- di trattamento oxigest O 136
- di trattamento prefabbricato B 182
- d'illuminazione B 232
- d'imbottigliamento F 409
- d'irrigazione B 429, V 239
- d'irrigazione ad aspersione V 236
- domestico H 123
- domestico di chiarificazione H 124
- epurativo delle acque di fogna K 282
- frigorifero K 621
- generatore d'emergenza N 270
- idroelettrico W 268
- idroelettrico con pompatura P 389
- idrovoro P 391
- in scala pilota M 107
- irriguo B 429
- irriguo ad aspersione B 283
- per diversi usi M 172
- per eliminazione dell'acido carbonico E 310
- per la distillazione della lignite B 777
- per la produzione del gas G 85
- per lavaggio di sabbia S 119
- per lo smaltimento dei rifiuti A 54
- per ozonizzazione O 140
- pilota a grande scala V 314
- pluvirriguo B 283

- siderurgico E 197
- sperimentale da laboratorio L 7
- termonucleare K 222
- [di laminazione] di lamiera B 540

impiegare A 634
impieghi domestici Z 190
impiego A 635, B 154
- di capitale K 119
- in caso di catastrofe K 157

impilare A 549
impinguamento Z 177
implicazioni sanitarie F 594
imposta A 127, K 10
impoverimento Z 24
impraticabile U 235
impregnante G 546
impregnare D 381, I 20
impregnato d'olio O 67
impregnazione T 301
- del suolo B 674

impresa U 274
imprimitura G 546
improprio U 240
impulsi prefissati I 25
impulso A 627, I 21
- (irradiazione) I 22
- iniziale A 538
- sincrono S 1688

impurezza U 237
impurità B 337
impuro U 236
imputrescibile H 52
imputridire V 244
in capo a O 31
- castellatura F 83
- frazioni A 200
- muratura G 168
- parti A 200

inadeguato U 240
inalzamento della falda G 617
inattivazione di virus V 404
incassare E 116
incassato E 78
incastellatura F 6
incastrazione dei tubi di pozzo V 241
incastro a fondo quadrato M 453
- a gola M 454

incatramazione T 95
incendio di una foresta W 65
incenerazione V 77
- all'aperto V 80
- dei fanghi S 457
- dei fanghi, impianto di ~ S 458
- delle immondizie M 440

incenerimento V 77
- combinato di fanghi e rifiuti solidi urbani M 428
- delle immondizie, impianto di ~ M 441

incenerire V 76

inceneritore di piccola capacità K 318
inchiesta delle riserve disponibili in acqua W 191
inchiodare N 223
incile U 118
incisione E 120
inciso E 78
inclinato G 177
inclinazione F 51, G 108
-, angolo d'~ N 124
incolore F 70
incompletamente caricato U 246
incongelabile F 661
inconstante U 244
inconveniente per l'odore G 230
incorporare E 43, I 54
incorporazione E 77, I 53
incremento V 213, Z 184
- del consumo V 73
- della densità della popolazione Z 158
- demografico B 426
-, fase di ~ L 30
- presunto della popolazione B 427

incrinarsi B 303
incrinatura R 339
incrocio di fognature K 89
incrostare V 198
incrostazione K 240, V 199
- di caldaia K 240
- di caldaia, lotta contro la ~ K 244
- di tubi da dreno V 225

incubare B 129
incubatore B 875
incubazione B 130
incurvare B 467
incurvatura K 607
indagare E 515
indagine F 608
- chimica U 283
- fisica dell'acqua W 410
- macroscopica dell'acqua W 408
- microscopica dell'acqua W 409
- su un corso d'acqua F 551

indennizzo E 414, S 210
indicare A 641
indicatore A 640, I 29
- del livello d'acqua W 367
- del livello liquido F 487
- della corrente S 1580
- dell'altezza di perdita di carico in un filtro F 302
- delle perdite di carico D 340
- di direzione di corrente (elettr.) S 1608
- di inquinamento V 271
- di livello W 366
- di livello dei fanghi S 445
- di posizione S 1387

— di pressione differenziale
  D 152
— di torbidità T 467
— istantaneo M 393
indicazione A 638
indice K 207
— climatico K 336
— dei pori P 256
— dei vuoti H 305
— di bifurcazione V 381
— di fango S 418
— di filtrabilità F 306
— di inquinamento S 545
— di inquinamento potenziale
  S 546
— di pioggia R 145
— di qualità delle acque W 244
— di rigidità S 1351
— di salinità S 62
— di saponificazione V 278
— di saturazione S 16
— di saturazione in ossigeno
  S 170
— di variazione (biol.) V 16
indifferente I 28
indiretto M 366
indissolubile U 230
indurente H 12
indurimento E 518, V 186
— con vapore D 34
— in immersione W 251
indurito con vapore D 33
industria I 33
— alimentare N 57
— della raffinazione del
  carbone fossile K 401
— delle fermentazioni G 20
— di conservazione del pesce
  F 336
— di conservazione del
  pollame G 116
— di fibre sintetiche K 679
— di finissaggio di legno
  H 321
— di frutta conservata O 45
— di lavorazione dei metalli
  I 35
— di macellazione e di
  trasformazione del pollame
  G 117
— di raffinazione del petrolio
  I 34
— edilizia B 93
— farmaceutica I 36
— mineraria B 290
— per generi alimentari N 57
— tessile T 151
industrializzazione I 32
inefficace U 325
ineguaglianza U 221
inerte I 38
inerti Z 176
inesplodibile E 574
inferiore U 251
infermeria K 543
infermità infettiva A 616

infestare V 232
infestazione B 161
infettivo A 614
infezione A 615
— delle acque W 420
— virale V 405
infezioni gastroenteritici M 11
infiammabile E 466
infiammarsi E 326
infiltrarsi E 125
infiltratore obliquo S 607
infiltrazione D 430
— al di sotto di un'opera di
  ritenuta U 271
—, area d'~ S 950
— artificiale I 41
— attraverso le sponde U 121
—, capacità d'~ E 58, I 44
—, carico d'~ S 956
—, coefficiente d'~ V 284
—, condotta d'~ V 286
— dell'acqua sotterranea G 594
— in profondità V 282
— indotta E 105, I 41
—, letto d'~ S 947
—, portata d'~ I 46
—, profondità d'~ I 43
—, scolamento d'~ S 965
—, sorgente di ~ G 600
— sui fianchi laterali H 83
—, tassa d'~ I 45
—, tasso d'~ V 283
—, vasca di ~ A 589
—, velocità d'~ S 952
—, via d'~ S 968
infiltrometro V 285
influente Z 132
influenza E 68
— ambientale U 178
—, area d'~ A 205
— artificiale del tempo W 543
— atmosferica W 653
—, raggio d'~ (idrol.) A 209
influire E 156
infortunio U 208
— di esercizio B 409
infrarosso I 47
—, analisi dei gas all'~ I 48
—, spettrometria di
  assorbimento all'~ I 49
infusori A 750
ingegnere I 50
— civile B 100
— consulente I 51
— igienista G 302
— sanitario G 302
ingegneria civile B 101
— dei canali navigabili W 387
— delle acque di rifiuto A 344
— delle costruzioni fuori terra
  H 206
— delle costruzioni sotto il
  livello del suolo T 209
— fluviale F 517
— idraulica, ricerca nel settore
  dell'~ W 162

inghiaiamento S 1377
ingiù A 287
inglobamento a lungo termine
  (radiol.) E 283
ingorgamento S 1311
ingorgare V 305
ingorgo V 306
ingranaggio conico K 180
ingrandimento V 180
ingrediente attivo W 634
ingredienti organici B 336
— solidi S 1450
ingresso E 69
—, bacino d'~ E 92
—, camera d'~ E 94
—, colatoio d'~ E 100
— dell'aria L 353
— delle acque piovane R 182
—, galleria d'~ E 93
—, griglia d'~ E 96
— periferico E 89
— tipo Geiger G 147
— tipo Stengel S 1392
—, valvola d'~ E 147
inibitore H 174
inibente di crescita B 455
inibitore S 1093
— di corrosione K 509
inibitorio A 548
inibizione della crescita W 10,
  W 17
— dell'azione delle enzime
  H 175
iniettare I 20
iniettività S 522
iniettore a vapore D 42
iniezione E 110
— cemento Z 62
— chimica V 158
—, testa d'~ S 1190
—, tubo d'~ S 1195
inigienico U 222
ininfiammabile E 521
ininterrotto funzionamento
  B 385
...iniziale A 536
innaffiamento B 333
—, bocca d'~ S 1159
— delle strade S 1526
innaffiare B 254
innaffiato N 61
innaffiatrice S 1163
innaffiatura B 255
innalzamento E 521
— del livello della falda G 598
— del livello dell'acqua causato
  dal vento W 610
— del livello di magra N 214
— di livello A 753
— di livello della falda G 626
— di terreno B 601
— improvviso del livello del
  mare S 837
— secolare del livello del mare
  A 618
innesto K 710

innocività U 242
innocuo U 241
inoculare I 13
inoculazione I 18
— ad aiuto dei fanghi S 417
— dei terreni nutritivi I 19
— delle nuvole W 659
—, fango d'~ I 17
inoculo I 14
—, ago per ~ I 15
inodoro G 228
inoffensivo U 199
inoliare O 69
inondare U 82
inondazione U 83
— causata da un terremoto E 488
— di acqua sotterranea G 599
inondazioni, diga contro le ~ H 248
inorganico A 580
inossidabile R 467
inquinamento V 267
— atmosferico L 350
— da oli O 79, V 229
— da sorgente diffusa D 166
— da sorgente non puntiforme D 166
— dei fiumi F 554
— dei mari M 147
— dell'acqua W 429
— dell'aria, prevenzione dell'~ R 225
—, fattore d'~ V 272
—, indicatore di ~ V 271
—, indice di ~ S 545
—, inventario dell'~ V 274
— marino M 147
—, principio di prevenzione dell'~ V 467
— secondario S 898
—, stato di ~ V 273
—, tassa sull'~ V 270
— termico W 27
— termico dei corsi d'acqua A 777
inquinante V 265
— dell'atmosfera L 349
inquinare V 264
inquinato U 236
inquinatore V 266
insabbiamento V 249
insalubre U 219
insapore G 269
insemenzamento, ansa per ~ I 16
—, cultura di ~ I 14
insemenzare B 327
insenatura E 49
inserire E 117
insetticida I 70
insetto I 68
— del fango simile al calabrone S 391
— nocivo S 225
insignificante U 200

insolubile U 230
insolubilità U 232
insonorizzazione L 29
inspezione delle fognature K 76
instabile U 244
installamento E 41
installare I 79
— internamente E 43
installatore I 74, I 75
installazione A 565, E 41, I 76
— a blocco B 578
— a grande scala B 386
—, accessorio d'~ I 78
— all'aperto F 628
— compatta B 578
— di cantiere B 117
— di smaltimento B 326
— di un sifone inverso U 250
— domestica H 123
— sotterranea E 514
—, tecniche d'~ I 77
installazioni ausiliarie N 104
instruzione relativa al esercizio B 411
insù A 778
insudiciare V 264
insufficiente U 326
insufflare B 233
insufflazione d'aria E 45
— d'aria, profondità d'~ E 46
—, valvola di ~ S 596
intaglio S 513
intasamento V 255, V 306
— del filtro V 269
— di un filtro F 298
intasare V 252, V 305
intelaiatura di legno H 316
intendente B 387
intensità I 82
— del vento W 609
— della luce L 222
— delle precipitazioni N 187
— di flusso S 1586
— di pioggia R 167
— di pioggia di progetto B 282
— di traffico V 192
— d'irrigazione a pioggia B 284
— luminosa L 222
intercalare E 117
intercettare (una condotta) A 250
intercettazione A 75, I 95
interconnessione Q 64
interesse Z 104
interfaccia dinerica G 478
interferenza I 85
— dei pozzi B 853
intergranulare I 87
intermittente D 176
internazionale Z 216
all'interno dell'impianto I 67
interno di un tubo R 407
interpolare E 117

interpretazione dei risultati A 901
interramento dei fanghi U 258
interrare V 179
interrato E 513
interrimento A 758, V 254, V 258
interrompimento U 248
interruttore (elettr.) S 245
— a braccio flottante S 757
— a differenza di pressione D 159
— a galleggiante S 800
— a mano H 74
— a pulsante D 326
— automatico S 904
— del vuoto R 444
— magnetico M 27
— marcia-arresto E 40
interruzione U 248
— del carico, vasca d'~ D 336
— del lavoro B 410
— dell'esercizio B 410
interstizii P 248
interstizio A 261, H 302
— capillare K 112
intervallo A 261
— del punto d'inversione K 213
— di avvizzimento W 491
— di marea F 567
— di misura A 639
— di tempo per il ritorno dell'onda di pressione R 103
— di variabilità dei prelievi E 384
interventi sul ciclo M 105
intestini E 79
intestino D 50
intonaco A 619, B 206, D 66, P 397
— a calce K 50
— asfaltico A 685
— bituminoso B 524
— di cemento Z 65
— esteriore A 620
— interno A 621
intorbidazione T 465
intorbidimento da ferro E 206
intracellulare E 285
intradosso I 61
intraprenditore di costruzioni B 120
intrattato U 201
intricato W 615
introdurre E 72
— a forza E 119
— forzamente E 112
introduzione E 73
— (d'acqua) E 69
— d'aria L 351
—, tubo di ~ Z 136
introito d'una tassa A 755
intrusione d'acqua W 154
— d'acqua marina M 152
— dell'acqua sotterranea G 594

— delle acque salate V 433
inumidire A 540
invasamento E 75
invasare E 123
invasione d'acqua W 206
invaso E 131, S 1311
— interannuale U 88
—, livello normale di un ~ N 258
— ottenuto per sbarramento T 44
—, quota di ~ S 1328
invecchiamento A 473
—, resistenza all'~ A 474
inventario B 334
— delle acque W 184
— dell'inquinamento V 274
— di esercizio B 400
inverno W 617
inversamente proporzionale U 144
inversione *(limnol.)* Z 105
— del flusso S 1591
— della marea F 578, K 211
— della marea, punto d'~ K 212
—, intervallo del punto d'~ K 213
—, strato dell'~ I 98
invertebrati T 241
investigazione F 608
investimento I 99
involucro del detonante Z 128
— di lamiera M 65
inzuppare E 152
iodifero J 22
iodio J 21
iodurato J 22
ioduro d'argento S 997
— di potassio J 23
ionizzazione I 110
— di fiamma, detettore ad ~ F 383
iono I 100
iperpuro H 235
ipoclorazione H 405
ipoclorito H 403
— di calcio C 11
— di potassio B 548
— di sodio C 71, N 82
—, dosatore per ~ H 404
ipolimnion H 406
ipotesi di Dupuit D 378
ipsometria H 407
irradiazione S 1512
— ai raggi ultravioletti U 135
—, dose di ~ S 1500
— gamma G 31
— radioattiva B 344
— termica W 48
irraggiamento S 1512
— con raggi beta B 346
— termico W 48
irregolarità di forma U 221
irreversibile I 111
irrigare V 237

— a pioggia V 234
irrigatore R 308
— a coke K 411
— a pioggia R 197
— a pioggia rotativo D 246
— da giardino R 42
irrigazione V 238
— a goccia T 443
— a pioggia V 235
— a pioggia a traiettoria alta U 46
— a pioggia a traiettoria bassa U 270
— a pioggia con acqua di fogna A 348
— a pioggia con liquame A 348
— a pioggia, intensità d'~ B 284
— a scorrimento D 416
— a scorrimento su terrazze T 137
— a solchi F 700
— a spruzzo, sistema di ~ D 374
— ad aspersione V 235
— ad aspersione di protezione contro il gelo F 659
— ad aspersione, impianto d'~ V 236
— aerante B 245
— antigelo F 659
— autunnale H 181
—, canale d'~ B 432
— con acqua di fogna A 349
— con liquame A 349
—, conduttura d'~ S 957
— dei campi a pioggia F 134
— dei declivi H 86
— dei pascoli G 543
— dei prati G 543
— del suolo B 606
— del terreno B 606
—, diritto d'~ B 434
—, dispositivo d'~ B 299
—, dosa d'~ B 431
—, fossa d'~ B 430
—, frequenza d'~ U 151
—, gravitare S 766
—, impianto d'~ B 429, V 239
— in solchi F 700
— invernale W 618
— naturale B 606
— parziale B 428
— per pulsione S 696
— per scolamento gravitare S 766
— per scorrimento V 238
— per sommersione B 623, E 132
— per spandimento superficiale E 132
—, portata unitaria di ~ W 233
—, programma d'~ B 433
—, sequenza d'~ U 150
— sotterranea U 260

— superficiale O 26
irriguo ad aspersione, impianto ~ B 283
irrorare A 540
isobata T 219
— della falda freatica G 670
isoieta I 114
isola I 71
— rocciosa F 140
isolamento I 116
— di un tubo R 408
— termico W 34
isolazione I 116
— di cassaforma S 255
isomero I 117
isoterma T 118
isotopo I 119
— effimero I 120
ispessibilità E 52
ispessimento per flottazione F 469
ispessire E 53
ispessitore di fanghi con raschiatore di tipo griglia S 396
ispettorato del commercio e dell'industria G 330
ispettore B 387
— del lavoro G 331
— delle costruzioni B 88
ispezionare B 328
ispezione, bocca di ~ S 279
— della località O 117
— per televisione I 73
istituto di ricerca F 613
Istituto Internazionale dell'Ozono I 94
istmo L 48
istruzione U 317
itterizia infettiva H 178
ittiobiologia F 327
iuta J 28
—, rivestimento di ~ J 30

J

jackbit B 707
jar-test S 1300
Jukowsky, colpo d'ariete di ~ J 25
jumbo B 740
juta J 28

K

kilovoltampere K 273
kilowattora K 274
klinker K 341
KVA K 273

L

laboratorio L 2
— ambulante R 255
— chimico L 3
— per isotopi I 122

lav

— sottomarino U 306
laceratore delle immondizie M 445
lacrimetta T 432
laghi, catena di ~ S 850
lago S 830
— alimentato da falde sotterranee Q 39
— artificiale S 1337
— craterico K 550
— di Costanza B 658
Lago di Ginevra G 183
lago di miniera G 529
— di ritenuta S 1337
— di valle glaciale G 429
— endoreico S 831
— esoreico S 832
— formato da un fiume F 539
— formato per i lavori di dragaggio B 21
— interno S 830
Lago Lemano G 183
lago morenico M 412
— poco profondo F 371
—, profondità media di un ~ S 861
—, ritenzione in un ~ S 857
— salato S 68
— serbatoio S 1337
— temporaneo S 833
—, tipo di ~ S 852
—, volume d'un ~ S 863
— vulcanico K 550
laguna L 36
— (baltica) H 26
— di digestione F 110
— per fanghi B 291
lagunaggio B 180, S 1305
lama B 539
lame S 296
lamiera B 539
— d'acciaio S 1260
— d'acciaio ribadita S 1261
— di ferro E 187
— di guida L 167
— parafango S 1169
— perforata S 972
laminare L 44
laminatoio B 540, W 72
— a caldo W 84
— a freddo K 62
laminazione della piena V 220
laminiera W 72
lampada a vapori di mercurio Q 20
— di quarzo a vapore di mercurio Q 15
— di sicurezza S 931
— per saldare L 286
— portabile H 70
lampreda N 143
lana d'acciaio S 1276
— d'alluminio A 486
— di legno, filtro a ~ H 326
— di piombo B 570
— di scorie S 354

— di vetro G 396
— minerale S 354
lancia S 1509
— a fune S 882
lande *(regione costiera della Germania del Nord)* G 104
lanolina W 660
larghezza B 789
— del fondo S 1031
— della cresta K 600
— di un specchio d'acqua W 354
larice L 27
larva L 80
— di chironomide C 37
— di tricottero K 364
larvicida L 82
lasca H 95, P 221
lastra P 214
— di calcestruzzo B 373
— di copertura perforata A 34
— di fibra di legno H 311
— di fondo S 1040
— di ghiaccio E 214
— di pietra S 1375
— di rivestimento V 62
— di rivestimento in terracotta V 63
— di sughero K 483
— indicatrice d'idrante H 369
— per rivestimento di fogna K 77
lastricatura P 125
latenza L 89
latifoglia L 95
latitudine B 790
lato d'arrivo Z 137
— del vento L 357
— d'entrata Z 137
latrina G 525, L 91
— a cacciata d'acqua S 1182
— a secchio E 37
— alla turca H 275
— comune S 1285
— pubblica B 160
— secca T 389
—, secchia di ~ L 92
latta B 539
latte di calce K 40
— *(conceria)* A 394
— di calce, recipiente di ~ K 42
— di calce, recipiente di preparazione di ~ K 41
— di calcina K 40
— scremato M 15
latteria M 390
lattosio M 302
laurilsolfato L 109
lava L 110
lavabi in serie, disposizione di ~ R 218
lavabo W 103
— a colonna S 27
lavaggio a corrente inversa G 140

— ad alta velocità S 1307
—, aria di ~ S 1192
—, attrezzatura di ~ S 1186
— dei canali di scolo R 334
— dei tini F 86
— del fango S 467
— del gas G 81
— della sabbia S 117
— delle bottiglie *(di una birreria)* F 411
— delle fogne K 93
— delle strade S 1548
— di carbone K 393
— di macchine W 61
— di sabbia, impianto per ~ S 119
— di un filtro F 285
— di un pozzo in controcorrente S 1435
— di vagoni W 61
—, gronda di ~ S 1194
— in controcorrente G 140
— in controcorrente di un filtro A 898
—, paratoia di ~ S 1199
—, pozzetto di ~ S 1197
—, targone di ~ S 1198
—, tinozza di ~ S 1185
lavagna S 326
lavagnoso S 330
lavamani W 103
lavanderia W 100
— a self-service S 900
— chimica W 101
— di lana W 661
lavandino A 818, W 103
lavare A 897, W 105
lavastoviglie G 264
lavatoio pubblico W 115
lavatore di gas G 82
— di gas d'alto forno G 365
lavatrice a getto [d'acqua] S 1516
— a tamburo W 117
— automatica W 102
— delle tele da filtro F 292
lavina L 112
lavorare B 177
lavoratore A 652
— manuale H 61
lavorazione B 178
— degli agrumi C 98
— dei fanghi S 380
— della carne F 415
— della frutta O 46
— delle patate K 141
— di metalli M 261
— in mare aperto V 49
lavori con esplosivo S 1156
— di terra E 485
— d'urgenza N 268
— pesanti S 760
— preliminari V 423
— sotterranei T 209
— sotto l'acqua U 298
— stradali S 1524

— subacquei T 68
lavoro B 382
— a giorno T 8
— a soprasuolo T 8
— continuo B 385
— di ricerca F 609
— richiedente due operatori Z 197
lega L 144
— non ferrosa N 160
legamento di schiuma S 271
—, materia di ~ B 479
legare V 52
legge assicurante un sufficiente approvvigionamento d'acqua W 349
— della dinamica dei fluidi S 1585
— delle acque W 238
— di Darcy D 48
—, disegno di ~ G 286
Legge Federale sui Fabbricati B 887
legge, prescrizioni di ~ G 288
— quadro R 25
— sul regime delle acque W 256
— sulla tassazione delle acque di sacrico A 306
— sulle acque, decreto ~ W 326
—, violazione della ~ G 287
legislazione G 289
— dei canali navigabili W 388
— delle acque W 324
— fondiaria B 649
— relativa agli rivieraschi A 573
— relativa agli scarichi A 65
— relativa al tenore in piombo delle benzine B 268
— relativa alla pesca F 330
— relativa all'ambiente U 188
— sulle acque W 324
— sullo smaltimento dei rifiuti A 55
legname N 290
— di costruzione B 99
— squadrato K 104
legno H 307
— di alberi a fronda L 96
— squadrato S 592
— tondo R 544
legumi G 174
leguminose L 145
Lemnacee W 289
lente impermeabile L 245
lenticchia d'acqua (Lemnacea) (bot.) W 288
— d'acqua dolce (idrol.) S 1660
lenticolare L 246
lesione R 338
lessiva di depurazione R 238
letale L 203
letame S 1277

— (di bestiame) V 385
— di bovini R 318
letargo invernale (biol.) W 619
letti di essiccamento, eliminazione dei fanghi dai ~ T 391
letto a scambio ionico I 106
— a solchi F 698
— assorbante S 947
— batterico K 368
— biologico K 368
— biologico a piccola dosatura T 449
— biologico ad alta dosatura H 225
— del fiume F 518
— di contatto F 676
— di essiccamento del fango S 451
— di essiccamento del fango coperto S 383
— di magra N 215
— di posa del tubo R 384
— di sabbia S 110
— d'infiltrazione S 947
— drenante D 222
— drenato S 946
— filtrante F 238
— filtrante, attraversamento del ~ F 243
— fluido W 621
— fluviale F 518
— minore, regolazione del ~ N 216
— misto M 335
— percolatore T 445
— percolatore a dischi rotanti T 76
— percolatore a garnitura in plastica T 448
— percolatore a torre T 503
— percolatore aerato artificialmente T 447
— percolatore, carico di un ~ T 451
— percolatore chiuso T 446
— percolatore, fango di un ~ T 454
— percolatore, humus di un ~ T 454
— percolatore, materiale del ~ T 453
— sommerso T 71
— vecchio (di un corso d'acqua) A 469
lettura a distanza F 147
— del contatore Z 6
— diretta D 174
leucisco W 484
— rosso P 221
leva H 133
— di comando S 246
— di manovra B 158
levigare F 562
levigazione F 563
—, analisi per ~ S 356

libellula L 213
liberamente natante F 630
libero dal ghiaccio E 208
licenza G 176, Z 152
lido B 12, S 1520
lieviti, coltura di ~ H 147
lievito H 143
— compresso, fabbrica di ~ P 275
lignina L 232
lignite B 775
—, catrame de ~ B 778
lilie carfano T 102
limite del rigurgito S 1327
— d'elasticità E 228
— della marea T 183
— della provabilità N 26
— della zona d'influenza della marea F 573
— d'errore F 118
— di carico B 222
— di carico inquinante [sopportabile da un'acqua] B 208
— di crescita W 9
— di liquidità F 437
— di neve S 565
— di plasticità A 842
— di pompaggio P 387
— di ritiro S 642
— di rottura B 813
— di sensibilità E 270
— di succhione G 484
— di tolleranza A 358, T 254
— di tossicità S 744
— di visibilità S 945
— d'immissione I 4
— meteorologico W 550
limnetico L 235
limnigrafo S 634
— a galleggiante S 793
limnimetro a nastro B 61
limnio L 234
limnofilo L 239
limnologia L 237
limnologico L 238
limnologista L 236
limo S 510, S 527
— di loess L 270
— fino F 129
limonite B 773
limpidezza D 428
limpido D 427
lindano L 240
linea aerea F 633
— d'acqua W 370
— d'acqua, pendenza della ~ S 1127
— dei pozzi assorbenti S 521
— della sponda U 125
— delle neve permanenti S 566
— delle pressioni D 304
— delle somme progressive S 1675
— delle sorgenti Q 32

— dell'energia E 301
— di base G 559
— di carico piezometrico R 538
— di chiodatura N 226
— di corrente S 1610
— di costa K 649
— di cresta G 97
— di decapaggio B 200
— di flusso S 1600
— di flusso assoluta S 1601
— di flusso relativa S 1602
— di galleggiamento W 287
— di livello del terreno H 290
— di pressione idraulica F 327
— di pressione idrostatica R 538
— di riva U 125
— di saldatura S 734
— di saldatura a ricoprimento S 736
— di saldatura testa a testa S 735
— d'immersione W 287
— d'intersezione S 593
— fondamentale G 559
— isobarica I 112
— isobata T 219
— isopleta A 262
— mediana M 370
— spartiacque W 340
— spartiacque sotterranea G 649
— spartiacque topografica W 341
lineare L 241
lingua di terra L 66
linguetta di guida Z 160
— direttrice Z 160
l'intero tratto S 1553
— tronco S 1553
liquame A 288
—, carico di ~ A 326
—, carro-cisterna del ~ J 20
—, cittadino A 302
—, concentrazione del ~ K 475
— delle fogne cittadine A 302
— denso A 291
— di fogna A 288
— diluito A 292
—, distribuzione di ~ A 351
—, fossa del ~ J 19
— fresco A 294
— industriale A 295
— misto M 358
—, pennacchio di ~ A 322
—, portata del ~ A 328
— putrido A 289
—, scarico di ~ A 321
—, stagno di ~ A 346
— trattato biologicamente A 290
—, utilizzazione del ~ A 353
liquami, adduttore dei ~ A 357

— bruti, pompa per ~ R 355
— bruti, stazione di pompaggio per ~ R 356
—, chiarificazione dei ~ A 325
— d'allevamento, scarico di ~ J 18
—, eliminazione dei ~ A 316
—, epurazione dei ~ A 334
—, trattamento dei ~ A 313
liquefare V 161
liquefatto F 480
liquefazione V 162
liquidità, limite di ~ F 437
liquido F 480, F 482
— conciante G 199
— filtrato F 304
— madre M 504
— per saldare L 289
— strascinato F 483
lisciamento (di parete del tubo) G 385
lisciare G 386
liscio G 397
lisciva L 107
— alcalina W 109
— alcalina esausta W 110
— di potassa A 408
— di rifiuto di decapaggio B 193
— di rifiuto solfitico S 1669
— d'imbiancatura B 548
— finale della distillazione del processo Solvay C 48
— finale di cloruro di calcio C 48
— nera S 708
— residuale A 60
liscivare A 834
liscivazione A 835
— delle materie nutritive N 45
liscivi clorurati, bacino di ritenzione per ~ R 499
lisciviazione dei fosfati P 150
lisimetro L 358
— a pesata L 359
litio L 249
litosfera L 250
litro L 248
— per secondo S 899
livella N 246
livellare P 194
livellatrice P 196
livellazione di precisione F 124
livelli d'acqua, curva di durata dei ~ W 368
— d'acqua, diagramma dei ~ W 357
livello N 243, N 246
— d'acqua W 353
— d'acqua, abbassamento progressivo del ~ (in un canale) S 1683
— d'acqua, altezza del ~ W 362
— d'acqua, altezze equivalenti del ~ W 361

— d'acqua d'allarme W 97
— d'acqua di monte O 41
— d'acqua, indicatore del ~ W 367
— dei fanghi, indicatore di ~ S 445
— del fiume F 557
— del mare M 144
— del terreno G 157
— della falda, differenza di ~ G 612
— della falda, innalzamento del ~ G 598
— della falda, innalzamento di ~ G 626
— dell'acqua sotterranea G 660
— delle acque a valle U 313
— delle acque, abbassamento del ~ A 235
— delle acque medie M 375
— di compensazione A 817
— di degradazione A 23
— di fondo S 1039
— di guardia A 431
— di magra N 217
— di magra, innalzamento del ~ N 214
— di magra minima N 219
— di marea [riferimento] T 179, T 205
— di massima ritenuta S 1338
— di massimo invaso S 1338
— di piena H 262
— di piena massima H 263
— di ritenuta S 1328
— di rumore G 198
— di sfioro A 894
— di svaso A 210
— energetico E 300
— idrostatico R 539, W 356
— inferiore della bassa marea T 201
— inferiore dell'alta marea T 189
—, innalzamento di ~ A 753
— massimo H 263
— massimo medio a bassa marea T 199
— medio del mare N 257
— medio della bassa marea T 198
— medio della magra N 218
— medio della marea T 206
— medio dell'alta marea T 187
— medio delle acque a metà della marea T 195
— medio delle acque alte H 264
— medio delle acque basse N 218
— minimo assoluto N 219
— minimo dell'acqua sotterranea G 663
— normale di un invaso N 258
— ossidativo O 132
— piezometrico D 329

— statico dell'acqua W 364
— superiore della bassa marea T 197
— superiore dell'alta marea T 186
locale O 87
— delle caldaie K 233
— delle pompe P 381
— motori M 420
località O 112
— balneare B 10
localizzare O 88
localizzatore di tubazioni L 194
loess L 269
—, limo di ~ L 270
logoramento dall'uso V 256
lombrico R 189
longarina B 751
longevità L 114
longitudinale L 24
longitudine L 17
lordo S 544
lordume S 541
lotta B 202
— antilarvale L 81
— biologica contro i parassiti S 228
— contro i funghi P 187
— contro i moscerini M 422
— contro i parassiti S 226
— contro i ratti R 46
— contro il rumore L 28
— contro la corrosione K 511
— contro la incrostazione di caldaia K 244
— contro la malaria M 47
— contro la schiuma S 269
— contro le erbe per erbicidi U 227
— contro le larve L 81
— contro le malerbe U 226
— contro le mosche F 418
— contro le piante acquatiche K 557
— contro lo sviluppo di alghe A 438
— dall'aria contro i parassiti S 227
lottare B 201
lotto di terreno F 506
LT 50 L 208
lubrificante S 539
lubrificazione S 540
luccio H 142
luccioperca Z 21
luce L 214, S 1092
—, assorbimento della ~ L 216
— del sole S 1062
— diffusa S 1560
— trasmessa D 421
— ultravioletta L 215
lucrativo N 275
lucro N 286
lucroso N 275

lumaca S 556
— di stagno T 101
lumacone S 556
luminescenza L 354
a lunga scadenza L 68
di lunga vita L 69
lunghezza L 16
— del percorso L 106
— delle onde W 516
— di meandro M 4
— di soglia S 746
— di un fiume F 528
— di un lago S 847
— di un tubo R 409
— di una vallata T 34
— d'onda di risonanza R 269
— lineare L 18
— totale B 105
— utile N 292
lungo L 67
a lungo termine L 68
luogo basso fluviale F 533
— d'alimentazione (del bestiame) F 715
— di cura K 714
— di smaltimento di scarichi radioattivi L 35
— riparato L 138
luppolo H 329
lurido S 544

M

macchina M 88
a macchina M 89
macchina a vapore D 38
— a vapore a semplice effetto D 39
— a vapore a triplice effetto D 255
— a vapore a triplice espansione D 255
— a vapore ad alta pressione H 213
— a vapore composita V 86
— a vapore compound V 86
— di trattamento dei dati D 54
— lavastoviglie G 264
— per lo spruzzamento del cemento B 378
— per saldare S 732
— trituratrice S 578
— -paratoia di cacciata S 1203
macchinario di riserva M 94
macchine lavatrici [a gettone], effluenti di ~ M 449
— per il movimento di terra E 486
macellazione S 349
macelleria S 347
maceratoio F 368
macerazione F 368
— (tess.) E 153
— ad acqua calda W 90
— ad acqua fredda K 64
macerie B 113, S 667, S 1378

macigno B 819
macinare M 31
macroanalisi M 39
macrobenthos M 40
macrobentos M 40
macroclima M 42
macrofita M 44
macroinvertebrati M 41
macroorganismo M 43
macrostruttura M 45
madia T 433
madido F 202
madrevite S 616
magazzino V 460
— per parti di ricambio E 537
— reattivi C 31
maglia M 82
— di un crivello S 979
a maglie fine F 123
— maglie strette E 307
maglio a caduta F 54
— da battipalo R 27
magnano S 518
magnarone G 513
magnesia M 16
— bicarbonata M 19
magnesio M 18
—, bicarbonato di ~ M 19
—, carbonato di ~ M 20
—, cloruro di ~ M 21
—, solfato di ~ M 23
magnesite M 17
magnete elevatore H 346
magra N 208
— di progetto, portata di ~ A 838
—, letto di ~ N 215
—, livello di ~ N 217
—, livello medio della ~ N 218
— media N 209
— minima N 210
—, portata di ~ N 211
—, portata media di ~ N 212
magre, frequenza delle ~ D 367
mais M 34
—, coltivazione del ~ M 35
malaria M 46
—, lotta contro la ~ M 47
malattia K 546
— da bonifica M 180
— di Weil W 479
— infettiva A 616
— infettiva soggetta a obbligo di denuncia I 40
— intestinale D 52
— professionale B 306
malattie di provenienza idrica W 273
— infettive per via d'acqua W 273
—, trasmissione delle ~ K 548
malerbe U 225
malodorante U 3
malsano U 219
malta M 382

— di calce K 43
— di cemento Z 64
— mista d'argilla L 149
malteria M 7
—, acque di rifiuto di ~ M 8
malto infuso nell'acqua calda M 36
mancamento M 57
mancanza d'acqua potabile T 378
— di corrente S 1599
— di spazio R 65
— di tenuta L 127
— d'odore G 229
mancare V 245
manchevole M 58
mancorrente H 71
mandata, pompa di ~ F 586
—, tubo di ~ D 323, Z 136
maneggiamento B 178, H 69
maneggiare B 177, B 381, H 68
maneggio B 382, H 69, H 87
manganese M 51
—, batteri del ~ M 53
—, deposito di ~ M 52
mangime F 710
manico G 500
manicotto [di un tubo] R 416
— a due elementi U 72
— a due elementi con tubo a campana U 74
— a due elementi flangiato U 73
— a filettatura S 624
— a saldatura S 733
— a vite S 624
— ausiliario non filettato H 196
— avvitato S 624
— di accoppiamento K 708
— doppio D 197, U 71
— doppio a raccordo U 76
— doppio con due diramazioni a bicchiere D 201
— doppio con due diramazioni a flangia D 200
— doppio corto U 75
— in ghisa M 451
— per saldare S 733
manifattura F 3
manipolare H 68
manipolazione H 87
manometrico M 64
manometro M 63
— a bassa pressione N 167
— ad alta pressione H 216
— di contatto K 461
— differenziale D 158
manovale H 61
manovella H 133
manovra a distanza F 163
mantello del reattore R 77
mantenimento della qualità dell'atmosfera L 336
manto di copertura D 67
— di una strada B 207

— in legno H 309
manutenzione U 266
— dei contatori Z 10
— dei prodotti chimici U 141
— delle fognature I 80
— e riparazione W 98
maona L 86
mappa K 134
marazzo M 413
marca di assestamento S 927
— di profondità della neve S 570
— di profondità dell'acqua P 47
marcamento M 71
marcatura ai traccianti radioattivi M 72
marchio di fonderia H 185
marcia a vuoto L 140
— di prova P 292, V 317
— in parallelo P 19
—, quaderno di ~ B 391
marciapiede B 881
marcita R 314
marciume R 487
— bruno B 774
— secco T 397
mare M 126
—, acqua di ~ M 150
Mare Baltico O 126
mare, braccio di ~ M 131
Mare del Nord N 249
mare grosso S 841
— incrociato S 834
—, livello del ~ M 144
— lungo D 366
— morto D 366
—, pelo di ~ M 144
—, porto di ~ S 842
— profondo T 231
marea F 558, G 357
—, alzata della ~ T 203
—, ampiezza di ~ T 173
—, ampiezza media della ~ T 191
— ascendente F 558
— ascendente, corrente di ~ F 570
— ascendente, durata della ~ F 560
— ascendente, durata della fase di ~ F 571
— ascendente, percorso della ~ F 576
— ascendente, portata della ~ F 575
— ascendente, velocità della ~ F 572
—, caduta della ~ T 178
—, corrente di ~ T 204
—, curva media della ~ T 193
— delle quadrature N 229
— discendente E 1
— discendente, corrente di ~ E 3

— discendente, durata della fase di ~ E 4
— discendente, percorso della ~ E 8
— discendente, quantità di scolo della ~ E 7
—, durata della ~ T 177
—, intervallo di ~ F 567
—, inversione della ~ F 578, K 211
—, limite della ~ T 183
— [riferimento], livello di ~ T 179
—, livello di ~ T 205
—, livello massimo medio a bassa ~ T 199
—, livello medio della ~ T 206
—, livello medio delle acque a metà della ~ T 195
—, tempo di propagazione della ~ T 194
maree, diagramma delle ~ T 192
—, ritardo delle ~ G 363
—, zona influenzata dalle ~ T 181
mareggiata S 1636
— prodotta dal vento W 608
maremma M 79
maremoto S 839
mareografo G 360
mareometro G 360
marga M 199
margine degli errori F 118
— del piano stradale B 881
— di sicurezza S 934
— di tolleranza A 358
margone M 199
mariciare a vuoto L 141
marino M 70
marketing, vendita e ~ V 354
marmitta dei giganti K 419
marmo M 75
—, pietrischetto di ~ M 77
marna M 199
— argillosa T 267
marobbio S 837
marosi B 759
maroso W 497
martello F 42
— pneumatico P 277
martinetto H 141
maschera di protezione per la respirazione A 694
mascheramento di odori G 234
massa M 98
— colabile per guarnizioni V 181
— Magno M 29
— scambatrice di ioni I 107
massicciata B 417
massima capacità installata di pompaggio H 100
— concentrazione ammissibile sul polsto di lavoro A 655
— portata A 124, H 280

— quantità di precipitazione
  N 191
— velocità G 277
— velocità di pressione H 278
massimo H 276, H 283
— carico H 280
— consumo H 282
— giornaliero T 20
— limite G 491
— valore registrato G 495
mastica di bitume A 688
mastice K 281
— per manicotti M 464
materia S 1443
— bruta R 457
— cementante B 479
— colorante F 73
— di base G 570
— di contatto K 463
— di legamento B 479
— di ricambio A 884
— di un tubo R 415
— fibrosa F 82
— insolubile U 231
— nutritiva N 42
— plastica K 685
— prima G 568, R 457
— prima per detersivi in
  polvere W 114
materiale da costruzione B 119
— da lavorazione W 537
— del letto di contatto F 678
— del letto percolatore T 453
— depositato nel
  dissabbiatore S 96
— di ricambio di resine
  artificiali K 681
— di riempimento F 677, F 680
— di riporto, riempimento
  con ~ S 658
— di saldatura dolce L 290
— di scambio di resine
  artificiali K 681
— di supporto S 1619
— d'imballaggio V 231
— filtrante F 272
— impermeabilizzante D 136
— incombusto U 319
— inerte I 39
— isolante I 115
— per giunti D 136
— per la massicciata B 418
— plastico resistente agli urti
  K 686
materiali di riempimento,
  scarico di ~ E 48
— di rifiuto proteici E 218
— di riporto S 655
— ostruenti S 1123
materie colloidali S 1452
— consistente, pompa a ~
  D 144
— disciolte S 1451
— fecali K 524
— flottanti, eliminazione
  delle ~ S 807

— in sospensione S 711
— indisciolte S 1458
— inquinanti, concentrazione
  delle ~ S 548
— minerali S 1453
— nutritive, lisciviazione
  delle ~ N 45
— sedimentabili S 1448
— stercoracee D 357
matraccio K 413
— conico E 526
matrice G 570
mattatoio S 347
mattone Z 99
— a cottura dura K 341
— da dreno D 226
— di chamotte S 256
— di rivestimento V 64
— refrattario S 256
mattonella P 126, P 276
mattoni speciali per fognature
  K 87
maturamento E 38
maturare R 214
maturazione E 38
—, processo di ~ R 215
maturo per il lavaggio R 213
mazzapicchiatura S 1283
mazzapicchio S 1284
mazzetta F 42
MBAS S 1652
meandro *(di un corso d'acqua)*
  W 614
—, ampiezza di ~ M 2
—, lunghezza di ~ M 4
— morto *(di un corso d'acqua)*
  A 469
meccanica dei fluidi H 387
— del suolo B 636
— delle roccie F 143
— delle terre B 636
meccanico M 120, M 121
meccanismo V 464
— di alimentazione A 748
— di macinatura M 33
— di orologeria Z 13
— di triturazione M 33
— motore *(di un contatore
  d'acqua)* T 361
— per l'eliminazione delle
  sabbie S 97
meccanizzazione M 122
meda B 24
media M 365
— annua J 9
— aritmetica M 377
— aritmetica ponderale M 378
— del livello massimo dell'alta
  marea T 188
— del livello minimo della
  bassa marea T 200
— giornaliera T 18
— tensione M 372
mediato M 366
medicina M 124
medico del lavoro G 329

medio corso M 369
Mediterraneo M 371
medium M 123
medusa Q 10
melanteria E 207
melassa M 176
—, distilleria di ~ M 177
melma S 510
—, sedimento di ~ S 511
melmoso M 381
membrana M 181
— *(pellicina)* H 128
— allo stato di gel G 167
—, capacità di una ~ M 185
— cellulare Z 43
— composita M 162
— di acetato di cellulosa Z 54
— di cuoio L 136
— di gomma G 691
— di pompa P 380
— dinamica M 182
—, permeabilità della ~ M 190
— poliammidica P 236
— scambiatrice di ioni I 105
— selettiva S 909
— semipermeabile M 183
—, supporto di una ~ M 187
—, tipo di ~ M 188
— tubolare S 481
menisco M 195
menomo K 317
mensa K 105
mensile M 395
mercantile F 625
mercanzia H 66
merce H 66
— alla rinfusa M 101
mercurio Q 18
mesata M 394
mescere M 339
mescibile M 331
mescolabilità M 332
mescolamento M 349
— rapido, attrezzatura per ~
  S 586
—, vasca di ~ M 333
mescolanza M 349
mescolare M 339
mescolatore M 356
— a pale in forma di griglia
  K 529
— a turbina T 497
mescolazione M 349
—, canale di ~ M 347
—, cassetta per ~ M 342
— intima M 351
—, metodo di ~ M 354
—, processo di ~ M 355
—, proporzione della ~ M 353
—, tinozza di ~ M 334
mese M 394
— piovoso R 157
mesofilo M 202
mesotrofico M 283
mesotrofo M 204
messa a punto E 138

— a secco W 254
— a terra E 512
— in attività I 26
— in marcia A 533
— in marcia [avvio] di un filtro A 534
— in opera *(il calcestruzzo)* E 42
— in opera di un pozzo I 27
— in parallelo P 21
— in servizio I 26
mestiere dello stagnaio K 323
metà H 4
a metà della capacità L 85
metabolico *(biol.)* S 1462
metabolismo *(biol.)* S 1461
— d'assimilazione A 691
metabolita intermedio Z 214
metaboliti essenziali N 43
metafosfato M 266
metalimnion *(limnol.)* S 1180
metalli, lavorazione di ~ M 261
— pesanti, assorbimento di ~ S 769
metallo M 258
— leggero L 151
— non ferroso N 161
— pesante S 768
metamorfosi M 265
metanal F 600
metano M 270
—, recupero del ~ M 274
—, rendimento di ~ M 271
metanolo M 275
metemoglobinemia M 269
meteorologia W 547
—, idro~ H 388
metilarancio M 280
metilbenzene T 255
metodi analitici per le acque di scarico A 310
metodiche analitiche per le acque W 153
metodo V 149
— al sapone S 877
— all'arsenito-ortotolidina O 115
— analitico M 276
— biologico di trattamento A 732
— chimico di ricerca U 291
— chimico per analisi U 291
— chimico per l'esame U 291
— dei traccianti T 296
— della goccia pendente B 272, U 287
— di applicazione delle acque di scarico e dei fanghi in agricoltura A 738
— di congelazione G 123
— di costruzione di una galleria "taglia e copri" T 481
— di diluizione V 123

— di dosaggio di anticorpi per fluorescenza F 231
— di essiccamento T 431
— di mescolazione M 354
— di misura M 230
— di misure puntuali P 394
— di prova P 333, T 147, U 289
— di ricerca U 289
— di ricircolazione R 511
— di riempimento idraulico S 1201
— di riporto idraulico S 1201
— di riscaldamento H 165
— di riscaldamento diretto H 166
— di sedimentazione A 230
— di separazione di fasi P 136
— di seppellimento *(per lo smaltimento dei fanghi)* G 453
— di sovradosaggio di idrato di calcio K 51
— di spandimento superficiale alternativo E 133
— di stripping A 794
— di teleindicazione F 162
— di trasimissione con frequenza d'impulsi I 24
— di trattamento dei rifiuti A 51
— di trattamento dell'acqua con calce K 53
— fisico V 151
— meccanico di potabilizzazione A 734
— rapido S 585
metria, idro~ H 389
metrico, idro~ H 390
metro cubo K 615
— quadrato Q 4
mettere a punto J 27
— fuori di servizio A 868
— fuori esercizio A 762
— in bottiglia A 125
— in circuito E 117
— in marcia G 33
— in moto T 329
— in opera *(il calcestruzzo)* E 44
— la corda in una giunzione V 308
— sotto pressione D 276
mezza montagna M 368
mezzo H 195, M 365
— adsorbente A 384
— anticongelante F 660
— chimico di soluzione L 278
— di coltura differenziale D 156
— di coltura selettivo D 156
— di depurazione R 240
— di finissaggio A 649
— di flocculazione F 463
— di giunzione B 479
— di miglioramento del suolo B 669

— di ossidazione O 131
— di riduzione R 98
— di sterilizzazione E 348
— di trasporto T 320
— filtrante a spirale S 1136
mezzofondo, scarico di ~ A 85
mica G 432
micascisto G 433
micelio M 506
micorizza M 505
micosi P 186
micro-stratificazione nei laghi M 298
microaerofilo M 285
microanalisi M 286
microbico M 287
microbiologia M 288
— del suolo B 637
microbiologico M 289
microbiometria M 290
microbo M 295
microclima K 315
microfauna M 292
microflora M 293
microfotografia M 296
microorganismo M 295
— acquatico W 302
micropipetta M 297
microscopia a luce strasmessa D 422
microscopio M 299
— elettronico E 250
— elettronico a scansione R 43
microstacciatura F 131
microstaccio F 130
microstruttura F 132
miglioramento agrario B 668
— del suolo B 668
— di un processo V 155
— fondiario B 668
migrazione capillare K 107, K 117
— di fregolo L 42
— di pesci F 354
miliardo M 305
miliare G 490
mille foglie *(bot.)* *(Myriophyllum)* T 81
milligrammi per litro M 306
millilitro K 618
millimetro cubo K 616
— quadrato Q 5
Minamata, sindrome di ~ M 308
minamento S 1156
minerale M 316, M 318
— delle argille T 268
— di ferro E 190
— ferroso E 190
— per candeggiare B 545
minerali potassici, estrazione di ~ K 18
— uraniferi, residui derivanti dall'estrazione e dal trattamento dei ~ A 43
mineralizzazione M 319

mineralogia M 322
mineralogico M 323
miniera B 297
— abbandonata B 298
— di carbone K 377
— di ferro E 191
— di lignite B 776
— di minerale ferroso E 191
—, lago di ~ G 529
— metallica E 551
—, pozzo di ~ G 527
minima quantità di precipitazione N 190
— velocità G 276
minimo K 317, M 328
— di consumo M 315
— valore registrato G 497
minio M 196
minuto U 200
miscela M 349
— combustibile-camburante B 798
—, condensatore a ~ M 344
— di solventi F 290
miscelatore a pale S 263
miscelazione completa V 416
— in linea M 350
— per gravità M 352
miscela di solfato d'alluminio e di carbone attivato A 485
mischiare M 339
miscibilità M 332
miscuglio M 349
— intimo M 351
— liquido A 303
misura M 104, M 106, M 241
— a galleggianti S 792
—, apparecchio di ~ M 219
— approssimata N 33
—, attrezzatura di ~ M 210
—, camera di ~ M 226
—, canale di ~ M 220
—, cilindro di ~ M 257
— coercitiva Z 186
— conseguente F 595
— correttiva G 131
— del flusso, sezione di ~ D 394
— della corrente S 1589
— della quantità d'acqua W 294
— delle precipitazioni N 198
— delle sostanze solide F 192
— dell'evaporazione V 139
— di economia S 1094
— di flusso D 395
— di portata A 104
— di portata a lunga scadenza A 105
— di scolo A 104
— di scolo a lungo termine A 105
— di sicurezza S 932
—, flangia di ~ M 216
— immediata S 1026
— integrata I 81

— isolata E 164
— istantanea S 1027
—, metodo di ~ M 230
—, pallone di ~ M 227
— per diversi usi M 174
— preventiva S 679, V 191, V 429
—, profilo di ~ M 231
—, punto di ~ M 232, M 236
— rilevata in più punti V 390
—, sistema di ~ M 110
—, tecnica di ~ M 256
—, trasmettitore di ~ M 255
—, ugello di ~ M 209
—, unità di ~ M 222
—, verticale del punto di ~ M 229
misurare M 212
misuratore M 219
— a monte O 37
— [d'acqua] a pistone K 415
— a pistone rotativo K 123
— a quadrante asciutto T 406
— a quadrante immerso N 69
— a valle U 275
— alle basse portate, sensibilità di un ~ A 568
— auto-registratore M 214
— automatico M 214
— d'acqua W 297
— d'acqua a disco oscillante S 286
— d'acqua a mulinello F 478
— d'acqua combinato W 298
— d'acqua difettoso W 299
— d'assestamento S 928
— di conduttività L 174
— di deflusso S 1587
— di distribuzione S 1554
— di flusso D 393, P 47
— di flusso inclinato S 608
— di livello N 244
— di portata A 102
— di portata volumetrica S 1588
— di pressione nella condotta L 188
— di pressioni D 286
— di punta S 1141
— di torbidità T 467
— di velocità d'acqua G 283
— idrico esterno A 863
— idrico interno A 863
— registratore di flusso R 192
misurazione M 241
— a guado F 702
— di profondità d'acqua W 396
—, errore di ~ M 215
misure automatiche con registratore M 213
— di lotta B 203
— igieniche G 305
mitile M 284
mitilotossina M 494
mobile B 436
modello A 810

— analogico A 517
— della corrente S 1593
— di simulazione S 1007
moderatore M 380
modificazione A 387
modulo a spirale W 553
— d'elasticità E 229
— di drenaggio A 106
— di reazione B 419
— di rottura B 814
— di taglio S 645
— tubolare S 482
moia S 48
molazza M 383
molecola M 386
molecula M 386
molestia B 204
— per l'odore G 230
molibdeno M 392
molla F 115
molle F 202
molluschi W 474
molluschicido W 475
molluschicoltura M 496
molo W 512
moltiplicazione delle cellule Z 55
moltitudine M 191
momento alternante K 278
— di torsione D 241
— d'inerzia T 299
— d'ovalizzazione R 329
— flettente B 466
— iniziale della bassa marea N 230
— resistente W 565
mondezzaio M 435
mondo animale T 243
monitoraggio dell'atmosfera L 344
monocellulare E 163
monocloramino M 396
monocoltura M 397
monomolecolare M 398
monsone M 399
montacarichi A 782
montaggio M 400
— in officina W 536
— in serie H 203
— interno E 41
montagna G 93
— a cupola K 706
— a tavola T 6
— di corrugamento F 59
—, mezza ~ M 368
montante ritto V 350
montare M 402, V 205
— le casseforme E 116
montatore meccanico M 401
monte B 289
a monte F 516, O 32, O 40
montuoso G 94
morboso K 547
morena M 411
— laterale S 892
— terminale E 284

morfologia M 414
— dei fiumi F 531
morfologico M 415
morire A 267
morsa da banco S 630
morsetto a vite S 623
morso di rana F 646
mortalità S 1399
mosca F 417
— d'un giorno E 142
mota S 510
moto B 438
— conforme B 440
— della falda G 606
— dell'acqua W 178
— in senso contrario alle lancette dell'orologio B 439
— in senso delle lancette dell'orologio B 441
— irregolare B 446
— laminare B 443
— longitudinale L 21
— non stazionario B 442
— rotativo U 136
— stazionario B 444
—, tipo del ~ B 447
— turbolento B 445
motocicletta K 536
motopompa M 421
motore M 416
— a combustione interna V 82
— a corrente continua G 411
— a due tempi Z 204
— a gas G 66
— a nafta O 78
— a quattro tempi V 394
— a scoppio V 82
— ad anello collettore S 485
— ad olio pesante O 78
— asincrono con indotto in corto-circuito K 721
— di sollevamento H 347
— Diesel D 149
— elettrico E 247
— fuori bordo A 857
— idraulico W 303
— policarburante Z 200
— sincrono S 1689
motoscafo M 419
motrice a gas G 66
movimenti di terra B 608
movimento B 438
— ascensionale dell'acqua W 179
— Browniano B 779
— del suolo B 608
— dell'acqua W 178
— dell'acqua sotterranea G 606
— longitudinale L 21
— ondulatorio W 511
— orbitale O 97
— rotativo U 136
— rotatorio D 233
mozione B 438
mucchio di composto K 433
— di fango S 543

— di pietrame T 469
mucillaggine S 486
muco S 486
muffa S 344
muffido M 381
muffito S 345
mulinello a cremagliera e pignone Z 20
— idraulico W 300
— Woltmann W 666
mulino M 423
— a barre S 1228
— a martelli H 58
— a vento W 603
— ad acqua W 304
— idraulico W 304
— per impasto K 350
municipale S 1246
municipalità S 1238
municipio S 1238
mura M 114
muraglia M 114
muraglie M 116
muratura M 116
— a volta G 352
— in mattoni Z 98
— in pietre a secco T 408
muriato di ammoniaca C 46
muro M 114
— a protezione delle infiltrazioni D 137
— d'ala F 476
— di banchina K 15
— di calcestruzzo B 369
— di guida L 198
— di parapetto B 834
— di piede H 183
— di protezione S 680
— di ritenuta S 1332
— di sostegno S 1620
— di tenuta D 141
— frangi-flutti W 512
— frangionde W 512
— frontale S 1432
— in macigno B 820
musco M 409
mutabile V 42
mutagenesi M 498
mutagenico M 497
mutageno M 497
mutamento U 170
mutazione M 499, U 170

N

nafta E 502
— greggia R 361
—, motore a ~ O 78
naftalina N 60
nannoplancton N 59
nasello S 292
nastro convogliatore F 579
— di tenuta D 140
— filtrante F 236
— perforato L 256
— trasportatore F 579

nasturzio B 864
natura C 20
— del moto B 447
— del suolo B 599
— dell'acqua di scarico A 311
naturale N 94
nauseabondo U 2
nauseante E 225, U 2
nave S 332
— cisterna O 85
— cisterna a fango S 447
— da carico F 625
— fanale F 218
navigabile S 338
navigabilità S 339
navigazione S 333
—, chiusa di ~ S 337
—, costruzione di ~ S 334
— fluviale B 488, F 553
— interna B 488
— marittima S 858
nebbia N 99
— bassa B 638
— densa N 100
—, formazione di ~ N 101
—, vapore di ~ N 102
nebbione N 99
nebbioso N 120
nebulizzatore Z 90
nebuloso N 120
necessità d'acqua, soddisfacimento delle ~ D 69
nectobentico N 125
necton N 126
nematodi F 13
nembo R 163
nerastro S 694
nericcio S 694
nerofumo R 548
nervatura di rinforzo V 301
nettare R 228
netturbino S 1536
neurottero N 136
neutrale N 144
neutralizzare N 148
neutralizzazione N 146
— ed osmosi, trattamento per ~ N 149
nevaio F 310
neve S 560
—, altezza della ~ S 567
—, ammucchiata S 576
—, caduta di ~ S 564
—, campionatore di ~ S 572
—, coperta di ~ S 562
—, densità di ~ S 563
— fusa S 575
—, limite di ~ S 565
—, permanenti, linea delle ~ S 566
—, pozzo per l'evacuazione della ~ S 568
—, scioglimento della ~ S 573
—, sgombero di ~ S 561
—, strato di ~ S 562

—, tempesta di ~ S 574
nevicare S 579
nevicata S 564
nevischio G 471
nicchia M 468
nicchio M 492
nichelare V 223
nichelio N 164
nichellatura V 224
nickel N 164
ninfa L 80
ninfea S 856
nintea bianca T 102
nippel N 228
— avvitato S 627
— filettato S 627
— saldato in ottone M 224
nitrato N 231
— di potassio K 20
nitrificare N 234
nitrificazione S 52
nitrile N 235
nitrito N 237
nitro K 20
nitrobatterio N 233
nitrobenzene N 239
nitrocellulosa N 240
nitroglicerina N 241
nitrosoammina N 242
nivometro S 569
nocciolo S 72
nocevole S 221
nocività S 222
—, grado di ~ S 223
nocivo S 221
— alla salute G 300
nocumento S 209
nodo K 356
— di ruggine R 470
— di un'oscillazione S 817
nodosità R 471
nomogramma N 248
non abitato U 203
— assorbibile N 157
— bevibile U 214
— biodegradabile B 500
— biodegradabilità A 22
— canalizzato N 163
— chiaro U 224
— combustibile N 154
— congelabile F 661
— contaminato U 323
— corrodibile K 503
— [bio]degradabile A 21
— disaggregato U 324
— disturbato U 218
— fermentabile N 155
— funzionare V 245
— intasabile V 307
— ionico N 162
— limpido U 224
— mangiabile U 214
— modificato U 218
— normalizzato U 215
— patogeno N 156
— redditizio U 239

— riscaldato U 202
— rivestito U 320
— saturato U 216
— sedimentabile N 153
— sorbibile N 157
— sporigeno N 158
— standardizzato U 215
— tossico U 220
— trasparente U 207
— trattato U 201
— -corrosivo K 503
noria B 134
norma N 250
— di qualità G 685
— di sicurazione S 939
— [standard] per acque di rifiuto A 329
normalizzazione N 263
normativa per l'esecuzione di lavori A 660
Norme Americane A 488
norme di qualità per l'acqua potabile G 686
— imposte agli scarichi E 266
— per la qualità delle acque W 306
— per l'appalto dei lavori V 118
— relative all'ambiente U 186
— relative alle acque W 324
— sanitarie G 304
notonecta W 433
nube W 657
— piovosa R 188
nubifragio W 658
nucleazione K 188
nucleo K 217
— d'argilla T 262
— della cellula *(biol.)* Z 41
— dell'atomo A 712
— di condensazione K 443
— di sabbia S 105
— di trivellazione B 704
— di una diga D 20
— di una diga in calcestruzzo B 367
— impermeabile D 134
— urbano S 1239
numerazione dei germi K 203
— delle alghe A 449
— di particelle T 107
— su piastra di agar A 411
numero Z 14
— dei fori per bulloni B 746
— dei germi K 205
— dei germi sulla gelatina G 161
— delle maglie M 87
— di frizione R 211
— di Froude F 663
— di giri D 250
— di Reynolds R 289
— di volte in cui la portata è inferiore ad un assegnato valore U 277

— di volte in cui un dato valore di portata viene superato U 78
— di Weber W 450
— d'ordine di un corso d'acqua O 100
— più probabile di coli C 108
Nuphar T 100
nutrimento E 528
— delle piante P 110
— per i pesci F 340
nutrizione E 528
nuvola W 657
— orografica S 1346
— piovosa R 188

O

oasi O 1
obbiettivo secondario N 103
obbligo di pagare una tassa sugli canali di fogna A 304
obligatorietà del pagamento di una tassa A 130
obliquo S 605
occhio della tempesta S 1639
oceano O 137
Oceano Indiano I 30
— pacifico S 1425
oceanografia M 140
oceanografico O 138
odonati O 47
odore G 208
— aromatico G 210
— di catrame G 222
— di cetriuoli maturi G 220
— di cloro C 59
— di crescione G 217
— di erba G 218
— di fieno G 219
— di fogna G 213
— di idrogeno solforato G 221
— di nasturzio G 217
— di olio di pesce G 223
— di pesci G 214
— di terra G 212
— disgustoso G 209
— dolciastro G 225
—, eliminazione di ~ G 231
—, inconveniente per l'~ G 230
— intenso G 215
— marcio G 213
— muffato G 224
— nauseabondo G 209
— paludoso G 216
— pescoso G 214
— sgradevole G 226
— spiacevole G 226
— terroso G 212
— terroso-muffaticcio G 211
odori, emissione di ~ G 233
—, mascheramento di ~ G 234
offendere B 310
offerta A 544
— pubblica A 852

officina W 535
— di riparazioni veicoli K 535
— riparazioni R 264
— riparazioni per contatori Z 11
ogni mese M 395
oleodotto O 77
oleoso O 76
oli usati, recupero degli ~ A 477
— usati, rigenerazione degli ~ A 477
oliare O 69
oligocheti W 529
oligodinamico O 90
oligosaprobici, organismi ~ O 91
oligotrofico N 44
olii usati, bacino collettore per ~ S 74
olio O 59
— bruto, dissalazione del ~ R 362
— combustibile H 159
— da bruciare H 159
— da trapano B 719
— di sasso E 502
—, eliminatore di ~ O 70
— essenziale O 60
— minerale M 320
— pesante S 770
— pesante, motore ad ~ O 78
—, separatore di ~ O 70
— usato A 476
ombra S 258
omogeneità G 402
omogeneizzazione H 328
— dei fanghi S 416
omogeneo G 401
omotermia T 121
O.M.S. W 525
onda W 497
— della falda freatica G 675
— di compressione D 344
— di marea F 577
— di marea, frangente dell'~ S 1645
— di piena H 273
— di pressione, velocità (di propagazione) dell'~ D 345
— d'urto S 1490, S 1491
—, fronte d'~ W 513
— isolata E 167
— sismica W 500
— stazionaria W 501
— trasversale T 322
—, velocità di una ~ W 514
ondata B 785
onde gravitazionali S 762
— progressive W 504
—, propagazione delle ~ W 508
— provocate dal vento W 616
—, scossa delle ~ W 345
—, traiettoria delle ~ W 522
— viaggianti W 504

ontano E 525
opalescente O 93
opalescenza O 92
opera B 122
— di caduta A 274
— di derivazione A 164
— di difesa S 686
— di guida L 199
— di presa d'acqua E 91
— di regolazione L 199
— di ritegno S 1312
— di sbocco A 828
— di scarico A 828, E 359
— di sfioratore E 359
operaio A 652
— escavatore R 404
— piombiere R 410
— specialista F 4
operare in parallelo N 106
— in serie H 201
operatore dell'impianto di epurazione K 302
operazione di agrimensura V 218
— manuale H 62
operazioni di salvataggio R 286
— per lo scarico dei fanghi E 418
opertura di un crivello S 973
opificio W 535
opporsi E 330
ora S 1629
orario di lavoro A 661
ordinamento edilizio B 110
— relativo alle associazioni sull'acqua W 411
ordinanza V 230
— per la protezione delle acque R 222
ordine di grandezza G 512
orecchia a fondere G 371
organico O 101
organismi O 102
— acquatici W 312
— alfa-mesosaprobi A 466
— alfa-polisaprobi A 467
— beta-mesosaprobi B 347
— beta-polisaprobi B 348
— ciliati O 104
— d'acqua fredda K 63
— epifitici O 105
— indicativi di inquinamento V 268
— marini M 142
— mesosaprobici M 203
— mobili O 103
— mobili liberi O 106
— natanti O 107
— nutrimento di pesci F 339
— oligosaprobici O 91
— polisaprobici P 242
— saprobici S 123
organismo acquatico L 123
— bentico G 548
— di controllo A 772

— indicatore (biol.) L 177
— indicatore di variazioni di salinità V 248
— per prove T 145
— planctonico P 200
— vivente L 122
Organizzazione Mondiale della Sanità W 525
organo di comando di una valvola S 324
— di strozzamento D 272
— di strozzamento a diaframma M 208
organolettico G 227, O 101
organotrofico O 109
orientazione degli strati S 1555
orificii di presa E 388
orificio O 53
— dell'uscita A 107
— per la pulizia R 241
— tarato N 261
origine U 335
— della contaminazione V 356
— vegetale U 336
orina H 89
orinale F 21, U 332
orinatoio P 191
— a bacino B 146
— a risciacquamento automatico U 333
orizzontale W 2
orizzonte H 333
— A A 1
— B B 1
— C C 1
— D D 1
— eluviato A 1
— illuviale B 1
orlatura E 61
ormone H 341
orografico O 110
oroidrografia O 111
orologeria di registrazione a lancette Z 25
ortica marina Q 10
orticultura G 38
orto G 36
ortofosfato O 113
ortotolidina O 114
ortstein O 122
orza L 357
orzo G 207
oscillare S 699
oscillazione S 700, S 814
—, ampiezza di un'~ S 815
— annua S 702
— annuale S 702
— del fabbisogno B 153
— di pressione D 327
— mensile S 704
— nelle stagioni S 703
—, nodo di un'~ S 817
— oraria S 706
— periodica S 705
— stagionale S 703

oscillazioni, attenuazione
    delle ~ S 816
oscillografo a raggi catodici
    K 164
— registratore O 127
osmosi O 125
—, elettro-~ E 252
— inversa G 133
— reversa G 133
— termica T 164
—, trattamento per
    neutralizzazione ed ~
    N 149
ospedale K 543
osservatorio meteorologico
    W 552
osservazione della pioggia
    R 122
ossidabilità O 134
ossidare O 135
ossidazione O 129
—, fossa di ~ O 130
—, mezzo di ~ O 131
—, stagno di ~ O 133
— totale, stazione d'epurazione
    per ~ T 286
ossido O 128
— d'azoto S 1413
— di calcio A 409
— di carbonio K 379
— di magnesio M 16
— di metilene F 600
— di piombo B 564
— di potassio K 16
— di sodio N 83
— ferrico E 200
— nitrico S 1413
ossigenare S 139
ossigenazione S 145
—, capacità d'~ S 147
ossigeno S 138
—, alimentazione di ~ S 175
—, apporto d'~ S 156
—, apporto di ~ S 175
—, arricchimento di ~ S 146
—, assorbimento di ~ S 146
— atmosferico L 338
—, bilancia dell'~ S 159
— biochimico richiesto S 149
—, bisogno di ~ S 148
—, carico in ~ S 160
—, consumo di ~ S 173
—, contenuto di ~ S 158
—, deficienza di ~ S 165
—, determinazione dell'~
    S 153
—, diminuzione di ~ S 174
— disciolto S 141
— disciolto, curva a sacco
    dell'~ A 185
—, equilibrio dell'~ S 159
—, imbiancamento ad ~ S 155
— in soluzione S 141
— nascente S 142
— nel sacco, diagramma
    dell'~ T 229

— residuo R 283
— richiesto S 148
—, saturazione dell'~ S 169
—, sonda ad ~ S 164
—, tenore di ~ S 158
ostrica A 886
ostruire V 305
ostruzione V 306
— di ghiaccio E 215
otre S 475
ottico O 96
ottimazione d'un processo
    V 153
ottimizzazione O 95
ottone M 223
otturare V 305
otturatore *(di una saracinesca)*
    K 184
otturazione V 306
ovale E 23
ovalizzazione, tensioni di ~
    R 431
ovato E 23
oviforme E 23
ozonizzatore O 143
ozonizzatori, batteria d'~
    O 141
ozonizzazione O 144
ozono O 139

P

p-diclorobenzene P 1
Pacifico S 1425
paesaggio costiero,
    salvaguardia del ~ E 520
paese di sviluppo E 454
— paludoso M 79
paghe L 260
pala S 259
— a dragline S 648
— caricatrice S 262
— della girante L 103
— meccanica L 259
— raschiatrice K 553
— rovescia T 226
palafitta P 93
palancola S 1211
palancolata S 1213
palco G 238
— di commando B 156
pale, ruota a ~ S 264
paleggiabile S 1410
paletta S 261
— della ruota L 103
— di girante L 103
— di una ruota idraulica S 260
— direttrice L 180
palizzata P 99
palizzato P 98
palla K 654
pallone K 413
— di fermentazione G 12
— di misura M 227
palo P 93
— di fondazione G 562

— di prova V 321
— d'ormeggio D 8
— forato B 720
palombaro T 67
palude M 413
— salina S 69
paludismo M 46
paludoso S 1680
pancone B 800, D 12
pandemio P 7
pane di piombo R 316
paniere da coke K 408
pannello di filtrazione,
    spessore del ~ F 268
pantano M 413
pantanoso S 1680
paracarro G 490
parafulmine B 575
paralisi infantile K 275, P 229
— spinale atrofica dei
    bambini K 275
parallelo, marcia in ~ P 19
paramecio P 9
paramento a monte F 378
— a valle F 376
— della parte fluviale di un
    dicco A 37
— di monte A 39
parametro B 453
— controllato S 1386
— dell'ambiente U 185
paranco per battelli S 340
— per la messa in opera di
    tubazioni R 411
parapetto B 833
paraschiuma S 805, T 63
— galleggiante S 783
— periferico T 77
parascorie S 351
paraspruzzi S 1169
parassita P 23, S 530
— delle piante P 116
— umano G 307
parassitario P 23
parassiti, lotta biologica contro
    i ~ S 228
—, lotta contro i ~ S 226
—, lotta dall'aria contro i ~
    S 227
parassitico P 23
parassito S 530
parassitologia P 24
paratifo P 25
paratoia S 310, S 661, V 262
— a segmento S 869
— a stramazzo W 471
— a strisciamento G 418
— ad apertura circolare Z 147
— ad apertura quadrata Z 148
— cilindrica W 70
— con comando a vite S 1132
— di cacciata S 1199
— di chiusura A 254
— di lavaggio S 1199
— di piena H 268
— di scolo E 448

per

- d'imbocco E 98
- parzializzatrice S 1330
- per fognatura K 98
- per ghiaccio E 212
- regolatrice d'irrigazione S 1339
- tirante a mano H 77

paraurti S 1486
parcella F 506
- d'irrigazione sotterranea U 262

parco autorizzato P 27
- di serbatoi T 51
- naturale N 95
- nazionale N 98

parere G 708
parete W 73
- cellulare Z 56
- del bacino B 147
- del pozzo B 871
- della trincea G 451
- di guida L 198
- di troppopieno U 62
- di tubo R 451
- divisoria T 345
- esteriore A 867
- interiore I 66
- interna I 66
- laterale S 895
- rocciosa S 1361
- sommersa S 805, T 63
- a parete sottile D 365
- parete spessa D 145

pareti perimetrali di una chiusa S 504
Parshall, canale ~ P 28
parte *(di una costruzione)* A 199
- alta della città S 1245
- bassa della città T 224
- della città S 1244

parti, in ~ A 200
- per milione M 306
- umiche H 364

particella P 30
particelle, dimensione delle ~ T 106
- in sospensione S 711

particola P 30
particolato P 31
parzialmente trattato T 104
pascoli G 542
pascolo B 451, W 476
- alpino A 465

passaggio D 385, D 386, D 404, D 413
- a sifone D 348
- a volta D 414
- ascendente dell'acqua W 201
- attraverso il suolo B 612
- dell'acqua W 199
- di aria L 319
- discendente dell'acqua W 200
- , durata di ~ D 402

- in calcestruzzo B 358
- in tubo R 394
- orizzontale D 387
- per la marea ascendente, sezione trasversale di ~ D 398
- per la marea discendente, sezione trasversale di ~ D 397
- rettangolare D 415
- stagionale di pesci F 341
- sul fiume F 547
- , tempo di ~ D 402
- totale D 399
- , valvola di ~ D 419
- , velocità di ~ D 391

passaggio singolo, raffreddamento dell'acqua a ~ D 418
passerella L 105, S 1349
- di servizio A 653, B 155
- per il trasporto del calcestruzzo B 363
- per pedoni F 706

passività P 32
passo M 128
- da pesci con trave diagonale D 114
- di anguille A 4
- di fluitazione F 467
- d'uomo M 61

pasta S 1442
- al solfato N 92
- al solfito S 1670
- bianca di legno W 488
- chimica Z 44
- chimica, fabbrica di ~ Z 45
- di legno H 319
- meccanica bruna B 780
- sodica N 92

pastalegno, fabbrica di ~ H 318
pastorizzazione P 34
- dei fanghi digeriti F 109

pastura W 476
patogeno K 547
patologia P 40
- dei vegetali P 175

patologico P 41
patrimonio forestale W 64
- idrico W 339

pattume M 425
pattumiera M 434
pausa R 532
- di riposo R 532

pavimento P 123
- del ponte B 827
- di una strada B 207

PCB B 514
pece P 45
- di catrame T 91

pectina P 57
pediluvio F 705
pedogenesi B 609
pedologia B 632
pegola P 45

pelagico P 59
pelatura delle patate, acque residue dalla ~ K 138
pelle H 127
pellicina H 128
pellicola biologica R 40, S 991
- superficiale O 12
- superficiale del filtro F 257

pelo dell'acqua sorgiva Q 42
- di mare M 144
- libero S 1126
- libero, galleria a ~ F 635
- radicale W 684

pendente S 710
pendenza G 108
- degli strati F 51
- della falda G 624
- della linea d'acqua S 1127
- di fondo S 1038
- di una condotta L 189
- di un'onda W 520
- di 1:3 N 122
- minima M 314
- naturale G 112

pendice A 136
pendio A 136, G 108
- di valle T 33

pendolo siderico P 62
penetrabile D 380
penetrare E 57
penetrazione D 382
- , profondità di ~ E 59

penicillina P 66
penisola H 42
pennacchio di fumo R 51
- di liquame A 322

pennello B 885
penuria d'acqua W 266
peptizzazione P 69
peptone P 70
per cento in peso G 337
- giornata lavorativa A 657
- gradi S 1626
- gravità G 110
- scopo potabile T 382
- testa e per giorno P 285
- uso potabile T 382

percentuale di ceneri A 680
- di mortalità S 1398
- di volume V 420
- in peso G 337

perclorato P 72
percolare E 125, R 312
percolato di fondo di un silo S 995
percolatore T 445
- a coke K 411
- a lastre ondulate W 496
- con corda tirante W 77
- intensivo H 225
- , spoglio di ~ A 899

percolazione D 430
- , scolamento di ~ S 965

percorso della marea ascendente F 576

per

- della marea discendente E 8
perdita V 208
- *(di un corso d'acqua)* S 523
- a fuoco G 439
- ammissibile L 130
- d'acqua W 416
- delle condotte L 195
- di calore W 52
- di carico D 339
- di carico all'imbocco E 148
- di carico allo sbocco A 890
- di carico (dinamica) dovuta ad costruzioni V 209
- di carico (dinamica) dovuta ad una variazione improvvisa della sezione di passaggio V 210
- di carico dovuta a cambio di direzione K 609
- di carico dovuta all'attrito R 208
- di carico in un filtro F 300
- di carico totale G 255
- di greggio O 61
- di peso G 340
- di pressione D 339
- di produzione E 544
- d'olio O 61
- dovuta all'attrito R 207
- idrica W 416
- in resa E 544
- per difetti di tenuta L 129
- per evaporazione V 105
perdite idriche, apparecchio di segnalazione di ~ L 131
- idriche, cerca di ~ L 128
- nel sistema di distribuzione R 423
- [d'acqua] per le fughe S 1074
perforamento B 736
perforare B 696
perforatore P 74
perforatrice a percussione S 361, S 1480
- a rotazione D 234
- d'assaggio V 430
- per fori di mina S 1160
- rotativa D 234
perforazione B 736, P 73
- a percussione con aste piene G 291
- a percussione, processo di ~ S 1483
- alla graniglia S 638
- di assaggio V 318
- di pozzi B 851
- di una galleria S 1467
- idraulica, processo di ~ S 1484
- standardizzato, utensile di ~ S 1287
-, tecnica di ~ B 735
pericolo d'esplosione E 573
- di infortuni U 210
- di morte L 115

- di piena H 252
- per la salute G 301
pericoloso G 106
periferia di una città S 1242
periferico P 76
perifiton B 454
periglioso G 106
perimetro U 139
- bagnato U 140
periodicità della risacca B 761
periodo Z 29
- cambriano K 65
- d'accelerazione A 569
- di alta marea T 190
- di avviamento E 39
- di base B 252
- di bassa marea T 202
- di crisi N 274
- di decadimento A 144
- di detenzione A 739
- di gelo F 654
- di latenza L 90
- di ritorno W 577
- di secchezza D 368
- di sgocciolatura T 458
- di sommersione E 135
- di tempo Z 29
- di vegetazione V 19
- d'onda W 518
- fra due maree T 177
- interglaciale I 86
- piovoso R 190
perito F 5
perizia G 708, S 2
permagelo P 77
permanente P 78
permanganato, consumo di ~ K 24
- di potassa K 23
permeabile D 406
permeabilità D 407, W 202
- al calore W 28
- al gas G 57
-, coefficiente di ~ D 410
- dei pori P 250
- della membrana M 190
- delle roccie G 96
- dovuta a sfaldature T 339
- effettiva D 408
- intrinseca P 80
- per l'acqua W 202
- relativa D 409
- relativa, coefficiente di ~ D 411
- selettiva S 908
permeametro D 412
permeare L 126
permesso G 176
permiano inferiore R 484
permissibile Z 151
permissione G 176
permuta A 877
permutite P 81
-, addolcitore a ~ P 83
- al manganese M 56
-, filtro a ~ P 84

- organica P 82
- sodica S 1025
- -idrogeno W 380
perno Z 22
perossido P 85
- di cloro C 50
- di manganese B 781
- d'idrogeno W 381
perpendicolare S 918
persico trota F 597
persistente P 86
persistenza P 87
personale P 88
- di approntamento B 288
pertica M 228
- di sondaggio P 56
perturbare S 1436
perturbazione nel lavoro B 407
pervio D 406
pesante S 759
pesca F 326
- all'amo A 545
- commerciale H 65
- costiera K 644
- d'alto mare M 138
-, danno di ~ F 331
- delle conchiglie S 238
- di anguille A 3
- in acqua dolce B 483
- sportiva S 1155
pescaggio, utensili per ~ F 66
pescare F 324
pescatore F 325
- a campana F 63
- all'amo A 546
pesce F 312
- comune F 313
- dell'acqua dolce S 1658
- di acque calde W 88
- di mare M 137
- d'oro G 443
- migratore W 75
- passera F 494
- persico B 78
- rapace R 49
- rosso G 443
- sedentario F 314
- sole B 536
- utile N 287
pesci anadromi F 321
-, bacino per ~ H 55
- catadromi F 322
-, esca per ~ A 645
pescicido F 334
pescoso F 344
peso G 333
- atomico A 711
- molecolare M 387
- morto E 27
- per metro M 268
- proprio E 27
- secco *(chim.)* T 401
- secco dei fanghi S 452
- specifico G 334
- specifico apparente S 653
- unitario S 1615

pie

— volumetrico R 63
pestamento S 1283
peste dell'acqua *(Elodea)*
 W 313
pesticida residuo R 282
pesticido S 229
— organo-clorurato C 67
petrochimico P 92
petrolchimica P 91
petrolio E 502
— di scisti S 329
—, giacimento di ~ E 504
— greggio R 361
—, raffineria di ~ O 80
pezzo a croce K 589
— a curva K 605
— a flangia E 62
— a flangia con diramazione a bicchiere E 64
— a flangia con diramazione a flangia E 63
— a flangia con due diramazioni a bicchiere E 66
— a flangia con due diramazioni a flangia E 65
— a T T 1
— a T a bicchiere con diramazione a bicchiere M 476
— a T a bicchiere con diramazione a flangia M 474
— a T a bicchiere con diramazione obliqua M 475
— a T a bicchiere con due diramazioni a bicchiere M 478
— a T a due manicotti con diramazione a bicchiere D 199
— a T a due manicotti con diramazione a flangia D 198
— a T a tre briglie F 392
— a T sferico K 655
— di raccordo U 37
— di raccordo eccentrico a due briglie F 400
— di raccordo senza giunzione U 38
— di racordo a manicotto doppio D 205
— di ricambio E 536
— di riduzione U 37
— di riduzione a bicchiere M 480
— di riduzione a bicchiere eccentrico M 481
— di riduzione a due flangie F 399
— di riserva E 536
— di sostituzione E 536
— flangiato ad imbuto F 407
— in ghisa F 607
— interposto P 33
— sagomato F 606

— speciale F 606
— speciale in ghisa F 607
pH, apparecchio-indicatore di ~ P 130
piaggia B 12, S 1517
piana costiera K 642
pianeggiamento P 195
pianificazione P 204
— a lunga scadenza P 205
— a lungo termine A 720
— alternativa P 206
— dei bisogni d'acqua W 169
— dell'ambiente U 187
— delle riserve d'acqua R 26
— (dell'utilizzazione) delle risorse idriche W 442
— di sviluppo di una zona L 58
— locale O 121
— territoriale R 66
piano E 9, E 10, E 456
— della falda sotterranea G 666
— della fognatura E 444
— di fondazione G 539
— di galleggiamento S 789
— di gestione delle acque W 257
— di levigazione F 564
— di protezione delle acque R 223
— di riferimento B 457
— di scorrimento G 416
— di smaltimento delle acque di scarico A 317
— di spinta S 797
— regolatore nazionale L 50
— regolatore urbano B 128
— stradale F 43
pianta B 584, G 567, P 106
— a foraggi F 711
— a radici profonde P 107
— acquatica W 314
— acquatica sommersa U 308
— d'acqua sommersa U 308
— delle dune D 353
— di fondazione G 539
— d'insieme L 32
— generale G 178
— nociva S 225
— palustre S 1681
— terrestre L 54
piantagione B 276
— sulle sponde U 111
piante, alimenti delle ~ P 114
—, indicatrici L 178
—, protezione delle ~ P 117
pianura E 10
— alluviale A 760
piastra P 214
— a gelatina G 162
— di agar *(bakt.)* A 412
— di calcestruzzo B 373
— di copertura A 33
— di copertura scanalata A 35
— di drenaggio E 445
— di fondazione F 693, G 563

— di ricoprimento rigata A 35
— di rivestimento V 62
— filtrante F 277
— porosa F 277
piastre, culture in ~ *(batt.)* P 216
piattaforma continentale S 291
— di perforazione petrolifera in mare aperto O 64
— di servizio B 156
— girevole D 243
piatto E 9
— a campanelle di una colonna di distillazione G 434
— filtrante D 372
piazzale deposito fanghi S 425
picco G 380
in piccola scala K 316
piccolo U 200
— fosso influenzato dall'azione delle maree P 283
— impianto pilota V 315
piccozza S 1354
picnometro P 400
piede a monte F 704
— a valle F 703
— cubo K 614
— di palo P 95
— di una diga D 17
— d'oca G 5
— quadrato Q 3
piega F 57
— anticlinale A 624
piegabilità B 469
piegamento dei tubi R 385
piegare B 467
pieghevole B 468
piena H 239
—, alveo di ~ H 247
—, avvertimento di ~ H 271
—, bacino di ritenuta di ~ R 498
— catastrofica K 159
— causata dallo scioglimento dei ghiacci E 210
—, corso di ~ H 272
—, danno di ~ H 258
—, decrescita di una ~ H 241
—, durata di ~ H 249
—, fase di crescita della ~ H 245
—, idrometro di ~ H 255
—, istantanea S 1643
—, laminazione della ~ V 220
—, livello di ~ H 262
— massima H 240
—, massima, livello di ~ H 263
— massima probabile F 559
— nominale E 459
—, onda di ~ H 273
—, paratoia di ~ H 268
—, pericolo di ~ H 252
—, portata di ~ H 242
—, portata media di ~ H 244
—, predizione di ~ H 269
—, punta di ~ H 261

—, scaricatore di ~ H 265
—, segno di ~ H 254
—, sfioratore di ~ R 120
—, traccia di ~ H 254
—, zona di ~ H 274
piene, difesa dalle ~ H 259
—, frequenza delle ~ H 253
—, regolarizzazione delle ~ H 256
pieno V 413
— di scogli F 142
pietra S 1365
— calcarea K 49
— da pavimento P 124
— di cava B 819
— di confine G 490
— di spalla K 10
— pomice B 478
— terminale G 490
pietrame S 1378
pietrischetto di marmo M 77
pietrisco, accumulo di ~ A 551
piezometrico P 182
piezometro P 181
pigiare R 30
pigmento anti-ruggine R 475
pila P 101
pilastro P 101
— cilindrico R 425
— di rinforzo S 1551
pilonatrice S 1284
pinna caudale K 254
pino F 220, K 253
pinza da tubi R 454
— da tubo V 243
piogge, diagramma delle ~ R 126
pioggerella S 1176
pioggia R 113
—, acqua di ~ R 176
—, aera di ~ R 141
—, altezza di ~ R 143
—, altezza media di ~ R 144
—, caduta di ~ R 139
—, cannone di ~ R 148
—, capacità di assorbimento della ~ R 183
—, coefficiente di ripartizione di ~ R 175
—, colonna di ~ R 158
— di lunga durata D 60
— d'intensità media R 116
—, distribuzione di ~ R 174
—, durata di ~ R 125
— fina R 115
—, frequenza di ~ R 142
— generale L 55
—, generazione artificiale della ~ R 138
—, indice di ~ R 145
—, intensità di ~ R 167
—, irrigatore a ~ R 197
—, irrigazione a ~ V 235
— isolata S 1564
— leggera S 692
— locale S 1564

— media R 116
— mista a grandine G 472
—, osservazione della ~ R 122
— parziale S 1564
— per unità di superficie e di tempo, quantità di ~ N 201
— prolungata D 60
— provocante un ruscellamento N 174
—, quantità annua di ~ N 192
—, quantità di ~ R 151
—, quantità totale di ~ R 169
—, ripartizione di ~ R 174
—, scaricatore di ~ R 120
—, scolamento di ~ R 118
— temporalesca G 349
—, testa d'irrigatore a ~ R 201
— torrenziale W 658
—, trattino di ~ R 168
— unitaria, durata di ~ E 84
piolo battuto R 33
— di difesa P 94
piombaggine G 465
piombato V 61
piombino per le grandi profondità T 227
piombo B 541
—, accumulazione di ~ B 544
—, additivo a base di ~ B 571
—, arricchimento in ~ B 544
—, benzina additivata di composti del ~ B 558
— colato G 698
—, fonderia di ~ B 555
— fuso G 698
—, lana di ~ B 570
— per colare G 698
—, ricaduta di ~ B 562
piopo P 17
piota R 41
piovere R 196
piovoso R 200
pipeline O 77
pipetta (chim.) P 190
piridina P 401
pirite S 722
— di ferro S 722
pirolisi P 402
— dei vapori B 832
pirolusite B 781
piroscissione, condensato di ~ K 526
pirossilo N 240
pisciatoio P 191
piscicultura F 355
piscina S 781
— all'aria aperta F 629
— chiusa H 49
— con onde artificiali W 509
— coperta libera H 50
— d'acqua di rifiuto A 323, A 346
— natatoria S 780
pista erbosa G 469
— per biciclette R 3
pistone K 412

— aspirante S 187
— di pompa P 379
pittura A 619
— anti-incrostazioni di parti sommerse U 297
— esteriore A 620
— interna A 621
— protettiva S 673
a più compartimenti M 159
— più stadi M 167
piuolo P 93
placcatura, stabilimento di ~ G 26
planare P 194
plancton P 198
— d'acqua dolce S 1662
— fluviale P 260
— marino M 143
—, produzione di ~ P 201
planimetria generale L 32
Planorbis T 101
plastica K 685
— rinforzata di fibra di vetro G 391
— spugnosa, filtro costituito da ~ S 277
plasticità P 210
—, limite di ~ A 842
plastico P 209
plastificante W 473
platea B 584
— (di un stramazzo) S 1642
— (di una diga) S 649
— del serbatoio B 176
— di calcestruzzo B 377
platino P 211
plecottero S 1368
pliocene P 220
plurivalente M 170
pluviografo R 154
pluviometria R 156
pluviometro R 153
— messo nel suolo a profondità L 358
— registratore R 154
— totalizzatore N 200
pluvirriguo, impianto ~ B 283
poco profondo F 358
podsolo P 222
polarimetria P 223
polarizzare P 225
polarizzazione P 224
polarografia P 226
polder P 227
polielettrolito P 237
polietilene P 233
—, tubo di ~ P 235
polifosfato P 241
poligono (Polygorsum hydropiper) K 355
polimerizzazione P 240
polimero P 239
— ad elevato peso molecolare H 231
poliomelite P 229
poliomielite acuta K 275

polisaprobi, organismi beta-~ B 348
politica di urbanizzazione S 989
polivalente M 170
polla Q 23
pollicoltura G 118
polline B 579
a polo commutabile P 232
polpa P 337, S 1442
— di mele P 338
—, ricuperatore di ~ P 339
polvere S 1313
— da sbianca B 547
— del gas d'alto forno G 367
—, depositi di ~ S 1320
— di calcio K 45
— di foratura B 733
— di marmo G 296
— di pesce F 338
polveri, emissione di ~ S 1314
— precipitate S 1320
polverificio P 352
polverizzare Z 89
polverizzatore Z 90
polverizzazione Z 91
pompa P 354
— a bassa pressione N 168
— a coclea S 559
— a diaframma M 186
— a doppia aspirazione P 368
— a doppio effetto P 356
— a due pistoni Z 207
— a fango S 428
— a getto S 1507
— a mano H 72
— a materie consistente D 144
— a membrana M 186
— a motore M 421
— a motore a vento W 604
— a motore immersa T 75
— a pistone K 416
— a pistone in moto rettilineo alternativo P 362
— a pressione D 320
— a scolamento radiale R 5
— a stantuffo K 416
— a stantuffo rotativo D 240
— a stantuffo tuffante T 73
— a stantuffo tuffante a doppio effetto T 74
— a triplice effetto D 266
— a turbina T 493
— a vapore D 40
— a vapore senza volano D 41
— a velocità variabile P 364
— a vite senza fine S 559
— a voluta S 1137
— a vuoto L 335
— ad acidi S 45
— ad aeromotore W 604
— ad alette F 479
— ad alimentazione unilaterale P 357
— ad alta pressione H 217
— ad eiettore d'acqua W 384

— ad evolvente E 567
— ad ingranaggi Z 17
—, albero di ~ P 385
— alternativa a doppio effetto D 377
— aspirante S 189
— aspirante e premente S 176
— ausiliaria H 197
— auto-aspirante P 365
— azionata ad aria compressa P 361
— blindata P 358
— centrifuga K 570
— centrifuga ad asse verticale B 715
— centrifuga auto-aspirante K 575
— centrifuga autoinnescante K 575
— centrifuga con diffusore K 573
— centrifuga con griglia conica K 574
— centrifuga immersa U 309
— centrifuga multipla K 572
— centrifuga orizzontale H 338
— centrifuga per pozzi profondi Z 72
— centrifuga semplice K 571
— centrifuga verticale K 576
—, cilindro di ~ P 386
— con girante a canali K 91
— con girante equilibrato P 360
—, corpo di ~ P 375
—, corsa della ~ P 377
— d'acqua di lavaggio S 1206
— d'aria L 335
— di aggottamento B 475
— di alimentazione V 451
— di alimentazione delle caldaie K 237
— di apporto V 451
— di calore W 43
— di circolazione U 168
— di circolazione dei fanghi S 455
— di collaudo alla condotta P 303
— di corsa variabile P 363
— di dosatura D 214
— di foratura B 711
— di mandata F 586
— di prova a mano P 303
— di ricircolazione R 513
— di riserva E 535
— di ritorno del fango S 437
— di scandaglio B 711
— di sollevamento F 586
— di sostituzione E 535
— di sovrapressione D 288
— direttamente accoppiata P 355
— dosatrice D 214
— elicoidale S 617

— funzionante dall'alto in basso P 367
— immersa U 309
— incapsulata P 358
— Mammut M 49
—, membrana di ~ P 380
— monocilindrica a stantuffo immerso E 170
— orizzontale P 359
— orizzontale a triplo effetto D 267
— per acque di rifiuto brute R 355
— per iniezione V 281
— per liquame A 332
— per liquami bruti R 355
— per pozzi profondi T 212
— per pozzi tubolari R 390
— per pozzo B 711
— per sabbia V 31
—, pistone di ~ P 379
— portatile B 111
— premente D 320
— rotativa R 480
—, supporto di spinta della ~ P 372
— verticale P 366
— verticale a triplice effetto D 268
— verticale ad uscita laterale V 344
—-volano S 821
pompaggio F 591
—, attrezzatura per il ~ P 373
— dell'acqua W 229
— dell'acqua per abitante e per giorno W 230
— di fanghi S 411
— eccessivo U 66
—, prova di ~ P 390
—, spese di ~ P 388
—, stazione di ~ P 391
pompare P 369
— acqua da ... L 202
pompe, cabina delle ~ P 376
—, comando delle ~ P 371
—, conduttore di ~ P 384
—, gruppo di ~ P 370
—, sala di ~ P 381
pompieri F 219
ponte B 825
— a traliccio F 7
— a trave T 298
— acquedotto A 650
— ad arco B 690
— canale K 78
—, copertura del ~ B 827
— di servizio B 155
— girevole D 237
— in travi metalliche S 1273
—, pavimento del ~ B 827
— raschiatore R 20
— rollante S 644
— sospeso H 5
— stradale S 1527
— tubo R 388

—-canale R 388
ponticello S 1349
pontone P 245
popolamento con pesci F 317
popolare B 331
— uno stagno a pesci B 327
popolazione B 420, P 246
— abissale T 233
— algale A 444
— allacciata *(acquedotto)*
  B 421
— bentonica G 564
— contribuente *(fognatura)*
  B 421
—, densità della ~ P 247
— di insetti I 69
—, equilibrio della ~ B 424
— equivalente E 158
—, incremento presunto
  della ~ B 427
— ittica F 318
— mista M 345
— residente B 422
— servita B 421
popolazioni, agglomerazione
  di ~ Z 164
porcellana, filtro di ~ P 258
pori P 248
a pori grossi G 507
pori, indice dei ~ P 256
—, sigillatura dei ~ P 253
porosità H 303
— efficace del terreno S 1100
— utilizzabile H 304
poroso P 257
porta T 278
— a clapet K 307
— a monte di chiusa S 506
— ad alzata verticale H 349
— basculante K 307
— di chiusa S 505
— di chiusa a segmento S 870
— di sicurezza S 936
portaghiaccio E 173
portaoggetti O 43
portar via F 623
portare T 303
— allo scarico A 145
portata A 99, A 123, L 153,
  T 304
— *(di uno bacino imbrifero per
  secondo per unita di
  superficie)* A 112
— accumulata A 115
— alta H 242
— artesiana S 657
— capillare A 774
—, coefficiente di ~ A 88
— critica G 475
— critica d'acqua piovana
  R 178
— d'acqua W 292
— d'acqua di pioggia per
  secondo e per unità di
  superficie R 179
— d'acqua piovana R 177

— del filtro F 270
— del liquame A 328
— della fogna A 328
— della marea ascendente
  F 575
— della pompa F 585
— della sorgente Q 37
— dell'acqua filtrata F 270
— dell'acqua pluviale R 177
— delle acque di fognatura
  mista M 359
— di base A 91
— di filtro, regolatore della ~
  F 271
— di gas G 45
— di magra N 211
— di magra di progetto A 838
— di magra minima N 213
— di piena H 242
— di piena massima H 243
— di punta A 535
— di scarico A 328
— di sicurezza D 49
— di sicurezza di una falda
  G 616
— di tempo asciutto T 422
— di tempo piovoso R 177
— di tempo secco T 422
— di un pozzo B 855
— di una centrifuga A 888
— di una falda G 615
— di una falda sotterranea *(in
  1/s.km^2)* A 113
— di una membrana W 205
— d'infiltrazione I 46
— d'una tubazione A 119
— equivalente A 90
— gionaliera T 11
— giornaliera T 17
— giornaliera di pompaggio
  T 15
— in acqua W 352
— in acqua sotterranea G 659
— in volume A 92
— intermittente W 293
— limite T 305
— massima H 243
— massima di un pozzo S 659
— media M 374
— media della marea
  ascendente D 389
— media della marea
  discendente D 388
— media di magra N 212
— media di piena H 244
— media d'irrigazione B 285
— media notturna N 17
— minima assoluta T 213
— minima notturna N 16
—, misura di ~ A 104
—, misuratore di ~ A 102
— notturna N 21
— perenne *(idrol.)* D 61
—, posto di misura di ~ A 103
— presunta di una falda
  acquifera G 627

—, regolatore di ~ A 109
— solida G 259
— *(per unità di bacino
  imbrifero)* F 187
— solida naturale G 260
— specifica E 516
— totale d'afflusso Z 138
— totale delle acque di scarico
  S 554
— trattata D 425
— unitaria di irrigazione
  W 233
portate accumulate, curva
  delle ~ A 116
—, area del diagramma
  delle ~ G 280
—, calcolo delle ~ A 100
— di piena, curva delle ~
  H 251
—, frequenza delle ~ H 15
—, registro delle ~ A 120
—, regolazione delle ~ A 108
—, rigolazione delle ~ W 295
portatile T 302
portator di germi K 199
— di microbi K 199
porto H 23
— di mare S 842
— di parcheggio P 27
— interno B 485
— per barche da pesca F 329
portone T 278
— a marea G 362
posa dei tubi R 447
— delle tubazioni nella trincea
  E 47
— in opera *(il calcestruzzo)*
  E 42
posare V 205
— in opera *(il calcestruzzo)*
  E 44
— testa a testa S 1475
posata batteriologica B 338
positivamente caricato P 259
posizione L 31
— d'esclusione A 849
— di riposo R 533
possibilità di accumulo S 1101
— di realizzazione A 806
post-aerazione N 3
—-clorazione N 4
—-filtrazione N 8
—-filtro N 7
—-precipitazione F 30
postcombustione, camera
  della ~ N 22
posto d'approdo A 571
— di lavaggio di macchine
  W 60
— di misura M 243
— di misura di portata A 103
— di misura per l'acqua
  sotterranea G 639
— di rifornimento T 53
— di sollevamento F 590
potabile G 184

potabilità G 185
potabilizzare *(l'acqua)* A 725
potabilizzazione *(d'acqua)*
  A 728
potamogeton L 40
potamologia P 261
potassa P 267
— caustica A 407
potassio K 22
potenza K 530, L 153
— attrattiva A 644
— di esercizio B 403
— effettiva N 295
— garantita L 154
— giornaliera T 17
— richiesta K 533
— termica W 36
— totale L 156
potenziale di crescita algale
  A 448
— di deflusso S 1590
— di ossidamento O 134
— di reproduzione V 215
— di traspirazione T 315
—, differenza di ~ P 264
— elettrochimico P 262
— idroelettrico W 271
— ossido-riduttivo R 94
— piezometrico D 318
— zeta Z 96
potenziometro P 266
potere autodepurante S 902
— autoepurativo S 902
— calorifico H 167
— di depurazione R 246
— di epurazione R 246
— di imbibizione W 253
— di risoluzione A 764
— di scambio A 885
— esecutivo V 418
— fermentativo F 92
— ossidante O 134
— schiumogeno S 274
— solvente L 283
povero d'acqua W 156
pozza T 477
pozzanghera T 477
pozzetto del fango S 446
— di aspirazione P 382
— di caduta A 275
— di deposito S 1009
— di lavaggio S 1197
— d'ispezione K 469
— stradale S 1523
pozzi, aspro per ~ B 860
—, campo dei ~ B 856
—, catena di ~ B 867
—, costruttore di ~ B 852
—, disposizione dei ~ B 850
—, distanza dei ~ B 848
—, funzione dei ~ B 859
—, galleria di ~ B 867
—, interferenza dei ~ B 853
—, perforazione di ~ B 851
—, raggruppamento dei ~
  B 867

—, rigenerazione dei ~ R 137
—, sistema di ~ B 849
—, terebrazione di ~ B 851
—, tubolari, pompa per ~
  R 390
pozzo B 837, S 196
— a cisterna Z 107
— a diametro variabile V 85
— a fango S 392
— a filtro F 246
— a filtro di ghiaia K 272
— a pelo d'acqua libero B 842
— a percussione S 359
— a raggiera H 336
— a tubo B 695
— a utilizzazione parziale
  B 845
— abbandonato B 839
— abissino S 359
—, acqua di ~ B 872
— ad aspirazione S 179
— artesiano B 838
— assorbente S 520, S 954
—, bordo di un ~ B 870
—, carcassa di un ~ R 24
—, chiusino del ~ S 197
— collettore S 75
— collettore d'acque
  sotterranee G 648
— comune B 843
— con tubi avvicinati S 515
— con tubi perforati S 515
— d'acqua in uno strato
  artesiano B 838
— della sorgente Q 36
— d'estrazione F 587
— di assaggio V 319
— di captazione F 60
— di chiarificazione K 288
— di decompressione E 440
— di drenaggio E 447
— di estrazione A 362
— di lampade L 46
— di miniera G 527
— di misura B 309, P 53
— di osservazione B 273
— di prova V 319
— di raccolta S 75
— di scarico E 440
— di sedimentazione K 288
— di tranquillamento B 309
— di ventilazione L 306
—, diametro del ~ B 854
— eccentrico B 840
— Emscher E 272
—, entrata del ~ B 865
— filtrante F 246
— filtrante a tubi dreno
  obliqui S 606
— filtrante orizzontale H 336
—, filtro del ~ B 857
—, fondazione sul ~ S 201
—, foro di ~ B 869
— Imhoff E 272
— Imhoff con letto sommerso
  E 273

— immaginario B 841
— improduttivo F 117
— in falda freatica B 842
— incompleto B 846
— intubato R 389
— Kremer K 586
—, messa in opera di un ~
  I 27
— minerario G 527
— minerario di prova V 324
— nero A 179, S 914
— nero, effluente di ~ S 915
— ordinario poco profondo
  F 360
— orizzontale H 336
—, parete del ~ B 871
— per attingimento S 601
— per l'evacuazione della neve
  S 568
— petrolifero O 65
— piezometrico S 208
—, portata di un ~ B 855
— profondo T 211
— pubblico B 843
— Ranney R 38
—, riportazione dei tubi di ~
  V 241
— saliente B 838
— scavato S 199
—, scavo di un ~ S 198
—, sfioratore a ~ S 207
— sovraccaricato B 844
—, testa di ~ B 862
— trivellato B 695
— tubulare B 695
prati G 542
praticabile F 44
prato W 583
— irrigato R 314
— rivierasco F 515
pre-filtro V 437
preaerazione V 427
preannuncio di piena H 269
precipitabile F 23
precipitante F 25
precipitanti, dosatura dei ~
  F 27
precipitare F 24
precipitato *(chim.)* N 172
— di manganese M 52
precipitazione F 28
— *(meteorol.)* N 173
—, altezza di ~ N 184
—, altezza effettiva di ~ N 196
—, altezza media di ~ N 186
—, analisi per ~ F 31
—, bacino di ~ F 32
— chimica F 29
—, durata della ~ N 181
— effettiva N 175
— efficace R 114
—, genere di ~ N 179
—, massima quantità di ~
  N 191
— media annuale J 10

—, minima quantità di ~ N 190
— orografica N 177
— puntuale N 176
—, quantità annua di ~ N 192
—, quantità di ~ N 189
—, radioattività di ~ N 199
— rilevata su tempi lunghi, altezza media di ~ N 185
— simultanea S 1008
— su una data area G 89
precipitazioni, distribuzione delle ~ N 202
—, intensità delle ~ N 187
—, misura delle ~ N 198
—, quantità media di ~ N 193
—, quantità mensile di ~ N 194
precisione di misura M 218
preclorazione V 431
precompressione periferica R 332
precomprimere V 468
predigestione V 436
predizione V 452
— di piena H 269
preepurazione V 463
prefabbricato V 447
prefiltrare V 438
prefiltrato E 541
prefiltrazione V 439
pregiudichevole a sapore G 270
pregiudizio S 209
prelevamento a gravità di acque sotterranee G 588
— dei campioni P 289
— giornaliero [d'acqua] T 14
— totale di acque sotterranee G 614
prelievo continuo dei campioni P 293
— dei campioni P 289
— di calore W 30
— giornaliero T 12
premere P 369
premistoppa S 1470
preparare i minerali A 726
— il calcestruzzo B 351
— un vetrino A 273
preparazione dei minerali A 729
— del calcestruzzo B 380
— del terreno G 154
— della sabbia S 89
— mediante flottazione S 778
prepurificare V 462
preriscaldamento V 475
preriscaldatore V 474
presa E 390
— antincendio F 216
—, calore di ~ A 26
— d'acqua W 213, W 224
— d'acqua giornaliera T 23
— d'acqua in una centrale idroelettrica T 358

— d'acqua, opera di ~ E 91
— d'acqua, torre di ~ E 393
— d'aria fresca F 642
— dei campioni P 289
— dei campioni proporzionale al tempo P 295
—, galleria di ~ E 391
—, imbuto di ~ E 392
— in aria L 328
—, orificii di ~ E 388
— proporzionale dei campioni P 294
—, saracinesca di ~ E 389
—, tempo di ~ A 27
—, tubazione di ~ E 387
—, tubo di ~ F 84
prescrizione di esercizio B 411
— di servizio B 159
— di sicurezza S 939
prescrizioni di legge G 288
presedimentazione V 455
preservativo S 681
preservazione del paesaggio L 59
pressa P 273
— a fango S 427
— a filtro F 278
— idraulica P 274
— per rifiuti M 437
— per sostanze grigliate R 83
pressati del filtro F 266
pressiometro D 286
pressione D 273
—, acqua in ~ D 342
— agli spigoli K 103
— al ugello dell'irrigatore a pioggia R 198
— artesiana D 274
— assoluta A 237
— atmosferica L 317
— attiva delle terre E 495
—, aumento della ~ D 341
—, aumento di ~ D 287
—, bassa ~ N 165
—, caduta di ~ D 279
— capillare K 108, S 949
—, compensazione della ~ D 282
—, condotta a ~ D 324
— d'acqua W 196
— d'acqua per estinzione d'incendi L 261
— d'acqua per spegnere incendi L 261
— del filtro F 247
— del suolo B 611
— del terreno G 95
— del vapore D 32
— del vento W 592
— della terra E 494
— dell'acqua invasata S 1343
— di collaudo in officina P 332
— di collaudo in trincea P 331
— di diffusione D 164
— di esercizio B 394, N 128
— di saturazione S 12

— di servizio V 291
— di sollevamento F 580
—, differenza di ~ D 337
— differenziale D 285
—, diminuzione di ~ D 325
— dinamica S 1487
—, filtro a ~ D 290
—, galleria in ~ D 332
— idraulica F 426
— idraulica di rottura B 302
— idrostatica R 537
— interna I 57
— massima H 277
— media M 367
— minima M 311
— negativa U 249
— nella condotta L 187
— nella condotta, misuratore di ~ L 188
— nominale N 127
— osmotica D 275
— parziale P 29
— parziale d'ossigeno S 167
— passiva delle terre E 496
—, perdita di ~ D 339
—, pompa a ~ D 320
— potenziale, altezza della ~ D 300
—, prova di ~ D 319
—, regolatore di ~ D 321
—, regolazione della ~ D 322
—, resistenza alla ~ D 289
—, riduttore di ~ D 316
— statica D 277
— statica, altezza della ~ D 301
—, trasduttore di ~ D 293
—, variazione di ~ D 281
—, zona di ~ D 346
— [dell'acqua] interstiziale P 249
pressurizzazione, attivazione per ~ D 284
prestito A 572
— sui fondi speciali ERP K 563
prestato di un filtro F 259
pretesa sull'utilizzazione dell'acqua W 309
pretrattamento V 426
— dei fanghi S 466
prevagliatura V 422
prevalenza F 582
— della pompa D 297
prevenire V 189
preventivare V 48
preventivo delle spese K 515
prevenzione V 190
— degli infortuni U 211
— dell'inquinamento dell'aria R 225
previsione V 452
— dei regimi fluviali A 121
— del tempo W 551
— demografica B 425

previsioni contro gli infortuni U 212
prezzo P 269
— a corpo P 44
— dell'acqua W 316
— di base G 565
— di tariffa E 83
— globale P 44
— minimo M 313
— unitario E 83
prima prova V 456
primavera F 668
primo riempimento F 682
— stadio di filtrazione F 294
principio della dinamica dei fluidi S 1585
— di funzionamento W 648
— di prevenzione dell'inquinamento V 467
— di responsabilità di chi causa un danno V 358
privilegio G 206
privo di germi K 196
— di tensione S 1087
probabilità di sopravvivenza U 65
procedimento V 149
— a viscosa V 407
— al fosforo tricresilico T 363
— biochimico V 444
— biologico V 445
— chimico V 150
— cuproammoniacale K 700
— di fusione G 707
— di ricircolazione R 511
— di selezione A 895
— di separazione mediante schiuma S 272
— di trattamento dell'acqua W 173
— Magno M 30
— normalizzato E 85
— standardizzato E 85
procedura V 149
— operativa V 156
processo P 327, V 149
— a calce e soda K 48
— a controcorrente Danjes-Schreiber D 44
— a due stadi Z 202
— a fango attivato B 229, B 230
— a fango attivato ad alta dosatura H 224
— a fango attivato con mescolamento integrale B 231
— a fango attivato intensivo H 224
— a letti percolatori T 455
— a scambio ionico a letto fluidizzato F 421
— aerobico V 443
— agli idrati H 373
— biochimico V 444
— biologico V 445
— Bricollare B 802

— carbocalcico K 48
— chimico V 150
—, controllo di ~ V 154
— cracking K 527
— d'aerazione in pozzo profondo T 237
—, descrizione d'un ~ V 152
— d'estrazione con benzolo/lisciva B 270
— d'estrazione "fenosolvan" P 147
— di colorazione F 36
— di congelamento sotto pressione D 278
— di congelamento spray S 1175
— di congelazione dei vapori per compressione V 9
— di contatto F 684
— di contatto semplice F 685
— di depilazione E 333
— di digestione F 113
— di dissalazione E 411
— di epurazione R 245
— di evaporazione a gradini multipli per detensione E 430
— di fabbricazione H 186
— di fermentazione-digestione G 11
— di filtrazione F 299
— di filtrazione per sospensione di fango S 709
— (di flocculazione) a contatto dei fanghi S 422
— di fusione in stampo verticale S 1290
— di fusione verticale S 1290
— di getto G 707
— di ghisa centrifugata S 499
— di maturazione R 215
— di mescolazione M 355
— di perforazione a percussione S 1483
— di perforazione ad iniezione d'acqua S 1484
— di perforazione idraulica S 1484
— di ricircolazione R 511
— di riduzione della durezza con calce-soda K 48
— di rivestimento per tubi R 380
— di sedimentazione A 230
— di separazione T 344
— di sovradosaggio di calcio K 51
— di trattamento A 731
— di trattamento biologico A 732
— di trattamento chimico A 733
— di trattamento dell'acqua con calce K 53
— di trattamento meccanico A 734

— di trattamento Niers N 221
— di trattamento termico A 735
— discontinuo C 21
— elettro-catadyn E 231
— fanghi-ceneri S 372
— fisico V 151
— Haworth H 131
— "Magdeburg-P" M 9
— Magno M 30
—, miglioramento di un ~ V 155
—, ottimazione d'un ~ V 153
— Pista di coagulazione P 192
— Schmidt-Degener [di lignite] K 371
— Sheffield H 131
— Unox U 234
— verbale P 323
prodigare V 174
prodotti chimici, utilizzazione di ~ C 30
— derivanti dal petrolio E 503
— di rifiuto A 70
— non ionogeni P 305
— petrolchimici E 503
prodotto A 790
— (di suolo) E 543
— anti-muco S 487
— chimico C 28
— chimico per l'agricoltura A 420
— della distillazione D 102
— di base A 813
— di decomposizione A 20
— di degradazione A 20
— di fissione nucleare K 227
— di partenza A 813
— di pulizia agente a freddo K 61
— di pulizia della casa H 121
— di reazione R 76
— di solubilità L 268
— fumigante B 166
— intermedio Z 213
— metabolico S 1464
— per il lavaggio delle stoviglie G 265
— per la conservazione del legno H 315
— petrolifero E 505
— terminale E 287
producibilità L 161
— annua J 5
— di energia E 299
produttività E 545, L 161, P 307
— del suolo B 645
produzione P 306
— algale A 437
— biologica B 504
— d'acqua dolce S 1659
— del gas G 58
— del gas di digestione K 292
— d'elettricità basata sulla utilizzazione di gas combustibile G 65

— di alghe A 437
— di biomassa B 502
— di calore W 32
— di energia K 534
— di giunti fusi F 690
— di ossigeno per fotosintesi S 168
— di plancton P 201
— d'idrogeno solforato S 726
—, perdita di ~ E 544
profilato P 312
profilo P 308
— bagnato F 375
— del suolo B 646
— dell'abbassamento del livello idrico A 208
— di misura M 231
— idraulico P 310
— longitudinale L 20
— longitudinale di un corso d'acqua P 309
— longitudinale di un fiume P 309
— parabolico Q 55
— trasversale Q 49
profittabile N 275
profittevole alla crescenza E 453
profitto N 286
profondamente radicato T 239
profondità T 214, T 218
— critica d'acqua W 394
— d'abbassamento del livello idrico A 211
— del mare M 146
— della corrente liquida F 443
— della falda al punto di misura A 268
— della falda sotterranea G 621
— della neve, marca di ~ S 570
— dell'acqua W 392
— dello scavo T 215
— di penetrazione E 59
— di penetrazione del gelo F 651
— d'immersione E 144
— d'immersione dei diffusori d'aria E 46
— d'infiltrazione I 43
— d'infiltrazione delle acque pluviali R 127
— d'insufflazione d'aria E 46
— massima d'acqua W 393
— media T 216
— media di un lago S 861
— navigabile W 395
— normale N 260
profondo K 132, T 207
progettazione E 457, P 204
— regionale G 90
progettista E 458
progetto E 456
— alternativo P 206
— di costruzione B 89, B 121

— di ricerca F 610
— di sistemazione di un bacino fluviale W 441
— di sistemazione integrata di un bacino fluviale W 440
— preliminare V 435
programma d'analisi A 523
— d'emergenza N 269
— di assaggio V 322
— di carico L 88
— di spedizioni L 228
— d'irrigazione B 433
progressione della temperatura T 128
— di una piena V 204
progressivo S 1626
proiezione orizzontale G 567
proliferazione d'alghe W 183
— di vegetali M 100
promontorio V 446
pronostico del tempo W 551
pronto per l'impiego E 115
propagatore permanente di germi K 199
propagazione A 795, F 618
— (biol.) Z 127
— delle onde W 508
propano P 316
propilene P 318
proporzionale, inversamente ~ U 144
proporzione della mescolazione M 353
— di miscela M 353
proprietà E 29
— chimiche E 30
— fisica dell'acqua W 177
— fisiche E 31
— immobile G 552
— pubblica A 462
— reologiche F 445
propulsione a turbina T 488
propulsore P 317
prosciugamento A 891, E 436
— del fango S 453
prosciugare E 435
prosciugamento del terreno di fondazione B 97
prosperità pubblica G 173
prospettiva a lungo termine L 77
prospezione delle acque W 218
— delle acque sotterranee G 650
— geofisica U 285
proteasi P 319
proteggere S 662
proteina P 320
proteolisi P 321
proteolitico P 322
protetto contro gli spruzzi d'acqua S 1172
protezione S 671
— anodica contro la corrosione K 507
— catodica K 163

— contro la corrosione K 506
— contro la ruggine R 473
— contro le catastrofi K 160
— contro le onde W 519
— contro le radiazioni S 1504
— contro le valanghe L 113
— dal congelamento F 658
— dall'inquinamento R 224
— del paesaggio L 59
— della capacità di storaggio S 1335
— della natura N 97
— dell'ambiente U 191
— delle acque dall'inquinamento G 325
— delle acque naturali G 325
— delle acque, piano di ~ R 223
— delle coste K 651
— delle piante P 117
— esterna A 865
— interna I 64
— sul lavoro A 656
protocollo P 323
— di foratura B 721
— di prelievo A 177
protoplasma P 324
protosolfuro di ferro S 719
protossido ferroso E 201
prototipo P 326
protozoi U 337
prova P 286, P 336, T 142, V 310
— a caduta di sfera K 656
— a scala naturale G 522
— a tazze S 1300
— al blu di metilene M 279
— al marmo M 78
— biologica T 143
— combinata di trazione e flessione Z 143
— con amido e iodio J 24
— con aria compressa P 278
— d'assorbimento S 524
— dei materiali M 112
— di abbattimento A 143
— di accettazione A 178
— di assorbimento A 247
— di carico B 225
— di compatibilità V 352
— di compressione triassiale D 252
— di controllo in cantiere B 118
— di dilavamento E 150
— di flessione B 472
— di laboratorio L 5
— di mobilità B 437
— di paragone V 177
— di pompaggio P 390
— di pressione D 319
— di pressione interna I 58
— di putrescibilità F 41
— di qualità G 688
— di rendimento L 164
— di resilienza K 215
— di rottura B 816

– di schiacciamento B 815
– di taglio triassiale S 297
– di tenuta D 130
– di tossicità T 295
– di trazione Z 146
– di trivellazione B 739
– di verifica delle garanzie L 164
– d'urto S 362
– flettente B 472
– geotecnica del terreno di fondazione B 98
– idrostatica W 198
– in bianco B 574
– in scala semi-industriale T 82
– in sito V 311
– meccanica T 144
–, metodo di ~ U 289
– per rivelare una sostanza N 23
– preliminare V 456, V 473
– presuntiva *(batt.)* N 24
– prolungata D 62
– prolungata di pompaggio D 59
– rapida S 587
– singola E 165
– stazionaria S 1300
– su modello M 379
– su modello elettroanalogico E 232
– sul cantiere V 311
provabilità N 25
–, limite della ~ N 26
provare V 312
provetta R 68
provvedere V 288
provvedimento per il mantenimento della qualità R 221
provvisionale B 186
provvisione V 289, V 458
– d'acqua W 431
provvista V 289, V 458
– d'acqua W 421
– domestica d'acqua H 125
prussiato giallo di potassa B 580
– rosso di potassa B 581
pseudo-effetto S 289
psicrofilico K 9
psicrometro L 326
psychoda T 452
pubblica opinione, formazione della ~ O 52
pubbliche relazioni O 51
pubblico O 50
di pubblico dominio A 463
pubblico servizio E 114
pubere G 266
pulco d'acqua D 45
puleggia [per cinghie] R 307, R 460
– di guida F 674
– fissa F 185

– folle L 294
– tenditrice S 1081
pulire G 386
pulito G 397
pulitura R 229
– *(di parete del tubo)* G 385
– ad aria L 340
– all'acqua W 432
– delle strade S 1541
– di un filtro F 279
pulizia R 229
– agente a freddo, prodotto di ~ K 61
–, apertura per la ~ R 241
–, bocchettone per la ~ R 244
– con acqua ad alta pressione H 218
–, coperchio ribaltabile per la ~ R 237
– dei ruscelli B 4
a pulizia manuale H 67
pulizia mediante acqua in pressione D 343
– stradale S 1541
pulsazione P 348
pulsometro P 350
pulvino W 557
punta del massimo consumo V 72
– di piena H 261
– giornaliera T 20
– idrometrica S 1147
puntazza R 34, S 364
puntellamento delle pareti di uno scavo per le fognature A 263
puntellare A 786, A 872
puntellatura orizzontale H 340
puntellazione A 784, A 873
punteria della valvola V 36
punti di riferimento *(geod.)* M 233
punto alto *(di una condotta)* H 232
– critico K 351
– d'ebollizione S 983
– depresso T 228
– di ammollimento E 548
– di applicazione Z 173
– di avvizzimento W 494
– di avvizzimento permanente W 495
– di capillarità rallentata L 201
– di condensazione T 79
– di congelazione G 121
– di fusione S 531
– di infiammabilità F 384
– di misura M 232, M 236
– di presa d'acqua W 214
– di presa di campioni P 296
– di presa in una sponda U 118
– di riferimento F 184
– di risorgenza F 525
– di rottura B 823

– di rugiada T 79
– di saldatura L 288, S 738
– di saturazione S 17
– di scossa S 597
– di solidificazione E 540
– di tiro S 664
– di viraggio E 288, W 528
– *(di un indicatore)* U 162
– di viraggio, determinazione conduttometrica del ~ K 450
– d'immissione E 107
– d'incrocio K 356
– d'intersezione S 594
– d'inversione della bassa marea E 6
– d'inversione della marea F 574, K 212
– du prelievo di acque sotterranee K 667
– isoelettrico I 113
– morto T 289
– neutro N 150
– neutro assoluto N 281
purezza R 226
– batteriologica K 197
–, grado di ~ R 227
purificare R 228
purificazione R 229
– ad aria compressa P 280
purità R 226
–, grado di ~ R 227
putredine F 38
– delle radici W 680
putrefarsi F 90, V 244
putrefattivo F 40
putrefatto F 88
putrefazione F 38
putrescibile F 91
putrescibilità F 92
–, prova di ~ F 41
putrido F 88, M 381
putridume R 487
– rapido S 588
puzzo G 293
puzzolente S 1430

Q

quaderno di marcia B 391
quadrangolo V 392
quadrante Z 100
– luminoso L 211
quadrello P 126, Q 1
– di maiolica K 5
– olandese K 341
quadro centrale di comando e di controllo S 1405
– di comando S 248
– di comando di bassa tensione N 205
– di controllo M 243
– di distribuzione elettrica S 249
quadrone Q 1
qualità B 311

— chimica dell'acqua W 176
— del fango S 387
— dell'acqua W 175
— dell'acqua, criteri di ~ W 248
— dell'acqua, esigenze per la ~ W 242
— dell'acqua potabile T 375
— delle acque, norme per la ~ W 306
— di terreno B 607
— fisiche dell'acqua W 177
qualitativo Q 9
quantità M 191
— annua di pioggia N 192
— annua di precipitazione N 192
— annuale di acque usate scaricate J 12
— critica di pioggia per secondo e per unità di superficie R 166
— d'acqua W 292
— d'acqua di fogna A 328
— d'acqua oscillante W 293
— d'afflusso Z 139
— del deflusso A 99
— del fango di ritorno S 436
— del fango prodotto S 379
— d'erogazione A 99
— di applicazione B 320
— di calore di scarto A 284
— di cloro da impiegare C 47
— di coagulanti necessaria F 26
— di dosatura B 320
— di evaporazione naturale V 137
— di fango S 399
— di gas G 69
— di pioggia R 151
— di pioggia per secondo e per unità di superficie R 165
— di pioggia per unità di superficie e di tempo N 201
— di precipitazione N 189
— di punta H 281
— di rifiuti A 61
— di scolo A 99
— di scolo della marea discendente E 7
— di sostanze inquinanti S 552
— media di precipitazioni N 193
— mensile di precipitazioni N 194
— necessaria per uso domestico B 150
— totale di pioggia R 169
— trattata D 425
quantitativo Q 11
quartiere S 1244
— basso T 224
— povero E 256
— residentale W 656
quarzite Q 14

quarzo Q 13
quaternario Q 17
quota R 44
— del coronamento K 601
— del punto di misura M 234
— di invaso S 1328
— di riferimento della marea P 50
— di svaso A 210
— geomotrica di una condotta O 99
— zero N 279
quotidiano T 5
quoziente respiratorio A 701

R

rabdomante W 669
rabdomanzia W 305
raccogliere S 78
raccoglitore K 551, S 308
— a cilindro per tubi flessibili S 483
— a spirale S 1139
— della sabbia S 107
— della schiuma S 804
— di fango S 424
raccolta S 83
— dei rifiuti A 68
— del fenolo P 146
— del gas G 61
— delle acque pluviali A 743
— delle alghe A 441
— delle immondizie M 429
raccomodamento A 789
raccomodare A 788
raccomodatura A 789
raccorderia flangiata F 394
raccordo A 597, N 228
— a forchetta G 2
— aspirante S 191
— di afflusso Z 136
— di ottone brasato M 224
— d'imbocco E 101
— doppio D 207
— filettato per tubo flessibile S 479
— sbagliato F 116
racordo riduttore R 101
rad R 1
rada R 102
raddrizzare (elettr.) G 408
raddrizzatore (elettr.) G 409
radiale R 4
radiazione S 1512
— corpuscolare K 494
— ionizzante S 1513
— solare S 1058
radiazioni, protezione contro le ~ S 1504
radicato V 374
radice W 677
— cubica K 617
— maestra (bot.) P 100
— principale (bot.) T 362
— quadrata Q 6

— seconda Q 6
a radici profonde T 239
radio R 16
radioattività R 8
— di base N 278
— di precipitazione N 199
— indotta R 9
a radioattività intensa H 234
radioattivo R 7
—, debolmente ~ S 690
—, fortemente ~ H 234
radioemanazione R 17
radioidrometria R 10
radioisotopo R 11
radiolari R 13
radiologia S 1501
radiometria R 14
radiometro S 1502
radionuclide R 15
radon R 17
radura ghiacciata E 175
raffinazione del greggio E 506
raffineria R 23
— di olio minerale M 321
— di petrolio O 80
raffreddamento K 633
— a circuito chiuso, sistema di ~ K 629
— a secco T 405
— a tiraggio naturale, torre di ~ K 632
— ad acqua in un sistema a riciclo W 405
— ad aria L 333
— dell'acqua a passagio singolo D 418
— diretto K 634
— per evaporazione V 102
— per polverizzazione V 126
— per scambio con l'atmosfera R 311
—, tubo di ~ K 626
raffreddare K 622
raffreddatore del gas G 67
raffrescare K 622
raggi alfa A 468
— beta B 349
— gamma, sonda a ~ G 32
— ultravioletti S 1497
raggio [di circolo] H 44, S 1493
— d'azione A 423
— di curvatura K 608
— di depressione (idrol.) A 209
— di un tubo R 405
— di variazione (biol.) V 15
— d'influenza (idrol.) A 209
— d'intradosso I 62
— idraulico P 313
— Laser L 84
— X R 352
raggiustare A 788
raggruppamento A 579
— dei pozzi B 867
ragionevole Z 156
ragno S 1133
rame K 696

ramificarsi V 380
ramificazione V 44
ramo discendente di una
  curva A 46
— laterale N 105
ramoso Z 193
rampa di accesso A 741
rana F 645
randello K 349
ranella U 273
Ranney, pozzo ~ R 38
ranno L 107
ranuncolo *(bot.)* H 37
rapida S 1609
rapporto accelerazione/tempo
  di propagazione A 570
— acqua/cemento W 147
— ampiezza/lunghezza di
  meandro M 5
— azoto-fosforo S 1423
— BOD/COD B 878
— carbonio-azoto K 390
— carbonio-azoto-fosforo C 99
— C/N K 390
— C:N:F C 99
— degli esperti S 2
— di abbondanza H 21
— di contrazione E 122
— di diluizione V 124
— di frequenza H 21
— di mescolanza M 353
— di recupero di carico
  cinetico D 331
— di ricerca F 611
— di ricircolazione R 505
— di trasferimento di calore
  W 51
— di trasmissione U 92
— N/P S 1423
— sullo stato di avanzamento
  dei lavori F 621
— suolo-acqua B 593
— tra richiesta e disponibilità
  d'acqua W 168
rasamento della cresta K 601
raschiafanghi a movimento
  pendolare P 65
raschiato meccanicamente
  R 22
raschiatore K 551
— a catena K 249, K 251
— a nastro B 62
— a spirale S 1139
— di fango S 424
— di tipo griglia K 529
— di un concentratore di
  fango K 528
— per fognature K 96
— per tubi M 385
— rotativo a fanghi S 430
— superficiale d'olio O 62
rastrello H 88
rata R 44
ratto R 45
ravvenamento *(idrol.)* A 588
—, bacino di ~ A 589

—, cono di ~ A 747
— della falda G 595
— della falda, stagno di ~
  G 596
— di uno serbatoio N 141
rayon K 682
razza A 668
reagente R 67
— di Nessler N 133
— neutralizzante N 147
reagire R 70
realizzare A 808
realizzazione A 809
reattivi, dosatore dei ~ C 29
—, magazzino ~ C 31
reattivo R 67
— al blu di metilene M 278
— assorbente A 244
reattore a letto di sfere K 660
— a letto fluido W 622
— a piscina W 164
— ad acqua bollente S 984
— ad acqua pesante S 775
— autofertilizzante B 835
— di ricerca F 614
— nucleare A 703
— veloce autofertilizzante
  B 836
reazione R 71
—, bacino di ~ R 73
—, canale di ~ M 347
— chimica R 72
— d'appoggio G 126
— del suolo B 648
— sostitutiva d'inibizione
  A 900
—, velocità di ~ R 74
recentemente installato N 151
recessione *(idrol.)* R 290
—, curva di ~ R 291
— della falda freatica R 496
— di una piena H 241
recinto E 71
recipiente B 168
— a vuoto V 10
— collettore A 742
— d'acqua potabile T 370
— di latte di calce K 42
— di preparazione di latte di
  calce K 41
— di vetro G 389
— finale V 441
— in plastica K 689
— per campionare S 600
— schermato [blindato] B 169
recircolazione K 583
recuperare W 574
recuperatore delle sostanze
  galleggianti S 803
— di materiale sospeso per
  flottazione F 471
recuperazione di solvente
  L 280
recupero W 575
— degli oli minerali, impianto
  di ~ A 478

— degli oli usati A 477
— del metano M 274
— dell'argento dagli scarichi
  dei laboratori di sviluppo
  delle pellicole S 998
— di materiali S 1460
REDOX, elettrodo per la
  misura del potenziale ~
  R 93
reduttasi, attività delle ~ R 95
reduzione nell'assimilazione
  R 97
refrigeramento K 633
refrigerante ad alta capacità
  I 83
— ad alto rendimento I 83
refrigerare K 622
refrigerativo K 625
refrigeratore K 623
— a superficie O 17
— indiretto O 17
refrigerazione K 633
—, acqua di ~ K 635
— per espansione E 426
—, stagno di ~ K 630
—, torre di ~ K 631
regime F 519
— del fiume F 519
— delle acque W 255
— laminare S 1582
— torrenziale S 1575
— turbolento S 1577
regimi fluviali, previsione
  dei ~ A 121
regione G 88
— arida T 399
— costiera K 646
— d'abbassamento a causa
  delle miniere B 294
— d'alimentazione V 292
— dei abramidi B 765
— dei barbi B 68
— dei salmoni A 393
— dei salmonidi S 51
— dell'interno B 486
— di acque sotterranee G 623
— di distribuzione V 292
— di trote F 598
— protetta contro la pioggia
  R 162
— sorgentifera Q 35
— turistica A 800
registrare S 632
— automaticamente S 906
registratore A 640
— di frequenza di impulsi I 23
— di portata M 193
— di quantità M 193
— di volume M 193
registrazione A 780
— a distanza F 149, F 160
— dei parametri delle acque
  W 192
— di dati M 251
— di diagrammi D 117
registro degli scarichi E 265

— dei livelli W 371
— delle acque W 184
— delle portate A 120
— di foratura B 721
regno vegetale P 122
regola N 250
regolabilità R 104
regolamentazione
 amministrativa relativa alle
 acque di scarico S 553
— della navigazione lacustre
 S 853
regolamento R 107
— amministrativo V 363
— di costruzione B 110
— relativo ai parametri di
 nocività delle acque di
 scarico A 341
regolare R 105
regolarizzazione delle piene
 H 256
regolatore R 194
— ausiliario H 199
— del getto S 1508
— della portata di filtro F 271
— della quantità del deflusso
 di un filtro F 232
— di colpo d'ariete D 334
— di densità D 127
— di livello N 245
— di portata A 109
— di pressione D 321
— di pressione del filtro F 248
— di rapporto V 184
— di velocità G 284
regolazione R 107
— a due posizioni Z 196
— automatica R 108
— d'acqua stagnante S 1428
— dei bacini d'accumulo
 S 1103
— del letto minore N 216
— del livello di accumulo
 S 1336
— della pressione D 322
— delle portate A 108
— di precisione F 127
— di un fiume F 535
—, immagazzinamento di ~
 R 109
regole preventive contro le
 disgrazie accidentali U 212
regressione delle onde W 505
reina K 126
relativo all'acqua W 438
relazione altezza/tempo W 369
— annuale J 4
— di prova P 330
— di ricerca F 611
— finale di un progetto F 175
relitto T 331
rem R 350
rena S 84
—, banco di ~ S 90
renard G 549
rendere deserto V 226

— impermeabile A 40
rendimento A 790, L 153, W 645
— barometrico W 646
—, curva durata/~ L 160
— di decomposizione A 19
— di degradazione A 19
— di depurazione R 239
— di gas G 45
— di metano M 271
— di separazione A 189
—, diagramma del ~ L 159
— effettivo W 628
— garantito F 178
— permanente *(idrol.)* D 61
— pratico I 124
—, prova di ~ L 164
— totale L 156
rendita A 790
— *(di suolo)* E 543
rendite di esercizio B 395
Reno R 292
reofilo R 293
reologia F 438
reotassi R 294
reotropismo R 295
reparto calce *(conceria)* W 436
reperti analitici A 522
reperto B 163
resa cellulare B 502
— d'una coltivazione P 111
residui compressi P 281
— dagli stacci S 977
— delle aziende avicole G 115
— derivanti dall'estrazione e
 dal trattamento dei minerali
 uraniferi A 43
— di birreria B 771
— di centrali nucleari K 223
— di conservifici del tonno
 T 171
— di distilleria B 797
— di flottazione F 468
— liquidi A 72
— radioattivi A 45
residuo R 273, R 517
— calcinato G 438
— di combustione V 84
— di distillazione D 105
— di evaporazione A 30
— fisso G 438
— *(chim.)* T 413
— industriale A 47
— secco *(chim.)* T 413
— secco totale G 253
resilienza, prova di ~ K 215
resina H 94
— anionica A 561
— artificiale K 680
— di scambio a pori grossi
 A 882
— epossilica E 483
— poliestere P 238
— scambiatrice di ioni A 881
— sintetica K 680
resistente all'acqua di mare
 M 151

resistente R 268, W 561
— *(biol.)* A 21
— agli acidi S 41
— agli agenti atmosferici
 W 651
— al calore H 204
— al gelo F 661
— alla rottura B 809
— alle radici W 681
— all'esposizione W 651
resistenza F 180, W 558
— a la salinità S 70
— agli acidi S 37
— ai agenti atmosferici W 652
— ai colpo S 360
— al distacco H 27
— al gelo F 650
— al logoramento V 257
— al taglio S 298
— alla compressione D 289
— alla corrosione K 504
— alla flessione B 465
— alla pressione D 289
— alla rottura B 810
— alla trazione Z 144
— all'arrivo dell'acqua per il
 filtro F 252
— all'aspirazione S 194
—, all'attrito R 209
— all'invecchiamento A 474
— allo schiacciamento B 811
— allo scolamento F 448
— allo scoppiamento B 812
— all'urto K 216, S 360
— dell'ambiente U 198
— di un conduttore *(elettr.)*
 L 197
— di un tubo R 453
— elettrica W 559
— idraulica W 560
— specifica di filtrazione F 301
resistività elettrica L 171
respiratore A 694
respiratorio R 271
respirazione A 698
— cellulare Z 32
—, coefficiente di ~ R 270
— del substrato S 1654
— del suolo B 600
— intracellulare V 51
respirometro R 272
— di Warburg W 80
responsabile di scarichi di
 acque inquinate V 266
— d'impianto B 388
responsabilità H 29
— connessa al principio "chi
 inquina paga" V 359
— dell'autore V 357
— dell'inquinatore per
 risarcimento danni ed
 interessi K 519
— globale per indennizzo H 30
— legale per possibili danni
 alla qualità delle acque
 G 105

restaurare A 788
restauro A 789
restringere V 146
restringimento E 121
— di flusso D 400
rete N 134
— a maglia N 135
— ad anello R 327
— d'alimentazione V 294
— dell'acquedotto L 190
— delle acque di rifiuto E 443
— di canali navigabili W 389
— di cavi K 3
— di condotte L 190
— di connessione V 88
— di controllo U 99
— di distribuzione V 341
— di distribuzione del gas G 68
— di drenaggio E 443, G 323
— di filo metallico M 83, M 84
— di fogna E 443
— di interconnessione V 88
— di monitoraggio M 237
— di risanamento E 443
— di tubazioni R 417
— di tubazioni, calcolo di una ~ R 420
— distributrice V 341
— d'osservazione di precipitazione N 180
—, guasto di ~ R 422
— metallica M 83, M 84
— per il plancton P 199
— per l'acqua di pioggia R 186
— pluviometrica N 180
— ramificata V 45
— stradale S 1540
reticella N 134
retraibile H 179
rettangolare R 88
rettifica dei meandri M 1
rettificare (il letto di un fiume) B 167
reversibile U 145
revisione U 43
reviviscenza microbica A 754
rH R 94
riaerare W 571
riaerazione W 573
riassegnazione di terre L 62
riattivare W 571
riattivazione W 572
— del fango S 472
ribadire N 223
ribadito G 186
ribaltare K 277
ribattere V 302
ricaduta di piombo B 562
— radioattiva N 178
ricalcare V 302
ricalco del piombo nei bicchieri V 304
ricambio A 877
ricarbonatare R 261
ricarbonizzazione R 260

ricarica di bagni galvanici A 746
— d'una falda, zona di ~ E 529
— naturale delle falde G 640
— totale delle falde E 103
riccio marino S 843
ricco d'acqua W 328
ricerca F 608
— applicata U 191
— atomica A 709
— chimica U 283
— d'acqua W 391
— del sottosuolo B 98
— del suolo B 665
— fisica dell'acqua W 410
— fondamentale G 557
— gas cromatografica U 284
— geofisica U 285
— idrologica U 286
— nel settore dell'ingegneria idraulica W 162
— nucleare A 709
— quantitativa dei germi K 203
— quantitativa del bacillus coli C 103
— relativa al suolo B 625
— sismica U 288
— sul cantiere U 282
— sul terreno U 282
ricercare E 515
ricercatore acustico delle perdite D 71
— di perdite idriche D 71
— di tubazioni L 194
ricettacolo B 168
ricevitore E 268
richiamo, fronte di ~ E 385
richiesta d'acqua di progetto W 174
— di ossigeno biochimico S 149
— di ossigeno biochimico a cinque giorni S 152
— di risarcimento danni ed interessi S 212
— d'indennizzo S 211
— d'offerta A 851
— minima M 310
riciclaggio R 92
riciclo del filtrato dei fanghi S 409
ricircolare R 514
ricircolazione R 509
—, acqua di ~ R 507
— delle acque W 275
— delle acque di fogna A 339
— delle acque di lavaggio W 121
—, processo di ~ R 511
—, rapporto di ~ R 505
—, sistema di ~ R 510
—, volume di ~ R 502
ricircolo del supernatante S 471

ricolta delle alghe A 441
ricoltivazione R 262
ricompensa E 534
ricreazione, zona di riposo e di ~ E 524
ricuperare W 574
ricuperatore di fibre F 80
— di polpa P 339, S 1445
ricuperazione W 575
— d'acqua W 335
— del sangue B 582
— dell'energia E 303
— di fenoli P 146
— di grasso F 200
ricupero W 575
— di calore W 47
— di grasso F 200
— di terreni degradati N 142
ridissoluzione R 508
— (dei fosfati) R 263
riducente R 98
ridurre R 99
— la durezza E 334
riduttore della durezza d'acqua W 209
— di durezza E 339
— di pressione D 316
—, racordo ~ R 101
riduzione R 96
— dei germi K 200
— dei solfati S 1665
— della durezza E 335
— della durezza con il processo di sodio S 1023
— della durezza con trifosfato di sodio P 152
— della durezza dell'acqua W 210
— della quantità di acque di scarico V 219
— di pressione D 317
— di tassa A 129
riempimento F 681, V 168
— con materiale di riporto S 658
—, conduttura di ~ Z 124
— del terreno G 155
— idraulico V 169
—, tremoggia di ~ E 74
—, valvola di ~ F 683
riempire A 605, F 675, V 167
rifacimento del rivestimento N 140
rifare il rivestimento N 139
riferrizzazione W 579
rifinitura Z 161
rifiuti [solidi] A 70
— alimentari S 1108
—, contenitore per i ~ A 52
— da centri di divertimento F 638
— di macelleria S 348
— di mattatoio S 348
—, gestione dei ~ A 56
—, impianto per lo smaltimento dei ~ A 54

— industriali A 47
—, legislazione sullo smaltimento dei ~ A 55
—, metodo di trattamento dei ~ A 51
—, pressa per ~ M 437
—, quantità di ~ A 61
—, raccolta dei ~ A 68
— radioattivi, discarica finale di ~ A 710
— solidi A 71
— solidi, smaltimento dei ~ A 53
— solidi stabilizzati K 432
—, sterilizzazione dei ~ A 58
—, tecnica di trattamento dei ~ A 50
—, trattamento dei ~ A 49
— urbani S 1240
—, utilizzazione dei ~ A 74
—, valorizzazione dei ~ A 74
—, volume dei ~ A 61
rifiuto, acido di ~ A 66
— di decapaggio, lisciva di ~ B 193
— particolare S 1055
— proteici, materiali di ~ E 218
— speciale S 1055
riflesso metallico delle culture di E. coli F 672
riflusso E 1, R 494
— della marea, velocità di ~ E 5
—, durata di ~ E 2
riforma agraria B 650
— fondiaria B 650
rifornimento E 534
rifrazione della luce L 217
— sismica B 787
rifugio per pesci F 352, Z 131
rigagnolo B 3
rigenerabile R 133
rigenerante R 136
rigenerare R 135, W 571
rigenerato R 129
rigenerazione R 130, W 572
— a controcorrente G 138
— degli oli usati A 477
— dei pozzi R 137
— del carbone attivo R 132
— sotto pressione R 131
rigidezza S 1352
rigolazione delle portate W 295
rigonfiamento A 608, Q 29
— del fango B 528
— del suolo B 647
—, velocità di ~ A 607
rigovernatura S 1205
rigurgitare U 54
rigurgito R 518, S 1311
—, curva di ~ S 1331
— dovuto ad un ostacolo B 828
— in una fognatura K 95
—, limite del ~ S 1327
rilevamento del terreno G 159

rilevato ferroviario E 183
rilevatore di cloro gassoso C 56
rilievo V 217
— aereo L 347
— del suolo B 629
— topografico K 136, V 218
rimando, valvola di ~ R 515
rimasugli A 182
rimbalzo R 512
rimboschimento W 569
rimedio G 132
rimescolamento R 523
— del fango S 456
rimescolare M 339, R 522
rimescolatore R 524
rimescolazione R 523
rimessa a zero N 282
rimettere a nuovo U 42
rimorchiatore S 491
rimozione B 324
— dei fluoruri E 327
— del letame mediante getti d'acqua S 752
— delle alghe A 440
— delle immondizie M 431
— delle materie fecali F 19
— di fosfato E 403
rinchiudere V 259
rinforzo (di calcestruzzo) B 449
— anulare R 321
— del bicchiere M 484
— senza precompressione B 450
rinfrescamento K 633
rinfrescante K 625
rinfrescare K 622
rinfrescatoio K 623
— Liebig L 225
ringhiera G 158
rinnovazione E 530
rinnovo del film biologico A 269
rinterro V 168
rinvio V 449
riossigenare S 143
riparare A 788
riparatura A 789
riparazione A 789
riparazioni, officina ~ R 264
ripartire V 326
ripartitore V 327
ripartizione V 333
— dei costi K 516
— delle spese K 516
— delle spese di costruzione B 103
— dell'intensità di pioggia V 334
— di pioggia R 174
—, trincee di ~ V 338
ripercussione R 512
ripiena idraulica S 1202
ripieno V 413
riportazione dei tubi di pozzo V 241
— dei tubi di protezione S 685

riporto A 606
— compattato E 510
—, cubatura di ~ S 654
— di ghiaia K 271
— di una diga D 23
—, ghiaia di ~ S 660
— idraulico E 130
—, materiali di ~ S 655
— ribaltato E 509
riposo (di un letto di contatto) L 143
— e di ricreazione, zona di ~ E 524
—, pausa di ~ R 532
ripplemarks R 336
ripristinare la sabbia su un filtro S 100
ripristinazione A 789
ripristino del rivestimento N 140
riproducibilità risultati R 265
riproduzione (biol.) Z 127
— rapida V 214
ripugnante W 566
ripulire R 228
ripulitura finale S 598
ripulsione elettrostatica A 270
ripuntatura U 261
risacca B 759
— delle onde W 505
—, periodicità della ~ B 761
risaia B 256
risalta del livello idrostatico di marosi B 762
risalto V 375
— idraulico W 360
risanamento S 121
— dei corpi idrici G 324
risarcimento E 414
risberma B 300
riscaldamento E 522, E 547, H 164
— a gas G 63
— a gasolio O 72
— centralizzato per una intera zona F 152
— d'acqua W 87
— del digestore F 104
— dell'acqua sotterranea G 619
—, dispositivo di ~ H 157
a riscaldamento interno I 56
riscaldamento, superficie di ~ H 155
—, tubo di ~ H 162
riscaldare H 154
riscaldato a vapore D 30
riscaldatore d'aria L 321
rischi relativi ai gas prodotti dalla digestione F 94
rischio ambientale U 181
— d'esplosione di gas detonante K 348
— di incidenti U 210
— funzionale F 696
— sanitario G 301
risciacquamento S 1200

—, acqua di ~ S 1204
—, dispositivo di ~ S 1186
risciacquare F 623, S 1187
risciacquatura S 1200
—, tino di ~ S 1183
risega B 300
riserva E 534, R 266, R 501
— d'acqua W 431
— d'acqua per la protezione dagli incendi F 217
— d'acqua sotterranea G 604
— d'alimentazione B 322
— di capacità L 165
— di dosatura B 322
riserve d'acqua, pianificazione delle ~ R 26
— disponibili in acqua W 190
— disponibili in acqua sotterranea G 609
risicoltura R 254
riso R 253
risonanza, lunghezza d'onda di ~ R 269
— magnetica nucleare, spettroscopia di ~ K 226
— nucleare di quadripolo, spettrometria di ~ Q 8
risorgenza, punto di ~ F 525
risorgiva A 869, W 570
risorsa H 198
risorse idriche W 339
— in acqua sotterranea G 674
— minerali del fondo marino U 295
risparmio E 128
— d'energia E 127
ristagno del terreno B 674
ristaurare A 788
ristaurazione A 789
risucchio L 356
risultante R 284
risultati analitici A 522
— di esercizio B 397
risultato B 163
— delle ricerche F 612
— di trivellazione B 698
— di una misura M 250
ritardatore di evaporazione V 140
ritardo V 379
— delle maree G 363
— dell'evaporazione V 141
ritegno S 1311
—, opera di ~ S 1312
—, valvola di ~ R 515
ritenere S 1326, Z 162
ritenuta R 497, S 1311
—, altezza di ~ S 1328
—, diga di ~ S 1324
—, estensione della ~ S 1345
—, lago di ~ S 1337
—, livello di ~ S 1328
— per oli, dispositivo di ~ H 161
—, serbatoio di ~ S 1316
— superficiale O 20

ritenzione R 497
— delle piene, capacità di ~ H 257
— di virus nel terreno V 406
—, fattore di ~ R 285
— in un lago S 857
ritirarsi (cemento) S 810
ritirata K 344
ritiro L 356, S 643
— (del cemento) S 811
—, coefficiente di ~ S 812
—, limite di ~ S 642
—, sforzo di ~ S 813
ritorno del fango S 435
— del fango, pompa di ~ S 437
— di gas G 71
riutilizzabile W 580
riutilizzare W 581
riutilizzazione W 582
riutilizzo R 92
riva U 106
— del fiume F 549
—, scarpata di ~ U 113
rivalutare W 567
rivalutazione A 727, W 568
rivelatore a cattura di elettroni E 248
— di fughe di gas G 56
— di spettrofotometria a emissione D 107
— micro-coulometrico M 291
rivestimento U 104
— amianto-bituminoso B 521
— bituminoso a caldo H 151
— completo V 417
— con mezzo protettivo A 736
— della scarpa B 684
— delle rive U 109
— di bitume B 524
— di cassaforma S 253
— di catrame S 1373
— di iuta J 30
— di pietre S 1374
— di protezione S 674
— di smalto S 532
— di tubazioni R 443
— di un tubo R 400
— esterno U 105, V 196
— esterno di cemento Z 67
— in calcestruzzo B 379
— in mattoni A 840
— interno A 822
— interno di cemento Z 61
— per tubi, processo di ~ R 380
— plastico K 691
— protettivo di catrame T 92
rivestito di materiale artificiale K 690
— di plastica K 690
— in calcestruzzo B 356
— in ceramica G 151
rivetta N 222
riviera (conceria) W 436
rivierasco U 110

rivo B 2
rivoletto R 335
rivoluzione K 578, U 136
rizomi R 296
rizopodi W 682
robinetto H 36
roccia F 139, G 92
— acclive S 1361
— di fondazione G 538
— eruttiva E 546
— intrusiva I 97
— madre M 503
— non consolidata L 258
— primitiva U 331
— sana F 137
— sedimentaria S 828
roccioso F 142
Rodano R 298
rompere B 784
rompighiaccio E 176
rondella R 320
— di piombo B 566
— in gomma con bordo indurito G 694
— in gomma con cornice di piombo G 693
— piatta U 273
rosa di un aspersore R 199
rose nenufero T 102
rosicante N 53
rostro a monte P 103
rotabile F 44
rotaia di rotolamento L 104
rotametro R 477
rotare D 238
rotativo D 232
rotazione U 136
— agraria F 666
rotella di guida F 674
rotiferi R 19
rotore R 485
— a gabbia K 6
rottami A 182, S 667
— di ferro A 470
— metallici A 475
rottura B 807
—, carico di ~ B 808
— della schiuma, sistema di ~ A 846
— delle onde B 759
— delle onde, zona di ~ B 763
— dello strato galleggiante S 787
— di diga D 15
— di tubo R 386
— di tubo, dispositivo di protezione contro la ~ R 387
— di una conduttura d'acqua W 332
— di una diga T 43
— di uno sbarramento di ghiaccio E 172
— per taglio S 294
—, prova di ~ B 816
rovesciamento K 210

rovescio d'acqua R 163
rovinoso B 90
rubinetto H 36
— a due vie Z 205
— a luce regolabile E 20
— a tre vie D 261
— a vite N 203
— conico di scarico K 471
— d'acqua W 252
— d'arresto A 251
— della vasca da bagno B 14
— di attingimento Z 23
— di chiusura A 251
— di presa A 528
— di scarico A 154, A 829
— di scolo A 154, A 829
— di spurgo A 154, A 195, A 829
— di svuotamento A 154
— d'uscita A 154, A 829
— interno d'arresto A 251
— per la presa di campioni P 291
— per lavabi W 116
— principale H 98
— regolatore E 20
— sferico K 659
ruggine R 466
—, protezione contro la ~ R 473
—, togliere la ~ E 404
rugiada T 60
—, punto di ~ T 79
rugosità R 56
— assoluta R 57
—, coefficiente di ~ R 59
— relativa R 58
rullare W 69
rullo R 460
— a dischi S 285
— a piede di pecora S 233
— compressore S 1547
— di guida F 674
— spianatore subacqueo U 316
— tenditore S 1081
— vibrante R 529
ruminante W 578
rumore, lotta contro il ~ L 28
ruota R 2
— a due canali Z 195
— a pale S 264
— a palette P 5
— a schiaffo P 5
— a vento W 605
— ad alette F 477
— Bolton B 743
— dentata Z 16
— direttrice L 179
— girante L 99
— girante a tre canali D 258
— idraulica W 319
— idraulica a cassette W 321
— idraulica colpita dal disotto W 322
— idraulica di fianco W 320

— idraulica, paletta di una ~ S 260
— idraulica per di sopra W 321
— motrice T 333
— Pelton P 60
— Simplex B 743
ruotare U 147
rupe F 139
rurale L 15
ruscellamento A 82
—, caratteristiche di ~ A 118
—, erosione per ~ R 547
— lungo le strade S 1522
— stimato S 1046
— torrenziale S 331
ruscelletto B 3
ruscello B 2
ruspa S 612
ruttura di ghiacciaio G 422
ruvidezza R 56
— della parete W 78
ruvido R 55

S

sabbia S 84
— argillosa S 87, S 88
—, banco di ~ S 90
—, barra di ~ S 91
—, camera a ~ S 93
— da filtro F 282
— da fonderia F 605
— da formare F 605
— di dune D 354
— di fiume F 537
— di grana fina S 85
— di grana grossa S 86
— di scoria S 353
—, filtrazione a ~ S 102
—, filtro a ~ S 98
— fina S 85
— fine S 1323
— fluente S 799
— grossa S 86
— grossolana S 86
—, lavaggio della ~ S 117
—, letto di ~ S 110
— mobile F 493, S 799
—, nucleo di ~ S 105
— per formatura F 605
—, preparazione della ~ S 89
— quarzosa Q 16
—, raccoglitore della ~ S 107
— rifluente S 489
—, sacco di ~ S 108
—, sbarramento con sacchi di ~ S 109
— sbiancata B 550
— soprafina F 133
—, strato di ~ S 110
—, tamburo per lavaggio di ~ S 120
— vagante F 493
— verde G 544
sabbiatrice S 116
sabbione S 86

sabbioso S 104
sacca d'aria L 330
— di gas incondensabili L 320
— per acqua W 336
saccaromiceto H 145
sacco di sabbia S 108
— in plastica K 695
— per immondizie M 438
saggi algali A 446
saggio P 286, P 302
— biologico B 509
— di accettabilità A 178
— di degradazione A 143
— di tossicità con dafnie D 46
— idrotimetrico S 877
sagoma di foratura B 724
SAL A 461
sal comune K 361
— gemma K 361
sala del macchinario M 92
— delle macchine M 92
— di motori M 420
— di pompe P 381
— di ricreazione K 105
— quadri S 248
salamoia S 63, S 1044
— derivante dai campi petroliferi O 71
— ricircolata R 504
salari L 260
salato S 61
saldabile S 728
saldare L 284, S 730
— a dolce W 472
— all'autogeno A 906
— fortemente H 91
saldato a ricoprimento U 48
— a sovrapposizione U 48
— per contatto S 1628
— testa a testa S 1628
saldatoio L 285
saldatore a fiamma ossidrica S 577
saldatrice S 732
saldatura N 58, S 731
— a martello H 60
— a ricoprimento U 49
— a sovrapposizione U 49
— ad arco L 218
—, attrezzo per la ~ S 732
— autogena S 740
— elettrica S 741
— forte H 93
—, linea di ~ S 734
—, punto di ~ S 738
— trasversale Q 48
sale S 54
—, affioramento di ~ S 56
— comune K 361
—, contenuto di ~ S 60
— da spargere S 1561
— di ferro E 204
— di rame K 702
— Glauber G 399
— metallico M 264
— minerale M 326

— nutritivo N 40
— potassico K 21
—, tenore di ~ S 60
sali alcalino-terrosi E 484
salina S 48
—, concentrazione ~ S 60
salinità, bilancio di ~ S 57
—, grado di ~ V 247
—, indice di ~ S 62
—, organismo indicatore di variazioni di ~ V 248
—, resistenza a la ~ S 70
salinizzazione V 246
— del suolo B 675
salino S 61
—, carico ~ S 59
—, contenuto ~ S 60
salinometro S 49
salita A 552, S 1359
— delle onde W 506
salmastro B 756
salmerino di fiume B 5
salmone L 8
salmonidi S 50
—, regione dei ~ S 51
salnitro K 20
salso S 61
saltazione, strato di ~ S 1166
salto F 48, G 107
— di ski S 1016
— termico T 162
— (limnol.) S 1180
— utile N 289
salubrità G 297, R 226
salute G 297
—, pericolo per la ~ G 301
salvaguardia S 671
— del paesaggio costiero E 520
sanatorio H 150
sangue di pesce F 319
—, ricuperazione del ~ B 582
sanguinerola E 259
sanguisuga E 16
sanità G 297
sapone S 874
— da bagno G 290
saponeria S 875
saponificabile V 276
saponificazione V 277
sapore G 267
— ammuffito G 268
— che rimane in bocca N 9
— di cloro C 60, P 142
— di fenolo P 142
— di iodoformio P 142
— di medicinali P 142
—, eliminazione di ~ G 271
— ferruginoso E 193
— medicinale P 142
— strano B 188
saprobico S 125
saprofago S 127
saprofilo S 129
saprofite S 130
saprofitico S 131
saprogeno S 126

sapropel F 106
sapropelite F 106
saprozoi S 132
saracinesca A 253, S 309
— a bicchiere M 472
— a chiusura rapida S 590
— a corpo cilindrico A 257
— a corpo ovale A 256
— a corpo piatto A 255
— a cuneo K 186
— a flangia F 398
— a flangia doppia D 192
— a manicotto doppio D 204
— a pistone K 417
— a stantuffo K 417
— ad alta pressione H 220
— anulare a pistone R 324
— ausiliaria N 266
— bilanciata S 312
—, comando della ~ S 316
— con carcassa cilindrica A 257
— con carcassa ovale A 256
— con carcassa piatta A 255
— destrorsa S 315
— di presa E 389
— di soccorso N 266
— di spurgo A 195
—, disco di ~ S 322
— non bilanciata S 314
— per acqua W 344
— per il fango S 443
— piatta F 366
sasso S 1365
saturare S 9
saturatore S 10
— di calce K 46
saturazione S 11
—, acqua di ~ S 18
—, capacità di ~ W 264
—, deficit di ~ S 13
— del suolo B 651
— dell'ossigeno S 169
—, grado di ~ S 15
—, indice di ~ S 16
—, pressione di ~ S 12
—, punto di ~ S 17
—, valore di ~ S 19
saturnismo B 569
saturo G 239
saziare S 9
saziatore S 10
sballare A 847
sbalzo di temperatura T 126
sbancamenti E 485
sbarra B 75, K 349
— a croce K 587
— a forma di croce K 587
sbarramento W 462
— a contrafforti P 104
— a segmento S 871
— a settore S 897
— con sacchi di sabbia S 109
— di diversione U 160
— di ghiaccio, rottura di uno ~ E 172

— di ritenuta S 1344
— di un corso d'acqua F 542
— fatto con tronchi d'albero S 1279
—, impianto di ~ S 1312
— in legno S 1322
— mobile in tronchi d'albero D 13
— provvisorio B 187
— sinuoso W 467
—, sorgente di ~ S 1333
— sotterraneo S 1121, S 1325
sbarrare (una condotta) A 250
sbiancamento ottico A 752
a sbieco S 605
sboccare E 517
— (acqua corrente) E 109
sbocco A 107, A 826, M 446
— di spruzzatore S 1158
— di un canale K 75
— di una sorgente Q 31
—, opera di ~ A 828
sbozzimatura E 419
scabrezza R 56
—, coefficiente di ~ R 59
scabro R 55
scabrosità R 56
scabroso R 55
scala M 106
— da pesci F 337
— dei pesci a vaschette e cascate F 342
— di chiuse S 507
— di colori F 71
— idrometrica L 93
— industriale M 109
— logaritmica M 108
— luminosa L 211
scaldabagno B 9
scaldare H 154
scalpello a percussione D 373
— a presellare S 1388
— a ribattere S 1388
— a rulli R 463
— per forare B 717
scalzamento del fondo A 823
scambiatore A 879
— basico A 880
— cationico W 376
— cationico in forma H K 168
— di anioni A 560
— di basi B 85
— di calore W 24
— di calore a controcorrente G 139
— di calore a tubi verticali V 346
— di cationi W 376
— di ioni I 104
— di resine sintetiche K 681
— neutro N 145
scambio A 877
— d'aria L 312
— delle basi con altre B 84
— di acidi S 35
— di anioni A 559

— di basi B 84
— di cationi K 167
— di composti S 1446
— di ioni I 101
— ionico a letto fluidizzato, processo a ~ F 421
— ionico, cromatografia a ~ I 103
— ionico, letto a ~ I 106
— selettivo di ioni I 102
— -acidi S 35
— -basi B 84
scamosceria S 8
scamosciatura S 6, S 8
scampanatura a bicchiere M 479
scanalatura N 284
— ad anello R 328
— di drenaggio S 963
— di piombo B 565
scandaglio L 297
— a eco E 12
scappamento, gas di ~ A 133
scardola R 482
scardone B 764
scardova B 764
scarica elettrica silenziosa E 356
scaricafulmine B 576
scaricamento A 141
scaricare A 145, E 355, E 357
— (a mare) da battelli V 194
— dentro *(acqua di rifiuto)* E 102
— il fango S 368
scaricarsi E 517
— *(acqua corrente)* E 109
scaricatore di condensa K 449
— di piena H 265
— di piena con stramazzo in forma di cassa H 266
— di piena in galleria inclinata H 267
— di pioggia R 120
— di pioggia, efflusso dello ~ R 172
— di superficie U 55
— laterale di pioggia R 171
scarichi A 70
— a livelli multipli E 555
—, catasto degli ~ A 59
—, classificazione degli ~ A 69
— dell'industria del legno, trattamento degli ~ H 308
— di allevamenti di pollame H 353
— di zone residenziali S 986
—, disinfezione degli ~ A 57
— domestici A 296
— industriali A 295
—, legislazione relativa agli ~ A 165
—, norme imposte agli ~ E 266
— ospedalieri K 544

— radioattivi, luogo di smaltimento di ~ L 35
—, registro degli ~ E 265
—, sistema di raccolta degli ~ A 67
—, solidificazione degli ~ A 73
—, tassazione degli ~ A 305
— urbani A 302
scarico A 826, E 358
— a mare da battelli V 195
— ad alta pressione H 211
—, bacino di ~ E 361
—, bocca di ~ A 107
—, canale di ~ E 362, E 368, U 23
—, canaletta di ~ A 110
—, capacità di ~ A 98, A 123
—, conduttura di ~ E 369
— controllato D 94
— dei fanghi E 416
— dei fanghi per pressione idrostatica E 417
— del fango nel mare V 279
— delle acque di fogna A 308
— di fogna K 84
— di fondo G 545
— di fontana stradale A 827
— di liquame A 321
— di liquami d'allevamento J 18
— di materiali di riempimento E 48
— di mezzofondo A 85
— di rifiuti in mare M 443
— di svaso E 448
— domestico dell'acqua di rifiuto H 116
—, fossa di ~ A 165, U 256
—, gas di ~ A 133
—, gronda di ~ S 549
— in mare A 824
— in mare di acque inquinate A 163
— incontrollato A 148
— intermedio A 85
— naturale della falda freatica G 601
—, opera di ~ A 828, E 359
—, portata di ~ A 328
—, pozzo di ~ E 440
—, rubinetto di ~ A 829
—, sezione trasversale di ~ D 396
—, siero di ~ A 62
—, tubo di ~ A 111, D 323
—, tubulatura di ~ A 114
—, valvola di ~ E 363, E 371
—, velocità di ~ A 89
—, zona interessata da uno ~ A 356
scarpa B 681
— a monte B 683
— a valle B 682
— a vite S 629
— dello scalpello B 727

— esterna A 856
—, franamento di ~ B 685
scarpata B 681
— di riva U 113
scarpatura B 681
scarsezza d'acqua W 266
scarsità d'acqua potabile T 378
scarso d'acqua W 156
scartamento dei tubi da dreno D 219
scarto tipo S 1286
— tra i livelli nominali S 1047
scatola a stoppa S 1470
— premistoppa con chiusura idraulica S 1471
scaturire E 432
scavamento A 821
scavare A 819
— con la draga A 783
scavatore B 20
— a benna trascinata S 648
— a cucchiaio L 259
— a fondo basculante S 529
scavo A 821
— della trincea A 820
— delle miniere B 290
— di fogna R 403
— di fondazione B 94
— di trincea G 449
— di un pozzo S 198
— in roccia F 138
— per la posa di una condotta R 402
— per le fognature, puntellamento delle pareti di uno ~ A 263
—, profondità dello ~ T 215
scazzone G 513
scelta di un sito S 1293
scheletro silicico K 267
schema E 456
— dei circuiti S 244
— della circolazione di un fluido F 425
— delle connessioni S 244
— di carico L 88
— di comportamento V 188
— di perforazione B 725
schermare *(radiol.)* A 193
schermato A 135
schermatura A 194
schermo P 268
schiacciamento, prova di ~ B 815
—, resistenza allo ~ B 811
schisto S 326
schistoso S 330
schistosomiasi S 346
schiuma S 266
— bianca sopra le onde S 275
— di sapone S 878
— galleggiante S 801
—, legamento di ~ S 271
—, lotta contro la ~ S 269

—, procedimento di
    separazione mediante ~
    S 272
—, raccoglitore della ~ S 804
—, scolmatore di ~ S 785
—, scolmazione di ~ S 267
—, stabilizzatore della ~ S 278
schiumaggio S 232
—, vasca di ~ S 268
schiumare S 231
schiumoso S 273
schizoficee S 1069
schizomiceti B 26
schizzo E 462, S 1019, S 1170
scia K 255
sciacquare S 1187
sciacquone d'acqua K 146
scialacquamento V 175
— d'acqua W 415
scialacquare V 174
scienza del suolo B 632
scioglibile L 264
sciogliere L 263
scioglimento L 271
— della neve S 573
—, vasca di ~ L 275
scissione S 1072
— acida S 46
— nucleare A 713
scisto cristallino S 327
sciupio V 175
scivolamento E 508
scivolare G 414
scivolo S 656
scivolone S 656
scogliera R 315, S 1378
— a valle S 1381
— algale K 30
— costipata S 1380
— di pietrame alla rinfusa
    B 821
— gettata S 1378
— vibrata S 1379
scoglio R 315
— di coralli K 480
— di ostriche A 887
scoglioso F 142
scolamento A 82, F 429
— artesiano F 432
— bifase S 1569
— dal disotto A 87
— di percolazione S 965
— di pioggia R 118
— d'infiltrazione S 965
— gravitare, irrigazione per ~
    S 766
— minimo M 309
— non permanente S 1579
— permanente S 1576
— radiale S 1573
— rapido S 1575
— restituito W 334
— sotterraneo G 585, G 586
— superficiale O 4
— vergineo S 1578
— zero N 277

scolare A 81
scolatoio A 818, A 826
scolina W 477
scolmare la schiuma S 784
scolmatore delle sostanze
    grigliate R 82
— di schiuma S 785
scolmazione di schiuma S 267
scolo A 82, F 429
—, apertura di ~ A 107
—, cunetta di ~ A 157
— in superficie O 4
— libero A 801
—, misura di ~ A 104
—, paratoia di ~ E 448
—, quantità di ~ A 99
—, rubinetto di ~ A 829
—, tubo di ~ A 111
—, tubulatura di ~ A 114
—, valvola di ~ E 371
—, velocità di ~ A 89, F 433
scoloramento E 322
scolorare E 321
scolorimento E 322
scomparti di sommersione
    E 134
scomporre A 16
scomposizione A 7, L 271
scongelamento E 318
scoperto O 89
scopi domestici Z 190
scoppiare B 303, E 571
scoppio E 572, S 1162
scoria S 350
—, cemento di ~ S 355
— d'alto forno H 229
— di carbone K 235
— di lava L 111
— granulata S 352
—, granuli di ~ S 352
—, sabbia di ~ S 353
scorie di forgia H 59
— di laminatoio, fossa di
    decantazione per ~ A 227
scorrere A 81, F 428
— per gravità G 111
scorrimento, curva di ~ D 392
— delle acque sotterranee
    G 613
—, guida di ~ R 550
—, irrigazione per ~ V 238
— lungo i tronchi degli alberi
    S 1278
scorta di materiali M 111
scorticatoio A 32
scorticatori, casa degli ~ A 32
scorza da concia G 203
scossa S 1474
— del suolo E 539
— delle onde W 345
scotta M 389
scovolo (pulizia delle fogne)
    S 1302
screpolatura S 1091
scroscio R 163
scrubber W 57

— a graticci H 332
— a graticcio di legname
    H 312
— di gas d'alto forno G 365
scudo di avanzamento B 873
scuotere R 526, S 651
sdrucciolare G 414
secca S 90
seccare T 427
seccato all'aria L 341
secche S 872
secchezza T 402
—, periodo di ~ D 368
secchia E 35
— di latrina L 92
secchio E 35
— a bilancia H 342
secco T 388, T 402
secondo la corrente F 512
sedania d'acqua M 201
sede di valvola V 33
sedile di gabinetto a
    ventilazione K 346
sedimentabile A 214
sedimentabilità A 215
sedimentarsi A 221
sedimentation, caratteristiche
    di ~ A 220
sedimentazione A 222
—, bicchiere di ~ A 224
—, camera di ~ A 229
—, compartimento di ~ A 229
—, curva di ~ A 228
—, efficienza di ~ A 231
— finale N 12
—, fossa di ~ A 226
—, impianto di ~ A 213
— intermediaria Z 211
— intermittente S 827
—, pozzo di ~ K 288
—, processo di ~ A 230
— secondaria, vasca di ~ N 10
— semplice K 301
— statica S 826
—, tempo di ~ A 232
—, vasca di ~ A 216
—, velocità di ~ A 223
sedimenti, campionatore di ~
    B 655
— pelagici T 234
sedimento B 652, S 824
— di fango S 373
— di melma S 511
— eolico W 591
sedimentologia S 829
seggetta N 20
segnalatore a lancette Z 25
segnale acustico S 992
— del disturbo S 1440
— di comando S 243
— marittimo S 865
— passa-non passa J 1
— si-no J 1
segnare A 779
segno di livello d'acqua W 372
— di piena H 254

segregare *(l'acqua di rifiuto)*
  A 282
segregazione A 122
selce K 260
selciato P 123
— di protezione S 1374
selciatura P 125
selenio S 910
selettivo per gli anioni A 562
— per gli ioni I 109
— per i cationi K 169
selezinamento manuale S 1067
selezione A 839
selva W 62
— conifera N 31
selvaggina W 584
selvicoltura W 63
selvoso B 435
semi-automatico H 39
— -industriale H 46
semiarido S 911
semicontinuo H 43
semicupio S 1014
semidiametro H 44
— di un tubo R 405
semipasserella rotante H 40
semiperiodo H 47
semipermeabile H 41
semiumido S 912
semovente E 24
seno di mare M 127
sensato Z 156
sensibile alla luce L 220
sensibilità di un misuratore
  alle basse portate A 568
sentiero W 461
— di sorveglianza S 280
sentina, acqua di ~ B 476
senza chiusura idraulica W 418
— disturbi S 1439
— fognatura N 163
— gusto G 269
— luce A 646
— odore G 228
— sapore G 269
separare A 190, T 337
separatore A 191
— a lamiere parallele P 20
— a piatti paralleli ondulati
  W 523
— d'acqua W 149
— d'aria L 309
— delle sabbie a ciclone Z 221
— di benzina B 267
— di catrame T 87
— di liquido F 484
— di olio O 70
— gravitare S 764
— magnetico M 24
separazione A 192
— a schiuma A 845
— centrifuga W 620
— del supernatante S 470
— delle correnti S 1598
— dell'olio E 398
— di fasi, metodo di ~ P 136

— gravitare S 765
sequenza cronologica J 6
— di funzionamento di un
  filtro F 241
— d'irrigazione U 150
serbatoi, parco di ~ T 51
—, statistica dei ~ T 45
serbatoio B 168, T 39
— a due piani B 172
— annuale J 13
— circulare in cemento
  precompresso S 1077
— collettore a fango S 439
— compensatore A 816
— compensatore giornaliero
  T 13
— coperto B 171
— d'acciaio S 1258
— d'accumulo estivo S 1052
— d'acqua S 1316, W 170
— d'acque sotterranee G 657
— d'aria W 598
— dell'acqua filtrata R 251
— delle acque di zavorra B 55
— di accumulo V 459
— di caricamento B 317
— di compenso A 816
— di dissoluzione L 275
— di distribuzione V 336, Z 215
— di distribuzione d'acqua
  potabile T 380
— di equilibrio G 125
— di estremità G 125
— di evaporazione V 136
— di mescolazione M 334
— di polmonazione P 343
— di raccolta delle perdite
  L 125
— di ritenuta S 1316
— di servizio V 295, Z 215
— d'immagazzinamento
  notturno N 19
— elevato H 207
— giornaliero T 19
— in muratura B 170
— interrato E 499
— orario S 1632
— per acqua calda W 91
— per acqua pura R 251
— regolatore A 816
— sopraelevato H 207
— sotterraneo G 646
serie di macchine M 95
— di misure A 170
— di prove V 323
— di prove biologice T 146
— di stacci S 980
serpeggiare S 358
serpentina R 434
— di riscaldamento R 435
serpentino S 922
— refrigerante K 627
— riscaldatore H 163
serra S 313
serraggio, vite di ~ S 1082
serragliere S 518

servitù G 206
— sui fondi G 551
— sui terreni G 551
servizio B 154
— al cliente *(dopo vendita)*
  K 675
— comunale D 148
— d'emergenza N 265
— di approntamento B 287
— di avvertimento di piena
  H 270
— di distribuzione d'acqua
  potabile W 434
— di prova materiali M 113
— di sorveglianza U 98
— finanziario K 120
— idrologico A 509
— meteorologico W 545
— pubblico V 290
— pubblico di epurazione
  S 1243
— sanitario G 298
sessile S 923
seston S 924
seta all'acetato A 369
— artificiale K 682
— cuproammoniacale K 698
setaccio S 969
— di Russel R 549
— molecolare M 388
setto impermeabile D 133
settore S 896
sezione P 308, S 1552
— *(di una costruzione)* A 199
— a ferro di cavallo Q 53
— circolare Q 54
— di misura del flusso D 394
— di una falda acquifera
  G 589, G 644
— filtrante di un filtro F 250
— idraulica P 310
— longitudinale L 20
— longitudinale di una falda
  acquifera G 633
— ovale Q 51
— [trasversale] ovale Q 51
— oviforme Q 51
— rettangolare Q 56
— trapezoidale T 323
— trasversale Q 49
— trasversale, area di una ~
  Q 57
— trasversale della fognatura
  K 90
— trasversale di deflusso
  D 390
— trasversale di passaggio per
  la marea ascendente D 398
— trasversale di passaggio per
  la marea discendente D 397
— trasversale di scarico D 396
— trasversale di un tubo R 427
— trasversale di una condotta
  L 191
— trasversale parabolica Q 55

— trasversale semi-circolare Q 52
— trasversale triangolare Q 50
sfera K 654
— di distribuzione a quattro vie K 661
sferico K 657
sfiatatoio D 376, L 305
sfiorare U 54
sfioratore H 265, U 16
— a calice S 207
— a cascate K 144
— a pozzo S 207
— a salto di sci S 1017
— a sifone H 139
— anulare R 330
— del liquame misto M 361
— di piena R 120
— di superficie R 120
— di un canale K 100
— di una diga D 11
—, imbuto dello ~ U 60
—, opera di ~ E 359
— rettangolare R 90
— separato E 360
sfioro, sorgente di ~ A 830
sfitatoio E 374
sfociare E 517
sfognatoio A 95
sformare A 847
sforzo combinato Z 171
— di compressione D 328
— di contrazione S 813
— di flessione B 471
— di ritiro S 813
— di taglio dovuto alla turbolenza S 646
— dinamico K 531
— esterno B 210
— principale H 104
sfregamento S 640
sfregare S 639
sfruttamento A 791
— agricolo della terra B 640
— minerario del fondo marino M 133
sgelare T 78
sgelo E 209
a sghembo S 605
sghiacciare T 78
sgombero di neve S 561
sgorgare E 432
sgorgo naturale delle acque Q 35
sgrassare E 323
sgrassatura E 324
—, bagno di ~ E 325
sgrigliatore R 86
sgrossamento, vasca di ~ G 506
sgrossare V 462
sgrossatura V 463
sgusciare S 525
si-no, segnale ~ J 1
siccativo T 409
siccità T 402

—, danno provocato dalla ~ D 369
sicurezza S 929
— ambientale U 193
—, by-pass di ~ S 937
— contro la rottura B 817
—, controllo di ~ S 933
— del lavoro B 406
— di esercizio B 406
— di troppo pieno per recipienti continenti olio U 32
— funzionale F 697
—, margine di ~ S 934
—, misura di ~ S 932
— sul lavoro A 656
siero M 389
— di latte M 389
— di scarico A 62
sifonamento, effetto di ~ S 183
sifone D 347, S 181
— a fango S 415
— a tramezzo W 150
— a tubi R 393
— auto-aspirante H 137
—, condotta-~ H 140
— dosatore S 182
—, fondo di un ~ D 351
— inverso D 347
— inverso, installazione di un ~ U 250
—, passaggio a ~ D 348
— rovesciato D 347
— (montaggio) S 698
— rovesciato, curva di ~ D 350
sigillatura dei pori P 253
silaggio S 1004
silicagel S 1001
silicato S 1002
— d'alluminio A 483
— di sodio N 85
— di sodio attivato con trattamento acido N 86
silice K 265
— attiva K 266
silicificazione V 193
silicio S 1000
silo B 889
— per cemento Z 66
— per foraggi F 714
silolo, equivalente di ~ X 1
siluriano S 1005
simbiosi (biol.) S 1685
simbolo S 1012
simmetria S 1686
simmetrico S 1687
simulatore pluviometrico R 164
simulazione S 1006
sinclinale M 486
sindrome di Minamata M 308
sinergia S 1691
sinergistico S 1690
singolo effetto W 636

... di sinistra L 244
sinistro U 208
— di esercizio B 409
sintesi S 1692
— enzimatica E 474
sintetico S 1694
sinuosità di una vallata T 31
sismico S 884
sismografo S 886
sismogramma S 885
sismologia S 887
sismometro S 888
sistema S 1695
— a spina di pesce dei tubi da dreno F 335
— ad acqua calda W 85
— ad anello K 585
— catadyn K 149
— d'aerazione B 250
— d'allarme W 94
— d'approvvigionamento idrico interconnesso V 90
— di circolazione R 510
— di controllo di livello differenziale W 355
— di distribuzione su un piano S 1433
— di drenaggio del fondo S 1034
— di evaporazione ad espansione E 427
— di fosse settiche G 528
— di indicazione a distanza F 148
— di irrigazione a spruzzo D 374
— di mescolazione M 354
— di misura M 110
— di pozzi B 849
— di preallarme F 670
— di protezione contro la ruggine R 438
— di raccolta degli scarichi A 67
— di raffreddamento a circuito chiuso K 629
— di recupero d'oli O 82
— di regolazione R 110
— di ricircolazione R 510
— di riscaldamento a ricircolazione K 584
— di rottura della schiuma A 846
— di scolo a graticola R 89
— di soglia S 747
— di telecomando F 169
— di telerilevazione F 157
— d'innaffiatura e di distruzione della schiuma S 1174
— ecologico O 56, S 1697
— interrata S 1696
— misto M 354
— provvisorio di drenaggio B 185
— saprobico S 124

sistemazione catastale F 504
— di un corso d'acqua A 785
— di un fiume F 535
— di un torrente montano W 586
— nazionale L 50
sistemi di fognatura, uso congiunto dei ~ M 363
sito O 118
— locale O 119
situazione L 31
— meteorologica W 548
slittamento G 415, R 552
smaltare E 263
smaltimento B 324
— (d'acqua di rifiuto) E 104
— con spandimento sul terreno L 47
— dei rifiuti solidi A 53
— del fango S 388
— in alto mare T 236
— nel sottosuolo delle acque di scarico A 350
smaltino K 281
smalto G 395, M 382
sminuzzamento delle sostanze grigliate R 85
smog S 1020
smontaggio A 175
smontare A 174
smorzamento delle oscillazioni S 816
smottamento E 508
sobborgo V 470
—-giardino G 40
soda S 1021
— calcinata S 1022
— caustica A 410
— caustica, soluzione di ~ N 91
— Leblanc S 1666
— Solvay A 500
soddisfacimento delle necessità d'acqua D 69
sodio N 76
—, alluminato di ~ N 77
—, bicarbonato di ~ N 78
—, bisolfito di ~ N 79
— esametafosfato N 81
—, ossido di ~ N 83
—, silicato di ~ N 85
—, solfato di ~ N 87
—, solfito di ~ N 88
—, tiosolfato di ~ N 89
soffiamento d'aria E 45
soffiatura L 356
soffieria G 98
— a stantuffo rotativo D 239
— d'aria di lavaggio S 1193
soggetto di denuncia A 642
— di tariffa A 131
— di tassa A 131
soglia S 743
— a valle E 290
— della traversa W 469
— dello stramazzo U 26

— dentata Z 18
— di diga trascinabile S 1641
— di fastidio B 205
— di gusto G 272
— di odore G 235
— di percettibilità del sapore G 273
— di percettibilità dell'odore G 236
— di riposta (ad una sostanza irritante) R 258
— di tossicità (biol.) S 224
— di velenosità (biol.) S 224
— d'ingresso E 99
—, lunghezza di ~ S 746
— sfiorante U 26
— tossica S 744
soglio di resistenza al calore (bot.) T 251
solchi, coltivazione a ~ R 493
—, drenaggio per ~ F 699
—, irrigazione a ~ F 700
—, letto a ~ F 698
solco R 546
solfati, riduzione dei ~ S 1665
solfato S 1663
— di allumina A 484
— di alluminio A 484
— di alluminio di calcio C 5
— di ammoniaca A 493
— di ammonio A 493
— di bario B 71
— di calcio C 12
— di ferro E 207
— di magnesio M 23
— di rame K 704
— di sodio N 87
— ferroso E 207
—, pasta al ~ N 92
solfidrato di calcio G 64
solfito S 1668
— di sodio N 88
solfo S 717
—-batteri purpurei P 396
solfobatteri S 718
solfonato S 1672
— alchilico lineare A 461
solfuro S 1667
— alcalino A 456
— di calce (concia) S 721
— di carbonio S 723
— ferrico S 719
solidi S 1450
—, densità dei ~ F 188
—, densità relativa dei ~ F 189
— flottanti, carico di ~ S 808
— grossolani G 511
— sedimentabili di piccole dimensioni S 1010
— sospesi volatili nella miscela aerata S 423
—, tenore in ~ F 191
solidificazione V 157
— degli scarichi A 73
—, punto di ~ E 540

sollecitazione B 126, S 1083
— alla flessione B 471
— alla trazione Z 149
— continua D 57
— da urto S 1477
— di ritiro S 813
— di taglio S 293
— di trascinamento S 493
— di trazione Z 149
— tangenziale T 49
sollecitazioni, calcolo delle ~ F 181
sollevamento H 345
— (per pompe) F 591
—, altezza di ~ F 582
—, altezza geodetica di ~ F 583
—, altezza manometrica di ~ F 584
—, altezza manometrica totale di ~ G 246
— causato dal gelo F 653
— della valvola V 28
— dell'acqua W 258
— dell'acqua, centrale di ~ P 391
— di fanghi S 411
— mediante aria compressa D 312
—, pompa di ~ F 586
—, posto di ~ F 590
—, pressione di ~ F 580
—, velocità di ~ F 581
sollevare H 135
— (per pompe) H 136
solubile L 264
— nell'acqua W 290
solubilità L 266
—, coefficiente di ~ L 267
— dell'ossigeno S 163
— in acqua W 291
—, prodotto di ~ L 268
solubilizzazione del rame, capacità di ~ K 699
soluzione L 271
— acquosa L 274
— alcalina fenolata P 140
—, bacino di ~ L 275
— di cloruro di sodio K 362
— di riserva V 461
— di sapone S 876
— di soda caustica N 91
— molare L 273
— normale (chim.) N 255
— nutritiva N 38
— per saldare L 289
— salina S 64
— satura L 272
— tampone (chim.) P 344
—, tensione della ~ L 276
— titolata (chim.) N 255
solvente L 277
— chimico L 278
— del grasso F 199
— di rifiuto A 64
— di scarico L 281

— digrassante F 199
— esausto A 64
— il piombo B 560
— ininfiammabile L 279
—, recuperazione di ~ L 280
— usato A 64, L 281
sommergere U 86, U 293
sommersione U 87
—, irrigazione per ~ B 623, E 132
—, periodo di ~ E 135
—, scomparti di ~ E 134
sommissione A 851
sommità G 380, S 290
— di tubo R 432
sonda E 490, M 217, S 1054
— a diamanti D 120
— a percussione S 1480
— a raggi gamma G 32
— a torpedine P 54
— ad ossigeno S 164
— per ossigeno disciolto S 166
sondaggio acustico E 13
— di prova V 318
—, pertica di ~ P 56
— profondo T 210
— sterile F 117
sondare L 296
sopportare T 303
sopporto a colonna S 24
— a colonna con indicatore S 25
— a colonna senza indicatore S 26
— a pendolo P 64
soppressione della produzione delle enzime H 176
sopra il pelo libero U 4
— terra O 34
sopraccarico U 52
—, capacità di ~ S 935
sopraclorare H 209
sopraclorazione H 210
sopradosa U 11
sopradosare U 9
sopradose U 11
sopraelevare *(per pompe)* H 136
soprafertilizzazione U 15
soprapassaggio per pedoni F 707
soprapressione U 12
soprapprezzo M 160
soprasaturazione U 69
— di ossigeno S 171
soprassaturare U 68
sopravvivenza U 64
sopravvivere U 63
sorbibile S 1064
sorbimento S 1065
sorgente Q 23
—, acqua di ~ Q 41
— artesiana Q 24
—, camera della ~ Q 40
—, captazione di ~ Q 34
— carsica K 131

— da cono di deiezione H 85
— d'acqua acidula S 137
— d'acqua salina S 1049
— d'acqua solfatica B 519
— d'errore F 119
—, deviazione di una ~ Q 30
— di calore W 45
— di carbonio *(biol.)* K 392
— di contatto S 304
— di depressione S 921
— di emergenza U 57
— di falda S 304
— di fenditura S 1071
— di fessura S 1071
— di infiltrazione G 600
— di sbarramento S 1333
— di scarpata K 342
— di sfioro A 830
— di terrazze T 139
— di trabocco U 57
— di valle T 35
— ferruginosa E 202
— intermittente Q 26
— minerale M 324
— montana H 233
— morenica S 670
— perenne Q 25
—, portata della ~ Q 37
—, pozzo della ~ Q 36
— radioattiva Q 27
— salina S 1049
—, sbocco di una ~ Q 31
— sottomarina Q 28
— subacqua G 566
— termale T 157
—, terreno di ~ Q 35
—, tipo di ~ Q 33
sorgenti, linea delle ~ Q 32
sorpasso U 154
sorvegliante A 771
— della rete R 419
— dell'esercizio B 387
— di distretto B 456
sorveglianza U 95
— dei canali K 76
— dei contatori Z 10
— dei fiumi F 548
— delle dighe T 46
— delle fognature K 76
— di emissione E 267
— medica U 96
— sanitaria G 309, U 97
sorvegliare U 94
sospensione S 712
— di fanghi A 767
sospeso S 710
sospingere T 329
sostanza B 335, S 1443
— alimentare N 42
— attiva W 634
— attiva al blu di metilene M 81, S 1652
— cellulare Z 48
— che da un sapore G 274
— colorante F 73
— contaminante S 551

— disintossicante E 332
— fibrosa F 82
— immunizzante I 11
— inquinante S 551
— nociva S 215
— nutritiva N 42
— secca T 419
sostanze estraibili in esano H 192
— albuminose E 222
— chimiche S 1449
— colloidali S 1452
— concimanti D 357
— contaminanti B 337
— disciolte S 1451
— escrementizie K 524
— fecali K 524
— galleggianti A 271, S 806
— galleggianti, collettore delle ~ S 802
— galleggianti, recuperatore delle ~ S 803
— grigliate R 81
— in sospensione S 711
— inquinanti, carico di ~ B 215
— inquinanti, distribuzione delle ~ S 219
— insedimentabili S 1454
— mefitica S 1444
— minerali S 1453
— nocive, accumulo di ~ S 216
— nocive, elenco delle ~ S 218
— nocive negli organismi, arricchimento cumulativo di ~ S 217
— non sedimentabili S 1454
— nutritive, apporto delle ~ N 51
— nutritive, fabbisogno di ~ N 46
— nutritive per le piante P 113
— organiche B 336
— sedimentabili S 1448
— semidisciolte S 1452
— solide S 1450
— solide, captazione delle ~ F 190
— solide, misura delle ~ F 192
— solubili in cloroformio estratto da carbone C 68
— sospese S 711
— stacciabili S 1456
— stacciate S 977
— tossiche S 1457
— totali A 30
— umiche H 361
— xenobiotiche S 1459
sostegno A 873, S 1617
sostenere A 872
sostituto E 534
sostituzione E 534
— di apparecchiature G 197
— di condotte secondarie N 152

sotterraneo U 269
—, fogna del ~ K 206
sotterrare V 179
— i fanghi U 257
sottevento L 138
sottile F 120
sottocaricato U 246
sottolisciva A 160
— del bollitore K 360
sottonatante U 278
sottopassaggio di una strada S 1546
sottopressione S 1037, U 249
sottoprodotto N 108
sottostruttura U 245
sottosuolo U 247, U 259
—, acqua del ~ G 571
—, correnti del ~ E 511
—, ricerca del ~ B 98
sottrarre E 397
sovraccaricare U 51
sovraccarico U 52
—, valvola di ~ U 14
sovradimensionato U 8
sovraesplorazione U 5
sovrapascolo U 103
sovrappopolazione U 93
sovrapporre U 47
sovrapporsi A 612
sovrapressione atmosferica A 696
— del filtro F 247
—, pompa di ~ D 288
sovvenzione F 592
spaccarsi B 303
spaccatura F 144, S 819
— (del terreno) causata dal gelo F 648
— provocata dalla siccità T 412
spalla W 556
— del bicchiere M 473
— di sostegno S 1618
— di un arco B 693
spalle di una diga D 16
spandersi E 517
spandimento delle acque di rifiuto sul suolo A 737
— di fanghi S 381
— di fanghi su terreni arabili A 376
— superficiale S 951
— superficiale, irrigazione per ~ E 132
spappolare il malto nel tino M 38
sparganio I 1
spartiacque W 340
spato fluoro F 541
— pesante S 772
spaziale R 21
spazio A 261
—, carico di ~ R 62
—, contenuto di ~ R 64
— di tempo Z 29
— morto d'immagazzinamento T 290

— per l'estensione D 73
— tra le sbarre di griglia S 1231
— vitale B 511
— vitale naturale L 121
spazzaneve S 571
spazzatrice S 1538
spazzatura M 425
— bruta R 360
— stradale S 1537
spazzaturaio M 433
spazzino S 1536
spazzola B 882
— a corda K 79
— tipo Kessener K 246
spazzolone S 687
—, aerazione mediante uno ~ B 883
— di aerazione B 884
specchio d'acqua, larghezza di un ~ W 354
speci, diversità di ~ A 672
—, frequenza di ~ A 669
specialista F 5
specie A 668, S 1124
— abissale T 235
— predominante S 1125
specifica di pressione, caduta ~ D 280
spedizione A 542, T 316
— via nave V 251
spegnere (la calce) L 262
spegnimento d'incendio F 212
sperone S 1154, W 557
spese K 513
— accessorie N 113
— amministrative V 362
— correnti A 811
— d'amministrazione V 362
— dell'esercizio B 401
— di costruzione B 102
— di costruzione, ripartizione delle ~ B 103
— di manutenzione U 267
— di pompaggio P 388
— d'impianto A 566
— totali G 251
spesso D 142
spessore D 143, M 6
— del pannello di filtrazione F 268
— della copertura del suolo E 493
— della falda acquifera G 638
— della parete di un tubo W 79
— dello strato S 302
— dello strato limite G 488
spettografia d'assorbimento A 246
spettometria d'assorbimento mediante raggi X R 348
spettro S 1118
spettrofotometria S 1116
— a emissione, rivelatore di ~ D 107
spettrofotometro S 1113

spettrografia S 1114
spettrometria S 1115
— a raggi gamma G 30
— d'assorbimento atomico senza fiamma A 704
— di assorbimento all' infrarosso I 49
— di massa M 102
— di risonanza nucleare di quadripolo Q 8
— mediante raggi X R 351
spettroscopia S 1117
— ad assorbimento atomico (chim.) A 705
— di risonanza magnetica nucleare K 226
spia S 265
spiacevole W 566
spiaggia B 12, S 1517
—, stabilimento balneare sulla ~ S 1520
—, zona bagnata della ~ S 1518
—, zona non bagnata della ~ S 1519
spianatrice S 612
spigolo K 102
— superiore di un tubo R 424
spilla N 28
spillare A 637
spillo N 28
spina di pesce dei tubi da dreno, sistema a ~ F 335
spinarello S 1412
spinello S 1412
spingere T 329
spingitubi R 450
spinta S 1474
— assiale A 913
— causata dal gelo F 657
— dal basso in alto A 776
— del vento W 592
— delle terre E 494
— di galleggiamento A 776
— longitudinale A 913
spira di vite S 622
spirale F 115
spogiatoio U 146
spoglio di percolatore A 899
sponda U 106
—, abbassamento della ~ U 117
— alta H 238, S 1364
— concava U 108
— convessa U 107
— del fiume F 549
sponde, diffesa delle ~ U 128
—, infiltrazione attraverso le ~ U 121
—, vegetazione delle ~ U 126
spopolamento V 227
spopolarsi V 226
sporcizia S 541, U 238
sporco S 544
spore S 1150
sporicida S 1153

sporigeno *(batt.)* S 1151
sporogenetico S 1151
sporozoi S 1152
sport nautico W 358
— nautico, zona dello ~ W 359
spostamento U 165, V 120, V 203, V 206
— del litorale K 653
— della costa K 653
— della sabbia S 118
spostare V 202
spremitura di lievito, acqua di rifiuto della ~ H 146
sprofondamento E 141, Z 165
sprofondarsi S 3
sprone S 1154, W 557
spruzzaglia S 1176
spruzzamento Z 91
spruzzare B 332, V 297, Z 89
spruzzatoio B 782
spruzzatore Z 90
— per lo spandimento dei fanghi G 682
—, sbocco di ~ S 1158
spruzzi d'acqua S 1171
spruzzo S 1170
spugna di platino P 213
spugne S 693
spumoso S 273
spuntare K 193
spuntone R 315
spurgare *(una caldaia)* A 28
— una caldaia S 367
spurgo K 579
—, apertura di ~ A 155
— dei tubi R 429
— delle fognature K 93
— di caldaia K 232
—, rubinetto di ~ A 195, A 829
—, saracinesca di ~ A 195
squadra perforatori B 716
squilibrio S 1438
sradicamento E 464
sradicare E 463
stabbio D 357
stabile H 52, R 268
stabilimenti conciari, acqua di scarico di ~ G 202
stabilimento F 1
— balneare sulla spiaggia S 1520
— di galvanizzazione A 613
— di placcatura G 26
— graduatorio G 457
— metallurgico H 358
— per fotoincisioni A 405
stabilità H 53, S 1288
— relativa H 54
stabilizzante S 1227
stabilizzatore della schiuma S 278
stabilizzazione a contatto K 462
— dei rifiuti solidi K 435
— del suolo B 672
— di tensione S 1086

—, stagno di ~ O 133
— [aeroba] dei fanghi S 419
stacciare S 975
stacciatura S 976
— grossolana G 509
—, impianto di ~ A 233
—, micro~ F 131
staccio S 969
— a plancton P 202
— a polpa P 341
— a secco T 418
— a tamburo T 437
— di maglie M 85
— in filo profilato P 311
— tipo Zentrisieb Z 79
— vibrante R 527
stadia N 247
stadio S 1233, S 1621
— di purificazione R 242
— larvale L 83
— ossidativo O 132
staffa R 433, S 1354
stagionale J 16
stagionatura in acqua W 277
stagione J 15
— balneare B 11
— di vacanze B 11
— piovosa R 190
— secca T 426
stagnaio K 322
—, bottega dello ~ K 323
—, mestiere dello ~ K 323
stagnante S 1252
stagnare S 1251
stagnato V 378
stagno T 96, Z 103
— a fango S 449
— a pesci F 351
— ad alghe A 445
— da saldare L 290
— d'acqua di rifiuto A 346
— di allevamento A 781
— di chiarificazione K 298
— di finitura *(per il trattamento degli scarichi)* S 599
— di liquame A 346
— di ossidazione O 133
— di raccolta della rugiada T 80
— di ravvenamento della falda G 596
— di refrigerazione K 630
— di stabilizzazione O 133
— di terra A 761
— d'immagazzinamento S 1104
— per fanghi B 291
stalagmite T 456
stalattite T 456
stalla di ingrasso dei suini S 727
stamigna F 291
stamperia di cotone K 170
— di tessuti Z 97
stampo G 370

Standard Nazionali Americani A 488
standardizzazione N 263
stantio S 234
stantuffo T 72
— di pompa P 379
stanza da bagno B 17
stasi estiva S 1053
statica S 1308
— delle costruzioni B 115
statistica S 1310
— dei serbatoi T 45
statistiche sull'ambiente U 194
— sulle acque di scarico A 342
stato B 311
— colloidale Z 183
— dell'acqua sotterranea G 660
— di crisi della disponibilità d'acqua W 307
— di inquinamento V 273
— di sospensione S 712
— effettivo I 126
— gasoso di aggregato A 418
— gassoso di aggregato A 418
— igrometrico F 208
— liquido di aggregato A 417
— meteorologico W 548
— rivierasco A 574
— solido di aggregato A 416
statuto S 135
stazione d'epurazione per ossidazione totale T 286
— di clorazione C 78
— di controllo di esercizio B 412
— di misura M 236
— di misura delle pioggie R 155
— di pompaggio P 391
— di pompaggio automatica P 392
— di pompaggio intermedia U 67
— di pompaggio per liquami bruti R 356
— di pompe di apporto V 457
— di prova V 316
— di rilevamento della qualità G 684
— di sollevamento dei liquami A 333
— di sollevamento dell'acqua di fogna A 333
— lisimetrica L 360
— non sorvegliata S 1309
— sperimentale V 316
— termale B 10
stelo a sospensione Z 150
— della valvola V 34
— dello stantuffo K 418
stenotopico S 1394
steppa S 1395
sterco di bovini R 318
— di mucca K 666
stereofotogrammetria S 1400
sterile K 196

sterilità K 197
sterilizzare A 278, E 345
sterilizzatore S 1401
sterilizzazione E 346
—, apparecchio di ~ S 1401
— dei rifiuti A 58
— del suolo B 614
— dell'acqua W 211
— dell'acqua mediante irradiazione W 212
— finale N 5
— per ioni d'argento S 999
—, torre di ~ S 1402
sterro di miniera A 183
stile B 87
stilla T 432
stillicidio superficiale F 381
stima S 230
stimare V 48
— complessivamente P 43
stimolante S 1429
— della crescita E 453, W 667
stimolare A 582
stimolazione A 583
— della crescita W 8
stimolo R 257
— calorifico W 46
stingere E 321
stipendi G 141
stoccaggio di olio combustibile H 160
— subacqueo U 312
— temporaneo Z 212
stoppa W 531
stoppaccio S 1473
stoviglie S 1370
stracci L 355
strada S 1521
— alzaia T 336
— di accesso Z 130
— di alaggio T 336
— maestra H 105
— navigabile S 336
— navigabile interna B 490
— principale H 105
— secondaria N 116
stramazzo U 16
— a tamburo T 439
—, altezza dello ~ U 22
—, cresta dello ~ U 25
— dentato U 17
— di scarico E 364
— di una diga D 11
— imperfetto U 18
— in parete sottile M 249
— ondulato U 20
— rettangolare di misura M 248
— rigurgitato T 70
— totale U 19
—, tracimazione di ~ U 29
strame di foglie nel bosco W 67
strapiombo U 40
straripamento A 893
straripare A 892

strati, successione degli ~ S 303
stratificazione S 306
— d'acqua W 343
— nei laghi S 851
— termica T 125
stratigrafia S 1549
stratiotes *(bot.)* K 561
strato S 299
— a tetto *(geol.)* H 82
— acquifero G 635
— al letto *(geol.)* L 230
— attivo, apporto di ~ M 502
— d'acqua W 342
— d'argilla T 274
— del filtro F 283
— del fondo B 653
— del salto termico *(limnol.)* S 1180
— del suolo B 654
— dell'humus H 365
— dell'inversione I 98
— di base d'acqua sotterranea G 655
— di finitura D 65
— di liquido F 486
— di neve S 562
— di pietre G 295
— di sabbia S 110
— di sabbia intasato S 111
— di saltazione S 1166
— di terra B 654
— discordante *(geol.)* S 1179
— d'ossido W 71
— drenante S 962
— erboso G 469
— filtrante F 283
— galleggiante S 801
— gelatinoso superficiale del filtro F 257
— gessoso G 381
— idrico W 342
— impermeabile S 301
— intasato S 550
— limite G 485
— limite impermeabile G 487
— limite laminare L 45
— limite turbolento G 486
— lurido S 550
— nutritivo N 41
— permeabile S 300
— protettivo S 674
— roccioso A 617
— sabbioso S 110
— salino S 67
— semi-permeabile G 665
— sottile, chromatografia su ~ D 364
— sporco S 550
— superficiale D 65, F 284, M 500
— superiore F 284
streptococchi fecali F 22
stretta S 519
stretto M 128
— di un fiume S 1604

strettoio di presa A 529
stringere V 146
strippaggio a mezzo d'aria A 793
— a mezzo vapore A 281
—, colonna di ~ A 279
— con l'aria dell'ammoniaca A 495
— per l'ammoniaca, dispositivo di ~ A 494
strippare a mezzo d'aria A 792
striscio *(batt.)* A 272
—, fare uno ~ A 273
strofinare S 639
strombatura d'imbocco E 101
stronzio S 1612
strozzare D 271
strozzatura E 121
— di flusso D 400
strumento W 539
— di misura M 219
struttura B 87, G 124
— a granuli isolati E 162
— cellulare Z 33
— del suolo B 661
— glomerulare K 604
— granulare K 604
— idraulica W 163
studio di fattibilità A 807
stufa da bagno a gas G 46
— da fiori G 313
su larga scala G 514
sub-irrigazione U 260
subacuto S 1649
subletale S 1650
sublimazione S 1651
substrato S 1653
successione degli strati S 303
— di aste di perforazione B 734
— di litotipi G 294
— di tipi di rocce G 294
succhiello B 697
succhieruola F 265
succhio B 697
succhione, limite di ~ G 484
succione della radice W 679
succo di melassa M 178
— tannico G 199
— tannico all'allume W 485
sudicio S 544
sudiciume S 541
sughero K 482
suolo B 583, S 1050
—, a livello del ~ E 11
—, aerazione del ~ B 634, D 423
—, alghe del ~ B 596
—, altezza di copertura del ~ E 493
—, aria nel ~ B 635
— coerente B 585
—, conservazione del ~ B 656
—, contrazione del ~ B 657
— di aratro P 129
— di fondazione B 96

—, dinamica del ~ B 613
—, escavazione del ~ B 602
—, flora del ~ B 624
—, friabilità del ~ B 628
—, impermeabilità del ~ B 664
—, microbiologia del ~ B 637
— naturale B 589
—, passaggio attraverso il ~ B 612
—, pressione del ~ B 611
—, reazione del ~ B 648
—, respirazione del ~ B 600
—, ricerca relativa al ~ B 625
—, rilievo del ~ B 629
—, saturazione del ~ B 651
—, scienza del ~ B 632
—, scossa del ~ E 539
—, strato del ~ B 654
—, tessitura del ~ B 662
— torboso M 404
—, utilizzazione non regolamentata del ~ B 641
— -acqua, rapporto ~ B 593
suonazione di tubi K 303
superclorare H 209
superclorazione H 210
superdosaggio U 10
superficie O 3
— a verde G 540
—, aeratore di ~ O 8
— antisdrucciolevole F 377
— bagnata F 375
— coltivata N 288
— consolidata F 374
—, corrente di ~ O 24
— d'acqua sotterranea G 642
— del filtro F 253
— del suolo B 642
— del tetto D 4
— dell'acqua W 227
— delle strade S 1529
— di alimentazione W 207
— di contatto B 256, B 304
— di evaporazione effettiva V 134
— di riscaldamento H 155
— di terra E 501
— di una falda acquifera libera G 643
— esteriore di un tubo R 381
— filtrante di un filtro F 250
—, galleggiante di ~ O 22
— irrigata R 310
— ossidata termicamente Z 159
— piezometrica di una falda acquifera P 265
— ricevente A 744
— riscaldante H 155
—, sfioratore di ~ R 120
— utile B 256
superfluidità S 1684
superiore O 2
supernatante, ricircolo del ~ S 471

—, separazione del ~ S 470
superstruttura A 723
supplemento B 189, Z 172
supporto S 1617
— di spinta della pompa P 372
— di una membrana M 187
supremo H 276
surriscaldato U 41
suscettibilità E 269
sussidio Z 177
suzione capillare K 114
svaporare V 94
svaporazione V 97
svaso, livello di ~ A 210
—, quota di ~ A 210
svellere E 463
sversamento di un corso d'acqua nella zona delle maree O 42
—, frequenza di ~ U 21
sviluppare E 451
sviluppo E 452
— abnorme di vegetali M 100
— al coronamento K 602
— dei canali navigabili W 386
— dei germi K 195
— delle piante d'acqua sommerse U 305
— di alghe A 447
— di gas G 58
— di una località B 106
— in cresta K 602
— microbico K 201
— microbico postumo A 754
— successivo *(di forme batteriche)* W 4
—, tendenza di ~ E 455
svitare A 201
svolgere E 451
svolgimento E 452
— di gas G 58
svuotamento E 366
—, tubulatura di ~ E 370
svuotare E 365

T

tabella T 3
— di deflusso A 117
— di frequenza delle piogge R 159
tacheometro T 4
tagliatubi R 437
tagliente B 730
— a percussione S 363
taglio dei meandri M 1
— dell'ansa D 431
— dell'ansa, caduta d'un ~ D 432
—, resistenza al ~ S 298
—, rottura per ~ S 294
—, sollecitazione di ~ S 293
— trasversale Q 49
—, velocità di ~ S 295
taglione H 183
— in calcestruzzo B 362

tallofita T 153
talweg T 48
tamburo T 435
— a fessure S 517
— di fermentazione G 14
— filtrante F 289
— per lavaggio di sabbia S 120
— registratore R 193
— rotante D 249, S 501
Tamigi T 155
tamponare *(chim.)* P 345
tampone P 342
tana per pesci Z 131
tannaggio a cromo C 95
— minerale M 317
— vegetale G 205
tannino G 204
tapetto erboso R 39
tappo Z 23
— a vite F 679
— di sughero K 484
tara E 27
tarare E 19
taratura E 22
—, curva di ~ E 21
—, vasca di ~ E 18
targone di lavaggio S 1198
tariffa G 103, T 58
— a forfait P 42
— a zone Z 120
— normale N 259
— sulle acque di scarico A 324
tassa A 127
— a forfait P 42
—, aumento di una ~ G 102
— d'infiltrazione I 45
— dovuta G 101
— d'utilizzazione B 262
— fognatura K 86
— fondamentale G 556
— minima M 313
— per l'acqua W 236
— sulle acque di scarico A 324
— sull'inquinamento V 270
tassare V 47
tassazione degli scarichi A 305
tasso batterico B 41
— d'applicazione B 319
— del tifo T 508
— di accrescimento V 215
— di crescenza W 16
— di mortalità per il tifo T 509
— di riproduzione W 16
— d'infiltrazione E 126, V 283
— minimum per l'acqua W 241
tastatore M 217
tavola T 3
— comandi S 250
— della cassaforma S 254
— rotante D 248
tavolame S 592
tavolone B 694
tazza S 235
— del gabinetto K 345
tecnica biologica B 508

— d'alimentazione idrica
  W 427
— dell'acqua W 219
— delle fondazioni G 547
— delle misurazioni M 239
— delle tubazioni R 414
— di controllo R 106, S 1409
— di disattivazione E 308
— di misura M 256
— di perforazione B 735
— di saldatura S 739
— di trattamento dei rifiuti
  A 50
— di trattamento dell'acqua
  W 172
— di trattamento delle acque
  di scarico K 297
— nucleare K 228
— sanitaria G 308
tecniche d'installazione I 77
tecnico di impianti di
  depurazione K 294
tecnologia T 84
— della pompa di calore W 44
— delle acque di scarico A 345
tecnologico T 85
tegola D 7
tegumento gelatinoso (biol.)
  G 25
tela G 326
— da filtro F 291
— metallica D 228
telaio F 45, F 83
tele da filtro, lavatrice delle ~
  F 292
telecomandato F 150
telecomando F 163
telecomunicazione F 155
telecontatore F 170
telefono F 161
teleindicatore F 154
teleindicazione, metodo di ~
  F 162
telemetria F 156
telemetro F 158
telemisura F 159
teleorologeria F 170
teleregistrazione F 149
telerilevamento F 148
telerilevazione, sistema di ~
  F 157
teletermometro F 165
televisore per fognature K 80
temperatura T 115
— ambiente U 143
—, andamento della ~ T 128
—, aumento di ~ T 117
—, caduta di ~ T 116, T 120
—, controllo della ~ T 124
— di evaporazione V 103
— di incubazione B 131
—, diagramma di ~ T 122
—, differenza di ~ T 127
—, distribuzione della ~ T 129
—, effetto della ~ T 119
— esterna A 866

— interna I 65
— media T 123
— media annua J 14
—, progressione della ~ T 128
—, sbalzo di ~ T 126
tempesta S 1634
— di neve S 574
—, occhio della ~ S 1639
—, traiettoria di ~ S 1635
tempestoso G 350
tempo W 542, Z 26
— di chiusura (di una valvola)
  S 512
— di concentrazione K 477
— di contatto B 305
— di contrazione E 55
— di deflusso F 449
— di detenzione A 739, A 739
— di detenzione,
  determinazione del ~ V 364
— di digestione F 114
— di esercizio B 415
— di flusso D 402
— di fregola L 43
— di gelo F 662
— di influenza B 305
— di irradiazione B 345
— di lavoro B 415
— di maturazione E 39
— di mescolazione M 362
— di passaggio D 402
— di presa A 27
— di propagazione della
  marea T 194
— di riproduzione V 216
— di ritenzione A 739
— di ritenzione idraulico
  nominale A 740
— di salita S 1353
— di sedimentazione A 232
— di soggiorno A 739
— in cui una portata è
  inferiore ad un assegnato
  valore U 276
— in cui una portata è
  superiore ad un assegnato
  valore U 77
— letale L 207
— letale mediano L 208
— libero F 637
— morto T 292
— per evaporazione a flash
  E 431
— prefissato Z 31
— secco, canale di scolo per ~
  T 425
— secco, curva di esaurimento
  della portata di ~ T 423
temporale G 348, Z 28
temporaneo T 130, Z 28
temporizzatore Z 27
temprato in acqua W 234
tenaglia da tubo V 243
tenaglie per tubi R 454
tendenza T 131
— di sviluppo E 455

— evolutiva E 455
il tenere animali T 242
tenia B 64
tenore G 144
— di acido S 42
— di acqua W 235
— di ceneri A 680
— di cloro C 57
— di cloro residuo R 278
— di grasso F 197
— di ossigeno S 158
— di sale S 60
— in azoto S 1419
— in ferro E 192
— in solidi F 191
— in sostanze in sospensione
  S 716
tensio attivo O 6
tensiometro S 1089
tensione S 1083, S 1084
— ai morsatti K 321
— critica G 489
— del vapore D 32
— della rete N 138
— della soluzione L 276
— dell'acqua del suolo B 679
— di rottura B 818
—, differenza di ~ P 264
— interfaziale G 479
— interna E 32
— limite G 489
—, media ~ M 372
— principale H 104
— superficiale O 23
tensioni di ovalizzazione R 431
tensoattivo T 132
tentare V 312
tentativo V 310
— di funzionamento V 317
tenuta A 41, D 129
— a mercurio Q 21
—, anello di ~ D 139
a tenuta d'acqua W 193
tenuta d'acqua W 194
a tenuta di ... D 123
tenuta di giunto F 688
—, muro di ~ D 141
—, nastro di ~ D 140
—, prova di ~ D 130
teodolite T 156
terebrazione di pozzi B 851
tergo di volta G 354
terme H 149
terminare A 808
termine di consegna L 226
termoanalisi differenziale
  D 151
termoclina T 162
termocompressione B 830
—, distillazione per ~ V 99
termocoppia T 159
termodinamico T 158
termoelemento T 159
termofilo W 41
termografo T 160
termologia W 39

termometro T 163
— a distanza F 165
— registratore T 160
termoregolazione T 124
termotollerante W 53
terra E 497
— argillosa T 261
— da purgo B 545
— da sbianca B 545
— di colmata A 606
—, diga di ~ E 491
— d'infusori K 263
— ferma F 182
— grassa K 312, L 148
—, messa a ~ E 512
— piana E 10
—, pressione della ~ E 494
—, strato di ~ B 654
— vegetale M 500
— vegetale, apporto della ~ M 502
terracotta S 1370
terrapieno di ferrovia E 183
terrazza T 136
— alluvionale A 770
— fluviale F 546
terre inondate dall'alta marea W 447
—, riassegnazione di ~ L 62
terremoto E 487
terreni L 231
— recuperati per mezzo di dighe A 633
terreno G 92, G 152
— a gley G 430
— a scarsa coesione B 591
— alluvionale S 753
— alluvionale fluviale A 719
— alomorfo S 58
— arativo A 375
— calcare K 23
— d'alluvione A 611, S 754
— di arricchimento batterico (bakt.) A 590
— di captazione d'acqua W 240
— di copertura D 67
— di cultura (batt.) K 672, N 35
— di fondazione G 539
— di sorgente Q 35
— di sponda U 124
— di transizione U 34
— fortemente inquinato U 209
— incolto O 48
— leggero B 592
— naturale B 589
— necessario G 156
— nutritivo (batt.) N 35
— paludoso M 80, S 1679
— permeabile B 587
—, preparazione del ~ G 154
—, pressione del ~ G 95
—, riempimento del ~ G 155
—, ritenzione di virus nel ~ V 406
— sabbioso S 92
— salato S 58

— torboso M 405
terriccio M 500
territorio G 88
— boscoso W 66
— d'agricoltura A 375
— della città S 1237
— di protezione S 677
— fluviale F 524
— nazionale H 296
— paludoso S 1678
— palustre S 1678
terze fase ... (depurazione delle acque di scarico) W 489
— fase dell'epurazione R 243
terziario T 141
— ... W 489
tessitoria W 451
tessitura G 326
— del suolo B 662
tessuto G 326
— cellulare Z 39
— da filtro F 256
— metallico D 228, M 262
test del TTC D 79
— di confronto B 573
— di tossicità su paramecì P 22
— differenziale (batt.) D 157
testa a testa, posare ~ S 1475
— del pennello B 886
— di doccia B 783
— di fontanile B 862
— di galleria S 1468
— di palo P 97
— di pozzo B 862
— di sifone D 349
— d'iniezione S 1190
— d'irrigatore a pioggia R 201
— per trivelle B 706
testata a valle U 268
tetrapropilen benzene solfonato T 148
tetto D 2
— (di una galleria) F 311
— dell'acquifero G 610
— di una falda acquifera G 671
—, superficie del ~ D 4
Tevere T 172
Theis, equazione di ~ T 154
Thiem, formula di ~ T 165
tifo T 504
—, tasso del ~ T 508
—, tasso di mortalità per il ~ T 509
tifoide T 504
tifone T 28
tillite G 561
tina B 754
tinca S 484
tino B 754
— di ammostatura M 37
— di fermentazione G 7
— di risciacquatura S 1183
—, forno a ~ S 203
tinozza B 13, B 754
— d'acqua W 185

— di lavaggio S 1185
— di mescolazione M 334
tintoria F 34
tintura F 37
— al tino K 640
tiocianato R 297
tiosolfato T 167
— di sodio N 89
tipi di rocce, successione di ~ G 294
tipo A 810
— d'acqua di scarico A 311
— del moto B 447
— di lago S 852
— di membrana M 188
— di precipitazione N 179
— di sorgente Q 33
— Geiger, imbocco ~ G 147
tiraggio d'aria L 352
tirante Z 150
— d'acqua T 223
tirare acqua S 602
tiro, punto di ~ S 664
tissotropia T 169
tissotropico T 168
titanio T 247
titolare (chim.) T 250
— di un brevetto P 38
titolazione (chim.) T 248
— ad alta frequenza H 223
— alcalinimetrica T 249
— complessometrica K 431
— conduttometrica L 175
titrimetrico (chim.) M 97
togliere il fango E 415
— la ruggine E 404
tolette marine S 341
tollerante W 562
tolleranza A 358, W 563
— concedibile (radioatt.) T 252
— permessa (radioatt.) T 252
toluene T 255
toluolo T 255
tombacco R 483
tombino in calcestruzzo B 358
— trasversale Q 45
tondino R 541
tonizzazione T 266
tonnellata T 270
tonno T 170
tono del colore F 74
topicida R 47
topo d'acqua W 323
— muschiato B 518
topografia T 276
topografico T 277
topografo L 53
torba T 279
—, acqua di ~ M 408
— di fragmite S 343
torbidezza T 465
torbidimetria T 468
torbidimetro T 467
torbidità T 465
—, fuga di ~ D 379
torbido T 463

torbiera M 403
— alta H 227
— bassa N 171
— di transizione U 35
torboso M 406, T 280
torchio per vino W 482
torcia F 8
— elettrica H 70
torre T 501
— a beton B 365
— di assorbimento *(di un impianto di clorazione)* A 245
— di compostaggio K 438
— di contatto S 1402
— di fermentazione G 15
— di lavaggio W 57
— di prelievo asciutta E 396
— di presa d'acqua E 393
— di presa d'acqua a livelli diversi E 394
— di presa d'acqua internamente bagnato E 395
— di raffreddamento a secco T 404
— di raffreddamento a tiraggio naturale K 632
— di refrigerazione K 631
— di sterilizzazione S 1402
— di trivellazione B 700
torrente glaciale G 421
— montano W 585
torsione T 283
tortuosità di una vallata T 31
tossicità G 375
— acuta G 376
— indiretta G 377
—, soglia di ~ *(biol.)* S 224
— subacuta G 378
tossico G 372, G 374
— ad azione cumulativa G 373
— ad azione lenta G 373
tossicologia T 293
tossina T 294
totale G 240
traboccare U 54
tracce S 1218
traccia S 1215
— di piena H 254
— di punta scrivente S 635
tracciante colorato F 72
— radioattivo I 121
traccianti, metodo dei ~ T 296
— organici S 1220
— radioattivi M 74
tracciamento S 1217
— radioattivo M 73
tracciato L 242
— della tubazione R 413
tracimazione delle onde W 521
— di stramazzo U 29
traghetto F 14
traiettoria delle onde W 522
— di corrente S 1600
— di tempesta S 1635

traliccio G 382
tramezzo P 271, T 345
tramoggia T 353
— per il fango S 450
tranquillamento, pozzo di ~ B 309
tranquillare B 307
translazione di una onda, velocità di ~ O 98
transportatore a nastro B 60
trapanare B 696
trapanatura B 736
— a mano H 63
trapanazione B 736
trapano B 697
— a coda di carpa F 346
— a coda di pesce F 346
— a cricco B 705
— a lame B 535
— a percussione S 1482
— alesatore N 15
— elicoidale S 1301
— per la terra E 490
— tubulare S 528
trapassare B 696
trappola a pesci F 332
— per sostanze colloidali K 422
trascinamento di acqua da parte del vapore S 1181
trascinare F 623
trascrizione U 163
trasduttore M 252
— di pressione D 293
trasferimento V 203
— d'acqua *(da un bacino ad un altro)* W 402
— d'acqua sotterranea G 672
— di calore W 49
— di calore per contatto diretto W 50
— di materia M 103
trasformare *(di rifiuti)* A 721
trasformatore T 308
trasformazione U 170
— *(di rifiuti)* A 722
— biologica B 512
traslazione dei pesci U 164
trasmettitore S 913
— di misura M 255
trasmissibilità, coefficiente di ~ D 420
trasmissione a catena K 248
— a cinghia R 306
— a distanza F 167
— a ruote dentate R 18
— ad ingranaggi R 18
— delle malattie K 548
— di dati M 253
— multipla su unica linea M 156
— su cavo singolo E 56
— via cavo M 155
trasmissività T 310
trasparente D 427
trasparenza D 428, L 219

—, grado di ~ D 429
traspirazione T 311
—, altezza di ~ T 313
— attraverso gli stami T 312
—, coefficiente di ~ T 314
—, evapo~ E 564
—, potenziale di ~ T 315
trasportatore a catena K 252
— a scosse S 652
trasporto A 542, T 316
— a grande distanza F 166
— d'acqua W 231
— dei rifiuti A 48
— delle immondizie M 429
— di campioni P 301
— di fondo, densità dell'~ G 258
— di materia disciolta T 318
— di solidi flottanti S 808
— di viaggiatori P 89
— idraulico S 751
— idraulico dell'immondizia domestica S 755
— mediante tubazioni T 317
—, mezzo di ~ T 320
— per via d'acqua B 69, W 398
— solido specifico F 193
trass T 324
trasudazione D 430
trasversale Q 47, S 605
trattabilità B 183
trattamento B 178
— *(d'acqua)* A 728
— *(di rifiuti)* A 722
— a gradini S 1622
— a stadi S 1622
— a vapore D 29
— al cloro-permanganato P 79
— al ozono O 142
— anticorrosivo K 508
— biologico, processo di ~ A 732
— chimico R 230
— chimico delle acque di scarico A 336
— chimico, processo di ~ A 733
— con raggi ultravioletti U 135
— con rame K 703
— con ultrasuoni B 312
— degli scarichi dell'industria del legno H 308
— dei fanghi A 730
— dei liquami A 313
— dei minerali A 729
— dei pozzi R 137
— dei rifiuti A 49
— del condensato K 441
— del fango S 384
— dell'acqua W 171
— dell'acqua di fogna A 313
— dell'acqua di piscina B 16
— dell'acqua per fosfatizzazione P 155
— dell'acqua potabile T 368

tub

- delle singole correnti costituenti lo scarico complessivo T 111
- epurativo R 245
- finale N 2
- fisico delle acque di scarico A 338
- in comune B 179
- parziale T 105
- per neutralizzazione ed osmosi N 149
- preliminare V 426
- secondario N 2
- termico W 26
- termico di acque di scarico A 314
- terziario delle acque di fogna R 243
- trattare B 177
- *(di rifiuti)* A 721
- *(ifanghi)* A 724
- *(l'acqua)* A 725
- i minerali A 726
- trattato, parzialmente ~ T 104
- trattino di pioggia R 168
- tratto S 1552
- di condotta L 193
- di conduttura R 398, R 441
- di drenaggio per diversi usi M 173
- di tubazione R 398
- di tubo filtrante F 287
- di un canale a forte pendenza con violenta agitazione S 666
- di una corrente rapida S 666
- gastro-intestinale M 12
- sistemato A 787
- terminale della condotta R 397
- trattore T 306
- travatura a traliccio F 6
- trave, T 297
- + B 53
- + a traliccio G 383
- + reticolare G 383
- traversa W 462
- a panconcelli N 32
- con stramazzo rigurgitato W 466
- con stramazzo triangolare W 465
- , corona della ~ W 469
- di fondo G 678
- di misura M 244
- di misura a contrazione M 246
- di misura con apertura rettangolare M 247
- di misura con stramazzo triangolare M 245
- , filo di una ~ W 470
- fissa W 464
- mobile W 463
- , soglia della ~ W 469
- sommersa G 678
- traverso S 605
- trementina T 135
- tremoggia d'alimentazione E 74
- di riempimento E 74
- tremoto E 487
- treppiede D 254
- trias T 348
- triasico T 348
- triassiale D 253
- triatomico D 262
- tributario N 109
- triclorobenzene T 350
- tricloroetilene T 349
- triclorofenolo T 352
- tricono D 259
- tricottero K 363
- , larva di ~ K 364
- trietilammina T 346
- trifenilformazano T 383
- trifosfato di sodio, riduzione della durezza con ~ P 152
- trincea E 120, G 445, G 446
- con impermeabilizzazione argillosa D 132
- di drenaggio E 442, S 953
- di filtrazione su sabbia S 101
- di tenuta A 42
- , fondo della ~ G 454
- per tubi da dreno D 221
- , scavo della ~ A 820
- , scavo di ~ G 449
- trincee di ripartizione V 338
- tringa W 276
- trinitrofenolo P 183
- tripolifosfato T 385
- di sodio N 90
- tripton T 386
- triterio T 387
- tritio T 387
- triturare M 31, Z 86
- trituratore R 84
- trivalente D 262
- trivella B 697
- a valvola V 27
- trivellare B 696
- trivellazione B 736
- a circolazione d'acqua N 64
- a circolazione inversa S 178
- a getto d'acqua S 1184
- a mano H 63
- a rotazione D 235
- di prova B 739
- di ricerca V 318
- di sondaggio V 318
- in mare B 737
- non tubata B 738
- , nucleo di ~ B 704
- profonda T 210
- , risultato di ~ B 698
- rotativa D 235
- rotativa a comando idraulico D 236
- trivello a percussione S 1481
- trizio T 387
- trofismo, grado di ~ T 459
- trofizzazione T 460
- trofogeno T 461
- trofolitico T 462
- trogolo T 433
- tromba d'acqua W 261
- di pozzo S 196
- marina W 261
- per lo scarico delle immondizie M 430
- tronco H 56
- conico R 100
- di condotta L 193
- di conduttura R 441
- di cono K 181
- di fiume F 544
- di prova P 335
- laterale S 893
- sacrificato O 94
- tranquillo F 442
- tropici T 440
- troppo pieno d'un pozzo nero G 530
- troppopieno di ciclone Z 222
- trota F 596
- arcobaleno R 124
- marina M 149
- trucioli d'acciaio S 1272
- truogolo T 433
- TTC T 384
- tubare V 240
- tubazione L 184, R 412
- a grande distanza R 399
- anulare D 208
- con giunti a piombo L 185
- con giunzioni a massa colata V 182
- della presa domestica H 113
- di arrivo Z 124
- di drenaggio con giunti aperti D 224
- di presa E 387
- di scarico interna H 117
- , diramazione della ~ R 449
- discendente F 50
- doppia D 208
- , giunzione a tenuta di una ~ R 379
- in cemento armato con lamiera metallica S 1259
- in ghisa G 705
- mobile L 182
- monolitica R 372
- nuovamente posata L 186
- omogenea R 372
- per acqua di lavaggio S 1191
- stradale S 1543
- temporaria V 242
- , tracciato della ~ R 413
- , tratto di ~ R 398
- volante L 182
- tubazioni, disinfezione delle ~ R 391
- , idraulica delle ~ R 406
- , localizzatore di ~ L 194

tub

—, paranco per la messa in opera di ~ R 411
—, rete di ~ R 417
—, ricercatore di ~ L 194
—, rivestimento di ~ R 443
tubercolazione R 471
tubercolo T 470
— di ruggine R 470
tubercolosi T 472
tubero W 685
tubi, coefficiente di frizione di ~ R 428
— da dreno, scartamento dei ~ D 219
— da dreno, trincea per ~ D 221
— di captazione, complesso dei ~ F 85
— di pozzo, incastrazione dei ~ V 241
— d'imbocco a livelli multipli E 556
—, galleria per ~ R 440
—, graffa per ~ R 433
— perforati, pozzo con ~ S 515
—, piegamento dei ~ R 385
—, posa dei ~ R 447
—, spurgo dei ~ R 429
—, unione dei ~ R 446
Tubifex S 434
tubificidi T 473
tubista R 410
tubo R 363
— a bicchiere M 470
— a bicchiere in ghisa per condotte di pressione M 459
— a bicchiere per una condotta forzata M 458
— a bolle K 663
— a camicia F 712
— a camicia forato M 67
— a cultura *(batt.)* K 673
— a curva K 605
— a doppia forchetta D 193
— a filettatura G 346
— a flangia F 406
— a forchetta H 343
— a getto S 1509
— a giunto a bordi rilevati B 680
— a giunzione rapida S 584
— a gomito K 253
— a manicotto avvitato S 625
— a sacco S 5
— a saldatura elicoidale R 377
— a serpentino bollitore H 163
— a T flangiato F 403
— a Y doppio D 193
— ad estremità piane R 370
— adduttore Z 155
— adduttore di un pozzo orizzontale F 281
— aeratore D 376
— asfaltato R 365
—, biforcazione del ~ R 449

— bimetallico B 477
— campano H 355
—, canna di un ~ R 456
— capillare K 113
— carotiere K 218
— ceramico K 214
— chiodato R 368
— chiuso S 5
— con bicchiere a terminali lisci M 471
— con orificio per la pulizia S 1212
— con rivestimento di asfalto R 365
— conduttore di un pozzo orizzontale F 281
— contatore di Geiger-Müller G 146
— corrugato R 317
— curvo K 605
— da dreno E 446, S 960
— da dreno collettore S 81
— da dreno d'interzettazione F 61
— d'acciaio S 1266
— d'acciaio a bicchiere S 1265
— d'acciaio bituminato S 1267
— d'acciaio galvanizzato S 1271
— d'acciaio liscio [senza giunzione] S 1268
— d'acciaio saldato a ricoprimento S 1270
— d'acqua W 331
— d'aerazione D 376, R 383
— d'aggiustaggio F 606
— d'allungo V 201
— d'argilla T 271
— d'aspirazione S 190
— del fango S 374
— della condotta L 192
— della condotta di alimentazione Z 155
— di aerazione B 248
— di allacciamento A 602
— di caduta F 55
— di calcestruzzo precompresso S 1076
— di cemento-amianto A 677
— di collegamento A 602, V 60
— di condensatore K 447
— di deflusso A 111
— di derivazione A 166
— di diramazione A 364
— di distribuzione V 331
— di diversione A 166
— di drenaggio E 446, S 960
— di drenaggio in argilla S 961
— di drenaggio in terracotta S 1384
— di efflusso A 111
— di estrazione dell'acqua di fango S 469
— di estrazione per il fango S 374
— di fermentazione G 13

— di ferro E 203
— di ferro dolce R 376
— di ferro fucinato R 376
— di fibra bituminosa P 46
— di fibrocemento A 677
— di fognatura E 446
— di foraggio liscio all'esterno B 723
— di gomma S 475
— di grande diametro G 520
— di Hume H 359
— di imbocco Z 136
— di introduzione Z 136
— di introduzione d'acqua W 446
— di legno H 317
— di mandata D 323, Z 136
— di manovra filettato G 344
— di osservazione B 275
— di ottone M 225
— di piombo B 567
— di Pitot P 193
— di polietilene P 235
— di pozzo B 868
— di presa F 84
— di protezione S 682
— di protezione a bicchiere M 463
— di protezione dell'idrante M 66
— di raccordo A 602, R 100, S 1646, V 60
— di raccordo diritto S 1647
— di raccordo obliquo S 1648
— di raffreddamento K 626
— di rame K 701
— di resina plastica K 693
— di resina sintetica K 693
— di riduzione R 100
— di riscaldamento H 162
— di ritenuta di olio O 84
— di rivestimento F 713
— di rivestimento del pozzo B 722
— di rivestimento delle perforazioni B 713
— di saggio R 68
— di sbocco A 831
— di scarico A 111, D 323
— di scarico del fango S 374
— di scolo A 111
— di sfiato D 376
— di terracotta T 271
— di troppopieno U 59
— di uscita A 831
— di ventilazione L 305
— di vetro G 393
—, diametro di ~ R 395
—, diametro interno del ~ R 452
— d'iniezione S 1195
— d'irrigazione G 39
— discendente F 55
— discendente piovano R 117
— divergente A 832
—, drenaggio del ~ R 392

una

- emissario A 166
- esternamente bituminato R 366
- –, estremità di ~ R 396
- eternit A 677
- –, fasciatura di un ~ R 382
- –, filettatura del ~ R 401
- filtrante F 280
- filtrante in calcestruzzo B 360
- filtrante in materia plastica K 687
- filtrante, tratto di ~ F 287
- flessibile S 475
- fuso G 703
- fuso centrifugato in forme di sabbia S 112
- fuso in sabbia S 103
- fuso in sabbia orrizzontalmente R 374
- fuso in stampo verticale R 378
- fuso orrizzontalmente H 337
- fuso verticalmente R 378
- in acciaio senza saldatura S 1269
- in beton B 375
- in calcestruzzo B 375
- in cemento armato E 186
- in cloruro di polivinile P 399
- in CPV P 399
- in CPV rigido P 398
- in eternit A 677
- in ferro R 376
- in ghisa G 703
- in ghisa centrifugata S 498
- in ghisa duttile G 704
- in gres ceramico S 1385
- in terracotta S 1385
- internamente bituminato R 373
- –, interno di un ~ R 407
- –, isolamento di un ~ R 408
- laterale di distribuzione V 331
- –, letto di posa del ~ R 384
- liscio R 370
- Mannesmann M 59
- misuratore M 235
- montante S 1358
- ondulato W 524
- –, parete di ~ R 451
- –, passaggio in ~ R 394
- per fognatura K 94
- per il fango S 374
- piezometrico S 1294
- plastico K 693
- plastico rinforzato di fibre di vetro K 694
- –, ponte ~ R 388
- principale H 101
- protettore H 355
- protettore per saracinesca ovale H 356

- –, raggio di un ~ R 405
- –, rivestimento di un ~ R 400
- rotto R 430
- –, rottura di ~ R 386
- saldato R 369
- saldato a martello R 371
- Sclavo A 196
- senza saldatura R 375
- smaltato R 367
- –, spigolo superiore di un ~ R 424
- –, superficie esteriore di un ~ R 381
- trafilato R 375
- –, valvola a ~ R 445
- Venturi V 41
- verticale *(spegnimento d'incendi)* S 1297
- verticale a film discendente F 52
- tubolare S 478
- tubulatura aspirante S 191
- di scarico A 114
- di scolo A 114
- di svuotamento E 370
- tuffare E 143
- tuffo T 479
- tulippe F 405
- tundra T 480
- tunica H 128
- tunicati M 68
- tunnel, completamento d'un ~ S 1466
- tura F 62
- turacciolo S 1473
- di gomma G 695
- femmina K 122
- turare V 305
- turbare T 1436
- turbellaro S 1614
- turbina T 482
- a bassa pressione N 169
- a condensazione T 485
- a gas G 77
- a getto S 1511
- a reazione U 13
- a stadi multipli T 484
- a vapore D 43
- a vento W 613
- ad alta pressione H 219
- ad azione D 335
- assiale A 914
- compound V 89
- eolica W 613
- Francis F 627
- idraulica W 400
- intubata R 442
- Kaplan K 121
- Pelton P 61
- radiale R 6
- semplice T 483
- senza condensazione T 486
- tangenziale T 50
- Vortair V 471
- turbo-pompa reversibile P 383
- turbocompressore T 496

turbogeneratore T 495
turbolento T 498
turbolenza T 500
turbosoffiante T 494
turno di esercizio dei filtri F 269
- di filtrazione F 269
- di funzionamento dei filtri F 269
tutela dell'ambiente U 191

U

uadi W 18
ubertà F 665
ubicazione S 1291
uccelli acquatici W 430
uccello di mare M 148
ufficinale sanitario A 510
Ufficio Controllo dei Pesi e Misure E 17
- d'Igiene M 125
- Federale per l'Ambiente U 177
ufficio idrologico A 509
ugello D 370
- a fessura S 514
- a getto S 1496
- d'aria L 318
- di lavaggio W 104
- di misura M 209
- di polverizzazione S 1558
- di spruzzamento S 1496
- di un filtro F 249
- distributore V 329
- fisso D 371
- per aeratori a spruzzo tipo Berlino A 508
- per erogazione A 803
- spruzzatore W 674
ultrafiltrazione U 131
ultrasuono U 132
ultravioletto U 133
umettare A 540
umettazione B 255
umidezza F 203
- del suolo, zona d'~ F 210
umidificabilità B 253
umidificatore B 257
umidità F 203
- assoluta dell'aria L 323
- –, assorbimento di ~ F 207
- –, contenuto di ~ F 208
- del suolo B 620
- del suolo, deficit in ~ B 619
- dell'aria L 322
- –, grado di ~ F 209
- propria E 26
- relativa F 205
- relativa dell'aria L 324
- specifica dell'aria L 325
umido F 202, N 61
umidometro H 400
umus bruto R 359
- nutritivo N 37
a una cellula E 163

unghia di valle S 1383
uniformità G 404
unilaterale E 124
unione dei tubi R 446
unire V 52
unità E 81
— *(di macchine)* A 415
— di bestiame V 386
— di bestiame di grossa taglia G 524
— di bestiame di piccola taglia K 320
— di filtri F 233
— di misura M 222
— di superficie U 100
— filtrante F 233
— termica W 29
uovo di ascaride W 676
— di pesce F 323
— di verme W 676
uranio U 327
urbanistica S 1235, S 1241
urbanizzarsi V 298
urbanizzazione V 299
urbano S 1246
urea H 90
urina H 89
urocromo U 334
urto S 1474
usare A 634
uscita A 812, A 826
— di acqua sotterranea G 599
— di cacciata K 92
— di fogna K 84
— di sicurezza N 264
— marina M 132
—, rubinetto d'~ A 829
—, valvola di ~ E 371
uso A 635, N 297
— comune G 172
— congiunto dei sistemi di fognatura M 363
— d'acqua, diritto d'~ W 310
— dell'acqua W 308
— domestico V 66
— limitato N 299
— privato G 100
— pubblico G 172
usufrutto N 297
— dell'acqua W 308
utensile W 539
— di perforazione B 699
— di perforazione standardizzato S 1287
— di sondaggio B 699
utensili per pescaggio F 66
utente V 70
utile N 275, N 286
utilizzabile V 368
utilizzare V 369
utilizzazione N 297, V 370
— agricola delle acque domestiche di scarico A 354
—, coefficiente d'~ N 301
— dei fanghi S 463
— dei rifiuti A 74

— del calore di scarto A 286
— del gas [della digestione] G 80
— del liquame A 353
— della capacità, grado di ~ A 825
— dell'acqua di fogna A 353
— dell'acqua, pretesa sull'~ W 309
— delle terre B 639
— dell'energia idraulica W 270
— di fanghi liquidi F 490
— di prodotti chimici C 30
— in cascata dell'energia R 217
— non regolamentata del suolo B 641
— recreativa N 298
utilizzazioni multiple M 157

V

vaccinare I 13
vaccinazione I 18
vacuo V 2
vagliare S 975
vagliatura S 976
— grossolana G 509
— per via umida N 73
vaglio S 969
— rotativo T 437
— vibrante R 527
vagoncino ribaltabile a conca M 488
vagone cisterna T 54
— cisterna a fango S 448
valanga L 112
valenca *(chim.)* W 541
vallata T 29
— di faglia V 367
—, fianco di una ~ T 32
—, lunghezza di una ~ T 34
a valle F 512, L 339
valle T 29
a valle U 265
valle a trogolo T 434
— a U T 434
— affluente S 894
— d'erosione E 533
— d'un fiume F 545
— glaciale G 428
— longitudinale L 26
— piccola T 30
— sinclinale M 489
vallisneria *(bot.)* W 347
valore a lungo termine L 78
— concimante D 360
— della popolazione equivalente E 158
— della scabrezza R 59
— dell'ascissa della curva di durata delle portate D 63
— di base R 304
— di cresta S 1149
— di durata D 63
— di punta S 1149

— di riferimento B 458, B 460
— di saturazione S 19
— effettivo I 125
— effettivo E 15
— giornaliero T 25
— guida R 304
— indicativo R 304
— indicativo di protezione contro le radiazioni S 1505
— integrato S 1676
— limite G 491
— limite ammissibile G 498
— limite inferiore G 496
— limite inferiore mediano G 493
— limite per acque potabili T 379
— limite superiore G 494
— limite superiore mediano G 492
— MAK A 655
— massimo H 283
— maximum amissibile H 284
— medio M 376
— MIK I 5
— misurato M 250
— normale R 112
— nutritivo N 52
— osservato a intervalli programmati T 134
— pH P 131
— reale E 15, I 125
— richiesto S 1048
— superato W 540
valorizzare *(di rifiuti)* A 721
valorizzazione A 727
— *(di rifiuti)* A 722
— dei fanghi disidratati T 416
— dei rifiuti A 74
— delle terre incolte O 49
valutare V 48
valutazione B 452, S 230
— dei danni S 213
— dei risultati A 901
— del rendimento L 158
— delle acque di rifiuto A 318
— delle prestazioni L 158
valvola V 22
— a bottone di pressione D 303
— a cerniera K 306
— a diaframma M 189
— a disco T 114
— a doppia sede D 206
— a farfalla D 269
— a farfalla a comando pneumatico D 270
— a fermatura lenta V 23
— a galleggiante S 795
— a membrana M 189
— a passaggio libero F 632
— a peso G 339
— a più vie M 169
— a pulsante D 330
— a sede inclinata S 611
— a sede piana T 114

vel

- a sfera K 664, K 665
- a trabocchetto B 19
- a tubo R 445
- ad ago N 30
- ad apertura rapida V 24
- anulare R 331
- automatica a cerniera G 407
- cilindrica Z 226
- conica K 182, V 32
- , corsa (dell'otturatore) da una ~ S 325
- d'ammissione dell'acqua di lavaggio S 1208
- d'arresto A 259
- destrorsa S 315
- di aspirazione S 192
- di chiusura A 198, V 261
- di chiusura a galleggiante S 776
- di controllo K 470
- di diversione U 159
- di esclusione di emergenza N 267
- di fondo B 666
- di fondo con colatoio B 667
- di insufflazione S 596
- di passaggio D 419
- di regolazione R 111
- di regolazione del filtro F 248
- di regolazione della pressione D 321
- di riduzione della pressione D 316
- di riempimento F 683
- di rimando R 515
- di ritegno R 515
- di scarico A 159, E 363, E 371
- di scarico a galleggiante S 779
- di scarico automatico E 372
- di scarico del fango S 375
- di scolo E 371
- di sfiato E 379
- di sicurezza S 938
- di sovraccarico U 14
- di strozzamento D 269
- di troppopieno U 61
- di uscita A 159, E 371
- di uscita d'aria E 379
- di uscita del fango S 375
- d'ingresso E 147
- elettromagnetica M 28
- idraulica K 305
- idraulicamente comandata S 311
- intercettante A 259
- , organo di comando di una ~ S 324
- per iniezione d'aria S 596
- premente D 338
- principale H 106
- sferica K 664
- sinistrorsa S 313
- telescopica S 1295

vanadio V 13
vano H 302
vapore D 25
- a bassa pressione N 166
- acqueo W 187
- ad alta pressione H 212
- , caldaia a ~ D 35
- d'acqua W 187
- d'acqua saturo W 188
- di nebbia N 102
- di scarico A 29
- , macchina a ~ D 38
- ottenuto da processo di evaporazione per espansione E 422
- , pompa a ~ D 40
- surriscaldato D 26
- , turbina a ~ D 43
vaporetto B 72
vapori B 829
- acidi S 33
- acidi, colonna di lavaggio per ~ S 34
- , compressione dei ~ B 830
- , condensazione dei ~ B 831
- , pirolisi dei ~ B 832
vaporizzare V 94
vaporizzatore V 95
vaporizzazione V 97
variabile V 42, V 43
- controllato S 1386
variazione S 700
- (biol.) V 14
- di pressione D 281
- giornaliera S 707
- stagionale S 703
varietà (biol.) A 5
vasca B 135, B 754
- a due compartimenti B 145
- a flusso di liquame F 95
- a tramogge T 354
- ad aria compressa D 310
- anulare B 143
- con alimentazione centrale B 140
- con alimentazione periferica B 139
- da bagno B 13
- da giardino P 203
- della soluzione L 275
- di cacciata B 317
- di caduta S 1640
- di chiarificazione K 287
- di chiarificazione preliminare V 454
- di coagulazione F 461
- di compensazione A 815, D 283, F 565
- di contatto a setti K 460
- di decantazione A 216
- di decapaggio B 195
- di digestione del fango S 402
- di digestione finale N 6
- di digestione separata F 99
- di dosaggio B 317

- di filtrazione F 237
- di infiltrazione A 589
- di mescolamento M 333
- di mescolazione M 333
- di reazione R 73
- di schiumaggio S 268
- di scioglimento L 275
- di sedimentazione A 216
- di sedimentazione con alimentazione centrale A 218
- di sedimentazione con alimentazione periferica A 217
- di sedimentazione finale N 10
- di sedimentazione secondaria N 10
- di serbatoio B 175
- di sgrossamento G 506
- di smorzamento T 285
- di taratura E 18
- d'interruzione del carico D 336
- Dortmund D 212
- d'ossidazione L 302
- Imhoff E 272
- per bagno B 13
- Travis T 326
- vuota B 138
vascello S 332
vasche disposte in serie B 137
vaschetta B 135
- da bagno S 1015
- di assorbimento (di un impianto diclorazione) A 245
- di fontana stradale A 833
vaso G 114
- da notte F 21
vedretta F 310
veduta aerea L 314
vegetale P 106
- acquatico galleggiante S 782
- terrestre L 54
vegetazione P 121
- acquatica emergente U 101
- , cartografia della ~ V 18
- , danno alla ~ V 20
- dell'acqua dolce S 1661
- delle sponde U 126
- mesofitica V 17
- sulle sponde U 112
veicolato dall'acqua W 403
- dall'aria L 308
veleno G 372
- protoplasmatico P 325
velenosità G 375
- , soglia di ~ (biol.) S 224
velenoso G 374
velo biologico R 40
velocità G 275
- ascensionale A 773
- , coefficiente di ~ G 279
- critica di flusso F 435
- d'afflusso Z 135

— d'avanzamento V 466
— del suono S 242
— della circolazione sotterranea F 622
— della corrente S 1584
— della marea ascendente F 572
— dell'acqua alla superficie O 13
— dell'acqua di lavaggio S 1188
— del'vento W 597
— di arrivo dell'acqua nel filtro F 251
— di circolazione U 148
— di circolazione reale dell'acqua F 434
— di corrosione K 505
— di crescenza W 16
— di decantazione A 223
— di filtrazione F 255
— di filtrazione di Darcy D 47
— di flusso D 391, F 433
— di gruppo *(di moto ondoso)* G 679
— di passaggio D 391
— di penetrazione D 383
— di propagazione A 796
— di propagazione del colpo d'ariete F 619
— (di propagazione) dell'onda di pressione D 345
— di propagazione di uno sforzo di taglio S 647
— di reazione R 74
— di respirazione A 699
— di riflusso della marea E 5
— di rigonfiamento A 607
— di rotazione U 138
— di scarico A 89
— di scolo A 89, F 433
— di sedimentazione A 223
— di sollevamento F 581
— di superficie O 13
— di taglio S 295
— di translazione di una onda O 98
— di una onda W 514
— d'infiltrazione S 952
— effettiva della falda G 625
—, gradiente di ~ G 281
— iniziale A 537
— interstiziale P 251
— limite G 480
— massimale G 277
— media G 278
— media dell'acqua con la marea discendente Q 59
— media dell'acqua con la marea montante Q 60
— media per la sezione trasversale Q 58
— minima G 276
— minima di flusso M 312
— periferica U 148
— sonica S 242

— sul fondo S 1036
— sulla traiettoria B 22
vena d'acqua sotterranea G 593
vendita e marketing V 354
venefico G 374
ventilare L 298
ventilatore V 26
ventilazione L 299
— artificiale L 300
— naturale L 301
—, pozzo di ~ L 306
—, tubo di ~ L 305
vento W 588
—, corrente del ~ W 611
— di mare W 590
— di terra W 589
—, direzione del ~ W 606
—, energia del ~ W 599
—, forza del ~ W 599
—, mulino a ~ W 603
—, pressione del ~ W 592
—, ruota a ~ W 605
—, spinta del ~ W 592
—, turbina a ~ W 613
— verso la costa W 590
venturimetro V 39
verdunizzazione V 127
verdura G 174
verifica E 22
verificare E 19
verme dei cavalli R 48
— del fango S 434
— intestinale E 80
— solitario B 64
— uncinato H 38
vermi W 670
— del fango T 473
vermicida V 222
vermifugo V 222
vernice G 395
verniciatura esterna A 620
— protettiva S 673
verricello W 593
— a mano H 76
— idraulico W 594
versante A 136
— di valle T 33
versare E 123
versarsi [in] *(acqua corrente)* E 109
verso la costa A 757
vertebrati W 627
verticale S 918
— del punto di misura M 229
vertice S 290
— di volta G 355
vespasiano S 1299
vetreria G 392
vetriolo di ferro E 207
— di rame K 704
vetro G 387
— di prova R 68
via S 1521
— d'acqua navigabile federale B 888

— d'infiltrazione S 968
— navigabile W 385
viabilità V 410
viadotto V 382
viaggio a vuoto L 139
vibrare R 526
vibratore R 530
— interno I 63
vibrazione S 814
— del suolo E 539
vibrocostipatrice R 528
vibrovaglio R 527
vicinanze U 142
vicino A 636
— alla costa K 650
villaggio O 118
vinacce della birra B 473
— distillate S 490
vinaccia T 327
vinicultura W 480
violazione della legge G 287
— di un brevetto P 39
viricido V 396, V 397
virologia V 398
virologico V 399
virulento V 400
virulenza V 401
virus V 402
—, attivazione di ~ V 403
— della poliomelite P 230
—, inattivazione di ~ V 404
— nel terreno, ritenzione di ~ V 406
viscosimetro V 408
viscosità Z 2
— assoluta V 409
— cinematica Z 4
—, coefficiente di ~ Z 12
— dinamica Z 3
viscoso Z 1
visibilità S 942
visita B 329
— della fognatura K 76
— locale O 117
visitare B 328
vista di fronte V 432
vita marina in zona di marea T 175
— media H 47
— utile N 300
vitale L 120
vitalità V 410
vitamina V 411
vite S 613
— d'Archimede F 588
— di Archimede S 557
— di comando fissa F 186
— di prolungamento N 13
— di serraggio S 1082
— di sollevamento H 348
— mescolatrice M 348
— micrometrica M 294
— motrice S 1131
— perpetua S 557
— senza fine S 557

— senza fine, comando a ~ S 558
vitrificazione D 124
vitriolo di ferro E 207
vivaio L 41
— ad acque di rifiuto A 323
viveri N 56
Vogelbusch, dispersore tipo ~ V 412
volano S 820
volante S 820
volantino H 73
volatile F 473
volatilità F 474
volatilizzarsi V 159
volatilizzazione V 160
volt V 419
volta G 351
—, chiave della ~ G 355
— circolare K 568
—, estradosso di ~ G 354
—, muratura a ~ G 352
—, vertice di ~ G 355
volume R 64
— d'acqua di stagno T 99
— dei fanghi S 464
— dei rifiuti A 61
— dei serbatoii T 52
— della zona d'influenza delle maree F 568
— di fango S 399
— di ricircolazione R 502
— d'un lago S 863
volumetrico M 192
— (chim.) M 97
vomere P 128
vomero P 128
vortice S 1613
vorticella G 435
vulcanico V 477
vuotamento E 366
— (di un pozzo) A 181
—, canale di ~ E 368
—, condotto di ~ E 369
— meccanico E 367
vuotare E 365
— (un pozzo) A 180
vuoti, indice dei ~ H 305
vuoto H 302, V 2

W

Warburg, respirometro di ~ W 80
watt W 448
W.C. S 1182
— a cassetta con galleggiante S 1182
Weber, numero di ~ W 450
Wupper, Associazione del fiume ~ W 673

X

xerofite T 411

Z

Zannichellia (bot.) T 98
zanzara S 1348
zattera F 466
zavorra B 54
—, acqua di ~ B 56
zeolite Z 81
—, filtro a ~ P 84
zero N 280
— assoluto N 281
— di marca P 52
zimosi E 468
zinco Z 102
zolfo S 717
zona Z 109
— a bassa pressione N 170, T 224
— abissale P 314, T 222
— ad alta pressione H 221
— alta H 221
— arida Z 110
— bagnata della spiaggia S 1518
— balneare S 836
— bentonica B 259
— climatica K 340
— d'alimentazione V 296
— d'allarme W 95
— dei salmoni A 393
— dell'acqua salmastra B 758
— dello sport nautico W 359
— depressa N 170, T 224
— di abbassamento A 205
— di acque poco profonde F 370
— di acque profonde T 238
— di aerazione (idrol.) U 102
— di bassa pressione N 170, T 213
— di captazione idrica W 240
— di contatto G 499, K 464
— di depressione T 213
— di disaggregazione V 373
— di evaporazione B 678
— di flusso laminare S 1582
— di fluttuazione della falda freatica G 652
— di impoverimento V 50
— di insediamento S 988
— di meandri M 3
— di piena H 274
— di pressione D 346
— di protezione S 677
— di protezione dell'acqua W 348
— di protezione dell'acqua sotterranea G 651
— di protezione delle fonti Q 38
— di radici (idrol.) W 678
— di ricarica I 42
— di ricarica d'una falda E 529
— di riposo e di ricreazione E 524
— di rottura delle onde B 763
— di saturazione (idrol.) U 314
— di spruzzi S 1173
— di transizione U 39
— di tutela S 677
— di urbanizzazione B 127
— di verde G 541
— d'imbibizione H 33
— d'influenza della marea, limite della ~ F 573
— d'influenza delle maree, volume della ~ F 568
— d'inondazione U 84
— d'ispessimento E 54
— distrofica V 228
— d'umidezza del suolo F 210
— esterna interessata dalle maree T 174
— eufotica Z 111
— fotica Z 115
— in pressione di una falda acquifera G 656
— industriale I 37
— influenzata dalle maree T 181
— interessata da uno scarico A 356
— interessata dal rigurgito S 1318
— intermediaria Z 217
— interna interessata dalle maree T 178
— limite G 499
— littorale L 251
— littorale antistante la diga avampaese D 83
— mesosaprobica Z 113
— mineraria A 17
— neritica Z 112
— non bagnata della spiaggia S 1519
— oligosaprobica Z 114
— paesistica N 96
— pelagica P 58
— perennemente gelato, acqua sopra della ~ G 582
— periferica A 855
— polisaprobica Z 116
— protetta del paesaggio L 60
— semiarida Z 117
— soggetta a tutela S 677
— termofila T 118
— trofogena Z 118
— trofolitica Z 119
— turistica A 800
zone di ristagno T 288
— torbose, coltivazione di M 407
zoofiti P 119
zoologia Z 121
zooplancton Z 122
zucchero delle uve T 325
— di canna R 455
— glucosio T 325

Anhang
Britische und amerikanische Maße in metrischen Größen
Internationale Maßeinheiten

Appendix
British and American Weights and Measures in Metric Terms
International Units (S. I.-units)

Annexe
Tables des correspondance des unités anglo-américaines et des unités métriques
Unités de mesure internationales

Appendice
tavola di conversione delle misure inglesi ed americane nelle misure metriche
Unità di misura internazionali

Längenmaße   Linear Measures   Mesures linéaires   Misure di lunghezza

1 mil(lesimal)	= 1/1000 inch = 0,0254 mm	1 mm	= 39,3 mil.
1 inch (in.)	= 2,54 cm = 25,4 mm	1 mm	= 0,03937 in.
1 foot (ft.)	= 12 ins. = 0,305 m	1 cm	= 0,3937 in.
1 yard (yd.)	= 3 ft. = 36 ins. = 0,914 m	1 m	= 3,281 ft. = 1,0936 yds.
1 mile (ml.)	= 5280 ft. = 1760 yds.		= 0,5468 fathom
	= 1,60933 km	1 km	= 0,6214 mile
1 nautical mile (knot)	= 1,852 km = 1852 m	1 km	= 0,534 nautical mile
1 fathom	= 2 yds. = 6 ft. = 1,828 m		

Flächenmaße   Superficial measures   Mesures de superficie   Misure di superficie

1 square inch (sq. in.) = 6,45/cm²   1 cm²   = 0,155 sq. in.
1 square foot (sq. ft.) = 929 cm²   1 m²   = 10,764 sq. ft. = 1,196 sq. yds.
  = 0,0929 m²   1 ha   = 2,47 acres
1 square yard (sq. yd.) = 8361,3 cm² 1 km²   = 247 acres = 0,386 sq. miles
  = 0,83613 m²
1 acre = 0,4047 ha = 4047 m²
1 square mile = 640 acres = 2,59 km²

Raummaße   Measures of capacity   Mesures de capacité   Misure di capacità

1 cubic inch (cu. in.) = 16,387 cm³
1 cubic foot (cu. ft.) = 28,3 l
  = 0,0283 m³
1 cubic yard (cu. yd.) = 765 l = 0,765 m³
1 acre foot (acre ft.) = 1230 m³
1 gallon (gal.) (*am.*) = 3,79 l
1 Imperial gallon (gal.) = 4,54 l
1 bushel (*am.*) = 35,24 l
1 bushel (*engl.*) = 36,35 l
1 barrel (bbl.) = 158,98 l = 0,15898 m³
1 barrel (*am.*) (Mineralöl) = 151,4 l

1 cm³	= 0,061 cu. in.
1 l	= 0,0354 cu. ft. = 0,220 Imp. gal.
	= 0,264 gal. (*am.*) = 0,0275 British bushel = 0,0284 bushel (*am.*)
1 m³	= 1,308 cu. yds. = 35,317 cu. ft.
	= 6,303 bbls. = 6,605 bbl. (*am.*) (Mineralöl)

Gewichtsmaße   Measures of weight   **Mesures de poids   Misure di peso**

1 grain = 0,0648 g = 64,8 mg
1 ounce (oz.) = 28,35 g
1 pound (lb.) = 454 g
1 hundredweight (cwt.) (am.) = 45,36 kg

1 hundredweight (cwt.) (engl.)
   = 50,802 kg
1 (short) ton (am.) = 0,907 t
1 (long) ton (engl.) = 1,016 t

1 g   = 15,43 grains = 0,0353 ozs.
1 kg   = 2,2046 lbs. = 0,022 cwt. (am.)
      = 0,20 cwt. (engl.)

1 t   = 1,10231 short tons
    = 0,98421 long tons

Druck   Pressure   Pression   Pressione

1 pound per square inch (psi =
   = 0,0703 kp/cm^2

1 kp/cm^2 (1 at) = 14,22 psi

Internationale Einheit (SI-Einheit) für Druck oder mechanische Spannung (Festigkeit):

International unity (SI-unity) of pressure and tension:

Unité internationale (unité S.I.) de pression ou de tension mécanique (résistance):

Unità internazionale (unità S.I.) di pressione o di tensione meccanica (resistenza):

1 Pascal (Pa) = 1 Newton (N)/m^2 = 0,102 kp/m^2 = 10^{-5} bar

Umrechnungstabelle   Conversion table   Table de conversion
Tavola di conversione

	Pa	bar	kp/m^2	at	Torr
1 Pa (= 1 N/m^2) =	1	10^{-5}	0,102	0,102 · 10^{-4}	0,0075
1 bar =	10^5	1	10200	1,02	750
1 kp/m^2 =	9,81	9,81 · 10^5	1	10^{-4}	0,0736
1 at (= 1 kp/cm^2) =	98100	0,981	10000	1	736
1 Torr =	133	0,00133	13,6	0,00136	1

Wärmeeinheiten   Thermal units   Unités thermiques   Unità di calore

1 British thermal unit (BTU, B. th. u.)
  = 1,055 kJ(oule) = 0,252 kcal = 0,252 WE
1 British thermal unit per pound (BTU
  per lb.) = 2,30 kJ/kg = 0,55 kcal/kg
1 British thermal unit per cubic foot
  (BTU per cu. ft.) = 37,258 kJ/m^3 = 8,899 kcal/m^3

1 kcal	= 4,1868 kJ = 3,97 BTU
1 kJ	= 0,238 kcal = 0,948 BTU
1 kcal/kg	= 1,818 BTU per lb.
1 kcal/m^3	= 0,1135 BTU per cu. ft.

Temperatur   Temperature   Température   Temperatura

°F (Fahrenheit) = 32 + $^9/_5$ · °C   °C (Celsius) = $^5/_9$ · (F−32)
Kelvin (K) = °C + 273,15

Leistung, Energie, Wärmestrom   Force, Energy, Thermal flux

1 horse-power (hp.) = 1,014 PS
                   = 0,746 kW

Puissance, Energie, Flux thermique   Potenza, Energia, Flusso termico

1 PS = 0,986 hp. = 0,736 kW
1 kW = 1,34 hp. = 1,36 PS

Internationale Einheiten   International unities
Unités internationales   Unità internazionale:

Watt (W) = Joule (J)/s = Newton (N)m/s

Umrechnungstabelle   Conversion table   Table de conversion
Tavola di conversione

	W	kcal/s	kp m/s	PS	hp
1 W (= 1 J/s = 1 Nm/s) =	1	2,39 · 10^{-4}	0,102	0,00136	0,00134
1 kcal/s =	4190	1	427	569	5,61
1 kpm/s =	9,81	0,00234	1	0,0133	0,0131
1 PS =	736	0,176	75	1	0,986

Wasserhärte   Hardness of water   Dureté de l'eau   Durezza dell'acqua

1 deutscher Härtegrad
  = 10 mg CaO/l
  = 17,86 mg $CaCO_3$/l
  = 17,86 p.p.m. $CaCO_3$
  = 1,25 englische (Clark's) Härtegrade
  = 1,786 französische Härtegrade
1 British (Clark's) degree of hardness
  = 1 grain $CaCO_3$ per gallon
  = 14,28 mg $CaCO_3$/l
  = 14,28 p.p.m. $CaCO_3$
  = 0,8 German degrees of hardness
  = 1,428 French degrees of hardness

1 degré français de dureté (degré hydrotimétrique)
  = 10 mg $CaCO_3$/l
  = 10 p.p.m. $CaCO_3$
  = 5,6 mg CaO/l
  = 0,56 degrés allemands de dureté
  = 0,7 degrés anglais (Clark's) de dureté
1 grado francese di durezza
  = 10 mg $CaCO_3$/l
  = 10 p.p.m. $CaCO_3$
  = 5,6 mg CaCO/l
  = 0,56 gradi tedeschi di durezza
  = 0,7 gradi inglesi (Clark's di durezza

1° dH Gesamtstärke = 179 mmol/m³ Erdalkalien
1 British (Clark's) degree = 143 mmol/m³ Erdalkalien
1 degré hydrotimétrique = 100,2 mmol/m³ Erdalkalien

1° dH Karbonathärte = 357 mmol Säurekapazität
1 Brit. (Clark's) degree of temporary hardness = 285,6 mmol Säurekapazität
1 degré hydrotimétrique temporaire = 199,9 mmol/m³ Säurekapazität

Alkalität Säurekapazität	Alcalinity acid combining capacity	Alcalinité capacité de fixation d'acide	Alcalinità capacità di fissazione d'acido

1 Milliäquivalent HCO_3^-/l = 61 mg HCO_3^-/l
1 p.p.m. $CaCO_3$ = 0,02 ml n-HCl/l
                = 0,61 mg HCO_3^-/l

1 ml n-HCl/l = 50 p.p.m. $CaCO_3$
         = 61 mg HCO_3^-/l

Abflußmengen   Measures of flow   Mesures de débit   Misure di portata

1 cubic foot per second (cu. ft. sec.) (c.f.s.)
  = 1 second-foot = 28,3 l/s
  = 1,70 m³/min = 102 m³/h
1 million gallons per day (m.g.d.) (*am.*)
  = 44 l/sec = 2,63 m³/min
  = 158 m³/h = 3785 m³/Tag
1 million (Imperial) gallons per day
  = 52,8 l/sec = 3,16 m³/min
  = 189 m³/h = 4550 m³/Tag

1 l/s   = 0,0354 cu. ft. sec
       = 0,0227 m.g.d. (*am.*)
       = 0,019 m.g.d. (Imperial)
1 m³/min = 0,59 cu. ft. per sec
       = 0,38 m.g.d. (*am.*)
       = 0,316 m.g.d. (Imperial)
1 m³/h = 0,0098 cu. ft. per sec
       = 0,0063 m.g.d. (*am.*)
       = 0,0053 m.g.d. (Imperial)
1 m³/Tag = 264 g.d. (*am.*)
       = 220 g.d. (Imperial)

Gewicht und Volumen   Weight and volume   Poids et volume   Peso e volume

1 part per million (p.p.m.)
  = 1 mg/l = 1 g/m^3
1 grain per cubic foot (grain per cu. ft.)
  = 2,29 mg/l
1 grain per gallon (*am.*) = 17,1 mg/l
  = 17,1 g/m^3
1 grain per (Imperial) gallon
  = 14,3 mg/l = 14,3 g/m^3
1 pound per cubic yard (lb. per cu. yd.)
  = 593 mg/l = 593 g/m^3
1 pound per million gallons (*am.*)
  (lb. per m.g.) = 0,12 g/m^3
1 pound per million (Imperial) gallons
  (lb. per m.g. = 0,10 g/m^3
1 cubic foot per pound (cu. ft. per lb.)
  = 62,5 l/kg = 0,0625 m^3/kg

1 mg/l = 1 p.p.m. = 0,437 grain
  per cu. ft. = 8,33 lbs. per
  million (*am.*) gals. = 10 lbs.
  per million (Imperial) gals.
1 g/l   = 70,12 grains per (Imp.) gal.
  = 58,5 grains per (*am.*) gal.
  = 0,926 ozs. per cu. ft.
  = 0,0624 lb. per cu. ft.
  = 0,01 lb. per (Imp.) gal.
  = 0,0083 lb. per (*am.*) gal.
1 l/kg = 0,016 cu. ft. per lb.
1 m^3/kg = 16,0 cu. ft per lb.

Volumen und Flächen   Volume and area   Volume et superficie   Volume e superficie

1 gallon (*am.*) per square foot (gal. per
  sq. ft.) = 40,8 l/m^2 = 0,0408 m^3/m^2
1 gallon (*am.*) per square foot per
  minute = 2,45 m/h
1 (Imperial) gallon per square foot (gal.
  per sq. ft.) = 49 l/m^2
  = 0,049 m^3/m^2
1 (Imperial) gallon per square foot per
  minute (gal. per sq. ft. per min.)
  2.94 m/h
1 million gallons (*am.*) per acre (m.g. per
  acre) = 9370 m^3/ha = 0,937 m^3/m^2
1 million (Imperial) gallons per acre
  (m.g. per acre) = 11244 m^3/ha
  1,124 m^3/m^2

1 m^3/m^2 = 24,5 gals. (*am.*) per sq. ft.
  = 20,4 (Imperial) gals. per sq. ft.
m/h = 0,408 gal. (*am.*) per sq. ft.
  = per min. = 0,34 (Imperial)
  gal. per sq. ft. per min.
1 m/Tag = 1,07 m.g. (*am.*) per acre per
  day = 0,89 m.g. (Imperial)
  per acre per day

Sonstige Maße   Other measures   Mesures diverses   Misure diverse

1 gallon (*am.*) per cubic foot (gal. per cu. ft.) = 0,134 m³/m³
1 (Imperial) gallon per cubic foot (gal. per cu. ft.) = 0,161 m³/m³
1 gallon (*am.*) per cubic yard (gal. per cu. yd.) = 4,95 l/m³
1 (Imperial) gallon per cubic yard (gal. per cu. yd.) = 5,93 l/m³
1 million gallons (*am.*) per acre foot (gals. per acre ft.) = 3,08 m³/m³
1 million (Imperial) gallons per acre foot (gals. per acre ft.) = 3,70 m³/m³
1 cubic foot per gallon (*am.*) (cu. ft. per gal.) = 7,47 m³/m³
1 cubic foot per (Imperial) gallon (cu. ft. per gal.) = 6,23 m³/m³
1 pound per cubic foot (lb. per cu. ft.) = 16,05 kg/m³
1 pound per cubic yard (lb. per cu. yd.) = 0,6 kg/m³
1000 pounds per acre foot (lbs. per acre ft.) = 0,368 kg/m³

1 m³/m³ = 7,46 gals. (*am.*) per cu. ft.
= 6,21 (Imperial) gals. per cu. ft.
= 0,325 m.g. (*am.*) per acre ft.
= 0,27 m.g. (Imperial) per acre ft.
= 0,134 cu. ft. per gal (*am.*)
= 0,1605 cu. ft. per (Imperial) gal.

1 l/m³ = 0,202 gals. (*am.*) per cu. yd.
= 0,17 (Imperial) gals. per cu. yd.

1 kg/m³ = 1,667 lbs. per cu. yd.
= 0,0623 lbs. per cu. ft.
= 2717 lbs. per acre ft.

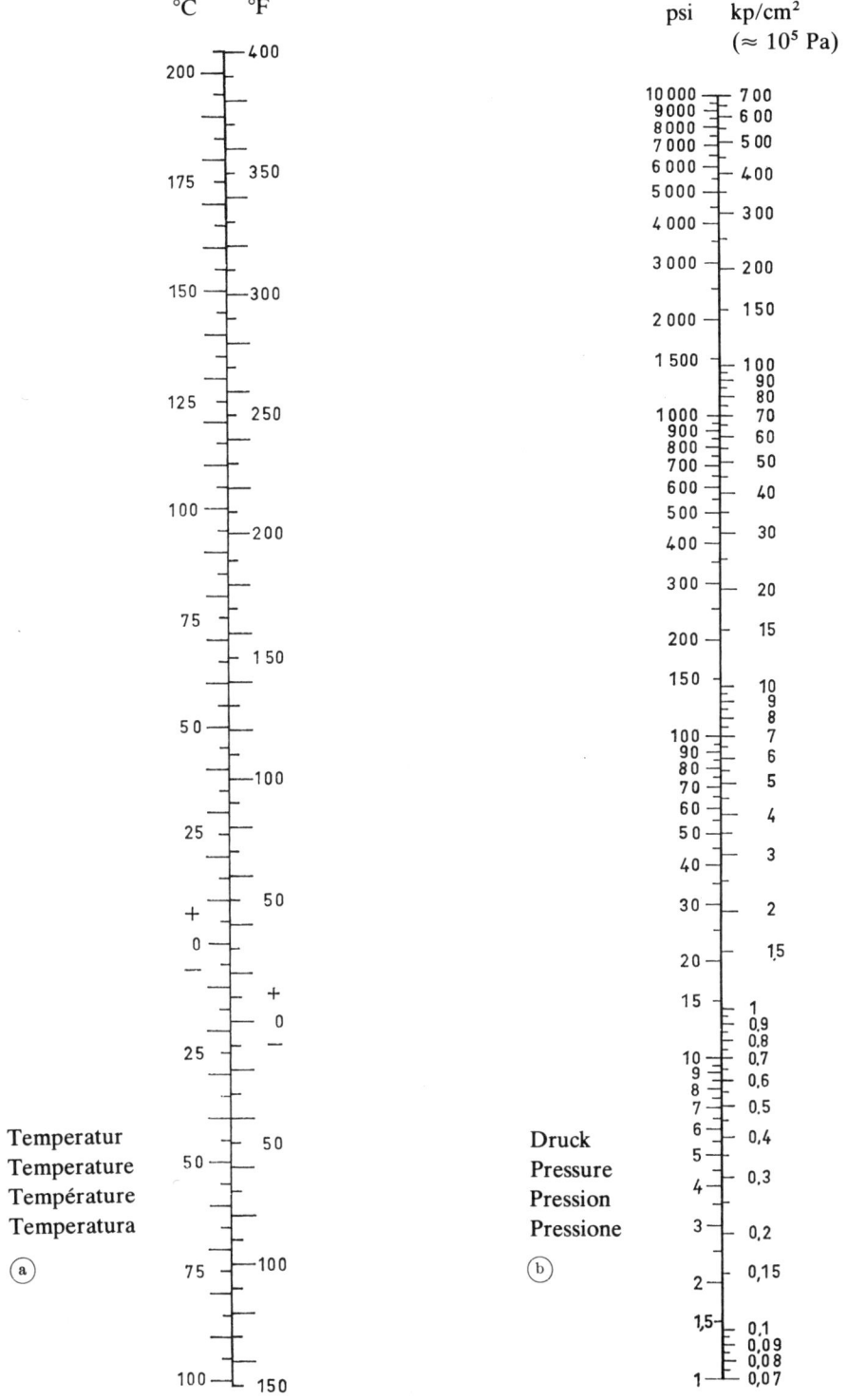

SCHILLING ARMATUREN

QUART Keilschieber
aus GG und GGG

PN 6-4 DN 250-400
PN 10 DN 40-200 · DIN-DVGW Nr. 82.01 C 199 (g)
PN 10 DN 40-400 · DIN-DVGW Nr. 80.03 C 199 (g)
DIN-DVGW Nr. 80.02 C 199 (g)
PN 16 DN 40-400 · DIN-DVGW Nr. 82.02 C 199 (g)
DIN-DVGW Nr. 82.03 C 199 (g)
DIN-DVGW Nr. 82.04 C 199 (g)

SCHILLING ARMATUREN

für

Gas

und

Wasser

**QUART
Oval-Ausbauschieber
aus GGL und GGG**
aus GGL und GGG
PN 10/16 · DN 80-300

SCHILLING ARMATUREN

für

Gas

und

Wasser

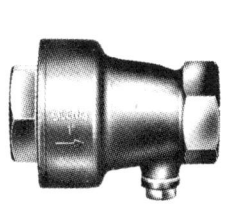

**SILENTA
Rückflußverhinderer**
aus Peßmessing
PN 16 · DN R ½"-2"

Garantierte Qualität

Mitglied des
„Verband Güteschutz"

**SILENTA
Rückflußverhinderer**
aus GGL und GGG
PN 10/16 · DN 40-500

Eisenwerk Heinrich Schilling

Postfach 11 05 20, D-4800 Bielefeld 11 (Sennestadt), Telefon (0 52 05) 18-0, Telex 9 31 800

Reagenzien MERCK

Für das Wasserlaboratorium

Reagenzien für alle Verfahren der Wasseranalyse

Analysensysteme zur Schnellanalytik in abgestufter Empfindlichkeit: Merckoquant® Teststäbchen, Aquamerck®, Aquaquant® und Microquant® Testsätze mit titrimetrischen und kolorimetrischen Methoden zur Wasseruntersuchung.
Spectroquant® Reagenziensätze zur photometrischen Schnellanalyse.

Nichtblutende Indikatorstäbchen, Indikatorpapiere und flüssige Indikatoren zur pH-Bestimmung.

Ionenaustauscher für analytische Zwecke.

Titrisole zur rationellen Herstellung von Normallösungen, Standardlösungen und Pufferlösungen.

Bakteriennährböden zu Bestimmung der Gesamtkeimzahl und des Colititers sowie zum Nachweis von Enterokokken.

E. Merck, Darmstadt

METAKORIN
WASSER-CHEMIE GMBH

Partner der Stadt- und Wasserwerke

- METAKORIN-Korrosions-Inhibitoren für den zentralen Wasserwerkseinsatz
- KORINEXAN – Desinfektionsreiniger für Wasserbehälter und Wasserwerke
- NATRONLAUGE – Entsäuerungsanlagen in vollautomatischer Ausführung
- SCHUTZKLEIDUNG in lauge- und säurefesten Materialien
- CHEM.-PHYSIK. Wasseruntersuchungen

METAKORIN
WASSER-CHEMIE GMBH
Ernst-Reuter-Straße 18-20
Postfach 79
5060 BERGISCH GLADBACH 1
Telefon (0 22 04) 6 30 86 - 87

KORROSIONSSCHUTZ-BINDEN FÜR DEN ROHRLEITUNGSBAU NACH DIN 30 672

KEBULIN-GESELLSCHAFT KETTLER & CO.
Ostring 9 · D-4352 Herten-Westerholt · Ruf (02 09) 35 80 01 · Telex 08 24 708 · Drahtwort: Kebuchemie

---

Leichtflüssigkeitsabscheider (Benzin- u. Ölabscheider) **NEUTRA**

Fettabscheider (alle mit Prüfzeugnissen) **NEUTRA**

Wir bieten ein gängiges Programm Benzin- und Ölabscheider sowie Fettabscheider mit passenden Schlammfängen.

Kompaktanlagen (Schlammfang integriert) und Öl-Feinabscheider für die 2. Abscheidstufe liefern wir ebenfalls.

Informieren Sie sich, Prospekte und Preislisten senden wir Ihnen jederzeit gerne zu.

ZEISS BETONWAREN GMBH
7760 Radolfzell · Telefon (0 77 32) 5 48 55

Haustechnik Bauphysik Umwelttechnik

Gesundheits-Ingenieur

Herausgegeben in Verbindung mit dem Institut für Wasser-, Boden- und Lufthygiene des Bundesgesundheitsamtes in Berlin. Zu den im „gi" behandelten Fachgebieten gehören auch die Bereiche „Wasser, Abwasser, Umweltschutz".
Lassen Sie sich Probehefte zusenden!

R. OLDENBOURG VERLAG GMBH
Postanschrift: Rosenheimer Straße 145, Postfach 80 13 60, 8000 München 80

Wir liefern mehr als Erdgas. Zum Beispiel Rohrnetzanalysen.

Eines der schwierigsten Planungsprobleme für Versorgungsunternehmen ist es, die Gas- und Wasserverteilungsnetze technisch und wirtschaftlich zu optimieren. Seit mehr als 20 Jahren helfen wir dabei durch systematische Rohrnetzberechnungen.

Unser Know-how, unsere Technik können Sie nutzen, um Problemlösungen für folgende Bereiche zu finden:

- Erweiterung der Verteilungskapazität des Gas- und Wasserrohrnetzes
- Erweiterung der Erschließungsfläche oder Neubau eines Gas- und Wasserrohrnetzes
- Optimierung der Druckzoneneinteilung der Wasserversorgung und Vereinfachung des Betriebes
- Standortsuche für einen neuen Wasserbehälter
- Festlegung der Kennlinien neuer Pumpen
- Nachweis der Sicherheit der Löschwasserversorgung

Ruhrgas AG
Bereich TPR · Huttropstraße 60 · 4300 Essen 1

 Wir sorgen für Erdgas

Wasserreinigung mit Flockungsmitteln von KRONOS

Flockungs- und Fällungsmittel für die
Wasseraufbereitung
Abwasserreinigung
Phosphateliminierung
Schlammbeschwerung
Schlammentwässerung
Emulsionsspaltung.

Machen auch Sie Gebrauch von unserem Wissen. Die KRONOS Gruppe hat in den letzten Jahren einige hunderttausend Tonnen Flockungsmittel in Mitteleuropa und Skandinavien verkauft.
Um das für Sie günstigste Verfahren herauszufinden, führen wir mit Ihnen zusammen Labor- und Betriebsversuche durch.

Bitte sprechen Sie mit uns, wenn Sie weitere Informationen oder Muster wünschen.

KRONOS TITAN-GMBH
Postfach 100720
D-5090 Leverkusen 1
Telefon 0214/35 61
Telex 08510823

1970: 17,8 Millionen m³
1980: 34,0 Millionen m³
1985: 50,0 Millionen m³

Klärschlamm fallen jährlich in der Bundesrepublik Deutschland an. Damit wird die Schlammbehandlung zum zentralen Thema der Abwasserreinigung.

Durch die permanente Energieverteuerung gewinnen die Schlammfaulung und das anfallende Faulgas zunehmend an wirtschaftlicher Bedeutung für den Energiehaushalt der Kläranlagen. 88% der Faulschlämme werden landwirtschaftlich verwertet oder deponiert. Die Rechtsverordnung „Aufbringen von Klärschlamm" (AbfKlärV) regelt aufgrund § 15 des Abfallbeseitigungsgesetzes, wie Klärschlamm landwirtschaftlich, forstwirtschaftlich und gärtnerisch aufgebracht werden darf.

KLÖCKNER hat zu diesen Fragen die passende Antwort:
Faulbehälter und Bio-Reaktoren, Gasbehälter und trockene Gasreinigung, Klärschlamm-Entseuchung.

KLÖCKNER WILHELMSBURGER

KLÖCKNER-WILHELMSBURGER GMBH
Werk Georgsmarienhütte · Behälter- und Apparatebau
Postfach 12 45 · 4504 Georgsmarienhütte

Das Frontinus-Buch ist erschienen:

Wasserversorgung im antiken Rom

SEXTVS IVLIVS FRONTINVS · CVRATOR AQVARVM

Herausgeber: FRONTINVS-Gesellschaft e.V.

220 Seiten, 150 Bilder, 10 Tabellen, 1 Landkarte
Einband Ganzleinen mit Schutzumschlag, Preis DM 68,—
Staffelpreise bei Abnahme größerer Stückzahlen auf Anfrage.

Aus dem Inhalt:

Prof. Dr.-Ing. *Günther Garbrecht*
Wasserversorgungstechnik in römischer Zeit

Prof. Dr. phil. *Werner Eck*

Die Gestalt Frontins in ihrer politischen und sozialen Umwelt
Organisation und Administration der Wasserversorgung Roms

Assessor *Gerhard Kühne*
Die Wasserversorgung der antiken Stadt Rom (Übersetzung)

Dr.-Ing. *Henning Fahlbusch*
Über Abflußmessung und Standardisierung bei den Wasserversorgungsanlagen Roms

Dipl.-Ing. *Bernd Gockel*
Bilddokumente

Landkarte

Fundiert, reich bebildert – ein Buch, das den Fachmann ebenso fesselt wie den geschichtlich interessierten Laien.

Das Frontinus-Buch sollte nicht nur in Ihrem Bücherschrank zu finden sein; es eignet sich außerdem als wertvolles Geschenk.

R. Oldenbourg Verlag GmbH, Rosenheimer Straße 145, 8000 München 80

Sauberes Wasser – mit uns eine glasklare Sache.

SEPARAN®/PURIFLOC®-Flockungshilfsmittel

Zur optimalen Abwasserreinigung und Wasseraufbereitung liefert NRC der Industrie und den kommunalen Kläranlagen eine Vielzahl hervorragender Flockungshilfsmittel:

So die verschiedenen SEPARAN®-Typen – anionenaktive, nichtionogene oder kationenaktive Polymere, in fester oder flüssiger Form. SEPARAN® flockt alle Feststoffe äußerst rasch aus, so daß sie bei relativ kleinem Einsatz schnell wieder den Produktionsprozessen zugeführt werden können (Recycling).

Oder die PURIFLOC®-Typen, die sich als Entwässerungsbeschleuniger für die Kommunalschlämme oder als Flockungshilfsmittel für die Trinkwasseraufbereitung bewährt haben.

Aber diese Chemikalien wären wenig ohne das technische Know-how von NRC. Deshalb führen die Anwendungstechniker von NRC in Labor- und Betriebsversuchen die Qualität der Produkte vor, sie beraten bei der Typenwahl und der Dosierung und sie helfen bei Problemlösungen. Damit sauberes Wasser eine glasklare Sache bleibt.

Nordmann, Rassmann & Co

Kajen 2 · 2000 Hamburg 11
Telefon (0 40) 3 68 71 · Telex 02-12 087

® eingetragene Warenzeichen der DOW CHEMICAL

Beratende Ingenieure VBI auf dem Gebiet der Wasserwirtschaft

Die Ingenieure übernehmen fachmännisch und unabhängig: Beratung · Planung · Ausschreibung · Teil-Überwachung oder Fachbauleitung · Begutachtung – nach der Honorar-Ordnung der Ingenieure – Die Anschrift der Geschäftsstelle des „Verbandes Beratender Ingenieure VBI e.V." ist: Zweigertstr. 37–41, 4300 Essen 1, Postfach 10 22 42, Telefon (02 01) 79 20 44, Telex 08 57 799.

Aachen-Consulting GmbH (ACG)
Dipl.-Ing. Assessor H. Hofmann M. A.
Frankenberger Str. 30 – Tel. (02 41) 50 30 94
5100 Aachen

seit 1959
Planungsinstitut
Ingenieurbüro
Beratende Ingenieure VBI

**Ingenieurbüro
für Wasserversorgung
BIESKE UND PARTNER**
Beratende Ingenieure VBI

Wilhelmshöhe 12, Postfach 21 07
5204 Lohmar 21
Telefon (0 22 06) 20 20

Gutachten und Beratung
Hydrogeologische Vorarbeiten und Untersuchungen für Wassergewinnung und Grundwasseranreicherung; Wasserrechts- und Schutzgebietsverfahren.
Planung und Bauleitung für Brunnen, vollständige Wasserwerke, Wasseraufbereitungsanlagen, Wasserbehälter und Rohrleitungen jeder Art.

Ausführung sämtlicher Ingenieursarbeiten bei Planung und Bau auch großer Wasserversorgungsanlagen einschl. aller vorkommenden Sonder- und Nebenleistungen aus einer Hand.

MARTIN BULTMANN
Beratender Ingenieur VBI

2960 Aurich 1
Leerer Landstraße 49
Telefon (0 49 41) 26 79

2850 Bremerhaven 1
Grabenstraße 31
Telefon (04 71) 4 01 56

Ingenieurbüro Bultmann

Wasserwirtschaft
Kanalisation- und Kläranlagen
Landeskulturbau
Straßenbau

Ing.-Büro Hans Dahlem
Annastr. 58–64, **4300 Essen 1**
Telefon (02 01) 77 90 03
Telex 8 579 598 dahl

Ing.-Büro Dahlem u. Peil
Wilhelmstr. 27, **5160 Düren**
Telefon (0 24 21) 30 08
Telex 8 33 738 dape

seit 1937
Beratende Ingenieure VBI

Wasser und Abwasser
Abfallbeseitigung
Straßen
Statik
Fernleitungen
Vermessung

INGENIEURBÜRO GmbH

Carl-Schurz-Str. 109/111
5042 ERFTSTADT 1
Telefon (0 22 35) 40 21

Cronenberger Str. 69
5650 SOLINGEN 1
Telefon (0 21 22) 2 56 24

● Kanalisation
● Kläranlagen
● Wasserversorgung
● Straßenbau
● Rechenzentrum

Dipl.-Ing. H. Friedrich VBI
Erdbaulaboratorium (DIN 1054)
Seydlitzstr. 48
4000 Düsseldorf 30, Tel. 02 11/48 30 56

Baugrunduntersuchungen
Gutachten und Beratung
angewandte Geologie
Hydrologie und Grundwassertechnik
Dammbau

GEOEXPERT
Beratungsgem. f. Geotechnik
Dipl.-Ing. Knickelmann VDI –
Dipl.-Geol. Dr. Butenweg
Beratende Ingenieure VBI

Postf. 265, Meisenweg 15
4355 Waltrop, Tel.: 0 23 09/20 80 + 20 89

Hydrogeologie – Wassergewinnung,
Brunnenbau,
Techn. Fragen des Wasserrechts,
Wasserhaltungen,
Ingenieurgeologie,
Boden- und Felsmechanik,
Unter- und übertägige Müll-
und Schadstoffdeponien

D. Henschel
Ingenieurbüro VBI

5340 Bad Honnef · Buchenweg 4 · Telefon (0 22 24) 7 11 36

Abwassertechnik – Wasserversorgung
Wasserwirtschaft – Konstr. Ingenieurbau

Ing.-Büro **A. Hoffmann**
Wilhelmstr. 9, 6200 Wiesbaden
Tel. (0 6121) 3 97 24-5
Frankfurter Str. 23, 6460 Gelnhausen
Tel. (0 60 51) 22 09
Rosenstr. 5, 6290 Weilburg-Hasselbach
Tel. (0 64 71) 5 23 97

Wasserversorgungs- und Abwasseranlagen,
Wasserbau und Hochwasserschutz,
Landeskulturbau,
Straßenbau,
Wasserrechtsverfahren

Ingenieurbüro **WERNER HÜSTER**
Beratender Ingenieur VBI
Stettiner Straße 40
4803 Steinhagen
Telefon (0 52 04) 46 55

Wasserversorgung
Wasserbau
Kanalisation
Kläranlagen
Vermessung
Straßenbau

INGENIEURBÜRO FÜR UMWELTSCHUTZ

Dipl.-Ing. **Wilhelm Kuhn**   6800 Mannheim 1, M. 6. 16
Beratender Ingenieur VBI   Telefon (06 21) 2 41 00

Abwasserreinigung
Industrie-Abwasserbehandlung
Kanalisation, Wasserversorgung
Pumpwerke

Ing.-Büro
miller
Dipl.-Ing. Otto Miller
Beratender Ingenieur VBI
Hintermayrstraße 28 · 8500 Nürnberg · Telefon (09 11) 56 30 55

Abwasser
Wasser
Straßen

Ing.-Büro **Monzel-Bernhardt**
Beratende Ingenieure VBI
Luitpoldstraße 55
6760 Rockenhausen
Telefon (0 63 61) 6 33/6 34

Beratung, Gutachten, Planung, Bauleitung
Wasserversorgung, Kanalisation. Abwasserreinigung,
Abfallbeseitigung, Wasserbau, Straßenbau,
Bebauungspläne, Sportanlagen, Vermessung,
Statik, EDV-Programme

Ingenieurbüro **Preußner**

Dipl.-Ing. **Max Preußner**
Dipl.-Ing. **Klaus Rothe**
GmbH.
Beratende Ingenieure VBI
Marxsenweg 1, 2000 Hamburg 52
Telefon (0 40) 82 30 51

Kläranlagen, Müll- und
Schlammbehandlung
Wasserwerke, Pumpwerke
Kanalisations- und Wasserrohr-
netze, Straßenbau

Fortsetzung siehe nächste Seite

Ingenieurgemeinschaft Scheffel

3000 Hannover, Kerstingstraße 16
Sammel-Fernruf 81 70 88
Beratende Ingenieure für Wasser und Abwasser

Hydrologie, Wasserversorgung
Kanalisation, Abwasserreinigung
Gutachten, Entwurf, Bauleitung

SCHLEGEL-Dr.-Ing. SPIEKERMANN GmbH

Ingenieurbüro für Verkehrsplanung, **Wasserbau** und konstruktiven Ingenieurbau

Düsseldorf   Duisburg   Essen   Koblenz   Stuttgart

Verkehrsuntersuchungen	**Wasserwirtschaft**	Ingenieur-Bauwerke
Straßenbau	**Wasserversorgung**	Transportleitungs-
Straßenverkehrstechnik	**Abwasser-**	systeme
Schnell- u. U-Bahnen	**beseitigung**	technischer Ausbau
Flughafenanlagen	**Umwelttechnik**	Ingenieurvermessung

Uerdinger Straße 58-62 · 4000 Düsseldorf · Telefon (02 11) 45 07 01 · Telex 8 584 620 ccs d

---

Tuttahs u. Meyer, Ing. Ges.m.b.H.

Friederikastraße 65, 4630 Bochum
Telefon (02 34) 3 76 91
Theaterstraße 74 · 5100 Aachen
Telefon (02 41) 3 32 54

Wasserversorgung, Kanalisation, Abwasserreinigung
Abfallbeseitigung, elektronische Datenverarbeitung
Planung — Bauleitung — Gutachten

INGENIEURBÜRO WERSCHE

Beratende Ingenieure

2900 Oldenburg i. O.
Theaterwall 10
Tel. 04 41/2 51 16
Telex 2 54 973

2910 Westerstede
Postfach 1540
Tel. 0 44 88/30 15

Abwasser, Abfall,
Straßenbau,
Landschaftspflege
Stadt- u. Regionalplanung,
Hydrologie,
Hochwasserschutz,
techn.-wissenschaftl. EDV

Das macht „den Imhoff" unentbehrlich :

Das gesamte Gebiet der Stadtentwässerung ist hier in bewährter, kompakter Form auf dem neuesten Stand verfügbar.

Karl Imhoff/Klaus R. Imhoff
Taschenbuch der Stadtentwässerung

25. verbesserte Auflage 1979. 412 Seiten, 113 Abbildungen,
12 Tafeln, DM 39,80   ISBN 3-486-31885-3

Die 25. Auflage ist wieder in allen Abschnitten verbessert und auf den neuesten Stand ergänzt. Erwähnenswert sind insbesondere folgende Punkte: Berechnung der Regenauslässe gemäß ATV-Richtlinien — Bemessung der Kläranlagen gemäß Mindestforderungen — Gewässergüteeinteilung nach Europarat und Lawa — Regenauslässe mit Rechenbeispiel — Kosten der Abwasserreinigung nach dem neuesten Stand — geänderte Bemessungsempfehlungen bei Tropfkörpern und Belebungsbecken aufgrund der Mindestanforderungen — neuer Abschnitt über weitergehende Abwasserreinigung — neuere Gewässergütemodelle beim Sauerstoffhaushalt.

Oldenbourg

BOMAG

BOHRGERÄTE

Das Zeichen
für Qualität und
neueste Technologie

Drehbohranlagen
einschl. allem Zubehör
für Brunnenbohrungen,
Meßbohrungen, Baugrund-
untersuchungen und
Kernbohrungen.

BOMAG GmbH & Co. KG.
Ströherstr. 1-3, D-3100 Celle
Tel. (05141) 31011 · Telex 925212

Hagusta-Produkte sind gern gesehen auf jeder Baustelle.

Ihr zuverlässiger Partner für Brunnenausbaumaterial mit fast 50jähriger Erfahrung.

HAGUSTA — platten-gummiert ist die dauerhafte und zuverlässige Lösung für die Wasseraufbereitung.

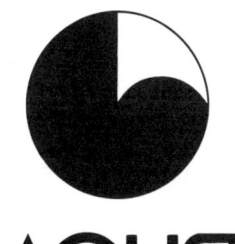

HAGUSTA

Hagusta GmbH, Postfach 74,
7592 Renchen,
Telefon 07843/577,
Telex 07525014

Aktivkohle granuliert und pulverisiert

AKTIVKOHLE DÜSSELLA
IDOS KG
DÜSSELDORF
JÄGERSTRASSE 52-56
Telefon: 02 11/ 21 81 81
Filtrierkohle / Luftfilterkohle

gwf

Wasser/Abwasser-Fachleute lesen regelmäßig die Zeitschrift „Das Gas- und Wasserfach — gwf"

Ausgabe WASSER/ABWASSER

Redaktionelle Jahresleistung rund 800 Seiten mit Fachaufsätzen über Gewässerkunde, Hydraulik, Wasserbeschaffenheit und Wassergüte, Hydrologie, Wasserversorgungs- und Abwassertechnik, mit Kurzberichten, Verbands-, Rechts- und Steuernachrichten. Zeitschrift des DVGW, des BGW, der FIGAWA, der ATV und weiterer wichtiger Fachverbände.
Fordern Sie kostenlose Probehefte an!

R. OLDENBOURG VERLAG GMBH, MÜNCHEN
Postanschrift: Rosenheimer Str. 145, Postf. 80 13 60, 8000 München 80

PAUL SPEECK

Rohrleitungsbau
Tiefbau

Erdverlegter Rohrleitungsbau für alle Medien und Drücke
Zulassung nach GW 1

Kanalisation und sonstiger Tiefbau

4354 Datteln
Elisabethstraße 18
Telefon (0 23 63) 40 81

Niederlassungen und Zweigstellen:
Frankfurt/M., Berlin,
Bochum, Dortmund,
Düsseldorf, Monheim,
Oldenburg, Schwelm
Ras Al-Khaimah (VAE),

Das komplette Programm

Brunnenbau
Rohrleitungsbau
G1 + W1
Wasserwerksbau

EUGEN ENGERT

Fuldastraße 4 · 4950 Minden
Telefon (0571) 21081
Telex 09-7721 · Postfach 2320

Grundlagen der Abwasserreinigung

Herausgeber:
Prof. Dr. F. Moser
2 Bände, 950 Seiten, DM 98,–

Von anerkannten Fachleuten aus Wissenschaft und Praxis der Bundesrepublik Deutschland, Österreichs, Hollands, Polens, der USA und der Schweiz werden Grundlagen und Neuentwicklungen der biologischen Abwasserreinigung vorgestellt. Band 1 enthält Beiträge zur Charakterisierung von Abwasser und belebtem Schlamm, zur Steuerung und Automation von Kläranlagen und hochaktuelle Arbeiten zum Thema Nitrifikation und Denitrifikation. In Band 2 sind im wesentlichen Modifikationen des Belebungsverfahrens sowie Untersuchungen zur Verbesserung und Optimierung der Sauerstoffzufuhr unter besonderer Berücksichtigung der Verringerung des Energieverbrauchs zusammengefaßt.

R. Oldenbourg Verlag
Rosenheimer Straße 145
8000 München 80

ABWASSER TECHNIK

● **DURCHLAUFANLAGEN**
für Cyan, Chromat, Nitrit, Säure, Lauge, Flußsäure, Phosphat, Eisen II...

● **CHARGENANLAGEN**
für Regenerate, Konzentrate, Härterei, Labor-, Photodruck-, Polier-Abwässer...

● **PEROXID-H_2O_2-ANLAGEN**
für Cyanid, Nitrit, Sulfit...

● **IONENAUSTAUSCHER**
Schwebebettverfahren mit Regenerier-Automatik

● **ULTRA-FILTRATION**
für Ölemulsionen, Entfettungsbäder, Polier- und Scheuer-Abwässer

● **LAMELLEN-KLÄRER**

● **SCHLAMM-EINDICKER**

● **FILTER-PRESSEN**

● **LABORTECHNIK**

Carl Dittmann GmbH & Co.
SPEZIALFABRIK FÜR GALVANOTECHNIK

Hohleichweg 10 - Postfach 210354
Tel. 0721/573003 - Telex 07 826 520

D 7500 Karlsruhe 21

Jahrbuch Gas und Wasser

BGW/DVGW

Mit Verzeichnis der Versorgungsunternehmen

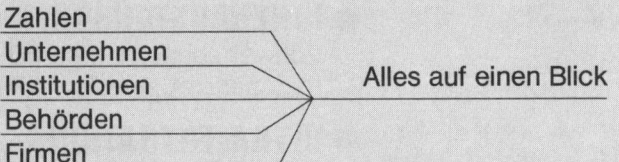

Zahlen
Unternehmen
Institutionen
Behörden
Firmen

Alles auf einen Blick

Seit mehr als 100 Jahren das unentbehrliche Nachschlagewerk

Alle Angaben sind überprüft und aktualisiert

R. Oldenbourg Verlag

8000 München 80 · Rosenheimer Straße 145 · Postfach 80 13 60

Deutsche Schachtbau- und Tiefbohrgesellschaft mbH
Postfach 1360 Waldstraße 39 4450 Lingen (Ems)
Telefon (0591) 61 21 Telex 09 8840 dst d

DST
Wasser-
technik

Ausführung von Gesamtanlagen für
Trinkwasser: Aufbereitung von Grund- und Oberflächenwasser,
Industriewasser: Behandlung von Kreislaufwasser, Kühlzusatzwasser, Prozeßwasser.
Abwasser: Behandlung von häuslichem Abwasser auch in Kombination mit Industrie-Restabwasser, separate Teil- und Vollreinigung von Industrieabwasser.

DST
Ein Unternehmen
der Salzgitter-Gruppe

DST

Klärwerks- ausrüstung

Unsere DST-Niederlassung Bremen bietet **für vorprojektierte Anlagen** an: Rechen, Sandfangräumer, Band- und Längsräumer, Rundräumer, Eindicker, Belüftungskreisel, Faulrauminstallationen.

Deutsche Schachtbau- und Tiefbohrgesellschaft mbH
Ein Unternehmen der Salzgitter-Gruppe

DST

Postfach 1360 Waldstraße 39
4450 Lingen (Ems)
Telefon (0591) 61 21 Telex 09 8840 dst d